自強不息

馬??愚書

今後大夏大學的建設
是要謀圖書館和實驗
室的充實

馬君武 一九三三.

上：首任校长马君武（1924.11—1927.1）

好學力行 知恥

伯群

上：第二任校长王伯群 (1927.2—1944.11)

努力求進步

第廿四屆畢業同學紀念

歐元懷敬題

上：第三任校长欧元怀（1944.12—1951.10）

上：王毓祥、马君武、欧元怀（自左至右）在南洋为建中山路新校区募捐时的合影（1929）

下：大夏大学行政领导与赴黔筹备复旦、大夏第二联合大学人员在江西庐山图书馆前合影（前排左起王裕凯、章益、
　　欧元怀、王伯群、吴南轩、吴泽霖、蓝春池）（1937）

上：大夏大学护校委员会成员贵阳合影（前排左二王伯群、左三欧元怀）（1942）
下：大夏大学教职员与教育学院毕业班同学在贵阳大夏大学合影留念（前排左起：曾慎，王裕凯，马宗荣，欧元怀，
　　王伯群，喻任声，章颐年，傅启学）（1940）

上： 大夏师生离黔返沪前在贵州赤水
举行迁校纪念碑揭碑仪式（左起：
大夏大学苏希轼，孙亢曾，赤水县
周世万，萧文海）（1946）

下： 大夏大学校务委员会合影（1947）
（前排左起：张隽青、程俊英、何
仪朝、邵家麟、王毓祥、欧元怀、
鲁继曾、吴浩然、杜佐周。中排左起：
王冰生、陈旭麓、黄彦起、张耀翔、
蔡文熙、苏希轼、关可贵、孙浩烜、
王兴、陈景琪、潘建卿、宋成志。
后排左起：陶愚川、韩闻疴、葛受
元、陈铭恩、顾文藻、王元鑫、韩
钟琦、夏炎、陈醒庵）

华东教育部领导莅校宣布大夏、光华两校合并成立华东师范大学（前排左六沈体兰，左八陈琳瑚）（1951）

左上：贝禘鏖路（今成都南路）美仁里 24 号大夏大学筹备处（1924）
右上：宜昌路 115 号临时校舍（1924）
下：劳勃生路（今长寿路）致和里学校宿舍（1924）

左上：戈登路（今江宁路）临时校舍（1924）
右上：小沙渡路（今西康路）201号临时校舍（1924-1925）
中：槟榔路（今安远路）潘家花园校舍（1925）
下：胶州路301号校舍（1925-1930）

上：科学馆（1935）
中：图书馆（1937）
下：运动场

左上：社会学研究室
右上：化学实验室
中：物理实验室
下：生物实验室

上：模拟法庭
中：民众教育
下：义务平民夜校

上：附属中学
中：附属小学
左下：附属幼稚园
右下：大夏新村

左上：战后回沪新建之礼堂——思群堂（1946）
右上：大夏学生为争取大夏大学"改国立"在校内举行集会（1947）
左下：大夏学生参加全市学生游行示威活动（1947）
右下：大夏学生宣传队上街宣传，庆祝上海解放（1949）

上：大夏大学中共地下党员合影
下：大夏大学首批参加华东军区南下服务团的 36 位同志在沪江大学合影

上：丽虹歌咏队主要成员在丽虹桥上合影
中：大夏剧团的伙伴们在理工学院前合影
下：大夏剧团演出剧照

左上：获网球锦标的大夏大学网球队员合影（1929）
右上：女子排球比赛
左中：大夏大学学生、上海市田径队队长王松涛在第七届全国运动会上代表运动员宣誓（1948）
右中：大夏大学女子篮球队
下：大夏大学田径运动员参加第七届全国运动会百米决赛（1948）

大夏亭

孔德成 題

左：大夏大学台湾校友会捐建之大夏亭（位于华东师范大学中山北路校区办公楼东侧）
右：上海大夏大学校友会所立之纪念雕塑（位于华东师范大学中山北路校区思群堂南侧）

华东师大"丽娃档案"丛书

丛书主编

童世骏　陈　群

大夏大学编年事辑

上

主编　娄岙菲

华东师范大学出版社

全国百佳图书出版单位

很少有一条小河那么有名，很少有一条名河那么小巧。华东师范大学的这条校河，虽然在上海市中心中山北路校区的地图以外难见踪影，却在遍布全球的师大校友的心里，时时激起浪花。

站在丽虹桥上望着丽娃河，那绿树鲜花簇拥着的、蓝天白云倒映着的清澈水面，也许有人会认为她过于清纯精致不够豪放；而与师大结缘于郊外新校区的老师和同学们，则会觉得她与闵行新校区的樱桃河其实各有千秋。但是，一年又一年，一代又一代，有多少人，一提起她的名字，有说不完的话，却又常常不知从何说起……

华东师范大学成立于 1951 年 10 月 16 日，成立大会的地点就在离丽娃河不远的思群堂。华东师大的基础是成立于 1924 年的大夏大学和成立于 1925 年的光华大学，以及其他一些高校的部分系科，其中包括成立于 1879 的上海圣约翰大学分解以后的理学院（数学系、物理系、化学系、生物系）和教育系，以及圣约翰大学的 11 万余册藏书。尽管按惯例我们可以把建校日确定在上世纪二十年代，甚至还可以追溯到中国土地上第一所现代大学诞生的一百三十多年前，但我们更珍惜"新中国第一所师范大学"的荣誉，更珍惜曾经是中共中央指定的全国十六所重点高校之一的责任，也因此而更珍惜与这种荣誉和责任有独特缘分的那个校园，那条小河。

因此，"丽娃"是一种象征，象征着华东师大的荣誉，象征着华东师大的责任。编撰以"丽娃"命名的这套丛书，是为了表达我们对学校的荣誉和责任的珍惜，表达我们对获得这种荣誉和履行这种责任的前辈和学长们的怀念和景仰，也表达我们对不同时期支持学校赢得挑战、追求卓越的历届校友和各界人士的由衷感激。

这套丛书，应该忠实记载华东师大百余年的文脉传承和一甲子的办学历程，全面解读"平常时节自信而低调、进取而从容，关键时刻却挺身而出、义无反顾"的师大人气质，充分展现华东师大精神传统的各个侧面和形成过程。

这套丛书，应该生动讲述历代校友的精彩故事和不同时期的奋斗历程，让我们和我们的后代知道，华东师大的前辈是怎样用文化的传承来抵抗野蛮和苦难的，是怎样用知识的创造来追求光明和尊严的，又是怎样努力用卓越的学术追求与和谐的团体生活，来培养德智体美劳全面发展的社会主义建设者和接班人的。

这套丛书,更应该激励我们和我们的后代,永远继承"自强不息"、"格致诚正"的精神,发扬学思结合、中外汇通的传统,不断追求"智慧的创获,品性的陶熔,民族和社会的发展"的大学理想,忠实履行"求实创造,为人师表"的师生准则。

这样一套丛书,将不仅成为华东师大这个特定学术共同体的自我认识和集体记忆,而且也将成为人们了解现代中国高等教育曲折发展脉络、研究中华民族科教兴国艰苦历程的资料来源和研究参考。

从这个角度来看,编撰出版这样一套丛书,是以一种特殊方式续写着华东师大的历史,更新着华东师大的传统,丰富着华东师大的精神。

因此,我们有多种理由对丛书的诞生和成长充满期待,祝愿"丽娃档案"丛书编撰工作取得圆满成功。

华东师范大学党委书记

童世骏

2014 年 5 月于丽娃河畔

序

华东师范大学中山北路校区,建于民国时期著名私立大夏大学的原址之上。丽娃栗妲河,从校园穿流而过,丽虹桥横跨东西,勾连起两所大学的前世与今生。大夏的名字虽然已经远去,但群贤堂、思群堂、丽虹桥、夏雨亭……这些大夏荣耀与苦难历史的见证,依然矗立于校园。无论在物质上还是在精神上,华东师范大学与大夏大学都是一脉相承的。值此大夏大学建校九十周年之际,回溯大夏大学的办学历史与传统,重温其"职员苦干"、"教员苦教"、"学生苦学"的"三苦"及"师生合作"的大夏立校精神,是华东师大人尊重过去与展望未来的一种美好方式。

一九二四年六月初,厦门大学发生风潮,三百余师生不满校方专制,群起离校。继而北迁上海另组新校,定名为大夏大学,寓"光大华夏"之意,并以"自强不息"为校训。创校肇始,校舍多为租借,教师职员义务授课。马君武、王伯群、欧元怀等校长积极奔走,延揽名师,筹措经费,为大夏的发展奠定了坚实的基础。在全体师生共同努力下,大夏办学逐渐步入正轨,师资力量雄厚,设备资源充沛,在原有文、理、法、商、教育及师范专修科等学科基础上,又增设幼稚师范科、体育专修科,招生规模逐年扩大。一大批著名学者,如郭沫若、田汉、邵力子、徐志摩、曾昭抡、艾伟、吴泽霖、王蘧常、夏元瑮、谢六逸、姚雪垠等先后来校任教。一九三〇年大夏大学在中山路 2566 号(现中山北路 3663 号)开辟了新校区,相继设立并逐步扩充了教育研究室、社会学研究室、动物心理实验室、工业化学室、土木工程实验室等一系列实验室,春风化雨,作育人才。此时的丽娃河畔,风景如画,书声琅琅,萦绕此际,相映成趣。其美丽的校园和一流的师资为学校赢得了"东方哥伦比亚大学"之美誉。

淞沪抗战爆发后,大夏师生提出"民族复兴教育方案"以应对,积极备战,寓救国于读书。抗日战争期间,中山路校区沦为战区,多次遭日寇炮火轰炸,损失惨重,十余年苦心经营付诸一炬。一九三七年底,大夏大学被迫西迁,先与复旦大学于江西庐山合办联合大学第一部,复又迁至贵阳,一九四五年再度迁至赤水。在办学条件异常艰苦、经费几近竭蹶的情况下,全校师生团结合作,发扬大夏精神,与贵阳、赤水等地各界人士一起,艰苦奋斗,共纾国难。大夏西迁,弦歌不辍,全体师生时刻不忘抗战救国事业,利用现有条件创建花溪农村改进区,组织农村服务团,添设盐务专修科,将办学与服务社会结合起来,为当地经济、文化教育事业的发展作出了重要贡献。上海沦陷期间,一部分师生因交通梗阻滞留上海,未及随迁,留沪部分教师为使学子免受失学之苦,于租界重华新村成立沪校,艰难维持。直至一九四六年,大夏大学回迁上海中山路校区恢复置校。

复校之后,大夏办学处境更为维艰。但全校师生继续发扬不畏困苦的奋斗精神,努力重建校舍及各种设施,完善办学制度,逐步恢复了正常的教学秩序及战前院系规模。随着政局动荡加剧,师生生活困难,学校想方设法开源节流,苦苦支撑。一九四九年上海解放后,大夏大学迎来了新的发展契机,校董会和行政组织相继改组,以崭新的面貌跨入新时代。

一九五一年,为适应新中国教育事业的需要,经中央人民政府教育部批准,华东军政委员会教育部在上海成立华东师范大学,并于大夏大学中山路校区原址继续办学。大夏大学文、理、教育各系科并入华东师范大学;土木工程系并入同济大学;财经、政治、法律等系并入复旦大学、上海财经学院。

在二十七年的办学历程中,大夏大学将学校的发展与时代的脉搏紧紧地结合在一起,共培养学生近两万名,毕业生六千余人。其中,有两院院士刘思职、郭大力、周扬、陈子元、胡和生、李瑞麟、刘伯里,著名学者陈伯吹、戈宝权、王元化、马承源,政治活动家冯白驹、吴亮平、杜星垣、华联奎、叶公琦、徐惟诚等,为国家发展、社会进步作出了杰出贡献。同时,更有大量毕业生服务于各个平凡的工作岗位上,发挥着自己的光和热,以实际行动诠释大夏精神的实质。

九十年,对一个人来说已是耄耋之年,但对一所大学来说,不过是刚刚起步。在这特别的日子里,学校档案馆为服务学校发展大局,加强档案开发和校史研究,传承师大文脉,遵循存史、资政和育人之宗旨,策划编纂出版"华东师大'丽娃档案'丛书"。作为丛书之一的《大夏大学编年事辑》,着力梳理历史旧貌,回眸时代变迁。此书的出版,希望能够帮助大家理解近代以来中国大学的特殊意义。

寻根思源,对学校历史传统与精神资源的继承,不只在于故纸旧物中的辉煌过去,也不只在于校园内留存的古老建筑与风景,更应该是透过这些文字和实物,传承大夏大学的学问名师和风骨品格。作为新中国创办的第一所师范大学,华东师大始终承继于大夏文脉,担负起复兴民族教育之重任。

这也正是我们今天华东师大人所要肩负的历史使命!

是为序。

华东师范大学校长

2014 年 5 月

凡 例

一、本书以公元纪年，括号内注以民国纪年、旧历或干支。正文大致按年、月、日编排，凡无日可考者，系于月。为保持辑录的连贯性，部分材料则不按年月编排而插入内容相关之处。

二、本书所录，包括编者的文字及他人的文字。凡编者的文字，均用宋体字；凡编者所引录的他人文字，均用楷体字。若只有编者文字而未录原文者，则以宋体字于编者文字后标明该段内容具体出处。

三、本书所辑录的资料，均按原稿或手稿节录。引文末以括号形式注明资料出处，格式为作者、书名或篇名、原刊物、出版单位、出版年月、页码。档案资料，则标明所收藏单位、档案编号、卷内目录及卷内页码。凡引录的资料，第一次引用时注明完整信息，其后仅注作者、题目或篇目。

四、本书引录之资料，凡涉及人物者，或称姓名，或称字号，均按原文节录而不加改易。重要的历史人物，首次出现时，以页下注方式，简述其生平。凡引录外国地名及学校名英文音译与现代表述不同者，为保存资料原貌，一般不作改动。

五、正文所引录的文献中出现难以辨识之字，以□标识；如系明显的错字，则在此字后加以校正，并以〔 〕标识；若有漏字，按上下文文意补出，并用〈 〉标识。个别考证性的文字，以页下注的方式加以标注。

目　录

五月①

二十六日　厦门大学校秘书黄开宗致函教育科主任欧元怀②、商科主任王毓祥③、注册科主任傅式说④及英文教师林天兰⑤等四人，称奉校长面嘱，准予是年八月二十日解职。欧元怀、王毓祥、傅式说三人约期并未满；林天兰约期虽满，但数日前英文科学生已向林文庆⑥校长要求续聘。学生对此起而抗争，酿成学潮。

厦门电：寝（26日）厦大校长林文庆未满约期，忽解注册课主任傅式说、商科主任王毓祥、教育科主任欧元怀职，学生抗争，将酿风潮。

（《函电》，《申报》，1924年5月28日，第6版）

二十七日　晨，召开商科、教育科、理科学生联席会议，举干事二十一人，与学校交涉。至中午，选出代表分别与林文庆及陈敬贤（陈嘉庚之弟）交涉，无结果。风潮益趋紧张。

二十七日晨开商科教育科理科联席会议，举干事二十一人，与学校交涉，请收回解职各主任成命，并于是午举代表十二人，往林之私宅，面请撤回。林绝对拒绝，诸代表不得要领而出。同时举四代表往集美调校主陈敬贤（陈为陈嘉庚之弟）陈述一切。陈亦以此事系校长全权辞之，亦无结果。于是风潮乃益趋紧张矣。

（蜀生：《厦大之罢课风潮》，《申报》，1924年6月2日，第10版）

二十八日　学生会组织召开全体学生大会，请林文庆校长出席，交涉辞退欧元怀等教员

---

① 上海私立大夏大学的成立，与厦门大学学潮有关。此次学潮因校长林文庆辞退四名教员，且拒绝公布理由，引发学生反抗风潮及流血冲突，迁延数日，双方各趋极端，难以调停。部分教师愤于林文庆所为，亦与被辞退四名教员一同提出辞职，并与部分学生宣誓离校，到上海另组大夏大学。厦门大学是由著名爱国华侨陈嘉庚先生于1921年创办的，是中国近代教育史上第一所华侨创办的大学，以"自强不息，止于至善"为校训。1937年7月1日，经南京国民政府核定，私立厦门大学正式改为国立。

② 欧元怀（1893—1978年），字愧安，福建莆田人。美国哥伦比亚大学硕士毕业，回国后，历任厦门大学教育主任兼总务长、上海大夏大学副校长和校长、上海市工部局华人教育处教育委员、贵州省政府委员兼教育厅厅长等职。1949年后任华东师范大学筹备委员会事务委员，并被邀为上海市人民政治协商会议委员。欧元怀一生致力于教育事业，因其办学成绩卓著，美国西南大学特赠予荣誉博士学位。

③ 王毓祥（1886—1949），字祉伟，号毓祥，湖南衡阳望族人。美国芝加哥大学学士、纽约大学硕士。回国后，历任国立东南大学、暨南大学、厦门大学等校教授、系主任。1924年大夏大学创办后，为大夏的发展鞠躬尽瘁，曾任校董、大学秘书、校务发展委员会主席、副校长等职。1949年10月病逝于大夏大学公寓。

④ 傅式说（1891—1947），又作傅世说，字筑隐，浙江乐清人。早年留学日本，毕业于东京帝国大学。回国后再赴日本，创办丙辰学社、中华学艺社。历任厦门大学教授兼注册主任、学生指导委员长、大夏大学教授兼总务长等职。著有《化学概论》等。

⑤ 林天兰，生卒年不详，福建莆田人。早年留学美国普林斯顿大学，获得博士学位。历任厦门大学教授、大夏大学英文教授，历任协和大学教授、永安中学校长等职。编译有《英文会通》、《英文法教科书》、《高等英文选》等。

⑥ 林文庆（1869—1957），字梦琴，生于新加坡。早年入福建会馆附设书院，读四书五经。后转政府英文学校，并考入莱佛士书院。1887年赴英入苏格兰爱丁堡医学院，1892年毕业，获医科学士和外科硕士学位后回新加坡，在行医的同时，从事文化活动。1921年7月，林文庆接受陈嘉庚的聘请，辞掉一切职务，到厦门大学担任校长，任期达十六年。

之事。林拒绝透露具体原因,态度坚决。会后学生经过投票,决定全体罢课。与此同时,理科主任余泽兰、工科主任李拔峨、物理学教授吕子芳、教育心理学教授周学章,以及教师吴毓腾等,耻于林文庆所为,亦提出辞职。

二十八日开全体学生大会,请林校长出席,宣布对于此次学潮之真正态度。盖不啻与林作最后之警告也。林对众言,仍谓学校辞退四主任及教员,确有理由,惟不容宣布,且永久不能宣布。诸君对学校不满者,尽可自便,转学他校,厦大即至解散,亦决不徇学生之意思云云。当有学生起谓,校长所谓不能宣布之理由,究竟何在,欧王傅三主任及林教员,均学生等认为学识人格堪称师表者,而校长乃毫无理由而摈斥之,"莫须有"三字,既不足以服人,学生竭诚吁恳,愎谏不纳,一意孤行,何专制若斯耶。林谓,在厦大无"德谟克拉西"可言。我办事固取绝对的专制者,诸君不满意,可就读别校,此间殊无改革余地,亦无通融之可能。当有学生王某,斥林氏为十六世纪之脑筋者。林怒,谓汝辈为学生者,来当面[面]訾詈师长耶,愤然退席。学生见林坚决,知无可转圜,遂讨论最后办法,当以罢课为消极之抵抗付表决。结果以一九三票对八六票通过,遂于二十九日全体罢课。

(蜀生:《厦大学潮益形扩大》,《申报》,1924年6月6日,第10版)

二十九日　学生全体罢课,并致电新加坡陈嘉庚①。教职员会也致电陈嘉庚,要求撤换校长。

《民国日报》转各报馆各学校鉴:林文庆不学无术,寡廉鲜耻,近更倒行逆施,无故辞退学识兼优之主任四人。学生等忍无可忍,不得已自即日起全体罢课,与林氏誓不两立。万乞各界主持正理,予以援助。厦门大学全体学生叩。

("电讯",《民国日报》,1924年5月31日,第2版)

关于此次风潮背后起因,《申报》署名"蜀生"者有文详细分析。

闻此次风潮原因,至为复杂。其近因当然为前次学生请校长退位之提议。至其远因则该校教职员向分在野党与政府党两派。所谓政府派者,即接近校长之教职员;在野派者,即非接近校长者。政府派之重要人物为刘楚清(前教务长)、孙贵定(新闻科主任)、黄开宗诸人。在野派之主要者,则为此次解职之傅欧王林等是也。政府派得校长之信任,颇近专擅。在野派极致不平,遂不免有倾陷之事。如去冬辞退女教员张某(张固在野党)实政府党之作用也。今春开教育评议会,有提议厦门设科太多,主张并新闻科于文科,并医科于理科。新闻科主任为孙贵定,医科则主任虚悬,以待下学期林文庆之次子毕业于北京协和医校,而来主斯任者。在野派之提议,盖冀对政府党予以接本之打击也,在野党在评议会占多数。议案通过。政府党当然抵抗,后经人调停,认为悬案。两派乃渐入短兵相接之期矣。上次学生不信任校长之决议,即属在野党之鼓动,将对政府党作根本推翻之计划。在野党既经失败,政府党乃进一步而为排除在野党之政策,遂有此次三主任突然解职之举动。闻林氏颇下决心,无论风潮之结果如何,及将来之牺牲何若,终必去此数人。至其他在野党之职教员,有联袂求去者,亦不挽留,将为根本之改组。据现势观察,傅欧既被解职,□论林文庆决心不收回解职成命,即使林允学生之请求,傅等亦万无再留之理。而学生方面,则非傅等复职,绝无调和余地。是在野党与校长,已处于势不两立地位。惟学生意见,尚未一致,则能否做到逐驱校长目的,尚是疑问。自傅等被解职后,在野党之教员,如余某、李某、吕某诸人,均请辞职,闻继起者尚有人。又学生方面自今日罢课后,订今午集会讨论一切,尚未知风潮之演进,至何境地也。(五月二十九日)

(蜀生:《厦大之罢课风潮》,《申报》,1924年6月2日,第10版)

三十日　学生再开大会,邀请各报社、学校社团代表数十人到会,报告此次风潮真相与罢课苦衷。同时致电上海全国学生联合会及江苏教育会,寻求援助。此外,还宣布林文庆"资格

---

① 陈嘉庚(1874—1961),福建厦门人,著名的爱国华侨领袖。曾长期侨居新加坡,从事橡胶业,热心兴办华侨和家乡的文化教育公共事业。1913年至1920年,先后在集美创办中小学和师范、水产、航海、农林、商科学校。1918年在新加坡创办南洋华侨中学。1921年在厦门创办厦门大学。

不称"、"办事无能"、"思想陈腐"、"心术不正"等四款罪状。

(首)由厦大学生代表王宗澥主席,报告一切。次由周元煌宣布罢课理由,并谓非达驱林及改造厦大之目的,誓不中止。各界代表之发言者,大都勖学生坚持到底,勿蹈集美覆辙,为资本家征服云云。是日学生复致电陈嘉庚,请速撤换校长,以挽危局。同时致电北京教育部云:"北京教育部公鉴:林文庆不学无术,倒行逆施,无故斥退学验俱富之主任四人,教员纷纷辞职,学生等逼得全体罢课,誓逐林氏,万望援助,以利教育前途。厦门大学学生全体叩。世"。并致电上海全国学生联合会及江苏教育会词意略同。又宣布林文庆罪状四款:(一)资格不称,(二)办事无能,(三)思想陈腐,(四)心术不正,并宣布所谓政府党教员孙贵定、刘树杞、周辨明、黄开宗、王振先罪状,限令出校,此厦大学生方面罢课后之进行也。

(蜀生:《厦大学潮益形扩大》,《申报》,1924年6月6日,第10版)

林文庆召集教职员十余人开会,商议对策。

教职员方面,则除政府党十余人外,在野党约三十余人,均表示继续辞职。林文庆于三十日召集亲信教职员十余人,会议对付方法。孙贵定谓学生风潮,司空见惯,不必顾虑,应仍一本原来主张进行。王振先主张请军警驱逐学生出校,使其失团结力,则风潮自涣。林然之。

(蜀生:《厦大学潮益形扩大》,《申报》,1924年6月6日,第10版)

三十一日 厦大学生闻学校有请军警以武力干涉学潮,特举代表谒海军及警厅当局,说明此次罢课原因。

厦门电:厦大学生闻学校有请军警以武力干涉学潮,特于世(三十一)举代表谒海军及警厅当局,说明此次罢课原因,请勿干涉,并宣布教员孙贵定、刘树杞、王孝泉、黄开宗、周辨明等罪状。(以上三十一日下午九点)

(《申报》函电,1924年6月1日,第6版)

六月

一日 厦大教职员召开特别会议,质问解聘欧元怀等四人的理由。学生指导委员长周辨明、校秘书黄开宗代表校长出席。会后发生武力冲突,建筑部主任陈延廷率建筑工人二三百人包围礼堂,学生团罗士清被殴吐血,纠察部干事孙作瑾、预科代表雷荣璞被掳去,殴致重伤,酿成"六一"流血惨案。

是日晨十时,开全体职员会议。学生方面派代表二人与会,请校长出席,当面答复。届时林不到,由教员及学生指导委员长周辨明,及文科主任黄开宗代表与会。周声言,不必质问,亦无须解答,现在只有强权,我等决以武力从事,悻悻而出。与会学生代表,归告同学。学生佥谓,林氏曾有借助军警之谋,今又声言武力解决,不能不有以质之。于是追周返校,拥至礼堂,诘其所谓武力者为何。既言武力,予学生等以生命之保障。群众汹汹,势将殴击。方相持时,黄开宗先脱去,召建筑部主〈任〉陈延廷,率厦大建筑工人二三百人(由陈及教员薛永黍、林幽,闽南籍学生张祖荫、林惠祥率领,预伏于附近南普陀山隈者),包围礼堂,以陈为总指挥。工人咸视陈之手杖为进退。陈首令擒学生团(即此次学潮之临时团体)罗士清以木棒痛殴。罗本有咯血疾,至是呕血不省人事。同时学生团纠察部干事孙作瑾、预科代表雷荣璞,均被掳去,殴致重伤。学生不敌,奔赴附近盘石炮台陆战队呼援。陆〈战〉队驰临始止。学生一面延医救治被伤者,一面分途向警厅及地检厅起诉,并油印简要传单散布全市。午后地检厅已〈有〉委员到场验伤,周辨明、陈延廷均由陆战队看管于建筑部。下午警厅长杨逯,思明县知事王允,地方检察厅长程征,均至厦大。林幽、黄开宗及张祖荫、林惠祥等亦均被看管。下午六时,厦大学生三十余人,手持丈许大幅白布,书"厦门大学学生流血请愿",在市内散发传单及作简单之演说。现官厅及各界对此事之态度,尚未可知。闻商会拟邀各界出为调停。惟此事现益扩大,调解恐非易事耳。

(蜀生:《厦大学潮益形扩大》,《申报》,1924年6月6日,第10版)

地检厅到场验伤之后,即命带相关人员至厅审讯。

当时林知渊驰至,力为双方调解,先将软禁之教职员释放后,欲并陈延庭[廷]亦释之。学生不允。

结果将林惠祥保下，陈延廷、林幽、张荫祖带厅，即夜留审。检查官首召证人余泽兰、吕子方、李拔峨、王毓祥等，（均非校长派教员，王并为被解职主任之一）询当时情形。次召学生代表任旭等四人讯问后，又传被害代表王汝霖入庭。王述经过情形毕，即召陈延庭〔廷〕。检查官问，本日厦大开会会议。陈答不知。检查官问，汝今何以牵带工人，殴伤学生，并掳至建筑部而缚之。陈答，工人非本人索往，当周辨明、黄开宗被学生拥去时，周嘱薛永黍来部报告，并请带工人往救。我未从周言，仅一人亲赴群贤堂探视。但我往，即有工人随往。迨至群贤楼，见楼前聚学生甚多。我历阶入礼堂，工人亦随登。学生阻之，两方遂起冲突。混乱中我不知学生已被工人掳往建筑部。迨返部，始见学生被缚云云。次传英文教员林幽到庭。检查官问有被害人罗士清、孙作瑾、雷荣璞等，控汝率领工人行凶。林答，并无其事。我今日上午与周辨明、黄开宗同时被学生拘去，至群贤楼第一层。周黄偕学生登二楼，我在楼下。旋见工人蜂拥前来，我以手止之不得。回建筑部时，见学生罗士清、雷荣璞被缚一室。我令工人释放，乃该生坚不愿释。检查官问汝在楼下时，见陈延庭〔廷〕、张祖荫否。林答，当时人众纷哝，未能见晰。次传闽南籍学生张祖荫。张请以纸笔书供词。检查官许之。书毕，检查官复问罗士清何以控汝率工人殴伊。张谓此事与我全无关系。讯毕，即收押县监。

（蜀生：《厦大学潮续志》，《申报》，1924 年 6 月 8 日，第 10 版）

二日 上午，学生招待各界代表，由学生团总委员会报告详情。结果多主调停，推举代表疏通。总商会及教育会，设法召集各界大会，调停此事，并定于四日召开调停会议。会后，学生手执白旗，上书"除暴去恶"、"争回人格"等字样，出发到市内游行，并至海军司令部、戒严总司令部、警察厅、思明县等军政官署请愿。

厦门电：东（一日）夜思明地检厅因厦大工人殴伤学生事，拘教员林幽、建筑部主任陈延庭〔廷〕，学生张祖荫预审，林等不承认指挥工人，收押县监。

厦门电：冬（二日）厦大学生在十三中学邀请各界代表报告详情，多主调停。

厦门电：陈嘉庚复电学生，谓余信任校长，如集美叶校长，前车可鉴，诸生明白。

厦门电：冬（二日）厦大学生游行，向各官厅请愿，官厅派警随护。

（"厦门电"，《申报》，1924 年 6 月 3 日，第 4 版）

下午，经林知渊奔走，被拘留的闽南籍学生张祖荫被保出。当晚，海军警备司令又命令释放陈延廷、林幽。

张祖荫即于二日保出，林幽、陈延廷则于二日之夜，以海军警备司令之命令释放。盖由林知渊之说项也。二日学生在十三中学招待各界代表，冀予以援助，结果多主调停。当推代表疏通总商会及教育会，设法召集各界大会，调停此事。

（蜀生：《厦大学潮续志》，《申报》，1924 年 6 月 8 日，第 10 版）

四日 午后，厦门总商会出面召集各界代表及厦大校长学生两方面代表开会，欲调停厦大学潮。会议推选厦门总商会会长洪鸿儒担任主席。厦大校长方面代表教员邵庆元、林幽、薛永黍出席。校长秘书邵庆元、学生代表李叔珍分别在会上详细报告风潮发生原因及过程。

厦门总商会订于六月四日召集各界代表及厦大校长学生两方面代表，调停厦大学潮。午后一时，厦门鼓浪屿各界代表莅会者数十人，推商会会长洪西儒主席。请厦大校长方面代表，教员邵庆元、林幽、薛永黍出席，报告风潮情形，谓厦大此次学潮，非始自五月二十八日，实始于民国十一年冬，欧（元怀）、刘（树杞）之暗斗。维时刘氏任教务主任，而欧为注册课主任，耻其以教育硕士之资格而居于以化学博士资格为教务主任者之下也，居恒愤愤不平，有取而代之心。闻曾以此意讽示校长，不知校长是否以欧为新到，抑或以刘较可靠，终未应其所请。虽曾因刘氏辞职，命其代理教务主任，顾未一月，复归诸刘树杞，以是欧氏更不能平，而暗斗益烈。刘时以两代元老之质〔资〕格势力殊盛，树敌亦多。欧因得利用之以植羽党，攻讦刘氏。于是乎刘氏私事，辄闻之街谈巷议之间，见之厕池白壁之上。但观二人相晤时其亲密之态度，几无异手足，使非有深知其内幕者，必不能信二人乃在斗争中之两英雄也。自是以后党同伐异之风，弥漫于厦大之内，迄不能止。校长禀性宽厚，过于优容，为尥弗摧，致酿巨变，方刘氏之被迫解去教务主任职也。校长即委秘书长孙贵定（英国爱丁堡大学教育学博士）为教务主任，此本年二三月间事也。先是各科主任以教务主任席之存废问题，在评议会分党抗争。校长对于双方，持中立之态度，率以刘派人数较少，校长乃以削灭教务主任职权，声明教务处为校长办室之一部分，冀平其争，而刘氏于焉去职矣。当此之时，各科主任以为刘氏既倒，教务主任将于是乎废置矣。不料校长复委孙贵定，故倒刘之波未平，而倒孙之潮又起。校长任孙氏为教务主任后，曾将教务主任及各科主任职权之范围宣布，并正式通知各科主任。顾迪知之函送出，欧元怀、王祉伟、李世琼、余泽兰即在原信封上大书特书"退回"二字还校长办公室。孙氏亦尝以"校长面嘱云云"之公文送达各科主任，欧王等更不之[置]理。结果孙氏仅领教务主任之空衔两周而去。顾校长虽因诸主任之放恣，号令不能行校长室，仍以爱才为重，忍受其辱。孙氏既去其教务主任兼职，仍退原任为校长秘书。即有人制造一种空气，谓校长将重用英国留学生，并因孙贵定于闲谈中偶谓美国学位不如英国学位之难得，少数留美之教员藉端寻衅。有哥伦比亚某君孔武有力，竟欲用武力解决。校长极力暂[调]停，终归无效。孙氏不得已乃修函道歉，此一事也。孙氏既于去年冬被任为新闻科主任，曾请由校长之允许，并经商科主任王祉伟之同意，将商科中间办公室，让出一间为新闻系办公室，以本年春间迁入。□□后不知何故，王氏□□□□□退出，并遣人将孙氏办公桌擅自搬移，一切公文狼藉地上。孙诘之，王氏无可对，只曰Do what you like（即惟汝取欲）之意也。孙氏以文士孱弱之身，胡足当其一举，忍受之而诉诸校长。校长乃招[召]集二人到办公室，俾各尽其职。王理屈，恼羞成怒，竟于秽言辱詈之余，起立扬拳，直抵孙贵定。校长制止无效，幸有某教员闻急赶至，乃挽王祉伟出，此又一事也。以上言厦大之暗潮也。若夫风潮，除四月间第一次风潮无甚重要，且免述外。当以五月二十六日与教育科主任欧元怀、商科主任王祉伟、注册部主任傅式说中途解约为主因，以校长之温厚涵养，自非有必不得已之理由，何忍去此所谓"人格高尚，学识宏富，办学热忱"之主任。学生及教员之质问辞职宜也，然而校长既在其职权内有举教员解约之权力，且聘约系合同性质，既履行合同中之条件，亦无申说理由之必要。况乎学校原非法庭，何必宣布罪状而□□处分，故学生之质问固宜，而校长不答复亦未为非是。盖在学校行政惯例上及法律上，校长辞退教员，教员辞去职务，均无宣布理由之必要。而况在道德上犹有"君子绝交不出恶声"之训乎。以吾所闻诸三教员在厦大之行为，确有中途解约之理由与必要。欧元怀之留美也，实受厦大之津贴（月给美金九十余约合国币百八十元），将回后电称渠前曾支领北京高师留学费二千数百元，非先到彼服务不可。但厦大如欲其先来，当将此项留学费即行归还。校长命会计处电汇与之，岂身受厦大之赠，竟不以大局为重，植党营私，诛锄异己，岂可久留。翘鼓动学生，反对学校，不惜以教育科主任而为罢课学生之总代表乎。王祉伟性情粗暴，贪利无厌。某日午餐，因新来工役未谙其素性，招待或有未周，与工科主任在教员膳堂中将椅桌打翻，碗盘摔破，工役惧而逃，竟提饭桶水桶由楼上掷向工役所去处。工役健步，幸未中创，而已满地狼籍矣。校长闻声趋看，见教职员及学生四面聚观，乃仅斥工役不善招待，而王君岸然也。去夏回沪，校长曾差以筹办合作商店事，渠竟敢开支旅费二百元左右，同时又未经校长许可自往北京参与中华教育改进社年会，亦开支旅费二百余元，合计两条共支旅费五百元左右。校长以第一条不便驳斥，而第二条则决不承认，顾终不堪其骚扰，乃由刘树杞转圜以王氏赴京，系为学校物色教员，川资理应照给为辞由会计处如数给予。此种举动，固未必为解约之惟一原因，而王氏之为人可知矣。傅式说以身居学生指导委员长之地位，而酗酒纵赌，尝来厦饮酒，烂醉如泥，乘舆至校，犹莫能兴，乃由同行者与工役设法扶之出轿，置之躺椅之上，抬之上楼，睡一日夜方醒，学生团聚而观之，诸君当犹忆及。数月前厦集两校交涉之事也，学校教员王愆，因欲还傅氏赌债，到校时，言词闪烁，卒至被拘。夫身居最高学府学生指导者之地位，而其修己也如此，其亦足为解约之理由乎。若夫捏造危言耸动学生，围据本校闽南籍之教职员周辨明、林幽、黄开宗、苏永黍诸先生，致酿成六一之巨变，则有目击身亲其事者将继今以言。继即由厦大闽南籍六一以殴伤学生，被检应拘去之张祖荫，报告情形，天然自有其主张之理由，且文亦甚长，未能备录。

以上邵张二人之报告词，均系预先拟就者。实学潮发生后校长派方面第一次之表示意见，亦即林文庆辞退三主任之理由，而不愿向个人名义发表，引起私人间之纠纷。盖以上各节，三主任可以法律的手续向之索证据，将引起诉讼。而社会方面，对林之始终不愿宣布理由，认为不当，故变相的由教员以在调停会之报告出之，是亦此次学潮校长派方面重要之表示。记者不愿为偏面的纪载，故不嫌其冗长而为读者介绍之也。后学生代表李叔珍报告学潮经过,并谓林文庆布告限五日内学生全体离校,今日宣誓,无论如何,欲割欲烹,惟有守校待死,望社会公判云云。

(蜀生:《厦大学潮之双方理由》,《申报》,1924 年 6 月 9 日,第 7 版)

厦大校长代表及学生代表报告完毕后,参加调停会的各校、各界代表接着发表意见。各执一词,仍无结果。最后决定推选洪鸿儒、庄希泉、高振声等分赴陈敬贤、厦大学生团及林文庆等处征询意见。

四日之各界调停会,到会之教育界中人及本地绅商,几一致右林氏而左学生。为学生张目者,仅厦南女学校主任庄希泉与陈沙仑二人而已。会议中厦门前教育会会长卢心启,即力斥学生之嚚张。林文庆在任务上实应予以制裁,吾人对林氏之执行其校长行政权,殊无干涉与调停之理由云云。座中和此说者甚众。惟庄希泉陈沙仑二人反对,谓既否认调停,今日之集会何为。双方辩论甚烈。即有人调停,姑由会举人分赴校董陈敬贤(嘉庚弟)、校长林文庆及学生团三方面征求意见。当议决举代表洪鸿儒等往见陈敬贤,庄希泉等往见厦大学生团,高振声等往见林文庆。

(蜀生:《厦大学潮之尾声》,《申报》,1924 年 6 月 16 日,第 10 版)

部分教员亦发表宣言,申明立场。

(部分教员)亦于六月四日发出宣言,略谓:教员居师宾之位,岂有辞退教员,不给理由,反谓其余教员无权过问之理,不但有失尊师重士之道,并对于教员人格有损。同人等多数远道而来,均系钦佩陈嘉庚先生办学,原非来厦专权夺势。法律上及行政惯例上,教员有权质问校长与否,且不申论。但处此风雨飘遥[摇]之际,正宜同舟公[共]济之时,同人各问良心,主张公道,总觉在校一日,当有尽一日维持学校之责。根据道德,请求校长声明理由,自问并无不合。今校长行使职权,超出法律及惯例外,即道德亦不让同人根据,而反谓并不逾越职权,有是理乎云云。

(蜀生:《厦大学潮之双方理由》,《申报》,1924 年 6 月 9 日,第 7 版)

林文庆贴出布告,宣布提前放暑假,限学生五日内离校。

厦门电:厦大校长秘书在各界调停会宣布学潮原因,及解三主任职理由,多涉个人私行。林文庆布告提前放假,限学生全体五日离校。学生宣布誓不出校。(四日下午五点)

("厦门电",《申报》,1924 年 6 月 6 日,第 4 版)

五日　各方继续召开调停会,由洪鸿儒、高振声、庄希泉分别报告与三方接洽经过及意见。意见相左,难以调停。

五日各界所举接洽之代表,复在商会向各界报告接洽之经过。陈敬贤谓,此次风潮须寻得真是非,然后可获裁判之头绪。若社会能主持公道,余无不乐从。语虽不着边际,言外固认学生及掀动风潮之教员为非也。林文庆则出三主任之聘书,执"各方如中途不同意,得于三月前预告之"之语,谓据此而解三主任之约,殊无宣布理由之必要。余只对陈嘉庚负责,只陈嘉庚一人可质问我解三主任职之理由,余均无此权。我不称职,陈嘉庚可解我职,他人无权亦无理令我去职云云。至学生团对调停人提出之条件则(一)林文庆除处以应得之罪外,即日通电辞职;(二)六一肇事之教职员学生,除处以应得之罪外,即日除名;(三)挽留四主任及辞职教职员学生,一概不得除名;(四)请昔日筹备员组织董事会,聘请新校长;(五)保险全体教职员学生生命;(六)所有条件限日由校董承认。三方意见,均无接近之可能性。各界复以被解职三主任,实此次学潮之主要人物。

(蜀生:《厦大学潮之尾声》,1924 年 6 月 16 日,第 10 版)

林文庆在报上刊登启事,再次申明表明立场。陈嘉庚亦回复教员会表示,"任免教员权在校长,余不能干涉"。学校方面,已绝无转圜余地。

(林文庆)启事,略谓,学校聘约系双方同意而成立,合则继续不合则解约,自无宣布理由之必要。世界各大学对于解约之教员,岂有宣布其过恶一事,亦未见教员因解约而挟其怨毒,以鼓荡风潮,自失其士君子之行者。而学生乃逞其意气,干涉学校用人之权,竞相率罢课,屡次暴动,感情横溢,不可理喻云云。

(蜀生:《厦大学潮之双方理由》,《申报》,1924 年 6 月 9 日,第 7 版)

八日　学校自布告提前放假后,停发伙夫食费,不能维持。学生要求发还保证金。林文庆坚决拒绝,并限学生十八日一律离校。学生激愤异常,当日上午召集全体学生开紧急会议,提议将该校学生团总委员会移往上海,并于广州、汕头两地分设支部,继续厦大革新运动。当即由多数学生通过,签字赞成者达五分之四,并议决不去林文庆全体誓不回校。当即举行宣誓式,以示决心,并发表离校宣言。

　　厦门电:庚(八日)厦大学生宣告离校,行誓礼。厦门各界以双方趋极端,已改调停为善后,要求林文庆供给学生电灯伙食至18日,林允。庚(八日)午后学生离校者甚多,教员多将继行。欧元怀未离厦,庚日与王毓祥、傅式说各宣言,驳林文庆所布解职理由。

　　("厦门电",《申报》,1924年6月9日,第4版)

　　自六月一日厦门大学发生风潮后,除是日演全武行外,后此林文庆与学生方面,已诉诸法律上解决。该地检察厅当即将陈延庭[廷]、林幽、张祖荫等殴人凶犯,逮捕入狱。同时学生团亦向厦法庭控告校长林文庆。诅林颇具潜势力,被押之陈某等不三日而尽释。学生团选派代表向当道质问,要求惩凶抚伤。厦门当道受林氏所运动,置之不恤。由是学生团拟从法律上解决之希望已绝知在厦不能容足,遂于八日上午召集全体学生开紧急会议,提议将该校学生团总委员会移往上海,并于各内地分设支部,继续厦大革新运动。当即由多数学生通过,签字赞成者达五分之四,并议决不去林文庆,全体誓不回校。当即举行宣誓式,以示决心。闻该校学生粤籍者亦不少,特分设两支部于广东,一设于广州,一设于汕头。日前经已分举职员回广州汕头,与该地团体接洽,请为后援。(六月二十四日)

　　(处:《厦大学生离校抵粤情形》,《申报》,1924年6月30日,第11版)

　　林文庆自工人学生冲突后,知风潮难以收拾,即布告提前暑假,限生五日离校。是日五日离校之期已满,即布告停膳,电灯茶水亦一律停止。学生愤激,几欲暴动,幸经学生纠察部制止。于是遂纷出购物充饥,一面派代表至林文庆处诘问,并拟就意见四条,即晚与林接洽:(甲)师范部学生伙食,校内电灯茶水校长须负责维持至本月十八号;(乙)校内秩序,学生未离校以前,学生须负责维持;(丙)学生所缴保证金或入学费,由代表向林文庆商量听各人领回;(丁)其他原由学校应供给事项,学校须照常办理。惟林绝不同意,惟普通赔偿费及准备金,则应照会计处通告允学生领回。各代表以林氏意见转达学生。学生愤激益甚,于八日午前在该校礼堂行离校宣誓礼。先由各同乡会之团体宣誓,继则全体宣誓,其誓词曰:"厦大罪魁林文庆一日不去,我等决不再来厦大。食言者有如此日"。个人签名者连二百人。宣誓后即纷纷离校。林文庆复商请于厦警厅,派武装警察十余人到校,布岗于群贤楼前廊一带。盖林闻教职员及学生,有拟将校中仪器用具移赴上海为办义务大学之用,故有此也。

　　(蜀生:《厦大学潮之尾声》(续),《申报》,1924年6月17日,第10版)

　　厦门大学全体学生离校宣言云:从林文庆无故辞退学行兼优的四主任以后,我们愧有良心,我们愧有好恶,冒万死一生的险,冀为厦大求一线生机,为教育界辟一片干净土。"罢课宣言"是我们四百同学两三年呜咽的第一声哀号。但是这十几天的奔走呼号,所得的代价是怎样呢?校董陈嘉庚先生除给我们以一集美前车可鉴的圣谕以外,还有什么?(中略)率工人五百余人,围打学生,演成"六一"的流血惨剧,开教育界破天荒的恶史。然而我何犹迷信法律可以"除暴安良"、是非或有判别的一日。谁知道在恶势力金钱显灵的时候,法律站在门外哭,真理早已自杀完了。无可伸[申]诉的奇冤,怎能不使我们奔走哀号,怎能不使我们抱头痛哭。但是我们的哀号,我们的痛哭,也能少引起强者的同情吗?伤心啊,有[在]这冷酷的孤岛上,恶势力霸占了一切。死的沉闷,活的无理,主张真理的惟有几人。社会给我们的精神上失望,也未免太利[厉]害。况且万恶的林文庆为强迫我们离校起见,全校的电灯都拆去了。膳食、茶水也概停止了。饥渴交迫,在黑暗的地狱里摸索而行。野蛮时代惨无人道的人生悲剧,都一一向我们而开锣。赤手空拳的我们在"这冷酷的孤岛上,到现在我们真的声嘶力竭","山穷水尽了",但是我们确信社会人士对这次风潮如不谋彻底解决,则厦大将万劫不复。陈嘉庚兄弟如故执迷不悟,一任林文庆贻误青年,则早日的"毁家兴学"纯是"欺世盗名"。陈延庭[廷]等白日便带工人五百余人围打学生,而竟逍遥法网,则厦大决非人迹所应到的地方。我们愧有良心,我们愧有好恶,在这冷酷的孤岛上,既不能有所为,决择适宜地点,本万死一生的精神,继续与恶势力奋斗,为厦大求一线生机,为教育界辟一片干净土,万一奋斗而胜利我们决全体返校,继续来学初心,万一奋斗而失败,并非我们绝厦大,是厦大先绝于我们。海阔天空,何处不是我们求学的地方。仰天一笑,我们不再屈服于强权之下了。

（蜀生:《厦大学潮之尾声》(续),1924 年 6 月 17 日,第 10 版)

十日　《申报》刊出厦大学生团致厦门大学筹备员书。

厦大学潮情形,已迭志本报,兹又接该校学生团致厦门大学筹备员蔡子民、汪精卫、黄任之、郭鸿声、邓芝园、余日章、李登辉、胡敦复、黄孟奎、叶采真诸君书云:陈嘉庚先生,热忱爱国,慨出巨资,创设大学,培植宗邦子弟,经公等劳精竭神,筹备一切,始克有成。开办至今,垂及三载,规模堪称稍具。在兹教育幼稺学术未昌之中国,嘉庚先生有斯慨举,为天下倡,又获公等乐助其成,非独我四百学生所当额庆,抑亦为天下所共称幸者也。然大学为最高学府,为最高学府之校长,非资望俱尊,学养均富,不足以尽厥职,而副众望。前邓芝园先生,以意见不合,洁然引去,嘉庚先生不察,以大学校长之重任,委诸不学无术卖国求荣之林文庆。林本业医,教育非其所习,中文不谙,国情更无所知,寡廉鲜耻,媚外谓势,自命孔教信徒,藉以欺人盗世,自彼长校以来,策进无方,办事失序,舍大图小,守拙抱残,专恃私见,蔑视公理,听信谗言,违反正义。教员之进退,由其独裁,学生之去留,凭其口决,破裂之机,伏之久矣。数年来,差得维持常态,而无意外者,均赖十数学识宏富之教职员,竭蹶扶助之力。讵知林氏倒打逆施,宠信群小,排斥忠良,竟无故辞退学行兼优、办事热心之教育科主任欧元怀、商科主任王祉伟、文科英文系主任林天兰、注册部主任傅式说四先生。生等负笈来此,志在求学,顿失良师,如丧考妣,乃本良心主张,派举代表,再数质问林氏辞退四主任理由。若无充分理由,即请收回成命,乃伊不谅群情,始终认为破约辞退教员,校长自得任意专擅,有无理由,学生不得过问。教职员动于公愤亦开会派代表质问校长,竟同遭无理由之答复,其他品学俱优之教职员,如余泽兰、吕子芳、李世琼、周学章、吴毓腾诸先生,睹此异象,义愤填胸,亦相继辞职。噫,嘉庚先生之热血之金钱,公等之精力之计划,从此耗丧殆尽矣。庆父不除,鲁难未已,迫不得已,生等全体乃于二十八日下午罢课,誓死驱此蟊贼,宁为玉碎,无为瓦全。自罢课后,极力维持校中秩序,距于六月一日,林氏老羞成怒,竟主使陈延庭[廷]、薛永泰、林幽等,统率工人五百余殴击,并捆禁学生三人,受伤剧重。似此惨无人道之空前悲剧,诚教育界所仅见,为厦门大学计,为中国教育前途计,万乞主持公道,迅予援助。生等四百人寄身虎口,危险万分,举步趑趄,满地荆棘,涕泣陈词,不胜恐惧忧疑之至。耿耿下衷,伏祈鉴察。

（《厦大学生团之呼吁声》,《申报》,1924 年 6 月 10 日,第 7 版)

十三日　厦大离校学生团总部全权代表罗士清、施乃铸等十四人,从厦门乘苏州号轮船,于十四日抵达上海,暂寓法租界的大安旅店。("厦门电",《申报》,1924 年 6 月 13 日,第 4 版)

厦门大学此次因解除四主任,激起学生反动。全体离校后,特组织离校学生团,推举代表来沪组织总部,并往内地组织分部。沪地被举之全权代表为罗士清、施乃铸、邱[丘]学训等十四人,于前日乘苏州轮抵沪。现该总部已临时组成,计分编辑、事务、交际、文牍四部,分别办事。现暂住大安旅馆,已由事务部觅相当房屋,正式成立。编辑部正着手编辑该校此次风潮始末情形之特刊,交际部则定明日招待本埠新闻界,宣布此次风潮真相矣。

（《厦门大学代表团来沪》,《申报》,1924 年 6 月 18 日,第 14 版)

十六日　发布"厦门大学离校学生团总部启事"。

各界诸公钧鉴:敝校学生被林文庆多方压逼,已于本月八日全体宣誓离校。当举全权代表罗士清、孙亢曾[1]、丘学训、何纵炎、倪文亚、李叔珍、任旭、刘荣祖、陆志安、黄化育、王汝霖、赵英毓、施乃铸、朱作

---

[1] 孙亢曾(1899—2002),字侃争,广东梅县人。毕业于大夏大学教育科,后赴英国里治大学留学,获文科教育硕士学位。回国后任大夏大学教授、教务长。1949 年后任台湾师范大学教授、教育系主任、校长。

人等十四人,赴沪组织总部,再作进行。现全体代表已于本月十五日抵沪,暂寓法界大安旅店。至一切详情,容续披露。特先布闻。

六月十六日

(《厦门大学离校学生团总部启事》,《申报》,1924年6月18日,第2版)

十九日 厦大离校学生代表团组织总部,在宁波同乡会四楼开茶话会,招待上海新闻界。

厦门大学学生离校后,举出全权代表十四人,来沪组职总部。昨日下午二时,假宁波同乡会四楼开茶话会,招待本埠新闻记者,到十余人。由学生罗士清主席,报告该校学潮经过情形,略谓,厦大校长林文庆,初来时即开办多科,徒博外观。所延主任教授与用人行政,多凭私意,故教员中尚多有不谙国语国文者。此次又无故开除教员,不宣布理由,合并多科,而不本学科原理。开除学生,不宣布学生劣迹。私设法庭,而自居于法官地立传景拘捕,以学生为犯人。如此专制,学生如何能受。且陈嘉庚先生捐资兴学,本为国家造人才计,今林文庆之倒行逆施,违反学生之宗旨,假使陈嘉庚先生洞明此中真相,当叹所托非人也。林文庆不去,厦大无改造之希望。此次风潮外间颇有疑为系受人利用者,学生等从良心上切实否认。学生等此次虽已离校,但甚希望厦大能因此次风潮,努力改善,则学生之是否返校可不问。而陈先生创校之苦心,或可有实效于社会。次闽南学生代表李汝珍报告闽南学生趋向,报告毕。新闻界方面邵仲辉、马崇淦相继演说。至五时散会。

(《厦大学生招待新闻界纪》,《申报》,1924年6月20日,第14版)

(罗士清、李汝珍)报告毕,新闻界方面邵仲辉演说云:"此次厦门大学风潮,于社会至少有两种影响:一、近日学潮蜂起,论者多归罪于'五四'、'六三'两运动,而应付学生手段常取宁可错到底之态度,因之竟有不惜解散学校而不肯一纳学生之要求,以为可息学潮,实则'民不畏死,奈何以死畏之',学生宁遂因开除解散而馁其进取之心;二、因此次学潮可忆及二十年前之情形。尔时学校风潮繁兴,学生离校后常自谋建设,如南洋风潮后有爱国学社,留日学潮后有中国公学,震旦学潮后有复旦大学,虽爱国学社因南洋表示改善及政治关系,支持不久,而复旦且列于东方八大学之一矣。愿诸君之大厦大学①有极大之成功。"次马崇淦演说,谓"学生思想较新,而教职员校长多守旧,两方各趋极端,遂激成风潮。苟能双方调和,风潮即可避免"云云。至五时散会。

(《厦大学生招待新闻界纪》,《民国日报》,1924年6月20日,第10版)

厦门大学离校同学团总部编辑部编印的《血泪》半周刊正式出版。首期刊登《发刊词》及《厦大学潮之真象》等文。(《血泪》,1924年6月19日,第1期)

二十三日 厦大离校学生团总部来沪后,认识到改革厦大之目的已完全无望。沪粤南洋各地,又皆停止招生,数百离校青年面临失学困境,因此专函辞职各教员,请其邀集教育界名流硕彦,筹备大学。

原函如下。谨启者:厦大不幸,群丑当道,校务教务,几濒破产。学生等不忍坐视方兴未艾之最高学府从此沦胥,迫于正义良心之主张,为激[彻]底改革之运动,用心殊苦,厥志弥坚。无如学校当局,执迷不悟,环辕痛哭,已不足邀其一顾。罢课宣誓,又不能减若辈淫威于万一,奔走呼吁,瞬经二旬,荏苒迁延,绝无效果。而并科停止招生诸妄举,反于此时见诸实行。是厦大之有意绝学生,无可讳言。最伤心者,林文庆唆使群小陈延庭[廷]等率工人五百余人围打学生,演成六一流血惨剧,开教育界空前恶史。师生感情,断丧无遗。况复校董陈嘉庚远隔重洋,藐视一切。林文庆依权傍势,益见猖狂。学生等惩羹吹齑,痛处虎口,生命垂危,羞与为伍,良心未泯,故六月八日全体同学宣誓离校。学生等受三百同学之委托,合痛来沪,知改革厦大,一时已难为力。而此次经运动,原为读书奋斗,谋贯彻初衷计,不能不急图善后。念彼黑氛弥漫之厦大,已驱人于千里之外,而主持公理正义之辖神,终须昭垂于永世,辗转筹思,非于沪上自筹大学,固难以救济此数百求学无门有志未竟之青年。况正义所在,人有同情,赞助匡扶,复

---

① 当时已有新建一所大学的设想,并有人提议叫"大厦大学",故文中有此说,下文亦如是。

易为计，惟事艰于图始，时不可坐失。生等识浅力绵，难谋大计，瞻仰吾侪爱戴之良师，既学博而道纯，复循循而善诱。而此次仗义辞职，尤可振颓风而挽末俗，万愿本乐育之热诚，谋正义之胜利，作良固之团结，体念学生等求学之苦衷，屈为主持，将大学早日办成则学生等幸甚，中国教育前途幸甚。抒臆陈辞，望为垂察，不胜翘企待命之至。专肃并颂钧绥。厦门大学离校学生团总部谨启。六月二十三日。

（《厦大离校学生团宣言》，《申报》，1924年6月24日，第14版）

厦大离校学生团赴广州学生，与当地报界公会及学生联合会、高师学生会接洽，假广东大学师范学院礼堂开会。厦大学生代表雷荣璞报告学潮经过，并向各界提出援助请求。

派来广州一组，业于日昨抵省。查广州支部职员为雷荣璞、张毓琨、邓璩奇等三人。雷等到步①后，连日已向此间报界公会及学生联合会、高师学生会，分投[头]接洽。学生联合会总干事伦湛恩、高师学生会刘克平，均表欢迎，并决定二十三日开职员联合会，商议援助厦生办法。是日下午假座广东大学师范院礼堂开会，两会职员列席者数十人。首由蒋世明主席，提出讨论援助厦大学生团问题。旋由厦大学生代表雷汉明报告　该校学潮经过情形。旋即提出两项请求援助之目的，略谓（一）我辈现虽被迫离校，仍是继续厦大革新运动。厦大乃一最高学府，断不能听陈嘉庚、林文庆一二人所把持，贻误青年，为我国教育前途之障碍，故我辈欲请昔日筹备厦大诸筹备员出而组织董事会、主持校务，此是厦大革新之根本主旨，望诸位赞助此运动。（二）我辈三百余同学，现在被迫离校，无所依归。前在厦之日，曾宣誓如林文庆一日不去，我辈一日不回厦校。现林尚在校把持，是则我辈已陷于失学之地位。现我校各教授愤厦大之黑暗，愿牺牲一切，担任义务，在上海组织一大厦大学，维持我辈学业，惟筹集经费极难。对此问题，尚望贵会有所援助。倘大厦大学不能成立，我辈三百余失学学生，亦望有所维持。雷述毕，到会者多表同情。结果议决办法四项：（一）拍电警告陈嘉庚；（二）电沪厦大学生总部慰问；（三）发表宣言通告全国；（四）代请粤政府设法维持。（六月二十四日）

（处，《厦大学生离校抵粤情形》，《申报》，1924年6月30日，第11版）

二十五日　离厦留沪教授王毓祥、李拔峨、傅式说、吴毓腾等四人接学生团请求筹办大学专函之后，顾念青年学生失学堪虞，立即复函慨允赞助，并督促学生团致电返里教授速赴沪磋商。学生团总部再次致函王、李、傅、吴四人，商议筹办大学办法。

本团同学离校之先，原议决如改革不能达到目的，则自行筹办大学一所，以为求学之地。然来沪之初，耿耿此心，终犹冀学校当局之能一旦幡然悔悟也，无如陈嘉庚、林文庆等倔强固执如故，而社会至[之]所以语我等者，尽不幸言中。停止招生，裁并科系诸谬举，竟以风闻而见诸事实矣。同人等至此，始知私产色彩之学校，决非忠告善道所能望其改革，欲为自谋，不得不急行着手于筹办大学之进行。于是驰函留沪及致电返里诸教授，往复恳商，请其出任筹备事宜。

（中略）

（二）二十五日王李傅吴四先生复函

迳复者：二十三日接奉来函，据称诸君于本月八日全体宣誓离校，含痛来沪，为谋贯彻初衷，急图善后计，拟请同人在沪筹设大学，用以救济此数百求学无门，有志未竟之青年等情。同人等深谅诸君苦衷，自当勉竭棉[绵]薄。惟兹事体大，非有切实计划，及请国内鸿硕共策进行，未便冒昧从事，尚希慎重考虑，切实示复！

再欧余林吕周五先生，均返里，除抄转原函外，并请贵部专电各先生，速其来沪，以便共襄一切。此复。

（三）二十五日再致诸先生函

敬启者：赐书敬悉。筹备大学，须先有切实计划，并请国内鸿硕共策进行，自是确论。兹就生等预计所及，并已有把握者，约略条陈如下，幸垂鉴焉。

关于经济方面，除拟于大学成立后，积极向各界劝募外，并于未离校以前，曾全体一致决议于阳历七

---

① 原文如此。

月十日以前，每人缴费五十元。此款概由本人直接寄存本埠上海商业储蓄银行，一俟新大学正式成立，即可领出，作为生等学费，供开办时一切需要。至校舍一层，刻闻南方大学迁移别处。其校址曾经登报招租，请先生即向接洽，当可借用。是则目前根本要图，业已大体粗具，扩充光大，自待来日。吾人精神不死，大学总有发展之一日也。

惟请国内鸿硕一层，生等人微言轻，所知者鲜。然仍当在可能范围以内竭力敦请外，尚恳诸先生仁为己任，鼎立推毂，想同声相应，赞助当不乏人。

欧余林吕周吴先生，业已遵照来示，专电溯驾。谨此附闻。至详细计划，容另派代表面陈一切。

（中略）

（五）二十七日李王傅吴四先生覆函

敬覆者：再奉来函，诵悉一切。诸君以求学之苦衷，为积极之奋斗，对于筹办新大学一节，早有具体计划，业决先缴学金，以作开办经费，并再伸[申]前请，要同人等出总其成。同人等深觉兹事体大，棉[绵]薄难胜。惟念诸君求学心切，返厦无门，舍另创大学外，实无善后之方。因之不揣冒昧，勉任其难，除分电离厦各先生外，并联络全国名流，拟在沪组织新大学一所，定名大夏大学。校舍接洽，已有端倪，一俟同人到齐，即可正式宣布。用特先闻，以纾悬念。并希转告同学，共砺初衷，当仁不让，庶几众志成城，计日可待，屈指秋高气爽，当是新校开课时也。特此肃复，即颂公安！

（下略）

（《总部到沪后纪事》（续前），《血泪》，第5期，1924年7月5日）

二十九日 陈嘉庚于《申报》登"辟诬"启事。

报馆为神圣不可侵犯之唯一舆论机关，负有维持教育，启发民智，改良社会，监护国家，最重大之职责者也。严谨真确，正大光明，方不失新闻报纸之价值，而为中外所钦仰。乃有捏造黑白，无中生有之特电，以夸灵敏，而欺社会，损人名誉，阻碍教育如新加坡《叻报》馆，及《新国民日报》者，殊令人太息痛恨，而不能已于言也。此次厦门大学校长林文庆因辞退数教员，致有一部分学生罢课要挟，此等越规侵权，嚣张成习之学生，动生风潮，原属司空见惯。在热心教育之报馆，虽得此激烈消息，而以该校前途之关系，正宜出之审慎，以保尊严。而杜利用，兹不唯不能如是，且无中生有，以厦门学生会来电，换作上海特电，复于原电内任意加增，力图破坏。至学生会来电，但云 Today Limboon Kengr order five hundred coolies tramps beats students, three Carried away almost dead student body（本日林文庆，使工人五百名，殴打学生，内有三人被掳去，伤势极危）等语，乃该两报，各自武断，一则加以"各界颇愤林之蛮横，厦大风潮不可收拾，"一则加以"金钱雇苦力流氓，将学生痛殴，有三人失落，殆已死矣，请主持公论，求各界援手，"云云。鄙人为厦大永久董事，风潮发生后，早已接到校长教员学生来电报告，与两报之特电，大相径庭。立派代表前赴调查原稿，真情毕露，自认略有增加，情愿更正。呜呼，该两报之所谓特电，乃不得之[诸]负责之访员，而得诸风马牛不相及，无稽学生会三字名义，且代为画蛇添足，任意增加激语。似此损人名誉，破坏教育，捣乱社会，贻害国家，如天良何，如人格何。此种报馆，若在国内，被人利用，捏造是非，犹可说也。若本坡法治清明（查报律凡登载毁人名誉报馆，当直接受利用科罚），乃竟有此幸灾乐祸违律之报馆其辱没国体，为何如耶。

南洋数百万华侨中，而能通西洋物质之科学，兼具中国文化之精神者，当首推林文庆博士。林博士在南洋之事业，如数十万元之家产，与任数大公司之主席（华商华侨两银行，联东华侨两保险，东方炭矿，联合火锯）。按年酬金以万数，姑不必论，但言其才德资望，而能于数百万华侨，仅占一席。叻屿呷三州府华侨义务代议士，独膺继任，十有七年，牺牲自己利益，又重且巨。稍明社会事者，对于林君之为人，莫不深致感激。厦大甫经成立，乃竟以鄙人数电之恳请，毅然捐弃其偌大之事业，嘱托于人，牺牲其主席之酬金，让而不顾，舍身回祖国，从事清苦，力任艰巨，一则为厦大关系祖国教育精神，人材消长，一则希冀华侨资本家，将来感悟，归办事业。其爱国真诚，兴学热念，尤为数百万华侨之杰出，当前年英政府议设学校注册律时，乃有营业失败，负债莫赎之厦人，恐将穷债犯，遂狡谋百出，巧藉学校注册事，登报毁谤林君，以激怒英政府下逐客令，递解出境，以遂其避债沽名。一举两得之奸计，欺罔内地社会，此次厦大风潮，亦与有力，稍知前事者，无难见其肺肝焉。

厦大甫办三年，教员六七十人，难免无程度参差，品流庞杂之患，且多属欧美日留学生，意见分歧，遂分党派。而一般无气节者，甚至巴结学生，以固地位。林校长为整顿校风起见，拟乘暑假期间，尽行淘汰。是彼辈乃利用学生，出头反对，学生复利用报馆，从中煽动，冀得推倒林校长，则彼辈地位自能保全。是以有一部分学生罢课要挟，又利用报馆为之推波助澜，则一部分，变为全部分，小风潮，变为大风潮，势固然也。当发生之初，教员学生来电云，林校长无故辞退数教员，故罢课要求。呜呼，为教员者，当具有充分气节，合则留，不合则去，庶免恋栈之讥。况更倚赖学生，鼓动风潮者乎。嗟乎，教育巨子，蔡君孑民之逍遥欧洲，吴君稚晖之遁迹海上，夫复何言。然今日厦大地位，固与国内他大学不同，任彼辈如何动摇，当局者自有辨明主持，总不能稍移方寸，以坠其奸计，爰以告关心厦大者，此布。

中华民国十三年六月十六日
新加坡厦门大学永久董事陈嘉庚启

（《辟诬》，《申报》，1924 年 6 月 29 日，第 6 版）

七月

一日　离校学生团总部及离校全体教职员发表启事，驳斥陈嘉庚言论。

各界公鉴：陈嘉庚颠倒是非，辟诬诬人。同人限于金钱不能登报置辩，特于敝部所刊《血泪》第四期（由《民国日报》附送）详加驳斥。又嗣后凡遇同类文字发现，亦概由《血泪》剖辩，各界人士幸垂察焉。

（《厦门大学离校学生团总部启事第三号》，《申报》，1924 年 7 月 1 日，第 6 版）

新加坡陈嘉庚先生鉴：昨阅先生辟诬广告加去职诸人，以依赖学生鼓动学潮之罪名，请即宣布确实证据，以供社会公判，傥或挟金钱势力滥登广告，淆惑视听，则毁坏名誉，法律具在，唯先生察之。厦大去职教职员王毓祥等全体公启

（《厦大去职教职员王毓祥等公启》，《申报》，1924 年 7 月 1 日，第 6 版）

为辨证陈嘉庚言论，离校教师王毓祥致函《申报》，详述离校原因。

主笔先生台鉴：自厦大学潮发生以来，鄙人以当事人资格，不欲轻发言论。盖就个人方面论，功罪付之仲裁，褒诛自有舆论，无形须当事人多费唇舌。就学校方而论，虽黑幕内容，知之较悉，但身卷漩涡，偶一启齿，易蹈攻讦之嫌，因此之故，缄默至今。近数旬来，种种秘密团体，假借闽南青年团、厦门职工会诸名义，遍发传单，加去职诸人以种种罪名，覆巢之下无完卵，鄙人亦在其列。六月二十九日，新加坡陈嘉庚先生复在《申报》登辟诬一则，将此次学潮完全归罪于去职诸教员身上，金钱绅恶，视听为淆，社会不慎，或为蒙蔽，则去职诸人，既蒙无理之遇，复抱不白之冤。鄙人至此，为公理计，为名誉计，不得不对社会略有所陈，惟立论范围，以个人与厦大前后之交涉为限。

鄙人与厦人发生关系，始于旧年四月六日。莅厦之前数月，厦大教务主任刘树杞屡次函电教促，要鄙人辞去沪上各职，去厦大作一番建设事业。到厦后，不出两旬，即受任为商科主任及大学查账、合作商店筹备员三职务。现在厦大商科课程、会计制度及合作商店，皆鄙人一手所经营缔造者也。当商科主任初发表时，林氏曾谓各科主任之任期至少在五年以上，庶各科得从容建设。去年六月，林氏复代表厦大与鄙人续约两年。客岁之冬，天津某公司促鄙人北上，向林氏表示辞意，不获允许。当时商科教员至为缺乏，鄙人身任上述三职外，出席十三种行政委员会，担任钟点每周十三小时，当时林氏对鄙人之恭维，诚如天如帝也。今年三月，林之第三子林可能君，自英返国。未至前，林即指定商科数种课程，应划归伊子教授，鄙人当即遵旨照办。讵意林可能君到校后，对所指定课目，不愿意担任，谓在英素非专习，反疑鄙人有意捉弄。林反附和其说，对于商科课目，时发无谓之批评，如谓商科分目太多，有经济原理一课，即不应再设银行货诸一课，其一例也。

（《前厦门大学商科主任王毓祥来函》，《申报》，1924 年 7 月 2 日，第 15 版）

本年五月二十七日，林之秘书陈灿持手书至鄙人宿舍，则即以三月之通知解除鄙人与欧傅二主任之

□约也。鄙人接此函后,知全校或将愤激,为息事宁人计,发出通告如下:

"毓祥滥竽主任:修□年余,鞭短汲深,陨□时惧,兹幸校长体查下情,□毓祥□约,□于本年八月二十六日正式解职,奉命之下,欣幸万状。至商科教务,在八月二十六日以前,□当勉负其责,知□公注。特此布□。签名盖章。"

欧傅二主任亦发布相类似之通告,但全校教员与学生,以三主任无故解约,非徒于教员人格有关,抑非厦大前途之福。各举代表,向林氏婉询理由。林氏态度强硬,谓他有他的理由,不愿意宣布。学生愈激愈愤,乃出于罢课举动。林氏以电话招鄙人及欧元怀君至鼓浪屿私宅,请我等为伊开导学生照常上课。我等答:"愿尽我等能力所及,为伊帮忙,但学生所要求者,为解约之理由,最好将所有理由宣布,学潮自然平息。"林氏谓:"伊不宣布理由,有万不得已之苦衷。"我等谓:"不宣布理由的苦衷,不外两方面,一方为我等个人名誉计,一方为学校福利计。若为我等个人大前途计,则事机危迫,一发千钧,总以宣布为宜。"林氏谓要伊宣布理由,是万不可能的,止求我等"既往不咎,以后辞退教员,伊定宣布理由,请以此意转告学生云云"。一场谈话,遂不得要领而散。

自六月一号厦大工人流氓殴绑学生,演流血全武行后,厦门商会教育会不忍袖手再视,出任调停。林氏派厦人邵庆元到会,捏造种种罪案,加诸解约三主任身上。欧傅二君所受之诬蔑,无须鄙人代为置辩。对鄙人所加之罪名,一则曰性情粗暴,殴辱工人及同事。再则曰贪得无厌,客□在滥用经费四百余元。鄙人□□□后即亲谒林氏,问邵庆元所发之言论伊是否负责。伊说绝对不负责任。又问邵所援指之罪案,伊是否可为证实。伊谓从不知□一回事。至去岁在沪在京,因担任招生、聘人、购仪器、组织商店诸事务,用费五百余元,均有细账可查。鄙人在厦门商会谈话,已将此事和盘托出,遍登厦□各报,惜无林氏金钱势力,未能遍电全国父老昆弟人人尽晓耳。

(《前厦门大学商科主任王毓祥来函》(续),《申报》,1924年7月3日,第15版)

六月十号,鄙人因薪金尚未领到,至林氏私宅,为最后之谈话。林氏当时礼貌之恭,无与伦比,鄙人念君子交绝不与恶声,亦好意与之周旋。临行之顷,告林氏曰:"先生此回举动,由事后观之,对于去职诸人为不恕,对于厦大为不智。先生素信孔教忠恕待人,今竟出此下策,其间必有苦衷。今我之船票已购定,数小时后即与厦岛长辞,出于先生之口,入于我之耳,请以此次解约之动机见告,我定为先生守秘密。"林氏掀髯欠伸长叹者再,徐徐言曰:"我有三理由:(一)我信以校长资格可以辞退教员不要理由,(二)我信无论何校,如辞退教员而使之与闻理由,实为至愚之政策,(三)我愿为厦大创一前例,以后可辞退教员不必宣布理由。"此为鄙人与林氏最后之一席话,是否由衷之论,不得而知。

鄙人在厦门所领七八两月之薪金,系到上海见票后十日付款之期票。当时本向林氏索现金,林哀告校中无款,只能出期票,至上海陈嘉庚公司领款。因陈嘉庚公司有分行在沪,素为厦大之汇兑机关也,鄙人信之不疑。到沪后,持票到该公司关照,亦书到期认付无误。不料昨二十六日该票到期。该公司谓接厦门来电阻止付款。鄙人乍闻此信,莫明其妙。昨已去函厦门,向林氏质问,结果如何,再行露布。王毓祥来函(前厦门大学商科主任)七月一号

(《前厦门大学商科主任王毓祥来函》(二续),《申报》,1924年7月4日,第15版)

二日　离校学生团总部学生代表与留沪教师王毓祥、李拔峨、吴毓腾、傅式说开会,议决筹备大学相关事宜。

二日致函留沪王李吴傅四先生,从速赁定校舍及寄宿舍;致电福州余泽兰先生,请其即行来沪。下午邀留沪四先生至钜兴里本部开会,议决要案四项:(一)俟内部组织稍行就绪后,大夏即正式宣布成立。(二)由王傅两先生明日亲往校舍房董处签订租约。(三)俟欧余林三先生到后,即行编订大夏组织大纲章程及招生简章。(四)经费视各方情形,再定募捐办法。正值开会之际,何纵炎君亦驱车至。报告昨晚由前贵州省长王伯群先生处借得大洋一千元,足敷日内筹办大学之用,并谓王先生素具培植青年宏愿,将来当肯尽力襄助本校云。

(毓:《总部到沪后纪事》(续前),《血泪》,第5期,1924年7月12日)

四日　厦大离校学生团为筹款事,多方谋划。除函促离校学生速汇款项外,并由筹备诸

教授多方努力。

四日接广东第一支部雷荣璞君来函,声称彼于六月廿六日晋谒汪精卫先生,请其指教一切。汪于未来大厦校长一席,竭力推崇吴稚晖先生,谓吴先生年高德劭,实国内不可多得之人,请其出长大厦,定能发展无量。并谓本人即将来沪,当代诸君力为推毂云云。至经费一层,汪亦拟与廖仲恺省长、邹海滨校长商议设法补助。同日欧元怀先生自原籍来函,谓莆田某富户亦有允认开办费万元之望。

（毓:《总部到沪后纪事》(续前),《血泪》,第5期,1924年7月12日）

厦大离校学生团,前请教员筹办之大夏大学。比来积极进行,已确有把握。该校教员宣言及大夏大学筹备处通告,日内即可发表,而各地学生,近日预缴学费半数或全数者,亦已达二千余元。又该团今日接广东支部来函,谓托精卫氏已以个人名义致函陈嘉庚林文庆二人,并拟于来沪后召集前厦大筹备员(汪亦厦大筹备员之一)共为恳切之劝告,且对于设立大夏大学一事,尤表赞同,谓广东政府虽连年军费浩繁,库款支绌,然无论如何,总可为大夏设法补助。

（《行将成立之大夏大学》,《申报》,1924年7月4日,第14版）

七日 厦门大学去职教授九人和离校学生总代表十四人,在上海贝禘鏖路(今成都南路)美仁里二十四号,设立大夏大学筹备处。初拟名"大厦大学",后定名"大夏大学",以志校史系由厦大嬗变而来,并寓光大华夏之意,英文名为 The University of Great China。

启者:同人等此次受厦大学潮之教训,知在专制教育之下万不容稍事徘徊,欲图补救之方,非另组新校不可。来沪以后,各方正义公理之援助,如响斯应,而在学生方面,尤不宜中途辍学,于是本良心之主张,作根本之要图,在沪上发起大夏大学。已租定法租界贝禘鏖路美仁里二十四号为临时筹备处,宜昌路一一五号为校舍,并积极联络海内鸿硕,集思广益,同时公举道德隆崇、学问渊博者为校长。俟百年计划一致就绪后,本大学即正式宣布成立。特此通告。

（厦门大学去职教员）余泽兰 欧元怀 李世琼 王毓祥 傅式说 林天兰 周学章 吴毓鹰[腾]吕子芳

（厦门大学离校学生团全权代表）罗士清 孙元曾 倪文亚 朱作人 何纵炎 丘学训 施乃铸任旭 李叔珍 黄化育 赵英毓 刘荣祖 陆志安 王汝霖

（《大夏大学临时筹备处成立通告》,《申报》,1924年7月8日,第3版）

所谓大夏大学临时筹备处,系设在上海弄堂内的一楼一底房屋的楼上,大门口还贴有"请走后门"字条,因楼下系房东卧室,为方便起见,筹备处必须由后门出入。

（欧元怀:《大夏大学校史纪要》,中国人民政治协商会议上海市委员会文史资料工作委员会编:《解放前上海的学校》,上海人民出版社,1988年,第144页）

到了上海以后,原在厦大任教的几位先生,以及十四名学生代表,在经费困难到处碰壁的情况下,大家抱着毫不动摇的信心,积极开始筹备大夏大学。大家的志气十分昂扬,可是真的百分之百的其始也简,简得好笑。举例言,那位管总务的周先生,原是省立高中有名的历史教师,写得一手极工整的柳体字,他记下每一笔的开支,在那本收支簿上,他一笔不苟地多次记下"付开水铜元一枚",就足见一斑了。十四代表中有位江苏籍同学,常穿的白汗衫变成淡灰色,背后还有大小不同的破洞,汗臭实在逼人,但他和我很讲得来。夏天上海奇热,而且蚊子多,他几次拖我上永安公司天韵楼最高层,不是看热闹,而是去乘凉,如此坐到打烊才走。这些趣事,想起来真是好笑。

可是"大夏大学筹备处"牌子挂起后,进行确不遗余力,原任教授的几位先生固不消说,孙元曾、何纵炎诸同学的工作绩效特别卓著。我们编行《血泪》周刊,作为《民国日报》的副刊,上面提到的那几位同学贡献很多。在上海的中国国民党前辈先生,对我们热情的照顾指导,使我们永远不会忘记。吴稚晖先生常到我们住处来,而且每次都坐谈很久才去。他对我们这群青年人的革命精神十分赞扬,可是他总诚挚地对我们说："我们当然极欢迎你们参加我们革命行列,但现在仍希望你们先致力读书,将学业完成后,再来从事实际工作。"诸如此类的亲切教诲,既是鼓励,又极关怀。

(倪文亚:《大夏大学的诞生与复校》,陈明章编:《学府纪闻·私立大夏大学》,台北:南京出版有限公司,1982年,第11—12页)

十二日　上海大学学生派代表至总部干事处慰问。

厦门大学离校学生团总部到沪以来,颇得各方面援助。前日,上海大学学生又特派代表杨子华、朱义权、刘一清三人,亲至宜昌路一一五号大夏大学该总部干事处慰问,并愿尽力援助大夏大学之进行云。

又该部得福州来讯,谓林文庆私党某教员近在福州大造谣言,淆乱黑白,以谋诬陷莅校教职员学生。昨特开会讨论对付办法,议决推代表孙元[亢]曾君亲携《血泪》多份,往福州剖白一切,俾该地人士得充分明了该校此次学潮真相,及该部来沪后进行经过。闻孙君已于昨晚乘招商局新济轮南行矣。

(《厦大离校学生团总部近讯》,《申报》,1924年7月14日,第14版)

二十日　莆田陈树霖先生允任校董,慨捐五千元。

大夏大学昨得欧元怀君自福州来电,谓莆田陈树霖君允任校董,慨捐巨款,先交开办费五千元。又谓本人偕林天兰、余泽兰二教授及孙元曾君(厦大离校学生团代表前由驻沪总部派赴福州迎接教授)同搭本班新添轮来沪云。

(《大夏大学昨讯》,《申报》,1924年7月21日,第14版)

二十四日　在沪教员全体在宜昌路一一五号召开第一次筹备会议,通过"大夏大学组织大纲"。议决设立文、理、教育、商、预五科,并推定各项章程起草委员,着手组织筹备委员、董事会等事宜。

二十二日余泽兰、林天兰两教授乘新济轮到沪。大夏临时筹备处中于是又添两有力之人物。两先生舟车劳顿,休息一日,即于二十四日下午偕王李傅诸先生至本埠,咨询组织大夏之意见。同人于教授提出各项,讨论綦详,兹姑择其要者录下:一、聘请吴稚晖先生为校长。二、组织筹备委员会,由校外声望素著之人及教授数人组织之。三、组织董事会,邀请校外名人及筹备委员会推出数人并学生推出代表一人组织之,□□□□□□□,以捐开办费五千元以上或设备费一万元以上者充之。四、内部组织。甲、设行政委员会主持全校校务,不另设教务主任一席。乙、设评议会为大夏最高立法机关。丙、设教员会以便随时提出意见于行政委员会及评议会讨论。五、科制,分文理商教育四科。文科暂设国文、外国文、社会科学、哲学四系。理科暂设数学、物理、化学三系。商科暂设设银行理财、贸易、会计、商务行政四系。教育科暂设教育心理、教育哲学、教育行政三系。

……二十四日诸教授以校长问题致函吴先生,请其次日下午在寓稍候,以便候教。次日诸教授未待出发,而吴先生已于下午一时许命驾先至教授寓所。诸教授当将大夏草创伊始,诸事有赖先生出面领袖支配之意向吴先生陈述。吴先生但云大夏历史与众不同,不宜另请局外人为之校长,且诸教授与诸同学皆以为教育前途奋斗而离厦大,而创大夏,则诸教授与诸同学对于大夏前途之发展,当具同心,校内各事,自易办理,不必定须借重时下名流以资号召云云。次晨(二十六日)九时半吴先生复回诸教授至本部重申前意,谓余在外面定始终帮忙,愿诸位彻底干去,如有害三四年热病然。只要将来旧生尽行毕业,此中文章,能在陈家[嘉]庚、林文庆面前交卷。彼时即诸位豁然病愈时矣。如一时兴奋,不久即行冷淡,不积极将大学接续办好,不独陈林又要笑谓止有厦门大学,始是诸位读书作事处,即社会人士、学生家长,亦不能不谓诸位此次运动,完全为一时意气也。吴先生侃侃而谈,至十二时始告别。

(毓:《总部来沪后纪事》,《血泪》,第11期,1924年8月2日)

大夏大学教授余泽兰等九人于昨日午后二时在戈登路大夏校舍开第一次筹备会议,议案如下:(一)聘请吴稚晖先生为校长。(二)组织筹备委员。(三)组织董事会:(甲)筹备委员中选出若干人;(乙)厦大此次去职教员九人;(丙)离校学生团代表一人;(丁)校长为当然董事,此外又设名誉董事若干人,以捐助开办费五千元以上,或设备费一万元以上者充之。(四)内部组织:(甲)不设教务主任,全校教务由行政委员会主持之；(乙)设评议会为该校最高之立法机关；(丙)设教员会随时得提出意见于行政委员会及评议会讨论。(五)分科：(甲)文科暂设国文、外国语文、社会科学、哲学四系；(乙)理科暂设数、理、化三系；(丙)教育科暂设心理、教育、哲学三系；(丁)商科暂设理财、贸易、会计、商务行政四系；(戊)预科两年毕业。以上所举不过为该大学组织之大纲，其余详细章程不日当由起草委员会规定云。

（《大夏大学昨日之筹备会议》，《申报》，1924 年 7 月 25 日，第 14 版）

租定宜昌路一一五号打油厂为临时校舍……记得校本部门前矗立着书法家曾熙题的校牌，既高又大，与校舍虽不相称，却也有些气派。当时有人嘲弄说：大夏的'夏'，按古文'夏者大也'，那么校名是大大大，而校舍却是小小小。

（欧元怀：《大夏大学校史纪要》，《解放前上海的学校》，第 144 页）

八月

一日 欧元怀由闽抵沪，筹备处召开会议，推举欧元怀、王毓祥、傅式说三人为执行干事。离校学生团派陆志安、黄化育、朱作人三人留沪办理结束事宜。

厦大离校学生团自莅沪后即分头接洽，关于建设事业复得多方赞助。现大夏大学已正式成立，定期招生矣。故该部一部分代表即束装返里，另派陆志安、黄化育、朱作人三君驻部办理结束事宜云。

（《厦大离校学生团总部近讯》，《申报》，1924 年 8 月 2 日，第 14 版）

二日 大夏大学筹备处在报纸刊登招生通告，招收文、理、商、教育四科一二年级本科插班生及预科一二年级新生。同时，一面配置校具，租借宿舍，一面聘请教员，组织董事会。

本校添招本科一二年级（文理教育商四科）插班生，预科一年级及二年级学生。(报名)时期八月四日起，二十日止。(地点)(一)法租界霞飞路二九零零号商科大学；(二)望平街民国日报社；(三)法租界贝禘鏖路(即南成都路)美仁里念四号楼上；(四)宜昌路一一五号本校。(手续)随带报名费二元，四寸半身照片一张，履历书或证书。(试验)时期八月念一日起，念五日止。(地点)商科大学。(科目)本科及预科二年级按照投考人程度、成绩指定科目试验，预科一年级国文、英文、初等代数、平面集合、理化史地。(简章)附邮票一分向各报名处函索。大夏大学招生委员会启

（《大夏大学招考男女新生》，《申报》，1924 年 8 月 2 日，第 2 版）

大夏大学自该校教授欧元怀君一号抵沪后，积极进行，一方登报招生，一方配置校具，租界宿舍，而对于添聘教员及组董事会，尤不遗余力。闻福建陈树霖君以捐开办费及常年费任校董外，吴稚晖、张君劢均已允任校董。吴君并介绍素对该校极力援助之汪精卫，同肩艰钜。此外叶楚伧、邵仲鄘、邓芝园、王伯群、林支宇等，均经该校请为董事，尚在接洽中云。

（《大夏大学近讯》，《申报》，1924 年 8 月 8 日，第 14 版）

大夏大学内部组织就绪，现添聘潘大道为文科主任，此外若张真如博士，范寿康君，该校亦拟聘为教育科专任教授。至校长一职，原请吴稚晖先生担任，嗣经发起人再三考虑，决定先组董事会，再由董事会正式产生校长。在校长未产出以前，所有该校对外一切事务，概由筹备处执行干事欧元怀、王毓祥、傅式说三君负责。

（《大夏大学之积极进行》，《申报》，1924 年 8 月 9 日，第 22 版）

大夏大学本学期聘请潘大道为文科主任兼教授，龚质彬为文科英文系专任教授，鲁继曾为教育科专任教授，唐荣滔、陈熙为商科教授。以上诸人业已正式聘定。在接洽中者，尚有多人云。

（《大夏大学添聘新教授》，《申报》，1924 年 8 月 16 日，第 22 版）

八日 筹备处酝酿成立校董会。除陈树霖捐助开办费及常年费担任校董外，吴稚晖、汪

精卫、王伯群①等先后答应出任校董。至八月中旬,大夏大学董事会完成组织工作,第一任校董有王伯群、吴稚晖、汪精卫、张君劢、叶楚伧、邵力子、邓萃英、林支宇、陈树霖、欧元怀、王毓祥、傅式说等。

一九二四年夏,王伯群在上海期间,一天,有何应炳(名纵炎)来访。他是何应钦之弟,何应钦的夫人是王伯群的妹,他们是姻亲。晤谈中,王得知何应炳是从福建来,他是厦门大学学生。他把这次由厦门来沪的原委告诉王说:"厦大于去年(一九二三)冬季,因个别教授教学质量差,学生向学校提出改革要求,学校当局处理不当,并殴辱学生,激起全校学生及教师们的义愤。事态愈演愈烈,延至今年五月,学校当局又无理解聘尚未满期的欧元怀等教授,认为他们同情学生滋事。于是,部分教授愤而辞职,三百多学生有组织地离校到上海。他们到上海后,因人多无学校可以容纳,他们推举代表(何应炳是学生代表之一)请求来沪的原厦大教授欧元怀、王毓祥、傅式说、余泽兰等九位为他们筹组新校,解决失学问题。欧元怀等多方奔走,终以经费难于筹措,面对数百名中途失学的学生,感到爱莫能助而十分焦急。"

王伯群听了上述情况,对厦大来沪教授及学生深表同情,表示愿予支持。经何介绍,王与欧元怀等晤面,经过一番商讨,王愿捐出银币二千元,托欧元怀等租屋暂作校舍,迅速安置学生以免流散、荒废学业。

王捐助这笔钱,在当时的作用很大。正如欧元怀后来所说:"在学校经费毫无凭籍的时候,这笔钱起了雪里送炭的作用。制定第一批校具的定金,登报招生的广告费,临时筹备处的租金等,都依靠这笔钱开支。"他们租了几间旧房子作为课堂和宿舍,学校筹备处设在上海称为弄堂的一条小巷内,房子只有一间,十分狭窄,主任住楼下,他们住楼上,其简陋可知。筹备初步就绪,于一九二四年秋季正式开学。

学校的领导人,教授们请王伯群出面组织校董会。聘请了马君武、吴稚晖、汪兆铭等七人加上欧元怀等三位教授,连王伯群共十一人为校董,组成了校董会。经开会公推王伯群为董事长,马君武博士为校长,马系德国柏林工业大学化学博士,曾任广州军政府秘书长。学校名称经研究定为"大夏大学",含有由厦大嬗变而来及光大华夏之意。从字形来说,厦字去掉偏旁就是夏字,意味着大夏是由厦大内走出来的。

(王守文:《王伯群创办大夏大学始末》,中国人民政治协商会议黔西南州委员会文史资料研究委员会编:《黔西南州文史资料选辑》(第五辑),1985年,第150—152页)

九日 广州厦大离校学生团支部来函,汇报在粤筹款情况。

九日,大夏大学筹备处接广州厦大离校学生团支部快函,据称该支部代表朱元生、陈经国、刘禹相等谒广东财厅长陈其瑗君,谈及大夏大学之建设。陈厅长谓,最好组织一基金董事会,专从事于筹措经费。渠本人允先捐洋一千元,并介绍朱等与商会接洽。至政府方面,现由渠与汪精卫、廖仲凯[恺]两君办理云云。又闻该大学近日对于组织董事会,已积极进行,兹录该校筹备干事欧元怀、王毓祥、傅式说等致汪精卫君函如次:精卫先生勋鉴:天南引首,饥渴良深,遥祝政躬,顺时纳祜,兹肃恳者,同人等为环境所压迫来沪筹设大夏大学。两月以还,各界人士,类多予以公理正义之援助,而稚晖、力子、楚伧诸先生维护尤力,惨淡经营,规模略具。唯缔造既属艰难,支持常亦匪易,若非组织董事会,实不足以策进行而垂久远,雅稔台端关怀,敝校伏愿本提携爱护之初衷,为永久扶持之将伯,用敢萧函奉恳,屈任校董,使大夏奠万禩不拔之基,则先生之造福于青年者其功德当无涯矣也。(下略)

(《大夏大学进行之一讯》,《申报》,1924年8月11日,第14版)

二十五日 原租定宜昌路一一五号校舍不敷应用,另于劳勃生路(今长寿路)致和里租定新建洋房四十余座。大夏大学筹备处迁入宜昌路一一五号。

大夏大学因原租定之宜昌路一一五号校舍不敷应用,昨已在附近租定新洋房一所,为预科讲舍。又在劳勃生路致和里租定新建洋房四十余幢为宿舍。房主潘守仁君对于教育素为热心,自办有潘氏第一义务小学一所,此次对大夏大学租金极为优待,并在宿舍旁代向伊友人处借大空地一所,为大夏大学体

---

① 王伯群(1885—1944),原名文选,字荫泰,贵州兴义人,同盟会会员。日本中央大学政治经济科毕业。曾参加辛亥革命、护国运动及护法运动。历任国民党中央政治会议委员、国民政府委员、交通部部长、国民党中央执行委员以及贵州省长、中美航空公司董事长等职。历任大夏大学校董、委员长、校长,为大夏大学的创办及发展作出了不可磨灭的贡献,1944年为大夏大学迁至西南大后方一事积劳成疾,病逝于重庆。

育场。该校体育师已聘定程树仁君兼任。又大夏大学筹备处已迁至宜昌路一一五号,该校本科校舍云。

（《大夏大学之扩展校舍》,《申报》,1924 年 8 月 26 日,第 22 版）

九月

十六日　校舍由宜昌路一一五号迁至小沙渡路(今西康路)二〇一号,同时迁入劳勃生路致和里宿舍。新生录取工作陆续进行。

大夏大学教室,原设宜昌路一一五号,与宿舍相距颇远。现在宿舍(戈登路罗［劳］勃生路致和里)对面租定洋楼一座为教室,拟于九月十五日迁入,并定十三十四日续招新生,十八日开学云。

（《大夏大学将迁移校址》,《申报》,1924 年 9 月 3 日,第 20 版）

大夏大学录取新生九十余人,九月三十号以前继续可报名考试,现定九月十八九〈号〉注册,二十号开学,二十二号上课。文科教授聘定潘大道、张梦九、范寿康、曾志民、龚质彬、邵力子、叶楚伦、邓峙冰、林天兰、何炳松[①]、冯熉,理科聘余泽兰、周文达、吕子方、李拔峨、傅式说,教育科聘朱经农、俞庆棠、程树仁、程湘帆、鲁继曾、李石岑[②]、欧元怀,商科聘唐荣滔、陈熹、陈长桐、贺蕃、童逊瑗、介慈、王祉伟。目前校务概由校务行政委员欧元怀、王毓祥、傅式说三君主持。又该校新租之劳勃生路校舍业已落成本日迁入云。

（《大夏大学聘定各教授》,《申报》,1924 年 9 月 16 日,第 16 版）

二十日　假潘家花园举行秋季开学典礼,到会董事、教职员、学生、来宾二百余人。全校有教员三十余人,报到学生一百九十人,嗣后陆续增至二百二十九人,基本上都是由厦大转来的学生。

大夏大学筹备已就绪,昨(二十日)假潘家花园行秋季开学式。校董到者如张君劢、王伯群、林支宇、叶楚伦、邵力子诸君,及新聘教授新旧学生数百人。下午二时开会。先全体起立唱国歌。次主席傅式说报告毕。该校筹备处执行干事王祉伟报告筹备经过情形。继由学生团代表某君报告学生团离厦来沪种种经过概略。后由欧元怀君介绍该校董事及教员毕。主席请董事演说。先由张君劢君登台发言,略谓现在中国时局扰攘,公私立学校均受政治经济之影响多致不能开学,而大夏适于此时开幕,虽暂时不免有经济上之缺憾,然建事立业虽重物质而尤恃精神。今大夏已有此战胜困难之精神,将来财政问题常可努力解决。盖精力集中常能胜非常之任。此即大夏今日成功之由来,亦即前途发展之所赖。并言求学须务真理,做人须求实现,自己参加是非徒作壁上观者为最无用之人。语语恳挚真切。次邵力子君继续演说,略谓今日大夏开幕个人觉无限愉快。盖一则可证明金钱势力非可压倒一切;二则可使社会人士了解闹风潮之学生未必是破坏分子,且有志青年不致向军财阀势力下之教育家乞怜;三则可使一般办学人觉悟而改变方针。次表示其个人希望并举复旦大学为例,勉以一致团结,继续努力云云。次林支宇、王伯群二君均有演说,皆勉励有加,并表示其极力援助之热忱。最后叶楚伦君演说,略谓大夏大学不幸成立于沪上大学勃兴之日,社会尝与之以不正当之批评,不知此大学实与其他诸大学不同。其过去之奋斗历史即为其特点,惟将来之努力正多,现在仅可视之为发轫。吴稚晖先生谓,将来大夏成绩必须更胜厦大,方可免陈嘉庚、林文庆二君之讥。盖大夏大学之后有二监督,一为陈林二氏,一为社会舆论当局,须格外注意此层。并云现在所谓"热心教育"四字并非绝对之好名词,如为热心"奴隶教育",热心"买卖式

---

① 何炳松(1890—1946),字伯臣,又字柏臣,浙江金华人。美国威斯康辛大学政治科学士,普林斯顿大学政治科硕士。回国后,历任北京大学及北京高等师范学校历史系教授,浙江省立第一师范学校校长,光华大学、大夏大学历史系教授,上海商务印书馆编译所所长,暨南大学校长等职。1946 年病逝于上海。译有《新史学》、《西洋史学史》,著有《近世欧洲史》、《历史研究法》、《通史新义》等。

② 李石岑(1892—1934),湖南醴陵人。早年留学日本,1919 年回国,任商务印书馆编辑,主办《民铎》杂志。历任大夏大学、光华大学、暨南大学哲学教授。1927 年赴法、英、美、德等国考察西方哲学。1930 年回国,倡导"新唯物论"。著有《中国哲学十讲》、《希腊三大哲学家》、《现代哲学小引》、《哲学概论》等。1934 年病逝于上海。

教育"皆所当力辟者。末勉学生除须以"学生"及"子弟"二资格求学外,仍须以"国民"资格去读书,将来方可有造于社会国家。董事演说毕,教员如程树仁、张梦九、余泽兰、邓峙冰诸君,均先后发言。教员演说毕,该校课外运动指导员程树仁领学生欢呼大夏而散。时已五句半钟矣。是晚该校筹备处执行干事欧、王、傅三君复邀请诸董事及教授在大东旅社欢宴云。

(《大夏大学开学纪》,《申报》,1924年9月22日,第11版)

这年9月20日,假附近槟榔路(编者按:今安远路)潘家花园举行开学典礼,22日正式上课,报到学生190人,嗣后陆续增至229人,基本上都是厦大转来的学生。在建校时期,我们提出三个口号:一曰"三苦精神"(即苦教、苦学、苦干),二曰"师生合作",三曰"读书救国"。新校创建伊始,筚路蓝缕,谈不上高楼大厦和优厚待遇,端赖教师苦教,学生苦学,职工苦干。我们认为全体师生如能通力合作支持学校,并发扬艰苦朴素、钻研学问的精神,便可达到"读书救国"的目的。这些口号在当时是砥砺全体师生员工的座右铭,发挥了一定的作用,……

厦大转来的学生,清寒的占大多数,他们在厦大原为免费生,教育科学生且获有免费供膳待遇,今来新校,每学期要缴学费银币40元,膳费自理。至于离校教授原来的月薪皆在200元以上,新校则不过150元左右,教课钟点每周为十数小时,甚至兼职不兼薪。然而在建校初期,校务公开,大家一条心,一股劲,没有怨言,遇有问题即由师生协商解决。学校请不起很多职员,所有刻印讲义、管理图书仪器及采购、庶务等工作,大部分由学生分任,多数尽义务。

学生的生活衣着,在上海各大学中也较朴素,对功课则勤奋认真。马君武教化学,周昌寿教物理,夏元瑮教现代物理,沈璇[璿]、何衍濬教数学,邵力子教新闻学,郭沫若教文学概论,田汉教戏剧概论,何炳松教西洋史,李石岑教人生哲学,朱经农教文化史,程湘帆教教育行政,均受学生欢迎。马君武住吴淞杨行镇,间或因火车误点迟到,学生们都齐集课堂等待。朱经农的课排在夜晚,有一天下大雪,朱因道阻迟到半小时,学生齐集等候,济济一堂,无一缺席。此时教授们对学生的好风尚,怀有好印象,故薪金虽薄,亦乐于执教。

(欧元怀:《大夏大学校史纪要》,《解放前上海的学校》,第145页)

十月

十二日　开学后,因校董散处各地,集会较难,校长问题迁延未决,故由欧元怀、王毓祥、傅式说三位教授组成校务行政委员会,学生会派代表一人列席,负责处理一切校政事物。后因各科事务日益增多,又聘请张介石、鲁继曾①、龚质彬、唐荣滔、徐璋等教授为校务委员会委员,分工负责,维持校务。(《本大学五周年大事记》,《大夏大学五周年纪念特刊》,1929年6月1日)

十一月

十一日　学生会成立。

大夏大学开学以来,校中各项组织日渐完备,新创立之学生会亦于昨日(十一日)开成立大会。到学生及教职员二百三十余人。先由主席报告开会宗旨,略谓,本会自四月八日开始筹备,中间经过许多考虑及同学之协助始产生,今日圆满之成立并祝永久存在,云云。继全体唱国歌。歌毕教员王祉伟、张梦九、欧元怀演说,继由鲁继曾夫人主席,会员表演项游艺,有探险、京调、口琴、说书、笑话、广东曲、中国式舞蹈等二十余项,历三小时始散。又该校颇视重讲演,今年国庆节曾请沪上诸名人讲演。上星期日又请

---

① 鲁继曾(1891—1977),字省三,四川阆中人。美国哥伦比亚大学硕士。曾任杭州之江大学教育系主任,上海市教育局科长,国立劳动大学、交通大学、复旦大学、光华大学等校教师。任大夏大学教务长兼教育心理学教授,后任光华大学、暨南大学教授。著有《中学教学实际问题》,译著有彼得斯的《教育社会学原论》、威尔斯的《生路》等。

前北京法大教务长、学艺大学筹备员王兆荣演说,以后尚拟历请在沪名人莅校讲演云。

（《大夏大学学生会成立》,《申报》,1924 年 11 月 13 日,第 11 版）

十六日　马君武博士就任董事。[①]（《本大学五周年大事记》,《大夏大学五周年纪念特刊》,1929 年 6 月 1 日）

十八日　马君武先生演讲,题为"人类自然间之位置"。（《大夏大学近闻》,《申报》,1924 年 11 月 19 日,第 11 版）

二十日　校董汪精卫十七日抵沪后,于今日全体开会欢迎,并举行董事会,商议各种进行计划,并请马君武为校长,推王伯群为主席董事。

大夏大学自开学以来,校务积极进行,惟校长问题,尚未解决。师生咸以此关系学校命运,不可久悬。此次该校乘校董汪精卫来沪北上,参与国民大会,遂于前日（二十日）开会欢迎,同时召集董事全体会议。到会者有叶楚伧、王伯群、邵力子、马君武、张君劢、汪精卫、林支宇（王祉伟代）、陈树霖（欧元怀代）、邓萃英（傅式说代）,公推王伯群主席,邵力子书记。先由欧元怀报告开校后之经过,次由王祉伟报告财政情形,然后依议事程序解决校长问题。主席谓,群情属望稚晖先生,但迭次请求,均未允许。近日又闻吴先生有病,请公议办法,各董事遂全体推举马君武博士,惟就任日期由马君与行政委员酌定。次讨论募集经费问题,由行政委员会拟具募捐收据,由董事会认可募集办法,由主席与校长商定,嗣后复由各董事分行担任,且推王伯群为董事会主席董事。

董事会散会后,全体鱼贯齐入会场举行欢迎汪精卫君。先由主席报告董事会开会结果。已推定马君武博士为校长,当时学生全体鼓掌。主席再介绍汪君之道德学问及历年奔走国事之功绩。后汪君登坛演说,略谓,余本系厦大之筹备员,当闹起此大不幸事,吾不能与以拯救。今又为贵校之董事,暑间以广州惨酷兵役又不能竭力来帮助,自觉非常抱歉,厥后论及教育之不发展,由于工商业之未振兴,工商业之未振兴,由于国际地位之不平等,国际之不平等,由于政治之不良,所以惟一条件,只有提倡国民革命,推倒反革命之恶势力,然后建设独立自主之国家,种种难题,迎刃自解。□毕,全体摄影,至下午五时半始散会。

（《大夏大学消息》,《申报》,1924 年 11 月 22 日,第 10 版）

二十四日　马君武就任大夏大学校长职,为首任校长。

马君武博士,……就任大夏大学校长以后,第一次对全体学生与教职员讲话,即以"三苦精神"与"师生合作"互勉。"三苦精神",大意为:

一、教授要苦教:要以教育为重,认真教学,不计较待遇之多寡。

二、职员要苦干:要以校务为重,切实办理,不能因经费缺少即敷衍了事。

三、同学要苦读:要以学问为重,认真求学,不能有缺课等情事之发生。

此三苦精神,影响甚大,兹分述如左:

（一）教授苦教:大夏大学在开办之初期,经济甚形困难,教授钟点费,固不能与公立大学相比,亦不能与已创办多年之私立大学相比。惟当时所请诸教授,皆是沪上名教授,是第一流教授,诸教授因受马校长之博学与苦学精神的影响,决不嫌待遇之菲薄,仍安其职,乐于施教,实属难能可贵。大夏学术研究之风气,遂以建立。

（二）职员苦干:当时大夏的职员,包含校务执行委员会委员,与教务、训育、总务各处的职员,彼辈对于小沙渡路暂时校舍的布置,与胶州路新校舍的建筑,所需经费,皆要多方设法筹措,在可能范围内,予以布置,予以建筑;决不因校中经费困难,即听其简陋,与不建筑,以致有碍校务的发展。

（三）同学苦读:大夏在初办时期,对各科所聘教授,皆是沪上名教授、著名学者;并且有若干教授,原

---

① 马君武（1881—1940）,原名道凝,字厚山,改名和,号君武,广西桂林人。先后留学日本京都大学、柏林工艺大学,学习工艺化学、冶金等,获博士学位。历任厦门大学校长、大夏大学校董、广西大学校长、中国公学校长等。1940 年秋,因病逝世。译著有卢梭的《民约论》、赫格尔的《自然创造史》等,并撰写《达尔文》、《中国历代生计政策批评》等著作。

是国立北京大学与国立东南大学等大学的教授，该时皆在上海商务印书馆或中华书局等书局当编辑，著作颇多。诸教授对各班同学讲课，大多不用课本，口授笔记。同学听课，真是聚精会神，认真做笔记；或提出问题，请教授解答；或购参考书，请教授指示，要使学业增进；决不因教室狭小，设备简陋，上课读书，亦不用功。大夏因有许多优良的教授，所以各同学亦皆肯用功读书，毕业后，皆能为建设国家，复兴民族，与发扬文化而努力，有其相当的贡献。

至"师生合作"，照马校长的意思，即是群策群力之意，对大夏校舍迁建、募捐、募书等事项，必须全校师生，一心一德，共同工作，努力以付，始克有成。

（卢绍稷：《追念大夏首任校长马君武博士》，《学府纪闻·私立大夏大学》，第36—37页）

开学两个月，不设校长，校务设置"校务行政委员会"管理，由八位教授担任，遇有涉及学生重大事宜，则由学生会派代表一人列席。大学施行这种委员制与传统的校长制比较，是一种标新立异之举。记得国立东南大学校长郭秉文，有一天遇见我，称我为"欧校长"。我声明大夏没有校长，只有八位委员。郭即带有讽刺地说："那么你是八分之一的校长。"我们眼看委员制行不通，于是由校董会推选马君武博士为校长。马校长于1924年11月24日正式就职，仍兼化学课程。他完全尽义务，从未支过薪金或车马费，后来还在1929年夏，率领我和王毓祥与华侨学生杨麟书、林清在等，前往马来亚为学校募捐。在星嘉坡停留约十天，侨胞要求马题字写对联者，纷至沓来，溽暑远征，不辞劳瘁。

（欧元怀：《大夏大学校史纪要》，《解放前上海的学校》，第145页）

十二月

二十一日　上午十时，邀请武昌师范大学教授李璜演讲"法国大革命之教训"。（《大夏大学消息》，《申报》，1924年12月22日，第11版）

二十五日　为交流信息，反映师生活动，经有关当局核准，《大夏周报》创刊，"内以发展自治互助精神辅助学校进行，外以促进社会为宗旨"。（《大夏大学成立经过及其现况》，《教育杂志》，第17卷第2号，1925年2月20日）

二十七日　下午三时，爱智学会邀请夏元瑮①先生演讲"相对论"。（《大夏大学近闻》，《申报》，1924年12月29日，第11版）

本月　教育科三年级学生教学实习开始参观学校，并拟筹备平民学校。

大夏大学教育科教授欧元怀、鲁继曾二君，以改进国内教育必先〈实〉地调查现状故，该科第三年级教学实习一科，第一期定为参观学校，每星期六上午由欧鲁二君率领，参观本埠著名中小名校，业经选志本报。闻星期日又往参观吴氏兄弟小学。每次参观后，全体集会讨论，考验学理颇着成效。又为汇记观察成绩计，须缴交报告，以便详加诘阅。又该校前因中国寰球学生会来函，据请该校附近工厂林立，工人子弟无力失学者不计其数，爰请该校筹办平民学校，以便就近儿童得受教育之机会。该校学生会遂商诸教育科同学，委派代表二人着手筹备：（一）先调查附近工人及失学儿童；（二）平民学校组织法；（三）经费预算拟定明春开学云。

（《大夏大学消息》，《申报》，1924年12月8日，第14版）

---

① 夏元瑮（1884—1944），字浮筠，浙江杭州人。早年曾就读于南洋公学。1905年赴美国留学，先后在伯克利学校和耶鲁大学学习，1909年又赴德国柏林大学留学，1913年因经费短缺中断学习后回国。曾任北京大学理科学长、物理学教授，主讲理论物理学。1921年回国后曾先后任北京大学、同济大学、大夏大学教授并兼任北京师范大学、辅仁大学等校物理学教授，北平大学代理校长，湖北省教育厅厅长。1937年起，任湖南大学教务长，重庆大学教务长，贵阳大夏大学教务长、理学院院长。中国第一代理论物理学家，相对论在中国最早的传播者之一，1921年翻译出版了爱因斯坦的《相对论浅释》，为中国第一本相对论译著。

一月

本月 新聘各科主任及教师。董事、教职员、学生等皆为学校基金募集工作积极展开行动。

大夏大学自开办以来校务极为猛进，昨马君武校长聘任张介石为文科主任，余泽兰为理科主任，欧元怀为教育科主任兼注册处主任，王祉伟为商科主任兼会计主任及大学中文秘书，鲁继曾为预科主任，傅式说为总务主任，龚质彬为大学英文秘书，唐荣滔为审计主任。又该校对于各科谋同一发展，并无偏重之弊，所以明春文科添聘郭沫若及前南洋大学教授陈柱尊①担任新旧文学学科，理科聘定前北京大学理科学长、现同济大学教授夏元瑮博士担任高等□学，及美国意利诺大学硕士曾昭桓担任数学物理，教育科亦已添聘刘湛恩博士担任职业指导，及陈长桐硕士教授童子军之组织，及行政商科添设铁路管理系。至募集基金董事方面由各董事担负责任，教职员业已组织募集基金委员会，举出邓崎水、朱经农、徐玮、唐荣滔、俞庆棠、张梦九、王祉伟、傅式说、欧元怀为委员。学生又组织学生募金委员会，《大夏周刊出》至第八期。

（《大夏大学近闻》，《申报》，1925 年 1 月 7 日，第 11 版）

二月

十六日 正式上课。新聘多名教授，并购置大量理科仪器及参考书。

大夏大学已于本月十七日开始上课。该校内部竭力扩充，本学期购置理科仪器及参考书颇多。又添聘周明衡、陈乾尊、郭沫若、马宗霍、刘湛恩、陈长桐、夏元瑮等为教授。

（《大夏大学之新教授》，《申报》，1925 年 2 月 23 日，第 11 版）

本月 自本学期起教育科添设职业指导及童子军课程。

大夏大学教育科为应社会之需求，于本学年添设职业指导，业已聘请刘湛恩博士担任。童子军组织及行政，聘定陈长桐教授。

（《大夏大学增加职业指导及童子军课程》，《申报》，1925 年 2 月 26 日，第 11 版）

三月

八日 举行春季全校恳亲会。

民国十四年三月八日 本日下午校中开师生恳请会（时在小沙渡路二〇一号，仅三楼三底房一座），马君武校长主席，新旧教职员及同学到者二百余人，济济一堂（因礼堂即在楼下中厅，自然感觉"客满"

---

① 陈柱尊(1890—1944)，名柱，字柱尊，广西北流萝村人。中国近现代著名国学家、教育家。早年留学日本，毕业于成城学校，课余治诗文，工书法，精通周秦诸子。毕业后至上海入南洋大学电机科修业。历任广西省立第二中学校长，无锡国学专修学校教授，暨南大学、大夏大学国学系教授兼系主任，广西大学筹备委员，交通大学中文系主任兼教授，安徽大学校长。曾参加南社、中华学艺社和新中国建设学会，主编《学艺在职》《国学杂志》《学术世界》等。1944 年秋逝世。著有《中国散文史》《老子与庄子》和诗集《待焚草》等。

了),诚盛会也。首奏乐唱歌,次校长训词及校务报告,次介绍新教授及同学,次教授及各科同学代表演说,最后茶话散会。教授及同学演说时,颇多趣事足记者,如教授曾某以反抗、牺牲、创造三种精神鼓舞同学,而引起朱某民治主义之抨击,谓大学须尊重讲学自由。与其趋于偏狭过激,不如开放思想,兼容并包。同学何君以贯彻读书运动初衷,努力学术研究为吾人之职志,继起发言,乃引起蒋君吾人应负"国民"、"学生"二重任务之反驳。唇枪舌剑,奇论横生,马校长微笑作一结论曰:"今日师生恳亲会,能本讲学精神,各言所志,孜孜不倦,此已充分表现大学研究自由之空气,听之亦殊多趣也。"

（孙元曾:《大夏初期史中之鳞片》,《大夏周报》,第13卷第26期,1937年5月29日）

十二日　孙中山先生逝世消息传来,学生静默哀悼,并议决筹备追悼会,并将于13日停课半日,前往莫利爱路(今香山路)孙中山寓所吊唁。

大夏大学十二日晚膳时,全体同学在膳厅举行三分钟之静默礼,哀悼中山。当晚该校〈国〉民党区分部,召集党员大会选举委员七人,筹备追悼会事宜。十三日复由校务行政委员会议决,停课半日。该校同学二百余人,特于午后往莫利爱路孙先生住宅吊唁。

（《孙中山逝世之哀悼》(二),《申报》,1925年3月15日,第13版）

十七日　下午二时,全校师生追悼孙中山先生。

大夏大学于十七日下午二时开会追悼开国元勋孙中山先生。到全体学生及教职员来宾二百五十余人。壁间偏悬挽章[帏],梁上密系白纸。过程如下:(一)先由主席报告开会宗旨;(二)宣读遗嘱;(三)全体向遗像行三鞠躬礼;(四)唱追悼歌;(五)教授代表、学生代表、学生等致追悼词;(六)演说有叶楚伧、陈柱尊、曾琦以及学生数人,相继历叙先生生平之事业与殁后国人应尽之工作;(七)静默五分钟;(八)闭会。

（《孙中山逝世之哀悼》(六),《申报》,1925年3月19日,第13版）

三月十七日　阴雨微寒,午后二时,全校师生举行追悼孙中山先生大会。事前,学生会布告征求团体或个人挽词或耒辞等。余成挽词一对,句云:"建国未竟全功,吾辈应惭后死;噩耗忽传北道,万民同哭先生。"窗友丘亦得一联云:"革命尚未成功,世事如斯亡国父;同志还须努力,吾侪何以继先生。"一时同学为写作挽词及布置会场忙。二时正开会,会场正中悬中山先生遗像,上额书"开国元勋"四字,旁为本校挽联,句云:"典型尚存,公真不朽;梁木其坏,我安适归!"此联谅出于王祉伟先生手笔。其余教职员同学挽词过多,不及具录。叶楚伧先生莅会演说,同学在场放声大哭者有雷、杨二君,全场为所感动,一时啜泣之声盈室,与风雨声相应和。

（孙元曾:《大夏初期史中之鳞片》,《大夏周报》,第13卷第26期,1937年5月29日）

十九日　爱智学会及文科同学会成立。

本校同学所组织之爱智学会已于本月十九日上午举行成立大会。是日来宾有余家菊先生演讲"英国教育之精神"及该会指导员李石岑先生讲演"佛法宗派说略",范寿康先生演讲"哲学研究的根本精神",张介石先生亦有演辞;此外又有会员演说。游艺方面:有口琴,暹罗曲,国乐,京调等。尤以李石岑先生之说书,及邵华、刘淑昭二君合演之双簧最饶兴趣。又同日下午文科同学会亦开成立大会,届时特请沈雁冰、余祥森二先生演讲。沈先生所讲为"古代文学",余先生所讲系"文学上之派别"。又本校教授陈柱尊先生演讲"研究国学之心得",及张介石先生讲演"对于该科之希望",并亦有游艺助兴云。

（《爱智学会及文科同学会开成立大会略志》,《大夏周刊》,第17期,1925年4月29日）

本月　校务行政委员会改名为"校务议会"。

上周校务行政委员会议决,改该会名称为校务议会,以符本校组织大纲之规定云。

（《校务行政委员会改名校务议会》,《大夏周刊》,第17期,1925年4月29日）

五月

三日　文科主任张介石先生代表大夏大学参加上海私立大学联合会筹备会。

上海私立大学联合会昨日下午二时假徐园开筹备会。到会者包括上海大学韩觉民,中国公学金侣琴、郭虞衷,文治大学倪无斋、王厦材,大厦[夏]大学张介石,东方大学陈景新、王景石,宏才大学曹善祥等。由文大校长倪无斋主席,王厦材报告发起宗旨及组织大纲后,经众公推倪无斋拟本会宗旨,书面征求各私立大学加入,并由到会者当面前往接洽,定下星期日再行开会。

（《私立大学联合会筹备会纪》,《申报》,1925 年 5 月 4 日,第 11 版）

五日　校务会议议决,秋季增设高等师范专修科和附属大夏中学。高师科聘艾伟博士任科主任。（《大事记》,《私立大夏大学一览》,1926 年 1 月,第 4 页）

十一日　邀请华德博士演讲,由马君武校长亲自主持。演讲题目为"智识阶级之职责"。下午三时,学生会代表二十余人邀请马君武校长茶叙。

大夏大学校长马君武博士,已于前日（九日）由京回校,日昨该校延请华德博士演讲时,马校长亲自主席,并介绍华德博士生平经历及著作,与此次来华在教育界所受之利益于听众,题为"智识阶级之职责"。又该校学生因马校长由京回校,特于昨日下午三时由学生会代表二十余人邀请茶叙。席间马校长略云,在京为大夏筹集基金,已有端绪,并表示对于大夏进行,随在着力,惟大夏最关重要之点,即新校舍之建造,还希诸生合作,期于最短时期促其实现云。

（《大夏大学近讯》,《申报》,1925 年 5 月 12 日,第 11 版）

十四日　全体学生开会欢迎马君武校长。

大夏大学校长马君武博士,进京两月,对于校务非常关心。此次因公返校,全体学生遂于前日（十四日）举行欢迎大会。兹将演词要点录下:（一）对于大夏之计划,自云接任以来,设备虽多未周,嗣后当竭力筹划,以谋前途之发达。目前最重要者为校舍问题,现已得人帮助,不久当可实现。其次各图书仪器,亦多方设法□。（二）对于工大之关系,自谓入京后,因受工大教员学生之要求,间接引起诸君之怀疑,其实与大夏大学毫无影响。盖以工大经费设备,不生困难问题,惟行政上稍有改革,以期打破官僚式之污点耳。总之鄙人无论如何,决不致与大夏脱离关系。即一日在职,无论何时何地,当尽一日之力,负一日之责,请诸君放心云云。

（《大夏大学欢迎马校长》,《申报》,1925 年 5 月 16 日,第 11 版）

五月十四日　马君武校长由北京抵校,全体学生开欢迎大会,唱校歌后,校长向学生报告三事:（一）彼将尽力与大家共同负责,为大夏将来建设努力;（二）希望同学努力修养,必以科学方法读书应世,方有成功;（三）彼对北京工大之责任,亦不过因学生教员及教部之劝勉,助其整理校务。全无碍于大夏之进行。众皆鼓掌答之。

（孙亢曾:《大夏初期史中之鳞片》,《大夏周报》,第 13 卷第 26 期,1937 年 5 月 29 日）

十八日　胶州路新校舍开始动工建设。

大夏大学因感于小沙渡路校舍不甚宽敞,想下学期学生与班次增加,不敷分配,特在胶州路建筑新校舍,计三层洋房,占基十余亩。第一层后进中间为大礼堂,可容八百人。右首为化学实验室,左首为图书馆及阅报室。前进右首为物理实验室。左首为办公室议事室及会客室等。二层楼计大教室三所,每所可容八十余人,普通教室五所,每所可容六十余人。其余各校长办公室教员休憩室,各科主任室,学生俱乐部,女生休憩室等,一切均备。三层作为宿舍,可容住一部分学生约三百人。已与建筑厂签约,即日开工,准九月五日以前完竣。校舍后门昆连潘家花园,该园景致佳胜花木葱郁可为课余游□之所。屋旁空地三四十亩,该校拟租作运动场所,正从事接洽云。

（《大夏大学建筑新校舍》,《申报》,1925 年 5 月 19 日,第 11 版）

欧元怀回忆了胶州路校舍兴建情况:

1925 年 5 月 18 日兴工建筑胶州路三〇一号校舍,学校曾向浙江兴业银行借银二万两为建筑费,就是动用马君武在吴淞的房地产为抵押品,由徐新六担保偿还的（徐新六、徐寄顾当时是该行的总经理和董事长）。……这是一座砖木结构的方形三层大辄[楼],第一层为礼堂、图书馆、实验室、办公室,第二层有教室 14 间，第三层为男生宿舍，有寝室 52 间，可容寄宿生 240 人。大楼建筑费为四万两银子，由学校和地主各付一半，约定十年后房产无代价给予地主，并在拥有使用权的十年内，按月付给地主垫出建筑费的息金。新校舍于 1925 年 5 月开工，9 月初落成。校舍旁有空地约二十亩，学校租为操场。对门有花园洋房，租为教职员宿舍，并在空地上建筑临时教室数间。后门毗邻潘家花园，环境幽静，讲学条件良好。如此新布置的校址，比前一年的弄堂大学强得多。

（欧元怀：《大夏大学校史纪要》，《解放前上海的学校》，第 150—152 页）

三十日　上海学生为声援工人斗争，在租界内宣传。租界巡捕逮捕学生百余人。随后，万余群众集中在南京路老闸巡捕房门首，要求释放被捕者。英巡捕开枪打死群众十余人，伤数十人，酿成"五卅惨案"。大夏大学学生参与上海学生声援宣传工作，熊映楚、姚邦彦等二十余人被捕。

大夏大学连日情状　（一）该校全体学生每日外出演讲；（二）向学生总会提出十大议案；（三）该校学生大会分宣传、调查、纠察、编辑、文书、通讯、会计、庶务等部。又对外代表四人，出席学生总会，对内主任一人；（四）每学生至少须捐出一元，帮助工人，此外每日更以素食节省之金助之；（五）连日该校被捕者达六十余人，现已陆续释放。

（《本埠学界方面之昨讯》，《申报》，1925 年 6 月 4 日，第 14 版）

大夏成立未及周年，五卅惨案发生。当时我们的校舍毗邻日华纱厂，当时日本帝国主义者杀害顾正红同志的消息传来，全校师生极为愤慨，中共党团员和国民党左派学生，积极参加宣传、抗议。5 月 30 日那天，多数学生三三两两，暗藏标语和旗帜，向租界出发。有的在浙江路，有的在南京路，和其他学校学生一起，宣传顾正红被害实况。下午传来消息说，有同学被巡捕抓去，我和王毓祥立即往老闸捕房（今培光中学校址）设法营救。到时发现很多学生关在那里，大夏被捕同学有熊映楚、姚邦彦等 20 余人。捕房头目英人爱维逊要求每个学生须缴保证金五元，方许保释。我们据理力争，不得要领，学生们在木栏杆内鼓掌目送。我们走出南京路大门（当时老闸捕房大门朝南京路开），目睹英、印巡捕数十人在门口站成半弧形，举枪待放，形势十分紧张，但马路上的学生仍在讲演、宣传。我们朝东走了几分钟，还没有到达先施公司，即闻放排枪和人群四散怒吼的声音，这时已经无法走回去看一看学生的安全。过了几天，全市罢工、罢市、罢课，抗议惨无人道的大屠杀，于是这个具有伟大历史意义的民族解放斗争运动，就如火如荼地展开。大夏学生参加罢工委员会工作的有陈国柱、熊映楚、陈文、蔡珊、姚邦彦等；参加学联会的有施乃铸、雷荣璞、陈国柱等。施且担任学联总务部长；参加工商学联合会的有陈国柱、雷荣璞等。

（欧元怀：《大夏大学校史纪要》，《解放前上海的学校》，第 146—147 页）

六月

一日　上午十时，大夏大学教授、学生三百余人及邀请来宾十余人，共聚胶州路新校舍旁潘家花园举行建校一周年纪念大会庆祝。下午七时，开游艺大会庆祝。

大夏大学自产生以来，瞬已一年，六月一日，为该校周年纪念日，因于是日上午行纪念典礼。会场假胶州路该校新校舍间壁潘家花园，来宾到者有美国留学生监督严思标博士，林惠贞博士及石醉六、杨杏佛①诸君等十余人，教授到者有李石岑、周昌寿、曾琦、何鲁、俞庆棠、欧元怀、王祉伟、鲁继曾、傅式说等二十余人，连同该校学生共有三百余人，济济跄跄，颇极一时之盛。当未开会前数日，该校校长马君武博士及主席董事王伯群，在北京因津浦铁路不通，未能南下，遂来点请该校董事张君劢为主席。其□礼秩序为（一）唱国歌校歌。（二）王祉伟致辞，略谓本纪念日之用意有三，（甲）本校自奋斗以来，已届周年，（乙）

① 杨杏佛（1893—1933），原名杨铨，字宏甫，江西清江人。早年就读于上海吴淞中国公学，加入中国同盟会。曾任孙中山临时总统府秘书处收发组组长，后赴美留学，先后入康奈尔大学、哈佛大学，攻读机械工程学、工商管理学等。回国后，历任南京高等师范学校教授、东南大学工学院院长和中央研究院总干事。1932 年与宋庆龄、蔡元培等组织中国民权保障同盟，任副会长兼总干事。1933 年 6 月 18 日在上海亚尔培路遭暗杀。

六一为本校纪念日,本校努力奋斗惨淡经营至于今日,不能不有所纪念,(丙)本校于精神上物质上,因叠蒙社会之援助,但仍欲于今日请诸位来宾加以切实之知道,以作南针。(三)董事张君劢致词,略为本校师生最富合作精神,而新校舍能于短期间促其实现,基础永固,尤堪纪念。(四)林惠贞博士演讲,略谓大夏诞生虽为一周年之小孩,然同舟共济,众志成城,其能力迥非普通之小孩可比,而其前途实具有绝大之希望。(五)石醉六演讲,意谓时空有密切关系,非延长则无以扩大,而大夏自产生以来,虽仅一年,其进步之速,则颇令人可惊,此实可谓柏格森之纯粹时间或真的生活,但仍望本此出发点,延长而扩大之。(六)杨杏佛演讲,其大意谓中国十余年来教育之结果,不过甲以物质代替精神,乙以资格代替学问,丙以势力代替公道,而学生方面,则甲以活动代替读书,乙以读书代替办事,如此教育前途,国家前途,安有一线之望,但大夏以一年奋斗之结果,而得有此成绩,其牺牲与建设之精神,即可谓为教育上之成功,其本身即有价值,而况大夏目标,在造成有人格之学生,则其前途正未可限量。(六)大夏诸教授相继演说,就中尤以李石岑之大夏哲学及曾琦之个性与合群性之赞勉为最有精彩。(七)教职员代表俞庆棠演说。(八)学生会代表邵华演说。(九)礼毕,摄影而散。诚盛会也。

（《大夏大学周年纪念纪》,《申报》,1925 年 6 月 3 日,第 13 版）

二日 教职员、学生分别发表函电,宣布全体罢课支援五卅运动抗议活动。

教职员方面 （上略）本校教职员全体已议决罢课,对学生积极援助,并联络沪上各校教职员一致进行,为正理之抗争,图国耻之昭雪,（下略）大夏大学教职员全体同叩支 学生方面 （上略）本校学生全体一致罢课,与上海学生联合会协策进行,誓必抑强权而伸公理,保人道而全主权,想同仇敌忾,人有同心,奋袂应援,翘企以待,泣血陈辞,维希公鉴 大夏大学学生会全体泣告 六月二日

（《大夏大学电》,《申报》,1925 年 6 月 5 日,第 11 版）

四日 工部局发出通知,勒令大夏大学在二十四小时内迁出英租界。

大夏学生积极参加运动,受到帝国主义者的嫉视。6 月 4 日学校突然接到工部局通知,勒令于 24 小时内迁出租界。一年来风雨飘摇、惨淡经营的事业,竟遭受这样蛮横的摧残,更激起全校师生的愤慨。记得迁校此日,我想进本部察看搬移情况,在校门口有美国海军陆战队站岗,端着上刺刀的枪,拦阻进去。学校仓卒应变,迁至槟榔路潘家花园,借花匠住的房间为临时办事处。这个地址算是"华界",因为周围的长寿路、胶州路和槟榔路都是所谓"越界筑路"的地段。这次帝国主义者暴力迫迁,对大夏来说,是坏事变成好事。首先,全校师生对帝国主义者的压迫欺侮,有进一步的认识,再接再厉地投入运动。其次,这个地址被越界筑路所包围,形成三不管的中间地带,对进行爱国运动有较大幅度的自由。再次,绝大多数学生经过这次运动的锻炼,崭露头角,使校誉随之提高,到秋季开学时,各校转学及投考者,非常踊跃。

（欧元怀:《大夏大学校史纪要》,《解放前上海的学校》,第 147 页）

六日 召开全体师生大会,讨论援助工人方法。

大夏大学于昨日上午举行师生大会。先由欧元怀君解释外间无根之谣传不可轻信。次由王祉伟君报告连日参与沪上各校教职员联合会经过情形,及"五卅事件"积极救济会之组织与办法。又该校学生会以圣约翰大学全体学生脱离教会学校极为难能之举,遂议决派遣代表携遣慰问书前去慰问。

（《大夏大学昨讯》,《申报》,1925 年 6 月 6 日,第 11 版）

英兵忽入校内,要求学校立即搬迁,强行进驻校舍。

六月六日 上午开全体同学大会,讨论援助工人及与工商界联合合作扩大宣传及募捐等方法。至十一时许,忽有西捕二人驱马车来校检查。适欧、王二师得报先与之周旋,从旁门引之登楼。会场内,乃一时严守静默,待西捕登楼,余等遂乘机宣布散会。彼鼠辈一无所获而去。孰料此事刚了,而巡捕忽来报,即日六时,英兵须来驻校,促立刻搬迁。于是,人心惶惶。念此仅有之三楼底校舍,将复为强力所占有,然一转念间,觉去年今日为反抗资本主义之压迫而奋斗,今年今日,独不能为反抗帝国主义之压迫而再接再厉乎?吾人所有者,"师生合作"之精神;吾人所恃者,"众志成城"之力量;吾人所努力追求者,研究学术之自由,此区区压力,何足损吾人初志于毫末?于是师生工友全体动员,为迁校而流汗。不数小时,

吾等弦歌之所,遂由小沙渡路而移至槟榔路潘氏园中矣。盖时出资承建胶州路新校者即为潘园之主人也。

（孙元曾:《大夏初期史中之鳞片》,《大夏周报》,第 13 卷第 26 期,1937 年 5 月 29 日)

校舍被占后,学校临时迁至槟榔路潘家花园继续办学,并函请校董虞洽卿向工部局交涉。

本校旧校舍地处要冲,现已被上海万国商团占驻。本校办公处已暂移至槟榔路胶州路口新校舍隔壁潘氏公学内照常办公。凡函件接洽请直寄该处,或劳勃生路致和里寄宿舍为要。

大夏大学办公处启

（《大夏大学启事》,《申报》,1925 年 6 月 7 日,第 1 版)

大夏大学小沙渡路校舍,被迫让驻兵后,全体学生仍旧往劳勃生路致和里寄宿舍,未受影响。连日联合各校积极救济危局。至谓学生被解散云云,查系传闻之误。该校办公处自迁至胶州路槟榔路口,新校舍隔壁潘氏公学内后,各教职员照常办公,对于扩充校务,仍积极进行云。

（《大夏大学来函》,《申报》,1925 年 6 月 9 日,第 10 版)

本埠大夏大学,被外国商团迫让等情,已志本报。兹悉该会校务议会前日开会,主请校董虞洽卿君向工部局严重交涉,保留宿舍,并即日退还被占之校舍,以维学务。昨已秉此意旨,函请虞君核办矣。

（《大夏大学请虞洽卿交涉》,《申报》,1925 年 6 月 9 日,第 10 版)

八日　校学生会针对"五卅惨案"发表第二次通电。

各报馆转全国各界公鉴,自五卅惨案发生以来,海上同胞之被英日人残杀者业已指不胜属[数],讵料彼伦犹怙恶不悛,派兵登陆,危害我国人生命之余,又为破坏我国教育之举,上大、同德诸校既已被封于前,而敝校校舍复被英海军占据于后,往日弦诵讲学之处,一旦忽为陈兵耀武之地,外力凌侮日甚一日,国威坠地宁不痛心,望全国人士亟起应援,共抗强权,同人虽受此压迫仍当贯彻初衷,奋斗到底,谨此电闻。大夏大学学生会庚叩。

（《大夏大学学生会第二次通电》,《申报》,1925 年 6 月 9 日,第 10 版)

《申报》刊登学校被英兵强占事件的后续报道。

大夏大学消息　(一)该校校舍虽于昨被英兵占住而宿舍方面并无变动,学校办公处暂假新校舍旁潘氏公学内,故学生方面仍得继续进行。(二)学生等目击此次工人罢工,彼衣食无告者不知凡几,苟不设法救济势难持久,故除同学自由捐助外,复于日昨分发捐簿,分队至华界募集并印就募捐公启多份,分送教职请其解囊乐助,以期集腋成裘籍救工人之急。(三)该校学生会,欲与学生总会消息灵通起见,特设调查员数人,每人每日轮流赴总会探听,由该校出席代表将总会每日事件,汇成有系统之报告,交与调查员,由调查员回校披露。(四)学生会之执行委员会,对于此次惨杀案,异常痛心,每日开常会一次,讨论各项进行事件关议有具体办法数则提交总会采取云。

（《大夏大学消息》,《申报》,1925 年 6 月 8 日,第 14 版)

十二日　《申报》详细报道了自"五卅惨案"爆发后,学校募捐部、纠察部等各项援助进行状况,议决在暑假期间选派代表留校,继续处理"五卅惨案"后续事件。

大夏大学自五卅案发生以来,异常愤激,虽受种种压迫,而救国热忱不因而稍懈。迩来外间误传全校学生业已离校,以致沪上各校纷纷来函慰问。其实仅校舍被其占据,召集大会极不容易,而宿舍方面尚无变动。兹将其进行情形略述如下:(一)募捐部之报告。学生等鉴于工人罢工损失之巨,欲谋目前救济之策,特组募捐部(由宣传部担任)连日向各界分路募集,为数计二百七十余元。又接教职员来函认捐者,约计五十余元。尚有大部分教员未接复函。学生方面每人至少捐助一元外,全体议决素食每桌每月抽洋七元,亦为救急之需。其各项总数,俟教员认齐后再结束报告。(二)纠察部之严密。该部为巩固团体起见,议定种种规则,非有父母疾病丧亡来电催促者,不得回里。平时外出,亦须向该部请假。如有私自出入经该部查获者,按等惩罚(面斥或罚金)。(三)代表会之组织。暑假在即,该学生会提议另组代表会留校办理,其余同学离校后于各都市自行组织分会。与代表会互相联络,互通声息。业已推举二人起草组织大纲矣。(四)"干社"之设立。学生游骞等十余人创办"干社"于暑假期内。关于五卅案件拟出版一种刊物,以期传达消息鼓励民心。(五)参加市民大会。昨日上海市民大会,该校学生会议决,全体参与每人手缠黑布以为死亡者志哀,且各手执一旗。去者非常踊跃云。

(《大夏大学近闻》,《申报》,1925 年 6 月 12 日,第 15 版)

十四日 《申报》载校学生会消息,表示另组驻沪代表会,代表全体学生参加五卅运动,并公布具体会务。

大夏大学学生会于暑假期内,另组驻沪代表会,代表全体同学参加五卅运动。其会务为:(一)建议于上海学生联合会并监督其进行。(二)宣传五卅运动之意义及其进行之方针。(三)报告关于五卅运动及本会消息于各分会,并督促其关于宣传及募捐一切事宜。其组织为庶务二人、会计一人、文书一人、通讯二人、出版五人、调查一人、对外代表四人、特殊代表一人及主席一人。其各股之职务如下:甲、庶务股司理一切杂务并收发事宜。乙、会计股司理一切收支事宜。丙、文书股司理本会记录及一切文件。丁、通讯股传达本会消息于各报馆,并报告关于五卅运动及本会消息于各分会。戊、出版股编辑关于五卅事件之刊物。已、调查股本会遇有调查事宜,由该股任之。庚、对外代表:(一)出席上海学生联合会;(二)提交本会议案于上海学生联合会;(三)报告学生联合会消息于本会。辛、特殊代表出席上海学生联合会议案审查委员会。壬、主席负召集开会及主持本会会务之责,其他各项从略。兹又将其各地分会之职务述之如下:(一)宣传五卅运动之真相。(二)募捐援助工人。(三)报告各地五卅运动之情形及其工作之状况。(四)建议于驻沪代表会。(五)传递驻沪代表会消息于各同学并执行其议决案。(六)投稿于驻沪代表会之出版物,其他各项由各分会酌量情形行之。

(《南京路惨案之昨讯·学界昨日消息》,《申报》,1925 年 6 月 14 日,第 15 版)

十五日 校学生会再次针对"五卅"事件发表宣言。

大夏大学学生会最近宣言:(上略)中国今日之病在于大多数民众之沉沦。每遇一事,都市则甚嚣尘上,而乡村则寂寞无闻,诚为恨事。是故吾人对于此次沪案一方面于该案未解决之前,万难稍事引退,而一方面,又不能不将"五卅"事件竭力宣传于内地城市乡村,以鼓励全国民气。敝会驻沪代表会之组织,即所以协策各界之进行,促沪案之解决,谋最后之胜利,而内地各分会之组织,乃所以谋民众对于"五卅"事件之周知,同起而为沪案之奥援,揭橥此道以诏邦人,摅腑陈辞,维希公鉴。大夏大学学生会 六月十五日

(《大夏大学学生会最近宣言》,《申报》,1925 年 6 月 17 日,第 11 版)

十六日 暑期驻沪代表会开会,选出各部代表,议决下一步进行事宜,并有两种宣传"五卅"刊物不日即可出版。

大夏大学全体学生鉴,于五卅惨杀案,一时不能了结,除大部分回梓宣传外,复组织代表会驻沪,参加上海学生联合会,并督促各界之进行。兹将其驻沪代表姓名胪列如下:(一)主席孙允曾;(二)庶务朱作人、朱元生;(三)会计叶锄非;(四)文书陈正昌;(五)通讯蔡珊、熊映楚;(六)出版蒋之英、张名鼎、游骞、唐佩、陈国柱;(七)调查王汝霖;(八)对外代表邵华、施乃铸、萧明新、李剑秋;(九)特殊代表方彀檀。诸代表已于前日(十六日)开会讨论议决一切进行事宜,一方面由通讯股函推各地方分会赶快成立,一方面向上海学生联合会索领宣传代表证及有关系之传单、印刷物寄与各分会云。又出版股拟定五卅刊物之名称为"大夏五卅特刊",于下礼拜一集稿,礼拜四便可出版,预备几千份,向各省鼓吹。而留沪不回家诸同学,又组办一"干社",出一刊物,内容不少奋激之语。昨晚已第二次校稿,大约本晚可以脱版。

(《大夏大学暑期驻沪代表会消息》,《申报》,1925 年 6 月 18 日,第 15 版)

二十三日 倪文亚[①]作为上海联合会代表,为"五卅"及汉口惨案事赴京宣传及募捐,《申

---

① 倪文亚(1903—2006),浙江乐清人。毕业于大夏大学教育学院,获美国哥伦比亚大学师范学院硕士学位,其后复得美国汉阳大学名誉法学博士学位。历任纽约《民声日报》编辑,哥伦比亚大学中国学生会理事,大夏大学、暨南大学教授,南京中央军校政治教官、甘肃省教育厅科长等职。1949 年后赴台湾,历任"立法"委员及"立法院"院长。

报》于是日刊出倪文亚来信。

大夏大学对外代表倪文亚君，由上海学生联合会推为赴京宣传及募捐代表。前星期倪君已有信达该校，申言北京民众之激昂。兹又得倪君第二次来函云：前函计已达览。北京自汉案发生，民气愈趋激昂，文亚于十四日至张家口，此间工商各界亦极努力，并曾见张之江都统及冯玉祥督办。冯君对此事甚为注意，谓如不得已时，愿为国一死。又谓吾人应注意者：(一)交涉须专对英国。(二)守正规不必株连其他各国。又西北边防督办公署外交处唐处长、政务范厅长谓，此次政府不专对英日交涉为非计。我等来此颇为一般民众所欢迎，当我等报告时，听众竟有呜咽失声者，并有多数俄人前来慰问。代表团现已返京，定明天赴奉。

(《大夏大学近讯》，《申报》，1925 年 6 月 23 日，第 10 版)

二十八日　《申报》刊登大夏大学驻沪代表会消息。

该校(编者按：大夏大学)自五卅运动以来，屡次向各界募捐救济工人，连本校各教职员之捐款共计三百余元，已送交上海学生联合会。兹又将各同学捐款二百元于昨日送交。最近又添选对外代表二人，张毓昆君为出席学生联合会经济绝交委员会委员长，刘真如君为出席学生联合会夏令演讲委员会会员。

(《大夏大学驻沪代表会消息》，《申报》，1925 年 6 月 28 日，第 14 版)

七月

二十七日　教育当局派员视察后，认为学校教授管理认真，学风成绩俱佳，准予立案试办。(《大事记》，《私立大夏大学一览》，1926 年 1 月，第 4 页)

七月三十一日　上午在校办公室服务颇忙。北京教育部准本校试办令到校。措辞大意谓"该校精神甚佳，惟校舍基金尚属阙如，果能对此积极筹划，扩充设备，将来必有可观，援照私立大学章程第四条规定，准予试办"云云。时上海私立大学被认可者仅复旦一校，其他如南方、法政等校，皆办理数年，只准试办。吾校仅有一年历史，得此结果，亦不落人后。惟吾人所企求者固别有在，岂仅教育部之一纸令文而已哉？！

(孙亢曾：《大夏初期史中之鳞片》，《大夏周报》，第 13 卷第 26 期，1937 年 5 月 29 日)

本月　新聘各科教授多人。

大夏校务日来极为猛进，对于下学期计划，尤有大规模之发展。其重要者有数□：(一)决于下学年起增设军事教育，现已聘定军事学名家前蔡松坡参谋长石醉六教授。(二)文科已拟聘张士一教语言学及英文教授法，李璜教法文□□□授政治学；理科添聘程瀛章博士教物理化学，□□□博士教化学，何衍濬授数学，张宝平教授物理化学，蓝春池教数学；教育科添聘姜琦授近代教育趋势，余家菊授国家主义与教育，艾伟博士授心理学、统计学；商科增聘潘序伦博士授国际汇兑、银行会计、商业组织，李权时博士授理财学，吴倚沧授保险学。(三)新校舍将次落成，在胶州路旁(中国地界)，计占地六亩，□□右谓，即为大操场，后有潘家花园。该校现在办公处及暑假招生，亦在该处，并于七月二十日期在该处举行入学实验云。

(《大夏大学之扩充计划》，《申报》，1925 年 7 月 6 日，第 9 版)

大夏大学为造成初中与同等学校教职员及地方行政人员起见，设高级师范专修科，对于课程组织教学设备及教员人选方面特别注重，自招生以来报考者极形踊跃。该校刻已聘定湖北沙市艾伟博士为该科主任。艾君曾留学美国哥伦比亚大学、华盛顿大学，得硕士、博士学位，历任美京中国留学生监督处秘书代理监督，对于心理数学等著述甚多。日前艾君始由美返沪云。

(《大夏大学高师专科聘定主任》，《申报》，1925 年 7 月 19 日，第 9 版)

大夏大学高级师范专修科，秋季开班，课程及担任教授，现已决定如下：(甲)普通必修学程：国学概要(陈柱尊)，中国文化史(何炳松)，科学概说(张宝平)，人生哲学(李石岑)，社会学(陈启天)，武育(石醉六)。(乙)教育必修学程:心理学(欧元怀),教育史(鲁继曾),教育行政(程湘帆)。(丙)分系选修学程:(1)国文系:文字学(陈柱尊),中国文学史(曾琦),修词学(曾琦);(2)英文系:英文法及作文(孙瑂),英文名著选读(林天兰);(3)数理学系:混合数学(何衍濬),高等代数(何衍濬);(4)社会科学系:西洋通史(何炳松),公民学(刘湛恩),经济学(孙瑂);(5)混合科学系:混合科学(张资平),化学总论(蓝春池);(6)教育行政系:新学制课程(朱经农),初级中学之组织与行政(鲁继曾),实验教育(高师主任艾伟博士)。

(《大夏大学高师之课程》,《申报》,1925 年 7 月 20 日,第 9 版)

八月

六日 强占劳勃生路校舍的驻兵完全撤去。

中国新闻社云,沪西劳勃生路大夏大学自沪案后,曾驻水兵多人,近以该处形势恢复无驻兵必要,且该校业已迁移,故驻该处外兵已于前日完全撤去云。

(《大夏大学驻兵已撤退》,《申报》,1925 年 8 月 8 日,第 14 版)

二十四日 在胶州路新建校舍内举行第二次入学试验,大学部暨预科高师附中各级共录取新生一百八十余人。(《大夏大学明日举行入学实验》,《申报》,1925 年 8 月 23 日,第 9 版)

本月 新聘各科教授多人。

该校添聘唐庆增[1]硕士为政治学教授,郑德琴硕士、陈慈爱硕士为英文专任教授,张子柱君为法文教授,田汉君为戏剧教授。

(《大夏大学近况》,《申报》,1925 年 8 月 28 日,第 9 版)

九月

五日 胶州路三〇一号新建校舍落成,并开始迁入。该校舍为砖木结构方形三层大楼,第一层为礼堂、图书馆、实验室、办公室,第二层有教室十四间,第三层为学生宿舍,有寝室五十二间,可容纳学生约三百人。校舍旁有空地约二十亩,学校租为操场。在新校舍附近,另建女生宿舍,并在劳勃生路致和里,租民房十余幢为教职员宿舍。(《私立大夏大学一览》,1926 年 1 月,第 4 页)

十日 新旧学生开始办理缴费注册手续,十六日正式上课。本学期注册学生七百余人,教授七十余人。(《私立大夏大学一览》,1926 年 1 月,第 5 页)

本校本学期男女同学骤增至七百一十八人,籍贯占十六省。科别有大学文科、理科、商科、教育科、预科、高级师范专修科、附中。级别自大学一年级至四年级,预科一年级,预科二年级,高师,高中,初中。各科人数分配,至少四十四人,至多一百六十八人;各级人数分配,至少三十三人,至多一百六十五人。兹将全体学生省别、科别、级别人数分配统计如〈下〉:

全体学生省区分配表

省别	人数	省别	人数
江苏	160	福建	90
浙江	159	湖南	50
广东	93	安徽	41

---

[1] 唐庆增(1902—1972),字叔高,江苏无锡人。美国密歇根大学经济学学士,哈佛大学经济学硕士。回国后,先后在中国公学、上海商科大学、交通大学、暨南大学、大夏大学任教。1949 年后,任复旦大学经济系教授。著作主要有《中国经济思想史》《经济学概论》《经济学原理》《国际商业政策史》等。

省别	人数	省别	人数
四川	37	河南	2
江西	35	奉天	2
广西	33	黑龙江	1
湖北	8	山西	1
台湾	4	总数	718
贵州	2		

全体学生科别分配表

科别	人数	科别	人数
文科	69	预乙	103
理科	44	高师	128
商科	50	附中	90
教育科	74	总数	718
预甲	160		

全体学生级别分配表

级别	人数	级别	人数
本四	33	预一	165
本三	43	高师	128
本二	89	高中	49
本一	70	初中	41
预二	100	总数	718

（《本校本学期学生统计》，《大夏周刊》，第 24 期，1925 年 12 月 12 日）

二十三日　大夏青年团成立。

本校同学，鉴于外力侵占，内乱频仍，乃本"读书不忘爱国，爱国必须读书"之意，特发起大夏青年团，以"爱己"、"爱校"、"爱国"为天职；又观各种主义中，要以国家主义最利于中国现状，故该团宗旨，即以提倡国家主义，发扬大夏精神为宗旨。发起以来，加入者非常踊跃额云。兹录其缘起如下：（下略）

（《大夏青年团》，《大夏周刊》，第 22 期，1925 年 9 月 28 日）

本月　胶州路新校舍内图书仪器设备等不断扩充。

本校开创伊始，关于各项设备，力求完美，而于图书仪器二项，尤加出力，本学期进行之情形如下：

（一）图书馆　本校特会合师生组织图书委员会，担任筹备经济及购置图书等事，今特聘定教授艾伟博士，兼任图书馆主任，并购置大批图书杂志。艾伟博士任职以来，热心异常，特将自己一大部分书籍捐送，关于文学、教育、心理、数学、哲学等参考书特多。

（二）大批仪器到校　本埠信昌洋行化学室内去年所购之大批仪器，闻原价在一万元左右。今以某种关系,特将化学室仪器,完全售与我校,其中关于物理化学仪器,非常丰富云。

（《图书馆与实验室之新建设》,《大夏周刊》,第 22 期,1925 年 9 月 28 日）

本校暑中租定新校舍对面之停[亭]园一所,为女生宿舍。兹因来校女生,非常拥挤,该宅已不敷用,刻又租定胶州路八十二号洋桥近块之大住宅一所,俾女生得全体迁入,并请英文教授陈慈爱先生,及附中数理教员范冰心先生迁往该处,分任女生指导事宜。新校舍对面之亭园,拟即改为教职员俱乐部云。

（《女生新宿舍已定》,《大夏周刊》,第 22 期,1925 年 9 月 28 日）

本校南首有空地二十余亩,刻以从事芟除,划出一部分杂植花木,以为校园,除皆尽为各种球场及操场,位置俱甚适当,此后本校体育方面,当大有进步也。

（《整理运动场》,《大夏周刊》,第 22 期,1925 年 9 月 28 日）

本月 经校务会议议决,设立教育贷金及奖学金。

本校鉴于成绩优良学生,常以经济窘迫不能升学,或升学后而不能卒其业者,诚为憾事,本校校务议会特设奖学办法两种:

（一）教育贷金之规则

本大学为造就优良,家境寒素学生,不致中途辍学起见,特设教育贷金办法,所订规则如左:

一、名额 本学年暂定为十五名

二、资格 本大学本科三四年级学生,品学优良而经济困难,经教育贷金委员会审查合格者

三、贷额 以每年应缴学费为限

四、归还年限 毕业后两年内

五、保证人 各界有声望人物,经贷金委员会任[认]可者(本校教职员不能作担保人)

六、请愿书 本学期各生请愿贷金者,限于本月二十日以前提出请愿书于教育贷金委员会。

教育贷金委员会,以各科教授二人,及会计注册主任组织之。昨该委员会已开会审查贷金请愿书,并决定分配名额矣。

（二）奖学金之给与

本学年得奖学金之学生名列如下:

文科　　刘国材

理科　　林觉世

教育科　孙亢曾　杨建勋

商科　　林泽　董希锦

（《教育贷金及奖学金》,《大夏周刊》,第 22 期,1925 年 9 月 28 日）

十月

十日 下午,补行开学礼,师生共八百余人到会。

大夏大学于昨日下午在胶州路新校舍大礼堂补行本学期开学式。到会师生共八百余人。(一)由马君武校长主席,略谓本校固尊重在个人信仰上之绝对自由,然应力避宗教与党派之影响,学校行政而当以学校为纯粹学术机关云云。(二)总务主任傅式说、注册处主任欧元怀、会计处主任王毓祥报告大夏一年来经过情形,详言过去之惨淡经营以至有今日,在座莫不动容。(三)欧元怀介绍新教职员,计共三十一位,皆系海内硕学知名之士。新教职员起立时,座内拍掌声雷动。(四)董事叶楚伧演说,申言求学毋忘救国。(五)教员演说,有高师主任艾伟博士、林天兰、何鲁、曾慕韩等。(六)各科学生演说,中间并佐以陈慈爱女士之钢琴独奏,女同学之合唱,合座莫不精神百倍,直至下午七时欢呼而散。昨日国庆节除于上午举行国庆兴礼外,并于下午特开游艺会,藉资庆祝。

（《大夏大学昨日补行开学礼》,《申报》,1925 年 10 月 11 日,第 10 版）

二十六日　上午十时半,胡适应邀至大礼堂举行演讲,题为"怎样去思想"。

大夏大学昨请胡适到该校演讲。上午十时半在大礼堂开会。到会听讲者达八百余人。首由教授王祉伟介绍。次胡博士略谓,今日谈谈怎样去思想的问题,约分思想历程为五阶段:(一)困难的发生,(二)指定困难的所在,(三)假设解决困难的方法,(四)选定假设,(五)证验。

(《胡适在大夏大学演讲》,《申报》,1925 年 10 月 27 日,第 10 版)

十一月

二十七日　女同学会成立。

本校女同学本期骤增至三十余人,上月李剑秋女士等,以女同学日多,不可无相当组织,乃发起女同学会,已于上月二十七日开成立大会,闻该会宗旨分两方面:(一)发扬自治精神,(二)补助学校进行,其组织系采用委员长[制]云。

(《女同学会消息》,《大夏周刊》,第 24 期,1925 年 12 月 12 日)

本月　高级师范专修科组织学生同学会。

大夏大学高级师范专修科学生达百五十人。该科主任艾伟博士力谋该科之发展,前周召集该科学生组织同学会,并定每二周开学术讲演会一次。前星期五由艾主任演讲教育之意义。

(《各学校消息汇志·大夏大学》,《申报》,1925 年 11 月 6 日,第 7 版)

十二月

七日　校务议会议决大学本科各科毕业绩点增加为一百六十绩点。(《大事记》,《私立大夏大学一览》,1926 年 1 月,第 5 页)

本校本科毕业绩点原定一百五十个,近校务议会议决,自第二年级起,加增至一百六十绩点云。

(《增加本科毕业绩点》,《大夏周刊》,第 24 期,1925 年 12 月 12 日)

十六日　下午,图书馆主任艾伟①在大礼堂举行图书运动大会。

本校图书馆主任艾伟博士,对于本校图书,力求扩充,特召集各科同学会代表开会,筹议办法。定于上星期三下午,在大礼堂举行图书运动大会,开会秩序为:(一)唱国歌,(二)唱校歌,(三)鲁总[继]曾、张介石、何衍濬、傅式说诸先生报告美德法日四国图书馆情形,(五)音乐(梅声),(六)各科主任演讲图书馆之设备及希望,(七)报告图书馆募捐情形,(八)学生会委员长演说,(九)大学高师附中代表演说,(九)余兴(西乐、游艺、女同学唱歌),(十)图书馆主任艾伟博士致谢辞。当场同学认捐图书,极形踊跃。附募捐启示如下:

大夏大学藏书楼募捐启②

国家民族文野之分在乎学术教化之有无多寡为区别耳,然学术教化之所寄在乎图书馆,则欲谋学术教化之增进非纲罗图籍,其道奚由哉。自结绳为书契而后周官所称则有三王五帝之书,左氏所记则有八索九邱诸典籍字篆文作典。说文云,五帝之书也,从无在兀上尊阁之也,兀者,说义云,下基也,象荐物之形册者。说文云,象其札一长一短,中有二偏之形。盖册即象书册,长短之状,典字从册,在兀上,盖以兀阁藏之也。是藏书之事实始于造字之时矣。盖图书为文化之原有,文化即已宝藏之矣。自尔以后,质文捐益,制度相因,则图籍相传,虽有增减,藏书之理无或废。孔子曰,文武之道,希在身策,则文武之时,当有藏书矣。其后老子为周守藏书之史,孔子观七十二国宝书,则藏书之盛可见一班。隶秦之兴,虽焚书坑儒,然宫禁所藏犹或不废。汉兴,大收编籍,广献书之路,建藏书之策,置写书之官,于是石渠秘宝,

---

① 艾伟(1890—1955),字险舟,湖北沙市人。1925 年获美国华盛顿大学哲学博士学位,回国后任东南大学、大夏大学教授,中央大学教育系主任,教育学院院长和师范学院院长。1932 年任伦敦大学统计学研究员。1938 年起历任中央大学师范科研部、研究院教育心理部主任。主要从事测验统计和汉字研究。著有《教育心理学论丛》、《教育心理实验》、《汉字问题》等。

② 原文无标点,此文中标点为编者加。

遂汗牛充栋矣。自是代有藏书,至于前清益为完备。乾隆四库固无论矣,即私令藏如阮氏文选之楼,鲍氏不足之斋亦足以上跨前古,近补官书。吾国之重视图籍也,如者然而以吾国今日之文化与东西各国相比,则古籍虽比人多而教学反在人后,何哉? 则普及与不普及之异耳。故东西各国莫不富有藏书。之所以县之地,公私之校,莫不筑阁废藏,各称其力而大学为最高之学府设备尤完备。考之吾国则何如哉? 除北京大学籍历代官藏之外,其余国立、部立各校亦所藏无几,而私立者则更无论矣。夫官府之藏,既不足以普遍私家所有,又不能以供众览,而各大学又限于经费有志未隶,则堂堂学府,济济生徒,除耳治口传之外,所得者不亦微哉,如是而欲与东西各国废展挈短难矣。本大学顺时势之要求,赖国人之势力,建立于沪渎已历岁余,本期以来益形发达,校舍已建设渐完备,教授已逾六十,生徒已将九百,性①是成立未久,图籍尚希闻见,阮有未周,财力尤多,不隶研诵,摩琢甚感困难,用是敬告邦人,乞援大雅,或招青箱之赠,或赐董金之助,庶几集腋可以成裘,积水终能为海,学校既受其宠赐,国家亦赖其休光,美哉盛举,企予望之。

（《图书馆动员大会》,《大夏周刊》,第 25 期,1925 年 12 月 19 日）

本校图书运动会经于前周开会,当场同学缴交认捐票八十一人,捐金一千五百四十元二角,又图书三百三十册。闻该馆艾主任经函各科同学会委员长汇收各同学认捐票,俾得按各分发捐簿,并定期于十五年四月底汇收认捐成数,然后按捐款多寡,分别等第给奖云。

（《图书运动会消息》,《大夏周刊》,第 26 期,1925 年 12 月 26 日）

二十五日　举行云南起义纪念大会,全体师生出席,并邀请石醉六先生发表演讲。（《云南起义纪念日演讲》,《大夏周刊》,第 26 期,1925 年 12 月 26 日）

本月　高级师专科改名为高等师范科。

本校高级师专原为造就中学师资而设,故课程比拟国内高等师范,与高级中学或后期师范性质迥殊。为避免社会误会起见,将改名高等师范云。

（《高级师专改各[名]高等师范》,《大夏周刊》,第 25 期,1925 年 12 月 19 日）

---

① 原文如此。

一月

一日 庆祝元旦，晚举行游艺晚会。（《本校三周年大事记》，《大夏周刊》，第 42 期，1927 年 6 月 1 日）

二日 晚六时，全体教授宴请第一届毕业生。

大夏大学系由厦门大学蜕化而来，故去年创办时已有第三年级本科学生。本届商教二科毕业生达三十余人，皆由厦来者。该校全体教授特于二日晚六时，假倚虹楼宴请全体毕业生。首由主宴教授王祉伟起言，略谓：在席毕业同学俱为风雨同舟之人，离校后当仍本坚忍合作精神，以扶助母校者，建设新华夏。并随请在席校董张君劢演说。次毕业生代表孙元曾致答词。次朱经农、欧元怀、傅式说、林天兰、艾伟、鲁继曾、张梦九、何炳松诸教授及毕业生，均先后起立发言，庄谐杂作，倍极欢畅。最后全体摄影，至十时始散。

（《大夏大学教授宴请第一届毕业生》，《申报》，1926 年 1 月 4 日，第 7 版）

十三日 《申报》刊消息称，有学生雷荣璞、陈文、吴世华三人利用墙报制造革命空气，学校作出除名、记过处理。有少数激烈学生藉此要求推翻另组学生会，酿成风潮。

大夏大学为纯粹研究学术机关，对于各种政党各种主义取超然态度，对于个人信仰绝对自由，但不许在学校内做宣传工作致扰乱学校之秩序，因此遂招最少数激烈分子之反对。去年（1925 年）十二月二十二日，该校学生有雷荣璞、陈文、吴世华三人在校创刊墙报对学校当局及同学全体大加诋毁，制造革命空气。该校乃于去岁（1925 年）十二月二十四日，将雷、陈、吴等分别除名、记过。自后该校激烈分子与雷、陈等因有关系，群起攻击学校，在外散发传单，在内则肆行张贴攻击诋毁之文字，全校秩序为之荡然。该校大多数学生（在百分之九五以上）因该少数激烈分子危害公安，乃群起为护校运动，组织护校联合会。旋该少数激烈分子于是组织退出大夏学生会联合会，欲推翻该校学生会。本月七日，向该校学生会要求退还会费，将该校学生会最高执行委员朱作人等五人软禁四小时。该校忍无可忍乃将首领刘济、吴世华等十一人开除。该校自纠纷发生后，因激烈分子为数极少，弦诵之声无少间断。该校全校教授六十余人由李石岑、朱经农、何炳松发起，将有护校宣言刊登各报云。

（《大夏大学发生风潮》，《申报》，1926 年 1 月 13 日，第 10 版）

对此，全体教授六十余人由李石岑、朱经农[①]、何炳松发起组织，于各大报刊发表护校宣言，申明立场。

大夏大学教授李石岑等昨发出宣言，以为该校永久办学宗旨。宣言云：大学为研究学术培养德性机关，非政党活动之地，同人等以为在大学中无论师生对于各种主义尽可自由研究，唯不应藉作宣传及活动之地盘。同人等掌教大夏大学，对于本校读书运动众志成城之宗旨始终不渝，如有妨害本校名誉，扰

---

① 朱经农（1887—1951），原名有，又名经，生于浙江浦江。曾赴日本及美国留学，获得硕士学位。历任北京大学、北京师范大学及上海沪江大学教授，光华大学副校长，大夏大学教授，中国公学副校长，商务印书馆编译所国文部主编，上海市教育局长，国民政府普通教育司长，教育部常任次长等职。译有《明日的学校》等，著作有《初级中学教育》、《近代教育思想七讲》、《教育思想》等。

乱本校秩序者，即视为非吾人之同志，不与合作，谨此宣言。（大学教授）李石岑、朱经农、何炳松、艾伟、唐庆增、林天兰、蓝春池、郑琴德、陈柱、王毓祥、欧元怀、张介石、俞庆棠、程湘帆、刘湛恩、傅式说、鲁继曾、何衍璿[濬]、程瀛章、吴致觉、曾琦、夏元瑮、李权时、曾昭桓、邱正伦、汤蔡乐治、石醉六、郁康荣、陈慈爱、姜琦、陈振骅、徐璋、凌其峻、童逊瑷、何鲁、孙瑠、田汉、陈雅宜、马振尧、倪则埙、胡刚复、陆士寅、吴倚沧、邓胥功、潘承梁、李乃尧、张献之、黄克练（中学教授）、吴企云、范冰心、王镇湘、石磊、陈登恪、凌其峻、李管卿。

（《大夏大学教授宣布办学宗旨》，《申报》，1926年1月14日，第10版）

十九日　《申报》刊出消息，附属中学自春季起租赁潘家花园内祠屋改建为教室，并计划改革附中课程编制。

大夏大学附属中学试办半年，觉中学与大学合办一处，教授管理颇感不便。该校当局为谋中学办立发展计，本年春季特赁定潘氏花园内祠屋改建教室多所，求适中学教学之用，并闻将于大学新校□面空地建筑中学宿舍，至关于中学课程编制方面亦将有更改，俾适最新之教育原理。

（《大夏附中改良计划》，《申报》，1926年1月19日，第7版）

二十日　下午，厦大离校同学会召开成立大会。

大夏大学厦门大学离校之旧同学五十余人，发起组织厦大离校同学会，前日（二十日）下午二时在该校举行成立大会，并欢送毕业同学。到会者一百余人，蒋子英主席，致开会词略云：今日开会其义有二：一为厦大离校同学会成立目的在团结前年厦大六一离校之同学，继续共同奋斗，以本昔日厦大离校读书运动之初衷，巩固大夏之基础；二为本届第一次毕业同学均属厦大离校同患难之同学，此次毕业出校，救国爱校责任宏重，希望无□，□足恭庆。次朱作人君报告筹备经过毕，通过章程十五条。该校教授欧元怀、傅式说、张介石、艾伟、鲁继曾等演说。次毕业同学暨会员演说选举第一届职员结果，孙元曾、何纵炎、蒋子英、林泽、陈经国、范克宏、朱作人、郑菊人、萧明新等九人当选为执行委员。刘国桢、苏广祺、罗士清、管湘湖等四人为候补执行委员。议决发表宣言两通：一、该会成立宣言宣布该会组织宗旨及今后之使命；二、护校宣言拥护学校。最后茶话摄影而散，时已六下。昨（二十二日）又开执行委员会第一次会议，蒋子英主席，朱作人纪录，议决：（一）互举孙元曾、朱作人、蒋子英三人为常务委员；（二）请欧元怀、王祉伟、傅式说、林天兰为该会永久顾问；（三）调查会员之近况及将来发行年刊。

（《大夏大学厦大离校同学会成立》，《申报》，1926年1月23日，第7版）

三月

三十日　马君武校长由京返校。

日前大夏大学校长马君武博士，由京返校。昨日下午三时，该校教职员及学生在大礼堂开会欢迎。首由全体学生唱校歌，旋马校长登台致训词，大致谓救国为艰难事业，非痛下苦功，努力自强不为功，至立国基础，全恃一般民众之智识才力，能与各国并驾齐驱，各人须各负责，戮力同心，新中国始得实现云。末引越王日本意大利建国史，藉资鼓励。

（《大夏大学欢迎马校长》，《民国周报·妇女周刊》，1926年3月31日）

四月

一日　大夏储蓄银行开始营业。

又该校创设"大夏储蓄银行"，意在提倡同学节省费用，养同储蓄习惯，并予商科学生多得实习机会，该行商科主任王祉伟筹备，已于四月一日开始营业。旬日来教职员及学生前往储蓄者极行踊跃，存单共分五元、十元、二十元及百元等七种，利息自按月四厘至八厘，存款得随时提用，现该行请毕业生纪进君为经理，林泽君为查账云。

（《大夏大学消息二则》，《申报》，1926年4月11日，第19版）

二十日　校务议会议决办理暑期学校，马君武校长聘艾伟博士为暑校主任，筹备一切。

(《本校三周年大事记》,《大夏周刊》,第42期,1927年6月1日)

　　大夏大学校务议会决定于暑假内开办暑期学校,前日由马君武校长聘请该校高等师范科主任艾伟博士为暑期学校主任,筹备一切。闻艾博士有大规模之计划,已经着手编订课程,聘请教员。其详细章程不日即可出版。又马校长于星期一晚七时在大礼堂为一席学术上之演讲,题为"匈奴侵略欧洲始末记"。闻马氏自返沪后对于该大学读书运动之精神深表同情,并极力加以鼓励。日前该校开春季师生恳亲会,马氏即自述从前苦学时经验,藉作同学读书之南针,今后又决于每星期一晚七时起作一度学术上之演讲,以振起该校读书精神云。

(《大夏大学筹备暑校及学术演讲》,《申报》,1926年4月23日,第7版)

　　二十六日　下午,学生会与校务议会举行联席会议。

　　本月二十六日下午五时本校学生会执行委员会应校务议会召开联席会议,地点在本校议事室,是日到会者有王祉伟、欧元怀、艾伟、凌其峻、张介石、鲁继曾、陈柱尊等诸先生,及学生会苏广祺、朱作人、曾解、萧明新、吴藩甫、骆美奂、徐民、陈正昌、张毅、周致远、栾增锴诸君。首先讨论"六一"纪念会应如何筹备事宜,学校方面拟除行纪念仪式外,并开一校内小运动会,请学生会体育部各委员帮同筹划一切,学生会方面以"六一"为本校最有意义之纪念,无"六一"即无本校,故应有一较大规模之纪念会,即上午行礼,下午运动会,晚间游艺,学校方面如能有充分经济,则学生愿尽力与学校共同筹备一切。结果先行预算,再开会决定。继学生方面提出膳食问题由学生收回自办,学校方面谓无任欢迎,惟膳食之结算,两方意见不同,结果待明日总务主任回校后再定。学生会方面又提出《夏声周刊》改期问题,以一校有两种刊物,固属大佳,但性质完全相同,即不免有重床叠被之弊,《夏声》可否改为半月刊或月刊,即为周刊,应将性质完全改变,即完全改作政论、时论或研究学术之刊物,如《东南论衡》等,结果学校方面允再开校务会议及《夏声》编辑会议。最后学校方面谓五月将届,所有"五一"、"五九"、"五卅"等纪念希望学生会方面与学校有一致之主张,旋即散会。时已六时半矣。

(《学生会与校务议会联席会议纪事》,《大夏周刊》,第28期,1926年5月4日)

　　本月　校务议会议决组织各科代表会。

　　组织各科代表会　该校校务会议近提倡组织各科代表会,俾便师生随时谈话,接洽校务,其组织法由文理教商各科,每年级推定代表一人,预科各年级甲乙组,每组一人,高师新旧班各一人,各该科级自行集会,于本星期内推举代表组织之。

(《大夏大学近闻二则》,《申报》,1926年4月1日,第19版)

　　本月　学生会设置意见箱。

　　学生会为集思广益起见,特设意见投稿箱一具,以便同学随时有发表意见之机会,兹录其布告云:"本会办事方针向采公开政策,一切设施俱依全体同学之公意为之准绳,惟平时本会职员与诸学接洽之机会甚少,以致各方鸿模硕画不无遗珠之恨,兹为免除此种困难起见,特设意见箱一具,以便同学对于本会有何建议可随时投诸箱内,尚望诸同学本爱护本会之精神,无吝金玉,时锡南针,俾本会同人有所遵循是为至盼"云云。

(《学生会设置意见箱》,《大夏周刊》,第28期,1926年5月4日)

五月

　　四日　举行五四运动纪念大会。

　　昨日下午二点,大夏大学学生会举行五四纪念大会,由曾琦演说。大意谓,五四运动最大之意义有四:(一)学生运动之发端,(二)全民运动之开始,(三)内除国贼,外抗强权之壮举,(四)全民合作不分阶级之实例,并报告从前参与五四运动之经过。最后痛陈五四运动后,国内民气远非昔比,其故皆由自居社会中心之人物,不能指导群众入于正轨,以致国贼如毛,国际地位日益低落,欲挽危局必须重拟五四运动时之民气。述毕散会。

(《昨日本埠之五四纪念·大夏大学》,《申报》,1926年5月5日,第13版)

《大夏周刊》公布《大夏大学学生会章程》。
大夏大学学生会章程
定名

一、大夏大学学生会

宗旨

二、本会以发展自治与互助之能力,匡辅学校进行实行国民运动为宗旨

组织

三、本会由本校全体同学组织之,内设执行委员会与监察委员会、执行委员会,包含总务部、学艺部、卫生部、体育部、查察部等六部

四、监察委员会设委员九人,内主席、文书各一人,由该会委员互选之

五、执行委员会设委员十三人,由各部正副主任组织之

六、执行委员会设正副委员长各一人,由执行委员互选之

七、总务部设文书、交际、庶务、会计、通讯五组,除庶务组四人外,其余每组各二人

八、查察部设调查、纠察二组,每组四人

九、体育部设篮球、足球、网球、田径赛、棒球、台球六组,每组一人

十、教育部设委员七人

十一、学艺部设游艺、讲演、出版三组,游艺、讲演每组二人,出版组九人

十二、卫生部设卫生、膳食二组,每组各五人

十三、总务部设正主任一人,副主任一人,由该部职员互选之

十四、监察委员及各组职员均由全体大会选举之职权

甲、全体大会职权

十五、审定末[本]会章程

十六、选举监察委员及执行委员会之各部职员

十七、执行委员会与监察委员会有争执时得作最后之裁判

乙、监察委员会职权

十八、监察本会一切进行事宜

十九、受理弹劾事宜(弹劾条例由该生自定之)

二十、审查本会预算、决算

丙、执行委员会职权

二十一、为本会对外代表

二十二、议决执行本会一切进行事宜

二十三、召集全体大会

二十四、筹划并支配各部经费之预算

二十五、审查各部办事细则

二十六、执行委员长统理本会全体事务及主席、执行委员会及全体大会

二十七、副委员长襄助正委员长处理会务,如正委员长缺席时得代行其职权

丁、总务部职权

二十八、交际组掌对外接洽及招待事宜

二十九、文书组掌文件及缮写事宜

三十、庶务组掌购买布置及保管事宜

三十一、会计组掌银钱出纳事宜

戊、查察部职权

三十三、调查组掌本会一切调查及报告事宜

三十四、纠察〈组〉掌维持本会秩序及纠察各种妨害本会之行为事宜

己、学艺部职权

三十五、游艺组掌本会游艺事宜

三十六、讲演组掌出外讲演及介绍名人演讲事宜

三十七、出版组掌本会出版事宜

庚、卫生部职权

三十八、卫生组掌本校宿舍、浴室、厕所等清洁事宜

三十九、膳食组掌膳食及监督厨房事宜

辛、体育部职权

四十、篮球组掌理篮球事宜

四十一、足球组掌理足球事宜

四十二、网球组掌理网球事宜

四十三、棒球组掌理棒球事宜

四十四、台球组掌理台球事宜

四十五、田径赛组掌理田径运动事宜

壬、教育部职权

四十六、教育部掌理平民教育事宜

选举

四十七、本会选举采用双记名式普选复选制(复选人数倍于正式应选之人数)

四十八、改选事宜由执行委员会于每学期开学后两星期内办理之,遇有特别事故得延长一星期

四十九、候补职员须与正式职员同时宣布人数与正式职员相等

五十、各组(如交际组等)职员被选为主任或辞职时即由改组候补职员递充之

任期

五十一、本会各职员任期均以一学期为限,连选得连任,惟不得连任本职两次以上

五十二、旧职员须俟新职员选出正式交代后始得卸职

经费

五十三、会员每人每学期缴纳常费一元,由学校开学征收学费时代行征收

五十四、特别费于必要时由执行委员会议决征收之

五十五、全体大会每学期开常会一次,于学期开始举行之,于必要时得由执行委员会议决或有会员五分之一以上之请求,即由执行委员会召集临时大会,惟出席人数须有全体会员二分之一以上始得开会,议案须有出席人数过半之赞成始得通过

五十六、监察委员会于必要时由主席召集会议

五十五、执行委员会每两星期开常会一次,遇必要时得由委员长召集临时会议

五十八、各部会议每两星期分别举行常会一次

办事细则

五十九、各部办事细则由各该部自定之,但须经执行委员会审查

附则

六十、本章程有未妥善处由执行委员会于每学期之始提出修改,或有会员二十人以上之提议、百人以上之[附]议,交执行委员会修改公布后,经多数同学之认可得修改之

六十一、本章程自公布日起发生效力

附卫生部职员选举条例

一、卫生组五人内女同学一人,新宿舍二人,致和里二人,膳食组五人其分配与卫生组同

二、卫生组职员由各该处宿舍各室室长互选之

三、膳食组职员由各宿舍膳厅各桌桌长互选之

附本章程组织表

```
                                    全体大会
                        ┌──────────────┴──────────────┐
                    执行委员会                      监察委员会
  ┌────────┬────────┬────────┬────────┬────────┬────────┐
教育部   体育部    卫生部   学艺部   查察部    总务部
      ┌┬┬┬┬┐   ┌┬┐   ┌┬┐   ┌┬┐   ┌┬┬┬┬┐
      田台棒网篮足  膳卫   出讲游   纠调   通庶会文交
      径球球球球球  食生   版演艺   察查   讯务计书际
      赛          组组   组组组   组组   组组组组组
```

（《大夏大学学生会章程》，《大夏周刊》，第 28 期，1926 年 5 月 4 日）

本月　附属中学将于本年秋季高中部，添办女子师范及商业二科。

大夏大学附属中学，为养成职业人才，适应社会需要计，决于本年秋季高中部，添办女子师范及商业二科。凡初中毕业学生，及有相当程度者，俱得投考，定三年毕业，其课程注重专门智能之培养，现正从事编订章程，着手筹备一切。又该校图书仪器，正从事购备，闻现到有参考书籍多种，并于本周举行，全校智力及教育测验，实施新法教学云。

（《大夏附中添办女子师范及商科》，《申报》，1926 年 5 月 5 日，第 7 版）

六月

一日　建校两周年纪念日。上午，举行校庆纪念大会，全体师生及来宾出席。下午，举行田径运动会，全体同学参加。晚上，举行游艺大会。

前日（一日）为大学成立二周纪念。上午十时于该校大礼堂开纪念大会，与会者来宾与该校员生可七八百人。主席为该校校长马君武博士。开会秩序如次：（一）唱国歌；（二）主席宣布开会宗旨及理由；（三）向国旗校旗行三鞠躬礼；（四）唱校歌；（五）厦大离校同学会代表朱作人君报告该校成立经过；（六）来宾王兆荣、何公敢演讲；（七）该校教授李石岑、艾伟、林天兰、张介石、陈柱尊等演讲；（八）学生会代表苏广祺演讲。最后欢呼散会。

（《大夏大学之二周纪念会》，《申报》，1926 年 6 月 3 日，第 7 版）

四日　聘陈伯庄为附中主任。（《大事记》，《私立大夏大学一览》，1931 年 6 月，第 2 页）

二十日　上午，举行本科及预科第一届毕业典礼。晚七时起，开游艺大会庆祝。

本埠大夏大学成立以来虽仅二载，但已显有特异之进步。今岁夏季该校中由厦大而来之四年级学生及预科二年级生均届毕业之期。该校因于昨日（二十日）在大礼堂举行毕业典礼，来宾教授学生到者共计七百余人，跻跻[济济]锵锵，颇极一时之盛。兹略记其盛况于下：（一）全体同学入席；（二）教授及毕业生整队入席；（三）唱校歌；（四）向国旗行三鞠躬礼；（五）主席艾伟博士致开会词；（六）该校校董张君劢先生发给文凭，得文凭者共计一百零三人；（七）张君劢先生演说；（九）该校教授陈慈爱女士钢琴独奏；（九）群治大学校长罗杰先生及商务印书馆编译所长王云五先生等相继演说；（十）唱国歌；（十一）毕业生向来宾校董教职员行礼；（十二）整队退席；（十三）摄影；（十四）开炮。晚间并有大规模之游艺会以娱来宾。

（《大夏大学毕业典礼志盛》，《申报》，1926 年 6 月 21 日，第 7 版）

七月

十二日　第一期暑期学校开始上课，注册学生一百三十余人，上课六周，于八月十八日结束。

大夏大学暑期学校连日报名注册者甚见踊跃。今日（十二日）开始上课。各学程选修人数已达额定者有教育之儿童心理与家庭教育、青年心理与中学问题、中学英文教学法、教育测验、教育原理、教育心理、课程原理、地方教育行政、普通教学法，由艾伟、程湘帆、鲁继曾、欧元怀等担任教授。文科学程有：英文短篇作文、近代英文散文、文化与社会、社会问题、法律精理、欧战后世界大势，由林天兰、林东海、孙本文、张介石等担任教授。商科学程有：簿记学、经济思想史、商业信托论、工场管理，由王祉伟、孙瑞担任教授。预科学程有:实用英文、高等代数、英文修词学、解析几何、实用物理、实用化学,由郁康荣、郑琴德、何衍璿[濬]、傅式说、蓝春池、张我裁担任教授。又有补习英文、代数、几何三学程,由孙元曾、杨建勋担任。闻暑校各科教材内容均与平时同一丰富,上课时间上午七时至十时,下午四时至七时云。

（《大夏大学暑期学校开课》,《申报》,1926 年 7 月 12 日,第 19 版）

二十一日　《申报》刊出消息称,为激励学业优秀但经济困难的学生,学校设立奖学金十六名,每名奖给四十元,另有三十三名成绩优秀者颁给奖学状。

胶州路大夏大学为激劝学业优秀经济困难之学生起见,设有奖学金十六名,每名四十元,本学期已受奖学金者:文科郭秀劲、顾文昇;理科林觉世、王汉中;教育科张铭鼎、卢绍煐;商科董希锦、徐櫂;高师第一届熊彩云、方祖桢、黄鸣世;第二届袁湘虞;预二陆德音、顾保康;预一庄文城、黄铁樵十六名,尚有蔡若海等三十三名,均颁给奖学状。

（《大夏大学设奖学金》,《申报》,1926 年 7 月 21 日,第 11 版）

我在大夏,颇知勤学。无论修习何种学程,每次考试成绩（包括论文写作）,非甲即乙,……又十五年暑假后,校中规定有发给奖学状及奖学金办法:文理教商和高师五科,每科每学年名额,定为奖学状十人,奖学金二人。我在该年秋（教育科三年级上学期）,即得奖学状兼获奖学金,颇受欧老师等之器重!我在该时,既得校中奖学金,不要缴交学杂等费,且常在时事新报《学灯》等刊物发表文章,领取稿费,所以我在那时求学费用,能够自给自足,无须浙江永康家中寄汇了。

（卢克宜（绍稷）:《我在大夏求学时的回忆》,《学府纪闻·私立大夏大学》,第 91 页）

二十二日　上午十时,校长马君武在大礼堂召集暑期学校全体教员学生发表演讲。中午,马君武设宴欢迎新校董王省三。

大夏大学校长马君武博士昨晨十时大礼堂召集暑期学校全体教员学生演讲"学术与国家"。又马校长昨午假功德林欢迎新校董王省三,在沪董事如王伯群、张君劢、王一亭皆签到。席间由该校职员欧元怀、王祉伟、傅式说报告校务,马校长报告下学年进行计划。

（《大夏大学之进行》,《申报》,1926 年 7 月 23 日,第 7 版）

二十三日　高等师范科专修科由江苏教育厅获准立案。

大夏大学为造成初中师资及地方教育行政人才,开设高等师范、课程教授,皆系大学性质,一年以来,颇著成绩。该校自去年由教育部批准试办后,又将高等师范一科,呈请江苏教育厅立案,月前江问渔厅长到校视察,认为满意。昨（二十三日）该校接苏教厅第四六八批云,呈及章程名历均悉,该校设高等师范专修科,经本厅长莅校视察,所有办法各项,核与省定中等以上学校设立标准,均尚相符,应准试办,俟试办期满,再行立案云云。

（《大夏高师邀准立案》,《申报》,1926 年 7 月 24 日,第 19 版）

本月　新聘教授多人。

胶州路大夏大学,本年秋季已聘定美国威士康辛大学硕士,前任复旦大学光华大学社会学教授之应成一君为文科主任,兼社会学教授。美国哥伦比亚大学硕士、前北京国立高师教务长国立师大教授程时煃君,为教育科主任兼教授。哥伦比亚大学硕士、前南开大学商科主任孙瑞君,为商科主任兼教授。哥伦比亚大学硕士、前国立政治大学总务长兼教授陈伯庄君为文科教授兼附中主任。又新聘数理教授沈溶,系日本帝国大学数理助教。商科教授王瑞琳,系美国索拉鸠大学硕士,曾任该大学商科助教。史地教授杨宙康,系前国立广东大学教授。图书馆主任陈友松①,系菲律宾大学学士,以上均为专任教授及职员。此外刘绪梓博士,兼任德文教授,郁康荣夫人与傅若□女士,兼任法文,亦各聘定。该校创办至今,

① 陈友松（1899—1992）,原名豹,字敦伟,湖北京山人。早年曾两度留学菲律宾,回国后执教于广州市立师范学校、武昌华中师范学校。1929 年赴美,先后在加州大学、斯坦福大学、哥伦比亚大学获硕士、博士学位。1935 年回国后,历任大夏大学、厦门大学、西南联大、北京大学教授。1950 年起任北京师范大学教育科学研究所所长。主要著作有《中国教育财政之改进》《有声教育电影》,主编《当代西方教育哲学》等。

甫及二年,上学年学生达七百余人,校务极见发达,新聘之各科主任及教授,皆富有学问经验,任事以后,当相得益彰云。

(《大夏大学增聘专任教授》,《申报》,1926年7月29日,第7版)

八月

本月　新聘教授多人。

胶州路大夏大学秋季增聘专任教授多人已见前报。昨该校马君武校长又聘定曾昭抡君为理科主任。曾君于民国九年由清华派送留学美国麻省理工大学,今夏得化学博士学位,对化学一科极有深造,曾发明种度测量器及醇类试验斋,由美国政府给予发明专利权,美国科学社及化学研究社均举曾君为荣誉社员。此次应聘大夏理科主任,该校深庆得人。至该校前代理理科主任凌其峻君秋季仍任化学教授兼学生课外作业指导委员长云。

(《大夏大学聘发明家为理科主任》,《申报》,1926年8月2日,第11版)

九月

十八日　上午十时,举行秋季开学典礼。

本埠大夏大学昨日上午十时行开学礼,由该校校长马君武博士主席,新旧教授及新旧同学列席者约在八百人左右。校长训词,欧元怀报告,教职员代表程时煃、孙祖瑞演说。次学生会代表张毅演说,并闻校理科主任在曾昭抡博士赴粤未返前,暂由该校校长马君武博士代其职,并担任化学总论及高等无机化学功课。

(《大夏大学昨行开学礼》,《申报》,1926年9月23日,第12版)

新聘各科主任。

应成一先生就文科主任,程时煃先生就教育科主任,孙瑞先生就商科主任,杨承训先生就理科主任,郑通和先生就群育主任职。

(《本校三周年大事记》,《大夏周刊》,第42期,1927年6月1日)

本月　新聘教授多人。

胶州路大夏大学本期添聘专任教授多人。经志前报兹悉该校近又聘定美国哈佛大学博士甘介侯为政治历史教授,哥伦比亚大学硕士郑通和为教育学教授,前北京大学教授洪允祥为国文教授,中华书局编辑黎锦晖为儿童文学教授,纽约大学硕士杨伯后为英文教授,阿尔白大学硕士杨承训及哥尼耳大学硕士陈广顺为化学教授,至体育部主任则请哥伦比亚大学硕士余衡之,国技一门请精武体育会教习赵连和担任。

(《大夏大学添聘教授》,《申报》,1926年9月14日,第8版)

十五年夏余由美国返国,先到上海,经友人介绍,受聘为大夏大学教授兼训导主任。九月学校开学,学生人数约一千五百人。余除担任训导职务外,每周尚需授课十六小时,工作相当吃重。……学术研究风气甚浓,学生非常用功,显示大夏自强精神。教育科及高等师范科学生人数占全校学生总人数百分之五十以上。故大夏在上海各大学中以教育科著称。教育学者专家多在大夏任教。

(郑通和:《忆大夏大学开创初起缔造之艰难》,《学府纪闻·私立大夏大学》,第22页)

十月

八日　举行秋季师生恩亲大会,全体师生出席。马君武发表演讲,题为"读书与救国"。
(马君武:《读书与救国:在上海大夏大学师生恩亲会演说》,《晨报副刊》,1926年11月20日)

二十四日　不平等条约研究会成立。

我国八十年来因不平等条约之束缚不能尽量发展,本校同学卢经武、刘忠获等爰发起不平等条约研究会,已于十月二十四日举行成立大会,通过章程及宣言,并选举志愿讨论进行。闻该会宗旨除明了不平等条约之由来及内容外,并研究今后解决及取消之方法云。

（《不平等条约研究会消息》,《大夏周刊》,第 34 期,1926 年 11 月 8 日）

十一月

本月　召开学生会执行委员会会议。

第一次

一、通过聘定各部职员

二、推定骆美奂、张毅为出席学联会改选代表大会代表

第二次

一、议决膳食事宜,由卫生部与学校合办

二、议决添办学生俱乐部,由学艺组办理

三、函请学校责令门房严禁外人擅入宿舍

四、函请学校订定参观规则

第三次

一、通过各部预算如下:

总务部预算一百元;学艺部预算四百十元;教育部预算五十元;查察部预算十元;卫生部预算十元;体育部预算五元

二、通过总务部、学艺部、查察部、卫生部、体育部办事细则

三、议决平民学校不与基督教青年会合办

四、通过学联会对于各种问题态度议决案草案

五、举定骆美奂、张毅为本会出席学联会之代表

六、议决函请学校禁止基督教在校活动及宣传

七、议决发表废止比约宣言

（《学生会执行委员会议决事项摘要》,《大夏周刊》,第 34 期,1926 年 11 月 8 日）

第四次

一、膳食事宜议决,公布学校来函,如同学对之五他种意见,即作通过接办。至膳厅杂费,每半年六百十七元零四分,当向学校交涉减少。对于王汉中、杨树屏、夏钟润等三百余人提议之意见,俟与学校接洽后,再行答覆。

二、议决本会依据学生会章程,不另聘请指导员。

三、函商学校,允许本会参加校务议会,实行师生合作。

四、议决本学期于十一月十日下午二时开会员全体大会,除请本校教授莅临演说外,并备茶点游艺,以助余兴。

第五次

一、接办膳食问题,议决组织特别委员会办理。推举膳食委员八人,候补委员四人;主席由卫生部正副主任担任。自十一月十五日起,正式接办。同学有愿意退出自理者,当先期签名领费,惟既退出后,不得再请加入。

二、平民学校以膳厅为教室事,由教育部部务议会会议后,再定。

三、罗君强君辞总编辑职,改请夏钟润君担任。王庆勋君辞棒球组职,改请王绳祖君担任。

五、函请学校添雇校警,以预防意外事项之发生。

六、函请学校以体育经费独立,得由学生会自由支配。

七、全体会员大会,定于十一月九日举行。茶点费定四十元,余兴由学艺部游艺组负责。开会秩序如下:(一)开会,(二)唱国歌,(三)主席致词,(四)欢迎新会员,(五)会务报告,(六)教授演说,(七)茶叙,

（八）余兴,（九）唱校歌,（十）散会。

八、十一月十二日为中华民国建国伟人孙中山先生诞辰,议决本校于十二日下午停课半日,举行纪念会,全体师生夫役均须出席;并请吴稚晖、杨杏佛、谢持、邹鲁、桂崇基、杨贤江诸先生来校演说;同时向学联会提议,以后定十一月十二日为孙中山先生诞辰纪念日,各校须一律停课,举行纪念。

（《学生会执行委员会议决事项摘要》(续),《大夏周刊》,第35期,1926年11月15日）

十二月

十七日　举行国语演说决赛。

胶州路大夏大学昨日下午举行国语演说决赛,教育科主任程时煃主席,请刘南陔、陈霆锐、潘力山为评判。结果王榅石第一,王化一第二,罗君强第三。

（《两大学之演说决赛·大夏大学》,《申报》,1926年12月18日,第10版）

一月

四日 大夏大学附中主任陈伯庄因事辞职，校务会议推举郑通和继任。

大夏大学附中主任陈伯庄君因事辞职，该校已另聘郑通和君继任。郑君自南开大学毕业后留学美国斯丹佛及哥伦比亚大学专门中等教育，得硕士学位，去秋返国。该大学聘为教育科教授兼群育主任。郑君对发展中学部深有计划，闻春季中学课程之一部分决请大学部教授兼任云。

（《大夏中学主任之易人》，《申报》，1927年1月5日，第10版）

大夏于十五学年度第一学期因学生人数增多，学校经费收入，可维持经常开支。教授薪金按月发给；但至第二学期即十六年上半年，国民革命军北伐，进展至长江流域，因战事关系，交通阻塞，外地学生多未能来校注册，实际到校学生约六百人，仅合上学期在校学生五分之二；学校收入锐减，教授月薪无法照聘书规定发给，经校务会议一再研究商讨，决定每月先发三分之一的薪金，作为日常生活费，其余三分之二，由学校发给债券，从下学年度开始，按月归还，此系不得已之办法。同时北洋军于四月后全部撤退长江北岸，国民政府建都南京，中央及地方人事制度均有很大变动。大夏大学教授中有多人调任政府行政工作，如理科主任杨承训调任平汉铁路局局长，教育科主任程时煃调任南京第四中山大学区普通教育处处长等。学校因经费困难，无法增聘新人接替；所有离职教授及其兼职，均由在校教授代为义务分担，例如我本人原任教授兼训导主任，每周授课十六小时，当时原任工作照旧，另兼附中主任及女生指导，并未多支学校分文。此时期为大夏开办以来最艰难之阶段。但所有在校教授因国民革命军北伐进展甚速，对国家前途具有无限光明之希望，大家非常兴奋，决不因工作加重，待遇菲薄，对工作有所疏忽；相反的，大家更努力、更尽责，不使学校行政及学生学业受到丝毫影响；此亦大夏在校同仁自强精神之表现。

（郑通和：《忆大夏大学开创初期缔造之艰难》，《学府纪闻·私立大夏大学》，第22—23页）

二月

十九日 马君武校长因职务繁重，恳请辞职，董事会开会挽留不获，议决改校长制为委员制，推举王伯群为大学委员长，欧元怀、王毓祥、傅式说、程时煃[1]、应成一、杨承训、鲁继曾、艾伟、郑通和、孙瑑等十人组成大学委员会，为学校立法行政最高机关。学生会派代表参加委员会会议。

大夏大学自成立以来，即以校长、各科主任、各处主任所组织之校务议会，为最高议事机关及行政机关，盖俨然一委员制也。去秋马君武校长因事辞职，校务议会同人议决挽留，此事遂未公布。寒假前又来函辞职，表示坚决，屡次挽留迄无效果。日前该校董事会主席董事王伯群召集董事会议，金以马校长去志既坚挽留不可，在该校历史上一切校务悉由校务议会主持，不如此后不另选校长，即由与该校关系

---

① 程时煃（1890—1951），字柏庐，江西新建人。早年毕业于江西实业学堂，后赴日本留学，入东京高等师范学校，专攻教育，兼及理化。毕业后赴美国，入芝加哥大学、哥伦比亚大学求学，获硕士学位。回国后，历任北京师范大学教授，上海大夏大学教授兼教育科主任，福建省、江西省教育厅厅长等职。著有《柏庐讲稿论文集》。

最深者组织一委员会,总辖校内事务。于是一致赞同将该校行政改组为委员制,由该会选出委员十一人组织一大学委员会,并推定主席董事为委员长。此项委员会议学生亦得派代表出席与会,以贯彻该校平日所揭橥之师生合作之精神。至马前校长任职数年,成绩卓著,除由该董事会公推为该校董事外,并议决以该校名义致赠纪念品,以志不忘。兹将该董事会选出委员姓名人数及兼任职务列下,王伯群(委员长)、欧元怀(兼注册处主任)、王毓祥(兼会计处主任)、傅式说(兼总务处主任)、程时煃(兼教育科主任)、应成一(兼文科主任)、杨承训(兼理科主任)、孙瑠(兼商科主任)、艾显洲(兼高师主任)、鲁继曾(兼预科主任)、郑通和(兼附中主任)。

(《大夏校长马君武辞职照准》,《申报》,1927 年 2 月 27 日,第 10 版)

　　大夏大学因马校长辞职,由该校董事会选出主席董事王伯群及校中重要职员十人合组一大学委员会,总辖校内事务,业志前报。兹闻该校改组后,将本学年之进行计划大致规定如下:(一)行政方面:(1)实行委员制,学生代表得出席于委员会议,以贯彻师生合作之精神;(2)各机关之职务:实行列举的规定,科学的处理,以增进学校行政之效率。(二)学业方面:(1)发展该校之特长,适应环境之需要,为设立学科之标准,于最短期内添办艺术、体育等专修科;(2)添聘海内知名之专门学者担任教授;(3)尊重学术研究自由及奖励社会服务,以"读书不忘救国,救国不忘读书"为本旨;(4)研究时代思潮,发表具体言论,为青年思想及社会舆论之指导。(三)经费方面:(1)规定常年预算,以各机关经费独立维持为标准;(2)组织大规模之募捐团,谋经费之发展及校基之巩固。(四)设备方面:(1)极力增进图书馆之效率;(2)扩充理科设备及他科学程实验之器具。(五)毕业生方面:(1)接洽社会各方面,使毕业生有充分服务之机会;(2)联合毕业生,组织校友会,谋母校之发展。闻该校已于二十四日起开课,学生到校者已有五百余人,外埠学生到校尚络绎不绝云。

(《大夏大学改委员制后之进行计划》,《申报》,1927 年 3 月 3 日,第 17 版)

　　二十日　北伐军克复杭州胜利消息传来,上海工人二十七万人举行总同盟罢工,各大中学学生纷纷罢课,上街演讲,散发传单。孙传芳令上海戒严司令李宝章对上街学生"格杀毋论"。学生陈骏、陈亮两人,在曹家渡为国民革命军北伐宣传时,途遇李宝章的大刀队,惨遭杀害,并将高悬尸首。学生胡宏模被捕,关押在龙华监狱,十日后由学校保释。

　　国民革命军北伐,节节胜利。1927 年 2 月克复杭州的消息传来,上海震动,华洋两界宣布戒严,爱国学生跃跃欲试。当时孙传芳屡战屡败于赣浙,急招张宗昌南援,上海戒严司令李宝章奉命作困兽挣扎,大刀队在各处巡逻,大肆屠杀。大夏同学义愤填膺,有平阳籍陈骏、永嘉籍陈亮和乐清籍胡宏模等于 2 月 20 日出发沪西一带,宣传并散发传单,途遇大刀队,三同学走避稍迟被逮,李宝章下令就地将陈骏、陈亮在曹家渡五角场斩决,把头颅挂在电杆上。二烈士就义时高呼:"军阀无道,灭亡不远。"胡宏模被捆缚在刑场"陪斩",血溅衣襟,旋解至龙华扣押,十日后,由校保释。"八一三"抗日战争前,大夏图书馆还挂着陈骏、陈亮二烈士的遗像。

(欧元怀:《大夏大学校史纪要》,《解放前上海的学校》,第 147—148 页)

三月

　　二日　大学委员会举行会议,推举欧元怀为副委员长,程时煃为书记。(《本校三周年大事记》,《大夏周刊》,第 42 期,1927 年 6 月 1 日)

　　十二日　孙中山先生逝世纪念,停课一天。(《本校三周年大事记》,《大夏周刊》,第 42 期,1927 年 6 月 1 日)

　　十四日　上午,邀请凌济东、张幼山、查良钊三博士演讲。

　　胶州路大夏大学,昨日上午十时,敦请凌济东、张幼山、查良钊三博士演讲。该校师生听讲者四百余人。由程柏庐主席,凌氏讲题为"中国教育之新趋势",张氏讲题为"国家须能适应世界之变迁",查氏讲题为"青年贵能实行"。讲毕时已十一时半,乃同赴银行公会餐室,由欧元怀、唐庆贻、俞庆棠、殷芝龄、郑通和、王祉伟、程柏庐、汤德民等十余人作东，宴三博士，并请程其保君作陪，二时散席。

（《凌张查三博士昨在大夏之演讲》,《申报》,1927年3月17日,第7版）

二十二日　美国教育家克伯屈博士应邀来校演讲,题目为"教育与进步"（Education and Progress）。

美国克伯屈博士中心思想约有四点:（一）大哲学家。博士与杜威学说大致相同。杜威学说影响于我们中国很大,博士学说影响于我们中国想也必是很大。（二）大教育家。博士在哲学上采用杜威学说,在心理学上采取桑戴克学说,能兼采桑杜二家之长,根本注重生活主张有目的之工作,非强迫的,原理上如此,方法上就为设计教学法。至于课程,也是主张设计的,非固定的。前几天在宁波旅沪同乡会演讲时,博士已经说过,文化是变的,在变的文化中教育的新要求,是在使学生有自由适应之能力,又在管理上主张意志自由,不主张主义化。再对于社会国家,根本主张满足改良人生之欲望,无丝毫强迫的地方。再对于国际上,主张世界大同,不任受何国之压迫,也是主张自由。所以其根本思想是一致的。（三）大教师。大家都是晓得有许多学者非定为大教师。博士在美国哥伦比亚大学掌教十二年,全校教授三百余人,博士要算到第一。所教的功课每课都有三四百人,天天教书,天天到哥大附属中学参观,不主张严格的考试,在教室时更不主张教师一人说话。（四）大演说家。博士从前为牧师,后为教师,说话遇到重要的地方抑扬顿挫,如同唱戏一般。总括起来说克伯屈博士是大哲学家、大教育家、大教师、大演说家。

（《克伯屈博士昨日之演讲与讨论》,《申报》,1927年3月22日,第12版）

二十四日　上海学生联合会在新舞台举行陈骏、陈亮烈士追悼会。全体师生和全市各大中学生五千余人参加。大会由大夏学生杨兴勤、暨大学生罗潜渊、法政学院学生谢强生、光华学生胡越等主持。大夏学生代表谢景衡报告烈士死难经过,陈柱尊教授致祭文,杨宙康教授等发表演说。

上海学生联合会于昨日午后二时,假南市新舞台开追悼死难同学大会。到革命军东路总指挥部政治部、上海临时市政府、警察厅、保卫团、省党部、市党部、中国济难会、学总会、总工会、中国共产主义青年团、各校学生会等百余团体暨各校学生五千余人,愤慨激昂,为从来所未有,兹将情形汇志如下:

（甲）负责人员之推定。由该会执行委员会推出罗潜渊（暨南）、谢强生（法政）、胡越（光华）、杨兴勤（大夏）四人为主席团,皮以庄担任记录,其他会场之招待员及布置员多由该会临时指定大夏大学及南市中学之同学负责,而尤以南市中学同学之布置各种挽联花圈等物最为热心。

（乙）会场之布置。表演台上为主席台,台中悬"上海学生联合会追悼死难同学大会"白布横披,中悬陈骏、陈亮二烈士遗像。新舞台前面亦悬"追悼会"白布横披及青天白日满地红旗二面。会场秩序,由九亩地保卫团第二团第四队队长袁杰君派武装团员十余人维持,秩序甚为整齐。惟该会此次所订时间甚为仓[猝],而新舞台亦须于是日营业,经数次交涉,该台经理为纪念死难烈士起见始允停业半日,故布置甚为疏忽。此该会不特当感谢新舞台主人,而对于参加之各界民众亦当表示歉意者也。

（丙）开会之秩序:（一）主席宣布开会;（二）警钟二分钟;（三）静默三分钟;（四）向死难烈士遗像行三鞠躬礼,表示革命敬礼;（五）学联代表报告开会意义;（六）家属代表报告烈士履历;（七）同学代表报告烈士被难经过;（八）读祭文;（九）通过宣言及议决案;（十）各团体代表演说;（十一）各校学生代表演说;（十二）高呼口号;（十三）散会。

（丁）开会之情形。下午二时半主席宣布开会、依开会程序进行,……（五）学联会代表罗潜渊报告开追悼会之意义,略谓:"此次本会召集追悼大会,一方面系纪念烈士的伟烈,一方面系启发及振作后死同学们的革命精神,为死者复仇,领导民族解放运动,完成国民革命,完成世界革命。"（六）家属代表陈筠仙报告烈士履历。（七）同学代表谢景衡君报告烈士被难经过。（八）大夏大学全体教职员及学生代表陈柱尊君读祭文。（以上三项,因该校学生会将出追悼特刊故从略）（九）通过宣言及议决案,首由学联会代表提出二项议案:（子）陈骏、陈亮二烈士之墓与五卅死难烈士合葬;（丑）由学联会具呈市政府请抚恤烈士家属。次有到会人刘厚培君提出,散会后应整队游行,至于大会宣言,则交学联会起草。到会者均欢呼赞同。全场一致通过。（十）各团体代表演说。首由东路总指挥部政治部代表蒋友谅、尹希演说,次上海临时市政府陆文韶君，江苏省党部侯绍裘、林剑城二君，上海特别市党部高尔柏、余泽鸿二君，共产主义青年团刘烈君，大夏教职员某君（姓名未详），学联刘荣简君，词长俱不具录。（十一）各学生会代表演说因时间太晚，仅由上海大学学生会何洛君报告此次该校同学继续烈士精神，参加上海市民暴动之经过。（计该校同学受伤有许冰如、沈士英二女士，黄泽之君、樊俊君则被捕〈于〉日英捕房）其余各校学生会代表准演讲者甚多，惟时已逼近六钟，乃高呼口号宣布散会。

（戊）大会之口号：（一）烈士精神不死；（二）继续烈士精神；（三）打倒帝国主义；（四）废除一切不平等条约；（五）收回租界；（六）打倒江苏学阀；（七）打倒西山会议派；（八）打倒一切反动派；（九）工商学兵大联合；（十）拥护上海市政府；（十一）拥护国民政府；（十二）拥护上海学生联合会；（十三）拥护中国国民党。

（己）散会后之游行。由该会派罗潜渊、皮小庄二人领队，经西门到该会临时办公处南市中学门前高呼口号始散。

（《学联会追悼死难同学大会纪详》，《申报》，1927年3月26日，第10版）

四月

一日　举行大学委员长王伯群就职典礼，由王省三董事主持。

大夏大学改组为委员会，并举王伯群为委员长。前日下午二时，开会欢迎校董。主席致欢迎词。该校董事赵晋卿[①]、光华大学教授周先生、教职员代表杨宙康、毕业生代表蒋子英、学生会代表周兰等演说。又大夏中学业已改行委员制，已由该校主任郑通和委定该校教务主任曾昌燊、事务主任林荣、学级主任朱华为委员。

（《学校消息汇志·大夏大学》，《申报》，1927年4月3日，第11版）

三日　举行陈骏、陈亮烈士追悼会，全校师生参加。会后，将两位烈士遗像悬挂在图书馆内。（《本校三周年大事记》，《大夏周刊》，第42期，1927年6月1日）

四日　下午二时，上海各团体在南市公共体育场举行"五四运动"八周年纪念大会。大学部及中学部均派代表参加。（《五四学生运动纪念大会纪》，《申报》，1927年5月5日，第13版）

九日　清晨五时，大夏大学被英军搜查，结果并无任何危险物，惟横施蹂躏，各界纷来慰问。上海交涉署向英领事提出严重抗议。

搜查原因如下：

该校附近一带系外人越界筑路。一周前有普陀路捕头行经西槟榔路，忽闻附近有枪声一发，遂往该校询问。当由主要人员声明，校中决无枪支或违禁品等。捕头答以如再有此事发生，非搜查学校不可。此为远因。七日，该校学生二人挟书入校，内夹英文传单三纸，当被拘入捕房，直至晚始行释出。不意九日晨即实行搜查。

（《英兵搜查上海大夏大学之横暴》，《教育杂志》，第19卷第5期，1927年5月）

沪英军越界搜查大夏大学，业志昨报。兹据国闻社上海九日下午七日［时］二十七分电，今晨大夏大学学生，被英兵殴伤八人，其肩骨被击断。原因以英捕日前闻该校附近有枪声，查无着落，昨该校两生被捕，搜出西文劝告英兵传单，致启英人疑心。又上海九日电，佳（九日）晨五时，英军数十名越境至华界胶州路大夏大学，毁图书馆，伤学生六人，仆役二人。内学生二人受重伤，一折肩骨，一伤脑后，搜检结果无所获，遂扬长而去。

（《沪英军殴伤大夏学生》，《世界日报》，1927年4月11日，第2版）

国闻通信社云，昨晨五时胶州路华界大夏大学被英兵百余包围搜查，学生自睡梦中惊醒被迫离床，

---

① 赵晋卿（1882—1965），名锡恩，字晋卿，上海人。曾任国民政府工商部商业司司长、实业部常务次长等职。热心教育事业，担任沪江大学、大同大学、大夏大学、光华大学和中央商科学校等校校董。

英兵拥入办公室、图书馆、实验室及各寝室搜查。该校劳勃生路致和里学生宿舍及教员眷属住宅及星加坡路中学部校舍及女生宿舍等均同时受英兵搜查,夺去所悬之新国旗。该校当局及学生全体以英兵越界搜查昨已电呈国民政府,并将受伤损失详情陈请。本埠特派交涉员提出严重抗议,兹将昨日经过情形分志于后:

● 受伤之人数　学生有傅俊(左肩骨断)、黄春考(头伤)、吴锦文(头左角伤)、黎为毅[黎幼杰](牙伤)、刘文学(脚伤)、郑体干(背伤),又茶房有汪少臣(左手伤)、周德政(左足伤),共有八人受伤,中以傅俊一人伤势最重。

● 学生议决案　英兵搜查毕,该校全体学生特召集临时紧急会议,对于英兵非法搜查异常愤慨,当议决交涉办法数项:(一)交涉事项交由学生会负责办理;(二)派代表要求市政府提出抗议并赔偿损失;(三)发表宣言抗议英兵越界搜查学府;(四)推张仲寰、徐时惠调查同学损失;(五)要求学校停课一日,下星期一仍上课;(六)举代表二人要求前敌总指挥派兵保护。

● 联席会议决案　学生大会后,该校大学委员会与学生会执行委员会开联席会议。首由各部主任报告搜查经过情形,次议各案如下:(一)调查损失确数;(二)请医生验明伤单;(三)呈请交涉署市政府严提抗议;(四)要求市政府惩办道歉并赔偿损失;(五)发表中英文宣言;(六)请教授美人培根宣布观察实际状况;(七)推学生代表三人教职员二人负责接洽;(八)电请国民政府抗议;(九)发快邮代电;(十)扩大对英经济绝交。

● 致汉政府电　汉口国民政府外交部长鉴:今晨英兵捣毁我校,掠夺国旗、党旗,伤同学八人,请提严重抗议。大夏大学学生会叩佳。此外并致武汉学生总会电请援助电文同上。

● 呈交署及市政府文　呈为呈报英兵英捕越界搜查掠夺国旗伤人损物请严重提出抗议以重国体事。窃我校地居华界,本日清晨五时,突有英兵、英捕百余人拥入校内,破坏门户,任意搜查,打伤学生,侮辱教员,且公然闯入教员眷属卧室,搜查结果毫无所得,仅将国旗、党旗、书报用物等件掠夺而去,理合将经过情形缮具报告书,并检同受伤证据及物品损失单汇呈鉴核,务恳向当事者严重抗议,并要求惩办凶手,派员道歉,交还国旗党旗及损失物件,以重国体而保人权实为公便。谨呈　大夏大学委员会。

(《英兵搜查大夏大学》,《申报》,1927年4月10日,第13版)

欧元怀对英军强行入校搜查的回忆:

由于反帝浪潮高涨,学生爱国活动活跃,学校虽迁入华界,仍受到租界帝国主义者注意。英国士兵借搜查"违禁品"为名,于1927年4月9日凌晨,突击搜查胶州路三〇一号大夏的男生宿舍,一群洋丘八荷枪实弹,把守前后门和各扶梯口,继而闯入每个寝室,将学生一律赶至楼下,穿衣动作稍迟的,即遭粗暴拉扯,甚或被殴打。随后他们倾箱倒箧,大事搜索,集合在楼下的同学还被抄身,连鞋子都要脱下来看,结果一无所得,始扬长而去。但学生回寝室时,发现许多钢笔、手表、钞票等贵重物品却不翼而飞,这种蛮横的强盗行为,使帝国主义者的丑恶面貌,更加暴露。同日下午,星嘉坡路(今余姚路)大中二部女生宿舍,亦被英兵强迫迁出。学校通过上海交涉署向英领事馆严重抗议这些暴行,各界代表纷纷来校慰问。

(欧元怀:《大夏大学校史纪要》,《解放前上海的学校》,第148页)

十日　大夏大学自被英兵英捕搜查后,校学生会代表高芝生、唐德潘赴龙华东路前敌总指挥部报告经过,并请派兵来校保护。当由该部批交特派江苏交涉员郭泰祺致函沪英总领事,提出严重交涉。

国闻通信社云,本埠大夏大学自被英兵英捕搜查后,当由该校学生会代表高芝生、唐德潘赴龙华东路前敌总指挥部报告经过,并请派兵来校保护。当由该部批交郭交涉员提出严重交涉,且与以美满之答复。又昨晨该校学生会代表张铭鼎、张仲寰、邢世光、夏钟润赴学联会代表大会报告被难情形,并求加以援助,即由该会议决八项一致通过,与以实际上之援助且派代表慰问受伤同学黎幼杰等。并闻上海临时政治委员代主席白崇禧派代表狄摩君,中国济难会派代表吴瑜君前往慰问云

(《大夏大学被搜续闻》,《申报》,1927年4月11日,第13版)

搜查大夏大学案　特派江苏交涉员郭泰祺昨致沪英总领事抗议书云：径启者：接准国民革命军东路军前敌总指挥□函称，案据上海大夏大学学生会呈，称本月九日晨五时许突来英兵二百余名，并巡捕数十名，荷枪实弹包围学校，声势汹汹，如临大敌。当即冲入校内遍施搜查，并用枪柄与木棍妄行痛击，以致学生受伤者数十人，尤以傅俊、黄春考等为最重，各种器具多遭捣毁，学生银洋亦多被劫去，校门首所悬国旗一面亦被扯毁。直至六时许始整队扬威而去等因，查该校地处沪西胶州路并不在租界范围以内，乃英兵竟武装冲入该校，捣毁器具，无故毁我学生，毁我国旗，显系违背国际公法，蔑视我国主权，摧残我国教育，值此时局紧张之时，尤易发生误会，如果因此激起事变应由贵总领事完全负责，□特提出严重抗议，并要求担保不再发生此项情事。本特派员对于此案所受损失保留要求赔偿之权，对于毁侮国旗越界搜查要求道歉，相应函达，即希见复为荷，此颂日祉，郭泰祺四月十日。

（《郭交涉员向英领提出两抗议》，《申报》，1927 年 4 月 11 日，第 13 版）

六月

一日　上午，举行建校三周年纪念大会及第二届毕业典礼。下午，举行爱校募捐运动。晚上，举行游艺联欢大会。

胶州路大夏大学于昨日上午九时在校内开三周纪念与毕业典礼两大盛会。由该校委员长王伯群主席，到会者除师生六百余人外，有校董王省三、赵晋卿等来宾，中央教育委员会上海教育委员会代表褚民谊，上海政治分会代表徐佩璜及杨杏佛、朱经农，江苏教育厅代表程时煃。行礼毕，主席王伯群致开会词，谓："大夏大学师生富有平民精神、奋斗精神与建设精神，不甘屈于资本家的压迫之下，自动的组织大学。三周年以来外面虽有环境之压迫，内面虽感办事之困难，但始终努力，成绩斐然。今年来虽处于极严重的时局之中，亦能应付裕如，不受影响。鄙人对于本校师生不能不表十分钦仰之意。又毕业同学行将离校服务，有二点应须注意即，（甲）在平民立场上应用学问，（乙）认识学问为社会进化必要之条件，并在中山先生三民主义之下努力于革命之途，以达人类之平等自由，此我之所望也。"次授予学位文凭。校董王省三、赵晋卿等演说。欧元怀教授报告。王祉伟教授报告本大学进行计划。新华艺术学院潘伯英独奏梵哑林，来宾褚民谊、徐佩璜、杨杏佛、朱经农等相继演说。江苏教育厅长代表及教授代表程时煃演说。毕业生向来宾、校董、教职员行一鞠躬礼。傅式说教授发给演说及体育竞赛奖。唱歌欢呼摄影聚餐而散。午后举行爱校运动及各种球类比赛。晚间七时并开大规模之游艺会。

（《大夏大学昨日举行两大盛会》，《申报》，1927 年 6 月 2 日，第 7 版）

本月　新聘教授多人。

胶州路大夏大学，秋季将有大规模之发展。近日多方物色专门人材，担任教授。闻该校理科已聘请美国康奈尔大学理科博士邵家麟[①]，担任数理功课。教育科哥伦比亚大学哲学博士黄敬思[②]担任教育功课兼高师科主任，文科聘密歇根省立大学哲学博士杨开导担任社会学功课，皆为专任教授。

（《大夏大学添聘教授》，《申报》，1927 年 6 月 22 日，第 7 版）

七月

本月　自秋季起在商科之下添设交通管理系，其学程包括铁路、邮政、电政三种。

胶州路大夏大学委员长王伯群，自任交通部长后，即感于交通人材之缺乏，拟于该校商科自秋季起

---

① 邵家麟（1899—1983），字家苏，浙江吴兴人，化学家、教育家。清华学堂毕业后赴美留学，获威斯康星大学硕士学位及康奈尔大学化学博士学位。1927 年至 1951 年专任大夏大学理学院院长、教授，期间曾兼任暨南大学、复旦大学等校教授。1951 年后，一度调任为上海对外贸易管理局副局长。翌年秋转调华东化工学院执教。

② 黄敬思（1897—1982），安徽芜湖人。中国现代著名教育家。1918 年毕业于北京高等师范学校英语部，1927 年获美国哥伦比亚大学教育学博士学位。先后任中山大学、北京师范大学、中央大学、西北联合大学教授，青岛大学教育学院院长，安徽大学文学院院长。解放后历任大夏大学教授、教育系主任、教育学院院长，华东师范大学教育学教授。专长乡村教育研究。著有《师范教育》、《教学辅导》、《学校调查》等。

添开交通管理系,其学程包括铁路、邮政、电政三种,以期造就国内交通人材,以资应用。闻教授人材,拟请现任铁路、邮政、电政各部专门家担任。

(《大夏大学秋季添开交通管理系》,《申报》,1927 年 7 月 5 日,第 10 版)

八月

六日　南京国民政府教育行政委员会向各省私立学校发布通令,要求所有学校皆行校长制,废止委员制。

国民政府教育行政委员会于八月六日通令,各查近日各省私立学校,有用校长制者,有用委员制者,制度纷歧,殊欠划一,现本会第九十五次会议议决,所有学校概定为校长制,废止委员制,亟应通令各省区教育行政机关一体遵照云。

(《国府令各学校一律为校长制》,《申报》,1927 年 8 月 18 日,第 7 版)

十九日　因大夏大学文科主任应成一在市政府任工务科长,教育科主任程时煃在第四中山大学任普通教育部长,未能兼顾校务,大学委员会新聘文、理、教育、高师各科主任。

大学委员会聘卢锡荣博士为文科主任,邵家麟博士为理科主任,王祖廉博士为教育科主任,黄敬思博士为高等师范科主任。

(《大事记》,《私立大夏大学一览》,1929 年,第 4 页)

本月　新聘教授多人。

胶州路大夏大学本年秋季大事扩充闻新添教授多人,其已正式聘定者均系海内知名之士。如高师主任兼教育学教授黄敬思,为哥伦比亚大学哲学博士;社会学教授杨开道,为威士康辛大学哲学博士。理化教授邵家麟,为哥尼耳大学理科博士。政治法律教授化成,为芝加哥大学政治学博士。经济及商法教授寿勉成,为哥伦比亚大学经济学博士。英文文学教授戚毓芳,为斯丹佛大学文学硕士。铁路管理等①教授吴文蔚,为彭案维尼亚大学博士。中等教育学教授李相勖,为哥伦比亚大学硕士;国学教授马宗霍为前东南大学及江苏法政大学国文教授。

(《大夏大学秋季添聘新教授》,《申报》,1927 年 8 月 11 日,第 11 版)

九月

十三日　举行秋季开学典礼。

胶州路大夏大学于昨日上午十时举行开学式。到教授卢锡荣、邵家麟、傅式说、王祉伟、欧元怀、吴浩然②、王祖廉、黄敬思、吴文蔚、沈璿、鲁继曾、郑通和、孙廉、陈柱尊、马宗霍、蓝春池、郁康荣、戚毓芳、杨开道等四十余人,学生七百余人。委员长王伯群因要公未到,由欧元怀教授主席。开会秩序如下:(一)向国旗、党旗、校旗、中山遗像行三鞠躬礼。(二)宣读遗嘱。(三)钢琴独奏,李恩科教授。(四)主席致开会词,略谓:今日之开学式含有三种重大之意义,即:(甲)纪念本校继续发展;(乙)纪念秋季学业之开始;(丙)欢迎新旧师生并希望以后师生间能永久保持合作之精神。(五)师生行相见礼。(六)傅式说报告本校概况。(七)介绍全体教授,由王祉伟逐一介绍。(八)唱歌由来宾杜庭修唱爱尔兰民歌一曲。(九)来宾演说,杜庭修略谓,每个大学学生都应注意大学之宗旨与中国之社会情形,而勉励诸同学以人格之锻炼。(十)教授演说,有程时煃之"青年读书应该注意的几点"。(十一)国乐。(十二)学生代表演说。(十三)唱校歌。闭会。又该校已定今日正式上课矣。

(《大夏大学昨行开学式》,《申报》,1927 年 9 月 14 日,第 7 版)

---

① 原文如此。
② 吴浩然,生卒年不详,江苏盐城人。早岁留学美国,入麻省理工大学,获土木工程硕士学位。曾在美国纽约白莱脱公司任工程师。大夏大学创建初期就来校任教,长期担任事务主任、事务委员会主席等职。抗战期间,与鲁继曾、邵家麟等,负责大夏沪校工作。

三十日　大学委员会议决,成立校务发展委员会,筹划学校发展事宜。(《大事记》,《私立大夏大学一览》,1929年,第4页)

十月

五日　举行学生会改选①。

本埠大夏大学因同学到校者已属多数,而学生职员亟应改选,故该会已于前日分票选举。昨日当场开票,计当选执行委员者有袁也[野]秋、周钟钊、许文芹等十七人,监察委员有李驹光、沈美镇等七人。

(《大夏大学学生会改选》,《申报》,1927年10月5日,第10版)

七日　下午二时,新当选学生会职员宣誓就职。

本校自开学以来两旬之久,学生会照章于开课两星期后即当改选以利会务进行,故本会于十月五日改选执监委员。由全体同学记名投票,结果袁野秋等十七人当选为本会执行委员,陈财[冠]唐等七人当选为监察委员,兹将各部职员详列如下:

执行委员

主席　袁野秋

副主席　许文琴

总务部主任　杨红文

财务部主任　石俊章　温觉先

体育部主任　王汉中　林澄清

编辑部主任　朱宵龙　刘滋生

教育部主任　顾文蔚　马锡瑞

学艺部主任　舒适　顾保康

查察部主任　夏天　刘钟钊

卫生部主任　陈庆　程雯

秘书　顾文蔚

监察委员

主席　陈冠唐

文书　吴祖钧

委员　李驹光　陈德祐　李焕楚　沈美镇

以上各委员已于十月七日宣誓就职矣。

本校学生会在学联会历次任事成绩均斐然可观,故本学期上海特别市学联会开第一次代表大会时改选职员,宣传部主任一职当推本校云。

(《学生会职员改选》,《大夏周刊》,第43期,1927年10月22日)

本埠胶州路大夏大学于本月七日下午二时在该校大礼堂开学生会全体大会暨新职员就职典礼。到会者七百余人,由许文芹主席报告开会宗旨毕。当由市县部青年部代表赵澍君监视新职员宣誓就职,并致训词,略谓学生会之成立有三意义:(一)学生会代表学生意见及谋利益;(二)加入国民革命;(三)唤醒民众。次由区党部区分部代表相继致词。更由该校前校长马君武博士,现任教授欧元怀、杨宙康、卢锡荣、黄敬恩等演说,演词甚长不及详载。后由学生会代表袁野秋致答词。最后唱校歌演游艺拍照欢呼而散。

(《大夏学生会新职员就职》,《申报》,1927年10月8日,第7版)

八日　上午,举行师生恳亲大会。下午,举行全校运动会。晚上,举行游艺大会。

---

① 据下文所引《申报》10月8日报道委员就职时间,推测学生会改选日期应为5日。

胶州路大夏大学于昨日上午十时在该校大礼堂开师生恳亲大会。到会师生及学生家长来宾千余人,济济一堂,极一时之盛。首由该校委员长王伯群致开会词,略谓学生求学必须认定两大目标:(一)为如何求学,(二)学后如何应用。词毕因公退席,当请副委长欧元怀代理主席。即由傅式说教授报告校务概况,王毓祥教授报告该校发展计划,继由董事马君武博士演说"文化的革命与文化的进步"。李恩科教授钢琴独奏。后由来宾张市长代表周秘书长演说,略谓:(一)大夏有光荣的历史望继续努力;(二)上海特别市政府非从前军阀时代之市政府及市政公所可比;(三)市政在今日中国甚为重要,希望校内诸同学加意研究,俾多多贡献。复由教育局长保博士、市党部青年部代表余君、江县长代表金君、沪宁沪杭二路李局长相继演说。末由该校教授代表王祖廉博士,暨学生会代表舒适君致词。最后唱校歌欢呼而散。

(《大夏昨开师生恳亲会》,《申报》,1927 年 10 月 9 日,第 11 版)

九日 主席董事兼委员长王伯群宴请全体教职员。

胶州路大夏大学主席董事兼委员长王伯群,昨在大东酒楼宴请大夏教职员全体。到者董事王一亭、马君武、王省三、虞冶卿、赵晋卿,暨教职员全体六十余人,杯盘交错,盛极一时。席间王伯群演说,略谓大夏创始仅三阅载,蒸蒸日上,几欲驾全国各大学而上之,此种成绩均赖董事诸公与教职员艰苦奋斗之力,伯群忝居主席董事委员长之职,而因各种职务关系不能时时与诸公同艰苦谋建设,惭愧得很云云。继由董事王省三演说,略谓鄙人虽以全力注意光华而于大夏迄未少懈,因大夏与光华处同样情形,大夏成立早光华一年,希望大夏发达,光华亦随之而发达,众皆鼓掌尽欢而散。

(《大夏大学聚餐会》,《申报》,1927 年 10 月 10 日,第 11 版)

十三日 召开学生会执行委员会第一次会议。

学生会第一次执行委员会记录 十月十三日

全体列席

主席 袁野秋 记录 顾文蔚

一、主席恭读遗嘱

二、主席报告

(一)移交经过,因上届负责人多数离校,仅接受本会图章一方、布告簿一本、学生会章程一份,余件散失无从稽核,请执委会解决

议决:除接收者外,余件一概作废,重启炉北[灶],各部速将本部干事请好,将名单交秘书交[处],以便下次会议中通过而利会务进行。

(二)通过各部预算案,交监察委员审核后公布

(三)通过出席学联代表,固定代表袁野秋,临时代表轮流

(四)通过出席大学委员会代表,固定代表许文芹,临时代表二人轮流

(五)通过出席本校财务会议代表,由本会财务部负责出席

(六)通过出席校务发展会议代表王汉中

(七)通过本会委员办公时间,每周三小时,时间由〈委〉员自定,由秘书处汇集布告之

(八)通过本会门前悬挂本会接洽留字簿,以备同学职员于非公时间有事接洽留字备查,及对于本会应兴应举事宜之意见

(九)通过请监察委员会审查上届学生会决算案

(十)通过要求学校体育经费独立案

(十一)通过由卫生部函请学校改良浴室案

执行委员会

(《学生会第一次执行委员会记录》,《大夏周刊》,中山先生诞辰纪念特刊,1927 年 11 月 12 日)

十八日 大学委员会议决,春季增设法科,并通过春季发展附中计划,决定将附中迁至戈登路(今余姚路)八十四至九十号新校舍。(《大事记》,《大夏大学一览》,1928 年,第 6 页)

胶州路大夏大学文科原有法律政治系,选修学生甚多。现该校为扩充校务起见,特于上次大学行政委员会议决,明年春季添办法科,并推卢锡荣、王祉伟、王祖廉、欧元怀、孙瑞会同法学专家筹备一切。现该校已聘定梁仁杰博士为法科主任。[①] 梁博士曾留学法国七年,得巴黎大学法学博士学位,返国后历任国立北京大学、政〈治〉大学教授,修订法律馆法权讨论会编辑,前上海临事法院推事兼刑庭庭长。昨日开法科筹备会,闻决定办完全科及专修科。完全科一百五十学分,毕业程度与大学本科相等。入学资格为高中毕业或同等资格者。春季将招考一年级新生及转学生云。

(《大夏大学春季添办法科》,《申报》,1927 年 11 月 25 日,第 7 版)

二十日　召开学生会执行委员会第二次会议。

出席者　杨红文　许文芹　马锡瑞　陈庆　周钟钊　林澄清　夏天　舒适　温觉先　朱宵龙　顾文蔚　袁野秋　徐征吉　李驹光(监察委员)

一、主席恭读遗嘱

二、报告:各部部务进行经过;舒适君报告出席大学委员会经过情形

三、讨论及建议

(一)通过各部聘定职员案(下略)

(二)通过下次出席大学委员会代表案　周钟钊　夏天

(三)通过请求学校筹备办理学生军案

(四)通过请求学校准本会派代表参加筹备本校同学会案

(五)通过请求学校注意各部体育平衡发展经费不予偏枯案

执行委员会

(《学生会第二次执行委员会记录》,《大夏周刊》,中山先生诞辰纪念特刊,1927 年 11 月 12 日)

二十七日　召开学生会执行委员会第三次会议。

列席者　袁行[野]秋　顾文蔚　杨江文　王汉中　夏天　陈庆　舒适　周钟钊　刘滋生　温觉先　顾保庚[廉]　陈冠唐(以上〈监〉察委员)

主席　袁行[野]秋　记录顾文蔚

恭读遗嘱

一、主席报告

(一)三次出席学联会情形(见各报)

(二)出席大学委员会情形(见该会布告)

二、舒适君报告出席本校校友筹备会情形(见该会布告)

三、通过学艺部干事案,讲演组　蔡根深　李凤眉;学艺组　王汉中　丁钟俊

四、通过本会预算案

1. 特别费　(1)师生恳亲会费50元　(2)本会学生会成立大会茶点杂费60元　(3)缴学联会会费70元

2. 总务部　30元

3. 编辑部　(1)出版组279元　(2)通讯组5元

4. 学艺部　(1)游艺组60元　(2)讲演组30元

5. 教育部　50元

6. 查察部　会计部卫生部行政预备费各1元

7. 准备费　24元

共计661元

五、通过去函监察委员会解释该会案

---

① 据《大夏大学一览》记载,该年度担任法科主任的是姚永励。《教职员名录》,《大夏大学一览》,1928 年,第 2 页。

（一）本会缴学联会费属会费非补助费，按全国学总会定章，应缴百分之二十，非百分之十，本会前次拟定一百元及本次通过七拾元，乃属本会情请学联将应缴余额转拨津贴本会各项重要用途之一种计划希望

（二）本会准备金查结只24元，于修正书核给算上稍有差误

六、通过讨唐表示案，讨唐宣言（请凌绍祖起草），三请学联拨发宣言标语，由本会欲散发张贴，以广宣传

七、通过援助英美烟公司罢工案

（一）发表声援宣言（二）函致该公司工会慰问，表示同情（宣言请王裕凯①君起草）

八、通过请学校改良校医诊例案

九、通过向学联提议

（一）督促各校筹办学生军案

（二）建议各校须补制备校服以中山装为标准案

（三）函请各校添设国民党历史及组织方面课程史

（四）函请各校以三民主义为必终［修］课案

以上四项同时请学联提交最高教育机关，除第（二）项已于暑期中提交大学委员会通过下学期照办外，（一）（三）二项由下次大席［会］代表负责提出

十、通过提议校友会筹备会改名如同学会案

十一、通过开本会全体职员谈话会案（日期地点由主席酌定通过）

十二、通过惩戒本会委员开会缺席办法案

（一）自由缺席一次者警告

（二）自由缺席二次者撤职

（三）请假须有书面事实证明，得主席许可

十三、通过本会秘书顾文蔚君因平民夜校事务太忙，恳请辞职案，并聘定凌绍祖君担任

十四、通过下次出席大学委员会代表　顾文蔚　顾保廉　二君

十五、通过出席本校校友会代表　袁野秋　杨江文　二君

十六、通过本会常会，定每星期一下午四至六时，地点定第七教室

执行委员会

（《学生会第三次执行委员会记录》，《大夏周刊》，中山先生诞辰纪念特刊，1927年11月12日）

三十一日　召开学生会执行委员会第四次会议。

出席者　舒适　朱宵龙　许文芹　顾文蔚　马雪瑞　周钟韶［钊］　陈庆　夏天　刘滋生　杨红文　袁野秋　林澄清　石俊章　温觉先

列席者　陈冠唐（监察委员）　凌绍祖（秘书）

主席　袁野秋

记录　凌绍祖

一、恭读总理遗嘱

二、报告事项

（一）王汉中、顾保廉二君因事请假不能到会

（二）夏天君报告出席大学委员会情形及该会议案等

---

① 王裕凯（1903—？），江苏盐城人。1927年大夏大学教育科毕业后，留学美国，入南加利福尼亚大学攻读教育学，获教育学硕士学位。归国后创办上海光夏中学，任校长。抗战期间历任复旦大夏第二联合大学师专科主任兼总务长、贵阳大夏大学教育学院院长、秘书长、代理校长及特约教授，并先后任国立贵阳师范学院教授，重庆东吴、沪江、之江联合大学教务长。抗战胜利后，设立上海光夏商业专科学校，任校长。1949年后转香港办理并任光夏学院院长，该学院后并入香港中文大学。著有《中美学制之研究》、《大学训导之理论与实践》、《中西教育家》、《教育论丛》等。

（三）杨红文君报告出席同学会情形

（四）主席报告来件（大学委员会信二件）

三、讨论事项

（一）推举杨红文同志出席筹备纪念中山先生诞辰

（二）发还膳余应以"星期"计算案

议决：函请学校发还膳余须以"星期"计算。

（三）援助英〈美〉烟公司罢工工友继续奋斗案

议决：择期召集全体大会，请罢工工友参加演讲，此次罢工真相，同时向同学募捐演讲事，由交际股负责接涉。

（四）组织农工委员会案

议决：通过。定委员七人组织之，学生会二人，区分部二人，其余同学中三人，并推举刘滋生、许文芹二君为学生会代表，推定吴荷英、左熙春、陈冠唐为学生代表。

（五）编辑部增加经费案

议决：仍照以前决议办理。

（六）出纪念中山先生诞辰特刊案

议决：通过。

（七）《大夏周刊》封面案

议决：更换（由袁野秋君负责，请朱应鹏同志代画）。

四、临时报告

（一）杨红文君报告本日出席纪念中山先生诞辰大会筹备会情形

五、临时提案

（一）为本校体育宜谋普及案

议决：提交大学委员会办理。

（二）举行本会全体职员茶话会案

议决：通过。定本星期四午后四至六举行，地点第一教室。

执行委员会布

（《第四次执行委员会议案摘录》，《大夏周刊》，第 48 期，1927 年 11 月 28 日）

本月　学生会监察委员会公布受理弹劾条例。

1. 凡同学有何弹劾事宜均得缮具弹劾书送交本会审查，如经本会认为理由充足或证据确凿时当即执行本会之职权

2. 凡弹劾书须有五人以上联名提出，并二十人以上之附议，方生效力

3. 凡弹劾书须署名盖章，注明住址，尤须特别中［注］明负完全责任，否则概不受理

4. 本会主席接得弹劾书后于常会时提出审查之，遇有必要召集弹劾人到会陈述

5. 如本主席认为此项弹劾书事宜万分紧急，必须从速解决者，当即召集临时会议办理之

6. 弹劾书得由本会随时公布

7. 本条例有未尽妥处得由本会开会修改之，或增加之

8. 本条例自公布日起施行

学生会监察委员会

（《学生会监察委员会受理弹劾条例》，《大夏周刊》，第 44 期，1927 年 10 月 28 日）

十一月

七日　召开学生会执行委员会第五次会议。

出席者　石俊章　程雯　王汉中　林澄清　周钟韶［钊］　刘滋生　温觉先　马雪瑞　杨红文　陈

庆　袁野秋　许文芹

列席者　李焕之　监察委员会代表　陈冠唐　监察委员　凌绍祖　秘书

主席　袁野秋

记录　凌绍祖

开会如仪

甲、报告事项

（一）出席大学委员会代表许文芹君报告该会议案由

（二）高芝生前因有反动嫌疑开除学籍，现来要求收回成命，并请与［予］以恢复由

乙、讨论事项

（一）函请教务处勿任意更改课程时间案

议决：通过，决函请大学委员会注意。

（二）函请体育委员会经济公开案

议决：函请大学委员会知照体育委员会将经济公开。

（三）学校以往账目应付会计师尽速审查，以便公布案

议决：通过，函大学委员会办理。

（四）主席袁野秋君因事忙辞职案

议决：不能辞职，与许文芹君职对调。

（五）编辑部主任为编辑经费支绌，所余费用仅敷三期，但本学期尚有八周，应如何补救案

议决：仍每星期一出，纪念总理诞辰特刊增加一千份，请学校津贴。

（六）出席下次大学委员会代表人选

议决：温觉先　王汉中二君出席。

（《第五次执行委员会会议录》，《大夏周刊》，第 48 期，1927 年 11 月 28 日）

十一日　经大学委员会研究决定，成立毕业生职业介绍委员会，为毕业同学介绍职业。（《大事记》，《大夏大学一览》，1928 年，第 6 页）

十四日　召开学生会执行委员会第六次会议。

出席者　袁野秋　周钟钊　夏天　杨红文　陈庆　刘滋生　温觉先　许文芹　朱宵龙　舒适　林澄清

列席者　陈冠唐（监委会代表）　凌绍祖（秘书）

主席　许文芹

记录　凌绍祖

开会如仪

甲、报告事项

（一）温觉先君报告出席大学委员会情形，对本会提议之决案有：

1. 通知各教授以后无故不得更改课程时间

2. 通知体育委员会将经济公开

3. 学校账目十四年度即可公布，十五、十六年度账目正在审查中

乙、讨论事项

（一）大学委员会准杨宙康先生辞职，本会应如何表示案

议决：函请大学委员会挽留，并由本会派代表前往劝其打消辞意。

（二）杨红文同志报告为赴民众运动会车上，无华界牌照，经华界被罚，应归谁担负案

议决：提交纪念总理诞辰筹备会办理。

（三）推挽杨代表案

议决：三人，袁野秋、许文芹、舒适三军为挽杨代表。

（四）执行处罚总理诞辰未参加民众运动会同学案

议决：1.根据各队长报告稽查缺席人名；2.罚款全数捐助本校图书馆；3.向学校接涉，由本会派袁野秋、舒适二君代表办理。

（五）改良浴具案

议决：由卫生部面催学校从速办理。

（六）监委会代表提出关于上次大学委员会对膳余问题决案仍为不满意，应由执委会继续提出抗议案

议决：通过。

（七）监委会代表提出对援助英美烟厂罢工工友，应从速进行案

议决：通过。

（八）出席下次大学委员会代表案

议决：由刘滋生、朱宵龙二君出席。

（九）请学校解释学生医药费用途案

议决：通过。

（十）审查缺席委员予以惩罚案

议决：归主席及秘书审查，照前次议决案办理。

（《执行委员会第六次常会议案摘录》，《大夏周刊》，第48期，1927年11月28日）

十八日　经大学委员会研究，推王祖廉博士兼任附中主任。（《大事记》，《大夏大学一览》，1928年，第7页）

本埠大夏大学附中为发展校务起见，决于来春迁入戈登路麦根路口十八号新校舍办理，并由该大学委员会特聘该大学教育科主任王祖廉博士兼任附中主任。王博士学识湛深，经验宏富，同学闻询［讯］之余欢欣鼓舞，特于本月二十七日下午开欢迎大会。并闻一月九日十日该校开始招考初中一年级新生及高初中各级插班生，男女兼收。

（《王祖廉博士兼任大夏中学主任》，《申报》，1927年12月30日，第11版）

十二月

十六日　据《申报》报道，附中租定戈登路麦根路口八十四至九十号洋房两大座为校舍，并决于下学期添办高中。

胶州路大夏大学附中本学期暂附设在大学部内，该校学生极为发达，合大中二部，数逾千人，而近日函索章程者又源源不断。该校当局恐下学期校舍不敷应用，现已租定戈登路麦根路口八十四至九十号洋房两大座为中学校舍。大小教室及男女宿舍均极宽敞，中有空地适于运动，校首有十六、十九路无轨电车经过，交通极为便利。并决于下学期添办高中，考招初中一年级男女新生，二三年级高中各级转学生。闻各学科教员均多由大学教授兼任云。

（《大夏中学之扩充》，《申报》，1927年12月16日，第8版）

十八日　本科毕业同学会成立。

大夏大学本科毕业同学达百余人，散处国内外，均以不能互通声气为感缘，于本月七日由留校毕业同学发起组织本科毕业同学会，已志各报。乃于昨日（十八日）在母校开成立大会。到有本埠及附近外埠全体同学。公推曾昌燊君主席，厉鼎立君记录，首由主席报告该会之成立有两大决议：（一）联络感情，（二）帮助母校前途之发展。继由管湘瑚君发起人代表报告筹备经过之情形，最后通过会章，选举职员聚餐而散。被选者为，常务曾昌燊，文书厉鼎立，会计董希锦，调查王庆勋、管湘瑚，介绍周尚、程宽正，编辑卢绍稷、王宗轼，后补欧阳达、刘国桢、胡维、顾今烈。

（《大夏本科毕业同学会成立》，《申报》，1927年12月19日，第7版）

一九二八年

（民国十七年

戊辰）

一月

二日　高师毕业同学会成立。

大夏大学高等师范科办理以来，成绩斐然，毕业同学服务社会成绩尤著，业于一月二日上午十时第一届毕业同学，在该〈校〉开会报告讨论各种事项，并多建议于学校当局，十二时聚餐。下午二时开会欢迎第二届毕业同学后，修改章程，选举张仲寰、黄鸣世、傅俊、葛振邦、高芝生、张承旦、顾文蔚七人为执行委员，并讨论刊印纪念册出版刊[物]等重要问题。是晚七时执行委员七人，又开第一次执行委员会。

（《大夏高师毕业同学会成立》，《申报》，1928年1月9日，第7版）

三日　举行本科第三次暨高师科冬季毕业典礼。

大夏大学于本月三日下午一时举行本科第三次、高师科经[第]二届冬季毕业典礼。到教职员学生及来宾千余人，该校副委员长欧元怀宣布仪式后，当由委员长王伯群主席致开会词，继由该校董事马君武博士演说，次由来宾胡适之博士演说，次董事赵晋卿，国民政府实业部部长孔庸之，交通大学代表王承让及第四中山大学普通教育行政部部长兼该校讲师程柏卢[庐]等均有演说。此次毕业计本科四十一人，高师科三十四人。

（《大夏大学毕业典礼纪》，《申报》，1928年1月5日，第11版）

本月　新聘教职员多人。

胶州路大夏大学预科主任鲁继曾，近以市教育局方面职责繁重未暇兼顾向该校当局辞职。该校以鲁先生任职四载，成绩斐然，恳切挽留不获，特请吴泽霖代理预科主任兼教育学心理学教授。吴先生籍江苏常熟，北京清华学校毕业，美国威斯康辛大学硕士，俄亥俄省立大学博士，对心理教育研究有素。昨已到校视事，至鲁前主任因该校敦请春季仍允担任学校视察及学校财政两门功课云。

（《大夏聘吴泽霖博士为预科主任》，《申报》，1928年1月12日，第10版）

戈登路大夏中学，自王祖廉博士担任主任以来，积极扩充，力谋发展，并聘请卢锡荣博士为普通科主任，黄敬思博士为师范科主任，孙瑠硕士为商科主任，曾昌燊学士为教务主任，□□□学士为事务主任，王裕凯学士为训育指导员，□岱毓学士为女生指导员。其他教员皆□有学术之士，如邵家麟博士、蓝春池硕士、潘承圻硕士、郑琴德硕士、王瑞琳硕士、王宗轼学士、林觉世学士、叶嘉慧女士、罗静轩女士、王庆勋学士、顾文蔚君、徐征吉等，将来校务前途，定有一番新气象云。

（《大夏中学新聘教职员》，《申报》，1928年1月29日，第11版）

二月

十三日至十五日　春季开学，学生开始缴费注册，录取新生一百五十余名。二十日正式上课。（《大夏大学定期开学》，《申报》，1928年2月7日，第10版）

二十九日　前校长马君武先生来校演讲。

大夏大学前校长马君武博士近因筹备广西大学行将离沪返桂。该校特本星期三（二月廿九日）开会欢送，请其演讲，到会达八百人。马博士演词略谓，人类所以能控制其他一切动物，以具备两种能力：

（一）知识，（二）合群与互助。我人读书所以为谋知识与合群互助等能力之增加，希望大家不要浪费珍贵时间云云。

（《马君武博士在大夏演讲》，《申报》，1928 年 3 月 2 日，第 10 版）

本月　新聘教授多人。

胶州路大夏大学近添聘英文戏剧专家洪深教授戏剧及近代英文，前中国公学教授常乃德教授中国民族史制度史，巴黎大学博士毛以亨教授比较宪法及外交史，美国朗士莱理工大学博士黄叔培坦任物理及电磁学，该校法科主任梁仁杰在宁另有高就，未允兼顾，已聘美国芝加哥大学法学博士姚永励接任。该校已于十三日开学，昨日发表录取新生一百五十余名。闻十九二十两日将再补考新生一次云。

（《大夏大学新聘教授》，《申报》，1928 年 2 月 15 日，第 11 版）

胶州路大夏大学商科办理素称完全，主任孙瑁硕士为造就商界适用人材计，拟于本学期添开英文速记中文速记打字三门，均于夜间授课，使该校学生均得练习机会云。

（《大夏商科近闻》，《申报》，1928 年 2 月 16 日，第 7 版）

本月　自新学期起，新设国音速记科，聘请发明人杨炳勋硕士担任教授。

胶州路大夏大学自开办以来课程完善教授认真而所请教授都系宏才硕学，故学生颇为发达。本学期又新设国音速记一科，特请发明人杨炳勋硕士担任教授。现沪上列国音速记入课程表之学校，除大夏大学外尚有江苏大学商学院，将来他校恐亦将添设国音速记一科，不数年有此种实用新学术可普及全国矣。

（《大夏大学新设国音速记科》，《申报》，1928 年 2 月 25 日，第 10 版）

本月　学生会举行职员改选。

本学生会例于开学后两星期改选以利会务进行，故本会已于前星期六由全体同学投票。遴选结果为杨红文十七人当选为执行委员，陶其情等七人为监察委员，兹将职员详列如下：

执行委员

主席团　夏天　何惟忠　周钟钊

总务部部长　夏天

学艺部部长　何惟忠

会计主任　杨红文

编辑主任　马锡瑞　孙最麟

卫生主任　陈庆

游艺主任　顾保廉　吴镜芙

交际主任　郑竞秀

演讲主任　蔡根深

庶务主任　周赓颐　陈冠唐

组织部部长　周钟钊

秘书　王健民

教育主任　陈元发　李驹光

体育主任　沈美镇

监察委员

主席　吴祖钧

文书　陈翔

委员李焕之　陶其情　陈沈湹　丘瑾　涂贤

（《学生会职员改选》，《大夏周刊》，第 47 期，1928 年 3 月 12 日）

三月

五日　补行春季始业式。本期学生达九百人以上。

胶州路大夏大学已开学上课三星期,本期学生达九百人以上。前日下午补行春季始业式,员生济济一堂,行礼如仪。后由委员长王伯群致训词,副委员长欧元怀报告校务,教授黄敬思、王祖廉、王祉伟等,及学生会代表夏天演说。王庆勋等奏口琴欢呼师生合作万岁散会。

(《大夏大学之春季始业式》,《申报》,1928年3月7日,第10版)

六日　学生会执行委员会开第一次会议。

时间:三月十六日①下午四时

地点:本校第七教室

出席者:王健民　孙最麟　蔡根深　何惟忠　马锡瑞　陈元发　周钟钊　夏天　郑竞秀　陈庆　沈美镇　顾保廉　杨红文　陈冠唐　周赓颐

主席:夏天

记录:王健民

开会秩序

一、开会如仪

二、主席报告

今天为本会新执委第一次会议。关于分配工作及其他重要问题,请大家讨论

三、分配工作(名单见上期本刊)

四、讨论

1. 常会时间:每星期五四〈时〉半起,在本校教员休息室举行

2. 总理忌辰,本会出特刊一册

3. 对学校当局提案:本校现虽决改用校长制,但行政会议,本会仍得派员参加

4. 本会各部各股,刻印一颗

五、散会

(《学生会第一次执委会议录》,《大夏周刊》,第49期,1928年3月26日

九日　学生会执行委员会开第二次会议。

时间:三月九日下午四时半

地点:本校教员休息室

出席者:王健民　郑竞秀　陈元发　周赓颐　杨红文　马锡瑞　孙最麟　周钟钊　陈冠唐　陈庆　何惟忠　吴镜美[芙]　蔡根深　沈美镇　李驹光　夏天　吴祖钧(监委代表)　陈翔(监委代表)

主席:周钟钊

记录:王健民

开会秩序

一、行礼如仪

二、主席报告

今日所要讨论的(一)监委会来函,索本会预算案审查案;(二)市学联来函,关于筹备总理三周忌辰纪念事,令本会派代表参加案;(三)其他

三、讨论

议决案如下:

1. 本会常会时间改为每星期六下午四时至六时,自下星期起实行

2. 预算案须俟各部将预算案制定,交下次本会讨论

3. 总理忌辰,合同区分部及学校当局筹备,于忌辰在本校开纪念会,若与民众运动会大会时间冲突,

————————————

① 疑为六日之误。

本会即派代表参加该民众大会

4. 关于植树节问题,本校于总理忌辰后随即举行,并全体拍照,款请学校担任

5. 市学联会于星期日开会时,本会派交际股主任,及主席团一人前往参加

6. 通过各部股干事(留下次推齐发表)

7. 女同学运动的设备问题,由体育股酌量办理

四、散会

(《学生会执行委员会第二次会议记录》,《大夏周刊》,第 51 期,1928 年 4 月 9 日)

十七日　学生会执行委员会开第三次会议。

三月十七日下午四时在本校教员休息室

出席者:王健民　何惟忠　陈元发　周钟钊　夏天　蔡根深　沈美镇　马锡瑞　吴镜芙　李驹光　陈冠唐　顾保廉　吴祖钧(监委代表)　陈沈桂[洼](监委代表)

主席:何惟忠

记录:王健民

一、开会如仪

二、报告

1. 主席报告:本人与夏天同志出席大学委员会之经过

2. 夏天报告:本人与郑竞秀同志出席市学联筹备改选经过

三、讨论

1. 通过各部各股干事案(另行发表)

2. 通过义务学校教职员案(另行发表)

3. 通过各部各股预算案

议决:各部各股预算案,交主席团审查,留下次本会通过。

4. 义校今晚开学,请本会派员参加案

议决:派马锡瑞同志前往。

5. 向学校当局建议案

(1) 学校教室黑板破坏,请改新的黑板

(2) 每级各组人数多少相去太远,请妥为分配

(3) 即[及]早实行种牛痘

6. 推举出席大学委员会人员案

议决:除主席团一人外,推顾保廉前往

四、散会

(《学生会第三次执行委员会议记录》,《大夏周刊》,第 52 期,1928 年 4 月 16 日)

十九日　大学委员会议决,遵行大学院颁布的"学校条例",改委员制为校长制。经校董事会全体同意,推王伯群为校长,欧元怀为副校长。大学委员会改名为校务会议,为全校议事最高机构。

胶州路大夏大学于去年二月,因前校长马君武辞职,遂改委员制。一年以来颇著成绩。近该校以根据民国大学院所颁布之学校条例,应用校长制,特于本月五日开行政委员会,由王伯群委员长主席,议决恢复校长制,并一致推举王伯群为校长,欧元怀为副校长。闻该校董事多散居外埠,一时不易□□,只得通函征求各校董意见,如无异议将于最近时间实行新制。并闻该校已推举卢锡荣、王祖廉、吴浩然为修改组织章程委员,以便适用云。

(《大夏大学改校长制》,《申报》,1928 年 3 月 9 日,第 7 版)

学校行政制度此前多次变更,建校十周年时,王毓祥、傅式说两先生曾有详细说明。

甲、行政制度之变迁　本校行政制度,先后凡经四易:第一期为委员制,第二期为校长制,第三期复

为委员制,第四期复为校长制。十三年立校之始,因诸校董散处各地,未易集会,暂由欧元怀、王毓祥、傅式说等八教授,组织校务行政委员会,维持校务。至十一月廿二日,乃召集第一次校董会,公推马君武博士为校长,王伯群先生为主席董事,校务发展,蒸蒸日上。十六年一月,马校长因广西大学关系,坚决辞职。当时国民政府实行委员制,本校乃更校长制为委员长制,由董事会推举王伯群先生为大学委员长,改校务行政委员会为大学委员会,由委员十人组织之。十七年三月,遵照大学院颁布学校条例,复改委员制为校长制,由董事会公推王伯群先生为校长,欧元怀先生为副校长,同时复将大学委员会改为校务会议。迄于今日,未有变革。行政基础,盖已日臻巩固之域矣。

乙、行政组织之体系 本校以校董会为最高机关,其主要职权为筹集大学基金及选举正副校长等。校长为行政首领,同时为校务会议主席。副校长襄助校长处理校务。校长下设大学秘书、教务长、会计主任、事务主任、群育主任、各学院院长、各科主任、招生及入学审查部主任、图书馆长及附设大夏中学主任各一人。校务会议即由上述人员与教授代表三人所组成。校务会议下设考试、教务、财务、事务、图书及生活指导等六委员会,以校长、教务长、会计主任、事务主任、图书馆长及群育主任为当然主席。教务委员会下设教授会议、各学院院务会议及各科科务会议。生活指导委员会下设群育、卫生、体育、军事训练四部。教务长设教务处,分注册、课务、成绩、统计四股。又注册主任辅助教务长主持注册及招生入学事宜。会计主任设会计处,分簿记、出纳、统计三股。事务主任设事务处,分庶务、斋务、卫生、收发、印刷、统计六股。图书馆分事务、阅览、编目三股。通力合作,处理校务。

(王毓祥、傅式说:《十年来之大夏大学》,《大夏周报》,第 11 卷第 8—9 期合刊,1934 年 11 月 3 日)

二十四日 学生会监察委员会开第二次会议。

三月二十四日在本校会客室

出席者:陶其情 吴祖钧 涂贤 丘瑾 陈翔

主席:吴祖钧

记录:陈翔

(一)开会如仪

(二)报告

1. 陈翔报告出席第二次执委会经过情形

2. 吴祖钧报告出席第三次执委会经过情形

(三)规定常会时间出席人数未齐,下次会议再定

(四)讨论

1. 前届执行委员会决算尚未送来审查案

议决:再函催。

2. 本届执委会预算尚未送来案

议决:再函催。

3. 李焕之来函辞职案

议决:挽留。

(五)临时动议

1. 陶其情提议本会对于执委会应有具体弹劾条例俾不得已时执行最后之职权

议决:推举起草委员一人。

2. 公推陈翔负责收集各方面监委会弹劾执委会条例以便参考

3. 公推陶其情为弹劾条例起草委员

4. 涂贤提议致函执委会请将学生会办公室扩充并希从速布置妥当以便办公

议决:提议执委会执行。

5. 陶其情提议函责执委会以后对内对外宜专用执委会名义,不得再用学生会名义以清权界

议决:通过。

6. 丘瑾提议本会经济应由本会推出会计兼庶务一人管理本会一切开支杂物,但每季用费至多不得

超过十元

议决:通过。

(《本校学生会监察委员会第二次会议记录》,《大夏周刊》,第 52 期,1928 年 4 月 16 日)

学生会执行委员会开第四次会议。

三月廿四日下午四时在本校教员休息室

出席者:吴镜芙　何惟忠　王健民　孙最麟　蔡根深　周钟钊　郑竞秀　陈庆　杨红文　夏天
沈美镇　马锡瑞　顾保廉　陈冠唐

列席者:丘瑾　涂贤(监委会代表)　王荪(秘书处干事)

主席:何惟忠

记录:王健民

一、开会如仪

二、报告:主席报告本会代表出席校务会议经过

三、讨论:

(一)通过各股干事:

卫生股　刘绍香　钟元桓　罗坤勋　朱炳南　蒋询侯　丘瑾

游艺股　李芝　张元和　朱光辉　童祖庆

秘书处　王正仪

(二)陈元发因义校事忙,请辞编辑股干事,照准

(三)通过预算案:

编辑股:三百廿七元七角

游艺股:九十元

教育股:七十五元

卫生股:五元

交际股:十元

演讲股:卅元

庶务股:四十元

(四)向校务会议建议:

1. 本校体育经费应独立,并由本会支配;2. 体育委员会,本会体育股应当参加;3. 致和里应设浴堂

(五)下次校务会议,本会推吴镜芙同主席团一人前往参加

四、散会

(《学生会第四次执行委员会记录》,《大夏周刊》,第 53 期,1928 年 4 月 24 日)

四月

十四日　学生会执行委员会开第六次会议。

四月十四日下午四至六时教员休息室

出席者:何惟忠　周钟钊　吴镜芙　王健民　孙最麟　马锡瑞　沈美镇　蔡根深　陈庆　陈冠唐
杨红文　顾保廉　郑竞秀

列席者:陶其情　陈沈桂[涯](监委代表)

主席:周钟钊

记录:王健民

一、开会如仪

二、报告:

(一)主席报告

1. 出席校务会议之经过

（1）关于体育经费问题：该会议决由体育委员会支配

（2）插班生肄业年限问题，该会议决照校章至少一年

（3）教授补课问题，该会议决极力办理

2. 本会发表征求同学意见布告

3. 发给各部股印信及账簿

（二）会计股报告各部股支款数目

（三）游艺股报告筹备游艺大会经过：时间定下星期六，本会担任经费三分之一

（四）监察委员会出席代表报告

1. 审查预算案结果：

（1）编辑股预算表须斟酌

（2）演讲股预算案太多

（3）交际、卫生两股预算案取消，需款时，得向本会预备费支取

2. 各股应每月填工作报告表以便监察

3. 限制执委缺席及请假办法（由监委会发表）

三、讨论

（一）体育经费问题

议决：由体育股将主张及困难情形具说明书提请本会通过，再提交校务会议

（二）游艺大会经费问题，本会允担任三分之一

（三）预算案问题

议决：1.编辑股、演讲股预算案，经解释无问题，照旧；2.交际、卫生两股预算案照取消。

（四）执委缺席及请假条例问题

议决：接受。

（五）工作报告表问题

议决：因事实困难且不必要，函请监委会取消。

四、临时动议

（一）向校务会议提议

1. 转函潘氏公祠，开放潘家花园；2.礼堂前设大布告栏

（二）本会及监委会拍照时间，由主席团规定之

（三）推顾保廉为出席校务会议代表

五、散会

（《学生会执行委员会第六次会议记录》，《大夏周刊》，第 54 期，1928 年 5 月 1 日）

二十一日　学生会执行委员会开第七次会议。

四月廿一日下午四时在本校教员休息室

出席者：王健民　吴镜芙　夏天　沈美镇　蔡根深　陈翔（监委代表）　孙最麟　周钟钊　周赓颐　陈庆　李驹光　何惟忠　马锡瑞　陈冠唐　顾保廉

主席：夏天

记录：王健民

一、开会如仪

二、报告及讨论

（一）主席报告在市学联工作情形

（二）何惟忠报告出席校务会议经过：关于暑校绩点十二，每学程纳费八元

议决：函请学校照过去报告定为十六绩点，学费每程之多不超过去年数目。

（三）郑竞秀辞职问题

议决:去函挽留。

（四）体育股增请张长昌为干事

议决:通过。

（五）向校务议会建议

1. 速开跑道;2. 速设女生乒乓球;3. 女宿舍增设浴室;4. 请彻究本校事务处溺职情事;5. 添订《中央日报》;6. 改良校徽,用银质,改式样,惟徽职仍旧;7. 请学校从速立案

（六）周钟钊报告:明日上午执监委员在潘家花园照相,下午开全体职员会议

（七）本会下次常会,因与游艺会时间冲突,改至下星期五四至六时

（八）出席校务议会代表,推沈美镇偕主席因一人前往

（九）执委缺席罚金,由会计股收

三、散会

（《学生会执委会第七次会议记录》,《大夏周刊》,五月运动特号,1928年5月9日）

二十八日　午后二时,王伯群校长、欧元怀副校长就职典礼及春季师生恳亲会同时举行。

去年上学期,本校校长马君武先生辞职后,即改校长制为委员制,进行极为顺利。今遵大学院颁布条例,又恢复校长制,公推王伯群先生为校长,欧元怀先生为副校长,即于前日（四月念八日）下午二时。在本校大礼堂举行就职典礼,同时开春季师生恳亲大会。由董事马君武博士主席,赵晋卿先生代表董事会授印。到会同学千余人,来宾有大学院蔡子民、杨杏佛,上海市长张伯璇,教育局长韦捧丹,江县长眉仲,钱司令代表贾伯涛,前教育局长朱经农、保君建,沪大校长刘湛恩等数十人。蔡、杨诸先生均有演说。至五时许始尽欢而散。晚间游〈艺〉大会到会者三千余人,尤极一时之盛云。

（《新校长就职典礼》,《大夏周刊》,第54期,1928年5月1日）

胶州路大夏大学于民国十三年夏,由厦大教授欧元怀、王毓祥、傅式说等九人,合厦大离校学生二百余人,共同筹备,艰苦经营,至于成立。当时海内名硕赞助最力者,有吴稚晖、汪精卫、张君劢、王伯群、马君武、叶楚伧、邵力子诸人。王且自提私款数千元为筹备费。九月成立后,由董理会公推王伯群先生为主席董事,马君武博士为校长。此为大夏最初萌芽时代,迨后努力奋斗,逐渐发达。经年之间,员生激增,一跃而为沪上著名学府。客春马辞王继,改校长制为委员制,进行亦极顺利。现闻学生已达千人,教职员亦近百人,可为全国发展最速之学校。现该校遵大学院颁定条例,改回校长制,公推王伯群为校长,欧元怀为副校长,即于二十八下午二时,在校举行就职典礼,同时开春季师生恳亲大会。由董事马君武博士主席,董事赵晋卿代表董事会授印。到会员生千余人。来宾有大学院蔡子民、杨杏佛,上海市长张伯璇,教育局长韦捧丹,江县长眉仲,钱司令代表贾伯涛,前教育局长朱经农、保君建,沪大校长刘湛恩,及工商部工业司长吴健,前湖北盐务处长石磊等数十人。兹将正副校长略历及各人演词,略志如左:

校长履历王伯群,贵州人。前任贵州省长,现任大夏大学董事会主席,国民政府交通部部长。

副校长履历欧元怀,字悫安,福建人,美国哥伦比亚大学硕士,历任大夏大学教育科主任,注册处主任及副委员长,国立政治大学光华大学教授,第四中山大学上海中学校长,上海政治分会教育委员,国民政府全国教育会议筹备委员等职。

马君武博士致开会词,略云:大夏开创仅四年,而学生达九百余人,职教员百人,这都是这两位正副校长及全体师生艰苦经营的结果。当初大家来沪筹备大学,宁已计及成败利钝,与希望其同情与援助,故大夏今日之有此奇迹,二位新校长牺牲之功,不可埋没,希望永久的均如这过去四年的精神与成绩,尤希望将来发展的效能,与过去四年历史成一正比例云云。

赵晋卿董事授印,略云:今天目见这盛大典礼,发生很大感想。大夏创办困难,尽人皆知,经济之艰窘,筹措之拮据,真有捉襟见肘之状,今竟发皇光大,蔚为巨观,未始非王、欧二校长百折不挠之精神所得的结果。鄙人谨代表大夏董事会,将大夏校长职权正式授与王校长、欧副校长之手,希望继续努力,以图

进展云云。

王伯群校长宣言就职,略云:鄙人对于大夏毫无功绩可言,此后既承董事会委以校长职权,当黾勉从事,与董事诸公暨欧副校长、全体教职员、同学共同努力。惟念大夏创始,一方承各方面之援助,一方在大夏本身,确有特别精神与光荣历史,就是第一是创造精神,第二师生合作,第三大夏同人能刻苦自治,可以为社会表率,养成良好之社会风俗,以很少经费办极大事业,以很大房屋容千余学生,这都是刻苦勤奋的表现云云。

欧副校长就职宣言,略云:大夏成立至今,向采委员制。现在虽行校长制,而有校务议会做全校议事行政最高机关,分工合作精神依旧存在,深可庆幸。鄙人今天就职,非常惶恐。因为大夏基础尚不敢称稳固,今后只有本着牺牲奋斗的精神做下去,建设一个稳固伟大的学校。所以今天就职,与其说就副校长的职,毋宁说是就一个苦工的职。将来应努力之点有三:第一,要增进研究学问的校风,本着立校时"读书运动"的口号,研究学问为建设社会的准备;第二,要继续校务公开的政策,大家开诚布公做事,财政方面,尤应公开,以涓滴归公为目标;第三,要提高师生合作的效能,师生之间,务宜互相敬爱,一齐来建设大夏,毕业的学生应该尽量帮助母校,学校方面应该尽力替他们介绍职业云云。其余来宾均各有演辞,从略。

(《大夏校长就职补志》,《申报》,1928 年 5 月 2 日,第 11 版)

有人记录中央研究院院长蔡元培在会上的发言:

蔡氏谓:兄弟到场,第一目的系道喜。大夏以极少钱收极大效果,诚为国立各大学之模范。大夏在经济恐慌期间,毅然设最费钱之理科,办学宗旨自与其他私校不可同日语。实则大学只须办健全的文理一科,已包涵各科。兹各大学犹少理科之设,深引为憾。迩来世人,多谓教育破产,无如以破产教育办教育,何怪教育之破产。所谓教育,殊含研究性质,学校乃教员与学生获得研究机会。讲至此,蔡氏伸手指台上之茶杯曰:奈今日教员一如茶杯,盛载几许茶水;学生如空杯,教员不过灌注若干茶水于空杯而已,可不哀哉。惟大夏独不然。能救时弊,倡师生合作,更值得兄弟来道喜。

(华女士:《大夏校长就职追记》,《申报》,1928 年 5 月 10 日,第 17 版)

五月

五日 上海各大学联合会推举大夏大学为执行委员会主席。(《上海各大学联合会开会纪》,《申报》,1928 年 5 月 8 日,第 11 版)

六日 下午一时,上海各大学联合会召开大会,讨论应对"济南惨案"办法。欧元怀先生代表参加。(《致美国大学委员会波拉等电》,《申报》,1928 年 5 月 8 日,第 13 版)

七日 针对五月三日的"济南惨案",举行哀悼大会,全体师生宣誓抵制日货,并组织大夏大学反日运动委员会。

大夏大学于昨午前十时,在该校开济南惨案哀愤大会。到会员生千余人,有多人流涕演说,言词沉痛,空气异常紧张,并宣誓实行对日经济绝交。议决组织大夏大学反日运动委员会,推定欧元怀、吴泽霖、吴浩然、温广彝、王健民、吴镜芙、陆德音、郑竞秀、陈翔、林乐天、何惟忠、郭振裘、杨正宇、李驹光、朱光辉十五人为委员。呼口号散会。午后全体分队出发沪西一带演讲,提醒一般民众共御祸云。

(《上海各界积极对付五三济案各机关团体之运动》,《申报》,1928 年 5 月 8 日,第 14 版)

十二日 学生会执行委员会开第八次会议。

五月十二日下午四时在教员休息室

主席:何惟忠 记录:王健民

一、开会如仪

二、报告及讨论

(一)主席报告

1. 本人出席校务会议之经过

2. 监委来函

（二）体育部报告本校下星期五六举行运动会

（三）夏天同志出席联学会路费暂定十元，有特别情形需款者须向本会声明

（四）顾保廉报告师生恳亲会费用除建台约余二元，致五十七元之建台费，本会承认三分之一，其余由大学部中学部负责

（五）建议校务会新校舍致和里、小沙渡〈路〉应添设浴盆　通过

（六）周赓颐提议总务部夏天出席学联会，本人不能到会应请代理，并报告出席学联会情形　通过

（《学生会执委会第八次会议》，《大夏周报》，四周纪念特刊，1928 年 6 月 1 日）

十四日　反日运动委员会宣传部召开编辑委员会。

大夏大学反日运动委员会宣传部编辑委员会，于日昨召集会议。出席者杨正宇、马雪瑞、邵圆微、丁锦标、陶其情、许直、陈文元，主席杨正宇，纪录马雪瑞。行礼如仪后，首由主席报告开会宗旨及工作经过情形，次付讨论：（一）订定报纸，《南京日报》《申报》《时事新报》《民国日报》四种；（二）本股工作，共分三部：甲宣传，乙报告消息，丙对外通信；（四）本股常会每周二次，暂定星期二四举行；（五）选定职员：宣传科，丁锦标、陶其情，对外通信，邵圆微，报告消息，马雪瑞、许直，庶务兼会计陈文元。

（《大夏反日运动委员会昨讯》，《申报》，1928 年 5 月 15 日，第 13 版）

十九日　学生会开始反日运动募捐。

大夏大学学生会，于十七晚启程，赴扬州一带，约百余人。留校者，男同学携竹筒在曹家渡、闸北募捐，女同学则持捐簿在租界劝募，成绩甚佳。

（《学界宣传募捐消息·大夏大学》，《申报》，1928 年 5 月 20 日，第 13 版）

大夏大学反日运动委员会全体会员，计分二十余队，手持募捐筒及宣传品等，分发至曹家渡新桥一带，沿途劝募，颇著成绩。该校学生军现已编制干部，由前第一军邓师长统率指导。自本月十八日起，在该校大操场实行操练，计有百四十余人，女学生加入操练者亦颇踊跃云。

（《学界宣传募捐消息·大夏大学》，《申报》，1928 年 5 月 21 日，第 13 版）

二十六日　学生会执行委员会开第九次会议。

五月廿六日下午四时教员休息室

主席：周钟钊

记录：王健民

一、开会如仪

二、报告

（一）主席报告

1. 出席校务议会之经过

2. 各项来件

（二）监委代表报告：各股细账应于下星期六交到

三、讨论

（一）秘书处干事王荪因课忙辞职案

议决：挽留。

（二）编辑股报告：本股预算案用完，尚欠洋卅五元三角

议决：该股细账交主席团审查，所需之款由主席团核准。

（三）周钟钊报告：学校谓本会去岁多支洋四十余元，应由本会扣还

议决：此系上届之事，本会慨[概]不负责，并通函校务议会否认。

（四）"六一"特刊问题

议决：照出，请机[学]校担任经费二分之一。

（五）本会垫出同学出发扬州宣传费廿元

议决：由主席团负责后还。

（六）下次出席校务议会代表

议决：推孙最麟出席。

（七）函校〈务〉会，与邮局交涉，在本校设邮筒

（《学生会执委会第九次会议》，《大夏周报》，四周纪念特刊，1928 年 6 月 1 日）

六月

一日　上午，全体师生在礼堂举行建校四周年纪念大会。下午，在图书馆召开国内名家书画展览大会。

胶州路大夏大学，昨为四周纪念，上午十时开会。到董事赵晋卿、马君武，来宾西北军代表、军事委员会委员张之江，广西教育厅长黄华表及周昌寿、郑心南等，暨教职员学生八百余人，由副校长欧元怀主席。毕业同学会代表王韫石报告四年前六一奋斗精神，赵晋卿、张之江、黄华表均有极长演说。会毕发给奖学金、奖学状、演说竞赛优胜及运动优胜奖品。逾午始散。该校阅书室书画展览，均为国内名家作品，都五十余帧，琳琅满目，极一时之盛云。

（《大夏大学四周年纪念志盛》，《申报》，1928 年 6 月 2 日，第 17 版）

（一）各学年学生统计表

十三年至十四年度　　283 人

十四年至十五年度　　878 人

十五年至十六年度　　902 人

十六年至十七年度　　927 人

总数　　　　　　　　2990 人

（二）历年毕业生人数比较表（本科）

十五年六月毕业

　　文科　　　　1

　　理科　　　　1

　　教育科　　　27

　　商科　　　　7

十六年一月毕业

　　文科　　　　11

　　理科　　　　3

　　教育科　　　8

　　商科　　　　8

十六年六月毕业

　　文科　　　　7

　　理科　　　　6

　　教育科　　　11

　　商科　　　　6

　　高师科　　　65

十七年一月毕业

　　文科　　　　15

　　理科　　　　7

　　教育科　　　13

　　商科　　　　5

高师科　　　35

（三）毕业生服务状况统计表

教育界　　　35
军界　　　　15
商界　　　　13
党部　　　　7
留学　　　　5
政界　　　　10
新闻界　　　5
未详　　　　47

（四）全体同学科别分配表

科别	人数
文科	164
理科	33
教育科	71
商科	51
法科	21
高师科	210
预科	240
中学	137
总数	927

（五）各级同学人数比较表

甲　本科

级别	人数
一年级	135
二年级	85
三年级	59
四年级	57

乙　高师科

一年级	98
二年级	112

丙　预科

一年级	71
二年级	7
三年级	91

丁　中学

初级

一年级	35
二年级	27
三年级	43

高级

一年级	23
二年级	9
总数	927

（六）全体同学省区统计表

省别	人数
江苏	253
浙江	170
广东	12
福建	105
广西	80
江西	49
安徽	45
湖南	31
四川	24
湖北	31
台湾	18
奉天	7
贵州	6
云南	5
黑龙江	1
河南	1
陕西	1
山东	1
直隶	1
总数	927

（《大夏学生各种统计表》，《大夏周刊》，四周纪念特刊，1928 年 6 月 1 日）

八日　学生会执行委员会开第十一次会议。

六月八日下午四时教员休息室

主席　何惟忠　记录　王健民

一、开会如仪

二、报告：

（一）主席报告

1. 今日为本会最后一次会议，应办理结果

2. 会计杨红文本日未出席，函请由主席团结束账目

议决：由主席团办理

3. 出席校务议会十一次会议之经过

4. 各股账目

（二）周钟钊提议：本会暑期工作紧张，应组织特别委会

议决：由本会产生之

（三）向校务议会提案

1. 课作业须求普遍，且须算绩点

2. 将《大夏周报》本会周刊合并

三、散会

（《学生会执行委员第十一次会议记录》，《大夏周刊》，四周纪念特刊，1928 年 6 月 1 日）

九日　上午，举行学生军检阅典礼。该学期应届毕业生一百七十八人。下午，举行毕业典礼。晚，举行游艺活动。

胶州路大夏大学本届本科各科毕业得学士学位者二十三人，高等师范专修科毕业者五十四人，预科

三十二人,初中四十人,于昨日下午二时举行毕业典礼。由王伯群校长主席,授予学位及文凭。董事马君武、张君劢,来宾韦捧丹、王云五、程时煃、程其保及同文书院院长等,合全体师生一千余人。公安局军乐队到场奏乐,各人均有极诚恳演说,词长不录。是日上午该校学生军举行大检阅,全军六百余人编成一营,女生编入救护队,约四十人。淞沪警备司令钱大钧致训词,市学联军训会派汪竹一代表赠旗授印,精神秩序焕发整齐。该校并赠教练官邓振铨师长银盾一座,以表感戴。晚七时,全体教职员在校设筵回宴,毕业同学、来宾均多参奏云。

(《大夏大学毕业典礼志盛》,《申报》,1928 年 6 月 10 日,第 12 版)

本月　新聘文科及教育科主任。

大夏大学文科主任卢锡荣博士,因往滇省就教育厅长职,秋季告假一学期,并荐严恩椿博士代理主任职。该校已照聘。又教育科主任王祖廉博士,因市教育局方面职责繁重,未克兼顾,日前函辞主任职。该校挽留不获,遂聘前国立东南大学教育科教授、全国基督教教育会总干事程湘轸硕士为主任。程君曾兼任该校教授三年余,严博士曾任光华大学文科主任对大夏科务发展,二君必能驾轻就熟,全校咸庆得人云。

(《大夏新聘主任》,《申报》,1928 年 6 月 24 日,第 11 版)

七月

十日　第三期暑期学校开学,注册学生 450 人,上课六周。

大夏大学暑期学校简章

一、宗旨　本大学暑期学校以利用暑假时期推广教育补助学业为宗旨

二、校历　自七月六日起至八月卅日止

(报名)六月十日起至七月五日止

(注册)七月六日七日

(开课)七月九日

(试验)八月二十八日二十九日三十日

(放假)八月卅一日

三、入学资格(男女生兼收)

(甲)本大学学生

(乙)国内各大学本科学生及预科学生

(丙)中等学校及示范学校教员

(丁)旧制中学或初级师范毕业生担任小学教员者

(戊)新制高中一二三年级生

(己)旧制中学毕业生

四、课程

(甲)大学课程

(乙)预科课程

(丙)高师课程

五、绩点　学程分两种每星期授课六小时、全暑假为八星期、共四十八小时者,作三绩点计算;全暑期为五星期、共三十小时者,作二绩点计算;试验学程每二十小时作一绩点计算,暑期学校之绩点依其程度、成绩得作本大学各科该科毕业绩点

六、证书　凡成绩及格予各科学程修业证书

七、纳费

(甲)学费

大学及高师学程三绩点者每门八元　二绩点者每门五元半　预科学程三绩点者每门七元

（乙）膳宿费

住新校舍八元，致和里及小沙渡路宿舍七元，女生宿舍七元，膳费十三元

（丙）杂费五元

（丁）实验费　凡选习实验科学者须另缴一元至三元之实验费，以上各费须于开校时缴清方得注册上课，中途退学者除膳费外，所缴各费概不退还

八、免受秋季入学试验　凡本暑期学校学生如秋季继续升入本大学各科得免受入学试验，但以在暑期学校已及格之学程为限

九、入学须知

（甲）凡具有本简章第三条所规定之资格者得将毕业证书或肄业证书缴呈，本校经认可后即可报名

（乙）报名时填具履历表、选课表并报名费一元，挂号函寄或直接到本大学暑期学校办公处缴纳（寄宿与否应于此时声明）

（丙）本校宿舍只预备桌椅铺架等，住校生须自备蚊帐、被褥、洗面具等

（丁）所选课程以十二绩点为准，但住校学生至少须选修六绩点

（戊）所选课程旷课在全部上课时间五分之一以上者不得参与大考

（己）大学及高师各学程选修人数至少须有十八人，预科各学程至少须有二十人方能开班

十、每周学校生活表

星期一至星期六上课　上课时间上午七时至十时　下午四时至七时

星期日敦请名人演讲或组织各种游艺会、旅行参观团等

（《大夏大学暑期学校简章》，《大夏周刊》，四周年纪念特刊，1928年6月1日）

二十日　大夏中学因学生人数激增数百名，原有校舍不敷应用，经校务议会议决，自下学期起将高初中分设，高中部仍在戈登路八十八号，初中部则迁至一三一号之三层楼大洋房内。

大夏中学办理素称完善。本学期学子激增至数百名，致原有校舍不敷应用。经该校校务议会议决，下学期决将高初中分设，高中部仍在戈登路八十八号，初中部则迁至一三一号之三层楼大洋房内，教室轩敞，操场空旷，询[洵]读书运动之住佳地。闻总办公处仍设高中部云。

（《大夏中学之发展》，《申报》，1928年7月20日，第12版）

八月

十日　劳勃生路女生宿舍开始兴建。

大夏大学上学期，有女生八十余人，原有宿舍不敷分配，该校当局，特于上月在胶州路劳勃生路校舍附近建筑打字楼房一幢，设备完全，可容女生百余人，秋季开学前，即可落成，该校并聘定凌海霞女士为大学部女生指导员，叶嘉惠女士为中学部指导员云。

（《大夏大学建筑》，《申报》，1928年8月29日，第12版）

九月

十七日　上午，召开第二十三次校务会议。

时间：九月十七日上午九时至十一时

出席者：欧元怀　王毓祥　傅式说　吴泽霖　黄敬思　孙瑞　吴浩然　鲁继曾　邵家麟　蓝春池　何惟忠（学生会代表）

一、报告事项

1. 秋季各科开班课程。鲁继曾先生报告秋季课程已排列印成索引及课程表，共一百五十七学程

2. 姚永励教授因公忙辞职，由孙瑞先生介[绍]美国西比大学法科博士赖锟继任

3. 高元先生未到校已去电敦促选课事，由文科指导员代为指导

4. 桂林法庭公函及朱元生、陆英林来函，因事下狱请救济事，议决函覆朱元生系因不守校规被开除

学籍,并非因共产党关系,至陆英林则系本校优良毕业生

5. 星期一午后二时至三时为全体周会时间,注册处规定上列时间本学期实行

6. 星期一午后四时至六时为校务会议时间

7. 招生委员会规定新生介绍书缴各主任备查

二、讨论事项

1. 注册时间日期

自十七号下午二至五〈时〉,十八、十九、二十每日上午九至十二〈时〉,下午二至五时

2. 开学式及上课日期

下星期一下午二时行开学式,廿一〈日〉上午八时起开课

3. 各科学生选修几点最多限度

本科最高限度廿二绩点,高师科廿五,预科第一二年均廿四绩点,第三年二十二,得奖学金或奖学状得增加二绩点。本学期毕业生最高限度,本科为二十四,高师为二十七绩点

4. 休学学生续学问题

照本校学生休学条例办理,限期最长为二年

5. 迟到注册学生加缴注册费日期

注册以本星期六为止,下星期一迟一日罚洋一元,以五元为限

6. 学生膳费是否照旧

现因米价减廉,议决每月每人暂减半元,缴费照旧,候学期终结时退还

7. 代收上海学生图书馆及俱乐部办费事

议决暂时不收

8. 严恩椿因事往京,荐陈茹玄为文科主任事

陈先生为前东南大学、光华大学政治学教授,议决即日请王祉伟先生与陈先生接洽

9. 陈琼璋来函请算毕业学分事

照第四项办理

10. 牙医徐少明愿尽义务为本校牙科校医

议决函聘

11. 预科军事训练绩点事

下次讨论

(《第廿三次校务会议议事摘录》,《大夏周刊》,第 57 期,1928 年 11 月 5 日)

二十一日　秋季开学,新旧学生开始缴费注册。本学期注册学生 1045 人,其中大学部学生 880 人,中学部 165 人。

(一)大学部 905 人

1. 各省人数

江苏	249
浙江	164
广东	106
福建	103
广西	80
江西	56
安徽	47
湖南	26
四川	22
奉天	12
湖北	12

台湾	7
陕西	5
山东	4
云南	4
贵州	3
河北	2
河南	2
黑龙江	1

(2) 各科人数

文科	200
理科	54
教育科	90
商科	61
法科	25
高师科	171
预科	300

(3) 各年级人数

(甲) 文科

四年级	45
三年级	40
二年级	51
一年级	55
特别生	9

(乙) 理科

四年级	7
三年级	9
二年级	12
一年级	25
特别生	1

(丙) 教育科

四年级	18
三年级	33
二年级	15
一年级	22

(丁) 商科

四年级	19
三年级	8
二年级	15
一年级	19

(戊) 法科

三年级	11
二年级	
一年级	11
特别生	4

（巳）高师科

　　高师四届　　　106

　　高师五届　　　59

　　特别生　　　　6

（庚）工业化学科

　　一年级　　　　3

　　特别生　　　　1

（辛）预科

　　三年级　　　　112

　　二年级　　　　102

　　一年级　　　　86

　　特别生　　　　8

（二）中学部　　　175人

（1）各省人数

　　江苏　　　　　57

　　浙江　　　　　23

　　广东　　　　　16

　　广西　　　　　16

　　安徽　　　　　15

　　湖南　　　　　14

　　福建　　　　　10

　　江西　　　　　10

　　河北　　　　　3

　　江西　　　　　3

　　台湾　　　　　3

　　贵州　　　　　1

　　湖北　　　　　1

　　四川　　　　　1

（2）各年级人数

　　高中三年　　　16

　　高中二年　　　17

　　高中一年　　　37

　　初中三年　　　62

　　初中二年　　　31

　　初中一年　　　28

（《本学期全体同学人数统计》,《大夏周刊》,第 62 期,1928 年 12 月 13 日）

　　二十四日　召开第二十四次校务会议。

时间:九月廿四日下午四时至六时

出席者:欧元怀　王毓祥　傅式说　吴泽霖　孙瑞　鲁继曾　陈茹玄　张耀翔　邵家麟　蓝春池　唐庆增　何惟忠(前学生会代表)

一、报告事项

　　1. 欧元怀先生报告法科主任高元由粤来函,须三星期后始能来沪,未便久待,决改聘孙浩烜在接洽中,并添聘刘时飞君为心理实验室助教,汪泰经夫人为音乐教员,宋崇九为军事教练

　　2. 蓝春池先生报告上次招生结果,录取一百一十五名,连共取四百左右

3. 鲁继曾先生报告截至本午已注册学生,大学部六百三十人,中学部一百三十人;已领缴费单学生,大学部七百五十八人,中学部一百五十六人

4. 第一次周期集会及开学礼改下星期一举行

5. 本星期五为秋节,照例放假一天

6. 注册逾期学生如有特别情形来函陈明事由者,得由注册主任决定其应多缴注册费与否

二、讨论事项

1. 预科学生是否以军事训练为必修课事。照大学院通令,高中以上学生须受军事训练二年,本校前次规定系遵照院令,故议决维持原案。预科学生以军事训练为选修科,函覆本校学生会

2. 国货展览会请本校表演游艺事。议决参加并推定吴浩然、王庆勋二先生及吴子谦、童祖庆、顾保康三君共同担任筹备。第一次筹备会由吴浩然先生召集

3. 增进教学效能方法事

议决:

(1)上课时请各教员点名,如每班人数过多,可托办公处书记代抄名册。

(2)设置书架以备各教员存放点名册、书籍、教具。

(3)由各科主任通知各教员,谓其于所担任之学程指定参考书至多五种,开单交图书委员会购置,至每种册数之多少,应视每班之人数由各科主任决定之。

(4)各系组织毕业研究会。

(5)设教职员俱乐部以为同人聚集消遣这[场]所,藉资联络,其地点由吴浩然先生酌定。

(6)教员如有不得已事故必须缺课时应先期告假,并须定时补课。

4. 推举代表出席上海各大学联合会及中华国货展览会筹备会事。推定鲁继曾、吴泽霖二先生代表本校出席上海各大学联合会,王祉伟先生代表出席中华国货展览会筹备委员会

5. 特别生及旁听生规则。由鲁继曾先生修改后再付通过

6. 常乃德先生来函告病假事。电常先生请其速觅代课之人来校授课,并请复电

7. 候议事件

(1)增进群育方法

(2)推举图书委员会主席及添群育委员

(3)大夏丛刊进行事

(《第二十四次校务会议议事摘录》,《大夏周刊》,第 57 期,1928 年 11 月 5 日)

本月 公布实施图书馆规则。

(一)开馆时间除例假停止,每日上午八时至十二时,下午一时至五时,七时至九时,星期六晚上及星期日上下午停开

(二)同学欲借图书须持注册证向本馆领取借书证(每人以一张为限),就目录中选择书籍将欲〈借〉之"书码"(在目录卡左上角)之上下二号"书名""册书"及"借阅日期"详细填入借书证,交由官员检取,手续若不齐不能借书

(三)阅览室中陈列之什志及参考书等同学得自由取阅,毕仍放原处,不得携出室外,如故意违章者,即停止其应借书权二星期

(四)□通图书可以借出一星期,如欲续借应携书至馆声明,得续借一星期,每次借书不得过二部以上,在未经交还以前,不得再借他书,如遇本馆检查,必要时经本馆通知应即交还

(五)借阅图书逾期不还者,每部母[每]日罚大洋二分,至交还之日止款,由赔偿准备金内扣除

(六)借阅图书如有遗失、污损、剪裁等情者,应即按照原价赔偿

(七)借书证倘有遗失,应即至馆声明补领,惟每次补领须缴大洋二角(借书证用完后续领不在此例),如在未经声明前被检[捡]得该借书证者借去图书,由原领证人负责

(八)本馆在每学期末之前十日即停止借书,以便清理

(九)书库非经馆员许可,不得入内

（十）本规则自公布日起施行

（《本大学图书馆规则》，《大夏周刊》，第 57 期，1928 年 11 月 5 日）

本月　新聘北京师范大学教育研究科及心理学系主任张耀翔①为教育科主任，改聘吴泽霖②博士继任大夏中学主任。

大夏大学近聘定北京国立师大教育研究科及心理学系主任张耀翔为教育科主任，张君系心理专家，《心理》杂志创办人，著作甚多，大夏教育科及高师专科课程，素称完善，秋季担任教授心理学及教育学者除张君外，尚有黄敬思、鲁继曾、欧元怀、王祖廉、杨正宇、郑通和、程湘帆诸人。

（《张耀翔任大夏教育科主任》，《申报》，1928 年 9 月 5 日，第 12 版）

戈登路大夏中学，前主任王祖廉博士，因市教育局方面职责繁重，不克兼顾，函请辞职，挽留不获。现已改聘吴泽霖博士继任，博士学术湛深，经验宏富。闻已到校视事，从事积极发展云。

（《大夏中学新聘主任》，《申报》，1928 年 9 月 9 日，第 24 版）

十月

八日　纪念周会，邀请校董何应钦演讲，题为"关于青年之责任"。

胶州路大夏大学前日举行本学期第二次周会，并敦请校董何应钦演讲。首由主席王伯群致开会辞，次教授代表王毓祥致欢迎词，后何先生演讲，略谓：（一）大夏过去历史之光荣；（二）大夏现在全国社会上之美誉；（三）大夏师生合作精神之特点；（四）对于大夏同学之希望：（甲）对于学术，尤其科学应有深造之研究，（乙）对于体格应有坚强之锻炼，尤其军事学识应有相当之认识，（丙）不可忘记国耻，尤须竭力提倡国货，（丁）对于中国旧道德应有相当之采纳，（戊）应将大夏之精神，发扬于全社会上。讲毕，再由副校长欧元怀报告本周校务。听众千余人均尽欢而散云。

（《何应钦在大夏演讲》，《申报》，1928 年 10 月 10 日，第 11 版）

召开第二十六次校务会议。

时间：十月八日

出席者：欧元怀　王毓祥　吴浩然　邵家麟　孙浩烜　陈冠唐　吴泽霖　张耀翔　黄敬思　鲁继曾　傅式说　蓝春池　孙瑠　何惟忠

一、报告事项

1. 鲁继曾报告　截至今年［午］止学生注册人数，大学部八百四十四人，中学部一百六十人，共一千零四人；领缴费单者，大学部九百三十九人

2. 欧元怀报告

（1）上海各大学联合会执行委员会上次开会不准本校辞主席之职，并提议交换演讲及开各校教职员大同乐会事

（2）拒毒演讲比赛，本校学生决参加并定本月廿一日举行预赛，第一名出席，第二名、第三名各给予奖章

---

① 张耀翔（1893—1964），湖北汉口人，心理学家。清华学堂毕业后赴美留学，获哥伦比亚大学心理学硕士学位。1920 年在北京高等师范学校创建了中国最早的心理学实验室。1922 年创办了中国第一本心理学杂志——《心理》，并担任主编。历任北京高等师范学校、北京师范大学、暨南大学、复旦大学、大夏大学等校心理学教授。1951 年进入华东师范大学任教，1955 年担任华东师范大学教育系主任。主要著作有《心理学讲话》、《感觉心理》、《情绪心理》、《儿童之语言与思想》等。

② 吴泽霖（1898—1990），江苏常熟人。清华学堂毕业后留学美国，先后在威斯康星大学、密苏里大学、俄亥俄州大学获学士、硕士、博士学位。后赴英、法、德、意等国考察社会情况。1928 年回国，先后在大夏大学、暨南大学、西南联大任教。1946 年任清华大学人类学系系主任、教务长。1949 年后，先后任西南民族学院教授兼民族文物馆馆长、中央民族学院教授、南开大学社会学系教授。主要著作有《社会学及社会问题》、《现代种族》、《社会约制》、《贵州定番县乡土教材调查报告》等。

3. 王祉伟报告上次群育委员会开会议决各事如左：

(1) 每星期五日下午三时为常会日期

(2) 主席由各委员轮流任之

(3) 维持肃静办法

甲、设立出入趋向指引牌,使上课下课时不至拥挤

乙、周会时请全体同学共同维持秩序

丙、禁止茶房、厨房及外来杂人大声叫嚣

丁、二楼走廊每日下午加扫一次,浇一次

戊、函学生会共同维持秩序

(4) 取缔熄灯后燃点洋烛及在宿舍内烹调或其他一切不规则行动办法：

甲、禁止布告

乙、周会时通知

丙、函学生会共同防卫

丁、召集犯禁者当面训告

(5) 适[通]过女生宿舍规则

4. 吴浩然报告双十节游艺。节目已定者,女生五六种,中学部四种,来宾加入者,亦有数种,惟大学部男生尚少参加

二、讨论事项

1. 双十节放假事　决定自十日起放假两天

2. 双十节典礼及孔诞纪念仪式　除照例仪式外加唱国庆纪念歌并请朱隐青、傅铜两先生演讲

3. 九号晚本校举行提灯事　由各科主任全体教授率领全体学生提灯,是日下午上课至三时停止,五时半在操场集合,六时出发,路径另定

4. 厨房请求每月伙食仍定为每人六元半　维持原案,每人六元

5. 女生宿舍规则　通告

6. 推举拒毒比赛演说比赛评判员事　推定张耀翔、朱隐霖、吴泽霖三人

7. 学生同时肄业本校及他校所修学分可否同时计算,如在本校修满最高绩点则他校所修学分不能计算,如在本校修一部分绩点,同时在他校肄业,得并加计算,但须得该科主任之许可

8. 孙禅伯先生来函　交国文系主任陈柱尊先生召集该系教授开会斟酌

9. 学生陈淑敏请转入高师科　资格不合,未能照准

10. 学生唐元谟、杨维乐请求免缴迟到注册费　唐元谟所请不准,杨维乐俟审查预[后]再定

(《第二十六次校务会议事摘录》,《大夏周刊》,第58期,1928年11月12日)

十二日　新建劳勃生路女生宿舍落成。

本校学生率,年有增加,本学期注册者,数逾千人,原有校舍,当然不敷应用,故于暑假时大兴土木,新建女生宿舍一座(可容一百人),最近又建筑平房两所,均已落成云。

(《本校新建校舍》,《大夏周报》,第59期,1928年11月19日)

十五日　召开第二十七次校务会议。

时间：十月十至[五]日

出席者：欧元怀　王毓祥　孙瑁　邵家麟　蓝春池　张耀翔　吴泽霖　吴浩然　鲁继曾　傅式说　黄敬思

一、报告事项

1. 鲁继曾报告截至今午止学生注册人数,大学部八百八十人,中学部一百六十五人,共一千〇五十人,领缴费单者,大学部九百四十八人。

上周教员缺课十七小时占授课总时数(471)百分之5.5

2. 欧元怀报告

（1）各科设定布告处

（2）主任办公室后面设谈话室

（3）交通大学及武汉大学来函通告启用关防

3. 王祉伟报告上次群育委员会议决事项如左：

（1）推定凌海霞先生为下次主席

（2）女生宿舍内设会客室、阅报室、诸[储]藏室、游艺室，学生练习烹调只能在饭厅内指定地点

（4）校门内新建平房内设男生会客室

（5）指定礼堂前列右首座位(为)女生座位

（6）购置网球一打，球拍四把，专供女生运动之用，并指定运动场四角网球场为每日下午专为女生网球场

（7）军事训练班上课时停止定球运动，女生救护训练班下星期开始请郑校医担任

（8）此后周期集会拟请下列各[名]人来校演讲：

褚民谊、郑毓秀、王正庭[廷]、邵力子、叶楚伧、钱新之①、陈光甫、杨杏佛、马寅初、周雍能、蒋梦麟、何香凝、胡适之、刘大钧、吴稚晖、赵普卿、陈行、张公权、黄伯樵、韦悫、李煦谋、颜福庆、何世桢、陈果夫、胡汉民、戴季陶、孙科、宋子文、谭延闿、余日章、何应钦、邓振荃、孔祥熙、张之江、李景林、王宠惠

（9）除参加拒毒演说竞赛外，定十一月十七日举行竞赛，题目由学校拟定

（10）设立国货服装用品顾问委员会，由校务议会决议，文商科主任主持

4. 傅式说报告上次财政委员会议决事项如左：

（1）女生宿舍建筑费已付一万二千五百元，至迁移地点所加之二千余两，俟傅式说、吴浩然二人审查后再斟酌给付

（2）关于发展委员会与毕业同学会事务，拟故秘书一人掌理之，俟有胜任人材即行延聘

（3）总办公室填装电话机一具

（4）嗣后财政情形每月报告各董事一次

5. 吴泽霖报告中学部膳费，现每人改定六元，与大学一致

二、讨论事项

1. 本学期试验事。平日试验至少举行两次，定十一月十日以前及十二月十〈日〉以前，学期终考试温习三天，每科考试时间定两小时

2. 辩论竞赛题目。决定两题：(1)中国现在应利用外资以发展内政，(2)中等学校不应男女同学

3. 推选辩论指导员。推定杨正宇、黄敬思、孙浩炬三人

4. 提倡师生购用国货办法。设国货服装用品顾问委员会，请商科主任及该科教授担任调查服装应用之国货材料，以备全校之顾问

5. 推选群育委员会主席。推定鲁继曾

6. 陈柱尊、唐庆增二先生来函请更选教职员会代表。议决：更选。

7. 高师毕业同学会函请重组大夏毕业同学会及筹建会所基金事。由本校定期召集本埠附近毕业同学开会讨论进行方法

8. 教职员俱乐部经费。由教职员自由捐助，亦不限定金银，捐助用具亦可

（《第二十七次校务议会议事摘录》，《大夏周刊》，第 58 期，1928 年 11 月 12 日）

二十一日　大夏大学毕业同学会召开筹备会，议决取消本科、高师毕业同学会，组织大夏毕业同学会。

---

① 钱新之(1885—1958)，名永铭，字新之，以字行，晚号北监老人，生于上海。早年留学日本，回国后历任交通银行经理、财政次长、全国实业银行常务董事。1929 年辞官经商，任中兴煤矿公司总经理、中兴轮船公司董事长、国民参政员、交通银行董事长等职。后曾任中华职业教育社董事会主席、大夏大学董事、复旦大学董事及代理校长等职。1958 年病逝于台北。

大夏大学向有高师、本科两毕业同学会之组织,会务进行颇为努力。兹闻该两毕业同学会为扩充起见,时召集在沪毕业同学,于二十一日下午在大夏大学开会。计到张仲寰、曾昌燊、王裕凯、卢绍稷、高芝生、葛振邦君等三四十人。公推王格[裕]凯君为临时主席,张仲寰君为临时记录。首由曾昌燊君报告本科毕业同学会情形,张仲寰君报告高师毕业同学会情形。次由欧元怀校长、傅式说、王祉伟教授及卢绍稷君致词。进行讨论:(一)议决取消本科、高师毕业同学会,组织大夏毕业同学会;(二)选举张仲寰、卢绍稷、周尚、王裕凯、曾昌燊、邵名鹤、王韫石七君为筹备委员;(三)议决十一月十一日下午,举行全体大会并聚餐。闻廿一晚该会筹备委员又讨论议案多件,推举王韫石、张仲寰、王裕凯、曾昌燊四君负责起草会章,于廿八日上午再行讨论云。

(《大夏大学毕业同学会之筹备》,《申报》,1928 年 10 月 24 日,第 11 版)

二十二日　召开第二十八次校务会议。

时间:十月廿二日

出席者:欧元怀　王毓祥　傅式说　黄敬思　孙瑞　张耀翔　蓝春池　吴泽霖　鲁继曾　吴浩然　陈茹玄　孙浩烜　陈　翔(学生代表)

一、报告事项

1. 鲁继曾报告注册学生人数,大学部八百九十四人,中学部一百六十七人,共一千〇六十一人

2. 黄敬思报告国语辩论指导委员会议决事项如左:

(1) 辩论题目用"中国现在应利用外资以发展内政"

(2) 报名日期自本日起一星期后截止(十二月一日)

(3) 预赛日期定十一月廿五日(星期日)

(4) 决赛日期定十二月一日(星期一)

(5) 辩论规则(详细规则可参考图书馆内美国克契门看之《辩论术之实习与原理》一书)

a. 正辩每人八分钟,副辩每人二分钟,时满即须停止演述,〈不〉得拖延

b. 正辩由正组第一人开辩,次为反组第一人,次为正组第二人,余类推,副辩由反组第一人开辩

c. 正辩间有五分钟之休息

d. 时间由计时员二人报告方法如下

甲、正辩至第七分钟时,计时员一人起立,第八分钟或正辩每次终止时二人起立

乙、副辩至第二分钟时,员一人起,至第三分钟或副辩每次终止时二人起立

e. 每人演述中及演述后,听众不得鼓掌致妨碍辩论之进行

(6) 奖品

分团体奖、个人奖两种,均由学校备给。团体奖一种,将来存学校,另一种分给胜组,组员个人奖一名

(7) 评判

评判员定三人或五人,预赛时由校内教授评判,决赛时请校外名人评判

(8) 报名处

(9) 阅报室内添设阅报抬[台],学生俱乐部内加定《申》、《新》两报

二、讨论事项

1. 举行秋季运动会事

定二十七、二十八两日。二十七停课,奖品由学校给发,限五十元,再请各董事捐给奖品

2. 请注册处调制分科课程表事

由注册处抄录总课程表,并各教授分课程表各一份,存主任办公室

3. 关于学生缺课及托人注册、代上课等事

凡已注册而迄今尚未到校者,其注册作为无效。凡注册后即缺课,其缺课时数已达减读学分期限者,其学分概作十六绩点计算,凡中途缺课者照缺课〈规〉则办理,托人人[上]课或代考者,查出后即除名

4. 检查《饶舌报》事

去函警戒并发嘱其嗣后如有刊物非先送经本会群育委员审查不得发贴

5. 张涛函请补考暑校学程事

因缺课太多不准补考

6. 金陵女大校长就职函请本校派代表参加就职典礼

请倪文亚就近代表本校出席

7. 商科学生提录[出]将打字机随时准其借用,以便练习

准予,出租之价由孙瑂、吴浩然先生酌定

8. 运动场再开一进出之门,以免拥挤

照办

9. 全体出席周会办法

每逢周会事件将办公室、阅报室、游艺室等处一律关闭,教职员、学生须齐集礼堂,以鼓励团体精神

校务议会启

十月廿三日

暂定主任办公室内孙浩烜先生或黄敬思先生处

3. 吴泽霖报告图书委员会议决购置图书费分配方法如下:

文科三百元　理科三百元　教育科三百元　商科二百元　法科二百元　预科五十元

(因各科书预科皆可用)其余款购置普通参考书籍及定期刊物

4. 傅式说报告前星期日本校毕业同学会议决定事项如左:

(1)取消本科及高师毕业同学会名义,联合组织大夏大学毕业同学会

(2)推举委员七人起草会章

(3)定十一月十一日开成立大会,屈[届]时全体校务议会会员亦出席。是日晚京沪三[二]处毕业生在沪举行聚餐,每人餐费二元

5. 欧元怀报告

(1)教授选举校务议会代表结果如下:

共收到三十五票

最多数唐庆增得十四票,杨正宇得十三票,当选

次多数陈柱尊得十二票,朱章宝得四票

(2)桂大电谢本校贺额

(3)广西省府公函报告桂大设梧州委马君武为正校长、盘珠祁为副校长

6. 吴浩然报告特别市卫生局来函,关于疏浚校前河浜事

7. 鲁继曾报告上次群育委员会议决事项如左:

(1)住校同学之电报快信收到时,由收发书记派校工通知,每日二次,住校外之同学,收到电报时派校工通知

(2)女〈生〉宿舍装置信箱一个,信插一个

(3)图书馆晚间开放由七时至十时

(4)俟本房竣工后酌量添制厕所

(5)每日由事务员负责检查厨房食品及用具

(6)姜存松提议清[请]国民政府拨款建碑纪念陈骏、陈亮二烈士,决先通知瓯海同乡会,正式公函由学校专为呈请

(7)二楼走廊扶梯拟铺地毯,先调查价格再酌定

(《第廿八次校务议会议事摘录》,《大夏周报》,第59期,1928年11月19日)

二十五日　学生会执行委员会开第一次会议。

时间:十月廿五日

出席委员:陈沈淮　陈冠唐　陈翔　陈庆　陈元发　顾保廉　马锡瑞　周振韶　孙最麟　吴英第[梯]　沈立钧　沈美镇　朱立本

（一）开会

（二）公推主席陈翔，记录陈沈湛

（三）行礼如仪

（四）郑竞秀来函辞职案　议决：挽留。

（五）王健民来函辞职案　议决：挽留。

（六）李慧灵来函辞职（递补何惟忠）案　议决：照旧，由左递补。

（七）陈翔报告出席校务会议经过

（八）分配职务：

总务部　　陈翔

出席代表　王健民　周振韶

庶务股　　陈元发　左律

会计股　　陈庆

卫生股　　吴英梯

秘　书　　马锡瑞

学艺部　　顾保廉

游艺股　　陈沈湛　黄普安

教育股　　朱立本　蒋洵侯

体育股　　沈美镇

宣传股　　陈冠唐

编辑股　　孙最麟　沈立钧

演讲股　　郑竞秀

查察股　　丁桂源

（九）讨论

（甲）编辑事务宜从速办理案

议决：交补编股办理。

（乙）学生办公室不敷应用要求扩充案

议决：要求学校将新建平屋充用，原有学生会办公室，改为教育股办公室。

（丙）各部各股之预算，聘请干事，及计划于下次开会时提出讨论

（丁）女生宿舍添设电话案

议决：要求学生照办。

（戊）另辟一室作学生俱乐部案

〈议决〉：要求学校照办。

（己）常会时间定每星期五下午七时

（庚）为国庆纪念游艺会经费分担案

议决：保留。

（戊）推举陈沈湛为下次出席校务会议代表

（辰）散会

（《学生会第一次执行委员会会议录》，《大夏周刊》，第57期，1928年11月5日）

二十七日至二十八日　举行秋季运动会。

本大学对于体育素极注重。本期特聘体育专家沈昆南为体育指导员，力倡男女同学，课外运动田径赛及各项球类设备，尤为齐全。特于昨日开秋季运动大会，男女同学及教职员加入者，均异常踊跃，来宾到者极为拥挤。今日尚有各种决赛，兹将昨日所赛节目附录如下，（下略）

（《本校秋季运动会纪》，《大夏周刊》，第5期，1928年11月12日）

二十七日　纪念周会，邀请中央委员褚民谊先生演讲"体育与卫生"。（《褚民谊在大夏演

讲》,《申报》,1928年11月1日,第17版)

召开第二十九次校务会议议决。

时间:十月廿九日

出席者:欧元怀　王祉伟　傅式说　孙瑶　黄敬思　吴浩然　吴泽霖　鲁继曾　孙浩烜　陈茹玄　蓝春池　陈冠唐(学生代表)　陈沈淮(学生代表)

一、报告事项

1. 注册处报告

(1) 大学部学生注册者今日止九百〇一人,中学部一百七十二人,共一千七十三人

(2) 上周教员缺课四十小时,占授课时数(480)百分之八强

2. 欧元怀报告

a. 各大学联合会执委会议决出版上海各大学教职员一览,定十一月十七日举行全上海各大学教职员聚餐会

b. 各大学联合会举行国语、英语演说竞赛,日期定十二月第一星期日,第二星期日

c. 广西大学校长马君武来函通告就职

d. 岭南大学科学馆函谢本校

e. 河南教育厅邓萃英函告就职

3. 王祉伟报告关于校地进行事

4. 吴浩然报告此次运动会成绩,可记者甚多:如郭明堂、麦宇楹、曾子恒等成绩尤佳,女生参加赛跑尤为空前之举

二、讨论事项

1. 选派《大夏年鉴》编辑及干事

由学生会于本星期六前推举,将名单交本会选派

2. 大夏丛刊进行事

本年内决出季刊一期,推定杨正宇、唐庆增、陈柱尊、王祉伟、张耀翔、傅铜、沈璿、吴泽霖、孙浩烜、黄敬思为编辑委员,由陈茹玄为主席定期召集

3. 筹备庆祝中山诞辰事

由群育委员会会同学生会筹备

4.《饶舌报》函请不必检查事

由该报将记者真姓名送本会登记以后须负责不出鄙秽之文字,否则严厉处分

5. 平息学生会纠纷事

由本会推举孙浩烜、黄敬思、张耀翔、陈柱尊、王庆勋五人组织委员会调节之,由黄敬思召集

未议事件

1. 奖励辩论竞赛事

2. 军事训练规则

3. 商科同学会关于购图书之陈请

4. 补考学程如无教授负责如何办理

5. 体育委员会提议定星期一三为足球练习时间

十月廿九日

(《第廿九次校务议会会议事录》,《大夏周刊》,第60期,1928年11月26日)

本月　教育科添设心理室。

本校教育科本学期新设心理室一所,设备方面,虽不甚完善,但亦堪称粗具规模,挂图及实验仪器,均已择尤[优]购置完备云。

(《教育科添设心理室》,《大夏周刊》,第59期,1928年11月19日)

十一月

五日　举办民众夜校开学,到校学生一百四十余人。十五日晚,举行第一次教师会谈。十七日补行开学典礼。

一、开学

义务夜校于十一月五日开学。共到学生一百四十余人,男生、女生、成人、学童、来宾、教师,跻跻[济济]一堂,极一时之盛云。

二、第一次教师会谈

义务夜校于十一月十五日晚七时,假座教员休息室,第一次教师会议,并备茶点。计到教师十七人,主席朱立本(校长)致开会词后,相继讨论用书问题,训育问题,教师缺课问题,白天在他校读书晚上来义校补习的学生应否许可的问题,讨论至十点始散会。

三、补行开学典礼

义务夜校于十一月十七日晚七时,假座大礼堂补行开学典礼。到学生二百余人,区党部代表何惟忠,学生会代〈表〉陈元发,以及校长教师等十余人,相继训话,毕即散会。

(《义务夜校消息三则》,《大夏周报》,第 60 期,1928 年 11 月 26 日)

九日　学生会执行委员会开第三次会议。

时间:十一月九日下午七时

地点:教员休息室

出席者:顾保廉　陈翔　马雪瑞　周振韶　陈元发　郑竞秀　陈冠唐　孙最麟　沈立钧　吴英梯　朱立本　沈美镇

主席:顾保廉　记录:马雪瑞

开会秩序

一、行礼如仪

二、报告

1. 主席报告上次出席校务议会情形

2. 出席代表报告前次出席学联会经过

三、讨论

1. 总理诞辰纪念日,本会应散发纪念特刊,并张贴标语

议决:由宣传部办理。

2. 推定代表出席纪念大会演讲　陈冠唐君

3. 致函校务议会催促立案事

4. 追认编辑股干事

言论　王健民君

研究　邵圆微君

演讲　任生祥君

文艺　谢琬

杂组　张道仁君

校闻　陈冠唐君

校对　钱镈君　陈沈湉君

出版兼发行　陈冠唐君　吴英梯君

四、散会

学生会执行委员会

(《学生会第三次执委会会议录》,《大夏周刊》,第 60 期,1928 年 11 月 26 日)

十二日　下午三时,大夏大学本科及高师毕业同学会合并成立大会召开。

大夏大学以本科高师二毕业同学会合组毕业同学会,经过情形已选志本报。兹悉该会于日昨下午三时在东亚酒楼开成立大会,到毕业同学卢绍稷、刘国桢、张铭鼎、萧明新、张仲寰、周尚、王宗轼、许交芹、宋作锟等,及欧元怀校长、王祉伟、傅式说、鲁继曾、黄仲诚、张耀翔诸教授共六十余人。主席王裕凯、记录张仲裳[寰]。首由主席报告组织宗旨及筹备经过。欧元怀校长演说并报告学校发展近况及今昔比较。傅式说演说,希望在校同人与毕业同学,一致校[效]力,尤宜注意于研〈究〉方面。张耀翔演说团体组织的重要,私立学务[校]的精神,大夏大学的特点。鲁继曾演说,毕业同学会的责任,继续研究的精神。黄仲诚演说今日开会的意义:(1)合作的精神;(2)会晤的愉快及希望。大夏为东亚最高学府,今日本会成立纪念与中山诞辰、欧洲休战的纪念,永垂不朽。及周尚、刘国桢、邵名鹤、程宽正、刘远名等演说、均发挥详尽。后讨论章程。选举王裕凯、张铭鼎、张仲寰、曾昌燊、周尚、邵名鹤、王韫石、卢绍稷、程宽正、林荣等十人为执行委员,萧明新、刘国桢、高芝生、宋作锟、顾文蔚、徐征吉、罗文藻、胡约三、黄鸣册、沈锐等十人为候补执行委员,并讨论进行事项颇多。末摄影聚餐。至十时后始尽欢而散。闻该会将来拟专聘秘书一人,办理该会一切事宜,并于本星期六下午开第一次执行委员会云。

(《大夏毕业同学会开成立会记》,《申报》,1928 年 11 月 13 日,第 12 版)

十七日　法科学生由教师带领参观上海地方法院,听取有关法院情况的介绍,参观民事审理和看守所。

本校法科同学,于十一月十七日下午二时,举行参观地方法院。由赖锟先生率领,分乘汽车四辆,至法院后,有韦推事出而招待。延入会客室中少憩,寒暄未久,同学即请其报告法院之编制组织。韦推事谓本处虽属地方法院,但因案件繁多,故其组织与他省之高等法院相同。院长不审案件,至审判方面,刑事在刑庭举行,民事在民庭举行,美中法庭均分刑一,刑二,刑三,民一,民二,民三等等。除此之外,尚有所谓合议庭,由推事三,检察官一,书记官一五人审判之。简易庭行仅推事一,书记官一审判。再者本院于国民军未到上海以前,为地方审判厅及地方检察厅。及国民军到上海后,则合二为一,改检查厅为检查处,总名曰地方法院。言至此,忽有役人入,谓现在惟民二庭及民四庭开庭,可往参观。同学乃鱼贯而出,先至民二庭。见审判者仅推事一,书记官一,当事人三。所争者为田地纠葛,未几又至民四庭,审判者推事一,书记官一,当事人二,律师二。所事者为肥田粉与银钱纠葛,审判者发问从容扼要。律师回答理论清晰,均为吾辈习法学者绝好借镜。后又看守所参观,内中房屋清洁,光线充足,为内地所不及。每屋囚五六人,斯时同学忽见和尚甚多,不禁大奇。询之守者,始知为海潮寺主持为和尚所殴毙,故此辈均囚于此地也。女犯看守所亦与男犯居者无异。观毕返校已五时矣。

(《法科同学参观地方法院记》,《大夏周刊》,第 60 期,1928 年 11 月 26 日)

十九日　召开第三十二次校务会议。

出席者　欧元怀　吴浩然　王毓祥　傅式说　邵家麟　张耀翔　蓝春池　鲁继曾　吴泽霖　陈翔(学生会代表)

一、报告事项

1. 欧元怀报告

(1)三区党部代表来校接洽情形

(2)王校长经募捐款七千五百元,以五千元还女生寄宿舍建筑费

(3)殷永熙得各大学拒毒演说第三奖

2. 注册处报告上周教员缺课次数十六小时,占授课总时数百分之四

3. 群育委员会报告上次议决事项如左:

(1)对校医无礼之学生俟查出姓名后再办

(2)月考舞弊之学生不给分数

二、讨论事项

1. 推举演说竞赛评判事

公推戚毓芳、黄敬思、孙浩烜三人

2. 修改懒戒规则事

议决增加警告书办法如下

凡学生应受警告者，由科主任面责，并授以警告书一纸，同时通告该学生之家长，如该生仍有不规则行为，则给第二第三次警告。第三次等于退学，应受警告之事项列左：

应受第一次警告者

（一）无故缺课满五次者（惩戒规则第二条第二项，第六条第一项）

（二）对教职员无礼者（惩戒规则第二条第三项，第六条第三项）

（三）故意损坏校具者（惩戒规则第二条第四项）

（四）考试舞弊者（惩戒规则第三项）

（五）扰乱秩序者（惩戒规则第四条第三项）

（六）妨害公共卫生者

（七）未得图书管理员之许可而将参考书或杂志携出馆外或借书屡次逾期不还者（图书馆规则第六条）

（八）侮辱同学者（惩戒规则第六条第四项）

（九）殴打校役者

（十）发表秽亵文字或言论者

（十一）每月月考有三门不及格者（惩戒规则第六条第二项）

（十二）违背学校学规则者

应受第二次警告者

（一）缺课六次曾受过第一次警告而再无故缺课满三次者（惩戒规则第六条第五项）

（二）曾得一次警告而再犯同样之情形者

应受第三次警告者（即退学）

（一）曾得第二次警告而再无故缺课满五次者（惩戒规则第六条第五项）

（二）滥用全校名义在外损坏学校名誉者（惩戒规则第四条第三项）

（三）伪造成绩者

（四）曾得第二次警告而仍不悔改者

（五）在一学年内所修之功课三分之〈一〉，或在重修之列二分之一在不及格之列者（惩戒规则第六条第二项）

（六）托人代考者或代人考试者

3. 考试舞弊事

此次月考舞弊者不给学分，嗣后如有托人代考或〈代〉人考试者一经查出即令退学，如有他种舞弊者予以警告（照新定惩戒规则），三次警告令其退学

4. 印鲤等毕业文凭交涉事

再函盐城教育局将文凭索还

5. 国货展览会本校表演事

决不参加，去函婉谢

6. 分派《大夏年鉴》各部职员

总编辑　王秉雄

编辑　马雪瑞（中文）　容少钗　张槐生（英文）　张长昌（美术）　梁培树　沈立钧（团体）
　　　韩茂一（摄影）　钟奇端　李惠灵（体育）　胡宏模　符士德（校友）　丁汝康（附中）

总理事　傅俊

理事　殷永熙（事务）　张脉和（定报）　庄前烈　黄铁樵（会计）　姚瑞开（附中）

7. 毕业班施行导师制

议决试行详细办法再议　校务议会启

（《十一月十九日下午四时第三十二次校务议会议事摘录》,《大夏周刊》,第 61 期,1928 年 12 月 3 日）

二十三日　学生会召开第一次执监联席会议,讨论通过学生俱乐部规则、学生俱乐部干事名单等项。

时间:十一月廿三日下午七时

地点:教员休息室

出席者:马锡瑞　陈沈湺　梁培树　郑珪如　顾保廉　周振韶　沈立钧　林作楪　沈美镇　陈翔　朱立本　孙最麟　吴英梯　陈冠唐　丘瑾　将洵候　张元和(梁培树代)　陈元发　陈庆　谢琬

一、开会

主席:陈冠唐　记录:马雪瑞

二、行礼如仪

三、报告

(一)主席报告

一一二二惨案纪念,本会宣传部本欲散发"为一一二二惨案告同学书",嗣与三区一分部接洽,即请该区分部办理

(二)编辑股报告《大夏周刊》编辑经过

(三)出席校务议会代表报告经过情形

(四)报告俱乐部开放日期

(五)报告义务夜校近状

(六)会计股报告经过细账

四、讨论

(一)通过俱乐部规则

(二)《大夏年鉴》事

议决:致函校务议会请解释《年鉴》之内容及费用等。

(三)通过俱乐部干事　钱伯贤君　钱镈君　巫琯非[飞]君

(四)本会各部股办公时间之规定案

议决:由各股规定后交总务部汇订之。

(五)女生宿舍装置电话事

议决:致函校务议会促其早日装置。

五、散会

学生会
十一月廿五日

（《学生会第一次执监联系会议开会记录》,《大夏周刊》,第 62 期,1928 年 12 月 13 日）

二十四日　学生俱乐部召开成立大会。

本大学旧有学生俱乐部之组织,为供同学课余之消遣,本学期学生会、游艺会股主任陈沈湺君,鉴于俱乐于俱乐部为学生正当之娱乐,有徒速成之必要,努力筹办,已于月之二十四日正式开幕,部内布置,极为精美,聘定姚星南君为该部总干事,钱镈、〈钱〉伯贤、王[巫]琯飞、朱守钰君为该部总干事,今者已购有娱乐品多种,并闻尚须继续采办,由[又]于学生枯寂生活中,发一线曙光云。

（《学生俱乐部成立》,《大夏周刊》,第 61 期,1928 年 12 月 3 日）

二十五日　江大体育会临时会议议决,同意大夏大学请求加入的申请。

江大体育会临时会议于昨日(二十五日)上午十时,在四川路青年会开会。出席者,王复且(光华)、王季淮(光华)、黄文建(交大)、周家骐(交大)、梁官松(暨南)、高志超(暨南)、王振声、(持志)、魏本廉(中公)、任侃(中公)、石颖(会长)。议案如下:……(三)大夏大学来函请求加入江大体育协会。原函云:径

启者:久仰。贵会会员皆体育先进,声望卓著。敝校亟思追随骥后,藉获观摩之益,如承惠允加入为会员,无任荣幸,端此奉达,即希示复。此致江大体育协会,大夏大学启。十一月二十一日。经充分之讨论,公认大夏大学近年于体育一道,非常注意,成绩颇著。议决准大夏大学加入为本会会员,□议决自本季越野赛跑起,即可加入比赛。

（《江大体育会临时会议纪》,《申报》,1928 年 11 月 26 日,第 11 版）

本月　图书馆大加整顿。

本校图书馆自入秋后,大加整顿,除将房屋刷新外,并添购中西书籍杂志许多,并四角检字法编排书目检书颇为便利,因此同学阅书兴趣大增。闻每日在阅书时间内,颇有人满之患云。

（《图书馆消息》,《大夏周刊》,第 59 期,1928 年 11 月 19 日）

十二月

二十四日　召开第三十六次校务会议。

十二月廿四日下午四时第卅六次校务议会会议事摘录

出席者:王伯群　欧元怀　傅式说　吴浩然　鲁继曾　吴泽霖　黄敬思　蓝春池　张耀翔　邵家麟　孙瑠　顾保廉　陈元发

一、报告事项

1. 上星期教员缺课次数廿二小时,占总授课时数百分之五

2. 海军军乐队已允本校毕业奏乐

3. 蒋部长函覆赴本校毕业会,戴季陶已面允校长参加

4. 新宿舍已动工

5. 第一宿舍屡次失窃已破获送警

二、讨论事项

（上略）

3. 国货展览会请本校加入国历除夕提灯会事

议决:提交学生会讨论。

4. 教室遍贴传单事

议决:布告凡贴反动传单者一经查出立予开除。

5. 毕业考试事

议决:制定物理实验室为考试场,至考试时间由教授自与毕业生商定。

6. 方某等四人假造转学成绩令其退学

校务议会启

（《第三十六次校务会议记录》,《大夏周报》,第 63 期,1929 年年 1 月 6 日）

二十八日　前校长、现任校董、广西大学校长马君武博士来校演讲。

前本校校长、现任本校校董、广西大学校长马君武博士此次因公来沪,十二月二十八日上午十时本校特请来校演讲,同学以马博士未曾到校几及半载,无不欢欣鼓舞,出席听讲,故大礼堂是日为之塞满。马博士仪态容颜一如曩日,演讲大意略谓,学生在学校读书应时时不忘将来建设国家的责任,并引日本西乡隆盛训诲弟子之故事以为作证,并谓学生多系青年血气方刚,切不可为欺骗民众之野心家所煽惑,云云。

（《前本校校长马君武博士莅校演讲》,《大夏周报》,第 63 期,1929 年 1 月 6 日）

一月

十三日　举行冬季毕业典礼。该学期毕业生一百零三人，其中本科毕业生四十九人，师范专修科毕业生五十四人。

大夏大学定下星期起举行学期考试，毕业班提前考试毕业，于昨日下午二时举行毕业礼。校长王伯群致开会词，大意谓：本校自成立迄今，未及五载，学生数增加至五倍以上。毕业生之服务社会者，颇得各方之信仰。固由社会人士之援助，各教职员之热心校务，及各同学之合作与努力求学所致，而本校特殊之点，尤在于革命化、平民化与科学化。现当国家建设伊始，急需高深学术之人才，深望诸君成为有用之材以备党国之需。此外尤须注意于思想之统一与适应社会之环境。次来宾蒋梦麟部长演说，大意谓：现在社会中有三派人：一派是消极派，以革命为增加痛苦之原因，故但求目前之安宁，无形中阻碍改革；一派是怀旧派，以现在的一切都不如从前，有复旧之思，不知社会之前进势无可止；一派是进化派，青年学生即属于此，思想既杂复，觉得与社会格格不相入。要知中国今日之需要，厥为物质建设，而心理与社会之建设次之，望诸君均注重于物质之建设。此外有一语言献于诸君，即努力与忠□是也，此虽老生常谈，然为立身行事之要道。校董赵晋卿演说，劝勉诸生毕业后服务社会，须慎言忠信，尤须忍辱负重。末谓本人近办理国货展事，诸君皆为国货，务须成为优良之国货云云。副校长欧元怀报告春季校务进行计划：（一）关于校舍者：（1）建造新宿舍；（2）添新课堂；（3）扩充阅书室；（4）购置永久基地。（二）关于教务者：（1）添聘教授；（2）试行导师制；（3）课程加严。又次王校长授予学位证书，由文科主任陈茹玄，理科主任邵家麟，教育科主任张耀翔，商科主任孙瑂，高师科主任黄敬思，预科主任吴泽霖，将各毕业生姓名一一介绍。……末毕业生赠与校纪念品。毕业生代表答词。唱歌奏乐而散。

（《大夏大学毕业礼纪》，《申报》，1929 年 1 月 14 日，第 11 版）

二月

十九日　新聘各委员会主任。

聘王毓祥先生为大学秘书兼校务发展委员会主席，傅式说先生为会计处主任兼财政委员会主席，鲁继曾先生为教务处主任兼教务委员会主席，吴浩然先生为总务主任兼事务委员会主席，蓝春池先生为招生及入学审查部主任。

（《本大学五周年大事记》，《大夏周报》，五周纪念特刊，1929 年 6 月 1 日）

二十日　新聘孙浩烜先生为代理文科主任。

孙浩烜先生就代理文科主任。

（《本大学五周年大事记》，《大夏周报》，五周纪念特刊，1929 年 6 月 1 日）

三月

四日　新聘朱章宝为群育主任。

聘定朱章宝先生为本校群育主任。

（《本大学五周年大事记》，《大夏周报》，五周纪念特刊，1929 年 6 月 1 日）

十五日　向上海市房地局购定中山路新校地二百亩。

本校校长王伯群先生，五年以来，对本校物质精神两方面，援助备至。近又募集巨款，购置新地址。该地址在梵王渡中山路旁圣约翰大学对面兆丰公园邻迹，该项契约，已经签订，地址将近百亩云。

（《购置校址》，《大夏周刊》，五周纪念特刊，1929 年 6 月 1 日）

本校自购定新校址后积极筹建新屋，王校长、校董会及校务会议诸公拟筹三十万元左右为第一期建筑费。闻于暑期内，即将兴工建筑云。

（《建筑新校舍之近讯》，《大夏周刊》，五周纪念特刊，1929 年 6 月 1 日）

学校原先计划在此处（编者按：指胶州路校区）办十年。但三年之后即 1928 年，学生已达六百多人，房舍不敷应用，特别是理科实验室和图书阅览室过于狭小，必须迁地为良。于是自 1929 年 3 月起陆续在中山北路梵王渡购置基地 200 余亩，另加荣宗敬捐赠的一条校河（丽娃栗妲河），全部基地面积达 280 亩。1930 年起在此兴建校舍，同年 9 月第一期建筑竣工，全部迁入，胶州路等处校舍则拨归附属大夏中学使用。

（欧元怀：《大夏大学校史纪要》，《解放前上海的学校》，第 153 页）

二十一日　因大夏大学呈请立案，教育部派遣朱经农来校视察。

教育部以现在私立大学纷呈请立案，非实地调查不明真相准予立案与否遽无依据，故决定派朱经农君来沪视察各私立大学。朱君业于昨日来沪，即将分赴光华、大夏、复旦等大学视察。视察要点，如学校基金、学校课程、聘请教授、学生人数等，均须切实调查，备呈教部，为私校审查委员会之依据。

（《教部派朱经农视察沪私大学》，《申报》，1929 年 3 月 22 日，第 11 版）

二十五日　学生会举行改选。

大夏大学学生会，于本月二十五日下午二时召集各科代表大会，由何惟忠主席，马雪瑞纪录。当选举何惟忠、夏天、马雪瑞、陈翔、吴子谦、王健民、张元和、沈立钧、马家兴、章梓、郑竞秀、杨绍志、庄前烈、陈元发、吴英梯、保志宁、宋禀钦、刘志权、姚星南等十九人为执行委员。闻并于二十六日开第一次执委会，分配职务，开始工作。

（《大夏学生会改选竣事》，《申报》，1929 年 3 月 28 日，第 11 版）

四月

五日　本科三四年级及高师科二年级学生，开始施行导师制。（《大事记》，《私立大夏大学一览》，1931 年，第 4 页）

本校年来学生与学程之数，均逐渐增加。各教授在教室上课而外，与学生接触机会颇少。各科各系主任忙于琐碎教务，亦鲜有暇晷与学生交谈。同人等感于教育责任之重，并鉴于社会事变繁难青年入世应付之难，因采欧美导师制，欲于课外勉尽指导之责，俾学生于修业之余，兼能研立身处世之道，业于本年四月初，由校务议会聘定现任教授邵家麟、朱章宝、杨正宇、孙浩烜、吴泽霖、戚毓芳、陈柱尊、严恩椿、郑通和、欧元怀、黄敬思、唐庆增、俞志瀚、沈璿、徐仁铣、孙瑜、张耀翔、孙超烜、王瑞林、鲁继曾、傅式说等二十一人为导师。现就文、理、商教各科之四年级学生及高师科二年级学生试行，共计学生一百七十七人。由教务处按照学生之科别、系别及生长乡土等项，以为分配于各导师之标准。每导师担任指导之人数，以十人为度。施行之初，由教务主任鲁继曾先生会同各导师召集学生，说明欧美各大学导师制之沿革，及吾人今后所宜注意诸端。然后诸导师各领导其所分配之学生，分头进行。兹述其各组办法，可归纳为数项：（一）关于会晤方法，分全体集会与个人谈话两种；（二）关于谈话内容，则有身心修养问题、家庭问题、婚姻问〈题〉、时间问题、毕业后选择职业问题及应世各种方法之问题。而尤注重学术之致用及毕业后之职业二问题。如是者施行约一学期，虽无斐然之具体成绩可以陈列，然而师生之感情因之日益浓密。各学生立身处世之方亦由是渐得门径。此前学期试验导师制之经过情形也。

（《本校施行导师制之经过》，《大夏周报》，第65期，1929年11月18日）

九日　教育部批准校董会正式立案。（《本大学五周年大事记》，《大夏周报》，五周纪念特刊，1929年6月1日）

本大学校董提名（以笔画多寡为序）①

王伯群先生（董事长）　王省三先生　王一亭先生　王毓祥先生　吴稚晖先生　吴蕴斋先生　任穆生先生　汪精卫先生　邵力子先生　何敬之先生　胡孟嘉先生　马君武先生　徐新六先生　徐寄顾先生　陈光甫先生　张君劢先生　张公权先生　黄绍雄先生　黄溯初先生　杨杏佛先生　傅式说先生　叶楚伧先生　虞洽卿先生　赵晋卿先生　钱新之先生　欧元怀先生

（《本大学校董题名》，《大夏周报》，五周年纪念特刊，1929年6月1日）

三十日　教育部陈剑修、谢树英、钟灵秀来校视察。（《本大学五周年大事记》，《大夏周报》，五周纪念特刊，1929年6月1日）

（南京）教部派社会教育司长陈剑修赴沪，调查大夏大学。（二十七日专电）

（《行政院各部政讯》，《申报》，1929年4月28日，第7版）

教育部前派参事孟寿椿，司长陈剑修，科长钟灵秀，暨中央研究院物理研究所主任胡刚复，视察上海私立大夏大学。业经各人缮具意见，交由陈剑修氏总合编一总报告。闻报告于本日送呈，内容分为经费、设备、教学、管理四类，共约四千余言，颇称精细详密。该校基金存折及校地一百十五亩契据，已由该校董事长王伯群去函证明，并允缓日往沪银行保险箱内取出，负责呈验。核与私立大学及专门学校立案规程第三四两条，尚无不合，似可准予立案。惟依照手续，尚须俟该部对于该项报告，加以审查，始可予以承认云。

（《视察大夏大学报告之内容》，《申报》，1929年5月17日，第10版）

五月

十二日　大夏剧社邀请田汉先生演讲，题目为"我们今日的戏剧运动"。

大夏剧社为要使人对戏剧运动的理论更充分的明了，昨日特请田汉先生在大夏礼堂举行戏剧演讲。田先生演题为"我们今日的戏剧运动"，大致谓：我们谈戏剧运动，不可不留意题旨。第一、我要谈的是"我们"的戏剧运动，是有目标的戏剧运动。第二、我要谈的是"今日"的戏剧运动，就是我们现在即要开始去作。我们的目标虽在明天后天，但我们不可不从今天作［做］起，欧美戏剧运动现在已走得很远，但我们现在连写实主义都还未确定。我们应顺应世界潮流，但也应将今日的根基打好。我们要准备着对世界有所贡献，于此有几个实际问题要讨论。（一）我们今日须用何种剧本？我以为，今日需要的剧本应含多量"明日"的材料。戏剧运动是一种争斗。艺术的东西是同既成社会道德风俗宗教冲突的，许多戏剧是同社会反抗的，戏剧是不大追随现存道德制度的，它是这些制度的先驱者。（二）真的艺术总富有含蓄性的。真的艺术也总想到将来的光明，所以戏剧艺术不是喊口号，有口号的剧本不见得是好剧本。（三）要改变舞台技术。近代的舞台技术是趋向简单化，看来很单纯，但实有它的根据，幕、灯光、道具、布景，一切都应相互调和统一。（四）对现社会存讽刺态度颓废态度均不好。我们要用艺术的力量来做一番改进工夫。

田先生演〈讲〉毕，正值细雨蒙蒙，乃与该社诸社员作戏剧上之探讨。约一小时，宾主尽欢而散。又该社本礼拜六将请梁实秋、张家铸、顾仲彝、洪深四先生演讲，欢迎听众。

（静宇：《大夏剧社请田汉先生演讲》，《申报》，1929年5月13日，第23版）

---

① 简繁体字笔画有所不同，此以繁体字笔画多寡为序。

江南各大学运动会在上海举行,大夏大学组队参加比赛,获团体第三名。(《本大学五周年大事记》,《大夏周报》,五周纪念特刊,1929 年 6 月 1 日)

十七日　教育部批准私立大夏大学正式立案。

本校校董会自经教部批准立案了以后,旋即造具学校表册呈由沪市教育局转呈教部立案。四月三十日,教部特派孟寿椿参事、陈剑修司长、钟灵秀科长、胡刚复博士来校视察一切,认为完善,批准部令于本〈年〉五月廿三日已有部送局转校,兹将批文择录如后:

训令七〇〇号令

令上海特别市教育局

为令饬事前据该局呈送上海私立大夏大学立案表册请准立案等情,当经派员前往视察,兹据该员等呈报视察情形核与私立大学及专门学校条例第三第四两条,尚无不合,应即准予立案,惟该校图书仪器尚欠完备,教学及训育方面亦尚有缺点,应饬于最短期内切实改良,以图渐臻完善。再该校组织编制应候本部所订大学条例及大学规程公布后分别遵改,仰即遵照,此令。(下略)

(《立案部令已到》,《大夏周报》,五周年纪念特刊,1929 年 6 月 1 日)

1929 年春季开学后不久,教育部派了陈剑修、谢树英等来视察。他们先到胶州路三〇一号校本部调查教务、校务,又到中山北路梵王渡调查基地,也去银行调查基金……4 月 9 日,教育部批准"校董会立案"。5 月 17 日,又批准"学校立案"。这个双喜临门的消息接连传来,在私立大学算是闯过了大关,也算是打下了一个符合规格的官印。从此以后,校名之上,冠以"教育部立案"五个字,作为不可分割的形容词,仿佛是名牌商标一样。

(欧元怀:《大夏大学校史纪要》,《解放前上海的学校》,第 157—158 页)

六月

一日　庆祝大夏大学建校五周年,全体师生前往中山路新校址参观,全校放假一天。王伯群校长为《大夏周报》纪念特刊撰写卷首语。

大夏大学五周纪念,欢欣鼓舞,同人等以为不可无一表记也,遂有纪念特刊之发行,以往之成绩,及各科将来之计划,胥可于此中窥其梗概。

十三年夏,厦门大学师生二百余人,离校来沪,作读书运动,维时国内学潮时起,各方危疑震撼,不一而足。厦大离校师生,处此恶劣环境之中,曲直是非,殊难自白于世。余适居留黄歇之浦,深表同情,引为同志,加以资助,而大夏大学遂告成立。

开创初始,赁屋而居,湫隘简陋,几无以蔽风雨,贷资而食,茹苦含辛,几无以继朝夕。举凡物质上应具之事务,直可谓之一无所有,然而师生精神,有逾骨肉,治理校事,有如家事,意喻而色举,朝令而夕行,亲而近,近而密,简而易,易而周。古人之言曰,治国如烹鲜,治大如治小,党国如是,教育亦如是。兴亡成败之机,定于是矣。

五年以来,校务如驹如虹,气象万千,已迥非昔比,而吾人努力奋斗之精神,亦与时俱进。校址之购置,校舍之建筑,仪器标本之设备,图书校具之增加,教学训育之改进,计划种种,务于最短时间求其实现,而以本刊为之嚆矢也。

百年之计,在于树人,将来黉舍巍巍,人材辈出,莘莘学子,蔚为国华,吾人虽不敢以建设自居,然而建设之道,亦自有在也。

(王伯群:《卷首语》,《大夏周报》,五周年纪念特刊,1929 年 6 月 1 日)

三日　纪念周会,全体师生为购定校址、立案批准及运动会胜利,举行特别纪念会。

本星期一下午二时,为本星期周会期间,全体师生在大礼堂开特别纪念会,纪念三项事情,(一)购定校址,(二)立案批准,(三)运动胜利。其开会秩序,一、全体肃立行礼;二、选读总理遗嘱;三、唱校歌;四、主席欧元怀先生报告开会宗旨,大意谓"今日开纪念会不开庆祝会的理由,可有二种:(一)今日是总理奉安期间,不可庆祝;(二)庆祝是表示自满的意思,同人等对于购地、立案、运动三件事,还未十二分满意,所以只可作为发展的初步,留为纪念,以后还希望我们教职员,暨学生两面,继续努力以期完成"。五、王祉伟先生欢迎本校江大运动员及网球队,略谓"本校对于运动方面,蓄备八年,今一跃而与素来著名之交通大学,并驾齐驱,可喜可贺"。六、傅式说先生报告建筑计划,略谓"建筑费已有的款,暑期动工建造,明年秋季定可完竣,从此大夏根基稳固,前途发展,未可限量"云。七、报告今后应改进之校务,由邵家麟先生报告仪器方面之增添,孙瑞先生报告图书方面之扩充,鲁继曾先生报告教学方面之改革,朱章宝先生报告训育方面之改善,各项报告事项,均切实易行,拟有各种办法,不及备载,兹从略。八、毕业同学代表孙亢曾先生演说。九、学生会代表演说。十、口号。十一、散会。

(《第十次周会概述》,《大夏周报》,五周年纪念特刊,1929 年 6 月 1 日)

八日至十日　学生会组织游艺募捐会,为建筑新校舍募捐。

大夏大学自奉教育部批准立案后,已在曹家渡兆丰公园附近购新校址百余亩,各种建筑不日兴工,期于明年暑期后即迁往新校舍。建筑经费已由学校当局筹集二十五万元。学生方面亦本师生合作精神,为学校募捐,上月由全体学生组织募捐游艺会筹备委员会,将举行大规模游艺,定于本月八日、九日、十日三天,在天后宫总商会举行。

(《大夏将开游艺募捐会》,《申报》,1929 年 6 月 6 日,第 11 版)

……八九十三日晚上并借前总商会礼堂开游艺大会,盖所以申庆祝,并为建筑新校舍筹款也。是会由该校学生会主持,门票分一元、三元、五元三种,并经规定同学每人至少购一元券三张,教师至少认销十元,校董则至少百元。如能额外推销,则尤所欢迎。该社备有金牌银盾及其他奖品,以资鼓励。闻截至今日,该券几销至万张。游艺节目第一日系影戏及新剧,新剧皆系田汉先生导演,洪深先生于《名优之死》一剧亦出席表演,自饰要角。第二日系京戏,由海上著名票友担任。第三日系舞蹈与唱歌,答应参加者有爱国等女校云。

(丽生:《大夏推销游艺券》,《申报》,1929 年 6 月 10 日,第 24 版)

为建筑新校舍募捐,学生会拟定办法:

本校自购就新校址后,拟募集巨款,建筑新校舍,第一期建筑费预定四十万,除已由学生举行游艺大会募捐暨各职员自由认捐外,现已拟定三方面募捐办法。一、由校董会募捐十万;二、由校长及全体教职员募捐十万;三、由全体学生募捐十万。其募捐方法,分捐款、公债二种。各学生均须负担若干。兹将本校校务发展委员会拟就学生募捐办法如下:

一、凡担任募集捐款公债诸同学,由本大学校长授以证明状,以资信仰。

二、凡认定代募捐款者,由本会发给募捐册一本。

三、凡认定代募公债者,由本会发给建筑公债说明书若干份。

四、凡同学有数人在一区域以内,愿合作进行募捐者得合为一组,领捐册一份。

五、捐款募到者,由募捐人先给临时收条,将款汇寄学校,再由学校换给正式收条,以昭慎重。

六、公债募到时,由募债人先给临时收条,将款汇寄学校,再由学校给以正式债票。

七、诸同学接洽各界认捐购债时,如有须本校援助之处,请随时函告本会与之合作。

八、所有领到捐册及募债临时收条,无论成绩多寡,须于秋季开学返校时,一律缴还,以防流弊而昭慎重。

九、本校备有大银鼎一座,颁给同学中募捐成绩最优胜者。

十、本校备有大银盾一面,颁给同学中募债成绩最优胜者。

(《本校学生部建筑新校舍募捐办法》,《大夏大学周报》,第 56 期,1929 年 6 月 22 日)

十七日　召开第五十一次校务会议。

到会者:欧元怀　吴泽霖　蓝春池　卢锡荣　孙　瑞　吴浩然　傅式说　鲁继曾　王毓祥　黄敬思　朱章宝　宋稟钦　陈元发

一、报告事项

欧元怀报告

（一）秋季添设生物学实验室款已有着〈落〉

（二）王校长来函催续购校地事

（三）本月廿二日下午开校董会商议募集建筑公债事

王祉伟报告

（四）学生认募公债事

二、讨论事项

（一）龚某在宿舍犯规事

议决：照惩戒规则第六条第六款予以除名处分。

（二）贺某假冒他人成绩转学本校

议决：照章予以退学处分。

（三）本学期结束后一二星期内是否举行入学试验一次

议决：举行（日期约在七月四、五日左右）。

（四）学生缺课数超过最高限度是否准予参加学期试验

议决：学生缺课超过最高限度不准参加学期试验，但须分别办理，如因代表学校加入体育运动而缺课者，经体育主任证明后，得准予参加试验。

（五）宋成志缺课事

议决：该生上学期所修教育心理学程缺课太多，不给绩点。

（六）学生请在暑校多修绩点事

议决：维持原案。

（七）学生请减暑校学费事

议决：本校学生肄业暑校者，如在一百五十人以上则减少学费四分之一，其余杂费照原定。

（八）本届毕业学生成绩审查事

议决：为慎重起见，召集临时校务会议审查之，日期定本星期三下午四时。

（九）毕业生论文事

议决：毕业生论文由科主任及系主任会同审查签字。

（十）教育科学生陈请各事，逐条答复如下

1. 张耀翔已允秋季专任本校教育科主任

2. 专任教授已加聘一人

3. 各系主任均已拟定

4. 本科高师课程分班事，以分班为原则

5. 扩充心理实验室，照办

（十一）毕业同学会函谓，由会计处代收毕业同学会入会费及经常费，费共四元。照办。职业介绍，与校务议会合办。照办。设毕业生招待处事。以有剩余房舍为准。

（十二）本届高师毕业同学会所请各事。照办

（十三）刘正孝请于本暑期毕业事

议决：须照原定修满四十绩点。

（十四）全体教职员与本届毕业生聚餐事

议决：廿三晚举行。

（《六月十七日第五十一次校务会议记录》，《大夏大学周报》，第56期，1929年6月22日）

二十二日　晚，校董会开会，讨论购置梵王渡校址及建筑新校舍计划等校务。

二十二晚，假银行公会开校董会。到王伯群、徐季顾[颛]、吴蕴斋、胡孟嘉、徐新六、马君武、赵晋卿、杨杏佛、王一亭、欧元怀、王毓祥、傅式说等。先由董事长兼校长王伯群报告最近校务及购置梵王渡永久校址情形，与建筑新校舍计划。第一期建筑费需款四十万元全体议决，该款由校董会、校长、教职员、毕

业生、学生分担筹集。暑期内将新教室先行兴工建筑,闻该校上星期举行建筑新校运动周。多数教职员已认捐一个月薪金,学生认捐者亦异常踊跃。

(《各校行毕业礼·大夏大学》,《申报》,1929 年 6 月 25 日,第 11 版)

二十三日　举行毕业典礼。

大夏大学于二十三日下午该校举行毕业典礼,到来宾校董、教职员、毕业生。行礼如仪后,由王伯群校长致训词,对毕业后为人处世,继续研究学问恳切勖勉。来宾有市府代表岑德彰、司令部代表王希曾演说。继校董杨杏佛、马君武训词。杨引培根之言"智识即势力",以为中国社会环境极恶,智识阶级降为第五六等奴才,势力极微。要中国富强,须利用科学智识,造成建设势力。马君武述达尔文自修学问之经过,并阐明智识如何可以成为势力。继该校口琴队合奏,各科主任介绍毕业学生,由校长授予学位文凭。次毕业生赠纪念品,李任恺代表毕业生致答词。本学期体育奖品由王校长一一发给。最后唱校歌奏军乐散会。

(《各校行毕业礼·大夏大学》,《申报》,1929 年 6 月 25 日,第 11 版)

本月　因春季在高年级试行导师制效果甚佳,决定自秋季学期始将导师制于全校推行。

大夏大学于今年春季试行导师制,现学期已告结束,该校认试行结果甚佳,故自秋季起将扩充导师制范围。因本学期只在本科第四年级及高师科第二年级试行,将该二级学生按其专系选修功课,分为二十余组,每组自五六人至十人,由教授一位担任分组导师,除个别指导外,每二星期开分组集会一次,讨论学术上及个人立身处世问题,一方研究学问,一方联络情感。教授知学生之需要,学生知学校之详情,打消一切隔阂。闻自本秋季起,决将导师制推行于低年级学生,以期普及师生合作之校旨云。

(《大夏大学之导师制》,《申报》,1929 年 6 月 29 日,第 11 版)

本月　张耀翔、陈选善[①]二先生允应教育科专任教授。

本校教育科主任张耀翔先生,自去秋来校任职以来,办事非常热心,诲人谆谆不倦,同学景仰甚深,本校心理实验室之添设,张先生之力居多,教育科同学研究心理学者,莫不饮水思源,感德弥已。本学期张先生因各种关系,一方面暂应中央大学聘,担任心理教授,一方面仍担任本校教育科科主任兼教授,每星期奔走于沪宁间,极行忙碌。兹闻张先生以一身兼顾两校,殊感不便,特向中央大学提出辞职,已允下季专任本校教职。现张先生因家人有病,十九日应电召往平,俟家人痊愈后,即当来校视事云。

(《张耀翔先生允专任本校教职》,《大夏大学周报》,第 56 期,1929 年 6 月 22 日)

本校教授陈选善博士,学问渊博,教法精善,曾任北京清华大学教育科主任,及上海市教育局科长,办事成绩卓著,久为社会人士所赞仰。近闻教育部暨中央大学、无锡民众师范院三教育机关,争来聘请,而陈博士已应本校聘为下学期教育科专任教授矣。

(《陈选善博士应本校聘为下学期教育科专任教授》,《大夏大学周报》,第 56 期,1929 年 6 月 22 日)

七月

三日　大夏文科主任卢锡荣召集文科陈柱尊、戚毓芳、杨正宇等教授开会,讨论开设课程事,并公推唐庆增为秘书。

大夏大学文科成绩已蜚声社会。自前东陆大学校长、东大文科主任、云南教育厅长卢晋侯博士主持该校文科后,内容益加扩实。日前卢博士召集会议,计到陈柱尊、戚毓芳、杨正宇诸教授。议决每系设一

---

① 陈选善(1903—1972),字青士,浙江杭州人。早年肄业于清华学校,1923 年赴美留学。1926 年获哥伦比亚大学硕士学位,1928 年获该校心理学博士学位。归国后,历任北平清华大学、上海圣约翰教职,后任大夏大学教授、教育学院院长,上海市教育局科长、光华大学教务长等职。1949 年后,任教育部、高等教育部视导司副司长、《人民教育》杂志社副总编辑等职。著有《教育测验》、《新教育测验与统计》、《教育心理》等。

研究课程,凡二绩点,为毕业生必修科目由各科主任担任。下学期各系所设科目,计国学系(中国学术分类研究),英文系(英文文学分期研究),哲学系(近代西洋哲学分派研究),史地系(历史研究法),政治系(近代政治思想之研究),经济系(中国经济现状之研究),社会系(中国社会组织之研究)。研究结果须著论文一篇,至少二万字。又该科公推唐庆增为秘书云。

(《大夏文科分系研究》,《申报》,1929 年 7 月 3 日,第 11 版)

　　五日　暑期学校开始注册,注册学生四百余人。本月八日开始上课,八月十七日测验,十八日结束。

　　优待本校学生办法——本届暑期学校优待本校学生办法仍照旧例,将所修绩点应缴学费照数减少四分之一缴纳,例如三绩点之学程纳费六元,二绩点之学程纳费四元,但此项规定共有本校学生一百五十人在暑校选课方为有效。惟查去岁暑校本校学生缴费办法,殊属不妥,因须先照不减之数缴费,迨本校学生缴费已达一百五十人时,然后将应减之数按名发还。此种办法不特予诸同学以不便,即会计处亦觉手续太烦,故今岁拟改订办法如下:即本校学生如已决定在暑校补习功课,须自六月二十日起到教务处报名,俟报名人数已达一百五十人时,即可按照有待办法缴费。惟报名时须随缴报名费二元,将来缴纳学费时即将此二元之报名费作为预缴学费,自应缴之费扣除。但若已经报名而中途变更,计划不在暑校选课者,则所缴报名费概不发还。此项新办法与学生自身及学校行政俱有便利,业已布告在案,决定实行矣。

(《暑期学校消息》,《大夏大学周报》,第 56 期,1929 年 6 月 22 日)

　　上海大夏大学本年暑期学校新添世界语学程,聘万国世界语邮电职员联合会副会长孙义植氏担任教授。自七月八日开学,上课凡四星期,业已于八月三日结束,成绩颇佳,闻学员中已有数人开始与外国同志通信云。

(《大夏大学之世界语学程》,《学生杂志》,第 16 卷第 10 期,1929 年 10 月)

　　我是民国十八年暑期毕业离校,当时校长为王伯群先生,尚有欧、王、傅、吴、鲁诸先生赞襄校务。其他名教授,仅就记忆者,则为黄敬思主讲教育概论、教育统计、比较教育,张耀翔主讲教育心理,陈茹玄主讲政治学概论,孙瑞主讲法学概论,吴泽霖主讲社会学,潘光旦主讲优生学,毛以亨主讲中国外交史,常乃惠主讲中国通史,沈璿主讲数学,马宗霍主讲文字学,陈钟凡主讲国学概论,均极一时之选。学术研究风气极浓,尤重均衡发展;惟研究教育者,似较其他学系为盛。欧副校长每周必请名人学者到校,为学生讲演一次。有一次请胡适先生到校讲演,其题目为"自省"。胡先生曾以幽默语气,以日本插画为例,说到日本民族性自强心模仿心的强烈,无形中影射到我们自己的国家民族,缺乏进步,寓意深远,发人深省,博得听讲同学热烈鼓掌十数次。

(许俊哲:《忆母校师友》,《学府纪闻·私立大夏大学》,第 77 页)

　　十日　大夏大学附中通过上海特别市教育局私立学校审查委员会核准,奉令正式立案。

　　上海特别市教育局办理本市私立学校立案事宜,第一二三四等批兼经市政府核准之私立学校,迭经发表,披露本报。兹悉该局私立学校审查委员会最近又审定第五批呈请立案之私校,计持志大学附中、光华大学附中、大夏大学附中、上海幼稚师范学校、明诚小学,及维兴女子小学等六校。于上星期呈报市政府鉴核,昨日业已奉令核准云。

(《第五批立案私校已核准》,《申报》,1929 年 7 月 11 日,第 11 版)

　　十六日　暑假期间,校董马君武、欧元怀、王毓祥,华侨学生林清在、陈庆、杨麟书等,为筹建新校舍,前往南洋募捐,今日离沪,九月十六日返校。

　　民国十八年夏,大夏为建筑新校,因而有南洋募捐团之组织,同行者共六人,教员代表为马君武、欧元怀二先生及鄙人,学生代表则林清在、杨麟书、陈庆三君也。七月十六号由上海乘加代船(Khiva S.

S.)出发,越八日即抵星洲。因商业不振,募捐者太[不]多,故进行异常困难,滞留星埠十余日,舌敝唇焦,仅获胡文虎氏之捐款万元。同时华侨学生之要求免费优待及向马先生揩油而求写字者,则纷至沓来,大有应接不暇之势。故当时感怀诗有,"天气炎如火,人情冷似冰,未能输物质,偏说助精神"之句,盖纪实也。未几马君武先生,以不合水土,感冒热病,体温达华氏百零三度,不得不启程北返。而陈庆君又单独向荷属进行,余与愧安兄及杨林二君,乃继续西行。适有人献议,谓大埠捐者多,积久生厌,应捐者少,不如向小埠工作,当较易为力,乃改变途径,从星埠出发,经过巴株巴峇(Patubahat)、麻波(Moir)、马六甲(Malacca)、芙蓉(Seranban)诸埠,沿途风景绝佳,橡林千里,绿荫蔽日,马路皆柏油建筑,洁净无尘。但以言乎捐款,则真所谓王者之秋毫无犯。过麻波时,暴雨如注,余与愧安兄及大夏毕业生李君玉书三人同车,皆湿如落汤之鸡。而在巴株巴峇及麻波,皆由李君介绍,住桃源公馆,故当时与愧安兄在汽车中联打油诗,有"狂风急雨上麻波,海外桃源何其多,若问前途好消息,捐钱全靠吉隆坡(KualaLumpur)",可想见当时之落拓情状也。过芙蓉埠,即达吉隆坡,为马来联邦之都城,街道宏丽,地形秀美,有东方巴黎之称。而华侨在此地积赀数百万或数千万者,为数亦至多。兴化侨商所谓脚踏车大王者,亦居于此。故初时希望颇大,所下工作最严密,所耗时间亦最久,但众人诺诺,一味观望,口惠虽多,密云不雨,顿师兼旬,而一文不名。因返国期迫,乃解围西行。至金宝埠,兴化侨商吴宽先生,慨捐五千元。吴氏起家未久,就资产论,尚未入于资本之林。而认捐豪爽,乃为一般资本家所望尘莫及,虽由吴氏赋性慷慨,见义勇为,而友人王光汉光国两昆季推毂之力,有足多者。过金宝埠,即至怡保,此地为锡米出产最旺之地。侨商在此,皆以探锡起家,而梅县侨之大富豪,大多数集中于是。厦门大学老同事吴君飞先生,适任居留政府视学员之职。驻节此城,海外攀荆,欢然道故。复承侨商领袖梁桑南先生之殷勤招待,侨商中表示好感者颇不乏人。但以时间迫促,不能久待。小留三日,即西上槟城,故所得捐款为数无几。槟城为英属马来极西之埠,孤峙海中,风景丽绝。赴槟目的,纯为游历,盖当时因时间关系,已不许吾人有募捐工作之进行也。适大夏老同事李仲乾先生,在槟城领署任秘书之职,因得介绍与戴培基培元二先生接洽。戴先生襟怀磊落,慨然认捐五万元,并承盛宴殷勤召集槟城富侨,共襄盛举。但一般侨商,闻募捐二字,则谈虎色变,无一应者。于此足见善与人同之不易,而人之度量,相越之太远也。住槟两日,即卷甲东还,重经吉隆坡,星加坡诸处,收束前时未竟工作,薄有所获。于九月八号,从星加坡乘 Mantua 轮北返。十六日抵沪。综计此行结果,共得认捐款额八万五千余金。虽为数不巨但当南中树胶锡米价格残落之际,他种团体之赴南募捐者,类多空手而返,至有被困而不得返者。大夏有此成绩,犹可引以自豪。至于此次南游,对于一般侨胞之感想,就大体言,至为愉快,物质上之收获虽不巨,精神上之收获则极丰。即闻有一二侨胞,妄自菲薄,拒吾人于千里之外,饷吾人以闭门之羹,但就吾人之募捐哲学看来,只有他们对社会对人类不起的地方,并没有我们对他们不起的地方。只有他们看低他们自家的身份,并不曾看低我们的身份,故处处终怡然也。

（王祉伟:《南洋募捐之回忆》,《大夏年鉴》,1930 年）

八月

一日　校务会议推举吴泽霖先生兼任附中主任。（《大事记》,《私立大夏大学一览》,1931年,第 5 页）

本月　各科主任及教授均已聘定。

大夏大学下学年各系主任,均已聘定,兹将姓名录下,文科主任卢锡荣,理科主任邵家麟,教育科主任张耀翔,法科主任孙浩烜,商科主任孙瑀,高师科主任黄敬思,预科兼附中主任吴泽霖,均仍旧。（一）文科政治学系主任卢锡荣兼,社会学系主任吴泽霖兼,国学系主任陈柱,英文系主任戚毓芳,哲学系主任杨正宇,史地系主任严继光,经济系主任唐庆增。（二）理科系主任邵家麟兼,物理系主任刘思职,化学系主任沈璿,生物学系主任黎国昌。（三）教育科教育行政系主任黄敬思兼,教育心理系主任陈选善,中等教育系主任郑通和。（四）商科商学系主任孙瑀兼,会计系主任王瑞林,交通管理系主任胡继瑗,银行系主任麦佐衡。（五）高师科国学系主任陈守实,史地系主任严继光兼,数理系主任刘思职兼,英文系主任方重。均经聘定云。

（《大夏各科主任聘定》，《申报》，1929 年 8 月 9 日，第 12 版）

九月

十六日　欧元怀、王毓祥两先生自南洋募捐返校。（《本学期大事记》，《大夏周报》，第 73 期，1930 年 1 月 15 日）

十九日　秋季开学，新旧学生开始办理缴费入学手续。二十一日开始注册，二十三日正式上课。

本大学上期经教育部批准立案后，永久校基亦同时购定，校务愈形发达。本学期学生竟激增至一千四百四十人。计文理教商法五学院共五百七十三[二]人；高师科二百十四人，预科四百四十六人，附中二百零七人。兹将各年级学生人数表详细统计如下：

十八年秋季各学院各年级人数统计表

年级 ＼ 系列	文	理	教	商	法	共计
1	108	31	54	27	35	251
2	54	17	24	11	13	119
3	50	10	33	10	15	118
4	39	6	21	11	4	81
共计	251	64	132	59	67	573

十八年秋季高等师范科各年级人数统计表

年级	1	2	共计
人数	125	89	214

十八年秋季预科各年级人数统计表

年级	1	2	3	共计
人数	153	149	144	446

十八年秋季附中各年级人数统计表

部别 ＼ 年级	1	2	3	共计
高中	55	34	24	113
初中	33	31	30	94

（《各学院暨高师预科附中各年级学生统计》，《大夏周报》，第 66 期，1929 年 11 月 20 日）

本期远近学生负笈来学者计二十一省，共一千四百四十人。内以江苏籍为最多，计四百零六人，浙江二百六十五人，福建一百五十三人，广东一百四十九人，广西一百零四人，安徽、江西、四川、湖南等省，僻远如甘肃、黑龙江亦有不辞跋涉来学者。兹将详细数目列表统计如下：

十八年秋季各省人数统计表

省别	人数	省别	人数	省别	人数
江苏	406	湖南	55	台湾	3
浙江	265	湖北	17	河北	2
福建	153	山东	11	河南	2
广东	149	陕西	6	甘肃	1
广西	104	辽宁	6	黑龙江	1
安徽	87	贵州	5	共计	1440
江西	82	云南	5		
四川	75	吉林	5		

（《各省学生统计》，《大夏周报》，第 66 期，1929 年 11 月 20 日）

　　本大学自十三年秋季创立迄今五载余，学生数目与年俱增。最初不过二百余人，本学期竟增至一千四百四十人。发展之速，无出其右。兹将历年各学期学生数目列表比较如下：

本大学各学期人数比较表

学期	人数	学期	人数
十三年秋季	245	十六年秋季	753
十四年春季	390	十七年春季	927
十四年秋季	755	十七年秋季	1087
十五年春季	732	十八年春季	1049
十五年秋季	740	十八年秋季	1440
十六年春季	★479		

★此学期因北伐军事，交通阻碍，不及返校学生甚多，故数目特小。

（《各学期人数比较》，《大夏周报》，第 66 期，1929 年 11 月 20 日）

　　本期因校务发达，学生激增，为满足学生求知欲望起见，开班学程较往年独多。计开学程一百六十六门，共一百九十八班，兹制详细统计如下：

十八年秋季开办学程统计

系别	学程数	班数	系别	学程数	班数
国学系	16	22	史地系	14	14
英文系	18	31	社会学系	7	7
外国文学系	3	7	经济系	8	8
哲学系	8	8	商学系	17	17
政治系	8	11	数学系	10	14

系别	学程数	班数	系别	学程数	班数
理化系	20	20	心理学系	8	8
法学系	12	12	课外作业	3	5
教育学系	14	14	共计	166	198

（《本期开办学程统计》，《大夏周报》，第66期，1929年11月20日）

二十二日　毕业同学会宴请欧元怀等募捐团成员。（《本学期大事记》，《大夏周报》，第73期，1930年1月15日）

本校暑假期内，王毓祥、欧元怀二先生，偕校董马君武博士，及华侨同学林清在、陈庆、杨麟书三君，为建筑新校舍事，同往南洋募捐，七月十六日离沪，廿四日抵新加坡，在此勾留二星期。马博士因病返国，王欧二先生偕同学由新埠旅行巴都巴哈、麻坡、马六甲、芙蓉、吉隆坡、港口、怡保、金宝及槟榔屿诸埠，历时二月，备受各地华侨之欢迎，报纸尤多赞助，陈庆君且往荷属一行。查马来半岛，近以树胶锡矿跌价，商情不佳，而侨胞领袖，对本校颇能解囊捐助，计共捐八万五千元。所有捐款芳名列左：

戴培基戴培元二先生　认捐科学馆建筑费五万元

胡文虎先生　认捐建筑基金一万元

吴宽先生　认捐建筑基金五千元

洪启读先生　认捐建筑基金五千元

林德壮先生　认捐建筑基金五千元

梁燊南先生　认捐建筑基金五千元

林淑董先生　认捐建筑基金一千元

林金殿先生　认捐建筑基金一千元

胡清吉先生　认捐建筑基金一千元

杨兆琰先生　认捐建筑基金一千元

苏法聿先生　认捐建筑基金一千元

杨溢璘、杨运郎暨陈庆先生认捐及代募建筑基金二千元

（《南洋募捐补志》，《大夏周报》，第66期，1929年11月20日）

大夏大学南洋募捐团成绩甚佳，于月之十六日返校。该校毕业同学会，于昨六时半，在华安饭店欢宴。出席者有马君武、欧元怀、王毓祥、傅式说、鲁继曾、吴浩然暨倪文亚、刘思职、林荣、王韫石等七十余毕业同学。主席王裕凯报告开会宗旨，继由欧、王、傅等相继报告此次往南洋募捐及最近校务发展情形，最后马君武博士演说，将其数十年来治学、办事并日常生活之琐屑细事，发挥无余。

（《大夏同学会欢宴募捐团》，《申报》，1929年9月25日，第10版）

二十三日　召开校务议会。

校务议会议决：教授代表改为三人；导师制由群育委员会主持；推定陈选善为职业指导部主任，朱章宝为群育委员会主席，陈选善、俞志瀚、时昭瀚、杨正宇、沈昆南、咸毓芳、方重、吴浩然为群育委员会委员；订定奖励附中高中毕业生升入本校办法；推定萧炳实为《大夏季刊》编辑主任。

（《本学期大事记》，《大夏周报》，第73期，1930年1月15日）

十月

七日　召开校务议会。

校务议会开会，议决，本科三四年级及高师科二年级均行导师制。

教授出席校务议会代表选出,杨正宇、陈选善、唐庆增当选。

《本学期大事记》,《大夏周报》,第73期,1930年1月15日)

学生会改选职员。

大夏大学生会前日(七日)议会就设校礼堂举行代表大会举行改选。结果,执行委员当选者为王健民、宋熹钦、陈元发、吴子谦、杨丙炎、姚星南、刘志权、张道仁、瞿立朝、谢琬、陈书俊、吴耀西、陈庆、郑演、王壮飞、刘淑昭、王则李、唐师铭、韩克弼等十九人,监察委员当选者为吴英祥、周贡南、章兆明、时昭沅、赵超等五人。

《大夏学生会改选职员》,《申报》,1929年10月12日,第14版)

九日 临时大礼堂落成。(《本学期大事记》,《大夏周报》,第73期,1930年1月15日)

十日 国庆日放假一天在新礼堂举行庆祝典礼,马君武博士演讲"我们需要安定"。晚间举行庆祝游艺大会。(《本学期大事记》,《大夏周报》,第73期,1930年1月15日)

十五日 文学院召开第一次院务会议。

文学院于十月十五日开第一次院务会议,由卢晋侯院长主席。议决事项如下:(一)本届毕业论文,至少须一万字以上;(二)由各系主任详加编订各系四学年内应修学程;(三)陈柱尊先生提议,文学院应创办一种学术丛刊。

全体通过,由卢晋侯先生交校务议会讨论。

《文学院院务会议》,《大夏周报》,第66期,1929年11月20日)

十八日 召开第八次群育委员会。

十月十八日开第八次会议,出席者:杨正宇、戚毓芳、方重、朱章宝、俞志瀚、吴浩然、时招瀚等七人。议决事项如下:(1)本校网球队夺得江大网球比赛锦标,本校应备奖品,于举行始业典礼时给奖。(2)本学期游艺会规定二次:(A)十一月二十三日各科联合游艺会,(B)十九年元旦学生会游艺会。(3)本学期举行国语英语演说竞赛各一次。国语辩论竞赛一次。其决赛日期:(A)国语演说十二月九日,(B)英语演说十二月十六日,(C)国语辩论十二月二十五日。(4)导师应由学生自由选择,详细办法提出校务议会,议决施行。

《群育委员会》,《大夏周报》,第65期,1929年11月13日)

十九日 举行师生恩亲大会。会上,向学业优良学生颁发奖状,向网球队颁发奖品。晚,学校宴请全体教职员。

本校向例于每学期中举行全体师生恩亲大会一次,藉以联络师生情感,发扬合作精神。本学期校务,长足发展,同学人数激增。当此秋高气爽,尤为举行恩亲会最适宜之时,爰由校务议会决定,于十月十九日下午二时起,在新礼堂举行。是日新旧教授暨学生到者五百余人。济济融融,洵为空前之盛举。由王伯群校长主席,兹将秩序录下:(一)振铃开会全体照相后入席,(二)全体肃立向国旗党旗及总理遗像行最敬礼,(三)恭读遗嘱,(四)主席致开会词——王校长,(五)唱校歌,(六)介绍新旧教授——鲁继曾教授,(七)介绍新旧同学——蓝春池先生,(八)报告南洋募捐情形——王毓祥先生,(九)口琴合奏——本校口琴队,(十)报告校务——傅式说先生,(十一)报告本校获取江南各大学网球锦标情形——沈昆南先生,(十二)网球给奖:1.江大代表,2.王校长,(十三)给奖学状,(十四)教授代表演说——黄敬思先生,(十五)学生代表演说——刘淑女士,(十六)欢呼,(十七)散会。

《学生恩亲大会补志》,《大夏周报》,第65期,1929年11月13日)

二十一日 图书馆、系主任办公室、教授会议室、印刷室、体育部办公室、诊察室、收发室、游艺室、学生接待室均次第设备完竣。(《本学期大事记》,《大夏周报》,第73期,1930年1月15日)

纪念周会举行专家演讲,请中华职业教育社杨卫玉先生讲"日本教育之新趋势"。(《纪念周演讲汇志》,《大夏周报》,第65期,1929年11月13日)

二十三日 召开第十次事务会议。

第十次会议（十月二十三日下午四时）

出席者　吴浩然　郑菊人　顾保廉　宋作锟　杨泣觉　马公愚①　何仲猷　欧阳达　吴元英

（1）校医现已病愈，到校照常诊察。

（2）教授会议室，设系主任办公内[室]收发处与前学生会客室互调；学生休息室设花园礼堂旁室，并森置东民抬②。

（3）印刷股报告本期固定中文讲义五十一种，每日平均须誊写六十余张。

（4）理科英文讲义，添请张槐生君打字，余仍由刘因君担任。

（5）巡捕捉获窃贼，请同学往领失物。窃贼已拍照片，悬挂各宿舍门口。

（6）厨房因亏本请求辞退。

讨论

（1）废止宿舍校工替工。

议决：各宿舍校工替工，自十一月起一律取消。

（2）各处应添校役

议决：收发股、讲义股合添一人；第一宿舍添茶役二人，看夜二人；第二及第四宿舍各添茶役一人。

（3）厨房增加汤水津贴及校工饭费事。

议决：汤水费每月增加二十元，校工饭费每人每月增加一元。

（4）厨房因亏本请求辞退事

议决：照合同至十一月低[底]准辞。另招新工接替。

（5）添购诊察室药品及设备

议决：请校医张先生开单添置，并另定购药瓶。

（6）校外人混取开水事

议决：各宿舍茶役铅壶，各编号目，外人来取，一概不给。

（《事务委员会》，《大夏周报》，第 65 期，1929 年 11 月 13 日）

　二十八日　召开第十一次教务会议。

第十一次会议（十月廿八日下午四时）

到会者：黄敬思　蓝春池　孙瑠　邵家麟　卢锡荣　鲁继曾

主席：鲁继曾

记录：郑菊人

一、报告事项

鲁继曾先生报告课务教务处工作情形

卢锡荣先生报告文科科务议会开会情形

吴泽霖先生报告图书委员会购置及课目情形

二、讨论事项

A. 应否请各教员将月考分数报告教务处案。

议决：请教员将月考分数记载于点名簿上，以便教务处查考。

B. 自下学期起，教员更政[改]授课时间，应否加以限制案。

议决：教员更改授课时间，以学生停止注册一星期为限。

C. 如何向各教员解释新记分制案。

议决：分三步进行：（1）由教务处再通函向各教员解释。（2）在科务会议，口头向各教员解释。

---

① 马公愚（1890—1969），本名范，字公愚，以字行，晚号冷翁，别署畊石簃主，浙江温州人。著名画家、美术教育家，曾任大夏大学教授、文书主任。1949 年后中国画院画师、上海文史馆馆员、中国文字改革委员会委员等职。著有《应用图案》、《书法讲话》、《书法史》等。

② 原文如此，疑有误。

(3)最后,再设法向仍未明了之教员个人解释。

　　D. 对于选学有冲突而未改选者,如何处理。

　　议决:在停止改课以前期间内,应改与不改者,不给以学分。

　　E. 月考不到者,可否准其补考案

　　议决:不能照准。如欲再来,须重经入学手续。

　　F. 本学期内,应否举行征文一次案。

　　议决:组织一委员会办理之。

　　推定　杨正宇先生、陈选善先生、鲁继曾先生为委员。开会由杨正宇先生召集之。所需奖金,请校务议会指拨。

　　G. 黄敬思先生提议高师科毕业班请求实习事。

　　议决:由黄敬思先生、吴泽霖先生,会同高师毕业班代表拟定详细办法。开会由黄敬思先生召集。

　　H. 蓝春池先生提议张素卿请求减修补修绩点事。

　　议决:通知该生关于通知单所载补修绩点数目,系书记抄写错误,应以报名单所载数目为准。

　　(《会议摘录·教务委员会》,《大夏周报》,第65期,1929年11月13日)

　　教务委员会订立征文简章。

　　本校为鼓励学生课外研究并增进其发表之兴趣起见,特于本学期举行征文一次,全校各级学生皆可自由参加,兹由第十二次教务委员会订定征文简章如下:

第一次征文简章

　　一、宗旨　此次征文以促进本校学生课外研究发表之兴趣与能力为宗旨

　　二、资格　凡本学期本校各院各科正式学生均可参加

　　三、文题　由学生自己选定后交征文委员会主席杨正宇先生代收交会审定

　　四、关于文章之注意点

　　1. 须有专门学术性质(译著及小说、诗歌、戏剧等不收)

　　2. 须在八千字以上

　　3. 不许抄袭他人成著以及课内论文与已发表著作代替

　　4. 白话文言不拘

　　5. 文字须分段落并标出纲领且须用新式标点

　　6. 译名及专门名辞须附原文

　　7. 引用参考书须注明书名及页数并于文后附参考书总目

　　8. 用本校国文试卷墨笔楷书誊写

　　五、收卷期限　十九年三月一日午后六点钟止

　　六、收卷地点　交教务处鲁继曾先生

　　七、评判委员　由校务会议聘定

　　八、奖金　最优三名由本校分别奖给现金以示鼓励,其金额第一名三十元,第二名二十元,第三名十元

　　九、评判结果　其得奖之论文由本校季刊发表,其未得奖而有价值之论文亦得由本校刊物发表

　　十、附注　评判结果未发表之前被征之文不能送登其他刊物,结果发表之后被奖之文不能送登其他刊物发表

　　(《教委会规定征文简章》,《大夏周报》,第68期,1929年12月4日)

　　纪念周会举行专家演讲,请国立中央大学商学院教授刘驷业博士讲"清理国债问题"。(《纪念周演讲汇志》,《大夏周报》,第65期,1929年11月13日)

十一月

　　三日　国学系召开教授会议。

十一月三日下午三时在系主任办公室

出席者:陈柱　蔡尚思　陈守实　姜亮夫　刘纪泽

一、极力引导学生课外研究

(1) 多出课研究问题,印发本系各生并介绍参考书。

(2) 学生课外论文,得选登季刊,其成书者,经教授鉴定,得由学校设法印行。

二、每学程,应指定学生参考书,并限期呈验,算入月考成绩。

(1) 例如本期讲授《诗品》,则令学生一月内批点古诗源;如教授《文心雕龙》,则令学生在一学期内,将文选全书批点,每月平均若干卷呈验。

(2) 凡指定学生参考之书,应令批评圈点或摘抄。

三、每星期必令学生,对于教员讲授记录一次,计入月考成绩。

四、本系应办季刊,除征收学生作品及外稿外,本系教授,每人每期,至少认撰论文三千字。其印刷费,请学校负担。每期约一百五十页,以二千部为限。

五、介绍演讲人。

六、要求图书馆,于本系根本工具必须之书,多量购置,以便参考。

七、图书馆中,应有精于本国目录学之管理员,以便购置及整理本国之图籍。

八、本会议定每学期三次。

九、本系教授,定本月某日举行聚餐会一次。餐费请会计处由本系各教授月薪内扣支。

(《国学系教授会议》,《大夏周报》,第 65 期,1929 年 11 月 13 日)

　　四日　召开第五十九次校务议会。

第五十九次会议(十一月四日下午四时)

出席者:欧元怀　卢锡荣　邵家麟　孙瑠　鲁继曾　蓝春池　吴浩然　孙浩烜　朱章宝　王毓祥　吴泽霖　宋禀钦　韩克俣

一、报告事项

欧元怀报告

1. 教育部令呈报本学期新招学生之学历及文凭事。

2. 教育部令呈报全体教职员履历事。

3. 上海市教育局令取缔《大风报》事。

4. 上海市党部及公安局函取压①反动分子事。

5. 教育部令军事学学分算法事。

6. 本校加入上海学术团体,欢迎万国工程会议员事。

7. 《大夏周报》自下学期起,将改钉小册发行。

王祉伟报告

苏生洋行建筑工程师,定于一星期内,将本校新校舍图样制成,再二星期时间,将建筑材料说明书编就,以便投标。

鲁继曾报告:第十一次教务会议议决事如左:

1. 月考分数,请各教员记载于点名簿上,以便教务处查考。

2. 自下学期起,教员更改授课时间,以学生停止注册前一星期为限。

3. 凡学生选课有冲突,在停止改课以前应改选。而不改选者,不给学分。

4. 凡学生月考不到者,除事先请病假,有医生证明者外,一概不准补考。

5. 照章休学期已满之学生,如欲再来,须重经入学手续。

6. 本学期征文一次,由杨正宇、陈选善、鲁继曾,组织委员会办理。开会由杨正宇召集,所需奖金,由

---

① 原文如此。疑为"驱押"。

校务议会指拨。

7. 高师科毕业班学生请求实习事,有黄敬思、吴泽霖,会同该班代表拟定详细办法。开会由黄敬思召集。

吴浩然报告:上次事务委员会议决事项(另行布告)

二、讨论事项

1. 根据教育部所颁布之《大学组织法》及《大学规程》,议决修订本大学组织名称如下:

(1)本科各科改称学院;(2)本科各科主任改称院长;(3)高师专修科及预科科名仍旧;(4)教员分级暂缓实行;(5)理学院添设心理学系;(6)心理实验室与教育学院教育心理合设;(7)商学院添设统计学系;(8)毕业论文作两绩点,须于最后一学年上学期开始时选定题目。(可以译书代)

2. 教务处主任改称教务长 议决:通过。

3. 学生梁某犯盗窃行为 议决:除名。

4. 学生会函请各事

(1)添置台球桌已照办。(2)运动场四周竹篱及津贴平民夜校与编辑股费用,交财务委员会讨论。(3)添置药品已照办。(4)催印《大夏年鉴》,照办。

其余议案,定下星期一午后四时续开会议。

(《校务议会》,《大夏周报》,第 65 期,1929 年 11 月 13 日)

本校日前接到教育部训令,着将本年度教职员履历,及本届所招新生与转学生履历,连同毕业或肄业证明书文件,从速呈报,业由秘书处及招生委员会分别赶制表册,以便呈报矣。

(《呈报教职员履历及新生学历》,《大夏周报》,第 65 期,1929 年 11 月 13 日)

本校本科各科名称,已于第五十九次校务议会议决,遵照教育部新颁大学组织法,改称学院,各科主任改称院长,仍由卢锡荣博士任文学院院长,邵家麟博士任理学院院长,张耀翔先生任教育院院长,孙瑞先生任商学院院长,孙浩烜博士任法学院院长。

(《本科各科改称学院》,《大夏周报》,第 65 期,1929 年 11 月 13 日)

毕业论文,经第五十九次议会议决,作二绩点计算。论文题目,须于最后一学年之前一学期选定,或以译书代文亦可。本科毕业班学生,均宜注意与所属之院长及系主任商定题目,早日着手著作。

(《毕业论文》,《大夏周报》,第 65 期,1929 年 11 月 13 日)

本校为便利学生研究高深专门之心理学及统计学起见,已于第五十九次校务议会议决,下学期于理学院中添设心理学系,商学院中添设统计学系。理学院心理实验室,则与教育学院合设一所。

(《理商两学院添设学系》,《大夏周报》,第 65 期,1929 年 11 月 13 日)

教育部近通令各学校军事训练,每周三小时,计两年。暑期内再加三星期训练,应作六学分计算。惟本校以地处租界包围之内,对于军事学上设备,不能尽量扩充,教授时间,每周亦仅二小时,施行二年,仍作四学分计算。俟将来迁入新校舍后,再行增加训练。

(《军事学仍作四学分计算》,《大夏周报》,第 65 期,1929 年 11 月 13 日)

纪念周会请福建教育厅长程时煃到校演讲"一年来的福建教育"。(《纪念周演讲汇志》,《大夏周报》,第 65 期,1929 年 11 月 13 日)

十一日 举行第六十次校务会议。

校务议会第六十次会议
(十一月十一日下午四时)

出席者:欧元怀 鲁继曾 蓝春池 邵家麟 吴浩然 黄敬思 孙浩烜 张耀翔 孙瑞 王毓祥

朱章宝　王则李　杨丙炎

一、报告事项

1. 鲁继曾报告　社会学教员时昭瀚辞职请,钱慰宗代

2. 欧元怀报告　(1)总理诞辰纪念事　(2)秋季运动会事

二、讨论事项

1. 通过学生结社集会规则

2. 通过学生课外作业待遇规则

3. 学生发行壁报规则由群育委员会拟稿

4. 文科学生请津贴参观费事　议决:另定参观办法。

(《会议摘录·校务议会第六十次会议》,《大夏周报》,第 67 期,1929 年 11 月 27 日)

本校向来注重课外作业,良以课外作业,足使学生有联系并发展各种技能之机会,其重要无异于教室内之功课,自当予以积极之提倡。校务议会为鼓励学生参加课外作业起见,特订定待遇规则若干条,以示优待。兹将该项规则附录于后:

学生课外作业待遇规则

第一条　本规则适用于下列各项课外作业

甲　代表本校出席各项运动竞赛

乙　充当本校各种刊物编辑或其重要职员

丙　代表本校参加中英文演说或辩论竞赛

丁　充当平民夜校重要职务

戊　充当本校全体学生会及同学会重要职务

第二条　本校学生欲参加上列各项课外作业者须具下列各条件

甲　品行端正者

乙　学期成绩指数在一以上者

丙　经本校编入正式年级者

第三条　除经群育委员会许可外,每学生同时不得参加两种以上之课外作业

第四条　学生任何一次月考成绩有两学程以上得四等者随时令其退出各种课外作业

第五条　凡参加课外作业者得享受下列各种待遇

甲　因参加课外作业缺课满五分之一者仍得由教务处酌许参加学期试验

乙　于必要时得由教务处商情各教员酌减其功课重量

丙　凡遇月考期内代表学校出席各项运动及演说或辩论竞赛者得由教务处商请各教员以其平日成绩作为月考成绩

第六条　参加课外作业学生名单须于开学后三星期内由服务团体负责人员呈报于群育委员会及教务处,以便查核

(《鼓励学生课外作业》,《大夏周报》,第 66 期,1929 年 11 月 20 日)

本校对于学生结社集会,向来定有规则,兹经第六十次校务会议,重加修改,另行公布。兹将该项规则,附录于左:

学生结社集会规则

一、学生组织团体以研究学术及联络同学情谊者为限

二、上项团体须将章程及职员报告群育委员会曾经审定后方得享受在本校集会之权利

三、上项团体如有修改章程及改选职员时须重新报告群育委员会

四、学生团体集会欲借用本校教室或礼堂须先向总务处请领许可单始得使用

五、学生团体邀请外宾演讲时须先商得群育委员会之同意

六、本校房舍操场不准校外任何团体借用

七、学生团体开会如欲兼借本校杯盘者每次征使用费大洋五角,在礼堂演电影者每次征大洋二元

八、在礼堂开演讲时听众务须脱帽静坐,不得参差出入乱秩序而损观瞻

九、校内团体借用本校开会时不得有升旗放炮及扰乱秩序引起误会之举动

十、学生集会时间不得与本校所定全体集会时间冲突

十一、借用教室集会时不得将编定席次任意迁乱

十二、学生团体集会有违上列各项规则时一经查明即将该团体取消

十三、学生个人或团体布告其纸张大小不得超出本校所规定者

十四、上项布告须交由庶务员代贴以资整齐

(《校务会议通过学生集会规则》,《大夏周报》,第 66 期,1929 年 11 月 20 日)

邀请校董杨杏佛到校作"从时局到个人"的演讲。(《杨杏佛校董在纪念周演讲》,《大夏周报》,第 66 期,1929 年 11 月 20 日)

十三日　事务委员会召开第十一次常会。

第十一次常会(十一月十三日下午四时)

出席者:吴浩然　朱章宝　张泽春　顾保廉　郑菊人　何钟猷　林家骧　宋作锟　杨泣觉　吴元英　欧阳达

报告

1. 吴浩然报告致和里第二批窃案破获经过。

2. 林家骧报告图书馆被窃失书籍杂志情形。

3. 张泽春报告诊察室近况:

(一)诊察室现已购到必需药品及机械四十余种,诊疗上较益感便利。

(二)已订购公共卫生小册子二十余种并卫生图表及传染全图置于诊室内,供众阅览。

(三)十月份就诊人数共二百四十五人,诊察共十二次,每次平均有二十八人强。本月十日内来就诊者已有一百六十九人,每次平均十七人弱。各种疾病上,尚无令人恐怖之传染病,仅有患初期肺痨之可疑者数人,已劝其请假休养。

(四)以后拟每月编制疾病统计表,在《大夏周报》发表。

4. 何仲猷报告冒领挂号信件事。

5. 吴元英报告固定中文讲义,现已增至六十二种,每人平均每日抄写十八张。

讨论

1. 惩戒第二宿舍殴伤厨役替班

议决:罚扣肇事替班之正班茶役每人工资五角,付给厨役作医费。

2. 各处函请暂留宿舍校役替班事

议决:照区分部提请条件维持至本学期底止:

(一)所有茶役替班,不得随时更换,并须向总务处登记。

(二)替班伙食,照替班价计算,由其正班按月付清。

(三)无论正班替班,放假时均不得向学生强索小费。

(四)替班由其正班负完全责任。

(五)正班不得因雇有替班,放弃责任,自由外出。

(六)替班制度,只能维持至本学期底止。

3. 预防冒领挂号信件

议决:同学有未盖印鉴者,即至收发股补盖。以后挂号信件均须凭领信证及图章发给。挂号信到时不公布,另由专函通知。

4. 新校舍消防事宜

议决:(一)各处设置水桶。

（二）标出救火会电话号码。

（三）购置橡皮带及水枪。

（四）请住在三楼同学注意三楼两扶梯口所置救火器之用法。

（五）住在三楼同学绝对禁止烹调饮食及燃点洋烛并请各同学互相查劝以策万全。

（《会议摘录·事务委员会》，《大夏周报》，第66期，1929年11月20日）

学生会召开第六次常会。

学生会于十一月十三日下午四时，在二楼该会办公室，举行第六次常会。到会者，有该会执委十余人，主席吴子谦，记录唐师铭，行礼如仪后，首由执委宋禀钦报告出席第五十九次校务会议情形，杨丙炎报告出席第六十次校务会议情形，次即开始讨论，兹录其议决案如下：

1. 津贴　各科游艺会津贴费。议决：津贴三十元。

2. 预科同学会来函请求津贴游艺会经费案。议决：津贴大洋十元。

3. 监委会来函申述各件

A. 学生会总印须经执监两会同意方得应用。议决：准照所议办理。

B. 执委预算须是日内送交审查。议决：准期内送查。

C. 执委会向学校领取款项须经监会主席签字。议决：照学生会章程及历届领款习惯，监会主席毋须签字。

D. 预算五十元。议决：通过。

4. 文学院来函请求津贴、参观费。议决：向无此例，未便照准。

5. 平民夜校改称为民众夜校。议决：通过。

6. 平民夜校请求增加预算案。议决：准予增加。

7. 商学院同学会来函请求转函学校开放打字机案。议决：准予转函。

8. 校内同学组织之学术研究团体应向本会登记及津贴办法案。议决：应即日登记津贴办法，由主席团及秘书处起草。

9. 女同学会经过情形应呈报本会案。议决：函知即日呈报。

10. 各股每月月底应将细账报告会计股，以便公布案。议决：准予通过。

11. 各股应将发票附于报告中教导会计案。议决：通过。

12. 各股应用之费用必须由会计股支发，不得互相拨用案。议决：通过。

13. 各股支款之数如超过预算须交常会通过，会计股始能如数发给案。议决：准予如此办理。

14. 会计股聘请林橤湘君及陈德祐君充任干事请予通过案。议决：去函聘请。

15. 上月份各股开支限于月底将发票及报告交至会计股以便公布案。议决：准照所提通过。

16. 雇佣校警案。议决：致函学校请求雇佣。

17. 刘自权坚决辞职案。议决：准予辞职，着陈兴华君递补。

18. 秋季运动会优胜者给奖案。议决：团体第一及个人第一各奖锦旗一面。

19. 关毓芬女士来函辞职案。议决：挽留。

20. 通过各部各股预算案。议决：教育九十二元，卫生五元，宣传四十元，出席代表二十元，预备费二百元，监委员五元，庶务一百元，体育五〈元〉，演讲五元，查察五元，各科游艺津贴四十元，编辑六百元

（《学生会第六次常会议决案》，《大夏周报》，第66期，1929年11月20日）

《大夏周报》改订成册出版。（《本学期大事记》，《大夏周报》，第73期，1930年1月15日）

十四日　广西教育厅长雷沛鸿先生来校演讲。

广西教育厅长雷宾南先生，于日前来沪参观教育，本校教育学院及高师科同学会，特于十四日下午四时请其莅校讲演。由吴子谦君致介绍词。雷氏所讲者，即述其数年来办理教育之经验，并申辟常人以为求学即是读书、教育即是学校之谬论。且谓现时大学课程，范围太泛，以致毕业生服务时，无从着手。学而不能之用，深引以为憾事。语多警惕勉励之词，颇足为时下专读死书者，下一针砭云。

（《雷宾南先生来校演讲》，《大夏周报》，第67期，1929年11月27日）

十五日　文学院召开院务会议。

文学院于十月十五日开第一次院务会议,由卢晋侯院长主席。议决事项如下:(一)本届毕业论文,至少须一万字以上;(二)由各系主任详细编订各系四学年内每年应修学程;(三)陈柱尊先生提议:文学院应创办一种学术丛刊——全体通过,由卢晋侯先生提交校务议会讨论。

(《会议摘录·文学院院务会议》,《大夏周报》,第66期,1929年11月20日)

十八日　校务会议第六十一次会议,通过"学生旅行参观规则"及"学生发表壁报规则"。

校务议会第六十一次会议
(十一月十八日下午四时)

出席者:欧元怀　鲁继曾　傅式说　王毓祥　黄敬思　邵家麟　蓝春池　吴浩然　朱章宝　张耀翔　孙瑁　吴子谦　刘淑昭

一、报告事项

1. 吴浩然报告　上次事务委员会议决事项

2. 朱章宝报告　(1)本星期六晚举行各学院联合同乐会

(2)导师制进行情形

二、讨论事项

1. 文学院拟发行学术杂志请款津贴事

议决:由欧先生与卢先生当面接洽。

2. 学生会请设校警事

本校校舍散在各处非校警一人所能照顾,现拟各宿舍选一干练之校工,穿以号衣,负守望之责以代校警

3. 学生参观规则

通过(另布)

4. 学生壁报规则

通过(另布)

(《会议摘录·校务议会第六十一次会议》,《大夏周报》,第67期,1929年11月27日)

教育科及高师科毕业班学生,向于每年春假期间,出发旅行参观各处著名学校及教育机关,以为将来服务之印证。兹为增进全体学生教学效能起见,不限定科级,苟某班教授认为有参观之必要时,便可组织参观团,使各生得有实地研究之机会。特由校务会议订定参观规则若干条,以资其守。规则附后:

学生参观规则
十八年十一月十八日第六十一次校务议会议决

第一条　本校为增进教学效能起见,如担任某学程教授认为必要时,得组织学生参观团,但须会同各该院长或科主任及系主任商订参观事宜。

第二条　学生参观团在本埠参观,其时间由担任教授订定,但不得与学校考试时间冲突。

第三条　学生参观团往外埠参观,须于春假时举行,如有特别情形不能在春假举行者,由校务议会酌定时间。

第四条　学生参观团之人数得由领导教授决定。

第五条　学生参观团出发参观时,须受教授之指导,如有不规则行为,教授得令其退出参观团,并由校务议会予以相当处分。

第六条　毕业班学生参观团往外埠参观时,其旅费得由本校酌量津贴。

第七条　领导参观之教授,其旅费由校供给。

第八条　学生往外参观,须将其参观心得报告教授。

第九条　本规则自公布日起施行。

(《学生旅行参观规则》,《大夏周报》,第67期,1929年11月27日)

本校刊物,定期出版者,现有《大夏季刊》《大夏月刊》及《大夏周报》等,此外尚有各学院各科之不定期刊,以出版物之数量而论,亦不为不多矣。然于全校人数之众,著作人才之盛,每有值得发表之文字,而上述各种刊物,因稿件拥挤,未能尽量容纳。于是作者为急求发表计,往往将手抄原稿张之壁间,以供人之鉴赏,此壁报之滥觞也。近顷以来更如雨后春笋,接踵而兴,琳琅满壁,美不胜收。此种现象,为向所未有,亦未始非学校发达之一端。校务会议爰订定学生发表壁报规则,以资维护,而杜流弊。兹将是项规则附列于左:

学生发表壁报规则
十八年十一月十八日第六十一次校务议会议决

一、凡本校发表壁报,须开具下列各项报告群育委员会,经认可后使得发表:

1. 宗旨及门类

2. 负责编辑者之姓名及住所

3. 发表日期

二、凡壁报在发表以前,须将全文送交群育主任审阅,经盖用群育主任图章后始得张贴。

三、壁报须在学校指定场所张贴。

四、壁报内容如有触犯法令,或破坏社会或本校秩序之言论,群育主任须随时禁止其发表。

五、壁报张贴场所内,如发见有未经群育主任盖章之壁报,学校得随时将其取下。

六、凡经群育主任盖章认可之壁报,倘有何人任意撕去或涂毁等事一经查出,本校得予处分。

七、本规则自公布日起施行。

(《学生发表壁报规则》,《大夏周报》,第 67 期,1929 年 11 月 27 日)

法学院举行迎新大会。

法学院成立虽仅两载,而发展迅速,大有一日千里之势。今岁投考与转学者极形踊跃,经院长孙浩炬先生严格审后,仅录取三十余人。于月之前日,该院举行欢迎新同学礼,由顾汉卿君主席,报告开会宗旨。后群育委育[员]主任朱章宝先生致训词,谓去年此时,法科同学虽仅寥寥无几,而团结极坚,彼此规劝深得攻错之益,诚为大夏各院中后起之秀。当时鉴诸君合作之精神,即预测将来有发展之可能。今日同学既日渐加多,仍望秉此精神,继续努力云。继由院长孙浩炬先生演说,大意谓中国自前清鉴于司法不善,故从根本入手,各省多设有法政学校,造就专门人才,然而十余年来,成绩未彰,推究原因,盖群视法学为以敷衍学问,凡习数理不成者则退而习法律,凡习英文不成者则退而习法律,一习法律者则均为敷衍毕业。此为事实,无可讳言,每一与念,诚可流涕。反观欧美各国,须大学毕业,得学位后,方可习法律。两相比较,无怪今日中国法学之退居人后。且中国人做官心理太重,习法学者多抱他日做法官观念。夫自学生时代,已抱他日做官心理,尚安能专心求学,故在今日情形之下,欲办法科,须从严格训练入手,一扫从前敷衍观念、做官观念,方可与言求学。再有一言为诸君告,本院名誉之好坏,不在人数之多寡,而在实在情形之何若。本学期增加新同学三十余位,诸君已欣喜无限,须知今年暑假内,陆续投考者,若尽录取,当在三百以上,余岂不知悉数录取,济济一堂之可乐,但为造就专门人才起见,不得不严格录取。此寥寥三数十人,今日在此,仓促间未有预备,特以精进不息,发奋淬厉,贡献于本院同学耳。孙院长演讲至一小时之久,毫无倦色,闻者莫不动容。演讲毕,举行选举本学院同学新执委,及讨论重要提案,后进茶点散会,已十时矣。又闻该学院将出版法学丛刊一种,俟计划拟定,即可实现云。

(《法学院消息》,《大夏周报》,第 66 期,1929 年 11 月 20 日)

二十五日　下午,举行第十二次教务委员会会议。

教务委员会第十二次会议

时间十一月廿五日下午四时

出席者:蓝春池　陈选善　孙浩炬　邵家麟　孙瑶　杨正宇　鲁继曾

主席:鲁继曾,记录:郑菊人

(一)报告事项

鲁先生报告课务:概况、同学录、图表、统计及院务开会情形,教员更动情形等。

（二）讨论事项

（1）通过本校第一次征文简章（另载）。

（2）筹备下学期开班学程案。议决：请各院长、科主任根据本学期学程数目，拟定草案，于第十三次教务会议提出讨论。

（3）本学期内可否举行全体教授聚餐会一次案。议决：教授聚餐会定十二月七日晚七时举行，欢迎携带女眷及女宾；餐费亲自带会或由十二月份月薪项下扣除。

（4）临时提议。凡关于一学年连续之学程，若只选修一半者不给学分；至第二外国语则须修完两年，始给绩点。议决：通过。

（《各种会议补志·教务委员会第十二次会议》，《大夏周报》，第72期，1930年1月1日）

纪念周会，欧元怀演讲"游历英属马来半岛之感想"，报告暑假游历感想，介绍该处地理、历史、社会、教育等情况。（《欧副校长在纪念周演讲》，《大夏周报》，第68期，1929年12月4日）

二十七日　商学院举行国语辩论会。

自群育委员会之国语英语演说辩论条例颁布后，各学院即努力筹备，次第举行，尤以商学院为最踊跃。现闻该院同学会第三次执委会议决，于本月二十七日举行第一次国语辩论大会，请该院院长孙瑞先生，群育主任朱章宝先生，经济系主任唐庆增先生为评判，辩题为"现在中国应借外债以治内政"。报名业已截止，计有许积芹、姚星南、罗怀福、李春深、林懋湘、余定义等十余人。各各分组搜集材料，准备辩论，预科届时必有一番雄辩之盛况也。

（《商学院举行国语辩论会》，《大夏周报》，第68期，1929年12月4日）

商学院同学会，为准备参加科际国语辩论竞赛起见，于十一月廿七日举行本院国语辩论大赛。参加者极为踊跃。该日上午九时，全院同学齐集第十教室，次第举行，计教授到会者，除群育主任朱章宝先生因事未到外，院长孙瑞先生、系主任唐庆增先生及中学主任吴泽霖先生皆准时莅场指导。当由三先生为评判，吴英梯为计时。开始辩论，双方对于中国现在应否利用外资以发展内政之理论与实施，阐发至为精详。次及复辩论证尤为激烈，双方相持一时余，始由裁判宣布结束，并宣布评判结果。论势以反面诸同学占胜，继以个人为标准，指定余定义为主辩，姚星南、罗怀福为副辩，林懋湘为预备出席，出席科际竞赛。最后三裁判各有诚恳之批评与指导，全院同学皆极满意。至十一时余尽欢而散。

（《商学院国语辩论会盛况》，《大夏周报》，第69期，1929年12月11日）

二十九日　安徽高等法院院长曾友豪先生来校演讲，题目为"近日中国条约之废止问题"。（《曾友豪来校演讲》，《大夏周报》，第69期，1929年12月11日）

本月　推广导师制，各院科学生选择导师相当踊跃。

本学期推广导师制，施行范围，凡本科三四年级学生及高师二年级学生，均应加入。计文科九十一人，理科十六人，教育科五十四人，商科二十一人，法科十九人，高师科九十人，共计二百九十一人。导师共计三十二人，业由校长函聘，并已得各导师本人同意。自群育委员会于本月二日发出"学生选择导师表"。至四日（三日为星期日）填缴者，已有百余张。五日缴到者，又有百余张。至六日缴到者，又有数十张。学生得此自由选择机会，莫不争先填缴，惟恐落后。因群育委员会公布办法中，有规定每导师担任指导人数，以十二人为限，如第一选导师人数已满额，则后至者当改取其第二选；如第二选又满额，则改取其第三选，以下类推云云。故学生惟恐其所欲选择之导师，被他人捷足先登。于此，亦可见学生对于导师制兴趣之浓厚矣。

（《学生选择导师之踊跃》，《大夏周报》，第65期，1929年11月13日）

本月　公布学分制及记分制施行办法。

本校本学期实行学分制与记分制，兹详于后：

一、学分制

A. 绩点　每周授课一小时，满一学期为一绩点。实验及其他学课，无需课外参考者，以二小时作一小时计算。

B. 积分 绩点计量,绩分计质。例如:学生在修完某课时,其绩分随成绩而定。其成绩为一等,则其绩分为三;成绩二等,绩分为二;成绩为三等,绩分为一。至四等成绩无绩分;五等成绩无绩点,亦无绩分。此系以一绩点之学课计算者。学课为三绩点,以例类推,如成绩一等,绩分为九;成绩二等,绩分为六;成绩三等,绩分为三;成绩四等,绩分为零;成绩五等,无绩点亦无绩分。

C. 指数 绩点与绩分之比率,为指数。一学期之总绩分,被除于绩点总数,即得学期之指数。将四年内所修绩点总数,除总绩分,其得数为毕业指数。

(《学分制与记分制之解释》,《大夏周报》,第 65 期,1929 年 11 月 13 日)

本月 本学期校诊察室扩充,添置药品及器具数十种,均已陆续到校。

本学期校医每日到校诊察,如遇有急症发生,随时到宿舍诊视,同学均称便利。现诊察室亦大加扩充,并添置药品及器具数十种,均已陆续购到。最近又订购医药学杂志,及生理图表多种,俾同学于阅览之余,得以增加卫生知识不少,可以积极减少症疾。现校医并着手编制本校学生各种症病统计表,以资研究云。

(《诊察室大加扩充》,《大夏周报》,第 66 期,1929 年 11 月 20 日)

十二月

二日 召开第六十二次校务会议。

校务议会第六十三次会议 时间十二月二日下午四时

出席者:孙浩烜 杨正宇 陈选善 孙瑠 张耀翔 卢锡荣 欧元怀 蓝春池 鲁继曾 傅式说 黄敬思 邵家麟 吴泽霖 王毓祥 吴浩然 陈书俊 宋禀钦

主席:欧元怀 记录:马公愚

(一)报告事项

(1)鲁继曾报告:(甲)教务委员会议决事项(另布);(乙)出席各大学联合会执委会开会情形。

(2)欧元怀报告:(甲)新校舍已登报招标;(乙)本星期六将添购新地。

(3)傅式说报告财政委员会议决事项如下:(甲)农商银行存款请孙浩烜先生即日起诉;(乙)十七年度决算由吴浩然、王祉伟二人审查后交校务议会通过后交会计师审查;(丙)本学期所短经费已有弥补办法;(丁)黄维德请求退费事。议决,下学期返校时可拨作学费一部分,但不能转移他人;(戊)学生会请求津贴事。议决,各科游艺会津贴三十元,平民夜校津贴二十元,印刷费不能津贴;(己)教务委员会请拨征文奖金事。议决,拨给奖金六十元,首奖三十元,二奖二十元,三奖十元。

(二)讨论事项

(1)朱隐青先生函辞群育主任事。议决,一致挽留,并由欧傅两先生当面接洽。

(2)法学院改为四年毕业案。通过。

(3)订定各学院各年级级名案。议决,本科及高师各年级级名,以毕业时民国纪元之年数为名。

(4)商学院年毕业班学生实习事。通过,办法另定。

(5)学生会函请各事:

(甲)添设游艺室。如有房屋即添设;

(乙)添聘国术教师。下学期添聘;

(丙)商学院请专雇英文打字机一人。请吴浩然先生调查后再定。

(6)整理图书馆案。先请图书委员会着手整理,必要时聘请校外专家来校指导。

(7) 厨房因米贵要求包饭,学生自十二月起,每月各加饭费五角事。议决:加饭费,换新厨房。

(《各种会议补志・校务议会第六十二次会议》,《大夏周报》,第72期,1930年1月1日)

教育部新颁布之大学规程,除医学院外,各学院毕业期限一律改为四年。而本校法学院之毕业期限,前定为五学年,兹经第六十二次校务议会议决改为四学年,以符部章。至应修绩点,则大致仍旧。

(《法学院改为四年毕业》,《大夏周报》,第69期,1929年12月11日)

本校各年级向以学年次第为名,兹为便利起见,经上次校务议会议决,嗣后改用各级毕业时民国纪元之数为名。例如本科第四年级,当在民国十九年毕业,即成为十九级;第三年级当在民国二十年毕业,即成为二十级,余类推。

(《新定本科及高师科各级级名》,《大夏周报》,第69期,1929年12月11日)

纪念周会请顾子仁博士来校演讲"英国牛津大学学生生活"。(《顾子仁博士演讲》,《大夏周报》,第69期,1929年12月11日)

国文系陈柱尊主任召集学生谈话。

国文系主任陈柱尊先生,于十二月二日下午半时①,在系主任办公室,召集该系学生谈话,到有王骧等多人。首由陈主任述导师制之严格与其美点,及本校施行导师制之经过与其成绩。次向学生一一询问其对于治学志趣,以便个别指导。更将所著《庄子内篇学》赠送各生每人一册。是书系陈先生精心之作,将庄子奥义阐发无遗。学生得此颇为愉快。闻此次谈话,因时间过促,尚未尽兴。陈主任将于最近假某园再召集学生,作更盛大之谈话会云。

(《国文系陈主任召集学生谈话》,《大夏周报》,第69期,1929年12月11日)

三日　政治学会成立。

本校政治学会经谢琬、陆春台诸同学发起后,连日签名加入者,甚为踊跃。昨晚(三日)七时,该会假教员休息室开第一次会员大会,出席者三十余人。当公推陆春台为主席,谢琬为记录。首由主席报告宗旨,并筹备经过情形。次即讨论章程,各会员均有极好之建议与补充,议论非常周密。最后选举王健民、陆春台、谢琬、徐则骧、王鸢飞、陈曙光、邱锦荫、希公弼、周贡南九人为执行委员,杨丙炎、林宗夏、黄祖贵、陈沈淮、杨庆煊五人为候补委员。闻该会日内即须召集第一次执行委员会,以便分配职务,讨论进行。除赶日稿稿编辑政治期刊外,还拟敦请校内外政治专家来会演讲。预料该会对政治学术之研究,必有一番贡献云。

(《政治学会大会记》,《大夏周报》,第69期,1929年12月11日)

四日　《大夏年鉴》自去年冬着手编辑,经时数月,现已由大东书局出版。

第一次《大夏年鉴》出版,自去年冬着手编辑,经时数月,始见竣事,现已由大东书局印成出版,印刷精美,装潢华丽。内容有校景照片,大学教职员、大学各年级同学、中学教职员、中学各级同学、历届毕业同学等之个人照片,以及各种团体摄影,并附有各教授及同学之中文英文作品多种。用最上等之美术纸印成,共约四百余页。除去年已缴年鉴费之同学,每人各得一册外,所余无多,如欲购者,可向总务处接洽,每册售洋二元。

(《大夏年鉴出版》,《大夏周报》,第70期,1929年12月18日)

七日　教育学院及高师科邀请陈科美先生来校演讲,题为"觉的教育"。(《陈科美来校演讲》,《大夏周报》,第69期,1929年12月11日)

九日　召开第十三次教务委员会会议。

教务委员会第十三次会议　时间十二月九日下午四时

出席者:鲁继曾　张耀翔　吴泽霖　黄敬思　卢锡荣　蓝春池　孙瑶　孙浩烜　邵家麟

---

① 原文如此。

主席：鲁继曾　记录：郑菊人

（一）报告事项

鲁先生报告课务、院务、科务及其他情形。

（二）讨论事项

（1）关于下学期开班学程如何规定案。议决：请各院长，各科主任至迟于两星期内拟妥交教务处通盘筹划。

（2）关于法学院改为四年制之详细办法。议决：请法学院院长拟定详细办法交会讨论。

（3）关于春季招生日期及办法案。议决：春季举行招生两次，时间由蓝先生订定，预科各年级及本科一年级只招插班生。

（4）关于学生私改教育点名簿上所记之月考成绩，如何处理案。议决：学生私改分数，经查出者，不给该月考分数。

（5）关于学生会函询第十二次会议（4）项解释案。议决：本学期起实行，但本学期毕业生不在此例。附第十二次（4）项议决案：凡一学年连续之学程，若只选修一半者不给学分，第二外国语须修完两年始给学分。

（6）关于每期月考改为二次案。议决：于下次修改章程时酌改。

（7）黄先生提议：高师数理系学生请求修改课程事。议决：请高师数理系主任酌量修改交本会讨论。

（《各种会议补志·教务委员会第十三次会议》，《大夏周报》，第72期，1930年1月1日）

纪念周会请商务印书馆编辑所所长何炳松到校演讲，题目为"对于中国学术演讲之我见"。（《何炳松来校演讲》，《大夏周报》，第70期，1929年12月18日）

十日　法律研究会成立。

法学院同学曹克宽等发起组织法律研究会。自征求会员以来，加入者颇为踊跃，已于十日晚开成立大会，讨论进行方针，结果甚圆满。现在正预备编订简章及着手选举云。

（《法律研究会成立》，《大夏周报》，第70期，1929年12月18日）

十一日　第一宿舍装置消防管。（《本学期大事记》，《大夏周报》，第73期，1930年1月15日）

本校第一宿舍，崇楼高峻，寝室密接，故对于火警一层不得不有完善之预防设备，以防万一。向来于各楼出入之处均置有灭火药水 Fire extinguisher，兹复于全舍内安置消防水管，备有大龙头三处，将来无论何部，倘有火警发生，当能于五分钟内，便将其完全扑灭。此后校舍之安全，又加一层保障矣。

（《安置消防管》，《大夏周报》，第70期，1929年12月18日）

下午二时，理学院邀请江西省立陶业学校校长邹俊章先生演讲，题为"陶业之重要与陶业之急宜发展"。（《邹俊章演讲陶业》，《大夏周报》，第70期，1929年12月18日）

下午三时，教育学院及高师科同学会，邀请光华大学教务长董任坚先生来校演讲，题目为"谈学分制与学年制"。（《董任坚来校演讲》，《大夏周报》，第70期，1929年12月18日）

十二日　江南各大学举行越野赛跑，大夏越野赛跑队获团体第四，学生黄茂葵获个人第一名。（《江大越野跑锦标比赛纪闻》，《大夏周报》，第70期，1929年12月18日）

十六日　召开第六十三次校务会议。

校务议会第六十三次会议

时间十二月十六日下午四时

出席者：欧元怀　王毓祥　孙瑞　孙浩炟　邵家麟　傅式说　蓝春池　卢锡荣　黄敬思　吴泽霖　鲁继曾　吴浩然　吴子谦　吴耀西

主席：欧元怀　记录：马公愚。

（一）报告事项

（1）欧元怀报告英语演说竞赛情形；

（2）鲁继曾报告第十三次教务委员会议决案（另布）。

（二）讨论事项

（1）冬季毕业事：

（甲）毕业考试日期定一月六、七、八三日；

（乙）如欲举行典礼，可由教务事务两委员会商定办法。

（2）陈柱尊先生提议增设"基本国文"学程。交教务委员会讨论。

（3）学生会提议事项：

（甲）聘请一九三〇年年鉴社社员案。由学生会加倍推荐，再由本会选聘。

（乙）自明年起全体同学一律穿着制服案。通过。

（丙）赔偿准备金及膳余应于每学期末发还案。交财政委员会讨论。

（丁）学生在毕业学期内，如所修功课在十学分以内者学费减缴半数案。交财政委员会讨论。

（戊）下学期添设音乐班案。通过。

（己）政治学会请求指定办公室。现无空屋，碍难照办。

（庚）寒假提前一星期案。理由不充足，碍难照办。

（辛）明年暑假减短案。留订明年校历时参考。

（壬）得奖学状学生，准其多修学分案。交教务委员会讨论。

（癸）优待学生会工作人员事。照有待课外作业学生规则办理。

（《各种会议补志·校务议会第六十四次会议》，《大夏周报》，第72期，1930年1月1日）

举行英语演说竞赛。评判标准分材料、言辞、姿势三项，最终徐光宇夺得第一名。

英语演说竞赛已于十六日下午三时举行。是日三至四时，并停课一小时，以便全体同学参加听讲。出席演说者计有徐光宇君、容少钗女士等十一人。由丁文镛先生主席，朱隐青先生计时，吴浩然、俞志瀚、陈选善三先生担任评判。评判标准分材料、言辞、姿势三项；演说时间每人以十分钟为限。各演说者因已有长时间之预备，材料丰富，精神饱满，态度尤为安详。次第演说后，经各先生评判结果：第一徐光宇君，第二容少钗女士，第三程春霖君，第四欧阳宏道女士，第五林春汉君。以上五名将由校中各奖金牌一面，以资鼓励云。兹将出席演说人名单及题目附录于后：

程春霖 What is Love?

屠铁珊 The Question of China's Salvation.

徐光宇 China of Today and Tomorrow.

水康民 The Theory of Bureaucratic Government.

林春汉 What Shall We Students Do for Our Country.

时昭沅 What China Needs the Most Today.

欧阳宏道 The Responsibility of Women in New China.

林懋湘 Does The Great China University Need a Cooperative Bank?

容少钗 Self-consciousness of the People of China Today.

封菊林 The Teacher's Psychology.

宋学文①

（《英语演说竞赛》，《大夏周报》，第71期，1929年12月25日）

纪念周会，邀请中华职业教育社社长江问渔先生演讲，题目为"三方融合之人生观"。

（《江恒源来校演讲》，《大夏周报》，第71期，1929年12月25日）

二十日　为融洽男女同学感情，互资借镜起见，由学生会征得女同学会同意，并经群育委员会允准，女生宿舍开放一天，任各同学前往参观。

---

① 原文如此。

本校女生宿舍,建筑于去年夏季,甫经竣工,全体女同学即由致和里迁入;嗣后来宾及男同学均不得入内参观,访晤只能于会客厅内相见,致一般渴想观光同学每兴墙高九仞、望门难入之叹。近文学院同学会以复旦、沪江、光华三大学女生宿舍均先后开放一天,使男同学参观,结果甚佳,各大小报且详纪其盛,同学道其事者均津津乐美。为融洽男女同学情感,互资借镜起见,本校女生宿舍亦有开放一天之必要,爰提请学生会征得女同学会同意,并经群育委员会允准,于十二月二十日开放一天,任各同学前往参观。各女同学均运用其艺术天才,经一周间之精心布署,缤纷杂陈,璀璨齐耀,参观同学均欣美不置。

(《参观女生宿舍》,《大夏周报》,第71期,1929年12月25日)

校务议会代表欧元怀等六位先生邀请学生会全体执监委员开谈话会。

校务议会代表欧元怀、王毓祥、傅式说、鲁继曾、吴浩然、朱章宝六先生于廿日下午在会议室,邀请学生会全体执监委员开谈话会,交换各种意见,对师生合作问题,多所发挥讨论。

(《校务议会代表请学生会职员谈话》,《大夏周报》,第72期,1930年1月1日)

辛德(Eleanor Hinder)女士来校演讲,题目为"美国英国及澳洲劳工运动状况"。(《辛德女士演讲》,《大夏周报》,第71期,1929年12月25日)

二十一日　大夏剧社定于本月二十一、二十二两日举行第四次公演。(《大夏剧社公演》,《大夏周报》,第71期,1929年12月25日)

二十三日　召开第六十四次校务会议。

校务议会第六十四次会议

时间十二月廿三日下午四时

出席者:欧元怀　孙瑶　黄敬思　蓝春池　邵家麟　杨正宇　卢锡荣　鲁继曾　傅式说　吴浩然　王毓祥　朱章宝　杨丙炎　张道仁

主席:欧元怀　记录:马公愚

(一)报告事项

(1)时昭澍先生辞职,改聘廖莲芳先生为女生指导员;

(2)新校舍招标结果,已决定由章丰记承造,并拟于元旦行破土礼;

(3)春季招生日期定于二月十五、十六两日;

(4)辩论竞赛商学院、法学院得决赛权,三十日举行决赛,拟请褚民谊、江恒源、陈德征三先生为评判。

(二)讨论事项

(1)云南起义事。议决:是日上午十时至十二时停课举行纪念典礼。

(2)学生会再请提前放假一星期事。议决:仍照原定日期放假。

(3)学生会请津贴学术研究团体事。议决:请群育委员会拟定学术研究团体组织章程,再由财务委员会讨论津贴办法。

(4)商学院同学拟办大夏合作银行。议决:通过,设大夏合作社,分银行及消费二部,拟定孙瑶、王祉伟、朱章宝、傅式说、麦佐衡五先生会同该院同学会拟定办法,由孙先生召集会议。

(《各种会议补志·校务议会第六十四次会议》,《大夏周报》,第72期,1930年1月1日)

关于大夏合作社创设情况:

商学院同学会为促进大夏师生固有之合作精神,及谋发展校誉起见,于十二月十二日执委会第五次常会议决,创立"大夏师生合作银行",并推定林樾湘、吴英梯、许积芹三君起草具体计划书。闻计划书已拟就,经由十七日学生会通过后转呈校务议会核定也。

(《筹设合作银行》,《大夏周报》,第71期,1929年12月25日)

商学院同学会曾订定大夏合作银行章程,送交校务议会审核。经校务议会第六十四次会议议决,创办大夏合作社,内分银行部及消费部,并推举孙瑶、王祉伟、朱章宝、傅式说、吴浩然五先生与商学院共同筹备,定明年春季举办。

(《创办大夏合作社》,《大夏周报》,第 72 期,1930 年 1 月 1 日)

二十七日 美国俄亥俄大学社会学教授密律教授来校演讲,题目为 Dynamic China。

美国俄亥俄大学社会学教授密律(Professor H. A. Miller)应社会学系主任吴泽霖先生约,于二十七日下午三时莅校演讲,题为 Dynamic China。密律教授在美颇负盛名,著作甚多。今年应北平燕京大学聘请,在该校演讲两月,曾往内蒙、山西、绥远、甘肃等处调查灾情,不久即将赴菲律宾、印度等处考察。各同学以机会难得,前往听讲者甚为踊跃。

(《密律教授演讲》,《大夏周报》,第 72 期,1930 年 1 月 1 日)

三十日 下午三时,举行国语辩论赛决赛,论题为"现在中国应利用外资以发展内政"。

国语辩论题为"现在中国应利用外资以发展内政",预备已经月余。第一次预赛于十二月十三日举行,结果甲组商学院胜,乙组法学院胜,丙组高师科胜。第二次预赛复于十八日举行,先用抽签法决定由商学院与高师科先行辩论,商学院担任正面,高师科担任反面,结果商学院胜,获得与法学院决赛权,已直志前报。决赛已于三十日下午三时举行。由法学院担任正面,出席代表为主辩屠坤范女士,副辩刘志权君、温代荣君;商学院担任反面,出席代表为主辩余定义君,副辩姚星南君、罗怀福君。评判由江恒源、褚民谊、陈德征三先生担任。各出席代表经长时间之预备,搜集材料,颇为充实;复经几番舌战,态度安详,姿势自然,声调尤准确而清晰,成绩均甚优良。经江、褚、陈三先生评判结果,法学院获得最后优胜,一场雄辩遂告结束。闻学校已备奖优胜院代表每人金牌一面,优胜院锦旗一面,以资鼓励云。

(《国语辩论决赛结果》,《大夏周报》,第 72 期,1930 年 1 月 1 日)

十二月三十日下午二时在周会行礼后即举行国语辩论比赛之决赛。有决赛权者:正面为法学院代表屠坤范女士、刘志权君、温代荣君;反面为商学院代表余定义君、姚星南君、罗怀福君。主席欧副校长;评判员褚民谊先生、江问渔先生、陈德征先生(钱蔚宗先生代表),计时员朱章宝先生。到会参观同学有八九百人,会场秩序,颇为严肃,辩论员精神倍加奋发。结果法学院得总分数 90.1,商学院得 84.4,辩论比赛锦标为法学院所得。至个人分数,第一名余定义 92.7,第二名 92.5,第三名屠坤范 92.0。评判员中公推江问渔先生报告评判结果,并对此次辩论,加以奖许及指正。报告毕,全场鼓掌而散。

(《国语辩论竞赛之结果》,《大夏周报》,第 73 期,1930 年 1 月 15 日)

本月 女生指导员改聘廖莲芳先生担任。

女生指导员时昭瀜,任职以来,对于女生指导方面,多所规划。现因病辞职。女生宿舍住生事务繁多,指导员一席,不便久缺,已由校长改聘廖莲芳先生担任。廖先生曾在商务印书馆编译所任职数年,已于数日前到校视事,现正将职务从事整理,以便进行指导职责云。

(《改聘女生指导员》,《大夏周报》,第 71 期,1929 年 12 月 25 日)

本月 新校舍因扩充建设,已重新予以规划,并计划于冬季开始动工。工期预计于明年暑期结束。

本校新校舍,原定本年双十节前后动工,继因校址逐渐扩充,建筑计划,亦与初次所定者,大有出入。于是再托苏生洋行建筑工程师董大酉、费力伯斯两君重绘图样,详为规划,分为四期动工。

第一期 教室 冬季动工,七个月完工

第二期 宿舍 十九年二月动工,六个月完工

第三期 科学馆 十九年三月动工,五个月完工

第四期 其他平房 十九年七月迁移,二星期完工

第一座教室图样及说明书,已经王校长审查核定,并登报招标。现投标者,已有十余家。本礼拜内,即可选定。开工约在本冬季。此座适居校地之中,南向苏州河,备极壮丽,长约二百尺,凡三层,共有大礼堂六(每室容一百卅人),其他较小教室共廿六(每室容五十至百人)。

各室均备铜窗,有充分之光线及阳光。全座用钢骨水泥,正面有月台石柱,宏壮不逊于欧美各大学

之建筑。落成后可容学生二千五百人。

宿舍计四座,男生三座,每座容四百人。女生一座,每座容二百人。现图样正在赶制中。

科学馆一座,系槟榔屿戴领事培元捐助。草图现已制就,内有物理、化学、生物、心理、试验室、研究室、光学分析室、图书室及标本陈列室等。一俟得戴领事同意后,即行招标动工。

其他平房,即将在胶州路新建之临时礼堂及教室迁移,作食堂练身室等用。

按照以上建筑步骤,明秋大学全部可迁入新屋,届时当大有一番新气象也。

兹将第一座新校舍招标广告录左:

本校拟在梵王渡新校址建造新校舍,有意承包者,务于十二月七日前到九江路二号三楼,董大酉费力伯斯建筑师事务所报名。随带经验书或介绍信,以便审查资格合格,承包人当由该事务所通知,定期前往领取图样说明书及章程可也。

大夏大学

(《新校舍建筑近闻》,《大夏周报》,第 69 期,1929 年 12 月 11 日)

一九三〇年
庚午 (民国十九年)

一月

一日 庆祝新年,学校放假三天。上午,举行民国成立纪念大会,同时举行全体师生新年团拜。下午全体师生在中山路新校址举行新校舍建筑破土典礼。参观新校址活动因天气原因推迟至五日。晚,举行游艺大会。

元旦上午十时,全体在礼堂集会,纪念民国成立,并举行团拜礼。当时欧、王、傅、吴、朱、蓝诸先生,均穿着马褂莅止;会场空气,顿时紧张,而仪式亦颇形隆重。行礼如仪后,先由欧副校长宣布开会词,其大意已详上期本报欧先生所作之《十九年之新年》一文。次朱隐青先生代表教职员演说,勉励全体应于新年时下一决心,向进步的路走。演词庄谐并出,听者异常欢迎。次徐则骧、韩克弼,相继代表区分部及学生会演说。次行团拜礼。最后唱校歌,欢呼,升炮散会。

(《元旦全体大会》,《大夏周报》,第73期,1930年1月15日)

十九年元旦上午十时,本校举行民国成立纪念大会,并同时举行全校教职员学生新年团拜会,以免各人贺年分途跋涉之劳,兹将是日礼节录下:(一)全体教职员同学齐集礼堂;(二)向国旗党旗行三鞠躬礼;(三)恭读总理遗嘱;(四)主席致词;(五)演说;(六)党歌;(七)行团拜礼;(八)校歌;(九)欢呼;(十)鞭炮;(十一)散会。

(《民国成立纪念大会》,《大夏周报》,第72期,1930年1月1日)

五日 下午,全体师生在中山路新校址举行新校舍建筑破土典礼。

新校舍破土典礼本定于十九年元旦举行,时值天雨,泥泞不堪,乃改在五日下午二时举行。四日天空仍阴云密布,黯淡有雪意;五日晨忽豁然开朗,金光普射,有若为我大夏前途大放光彩之朕兆者。惟北风转紧,寒冽刺骨,而我校师生仍奋勇前往参加;济济跄跄,络绎于中山道上,齐准大夏校牌目标前进。此种坚忍牺牲精神,并非一时兴奋,盖随我大夏历史以俱来者也。大夏创立,六阅星霜,全体师生无日不在艰苦奋斗之中,此不过其中一幕耳。届时开会,首发纪念品,行礼如仪后,由主席王祉伟先生致词,对大夏过去奋斗成绩及前途发展均扼要概述。次吴浩然先生报告建筑计划,次教职员代表黄敬思先生、毕业同学会代表王韫石君、学生会代表宋熹钦君等演说,对我校师生合作、读书运动精神多所发挥。次欧副校长行破土礼,奋力三锄,将来金碧辉煌,矗从云表之最高学府我大夏大学之新校舍,胄发端于此。次校董、教职员、学生会致祝贺词。次摄影。次茶点。次唱校歌欢呼升炮。最后由欧副校长领导全体视察校地一周,云敛波光,烟锁野桥,幕天一碧,不啻画图,行见蔚成黉舍,充溢弦诵之声。各同学即景生情,瞻念前途,不觉欢欣鼓舞。直至五时始相率返校。附录王一亭校董,全体教职员,及学生会祝词如下:一、王一亭校董祝词 大夏动工,破土礼隆。乐群敬业,可托帡幪,欢颜广厦,日坐春风。莘莘学子,尽化英雄。二、全体教职员祝词 惟中华民国十有九年元旦,我大夏大学定基之辰,我全体教职员,谨行团拜之礼,而致祝于我大夏大学曰:於铄大夏,炜炜煌煌。庆此元旦,日吉辰良,何旧不革,何新不扬。惟我师生,济济一堂,戮力同心,相助相匡。辛苦艰难,六阅星霜,始于衡门,力劈洪荒;爰迄今兹,重拓宇疆。经始一石,飞甍云骧。祈祈英才,是翱是翔。于我大夏,为栋为梁。福我邦家,日与月强。狃铄大夏,天地久长。三、学生会祝词 中山路西,苏州河畔,惟我大夏,宏基始奠。今日吉地,他日夏屋。是经是营,以与以育。满门桃李,普被春风。士女济济,弦诵融融。苏州河畔,中山路西,惟我大夏,永奠宏基。

(《新校舍行破土礼记》,《大夏周报》,第 73 期,1930 年 1 月 15 日)

今日为中华民国开国十九初之辰,又适系本校新校址举行破土典礼之日。伯群以政务羁身,未克躬临,与诸同学共逢其盛。惟在此两重庆祝声中,不禁又无限之感想,因以笔代舌向吾全体教职员同学,致其恳恳之微意。

大抵教育之发展,与政治现象成正比例。当此训政开始之第二年,中国国运,因军事整理之渐有端倪,与夫政治建设之日上轨道,正循光明之途勇往迈进。本校校运,其必随国运以日进于无疆,盖可断言。溯本校开办至今,经数年之努力,方由筚路蓝缕之草创时期,以至于今日之盛。固赖革命之发展与社会之促进及赞助,有以致之;然非有全体师生通力合作发扬卓厉,莫克臻此!今欣逢此盛大的庆祝典礼,伯群对于本校前途,抱有满怀之乐观与希望,想吾同学欢欣鼓舞之情,亦必有同感者!学校发展之基本条件,厥在精神建设与物质建设,双方并进。换言之,学校设施,内容与外形二者,不可偏废。今日之办教育者,或徒以外形的物质建设相炫耀而置内部的精神建设于不顾;或则绝不将就物质方面之充实与发展,而施施然窃精神二字为口珠,乃有赁屋三楹而号称为大学者。二者皆失之太偏,而今日大学之能免此二弊者盖寡,殊堪深慨。本校自成立以来,校务蒸蒸日上,不但精神建设之宏富与充实,已彰彰在人耳目;同时在物质方面,亦复随时参酌学校经济之情形,兼程猛进。然以本校发展之速,而经济能力未能与之俱进,自不免有暂时因陋就简之处。此后全校容积日见膨胀,势不能不注意于物质建设,以期与内容精神相适应。一年以来,本校当局所苦心筹维者在此;而全体同学所相与延足企望者亦在此。今幸新校舍之与筑,不久实现;既有相当之基金,与宏观之地址,又有全校师生同心同德为之后盾,孟子所谓天时地利人和三者,兼而有之。校宇巍峨,美轮美奂直指顾间事耳,快何如之!全国统一,本校之前途亦将与政治之发展成正比,此固有不期然而然者,更有以知本校前途之光荣,实不可限量,目前之造诣,特他日之椎轮耳。

伯群不敏,承乏校政,值此盛礼,不能无言,因举精神建设与物质建设并重之意聊代吾言,愿与全体同学共励之。

(王伯群:《新校址破土典礼训词》,《大夏周报》,第 73 期,1930 年 1 月 15 日)

本校第一座新校舍由辛丰记承造,已于五日动工,预计八月底即可全部落成。宿舍方面,现拟定先建男生宿舍三座,女生宿舍一座。图样已由王校长委托苏生洋行建筑师绘制,即将绘就。一俟王校长审核后即行兴工建筑云。

(《绘制新宿舍图样》,《大夏周报》,第 73 期,1930 年 1 月 15 日)

十日　国民党立法委员马寅初博士应商学院邀请到校演讲,题目为"日本金解禁问题"。(《马寅初博士演讲》,《大夏周报》,第 73 期,1930 年 1 月 15 日)

十一日　高师科邀请安徽省立第二中学校长许恪士博士演讲,题目为"理想中的实验中学"。(《许恪士博士演讲》,《大夏周报》,第 73 期,1930 年 1 月 15 日)

十八日　举行冬季毕业典礼,王伯群校长和来宾代表王云五[①]致辞。授毕业证书、赠纪念品、颁发奖品,最后由毕业生代表致答词。晚,全体教职员聚餐,并回宴本届毕业生。(《大事记》,《私立大夏大学一览》,1931 年,第 5 页)

本科各学院及高师、预科毕业考试业于六日起举行,成绩亦由担任教授评定,先前送到教务处经由

[①] 王云五(1888—1979),原名王之瑞,字岫庐。原籍广东中山,生于上海。生于商人之家,少年时随父在上海半工半读。后入同文馆补习英文。1907 年在上海中国公学任教。1912 年 1 月任孙中山南京临时政府总统府秘书,兼教育部科长。1921 年 9 月应聘任上海商务印书馆编译所所长,从事辞书编撰。1925 年发明四角号码检字法,编撰出版《王云五大辞典》。后兼东方图书馆馆长,创立了中外图书统一分类法,为国内各地图书馆普遍采用。1929 年开始主编《万有文库》,编印《丛书集成》等。1946 年 1 月辞去商务印书馆任职,投身政界,任南京国民政府经济部部长。1958 年 7 月任台湾"行政院"副院长。1979 年病逝于台北。

各院长主任及校务议会通过本届毕业生共八十余人。毕业典礼定一月十八日下午二时举行,兹录秩序如后:(一)全体学生入席;(二)奏乐;(三)来宾、校董、教职员、毕业生整队入席;(四)向总理遗像党国旗行三鞠躬礼;(五)恭读总理遗嘱;(六)奏乐;(七)校长致开会词;(八)来宾锡[致]词——王云五先生;(九)音乐;(十)授予毕业证书——王云五先生;(九)音乐;(十)授予毕业证书——各学院院长,各科主任介绍毕业生;(十一)毕业生赠纪念品;(十二)毕业生代表答词;(十三)发给奖品;(十四)校歌;(十五)奏乐散会。

（《毕业典礼定期举行》,《大夏周报》,第73期,1930年1月15日）

本月 校董胡文虎、戴培元、戴培基先生捐款已经到校。

去年暑假本校马君武、欧元怀、王祉伟三先生赴南洋马来半岛募捐,捐款人芳名,本报前已发表,内有胡文虎先生慨捐一万元;戴培元、戴培基二先生慨捐五万元,并承允任本校董事。现胡校董捐款已于前日悉数寄来一万元,戴培元校董亦寄来五千元。胡校董为南洋商界巨子,对于慈善公益事业,扶掖赞助,不遗余力,国内外各慈善公益机关受其资助者,不计其数。最近如浦东养老院,建筑费数十万,亦为胡先生捐资建筑,即将竣工,行见无告贫老,感戴无既。本校得此热公校董,前途发展,有厚望焉。

（《胡戴二校董寄来捐款》,《大夏周报》,第73期,1930年1月15日）

本月 中山路新校外路面本系泥路,雨天行走不便,已提请工务局改建为煤屑路面,即将开始动工。

梵王渡一带中山路与本校新校址毗连,均系泥路,每逢天雨,极不便行走。本校舍已兴工建筑,秋季全部均将迁入,特函请工务局将该段中山路提前铺筑。现得复函谓该段煤屑路面工程业已招标兴筑。闻中山路铁锹工程亦早于上月旬招标,即当动工。中山路绕通南北市,由新校往上海各处,交通均称便利。

（《中山路铺煤屑路面》,《大夏周报》,第73期,1930年1月15日）

二月

五日 校务会议议决,聘吴泽霖代理文学院院长,陈选善代理教育学院院长,俞志瀚任预科主任,卢锡荣任政治学系主任,张耀翔任心理学系主任。

大夏教授这个学期略有更换。前任文学院院长卢锡荣及教育学院院长张耀翔,都因事情太忙,未能兼顾,提出辞职,仅允照常担任几门功课而已。现由校务议会通过,敦请原任预科主任吴泽霖代理文学院院长,陈选善代理教育学院院长。至于预科主任,则由预科教育系主任俞志翰[瀚]升任。又悉为现代一般青年所崇拜的张资平,这个学期将来校担任小说学一门功课。

（《大夏教授的更动》,《申报》,1930年2月20日,第21版）

二十日 春季开学注册,该期共有学生1447人。二十四日开始上课,共开班学程二百零五门,任课教师七十九人。（《第六学年大事记》,《大夏周报》,第86期,1930年6月1日）

本学期二月廿日开始注册,十一日已开始收费,是以届时注册学生特别踊跃,教务处乃临时移到图书馆办公。在阅览室内设选课指导办公处,请各学院院长、各科主任及各系主任担任指导学生选课事宜;在杂志室内设各学院、高师科、预科三注册处,分别办理注册事宜。廿二日为注册最后一日,过期即须照章加缴注册费,因此注册学生尤为拥挤,特将办公时间延长至下午六时。截至今日止注册学生已达一千一百余,合中学部二百人,已达一千三百余人。道远续到者,仍络绎不绝。

（《学生注册之踊跃》,《大夏周报》,第74期,1930年3月5日）

校务会议议决,聘朱章宝、陈选善、沈昆南、胡海秋、俞志瀚、吴浩然、马名海为群育委员会委员。朱章宝为群育主任,陈选善为职业指导部主任,沈昆南为体育部主任。

群育委员会委员已经聘定,除群育主任朱章宝、职业指导部主任陈选善、体育部主任沈昆南、女生指导员胡海秋四先生为当然委员外,余为俞志瀚、吴浩然、马名海三先生,朱章宝先生为当然主席。第一次会议已于二月廿五日开会云。

（《新聘群育委员》,《大夏周报》,第74期,1930年3月5日）

经六十八次校务会议通过，正式公布大夏消费合作社规程，并推定傅式说、吴浩然、孙瑞为职员方面第一届理事；麦佐衡、陈铭恩为教职员方面第一届监察。学生方面理事及监察由学生会推定。

大夏消费合作社简章

一、定名：大夏消费合作社

二、资本：教职员每人一元，学生每人一元，均由学校代收

三、组织

（1）理事部　五人：教职员方面三人，学生方面二人

（2）监察部　七人：教职员方面二人，学生方面五人

教职员方面由校务议会推选第一届理事及监察；学生方面每院科各举一人共七人，再于七人中互选理事二人，监察五人；理事部及监察部职员任期以一年为限，但得连选

（3）经理一人：归理事部聘请，由本社营业项下支给薪水

（4）助理若干人：随时酌量情形请定

四、营业范围

（1）消费部：销售学校一切用品

（2）营业部：存款借款代为接洽旅行事务

五、理事部

（1）规定全社一切计划

（2）督率全社职员办理社务

监察部：监察社内收支事宜及其他事项

经理：

（1）依照理事部规定计划办理消费营业事务

（2）随时得建议于理事部改良社务

（《大夏消费合作社简章》，《大夏周报》，第74期，1930年3月5日）

南京教育部奖励校董胡文虎捐资兴学。

星加坡胡文虎，为南洋华侨中之翘楚，平时热心公益久着声誉。去年暑间，上海大夏大学赴南洋英属各埠，筹募建筑新校舍经费胡君以该校办理完善、成绩卓著，遂慨捐国币一万元，以为侨胞之倡业。由该校呈请教育部，给予褒奖，以扬仁风。兹悉教育部指令云："一呈件均悉，查南洋华侨胡文虎，捐助该大学建筑费一万元，按照捐资兴学褒奖条例，应给予一等奖状，以资激劝。除登本部公报宣扬外，合行填发一等奖状一件，仰即转发。此令。"并颁发一等奖状一纸，闻已由该校转寄胡君收领矣。

（《教育部奖励胡文虎》，《申报》，1930年2月21日，第10版）

二十五日　教育部据校长呈询大学校务议会可否允许校中学生会代表参加作出答复，表示学生代表参与校务，与现行《大学组织法》第十五条及《学生自治会组织大纲》第十五条等规定相悖，因此学生团体代表不得参加校务会议。对此，学校第六十八次校务会议议决，"本校因历史及特殊精神关系，为贯彻师生合作，免除隔阂起见，每次校务会议开会，学生会对于校务，如有意见贡献，仍得派代表到会陈述，唯无表决权"。

日前教育部指令本校，略云："大学校务会议组织人员，已于国民政府颁布之大学组织法第十五条，详为规定，并无学生会代表在内；且中央议决学生自治会组织法大纲第十五条，复有学生自治会不得干涉学校行政之规定。是学生团体代表不能参加校务会议，甚为明显，仰即遵照。"旋经第六十八次校务会议议决，本校因历史及特殊精神关系，为贯彻师生合作，免除隔阂起见，每次校务会议开会，学生会对于校务，如有意见贡献，仍得派代表到会陈述，唯无表决权云。

（《学生会仍得陈述意见》，《大夏周报》，第75期，1930年3月12日）

三十八日　举行第十一次群育委员会议，议决本学期继续推行导师制。

本校导师制原施行于第四年级学生，上学期经校务会议议决，由群育委员会主持，推广及于本科各学院第三四年级及高师二年级，施行以来，结果颇为圆满。本学期进行办法业经二月廿八日第十一次群育委员会议定三条，兹照录如下：1. 原有各组学生，除已毕业者外，仍归原有各导师指导。本学期升级之学生，则令其自选导师，再行分配。2. 新生由各学院院长、各科主任、各系主任分别指导。3. 办法：A 函知各院长、科主任、系主任，并附新生名单，请与新生随时接谈；B 布告全体新生实行此项办法。

（《导师制之进行》，《大夏周报》，第 75 期，1930 年 3 月 12 日）

我校——大夏大学当局，因鉴于学生择业的困难，社会生活的复杂，想趁学生在没有离开学校之前，予以适当的指导，使他们在离开学校以后，对于社会生活职业生活能有适当的适应。同时，如欧副校长说到另一理由，他说："如今学校过重形式，学生以求证书而上堂，教员以领薪水而授课，师生关系止于一时，及其时过，即各一方。教师不知学生，指导之责遂失；学生不明教师，观法之念无存。既不相闻问，尚能有所训导耶？然犹未止于此。比年以来，黉序鼎沸，学潮汹汹，甚至有以学生而殴教师之事，即学生之杀校长者，亦非绝无仅有之事。师生之谊荡然无存，此其为弊，可胜言哉。所以就想到要倡行导师制。"

大夏的导师制，是在去年上学期实行起的。当时由教务议会的决议，聘定现任教授二十一人为导师，属于教务处，且只就文理教商各科之四年级生及高师科二年级生试行起。那时被导的学生共计百七十余人，由教务处按照学生的科别系别以及生长的乡土等项，以为分配于各导师的标准。每导师担任指导的人数，约十人左右。这就是大夏大学第一次的试行导师制。当时进行的程序，是先由教务长召集了一个整个的谈话会，说明欧美各大学导师制的沿革及和平校施行的宗旨以及应行注意各点，以后就分组进行。各组的办法略有些不同，有在茶话会中举行的，有在聚餐会中举行的，也有举行游会郊游会，而达其会晤与谈话之目的的。至于谈话的内容，讲起来实在是烦复，真是无所不谈，身心修养、家庭婚姻、时事、毕业后的选择职业以及其他应有尽有，确是件件皆谈。虽则也有相当的成绩，但惜那时所施行的时间太促，只有一个星期的将近毕业考试的时光。到了上学期，因有了一次的试验，尚能差强人意，所以就决定继续地进行，同时加以许多的改良，约略如下：

一、推广导师制的施行范围，从各科四年级推行到各科三年级，导师人数也按照着比例而增加；

二、因感觉到导师制似含有课外作业的性质，所以由校务议会决议，改属于群育委员会；

三、经群育委员会的讨论，为适合学生的心理起见，乃决定由学生自行选择导师。结果较为踊跃。

大概上学期所改良的就是上述三点，而成绩因时间较久，故收获亦较佳。

本学期开学未久，学校当局为着满足学生的需要仍进行不息，早就公布出本学期应受导师制的诸生名单，且议决了三条办法。照录如下：

一、原有各组学生，除已毕业者外，仍归原有各导师指导，本学期升级之学生，则令其自选导师，再行分配；

二、新生由各学院院长、各科主任、各系主任分别指导；

三、办法：甲、函知各院长、科主任、系主任，并附新生名单，请与新生随时接谈；乙、布告全体新生实行此项办法。

（下略）

（志静：《大夏的导师制》，《申报》，第 28 版，1930 年 3 月 29 日）

新聘女生指导员。

新聘女生指导员胡海秋先生已于二月廿八日到校。胡先生，江西都昌籍，年四十岁，上海务本女校卒业；曾任江西省立女师训育主任兼国文，博物教员，女子职业中学教员，省政府教育厅社会局科员等职，办事经验颇为丰富。本校女生宿舍，事务繁琐，前届指导员辞职后，积待办事务甚多，现胡先生正在积极整理中。

（《女生指导员到校》，《大夏周报》，第 75 期，1930 年 3 月 12 日）

本月　校前门外中山路道路建设如期进行。

中山路与本校新校舍交通关系甚大，新校前门即向中山路，兹探得该路建筑情形，略志于此。该路南路,南起龙华镇,北接闸北之交通路,全路长约二十余华里,自十七年四月十八日开工,至十八年七月底,全部路基,均告完成;去年冬已分别招标建造,并于路面加铺煤屑。现两旁种植树木,涵洞及煤屑路面,亦已尽行完成,一俟苏州河上桥梁竣工,即可通车。苏州河上桥梁,刻正建筑中,完工在本年六月。中山北路亦于二月一日开工,自交通路起向北展筑,直达江湾,与市中心区域联络云。

(《中山路建筑情形》,《大夏周报》,第 75 期,1930 年 3 月 12 日)

三月

三日　举行全体新生集会。

大夏大学鉴于新生负笈来学在第一学期内,每感人地生疏,本学期为使新生明了大学教育及学校内容起见,特定指导办法三种:第一为全体新生集会,第二为分院集会指导,第三为导师制度。本星期一午后,特在纪念周时举行全体新生集会。首由该校欧副校长演讲大学校教育之精神,继有傅式说报告该校历史及新校舍建设计划,再有鲁教务长致词,略谓新生入学须有三种认识,一认识人,二认识环境,三认识学问。

(《大夏大学指导新生办法》,《申报》,1930 年 3 月 5 日,第 11 版)

关于指导新生办法,经校务会议第六十九次议决,新生进校后须一律施以指导。具体指导办法为:

1 全体新生集会　由欧元怀、傅式说、鲁继曾、朱章宝四先生演述校史与立校精神,及过去奋斗的成绩与前途发展的计划,以及教务、财政、事务、训育各方面情形及措施方针等等,使全体新生第一步对本校整个的精神与内容即有深刻的认识。

2 分院分科集会　由各学院院长或各科主任、系主任等报告该学院或该科、该学系一切情形及课程内容等等,使新生第二步对于自己住[所]在学院或科系,有彻底的明了。

3 施行导师制　由各学院院长或各科主任、系主任担任导师,分别指导,随时召集学生谈话,使学生在学问上的疑难,意志的锻炼,及将来择业问题等等,均能得到正确的指导和解答;一方面,师生间的关系藉此密切,本校特有之师生合作的精神也可由此更发扬光大。

(《指导新生办法》,《大夏周报》,第 75 期,1930 年 3 月 12 日)

七日　举行第六十九次校务议会。

第六十九次校务会议议决:本校学则,关于毕业课程及必修学程等项,均须加以修改,以符教育部所定大学规程;并举鲁教务长起草修改及实施方案。方案草就后,交由各学院院长及各科主任方分别研究修正,再提出校务会议通过实施云。

(《修改学则》,《大夏周报》,第 75 期,1930 年 3 月 12 日)

《大夏一览》经去春修订,将及一年。在此期间,校务长足发展,各种规章、学程等之改进及添订者不在少数,大有改编之必要。经由第六十九次校务会议决定重新编订,并推傅式说先生为总编辑,会同各主管机关分别修订,预计暑假前出版云。

(《开始编订新一览》,《大夏周报》,第 75 期,1930 年 3 月 12 日)

重新选定教授出席校务会议代表。

教授出席校务会议代表,规定为三人,每年度改选一次。本年度代表,本经去秋选定陈选善、唐庆增、杨正宇三先生。本学期陈选善先生改任教育学院院长,为当然委员,唐庆增先生告假,二缺均须另选补充。上星期校务会议业将选举票分别发给全体教授填选,现选举票已全数收齐,开票结果,陈柱、陈铭恩二先生当选云。

(《教授代表选定》,《大夏周报》,第 76 期,1930 年 3 月 19 日)

十日　全体新生举行分院分科集会。

前经校务会议规定,三月十日(星期一)下午二时,为全体新生分院分科集会指导期限。兹将该日各

院科集会情形,择录于左:

1. 文学院

文学院新生三十余人,由院长吴泽霖先生召集,在第三教室开会。曾有吴院长演讲:(1)课程标准,(2)计分方法,及(3)勉励同学应勤进学业等。三时始散。

2. 理学院

科学研究,素为一般人所畏怯者。故本学期放[考]入本校理学院者,仅三人而已。由该院院长邵家麟先生召集,在第十教室开会。由邵院长演讲及报告:(1)本院各种发展情形及经过,(2)本校各种环境之认识。并告新生,如有何种困难,可请各教员指导帮助。三时余而散。

3. 教育学院

地点:第五教室。到会人数:院长及新生共七八人。开会情形:曾有院长陈选善先生演讲:(一)本院选课应注意之几点;(二)毕业的需要;(三)计分方法,以资指导。

4. 商学院

地点:第四教室。到会人数:院长系主任及新生四五人。开会情形:有院长孙瑞先生给以详尽之演讲及指导:(一)本院应注定[意]各点;(二)勉励交友及应殷勤学业等。

5. 法学院

法学院院长孙浩烜先生,召集该院新生四五人,在十二教室开会。院长孙先生演说,首报告该学院历史、精神、课程内容等等,最后对于新到同学,励勉有加。

6. 高师科

高师科新生二十九余[人],由主任黄敬思先生召集,会于第二教室,除由各同学报告自己履历,以资介绍外,另有黄主任演讲及指导:(1)报告本科过去概况,(2)现在情形,(3)学生选课应注意各点,(4)本科学生应注意各点等。

7. 预科

地点:第八教室。到会人数:科系主任及新旧同学共七十余人。开会情形:首由主任俞志瀚先生致开会词,略谓:新生到校应注意三件事:(一)学识,(二)卫生,(三)用钱。次由系主任陈铭恩先生演讲,大意谓:学生来校者有三种动机:(一)自愿者,(二)由朋友介绍而来者,(三)有实验性质者(究竟好不好)。再后有旧生欢迎词及新生答词等。最后有同学略备茶点及唱歌京戏等,以资助兴,颇极一时之盛,恐为各学院所不及者!兹探该会开会秩序列[如]下:(一)致开会词,俞致瀚先生;(二)科主任演讲,陈铭恩先生;(三)介绍新同学认识旧同学会代表;(四)同学会代表欢迎词;(五)新生答词;(六)茶点;(七)游戏;(八)余兴;(九)散会。

(《新生分院分科集会》,《大夏周报》,第 76 期,1930 年 3 月 19 日)

十三日　下午,鲁迅应大夏乐天文艺社邀请来校演讲,题目为"象牙塔与蜗牛庐"。十八日,上海《民国日报·觉悟》发表署名敌天(自称是大夏大学"学文科"的学生)的来稿《呜呼,"自由运动"竟是一群骗人的勾当》,攻击鲁迅在大夏的演讲。二十日,《革命日报》副刊《革命之光》第六十九期发表署名临滨洲的文章《听了鲁迅们演讲之后》,也对鲁迅出言攻击。对此,鲁迅在 1932 年出版的《二心集》的序言中予以回应。(敌天:《呜呼,"自由运动"竟是一群骗人的勾当》,《民国日报·觉悟》,1930 年 3 月 18 日;临滨洲:《听了鲁迅们演讲之后》,《革命之光》,第 69 期,1930 年 3 月 12 日)

十三日,晴。……下午往大夏大学乐天文艺社演讲……

(鲁迅:《鲁迅全集》(第 16 卷),人民文学出版社,2005 年,第 187 页)

此外还曾经在学校里演讲过两三回,那时无人记录,讲了些什么,此刻连自己也记不清楚了。只记得有一个大学里演讲的题目,是《象牙塔和蜗牛庐》。大意是说,象牙塔里的文艺,将来决不会出现于中国,因为环境并不相同,这里是连摆这"象牙之塔"的处所也已经没有了;不久可以出现的,恐怕至多只有几个"蜗牛庐"。蜗牛庐者,是三国时所谓"隐逸"的焦先曾经居住的那样的草窠,大约和现在江北穷人手搭的草棚相仿,不过还要小,光光的伏在那里面,少出,少动,无衣,无食,无言。因为那时是军阀混战,任意杀掠的时候,心里不以为然的人,只有这样才可以苟延他的残喘。但蜗牛界里那里会有文艺呢,所以这样下去,中国的没有文艺,是一定的。这样的话,真可谓已经大有蜗牛气味的了,不料不久就有一位勇敢的青年在政府机关的上海《民国日报》上给我批评,说我的那些话使他非常看不起,因为我没有敢讲共产党的话的勇气。谨案在"清党"以后的党国里,讲共产主义是算犯大罪的,捕杀的网罗,张遍了全中国,而不讲,却又为党国的忠勇青年所鄙视。这实在只好变了真的蜗牛,才有"庶几得免于罪戾"的幸福了。

(鲁迅:《鲁迅全集》(第4卷),人民文学出版社,2005年,第193—194页)

十五日 学生会召开各院科代表大会,改选学生会、监委会。

本届各院各科代表大会,于三月十五日下午一时,在第一教室开幕,主席杨丙炎,秘书王则孝,司仪吴子谦,出席代表五十九人,并有群育主任朱章宝先生,莅场指导。礼毕,主席致开会词,略谓代表大会为全体同学之最高机关,为同学解决一切重要问题,以今天出席代表人数之多,正见精神之团结,而由此产生的执委会,一定可以为本校图永久的发展,为同学谋无穷的福利。次执委会报告会务。次朱主任训词,略谓代表大会是代表全体同学的,今日改选新文员,即本学期一切事务发轫的一天,我以学校〈职〉员的资格,可以代表学校讲几句话,学校对学生会决无看轻的意思。过去的事实,似乎不无隔阂之处,但多系手续的问题,并非意见上有什么冲突,学生会与学校决无站在利害相反的地位的道理。我们希望学生会,对学校当局不要存一点客气,学生会本是替同学谋利益的,学校当局,在可能范围内,当然要尽量容纳学生会的意见。现在学校物质的建设,日见进步,还希望精神的建设,更加努力,为学生会为全体同学为大夏大学谋无限的发展云云。次讨论重要议案有请校务议会每两周召集学生会执监委员谈话一次,及扩充本校图书,从速完成新校舍诸案,皆经通过交执委会办理,最后选举,结果如下:(下略)。

(《各院科代表大会纪盛》,《大夏周报》,第77期,1930年3月26日)

学校第五学年(一九二八年度)各项收支账目于月前送请潘序伦[①]会计师审核,现已全部审核完竣发还。

第五学年(十七年度)各项收支账目于月前送请潘序伦会计师审核,现已全部审核完竣发还。兹将潘会计师查核证明书照录如左:

查核大夏大学第五学年账目证明书

兹已查核大夏大学第五学年之账目,所有各项账簿,表单,收支凭证书类,均已查核完竣;本会计师所欲询问之事项,亦已得到校会计处职员相当之答复及说明。所有下揭收支决算书,收支总结表及对照表中所列各项,本会计师认为正确。除将账目上应说明各点另具说明书附后备阅外,特为出具证明书如右。

会计师潘序伦　中华民国十九年三月十五日

(《第五学年账目已由潘序伦审核》,《大夏周报》,第77期,1930年3月26日)

十七日 召开第七十次校务议会。

新校舍自一月五日动工建筑,工程进行甚速,四周砖墙均已次第筑就。校务会议第七十次会议定订四月五日清明日放假一天,全体前往视察建筑工程,并举行植树。树苗已向社会局领得,计有四百余株云。

(《全体视察新校舍工程》,《大夏周报》,第77期,1930年3月26日)

本校暑期学校从十五年开办,已历四年,学生由一百余增至四百五十余,成绩甚好。兹经第七十次校务会议议决,本年仍继续开办,业已推定鲁继曾先生为暑期学校主任,从事筹备一切云。

(《续办暑期学校》,《大夏周报》,第77期,1930年3月26日)

---

① 潘序伦(1893—1985),江苏宜兴人。毕业于圣约翰大学,后赴美留学,获哈佛大学企业管理硕士、哥伦比亚大学经济学博士学位。回国后,历任暨南大学教授、上海商科大学教务主任兼会计系主任。1949年后,任上海立信会计专科学校教授、会计系主任、名誉校长等。著有《基本会计学》、《劳氏成本会计》等。

本校导师制自上学期扩充，施行于各学院第三四年级及高师科第二年级，导师人数已增至三十二人。本学期因应受指导学生增多，复经第七十次校务会议决定，添聘郑琴德①、丁文彪②、杨鸿烈③三教授为导师云。

（《添聘导师》，《大夏周报》，第 77 期，1930 年 3 月 26 日）

第七十次校务会议议决，嗣后学生各种团体在校内募捐，须将募捐缘起及募捐册缴呈群育委员会核准盖印，捐款收支账目并须报告，以昭慎重云。

（《监督学生募捐》，《大夏周报》，第 77 期，1930 年 3 月 26 日）

举行该学期第一次周会，请优生学专家潘光旦④来校演讲，题目为"天才与遗传"。学校每周一均举行周会，除报告重要校务外，并延请名人学者到会演讲政治、经济、社会、修养、职业等种种问题，使学生明了校务，增进学识。（《纪念周会消息》，《大夏周报》，第 77 期，1930 年 3 月 26 日）

二十日　校务议会召集本届学生会执监委员谈话会。

校务议会于三月二十日下午四时，在会客厅，召集学生会本届执监委员开谈话会。到有欧校长及王祉伟、朱章宝诸先生，学生会共到二十余人，席间茶点杂陈。坐定后由欧校长起立致词，谓今天的这个会包涵有三种意义：一是庆祝本届学生会选举的成功，从前屡次都是因种种原因，选举甚至积月而不成，今学生会委员会居然能在最短期间选出，而没有其他的枝节，此即可庆祝的。二是欢迎本届诸委员。最后一点是希望于本届诸委员，所谓希望，又可分为三方面说：第一希望是大家以诚相见，有什么意见，尽可尽量相陈述，万不要存一种彼此的心，或者徒拘手续，致大家都不能爽快的接触，而事情终是难成，务望本诚字而相见，事无不可商量者。第二是亲爱，不但师生之间要亲爱，同学和同学也要亲爱，如此方能互相关切互相勉进。第三是积极做事，我们知道，无论在一个什么责任上总不要过于偏于理想，而忘却事的实在，如此方能积极的做事，而不是徒重空言的浮事，现在要请诸位积极的吃这些茶点。词毕朱章宝先生演说，解释学生会之人物，一对外的，一对内的，对外的是国家和教育事业，对内的是谋学校的发展和本身的发展。再说到现在学生会应取的态度，对社会，在现在党政指导之下，应当取不触犯的度态［态度］，同时对社会——同等地位的有名大学，应取得同情；对学校当局，不要站在相反的地位，总之学校和学生，只能合而为一，不能分而为二，凡事一有正确的态度，做事就有标准。次学生会韩光［克］弼等相继发言示感谢希望之意，至六时始尽欢而散。

（《校务议会召集学生开谈话会》，《大夏周报》，第 78 期，1930 年 4 月 2 日）

二十一日　纪念周会，校董马君武博士演讲，题目为"由新式养蜂经验想到新式国家的建设"。（《马君武博士演讲》，《大夏周报》，第 81 期，1930 年 4 月 30 日）

完白文艺社召开成立大会。

---

① 郑琴德，生卒年不详，福建莆田人，1925 年毕业于美国哥伦比亚大学，硕士，曾任福建教育厅第一科长、大夏大学教授等职。

② 丁文彪（1891—1953），江苏吴县人。1927 年获美国惠思来大学英文文学博士学位。历任东南大学教授、金陵大学英文文科主任、大夏大学英文师专科主任、上海持志大学英文文学系主任、光华大学教授、复旦大学英语语言文学教授。译有《绿叶常青》、《今古奇观·苏小妹三难新郎》（汉译英）等。

③ 杨鸿烈（1903—1977），别名宪武，曾用名炳堃、志文，云南省晋宁县人。北京师范大学外文系毕业后，入清华大学国学研究院研究历史。后留学日本东京帝国大学，获博士学位。曾先后于南开大学、上海中国公学、云南大学师范学院、河南大学、无锡国学专修馆等校任教。抗日战争时期曾任汪伪政府宣传部编审司司长。1946 年去香港，任香港《星岛日报》英文译员、香港大学讲师。1956 年返回大陆，任广东省文史馆馆员。主要著作有《中国法律发达史》、《中国法律思想史》、《中国法律在东亚诸国之影响》等。

④ 潘光旦（1899—1967），字仲昂，上海宝山人。中国社会学家，优生学家。毕业于清华学校。后赴美国留学，获硕士学位。1926 年回国后历任吴淞政治大学教务长、光华大学文学院院长等职，1930 年秋季学期开始在大夏大学社会学系任教。主要著作有《冯小青》、《家谱学》、《优生概论》、《中国之家庭问题》。主要译著有赫胥黎的《自由教育论》，达尔文的《人类的由来》。

完白文艺社发起之旨趣及筹备情形已在本报上期布露。兹悉该社自推出徐则骧等七人为筹备委员后，即积极进行，业于上星期二（十一日）假本校第七教室开成立大会。到会者五十余人，开本校文艺团体未有之盛况！仍由徐则骧主席，姜敬舆记录，其秩序如下：（一）主席报告筹备经过，（二）介绍新社员，（三）通过章程，（四）选举。结果：张元和女士、俞曙方女士、徐则骧、汪年、耿康福、潘权、姜敬舆、张振镛、汪庭霖等就任当选为执行委员。并闻该社不仅研究文艺，亦兼重体育，除发行刊物外，且有体育部之组织，使社员于创作之余得有运动之机，以保持心身发展之均衡云。

（《完白文艺社成立大会》，《大夏周报》，第76期，1930年3月19日）

二十二日　校务议会召开各院科同学会谈话会。

校务议会于三月二十二日在大礼堂开各院各科同学会谈话会。是日席次宽敞，茶点丰美，于春光融泄之中，师生相率入座，校务议会代表欧校长、鲁教务长、王祉伟先生、朱章宝先生，各院科到者文学院陈书俊、张道仁，理学院江世华、尹恭震，商学院李春深、余定义、张长昌、林懋湘、陈宏猷，法学院温代荣、沈天保，教育学院王赓扬、田康，高师科王则李、章景藩、钱同文，预科虞德元、余大猷共二十余人。教师长相继致词，致勉励之意（词与前谈话会略同），最要者即希望各同学会注意于下层工作。鲁教务长并报告办暑期学校，规定参观期间等重要消息。次各院科代表相继发言。最后朱章宝先生发说笑语，于是张长昌君起立，用土腔说白，最有趣者如苏州人、浦东人、福建人之读英文，大学教授之诨名等，哄堂大笑。又余定义君继起讲笑话，方毕章君再起，形容滑稽，齿牙流俐，笑言数则，此庄严灿烂之茶话会，即于欢笑鼓掌声中，纷纷而散。

（《校务议会召集各院科同学会开谈话会》，《大夏周报》，第78期，1930年4月2日）

二十四日　新校舍第一座建筑奠基。基石内置铜箱一只，内贮有王校长题"树人之基"四字，王毓祥作《第一座建筑奠基记》一篇，1929年《大夏一览》一册，《大夏年鉴》一册，《五周年纪念特刊》一册，《建筑募捐册》一册及新校图样等纪念物。王伯群校长在建校初捐助2000元作开办费，这次为建筑新校舍又资助白银6700两，折合当时币值11万多元。（《大事记》，《私立大夏大学一览》，1931年，第6页）

新校舍筑墙工程，早已开始，业于三月廿四日奠基。在预留之角上树植基石，内置铜箱一只，箱内贮有新校舍建筑纪事，王校长题字，一九二九年《大夏年鉴》及《大夏一览》各件，以资永远纪念云。

（《新校舍奠基》，《大夏周报》，第77期，1930年3月26日）

民国十三年夏，厦门大学学生三百余人，因当局者至措施无状，群起呼吁，而图补救，为当局所逐，迁谪海上；乃要求前厦大教授欧元怀、王毓祥、傅式说、李世琼、林天兰、余泽兰、吕子方、吴毓腾、周学章九先生为之创立新校，以贯彻其读书运动。诸教授感于义愤，不辞艰巨，慨然以身任其重；名新校为大夏，以志校史之蝉蜕，兼表光大华夏之至意。初假上海法租界贝禘鏖路二十四号为筹备处，楼屋半楹，萧然数楹，环境险恶，风雨如墨，同人中半途散去者又五六人。乃由欧、王、傅三教授担任执行干事，破釜沉船，毅然前进。适现任校长王伯群先生寓居海上，首捐金二千元，以作购置校具之用。初租定宜昌路一一五号为临时校舍，因与宿舍距离太远，乃改租小沙渡路二零一号，于十三年九月二十日正式开课。低檐暗室，形同古庙。蠖屈于是者，阅两学期。十四年春季乃与沪商潘守仁氏磋商租地，建筑胶州路三零一号临时校舍。舌敝唇焦，翻云覆雨，亘数月而无成。最后校长马君武先生，以住宅地契向兴业银行作抵，再由兴业经理徐振飞氏出任担保，始克签约建筑，于十四年秋季落成迁入，至本年夏季又五易寒暑矣。此五年中，学生数目，逐年增加，至十八年上学期，大学部学生已达一千二百以上，胶州路校舍，摩肩叠迹，深感不敷。校长王伯群先生，慨然以建筑新校舍为己任，惨淡经营，募集大宗基金，于上海苏州河北，中山路旁前后购地计百余亩。并与上海辛峰记营造公司订约，建筑二层西式大讲堂一座，苏生洋行工程师费立白、董大西[酉]二君打样，计占地一万二千七百十五方尺，内容课堂三十二所；于民国十九年三月廿五日奠基，订于同年八月一日落成；建筑费共计规银六万七千余两。兹当奠基之日，谨述大夏初期六年中发展经过，并为之颂曰：

育才兴学,邦国所经,国不能举,乃集于民。繄兹大夏,学府干城。经营惨淡,六载于今。师生邪许,构此奂轮,勖哉来哲,式是典型。

(王祉伟:《大夏大学校舍第一座奠基记》,《大夏周报》,第78期,1930年4月2日)

发起图书募集运动,向学生、毕业学生及教职员各方面征集。

一、募集标准

1. 同学方面　以捐书为原则(如无书籍,须代以至少五元至捐款,由学校代购);英文书数量,最低限度五本,每本价值至少在一元以上;中文书数量,最低限度三部,每部价值至少在三元以上。如每部或册,价在十元以上者,不以部或册计。

2. 教职员方面　以捐书为原则(如无书籍,须代以至少十元至捐款,由学校代购);英文书数量,最低限度五本,每本价值至少在二元以上;中文书数量,最低限度三部,每部价值至少在六元以上。如每部或册,价在二十元以上者,不以部或册计。

3. 毕业同学方面　与教职员同。

二、募集方法

1. 同学方法[面]　由本会召集各院或科同学会各派代表二人集议募捐办法。请王祉伟先生负责召集,日期定三月二十八日下午七时。地点在会客厅。

2. 教职员方面　由吴泽霖,马宗荣①二先生负责通知。

3. 毕业同学方面　请毕业同学会负责,并请推派代表二人参加下次会议。

三、价值评判

由马先生会同各院或科代表各一人负责主持之。

四、宣传方法

1. 由大夏周报社出图书募集运动专号两期,教职员及同学均请负责宣传稿件;

2. 周报刊载募集图书启;

3. 发贴标语。

五、奖励方法

1. 团体方面　捐书最多者奖旗一面,悬挂图书馆;

2. 个人方面　捐书最多者奖银杯一只。

所捐书册皆镌捐书人及代捐人姓字。

六、收书手续

日期:四月二十一日起至五月三日止;

地点:暂定会客厅;

收书人:由图书馆派定;

收条:由马先生拟样付印。

七、推王则李君为本会文书。

(《募书运动将开始》,《大夏周报》,第78期,1930年4月2日)

敬启者,本校缔造,瞬届六周,惨淡经营,规模粗备。兹者梵王渡新校,落成有期,乔迁在途,内容设备,诸待扩充,而缺需最殷,厥惟图书。良以典册为一切学术之源泉,大学教育最要之工具,非有丰富之藏书,不足以资博览而供研究。同人有鉴于此,爰发起募集图书大运动,希于最短期内征集多量之书籍。在校百余教职员,千余同学,无不量力所至,努力捐集,更望诸君,本向来师生合作之精神,或向桑梓亲

---

① 马宗荣(1896—1944),字继华,贵州贵阳人。早年留学日本,回国后,曾任上海教育局督学、大夏大学教授、图书馆主任,并曾在暨南大学、江苏省立民众教育学院、浙江大学等处任教。抗战期间任大夏大学总务长、教育学院院长,贵州省临时参议会参议员、文通书局编辑所所长等职。1944年于贵阳病逝。主要著作有《大时代教育新论》、《社会教育与社会行政》等。

戚，或向他乡友朋，力代征募。无论宋元旧椠，欧美新编，均所欢迎。而捐者募者芳名金刻于典册，俾得与书具存，永垂不朽。他日莘莘学子，含英咀华，饮水思源，莫非捐者之赐也。爱校诸友，曷兴乎来！

图书馆捐委会启

（《募集图书启》，《大夏周报》，第 79 期，1930 年 4 月 9 日）

对于学校开展的募书运动，学生会主席徐则骧致函《大夏周报》，对募书办法表达了一些看法：

（上略）今天看见该会筹委会的纪录，真使我喜出望外，很留心的读完之后，暗自计算了一下，照规定的办法成功，那我们的图书馆，很可有相当的起色。

但是，自从这个消息公布以后，我们在多数同学聚集的时候，都可听到滔滔的高谈，议论纷纭，总合起来，在原则上大家都是欢欣鼓舞；在办法上有两种意思：（一）若各同学都捐出已有的私书，那我们大夏的书籍，实际上并没有增加，不过多一种陈列的手续而已；（二）若每人拿出五元，平民阶级——（当然一部分）的同学，个人经济未能独立，家庭学费的负担，已经维艰，这五元大洋恐亦不易！……

我听到这些论调，我也很表示同情；所以很希望募集图书运动委员会，也要顾及舆论，及一部分平民阶级同学的苦衷，勿勉人所难！然而亦不能因噎废食，最好力所能及的同学踊跃捐助！另一方面，我觉得我们学校对社会已经有很好的贡献，社会对我们已有相当的热望；那我们募集图书运动之举，当然能得到社会一班人的同情与赞助。我们大可利用春假的机会，派几位对社会有活动能力，对学校忠实热心的同学，作一度京沪校外的募捐；集腋成裘，抱注之易收。刍荛之献，谨以质诸热心校务者！

> 此次图书募捐运动，并不限于校内，在春假期内，全校同学，能利用时间向外界募集，自可获良好结果。志酿金代书，原为一班有书不能割爱者设法，在经济困难诸同学，如自己无书可捐，则不妨努力向外界亲友处代募，借花献佛，功德正相等也。编者志。

（则骧：《对于募集图书运动的意见》，《大夏周报》，第 79 期，1930 年 4 月 9 日）

纪念周会，请美国饶柏森博士来校演讲，题目为"盘旋机及其应用"其自带盘旋机一架，结合实物讲述原理。

三月二十四日下午二时举行第二次周会，特请美国人饶柏森博士来校讲演盘旋机及其作用，并带有该项机械多种实地试验。是日听讲同学计千余人非常踊跃，举行纪念周仪式毕，首由鲁教务长、朱群育主任报告校务，欧校长致介绍词。继饶博士登台演讲，先叙盘旋机之意义和范围，对于人生之重要，次述盘旋机之原理，随时参以机械表演，于是极精深之理，全场同学，无不明白。最后又述盘旋机之功用有轮船、单轨火车，及单轨运货车之模型，当场试验，全体同学鼓掌称扬。博士讲解，娓娓动听，试验措置纯熟，听者了无倦容。后又由校长欧先生致谢意，大致讲吾人对于此种科学演讲，切不可以幻术表演目之，当尽力究科学，我国国势赢弱，科学不发达，即其主要原因。我校理学院设备，尚有足观，故费用超过其他各学院。然调查我校理学院学生亦不过五六十人，而女生仍属绝无仅有，殊深浩叹！诸君皆已受大学教育，将来所负使命甚大，不欲救国则已，否则即应设法谋增加对于科学之兴趣，冀将来有所发明，振兴工商业也。饶博士富有研究精神，至堪钦佩；今日又肯惠然莅临演讲，尤足令吾人感激，吾人当以十三分之诚意，表示谢忱云云。说毕掌声雷动。最后摄影，以留纪念。

（《饶柏森在纪念周会演讲盛况》，《大夏周报》，第 78 期，1930 年 4 月 2 日）

二十八日　理、商两学院及高师科联合请上海商品检验局局长邹秉文[①]来校演讲，题目为"商品检验"。（《邹秉文演讲》，《大夏周报》，第 78 期，1930 年 4 月 2 日）

三十一日　召开第七十一次校务会议。

[①] 邹秉文（1893—1985），农学家。江苏吴县人。1915 年毕业于美国康奈尔大学农科。曾任金陵大学教授、南京高等师范农业专修科主任、东南大学农科主任、中央大学农学院院长、上海商品检验局局长、中华农学会理事长、驻联合国粮农组织首席代表兼粮农组织理事会理事等职。1946 年获美国密歇根州立大学荣誉农学博士学位。1956 年回国，历任农业部、高等教育部等部顾问。第二至六届全国政协委员。代表作有《中国农业教育问题》、《高等植物学》等。

本校出版部组织成立以来,除每周出版《大夏周报》一期外,已出有《教育月刊·课程专号》及《大夏季刊》第一二两期等刊物多种。本学期拟扩大组织,经第七十一次校务会议议决,改《大夏季刊》为《大夏月刊》,并推举王祉伟先生为出版部主任,杨正宇、陈柱尊、俞志瀚、陈选善四先生为出版部委员大夏丛刊,即将着手编辑云。

（《出版部消息》,《大夏周报》,第 79 期,1930 年 4 月 9 日）

纪念周会请经济专家、华人纳税会秘书何德奎到校演讲,题目为"金贵银贱问题之研究"。（《第六学年大事记》,《大夏周报》,第 86 期,1930 年 6 月 1 日）

本月　校诊察室为便于学生就诊修改开放时间。

诊察室自上学期扩充后,各项药品设备,逐渐增多,并于待诊室内购置有关健康之书籍、挂图、杂志、报纸等以供待诊者阅览,因是诊务较前日益发达。诊察时间上学期本定为每星期一至六,上午十至十二时,各同学因上课关系,颇感不便。本学期起,特将诊察时间改订为每星期一至星期六,下午三时至五时,因下午功课较上午为少,庶不致妨碍候诊者学业。除规定时间外,各同学如有重症,仍可饬校工或电话请校医张泽春先生至宿舍内诊视,张先生住和里宿舍廿九号,往来亦甚便利,各同学均感便不置云。

（《校医诊病时间》,《大夏周报》,第 76 期,1930 年 3 月 19 日）

四月

一日　学生会开办的民众夜校举行开学典礼,到学生一百余人,教员十一人。由大夏学生徐则骧、朱偌溪担任校长。

本校学生会开办之民众夜校,于四月一日下午七时在第十八教室行开学典礼。到有学生一百余人,教员十一位,济济跄跄颇极一时之盛。行礼如仪,首由徐校长则骧致开会词,略谓本校创设非易,诸同学当曲体办学者之苦衷,努力学习,无稍中辍。次由朱校长偌溪报告经过情形甚详。继为教员致训词。最后由区分部代表崔步武君,学生会代表张道仁君致辞,语都精警,听者忘倦,待散会,已钟鸣九时云。

（《民众夜校开学典礼》,《大夏周报》,第 80 期,1930 年 4 月 23 日）

（上略）开学伊始,诸待整理,现草草的写了几点,以慰关心民众夜校者,详细情形,异日当再另文报告。

（一）开学前的工作

（1）写招生广告。（2）造预算。（3）聘请教员:（A）出布告征求;（B）专函敦聘。（4）检点用具。（5）购办簿籍。（6）选择教科书　教材不固定最好,由教师临时编辑或油印;但因经济与时间的关系,现在很难办到,只可相互渗用,因时制宜。（7）排日课表。（8）预订本学期教学中心。（9）支配教室及编制学校。

（二）开学时的工作

（1）介绍同学与教师。（2）调制各级名单。（3）排坐位。（4）填写出席点名簿。（5）调查儿童实足年龄,家庭住址,家长职业及通信处。（6）举行新生入学指导:（A）初到校时应当注意的事项;（B）日常生活方面应当注意的事项;（C）团体生活方面应当注意的事项;（D）个人行为方面应当禁止的事项。

（三）未来的工作

（1）教师方面:（A）举行定期教务会议;（B）实行交互参观;（C）制定课程纲要——注意实际应用;（D）填写图表;（E）与儿童做个别谈话;（F）填写教学报告;（2）学生方面:（A）组织自治会;（B）举行成绩展览会;（C）定期举行讲演会;（D）开小游戏会;（E）注意清洁调查;（F）设法避免旷课。

（四）结论

经济为一切的发动机。"巧妇难为无米之炊",这句话恐谁也不能否认;尤其教育成功的要素,第一便是经费,次及人才组织。

这学期民校预算,比上学期要减去十分之一,而学生人数却较增多,米固无而巧妇不巧,来日诚大难也。

（朱偌溪:《民众夜校今后进行方针》,《大夏周报》,第 80 期,1930 年 4 月 23 日）

五日　学校新建男女生宿舍同时动工。男生宿舍两座,每座容纳七百人,女生宿舍可容纳四百人。男女生宿舍及学生饭厅、浴室、十二幢教职员宿舍,为新校第一期建筑工程,建筑费共六十余万元。是日为清明节,学校放假一天,全体师生到新校参观建筑工程,并植树四百余株。

新校舍建筑工程,经本校会同苏生洋行工程师积极督促,进行甚速,已于三月二十五日奠基,现第二层窗洞水门汀楼板已在建造。同学及教职员因平时羁于功课,很少前往视察机会。校务议会第七十次会议,特议决,定四月五日清明日停课一天,上午十时全体前往梵王渡新校舍视察建筑工程并举行植树。是日天气清和,参加师生,极形踊跃。芳草无际,幕天一碧,花香鸟语,微风相送,如置身图中,莫不欣然色喜。由教职员率领全体视察一周,即举行植树,共植四百余株,行见郁郁葱葱,环比系舍,树影共书影零乱,诵声与叶声唱和,当增逸趣不少。至十二时始相率返校。

（《全体视察新校舍工程》,《大夏周报》,第79期,1930年4月9日）

七日　纪念周会请中央大学医学院教授应元岳演讲,题目为"青年性欲卫生知识"。（《纪念周会消息》,《大夏周报》,第77期,1930年3月26日）

十日　厦门大学校长林文庆先生来校参观,由欧元怀、傅式说招待。

本校原为厦门大学一部离校学生及表同情教职员,为贯彻读书运动,来沪创设。六年以前,厦大、大夏,本属一体,故在历史上,本校与厦大实有极深切之关系。六年来,我校内赖师生合作,外得社会赞助,过去成绩,已有学生数目之逐年增加及毕业生在社会上之贡献,足以证明。现校基早已购置百余亩,新校舍亦即将落成,立案已届一年,前途发展,正未可量。与本校相关深切之厦大,闻此消息,当亦良足安慰。是以厦大校长林文庆先生,特于四月十日欣然莅临参观。由欧、傅两先生招待,林先生甚为满意。是日午间,欧、王、傅三先生并在梅园设筵款宴,请前厦大莅校同学刘思职、倪文亚、王韫石三先生作陪,宾主极尽欢洽。

（《厦大校长参观本校》,《大夏周报》,第80期,1930年4月23日）

十一日　晨,警探数人将男生李寿林、林乐天、王为雄,女生蒋斐然、郑永英等五人拘捕。事出意外,原因不明。事后由事务主任吴浩然先生亲往公安局探视慰问,并极力营救。

四月十一晨六时左右,忽来警探数人将男生李寿林、林乐天、王为雄,女生蒋斐然、郑永英五人拘去,事出意外,不悉何故。事后即由事务主任吴浩然先生亲往公安局六区局探视慰问,据云系奉总局命令拘询。现王等五人均在公安局。如将来询问后无确凿反动证据,自可恢复自由,不致发生危险。现正由学校极力营救,并通知各该生家属共同设法云。

（《同学被捕》,《大夏周报》,第80期,1930年4月23日）

上海特别市公安局局长袁良,因据报沪西劳勃生路大夏大学校内学生王为雄等五名,有犯共产嫌疑,特令该管六区警署迅即派警前往查拿等情。段区长奉令后,于昨日上午七时许,令派干警前往该校,拘获男学生林乐天、李寿林两名,女学生蒋斐然、郑永英两名。当即带回区内,尚有男学生王为雄一名,当时因在西摩路致和里卅五号宿舍,又经段区长令派侦缉队领班刘少卿,带同侦缉员等,会同捕房派探按址前往该处,当将王为雄拘案。经段区长讯问一过,遂于昨日下午备文并解公安局核办。兹将各学生姓名年岁籍贯录下:（一）王为雄,年二十二岁,高邮人;（二）林乐天,年二十二岁,广东人;（三）李寿林,年二十二岁,安徽人。以上三名系男学生。（四）蒋斐然,年十八岁,通州人;（五）郑永英,年十六岁,温州人。以上二名系女学生。

又据另一访员报告,市公安局长袁良、特派六区巡官刘清源,于昨晨六句余钟,投沪西普渡路捕房,声［申］请加派西探目卡台、华探马谋祥,密赴西摩路三十五号大夏大学之学生寄宿舍,拿获反动份［分］子江北人王为雄一名。旋于十一时解送特区地方法院,由吴廷祺推事升座第二法庭提审。刘巡官亦即到庭,请求准予移提。捕房律师出庭,声明捕房对于移提并无异议。吴推事嗣讯据王供原籍高邮,现在大夏大学读书等语。讯毕,遂谕准予移解。当经刘巡官将王为雄带往市公安局讯办。

（《大夏大学生共嫌五人被捕》,《申报》,1930年4月12日,第15版）

二十一日　召开第七十二次校务会议。

群育委员会除群育主任朱章宝、职业指导部主任陈选善、体育部主任沈昆南、女生指导员胡海秋四先生为当然委员外，业经校务会议于开学时聘定俞志瀚、吴浩然、马名海三先生。现校务会议认〈为〉群育方面，职责繁重，群育委员会人数有增加之必要，复于四月二十一日第七十二次会议议决，添聘周长宪、黄敬思、吴泽霖三先生担任，俾利进行云。

（《添聘群育委员》，《大夏周报》，第81期，1930年4月30日）

一九三零年《大夏年鉴》即将着手编辑，各顾问业经第七十二次校务会议举定王毓祥、丁文彪、吴浩然、邵家麟、马公愚五先生担任，至于职员，即将学生会所推荐名单，推鲁继曾、朱章宝两先生审查，审定后即由校务会议正式函聘云。

（《举定大夏年鉴社顾问》，《大夏周报》，第81期，1930年4月30日）

本校例于每年春秋二季，各举行运动大会一次，以期发扬体育精神，增进体育兴趣，表现体育成绩。数年以来，进步甚速，每季运动会均有新纪录。去年参加江大运动会，向外初试锋芒，竟得第三，与在运动界素负盛名之交大平列，诚非偶然。本季运动会原定于五月四日、五日举行。以与江大运动会日期冲突，各运动员不能兼顾，第七十二次校务会议决定暂缓举行云。

（《春季运动会暂缓举行》，《大夏周报》，第81期，1930年4月30日）

校务会议第七十二次会议决，五一遵照部令照常上课；五三、五九及五卅三日，定上午七时至八时举行纪念会，八时以后仍照常上课，庶于纪念及学业，两无妨碍云。

（《规定五月纪念日仪式》，《大夏周报》，第81期，1930年4月30日）

二十六日　文学院国文系请文学专家傅东华来校演讲，题目为"现代文学的趋势及反对旧文学应有的态度"。（《国学系请专家演讲》，《大夏周报》，第81期，1930年4月30日）

外埠教育参观团返校。教育参观团由高师科最早发起，各院科学生均有加入。

本校外埠教育参观团之组织，以高师科发起最早，而加入同学亦最多。成立后，曾几次召集会议，并议决欢迎各科院同学参加，人数众多，进行顺利。于四月十三日出发乘车赴京，参观京中各学校，及各教育机关名胜等。十七日由京转无锡，住无锡铁路饭店。是日夜，即往参观江苏省立民众教育院。十八日下午至苏州住苏州中学，连日参观学校，游览胜迹，均甚满意。二十一日由苏返沪，因无车直达杭州，故在校休息一夕。二十二日始乘沪杭早快车赴杭，并加入彭女士一员。该团抵杭后，因天公不作其美，未能尽兴。以学业关系，又未便久久流连，业于二十六日返校，指导员马宗荣教授，则先一日返沪云。

（《教育参观团由杭返校》，《大夏周报》，第82期，1930年5月7日）

二十八日　举行教务会议，议决"高级中学保送学生入学办法"。

高级中学保送学生入学办法，业经教务委员会讨论通过，兹照录于后：

第一条　学校资格：公立及已立案之私立高级中学，著有成绩者，得向本校请求保送学生免试入学。

第二条　请求手续：(A)前项学校，须于后三个月前，将请求书送交本校办；(B)请求时，须附寄该校详章二份（每遇该校详章重印时须另寄二份）；(C)对于上项学校，本校如认为不满意时，得于三个月前，通知该校，停止保送学生。

第三条　保送手续：(A)保送学生，须于本校开学前两个星期，由该校将该生最后两年成绩单，连同相片二张，及报名费二元，直寄本校招生及入学审查部；(B)本校招生简章所列新生入学时应考各科，该生在原校修过，而成绩在乙等以上者，概予免试。

（《高级中学保送学生入学办法》，《大夏周报》，第82期，1930年5月7日）

举行纪念周会，欧副校长报告南京全国教育会议情况。本月十五日，欧副校长被教育部聘为专家代表，出席此次大会。

本届全国教育会议,于四月十五日起在首都开会,本校副校长欧元怀先生被教育局聘为专家代表前往参加,已于四月二十四日会毕返校。该会此次议决要案甚多,关系教育前途甚大,欧先生特于四月二十八日在纪念周会,将此次会议情形向全体同学报告。其报告分:1.教育会议之经过;2.各种教育计划概要;3.对于教育计划之感想。洋洋洒洒,发挥尽致。

(《欧副校长报告教育会议情形》,《大夏周报》,第 82 期,1930 年 5 月 7 日)

二十九日　紫薇剧社召开成立大会。

本校同学赵一雪、余定义、陈宪和、袁政、关毓芬等,素对戏剧极有兴趣,近日集合同志,组织紫薇剧社,一时加入者极为踊跃。该社已于四月二十九日下午七时,假校务会议厅开成立大会,公推余定义为主席。当即由主席报告该社筹备经过及宗旨。次即议定会章,一致通过。并选举职员,分配职务如下:(中略)分配职务后,即讨论剧本、排演、公演、剧刊,及征求社员诸问题,已拟定具体方案,积极进行。谈至九时半,始尽欢而散。闻该社精神,重在合作,而诸社员对戏剧均报极大兴趣,努力研究,以期深造云。

(《紫薇剧社成立》,《大夏周报》,第 82 期,1930 年 5 月 7 日)

五月

二日　王伯群校长、欧元怀副校长、马君武校董,以及王毓祥、傅式说、吴浩然前往察看新校舍。

新校舍工程进行,本校全体师生,甚为注意,欧、王、傅、吴诸先生均时时前往视察。五月二日上午马君武校董下课后亦由欧元怀、吴浩然两先生伴同前往视察一周,马校董对新校舍地址及工程十分满意。五月三日上午,王校长复由欧元怀、王祉伟、傅式说、吴浩然四先生伴同前往视察,王校长对校场布置,亦多所指导云。

(《王校长马校董视察新校舍工程》,《大夏周报》,第 83 期,1930 年 5 月 14 日)

新校舍建筑情形如下:

新校舍第一座大课堂由辛峰记承造,第一男生宿舍及女生宿舍由竞新公司承造,第二男生宿舍由群益公司承造,照合同订定,均将于八月底落成。大课堂长二百尺,宽七十尺,占地面一万三千方尺,计三层楼共有大小课堂三十二间;第一第二男生宿舍每座长二百尺,宽一百五十尺,均曲作∩形,连天井占地面一万九千四百方尺,三层共一百五十余间。大课堂及男女生宿舍,均系钢骨水泥建筑,异常坚固,窗均钢质。各座宿舍内各层均特设休息室、浴室、盥洗室等,全用铁床,不但清洁卫生,起居饮食尤感便利。上列各座照本校新校舍建筑计划不过第一期建筑中之一部,其余如大礼堂、科学馆、图书馆、体育馆、教职员宿舍等均将陆续建筑,因此三家营造公司冀将来获标计,对于此次工程互相竞胜,异当[常]努力。三家工匠千余人,中山道上,运转材料,途为之塞。除本校监工人王君常川驻在该地监视工程,苏生洋行费力伯、董大酋两工程师常到监督,欧、王、傅、吴诸先生,亦时时前去视察,全部工程定能于八月底如期落成云。

(《新校舍建筑情形》,《大夏周报》,第 82 期,1930 年 5 月 7 日)

新建各座校舍题名业经拟定:大课堂题名群贤堂;第一男生宿舍题名群策斋;第二男生宿舍题名群力斋;女生宿舍题名群英斋。本校自脱离厦门大学来沪草创之始,赤手空拳,毫无把握;幸赖师生合作,贤达赞助,尤仗王伯群校长荟集群贤,悉心壁画,造就群英,群策群力,发扬光大,新校舍之告成,可谓胥受此合群努力奋斗之赐!海禁开放以还,外人看透我民族弱点所在,一语中肯,常曰"一盘散沙"。年来举国鼎沸,一切政治社会建设不上轨道,不在乎"才难",实坐有才不能合群协作之弊。本校本着历史经验,凡所设施,莫不在此"群"字上着眼,即校内有群育委员会之设,在国内各大学中亦以本校为嚆矢。是此项题名含义甚广,尤昭示国人以共同之出路。且厦门大学之第一座大课堂题名群贤楼,本校则题名群贤堂,不问彼此含义是否尽同,嬗脱之迹,有可寻焉。

(《新建筑题名》,《大夏周报》,第 83 期,1930 年 5 月 14 日)

李逖先先生捐赠本校地皮三亩余。该地坐落本校新校第二男生宿舍后面,于本校校地犬牙相错。本校为表扬义举,特订定李氏子孙肄业本校者免学费及宿费学额二名。惟须受入学试验,视试验成绩经录取后便入相当班次云。

(《李逖先捐地》,《大夏周报》,第 83 期,1930 年 5 月 14 日)

照本校新校计划,第一期建筑中,原拟即建一完善之科学馆。嗣因购买校基及建筑大课堂一座,男生宿舍两座,女生宿舍一座,用去款项已达五十万元,下期开学,转瞬即届,经济时间两方面,均感困难,乃改变计划,筹建临时实验室。已拟定建化学室三间,物理室一间,生物室一间,心理室一间,储藏室两间,办事室一间,共九间,均系平房,地面铺水泥。式样由理学院长邵家麟先生与理学院各教授会商拟定,虽系临时建筑,式样与设计均适用云。

(《筹建临时实验室》,《大夏周报》,第 82 期,1930 年 5 月 7 日)

新校舍装设电线工程业已招人承办,订定合同开始进行,与校舍建筑工程同时完竣。各处电灯装置地位均经精心规划,光线一律,各教室内均安置电铃并设置电钟一架,将来上课下课不再须[需]乎打钟摇铃之劳云。

(《新校舍电线工程》,《大夏周报》,第 84—85 期,1930 年 5 月 28 日)

新校宿舍及教室器具均已分别招人包造,为求经久美观,质料求其坚固,式样规定一律,计宿舍内每人铁床一架,自修桌椅每人各一套,宿舍各间均设有书架。课堂内系个人桌椅,将于校舍落成前全数送到安置云。

(《包造宿舍及教室器具》,《大夏周报》,第 84—85 期,1930 年 5 月 28 日)

本校每学期用去电灯泡约有千余,其中每因磅数不合,无形中损失颇大。总务处有鉴于此特用 Volt-metre 测出本校电力磅数,再记[寄]本埠奇异爱迪生电器公司照电力定制,就送到五百只云。

(《定制校徽灯泡到校》,《大夏周报》,第 86 期,1930 年 6 月 1 日)

本校下学期即将迁入梵王渡新校舍,该处距上海较远,虽有汽车可达,往来需时,究感不便,为各教授及职员方便计,先筹划在校地南首建筑教职住宅十余座,不日即将动工,俟落成后分租于各教职员居住。该地四面临空,风景宜人,住在该处,对于健康、经济、时间各方面,均胜嚣尘沪市一等云。

(《筹建教职员住宅》,《大夏周报》,第 82 期,1930 年 5 月 7 日)

本校新校址,坐落沿苏州河北,中山路西,前因中山路新桥未成,故往看新校址者,需穿过沪杭路铁桥,车辆不通,必须徒步,往返殊觉不便。现中山路新桥,业于本星期通车,由本校乘车出发,由白利南路,转中山路,经过新桥,直达新校址,大约八分钟足矣。五一劳动纪念节,傅式说、吴浩然、王祉伟三先生视察新校建筑工程进行,第一次乘汽车由桥上驶过。闻汽车经过该桥者亦以吾校年高德尊之 Studebaker[①] 为第一次云。

(《新校址汽车已可直达》,《大夏周报》,第 82 期,1930 年 5 月 7 日)

新校地平地及筑路工程业已开始进行。新校地原属田野,高低不平。各座建筑物间往来道路,亦须开辟,工程十分繁重。本校于该处特设工程处,专司其事。全部工程将于八月底与男女生宿舍同时完成云。

(《新校地平地筑路工程开始》,《大夏周报》,第 83 期,1930 年 5 月 14 日)

---

① Studebaker,即斯蒂庞克,汽车名。

新校地有银杏树六棵,枝干交错,浓荫远蔽,均系百余年古物。考银杏一名公孙树,雌雄异花,在植物学上进化地位甚高。叶如扇,有缺刻,春日开小花,色白而带淡绿,秋末结实颇繁,霜后肉烂,取核为果,色白,故或谓之白果,其仁可食,材质坚重,制器不裂。江浙一带多种此树于神庙前后,别处尚不多见,甚属名贵;其坚韧不屈之材更可为本校精神之象征,故决定加意保存云。

(《新校地名贵古树保存》,《大夏周报》,第 83 期,1930 年 5 月 14 日)

五日　第七十三次校务会议,议决自本年秋季起增设女子幼稚师范学校、幼稚园,高等师范专修科改称师范专修科、政治学系及经济学系改属法学院、本科学生改为一律四年毕业等事。

本校感于中国幼稚教育之重要及幼稚园师资之缺乏,经第七十三次校务会议议决,于下学期起在新校舍添办幼稚师范部,造就幼稚园师资人才。该部专收女生,聘请富有学识经验之幼稚教育专家担任教职;并设制定委员会,由本校教育学院及高师科教授数人与校外幼稚教育专家共同组织。章程现正在编订中,暑假内即将开始招生云。

(《添办幼稚师范部》,《大夏周报》,第 82 期,1930 年 5 月 7 日)

本校高等师范专修科十四年秋开办,毕业生近三百人,服务社会,久著成绩。其名称因与部分大学组织法不符,经第七十三会次校务会议议决,改为师范专修科,以符学制云。

(《高师专修科改名》,《大夏周报》,第 82 期,1930 年 5 月 7 日)

政治学系及经济学系原属文学院,与部颁布大学规程不符。且本校文学院共有八学系之多,法学院因成立较迟,学系只有法律系,发展上颇不平衡。王校长出席第七十三次校务会议时特提出讨论,当经决议,自本年秋季起,将政治学系及经济学系改属法学院,至于学生转院手续,由教务委员会议定办法会同文法两学院院长共同办理云。

(《政治经济两学系改属法学院》,《大夏周报》,第 83 期,1930 年 5 月 14 日)

第七十三次校务会议议决,遵照部令,现有预一、预二,秋季升为预二、预三,办至该二班毕业,即将预科结束。自本年秋季起,改办高中部,招收一年级学生云。

至现有之大夏中学系六年制,照原定不改,暑期内将迁入胶州路校舍(现大学部),大事扩张,充实内容。胶州路校舍宏敞,大夏中学迁来后,前途发展,正未可量。

(《秋季预一改办高一》,《大夏周报》,第 82 期,1930 年 5 月 7 日)

照本校章程规定,各学院课程本须四年方能修完,嗣因上学期完成成绩特别优秀得有奖学金及奖学状,准予加修三绩点,及在暑假学校选修功课同学,间有三年半即将规定绩点修完者。去年教部颁布大学规程,规定大学须四年毕业。经由校务会议第七十三次会议议决,自十八年秋季本科一年级新生起,一律四年毕业,以符部令。插班生另行分别办理云。

(《大学各学院四年毕业》,《大夏周报》,第 83 期,1930 年 5 月 14 日)

大夏消费合作社于是日开幕。

大夏消费合作社于五月五日开幕,营业甚佳,每日约售五十元左右。凡举日常用品、点心、信纸、信封以及其他文具,本校各种出版物等等,该社均有出售。该社系完全服务机构,目的并不在乎牟利,是以各项物品售价均较市上商店为廉。每年结账时社员皆有盈余可分,分配盈余比例又以购买多寡为标准。因此前去购买物品者极为踊跃,经售员两人,颇有应接不暇之势云。

(《合作社营业盛况》,《大夏周报》,第 83 期,1930 年 5 月 14 日)

八日　自三月二十四日发起募书运动以来,师生踊跃捐赠,是日募书运动结束,共收到中文书籍 4277 册,外文书籍 820 册,总计 5097 册,约价值 3500 元。

图书募捐运动已于五月八日结束。共收到中文书籍四千二百七十七册;外国文书籍八百二十册;总共五千零九十七册,约值三千五百元。此次收售时期,受电车汽车罢工影响,未及送交书籍,料亦不在少数,闻仍可随时送交图书馆云。

(《募书运动结束》,《大夏周报》,第 83 期,1930 年 5 月 14 日)

十二日　上午,中华教育文化基金委员会派邱椿、董时进来校视察。由欧元怀、邵家麟、吴浩然、吴泽霖等陪同,并往梵王渡察看新校舍建筑工程。(《中华教育文化基金委员会派员视察本校》,《大夏周报》,第 84—85 期,1930 年 5 月 28 日)

下午二时,纪念周会,请江苏教育厅社会教育厅长兼江苏民众教育学院农学院院长俞庆棠到校演讲,题目为"江苏民众教育状况"。(《俞庆棠先生演讲》,《大夏周报》,第 84—85 期,1930 年 5 月 28 日)

十九日　纪念周会,王伯群校长主持,并报告校务发展情况。会后,又出席校务会议,并同全体与会者合影。

王校长对于校务异常注意,每次莅沪均与欧、王、傅、吴诸先生洽商校务,并时时到校视察课务及新校舍建筑工程。只以公务忙碌,很少皆会与全体同学晤面。特于五月十九日下午二时莅临纪念周会对全体同学训话,报告校务发展情形,散会并参与校务会议全体摄影,出席第七十四次校务会议云。

(《王校长在纪念周训话》,《大夏周报》,第 84—85 期,1930 年 5 月 28 日)

召开第七十四次校务会议,议决:1. 教育学院增设社会教育系,并聘马宗荣担任系主任;2. 讨论通过"大夏大学附设幼稚师范学校简章"。

教育学院原设教育心理、中等教育及教育行政三系,兹为应社会需要及力求扩充完备起见,经七十四次校务会议议决,自本年秋季起,添设社会教育系,并聘为马宗荣先生担任系主任。马先生现任本校图书馆主任,系社会教育专家,曾在日本从事研究十余年,著作经验,均极丰富云。

(《教育学院添设社会教育系》,《大夏周报》,第 84—85 期,1930 年 5 月 28 日)

本校鉴于中国幼稚教育之重要及幼稚园师资之缺乏,经第七十三次校务会议决议,于下学期起在新校舍附设女子幼稚师范学校,专收初中毕业及同等程度女生,聘请富有学识经验之幼稚教育专家担任教职,造就幼稚园师资人才。并举出欧元怀、鲁继曾、陈选善、黄敬恩、董任坚诸先生为筹备委员会,从事筹备课程及编订简章等工作。五月十四日晚间各筹备委员在欧先生寓内开筹备会议,傅式说先生亦列席,当将全部简章拟就,提交第七十四次校务会议通过。本年暑期即将与各学院各科同时招收新生,女子幼稚师范学校简章亦已印就,函索须附邮票四分云。兹录其简章如下:

大夏大学附设女子幼稚师范学校简章

一、宗旨　本女子幼稚师范学校(以下简称本校)以养成幼稚园婴儿园及小学低年级师资为宗旨

二、目标　本校拟定下列目标使学生:

1. 具有关于儿童身心及其环境之智识

2. 具有保育教导儿童之技能

3. 具有接近及爱护儿童之习惯

4. 具有尊重儿童人格及个性之理想

三、组织　本校设幼稚教育指导委员会,由本大学校长延聘教育专家若干人组织之,指导本校进行事宜;设主任一人由本大学校长聘任之,主持本校校务;职教员若干人,由本校主任商承本大学校长聘任之,办理本校一切事宜(各项办事细则另订之)

四、入学资格　凡女子身心健全并最低具有列下资格之一者得应入学试验

1. 三三制初级中学毕业者

2. 初级师范(三年制)毕业者

3. 与三三制初级中学毕业有同等程度曾在学校或其他教育机关担任职务一年以上者

五、肄业年限　二年毕业由本校给予毕业文凭

六、课程

（一）第一学年

第一学期	学程名	国文	国语	党义及社会科学	自然科学	儿童学	幼稚教育及幼稚园观察	儿童游戏	歌乐	工艺	形艺	体育	合计
	每周时数	4	1	3	3	3	3	2	2	2	2	1	26
第二学期	学程名	国文	国语	党义及社会科学	自然科学	教育入门	幼稚教育及幼稚园观察	儿童游戏	歌乐	工艺	形艺	体育	合计
	每周时数	4	1	3	3	3	3	2	2	2	2	1	26

（二）第二学年

第一学期	学程名	儿童文学	乡村社会	幼稚园课程及设备	儿童卫生	看护及医药常识	工艺	形艺	歌乐及节奏表演	体育	家事	教育实习	合计
	每周时数	3	2	3	2	2	2	2	2	1	3	2	24
第二学期	学程名	儿童故事	新教育法	新教育测验及统计	小学教育	看护及医药常识	园艺	烹饪	歌乐及节奏表演	体育	教学实习		合计
	每周时数	3	2	3	3	2	2	2	2	1	3		24

七、谋[参]观实习　本教学育方正校理[本校教育方针学理]和实习并重兹暂定参观实习工作如左：

1. 赴本外埠各著名幼稚园及小学参观

2. 在本校自办之幼稚园参观及试教

八、纳费　学生费用见左列各项（以一学期计）

1. 学费　三十元

2. 宿费　二十元

3. 建筑费　五元

4. 阅费　（注册、医药、汤水、体育、讲义、图书、钢琴等）五元

5. 赔偿准备金　四元

6. 膳费　由学生自理每学期约三十元

九、投考

（一）报名手续：报名时应缴左列各件

（1）履历书

（2）毕业证书或服务机关证明书

（3）最近四寸半身照片

（4）报名费二元

（二）试验科目

（1）国文

（2）科学常识

（3）社会常识

(4) 口试

十、学则

(甲)入学手续　新生入学应缴左列各件

1. 入学〈志〉愿书

2. 保证书

3. 入学费　五元

(乙)注册规则——适用本大学一览

(丙)请假规则——适用本大学一览

十一、附则　本校学生所应遵守之宿舍规则、图书馆规则、惩戒规则等照本大学所定章程办理

（《附设女子幼稚师范学校之进行》，《大夏周报》，第86期，1930年6月1日

关于添办女子幼稚师范学校并附设幼儿园情况，《申报》也作出了报道：

大夏大学感于吾国幼稚教育之重要，及幼稚师资人才之缺乏，特于本年秋季在梵王渡中山路新校舍，添办女子幼稚师范学校并附设幼儿园，以资教学考镜。延聘教育心理专家陈鹤琴、欧元怀、鲁继曾、陈选善、黄敬思、张耀翔、董任坚、杨葆康，组织指导委员会筹划全部设施。所有课程及设备，均力求完善，并已聘定杨葆康女士为该校主任。杨女士系美国伟力士礼女子大学学士，哥伦比亚大学硕士，专研幼稚教育，历任大同大学教授，江苏省立南京女子中学校长，在该校创办幼稚师资养成所，并创办南京中心幼儿园，对于幼稚教育有甚丰之学识与经验。该校定七月十四日、十五日招考新生，凡女子具有初中毕业以上之资格者，均可投考。

（《大夏添办幼稚师范》，《申报》，1930年6月22日，第11版）

二十日　1930年《大夏年鉴》开始筹备出版。

我校有光荣之历史，及振兴之过程，已毕业同学普遍各省，深得社会重任，在校同学又复多英俊之士，教授亦一时知名之流，以造成现在蓬勃有生机的学校。《大夏年鉴》最足以代表此项荣誉，且为师生合作的结晶。去年已出版一册，颇极真美善之能事。本年度前由校务会议聘请宋学文、韩克弼、田康等二十余人为职员，并请王祉伟、丁文彪、邵家麟、马公愚、吴浩然五先生为顾问，于五月二十日就会客室开筹备会。由王祉伟先生主席，田康君记录。主席报告开会日宗旨，并谓本校各方发展甚速，声誉因以卓著，实由办事人抱牺牲态度，同学能努力合作所致。《年鉴》为寄托本校精神之物品，去年已出有一期。本年希望诸位热心编成更精良之年鉴。如有困难问题，可以提出，诸顾问先生当随时尽力帮助也。继逐次讨论议案，共计二十二项，大致关于请求学校者有请辟办公室，购置保险箱等；经济方面，规定支款付款，及领款手续甚为精密慎重，预算参照各大学年鉴及去年我校年鉴汇合编造；办事方面加聘体育、美术、中文编辑，摄影、事务等股副主任，更由总理事及总编辑编订办事细则，以期增进效率；并规定本年年底出版，故近来各股职员，极形忙碌云。（旦）

（《筹备编纂一九三〇大夏年鉴》，《大夏周报》，第86期，1930年6月1日）

二十四日　中华教育文化基金委员会派王季梁、丁巽甫、许元龙、白敦甫等四人来校视察，由欧副校长陪同视察，并查看新校舍工程。（《第六学年大事记》，《大夏周报》，第86期，1930年6月1日）

二十五日　教务长鲁继曾赴日本考察，主要调查大学课程及训育状况，中学职业教育及幼稚师范等方面。

本校下期迁入新校后关于课程及训育各方面将力求扩充完善，并添办幼稚师范部；中学部迁入胶州路校舍后亦拟添设职业工科，教务长鲁继曾先生为借镜起见，特赴日本考察，五月廿五日起程，约三星期返校。鲁先生此去调查目标专在大学课程及训育状况，中学职业教育及幼稚师范等云。

（《鲁继曾先生赴日考察》，《大夏周报》，第84—85期，1930年5月28日）

二十六日　法学院举行公开假法庭诉讼实习。到会旁听者有欧元怀副校长、孙浩烜院长、钟洪声先生、江镇三先生及全体同学千余人。法学院已于本学期多次举行假法庭诉讼实

习,均收到良好效果。(《法学院假法庭诉讼实习》,《大夏周报》,第82期,1930年5月7日)

法学院于五月二十六日下午二时,在大礼堂公开举行假法庭诉讼实习。到会旁听者,有欧副校长、孙浩烜院长、钟洪声、江镇三二先生及全体同学千余人,济济一堂,为未有之盛观。由书记官报告案由,开始后,即有审判长传唤当事人次第询问,有条不紊,严肃异常。双方律师发表意见时,舌战唇枪,使全场空气顿时紧张。后审判长因本案有和解之可能,遂命当事人于退庭后试行和解,如和辞不就,再行判决。宣告退庭,已五时矣。兹附案情与实习人员于左:(下略)

(《法学院假法庭诉讼实习》,《大夏周报》,第86期,1930年6月1日)

对此,《申报》也作出了报道:

凡有法科的大学,其有假法庭的实习,本系应当有的节目,并不算是什么一回奇倡特出的举动,但在吾校大夏添办法科以来,虽已有岁月几转,可是对于假法庭的实习,却还是初次的尝试。本学期自聘江镇三先生担任诉讼法实习一学程后,即以其充分的经验努力筹备开庭,终达到目的。闻是日假法庭开庭时,观众殊形踊跃,且各方均有充分之预备,雄辩滔滔,盛极一时,置身其中者,竟忘其系假法庭。将来成绩之优良,定可乐观也。

(《大夏的假法庭》,《申报》,1930年4月6日,第28版)

二十七日　为融洽学校及同学两方面感情,学生会邀请校务会议代表及各学院各科同学会代表开茶话会。

学生会为融洽学校及同学两方面感情起见,特于五月二十七日下午七时在会议室,邀请校务会议及各学院各科同学会代表开茶话会。到有学生会全体执监,各学院各科同学会全体执监及校务会议代表欧元怀、傅式说、王毓祥、吴浩然、朱章宝诸先生,济济一堂,极盛一时,谈话历二小时,颇为融洽云。

(《学生会邀请校务会议及各同学会代表开茶话会》,《大夏周报》,第86期,1930年6月1日)

二十九日　下午,校务会议召集学生会代表谈话。

校务会议为融洽师生情感,促进校务发展起见,曾经规定,每月召集学生会代表开谈话会一次,藉便交换各种意见。本学期三四两月曾各举行一次,第三次亦于五月二十九日下午七时在会议室举行。到有学生会全体执行委员及监察委员,校务会议代表多人,推朱章宝先生为主席。聚首言谈,极尽欢洽。

(《校务会议召集学生会代表谈话》,《大夏周报》,第86期,1930年6月1日)

大夏附设民众夜校为提倡国音起见,举行国语演说竞赛会,并聘请刘叔昭女士、陈世鉴女士、杨丙炎君、刘自权君等为评判。到会共一百余人。

沪西一隅失学工人最多,该校有鉴于此,创办以来成绩沛然。今春由徐则骧、朱偌溪两君负责,学生人数竟达一百五十余名。校务发展颇有可观,对于党义贯输、课外训练尤为注意。该校为提倡国音起见,于日昨(二十九)下午七时在大夏礼堂举行全校学生国语演说竞赛会,并聘请刘叔昭女士、陈世鉴女士、杨丙炎君、刘自权君等为评判。到会共一百余人,由徐校长则骧主席。行礼如仪后,即开始演说。一班工友学生口词锐利,诚出意料之外。讲题如努力及工人生活等,意义新颖,尤为民众学校中所难得。结果由王长鸿、陶维德、辛志鸿等夺得奖品云。

(《大夏附设民众夜校举行国语演说竞赛会》,《申报》,1930年6月1日,第28版)

六月

九日　群育委员会公布"会议演习办法"。

前经群育委员会第十六次会议议决,于六月九日纪念周会时举行会议演习。查此项演习在欧美各大学多有举行,而在吾校则为创举。参加者当极踊跃。兹将群委员会议订办法录后:

一、此次会议,由学生会执监委员,暨文、理、教育、商、法各学院,高师科、预科七同学会之执监委员组织之。除前项执监委员外,如有志愿加入者,可自由向群育委员会报名。

二、由群育委员会将前条参加会议之会员编订席次表,会议时各会员须按照席次入座。

三、由学生会于前条全体会员中推出会议主席一人,秘书长一人,书记四人。前项职员须于五月二十二日以前推定,报告群育委员会。

　　四、由学生会拟定议事日程,并预备议案。限于五月二十四日以前交由群育委员会核定。

　　五、由群育委员会推定朱章宝先生为此次会议演习指导员。

　　六、由指导员拟定会议规则及旁听规则。

　　七、除第一条所规定之会员外,其他同学均得入旁听席旁听,但须遵守旁听规则。

　　八、俟议事日程及议案编订后,由指导员定期召集全体会员练理之。

　　(《举行会议演习》,《大夏周报》,第86期,1930年6月1日)

　　十四日　补行建校六周年纪念典礼及毕业典礼。上午,在新校址举行校庆纪念典礼,并发运动会纪念品及辩论会奖品。下午,举行毕业典礼,向毕业生授学位证书和纪念品,并请校董杨杏佛演讲。晚,举行盛大游艺晚会。(《大事记》《私立大夏大学一览》,1931年,第6页)

　　建校六周年纪念典礼情况如下:

　　大夏大学原定十四日上午在梵王渡新校举行六周纪念典礼。适逢天雨,乃临时改定于是日下午在胶州路礼堂与毕业典礼同时举行。来宾及该校师生共二千余人,济济跄跄于一时半鱼贯入席。由王伯群校长致开会词,略谓本校六年以来内赖师生合作外,仗社会援助由茅茨而大夏,进步不可谓不速,顾宏基初树,建设万端,此后尤望校内同人之加倍努力,国中贤豪之积极赞助,而毕业生所负对国家对社会以及本校之责任,更不容稍懈云云。次由副校长欧元怀报告本校成立之经过,并述今后发展之计划,略谓本校现在建筑者有大课堂一座,男女宿舍三座,建筑费及地皮已达五十万元,最近之将来尚须建独立科学馆与图书馆,并拟筹到基金五百万元,以本校已往的历史推测之,此并非难事,惟此仅就物质建设方面而言大学教育之重心尤在心理的建设,今后吾校当努力于下列三种心理建设:(一)健全人格的陶冶,(二)真知实学的修养,(三)领袖人材的鉴别和培植。次蔡元培演说,略谓私立大学办理完善进步迅速者,推大夏为独步,而施行导师制,尤为开国内各大学风气之先。盖导师制之在欧美各国极为教育家所重视。次校董杨杏佛演说,略谓大学毕业生应努力于社会生产方面的服务,不宜以做官为目的。次校董赵晋卿演说,自述此次赴日参观远东运动会之感触,推原日本国家之所以蒸蒸日上者,全赖勤俭二字,愿诸君勿忘勤俭二字。演说毕,由王校长授予学位证书,并发给各项奖品。继毕业生赠母校纪念品,并由吴镜芙代表致答词。最后齐唱校歌,仪式极为肃穆。此次毕业生计本科各学院四十三人,高师科三十五人,预科七十六人,兹将其姓名录后:(下略)

　　(《大夏六周纪念暨毕业礼》,《申报》,1930年6月16日,第10版)

　　学校梵王渡新校址建设情况如下:

　　大夏大学因原有胶州路校舍不敷支配,去岁在梵王渡中山路旁购置校地一百五十余亩,建筑永久校舍。第一期建筑于本年一月五日动工,计建大课堂一座,钢骨水泥建筑,长二百尺,宽八十尺,三层楼,共有课堂实验室阅览室三十余间,同时间内能容二千人上课。男生宿舍两座,各长二百尺,宽一百五十尺,每座三层,共可容学生一千四百余人。女生宿舍一座,长二百尺,宽一百尺,三层楼可容学生四百人。现大课堂已造至第三层,各座宿舍造至第二层,均将于八月初落成,八月底全部即可迁入,至该校暑期学校及暑期招生事宜仍在胶州路校舍举办。该校新校全部设备俱最新式,教室内设自动电铃,并于大课堂最高处设电钟一架,上下课无须乎打钟吹号之劳。课桌均系新制铁架柳桉木面。宿舍内每人铁床一架,柳桉木自修桌一只,每两人共电灯一盏。用水方面则自凿自流井一口,每日可抽水十七万加伦。建筑水塔一座,将滤清饮水分流各处备用。该校全部设备用具均系悉心规划,招出品厂家订定合同承办,均订于八月初办妥。所有现在胶州路校舍用具留中学部应用,概不移去,因中学部下学期将迁至胶州路校舍,该校新校地面临中山路,接近兆丰公园三路七路公共汽车站,均经中山路,近在咫尺,并闻迁入后将自备公用汽车数辆往来行驶,直达上海繁市中心,交通尤感便利云。

　　(《大夏大学新校舍将落成》,《申报》,1930年6月7日,第17版)

　　二十三日　接收乔鸿增捐地6.13亩,李轶伦捐地3.16亩。(《大事记》《私立大夏大学一览》,1931年,第6页)

本埠大夏大学因校务发达,胶州路旧校舍早已不敷应用,爰在梵王渡中山路旁购置校地百五十余亩,建筑大规模校舍,不日落成,秋季开学前,准可迁入。兹闻本埠乔鸣[鸿]增氏,有地六亩一分三厘,又李轶伦有地三亩一分六厘,都与该校校地毗连,慨然捐赠该校为永久产业。乔氏捐地上有古木百余,绿阴成盖,葱茏可爱,绕以碧水一泓,风景悠然,实一课余散步绝佳之地。该校当局因乔李二氏热心公益,至堪嘉佩,除各与订立合同呈请本市官厅备案外,并规定免费学额各二名,由该二姓子孙肄业大夏,永久享受以示优荣矣。

(《乔李二家捐赠大夏校地》,《申报》,1930 年 7 月 14 日,第 9 版)

七月

一日 大夏中学迁入胶州路校舍。(《大夏中学定期迁移》,《申报》,1930 年 6 月 18 日,第 11 版)

十一日 校务会议议决各学院学生在三年级以后不准转系。(《大事记》,《私立大夏大学一览》,1931 年,第 6 页)

二十八日 校务会议议决群育主任朱章宝先生辞职,聘俞志瀚先生兼任,吴泽霖博士专任文学院院长,聘倪文亚先生为附中主任。(《大事记》《私立大夏大学一览》,1931 年,第 6 页)

八月

二十日 上海巨商杜月笙热心公益,鉴于大夏经费困难,慷慨捐款 10 万元,已交到 2 万元。大夏已呈请南京教育部,照奖励捐资兴学条例,给予一等奖状。

本埠巨商杜月笙先生热心公益,久著声誉,上海社会事业机关,经其提倡成立,资助进行者不胜枚举。杜先生鉴于本校办理完善,经费困难,慨捐巨款十万元以资补助。已交到二万元。业由王校长呈请教育部援照奖励捐资于学条例,给予一等奖状,用扬仁风云。

(《杜月笙慨捐巨款》,《大夏周报》,第 7 卷 1 号,1930 年 9 月 29 日)

三十日 无锡巨商荣宗敬乐善好义,对大夏热忱赞助,慨允将新校址西界西河捐赠,以作学生健身之场所。西河又称丽娃栗姐河,宽五十至八十尺,面积约五十余亩。

西河在校址西界,邻接运动场,宽四五十尺至七八十尺,上源小溪一泓,绕流校址北面,下游经过名地丽娃栗妲(villa Rio Rita)直趋苏州河。面积五十余亩。水深岸阔,清澈见底,游鱼戏藻,直视无碍,夹岸绿杨,倒影成趣,实避嚣之仙乡,赏心之圣地。该河系无锡巨商荣宗敬氏产业。荣氏经营面粉业,早有面粉大王之称,乐善好义,久著声誉,对于本校尤热忱赞助,此次慨允将西河捐赠本校,以作建设同学健身场所之用。一切布置,将有校景委员会悉心规画[划],大致有游泳、划船等设备云。

(《荣宗敬慨捐西河》,《大夏周报》,第 7 卷 1 号,1930 年 9 月 29 日)

九月

一日 梵王渡中山路 2566 号新校舍落成,师生开始迁入新校舍。(《本学期大事记》,《大夏周报》,第 7 卷第 11 号,1930 年 12 月 24 日)

中山路梵王渡一带一片荒野,除土著农人,很少人迹往来,更无店铺可寻。自从本校奠基于此,数百工人工作于斯,运输材料车辆往来不绝,此一片寂寞之地始渐为小本商人注目。校门对过市房先后兴工建筑,已完工者计有三十家左右,陆续建筑中者尚不在少数。内中以菜饭馆水果店为多,加非[咖啡]、牛奶、西餐、豆浆、理发等馆无不应有尽有,俨然一市镇景象。其资本较小无力开店,在马路两旁设摊贸易者更不胜其数。从九月十一日本校全体同学迁入后,汽车、运货车、人力车往来往来,络绎不绝,中山道上更形热闹,各店生涯[意]尤为拥挤云。

(《中山道上成立新镇》,《大夏周报》,第 7 卷 1 号,1930 年 9 月 29 日)

八日 召开第八十一次校务会议议决,设校景委员会主持校园整理布置事宜,推定吴泽霖、邵家麟、俞志瀚、沈昆南、马公愚等五人为委员。

本校前后购买及各方捐赠校地,截至现在已有二百余亩,第一期建筑全部落成,即将从事第二期建筑,关于校景布置之规画[划],刻不容缓。以校场如此广大,校景布置颇不容易,第八十一次校务会议议决特组织校景委员会,专理其事,以收集思广益之效。当推定吴泽霖、俞志瀚、邵家麟、沈昆南、马公愚先生及男女学生代表各一人为委员,第一次会议由吴先生召集云。

(《组织校景委员会》,《大夏周报》,第7卷第1号,1930年9月29日)

本校对于学生学业素极注重,考试尤为认真。凡学生有临考舞弊者一经觉察,无不予以相当惩戒,施行业经数年。本期同学激增,校务会议恐新来同学未能明悉,特于第八十一次会议重行议决,凡学生考试舞弊予以退学处分。兹录校务会议布告如下:"考试之设,原以测验学生之学业而促其进步,与学生本身及学校声誉,均有重大之关系。临考舞弊,为丧失人格之欺诈行为,身受高等教育者,尤不应出此。兹为预防是种行为起见,特第八十一次校务会议议决,此后凡学生考试时,如有舞弊情事,一经发觉,立予以除名处分,绝不宽贷[待]。深望全体同学自爱爱校,奋勉向上,凡遇考试,力戒一切不诚实之举动,以重人格而全校誉。此布。"

(《严格考试》,《大夏周报》,第7卷第2号,1930年10月6日)

教授出席校务会议代表规定为三人,每届学年开始时改选。本学年代表业经全体教授票选,当选者为卢锡荣、陈柱及马名海三教授。卢为政治学系主任,陈为国学系主任,马为物理系主任,三教授学问渊博,在本校担任教职,马为一年,卢为四年,陈为五年半,对本校情形甚为熟悉。本年度对校务进展,必有所贡献。

(《教授选举出席校务会议代表》,《大夏周报》,第7卷第2号,1930年10月6日)

十一日　秋季开学,新旧学生办理注册、缴费及入舍手续。十八日正式上课。

本期于九月十一日开始注册,先于九月五日开始收费。因新校落成,新旧同学兴高采烈,到校者异常踊跃,收费开始三四日内缴费同学已达千人以上,预料注册时必甚拥挤,教务处乃先于总办公处对面指定空房一大间,分设各学院,师专科及幼稚师范,预科及高中一等三表格检查处及注册处,并请各学院院长、各科主任、各系主任、各组主任担任选课指导。学生会因新来同学对于注册手续,多不谙悉,特于注册室隔壁大房内设立新同学招待处,请招待员三十人,专司指导新同学选课注册等事宜。届时人数虽众,因事先布置周密,尚能井然有序。截止十七日止注册同学已达一千五百人以上,后到者尚络绎不绝,业于十八日上午八时起正式上课矣。

(《开始上课》,《大夏周报》,第7卷1号,1930年9月29日)

本学期各学院及高师科预科附设女子幼稚师范附中学生,共计两千一百一十六人,内各学院八百一十六人,师专科二百三十九人,预科六百一十一人,幼师四十人,附中四百一十人,兹将全体各年级学生人数,列表详细统计如下:

十九年秋季各院人数统计表①

	文	理	教	商	法	总计
一	81	55	103	43	116	398
二	29	15	43	24	74	185
三	24	13	34	8	34	112[113]
四	23	6	37	10	46	123[122]
总计	157	88[89]	216[217]	85	270	818

---

① 该表理、教育两院及三四年级各院人数总和均有计算错误;已分别予以标注。

十九年秋季高师科人类统计表

年级	一	二	统计
人类［数］	139	112	239①

十九年秋季高预科人类总计表

年级	一	二	三	总计
人数	127	203	269	611②

附设幼稚师范学生人数表

年级	一	总计
人数	40	40

十九年秋季附中学生人数统计表

	一	二	三	总计
高中	122	65	57	244
初中	53	54	59	166

十九年秋季各院科分系分组学生人类表
（各学院及高师科分系预科分组）

别院(科)	文	理	教	商	法	师	预
系(组)别及人数	国学 52	化学 26	教育行〈政〉 131	商业行政 7	法律 125	国文 72	文学 240
	英文 31	数学 19	中等育教 29	银行 21	政治 117	史地 114	理学 106
	哲学 1	物理 38	教育心理 30	会计 25	经济 28	数理 22	教育 87
	社会 51	生物 5	社会育教 26	统计 1		英文 31	商学 39
	史学 22			交通管理 26			普通 139
				国际贸易 4			
各院总数	157	88	216	85③	270	239	611

　　本学期全体学生,隶十九行省,内以江苏籍为最多,浙江广东福建等省次之,列表如下:

---

① 原文如此,疑有误。
② 原文如此,疑有误。
③ 原文如此,疑有误。

十九年秋季各省人数统计表

省别	人数	省别	人数	省别	人数
江苏	653	湖南	84	河北	9
浙江	350	四川	75	云南	5
广东	258	贵州	29	河南	3
福建	191	湖北	26	吉林	2
广西	174	山东	17	甘肃	2
安徽	124	陕西	9	总计	2116
江西	96	辽宁	9		

附本校各学期人数比较表

本校自十三年秋,创立迄今,学生人数,与年俱增,唯十六年春,因战事影响,数目较小。兹将各学期人数比较,列表如下:

各学期人数比较表

学期	人数	学期	人数
十三年秋季	245	十七年春季	927
十四年春季	390	十七年秋季	1087
十四年秋季	755	十八年春季	1049
十五年春季	732	十八年秋季	1440
十五年秋季	740	十九年春季	1447
十六年春季	479	十九年秋季	2116
十六年秋季	753		

(《本学期全体学生统计》,《大夏周报》,第 7 卷第 6 期,1930 年 11 月 3 日)

本校此次迁居新校舍,因工程略缓,以致移住延期,而一些手续,更因是而不能即刻就绪,旧同学之入校者,亦不免对于一切事项,颇费周章,新到同学,更不免有茫无头绪之苦。且本季因投考之踊跃,录取新同学甚多,一旦开学,则纷忙之状可想而知。学生会有鉴于此,缘由暑期留校委员会组织新同学招待委员会,各科招待委员姓名如下:

文学院——陈书俊　时昭沅　王健民　杨绍志　保志宁　罗崐勋

理学院——虞德元　江世华　刘思聘

教育学院——韩克俊　陈世鉴　沈逸君　钱阜虞　汪瑞年　韩克弼　周振韶

商学院——何惟士　余定义

法学院——刘志权(刘未来时,由时昭沅代)　倪友芳　温代荣

师专科——王则李　徐则骧　吴琼华　王鞠澄　朱偌溪

预科及高中——赵一雪　关毓芬(兼)　余曙芳　胡可文

上列委员自经决定之后，即于八月底分别发函致各人家中，促其于开学前一星期到校，以便筹划进行一切。

本校于本月十一日，在胶州路同学即前后移往新校，而招待委员亦多数到齐，新同学之到校者亦联络不绝，招待委员会遂急于十二日下午一时召集开会，决定重要几点如下：

（一）临时办公处定群贤堂东首，院长室对面之教室内。

（二）分配招待事件。

（三）推定王健民、虞德元为文书。

（四）张贴告新同学布告。

（五）制招待委员符号。

上列各案既经决定之后，即开始工作，各委员均能按照规定时间至办公处招待。新同学之间询问事项者来往不绝，关于填各种表格、选课、注册、入住，以及学校各种规则、手续，凡有问者，无不竭诚答复，务使新同学满意明了。

招待委员会自成立至今，业已五日，现鉴于事实之需要，工作将延长至一星期左右云。

（《学生会招待新同学》，《大夏周报》，第 7 卷 1 期，1930 年 9 月 29 日）

十四日　新校舍自流井、水塔、运动场、饭厅等配套设施陆续建成，投入使用。

水塔位置在群力斋前面，高七十四尺。容水量为一万加仑，由新中工程公司承造，全部工程业已告竣，自流井马达间亦已接电。从此随时有一万加仑水量储蓄待流各处应用，不致再有用水不便之感。

（《水塔工程完竣》，《大夏周报》，第 7 卷第 3 号，1930 年 10 月 13 日）

本校电气由闸北水电公司供给，水则由本校自凿自流井一口，装置水塔分流各处应用。水已于十四日接通，电灯亦于十六日接电。男生宿舍每室四人，合用电灯两盏，女生宿舍每室二人一盏，走廊及楼梯等处，均装置通夜电灯，光线颇为充足。群贤堂各处电灯均系铁管暗线装置，更为美观耐用。男女宿舍三座各层均特设抽水马桶及盥洗室，大课堂各层均装置抽水马桶。并于每座建筑各层设自来水龙头多只，以便随时取用。

（《水电设备》，《大夏周报》，第 7 卷 1 期，1930 年 9 月 29 日）

本校新建自流井，最初水源未清致流出皆系浊水，现已设法溜清。数周以来，极为清澈，并经上海市卫生局化验检查，已填给证书，正式认可矣。

（《自流井经卫生局认可》，《大夏周报》，第 7 卷第 6 号，1930 年 11 月 3 日）

本校图书馆已由胶州路旧址迁入新校舍群贤堂二楼，设有普通阅览室一间，参考阅览室一间，书库一间，及办公室一间。各项用具皆系新制，阅览桌椅以及钢铁书架等，均参照该馆主任图书馆学专家马宗荣先生所著《现代图书馆经营论》设置，式样美观，精巧适用，一切设置经马先生悉心擘划，备极周详，将来发展，当未有量。闻现因忙于整理，各事尚未就绪，开馆借阅，须俟下月一号云。

（《图书馆消息》，《大夏周报》，第 7 卷 1 期，1930 年 9 月 29 日）

群力斋西面空地近三十亩，专备布置运动场所之用，现正积极从事开辟，日内可完工者有网球场一所，篮球场两所及排球场一所。足球场须两旬后始能完工。径赛跑道俟足球场完工后即开始兴筑。该处西界西河，东接小溪，南北两端皆丛树密缝，以天然界限成一正长方形。场址宽敞，空气清新，颇适健身之用。本期同学增加，爱好运动者极多，每晨中山道上，比肩并跑者比比皆是，无不盼望运动场所之早日成就也。

（《开辟运动场》，《大夏周报》，第 7 卷 1 期，1930 年 9 月 29 日）

新建成饭厅在群力斋后面，共三大间，成Ⅱ形，天井内建厨房三大间，为烹调饮食之所。同时间内能容七百余人用膳。现已全部落成。承包厨房共三家，协记及消夏社专办中菜，大夏饭店专办西餐。女生饭厅则在群英斋西面，早于月前完工，伙食由杨春记承包。

（《饭厅落成》，《大夏周报》，第 7 卷第 3 号，1930 年 10 月 13 日）

校内公路从校门起在群贤堂前成一正方形，南通群英斋，东通群策斋，西通群力斋及运动场。宽二十尺，长约里许。由协兴公司承造，于八月初动工，前部现已完成。惟群贤堂路后，正在继续砌造。

（《校内公路完成》，《大夏周报》，第 7 卷第 3 号，1930 年 10 月 13 日）

十九日　群育委员会于各宿舍设群育员一名，以方便沟通。

前此关于学生住宿膳食等项均由事务处斋务股单独办理，如遇与群育有关事项，多由事务处商得群育委员会同意后代为执行。不但手续不便，群育委员会对于学生生活情形亦不免因此或有隔阂。群育委员会鉴及此，本期特意于各宿舍设群育员一位，直接执行群育委员会对住宿同学施行事宜，关于膳食事项，仍会同事务处斋务股办理。并聘定陈庆君为群策斋群育员，杨建勋为群力斋群育员，翟先女士为群英斋群育员，各住该斋内办公。陈杨二君及翟女士均系本大学本科毕业学生，办事干练，熟悉本校情形，与各同学感情尤为融洽云。

（《群育委员会之新猷》，《大夏周报》，第 7 卷 1 期，1930 年 9 月 29 日）

二十二日　召开《大夏年鉴》编辑常会。

本年度《大夏年鉴》，早已计划出版，暑假前，校务会议会聘请各部职员，努力编订，业已召集各职员开会筹备数次。转瞬暑假已过，校舍焕然造成，环境清幽，斋舍宏敞，师生安然得所，一切皆足入本年度年鉴之绝好新资料，亦我校表彰之光荣，惟距原定出版期渐近，诸待搜集编订本月二十二日下午七时，召集常会，积极工作，俾一绝有价值之本年度《大夏年鉴》，得如期出版。又本年度拟加入校董肖像，杨杏佛先生等闻已陆续赐送该社矣。（氏）

（《大夏年鉴社消息》，《大夏周报》，第 7 卷 1 期，1930 年 9 月 29 日）

二十四日　召开本学期第一次事务委员会会议。

事务委员会为讨论一切事务进行机关，以事务主任为当然主席。本学期因校务发展，事务亦较前增多，因此委员人数亦略有增加。

本期事务委员为吴浩然、俞志瀚、马公愚、潘白山、张泽春、陈庆、王耀堂、翟先、郑菊人、宋作锟、刘因、杨泣觉、龙兆佛、欧阳达、杨建勋、吴渭澄、何仲猷、吴元英等十八人。吴浩然为当然主席。本期第一次会议于九月廿四日下午四时举行。其议决案件重要者有：

▲ 事务处职员工作分配　事务处除斋务、卫生两股事务由群育员分任，收发、印刷两股各由该股办理外，其他各股职员工作经混合分配如下：杨泣觉办理《大夏周报》付印、校对及发行，事务处文件布告，及各种印刷品付印、保管事宜。龙兆佛办理各种校具设备及接洽闻讯事宜。杨建勋办理关于校工支配，训练，考成，维持学校治安，管理工程处等事宜。欧阳达专司采购物品。吴渭澄管理储藏室之收发、等级及编制校具统计事宜。

▲ 规定训练校工办法　本校校工总数七十余人，多系本期雇用，对于礼貌工作，诸多不悉，亟待从事训练。训练事宜，由事务员与群育员共同办理。办法：分各处校工为五个单位，1. 群策斋，2. 群力斋，3. 群英斋，4. 群贤堂，5. 其他各处。各斋由群育员负责，群贤堂及其他各处由事务员负责。训练时间由负责人自订。

▲ 规定采买及保管物品办法　以后购置物品，须先填写购物单，经事务主任审核签字，再交与事务员购买。储藏室物品另设专人管理，各处取用须填写领物单，事务员照领物单数目发给后即须登账，一月及一学期末须将用去物品数目制成统计。

▲ 添设门房及改良送信办法　现在因人数增多，每日平均信件约有两千封左右，收发处校工两人照应不周，以后拟于各宿舍添设门房一人，常信到时即由各宿舍门房按室分送。如此即可免除收发室拥

挤,各同学信件亦不致有遗失之虑。平时更可防守宿舍门禁,诚一举数得。

▲ **规定饭价** 现在校内各承包厨房售饭价目,高低不一,不但开饭时凌乱无序,对于各同学经济亦不免发生影响,兹特规定,所有在校内各厨房售饭价目,月包为七元、八元两种,零售饭券每元七张,以资划一。

▲ **支配新建平房用途** 大礼堂东面新建平房十间,现已竣工,其用途经支配如下:1. 诊察室,2 及 3. 储藏室,4. 讲义室,5. 印刷室,6. 收发室,7. 体育部办公室,8.《大夏年鉴》社办公室,9. 区分部办公室,10. 学生会办公室。

(《事务委员会消息一束》,《大夏周报》,第 7 卷第 2 号,1930 年 10 月 6 日)

二十九日　举行全体新生集会。

新生初次来学,对于校务情形不免有未能明了之处,若不加以切实指导,于学生自身学业及学校行政上均将感受不便。校务会议有鉴于此,自上学期起,每届开学时对于新生均加以指导。其指导方法分新生全体及分院分科两种集会。全体集会使其对于整个校务行政有深刻的认识,分院分科集会使其对于所在院或科的行政、课程内容等有透彻的了解。其意至善。本期全体新生集会业于九月廿九日下午二时在大礼堂举行。到有副校长欧元怀,大学秘书王毓祥,教务长鲁继曾,事务主任吴浩然,群育主任俞志瀚,学生会代表及全体男女新同学。开会行礼如仪。首由

欧副校长开会词 先表示欢迎之意。次谓同学常有"他们""我们"的口语,似乎学校办得好坏,都是"他们"行政人员的责任,与"我们"做学生的毫无关系的一样。这是很不好的口语。希望在今天集会过后,大家把"他们""我们"的口语合并起来成为"咱们"。事事从全体着想,大夏办得好,是大夏全体的荣誉,大夏办得坏,是要大夏全体负责。欧副校长并附带报告

学校行政组织大纲 略谓本校的行政组织的精神完全可以用"开诚布公,通力合作"八个字来概括。本校采取校长制,设校长及副校长,但一切重要的校务均由校务会议决议。于校长下设大学秘书、教务长、会计主任、事务主任及群育主任,同时并设校务发展、教务、财政、事务及群育等委员会,以为讨论及议决重要案件机关。所以本校的组织是兼有校长制与委员制的长处的特殊组织。各种校务都有负专责的人,同时有会议的机关为之辅导。次

王毓祥先生报告校史 略谓本校为十三年六月一日被厦门大学压迫离校学生二百余人及表同情的教授数人来沪创设。初设宜昌路一一五号,继迁小沙渡路二〇号,十四年秋季迁入胶州路三〇号,本期迁入新校。开办费系王伯群校董捐赠。初办时无校长,由创办人欧、王、傅三先生任执行干事。十三年十一月马君武校董任校长,至十五年十月马校长因办广西大学辞职,由董事会推举现校长王伯群先生继任。大夏的命名是由"厦大"壇[壇]变而来。因反抗厦大,所以把厦大倒置成为"大厦",同时憎恶"厦"字代表厦门,带有地方主义的色彩,所以把天窗推开成为"夏"。次

鲁继曾先生报告教务须知 共分四项:(一)注册,(二)请假,(三)修学,(四)考试。各项中又分条目若干,源源本本均系极有价值的谈话。惜词长不能备录。再次本为

傅式说先生报告会计须知 是日适傅先生略感不适,未曾到校,由欧先生代为报告数语。略谓本校经济困难,开支以一钱有一钱之实效为原则,并须涓滴必归于公,因此付款手续十分周密。每次付款,先由事务主任签出传票,经会计主任审核加签,方交会计处预备支票,再由会计主任及校长或副校长在支票上签字,方能照付。学校现款只存一百元,付款均以支票。五十元以上之支出,更须经财政委员会之通过。再次为

吴浩然先生报告事务须知 略谓新校事务方面最重大者为水电设备,现均先后办妥。其他因事务繁忙,不免有遗漏及想不到的地方,希望同学随时建议,当设法改进。再次由

俞志瀚先生报告群育须知 略谓群育的目的在如何使同学在群众生活中养成良好的习惯。此事不在多说话,在实行。走入良好习惯的大道不外:(一)守法——遵守学校一切规章,对人应有相当礼貌;(二)合作——凡事均以精诚相见,遇有不满意的地方,无妨彼此说明,共谋改善的方法,当能得良好的结果。后由

学生会代表致欢迎词 代表为韩克弼君,先述欢迎新同学的意义,次述学校当局负责办事的精神。

最末，欧副校长谓本校校场原系荒野，今已夏屋渠渠，甚盼各同学本着鲁滨孙的精神，大家努力创造，使本校更发扬光大。词毕，合唱校歌散会。

（《全体新生集会志盛》，《大夏周报》，第7卷第2号，1930年10月6日）

《大夏周报》出版第87期，改称第七卷第一期，并发表王毓祥撰写的《大夏周报今后之使命》，摘录如下：

本报为大夏全体师生之言论机关，内而淬砺精神，外而发扬声誉，胥于本报是赖。大夏为国内最高学府之一，国民之道德，赖之陶镕，社会之思想，资之为向导，其使命之伟大，不徒不受空间时间之限制，并且随空间时间之演进，继长增高而无有止极。本报为大夏精神发现之结晶，因之大夏之使命，亦即本报将来之使命，随大夏本身空间时间之扩大而愈增其隆崇。本学期为大夏第七周年发轫之始。济济多士，建筑崇宏。在全国中外教育界硕彦，都不能不承认大夏在过去六年中成绩之庄严伟大，旭日融融光芒万丈。大夏同人际此发扬踔万之余，固不禁欢欣鼓舞，心旷神怡。而回溯六年以前，矮屋数椽，寄人篱下之瑟缩情状，又不禁喜极而泣。今者大夏第一期建设业已告成。第二期三期以至无穷期之建设，以及大夏对于中国名族世界文化之贡献，正在开始。本报亦于此七周年之际，重整演坛，剑及履及，以与校内校外读者相见。为大夏本身计，为大夏同人计，为本报前途发展计，对于此后应负之使命，不可不有明确深刻之认识。

上面业已说过大夏将来之使命，即本报此后工作之目标。大夏之使命何在，其范围之广狭如何，仁者见仁，智者见智，恐难得有一致之答复。虽然，吾校以大夏锡名，名为实宾，有此名必须具此实，方可当之而无愧。大大也，夏亦大也，故大夏大学，实为大大大学。域中有四大，吾校已占其三。盛名之下，将何以副。《中庸》曰："充实而有光辉之谓大。"如何使我们的大夏日益充实，如何使我们的大夏日益光辉，实与吾人以穷年莫殚，屡世莫究之工作。而吾人此后之目标，既不外从大字上继续努力以求贯彻。

欲贯彻吾大夏之三大主义，不外物质与精神两方面。《中庸》之所谓充实，即指物质；所谓光辉，即指精神。欲大夏大学物质方面之充实，急须完成第二期建筑。将需要紧迫刻不容缓的科学馆、体育馆、大礼堂即行建筑；并须购备大宗之图书，大宗之科学设备，使学生有充分实习之机会；更募集巨大之基金，使学校本身有金汤磐石之故。大夏目前校舍，已成四座。校地面积已达二百余亩。在国内一般私立大学中，固可从容盘带无稍愧色。但江之外有海，海之外有洋，在欧美各国之私立大学之伟大动辄数千万或数万万。其校舍设备、科学设备、图书设备，尤为搜罗宏富，应有尽有。吾大夏同人，宜取法乎上，努力向上，使东亚大陆之大大大学，亦有与世界著名私立大学如剑桥牛津哈佛等等，相形并大之一日。万不可效辽豕篱鸠之见，泰然以目前之环境为已足。

讲到精神方面，要使大夏大学在国内国外教育界都有光辉，尤非容易可以办到的一回事。就国内而言，必俟大夏大学对于建设人材之培植，民族德性之修养，与夫国计民生之根本大事业，安内攘外之伟烈丰功，都有特殊之贡献，始能国内教育历史上有光辉。就国外而言，必俟大夏大学对于各类文化有所贡献，对于科学有所发明，使能在全世界教育史上有光辉。大夏自呱呱坠地迄今不过六年，在国内国外教育界虽已崭然[露]头角，但在吾人理想中之光辉，距离犹远。

以上两段，不过本报同人，根据本校同人应有之天职揭橥出去，以与同人相砥砺。目标既定，万矢赴的。在大夏字典上原无难之一字，积之十年二十年，终有达到名实相副大大大学之一日。

（王祉伟《大夏周报今后之使命》，《大夏周报》，第7卷第1号，1930年9月29日）

本月 开通大夏公共汽车两部。

大夏公共汽车两部，每日从上午六时四十五分至下午六时二十五分，往来行驶本校与西藏南路间二十一次，星期六下午及星期日并酌加开车次数。因便利留住致和里教职员及小沙渡路同学及附中同学，每次经过胶州路中学部兹将时间表附后：（中略）

（一）星期六下午、星期日及放假日开车数次（不按平时班次），较平时为多约半小时一次

（二）星期六下午、〈星〉期日及放假日晚七时由白克路特开专车一次以便入校

（三）如需用专车可先一日向本校总务处接洽，须不与上车时刻表冲突方可驶行

（四）本校汽车自白克路至中学部约需十五分钟，自中学部至大学部约需十五分钟，自白克路经中学到大学部约需三十分钟

（五）上列时刻表自九月二十七日起，如有更改之处再次通知

（《大夏公共汽车行驶时间》，《大夏周报》，第7卷第1号，1930年9月29日）

本月　《大夏周报》相继刊出诊察室消息。

诊察室现迁至大礼堂东面新建平房内，占屋二间。外间为待诊室，设置卫生图表小册等以供待诊同学阅览。里间为诊病室及药物储藏室。本期因新校距市较远，恐同学配药不便，故各种普通药品，均已购备齐全，并添请林庆星君为护士，助理一切。诊察时间定每日上午十至十二时，下午三至五时。校医张泽春先生住群策斋一四五号，同学如有急症，除规定时间外仍可前往请诊云。

（《诊察室近况》，《大夏周报》，第7卷第2号，1930年10月6日）

本学期学生数激增诊较前发达。兹为便利患者诊视起见，于规定时间外特订临时诊病办法，凡得病而未能到诊察室待诊者，得报告各该宿舍群育员或指导员填写名单，每日于上午八时至九时，下午四时至五时，八时至九时，谓校医按临诊视，如得急病者，则不拘时间，已由事务处布告，俾众周知云。

（《学生临时诊病办法》，《大夏周报》，第7卷第5号，1930年10月27日）

本月　《大夏周报》刊出学生会王则李介绍学校学生活动的文章，内容颇为详细，照录如下：

本校向以师生合作为精神，所以在学生对于学校抱着十二分的热忱来帮助进行，学校当局也就在学生活动的各方面，都予以种种便利。几年来本校的迅速进步，固然是当局的坚苦毅力，而同学方面的一心一德，和衷共济，也未始非进步中的一个大原动。

本学期同学人数骤增，校舍新迁，本校前途，方兴未艾，在此宏壮大厦中，都盼望着千八百的同学，在同一个立足点，来努力我们学校，我们自身的进步。这就是我们以后活动的力量；并且要如何纠正以前的错误，图谋未来的建树。记者在过去几学期，参加同学活动，对于已往情形，略知一二，还愿知道我们情形的旧同学，和初来的新同学，对于已往的情形，加以纠正或赞助，或供给我们一些参考，俾我们在兹开始之际，继续开来，得所指针，这就是我写述本文的动因。

本校学校生活动，大概可分三个种类：

全体的——学生会——女同学会

院或科别的——各院科同学会

部分的——各种学术团体

一、学生会

学生会是全体同学的总机关，也就是同学活动最高权力之所。学生会以全体大会为主体，惟以人数太多，召集不易，在民国十七年，乃创行代表制。代表的产生，是由各院科分别选举，每十五人产生一人，由这些代表组织代表大会，来产生执行委员和监察委员，决定学生会的大部分工作计划，执行委员二十一人，分部分股，执行代表大会交办事件和临时发生事件；监察委员七人，监督执委会的工作，接受并管理会员弹劾事宜和审查执委会的预算决算。为易于明了起见，将组织系统列表于下：

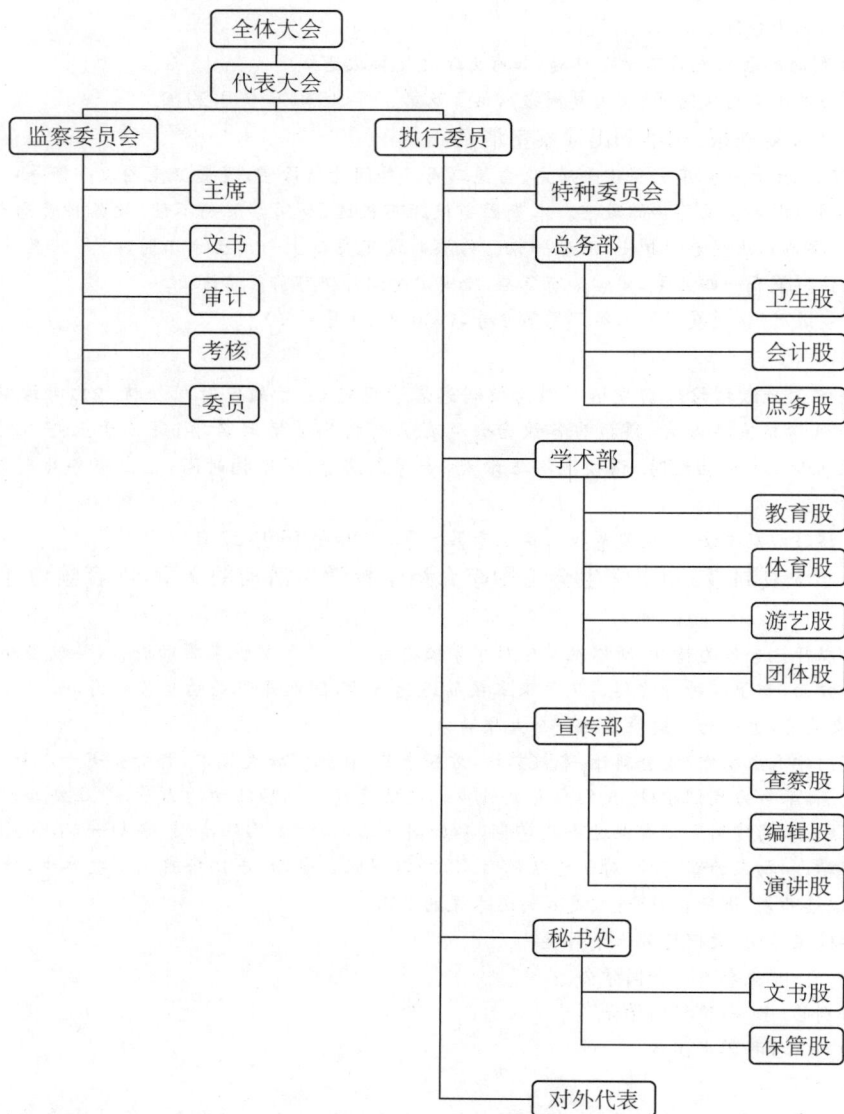

代表大会每学期举行两次,在开学后两星期及放假前两星期举行,第一次大会选举执监委员,议决本学期工作大纲,为学生会最高权力机关。代表本身,则由上届执委会在开学两星期内决定大会日期,通知各院科同学会依照规定人数选出,及期召集之。新执监委员选出后,代表大会闭幕将所有时间,统交办理,但在执监两委员会发生冲突或特别事故时,代表大会得出而仲裁之。

执行委员会代表受大会之托,处理一切事宜,按学生会"以匡辅学校进行,图谋本身利益"之宗旨,在全体会员监督之下,为学校为同学进行一切。已[以]往的工作情形,大概可以对学校、对同学、对外三项别之。

1. 对学校的:

A. 供献意见于学校之进行计划;

B. 派员参加当局函请出席或列席之会议;

C. 合办事务:如纪念大典、游艺会、消费合作社、年鉴、募捐、宣传等;

D. 维持学校秩序,代宣学校意旨于同学;

E. 代表同学要求事件。

2. 对同学的:

A. 接受同学意见,处理本身或对外事件;

B. 出版刊物;

C. 增进同学求学兴趣及增广识闻——如读书会、名人演讲等;

D. 规划同学饮食起居之卫生及运动一切有利身心之事宜;

E. 帮助或指导各种团体之进行;

F. 办理同学娱乐事件——俱乐部、游艺会等;

G. 调查不守纪律之同学,维持公众之治安;

H. 通达学校与同学间之消息,谋双方之接近;

I. 同学不幸事件时之补救或预防;

J. 其他一切本身利益之谋划。

3. 对外的:

A. 参加学联会;

B. 参加临时集会;

C. 办理民众学校;

D. 对国事社会事件之宣言或赞助反对等。

女同学会组织只有执委会,其处理事件,大概与学生会相联络,而限于女同学方面。因为事件和篇幅关系,只能做一个简单的叙述,但由此也可想及学生会的工作大概了。

二、各院科同学会

为谋各本院科同学自身之联络,及辅助学生会之所不及,乃有各院科同学会之组织。各科全体大会在开学放学前后两星期举行,而交其平日事件于执委会。各院科人数不齐,同学会之组织亦各异,普通为执行委员七人至十一人,如预科则设有监察委员。他们的工作,大概如下:

1. 达同学间之消息为学生会所不及者;

2. 代宣学校意旨及学生会消息于同学;

3. 代同学向学生会或学校之请求;

4. 本科同学之联络——帮助组织学术团体,办理同乐会等;

5. 谋本科同学之利益;

6. 谋院长、主任、教授与同学间之融洽;

7. 学术切磋——名人演讲出版刊物等。

同学会情形大概如此,宗旨也比学生会之与同学,更为接近,所以能帮助学生会,通达学生会与同学间之消息,或至解释学生会与同学间的偶然误会。同学会组织法,大概如下:

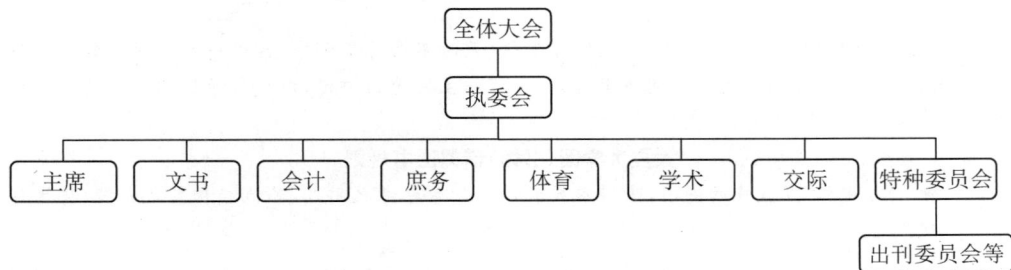

三、各种学术团体

这一类是很难叙述的,因各团体宗旨之不同,组织之悬殊,若作一个报告,实非一时能罄。在这地方只能说及学术团体之成立法及其工作范围罢了。

由少数人感觉某种学术有多数人集合研究之必要,于是发起某研究会,国家结社自由,何况学校。惟以恐有特殊情形,学术团体之成立,约有下列之规定:

结社宗旨在研究学术和联络感情范围内;

发起时须将名称、宗旨、发起人姓名、征求会员之范围、成立后并将进行事项、经费来源及预算等报告群育委员会;

出版刊物须经群育委员会之审查认可(见学生结社集会规则)。

过去几学期,学术团体之成立者,约有下列各种,为便利于新同学参考起见,并将各团体负责人附列,而本文也就于此结束。

政治学会————王健民

完白文艺社————徐则骧

大夏剧社————姜敬舆

紫薇剧社————佘定义

教育学会————田康

浪岛文艺社————杨文俊

英文文学研究会——未详

溶雪社————未详

饶舌社————未详

上列各种外,于各团体,因一时记忆不及,或有遗漏,望加原谅。记者附白

(王则李:《本校学生活动之概况》,《大夏周报》,第7卷第1号,1930年9月29日)

十月

一日　图书馆正式开放。

图书馆于本月一日开放,三日之间,领去借书登记一千三百余号。第一日借出普通图书达计二百六十余册,阅参考书籍者达百人以上。各同学爱智之迫切,于此可见一斑。唯图书馆地址[方]有限,座位无多,致借阅书籍者无时不见拥挤。马主任宗荣为便利同学阅书计,现正筹备扩充云。

(《图书馆开放后之盛况》,《大夏周报》,第7卷第3号,1930年10月13日)

图书馆中西书籍,年有增加,原有馆员,颇难应付。本期除刘因、吕绍虞①二君仍旧,添聘有叶韶琳、杨燮炽、章郁香、李学苏四位。所任职务,均经马先生妥为分配,以期办事敏捷,效率宏大。马先生为谋馆务发展起见,会于十月一日,召集全馆职员,开第一次馆务会议,对于馆务进行及发展多所讨论云。

(《图书馆添请馆员》,《大夏周报》,第7卷第3号,1930年10月13日)

马宗荣先生担任图书馆主任以来,对于馆务发展,无时不在筹备之中,馆内一切布置均经马主任悉心规划,探取近世最新方法。关于借阅图书规则,亦经马主任重为订定,以期合于适用。兹将订定借阅图书规则附后:

大夏大学图〈书馆〉借阅图书规则

第一条　图〈书馆〉所置中西图书,除供本校教职员学生参考之用外,其他经相当之介绍,得主任之

---

① 吕绍虞(1907—1979),原名型孝,浙江新昌人。早年毕业于大夏大学,后又就入武昌文华图书馆专科学校,专攻图书馆学和目录学。历任大夏大学图书馆主任兼讲师、上海鸿英图书馆主任、中央图书馆编纂兼编目组主任。1949年后,任武昌文华图书馆学专科学校、武汉大学教授。著有《中文标题总录》、《中国目录学史稿》,合编《册府元龟索引》。

同意者,亦得借阅。

第二条　欲借图书者,须持注册证向本馆领取馆内外借书证。

第三条　借书证应于终止借书,或学期结束时,随同所借图书一并送还。

第四条　借书证倘有遗失应注意下列各项:

(一)须至馆声明;

(二)在未经声明前被捡得借书证者借去图书,应由原领证人负责;

(三)补证每次须缴补证费,馆内借书证大洋三角,馆外借书证每卡小洋二角;

第五条　借图书至馆外阅读者应注意下列各项:

(一)借出图书以寻常板[版]本为限,珍贵图书,教授指定参考图书,保留图书,概不借出馆外;

(二)欲借何书,应就目录中选择,记其书名、分类号数、借书年月、本己姓名、住所及院科别于阅览券,并填清代书板签条上应填各项,连同借书证交馆员捡取;

(三)还书时须当时取还借书证;

(四)借期以一星期为限,逾限须续借者,得酌量展限,惟至多不得过一星期;

(五)逾限之书欲续借者须将该书带至出纳处声明,换盖借期日戳;

(六)借阅图书遇本馆检查必要时,经本馆通知,应即归还;

(七)逾期而不归还者,每部每日罚铜元六枚;

(八)每人借出图书总数以两册为限(但线装书可借至十册),用 AB 二卡,每卡只能借一册(但线装书可借至五册);

(九)教员借学程参考用书,经商定后,得增加本数,延长借期。

第六条　在阅览室借阅图书应注意下列各项:

(一)务宜肃静,勿高声朗诵、重步、偶语,致妨他人阅览;

(二)勿吸烟,勿随地吐痰;

(三)脱帽;

(四)陈列图书杂志报章等,不得携出室外,阅后并须归还原处;

(五)借书手续,应依据第五条二、三两项之规定,但可免去填代书板签条;

(六)所借图书,须在该阅览室阅览,阅览未毕,因事外出时,必将所借图书交还后,始可外出;

(七)图书或杂志未经馆员许可而携出者每次每本纳金小洋二角,如逾日仍未归还者,每本每日纳金递加小洋一角。

第七条　书经阅毕,须即交还,不得任意辗转借阅。

第八条　阅书时应注意下列各项:

(一)勿污损;

(二)勿圈点勿批评;

(三)勿蘸唾翻页;

(四)勿折角。

第九条　凡借阅图书不还,连催三次者,受一次警告。

第十条　借阅图书,遇有剪裁图书,或遗失、污损、评点等情者,应即按照原价,加倍赔偿。

第十一条　凡应行纳金事项,由馆员随时通知。

第十二条　凡应纳金而未纳者,停止借阅图书利益,至纳金时为止,并得由赔偿准备金内扣除。

第十三条　学期结束时,凡借阅图书尚未交还者,下学期来校不得注册,转学者不给转学证,毕业者则扣留其文凭。

第十四条　普通阅览室及参考阅览室开放时间,除例假停止外,星期一至星期六每日上午八时至十二时,下午一时至五时,七时至十时,星期六晚及星期日上下午停开。阅览室每日自午前八时至午后五时开馆。寒暑假期,另行规定。

第十五条　借书出馆时间,除星期及例假外,馆内借阅每日上午八时至十二时,下午一时至五时;馆外借阅午后借阅一时至五时,必要时得斟酌情形伸缩之。

第十六条　本馆在每学期末之前十日,即停止借书以便清理。

第十七条　书库非经许可不得入内。

第十八条　本规则有未尽善处得随时修改之。

第十九条　本公布自公布日起施行。

(《图书馆重订借阅图书规定》,《大夏周报》,第7卷第3号,1930年10月13日)

图书馆图书虽时有增加,以经费有限,同学人数激增无已,时时现出供不应求之象。上学期会由学校与学生两方面共同发起举行图书募捐运动,结果募捐图书六千册亦不能满足各同学求知欲望。本期特由校务会议议决请教职员捐赠,凡教职员薪金在五十元以上者每月捐赠百分之二作为图书费。业于九月份起每月自薪金内扣除。此举在教务员方面牺牲有限,嘉惠士林,实非浅鲜。

(《教职员捐赠图书费》,《大夏周报》,第7卷第3号,1930年10月13日)

图书馆设备日渐完备,具体情形如下:

本校图书馆,自马主任任事以来,锐意经营,内部日渐发展,迁来新校后,尤加整饰,所有设备,概系新制,记者视察之余,特为介绍如下:

一、书架　新制铁质两面书架,为国内大学之仅见者。

二、阅览票箱　此箱系一排列之格柜,每二十号一格,安置同学所交借书券,检查时,按号抽取,异常便利。

三、目录柜　置在室外。上层悉系普通书籍目录,下层抽屉,各院科各占一只,贮藏参考书目,因各教授所指定者,即以各教授姓名为类。

四、代书板　架上书籍借出后,其空位即以一块木板插入,板上书有所代某书之名,借出月日,及所借人姓名。

五、新书书架　在阅览室,有一书架,专放新到各种书籍,此类书若系教授所指定之参考书,在此陈列三日,即移放参考书室,若非指定者,即在此陈列一月。(在此期限内不借出)

六、杂志处　分两处。在内的,系比较有价值,须保存者,和普通书籍一样取借阅手续。在外的,系普通,或本馆有两份以上者,同学可以随意翻阅。

七、看地图台　此台形式,与普通阅览台同,但台面系双层,设披阅图大时,下层可左右抽出,其大加倍矣。

八、花盆架　在普通花盆架下面,装成一个柜,柜面写着标语,柜门开时,可投放字纸,一物而三用也。

九、书台在参考书室内,台面倾斜,下面置放各种词典,台面宽大,供披阅抄写。

十、集思想[箱]　为欲得同学对于图书馆贡献意见,特设此箱,同学有任何对于本馆之意见,请署名投入此箱。

(《图书馆设备一班[斑]》,《大夏周报》,第7卷第6号,1930年11月3日)

二日　召开第十八次群育委员会,议决:1.筹备本学期举行英语辩论及国语演讲比赛;2.加聘倪文亚、杨葆康、全增嘏、马志超、孙德谦、彭望荃、张凤桢、董时、郁康华、周昌寿、黄中董、吴文蔚、朱巽元、陈辛恒等十四人为导师;[①]3.筹备学生会及各同学会改选。

英语辩论及国语演说曾于上学年举行两次,结果良好。本期经第十八次群育委员会议决照例举行。并推定丁文彪、陈铭恩、戚毓芳、彭望荃四教授筹备指导关于英语辩论事宜,朱章宝先生主持国语演说事

---

① 该名单出自《大夏周报》第7卷第11号《本学期大事记》(1930年12月24日出版),与《大夏周报》第7卷第4号《导师制之进行》一文记载不同。后者称添聘导师为倪文亚、马志超、吴文蔚、周昌寿、杨葆康、郁康华、陈醒庵、朱巽元、黄中董、全增嘏、董时、王国秀、陈鸣一、张凤桢,马宗荣等十五人。

宜。所有举行日期及方法等将由丁、朱诸先生规定云。

(《筹备英语辩论及国语演说》,《大夏周报》,第 7 卷第 4 号,1930 年 10 月 20 日)

英语辩论会为同学练习英语口才及增进研求英语兴趣之组织,据已报名加入辩论者,有二十八人,继续报名者,尚甚踊跃,预料成绩,当属美满。国语演说会,尤为练习发表能力之绝好机会,本学期为求各院科参加普遍起见,已由群委会分函各同学会,酌派参加,每院科各有四五人之多,同时自由加入者,亦甚踊跃。规定本学期辩论演说两会,预赛日期,自十一月第二星期起,决赛日期定于十二月二十日以前举行,届时定有一番伟况也。

(《英语辩论会及国语演说会之进行》,《大夏周报》,第 7 卷第 5 号,1930 年 10 月 27 日)

国内各大学中施行导师制以本校为创始,继起者尚少有所闻。初由教务处办理,仅施行于大学四年级及高师二年级,每一导师指导学生十余人,随时召集谈话,关于修学、择业、接物应世均加以切实指导,颇著成绩。去年秋季改由群育委员会办理,推广及于本科一年级,三四年级,及高师科二年级,更得圆满之结束。本期因人数过多,经群育委员会议决,导师制之施行以大学一四两年级及高师二年级为限。缘大学四年级及高师二年级学生将毕业,出而应世,大学一年级生多系新来,须待指导之处甚多。原有导师欧元怀、傅式说、卢锡荣、黄敬思、张耀翔、郑通和、陈柱、戚毓芳、王毓祥、吴浩然、麦左衡、俞志瀚、沈璿、丁文彪、鲁继曾、孙瑞、邵家麟、蓝春池、马名海、陈铭恩、钱道南、郑琴德、杨鸿烈、孙浩炬、朱章宝、陈选善、吴泽霖诸先生二十七人,不敷分配,亦经群育委员会提请校务会议添聘倪文亚、马志超、吴文蔚、周昌寿、杨葆康、郁康华、陈醒庵、朱巽元、黄中董、全增嘏、董时、王国秀、陈鸣一、张凤桢、马宗荣诸先生十六[五]人担任。共有导师四十二人。业由群委会制就学生选择导师表一种,随同导师名单分发享有选择导师各年级同学填选,填就交还者甚为踊跃。结果不日即可发表云。

(《导师制之进行》,《大夏周报》,第 7 卷第 4 号,1930 年 10 月 20 日)

本期同学人数众多,难于辨识,难免不有宵小混入宿舍,乘机窃物,群育委员会为防患未然计,特于第十八次常会议决注意宿舍门禁办法五条:1.各宿舍除留一门出入外,余门一律关锁;2.在进门地方设传达处;3.每晚十点钟以后锁门;4.各宿舍装置电话;5.女生宿舍前搭号房一所,并整齐旧有竹篱。除 5 须征求校景委员会同意外,其余已照议案进行云。

(《注意宿舍门禁》,《大夏周报》,第 7 卷第 4 号,1930 年 10 月 20 日)

学校重视发展体育,特拟定本学期体育进行计划,并重新组织校体育部。

本校对于体育,素极重视。前在胶州路校舍时因运动场所狭隘,未能十分发展。然在江南各大学运动会中,出马即以网球称冠军,而田径赛亦与素负盛名之交通大学并列第三,其努力可想见也。本期迁入新校,特在群力斋西面划出长方端直之空地三十亩,专作建筑运动场所,并得荣宗敬氏捐赠面积五十余亩之大河一条,仅接运动场西面,备建设游泳划船之用。运动场长一千尺,宽四百五十尺,业经铲平,篮球场、排球场等已筑就数方,足球场及跑道在建筑中。关于本期体育进行计划,亦经体育部主任沈昆南拟就提交群育委员会议决施行。其重要者有:

1. 组织体育部　本校原有体育部组织不甚完整,现各项运动均设备完全,体育部殊有重新组织之必要。章程尚在订定中。其组织系统经规定如下:

大夏大学体育部组织流程图

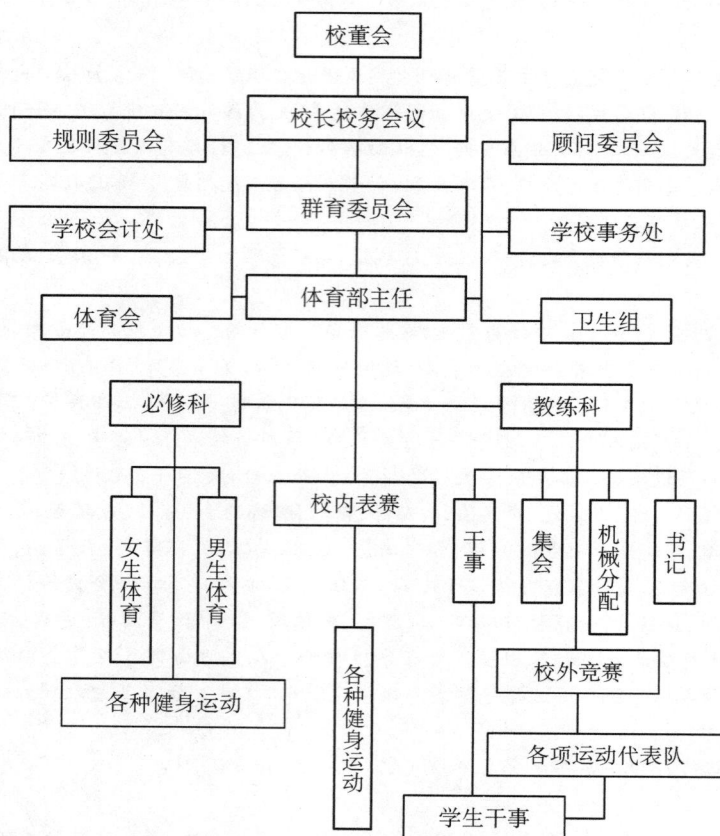

校董会

校长校务会议

规则委员会　　　群育委员会　　　顾问委员会

学校会计处　　　　　　　　　　　学校事务处

体育会　　　　体育部主任　　　　卫生组

必修科　　　　　　　　　　教练科

　　　　　校内表赛

女生体育　男生体育　　　　　干事　集会　机械分配　书记

各种健身运动　　各种健身运动　　校外竞赛

　　　　　　　　　　各项运动代表队

　　　　　学生干事

2. 编印体育月刊　详载关于本校体育消息、江南大学体育协会及国内外体育新闻、评论、方法、研究，以及其他关于体育上之文字、图画，以鼓励本校体育之发展为主旨。

3. 筹建体育馆　体育馆之建筑实不容缓，拟先行筹定办法，绘制图样，筹集经费，并特组筹建体育馆委员会办理，以利进行。惟兹事体大，不能短时完成。在体育馆建筑未完成之先，为发展体育计，不得不尔。

4. 建筑临时健身房　临时健身房建筑在运动场西面，长一百三十尺，宽六十尺，分为三间。中间长七十尺，宽六十尺为篮球房。其两旁大小相之两间，一间为手球场，一间为排球及各种室内运动房。更于大门进口处设沐浴室两间，更衣室两间，图样决定，即将兴工建筑。

5. 支配体育费　本期同学一千七百余人，共收体育费三千四百余元，其用途经支配如下①：

男生项目	开支②	工用具③		运动衣	短裤	鞋	袜	器械	杂费	车费	裁判员费	医药费
足球	289	234	100④	35	35	34	30	—	20	20	10	5
网球	269	204	140	14	—	—	—	50	25	35	—	5

---

① 为符合现代阅读习惯，下表各项目编排方式略有更动。原表未标明单位，据上文可知下列各表单位均为"元"。

② 开支系为各项目总开支(不含工用具)，女生同。

③ 工具费用未计算在"开支"之内。

④ 此列原文并未列出具体开支项目。

男生项目	开支	工用具		运动衣	短裤	鞋	袜	器械	杂费	车费	裁判员费	医药费
篮球	335	260	150	20	20	40	—	30	20	40	10	5
排球	168	120	70	20	20	—		10	15	25	8	—
棒球	247	209	70	24	—	40	30	45	10	15	8	5
田径赛	262	190	—	25	25	40	—	100	30	25	12	5
越野	97	62		16	16	30		14	16			5
游泳												
总数	1667											

女生	开支	球	运动衣	短裤	鞋	杂费	车费
足球							
网球	64	14	20	—	10	10	10
篮球	74	14	10	10	20	10	10
排球	69	14	10	10	10	10	15
棒球	72	12	10	10	20	10	10
田径赛	80	—	20	20	20	10	10
越野							
游泳							
总数	359						

项　　目	开支总数
男生项目	1667
女生项目	359
学生俱乐部室内运动用具	400
运动场建设费	1000
共计	3426

6. 布置运动场　运动〈场〉布置形式亦经规画[划]，决定场之南端筑网球场十二方，分为两排，网球场北筑篮球场四方，再北筑排球场四方，排球场之北至北端画处为足球场，足球场四周即为田径赛跑道。在运动场西面中点沿西河建临时健身房一所，出健身房门即为西河，供划船游泳之用。健身房南北沿西河，均筑看台，供参观竞赛者息坐。女生体育场拟设在群英斋南面，设网球二，排球场一，篮球场一，克罗克球场一。

7. 添设运动项目及用具　本期除原有足球、网球、篮球、排球、棒球、田径赛、越野、游泳等运动项目外，拟增加：一、水球，二、室内棒球，三、女子水球（克罗克球），四、乒乓球，五、国术等运动项目。并添置乒乓拍十只(女生两只),小划船四艘。

8. 组织各项运动队　男生方面拟组织下列各种运动队:一、足球—分甲乙组;二、篮球—分甲乙组;三、排球—分甲乙组;四、网球;五、棒球;六、越野;七、田径赛。女生方面拟组织运动队为:一、排球—分甲乙组;二、篮球—甲乙组;三、网球;四、克罗克球。即将定期挑选能手分组训练,选定队长干事代表学校对外比赛。除上列组织外,各院各科亦得自行组织本院本科各种运动代表队。

9. 组织学生体育会　为贯彻师生合作之本旨,除组织体育部外将组织学生体育会,以襄助体育发展,养成办理体育事物之才能,由体育部随时指导进行,其组织章程,现在起草中。

10. 举行秋季运动会　本校为促进体育,普及运动兴趣起见,每年秋季均各举行全校运动大会一次。本期拟照例举行,日期再行规定。

11. 举行院科际锦标赛　本期拟举行院科际各种运动锦标比赛,藉以增进运动兴趣,联络情感及研进技术,特组各项委员会负责办理。其运动项目决定者有下列各种:一、网球,二、篮球,三、足球,四、排球,五、越野,六、田径赛。除举行院科际锦标比赛外,复

12. 举行公开锦标比赛　主旨与院科际锦标比赛同,其运动项目亦同。

13. 联合他校举行对合比赛　为求技术增进,拟联合他校举行对合比赛,藉以彼此攻错。决定举行田径赛三次,越野三次,球类随时邀约他校作友谊之比赛。

14. 参加沪上各项运动比赛　本期除三家江南大学运动会外,拟再参加沪上各项运动比赛,如中华篮球会及西青篮球会等。

(《本学期体育进行计划》,《大夏周报》,第 7 卷第 4 号,1930 年 10 月 20 日)

三日　下午四时,校景委员会召开会议。

本校校场达二百余亩,第二期建筑即将从事进行,关〈于〉对校景布置,经第八十一次校务会议议决推举吴泽霖、俞志瀚、邵家麟、沈昆南、马公愚诸先生及男女学生代表各一人组织校景委员会负责办理,已志前报。兹悉该会第一次会议已于十月三日下午四时举行。出席有吴泽霖、邵家麟、俞志瀚、沈昆南、马公愚诸先生及男生代表时昭沅,女生代表钱阜虞女士等,由吴先生主席。其重要议决案有:一、此后常会定每月一次(十一月五日,十二月三日,一月七日)。二、请学校专雇花匠。三、请学校拨款三千元作为本学期购置树木之用。四、请学校尽速完成各处行道。五、请学校锄平各处土堆及填平小池。六、请学校指定地点,将所有古木移植一处,造成林区,并设动物园。七、马路旁种植荫树,各斋舍前种植冬青。八、建议各毕业同学会,嗣后捐赠学校纪念物,以增加校景为原则,如路灯、喷水池之类。九、学校篱笆外及大门口各小摊,请学校尽速干涉,着其迁移。十、重造女生宿舍围篱,女生运动场移置宿舍南首。十一、运动场布置请体育部积极进行。

(《校景委员会开会》,《大夏周报》,第 7 卷第 4 号,1930 年 10 月 20 日)

晚六时,王校长宴请全体教职员,藉此联络情感,交换意见。

本学期教职员人数增至一百三十余人,平时各忙公务课务,彼此聚谈机会极少,新来教职员甚有不相认识者。王校长特趁开学之始,除开全体师生恳亲会,藉资介绍外,并于十月三日下午七时假跑马厅对面华安公司八楼宴请全体教职员聚餐,藉此联络情感,交换意见。是日到会人数极多,觥筹交错,极为欢洽。王校长致词后,有鲁教务长报告教务,吴泽霖演说,并有丁文鑅[彪]、王韫石二人唱西歌及京剧,宾主尽欢而散。

(《王校长欢宴全体教职员》,《大夏周报》,第 7 卷第 2 号,1930 年 10 月 6 日)

是日晚七时,学生会召开执监联席会议,筹备改选事宜。

学生会于上星期五下午七时开执监联席会议,筹备改选事宜,及修改章程,兹将重要数点,摘录于下:

修改章程者

1. 代表产生由十五人选一人,改二十人选一人。

2. 内部组织之改革——执委会由主席团改为常务委员会,编辑、体育两股改为部,即由该两部长及原有总务、学艺、宣传三部长秘书长对外代表共七人为常务委员;监察委员七人改为九人。

3. 各院各科代表大会改称全校代表大会。

代表大会及各院科大会日期之规定

1. 代表大会定于十月十一日（星期六）举行。

2. 各院科大会限于十月一日至八日内完成。

代表大会职员之推定

1. 大会主席由执委会主席团担任。

2. 会务报告由执委会主席团担任。

3. 大会秘书长王则李。

4. 大会书记虞德元。

5. 唱票员庄前烈、谢寿符。

6. 书票员陈书俊、朱偌溪。

7. 监票员由监委会派员担任。

一周以来，各职员已积极筹备一切手续，该会章程条例亦早经公布大会期近，行见本届新委员，将出而为同学努力工作矣。

（《学生会改选消息》，《大夏周报》，第 7 卷第 2 号，1930 年 10 月 6 日）

六日，第八十三次校务会议议决，加聘陈选善、周长宪、孙浩烜、郑琴德、朱章宝等五人为群育委员；聘请王国秀为史学系主任。

群育委员会以群育主任俞志瀚，体育部主任沈昆南，女生指导员潘白山，群育委员陈庆、王耀堂、瞿先，事务主任吴浩然诸先生为当然委员。惟本期学生激增，事物繁颐，委员人数殊有增加之必要。业由校务会议第八十三次会议推举陈选善、周长宪、孙浩烜、郑琴德、朱章宝五先生加入担任委员，以利进行云。

（《聘定群育委员》，《大夏周报》，第 7 卷第 4 号，1930 年 10 月 20 日）

史学系主任一职，业经第八十三次校务会议通过，请校长聘请王国秀女士担任。王女士系哥伦比亚大学博士，专攻史学，曾任金陵女子大学史学系主任，本期担任本校史学教授。学问湛博，经验丰富，该系同学深庆得人云。

（《史学系主任聘定》，《大夏周报》，第 7 卷第 4 号，1930 年 10 月 20 日）

新生举行分院分科集会，由各院科院长主任分别召集举行，会上报告了各院科行政精神、课程内容及其他应注意事项。

指导新生办法从上学期起，分为新生全体及各院科分别两种集会，以期各新生对于整个学校及所在院科之组织、精神、历史等等均有透彻之了解。本学期全体新生集会业于九月二十九日举行，详情已志前报。分院分科集会亦于十月六日下午二时由各该院科院长主任分别召集举行，各该院科院长主任及系主任、组主任暨全体新生均出席，关于各该院科行政精神、课程内容，及其他应注意事项均有详细报告，直至四时始行散会云。

（《新生分院分科集会》，《大夏周报》，第 7 卷第 3 号，1930 年 10 月 13 日）

十二日　大夏毕业同学孙亢曾、丘学训、程宽正等十人发起组织中国教育建设社，并将编辑《教育建设月刊》。（《毕业同学发起组织中国教育建设社》，《大夏周报》，第 7 卷第 9 号，1930 年 12 月 3 日）

十三日　新学期第一次纪念周会，请中华职业教育主任江恒源①来校演讲，题目为"最近

---

① 江恒源（1885—1961），字问渔，号蕴愚，江苏灌云人，教育家。1904 年考取三江师范学堂速成科，后入北京大学夜班，获文学士学位。曾任江苏省立第八师范学校校长，江苏省教育厅厅长，河南省政府委员兼教育厅厅长，中华职业教育社主任、副理事长，国民参政会参政员。1949 年后任上海中华职业学校（后改名上海轻工业学校）校长，历任政务院文化教育委员会委员、中华职业学校校长，第二、三届全国政协委员。著有《中国先哲人性论》、《中国诗学大纲》、《农村改进的理论与实际》。

对于教育上两种新感想"。(《举行纪念周会》,《大夏周报》,第 7 卷第 4 号,1930 年 10 月 20 日)

十五日　下午一时,学生会举行全校代表大会。

学生会全校代表大会于十月十五日下午一时举行,到七院科代表共五十六人(法学院因全体大会选举未成弃权)。主席时昭沅,秘书长王则李,书记沈天保、陆学贤,司仪徐则骧。主席宣布开会,行礼如仪。主席致开会词。执委会代表韩光[克]弼报告上届会务。群育主任俞志瀚先生训词毕,开会讨论提案。议决各项重要案件如下:

一、请校务会议赶速筹备加筑宿舍;

二、请学校早日完成各宿舍浴室;

三、本届学生会体育部,应会同学校体育部组织体育委员会计划一切体育事宜,并求经费公开、体育普及;

四、同学所缴建筑费请学校答复,有无期限。

以上各案统交本届执委会办理。

末选举本届执监委员,当选者为:

(下略)

(《学生会全校代表大会志盛》,《大夏周报》,第 7 卷第 4 号,1930 年 10 月 20 日)

十六日　穗社召开成立大会。

本月十六日下午七时穗社假座群贤堂二〇八号课室举行成立大会,到会者甚为踊跃,会场空气,异常欢洽,公推方文准君临时主席,郑又铸君临时记录,主席宣布开会理由,略述该社组织之意义;继刘崇龄君、古栋柱君、简小湄女士、卢金玉女士、张瑞华女士、简广贤君、张汝砺君、邓溥民君、林时明君等九人当选为执行委员,陆纬坤女士、黄础增君、张朝柱君三人当选为候补执行委员。选举完毕后,更有茶点及游艺以助余兴。(下略)

(《穗社成立志盛》,《大夏周报》,第 7 卷第 5 号,1930 年 10 月 27 日)

十七日　大夏歇浦学社成立。

该社为冯勤生、陶季良、杨执中等所发起,集合黄浦江沿岸松、金、奉、上、南、川、译①七县本校学友组织而成。于十六日开成立大会,到会社员有吴潄芳等八十余人。当选委员钱阜虞等十一人,分掌总务、文书、会计、庶务、编辑、游艺、交际、体育八股事宜,并在三十日就大夏饭店举行同乐大会。编辑部已有具体计划汇印月刊云。

(《大夏歇浦学社成立讯》,《大夏周报》,第 7 卷第 6 号,1930 年 11 月 3 日)

二十日　纪念周会,请商务印书馆总经理王云五到校演讲,题目为"游历各国之感想"。(《纪念周会消息》,《大夏周报》,第 7 卷第 5 期,1930 年 10 月 27 日)

二十三日　校务会议代表召集学生会暨各院科同学会职员开谈话会。

学生会暨各院各科同学会职员,本学期业经改选,校务会议于本月廿三日下午四时,在三百十二号教室,召集该会新职员,开谈话会,到欧副校长、王毓祥、俞志瀚、吴浩然诸先生,新职员数十人,席次宽敞,茶点丰美。入座后首由各学会职员,相互介绍并由到会代表报告担任职务,次由欧校长致开会词,其大意一是欢迎本届诸委员;二是希望以诚相见,互助勉进,而谋学校之发展;三是征求意见。次俞、吴二先生报告群育及事务进行情形,最后自由谈话,丁桂源、徐则骧、周振韶等均有所发表,至晚始尽欢而散。

(《校务会议召集学生会及各院各科新职员谈话》,《大夏周报》,第 7 卷第 5 号,1930 年 10 月 27 日)

群育委员会设置集思箱。(《本学期大事记》,《大夏周报》,第 7 卷第 11 号,1930 年 12 月 24 日)

群育委员会,鉴于同学中热心校务改进者,大有人在,不乏具有卓见者,特制备集思箱五只,一设群贤堂楼下,一设教员休息室,男女宿舍门首各设一只,教室及同学如有所建白,随时可书具理由,及具体

---

① 原文如此。

改进方法,投入该箱,由群育主任定期启阅,以备采择,以收群策群力共谋进展之效。惟书面应负责具名盖章及住所,从此学校改进,定得莫大臂助也。

(《群育委员会设集思箱》,《大夏周报》,第 7 卷第 5 号,1930 年 10 月 27 日)

群育委员会开始登记学生团体。

学生学术团体增多,为研究精神之代表,本校学术团体,异常发达,类皆同学自由结合,有赖学校维护及指导之处甚多,群育委员会计念及此,催促各团体,无论固有或新设之组织,均须赶速依照规定条例及手续,向该会登记,以期达到研究学术之目的,学校同学,共策进行。

(《学生团体应举行登记》,《大夏周报》,第 7 卷第 5 号,1930 年 10 月 27 日)

本校学生对于课外活动,颇饶兴趣,故社团之组织甚多。现各社团,均先后向群育委员会请求登记,业经第二十次常会议决,该师山学社等十二团体,准予登记备案。兹将谓求登记之各团体名称、成立日期、宗旨、组织等等列表如次:

学生团体请求登记一览表

名称	师山学社	章贡学社	寒梅文艺社	射水学社	东明学社	歇浦学社	夏光琴队	左海社	展望文学会	穗社	英语研究会
成立日期	10 月 29 日	10 月 28 日		10 月 17 日	10 月 18 日				10 月 29 日		
宗旨	联络感情研究学术	研究学术联络感情	联络感情研究学术	联络感情交换智识	研究学术联络感情	研究学术联络感情	发挥音乐艺术	研究学术联络感情	研究现代文学增进鉴赏能力	联络感情研究学术	练习英语促进英文兴趣
组织	委员制	股长制		委员制	委员制				采用分部制	委员制	
进行事项	发行刊物				征求社员				出版壁报期刊		
经费 会费	每人半元	一元		常费小洋四角	一元				小洋四角月费一角		
经费 临时捐	二元	无定									
职员姓名	陈阳九等	刘荣等	汪树民等	王士鼎等	黄炎等	杨执中等	来元业等	汪广度等	姜敬舆等	刘崇龄等	杨宝乾等
刊物	发行刊物	出刊物		发行壁报	暂无						
社员人数	约 30 人	84 人		29 人	28 人						

(《学生团体请求登记一览》,《大夏周报》,第 7 卷第 7 号,1930 年 11 月 12 日)

二十七日　教育部次长朱经农到校视察,并在纪念周会上发表演说。(《教育部朱次长视察本校》,《大夏周报》,第 7 卷第 6 号,1930 年 11 月 3 日)

下午二时,举行第三次纪念周会,敦请美国 Malill 博士演讲,讲题为"What does College Life Do To Us"。(《纪念周会盛况》,《大夏周报》,第 7 卷第 6 号,1930 年 11 月 3 日)

西溪摄影社成立。

西溪摄影社为丁桂元、徐用宝、严浩然诸君,集合本校爱好艺术之同学所组织。参加男女会员已达四十名。于二十七日举行全体大会讨论,议案颇多。该社组织共分两部,总务部及研究部。票选结果,丁桂元当选总务部部长,内设文书、会计、事务三股。严浩然当选研究〈部〉部长,内设编辑、实验二股,业已分配工作。本校附近天然风景别饶雅致,各会员均兴趣浓厚,他日成绩,蔚然可卜也。

(《西溪摄影社成立》,《大夏周报》,第 7 卷第 6 号,1930 年 11 月 3 日)

三十日　理学院同学会发起组织的生物学研究会成立。

本校理学院同学会鉴于中国科学落后,缺乏研究精神厥为最大原因,特发起各种研究会。函请施怀忠、朱瑞绮、徐恩堂、崔元菊、李博达筹备生物学研究会,先后举行筹备会两次,并征求会员十余人。经第二次筹备会议决定,于卅日下午四时,假座三一二教室开成立大会。函请俞群育主任部长、邵院长、郁系主任届时莅场指导云。

(《生物学研究会不日成立》,《大夏周报》,第 7 卷第 6 号,1930 年 11 月 3 日)

三十一日　女同学会举行改选,由保志宁女士担任主席。

本校女同学多至三百余人,平时相处,均甚融洽,近特组织大夏大学女同学会。业已召集全体大会,选出委员七人,分掌职务:主席保志宁,文书钱阜虞,会计关毓芬,庶务吴曜西,交际胡可文,卫生吴漱真、杨德真,拟具计划多段,切实谋同学方面感情之联络,学识之观摩云。

(《女同学会消息》,《大夏周报》,第 7 卷第 6 号,1930 年 11 月 3 日)

本月　学校添购心理及理化仪器若干件,已起运到校。

本期添置心理及理化仪器计有显微镜二十三架,切片机一件,物理仪器一百四十八件,幻灯一件,心理学仪器十六件,共一百八十九件,值七千余元。是项仪器均系委托兴华公司分向德国莱资公司,美国芝加哥中央科学仪器公司及日本东京越山工作所订购。现已起运到校。兹将名目列下:(下略)

(《添置心理及理化仪器》,《大夏周报》,第 7 卷第 3 号,1930 年 10 月 13 日)

本月　《大夏周报》相继刊出一系列校园建设消息。

本学期同学增多,疾病时有,在宿舍内,病者和非病者,两皆不合,所以在最近,就要建造一所疗养院,现已请工程师打样,内部概分诊察、待诊、给药、疗养各室,不久即将动工云。

(《筹建疗养院》,《大夏周报》,第 7 卷第 6 号,1930 年 11 月 3 日)

本校电话现已装就三只,一为华界电话,号码闸北四三一;租界电话两个,一为办公处用,号码二七七〇〇;一为同学用,号码二七六九九。再本校拟办一分机线,该机有五十根线路,即可分接五十处电话,一旦运到,即行装置云。

(《本校电话》,《大夏周报》,第 7 卷第 6 号,1930 年 11 月 3 日)

本校所用讲义,几学期来,日求完善,本学期开始,从钢板改用钟灵印字机。惟是项印机,颇费手续,成绩虽佳,而印出太慢,以致多所耽搁,现已决定,改用铅印,俾收速效,而臻完善,正在招工投标,不日即可订立合同开始印刷。本校原有印刷处职员,亦可移派他处任用,但留管理收发一人云。

(《讲义改为铅印》,《大夏周报》,第 7 卷第 6 号,1930 年 11 月 3 日)

本校占地至大,除已造成课堂宿舍外,余地甚多,最近筑路工竣,所有四周旷地,校景委员会即利用以布置种植花树。闻已向某种植园购定树木,不日运到,即行设计如何分配种植,务使美观,诚来日之大观也。

(《校场植树》,《大夏周报》,第 7 卷第 6 号,1930 年 11 月 3 日)

本校为保同学安全起见,已添雇校警四名,现正赶制制服,设法枪械,并由军事助教从事训练。在服装未做成时,各挂徽章,派出服务,于学校秩序,及同学安全负责维持。再本校已向上海市公安局,请求在本校旁,设派出所,正在接洽中云。

（《添设校警》,《大夏周报》,第 7 卷第 6 号,1930 年 11 月 3 日）

近来体育场之规划,积极进行,以示提倡。面积计达四十余亩以上,为沪上有数之大运动场所。且四围天然风景,绿树清溪,朝夕瑰变,允[实]为锻炼身手之佳地。球类如网篮球、排球及足球,各场均设置多处,足敷分配,器械亦甚充实。本期同学增加,爱好运动者极多,到场运动者,络绎不绝,体育前途,定有大发展也。

（《体育场布置就绪》,《大夏周报》,第 7 卷第 5 号,1930 年 10 月 27 日）

教职员住宅建筑在群英斋南面,共十二座,由群益建筑公司承建,于九月初动工,所有墙壁均已砌就,将于十一月半全部落成。每间均系一楼一底,楼下进门处有天井一,花圃一,进为客厅,再进为饭厅及厨房,楼上为卧室,设计甚为适宜。该处前面有小河一泓,两岸绿柳成荫,朝暾初上,夕阳影里,倍饶幽趣,怡情悦性,未有甚于此者。

（《教职员住宅建筑情形》,《大夏周报》,第 7 卷第 4 号,1930 年 10 月 20 日）

本月　大礼堂开设学生俱乐部,已订定"学生俱乐部开放规则"。

本校为利用房屋效用,特就大礼堂附设学生俱乐部,于集会时间以外,与同学以娱乐之机会。筹备以来,业已开放,并谋女同学娱乐起见,群英斋亦设一所。于全校同学身心,颇多裨补,陆续购置游戏用品甚多,兹录规则如下:

一、本俱乐部之设,以利用课余时间陶冶心身,及养成有规则之团体游戏习惯为宗旨。

二、本俱乐部开放时间,暂定每日下午四时至八时,星期六下午一时至八时,星期日全日开放。

三、本俱乐部所置游戏器具,同学均可持注册证向管理人取用,器具取得后,注册证印暂存管理人处,俟交还器具时,再行索还。

四、各种游戏,须照原有规则及方法举行,不得随意改变,并不得作合有赌博性质之竞赛。

五、各种游戏器具,宜加意爱护,如有损坏,须照原值赔偿。

六、举行游戏时,宜保守秩序,不得争竞喧哗。

（《学生俱乐部开放》,《大夏周报》,第 7 卷第 5 号,1930 年 10 月 27 日）

十一月

一日　理学院化学学会召开成立大会。

理学院化学系同学,鉴于自然科学贵乎相互研究,爰有化学学会之备起。由乔宗海、陈晋铸、凌祖颐、邱绍昌、陈善晃等五君负责筹备,业于上星期起开始征求委员。签名加入者殊为踊跃。本定二十九日下午二时开成立大会,以课务冲突未足法定人数已改于一号晚举行。闻理学院长兼化学系主任邵家麟博士对该会非常热心,已拟有各种进行计划,并将该会会名为某某 group 云。

（《化学学会之发起》,《大夏周报》,第 7 卷第 6 号,1930 年 11 月 3 日）

三日　纪念周会,请美国哈佛大学葛里孙博士(Dr Geprge Gleason)来校演讲国际亲善问题。（《纪念周会消息》,《大夏周报》,第 7 卷第 7 号,1930 年 11 月 12 日）

四日　崇夏学艺社召开成立大会。

该社为本校同学田康、王则李等所发起,并未与任何团体取同一之征求社会发表宣言等手续,只主[在]私人谈话中决定该社之宗旨,为研究新旧文学及增进友好,而现有社员亦皆平日知音,庶使精神不致涣散,工作较为便益,于本月四日举定第一次大会,选出负责干事邵У杭、王则李、田康、汤应壬、唐伯熊五君云。

（《崇夏学艺社成立讯》,《大夏周报》,第 7 卷第 7 号,1930 年 11 月 12 日）

十日　纪念周会,请中央研究院西文总编辑林语堂博士演讲,题目为"学问与学风"。并请大夏前教育科主任、福建教育厅长程时煃演讲"难中的修养"。（《林语堂程时煃莅校演讲》,《大夏周报》,第 7 卷第 8 号,1930 年 11 月 19 日）

黔光学社召开成立大会。

　　本校贵州同学所发起之黔光学社，于前月十日假群贤堂三零四教室开成立大会，出席者甚为踊跃，会场空气，甚为欢洽，公推郑镛君临时主席，李锡桐君临时记录。主席宣布开会意义（从略），及介绍社员讨论章程及选举职员。选举结果为，王堂信、晏湛君女士、周佐治、王守论、王守应、陈学章、王官智七人为执行委员，萧开松女士、余文琴女士、高昌琦三人为监察委员。当时分配职务如下，主席王堂信，文书晏湛君女士，会计王守论，编辑周佐治，交际王守应，体育王官智，庶务陈学章等。近闻该社酷好文艺者颇多，不日将有刊物出现，吾人可拭目以观云。

　　（《黔光学社成立》，《大夏周报》，第7卷第11号，1930年12月24日）

　　十六日　《申报》刊出消息称，教育批准上海市教育局呈请，对捐资兴建大夏大学的程霖生、戴培元、乔鸿增、吴宽、李逊先等人，分别予以捐资兴学奖状。

　　本校自建新校舍于梵王渡后，海上巨商间人，鉴本校办理完善，皆先后捐助经费地基，其热心教育，概可想见。最近程霖生先生等五人，又慨捐大宗经费地基，王校长以先生等热心教育，特呈请教部褒奖，兹已得教部训令，略称已按照捐资兴学条例，分别褒奖，程霖生先生特发给一等奖状一纸，戴培元、吴宽、乔鸿增先生特发给二等奖状一纸，李逊元先生特发给奖状一纸，并登教部公报用扬仁风云。

　　（《教部发给捐资兴学奖状》，《大夏周报》，第7卷第9号，1930年12月3日）

　　教育部据各省市呈请发给捐资兴学奖状，经该部审查合格，已于本月内给发奖状者，计有：（上略）上海市教育局呈请，程霖生，上海县人，于本年捐助上海私立大夏大学地基十五亩，估之值银一万五千元，准给甲字一等奖状。又据上海市教育局呈请，有戴培元，南洋槟榔屿华侨，捐助上海私立大夏大学建筑费洋五千元；吴宽，南洋金宝华侨，捐助大夏大学建筑费五千元；乔鸿增，上海人，捐助大夏大学地基六亩三分，估值银六千余元；……照捐资兴学褒奖条例第七条……均给予乙字二等奖状各一。……上海市教育局呈请，有李逊先，捐助私立大夏大学地基三亩一分六厘，约估值银三千余元，准给予丙字三等奖状。

　　（《教部褒奖捐资兴学》，《申报》，1930年11月16日，第17版）

　　十七日　本学期第六次纪念周会，请社会学教授潘光旦作"理想的大学"的演讲。

　　〈本〉月之十七日下午二时，本学期举行第六次纪念周会于大礼堂，由欧副校长主席，此次周会特请本校社会学教授潘光旦先生演讲，潘先生现任光华大学文学院院长，学识渊博，著述宏富，其讲题为"理想的大学"。首由欧副校长报告校务，次即潘先生演讲，略谓现在中国之大学，皆非吾人所期望者，教授既不能认真教书，学生更不能努力读书。一般学生对于工具学科，无论中文英文，程度均低，西文原本，既无法阅读；即中国典籍，亦无阅读之能力。在此等情形之下，焉足语于高深之研究，焉能对于中国学术界有相当之贡献，言之甚为痛心。吾人所谓理想的大学：第一须缩小范围，若能单设一学院者为最佳，学生人数不得超过五百人；第二须充实内容，增加图书仪器及各项应有之设备；第三须改良教职员待遇，以专任为原则；第四须减少学生上课钟点俾得增加自由研究之间。而最要紧者，即希望学生于工具学科，如中文、英文须努力用功，俾有自由阅读典籍之能力云云。潘先生语语中肯，历一小时半，始告演毕。

　　（《纪念周会消息》，《大夏周报》，第7卷第9号，1930年12月3日）

　　学生会举行教授及各团体茶话会。

　　本校学生会于星期一（十七日）下午七时，在二百十二号教室，请校务议会、群育委员会、各院科同学会、女生同学会全体委员，举行谈话会。到者为校务议会代表欧元怀、鲁继曾、吴浩然先生，群育委员会代表俞志瀚先生，及学生会全体委员，各科院全体委员，女生同学会代表约百人。钟鸣七响，即宣布开会，首由主席徐则骧君致开会词，略谓"今天的会，一方面是学生会向诸位教校及同学报告一些工作的情形，一方面还要藉此融洽我们的感情，在工作上，与我们以各方面的利益……"继学生会执委会代表王士鼎，监委会代表陈书俊，报告工作情形。次由欧先生演说，除将本校近况及本校在社会上的地位，详为解说外，并勉励同学，不仅读书，还要学为人者之道等语。俞、鲁、孙、吴诸先生，复相继演说，再次继由文学院代表，教育学院代表周振韶，理学院代表龚经华，商学院代表余定义，高师科代表谢蛰民，预科代表洪啸农,幼稚师范代表吴祥贞等,相继致词,直至十时始告散会。

（《学生会举行教授及各团体茶话会》,《大夏周报》,第 7 卷第 9 号,1930 年 12 月 3 日）

二十一日　法律学会召开成立大会。

法律系同学殷养颐等十二人为公开研究法律起见,于廿一日开成立大会,推殷养颐为临时主席。行礼如仪,讨论会章,最后选举,当选者为殷养颐等十一人。次日晚开第一次执委会,除审定会长及讨论一切进行事宜外,并依互推方法,推定殷养颐为主席,沈天保为文书,杜邦俊为会计,褚长虹为庶务,于尚武、胡万浪为编辑,汪庆度、汪树民为研究,黄其琮为交际,江滨、孔庆瑞为实习,并议决聘请孙浩烜院长、江镇三教授、群育主任俞志瀚为顾问云。

（《法律学会成立讯》,《大夏周报》,第 7 卷第 10 号,1930 年 12 月 10 日）

二十四日　校务会议,议决年假日期。

本校校历关于年假一项,前以部分规定系于学期中插入三星期之年假,远道学生既不得返家省亲之便,教学方面复感中断之苦,至于毕业生之结束及学校行政之设施,亦多有妨碍。兹经校务会议议决略加变通使教学及行政方面,均有便利,至第二学期开课系在废历十二月中旬,与教育部废止寒假之意,亦不违背。闻本埠私立大学及公私立中学,均照此变通校历办理,兹附本校校历修改部分如下:

12 月 22 日（星期一）至 27 日（星期六）学期试验

12 月 28 日（星期日）至二十年 1 月 25 日（星期日）年假

1 月 26 日（星期一）春季开学

1 月 27 日（星期二、三）两日新生考试

1 月 30、31 日（星期五、六）春季注册

2 月 2 日（星期一）春季开课

（《订定年假日期》,《大夏周报》,第 7 卷第 9 号,1930 年 12 月 3 日）

下午,第七次纪念周会,邀请美国哥伦比亚大学博士、前福建华南女子大学校长鲁意女士（Dr. Ida Bellea Louis）演讲"创造的教育"（Creative Education）,由俞志瀚先生担任翻译。（《纪念周会消息》,《大夏周报》,第 7 卷第 9 号,1930 年 12 月 3 日）

二十六日　上午九时至下午四时,开放女生宿舍。

西宫名"群英斋",为大夏校舍之最南者,似当南宫,惟就全沪言之,则位置正西耳。宫前有小河,仿佛御沟,板桥通之。古木扶疏,风景幽绝。宫系三层西式建筑,式样新颖,设备完美,为海上各校女生宿舍之冠。北向为正门,门畔有志石,纪建造年月及造者姓氏,马公愚先生手书也。入门,居中为客堂。帘幔低垂,布置雅丽。左右各为寝室。室率置二榻二几二凳,皆铁制。室隔有小阁,可置箧笥衣履之属,故室内不见杂物,整洁异常。而卧榻之位置,几案之陈列,窗壁之装饰,靡有同者,于是各宫主之情性,亦可以略窥一斑矣。有自制玲珑之纸帘饰窗,自绘工巧之画图饰壁者,则知其人必富于美术性;有室中古籍纵横者,则知其人必好研究国学;有壁间满悬裸体片者,则知其必为曲线美之欣赏家;有以脂粉香露之属,罗列几案者,则知其必为化妆大家;有供瓜子果品敬客者,则知其交际术之高明;亦有室中不假丝毫装饰,案上除应用书籍[籍]外,不陈他物者,则必为朴素之人。独有一室,则合欢枕、鸳鸯被、银瓶钿盒、锦绣幔帐,举凡新婚洞房中所有物,靡不毕具,其为新嫁娘无疑。宫中有此,诚特色也。惜是日宫主多避客他去,室迩人遐,未得一一亲承颜色,不无遗憾耳。各室之装饰,以在三层楼者为最精美,是否为年级较高者所居,殊未知也。

（方子峰:《西宫参观记》,《申报》,1930 年 12 月 2 日,第 13 版）

商学院邀请上海社会局长潘公展[①]演讲,题目为"民生主义与财产自由"。（《商学院请潘

---

① 潘公展(1894—1975),原名有猷,字干卿,号公展,浙江吴兴(今湖州)人。曾于上海大学、国民大学、南方大学等校任教,并担任国民党上海特别市党部常务委员,上海市农工商局长、社会局长、教育局长等职务。抗战期间,历任国民党中央宣传部副部长、新闻检查处长、中央图书杂志审查委员会主任委员等职,并在中央训练团、政治大学新闻系兼任教授。抗战胜利后,担任《申报》董事长,《商报》副董事长,上海参议会议长等。1950 年赴美定居。著有《中国学生救国运动史》、《罗素的哲学问题》,另有《潘公展先生言论选集》等。

公展先生演讲》,《大夏周报》,第 7 卷第 10 期,1930 年 12 月 10 日)

二十八日　教务委员会召开会议,通过改进基本学程教学办法及改进招生办法。(《本学期大事记》,《大夏周报》,第 7 卷第 11 号,1930 年 12 月 24 日)

二十九日至三十日　商、理学院院长孙瑠、邵家麟先生率该二院学生赴沪上实业家刘鸿生工厂及美国兵舰 Pizburg 号参观。

刘鸿生氏为近代中国大实业家,在本埠浦东地方独自经营搪瓷、织呢、煤球三厂,成绩斐然,本校商学院院长孙瑠、理学院院长邵家麟二先生为诸同学实地观察起见,特率同该二院同学于上月廿九日前往参观。该厂特派人员招待,引导参观。二院同学,获益匪浅。又讯:美国大兵舰 Pizburg 号,于最近启程来华,停泊浦江。该二院同学于上月三十日,亦由院长率同前往参观云。

(《商理二学院同学参观工场兵舰》,《大夏周报》,第 7 卷第 10 期,1930 年 12 月 10 日)

本月　《大夏周报》相继刊出一系列校园建设消息。

本校对于体育,素极注重,于各项设备,力求完善。最近体育主任沈昆南先生,鉴于本校教职员人数亟增,几近二百人,而独对于教职员运动方面之设备,尚付阙如,故沈先生特添设网球场两个,专供教职员及比赛之用,同时又添设篮球排球场一云。

(《添设球场》,《大夏周报》,第 7 卷第 7 号,1930 年 11 月 12 日)

本期各宿舍寄宿人数甚多,一时颇难认识,非时[特]对访问之来宾,有〈不〉易找寻之叹,且又不免有不肖之徒混入之患。最近群育委员会有鉴于斯,决在各斋进门地方设立问讯处一所,专司传达送信等事务,兹问讯处之各项柜窗设备,业已完成矣。

(《设置宿舍问询处》,《大夏周报》,第 7 卷第 8 号,1930 年 11 月 19 日)

本报为报告学校情形,传递同学消息,及揭载全体师生论著之总机关,凡关于本校校务之进行,学生之活动,毕业同学之服务状况以及言论、文艺各项,无不尽量登载。兹为便利同学投稿起见,特置集稿箱一只,钉于群贤堂后门走廊之左边,以后诸同学投稿,请直接投入集稿箱可也。

(《周报社设置集稿箱》,《大夏周报》,第 7 卷第 8 号,1930 年 11 月 19 日)

中山路梵王渡一带,地处沪西僻隅,为一片荒野,颇少人际往来,时届黄昏,更为冷清。本校自迁入梵王渡新校舍后,对于治安问题,甚为注意,故除令校役多方注意外并请市公安局随时派警巡视,以维治安。最近市公安局为永久治安计,在本校校门对面,特设派出所一处,约有警士二十多名,同时本校又添设校警四名,随时巡查。此后本校治安问题,当可无虑矣。

(《公安局在校门对面设派出所》,《大夏周报》,第 7 卷第 7 号,1930 年 11 月 12 日)

在群贤堂左面,有空坟一座,上有多年柏树二十余株,现已由校景委员会议决,移植于群英斋前,拟在群英斋前空地,造植林区,正在开始平地,将使绿叶扶疏,古木阴[荫]森,成一幽美之区云。

(《迁移古树》,《大夏周报》,第 7 卷第 7 号,1930 年 11 月 12 日)

本校新舍,群贤、群策、群力、群英,四座崇楼大厦,极为壮观。本学期自迁入后,对于校景之布置,更悉心规划,最近由校景委员会议决在群贤堂前后左右各斋前面种植冬青,以增美观并怡情悦性,现正在动工,群贤堂左右前后业已告成,此项冬青,系由某家著名苗圃购得,长三尺许,绿叶缤纷,至冬不凋。

(《种植冬青》,《大夏周报》,第 7 卷第 8 号,1930 年 11 月 19 日)

在群贤堂四周及各斋前面种植冬青一节,已志上期本报。最近又由校景委员会购到大批树木,计水白杨柳约三百株，柏树二百余枝，此项水白杨柳系种植马路外圈之周围，约隔十步一株，颇为雅观，至柏树则系种植群贤堂及各斋前面之空旷及其四周，现均次第完竣矣。

（《种植树木》，《大夏周报》，第7卷第9号，1930年12月3日）

本月 校戒已制作完成，该戒指系由商科学生办理的乐华公司负责制造。

乐华系本校同学所组织，大部分股东为商科同学，类似一种实习性质，本校当局及商学院主任极力予以指导和提倡，故该公司开创伊始成绩颇佳。顷该公司制定大批"校戒"银质，戒指面为蓝底白字，字为 G. C. U. 三字，即本校英文名 Great China University 之缩写。此项戒指有大小二种，大者每只售洋一元，小者六角。闻系模仿复旦而来，但复旦之价目较高两角。该公司将此项校戒制定运到校，特呈请本校事务处逐次，请予专利云。

又讯该公司初在校内营业时，仅出售书籍文具，现迁至本校所建临中山路旁房，经营膳食、咖啡食品及其他化妆品，同学之往购买食品者，颇为踊跃云。

（《乐华公司校戒在本校注册》，《大夏周报》，第7卷第8号，1930年11月19日）

十二月

一日 纪念周会，举行国语演讲比赛决赛，请曹梁厦、余楠秋、何炳松等为评判员，徐佩璜先生为主席，获优胜者学校给与奖励。

本月一日下午二时，本学期举行第八次纪念周会于大礼堂，此次周会为本校举行国语演说决赛之期。是日到者特别踊跃，后来者几乎无立足之地，来宾到者有本校特请之评判员商务印书馆总编辑何炳松先生，复旦大学文学院院长余楠秋先生，大同大学校长曹梁厦先生，及此次竞赛会主席之市教育局局长徐佩璜先生等。首由欧副校长、俞群育主任相继报告一切，次即由主席徐局长照参加演说者之姓名，依次点呼演讲。此次竞赛，计得决赛权者邵尔杭君等八人，各人演讲题目，已志上期本报，至演说时间每人十分钟。各演说者皆材料丰富，精神饱满，故莫不齿牙流利，口若悬河，听者大为动容。次第演说后，经各评判员详加审查，公推余楠秋先生报告评判结果，第一名为法学院吴尚炯君，讲题为"太平洋问题与中国革命"；第二名为预科胡鸿机君，讲题为"三民主义的世界观"；第三名为高师科邵尔杭君，讲题为"今后大学生应有的认识"。最后徐局长及余先生对此次演说，深加奖许云。

（《纪念周会消息》，《大夏周报》，第7卷第10号，1930年12月10日）

上海各大学联合会召开执行委员会，除报告会务外，通过发行刊物办法十条，并议决于十二月十日下午举行该学期全体大会。大夏大学由马公愚代表参加。（《大学联合会将开大会》，《申报》，1930年12月2日，第10版）

二日 大夏学生会邀请校务会议代表、群育委员会代表及各科院全体委员举行谈话会。

大夏学生会，于日前下午七时，在校内二百十二号教室，请校务议会代表、群育委员会代表及各科院全体委员，举行谈话会。到会者有欧校长元怀、鲁教务长继曾、吴总务主任浩然、孙院长瑨、俞群育委员会主席志瀚及各院科同学会全体执委，计约百人。钟鸣七响宣布开会。首由学生会主席徐则骧君致开会辞，略谓：本校的历史仅有六年，以这很短时间而得到这很快的进展，在他人以为奇异，其实这是我们师生合作必然的结果。假若没有办人苦做，教师苦教，学生苦读的"三苦精神"，决不会有今日的发展。今天我们能在这壮丽的新校舍里面开会，大家心理上当然感觉到十二分的慰勉。而今天学生会所以邀请诸位先生、诸位同学的意义，一方面固然是在联欢，另一方面也是因为过去的一年有了这很快的发展，而未来的一年我们也还希望有更快的进步。但是担负这个责任当然是校务议会与学生会比较重大。不过本届学生会我们几个职员的能力十分的薄弱，今后如何能直接增进同学利益，间接谋校务发展，皆赖诸位先生、诸位同学之指教云云。继由欧校长元怀及鲁教务长继曾等相继演说。再次由各院科代表演说及工作报告。直至九时余，始告散会。

（又裴：《大夏师生谈话会》，《申报》，1930年12月4日，第22版）

三日 为谋时刻准确、增加作业效率起见，特在物理室装置无线电播音机一架。同时，还购得标准站钟一只，放置于教员休息室之前。

本校为谋时刻准确增加作业效率起见，特在物理室装置无线电播音机一架每日与天数[文]台及海关之时钟对准，传播全校师生，使得皆有准确之时刻。同时更购到标准站钟一只，置二楼教员休息室之前。此项站钟，高约一丈，价值颇昂，式样美丽，每刻均鸣，其声锵锵，而时刻标准。此后全校师生，对于时间问题，当无不准之虑矣。

（《设置无线电播音机及标准站钟》，《大夏周报》，第 7 卷第 9 号，1930 年 12 月 3 日）

八日　第九次纪念周会，请校董马君武博士演讲"日本对于学术研究之精神"。

德国工学博士著名学者马君武氏，本月下旬在大夏大学纪念周演讲"日本对于学术研究之精神"。盖博士此次由日本游历归来，感怀颇深，金玉之言，不可以不记，以下摘记片断：

日人用最新方法生产，用最旧方法消费。而华人则用十六世纪之生产旧方法，而用二十世纪之消费新方法，安得不民贫国弱哉。其唯一出路，国家对于学术研究上之设备，应努力求其扩充及奖励，同时希望国人到图书馆、实验室去。

中国教育是文凭交易所，问学生何以要文凭，答吃饭娶老婆。日本学生大学毕业，尚多留校继续研究，诚有求学之真精神。此点君武将谆谆教导中国学生，并有以挽救中国商业化之教育也。

中国学生以西装革履为风头，日本学生以朴实整洁为光荣。前尝有中国学生某在东京帝大留学。一日浑身芬郁，令人欲醉，进实验室。被日本学生驱逐，对曰："汝类游荡子，不配研究学术"，一时传为笑柄，是亦青年棒喝也。盖日本学生研究学术，孜孜兀兀，且有几忘饮食者；中国学生应以为楷模焉。

（晚成：《马君武金玉之言》，《申报》，1930 年 12 月 30 日，第 11 版）

朔风学社成立。

本校自去年来，发达甚速，学生人数，直达两千余人，而学生所隶之省区，其范围亦逐渐扩大，极远者如陕甘吉林等省学生，亦不辞艰难，负笈而至。本学期本校华北各省同学，为联络感情，介绍西北文化起见，特组织朔风社，于上星期成立，并举出李敬柏为总务，张道培为文书，宋恪赵家斌为编辑，张士剑为庶务，赵镈为会计，关毓芬、曲宗炎为游艺，齐澍、孔昭新为交际，分任其事，业经群育委员会准其立案。该社为介绍文化起见，特出朔风壁报，每星期一次，该社成立，不过旬日，已出壁报两期，封面极其艺术，内容非常丰富，观者莫不称赏，除介绍西北文化外，还对于学术问题，讨论者很多，骎骎乎有驾各壁报之概，洵足惊人云。

（《朔风社成立》，《大夏周报》，第 7 卷第 11 号，1930 年 12 月 24 日）

十一日　举行象棋围棋决赛，谢侠逊、王毓祥担任象棋评判员，傅式说担任围棋评判员。赖利贞获象棋优胜，吴钟泗获围棋优胜。（《围象棋决赛消息》，《大夏周报》，第 7 卷第 11 号，1930 年 12 月 24 日）

十三日　下午，学生会举行全校学生游艺晚会，请中华口琴队、上海国术馆、梅花少女歌舞团等到会表演。参与师生及来宾约两千余人。

本校学生会每学期均有全校游艺大会之举行，本学期定于本月十三日晚上七时举行，到者有全校师生及来宾约二千人，此次节目，甚为丰富，如本校国学会之国乐，梅花歌舞团之歌舞，及国术会之拳术等，均博得掌声不少。其中尤以中华口琴会所表演之口琴为最，缘该会为上海口琴专家王庆勋先生所组织而成，于口琴一道，研究有素，此次所表现之曲名为王先生自编之得意佳作《阿弥陀佛》，共约二十人合吹，使观众胸襟为之一畅。最后继以上海大同票房所表演之京剧，有《六月雪》，《盗御马》，《骂曹》，《玉堂春》等剧，皆为观众鼓掌赞许，甚极一时之盛云。

（《全校游艺大会盛况》，《大夏周报》，第 7 卷第 11 号，1930 年 12 月 24 日）

十五日　英语辩论赛举行决赛，辩题为 That it is more important for China at the present to develop her army than her navy.

十二月十五日下午二时在周会行礼后，即举行英语辩论竞赛之决赛。有决赛权者，正面为屠铁珊、朱炳华、李如璧、钟文昭、李衍泮等五人，反面为冯勤生、杨宝乾、魏仲龙、徐旭庄、程春霖等五人。辩论题目为：That it is more important for China at the present to develop her army than her navy。此次决赛特请交通大学教授唐庆贻先生，持志大学教授萧远先生，青年会干事 Mr. Hahes 为评判员。首由欧副校长报告重要校务并致开会辞，次由主席丁文镛[彪]先生照参加辩论者之姓名，依次点呼演辩，各辩论员精神甚为奋发，辩辞更为流利。结果，个人第一为徐旭庄君，第二为冯勤生君，第三为屠铁珊君，至团体之优胜，则属于反面之诸辩论员。三评判员对此次辩论，均加以奖许及指正，并由萧远先生报告评判结果。报告毕，全场鼓掌而散。

（《英语辩论竞赛之结果》，《大夏周报》，第 7 卷第 11 号，1930 年 12 月 24 日）

二十二日 举行第三十次教务委员会，通过"毕业论文简则"十三条。

本大学本科学生于毕业前例须做论文一篇，始得毕业，最近经第三十次教务委员会议决，恃[特]订定毕业论文简则三十[十三]条，颇为详密兹探录如下：

（一）本大学本科学生于毕业前须作论文一篇，经各系主任及各学院院长审查及格签字认可方可毕业

（二）本科第四年为作论文时期

（三）论文题目须先经系主任院长审查核准，于第四年开始时到院登记

（四）院长及系主任为学生论文指导员，如有特别需要得由院长或系主任另聘本校其他教授充任之

（五）学生进行撰著论文时须随时与论文指导员商榷

（六）论文须于毕业考试四星期前送交各系主任及院长

（七）论文须备三份，一份由本校图书馆保存，一份由各学院保存，一份由学生自己保存

（八）论文性质规定如左

1. 专题研究，2. 实验报告，3. 调查报告，4. 翻译

（九）论文须用本校所规定之毕业论文纸誊写，字须楷书不得用铅笔

（十）除实验性质或特殊性质的论文外，论文字数至少在三万字以上

（十一）论文须附有详细参考书目，将材料来源注明

（十二）论文中之译名应附原文

（十三）论文须加标点

（《订定毕业论文简则》，《大夏周报》，第 7 卷第 11 号，1930 年 12 月 24 日）

本月 筹设大夏储蓄银行。

梵王渡中山路一带，本为一片荒野，自本校新建校舍于此迁入以后，在校门对面新开之店铺，达百余家，同时本学期师生更形浤增，近二千人之多，于是此一片荒野，一旦忽变一市镇。本校前曾鉴于离沪太远，往返不便，故有大夏公共汽车之设，专行驶于白克路梵王渡之间，全校师生莫不称便。最近本校又鉴于师生在上海各银行存支款项者颇多，又入学时缴费，或其他邮政汇兑等项，均须往返上海，于时间上经济上两感不便，故特商请邮政储金汇业总局，在本校校内特设分局一所，名曰大夏储蓄银行，闻年假后即可成立开幕云。

（《筹设大夏储蓄银行》，《大夏周报》，第 7 卷第 9 号，1930 年 12 月 3 日）

本月 事务委员会订定"洗衣作进宿舍收洗衣服办法"。

本学期各宿舍因寄宿人数特多，为防患未善计，故有校警及宿舍问讯处之添设。最近事务委员会鉴于洗衣作自由出入各宿舍收洗衣服，颇多不妥之处，故由第十六次常会议决，订定洗衣作进宿舍收洗衣服之办法七条，颇为详尽，兹探录如下：

1. 同学送洗衣服时须将制定条式填写清楚，交衣后索回右联（须洗衣作盖章）作为送还衣服时之凭证，右联由洗衣作收下。

2. 洗衣作送还衣服时，须逐将制定条式送请收衣同学签名作为结账时凭证，并将右联索回注销。

3. 结账后同学须将曾经签名之条式左联索回注销。

4. 洗衣作每晨七至十时派人在各宿舍门首收衣一次,每晚七至九时送还衣服一次。

5. 洗衣作收衣人不能进出寝室,收衣时由同学自行送到宿舍门首或由校工代送,送还衣服时由各宿舍门房代送至宿舍内。

6. 制定之条式存宿舍门房处,可随时取用。

7. 凡未到本处登记之洗衣公司,不能进宿舍收洗衣服。

(《洗衣作进宿舍收洗衣服办法》,《大夏周报》,第7卷第9号,1930年12月3日)

本月 大夏消费合作社公布本学期损益表及资产负债表。

会员诸君公鉴:启者,本社自本年五月开幕起至八月三十一日之账目,已由会计罗怀福君结束,得经监查部审查,兹将损益表及资产负债表公布于左,以供参考。

消费合作社资产负债表
民国十九年八月三十一日止

资产		
现金		
存本社会计处	$16.560	
存通易信托公司	584.590	$601.150
收账(应收来[未]收)		43.690
存货		285.882
生财	$101.150	
减一折旧	10.115	91.035
未用费用		
购货票	$90.000	
社证	10.000	
西式账薄	2.000	102.000
总资产		$1123.757
负债		
欠账		171.276
票子(未收回)		25.920
总负债		$197.196
净值		
股本		1037.000
净损		110.439
总净值		926.561
总负债与净值		1123.757

消费合作社损益表

从五月始到八月三十一日止(19 年)

出货		$ 678.550	
出货成本			
进货		$ 844.876	
减——退货(进)		$ 20.370	
进货折扣		2.140	
存货(83130)	285.882	$ 308.392	$ 536.484
毛利		142.016	
费用		$ 240.340	
减——未用的	102.000	$ 138.342	
工资及薪水		$ 104.000	
折旧——生财		10.115	$ 252.455
净损		$ 110.439	

会计:罗怀福

审查员:学生代表

　　　　庄前烈

　　　　陈书俊

　　　　刘自权

　　　　陈济浩

　　　　吴达泉

　　　　教职员代表

　　　　陈鸣恩①

　　　　麦佐衡

(《消费合作社启事》,《大夏周报》,第 7 卷第 10 号,1930 年 12 月 10 日)

本月　疗养室开始动工。

　　本校为谋同学健康起见,拟建疗养室一所,专为同学诊病或住室疗养。此项建筑图样,已由工程师绘成,此室共分二层,第一层有配药室、办公室、待诊室、诊察室、实验室;第二层则为病房,每层皆有水泥平台,用以散步呼吸新鲜空气。此项建筑,闻不久即将动工,于最短期间可以落成云。

　　(《筹建疗养室》,《大夏周报》,第 7 卷第 11 号,1930 年 12 月 24 日)

---

① 查 1930 年秋季全体职教员名单(见《大夏周报》第 7 卷第 1 号,1930 年 9 月 29 日),本年聘有陈鸣一及陈铭恩,按其专业考虑,疑此处当为陈鸣一。

二月

二日　开始注册收费。

本学期于二月六日开始注册,先于二日开始收费,是以届时注册学生特别踊跃,教务处乃于总办公处对面之会议室,分设各学院表格检查处及注册处,并请各学院院长、各科主任、各系主任及各组主任担任指导学生选课事宜。学生会鉴于新来同学对注册手续未得谙悉,特开寒假留校委员会,议决组织新生入校指导委员会,设办公处于群贤堂一〇二号,每学院及每科均派数人,专司指导新同学选课注册等事宜。载至廿三日止,注册同学已达一千四百三十三人,后到者络绎不绝,并于九日上午八时起已正式开始上课矣。此次本校开学,系照教育部颁定新校历,学生到校整齐,殊出意料之外云。

（《春季开学情形》,《大夏周报》,第7卷第12号,1931年3月4日）

本学期各学院,师专科,预科及高中,附设女子幼稚师范,共计学生一千五百二十人,内文学院一百三十二人,理学院七十二人,教育学院一百七十五人,法学院二百四十四人,师专科二百五十八人,预科及高中五百二十一人,附设女子幼稚师范三十八人。以所隶籍贯计之,则以江苏省为最多,浙江、广东、福建、广西等省次之。兹制详细统计表如下:

表一　二十年春季各院科学生统计表

院科 ＼ 人数 ＼ 年级	4	3	2	1	共计
文	23	19	26	64	132
理	6	13	11	42	72
教	28	28	44	75	175
商	10	7	22	41	80
法	34	27	74	109	244
师专			117	141	258
预科及高中		206	174	141	521
幼师				38	38

省别	人数	省别	人数	省别	人数
江苏	465	江西	64	辽宁	6
浙江	239	四川	55	河南	4
广东	207	贵州	23	河北	2
福建	131	湖北	19	吉林	2
广西	120	山东	11	甘肃	1
安徽	87	云南	11	总数	1520
湖南	66	陕西	7		

（《本学期大学部全体学生统计》，《大夏周报》，第7卷第16号，1931年4月1日）

三日　校内邮政分局及邮政储金汇业分局于今日开幕。

本校地址在梵王渡中山路，离市中心区颇远，往返不便，前曾有大夏公共汽车之设，往来于中山路白克路之间，员生均感便利。最近又为全体寄递邮件及缴费汇兑储蓄款项便利起见，特商请邮政总局及邮政储金汇业总局在校设立分局。现在此项分局，设在本校群策斋左面之市房内，已于二月三日正式成立开幕，全校同学咸称便利也。

（《校内设邮政分局及邮政储金汇业分局》，《大夏周报》，第7卷第12号，1931年3月4日）

七日　学生会留校委员会开第二次会议。

本校学生会于去年年假时，特组织留校委员会处理一切假期内事宜，最近该会于二月七日开第二次留校委员会以作结束，并议决要件多项：

1. 由本会在各院科推定同学数人指导新同学注册；
2. 请学校延长注册期限；
3. 请学校宽限未缴费同学住校期间［限］；
4. 函催学生会各委员早日到会。

第二、第三项议决案已向学校当属［局］接洽，结果非常圆满。该会各委员亦已照常到会视事。又讯：该会出版之《大夏期刊》，已由编辑部编就付印，现正日夜着手校对，大约两星期后即可与同学见面矣。该刊物内容异常丰富，共计全书有十二万字左右，皆系同学平日研究所得，大可作同学之参考云。

（《学生会近讯》，《大夏周报》，第7卷第12号，1931年3月4日）

九日　上海市教育局批准大夏大学附属高初中及女子幼稚师范学校董事会立案。（《大事记》，《大夏周报》，第7卷第23号，1931年6月10日）

十六日　第一次纪念周会，邀请美国教育学家、"文纳特卡（Winnetka）制"创始人华虚朋博士（Dr. Chaleton W. Washburne）演讲，题目为"欧洲的新教育"，陈选善博士担任翻译。

纪念周会，向于每星期一下午二时举行，本学期特改在每星期一上午十时举行，（本）月之十六日为本学期举行第一次纪念周会之期，是日特请新由美国来华教育家华虚朋博士（Dr. Chaleton W. Washburne）演讲。博士为研究个别教育专家，即"文纳特卡（Winnetka）制"之创造者，出身于斯丹福大学，从事小学教育有年，对于班级制深为怀疑，立志研究个别教学，最初着手试行，屡受教育当局之反对。至一九一九年，博士始应芝加哥附近文纳特卡镇小学之聘，为大规模之个别教育实验，乃成此"文纳特卡制"之个别教学法。行礼如仪后先由欧副校长致开会辞并报告校务，次由教育学院院长陈选善博士致介绍辞并略述华博士文纳特卡制之原因有四：（一）使儿童能尽量获得将来生活上应用之知识及技能，（二）每一儿童能自然地快乐地完美地享受儿童生活，（三）人类之进步在各份［分］子能充分地发展，（四）人群之福利须在各份［分］子中有整个的社会意识之发展。即由华博士演讲"欧洲的新教育"，陈选善博士翻译。华博士详述德俄二国新教育试验之比较,一为绝对个性化,一为绝对社会化,二者各趋极端,究其渊源,莫不由其国情所产生,我人以为此种主张,皆各趋于极端,现代之幼童教育,应非特使每个人得自由充分之发展,而且要使教育先有计划之社会化,如是始能获得美满之教育效果云云。末由欧副校长致谢辞,并勖勉同学努力研究教育,遂即散会。

（《纪念周会消息》,《大夏周报》,第 7 卷第 12 号,1931 年 3 月 4 日）

校务会议开会。

校务会议开会,议决筹备小学,公推陈选善、鲁继曾、黄敬思三先生为筹备委员,聘请钱道南先生为预科文学组主任。

（《大事记》,《大夏周报》,第 7 卷第 23 号,1931 年 6 月 10 日）

二十日　群育委员会举行第二十三次常会。

群育委员会于二月二十日下午二时举行第二十三次常会,到周长宪、陈选善、孙浩烜、吴浩然等八人,主席俞志瀚,记录陈庆。首由主席报告各项情形,次即议决要案多件,兹录录如下:(一)规定本学期学生会及各同学会自二月廿二日起至三月七日止为改选期,(二)请财委会由体育部会费内拨二百元补充音乐部设备,(三)函请校务会议聘丁文镳[彪]先生夫人指导歌咏,并请刘因先生指导口琴队,(四)本学期导师制依照上学期办法有缺额者补充,(五)上学期各种奖品准三月九日发给。最后该会因经费缺乏,对于工作进行,殊多妨碍,特议决请财政委员会津贴二百元为该会各种用度云。

（《群育委员会近讯》,《大夏周报》,第 7 卷第 13 号,1931 年 3 月 12 日）

本期导师制之施行,仍照去年办法,以大学一、四两年级及师专科二年级为限,缘大学四年级及师专二年级学生行将毕业,出而应世,大学一年级学生多系新来,须待指导之处甚多。惟各导师因去年冬季大学及师专学生毕业而致缺少名额者,已由群育委员会决议,凡导师所领导之学生因毕业而致缺少名额补充者补之。本期共有导师四十二人,业由群育委员会调查去冬毕业生离校而致缺名额者布告同学,并制就学生选择导师表一种,随同导师名单分发各同学填选,现填就交还者甚为踊跃,其结果可在下期本报发表云。

（《导师制消息》,《大夏周报》,第 7 卷第 15 号,1931 年 3 月 25 日）

二十三日　上午十时,举行新生集会。

每届学期开始之时,本校例有新生集会之举行,其目的在使新来同学对于本校历史、校务、行政,得有深刻之认识。本学期全体新生集会,业于二月廿三日上午十时在群贤堂三百零一号举行,到有欧副校长,鲁教务长及事务主任吴浩然先生,群育主任俞志瀚先生,学生会代表徐则骧君,及全体男女新同学,兹将开会情形,分志如下:

(一)欧副校长致开会词　略谓本校肇建之渊源,在读书运动,得有今日之成绩,为师生合作,故读书运动与师生合作,为本校特有之精神,必有深切之认识;兹以至诚欢迎新来同学加入此团体,共同奋斗,以期大夏得以与日俱进。

(二)鲁教务长报告教务须知　略谓本校对于成绩之考查,非常注重,缺课五分之一,不得参加大考,故希诸同学切勿无故旷课,对于功课,应及早预备,随时留意。次之布告一项,甚为重要,且与诸同学本身利益有极大关系,深望时加注意。其他如礼貌一项,为团体生活中之最要者,无论对师生、对朋友、对同学,均须有极好之礼貌,亦希诸同学时加留意也。

(三)吴事务主任报告事务须知　略谓事务与诸君接触之机会最多,事务处事多人少,不周之处,当所虽[难]免,甚望诸君随时至本处接洽或用书面报告,莫不尽量答复。兹有二事,欲为诸君一告,第一为领信证之颁发,希诸同学持图章向收发股领取并妥为保存;第二为存款问题,最近本校邮局设有邮政储金汇业分局,一元即可存入,希同学前往存储,以免失窃、滥用云云。

(四)俞群育主任报告群育须知　略谓群育一端,非数条规则所能成功者也,必须生间彼此切实合作,始能有成功之可言。同时群育主任非一侦探者,因侦探系秘密观察他人之行动,吾人任作何事,光明正大,最为首要,何必有此侦探式之群育主任,甚希诸同学勿以侦探式之群育主任目余。本人以为教育之成功,乃在人格教育,诸同学有何意见,可用书面而投入集思箱,或直接面洽也。

最后由学生会代表徐则骧君致欢迎词,随即宣告散会,时已正午矣。

(《全体新生集会》,《大夏周报》,第 7 卷第 13 号,1931 年 3 月 12 日)

公布"订定学生请假规则"。

学生请假影响学业至大,兹为重视学业起见,特由第九十三次校务会议将前订学生请假规则重加修正,兹探录于下:

第一条　学生请假应填具请假书,经教务长准许方为有效

第二条　学生请假曾经教务长准许者其缺席作为缺课,未经准假擅自缺席者作为旷课一次,作缺课二次计算

第三条　学生请假以下列各项事由为限

(甲)家庭重大事故

(乙)自身疾病

(丙)代表学校出席各项比赛

第四条　因上条(甲)项请假者须有家长或保证人具函向教务长代为请假,期间凡家住本埠者至多以一星期为限,住外埠者至多以两星期为限,逾期作旷课论

因(乙)项请假者须于病愈返校三天内持校医或医院医生正式证明书向教务长补假,逾期无效

因(丙)项请假者须有校内主管人员之证明

第五条　请假手续不完全者作旷课论

第六条　学生销假时须持准假证至所缺课之各课教员处声〈明〉,否则作旷课论

第七条　学生缺课时数超过一学期授课时数五分之一者,不得参与学期试验,并不得请求补考

第八条　月考或大考期间不得请假,如因故缺考不得请求补考

第九条　学生缺课应补习所缺功课,其工作由各该教员酌定

(《订定学生请假规则》,《大夏周报》,第 7 卷第 14 号,1931 年 3 月 18 日)

二十四日　教育部颁发大夏大学钤记到校,并开始使用。

本校于上月二十四日,由教育部颁到钤记一颗,文曰"上海私立大夏大学钤记",业已启用,除将启用日期呈报随将原有校印截角缴销外,并函达各省教育行政机关及各校查照矣。兹将公函照录如左:

径启者:敝校于中华民国二十年二月二十四日奉教育部颁发钤记一颗,文曰"上海私立大夏大学钤记",敝校即遵即于二月二十五日启用,除将启用日期呈报随将原有校印截角缴销并分函外相应函达。

即希

查照为荷　此致

私立大夏大学校长王伯群

(《教部颁发本校钤记》,《大夏周报》,第 7 卷第 13 号,1931 年 3 月 12 日)

二十五日　学生会执行委员会举行第七次常会。

学生会执行委员会于二月二十五日举行第七次常会,到洪啸农、王士鼎等十人,主席徐则骧,记录朱偌溪。首由主席报告各项事宜,次即讨论,议决要案多件,兹探录如次:(一)改组,(二)定于三月二日举行执监联席会议,(三)函请学校将制服改为学生装,(四)函请事务委员会整理厕所洗脸室并修理自来水,(五)函请图书馆星期日照常开放,(六)民众学校继续开课,(七)函请事务委员会雇佣更夫。

(《学生会消息》,《大夏周报》,第 7 卷第 13 号,1931 年 3 月 12 日)

二十七日　欧元怀、王毓祥、傅式说、吴泽霖等发起组织大夏新村,有村友二十余人。村友积极筹建新村建筑,教职员宿舍现已落成,部分教职员开始迁入。

大夏新村为欧、王、傅、吴诸先生所发起组织,村友先后加入者,共有二十人。近有村友数位,以新村住宅之建筑,刻不容缓,即积极进行,其中建筑费一项,已由吴泽霖教授介绍,得向上海新华银行借款作为建筑费,同时即以此项地单及房屋作为抵押品,并闻拟即招标动工,于秋季开学前完成,将来各教授办

公教课,益感便利矣。

(《新村建筑住宅先声》,《大夏期刊》,第 2 期,1931 年 8 月)

大夏新村地段在校址南首,系欧、王、傅、吴诸先生发起,就个人财力购地策宅,共谋合理舒适之生活。村友为王校长、欧元怀、王毓祥、傅式说、鲁继曾、吴浩然、吴泽霖、陈选善、孙浩烜、邵家麟、黄敬思、郑通和、朱巽元、沈璿、沈莼斋、潘承圻、吴毓腾、吴君飞等十八人。业经开筹备会数次,个人认购地皮亩数亦经签订,并选出欧元怀、王毓祥、傅式说、吴浩然、吴泽霖五先生为设计委员。十一月初即将开工建设。兹将制定大夏新村公约附录如后:

大夏村组织公约

1. 本村由大夏大学同人组织而成,故名为大夏村。
2. 全体村友须抱个人为全体、全体为个人之精神,以谋全村之福利及发展。
3. 村友认购地皮面积由各村友签名确定,用学校名义向地主收买。
4. 全村村友选举新村设计委员会五人担任新村一切设计事宜。
5. 村地购定后,由新村设计委员会拟定新村建设具体设计,由全体村友通过施行。
6. 村内一切道路之布置,经界之划分,房屋之坐落,须照依新村设计委员会所拟定之设计实施。
7. 关于村内筑路,种树,用水,装电,开沟,围篱,卫生,教育,公安,娱乐诸问题,各村友按照村设计委员会所定分配方法公平负担。
8. 大夏村友之亲友有愿加入本村者,须有村友二人提出,村友三分之二通过方得加入。
　Ⅰ. 村友因事离校,将住宅出租者,除租与本村同人外,概依第八条办理。
　Ⅱ. 关于第七条之规定,各村友对于所占地皮,无论住宅已建未建,一律照分配办法公平负担。
9. 各村友将来如愿将所估地皮让出时,除让予大夏村友或第八条之规定外,得由学校照市价值先收买(市价以本村四周地段价格为榜样)。
10. 新村设计委员会办事细则另定之。
11. 本约章由全体村友通过后,由各个村友签名盖章,各执一纸为据。

(《大夏新村之进行》,《大夏周报》,第 7 卷第 3 号,1930 年 10 月 13 日)

二十八日　商学院请哈佛大学经济学博士、密西干大学经济学教授雷麦博士(Charles Frederick Remer)莅校演讲,题目为"经济与政治"。(《雷麦博士莅校演讲》,《大夏周报》,第 7 卷第 13 号,1931 年 3 月 12 日)

三月

二日　教务委员会召开第三十六次常会,并于十六日召开第三十七次常会。

教务委员会于三月二日举行第三十六次常会,十六日举行第三十七次常会,兹将其重要决议摘录如次:

(一)重订转学生成绩核算方法。一、转学生第一学期为试读生。二、第一学期成绩在 1 以上者,以前成绩按照本校每学期准修最高绩点数目,承认选修绩点,不到本校每学期准修最高绩点数目及本校规定所无之科目者除外。三、第一学期成绩指数在 0.9 不到 1 者,转来成绩按之第二项做九折计算,在 0.8 不到 0.9 者做八折计算,在 0.7 不到 0.8 之间者做七折计算,在 0.7 以下者退学。四、任何学校一律待遇,已停办之学校除外。

(二)稽核学生英文及国文作文成绩方法。各院科各年级必修国文英文,每月至少应做两次文,经各该教授评阅后,交教务处登记成绩,分别发还,所用纸张,须照本校所规定者。

(三)鼓励学生研究及著作办法。建议出版委员会,鼓励学生研究及著作,其办法最好在本校七周纪念时,各院科出一纪念特刊。

(四)拟定各教员报告本学期各学程教学计划及纲要办法制定表格一种,请各教员照表填送教务处备查。其表格式样如左：

教员姓名	学程名	教科用书	教材摘要	教学计划	说明
					1. 每学程填写一张，分组之学程只填写一张已足。 2. 教材纲要，以本学期预算之教材，或教本起讫页数。 3. 关于教学计划一项，请填写参考书、讨论问题、实验、参观等项。

注意：此表填好于春假前交教务处收

（《教务委员会消息四则》，《大夏周报》，第 7 卷第 15 号，1931 年 3 月 25 日）

二日　纪念周会，上海法学院院长褚辅成先生演讲，题目为"国民会议与训政"。（《纪念周会消息》，《大夏周报》，第 7 卷第 13 号，1931 年 3 月 12 日）

三日　法学院请国际学生会代表、德国人罗霍尔博士到校演讲"德国学生运动"。（《罗霍尔博士莅校演讲》，《大夏周报》，第 7 卷第 14 号，1931 年 3 月 18 日）

第六学年账目，由立信会计师事务所审查完竣公布。

本校第六学年度（自十八年八月一日起至十九年七月三十一日止）各项收支账目，于月前送请立信会计师事务所审核。现已全部审查完竣发返。兹将立信会计师事务所查核证明书，照录如左：

查核大夏大学账目证明书

兹已查核大夏大学第六学年（自民国十八年八月一日至十九年七月三十一日）之账目所有各项账簿表单收支凭证书类均经查核完竣，本会计师等所欲询问之事项亦已得到校中会计员相当之答复及说明，所有下揭收支决算书、收支总结表及对照表等均系根据该校各项账簿单据之记载结出，本会计师等认为正确。除将账目上应加说明之零点具说明书附后外，特为出具证明书如左

立信会计师事务所

会计师　潘序伦　顾询　钱逎澂

中华民国二十年三月三日

（《第六学年账目已审核》，《大夏周报》，第 7 卷第 15 号，1931 年 3 月 25 日）

四日　荣宗敬捐赠大夏大学西首大河正式移交，该河又称老河或丽娃栗妲河。

西河在校址西首，与运动场毗连，面积十余亩，前由业主荣宗敬先生慨允捐赠本校。此项产业地单，现已由荣氏交送本校，该河水深岸阔，清澈见底，现校景委员会正在悉心规则，进行筑堤植树工作。而对荣氏之热心捐赠，拟即呈报教部照章褒奖，以扬美德云。

（《荣宗敬先生捐赠西河再志》，《大夏周报》，第 7 卷第 13 号，1931 年 3 月 12 日）

中山路大夏大学新校址之西，有河流一条，自该校北首，流经运动场及丽娃栗妲河 villapiokita，直达苏州河，面积六十余亩。水深岸阔清澈见底，游鳞细藻，直视无碍，夹岸垂杨，倒影成趣，风景绝佳，为海上所仅有。该河原为无锡面粉巨商荣宗敬氏产业，现由荣氏捐赠大夏。该校自得此河后，即加以疏浚，作为课余游钓及泛舟游泳之用。该校以荣氏慷慨捐赠，热忱可佩，拟即呈请教育部，照章褒扬，以彰美德。

（《荣宗敬捐赠大夏西河》，《申报》，1931 年 3 月 4 日，第 10 版）

九日　纪念周会，请国民党上海市社会局局长潘公展来校作演讲，题目为"总理遗教与劳动法"，请华东慈善联合会干事长查良钊报告"陕西赈灾所见"。会上还颁发了上学期成绩优秀奖学状、国语演讲及英语辩论竞赛优胜奖品。（《纪念周会盛况》，《大夏周报》，第 7 卷第 14 号，1931 年 3 月 18 日）

校务会议开会,议决设出版委员会及革命纪念筹备委员会,并于各宿舍设斋务委员会及室长。(《大事记》,《大夏周报》,第7卷第23号,1931年6月10日)

十五日 群育委员会举行第二十四次常会。

群育委员会于三月十五日举行第二十四次常会,到俞志瀚、吴浩然、朱章宝、黄普安等九人,主席俞志瀚,记录朱伯奇。首由主席报告各项情形并介绍黄、朱二群育员,次即讨论事项,兹将各重要议决案探录如下:

(一)各宿舍设斋长、舍长以收自治之效,其设施办法修正通过。

(二)本学期举行中文辩论、英文演说各一次,定四月底为办理预赛完竣时间,五月底为办理决赛完竣时期,并通知各院院长指导辅助进行。

(三)准大夏摄影学会、镭社、流星社三团体备案。

(《群育委员会近讯》,《大夏周报》,第7卷第15号,1931年3月25日)

十六日 纪念周会,上海各大学校长轮流交换演讲。中央大学商学院院长程振基来校作"总理钱币革命"的演讲。(《纪念周会消息》,《大夏周报》,第7卷第15号,1931年3月25日)

疗养院开始动工,由久泰建筑公司承造,主要用于学生诊病或住院疗养,约三个月即可完工。(《疗养院开始动工》,《大夏周报》,第7卷第14号,1931年3月18日)

十七日 中华教育文化基金董事会特派该会秘书余上沅及视察专员林恂莅校视察。(《中华教育文化基金会董事莅校视察》,《大夏周报》,第7卷第16号,1931年4月1日)

学生自治会举行第三次常会。

学生自治会于三月十七日举行第三次常会,到汪瑞年等十人,主席汪瑞年,记录邱鹤。首由主席报告,次即讨论议决下列各案:(一)定期召集各院科同学会讨论校景委员会募款问题。(二)推派程良能等五人会同商学院同学会整顿消费合作社。(三)从速开办民众夜校。(四)函请学校购置划船。(五)函请学校体育部组织拉拉队。(六)略。

(《学生自治会近讯》,《大夏周报》,第7卷第19号,1931年4月29日)

十八日 革命纪念筹备委员会开第一次会议。

本校对于各种革命纪念日,莫不有热烈之纪念,最近由校务会议议决,特组织一革命纪念筹备委员会,专司筹备纪念各种革命纪念日事项之责。其组织办法,系由校务会议、事务处、学生会、区分部各派代表一人,共同组织之。

又讯:自组织革命纪念筹备委员会一案议决后,即由各方推派代表,于三月十八日下午二时举行第一次会议,到俞志瀚、王士鼎、朱伯奇、杨麟书、徐则骧等五人,俞志瀚主席,朱伯奇记录。首由主席报告本会成立经过及宗旨,次即讨论,议决下列二要案:(一)三月二十九日黄花岗烈士纪念日于上午九时举行,请教授一人演讲,学生会区分部各派代表一人演说;并请女同学会担任献花,学生会担任标语。(二)《大夏周报》于五月底出一革命纪念专号,稿件由学生会担任征求,一方面再由周报社布告云。

(《组织革命纪念筹备委员会》,《大夏周报》,第7卷第16号,1931年4月1日)

二十日 群育委员会举行第二十五次常会。

群育委员会于三月二十日举行第二十五次常会,出席者孙浩炬、陈选善等十二人,主席俞志瀚,记录朱伯奇。首由主席报告各斋舍情形、学生团体改进情形以及室长斋务委员会进行情形,次即讨论事项,兹将各重要议决案探录如下:(一)建议事务委员会购备竹帘悬挂宿舍西晒各寝室。(二)请沈昆南先生清查体育部应存数目,预算重行支配,并划船建设费八百元列入。(三)通过体育计划大纲。(四)取缔学校左近引诱青年之场所,分别函公安局、学生自治会切实严密制止并鼓励告密,布告制止,责成校警严密查察。(五)关于各种竞技运动常置委员会照附单分配职务。(六)拟定防止宿舍失窃办法。(七)史地学会准予立案。

(《群育委员会消息》,《大夏周报》,第7卷第17号,1931年4月15日)

下午一时,校学生会举行各院科代表大会,选举新一届代表大会主席团及学生会干事。

本校以前之学生自治团体,其名称曰学生会,自中央训练部颁布学生自治会组织条例后,本校以时间关系,未能将会名更正。去年底接群育委员会来函,通知本会以后组织应照中央训练部规定大纲组织之。学生会于本学期始即着手筹备改组,至上星期各种手续均已完毕,乃定本月二十日下午一时开各院科代表大会于群贤堂三〇七号教室,计到各院科代表六十余人。列席者有欧副校长,群育主任俞志瀚先生,三区一分部代表崔步武君暨上届学生会执监委等二十余人,济济一堂,颇极一时之盛。主席徐则骧,秘书长张大炘,书记庄前烈、陆学贤,司仪吴达泉。钟鸣一下,主席宣布开会,行礼如仪,主席致开会词,执委代表王世鼎及监委陈书俊代表报告上届会务。训词计有欧副校长,群育主任俞志瀚先生,分部代表崔步武君致词。语多中肯,听者动容,惜乎为时间所限未能尽所欲言。欧副校长训词大意谓:1.认清大学生之地位;2.本师生合作之精神发扬光大之,与学生合作。群育主任俞先生则庄谐并重,令人猛醒,其主要意义为根据学生自治会宗旨努力于智德体群各方面,与全国各大学争雄。训词毕即开始讨论,此时各代表唇枪舌剑,均能尽量发表意见,卒以时光不早,未能提弃[案]多加讨论,拟交下次代表大会讨论之。末为选举代表大会主席团及自治会干事,当选者为:

主席团

王健民　徐则骧　周振韶

自治会干事

汪瑞年　吴达泉　沈长缨　许冠彬　刘崇龄　崔步武　高列彭　陆学贤　程良能　范培渊　邱鹤
徐成泰　严浩然　吴祥珍　凃[涂]道如

候补干事

李百达　庄前烈　陈书后　罗怀福　刘亚生　傅本澄　韩克俊　李文镐

又讯:自新干事产出后,即于二十四日举行第一次干事会议,公推临时主席汪瑞年,记录陆学贤,先行分配职务,结果如下:

事务部主任干事汪瑞年,文书干事邱鹤、高列彭,庶务股干事凃[涂]道如,会计股程良能,卫生股干事许冠彬,查察股干事范培渊,交际股干事吴达泉。

学术部主任干事崔步武,研究股干事徐成泰,出版股干事沈长缨、刘宗龄,游艺股干事吴祥珍,教育股干事陆学贤,体育股干事严浩然。

继即讨论,议决下列各项:1.规定每星期举行常会一次,于星期五晚上七时举行。2.刊刻图记。3.印刷信纸信封。4.函催上届执委会克日交代账目文件。5.编造各股预算。最后并议决于本星期五(二十七日),举行第二次常会云。

(《各院科代表大会志盛》,《大夏周报》,第7卷第16号,1931年4月1日)

(上略)昨日下午一时,在二百十二号教室举行全校代表大会。到会者谢寿符、谢蛰民、童世铨及胡可文、陈静等女士六十余人,跻跻[济济]一堂,会场空气颇为热烈。大会职员,主席团徐则骧、吴达泉、秘书长张大炘。首由主席徐则骧君致开会词,略分四点:(一)学生会过去的历史和精神;(二)由学生会改自治会的原因和经过;(三)自治的意义;(四)希望从今天大会中把过去的学生会工作加以检阅,对未来的工作定下方针,选出领袖人才,领导自治会的工作达到自治的意义和所负的使命。次由欧校长元怀训词,勉慰奖励,希望各中坚份子和衷共济,贯彻合作的精神,辅助校务发展。次由群育主任俞志瀚训词,及区分部代表崔步武致词。本应进行讨论事项,后因秘书处收到各院科重要提案件数过多,因时间关系,经众表决留交下次讨论,当即变更议程,举行选举。结果王健民、徐则骧、周振韶三人当选为代表大会主席团,汪瑞年、崔步武、程良能等十五人当选为干事会干事。至四时散会。

(东:《大夏学生自治会举行代表大会》,《申报》,1931年3月27日,第18版)

二十三日　上午十时,举行纪念周会,邀请李公朴先生莅校演讲,题目为"第十一届国联大会中之中国外交"。(《纪念周会消息》,《大夏周报》,第7卷第16号,1931年4月1日)

校务会议开会。

校务会议开会,议决编订新一览,推傅筑隐先生为总编辑;四月十七日召集学生自治会及各院科同学会新职员谈话,公推欧元怀、鲁继曾、黄敬思、俞志瀚、吴浩然五先生代表出席;更改春假日期为四月六日起至十一日止。

（《大事记》,《大夏周报》,第 7 卷第 23 号,1931 年 6 月 10 日）

二十四日 商学院邀请国际劳工局中国分局局长陈宗城先生演讲,题为"近世劳工法之新趋势"。（《商学院请名人演讲》,《大夏周报》,第 7 卷第 16 号,1931 年 4 月 1 日）

三十日 上午十时,举行纪念周会,大同大学校长曹惠群到校演讲,题目为"科学建设"。（《纪念周会消息》,《大夏周报》,第 7 卷第 17 号,1931 年 4 月 15 日）

教务委员会开第三十八次会议。

本校教育学院,声誉素著,教授皆国内有数教育专家,同学亦皆富有研究兴趣,其中且曾任教育行政、实行教学与编述教育书籍者,更不乏其人。最近该院同学会函请学校设立教育研究室,俾便作专门之研究;同时学校方面,亦早感此项设置,甚为需要。现由第三十八次教务委员会会议,教育学院决设立研究室一所,并推鲁继曾、陈选善、黄敬思三先生为筹备员。闻所址业已决定将女士休息室划分一半,充作陈列教育及心理书籍杂志之用。

（《筹设教育研究室》,《大夏周报》,第 7 卷第 17 号,1931 年 4 月 15 日）

教务处为明了学生生活状况以作指导及改善之根据起见,特由第三十八次教务委员会议决,拟定表格,将全校学生生活加以调查。现此项表格已有鲁继曾、陈选善二先生制定,兹照录如左:

学生生活调查表

说明:1. 调查之旨趣在明了学生生活状况以作指导及改善之根据

2. 表中所填事实由学校严守秘密,不以姓名向外宣布

3. 表中所列各项务须据实填写,请勿脱漏或谎报

4. 本调查表请于暑假前缴交教务长鲁继曾先生以便统计

学生证号数_____ 院科_____ 年级_____ 性别_____ 年龄_____ 已否结婚_____

（一）本学期费用（估计）

收入		支出		备考
家长供给	元	宿费（住校者不计）	元	
亲友借助	元	膳费	元	
公家津贴	元	衣着费	元	
服务薪水	元	车费（学期中）	元	
奖学金	元	书籍费	元	
其他	元	交际费	元	
		娱乐费	元	
		杂费	元	
		旅费（由家赴校及返家）	元	
共计	元	共计	元	

（二）家庭每年收支约数:收入_____元 支出:_____元

（三）研究的兴趣（例如文艺、美术、科学、哲学或其他兴趣）_____

（四）课外作业:你本学期曾加入何种会社,在会社中任何职务?

1. _____ 5. _____

2. _____ 6. _____

3. _____ 7. _____

4. _____ 8. _____

（五）课外爱读书籍之种类＿＿＿＿＿＿＿＿＿＿＿＿＿＿＿＿＿＿＿＿

（六）课外爱读何种报纸及杂志？＿＿＿＿＿＿＿＿＿＿＿＿＿＿＿＿＿

（七）你喜欢作何种运动（户内及户外）？＿＿＿＿＿＿＿＿＿＿＿＿＿

（八）娱乐（如摄影、下棋、音乐、电影、观剧、跳舞、打牌或其他种娱乐）＿＿＿＿＿

（九）嗜好品（如烟草、酒、食物或他种嗜好）＿＿＿＿＿＿＿＿＿＿＿

（十）毕业后志愿及计划＿＿＿＿＿＿＿＿＿＿＿＿＿＿＿＿＿＿＿＿＿

（十一）宗教信仰＿＿＿＿＿＿＿＿＿＿＿＿＿＿＿＿＿＿＿＿＿＿＿＿

（十二）政治主张＿＿＿＿＿＿＿＿＿＿＿＿＿＿＿＿＿＿＿＿＿＿＿＿

（十三）对于你现在生活有什么不满意的地方？＿＿＿＿＿＿＿＿＿＿＿

（《教务处调查学生生活》，《大夏周报》，第 7 卷第 17 号，1931 年 4 月 15 日）

三十一日　校务会议代表教师与学生自治会及各院科同学会新职员进行谈话。

本届学生自治会及各院科同学会新职员，先后业经改选产生。校务会议本师生合作之精神谋学校之发展计，特订三月三十一日（星期二）下午四时在群贤堂三〇七号教室，邀请学生自治会及各院科同学会全体新职员谈话，并推欧元怀、俞志瀚、鲁继曾、黄敬思、吴浩然五先生代表该会出席，想届时必有一番盛况也。

（《举行学生自治会及同学会新职员谈话会》，《大夏周报》，第 7 卷第 16 号，1931 年 4 月 1 日）

本月　新聘教职员多人。

预科文学组主任，现由教务委员会推荐钱道南先生继任，已由校务会议通过照聘。钱先生为美国纽约大学硕士，任本校英文教授，已数年于兹，学验宏富，预科同学深庆得人也。

（《钱道南先生为预科文学组主任》，《大夏周报》，第 7 卷第 14 号，1931 年 3 月 18 日）

本校女教职员，一年来突增，本学期已达十三人之多，计担任教职者有政治学教员张凤桢，史学教员兼史学系主任王国秀，英文教员陆德音、钱丰格、黄宗玉、彭望荃，附设女子幼稚师范学校主任兼幼稚教育教员杨葆康，附设幼稚园主任兼钢琴、儿童游戏教员钟韶华，音乐教员狄润君等九人。担任职务者为女生指导员潘白山，幼稚师范教务员兼女生群音[育]员黄普安，图书馆馆员郑演、章郁香等五人。内中张凤桢系霍布金斯大学博士，王国秀系哥伦比亚大学博士，陆德音系米歇干大学硕士，钱丰格系加尼尔大学硕士，黄宗玉俄[系]柏林大学学士，彭望荃系布任码大学学士，杨葆康系哥伦比亚大学硕士，潘白山系日本女子大学毕业生，办事、教学均得同学欢迎云。

（《本学期女教职员》，《大夏周报》，第 7 卷第 14 号，1931 年 3 月 18 日）

本月　添设并扩充多个实习室、实验室。

本校商学院历届毕业生颇受社会欢迎，该院院长孙瑂先生，鉴于该院学生，非特在学理上须有充分智识，且须有实际经验，始得谓为一完全之商业专门人才，故对于该院学生实习一项，甚为注意，如创办消费合作社，指导同学组织乐华商店。最近又添设会计实习室，为该院会计系学生实习之用。闻设备费一项，已由财政委员会通过，即日从事设备矣。

（《商学院添设会计实习室》，《大夏周报》，第 7 卷第 14 号，1931 年 3 月 18 日）

上期因实验室不敷支配，曾将心理室设在物理室之中，地方颇嫌狭小，且物理室设备，诸多不能适合心理室之原则，同时心理仪器又日益增加，事实上益觉困难。本期开学后，遂将心理实验室扩充，迁入前系主任办公厅云。

（《心理实验室之扩充》，《大夏周报》，第 7 卷第 15 号，1931 年 3 月 25 日）

理学院所属之化学、物理、生物、心理等实验室，每届学期告终之时，必将所存仪器、药品之种类、数量、价目等，一一重行登记；其中用尽者则补充，不足者则添购之，俾开学之后，使学生不至有向隅之叹。现此期增补之仪器、药品早已到校,且数量充满,足供一学期之用。同时,又特向美国中央科学公司(Cntral Science Company)订购二千五百金之物理仪器,业已接得该公司复信,一星期后即可到校云。

(《增加理化仪器药品》,《大夏周报》,第 7 卷第 15 号,1931 年 3 月 25 日)

生物实验室为满足同学之眼欲,及教学上考证起见,故对于各种生物标本,逐渐搜集。去年夏间,郁康华先生曾在厦门搜集数百种生物标本,现正在从事装置云。

(《装置生物标本》,《大夏周报》,第 7 卷第 15 号,1931 年 3 月 25 日)

本月　理学院拟添设土木工程系,已着手筹划。

理学院原分数学、物理、化学、生物学、心理学五系,最近该院院长邵家麟博士为造就专门人才以应社会需要起见,特向校务会议提议,除上列五系外,再添设土木工程系。当由校务会议议决推邵家麟、马名海、傅式说三先生详细计划再行讨论云。

(《理学院拟添设土木工程系》,《大夏周报》,第 7 卷第 14 号,1931 年 3 月 18 日)

本月　校景委员会拟定布置校园计划。

本校新校舍校场宽敞,环境清幽,上学期曾组织校景委员会,专司布置校景事宜,该会自成立以来,雇工锄平土堆,填平小浜,移植古树,栽花种竹,在校内公路两旁更植冬青及水白杨柳等树,对于各项工作,行不遗余力。最近该会更先后召集会议,悉心规划,务使校场成为公园化。其重要进行工作有五项:(一)群贤堂前面之广场,筑十字形之公路,十字形中心点则为一大圆圈,四角亦有四大圆圈,此等圆圈中,则种植各种花木。(二)加种各宿舍前后面及各公路两旁之荫树冬青翠柏及其他花木。(三)自大夏新村地址起筑一公路与现在群力斋前之公路相接,并闻在此路上,拟建搭竹棚,有如甬道,并植葡萄,使之牵引上升,成为天然之蔽荫。(四)体育场右边之西河沿岸,种植杨柳,并拟筑堤。(五)为保持校场空气澄清计,以后各种车辆,只得停于大门口不得入内,俾免尘灰飞扬,有碍卫生。而全体员生得于公园化之校场自由散步、欣赏大自然景象。现残冬已去,临届阳春,校场各种植物,不久即将绿叶扶疏、百花争放,可谓未来之兆丰花园也。

(《公园化之校场》,《大夏周报》,第 7 卷第 14 号,1931 年 3 月 18 日)

四月

一日　各斋斋务委员先后由各室室长选出,并于今日举行第一次会议,议决要案多件,提交群育委员会复议。

前由群育委员会议决各斋设一斋务委员会以为训练学生自治一案后,即积极进行不遗余力。现各斋斋务委员,皆先后由各室室长正式选出,并各于四月一日举行第一次会议,议决要案多件,提交群育委员会复议。兹将各斋斋务委员会姓名,探录如左:

(一)群策斋:丁绩成　王叔铭　潘祖永　洪啸农　赵一雪　俞大犹

(二)群力斋:胡万浪　姬步周　王健民　王泽民　王家骥　宋恪

(《各斋斋务委员会正式成立》,《大夏周报》,第 7 卷第 18 号,1931 年 4 月 22 日)

二日　商学院添设会计实习室,已筹备就绪,正式公布订定规则。

本校商学院添设会计实习室一节,已志上期本报。现此项实习室已设备就绪,并订定规则九条,于四月二日公布,兹采录如左:

会计实习室规则

一、凡修会计学原理之学生,应按照规定时间,实习记账,旁听生须得教授同意后,方能加入。

二、实习室内之坐位均须编号,各生须按照派定之坐位就坐,不能任意移动。

三、一切账簿应于每次实习终了之时寄在橱内,不得携去室外。

四、每次实习时,学生须自备下列各物:1.墨水,2.钢笔,3.铅笔,4.吸墨纸,5.尺子,6.橡皮。

五、实习时以肃静为主,不得互相谈话。

六、用加数机时需要小心,不可任意毁坏。

七、各班之实习时间另定之。

八、本规则自公布之日起施行之。

九、本规则有未尽善处得随时修改之。

(《订定会计实习室规则》,《大夏周报》,第7卷第18号,1931年4月22日)

　　三日　群育委员会举行第二十六次常会。

　　群育委员会于四月三日举行第二十六次常会,到潘白山、沈昆南等九人,主席俞志瀚,记录朱伯奇。首由主席报告各项情形,次即讨论事项,兹将各重要会议决案采录如下:一、修正斋务委员会细则,陈请校务议会通过施行。二、请事务处刻各斋传达处及各斋斋务委员会之木戳。三、建议校务会议改于四月廿四、廿五两日举行运动会。(按校务会议已改订为廿五、廿六两日)四、学生团体出外参观,除适用章程第二十七项参观规则外,须先将团体名称、负责人员、经费、日期、目的、参加人员名单、地点、组织及指导情形报由群育委员会核准。五、请学校于最短期间垫款建设健身房一座,自下学期起由体育费项下扣还五百元至还完为止。六、修改演说辩论规则。六、函请黄敬思、董任坚、全增嘏三先生各拟中文辩论题目,以便采用。七、体育部应将每周体育消息于每星期三以前供给周报。最后并议决各斋斋务委员提案多件云。

　　(《群育委员会近讯》,《大夏周报》,第7卷第18号,1931年4月22日)

　　《大夏周报》公布"宿舍斋务委员会及室长规则"。

　　群育委员会为训练学生自治起见,特在每宿舍设一斋务委员会、每室设一室长,并订定规则八条,现此项规则已由第九十四次校务会议通过,采录如下:

　　一、本规则以训练自治之运用为宗旨,由群育委员会主持之。

　　二、每座宿舍设一斋务委员会,由该宿舍之群育员(或女生指导员)及斋务委员六人组织之,以群育委员(或女生指导员)为主席。

　　三、每室设室长一人,每层楼设斋务委员二人。

　　四、室长由同室学生推举之,斋务委员由该宿舍内室长票选之。

　　五、斋务委员及室长任期以一学期为限。

　　六、室长职责如下:

　　a. 维持本室秩序;

　　b. 注意本室秩序;

　　c. 协同斋务委员办理宿舍内事务。

　　七、斋务委员会职责如下:

　　a. 负责维持本宿舍内秩序清洁;

　　b. 检查违背宿舍内秩序清洁;

　　c. 监督校工;

　　d. 接受室长建议;

　　e. 建议关于宿舍内应兴应革事宜于主管机关。

　　八、本规则由群育委员会陈请校务会议通过施行。

　　(《订定宿舍斋务委员会及室长规则》,《大夏周报》,第7卷第15号,1931年3月25日)

　　《大夏周报》公布"演说辩论竞赛办法"。

　　最近群育委员会订定本学期演说辩论竞赛办法十一条,兹探录如下:

演说辩论竞赛办法(二十年春)

　　初赛:五月九日完成　　决赛:五月卅日完成

　　一、依据第廿四次群育委员会议决,本学期举行中文辩论英文演说,由各该院科同学会秉承院长、主任自行办理初赛,关于决赛事宜,由群育委员会主持之。

二、演说或辩论员由各院科同学会征求之,各院科出席决赛代表,计演说二人,辩论一组共三人,人人皆有覆辩机会,无主辩、副辩之区别。

三、演说题目由演说员命定,送请各该院科主持人员审查,辩论题目由校务会议命定。

四、评判标准,暂定中文辩论言辞30%,材料50%,姿势20%;英文演说言辞40%,材料40%,姿势20%。

五、初赛评判员,由各该校院科斟酌聘定,决赛时由群育委员会请校外名人担任评判。

六、演说辩论,均须签定次序及正反面,未及签定者得由主持人员指定之。

七、演说以十五分钟为度,十二分钟时按铃预告一次,辩论时间,每人初辩规定十分钟,八分钟时按铃预告一次,覆辩规定五分钟,按铃即停。

八、各院科演说员之决赛权,应为半数。

九、辩论时初辩则先正后反,覆辩则先反后正,各依次序交替发言。

十、辩论时初辩发表己方主张,覆辩攻击对方弱点,不得对个人攻击或重复混辩。

十一、奖品分辩论、演说两种。计辩论优胜组得银盾一座,刊列优胜员姓名,个人第一、二、三、四名给奖牌一面,演说优胜第一、二、三、四、五名分别给子[予]金银铜锡奖牌各一面。

(《订定演说辩论竞赛办法》,《大夏周报》,第7卷第19号,1931年4月29日)

六日　教育学院学生二十余人,由倪文亚教授带领,赴天津、北平参观教育机关、大中小学。

北平教育参观团为本校教育学院学生二十余人所组织,由倪文亚教授率领,于四月六日首途。最近本报迭接倪先生及该团干事黄振麟君自津来函,详述旅途中种种情形,略云于九日晚安抵达天津,翌日参观天津市教育局、南开大学、北洋大学、市立师范学校,及其他著名中小学,皆备承招待,并取得出版物极多,拟装入一大木箱,归献图书馆。十一日晨搭车赴平,约有四五日勾留,至迟十九日上午可归校云。

(《北平教育参考团行踪》,《大夏周报》,第7卷第18号,1931年4月22日)

十三日　纪念周会,劳动大学教授黎国材博士来校演讲,题目为"学问与建设"。(《纪念周会消息》,《大夏周报》,第7卷第18号,1931年4月22日)

召开第九十六次校务会议。

本校教育学院及师专科成绩斐然,声誉卓著,兹为实验教育学说便于参考起见,特由第九十六次校务会议议决,于秋季创办实验小学一所,并推鲁继曾、黄敬思、陈选善三先生担任筹备,积极进行云。

(《筹备实验小学》,《大夏周报》,第7卷第18号,1931年4月22日)

本校每届暑假皆有学校之创办,其宗旨在利用暑假时期,推广教育,补助学业。本年经第九十六次校务会议议决,仍继续开办,并推定鲁继曾先生为暑期学校主任,从事筹备一切云。

(《续办暑期学校》,《大夏周报》,第7卷第18号,1931年4月22日)

本校各宿舍组织斋务委员会及其成立等情,已迭志本报,最近由群育委员会订定办事细则八条,业经第九十六次校务会议修正通过,兹照录如左:

斋务委员会办事细则

第一条　本细则依据"宿舍斋务委员会及室长规则"制定之

第二条　本会每二星期开常会一次,但遇有特别事故由主席召集临时会议

第三条　本会开会时由各该斋群育员或指导员为当然主席

第四条　本会设文书一人,司记录文书事宜,由主席指定之

第五条　各斋斋务委员会遇必要时得召集室长开全斋会议,并联合各斋开斋务联合会议,以群育主任为主席

第六条　开会前一日应将提案送交群育员或指导员,以便汇编议程

第七条　本会议决事项由群育委员会审查通过分别执行

第八条　本细则由群育委员会陈请校务会议通过施行

（《订定斋务委员会办事细则》，《大夏周报》，第 7 卷第 19 号，1931 年 4 月 29 日）

司法院正式审核通过准予特许大夏大学设立法学院。

本校法学院，自民国十七年开办以来，已历六载，现有学生二百余人，院长孙浩炯博士对于各项课程，极为认真，所聘教授均系积学知名之士，成绩昭然。本年一月间照章具备文件，呈请教育部转送司法院审核，兹接教育部准司法院第一六三号公函开，准予特许设立。原文如下："……准此，本院详加审核，该大学法学院法律学系所定分年课程表，及各项设备，尚属完善，应予特许设立，除依照司法院特许私立法政学校设立规程第四条规定，咨明考试院备案，并送登政府公报外，相应函复贵部，查照饬知。"

（《司法院特许本校法学院设立》，《大夏周报》，第 7 卷第 18 号，1931 年 4 月 22 日）

十七日　下午，校务会议召集学生自治会暨各科院干事代表四十余人举行谈话会。

本校例于每学期中，召集学生自治会暨各科院干事代表举行谈话数次，以资联欢，并征求同学对于改进校务之意见，实行以来，颇著成效，尤为各大学之创举。校务会议派欧元怀、俞志濂、鲁继曾、黄敬思、吴浩诸先生为代表，于四月十七日下午就本校二〇六教室举行。是日各干事代表到者四十余人，首由欧副校长报告开会宗旨后，相继诸先生演说，大致或为本届学生自治会及同学会之希望与督促，或为校务进展之现状与方针，意极诚恳，语多警惕，师生融融一堂，煦煦如家人父子，最后由各同学发表贡献意见以备学校相机采纳，类皆轻而易举，且又急待举行之事也。茶点尽欢而散。

（《学生自治会及同学会新职员谈话会志盛》，《大夏周报》，第 7 卷第 19 号，1931 年 4 月 29 日）

商理两学院请国立同济大学校长胡庶华博士到校演讲，题目为"十五年的实业计划"。
（《胡庶华博士莅校演讲》，《大夏周报》，第 7 卷第 19 号，1931 年 4 月 29 日）

十九日　下午，商学院举行院务会议。

本校商学院于四月十九日下午一时在晋隆西菜社举行院务会议，到章[商]院教授孙瑂、吴文蔚、陈鸣一、麦祖衡、傅德润、朱鼎元及教务长鲁继曾先生等七人，首由主席孙瑂先生致开会辞，继即讨论下列三要素：（一）修改院则、课程，（二）促进学生学业成绩办法，（三）筹建大夏商业博物馆。各先生皆相继发言，讨论结束，甚为圆满，至四时许始尽欢而散。

（《商学院举行院务会议》，《大夏周报》，第 7 卷第 19 号，1931 年 4 月 29 日）

二十日　大夏举行国民会议代表选举。上午八时起至下午四时止，为投票时间。最终结果，胡庶华 288 票，欧元怀 161 票，郑毓秀 33 票，黄敬思 14 票，鲁继曾 6 票，卢锡荣、董任坚各 3 票，俞志瀚、吴泽霖、陈选善、傅式说、彭望荃、马君武、胡适等各 1 票。总计此次选举，出席总数为 599 人，投票者 553 票，内有废票 11 票。（《国民会议代表选举本校投票盛况》，《大夏周报》，第 7 卷第 19 号，1931 年 4 月 29 日）

二十一日　召开群育委员会第二十七次常会。

群育委员会于四月廿一日举行第二十七次常会，到俞志瀚、陈选善等六人，主席俞志瀚，记录朱伯奇。首由主席报告各斋舍情形及体育部报告各项运动情形，次即讨论事项，兹将各重要议决案探录如下：（一）申叙理由、建议校务会议下学期自由征收膳费。（二）建议事务委员会分别归并两斋寝室，腾出一间作为临时阅报室，并下半年另辟相当阅报室。（三）通过演说辩论竞赛办法。（四）点曦社、经济学会、口琴队、会计学会、史学系同学会，均准备案。（五）关于稽查学生缺课问题，一、请教务处开示时常缺课学生姓名，二、由斋务委员会会同室长注意外宿学生。（六）请丁文彪、张凤桢、彭望荃、全增嘏、陈铭恩、孙瑂，为英语演说评判。（七）辩论题目，维持原议布告之。

（《群育委员会近讯》，《大夏周报》，第 7 卷第 20 号，1931 年 5 月 6 日）

二十七日　上午十时，举行纪念周会，东吴大学法学院院长吴经熊博士到校演讲，题目为"三民主义和法律的关系"。（《纪念周会消息》，《大夏周报》，第 7 卷第 20 号，1931 年 5 月 6 日）

三十日　第二次全体教职员聚会，讨论通过"教员公约"。

前日教育部令全国各大学订定教员请假代课及补课办法一节，已志前报。现此项办法，已经第九十七次校务会议议决，由教务处拟定教员公约草案，该草案已在四月三十日举行全体教职员聚餐会时讨论通过。兹探录如下：

一、同人等为顾全学生学业计，非因不得已事故，不愿告假。

二、同人等愿准时到校授课，如须请假，当先通知教务处请假时间，并于销假后一星期内择日补课。

三、同人等因特别事故，必须请两星期以上之长假者，愿照聘约规定请人代课。

四、同人等于职务上，愿尽量赞助学校行政，督促学生学业。

（《订定教员公约》，《大夏周报》，第7卷第21号，1931年5月20日）

本月　召开第三十九次教务委员会会议。

（一）订定预选课程办法　教务委员会鉴于过去在学期开始时注册选课，殊多不便，如兼任教员时间之易生冲突难以变更者一也，不明学生选课人数多寡致失分组根据者二也，注册时间短少而人数过多致各院长主任无详细审查之机会并致学生选课错误者二［三］也，教员变更授课时间致学生发生选课之阻碍无法救济者四也。故特由第三十九次教务委员会议决，于本学期起，施行预选课程，其办法如下：

1. 定六月二日至六日，为学生预选课程时间，同时公布下学期开班学程及上课时间表。

2. 本学期全体学生，如下学期继续升学者，皆应如期预选，并将选课表照章分别缴存教务处及院长或主任备案，否则下学期不能注册。

3. 各科院在五月十五日以前，将应开各学程送交教务处，以便编制课程时间表。

（二）拟行学生体格检查　该会为图全校学生之安全及免除一切传染病起见，特通过学生体格检查一案，至其详细办法，公推俞志灏、蓝春池二先生会同校医张泽春先生组织委员会，酌定详细办法，择日施行之。

（三）各学院拟发行专刊　该会为增加教授及学生发表之机会及互相探讨计，决定建议校务会议于下学期出版一种各院科之定期刊物，印刷一项拟先向书局接洽代印或由学校津贴印刷费，至编辑人员推请在校教员担任，惟须减少其授课时间或另给报酬。

（《教务委员会消息三则》，《大夏周报》，第7卷第19号，1931年4月29日）

五月

一日　学生自治会举行第四次常会。

学生自治会于五月一日举行第四次常会，到十人，主席汪瑞年，记录高列彭。首由主席报告各项事宜，次即讨论，议决要案如下：一、推派崔步武、汪瑞年二君为筹备庆祝本校七周纪念委员会代表；二、派汪瑞年君与上海雅乐社接洽来校表演事宜；三、推王健民、徐则骧、崔步武等十七人为编辑委员；四、函请中山路公安局分所随时注意学校附近之卫生事宜；五、函请学校在校内添设路灯；六、推派汪瑞年、崔步武二君代表出席本校"五九"、"五卅"纪念会。

（《学生自治近讯》，《大夏周报》，第7卷第21号，1931年5月20日）

二日至三日　举行春季田径运动会，陈宝球分别刷新铁饼、铅球、标枪三项校运动会记录，罗传贤刷新跨栏项目记录。

本届春季运动会原定四月廿五、廿六二天举行，兹以与上海市各校运动会冲突之故，乃改五月二日至三日在本校新建田径场举行，各科院报名参加者极为踊跃，日前田径赛队举行预赛时，成绩甚为优异，故本届运动会，定有成绩可见。现各运动员勤事练习，大有打破江大全国记录之雄心，昨日由体育部长张长昌先生召集各科院体育股长开会鼓励参〈与〉，并订定本届运动会规程多条，兹探录如左：

春季运动会竞赛规程

第一条　本会以促进本校体育，选择田径赛队队员为宗旨。

第二条　凡本校各学院、高师科、幼师科、预科（中学）及大夏中学学生，均可参加。

第三条　本会会场，定本校田径场。

第四条　本会开会日期，定五月二、三日两日。

第五条　运动员竞赛分男女二部，男子分甲乙两组，女子不分组。凡田径赛队队员均为甲组。

男女各组项目：

（甲）男子部（甲乙组）

（一）田赛

跳高，跳远，撑杆跳高，三级跳远，掷铁饼，掷标枪，推十六磅铅球

（二）径赛

百米，二百米，四百米，八百米，千五百米，一万米，百十米高栏，四百米中栏

（乙）女子组

田径赛

五十米，百米，二百米，四百米，跳远，跳高，八磅铅球，垒球投远

第六条　每运动员至多参加四项，女子以三项为限。每项每院至多参加四人。

第七条　比赛规章按照中华全国体育协进会比赛规则办理。

第八条　本会锦标以得总分最多之一队为锦标，女子组不计分。计分法第一名五分，第二名三分，第三名二分，第四名一分。

第九条　各科院报名单须由各该体育股长交至本部，限四月卅日中午截止。

第十条　本规章得随时修改之。

（《春季运动会消息》，《大夏周报》，第 7 卷第 20 号，1931 年 5 月 6 日）

四日　上午十时，纪念周会邀请伦敦大学经济学院毕业生邓裕芝女士演讲，题目为"工业中之妇孺问题"。（《纪念周会消息汇志》，《大夏周报》，第 7 卷第 21 号，1931 年 5 月 20 日）

八日　召开群育委员会第二十八次常会。

群育委员会于五月八日举行第二十八次常会，到俞志瀚、陈庆、陈选善等九人，主席俞志瀚，记录朱伯奇。首由主席报告辩论演说进行状况及各斋舍体育部报告各项情形，次即讨论，议决下列各项：（一）准文学院史学系同学会、培培同学会、射阳学社备案。（二）推定王祉伟、鲁继曾、周长宪、傅式说、陈选善、吴泽霖、黄敬思、黄钟士、邵家麟九先生为国语辩论预赛评判员。（三）略。（四）推定陈选善、俞志瀚二先生审查高师同学会请款补助教育研究案。

（《群育委员会近讯》，《大夏周报》，第 7 卷第 21 号，1931 年 5 月 20 日）

十一日　上午十时，纪念周会邀请暨南大学蔡正雅教授演讲，题目为"实现总理遗教的一个途径"。（《纪念周会消息汇志》，《大夏周报》，第 7 卷第 21 号，1931 年 5 月 20 日）

校务会议开会。

校务会议开会，议决七周纪念典礼延期至六月十三日与毕业典礼同时举行；秋季起学生每人应制冬季制服一套；七月十一、十二两日及八月十八、十九两日为秋季招考新生日期；文学院哲学系停开一年，商学院统计系取消，并入商务行政系。

（《大事记》，《大夏周报》，第 7 卷第 23 号，1931 年 6 月 10 日）

十二日　预科同学会邀请江恒源先生来校演讲，题为"中学生职业指导"。（《名人莅校演讲》，《大夏周报》，第 7 卷第 21 号，1931 年 5 月 20 日）

十五日　国学系邀请暨南大学教授顾君谊先生演讲"南北曲"。（《名人莅校演讲》，《大夏周报》，第 7 卷第 21 号，1931 年 5 月 20 日）

十八日　纪念周会邀请江恒源先生演讲，题目为"日本教育最近之趋势与我国国民应有之觉悟"。（《纪念周会消息汇志》，《大夏周报》，第 7 卷第 22 号，1931 年 6 月 3 日）

上午十一时，教育学院邀请浙江省教育厅主任秘书沈莘斋先生莅校演讲，题为"浙江省教育行政状况"。（《沈莘斋莅校演讲》，《大夏周报》，第 7 卷第 22 号，1931 年 6 月 3 日）

下午七时，举行全体师生同乐大会。

本校每学期例有全体师生同乐大会之举行，以资联欢。本学期由群育委员会议决，定于五月十八日

下午七时举行,并特请雅乐社前来表演。是晚六时许,大礼堂即备[倍]形热闹,挤得水泄不通。钟鸣七时,由主席俞志瀚先生致开会辞,语多诙谐,听者莫不捧腹,继即雅乐社开始表演。该社中有中西男女社员三十余人,本校有教授数人,亦系该社社员,是晚表演节目,有为该社自行编者,有为采自世界名曲者,每场演毕,鼓掌之声不绝于耳,洵极一时之盛,至九时许,始宣告散会。

(《全体师生同乐大会志盛》,《大夏周报》,第7卷第22号,1931年6月3日)

二十二日　学生自治会举行第五次常会。

五月廿二日举行第五次常会,到沈长缨等十人,主席汪瑞年,记录高列彭。兹将重要议决案探录如下:(一)增加编辑费一百元;(二)定廿六日在群贤堂会客室招待江大运动会全体选手及京苏远征队全体队员;(三)函请事务处注意夏令卫生;(四)函请事务处注意校外膳饭、饮水之清洁;(五)函请事务处从速装置各宿舍窗口竹帘,以避强烈之日光。

(《学生自治会近讯》,《大夏周报》,第7卷第22号,1931年6月3日)

二十五日　上午十时,举行纪念周会,邀请国民政府外交部次长王家桢先生莅校演讲,题目为"中国改造与农村问题"。(《纪念周会消息汇志》,《大夏周报》,第7卷第22号,1931年6月3日)

举行英语演说决赛。评判员有沪江大学校长刘湛恩先生、光华大学教授何永吉先生,及青年会美国干事海慕华先生。最终,冯勤生、徐旭庄、程春霖分列前三名。

五月廿五日上午十时纪念周会完毕后,继续举行英语演说决赛,来宾到者,有特请之评判员沪江大学校长刘湛恩先生、光华大学教授何永吉先生,及青年会美国干事海慕华先生。首由主席俞志瀚先生致开会辞,次即依次演说。此次竞赛,计得决赛权者有程春霖君等八人,各人演说题目已志上期本报,至演说时间每人十分钟,各演说员皆材料丰富、精神饱满,故演说时,莫不齿牙流利、口若悬河。次第演说后,经各评判员详加审查,公推刘湛恩先生报告评判结果,第一名冯勤生君,讲题为"Economic Effects of Civil War"。第二名为徐旭庄君,讲题为"the Evil Consequence of Consular Jurisdiction"。第三名为程春霖君,讲题为"Iron"。第四名为杨宝乾君,讲题为"A Psychological View on China's Troubles"。第五名为顾映川君,讲题为"Strengthening our Elementary School Foundation"。最后复由刘先生发给奖品,遂即散会。

(《英语演说竞赛会结果》,《大夏周报》,第7卷第22号,1931年6月3日)

举行第九十九次校务会议,议决设立社会学研究室。

本校对于学术研究甚为注重,除奖进外,更特设各种研究室,俾使作专门之研究。在一月前,曾由校务会议议决设立教育研究室一所,并推鲁继曾、陈选善、黄敬思三先生积极筹备;昨日(五月廿五日)又由第九十九次校务会议议决,设立社会学研究室一所。闻此二研究室,在本年秋季均可同时成立。

(《筹设社会学研究室》,《大夏周报》,第7卷第22号,1931年6月3日)

同时,公布"学生通则第三章第八条考场规则"。

本校对于考试向极认真,曾于去年第八十一次校务会议议决"凡学生在考试时如有舞弊情事一经发觉即予以除名处分",最近又由第九十九次校务会议订定考试规则十条,载入二十年度新一览,兹将该项规则照录如左:

学生通则第三章第八条考场规则

(1)学生受试验时应照教务处编号或教员所指定之座位就坐,不得任意变动。

(2)学生须按时到场受试,不得迟到。

(3)学生除携带笔墨外非得教员特许不得携带他物。

(4)学生应服从主试教员及监试员之告语。

(5)学生如欲暂时出场须得主试教员或监试员之许可。

(6)学生在试场中务须肃静。

(7)学生受试时不得夹带、偷看、枪替、传递或有他种舞弊行为,违者予以退学处分。

(8)试题答毕应即交卷出场。

（9）学生应准时交卷，逾时不收。

（10）学生如有违犯本规则情事，主试教员或监试员得令其出场，并由校务会议根据教员书面报告及通则第七章第二条予以相当惩戒。

（《订定考试规则》，《大夏周报》，第 7 卷第 23 号，1931 年 6 月 10 日）

三十日　下午，工业化学班邀请市社会局工业试验所所长沈熊庆博士演讲"Hydregenation"。（《名人莅校演讲》，《大夏周报》，第 7 卷第 23 号，1931 年 6 月 10 日）

上届学生会收支账目经监察委员会审核公布。

上届（十九年秋）学生会收支账目，业经执委会送交监委会详细考核审议，已于五月廿五日监委会结束会议，认为尚无不合，当经议决，全部账目，准予核销在案，并已于五月卅日公布。总共收入一六一〇元八二三厘，总共支出一五二一元三〇七厘，收支两比余洋八九元五一六厘，至其细目颇为清晰，不克详载。

（《上届学生会收支账目公布》，《大夏周报》，第 7 卷第 23 号，1931 年 6 月 10 日）

本月　《大夏周报》相继刊载一组校园建设及购置仪器设备等消息。

疗养院前由久泰建筑公司承造于三月十六日动工一节，已志本报。现自动工以来，工程进行甚速，四周砖墙均已次第筑就，窗户楼板亦在建造之中，至自来水管，则早装置完竣。据该公司言，当可照合同所订，在六月底以前落成云。

（《疗养院工程进行情形》，《大夏周报》，第 7 卷第 20 号，1931 年 5 月 6 日）

本校校址西首，有西河一，系由荣宗敬先生捐赠。该河水深岸固，清澈见底，面积约十余亩，与运动场毗连，为一练习水上运动之大好场所。去秋曾备划船一只，为游河之用，每届夕阳西下之时，则见同学划船河中，高唱歌曲，欣欢异常。最近体育部鉴于船少人多，不敷分配，更特拨经费八百元，购置划船，并请吴浩然先生负责在杭制造，与西湖之船全同，闻须一月后方可到校云。

（《购置划船》，《大夏周报》，第 7 卷第 20 号，1931 年 5 月 6 日）

本校体育场西接丽娃果妲河，东连梵王渡，占地百余亩，空气清静，地位幽僻，极合练习运动。一年来学校当局与体育部共同计划，重事建设，每日雇工挑泥铺设，倍形忙碌，现各运动场均已竣工，兹将设备情形，略志如左：

（一）球场　西运动场（群力斋西）计有篮球场五所，网球场六所，排球场二所，足球场一所。东运动场（群英斋东）计有篮球场一所，网球场二所，排球场一所，木球场一所。除上列运动场外，在可能范围内，犹须尽力扩充。

（二）田径场　本校田径场周长四百米，直径二百十米，道宽八米，煤屑高七寸，为吾国各大学中最宽最完全者。至转角度亦经详细测量。跳坑凡二，其跳道亦均铺实，闻明年江大运动会，拟请其在本学校举行。

（三）力学器械　由万昌厂承造，已设置者有单杠、双杠、天杠、天梯等等，余者亦正在设置，使其至最完备为止。

（四）水球划船　西河长五百余码，宽及三十米，清水浪静，两旁遍植树木，风景天然，为练习水上运动之最好场所。现体育部拟组织水球队二，一为水篮球，一为水球，并设游泳跳台一，暑期中即可设置。

（五）借球房　最近添设借球房一所，为同学借用运动器具之用。同时又另建草房一所，为储藏运动器具并为管理水上运动之用。

（《体育场新设备》，《大夏周报》，第 7 卷第 20 期，1931 年 5 月 6 日）

本校附设中学现在胶州路，拟于最近时期内迁至中山路与大学部毗连，最近已购定中学基地于校舍水塔之西部及运动场之南部，面积约有三十亩之巨云。

（《购定中学基地》，《大夏周报》，第 7 卷第 20 期，1931 年 5 月 6 日）

本校自迁入梵王渡新校舍后，对于图书馆一端，甚为注意，盖以图书馆为研究学问中心，故特聘图书馆学专家马宗荣先生为图书馆主任。一年来，改良设备，整理书籍，添购新书，为时虽短，而成绩已大有可观。最近学校当局，拟另行单独建筑图书馆一所，已由建筑师设计绘图，为一新式二层楼屋。第一层拟作办事室及各系研究室之用，第二层拟作书库、杂志室、参考室、阅书室、目录室及管理室之用云。

（《筹建图书馆》，《大夏周报》，第 7 卷第 21 号，1931 年 5 月 20 日）

本校前由校务会议议决于秋季创办实验小学一所等情，曾志前报。现校舍一项，业已登报招标承建，俾得如期开学，并闻同时建筑教职员住宅若干所云。兹将添建校舍招标广告录左：

大夏大学添建校舍招标　本大学拟在梵王渡中山路校场内，建筑附设实验小学校舍一所，教职员住宅若干所。凡有该项工程经验而欲包造者，可于五月三十日以前，到华龙路环龙路口中华职业教育社四楼柳士英建筑师处，领取图样及说明书，特此广告。

（《添建校舍》，《大夏周报》，第 7 卷第 22 号，1931 年 6 月 3 日）

本校一年来，对于图书、仪器添购颇多。例如本学期开学时，除在国内选购仪器、药品多种外，更向美国中央科学公司购大批之物理仪器；至图书一项，本学年度已购一万元以上。最近又由校务会议议决，特另行拨发经费一万元，专作添置图书、仪器之用云。

（《添置图书仪器》，《大夏周报》，第 7 卷第 22 号，1931 年 6 月 3 日）

本校事务处为便利同学曝晒衣服起见，特设晒衣场一所，于群策斋后面之旷地，面积约三百方尺，四周围以竹篱，场中分竖木柱，交列竹竿，编列号码，并派专人管理云。

（《设置晒衣场》，《大夏周报》，第 7 卷第 22 号，1931 年 6 月 3 日）

本校前由体育部特拨经费在杭订购西湖划船等情，曾志本报。现此项划船业经到校，但因同学众多，不敷分配，不得不略为征费，以示限制，所有收入全数拨充体育费，专备添购船只之用。同时订定规则六条，兹照录如左：

一、大船不得超过八人，小船不得超过三人。

二、大船每半小时小洋二角，小船每半小时小洋一角。

三、时间定后不得迟延，致使其他同学向隅，如因到时不交过时，加倍交费，如发生纠葛，应由迟交者负完全责任。

四、如有损坏，乘船人应照价赔偿。

五、乘船人须自负安全责任。

六、定船时早七时起，至晚七时止。

（《西湖划船到校》，《大夏周报》，第 7 卷第 22 号，1931 年 6 月 3 日）

六月

一日　建校七周年典礼经校务会议议决改在十三日举行。纪念周会邀请傅兰雅盲童学校员生三十余人来校表演。

六月一日上午十时，举行纪念周会于大礼堂，是日特请本埠傅兰雅盲童学校员生三十余人来校表演，礼堂座为之满。行礼如仪后，由欧副校长报告各项校务并致开会辞，略谓本日纪念周会有三大意义：一曰纪念本校成立，二曰纪念总理奉安，三曰纪念国府颁布约法，特请盲童学校员生来校表演，藉资庆祝。惟中国教育之不普及，任何人皆知，非特盲人无受教育之机会，即五官健全之儿童，亦无受教育之机会，深盼在座诸君，将来服务社会时，极力提倡云云。次由盲童学校主任何先生报告该校之历史及盲童

教育与中国改造关系之密切,继即开始表演。(下略)

(《纪念周会消息》,《大夏周报》,第7卷第23号,1931年6月10日)

三日　文学院邀请清华大学教授陈达先生莅校演讲,题为"中国移民问题"。(《名人莅校演讲》,《大夏周报》,第7卷第23号,1931年6月10日)

四日至六日　举行毕业考试。

本学期已修满毕业绩点学生,据最近调查结果,计文学院十五人,理学院四人,教育学院十八人,商学院五人,法学院二十二人,师专科五十九人,预科一百一十二人,共计二百三十五人。毕业考试日期,现由第九十八次校务会议议决于六月四日至六日举行,并已呈报教育部邀准矣。

(《订定毕业考试日期》,《大夏周报》,第7卷第22号,1931年6月3日)

八日　举行国语辩论竞赛决赛。

六月八日上午十点在纪念周会行礼后,即举行国语辩论竞赛之决赛,有决赛权者,正面为法学院缪启愉、冯勤生、吴尚炯三君,反面为商学院王绍、李应武、余定义三君,辩论题目为"中国应与俄国恢复邦交"。此次决赛特请交通大学校长黎昭[照]寰先生,商务印书馆总经理王云五先生,上海市社会局长潘公展先生,《申报》馆编辑戈公振先生担任评判。首由主席欧副校长报告校务并致开会辞,次由各辩论员依次演辩。辩论时,各辩论员精神甚为奋发,至辩辞更为流利。结果优胜者则属于反面之诸辩论员。四评判员对此次辩论,均加以奖许及指正,并由王云五先生报告评判结果。报告毕,全场鼓掌而散。

(《国语辩论竞赛之结果》,《大夏周报》,第7卷第23号,1931年6月10日)

十三日　大夏大学庆祝建校七周年纪念,毕业典礼亦同时举行。下午,体育部邀请全沪日侨体育协会进行田径对抗,同时举行球赛,藉资庆祝。(《田径对抗大夏与沪日侨》,《申报》,1931年6月13日,第12版;《中日田径对抗,大夏几乎全胜》,《申报》,1931年6月14日,第15版)

大夏大学于昨日(十三日)举行七周纪念暨毕业典礼。来宾徐佩璜、朱经农、朱应鹏、胡庶华、黎照寰、褚辅成、徐佩琨、赵运文等,及教职员学生,到者二千余人。上午九时开会,行礼如仪。王伯群校长因出席五中全会,不克分身,由欧元怀副校长代表主席,并致开会词,略谓:本校成立,仅届七周,规模粗具,揆之本校命名大夏大学(即大中国之大学)之义相距尚远,惟望全校师生,顾名思义,本向来合作奋斗之精神,一致努力,以达到吾人之鹄的。至于毕业诸君所负之责任,非常重大。据最近统计,全国国立及立案大学学生仅有一万七千余人,即吾国二万人中,仅有一人入大学,较之欧美大学,一校学生多至一二万者,奚啻霄壤。然以大学生为诟病者,谓多一毕业生,即家庭少一有用之子弟,而社会增一失业之人民。平心而论,吾国政治未上轨道,社会混乱,使大学生无正当之出路,此实非大学生本身之罪。此后诸君应如何战胜此恶劣之环境以求自立之途,惟诸君自己之努力是视云云。次由王毓祥报告该校成立七年来之经过情形。次由朱经农演说,略谓学生毕业犹之船舶下水,此后大海茫茫,前途波涛险恶,非有大无畏之精神不可。中国大学生毕业后,每患无事可为,实则可为之事正多,只在能自辟途径而已。望诸君此后到社会各方面努力做事,勿专趋于政治一途云云。次授与学位证书,唱歌、奏乐而散。是日下午三时,举行各种球类比赛。晚七时,并有盛大之游艺会。计此次毕业生,有文学院七人,理学院二人,教育学院十八人,商学院五人,法学院廿一人,高师科五十三人,预科八十八人。

(《大夏七周纪念暨毕业礼》,《申报》,1931年6月14日,第15版)

《申报》刊出消息称,大夏中学为适应社会需要,提倡职业教育,决定自下学期起,添设高中土木工程科,以造就打样、画图、监工及测量等技术人才。

本埠胶州路大夏中学为大夏大学附设之完全中学,初中三年,高中自第一年级起分普通科、师范科、商科等三科。兹为适应社会需要,并提倡职业教育起见,决自下学期起,添设高中土木工程科,以造就打样、画图、监工及测量等技术人才为宗旨。该科课程及一切设备,正在拟定购置中,现仅招第一年级新生,凡初中毕业生皆得应试云。

(《大夏中学设土木工程科》,《申报》,1931年6月13日,第12版)

七月

十三日 大夏大学定于秋季添办实验小学,并着手建筑幼师、实验小学及幼稚园校舍。

大夏大学鉴于幼稚师资之缺乏,特于去年秋季添办女子幼稚师范,并附设幼儿园。主任杨葆康女士,办理认真,成绩昭著。兹该校又于今年秋季,添办实验小学,所有幼师及小学幼儿园校舍,均经建筑师柳士英设计,由华达建筑公司承造,业于前日动工。二层楼房计有课室、钢琴室、办公室共十余间,均系坚固新式筑建云。

(《大夏建筑幼师及实小校舍》,《申报》,1931 年 7 月 15 日,第 12 版)

九月

一日 秋季开学,新旧学生办理缴费及入舍手续。

本校依照部颁新校历,定于九月一日秋季开学。八月底起,中山道上,男女同学络绎到校,车马盈门,紧张之状得未曾有。三日至六日社[注]册,学校方面及学生自治会,为便于新生谙悉注册手续起见,皆推派指导员多人,襄助办理。七日起,正式上课,前此紧张之精神,一变而为肃静。际此全国水灾困厄之下,仍得钻研学术,弦歌不辍,不可谓非教育前途之好现象也。

(《秋季开学盛况》,《大夏周报》,第 8 卷第 1 期,1931 年 9 月 21 日)

年级＼科别	文	理	教	商	法	师	预	幼
一年	61	52	86	62	104	128	155	17
二年	34	29	57	37	86	145	144	31
三年	26	13	45	16	55	—	294	—
四年	21	13	32	9	42	—	—	—
共计	142	107	220	124	287	273	593	48
总数	1794							

(《二十年度第一学期本校全体学生统计表》,《大夏周报》,第 8 卷第 3 期,1931 年 10 月 5 日)

二十年秋季各系学生人数表　教务处制

院科	系别	人数	院科共计	总数
文	国学	33	145	1802 人
	英文	28		
	社会	63		
	史学	21		
理	数学	14	107	
	物理	42		
	化学	45		
	生物	2		
	心理	4		

院科	系别	人数	院科共计	总数
教	教育行政	148	221	1802人
	中等教育	17		
	教育心理	25		
	社会教育	31		
商	商务行政	5	125	
	银行	44		
	会计	47		
	交通管理	24		
	国际贸易	5		
法	法律	156	287	
	政治	89		
	经济	42		
师	国文	76	272	
	英文	29		
	数理	24		
	史地	143		
预	文	214	598	
	理	89		
	教	81		
	商	57		
	普通	157		
幼师	—	47	47	

（《二十年秋季各系学生人数表》,《大夏周报》,第 8 卷第 5 期,1931 年 10 月 19 日）

七日　举行新学期开学典礼。

本校自九月一日开学以来,各院学生报到者,截至最近,计有一千七百余人。七日上午十时,在大礼堂举行二十年度第一学期开学典礼,师生全体出席,济济跄跄,盛极一时。欧副校长主席,行礼如仪征[后],主席致词,词毕,师生相见行一鞠躬礼。项馥梅女士及许女士合奏钢琴,教授代表鲁继曾先生致词,学生自治会代表汪瑞年君致词,唱校歌,礼成。全场秩序井然,极为肃穆。兹将欧副校长开会词中关于评论大学教育及勖勉学生一节,摘录如下:

教育界之矛盾现象　现在教育界有一种矛盾的现象:一方面,大学生无出路;一方面,各校又在大招新生。表面上看起来,这诚然是一种矛盾的现象。普通一般人没有看到这个问题的里面,就觉得大学生有过剩的危险,但是把事实来考察一下,就可以明白中国大学生的数量,非但不过剩,比之先进各国,实在少得可怜,……所以吾国大学生,在质的方面固然要改进,在量的方面还要增多! 大学生出路困难,固然是事实,但是这个事实,乃由国家经济的不景气、政治上不上轨道等原因所促成,未必是大学教育自身的错处。而且,正惟因为政治、经济的落后,所以在在需要曾受高等教育的大学生,努力奋斗,从事建设!

大学生之修养"大学"这条路,因为有失业的恐慌,常常被人误认为一条死路!在座的诸位同学,都是这条路上的伙伴,有的已经走了四分之三,有的已经走了一半,有的刚刚走上来。大学这条路,到底是坦荡荡的大道,还是不通行的死路,是在乎怎样的走法。现在提出二点,贡献给诸位,一是为学,一是为人。为学要有自学的精神,要自己很克[刻]苦的去探讨,倘若以选课手续办好,就算了事,或者买些书装饰门面,都不是为学生的正道!(词长从略)至于为人,当然要培养健全的人格,处此民生凋敝的中国,首要提倡俭朴。诸位同学里面大概有百分之九十五,都仰给父兄的资助,能够自己将服务所储蓄的钱来念书的恐怕很少。用自己的钱固然要节省,用父兄的钱尤其要格外的撙节!总而言之,我们大夏不希望有那种双料少爷式的男同学,也不希望有那种电影明星式的女同学!少爷式及明星式固可相习成风,但是只要我们大夏认定目标,积极提倡俭朴,也未尝不可养成一种良好的学风!希望全体同学加以注意!

(《庄严肃穆之开学典礼》,《大夏周报》,第 8 卷第 1 期,1931 年 9 月 21 日)

群育委员会通函各学生团体按期改选新职员。

群育委员会于九月七日,分函各学生团体改选新职员,略谓:查本校惯例,凡校内各学生团体于开学后二星期,须改选告竣,以利会务即逆行,特用函达,即希早日召集常会,举行改选,并希于本月十九日前,将新职员名单及上届收支账目单汇交本会审核,以昭郑重而符校章云。

(《群育委员会通函各学生团体改选新职员》,《大夏周报》,第 8 卷第 1 期,1931 年 9 月 21 日)

九日　学生自治会举行第十三次常会。

学生自治会于九月九日群贤堂会客室举行第十三次常会。到会者沈长缨等九人,由崔步武主席,刘崇龄记录。报告事项:(一)汪瑞年报告暑期内本会工作情形;(二)刘崇龄、沈长缨报告《大夏期刊》出版情形;(三)许冠彬报告本校万宝山惨案后援会组织经过及工作情形。议决事项:(一)本校消费合作社毫无振作,议决停办,并清查账目,其所有余款悉数捐作本校图书费;(二)将二十年度各同学所剩下之学生会费悉数助赈水灾;(三)各股账目从速结算;(四)韩人华比礁来函请求本会补助旅费,议决在报上宣传,代向各方请求救助,至本会补助旅费一层缓议;(五)通电中央政府请求对于灾区失学青年应予相当救济,其电文稿推刘崇龄君起草。

(《学生自治会近说》,《大夏周报》,第 8 卷第 1 期,1931 年 9 月 21 日)

本校学生自治会,对助赈水灾办法,业经第十三次常会议决通过,将二十年度各同学所剩下之学生会费悉助赈,此外分头劝募。请诸同学自由捐助,平均每人最少可达一元。再者此次水灾区域,庐舍漂流,人民离散,青年学子救死不遑,更有何力入校求学。该会有鉴于此,爰将电请中央,对于灾区失学青年予以相当救济。闻电稿刻在起草中,不日可以拍发云。

(《学生自治会积极筹款赈济水灾》,《大夏周报》,第 8 卷第 1 期,1931 年 9 月 21 日)

十四日　校务会议举行第一〇五次常会。

九月十四日下午四时,校务会议举行第一〇五次常会。出席者欧元怀、吴泽霖、王毓祥、黄仲苏、倪文亚、杨葆康、蓝春池、邵家麟、孙瑞、鲁继曾、马宗荣、陈选善、俞志瀚、傅式说、马名海等十五人。主席欧元怀,记录马公愚。

报告事项

(一)欧元怀报告教授代表改选结果,得票最多者马名海、黄仲苏、唐庆增三先生当选。(二)鲁继曾报告大学部学生已注册者,截至九月十四日上午止,一六〇三人。(按据二十四日统计结果,已达一七九四人)教员均已到校上课。倪文亚报告中学部已注册者,五一三人。(二十四日统计已达五三六人)教员均已到齐。(三)欧元怀报告事务主任吴浩然,因丁母忧,告假一星期。全校教职员、学生积极募捐赈灾情形。新辟工业化学室及社会学研究室地点。(四)俞志瀚报告群育委员会开会情形。

讨论事项

(一)教务委员会推举鲁继曾兼代教育行政系主任,倪文亚兼代中等教育系主任。议决通过。

(二)林一鹤等十四人提议将上学期赔偿准备金全部或一部充作赈灾之用事。议决交由学生自治会办理。(三)加推女生指导委员及钟昭华辞委员事。议决加推钱丰格为女生指导委员,并挽留钟昭华。(四)推选校景委员会委员事。议决连选吴泽霖、邵家麟、俞志瀚、马公恩、沈昆南及男女学生代表各一人,连任校景委员。(五)改进校风办法案。议决:

(甲)关于学业方面

1.提倡自学指导。2.每周公开介绍新书。3.添设学术研究团体。4.联络各大学组织荣誉学会。5.教务长、院长、主任随时到教室视察学生勤惰情形。6.学生告假须由院长、主任会签准假证。7.其他鼓励休学方法。

(乙)关于健康方面

1.提倡普遍体育。2.调查校内外伙食卫生情形。3.增设国术班(如拳术、剑术、射箭等)。4.其他增进学生健康方法。

(丙)关于风纪及修养方面

1.召集全体导师研究指导方法。2.利用周报时常发表关于修养学行短文。3.召集全体女生谈话。4.请教职员穿着国货西装或中山装,以资提倡。5.提倡学生自治。6.严厉制止有妨风纪举动。7.监督附近校外宿舍。8.其他方法。

上述各端,由教务委员会、群育委员会、体育指导委员会分别讨论具体办法,积极进行云。

(《第一〇五次校务会议纪》,《大夏周报》,第8卷第3期,1931年10月5日)

二十日 根据教务会议要求,英文系教授举行改进教学问题讨论会,由吴泽霖、俞志瀚负责召集。

九月二十日,英文教师讨论会,由吴泽霖、俞志瀚二先生召集开会,地点北京路邓脱摩饭店。到会者孙浩烜夫人、俞志瀚、戚毓芳、丁文彪、钱道南、彭望荃、钱丰格、张凤桢、杜其均、郁康荣、陈铭恩、刘金彪、俞维君、王韫石等,并有欧元怀、鲁继曾、吴泽霖、邵家麟、孙瑶、孙浩烜等亦列席。孙浩烜夫人主席,俞志瀚记录。

席间,各教师于教材、教学各方面反复讨论,极为详密。结果归纳下列四点:(一)均配各级人数;(二)支[均]配教材;(三)拟订教学实施方法;(四)对于教学上种种问题,各教师须取一致态度。推定戚毓芳、丁文彪、彭望荃、钱丰格、钱道南、陈铭恩等六人,担任起草,将上项问题,厘订具体办法,交由第二次全体会议讨论后公布施行云。

(《英文教授讨论会》,《大夏周报》,第8卷第3期,1931年10月5日)

二十三日 九一八事变爆发,召开临时校务会议,讨论抗日救亡对策。

此次日寇内侵,野心勃发。噩耗传来,全国愤慨。本校鉴于亡国之危迫,与团结奋斗之不容缓,乃于廿三日急促召集临时校务会议,讨论国民应有之对策。是日校务委员全体出席。议决:(一)即日下午二时召集全体师生大会。(二)星期六停课一天,上午九时开全体教授会议;全体学生一律参加市民大会。(三)全体学生每周加修军事训练三小时;全体师生一律穿着国货制服。(四)函请各教授于授课时间内指导学生救国运动。(五)组织救亡讨论会。公推鲁继曾、俞志瀚、马宗荣、傅式说、宋崇九等五人为委员。拟从学术、军备二方面,切实从事救亡运动云。

(《临时校务会议倡导救亡运动》,《大夏周报》,第8卷第2期,1931年9月28日)

下午,举行全校师生国难紧急大会。

暴日丑虏,侵占东北。焚烧劫掠,无所不为。寇兵过处,地图变色,今复继续进攻,屠杀不已。亡国之祸,迫在眉睫。凡我国民,莫不发指!本校校务会议议决,于本月二十三日下午二时在大礼堂召集国难紧急大会,全校师生千八百余人,一律准时到会。欧元怀、俞志瀚、王毓祥为主席团。行礼如仪后,(一)欧元怀主席致词,将日本侵略情形报告一过。(二)演讲——教职员代表傅式说讲述日本国势及侵略之野心。区分部代表季九余对此次不幸事件,极表愤慨。学生自治会代表崔步武大意主张反对官僚式之外交。(三)自由演讲:A.江问渔步至坛前,即哭不成声。全场呜咽,备极悲壮。江氏提出雪耻抵货之根本办法。一、不用日货;二、军事训练等项。B.孟寿椿略谓吾人现在应有必死之决心,并举一九二二年意大利侵略希腊,及次年波兰侵略立陶宛,均得国联和平解决为例,以为吾人应努力唤起世界注意,促国联公断云。C.王祉伟略谓厉行革命外[之]外,若政府不能代表民意,丧权辱国,又何贵乎政府云。D.连盃烈略谓此事发生于东北,然非东北局部问题,日人侵略东北,即所以亡中国,希望大家一致奋起云。E.许冠彬热血沸腾,当场啮指发誓,口呼与日拼命,群情激昂。F.女生陶啸冬略谓救国之事,须男女同胞亦必同上战场,担任救护之责云。尚有数人演讲,兹不备载。最后全体大会议决要案十一条。探录如下:

一、一致永远抵制日货!

二、加紧军事训练,全校师生一律参加,组织军事训练委员会。由校务会议二人,自治会一人,院科同学会各一人组维[织]之。

三、通电南北息争,一致对外!

四、通电政府厉行革命外交!

五、函请工部局华董向租界当局交涉,准在租界自由宣传日本蹂躏东省情形。

六、电慰东省被难民众。

七、请全国将领不得干涉民政,以全力对付日本!

八、联合上海各界推派代表向国府请愿,克日出兵,以复国土!

九、请国民政府惩办王正廷!

十、电总副司令,下令东北军以后不得再行退让防地!

十一、廿日为国难宣传,全体出发,由校务会议会同学生会办理。

(《国难紧急大会》,《大夏周报》,第8卷第2期,1931年9月28日)

本校遵照中央颁布义勇军教育纲领,将大学部及附中全体学生,编为一旅。其组织如下:(一)司令部——旅长——副旅长——参谋长,下设1.参谋处;2.副官处;3.总理处;4.秘书处;5.军法处;6.军医处;7.军械处。(二)大学部及中学部全体学生编为一旅分为三团——大学部为两团,中学部为三团。每连分为三排,每排分为三班,每班八人。(三)特种队伍:1.炮兵连100人,2.工兵连808人,3.机械枪连100人,4.通讯队50人,5.卫生队由全体女生担任。

军事训练时间,全体学生除出外宣传演讲外,每人每日训练二小时。大学部及师专各级学生,甲组每日上午六时至八时,乙组上午八时至十时。中学部学生:甲组每日下午一时至三时,乙组三时至五时。即日切实训练云。

(《军事训练积极进行》,《大夏周报》,第8卷第2期,1931年9月28日)

二十四日　抗日救国会正式成立,并于翌日举行宣传抗日活动。

大夏抗日救国会,自廿四日组织成立,工作极为紧张。对于抗日救国方案,迭经讨论,拟有种种具体办法,积极进行。闻议决从宣传入手,以期唤起同胞,增厚抗日力量。因人数众多,分为二队。廿五日本科各院同学,廿六日预科同学。女同学不限日期,自由参加。宣传地点分为四路。第一队至第十五队担任第一路,从本校到真如。第十六队至第三十队担任第二路,从本校到北新泾。第三十一队至第四十五队担任第三路,从本校到龙华。第四十六队以上者担任第四路,从本校到闸北。此外另组纠察队十一队,每队十三人,共同出发。

廿五日天不做美,大雨倾盆。宣传队员,衣衫尽湿。然精神抖擞,毫无畏惧之态!次日大放阳光,倍形奋发。各队出发之初,先由队长列队点名,以整秩序。每至一村,即聚众宣传,分发传单标语,男女老女[少],团团围聚,争先恐后,一种〈热〉烈欢迎之状,得未曾有。及闻日人在东三省屠杀、焚毁种种惨状,莫不义愤填膺,与暴日拼一死战云。

(《唤起同胞积极抗日宣传大队冒雨出发》,《大夏周报》,第8卷第2期,1931年9月28日)

二十六日　上海各大学校长至教育局会议,商议抗日办法。

自暴日出兵侵占东省后,各大学学生、教职员均纷起热烈,表示反抗。昨日市教育局局长徐佩璜,特于昨日下午三时，召集上海各大学校长至教育局会议。到暨南大学校长郑洪年，中国公学副校长潘公展，沪江大学校长刘湛恩，法学院校长褚慧僧，交通大学校长黎照寰，大夏大学副校长欧元怀，复旦大学秘书长金通尹，大同大学校长曹惠群，劳动大学训育主任范争波，暨南大学训育主任汤德民及持志、中法、法政等各校代表二十余人。首由徐局长报告召集会议意义，继由各校代表报告各该校学生爱国运动近况，最后讨论各校当局应如何指导学生，使抗日救国运动有效而守秩序。六时许散会。

（《徐佩璜昨日召集各大学校长谈话》，《申报》，1931 年 9 月 27 日，第 12 版）

各大学抗日救国联合会留沪学生召开紧急干事会议，商讨抗日救亡办法。

昨日各大学学生抗日救国联合会干事，因各校代表已晋京请愿，留沪学生应积极取一致行动，并应有严密之组织。昨日下午二时特假座少年宣讲团，召集临时紧急干事会议，结果决议通电全世界各大学学生，请对日事主持正义，并罢课期内之工作多项。兹将其详情，录之如下：

出席干事　交大徐盛、刘良堪，同文史惠康，劳大任心力，法政王耀东、季始元，大同薛宜耕，复旦梁培树、陈福祯、彭□炘，大夏汪瑞年，光华朱有瓛。

议决案件　（一）起草本会组织大纲案。（议决）推定交大、光华、复旦为起草委员，起草大会章程，交下届代表大会。（二）罢课时期之工作案。（议决）甲、组织化装讲演队；乙、多用图画宣传；丙、加紧平民学校工作；丁、注重研究中日问题。（三）通电全世界各大学学生主持正义案。（议决）推定交大、东吴负责起草。（四）明日（二十七）下午二时召开代表大会案。（议决）通过。（五）代表大会召集案。（议决）由光华召集。（六）代表大会主席案。（议决）由代表大会中选举。（七）通电全国工商界与学界联络，取一致行动，即日罢工、罢市，以作政府后盾案。（议决）推定大夏、复旦负责起草。（八）追认本会会地租金案。（议决）追认每月给予二十元。

（《各大学抗日会通电》，《申报》，1931 年 9 月 27 日，第 12 版）

全体教授召开全体会议，商讨抗日救亡办法。

大夏大学全体教授昨日开会议决抗日进行办法，重要者如下：（一）积极指导学生于不荒废学业范围之内，努力救国运动；（二）于课外加紧宣传工作；（三）对国外宣传；（四）教职员定制国货中山装或西装，以资提倡；（五）电蒋主席、中央党部、教育部、张副司令及粤方要人，准备实力抗敌，不为姑息之镇静。

（《大夏教授会议决抗日》，《申报》，1931 年 9 月 27 日，第 12 版）

二十八日　下午，召开救亡讨论会第一次筹备委员会会议。

九月廿八日下午四时本校救亡讨论会召集第一次筹备委员会会议。出席者：王祉伟、马宗荣、傅式说、俞志瀚、鲁继曾，主席俞志瀚。议决事项：（一）函请各院科同学会速派代表一人共同组织救亡讨论会。（二）确定下列数点为讨论范围：军事1.征兵问题（制度与办法）；2.军国民教育；3.军事化学（请邵家麟先生主持）；4.军事运输；5.军事卫生与救护；6.军事测验；7.战时人民助战方法。外交：1.中日外交；2.中俄外交；3.联美与联俄问题；4.远东问题。经济：1.日本在满蒙之经济侵略；2.满蒙地理；3.满蒙富源；4.满蒙交通情形；5.葫芦岛、青岛、旅大在商业上地位之比较；6.经济绝交之计划；7.殖边问题。国势：1.日本国势调查；2.俄国国势调查；3.美国国势调查；4.欧洲各国国势调查。（三）分函上海各大学共同讨论研究。

（《救亡讨论会筹备会议》，《大夏周报》，第 8 卷第 2 期，1931 年 9 月 28 日）

二十九日晚至三十日　上海各大学生会代表①于二十九日晚乘车赴南京请愿。三十日赴中央党部递交请愿书。（《学生请愿团返沪》，《申报》，1931 年 9 月 30 日，第 14 版）

本月廿九日晚十时许，本校赴京请愿团六百余人，于有秩序有组织且富有严肃精神之下，在校门分乘搬场汽车十四辆开往北站，准备赴京。事先各方面闻讯，市公安局长、教育局长、铁路当局，均亲自到站婉劝，不必赴京。而诸同学血热如沸，去志坚决。结果，竟于夜色苍茫中乘车西去，为国救亡，为民请命矣。闻临行携带呈国府主席文一件，提出意见五项：（一）即日对日断绝国交，正式宣战。（二）令饬东

---

① 下引各文具体人数记载有所出入，暂存原貌。

北当局迅即出兵,恢复领土。(三)令饬全国各中等以上学校,一律加紧军事训练,全体武装,预备出动。(四)中央及粤方立即和衷共济,以御外侮。(五)对日外交,绝对公开。请求国府具体答复,谅政府必能俯顺舆情而纾国难也。

(《六百余同学星夜赴京请愿》,《大夏周报》,第8卷第2期,1931年9月28日)

(南京)大夏大学学生四百余,三十晨抵下关,步行入城,即赴中央党部请愿,递请愿书五项:一、请准备对日宣战;二、请责成东北当局收回领土;三、全国一致团结起来,共御外侮;四、全国学校实施军事训练;五、外交公开。当由委员于右任、王伯群等接见。于氏谓,同学此次由沪来京请愿,爱国热忱甚佩。中央对于各位请愿,完全接受,并已准备有最后决心,希望各位返沪后,转告同学,并加以解释,中央定当依照总理遗嘱,求中国之自由平等,不负全国国民之希望。继蒋训话,谓各位热心到此请愿,本人甚为高兴,现在中国虽受日本帝国主义之侵略,有各位热心爱国,国家很有希望。中央对于各位所陈意见,一定接受。青年所负的责任甚为重大,青年如能依照政府的方针,服从政府的指挥,上下一致,共赴国难,一定可以对外。现在之战争,不在陆海空军,而在青年之精神。青年爱国,国家即可得到最后胜利,希望青年们好好培养自己能力,运用自己的力量,没有相当时期,不好随便暴露。青年的力量,是要拿学问来做基础的。如果青年的学问智识受了损失,即国家力量受了损失,即以各位来京的四百余同学来计算,如每人每日缺六点钟功课,国家每日就缺少二千四百点钟的力量。一寸光阴一寸金,我以为金随时可得到,时间一过,就不能再来了,希望各位返校,转达同学,努力向学,以备对外云。代表等认为满意,旋由张道藩引导参观中央党部,继以茶点。下午谒陵,夜车返沪。(三十日专电)

(《大夏大学学生昨日到京请愿》,《申报》,1931年10月1日,第7版)

未几,"九一八"事件发生,群情愤激,上海各大学学生会各推代表三至五人,筹组上海各大学学生抗日救国联合会。大夏学生会并公推我与汪瑞年、刘修如、崔步武出席代表。越数日,即九月廿五日晚,我与汪瑞年、崔步武三人代表母校学生会,会同上海各大学学生代表约五十余人,赴京请愿。廿六早抵达下关,先至金陵大学体育馆休息,即整队至国民政府叩谒蒋主席,面递请愿书。蒋主席是日于会晤荷兰公使之后,即亲予接见,并按请愿书上所列各校代表的姓名,逐一点名,详加训勉。嗣并示知将立即电令张学良出兵抗日,戴罪立功。这是九一八事件发生数日后,全国学生代表第一次赴京请愿,人数虽仅五十余人,但秩序井然,所请愿意见都出于爱国热诚。

(刘崇龄:《无限深情忆母校》,《学府纪闻·私立大夏大学》,第116页)

抗日救国会举行第三次干事会议。

九月三十日午后一时,本校抗日救国会举行第三次干事会议。出席者欧元怀(俞志瀚代)、曹临川、杨家理、杨智、谢燕卿、赵启源、章炳炎(易代)、李元述、马尔骏、来兀[元]义、秦铨中、秦以谷、黄景宪。主席杨智,记录李元述。(报告事项):俞志瀚报告昨晚本校请愿团出发时在北站精[情]行。(讨论事项):1.本会组织大纲案,议决推曹临川、杨智、李元述三干事起草。2.本会会期如何规定案,议决每三天一次,在罢课期内每日一次。3.左舜生干事辞职案,议决书面慰留,若万不得已时可以由其个人派代表来会办事。4.各校抗日联合会代表案,议决前代表撤回,另票选李元述为本会代表。

(临时动议):1.经费公开案,议决每星期公布一次。2.公布本会议决案,议决油印分贴各斋及公布栏,并函送学校及本会各部。3.开会时间问题,议决罢课期内每日午后一至三时为开会时间。4.办公时间问题,议决定上午九时至十二时,下午一时至四时。

(《大夏抗日救国会干事会第三次会议纪》,《大夏周报》,第8卷第3期,1931年10月5日)

本月 教职员为水灾筹款。

此次各省水灾,实为百年未有之浩劫。灾区十八省,占全国土地三分之一,灾民一万万,占全国人民四分之一,种种惨状,非笔墨所能宣,救济灾民,实为当今之急务。现在各界筹款赈灾,极为热烈。本校对于募款办法,亦经校务会议议决通过,即日实行。兹悉规定教职员月薪在五十元以下者自由捐助;五十元以上者,至少捐五元;百元以上者,至少捐十元。查本校教职员共有一百余人,连日进行募集,颇能慷慨输将!一俟筹足,即可汇送赈灾机关代为放赈,以惠灾黎云。

(《教职员募款赈灾》,《大夏周报》,第 8 卷第 1 期,1931 年 9 月 21 日)

本月 新学期各院科实验设备已布置就绪,不日即可使用。

本校对于研究学术之设备,无不力求完善,物理、化学、生物、会计、心理各科,辟有专室,以便实验。本学期开学前,鉴于各科研究专室之需要,乃添设研究室、实验室等多处,新近添设者有:(一)教育学研究室(即前女生休息室改造);(二)社会学研究室(前合作商店);(三)定量定性分析化学实验室(前化学储藏室);(四)生物实验品预备室(前幼师教室);(五)动物心理实验室(前诊察室);(六)工业化学室(前理发处);(七)图书储藏室(前年鉴室)。各处布置,将次就绪,不日即可应用云。

(《本学期新设备之一斑》,《大夏周报》,第 8 卷第 1 期,1931 年 9 月 21 日)

本月 新学期学校各委员会委员选出。

群育委员会 依据本校群育委员会条例第二条,以群育主任、体育主任及女生指导员为当然委员外,于校务会议于本校教执[职]员中,推举若干人为委员,兹悉经校务会议推举群委会委员为吴浩然、孙浩烜、陈选善、杨葆康、郑菊人诸先生云。

体育委员会 本校为积极提倡体育起见,特由校务会议议决组织体育指导委员会,并通过条例公布在案。依拟该条例第二条,以体育主任、体育指导员及群育委员会代表二人为当然委员外,由校务会议于教职员中,推请若干人为委员,兹悉王毓祥、吴浩然、吴泽霖三先生,均被请为委员云。

女生指导委员会 本校为指导女生群育起见,特由校务会议议决组织女生指导委员会,并通过条例。依据该条例第二条,以女生指导委员会、女生群育员、群育委员会代表二人为当然委员外,由校务会议推请专任女教员若干人为委员。闻王国秀、高晓兰、钱丰格、林同曜、钟昭华诸先生,均经校务会议推请为女生指导委员会委员云。

(《各种委员会组织成立》,《大夏周报》,第 8 卷第 1 期,1931 年 9 月 21 日)

十月

一日 鉴于外侮日亟,学校决定加紧军事训练和看护训练,以为救亡之准备,并聘请蒋文华先生为军事训练主任兼教练。此外,积极倡导国术,每天下午四时到六时学习太极拳、燕青拳、长枪、短刀、剑术等,并聘请上海国术馆干事顾兴先生及交通大学技击教授刘志新先生到校指导。

本校迩来鉴于外侮日亟,特加紧训练,以为救亡之准备。日前聘请蒋文华先生为军事训练主任兼教练,以专责责而利进行。蒋先生系前滇省师长及云南讲武堂校长,学识经验俱极宏富,闻不日即可到校。逆料本校军事训练,必能日益发达也。

(《加紧军事训练》,《大夏周报》,第 8 卷第 3 期,1931 年 10 月 5 日)

本校为锻炼同学体格起见,除加紧军事训练外,积极提倡国术。请上海国术馆干事顾兴先生及交通大学击技教授刘志新先生到校教授。从十月一日起实行,时间规定每日下午四时至六时。学习科目有太极拳、燕青拳、长枪、短刀、剑术等多种。同学中志愿学习者,可到教务处签名,认定科目及组别,以便实施训练云。

(《积极提倡国术》,《大夏周报》,第 8 卷第 3 期,1931 年 10 月 5 日)

本校鉴于女同学救国之热忱,及便于女同学从事事实救国工作起见,乃除原有每周一小时之看护术外,特加扩充。将原班每周增一小时,定为甲组,又新开乙丙两组,请红十字会医院医士教授。全体女同学,无不踊跃参加云。

(《女同学不甘后人》,《大夏周报》,第 8 卷第 3 期,1931 年 10 月 5 日)

前接中国红十字会来函,关于看护术分急救护病及病房实习三科,嗣经教务处排定授〈课〉时间如下:(一)急救法——星期三四下午四时半至六时;(二)护病学——星期一三上午十时至十二时;(三)病房实习——时间另订。急救法请中国红十字会医院副院长胡兰生先生、骨科主任任廷桂先生担任教授,男女同学均可参加听讲。护病学专为女同学而设,并由红十字会医生担任教授。本日参加听讲者颇为踊跃云。

(《看护术积极训练》,《大夏周报》,第8卷第4期,1931年10月12日)

抗日救国会干事会举行第四次常会。

本校抗日救国会干事会,于十月一日,举行第四次常会。出席者杨智、秦以谷、马尔骏、章炳炎(易代)、谢燕卿、杨家理、来元义、秦铨中、曹临川、李元述(田代)、赵启源、黄景宪。主席杨智,记录谢燕每[卿]。(报告事项)1.会计股报告领钱手续。2.宣传部报告同学不遵令出发宣传,及一部分同学出发宣传之情形。3.文书股报告:(一)欧怀元干事辞职;(二)全□□干事辞职;(三)新民中学抗日救国会,请寄本会宣传品及组织大纲以淡资考。(讨论事项):(一)庶务股提议工作繁忙,应请加聘干事案。议决通过。(二)文书股提议,聘请田康、唐伯熊、李敬伯三君为特别干事,请追认案。议决追认通过。(三)会计股提聘请郑焱、梁培节为特别干事追加认案。议决追认通过。(四)庶务股提聘请易鸿浦为特别干事应请追加认案。议决追认通过。(五)宣传部提聘请陈正廉、刘亚生、刘侯文、汪家源、朱孝慈为特别干事,请追认案。议决追认通过。(临时动议):一、同学有不参加军事训练及宣传工作者,应如何限制案。议决(一)军事——每日必须上操。宣传——将全校同学分为三大队,轮流分担。(二)不做工作,以旷课论。其处罚细则,依教务处所公布之方法行之。二、关于欧、全两干事辞职事,应如何处理案。议决一致挽留。

(《大夏抗日救国会干事会第四次会议纪》,《大夏周报》,第8卷第3期,1931年10月5日)

二日　大夏抗日救国会干事会举行第五次会议。

十月二日,本校抗日救国会举行第五次会议。出席者张汝矿等二十四人,主席杨智,记录谢燕卿。报告事项:李元述报告出席各大学抗日会情形:(一)最迟下星期一复课:(A)复课时,遇抗日必要工作时可不必上课;(B)复课以后之工作,须比罢课时更加紧张。(二)赴奥[粤]代表,因经费无着,及宁粤已和平,故停止出发。

讨论事项:一、上海各界抗日会来函请派代表参加宣传会。二、总代表提,在京承中央党部、王校长及中央大学殷勤招待,应分别去函致谢案。议决通过。三、对于各干事辞职应否照准案。议决,不准,只能推派代表,或聘请干事协理。四、李元述提,加聘扬生志、刘淑昭二君为特别干事案。决议,通过。五、萧仲岩提,宣传部应出反日刊案。议决,保留。六、宣传部提,组织外埠宣传队案。议决,通过,其详细办法,由宣传部拟定后,交下次干事会审查之。七、宣传大纲经干事会通过后发行。八、宣传部提,加聘严浩然为特别干事。决议,通过。九、纠察委员会曾聘请委员十七人(名单另布)请追认案。决议,通过。十、许冠彬提,本会出席学联会代表,应改作临时代表案。决议本会代表可以不必固定。十一、演讲股股长秦铨中提,拟与通信股股长马尔骏对调职务案。议决,通过。十二、建议学校当局,加聘军事教官、看护教官及专任军事训练主任案。议决,由文书股备函。十三、制服[服]改军服须外加衣袋、军用壶及皮带等费应如何解决案。议决,应用之费,由本学期赔偿费中扣除。十四、上届干事曾移交案。议决,由会计、文书、总务分别办理后,报告干事会议。十五、请本会函知警备司令部、公安局,请其派人来校防止日人暴行,并函知市政府向日领交涉,撤退军事行动之示威,并函知各报馆报告真相案。议决,通过。

(《大夏抗日救国会干事会第五次会议摘纪》,《大夏周报》,第8卷第4期,1931年10月12日)

三日　大夏抗日救国会干事会举行第六次会议。

大夏抗日救国会干事会,于十月三日召集第六次会议。主席,欧元怀(俞志瀚代),记录,谢燕卿。讨论事项:一、修正致各军警机关之公函,议决,致市政府函照发,致警备司令函应与学校当局,商议定妥后再发。二、许冠彬提请恢复学生自治会案。议决,保留。三、今日出席各大学联合抗日救国会代表,议决,推李元述出席。四、明日出席学联抗日救国会大会代表,杨智十票、许冠彬十票、李述元八票,三君当选。五、检查股拟聘协理干事心间①广益会、曾兰英、卫鼎彝三君案。议决,通过加聘。六、组织大纲起草委员提,议请将草案审案,议决推审查委员三人,案查后,油印二十一份分发各干事,交下次干事会稳[议]决。公推共肃[萧]仲岩(十一票)、谢燕卿(十一票)、季九余(九票)三人为审查委员。七、检查股提议,谓文书股发函向日货检查委员会,谓发给日货调查标准案,议决通过。

《大夏抗日救国会干事会第六次会议摘记》,《大夏周报》,第8卷第4期,1931年10月12日)

四日 校务会议决定,鉴于提倡国货之重要,请全体教职员一律穿着国货制服,并由事务处选料量制。

本校校务会议,鉴于提倡国货之重要,日前议决一案,全体教职员,一律穿着国货服装,以资提倡。业由该会通函全体教职员,并由事务处选定材料,规定量制手续。闻日来已有多数定制云。

(《教职员穿着国货服装》,《大夏周报》,第8卷第4期,1931年10月12日)

八日 救亡讨论会举行第二次会议。

本月八日,本校救亡讨论会,举行第二次会议。出席者,傅式说、鲁继曾、王毓祥、俞志瀚。主席王毓祥,开会如仪。议决事项:

一、满蒙日本问题

A. 设满蒙及日本讲座

B. 分请专家讲演,请陈彬和先生主持

C. 研究书籍请图书馆先分橱陈列,请陈彬和先生检定,并指导学生研究方法

二、军事化学研究

A. 请邵家麟先生主持

B. 请邵先生主持延揽专家讲演

C. 请邵先生收集军事化学书籍,分类列图,并指导学生研究

三、对日经济绝交 请孙瑞先生主持

(一)调查日货样品

(二)国货代替品

(三)分请专家讲演

(四)研究实行抵制方法

四、外交问题 请孙浩烜先生主持

(一)中日外交之研究

(二)中俄外交之研究

(三)联美与联俄问题

(四)国际联盟与中日外交

五、军国民教育问题 请陈选善先生主持

(一)各国军国民教育设施

(二)国耻教育

六、东北史地研究 请吴泽霖先生主持

(一)东北历史

(二)东北地理

(三)东北铁路系统

(四)满蒙独立运动之背景

(《救亡讨论会第二次会议纪》,《大夏周报》,第8卷第4期,1931年10月12日)

接张学良副总司令复大夏大学全体教授电,表示面对外侮,"职在守土,敢惜捐糜"。此

---

① 原文如此,疑有误。

前,大夏教授曾致电张副司令,请即收复失地。

暴日侵略辽吉,东北军不战而退,失地千里,丧权辱国,旷古未闻。本校全体教授鉴于国家养兵数百万,有守土之天职,乃遇外寇袭击,竟毫无抵抗,拱手让人,又将以何为国。前曾致电张副司令,请即收复失地,业志本报。八日张氏复电到校,兹探录原文如下:"上海大夏大学全体教授公鉴:代电诵悉。外侮肆暴,愤慨同深。爱国热忱,至为佩仰。职在守土,敢惜捐糜! 拜领昌言,倍当共勉。特复。张学良庚秘印。"

(《外侮肆暴张副司令不惜捐糜——复本校全体教授代电》,《大夏周报》,第 8 卷第 4 期,1931 年 10 月 12 日)

十九日　纪念周会,举行不用日货宣誓典礼,以表示对日经济绝交之决心。

对日经济绝交,以不用日货为最重要之方法。本校有鉴于此,乃举行宣誓典礼,以昭郑重。先有校务会议拟定誓词,分发全校师生,签名立誓。并于十九日(星期一)上午十一时总理纪念周时,全体师生齐集大礼堂,举行不用日货宣誓典礼。首由主席欧副校长致开会词,继则全体举左手,竭诚宣誓。誓词如下:(一)我决不用日货! (二)我的家人决不用日货! (三)我劝我的亲友决不用日货! 誓毕,散会。

(《全体师生宣誓不用日货》,《大夏周报》,第 8 卷第 5 期,1931 年 10 月 19 日)

总理纪念周,邀请上海三星棉铁厂厂长张子廉做抵制日货的演讲。(《张子廉先生演讲抵制日货问题》,《大夏周报》,第 8 卷第 5 期,1931 年 10 月 19 日)

二十二日　文学院请留日同学抗日救国会上海分会主席何学宽女士来校演讲,题目为"日本侵略东北问题与日本民族性"。(《文学院请何学宽女士演讲抗日问题》,《大夏周报》,第 8 卷第 5 期,1931 年 10 月 19 日)

二十六日　纪念周会,请军事训练主任蒋畏尘演讲,题目为"军事训练是青年救国的主要工作"。(《蒋畏尘演讲军事训练是青年救国的主要工作》,《大夏周报》,第 8 卷第 6 期,1931 年 10 月 26 日)

抗日救国干事会进行改选,俞志瀚、吴泽霖、李学丰等二十一人当选。

本校抗日救国干事会,为巩固组织,加紧工作起见,实行改选。二十六日总理纪念周时,前任干事提出全体总辞职,当经大会同意通过。议定改选方法四种,由校务会议征求全体师生意见,结果:赞成投票改选者占最多数。于是即采用全体总投票方法,实行改选。计学生代表十八人,由全体学生票选之;教职员代表三人,由全体教职员票选之。学生推举,概凭学生证签领。票面须签名盖章,否则作废,手续极为完善。兹将当选干事姓名探录如下:俞志瀚、吴泽霖、李学丰、陶啸冬、杨智、汪瑞年、杨宝乾、许冠彬、连丕烈、萧仲岩、胡宏机、黄宗军、萧怀古、殷善颐、范培渊、傅讴青、王锡銮、梁璋武等二十一人。

(《抗日救国会干事会改选完竣》,《大夏周报》,第 8 卷第 6 期,1931 年 10 月 26 日)

二十八日　华侨同学会召开成立大会。

本校华侨学生为数颇多,近感于散漫无统,觌而不识,以之缺乏团结精神之憾,认为有联合的必要,遂于前月间发起组织,一时加入者极为踊跃。兹探悉该会已于前月二十八日假群贤堂二〇七教室开成立大会,产出执委九人,候补执委四人,并于翌日再开执委会议,分配职务,结果:主席钟焕新,文书王光国,会计丘淑燕,庶务钟谔君,编辑谢居仁、钟焕新,交际池施民、郑碧莲,体育陈行珮,游艺刘云生,候补执委黄谦若、陈定寰、刘银英、钟乐上,着着进行,精神百倍,大有乘长风破万里浪之慨云。

(《华侨同学会成立》,《大夏周报》,第 8 卷第 6 期,1931 年 10 月 26 日)

三十一日　南开大学校长张伯苓到校演讲,题目为"对于时局的感想"。

十月三十一日下午二时,本校敦请南开大学校长张伯苓先生演讲,题为"对于时局之感想"。关于此次东北事件之前因后果,详为讲述。而于历次抵货失败之情形尤为详尽。并指出思想不彻底、举动太轻狂二点为现今青年之通病,谆谆以立志终身不腐化相勖勉。历一小时之久,全场听众毫无倦容云。

(《张伯苓先生之沉痛演说》,《大夏周报》,第 8 卷第 6 期,1931 年 10 月 26 日)

本月　开设日本及东北问题讲座，由日本研究社理事、《申报》馆编辑陈彬龢先生主持。

本校为谋抗日救国工作之深切有效起见，乃于军事训练、看护急救之外，开设日本及东北问题讲座，本"知己知彼"之旨，从历史、地理、政治、经济、外交、军备种种方面，痛下一番研究的功夫！积极树立抗日救国之坚实的基础！闻该讲座由日本研究社理事、《申报》馆编辑陈彬龢先生主持，并请连浚、张恪惟二先生担任讲演。连先生于东北经济极有研究，最近刊有专著。张先生为东北大学教授、东北铁路纲计划委员，对于东北铁路问题研究颇深。学生签名听讲者，座为之满，极为踊跃云。

（《开设日本及东北问题讲座》，《大夏周报》，第8卷第5期，1931年10月19日）

本月　群育委员会将开办课余社。

群育委员会鉴于休闲生活之重要，乃提请校务会议开办课余社，藉以调剂教室生活，提高精神修养。社址已选定前大夏饭店，日来加工布置，业已焕然一新。社中设备，五育兼顾。除报章杂志外，有日本研究及东北问题书籍多种。娱乐方面如台球、棋类及中西乐器，莫不尽量购置，力求完善云。

（《群委会开办课余社》，《大夏周报》，第8卷第4期，1931年10月12日）

十一月

二日　校务会议通过"加紧军事训练暂定条例"，决定成立青年义勇军训练委员会，并详细规定军事训练办法。

加紧军事训练暂定条例
十一月二日第一○九次校务会议通过

一、全校男同学一律参加，女同学如愿参加者听〈便〉

二、女同学参加救护训练，其办法另订之

三、遵照教育部颁布高中以上学校加紧军事训练办法，每日操练二小时，时间定于下午三时三十分起至五时十分止。每日下午各课每节改定为四十分钟，休息时间定为五分钟。兹将下午上课时间改定如左：

第五节　十二时三十分至一时十分

第六节　一时十五分至一时五十五分

第七节　二时至二时四十分

第八节　二时四十五分至三十廿五分

军事训练　三时三十分至四时二十分又四时二十分至五时十分

第九节　五时二十分至六时

四、关于军事课程及奖励、惩戒等一切事宜由下列诸人组成，青年义勇军训练委员会处理之：

（一）军事主任；（二）教务长；（三）群育主任；（四）军事教官一人；（五）抗日救国干事会代表一人

以军事主任为当然主席

五、一切编制及训练方法悉遵中央颁布之青年义勇军训练办法办理

六、以上条例自十一月九日（下星期一）起实行

七、军事特别班之训练办法照原定计划施行

（《校务会议议决加紧全校军事训练》，《大夏周报》，第8卷第6期，1931年10月26日）

为了加紧军事训练，学校又将军训时间及授课时间做了调整：

逐日军事训练时间表

上午	第一时	7:30—8:10	下午	第三时	3:30—4:20
	第二时	8:10—8:50		第四时	4:20—5:10

逐日授课时间表

	时次	时间		时次	时间
上午	第一时	9:00—9:40	下午	第五时	12:30—1:10
	第二时	9:45—10:25		第六时	1:15—1:55
	第三时	10:30—11:10		第七时	2:00—2:40
	第四时	11:15—11:55		第八时	2:45—3:25
				第九时	5:20—6:00

（《改订授课及军训时间》,《大夏周报》,第8卷第11期,1931年11月30日）

大夏大学青年义勇军暂行奖励规程草案

第一条　本校为鼓励学生遵守纪律研究军事学术起见,特订定本规程实施之

第二条　义勇军学生有下列各项之一者得依本规程奖励之

甲、在操场、讲堂一学期不缺席或一学期不迟到者记功一次

乙、无论何时何地均能遵守纪律者记功一次

丙、有一二两项成绩而学术两科均列优等者给与奖状

丁、有一二三项成绩又能忠心职务勤劳不息者给予奖牌

第三条　义勇军学生奖励事宜应按级呈报军事训练主任存记

第四条　军事训练主任于日终应将给奖之学生汇呈军事训练委员审核,转请校务会议备案公布之

第五条　本规程由校务会议通过公布施行

（《大夏大学青年义勇军暂行奖励规程草案》,《大夏周报》,第8卷第10期,1931年11月23日）

大夏大学青年义勇军暂行惩戒规程草案

第一条　本校为严肃军纪使全军一律化起见特订定本规程施行之

第二条　义勇军学生违犯本规程第三条犯行之一者得依本规程惩戒之

第三条　义勇军学生惩戒方法规定如左

甲、立正跑步（如犯在讲堂、操场嬉笑、喧哗等）

乙、禁权（如犯私取公物等）

丙、申诫（如犯一次不请假缺席课,奉令召集无故迟延,请假逾限,藐视长官,见长官失敬礼,侮慢同学,或互相争斗,服装违背定式或不整洁,报告失实,不守纪律、不尽职守等）

丁、扣分（本科扣军事学分,预科扣体育学分）

1. 两次不请假缺课者扣一分

2. 四次不请假缺课者扣二分

3. 六次不请假缺课者扣三分

4. 不请假缺课满七次者开除学籍

（注意　凡操课时迟到逾十分钟者作缺席论）

戊、儆告（第三次儆告开除学籍）

1. 侮辱长官者

2. 任意殴人者

3. 损伤兵器或遗失子弹情节较轻者

4. 无故开枪者

5. 以兵器恐吓他人者

6. 怙恶不悛者

第四条　青年义勇军学生犯行有前所未规定者,由军事训练委员会分别轻重予以相当处分

第五条　各级官长惩戒学生后,应于二十四小时内呈报纪律科备案

第六条　如学生犯行有超过其所隶属官长罚权以上者由长官按级呈报

第七条　本规程经校务会议通过公布施行

(《大夏大学青年义勇军暂行惩戒规程草案》,《大夏周报》,第 8 卷第 10 期,1931 年 11 月 23 日)

本校学生义勇军,自全体总动员加紧训练以来,组织方面尤属刻不容缓。军事训练委员会有鉴及此,乃将全体义勇军施行总编制,分为九中队。每中队分为三区队,每区队分为三分队。计共中队长九人,区队长念七人,分队长八十一人。分队即为编制上之单位,每分队有队员二十人云。

(《军训委会派定义勇军队长》,《大夏周报》,第 8 卷第 11 期,1931 年 11 月 30 日)

暴日入寇东北以来,义勇军敢死队,十八人团,风起云会,举国悲愤之气慨,适足为帝国主义残酷的反映。我校军事早有加紧之议,刻经前云南讲武堂堂长、陆军中将蒋畏尘先生,慨任教练主任,除扩充队伍、增加级次外,设军事特别班,一以期造就干部人材,而便分发率导民众,盖有"知三军之难驭,造裨佐以自雄"之意。刻下积极进行略具雏形。

星期六的风云会　本月二十四日下午五句钟,蒋主任来校召集该班队员,作一度训话。警笛响处,宋教练一声"立正"中,蒋主任铿铿而至。室中风靡的空气,立为严重。当即训以"坚决意志"、"精诚团结"、"吃苦耐劳"、"抗日救国"诸大端。末询大家有无畏难退伍者,哑然无应,反询"拼命向前干的举手",于是万拳簇簇,无一袖手垂腕者。至筹经费之来源,公推连丕烈、高昌琦、廖德中三君为募捐委员,及筹备一切队务。

处女试的第一课　原议于星期一举行开班典礼。不意事与愿违,服装不克如期赶造,募捐进行,诸多棘手,因改初衷小试锋芒。下午四时蒋主任实行校阅,虽于此一列便衣队里,亦满透露英武活跃的气势。唱党歌、国民革命歌更具苍凉悲壮的音调。跑步—,一二一一,周队长喊得呜喑亢壮。王助教特别加油,蒋主任压住阵脚,杀气腾腾,暮色苍茫中,大队开赴丽娃河畔沙场,蒋教官手握白旗,高插坟头。每十人一组的争风夺帜,电掣风驰,顾具他日斩倭奴擎旗的影子!

慷慨填就自愿书　蒋主任深恐一般大学生过惯了少爷的生活,始也振奋,终也颓废,一曝十寒,影响军心,是以装印志愿书,以示决心:

具志愿书,×××,兹志愿入本校军事特别班肄业,并遵守纪律,努力向学,到达毕业。如有未经校务会议及本班主任许可,擅自退学者,愿受取消本学期学分之处分。此据。

具自愿书×××印

中华民国二十年　月　日

营房粮饷筹备忙　现在报名截止,达百二十八人,蒋主任深感队员星罗云散,何异乌合蚁聚?为敏捷军令、整饬纪律见,向学校当局接洽,将大夏食堂、湘南村,改为该班行营,以便戍卫而壮观瞻。大礼堂右耳室为官长办公处。吃饭将共同包伙,八客六菜,实行军队化、平民化。每员将先缴三元开办费,由宋教练主管,包主尚在接洽进行中。

经文纬武是英豪　军事特别班之课程于学校正课外受五个钟头的操课。上午六—八为早操,午十二—一为午课,下午四—六为晚操。该班虽有如此艰巨繁重的课程,还嫌不足,将于《大夏周报》别开军事特别班栏,以研究日本、满蒙的问题,政治外交的计划,军事战斗的策略,更于最近期间敦请《新月》编辑罗隆基博士来校讲演。政治方面,外交方面,亦将有相当的贡献与指示。

(连丕烈:《军事特别班的鸟瞰》,《大夏周报》,第 8 卷第 6 号,1931 年 10 月 26 日)

纪念周会,请大夏法学院教授何孝元演讲,题目为"东北问题之研究"。(《何孝元演讲东北问题之研究》,《大夏周报》,第 8 卷第 7 期,1931 年 11 月 2 日)

三日　群育委员会举行第三十五次会议。议决事项如下：1. 女生指导委员会将举行女生演说竞赛，并讨论通过女生演说竞赛办法；2. 本学期将按旧例举行英文演说及国语辩论竞赛。

　　十一月三日，群育委员会举行第三十五次会议。出席者俞志瀚、潘白山、林柏青、沈昆南、林博寰、陈选善、吴浩然、郑菊人、王韫石。主席俞志瀚，记录王韫石。

　　一、报告事项

　　（一）本校抗日救国会及学生自治会改选情形

　　（二）课余社暂行停办

　　（三）导师制进行情形

　　（四）歌咏团现因会员增多请赵志振先生指导

　　（五）各斋斋务委员已选定

　　1. 群策斋　楼下汪泽年、董长生　二楼陈宝球、黄迥　三楼彭述信、李应武

　　2. 群力斋　楼下徐澄、邱竹师　二楼王潭民、吴尚炯　三楼廖德平、朱宝仁

　　3. 群英斋　楼下杨觉　二楼杨德贞、陶啸冬、简小湄、刘英　三楼杨志先、刘敝昭

　　（六）体育指导委员会报告

　　1. 网球比赛三次。第一次与震旦，本校负；第二次与沪江，本校负；第三次与震旦，本校胜

　　（七）女生指导委员会报告

　　二、讨论事项

　　（一）女生指导委员会拟举行女生演生［讲］竞赛。决议：1. 本学期决定举行；2. 通过举行办法。

　　（二）本学期应否举行全校学生优秀竞赛。决议：举行英文演说、国语辩论，办法照旧。

　　（三）审议学生团体请求登记。决议：客属同学会、大夏大学军事化学研究会、鄂光学会、鲁锋社、华侨同学会均准予登记。

　　（《群育委员会第三十五次会议纪》，《大夏周报》，第 8 卷第 7 期，1931 年 11 月 2 日）

女生演说竞赛办法（第三十五次群委会通过）

　　一、演说题目由演说员自定，但在决赛三日前须将题目交送女生办公室；

　　二、演说次序以抽签法决定之；

　　三、演说时间以十分钟为度，八分钟时按铃预告一次；

　　四、评判标准　言辞 30%，材料 50%，姿势 20%；

　　五、初赛评判员由校内教职员敦请三人担任之，决赛时敦请校外名人担任之；

　　六、奖给　以前三名为限；

　　七、奖品　请群育委员会转请校务会议发给，以二十元为限。

　　（《女生演说竞赛办法》，《大夏周报》，第 8 卷第 7 期，1931 年 11 月 2 日）

　　四日　学生自治会改选后举行第一次会议，讨论议决经费问题，并分配各事务部职务。

　　本届学生自治会新干事，自经代表大会产生后，当即于本月四日举行第一次会议。除议决：（一）请抗日救国会拨还该会经费；（二）请学校当局酌免灾区同学学杂等费；（三）请学校当局对于伪造证书同学免于开除等案外，并分配职务。结果：

　　事务主任　刘崇龄　文书　陈绍箕　周梦麟　会计　简小湄　庶务　钱叙之　交际　冯锦华

　　卫生　严秉煌　检查　王兆熙　学艺部主任　刘修如　编辑　童世铨　周贡南　研究　董广英

教育　曹亮　健育　卫鼎彝　游艺　朱莲贞

　　（《学生自治会近讯》，《大夏周报》，第 8 卷第 9 期，1931 年 11 月 16 日）

　　五日　教育部派遣军事教官刘振洛、刘国宪、唐启琳、王昌裕到校，主持全校军事训练事宜，并指派刘振洛为主任教官。（《部派军事教官到校》，《大夏周报》，第 8 卷第 7 期，1931 年 11 月 2 日）

抗日救国会干事会召开第二次临时会议。议决讨论通过干事会组织系统案及分配职务案。

时间　十一月五日

地点　抗日会办公处

主席　俞志瀚　吴泽霖　李学丰　萧怀古　杨宝乾(萧怀古代)　王锡鋆　傅讴青　谢燕卿　张德先　殷养颐　黄宗军　连丕烈　范培渊　汪瑞年　萧仲岩　杨智　许冠彬(杨智代)　梁章武　胡弘机

临时主席　吴泽霖

记录　张德先

甲　行礼如仪

乙　报告事项：

一、主席报告(略)

二、接收委员报告上届干事会今日交出文件等情形

三、组织大纲起草委员报告起草组织系统情形

丙　讨论事项

一、提请通过本会组织系统案

议决：通过(表略)

二、分配职务案

议决：常务干事及各部部长出席,学联代表用票选,各股股长提名推选之,选举结果如下：(名单略)

三、规定常会日期案

议决：每星期一上午十一时为常会期间

四、处理干事决议案

议决：一次不出席严重警告,三次不出席除名

五、开会后迟到十分钟作缺席论案

议决：通过

六、干事因缺席须书面请假并请干事中一人为代表案

议决：通过

七、起草本会办事细则案

议决：交总务部办理

丁　散会

(《抗日救国会干事会第二次临时会议记录》,《大夏周报》,第8卷第8期,1931年11月9日)

九日　上午九时,纪念周会及青年义勇军特别班开班典礼同时举行。

本月九日总理纪念周,同时举行军事特别班开班典礼。大礼堂四周,遍贴抗日救国及各种军训标语,极为醒目。上午九时,军事特别班同学暨全体同学齐集会场。纪念周仪式完毕,(一)主席欧校长起立致词,略谓吾国学校实施军事训练,此为第三次,已往失败之原因,在于不切实际,故无成效可言。此次由学生本身觉悟,请求军训。学校方面,又复议有计划,切实办理,敢信结果定有可观。复以遵守纪律,巩固组织,锻炼体格,及见义勇为四点谆谆训勉。(二)军事特别班主任蒋畏尘先生演说,告诫该班同学务必:(1)忠勇救国,(2)服从命令,(3)勤修学术,(4)坚忍劳苦云。

(《军事特别班开班典礼》,《大夏周报》,第8卷第8期,1931年11月9日)

本校青年义勇军,业经编制完竣,兹将各队名称及所属院科探录于后：

第一中队　文学院及师一学生之一部

第二中队　理学院及商四三二年级学生

第三中队　教育学院全体学生

第四中队　商一及法四三年级学生暨法学院试读生

第五中队　法学院第一二年级学生

第六中队　师二及师一学生之一部

第七中队　预三学生之一部

第八中队　预三及高中二学生之一部

第九中队　高中一及预试暨高中二学生之一部

（《青年义勇军编队完竣》，《大夏周报》，第8卷第8期，1931年11月9日）

下午，抗日救国会召开第一次常会，讨论各项经费问题。

出席者　陶啸冬　范培渊　汪瑞年（范培渊代）　吴祥珍　谢燕卿　梁璋武　傅距青　连丕烈　殷
养颐　俞志瀚（王韫石代）　杨智　胡弘机　张德先　许冠彬　萧仲岩　黄宗单　王锡銮
李学丰　吴泽霖　杨宝乾（萧怀古代）　萧怀古

列席者　军事特别班代表　彭述信　莫后　汤徽贤

主席　陶啸冬　记录　谢燕卿

一、行礼如仪

二、报告

1. 吴泽霖先生报告教职员共捐助本会洋二百八十四元

2. 军事训练特别班代表汤徽贤报告善必求本会予以经济①

3. 萧怀古代表总务部报告，接到上届总务部文书股及会计服务交钤记、文件、银钱等款（清单另开）

三、讨论

1. 继续讨论学生自治公[会]要求拨退经费案

吴泽霖先生发表意见谓："十一月十九日国联限日本撤兵出境，但日本决不撤兵，是可预知，欲帝国已有撤回公使之准备，若此，日本或铤而走险，于是反日会的工作益至严重，反日会经费不第不数[数]，恐须向各方捐募，故此案应暂时保留，候十六日后事局如何变化再为讨论。"

议决：保留

2. 军事特别班要求津贴五百元案

议决：军训特别班为本会附属机关，经费自应拨给，应着军训部赶造预算，联合各部预算案同交下次干事会讨论。现为补救急需起见，暂行拨借该班二百元

3. 增设秘书案

议决：通过推谢燕卿担任

4. 本会经费预算案

议决：限各部长于明晚止赶造预算，交常务干事审查后，交下次干事会追认

5. 宣传部提议组织宣传委员会及编辑委员会案

议决：通过

6. 各部长领款手续如何办理案

议决：须经常务一人签字、总务部长签字、股长签字后，方准照发

7. 规定出席学联代表车资案

议决：每人每次为七角五分，若有特别情形理应书面申请，充分理由可以临时增加

8. 支款限制案

议决：领用零星款项每次不得超过一元，但特别情形不在此例，并每三日项结算一次

9. 移改常会日期案

议决：改在星期日下午七时

---

① 原文如此，疑有误。

10. 本会应函请学校事务处派校工一人来作本会勤务案

议决：通过

11. 提出议案由本会出席学联代表提交学联会：

A 联络工商界并请银行界拒绝双方政府借款以资促醒，俾得彻底合作

B 电慰马占山长官

C 电请政府派兵援助马占山长官

D 电请政府限令关于十一月十六日以前完全退出国境，并派国军武装接收

E 电请政府克日发给全上海学生军枪械，不得再行延缓时日，并函请义勇军主任王柏龄帮同催促

〈议决：〉通过

（《抗日救国会第一次常会纪》，《大夏周报》，第 8 卷第 9 期，1931 年 11 月 16 日）

十三日　学生自治会举行第二次常会。

十三日该会又举行第二次常会，闻议决：(一)请事务处于各斋添设电话机；(二)请校务会议将十六日所举行之纪念周扩大为国难纪念大会；(三)设置集思箱，征集同学对于学校及该会之意见等案云。

（《学生自治会近讯》，《大夏周报》，第 8 卷第 9 期，1931 年 11 月 16 日）

政治系政治学会召开成立大会。

本校政治系同学原有政治学会之组织，惟自上学期负责人员毕业离校，乃致无形停顿，殊为憾事。本学期开学以来，该系同学章炳炎、刘崇龄等十数人，感于政治学会有恢复组织之必要，爰于上月发起组织，一时加入者颇形踊跃。兹探悉该会已于十一月十三日假群贤堂三零六教室开成立大会，产出干事十一人，候补干事三人。该干事会已于十七日晚开第一次干事会议，讨论各股进行工作及分配职务。结果：常务干事章炳炎、陈书俊、李敬伯，文书王景西，会计林炳煌，庶务连丕烈，研究章炳炎、陈书俊，图书康约法，编辑李敬伯，讲演江滨，调查季九余，交际李芸，游艺刘淑昭。闻该会决于最近敦请名人讲演及组织研究委员会等事宜云。

（《政治学会成立》，《大夏周报》，第 8 卷第 10 期，1931 年 11 月 23 日）

十五日　进行第四届抗日救国会干事选举。

十四日全体学生大会因不足法定人数，后改用全体总投票方法，改选本校抗日救国会干事。结果，多数同学赞成重新选举，嗣于十五日下午由同学三十五人到场监票，计选出第四届干事二十一人，候补干事二十一人，兹将名单列后：

第四届干事

王裕先　张汝砺　郭大健　汪瑞年　周贡南　郑傑　陈书俊　刘崇龄　钟焕新　李家麟　萧澍恩　曾昭门　刘淑昭　崔步武　曹临川　周光　周秉维　徐崇德　刘修如　秦以谷　陈伯夏

第四届候补干事　以票数多寡为序

严步韩　李元述　刘文华　金凤高　严秉煌　余敢　刘亚生　刘清怀　莫俊　余文琴　秦铨中　张廷勋　廖均握　郑镛　罗佩光　伍钟祥　鲁以谷　孙振玉　黄善娴　康约法　王景西

（《第四届抗日救国干事产生》，《大夏周报》，第 8 卷第 12 期，1931 年 12 月 7 日）

十六日　邀请太平洋会议代表、英国利物浦大学教授陆克斯佩(Roxbey)来校演讲，题目为"国际联盟"。（《太平洋会议代表 Roxbey 教授来校演讲》，《大夏周报》，第 8 卷第 9 期，1931 年 11 月 16 日）

十七日　群育委员会举行第三十六次会议。

十一月十七日，群育委员会举行第卅七[六]次会议

出席者：俞志瀚　杨葆康　林博寰　龙兆佛　林柏清　郑菊人　潘白山　杨建勋　沈昆南
　　　　吴浩然　朱伯奇　王韫石

主席：俞志瀚　记录：王韫石

一、报告事项

（1）学生吴尚炯代表本校出席上海青年会"东北问题"演说竞赛会

（2）体育指导委员会报告

1. 夏光篮球队本学期改为西青篮球甲组会员

2. 篮球已与持志学院比赛二次，足球将与爪哇华侨队及群华比赛

3. 现存经费约九十余元，负债约近百元

二、讨论事项

1. 女生乒乓比赛奖品

议决：第一、第二名由本会各奖乒乓器具全副

2. 体育指导委员会向本会借去大洋一百元

议决：予以追认

3. 女生课余社规定

议决：照原文通过

4. 体育部经费案

议决：请财政委员会再核拨二百元以应急需

5. 审议学生团体

议决：锡山学会与天南学社均准予备案

（《群委员[会]第三十六次会议摘纪》,《大夏周报》,第8卷第11期,1931年11月30日）

十八日　本年入夏以来各地水患严重，大夏教职员为赈济各省水灾，踊跃募捐，共捐款1214.2元，女同学捐衣服86件，均经有关当局寄往灾区。

本校教职员经[捐]款赈灾办法，前经校务会议议决通过，业志本报。兹悉该项捐款早经缴齐汇送上海募捐各省水灾急赈会收转，掣送收据来校，略谓："今收到大夏大学教职员大善士乐助各省水灾急赈洋一千二百十四元二角整，除汇解各省灾区，分别散放，并登报鸣谢外，掣此收据为证。常务委员虞和德、王晓籁、许世、王英震、张之江、黄庆润、李晋、张啸林、杜月笙、林康侯、秦润卿，财产委员秦润卿、张公权、吴蕴斋、刘第生。民国二十年十一月十八日。"现将教职员姓名及捐款数目照录于后：（下略）

（《教职员捐款赈灾》,《大夏周报》,第8卷第9期,1931年11月16日）

入冬以来，朔风多厉，灾区同胞，冻馁堪虞。本校女生，有鉴及此，慨捐衣服八十余件，由校备函汇送上海筹之各省水灾急赈会，分发灾区。兹得该会覆函云："迳覆者，接展大函，并附下赈衣八十六件，具见贵校女生仁慈为怀，解衣助赈，至深感佩。当经掣奉收据，谅荷察转，除转运灾区施放，并汇登报端鸣谢外，用特函覆云。"

（《本校女生慨捐赈衣》,《大夏周报》,第8卷第9期,1931年11月16日）

社会教育研究会成立。

该系本学期由该院全体大会议决成立社会教育研究会，当由该院干事会，推定干事董长生、陈道镕二君负责筹备一切。乃于十一月十八日午后七时假群贤堂二〇六号教室开成立大会，计划到会者，有吴国华女士、施碧珊女士、冯世耀女士及谢文灏君等共男女同学三十余人，颇极一时之盛。遂由众议决宣告开会。

（一）推举临时主席董长生君

（二）报告开会宗旨，当由董君报告

（三）介绍

（四）讨论会章，经众推定董长生君当场起草，由众表决之

（五）选举，当即选出干事七人，计开主席董长生君，会计吴国华女士，庶务陈道镕君，文书欧一飞君，交际施碧珊女士，编辑谢文灏君及王道君二人。

（六）散会

又讯：闻该会第一次干事会议决，本学期内祇[至]少须开研究会一次以上及参观本市社会教育机关一次以上，并请欧元怀先生、马宗荣先生、陈选善先生、江问渔先生为该会顾问，俾便从中襄助该会一切

进行事宜耳。并闻该系主任马宗荣先生，允将图书馆内关于社会教育方面所有藏书，一律移转参考室内，以便该系同学之研究云。

（《教育学院社会教育系近讯》，《大夏周报》，第 8 卷第 10 期，1931 年 11 月 23 日）

十九日　下午，上海学生义勇军训练处科员彭培亮来校视察军事训练状况，并往各队视察。（《义勇军训练处派员来校视察军训状况》，《大夏周报》，第 8 卷第 9 期，1931 年 11 月 16 日）

二十日　校务会议决定，十九、二十两日停课，在愚园路一带进行抗日宣传和救国募捐。途中有四队学生路遇日本巡逻队，惨遭殴打，并有多人被非法逮捕。后经多方交涉，被捕学生得以放出。

上海各大学抗日救国联合会议决，全上海各大学定于本月十九、二十两日举行总宣传及募捐，本校即决定采取一致步骤。校务会议议决该两日功课暂停，以便进行抗日工作。地点规定愚园路康脑脱路一带，募捐成绩颇佳，计共捐得大洋一千七百五十一元四角四分，现已汇存上海银行。

（《宣传与募捐本校同学全体出发》，《大夏周报》，第 8 卷第 10 期，1931 年 11 月 23 日）

【本报上海二十日下午十时三十分专电】：大夏大学学生，号（二十日）出外募捐，被日人凶殴后，又被捕房捕去，其募捐第四队，被日军巡逻队殴辱，经公安局交涉，始得释放。

（《沪日军殴辱我国学生》，《世界日报》，1931 年 11 月 21 日，第 4 版）

本市各大学前昨二日出发之募捐队，以募得之款，预备汇黑，助马占山将军。大夏大学全体学生千余人，昨分队出发募捐，不料该校学生有四队竟受日陆战队巡逻队之凶殴逮捕，结果受伤者十余人。兹志其情形于下：

劳勃生路　大夏学生十余人，于昨日午后，在劳勃生路沿途募捐。是时有日巡逻队多名，乘汽车驶行，经过该处，突然诬大夏学生辱骂日人，即下车向学生凶殴。学生均奔避。结果，有一生被巡逻队非法逮捕，至附近之日商丰田纱厂（该厂有日巡逻队驻扎），嗣经公安局派巡官前往交涉，同时公安局中亦以电话向日方交涉，始将该学生释出。

康脑脱路　昨日午后三时，有大夏教育院学生鄯林镕等二十余人，在康脑脱路华租交界处募捐。有日军运输车经过，该车中之日兵三十余人，立命御者停车跃下，将大夏学生拦截为二部。将一部分之学生六七人打伤，并拘捕一学生。又越至华界，将另一部分学生殴打。学生纷纷逃避，并报告六区公安局，派巡官往与日人交涉，始得将一生放回。

曹家渡　日巡逻队于昨日午后三时，驾驶汽车至曹家渡华租交界处，见大夏学生在华界募捐。日巡逻队即停车越界前往驱殴，有一生被殴打成伤，并被捕至附近某日纱厂。由大夏学生向市府请愿，令公安局前往交涉，乃得放出。

新闸路　新闸路一带亦有大夏学生沿路向人募捐。昨日午后，日巡逻队行过该处，大肆殴打，并捕去学生五六名，交新闸捕房，谓学生出言侮辱，捕房中将学生全体拘押，闻已有释放之。

张市长表示　昨日（十一月二十日）下午五时，本市各大学学生抗日救国联合会代表二十余人，及大夏大学学生代表五人，为本日下午二时日本陆战队兵士在沪西康脑脱路公共汽车公司门前驱逐我募捐学生，并将大夏学生一人带往日商丰田纱厂该队分部事，偕往市政府请愿，当由张市长亲自接见。询明来意，即告以此事本府接到报告，已由公安局交涉领回被捕学生，送归学校矣。代表等表示满意，但要求市府严重交涉：（一）赔偿，（二）道歉，（三）保障以后不得再有此类情事发生。张市长答以当查明办理，惟望将当时情形，以书面呈报市府，俾得根据事实，藉资交涉。代表等又问本市治安保障如何。张市长答曰：关于本市治安问题，市政府公安局当然负责，警备司令部亦负同样责任。且中央新委陈铭枢先生为淞沪卫戍司令长官，第十九路军队，昨已有一部分到沪，有此军警协力维持，沪地治安可保无虞。代表等又问万一沪市发生类似沈阳之不幸事件，是否抵抗。张市长答曰：自必尽力采取正当防卫方法，决不放弃职责。代表等均认为满意，张市长又剀切言曰：学生为智识阶级重要分子，有领导民众之责任。一切爱国运动皆当严守秩序，切勿逾越轨范，并勿以毫无意识之举动引起纠纷，尤其要严防反动分子利用民意，或利用学校学生名义乘机捣乱。本府对于爱国运动极表同情，但对于越轨行动则必须取缔。如果大家能尽力共同维持,沪市治安各负其相当责任,不使发生意外,则治安必可信其永久保持,决无他虑。代表等乃欣然而去。

（《大夏学生募捐队被日人凶殴逮捕》,《申报》,1931 年 11 月 21 日,第 15 版）

二十四日　上海各大学举行抗日示威运动。

本校依照上海各大学抗日救国会议决,组织赴京督促政府出兵请愿团,自由参加,男女同学,共八十八人,编为上海各大学请愿团之第五组。廿四日下午,由校出发北站,偕同其他各大学请愿团乘车进京。由蒋主〈席〉答复四点:(一)出兵;(二)令张学良待罪图功;(三)已派兵援马;(四)蒋谓未阻止请愿。代表团认为满意,整装返沪,本校请愿团亦于廿九日返校。当即正式复课。

（《请愿团返校》,《大夏周报》,第 8 卷第 10 期,1931 年 11 月 23 日）

本月廿四日,沪上各校为"抗日"举行总"示威"运动。我校于上午九时许出发,搬场汽车都有十七八乘之多,浩浩荡荡,壮烈已极! ……

示威运动,是分南北两处同时举行,我们是在南市体育场集合。到者有十来个学校,大约有四五千人之多(人数和学校因为没有去调查,不大确实),在十点钟左右的光景,由南市体育场出发。一路的洋号声、洋鼓声,又衬以继续不断地高呼着:督促政府出兵,全国民众武装起来,对日宣战,打倒日本帝国主义……种种口号声,好不威武! 尤其是以"打倒日本帝国主义"一句为最洪亮、最清晰,其激昂而悲壮的愤慨,似乎充分地表现着我们的打倒日帝国主义者的力量之伟大了。真是有点"威风凛凛,杀气腾腾",恐怕当时假如日本鬼子见着都要骇倒了。

可是,说起来真痛心、真可怜啊! 我们所走的地方俱是偏僻的街道,并无一个外国人——当然没有日本人——居住,所见着的人,都是贫穷苦力的居民和一些经营小生意的商人。这就是说:我们的"威"是"示"与我们自己的人看的,不,是示与我们的无智识的下等社会的人看的。的确,我沿途都在注意被两旁站立着的和从窗口上伸出头来看我们的人们的表情,他们一个个的面孔上都表现着奇怪和快愉的神气。他们哪里知道我们是在"抗日"? 更哪里知道我们是在"示威"? 他们的心目中恐怕还以为我们是在闹着好玩。是的,与其说我们是在"示威",不如说我们是在"闹玩",或者还要妥当些、切实些吧! 唉,我见着这些情形而回想到目前中国的景况,我的心都要碎裂了。我听着口号的声浪愈高而愈严肃的时候,我的心愈是难过,而我的眼泪将要从我的眼睛中流出来了! 唉,真痛心、真可怜呀!

原来我们的"威风",是照例地只能"示"与我们自己的人看的。你看那历年来军阀先生们的相争相杀,谁个的威风不是拿与自己的人看呢? 哪晓得这次是预备着拿与日本人看的"威"反而也是"示"与自己的人看了。唉,这是我们中国历来的象征,这是我们中国的命运!

我们走了约有八九里路(那些路因为我从来没有到过,所以不但不知在〈哪〉而且不知道远近),我们高呼着的口号,也喊了那么远,而我们"威"也足足"示"了一个多钟头,我恐怕那些民众们的高兴的心情,也在瞬间的当儿消逝尽了! 大约在十二点钟的光景我们的"威"也就"示"完了,我们仍到南市体育场集合,依然用搬场汽车把我们"搬回"校来了。

我很怀疑地要问几句:到底这一次的示威运动,给与日本人的恐骇是什么? 给与民众的影响是什么? 曾得了那[哪]一点的效益?

最后,我还有几句话要说的,……至低限度,我们的"威"也应该拿在租界内去"示"一下,才可以使他们知道我们的威风,不管他吓与不吓,我们总是拿来对付他的。这才是我们"示威"的目的,假如连这一点都办不到,就是专示与我们自己的人看的话,那不但失了真义,而且滑稽之至,这还有什么用处? 有什么意义? 其次就很诚恳地希望我国教育学者先生们,今后对民众教育应该特别注意才行。而我们的宣传也需要深入于一般无智识的民众,这才是我们目前的"救国抗日"的重要工作!

（舜琴:《示威归来》,《大夏周报》,第 8 卷第 11 期,1931 年 11 月 30 日）

三十日　上午,群育委员会组织的救国辩论会在大礼堂举行,辩题是"我国应即刻对日宣战"。

本校群育委员会鉴于对日宣战问题为时局之重心,凡我同学均应有彻底之认识,庶可齐一步趋,增厚力量,爰即议决举行救国辩论会,题为"我国应即刻对日宣战"。同学报名参加者颇为踊跃。正面辩论员为田康、雷国情、吴尚炯,反面辩论员为邵尔杭、郭昌洛、钱叙之。十一月三十日上午十时半在本校大礼堂举行,首由俞志瀚先生致开会词,略将举行辩论会之用意报告一过并声明主辩反面者,非即不主张不战之人,盖辩题之焦点在于"即刻"二字,希望大家注意云云。继即开始辩论,正反面辩论员交互辩论,每人十分钟。最后正反面各推一人复辩,亦以十分钟为限。结果,正面组得胜。至个人优胜第一名则为吴尚炯,第二名邵尔杭,第三名田康均,由群育委员会分别给予奖品。按此次辩论有一特点,即评判员非由少数人担任,而由全体听众共同担任,颇为公允云。

(《举行救国辩论会》,《大夏周报》,第8卷第11期,1931年11月30日)

北京师范大学教育参观团来校参观,由欧元怀、王毓祥、鲁继曾及教育学院学生招待陪同参观。

北平师范大学教育参观团日前由京来沪,三十日晨特至本校参观。当由欧元怀、王祉伟、鲁继曾、马公愚诸先生暨教育学院同学招待,陪往各部参观。参观毕,即在总办公处举行茶话会,鲁继曾先生致欢迎词,首述去年本校教育学院同学北上参观,多承北师大竭诚招待,表示谢意,总谓此次北师大同学惠临参观,无任荣幸。惟以国难当前,学校情形多属变态的,且成绩平庸,无可参观,甚觉抱歉云云。午膳后,校备汽车送至附中参观云。

(《北师大教育参观团来校参观》,《大夏周报》,第8卷第11期,1931年11月30日)

本月 《大夏周报》相继刊载校园建设文章。

本校运动场,共占面积百亩,一切球场皆在焉。第以女生宿舍相隔太远,诸多不便,除原有篮球场外,特在群斋左边空地新筑网球排球场各一所。惟网球场系用煤屑黄泥黄沙造成,价值百余元。闻由体育部布告禁止穿皮鞋类者登场拍球,违者罚金;如有损坏,照价赔偿,以重公物云。

(《女生网球排球场竣工》,《大夏周报》,第8卷第8期,1931年11月9日)

大夏新村,位于校址之西南,占地三十余亩。民国十八年,欧元怀、王祉伟、傅式说、吴浩然四先生发起组织。二年来本校教授加入者共有三十人,村友公会前经议定;至于公路、电线、水管、篱笆等公共建筑,及各种进行事宜,均经议有计划。目下开始建筑者有欧、王、傅、吴四先生之住宅,工务进行颇为迅速,墙壁屋顶均已渐次完成。闻建筑款项系由某银行暂垫,以地皮及房屋抵押。将来全部工程告竣,本校教授迁入新居,无异朝夕在校,对于校务进行极感便利云。

(《大夏新村开始建筑》,《大夏周报》,第8卷第10期,1931年11月23日)

十二月

一日 召开群育委员会第三十七次会议。

十二月一日下午三时,群育委员会举行第三十七次会议。

出席者:沈昆南 林柏青 俞志瀚 王韫石 杨建勋 龙兆佛 郑菊人 陈选善 朱伯奇 吴浩然

主席:俞志瀚 记录:王韫石

报告事项:

1. 本校学生赴京请愿情形

2. 本校学生参加上海各大学示威游行情形

3. 本校学生募捐结果共捐到大洋一千七百五十一元四角四分

4. 国语辩论题目"我国应即刻对日宣战",由全体到场人员评判,优胜组正面,个人优胜第一吴尚炯,第二邵尔杭,第三田康

5. 导师制进行情形

6. 各斋舍情形

7. 体育指导委员会报告

8. 女生指导委员会报告

讨论事项：

1. 体育部经费事

议决：函请财政委员会从速拨发前所允垫之二百元

2. 斋舍前马路修理案

议决：函请校景委员会办理

3. 师专编辑费

议决：

1. 追还学校津贴八十元

2. 责成在校上届执委员〈负〉责清理

3. 审议学生团体

议决：社会教育研究会、教育心理研究会、海天学会、特别救护队，均准备案

（《群育委员会第卅七次会议纪》，《大夏周报》，第 8 卷第 12 期，1931 年 12 月 7 日）

三日　预科请暨南大学教授顾君毅来校演讲，题目为"学生救国"。（《本校预科请顾君毅先生演讲》，《大夏周报》，第 8 卷第 11 期，1931 年 11 月 30 日）

七日　纪念周会，邀请艾迪博士演讲，题为"世界之近势"，由朱懋澄先生翻译。（《艾迪博士来校演讲》，《大夏周报》，第 8 卷第 12 期，1931 年 12 月 7 日）

二十七日　下午七时，大夏剧团举行抗日赈灾公演，前往参观者数百人，门票售洋六角。所售门票及所得捐款，将捐助马占山将军用以军饷，同时送至赈灾委员会助赈。（《大夏剧团抗日赈灾公演》，《申报》，1931 年 12 月 28 日，第 11 版）

一月

一日　庆祝新年,学校照例放假三天。

敬启者:新岁更始,国难正殷,有耻未雪,无喜可贺,苟沿俗套,殊负素心,同人等对此次新年爰决不发贺片,尚希诸位亲友暨各团体鉴谅。

欧元怀　王毓祥　傅式说　鲁继曾　吴浩然　俞志瀚　吴泽霖　邵家麟　陈选善　孙瑚　孙浩烜　马宗荣　蓝春池　黄仲苏　唐庆增　张耀翔　江镇三　周昌寿　朱翼元　孟寿椿　王蘧常　倪文亚　郑通和　丁文彪　王国秀　戚毓芳　郁康华　彭望荃　徐瑗　傅德润　钱丰格　陈铭恩　郑师许　杜其均　赵志振　张梦麟　马公愚　王韫石　朱伯奇　丁景鏐　高芝生　刘焕机　杨建勋　李学丰　陈舜明　曹子昂　贺小范　宋作锟　林博寰　杨麟书　孙最麟等同启

（《大夏大学教职员为国难停止贺年启事》,《申报》,1932年1月1日,第9版）

十三日　局势危急,学校公布本学期课程结束日期及办法。（《民国二十一年一月至十二月本校大事记》,《大夏周报》,第9卷第14期,1932年12月26日）

十九日　举行第一百一十九次校务会议,通过冬季毕业生名单。（《民国二十一年一月至十二月本校大事记》,《大夏周报》,第9卷第14期,1932年12月26日）

二十八日　上海中日战事爆发。次日,学校将重要案卷、文件,迁移到愚园路延陵村职员家中保存。（《民国二十一年一月至十二月本校大事记》,《大夏周报》,第9卷第14期,1932年12月26日）

（上略）在未述本年度校务之前,不得不先述前此一学期中本校所受非常重大之打击,亦即吾人永远不忘之纪念,即"一二八"之役是也。盖自二十年"九一八"之后,东北各省,相继沦陷,全国人心,激昂万状,上海一隅,尤为特甚。学生之爱国举动,风气飙发,不可遏止,罢课请愿,遐迩影响。然初不料暴日侵略之凶焰,遽而由北而南,蹂躏淞沪也。故当沪战未发之前,虽本埠谣诼繁兴,风声鹤唳,然吾校为安慰学生维持秩序计,仍力持镇静,不事张皇,而同时居安思危,绸缪未雨,预觉相当安全地点,为全校男女生退避之所,并预定图书馆、仪器、校具迁移之处,以备万一之虞。洎夫"一二八"战事暴[爆]发,本校所在地附近,为戒严区域,交通发生困难,幸本校已先时嘱令男女各生迁避胶州路旧校舍（当时系作中学部校舍）,故毫未遭受危险。至于图书、仪器、标本及重要文件、校具,则由各处主管职员,督率工役,陆续运出,时正当鏖战剧烈之际,敌机盘旋至校场,炸弹纷落于附近,而各员工绝不畏葸,奋勇冒险,卒将校中所有重要物品,悉数迁移于法租界爱麦虞限路[爱麦虞限路]（编者按:今绍兴路）中华学艺社及其他安全地点。并为办事便利起见,设临时办公处于愚园路延陵村二十八号。惟校中既不能开学,经费备极艰窘,于是全体教职员皆留职停薪。既而战祸延长,死伤日众,沪上各慈善团体,纷纷筹办伤病医院,以资救济,而苦于用具缺乏,本校遂将各宿舍新置之铁床、桌椅悉行借给使用,并将胶州路旧校舍借予辟作伤兵医院。教职员努力后方工作,男女同学加入救护队及义勇队者,颇不乏人。至三月初战事停止后,本埠秩序,渐行恢复,本校乃定于十五日大中两部在胶州路旧校舍合并开学。四月四日高初中预科及幼稚师范正式上课,十一日大学部各学院及师范专修科正式上课,到校学生共计一千二百二十四人。惟校中经济困难殊甚,故所有教职员概不领薪金,仅支给少数车马费。是时淞沪公私学校,大半复行开学,纵有校址适在战区,致遭毁坏者亦多租借房屋,勉强上课。然求其学生到校之踊跃与教职员任事之热心,能如本校者,殆罕有所闻也。语云:"不遇盘根错节,无以见利器。"吾大夏师生奋斗牺牲之精神,每于颠沛艰危之际,而弥见显著,于斯益信矣。本学期因开学既晏,故功课异常紧张,除星期日外概不放假,并延迟放暑假日期,至七月十六日,学期考试始行完竣。翌日,大中两部同时迁回中山路新校舍。(下略)

(欧元怀:《一年来之校务》,《大夏周报》,第 9 卷第 28 期,1933 年 6 月 1 日)

二月

一日　学校在愚园路延陵村二十八号成立临时办事处,登记在沪学生。(《民国二十一年一月至十二月本校大事记》,《大夏周报》,第 9 卷第 14 期,1932 年 12 月 26 日)

四日　上海中日战事爆发后,学校停课。全校职员除事务、会计、教务三处及收发股各留一人办公外,其余均留职停薪。次日,遣散校工回原籍,仅留校警及工人数人看守校舍。(《民国二十一年一月至十二月本校大事记》,《大夏周报》,第 9 卷第 14 期,1932 年 12 月 26 日)

七日　学校全部图书、仪器搬往中华学艺社寄存。(《民国二十一年一月至十二月本校大事记》,《大夏周报》,第 9 卷第 14 期,1932 年 12 月 26 日)

九日　发第一次全体学生通函准各就原籍或他出处相当学校借读。(《民国二十一年一月至十二月本校大事记》,《大夏周报》,第 9 卷第 14 期,1932 年 12 月 26 日)

十二日　学校铁床、桌椅全部借给上海各伤兵员医院。(《民国二十一年一月至十二月本校大事记》,《大夏周报》,第 9 卷第 14 期,1932 年 12 月 26 日)

十五日　胶州路中学部校舍借辟伤兵员医院。(《民国二十一年一月至十二月本校大事记》,《大夏周报》,第 9 卷第 14 期,1932 年 12 月 26 日)

二十二日　发第二次全体学生通函报告学校安全。(《民国二十一年一月至十二月本校大事记》,《大夏周报》,第 9 卷第 14 期,1932 年 12 月 26 日)

三月

二日　胶州路大学原址改建为红十字第四十伤兵医院,所需费用均由叶鸿英负担。

连日战事激烈,我方忠勇将士受伤者不免略增。今日起,特由叶鸿英君在胶州路大夏大学原址,设立红十字会第四十伤兵病院,聘请谢筠寿等九医师主持一切。各种设备务极完善,暂定收容名额百余人。所需费用概由叶君担任。

(《叶鸿英办伤兵病院》,《申报》,1932 年 3 月 2 日,第 2 版)

十五日　大夏大学登报通告,大、中两部均在胶州路中学部校舍开学。次日,留沪职员开始在胶州路校舍办公,并登记新旧学生。(《民国二十一年一月至十二月本校大事记》,《大夏周报》,第 9 卷第 14 期,1932 年 12 月 26 日)

十七日　召开第一百二十次校务会议,议决将预科与高中课程合并开设。(《民国二十一年一月至十二月本校大事记》,《大夏周报》,第 9 卷第 14 期,1932 年 12 月 26 日)

十九日　分别聘请教职员并规定全体教职员不领薪金及支给车马费标准。(《民国二十一年一月至十二月本校大事记》,《大夏周报》,第 9 卷第 14 期,1932 年 12 月 26 日)

二十九日　校务会议布告教务、训育、事务各处事宜,大学部与中学部合并办理,各院科事宜仍由各该院科院长、主任主持大学,高中一、二年级与中学高中合并,由倪文亚先生主持,大学预科三年级由俞志瀚先生主持。(《民国二十一年一月至十二月本校大事记》,《大夏周报》,第 9 卷第 14 期,1932 年 12 月 26 日)

大夏大学暨大夏附属中学,决定本月二十日起开学登记新旧学生。廿九日起注册,四月一日正式上课。本学期将延长至七月底放暑假,授课期间与平时无异。该校为顾念战区失学青年起见并添招新生。凡持原校证明文件,经审查合格者,准予肄业。现在大中二部业在胶州路三〇一号校舍办公,可径向该处接洽一切。

(《大夏大学暨附中定期开学》,《申报》,1932 年 3 月 16 日,第 2 版)

三十日　高初中预科及幼稚师范注册。(《民国二十一年一月至十二月本校大事记》,《大夏周报》,第 9 卷第 14 期,1932 年 12 月 26 日)

四月

四日　大夏附中初高中、预科及幼稚师范班,开始正式上课。(《民国二十一年一月至十二月本校大事记》,《大夏周报》,第 9 卷第 14 期,1932 年 12 月 26 日)

十一日　各学院及高等师范专修科,开始正式上课。(《民国二十一年一月至十二月本校大事记》,《大夏周报》,第 9 卷第 14 期,1932 年 12 月 26 日)

二十八日　公布上学期各学程补行结束办法。(《民国二十一年一月至十二月本校大事记》,《大夏周报》,第 9 卷第 14 期,1932 年 12 月 26 日)

七月

十六日　校务会议议决,大、中两部迁回中山路新校舍。(《民国二十一年一月至十二月本校大事记》,《大夏周报》,第 9 卷第 14 期,1932 年 12 月 26 日)

沪西中山路大夏大学,自中日战事发生后,曾迁移胶州路旧校舍。现沪西秩序早复常态。该大学暨附设大夏中学准于七月十六、十七两日迁回中山路。暑期学校定七月二十九日起注册,八月一日起上课,八月九、十两日招考秋季新生。凡旧生二十年秋季未结束学程,定九月八、九、十三日在校办理结束。

(《大夏大学迁回中山路》,《申报》,1932 年 7 月 13 日,第 12 版)

二十七日　公布本学期准予毕业学生名单。(《民国二十一年一月至十二月本校大事记》,《大夏周报》,第 9 卷第 14 期,1932 年 12 月 26 日)

八月

一日　暑期学校开课。(《民国二十一年一月至十二月本校大事记》,《大夏周报》,第 9 卷第 14 期,1932 年 12 月 26 日)

二日　校务会议议决公布女子幼稚师范列为高中分科之一,不另设校。全校所有事务处及会计处事宜,大学部与中学部合并办理,教务处及训育处事宜两部分别办理。(《民国二十一年一月至十二月本校大事记》,《大夏周报》,第 9 卷第 14 期,1932 年 12 月 26 日)

九日至十日　招考秋季新生。(《民国二十一年一月至十二月本校大事记》,《大夏周报》,第 9 卷第 14 期,1932 年 12 月 26 日)

九月

一日　大学部与中学部校舍合并秋季开学,新旧学生办理缴费入舍手续。

本校春季以日寇犯沪,因将大学部迁至胶州路旧校舍,与附设中学合并上课。本学期为求学校精神贯注行政便利起见,将大学、中学两部合并在一处,已于七月中旬将两部均迁回中山路新校舍,并于九月一日开学,五日起注册,十九日起上课矣。

(《大中两部校舍合并》,《大夏周报》,第 9 卷第 1 期,1932 年 9 月 26 日)

本学期全体学生，预算为二千人。大学部一千二百人，中学部八百人。开学以来，学生到校极形踊跃，截至廿一日下午四时止，到校学生已达一千七百四十五人，其中女生有二百五十人。

（《学生踊跃到校》，《大夏周报》，第 9 卷第 1 期，1932 年 9 月 26 日）

本大学大学部二十一年秋季学生人数统计表

院科＼年级	四年级	三年级	二年级	一年级	各院科总计
文学院	15	23	43	61	142
理学院	14	23	25	53	115
教育学院	41	69	67	87	264
商学院	18	24	44	69	155
法学院	47	71	97	109	324
师范专修科			106	125	231
各年级总计	135	210	382	504	1231

（《本校大学部二十一年度秋季学生人数统计表》，《大夏周报》，第 9 卷第 14 期，1932 年 12 月 26 日）

本大学附设中学二十一年秋季学生人数统计表

部别	初中			高中						总计
年级	一	二	三	一		二		三		
学期	上	上	上	上	下	上	下	上	下	
人数	18	26	45	122	40	150	43	217	36	
总计	89			608						697

（《本大学附设中学二十一年秋季学生人数统计表》，《大夏周报》，第 9 卷第 14 期，1932 年 12 月 26 日）

十二日　举行第一二六次校务会议议决。

举行第一百二十六次校务会议议决，(1)理学院"数学"、"物理"两系并为"数理系"，"心理系"取消，选修学生转入教育学院"教育心理系"。(2)教育学院"中等教育系"取消，选修学生转入教育学院其他各系。(3)商学院"国际贸易"暂停。(4)文学院"社会学系"改称"社会事业系"。

（《民国二十一年一月至十二月本校大事记》，《大夏周报》，第 9 卷第 14 期，1932 年 12 月 26 日）

本校第一二六次校务会议，推举黄敬思、吴浩然、冯勤生三先生为群育委员，连同当然委员组织群育委员会。

（《推举群育委员会》，《大夏周报》，第 9 卷第 1 期，1932 年 9 月 26 日）

十八日　举行"九·一八"纪念大会。

"九一八"国难纪念日，本校照国府规定时间静默，停止娱乐，是日全体师生缠黑纱，学校下半旗，图书馆陈列"九一八"纪念书报。

（《纪念"九一八"》，《大夏周报》，第 9 卷第 1 期，1932 年 9 月 26 日）

二十一日　财政委员会召开会议，议决征收水电费等事项。

财政委员会于日前开会，议决要案多项，兹择录如后：

一、新村住宅每宅月征水费四元，教员宿舍每宅月征二元。

二、职员宿舍电灯每盏以二十五支为原则，三人同住一室者装灯两盏，二人以下者装灯一盏，每晚十二时一律熄灯,超此限度者须照章征费。

三、中学土木工程科设备酌量添制。

四、教职员宿舍携眷同住者装置电表,须自付押金。

五、院务会议聚餐,由校按照成例实支实拨。

六、教职员借书屡催不还者,停止其借书权,或扣薪金抵偿。

七、校有契据合同建筑设备仪器图书等,分别由负责经管人员从事整理。

(《财政委员会消息一束》,《大夏周报》,第9卷第5期,1932年10月24日)

二十六日　经第一二七次校务会议议决,将筹设大夏公社。

本校为谋学校附近居民增高知能起见,本有开办义务学校之计划。兹以教育学院社会教育系及文学院社会事业系拟创办民众教育实验区,以试验民众教育之理法并供同学之实习,爰于第一二七次(九月二十六日)校务会议议决,本学期创设大夏公社,当推定陈选善、吴泽霖、马宗荣、黄敬思、吴浩然、倪文亚六先生为筹备员,尽于两周内成立。

(《创办大夏公社》,《大夏周报》,第9卷第2期,1932年10月3日)

公布"大夏公社组织大纲"。

第一条　本社为大夏大学附设,定名为大夏大学附设大夏公社。

第二条　本社设施宗旨,计分左列各项:

1. 实施成年补习教育,以促进地方自治完成训政工作。

2. 实施短期小学教育,以助义务教育之普及。

3. 施行社会教育,以增进民众知能,改善民众生活,提高民众德性,发扬社会文化,复兴民族精神。

4. 供给社会教育系及师范专科学生之实习,藉以证验教育之理论。

5. 提倡教育学院文学院学生之服务,务期民众生活获有真切之了解。

6. 试验民众教育施行之方法。

第三条　本社活动区域,暂以大夏大学附近五里以内为范围。

第四条　本社设指导委员会,指导审议本社重要进行事项;委员人员由大夏大学校务会议推举之。

第五条　本社设社长一人,总持本社计划行政事宜。社长人员由指导委员公推,由大夏大学校长聘请之。

第六条　本社暂设下列各部及各种委员会:

1. 总务部　掌理会计文书庶务等事。

2. 学校教育部　掌理成年补习教育及短期小学设施事宜。

3. 社会教育部　掌理社会民众教育进行事宜。

4. 设计委员会　商讨本社工作发展进行之计划。

5. 编辑委员会　编辑本社出版物。

6. 经济稽核委员会　稽核本社经济。

第七条　每部各设主任一人或二人,处理各该部一切问题,并计划领导各该部工作之进行事宜。

第八条　各部设干事或导师若干人,应于实施之需要,得于部主任下更设主任若干人,分别领导进行各项事宜。

第九条　各部部主任由社长请定或各部干事推举,各项事业主任由各项干事导师互推之。

第十条　各部规程及各委员会组织规程另订之。

第十一条　关于本社重要事务之进行,由社长召集社务会议决定之,由社长为主席。社务会议规程另定之。

第十二条　各部重要事务之进行,由部主任召集部务会议商决之;未经会议议决者,由部主任裁核施行。

第十三条　本社除社长由大夏大学教员兼任外,工作人员全由大夏大学学习教育及研究社会问题之学生担任,均为义务职。

第十四条　本社设施各项教育,概不收民众费用。
第十五条　本大纲呈报所属机关备案。
第十六条　本大纲有未尽事宜,由社务会议修正之。

大夏公社组织系统表

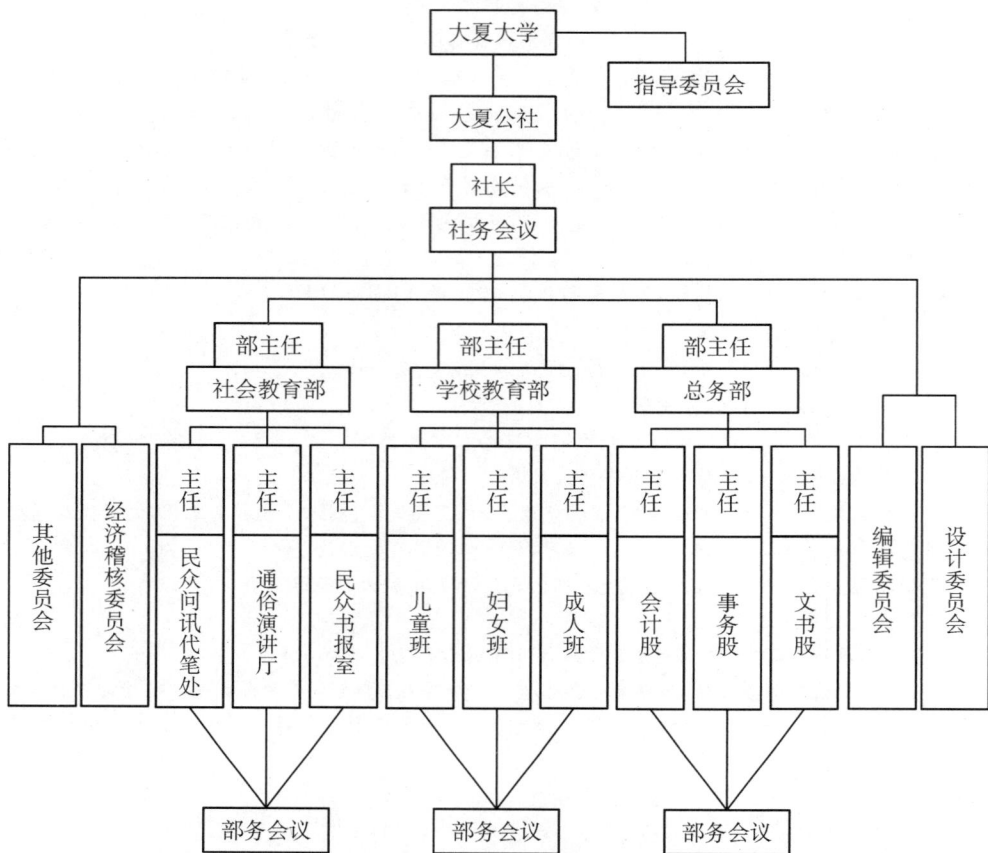

（许公鉴:《大夏大学附设大夏公社设施之旨趣与现状》,《民众教育通讯》,第 3 卷第 3 期,1933 年）

　　本校为谋教育学院社会教育系同学及文学院社会事业系同学实习服务起见,本学期拟办“大夏公社”,业志本卷第二期本报。现已由筹备委员商定举办事业为日课二班,收受儿童每班三十人至四十人。每星期上课六天,时间为上午八至十一时,下午二至五时。夜课男女成人各一班,每班人数以三十人为限。男女班间日上课,男生每星期一三五晚间七至九为上课时间,女生每星期二四六晚间七至九为上课时间。毕业期限为八星期,费用不收学〈费〉,用品由社供给,只收保证金大洋二角,以坚民众入学之心。更有通俗图书,通俗演讲,展览会,问讯处,提倡民众娱乐,举行社会调查等等。工作人员均由教育学院与文学院同学担任,不另聘人云。

（《大夏公社筹备有绪》,《大夏周报》,第 9 卷第 5 期,1932 年 10 月 24 日）

　　中午,举行全体职教员叙餐会。

　　九月二十六日中午,学校方面约请全体职员就法租界青年会食堂叙餐。届时到者四十余人。餐毕秘书长王祉伟先生,副校长欧愧安先生,会计主任傅筑隐先生均有重要谈话。王先生略谓,本校的特殊精神是师生合作,学校得有今日之发展,系全靠全体教职员与学生之努力,凡为职员者均应努力办公,各尽厥职,并以铁达尼轮船被难时该船司电员临危不懈其职之例为勉。欧先生略谓,本校有三特点为他校所难有：一为本校职员均与学校有长久之历史或系本校毕业生；二为本校职员无派别之争；三为本校行政方面事多于人。更希望全体职员依照四个原则做事：第一要以学校为前提，一切为学校信誉着想；第二要自动地工作，不必待人督促；第三要自重，一切行动，须注意为学生之表率；第四要互助，共谋校务之进行。最后傅先生补充王、欧二先生之意思，并以具体之事例说明。至二时许，各尽欢而散。

又于是日下午六时，仍就原处约请大中两部全体教员叙餐，届时到者达百人，济济一堂，洵称盛事。餐毕，欧副校长起立报告，略谓今次宴会废除一切余兴谐谈，盖际兹国难日亟，吾人实无所谓欢宴，惟自"一·二八"后，大夏全体同人，极少聚首机会，今秋自胶州路迁回原校开学，痛定思痛，不能无会以纪往策来。故除报告校务外，仅有演说而已。次由大学教务长鲁继曾先生报告学生注册人数及本期进行计划。次中学主任倪文亚先生报告中学部增设科级及教训实施情形。次图书馆主任马宗荣先生、事务主任吴浩然先生相继报告毕，末请师专科主任黄敬思先生、大学群育主任雷国能先生及中学教务主任孙亢曾先生在席演说。直至十时始散。

（《全体职教员叙餐》，《大夏周报》，第 9 卷第 2 期，1932 年 10 月 3 日）

二十六日至十月一日　举行新生指导周。

本校为新进校学生对于学校一切情形，不易明了，于每学期开学之始，均举行"新生指导周"。本学期定为九月二十六日至十月一日为"新生指导周"。文理二学院已于九月二十六日举行，出席指导者除院长外有欧副校长。教商二学院已于九月二十八日举行，出席指导者除院长外有欧副校长。法学院及师专科于十月一日举行，出席指导者除院长外有教务长鲁继曾先生、群育主任雷国能先生。关于学校历史、各种规则、各学院情形以及为学方法，均有详切之说明与指示云。

（《举行新生指导周》，《大夏周报》，第 9 卷第 2 期，1932 年 10 月 3 日）

二十九日　教育学院救亡教育讲座第三次，邀请高践四先生演讲，题目为"救亡与新教育"。
（《民国二十一年一月至十二月本校大事记》，《大夏周报》，第 9 卷第 14 期，1932 年 12 月 26 日）

本月　新学期校各种委员会代表选出。

本校各种委员会出席代表，除一部分当然委员外，其推聘委员，每学期多略有变更，本学期各委员会委员均经多次推聘，各委员会开会日期亦经分别排定，兹探录于后：

甲　各委员会委员姓名

一、校务会议委员为王伯群先生、欧元怀先生、王毓祥先生、傅式说先生、吴浩然先生、鲁继曾先生、吴泽霖先生、邵家麟先生、陈选善先生、孙瑞先生、孙浩烜先生、黄敬思先生、雷国能先生、蓝春池先生、马宗荣先生、唐庆增先生、陈芡民先生、董任坚先生等十八人。

二、教务委员会委员为鲁继曾先生、陈选善先生、邵家麟先生、马宗荣先生、孙瑞先生、孙浩烜先生、黄敬思先生、吴泽霖先生、蓝春池先生等九人。

三、财政委员会委员为傅式说先生、欧元怀先生、王毓祥先生、鲁继曾先生、吴浩然先生、倪文亚先生等六人。

四、事务委员会委员为吴浩然先生、雷国能先生、傅复天先生、陈令仪先生、马公愚先生、宋作锟先生、李学丰先生、冒铭先生、刘逸青先生、梅光道先生、杨德贞先生、张泽春先生、钱亚新先生、杨建勋先生、杨麟书先生等十五人。

五、群育委员会委员为雷国能先生、陈令仪先生、黄敬思先生、吴浩然先生、冯勤先生、黄致平先生、刘逸青先生、杨德贞先生、沈昆南先生等九人。

乙　各委员会开会日期（下略）

（《推聘各种委员会委员》，《大夏周报》，第 9 卷第 2 期，1932 年 10 月 3 日）

十月

三日　举行院务科务会议。

本校大学部教务委员会于上星期一下午四时举行第五十次会议，商决事件多种。所有院务科务会议日期及办法,亦经决定,本学期举行两次,第一次在月考以前,第二次以后再定。商理二学院合并举行,教育学院师专科合并举行,文学院与法学院则分别举行。

（《举行院务科务会议》,《大夏周报》,第 9 卷第 3 期,1932 年 10 月 10 日）

八日　教育学院特设救亡教育讲座今日开讲。首次讲座由江问渔先生演讲"国难中的民族复兴问题"。

本校鉴于教育为救国要道,本学期于教育学院特设救亡教育讲座,已志第九卷第一期本报。十月八日为第一次开讲日期,讲师系本校教授江问渔先生。讲演地点为群贤堂三一二号教室。十日听讲者二百余人,首由教育学院院长陈选善博士致辞,继由江先生演讲,讲题为"国难中的民族复兴问题"。大意分四段:首述题目之含义,次述一般人对于中华民族之批评,再次为江先生所找出之中华民族之弱点,最后为江先生之复兴主张。江先生认为中国今日之国难,有似人身之生病,病发于今日,而病根潜伏已久。江先生从中华民族之弱点上,谋医治之道,诚对症发药之办法,异乎一般浮泛之论调。当时记录者有唐茂槐、陶愚川二君。该稿一俟江先生校阅后,即可由本报发表云。

（《救亡教育讲座开讲》,《大夏周报》,第 9 卷第 4 期,1932 年 10 月 17 日）

十四日　救亡教育讲座第二讲,邀请陶行知先生演讲,题目为"创造的教育"。（《陶行知讲创造的教育》,《大夏周报》,第 9 卷第 5 期,1932 年 10 月 24 日）

二十日至二十二日　举行学生自治会改选,选出执行委员二十一人,监察委员十一人,候补执行委员九人,候补监察委员五人。

本校学生自治会于本月二十、二十一、二十二三日办理改选,计共发出选票举九百八十张,收到投票九百六十九张,业由该会干事上届代表大会主席团及群育委员会代表各院科同学代表会同办理完毕,计选出执行委员二十一人,监察委员十一人,候补执行委员九人,候补监察委员五人。兹将其姓名录后:

执行委员:

卫鼎彝　周秉维　张汝砺　朱绍曾　邓㓎　程大成　郭大健　王世铮　张庆午　易克健　涂道如　严步韩　周贡南　张德铭　江滨　高贞崧　雷雾衡　钱慧英

候补执行委员:

魏仲龙　陈家鸿　张鹤松　周绮云　刘世邕　丘科昭　吴钟泗　杨汝淦　朱知熙

监察委员:

孙雄曾　周天浩　刘美昶　谢祖荫　杨鞠仁　骆存斌　汪瑞年　李如璧　欧一飞　潘孝懃　李俊谋

候补监察委员:

周普恩　杨起仁　陈葆荃　黄础增　钱天达

（《自治会改选》,《大夏周报》,第 9 卷第 6 期,1932 年 10 月 30 日）

二十四日　召开第一百二十八次校务会议。

日寇侵占我东北后,以中央不主抵抗,致大好河山沦于敌人之手,迄今未能收回。东北义勇军激于救国热忱,不甘为亡国奴,以民众之力量起而抗敌,曾屡挫敌锋,使倭寇丧胆。惟最近天气渐寒,闻义勇军有尚着单衣者,且粮饷亦感不足;加以敌人增加军力,义勇军更有急待救援之必要。本校爰于第一百二十八次校务会议时,决定举行校内募捐,援助东北义勇军,当推定傅式说、雷国能、冯勤三先生连同学生代表二人担任进行事宜。教声［职］员方面已于廿五日起开始募捐矣。

（《募捐援助义勇军》,《大夏周报》,第 9 卷第 6 期,1932 年 10 月 30 日）

本校创办有九年,图书馆已备书籍五万余册,兹更为选购图书精当,支配经费适切起见,爰组织图书委员会,专司其事。业于第一百二十八次校务会议推定傅式说、马宗荣、倪文亚三先生草拟会章,待下次校务会议,即行通过施行。

（《组织图书委员会》,《大夏周报》,第 9 卷第 6 期,1932 年 10 月 30 日）

本校对于体育向极注意,最近更谋推进起见,于第一百二十八次校务会议时,决定由体育部、教务处及群育委员会协商进行。当推定鲁继曾、雷国能、沈昆南三先生草拟体育委员会章程,俾利施行云。

(《推进体育事宜》,《大夏周报》,第9卷第6期,1932年10月30日)

本校校址三百亩,惟以新校舍落成未久,各处园庭风景、花卉树木尚未布置完美。现特聘请王祉伟、郁康华二先生及孙浩烜夫人为本学年校景委员,计划布置方法及进行步骤云。

(《聘请校景委员会》,《大夏周报》,第9卷第6期,1932年10月30日)

二十六日　群育委员会第四十二次常会开会。

本校群育委员会于上月二十六日开第四十二次常会,议决本年秋季将举行全校学生英语演说及国语辩论比赛。顷已组织筹备委员会进行一切。关于英语演说,可由学生自由命题,关于国语辩论题目,则由筹备委员会决定云。

(《筹备演说辩论竞赛》,《大夏周报》,第9卷第7期,1932年11月7日)

二十九日　救亡教育讲座第三讲,教育学院邀请高践四先生演讲,题目为"救亡与新教育"。(《救亡教育第三讲》,《大夏周报》,第9卷第7期,1932年11月7日)

本月　事务委员会开第二十五、二十六次会议。

本校事务委员会于前周开第二十五次会议,由吴浩然先生主席,除各委员报告各部情况外,议决案件多种,关于学校卫生物件保管及各室舍之修整等,尤为讨论详密。并以时届深秋,气候已凉,学生时有患病者,对疗养院医务方面工作更力谋改进云。

(《事务委员会开会》,《大夏周报》,第9卷第3期,1932年10月10日)

本校事务委员会曾于前周开第二十六次会议,讨论事项四件,而于学生卫生事宜,尤为注意。已议决函请卫生局来校详查中山路各饭店膳食之清洁与否。如发现有碍卫生之情事,当即加以取缔云。

(《事务处注意学生卫生》,《大夏周报》,第9卷第4期,1932年10月17日)

十一月

二日　群育委员会召集学生自治会职员开新学期师生谈话会。

本校群育委员会为沟通师生意见,发扬合作精神起见,特于上星期三下午四时,约学生自治会全体执监委员在会议室举行本学期第一次师生谈话会。当时学生代表到者有庄殿相、周天浩等二十余人,教职员出席者有欧副校长、王秘书长、雷国能、傅式说、吴浩然、陈令仪、杨德贞、刘逸青、黄致平、沈昆南诸先生。由雷先生主席,申述谈话会之旨趣,为谋师生合作,共图发达本校。次由欧副校长演说学生会职员责任之重大,应努力从事以尽厥职。其次王、傅、吴诸先生亦均有演说,大意表述本校从刻苦中努力创造之精神,期同学共同勉进。最后同学亦有极诚恳自勉之演词。至六时左右,始尽欢而散。

(《师生谈话会盛况》,《大夏周报》,第9卷第7期,1932年11月7日)

四日　救亡教育第四讲,教育学院邀请黄炎培(任之)先生到校演讲,题目为"精神救国"。(《救亡教育第四讲》,《大夏周报》,第9卷第8期,1932年11月14日)

七日　召开第一百二十九次校务会议。

本月(十一月)七日下午四时,本校校务会议开第一百廿九次会议,由欧副校长主席,马公愚先生记录,议决案件多种,兹择其重要者摘录于后:

一、通过举行清洁原则。

二、迟到注册学生罚款,留作下学期特种奖学金。

三、决定全校学生国语辩论题目为"独裁政治较民主政治尤适宜于现在之中国"。

四、推举雷国能、王毓祥、黄敬思三先生修改导师制办法。

五、通过图书委员会条例并推举鲁继曾、倪文亚、陈芘民、孙亢曾四先生连同图书馆长为本学年图书委员。

六、决定体育委员会及图书委员会均为校务会议常设之委员会。

（《校务会议开第一百廿九次会议》，《大夏周报》，第 9 卷第 8 期，1932 年 11 月 14 日）

本校图书委员会暂行条例，业经本校第一百二十九次校务会议修改通过。图书委员亦经推定，即日成立，兹将该委员会暂行条例探录如左：

图书委员会暂行条例

一、本委员会以委员五人组织之，除图书馆馆长为本会当然委员外，其他四人由校务会议选任之，任期一年，连选连任。

二、图书馆馆长为本会主席，主持开会并执行本会议决事项。

三、本委员会之职权如左：

（1）拟定图书馆经费支配标准

（2）审核图书经费收支

（3）稽核存书数目

（4）拟订捐书及筹募图书经费计划

（5）讨论图书馆改进事宜

（6）讨论其他关于图书事宜

四、每学期图书经费支配标准决定后，由主席通知各院长及科主任，由各院长及科主任会同各系主任签制选购书籍名单送交图书馆馆长审核价格，如无超过支配标准书籍，如无重复，即行订购，否则将名单交还各院科主任修改。中学部则通知中学主任会同各科主任行之。

五、各院科主任与图书馆馆长签可之购书名单，连同发票，应由图书馆馆长交与事务处，俾出传票有所依据。

六、本委员会委员互推一人至二人专司审核经费收支及存书书目，至少每学期一次。

七、本委员会得通过向会计处拨存现款百元以备零星购书之用。

八、每学期图书经费收支账目经审查员审查后，由本委员会会同财政委员会公布之。

九、本委员会每月开会一次，必要时得临时由主席召集之。

十、本条例由校务会议通过后施行。

（《图书委员会成立》，《大夏周报》，第 9 卷第 8 期，1932 年 11 月 14 日）

十日　宿舍斋务委员会召开成立会。

本校群策斋及群力斋大学部宿舍斋务委员会，前经群育委员刘逸青先生依据宿舍斋务委员会规则办理选举，结果群策斋郭大健君、欧一飞君、应崐君、苏希轼君、牛百男君、陈光国君，群力斋汪瑞年君、林一鹤君，当选为斋务委员。兹悉该会已于十一月十日下午七时，假群策斋群育员办公室开成立会，各委员对于斋内应兴应革事宜颇多建议。闻议决各案，近已渐次实行，斋内秩序卫生等项，同学均甚满意云。

（《宿舍斋务委员会成立》，《大夏周报》，第 9 卷第 11 期，1932 年 12 月 5 日）

十九日　救亡教育讲座第五讲，教育学院邀请陈彬龢先生演讲，题目为"救亡"。（《救亡教育第五讲》，《大夏周报》，第 9 卷第 10 期，1932 年 11 月 28 日）

二十一日　召开第一百三十次校务会议。

本校为指导学生生活，实行导师制迄已数年。上半年以沪战关系，此制暂停施行。现经第一百三十次校务会议通过修改办法，所有大学一年级及四年级、师专第一学期及第四学期学生均得自由参加。每组以十二人为限，即日由群育委员开始组〈织〉。

（《续行导师制》，《大夏周报》，第 9 卷第 10 期，1932 年 11 月 28 日）

本校原有《大夏年鉴》之刊行，上年度因沪战关系，暂行停刊。本年度决将《大夏年鉴》改编年刊，已由第一百三十次校务会议通过，详细办法，另行讨议。

（《编印年刊》，《大夏期刊》，第 3 期，1933 年 2 月）

本校第一百二十九次校务会议议决,自本学期起学生迟到注册罚款,留作下学期特种奖金,由教务委员会拟定办法,经第一百三十次校务会议通过。该项奖金分:甲专题研究奖金,乙演说辩论奖金,丙国文、英文会考奖金,丁均优奖金四种。每种奖金金额,最多每名五十元,最少每名五元,详细办法业已公布矣。

(《特种奖金办法》,《大夏期刊》,第 3 期,1933 年 2 月)

二十三日　召开群育委员会第四十三次会议,并于二十九日开临时会议。

本校群育委员会于上月(十一月)二十三日开第四十三次会议,并于二十九日开临时会议,讨论案件多种。而关于学生对待工役之态度及女学生告假出校等事,均议有指导纠正之办法,务使男女学生养成自爱爱人之品德,而蔚成人格完美之大器。

(《群育委员会开会》,《大夏周报》,第 9 卷第 11 期,1932 年 12 月 5 日)

二十六日　救亡教育讲座第六讲,教育学院邀请陈科美先生演讲,题目为"救亡教育之根本方针"。(《救亡教育第六讲》,《大夏周报》,第 9 卷第 11 期,1932 年 12 月 5 日)

二十九日　体育委员会成立,并召开第一次会议。

本校体育委员会为校务会议常设之委员会,前经校务会议议决。现该委员会业于十一月二十九日开第一次会议,当公推王祉伟先生为主席,并将该会条例修正通过。兹将该条例照录如左:

体育委员会条例

第一条　本委员会依照本大学组织大纲第二十四条之规定组织之。

第二条　本委员会以体育主任为当然委员外,由校务会议于本校教职员中推举四人为委员,由全体委员互推一人为主席。

第三条　本委员会之职权如左:

(一)拟定体育普遍发展计划

(二)审定选手竞技事项

(三)通过预算决算并监督体育经费之支出

(四)审定各项体育器械设备

(五)督促体育之实施训练

第四条　关于体育器具之购置及其他设备事件中体育部主任开具清单经本会主席会签后,交由体育部执行,再检同发票收据,由事务处开发传票,持向会计处付款。

第五条　本委员会每月开会一次,遇必要时开临时会均有主席召集之。

第六条　本委员会议决之重要事项,经校务会议通过后实行。

第七条　本条例经校务会议通过后公布之。

(《体育委员会成立》,《大夏周报》,第 9 卷第 11 期,1932 年 12 月 5 日)

本月　增聘外科专家刘东兴为校医。

本校疗养院原有校医一人、看护士二人。现因大中两部学生众多,医务异常忙碌,爰增聘外科专家刘东兴为本校校医。刘医生曾留学日本,归国后历任青岛市立病院、上海福民医院等处医师,现任白克路东兴医院院长。每星期来校两次,诊病时间为星期二及星期五上午十时至十二时。如有临时救症,可电话通知云。

(《疗养院新聘外科校医》,《大夏周报》,第 9 卷第 9 期,1932 年 11 月 21 日)

十二月

二日　救亡教育讲座第七讲,邀请廖世承先生演讲,题目为"国难时期应有之态度"。(《救亡教育第七讲》,《大夏周报》,第 9 卷第 12 期,1932 年 12 月 12 日)

五日　召开第一百三十一次校务会议。

本月(十二月)五日为第一百三十一次校务会议日期,由王校长主席,先报告最近筹划校款情形及募捐成绩,并由各主任报告各部工作状况。继议决要案多件,摘录如左:

1. 春季招生定于一月十五日十六日、二月七日八日。

2. 春季注册日期定于二月十日、十一日(星期五、六)。上课日期,定于二月十三日(星期一)。

3. 励学基金简章,公推鲁继曾、陈选善两先生审查后再交本会讨论。

4. 王校长提议中学部添办农艺科,由倪文亚先生会同专家拟定具体计划及预算,交本会讨论。

5. 王校长提议募捐,由财政委员会拟定具体办法交本会讨论。

6. 王校长提议理学院添设土木工程系,由理学院拟定具体计划及预算再议。

(《第一百三十一次校务会议要讯》,《大夏周报》,第9卷第12期,1932年12月12日)

十七日　救亡教育讲座第九讲,邀请潘光旦先生演讲,题目为"优生教育"。(《救亡教育第九讲》,《大夏周报》,1932年12月19日)

十九日　举行第一百三十次校务会议,议决师生自由参加第二期建筑募捐。(《民国二十一年一月至十二月本校大事记》,《大夏周报》,第9卷第14期,1932年12月26日)

救国之道,以兴学育才为先。我国百废待举,建设方殷,专门人才之需求,尤为迫切。大学之设立,洵为当务之急。同人等爰本斯旨,不自量力,于民国十三年创办大夏大学,内赖阖校师生就业一心,外仗社会人士热诚赞助,惨淡经营,八阅寒暑,以有今日。回忆初开办时,二百余师生蝟屈于矮屋数椽之下,踟蹰困厄之情状,几难以言语形容。顾数年之间,第一期建筑旋告成功,丽娃河畔,中山桥边,广场荡荡,夏屋渠渠,一切设备,咸具规模,所有资产,数逾百万(详见本大学现有资产统计表)。此则吾校同人努力奋斗之结果,诚堪引以自慰。而捐输诸公之热忱高义,尤足铭篆于无涯也。(详见历年捐款人芳名及第一期建筑捐款及捐地人之荣奖)虽然,大学之使命既重且巨,大学之设备千绪万端,目前之成绩,与吾人理想中之鹄的,相去尚远,同人决不以此自满。况如图书馆、科学馆、体育馆、大礼堂等,为大学教育所必须者,均因限于经济,尚因陋就简,未能单独建筑,于学术讲习,既多不便,于心身训练,尤觉未周。此第二期建筑之举行,所以不容或缓也。此期建筑,全部之预算定为五十三万。(详见本大学第二期建筑预算表)就数字言,并非过巨,以吾人过去努力之成绩推之,或不难于最短时间达到目的。有志竟成,众擎易举,为吾人深信不疑之古训。尚望全校师生,本向来合作牺牲之精神,踊跃捐输,殷勤劝募。尤望海内贤豪,本爱护大夏之素怀,慨解义囊,共襄盛举。早成九仞之山,永固百年之计,救国大业,其在斯乎。

大夏大学董事

王伯群董事长兼校长

吴蕴斋	胡文虎	何敬之	杜月笙	张公权	胡孟嘉	陈光甫	赵晋卿	虞洽卿	徐寄庼	钱新之
徐新六	任矝生	马君武	汪精卫	周守良	黄溯初	黄季宽	吴稚晖	叶楚伧	荣宗敬	张君劢
邵力子	杨杏佛	梁燊南	戴培基	戴培元	王毓祥	何纵炎	王省三	刘书蕃	王一亭	欧元怀
傅式说	同启谨									

(《本大学第二期建筑募捐缘起》,《大夏周报》,第9卷第14期,1932年12月26日)

本大学第一期建筑,承王校长、各校董及社会各界人士热心捐助,已于十九年秋季竣工。兹为充实内容,发扬光大起见,拟即进行第二期建筑,以应急需。其在计划中者有图书馆、科学馆、大礼堂、体育馆及游泳池、中学部课堂等建筑,并拟添购图书仪器。兹将预算列表如次:

本大学第二期建筑预算表

项目	预算	项目	预算
图书馆	十万元	中学部课堂	八万元
科学馆	十万元	添购图书及仪器	二万元
体育馆及游泳池	十万元	其他设备	二万元
大礼堂	五万元	总计	五十三万元

(《本大学第二期建筑预算》,《大夏周报》,第9卷第14期,1932年12月26日)

募捐须知

（一）经募人所需捐册请向董事长兼校长王伯群先生或校务发展委员会主席王毓祥先生处领取。

（二）经募人收得捐款时先给临时收据并将捐款随时送交本校会计处收，由董事长王伯群先生签发正式收据。

（三）经募人募得捐款时请将捐款人姓名及详细住址随时通知本校以便通信。

（四）经募人接洽捐款时如需要用学校或王校长名义缮函者，请随时与副校长欧元怀先生或财政委员会主席傅式说先生接洽。

（五）捐款成绩分三次报告，日期如左：

第一次　廿二年三月十五日以前

第二次　廿二年六月一日以前

第三次　廿二年十月十五日以前

（六）至第三期成绩报告后，所有捐册均须缴还本校。

（《募捐须知》，《大夏周报》，第9卷第14期，1932年12月26日）

本大学订定捐款纪念办法，照录如次：

一、捐款纪念

凡捐助本校建筑经费者，除呈请教育主管机关，依照国民政府公布捐资兴学褒奖条例分别褒奖外，另由本校依照下列各种办法纪念之：

（一）凡捐助本大学建筑物一座者，以捐助人芳名铭其建筑，并将其照相悬挂本大学大礼堂，以志景仰。其子女来校读书者，一律免费优待。

（二）凡捐助本大学建筑一万元以上者，赠银鼎一座，以垂纪念，并将其照相悬挂本大学礼堂，以志景仰。其子女来校读书者，免费二名，以示优待。

（三）凡捐助本大学建筑费五千元以上者，赠银鼎一座，以志纪念，并将芳名嵌载于本大学图书馆纪念银盾。其子女来校读书，免费一名，以示优待。

（四）凡捐助本大学建筑费千元以上者，赠银盾一面，并嵌载芳名于本大学图书馆纪念银盾，以志纪念。

（五）凡捐助本大学建筑费壹百元以上者，嵌载芳名于本大学图书馆纪念银盾，以志纪念。

二、学生募捐奖励办法

（一）凡学生自己捐款与本大学者，依照捐款纪念办法办理。

（二）凡学生经募捐款与本大学者，除对捐款者依照捐款纪念办法办理纪念外，视其经募成绩，分别奖励。凡经募捐款达一百元以上者，赠银质纪念章一枚，并镌其芳名于图书馆纪念银盾上，以志纪念。

（《捐款纪念办法》，《大夏周报》，第9卷第14期，1932年12月26日）

二十日　新华银行分设储蓄银行开始营业。

新华银行在本校分设储蓄银行，以便本校商学院同学之实习，业志前期本报。兹该行已于本月二十日开始营业，除星期日外每日均定时办公，校内教职员学生关于银钱之储蓄汇兑，极感便利云。

（《储蓄银行成立》，《大夏周报》，第9卷第13期，1932年12月19日）

本月　自迁回中山路校舍后，各科实验室已设置就绪，不日即可开始工作。

本校自今年下期迁回中山路新校舍后，对于各科实验室，分别建辟，地位设备，均力求扩充，物理实验室、化学实验室、生物实验室均于开学后即设置就绪，从事实验，工业化学实验室，不日亦可开始工作，物理实验室有实验柜十二张，同时可供四十八人实验。仪器有十余厨，本学期新增仪器计美金五百余元，最近向商务印书馆购经纬仪器四百余元。化学实验室规模最大，计分普通化学实验室，可供学生一百五十人实验。有机化学实验室，可供三十二人同时实验。定量分析天秤有七架。本学期增购仪器七百余元，天秤两架，值四百余元。生物实验室，有实验台镜一架，更有分拆显微镜若干架。仪器标本共有十二厨，自制动植物标本颇为不少。

（《各科实验室充实设备》，《大夏周报》，第9卷第12期，1932年12月12日）

二月

二日　春季开学,学生开始办理缴费及入舍手续。七、八两日举行新生开学考试。十一日、十二日注册,十三日正式上课。

本学期自二月二日起开始办理缴费入舍手续,七日、八日举行新生入学考试,十一、十二两日注册,十三日上课。连日两部学生到校者甚形踊跃,办公处前摩肩接踵,大有山阴道上应接不暇之概。截止本刊集稿时到校学生已有一千六百余人。自本月十三日起,各班照常上课。本学期办理开学事宜比前更为迅速云。

（《大中两部开学忙》,《大夏周报》,第 9 卷第 15 期,1933 年 2 月 20 日）

本学期大中两部学生入校者甚为踊跃,文学院计有一百四十三人,理学院计有一百零九人,教育学院计有二百三十八人,商学院计有一百五十六人,法学院计有三百零二人,师范专修科有二百十七人,大学部共计一千一百六十五人,连中学部六百九十八人,合计一千八百六十三人。

（《各院科学生统计》,《大夏周报》,第 9 卷第 20 期,1933 年 3 月 27 日）

十三日　下午,召开第一百三十四次校务会议。

本月十三日下午四时,本大学开第一百三十四次校务会议,出席者有王校长、欧副校长、董任坚、黄敬思、王毓祥、马宗荣、吴浩然、倪文亚、雷国能、孙浩烜、陈荩民、蓝春池、朱巽元、邵家麟、吴泽霖、鲁继曾、陈选善、傅式说诸先生。由王校长主席,马公愚记录,议决要案多件。关于上学期各学院毕业生名单,经逐一审查,除未缴毕业论文俟下次会议审查外,当通过准予毕业者共四十五人。兹将其姓名录后:

文学院　陈绍箕　程宝徵　张勋　黄厚宝

理学院　范士芳

教育学院　黄沂沅　康视珩

法学院　毛寿恒　曹文楠　陈华聪

师专科　周邠　庾宗莲　张彭寿　朱广燊　周绮云　吴家桢　邵模　姚时达　徐士成　陈厚彬　陈凤和　张吟侬　郭豫珊　贺德骝　项启钊　赵楚英　廖昇　廖云翘　谢幼川　龙海雄　严国柱　陈昌甫　朱绍曾　杨志先　封樊功　张承治　许炳焜　黄筠庄　黄汉耀　董训　谢霖　郑步鸿　关静怡　郭培梁　达邦充

（《校务会议通过毕业生名单》,《大夏周报》,第 9 卷第 15 期,1933 年 2 月 20 日）

本大学为鼓励学生勤业起见,数年来设有奖学金额及发给奖学状等办法。本学期奖学金额有二十名,每名奖金二十元。更有刘承桓先生奖学金二名,每名每学期四十五元,专以奖励商学院学生家境清寒品学俱优者。上学期各院科同学努力课业成绩优良者不乏其人。兹经校务会议议决照章成绩平均在二.五以上应得奖学金及超等奖学状者计有十七人,成绩在二.四以上应得特等奖学状者计有四人,成绩在二.二以上应得优等奖学状者计有十七人。其中以钱阜虞女士成绩指数为三,吴泽炎、戈宝权、孙泽广、张承荣诸君成绩指数均达二点八以上,殊属难得。女生中之得奖金、奖学状者计钱阜虞、李芸、陆庄、傅讴青、郑绮琴、吴振英、张汝宜诸人，兹将得奖者姓名录后：

（甲）应得奖学金及超等讲学状者：

吴泽炎　何德明　唐伯熊　苏希轼　孙雄曾　陶志　陆庄　钱阜虞　范得善　张脉楂　孙怀瑾　李俊谋　戈宝权　李芸　孟杰　孙泽广　张承荣

（乙）应得特等奖学状者：

汪杨时　缪德成　张汝宜　郭彭年

（丙）应得优等奖学状者：

陈少书　俞应诚　傅讴青　张承炽　章兆明　叶世杨　吴振英　章涛　杨增化　包禹言　丁续成　陈书俊　王光璆　周秉维　林家栋　郑绮琴　林翔皋

（《奖励优良学生》，《大夏周报》，第 9 卷第 15 期，1933 年 2 月 20 日）

本大学教务长鲁继曾先生、文学院院长吴泽霖先生、教育学院院长陈选善先生于一百三十四次校务会议提议组织大学教务研究委员会。研究计划为：1. 各学院系之设立；2. 课程之改进；3. 入学考试；4. 学分制与考试制；5. 研究工作之推进等。当经议决除提案人外，另推董任坚、傅式说、黄敬思、陈荩民共七人组织大学教务研究委员会，主席由各委员互推，第一次会议由原提案人召集云。

（《组织大学教务研究委员会》，《大夏周报》，第 9 卷第 15 期，1933 年 2 月 20 日）

本校理学院原有数理、化学、生物系三系，现为培植土木工程建筑人才起见，前由王校长提议增设土木工程系，经校务会议议决，先由理学院拟具计划及预算书。兹该项计划书及预算草案，业已拟就，提交校务会议讨议[论]，当决定交由教务委员会财政委员会分别讨论，本年秋季可以开班云。

（《理学院增设土木工程系》，《大夏周报》，第 9 卷第 15 期，1933 年 2 月 20 日）

二十日　教务委员会召开第五十八次会议。

本校教务方面向极认真。上星期一（二月二十日）开第五十八次会议，更讨论促进教务办法，当议决注重教员之洽商，与学生之辅导。教员方面由院长约集教员面谈，并将全体教员按其任课之性质分为八组举行聚餐，藉以讨论教学之改进。学生方面由各该院学生举行普遍个别谈话，藉以劝导各学生之勤业，并由其贡献意见。

（《教务委员会积极促进教务》，《大夏周报》，第 9 卷第 16 期，1933 年 2 月 27 日）

本校理学院将于本年秋季增设土木工程系，并经校务会议将课程计划交教务委员会讨论，业志前期本报。兹教务委员会于第五十八次会议讨论该系课程，并请专家柳士英、傅式说二先生列席参加，当决定原则数种，订定毕业绩点为一百六十学分（军事训练及论文除外）。关于各种科目增减及内容分量尚须详密研究，一俟审查完竣即行付印云。

（《土木工程系课程详密研究》，《大夏周报》，第 9 卷第 16 期，1933 年 2 月 27 日）

上学期因病或因事请假未参加大考之学生，如缺课未满一学期上课日数五分之一者，本学期予以补考。现已由教务委员会议决，定于三月二十日及二十一日举行补考试验，并于十三日前通知各教员请其命题。

（《各科补考有期》，《大夏周报》，第 9 卷第 16 期，1933 年 2 月 27 日）

二十七日　召开第一百三十五次校务会议。

近日热河战事日形紧急，国人无不奋起，努力救国工作。本校于上星期一开一百三十五次校务会议，讨论积极提倡课外救国工作，议决办法甚多，如加紧军事训练，研□国防化学，建议上海各大学联合会促进救国工作等。并推举傅式说、雷国能、冯勤生三先生会同学生会进行校内募捐事宜。

（《提倡课外救国工作》，《大夏周报》，第 9 卷第 17 期，1933 年 3 月 6 日）

本校师生向均崇尚俭朴。近以国难严重,对于衣饰费用,尤应力求节省。上星期一校务会议同人一致议决:由该会布告提倡使用国货,禁止奢华装饰,以期造成朴俭学风,而为社会之矜式云。

(《校务会议提倡朴俭学风》,《大夏周报》,第9卷第17期,1933年3月6日)

本月　新学期各实验室积极筹备。

本校理想中之大规模科学馆,固正在筹款兴建,而关于物理、化学、生物、心理各种实验室,已早分别辟成。仪器、标本、药品等设备,尚称充足,可供实验之用。本学期各实验室更力求充实,如心理实验室迁移至群贤堂二楼,内容宽广,可供五六十人同时研究。物理实验室则将原有心理实验室房舍,增辟为光学暗室及办事室、储藏室。化学实验室则装置煤气炉,嗣后可以煤气灯代酒精灯,得为高热度之分析试验。生物实验室则增辟小动物园,畜养鸽、兔、鸭等小动物,俾便讲习研究之用。内有四脚鸭一只,殊属少见。室内更有玻璃柜,分上下二层,上层为水生动物,下层为两栖动物,其他如新增幻灯设置,装置各种禽兽标本甚多,陈列于玻璃柜中,已成雏形之自然科学馆。

(《各种实验室新消息》,《大夏周报》,第9卷第16期,1933年2月27日)

本月　添聘教职员多人。

本校大中两部职员因另有他就辞职者,共有六七人,所有职务业经分别聘请代替。如商学院院长孙瑞先生就中国银行职务,聘朱巽元先生代理。法学院政治系主任卢锡荣先生就内政部礼俗司长,聘林希谦先生代理。附中教务主任孙元曾先生就国立商船学校训育主任,改聘马雪瑞先生代理。再有理学院数理系主任沈璿因病辞职,聘周昌寿先生继任。其他如黄炎先生代黄致平先生担任大学群育员,王瑾怡先生代梅光道先生担任中学训育员,冯勤生先生代陈起绍先生担任院长室文书,何惟忠先生代冯勤生先生担任教务员,增聘陈德佑先生担任事务员,均早已到校就事矣。

(《新聘职员》,《大夏周报》,第9卷第15期,1933年2月20日)

三月

五日　学生会召开第七次常会,讨论领导学生进行救国工作问题。

本校学生会以今日热河大战开幕,国难益行紧急,乃于日前开第七次常会,筹议领导同学进行后方救国工作办法。当议决:1.快邮代电慰勉前方战士;2.组织宣传委员会扩大宣传工作;3.组织募捐委员会从事募捐;4.组织抵货运动委员会,进行抵制仇货;5.分函上海各大学提倡学生救国团体;6.函请吴市长组织一统一之捐款征集机关,并由该会设"救国讲座",每星期请名流学者来校演讲,俾示救国工作之指针。

(《学生会努力救国工作》,《大夏周报》,第9卷第17期,1933年3月6日)

六日　学校决定,本学期各学生团体一律停止举行游艺会,节省游艺会经费,移助义勇军。

当此国难时期,全国人民均应本卧薪尝胆精神期雪国耻。本校学生团体本学期拟一律停止举行游艺会,并以经费移助义勇军云。

(《节省游艺会经费移助义勇军》,《大夏周报》,第9卷第17期,1933年3月6日)

教务委员会召开第五十九次会议,订定土木工程系课程。

本校理学院将于本年秋季增设土木工程系,以培养建设工程技术人才,迭志本报。日前教务委员会开第五十九次会议复将前所拟定并业经专家审查之该系课程详加商讨,已全部修订完竣。该系分市政工程、构造工程、建筑工程三组,学程共可六十种,修业期限四年,除军事训练、毕业论文外,须读满一六〇学分方得毕业。第二三年级暑期内,并各须作野外实习三星期,以资学理之实证,兹将该项课程表录后;(下略)

(《教务委员会订定土木工程系课程》,《大夏周报》,第9卷第18期,1933年3月13日)

救国募捐委员会召开第一次会议,议决募捐办法数点。

近来暴日大举进犯,国难益行严重,本校校务会议及学生会,曾决定举行募捐,以援济前敌军士。兹闻该募捐委员会已于本月六日开第一次会议。出席者有雷国能、傅式说(雷代)、黄炎、张汝励、高贞崧、涂[涂]道如诸人。当议决办法如下：

1. 由个人自由认捐，不分长期与短期。
2. 捐款在两角以上给政[收]据，不满两角者存储竹筒内定期开劈。
3. 本星期四(九日)开始劝募，至星期六(十一日)第一次结束。
4. 由校务会议名义说明此次募捐的意义，布告教职员、同学。
5. 募得之捐由傅式说先生及学生自治会募得委员会保管处保管。
6. 募得之款以接济最前线军队为主要用途。

(《救国募捐委员会商决进行办法》，《大夏周报》，第9卷第18期，1933年3月13日)

八日 文学院经济学系召集该系学生举行修学指导。

文学院经济学系主任唐庆增先生于本月八日下午八时召集该系学生于群贤堂三〇五教室，举行修学指导，已志前期本报。是日唐先生对于研究经济学之方法，毕业论文之范围，选修学分之注意点，该系课程之改革，均有详切之指导。并拟将该系一部分同学组织之经济学会，成为全系同学之整个组织，闻已在征求该系全体同学意见云。

(《经济学系举行修学指导志详》，《大夏周报》，第9卷第19期，1933年3月20日)

十三日 召开第一百三十六次校务会议，议决将上学期特种奖金交由教务委员会支配。

本校为督促学生勤业起见，曾于上学期第一百二十九次会议议决迟到注册学生，应予罚款，留作次一学期特种奖金。现闻上星期一(本月十三日)开第一百三十六次校务会议，决定上学期特种奖金交由教务委员会支配，本学期内发给。该项奖金数大学部计有四百八十五元七角，中学部计有八十七元。

(《特种奖金支配》，《大夏周报》，第9卷第19期，1933年3月20日)

十五日 教育学院社会教育研究会开本学期第一次全体大会。

社会教育研究会为本校教育学院社会教育系同学所组织。会员共有三十余人，以往对于调查、参观、演讲、研究、服务等工作，向极努力进行。现定于本月十五日下午七时借群贤堂三〇六教室举行本学期第一次全体大会，讨论该系课程、设置讲座以及一切研究工作，该系教员被请列席指导者有马宗荣、钱亚新、许公鉴诸先生。

(《社会教育研究会开会》，《大夏周报》，第9卷第19期，1933年3月20日)

十六日 校学生会开设"救国讲座"，邀请名流指示救国途径。是日请中央研究院总干事杨杏佛来校演讲，题为"民族革命与社会改造"。(《学生会"救国讲坛"开讲》，《大夏周报》，第9卷第19期，1933年3月20日)

国术课程正式开始上课。

体育部对于各种运动均极力提倡，俾同学能于体育方面得有充分之发展。最近又由沈昆南先生介绍拳术专家张玺亭先生至本校教授国术，每星期二、四、六下午四至六时为练习时间，同学可自由报名。现已由教务部布告同学，本星期四(本月十六日)即开始教练云。

(《增设国术课程》，《大夏周报》，第9卷第19期，1933年3月20日)

二十日 召开第六十次教务会议。

上学期迟到注册学生所缴过期费，留作本学期特种奖金，藉资鼓励勤业同学，已志上期本报。兹经第六十次教务委员会将该项奖金四百八十五元，分配为专题研究奖金六名，每名三十元。辩论奖金三名，共奖六十元。演说奖金一名，共奖三十元。国文英文会考奖金各五名，第一名三十元，第二名二十元，第三名十元，第四第五名均五元。均优奖金一名，奖金四十元。关于专题研究详细规划，并请定吴泽霖、黄敬思二先生负责拟订。国文会考日期定四月二十三日上午九至十二时举行，英文会考日期定四月三十日上午九至十二时举行，关于考场管理等事宜推蓝春池先生主持。参加国文英文会考者限于本科一、二年级学生及师范专修科一年级学生，参加专题研究者限于本科三、四年级学生及师专科二年级学生,演说及辩论不限年级。

（《本学期特种奖金已分配》,《大夏周报》,第 9 卷第 20 期,1933 年 3 月 27 日）

本校对于学生体育,向积极提倡,上学期即有普遍运动之倡议。现体育部更正式函请教务委员会厉行普遍运动,已经第六十次教务会议议决,学生体育及格成绩作为毕业条件之一,但不算学分。其详细办法,由体育委员会拟定。

（《体育委员会函请教务委员会厉行普遍运动》,《大夏周报》,第 9 卷第 20 期,1933 年 3 月 27 日）

本校学生会执行委员会,为培养同学法治精神,并练习解决纠纷能力起见,请求学校准设假法庭。业由教务委员会议决由法学院孙院长会同事务处斟酌办理云。

（《学生会请设假法庭》,《大夏周报》,第 9 卷第 18 期,1933 年 3 月 13 日）

二十四日　本学期开设"中日关系讲座",由教务处请日本研究社理事陈泽华主讲,共十讲,每星期五下午演讲两小时。是日举行第一次讲座。（《"中日关系讲座"开讲》,《大夏周报》,第 9 卷第 21 期,1933 年 4 月 3 日）

际兹国难侵陵有加无已之时,为知彼知己起见,我校特设"中日关系讲座"。已由教务处请定陈泽华先生主讲。共分十讲,每星期五下午三时至五时为讲演时间,地点在群贤堂三〇一教室,自本星期起即开始演讲。兹将讲题及日期录后:

第一讲	中日关系之史的回溯（上）	三月二十四日	下午三时至五时
第二讲	中日关系之史的回溯（下）	三月三十一日	下午三时至五时
第三讲	日本大陆政策的剖视	四月十四日	下午三时至五时
第四讲	田中外交币原外交芳泽外交与内田外交	四月二十一日	下午三时至五时
第五讲	东亚门罗主义批判	四月二十八日	下午三时至五时
第六讲	所谓"满洲国"	五月十二日	下午三时至五时
第七讲	东北往何处去（上）	五月十九日	下午三时至五时
第八讲	东北往何处去（下）	五月二十六日	下午三时至五时
第九讲	武力抗争与经济绝交论	六月二日	下午三时至五时
第十讲	中日关系之未来的展望	六月九日	下午三时至五时

（《设"中日关系讲座"》,《大夏周报》,第 9 卷第 20 期,1933 年 3 月 27 日）

下午二时,理学院同学会及国防化学研究班举行第一次国防化学演讲,邀请沈镇南教授主讲,题为"炸药"。（《国防化学讲演》,《大夏周报》,第 9 卷第 21 期,1933 年 4 月 3 日）

本月　各院长开始分别召集学生,举行个别谈话。

本校为促进教务,了解学生个性起见,对于师生接触机会,力求增加。现更由各院长分别召集学生,举行个别谈话,以期教导效率更见增进云。

（《各院长主任举行学生个别谈话》,《大夏周报》,第 9 卷第 17 期,1933 年 3 月 6 日）

本月　教务研究委员会开第一次会议。

本大学为改进教务起见,于上次校务会议议决组织教务研究委员会。现该委员会业已成立,并于前星期在鲁教务长住宅开第一次会议,到会者有陈选善、陈荩民、董任坚、黄敬思、傅式说、吴泽霖、欧元怀诸先生。公推鲁继曾主席,陈选善记录。对于各学院学系之修改,有详密之讨论。闻尚须继续研究,俾臻妥善。

（《教务研究委员会开第一次会议》,《大夏周报》,第 9 卷第 17 期,1933 年 3 月 6 日）

本月　理学院指导学生研究军用化学。

本校理学院院长邵家麟先生,鉴于国难日亟,我人对于自卫方法应极力注意,爰指导该院学生,研究军用化学,期于自卫工具有所贡献。现除指导学生制造防毒面具及制敌毒器外,并请专家演讲,如中央大学教授韩组康先生、开成制酸厂主任林大中先生等,均已约定,不日可到校演讲云。

（《理学院研究军用化学》,《大夏周报》,第 9 卷第 18 期,1933 年 3 月 13 日）

本月　建立社会学研究室。

本校文学院院长吴泽霖先生对于同学研究工作,向极积极倡导,于民国二十年添辟"社会学研究室",专事搜集各种实际材料及调查图表以供同学之研究。现该室中陈列中英文社会学专门刊物及关于社会学之刊物共计二十五种;四壁更悬挂关于人类学、人口、文化及实际社会调查图表近二十张;并有古物(如图腾之模型,石器时代之石斧,中国及埃及之古钱)及野蛮民族用具多种置于橱中,藉资参证。至剪报工作前后进行三年未尝间断。每日将各大都市日报中关于社会学之材料,尽行剪贴,分成十七大类,分类中又各分小项不少。现所得材料极多,致原有橱柜不敷存放,新橱柜正赶制中。同学著作或纂集论文时定有不少材料可资搜集。其他如杂志中重要文章尽行取下另行存放,收集亦多,极便参考。现定每晚七时至九时半开放,欢迎同学前往阅览云。

（《社会学研究室》,《大夏周报》,第 9 卷第 20 期,1933 年 3 月 27 日）

四月

十一日　学校附近有饮食店二十余家,顾客多为学生。学校为谋学生饮食卫生,曾多次与各店交涉,要求使用自来水,不要取用河水,迄未照行。是日市公用局、卫生局、公安局、闸北水电公司来校共同讨论取缔办法,限期安装自来水,否则限令停止。同时劝告学生不去使用河水的饮食店就餐。

本校附近中山路一带有饮食店二十余家,顾客多为本校学生。本校为谋学生饮食卫生起见,曾与各点交涉,嘱须使用自来水,不得取用河滨之水。但各店迄未照行。最近市公用局以各饮食店不用自来水,危险殊大,乃于四月十一日下午二时会同卫生局、公安局、闸北水电公司和本校在公用局开会,讨论取缔办法。兹将议决案摘要录下:

(一)由公安局分二批勒令中山路一带饮食店向闸北水电公司报装接水。第一批限至五月十日为止,第二批限至五月二十五日为止。如不遵办,即照违警法限令停业。

(二)中山路二五一〇号之老虎灶①用水,由大夏大学负责专为督饬向闸北水电公司报装接水。

(三)由大夏大学劝告学生不与使用河滨饮食店交易。

(四)大夏大学自流井水,由卫生局时常提验。

（《公用局注意本校附近公共卫生》,《大夏周报》,第 9 卷第 23 期,1933 年 4 月 24 日）

十二日　为鼓励学生进行学术研究,学校特设专题研究奖金六名,每学院及师专科各一名,每名奖金三十元。

本校为鼓励学生研究学术起见,设专题研究奖金六名,每学院及师专科各一名,每名奖金三十元(如二人合著者,各得十五元)。现该项奖金竞选办法,业已公布。凡本校各学院三四两年级及师专科第四学期学生均可参加。题目由学生自定,但须于四月十二日以前赴各该院长及科主任处登记,并请其鉴定。文字中、英文或文言、白话俱可,字数不拘。限于五月三十一日以前将文卷缴各该院长及科主任,过期不收。

（《专题研究竞选征文》,《大夏周报》,第 9 卷第 22 期,1933 年 4 月 17 日）

十三日　学生会"救国讲坛"举行第四次讲座,敦请樊仲云先生演讲,题目为"日本退出国联后之远东政局"。（《学生"救国讲坛"第四讲》,《大夏周报》,第 9 卷第 22 期,1933 年 4 月 17 日）

十九日　史地学会召开成立大会。

本校史地学会自发起以来,签名参加者甚形踊跃,现已于四月十九日下午七时在群贤堂三〇七号开

---

① 老虎灶是江浙一带专门用以供应热水的大灶,因为形状似老虎而得名。老虎灶的功能类似现代的锅炉房,但全部为人力运作,如木桶挑水、舀子打水、人工烧火等。

成立大会,到会者有三十八人,由刘文华君主席,史地系主任梁园东先生及群育委员均有致词。关于该会会章及研究方法均有讨论,最后选宾汉崧、刘文华、丁照临、唐聘、郑演五人为干事。

(《史地学会成立》,《大夏周报》,第 9 卷第 24 期,1933 年 5 月 1 日)

二十二日　第五十一次群育委员会议决演说辩论比赛办法。

廿二年春季学生演说辩论比赛办法

甲、关于国语演说比赛者

(一)凡属本大学学生均可自由参加

(二)演说题目由参与比赛人自拟,但须先交群育委员会核准

(三)比赛分预赛与决赛两种,预赛得分最高之六人参与决赛,决赛得分最高之前三名为优胜者

(四)演说最高绩点为一百分,以下列四项标准定其成绩

(甲)思想卅分　(乙)组织卅分　(丙)言词廿分　(丁)态度廿分

(五)演说时间每人以十分钟为限,八分钟时按铃预告

(六)演说员发言之次序以抽签法定之,未及抽签者由主持人员指定之

(七)报名参加比赛者自四月廿二日起至四月廿九日止,须亲赴群育委员会办公处填写姓名及其所属院科,同时缴交题目

(八)预赛自五月十五日起,于五月廿五日以前决赛

(九)预赛由本校教职员司评判,决赛请校外闻人担任评判

(十)决赛优胜之前三名除由学校分别给予奖章外,第一名得特种奖金十五元,第二名十元,第三名五元

乙、关于英语辩论比赛者

(十一)辩论题目 Resolved that a united nation-wide resistence against Japanese invasion is of more urgent nessessity to present china than the aute-communist campaign

(十二)凡属本大学学生均可参加

(十三)辩论分正反两组辩论员三人,预备员一人

(十四)辩论分预赛与决赛,预赛优胜之两组再行参加决赛

(十五)辩论最高绩点为一百分,以下列四项标准定其成绩

(子)思想与材料三十分　(丑)措词与声调三十分　(寅)组织与联络二十分　(卯)姿态与表情二十分

(十六)辩论时分初辩与复辩,初辩先由正组发言,反组继之,两辩论员交替发言,复辩则由反组先发言

(十七)辩论时间　初辩每人以八分钟为限,七分钟时按铃预告,复辩发言各以五分钟为限,按铃即停

(十八)各组辩论之正反面用抽签法决定,未及签定者由主持人员指定之

(十九)报名参加比赛者自四月廿二日起至四月廿九日止,须亲赴群育委员会办公处书写姓名及所属之院科

(二十)预赛自五月十五日起,于五月廿五日以前决赛

(廿一)预赛之评判员由本校教职员担任,决赛之评判员请校外闻人担任

(廿二)决赛优胜组辩论员三人除由学校分别给予奖章外,每人各得特种奖金廿元

(《演说辩论比赛办法已定》,《大夏周报》,第 9 卷第 24 期,1933 年 5 月 1 日)

二十一日　下午三时,社会教育研究会邀请图书馆专家杜定友先生演讲,题为"公共图书馆与成人教育"。(《社会教育研究会请杜定友演讲》,《大夏周报》,第 9 卷第 23 期,1933 年 4 月 24 日)

二十三日　为提高国文、英文程度,自本学期起特设国文及英文会考,并组织国文、英文学期考试委员会,主持考试事宜。本学期会考分别于是日及三十日举行,获优胜者由校方发给奖金。

本校为提高国文、英文程度起见，自本学期起特设国文及英文会考。前经教务委员会议决奖金额，并由文学院系主任教授商定举行日期。兹该项会考详细办法，业经公布。照录于后：

一、日期：

甲、国文会考四月二十三日上午八时至十一时。

乙、英文会考四月三十日上午八时至十一时。

二、资格：本科一、二年级及师范专修科一年级学生。

三、字数：四百字以上。

四、奖金：每种会考各取最优者五名。

甲、第一名奖金三十元

乙、第二名奖金二十元

丙、第三名奖金十元

丁、第四名奖金五元

戊、第五名奖金五元

五、报名：凡欲参加上项会考者，即日至教务处报名，日期至四月二十日截止。

六、考试规则：会考时除笔墨外，不准携带他物入场。国文必须用毛笔正楷，英文必须用蓝墨水抄写清楚，否则无效。其他规则悉照本校学生通则第七章办理。

（《中英文会考办法公布》，《大夏周报》，第 9 卷第 22 期，1933 年 4 月 17 日）

教务委员会组织国文英文考试委员会：

本校对于学生国文、英文程度，力求提高。本学期特别举行中文、英文会考，经迭志本报。现教务委员会更议决组织国文、英文学期考试委员会，主持学期考试中国文、英文考试事宜，关于出题及评阅成绩，均由该委员会办理。如国文系、英文系学生考试成绩太差，将由院长主任劝其转系，以利深造。

（《教务委员会组织中英文考委会》，《大夏周报》，第 9 卷第 23 期，1933 年 4 月 24 日）

本校为提高国文、英文程度起见，自本学期起特举行国文及英文会考，经迭志本报。现第一次国文会考已于四月廿三日上午八时至十一时（三小时完卷）假二一二教室举行。关于试卷成绩之评定，极为慎重，分初阅、复阅两次。初阅由王瑗仲、顾君谊、高晓兰三教授分阅，各取五名，共取十五名。复阅系初阅录取之试卷由陈柱尊、王瑗仲、顾君谊、高晓兰四教授分别评定第一名至第五名，再计其总成绩（第一名五分顺次递减一分，至第五名为一分）。结果：第一名汪道渊，第二名陈如辉，第三名李懋骄，第四名余大猷，第五名陈开璟、蒋慰祖。前五名考卷，将陆续于本报发表云。

（《国文会考成绩评定》，《大夏周报》，第 9 卷第 28 期，1933 年 6 月 1 日）

二十五　学生会执委会开第十三次常会。

本校学生会执行委员会于前日（四月二十五日）在该会办公室开第十三次常会。由张汝励君主席，程大成君记录。当议决要案多件，对于学校卫生、抗日募捐、出席大学联代表问题等，均有讨论。

（《学生会开常会》，《大夏周报》，第 9 卷第 24 期，1933 年 5 月 1 日）

本月　国文系陈柱尊教授捐赠图书多部，奖励会考成绩优秀学生。

本校为提高学生国文、英文程度起见，于本学期举行中文、英文会考，业经志载本报。现本校国文教授陈柱尊先生为鼓励学生参加兴趣起见，捐赠《学寿堂诗说》三部，《学寿堂庚午日记》十部，《待楚诗稿》一部，又转送无锡唐蔚芝先生捐赠《五德篴》二十部，统交欧副校长，分别奖给优选学生。

（《陈柱尊先生捐书奖国文会考》，《大夏周报》，第 9 卷第 24 期，1933 年 5 月 1 日）

五月

六日　组织救国募捐委员会，已收捐款六百余元，将设法汇寄前方。（《救国募捐结束》，《大夏周报》，第 9 卷第 25 期，1933 年 5 月 8 日）

九日　学生会执委会开第十四次常会,推举张汝砺、严步韩、高贞崧三人参加学联会组织之北上慰劳抗日宣传队,并将师生捐款购置毛巾,赠慰前线将士。(《学生代表参加北上慰劳抗日队》,《大夏周报》,第9卷第26期,1933年5月15日)

　　十日　书法学会邀请书法专家、文书主任马公愚先生演讲,题为"书法之方法与经验"。(《书法学会请专家演讲》,《大夏周报》,第9卷第26期,1933年5月15日)

　　十二日　晓风社举行成立大会。

　　晓风社自朱绍曾、陶愚川、陈如辉诸人发起以来,签名参加者有二十余人,已于本月十二日下午七时,举行成立大会,主席朱绍曾,记录陈如辉。议决要案多件,摘录如下:一、起草简章,二、敦聘名人演讲,三、聘请导师,四、出版刊物,五、讨论实际问题,六、轮流通讯,游园聚餐。最后选举职员,结果以朱绍曾、陶愚川、陈如辉、何德明、姚毅成五君为干事,邓初、俞尚埙、郑镛、唐伯熊四君为候补干事,并决定聘请本校教授吴泽霖、梁园东、唐庆增、许公鉴、张梦麟、董任坚、刘大杰诸先生及校外名流(待定)为导师云。

　　(《晓风社成立》,《大夏周报》,第9卷第27期,1933年5月22日)

　　十三日　自秋季学期起,增设师资训练班。

　　最近教育部通令各大学,为训练中学师资,增进教育效率起见,得呈准设立师资训练班,以应各地之需要,本校爰定于本年秋季招收师资训练班。本月十三日晚教育学院院长陈选善博士,在其住宅邀请欧元怀、鲁继曾、董任坚、黄敬思、张耀翔、郑通和、杨卫玉、马宗荣、倪文亚、许公鉴、钱亚新诸先生讨论该训练班课程,期限一年毕业。其入学资格规定:凡曾在国立或立案私立大学毕业,成绩优良且经本校审查合格者,均得入学。闻俟校务会议通过即向教部呈准备案于暑期内招生。是晚叙餐后并讨论教育学院新课程云。

　　(《秋季增设师资训练班》,《大夏周报》,第9卷第27期,1933年5月22日)

　　十五日　召开第六十四次教务委员会。

　　本校第六十四次教务委员会对于国文、英文会考最优五名评判给分办法,已详细决定。凡得一个第一名者给五分,第二名者给四分,第三名者给三分,第四名者给二分,第五名者给一分,不在五名以内者给零分。得分最高者为会考第一名,余类推。关于英文会考除请孙夫人评判外,并加聘丁文虬、全增嘏两先生评判。

　　(《中英文会考选优办法已定》,《大夏周报》,第9卷第27期,1933年5月22日)

　　本校对于学生成绩,各项均达优良者,设有均优成绩特种奖金,以资鼓励,最近教务委员会已将均优学生名单决定。凡学业指数在二.八以上者为一等各给三分。计有张承炽、吴泽炎二名。学业指数在二.七以上者为二等,各给二分。计有孟杰、孙怀瑾、陶志、陆庄四名,学业指数在二.六九以下、二.五六以上者为三等,各给一分,计有李俊谋、孙泽广、李芸、唐伯熊、孙雄曾五名。

　　(《决定均优学生名单》,《大夏周报》,第9卷第27期,1933年5月22日)

　　本校对于学生成绩考查,向极认真。各科试验,素不容有舞弊情事。最近更由教务委员会全体组织监试委员会,将于季考时赴各教室认真查督,以期促进学生学习之努力。

　　(《严禁考试舞弊》,《大夏周报》,第9卷第27期,1933年5月22日)

　　师专科邀请开封大学邰爽秋[1]教授演讲,题目为"中国教育出路"。(《师专科请邰爽秋演

---

[1]　邰爽秋(1897—1976),字叔龙,江苏东台人。1923年毕业于国立东南大学教育系,后赴美留学,获芝加哥大学硕士学位、哥伦比亚大学博士学位。历任南京市立中学校长,中央大学、中山大学、河南大学、辅仁大学、北京师范大学教授,暨南大学教育系主任。1933年9月起任教于大夏大学,长达八年之久。期间发起组织乡村教育运动,并创设中国民生建设实验院。1949年后,历任辅仁大学、北京师范大学教授。著有《民生教育》(英文)、《教育经费问题》、《地方教育行政之理论与实际》、《普及教育问题》)等。

讲》,《大夏周报》,第 9 卷第 27 期,1933 年 5 月 22 日)

十七日　下午,商学院邀请潘序伦先生演讲,题目为"我国会计师职业"。(《商学院请潘序伦讲会计》,《大夏周报》,第 9 卷第 27 期,1933 年 5 月 22 日)

十八日　下午,学生会邀请章乃器演讲,题目为"国际间几个重要问题"。(《学生会请章乃器演讲》,《大夏周报》,第 9 卷第 27 期,1933 年 5 月 22 日)

下午,法学院邀请查良鉴先生演讲,题目为"法律上之社会与经济问题"。(《法学院举行公开演讲》,《大夏周报》,第 9 卷第 27 期,1933 年 5 月 22 日)

二十二日　召开第一百四十次校务会议。

本校前奉教育部训令,谓各大学得开设师资训练班,以造就中等学校师资。因由教育学院院长陈选善博士,草订师资训练班简则,拟于秋季实行开办。该项消息,业志前期本报。现该训练班简则,业于第一百四十次校务会议修正通过,特探录如后:

师资训练班简则

一、宗旨　本班以训练中等学校师资为宗旨。

二、入学资格　国立、省立及立案之私立大学或独立学院毕业生,成绩优良,经本校招生及入学审查部审查合格者,准予入学。

三、年限　本班修业期限一年。修满三十六学分考试及格者,给与毕业证书。

四、课程

第一学期

　教育原理　三学分

　西洋教育史　三学分

　教育行政　三学分

　教育统计　三学分

　课程原理及编制　三学分

　教学参观及实习　三学分

　总计　十八学分

第二学期

　教育心理　三学分

　中国教育史　三学分

　中等教育　三学分

　教育测验　三学分

　教材研究及教学法　三学分

　教学参观及实习　三学分

　总计　十八学分

附注:凡已修过上列各学程一门或数门者,经教育学院院长口试合格,得准其以本院三、四年级所开设之其他专业学程补足其学分。

五、其他规则适用本大学学生通则。

(《师资训练班简则通过》,《大夏周报》,第 9 卷第 28 期,1933 年 6 月 1 日)

学期瞬将结束,毕业考试已在目前,爰由教务委员会提议,请校务会议推举考试委员会,组织毕业班考试委员会,藉资考查毕业学生之成绩。经于第一百四十次校务会议(五月廿二日)推定王校长、欧副校长、王祉伟、傅式说、鲁继曾、吴浩然、雷国能、蓝春池诸先生以及各院长及师专科主任组织委员会,王校长为委员长,鲁教务长为副委员长。

(《毕业班考试委员推定》,《大夏周报》,第 9 卷第 28 期,1933 年 6 月 1 日)

二十四日　举行国语演说比赛。三十一日，举行英语辩论比赛。

本学期举行国语演说及英语辩论比赛，早经订定办法，由群育委员会主持筹备。现国语演说比赛业于上月二十四日举行。参加决赛者十余人，结果录取三名：第一名法学院四年级生王义君，第二名法学院一年级生俞逊君，第三名师专科萧心采君。又英语辩论比赛，亦于上月三十一日下午四时举行。地点在群贤堂三○一教室。辩论题前已志载本报。参加辩论者正组为齐子澄、林家栋、齐子义三君。反组陈德高、林伯鉴、欧阳荫三君。评判者为丁文彪、张凤桢、徐瑗、蔡绣霞、陈铭恩、王造时诸先生。辩论结果，优胜属于反组云。

（《演说辩论比赛结果》，《大夏周报》，第 9 卷第 29 期，1933 年 6 月 12 日）

本月　校务会议议决，严格优秀奖学金及中英文会考标准。

本校对学生成绩，注重德智体各方面均齐发展，以期养成健全人格。本学期所设特种奖金，亦定有均优奖金名额，曾志本报。现校务会议订定均优标准：学业成绩占百分之五十，操行健康及课外作业占百分之五十。分数之计算，则以一、二、三计算，以得分最多者为合格。

（《校务会议订定均优标准》，《大夏周报》，第 9 卷第 26 期，1933 年 5 月 15 日）

本校以中英文为求任何学术之工具，各院学生必有充分之训练，方够应用。故本学期以来举行中英文会考，特设奖金额，提倡不遗余力。最近又由校务会议议决：自下学年起，各学院学生国文、英文成绩在四等者应予重修，不给学分。

（《各学院注重中英文》，《大夏周报》，第 9 卷第 26 期，1933 年 5 月 15 日）

本月　修订课程设置，设"人与自然"与"人与社会"两大综合学程。

本校教务研究委员会，由欧愧安、鲁省三、傅筑隐、吴泽霖、陈青士、黄仲诚、董任坚、陈芩民诸先生组织以来，对于各院科课程详加修订。鉴于近今大学课程科目繁多，系统疏散，学生对于各种基本学科，不能有整个的了解，徒为支离的研求，获益甚少。爰将大学初年之各种自然科学及社会科学基本学程，合并为"人与自然"与"人与社会"两大综合学程（orientation course）推举邵稼荪、陈芩民、全增嘏、董任坚、吴泽霖五先生组织委员会，详细商讨课程内容及组织，该委员会已开会两次。关于"人与自然"学程包括自然科学史、科学原理、科学方法等大概，于第一学年两学期内修完，共为六学分。"人与社会"学程包括社会的性质、人与社会彼此影响以及当代社会上种种严重问题等大概，于第一学年两学期内修完，共为八学分。如此庶几学生对于整个的宇宙观与社会观，有相当之了解，而建树进修各种学术之基础。本年秋季，即将实行云。

（《本校课程新改进》，《大夏周报》，第 9 卷第 27 期，1933 年 5 月 22 日）

六月

一日　上午，举行建校九周年纪念大会。下午，举行全国运动会选手预选赛。晚上，放映教育电影。

六月一日为本校创校纪念日，本校当局以当此国难时期，不应从事铺张，大举庆祝。但念本校缔造之艰难，与历史之光荣，不能不有所表示，以志纪念。因于是日放假一日，日间开运动会，上午挑选参加全国运动会选手，下午比赛足球。教职员亦组织成队与本校选手比赛，结果竟以六比一获胜，成绩颇为可观。晚间开映科学卫生教育影片，最后一片为明星公司之《铁血青年》。观者除本校学生外，民众亦不少云。

（《六一创校纪念志庆》，《大夏周报》，第 9 卷第 29 期，1933 年 6 月 12 日）

（上略）今日中国国难严重之程度，既如上述；其解救之道，固不止一端。大学为乐育人材研究学术之最高机关，所负使命，异常重大。今后大学教育之目标应如何确定而后可以舒展国难，宏济时艰，斯则吾人所当深切体认而力行者也。兹请论之：

一、人格教育　在目前国难极端严重之时期而言人格教育，未免有高调之诮；然吾人苟平心静气，一假思索,则所谓人格救国者,自有其颠扑不破之价值。盖今日中国政治之所以未入轨道,虽由于若干客观条件之构成;而上下信义不立,法守不讲,是非日泯,颓风日甚,实为一切变乱之所自。大学生为国家未来中坚分子,所负责任,自较一般人为重大。故对于人格教育之培养,道德精神之涵濡,实为当务之急。果能有强坚之意志,光明之操守,不为利诱,不为威屈,然后本其夙志,为国服务,方能振衰起废,挽救国运,而不致随俗浮沉,为环境所屈服。此中山先生所谓心理建设之意,而为吾人所当拳拳服膺者也。

二、生产教育　救国若治病,治病必先明病源之所自,然后始可对症下药。救国必先明国难症结之所在,然后始可设法挽救,其揆一也。夫一国有一国之时代背景,一国有一国之社会特质。若不顾当前之事实,而操切盲从,为任何主义或政策之试验,未有不偾事者。中国目下尚在农业时期,机器工业,既未发展,劳资对立,更属遥远。故国内经济问题之重心,厥在生产而不在分配,际兹国际经济潮流澎湃激荡之时代,却抵抗外来势力之侵入,舍发展生产充实民生外,实无其他途径。而今后大学教育之鹄的,亦胥在于是。生产组织如何确立,生产方法如何改善,生产效率如何增进,生产技术如何训练,斯均为目前切要之问题。诚能明白斯旨急起直追,国是前途,庶乎有豸。

三、科学教育　二十世纪之世界,一物质文明之世界也;而物质文明之基础,则建筑于科学之上。彼欧美各邦,人民生活之所以增进,国家地位之所以提高,无不直接间接蒙科学之赐。反观吾国,则事事固步自封,毫无长进!甚且以精神文明自诩,视科学之应用为不足取法,斯真谬妄之见也。姑就最近之战事言之:日本以蕞尔三岛而敢长驱直入,始而陷吾辽吉,既而占吾热河,近且近窥平津,扰我中原,彼果何所恃而无恐耶?曰,无他,赖有科学之战斗工具耳。吾人受此严重之教训,应知今日之国难,为一整个之问题,非空言所能济世!必于科学上迎头赶去,然后生产效率,始可增进,国防设施,始可巩固。故今后之大学教育,对于科学精神之陶冶,科学技能之训练,尤宜特别致意。否则,竞为风花雪月无裨实际之学,则青年志气,消磨殆尽,整个民族,惟有属于自然淘汰之一途耳。

以上三点,为目下救时根本之图。吾人苟能本此鹄的,贯彻始终,虽不能期以速效,而国家之未来命脉,胥系于是。国步艰难,于今为甚;吾人不幸而丁此时会,乐观固势所未许,然过事悲观,亦觉未当。吾人须知由君主进于民治,乃政治上绝大之转变,中间混沌纷乱之局面,殆为事实上必经之阶段。国人果能共体时艰,克自振拔,从根本实际工作上向前努力,国事固尚可为,要在人心之不死耳。(下略)

(王伯群:《国难与大学教育》,《大夏周报》,第9卷第28期,1933年6月1日)

二日　社会教育研究会邀请西京筹备委员会秘书主任陈光垚及暨南大学教授李石岑二位先生演讲。陈先生讲题为"西安现状与社会教育",李先生讲题为"述个人思想的转变"。(《社会教育研究会名人讲演》,《大夏周报》,第9卷第29期,1933年6月12日)

三日至四日　万国运动会,大夏健儿吴锦祺获跳高第一、跳远第三,陈宝球获铁球第二,庄令昭获标枪第四,为中华队建功不少。(《万国运动会我校健儿献身手》,《大夏周报》,第9卷第30期,1933年6月19日)

十一日　举行欢送毕业生话别会。

首起训话者为王校长,王校长出示欢送之意外,并致训勉之辞。大意有二端:(一)希望毕业生出校后继续研究学问,方可登堂入室,中国国事阽危,尤望共负复兴民族之责。(二)希望毕业生永本师生合作精神,共谋母校发展,以达基础稳固之地位。

继起训话者为欧副校长。欧先生从社会上人才之需要方面,指示毕业生求出路之途径,而以大夏固有之创造牺牲合作之精神为勉。更从集会地点"安华"之英文意China Nnited与附近"青年会"之英文缩写字(Y. M. C. A.)而引申为You Must Create an Nniteed China勉励大家努力为造时势之英雄,使中国可转危为安,诚意有双关而深长矣。

鲁教务长更继欧副校长起立致词。鲁先生一方面希望毕业生莫忘既往学问纯洁之友谊及师生间合作之精神,一方面勉励毕业生将来有创造精神,做先锋工作以开辟新路。眷念既往,指示将来,情意殷殷,溢于言表也。

其后文学院吴院长更起立致词,吴先生以今日大学生在社会上不易觅得相当工作,致多抱悲观。因勉励大家从小事做起,自己创造自己,并引当代社会上著有功业之闻人为例,期期以伟人相许也。

师专科主任黄敬思先生方小病数日,是日勉强到会。因对毕业生勉以二点:第一即继续锻炼身体,有健全之体力,才能担负重大之责任;第二希望不绝求新知,方不致落伍。

教育学院陈院长谓通常均以学生时代,有师长指导,有同学切磋,相亲相爱,十分快乐。一到毕业出校,置身社会,对于事业负有责任,处事接物,在在困难,觉得甚为苦痛。其实在学校之快乐,系享受现成之快乐,非真快乐。能在社会事业中求得成功,从困苦艰难中创造出快乐,方为真快乐。

群育主任雷国能先生,闻陈院长一番言论后,因于毕业生之如何置身社会,以其经验之谈,谆谆教诲。雷先生之意,知识分子领导社会,应从社会现实状况做起,不可空谈理想,与社会现实隔离太远,致不能实行。又社会一般恶习,嫉贤妒能,学生初出做事,不可太露锋芒,应深藏若虚,脚踏实地地做去,方克有成。此诚老成之言也。

秘书长王毓祥先生,以先致词之诸位先生,均有郑重之意旨申述,乃改变语调,以富于趣味之言辞,以增进大众之欢情。彼谓茶会地址附近西有青年会,英文缩写 Y. M. C. A. 即 You Must Come Again "你们再回来"之意。南有跑马厅,即预祝大家将来马到成功之意。东有新世界,即表示大家应去开辟新天地。再有新新公司,即暗示大家努力建设新社会之意。一番趣话,妙语如珠,顿使全场欢笑不已。

教授致词者以会计主任傅式说为最后一人。傅先生乃简括申述几点,以为结论。第一点希望大家继续有纪律的生活。第二点希望大家有创造牺牲合作的精神。第三点希望毕业同学会组织健全。
(下略)

(《欢送毕业生话别会志盛》,《大夏周报》,第9卷第30期,1933年6月19日)

举行上海毕业同学会大会。

本校毕业同学已一千余人,毕业同学会亦组织数年。除上海设有总会外,各地分会亦成立不少。上星期日(六月十一日)上午十时,在上海服务之毕业同学就永安公司大东酒楼开大会,讨论会务发展进行事宜。当时到会同学达一百余人,母校师长王、欧二校长及鲁继曾、雷国能、傅式说诸先生亦到会训话。由高芝生君主席,刘逸青君纪录。主席报告会务近况后,即由王校长训话,大意谓:1. 毕业同学应联络情谊,砥砺学行,以期能适应现代之社会;2. 本校师生合作及平民式的精神应永久保存;3. 本校根基尚未十分稳固,希望毕业同学尽力维护,共谋学校发展。次则欧副校长报告。1. 本学期王校长到校主持校务;2. 下学期本校添办土木工程及师资训练班;3. 下学期添建中学部校舍;4. 教育学院院长辞现职已物色继任人物;5. 下学期课程颇有改进。其后鲁教务长、雷群育主任亦均有训话。诸师长训话后,乃休息叙餐。下午继续开会,讨论事项,当议决要案三件:(一)设置校友楼为毕业同学会办公处及毕业同学招待所。在是项经费未筹足前,先设置临时会所。(二)拨付经费积极筹备第一届年会。(三)推举代表参加母校本届毕业生话别会欢迎新毕业同学。最后推举二十二年执行委员,当选者为高芝生、王韫石、孙元[元]曾、曾昌燊、吴子谦、徐则骧、顾保廉、宋作锟、张仲寰、黄炎、刘逸青等十一人。

(《上海同学开大会》,《大夏周报》,第9卷第30期,1933年6月19日)

十二日　召开第六十六次教务会议。

本校教务委员会以本校女生甚多,应有特设课程以供其需要,因于第六十六次会议议决:自秋季起增设妇孺健康学与音乐两学程。妇孺健康学定二学分于一学期内修完,为各学院及师专科二年级女生必修科。音乐定二学分,每星期二小时,一年修完,为各学院及师专科一年级女生选修科。

(《下学期增设女生新学程》,《大夏》,第9卷第30期,1933年6月19日)

本月十二日下午四时教务委员会开第六十六次会议,以下学期各院科必修科教本,应早日选定,俾使订购。因议决由各系主任于放假前选定,开列名称、出版处,汇送教务处云。

(《下学期必修课本预定》,《大夏周报》,第9卷第30期,1933年6月19日)

本月　为筹措学校第二期建筑费,倡议师生利用暑假进行募捐。

本校第二期建筑募捐,原于本学期初即开始进行。嗣以日寇侵我东北,国难严重,人心不定,本校募捐工作乃暂时停顿。现以暑假又届,决由全体师生利用假期分头劝募。于放假前咸纷纷至校长室领取募捐册焉。

(《积极进行募捐》,《大夏周报》,第 9 卷第 30 期,1933 年 6 月 19 日)

七月

七日　第八届暑期学校开学,上课六周,八月二十日结束。

本大学于本年暑假续办第八届暑期学校,以利用长期休假扩充教育效能、补助学生学业为宗旨,七月七日开学,八月廿日放假。所设学程共分两种:(甲)六星期结束者,(乙)四星期结束者,共计四五十门之多,包括各种重要学术担任教授均系国内著名大学之知名学者。凡具相当程度有志上进者,不论性别均可报名入学,修习备有简章,函索附邮票一分,当即寄奉。

大夏大学第八届暑期学校启

(《本大学暑期学校通告》,《大夏周报》,第 9 卷第 26 期,1933 年 5 月 15 日)

八月

本月　欧元怀暂代师专科主任。

大夏大学师范专修科主任黄敬思,近因赴北平修养,应国立北平师范大学之聘。大夏方面已准其休假一年,师专科主任一职,暂由副校长欧元怀兼代,所有原任功课由新聘教授黄觉民担任。黄系非列宾大学及美哥伦比亚大学硕士,曾在教育界任教职逾十年。

(《欧元怀代大夏师专主任》,《申报》,1933 年 8 月 13 日,第 18 版)

九月

一日　秋季开学日,新旧学生办理缴费及入舍手续。八日开始注册,十一日正式上课。

本校大中两部上学期原有学生一千八百六十余人,暑期毕业者计有二百余人。今年秋季招取新生共有五百余人,连旧生合计达二千以上,人数激增。自九月一日开始办理缴费入舍手续以来,新旧同学纷纷来校。八日、九日为注册之期,十一日即正式上课。远道同学,尚有络续到校,现注册手续办公处忙办入学事宜,颇有山阴道上应接不暇之概云。

(《新旧学生踊跃到校》,《大夏周报》,第 10 卷第 1 期,1933 年 9 月 25 日)

人数 ＼ 院别	文	理	教育	商	法	师专	总计
转学新生人数	1		3	2	10		16
一年级新生人数	65	89	84	54	76	110	478

(《廿二秋季各学院新生统计表》,《大夏周报》,第 10 卷第 8 期,1933 年 11 月 13 日)

四日　校务会议议决,创办学报季刊,专以刊载学术研究文章,凡师生研究心得或著作皆所刊载,并推王毓祥、吴泽霖、马宗荣、马公愚、林希谦等五人为编委。

本校之出版物,除学校编行之《大夏周报》、学生会出版之《大夏》半月刊为定期刊物外,教育学院每学期出有《教育建设》,高师科同学出有《教育研究》,商学院出有《商坛》,其他学生团体,亦有不少出版物。最近校务会议议决,本学期学校新创学报季刊,专以刊载学术研究文字。凡本校师生研究之心得或精心之著作,皆收罗刊载,免再出版零星刊物。当推定吴泽霖、王毓祥、马宗荣、马公愚、林希谦五先生组织委员会,积极进行。由吴泽霖先生召集云。

(《本校编行学报季刊》,《大夏周报》,第 10 卷第 1 期,1933 年 9 月 25 日)

二十日　校务会议通过"学生体育及格暂行标准及施行细则",规定运动项目有十余项,每人至少三门达到及格,方得毕业。

本校为增进学生健康,早已提倡普遍运动。本学期更订定各院科毕业学生体育及格暂行标准及施行细则,严厉施行,以期体育之普及。查该项标准中规定运动项目包田径赛、国术、游泳、球类等共十余门之多,每人至少有三门及格,方得毕业。兹将该项标准及施行细则,照录于后,以见全豹。

Ⅰ. 及格标准:

1. 长跑　男 1500 米　7'40"　女 400 米　1'30"

2. 短跑　男 100 米　14.6"　女 50 米　10"

3. 跳高　男 1.39 米　女　1.00 米

4. 跳远　男 4 米　女　2 米

5. 游泳　男 20 米　女　15 米

6. 骑自由车　男 1500 米　女 1000 米

7. 铁球　男　12 磅　8 米　女　8 磅 5 米

以上男女均可选

8. 双杠　屈伸十次

9. 单杠　引体上升十次

10. 爬绳　3.00 米

以上限男生选

11. 垒球　18 米

以上限女生选

12. 太极拳　另订

13. 剑术　另订

Ⅱ. 从上列各项中,任选三种,能达及格标准,始得毕业。

Ⅲ. 每学期开学时,将毕业各生须赴体育部登记所选习之各项运动,并受体育主任及体育指导员之指导。

Ⅳ. 于每学期季考期前,由体育部根据本标准就各院科毕业学生考试其体育成绩,并将各生成绩报告教务处。

Ⅴ. 本标准自廿二年度第一学期实行系暂行性质,本学年终了时得酌量改订。

（《厉行体育普及》,《大夏周报》,第 10 卷第 2 期,1933 年 10 月 2 日）

二十三日　举行新生指导会。

本校为使新来学生明了学校情形起见,于每学期之始均举行新生指导。本学期由王校长布告,定于九月二十三日（上星期六）下午二时起,五院一科分三处同时举行新生集会。文学院、法学院集会地点为群贤堂三一二号教室,教育学院、师专科在三〇一教室,商学院、理学院在二〇一教室。当时除王校长至各会场分别训话外,并由欧副校长暨各院长、主任分别指导。担任文学院、法学院指导者有吴泽霖、孙浩烜、傅式说、吴浩然、雷国能诸先生,担任教育学院、师专科指导者有欧副校长、邰爽秋、吴浩然、雷国能诸先生,担任商学院、理学院指导者有沈麟玉、邵家麟、王祉伟、吴浩然、雷国能诸先生。王校长训话大意有三点,一希望大家了解本校的精神,二希望大家充分发展各人才能,三希望大家切实求真知实学以救国。欧副校长、王秘书长、傅会计主任三创办人报告本校产生之历史及困苦奋斗之经过。各院长、主任报告本校各种规程并指导读书生活之方法,甚为详尽。至四时许,方各散会。

（《举行新生集会》,《大夏周报》,第 10 卷第 2 期,1933 年 10 月 2 日）

节录王校长训词如下:

（一）本校系私立学校,收费较公立的为多,而且创校未久,历史尚短,诸位竟踊跃地来到本校,在诸位必定有一个理由,或则听人说本校办理完善;或则看本校规模宏伟。对于内容如何? 精神如何? 恐诸位不尽了解。今诸位进校以后,务必细察本校的内容,体会本校的精神。本校对于课程上的切实,训管上的认真,诸位应当认识这是学校对于培养学生应有的责任,诸位应当积极地努力,完成学校的愿望。本校的创立,从流血中来,经过百折不挠的奋斗,师生努力的合作,才有现在的成就。诸位进本校以后,务必体会本校的历史,而培养牺牲奋斗合作的精神。诸位既了解本校的内容,体会本校的精神,自可坚决你们对于本校的信心,而立下志愿,努力进修,以达于宏大之成就。

(二)本校办理方针,是要充分发挥个人的才能,使成为社会有用之材。人性本都向上,不过因社会环境的关系,往往向上难而下流易。尤其诸位刚从中学毕业升入大学,为人生过程中之重要阶段,在此时期必须抱定宗旨,努力向上。虽资禀不足的人,倘肯"人一能之,己百之,人十能之,己千之",自然虽愚必明。至于天资高的人,亦不可骄矜自恃,也要刻苦奋勉,发挥个己的才能。本校设施目的就在此。诸位必须体会这层意思,无论上智下愚,都努力向上,将个人的智能发挥尽致,切勿与恶劣环境相近,致趋下流。要好好爱惜自己的天才,保全纯洁的心灵,努力进修,充分发展向上的本能,而蔚为大器,才不辜负自己和学校的愿望。

(三)现在我国国势积弱,国难严重。人民生活不安定,学生求学的心志,也不能专一。常觉得在这种局面下,青年救国比读书要紧;但我们希望青年要救国必须求学。观各国国势的强盛,事业的发达,莫不以学术为根本,靠丰富的人才。我们必须研究精深的学术,造成各种专门人才,才能与人竞争,才能担当救国的重任。若不读书,空呼救国,如缘木求鱼,无补于事的。

我今天同诸位所说的,综括起来,就是希望你们:(一)认识本校精神;(二)发挥个己才能;(三)修养真知实学。其余的话,请诸位先生再和你们细讲。

(《王校长训词》,《大夏周报》,第10卷第2期,1933年10月2日)

节录欧副校长训词如下:

诸位进了本校,应该知道本校的精神。本校的精神是什么呢?便是:"师生合作的精神"九年十年如一日。说大夏的成功,便是师生合作的成功,也就是历年来几百教员、几千学生合作的成功。

我们遇到有了问题,大家协商办法,彼此从来不坚持个人的私见。你们初到本校来,两年后或四年便毕业了,若是没有学到大夏合作的精神,还不能算是毕业。中国最大的毛病,便是社会系一盘散沙,不能合作,随时闹意气,不能够成功一件大事,这是很可痛心的。本校虽有过去九年光荣的历史,师生共同的努力,规模粗具,但距理想计划很远,应该改良的地方极多。各方面的应兴、应革的事项,全靠同学们贡献意见,随时作为学校办事人的参考。

此外以师专代理主任的资格说几句话。师专科的同学,顾名思义应该注重专业化的精神。我们在受职业学校的训练,责任重大;将来准备为人师表,千万不要忘记使命的隆重。在校两年的时间很短,在这两年中间,应如何振作起来,决心读书。至于同学们,初离家乡,一种思家心理,在所难免;尤宜暂时割爱,专心学业,不要患思乡病。身体方面,亦应十分小心,锻炼健全的体魄,蔚为大用。对于用钱,务必特别撙节,上海的环境诱惑力太强,你们应该顾及家长们的负担。总之,盼望新来的同学们充分利用上海作为研究学问以及事业的发展中心则可,千万不要染上奢侈的恶习。我想要说的话很多,以后随时再谈罢。

(《欧副校长训词》,《大夏周报》,第10卷第2期,1933年10月2日)

二十九日,学生会改选结果公布,张汝砺等二十九人为执行委员,钱大钧等十九人为监察委员。

本校学生会于上月底办理改选事宜,业志前期。本报兹闻已于九月二十九日下午一时就群贤堂二〇五号教室开票,当时由学生会负责代表,会同各院科同学代表十一人办理开票事宜,群育委员会派黄炎先生到场监督。开票结果选出执行委员二十九人,监察委员十九人,兹将姓名探录于后:

执行委员

张汝砺　张德铭　涂道如　严浩然　彭述信　郭大健　洪啸浓　卫鼎彝　叶文安　丘科昭　刘燃章　刘启民　邓礽　黄子砚　方郁文　杨鞠仁　严步伟　黄正廷　夏宝祈　程秉铨　赵明燦　熊开化　周晋恩　陈平　谢维敏　赵迴　付本澄　唐仲侯　陈光国

监察委员

钱大钧　陈伯领　章付　钟焕新　奚培本　刘清怀　林家栋　唐聘　胡太运　黎宗亮　陆徽五

黄哈定 丁汝康 张承识 萧思之 罗来瑞 邬海波 林浴衡 孙特夫

（《学生会改选》，《大夏周报》，第 10 卷第 3 期，1933 年 10 月 22 日）

本月，新聘教职员，教育学院及商学院分别聘请邰爽秋先生及沈玉麟先生担任院长。

本校大学部教职员共有百余人，本学期略有变动。前教育学院院长陈选善博士，已就上海工部局华人教育处副处长职，现已聘邰爽秋博士继任。邰博士系美国哥伦比亚大学哲学博士，研究教育行政学务调查，颇多学术上之贡献。回国后历任各大学教授，在中国教育界颇著时誉。商学院前院长孙瑶先生于上年寒假就中国银行职，本校院长一席由朱巽元先生代理。现朱先生不愿继续代理，乃改请沈麟玉硕士继任。沈先生系美国哈佛大学硕士，曾在美担任商业上要职，经验极为丰富。高师科主任黄敬思博士本学期因北平师范大学母校之聘，前往担任研究院教授，向本校请假一年，高师科主任一职，由欧副校长暂行代理。又各院科新聘教授文学院有钱萼孙先生、Mr. Lew Miss Carson、Mrs. Carson、Miss clague、湛宋志侠、陆德音、曹用先诸先生。理学院有王庆喜、李钜源、孙增庆、葛兴诸先生。教育学院有黄觉民、周君尚、黄季马诸先生，商学院有蔡正雅先生，法学院有瞿曾泽、湛志远、张隽青、丁元普诸先生。其他如图书馆新聘吕绍虞先生、佳路易夫人为馆员，体育部新聘佳路易先生为指导员，教务处新聘欧一飞先生为教务员云。

（《新聘院长教授职员》，《大夏周报》，第 10 卷第 1 期，1933 年 9 月 25 日）

本月 新学期各委员会委员名单确定。

本校为谋校务之发展，有各种委员会，分别计划筹议各部进行事宜。各委员会出席代表，除一部分当然委员外，其推聘各委员，每学期均略有变更。本学期各委员会委员，均经分别推定，各委员会开会日期亦经排定。兹录于后：

甲、各种委员会委员姓名

一、校务会议

当然主席 王校长

当然委员 欧元怀 王毓祥 鲁继曾 傅式说 吴浩然 雷国能 蓝春池 马宗荣 吴泽霖 邵家麟 孙浩烜 沈麟玉 邰爽秋 倪文亚

教授代表 陈芬民 董任坚 林希谦

二、教务委员会

当然主席 鲁继曾

当然委员 吴泽霖 邵家麟 孙浩烜 沈麟玉 邰爽秋 欧元怀 蓝春池 马宗荣

三、财政及校务发展委员会

当然主席 傅式说

当然委员 王校长 欧元怀 王毓祥 鲁继曾 吴浩然 倪文亚

四、群育委员会

当然主席 雷国能

当然委员 陈令仪 刘一青 黄炎

当然委员 陈芬民 吴浩然 沈昆南 夏三杰 何惟忠

五、事务委员会

当然主席 吴浩然

当然委员 张泽春 雷国能 陈令仪

推定委员 宋作锟 李学丰 吕绍虞 杨麟书 杨建勋 唐茂槐 俞曙芳

六、图书委员会

当然主席 马宗荣

当然委员 鲁继曾 倪文亚 马雪瑞

推定委员 邰爽秋

七、体育委员会

主席 由全体体育委员会互推一人

当然委员　沈昆南

委员五人　由校务会议推举　王毓祥　吴浩然　沈麟玉　夏三杰　沈新伦

八、校景委员会

主席　由全体校景委员会委员互推一人

委员　由校务会议于教职员中推举　傅式说　吴浩然　马公愚　孙浩烜夫人佳路易夫人

乙、各委员会常会开会日期

（下略）

（《各委员会推举委员》，《大夏周报》，第 10 卷第 1 期，1933 年 9 月 25 日）

本月　群育委员会开始整顿学生宿舍秩序，并对学生生活情况进行登记。同时聘定导师三十余人。

查宿舍为学生作息之所，关系学校秩序、同学学业，至为重大。征诸已[以]往，宿舍内间有失窃与其他纠纷事件发生。现群育委员会为防患未然计，拟订各项办法，函告各学生遵照实行。从此宿舍内秩序风纪，当更进一步矣。

（《学生宿舍整饬秩序》，《大夏周报》，第 10 卷第 1 期，1933 年 9 月 25 日）

本校群育委员会为明了学生生活状况，研究训导方针起见，于本学期开始即制定学生生活登记表分发各学生填记。该表内容分过去生活、现在生活、希望将来三大栏。而关于个人方面、学校方面、国家方面均能涉及，包括范围甚广。闻该项登记表收集后，将加以统计研究，以为训导之根据云。

（《群育委员会编制学生生活登记表》，《大夏周报》，第 10 卷第 1 期，1933 年 9 月 25 日）

本校为积极指导学生生活及进修起见，早已实行导师制。由各教授分组直接指导学生，数年以来成绩甚著。本学期学生较前益多，已由群育委员会聘定导师三十余人，由各学生自由认定，分组指导。兹将业经聘定导师姓名录后：

欧元怀　鲁继曾　蓝春池　董任坚　傅式说　顾君谊　吴浩然　王祉伟　邵家鳞　邰爽秋　沈麟玉　林希谦　王瑗仲　唐庆增　孙浩烜　倪文亚　马宗荣　马公愚　陈苳民　张耀翔　张梦麟　丁元普　梁园东　朱巽元　全增嘏　陈鸣一　雷国能　谌志远　黄觉民　王国秀　宋公侠　陆德音

（《群育委员会聘定导师》，《大夏周报》，第 10 卷第 3 期，1933 年 10 月 9 日）

十月

一日　教育学院院长邰爽秋率领乡村教育班学生前往大场参观陶行知主办的"工学团"。（《教院同学参观大场工学团》，《大夏周报》，第 10 卷第 3 期，1933 年 10 月 9 日）

五日　教育学会延请李石岑先生到校演讲，题目为"儒家之教育思想"。（《教育学会新闻二则》，《大夏周报》，第 10 卷第 4 期，1933 年 10 月 16 日）

二十二日　教育学院与师专科各教授举行联席会议，讨论提案多项。

本月二十二日教育学院与师专科各教授借座一枝香举行联席会议，出席者有欧元怀、邰爽秋、倪文亚、周尚、梁园东、王瑗仲、黄觉民、张耀翔、董任坚、黄季马、陈尽民、鲁继曾、杨卫玉、马宗荣等十余人，公推邰爽秋先生主席，马宗荣先生记录。首由邰先生报告教育研究室状况及毕业论文指导情形。欧先生报告师专科课程修改问题及冬季毕业生职业指导问题。倪先生报告学生教育实习状况。次讨论提案：(1)毕业班学生阅读中小学校教科书并加以批评案。(2)创办实验小学案。(3)奖励社教系四年级生试办乡村教育案。(4)大夏公社移设乡村案。(5)教育学院师专科合组毕业学生指导会案。(6)普通心理，教育史，改为一学年案。(7)常设课程委员会案。上列各案，除第(8)①案保留外，其余分别议决，或建

---

① 原文如此，疑有误。

议校务会议,或提交教务委员会,课程委员会,分别讨论施行,会议互①二小时,精神非常饱满云。

（《教育学院师专科教授联席会议纪要》,《大夏周报》,第10卷第6期,1933年10月30日）

二十四日　图书馆添自由设阅览室。

本校图书馆近以阅览者日多,原有参考书阅览室拥挤不堪。自本月廿四日起,就群贤堂二〇五号,添设一自由阅览室,定每晚七时至九时半为阅览时间,内储阅览颇丰,琳琅满目,日来阅览者极为踊跃云。

（《图书馆添设阅览室》,《大夏周报》,第10卷第6期,1933年10月30日）

二十九日　教育学院乡村教育班将大夏公社扩成改设为大夏实验区。

本校同学服务社会,实验民众教育起见,自去年秋季设有大夏公社,施行学校式的、社会式的各种民众教育。历届服务学生,努力从事,成绩斐然,学校曾迭次发给奖状以资鼓励。现为扩充范围,并注意乡村改进起见,决于本学期结束大夏公社,另设大夏实验区,以本校附近八个村庄,为施教范围,而实验各种乡村改进方法,以资比较。兹除由教育学院乡教班学生先行筹备进行外,并经校务会议推定邰爽秋、吴泽霖、马宗荣、许公鉴、冯邦彦王先生为委员,组织委员会,负责计划并指导实施云。

（《大夏实验区组织委员会》,《大夏周报》,第10卷第13期,1933年12月18日）

教育学院乡村教育班全体同学六十余人,自邰院长热心指导以来,获益良多。兹鉴于研究乡村之破产,挽救乡村之危亡,在书本上用功夫,等于纸上谈兵,空中楼阁,非实地下手,无济于事,故特创办"大夏实验区",从事实际乡村事业。上月（十月）二十六日乡教全班同学在上课时推俞尚埌、邬海波、刘五夫、丁钟德等负责调查附近八村庄金家巷、杜家巷、季家库[厍]、杨家宅、季家街、徐家宅、界浜、桂巷之社会情况,于二十九日下午七时假群贤堂三〇七教室开全体大会。先有俞尚埌君报告调查附近各村庄之经过,继由邰院长演说创办大夏实验区,对于整个大夏及教院之重要,实施办理各区方案,及勉励诸同学努力进行等语,辞多诙谐,令人捧腹。闻八村庄采用八种不同之方式,如徐公桥乡村改进社、邹平乡农学校、定县平民学校、陶行知工学团、邰院长念二社、乡村改进实验区、合作社等,着手实验,以资比较。近已积极进行,不遗余力,将来在中国乡村教育界定能特放异彩云。

（《教院乡教班同学创办大夏实验区》,《大夏周报》,第10卷第7期,1933年11月6日）

邰爽秋先生发起念二社。

本校教育学院院长邰爽秋博士,鉴于中国国运衰微,经济困窘,爰发起念二社,以提倡土货,实行社会节约为宗旨。该社已于前日开成立大会,会员共数十人,选举执行委员七人,负责进行一切事宜。邰先生著有《念二运动》一书,长数万言,现有数十册存图书馆,供同学借阅。兹将该社社章录后,以为介绍。

沪西念二社社章

第一条　定名　本社定名为沪西念二社

第二条　宗旨　本社以提倡土货,实行社会节约,努力社会生产,发展国民经济,改进民众生活,协谋中华民族之复兴为宗旨

第三条　规约　本社社友须遵守下列之规约

一、不吸纸烟

二、不穿西装

三、不敷脂粉

四、不穿高跟鞋

五、服用土货

六、实行节约

七、不吃贵重海货

---

① 原文如此,疑为亘。

八、随时随地组织念二社或宣传念二社之宗旨

第四条　社友(一)凡赞成本社宗旨,遵守本社规约,由社友二人之介绍,经执行委员会通过者,得为本社社友

(二)社友入社须履行宣誓手续,其办法另定

第五条　组织　本社组织以社友大会为最高权利机关,由社友公推七人为委员执行。本社社务内分1.总务2.文书3.事务4.交际5.研究6.生产7.宣传七股,分掌各股股务

第六条　社务　本社社务计划如下

(一)宣传念二社之宗旨和使命

(二)调查土货的种类

(三)研究改良土货的方法

(四)举办土货陈列馆

(五)举行土货展览会

(六)举行土货运动周

(七)创办土货生产合作

(八)创办土货贩卖合作

(九)创办土货介绍所

(十)创办合作银行

(十一)创办纺织训练所

(十二)开设农村小手工艺训练所

(十三)举行社会节约

(十四)举行与念二社宗旨中各项有关系之演讲

(十五)办理与改进民众生活有关之各种事业

第七条　会期　社友大会每半年举行一次,执行委员会每月开会一次,遇有重要时间,得召集临时会议讨论

第八条　社费　每人年纳社费小洋六角

第九条　社址　中山路　门牌二六三七号

第十条　附则(一)本社团体行动由本社负责,各社友单独行动由各社友负责

(二)本社社长如有未尽事宜,由社友大会修正之

(《本校教职员组织念二社》,《大夏周报》,第10卷第13期,1933年12月18日)

学校当局见于邻近居民之失学,乃于二十一年秋季,设大夏公社于中山路旁,其目的一方面固在实施社会教育;而他一方面,并可供本校同学之实习及服务,纯系义务性质,组织分总务、学校教育、社会教育三部。社会教育部设有民众娱乐室、民众图书馆、民众问询代笔处及通俗演讲厅等;总务部分会计、庶务、文书三股;学校教育部设有民众学校一所,采半日二部制,儿童与成人,分班教学,上午及晚间皆为成人,下午班为儿童,学生总数达两百有余,现已办至第三届,课程分国语、常识、笔算、珠算等科。

年来邻近居民,有增无减,总计一千五百有余,业农者居百分之九十,其余大多以工为业,本校当局,总觉美中不足,未能尽美,今秋更有大夏民众教育实验区之组织。实施区域,周围计约四百余亩,服务人员,暂由乡村教育班同学负责,以后拟酌添聘。现已设全民教育社于金家巷,设念二社于杜家宅,设民众教育馆于季家库[厍]等,工作颇为紧张,其余开办事业见下表:

地点	开办事业	工作人员
桂巷	农村改进会	七人
徐家宅	农民辅导社	十二人

地点	开办事业	工作人员
季家库[厍]	民众教育馆	六人
界浜	教育村	七人
杨家宅	农村儿童生活团	五人
金家巷	全民教育社	十一人
杜家宅	念二社	六人

总之,大夏公社与实验区,其实施教育方法稍有不同,而其对象则一也,一起于先,一继于后,表面上二者固在联络,而其实际则须合一,所谓他山之助,前车之鉴,二者之密切关系彰彰矣。

(金正述:《大夏公社与大夏民众教育实验区》,《教育研究》,1934年第4期)

三十日　第一百四十九次校务会议议决,以复兴民族为学校教育之目标,已订定实施纲要,期于三年内按步施行。

本校鉴于国难日亟,民族垂危,大学教育尤应负挽救之责,爰于第一百四十九次校务会议决定,以复兴民族为本校之目标。业经订定实施纲要,期于三年内按步实行,并举行论文奖金,鼓励同学探讨实施之方法。现王校长为妥慎订定实施步骤及具体方案起见,特致函本校教授及社会名宿,征求意见,俾资参考遵循。兹录其函告如左:

先生大鉴:敬启者:本校创立于今十载,内赖阖校师生之努力合作,外仗社会人士之热心赞助,艰难缔造,以有今日。回顾过去历史之光荣,益觉未来责任之重大。当此国难日亟、国势益危之际,大学教育,尤非因时制宜,不足以实现为国作人之使命。爰经第一百四十九次校务会议决定以复兴民族为本校教育之目标,并拟就实施纲要,期于三年内按步实行,自廿三年春季开始。至于具体方案及进行步骤,尚待计划。凤仰先生对于教育经验宏富,爱护大夏尤具热忱,尚希就高见所及,尽量赐教,俾有遵循,无任企祷。专此顺颂

教安

附奉民族复兴教育实施纲要稿一份

十一月五日

(《征求"复兴民族"教育实施方案》,《大夏周报》,第10卷第8期,1933年11月13日)

具体实施方案及步骤如下:

本校征求民族复兴教育实施具体方案及步骤

本校为增进教学效能,适应时代需要,以达教育救国之目的起见,曾于本学期开始时,由校务会议通函全体教授征求意见,详加讨论,决定以民族复兴为本校教育方针并列举实施纲要。至于具体方案及进行步骤尚待计划。该会为集思广益起见,除征集专家意见及向全校教职员咨询外,并征求全体同学对于此项问题之贡献。兹将校务会议布告征文简则及复兴民族教育实施纲要,附列于后:

甲、布告

本校创立,于兹十载,内赖阖校师生之努力合作,外仗社会人士之热心赞助,艰难缔造,以有今日;回顾过去历史之光荣,益觉未来责任之重大。当此国难日亟、国势益危之际,大学教育尤非因时制宜,不足以实现为国作人之使命。兹经同人决定以复兴民族为本校之教育目标,并拟就实施纲要(详见于后,并刊载第十卷第七期《大夏周报》),所有计划期于三年内按步实行,自二十三年春季开始。兹为集思广益起见,特行征求是项纲要之具体方案及实施步骤,尚望全体同学踊跃投稿,是为至盼。征文简则列后:

乙、征文简则

一、就后附之民族复兴教育实施纲要,按照三年期限详举其具体方案及进行之步骤,并加以说明。

二、不限字数，不拘文言白话，字迹务须清楚，并加标点。

三、稿上须注明姓名、院科、年级。

四、投稿截止期十二月十日。

五、稿件送交校长室马公愚先生收。

六、稿经王校长审阅后，给予奖金。

第一名，三十元；第二名，二十元；第三名，十五元；第四名，十元；第五名至第九名，各五元。

丙、大夏大学民族复兴教育实施纲要

（中略）兹谨就目前大学立场，对于民族复兴运动，为急不容缓，而能力所能做到者，拟成实施纲要如左：

一、发扬吾国固有文化

1. 实行中山先生忠孝仁爱信义和平之遗训，使全体学生乾惕服膺，以恢复吾民族固有之道德。

2. 注重国学、本国史地诸学科，使学生对于吾民族伟大悠久之文化，有深切之认识。

二、淬砺尚武精神

1. 普及体育，使学生炼成坚强之体魄，凡体育不及格者不得毕业。

2. 严施军事训练，使学生生活军队化，以养成笃守纪律之精神，及耐劳吃苦之习惯。

三、实施经济建设教育

1. 注重生产教育，造成经济建设之技术人才。

2. 注重乡村教育，造成农村复兴之服务人才。

3. 提倡节约教育，养成廉洁刻苦之风尚。

四、养成国防建设人才

1. 研究军用科学

2. 研究边疆问题

3. 研究战时经济

五、贯彻大夏立校精神

1. 扩充师生合作之精神，以为民族团结之先河。

2. 厉行苦学、苦教、苦办之三苦主义，以养成艰苦卓绝复兴民族之人才。

上举纲要，不过就大学立场所能见诸实行者，略为揭出。君子思不出其位，救国事业，当从本位做起，泛言高论无益也。无未雨之绸缪，迨事迫燃眉，始慷慨激昂，张脉偾兴以应变，更无益也。七年之病，必求三年之艾，苟为不蓄，终身不得。吾中华民族受帝国主义者之重重压迫，含恨似海，积辱如山，探其实，则以无自卫能力故，索其原，则以无民族精神故。然则欲谈救国，必自复兴民族为起点，殆亦为三年之艾矣。教育同人，所教何事，所育何事，舍此不务，何异捕风。际兹世界大战，迫于眉睫，而吾国适为群雄角逐之场，来日大难，不寒而栗。如何复兴民族，自求多福，收穷变通久之利，极发扬鼓舞之神，盖亦主持大学教育者应负之使命也。《易》曰，其亡其亡，系于苞桑，愿与国人共勉之。

（《本校征求民族复兴教育实施具体方案及步骤》，《大夏周报》，第10卷第7期，1933年11月6日）

三十一日　文学院同学会邀请文学家赵景深先生演讲，题为"汉魏六朝小说"。（《文学院同学会敦请文学家赵景深演讲》，《大夏周报》，第10卷第7期，1933年11月6日）

　　本月　学校设立各种奖学金，勉励学生积极向学。

本校为积极鼓励学生勤业起见，早有奖学金之设置。兹当学期之始，王校长特行布告各项奖金办法及金额，以勉励同学。照录如左：

一、大学奖学金

A 名额　每学期以二十名为限，每名二十元，于次学期缴费时扣付，毕业生给予现金。

B 标准　凡各院科学生品行优良学期成绩指数在二.五零以上者得享受本项奖学金，如人数逾二十名时依成绩指数顺序定之

二、特种奖学金

A 名额　每学期约六百元

B 分类　本项奖金分以下四种：

a 专题研究奖金　本奖金为鼓励学生于课外作高深学术之研究而设，于必要时得改为征文奖金，俾全体应征者对于某种重大问题，作深刻之探讨。加入者限于各学院三、四年级及师专科二年级学生，本奖金由各院科分别主办，每名四十元。

b 演说辩论奖金　本奖金为锻炼学生用语言表达思想之能力而设。大学各学院及师专科学生均得自由参加，本奖金由群育委员会主办，第一名三十元，第二名二十元，第三名十元。

c 国文英文会考奖金　本奖金为提高学生之国文英文程度而设，参加者限于大学各学院一、二年级及师专科一年的学生。本奖金由教务委员会主办，第一名三十元，第二名二十元，第三名十元，第四名第五名均五元。

d 均优奖金　本奖金为鼓励学生身心各方面尽量之均衡发展而设。其标准为学业成绩占百分之五十，操行健康及课外作业占百分之五十，以一、二、三三等计算，其分数，以得分最多者为合格。本奖学金由教务委员会同群育委员会主办，每名五十元。

C 分配　每学期举行给奖之种类及每种奖金之名额，每学期又校务会议决定之。

三、刘氏奖学金（刘承桓先生捐赠）

A 名额　每学期二名，每名四十五元

B 凡商学院学生家境清寒品学俱优者，得享受本项奖金。

（《校长布告奖金劝学》，《大夏周报》，第 10 卷第 3 期，1933 年 10 月 22 日）

上学期专题研究奖金获奖者公布。

本校为提倡学术研究，爰有专题奖金之设。上学期各院科学生研究成绩，已经各院长主任教授审阅完竣。其中以教育学院姚毅成君之《民众学校实施之研究》，法学院何国祥君之《当代各国政治上中央与地方分权问题之比较研究》，理学院孙雄曾君之《近世解析学的基本命题》最为精彩。刻已提出校务会议通过，各由学校给予特种奖金三十元，以资鼓励。并闻何国祥君一文，颇为《东方杂志》社郑允恭先生所嘉尚，将来拟即由该杂志发表。姚毅成君一文，亦极得各师友之赞许，本校社会教育系主任马宗荣先生愿为负责校阅，教育学院院长邰爽秋先生愿为介绍出版。孙雄曾君刻亦正在整理中，一俟整理完竣，即行发表云。

（《校务会议通过专题研究奖金》，《大夏周报》，第 10 卷第 5 期，1933 年 10 月 23 日）

本月　教务处发布布告劝诫学生勿轻易缺课。

本校对于学生课业，十分认真。平时不得轻易缺课，如缺课时数超过一学期授课时数五分之一，即不得轻易参与学期考试，并不得请求补考。如每星期授课一小时者，一学期缺课总数不得超过四小时，每星期授课二小时者，一学期缺课总数不得超过八小时，余依次类推。又按照校章，凡未请假而缺课者作为旷课论，旷课一次作缺课两次计算，现教务处为提醒学生注意起见，更揭布告，重申告诫云。

（《教务处布告劝诫学生勿轻易缺课》，《大夏周报》，第 10 卷第 2 期，1933 年 10 月 2 日）

十一月

二日　举行师生谈话会。教职员到会者有王伯群、欧元怀及各院科主任。学生方面由各院科及学生会推举代表出席。（《师生谈话会欧王傅雷诸先生谈话志详》，《大夏周报》，第 10 卷第 8 期，1933 年 11 月 13 日）

民国二十余年以来，我们的国家是在革命的过程中生活。本校同人为适应革命潮流而举办这大学，所以表明苦办、苦教、苦学三苦主义不断地在牺牲抵抗中过活。因为抱定这种精神，故在过往的十年中，本校进行的路向是一直往前，没有迂回停滞的现象，这是我们深堪自慰的。不过在这个革命的过程中，社会的需要不同，而我们学校为适应社会环境起见，也随之而不同。以前的教育史只在造成几个饱学之士，而我们是进一步以造成能为国家社会服务的人才为目标的。自"九一八"以还，国难异常严重，我们从事教育的人,不能墨守从前的老法子,死读死教,应该择一适应现代环境的方法,从事研究和准备。本来救国的方法很多,站在这教育界的立场尤应深究这国家衰弱的原因,以便设法救国。我们国家衰弱的原因是什么呢?最主要的就是民族的衰颓。你们不看见在已往的若干年中,我们国家受了强邻的压迫和蒙了很大的耻辱,各地皆有热烈的表示。而近几年来,国家处于危岌存亡的紧要关头,民气消沉达于极点,国内相互间的歧视纷争,仍然有加无已,其他如民德、民生等,亦皆衰颓到极点。所以本校今后的教学方针,就是以复兴民族为中心,也可以说就是复兴民族的教育。可是有人说,民族、民权、民生应该同等注意,不应该偏重民族一方面。这话固然有理,然而为适应国家的环境起见,民族复兴尤为当务之急。关于这个问题,已由校务会议另推委员拟定纲要,不久可以发表,现在我先把他的意义约略申述如上,希望诸同学特别留意。其次本校过去的历史,现在所有的成绩,全是各干部人员互信共信,精成[诚]团结,努力奋斗的结果。诸同仁都本着革命的精神而办大夏,这在前面已经说过了。乃近有人说某人是某党,某人是某派,这全是不可相信的话。须知本校是最高的学府,关于各种学术主义,当然可以尽量研究,当然有力求深切明了的必要。但是各人都应该有个主观的立场。本校职教员学生共计不下二千二百余人,在这种大团体内,〈假〉设有个人利益与团体利益相冲突时,应牺牲个人利益维护团体,如此学校才可充分发展,将来你们到社会服务,社会才会进步,我们的民族才能复兴。我今天的话总结起来就是,希望诸位同学注意国家的现状,努力民族复兴,与学校与同学切实牺牲合作,并且希望到会诸同学将此意转致全体同学,那末本校的前途、民族的前途就不可限量了。

(《二十二年秋季师生谈话会王校长训词》,《大夏周报》,第10卷第7期,1933年11月6日)

四日　教育学会邀请刘海粟先生到校演讲,题目为"何谓艺术教育"。(《教育学会最近工作》,《大夏周报》,第10卷第8期,1933年11月13日)

六日　南京教育部派高等教育司谢树英科长及陈可忠、张绍忠两位专员来校视察。

教育部最近派员多人,分赴各省市视察教育实施状况。到沪视察者有顾司长、谢科长等数人,于本月六日高等教育司谢树英科长偕同陈可忠、张绍忠二专员来本校视察。陈先生现任中央研究院职务,张先生系浙江大学教授,均系数理专家。三先生于上午视察功课,下午视察实验室、图书馆等,均极详细周至云。

(《教部视察员来校视察》,《大夏周报》,第10卷第8期,1933年11月13日)

同年十二月底教育部正式公布此次视察报告,有关大夏大学情况摘录如下:

该校校舍占地三百亩,建筑适宜,环境优良,编制分文理法商教五学院,设十五学系,另附师范专修科。目前收支尚能相抵,惟历年欠债颇多。该校财力有限,院系过多,难以发展。商学院办理未见成效,师范专科分设四系亦有未妥。全校教职员七十六人,教员七十六人,内兼任教员太多,学生一千四百二十五人。教室与中学合用,甚感不敷应用。教员学生合作精神颇佳。教育学院办理稍善,师生共同研究,精神尤佳。训育管理尚见认真,惟学生风尚多趋奢侈,女生更见浮华。中西图书未见充实,理化仪器药品缺乏特甚,运动卫生设备尚能足用。

(《教部发表视察上海六大学报告》,《申报》,1933年12月25日,第12版)

十三日　经第一百五十一次校务会议议决,群育委员会改称生活指导委员会,下分群育、体育、卫生及军事训练四部。

本校对于学生思想行动、卫生、体育等各方面之指导,原设有群育委员会与体育委员会,以负其责。现经第一百五十一次校务会议决:将群育委员会改称"学生生活指导委员会",办理群育、体育、卫生及军事训练各项事宜。当经订定条例六条,即日公布施行,所有前订群育、体育两委员会条例均行作废,并拟定委员十五人,兹将该条例及委员姓名录后:

甲、学生生活指导委员会条例

第一条　本委员会依照本大学组织大纲第廿四条之规定组织之;

第二条　本会委员除体育主任、校医、女生指导员、群育员及军事教官为当然委员外,由校务会议就本校职员中推举若干人为委员;

第三条　本会设常务委员五人,由校务会议就委员中指定之主席,由校长聘定之;

第四条　本委员之职权如左:

1. 指导学生养成公共生活之良好习惯
2. 纠正学生谬误思想及不良言行
3. 指导学生团体组织事宜
4. 指导并审查学生发刊事宜
5. 主持办理导师制施行事宜
6. 考查学生操行事宜
7. 筹办学生各种课外作业
8. 筹办学校全体集会及运动会事宜
9. 派员参加学生各种集会
10. 指导学生卫生事宜
11. 办理学生体格检查事宜
12. 指导学生体育事宜
13. 决定体育经费之支配
14. 评定关于学生课外作业及体育之成绩
15. 决定关于学生体育奖励及操行惩奖事宜
16. 办理军事训练事宜
17. 接受各方关于学生生活之提议事项

第五条　本委员会每两星期开会一次,常务委员会每一星期开会一次,临时会遇必要时由主席召集之;

第六条　本委员会议决之重要事项经校务会议审定通过后施行之。

乙、学生生活指导委员会名单

王毓祥先生(主席)　雷国能先生　傅式说先生　吴浩然先生(以上为常务委员)

沈昆南先生　张泽春先生　夏三杰先生　陈令仪先生　黄炎先生　刘逸青先生　邰爽秋先生　顾君谊先生　何惟忠先生　俞曙方先生

(《组织学生生活指导委员会》,《大夏周报》,第10卷第10期,1933年11月27日)

十五日　教育学会邀请教育专家郭一岑先生演讲,题为"何谓生产教育"。(《郭一岑讲"生产教育"》,《大夏周报》,第10卷第9期,1933年11月20日)

二十日　商学院同学会邀请前院长孙瑠先生来校演讲,演讲题目为"银行商业投资问题"。(《商学院同学会请前院长孙瑠先生演讲》,《大夏周报》,第10卷第10期,1933年11月27日)

二十一日　英国牛津大学女子学院院长佛莱((J. P. , Fry M. A. , LL. D.)女士来校作"妇女运动问题"的演讲,介绍英国妇女运动的历史及女子大学学生生活状况。欧副校长主持,王国秀教授翻译。二十八日,佛莱女士受邀再次发表演讲,题目为"英国的教育"。由欧副校长主持,并任翻译。(《牛津大学女学院长来校演讲》,《大夏周报》,第10卷第10期,1933年11月27日;《佛莱女士二次来校演讲》,《大夏周报》,第10卷第11期,1933年12月4日)

二十二日　国语演说比赛举行决赛。

本校每学期例有国语演说竞赛之举行,藉以培养学生演说及辩论之能力。本届报名参加者颇为踊跃,曾于本月十七、十八两日,分甲乙两组进行预赛,录取八名。兹经廿二日下午四时,在群贤堂三一二教室,举行决赛,由王毓祥先生主席,并聘请本市教育局长潘公展氏及江问渔、林希谦、顾君谊诸先生为评判员。讲者俱口若悬河,议论风生。末由潘局长报告结果,计优胜者为:

第一名　王非　从丧失东北说到保全西北

第二名　谢端如　今日中国大学生之责任

第三名　汪缉熙　民族复兴之先决问题

第四名　陶愚川　中国科学化运动

第五名　黄纪法　农村衰落之原因与补救方法

上列五名,除由校方给与奖金,以资鼓励外,其第一、两名,将代表本校,出席上海各大学国语演说比赛,想届时王、谢二名,必能为校争光也。

(《国语演说决赛结果》,《大夏周报》,第10卷第10期,1933年11月27日)

二十五日　下午,生活指导委员会召开第一次会议。

本校原有群育、体育两委员会,业经改组为学生生活指导委员会,并经推定委员十五人,曾志前期本报。现该委员会于上月二十五日下午二时开第一次会议,到委员王祉伟、傅式说、邰爽秋、顾君谊等十三人,由王祉伟先生主席,刘逸青先生记录。议决要案多件,闻于该会议下更设群育、体育、军事训练、卫生四部分别负责。并推雷国能先生为群育部主任,沈昆南先生为体育部主任,夏三杰先生为军事训练部主任,张泽春先生为卫生部主任。在雷先生告假期间,群育部主任由王祉伟先生代理。

(《生活指导委员会第一次会议》,《大夏周报》,第10卷第11期,1933年12月4日)

师范专修科同学会邀请上海市教育局长潘公展先生到校演讲,题目为"教育界所需要的新精神"。(《潘教局长应师专同学会请》,《大夏周报》,第10卷第10期,1933年11月27日)

十二月

六日　民族复兴研究会开成立大会。

民族复兴研究会,自经李卓之、朱绍曾、陶愚川、陈如辉[辉]、俞尚埙、陈普等发起后,即积极筹备,于十二月六日在群贤堂三〇六教室举行成立大会,计到刘福沅、邓切、钟朗华等数十人。主席李卓之,记录沈思齐。除通过会章及民族复兴讲座等重要决议案外,并选出李卓之为文书干事,陶愚川为编辑干事,陈普为事务干事,沈思齐为劳工问题研究组召集人,陈如辉[辉]为国际问题组召集人,陶愚川为教育问题组召集人,朱绍曾为文艺组召集人,章鸿猷为复兴农村组召集人,邓切为政治问题组召集人,刘福沅为边疆问题组召集人,陈铱为妇女问题组召集人。闻该会组织有一特点,即除事务干事三人外,其他干事均由各组组员轮流担任,既免少数人偏劳之弊,复可引起全体会员之责任心,俾便收实际研讨之效果云。

(《民族复兴研究会成立》,《大夏周报》,第10卷第13期,1933年12月18日)

十日　举行国文会考,报名参加者一百三十一人。

本校特种奖金有荣誉学会、中英文会考、演说辩论比赛、专题研究等项。关于国语演说比赛,业于上月二十二日举行完竣。现国文会考亦在筹备进行,报名者计共一百三十一人。定于十二月十日(星期日)上午八时起至十二时止举行,地点在三一二号教室,主持者为蓝春池先生,业由教务处布告通知矣。

(《国文会考定期举行》,《大夏周报》,第10卷第11期,1933年12月4日)

十七日　举行英文会考,报名参加者一百二十人。

本校特种奖金有中英文会考一项,已选志本校[报]。本学期中文会考消息,已于上期本报披露。兹闻英文会考,亦定于本月十七日上午八时至十二时举行。凡本科一、二年级及师专科一年级学生,均有机会参与。本学期选习英文课程者,由担任教师挑选开列名单送至教务处,其未选英文课程者可自至教务处报名,审查合格后亦可参加。现由教务处布告此次可以参加会考者,计共一百二十人。会考地点在群贤堂三一二号教室,仍由蓝春池先生主持。

(《英文会考即将举行》,《大夏周报》,第10卷第12期,1933年12月11日)

二十日　事务主任吴浩然遵尊翁吴竹林先生遗嘱,将家藏珍贵图书一百三十种,九百余册,捐赠大夏图书馆,藉供众览。

本校事务主任吴浩然先生系苏州籍,乃翁吴竹林先生在前清曾中举人,对于国学攻求甚深。旋留学日本,钻研新学。民国初年,曾在国务院供职,顾有名于时,称吴中望族。现老先生年届耄耋,不幸于上月下旬作古,遗嘱将自藏中籍十余箱捐赠本校图书馆,藉供众览。本校正在准备前往起运,不久可以到校。嘉惠学子,殊堪怀感也。

（《吴竹林先生捐赠本校书籍》,《大夏周报》,第10卷第8期,1933年11月13日）

本校事务主任吴浩然先生之尊翁吴竹林先生,遗嘱将自藏中籍十余箱,捐赠本校图书馆,业志本报。兹闻吴老先生所遗书籍,业由吴浩然先生昆仲整理清楚,除一部分捐赠江苏省立苏州中学外,所有捐赠本校图书馆者,已完全运送到校,计一百三十种,共九百余册。兹将书名册数录后:(下略)

（《吴竹林先生捐赠书籍已到校》,《大夏周报》,第10卷第15期,1934年1月1日）

二十五日　校董会根据《修改私立大学校董会规程》进行改组,并修正校董会章程。校董为:王伯群、王志莘、王毓祥、何应钦、杜月笙、马君武、张竹平、杨永泰、傅式说、欧元怀。王伯群为董事长。名誉校董是:王一亭、吴稚晖、吴蕴斋、任穆生、汪精卫、邵力子、何纵炎、周守良、胡孟嘉、胡文虎、梁燊南、徐新六、徐寄顾、陈光甫、马君武、张君劢、张公权、黄绍雄、叶楚伧、荣宗敬、虞洽卿、赵晋卿、赵恒锡、刘书蕃、刘文辉、钱新之、戴培基、戴培元。（《校董会重要消息》,《大夏周报》,第10卷第16期,1934年3月6日）

本校于去年十二月间奉教育部一〇八四号训令及《修改私立大学校董会规程》一份,王伯群董事长奉令今后即遵章办理改组,以限于名额关系,遂请原有多数校董为本大学名誉校董,同时并延聘新校董,连同校董会章程呈部备案。是项呈文于一月中旬发出,二月间由部批准备案,兹将新校董名单(以姓氏笔画多寡为序)及校董会章程如左:

王伯群先生(董事长)

王志莘先生

王毓祥先生

何应钦先生

杜月笙先生

马君武先生

张竹平先生

杨永泰先生

傅式说先生

欧元怀先生

校董会章程

第一条　本会定名为私立上海大夏大学校董会。

第二条　本会依据教育部"修正私立学校规程"组织,为本大学之代表并负维持发展本大学之全责

第三条　本会校董名额定位九人至十五人,互推一人为董事长

第四条　本大学设立者为当然校董,余由设立者聘请之

第五条　本会之职权如左:

1. 选任本大学校长

2. 筹划本大学经费及基金基产

3. 审核本大学预算决算

4. 监察本大学财务

5. 保管本大学财产

6. 讨论校长提议及其他重要事项

第六条　左列各项应由校务会议汇案报告校董会

1. 关于本大学组织大纲之订定与修正事项

2. 关于本大学建设改进及重大进行计划事项

3. 关于主要教职员进退事项

4. 关于建筑计划筹备事项

5. 关于会计收支状况事项

6. 关于全校各项统计事项

第七条　本会每学期开常会二次，以校董过半数到会为法定人数，以董事长为主席

第八条　本会校董之任期为六年，第一届校董任期分为二年、四年、六年，以抽签定之，每二年后改选三分之一，得连选连任

第九条　遇有特别事项，有校董三人之提议，由董事长召集临时会

第十条　校董因事不能出席时得委托其他校董代表之，但每一出席校董只能代表一人

第十一条　本章程有未妥善时由本会常会修改之。

（《校董会章程》，《大夏周报》，第10卷第16期，1934年3月6日）

二十九日　法学院同学会，邀请前劳动大学社会科学院院长章渊若来校演讲，题为"1936年世界大势与中国外交方针"。（《本校法学院请章渊若演讲国际形势》，《大夏周报》，第10卷第15期，1934年1月1日）

本月　奉教育部令，全校师生服装须用国货。

最近本校奉教育部训令，以准行政院秘书处函开，据江浙丝绸机织联合会呈请令饬全国各机关公务人员及学校员生，一律穿国货衣服。又据上海市商会呈请令知各机关团体公务人员，一律服用国货呢绒哔叽，并推用达隆毛织厂出品，藉维国内工业，而免漏卮外溢。本校奉令后，已布告全校师生，劝令一体实行矣。

（《奉教育部令提倡国货》，《大夏周报》，第10卷第13期，1933年12月18日）

本月　中学部新购校地。

本校附设大夏中学，自胶州路迁至中山路新校舍后，以大学部学生，年有增加，各部房舍颇感不足，中学部爰有另建校舍之计划。早于校西丽娃栗妲河畔购有基地二十余亩，俾筑新舍之用。现又在原地毗连处添购基地十余亩，从此丽娃栗妲河东，北至本校操场，南至丽娃栗妲村附近，一片大地几全为本校所有，将来中学新建校舍颇有扩充余地也。

（《本校附设大夏中学添购校地》，《大夏周报》，第10卷第12期，1933年12月11日）

一月

本月 有教育部下令停办商学院传闻，学校将商学院办学详细情况上报，请予察核。

……教部又以大夏大学商学院，办理未见成效，故亦令饬该校限期结束商学院，俾以办理商学院经费助长其他院系之发展云。

（《教部分令复旦大夏结束法商两学院》，《申报》，1934年1月29日，第12版）

昨报载教育部令大夏大学限期结束商学院，惟该校并未接到是项令文。查该校商学院开办已及十年，历届毕业生在各机关服务者，成绩优良，为社会所共睹。现有学生二百零七人，分银行、会计及交通管理三系。由教员十三人担任功课，如唐庆增、朱巽元、沈麟玉、陈鸣一、蒋正雅、傅式说、王毓祥、姚松龄、吴文蔚、陆梅僧、王孝通、曾克熙、葛绥成等，均系专门学者。上学期所开专科学程，共有二十五门之多。教育部仅凭视察员半日之视察，自未易见其确实之成绩。现该校已将商学院目前一切详细状况，及历届毕业生服务成绩，呈报教育部，请予察核矣。

（《大夏大学商学院实况》，《申报》，1934年1月30日，第13版）

二月

十日 南京教育部准校董会备案。

本校校董会自遵照部章改组后，新聘校董均惠然应允，本校前途发展未可限量。王董事长特于上月（编者按：二月）某日在其私邸宴请新校董。到者杨永泰、杜月笙、张竹平、王志莘、傅式说、王毓祥、欧元怀诸先生。是日，吴市长、杨保安处长亦在座。席间对于发展大夏计划略有讨论，即将定期开正式会议云。

《王董事长宴请新校董》，《大夏周报》，第10卷第16期，1934年3月6日）

二十六日 校务会议议决，该学期实施民族复兴教育。是日公布本学期民族复兴教育方案。

校长布告

本校鉴于吾华民族当前之危殆与大学使命之重大，爰于上学期决定以民族复兴为教育之中心目标，并拟定纲要向校外专家及校内教职员同学征求是项纲要之具体实施方案，复经校务会议推定欧元怀、鲁继曾、王毓祥、傅式说、邰爽秋、吴泽霖、陈柱尊、林希谦、陈芑民诸先生及伯群组织民族复兴教育方案，整理委员会将所征集之方案加以整理交由校务会议通过，分期次第实施，兹将本年内决定施行各端列举于左：

建筑中学校舍

中学部课堂二座，寄宿四座，办公厅及自修室一座，图样已全部绘成并已登报招标，决于最短期间兴工建筑，秋季即可迁入，一俟中学校舍建成后，大学部校舍自有宽余可作各种研究室或其他用途。原有大礼堂亦可恢复，大中二部管教可以完全分开。

充实理工设备

本校原有理学院各种设备尚可敷用,兹为力求充实期间特添置理工仪器三万一千元,业已开单,交由财政委员会核请校董会筹款进行订购。

促进大夏社会教育实验区各种事业

本校原有大夏公社成绩昭著,自上学期起复在附近各农村举办民众教育,并将公社事业合并,农民受惠匪浅。兹为促进是项事业起见,自本学期起专设主任主持并聘农业专门人才为农事指导员,拟定整个计划积极进行,为复兴吾国农村之实验。

开设统制经济及战时经济讲座

当此国民经济濒于破产及东亚大战迫于眉睫之际,统制经济及战时经济之研究实属刻不容缓,本学年特设此两种讲座,聘请专家担任。

开设太平洋问题讲座

此后世界大势以太平洋为枢纽问题,复杂风云密布,吾国身处其间将如何应付此险恶之环境实为民族前途存亡所图,本学年特设此讲座聘请专家担任。

改善国文史地教学办法

大学生国文程度之日低及史地智识之浅薄实为民族前途之隐忧,兹已由教务处召集各该科担任教员共同拟定改善教学办法,以期增进学生之国文及史地程度,详细办法由教务处另行公布。

整顿军事训练

军事训练原为锻炼体格并养成能力起见,关系民族生存甚大,兹为力矫各生玩忽军事训练之习惯。自本学期起,凡上操不穿制服及迟到早退者,一律作为缺课论从严处分。

完成普及体育计划

注重选手运动而忽视全体体育实为近日大学一般之通病,本校力矫斯弊,曾于上学期订定体育及格标准作为毕业条件之一,藉以促进全校学生对于体育之注意,早已公布在案。兹为完全是项计划起见,复由体育委员会拟定普及体育实施办法,决于秋季起实行。

添设大学一年级主任

大学一年级新生为全校学生之基础,关于行为之习惯、学问之方法及身心之修养均有特加指导之必要。本校特设此职,使一年级生有负责之导师。

筹集学术研究基金

民族之兴衰视学术之进退以为消长,而大学实为研究学术之中心,于训练使用人才之外,尤当从事学术上之深切研究,本校爱斯旨,拟于本学期起筹集基金,决定计划进行研究工作,所有办法另行公布。

刊行《大夏学报》

本校于上学期决定集合全校教职员、校友、同学之精心著述,刊行《大夏学报》,以期对于学术文化有所贡献,并以发挥我大夏之精神。所有投稿简则早已公布第一期,定于本年四月出版。

此外,凡有裨民族复兴而为本校立场所能见诸实行者当随时公布,尚望我全体同学一致努力,互相策励,以期达到吾人所负之神圣使命,则幸甚矣。此布。

(《本学年实施民族复兴教育的步骤》,《大夏周报》,第 10 卷第 16 期,1934 年 3 月 6 日)

二十九日　该学期太平洋问题系列讲座第一讲,邀请陈立廷先生主讲,题目为"太平洋问题之性质及其重要"。(《太平洋问题讲座第一次演讲》,《大夏周报》,第 10 卷第 20 期,1934 年 3 月 27 日)

本月　春季新聘徐仁铣博士为数理系主任及专任教授,蒋子英先生担任群育事宜。

本校春季各院科开班课程,业由教务处排定,依照民族复兴教育之主旨,定教授之方案,并新聘教授数人,以增进教学效率。如理学院方面新聘徐仁铣博士为数理系主任及专任教授。徐博士原任本校教授,后往中央大学、之江大学任教授,对于物理学特有专攻,现已应本校聘。生活指导方面新聘蒋子英先生担任群育事宜。蒋先生原为本校第一届毕业同学之高材生,曾在国内担任党政工作,颇著成绩。后留学欧美共五年,对于政法经济研究颇深,今回母校服务,定有不少贡献也。

（《本校春季新聘教职员》,《大夏周报》,第 10 卷第 15 期,1934 年 1 月 1 日）

三月

一日　开学以来,新旧学生准时到校,至是日已注册大学部 1336 人,中学部 603 人,教职员 115 人。（《同学到校踊跃》,《大夏周报》,第 10 卷第 16 期,1934 年 3 月 6 日;《本学期大学部教职员名单》,《大夏周报》,第 10 卷第 17 期,1934 年 3 月 13 日）

本学期大学各学院及师专科同学总数,共计一千三百二十六人。教务处为明晓各院系、师专科人数及籍贯分配起见,特制统计表两份,以资比较。兹附录于后:

二十三年春季各院科及附设中学学生人数统计表

院科别	人数	院科别		人数
文学院	143	大学部总计		1326
理学院	142	附设中学	高中	531
教育学院	278		初中	72
商学院	177	中学总计		603
法学院	320	大中两部总计		1929
师专科	266			

二十三年春季各学院及师专科学生学籍统计表

省市别	人数	省市别	人数	省市别	人数
江苏	398	湖南	54	南京市	1
浙江	188	湖北	27	山西	1
广东	178	云南	19	辽宁	1
福建	114	贵州	16	河北	1
安徽	96	陕西	11	黑龙江	1
江西	74	山东	9	朝鲜	1
广西	65	上海市	5	甘肃	1
四川	61	河南	4	总数	1326

（《学生人数及籍贯统计表》,《大夏周报》,第 10 卷第 22 期,1934 年 4 月 24 日）

四日　教职员及毕业同学发起组织大夏学会。是日举行筹备会,十一日举行成立大会,选举王伯群、欧元怀、王毓祥、傅式说等十一人为理事,王伯群为主席。

大夏学会,自经傅式说先生暨毕业同学黄炎等发起创办,积极筹备,不遗余力。已于本月四日,在本校群贤堂二〇一教室开发起人大会。当场推出筹备委员九人,章程审订委员五人。是日莅会者,有傅式说、欧元怀、马宗荣、孙浩烜、邬爽秋、朱巽元、梁园东、张梦麟、陈芾民、蓝春池、倪文亚、董任坚、王蘧常、鲁继曾、吴泽霖、邵家麟、郁康华、张耀翔、陈柱、高芝生、杨麟书、马公愚、刘宣曦、何惟忠、高昌琦、杨建勋、欧文柔、王裕凯、黄炎、陆春台、江滨、刘燃章、张仲寰、洪啸农、刘逸青、许公鉴、李学丰、曾昌燊、王瑾怡、唐茂槐、孙亢曾、程宽正、赵迺、马雪瑞等。公推傅式说先生为临时主席,高昌琦君为记录。议决事项

多件,兹附录于后:

(一)推举筹备委员九人,筹备成立大会。除此次召集开会人傅式说、王毓祥、孙亢曾、何惟忠、高芝生等五人为委员外,另推举欧元怀、鲁继曾、邰爽秋、张耀翔等四人为筹备委员。(由傅式说先生负责召集)

(二)推定孙浩烜、马公愚、顾君谊、黄炎、王瑷仲等为缘起及章程审订委员会委员。(由孙浩烜负责召集)

(三)由筹备委员会,负责继续征求发起人。

(四)本会定于三月十一日下午三时,开成立大会。

(五)将陈柱尊先生书面所提意见交章程审订委员会参考。

《发起组织大夏学会》,《大夏周报》,第 10 卷第 17 期,1934 年 3 月 13 日)

有关大夏学会相关情况,王毓祥先生曾撰写《大夏学会概况》一文做了详细地介绍:

大夏学会概况

王毓祥

一、发起的动机

大夏学会自去岁发起组织以来,迄今将近一周年。发起组织本会的动机,乃本校教职员毕业同学及在校同学等,因鉴于国难日深,国势日危,感于自身所负使命之重大和努力团结之必要,遂在一共同宗旨——研究学术,团结意志,立谋复兴民族,发展大夏大学——之下,应运产下宁馨儿。它目前的遭遇虽好似障碍重大,但这适足以表现出小生命前程的光明和远大!

二、成立经过

本会在民国二十三年三月十一日正式成立。当经选出理事王伯群、欧元怀、傅式说、王祉伟、孙亢曾、张仲寰、徐则骧、王裕凯、高芝生、张耀翔、马雪瑞等十一人,候补理事邰爽秋、周乐山、曾昌燊、程宽正、蒋子英等五人。同月十六日开第一次理事会推定王伯群、王祉伟、王裕凯、孙亢曾、马雪瑞等五人为常务理事,并推选王伯群为主席理事,王裕凯为总务部主任,王祉伟为职业介绍部主任,周乐山为编辑部主任,张耀翔为研究部主任。并聘任高昌琦为文书组主任,张仲寰为交际组主任,宋作锟为会计组主任,杨建勋为庶务组主任,高芝生为调查组主任,程宽正为介绍组主任,周乐山为指导组主任;曾昌燊为编审组主任,王韫石为出版组主任;高芝生为发行组主任;陈柱为国学组主任,梁园东为史地组主任,孙浩烜为法律组主任,林希谦为政治组主任,邰爽秋为教育组主任,唐庆增为经济组主任,马公愚为文艺组主任,邵家麟国防科学组主任。

三、现状一斑

1. 总会

A. 会员

本会会员已完毕登记手续者,有三百十一人。来函索阅本会缘起及章程或请求加入为会员者约三四百人,此皆为本大学之毕业同学。现在大学肄业之高年级同学多人亦皆热烈赞助并表示愿意加入。一俟本会组织完成征求新会员时,此皆为本会源源不绝之生力军。

B. 会务

本会成立以来,为时不过数阅月,历史既短,会务自亦简单。目前主要之会务,可分为三点:(一)完成内部之建设工作,(二)办理新会员入会手续,(三)组织各地大夏学会分会。现皆已逐步完成,以后所着重者厥为本会重要会务之逐步施行。

C. 经费

本会经费除会费外,第二次常务理事会会议定筹集基金的办法,其原则系向毕业同学中酌募,但并未规定切实办法。目下维持费,则由学校暂垫。

2. 分会

各地有会员十人以上得组织分会。前此南京、杭州、武进、北平、南昌各地均有同学来函报告进行组织。惟因经费关系,分会不能立时普遍于全国各大城市,未始非一大缺憾之事。

三、重要会务纲要

本会重要会务如左：

1. 研究学术救国具体方案
2. 发扬民族文化淬砺爱国精神
3. 协谋物质建设提倡生产事业
4. 编译大夏丛书发行《大夏学报》
5. 举办其他与本会有关之文化事业

上列五点，皆为本会今后急待施行之重要会务，而我国民族复兴和挽救国难之艰厄工作，皆将以此为其致力之起点。天下事作也简，将毕也巨，视前途之努力如何耳！

二三，十一，一日

（王毓祥：《大夏学会概况》，《大夏周报》，第11卷第8—9期合刊，1934年11月3日）

后大夏学会又拟定会员生活公约八项，对此，校长王伯群又做了进一步地阐述：

最近大夏学会又拟定会员生活公约八项，以为全体会员今后共同遵守的标准。这八项生活公约，已经在《大夏周报》第十一卷第十六期里发表，并由高昌琦君根据这八项纲目撰述一篇文章，题目叫做《今日国民应养成之基本信念》，逐项加以阐述，不过说得不很详细，现再详加说明。

这八项公约虽是为大夏学会而设，诸位同学有很多没有加入大夏学会的，我希望也能够做到；就是现在一般国民，都应该做到的。这八项公约在表面上看起来，好像是很粗浅的，不过要身体力行，并且把各项的联系关系都能做得到，须要用一番苦功去磨砺、砥砺的。

现在我把这八项生活公约——也可以说是做人的方针——逐条的加以说明，作为诸位同学朝斯夕斯努力奉行的信条。不独是要当作座右铭记得熟，并且要当作日常功课去切实地做。那么，这八项做人的方针是什么呢？

第一项是坚强体力，精修技能。

一个人的身体不好，就是有多大的学问，也没有用处。现在青年们的身体，有很多是不结实的，当然负担不起繁重的工作、重大的使命。要想做一件大事，非先把身体锻炼得坚强不可。……回头看看我们中国人的身体怎样，年纪还没有到三十岁的青年，便已经是体力衰弱，疾病丛生；等到了四五十岁的时候，早已告老退休优游田园了。这不独是个人的损失，也就是社会国家的极大损失。因为国家培植了一个领袖的人才，不知道花多少心思，耗多少金钱，结果不能替国家多服务几年，这是很严重的问题。这样看起来，非先把身体锻炼好，其次才谈得上学问。有了坚强的身体，个人的才力可以表现，本能才能发展。说到求学问，便应有精修的技能。一个人的学问，不独要博，使得常识丰富，并且要专，要精到，要深刻。我们都知道学以致用，怎样的学问才能致用呢？决不是肤浅的学问，囿于一隅的见解可以办得到的。一定要有一种独到的见解，专门的技能，才能致用的。诸位同学将来到社会上做事，坚强的身体就是你们的资本；精修的技能就似乎你们的财产。俗语说得好："家有良田千顷，不如薄技随身。"这句话的意义是很深长的。诸位在这年富力强的时候，应该戒绝一切不良的嗜好，不正当的娱乐，不必要的外务，一心一意地坚强体力精修技能，个个下一个决心地振作起来；人人有朝气，个个能生动，国家方能够走上励精图治的康庄大道！

第二项是崇尚勤俭，实行廉洁。

现在全国闹着经济不景气，演成民穷财尽的局面。所以养成勤俭的风尚，确是当前的亟务。能够养成勤俭的习惯，自然就会能廉洁。平常做事刻苦耐劳，爱惜物力，习惯成了自然，决不会妄自苛求、贪婪无厌的；所谓"俭以养廉"，就是这个意思。假使一个人不能够克勤克俭，就不免浪费财力。在学校里读书的时候，便想出许多花样向家长请求多多的寄钱。日后到社会上做事，自然非想法子巧取以增加收入不可；如果妄取这种非义之财，就不能保持廉洁了。所以这一项做人的方针，小而言之，在学校里读书时候用钱的数目，就应该设法节省。每一个学期用钱两百元或者在三百元以内是合理的，如果超出这个标准，是不合理的浪费。现在养成了浪费的习惯，将来到社会便去做事，一定很难保持操守。这件事情，诸位不要看轻，实在是立身处世很要紧的事。不独是个人的操守问题，尤其是在目前这种危急存亡莫卜的局面之下，更不得不加倍地注意。如果个人能够勤俭，便可以节省下来的金钱去帮助受经济压迫的朋友，使不能求学的也可以解决物质上的困难，不至于影响学业因而辍学。这件事大而言之，关系社会国家。在学校里便降低物质上奢侈的欲望，自然不会被声色货利所诱。所以崇尚勤俭实行廉洁是相互为因果的。

第三项是克制私欲，努力公德。

这一项做人的方针，更属重要。现在人欲横流，差不多把个人的利害看得很重，一点也不肯牺牲；对于公共的道德，则鄙弃不顾。试问诸位同学当中能有几人能把看电影、上馆子的钱节省下来去做公益的事？又能有几人能把自己一个学习奢侈的费用节省下来帮助别人？记得我从前在日本留学的时候，自己勉能自给，就把一年所得官费三百多元，节省下来供给两个朋友留学，这两个朋友现在都能够在社会上卓然自立。所以觉得一个人把私欲稍微克制，便有两个人受着益处。如果多数人都能够节制私欲，则受益的人当不可以数计。这是应该在平常便有良好的习惯，良好的修养。再讲公德方面，就小的事情说，学校里的一切用具，小至桌椅板凳，大家都要爱惜；对于公家的东西，一个人不爱惜，损失尚小，大家不爱惜，合起来的损失就很大。再小一点说，像公共卫生也是极关紧要的。为[如]随意吐痰，吐痰不吐到痰盂里，这就是缺乏公德心的表现……要顾到公德，便先要克制个人的私欲，如不能克制私欲，将〈来〉到社会上服务时，遇着对于国家有很大的损失，对于自己有很小的利益的时候，必定只顾着自己的小利益，不顾国家的大失了。诸位此刻在学校里求学，好像一张白纸，毫无污点；不过要有修养，把握得住，将来到社会上去才不为环境所沾染而玷污了。努力公德的另一方面便是守纪律，奉公守法。处处提防要看重法治的精神。牺牲个人的私见，完成团体的福利。

第四项是明辨是非，维护正义。

是非本来是有时代性的，今日以为是的，或许明日以为非；今日以为非的，说不定今后以为是。但是真理则系持久不变的。孟子曾说过："是非之心人皆有之。……是非之心，智也。"一件事情的真是非怎么样，完全看我们如何运用理智去判断。至不要泯灭了理智，一定可以辨别出真是非的。只要明辨体察，认识清楚，还可以找出真理来的。不要人云亦云。所谓"育[盲]人骑瞎马，夜半临深池"，其危险不想而知……至于正义，是支持社会机构的一种正气，更需要大家竭力维护。在这个时候，思想复杂，异说横行，偶不经心，便会颠倒是非，淆混黑白的。我们努力做人，便应该对于摆在当前的是非认识清楚，然后致力于维护正义公道。社会上多培养一分正气，便是减少一分阴险诡作。

上面讲的这四项，坚强体力精修技能，崇尚节俭实行廉洁，克制私欲努力公德，明辨是非维护正义，都是关于个人修养方面的。个人的修养有素，才能谈到服务社会，再以之推及大众。

第五项是唤起群众，自治自活。

大多数的群众总是要少数人做领袖的去领导他们的。群众的痛苦，现在很深；群众的迷梦，现在正浓。我们应该赶快地唤起他们。唤起些什么呢？唤起群众能够自立、自存、自治、自卫和自活。现在许多人没有饭吃，流为盗匪。就是有饭吃的人，也不知道是非正义。尤其是民气消沉到了极点，大家对于国家的危难，毫不感觉到切身的痛苦。大家还是鱼游釜中，燕居危巢。就以上海一地而论，一般市民对于过废历年，热烈欢迎；整天的糊里糊涂，欢迎鼓舞，只是过着放纸炮、贴春联、迎财神、玩龙灯、敲锣鼓等等毫无意义的迷信生活。这不独是一般没有充分知识的市民如此，便是称知识阶级的人们，又何尝能够免俗。这简直是失掉了理性的疯狂，眼看着要做亡国奴，还不想法子挣扎。所以我们要唤起他们，指导他们，赶快从迷梦中觉醒过来。不要任凭别人来宰割我们，要自己起来为我们的民族争一口气，为我们的国家想法子复兴。所以唤起群众，自治自活，是非常重要的。

第六项是亲爱互助，共谋安乐。

自从欧风东渐以来，中国的社会制度就起了很大的变化。本来在中国是注重家族制度的。在一个家庭里的人是互相亲爱、休戚相关的。现在被新兴的学说推[摧]毁殆尽，早已没有这种美德的存在。家族制度固然有不好的地方，就是一个大家庭里，往往只有一二个人生产，大多数人过着依赖的生活。但是好的地方就是亲爱互助，共谋安乐。就像诸位同学来到这里读书，多半是靠父母培植的。自己现在受着很大的恩惠，将来应该尽量地报答，对于年老的要奉食，对于年幼的要扶植。近几年来，这种观念逐渐薄弱。再有，从前师生之间的关系非常亲切，好像是父子兄弟一样。因为教师的地位，在中国社会制度上是占有极重要地位的。韩文公的《师说》一文里讲："师者，所以传道授业解惑也。"现在师生之间，这种人的关系，慢慢地破坏了，只存有一种制度的关系。教师听钟上课，闻铃下课，学生对于教师也没有什么感情。照这种情形看起来，中国的旧道德加速的摧毁，由欧洲传来的新道德还没有建立，这青黄不接的时候，社会就显得紊乱，国运也日益衰落了。现在我们大家要做到亲戚朋友，人与人之间，团体与团体之间，份[分]子与份[分]子之间，都能够相亲相爱，互相扶助。应该把种种不道德的行为，残酷的行为，相互损害的行为，涤除殆尽。我希望最低限度，在学校里要尊敬师长，对于朋友要讲信义，年级低的同学对于年级高的同学要敬，年级高的同学对于年级低的同学要爱。《礼记》的《礼运》篇里，曾明白地指示过我们天下为公的途径。人与人之间，应以感情为重，功利为轻。学生对于教授要亲近，要有礼貌，不应该冷漠。这样才能够使教授，把他的学问完全教给你们，并且很乐意的交给你们。你们将来有不少的人也是要做教师的，希望将来的学生对你们的尊敬，你们现在就要对师长尊教。……

第七项是精诚团结，誓除强暴。

如果上面讲的几件做人的方针都能够做得到，那么便需要团结。果能够团结，对于强暴自会消除。现在国内的情形是一盘散沙，给予侵略者一个很好的机会。怎样才能够团结呢？不是以力服人所可办到的。一定要以诚恳的意思，以德服人。要想团结之先，应打破阻挠团结的障碍。我们在这非常时期的紧要关头，应牺牲成见，看轻小我的利益，完成民族国家的利益……过去我国国势凌夷，都是被敌人各个击破的策略所造成的。现在国家危如累卵，便应如何奋发激励，精诚团结，认清我们的敌人，取消我们的桎梏，还我河山，复我自由！

第八项是复兴民族，挽救国难。

以上讲的七项的目的，不仅是救自己，救别人，并且还要救国家。所以个人和个人，团体和团体之间，都应该互相策励，闻鸡起舞。尤其是全国国民万分之一的大学生，更应该努力地兴奋起来，担当着复兴民族，挽救国难的先锋队。虽然不能够领导一万个民众，最低限度，也应领导一两百个人去共同努力。各位同学，应该每天加紧的修养，继续不断的奋斗。从前柏林被法国攻陷，哲学家菲希特登高一呼，警告德意志的国民，极救国难。其后柏林大学又努力倡导民族文化，不到几十年，日耳曼民族终于复兴。最近意大利的复兴，土耳其的复兴，何尝不是全国有志之士咬紧了牙关，拼命地死干。所以我们在这国家危急的时候，要恢复民族自信力，充实国力，发扬民族精神，国难前途，一定是可以挽救的。

（下略）

（《大学生做人的方针》，《大夏周报》，第 11 卷第 17 期，1935 年 2 月 25 日）

五日　该学期特设太平洋问题讲座及统制经济讲座，延聘专家到校演讲。

本校有鉴于太平洋风云日急，有关我国民族前途异常重大，特列太平洋问题讲座为民族复兴教育方案之一，已志本报第十卷第十六期。是项问题分经济、政治、外交、军事各种方面，延请专家分别担任演讲。现已由吴泽霖先生接洽邀请陈立廷、刘驭万、李干、刘大钧、张心一、蒋百里诸先生担任讲演。关于太平洋问题参考书籍，图书馆最近添购者颇为不少云。

（《太平洋问题讲座》，《大夏周报》，第 10 卷第 19 期，1934 年 3 月 27 日）

十一日　大夏学会召开成立大会。

本校教职员暨毕业同学等鉴于我大夏同人所负使命之重大，与努力团体之必要，爰有大夏学会之发起。所有筹备经过情形，业志前期本报。本月十一日上午该会在本校群贤堂二一二教室开成立大会。是日虽风雨载途，而到会者甚形踊跃，计出席有张耀翔、鲁继曾、郁康华、傅式说、欧元怀、王祉伟、林希谦、吴浩然、王国秀、陈柱尊、马宗荣、孙浩烜、蓝春池、许公鉴、马公愚、高芝生、徐道平、宋少石、高昌琦、方金镛、汤沈诠、王理怡、陆春台、王汉中、马雪瑞、许炳琨、叶鸿寿、董任坚、全增嘏、楼文宪、陈舜明、杨麟书、孙亢曾、陈绍箕、王裕凯、郑明、潘白山、何惟忠、程宽正、赵诚公、施金裕、杨建勋、欧文柔、吴志骞、余定义、张仲寰、刘逸青、周乐山、徐则骧、李学丰等五十余人。公推王祉伟先生为临时主席，高昌琦君为记录。主席报告开会宗旨后，由筹备委员报告筹备经过，次通过章程。选举理事十一人，结果当选者如左：王校长、欧副校长、傅式说、王祉伟、孙亢曾、张仲寰、徐则骧、王裕凯、高芝生、张耀翔、马雪瑞。候补者：

邰爽秋、周乐山、曾昌燊、程宽正、蒋子英、许公鉴、周尚、鲁继曾、吴泽霖、王韬石、刘逸青。

附录:大夏学会章程

大夏学会章程

第一章　定名及宗旨

第一条　本会定名为大夏学会。

第二条　本会以研究学术,团结意志,力谋复兴民族,并发展大夏大学为宗旨。

第二章　会务

第三条　本会会务如左:

1. 研究学术救国具体方案。

2. 发扬民族文化,淬砺爱国精神。

3. 协谋物质建设,提倡生产事业。

4. 编译大夏丛书,发行大夏学报。

5. 举办其他与本会有关之文化事业。

第三章　会员

第四条　凡有左列资格之一,赞成本会宗旨者,均得为本会会员:

1. 现任或曾任大夏大学及附设学校教职员。

2. 大夏大学毕业同学。

3. 大夏大学肄业同学,在校满一年以上者。

4. 在国内学术界有贡献,或社会事业上有成绩者。

第五条　凡具有第四条所列资格之一者,由会员三人以上之介绍,经理事会通过,得为本会会员。

第六条　本会会员对于本会之权利,义务如左:

1. 选举及被选举权。

2. 贡献意见,或建议应行兴革事项之权。

3. 本人研究,有请求本会资助之权。

4. 本人著作,有请求本会出版之权。

5. 享受本会定期刊物之权。

6. 请求本会介绍职业之权。

7. 缴纳会费之义务。

8. 遵守本会章程之义务。

9. 努力团结,以发展本会会务之义务。

10. 对于本会会友,有互助合作之义务。

第四章　组织

第七条　本会以会员大会为最高机关,平时以理事会代表之。

第八条　本会设理事会,由会员大会选举理事九人至十五人组织之,负责处理本会一切事宜。

第九条　理事会设常务理事五人,由理事推举之。主席理事一人,由常务理事推定之。

第十条　理事任期一年,连选得连任。

第十一条　本会设候补理事五人,理事因故缺出时,以候补理事递补之。

第十二条　本会设总务、研究、编辑、职业介绍四部,及各种委员会,各部会办事细则,由理事会另订之。

第十三条　总务部,设文书、庶务、会计、讲演四组。研究部设国学、史地、教育、政治、经济、法律、文艺及国防科学八组。编译部设编审、出版、发行等三组。职业介绍部设调查、介绍、指导三组。各种委员会于必要时设立之。

第十四条　各部部主任,由理事会互推兼任之。组主任、各种委员会委员由常务理事会聘任之。

第五章　会期

第十五条　会员大会半年一次,理事会两月一次,常务理事会两周一次。

第十六条　会员大会临时会由会员二十人以上请求,或理事三人以上提议,由主席理事召集之。

第十七条　理事会、临时会及常务理事会,临时会由主席理事于必要时召集之。

第六章　会费

第十八条　入会费国币壹元,于入会时缴纳之。

第十九条　常年费国币壹元。两年不缴会费者,得暂时停止其会员权利。会员一次缴会费十元者,以后免交常年会费。

第七章　总会及分会

第二十条　总会暂设于大夏大学。

第廿一条　各地有会员十人以上,得组织分会,其章程由理事会订之。

第八章　附则

第廿二条　本章程如有未尽事宜,得由会员大会修改之。

(《大夏学会正式成立》,《大夏周报》,第 10 卷第 18 期,1934 年 3 月 20 日)

大夏学会开始征求会员。

大夏学会成立以来,转瞬已届二月。各部、组均已组织就绪,自即日起开始征求会员。凡本校教授、毕业同学及在校同学赞成该会宗旨愿加入为会员者,可先至该会文书组高昌琦先生处举行登记,俟理事会开会认可后即可正式加入为会员云。

(《大夏学会征求会员》,《大夏周报》,第 10 卷第 26 期,1934 年 5 月 23 日)

十八日　欧元怀副校长移其尊甫欧剑波太翁七十诞辰寿仪五千元,作为奖学基金。

欧校长之尊甫剑波太翁年高德重,今岁适逢七秩大庆,现由王校长、丁超五、何应钦、邵力子、王晓籁、杜月笙、张竹平、虞洽卿、杨永泰、吴铁城、黄绍雄[竑]等诸先生发起祝寿。并尊重太翁之意,将寿仪充移本校清寒奖学基金,嘉惠青年,良匪浅鲜。兹将缘起照录于后:

敬启者,今岁三月为欧元怀先生之尊甫剑波太翁七旬诞辰。太翁幼聪颖,龀岁受书即嶷嶷露头角,及长下笔成文,每课艺辄冠其群。弱冠补弟子员,旋食廪饩。然太翁含贞隐耀,不骛功名,淡泊明志,肃慎持躬,设帐讲经,弟子执贽者以千计。元怀先生秉承庭训,以国家建设需才,乃致力于大学教育,坚苦卓绝,十年如一日。大夏大学之蜚声海内,先生实与有力,桃李盈门,造就益宏,亦可以偿。惟太翁素性黜华崇实,力戒铺张。同人等共体雅怀,爰发起移祝贺之仪,充作大夏大学讲学基金,以永太翁无涯之乐,事观厥成。谨启。

收款日期　民国念三年四月十五日止

代收款处　上海江西路新华储蓄银行上海大夏大学会计处

(《剑波太翁热心教育》,《大夏周报》,第 10 卷第 19 期,1934 年 3 月 27 日)

欧元怀启事

今春家严揽揆之辰,诸友好发起移祝贺之资充大夏大学奖学基金。至五月底止计已收到寿仪五千元,业经悉数移赠大夏大学作为奖学基金。敬此鸣谢维希荃察。至远道惠仪寄到较迟者当尽六月底汇交校中,增入是项基金。

欧元怀谨启

(《欧元怀启事》,《大夏周报》,第 10 卷第 28 期,1934 年 6 月 6 日)

本校承欧元怀先生尊甫剑波太翁移寿仪五千元充作讲学基金,经存储安实银行并组织委员会保管,每年提取息金五百元奖给学生六名。大学部四名,每名一百元;中学部两名,每名五十元。欧太翁乐育之怀,暨赠仪诸君成美之惠,阖校同人共深感劼。敬此鸣谢,维希察照

大夏大学谨启

(《本校启事》,《大夏周报》,第 10 卷第 28 期,1934 年 6 月 6 日)

十九日　举行新生指导会,欧副校长报告学校简史及注意事项。鲁教务长、王秘书等先后报告有关校务。

本校教育新入校同学对于本校过去之历史及校中一切情形,均未甚明了,有特加指导之必要,故于每学期开始时,均举行新生集会。由校长及主任分别指导,藉使新来同学对于教管方面不致有所隔阂。本届新生指导会已于本月十九日下午在群贤堂二〇一教室举行。首由一年级主任谌志远先生致开会词,继由欧校长报告本校惨淡经营之情形,及同学今后应努力之途径,次由鲁继曾、王祉伟、邰爽秋、吴浩然诸先生分别训话,措辞均极诚恳,在座同学,精神均异常兴奋云。

(《新生指导会》,《大夏周报》,第10卷第19期,1934年3月27日)

二十日　召集全体女生谈话会。

本月廿日(星期二)下午七时半在群英斋女生食堂,召集全体女生谈话。到会者欧校长、王祉伟、蒋子英、潘白山、王瑾怡、何惟忠诸先生暨全体女同学。由王祉伟先生主席,次由欧校长、蒋先生、潘先生相继训话。欧校长训话之要点有二:(1)女生的行动倾向,能转移校风,希望女同学勿妄自菲薄,须负起改革本校校风之责,而趋重于学术之研究及俭朴之精神。(2)最近各地有趋重理工而轻视文法,但治学以专精为贵,无论何科皆益于世,希望研究文法及教育诸同学,毋因社会之好尚而动摇其意志。继由蒋先生训话,其要点为欧美女子近注意于儿童教育,故儿童身体健康,智慧高强。希望女同学学后对于儿童教育须多加注意云。最后由潘先生训话,关于室内清洁卫生多有发挥。

(《召集全体女生谈话会》,《大夏周报》,第10卷第20期,1934年3月27日)

二十九日　大夏民众教育实验区开幕。

本校附设大夏民众教育实验区,创设以来,积极规划布置,现已大致就绪。昨日(三月廿九日[①])下午二时该区举行开幕式,函请本市党政各界莅临指导。民众参加者极形踊跃,男女老少共数百人。首由该区主任许公鉴先生报告开幕宗旨,继由各分区民众代表报告,男女代表共八人,均能头头道述,殊属难得。后由本校校长及指导委员吴泽霖、邰爽秋、马宗荣诸先生训话。至五时许礼成,摄影纪念,并至各村参观。

(《大夏民众教育实验区开幕志盛》,《大夏周报》,第10卷第20期,1934年3月27日)

本月　民族复兴方案有奖征文揭晓。

本校曾于去秋颁布《民族复兴方案》为今后之教育方针,并列举实施纲要。至于具体方案及进行步骤,除征集校内教授及社会名宿发表意见外,并订定征文奖金,鼓励同学注意研究。同学应征者颇为踊跃,校务会议对此极为慎重,特组织评阅委员会,由王伯群、欧元怀、鲁继曾、王毓祥、傅式说、邰爽秋、吴泽霖、陈柱尊、林希谦、陈芠民诸先生为评阅委员,严加审阅,评定甲乙,择尤[优]录取九名,兹采得其姓名及所得奖金数目如下:

第一名　姚毅成(教育学院)奖金三十元

第二名　陶愚川(教育学院)奖金二十元

第三名　陈如晖(法学院)奖金十五元

第四名　朱绍曾(教育学院)奖金十元

第五名　余大猷(理学院)奖金五元

第六名　韦永超(教育学院)奖金五元

第七名　杨肃(教育学院)奖金五元

第八名　陆承案　奖金五元

第九名　周鼎华(师专科)奖金五元

(《民族复兴教育方案揭晓》,《大夏周报》,第10卷第16期,1934年3月6日)

本月　严格军事训练。

军事训练,系锻炼学生身心,养成服从、负责、耐劳诸美德,并提高献身殉国精神,以增国防能力。如

---

① 原文如此。

尚空谈,不求实际,殊与国家所企望及本校民族复兴与教育宗旨相违。是以自本学期起,本校对于军事训练,益加严格。兹录军事教官所布告条律于后:

（一）军训上课证,上课后须一律交齐,否则无效。

（二）操练时,师生一律着制服,如违,以缺课论。新生有则着穿,无则在制服未到前,均着短装。

（三）凡上学科①时,不得迟到早退,藉故请假,及有轨外行动。否则,除按军律面斥外,并逐日呈报市军训委员会,转呈教部登记备案。

（四）凡有命令、通告等,须绝对遵守服从。

（《军事训练加严》,《大夏周报》,第10卷第17期,1934年3月13日）

四月

十五日 《大夏学报》创刊号出版。（《大夏学报创刊号出版》,《大夏周报》,第10卷第22期,1934年4月24日）

《大夏学报》征稿简例

（一）本报以发扬文化,研究学术,介绍知识为宗旨

（二）本报为本校定期刊物之一,每年十册,于一、二、三、四、五、六、九、十、十一、十二月之十五日发行之

（三）本报由本校学报委员会主编,希望本校教职员暨校友同学踊跃惠稿,外来稿件亦甚欢迎

（四）本报文字白话文言不拘,外国文亦酌量采登

（五）稿件望誊写清楚,并加标点符号,一纸勿写两面

（六）翻译稿件请付[附]寄原文

（七）登载稿件酌报报酬如下

甲、现金

乙、印赠单行本

（八）来稿请寄本校"大夏学报委员会编辑部"收

大夏学报职员名单

主任编辑 林希谦先生

经理 吴浩然先生

编辑 马宗荣 吴泽霖 陈苪民 唐庆增诸先生

特约撰述

董任坚 邰爽秋 鲁继曾 黄觉民 陈柱尊 王瑗仲 张梦麟 梁园东 葛绥成 马公愚 傅式说 邵家麟 徐仁铣 王毓祥 孙浩烜 谌志远 蒋子英及张耀翔诸先生

（《大夏周报征稿简例》,《大夏周报》,第10卷第16期,1934年3月6日）

十六日 大夏学会召开第一次理事会议。

本月十六日午后四时,大夏学会假座王校长宅开第一次理事会议,到王校长等十一人。王祉伟先生主席,高昌琦君记录,议决事项多件,兹择其重要者录后:

（一）推选常务理事,当选者有王校长、王裕凯、马雪瑞、孙允曾等五人。

（二）推定主席理事案,由各常务理事推举王校长为主席理事。

（三）各部会办事细则案,议决请王裕凯、马雪瑞二先生起草,交常务理事会审定后公布。

（四）推定各部会职员案,议决推选王裕凯先生为总务部主任,张耀翔先生为研究部主任,王祉伟先生为职业介绍部主任,邰爽秋先生为编辑部主任。

（五）王校长提议本会拟定一公约共同遵守案,议决拟定会员生活公约,共同遵守。推定徐则骧、张

---

① 原文如此,疑有误。

仲寰二先生起草,交常务理事会审定后实行。

（六）拟定分会章程,议决由总会拟定分会组织大纲,各地分会须依总会大纲办理。

（七）聘任各组主任案,议决由各部主任拟定。各组主任名单,交常务理事会决定。

（《大夏学会开第一次理事会议》,《大夏周报》,第 10 卷第 22 期,1934 年 4 月 24 日）

二十二日　校董会开本学期第一次常会。

本校校董会于四月廿二日下午五时开春季第壹次常会。出席者,王伯群、张竹平、欧元怀、王志莘、何应钦（何纵炎代）、傅式说、杨永泰（王伯群代）、杜镛诸校董。主席王伯群,记录马公愚。报告事项如下:（一）本校校董会遵部章改组,已奉指令批准备案;（二）本大学概况;（三）三月份收支报告;（四）本学期实施民族复兴教育及其实施方案;（五）筹备庆祝本大学成立十周年纪念计划;（六）附中校舍兴工建筑及秋季大学部校舍分配计划。讨论事项如下:（一）推举董事长,公推王伯群校董为董事长;（二）根据校董会章程第八条,抽定本届各校董任期。抽定结果:何敬之、杜月笙、王志莘三校董各二年;欧元怀、傅式说、王毓祥三校董各四年;杨畅卿、张竹平二校董各六年。公决董事长任期为当然六年。（三）扩充理工设备计划案,议决照原计划通过;（四）拟设奖励学术研究基金案,议决筹设;（五）请中央及地方当局补助案,议决积极进行;（六）创办实验小学以利教育学院学生实习案,议决本年秋季起开办。

（《校董会开本学期第一次常会》,《大夏周报》,第 10 卷第 23 期,1934 年 5 月 1 日）

二十四日　学生会邀请中央研究院语言所主任罗常培先生到校演讲,题为"中国方言之分布概况"。（《学生会请罗常培先生演讲》,《大夏周报》,第 10 卷第 27 期,1934 年 5 月 30 日）

师专科同学会邀请江问渔先生到校演讲,题目为"国难与教育"。（《师专同学会请江问渔先生演讲》,《大夏周报》,第 10 卷第 27 期,1934 年 5 月 30 日）

社教研究会邀请广西教育厅长雷宾南先生演讲,题目为"广西教育改造之动向"。（《社教研究会请雷宾南先生演讲》,《大夏周报》,第 10 卷第 23 期,1934 年 5 月 1 日）

二十八日　举行太平洋问题讲座第二讲,请张心一到校作"太平洋上之粮食问题"的演讲。（《太平洋问题讲座第二次演讲》,《大夏周报》,第 10 卷第 24 期,1934 年 5 月 8 日）

三十日　举行英语演讲比赛,齐子澄、沈立斌分获冠亚军者,将代表学校参加上海各大学英语演讲比赛。

英语演说会已于四月卅日下午四时在群贤堂三〇一教室举行,到听众三百余人。由蒋子英先生主席,王瑾怡、何惟忠二先生记时。评判员为《中国评论》周报编辑、暨南大学教授彭望荃先生,光华大学英文系主任张中楹先生,东吴大学法学院教授姚启胤先生。参加竞赛者共十位,均口若悬河,精彩百出。经评判员结果,齐子澄君荣膺冠军,讲题为 China Needs a Dictator,沈立斌君亚军讲题为 China's Young Men,第三名经祺瑞,讲题为 China's Need of Modern Industries。本届上海各大学英语演说比赛,本校由齐、沈二君代表,深望二君努力练习为校争光云。

（《英语演说会比赛结果》,《大夏周报》,第 10 卷第 24 期,1934 年 5 月 8 日）

下午,大夏学会举行第一次常务理事会议。

大夏学会于上月三十日下午四时,在愚园路一一三六弄三一号王宅举行第一次常务理事会议。出席者王校长、王祉伟、孙亢曾、王裕凯、马雪瑞诸常务理事。主席王校长,记录高昌琦。兹将议决事项之重要者摘录于后:（一）审定各部会办事细则。（二）审定分会组织通则。（三）推定各部职员:1.总务部:文书组主任高昌琦,交际组主任张仲寰,会计组主任宋作锟,庶务组主任杨建勋。2.研究部:国学组主任陈柱,史地组主任梁园东,法律组主任孙浩烜,政治组主任林希谦,教育组主任邵爽秋,经济组主任唐庆增,文艺组主任马公愚,国防科学组主任邵家麟。3.职业介绍部:调查组主任高芝生,介绍组主任傅式说,指导组主任欧元怀。

（《大夏学会举行第一次常务理事会议》,《大夏周报》,第 10 卷第 25 期,1934 年 5 月 15 日）

本月　为避免时间冲突,经校务委员会议决,重新规划体育比赛、学术演讲及团体集会时间。

校务会议为避免各种课外活动时间冲突及妨碍课务起见,特经第一百五十九次会议议决,规定体育比赛、学术演讲及团体集会时间如左:

一、体育竞赛时间,除大江锦标比赛外,其他友谊比赛,概须于下午四时后举行。

二、凡学生团体请校外人演讲,其时间及地点须先得群育部之许可方能聘请举行,在同一时间内,全校不得有两人演讲。

三、各种团体集会时间改定星期五、星期六,得准许举行。

(《从新规定课外活动时间》,《大夏周报》,第 10 卷第 21 期,1934 年 4 月 17 日)

五月

一日　大夏中学开始兴建新校舍。

本校由大夏大学附设,向在胶州路大学部原址上课。嗣以学生激增,原有校舍不敷应用,爰就梵王渡大学部之北,购地三十亩为建筑新舍之用。不意经"一二八"之变,一切设施无法实行,不得已迁至大学部合并办理。二年以来,尚称便利,但现在大中两部学生逐渐加多,如教室及实习场所等等不敷支配,故仍照原定计划兴建中学校舍,俾大中两部之发展,得尽如理想。兹闻集资数万元,先行建筑教室两幢、办公厅一所,将来再图陆续完成。现在工程方面已由沈川记营造厂全部承包,昨日该营造厂已与本校代表吴、倪两先生签订合同,即日兴工。下届开学可以迁至新舍云。

(《中学部校舍兴工》,《大夏周报》,第 10 卷第 24 期,1934 年 5 月 8 日)

八日　为整顿校风校纪,校务会议议决,除严厉执行考试规则外,制定取缔舞弊办法十六条,予以公布施行。

取缔学生考试舞弊办法

一、通函各教员认真考试并严格取缔学生舞弊行为

二、请人代考及代人考试者予以除名处分

三、除试场中所必需之笔墨外,绝对不准学生携带任何书籍、笔记等入试场

四、组织考试委员会,主持小考及大考事宜

五、大考各种试题须经考试委员会审定后始付印

六、于考试期内,各院科及试验室各助教均须由考试教员调度,襄助一切

七、改良试卷,并规定各学程考试分别用中文纸或洋文纸,以便先期通知学生准备笔墨

八、中文试卷必须用毛笔,洋文试卷必须用钢笔,绝对不得用铅笔

九、于大考时各大教室座次重新以单行排列,以便监考

十、于大考时人数不多之各班,酌量举行;会考人数众多之班,得分组考试,或以不同之试题数套间隔分配

十一、于可能范围内由担任性质相同各教员交换考试

十二、大考以两小时为度,不得过短

十三、小考成绩在四五等者,由该担任教员按期报告教务处

十四、考试必须当场举行,不得以论文笔记等代替考核

十五、各学程考试必须按照教务处规定时间举行,不得更改

十六、补考成绩以三等为最高成绩(补考办法参照考试规则)

(《取缔学生考试舞弊》,《大夏周报》,第 10 卷第 25 期,1934 年 5 月 15 日)

十一日　太平洋问题讲座第三次演讲,邀请国定税则委员会委员李干到校主讲"太平洋的国际贸易"。(《太平洋问题讲座第三次演讲》,《大夏周报》,第 10 卷第 26 期,1934 年 5 月 23 日)

政治学会举行成立大会。

最近发起组织之"政治学会",于五月十一日假群贤堂三〇七教室举行成立大会。出席者有陈如晖、

黄允中、赵迥、邓奇芬、周信良等数十人，公推邓奇芬为临时主席。行礼如仪后，介绍会员，修正章程，通过要案多项。摘录如下：一、举行学术演讲；二、举行征文竞赛；三、出版《政治周刊》；四、招待政治系教授；五、欢送政治系毕业同学；六、定期举行聚餐；七、摄影；八、函请学校当局添购政治学书籍等。末进行选举，结果以黄允中、陈如晖、赵迥、邓奇芬、蒋耀祖、叶在龙、陆徽五等七人为干事，吴济沧、庄廷勋等三人为候补干事。并闻该会已于十五日下午五时召开第一次常会，分配职务，共商今后一切事宜，分头执行大会议决，详情如何，容探续志。按"政治学会"，乃纯粹政治系同学之所组织，份[分]子皆甚优秀。他日该会前途，未可限量，实为本校学术团体中之"后起之秀"云。

（《政治学会举行成立大会》，《大夏周报》，第10卷第26期，1934年5月23日）

十五日　统制经济讲座第二次演讲，邀请复旦大学商学院院长李权世教授作"统制经济的前瞻与后顾"的演讲。（《统制经济讲座第二次演讲》，《大夏周报》，第10卷第26期，1934年5月23日）

二十日　举行第三次国文会考。

本校第三次国文会考业于上月廿日举行，所有试卷经由本校国文教授轮流评骘，各取最优五名，第一名得五分，第二名得四分，第三名得三分，第四名得二分，第五名得一分，平均计算，以总分之多寡定名次之等地。兹将姓名依次录后：

第一名姜康德　第二名夏伯坤　第三名蔡弘之　第四名古正沅　第五名王渊

（《第三次国文会考揭晓》，《大夏周报》，第10卷第29期，1934年6月6日）

二十二日　上海市新生活运动促进会大夏大学分会举行成立大会。

五月二十二日下午三时新生活运动促进会大夏分会，在群贤堂三一二教室举行成立大会，到本校教职员同学校工三百余人，济济一堂，颇极一时之盛。首由王校长致开会词，说明新生活运动之刻不容缓，勖勉同学先从个人做起，由小节做起，以后推己及人而普遍全国，则复兴民族不难实现。次由欧元怀先生报告筹备经过情形：（一）全校共分九队负责征求会员；（二）征求会员以严格为原则；（三）现有会员二百余人。继由傅式说先生宣读公约暨郑杰君宣读成立宣言。后由吴醒亚、潘公展二局长演讲。最后由会员代表邵爽秋先生演说。吴局长之演词为：（一）新生活运动之发生为复兴民族。（二）复兴民族须先使全国民众的生活有规律化军事化，大学生为社会之领袖，应以身作则厉行新生活运动。（三）自蒋委员长倡导新生活运动后现已普及全国，而日本帝国主义者对此运动异常注意。潘局长讲：（一）新生活运动是复兴民族的基本工作。（二）新生活运动就是新教育运动，教育与生活是不能分开的。（三）我国以往教育的失败即在教育与生活不能联接。（四）新生活运动是训练全国民众一致的生活。（五）厉行新生活运动时不能忽视小节。邵先生除讲新生活运动与土货运动有莫大关系外，并希望同学一致努力驱除新生活运动之四大敌人：1.自私心理，2.虚荣心理，3.享乐心理，4.畏难心理。至五时许始宣告散会。

（《上海市新生活运动促进会大夏分会成立大会志盛》，《大夏周报》，第10卷第27期，1934年5月30日）

二十五日　下午四时，举行太平洋问题讲座第四讲，邀请政治学家刘驭万先生演讲，题目为"太平洋国际关系"。（《太平洋问题讲座第四次演讲》，《大夏周报》，第10卷第28期，1934年6月6日）

二十五日　法学院举行假法庭民事诉讼实习。

本学期法学院民事诉讼实习一学程由丁元普先生担任教授，丁先生为使该班学生公开实习起见，乃于五月廿六日下午在群贤堂一〇一教室举行假法庭民事诉讼实习，到观众二百余人，闻此次实习成绩颇佳。兹将其案件录后：（下略）

（《法学院举行假法庭民事诉讼实习》，《大夏周报》，第10卷第28期，1934年6月6日）

下午三时，太平洋问题研究会邀请国立商学院院长裴复恒先生演讲，题目为"中日外交问题"。（《太平洋问题研究会请裴复恒先生演讲》，《大夏周报》，第10卷第28期，1934年6月6日）

二十七日　举行第三次英文会考。（《国英文举行会考》，《大夏周报》，第10卷第24期，

1934 年 5 月 8 日）

本校第三次英文会考，已于五月廿七日举行，此次参加会考者人数颇多，所有试卷，业经各英文教授轮流评骘，各取最优五名，第一名得五分，第二名得四分，第三名得三分，第四名得二分，第五名得一分，平均计算，以总分之多寡定名次之等第。兹将录取同学姓名录后：

第一名 张卓华 第二名 姜康德 第三名 林傅鼎 第四名 王渊 第五名 沈立斌

（《英文会考揭晓》，《大夏周报》，第 10 卷第 30 期，1934 年 6 月 24 日）

二十九日 下午三时，法学研究会请上海第一特区法院查方季推事演讲，题目为"上海第一特区法院之组织及现状"。（《法学研究会请查方季推事演讲》，《大夏周报》，第 10 卷第 28 期，1934 年 6 月 6 日）

下午四时，教育学会邀请江问渔先生演讲，题目为"中国当前教育上几个问题"。

五月廿九日下午四时，本校教育学会在群贤堂三〇七教室延请江问渔先生莅校演讲，讲题为"中国当前教育上几个问题"。甲、普及教育问题——江先生认为（一）教育须以全民为对象，不应偏重学龄儿童或青年而忽视壮年或妇女；（二）受教育不仅在识字，须养成其优良之品格、丰富之常识及生活上之技能；（三）今后欲实行普及须打破四年制，打破学龄期，打破现在学校形式上的教育。乙、公民教育问题——公民教育不应独立，公民教育宜寓于各学科中，教师不论教授何种学科时对于学生品格均应负责。实施公民教育时须使学生（一）了解做人的道理；（二）行为方面要有做好人的决心和能力，其办法须使教者学者的心理转变过来方能受效。丙、大学生出路问题——大学生出路艰难外因固多，而内因亦不少，江先生主张（一）求人不如求己，留得青山在不愁没柴烧；（二）自助助人。江先生演讲时态度庄严，在座听众异常兴奋云。

（《教育学会请江问渔先生演讲》，《大夏周报》，第 10 卷第 28 期，1934 年 6 月 6 日）

本月 政治研究会成立。

本校政治系同学，为充实政治学识起见，乃组织政治研究会，研究现代各代政治问题，并延请校内外政治学家莅会指导云。其组织宣言录后：

政治系同学发起组织政治研究会缘启

同学们，政治系的同学们：融融的春风，带来了我们的生命力。妩媚的青绿，给了我们无限的兴奋，在这苍荣的自然中，鼓舞我们智态的寻求来组织这政治学会，研究政治问题——理论与实际。政治学的范围之广泛，好像海阔天空的渺茫，研究的困难，也好像纵身在荆棘中。我们是这样的觉得。为着获得边际与解决这些困难，所以我们有联络感情共同切磋，他由攻错的需求，来充实我们的智力。日本的外交巨弹已振［震］撼了世界各国京城，帝国主义者的狰狞面目暴露无遗，正在张爪獠牙地待舞。欧洲军备的竞争好似拨动的宇宙风云。远东的权利独占与均等，已达倾轧的激流，这些实际关系政治问题是多么繁复呵！同学们！政治的理论与实际是如此的奥深和复杂，如其我们想得到完满的收获，非共同研究不可。

（下略）

（《团体活动新闻一束》，《大夏周报》，第 10 卷第 25 期，1934 年 5 月 15 日）

本月 军训进行实弹射击。

本校军训教官为增进军训同学射击经验及兴趣起见，于前两周内在本校大操场举行实弹射击，先由夏教官等演放并详加说明射击时之注意点后，由军训同学每人射击步枪三发。因事先通知各军警机关，故每日射击时均由保安队在旁照料，射击成绩优良，同学亦极感兴趣。闻两周内约共费去子弹二千发云。

（《军训同学实弹射击》，《大夏周报》，第 10 卷第 28 期，1934 年 6 月 6 日）

六月

三日 为鼓励学生熟读英文，自该学期起举行英文背诵比赛，参加者七十余人，由孙浩烜、沈麟玉、吴泽霖、谌志远等先生担任四组主席。其中成绩优秀者十三人分别由学校发给金质奖章，以资鼓励。

本校为鼓励同学熟读英文兴趣及讲话流利起见,自本学期起举行英文背诵竞赛,由英文各组中择优选派三人届时参加竞赛。已于本月三日上午九时起在群贤堂教室分组举行,参加同学有七十余人。由孙浩烜、沈麟玉、吴泽霖、谌志远诸先生分任四组主席,谌志远夫人、卡逊夫人、蓝春池、孙夫人、鲁继曾、卡逊、邵家麟、Miss Clague 诸先生担任评判员。评判结果录取十三名,成绩异常优越。现学校已制备金质奖章赠予各优胜同学,以资奖励云。兹将各组优胜同学名单录后:

甲组(本三英文)

1. 经祺瑞　2. 王兆熙　3. 朱嘉珍

乙组(本二英文)

1. 陈彦如　2. 刘念华　3. 朱琹

丙组(本一英文)

1. 吴飞海　金鹤鸣　2. 马端履　3. 章鉴

丁组(本一英文)

1. 汪德元　2. 陈贤珍　3. 卓勤美

(《英文背诵竞赛》,《大夏周报》,第 10 卷第 29 期,1934 年 6 月 6 日)

五日　教育学会邀请暨南大学教授周谷城先生莅校演讲,题目为"世界现势与教育"。(《教育学会请周谷城先生演讲》,《大夏周报》,第 10 卷第 30 期,1934 年 6 月 24 日)

八日至九日　学生三百余人参加在龙华举行的上海市国民军训检阅大会。

上海市国民军训委员会为欲明了上海各校施行军训情形,定于六月八、九两日在龙华举行各校军训检阅大会,本校参加同学有三百余人。夏教官等为练习计,乃于本月四日下午二时半,在本校运动场举行预行检阅本校军训学生队。是日莅场检阅者有欧元怀、王祉伟、傅式说、吴浩然、蒋子英、倪文亚、马雪瑞诸先生。王校长因事未到,由欧元怀先生代表训话:(一)全队军容整齐,精神焕发,皆夏教官等指导有方;(二)我国在此存亡系于千钧一发之际,人人须有军队化之生活,国家始能转弱为强;(三)希望全队同学本此精神,继续努力,云云。

(《预行检阅参加全市军训检阅学生队志盛》,《大夏周报》,第 10 卷第 29 期,1934 年 6 月 6 日)

十一日至十四日　期间举行毕业考试。司法院派江苏高法院第三分院检察官钟清到校监视,法学院考试。(《司法院派员莅校监视法学院毕业及学年考试》,《大夏周报》,第 10 卷第 29 期,1934 年 6 月 6 日)

本届各院科毕业考试,业经校务会议议决,自六月一日起至十六日举行。并照章组织考试委员会,由王校长为委员长,各院长及科主任为委员,并聘请复旦大学秘书长金通尹、大同大学校长曹梁厦、务本女学校长阎振玉三先生为委员云。

(《定期举行毕业考试》,《大夏周报》,第 10 卷第 27 期,1934 年 5 月 30 日)

本月　公布"各院科毕业学生体育毕业学生体育及格暂行标准及施行细则"。

本校为使全体同学注意体育起见,曾由校务会议通过各院科毕业学生体育及格暂行标准及实行细则。凡届毕业同学,须于长跑、短跑、跳高、跳远、游泳、骑自由车、铁球、双杠、单杠、爬绳、垒球等项目中任选三项,能达及格标准始得毕业云。兹将及格暂行标准及施行细则录后:

各院科毕业学生体育及格暂行标准及施行细则

I 及格标准

长跑　男 1500 米　7, 40″　女 400　1, 30″

短跑　男 100 米　14,6″　女 50 米　10″

跳高　男 1.30 米　女 1.00 米

跳远　男 4.00 米　女 2.80 米

游泳　男 20 米　女 15 米

骑自由车　男 1500 米　女 1000 米

铁球　男12磅8米　女8磅5米

以上男女均可选

双杠屈伸十次　单杠引体上升十次　爬绳3.00米

以上男生选

垒球　18.00米

以上限女生选

太极拳　剑术　另订

Ⅱ　从上列各项中任选三种,能达及格标准始得毕业

Ⅲ　每学期开学时将毕业各生须赴体育部登记所选习之各项运动,并受体育主任及体育指导之指导

Ⅳ　于每学期季考前,由体育部根据本标准就各院科毕业学生考试其体育成绩,并将各生成绩报告教务处

Ⅴ　本标准自廿二年度第一学期起实行,系暂行性质,本学年终时得酌量改订

(《各院科毕业学生体育及格暂行标准及施行细则》,《大夏周报》,第10卷第29期,1934年6月6日)

本月　将原有教育研究室扩充改为教育馆,分设各种研究室,并设置各种仪器。

本校为国内著名最高学府之一,创办以来发展极速,是以声誉卓著,远近来学者与日俱增。本校之教育学院及师专科,为研究教育学术及造就师资之场所,迩来尤有长足之进展,学生多至五百余人,教授胥为一时俊彦。为便利学生关于教育之探讨计,于本校图书馆外,更设教育研究室。已搜集之教育参考书籍,计有中文《教育公报》杂志等二百余种,普通公报杂志三百余种,教育书籍千余种,都共五万余册;西文书籍约千余册,内教育书约六百册,多关于教育史、教育学说之著作,英文教育杂志及小册约五千册,各种项目备具。此外尚有报纸、剪贴,从民国十三年起,迄最近止,国内十余种著名大学之教育,或与教育有关之社会经济资料,均经剪贴于大号卡片之上,计约十万余张。搜罗之丰富,在国内各大学首屈一指。本校近因筹设教育研究所,更拟将原有教育研究室大加扩充,改为教育馆,业经本校校务会议通过,即将开始筹办。闻教育馆之组织,系设研究、编制及展览三部。研究部下,就教育学院及师专科研究上之需要,分设各种研究室搜集教育上参考资料,并设置各种仪器。编制部下则分设二室:(一)剪报室。剪取各种报纸上之资料,黏成卡片,分类汇集,以供参考。(二)索引室。编制各种刊物所登载之教育论文索引,为研究之工具。按本学期工作,业已开始,预计可制出卡片十五万张。展览部下则分设四室:(一)玩具室。陈列各种含有教育意味的玩具。(二)成绩室。陈列教育行政、学校教育及社会教育上各项成绩,儿童教育之成绩亦附于次。(三)教具室。陈列教育标本模型、卫生检查的器具及各种教育用具。(四)校具室。陈列各种学校新式用具及体育用具等。关于以上各项设备,除将本校原有者移置或补充外,成绩、玩具等将于本校十周纪念大会时,向各方征求。至于校具、教具,除由同学制造一部分,余拟仿照德国普鲁士州教育报告办法,征求长期的陈列,以供展览暨研究之用。所需费用,建筑馆屋约一万元,设备约二千元,详细预算,刻尚在计核中。按我国教育研究事业尚在发轫时代,教育馆之专设尤属创举云。

(《本校将创设教育馆》,《大夏周报》,第10卷第30期,1934年6月24日)

七月

十五日　校董会议定,增聘吴铁成、江问渔为校董。现共有校董王伯群、王志莘、王毓祥、何应钦、杜月笙、张竹平、杨永泰、傅式说、欧元怀、吴铁城、江问渔等十一人,王伯群为董事长。

本大学创立迄今,甫及十载,外蒙社会人士之赞助,内本师生合作之精神,校务发展,在国内为首屈一指。现值第一期建设粗告完成之际,第二期建设又亟待开始。为实现理想上之大学计,尚须有赖于热心人士之赞助正多。校董曾于七月十五日第二次常会中通第[过]添请吴铁城、江问渔二先生为校董。吴、江二先生已函覆董事长王伯群先生惠允担任。连原有校董王志莘、王毓祥、何应钦、杜月笙、张竹平、杨永泰、傅式说、欧元怀请[诸]先生,本大学现有校董共十一位。

(《添请吴铁城江问渔两校董》,《大夏周报》,第11卷第2期,1934年9月17日)

八月

一日 学校公布普及体育教育计划,自秋季起实行。鲁教务长及各教授捐赠运动场木桥完工。

布告一

我国以远东病夫为世诟病久矣。数十年来,全国教育界人士,鉴于民族之体魄衰颓不振,乃提倡三育并重,以为补偏救弊之方。顾察其效果,仍等捕风,一般青年体格之不健全,依然如故。就学校方面而论,体育设立专部,推进不遗余力。按诸实际,则潜心典籍者,多不喜参加运动;而擅长运动者,每在学业方面,欠缺平均之发展。其故在于一般错认体育之目标,误以竞技比武作为体育之全部,视锦标之夺得为一般体育进步之表现,致学校体育训练以养成选手为唯一之目标,全部体育之财力精力消耗于角技斗胜之中。流弊所至,遂使运动场为少数人所独占,而大多数学生不能获相当运动之机会。其影响于民族国家前途者至为巨大。本校有鉴于斯,爰于上学期厘定民族复兴教育实施方案内,列入改进体育一项,目的在矫正过去之流弊,力谋体育之普及,务使各个学生咸得适宜之体育训练,藉以养成康健之身体,活泼之精神,耐劳之习惯,整齐之纪律,合作之风尚,以完成健全之人格,而为将来服务社会国家之准备。业经广询体育专家,按照上述方针,拟定完整计划,自秋季起切实施行。兹将其重要者数端略举如左:

一、定早操及课外运动为必修学程,男女生均须按时出席。

二、每年春秋二季各举行运动会一次,学生全体参加。

三、取消选手制,退出校外各种锦标比赛。

四、厉行体育及格标准,凡体育不及格者,虽学科及格亦不得升级或毕业。

五、扩充运动场,添置运动器具,务使全体学生均有参加运动之机会。

六、增加运动种类,依学生性别能力及季节之不同而施以各殊之训练。

七、随时举行校内团体个人比赛及校外友谊比赛。

至于详细办法,当由体育部另行公布。当此国势阽危民族垂殆之日,健身强种为青年目前最大之责任,尚望全体同学,申明斯旨,共同努力,使我校体育放一异彩,树全国大学之模范。民族前途,实利赖焉。此布。

布告二

本校积极推进民族复兴教育期间,自秋季起切实施行普及体育训练。所有计划,已经布告在案。早操及课外运动,均经定为必修科。凡大学各学院一二年级及师专科一年级男女学生,均必须参加早操。此外其余各级学生,得自由参加早操,但经编排入队后,必须按时出席。至于课外运动,全校男女学生均须参加。各生注册时,须同时将体育功课选填,经体育主任签字后,方为完成手续。希各知照。此布。

校长王伯群 九月五日

(《普及体育之意义及其实施要点》,《大夏周报》,第 11 卷第 2 期,1934 年 9 月 17 日)

廿三年度之本大学体育计划

(一)体育部行政组织系统(略)

(二)目标

本大学体育部办理全校体育事宜。其目的在谋体育之普遍化,务使各个学生有健康之身体,活泼之精神,与健全之人格,以便将来为国家社会服务,初非养成少数特殊之选手而已。兹将本部实施之主要目标分条列后:

(1)供给全体同学适宜运动之机会,使其身心发育健全。

(2)授以生活上、娱乐上、国防上所必须之运动技能。

(3)养成爱好及欣赏身体活动之习惯。

(4)养成合作、团结、公正、勇敢、侠义、刻苦、耐劳之风尚,以完成道德及人格教育。

（5）改善身体之发育不良状况。

（三）学程

本部学程，依同学性别、能力、兴趣、季节之不同而异其内容。以程度言，则由浅入深，由简入繁。初授以游戏之基本技能，及各种球类之初步，以培植同学之兴趣与习惯，继授以高深之游戏方法与技能。而对于男女运动之内容，亦有相当之差别，及适宜之分配。

A. 早操

（1）男生注重德国操、仿效操及自然活动

（2）女生注重丹麦操、德国操及自然活动

B. 课外活动

（甲）男生

1. 足球

2. 篮球

3. 排球

4. 网球

5. 棒球

6. 手球

7. 笼球

8. 田径赛

9. 国术

10. 游泳

11. 团体游戏

12. 其他野外活动

13. 轻重器械操

（乙）女生

1. 排球

2. 篮球

3. 网球

4. 垒球

5. 舞蹈

6. 射箭

7. 国术

8. 田径赛

9. 游泳

10. 团体游戏

11. 其他野外活动

（四）设备

A. 场地（大夏大学运动场位置平面图）

（甲）男生

1. 足球场一（早操、棒球共用）

2. 篮球场六

3. 网球场六

4. 排球场八

5. 田径赛场一（全部田径运动在内）

6. 手球球［场］一

7. 重器械六部

8. 国术场

9. 团体游艺场

（乙）女生

1. 早操场一（垒球场共用）

2. 篮球场三

3. 排球场二

4. 网球场一

5. 射箭区一

6. 团体游戏场

7. 舞蹈

B. 运动器具

合球类田径赛及其他器械约数百件

（五）实施办法

A. 早操

1. 早操暂定为一、二年级必修之学程。分男生女生两部，每部又分为三组。第一组出场时间为星期一、三、五三天，第二组出场时间为二、四、六三天。每天运动廿分钟，每人每周共六十分钟。

2. 早操时由各队服务主按席点名。

3. 男生早操地点在足球场举行，女生在群英斋举行。

4. 早操时各同学排列之次序另图公布。

B. 课外运动

1. 课外运动，为全校学生必修之学程，分男女二部。每部依学生之能力兴趣，又分为若干组，由各同〈学〉自由选择一组。

2. 课外运动时间，亦分为星期一、三、五及星期二、四、六二组。每组于每日下午举行之。自四时至四时四十分为第一节，五时至五十四十分为第二节。

3. 课外运动分组时间及种类，在各学生注册时选定，再由体育部分配之。

4. 各组队点名，由服务生处理之。

5. 早操及课外运动之服装，须以轻便为宜，不得着长袍及硬底皮鞋。

C. 考查及奖励方法

甲、考查学生成绩，依下列各原则为标准：

1. 勤惰

2. 运动精神及态度

3. 技能进度

乙、奖励办法

（1）属于团体者

（子）院际赛

（丑）级际赛

（寅）系际赛

（卯）队际赛

（辰）野外旅行

（2）属于个人者

（子）举行各种奖章测验

（丑）举行个人技术比赛

D. 举行校外友谊比赛

（详细办法另订）

（六）举行运动会

本部得依季节及环境之情况,每年度举行春秋两次运动会,以提倡普遍运动为目的。其项目办法另定之。

（七）取消选手制

本学期以经济环境关系,依学校行政决议本校

1. 退出江南大学体育联合会;

2. 不参加校外普通锦标赛。

（八）学生毕业体育标准

学生毕业,须通过本部之体育标准,其办法另定之。

（《廿三年度之本大学体育计划》,《大夏周报》,第 11 卷第 2 期,1934 年 9 月 17 日）

十五日 附设大夏民众教育实验区,该学期取消指导委员会,邰爽秋任实验室主任,将区内原有事业分为民众教育馆、农村念二社、合作教育社、工人学校四部分专教男女工人,并新设实验小学一所。

本大学附设大夏民众教育实验区,自本年春季创办以来,由指导委员邰、吴、马、许、冯诸先生悉心指导,诸同学努力工作,成绩斐然,声誉鹊起。本学期为更求增进效率起见,将行政组织略加变更,取消指导委员会,由邰爽秋、许公鉴二先生为正副主任,专主其事,并增加经费,力谋发展。现闻邰、许两主任正在规划进行,将区内原有事业分为四部分:一为民众教育馆,由原有季家库[厍]民众教育馆与徐家宅乡民自治会合并,以徐家宅附近王村为施教范围;二为农村念二社,社址由金家巷迁至季家库[厍],以金家巷、季家库[厍]、杜家宅三村为施教范围;三为合作教育社,仍设在桂巷;四为工人学校,设在周家桥浜北,专教男女工人。并新添实验小学一所,校址设在梅园,由董任坚先生主持,试验小学教育新理法。本学期工作人员,除实习同学外,并添聘专任干事四五人:一为宋昌黎君,主办农村念二社;一为马骥良君,主办工人学校;而实验小学亦聘高大刚等专任教课云。

（《大夏民众教育实验区添设实验小学》,《大夏周报》,第 11 卷第 2 期,1934 年 9 月 17 日）

二十日 招生及入学审查部并入教务处,原部主任蓝春池改任注册主任。（《教务处添设重要职员》,《大夏周报》,第 11 卷第 1 期,1934 年 9 月 10 日）

二十五日 自流井加深工程竣工。

本大学饮水,自十九年迁入梵王渡新址后,即由自凿自流井供给。旋以旧井水味带咸,于二十年春添凿新井一口,深及五百尺,上径四寸,下径二寸半,水源畅旺,色料纯正,久将旧井废而不用。自去秋闸北水电公司与本校订立购水合同后,水源时感不济。今春经凿井专家研究,认为如将旧井加深,水分定可改良。爰于暑假中雇天源凿井局,将旧井由三百尺加深至五百尺,上径六寸,下径四寸,出水量较新井更多。并商由新中工程公司添装帮浦吸水机各一,马达二架,工程现已告竣。从此开源有道,水料尽可涓涓不息,第节流有待,尚须全校用水人员,加以注意云。

（《新开自流井》,《大夏周报》,第 11 卷第 1 期,1934 年 9 月 10 日）

三十日 附设中学新校舍建筑竣工,中学部即将迁入新校舍。

本大学附设之大夏中学自"一二八"迁入中山路与大学部合并。二年以来,大中两部学生于训导实施方面,殊感困难。故王校长决定另建中学校舍。本年五月由柳士英工程师绘定图样,并雇由沈川记营造厂承包,在操场南首西河左岸基地建筑。四个月来日夜赶造,现已全部工竣。计二层楼三幢[幢]列成品字形。前幢为图书馆、主任室、总办公处、会议室、学生休息室;后二幢为教室,计普通教室十八间,理化教室一间,劳作教室一间。式样新颖,质料坚固,美轮美奂,极为壮观。刻正布置场所,九月十日前即可迁入。该校舍临河建筑,碧水一泓,垂杨夹岸,为海上名胜之景,洵进德修学之所也。

（《中学校舍落成》,《大夏周报》,第 11 卷第 1 期,1934 年 9 月 10 日）

中学部新校舍已落成,学校各办公室仍迁回群贤堂,大礼堂恢复旧貌。

本大学办公处向设群贤堂下楼。自二十一年秋季中学自胶州路迁入后,即将办公处改为教室,拨作

中学应用,另将大礼堂辟为办公处。唯二千余员生,顿少总集合场所,殊感不便。兹者中学已迁入新舍,前此暂行拨充之部分,悉数腾出。八月初旬即由事务处设计,将办公室迁回原址,锐意布置,焕然一新。据调查所得,一百零四号为校长室,一百零一号为主任室,一百零二号为院长室,一百零三号为总办公处,一百零五号为群育委员会,一百零六号为会议室,一百零七号至一百零九号为教育馆,二百零一号至二百零三号为图书馆参考室。现在各处办公室,异常集中,形成一有力计划之新机构,工作效率,更加增加。

《办公处迁回群贤堂》,《大夏周报》,第 11 卷第 1 期,1934 年 9 月 10 日)

本校原有之大礼堂,自改为总办公处后,各项集会,分院在群贤堂教室内举行,大规模集会,无法召集,对于全校精神团结,颇感不便。现因办公处迁至群贤堂,原有大礼堂,恢复旧观,连日加工修理,以资应用。嗣后学生方面各种集会,可先期向群育部报告,俟领得允许证后,即可应用。

《大礼堂恢复旧观》,《大夏周报》,第 11 卷第 1 期,1934 年 9 月 10 日)

九月

一日 秋季开学,新旧学生开始办理缴费及入学手续。

本大学秋季开学,定九月一日。新旧学生即于是日起开始缴费办理入舍手续。注册手续即定于七八两日办理。十日上午十时举行秋季始业式,下午一时起即正式上课。注册迟到者,自十日起,须另缴注册费。廿四日起,减修三学分;十月一日起,减修六学分;十月八日后即不准注册。为便利新生入学计,由注册课颁新生入学指南。新生到校时,即可向事务处领取备阅。

《九月七、八两日注册十日上课》,《大夏周报》,第 11 卷第 1 期,1934 年 9 月 10 日)

二十三年秋季各院系学生人数统计表
二十三年十月廿四日统计

院科别	系别	各系学生人数	各院科总数	全校总数
文学院	国学系	36	123	
	英文系	30		
	历史社会系	57		
理学院	数理系	25	153	
	化学系	55		
	土木工程系	73		
教育学院	教育行政系	149	268	
	教育心理系	58		
	社会教育系	61		1297
商学院	银行系	102	191	
	会计系	57		
	交通及商业管理系	32		
法学院	政治系	88	298	
	经济系	53		
	法律系	157		
师范专修科	国文组	67	264①	
	英文组	33		
	史地组	59		
	数理组	39		

《二十三年秋季各院系学生人数统计表》,《大夏周报》,第 11 卷第 8—9 期合刊,1934 年 11 月 3 日)

---

① 因师范专修科各组人数相加后,与该科统计的总数不符,而将各院科人数相加后与全校总人数相符,疑师范专修科各组人数有误。

召开全体职员会议,以分别集会形式取代全体教职员聚餐会。

本大学向例于每学期开课前一日,举行全体教职员聚餐会,由校长当席报告校务进行计划,俾资遵循,一面谋新旧教职员之联欢。自本学期起决将此种形式聚餐会,改为有意义之各种分别集会,爰于本月一日下午四时在群贤堂教员休息室,首先召集全体职员会议。王校长因病未到,由傅筑隐先生主席,报告本会之由来,略谓本会在消极方面,将形式之聚餐会,改为有意义之各种分别集会;积极方面在集思广益共谋校务之进展,并希望全体职员多发表关于校务改进之意见。继由欧副校长报告排定本会之经过后,即说明本会之三种意义:A 报告——将重要校务报告,使全体职员共谋进行;B 联欢——联络友谊的感情,彼此相知,在职业生活中有一种友谊式交际式生活;C 训练——如何使效能增高,办事经济,必须有一种职业上之训练。末即报告最近校务进行计划。后由吴养吾先生报告事务进行概况,许公鉴先生报告大夏民众教育实验区近况,马继华先生报告图书馆近况,顾君谊先生报告学生生活指导方案,方万邦①先生报告普及体育计划,潘白山先生报告女生指导方针,马雪瑞先生报告中学教导改进方针,傅筑隐先生报告财政近况,颇多发挥,词长不录。最后通过全体职员公约十二条,时已钟鸣七下。全场空气紧张,历三小时始散会云。

(《第一次全体职员会议》,《大夏周报》,第 11 卷第 1 期,1934 年 9 月 10 日)

大夏大学全体职员公约

一、遵守办公时间。

二、非有必要事决不请假。

三、办公室内不吸烟,不会客,不游惰。

四、今天的事,今天办完。

五、办事要刻苦耐劳,不出怨言。

六、办事遇到困难,不畏缩,不推诿。

七、工作忙的时候,同事通力合作。

八、机要公事,严守秘密。

九、接受主管职员指导,遵守服务规程。

十、提议应与改革的事情于主管机关,不作消极的批评。

十一、对教职员学生接洽事情,态度要持重,要谦和。

十二、对校务前途有共谋发展的责任。

(《大夏大学全体职员公约》,《大夏周报》,第 11 卷第 2 期,1934 年 9 月 17 日)

二日 为进一步完善导师制,校务会议先后通过"导师制条例"及"导师制施行细则",自该学期起施行。

导师制自本大学首创以来,国内各大学已先后仿行。最近教训合一制施行以后,导师制尤见需要。本大学积七年来之实施经验,深觉此种制度,尚须改进之点颇多,爰经第一百六十及第一百六十一次校务会议,先后通过导师制条例,暨导师制施行细则,自二十三年秋季切实实行。并由王校长就专任教授中聘定欧元怀、王毓祥、傅式说、鲁继曾、吴浩然、倪文亚、蓝春池、吴泽霖、邵家麟、邵爽秋、唐文恺、孙浩烜、蒋子英、章颐年、林希谦、马宗荣、湛志远、陈柱、靳宗岳、张耀翔、董任坚、蔡绣霞、王瑗仲、徐仁铣、郁康华、唐庆增、梁园东、宋志侠、顾名、李青崖、陈六琯、方万邦等三十二人为导师,将全体学生分组指导。导师制条例暨导师制施行细则分录如后:

---

① 方万邦(1893—1969),原名方中,福建闽侯县人。1919 年毕业于国立北平师范大学体育科,1926 年入哥伦比亚大学教育学院专攻体育,获体育学士、硕士学位。回国后,历任北平师范大学体育教授、安徽大学体育主任兼体育教授、上海市体育专科学校教育主任等职。1949 年以后,任华南师范学院体育教授。著有《体育原理》、《新体育教育教学法》、《青年体育》等。

大夏大学导师制条例（第一百六十次校务会议通过）

第一条　本校为增进教育效能，并使学生于功课之外，得到学问上及生活上之指导起见，对于大学各学院及师专科全体学生施行导师制。

第二条　导师由校长于本校教员中聘请之。

第三条　全体学生依其所习之主系及辅系学程，分为若干组，由导师分别指导之。

第四条　指导要点为学术讨论，专题研究，职业指导及个人困难问题咨询等项。

第五条　指导期间自学生入校起至毕业止。

第六条　学生经分组后，除转院系或其他特别情形，经群育部许可外，不得转入他组。

第七条　学生毕业或休学离校时所缺之额度，以相当分系之学生充补之。

第八条　导师制一切施行手续，由群育部商承校长负责办理。

第九条　导师制施行细则另定之。

导师制施行细则（第一百六十一次校务会议通过）

第一条　本细则根据导师制条例第九条订之。

第二条　群育部于每学期开学两星期后，将各组导师及学生姓名公布之。

第三条　各组导师及学生姓名公布后，由群育部函知各导师，请其即行开始指导。

（《推进导师制》，《大夏周报》，第 11 卷第 1 期，1934 年 9 月 10 日）

《申报》曾有专文介绍导师制来施行的主要原则及特点：

大夏大学自五年前即施行导师制，数年以来，颇著成效。自本年秋季起更将原定制度加以扩充改进，所有大学各学院及师专科全体学生，依其所习之主辅系学科，分为三十三①组，由校长聘请导师三十三人分别担任，务使学生于功课外，得到学问修养、职业及生活各项问题之指导。指导期间，自学生入校起至毕业为止。兹探录其重要设施列后。

▲　主要原则　该校导师制主要原则有五：（一）实现教导合一；（二）厉行俭约主义；（三）切实考察个性；（四）指导学术研究；（五）辅助解决人生问题。

▲　分组施行　该校本季开学后，即聘定鲁继曾、邰爽秋、吴泽霖、唐文恺、邵家麟、孙浩烜、章颐年、董任坚、顾君谊、陈柱尊、傅式说、吴浩然等三十三人为导师。并召开全体导师会议，拟定分组方法。由群育部按各学生所属院科及正副学系编排组次，各年级平均分配，每组人数三十至五十人，以期周密，并经该校校务会议详订导师条例及施行细则，规定各种指导方法之手续。

▲　四大优点　据该校当局表示，此次推进普及导师制度，约有四大优点：（一）以学术为出发点。分别指导，可使导师与学生间学术讨论、专题研究、职业指导及个人困难问题咨询等项，得便利进行而发展特长。（二）有永久性。自入校起至毕业止，始终在该导师指导之下，对其性情态度及人生观等，均可彻底认识明了，以便因材施教。（三）组织完密。由群育部制定学生调查表，内分家庭状况及个人身体、性情、志趣等十余项，由导师详细考试填齐，并附说明，以为实施指导之根据。同时由导师会议，集中专家意见，共同讨论解决实际问题。（四）方法改良。各导师所指导范围，约分自修自治、健康、交际及社会服务等项，其方法除不背训育原则外，得由导师自由酌定，或由导师每周约定各生团体或个别谈话，或由学生随时得出问题，请教导师云。

（《大夏大学施行普及导师制度》，《申报》，1934 年 10 月 5 日，第 13 版）

四日　校务会议议决，定于十月十一日至十三日举行建校十周年纪念暨中学新校舍落成典礼。同时决定，该学期开设边疆及国际问题两个讲座，并推定吴泽霖、孙浩烜二院长着手筹备。

九月四日下午举行第一百六十七次校务会议。出席者欧元怀、邰爽秋、章颐年、唐文恺、孙浩烜、傅式说、蓝春池、顾名、邵家麟、吴浩然、倪文亚、马宗荣、鲁继曾、吴泽霖。王校长身体不适，托欧元怀代为

---

① 《申报》所载导师数与《大夏周报》所记不同，疑有误。

主席。记录马公愚。主席及各主任报告重要校务进行后,即开始讨论。对于实施普及体育等案,颇多研究。并决定十周纪念自双十节起举行。是日下午二时为毕业生回校集会之期。十一日上午九时举行中学部新校舍落成典礼,同日下午二时举行十周纪念典礼。十二十三两日大中两部举行秋季运动会,并拟登报通知毕业生回校参加典礼,以示隆重。

（《十周纪念日期为十月十一十二十三日三天》,《大夏周报》,第11卷第2期,1934年9月17日）

本大学鉴于吾国民族之危殆与大学使命之重大,爰于去年秋决定以复兴民族为教育之中心,并经厘定纲要及实施具体方案,自二十三春次第施行。其已见实现者,颇为不少。兹以太平洋之风云日形急迫,世界经济恐慌之狂潮愈趋激烈,各国勾心斗角之外交益见迷离,凡诸种种,直接简[间]接均足影响吾国民族之生死存亡,国际问题之研究,实属刻不容缓。本学年特设国际问题讲座,以供全校师生之探讨。又以东北沦亡收复无日,蒙疆康藏警耗频传,时至今日,我国边疆情况之险恶,已达于极度。如何亡羊补牢以保全我固有之领土,实为目前急要之图。本学年上两讲座,已由第一百六十七次校务会议正式通过开设,并推吴泽霖、孙浩烜二院长着手筹备云。

（《开设边疆问题及国际问题两讲座》,《大夏周报》,第11卷第2期,1934年9月17日）

开始办理学生入舍及通学生手续,中学全部教室布置就绪。（《廿三秋季学期本大学各部处各学院各团体大事汇录》,《大夏周报》,第11卷第15期,1935年1月7日）

六日　中学部各办公处迁入新校舍。是日上午,大夏中学召开第六十六次校务会议,议决通过训导员服务细则等要案。（《大夏中学训导员服务细则》,《大夏周报》,第11卷第2期,1934年9月17日）

八日　下午四时,召开本学期第一次导师会议。

本月八日午后四时在教员休息室开本学期第一次导师会议。出席者王瑗仲、梁园东、蔡绣霞、谌志远、宋志侠、顾名、唐庆增、吴泽霖、林希谦、董任坚、陈六琯、欧元怀、唐文恺、孙浩烜、鲁继曾、吴浩然、陈柱、邵家麟、方万邦、蓝春池、倪文亚、蒋子英、傅式说、章颐年、邰爽秋、徐仁铣等二十六人。代主席欧副校长,记录黄炎。首由欧先生报告本校施行导师制已有年所,惟对于指导方法尚少联络一致,成效未见大著。自本学期起对于导师待遇加以改善,各导师指导方法以学术为出发点,其共同注意点有下列数种:

1. 实行普及教育;
2. 厉行俭约主义;
3. 对事对作积极的贡献,不作消极的批评;
4. 指导读书方法。

报告颇为详尽。继由顾君谊先生报告导师分配情形,及导师调查学生表之内容。历两小时之久,始告散会。

（《第一次导师会议决定导师指导方法以学术为出发点》,《大夏周报》,第11卷第2期,1934年9月17日）

九日　上午十时,举行秋季开学典礼。

九日上午十时在大礼堂举行秋季开学典礼。到全体师生,济济一堂,气象极为庄严穆肃。王校长因病未到,由欧副校长代为主席。师生行相见礼后,首由欧副校长报告过去五学期来未能举行大规模开学典礼之原因,及回想十年前九月二十四日下午在风吹雨打中借潘园空场举行第一次开学典礼之苦况,语极沉痛而多策励,听者无不动容。旋即报告最近校务发展状况及教导改进计划,并希望同学三点:(一)充分利用图书馆、实验室及教授之经验学识,勤勉学业,培养学术研究精神;(二)多到体育场,注意运动,并利用体育器械,锻炼健全体格,以为复兴民族之准备;(三)穿着制服,食用简单,厉行新生活运动,养成俭朴学风。最后阐扬三苦精神,鼓励师生合作。大致谓大夏创校精神,即在苦办、苦教、苦学,十年来重精神不重物质。大夏前途光明,全恃师生合作之程度为断。现在第一个十年既已过去,合作之成绩如何,明眼人自能见之。第二个十年正在开始,甚盼师与师合作,生与生合作,更进而为师与生合作,团结一致,努力奋斗,再造第二个十年之光荣史。继由鲁教务长介绍教职员毕,商学院新院长唐文恺先生即开始演说,略谓读书运动,师生合作,革命创造,乃中国教育界之良药,大夏创校时之秘方,愿各校尽量配服。次师专科新主任章颐年先生演说,谓中国现应同时实施普及教育,民族教育,科学教育与生产教育(或职业教育)。中国在民智幼稚,但智识分子亦多汉奸。吾人既应提倡普及教育,但培养民族意识,更为当务之急。中国人缺乏科学观念,以堂堂长官,皇皇士绅,尚需请求张天师、班禅作祈雨勾当。科学教育,实属刻不容缓。现在失业问题已闹遍世界,在中国尤见严重。人浮于事,到处皆然;但人才难找,亦属事实。学校中应极加紧技能训练,以为职业之标准。次由群育新主任顾名先生从顾名思义发挥群育主任之任务,及生活指导委员会主席之职责。略谓本人(顾自称一下仿此)系老薛保而兼接线生。老薛保之工作要群而不训,以贯彻本人生平风义兼师友之信条;接线生之工作,则在通师生之邮,由导师制、纪念周、普及体育三线接之。并勖同学以三代以下惟恐不好名,大夏有"穷"名而女生以"好"著,甚愿全体男女同学不怕穷而好名。语极诙谐而态度庄严,全场无不亲而生敬。末由体育新主任方万邦先生讲演厉行普及提议计划,谓普及体育,不仅是大夏之要求,实为全教育界之要求。普及体育之所以不能实行,原因在经济上、环境上、体育人员工作上三方面发生困难之结果。本人(方自称,以下仿此)来校,王校长即以厉行普及体育为条件。此普及体育,乃本人数年来之理想。从今日起,唯有不怕困难,作国内首先之大胆尝试,甚望全体同学都能自动起来作普及体育之活动。方先生精神饱满,声浪响亮,时虽近午,全体师生似服清凉剂,精神为之一振。唱校歌后,欢呼口号,散会。

(《第十一秋季开学典礼》,《大夏周报》,第 11 卷第 2 期,1934 年 9 月 17 日)

十日　大中两部学生同时开课。

自农村经济破产以来,各地学生锐减,沪上各校开课日期,不免略受影响。本大学为求质的改进,本年度录取新生名额本已减少。附设之中学部,为求教导严格,亦已规定只收寄宿生,本期新生亦力求裁减。但自七八两日开始注册以来,新旧生踊跃到校,截至十日止,注册人数已达一千五百余名。十日即照预定日期开课。学生精神颇形整饬,气象一新云。

(《大中学两部十日同时开课》,《大夏周报》,第 11 卷第 2 期,1934 年 9 月 17 日)

十五日　召开全体教授会议,讨论提高学生学术研究精神问题,各教授提出许多积极建议。

十五日下午四时,全体教授在群贤堂教员休息室开第一次教授会议。主席鲁教务长报告教务统计,本年度考试委员会计划,暨设立集思箱之意义等项后,讨论有应如何严格取缔学生考试舞弊,与应否设立课程研究委员会等多案,均极重要。其最令各教授所注意者,为应如何提振学生研究学术的精神一案。一时焦点几种,研讨颇为详尽。陈教授柱尊提出:应多设各种学术研究室,搜罗专门人才,并增聘各系助教。丁教授文彪提出:应注意课外参考读物,并须各教授自己创作,以引起研究学术之兴趣。吴教授泽霖提:各门功课由教授指定参考书报,其笔记应于一定时期内交进院长室助教,或增聘服务生专管登记课外参考读物之事。吴教授浩然提:多设各种专门学会,由教授提倡或发起之。各教授滔滔发言,不厌求详。最后因时间过长,问题重大,决定俟下次会议再行讨论云。

(《应如何提振精神研究学术?》,《大夏周报》,第 11 卷第 3 期,1934 年 9 月 24 日)

十七日　上午十一时,举行新生指导会。

本校于每学期之始对于新入校学生向例加以特别指导,所谓入国问境,入境问俗,使知本校之立校精神与风尚。十七日上午十一时在大礼堂举行新生指导会。到会者有欧副校长、傅会计主任、鲁教务长、顾群育主任、吴事务主任、邰院长奭秋,暨新生约二百人。

首由主席欧副校长报告开会宗旨,略谓今天开会有三种意义:

第一,欢迎——诸位来自各地各校,经本校严格考试得能录取。诸位已有相当学力,而尤信仰本校,此来当然不是偶然的,所以第一表示欢迎之意。

第二,指导会的意义——诸位初来本校,对于校史、校规、校风,均属茫然不知。所以有集会,使诸位明了本校一切情形。此种会议，在外国各大学很少举行者。美国各大学虽有类似此种会的举行，促[却]系一种恶作剧的欢迎，迥非本会之庄严与诚恳之指导所能比拟也。

第三，本校立校精神——本校由读书运动而产生。今后希望诸位本本校立校精神，在校须努力读书。

次傅式说先生报告校史及校务发展情形：

一、校史大概——本校由厦门大学数百被迫离校之失学同学要求原任教授而创立者。大夏之夏字的来源并非从存有地域观念狭义之厦字而来，乃光大华夏之意。始赁屋于法租界美仁里，仅一楼一底为筹备处，后迁宜昌路，亦仅三楼之底，此为第一时期。后迁至胶州路租地自造房屋，此为第二时期。近[迄]民国十八年始购地自建现有之校舍，于十九年秋季迁入现在校址。校舍虽属不少，但去理想尚远，如科学馆、图书馆、体育馆尚待筹款建筑。惟本校截至现在止，尚欠债卅多万，还须我们在校〈教〉师学生作进一步之努力。

二、本校之精神所在——刚刚主席说过本校由读书运动而产生，所以诸位要认识本校的立校精神为"研究学术，造就人才，刻苦奋斗，合作创立"十六个字。凡我师生均要身力[体]力行，永远维持这种精神。

三、现在的情形——本校最初只有二百多同学，现在发达到二千多。量的方面发达得这样快，今后希望质的方面要同样发达。本校王校长鉴于国难日深，去秋确定以复兴民族为教育目标，早经拟具方案于今春开始实行。附此报告，各位同学须本着这个目标努力。

其次，由鲁教务长报告教务方面注意事项，如须看《大夏一览》内之学生通则，随时注意学校方面各种布告，少请假，不旷课。最后说明成绩计算之方法，希各努力学业，毋贻后悔。

再次，吴事务主任报告事务方面注意事项，如清洁、卫生疗病、领信、宿舍注意事项等，均有详细指示。

最后，由顾群育主任说明群育方面注意事项，如健康运动、节约运动、读书运动、纪律化运动，从这学期起一定要实行新生活运动，云云。

（《十七日上午十一时举行新生指导集会》，《大夏周报》，第11卷第3期，1934年9月24日）

十八日　下午四时，召开第三十九次事务会议。

"九一八"下午四时，全体事务委员在群贤堂二〇二号开第三十九次事务会议。对于训练校〈务〉工作详密之计划并分配训练人员后，即讨论十周纪念筹备事宜。议决：操场搭司令台，大门礼堂及各场所各配以相当之布置，并推定宋作锟、杨麟纾[书]、符福澄三先生负责布置群贤堂；徐汝兰、唐茂槐二先生负责群力斋；徐汝兰先生负责群策斋；潘白山、杨德贞二先生负责群英斋；杨建勋、王瑾怡、杨麟纾[书]三先生负责大礼堂；郑演先生负责图书馆；张泽春先生负责疗养院；曾广典、顾文藻二先生负责科学馆。分工合作，务尽庄严辉煌之能事云。

又讯：十周纪念因王校长新丁母忧，短期内恐未能亲自主持典礼，校务会议有提议延期若干时日之说。

（《积极筹备十周纪念》，《大夏周报》，第11卷第3期，1934年9月24日）

迳来天时入秋，百病易发，而"病从口入"，对于食物，尤宜注意。事务处爰于第三十九次事务会议席上，除议决添置各种卫生设备外，并对于膳食卫生，推定徐汝兰、张泽春、何惟忠、唐茂槐四先生负责监督并指导第一、第二两食堂；潘白山、杨建勋、杨德真三先生负责第三、第四两食堂。严厉执行卫生条例，以谋公众之康宁。

（《事务处设法改进学校卫生》，《大夏周报》，第11卷第5期，1934年10月8日）

二十一日　下午，教育学会邀请陈博明先生演讲，主题为其所发明的"博明音符"。（《陈博明先生讲"博明音符"》，《大夏周报》，第11卷第5期，1934年10月8日）

二十四日　纪念周会，请校董江问渔作"复兴民族与国民自信力"的演讲。

廿四日上午十一时举行秋季第一次纪念周,到全体师生。欧副校长主席,报告校务进行后,即谓以后每次纪念周,由校外名人或校内教授作学术上修养上或时事方面之演讲,务使学生均有研究学术的兴趣、修养的精神与注意时事的态度。继即江校董演讲,题为"复兴民族与国民自信力"……演词由何曾谋先生记录,刊登本报本期一一二至一一四页。

（《江校董演讲复兴民族与国民自信力》,《大夏周报》,第11卷第4期,1934年10月1日）

《大夏周报》"民族复兴教育专号"出版,刊出傅式说《本大学实施民族复兴教育概况》一文,对过去一年来实施民族复兴教育情况进行了总结,并提出了本学期实施计划,节录如下:

二十三年春季开学之初,由王校长布告本年内实施民族复兴与教育各端,其内容如此:

（编者按:内容略,详见一九三四年二月二十六日条）

上述十一端,经本校努力推行之结果,均已见诸实现。中学新校舍三幢已于八月底完工,从此中学部有自成单位之教室,管教更形利便。《大夏学报》亦已刊行四期。大夏民众教育实验区,进行不遗余力,最近添办乡村实验小学。太平洋问题讲座,统制经济及战时经济讲座亦已分别举行。奖学基金已实现者有欧氏剑波奖学基金五千元,余尚在继续筹募中。他如整顿军事训练,普及体育计划,改善文史地教学办法,无不极力推进。

岁时推动,廿三年度秋季开学之期已届。王校长为谋彻底推行民族复兴教育起见,厘订本年度决定施行各端,公布全体知照。今后进行之方针,均将有所遵循。特录如次:

一、普及体育

体格之强弱,攸关民族之兴衰。近年来学校提倡体育之流弊,在于尊重选手比赛,忽视一般体格之训练,以致大多数学生,不参加运动,精神萎靡。兹本校为力矫此弊起见,将运动场及运动设备大加扩充,规定早操及各种课外运动为必修学程,依学生性别能力及季节之差别,施以各殊之训练,务使各个学生咸成得适宜锻炼身体之机会,藉以养成健全之体格,树立民族复兴之基础。详细办法,另行布告。

二、扩充科学实验室及设备

我国科学不发达,以致生产落后,故提倡科学,实为复兴民族之要图。本校对于理科,素极注重,所有设备亦颇敷用。兹因理学院学生人数日增,为适应需要并力求充实起见,特添建理科实验室多间,可容学生三百人同时实验。并增设化学研究室,化学图书室,土木工程实验室,添置大批仪器、标本、药品、用具。此次教育部决予补助一万三千元,亦悉数作为扩充设备之用。于理科教学效能,当可增加不少,足与国内任何公私立大学相较,而无愧色矣。

三、积极施行导师制

导师制在我国大学中以本校为嚆矢。本校施行导师制,远在六年以前,原限于大学各学院三、四年级生及师专科二年级生,目的在使学生于功课之外,得到学问修养、职业及生活各项问题之指导。数年以来,颇着成效。国内其他大学,纷纷仿效。自本学期起,将原定制度,加以改进,积极施行。所有大学各学院及师专科全体学生,依其所习之主系及辅系学程,分为若干组,由导师三十余人分别担任,切实指导。指导期间,自学生入校起至毕业止,将来收效,当可更宏。详细办法及导师名单,均另行布告。

四、厉行新生活

自蒋委员长倡导新生活运动,风行草偃,全国景从。本校上学期已成立新生活运动促进会分会。兹为促进实行新生活期间,特遵照中央所颁新生活标准,订定大夏大学新生活公约若干条,以为阖校学生生活上共同实践之准绳。是项公约条文,另行布告。

五、大夏民众教育实验区添设乡村实验小学

本校为实施民众教育并为教育学院及师专科学生实地练习起见,自前年起,创办大夏民众教育实验区,成绩昭著。附近各乡村民众,受惠匪浅。本学期积极进行,扩充经费,并为增加办事效能起见,取消指导委员制,聘请邰爽秋先生为主任,许公鉴先生为副主任,负责主持一切。并添办乡村实验小学,聘请董任坚先生为主任,由董先生设计一切,即自秋季起招生开学,俾乡村学龄儿童,咸成得受适宜教育之机会。

六、开设国际问题讲座

太平洋之风云日形急迫;世界经济恐慌之狂潮,愈趋激烈;各国勾心斗角之外交,益见迷离。凡诸种种，直接间接均足影响吾国民族之生死存亡。国际问题之研究，实属刻不容缓。本学年特设此讲座，聘请专家演讲。

七、开设边疆问题讲座

东北沦亡收复无日，蒙疆康藏警耗频传。时至今日，我国边疆情况之险恶，已达于极度。如何亡羊补牢，以保全我固有之领土，实为目前急要之图。本学年特设此讲座，聘请专家担任演讲。

八、筹建图书馆

图书馆为研究学术之必要工具，本校开办虽仅十稔，而历年购置图书，数极可观。最近数年，增加尤速。惟目前图书馆房屋，系临时性质，书库及阅览室，均嫌拥挤。故建筑图书馆，殊不容缓。业经专家计画绘图，一切设计均照最新科学方法。校董会已进行筹募款项，期于最短期间兴工建筑。在新图书馆未建成以前，暂将教育研究室腾出之房屋加辟为杂志阅览室，另于近旁添建平房两间，作为新闻纸阅览室。移参考图书阅览室于群贤堂二楼，所有图书馆二楼，悉充作普通阅览室，室内可容纳三百人阅览，较前增加不少矣。

九、举办生产教育师资训练班

本校鉴于生产教育关系国民生计之充实，地方教化之振兴，及国防之巩固，均甚巨大。而国内是项师资，极感缺乏。又中小学校劳作科之适宜教员，亦不易睹。爰拟于教育学院，添设生产教育师资训练班，以便养成职业补习学校之师资，及中小学之劳作教员。一切计划及课程，均经专家拟订，开班日期另定。

综上所述，关于本大学实施民族复兴教育之动机、准备、经过及今后推行之计划均已简略介绍。从时间方面观察，由发动以迄今日，虽仅周年，而其所负之使命却甚重大，究应如何推动此项伟大之救国基本工作，尚待我大夏师生共同努力迈进！（廿三年九月十七日）

（傅式说：《本大学实施民族复兴教育概况》，《大夏周报》，第 11 卷第 3 期，1934 年 9 月 24 日）

生活指导委员会布告—系列有关学生团体组织的布告：

本大学素以师生合作著称，际此分崩离析之局，大学为化民成俗之源泉，全体师生尤宜切实精诚团结，不应稍存畛域之见，以为社会领导。校务会议爰于一百六十六次会议一致通过绝对禁止同乡会及变态同乡会之组织。生活指导委员会昨并正式布告剀切指导。

布告

查同乡会之组织，囿守地域观念，含有封建思想，早经中央明令禁止在案。本校内虽尚无正式同乡会发现，但类似之组织甚多。兹经第一百六十六次校务会议议决对此严加取缔。凡以各省市县之今昔区域名称为会集者，一律不予登记。即各会社之会员姓名亦须呈报群育部，如发现其分子之籍贯系属同一区域者，并禁止其组织。特此布告，希各知照。此布。

生活指导委员会
九，廿四

（《同乡会及变态同乡会绝对禁止组织》，《大夏周报》，第 11 卷第 4 期，1934 年 10 月 1 日）

本大学现以学生团体组织极多，集会如在礼堂举行，每多不便。生活指导委员会昨特规定礼堂仅限于纪念周典礼及学术演讲之用，其他集会仍在教室举行。闻学生集会，须先到群育部登记核准后，方可借用教室云。

（《学生集会限在教室内举行》，《大夏周报》，第 11 卷第 4 期，1934 年 10 月 1 日）

生活指导委员会为学生团体自由发行刊物，恐多流弊，昨特布告：

"查学生之各种刊物，须于出版时送交群育部审阅后，始得发行。载在章则，重所咸知。近来各团体，每多未能依照此项手续办理，不加纠正，流弊恐多。兹经第一百六十六次校务会议议决，本学期各学生团体发行之刊物，须经群育部严密审查后，方可发表，否则总编辑须负完全责任。……"

闻本学期各种学术团体，现已开始组织，将来出版刊物定有多种。其筹备人员自看到此项布告后，均已预备将项该[该项]布告所规定之办法,列入各该团体出版规则中云。

(《学生团体刊物须经群育部严密审查方可发表》,《大夏周报》,第11卷第5期,1934年10月8日)

二十九日　下午三时,中央大学教授吴南轩博士到校参观各院各馆及民众教育实验区,并作"国际心理卫生运动"的演讲。(《吴南轩博士参观本大学后演讲国际心理卫生运动》,《大夏周报》,第11卷第5期,1934年10月8日)

生活指导委员会召集全体女生谈话。

九月廿七日下午七时学生生活指导委员会在群英斋女生食堂召集全体女生谈话,到欧副校长,暨傅式说、顾君谊、邰爽秋、章颐年、潘白山、何惟忠诸先生及全体女同〈学〉二百余人,济济一堂,融融泄泄。首由顾君谊先生起立致词:一、说明召集女生谈话之意义。二、希望各人负起责任,女劝父母,妻劝丈夫,母劝子女,以挽颓风恶习,以救民族国家。三、希望常到实验室、体育场,并出席纪念周、早操,施行女子男性化。

次由欧副校长训词,略谓:一、往昔中国女子均无读书机会,现在欧洲国家中尚有许多的中学、大学不能男女同学,恐怕将来中国教育制度对于男女同学方面也要变更。所以诸位今日在此享受男女同学的教育,实在难能可贵,希望不要错过机会,努力精进。二、现在女子对于国家社会看得太重,反而对于家庭看得太轻,以致家不齐,国不治,社会不安,民族危殆,实是一件痛心的事,亟应加以纠正,提倡贤母良妻的旧主张,所以为世诟病的,乃在把女子看作只能做贤母良妻,不会办理社会国家的事。现在的贤母良妻的主张,是要把家庭与社会国家并重,进而为更贤之母、更良之妻。

再次由傅式说先生训词,略谓:一、复兴民族不仅在喊口号,要有基本运动。诸位是家庭之母,也是国家之母,希望能有健全的体格,如没有健全的体格,即没有健全的子女,亦即没有健全的国民。又如一旦战事爆发,男子尽到前方,后方责任亦甚重大,全要赖女子负担;如女子无健全的体格,如何能担负此等重大工作?所以希望诸位把体格锻炼起来,才是复兴民族的实际方法。二、现在学校中的女子和家庭中的女子无甚分别,除家庭中女子少识几个字外,都是一样的有依赖心。现代人都批评大家庭不好,然而如今小家庭的一夫一妻制度,女子又全依赖男子,假使男子一旦离家,就要感觉惊慌失措,充分的痛苦了,所以有许多小家庭中人反想象大家庭的快乐。这是变态的现象,全由女子依赖心而成,希望诸位都能自己事自己干,今日事今日了,不要存丝毫的依赖心。三、大夏女同学有二三百人,有优美的宿舍,又复粉红黛绿,争妍斗艳,各极其妙。有人批评说是美中太足,希望诸位要养起吃苦的精神,各事从俭朴方面做去。

更次由邰爽秋先生训词,略谓:中国的女子教育一般的说是不良,推原其故,并不是办教育的过错,社会应负其全责。我们现在的目标就在如何能使诸位已受社会的引诱的人而回复到原来的状态。要做到这步工作,就要希望诸位摒绝奢华,厌弃摩登,实行归真反璞的运动。

末由潘白山先生将各先生之训词作一总结束。历时二句钟点之盛会,遂于热烈之鼓掌声、欢呼声中宣告终结。

(《生活指导委员会召集全体女生谈话》,《大夏周报》,第11卷第5期,1934年10月8日)

三十日　大夏新村新建两所网球场落成。为增进全体教职员兴趣,欧元怀、王毓祥、吴泽霖、吴浩然等人发起组织大夏大学教职员网球会,并于是日召开成立大会。

民族复兴之重任,须有健全之体魄,而网球之术尤为锻炼身体之良好工具。本大学于大夏新村新筑网球场二所,现已完工。欧副校长、王秘书长暨吴泽霖、吴浩然、陆梅僧、林笃信诸先生等为谋增加全体教职员赛球兴趣起见,特发起"大夏大学教职员网球会",以便公余从事练习。闻已于九月三十日上午九时假大夏新村三号吴宅开会,报告布置网球场之经经[过]并讨论以后进行事宜。出席者有二十余人云。

(《欧副校长等发起大夏大学教职员网球会》,《大夏周报》,第11卷第5期,1934年10月8日)

本大学自实施普及体育以后,教职员对于运动亦极热烈起来。教职员网球会已于九月三十日成立。欧元怀、王祉伟、傅式说、吴浩然、吴泽霖、林笃信、陆梅僧、张泽春、刘锦标等诸先生近复私资辟筑网球场二,排球场、篮球场各一,并购置各项用具。凡本大学教职员均得向大夏新村门房领取用具随时练习。现在每日公余之下,教职员之前往参加者,日渐增多,大有不敷分配之虞。双十节并有网球国手邱飞海、郑兆佳等莅场表演。本校教员卡尔逊及同学陈百年君对网球术素精,是日亦到场陪打。人头拥挤,对于运动兴起,又加深一层云。

（《实施普及体育后教职员之运动热》,《大夏周报》,第 11 卷第 6 期,1934 年 10 月 15 日）

本月 推定本年度各种委员会委员。

本大学设有各种委员会,分别计划筹议各部处进行事宜。各委员会出席代表除一部〈分〉当然委员外,校务会议委员另由教授会推选代表三人,其余各种常设委员会由校务会议推举定之,均于每学年开始举行。本年度各种委员会委员,现已分别推定。兹录其全部名单于后。

甲、校务会议委员（廿三年度）

王伯群先生(主席) 欧元怀先生(副主席) 王毓祥先生 傅式说先生 鲁继曾先生 吴浩然先生 吴泽霖先生 邵家麟先生 邰爽秋先生 唐文恺先生 孙浩炟先生 章颐年先生 顾名先生 蓝春池先生 马宗荣先生 倪文亚先生 林希谦先生(教授代表) 方万邦先生(教授代表) 谌志远先生(教授代表)

乙、各种常设委员会委员（廿三年度）

一、教务委员会委员

鲁继曾先生(主席) 邰爽秋先生 邵家麟先生 吴泽霖先生 唐文恺先生 孙浩炟先生 章颐年先生 马宗荣先生 蓝春池先生

二、财政委员会委员

王伯群先生 傅式说先生(主席) 欧元怀先生 王毓祥先生 鲁继曾先生 吴浩然先生 倪文亚先生

三、事务委员会委员

吴浩然先生(主席) 顾名先生 张泽春先生 方万邦先生 宋作锟先生 潘白山先生 唐伯熊先生 徐汝兰先生 杨建勋先生 唐茂槐先生 杨麟书先生

四、生活指导委员会委员

顾名先生(主席) 傅式说先生 王毓祥先生 潘白山先生 黄炎先生 何惟忠先生 徐汝兰先生

五、图书委员会委员

马宗荣先生(主席) 鲁继曾先生 倪文亚先生 邰爽秋先生 马雪瑞先生

六、考试委员会委员

王伯群先生(主席) 鲁继曾先生(常务) 蓝春池先生(常务) 吴泽霖先生(常务) 邵家麟先生 孙浩炟先生 邰爽秋先生 唐文恺先生 章颐年先生

（《各委员会委员推定》,《大夏周报》,第 11 卷第 4 期,1934 年 10 月 1 日）

本月 经校务会议议决,全体女生及一、二年级学生一律不得通学①。

本大学为实施严格训练起见,自本年度秋季学期起,各学院一、二年级,师范专修科一年级学生,必须住校。其余学生如有特别情形,须由事务主任核准后,方可通学。此项办法由校务会议第一百六十四次会议议决通过施行云。

（《全体女生及一、二年级学生一概不得通学》,《大夏周报》,第 11 卷第 1 期,1934 年 9 月 10 日）

本月 经生活指导委员会议决,每年将厉行身体检查。

本大学为彻底实施普及体育计,任何学生不得藉口身体羸弱,不到运动场去实行练习。如身体确系不适于剧烈运动者,亦必经校医检查、预诊、治疗,视其身体之强弱而为之决定一比较不剧烈而适宜之运动。兹又经生活指导委员会第九次会议议决,对于体格检查采取厉行制度,每年举行普遍检查一次。其

---

① 通学即走读。

详细办法,由校医张泽春先生拟定,俟下次会议再行讨论。

（《推进普及体育普遍检查体格》,《大夏周报》,第 11 卷第 4 期,1934 年 10 月 1 日）

本月　聘请蓝春池先生为注册主任,顾君谊先生为群育主任。

注册主任蓝草塘氏　本校教务处自经鲁教务长主持以来,多所改进,对于英国之总考制与学生成绩指数之计算等项,尽力采择推行。近以事务繁冗,添设注册主任,由王校长聘请本校招生及入学审查部主任蓝春池先生担任,办理招生、注册、学生请假、核算成绩等事宜。鲁、蓝二先生,通力协作,相得益彰。

高、曾[孙]二君制对数表　教务处计算学生成绩办法,系以学分计量,绩分计质,学生绩分之比率数为指数。近以学生人数众多,计算甚繁。特由欧副校长及鲁教务长指导,请定高芝生、孙雄曾二先生精心调制学生成绩指数核查对数表,现已付印,日后计算成绩时,只须查表即得指数,异常便利。

编订学号修订表册　连日蓝注册主任为谋进一步推进教务起见,参观本埠各著名大学,以为借镜。闻自本学期起,编订毕业生及在学学生学号,并修订教务方面应用表册多种云。

《教务处添设重要职员》,《大夏周报》,第 11 卷第 1 期,1934 年 9 月 10 日）

本校学生生活指导委员会,系综合群育部、军训部、卫生部、体育部而成,谋学生生活之整个改善。兹因前群育主任蒋子英先生调任校长室秘书,襄赞机要校务,遗缺由王校长聘请本校国文教授顾君谊先生担任群育主任,兼生活指导委员会主席。并添设舍监一人,办理宿舍内关于事务与群育两方面有关之一切事宜,以谋改善学生生活之便利。顾主任以硕学宿儒为同学楷模,闻已拟定各种改进学生生活具体方案。本校同学素以师生合作著称,今后群育方面工作,更当有一番新气象。

（《极力改善学生生活之先声》,《大夏周报》,第 11 卷第 1 期,1934 年 9 月 10 日）

本月　新学期开始各实验室、研究室均大力扩充。

本大学原有科学实验馆一所,内分物理、化学、生活各部,仪器、标本、设备颇为可观。自去秋添设土木工程系后,即感不敷应用。春季开学后理学院学生数增加,实验场所更待扩充。爰于本年暑期就科学实验馆东首,添建实验室一大幢,内分化学实验室、土木工程实验室、天秤室、图书馆、化学研究室五部。所有工程正在赶早,九月底即可竣工云。

（《添建实验室》,《大夏周报》,第 11 卷第 1 期,1934 年 9 月 10 日）

本室自成立已[以]来,以吴院长之竭力提倡与指导,与历史社会学系诸同学之热忱服务,故如报章、杂志材料之收集,各地文物制度典籍之网络,以及各种图表之编制,成绩颇有可观。惟向以房舍狭小,设备有限,时感不敷应用。近年以来,除吴院长捐赐多种书报外,复荷蒙各方纷赠报章、杂志及风俗、迷信一类资料多种,研究场所益待扩充。兹于上月迁入群贤堂二〇五号,更名为历史社会学研究室,增加设备,广罗珍籍。现内有杂志三十余种,中西名报七份——分编为人口、劳工、农村等十三问题,与经济周刊、人口副刊、社会调查、社会问题、妇女与家庭以及世界思潮等类。并汇集迷信风俗之资料约四五十种,珍藏各地县志十余册。复编订杂志短篇论文大纲,绘制多种图表,以资诸同学之参考与研究。本期开学后,除吴院长负责指导外,史社系主任王绳祖先生亦迁入办公。王国秀、张镜予、梁园东诸教授亦将多予赞助,时临指导云。

（《社会研究室扩充为历史社会研究室》,《大夏周报》,第 11 卷第 2 期,1934 年 9 月 17 日）

本大学教育学院,向为国内著名研究教育之所,设备本极丰富。另设教育研究室,专供同学课外研究之用。现因同学激增,地址狭小,不敷应用,特自本学期起,将该室大加扩充,改为教育馆。其组织系分研究、编制及展览三部,并设剪报索引室。各项设备,除将该院原有者移置或补充外,各种教育图书、儿童图书、仪器、标本、模型等,已与上海商务印书馆、中华书局接洽长期寄存展览,藉供研究之用。不日即有大批送到陈列云。

（《教育研究室扩为教育馆》,《大夏周报》,第 11 卷第 3 期,1934 年 9 月 24 日）

本大学图书馆为谋全校师生参考上便利起见,除新购大批图书杂志外,并扩充设备分为第一、第二两部。第一部设在原址,为书库及普通阅览室等,第二部设在群贤堂二〇一至二〇三号,为参考阅览室。所有各种设备调查如下:

(一)书库设在本馆楼下南部,计三室,于中央室内设置馆内外阅览图书出纳处。

(二)目录处设在本馆楼下入口处,但参考室另备有参考图书目录,杂志阅览室内另有杂志目录。

(三)参考阅览室设在群贤堂二楼东侧,备置中外各种书目、解题、索引、字典、辞典、类书、年表、丛书、法令、年鉴、统计、报告、日用便览等,可作研究上参照用之图书,及各教授所指定各科参考图书,以供阅览者在馆内阅览之用。除教授指定书外,均采用半开架式,将各参考书于阅览室之一部,阅览者得馆员之许可后,能接近书架,就实物寻索所需之图书。

(四)普通阅览室设在本馆楼上南部,备置除指定参考书,参照者以外之图书,以供阅览者馆内阅览之用。

(五)杂志阅览室设在本馆东侧之平房内,备置已装订杂志报纸,及未装订杂志,以供馆内阅览之用。

(六)报纸阅览室内设于本馆西侧之平房内,备置有上海、南京、北平、天津、汉口、广州、香港等等处新到之报纸,以供馆内阅览之用。

(七)馆外阅览借出处设于本馆楼下南部中央室,得依馆中规定,向该处就馆中藏书一部,借出馆外阅览。

(八)教职员阅览参考图书,暂与学生共用参考图书阅览室。至阅览普通图书,本馆于书库内设有教职员阅览席。

(《图书馆扩充设备》,《大夏周报》,第 11 卷第 4 期,1934 年 10 月 1 日)

十月

一日 纪念周会,请陶百川先生到校作"青年修养之五大目标"的演讲,讲述健康、智识、技能、品行、社交等立身处世之道。(《陶百川先生讲"青年修养之五大目标"》,《大夏周报》,第11 卷第 5 期,1934 年 10 月*8 日)

二日 举行第一百六十八次校务会议,修正通过"新生活公约实施纲要",并计划举办生产教育师资培训班。

自蒋委员长提倡新生活运动以来,风行全国,上下景从。本大学上学期已成立新生活运动促进分会,本年度民族复兴教育实施方案第四项又规定厉行新生活。昨由群育部根据上海新生活运动促进会宣传组拟定之新生活公约草案及参酌本大学训育实施状况,拟具新生活公约四纲二十目,以为阖校学生生活上共同实践之准绳,提请校务会议讨论。兹已由第一百六十八次校务会议修正通过,特为揭载。

甲、关于健康者

一、每天要有一种适宜运动。二、一年须受校医检查身体一次。三、戒烟酒。四、不随地吐痰。五、衣服要朴素、整齐、清洁。

乙、关于读书者

一、每天要看报,明了国内大势。二、读书须立定计划。三、读书要有专心、恒心、诚心。四、留心研究各种新事物。五、非万不得已不缺课。

丙、关于节约者

一、婚丧喜庆要节俭。二、无谓应酬要减少。三、爱惜公物。四、衣服一切要用国货。五、不取非分的钱财,不贪非分的便宜。

丁、关于纪律者

一、控制脾气不使发作,凡事要讲理,不吵闹。二、集会要遵守民权初步。三、在公共场所要肃静。四、集会要迅捷、礼让。五、服从命令,接受指导,遵守规则。

(《校务会议修正通过新生活公约实施纲要》,《大夏周报》,第 11 卷第 5 期,1934 年 10 月 8 日)

本大学民族复兴教育本年度实施方案第九项规定举办生产教育师资训练班。兹以一切计划及课程，均须详密拟定。第一百六十八次校务会议决定先行组织生产教育筹备委员会，对于生产教育作大规模之探讨。并推举马宗荣、章颐年、郁康华、欧元怀、傅式说五先生为委员，由马宗荣先生召集。

（《推定生产教育筹备委员》，《大夏周报》，第 11 卷第 5 期，1934 年 10 月 8 日）

三日　科学实验馆扩建工程完工。该馆分物理、化学、生物各部，仪器、标本、设备充足。

大夏大学对于理科设备素极注重，最近又将原有科学馆扩充建筑。因此实验位置增加甚多，并新开化学、物理研究室及理工图书参考室，气象焕然一新。现有普通化学、分析化学、有机化学、高等定量、物理化学、工业化学等实验室共六间，各室容三十人至百五十人不等。煤气室、天秤室二间，除药品仪器设备均加充实外，并有矿物染料、农工原料、国防化学等标本挂图一千二百余件。至物理实验室，除普通物理室及暗室外，近又新辟磁电学实验室一间。土木工程室设备亦大加扩充。生物室自然标本，时有增加。理工图书参考室，现有专门图书二千余册，专门杂志二十余种，专供理学院及土木工程系师生之参考云。

（《大夏大学扩充科学馆》，《申报》，1934 年 11 月 14 日，第 14 版）

六日　下午，召开第二次全体教职员会。

（欧元怀副校长）首报告，一月以来工作紧张。本大学于本学期中扩充设备，添置场所，如建筑实验室，开凿自流井，扩充教育馆，加开运动场，改进导师制，迁回办公处，布置大礼堂，与夫图书馆之分设两部，历史社会研究室之扩大内容，……诸如此类，不一而足。开学时期本多繁剧，加此种种，则忙上加忙，一月来之工作紧张，自在意料之中。今诸事能梳理办妥，深为各位庆幸。次发挥职员任务之重要性。曾见某书作者，谓学校之中心乃为学生，学校之一切设施完全为学生而发。亦有谓学校之中心乃在教员，如教员不按时到课，则学校几全失其设立之意义。实则学校之有职员，犹人体之有神经系统，吾人各种器官须得有神经系统之指挥，方可发生动作。再如以学校之职员，比诸机器中之动力机亦无不可。各院科之工作，如无职员尽先为之安排适当，则不但秩序毫无，抑且无从开始。不仅此也，吾人各种器官，全恃分工合作，以发生作用，往往因一部分器官失却机能，则其影响之大，可使周身发生阻室。所谓"牵一发而动全身者"，正即此意。须知学校乃一整个的有机组织，尚望全体同事，坚起意志，抱着决心，按时办公，加紧工作，务使分工合作，各尽其妙，则各部健全，尚有神经衰弱或神经错乱之现象发生乎？于此尚须声明者，即际此分崩离析之局，人自为派，各走私路，甚至巍巍学府之中，亦有所谓某人是某人之亲信，某人为某人之爪牙。此种封建思想，适足将尊严十足之学术机关，为社会造成派别侵轧之先声。本大学全体同事，素能存心为学校做事，非为私人努力。十年来校务之雄飞突进，实由于此。深望全体同事，本着此旨，努力迈进。继由事务主任吴浩然先生报告，谓本大学之职员素有两种特点：其一即为协助，其二则为有系统之组织。年来各部处之健全，得力于此两点为多。但仅有此二者，尚未能达〈尽〉善尽美之境，此外还应有相互之谅解。各部处工作每相互联系，常有甲部处工作，须得乙部处办后方可开始，而乙部处则以事务纷沓，未能于短期内做就，致使甲部处发生反感，甚或以此乃故意延宕。须知同事中应相互谅解，乙部处如竟忙繁，甲部处亦唯有暂待，否则遇事仓促。不然，事先既不能早为之所，事后则逼人太甚。办事人闲则整日枯坐，忙则终夜不寐，此不但损人身体健康，抑且减少办事效率。甚愿对于此点，大家格外留意。最后并由马公愚、黄炎先生等演成种种余兴。其最足令人发噱者则为《无尾之马》一剧。笑声杂出，较诸《忙里偷闲逛戏场》定多乐趣云。

（《第二次全体教职员会》），《大夏周报》，第 11 卷第 6 期，1934 年 10 月 15 日）

八日　纪念周会，请校董吴铁城先生到校作"中国民族性之改造"的演讲。（《吴市长莅校演讲中国民族性之改造》，《大夏周报》，第 11 卷第 6 期，1934 年 10 月 15 日）

十五日　第四次纪念周会，由欧元怀副校长报告校务。

十五日上午十一时，举行第四次纪念周。本周举行第一次小考，特停止名人讲演。欧副校长报告校务进行，对十周纪念大会暨秋季运动会等指示甚多，于厉行严格考试发挥更详。大意谓大学生为社会领袖人才，应从大处着想，小处着眼。考试一事，说来非大，实亦非小，各宜真诚赤忱［胆］，显出本来面目，慎勿以小而忽之。须知人格之建立,乃胜于一切也。本大学对于考试素主严格,自本学期起更加认真云。

(《第四次纪念周欧副校长报告厉行严格考试》,《大夏周报》,第11卷第7期,1934年10月22日)

晚,教育学院邀请厦门大学教授杜佐周博士演讲,题目为"几个教育问题的探讨"。(《杜佐周博士讲"几个教育问题的探讨"》,《大夏周报》,第11卷第7期,1934年10月22日)

二十二日　纪念周会,请校董何应钦作题为"怎样挽回不良学风"的演讲。(《何应钦校董莅校演讲怎样挽回不良的学风》,《大夏周报》,第11卷第8—9期合刊,1934年11月3日)

下午,请国民党中央执行委员会委员陈立夫作题为"礼义廉耻的科学分析"的演讲。(《陈立夫中委讲礼义廉耻之科学的分析》,《大夏周报》,第11卷第8—9期合刊,1934年11月3日)

二十七日至二十八日　举行秋季普及运动会,运动项目三十五种,大中两部全体师生二千余人参加。

本大学自实施普及体育以后,决定每学期举行普遍化的运动会一次,凡在校学生每人至少参加田径赛一项,否则即作旷课论。本学期运动会于十月二十七八日两天举行,计运动节目三十五种,参加人数大中二部全体师生二千余名。目的在施行体育成绩之总检查,非为竞技比武也。秋高气爽,运动员个个精神抖擞,裁判员刘雪松、彭文余、郝春德、钱行素、陈淑卿、王嵩山、潘锦文、田惠伯、卢淑、钱坤格、刘希文、周邦哲、宿笑如、郭智新、黄敬澈、陈如松、余傅祺、赵联璧、季应达、吴钟瑶、阮蔚村等三十余,无不克尽厥责,来宾一千余在旁鼓励。两日内造成精确记录不少。所有大会详情,除由本报临时发行号外刊物外,兹撮要如后。(下略)

(《别开生面之运动会》,《大夏周报》,第11卷第10—11期,1934年11月20日)

二十九日　下午,召开该学年第一次校董会,议决将筹建图书馆,建筑费定为十二万元,由各校董负责筹措。

本大学校董会,于十月二十九日下午五时,在愚园路王董事长宅开本学年度第一次校董会。出席校董:王伯群、何应钦、吴铁城、张竹平、江问渔、欧元怀、王毓祥、傅式说、杨永泰(王伯群代)、杜月笙(王毓祥代)、王志莘(欧元怀代)。由董事长王伯群主席,欧元怀、傅式说相继报告校务及财政状况。议决事项颇多,其最重要者为建筑图书馆,建筑费定十二万元。各校董现已负责筹措,决于最近起见兴筑。

(《校董会议决筹建图书馆》,《大夏周报》,第11卷第10—11期,1934年11月20日)

纪念周会,请张君俊先生到校作"中国民族之衰老及其返老还童之路"的演讲。(《张君俊先生讲中国民族之返老还童》,《大夏周报》,第11卷第10—11期,1934年11月20日)

三十日　学生田庆年、沈业超发起组织"大夏书画研究社",是日召开成立大会。该社议决每人每星期须将作品提供社员研讨,竭力避免"徒有会名而无会务"之举动。(《田庆年沈业超等组织大夏书画研究社》,《大夏周报》,第11卷第10—11期,1934年11月20日)

本月　教育部发给补助费一万五千元已分配完毕。

本年度私立专科以上学校补助费,业经教育部呈奉行政院核定,并奉国民政府准予备案。本大学昨奉教育部教字第一二二八五号训令,核给补助费一万五千元。计教育学院教育图书费二千元,理学院数理教席费四千元,理化设备费九千元。拨款办法,须俟另案饬遵。

教部训令

查本年度私立专科以上学校补助费之给予,业经依照补助费分配办法大纲第六条组织审查委员会审议决定,呈奉行政院核准备案,并奉国民政府令开"准予备案"等因。奉此,除拨款办法应俟另案饬知外,特将核定各校补助项目及数额,先行分别令知。仰将下列各事项,迅即呈部核夺:(一)核定补助设备费者,仰即造送物品详细名称、用途、件数、价目及承购地点等项之详细表册(设备费以购置专门之仪器、标本、模型、器械、药品及图书为限)。(二)核定补助教席费者,应将拟聘之教员姓名、学理、薪额及所担任课日等项,造具详表送部。惟本学期已开课多日,如对核定补助之讲席,难得相当教员担任,得酌拟变通办法呈核。除分行外,合行令仰照遵。此令!

该校补助费项目及数额核定如左表:

科别	补助项目及数额			各科补助额	附记
	费别	项目	数额		
教育学院	设备	教育图书	2000	2000	
理学院	教席 设备	理数教席 理化设备	4000 9000	13000	

（《教育部核定本大学补助费万五千元》，《大夏周报》，第 11 卷第 7 期，1934 年 10 月 22 日）

本月　修订学生会干事及各院科代表选举规则。

学生自治会为学生练习自治之所，各院科同学会为该自治会之基础。故凡组织选举活动等，均应照中央规定办法进行。王校长爰根据民权初步，及中央党部第六十七次常会议决之学生自治会组织大纲，并参照本大学学生通则所规定之学生课外作业规则亲自拟定学生自治会及各院科代表选举注意事项九则，交生活指导委员会布告实施。

学生自治会干事及各院科代表选举注意事项

1. 各院科代表，由各该院科学生，依照人数多寡选出之。

2. 学生自治会干事，由各院科全体代表组织会选举之。

3. 各院科代表及学生自治会干事之选举，均须本人领票，本人投票。

4. 各院科代表之选举，须各院科全体四分之一之投票，方为有效。

5. 学生自治会干事之选举，须各该院科代表四分之三之出席投票方为有效。

6. 各院科代表及学生自治会干事，均以得票较多数者为当选。

7. 凡试读生不得当选各院科代表及学生自治会干事。

8. 凡各院科第一学期新生无被选为该院科代表及学生自治会干事之权。

9. 凡学业成绩指数在"一"以下者，不得当选为各院科代表及学生自治会干事。

（《王校长亲订学生自治会干事及各院科代表选举注意事项》，《大夏周报》，第 11 卷第 5 期，1934 年 10 月 8 日）

本月　群育部增订集思箱投函规则。

本大学向于群贤堂下、图书馆、教员休息〈室〉内及各宿舍门口，均设有集思箱，为便利教职员及学生贡献意见投递之用，而收集思广益之效。订有投函规约，数年试行以来，颇多成效。兹为缜密起见，群育部又加以增订。昨已布告施行。

集思箱投函规约

一、本校为集思广益，扬师生合作之精神起见，特设集思箱，凡本校教职员学生均得投函箱内，表示意见。

二、投函标准，以改良校务或其他有关于学校事项为限，不得虚构事项，故意攻击个人。

三、投函人须书明姓名、住址，以示负责，且使本会于必要时得约同讨论。

四、此箱由群育主任管理，于每星期六上午启视，分别酌送各负责人员核办。

五、投函事项，如因特殊关系，宣布后与投函人有妨害者，当为之严守秘密。

六、函中意见，一经采取如必要时即予公布。

七、建议如确能增进学校利益或有其他重要关系者，由学校分别复函致谢，或酌予嘉奖。

（《群育部增订集思箱投函规约》，《大夏周报》，第 11 卷第 5 期，1934 年 10 月 8 日）

本月　要求全体教职员学生都要出席周一上午的纪念周活动。

本大学自本学期起，于每星期一上午十一时在大礼堂举行纪念周，报告重要校务，并请名人演讲。届时全体教职员学生，均应出席。除停止上课外，所有办公室各处各部及图书馆、研究室、实验室均停止办公。王校长昨特函请各教职员于每次纪念周按时出席，以资提倡云。

（《全体职员均应出席纪念周》，《大夏周报》，第 11 卷第 5 期，1934 年 10 月 8 日）

十一月

一日 大夏诗社召开成立大会。会上通过会章并举行选举。六日召开第一次执委会,分配职务,讨论进行事宜。(《大夏诗社开成立大会》,《大夏周报》,第11卷第10—11期,1934年11月20日)

二日 法学院法律系学生,为谋法学之实地研究,组织"大夏大学法律学会",是日召开成立大会。会上通过会章并讨论一切进行事宜。(《法律系同学组织大夏法律学会》,《大夏周报》,第11卷第10—11期,1934年11月20日)

三日 举行庆祝建校十周年纪念,全校放假三天。上午,补行盛大纪念典礼。中午,宴请来宾、校董、教职员及毕业生。下午,举行附中新校舍落成典礼,毕业生游园会。晚上,提灯游行,燃放焰火,终日欢庆。同时,举办成绩展览、艺术展览、摄影展览。《大夏周报》、《大夏学报》等七种刊物出版纪念特刊。毕业同学为母校捐建"夏雨亭",教职员捐赠木桥和路灯。

本大学十周纪念日期,原为今年六月一日。始则因待中学校舍落成同时庆祝,改于双十节举行典礼。嗣因王校长丁母忧,不克莅会主持,又延至十一月三日。是日上午九时举行纪念典礼,到有中央委员会吴稚晖,行政院秘书长褚民谊,上海市长吴铁城,教育部及上海市教育局代表蒋建白,上海各大学校长黎照寰、刘湛恩、萧友梅等,校董杜月笙、江问渔、王毓祥、傅式说、欧元怀及毕业生等千数百人。中午由王校长在中学阅览室宴请来宾、校董、教职员及毕业生,出席者三百余人。下午二时,附设大夏中学新校舍落成典礼。市党部代表陶百川,市政府代表章渊若,教育局代表周尚,省立上海中学校长郑通和,黄渡乡村师范学校校长滕仰支等均莅会。四时,毕业生回校园游会。晚间六时提灯游行,八时燃放焰火。终日爆竹喧闹,欢声振耳,热烈情况,开中山路上之空前记录。三四两日并举行各种成绩展览。各项详情,由上海各大报及《大夏学报》、《大夏周报》发行特刊备载。兹择要分志如下:

环境布置

中山桥畔,牌楼高耸,横以白布,上书"大夏大学十周纪念暨附设大夏中学新校舍落成典礼"。校门上扎彩悬旗,颜以"庆祝十周年"六字。校场四周,通衢曲径,游洁清闲,纤尘不染。常青树头,彩灯万盏,红绿相间,鲜艳无比。纪念塔上,校旗高挂,随风飘扬,栩栩欲活。群贤堂内,成绩标本,陈列各处,名目繁多。个个场所,浓装淡抹,各尽其妙。除宿舍外,终日开放,任人参观。筹备委员会并精印校舍详图六张,分送来宾,以为指途南针。

纪念刊物

此次纪念刊物计共七种。甲、学校刊物。《大夏学报》第五号,编有十周纪念特刊,将十年来之中国,从政治、经济、法律、外交、教育、军事、思想、学术各方面,加以总检讨,计二十万言。《大夏周报》第十一卷第八九期合刊,编有十周纪专号,详载本大学过去历史、当前概况、今后计划,计十五万言。筹备委员会另编《十年来之大夏大学》图书馆专刊,刊登校史校景照片一百二十幅,每片均加以文字说明。乙、学生团体刊物《大夏青年》,编有十周纪念专刊,将十年来之中国大事加以有系统之记载。丙、上海各大报,如《申报》、《时事新报》、《晨报》均编特刊,载有本大学各种情形,各在二万言以上。《大陆报》特编图画专刊,精印本大学各种设备照片。当日并承各大报特赠五百份至二千份不等,连同学校刊物多种,分赠来宾。

纪念典礼

上午九时在大礼堂行纪念典礼。奏乐开会,行礼如仪。首由主席王校长致开会词,畅述校史。次阐明创校四大精神:(一)革命精神,(二)牺牲精神,(三)创造精神,(五)合作精神。继宣布今后以民族复兴教育为施教总目标。中委吴稚晖演讲,认为私立学校是教育之正宗,并勉以人与人争,人与物之准备途径。行政院代表褚民谊演讲完备大学之条件,应从物质与精神两方面努力。吴市长讲十年功效,举例美、德、苏俄、土耳其之成功史实,并勉以做人做事应有宗旨,不要糊糊涂涂,随随便便,马马虎虎,不知不觉,自暴自弃的渡[度]过此生,语多激勉。教育部及教育局代表蒋建白演说,谓事业成功之条件,要有恒心;创业原动力,应开诚布公;至其方法,则在脚踏实地地切实地去干。交大校长黎照寰演说大学生命应如何延续。沪江大学校长刘湛恩致词，说明大夏之发展，致使"教育破产"、"大学无用"之论，不攻自破。校董会代表欧元怀致词，以为大夏是社会的国家的中华民国的大学。毕业生代表蒋子英致词，谓今后应从协谋民族解放运动努力。鲁教务长代表献纪念品，计二十二类，二百余种。国立音乐专科学校音乐表演，妙趣横生。摄影后，二千五百人之盛大集会，于欢唱校歌之余音中散会。

校舍落成

下午二时，大礼堂内又顿成热闹。中学新校舍落成典礼开会。行礼如仪后，主席王校长致开会词。先报告校史，继述建筑校舍经过。并谓更当建设优美之学风，以促精神之充实，希望同学体斯意，于学问修养上多多注意。次市党部代表陶百川致词，希望同学今后注意三点：（一）培养基本学识，（二）生产技能训练，（三）恪守"知难行易"的遗教，努力求知奋斗实干。嗣由市政府代表章渊若致词，（一）就个人立场，努力创造青年新生命；（二）就国家立场，能了解新陈代谢意义，完成革命；（三）从教育立场，希望大夏造成优美学风，为全国学校改造先声。嗣由市教育局代表周君尚致词，（一）希望锻炼健全体魄，为事业之基础；（二）希望师生合作到底，谋更进一步之发展。郑通和演说，（一）希望未来之进展与已往十年成正比例；（二）希望养成中国需要之新青年。滕仰支演说，希望大夏过去抵抗牺牲创造建设之精神，发扬光大，使其社会化。旋由校董代表王祉伟致谢词。散会后，军事训练童子军开始表演。

艺术展览

中学部于纪念大会时，特以学生平日书画成绩，张悬大楼，以助余兴。教职员如王校长、王景石、马公愚、陈倚石、宋人英、黄景华诸先生，亦各以作品参加。计共有一百六十余件之多。事前由王景石先生独任筹备，征集装裱，颇费心机。是日到会参观者二千余，深为赞赏。……

师范科及初中部之劳作成绩，土木工程科之制图成绩，亦均有另辟一室陈列。劳作成绩室，由宋人英先生拟制标语十种，张贴四壁，用意深长，耐人深味。

大夏摄影学会同日开二届摄影展览。全部作品都一百四十帧。张廷勋、林家栋、蒋炳南、冯四知、周镇华等十七人各有作品，尽有情趣妙肖，出神入化。大同影社、暨南影社、光华影社、复旦影社等并特来参观。

提灯焰火

晚餐后，全体师生二千余人提灯游行。由方万邦、夏三杰二先生领队，从中山路，沿苏州河，达曹家渡，转白利白路经兆丰公园大门口，折向中山桥返校。黑夜红光，连映三里；观众万千，途为之塞。

提灯既毕，焰火开始。操场及大门口各置一座，计六十四套。举凡纪念之标语，奇异之景物，应有尽有，出神入化。时而火箭上升，飞入云际，时而火花四射，散入人丛。万丈光芒，铸成阖校狂热。

纪念礼品（下略）

祝词汇录（下略）

（《十周年纪念盛典》，《大夏周报》，第11卷第10—11期，1934年11月20日）

王伯群校长在大夏大学建校十周年典礼上的发言：

十周年纪念典礼开会词

今日为吾大夏十周年纪念之期，辱蒙诸位来宾暨校董于百忙中光临参加典礼，无任荣幸！维吾大夏，诞生于民国十三年六月。当时厦门大学一部分学生，因不满当局者之措施，呼吁经旬，补救无方，乃毅然离校来沪，商恳前厦门大学教授欧愧安、王祉伟、傅筑隐诸先生，为之筹设新校，免致中途辍学。而诸教授乐育为怀，卒能当仁不让，允如所请；并名新校为大夏大学，以志校史嬗蜕之所自。此为我大夏创校简单之历史，与其他大学之创设异趣。其他之大学，必先有发起人筹基金，建校舍，招学生，聘教授，而后大学始成立。而吾大夏，只有学生与教授，其他基金则为"革命、牺牲、创造、合作"之四大精神而已。于此吾人可知大夏实为读书运动之产儿。惟是创校之初，经济基础，未臻稳固，一切设施，莫不因陋就简，踽蹐万状。创办时之校舍，在小沙渡路二〇一号，三楼三底，形类古庙；举凡办公、听课堂、实验室，均在其中，狭隘情形，可想而知。顾全校师生，均能苦干苦读，处之泰然。而教育部派员视察之结果，卒认为"教授管理认真，学风成绩俱佳"，准予试办，足见凡事只要精神能贯彻，乃无有不可为者。十四年夏五卅惨案发生，小沙渡路校舍，被英兵所占，本校乃趋避于槟榔路潘氏宗祠两间门房内办公；并设法租定胶州路潘氏地皮数十亩,自建校舍,于秋季迁入上课。是时环境较佳,学生人数,与年俱增,乃得粗具大学之规模。十八年夏,教育部复派员莅校视察,对于本校一切组织设施,均认满意,乃五月十七日批令本校正式立案。自此以后,校务进展,日新月异,得诸校董之热心赞助,先后购定梵王渡中山路校地三百余亩,于十九年元旦破土兴建第一期永久校舍。计大课堂一座,男女宿舍三座,临时礼堂、教室、办事室四座,于秋季落成,迁入开学。以后二年,复建筑临时图书馆、科学馆、疗养院、教职员宿舍等。今年夏,并落成中学部新校舍三座。从兹梵王渡畔,广厦连云,气象为之一新。至于今日,全校学生,激增至二千余人;教职员数逾二百;历届毕业生之服务社会者,尤能自强不息,克有表现。凡此皆十年来全校师生本共"革命、牺牲、创造、合作"四种精神奋斗,社会人士热心维护之结果,而为吾人所堪引自慰,对于社会人士深表感谢者也。

虽然,大学教育,使命隆崇。十载以还,吾大夏之物质建设,固尚差强人意,然以语于复兴民族广大华夏之目标,则犹相去甚远。窃谓教育之鹄的,应以适应时代环境为第一义。吾中国自五口通商以还,彼东西各帝国主义者竞挟其经济之势力,深入中土:侵占我土地,损害我主权,鱼肉我人民,垄断我市场,而国人犹执迷不悟,散沙一盘,怀挟私图,甘为利用,致干戈扰攘,迄无宁岁,寝假而陷民族生机于万劫不复之境。兴念及此,曷胜痛心!值兹国步艰难,外侮日臻之会,吾人若不于学术文化上迎头赶去,其将何以挽狂澜而济时艰?本校外审世界潮流,内察社会环境,深觉中国现阶段之大学教育,实有重新估定目标之必要!故自去秋以还,即决定以复兴民族为当前之教育宗旨。本此宗旨,吾人努力之动向,则分为四种:(一)厉行人格教育,以陶冶健全之国民道德;(二)提倡生产教育,以救济垂危之国民经济;(三)奖励科学教育,以发展自然之无尽宝藏;(四)实施军事教育,以培养民族之自卫能力。诚能本此鹄的,贯彻始终,则民族意识日益光大,物质建设渐臻充实,然后吾中华民族整个之生命,乃能脱离帝国主义者之羁绊,而人莫敢侮。此为吾大夏实施民族复兴之缘起,甚望全校师生,保持过去十年"革命、牺牲、创造、合作"之四大精神,再接再厉,以求是项使命之贯彻!同时尤望国内贤豪、政府当局,暨诸位校董,对吾甫满十龄之大夏孩童,不断地予以指示与提携。庶几达到融汇学术、光大华夏之神圣使命,斯则本人所时夕以求者也。

今日来宾甚众,定有许多伟论,予吾大夏以指教。时间有限,本人说话,暂止于是。惟半载以还,屡遭家变,忧患濒[频]加,校中事务,皆偏劳同事诸君,不胜感激。今日参加此典礼,亦力疾而来,自知不周到之处甚多,尚望各位来宾原谅!

(王伯群:《十周年纪念典礼开会词》,《大夏周报》,第11卷第10—11期合刊,1934年11月12日)

午夜十二时半,大中两部军训男女学生五十人,参加全市救灾演习。

淞沪警备司令部,为灌输民众遇非常事变紧急处置之知识,及训练民众团体在非常时期中实行联络患难相助起见,特于十一月三日午夜十二时半,举行全市空前救灾演习。本大学由夏教官督率大中两部军训男女学生五十人,参加警戒。各同学于听到演习命令后,争先恐后,竞告奋勇。虽为名额所限,而临时尚有女同学十人自动参加。此种热心服务精神,盖非双料小姐①所能拟其万一也。(下略)

(《参加全市救灾演习》,《大夏周报》,第11卷第10—11期,1934年11月20日)

五日　纪念周会,王伯群校长主持,并作"厉行人格教育"的演讲。(《王校长讲厉行人格教育》,《大夏周报》,第11卷第10—11期,1934年11月20日)

六日　王伯群校长在愚园路私邸宴请南洋华侨巨商、名誉校董胡文虎先生。

南洋华侨巨商、现任本大学名誉校董胡文氏,对于历来祖国建设事业,一掷巨万,不厌不倦,急公好义,举国同钦。最近抵沪以来,备受各界热烈欢迎,宴无虚夕。本月六日中午于百忙酬酢中应王校长之宴请,在愚园路王校长私邸,畅述回国印象及个人怀抱。席间由杜月笙、张竹平、欧元怀、傅式说、王祉伟诸校董作陪。湖北教育厅长程其保氏及市府李大超科长,虎标永安堂胡桂庚、叶贵堂,亦在座。餐后又杜、欧、傅、王等陪同来校参观,颇多称赞。胡校董常谓:"我的钱是从社会上来的,当然还归到社会上

---

① 双料小姐系指当时某些小姐养尊处优,只爱涂脂抹粉、寻欢作乐。

去;所以本人对于一切社会事业都愿尽力地去促进他。"本大学第一期建设,胡校董曾捐资一万元;现在第二期建设又在开始,胡校董表示更愿赞助云。

（《胡校董文虎来校参观》,《大夏周报》,第11卷第10—11期,1934年11月20日）

七日　训练总监部派国民军事教育处长潘佑强来沪检阅上海大中学军训成绩。是日,潘佑强偕同上海军事训练委员会主任焦绩华、朱汝纯来校,查阅学校全体军训学生,表示甚为满意。（《潘佑强处长来校查阅军训成绩》,《大夏周报》,第11卷第10—11期,1934年11月20日）

十日　校务会议议决,禁止学生入跳舞场,由生活指导委员会严密调查,随时取缔,并通函各学生家长共同监督。

自上月二十七日上海各大学联合会议决严禁大学生入跳舞场后,即有中华基督教信行救国十人团上海区团执行委员孔祥熙等暨上海大学生联合会先后响应。日来报章杂志,对此青年堕落之严重问题,竞相评载,不遗余力。本大学第一百六十九次校务会议,为切实整顿学风起见,特一致通过禁止学生入跳舞场一案。由生活指导委员会严密调查,随时取缔,并通函各学生家长共同监督。校长并剀切布告,即日从严执行。

校长布告

查上海舞场林立,青年血气未定,偶入其中,流连忘返,既足以虚耗金钱与精神,又足以堕落志气与人格。报章胜载,事实昭然。当此内忧外患交相煎迫之时,正吾人卧薪尝胆刻苦发愤之日。大学生为社会国家之柱石,负有转移风气复兴民族之神圣使命,对于此种有害无益之娱乐,尤宜深戒痛绝,以免贻学业道德之累。兹据传闻,本校学生中亦间有涉足舞场者,殊为校誉之玷。当经校务会议议决,从严禁止。除由生活指导委员会严密调查,随时取缔,并通函各生家长共同监督外,特用剀切布告,务望诸生各怀时局之艰危,自明责任之重大,有则改之,无则加勉,则幸甚矣!

此布

校长　王伯群　十一月十五日

又讯　本大学同学陈如晖等,对此大学生切身问题,颇感愤慨。爰联络各大学洁身自好分子,组织大学生复兴动运〈动〉促进会。已于十九日晚开筹备会议,尽先对禁舞问题,将有严重表示。不日筹开成立大会,以作更进一步之彻底解决办法云。

（《校务会议议决严禁学生入跳舞场》,《大夏周报》,第11卷第12期,1934年11月26日）

十四日　大夏经济学会敦请经济专家章乃器先生到校演讲,题目为"白银与中国"。（《经济学会请章乃器演讲》,《大夏周报》,第11卷第12期,1934年11月26日）

十九日　纪念周会,请政治学家章渊若先生到校作"民族复兴与青年训练"的演讲。（《章渊若先生讲民族复兴与青年训练》,《大夏周报》,第11卷第12期,1934年11月26日）

二十日　毕业同学会母校分会召开成立大会。

本大学服务母校毕业同学,现已达五十五人。平日工作紧张,缺乏联络。兹为协助母校发展,严密毕业同学组织,调剂个人生活,实行协助合作起见,决定组织"毕业同学会母校分会"。先于十一月十五日下午四时半,在群育委员会办公处,召集筹备会议,由黄炎主席。确定组织采取委员制。拟订工作纲要为主办校友村,创设校友经济信用合作社,与举办社会文化事业,由杨廷勋、高芝生、苏希轼分拟计划,并推马雪瑞拟简章,黄炎拟缘起。旋于二十日下午五时,假中山路四海楼,举行第一次大会,由蒋子英主席。修正通过简章,推定何惟忠等审查缘起,许公鉴等审查校友村计划,杨廷勋等审查校友经济信用合作社章程,高芝生等审查社会文化事业提案。选举高芝生、许公鉴、蒋子英、黄炎、宋作银、刘宣曦、陆春台等七人为执行委员。复于二十三日下午五时假大夏新村傅公馆举行第一次执行委员会会议。分配职务,推定主席高芝生,副主席兼文书陆春台,总务部宋作锟,组织部刘宣曦,事业发展部蒋子英,俱乐部许公鉴,招待部黄炎。审查缘起办法,务使说得出、做得到。酝酿已久之母校分会,现已正式实现,此后脚踏实地,定有一番具体表现也。兹探录其缘起简章如左:

缘起

我人于同一时间,服务母校,昔同窗,今同事,机缘巧合,千载难逢。惟平日各以工作关系,鲜暇把晤,致遇工作困难,难呼将伯;欲谋事业发展,同志难逢。深觉组织团体,为当前之急务。大之如协助母校之发展,严密毕业同学之组织,小之如彼此学术之切磋,个人生活之调剂,均须群策群力,庶能事半功倍。

我大夏毕业同学,先后不下千数百人,服务党、政、教育、工、商各界,所在多有。惟以散处各方,缺少联络,以致事业发展,不能收互助合作之效。语云:"行远自迩,登高自卑。"我人欲健全毕业同学之组织,当自严密组织各地分会始。爰本斯旨,发起毕业同学会分会,兹揭其工作纲要如下:

1. 工作之协助。
2. 事业之合作。
3. 生活之调剂。
4. 协助母校及毕业同学会之发展。

凡此诸端,谅为吾同学所乐闻而观成焉。是为启。

简章

一、本会定名为大夏大学毕业同学会母校分校。

二、凡大夏毕业同学先在母校服务者,皆为本会会员。

三、本会宗旨有下列各项:

1. 工作之协助;
2. 事业之合作;
3. 生活之调剂;
4. 协助母校之发展;
5. 协助毕业同学会之发展。

四、本会内部组织采取委员制,由大会选举委员七人,由委员互推正副主席各一人,执行本会一切进行事宜。其职务分配如后:1. 主席;2. 文书主任(副主任兼);3. 总务部;4. 组织部;5. 事业发展部;6. 俱乐部;7. 招待部。

五、本会委员任期为一年,连选得连任。

六、本会遇有特别事项得设特种委员会,办事细则切订之。

七、特种委员会委员由执行委员会介绍二倍人数,经大会决选之。

八、大会每学期至少举行两次执行委员会,每月一次,遇必要时均得召集临时会。

九、会址假设母校。

十、本章程有未尽善处,得提交大会修正之。

十一、本章程自大会通过之日起实行。

(《服务母校毕业同学组织毕业同学会母校分会》,《大夏周报》,第11卷第13期,1934年12月10日)

由群育部组织的学生课余社开放。

群育部为谋学生生活之调剂,着手组织课余社,将近匝月,现已筹备完竣。即将甲字平房南部充作社址,布置力求简单朴素,以为厉行新生活之实际运动。财政委员会并拨给百元,作为购置各项娱乐器具之用。二十日起开放,所有开放时间及利用办法等等,订有规约十二条,通学生并得作为休息场所。

课余社规约

一、本社开放时间:1. 平时每日下午四时至六时,2. 星期日上午九时至十二时,下午四时至五时。

二、借用娱乐器具,须交学生证给管理者,交还时领回学生证。

三、娱乐器具不得借出室外,每人同时不得借用两种。

四、如有损坏,须照价赔偿。

五、社内不得高声谈笑或扰乱秩序。

六、不准随便吐痰或携带食物，以重卫生。

七、社内不得有不正当之娱乐。

八、自备乐器亦可带入社内练习使用。

九、本社只限本校师生，外人不得参加。

十、凡假期在三日以内者，其开放时间同星期日，在三日以上者，另订之。

十一、本社兼为通学生休息之所。

十二、凡乐器练习开放时间如（一），其他无声之娱乐器具不在此限。

（《群育部组织学生课余社》，《大夏周报》，第11卷第12期，1934年11月26日）

二十二日　大夏学生陈如晖等联合各大学学生发起组织"大学生复兴运动促进会"，是日召开成立大会。

自上海各大学联合会议议决"严禁学生入舞场"后，各方盛称大学生沉迷舞场，极多臆测之辞。惟闻各大学多数洁身自好之学生，一向安分求学，未尝涉足舞场，因此感认为有辱全体大学生之名誉与人格，异常愤慨。兹悉本校同学陈如晖等数百人，前经发起"大学生复兴运动促进会"联合各大学学生，共同组织。于十一月十九日召集发起人会议，推举陈如晖、周鼎华、章复等三人为筹备委员，负责进行。预定将对禁舞问题，作严重之表示。各报闻讯，争先披载。《时事新报》于廿二日评坛中，且作《禁舞问题的反响》一篇，奖饰备至，喻为"光明的象征"。该会嗣后于廿二日晚七时，假本校举行成立大会，到数百人，各大学学生闻讯，自动前来参加者，不在少数。即席公推临时主席陈如晖，记录周鼎华。首由主席报告开会宗旨及筹备经过，辞长从略。旋即宣读《禁舞问题宣言》，凡二千余言，剀切沉痛，全场空气，异常严肃。读毕掌声如雷，审查通过。继讨论章程及其他提案（略）。末选举，结果以陈如晖、董正廷、周鼎华、章复、蒋慰祖、吴济沧、王开镠、潘淑仪、周信良等九人，得票最多数，当选为理事；赵士伟、姚允文、徐树藩、李联群、杨肃等五人，以次多数当选为候补理事，负责进行今后一切之会务。自此消息发表后，各方印象极佳。国内各种重要报纸，如《时事新报》、《申报》、《大公报》、上海《宁波日报》……皆以极大之篇幅，加以记载，且多特撰专文，评述其事。（中略）并据该会负责人云：今后仍将贯彻初衷，继续努力云。兹特探录《禁舞问题宣言》原文如下：（下略）

（《大学生复兴运动促进会发表禁舞问题宣言》，《大夏周报》，第11卷第13期，1934年12月10日）

二十四日　经济学会邀请著名经济学家、立法院全国经济委员会委员长马寅初博士演讲，题目为"白银问题"。（《经济学会请马寅初博士演讲》，《大夏周报》，第11卷第13期，1934年12月10日）

二十六日　纪念周会，欧副校长讲禁舞问题，勉励同学勿入舞场。

十一月二十六日举行第九次纪念周。……由欧副校长讲禁舞问题，略谓舞场之设立，乃点缀租界之繁荣，大学生负有复兴民族之职责，即此一点，凡洁身自好之青年，已绝对不宜涉足舞场。际此农村破产之日，家庭学费负担已感繁重，学生为纯粹消费分子，更何忍将父母血汗换来之金钱，供作丧身之用耶！欧副校长并从道德观点，阐述禁舞问题之由来，谓本人从未涉足舞场，深愿师生互相勉励，应视舞场为青年陷阱云云。旋由附设大夏中学教员谢敏先生奏乐，练习校歌，散会。

（《欧副校长以身作则勉同学勿入舞场》，《大夏周报》，第11卷第13期，1934年12月10日）

全校学生开始进行体格检查。

本大学为实施民族复兴教育普及体育起育［见］，曾由校务会议议决每学期举行全校学生体格检查，以资统计而谋改进，详情已志本报。兹定于十一月二十六日，每日下午三时至五时举行。校医特将每星期内应受检查各生姓名，分期公布。学生须按照排定日期及时间，前赴疗养院听候检查。闻疗养院已特制表格多种，详为填列。所有检查手续，顾属繁重，每日至多检查三十人，须至学期终了，方可竣事。据负责校医发表，连日检查结果，甚为良好云。

（《举行全校体格检查》，《大夏周报》，第11卷第13期，1934年12月10日）

本月　组织女生军训队。

迩来世界风云日紧,第二次大战随时有爆发之可能性。军事教官办公室为早谋应付,准备全国总动员,逐步普及女同学军事常识起见,决组织大夏女生军训队。除以上学期参加检阅之救护队为基干外,另征求队员三十人,以能忍苦耐劳、遵守军纪者为合格,授以射击技术、战地救护、防毒常识及浅鲜适用之军事学。凡大学高中女同学有志参加者,可向群英斋门房内签名。至原有之救护队队员,亦须向该队队长邵思坚女士处报名,一并听候定期召集,编队训练。本大学素多巾帼丈夫,值兹民族复兴教育之空气弥漫全校之际,想定可踊跃参加也。

(《军事教官办公室组织大夏女生军训队》,《大夏周报》,第 11 卷第 8—9 期合刊,1934 年 11 月 3 日)

十二月

三日　纪念周会,请上海市教育局长潘公展到校作"教育旧义新释"的演讲。(《潘公展局长讲教育旧义新释》,《大夏周报》,第 11 卷第 14 期,1934 年 12 月 24 日)

四日　召开第一百七十次校务会议。

廿三年十二月四日下午四时第一百七十次校务会议议事摘录

出席者:王校长　欧元怀　鲁继曾　唐文恺　孙浩烜　倪文亚　林希谦　方万邦　顾名　蓝春池　邵家麟　谌志远　章颐年　吴泽霖　邰爽秋　王毓祥　傅式说

主席:王校长　　记录:马公愚

一、报告事项

1. 上月教员缺课(5.54%,5.92%,3.70%,3.84%)平均百分之四.七四

2. 第二次小考已于上周内按期举行,舞弊学生照章处分

3. 各委员会重要议决事项:

a. 教务委员会议决,师专科与本科学程在可能范围内分班,如不能分班请各教授对于师专学生特别指定中文参考书

b. 财政委员会议决建筑体育馆

c. 生活指导委员会拟定毕业生职业介绍委员会大纲草案,并建议宿舍内玩奏乐器时间应加修正

4. 体育部决定举行院际越野赛及球赛

二、讨论事项:

1. 议新年放假日期案——议决十二月卅一日,一月一日、二日放假三天

2. 议本学期期考日期案——议决自一月六日(星期六)起举行,定十二月廿八日晚全体教员会讨论关于考试及下学期课程事宜

3. 议毕业生离校后补缴毕业论文及报告教务手续案——议决由教务处拟定办法

4. 议设法学院研究室案——议决设立将图书馆楼下旧阅报室作为该研究室之用,应购之书籍由孙院长拟定,预算提交财政委员会讨论

5. 议马维勋因前次运动会伤腿请免修军训及课外运动案——议决俟该生呈验校医证明书后,如系实情准予免修

6. 议毕业生职业介绍委员会组织大纲案——议决通过,另布

7. 议推选职业介绍委员会组织大纲案——推王校长、唐文恺、王毓祥、欧元怀、邰爽秋、杜月笙、江问渔、张竹平、周尚、倪文亚、程宽正十一人为委员,以王校长为主席

8. 议外埠设毕业生职业介绍委员会分会案——议决通过

校务会议　廿三年十二月五日

(《廿三年十二月四日下午四时第一百七十次校务会议议事摘录》,《前大夏大学校务委员会记录》,第 34—35 页,华东师范大学档案馆,档号:81-1-48)

最近教育部为谋全国学术人才供需方面得有适当联络起见,除设全国学术工作咨询外,并通令各大

学设职业介绍机关。本大学奉令后,即由第一百六十九次校务会议议决由生活指导委员会主持该项计划,拟订简章,交由校务会议通过施行。生活指导委员会旋即参酌实情,拟具组织大纲。第一百七十次校务会议开会时,即首先将该大纲修正通过;并推选王校长、杜月笙、江问渔、张竹平、唐文恺、王毓祥、欧元怀、邵爽秋、周尚、倪文亚、程宽正等十一人为委员,以王校长为主席,一俟组织就绪后,即积极进行工作。从此毕业生出路问题,获有固定机关代为解决,行见"毕业即失业"现象,不复映现于吾大夏毕业同学之眼帘中也。所有组织大纲如后:

大夏大学职业介绍委员会组织大纲

一、本大纲依照教育部规定原则订定之。

二、本委员会设委员十一人,顾问若干人,由校务会议推定,校长聘请之。

三、委员中互推三人为常务委员,主持本会常务。

四、本委员会设干事一人,由校长聘请之,秉承委员会意旨办理一切事务。

五、本委员会每二月开常会一次,必要时得开临时会。

六、本委员会委员任期为二年,连聘连任。

七、本委员会设于上海大夏大学本校,有必要时,得于外埠设分会。

八、本大纲由校务会议通过施行,并呈教育部备案。

(《校务会议议组毕业生职业介绍委员会》,《大夏周报》,第 11 卷第 14 期,1934 年 12 月 24 日)

本大学法律学会,为实地研究上便利起见,前曾请求学校当局,添辟法学研究室;已志前期本报。第一百七十次校务会议,现决定设立法学院研究室,将图书馆楼下旧阅报室拨作室址之用,所有应购之书籍,由孙院长拟定预算,提交财政委员会讨论。孙院长刻正从事计划,所有室内布置,亦在积极进行,不日定可竣事云。

(《校务会议议决设立法学院研究室》,《大夏周报》,第 11 卷第 14 期,1934 年 12 月 24 日)

五日　大夏消费合作社正式成立,开始营业。

本大学同学胡评、马大华等为谋同学便利起见,特发起组织大夏消费合作社。自筹备以来,各项进行,均告就绪,现已订定社章十二章,计四十二条。对于股份、业务、解散及清算各章,尤能遵照国府最近公布之商法,详为厘订。关于招股事宜,由发起人会议决,定即日开始。在群英、群策、群力各宿舍内,均设有接洽处,可至上列各接洽处,索取章程及三联式银行缴款单,至本大学内新华银行缴款。

(《大夏消费合作社招股》,《大夏周报》,第 11 卷第 14 期,1934 年 12 月 24 日)

十日　纪念周会,请音乐专科学校学生来校演奏音乐。(《第十一次纪念周国立音专师生到会演奏音乐》,《大夏周报》,第 11 卷第 14 期,1934 年 12 月 24 日)

十三日　下午四时,举行边疆问题讲座,请国民党青海省政府委员张心一到校作"西北概况"的演讲,同时开演幻灯。(《张心一先生讲演西北概况》,《大夏周报》,第 11 卷第 14 期,1934 年 12 月 24 日)

经济学会邀请上海交通银行营业部经理、经济专家金国宝先生演讲,题目为"统制贸易与统制汇兑"。(《经济学会请金国宝演讲》,《大夏周报》,第 11 卷第 14 期,1934 年 12 月 24 日)

下午四时,举行全校越野赛,全程计长四千公尺。陈行佩获得个人第一。法学院、教育学院、商学院分获团体前三名。

本大学一年一届之越野赛,自本学期实施普及体育以来,决改为院际比赛,于十三日下午四时举行。参加起步者共三十人。由本大学大门内大夏路出发,沿中山路向北至闸北水电公司第二电压所复折回至原处,全程计长四千公尺。沿途由脚踏车队照料。长跑家陈行佩一马当先,首达终点,成绩二十六分四十一又五分之三秒。次许守强等师专科各以参加人数不到五人,故仅作个人计分;法教二院各得五十七分,合得本届锦标,商院得六十三分,居第三名。所有个人名次如下:(下略)

(《体育部举行院际越野赛》,《大夏周报》,第 11 卷第 14 期,1934 年 12 月 24 日)

十六日　国文、英文会考改为院际比赛，每院各派五名学生参加，分别于六日和十六日进行考试。国文会考个人第一名为教育学院二年级杨萧，团体优胜为法学院。英文会考个人第一名为师专科林传鼎，团体优胜为师专科。

本学期国文、英文会考，业于上月（编者按：一九三四年十二月）九日、十六日先后举行。所有试卷，分别由教务处函请本大学各教授评阅。兹将个人优胜及团体优胜名单探录如下：

甲、国文

一、个人优胜

第一名	杨萧	教育学院	二年级
第二名	萧宗泽	法学院	四年级
第三名	徐幼祚	法学院	二年级
第四名	孟杰	法学院	四年级
第五名	姜康德	文学院	二年级
	汪绍陶	师专科	一年级

二、团体优胜　法学院

乙、英文

一、个人优胜

第一名	林傅鼎	师专科	二年级
第二名	吕溶	商学院	四年级
第三名	张宗瀛	教育学院	三年级
第四名	高天骥	师专科	二年级
第五名	陈抡	理学院	一年级
	裘宗璐	商学院	三年级

二、团体优胜　师专科

（《国文英文会考法师各获团体优胜》，《大夏周报》，第 11 卷第 15 期，1935 年 1 月 7 日）

十七日　纪念周会，举行国语演讲决赛。

本学期国语演说比赛，自前月决定举行以来，连日报名者尚属踊跃。先于十二日下午四时，在群贤堂三一二教室举行预赛。由欧愧安、傅筑隐、蓝草塘、顾君义［谊］、施乃铸诸先生评判。江念劬、谢端如、林飞宇、刘福沅、黄允中、侯刚春、彭述信、邓家樑等八名中选。旋于十七日上午十一时第十二次纪念周会时举行决赛，特请吴蕴斋、江问渔、章颐年三先生担任评判。首由江念劬女士讲"中国农村破产之原因及其补救的方法"。次黄允中女士讲"中国对于未来世界战争的方针"，刘福沅君讲"人生与创造"，谢端如女士讲"民族复兴与农村复兴"，林飞宇女士讲"第二次世界大战与中国"，彭述信君讲"民族复兴与青年应有的觉悟"，侯刚春君讲"国语救国"，邓家樑君讲"教育革命与复兴民族"，各有精彩。结果，谢端如女士，以思想精确，组织严密，态度英锐，言词响亮得第一。黄允中、江念劬、林飞宇三女士依次获第二、第三、第四。各得大银杯一只，以资纪念云。

（《谢端如女士获国语演说比赛第一》，《大夏周报》，第 11 卷第 14 期，1934 年 12 月 24 日）

群育部组织国语英语演说比赛，并公布比赛办法。

本大学向例每学期举行国语、英语演说比赛各一次，由群育部主办。本季比赛，决定国语本月十二日，英语本月十四日，举行预赛。预赛等分最高之十人参与决赛。决赛日期：国语为本月十九日，英语为本月廿一日。群育部已公布比赛办法十条，并定自十一月二十二日起开始报名。

二十二年秋季学生国语英语演说比赛办法

一、凡属本大学学生均可自由参加。

二、演说题目由参与比赛人自拟，但须先交群育部核准。

三、比赛分预赛与决赛两种。预赛得分最高之十人参与决赛，决赛得分最高之前五名为优胜者。如参加人数不逾十五人时,不举行预赛。

四、演说最高绩点为一百分,以下列四项标准定其成绩:甲、思想卅分;乙、组织廿分;丙、言词卅分;丁、态度廿分。

五、演说员发言之次序以抽签法定之,未及签定者由主持人员指定之。

六、演说时间每人以十分钟为限,半分钟时按铃预告。

七、报告参加比赛者自十一月廿二日起至十二月八日止,须亲赴群育部办公处,填写姓名及其所属科院,同时缴交题目。

八、预赛国语十二月十二日,英语十二月十四日,午后四时举行,决赛国语十二月十九日,[①]英语十二月廿一日,午后四时举行。

九、比赛时由本校教职员及校外闻人担任评判。

十、决赛结果优胜者由学校给予奖品。

(《群育部举行国语英语演说比赛》,《大夏周报》,第11卷第13期,1934年12月10日)

二十日　理学院读书会发起组织图书募捐运动,以充实理科图书馆藏。募捐方式,分为现资与认购图书两种。(《理学院读书会举行千元募捐运动》,《大夏周报》,第11卷第14期,1934年12月24日)

二十五日　文学院学文会邀请江亢虎博士到校作"学文之意义"的演讲。(《江亢虎博士讲学文之意义》,《大夏周报》,第11卷第15期,1935年1月4日)

本月　体育馆即将招标开工兴建。

本大学自实施普及体育以来,对于各项体育设备,无不极力扩充。惟体育馆尚付缺如,一旦天雨泥泞,则按日练习,又必力不从心矣。财政委员会爰于十一月二十九日议决,建筑两盖操场,克日指拨的款,先从拟具图样着手。兹悉该项建筑计划,现已完成。两盖操场,扩为体育馆。择地疗养院后隙地一大方为馆址。前部为体育办公室、招待室。后部为运动员休息室、更衣室、浴室。中布篮球场、排球场各一。两旁装置各种器械,并设有看台。事务处现已雇工将基地填高,东侧开挖河道;一面并将招标开工建筑。据方主任语,谓此馆成立后,上海除交通大学外,其他各校之体育馆,均莫可与京[竞]云。

(《建筑体育馆即将招标开工》,《大夏周报》,第11卷第15期,1935年1月7日)

---

① 后提前至12月17日纪念周会时举行国语演说决赛。

一月

一日　庆祝新年,学校照例放假三天。

十二月三十一日至一月二日,本大学放新年假三天。马路上行人稀少,时闻商店停业之声。天公亦若不胜其忧者,雨洒风凄,渡[度]过新年。本大学师生,本无兴可尽,而学期瞬将结束,诸待赶办。记者"并无出路",只得遍访校内各处,若有意尽其义务巡捕之责任者。但办公室中,宿舍门里,随时发现埋头几案之青布长衫先生,按兵不动。大概国难时期,灾民待哺,本大学师生素以己饥己溺为志,趁此格外努力本位者欤?

（《新年假中师生照常工作》,《大夏周报》,第 11 卷第 15 期,1935 年 1 月 7 日）

四日　校园内第二苗圃落成。

"本大学大河细流贯穿,宜于养鱼;饲料天然,不须人工,防护有方,年利一二万金,当无问题。校场辽阔,隙处均可植树,十年之后,其利亦当可观。"傅主任曾于本报十周年纪念专号之"财政"一文中,关于举办生产事业方面,详为论述。吾国兴学三十年,教育误国,已成一般口头禅。年来教育趋向,已转入生产教育师资训练班。第一六八次校务会议,又议决组织生产教育筹备委员会。财政委员会旋于十月十八日议决生产事业由养鱼及设苗圃着手,又复于十一月廿三日议决指拨苗圃办费及西河养鱼经费千元。盖举办生产教育师资训练班,应先行举办生产事业,方可养成手脑并用之实际人才也。兹者傅主任之议论,一部分已形成事实。事务主任吴浩然先生,先就群力斋南部之隙地,辟为新苗圃,于十一月三十日工竣。一面又派员赴苏州农业专门学校及光福、木渎等处,选购行道树、常青树等各种树苗万余枝,暨各种花木子芽。聘请〔毕〕业同学陆定亚君主其事。计划布置,现已匝月。新旧二苗圃,现已成行成列,有条不紊。异日枝叶并茂,岂特点缀校景已耶?

（《举办生产事业尽先设立苗圃》,《大夏周报》,第 11 卷第 15 期,1935 年 1 月 7 日）

五日　该学期各学院及师范专科毕业考试,定于本月五日至十二日举行。聘请校内外人士到场监视。该学期期终考试亦同时进行。

本大学本学期各学院及师范专修科学生毕业考试,定一月五日至十二日举行。并照章组织毕业考试委员会,由王校长、欧副校长,暨鲁继曾、蓝春池、吴泽霖、王毓祥、傅式说、吴浩然、顾君谊、邵家麟、邰爽秋、唐文恺、孙浩烜、章颐年(以上本大学教授)、金通尹(复旦大学秘书长)、曹惠群(大同大学校长)、郑通和(江苏省立上海中学校长)等十七人为委员,认真考试。上月二十日,开具毕业考试委员会委员名单及应受毕业考试学生名册,备文呈请教育部察核,届时派员莅校监试,并恳转咨司法院派员监视法学院毕业考试,以昭慎重。旋奉教育部指令教字第一五七三九号,略开:"该校本学期应届毕业各生,暂准一体参加毕业试验,惟其历年所修各科成绩,仍应详细具报备核。至毕业试验委员会委员,即如所拟由校函聘,并由该校长慎重监试,本部不另派员。除函司法院外,仰即知照"云云。

（《本届毕业考试部令由校长慎重监试》,《大夏周报》,第 11 卷第 15 期,1935 年 1 月 7 日）

八日　召开第一七一次校务会议。

廿四年一月八日(星期二)第一百七十一次校务会议议事程序

时间:下午四时正

地点:王校长住宅

一、报告事项

1. 上月教员上课情形(鲁先生报告)

2. 举行毕业考、期考情形(鲁先生)

3. 教部令毕业考由考试委员会从严监试,不另派员,司法行政部派钟清先生监试法律学程(附官历文件)

4. 学生对校务意见一斑(顾先生报告调查情形)

5. 学生跳舞情形(顾先生报告)

6. 本届毕业生话别会定一月十三日(星期日)下午二时在群贤堂参考阅览室举行

7. 一月廿二日本会开会通过本届毕业生名单及本学期学生成绩分别奖惩

8. 一月十八九日旁听生补行入学试验,同时招考新生

9. 其他报告

二、讨论事项

1. 议处分本学期假造文凭进校学生案(附名单)

2. 议学生胡颖请求准予继续肄业案(附胡颖函)

3. 议夏军事教官提议事项(附夏教官上校长函)

(1)添购教育用枪;(2)改良制服颜色(新生夏季用草黄色);(3)一、二年级参加军训,三、四年级无须参加;(4)限制各班人数,不得过八十人;(5)中学高一生实行军事管理;(6)添置军乐器材及食粮袋、水壶;(7)增聘教官一员

4. 议审查毕业班学生休习学程及成绩,应改在毕业学期注册前举行,使学生缺修学程得以补救案

5. 议顾先生报告事项

6. 请自由发表春季校务各方面应如何改进之意见

7. 其他提案

(《廿四年一月八日(星期二)第一百七十一次校务会议议事程序》,《前大夏大学校务委员会记录》,第38页,华东师范大学档案馆藏,档号:81-1-48)

本大学向例审查学生毕业学分,系于第八学期举行。常感少数学生缺修学程补救为难。现由校务会议议决,审查毕业学分,在毕业学年注册前举行,并由校长布告全体学生周知。特为照录布告如次:

兹经第一百七十一次校务会议议决:此后审查毕业班学生修习学程及成绩,应在毕业学年注册前举行,使学生缺修学程得以补救。廿四年春季应届毕业之学生,定于春季注册前审查。为此布告凡在本年春秋两季修业期满之学生,务须于即日起至春季注册前止,赴教务处冯汉斌君处登记,以便汇送各院长分别审查,是为至要!

(《审查毕业学分办法》,《大夏周报》,第11卷第16期,1935年2月18日)

十三日　下午,举行本科第十届暨师范专修科第九届毕业生话别会。

一月十三日下午三时,在群贤堂二楼图书参考室,举行本科第十届暨师范专修科第九届毕业生话别会。到欧副校长、王祉伟、傅式说、各学院院长及各院科冬季毕业生黄允中君等八十人。由欧副校长代表王校长主席开会,会场情绪极为热烈,兹将开会程序及教授赠言等情,汇志如次:

开会程序　一、唱校歌。二、校长训话。三、演说:1. 毕业生与母校之关系(欧元怀);2. 毕业生服务社会应注意的几件事(鲁继曾);3. 毕业后如何进修学问(吴泽霖)。四、教授赠言。五、毕业同学会代表致词。六、本届毕业生答词。七、欢呼:"师生合作万岁","大夏大学万岁","中华民国万岁"。八、茶话。九、摄影。十、散会。

教授赠言　欧、鲁、吴三先生之演讲词,详载本期演讲栏内,兹不赘述。王祉伟先生赠言,略谓:希望师生继续合作,并且把奋斗牺牲的精神运用到各种事业上去,并痛言本校创校之艰苦的历史,语多激劝。顾君谊先生发表对于国文学系之意见。毕业同学会代表蒋子英先生勖勉本届毕业同学努力从事建设新

中国运动之工作。

毕业生方面由王允中、黄熙庚相继致答词,对于诸师长训话,表示接受。旋进茶点,欢呼口号,至群贤堂楼下大门口摄影,直至下午五时许,始尽欢而散。

《冬季毕业生话别会补记》,《大夏周报》,第11卷第16期,1935年2月18日)

欧元怀副校长发表"毕业生与母校之关系——自助互助,共存共荣"的演讲:

(上略)我现在就王校长指定的题目,就是"毕业生和母校的关系"来和诸位谈谈。

我们觉得你们的母校——大夏大学能不能够成功,完全看诸位的事业的成功与否来决定的。诸君的成功是学校的成功,诸君的失败是学校的失败,诸君服务的情形应该给学校很明详的指导以为办学的参考。毕业生是办学者一面大镜子,办学者可以从毕业生服务的状况中看出社会的需要来决定努力的方针。毕业生和母校应该有很密切的关系,尤其是"师生合作"的大夏大学。现在诸君虽然离开学校,希望时常和学校保持在极密切的关系,就是同学和同学彼此之间也应该常常联络。

但是事实上毕业生和学校里通信的固然不少,大多数毕业生除了需要学校替他们介绍职业时才有信来,平常消息隔膜,对于服务的经验,我们不甚清楚,遂至写起介绍信来内容不免空虚,随着影响到成功的成份,这是很可惜的。还有许多毕业生由本校介绍工作赴前途接洽时,成功和失败竟没有一个回音。有时工作成功了,还是延聘的机关写信来告诉我们,实际被介绍成功的毕业生反没有消息通知我们。这样使学校里感觉异常的困难,在这人浮于事、失业恐慌的怒潮高涨的时候,每封介绍信都能如愿以偿,这是没有把握的。不过虽是失败,我们也应该知道为什么会失败呢? 这些地方虽是细节,也不应该忽视的。

至于毕业生彼此间的情形恐怕更隔阂。除了同乡或在同一机关服务,会晤的机会很少,通信更不常有,致使数载同窗的朋友,无形中变为漠不相关的人。什么事情只要合作则容易成功,分散则力量薄弱。同是一个学校毕业的同学,应该好像兄弟姊妹般的互相关照。如果大家在同一机关服务时,更应极力帮忙,大家对着同是一个母校出身着想,全体的毕业同学务必认清,母校是你们永久的母校;个人的事业成功或失败,都要使母校知道。假使有什么事情委托我们的,我们总是很乐意替你们办的。

最后,我想出八个字奉赠毕业同学,这八个字就是:"自助互助,共荣共存。"希望大夏大学的毕业同学们都能够记着! (秀三记)

(《毕业生与母校之关系——自助互助,共存共荣》,《大夏周报》,第11卷第16期,1935年2月18日)

本月 经校务会议议决,毕业论文限于第七学期结束前缴齐,逾期不缴者,第八学期不准注册。

学生通则内毕业论文规则规定:本科学生于毕业前须作论文一篇,经各该系主任及各该学院院长审查及格签字认可,方可毕业。少数学生有迟至毕业考试后尚未缴交者,对于审查毕业资格时,颇感不便。兹经校务会议议决重订缴交毕业论文日期,并由王校长布告学生周知。

查毕业班学生中往往有学分修满,而毕业论文迟延不缴,于办理学业手续时,殊多妨碍。自经第一百七十二次校务会议议决,此后毕业论文限于第七学期结束前缴齐,逾期不缴者,第八学期不准注册。凡廿四年春季毕业者,限于五月底缴交论文,否则不准参加毕业考试。至于以前各届毕业班学生,如有未缴论文者,统限于廿四年六月底缴齐,否则取消其毕业资格,系各知照云云。

(《重订缴交毕业论文日期》,《大夏周报》,第11卷第16期,1935年2月18日)

二月

一日 春季开学,学生办理缴费入舍手续。十五日开始注册。

本大学春季开学,定于二月一日。新旧学生即于是日起开始缴费,办理入舍手续。注册手续则定于十五、十六(星期五六)两日办理。十八日(星期一)上午十时举行春季始业式,下午一时起即正式上课。迟到注册者,须另缴注册费。三月四日起(星期一注册逾三星期)减修六学分。三月十八日后(星期一注册逾四星期)即不准注册。为谋新生入舍便利计,由注册处印发新生入学指南。新生到校时,即可向事务处领取备阅。

（《春季注册上课》,《大夏周报》,第 11 卷第 15 期,1935 年 2 月 18 日）

院科别	系组别	各系组人数	各院科总数	全校总数
文学院	国学系 英文系 历史社会系	25（男 21,女 4） 22（男 15,女 7） 68（男 60,女 8）	115（男 96,女 19）	1224 （男 1029,女 195）
理学院	数理系 化学系 土木工程系	25（男） 55（男 49,女 6） 69（男）	149（男 143,女 6）	
教育学院	教育心理系 社会教育系 教育行政系	37（男 15,女 22） 41（男 35,女 6） 197（男 146,女 51）	275（男 196,女 79）	
商学院	会计系 交通管理系 银行系	50（男 47,女 3） 29（男 28,女 1） 95（男 79,女 16）	174（男 154,女 20）	
法学院	法律系 政治系 经济系	139（男 130,女 6）① 81（男 80,女 1） 49（男 46,女 3）	266（男 256,女 10）	
师专科	国文组 史地组 英文组 数理组	92（男 70,女 22） 108（男 75,女 33） 23（男 19,女 4） 22（男 20,女 2）	245（男 184,女 61）	

（《二十四年春季各院科系组学生人数统计》,《大夏周报》,第 11 卷第 22 期,1935 年 4 月 15 日）

十二日　召开第一七三次校务会议。

廿四年二月十二日第一百七十三次校务会议议事程序

下午三时正在王校长住宅开会

一、学生领缴费单及入舍人数

二、本学期各纪念周预定举行事项及演讲（附表）

三、拟将文、教、师专学生定为甲组,理、商、法学生定为乙组,分别举行纪念周

四、上学期成绩过劣学生,除廿二年度成绩亦劣者予以退学处分外,其余因时间关系暂准留校试读一学期,分别减修六学分及三学分

五、二月十八日上午十时举行春季始业式（附秩序单）

六、本学期学校经济状况预测

七、最近收到关于军训公文

八、本学期新聘教职员

九、其他报告及讨论事项

（《廿四年二月十二日第一百七十三次校务会议议事程序》,《前大夏大学校务委员会记录》,第 39 页,华东师范大学档案馆藏,档号:81 - 1 - 48）

十三日　下午,大夏学会举行第二次理事会。

大夏学会会务,一年以来,经各理事精心擘划暨全体职员通力合作之结果,已得长足之进展。十三

---

① 原文如此,疑法律系总人数有计算错误。

日下午在愚园路王宅举行第二次理事会。王理事长暨全体理事准时出席。当场议决要案多件,兹逐条录志如下:(一)王裕凯、孙允曾二理事遗缺以程宽正、曾昌燊二人递补。(二)将公约送本埠各报登布。(三)编辑丛书、丛刊。(四)积极征求会员。(五)举办奖学金。(六)举办会员特别捐。(七)发起人皆必为本会永久会员。最后并由王毓祥理事提议,于开大会前召集全体理事摄影,以资纪念,当即通过云。

（《大夏学会举行第二次理事会》,《大夏周报》,第11卷第17期,1935年2月25日）

十四日　财政委员会议决:1. 本学期起职员一律穿着制服,式样采中山装,衣价由薪水扣付;2. 拨本学期过期注册费充法学院研究室开办费。（《廿四春季学期本大学各部处各院科各团体进行事项汇录》,《大夏周报》,第11卷第30期,1935年6月24日）

十六日　举行全体教职员谈话会。

学期更始,百端待举。全体职员一月来之闲散空气,顿成紧张状态。各部处工作,如何联络,如何互助,当预为安排妥帖,方可效率增高,紧张到底。全体职员谈话会,即本此旨于本月十六日下午四时在群贤堂二楼召集。王校长暨大中学两部职员,均准时到会。……首由主席王校长致词,报告学校现况暨将来计划。大意谓学校成立十年,基础未固,本学期经济情形,尤属拮据。盖农村破产,国步艰难,学生数势必有减无增。私立学校经费,向恃学费收入为支出之预算。如竟骤灭的款来源,则一切开支如恒,而校债负担加重,将何以打算过渡耶！须知本大学难关又到,深望全体职员,共以刻苦精神,努力奋斗,则"山穷水尽疑无路,柳暗花明又一村"矣。各同事如以服务社会效忠党国为办事目的,则精神又必加倍振作,此应先声明者也。教育界人士所负之责任,较诸其他各界尤为重大。国难期间之教育,当非寻常之谈书说理所可了事。本大学自本学期起,每次纪念周设有救亡图存系统讲座。现已聘请专家轮流主讲。深望全体职员,均能按时参加,一以振奋个人精神,一以坚竖个人意志。上届校董会开会,力谋发展校务,已尽先筹建图书馆。建筑经费最近已由何校董敬之由北平汇到三万元。近年来何校董为校筹款,数不在小,虽政军多忙,而努力校务,则始终如一。其他各校董亦分头计划奔走。校董如此热诚,则校步虽艰,成功可期,此应向各位报告者也。各同事既知艰难困苦,理宜格外努力矣。然如何努力,方能表现精神,则按时办公,乃其一端。互相联络,互相研究,互通消息,办事效率自可提高。至于应用文具,则亦宜尽力节省,虽一纸一笔,价值区区,然积少成多,为数当甚可观。此外穿着制服,形式整齐,亦足表现精神。现在学生服饰,喜穿洋装,此种奢靡之风,渐不可长。各同事类多宽袍大袖,诚属上国衣冠。然拖泥带水,行动诸多不便。教职员乃学生师表,可否一律改着制服,以为首倡。王校长语至此,报告本人谈话已毕,谓关于改进校务意见,多望出席人尽情发表。旋即吴事务主任发言,谓校步艰难,乐观固未必确有把握,但悲观则尽大可不必。本大学于"一二八"时之苦境,尚能安然渡［度］过,则各尽其职,以谋开源节流,未始非更有把握之事。吾大夏大学职员,素以苦干著;此后当更宜力谋人工之经济,以为提高办事效率之准备。继由中学主任倪文亚报告中学本学期计划。对于学生生活纪律化、整理课程、集中自修、扩充图书阅览室、定期作文诸端甚详。最后讨论穿着制服问题,推定高芝生、马雪瑞、黄炎三先生拟定式样及质料,以谋划一云。

（《王校长勉全体职员刻苦奋斗打破难关》,《大夏周报》,第11卷第17期,1935年2月25日）

十八日　上午十时,大中两部在大礼堂合并举行春季始业式。

十八日上午十时,大中学两部在大礼堂合并举行春季始业式。到全体教职员学生千余人。王校长主席。开会如仪,行师生相见礼后,首由王校长致词,训勉学生今后应养成之基本信念八项。关于个人修养方面者:(一)坚强体力,精修技能;(二)崇尚节俭,实行廉洁;(三)克制私欲,努力公德;(四)明辨是非,维护正义。关于社会方面者:(五)唤起群众自治自活;(六)亲爱互助,共谋安乐;(七)精诚团结,誓除强暴;(八)复兴民族,挽救国难。继由欧副校长报告校务,并勖勉学生勤俭持身。次由中学部主任倪文亚报告中学寒假以来之校务,暨今后之方针。末谓"一年之计在于春",深愿全体同学,善用时机,毋再因循。最后由商学院教授高岳生演讲,大致谓大夏有朝气,但须自己创造,毋徒事抄袭。须知国内外大学,尚无足供大夏仿效者。吾大夏同人,应认清本大学环境,负起时代使命,以创造理想之大学云云。

（《十八日上午十时举行春季始业式》,《大夏周报》,第11卷第17期,1935年2月25日）

王伯群校长在开学典礼上致词,节录如下:

（上略）每年开学的时候，我都要和诸位说几句话。不过今天所要说的话，和以前说的稍微有点不同，因为今后我们办学的方针和以前不同。前几年办学的目的只是完成诸位的高等教育，注意高深学问的研究。各位教授们把所有的学问尽心地教导你们。你们用心地读书，修完了相当的学问，就算毕业。现在我们以为，教授们不仅是把所有的学问教给你们，你们也不仅是读完学分就算了事；教授们在教学以外，还要教导你们做人的道理，你们在求学以外，也就要学习做人的道理。从二十三年秋季起，学校里施行普及导师制，便是想增进教育的效能，辅助课外的作业，实施生活的指导，对于你们的学术讨论、专题研究、职业指导以及个人困难问题各方面顾到的。导师们是指导你们怎么样去做人，做一个国难时期的国民，做一个救亡图存的国民。我们的国家，到了现在的地步，已经是求生不得、求死不能的时候，国家是各个人的集团国家，须先从各个人自己救起。你们在学校里也不是仅仅读书，不管国家社会的事，不反省个人的修养，换句话说就是一面读书，一面要学做人。读书是为的要做人，怎么样在社会上做人，并且要做一个堂堂正正扶危定倾的国民。我们根据这一种旨趣，曾经在二十二年冬季详细研究过，对于今后的教育方针不得不从事改革，于是提出了一种民族复兴教育的纲领，作为今后施教的准绳，规定了发扬我国固有文化，淬砺尚武精神，实施经济建设教育，养成国防建设人才，贯彻大夏立校精神几项纲要。并且征求本大学校董、教授、校外专家以及全体同学的意见，拟定具体方案，分期实行。所以希望全体同仁、诸位同学，都要能了解这种意思。

我们办教育的人，尤其是办高等教育的人，眼看着国家已经到了这种危险万分的地步，要想挽救国家的危亡，绝不是徒尚空谈，或者像太平时候按部就班地做去，便可收实效的；一定要有一种特殊的人才，领袖的人才，来担负救国图存的工作。学校里也就应该极力培植这种出类拔萃、挽救国难的英杰。现在中国的大学生在数量上和全国人口数总数比例数，根据最近教育部发表的统计，差不多每一万人中的首领。我们应该用什么方法，使一万民众在一个〈人〉的领导之下，去做救亡图存的工作。要想领导这一万民众，使他们的意志团结，步伐整齐，绝不是牵尔操觚的事。所以现在做大学生的，每一个人的心里，都要知道怎么样才能够领导这一万民众，并且指导他们，鼓励他们。大家担负起这种责任，立定了这种宏愿，国家方才有希望，国难方才有救药。若是不能指导一万个人，至少每人要团结两三百人去做救亡图存的基本队伍。

我们本着这种信念，在二十三年三月里，便有了大夏学会的组织……最近大夏学会又拟定会员生活公约八项，以为全体会员今后共同遵守的标准。

（中略）（编者按：对八项公约的解释，见一九三四年三月四日条）。

以上所说的许多话，指示我们今后做人的方针。如何脚踏实地的去做，还有两个字，就是"立志"，立定了志向去实行，时时刻刻把这几项做人的方针摆在心里。若是不立志，就是徒然记住几项条文，也是没有可成之事的。王阳明先生所说的知行合一，就是不仅要知道，并且要马上去行，要有即知即行的精神。

（中略）最近有许多朋友，许多学生，大家谈起来，都是非常彷徨，感觉没有出路，果能实行八项做人方针，并且立志、勤学、改过、责善，前途一定是有希望，有办法的。最怕的是受了打击后，仍是萎靡不振，那是非亡国不可。我们受了打击，应该奋发图强。从日本明治维新后的史实看起来，在精神方面是师承我国，在科学方面仿效欧洲，五六十年的进步很足惊人。我们只要努力，不是没有办法的。因为国人过去太自私、自骄、自满，所以受着空前严重的打击。我们今后对于教育的方针，从新估定了一番倡导民族复兴教育。我们在非常困难的环境中，开辟出一条新生命来，才不辜负人生。我愿和大家共勉之！

（《大学生做人的方针》，《大夏周报》，第 11 卷第 17 期，1935 年 2 月 25 日）

下午，大中两部学生正式开始上课。

本大学自二月一日开学，开始缴费、办理入舍手续以来，最先数日内，学生零落到来，十八日起逐渐增多，十五、十六两日，一蹴而就，争先注册者，几近千人。教职员亦能奉公守法，按时到校。校中一月来之寂寞空气，又成热闹。十八日下午一时起，大中两部同时上课，精神极为饱满。盖残年急景，大部学生最近均已耳闻目睹，存于中当知所以形于外矣。

《十八日起大中两部同时上课》，《大夏周报》，第 11 卷第 17 期，1935 年 2 月 25 日）

二十三日　召开全体导师会议及群育员联合会议。

为全国嚆矢之导师制，在本大学施行，足足已有七年。每届学期开始，各导师总是劲张作意，报告过去之心得,共谋日后之改进。会议席上团团围坐,个个倾谈。意固至善,法亦良美。第国际风云,日趋险恶,指导学生方法,亟宜大施变更。本学期第一次全体导师会议,于廿三日下午七时,在王校长住宅开会。特殊环境需要特殊训练,自乃讨论之中心问题也。王校长主席,全体导师均到,群育员亦到会。导师与群育部打成一片,此为开端。王校长首先对于指导方面,发表意见,谓修养人格、认识政治、重视体育、注意卫生、打破师生间隔阂诸端,应多谋善策。次顾群育主任、欧副校长、王秘书长及孙院长浩烜,相继发言。报告导师制过去之顺利,谓今后应对于种种特殊问题,多予学生指导。报告既毕,开始讨论,各导师对于分组方法,指导方向,都有发挥。王校长并特别提出训练优秀分子意见云。

(《导师与群育部打成一片》,《大夏周报》,第 11 卷第 18 期,1935 年 3 月 4 日)

二十五日 上午十一时,举行新生指导会。

到会人员 校长暨各部处主任及全体新生。王校长首先致词,谓沪上大学林立,各同学来此,定先一番研究;但如只知表面,而不悉我大夏之特点,则尚不足以为大夏学生。须知大夏乃革命产儿,其所以能于短短的十年中,一跃而为全国最著名学府之一,则在师生合作与牺牲、奋斗也。各同学既为革命而来,则应抱定大夏特种精神发扬而光大之,以谋民族革命之完成。必如是方可安心求学,学得相当益处。更有进者,上海乃万恶渊薮,最易使青年堕落。人或以为办理学校,应择环境较优之地;但此话太无勇气。须知我人应与恶环境奋斗。盖必定恶环境奋斗成功之人,方足以言革命。现时急需之人才,须有革命精神,如上海而不能改造,则遑论乡村乎?各同学应尽先对此恶劣环境,作一深刻之认识可耳。至所谓革命,目的则在救亡图存。读书应与做人合并,为学所以致用。各同学在求学时代,应先察知社会政治之不良所在,以谋日后之为国奋斗,做革命的人物。本大学于一年前,已制定民族复兴教育实施方案,在学期起并设有救亡图存系统讲演,尚望各位多多注意!

校长讲毕,王秘书长报告校史大略。首述大夏命名之由来,继言学校组织之变更,对于校地之迁徙,设备之扩充。又慨乎言之,谓大夏历史之造成师生各半,各同学须将创校工作,继续推进。在民族复兴过程中,大夏更占有光荣的一页,则大夏真不朽矣。驹光难维,半时已去。鲁教务长、吴主任、顾主任只得略就各人立场,将教务、事务、群育方面,大家说个简要。午刻已过,饿肠辘辘,出席人固作镇静,欧副校长深知底蕴,连说两句话贡献大家。一是充分利用环境,谓大夏成立,刚过十年,然已具有相当规模,学藏修游息,固无往而不宜。图书三四万册,杂志三百余种,报纸二十余种,运场辽阔数十亩,体育设备色色俱全,尽足以供学生眼看脚舞。导师制完善,为国内首屈一指,论道讲德,在人格上日有进益,在不妨害学业、不浪费金钱、不受冲动支配条件下,男女学生亦可利用课余闲暇,谈谈交际,质疑问难,在学问上互相切磋。而大上海尤为全国经济文化之中心,种种大规模之建设,无数学术文化政治之专家,于焉荟萃,如能善为利用,不更他处所绝无者耶?二是认定求学目的。自立立人,自达达人,古有明训。求学为人人,应先从立己达己做起。于此有一榜样,即王校长是也。最后五分钟傅主任再加一套从建设大夏谈到建设大众化。而于如何师生合作,如何实践三苦精神,如何厉行新生活运动,如何锻炼体魄,尤三致意焉。傅曰:慎始敬终,吾新同学诚能于入学之初,默察吾大夏过去之光明,把握国家当前之幻境,考量个人将来之出路,则一朝生,两朝熟,切磋琢磨,尽有进益机会,身体力行,眼见众志成城。学校国家,胥赖新青年努力奋斗。新同学共勉乎哉!

(《在民族复兴过程中大夏应占光荣的一页》,《大夏周报》,第 11 卷第 18 期,1935 年 3 月 4 日)

本月 何敬之校董募得图书馆建筑费三万元。

自去岁十月二十九日,校董会议决克日筹建图书馆以来,各校董多方募集建筑费。据最近报告,成绩极为良佳。预计本年内,定可筹足全数。日昨何校董敬之,已由北平先募到三万元。如何校董之热忱,惠溥菁莪,功在百世,吾人诚不胜其钦佩。至其他各校董亦在进行捐募中。本大学第二期建筑计划之第一步骤,自可早日实现矣。

(《图书馆建筑费何校董先募到三万元》,《大夏周报》,第 11 卷第 17 期,1935 年 2 月 25 日)

本月 校长布告规定,无家长在沪之女生绝对不准在外留宿。

本大学对于女生住宿问题,素极注意。自去秋规定全体女生一概不得通学后,女生成绩进步惊人,学生家长纷纷来函备极赞同。现为谋进一步之严格起见,更规定:凡女生无家长在本埠者,如有要事出校,晚间九时以前,必须回校,绝对不能在外留宿。其有家长在本埠者,每星期六及例假,或有特别事故,如欲留居家中,须有家长亲笔来函,方准予请假。请假时,须亲至女生指导员处,注明时日地点及返校时间,经女生指导员许可后,方准出校。如有未经请假迳自外出者,一经查出,当从严惩处。昨已由校长布告全体女生恪遵云。

（《无家长在本埠之女生绝对不准在外留宿》,《大夏周报》,第 11 卷第 18 期,1935 年 3 月 4 日）

三月

三日　召开校董会,全体校董均到会。

三月三日下午五时,校董会在愚园路王董事长宅举行会议。全体校董均到会。主席王董事长报告校务后,各校董对于国难期间之教育设施,颇多谈讨。旋即议决:(甲)新图书馆提名为"黄浦烈士图书馆",(乙)募集大夏大学清寒奖学金,(丙)续募图书馆建筑费,(丁)添设体育专修科,(戊)添聘褚民谊先生为校董。闻对于决议事项,并推定专员,负责计划进行云。

（《校董会议决添设体育专修科》,《大夏周报》,第 11 卷第 19 期,1935 年 3 月 18 日）

有关"募集清寒学生奖学金办法"相关情况如下:

民族之兴衰,系乎人才之消长。大学为培养领袖人才之所,关系民族前途甚巨。惟年来国内经济衰落,民生凋敝,大学四年之费用,非一般家庭所能负担。因之高等教育,几为资产子弟所独占。清寒学生虽天资聪颖,志气高尚,每以厄于经济,对于学术钻研,几同望洋兴叹。人才淹废,国运凌夷;执果溯因,良堪浩叹!校董何应钦、王伯群、杨永泰、吴铁城、褚民谊、杜月笙、张竹平、王志莘、傅式说、江问渔、王毓祥、欧元怀等有鉴于此,爰发起募集清寒奖学金,专为补助本校清寒学生成绩优异者膏火之资;并为使清寒学生饮水思源起见,即以捐款人之芳名名其奖金。第一七六次校务会议,并议决照校董会所订募集办法,由校务会议各委员暨毕业生中有地位者,分头向外界募集。所有募集办法如后:

大夏大学募集清寒奖学金办法

一、本奖学金分甲乙丙三种。甲种每年二百元,乙种一百元,丙种五十元,由捐款人自由认定某种若干名及若干年一次,或按年交由本校,给予家境清寒成绩优良之学生。其支配方法,由本校另订之。

二、捐款人如对于某种学科有特别之兴趣者,得指定其奖金,专给该学科成绩优良之学生。

三、受奖金之学生,由本校将其在校成绩每学期报告于捐款人。

四、凡捐助奖学金者,即以捐款人之芳名名其奖金,并刊于《大夏一览》,以资景仰。

五、捐款直接寄交上海中山路大夏大学,由本校会计处掣予收据。

（《校董会开始募集清寒奖学金》,《大夏周报》,第 11 卷第 26 期,1935 年 5 月 20 日）

"订定体育专修科简章"情况如下:

本大学因鉴于救亡图存,首宜提倡国民体育,决自下学期起,添设体育专修科。已聘定方万邦先生为主任,积极筹备,务期于最短期内,养成适当之国民体育指导人才,以为复兴民族之基础工作,曾两志本报。兹悉各种进行已有相当头绪,简章亦经订定。揭录如下:

一、开办缘起

国民身体之强弱,有关国家民族之兴衰。吾国积弱已久,人民体格远逊于人。外侮之乘,由来有渐。故欲救亡图存,首宜提倡国民体育,而此体育指导人才之养成,尤为刻不容缓之举。本校有鉴于此,爰添设体育专修科,招收高中毕业之优等生,施以二学年之专门体育学识及技能。男女分班训练,理论与技术兼顾,道德与智识并重,以期养成适当之国民体育指导人才,庶于复兴民族之大计,或有裨助欤。

二、科则

1. 宗旨　本专修科以养成体育师资、体育行政人员及童子军教练为宗旨。

2. 入学资格　凡体格健全品行纯正之男女学生,具有左列资格之一者,得应一年级入学试验,经考试及格后,准予入学肄业。

甲、高级中学毕业者;

乙、三年制之大学预科毕业者；

丙、旧制中学毕业后并在二年制之大学预科毕业者；

丁、与高中程度相等之体育师范毕业者；

戊、具有与高中毕业同等学力者。（遵照教育部规定，录取名额，至多不能超过五分之一。）

3. 修习学程　本专修科应修习之学程，计专科学程占百分之六十，即五十学分；普通必修学程，占百分之二十，即十七学分；教育学程及自由选修学程占百分之二十，即十七学分。

4. 修业期限　本专修科修业期限二年，以修满八十四学分成绩数平均在 1.00 以上者，方准毕业，并给予本大学体育专修科毕业证书。

5. 课程

甲、普通必修学程　十七学分

学程名	授课时数	学分
国文	六	六
英文	六	六
生物学	三	三
军事训练（男生组）	四	二
军事训练（女生组）	四	二

乙、教育学程　十七学分

学程名	授课时数	学分
教育原理	三	三
教育行政	三	三
公民教育	三	三
教育测验与统计	三	三
自由选修教育学院学程	五	五

丙、专修学程　五十学分

第一学年

学程名	授课时数	学分
体育概论	二	二
卫生学	四	四
应用生理学	三	二
应用解剖学	三	二
体育史	二	二
初中级童子军	四	二
体育术科	廿二	八

第二学年

学程名	授课时数	学分
体育原理	二	二
医学常识及急救术	三	三
健康教育	二	一
民众教育	二	一
高级童子军	二	一
体育教学法	三	三
体育测验	二	二
体育行政	三	三
体育问题研究	一	一
体育技科及实习	廿	八

自由选修专门研究学程

学程名	授课时数	学分
运动学	二	二
小学体育	三	二
运动生理学	三	二
童子军教育研究	三	二

6. 关于入学、考试、纳费、注册、成绩、奖惩等一切规定,均适用本大学《一览》所载《学生通则》。

(《订定体育专修科简单[章]》,《大夏周报》,第 11 卷第 25 期,1935 年 4 月 10 日)

聘任方万邦先生为体育专修科主任。

本大学体育设备,素称完善。年来厉行普及体育,更积极扩充运动场,面积达八十余亩,尤属不可多得。校中又有六十余亩之河流一条,河水清澈,可供游泳及划舟之用,在上海洵为绝无仅有。校董何应钦、褚民谊、吴铁城等,对于提倡体育,均极热心。爰于本年春季校董会,提议添设体育专修科,经全体校董一致通过,已志本报。校长昨已聘请现任本大学体育主任、美国哥伦比亚大学体育硕士、历任北平师范大学、安徽大学、国立中央大学、浙江大学等校体育教授方万邦先生为主任。业由方主任悉心规划,厘定课程,决于秋季开办,招收高中毕业生,施以二年之专门体育学识及技能,男女分班训练,以期养成适当之中小学体育师资、体育行政人员及童子军教练员等人材。本大学教育学院久负盛名,理科设备亦甚充实,如教育原理、教育行政、教学法、心理生理卫生等,与研究体育有关之学程,体育专修科学生可与大学部学生同时选习。所有校内优良之设备与教材,均可尽量利用,尤为难得之机会。想开办后,报名投考者定必踊跃云。

(《添办体育专修科聘方万邦先生为主任》,《大夏周报》,第 11 卷第 21 期,1935 年 4 月 1 日)

四日 该学期举办救亡图存讲座。欧元怀副校长作首次讲座主讲,题目为"学生国货年我们应有的努力"。

本大学自实施民族复兴教育以来,对于救亡图存工作积极进行。去秋普及体育,原意在锻炼青年体魄,准备开赴前线杀敌。但救亡图存,不仅在求身体方面之健康,理智方面之健康尤属异常重要。爰自今春起,特于纪念周设救亡图存系统讲座,为唤起研究救亡图存之对策,较诸去秋各纪念周,临时函请专家自由演讲,当更胜一筹矣。所有演讲日期、题目及主讲专家现已预为排定。

（中略）

学校对此讲座,异常重视。每值演讲起见,全校停止办公,全体职员均应出席。学生方面,则以大礼堂容量关系,为避免拥挤起见,分为甲乙两组排定座位,隔周轮流出席听讲,由群育部派员点名。现已规定文教两学院及师专科学生为甲组,理商法三学院学生为乙组。另设旁听席。各该组轮值听讲时间内,如有余席,他组亦得出席云。

《救亡图存系统讲座聘定专家担任主讲》,《大夏周报》,第11卷第17期,1935年2月25日）

　　五日　召开第一七四次校务会议,通过"大夏丛书委员会条例",将成立丛书委员会,负责征求审查稿件及相关出版事宜。

廿四年三月五日下午四时第一百七十四次校务会议议事摘录

出席者:王伯群　欧元怀　王毓祥　邰爽秋　鲁继曾　倪文亚　唐文恺　谌志远　邵家麟　孙浩炬　林希谦　顾名　蓝春池　吴泽霖

主席:王校长

记录:马公愚

一、报告事项

1. 廿四年春季注册学生人数截至三月五日上午十二时止,大学部1182人,中学部502人

2. 二月十八日(星期一)下午一时起正式上课,教员到齐,最近两周教员缺课占校课时数百分之六.四八及五.二二

3. 校董会于三月三日(星期日)下午五时在王校长宅开会,议决重要事项如下:(甲)新图书馆题名为"黄浦烈士图书馆";(乙)募集大夏大学清寒学生;(丙)续募图书馆建筑费;(丁)添设体育专修科;(戊)添聘褚民谊先生为校董

4. 第九十二次教务委员会议决各院科务会议日期:教育学院及师专科定三月一日晚举行,理法两学院定三月三日午举行,文商学院定三月三日晚举行

5. 三月十二日(星期二)为总理纪念日停课一天,上午九时开会纪念,是日并举行植树

6. 三月廿九日(星期五)黄花岗革命烈士纪念停课一天,是日上午九时开纪念会

7. 四月份本会常会定九日举行

8. 学生分组出席纪念周,已自本星期一(三月四日)起举行

9. 本学期图书馆经费之分配已决定办法

10. 本学期报告:(甲)高一施行军事管理;(乙)中学生用图书阅览室(在中学办公室楼上)已布置完竣,开始阅览;(丙)早操自修及纪念周严行点名;(丁)扩充体育□□

二、讨论事项

1. 议学生国货年提倡国货办法案

议决:推定欧元怀、吴浩然、顾君谊、唐文恺、邵家麟五先生组织提倡国货委员会,由顾先生召集,计划提倡国货办法。

2. 议组织大夏大学丛书委员会案

议决:大夏丛书委员会条例如左:(略)。

3. 议限制学生补考办法案

议决:除学生本身重病,经医生证明,或至亲死亡外,一概不准补考。

4. 议学生曹傅宗请求继续肄业案

议决:查该生成绩过劣,所请碍难照准。

5. 议学生陈普、钱国凯事以大函陈以法学院政治系学生应有实习机会,请回校分派学生前往各地方行政机关实习案

议决：派学生前往行政机关事宜上[尚]有困难，为增加实际知识起见，可多举行参观，由孙院长酌量办理。

校务会议　三月七日

（《廿四年三月五日下午四时第一百七十四次校务会议议事摘录》，《前大夏大学校务委员会记录》，第 4 页，华东师范大学档案馆藏，档号：81-1-48）

本大学开办迄今虽只十年，但各教授之著作，陆续在坊间刊行者，为数颇多。自去岁秋全体教授会议议决提振学术研究精神以来，各教授对于著作，尤多努力。兹为谋有系统之出版起见，决组丛书委员会，拟定计划，征审稿件。已由三月五日举行第一七四次校务会议通过，并订定条例五项，克日进行。所有条例如下：

大夏丛书委员会条例

第一条　本委员会依照本大学组织大纲第二十五条之规定组织之。

第二条　本委员会五人（互推一人为主席），由校长于教职员中聘定。

第三条　本委员会之职权如左：

1. 拟定大夏丛书出版计划。
2. 征求及审查稿件。
3. 规划其他关于大夏丛书一切事宜。

第四条　本委员会每学期开常会二次，必要时得开临时会，均由主席召集之。

第五条　本委员会议决之重要事项，经校务会议通过后施行。

（《一七四次校务会议议组大夏大学丛书委员会》，《大夏周报》，第 11 卷第 19 期，1935 年 3 月 18 日）

八日　新学期伊始，多个学生社团举行成立大会。

本大学爱好戏剧之同学，为研究戏剧艺术，发扬文化及普及社会教育起见，特发起组织大夏剧团，于三月八号晚七时，假群贤堂二〇八教室，召开成立大会。当推定沙鸥君为大会主席，崔鼎勋君为记录。主席致开会词及报告筹备经过后，旋即通过会章及讨论进行事项。选举结果：沙鸥、欧阳山尊、崔鼎勋、周文同、邹竞、何家振、章鸿猷、尹协成、王经鉴等九人当选为执行委员；魏国民、钱国凯等三人富[当]选为候补执行委员。闻该会成立后，即准备公演。现正扩大征求社会[员]。凡爱好戏剧之同学有意加入者，可至两江公寓六号沙鸥、中山寄宿舍欧阳山尊，联园村崔鼎勋，群策一二八号周文同、章鸿猷，群力三五九号邹竞处签名云。

（《大夏剧团成立》，《大夏周报》，第 11 卷第 19 期，1935 年 3 月 18 日）

本大学商学院同学张师白、陈新梅等，为研究学术及联络感情起见，发起组织商学会，于本月八日晚假群贤堂开成立大会。当推黄瑞为主席，致辞开会并报告筹备之经过。后由唐院长及顾主任先后训话。旋即通过简章，讨论会务，选举理事。计常务向邦权，财务徐昌晋，事务杜定建，出版唐云鸿，演讲黄瑞，参观胡泰运，文书陈新梅，研究周同康，体育冯维勋云。

（《商学会举行成立大会》，《大夏周报》，第 11 卷第 20 期，1935 年 3 月 25 日）

下午七时，教育学会邀请地质学家张资平先生演讲，题目为"人类形质底改善"。（《教育学会请地质学家张资平演讲》，《大夏周报》，第 11 卷第 20 期，1935 年 3 月 25 日）

十一日　纪念周会，救亡图存讲座第二讲，请应元岳博士主讲，题为"救亡图存与健康运动"。（《救亡图存与健康运动》，《大夏周报》，第 11 卷第 19 期，1935 年 3 月 18 日）

十四日　生活指导委员会召集得奖学生举行谈话会。

三月十四日下午五时，生活指导委员会特召集上学期得奖学生谈话会。出席者群育主任顾君谊、大学秘书长王祉伟、大夏学会文书高昌琦，暨得奖学生金文刚等四十六人。主席顾君谊，报告开会宗旨，略谓今日到会诸君，尽属本大学不可多得之优秀分子，际此国难严重，学校对于诸君，应有特殊之训练。去春王校长所发起之大夏学会,以研究学术、团结意志、力谋复兴民族,发展大夏大学为宗旨,深望各位全数加入,共同努力于新中国之建设。次由王秘书长勖勉全体同心同德,牺牲奋斗,为学校国家努力。最后由高昌琦报告大夏学会发起的动机,会务概况,暨加入手续云。

（《生活指导委员会召集得奖学生举行谈话会》,《大夏周报》,第 11 卷第 19 期,1935 年 3 月 18 日）

十七日　大夏学会举行第二届会员大会。

去春王校长所发起之大夏学会,成立以来,瞬届一载。本月十七日上午十时特举行会员大会,讨论发展会务计划,并照章举行改选。出席者一零七人。主席王理事长,报告已往会务进行,并勖勉会员以后加紧团结之必要。继王理事祉伟补充报告两点:(一)大夏学会即为大夏学生之荣誉学位,(二)会中经费已由学校每年捐助三千元,王理事长并捐助三百六十元。旋即讨论提案,关于永久会员之征求方法、推员负责组织各地分会、发行会报等案,有高昌琦、王祉伟、高芝生、许公鉴、张仲寰、王健民、黄炎、程宽正、陆春台等,先后发表意见甚详。次选举理事,结果王伯群、欧元怀、傅式说、王祉伟、谌志远、高岳生、程宽正、高芝生、陆春台、高昌琦、周乐山、刘逸青、骆美奂、方祖桢、张仲寰等十五人当选,半系连任。最后举行摄影,以为留念。

又讯:该会当场征求永久会员,计征得王伯群、邵家麟、高昌琦、欧元怀、王祉伟、陈绍箕、张仲寰、高芝生、程宽正、倪文亚、傅式说、马雪瑞、陆春台、蒋子英、高岳生、谌志远、王健民、邵爽秋、林希谦、顾名等二十八人云。

（《大夏学会举行第二届会员大会》,《大夏周报》,第 11 卷第 20 期,1935 年 3 月 25 日）

十八日　纪念周会,救亡图存讲座第三讲,请国际问题专家项远村先生到校主讲"欧洲现势之剖视"。（《项远村先生讲欧洲现势之剖视》,《大夏周报》,第 11 卷第 20 期,1935 年 3 月 25 日）

自是日起,全体学生一律穿着制服,男生穿黑呢制服,女生穿蓝布制服,衣帽力求整齐。

本年度大学部及高中男生新生夏季制服,改用草黄色斜纹布军装,每两套连襦,并添备绑腿、腰带、水壶、粮袋,共九元五角正。女生制服改用三友实业社出品蔚蓝色布,每件二元五角。（新生应添备运动衣每套计三元三角五分）初中童子军制服照旧。现已由事务处招工承办,并布告全体学生周知。

（《添制夏季制服》,《大夏周报》,第 11 卷第 16 号,1935 年 2 月 18 日）

服装为精神之表现,关系个人之品格,影响团体之观瞻者至大。在校学生应穿着制服,所以表示整齐朴实之精神,教部屡申明令,学校定为常规。本大学学生,素能奉行惟力。惟学期开始,一般新同学制服尚在赶制,全校服制间有参差,自属难免。前星期一,新添制服全部送到。校长特为布告,自三月十八日起,全体学生一律穿着制服。现在男生均已穿上黑呢制服,女生则穿蓝布制服,纽扣衣帽,亦极整齐。新生活空气更弥漫于中山路旁矣。

（《三月十八日起全体学生一律穿着制服》,《大夏周报》,第 11 卷第 20 期,1935 年 3 月 25 日）

二十日　新生活运动总会视察团团长徐庆誉先生来校视察。

三月廿日下午四时,新生活运动总会视察团团长徐庆誉先生来校视察。先应教育学会之请,在群贤堂三一二教室,讲中国教育举行改革之建议,略分二点:第一,现行学制不适宜今日之中国,应行大加改革。第二,学校农村化,欲强中国,须先复兴农村,复兴农村首需人材,而人材又来源于学校,故应先学校农村化。讲毕,由欧副校长、邵爽秋、吴泽霖、顾君谊先生等引导视察,经教育研究室、史社研究室、参考室、大礼堂、科学馆、运动场、中学部、群英斋而大夏新村,认为印象极佳云。

（《新运视察团徐团长来校视察》,《大夏周报》,第 11 卷第 21 期,1935 年 4 月 1 日）

二十二日　法学院政治系政治学会举行成立大会。

法学院政治系同学,为研究政治科学及联络同学感情起见,特组织政治学会。三月十五日晚开筹备会,推举筹备委员七人,负责筹备一切,当于三月廿二日晚举行成立大会。到会者黄础增、陈立言等四十余人。公推李伟中主席,致辞开会,并报告筹备经过。后由林主席训话,勖勉有加。旋即通过简章,讨论会务。议决:(一)设立政治讲座,(二)出版期刊,(三)组织参观团等要案多件。讨论毕,举行选举。结果:常务李伟中,文书杨润基,事务白志忠,编辑陈普、吴济沧,演讲卢璞卿,研究茅以元。闻各干事当即开会,并议决积极推进会务之议案多件;如(一)决定常会日期,(二)聘请顾问,(三)充实法学研究室内政治书籍,(四)先行设立县政研究会,(五)各股拟定工作计划等。闻已分头进行云。

(《政治学会举行成立大会》,《大夏周报》,第11卷第23期,1935年4月22日)

二十三日　举行春季女生谈话会。

三月二十三日晚七时,召集春季女生谈话会。出席者欧副校长、顾主任、马公愚、黄炎、何惟忠先生等,暨全体女生。时方星期六晚,出席人员个个提起精神,静待报告,诚属难能可贵。主席顾主任,报告本学期女生注册人数,暨新生活运动总会视察徐团长视察本大学女生生活后之印象。谓大学部女生注册人数,现有二百二十四名,占全校学生数六分之一强,超过上海各大学女生数;而女生生活,据徐团长之观察,谓已做到整齐、清洁两点,此乃由于各女同学之努力自爱所致。此后更盼各从健康生活、群众生活、纪律生活三方面加紧注意,多做实际行动,以养模范女生之养成。次欧副校长训话,首谓中国要成为现代化的国家,须先有新贤母良妻之养成;而新贤母良妻之三要素,则为(一)能爱国家,(二)能服务社会,(三)能生活聪明健全之小国民。继谓新生活亦有三从,即新生活运动中之三化也,所谓军队化,乃指有纪律而言;生产化,则指有创作贡献而言;艺术化,则指真善美而言。最后马公愚先生畅论礼貌之重要。夜深人静,散会时已钟鸣十下矣。

(《新贤母良妻之三要素》,《大夏周报》,第11卷第21期,1935年4月1日)

二十五日　上午十一时,纪念周会,救亡图存第四讲,请李公朴先生到校主讲"远东现势之剖视"。(《李公朴先生讲远东现势之剖视》,《大夏周报》,第11卷第21期,1935年4月1日)

开始进行女生体格检查,四月二十九日起检查男生体格。(《四月廿九日起检查男生体格》,《大夏周报》,第11卷第25期,1935年4月10日)

二十七日　学生生活指导委员会举行第十四次会议。

学生生活指导委员会第十四次会议,于三月二十七日下午四时举行。出席者,顾名、黄炎、潘白山、吴浩然、傅式说、徐汝兰、张泽春、王毓祥、何惟忠。主席顾名,记录何惟忠。主席报告学生活动情形后,首讨论如何举办国语辩论案,当即拟定题目,修正通过比赛办法,并聘请高岳生、王祉伟、谌志远、欧愧安四先生担任预赛评判员。次议决茶房须穿着制服并编订号码,以谋全校普遍的整齐划一之实现。最后并设法指导春假期间学生旅行云。

(《国语辩论比赛聘高王谌欧任预赛评判员》,《大夏周报》,第11卷第22期,1935年4月15日)

本大学为实施民族复兴教育,提振救亡图存精神起见,本学期开学以来,特利用纪念周设有救亡图存讲座邀请专家主讲外,并举行国语辩论,以谋印象之深刻,曾志本报。兹悉群育部已将该项辩论比赛办法订定公布,规定六月十七日举行决赛,并命题两个:(一)我国为救亡图存应即实行独裁政治,(二)我国为救济民生应举行外债。际此救亡图存空气弥漫全校之候,大学生又为社会领袖,想报名参加者定必踊跃也。比赛办法如后:(下略)

(《群育部公布国语辩论比赛办法》,《大夏周报》,第11卷第22期,1935年4月15日)

本月　为施行普及体育,学校鼓励学生自由组织球队。

本大学自去秋实施普及体育以来,学生体格异常进步;惟课外运动团体,尚少自动组织。王校长暨各干部人员,特于本学期开始时,一再郑重表示,对于加紧体格锻炼,速宜善谋对策。因感自由组织球队,不但可以增加兴趣,且足集中人才,体育部爱规定除个人选课表外,备有自由组织球队登记表,以便有组织之球队,于选课时登记。限于二十六日前,办竣手续,逾时无效。同时并将运动场全部加工修理,现已告竣。对于课程,则加添克尔开球战及男生射箭两种。新式篮球架,亦已先装两队备用。

(《学生得自由组织球队》,《大夏周报》,第11卷第18期,1935年3月4日)

本月　校长布告,国旗升降号声响后须在原地肃立致敬。

本大学自本学期开始时,每日上午七时升旗,下午六时降旗,均吹号报达。一月以来,中学部受军事管理学生,齐集群贤堂前,排队行礼,风雨无间。日昨校长又特布告,凡全校员工,每当国旗升降之际,一闻号声,均须在原地肃立致敬,以表示爱国之观念。际此国难严重,凡吾师生自当闻声而兴感矣。

（《国旗升降号声吹到全体师生肃立原地致敬》,《大夏周报》,第 11 卷第 20 期,1935 年 3 月 25 日）

本月 学校与念二运动促进会合作改组共办沪西民生教育试验区。

本埠大夏大学前与沪西念二社合办梵王渡普及教育实验区,关于改良土布及创制普及教育车等,已卓著成绩,惟因区内民众为流动性质,原定计划不易实现。且该校前已办有金家巷农村念二社,试行民生本位教育,近因各处前来参观,并函询办法者日多,亦有扩大实验之必要,爰联合念二运动促进会,共办沪西民生教育实验区,将现有之金家巷农村念二社及沪西念二社,改组试办,并拟逐渐添设念二社若干所,采取经济分团制于各念二社之下,创办洗衣、种植、拉车、纺织等合作团,以为推动教育之基础。闻已编有分团教材数十种备用云。

（《大夏廿二运动会合办沪西民生教育实验区》,《申报》,1935 年 3 月 23 日,第 14 版）

四月

八日 纪念周会,救亡图存讲座第五讲,王伯群校长主讲"本大学对于复兴民族之责任"。

四月八日上午十一时,举行纪念周会。欧副校长报告国语辩论比赛日期、题目及办法,暨检查体格之继续进行。旋由王校长讲"本大学对于复兴民族之责任"。首述民族之定义、构成及其要素。次论民族兴衰与国家之关系。就中国历史上分成七个民族思想的时期,证明民族思想为民族精神所寄托,而民族精神又为建立国家的灵魂。第三论复兴民族之条件有四:(一)繁殖民族的人口;(二)振作民族的精神;(三)发扬民族的文化;(四)统一民族的语言文学。最后就本大学的历史,论及对于复兴民族之责任,分四方面说来:(一)对于个人方面的责任,要养成优美淳朴的风尚;(二)对于学校方面的责任,要努力实现民族复兴教育之目标;(三)对于社会方面的责任,要负起改造社会的使命;(四)对于国家的责任,要养成为国家、为民族牺牲的精神。惜为时间所限,未能充分发挥,然满堂学子,已闻风兴起矣。

（《王校长讲本大学对于复兴民族之责任》,《大夏周报》,第 11 卷第 22 期,1935 年 4 月 15 日）

九日 召开第一百七十五次校务会议

廿四年四月九日下午四时第一百七十五次校务会议议事摘录

出席者:王伯群 欧元怀 邱爽秋 章颐年 王毓祥 倪文亚 方万邦 谌志远 顾名 邵家麟 蓝春池 孙浩烜 吴浩然 鲁继曾 马宗荣 林希谦 吴泽霖

主席:王校长

记录:马公愚

一、报告事项

1. 最近四周教员缺课占授课总时数百分之五.二三,五.〇三,五.〇七,四.六〇

2. 四月一日至六日放春假一星期,八日起照常上课,教员学生均到齐

3. 春假时王校长出席南京大夏学会分会,欧副校长暨王毓祥、傅式说、吴浩然、章颐年、蒋子英五先生出席杭州大夏学会分会。该两处会员人数均多,精神甚佳

4. 教部令暑期三星期集中军训取消

5. 本学期导师三十人已积极进行指导

6. 中学报告:(1)普一学生开始集中军训,(2)普三师三会考学生遵教部新改订会考规程,准免举行校内考试

7. 图书馆报告:本学期图书经费分配各院科后均已分别订购书籍,除商学院外均无余款,新购之图书除布告外,将陆续刊登图书馆报,该报不日出版,每月一期

二、讨论事项

1. 议召集本届毕业班学生谈话会案

议决:定四月十四日(星期日)上午九时在中学部楼上举行茶话会,推定出席者王校长、欧副校长、鲁继曾、王毓祥、傅式说、吴浩然、顾君谊、蓝春池诸先生,各学院院长及师专科主任,由欧、吴两先生筹备。

2. 议学生国货提倡办法案

议决办法如下:

(一)由校长通函全体教员利用授课时间或晤谈机会劝导学生服用国货,并请各教员以身作则。

(二)由校长通函全体职员,尽量服用国货,为学生倡导。

(三)由校长布告学生,尽量服用国货,并须随时劝导亲友勿购外货。

(四)校中各处购置用物,除本国不能制造者外,勿购用外国货。

(五)由生活指导委员会组织国货工厂参观团。

(六)由学校通知附近商店,尽量采办国货。

(七)校内设置国货日常用品布告处及陈列箱。

3. 议续办暑期学校

议决:续办暑期学校,并公推鲁继曾先生为该校主任进行筹备。

4. 议推举编订新一览委员案

议决:公推欧元怀、傅式说、王毓祥、鲁继曾、吴泽霖、吴浩然六先生为编订《新一览》委员,傅式说先生为主编。

5. 议举行读书运动周及读书运动讲演竞赛案

议决:定下周(四月十五日至二十日)为读书运动周,并于是周内举行读书运动演说竞赛办法,由群育部订定另布,又由各教员在授课时间演讲各该科读书办法。

6. 议改订春季运动会日期案

议决:春季运动会改定于六月一日(星期六),与学校十一周纪念会同时开会,一二两日举行普及运动会,三日休息放假一天。

7. 议学生参加本市学生国货年宣誓典礼案

议决:大学部派学生二十人,中学部十人,共三十人参加,由群育部及附中办理。

8. 议组织校内新生活服务团案

议决:原则通过,详细办法由生活指导委员会拟定。

9. 议秋季招生日期案

议决:第一次招生定七月三十、卅一两天。

10. 议大夏荣誉学会组织大纲案

修正通过(另布)并公推鲁继曾、吴泽霖、邵家麟三先生着手组织。

校务会议　四月十二日

(《廿四年四月九日下午四时第一百七十五次校务会议议事摘录》,《前大夏大学校务委员会记录》,第42页,华东师范大学档案馆,档号:81-1-48)

十四日　上午九时,召集毕业班学生谈话会

女儿临嫁,做母亲的总有一番叮咛,做儿女的,如能善为体味,期在必行,则出嫁之后,即不能使翁姑目为名门淑女,亦当不视作出身寒微。本届毕业班同学,距嫁期尚有两月,但早为排布,免得临时仓皇,则亦为人母者之未雨绸缪也。第一七五次校务会议特议决于本月十四日上午九时,在中学部大楼,召集本届毕业班学生谈话会。届时出席者,有欧副校长、鲁教务长、吴事务主任及孙、邵、唐诸院长,暨学生上官照、张文郁等一百二十余人。事务处并略备茶点,师生且吃且谈。随即正式开会。欧副校长聚精会神,特别郑重。先将出嫁前种种问题,说个细大不涓[捐]。中间对于出嫁时大宴亲友师长,表示极端反对;而留物于学校,作毕业纪念,则极端欢迎。最后关于出嫁后的吃饭方法,大发议论。要点则为饭有四种吃法:创办事业,则为造饭;依人做事,则为分饭;不负责任,则为混饭;有我无人,则为抢饭。然造之则可贵,分之亦未尝不可,混之则可耻,抢之则可鄙。随后鲁教务长及各院长谆谆教导,对本届毕业生表示无穷希望云。

（《召集毕业班学生谈话会》,《大夏周报》,第 11 卷第 23 期,1935 年 4 月 22 日）

十五日　召开第一百七十五次校务会议议决,1. 为鼓励学术研究,组织大夏荣誉学会; 2. 定于本月十五日至二十日为读书运动周;3. 通过《学生国货年提倡国货的具体办法》;4. 续办暑期学校。

有关"大夏荣誉学会"设立宗旨及具体组织大纲情况如下：

本大学为砥砺学术,鼓励研究起见,特于第一七五次校务会议,通过大夏荣誉学会组织大纲,并推定鲁继曾、吴泽霖、邵家麟三先生克日着手组织。闻该会入会资格极严,颇有"登龙门声价十倍"之概云。所有组织大纲如后：

大夏荣誉学会组织大纲

第一条　宗旨　本会以砥砺学术鼓励研究为宗旨。

第二条　会员　除教务委员会委员为当然会员外,凡具有左列资格之一,经本会会员二人以上之提议,并经会员委员会审查通过者,得为本会会员。会员入会后,即为终身会员。

一、教授或讲师具有专门研究,而与本会宗旨相合者。

二、曾加入大夏学会之学生具有后列条件之一者：

（1）得奖学金者

（2）研究有特殊成绩者

（3）学业特优者

第三条　组织　本会设会长一人,书记一人,会计一人,组织执行委员会;其产生方法,由会员互选之;任期一年,连选得连任。

第四条　会务　本会会务分为左列数项：

一、组织读书讨论会

二、聘请专家演绎

三、每学期举行大会一次,并举行新会员入会典礼

四、编译专门书籍。

第五条　会费　教职员每人入会五元,学生每人入会费一元。

第六条　附则　本大纲经校务会议通过后施行之。

（《一七五次校务会议组大夏荣誉学会》,《大夏周报》,第 11 卷第 23 期,1935 年 4 月 22 日）

有关"读书运动周"组织办法规定如下：

中华文化建设协会为造成好学风提高文化水准起见,特于最近举行读书运动大会;并通函各校举行读书运动周及读书运动讲演竞赛。本大学创立之动机,原为读书运动,自当乐予实施。兹经校务会议议决,定四月十五日至二十日为读书运动周。于是周内,由各教授在授课时间分别指导读书方法,并由群育部订定读书运动演说竞赛办法,克日进行。

读书运动演说竞赛办法

一、凡属本大学学生均可自由参加。

二、竞赛日期:定四月十九日（星期五）下午四时,在群贤堂三零七教室举行。

三、报名日期,自四月十一日起至十八日止。凡参加竞赛者,须亲赴群育部报名。

四、演说时间,每人以八分钟为限。

五、演说题目自由,参与竞赛者自拟,但须有关读书运动者。

六、演说以下列四项标准定其成绩：

甲、思想百分之三十

乙、言词百分之三十

丙、组织百分之二十

丁、态度百分之二十

七、竞赛结果,录取最优者三名至五名,由学校奖予书籍,次优者亦略予奖品。

(《四月十五至二十日为本大学读书运动周》,《大夏周报》,第 11 卷第 23 期,1935 年 4 月 22 日)

有关学生国货年提倡国货具体办法及实施要点如下:

本大学提倡国货委员会,自一七四次校务会议推举欧元怀、吴浩然、顾君谊、唐文恺、邵家麟五先生组织成立以来,所有计划,除已由各部处切实厉行外,最近并订有学生国货年提倡国货之具体办法,由一七五次校务会议通过实施。王校长昨特通函全体教职员并布告学生努力实行。办法录后:(编者按:详见本月九日条,讨论事项第二点)

(《校长布告实施学生国货年提倡国货办法》,《大夏周报》,第 11 卷第 23 期,1935 年 4 月 22 日)

本大学历届暑期学校,成效卓著。第一百七十五次校务会议,又复鉴于近来读书运动正怒潮澎湃之中,决于今夏继续办理,并增加开班学程。公推鲁教务长为该校主任,进行筹备。闻鲁主任已着手编订学程矣。

(《续办暑期学校鲁继曾先生任主任》,《大夏周报》,第 11 卷第 23 期,1935 年 4 月 22 日)

纪念周会,救亡图存讲座第三讲,邀请何炳松先生讲座,题目为"建设中国本文文化问题"。

四月十五日上午十一时,举行纪念周。由欧副校长报告读书运动周之意义及其实施方案等重要校务。特请何炳松先生讲"建设中国本位文化问题"。何先生自武汉赶回,足见信守。当由全体听讲人员表示感谢之意。何先生自述一十宣言之由来及其影响,次即就胡适之在天津《大公报》发表之《试评所谓中国本位文化问题》,加以批驳,谓胡先生对于一十宣言,容有误会或主观之处,即其所论文化的四现象,亦有不合逻辑之推理,而其态度消极,亦非现代中国人士所有者云。词长另录。

(《何炳松先生讲建设中国本位文化问题》,《大夏周报》,第 11 卷第 23 期,1935 年 4 月 22 日)

教育学院邀请中央大学教育学院院长艾伟(险舟)教授演讲,题为"最近关于国、英二科的心理研究"。(《艾险舟在大夏演讲》,《申报》,1935 年 4 月 17 日,第 13 版)

十八日　学生国货年推行联合会举行全市学生宣读愿词礼。大夏大学学生江念劬代表全市六百余校万余名学生致答词。

学生国货年推行联合会,于四月十八日下午二时,在市中心区举行全市学生宣读愿词礼。到有市党部、大学教职员联合会、市教育会、暨各团体代表及六百余校学生代表万余人。本大学选派江念劬、张廷勋、赵士伟、钟朗华、彭述信、易良辅、洪啸农、卫鼎彝、刘燃章、章复、董正廷、黄瑞、萧莫寒、陈普、陈两宜、侯劢镇、潘莲莲、许璟珉、陈铱、方明珠等二十人,参加典礼。开会后,首由主席团报告,继由各团体代表演说,旋即由本大学江念劬女士代表各学校致答词云:"今日来此参加学生国货年推行联合会宣誓典礼,比闻各位先生训话,不禁发生不少感想。回忆过去吾人于生活中,自早至晚,不能与洋货脱离关系,以致每年入超警人,受列强经济侵略,致国家元气日趋低落。〈假〉设不即起振作自救,国家元气,何堪设想。今日学生国货年此举宣誓,凡吾学生,自即日起,应积极提倡国货,使家庭社会完全国货化。〈假〉设能如此,国家才有希望。"闻人头巨万,颇多赞誉。

(《江念劬代表六百校致答词》,《大夏周报》,第 11 卷第 24 期,1935 年 4 月 29 日)

十九日　举行读书运动演说竞赛,由群育部主任顾君谊担任主席,第一名由许璟珉女士夺得。

读书运动演说竞赛,于十九日下午四时,在群贤堂三〇七教室举行。主席群育部主任顾君谊,评判谌志远、王瑗仲、吴泽霖三先生,记时何惟忠、黄炎二先生。抽定次序后,由各参加人逐一登台演说。结果许璟珉女士第一,陈汝惠第二,朱光辉第三,各奖书籍多册。吴泽霖先生并有总评语,对于态度、音调等,颇多指导云。

(《读书运动演说竞赛许璟珉女士独占鳌头》,《大夏周报》,第 11 卷第 24 期,1935 年 4 月 29 日)

二十二日　纪念周会,救亡图存讲座第七讲,请教育学院院长邰爽秋主讲"从教育立场观察应如何救亡图存"。(《邰爽秋博士讲从教育立场观察应如何救亡图存》,《大夏周报》,第11卷第24期,1935年4月29日)

二十五日 院际排球赛开始。全校六学院全部参加,法学院获得冠军。(《院际排球赛冠军法学院五战五胜》,《大夏周报》,第11卷第25期,1935年4月10日)

法律学会敦请中央委员暨立法委员、宪法专家张知本先生演讲,题目为"法学与宪政"。(《法律学会请张知本先生演讲》,《大夏周报》,第11卷第25期,1935年4月10日)

二十九日 举行国难音乐会,请上海音乐专科学校师生来校演奏。

四月二十九日上午十一时,在大礼堂,请国立音乐专科学校师生演奏国难音乐。全体师生,均准时出席。偌大礼堂,几无插足之地。每一奏起,全场屏息;而激昂之气,则到处显露,可知音乐感人之深矣。各种歌词,大都采用古词或民谣,由该校教授、学生加以修改,以合时代需要,参以西洋曲谱,加上钢琴伴奏,其雄浑动人有由来也。兹录其节目如下:(下略)

(《国立音乐专科学校师生悲歌慷慨》,《大夏周报》,第11卷第25期,1935年)

政治学会邀请暨南大学文学院院长刘真如先生到校演讲,题目为"政治与道德"。(《政治学会举行参观演讲》,《大夏周报》,第11卷第25期,1935年4月10日)

本月 图书馆将编行《大夏图报》。

本大学图书馆为谋馆中藏书之活用,决编行《大夏图报》,以每月发刊一次为原则。内容以记载新书目录为中心,外附以该馆消息,关于图书馆学之论文及书评等项。该报创刊号已于本月一日出版。(中略)闻该刊为集思广益起见,欢迎投稿,惟以图书馆学讨论述及与图书馆有关文字为限云。

(《图书馆编行〈大夏图报〉》,《大夏周报》,第11卷第23期,1935年4月22日)

本月 课余社组织大纲公布。

课余社自去秋成立以来,学生方面为谋高尚娱乐之享受,已自动组织社团,其中体育部亦已组有三种。群育部最近订有课余社组织大纲七条,以谋各社团之联络进行。对于已有组织,竭力扶助,不日并将指导学生进行他种组织,务期于最短期内,得达调剂身心面面顾到之目的。所有组织大纲,探录如后:

课余社组织大纲

第一条 本社目的在使学生于课余人人享有高尚之娱乐以调剂疲乏之身心。

第二条 本社组织分音乐、美术、游艺、运动四部,由学生生活指导委员会主持办理。

第三条 音乐部内分京剧、话剧、电影、歌咏、国乐、西乐、口琴七组。

甲、京剧组设京剧团,聘请专家指导,并定每学期公演一次。(已有组织)

乙、话剧组设话剧团,聘请专家指导,并定每学期公演一次。(已有组织)

丙、电影组每学期中选择优良影片映放若干次。

丁、歌咏组设歌咏队,聘请专家指导,并定每学期联合国乐、西乐、口琴各组公开演奏一次;或请校外歌咏团体举行音乐会一次。

戊、国乐组设国乐队,聘请专家指导,并定每学期联合歌咏、西乐、口琴各组公开奏演一次;或请校外国乐团体举行音乐会一次。(已有组织)

己、西乐组设西乐队,聘请专家指导,并定每学期联合歌咏、国乐、口琴各组公开奏演一次;或请校外西乐团体举行音乐会一次。(已有组织)

庚、口琴组设口琴队,聘请专家指导,并定每学期联合歌咏、国乐、西乐各组公开奏演一次;或请校外口琴团体举行音乐会一次。(已有组织)

第四条 美术部内分书画金石及摄影二组。

甲、书画金石组设书画金石研究会,聘请专家指导,并定每学期举行成绩展览一次。(已有组织)

乙、摄影组设摄影研究会,聘请专家指导,并定每学期举行成绩展览一次。(已有组织)

第五条 游艺部内分弈棋、渔猎、乒乓、笑林四组。

甲、弈棋组设围棋、象棋、军旗各研究会,聘请专家指导,并定每学期举行锦标比赛一次。

乙、渔猎组设渔猎会,并利用假日赴各地渔猎。

丙、乒乓组设乒乓队,并定每学期举行锦标比赛一次。

丁、笑林组设笑林会,规定若干日集会一次,除由出席者讲述外,并请名家讲述长篇故事。

第六条　运动部内分球类、田径、游泳、骑术、射箭、踢毽、拳术、远足八组。

甲、球类组设篮球、足球、网球、排球、棒球、克洛克球、回力球各队,并定每学期举行锦标比赛一次。(体育部已办)

乙、田径组设田径队,每学期举行锦标比赛一次。(体育部已办)

丙、游泳组设游泳队,每学期举行锦标比赛一次。

丁、骑术组设骑术队,每学期举行锦标比赛一次。

戊、射箭组设射箭队,每学期举行锦标比赛一次。(体育部已办)

己、踢毽组设踢毽队,每学期举行锦标比赛一次。

庚、拳术组设太极、少林两队,聘请专家教授。

辛、远足组织远足队,并利用假日游览各地名胜。

第七条　本社规定之组设,如已由学生自动组成者,不再设立,对于已有组织竭力扶助之。

(《群育部订定课余社组织大纲》,《大夏周报》,第 11 卷第 24 期,1935 年 4 月 29 日)

五月

六日　纪念周会,救亡图存讲座第八讲,请交通银行经济研究室主任金侣琴主讲"从经济立场观察应如何救亡图存"。(《金国宝先生讲从经济立场观察应如何救亡图存》,《大夏周报》,第 11 卷第 25 期,1935 年 4 月 10 日)

十日　现代教育社召开成立大会。

本大学教育学院金正述等所发起之现代教育社,本定于四月二十七日举行成立大会,已见本报前志。旋因是日该社社友多赴嘉定各处从事参观实习工作,改于五月十日下午七时在群贤堂三〇六教室召开成立大会,并讨论社刊中心计划,议决本学期内至少出版《现代教育》杂志一期。演讲方面,计划请陶行知、陈鹤琴、林语堂诸先生担任"现代教育讲座"。社员分别专题研究,已积极着手进行。此外并拟在相当期限内,出版极简易之民众文学丛刊若干册。最后选举金正述、蒋舜年、邓家樑、杨文干、翁德成、胡声扬、朱衍亚、侯刚春、萧光邦等为干事,以金正述获票最多云。

(《现代教育社举行成立大会》,《大夏周报》,第 11 卷第 26 期,1935 年 5 月 20 日)

十一日　校学生自治会举行各院科代表选举,并于二十一日举行第一次代表大会。

本大学学生自治会,于五月十一、十二日两天,举行各院科代表选举。十一日上午九时,在学生会办公室开始发票。十二日上午十二时截止投票。下午四时在群贤堂二一二教室开票。结果,当选代表四十一人。计文学院四人,理学院五人,教育学院九人,商学院六人,法学院九人,师专科八人。旋于二十一日下午三时,举行第一次代表大会,市党部吴开先委员,亲临训话,并选举干事会干事,计十七人,候补干事五人。所有代表暨干事名单如下:(下略)

(《学生自治会各院科代表暨干事已选出》,《大夏周报》,第 11 卷第 27—28 期,1935 年 6 月 1 日)

十三日　举行第一七六次校务会议议。

本大学文学院,自添办法学院后,原设有国学、英文及历史社会三系。兹以历史与社会学,内容包括甚多,合并设系,未易作高深研究。经一七六次校务会议议决,自本年秋季起,改设一中国文学系,二英文系,三史地学系,四社会学系,计共四学系。课程方面,刻由教务委员会重行订定,务求充实云。

(《二十四年秋季起文学院改设四学系》,《大夏周报》,第 11 卷第 26 期,1935 年 5 月 20 日)

本大学自实施普及体育后,对于学生选修体育及缺席办法,力求严密。兹更由一七六次校务会议规定,关于体育学分,本科各学院六学分,师专科三学分,均算在毕业学分之内。其计算方法,则以出席课外运动及参加运动会之成绩为准。如课外运动未能按时出席,或未参加运动会者,均不给学期体育学分,即不得毕业云。

（《体育学分列入毕业学分之内》,《大夏周报》,第 11 卷第 26 期,1935 年 5 月 20 日）

本大学总理纪念周,除由学校当局报告重要校务外,每次并请名人学者作有系统之演讲。全校学生获益良多,每次出席人数均甚踊跃,并由群育部按席点名。惟间有少数学生缺席,殊为遗憾。一七六次校务会议,特依据学生生活指导委员会提案,议决:凡纪念周缺席两次者,予以一次警告;但缺席后,得于次周补行出席。该项办法,日昨已公布施行。

（《总理纪念周缺席学生将分别训诫警告》,《大夏周报》,第 11 卷第 26 期,1935 年 5 月 20 日）

本大学对于毕业论文,素极重视。上学期曾订有提早准备毕业论文办法,惟缴卷期限尚未作最后规定。兹经一七六次校务会议议决,定第六学期为开始作论文时期,限于第七学期完毕;如未完毕,则第八学期不准注册。

（《毕业论文限于第七学期完毕》,《大夏周报》,第 11 卷第 27—28 期,1935 年 6 月 1 日）

纪念周会,救亡图存讲座第九讲。首由欧元怀副校长报告学生爱校与自爱之方法,继请校董江问渔先生主讲"农村建设与救亡图存"。（《江问渔先生讲农村建设与救亡图存》,《大夏周报》,第 11 卷第 26 期,1935 年 5 月 20 日）

二十日　纪念周会,救亡图存讲座第十讲,请宋述樵先生主讲"从政治方面观察应如何救亡图存"。（《宋述樵讲从政治方面观察应如何救亡图存》,《大夏周报》,第 11 卷第 27—28 期,1935 年 6 月 1 日）

二十一日　学生自治会举行代表大会,改选干事及候补委员。

本埠私立大夏大学学生自治会,于昨日下午三时举行代表大会。到教育、法律、文、理、商各学院代表二十七人。市党部监察委员吴开先及该校副校长欧元怀,主任傅式悦[说]参加指导,公推百志中、黄纪法、蔡大成为主席团,朱衍亚为纪录,黄子岘为司仪。行礼如仪后,首由上届执委彭述信报告改组经过,次请吴开先训词,大夏当局过去充满苦干精神,教员充满苦教精神,学生充满苦读精神。十年苦干、苦教、苦读,方有今日之大夏。学生自治会应如何协助学校以发扬而光大,再从事学生运动者,应以服务为原则,从事实际工作云云。次请欧元怀、傅式悦[说]等训词,语多勉励。最后改选干事,计黄子岘、黄凤仪、沈立斌、黄瑞、董正廷、刘燃章、李伟中、刘登崧、卫鼎彝、吴济沧、赖润和、袁愈嫈、卢璞卿、叶允弗、周泽沄、钟焕新、陈立言十七人为干事,彭述信、黄础僧、杨肃、孙荷曾、邓家樑五人为候补。

（《大夏大学学生自治会昨成立》,《申报》,1935 年 5 月 22 日,第 13 版）

二十七日　纪念周会,救亡图存讲座第十一讲,请郑方珩先生讲"从交通方面观察如何救亡图存"。（《救亡图存讲座第十一讲》,《大夏周报》,第 11 卷第 29 期,1935 年 6 月 10 日）

学文会邀请林语堂先生到校演讲,题目为"中国的国民性"。（《大夏学文会请林语堂博士演讲》,《大夏周报》,第 11 卷第 29 期,1935 年 6 月 10 日）

三十日　商学会邀请前中央银行副总裁、现任上海华安商业储蓄银行董事长俞寰澄先生演讲,题目为"中国经济改进之途径"。（《商学会请俞寰澄讲中国经济改进之途径》,《大夏周报》,第 11 卷第 29 期,1935 年 6 月 10 日）

三十一日　教育学院邀请考试院副院长钮惕生先生演讲,题目为"民生教育"。（《应教育学院邀请钮院长莅校讲民生教育》,《大夏周报》,第 11 卷第 29 期,1935 年 6 月 10 日）

本月　教育部批准续办幼稚教育师范科。

本大学大学部于民国十九年时,为适应社会需要起见,曾附设幼稚师范学校一所,颇著声誉。该科各项设备及幼稚园一切用品,并均已齐备。不幸沪战爆发,乃并入中学高中师范科肄业。今中学仍感于各地对幼稚师资之缺乏与本地办理是项师资训练之适宜,爰于上月中备文呈请上海市教育局转呈教育部,准予续办该科,以宏造就。当经市教育局据情转呈教部并附加按语去后,上星期本校接奉教部顾司长荫亭来函,谓:"……兹悉贵校以应社会需求,拟恢复幼稚师范科,确有必要。兹经遵嘱商洽,已予照准;业于日前指令沪教育局转达矣"云云。预计正式指令日内即可到校。中学决于暑中招收该科一年级新生,入学资格须初中毕业。在校修业三年,相当于高中各科云。

(《教部特许办理幼稚师范科》,《大夏周报》,第11卷第27—28期,1935年6月1日)

本月　法学研究室向各方征集出版物,充实研究室。

本大学法学研究室当设立之初,即确定整个发展计划,逐项实施;同时并接受法学院同学团体及个人之重要建议,力图充实。兹特将其最近状况探录如下:

一、该室现有图书,均系政治、经济、法律方面之要籍,陆续购办,已将达三百种之多。杂志有《经济评论》、《法学杂志》、《政治月刊》等国内著名刊物十余种,均属良好读物。

二、该室为谋与法学院教授及同学合作起见,凡有建议莫不采择施行;并于签约订定扩充办法三项,分函各教授及同学征求捐寄图书,各方颇多赞助。

三、该室为图学生熟习政令,了解现势,分函向中央各院部会及各级地方政府征求公报,业已收到不少,陆续尚有寄来。

四、该室为宪政改革问题,搜集资料分函主管机关及各省实验县广事征求,业经收到大批材料,足为研究之助。

五、该室以国内刊物,种类繁多,除择尤[优]自行购置外,发函各大杂志征求赠阅,并拟以本校刊物交换云。

(《法学研究室亟谋充实》,《大夏周报》,第11卷第26期,1935年5月20日)

六月

一日　建校十一周年纪念,全校停课一天。上午,举行校庆纪念大会暨体育馆破土典礼。会后,举行春季运动会。

六月一日,为本大学立校十一周年纪念日期。经两星期之筹备,于是日上午八时,在大操场举行纪念会。同时并举行褚校董就职礼、体育馆破土礼暨春季运动会。校中各场所略事点缀,以示简单朴素、推行新生活运动之决心。校董来宾、毕业同学暨全校教职员、学生三千人准时齐集旷场。

开会时首鸣炮升旗,行礼如仪。旋即王校长致开会词,略谓此刻全国都在推行读书运动,此与本大学立校时所倡导之读书运动不谋而合。今日本大学在读书运动之高潮中,将四种典礼合并举行,原意在节省时间。今先就纪念十一周年之意义而言,则本大学师生合作之精神,牺牲奋斗之毅力,过去成绩,昭昭在人耳目。惟国难方殷,办教育之困难亦日甚一日。年来本大学主干人员,虽刻苦奋斗,然环境复杂,学校发展频受多方牵制。所以十一年来之成绩,只是粗具规模,尚不能达到理想大学之目标。今后惟有本复兴民族之方针,加紧努力,则今日之纪念方有意义。其次,则普及体育为复兴民族之根本要图。今日举行之运动会,系全校学生体育成绩之表现,非如普通学校少数之竞技,乃提倡普及体育之最好方法。本大学更为完成体育设备起见,今日开始建筑体育馆,期以四月完成。秋季开学后,各同学尽可无间风雨,锻炼体魄。今后更于普及体育有实际之指导与推行者,即褚校董今日来校就职是也。褚校董对于国术之热心提倡,已为全国所共仰,对于教育事业之努力,更足为吾人之楷模。此次褚校董就职以后,对于诸同学锻炼体格方面,固可随时予以新的启示,而对于秋季添办之体育专修科,尤能多方赞助。全体师生,应一直表示热烈之欢迎。词毕,新聘褚校董致词,大意谓民族之兴衰,系于国民体格之强弱。吾国素有东亚病夫之诮,救亡图存自以提出体育为要图,尤不宜专事模仿外国运动,凡中国固有之优良运动及练身方法,宜发扬而光大之,本人对此提倡素力。此后对本大学体育,尤当竭力赞助。本大学普及体育已著成绩,希望将来更推光之,普及于全社会,以民族复兴之基础。……

八时四十五分举行体育馆破土典礼。由王校长宣读颂词。词曰:"国于天地,必有兴立。德智而外,厥惟体育。在昔孔门,射御是习。中外古今,其揆则一。大夏肇兴,十有一禩。师生就业,昔砺夕砥。体育声闻,播乎遐迩。志在兴邦,岂惟竞技? 爰建斯馆,用蔽风雨。谨詹良辰,开基布础。不日成之,深堂轩宇。从此练身,罔闻寒暑。国难正殷,世变方亟。自强图存,多士之职。书戒毋荒,易言不息。勉游勉旃,期于无极!"旋即由褚校董兴铲破土。全体师生唱校歌欢呼。

九时起普化运动会开始。全校学生二千人一致参加。首由童子军领导绕场一周,军乐与歌声合奏,全场激昂慷慨,犹如军队开拔时之壮举。十二时正,毕业生百余人在中学部阅览室,兴行回校聚餐。席间王校长报告大夏学会之近况暨毕业生团结之方法甚详。褚校董及欧副校长均有演说。晚七时后燃放焰火,各种纪念标语陆续由火光中显出,殊足令人兴奋,并有学生自治和举行游艺。游艺节目,共二十余种。一场热闹,至十时半方告散会。

(《立校十一周年纪念四种典礼联合举行》,《大夏周报》,第 11 卷第 29 期,1935 年 6 月 10 日)

原定六月一二日两天举行之春季运动会。第一日普及运动。凡各院科学生均须一律参加,用院际比赛计分方法,定成绩之记录。此在国内尚属创举,实为提倡普及体育之一种良好方法。一日上午九时起,首举行篮球掷远,次立定跳远,下午举行百公尺接力。各院科学生除因疾病告假外,余均踊跃参加。会场职员三十余人,尤能克尽厥职。满场人山人海,声势甚属浩大。午后四时,院际比赛终了。第二日个人竞赛。凡大学部学生每人均须参加三项,教职员暨中学部学生亦参加竞赛。不料天不做[作]美,终日斜风淋雨,全体人马,个个叫苦,恨不得一显身手。准备半年来之普遍化的运动会,至此只好做了半场。但日来天气炎热,考试即将开始,补壁之计,殊属困难。闻校务会议将另定结束办法,而各种记录亦暂待办法公布后,再行披露矣。

(《春季运动会第一日院际比赛结果》,《大夏周报》,第 11 卷第 30 期,1935 年 6 月 24 日)

四日 召开第一百七十七次校务会议。

六月四日第一百七十七次校务会议议事程序

地点:王校长住宅

时间:下午四时正

一、报告事项

1. 上月教员缺课情形(鲁先生报告)

2. 毕业班考试定七日至十一日举行,学期考试定十九日至廿七日举行

3. 二日运动会因天雨暂停,另定结束办法(方先生报告)

4. 财政状况(傅先生报告)

5. 师专毕业生升入本科肄业年限事已呈部,请准以三年毕业

6. 学生自治会成立情形(顾先生报告)

7. 其他报告

二、讨论事项

1. 关于毕业考试及毕业典礼诸问题

(1)学年修满学分须于暑期补足者是否准其参加毕业考试

(2)学年学分修满毕业论文未缴者是否准其参加毕业考试(以上(1)(2)两项均附有统计)

(3)学年学分均修满毕业考试及格而论文未缴者是否准其参加毕业典礼

(4)参加典礼师生礼服问题

(5)礼堂座位有限,举行毕业典礼时一年级学生不必到会,二、三年级及应届毕业生座位预先排定,以免拥挤或向隅事

(6)六月十六日(星期日)上午九时拟在中学部阅览室开毕业生话别会,本会全体及系主任均参加,请推举代表致词

(7)六月十八日(星期二)下午四时本会开会通过毕业生名单

(8)其他关于毕业事(附请求各函)

2. 廿四年度校历（附校历）

3. 学生自治会函请代收会费事

4. 修改章程委员会提议修改要项

5. 其他提案

应届各学院及师专科毕业生统计

院别	文	理	教	商	法	本科各学院总数	师专	各学院及师专统计总数
毕业生总数	16	15	51	13	42	137	88	225
经院长核准毕业者	10	10	31	9	35	95	72	167
未经核准者	6	5	20	4	7	42	16	58
论文已交者	6	3	1	2	18	30		28①
学分修满学年已足论文未交者	4	8	23	8	15	58		60②
学年已满学分尚差者	6	5	1	1	2	15	12	27
如毕业考试几个各项手续完备得参加毕业典礼	6	3	0	1	15	25	72	97
论文已交学期不足	0	0	1	0	3	4		4
论文已交学分未足	0	1	0	1	0	2		2
经院长批准学分修满而学期不足论文未交者	0	0	7	0	2	9	0	9
备注								

（《六月四日第一百七十七次校务会议议事程序》，《前大夏大学校务委员会记录》，第44—45页，华东师范大学档案馆，档号：81-1-48）

五日　学生自治会举办民族复兴讲座，请中央研究院院长蔡元培到校演讲"民族复兴与学生自治"。

学生自治会，经各科院代表第一次代表大会决议，举办民族复兴讲座。本月五日下午四时，举行第一次公开讲演，敦请中央研究院院长蔡元培先生莅校行揭幕礼，并讲"民族复兴与学生自治"。首由该会研究干事黄瑞致介绍辞，并报告设立讲座之意义。词毕，氏即将原题分条缕述，发挥无遗。（词长从略）末由群育部顾主任代表全体同学致谢词而散。

（《学生自治会举办民族复兴讲座》，《大夏周报》，第11卷第30期，1935年6月24日）

教育学院邀请考试院副院长钮永建（惕生）先生演讲，题为"民生教育"。（《大夏教育学院请钮院长讲民生教育》，《申报》，1935年6月6日，第13版）

七日　中国本位文化研究社召开成立大会。

自上海十教授发表一十宣言以来，关于建设中国本位文化问题，颇引起国内人士热烈之讨论，诚属继五四以后值得吾人注意之文化运动。名流隽士和之者虽有，非之者亦不乏其人，各抒所见，言之成理。有谓十教师以登高一呼，四处响应，行将集全国人士之意旨，审度目前中国急切之需要，以建立思想行动之正鹄，为吾人生活方式之取准。有谓吾国文化，宜中体西用，全盘西化。议论纷纭，莫衷一是。本大学

---

① 原文如此，疑有误。

② 原文如此，疑有误。

同学黄家思、葛淦生、吴元新等,鉴于中国固有文化之未可全非,泰西文化之未必全是,客观认识之确立,实为当务之急,爰有中国本位文化研究社之创立,将集众议于一堂,对于本位文化作深切之研究。兹悉该社已于本月七日下午七时半,假座群贤堂三一一教室开成立大会。当场到有社员四五十人,公推主席吴熊章,记录吴元新。主席致开会词后,由群育委员何惟忠先生训词。该社社员逐一发表意见,均以埋头苦干潜心研究为推进社务之计。语多惊警,听者莫不动色。旋即议定聘请顾问、出版刊物、敦请名人演讲等事。并选举刘永康、吴熊章、许尚志、蒋溥、黄家思、史时霖、葛淦生等七人为干事云。

(《大夏大学中国本位文化研究社成立》,《大夏周报》,第 11 卷第 30 期,1935 年 6 月 24 日)

十日　政治学会干事会邀请社会学专家樊仲云来校演讲,题目为"最近世界政治"。(《樊仲云讲最近世界政治》,《大夏周报》,第 11 卷第 30 期,1935 年 6 月 24 日)

二十三日　上午,举行毕业典礼。出席来宾、校董、家长和师生一千余人,王校长致词,以"奋斗、牺牲、合作"精神勉励诸生。下午,举行毕业生话别会。该学期毕业生二百零四名。(《廿四年春季学期本大学各处各院科各团体进行事项汇录》,《大夏周报》,第 11 卷第 30 期,1935 年 6 月 24 日)

本学期各院科应届毕业学生名单,前经各院长分别审查确定后,并呈报教育部侯核。兹悉准予参加本届毕业考试者,计文学院十三名,理学院十三名,教育学院三十五名,商学院十一名,法学院四十名,师专科九十二名,共二百零四名。名单如下:(下略)

(《上官照丁汝康等二〇四名准予参加毕业考试》,《大夏周报》,第 11 卷第 30 期,1935 年 6 月 24 日)

本月　教务处发布布告,严格规定转院系要求。

教务处昨特布告云:"凡学生拟于下学期转院系者,应于本学期大考前,具函教务委员会请求;经议决核准后,下学期可照转。凡有确因不得已情形秋季拟转院系者(师专科插班为部令所限不能转),希即缮就理由书,交院长室孟杰君收,以便汇交教务委员会讨论;否则秋季来学时,始行请求,概不照准。……"闻有少数同学,确因不得已情形,已具函请求云。

(《须于大考前办理手续》,《大夏周报》,第 11 卷第 30 期,1935 年 6 月 24 日)

七月

九日　教育部发布训令,提出改进校务意见若干。

教育部昨又令私立大夏大学,原令略谓:"该校曾经本部提示要点令饬改进在案,查核此次视察员报告,该校对于前令提示各点,殊少遵办,合特提示要点,务仰切实改进具报备核。一、该校商学院办理未见妥善。惟查该院毕业生出路顾佳,姑准暂行试办,下年度应缩减招生名额,极力充实内容。二、该校经费每年亏空甚巨,应由校董会增筹基金,以裕收入,并缩减办公临时各项费用,以节支出,藉谋收支之适合。三、该校教员薪给甚低,应极力减少兼任员额,增高专任教员待遇。四、该校化学系之仪器、药品等待补充,土木系三年级以上之高深设备均未配置,数理系之物理设备甚为缺乏,应分别添置补充,以资应用。又数理系课程亦嫌庞杂,应重新编制。五、该校招生仍嫌宽监,嗣后应提高标准从严录取。平时训育管理方面,亦应加以整顿。此令"云云。

(《教部训令改进上海三大学院·大夏》,《申报》,1935 年 7 月 10 日,第 15 版)

九月

二日　秋季开学,新旧学生缴费,办理入舍手续,六日开始注册,九日正式上课。注册学生一千二百余人。(《新旧同学陆续到齐》,《大夏周报》,第 12 卷第 2 期,1935 年 9 月 23 日)

本学期大学部到校注册学生,共一二七〇人:内文学院一三一人,理学院一七九人,教育学院三〇五人;商学院一八三人;法学院二五九人,师范专修科一八三人;体育专修科三十人。

(《本学期各院科注册人数统计》,《大夏周报》,第 12 卷第 3 期,1935 年 10 月 4 日)

	文	理	教育	商	法	师专	体育	总计
上海市	1	1	1	1		3		7
江苏	6	12	27	12	12	22	8	99
浙江	4	11	12	5	8	5	4	49
福建	5	10	6	3	3	6	5	38
广东	4	8	5	7	11	4	2	41
安徽	6	3	5	5	5	5	2	31
江西	8	3	6		4		1	22
广西		1	3	1		3		8
四川		6	7		1	1	1	16
湖南	3	5	1	1	1		1	11①
湖北		2		1	2			5
云南				1			1	2
贵州	1	1	2		1			5
河南		2					1	3
陕西	2							4
甘肃						1	1	2
山东		1			1			2
河北		2			1		1	4
辽宁			1					1
华侨				2				2
总计	39	66	76	41	52	50	28	352

南京市一人并入江苏计算,上海仍并入江苏计算。

(《各院入学新生籍贯统计表》,《大夏周报》,第 12 卷第 5 期,1935 年 10 月 31 日)

下午,图书馆召开本学期第一次馆务会议。

本大学图书馆馆长马宗荣先生,任事迄今,已逾六载,成绩斐然。近膺教育部简任秘书之命,固辞不获,特向本校告假,赴京就职,所有馆长职务由该馆编目主任吕绍虞先生代理。吕先生在本校图书馆服务兼讲授图书馆学有年,学识经验,均极丰富,著作甚多,……吕先生办事热心,此后馆务之发展,当未有碍也。

(《吕绍虞先生代理图书馆主任》,《大夏周报》,第 12 卷第 1 期,1935 年 9 月 16 日)

● 举行馆务会议　本学期第一次馆务会议,于二日下午在该馆二楼阅览室举行,到全馆馆员,由吕绍虞先生主席,报告馆内各部重新布置及职务重新分配情形,继讨论应兴应革事项,决议于九日起开始借阅。最后由主席宣告二十四年度重要工作为:(1)充实参考图书、(2)征集大夏文献、师生著述、(3)编

---

① 湖南省新生总数,与该项各院系具体人数相加不符,疑计算或统计有误。

印书本目录、(4)辅导同学充分利用图书,希望同人共同努力云云。

● 杂志室及借书处迁移　图书馆原有杂志室一所,本学期因改设幼稚园关系,将全部已、未装订杂志移至二楼阅览室内,新置期刊展览架多只,陈列杂志约可三百种。又馆内外借处原在楼下中央堂,因楼下全部辟为书库之用,亦移至楼上阅览室内,同时将卡片目录搬至楼上走廊靠壁处,以便检查。

● 参考室入口改造　参考室为便于管理及扩充阅览座位,并为谋同学阅览时之宁静,易于贯注精神,从事研读起见,除室内重新安排之外,将入口由二〇一教室改至二〇三教室。

● 改用馆内阅览证　本学期停发入馆证,入馆时不必缴纳入馆证,惟在馆内阅览者,须缴馆内阅览证,借出馆外须用借出阅览证,无证者概不通融云。

● 续出图书馆报　馆报创刊于本年四月,已出四期,颇受校内外人士之欢迎,闻本刊仍将继续刊行云。

(《图书馆消息五则》,《大夏周报》,第 12 卷第 1 期,1935 年 9 月 16 日)

九日　举行秋季始业式。

本校本学期定于九月二日开学,新旧学生到者甚形踊跃,即于是日起开始缴费,办理入学手续,六七两日(星期五六)为注册之期。到全体教职员学生千余人,办理各种手续,精神奋发,气象蓬勃,各处人员,工作倍形忙碌。九日上午举行秋季始业式,王校长主席,领导行礼如仪后,随致训话,诚挚恳切。继由欧副校长报告校务颇为详尽,次由鲁教务长介绍新教授,最后由任孟闲、章颐年两先生演讲,语语中肯,听者动容。是日下午一时起正式上课。兹将欧副校长报告详情暨任孟闲先生讲词记录如后:

欧副校长报告

欧副校长报告校务,约分三点:

(一)关于学校开会方面:(中略)

(二)关于学校设备方面:

1. 本学期图书馆书籍较前更多增加,各科学院研究室,有多数座位可供同学阅览研究,国内外报章杂志均搜罗丰富,陈列阅览,希望本校同学尽量利用学校此种设备,切勿失之交臂。

2. 学校过去体育设备,已有可观,新近体育馆落成,请大家于课余时间,利用充分机会运动,练成健全体格。

3. 本校周刊,现因需要增加,不敷分配,每寝室改送一份,阅报处及杂志室均有陈列,可供阅览。

4. 学校所设之集思箱,望大家尽量贡献意见,学校决定择善容纳。

(三)关于学校秩序方面:学校近试办生产事业,新近辟池养鱼以及培植树苗甚多,希本校同学加以保护。上课时间,务宜肃静,清洁方面,亦望注意,至于同学间须彼此保持礼貌,减少意气争执。

欧副校长报告校务毕,更致两点希望:1. 望大家努力读书,养成国家真正之人才。当此内忧外患时期,要救国,要自己有工作,非有充分的学识不可。充分的学识只有在读书的时间能准备。2. 交际与读书,二者不能兼顾,望大家减少外务。

任孟闲先生讲词(下略)

(《秋季开学盛况》,《大夏周报》,第 12 卷第 1 期,1935 年 9 月 16 日)

王伯群校长在开学典礼上发表演讲,题为"实力发动与复兴民族之要道":

本大学从二十二年冬季规定办学总纲领为实施"复兴民族教育",二十三年春起分次实施。我们为什么要复兴民族呢? 为的是要"救亡图存"。所以上学期举行救亡图存系列讲座,便是阐述复兴民族的道理。怎样才能救亡图存以复兴民族呢? 那便是我今天要提出的,要全国国民均要实力发动。

实力发动,实在是复兴民族之要道。今天便把这个题目来说几句。什么叫做实力发动呢? 又叫做"本位努力"、"自力主义",或者也可以说是"实力救国"。救国须先救己,若是个人已经沉沦在堕落的深渊里,那里谈得上救国呢? 所以实力发动的名词虽新,其内容确是砥砺学行,锻炼身心的日常生活。

复兴民族需要实力发动,可以分做三层讲:

第一层便是体力、智力、道德力和群力。这几件事情虽然看起来是老生常谈,其实要有结实的体魄,丰富的知识,高尚的道德和严密的组织,绝不是口头说说便能做到,一定要有绝大的毅力,持之以恒才能做到的。诸位应该立下决心,努力为善,朝斯夕斯,总会有成就的。

第二层是自治力、自信心和自卫力。所谓自治力,便是应根据中央规定学生自治的原则,本三民主义之精神,致力于校内之自治生活,并促进上述智德体群四育之发展。何谓自信心?便是一个大学生,要有一种救国的强烈信念。不灰心,不气馁;做一分,算一分;努力耕耘,自然会有收获。至于自卫力,便是在校内先学习军事的知识技术,出而服务社会,指导民众,加强民众的武力,以为自卫的准备。所以我们要不怕强权,维护正义。

第三层便是自立自主、自强不息。一个大学生应该是社会上的模范,出而服务社会,便应自食其力,不要做社会的寄生虫。至于自主,尤其重要,在个人有自主才有人格,在国家能自立便是国格。说到这里,你们就有许多人不能自主,例如学生自治会选举时,托人代领票,托人代为选举,这便是放弃个人的权利。若要实力发动的持久,当然需要"自强不息"。这"自强不息"四字,也就是我们的校训,你们更应该紧记于心的。

复兴民族需要实力发动的道理,不是短短的时间所能详细说明。我今天提出这几点意思,指示你们一个题目。尚望本大学全体师生,均能从本位努力。我相信复兴民族前途,一定是很有希望的。

(王伯群:《实力发动与复兴民族之要道》,《大夏周报》,第12卷第1期,1935年9月16日)

十日　召开第九十八次教务委员会会议。

教务委员会本年度第一届常会于本月十日下午四时假座大夏新村十号鲁宅举行,出席者有鲁教务长、蓝主任暨各院科院长科主任等九人。列席者,代理图书馆主任吕绍虞。由鲁教务长主席,孟杰记录,讨论重要议案多起,兹探录重要事项如左:

一、议各院科一年级学生是否准许加修体育一学分案

议决:本学期暂将军事训练及救护训练各作为一学分计算,凡一年级生不论上下学期除修习军事训练或救护训练外,必须修习体育作为一学分。

二、议各学院三、四年级学生及师专科二年级学生之早操可否准予自由参加案

议决:准予自由参加。

三、议补充校务日历案

议决:本月十二日(星期四)起至十四日(星期六)改课,十六日起注册者一律照章加缴注册费,廿三日减修三学分,三十日起不准选课注册。下月(十月)第一星期举行补考。

四、议对各教员教室工作应如何加以补助案

议决:由各院长及科主任对于新教员特别注意,随时加以协助。

五、议各院科可否分别举行课外系统演讲案

议决:由院长及科主任分别召集各该院科学生所组织之学会负责人员予以指导并责成各该学会拟具演讲计划,呈请各院长科主任予以批准。

六、议指导各学院第三学年学生撰著毕业论文办法案

议决:毕业论文须自第三学年第二学期起由院长指导撰著。

七、议如何促学生利用图书馆案

议决:专门杂志分置各研究室以资学生利用,普通杂志仍置图书馆。关于其他具体办法由本会会员随时提出,交由图书馆照办。

尚有学生提出事项多件,均经分别准驳予以议决云。

(《第九十八次教务委员会议决要事多起》,《大夏周报》,第12卷第2期,1935年9月30日)

图书馆本学期预算按,业经图书馆主任吕绍虞先生提出第九十八次教务委员会讨论。兹悉确定:(甲)收入三千三百元(以一千一百学生计算,每生三元,合如上数),(乙)支出:(1)各院科图书费一千六百元,(2)图书馆购置新书费四百元,(3)杂志报章费八百元,(4)装订费二百五十元,(5)印刷费一百五十元。

(《本学期图书馆预算确定》,《大夏周报》,第12卷第2期,1935年9月23日)

十六日　举行秋季新生指导会。

本学期新生指导会,于本月十六日上午十一时在大礼堂举行,到有王校长暨各部处主任,及全体新生。其时风雨交加,愁云满布,会场空气沉寂而严肃。首由王校长训话,谓各同学投考本大学之前,对本大学必有一番认识与希望。大夏与他校不同,第一便是历史上的特异。本校由厦门大学一部分教职员学生,因不满意厦大之措施,牺牲原有之优裕生活,赤手空拳来沪组织新校。其始一般人都料其不寿,经十余年之艰苦奋斗,成绩竟超越有数十年历史之著名大学。其故无他,曰不满现在、努力革命与不断的创造而已。故本校立校精神,便是牺牲、革命、创造与师生合作。大夏师生之间比父子兄弟还要亲密,可谓患难同舟,艰难与共,为了有这种特殊精神,十年来乃能成此伟业。你们到大夏来,不仅是读书,求课本智识,还要追随最初创办本校的教职员与同学的刻苦精神、牺牲精神、革命精神,将来对国家社会才能有所贡献,不然,虽有很好的学问,总非国家之福。上海为繁华之区,万恶渊薮,同学由内地初来,稍一不慎,必至堕落深渊,挽救莫及。所以你们要立定志愿,与社会奋斗,莫为社会所诱引,须知青年时期,为人生最宝贵之一页,将来有无成就,端在此时打好根基,充分利用学校所供给的机会,光阴很快,三四年转瞬即逝。方今国家危险已极,外患达于最严重之地步,内忧如天灾匪祸,百孔千疮,救亡图存的重大责任,都要你们担当。国家此时已到生死存亡关头,你们要加紧准备,从前一日做一日的工作,现在一日要做二日或三日的工作。世界大战即在目前,望大家勉力做人,共赴国难! 校长讲毕,欧副校长报告校务,时间匆促,择要几点:一、要大家细看学校各种章程,详载《大夏一览》。二、诸生新来,对本校各处场所及设备,如体育馆,科学馆,参考阅览室以及各种研究室等,新的环境,应仔细游览一番,最好常常光顾。三、本校以师生合作精神立校,大家与学校教职员应多多亲近。四、学校各种布告及周报应切实注意。五、上海环境危险,亦为文化中心,大家应充分利用环境,帮助进修,勿为环境诱惑,堕入迷途。六、当此经济破产,读书不易,一切要俭朴,勿染奢侈习气,希大家都做勤苦学生,从学问上面努力。语重心长,一言难尽,各位有暇,不妨来办公处面叙。继由王秘书长报告校史,首述大夏命名之由来,继言学校组织之变更,对于校务之进展,设备之扩充,创校之艰难,尤慨乎言! 复谓大夏之有今日,几经奋斗,再接再厉,今后发扬光大,对于复兴民族之前途,惟视新同学接踵而起矣。驹光难维,时已傍午,饥肠辘辘,并未减少新同学听教之精神,会场依然肃静。鲁教务长知彼知己,概括几句,要大家适应新环境,多用目视,耳听,口问,并用脑想。话毕,吴主任接续报告事务:一、关于领信手续;二、注意学校卫生;三、希利用储金便利;四、制服尺量从早,择要数言,辞简意核。尚有三分钟,顾主任只说十句话,略就群育部立场,补充几点,情恳意切,训导从容。最后欧副校长两句收场,还要大家坚持到底,全体合唱校歌一遍,庄严雄伟,楚楚动人,屋外雨声滴滴,子午钟鸣,宣布散会。

(《国难严重大学生应加紧准备工作》,《大夏周报》,第12卷第2期,1935年9月23日)

二十日　戏剧研究社召开成立大会。

本大学爱好戏剧之同学,沙鸥、崔鼎勋等为研究戏剧艺术,发扬文化及普及社会教育推进戏剧运动起见,特发起组织大夏戏剧研究社。经过长期之筹备,乃于九月廿号正式召开成立大会,当推定沙鸥君为大会主席,崔鼎勋君为记录,主席致开会词及报告筹备经过后,旋即通过会章及讨论进行事项多种,决定本学期内公演话剧一次并出版戏刊等。现正广征社员,积极努力,异军突起,预料必有一番声色也。兹探录其职务分配情形如下:总务:张廷勋、徐国屏;文书:杨润基;剧务:沙鸥、魏国民、晋毅夫;剧务委员:江念劬、许璩珉、王莺、杨晴康;编辑:崔鼎勋;交际:杜希英;财务:陈为绅;募损推消委员、学术:陈彦儒。

(《沙鸥崔鼎勋等发起组织大夏戏剧研究社》,《大夏周报》,第12卷第4期,1935年10月21日)

二十三日　举行体育馆落成典礼。该体育馆是由大夏新村村友捐赠建筑费一万元建成的。

本大学体育馆自六月一日兴工建筑以来,工程进行甚为迅速,日内可告落成。馆址位于体育场之东侧,面积阔六十八尺六寸,长一百十四尺二寸,高三十七尺,围墙悉用红砖,屋顶盖以银色铅皮,庄严雄伟,殊为壮观,全馆无一立柱,为最新颖之色样,地下用木桩二百余,基础亦极巩固。馆中设篮球场,及各种运动器械,甚为完备。看台为活动式,不用时可以折叠收藏,在国内尚属创见。馆内并设体育主任室、办公室、接待室、更衣室、雨淋浴室、储藏室、仆役室等,经济合用,无出其右。当兹本大学厉行普及体育之际,体育馆既告建成,则于实施锻炼体格将更行便利矣。

（《体育馆行将落成》,《大夏周报》,第12卷第1期,1935年9月16日）

二十三日上午十一时于新馆举行体育馆落成典礼,全校师生一致出席。行礼如仪后,由王校长致开会词,略谓今日举行体育馆落成典礼,是实践本大学复兴民族教育方针之下的计划之一,对于大夏新村诸同事捐建热忱,尤深感激！本校于经济极穷困之时,排除艰难,实现种种计划,殊觉不易,各同学须尽量利用机会,莫辜负有此设备。我们一方面希望全体同学,人人参加活动;还要全国国民个个得有相等的体格训练,愿大家认识本校普及体育的特殊精神,共同努力,以完成复兴民族之重大使命云。继由大夏新村代表吴泽霖先生致词,略谓,关于体育馆建筑,新村村友仅捐成一部〈分〉,深愧未能全数凑成,还得学校补足。但这一部分是表示我们感谢学校的意思。原来新村组织与大夏相毗连,进出必经过校前那一条路,这条路是学校所有的,倘若学校执行地主的权柄起来,说声此路不通,新村中朋友,便无路可走。现大夏当局永远租给村友出入,有此便利,新村乃有组织的可能,那么花点代价,自属应当。后来新村又扩大到丽娃河边,买下大片地皮,且伸到河的对面,可是荣先生捐给学校的,为了通行的便利,势必架起桥来,这又涉及大夏主权的问题。但一蒙大夏允许,使第三新村将次实现。须知借路造桥,这种权利,不易多得,新村同人为欲报答大夏,很想尽一点心意。适学校正在筹款建筑体育馆,于是新村同人,乃集资万元,打算可以能供给了一部分,不无遗憾！此外,还有点意思要藉此贡献,大夏新村为本校教职员住所,为教学便利起见,乃有购地卜居之意,可是在上海买地皮实在不容易,其中不知经过许多困难与魔障,得以侥幸成功,实赖主持大夏大学诸先生之力。他们不辞劳瘁,帮助我们买地、成交、计划等等,他们非为自己,乃是为了大夏,为了同人住此与学校方便。他们为公才为我们出力,我们要表现他们的同情,也该送点礼物与大夏。不过新村与大夏完全分开,即用水也每家出四块钱一月,所以新村生活是独立的,不受学校任何影响,但为饮水思源,表示感谢起见,捐此一万元,为大夏永久纪念,聊尽心意耳。最后,朗诵赠款证书:

大夏新村全体村友因承

大夏大学让予同路并允在河上架桥便利匪浅兹特捐赠体育馆建筑费一万元聊表酬答之意并资永久纪念

大夏新村委员会执行委员

吴泽霖 王毓祥 欧元怀 傅式说 吴浩然

中华民国廿四年九月廿三日

当由王校长接领,掌声雷动,全校欢腾。体育专修科主任方万邦先生相继致词,大意谓大夏于经济最困难之时,建此伟大规模之体育馆,足见学校当局提倡体育之热心,现国内各大学之有体育馆者,数极寥寥。私立不谈,即以国立大学论,此种设备,有者不多,益证我大夏大学之难能可贵矣。本人去年来大夏时,对于振兴体育,认定两种条件:一体育的环境,二领袖的培养。一年来,体育场上种种设备,都已有相当改进,今后当继续努力,务达到吾人理想中的体育环境而后已。惟是私立学校出钱不易,设备维艰,诸位除尽量享用之外,仍须加意保护。此不仅为学校管理问题,抑诸位在道德上应负之责任也。（下略）

（《庄严伟丽之体育馆落成》,《大夏周报》,第12卷第3期,1935年10月4日）

二十五日　鉴于水灾灾情严峻,校长王伯群发起校内水灾募捐,群育主任顾君谊担任赈济水灾募捐委员,分队向教师及学生募集款项。

今岁江河泛滥,洪水横流,灾区之广阔,灾情之重大,洵属空前。而哀鸿遍野,急待救济,人具同情,国内各界早已纷纷进行募捐助赈。吾大夏师生,急公好义,素不后人,自当有所表示。王校长深鉴及此,除通告国内外大夏学会各会会员捐款助赈外,特发起举行校内水灾募捐,聘请顾君谊先生等为赈济水灾募捐委员,分队劝募。计教职队顾君谊先生、孟杰先生、顾祖蔡女士。群英队潘白山先生、杨德贞先生、袁愈婆女士、陈静娴女士。群策队杨汝淦先生、陈行佩君、彭述信君、黄钟君。群力队徐汝兰先生、林永熙君、傅讴青女士。由顾君谊先生任总队长。已于二十五日(星期三)下午假座群育部办公室开会讨论募捐办法,约定二十六日起每晚七时于群育部集合,分头出发,每队持捐册数本,各人带竹筒一具,亲赴各同学寓所劝募。闻教职员方面,经孟杰先生与顾祖蔡女士等之努力,成绩极佳,捐款即于九月份薪水项下扣出;同学方面,现正开始劝募,定于九月底结束,募得捐款悉数由华洋义赈会代为放赈云。

(《王校长发起校内水灾募捐》,《大夏周报》,第12卷第3期,1935年10月4日)

二十七日 晚七时,举行女生谈话会。

本校对学生课外活动异常注意,不时召集谈话,指示方略,鼓励进修,例于每学期开始,有女生谈话会之召集。本月廿七日午后七时,假群英斋食堂召集全体女同学谈话,到会甚形踊跃。当由群育主任顾君谊先生主席,行师生相见礼。顾主席报告开会大意,略谓本学期新同学激增,可谓大夏之"新生年",本会藉此欢迎,并望多多发表意见。继报告群英斋斋务委员会组织由来,盖王、欧二校长鉴于女同学生活近况,认为有组织此会之必要,而负责之同学数人,皆经审慎指定,均学业超群、热心称职之士,当即介绍姓名及略历完备。由欧元怀副校长训话。欧校长言谈洒脱,妙语横生,而其中含意至大。大意约分三点:一、我们如何做学生——须自动研究学问,尤贵课外研究,报告杂志更属不可忽视。服饰务求俭朴,不与非学生媲美,如此始谓之学生。二、如何做女生——女子如何克尽将来家庭责任,必于此时从事训练。三、如何做大夏学生——本校以创造牺牲合作精神立校,能行此始为大夏学生。次由王祉伟秘书长训话,谓欧副校长之欧字有三口,始能滔滔不绝。敝姓无一口字故不善言辞,只就自己家庭经验得知,母亲于小孩力量比父亲大,孩子好坏,全操诸母亲之手,言民族复兴,则女子尤负重大责任云。继由斋务委员袁愈婆同学发表意见,袁君报告组织经过及其愿望后,由讲演著名之江念劬君及李永苗、徐菊城君赓续发言。时马公愚先生姗姗来迟,同学即鼓掌欢迎训话,马先生当仁不让,趣语解人,末作结论云:女子可以左右男子,而上海女生影响尤大,盖男子之厚禄高位者,每有季常癖,则复兴民族,舍女子莫属。继由指导员潘先生训话,略谓,在东京时,见日本女生宿舍虽聚百人而肃静有仪,其家庭亦以主妇之力,多洁整,吾人宜以为法云。盛会不常,钟已十下,全体师生于欢乐声中,散会归寝。

(《女生谈话会开会盛况》,《大夏周报》,第12卷第3期,1935年10月4日)

社会学会召开成立大会。

大夏社会学会于九月二十七日午后七时假群贤堂三〇九教室开成立大会,出席社会学系同学三十余人。首由宋元模君代表发起人报告,继由崔鼎勋君报告筹备经过。当推定宋元模为临时主席,章复记录。张镜予、苏希轼先生相继发表演说后,即行通过会章,讨论会务。最后举行选举干事九人,候补干事二人,各会员精神焕发,议决要案多种,务求在事实上表现云。兹探得选举结果如下:

干事:叶在和、钟朗华、章复、宋元模、辜接林、王伯年、余元涛、蒋干民、崔鼎勋

候补干事:傅肖仪、王道南

(《大夏社会学会成立》,《大夏周报》,第12卷第3期,1935年10月4日)

三十日 未来大战系统讲座第一讲,请项远村先生主讲"意阿纠纷之透视"。

本大学自确定复兴民族之教育方针以来,详订计划,切实进行,尤能充分利用纪念周时间,实施教训。去年举办救亡图存讲座,聘请名家,专题讲座,无不发挥尽致。今东非风云紧急,第二次世界大战即日在目前,环顾内忧外患,士气消沉,百孔千疮,仓皇无备。大学为全国菁华所在,责任至重,为应付未来大战以谋准备起见,特设未来大战讲座,讨论战时各种问题,用意殊远。

(《特设未来大战讲座》,《大夏周报》,第12卷第2期,1935年9月23日)

本大学第一次未来大战系统讲座,于本星期一纪念周举行,是日轮值文学院、教育学院暨师范专修科全体同学出席。讲演之前,由欧副校长作简短的校务报告,兹择录如下:一、群贤堂内各室拥挤。最近拟将参考阅览室迁移大礼堂,原有书库室,并入历史社会研究室,参考室改为土木工程制图室。自双十节后起,纪念周改在体育馆举行,并将群育部办公处作教育研究室扩充之用,群育部迁入院长室。二、学校上星期发起校内水灾募捐,教职员方面已大都捐募,成绩甚好。同学方面尚在劝募中,尤希通学同学,自动捐款,直接交由募捐负责人掣取收条,应勿推却。三、《周报》已出两期,礼堂阅报室原置若干份,供

众阅览,现礼堂迁移,改置杂志阅览室,请注意。本学期因不敷分配,每房间改送一份,同学中欲另置或购赠亲友者请至中山路夏新书店购办。四、各宿舍门前有集思箱,请同学多多贡献意见,每星期由群育部主任顾先生亲自开取一次,定当按理接纳,负责处理。嗣即介绍项远村先生演讲(中略)。终讲后,欧副校长复致谢辞,掌声拍拍,旋即散会。

（《欧副校长在纪念周报告校务》,《大夏周报》,第12卷第3期,1935年10月4日）

由教育学院及师专科同学发起组织教育建设社召开成立大会。

本大学教育学院及师专科同学徐国屏、刘伍夫、陈为绅等,平时潜心向学,颇多著述。近鉴于国内研究教育者之缺乏中心思想,办教育者之日趋欧化,民族精神涣散,深系戚忧,特发起组织教育建设社,除研究当代教育思潮外,并贡献具体中国化的教育之途径,期以复兴民族,救亡图存。该社未成之前,即有《教育建设》周刊,迄已达第十四期,虽酷暑炎天,并未中辍。近为行事便利计,特于上月(编者按:九月)三十日(星期一)在中山路中南饭店,开成立大会,到金正述等二十余人。首由发起人报告筹备经过,继推举徐国屏主席,吴熊章记录,讨论重要会务多起,旋选举干事,徐国屏、陈为绅、王凤楼、金正述、吴熊章等七人当选干事,楼嘉济、姚祖怡、胡义文等三人为候补干事。最后有茶点及余兴。历二时许始散。

（《教育建设社成立大会》,《大夏周报》,第12卷第4期,1935年10月21日）

本月　为鼓励私立大学发展,教育部颁给各校补助费并设特种教习。大夏理学院系主任徐仁铣先生经核准担任大夏特种教席。

教育部为鼓励国内成绩优良私立大学起见,分别颁给各校补助费并设特种教席,本校本学年得补助费一万六十余金,并聘徐仁铣教授担任特种教席,经由部令核准。徐教授系美国康奈尔大学物理博士,历任浙江大学、之江大学教授,及本校理学院数理系主任,学问渊博,诲人不倦,理学院同学深庆得良师云。

（《教育部核准徐仁铣教授担任本校特种教席》,《大夏周报》,第12卷第2期,1935年9月23日）

教育部鉴于师专科以往所获成绩,准予扩大新生招收名额。

本大学师范专修科开办以来,已十余载,因办理之完善及课程之切合实用,历届毕业生在各处服务者,无不胜任愉快,成绩斐然,颇获盛誉。本年教育部规定各大学附设专修科,只能招收新生三十名,但对于本校师专科,则以成绩特优论,准予招收新生五十名。又各大学专修科之升学限制,教育部最近亦有规定,惟特准本校师专科毕业生仍照向例升入大学三年级第一学期肆业云。

（《教育部有待本校师专办法》,《大夏周报》,第12卷第1期,1935年9月16日）

本月　心理系订购大批图书仪器,计价约国币四百元左右,十一月中旬即可运送到校。

本校心理仪器,向不甚多。心理系主任章颐年先生自去年来校以后,对于心理设备,力谋充实,曾提请财政委员会通过拨款洋一千元,以为添置仪器之用。惟心理仪器,国内尚无制造工厂,如向国外定购,价格又均甚昂,故凡简单仪器,均以自制为原则。上学期曾由该系助教孙婉华先生指导工匠,制成心理仪器多种,均属经济耐用,可与舶来品比美。闻国立暨南大学并曾委托该系,代制心理仪器多件。又新出之心理学原文书籍,上学期亦曾大量添购。本学期开学以后,该系对于制造仪器工作仍复继续进行,积极扩充,惟复杂仪器,不能自制者,只得向外洋订购。兹闻已由章主任选定多种,分向美国若名心理仪器公司 Steelting Co. 及 Marietta Apparatus Co. 两家定购,计价约须国币四百元左右,大约十一月中旬,即可运送到校,以备心理实验之用。心理学书籍,亦曾由该系开列书目三十余种,特请图书馆购备云。

（《心理系定购大批图书仪器》,《大夏周报》,第12卷第3期,1935年10月4日）

本月　学校生产事业进行顺利。

生产教育之呼声,久已影响云霄,但多徒托空言,鲜有实际。本大学对于生产事业素极注重,并有具体计划,已实行者为种树、养鱼两种。去秋就校内空地,开辟苗圃,种树三万余株,现已绿荫遍地,行将成林。并利用校河,培养鱼苗百余万,瞬已长盈尺矣。清波荡漾,轻鲦结队,较之西湖花港观鱼,聊聊数尾,不可同日语矣。凡兹种种设施,不第数年后,可获巨利,且于校景增益甚大,有裨于学子之游息臧修,影响更匪浅鲜也。

（《本校生产事业近况》，《大夏周报》，第 12 卷第 1 期，1935 年 9 月 16 日）

本月 市教育局长潘公展先生认捐清寒奖学金五十元，已交到校。

本市教育局长潘公展先生，前曾捐助本校社会学系奖学金，盛情厚意，犹在人心，本学期本校附中行开学式，潘局长亲临训话，此次本校校董发起捐募之清寒奖学金，潘局长亦慷慨认捐五十元，已于昨日交到。潘局长如此热心教育，爱护青年，诚为难能可贵也。

（《教育局潘局长捐赠清寒奖学金》，《大夏周报》，第 12 卷第 2 期，1935 年 9 月 23 日）

十月

七日 未来大战系统讲座第二讲，请倪文宙主讲"现今列强备战情形"，从政治、经济、军事等方面分析各国实力。（《倪文宙先生讲现今列强备战情形》，《大夏周报》，第 12 卷第 4 期，1935 年 10 月 21 日）

八日 召开第九十九次教务会议。

本校教务委员会于本月八日下午四时假座大夏新村十号鲁宅举行第九十九次度〈常〉会。出席者有鲁教务长、蓝主任暨各院科主任等七人。列席者代理图书馆主任吕绍虞。由鲁教务长主席，孟杰记录。除报告重要教务事项并图书馆情形外，议决：甲、图书馆购买新书办法。一、清算上学期各系购书账目；二、各系购书经费自本学期起各自独立，遇有剩余仍由各该系于下学期动用，如有透支则下学期照扣；三、各院科购书单限于十月卅一日以前由各院长、科主任负责转交图书馆购办。乙、缺课逾限之学生，不问教员有无点名报告，或曾经考试与否，一经查实，一律取消所选各课之成绩。丙、凡系一学年修完之学程，如仅修一学期（即该学程之前半或后半），拟不给成绩。又曾修两学期而内中第二学期之成绩列为五等者，拟将第一学期之成绩亦作为无效案。由各院长、科主任酌量情形，根据课程性质分别规定，提交下次会议讨论。丁、将各院科研究室，充各该院科教员休息场所，以便学生请益。

（《第九十九次教务委员会会议纪要》，《大夏周报》，第 12 卷第 4 期，1935 年 10 月 21 日）

十四日 纪念周会改在新建体育馆举行。未来大战讲座第三讲，请樊仲云先生主讲"中国与未来世界大战"。（《纪念周开始在体育馆举行》，《大夏周报》，第 12 卷第 4 期，1935 年 10 月 21 日）

十五日 召开第一百八十二次校务会议，通过"教授专题研究章程"及"体育馆管理规则"。

本大学为国内著名学府之一，教授多国内外名儒硕彦，众望所归，博学精通，诲人不倦。尤能利用课余，潜心著述，每月散见各著名学术杂志，以及专书问世者，屡见不鲜。学校当局为谋鼓励研究，藉以提高教学效率起见，爰经校务会议议决，拟定大夏大学教员专题研究章程草案，以资鼓励。兹照录如后：

大夏大学教员专题研究章程草案

一、宗旨　本大学鼓励全体教员作专题研究，以提高教学效率，裨益国计民生为宗旨。

二、计划　教员中有欲作专题研究者须于每学期开学前一星期将其整个计划填报各该院长或科主任，经其整理后提请教务委员会决定，并请校务会议备案。

三、津贴　研究中所需之费用由学校按照研究预算酌予津贴。

四、期限　关于研究期限之长短须先由研究者就专题之范围限定各部分或全部完成日期，嗣后不得轻易变更。

五、助手　研究时需用助手得请由学校指派。

六、工具　研究时所需用之图书、仪器等得由各院科之各该预算费用内尽先购置，不足时得由学校专款补助。

七、褒奖　教员研究之结果，经教务委员会审查认为确有价值者，得提请校务会议予以相当褒奖，其种类如下：

甲、呈请政府颁给荣誉褒奖

乙、奖金

丙、晋级加薪

丁、代为刊行其著作其办法另定之

戊、其他

八、附则　本章程须本校校务会议通过施行。

（《本大学规定教授专题研究章程》，《大夏周报》，第 12 卷第 6 期，1935 年 11 月 9 日）

体育馆落成以来，内部积极装置，瞬经两月，现已大致完竣，爰经第一百八十二次校务会议通过管理章程及借用体育器具规则草案，公布施行如左：

体育馆管理规则

一、本馆每日开放时间暂定为上午九时至十二时，下午一时至五时，星期日下午及星期一上午举行纪念周时不开放，假期开放时间另定。

二、每日下午五时闭馆，运动员须一律出馆。

三、在体育班上课时其他学生不得进馆。

四、凡来本馆运动者必须服从本馆指导员之管理及指挥。

五、凡欲借用本馆比赛者须于比赛前一日向体育部接洽，经许可后方得保留应用。

六、凡于某时间内本馆已经借用公布后，届时其他运动一律暂停。

七、凡欲借用本馆比赛者，时间由本馆决定，指定之时间一到即须退出。

八、运动时不得穿硬底皮鞋。

九、馆内不得吸烟、吐痰、抛弃字纸及废物等。

十、馆内所有一切运动器具不得携出馆外，馆外所用之器具亦不得携入馆内练习。

十一、场内各种器具必须爱护，如有故意损坏或遗失者照价赔偿。

十二、馆内器械均有一定位置不得任意移动。

十三、馆内运动器械如木马跳箱、单杠、双杠等，非有教师指导不得练习。

十四、正式比赛需用更衣室、衣橱、钥匙时，由比赛队队长或干事负责领取。

十五、凡学生违犯本馆规则者，由群育部予以相当惩戒。

十六、本规则由校务会议核准施行。

借用体育器具规则

一、学生借用体育器具时须将学生证交换，俟器具用毕收回时即将该证发还。

二、借物时间定为上午七时至十一时，下午一时至三时。

三、所借体育器具至迟须于下午四时以前交还本部。

四、所借体育器具用毕即须交换，不得带出运动场外，如有故意拖延妨碍他人应用者，取消其借物权利。

五、借用之物如有遗失或损坏必须照价赔偿。

（《体育馆管理规则公布》，《大夏周报》，第 12 卷第 6 期，1935 年 11 月 9 日）

十六日　水灾募捐活动结束，同学方面共计捐洋 414.97 元，大中两部教职员合捐 407.3 元。

本校举行之校内水灾募捐系分四队举行，业于最近募集完毕。计同学方面共计捐洋肆佰壹拾肆元玖角柒分，内群策斋肆拾玖元捌角，群力斋贰拾元壹角伍分，群英斋壹佰叁拾叁元，通学队拾捌元陆角，又中学部学生捐款壹佰零伍元，统于十月十六日交仁记路九十七号四楼华洋义赈会，点收代发，擘得收条三张，并复信一纸。另大中两部教职员合捐肆佰零柒元三角，业由会计处垫发送交河南路五〇五号中国华洋义赈会，并接得发文第一七三号复函。除由募捐总队长顾君谊先生将捐款人姓名及捐款数目、华洋义赈会收据揭晓外，兹将该会两次复函刊载如后，以昭公信，而彰仁风。

敬复者：此次江河泛滥，大水成灾，叠承悯念，募集赈捐。其第一批助款昨已派员点收讫，奉收据并荷赐予源源惠济益见,毅力热忱造福鸿实无涯涘,除款已随时汇转灾区急赈外,谨肃寸笺敬谢慈谊。此上大夏大学诸同仁先生。

华洋义赈会谨启
二四、十、十七

元怀先生台鉴:敬复者接奉十八日大函,贵校大中两部教职员水灾捐款洋肆百零柒元叁角正分,支票两纸,又名单三纸均谨收悉,分自蕴馨拜隆贶之见赐,瞻企□怅感高谊于何穷,行见奄奄枯鲋齐沐甘霖之恩,嗷嗷哀鸿同颂仁浆之惠,拜登之下谨代表致谢,除将厚赐汇解灾区,并汇登十一月十一日《申报》以昭大信而扬仁风外,兹遵照来单擎奉加盖内政部部印收据壹佰叁拾陆纸至希察收,重烦大神分别转致,并代达谢忱,恕不一一另笺专复。敬颂

教祺

中华华洋赈救灾总会征募股谨启

附收据壹佰叁拾陆纸

（《本校水灾募捐结束》,《大夏周报》,第 12 卷第 5 期,1935 年 10 月 31 日）

十七日　下午四时,商学会邀请财政部财政特派员、中央银行秘书长谢霖先生来校演讲,题目为"工商业会计与法律之关系"。（《商学会请谢霖先生讲演》,《大夏周报》,第 12 卷第 5 期,1935 年 10 月 31 日）

十九日　全国运动会董事张伯苓、郝更生、袁同礼三先生到校参观。

全国运动会董事张伯苓、郝更生、袁同礼三先生,于本月十九日莅临本校参观,由体育主任方万邦先生陪同游览,蒙详讯本校普及体育之种种活动,对于各项设备,经济适用,尤极赞叹! 张先生等皆国内体育专家,平素提倡体育救国不遗余力,当此复兴民族之呼声震彻云霄,而求切实苦干以强身救国为己任之学校团体诚不多觏,以视本校孤心苦诣,艰难缔造之情形,不知作何感想也。

（《全运董事张伯苓郝更生袁同礼莅校参观》,《大夏周报》,第 12 卷第 5 期,1935 年 10 月 31 日）

二十一日　未来大战系统讲座第四讲,请航空委员会参事姚锡九先生主讲"空中战争与防空"。（《航空委员会参事姚锡九先生讲空中战争与防空》,《大夏周报》,第 12 卷第 5 期,1935 年 10 月 31 日）

二十三日　晨社成立。

本校同学章炳炎、邢逸如等四五十人,感本校同学之众,接触机会之少,特发起晨社,以联络感情,砥砺学业为宗旨。闻该社已于上星期三借座校外开成立大会,计到社员百十余人,选出执监干事二十余人,现正分别进行一切社务,云云。

（《邢逸如等发起组织晨社》,《大夏周报》,第 12 卷第 5 期,1935 年 10 月 31 日）

二十八日　未来大战系统讲座第五讲,请理学院院长邵家麟博士主讲"战争与科学"。（《本星期一纪念周请邵家麟先生讲战争与科学》,《大夏周报》,第 12 卷第 5 期,1935 年 10 月 31 日）

本月　教育学院设中等教育讲座,聘请专家轮流演讲。

本大学教育学院本学期所开设中等教育学程,原系郑通和先生担任,嗣因郑先生公务殷繁,力辞,固留不获。邵院长鉴于该学程范围广阔,关系教育实践问题,非有丰富之经验与理论基础者,不能担任。特改为讲座办法,聘请专家数十人轮流演讲,由鲁教务长主持其事。闻于每一讲演之先,指定该项专题参考书若干种,交各同学事前准备,以便届时讨论,所有听讲后之笔记与报告,应一并缴交教务长校阅,督促綦严,成绩甚为良好云。

（《教院学院特设中等教育讲座》,《大夏周报》,第 12 卷第 4 期,1935 年 10 月 21 日）

十一月

一日至二日　举行秋季田径运动会两天,全体师生参加,分院际比赛与个人比赛两种。

十一月一、二两日(星期五六)为本大学秋季运动会举行之期……第一日清晨八点钟,鸣炮升旗,由副校长欧元怀先生领导行开幕礼,复致开会词,略谓:"今天本校举行秋季运动会开幕礼,王校长因赴京出席六中全会,不克莅校主持,特由本人代表,看到诸位精神饱满,气势轩昂,非常欣慰。本校自一年前,实行普及体育以来,物质、精神双方面,均有显著进步,抚今追昔,感奋足多!今日运动会之目的:一、力求均衡发展,体育要大众化,健全体育,应建筑于大众化的基础,如埃及之金字塔然,欲养成优良选手,必有普遍的训练,有广阔的数量,乃有超越之人材。过去的体育,是蜡烛式的,最易倒塌。我们希望大家都有兴味参加运动,并不利用少数选手去鼓吹。二、避免形式上的铺张。我们一切务求简朴,要少花钱,多做事,不讲虚荣,不骛表面,就像我们的司令台拿几块木板拼搭,便觉经济耐用,所谓实事求是的意思。三、实现体育道德。一国之富强,条件固多,但吾人在体育上,亦必以培养道德为前提,怠惰之民族必趋于灭亡,勤勉之国家必臻强盛。我们要力争上游,痛下针砭,好比父子登山,各人本各人气力,要努力地竞争,还要公平地奋斗。愿大家都做英雄好汉,我们在运动场门口的对联:'应存复兴民族想,莫作寻常竞技看'正是鼓舞我们负起复兴民族的责任。世人称中华民族为东亚病夫,只要我们这一代做父母的人强壮起来,子子孙孙,便不会再有这种耻辱。当次国难迫急,大家要执干戈以卫社稷,亦必有充实之体力,才能荷枪实弹。今天诸位精神踊跃得很,由此征兆学校的前途,国家前途,当必更增一层希望。"最后指身着青色西装,谓"系九年前之旧物,因运动会不准着长衫,朋友到场,特由师母从箱筐中检出来穿着,亦以表示尚武精神"云云。妙语动人,掌声雷动。嗣由体育专修科主任方万邦先生演说,略述大夏大学普及体育之旨趣,要大家负责发扬,用力表现。复声述运动会大家应注意之点,扼要数言,声色尤壮,大家为之兴奋不少,乃于欢呼声中,开始运动。所有每日运动项目及运动员号码,业于上期本报公布外,兹将各项运动成绩,记录如后:(下略)

(《秋风送爽运动会热烈举行》,《大夏周报》,第12卷第6期,1935年11月9日)

三日　国民政府立法院院长孙科①先生允任校董。

立法院院长孙哲生先生,对本校十数年来惨淡经营之成绩,向极嘉许。本年六月底,本校举行春季毕业典礼时,且应王校长之约,莅校演讲,对毕业生之出路,及私立大学之使命诸问题,发挥透彻,见解独到,吾人至今,犹念及之。最近王校长在首都参加六中及五全大会,时晤孙院长,谈及大夏发展事,孙氏备极赞助。王校长遂以校董会主席名义,正式函请其加入本校校董会。孙氏业已应允,从此校董会添一热心校董,学校前途发展,更未可限量云。

(《孙哲生先生允任本校校董》,《大夏周报》,第12卷第8卷,1935年12月1日)

四日　纪念周会邀请上海盲童学校学生来校演奏。

本星期一纪念周,由本校盲哑教育英籍讲师傅步兰先生率领盲童学校师生来校表演,除本报预将消息披露外,事前由王校长布告全体同学一致出席,欢迎旁听,以是轰动全校,届时座为之满。行礼如仪后,由欧校长致词并训话,首谓:最近数日,沪上人心颇不安定,谣言蜂起,情势顿觉严重,其实有几件事恰巧凑合:十一月一、二、三数日,为日本秋季皇灵祭节,日本居留民特行戒备,意在防备意外之事,凑巧土地局长易人,委财政局长蔡增基氏兼代,此事发表后,蔡氏为办事便利起见,特将公用局与土地局地址对调,早定于十一月一日搬移。倘稍留心报纸,当不至于惊讶。又因月之三日市政招待美国副总统,为保护周密起见,散布军哨。有此种巧合之事,造谣之辈,藉此大肆簧舌,以至空气如此紧张,真相说穿,亦复可笑。这是市政府秘书俞鸿钧氏亲自辟谣,当然可靠。其实中国国难应从大处看,国难不自今日始,国难严重,也不是上海局部问题,何必庸人自扰。近来外间有人传说大夏同学逃走了很多,本校实在情形,大家应都知道,当运动会期中,是有数人乘假期因事离校,但现都返校。查本校同学行李出入,必经事务处发给出舍证,到底有几人出校,学校方面十分明了。还有人说,本校教职员方面,连欧先生也准备搬家了,这更使我们难受。须知本校干部人员,以大夏为第二家庭,同学相处,如家人子弟,向来艰苦与

---

① 孙科(1891—1973),字哲生,广东香山(今中山)人。1910年加入同盟会。1911年留学美国,获哥伦比亚大学硕士学位。回国后,历任大元帅府秘书、广州市长、广州国民政府委员、国民党政治委员会委员、南京国民政府委员、考试院副院长等职。抗战胜利后,任国民政府副主席、行政院长。1973年病逝于台北。

共,患难相守,且共赴国难,稍有天良,当必不忘此正义,我敢保证我们人格必不至此。倘若说是逃往租界,这更觉难以为情,我们平常口呼打倒帝国主义,要起命来,又要向租界上跑,凡具热血,能毋愧死! 至于逸返家乡,那更不必。国难的严重,是全国国民整个的利害,无论都市乡村,均他人所欲毁灭杀戮残踏之惟恐不尽。诸位平常享受高等教育,人格道德,爱国热忱,为全国四万万同胞所模范,国难当前,反躬自想,究竟如何,无待痛述。至于最近节制白银出口办法,早已有此建议,是为稳定一国货币之必然政策。各国有此先例,迟迟至今天实行(十一月四日),尤所不容置议云。随即介绍盲哑学校师生表演,谓今天表演,不是凑热闹而已,要大家看到中华民国尚有许多不幸分子,急待吾人救济,盲哑学校儿童,无耳无眼,也有受教育的可能,其聪明材智,并不减于普通人,尤须知道尚有许多有眼不识、有耳不闻的同胞,需要我们救济云。讲毕,由傅步兰先生简略致词。傅先生英国籍,用中国语发言,极其流利精采[彩],听者无不赞叹! 旋由该校学生逐项表演,并有盲哑教师莅场指导,其节目有盲童奏乐、盲童诵歌中英文,极其纯熟阅[悦]耳,其次为钢琴独奏,哑童表演手势、翻译、读书等。灵敏之天资,训练之巧妙,诚挚可人,观众称赏不置。每一节目告终,即闻掌声震耳。直至钟鸣正午,始于音乐悠扬中,载欢而散。

(《本星期一纪念周盲童学校师生表演》,《大夏周报》,第 12 卷第 6 期,1935 年 11 月 9 日)

六日 教育学会邀请国内教育专家周予同先生演讲,题目为"中国教育的动向及实际观察"。(《教育学会最近之两大新猷》,《大夏周报》,第 12 卷第 10 期,1936 年 1 月 10 日)

八日 理学院化学系学生发起组织化学学会。

本大学理学院化学系同学,素抱埋头苦干之精神,只求实际,不事外表,成绩斐然,近该系同学卢展雄、杨祚华等,更为联络本校对化学有兴趣之同学,共图化学上之研究及发展起见,特发起组织大夏大学化学会,经数星期之筹备,乃于十一月八日正式召开成立大会。当推杨祚华君为大会临时主席,卢展雄君为记录。主席致开会词及报告筹备经过后,邵院长、蓝春池先生与群育主任代表徐汝兰先生相继致词,语多勉励。旋即通过会章及重要议案多项,特别注重聘请化学名人演讲,参观,出版期刊,及公开举行化学表演,以引起同学对化学上之兴趣等。最后选举、杨祚华、卢展雄、王谟、余纪年、杨建武、张宜昌、温景星、陈泽民、王淑训九人当选为理事。江文苑、夏炎、张国勋三人为候补理事。历三时余,始尽欢而散。

(《卢展雄杨祚华等发起组织大夏大学化学会》,《大夏周报》,第 12 卷第 7 期,1935 年 11 月 20 日)

十一日 纪念周会与总理诞辰纪念会合并举行,欧副校长主持并报告校务及总理生平。之后,进行未来系统讲座第六讲,请经济学家中国银行副经理章乃器做"战时经济问题"的演讲。(《预祝总理诞辰欧副校长勉后死之责》,《大夏周报》,第 12 卷第 7 期,1935 年 11 月 20 日)

十五日 欧元怀等先生联名发表致全体教职员、学生公函,呼吁勿听信谣言,安心工作和学业。

连日沪上谣言频起,人心浮动,率多捉风捕影之谈,致起草木皆兵之恐,庸人自扰,宵小乘机,可怜亦复可恶! 大学生为国家灵魂之所系,民族思想之中坚,当机立断,临难不苟,此盖人同此心,尤必共矢勿逾者也。大夏为革命之产儿,当与民族共存亡,与国家并休戚,故日来沪上虽谣言鼎盛,本校则安心如常,全体师生,安心上课,毫无异态,学术空气,倍觉浓厚,学校当局为倍加防范,并使同学安心学问起见,除副校长于纪念周训话时迭将谣言劈白外,复联衔通知全体教职员力持镇静,并布告全体同学一体知照,兹将布告及分致教职员各函照录如后:

全体同学公鉴:

近日本埠谣喙繁兴,率多捕风捉影之谈,不足置信,吾最高学府诸同学为民众之领袖,一举一动,足以影响社会之视听,尤当远大之眼光,卓越之见识,力持镇静,加倍奋励。本校大部分教职员身家眷属,均住大夏新村,为诸同学所共见,尚望诸同学安心肄业,万勿轻信无稽之流言,稍有离校辍学之意,致贻庸人自扰之诮,幸甚,幸甚。此启。

　　　　　　　　　　　　欧元怀　傅式说　王毓祥　吴浩然　鲁继曾　顾君谊　同启

全体职员公鉴:

敬启者,近日本埠谣言甚盛,率多不符事实,少数学生未明真相,不免惊慌。吾同人有领导青年维持

学校秩序之责，务望以身作则，力持镇静，其有眷属住在校内者，尤不可有迁移举动，以免引起误会。是为至祷！专此顺颂

大安

欧元怀　傅式说　王毓祥　吴浩然　同启

十一月十五日

全体教授公鉴：

敬启者，近日本埠谣啄繁兴，少数学生未免心存惊惶，吾同人有指导青年共维学校秩序之责，务望台端利用授课余暇，随时劝告学生，安心学业，勿稍有无谓之惊扰。是为至祷！专此顺颂

教安

欧元怀　鲁继曾　同启

十一月十五日

（《本校秩序整作如常》，《大夏周报》，第 12 卷第 7 期，1935 年 11 月 20 日）

　　下午四时，教育学院邀请乡村教育专家、北平师范大学校长李蒸先生莅校演讲，题为"目前之教育问题"。

　　教育学院于十五日下午四时敦请乡村教育专家、北平师范大学校长李蒸先生莅校演讲，题为"目前之教育问题"。大意谓："教育为在文化中与政治经济并立的生活之一方面，其内容为知识技能与人格培养。但目前中国之最大问题，即在求民族之生存与个人之生存，教育之努力，即欲解决此生存问题。目下中国教育均不照努力做去，解决之方法，应分析救亡图存必须之知识技能，列成目标，如高等教育宜注重准备战争、增加生产等实用科学，社会教育注重组织民众，中小学教育则应训练国家观念、民族意识。"末由邵爽秋先生陪往教育研究室、念二社、民生教育实验区等处参观云。

　　（《教育学院请李蒸先生演讲》，《大夏周报》，第 12 卷第 7 期，1935 年 11 月 20 日）

　　十八日　纪念周会，未来大战系统讲座第七讲，欧副校长主讲"战时的大学教授与大学生"。（《欧副校长沉痛演说勉全体控制逃难本能发挥斗争天性》，《大夏周报》，第 12 卷第 8 期，1935 年 12 月 1 日）

　　社会教育系邀请建设委员会电机制造厂长兼浙大电机系主任胡汝鼎先生演讲，题为"播音教育之机械之设置"。（《大夏大学社会教育系名人讲演》，《申报》，1935 年 11 月 20 日，第 11 版）

　　十九日　教务会议召开第一〇〇次常会。

　　本校第一〇〇次教务委员会常会，……于本月（编者按：十一月）十九日（星期二）在大夏新村十号鲁宅召开会议。计出席者鲁教务长、蓝主任暨各院院长、各科主任等九人；列席者吕绍虞主任。由鲁教务长主席，孟杰记录。除报告事项不及备载外，兹抄录重要议案如下：

　　一、故教授孙德谦先生有遗书四百余册，石印本百余种，拟由本校图书馆购入，经费由教员专题研究内拨出三百元，并交由文学院中国文学系及师专国文组将下学期购书费拨充，如有不足由学校另筹。

　　二、推吴泽霖、邵家麟两院长审查二十三年度图书馆报告。

　　三、由各院长、主任函具应续定或增定各专门杂志清单，于本星期内汇交图书馆调查价目再行决定。

　　四、由本会会员全体负责赴图书馆及阅览室视察指导，其轮流时间表另行决定通知。

　　五、向国内外各学术机关征集参考资料，由各院科指定机关交吕主任办理。

　　六、由吕主任酌办缩短向外国购书籍之时间。

　　七、筹备教员专题研究，先决定计划于下届本会讨论。

　　八、由各院长、主任拟具一学年之学程分类表提交下届本会讨论。

　　（《第一〇〇次教务委员会会议消息》，《大夏周报》，第 12 卷第 8 卷，1935 年 12 月 1 日）

　　二十一日　图书馆收到王伯群校长捐赠图书杂志及各项报告等二千余册。

　　王校长乘赴京出席六中全会五全大会之便，整理京郊书籍捐赠本校图书馆，以利同学参考研习，计

装载二大箱、二网篮,已由旅行社运沪交到矣。

（《王校长赠图书馆大批重价书籍》,《大夏周报》,第 12 卷第 7 期,1935 年 11 月 20 日）

二十五日　未来大战系统讲座第八讲,请韦以黻先生主讲"战时交通问题"。（《上星期纪念周未来大战讲座第八讲韦以黻先生讲战时交通问题》,《大夏周报》,第 12 卷第 8 期,1935 年 12 月 1 日）

三十日　经济学会邀请徐佩琨先生演讲,题目为"中国金融问题与新货币政策"。（《经济学会请徐佩琨先生演讲》,《大夏周报》,第 12 卷第 8 期,1935 年 12 月 1 日）

本月　公布提倡学生读书办法。

国难当前,读书应不忘救国,而救国之道多端,读书乃学生本分。年来学风浮躁,学术消沉,学生徒骛虚夸,殊非救亡图存之捷径。以故读书运动之风行,实有所本而发也。本大学深鉴及此,前曾一再提倡读书运动,督促鼓励,不遗余力,近复拟定提倡学生读书办法六项如下:

1. 由学校指定教授五人至九人组织一新书及杂志论文介绍委员会（委员人选须顾到各方兴趣）
2. 与各书局接洽,请随时将其出版新书送一份〈至〉学校
3. 学校收到新书后,即交与新书及杂志论文介绍委员会各委员阅读,以便介绍
4. 新书及杂志论文介绍委员会,每月聚会一次或两次,选择有价值之新书或论文作成简略报告,张贴于布告处（最好特设一新书介绍栏）
5. 鼓励学生购新书,并养成其阅读后作报告之习惯,报告之佳者设法发表之
6. 学校与各书局交涉大批购书给以特别廉价之优待

（《加紧提倡学生读书运动》,《大夏周报》,第 12 卷第 6 期,1935 年 11 月 9 日）

本月　心理学会开设心理诊察所,并定期进行读书报告及摘要卡片之工作,参加者踊跃。

本校心理学会系教育心理系全体师生所组织,本学期开始以后,该会工作积极进行,颇著成绩,兼以各干事之努力以及全体会员之热心合作,益使会务蒸蒸日上。该会工作,计分静的研究与动的研究两种。动的研究方面则设置心理诊察所,诊断心理失常之人,并在可能范围以内,予以适当之治疗与处置。闻市立金巷小学当局,曾将该校发生疑问之儿童多人,陆续送至该所,请代诊断,及计划补救之方法。查此种心理诊察所之组织,国内尚无专门之设置。该会首先试办,以示提倡,殊值鼓励。至于静的研究,则注重于读书报告及摘要卡片之工作,本学期以心理卫生为研究重心,以求与动的研究互相联络。每月开大会一次,即在心理实验室举行,事先制订会员数人,依照干事会所拟订之研究计划,负责报告,然后相互讨论,以收切磋之效,并由系主任章颐年出席指导。本学期该会已开大会三次,会员无不踊跃参加,责难疑问,兴趣甚浓,每次开会辄延长至三小时之久,此种研究精神,实不多见,殊足为该会前途庆。

（《心理学会工作一斑》,《大夏周报》,第 12 卷第 8 卷,1935 年 12 月 1 日）

十二月

一日　教育学院邰院长在南京教育部及中央大学南高院表演普及教育车。

本大学教育学院院长邰爽秋博士,年来研究乡村教育,提倡念二运动,并持民生本为教育之主张,勤俭笃行,坚苦卓绝,备受社会人士颂誉!邰氏鉴于现行教育,需费浩繁,只为都市教育之装饰品,不足以普及民间,而收经济实用之效。乃经数年之实验,发明普及教育车,以救此弊,曾迭次试用,均觉圆满。各处来大夏参观教育设备及种种实地试验者,必先争观邰氏此项发明,应用灵活,构造精巧,无不赞美!本校教育学院同学亲承教授,咸能应用,即以此为实施乡村教育之工具,本大学二十里周围,殆无不有教育车之踪迹。日前邰氏因事赴京,并携普及教育车前往,于本月一二两日先后在教育部纪念周,及中央大学南高院,招待新闻界教育界,公开表演,以期推行全国,博得不少好评,曾迭志京沪平津各大报纸,引起全国注意。其中重大表演时,中央研究院院长蔡孑民氏,亦到会参加,并表示意见,深以邰氏之发明,确为普及教育之利器。惟以该车制造复杂,应用极广,须训练此项实施人员,俟经相当时期,获得实际经验后,以便大量制造,推行全国云。查该车应用之广,固足惊异,然如蔡先生所谓须训练实施人才,则家

教所传舍我大夏同学莫属焉，兹将该车构造、功用、特点等项，分别说明如后，以见其详：

构造 普及教育车外观系一长方形木箱，长约一公尺，宽约三公寸，高约七公寸，底有三轮，前一轮大，后二轮小，可推行各地，车身前后之板翻起，可作黑板，放平则成为宽一公尺长二公尺之长桌，可供陈列展览，打乒乓球种种活动之用，车上有铁架二种，平时置于车内，用时取上，可达成蓬[篷]架。悬挂黑板、图表、油灯、书籍、棋盘等物。其上又可张置布幔，车架及车缘，有量身及量布之尺，车内备有活用普及教育箱五只，分贮卫生、教学、娱乐三艺，及农产展览各种用品，用时可就当时之需要，任取一箱，背于肩上，登山涉水，均无阻碍。车内又有活节教育橙[凳]四只，其中之二只，即合成车之上盖，另二只则藏于车内，折合时占地甚小，展开时可供八人坐位，接榫坚固，不虞倾跌。

功用 该项普及教育车，因其构造精巧，全身各部，均可充分利用，其主要用途，计有巡回文库，游行教坛，流动展览，代用会场，平民书案，临时医院，合作商店，简编工场，娱乐场所，推广农业十项，举凡文字、公民、健康、生计、休闲等教育，综览无余。

特点 该车之特点，可以四字括之，即价廉用广是也。该车有上列各功用，已为普通教育机关，如学校、民众、教育馆所不能办到，即能办到，亦需广大之舍宇，巨量之设备，若干之人员夫役，非费数千金不办，而普及教育车之值，合车身、车架、教育橙[凳]教育箱等仅约七八十元，更加上车内设备，如教学医学等用品，总计亦不过百元，管理者仅需一人，用费之省，可以概见，此其特点一。普及教育机关，有固定地点，受其益者，仅属少数，若一般民众，或因职业所羁，或以交通不便，或为旧观念所拘，实少受教机会教育效率，亦因以减退，今则教育车可推广各处，山巅水涯，穷乡僻壤，无远勿届，且终日巡回，各地轮流教学，一车之力，可及数百人，其内设备可充分利用，绝无虚耗，此其特点二端，即可见教育车效用之伟大，费用之经济矣。

（《教育学院邵院长普及教育车在京表演引起全国注意》，《大夏周报》，第12卷第9期，1935年12月13日）

二日 王伯群校长当选为国民党中央政治会议委员。

本校校长、国民政府委员、中央委员王伯群先生，近两月来，以出席六中全会及五全大会，在京勤劳国是，襄理党政，参赞中枢要务，工作倍形忙碌，此次五全大会改选，除仍被举连任中央执行委员外，复承一中大会推选为中央政治会议委员，共图策画，效劳党国云。

（《王校长荣膺中央政治会议委员》，《大夏周报》，第12卷第9期，1935年12月13日）

下午，首任校长、校董马君武莅校参观。

本校校董马君武先生月前往华北一带考察遄返时，曾经过上海，因于本月二号（星期一）下午莅校。由欧、王、傅、吴诸先生陪同视察，并留晚餐，席中谈叙甚欢。马氏对理学院实验室之经营，扩充研究之设备，于经济极困难中，力谋完善，难能可贵，赞许不置云。

（《马君武校董莅校》，《大夏周报》，第12卷第9期，1935年12月13日）

举行国语演说比赛决赛。

本学期国语演说竞赛，于上月（编者按：十一月）廿九日下午四时，假群贤堂三一二教室举行预赛，结果刘宗荣、陈为绅、许璟珉、陈汉生、丁务实五人当选。本月二日纪念周时举行决赛，由吴浩然、孙浩烜、王国秀、任孟闲、王裕凯五先生任评判，主席顾君谊先生领导行礼如仪后，由欧副校长报告校务，遂即开始竞赛。首由许璟珉女士讲"非常时期中妇女的责任"，次陈为伸君讲"中国之死路与生路"，陈汉生女士讲"怎样促进防空建设"，丁务实君讲"战时我们大学生的态度"，刘宗荣君讲"独裁制度与中国"。各讲员抱爱国热忱，畅发积愫，雄壮激昂，全场视线咸集讲台，精神为之兴奋！末由任孟闲先生阐述宣传演说之技术与方法，动作表情，有声有色，兴趣倍增。最后宣布评判结果：第一名刘宗荣君，第二名许璟珉女士，第三名陈汉生女士。由王国秀先生授奖，各给银杯一只，以资鼓励云。

（《国语演说决赛刘宗荣君雄据首席》，《大夏周报》，第12卷第9期，1935年12月13日）

三日 晨社邀请前留日学生监督周宪文先生演讲，题目为"论所谓中日经济提携"。（《大夏晨社请周宪文先生讲论所谓终日经济提携》，《大夏周报》，第12卷第9期，1935年12月13日）

七日　法律学会邀请章渊若先生演讲,题目为"中国法治问题"。(《法律学会敦请章渊若先生讲中国法治问题》,《大夏周报》,第 12 卷第 9 期,1935 年 12 月 13 日)

五日　化学会请谢凝远博士演讲,题目为"维他命 A"。(《大夏大学化学会请谢凝远博士演讲维他命 A》,《大夏周报》,第 12 卷第 9 期,1935 年 12 月 13 日)

九日　纪念周会,未来大战系统讲座第九讲,请校董江问渔主讲"战时教育问题"。(《江问渔校董讲战时教育问题》,《大夏周报》,第 12 卷第 9 期,1935 年 12 月 13 日)

十日　经校务会议议决,创办《国际政治经济年刊》,推谌志远、唐庆增、傅式说、王国秀、王成组、梁园东、任孟闲为编委,谌志远为召集人。

第一百八十三此校务会议(十二月十日)谌志远教授提议创办《国际政治经济年刊》案,当场议决通过,并推定谌志远、唐庆增、傅式说、王国秀、王成祖[组]、梁园东、任孟闲诸先生组织《国际政治经济年刊》编辑委员会,由谌志远先生负责召集。谌志远先生近正式提出创办《国际政治经济概况年刊》理由及办法如后:

缘自前年本校采用复兴民族为办学宗旨以来,即主张学生多获得史地智识,而对于现代国际政治经济概况尤不可忽视,因此一方面有关于国际问题之系统演讲,一方面复有国际政治经济现势等课程之设立。惟现时国内出版读物,谈国际问题者虽多,而系统明晰见解正确者则为数甚少,对于每年国际问题间发生之各项重要事件而欲求一有系统之记载,竟不能得到。在此种情形之下,欲使学生研究国际问题,明了世界大事,实夏夏云杂。因此鄙人提议自一九三六年起由本校编辑《国际政治经济概况年刊》,仿照英国牛津大学出版之 Survey of International Affair 办法,将每年国际间发生之重要事件,根据可靠来源,作一有系统之记载。此项刊物,果能成功,则不特(1)本校学生研究时有较好之教材可供参考,同时(2)对国内出版界亦不失为一有价值之贡献,而(3)教育部亦自能与以相当之注意也。

办法:

1. 编辑:由政治、经济及史地三系主任负责编辑,另派助教二人担任搜集材料剪裁报章等事(此项剪报工作如能继续不断,则以后吾校将有一完美之 clippings)

2. 设备

(1)办公室:可附设文学院或法学院研究室

(2)用具:书柜、书桌、文具、纸袋、卡片等

(3)书报:必须购置之杂志、报章等见另表

3. 出版:可与商务印书馆等书局接洽,出版后可获酬金即由学校转赠编辑人作酬

4. 经费:第一年因添置图书、文具,约需四五百元,以后每年一百元即足(实际所需之杂志、报章均系图书馆应购置者,学校不另筹款,交由图书馆拨款购办亦行)

附带声明:

1. 此项工作系由政治、经济及史地三系主任负责,并非教授之专题研究。

2. 此议案如经校务会议通过,应立即拨款购置书籍定报章。

(《校务会议议决创办〈国际政治经济概况年刊〉》,《大夏周报》,第 12 卷第 10 期,1936 年 1 月 10 日)

十六日　纪念周会,校董马君武博士出席并作演讲,题为"考察华北后的感想及广西建设情形"。(《马君武校董出席纪念周演讲》,《大夏周报》,第 12 卷第 10 期,1936 年 1 月 10 日)

十七日　召开第一〇一次教务委员会会议。

本校第一〇一次教务委员会常会,于本月(十二月)十七日下午四时假座大夏新村十号鲁宅举行。计出席者鲁教务长、蓝主任暨各院长科主任等九人,列席者吕绍虞主任。由鲁教务长主席,孟杰记录。议决要案多起,兹探录重要议决案三则如下:

一、各学院本一英文、本二英文,不准以暑期学校选修英文代替;但在学期中考试不及格者,准在暑校补读。

二、各学院学生一律不准转入师范专修科。

三、学生请求补考，限于自己重病，经医生证明，或家有至亲大故，方准补考。

（《第一〇一次教务委员会会议消息》，《大夏周报》，第 12 卷第 10 期，1936 年 1 月 10 日）

十九日　深夜，上海各大学学生六千余人，赴上海市政府请愿，大夏大学学生八百余人参加。二十日，各大学学生继续请愿游行。二十四日，各校学生组成请愿讨逆团，赴南京请愿，在北站被当局所阻。二十五日，各校代表前往北站慰劳请愿被阻学生，学校派徐汝兰先生携带大批面包、水果、饼干前往照料学生。二十六日，欧元怀副校长、吴浩然事务主任前往无锡，劝慰被阻无锡的请愿学生。二十七日，大夏请愿学生三十一人折返上海，是晚抵校。

华北自治组织成立以来，国土益蹙，形势倍极险恶，北平学生救国运动振臂一呼，全国响应，风起云涌，势不可遏。大夏同学精诚素著，爱国向不后人，十二月十九日沪上各大学学生漏液步行市府请愿，其中大夏同学占八百余人，及时义愤，仓卒成行，多未及用膳，深夜枵腹徒步，整作如常，精神至堪敬佩！二十四日清晨，复有联合晋京请愿之议。时值冷雨霏霏，环境险恶，经学校当局竭力劝告，军警一再阻止，热血同学驰往北站，露宿于昆山，挣扎西行，餐［餐］风嚼雪，百折不挠，沿途唤起民众，痛哭流泪，兹不多述。当我大夏同学出动消息，为学校得悉后，学校当局殷殷挂念之怀，记者几无以言喻。二十五日清早即派群育部徐汝兰先生携备大批面包、水果、饼干兼程前往照料一切。欧副校长、吴事务主任复于二十六日亲往无锡劝慰学生，言辞恫切，均极感动，于二十七日折返上海，即晚安然抵校，照常上课云。

（《学生赴京请愿由锡折返》，《大夏周报》，第 12 卷第 10 期，1936 年 1 月 10 日）

对于学生的游行运动，全体教授发出《告同学书》，希望学生"从事实际救国工作，勿作无谓牺牲"。

此次沪上学生救国运动，风起云涌，情况至为热烈，然以请愿游行，仅为爱国之精神表示，非根本救国之道，故第二次晋京请愿之事发动，情属可嘉，事未尽善。本校全体教授鉴于同学热忱，特印发告全体同学书，剀切劝谕，情谊真实，谨照录如后：

华北事变发生以来，举国愤慨，吾校同学，爱国热忱，向不后人，自学校当局联合沪上各大学校长通电主张正义之后，诸同学即有团体赴市府请愿之举，秩序整肃，动机纯洁，同人等深表同情。惟请愿、游行等举动，仅为爱国之精神表示，究非救国之实际工作。偶用之则足以激发人心，屡用之反足使效力减少。至于爱国必先爱校，抗敌首贵人和，倘因激于一时之血气，不恤破坏学校之秩序，或意见之不同，罔顾兄弟阋墙之炯戒。此种行为，于国于校，为害昭然，凡吾同学，均当竭力避免。同人等爱国热忱，与诸同学初无二致，爱护诸同学之心，出自至诚，对吾艰难缔造之大夏，尤愿与诸同学共尽始终维护之责，深望诸同学此后一切爱国举动，务求不逾越轨范，不发生纠纷，不作无谓之牺牲。尤望诸同学不仅有爱国表示而已，同时亟应努力从事实际救国工作。现学校当局方在拟定非常时期工作计划，并实施办法，务期阖校全体，一致准备，献身国家，以挽救危亡。诸同学正宜在合理指导之下，贯达救国之素衷，掬诚相告，幸共勉之。

大夏大学全体教授同启

（《全体教授告同学书》，《大夏周报》，第 12 卷第 10 期，1936 年 1 月 10 日）

二十三日　举行英语演说竞赛决赛。

本学期英语演说竞赛，报名参加者，极形踊跃，预赛于十二月十九日举行，结果以李承祜、刘恩长、周子成、朱恒光、张宗瀛、黎赓梅六名当选参加决赛资格。因于二十三日假座群贤堂三一二教室举行决赛，经群育部聘定孙夫人克莱格、鲁继曾、吴泽霖、全增嘏诸先生担任评判，由孙夫人主席。各讲员依次登台发挥宏论，态度大方，口若悬河，内容丰富，组织紧凑，殊多经国之论。结果周自成君荣获冠军，张宗瀛君第二，黎赓梅女士第三。由克莱格教授给奖，各得大银杯一只，以为荣誉之纪念云。兹将优胜者讲题录后：

周子成　Agricultural Education in China and How to Improve it

张宗瀛　The Spirit of Youth

黎赓梅　What is it that Chinese Women Ought to do Today?

（《英语演说竞赛结果》，《大夏周报》，第 12 卷第 10 期，1936 年 1 月 10 日）

二十六日　大夏大学心理系与暨南大学教育系举行国语辩论比赛,辩题为"犯罪的造成,遗传比环境的影响大"。

本校教育心理系与暨南大学教育系同学,为探讨真理、增进友谊起见,将于本学期内举行国语辩论比赛,经暨大张耀翔先生与本校章颐年先生往返磋商,已决定辩论题目为"犯罪的造成,遗传比环境的影响大",暨大担任正面,本校担任反面,并聘请廖茂如、陈鹤琴等专家担任评判。辩论日期,闻亦已决定本月廿六日(星期四)下午七时在本校举行。按此种关于专门问题之学术辩论,在国内尚属不多见,今经该两系加以提倡,或能引起各大学学术辩论之兴趣与风气,对于文化前途,至有裨益。

(《本校心理系与暨南教育系将举行辩论比赛》,《大夏周报》,第12卷第9期,1935年12月13日)

本大学教育心理系与暨南大学教育系同学第一届国语辩论比赛,业于十二月二十六日晚七时假座本校群贤堂三一二教室举行。到有评判员韦懿①、陈鹤琴、廖世承及双方教授鲁继曾、邰爽秋、章颐年、陈一百、张耀翔诸先生暨两校同学到会者三百余人,济济一堂,极一时之盛。略由本校教务长鲁继曾先生主席,致开会词后,并宣读辩论规则,双方开始辩论。首由正反面辩论员各依次陈述主文,各以十分钟为限,洋洋条晰,博引东西名家学说,证以最新统计事实,要皆言之成理,持之有道。陈述主文毕,休息十分钟,继行复辩。反面王琢玖女士,正面罗敬吾女士,针锋相对,反复辩质,态度大方,词尤清劲,听众咸赞赏不置。辩论员以此各五分钟复辩后,即宣告结束,听候评判。鲁教务长略致勉望之词,意谓今日两校辩论比赛,结果圆满,欣慰之下,觉有重大意义。盖处今日学术消沉、人情浮嚣浅薄之际,辩论不惟具发扬学术之功能,兼有挽回民族颓危、消弭室内干戈之奇效。譬如学生意见不同,尽可提出辩论,诉诸评判,舌剑唇枪,剥发真理,足以摧残妖孽。自不必兄弟阋墙,动手动脚,推之国内一切政见纠纷,无不可以辩论解决,此乃真正和平奋斗之途径。今吾两校首倡发于始,继续努力,将来风气造成,全国尚有厚望焉云云。旋请韦懿先生,报告评判员投票评判结果,正面暨南以二比一占优胜,即由韦懿先生给奖优胜旗一面,以资纪念云。兹将双方辩论员姓名录后:

正面暨南　许儒君、罗敬吾女士、刘兆请君

反面大夏　王琢玖女士、谢长龄女士、钱怀刚君

(《国语辩论比赛结果》,《大夏周报》,第12卷第10期,1936年1月10日)

本月　经济学会举行经济座谈会,讨论"新货币政策"。

本校经济学会具有数年之历史,为校内学术团体中成立最早者,过去已有优越之成绩表现,诸如出版经济丛刊、举办经济讲座等,不一而足。本学期来,该会复添办"经济座谈会",随时讨论国际间及本国内所发生之重大经济问题,藉使各会员对此种实际问题得到更深刻之认识,同时亦期对于社会,有所贡献,洵为难能而可贵。此种极有意义之座谈会,在本校学术团体中,实属创举。闻该会已于本日昨午后七时假座群贤堂二一一教室举行第一次经济座谈会,讨论吾国甫行之"新货币政策"。到会人数,极为踊跃,由各会员轮流发言,互相阐发,互相辩难,空气为之紧张。经三小时之讨论,始行散会,结果甚为美满云。

又该会第二次座谈会,闻即将讨论举国注目中之"土地村有问题",并欢迎旁听云。

(《举行经济座谈会题为新货币政策》,《大夏周报》,第12卷第9期,1935年12月13日)

本月　体育学会召开成立大会。

本校同学杜佑、李实、黄震、林鸿坦、方肇腾、苏剪花、黄绍忠、谢庆熙等,为谋身心之调和发展及联络感情起见,特发起筹组大夏体育学会。经体育主任方万邦先生暨群育主任指导之下,业于日前假群贤堂第二〇八号教室开成立大会。通过会章后,当选出李实、黄震、杜佑、方肇腾、林鸿坦五人为理事。闻该会会务,在(一)研究体育问题,搜集体育资料,调查体育实况,促进体育普及;(二)组织体育读书会,并按期报告讨论;(三)举行各种运动成绩测验及游艺比赛;(四)于必要时,发行体育特刊或专刊事项云。

(《本校体育学会组织成立》,《大夏周报》,第12卷第9期,1935年12月13日)

---

① 疑为韦悫。

二月

一日　大中两部开始办理学生春季开学事宜，十四日开始注册，十七日正式上课。该学期注册学生1136人。

本大学自本月一日开学，开始缴费，办理入学手续以来，最先数日内，学生到校颇形零落，十日以后到者逐渐增多，十四五两日，争先注册者，数近千人。精神奋发，气象蓬勃，各处人员，亦多奉公守时，倍行忙碌，校中一月来寂寞空气，至此又见热闹而活跃。十七日下午一时起大中两部同时上课，值此危机四伏国难日急年头，大部分学生，均已耳濡目染，存于中，形于外，甚少缺席云。

（《十七日起大中两部同时上课》，《大夏周报》，第12卷第11期，1936年2月26日）

本月（编者按：三月）十日，本学期注册截止，学生到校，计共一千一百三十六人，兹制成统计表如左：

院科别	人数	院科别	人数
文学院	167	商学院	147
教育学院	289	师专科	164
法学院	238	体育科	27
理学院	154	共计	1136人①

（《本学期各院科学生注册人数》，《大夏周报》，第12卷第13期，1936年3月27日）

十一日　鉴于国难日益深重，自该学期起实施救国工作训练新方案，设立救国工作训练委员会，下设军事训练组、救护训练组、技术训练组、社会工作组、推用国货组、国际宣传组、调查研究组、编译出版组等。

本校鉴于国难之日益深重，与夫大学教育使命之重大，爰经一百四十五次校务会议议决，自本学期起实施救国工作训练新方案，兹录其纲要如左：

大夏大学救国工作训练纲要

一、组织系统

1. 组织系统以救国工作训练委员会为最高机关，由校长聘请教授七人至十一人组织之。

2. 救国工作训练委员会下分设：(1)军事训练，(2)救护训练，(3)技术训练，(4)社会工作，(5)推用国货，(6)国际宣传，(7)调查研究，(8)编译出版等八组，每组设主任一人，由校长聘请教职员担任之，各组设干事若干人，由校长聘请教职员或指定学生担任之。

3. 各组于必要时，得开联席会议，以资联络工作。

---

① 总人数与各院科人数之和不符，疑有误。

4. 全校学生须依照能力志愿,认定加入第二条所列一种至三种之活动。

二、工作计划

1. 等级技术人才

甲、凡学生有特殊技能者,如擅长开汽车、〈乘〉脚踏车、〈装修〉无线电、摄影、测绘、宣传图画文字等,均加以详细之调查,一一登记;

乙、经登记后分班请专家加以指导,俾增进其技术。

2. 举行特种讲座

甲、国际形势讲座

乙、日本研究讲座

丙、苏联研究讲座

丁、中日关系讲座

戊、国防讲座

己、战时工业讲座

庚、战时粮食问题讲座

辛、战时经济讲座

壬、战时交通讲座

以上讲座各定期举行,请专家作有系统之讲演。

3. 厉行倡用国货

甲、学校一切用品非不得已,决不购用外货;

乙、全校同学日常用品尽量购用国货,并劝导他人购用国货。

4. 加紧军事救护及体育训练

甲、应受军事训练学生,严厉训练;

乙、非受军训学生,令其自由参加或另开班;

丙、实地联系救护训练;

丁、陈列军事挂图及战具标本;

戊、积极推进普及体育训练。

5. 利用校内设备

甲、图书馆内将关于国际情势、民族问题、中日关系、国防军事等书籍及图表,另行陈列于一处任人自由阅览,并提要揭示,引起读者注意;

乙、理化实验室尽量传授防毒用具之制造方法,并随时举行军用化学之表演;

丙、疗养院作为女生救护训练实习之所;

丁、利用校内消防器具,举行消防训练;

戊、利用土木工程器具作防御及其他战时工程之联系。

6. 改革教科内容

甲、国文注重于足以激发民族情绪之文章;

乙、史地注重于国际情势、中外关系、国防交通、经济生产等项;

丙、数学注重测量;

丁、理化注意军用化学及防毒用具之制造法;

戊、临时增开战时有关之学程;

己、随时举行足以激发民气之集团唱歌;

庚、关于各科教材之改革,由教务委员会拟定之。

7. 编印宣传刊物

编印唤起民众爱国情绪,指导民众组织传达国际消息,灌输战时常识等刊物。

8. 扩大国际宣传

甲、翻译各国报纸中关于中日新闻及言论;

乙、联络驻华各国通信社访员,随时供给材料;

丙、送寄言论及通信于外国各外报;

丁、与外国各大报主笔及各大学校长教授联络,随时予以中日事件之材料。

9. 研究战时需要

甲、调查全国出产,加以精密之研究,明了其盈绌之原因;

乙、研究战时某项物质缺乏如何补充办法;

丙、研究物质节省之合理办法并普告于国人;

丁、研究预储战时需要品之办法;

戊、研究战时心理及军用测验。

(《本大学实施救国工作训练方案》,《大夏周报》,第 12 卷第 11 期,1936 年 2 月 26 日)

本校自校务会议议决,自本学期起设立救国工作训练委员会负责训练学生从事救国工作后,各种工作,现正积极进行。兹闻已由王校长聘定欧元怀、王祉伟、傅式说、吴浩然、顾名、吴泽霖、邵家麟、邰爽秋、孙浩烜、谌志远等十一人为委员,并聘徐建忠先生任军事训练组主任,张泽春先生任救护训练组主任,邵家麟先生兼任技术训练组主任,邰爽秋先生兼任社会工作组主任,顾名先生兼任推用国货组主任,孙浩烜先生兼任国际宣传组主任,吴泽霖先生兼任调查研究组主任,谌志远先生兼任编译出版组主任。至各组干事,不日亦将发表云。

(《救国工作训练委员及主任聘定》,《大夏周报》,第 12 卷第 11 期,1936 年 2 月 26 日)

本大学自经第一百四十五次校务会议议决自本学期起实施学生救国工作训练以来,各组事务,均在积极进行,现为明了学生特殊技能起见,特制就技能登记表多份,由教务处分发给各生选填,于注册时缴存教务处。兹觅得原表揭示如后:

大夏大学学生技能登记表

学生姓名　　　　　学号　　　　　院科年级　　　　　院/科第　　　　　年级

籍贯　　　省　　　县　　　年龄　　　岁　　　性别

说明:

(1) 此表须于注册时填好,与选课表同时缴交教务处,并须本人亲自填写,他人不得替代

(2) 学生有擅长表中所列各项技能之一种或数种者须于相当方格中各作"√"符号说明

(3) 倘表中所列各项技能并无擅长者则不可随意作标号

(4) 倘表中所列各项外有其他擅长技能请另自填写

技能项目:

□ 1. 开汽车	□ 13. 娴熟上海话	□ 25. 制作心理及智力测验
□ 2. 乘脚踏车	□ 14. 娴熟马来话	□ 26. 主持心理及治理测验
□ 3. 乘机器脚踏车	□ 15. 娴熟英语	□ 27. 写宣传文字
□ 4. 装修无线电	□ 16. 娴熟法语	□ 28. 化装表演
□ 5. 装修机器	□ 17. 娴熟德语	□ 29. 公开演讲
□ 6. 摄影	□ 18. 娴熟日语	□ 30. 编剧本
□ 7. 测绘	□ 19. 娴熟俄语	□ 31. 编辑新闻
□ 8. 图画	□ 20. 翻译英文	□ 32. 统计工作
□ 9. 善写大小楷书	□ 21. 翻译法文	□ 33. 文牍工作
□ 10. 娴熟广东话	□ 22. 翻译德文	□ 34. 中文打字
□ 11. 娴熟厦门话	□ 23. 翻译日文	□ 35. 英文打字
□ 12. 娴熟北方话	□ 24. 翻译俄文	□ 36. 侦探工作

☐ 37. 冒险工作	☐ 59. 消防	☐ 80. 走万华林
☐ 38. 急救法	☐ 60. 划船	☐ 81. 弹曼陀林
☐ 39. 制炸药	☐ 61. 跳高	☐ 82. 弹吉太
☐ 40. 制防毒	☐ 62. 跳远	☐ 83. 吹口琴
☐ 41. 制毒气	☐ 63. 击剑	☐ 84. 吹喇叭
☐ 42. 制烟幕弹	☐ 64. 舞双刀	☐ 85. 唱中国戏曲
☐ 43. 训练民团	☐ 65. 舞单刀	☐ 86. 唱西洋歌曲
☐ 44. 组织民众	☐ 66. 舞枪	☐ 87.
☐ 45. 指导集团唱歌	☐ 67. 打太极拳	☐ 88.
☐ 46. 指导球类运动	☐ 68. 打少林拳	☐ 89.
☐ 47. 指导田径运动	☐ 69. 变戏法	☐ 90.
☐ 48. 骑马	☐ 70. 着围棋	☐ 91.
☐ 49. 游泳	☐ 71. 着象棋	☐ 92.
☐ 50. 射击	☐ 72. 弹琵琶	☐ 93.
☐ 51. 旗语	☐ 73. 弹三弦	☐ 94.
☐ 52. 结绳	☐ 74. 拉胡琴	☐ 95.
☐ 53. 搭桥	☐ 75. 弹月琴	☐ 96.
☐ 54. 搭营帐	☐ 76. 吹箫	☐ 97.
☐ 55. 烹饪	☐ 77. 吹笛	☐ 98.
☐ 56. 训练信鸽	☐ 78. 吹笙	☐ 99.
☐ 57. 训练警犬	☐ 79. 奏钢琴	☐ 100.
☐ 58. 掘战壕		

（《大夏大学学生技能登记表》,《大夏大学》,第12卷第11期,1936年2月26日）

十六日　下午三时,全体教授茶叙。

本月(编者按:二月)十六日午后三时,王校长在华安酒店八楼,敦请全体教授茶叙,计到欧元怀、傅式说、王祉伟、吴浩然、鲁继曾、蓝春池、顾君谊、吴泽霖、陈柱尊、梁园东等百余人。王校长主席,报告校务毕,即继续演说,略谓国难重重,今非昔比,望各教授于诱导学生进修学业外,特别看重于青年人格的修养;尤希望诸教授领导学生做实际的救国工作。继由教务长鲁继曾先生报告教务方面新设施,傅式说先生报告学校财政情形,最后由陈柱尊教授致答词,至六时方各返校云。

（《全体教授茶叙》,《大夏周报》,第12卷第11期,1936年2月26日）

十七日　举行春季始业式。

十七日上午十时在体育馆举行春季始业式,到全体员生千余人,王校长主席。开会如仪,师生行相见礼,首由校长致词,训勉学生今后应做的工作(词长另录);继由欧副校长报告本大学期实施救国新方案意义,略谓今日是本校第十二周年第二学期开学典礼举行的日子,今年(一九三六)是危机四伏的年头,在欧洲有德法二国互相仇视,意阿二国武行对峙;在太平洋有日俄两国在我边境(满蒙)时生纠纷,有中日关系之日趋恶化,有日美日英因海军吨位问题而僵持,这真是使人不寒而栗!但吾人处在这种环境中,应抖擞精神,力谋一旦事变发生后如何自存自救之道,绝不应如上学期沪上因发生一日本水兵被杀,全沪即呈一满城风雨的状态。上月政府召集全国专科以上学校校长及学生代表到京聆训,明白表示政府正积极准备抵抗外侮,所以本校于寒假期内,经过几次会议详细讨论,成立了一个救国工作设计委员会。因为救国的工作只有义务,绝无权利,所以委员会中的委员,都由校长聘请或指派。至工作计划,着重实际,约分为:(一)登记各生特殊技能,(二)举行特种讲座,(三)厉行倡用国货等八组(另布),而这个新方案的基础信念,则建在(一)信赖抗敌政府,(二)集中救国力量,(三)改革颓废习惯等三个原则之上,甚望全体同学本师生合作精神,各在自己能力范围内切实负起救国工作云云。继由教育学院部院长演说,大意谓救国当注重四点:(一)蠲除私见,(二)各尽所长,(三)一致合作,(四)拥护领袖。末由军事教官夏三杰演说,勉各同学应加紧军事训练,以备将来为国效劳云。

(《十七日上午十时举行春季始业式》,《大夏周报》,第12卷第11期,1936年2月26日)

二十四日　上午十时,举行新生指导会。

本大学于每学期之始,例有新生指导会之召集,所谓入境问俗,使知本校立校精神与风尚。上月(编者按:二月)廿四日上午十时在群贤堂三〇六教室举行本学期新生指导会,到会者有欧副校长、王秘书长、傅会计主任、鲁教务长、吴事务主任、顾群育主任,全体新生约二百人。

首由顾名主席领导新生行师生相见礼,报告开会宗旨后,即由欧副校长代表王校长向学生训话,略谓各位不进其他大学而进本校,想必对大夏有特殊的认识,希望各新同学在校,第一决定修学的目标,第二养成勤俭的习惯,第三利用环境的机会,自强不息,以期达到读书救国的目的。(词长另录)

次由傅会计主任报告校史。(中略)

其次王秘书长由中学部赶来参加,旋即演说,略为[谓]大夏系由赤手空拳惨淡经营出来,历史虽短,在世界各著名国家,却都有其毕业生的踪迹。惟过去之有今日,全赖我们师生能够合作,诸位虽在十二年之后进大夏,但在建设大夏过程上仍甚重要。外国有许多大学如英之牛津,美之哥伦比亚,都有数百年之历史,所以诸位来大夏并不迟。数百年后进大夏之青年,都将尊重诸位为"老前辈",望各站在本校特有的"师生合作"旗帜之下,协谋大夏之发展云。

再次由鲁教务长报告教务方面应注意事项:如阅《一览》内之《学生通则》,随时注意学校各部处布告,少请假,少旷课,最后说明成绩计算方法,勉各同学对各科学努力进修,毋贻后悔。

再次由吴事务主任报告事务方面事项:如宿舍房门加锁,注意布告,种牛痘及霍乱预防针,与夫领信手续等,均有详细指示。

最后由群育主任顾君谊先生报告群育方面各事项,如选定导师,清洁运动,纪律化运动等,均多指示,并谓群育部系学校与学生间的电话局,自称本人系接线生,同学对学校行政方面如有良好意见贡献,当尽量转递学校云。钟鸣十二下,饥腹欲充,旋即散会云。

(《上月廿四日上午十时举行新生指导集会盛况补志》,《大夏周报》,第12卷第12期,1936年3月12日)

二十五日　下午四时,救国工作训练委员会开第一次会议。

上月(编者按:二月)廿五日下午四时,救国工作训练委员会在大夏新村欧宅开第一次会议,出席者有傅式说、谭志远、欧元怀、顾名、吴浩然、鲁继曾、孙浩烜、吴泽霖、邵家麟、郇爽秋等全体委员,除当场公推欧元怀、王毓祥、傅式说、鲁继曾、吴浩然五先生为常委委员外,议决要案有:(一)各组干事指定办法,教职员干事先由各组主任提出,再经校长聘请;(二)学生干事俟学生自由参加各组活动;(三)拟定各特种讲座演讲人名单,闻已决定聘请薛农山先生任国际形势讲座主讲人,刘驭万先生任太平洋理论讲座主讲人,罗又玄先生任日本研究讲座主讲人,徐逸樵先生任中日关系讲座主讲人,石醉六先生任国防讲座主讲人,刘振东先生任战时经济讲座主讲人,陈湘涛先生任战时交通讲座主讲,又顾馨一先生任战时粮食问题讲座主讲人云。

(《救国工作训练委员会开第一次会议》,《大夏周报》,第12卷第12期,1936年3月12日)

本校救国工作训练自聘定委员及主任后,工作进行,备极紧张,如加紧军事训练,登记学生救国工作等,均在分别进行中。兹为加强工作效率计,各组决添聘干事若干人,闻教职员方面,已由王校长聘定陈绍箕、张承炽、沈世增为编辑出版组干事,曾广典、孙雄曾、陈尔靖、任仲英为技术训练组干事,许公鉴、唐茂槐为社会工作组干事,孙夫人、孟杰、克业格、王绍唐、陈振鹭、胡其炳、卢嘉文为国际宣传组干事,王成组、苏希轼、张少微、章复为调查研究组干事,徐汝兰、杨汝淦、潘白山、杨德真为推用国货组干事,其余各组干事及学生干事,闻日内亦可决定云。

(《王成组陈振鹭等念四人任救国工作训练干事》,《大夏周报》,第12卷第12期,1936年3月12日)

二十七日　订定该学期纪念周会进行事项,设国难教育讲座,举行集团唱歌及国难音乐会,聘定救国工作训练委员会主任及干事,并布告征求学生加入活动。(《廿五年春季本大学

各部处各院科各团体进行事项汇录》,《大夏周报》,第 12 卷第 20 期,1936 年 6 月 26 日)

教育学院邰爽秋院长发明普及教育车,曾在各地表演使用方法。教育部已通令全国一律采用。

本校教育学院院长邰爽秋博士,平日提倡普及教育,不遗余力。最近邰博士发明普及教育车,曾于上学期应京教育部及中央大学之约,前往演讲并表演教育车,甚博京中教育界赞许。寒假中,邰院长又应武汉南昌安庆镇江教育界之请,前往讲学并表演教育车用法,至日前始迄校视事。

(《邰院长赴鄂赣镇演讲普及教育车回校》,《大夏周报》,第 12 卷第 11 期,1936 年 2 月 26 日)

本埠大夏大学教育学院院长邰爽秋博士,频年从事乡村教育,提倡念工[二]运动、民生教育等主张,深为全国教育界所注意。邰氏因鉴于现行教育,需费浩繁,其内容又偏于文字传授,为少数中产阶级子弟之专利品,欲求普及,殊难收效,乃经数年之实验,发明一种性质流动功用复杂之普及教育车,以救此弊。去岁十一月间邰氏曾携带该项发明,赴京公开表演,并呈请教育部通令采用。顷得教育部批谓:"该车构造精巧,内藏教具物品甚多,均能变换活用,携带亦甚便利,洵为普及义务教育推广民众教育之利器,自可通令全国教育机关采用"云云。闻该项教育车已呈请实业部专利,现交由上海极司非而路七百五十号教育编译馆发售预约,预约价每辆车连同车内大小二百余件之用品,仅八十五元。预约期本年二月底截止。该馆并备有说明书,详载该车构造功用各项用件、用品及预约办法,函索附邮一角即可寄阅云。

(《教部通令采用爽秋普及教育车》,《申报》,1936 年 1 月 16 日,第 16 版)

教育学院邀请哥伦比亚大学博士、中央政治学校研究部研究院蒋伯谦先生演讲,题目为"华商农村改进事业之新趋势"。(《教育学院请蒋伯谦博士莅校演讲》,《大夏周报》,第 12 卷 12 期,1936 年 3 月 12 日)

本月　图书馆设置自由阅览处。

本校图书馆自吕绍虞先生代理主任以来,馆内设计,焕然一新。除上学期扩大参考阅览室及日报杂志阅览室外,本学期又根据救国工作训练委员会计划,在参考室内添辟自由阅览处,陈列有关于中日问题、国际问题、战时问题、军事问题、民族英雄传记等各类书籍,各同学可自由到处阅读云。

(《本校图书馆设置自由阅览处》,《大夏周报》,第 12 卷第 11 期,1936 年 2 月 26 日)

三月

二日　举行该学期第一次纪念周会,由欧副校长作"国难教育"的演讲。

本校过去各学期举行总理纪念周,因原有礼堂座位有限,不敷分配,将全体学生分甲乙两组轮流出席,致有许多有名演讲,同学未得一一谛听。上学期体育馆落成,纪念周借该馆举行,地位虽较前宽敞,但以事务处添制新座位,一时无法出齐,故学生仍轮流出席,并未全体参加。本学期开学之初,事务处即将新座位全部赶竣,同时可容千五百人听讲,故上星期举行第一次纪念周时,全体员生均出席,由欧副校长主席,报告重要校务毕,旋即演讲"国难教育",洋洋数千言,勉同学今后应以"奋斗"、"牺牲"、"团结"三种精神,作救国工作之准备。学生座位,事先由群育委员会排妥公布,又由校长室临时抽调各部处职员杨汝淦、徐汝兰、冯汉斌、徐兰荪、徐光宇、陆中逵、陆承采、杨麟书诸先生安排点名,故全场空气严肃,秩序井然,开本校有史以来空前之盛况也。

(《本学期举行第一次纪念周盛况》,《大夏周报》,第 12 卷 12 期,1936 年 3 月 12 日)

三日　开始实行早操及各项课外运动。

早操一举,不仅足使学生体力发展,且可养成早起习惯,本校推行数年,成绩卓著。本学期开学迄今,业有两周,闻已由体育部排定行次,于上星期二(三月三日)起实行,操钟一打,学子齐集操场,虽冷气逼人,仍按时出操,毫不畏缩,足见同学对锻炼身体不遗余力。至各项课外运动,亦已分别排定队次,一俟运动场修理完竣,即可开始实习矣。

(《三月三日起开始早操及各项课外运动》,《大夏周报》,第 12 卷第 12 期,1936 年 3 月 12 日)

九日　第二次纪念周会，邀请陈能方先生指导集团唱爱国歌。

本大学自本学期起，利用纪念周时间，隔周请国立音乐专科学校教务长陈能方先生莅校指导全体男女同学唱爱国歌词，业已举行多次。歌词有《党歌》、《问》、《从军歌》、《出军歌》、《爱用国货歌》等不下四十首，每次学习三四首，均由宋丽琛女士弹琴助奏。阖校师生，现多半均能自唱。惟为助长各同学对正当音乐发生兴趣及增加学生爱国情绪起见，教务处决开一"集团歌唱指导员"训练班，亦请陈先生指导，闻已商承陈先生同意，除纪念周外，每周另行莅校指导一二小时，现正征求同学加入，以便定期开始训练云。

（《陈能方先生莅校指导唱爱国歌》，《大夏周报》，第 12 卷第 17 期，1936 年 5 月 20 日）

下午三时，国际形势讲座开始，薛农山先生主讲，题为"德国国社党专政与欧洲局势之演变"。（《廿五年春季本大学各部处各院科各团体进行事项汇录》，《大夏周报》，第 12 卷第 20 期，1936 年 6 月 26 日）

十日　教务委员会召开第一〇四次会议。

三月十日下午四时本大学教务委员会假大夏新村鲁教务长宅举行第一百零四次会议，出席者鲁教务长、蓝注册主任、各院长及科主任，列席者图书馆吕绍虞主任，由鲁教务长主席，孟杰记录。闻除报告学生注册人数、教员上课情形外，并议决要案多件，兹探志如下：（一）体育专科学生依照师范专修科办法，加给普通体育学分两学分；（二）各院科学生体育不及格者不准毕业，惟得由体育主任另行酌定补救办法，自本学期起施行；（三）参加本届集中军训学生，以平时成绩及两次月考平均作为本学期之成绩，如有特殊学程，可于下学期酌予补授；（四）各科教材有须侧重救国工作训练者，由教务处拟定表格，发请各教授填报；（五）各种专题研究，促请各担任教授积极进行。

（《教务委员会开第一〇四次会议》，《大夏周报》，第 12 卷第 13 期，1936 年 3 月 27 日）

体育部重新厘定体育成绩计算办法。

本大学自厉行普及体育以来，瞬已两年；本学期起为严格锻炼青年体格，作为救国工作准备计，对学生体育成绩尤为注意。闻已由教务处会同体育主任方万邦先生厘订计算办法，决定与其他学科成绩并重，分为一二三四五各等，其成绩列入"五等"者，即不得升级，以期学生对体育一科，得有充分之发展云。

（《体育部订定体育成绩计算办法》，《大夏周报》，第 12 卷 12 期，1936 年 3 月 12 日）

十三日　教育学院邀请周思汉先生演讲，题为"日满蹂躏下之东北"。（《廿五年春季本大学各部处各院科各团体进行事项汇录》，《大夏周报》，第 12 卷第 20 期，1936 年 6 月 26 日）

十六日　上午十一时，纪念周会，国难教育讲座第二讲，罗又玄先生讲"现阶段之中日问题"。下午三时，国际形势讲座第二讲，薛农山先生讲"俄法提携之影响"。（《廿五年春季本大学各部处各院科各团体进行事项汇录》，《大夏周报》，第 12 卷第 20 期，1936 年 6 月 26 日）

十七日　下午三时，日本研究讲座第二讲，罗又玄先生讲"日本政治机构与其一般的动向"。（《廿五年春季本大学各部处各院科各团体进行事项汇录》，《大夏周报》，第 12 卷第 20 期，1936 年 6 月 26 日）

十八日　教育学院及师专科教授召开第一次联席会议。

本校教育学院暨师范专修科教授于本月十八日开第一次联席会议，由鲁教务长召集，出席教授多人，对陈友松先生主持之电影量表研究及陈一百先生主持之军训测验两案讨论甚详，最后议决通函全国各大学教育院系教授征求救国意见，全合研究，并于最短期内刊行《教育研究通讯》，由邰爽秋先生主编。闻第一期通讯，日内即可出版云。

（《教育学院及师专科教授开第一次联席会议》，《大夏周报》，第 12 卷第 13 期，1936 年 3 月 27 日）

十九日　举行第一次整齐清洁检查。

本校为实施学校军事管理化起见，于上星期起逐渐开始实行，除提倡礼貌，师生相见均行礼，上课就寝添吹军号外，对宿舍浴室食堂厕所及其他公共地点，每周均举行整齐清洁检查一次。闻第一次检查已于上星期四（三月十九日）举行，由欧副校长、鲁教务长、吴事务主任、顾群育主任、徐军事教官、张校医等亲往巡视云。

（《军事管理化先声》，《大夏周报》，第 12 卷第 13 期，1936 年 3 月 27 日）

二十三日　纪念周会，举行第二次集团唱爱国歌，仍由陈能方先生指导。下午三时，国际形势讲座第三讲，薛农山先生讲"地中海沿岸之风云"。（《廿五年春季本大学各部处各院科各团体进行事项汇录》，《大夏周报》，第 12 卷第 20 期，1936 年 6 月 26 日）

二十四日　下午三时，日本研究讲座第三讲，罗又玄先生讲"日本帝国主义之现势及其展望"。（《廿五年春季本大学各部处各院科各团体进行事项汇录》，《大夏周报》，第 12 卷第 20 期，1936 年 6 月 26 日）

二十七日　文学院教授孙德谦于去年九月病故，其家属秉承孙先生遗愿，将所藏书籍 1847 册捐赠学校，已全数运到。

本校已故文学院教授、当代国学大师孙德谦先生，学识渊博，中外驰名，生前如日本汉学家福田千代、德国汉学博士颜复礼等均来华聆教，足征孙先生造诣之深。去年九月病殁沪寓，本报曾出专号纪念，兹闻其家属秉承孙先生遗志，将遗书计一八四七册廉价捐赠本校，现已全数运到图书馆编目度藏矣。

（《本校已故教授孙德谦先生遗书已到校》，《大夏周报》，第 12 卷第 13 期，1936 年 3 月 27 日）

三十日　纪念周会，国难教育讲座第三讲，薛农山先生讲"日俄冲突与中华民族之出路"。下午三时，国际形势讲座第四讲，薛农山先生讲"两大国际思想之搏斗"。（《廿五年春季本大学各部处各院科各团体进行事项汇录》，《大夏周报》，第 12 卷第 20 期，1936 年 6 月 26 日）

三十一日　教育部派人莅校视察。

上月卅一日上午八时教育部参事陈泮藻，督学孙国封，专员郭有守莅校视察。由欧元怀、傅式说、吴浩然、鲁继曾、蓝春池诸先生陪同至图书馆、科学馆、教育馆、各研究室、各宿舍参观。至下午三时方兴辞而去。闻陈参事去年曾一度来校视察，此次重行莅止，对本校图书馆新扩大之参考阅览室，及理学院新添购之各种仪器，以及各研究室之研究成绩，均称赞备至，认为本校为私立性质，经费万分困难，一年之间，能有长足进展，实难能可贵也。

（《教育部派陈孙郭三专员莅校视察》，《大夏周报》，第 12 卷第 14 期，1936 年 4 月 12 日）

下午三时，日本研究讲座第四讲，罗又玄先生讲"日本社会组织与社会运动"。（《日本研究讲座举行第四次演讲》，《大夏周报》，第 12 卷第 14 期，1936 年 4 月 12 日）

本月　教务处调查学生志愿救国工作结束。

本校为适应国难时期需要起见，业经订定救国工作训练纲要公布在案。根据纲要第四条第一项之规定，学生须依照能力志愿，认定加入各组活动，每人自一种至三种，闻教务处已于上周将全校学生调查完毕，兹觅得"学生志愿加入活动登记表"一份，补刊如左：

学号：　　　姓名：

大夏大学学生志愿加入活动登记表

军事训练组	
技术训练组	
救护训练组	
社会工作组	
推用国货组	
国际宣传组	
调查研究组	
编译出版组	

说明:1. 此表各生须亲自填写

      2. 志愿加入何种活动即于该组之下[后]空格内作"√"符号

      3. 每人加入一组至三组之活动

(《教务处调查学生志愿救国工作完事》,《大夏周报》,第12卷第12期,1936年3月12日)

本月 理学院积极扩充实验设备,并添设多间实验室。

本大学理学院设立至今,成绩斐然。自廿二年秋添办工[土]木工程系后,投考者益行踊跃,现全院学生已达二百余人。为充实设备计,学校当局虽于财政极端困难中,每学期仍拨巨额款项,添购各种应用仪器,使学生对学理及应用方面得有均匀发展。兹闻本学期又新从美国中央公司采购大批仪器,如物理化学所用实验仪器及工程地质学标本百余种,业已陆续到校,其正由美国装运而尚未到校者,计有材料实验仪器多种,电磁学实验仪器数种,化学显微分析试验仪器十余种,总计价值约二万元。并闻该院为训练非常时期大学生特殊技能起见,除设立研究室外,数理系又添辟电磁学实验室、无线电实验室及光学实验室各一间,专门训练该学科在军事方面之应用;化学系添辟化学显微分析实验室一间,专训练学生对军用化学如炸药及防毒器具等之制造与应用。至原有仪器工场亦大加扩充,对普通物理实验仪器,类能自制云。

(《理学院扩充消息》,《大夏周报》,第12卷12期,1936年3月12日)

四月

八日 国际形势讲座第五讲,薛农山先生讲"国际关系的前途"。(《廿五年春季本大学各部处各院科各团体进行事项汇录》,《大夏周报》,第12卷第20期,1936年6月26日)

十日 新生活运动总会视察员莅校视察。

四月十日下午四时蒋委员长派新生活运动总会视察员陈继祯、张觉民两先生由上海市六区公安局魏巡官引导莅校视察学生生活情形。当由代理群育主任王裕凯先生及事务处杨麟书先生陪同至群贤堂、图书馆、科学院、运动场及各学生宿舍参观。闻陈、张两视察员临行时,对本校物质设备及学生生活精神,频频称赞云。

(《蒋委员长派新运视察员陈继祯张觉民两先生到校视察》,《大夏周报》,第12卷第14期,1936年4月12日)

十一日 召开校董会会议。

本校校董会自去年增聘孙哲生、居觉生、褚民谊三先生担任校董后,组织益增健全,本届校董会议,已于本月十一日下午六时假上海愚园路王校长宅举行,计到欧元怀、傅式说、王毓祥等十余人。由董事长王伯群先生主席,席间欧、王、傅诸董事对最近学校行政情形,财政状况,及中学部发展概况,报告甚详。闻对本大学下学期发展计划,亦多所研商,最后并由王董事长设席欢宴各董事云。

(《校董会开会》,《大夏周报》,第12卷第14期,1936年4月12日)

十三日 纪念周会,邀请中央军事政治学校刘健群先生演讲,题目为"青年救国方法"。(《刘健群先生莅校演讲青年救国方法》,《大夏周报》,第12卷第15期,1936年4月25日)

举行第三次集团唱爱国歌。(《廿五年春季本大学各部处各院科各团体进行事项汇录》,《大夏周报》,第12卷第20期,1936年6月26日)

本校为提振同学对国家观念及民族意识起见,认为集团唱歌,亦足以激励精神,爰根据救国工作训练纲要,本学期纪念周除设立国难教育讲座外,并敦请国立音乐专科学校教授陈能方先生隔周莅校指导唱歌,全体员生均参加,现已举行三次。闻过去员生当唱到"你知道今日的江山有多少凄惶的泪!",全场空气慷慨激昂,精神极为奋发云。

(《纪念周举行集团歌唱》,《大夏周报》,第12卷第14期,1936年4月12日)

十五日 下午三时,战时粮食问题讲座开始,邀请中国银行农村放款推广部主任张心一先生演讲,题为"战时农业"。(《举行"战时农业管理问题"讲座》,《大夏周报》,第12卷第15期,1936年4月25日)

十七日　猛进体育会召开成立大会。

本校猛进社成立迄今，瞬将一载。近闻该社开第三次理事会，为促进各同学对体育增加兴趣起见，特发起组织猛进体育会，业于四月十七日下午八时假群贤堂二〇八号教室开成立大会。到会者计三十余人，除修正通过会章外，并选出李炳炎、苏剪花、马振武、靳仕民、李为芝、张镇颐、王家骏等七人为干事，其职务之分配如左：（下略）

（《猛进体育会成立》，《大夏周报》，第 12 卷第 17 期，1936 年 5 月 20 日）

十八日　召开全体导师会议。

本校施行导师制，历有年所。成绩斐然。本学期仍继续施行，王校长特于四月十八日（上星期六）下午六时半在愚园路住宅欢宴全体导师，并即席举行会议，计到欧元怀、王毓祥、傅式说、鲁省三、吴泽霖、邵家麟、邵爽秋、唐文恺、孙浩烜、章颐年、方万邦、蓝春池、李青崖、梁园东、王成祖［组］、陈柱尊、王裕凯、陈一百、王瑗仲、王绍唐、谌志远、陈友松、陆永懋、孙惕、吴浩然等二十六人。首由王校长主席致开会词，继欧副校长报告救国工作训练实施情形，此外鲁教务长、傅会计主任、王群育主任及吴泽霖、邵家麟、陈柱尊、章颐年、邵爽秋、唐文恺诸导师均有重要意见发表。旋议决：（一）各导师于最近各召集该组全体学生个别或开会谈话一次，并随时举行个别谈话或指导；（二）本学期毕业学生，愿就业者各导师应尽力介绍，欲求深造者应由留学各国先进导师予以切实指导，学生之欲留学何国者，事先可向群育部登记，以便介绍相当导师等要案。讨论毕，钟已十下，遂各尽欢而散云。

（《王校长邀请全体导师叙餐》，《大夏周报》，第 12 卷第 15 期，1936 年 4 月 25 日）

十九日　上午九时至十一时，在体育馆举行第一次救护训练实习。

本校本学期实施救国工作训练新方案，对于战时常识及技术训练非常注意。上月（编者按：四月）十九日、廿六日（星期日）两天，救护训练组特假体育馆举行救护训练实习，由本校外科校医刘东兴先生负责指导，疗养院男女看护出席襄助。闻过去两周参加同学甚为踊跃，体育馆布置一新，俨如后方医院，欧副校长、吴事务主任及潘白山先生均莅临观光，目睹各同学谨慎从事，态度温娴，甚为赞欢。兹悉本周实习地点便利女同学起见，决改在群英斋底楼会客大厅举行云。

（《男女同学参加救护训练实习接连举行三周》，《大夏周报》，第 12 卷第 16 期，1936 年 5 月 6 日）

二十日　纪念周会，国难教育讲座第四讲，江问渔先生讲"忠义精神"。（《廿五年春季本大学各部处各院科各团体进行事项汇录》，《大夏周报》，第 12 卷第 20 期，1936 年 6 月 26 日）

全校员生开始统一穿着制服。

本校为整齐观瞻并提振尚武精神，养成俭朴习惯起见，爰定本月廿日起（本星期一）全校员生一律穿着制服，职员穿国货黑哔叽中山装，男同学穿黄色校服，女同学穿蓝色旗袍，精神极为奋发云。

（《本月二十日起全校员生一律穿着制服》，《大夏周报》，第 12 卷第 15 期，1936 年 4 月 25 日）

二十一日　救国工作训练委员会召开第二次会议。

本校救国工作训练自设立委员会主持实施以来，各项计划，业经依次实行。如特种讲座已举行"国际形势"、"日本研究"及"战时粮食及棉花问题"三种，准备军事管理化，举行集团唱歌，组织军事训练模范班，举行救护实习等，皆得到相当成效。闻训练委员会以距暑假尚有二月余，为充实力量并指导学生返乡训练及组织民众起见，特于本月廿一日下午四时假文学院办公室举行该会第二次会务会议，到全体委员会及各组主任，由欧元怀主席，席间对今后工作，已议定具体项目云。

（《救国工作训练委员会开第二次会议》，《大夏周报》，第 12 卷第 15 期，1936 年 4 月 25 日）

本校救国工作训练委员会于上月廿一日假史地社会研究室开第二次会务会议，各情已略志上期本报。兹查是日到会者有欧元怀、吴泽霖、徐建德、傅式说、王裕凯、孙浩烜、鲁维曾、王毓祥、吴浩然、谌志远等各委员。由欧元怀先生主席，徐光宇君记录，席间除决议改聘王裕凯先生为推用国货组主任，并公推傅式说、吴浩然、王裕凯、邵爽秋、徐建德五先生为筹款购机祝寿委员会委员外，各组主任对各改组最近工作情形，均有扼要报告，特摘志如次：（一）军事训练组现正积极进行紧急集合防空及侦察调查各种练习;(二)救护训练组已于上周及本周举行两次实习,参加同学甚为踊跃,下周仍继续进行;(三)技术训练组正向沪上专家征聘其到校演讲有关战争之技术智识,并定期举行防毒训练及架桥实习;(四)国际宣传组已分函全国播音台及通讯机关等调查,以为实际宣传之准备;(五)调查研究组刻正编订近年来中外报章杂志上有关国防及中日问题之论文索引及摘要,以期介绍国人,并促国人对国防问题及中日问题特加注意;(六)编译出版组拟于短期内编行战时常识丛书,中外政治经济小丛书(初中程度用),绘制图表,编订剧本或出版定期刊物等;其他各组,亦均分头积极进行。最后闻对各项技能,亦将根据登记表定期举行比赛,并聘谙熟人员到校训练云。

(《救国工作训练委员会最近各组工作情形》,《大夏周报》,第 12 卷第 16 期,1936 年 5 月 6 日)

二十二日　特种讲座,敦请中国旅行社社长陈湘涛先生来校演讲,题为"战时交通问题"。(《特种讲座连续举行》,《大夏周报》,第 12 卷第 16 期,1936 年 5 月 6 日)

二十三日　学生生活指导委员会开会。

本校学生生活指导委员会于四月廿三日下午六时假南京路冠生园东厅开会,计到傅式说、王祉伟、吴浩然、王裕凯、徐建德、方万邦、张泽春、潘白山、徐汝兰、杨汝淦等十人。由王裕凯先生主席,讨论议案历三小时之久,结果议决要案多起,交由群育部积极进行云。

(《学生生活指导委员会开会》,《大夏周报》,第 12 卷第 16 期,1936 年 5 月 6 日)

二十九日　下午三时,特种讲座,邀请太平洋国际学会主任干事刘驭万先生演讲,题为"太平洋国际关系之新动向"。(《特种讲座连续举行》,《大夏周报》,第 12 卷第 16 期,1936 年 5 月 6 日)

三十日至五月二日　举行全校捐款购机。

本校近选接中国航空协会及上海市募捐购机祝寿委员会来函,以扩大航空救国运动筹款购机为蒋委员长五十寿辰庆祝请积极征募等由,查购机祝寿意义及办法,日前报章均载及蒋氏个人对此事意见,行政院秘书长翁文灏亦曾反复阐明购机祝寿乃系捐款与政府国家,并非捐与蒋氏个人,本校认为此正系国民为国抒难之最好表现,乃由校务会议一致决议协助进行,并将此案交由救工训委会另组委员会主持其事。兹闻救工训委会于上星期开会讨论后,已公推王裕凯、傅式说、吴浩然、邰爽秋、徐建德五先生为委员,互推王裕凯先生为主席,并派定一部分志愿同学及校工为购机祝寿劝募人员,共分四组:(一)教职员组——劝募员冯汉斌先生、杨麟书先生、欧阳达先生,(二)住宿学生组——劝募员潘白山先生、杨德贞先生、虞明让君、蔡辉芳君、毛桂云女士、钟焕新君、封光并君、殷景祜君、陈知先君、杨润基君,(三)走读学生组——〈劝募员〉芮慕尹君、王恒良君、刘仰方君,(四)校工组——劝募员彭敬五、王在家、袁少臣、赵宝全、陈国庠、白永福、诸妈等,分头进行。现悉上星期四五六(四月三十日至五月二日)各人员向全校员生校工进行劝募时,同学朱光辉君,并画购机祝寿图多份,在群贤堂张贴,想在此国家多难之秋,大家必能同心一志,为国抒难也。

(《捐款购机为蒋委员长祝寿》,《大夏周报》,第 12 卷第 16 期,1936 年 5 月 6 日)

本月　王伯群校长到校视察。

校长王伯群先生,自去冬荣膺中政会委员及国府委员后,即在京勤劳国是,参赞中枢;所有校务,交由欧、王、傅、吴、鲁诸先生处理。本学期大中两部开学时,王校长曾来校主持开学典礼及第一次纪念周,旋即返京襄理政务,月余未到校。本月初中旬王校长乘返沪召开校董会之便,特抽暇莅校视察,对各部处服务人员,多所指示云。

(《王校长莅校视察》,《大夏周报》,第 12 卷第 14 期,1936 年 4 月 12 日)

本月　王裕凯代理群育部主任。

本校群育主任顾君义先生自二月间因母病请假返里侍疾,迄今两月,叠接顾先生函电报告伊母病势不易于短期间复原,孝思情切,未能返校任事。本校以群育事务,至关紧要,不能久悬,已由王校长聘请本校教育学院讲师王裕凯先生代理,并请军事教官徐建德先生担任群育副主任云。

(《王裕凯先生代理群育部主任》,《大夏周报》,第 12 卷第 14 期,1936 年 4 月 12 日)

本月　群育部在宿舍楼下添置集思箱。

本校为集思广益发扬师生合作精神起见,曾在群贤堂楼下及教授休憩室各置集思箱一具,过去承各教授及同学投函箱内而各方面藉以改进者不少。兹闻群育部为便利各同学投函计,又在各宿舍楼下添置集思箱一具,各同学如有意见,可自由投函箱内,以便核办。兹探录集思箱条例如后:

1. 本校为集思广益,发扬师生合作之精神起见,特设集思箱,凡本校教职员学生均得投函箱内表示意见

2. 投函标准以改良校务,或其他有关于学校事项为限,不得虚构事实,或故意攻击个人

3. 投函人须书明姓名及住址以示负责,且使本会于必要时得约同讨论

4. 此箱由群育主任管理,于每星期二启视,分别酌送各负责人员核办

5. 投函事项如因特别关系宣布后与投函人有妨害者,当为之严守秘密

6. 函中意见一经采取,如必要时即予公布

7. 建议如能增进学校利益,或其他重要关系者,由学校分别复函致谢,或酌予嘉奖

(《群育部设置集思箱》,《大夏周报》,第 12 卷第 15 期,1936 年 4 月 25 日)

五月

一日　土木工程学会召开成立大会。

本校理学院附设土木工程系,于兹已届三年。该系同学为联络感情,彼此互相切磋起见,由李炳炎等发起筹组土木工程学会,详情已略志上期本报。兹查该会已于五月一日下午七时假群贤堂二○八教室开全体会员成立大会。届时到会者,有五十余人,约占全体会员四分之三。开会后,由临时主席李炳炎致开会词,理学院院长邵家麟先生及土木工程系主任陆永懋先生训话后,旋即讨论会章,略加修改通过,并讨论一切重要进行事宜。最后举行票选执行干事十七人,候补干事六人。大会散会后,即续开第一次执行干事会,除由主席报告大会议案外其职务分配如次:(下略)

(《大夏土木工程学会成立》,《大夏周报》,第 12 卷第 17 期,1936 年 5 月 20 日)

三日　上午九时至十一时,在群英斋举行第三次救护训练实习。(《廿五年春季本大学各部处各院科各团体进行事项汇录》,《大夏周报》,第 12 卷第 20 期,1936 年 6 月 26 日)

四日　纪念周会,国难教育讲座第五讲,章渊若先生讲"苏俄与德国青年训练之方法"。(《廿五年春季本大学各部处各院科各团体进行事项汇录》,《大夏周报》,第 12 卷第 20 期,1936 年 6 月 26 日)

纪念周会,举行特种讲座,邀请章渊若先生演讲,题为"民族复兴与青年训练"。(《章渊若薛愚两先生先后莅校演讲》,《大夏周报》,第 12 卷第 17 期,1936 年 5 月 20 日)

五日　下午四时,校务会议开会,组织校庆筹委会,修正章程学则,并编印本年度一览,组织筹募建设债券委员会。(《廿五年春季本大学各部处各院科各团体进行事项汇录》,《大夏周报》,第 12 卷第 20 期,1936 年 6 月 26 日)

八日　下午三时,欢送赴苏州参加集中军训学生。

全国专科以上学校集中军事训练,在吾国历史上乃是创举;加以今年是一般人公认为世界危险年头,无论从拯救国家或应付国际环境来观察,吾人以为在今兹令全国智识青年受严格之体格锻炼,实含有极深刻之意义。因是本校对此次赴苏集训之二百余同学,特于本月八日(星期五)下午三时在体育馆举行盛大欢送会。是日到会者除应参加集训全体学生外,有欧元怀、王祉伟、吴浩然、鲁继曾、章颐年、王裕凯、徐建德、杨汝洤、徐汝兰、杨麟书诸先生及本报记者陈绍箕先生。此外尚有本校一年级全体女同学约四十余人及中华口琴队队员等。开会前,全班学生及学校干部人员在运动场摄影纪念,旋即分别入场,由欧副校长主席,报告此次学校召集欢送会之意义。(中略)次由群育主任王裕凯先生从历史方面举出斯巴达、雅典、美国、日本等国尚武精神的事实和政府注重国民体育的意义和目的,作个简短说明,并勉励各同学要救中国,须从本位做起。旋学生代表答词毕,由一年级全体女同学奏音乐,中华口琴队奏

慰劳歌及十字军进行曲,表示鼓励。五时一刻,学校所备丰富茶点到齐,欧副校长亲请各同学一起吃光,遂于军歌悠扬中散会。

(《本校二百余同学上周出发赴苏参加集中军训》,《大夏周报》,第12卷第17期,1936年5月20日)

十日　集中军训学生二百零八人,由军事教官徐建德先生带领去苏州参加集中训练。

九日下午,本校军训大队部徐教官下令于翌晨五时起身,六时集合,七时出发,并于九日下午三时在本校足球场检查服装及行囊。十日早晨,不仅该班同学按时起床,其他男女同学,亦分别到场观摩。六时早膳毕,吹号集合,该班全班同学,均自行搬运被褥行篑上搬场汽车。七时升旗,时欧副校长、傅会计主任、吴事务主任、王群育主任均赶来参加,当由徐教官下令吹号升旗,全体脱帽向国旗立正,表示敬爱国家之意。是日全班学生分四大队,每队分两区队,六小分队,计共廿四小分队。(中略)合共二〇八人。升旗毕,由刘茵[因]君领导唱从军歌及出军歌,并由欧副校长训话,略谓:今天目睹诸位服装齐整,精神饱满,心里觉得非常兴奋。望诸位此次赴苏,切实牺牲个人自由,认真受训,俾将来能为民族夺取自由等语,旋即分排于掌声雷动中依次登车,秩序极为整齐。登车后,又唱出军歌,充分表现英勇气概,欧、傅、吴、王诸先生且亲送至上海北站。

七时一刻,车由校门口出发,留校男女同学,均莅临送行,车中人车下人均频频挥手,依依难舍,直至车不见方息,足证全体同学均能相亲相爱,宛若家人然。七时五十分,车抵北站时,光华、大同、交通、同济、沪江各大学学生亦先后莅临,候车待发;惟他校学生服装及精神方面,似不若本校之整齐奋发。抵站后,两路局长黄伯樵先生亲自莅站欢迎,并指示各校学生登车。本校同学系坐三等车,事先事务处已派员到站接洽照料,各同学均自行搬运行李登车,刻苦耐劳,毫无倦容。九时一刻,全沪专科以上学校集中军训学生,遂于汽笛鸣鸣军歌激昂夹杂声中驶出北站,直赴苏州矣。

(《本校二百余同学上周出发赴苏参加集中军训》,《大夏周报》,第12卷第17期,1936年5月20日)

苏州集中军事训练生活状况如下:

本校集中军训班一行二〇八人于上月十日由军事教官徐建德先生率领往苏州参加集中军事训练,各情已详志上期本报。近该班同学有函与欧副校长,略谓彼等于当日(即五月十日)上午十一时许车抵苏州车站,整队步行至间门外炮兵营,沿途居民观者如堵,频称:"大学生也当兵,真是奇怪!"彼等于翌日(即五月十一日)即开始其军事生活:几点起床,几点升旗,几点术科等,生活虽较学校为清苦,而精神上却甚奋发畅快。函中并称:彼等最感困苦者,并非在衣食住行之不舒适,不自由,呆板,紧张,而在于书报之缺少,不能供彼等课余之阅读;精神食粮较为稀少。现闻校方亦专寄《大夏周报》及普遍杂志数十种前往,各同学如有已阅新出杂志如《世界知识》、《东方杂志》、《读书生活》等而有意赠与该班者,可迳寄苏州间门外炮兵营上海各大学学生集中军训大队各同学收,日昨该班某君又有函达欧副校长,兹将原函摘录如左:

欧夫子:

此间生活,虽与常异,而各同学皆能渐次应付,以坚苦之意志,来克服困难之环境,在一定的范围内,结成此集体之生活,以锻炼体格,培养意志,各同学皆循矩以行,和爱授受,见面必敬礼,上课必立正,到处充满了严整肃静之空气。诸同学在此短短的时间内,心身两面已渐臻健,有规则之训练,诚有其价值在也!

军队生活,崇尚朴实,吾辈尤其简单,各人皆着绿色制服,光头黑鞋,无其他装束,虽假时出外,亦此一身,食时菜蔬同共,胃口好者狼吞虎咽,不好者亦必尝试些许,零食绝对禁止。

本来此种训练,是以锻炼体格为主,故一天操作占去十分之七,疲乏已极,亦必挺胸站立,听长官之训言;尤其是星期日上午举行纪念周,一站就是四五个钟点。每天下午五时后之课外活动,是由值星官领导,至四处观览名胜,虽远在三四十里之遥,亦必步行到达,如是天天锻炼,只此八天,各同学已饮食大进,面如古铜色,步履康强,萎靡不振之姿态,已尽去其半矣!

除体格训练外,因属专科学生,精神培养,亦甚重视,故每天学科训练不少。集会结社在所不许,惟有所谓小组讨论会,由军训总部训育委员会指导下,讨论政治军事诸问题,每星期一一次,每中队分九小组,同学互相发言,题目由上官规定,每组有指导员监视,偶有错言,必受训斥,精神上颇感束缚。

此次训练学生,大中学数近八千,故苏州城内外,来往行人大半属丘八爷,情形十分热闹。现奉中央命,将上海市全部集训学生一体于本月廿二日上午三时搭车进南京,举行开学典礼与聆训,并参观各机关学校,晋谒中山陵,殆有三日勾留矣!余容后赘,并颂

钧安

生×××谨上
五月十九日于苏州军次

(《集中军训班在苏生活情形》,《大夏周报》,第 12 卷第 18 期,1936 年 6 月 1 日)

十一日 纪念周会,举行第五次集团唱爱国歌。(《廿五年春季本大学各部处各院科各团体进行事项汇录》,《大夏周报》,第 12 卷第 20 期,1936 年 6 月 26 日)

本大学本学期利用纪念周时间,隔周请国立音乐院①教务长陈能方先生及宋丽琛女士莅校指导全体员生学唱集团爱国歌,不下四十余首;现课余饭后,步入校园或宿舍,辄可听及爱国歌词,足见移风易俗,收效非小。最近事务处已将此项歌词,汇编成集,分赠本埠各大学,靡不歌诵成风,认为激发青年爱国情绪之绝好方法。闻本市各大中小学连日具函到校索阅者日有数起,预料秋季开学后,此项爱国歌词,势将弥漫全沪云。

(《本校集团歌唱之影响》,《大夏周报》,第 12 卷第 20 期,1936 年 6 月 26 日)

十三日 下午四时,救国工作训练委员会邀请暨南大学军事化学教授薛愚先生来校演讲,题为"毒气化学问题"。(《章渊若薛愚两先生先后莅校演讲》,《大夏周报》,第 12 卷第 17 期,1936 年 5 月 20 日)

十五日 校长室发出布告,调查最近两年度毕业生失业状况。

兹奉教育部令,略谓现正与各关系方面磋商拟为大学毕业生之失业者筹谋通盘救济办法,并拟先就最近两年度廿二三年度毕业者着手,特令将(一)姓名、(二)年龄、(三)性别、(四)籍贯、(五)学科、(六)最近通讯处,详为调查。限五月底以前造册报具以凭核办法等云云。现除已另函调查外,特再等周报通知,凡该两年度毕业同学如有失业者,务请将该调查表详为填寄本校校长室徐光宇先生处,以便汇报,事关诸同学前途,幸勿漠视此启。

校长室
五月十五日

(《校长室启事》,《大夏周报》,第 12 卷第 17 期,1936 年 5 月 20 日)

十八日 上午,纪念周会,邀请市教育局局长潘公展先生莅校演讲,题为"革命精神"。(《潘局长莅校讲革命精神》,《大夏周报》,第 12 卷第 18 期,1936 年 6 月 1 日)

十九日 四时至六时,国防问题讲座开始,救国工作训练委员会邀请石陶钧(后改名石醉六)先生讲"国防问题"。该讲座自本日开始连讲三天。(《军事专家石陶钧先生到校讲国防问题》,《大夏周报》,第 12 卷第 18 期,1936 年 6 月 1 日)

二十二日 江西教育厅厅长、教育学院前院长程时煌(字柏庐)先生莅校参观并演讲"学生之修养"。

现任江西教育厅长、前任本校教育学院院长程伯[柏]庐先生月前由赣赴京出席十省专员行政会议,乘暇来沪访问友好,本校教育学院院长邵爽秋先生及欧副校长、鲁教务长以程氏为教育专家,贡献甚多,且亦本校旧时袍泽,特于上月(编者按:五月)廿二日请其来校参观,并在群贤堂三〇一教室为教育学院及师范专修科同学训话。程先生以历年办事经验,提示各同学应注意:(一)基本常识科学训练,(二)除教育学程外,兼习一二种专门学科,(三)研习行政上应用文字,(四)平时多旅行并深入乡村考察,(五)特别着重国文训练五点,均为金石之言。旋各同学自由提出特别问题请示,程氏一一解答,毫无倦容,全场空气,至为兴奋。

(《赣教育厅长程伯庐先生莅校演讲》,《大夏周报》,第 12 卷第 18 期,1936 年 6 月 1 日)

---

① 国立音乐院于 1929 年改为国立音乐专科学校,此处原文仍沿用旧称。

二十五日　上午，纪念周会，举行国难音乐会，由国立音乐专科学校师生主持表演。(《廿五年春季本大学各部处各院科各团体进行事项汇录》,《大夏周报》,第 12 卷第 20 期,1936 年 6 月 26 日)

二十九日　群育主任王裕凯先生代表学校赴苏州探慰集中军训学生。

本大学一二年级赴苏参加集中军训学生一行二百余人,自上月十日离校迄今,瞬已匝月,该班学生时有音讯传至本校,报告在苏生活情形。上月廿九日学校为表示眷念计,特派群育主任王裕凯先生前往探慰,王先生除随带学校采购大批糖果茶点聊表慰劳外,并携有本报三百份、各种新出杂志四十多种前往,以供该班同学精神上之食粮。闻王先生在苏时,曾召集全体学生叙谈,师生间情形极为亲挚,不久欧副校长、吴事务主任亦将往慰视云。

(《王裕凯先生赴苏探慰军训学生》,《大夏周报》,第 12 卷第 19 期,1936 年 6 月 13 日)

光明社召开成立大会。

本校女同学为联络感情,彼此互相切磋起见,由张广娴等发起筹组光明社,兹查该社已于五月廿九日下午七时假群英斋家事学教室开全体社员成立大会,届时到会者约四十余人。开会后由临时主席项淑贞致开会词,女生指导员潘白山先生及家事学教员俞曙芳先生讲演,旋即讨论社章,略加修改通过,并讨论一切重要进行事宜。最后举行票选理事七人,候补二人。大会散后,即续开第一次执行理事会,除由主席报告大会议案外,其职务分配如此:(下略)

(《大夏光明社成立》,《大夏周报》,第 12 卷第 19 期,1936 年 6 月 13 日)

三十日　法律学会邀请江亢虎博士莅校演讲,题为"中国古代之法典"。(《法律学会敦请江亢虎博士莅校演讲》,《大夏周报》,第 12 卷第 18 期,1936 年 6 月 1 日)

三十一日　中午,举行全体教职员及回校毕业同学叙餐会。每年校庆,服务于京、杭、苏、锡一带校友均会回校参加校庆活动。

本大学系师生合作产儿,每年校庆,服务京杭苏锡一带离沪较近毕业同学多回校访谒师长,报告个人事业并协商母校发展;本年校庆日期,因适值星期一,校方恐妨碍各同学职务,特提前于五月三十一日招待各毕业同学回校参观,中午假中学部图书馆楼开全校教职员及回校毕业同学叙餐会,秩序闻已由校庆筹委会决定:(一)主席致词,(二)演说,(三)毕业生代表致词,(四)校友自由演说,(五)余兴,(六)摄影。(下略)

(《十二周年纪念消息》,《大夏周报》,第 12 卷第 18 期,1936 年 6 月 1 日)

六月

一日　举行建校十二周年纪念大会。全体师生及校友二千余人出席,欧副校长报告十二年来学校概况。教师代表和毕业同学代表相继致词。下午,与暨南大学等校举行球类友谊比赛。同时,开放科学馆、图书馆及各研究室,供师生校友参观。并举办全校教职员金石书画展览会,展出各种书画篆刻一百余件。

六月一日,为本大学立校十二周年纪念日期,值兹国难日期,学校除本报出版特刊外,不作任何铺张。惟为纪念过去缔造艰难计,事先推吴浩然、傅式说、王裕凯三先生负责筹备,经两星期之设计布置,校中各场所均焕然一新。五月三十一日起全部校舍开放,任人参观。(中略)

一日上午九时,全体员生在体育馆开纪念会。事先周报社及事务处派人当场发《周报》特刊及秩序单。九时鸣钟,体育馆中每一角落,装满大夏成员。除到王校长、欧副校长、鲁教务长及教授王祉伟、傅式说、吴浩然、蓝春池、邵家麟、孙浩烜、任孟闲等及全体员生约二千余人外,校董到会者江问渔、张竹平、赵晋卿诸先生,来宾有潘公展局长及蒋建白先生。大会由王校长主席布开会词,略谓本校以极端绌之时间,物质精神,均有长足进展,全系师生合作之结晶。本年校庆,以值兹国难严重时期,不作任何足以损失国力之铺张,望诸位教授、诸位同学本过去坚苦卓绝之精神,认真教学,再接再厉,以期达到本校年来拟定实施复兴民族教育之目的。继欧副校长报告十二年来概况,大意谓本校于民国十三年由厦门大学二百余学生及一部分教授离校来沪设立,当时地无立锥,完全如一"先天不足"之婴孩。开办后,经许多艰难挫折,至今始粗具规模,又正像一"后天多难"之小孩。故吾人如以学校当有机体看,此十二周岁大夏小孩之"八字",可谓就是"先天不足,后天多难"八个字。现在学校负债至四十四万元之巨,财政上困难,与十二年前之今日可谓变本加厉。吾人如再算此十二岁之小孩之"五行",截至目前,大夏大学之"木火水土"可说是样样具备,只差一个"金"字。望全体同学及社会人士予以相当援助等语。旋请潘公展局长演说,语多策励,谓本校现在虽然缺"金",如全校师生能继续以往合作精神,努力苦干,不难安渡难关。旋校董江问渔、赵晋卿相继演说,毕业生代表张仲寰致词,最后全体唱校歌,鸣炮散会。来宾潘局长、蒋先生及各校董并由欧副校长、邵家麟院长及傅、王、吴诸先生伴同参观科学馆等,至十二时始离校而去。

一日午后一时左右,本校男女学生与暨南大学、复旦附中、税务专门学校、中国女子体育师范学校等校学生做球类友谊比赛,兹觅得结果成绩如下:(下略)

(《六一立校纪念盛况》,《大夏周报》,第 12 卷第 19 期,1936 年 6 月 13 日)

二日　召开第一八九次校务会议,议决添设中学教育系。

本大学教育学院原有中等教育系之设,旋因故停办,本月二日下午校务会议举行第一八九次常会,曾讨论教务委员会交下添设中学教育系提案,闻各委员会佥以依照大学组织法,本校教育学院实有添设之必要,一致通过,自下学期起招收该系学生,并已决聘请孙亢曾先生为系主任云。

(《教育学院添设中学教育系》,《大夏周报》,第 12 卷第 19 期,1936 年 6 月 13 日)

四日　举行国语辩论决赛。

大夏大学举行院科际国语辩论竞赛,辩论问题为"中国今日需要生育节制"。昨日决赛,由群育主任王裕凯主席,邱爽秋、王国秀、任孟闲三教授担任评判。结果反面法学院代表胡弘机、汪道渊、钟志刚三人为优胜组,由王国秀女士给奖。

(《大夏国语辩论》,《申报》,1936 年 6 月 5 日,第 15 版)

校长室汇送全校员生校工购机祝寿捐款,函请市教育局转交。(《廿五年春季本大学各部处各院科各团体进行事项汇录》,《大夏周报》,第 12 卷第 20 期,1936 年 6 月 26 日)

八日　救国工作训练委员会邀请暨南大学校长何炳松先生莅校演讲,题为"历史上中华民族所遇之国难及其侮御精神"。(《暨大校长何炳松先生莅校演讲》,《大夏周报》,第 12 卷第 20 期,1936 年 6 月 26 日)

十二日　大夏大学再次当选上海各大学联合会执委。

沪市立私立大学及专科学校不下二十余,向有联合会设立,本校过去曾屡次被选为执行委员,襄赞会务不遗余力。本月十二日下午六时,该会假八仙桥青年会举行会员大会,本校前往出席者有欧元怀、傅式说、鲁继曾、王祉伟、蓝春池、王裕凯诸先生。由沪江大学校长刘湛恩主席,本校副校长欧元怀报告一年来会务,大同大学校长曹惠群报告一年来会计,旋讨论要案多件,最后举行票选,本校仍连任执行委员。

(《本大学当选为上海各大学联合会执委》,《大夏周报》,第 12 卷第 20 期,1936 年 6 月 26 日)

十三日　欧元怀副校长及事务主任吴浩然先生赴苏州探视集中军训学生。

本校群育主任王裕凯先生于上月念九日赴苏探视军训学生,业志上期本报。兹查最近两三周来该班学生在苏受训情形,尤为紧张。欧副校长及事务主任吴浩然先生为明了彼等实际军队生活起见,特于本月十三日下午搭京沪车赴苏,前往探视。闻两先生带有大批水果,新出什志及本报近期约三四百份,预备分赠各同学,到苏时,由张大队长、郑训育主任率领全队学生集合操场欢迎,欧、吴两先生即向全体学生演说,予以精神上激励,历一小时之久,各同学注听毫无倦容,精神极为饱满云。

(《欧副校长吴事务主任联袂赴苏探视军训学生》,《大夏周报》,第 12 卷第 20 期,1936 年 6 月 26 日)

十四日　王伯群校长邀请在南京服务毕业学生聚会。

本大学各院科毕业同学在京服务者不下一百余人,最近王校长为欲使各同学明了母校年来发展情形,特于本月十四日午后三时在京邸邀请在京同学茶叙,并请欧副校长晋京报告校务,到同学骆美奂、何纵炎、邰华、袁野秋、黄炎、李兆龙、黄允中、卓承琪、曾兰英、茹馥廷、林瑞仙等共百余人。先由王校长致词，欧副校长报告母校年来发展情形，本学期实施国难教育状况，及最近学校发行建设债券之目的。闻各同学爱校心切，当场选出骆美奂君任江苏队总队长，袁野秋、何纵炎、黄炎、邰华、黄允中任副队长，向各同学劝募。后王校长略备茶点，各同学畅叙至午后七时左右方散会。

（《在京服务毕业同学集会》，《大夏周报》，第12卷第20期，1936年6月26日）

二十日　上午十时，举行毕业典礼，全校师生参加。

本大学本届各院科毕业生计共一百余人，于本月廿日上午十时在体育馆举行毕业典礼，出席校长王伯群，副校长欧元怀，校董孙哲生，教授王祉伟、傅式说、鲁继曾、吴浩然、邵家麟、邰爽秋、唐文恺、孙浩炟、章颐年、王裕凯、方万邦、蓝春池、任孟闲、谱志远、冯丽荣、王绍唐、曾傅三及全体教职员、毕业生、毕业生家长共一千五百余人。首由校长王伯群主席致开会词，略谓：各毕业同学与本校发生关系，多者七八年，少者四五年，对本校立校精神，如"刻苦"、"耐劳"、"牺牲"、"奋斗"、"合作"诸精神，当甚明了，望各位出校后，无论为社会服务或为国家效力，都应本着本校特有精神，与已在社会服务之毕业同学，联络合作，务使大夏精神得以充分发扬光大。次请校董孙哲生训词，大意谓：今日中国处在极艰危局面中，无论政治经济诸方面，在在需要建设；一般民众因受经济压迫，无力担任救国工作，目前救中国者端赖全国年富力强而又有充分智识之大学毕业生。惟现今国际情状，瞬息万变，吾人尤宜随时充实智识，培养思想，把握当前问题，方能应付此艰危之局面，望各位离校以后，随时注意时事，继续研究学问，所谓在校时"读书不忘救国"，出校后"做事不忘读书"等语。次全体唱从军歌后，遂由代理文学院院长鲁继曾介绍文学院毕业生黄懿青等十三人，理学院院长邵家麟介绍理学院毕业生刘极明等十四人，教育学院院长邰爽秋介绍教育学院毕业生张明德等四十八人，商学院院长唐文恺介绍商学院毕业生俞季逵等三十四人，法学院院长孙浩炟介绍法学院毕业生潘家驹等三十四人，师专科主任章颐年介绍师专科毕业生钟振翮等五十七人，请校长授予学位及证书，仪节至为隆重。旋唱校歌奏乐散会，时将正午矣。

（《毕业典礼志盛》，《大夏周报》，第12卷第20期，1936年6月26日）

下午三时，在中学部大楼开毕业生话别会。

本届各院科毕业生，本校除于六月二十日上午在体育馆举行毕业典礼外，并于同日下午召开毕业生话别会。地点原定愚园路王校长宅花园，以天阴改在中学部大楼举行。三时开会，计到王校长、欧副校长、傅会计主任、王秘书长、吴事务主任、蓝注册主任，教授邵家麟、邰爽秋、孙浩炟、任孟闲、王裕凯、卜愈，毕业同学会代表高芝生及全体毕业共二百余人。首由王校长训词，略谓：本人平时与诸君甚少会面，诸君毕业后，将同为社会服务，或在同一机关任职，此后见面机会，或较前此为多。次分析社会现实情形，阐明团结意志，最后勉各毕业生莅校后在社会服务，务须彼此联络，合作互助，本着大夏精神，共肩复兴民族之责。继教授代表任孟闲、王裕凯相继赠言。任先生演辞甚长，亦庄亦谐，摘其大要，可分（一）如何谋事，（二）如何做事，（三）社会所需之人才三点。任先生除逐一说明，指示谋事做事指南针外，其结语有"人而不才"、"才而不人"之句，尤足耐人寻味。王先生演辞要旨，分二点：（一）引富兰克林为例，希毕业生出校以后，应各自订定日课表，切实施行，如是五年十年以后，必有相当成就。（二）希毕业生离校后，须带走大夏精神；对本校行政之分工合作敏捷情形，及会计制度之完善，特别提出说明。复次为卜愈先生演说，卜先生刚从法国巴[黎]大学回国，途经柏林、莫斯科、哈尔滨、沈阳、北平、天津诸地，沿途观感颇多，并勉各毕业同学应学德俄"其愚不可及也"之态度，勿自播弄聪敏。卜先生演说毕，大夏小学幼稚园及大夏新村小朋友，开始表演游艺，节目有："我们要振起精神"、"进行"、"爸爸回家"、"土风舞"、"唱英文歌"、"卖报歌"、"小兵"、"娃娃兵"、"金铃舞"、"大路歌"、"拍荞麦"、"口琴独奏"、"钢琴独奏"、"小鹦歌"等，诸小朋友活泼天真，演来幕幕精彩，博得掌声不少。表演毕，高芝生君代表大夏毕业同学会致词，章复君、江念劬女士代表毕业同学致答词，最后全体合唱校歌，茶叙散会，并在中学部运动场摄影留为纪念云。

（《举行毕业生话别会》，《大夏周报》，第12卷第20期，1936年6月26日）

本月　救国工作训练委员会开会，拟定秋季计划。

本大学因国难严重，鉴于大学教育责任綦巨，爰于本年二月间，成立救国工作训练委员会，协同校务会议及教务、事务、群育各委员会推进国难教育,过去进行事项,已叠志本报。现暑假即将开始,下学期进行重要事项,救工训委会业已厘定,举其要者,有:(一)严格军事管理:全体学生无论年级高低,均须住校;除家眷在沪者外,不得声请通学,并须全体早操,穿着制服。(二)推进劳动服务精神:依照教育部所订特种教育纲要,秋季拟将全体学生分为若干组,由教职员、军事教官、体育教员领导,在本校练习筑路、刈草、饲鱼、填地、照料树苗花卉、扫除宿舍与机器工厂工作等,并将利用星期例假,派遣学生参加本校周围各乡村识字运动及公共卫生运动等。(三)开设特种学程改革课程内容:每学院至少添开三四门,由教务委员会决定延揽专家到校担任,并请各教授注重切于实际之教材。至(四)特种讲座亦仍继续举行。

(《救工训委会拟定本大学秋季进行事项》,《大夏周报》,第 12 卷第 20 期,1936 年 6 月 26 日)

本月　各地校友积极认募校园建设债券。

本校建设债券十五万元,自校董会议决发行后,首先向本市各界校友分别劝募,计成立九个分队,均经召集校友开会谈话,认募推销,极为踊跃,校友爱校之热烈,由此可见。闻外埠已开始函聘筹募委员,积极进行,将来结果定有可观云。

(《建设债券积极筹募》,《大夏周报》,第 12 卷第 19 期,1936 年 6 月 13 日)

七月

二十日　沪西民生教育实验区举行一周年纪念会。

上海市教育局大夏大学念二运动促进会等合办之沪西民生教育实验区,自去年八月间开始实验工作以来,迄今为时一载。兹定今日在该区总辅导处举行一周〈年〉纪念会。兹分志如次:

▲ 纪念节目

(一)纪念典礼(上午八时至十时);(二)团友同乐会(上午十时至十一时)(教车表演拉琴走棋拍珠操练等);(三)团友施医(流动施医队下午一时三十分至二时);(四)填字竞赛(下午二时至三时);(五)纺织竞赛(下午三时至四时);(六)团友成绩展览;(七)纺织出品展览;(八)各种教材展览;(九)各种章则展览;(十)本区丛书展览;(十一)余兴(本区活动教育片晚上七时在大夏大学)。

▲ 实验区域

该区设在沪西大夏大学附近,由市教育局大夏大学及念二运动促进会合办。全区面积共四十方里,二千余户,一万二千余人口。区内居民,务农者占百分之八十,作工者占百分之十,拉车者占百分之五,经营小本生意者亦不少。该区民生计,除少数经商及拥有资产者外,多属不甚宽裕。成人百分之八十以上为文盲。故该区以实验民生本位的教育,提倡购用土货,励行社会节约,努力社会生产,发展农村经济,改进区民生活,推进中央规定之各项运动,协谋中华民族之复兴为宗旨。

▲ 施教情形

施教方式:(甲)流动教学:(一)开会式,纪念大会、娱乐表演、升旗典礼、问题讨论等;(二)集练式,时事报告、常识指导、课业学习、念二讲座等;(三)访问式,医药访问、工作访问、友谊访问、生活访问等;(四)展览式,农事展览、土货展览、图书展览、卫生展览等。(乙)因时而教:(一)晴天,露天教学;(二)雨天,室内教学;(三)暑天,纳凉教学;(四)寒天,围炉教学。施教工具用普及教育和各种教育箱,把教育送上门去。

▲ 事业概况

该区经费除由市教育局补助念二运动促进会之三百五十元中,按月拨二百〇五元外,每年由大夏大学津贴五百元。一年以来举办事业如下:区内分设施西念二社、金家巷念二社、徐家宅念二社、推广念二社等,本年度预约民众数各社均为二百人。其主要经济活动团体计有拉车合作团、洗衣合作团、纺织合作团、种植合作团等,协办事业,如联合生产、推销、消费、储蓄、保卫、消防、卫生、娱乐、筑路、浚河、造林、防灾等。

(《教局大夏等合办之沪西民生教育实验区讯》,《申报》,1936 年 7 月 20 日,第 15 版)

八月

本月　新聘请教授多人。

本大学商学院银行系主任一职,王校长已聘定张素民先生继任。张先生系美国彭士维尼亚大学经济学博士,专攻经济学与银行学,为我国有数经济学者。现任暨南大学银行系主任,专著有《白银问题与中国币制》(商务出版),《价值论》(世界书局)等,短篇论文散见国内各著名杂志,学验均富。该系同学,靡不称赞得人云。

(《张素民任商学院银行系主任》,《大夏周报》,第 13 卷第 2 期,1936 年 9 月 30 日)

大夏大学商学院下学期为更谋发展起见,聘请美国纽约大毕商学硕士、历任之江大学中央计政学院合作学院教授金企渊为院长兼会计系主任,前任税务专门学校校长朱彬元硕士为银行系主任①,前厦门大学教授周天骧为商业管理系主任,曾任钱塘江铁桥银行团代表稽核方培寿硕士为人事管理学教授,中央信托局郭午桥博士为银行制度教授,中国信托公司副经理陈之遂博士为银行会计教授,联合广告公司经理陆梅僧硕士为广告学教授。又该院为注意农村事业起见,特开农村经济及农村合作等学程,聘请新由法国回国之巴黎大学博士卜愈担任教授。该院又受太平保险公司之委托设立保险学讲座,由郭佩弦担任讲师。诸教授均系饱学之士。

(《大夏商学院新猷》,《申报》,1936 年 8 月 24 日,第 13 版)

本校体育部自前年王校长聘定方万邦先生担任主任以来,推行普及体育,成绩斐然。兹悉方先生因被上海市市立体育专科学校聘为教务主任,职务甚为忙碌,未遑兼顾,主任一职,现已由王校长聘杨永燦先生代理,杨先生系国立中央大学体育科毕业,技能学识,均甚优良,以之担任斯职,定能胜任愉快云。

(《杨永燦代理体育主任》,《大夏周报》,第 13 卷第 2 期,1936 年 9 月 30 日)

九月

一日　秋季开学,新旧学生缴费办理入学手续。七日开始注册,十四日正式上课。大学部注册学生共 1519 人,中学部共 399 人,总计 1918 人。

本学期大学部学生注册人数,据教务处报告,共有一千五百一十四[九]人,由文学院占一百七十一人,理学院占二百八十人,教育学院占三百三十八人,商学院占二百一十九人,法学院占三百一十七人,师专科占一百七十一人,体专科占二十三人。至中学部注册人数,高中各科年级共三百四十四人,初中各年级共五十五人,合共三百九十九人,大中两部总共一千九百一十八人。

(《本学期大中两部学生注册人数统计》,《大夏周报》,第 13 卷第 3 期,1936 年 10 月 10 日)

五日　学校自该学期起推行劳作教育,开设"生物标本剥制法"、"陶瓷学"、"钢架房屋及桥梁设计"等学程。

本大学鉴于年来我国青年之耽于悠闲生活及内地中小学劳作师资之缺乏,不仅有失政府提倡职业教育本旨,民族生命前途,影响亦为不小;爰遵照教部颁行专科以上学校特种教育纲要,自本学期起推行劳作教育。现所设学程有"生物标本剥制法"、"陶瓷学"、"钢架房屋及桥梁设计"诸学程,担任教授为郁康华、韩春元等诸先生。郁先生系本校生物学专任教授,任教有年,同学靡不钦仰。韩先生系日本工业大学毕业,历任上海安迪生电料厂工程师、广西宾阳陶瓷厂工程师,现任国立中央研究院工程所陶瓷场技师。

(《推行劳作教育》,《大夏周报》,第 13 卷第 2 期,1936 年 9 月 30 日)

教育学院开设电影教育学程。

---

① 查银行系主任为张素民,《申报》消息发布较早,疑此后有所更动。

电化教育,为现代国家训练公民最有效之工具。中央宣传部电影教育委员会之措施及中国电影教育协会之建树,足证中枢当轴重视电化教育及吾国教育界硕彦对电影教育信念之坚强。本校教育学院有鉴于斯,本学期特添设电影教育学程多种,如"电影教育"、"电影编剧法"、"电影导演术"等,都是研究电化教育之基本与使用之智识;担任教授徐公美、姚祖[苏]凤、沈西苓、孙瑜、蔡楚生诸先生,亦系我国从事电影事业之知名学者。此种措施,其旨趣全在使该院社会教育系学生,对于电影教育,不特有系统之学术修养,且对于电影事业之实务,可得有专门技术之演习。闻该院此项设施,本学期尚属试办性质,如成绩良好,下学期或将设专班训练云。

(《教育学院设电影教育学程》,《大夏周报》,第 13 卷第 1 期,1936 年 9 月 18 日)

十日 开设"公民教育"讲座。

利用纪念周时间,设置特种问题讲座,予全体同学以精神训练及各种问题之系统智识,在本校已实施有年,收效殊大。上学期举行"国难教育"讲座,尤博得各同学之欢迎。兹以全国和平统一告成,宪法行将公布,国民大会又将在十一月间举行,训练学生如何去做一个民国国民,实甚重要;故本学期纪念周特种讲座,特由救国工作训练委员会及校务会议诸先生偕同议决设置"公民教育"讲座,于下月(编者按:十月)五日(星期一)上午十时半开始按周举行,各讲师业经王校长聘定。

(《纪念周设"公民教育"讲座》,《大夏周报》,第 13 卷第 2 期,1936 年 9 月 30 日)

十六日 军事训练队本部成立,开始实施军事管理。(《廿五年秋季本大学各部处各院科各团体进行事项汇录》,《大夏周报》,第 13 卷第 15 期,1937 年 1 月 14 日)

十七日 财政委员会议决添建教职员宿舍一座。(《廿五年秋季本大学各部处各院科各团体进行事项汇录》,《大夏周报》,第 13 卷第 15 期,1937 年 1 月 14 日)

二十一日 补行秋季始业式。

本学期始业式,业于上星期一(廿一日)上午十时半起在体育馆举行。是日出席者有王校长、欧副校长、鲁教务主任及教授傅式说、吴浩然、王裕凯、邵家麟、金企渊、孙浩炬、章颐年、蓝春池、陈一百、孙亢曾、陈能方、宋丽琛诸先生及全体职员男女学生共千五百人。大会由王校长主席,陆承采君司仪。行礼如仪后,师生行相见礼,即由王校长训词,对本校立校精神及目前国家危机之严重与大学生拯救国家责任之重大,阐发至为详明。次副校长欧元怀先生报告校务,内容可分为两点:(一)设备方面,有群策斋学生宿舍之改造,各研究室之扩充,图书馆之新布置,如在参考阅览室内添辟"爽秋藏书处",四百多种中西文定期杂志之加以分类,扩大阅报室等,都是本学期之新设计。科学馆内亦有各种新设备,如材料实验室及其工场之扩充,制瓷工厂之设立,亦为该馆之新建设。(二)训练方面,纪念周时举行集团唱歌并设系统讲座,本期以"公民教育"为讲座题,并已约定专家于下月五日(星期一)第三次纪念周开讲。其他特种讲座,亦将继续举行。大学一二年级学生施行军事管理,三四年级施行导师制。欧先生报告毕,对本校"师生合作"特有精神,亦加以详尽阐述。大意谓:"师生合作"精神在本校有十三年之历史,此种精神,是大夏大学的"精神基金","文化火炬";本校之有今日的发展,端赖此种"火炬"与"基金"。惟是吾们民族有一弱点,即缺乏持久能力。书经有"靡不有初,鲜克有终"一语,最足以飘血中国民族性,亦最足为吾们警惕!今日正逢大夏"文化火炬"递嬗到第十三年开始之日,希望接替持此种"火炬"的全体同仁及全体男女同学,时时以书经之言痛自警惕,俾本校特有的"精神基金"与"文化火炬",能如"日月经天,江河行地",垂千百年而不朽。次唱爱国歌,由国立音乐专科学校陈能方先生指导,歌词为《从军歌》及《问》两首,当唱到"你知道今日的江山,有多少凄惶的泪!",慷慨激昂,全场空气极为悲壮。旋教务长鲁继曾先生介绍新教授,中学新主任孙亢曾先生演讲"英国大学生生活",内容颇足供今日大学生青年生活之借鉴。时钟已逾十二下,乃唱校歌并欢呼"师生精诚合作!复兴中华民族!大夏大学万岁!中华民国万岁!"等语而散云。

(《秋季始业式志详》,《大夏周报》,第 13 卷第 2 期,1936 年 9 月 30 日)

二十二日 学生生活指导委员会开第一次会议。

本大学学生生活指导委员会,负有指导全校学生生活事宜,责任綦重,本学期学生人数激增,该会日来工作尤形忙碌。本月二十二日下午六时该会主席王裕凯先生特假座福州路一枝香菜社柬邀全体委员举行会议,到有委员吴浩然、傅式说、刘国希、徐建德、张泽春、杨汝洺、徐汝兰、邓景耀、沈显扬诸先生,并请欧副校长、蓝春池、孙兀曾诸先生列席。首由主席王裕凯先生报告各学生宿舍住宿人数及开学以来群育处工作,旋即讨论议案,约分下列要件:(一)新生指导会定下星期一(九月廿八日)上午十时半纪念周时间假体育馆举行,请王校长主席,傅式说先生报告校史,鲁继曾、吴浩然、王裕凯诸先生报告各部处重要校务,并请欧元怀、王毓祥两先生演说。(二)大学三四年级及师专二年下学期学生续聘导师(名单另布),指导各生探究学术及将来就业上应有之准备。(三)英语演说及国语辩论竞赛,各院科学生得自由参加,至举行日期及评判人员与给奖办法,由群育处会同校长室函聘决定等。最后欧元怀、傅式说两先生均发表意见,语极精紧。钟鸣十下,遂尽欢而散云。

(《学生生活指导委员会开会》,《大夏周报》,第13卷第2期,1936年9月30日)

二十三日 聘定该学期导师。

本校推行导师制,始于民国十六年,迄今九载,收效颇宏。本学期因学生人数激增,各学院一二年级实施军事管理,仅大学三四年级学生继续施行。现各导师业由王校长聘定,计有三十二位。兹探录于下:

欧元怀先生 王祉伟先生 傅式说先生 鲁继曾先生 吴浩然先生 蓝春池先生 邵家麟先生 邰爽秋先生 金企渊先生 孙浩烜先生 章颐年先生 王裕凯先生 陈一百先生 宋志侠先生 李青崖先生 吴泽霖先生 王成组先生 谌志远先生 唐庆增先生 梁园东先生 王瑗仲先生 陈柱尊先生 任孟闲先生 卜愈先生 孙兀曾先生 吴澄华先生 方培寿先生 陈景琪先生 周天骥先生 裴冠西先生 刘国希先生 徐建德先生

(《王校长聘定导师》,《大夏周报》,第13卷第2期,1936年9月30日)

二十八日 举行新生指导会。

上月(按:九月)廿八日(星期一)上午十时半纪念周时间,王校长特召集本学期全体男女新生约六百余人,在运动场东北角体育馆内举行指导集会。到有欧副校长、鲁教务长、王秘书长、傅会计主任,吴事务主任、王群育主任及全体教职员新生约六七百人。如仪行礼后,首由王校长训词,大意谓现在农村经济破产,一个青年能到大学里读书,实不容易,勖全体新生应认清大夏立校精神,及父母节衣缩食供给学费的美意,宝贵光阴,努力学问,尤须洞察现在国家处境困难,修养人格,以备将来为国效劳云。次会计主任傅式说先生报告校史,对本校特有之三苦主义——教授苦教,职员苦干,学生苦读——及"校名"之由来,发挥甚详。再次由教务长鲁继曾先生,事务主任吴浩然先生,群育主任王裕凯先生,先后报告"教务"、"事务"、"群育"各方面扼要情形及学生应行注意之点,训勉各同学随时注意各布告栏内布告,遵行合作,共谋本校之发展。最后由副校长欧元怀先生、秘书长王毓祥先生相继演说,词虽不长,却甚精警;各同学于相继谛听各部处主管师长训诲之后,本已颇觉疲劳,惟因欧王两先生演词均甚短简精趣,精神颇见兴奋。子午钟鸣,遂由陈能方先生指导唱校歌散会云。

(《新生指导集会盛况》,《大夏周报》,第13卷第3期,1936年10月10日)

二十九日 开始举行宿舍整洁检查。

检查宿舍整洁,本校上学期即开始举行,改进学生生活,收效颇大。本学期为加紧认真起见,每周均检视一次,由校长室会同群育处事务处及军事训练部积极进行。兹悉第一次第二次整洁检查,已于上月(编者按:九月)廿九日及本月六日举行。每次均分甲乙丙三组,由欧副校长、吴事务主任、徐军事教官、王群育主任、女生指导员刘国希先生,率同事务、群育两处人员往各宿舍巡视检查,闻各房间尚颇整洁云云。

(《举行宿舍整洁检查》,《大夏周报》,第13卷第3期,1936年10月10日)

本月 图书馆、科学馆不断扩充发展。

本校永久图书馆,尚在筹建中。现有馆址,系于"一二八"前原拟建为实验小学校址者。沪战发生,本校曾迁回胶州路旧校址一学期,实验小学旋未开办,而历年来图书积聚不少,遂以该校址暂为馆址。惟本校图书经费,向系独立,每年新购书籍,辄在值银一万元以上,加以今年教育部补助各研究室图书费不少,现有馆舍,大有"屋小书多"之感。现总馆内除"书库"、"普通阅览室"及重要馆员办公室外,已无余屋可用,故各学院研究室均设置在群贤堂一二楼教室内,参考阅览室则设在原由胶州路移来之临时大礼堂。阅报室则设在甲字小平房内。本学期该馆主任聘陈一百先生担任，馆内布置，焕然一新，兹举其荦荦大者数端如左：

（一）参考阅览室开放时间之延长　以前各阅览室于每日午膳及晚膳时间均关闭一二小时，同学及教授多感不便，现自上午八时起至晚间九时半止，澈［彻］日开放，并不间断。

（二）杂志室布置之改善　本校所有各类杂志，不下四百余种，除少数分置各学院研究室外，大部杂陈于本馆杂志室。兹为便利阅者找寻材料起见，特将各刊物之主要性质，分为社会科学、教育科学、应用科学、自然科学、史地科学、文艺学术六大类。每类集置一处，并各冠以鲜明之类标。各类之下，复依其性质细分为中国政治、国际政治、军事、外交、交通、金融、统计、老工等等小目。□物之不可分类者，则另归入杂类。校刊、读书指导及新到之刊物，均另辟数架，分别置放。各架分门别类，□识醒目，阅者称便。

（三）参考阅览室书籍之增加　本校教育学院院长邰爽秋先生之"邰氏藏书室"，所藏各种刊物至富，将其迁移至参考阅览室之北部。其所遗下之原址，则尽置本校图书馆所有关于心理与教育之图籍，并作为教育行政及社会教育研究室之用。

（四）阅报室之迁移　阅报室原在参考阅览室之东南角，兹因参考阅览室有扩充之必要，故将其迁入前面右侧平房之课余室旧址。

（五）书库书架之加置类码　为利便各教授找寻材料起见，各书架之近路处特加装一醒目之类码牌，俾入库者对于本人所欲寻之材料，依分类表一查即得。

（六）代书板之重新应用　代书板本馆一度采用，极感利便，以往一年中，未有继续，自本期起，决重新采用。

（《图书馆消息》，《大夏周报》，第 13 卷第 2 期，1936 年 9 月 30 日）

本校科学馆馆址，原由饭厅改组而成，规模狭小，自不足以应所需。惟新馆一时限于财力，既未能从速筹建，现有馆舍，当亦不得不暂加布置，以求实用。现有馆舍，经理学院院长邵家麟先生仔细擘划，各实验室尚属敷用，上学期添购各种新仪器及地质标本，亦由邵院长周密布置，各得其所，故"六一"纪念开放时，颇得社会人士及教育行政长官赞许。本学期学校推行劳作教育，为求各同学便利实验计，邵院长又将材料工程实验室及机器工场加以扩充，并开设制瓷工厂一所。记者曾亲到馆内巡行一周，各室布置确甚新颖实际，制瓷厂现在鸠工筑窑，不日即可竣工，甚望本校其他各学院同学，课余不妨步入该馆一观云。

（《科学馆内新设施》，《大夏周报》，第 13 卷第 2 期，1936 年 9 月 30 日）

本月　新聘定生活指导委员及商学院院长。

本大学创设学生生活指导委员会，始于民国廿一年，迄今有五年之历史。上学期教育部颁布专科以上学校特种教育纲要，令各校须由校长聘定委员会，组织学生生活指导委员会，主持全校学生生活指导事宜，委员人选则由校中重要教职员、体育教师及军事教官等组织之。本校以正值学期中途，未将原委员会改组。兹悉本学期该委员会，王校长已遵照部令，聘定王裕凯先生（群育主任）、张泽春（校医）、徐建德先生（军事教官）、方万邦先生（体育主任）、刘国希先生（女生生活指导员）、胡亦如先生（女生生活副指导员）、杨汝淦先生、徐汝兰先生（群育员）八先生为当然委员，并就校务会议诸同仁中，另推王祉伟、傅式说、吴浩然三先生担任该会委员，襄助一切进行事宜矣。

（《生活指导委员聘定》，《大夏周报》，第 13 卷第 1 期，1936 年 9 月 18 日）

本大学商学院院长一席，上年由王校长聘唐文恺先生兼摄，唐先生原任上海社会经济调查所所长、上海银行公会秘书，极为忙碌。惟唐先生做事甚肯负责，故接任以来，该院院务由唐先生改进不少，最近两届该院毕业同学在银行界服务者，亦甚得上方及政府赞许。本年暑假，唐先生以各方增加职务不少，兼摄为难，向校方辞职，挽留不得，现已由校长改聘金企渊先生继任。金先生系美国纽约大学商学研究院毕业，回国后历任北平财政商业专科学校会计系主任、浙江财务学校之江文理学院、中央政治学校计政学院合作学院教授，经验丰富，对上海银行界亦颇熟悉，想今后商学院院务主持有人，当日见发展也。

（《商学院院长聘定》，《大夏周报》，第 13 卷第 1 期，1936 年 9 月 18 日）

十月

五日 该学期第一次纪念周会,出席师生一千五百余人,王校长主持,并报告"中日外交现势"。公民教育讲座开始,由欧副校长主讲"公民教育的意义及目的"。(《公民教育讲座开始》,《大夏周报》,第13卷第3期,1936年10月10日)

修改纪念周开会时间。

本校纪念周时间,各学期均定在星期一上午十一时至十二时,除报告重要校务外,并敦请校外名人作各种重要问题系统演讲。上学期为提振各同学爱国心理及增强民族意识起见,聘请国立音乐专科学校陈能方先生隔周莅校指导各同学集团唱爱国歌,致占据演讲时间不少,且影响各同学午膳及下午课务时间。为补救此项缺陷,本学期纪念周时间,特提早半小时,即自上午十时半至十一时五十分,除半小时报告校务并请陈先生按周到校指导各同学唱爱国歌外,所余时间,悉充特种问题演讲之用。至星期一首三小时功课,则均减少十分钟云。

(《纪念周时间》,《大夏周报》,第13卷第1期,1936年9月18日)

对一二年级学生开始实行军事管理,受管理学生按军队系统编队,每天早晨集合,行升旗礼,做早操,晚间实行点名。

本大学秋季学生人数激增,注册截止后各学院及师专体育两科共一千五百一十九人,打破已往各学期记录。惟团体愈大,管理维艰,学校方面,为严格管理起见,除各学院三四年级及师专二年级下学期学生续行导师制外,大学一二年级及师专体育一年级与二年级上学期均施行军事管理。兹悉应受军事管理学生,已由军事教官徐建德先生会同群育部编成队伍,一切编制均按军队系统,由王校长任总队长,欧副校长任副总队长,徐建德教官及群育主任王裕凯先生任第一二大队长,并作柔软早操二十分钟,晚间实行点名,兹将全队编制系统刊布于后:(下略)

(《实行军事管理》,《大夏周报》,第13卷第3期,1936年10月10日)

本大学一二年级男女学生九百余人,本学期施行军事管理,每日早晨七时,均作柔软早操二十分钟,由军事训练部会同体育部、群育处人员将全体学生编成队伍,认真进行,开始以来,学生均行出操,成绩极为良好。兹悉早操地点,共分三处:大学男生在群策斋前足球场,中学男生在群力斋前操场,大中两部女生在群英斋花园内草场,每日七时以后,"一、二、三、四……"之声,震闻全校,在未操之前,且举行升旗礼,军号一吹,大家脱帽向国旗致敬,情形极为严肃云。

(《早操盛况》,《大夏周报》,第13卷第4期,1936年10月20日)

九日 公布该学期学生申请免费学额名单及申请免费办法。(《廿五年秋季本大学各部处各院科各团体进行事项汇录》,《大夏周报》,第13卷第15期,1937年1月14日)

本校鉴于年来农村经济破产,内地有志青年,多因筹措学费为难而失学,殊堪悯惜。为补救此项缺陷,本校过去曾有大学奖学金、欧氏奖学金、素霞纪念奖金、桂芬纪念奖金、念慈纪念奖金及其他四人奖学金之设,藉以奖助学行优异或家境清寒青年。惟过去所设各项奖金,名额有限,霑润者究为少数。现校务会议特议决自本学期起,添置免费学额四十名,组织委员会专司其事,期藉此减轻学子负担,延揽农村中优秀分子。兹觅得规则及申请书、保证书各一纸,刊布如次:

(一)免费学额暂行规定[则]

第一条 本大学为奖助家境清贫、体格健全、学行优良之学生起见,设置免费学额四十名,凡本大学新旧正式学生合于上列规定者皆得申请之

第二条 免费生免缴学费每学期五十元

第三条 免费学额之审查由本大学设置免费学额委员会主持之

第四条 免费学额委员会由校长遴聘教职员七人组织之

第五条 免费生申请免费须具免费申请书及家境清贫证明书,经免费学额委员会审查后提交校务会议核准

第六条　前条申请二三四年级及一年级下学期学生须于每学期开学前三周内呈缴家境清贫证明书,一年级新生及各级插班生须于投考报名时随同其他证件呈缴家境清贫证明书(上项证明书须由原籍县市或居住在三年以上之县市主管教育行政机关证明,侨生须由居留地本国领事馆或已在本国部会立案之商会或教育会证明)

第七条　免费学额之申请如越过定额时得由免费学额委员会酌量情形给予成绩较优之学生

第八条　免费待遇之有效期间为一学期,如免费生第一学期之各科成绩总指数在一点八以上,体育军事训练及格、品行优良者,得于下学期继续申请

第九条　免费生如有违犯校规,情节严重者,得追还其所免之费

第十条　免费生如有假冒清贫或伪造家境清贫证明书等情事,经查明属实者,本大学得取消学籍,向该生及保证人追偿各费,并停止发给成绩证明书或毕业证书

第十一条　各年级学生如已受领本大学他种奖金在二种以上者,不得申请免费

第十二条　本规则由校务会议通过施行

(二)

学生家境清贫保证书

学生　　　　　确系家境清贫　今向贵大学学额委员会申请给予免费待遇一学期　倘蒙审核通过定负完全责任特此保证　此致
私立大夏大学免费学额委员会

保证人姓名		年龄		性别		籍贯		职业	
服务机关				担任何种职务					
永久通讯处				现在住址					

保证人　　　　　　　　盖章
中华民国　　　　年　　　　月　　　　日

(三)

学生请求免费待遇之申请书

学生　　　　　家境清贫遵照私立大夏大学免费学额暂行规则第六条之规定谨具申请书连同
　　　　　省/市　　　　　县政府发给证明书申请给予免费待遇一学期如有冒充蒙混及与规则抵触之处愿受本规则第十条之惩处　谨呈私立大夏大学免费学额委员会

学生姓名		性别		年岁		籍贯	省市	
现在通讯处 (或即原籍住址)					永久通讯处			
现在肄业院系								
家长姓名	父			职业	父		家庭经济状况概述	
	祖父				祖父			
	曾祖父				曾祖父			

学生　　　　　　　　盖章
中华民国　　　　年　　　　月　　　　日

(《本大学设置免费学额四十名》,《大夏周报》,第13卷第1期,1936年9月18日)

该学期获得免费学额的学生名单如下：

本大学为救济家境清寒青年失学起见，于本学期开学之初，由校务会议，议决自本学期起，设置免费学额四十名，组织委员会主持，所有暂行规则及申请书保证书等，业志第一期本报。兹查廿五年秋季请求准予免费学生名单，经免费学额审查委员审查确定者，有方书珠、欧国清等四十名[1]，校长室业于日前布告各生周知，限本周内随带图章向会计处领回学费五十元，兹将名单抄录如左：

甲、文学院　方书珠　欧国清

乙、理学院　虞效忠　练文新

丙、教育学院　虞舜　唐世同　钟淑和　王恒良　林金藻　陈荫岑　蒋舜年　侯绣云　廖灼龄江醒英　欧元明

丁、商学院　刘大程

戊、法学院　李承祐　萧道统　张先智　芮慕尹　颜佩箴　陈国钧　杜松寿　徐传季　易制尹

己、师专科　丁节之　程炎泉　林玉麟　叶奕颐　陈光祖　龚同徽　翁慕循　钟振翮　蔡济川赵瑹　刘椒

庚、新生　罗骞　韩钟琭　萧志忠

（《本学期申请免费学生名单审定》，《大夏周报》，第13卷第4期，1936年10月20日）

十二日　纪念周会，校董褚民谊应邀出席，并发表演说，详细解释了国民大会代表选举法等相关问题。（《褚民谊校董出席纪念周》，《大夏周报》，第13卷第4期，1936年10月20日）

十三日　救国工作训练委员会开该学期第一次会议。

本校鉴于国难日重，于上学期起本"天下兴亡，匹夫有责"意旨，成立救国工作训练委员会，专司训练学生救国工作事宜，所有各组工作进行情形，业已叠录本报上学期出版各期。最近中日外交极度紧急，该会认为此种训练工作，尤宜积极推进，俾全校同学对救国事业，均有充分准备。本月十三日下午六时，该会特假大夏新村欧副校长住宅开本学期第一次会议，出席者有欧元怀、傅式说、王毓祥、吴浩然、吴泽霖、孙亢曾、王裕凯、徐建德、孙克煌等九人。由欧元怀先生主席，刘小苍记录。先由欧元怀、徐建德、王裕凯三先生分别报告最近时局及本学期大学一二年级、师专、体专一年级及二年级上学期施行军事管理与本学期普及体育进行情形，次讨论重要议案甚多，计：(一)训练特种技能，先定通信宣传（包含文字、图画、演讲、唱歌），救护，工程，旗语，消防，日文日语，训练民众，制造战用化学品等九项，告全体同学选择登记分组，聘请专家训练；(二)定期举行防空演习，推徐教官主持；(三)续设特种讲座，敦请罗又玄、郑宏述、陶百川、倪文亚、薛光前、黄伯樵、徐性初诸先生莅校演讲；(四)推进劳动服务，分筑路、种树、刈草等项，领导学生工作，其详细办法另行拟定；(五)组织应急委员会，内分设情报、交通、指挥、事务四组，由教职员学生共同组织之。最后，推举欧元怀先生为该会主席，王裕凯先生为副主席，即行散会。

（《救国工作训练委员会开第一次会议》，《大夏周报》，第13卷第4期，1936年10月20日）

公布"非常时期工作志愿登记表"，发放填写。

本校救国工作训练委员会以国难日益深重，爰本"国家兴亡，匹夫有责"之旨，厘订非常时期工作志愿登记表一种，征求学生自动加入，表中先设通信、宣传、工程、救护、日语、消防、旗语、训练民众、制造军用品[2]等种，同学中如有职员担任各项工作者，可到群育部王裕凯先生处登记，一俟截止汇齐后，即由救工训委会聘请专家到校训练。闻连日报名加入者甚为踊跃，兹将原表刊行如次：

非常时期工作志愿登记表

学生姓名		院科年级		院		科		第		年级	
籍贯	省		市		县		年龄	岁		性别	

说明　凡愿意参加非常时期工作者，对于下列九项，无论擅长与否，请任选一项，并于空格内作一

---

[1] 公布名单中人数只有39名，疑有误。

[2] 登记表中作"制造战用化学品"。

"√"符号以便汇别定期训练

　　1. 通信　2. 宣传　3. 工程　4. 救护　5. 日语　6. 消防　7. 旗语　8. 训练民众　9. 制造战用化学品

大夏大学救国工作训练委员会调制
年　月　日

　　(《救工训委会订定非常时期工作志愿登记表》,《大夏周报》,第13卷第5—6期合刊,1936年10月30日)

　　依照本年四月教育部颁布专科以上学校特种教育纲要,今日智识青年,不仅要有充分学识,且须有耐苦精神。本校救工训委会特于日前开第二次会议时,议定学生劳动服务规则六条,由王校长布告征求学生踊跃参加,兹将该项规则照录如下:

大夏大学学生劳动服务规则

　　一、本校为提倡劳动起见特组织学生劳动服务团

　　二、凡本校大中两部学生志愿服务者皆得加入为团员

　　三、服务时间暂定下午四时至六时

　　四、凡参加劳动服务者在工作时间内经大学部群育部或中学部教务处之许可,得代替课外运动

　　五、服务工作暂定筑路、平地、掘壕、种树、刈草五项

　　六、服务勤奋者酌予奖品

　　(《实施劳动服务》,《大夏周报》,第13卷第8期,1936年11月15日)

　　教务委员会召开第一一一次会议。

　　本月(编者按:十月)十三日(星期一)下午四时教务委员会特假大夏新村十号鲁教务长住宅开第一一一次会议,到有蓝春池、邵家麟、邰爽秋、金企渊、孙浩烜、章颐年、陈一百等诸先生,由鲁教务长主席,马汉斌记录。先由鲁教务长、蓝注册主任及陈一百先生分别报告教员上课学生注册情形与最近图书馆进行概括及管理方法之改良。旋即讨论各重要事项,计:(一)关于增进教学效能,决分两部分办理:(a)新聘教员上课,各院长暨科主任随时加以注意或指导;(b)大学一年级国文、英文学程,各班规定每隔两周作文一次,各担任教授批改后,须将改卷先交教务处登记,再由该处进行发还各学生。(二)关于修改课程,决先由各院科开会后拟具计划,再交该会核夺,作综合之修改。(三)合购图书集成,由陈一百先生负责订购。(四)专题研究经费,先由负责专题研究各教授编制预算,再交本会重新支配。(五)指导学生撰作论文办法,大学各学院三年级下学期即须拟定论文题目,请系主任核准,并向院长处登记,本学期登记时间,至迟以十月卅日为限。(六)推荐荣誉学会基本会员,除校务会议全体会员为当然会员外,各院系主任及教授经通过者得推荐为本会员,至三四年级学生品行优良而有两学期学业成绩指数在二·四以上,经介绍后,亦得为该会会员云云。

　　(《教务委员会开第一一一次会议》,《大夏周报》,第13卷第5—6期合刊,1936年10月30日)

　　十五日　财政委员会议决添建初中校舍。(《廿五年秋季本大学各部处各院科各团体进行事项汇录》,《大夏周报》,第13卷第15期,1937年1月14日)

　　本校虽为私立性质,经济匮裕,然校内物质建设,却仍积极进行,不遗余力。本学期学生人数激增,宿舍不敷分配,一部分教职员多移住校外,殊与公务进行上颇有阻碍。财政委员会特议决于现在教职员宿舍西边花园草场上,添设一字式两层洋楼一座,计共四十间,足供八十人左右职员居住。将来设备方面,拟划出数间,装置电话间,会客室,公共厕所,阅报室,浴室,同人游憩室,以期改善各同人业余生活。又按照学龄,初中学生多系十二三岁至十五六岁之年轻青年,一切均赖师长指导;本校现在高初中设在一处,管理上实感有许多不便,财委会亦拟于现在中学部校舍西北区运动场上,建制两层工字形校舍一座,内设课堂三间,特种教室数间,学生寝室若干间,厨房及膳厅一间,自修室若干间,办公室若干间,学生课余社一间等,将来初中学生无论衣食住方面,均由教师住校严格管理指导,以期养成良好习惯。现闻两项工程,均已制就图样,登报招标,不日即将兴工云。

　　(《添建校舍》,《大夏周报》,第13卷第9期,1936年11月23日)

唯生社召开成立大会。

本校同学陈大拔、祁根之等六十余人鉴于国难日深，民生日亟，欲思力挽狂澜，实非团结不为功，爰发起组织唯生社，本爱国爱校宗旨，以联络感情，研究学术，期有补于国家社会。兹悉陈等已于本月（编者按：十月）十五日，召开唯生社成立大会。出席八十余人，由陈大拔君领导开会，讨论要案甚多，当场选出陈大拔、祁根之等十余人为干事，负责一切，想该社主持得人，今后发展，未可限量云。

（《唯生社开成立大会》，《大夏周报》，第13卷第5—6期合刊，1936年10月30日）

十九日　纪念周会，请银行系主任张素民博士主讲公民教育讲座第三讲"国民经济建设与公民教育"。（《张素民讲国民经济建设与公民教育》，《大夏周报》，第13卷第5—6期合刊，1936年10月30日）

二十日　救国工作训练委员会主办的特种讲座开始。第一讲由大夏毕业生倪文亚硕士演讲，题为"西北之现状"，介绍西北地理、资源及开发的重要性。（《倪文亚莅校讲西北之现状》，《大夏周报》，第13卷第5—6期合刊，1936年10月30日）

二十三日　英国伦敦大学英文系主任艾温思教授应邀来校参观，并作"现代英国"的演讲，介绍英国的历史、现状和前途。（《艾温思教授莅校演讲》，《大夏周报》，第13卷第5—6期合刊，1936年10月30日）

二十四日　教育学院举行第三次论文指导会。

本校教育院学院办理成绩，久负盛名。该院为进一步计，本学期特设论文作法指导一学程，一以提振学生研究学术空气，一以指导学生如何撰述论文，意至深善。选修学生均该院三年级下学期及四年级生，导师均是富有学识经验教授。兹悉过去已举行两次集团指导，第一次导师为邰爽秋先生，讨论题为《怎样选定题目？》，第二次导师为王裕凯先生，讨论题为《怎样搜集资料？》。各同学均获益匪浅云。

（《教育学院举行论文作法指导》，《大夏周报》，第13卷第4期，1936年10月20日）

新时代教育社召开成立大会。

本校教育学院及师专科同学萧光邦、叶奕颐、劳鹤年等百余人，为研究新时代教育起见，特发起组织新时代教育社，已于十月廿四日下午七时，假座本校群贤堂三一二号教室举行成立大会，到有社员姚祖冶、刑逸如等八十余人，除讨论社章及提案外，当场票选萧光邦、蒋炟祖、程炎泉、徐金涛等十七人为理事，刑逸如、姚祖冶等七人为候补理事。兹悉该社业于十月廿六日召开第一次理事会议，决议要案：（一）出版《新时代教育》月刊。（二）设立"新时代教育讲座"，并敦请吴南轩、王云五、周佛海等诸教育专家，为本讲座本学期演讲人。（三）敦请潘公展、王伯群、欧元怀、邰爽秋、章颐年、王裕凯、董任坚等十三人为名誉理事。（四）分配职务如下：（下略）

（《新时代教育社成立》，《大夏周报》，第13卷第7期，1936年11月7日）

二十六日　上午十时半，纪念周会，公民教育讲座第四讲，邀请上海市社会局长潘公展先生到校演讲，题目为"新生活运动与公民教育"。（《公民教育讲座第四五讲》，《大夏周报》，第13卷第7期，1936年11月7日）

二十七日　特种讲座第二讲，敦请罗又玄先生莅校演讲，题目为"日本之现局势"。（《特种讲座第二三讲》，《大夏周报》，第13卷第7期，1936年11月7日）

三十日至三十一日　举行秋季运动会，全体师生参加。王、欧两校长任大会正副会长，观众三千余人。运动会举行阅兵式及开幕式，市公安局乐队演奏军乐。经过两天比赛，破1500公尺和100公尺竞走两项校纪录。晚上举行游艺同乐晚会，燃放焰火。

体格衰弱，殆为我中华民族病象之一。如何祛除此种民族病，实为十数年来全国上下所日夕寻求而尚未得到相当之成效。惟过去我国虽提倡体育，其政策却有绝大之错误，即体育只实施于学校中之学生，并未普及至于全体民众。即就学校而言，亦只注意于选手训练，并未将体育训练普及于全校学生。以此而言体育，其成效自可想而知；夫何怪乎今年世界运动会在柏林举行之际，我选手大败而特败欤？

本校有鉴于此，爰于三年前实施普及体育，将体育列为必修科目，数年以来，虽未敢谓全校体育已达理想地步，然于每日下午四时后，运动场上人山人海，各种运动器具均有人练习，至少在"空气"上实已大改旧观。本学期怵于世运代表团之惨败，及目前国家环境之险恶，认为非加紧训练，俾每一青年，都有其健全之体魄，不足以应付此非常之局面。故开学以来，对学生体育训练，推进尤为认真。依照校历，今明两天（十月三十三十一日）为秋季运动会举行时间。体育部对此会非常重视，事先曾会同军事训练部、群育处、事务处及本社开三次筹备会议，并为增强同学体育兴趣和奖励起见，特向校董会及校内各教职员征求奖品多种，预备奖励成绩特优学生。此次大会由王欧两校长任正副会长，全体教职员亦参加；今日上午八时全体员生在运动场举行升旗礼，王校长亲自莅场检阅施行军事管理之全体队伍，开会时并请本市公安局军乐队到会奏乐，预料此次盛况，当为立校以来空前伟举云。

（《秋季运动会今开幕》，《大夏周报》，第13卷第5—6期合刊，1936年10月30日）

（上略）十月卅日晨，秋阳柔媚，暖风可人，起身号一吹，各宿舍男女同学，均从酣梦中警醒起来，匆忙盥洗早餐，穿着运动衣，一二年级男同学更忙于穿着军服，准备集合。七时左右，运动场上已挤满男女健儿及军训同学与观众。寂静广场，顿成大众集合之地；一时空气，极为紧张。本报为便于各同学查考计，所出运动会特刊，此时亦派人到会散发；故至大会开幕时，每一同学及观众，均手持一篇，鳃鳃翻阅。八时钟响，所有军训同学，业已施行紧急集合，排成队伍，会长王伯群先生，副会长欧元怀先生，即率同来宾李骧骐（本市国民军事训练委员会主任）、刘总队长及教授傅式说、王祉伟、鲁继曾、吴浩然、王裕凯、蓝春池、吴澄华、卜愈之、张元楳、杨永燦、张泽春等入运动场，检阅全体队伍，由徐教官领导全体士兵向检阅人员致敬，并由本市公安局军乐队奏演军乐，悠扬严肃，气象万千。各检阅人员巡视全体队伍后，即率领全体男女健儿及观众举行升旗礼，全体高唱党歌，立正向国旗党旗行最敬礼，空气至为肃静。升旗后，各检阅人员即上大会司令台，鸣炮奏乐，举行开幕仪式。会由王校长主席。行礼如仪后，校长即向全体致开会词，略谓："今天是本校廿五年度秋季运动会的第一天……刚才检阅军训同学队伍，眼看全体运动员精神饱满，本人心里觉得非常欣慰，认为新中国精神，业已肇基于此。今日之会，本人以为最重要之意义有三：（一）为厉行普及体育。本校自'九一八'事变以后，认为中华民族衰沉已极，非力谋民族复兴，不足以拯救此垂危之祖国，爰改变过去为教育而教育之方针，而以实施复兴民族教育为施政总鹄的。四五年来吾人各种措施，均以此为归宿，虽然手段及方式或有不同。例如'普及体育'一项，本校自民国廿二年秋退出江大体育竞赛会后，实施全校普及体育，两三年来吾人虽未敢谓已达理想地步，然眼看今日各方面情状，确已获得相当进步，至少在'精神'上业已大改旧观。我们希望今天参加运动会诸同学，能把这种普及运动，推至全国民众身上去，那么'东亚病夫'的恶诮，我想不久即可涤除。这是今天举行大会的第一个意义。（二）为运动旨在报国。各位要明白我们锻炼体格，不仅在增强个己体力罢了；我们且须把强健的身体，贡献给国家。这是今天举行大会的第二个意义。……本人认为今天参加运动会同学，每个人都应该有这种信念，都应该负起这种伟大责任。能够这样，今天运动会的使命，才算完全达到"云云。当王校长致词时，全体军训班队伍排列司令台正面，左为女运动员队伍，右为男运动员队伍，观众绕围其外，精神极为发奋。王校长致词毕，即由上海市国民军事训练委员会主任李骧骐先生演说，语多策励，对本校军训班同学精神，尤频称赞。旋由军事教官徐建德先生发令，全体军训班队伍，演习团体操，女同学由范维干女士领导表演柔软体操，全体绕场一周，即行开始运动。

（下略）

（《秋季运动会热烈举行》，《大夏周报》，第13卷第7期，1936年11月7日）

本月　校务会议教授代表选出。

本大学学校行政，向取公开合作主义，校务会议本校最高行政机关，每学期例有教授代表参加，共策校务进行，兹悉本学期代表业于日前由各教授选出，以任孟闲、谌志远、吴泽霖三先生得票最多。

（《校务会议教授代表选出》，《大夏周报》，第13卷第4期，1936年10月20日）

本月　体育专修科及教育学院社会教育系分别聘定主任。

本校体育专修科自去秋开办以来，学生人数颇为发达。本学期开学之初，因原主任方万邦先生在上海市市立体育专科学校担任要职,无暇兼顾,迭向学校辞职,王校长现已聘定张元枺先生继任。张先生系美国春田大学体育教育学士,为我国体育界老前辈。回国后,历任江苏教育厅体育指导员,第七届远东运动会江苏省政府赴菲律宾代表,南京励志社上校体育干事,南京中央军事学校体育总教官,国立青岛大学体育主任等职,且在军界服务有年,经验丰富,技能尤佳。现任斯职,闻体专学生,无不庆幸得人云。

(《体育专修科主任聘定》,《大夏周报》,第 13 卷第 5—6 期合刊,1936 年 10 月 30 日)

本大学教育学院社会教育系主任一职,原由马宗荣先生担任。马氏赴教育部任职后,上年度系由陈友松先生代理。兹悉陈先生本学期已往厦门大学任教,该系主任现王校长已聘吴学信先生代理。吴先生自毕业本校后,曾任浙江兰溪实验县社会教育训导及教席等职;前年东渡日本,入早稻田大学及研究院专攻社会教育;今夏返校服务,现任该系专任教授。吴先生自代理斯校职后,对筹备社教研究室已积极进行云。

(《吴学信代理社会教育系主任》,《大夏周报》,第 13 卷第 5—6 期合刊,1936 年 10 月 30 日)

十一月

三日　纪念周会,公民教育讲座第五讲,邀请前东南大学农科主任、农本局副局长邹秉文主讲,题目为"农村复兴运动与公民教育"。下午,特种讲座第三讲,邀请上海市党部常务委员陶百川先生演讲,题目为"考察欧美各国之观感"。(《公民教育讲座第四五讲》,《大夏周报》,第 13 卷第 7 期,1936 年 11 月 7 日;《特种讲座第二三讲》,《大夏周报》,第 13 卷第 7 期,1936 年 11 月 7 日)

五日　召开全体导师会议。

(上略)王校长为明了各导师与导生接触实际情形起见,特于本月五日在愚园路本宅召集全体导师会议,并设宴款项。是日出席导师有欧元怀、王祉伟、傅式说、鲁继曾、吴浩然、吴泽霖、邵家麟、邱爽秋、金企渊、孙浩烜、章颐年、王裕凯、蓝春池、孙亢曾、王成组、陈柱尊、陈景琪、卜愈之、吴澄华等十九人。王校长主席,杨汝淦记录。先由王校长致词,略谓本学期学生甚多,其中势有不少优秀分子,本校推行导师制,请诸位担任导师,就是想借重诸位平日与学生接触机会多,认识并挑选优秀分子,特别加以指导,以期优秀者能发挥其个性,成为挽救国家与复兴民族之健全分子。王校长致词毕,由群育主任王裕凯先生报告各组导师进行情形,各导师如陈柱尊、欧元怀、孙亢曾、吴泽霖、卜愈之、吴澄华、邱爽秋、傅式说、章颐年等,均发表意见及今后导师制应行改进计划,直至十时许方尽欢而散云。

(《全体导师会议》,《大夏周报》,第 13 卷第 9 期,1936 年 11 月 23 日)

六日　大夏写作协会成立。

大夏写作协会,系本校写作同志三十余人发起,其发起宣言云:"以文会友,君子则同;攻玉他山,风人是尚。中原方有事于逐鹿,大道以多歧而亡羊,诗书辍于干戈,艺苑鞠为茂草;非切磋无已,则沦没堪虞。我大夏大学人才辈出,著作如林;或握灵蛇之珠,或抱荆山之璞,一纸邮传,四方风动;惟以清课多羁,声气鲜接。同人等有鉴于此,爰创斯会,集俊彦于各方,亲□劢于一室。赏析艺文,联络情感。此落寞之事,与近来集合结社性质大殊,凡我同文,如有乐乎此者,尚祈贻我佩玖,同歌邱中有麻,与子偕行,共采中原之粟。是为启。"旋于本月(按:十一月)六日下午七时假群贤堂开成立大会,出席者卅余人,由杨萧临时主席,蒋舜年记录。重要议案为出版刊物,计分两种,一为新闻性质之小型报,定名学府春秋,克日出版。一为学术性质之期刊,积极筹备。该会为联络社友情感起见,每星期举行社友聚餐一次。(下略)

(《大夏写作协会成立》,《大夏周报》,第 13 卷第 8 期,1936 年 11 月 15 日)

八日　举行毕业生谈话会。

本大学对于学生毕业后升学就业指导,向极注意。廿五年冬季各院科修满学分之同学,有沈建仁、王保智、卓勤美、石启家、王承礼、汪鹿年、杜松寿、陈行珮、朱锡芬、胡汜芳等百余人,王校长特于本月八日(星期日)上午九时召集全体毕业生在群贤堂三〇七号教室开谈话会,藉以实施职业升学指导。是日到会者除全体毕业生外,欧副校长、鲁教务长及院长邵家麟、邱爽秋、孙浩烜、章颐年(师专科主任)等均出席。首由王校长勖勉各生努力团结,继由欧副校长提示各生在毕业前应行注意之点,鲁教务长谈毕业后如何谋得正业及副业,邵院长谈如何保持职业,孙院长勉各生于毕业后应继续努力学问,多多参加各种考试。最后由毕业生代表答词致谢,至十一时左右方散会。闻校长室为明年各生个己志趣计,现正分别召集各生,举行个别谈话云。

(《举行本学期毕业生谈话会》,《大夏周报》,第13卷第9期,1936年11月23日)

九日　教育学院与师专科教授研究会召开第一次联席会议。

本校教育学院暨师范专修科教授,上学期即组有研究会,从事各种学术研究并讨论改进教学意见。兹悉本月(编者按:十一月)九日该研究会又在教育学院办公室开本学期第一次联席会议,由教育学院院长邱爽秋先生召集。是日出席教授有梁园东、章颐年、吴学信、陈一百诸先生,由邱爽秋主席,徐兰荪助教记录。议事分报告与讨论两项。报告事项有:(一)邱爽秋报告组织义务教育研究会情形;(二)章颐年报告暨南大学征求本校学生参加演讲讨论比赛情形;(三)梁园东报告专题研究历史图表进行情形;(四)吴学信报告与上海电报局组广播演讲情形。讨论事项最要者有:(一)出版教育学院通讯,(二)选印学生毕业论文,(三)举行通俗演讲及学术演讲各要案。闻该研究会下次开会期间,已定本月廿三晚七时举行,由吴学信先生召集云。

(《教育学院师专科教授研究会开第一次联席会议》,《大夏周报》,第13卷第9期,1936年11月23日)

上午十时半,纪念周会,公民教育讲座第六讲,请校董、上海市金城银行总经理吴蕴斋先生到校作"提倡国货运动与公民教育"的演讲。下午,特种讲座第四讲,请铁道部专员薛光前博士主讲,题目为"意大利复兴之道"。(《吴蕴斋校董莅校演讲》,《大夏周报》,第13卷第8期,1936年11月15日;《特种讲座第四讲》,《大夏周报》,第13卷第8期,1936年11月15日)

十日　教务委员会召开第一一二次会议。

本校教务委员会于上月十日下午四时假大夏新村鲁教务长宅开第一一二次常会,是日出席者有章颐年、陈一百、蓝春池、邱爽秋、孙浩烜、邵家麟、金企渊诸先生,教务长鲁继曾主席,孟杰君记录。开会后,由鲁先生报告最近各周教授上课情形,陈一百先生报告图书馆最近情形。旋即讨论要案:(一)各教授主持之专题研究经费,不足之数,经审核后照拨(费用表另详),并分函各专授征求下学期专题研究计划;(二)举行各学院师专科一年级中英文会考,凡学生平时成绩超过三等或不及三等者均须参加;(三)理学院一年级学生所补习数学,因系补习性质,不得计为学分;(四)学生林鸿坦等廿四人服务公民训练,本学期准予免习课外运动,但学期终了时,徐军事教官应将其服务成绩报告教务处等要案云。

附各教授专题研究报告及所需经费表

(一)吴泽霖先生专题研究"社会救济事业之调查"已发表论文,绘制图表,尚须增加研究费约一百元,以便完成整个研究

(二)梁园东先生专题研究改为"中国历史年表",已告竣事

(三)王瑷仲先生专题研究"商史",不久即可脱稿,尚需续购书籍费约六十元

(四)孙浩烜先生专题研究"法律实施状况之研究",继续进行,尚需费用三百元

(五)陈景琪先生专题研究"橡胶沙轮研究",需用品费四百二十元

(六)陈一百先生专题研究"诚实测验之编制",需费九十九元

(七)邱爽秋先生专题研究"教学设备",需研究制造费五百元

(八)章颐年先生主办《心理季刊》,需费三百四十元

(九)吴学信先生拟办《社会教育季刊》,需费三百四十元

(《教务委员会第一一二次会议补志》,《大夏周报》,第13卷第11期,1936年12月9日)

十四日　救国工作训练委员会主办非常时期特种技能训练班,各班人数已经确定。各班讲师已基本聘请完毕,即日开始训练。

本校救国工作训练委员会主办之非常时期特种技能训练班,上月曾经布告征求学生自动加入;现报名时间业已截止,各班人数颇多,该会决即开始训练;各组讲师多聘定,计战时军用品制造班聘邰[邵]家麟、吴浩然二先生主持,日文日语班请卢嘉文先生主持,民众训练班请徐建德教官主持,工程训练班请裴冠西先生主持,其他"通信"、"救护"、"宣传"各班主持人,亦在延揽中,不日即可决定。兹悉主持人已经聘定之各班,业于日前开始训练矣。

(《特种技能训练班开始训练》,《大夏周报》,第13卷第8期,1936年11月15日)

十六日　纪念周会,为激发学生爱国情绪,请国立音乐专科学校师生及上海市其他音乐专家到校演奏、演唱爱国歌曲。(《举行音乐演奏会》,《大夏周报》,第13卷第9期,1936年11月23日)

十七日　特种讲座第五讲,罗文玄先生讲"日本侵略绥远与远东和平"。(《罗又玄讲日本侵略绥远与远东和平》,《大夏周报》,第13卷第9期,1936年11月23日)

十九日　社会教育系与上海电报局附设广播电台联合举办广播演讲,演讲分学术与通俗两种。今日开始接连讲三个月。

本校社会教育系代理主任吴寿信先生为培养该系同学演讲能力起见,特与上海电报局附设广播电台合作,举办广播演讲。演讲共分二种:一为学术演讲,讲师多为本大学教育学院教授,每周举行一次;一为通俗演讲,由该系同学分别参加实习,每周举行四次。闻两种演讲均将延长至明年一月。

(中略)

除演讲而外,闻该系尚将与中国电影教育社合作,摄制社教影片云。

(《社会教育系与上海电报局合作播音演讲》,《大夏周报》,第13卷第9期,1936年11月23日)

二十日　教育学院附设蒲淞区小学教育通讯研究处成立。

上海市社会局近指令本校筹办蒲淞区小学教育通讯研究处,校务会议特将此案交由教育学院及师专科克日筹备成立。兹悉部院长已于上月(编者按:十一月)二十日在教育学院办公处召集该院教授董任坚、章颐年、孙亢曾,讲师张咏春、孙婉华,助教徐兰荪、刘伍夫等开成立会,除当场修正通过组织规则,并推定指导员外,并将分函蒲淞区各小学报告该处成立经过,征求各种问题,以便分别指导。研究处由部院长自任主任,兹探得该处组织规则录示如下:

本大学教育学院附设蒲淞区小学教育通信[讯]研究处组织规则

1. 为改进蒲淞区及蒲淞二区小学教育,便利小学教员进修起见,依照部颁及上海市社会局所颁学校附设小学教育通信[讯]研究处办法大纲之规定,设立小学教育通讯研究处,定名为"大夏大学教育学院附设蒲淞区小学教育通讯研究处"。

2. 本处任务如左:

甲、用通信方法征集小学教育实际问题加以研究解答;

乙、解答小学教员书面提出有关小学教育之实际问题;

丙、视小学教员之需要,分别科目,用通信方法,指导现任小学教员进修;

丁、办理社会局及本区或全市初等教育研究会关于小学教育之委托事项;

戊、派员指导本区初等教育研究会并出席全市初等教育研究会;

己、发行通信[讯]研究刊物;

3. 本处设主任一人,指导员八人,分别担任指导研究等事项;

4. 本处为推进各项工作,设处务会议,每两星期举行一次,其规则另定之;

5. 本处遇必要时,得组织各种研究会,由主任聘请专家担任指导;

6. 进修学院成绩考查办法,及小学教员进修学程另定之;

7. 本组织规则由本大学校务会议核定后施行,并呈请上海市社会局备案;

8. 本处附设于大夏大学教育学院内。

(《教育学院成立小学教育通讯研究处》,《大夏周报》,第13卷第10期,1936年12月2日)

二十三日　上午,纪念周会,公民教育讲座第八讲,请校董江问渔到校作"非常时期的公民教育"的演讲。(《江问渔校董讲非常时期的公民教育》,《大夏周报》,第13卷第10期,1936年12月2日)

下午,劳动服务开始,欧副校长等领导同学刈草。

劳动服务规则,前由救国工作训练委员会拟定,业经之第八期本报刊布。兹悉是项服务于上月(按:十一月)廿三日(星期一)下午四时开始,由欧副校长、吴事务主任、王群育主任亲自领导,在群贤堂西南角自来水塔旁刈草,报名同学均出席刈草,成绩颇佳。

(《劳动服务开始由欧副校长领导刈草》,《大夏周报》,第13卷第10期,1936年12月2日)

二十四日　绥远抗战爆发后,师生员工发起募捐运动。是日交《大公报》馆转汇前方将士,并致电绥远省主席傅作义。

绥战爆发,举国援助,本校师生员工爱国思想,素不后人,特于上月(编者按:十一月)十八十九日(星期四五)两天举行全校募捐运动,所有募捐队组织内容,业志上期本报。此次全体师生因痛恨敌人之蛮不讲理,得寸进尺,认捐极为踊跃。王校长首先认捐百元,欧王傅吴鲁诸先生亦各捐十元以上,各教授暨全体学生校工亦皆分别认捐,毫无吝啬。计:教职员五百十四元三角,学生五百五十一元四角二分,校工十六元七角五分,总数达一千零八十二元二角七分①,破本校过去校内捐款纪录。现捐款已于上月(编者按:十一月)廿四日由群育主任(此次募捐总队长)王裕凯先生亲送上海爱多亚路《大公报》馆,由该馆汇汇款前锋,兹觅得本校致绥远省主席傅作义(宜生)慰劳电一件,汇录如左:

归化绥远省政府傅主席暨前方诸师勋鉴:东北匪徒,丧心病狂,为虎作伥,侵犯绥省,举国愤慨!台座勋名夙著,坐镇严疆,明耻教战,指挥若定;前方将士,忠勇效命,实深钦式。望张挞伐,灭此朝食。敝校全体教职员学生校工,本同仇敌忾之血忱,谨集捐款一千零八十二元二角七分,即日由上海《大公报》馆汇汇前方,聊伸慰劳。特此电达,敬希
垂察

上海大夏大学敬叩

(《本校援绥捐款数达千余元》,《大夏周报》,第13卷第10期,1936年12月2日)

绥远战事发生,本校师生本同仇敌忾之谊,于上月十八十九日两天举行校内募捐,计得一千二百八十二元二角七分②,业由《大公报》馆转汇前方,兹得绥远傅主席复电一件,照录如左:

大夏大学师生工警公鉴:敬电敬悉。此次绥东告警,全国关怀,既鼓励以精神,复援助以物质,三军闻命,感奋益深,除俟捐款到绥另电附据伸谢外,谨先电复,诸维荃照。傅作义冬印

(《傅主席电谢本校》,《大夏周报》,第13卷第12期,1936年12月17日)

上午,大夏教育学院邀请北平师范大学教授方蔚东先生演讲,题目为"华北现状及其教育"。(《方蔚东莅校讲华北现状及其教育》,《大夏周报》,第13卷第10期,1936年12月2日)

下午,特种讲座第六讲,邀请同济大学医科黄榕增教授主讲,题目为"防毒与救急"。(《特种讲座第六讲黄榕增讲防毒与救急》,《大夏周报》,第13卷第10期,1936年12月2日)

二十七日　时事研究会召开成立大会。

本校各学院系同学数十人鉴于世界风云之日紧,我国处境之困难,我国民既不允忽视,复不宜旁观。特发起组织时事研究会,务期集中意见,作有系统之探讨。闻全体大会已于上月(编者按:十一月)二十七日举行,济济一堂,极一时之盛。除订立会章与讨论一切进行事宜外,并选举干事。兹悉该会复于十二月九日假座群策斋会客室召开第一次干事会,由谢希主席,郑世樑记录。(下略)

(《时事研究会成立》,《大夏周报》,第13卷第12期,1936年12月17日)

---

① 统计总数与全校教职员、学生、校工捐款总数不符,疑有误。
② 此处记载捐款总数与上文化记载不符,疑有误。

三十日　上午十时半,纪念周会,公民教育讲座第九讲,邀请王裕凯先生演讲,题目为"大学生对公教运动应负的使命"。(《王裕凯讲大学生对公教运动应负的使命》,《大夏周报》,第13卷第11期,1936年12月9日)

十二月

七日　上午十时半,纪念周会,公民教育讲座第十讲,请上海地方协会秘书长黄炎培到校演讲,题目为"从绥远慰问归来到公民教育"。(《黄任之莅校讲从绥远慰问归来到公民教育》,《大夏周报》,第13卷第11期,1936年12月9日)

八日　推行节约救国运动,设置节约救国箱,继续募款援绥。

(上略)本校救国工作训练委员会……爰于本月(按:十二月)八日下午四时假群贤堂史地社会学研究室开临时会议,议决继续募款,接济前方。其办法采节约办法,无论教职员学生校工日常生活及宴客送礼等均实行节约,而以其余款交由会计处暂行保存,并登周报发表,集有成数,即汇解前方。闻不日将发行节约救国证明书、节约救国礼券,设置节约救国箱等,凡捐款国币一元以上者,即由学校给予证明书,捐款数目不论多少,本报将辟显著地位披露,以资鼓励云。

(《举办节约运动》,《大夏周报》,第13卷第12期,1936年12月17日)

本大学为继续募款接济绥远前方将士起见,由救工训委会议决推行节约救国运动,略情已志上期本报。兹觅得节约救国箱办法,照刊如左:

大夏大学节约救国箱办法

一、本校为提倡节约救国起见,特设置节约救国箱。

二、凡本校教职员,学生及校工,平日生活及应酬等,节省之用费不拘多寡,请投入箱内。

三、投入银钱,请用信封封好,并书明数目及姓名,当在本校周刊上发表;如不愿写姓名者听〈便〉。

四、投入数目满一元者,由校长发给节约证书。

五、节约救国箱于每星期三上午十一时,由群育部会计处负责人会同开放一次。

六、节约救国箱所收之款项,由会计处暂行保管,一俟积有成数,即行汇寄前方。

(《开始推行节约运动》,《大夏周报》,第13卷第13期,1936年12月25日)

十日　举行英语演说竞赛。

本大学为训练学生英语演说技能起见,过去各学期曾数度举行校内英语演说竞赛,成绩颇佳。本学期此项竞赛,业于本月(编者按:十二月)十日下午三时在群贤堂三一二教室举行。参加竞赛学生计共十四人,由群育主任王裕凯主席,沪江大学教授黄金树先生,汪筱盂女士及孙浩烜夫人担任评判。首由王主任用英语致开会词后,即开始演说竞赛,每人演说约十分钟。考成办法,材料发音各占百分之四十,态度占百分之二十。兹悉竞赛成绩已由评判员当场决定,结果黄德明得第一名,周子成得第二名,费圻纲得第三名,由汪筱盂女士给予奖品。

(《英语演说决赛》,《大夏周报》,第13卷第12期,1936年12月17日)

十一日　上海市国民军事训练委员会主任李骧骐等到校检阅军事训练,并受邀做特种讲座第七讲主讲,讲题为"现代军人"。

本校本学期实施军事管理,对军事训练甚为认真,各同学多能热心受训,故各种操法均日见进展。十月间举行全校秋季运动会,军训班同学之规律、精神、操法,即博得校外来宾好评。近月以来,因徐孙二教官认真训练,成绩尤见进步。本月(按:十二月)十一日下午二时特请上海市国民军事训练委员会主任李骧骐先生率领该会检阅人员莅校检阅,由欧副校长、傅会计主任、王群育主任、徐军事教官、邵院长家麟、孙院长浩烜、张主任元桜等陪同李主任及各检阅人员绕运动场一周后,即登司令台观察各队伍操练。是日受检队伍,除大学部全体军训同学约五百人左右,中学部高一军训同学亦全体参加,总数达六百余人以上。检阅时,队伍之排列,分八个分队。前有军乐队及步枪队,中多徒手兵,最后殿以脚踏车队及射骑队,服装划一,步履整齐,全队于军乐悠扬声中,环行一周,并先后向各检阅人员致敬。旋由徐教官发令集合,成一凹字队形请李主任训话。……〈李主任〉对最近本校军训进展情况,颇为赞许。无论在精神方面,或是操法与纪律方面,李氏均觉较上次莅校时为进步,故彼之训话前段,可以说完全是赞扬的话。惟军人最重纪律,故李氏训话中段,亦谆谆以服从纪律勖勉。最后李氏尚以王阳明"致良知"之学说反复阐明,训勉全体队伍;盖军人不仅须有术科方面之充分训练,尤须佐以精神方面之伟大陶冶,才能担负起非常时期之重大任务云云。李氏训话毕,由欧副校长致词答谢,全队遂由徐教官发令向各检阅人员致敬解散。

(《市国民军训会主任李骧骐莅校检阅军事训练》,《大夏周报》,第13卷第12期,1936年12月17日)

经全市各大中学检阅成绩评定,大学部成绩列入"甲"等。

本大学对于学生军事训练,素甚认真,自徐建德教官莅校主持以来,进步尤为迅速。去夏一二年级学生三百余人往苏州受集中军事训练,成绩亦冠上海各大学。本学期实施军事管理,因前参加集训同学均能与徐教官合作,受训同学多能认其受训,故各种操法异常熟悉,平素精神亦极为饱满。去年十二月十一日上海市国民军事训练委员会李骧骐主任莅校检阅,对全班服装操法精神均甚嘉许,闻现已将全市各大中学检阅成绩评定,本校大学部竟列入"甲"等,各同学闻讯之余,莫不兴奋异常云。

(《军事训练班荣誉》,《大夏周报》,第13卷第15期,1937年1月14日)

十四日　纪念周会,公民教育讲座第十一讲,请大夏附中主任孙亢曾主讲,题目为"英德意公民教育比较观"。(《孙亢曾主任讲英德意公民教育比较观》,《大夏周报》,第13卷第13期,1936年12月25日)

十七日　大夏剧社经过多日筹备,举行成立大会。

音乐与戏剧二者,对于转移风气与陶冶性情,实有莫大之价值。本校自上学期推行集团唱歌,同学间爱国情绪及民族意识,为之增强不少。兹者救国工作训练委员会为更进一步计,特倡议筹组大夏剧社,将来工作除编订爱国剧本,训练演剧技能,并将摄制影片,随时公开演映,俾附近乡村民众,不但得到娱乐,且可培养爱国思想。日昨(编者按:十二月一日)校务会议开会,闻已推定王裕凯、邰爽秋、吴学信、徐公美、向培良五先生为筹备委员,由王裕凯先生召集,积极进行,不久即可正式成立。

(《筹组大夏剧社》,《大夏周报》,第13卷第11期,1936年12月9日)

大夏剧社于本月(编者按:指一九三六年十二月)〈十〉七日下午七时在群贤堂社会教育研究室开成立大会,到王裕凯、向培良、徐汝兰、刑逸如等二十余人,由王裕凯主席,杨汝淦记录。通过重要议案多起,并决定下学期公演。该社执委九人,根据社章除以群育主任王裕凯,教育学院院长邰爽秋,社会教育系主任吴学信三先生为当然委员外,其余六人由校长聘请对于戏剧有专门研究之教授徐公美、向培良二先生,并当场选举徐建德、杨汝淦、马大华、卢璞卿诸先生充任之。又该社候补执委为徐汝兰、卓克淦两先生云。

(《大夏剧社成立》,《大夏周报》,第13卷第15期,1937年1月14日)

本校救国工作训练委员会自决议设立大夏剧社后,所有筹备人员,业在上期本报披露。本月九日筹备主任王裕凯先生特假群贤堂教育学院办公室召集各筹备委员开第一次筹备会,出席邰爽秋、吴学信、向培良,徐公美记录。除拟定基本社员,并确定本月十七日下午七时开成立大会外,并修正通过该社章程十四条,兹将该项章程刊布如左:

大夏剧社章程

第一条　本社定名为大夏剧社。

第二条　本社社址设在大夏大学。

第三条　本社以研究戏剧艺术发扬文化为宗旨,其办理事务之范围如左:

1. 剧本之搜集与编译

2. 公演之筹备与实施

3. 人才之训练与养成

4. 其他合于本社目的之事项

第四条 凡大夏大学教职员及同学,不论性别年龄,经社员两人以上之介绍并社务委员会之认可者,俱可入社为社员。

第五条 社员社费分左列两种:

1. 普通社员 每学期一元

2. 特别社员 每学期五元

第六条 本社社员应爱护本社,遵守社规,交纳社费,担任社务及公演时一切事务之责。

第七条 本社社员依法得享下列各项权利:

1. 选举权

2. 被选举权

3. 建议权

4. 纠察权

第八条 本社社员,如有违犯社规情节重大者,得由社务委员会取消其社员资格。

第九条 本社以社务委员会为最高机关,其委员名额暂定九人,群育主任、教育学院院长、社会教育系主任为当然委员,其余六人由校长聘请对戏剧有专门研究之教授二人,及由全体社员选举四人充任之。

第十条 委员任期均为一年,连选得连任。

第十一条 社务委员会以下得设置左列职员:

1. 剧务部主任一人,干事若干人

2. 事务部主任一人,干事若干人

第十二条 本社经费除社费收入及公演收益外,得由社务委员会商请学校补助之。

第十三条 规程内应订之各项附属章程另订之。

第十四条 本规程经校务会议核准后施行之。

(《大夏剧社定期成立》,《大夏周报》,第 13 卷第 12 期,1936 年 12 月 17 日)

二十一日 纪念周会,公民教育讲座第十二讲,请江苏省教育学院研究部主任俞庆棠女士到校主讲,题目为"公民教育与民众教育"。(《俞庆棠女士莅校演讲》,《大夏周报》,第 13 卷第 13 期,1936 年 12 月 25 日)

二十四日 社会教育系与中国教育电影社合作摄制教育影片《动物园》,于电影教室公开放映。

本校社会教育系主任吴学信先生,鉴于电化教育为实施社会教育之最新工具,除与上海电报局附设广播电台合作举办广播演讲业志本报第十三卷第九期外,近又与中国教育电影社合作摄制教育影片,以期推广教育能力。兹悉已经摄制者有《动物园》、《交通》二种。《动物园》且曾于去年十二月二十四日下午七时假本校电影教室放映,该系同学及他系学生往观者甚形踊跃云。

(《社会教育系与中国教育电影社合作摄制教育影片》,《大夏周报》,第 13 卷第 15 期,1937 年 1 月 14 日)

二十五日 救护与防毒训练相继展开。

救护与防毒,二者均为目前国民必具之常识,亦为政府在国防上应有之措施。本校自上学期实施国难教育以来,关于各种特殊技能训练,积极推进,除于月前先后成立"日文日语"班,"训练民众"班等各班开始训练外,兹闻救护训练班与防毒训练班,亦将于日内成立,开始训练云。

(《开设救护训练及防毒训练班》,《大夏周报》,第 13 卷第 12 期,1936 年 12 月 17 日)

二十七日 教育学院毕业同学开师生话别会。

本届教育学院毕业同学齐德修、林永熙、王恒良、石启家、廖炆龄、卓勒美、余秀英等三十余人,为联络感情及出校后关于事业上的合作互助起见,特组教育学院二六级冬季毕业同学会,于上月(编者按:一九三六年十二月）廿七日上午假社会教育研究室开师生话别会，到会员约二十余人，并请欧副校长，王秘书长，傅会计主任，邵院长，教授王裕凯、吴学信、徐教官等十余人莅临训话。首由主席齐德修君致开会词，并请欧、王、傅、邵、王诸先生先后训话，语多策励。后齐、林、石、王诸会员均发表对本校行政上改革意见多点，学校当局无不表示尽量采纳。旋茶点摄影纪念，至中午十二时始尽欢而散。

（《教育学院毕业同学开师生话别会》，《大夏周报》，第 13 卷第 14 期，1937 年 1 月 1 日）

二十八日 上午，纪念周会，鲁继曾教务长作"西安事变的感想与中国公民教育前途的展望"的演说。（《廿五年秋季本大学各部处各院科各团体进行事项汇录》，《大夏周报》，第 13 卷第 15 期，1937 年 1 月 14 日）

下午，举行国语辩论决赛，辩题是"今日中国高等教育文法与理工并重"。辩论结果正方获胜。

本学期国语辩论决赛，已于上月（编者按：一九三六年十二月）廿八日下午四时在群贤堂三一二教室举行。辩论题为"今日中国高等教育文法与理工并重"。辩论员正面为王恒良、李纫秋、魏冀微三君，反面为魏国民、邝荣埙、黄德明三君。初赛曾于上月十四日举行。决赛会由王裕凯先生主席，杨汝淦、徐汝兰两先生记时。出席者除辩论员外，男女同学莅会聆辩者约三百人，颇极一时之盛。评判员为邵爽秋、王国秀、任孟闲三先生，辩论结果正面代表王恒良、李纫秋、魏冀微诸人为优胜组，由王国秀先生给奖散会。

（《举行国语辩论决赛》，《大夏周报》，第 13 卷第 14 期，1937 年 1 月 1 日）

二十九日 援绥院科际篮球赛举行决赛。

本校鉴于绥远□□将士在冰天雪地中抗战守土，忠义可钦，故除于去冬在校内举行普遍募款并推行节约救国运动援助外，复于去年（编者按：指一九三六年）十二月廿九日在体育馆举行援绥院科际篮球决赛。事先由救国工作训练委员会会同体育部商定计划，限定凡往观赛者无论教职员、学生均须先向事务处购票（每人大洋肆角）入场，结果计售票一百五十六张，得国币六十二元肆角，又捐款三角，合共国币六十二元七角。兹悉该款已交中华职业教育社主办之《国讯》旬刊社转汇前方，其收据公布如后：

兹收到

大夏大学援绥篮球比赛券资捐款国币陆拾贰元柒角正，除汇汇绥远傅主席并披露本刊外，谨制收据为证。

国讯社

中华民国二十六年壹月四日

（《援绥院科际篮球决赛补志》，《大夏周报》，第 13 卷第 15 期，1937 年 1 月 14 日）

本月 因人事变动，重新聘任国际政治经济年鉴社各编辑委员。

本校自上学期成立救国工作训练委员会以来，认为欲挽救国难，对于国际间政治经济变动趋势，亦宜有深切之认识，特推举法学院政治系主任谌志远先生组织国际政治经济年鉴社，并聘若干教授为编辑委员，积极推进，不遗余力。暑假后，以人事变迁，各编辑委员或有不在本校任职者，致编辑事务，颇受影响。现悉该社委员业经重行聘定，除谌志远、唐庆增、王成祖[组]三系主任为当然委员外，另推吴澄华、梁园东、王绍唐、王国秀、卜愈之、郑宏述六先生为委员，共同负责，并指定谌志远先生主持一切云。

（《国际政治经济年鉴社编纂委员略有更动》，《大夏周报》，第 13 卷第 11 期，1936 年 12 月 9 日）

本月 史地社会学研究室及史地学会绘制华北及绥远地图一幅，悬挂于图书馆参考阅览室入口。

本校史地社会学研究室及史地学会以为华北地理形势，在目前国难严重起见，各同学宜有详细认识之必要，特商请史地学会会员黄文荃君制就华北形势及绥远□□详细地图一幅，悬挂图书馆参考阅览室入口之处。该图东起辽、热，西迄甘、青，中对华北各省目前交通干线，日伪军与国军对抗情况，以及日本在绥、宁各省设立飞机场地点，均一一标明，促起同学注意。际此绥战未经解决之下，此图实有极大贡献。该图系用白洋布绘制，颜色清明，极为醒目……以期激动同学爱国情绪云。

（《华北形势地图绘就》，《大夏周报》，第 13 卷第 12 期，1936 年 12 月 17 日）

一月

十七日　举行冬季毕业生话别会。

上学期各学院及师专科应届毕业同学约百人，现已分别莅校，或服务社会，或继续深造，校务会议诸委员为表示惜别起见，曾定期上月（编者按：一月）十七日（星期日）假中学部大楼举行话别会，并推定孙亢曾先生代表致词，略情已志十五期本报。该会业经如期举行，除全体毕业生出席外，计到有欧元怀、傅式说、王祉伟、王裕凯、孙浩烜、孙亢曾诸先生。首由欧副校长布开会词，大意谓：诸君自今日而后，即将对社会国家直接负责任，此是一个紧要关头，希望诸君对第一次所就之业，小心翼翼，努力猛干，万勿轻易离职，给社会上以不良印象。就业之后，应继续研究自己所学学科，藉免落伍，诚以学问之道，不进则退，在今日社会事业未充分发达以前，诸君在学问上如无进步，终必有受淘汰之虞。本人希望诸同学都能以"高考"业余进修目的，将来即使"高考"落选，自己地位总可维持等语。次王秘书长训词，勉励各同学对本国文字须特加注意，盖目前社会各机关往来函札，仍用过去文言文，本国文字倘不通顺，易引人藐视。次中学主任孙亢曾代表校务会议诸委员致词，曾对本校特有之"师生合作"四字加以新解释。大意谓各毕业同学进入社会后，即为社会上之"师"表，但欲为社会"师"表，专赖在校所习智能，实苦不足，故同时须继续研究，仍为学"生"。"合"字为"人"、"一"、"口"，"口"与"人"合在"一"起，就是"有饭大家吃"的意思。"作"，要吃饭当然要做事，但"做"须大家各自负责"做"去。所谓"分工合作"者是。孙先生致词毕，由毕业同学陈立言、陈百年二君答词。中华口琴会刘茵[因]君领导会员奏乐，大夏小学暨幼稚园小朋友表演，最后全体合唱校歌，茶叙散会云。

（《冬季毕业生话别会补志》，《大夏周报》，第 13 卷第 16 期，1937 年 2 月 19 日）

社会学系开赴苏州望亭镇进行社会调查，历时一月有余。返校后，又将调查成果进行分类整理，并在校内公开展览。

文学院社会学系同学，对于研究工作，素称注重，去岁在吴泽霖、章复二先生主持之下，有中国社会救济事业之专题研究，所获资料，曾陆续发表于《华年》周刊及《中央日报》"社会调查"栏。该题总报告，正在编著中，不久即可公表。本年度又有调查乡镇社会生活实况之计划，仍由吴泽霖、张少微、章复三先生负责，现决利用寒假期内组织大夏社会调查团率领同学十余人，赴苏州附近之望亭镇作实地调查，其方法系采取美国（Middle Town）之调查法，不用表格，由调查员访问后将材料摘录于卡片上。此种方式，诚属我国实地调查之创举。该团团员，闻为余霸秦、陈国钧、陆敏修、周诗锦、丁节之、虞效忠等十数人，定本月十七日全体赴苏开始工作，为期约三周云。

（《社会学系同学将赴望亭调查》，《大夏周报》，第 13 卷第 15 期，1937 年 1 月 14 日）

本校文学院社会学系所组织之社会调查团自前月十七号由张少微、章复两先生率领赴望亭镇开始调查该镇一般社会生活，迄今瞬近一月。刻工作已告结束，该团团员于上周业已先后返校，余下数人为欲观察该镇旧新年风俗情景，故展至本月十二号方始返校。闻该团往望亭镇后，以区长沈耀德系本校毕业同学，得其帮助不少，是以工作进行甚为顺利；且以各团员富苦干精神，虽值风雨载途大雪纷飞之际，仍然出外调查，未肯间断；故此次所获资料如家庭、商号、机关、手工业以及各种统计等等约有四百余份之多，与原来计划颇为相符。闻该团又在望亭采购各种土〈产〉以及迷信物品为数甚多,以备将来公开展览云。

(《本校社会调查团返校》,《大夏周报》,第13卷第16期,1937年2月19日)

本校史地社会学研究室于去年寒假曾由教授张少微先生,研究员章复先生组织社会调查团,率领社会学系男女同学十余人赴京沪线望亭镇作实地调查,略情已叠志本报。该团返校后,除将各种调查表格积极整理外,关于调查时连带搜集之土产文物,已经分门别类,陈列于群贤堂二楼该系研究室中,欢迎全校同学前往参观。内容计分:(一)统计图表,(二)特产,(三)日常用品,(四)迷信资料,(五)望亭风光,(六)团务记载,(七)调查表格,(八)个人文墨等八大类,玲[琳]琅满目,蔚为大观。闻不日且将公开展览云。

(《史地社会学研究室展览望亭镇文物》,《大夏周报》,第13卷第19期,1937年3月18日)

二月

十一日　新旧学生办理缴费入学手续。十九日开始注册,二十二日正式上课。

本学期自本月十一日开始缴费办理入学手续以来,新旧同学来校者最初三五日尚属无几,十五日后递逐渐增加,至十九、二十日两天注册时尤见踊跃。总办公处人山人海,大有车水马龙之概。廿二日上午八时正式上课,各教授及已注册学生均按时出席,弦歌之声,又充溢乎中山路旁矣。

(《春季正式上课》,《大夏周报》,第13卷第17期,1937年2月28日)

廿六年春季学生注册人数,据大中两部教务处统计结果,合共一八三一人,兹觅得统计表一份照刊如下:

大夏大学暨附设大夏中学廿六年春季注册学生人数统计表

院科别	注册人数	院科别	注册人数
文学院	152人	师范专修科	180人
理学院	255人	体育专修科	19人
教育学	333人	高中部	336人
商学院	194人	初中部	58人
法学院	403人	合计	1831人①

(《廿六年春季注册学生统计》,《大夏周报》,第13卷第22期,1937年4月23日)

十四日　王伯群校长离校赴南京出席国民党五届三中全会。

本大学校长王伯群先生,现任国府委员及中央政治会议委员,年来除随时莅校与欧副校长及校中重要职员商讨校务外,多在京翼赞中枢,处理要政。本月(二月)十五日五届三中全会在京开幕,王校长特由沪晋京出席,担任大会教育组审查委员,甚见忙碌。

(《王校长晋京出席全会》,《大夏周报》,第13卷第17期,1937年2月28日)

十八日　召开第一一五次教务委员会议。

上月(二月)十八日上午九时教务委员会假大夏新村鲁教务长宅举行第一一五次常会。出席者有蓝春池、邵家麟、邹爽秋、孙浩烜、张元枨、陈一百等。由鲁教务长主席,孙泽广君记录。席间除各出席委员报告各院科近况外,议决要案有:(一)本学期参加集中军训学生,国文英文应作文七篇(两次小考在内),各担任教授须督促学生于五月十日前缴齐,以其平均成绩,作为学期成绩。(二)定期召集各院科会议

---

① 合计人数与各院科人数总和不符,疑有误。

（第一次会议已于上月廿七日举行）。（三）各院长暨科主任须负责辅导新任教授。（四）各院长及科主任切实整顿各该院科应兴应革事项，随时向委员会报告。（五）通过本学期各院科购买图书办法：计图书每系组（全校共十九系组）各一百元，杂志一千元，辞典及参考书六百元，装订及其他制备书架八百元。此外尚有其他学生请求提案，兹不毕赘。

（《教务委员会开第一一五次会议》，《大夏周报》，第13卷第18期，1937年3月9日）

二十日　中学部初中校舍及大中两部教职员宿舍同时动工兴建。

本校原在大夏新村东北女生宿舍西南建有教职员宿舍一座，计三幢，供给大中两部同仁居住之用，已历有年。现以同时年有增加，原有宿舍不敷分配，财政委员会特于上学期议决添建新宿舍一座，所有图样及投标手续，已于上学期办理清楚。兹悉新宿舍已决定由去岁承造丽虹桥之陆谊记营造厂承建，合同已能够签定，本月二十日与中学部新校舍同时举行破土典礼。新宿舍地址位旧宿舍之西南，北与旧宿舍花园毗连，西南两面均朝校河，周围乔木参天，夏日甚为风凉，置身其间，当有"悠然自得"之感。新宿舍格构呈"一"字形，中有走廊，为楼二层，闻将来只供只身在校之教职员住宿。为屋约五十大间，足供百人同住。设备方面，由事务处透出消息，将来除每间特设床位桌椅外，并将设置浴室、厕所、同人公余休憩室、会客室、电话间等。至于中学新校舍，据悉系完全为初中部学生着想。新校舍大部为初中学生宿舍，位现在中学校舍之北首。新校舍落成后，初中男学生不仅居住于斯，膳堂、浴室、自修室等亦均在其内。此外中学部一部分特别学科需要设特别教室者（如劳作教室、史地教室、土木工程教室、打字室等），将来亦拟附设其内。两部建筑均由陆谊记营造厂承造，建筑费共为四万元云。

（《教职员宿舍及中学部新校舍同时兴工》，《大夏周报》，第13卷第16期，1937年2月19日）

二十二日　教育学院及师范专修科教授会举行第一次会议。

本校教育学院暨师范专修科教授会成立至今，已有年余。本学期第一次会议于上月（二月）廿二日晚假座虞洽卿路晋隆饭店举行。出席者有欧副校长、鲁教务长、邰院长及教授陈一百、王瑗仲、孙亢曾、杜佐周、王裕凯、张耀翔、章颐年、陈景琪、汪畏之、徐公美、吴学信、卢世鲁、但杜宇，助教徐兰荪、刘伍夫、齐德修、钱怀刚，中学部教员周颂文、查修梅、沈研因、黎维岳等三十余人，列席者有建筑师陈宏铎。由章颐年主席，钱怀刚记录。首由主席介绍本学期新教授，次鲁、邰、吴、汪、卢、钱、王等诸先生相继报告各部重要事项进行情形。末讨论重要议案，有改进教育学院及师专科课程，设计理想中学模型，蒲淞区小学教员进修指导及筹办卫生教育系等十余件。至十时许始行散会。

（《教育学院师范专修科教授开研究会》，《大夏周报》，第13卷第18期，1937年3月9日）

二十八日　各宿舍开始晚间点名。（《廿六年春季本大学各部处各院科各团体进行事项汇录》，《大夏周报》，第13卷第29—30期合刊，1937年6月25日）

本月　免费学额委员会通过申请免费生名单。

本校自上学期起，除原有各种奖学金外，添置免费学额四十名，藉以减轻学生负担，所有申请规则、申请书、保证书格式，已刊本报本卷第一期。兹悉本学期申请各生，免学额委员会业于日前根据教务处报告各生上学期成绩，择其学行兼优及家境清寒者予以免费，计发表者有方书珠、刘仰方等三十五名，尚有十余名因成绩较差，作为贷金名额云。

（《免费学额委员会通过本学期中［申］请免费生》，《大夏周报》，第13卷第17期，1937年2月28日）

三月

一日　上午十时半，补行春季始业式，出席师生一千五百余人。

本学期自上月（二月）十一日开学，廿二日上课以来，学生已大部分到校。本月（三月）一日（星期一）上午十时半在体育馆补行春季始业式。计到教授鲁继曾、王毓祥、傅筑隐、邵家麟、章颐年、王裕凯、任孟闲、孙浩烜、张元枼、吴学信、卜愈之、邰爽秋及教职员学生共一千五百余人。由副校长欧元怀先生主席，军事教官徐建德先生司仪。行礼如仪并行师生相见礼一鞠躬后，即由欧副校长布开会词。略谓：本校创办至今，计有十三载，每学期开学之初，均有始业式举行。今日拟以下述三点与诸位相勉励：一为"善始"，即希望诸位在此学期开始的时候，认清一学期中应走路线，努力学业，修养品格。二为"惜阴"，希望诸位不要把这学期的光阴虚度过去。三为"团结"，处在今日的时代，无论国家民族或团体，舍团结势无以图存，希望诸位平于注意学业进修外，须多多结交益友，大家团结一致，负起救亡图存复兴民族的大责。次由国立音乐专科学校陈能方先生（宋丽琛女士和琴）指导唱《上前》、《励志》、《军歌》、《出军》诸爱国歌。任孟闲教授演讲"大学教育之使命"，勉各同学在校不但须努力学问，且应锻炼办事能力，修养"气节"，方能肩起领导群伦完成救国的伟业。语多精警，全体同学精神为之振奋不少。旋由本校毕业老同学现任中华口琴会总干事，最近亲率北平分会会员数人亲往绥远前线慰劳抗敌战士归来之王庆勋，吹奏《灿烂光明》、《美丽的太阳》二歌，吹法极为新奇。全场侧耳而听，靡不叹为绝技。最后全体唱校歌而散。

（《三月一日上午补行春季始业式》，《大夏周报》，第13卷第18期，1937年3月9日）

群育部印发教育部颁布军事管理寝室规则，厘定学生作息时间表，选派值星生。

本大学自上学期遵照部令，开始军事管理，各方均有进步。本学期决继续严格举行。学生生活指导委员会特印发部颁军事管理寝室规则，并厘定作息时间表，选派值星生，以期养成纪律化生活。兹将各件照刊如左：

甲　部颁军事管理寝室规则

第一条　寝室须整齐清洁，简单朴素，合乎新生活标准。

第二条　每早起床后，即将内务按照规定形式整理完善。点名时，须迅赴指定地点集合。各级长官，须随时检查其被褥，劝诫学生，爱惜身体。

第三条　寝室内外，不得随地吐痰及抛掷零星物品，尤不得任意污损墙壁敲钉挂物，在窗台上晒衣物等。

第四条　一切用品均须依照规定妥置，不得擅自变更及随意置放，如非应用物品及小说、画片等，一概不准带入。

第五条　各生床位已经编定后，不得私自调换。

第六条　书间除午睡时间及病假者外，不得在寝室内展开被毯，及随意坐卧。

第七条　午睡起床后，应将床被整理清楚。

第八条　在寝室内须养成军风纪之习惯，不得唱歌喧扰。须一律脱帽置于床之中央，在夜间并不得私置灯火。

第九条　寝室值日生，每日须按规定时间，展开窗户，打扫清洁，以重卫生。

第十条　如有学生临时疾病不能起者，须于点名前，由值日生报告长官请假。

第十一条　如遇检查或队附、团附以上长官莅临时，须有值日生或先见者，呼"立正"口令，各人按原来位置立正，非有命令不得稍息，长官出室时同。

乙　学生作息时间表

上午		下午	
时间	事项	时间	事项
六时	起身	一时至三时五十分	上课
六时五十分	集合	四时至五时五十分	课外运动
七时	升旗 早操	五时三十分	降旗
		六时	晚餐
七时三十分	早餐	七时至九时五十分	自修
八时至十一时五十分	上课	十时	就寝
十二时	午餐	十时半	熄灯

丙　值星生轮流表（廿六年春季）

周次	日期	姓名	房号	群斋号
第一周	自二月十四日至二月二十日			
第二周	自二月廿一日至二月廿七日			
第三周	自二月廿八日至三月六日			
第四周	自三月七日至三月十三日			
第五周	自三月十四日至三月二十日			
第六周	自三月廿一日至三月廿七日			
第七周	自三月廿八日至四月三日			
第八周	自四月四日至四月十日			
第九周	自四月十一日至四月十七日			
第十周	自四月十八日至四月廿四日			
第十一周	自四月廿五日至五月一日			
第十二周	自五月二日至五月八日			
第十三周	自五月九日至五月十五日			
第十四周	自五月十六日至五月廿二日			
第十五周	自五月廿三日至五月廿九日			
第十六周	至五月卅日至六月五日			
第十七周	自六月六日至六月十二日			
第十八周	自六月十三日至六月十九日			
第十九周	自六月廿日至六月廿六日			
第二十周	自六月廿七日至七月三日			

（《积极推进军事管理》，《大夏周报》，第 13 卷第 18 期，1937 年 3 月 9 日）

史地社会学研究室派研究员叶在和前往宜兴等地调查太湖盆地蚕丝产销概况。

本校史地社会学研究室年来对实地调查工作，颇为努力，除去年派研究员章复君赴京沪线一带调查社会救济事业，本年一月敦请张少微教授率领同学赴苏州望亭镇调查一般社会生活外，近又派研究员叶在和君往宜兴等县调查太湖盆地蚕丝产销情形。查此项调查系由王成组教授主持。王先生曾于上月廿七日与叶君莅校赴宜布置一切，本月一日返校。现叶君由旅邸迁入宜兴精一中学寄宿。该校有本校毕业同学陈嘉谋君在校服务，故叶君到校后，颇得该校当局优待，现叶君朝出暮归，每日调查约二三十家，大约须二三个月调查方能完毕。闻将来尚拟转往无锡、苏州各地调查云。

（《叶在和君在宜兴调查太湖盆地蚕丝产销概况》，《大夏周报》，第 13 卷第 19 期，1937 年 3 月 18 日）

二日　召开校务会议。

本校为遵照部令推广高级职业补习教育起见，短期内决成立推广班于本市特区，藉以训练职业特殊技能。本月二日校务会议开会，以此种教育班急宜成立，特推定欧副校长及邵家麟、金企渊、吴浩然、王裕凯、孙允曾、周尚等七先生为筹备员，克日成立委员会，负责筹备。闻第一次筹备会将于本周内由欧副校长召集。

（《筹办职业补习教育班》，《大夏周报》，第 13 卷第 19 期，1937 年 3 月 18 日）

本校目前编制，共有文、理、教育、法、商五学院及师专、体专两科，各种章则及各院科课程，均详载民国廿四年六月出版之《大夏一览》中。近以教部颁布《特种教育纲要》，全国施行国难教育，各院科课程内容及各部处办事细则，间有修改之必要，校务会议特议决在短期内加以修改，重行编印。现悉各院科课程学则，已推定鲁教务长暨各学院院长、科主任为编审委员，由鲁教务长召集；各部处总章则推定王祉伟、傅式说、吴浩然、欧元怀、王裕凯五先生为编审委员，由傅式说先生召集。全校同学录由校长室主办，各稿均定四月底集稿，六月一日以前出版。

（《编印课程章则》，《大夏周报》，第 13 卷第 19 期，1937 年 3 月 18 日）

本大学年来研究空气颇为浓厚，全校师生平日研究结果，除一部分交由校外各种定期什志或由各大书局印为单行本外，余均在本报或校内其他刊物发表。闻校务会议诸委员为求进步起见，已推定鲁教务长及章颐年、谌志远、李青崖、吴泽霖吴先生组织大学刊物委员会，负责推进教授及同学方面著作，以期日趋丰富完善云。

（《鲁教务长等任刊物委员会委员》，《大夏周报》，第 13 卷第 19 期，1937 年 3 月 18 日）

八日　上午十时半，举行新生指导会。

一学期一届之新生指导会，又于本月八日（星期一）上午十时假体育馆举行矣。（中略）

到会人员　是日到会者除全体新生约二百余人外，有欧副校长、鲁教务长、王秘书长、傅会计主任、吴事务主任、王群育主任、徐教官，本校集团唱歌指导陈能方先生、俞普庆先生、宋丽珍［琛］女士，及全体职员共约五百人。

行礼如仪后，首由陈能方先生指导习唱校歌，次欧副校长代王校长布开会意义，略谓今日之会，约有两层意义：（一）是表示欢迎。国内大学不少，上海尤为其他各大埠所不及；诸位不往其他各大埠进大学，而来上海，不往上海其他大学，而特别择"大夏大学"为完成最后阶段学业之场所，故本校亦特别表示欢迎。在大学校内举行新生指导会，各国皆有，中以美国为最诙谐。美国大学校内欢迎新生，不是由学校主持，而是二年级学生用一种特别方法，名曰"拖尸"。此种欢迎方法，国内大学除北方某某两校外，他校尚少举行。本校欢迎诸位，不采"拖尸"方法，而用开会指导，其意义至为重大，希望诸位特别注意。（二）是指导。有人谓诸位在中学毕业时，校长教员开会送别，将诸位看作新娘出嫁，告诉诸位如何侍养翁婆，对待丈夫。如果此种比拟系会确切，则诸位今日嫁到"大夏大学"，对此大家庭中之家规，当然是有明了之必要。大夏"家规"，稍俟鲁教务长、王秘书长等将一一告诉诸位。我现在只是提两点贡献给诸位。第一是希望诸位既来大夏，因大夏系革命产儿，诸位就应本其革命精神，努力前进，打破难关，以期建设新国家。第二是希望诸位利用本校特优环境，于此三四年中，将诸位最后一阶段之学业，得到充分成绩。

次王秘书长报告校史（中略）。次鲁教务长、吴事务主任、王群育主任只略就各人立场，将教务、事务、群育三方面说个简要。王主任尤希望各同学注意运动，崇尚礼貌及爱护学校三者。最后由本校会计主任傅筑隐先生演讲大夏三大精神。所谓三大精神，即牺牲精神、合作精神、创造精神，三者是大夏所以能于短期内有迅速发展之原动力，希望新进同学，加入队伍，共同奋斗，则不但大夏前途将更趋光明，国家民族，亦大有希望焉。新同学其共勉之。

（《新生指导集会》，《大夏周报》，第 13 卷第 19 期，1937 年 3 月 18 日）

科学馆不断扩建充实，除寒假期间安装榨油机、制陶瓷机外，最近又新建土木实习工场一所，并扩建铁工场。

本校永久科学馆，尚在募款筹建中。现在馆址，系由大饭堂改组而成，简陋之嫌，自所难免。惟"山不在高，有仙则名；水不在深，有龙则灵"。现在馆舍虽小，其内容则极为充实。……上学期该馆又添建制瓷窑厂一所，训练土木工程系学生烧制各种瓷器。闻第一窑瓷器不久即可出窑。本学期开学后，该馆又加以扩充。现悉除于寒假期间装就榨油陶瓷机器外，又新设土木实习工场一所，并将铁工场加以扩充云。

（《科学馆北部添扩工场》，《大夏周报》，第 13 卷第 18 期，1937 年 3 月 9 日）

九日　　大中两部开始宿舍整洁检查。(《廿六年春季本大学各部处各院科各团体进行事项汇录》,《大夏周报》,第13期第29—30期合刊,1937年6月25日)

十一日　　军事训练部为活跃学生文娱生活,筹组军乐队,寒假期间已购置鼓、号、笙、笛等乐器。是日举行成立大会。

本校自上学期始,遵照部令,实施军事管理,经一学期之试验与学生生活指导委员会之努力,成效颇著。本学期决继续实施,以期养成纪律化生活。惟为调剂各同学精神与唤发情绪起见,本学期将成立军乐队,队员大约自二十人至四十人,分为两队。由徐建德教官主持筹备。所有军乐队中必需应用之各种乐器,如鼓、号、箫、笛等,均于寒假内购就到校,大约两三周内即可正式成立,聘请专员指导训练。

(《本校将成立军乐队》,《大夏周报》,第13卷第17期,1937年2月28日)

十五日　　该学期第一次纪念周会,请国民党福建省主席陈仪到校作"复兴民族与心理建设"的演讲。会后,由欧副校长陪同参观学校各部。(《闽省主席陈仪氏三月十五日莅校出席第一次纪念周》,《大夏周报》,第13卷第20期,1937年3月27日)

去年绥远抗战,全体师生募捐千金慰劳。是日晋绥当局举行盛大军民大会,追悼抗战阵亡将士。全体师生备制挽联、横额,悼念阵亡将士。(《举校遥吊绥阵亡将士》,《大夏周报》,第13卷第20期,1937年3月27日)

下午六时,学生生活指导委员会召开第三十五次会议。

本月十五日(星期一)下午六时,本校学生生活指导委员会举行第三十五次会议,出席委员王毓祥、傅式说、吴浩然、王裕凯、徐建德、沙凤荤、杨永燦、杨汝淦、徐汝兰、郑景耀、刘国希、沈显扬,列席副校长欧元怀先生,王裕凯主席,杨汝淦记录。首由主席报告本学期军事管理概况,导师制施行情形等及学生早操与课外运动状况等。继即开始讨论要案,有:(一)扩大学生课余社,地点定群策斋左边市房,积极改造布置,准下月初开放;(二)邀请校外各项有名运动队来校表演,增加校内外友谊比赛次数,以期引起学生运动兴趣;(三)提倡金石书画棋艺等研究精神(必要时举行比赛会),使学生充分利用课余时间;(四)分别劝导或惩戒生活特殊之学生;(五)继续实施劳动服务;(六)选派军训学生,春假赴杭举[参]加军事演习等。末由欧副校长致词,对今后学生,生活指导上应行注意之点,多有指示。至九时余始各驱车返校。

(《学生生活指导委员会开会》,《大夏周报》,第13卷第20期,1937年3月27日)

军事训练部组织骑射队开始训练。

本校军事训练年来在徐建德教官主持之下,进步极为迅速,客岁上海市国民军事训练委员会李骧骐主任莅校检阅,极为赞美,成绩列入甲等,各情已志十五期本报。本学期开学后,所有应受军训学生,业已编成队伍(各队名单下期正式公布),积极训练。兹悉上学期开始组织之骑射队,本期决续行组织,队员共三十人,分为甲乙两组,每星期练习三次,练习时间为上午六时半至七时半,定本星期一(十五日)开始练习云。

(《军事训练部续组骑射队》,《大夏周报》,第13卷第19期,1937年3月18日)

大中两部开始早操。

本校自上学期开始实施军事管理以来,学生生活逐渐步入纪律化,成绩斐然。本学期开学后,因春雨连绵,操场泥滑,早操一项,延至上星期一(本月十五日)方开始举行。据悉大学部除一二年级学生必须参加外,三四年级学生亦可自由参加,中学部无论年级高低均须按时出席。现早操地点,仍与上学期同,分群力斋门前(大学一二年级参加集中军训男生及中学全体男生)、群英斋花园操场(大中两部女生)、群策斋门前足球场(大学部男生)三处,由军事训练部、群育处、体育部会同派员轮流点名,认真进行。每日七时左右均闻"一,二,三,四……"之声,各生精神,极为健旺。

(《开始早操》,《大夏周报》,第13卷第20期,1937年3月27日)

十九日　　大夏演辩会成立。

本校同学为练习演辩技能与发扬文化起见,特组织大夏演辩会,已于上月(三月)十九日在法商研究室开成立大会。到有王志文、黄德明、王琢玖等数十人。由黄德明主席致词,讨论会章后,票选王志文、费圻钢、黄德明、曹瑞书、王琢玖等为第一届干事。兹悉该会干事会已于日前开第一次干事会(下略)。

(《大夏演辩会成立》,《大夏周报》,第 13 卷第 21 期,1937 年 4 月 14 日)

二十二日　上午十时半,纪念周会练习唱爱国歌,并请欧副校长演讲,题目为"三中全会后国民应有之努力"。(《本学期第二次纪念周》,《大夏周报》,第 13 卷第 21 期,1937 年 4 月 14 日)

二十五日　教育学院社会教育系为推进电化教育,与上海交通部国际电台订立合同,联合举办通俗和学术播音演讲。此外,该系除扩充教育电影放映室外,又设置电化教育实习室,购置图书、仪器,并拟摄制教育影片。

本大学社会教育系自上学期与上海电报局合组学术通俗两种播音演讲,颇得社会人士之欢迎。本学期开学后,系主任吴学信先生又与交通部上海国际电台订立合同,继续举办。现各讲师均已请定,准本月廿五日(下星期四)下午开始举行。兹将主演人及时间表分刊如左:

甲　学术演讲

月日	讲题	主讲人
三月廿五日	美国青年训练	王裕凯先生

以下类推

乙　通俗演讲

月日	讲题	主讲人
三月廿六日	怎样做父母	曹淮君

以下类推

学术演讲

组别	讲师	讲题	月日	星期	时间
一	王裕凯	美国青年训练	三·二五	四	5:30—6:00P. M.
二	向培良	戏剧与社会	四·三	六	5:30—6:00P. M.
三	徐建德	我国兵制改革之商榷	四·一〇	六	5:30—6:00P. M.
四	杜佐周	成人与儿童学习能量之比较	四·一五	四	5:30—6:00P. M.
五	张素民	我们应有的人生观	四·二四	六	5:30—6:00P. M.
六	徐公美	戏剧与教育	四·二九	四	5:30—6:00P. M.
七	陈一百	读经问题的检讨	五·八	六	5:30—6:00P. M.
八	孙亢曾	中国中学教育的根本问题	五·一五	六	5:30—6:00P. M.
九	卢嘉文	文学与社会	五·二二	六	5:30—6:00P. M.
十	欧元怀	大学教育的使命	五·二七	四	5:30—6:00P. M.
十一	邰爽秋	教师节的意义历史及未来的使命	六·六	日	5:30—6:00P. M.
十二	吴学信	社会教育的意义和方法	六·一〇	四	5:30—6:00P. M.

地址:上海交通部电台(仁记路国际电台门沙逊大厦一三七号)

通俗演讲

组别	讲师	讲题	月日	星期	时间
一	曹 淮	怎样做父母	三·二六	五	5:10—5:30P. M.
二	章炳炎	国家和领袖	三·二六	五	5:35—6:00P. M.
三	顾邦基	怎样复兴农村	四·九	五	5:15—5:35P. M.
四	张志辉	怎样选择配偶	四·九	五	5:35—6:00P. M.
五	陈光祖	非常时期中国青年应如何组织与训练	四·一六	五	5:10—5:35P. M.
六	陈清育		四·一六	五	5:35—6:00P. M.
七	刘淑和		四·二三	五	5:10—5:35P. M.
八	潘宗尧		四·二三	五	5:35—6:00P. M.
九	杨 肃		四·三〇	五	5:10—5:35P. M.
一〇	蒋舜年		四·三〇	五	5:35—6:00P. M.
一一	彭 希		五·一四	五	5:10—5:35P. M.
一二	应 琼		五·一四	五	5:35—6:00P. M.
一三	胡寿慈	文盲与识字运动	五·二一	五	5:10—5:35P. M.
一四	陈贤珍	今日妇女应有的认识	五·二一	五	5:35—6:00P. M.
一五	康汉民		五·二八	五	5:10—5:35P. M.
一六	陈荫芬		五·二八	五	5:35—6:00P. M.
一七	张齐鲲		六·四	五	5:10—5:35P. M.
一八	林金藻	中国生存教育的问题	六·四	五	5:35—6:00P. M.
一九	江醒英	电影与儿童	六·一一	五	5:10—5:35P. M.
二〇	王恒良	中国青年应有的努力	六·一一	五	5:35—6:00P. M.
二一	刘 樾		六·一八	五	5:10—5:35P. M.

（《社会教育系继续举办学术通俗播音演讲》，《大夏周报》，第 13 卷第 20 期，1937 年 3 月 27 日）

本大学教育学院社会教育系自上学期添设电影教育学程后，学生修习者颇不为少。本学期该系积极进行，除注重理论学科外，更增设电影导演实习，摄影学习诸学程。为便利同学实习起见，近又将原有教育电影放映室加以扩充，添设电化教育实习室，购置巨型摄影机多件，放映机一架，敦请徐公美、沈西苓、但杜宇、卢世鲁等担任指导。日昨①该系师生，附在群贤堂该系研究室开会，议决创立中国教育电影社，摄制教育影片，聘卢世耀、卢世钤为编辑干事，钤、耀两先生现已拟定详细计划，着手编制。闻两先生过去编制佳片，有《科学养鸡法》、《火柴制造》、《交通的进化》、《动物园》、《秋收纺织》等数片，上学期在本校试映，成绩极佳。现此项佳片，业经教育部全部采用，并加印多份分送全国八十一教育电影巡回放映区放映云。

（《社会教育系推进电化教育》，《大夏周报》，第 13 卷第 20 期，1937 年 3 月 27 日）

---

① 指三月二十五日。

本大学社会教育系年来经校当局积极整顿,成绩日有进步,自上学期起添设电影教育学程、摄制社教影片、实行播音教育以外,平常对于研究工作尤为努力。去岁教育部派员视察,认为成绩卓著,特拨洋四千元补助该系购书用费。兹悉该系已将部拨之款,悉数购置社教书籍,计千余册,已次第到校,陈列社会教育研究室。至室内布置,经研究员齐德修加以整理,共分为社会教育丛书、社会教育概论、社会教育史、各国社会教育、社会教育事业、教材与读物等六大类,并有连环图画三百九十件。该图新从民间搜集而来,为普通社教机关罕有之物,希该系学生在课余之后,随时到该室研究阅读云。

（《社会教育系新讯》,《大夏周报》,第 13 卷第 18 期,1937 年 3 月 9 日）

"广华先生纪念奖学金"设立。

孙仲英先生系仁社故社员孙广华君之封翁,居津门,平素对公益事业,至为努力。前岁广华君不幸身故,仲英先生为纪念爱子起见,特捐赠国币二千八百元交由仁社保存,充为教育基金。仁社方面以广华君生前好学力行,系一模范青年,当有永久纪念方法,乃由社员方面自由认捐。不久亦捐有七百余金。现两款及息金总数计达三千六百元。上月(三月)廿五日由欧副校长与广华先生之令兄现任上海市政府工务局技正孙广仪先生接洽,将该项存款悉数拨交本校保存,并指定按年将息金提出三百六十元,奖励本校理学院及法学院政治系品学兼优学生。每学期额定四名,每名四十五元。闻此项奖金,定名为广华先生纪念奖学金,本年秋季即可开始发给。校中贫寒同学,将多一奖励机会矣。

（《孙仲英捐资奖学》,《大夏周报》,第 13 卷第 21 期,1937 年 4 月 14 日）

三十一日　教育部派专员陈可忠、郭有守到校视察。

本大学自民国十八年立案,十九年迁入中山路新校址后,校务进展,一日千里,过去各年度教育部派员莅校视察,靡不叹美。上月(三月)卅一日上午八时,教部陈可忠、郭有守两专员又来校视察各部处。当由欧副校长、鲁教务长、王秘书长及傅然[式]说、吴浩然、邵家麟、邰爽秋、章颐年、金企渊、孙浩烜、王裕凯、蓝春池诸先生陪同至科学馆、图书馆、体育馆、各学生宿舍及各学院研究室参观。至下午一时方驱车而去。闻陈、郭两专员过去均曾来校视察,此次重行莅止,目睹本校物质精神两方面均有长足进展,备极称赞。而对理学院各工场自制各种仪器与工业化学室所制各项瓷器,尤为重视;外国科学试验仪器,当可消减不少云。

（《教育部派陈可忠郭有守两专员莅校视察》,《大夏周报》,第 13 卷第 21 期,1937 年 4 月 14 日）

本校理学院在邵家麟院长主持之下,院务蒸蒸日上,尤以科学馆内附设各种仪器工场所制仪器最为特色。盖各工场所制仪器,造价既廉,又甚耐用,且原料多采国产,每年可省仪器设备费不少;故上月教育部陈、郭两专暨中华教育文化基金董事会林秘书莅校视察参观,均赏识不已。记者为明了实际情形,特趋谒邵院长,承以各制品清单见示,特分类刊布如左:

甲　物理仪器

仪器名称	件数	价值 以美金为单位	造价 以国币为单位
碰击仪器	一	60.00 元	21.75 元
阿特瓦德机	一	60.00 元	27.88 元
波以耳定律试验器	一	22.50 元	28.80 元
哈脱耳光盘	二	45.00 元	
光具座	二	30.00 元	25.80 元
电位计	二		30.00 元
电阻系数试验器	二	27.00 元	14.00 元
乔里天秤	一	17.50 元	11.88 元
电阻温度系数试验器	一	1.00 元	7.50 元

仪器名称	件数	价值 以美金为单位	造价 以国币为单位
夹子	四		1.01 元
电极	六		0.91 元
开关电阻箱	一	40.00 元	33.40 元
实验容电器	一	15.00 元	7.64 元
可变容电器	三	19.00 元	19.00 元
杨氏系数试验器	一	33.00 元	12.59 元
线膨胀系数试验器	二	15.00 元	7.24 元
滑线电桥	二	25.00 元	26.00 元

乙　化学仪器

仪器名称	件数	价值 以美金为单位	造价 以国币为单位
铁架连圈及夹	200		1.41 元
本生灯	100		0.42 元
铁钳锅	50		0.15 元

丙　心理仪器

铁架	一二		3.255 元
计时器	六		6.017 元

丁　土木工仪器

晒图箱	一		7.52 元
铜模子	六		6.30 元

戊　示教实验仪器

酒精灯	一		0.02 元
辐射试验器	一		1.00 元
液体对流试验器			0.05 元
蒸馏器	一		0.30 元
气体对流试验器	一		0.25 元
右手定律示理器	一		0.1 元

水压力利用实验器	一		1.50 元
反动水车	一		0.30 元
海底喷水器	一		0.1 元
压上唧筒	一		0.15 元
气体膨胀试验器	一		0.03 元
矿石收音机	一		0.9 元
一灯收音机	一		2.50 元
二灯收音机	一		5.50 元

（《理学院仪器工场出品调查》，《大夏周报》，第 13 卷第 22 期，1937 年 4 月 23 日）

本月　商学院、法学院扩充实习场所。

本大学群贤堂底楼教育学院办公堂对面，原设有新华银行本校分办事处一所，除每周由该行总行派员莅校收支项外，本校商学院银行系高年级学生亦常在该办事处实习，藉增经验。近事务处以原办事处规模狭小，不敷分配，特将办事处迁至群贤堂北首乙字平房内，并扩充为银行商业实习室，内分放款、储款、付款、管理、汇兑贸易诸部，每周新华总行方面，均派干员莅室指导云。

（《商学院扩充银行商业实习室》，《大夏周报》，第 13 卷第 20 期，1937 年 3 月 27 日）

本大学法学院法律系主任，系由孙院长兼摄，课程充实，毕业同学在我国司法界均占重要地位。本学期开学后，孙主任为便利诉讼实习班同学实习起见，特商同事务主任吴浩然先生在群贤堂后乙字平房（前本报社址）设置假法庭。凡法庭内审判席、律师席、原被告人席、旁听席等应有席次，一一具备。此后修习实习班同学，可随时入庭实习云。

（《法学院设置假法庭》，《大夏周报》，第 13 卷第 20 期，1937 年 3 月 27 日）

四月

二日　中华教育文化基金董事会派员来校参观。

本月（四月）二日下午四时，中华教育文化基金董事会特派秘书林伯遵先生来校参观。因该会注重国内各大学理工设备，本校特请理学院院长邵家麟及化学教授吴浩然二先生陪同视察科学馆、各处工场、心理实验仪器室、电化教育实验及仪器室。闻林氏对本校采用各种国产机件与自制理化心理仪器，最为赏识云。

（《中华教育文化基金董事会派员来校参观》，《大夏周报》，第 13 卷第 21 期，1937 年 4 月 14 日）

八日　去年冬季毕业同学捐建"春风亭"一所，日内即可完工。建成后与"夏雨亭"遥相对应。

本大学地处沪西，所植梧桐杨柳，现已次第成林，校河内所养各种鱼类，亦长逾尺许。际兹时令转春，万花争艳，绿草如茵，置身其间，颇有意畅神怡之感。校河西北端小岛南，本校十周年纪念时，有在校服务同学捐建夏雨亭一座，坐北朝南，临河眺望，诗意甚浓。现岛之北端，又有去年冬季各院科毕业同学会捐建春风亭一所。日内即可完工，与夏雨亭南北对峙。亭西面隔河与大夏第三新村相对，东隔河与运动场毗连，有小桥与夏雨亭相通。四周曲径蜿蜒，杨柳松柏环绕，伫立其上，俯阚［瞰］河鱼如织，遥闻燕语莺啼，真"羽化而登仙"。亭由现任国府司法院长本校校董居觉〈生〉先生题名，尤为生色。本校创办人傅筑隐先生曾为缀一联，兹照录如左：濠梁怀旧雨，桃李醉春风。

（《春风亭落成》，《大夏周报》，第 13 卷第 21 期，1937 年 4 月 14 日）

九日　西南夷族代表团高玉柱土司、喻杰才代表到校参观。高土司作"西南夷族概况"演讲。(《西南夷族代表团高玉柱土司喻杰才代表莅校演讲》,《大夏周报》,第 13 卷第 21 期,1937 年 4 月 14 日)

十一日　平剧社成立。

本校学生吴启帆、沈业超、查富琦、程学鹏等数十人,平素对平剧甚感兴趣。为集思广益,互相切磋并改良剧学起见,特发起组织大夏平剧社,征求同学参加,业于本月(四月)十一日开正式成立大会,并选吴启帆等十数人为执监委员。吴等当选后,遂于十二日下午七时假校外赵家巷开第一次执监联席会议,各委员均准时出席,互推吴启帆为临时主席,沈业超为临时记录。讨论事项有:(一)函学校请借课余社为练习地点;(二)定每日下午四时为社员练习时间;(三)派员联络沪上著名票友,并请其随时莅校指导等要案。(下略)

(《大夏平剧社成立》,《大夏周报》,第 13 卷第 22 期,1937 年 4 月 23 日)

十二日　上午十时半,纪念周会,练习唱爱国歌,王伯群校长作"国难严重声中大学青年应有之修养"的演讲。

四月十二日……王校长特由京莅校主持纪念式,并向全体同学训话。出席者除男女学生千余人外,教授傅式说、王祉伟、吴浩然、邵家麟、蓝春池及军事教官徐建德均莅会。行礼如仪后,由群育主任王裕凯报告校务,俞普庆先生、宋丽琛女士指导习唱国歌。因是日正值星期一……故爱国歌仅唱完四首,即由王校长训话。王校长讲题为"国难严重声中大学青年应有之修养"。演词……中段引证日本佐藤外相上月八日及十一日先后在众议院与贵族院演说语调与对话策略之不同,与夫华北日人政治经济侵略之靡已,提醒全体同学,不应视今日国难已渐灭除,而存踌躇满志和固步自封的心理。校长说我们要知日本如果真正拿"经济提携"的招牌来诱致中华民族就范,假如我们的国力不足与人家谈提携,结果一定形成独占的局面。我们的国土,恐怕也必随日本经济侵略势力的发展而日削。第三段侧重大学生应有的修养。校长提及(一)锻炼健全的身心,(二)陶铸纯洁的品格,(三)培养耐苦的习惯诸要点加以精譬的训示,希望全体同学深切注意;以其意义至为重大,故当话毕,大学秘书长王祉伟特向全体同学报告最近中央对本校决定拨巨款项补助。全场聆此佳音,顿时掌声雷动,声溢户外,至十一时五十分始散会。

(《王校长讲国难严重声中大学青年应有之修养》,《大夏周报》,第 13 卷第 22 期,1937 年 4 月 23 日)

十五日　社会教育系、教育心理系联合举办日常生活心理播音演讲,内容分通俗与学术两种。在上海市电报局广播电台播讲,是日开始播第一讲。

本校社会教育系自上学期与上海市电报局附设广播电台合办播音演讲,甚得沪上社会人士好评。本学期开学后,系主任吴学信先生曾与上海交通部电台订立合同,续办播音演讲,详情已志二十期本报。兹悉该系又与教育心理系合办日常生活心理播音演讲,内容仍分学术与通俗两种,地点在上海市电报局广播电台,第一讲已于本月十五日开始,兹将主持人及时间表录刊如左:

性质	日期			讲师/讲员	讲题	备考
	月日	星期	时间			
通俗	四·十五	四	4:20—4:40P. M.	高玉芬女士	常态心理和变态心理	
	四·十五	四	4:40—5:00P. M.	孙珩君	情绪放纵和约束	
学术	四·二三	五	5:00—5:30P. M.	章颐年先生	心理卫生在教育及家庭中的应用	
通俗	四·二九	四	5:00—5:20P. M.	路尔钰君	苦闷和抑郁	
	四·二九	四	5:20—5:40P. M.	谢长龄女士	快乐的艺术	
学术	五·六	四	5:00—5:30P. M.	王裕凯先生	义务与人生	

性质	日期			讲师/讲员	讲题	备考
	月日	星期	时间			
通俗	五·一三	四	5:00—5:20P. M.	杨同芳君	疲劳对于工作的影响	
	五·一三	四	5:20—5:40P. M.	徐锡华女士	专心的秘诀	
学术	五·二一	五	5:00—5:30P. M.	向培良先生	何谓艺术	
通俗	五·二七	四	5:00—5:20P. M.	孙荷珍女士	名誉的造成	
	五·二七	四	5:20—5:40P. M.	孙广济君	群众的行为	
学术	六·三	四	5:00—5:30P. M.	徐公美先生	各国电影教育之趋势	
通俗	六·一〇	四	5:00—5:20P. M.	孙怀刚先生	了解他人人格之重要	
	六·一〇	四	5:20—5:40P. M.	孙德本君	适应合理环境的方法	

（《社会教育系教育心理系合办日常生活心理播音演讲》，《大夏周报》，第 13 卷第 22 期，1937 年 4 月 23 日）

　　十六日　大夏新村委员会在丽娃河建钢骨水泥大桥一座，沟通东西两岸。桥长一百二十尺，宽二十五尺，取名丽虹桥，由校董何应钦题名。是日举行落成典礼，请何应钦夫人王文湘剪彩，学生及附近居民一千余人前往观礼。

　　大夏新村为本校校董教职员及校友等住宅区，自民二十年创设以来，逐事扩充，占地二百余亩，成为沪上巨大新村。去年春，新村委员会议决在本校中学校舍南面毗邻丽娃栗妲村校河，建筑钢骨水泥大桥一座，沟通东西两岸。秋季动工①，现已完成。桥由何应钦校董题名，王祉伟校董记铭，取名丽虹，盖取唐诗"双桥落彩虹"及迫近丽娃栗妲村之意。桥长一百廿尺，宽二十五尺，建筑兼顾美丽，平添校景不少，匪仅便利交通巳也。本月（四月）十六日下午一时半举行落成典礼。委员会特柬请全体村友率眷莅桥参加，并请何应钦夫人剪彩。桥上挂旗结彩，爆竹喧天，新村村友、本校男女同学及附近居民前往观礼者，不下千余人，颇极一时之盛云。

（《丽虹桥本月十六日举行典礼》，《大夏周报》，第 13 卷第 22 期，1937 年 4 月 23 日）

　　丽虹桥上镌刻铭文如下：

　　本校教职员所组织之大夏新村，年来村务大增，村内布置，在新村委员会主持之下，亦日见进步。最近因村地不敷分配，特将村区扩至校河西岸，合共占地百余亩，各村友现正起盖房屋，陆续迁入居住。惟河之东西岸虽只一水之隔，倘无桥梁相通，交通殊感不便。该委员会特在本校中学校舍南面毗邻之处，建置钢骨灰[水]泥大桥一座，沟通东西两岸。该桥于上学期开始建筑，工程颇为伟大，现已落成，备极坚固壮观，为校景增光不少。桥可通两辆汽车往来，两旁建有人行道，桥栏置美术点火四炬，月明之夜，与太阴之象交相辉映，诗意甚浓。本校秘书长王毓祥先生为纪念该桥起见，特笔铭文镌诸桥之中央，兹录其全文如下。——编者

　　沪西梵王渡西苏州河北，有积水一潴，长约半英里，清漪绿波，光可鉴影，俗呼为老吴淞江。相传古时苏州河曾取涂于此。今成断港。最近二十年来西人建庐其旁，为盛夏游泳之所，又成为丽娃栗妲江，则沿西文译音而来，史犹至短也。民国十九年以降，大夏同人既于苏州河北岸，购地三百余亩，建筑大夏校舍，为顾念教授同仁讲学之便，乃于校场南部，发起大夏新村，由欧元怀、傅式说、王毓祥、吴浩然、吴泽霖五先生组织新村委员会，负责设计，莛订立村友公约以垂久远。最初参加者寥寥仅十余人，皆大夏任教席者；辟莱除秽，筑路开渠，不数载间景物焕然，昔日荒畦，遂成胜境。声应气求，来者益多，乃有大夏第二村之发起；前后两年，饱经波折，得地八十余亩分配同人，犹感不敷，向隅者众。于是跨河而西，再购

---

① 此处时间所述有误。

地七十余亩,是为大夏第三村。为便利交通起见,乃于老吴淞江上建筑钢筋水泥桥梁一座,并命名为丽虹桥,盖取唐人"双桥落彩虹"之意也。桥之东为大夏校场,广厦连云,弦歌相应,两岸垂柳万株,逐波上下,接喋有声,彳行之间,神怡心旷,悠然意远,信沪上之乐郊,而幽居之福地也。民国二十五年夏,工程竣事,因记其始末,并为之铭。铭曰:

丽娃江上,不霁何虹。舰恒凝凤,天娇犹龙。地利为纬,人和为经。二难济美,成此津梁。于万斯禩,蔚作里仁。

衡阳王毓祥撰

永嘉马公愚书

中华民国二十五年八月吉日

（王祉伟:《记丽虹桥并铭》,《大夏周报》,第 13 卷第 8 期,1936 年 11 月 15 日）

下午六时,召开全体导师会议。

上月（编者按:四月）十六日下午六时王校长特在愚园路私邸宴请本学期全体导师并举行会议。到导师欧元怀、傅式说、王祉伟、吴浩然、王裕凯、邵家麟、蓝春池、邰爽秋、金企渊、孙浩烜、章颐年、陈柱尊、王国秀、王瑗仲、梁园东、王成组、卜愈、陈一百、陈景琪、谌志远、李青崖、吴澄华、吴学信、王强、余湘林等三十余人,王校长主席,杨汝淦先生记录。首由王校长致词,次由群育主任王裕凯报告本学期导师制施行计划,继欧、傅、王、邰、李各导师均发表意见,情况至为欢洽,直至晚十一时许方散会云。

（《全体导师会议》,《大夏周报》,第 13 卷第 23 期,1937 年 5 月 2 日）

晚七时,中州学会召开成立大会。

本校河南省同学,往日人数颇少,近逐渐增加,然素无联络,故同学多不相识,实影响互助合作之精神。该籍同学有鉴于斯,特组织"中州学会",其宗旨除砥砺学术,联络感情外,并谋及研究桑梓事业至发展。上月十六日晚七时该会假世界饭店开成立大会。豫籍同学到会者颇为踊跃。当推王尚义为临时主席,高泰昌为记录。首由主席报告筹备经过,次讨论会章及各项进行事务,末选举干事,其结果如后:

总务:程泰祺　王尚义　研究:时海棠　李士伟

文书:仝葆仁　高泰昌　交际:杜佑

候补:胡霄翔　侯绣云

（《中州学会》,《大夏周报》,第 13 卷第 23 期,1937 年 5 月 2 日）

十九日　上午十时半,纪念周会,练习唱爱国歌,并请新任驻美大使王正廷博士到校作"青年救国之途径"的演讲。（《驻美大使王正廷博士莅校讲青年救国之途径》,《大夏周报》,第 13 卷第 22 期,1937 年 4 月 23 日）

二十日　召开第一一七次教务委员会。

第一一七次之教务委员会会议,业于上月二十日（星期二）下午四时假大夏新村十号鲁教务长宅举行。到委员鲁继曾、蓝春池、邵家麟、邰爽秋、孙浩烜、张元袂、章颐年、金企渊等,鲁教务长主席,孙泽广先生记录。首由鲁教务长报告最近各周教授上课暨本年度全校购买图书情形。次即讨论修改各院科课程,并订定下学年招考开学日期及其他重要议案多件,至六时许方散会云。

（《教务委员会开会》,《大夏周报》,第 13 卷第 23 期,1937 年 5 月 2 日）

廿六年度上学期招考开学日期,已由教务委员会拟定。闻第一次招考为七月廿七、廿八日两天,第二次为八月廿、廿一日两天,第三次为九月三、四日两天。开学日期为九月一日,注册日期为九月九、十、十一日三天,九月十三日开始上课云。

（《秋季招考开学日期》,《大夏周报》,第 13 卷第 23 期,1937 年 5 月 2 日）

二十一日　华侨学会召开成立大会。（《大夏华侨学会成立》,《大夏周报》,第 13 卷第 24 期,1937 年 5 月 11 日）

二十二日　举行国语辩论赛竞赛。

本学期国语辩论竞赛,群育部已如期于上月(编者按:四月)廿二日(星期四)下午三时在群贤堂三一二教室举行,由群育主任王裕凯主席,教授蓝春池、任孟闲、吴澄华担任评判。辩论题目为"大学入学考试应当限制资格"。辩论结果反面费圻纲、高玉芬、王琢玖优胜,各奖银杯一只。群育部现选择参加此次校内国语辩论成绩最优之前三名陈培元、高玉芬、王琢玖代表本校参加本月一日举行之华东各大学国语辩论竞赛云。

(《国语辩论竞赛结果》,《大夏周报》,第13卷第23期,1937年5月2日)

下午七时,社会教育研究会举行该学期第一次专题研究会。

本大学社会教育系师生所组织之社会教育研究会,自上学期成立后,会务进展甚速。《社会教育季刊》即为该会所主办。上月(编者按:四月)廿二日(星期四)下午七时,该会举行本学期第一次专题研究会。闻总题为"社会教育之理想及实施"。

(《社会教育研究会举行专题研究会》,《大夏周报》,第13卷第23期,1937年5月2日)

经济学会邀请中央银行经济研究处专门委员、前安徽省建设厅厅长胡默清先生莅校演讲,题为"中国现在需要的现实灌溉经济之研究与实施"。(《经济学会近讯》,《大夏周报》,第13卷第23期,1937年5月2日)

二十三日　下午四时,暨阳学会召开成立大会。

本校诸同学,因感平日无正式组织,以致缺乏联络,故于本学期开学之始,即着手筹组"暨阳学会",以研究学术联络感情为宗旨。兹闻该会已于上月二十三日下午四时假中山路世界商店举行成立大会。出席者寿志敏等十余人,由郭崇明主席,黄乙记录。除通过该会简章外,并议决要案多件。最后选举宣万镒、黄乙、郭崇明三人为干事,钟礼谦、顾文钧二人为候补干事,并聘请顾文藻先生为该会顾问云。

(《暨阳学会成立》,《大夏周报》,第13卷第23期,1937年5月2日)

晚,会计学会召开成立大会。

本大学商学院自金院长接任以来,办理完善,学生研究兴趣极浓。兹有该院会计系学生陆树德、张福田等发起"大夏会计学会",专致力于会计学术之研究,已于上月(编者按:四月)二十三日晚举行成立大会。讨论会章后,选举陆树德、张福田、陈旭南、刘大程、林友铎、邹显等九人为执行委员,其职务之分配如下:(后略)

(《会计学会成立》,《大夏周报》,第13卷第23期,1937年5月2日)

晚,四明学会召开成立大会。

本校鄞县、镇海、奉化、慈溪、象山、定海、南田七县同学,鉴平时缺乏联谊,致少切磋,爰特发起组织四明学会,纯以联络感情研究学术为宗旨。闻该会已于上月(编者按:四月)二十三日晚假座群贤堂二〇九号教室召开正式成立大会。出席者颇为踊跃,盛极一时。开会时,公推郑世樑君为主席,傅俊德君为记录。讨论会务进行方针,修改章程,聘请校内教职员为本会顾问,及临时动议议案多件。最后选出郑世樑、谢阆烈、虞犇、孙礼银、黄德明、孙礼余、沈渔、穆圣稼、傅俊德、缪泰来、柳中勋、林玉英、方康年、孙佩雅、洪云如、张景兰、王耀华等十七人为执行委员云。

(《四明学会成立》,《大夏周报》,第13卷第23期,1937年5月2日)

二十六日　上午十时半,纪念周会,练习唱爱国歌,大夏剧社公演话剧《秦博士》。

上月(编者按:四月)廿六日上午十时半纪念周由王校长主席,到全体学生千余人,欧副校长、王秘书长、傅会计主任、王群育主任、徐军事教官及教授蓝春池、吴浩然、章颐年、陈能方等均出席。首由王校长领导行礼如仪,次由群育主任王裕凯报告校务,旋即由大夏剧社公演独幕喜剧《秦博士》。该剧系描写一个留学新大陆的秦博士,醉心洋化,失其国家民族意识,受一位张小姐提醒感化,始懊悔自己过失。演员共有五位:(一)为秦博士,由沙文良君扮演;(二)为郑先生,由王鹤琴君扮演;(三)为秦夫人,由王琢玖女士扮演;(四)为美容院长,由卢璞乡君扮演;(五)为张小姐,由谢端如女士扮演。各演员均能显其特殊作风,成绩惊人!剧由周楞伽先生编制,情节神妙,寓意深长。公演之后,观众至受感激。闻该剧系由王裕凯、向培良二先生导演,演出时由徐公美先生任演台监督。

（《大夏剧社第一次公演》,《大夏周报》,第13卷第23期,1937年5月2日）

二十八日　中央政治委员会以学校办理成绩卓著,决议自该年度起,每月由教育部补助经费一万元。

本大学自民国十三年秋开办以来,内赖阖校师生精诚合作,努力苦干,外仗政府暨社会人士之提携赞助,物质、精神均有长足进展。最近三五年来教育部每年派员莅校,对本校各学院设备及科学馆内各工场自制各种试验仪器,尤为赏识。现悉中央以本校办理完善,而经费甚感困难,特明令本校按月由部补助经费一万元,全计十二万元。闻此项补助费用途多由部指明,本年七月份起即可逐月汇校。

（《廿六年度起教育部年助本大学经费十二万元》,《大夏周报》,第13卷第24期,1937年5月11日）

二十九日　中国语文学会邀请研究法国文学专家黄仲苏先生到校演讲,题目为"谈谈茶花女"。（《中国语文学会敦请黄仲苏先生莅校演讲》,《大夏周报》,第13卷第24期,1937年5月11日）

本月　新学期图书馆力求扩充,新聘方金镛任编目主任。

（一）增聘编目主任　本校图书馆马宗荣馆长晋京任教部要职后,编目股主任原由吕绍虞主任兼任。上学期吕主任往鸿英图书馆任职,馆内事务王校长特请现任图书馆主任陈一百先生负责。兹悉陈主任以馆内编目,须有专人负责,将请学校延聘原任该馆馆员方金镛先生担任编目主任。查方先生系本校社会教育系毕业生,在馆服务有年,现膺斯职,当能胜任而愉快。

（二）春假照常开放　本学期本校开学较迟,学校原拟不放春假,业志本报。后以事实上仍有需要,特将假期缩短为四月五日至七日。学生组旅行团往外埠参观者亦不少。该馆为便利留校同学阅览书报起见,群贤堂北面平房内之参考阅览室、杂志室、阅报室均照常开放,由各馆员轮流值日。时间定每日上午九时至十二时,下午一时至五时。

（三）大批装订什志到馆　该馆订购中西文杂志,不下四百余种,平日按期陈列杂志阅览室,供全校师生自由阅读,并例于学期结束后,分别装订,陈列馆内,永供参考。兹悉上学期各种应行装订杂志,业已陆续装就到馆矣。

（四）三卷三期馆报出版　该馆在马馆长时代,创有馆报一种,专介绍各种新出图书及讨论有关图书馆经营与利用问题,每学期出版二期,从未间断。现三卷三期业于本月十二日出版。除馆闻、中西文新编图书目录及各种统计外,有方金镛先生所著《怎样做一个图书馆馆员》论文一篇云。

（《图书馆消息四则》,《大夏周报》,第13卷第21期,1937年4月14日）

本月　闸北水电公司在中山路安放新水管,学校用水状况将大为改善。

沪西梵王渡中山路一带,在民十九年以前,原为偏僻荒芜之所。自本大学于十九年秋季迁入后,南至中山桥,北至金家巷,商店林立,比户而居,市肆方逐渐繁盛。最初两年,本校自行疏浚自来水井尚未完工,出水无多。各商店所用之水,类从郊野中乡民自掘之浅井或小池中挑用。水中夹带杂质不少,于卫生上颇多妨害。"九一八"以后,本校自来水井出水增加,中山路一带商店居民用水,多由本校供给。后以有碍闸北水电公司营业,乃由该公司向本校订立合同,本校所余之水,由公司承买转给各商户,直至去年六月满期。惟在订立合同期内,一方面因中山路一带及大夏新村村友年有增加,用水日多,校井出水量有限,不能尽量供给,每至暑假,辄有水荒现象,颇多不便;他方面又因该公司自安水管,尚未完工,要求本校继续供给一年,故去年秋季至今夏中山路及新村用水,仍由本校供给。兹悉该公司日来正在中山路一带安置涵洞,一俟工程完竣,即可直接放水。预计本年暑假,中山路商户及大夏新村村友,即可由该公司供给用水,本校用水亦将绰有余裕矣。

（《中山路安放新水管》,《大夏周报》,第13卷第21期,1937年4月14日）

五月

一日　群育部派学生陈培元、高玉芬、王琢玖三人代表大夏大学参加华东各大学国语辩论竞赛。

本大学为提倡学生辩论兴趣并训练是项能力起见,过去各年度上下学期均由群育部主持,举行校内国语辩论竞赛,并备有奖品多种,给予成绩特殊学生,以资激励。本学期为进一步计,除校内辩论竞赛继续举行外,并派陈培元、高玉芬、王琢玖三同学参加华东各大学国语辩论竞赛。本月一日下午二时,本校代表由王裕凯先生率领往光华大学与该校代表作初步竞赛,评判员为张耀翔、孙寒冰、周宪文、任孟闲、马崇淦吴先生,结果陈等以三比二辩胜光华。本月八日(星期六)下午二时为次赛期间。辩论员为本校与交通大学。本校代表仍为陈等,担任正面;交大代表为张震、李明济、秦武三君,担任反面。辩论地点在本校体育馆,请马君武(广西大学校长)、廖世承(光华附中主任)、戴堡鎏(国际问题研究会秘书)、朱少屏(寰球中国学生会总干事)、黄觉民(《教育杂志》主编)五先生为评判员,由欧副校长主席,王裕凯、杨汝淦先生记时。本校学生及交大学生莅场聆辩者约六七百人。辩论时双方舌剑唇枪,空气至为紧张。辩论结果正面总分为二一七八分,反面总分为二二三六分,差数为五八分。陈等虽不幸失败,然当时演辩技能,并未远逊对方,想陈等决不因是而馁丧,尤望我全校同学努力训练,下学期是项竞赛,最后优胜当执在大夏之手。

(《陈培元王琢玖高玉芬三同学参加华东各大学国语辩论竞赛》,《大夏周报》,第 13 卷第 25 期,1937 年 5 月 20 日)

三日　上午十时半,纪念周会,练习唱爱国歌,并请立法院秘书长梁寒操到校演讲,题目为"为什么要信仰三民主义?"。(《梁寒操在纪念周会演讲》,《大夏周报》,第 13 卷第 24 期,1937 年 5 月 11 日)

商学会请经委会专员沈奏廷到校演讲"吾国国有铁道货运之规则与方法"。(《商学会近讯》,《大夏周报》,第 13 卷第 24 期,1937 年 5 月 11 日)

五日　史地学会请吕思勉先生演讲"研究历史的几点感想"。(《廿六年春季本大学各部处各院科各团体进行事项汇录》,《大夏周报》,第 13 卷第 29—30 期合刊,1937 年 6 月 25 日)

六日　美国哥伦比亚大学教授脑尔顿夫妇,由上海市工部局华人教育处长陈鹤琴博士陪同来校参观。欧副校长等引导参观科学馆、图书馆、体育馆及各院研究室。(《教育行政教授脑尔顿夫妇莅校参观》,《大夏周报》,第 13 卷第 25 期,1937 年 5 月 20 日)

中国语文学会邀请德国文学专家冯至博士到校演讲,题目为"德国文学"。翌日,又邀请赵景深先生到校演讲,题目为"江阴夏工铭及其《野叟曝言》"。(《中国语文学会请名人演讲》,《大夏周报》,第 13 卷第 25 期,1937 年 5 月 20 日)

十日　上午十时半,纪念周会,练习唱爱国歌,并请张发奎将军到校作"青年在国难期间应有的准备"的演讲。(《铁军宿将张发奎先生上星期在纪念周会演讲》,《大夏周报》,第 13 卷第 25 期,1937 年 5 月 20 日)

下午,上海英伦侨商会长马锡尔先生(Caldor Marshall C. B. E.)来校演讲,题目为"青年服务社会之精神"。(《英国商会长马锡尔莅校演讲》,《大夏周报》,第 13 卷第 25 期,1937 年 5 月 20 日)

十七日　上午十时半,纪念周会,练习唱爱国歌,并请上海市社会局局长潘公展到校作"学生军训与救国之道"的演讲。(《学生军训与救国之道》,《大夏周报》,第 13 卷第 26 期,1937 年 5 月 29 日)

二十一日至二十二日　举行春季运动会,全体师生一千四百余人参加。

一学期一度之全校运动会,定明晨(廿一日)上午八时开幕。男女健儿报名参加者千四百余人。查本校运动场占地八十余亩,原甚广阔,足供数百同学同时运动,惟因场中央有严、许、徐诸家坟山,占地不少,致平时同学运动,颇感不便。本年一月间,财政委员会央人向各山主情商,由校出资收买,经征得同意迁让,故此次运动会开幕时,第一个印象就为障碍毕除,平沙广袤之大运动场。各健儿厕身其间,精神当倍见豪爽。此次大会,体育部杨永燦主任非常重视,事先曾会同军事训练部、群育部、事务处、《大夏周报》社开三次筹备会议,并为增强同学运动兴趣计,特请王校长署函向各校董、本市地方当轴及全体教职员征求奖品多种,预备嘉奖运动成绩优异学生。闻此次大会,仍由王、欧两校长担任正副会长,教职员亦多自由参加,以示提倡。明日上午举行开幕典礼,全体员生齐集运动场升旗,合唱爱国歌,并由王会长亲自检阅军训队伍。有大夏骑射队、自由车队表演,女同学团体操,军乐队演奏军乐,预料盛况当不逊于上学期之秋季运动会。

(《春季运动会在庄严热烈声中开幕》,《大夏周报》,第 13 卷第 25 期,1937 年 5 月 20 日)

本学期校内运动会,业于上月(五月)廿一廿二两天举行。略情已志廿五期本报。兹悉本次大会王校长因在京翊赞中枢政务,未克亲来主持。开幕式系由欧副校长代为主席,并致开会词。略谓本校自实施普及体育运动暨军事管理以来,学生体格锻炼及纪律精神,已有相当进步;此证诸去秋运动会及军事检阅已足令人兴奋。今年运动会在全国和平统一成功后举行。本人料想情况当尤为热烈。惟是我国家近年来受国难锻炼,各方面虽能和衷共济,共维大局,然国难之深,殆与日俱进,希望各同学加紧准备,锻炼体魄,养成纪律化生活,以期将来为国效劳。今天运动会先举行军事检阅及女同学团体操,其意就是要使诸位知道要先有团体运动,而后方有个己运动。团体要严密组织,齐一步骤,才能发生伟大力量,希望诸位对集团生活特别注意,力矫过去"散沙"弊病,则今日之会,方不为虚云。欧副校长致词后,大学秘书长王祉伟演说,语多策励同学充分准备力量。旋女同学表演团体操,大夏国术社表演太极拳,全体绕场一周,即开始运动,各情略详志如后:(下略)

(《春季运动会盛况补志》,《大夏周报》,第 13 卷第 27 期,1937 年 6 月 7 日)

二十三日　本学期各院有应届毕业生二百余人,今天举行升学就业指导会,校董江问渔作"青年就业应行注意要点"的演讲。

本大学本学期各院科应届毕业生不下百余人,大约只有一个月时间,就将与本校比离。校务会议全体委员为表示惜别起见,曾经决定本月廿三日(星期日)上午九时在群贤堂三〇一教室举行毕业生升学就业指导会,略情已志本报。现悉该指导会已如期举行,是日出席除各院科应届毕业生百余人外,到有王毓祥、邬爽秋、孙亢曾诸先生。会由欧副校长主席,略志开会意义后,即请江问渔校董演讲。江先生讲题为"青年就业应行注意要点",全讲约分五段:第一段江先生根据各种统计,辨明近年来社会上谓"毕业即失业"观念的错误。今日青年失业虽尚有人,然使青年失业的原因,吾人必须研究明。江先生以为青年失业,社会与青年自身,均须担负一般。社会上的原因,计有两种:(一)为社会事业不发达,(二)为社会上用人不合理。青年自身缺乏专业技能与高尚性格,亦是容易遭事业痛苦的要因。第二段江先生则提"学"与"用"的适合程度的问题来讨论,认为过去两者适合程度非常低弱,大概平均每百人中只有四十余人"学"、"用"均为适合,其余的人都是不合理的。依江先生研究的结果,说理工科毕业生所就职业,往往较文法科毕业生为合理。文法科学生毕业后,在过去常拥挤进教育界,这实是一件可虑的事。近年中央暨各省市贤明当局,均延揽大学毕业生,择其所长者任用。此后这种不合理现象,想可逐渐消除。第三段江先生根据过去经验,认为学生就业的具体办法,不外(一)亲友介绍,(二)自我介绍,(三)和机关介绍三种;但青年无论是从那[哪]种办法去谋得职业,个人平时的准备却极为重要。(例恕不举)第四段江先生系讲用人的方法,他提示(一)信任科学的观念,(二)培养人才的心理,(三)一切以国家民族利益为依归三点,希望各毕业同学将来自己所干事业,如有用人时候,务必依此原则进行。此外如工作分析,人事管理,联络社会方面,亦宜特别注意。第五段江先生特提出"谋生与服务"区别之点,指示各同学就业以后,一切须以事业成就为前提,服务社会为归宿,万勿只存"谋生"的观念,只求个人及家庭衣食的满足,不顾社会上大众的挨饥忍寒云云。江校董演讲毕,由欧副校长致谢词,并指示各同学于谋得职业后,务须刻苦耐劳,为事业而奋斗,物质报酬,万勿过于重视。旋即宣告散会。

(《本届毕业生升学就业指导会》,《大夏周报》,第 13 卷第 26 期,1937 年 5 月 29 日)

二十四日　上午十时半,纪念周会,练习唱爱国歌,并请中央常务委员陈立夫校董到校作"建设中国应有的信念"的演讲。(《陈立夫校董在纪念周演讲》,《大夏周报》,第 13 卷第 26

期,1937年5月29日)

二十五日　参加军训学生出发入营,全校师生近一千余人冒雨欢送。

第二届全国专科以上学校学生集中军事训练,定本月廿六日起全国分区举行。上海学校林立,专科学校及完全公私立大学尤多,为便利管理认真训练起见,政府特于今年春间训令上海市国民军事训练委员会会同市社会局在漕河泾建筑宏敞营房千余间,为今后沪市学生集中军训之场所。现全部营房已竣工,各校应行受训学生,计约四百人,军事训练部已编成队伍如期前往,兹将各情分志如后:

体育馆中之欢迎会　去年第一届集训同学出发时,本校曾在体育馆举行欢送会,当时一种热烈情况,至今犹在吾人脑际中。本月廿四日(星期一)下午三时,本校又在体育馆欢送第二届集中军训同学,空气尤为雄壮热烈。是日除到全体集训同学外,有欧副校长、王秘书长、傅会计主任、吴事务主任、王群育主任、徐军事教官、本报记者陈绍箕及大夏平剧社、大夏歌咏队全体社员与一年级女同学等不下六百余人。首由欧副校长主席致开会词,语多策勉,并希望各同学在受训期间,须严守纪律,服从指挥。次王秘书长及傅会计主任均分别演说,勖勉各同学自强不息,为国珍重,在营生活尤应多研究我国古来兵法如"三韬"、"六略"等,养成有德有识军人。旋由王群育主任报告廿五日出发时应行注意之点。大夏平剧社、大夏歌咏队等表演游艺,女同学唱爱国歌以壮行色。最后全体在运动场摄影纪念,并由学校预备丰富茶点饷全体队伍。至六时许方散会。

廿五日晨出发情形　廿四日晚各同学晚餐后,即分别整理行装,半交学校保存,半备随带入伍。廿五日晨全队六时起身,盥洗早餐毕,即分别将行李搬至足球场。七时许集合,王校长特亲临致训,略谓"国难严重,青年要图谋挽救,必须有充分准备,诸君此次往受集中军事训练,亦是救国工作准备之一种,希望到营后刻苦耐劳,服从指挥,养成有纪律生活"云云。校长训话毕,徐教官报告入伍后各同学应行注意各点,遂合唱军歌,登车出发。是时史地学会、大夏歌咏队、榕声学社全体社员、在校同学均到场欢送,或摄影纪念(如史地学会为该社受训社员摄影),或唱军歌壮色,或燃鞭炮致敬。闻本校为体恤各同学在营生活清苦并指导一切起见,除徐军事教官率领各同学前往外,特派群育员杨汝淦先生随同在营,照料一切,并悉是晨临别时,欧副校长、王秘书长、傅会计主任、王群育主任、吴事务主任均到场欢送云。

抵营后之生活概况　廿五日正午十二时左右,全体队伍即抵漕河泾营地。各同学下车后,即分别将行李搬入营房。翌日晨即由徐教官暨杨群育员将本校在校队伍组织,呈交集训委员会重新混令编配。廿七日即按照该会规定时间,领受学科术科训练云。

(《本校全体员生欢送集训同学出发》,《大夏周报》,第13卷第26期,1937年5月29日)

会计学会邀请立信会计事务所主任会计师潘序伦博士到校演讲,题目为"我国之遗产税"。(《潘序伦博士莅校演讲》,《大夏周报》,第13卷第27期,1937年6月7日)

三十一日　纪念建校十三周年,全校停课两天。是日举行校庆预祝典礼。

(一)预祝典礼程序——时间五月卅一日上午十时,地点本校体育馆

1. 奏乐开会

2. 行礼如仪

3. 王校长致开会词

4. 欧副校长报告校史及今后发展计划

5. 马君武校董演说

6. 毕业生代表演说

7. 演奏音乐——国立音乐专科学校师生

8. 全体唱校歌

9. 鸣鞭炮

10. 奏乐散会

(二)展览大中两部成绩

甲、大学部一日开放科学馆、图书馆、各学院研究室,欢迎毕业生及来宾参观。

乙、中学部东西两教室于卅一日及一日展览各科成绩,欢迎学生家长来宾参观。

(三)餐叙会

六月一日中午在本校体育馆叙餐,除本校教职员外,欢迎毕业生率眷返校参加。秩序有:1.主席致词;2.演说;3.毕业生代表致词;4.余兴;5.摄影等。

(四)图书馆破土典礼

六月一日下午二时全体师生在本校自来水塔南面空地举行。王校长将亲自莅场破土,届时当有一番盛况。

(《十三周〈年〉纪念消息》,《大夏周报》,第 13 卷第 26 期,1937 年 5 月 29 日)

五月卅一日之预祝典礼 上月卅一日,适为星期一。本校照例于上午十时半举行纪念周会。就利用纪念周会时间,续行预祝典礼。由王校长亲自主席。出席有欧副校长、王秘书长、傅会计主任、鲁教务长、吴事务主任、王群育主任、蓝注册主任、邵院长、邬院长、孙主任,教授陈能方、谌志远、陈景琪、郁康华、卜愈之、吴澄华、曾傅三诸先生,及来宾大中两部职员学生毕业生代表等合共不下二千人。首由王校长领导全体行礼如仪,并即席致开会词,略谓:今日(五月卅一日)系本校第十三年度最后的一天。明日(六月一日)就是第十四年度开始的第一天。在此十三年短短的校史中,吾人已完披荆斩棘的工作,使本校物质精神两方面,都具备了相当基础。这是我们今天值得庆祝的事。不过凡百事业须力求进步,对社会方能有所贡献。本校是一个高等教育机关,进步与否关系国家民族前途,尤为重大。我们在过去备尝艰困,已创出光荣伟大的成就。今后当益奋勉。根据政府所颁布的教育方针努力上进,以期毋忝大学之使命,而完成民族复兴的伟业。最近政府鉴本校十三年来日有进步,经济异常拮据,特议决自下年度(廿六年度)起,每年补助十二万元。吾人计划于最近五年中,先后完成各种基本建设。第一年完成图书馆,第二年完成科学馆,第三年完成工程馆,第四年完成教育馆,第五年完成大礼堂及其他建筑物,以期毋负国家盛意,希望全体师生本过去合作困苦牺牲奋斗精神,共同促其实现云云。次副校长欧元怀报告校史,备述本校过去艰难缔造之历程,以致有今日之成绩。旋由校董马君武博士演说,瞻念过去,策励来兹,词意至为恳切。继毕业生代表徐则骧致词后,请国立音乐专科学校师生演奏音乐,十分精彩,掌声雷动。十二许时,全体高唱校歌散会,燃放爆竹,蓍地轰天。全校气象至为欢欣热烈。

(《十三周年纪念志盛》,《大夏周报》,第 13 卷第 27 期,1937 年 6 月 7 日)

本月 经校务会议讨论议决,附设大夏中学将自下年度起设置农业科,推孙亢曾先生负责筹备。

本大学附设大夏中学,素以灌输实用智识技能为办学方针,故所设各科,类皆注重实科方面。例如工科、商科在沪上中等教育界均负令誉。最近校务会议以本校地处沪西,毗连村落,最宜于农事实验,特决议自下年度起在中学部先行设置农业科,推孙亢曾先生筹备,一俟中学农事科办有成绩后,大学即添办农学院,以便培养专门农业人才云。

(《中学部添办农业科》,《大夏周报》,第 13 卷第 24 期,1937 年 5 月 11 日)

本月 为提倡合作与谋全体师生便利起见,决定筹组消费合作社。

年来合作事业国内从事提倡推行者颇不乏人,实业部且设专门机关指导一切,足见此种制度与我国目前社会,尚称适合。本校为提倡合作与谋全体师生便利起见,决于短期内设立消费合作社,推请傅式说、金企渊、吴浩然、王裕凯、卜愈诸先生积极筹备。闻秋季开学时,即可正式成立。

(《筹组消费合作社》,《大夏周报》,第 13 卷第 24 期,1937 年 5 月 11 日)

六月

一日 上午校庆纪念,大学部开放科学馆、图书馆及各学院研究室,欢迎校友及来宾参观。中午,全体教职员及校友聚餐。下午,举行新图书馆破土典礼,会后,与圣约翰大学举行田径友谊比赛。

本大学大中两部,年来物质进展,一日千里,各学院设备及研究成绩,亦年有进步,尤以科学馆内各实验室、仪器室最足引人注目。此次立校纪念,一日上午八时起至下午六时止特全部开放,欢迎毕业同学及社会各界参观。据招待处统计,是日参观者不下四千人。各招待员均谨敬引导或解释,参观人无不称赞本校在短短十数年内,竟有惊人成绩,美为难能可贵。兹将是日展览地点,列表如下:(中略)

叙餐会之热烈情况 一日中午,全校教职员及返校毕业生在体育馆叙餐,人数达五百人之多,为过去各年度未有之现象。据欧副校长称:此次返校同学,每届毕业生均有代表。其中有自毕业后就以职务羁身从未返校一次者,足见各同学爱校心之热烈。叙餐会由王校长主席,除报告本校年来进展情形并勗勉各同学对合作团结一点,应特为注意。欧副校长、傅会计主任亦谆谆以健全毕业同学会组织及协助母校发展勉全体同学。全体聆言之后,毕业同学会代表徐则骧先向母校致祝词,次程宽正、陈经国等亦先后发表意见,大家对健全同学会组织一点,均甚注意。是日天气清明,女同学返校者尤多,融融济济,宛如一大家庭内父母兄弟姊妹嫂姑团聚一堂,极一时天伦之乐事。最后全体由毕业生刘茵[因]领导唱校歌并摄影散会。为时殆已两句钟矣。

新图书馆破土典礼 本大学自开办以来,各院科图书年有增加,现总数已超过五万册,需要一规模宏壮设备完整之图书馆自不待言。校董会对建筑新图书馆之议,在三年前即分别向各处募捐,只因新馆需款孔多,未敢贸然兴筑。最近闻由何应钦校董续向各处募到捐款,中央政府自廿六年度起亦每年补助本校十二万元。王校长遂拟以一部分补助费连同捐款为新馆建筑费,延请建筑师庄俊拟绘图样,登报招标,准备在十个月内建筑完工。一日中午叙餐会散会后,校长即率领全校教职员返校毕业生及男女同学不下二千余人在自来水塔南面新馆址举行破土典礼。首由王校长致开会词,并对新馆命名为黄埔[浦]烈士图书馆之由来加以解释后,继由欧副校长领导唱校歌。王校长亲自破土。全体摄影并燃放鞭炮,礼遂完成。

午后三时本校田径队与圣约翰大学田径队作友谊对抗 新图书馆破土典礼完成后,本校田径队在运动场与圣约翰大学田径队作友谊对抗比赛,空气至为热烈紧张,兹觅得结果如下:(中略)

各方致贺电讯 此次六一校庆,本校以值兹国难起见,不欲过于铺张,仅照例于一日放假一天,展览大中两部成绩,故各方请柬,皆不发出,即纪念会亦借纪念周时间举行。然而社会上爱护本校之学校团体及机关与夫服务各省市毕业同学致电或馈赠词章物品庆贺者仍不乏人,除由王校长致函致谢外,特分志如后:(下略)

(《十三周年纪念志盛》,《大夏周报》,第13卷第27期,1937年6月7日)

本校现有图书馆,原系拟充为实验小学之用。嗣以"一二八"变作,实验小学停止开办,遂以之暂充庋藏历年积存之图书。馆舍虽小,但经马前馆长继华先生及吕(绍虞)陈(一百)两主任之悉心擘划,精密设计,规模可称粗具。馆内所藏图书,多得海内孤本,惟因馆址狭小,为楼仅二,故该馆之参考阅览室、阅报室、杂志室以及各学院之研究室均设在群贤堂及临时平房内。兹悉本校当局以现有馆舍,不敷支配,特决议在自来水塔西南建筑永久馆舍一座,建筑费及设备费预定为十二万元,已请庄俊建筑师制绘图样,定期登报招标,准本年六月一日本校十三周年纪念时举行破土典礼,兴工建筑云。

(《图书馆定六一动工》,《大夏周报》,第13卷第23期,1937年5月2日)

五日 欧元怀、傅式说、吴浩然、王裕凯、孙亢曾五先生前往龙华漕泾慰问大中两部集中军训学生。

上星期六(五日)中午十二时,欧副校长、傅会计主任、吴事务主任、王群育主任及中学部孙亢曾主任特携带糖果食物,驱车至〈龙〉华漕泾中正营上海市学生集中军事训练部慰劳本校受训同学。到时由徐建德教官与杨汝淦先生召集全体同学,排列成队,鹄立操场,由欧副校长向全体同学训话,慰勉有加,并分赠各同学糖果食物每人一袋,以表劳忱。一时师生聚首一场,情绪至为欢洽,约二时许,四[五]先生方行返校云。

(《慰劳集训同学》,《大夏周报》,第13卷第28期,1937年6月16日)

七日 上午十时半,纪念周会,练习唱爱国歌,并邀请文学院社会学教授吴泽霖先生,演讲"京滇周览之观感"。(《吴泽霖教授在纪念周会演讲京滇周览之观感》,《大夏周报》,第13

卷第 28 期,1937 年 6 月 16 日)

十五日　法律学会邀请中委张知本先生莅校演讲,题目为"法学是空疏无用的吗?"。十七日,法律学会又邀请丘汉平律师到校演讲,题目为"世界法治的演进"。(《法律学会请张知本丘汉平演讲》,《大夏周报》,第 13 卷第 29—30 期合刊,1937 年 6 月 25 日)

二十日　举行毕业生话别会。

本届毕业生话别会,业于本月(六月)二十日(星期日)上午九时假丽娃粟妲村举行,出席者除全体毕业生二百余人暨本校各部处重要人员外,教授莅会者有邵家麟、孙浩烜、章颐年、谌志远、吴学信、王绍唐、吴澄华、张隽青诸先生。首由主席王校长致词,勖勉各毕业同学应扩大本校师生合作精神,无论在何界服务,均应时与母校沟通声气,并与以往历届毕业同学团结合作,以巩固大夏团体。次由教授章颐年先生代表校务会议各委员致词,语多策勉,而尤着重于爱惜时间与耐苦工作两点。继毕业同学会代表周乐山致词,欢迎新毕业同学加入合作,俾会务日有进展。旋毕业生推杨萧、陈贤珍两人答词,希望母校各师长继续指导。末由大夏歌咏队演奏各种音乐助兴。至中午方尽欢而散。

(《本月二十日在丽娃粟妲村举行毕业话别会》,《大夏周报》,第 13 卷第 29—30 期合刊,1937 年 6 月 25 日)

二十一日　举行毕业典礼。

本届各院科毕业考试,业于本月(六月)七日至是日举行,各情已志上期本报。兹悉各应届毕业生经校务会议审查合格准予通过毕业者,总计有二百零一人之谱。王校长特订于本星期一(廿一日)上午十时在体育馆举行毕业典礼。除全体毕业生、在校同学暨职员出席外,到有欧副校长、王秘书长、鲁教务长、傅会计主任、吴事务主任、王群育主任、蓝注册主任、院长邵家麟先生、邰爽秋先生、金企渊先生、孙浩烜先生,科主任章颐年先生、张元祜先生及教授陈景琪、吴澄华、陈能方、张少微先生等。王校长主席。如仪行礼后,校长即席致开会词,略谓:古时大学在修身齐家治国平天下。今之大学,在为国家培养专门人才,所言虽异,而其目的则一,希望各毕业同学本大夏立校精神,牺牲奋斗,为国家创出新事业等语。旋由欧副校长演说,历举个人大学毕业后种种奋斗情形,勖勉各同学毕业后不宜因处境困难而气馁。中国现在政治方步入统一坦途,一切事业都在萌芽与待办之中,希望各毕业同学抱定创造精神,为国家社会努力。最后各学院院长及各科科主任分别介绍各该院科毕业生,由校长授予学位及毕业证书毕。全体唱校歌摄影散会。兹将典礼秩序及毕业生名录之如后:

甲、毕业典礼秩序

时间:六月廿一日上午十时

地址:本校大礼堂

一、奏乐

二、全体学生入席

三、校董、校长、职教员、毕业生整队入席

四、行礼如仪

五、校长致开会词

六、演说　副校长欧元怀先生

七、唱歌:(一)喇叭响了,(二)上前

八、介绍本届毕业生

九、校长授予毕业学位证书

十、给奖　历年成绩最优者

十一、唱校歌

十二、奏乐散会

乙、本届毕业生名录(下略)

(《本届毕业典礼志盛》,《大夏周报》,第 13 卷第 29—30 期合刊,1937 年 6 月 25 日)

本届毕业同学中在校成绩特优连得本校奖金奖状在四次或五次以上者颇不乏人,王校长为激励起见,特制励学奖状一种,在毕业典礼中分别授予,藉资宣扬。闻各受奖毕业同学荣膺此状,接受时均谦恭有礼,喜形于色。兹觅得名单刊布如左:

一、教育学院　　杨肃　王恒良　林永熙　张淑如

二、商学院　　　谢叔莹

三、法学院　　　魏冀微　萧道统　甘启蕙　仓恩溥

四、师范专修科　朱鼎成

(《杨肃等荣膺励学奖状》,《大夏周报》,第 13 卷第 29—30 期合刊,1937 年 6 月 25 日)

七月

九日　续办第十二届暑期学校,补习文、理、教育、商、法各科数十种学程。七月九日至八月二十一日,共上课六周。后因战事,提前结束。

大夏大学第十二届暑期学校通告

(一)宗旨　本校利用暑假设立暑期学校以供给学生补习及现任中小学教员进修之机会

(二)入学资格　凡(甲)国内各大学及本大学学生、(乙)高级中学毕业生准备升学者、(丙)中小学及师范学校教员,皆可入学,男女兼收

(三)报名手续　六月二十八日起至七月七日止,携带证书来本校教务处填写报名表格,并缴纳报名费乙元①

(四)学科　文、理、教育、商、法各科实用学程数十种

(五)日期　民国二十六年七月九日至八月二十一日止,共六星期

(六)校址　上海梵王渡中山路

(七)简章　函索即寄

(《大夏大学第十二届暑期学校通告》,《大夏周报》,第 13 卷第 29—30 期合刊,1937 年 6 月 25 日)

十五日　王伯群校长、欧元怀副校长、吴泽霖院长应当局邀请,出席庐山谈话会。

到了二十六年夏,卢沟桥事变起,本人和王故校长伯群及吴泽霖教授出席庐山谈话会归来,预知全面战争即将爆发,为支持长期抗战,深觉教育应在战争中发展,大学教育尤应表现其功能,不能冒炮火之险,以断送国家之元气,故即商议迁校,时政府准备迁都汉口,为求与政府保持密切之联系,选择了江西的庐山牯岭,并与友校复旦合组联合大学第一部于牯岭,第二部于贵阳。

(欧元怀:《大夏大学的西迁与复员》,《中华教育界》,复刊第 1 卷第 12 期,1947 年 12 月)

八月

十三日　日军大举进攻上海,淞沪战争爆发。

“七七”事变发生,我政府以侵略者得寸进尺,贪得无厌,如再含垢忍辱,结果非至亡国灭种不已;于是痛下决心,领导全国军民起而作殊死战。不久侵略者又于“八一三”在上海掀起战事,企图牵制我北上兵力,沪上一般学校,多受战事影响无法开学。大夏校址位沪西中山路梵王渡,政府划为警戒区,为我军开赴闸北、真如等处必经地带。迨我军撤退苏州河以南,又成双方军事争夺据点;于是巍峨校舍,遂在侵略者飞机轰炸与炮弹烧毁之下,多半成为灰烬。事后调查,计全毁者有:男生宿舍群力斋、女生宿舍群英斋、科学馆、体育馆、疗养院、图书馆参考阅览室、中学部办公大楼等建筑物;半毁者有:群贤堂(课堂及大学办公厅)、男生宿舍群策斋及平房市房等。全部损失,约达二百万元以上。至于与校舍毗邻之大夏教职员组织的新村住宅,不下三十余座,亦全部被毁,损失尚在不计。在这样沉痛情形之下,笔者一方面既悲十数年与同事惨淡经营之教育事业,付之一炬,他方面又念及二千余青年学子顿遭失学苦痛,心殊不

---

① 原文如此,疑有误。

安,乃与留沪教职员商酌再三,决定中学迁至租界续办,大学则与沪上其他友校联合内迁。

(欧元怀:《抗战期间大夏大学的苦斗》,《教育杂志》,第 29 卷第 4 号,1938 年 4 月)

本月 下旬,学校开始转移图书仪器,并疏散全体教师学生。

中山路本校图书仪器装箱迁移分置王校长私邸及中华学艺社。全体员生疏散,环境极度紧张。

(陈旭麓:《内迁十年纪事》,《大夏周报》,第 23 卷第 3 期,1946 年 12 月 15 日)

九月

一日 原定秋季开学。后因日军侵占上海,学校无法开学。

本校现已择定安全校舍,遵照部令准于九月廿日开学。凡本校新旧学生,自即日起速到福煦路慕尔鸣路口四十号光夏中学内本校临时办事处登记为要。

(《大夏大学暨附设大夏中学紧要通告》,《申报》,1937 年 9 月 1 日,第 3 版)

十九日至二十日 举行新生招生考试。

本校展缓开学,一俟定期再行通告。新旧学生可至福煦路慕尔鸣路口光夏中学内本校办事处先行登记(通信登记亦可,惟须详开通讯地址)。至第二次新生考试仍照原定九月十九、二十日两日举行。

(《大夏大学通告》,《申报》,1937 年 9 月 13 日,第 4 版)

二十日 上午,王伯群校长在南京致电贵州省政府,商借校舍。下午,王、欧两校长与复旦校长钱新之、副校长吴南轩会晤教育部长,商定将与复旦联合,设第一联合大学于庐山,第二联合大学于贵阳。(陈旭麓:《内迁十年纪事》,《大夏周报》,第 23 卷第 3 期,1946 年 12 月 15 日)

〔南京〕 沪复旦、大同、大夏、光华四大学,以校址处于战区,秋季不能如期在原址开学。为顾全学生学业起见,由四校当局协议,设联合大学于江西、贵州二处。日昨复旦校长钱新之、副校长吴南轩,大夏校长王伯群、副校长欧元怀,光华校董翁咏霓联袂晋晤王教长,商陈联合大学计划。王极赞许,对经费一项并允尽力筹助。现悉吴、欧即往赣察勘校址,筹备开学。熊式辉及教厅程厅长已允赞助。至贵州校址亦已由王伯群电黔省府拨用。闻两处联合大学均定本年十月底开课。(二十日中央社电)

(《京中大金大将迁四川 沪四大学迁赣黔》,《申报》,1937 年 9 月 21 日,第 2 版)

二十四日 欧元怀副校长与复旦吴南轩副校长抵九江转庐山,筹备第一联合大学。

上海私立复旦、大夏、大同、光华四校,日前呈请教部准予迁至内地,开设联立[合]大学,已奉教部指令照准,并允切实补助。最近大同、光华,因决在上海开学,退出联大,但复旦、大夏两校当局,仍坚决继续进行。上海筹备处已经成立,地点设在愚园路一一三六弄三十一号(亿定盘路西电话二一三五四)。现该两校校长钱新之、王伯群两氏,仍留京与政府当局继续筹划。副校长吴南轩、欧元怀两氏,则已联袂前往江西,会同该省政府当局,勘定地点,日内即可决定,即行公布开学日期。该联大拟在江西之萍乡(或赣县)设立第一部,贵州之贵阳设立第二部。其组织分五学院、十八学系、一专修科。至上海办事处方面,则正忙于搬运图书仪器。并闻该两校同学,愿往内地入该联大继续修学者,自即日起可向愚园路办事处登记。

(《复旦大夏筹设联立[合]大学开学》,《申报》,1937 年 9 月 28 日,第 8 版)

牯岭的水陆运输方便,不但是上海的船只可直达九江,且从此可溯江武汉,藉以配合政府的政策,加强民族的斗争。在牯岭租赁了大楼四座,一作教室及办公室,二作男女生宿舍,一作教职员宿舍;东南的学生纷至庐山,西南的学生却分至贵阳。

(欧元怀:《大夏大学的西迁与复员》,《中华教育界》,复刊第 1 卷第 12 期,1947 年 12 月)

十月

三日 自是日起,复旦大夏联合大学连续多日在《申报》刊登将在庐山牯岭开学的消息,并同时开始招收新生及借读生。

　　本联合大学决定开办第一、第二两部,第一部定于十月念五日在江西庐山牯岭开学,设立:(一)文学院:中国文学系,外国文学系,社会学系,史地系,新闻学系;(二)理学院:化学系,数理系,土木工程系,生物学系;(三)法学院:法律学系,政治学系,经济学系;(四)教育学院:教育行政系,教育心理系,社会教育系;(五)商学院:会计学系,银行学系,工商管理系;(六)师范专修科:史地组,自然组。凡我复旦、大夏两校新旧同学,望于是日前到牯岭校址报到。两校学生现居上海者,于赴牯以前望至海格路复旦附中内联大上海办事处登记。第二部设于贵州贵阳,开学日期容后公布。本联合大学招考各学院一年级新生及各级插班生,即日起报名。考期十月七日上午八时半起,报名及考试地点均在福煦路慕尔鸣路光夏中学内大夏大学办事处。他校学生愿来联大借读者,可携带证明文件及二寸半身照片三张,往牯岭本校或上海办事处接洽。通信接洽,须附开详细地址、黏贴邮票之空信封。

　　(《复旦大夏联合大学在牯岭开学并招收新生借读生通告》,《申报》,1937 年 10 月 4 日,第 1 版)

　　六日　王伯群校长致函复旦钱新之校长,商议迁校事。

　　〔南昌〕 沪复旦、光华、大夏、大同四大学①在赣、黔设联合大学,赣为第一联大,容一千五百人。欧元怀、吴南轩特来省察勘校址。据该联大系永久性质,将来战事结束,依然存在。现在与教厅商洽设校事宜。十月底可望开学。(三十日中央社电)

　　(《沪四大学赣联合大学本月底可开学》,《申报》,1937 年 10 月 1 日,第 4 版)

新之先生大鉴:

　　昨奉哥电,言已会衔电教部速给开办费,弟当即往部催索,始悉教部认庐山设校为临时的,与前次晤教长所商赣黔同时兴办永久性联大之议不符,不特开办费抑而不与,即照原案定额允七折发给之经常费,似亦有问题。弟虽力言未变初议,而部员举大公报(弟并未得见)广告与庐山之筹备情形(吴、欧直接有函告部中人)为据(两方弟均未深悉内容),弟无词以答(部中段极注意赣校,马极注意黔校,段马可随时进言于教长)。总之,教部重在赣黔设永久性之联大,以备将来改为国立(黔请设国立大学已在中政会通过),借此不费而塞责,今见赣校设在庐山,黔校并未筹及,遂大为不满。以弟揣度,欲教部践履开办费十万(合九十月应领者在内),经常费照定额七折之诺言,势必一面承认庐山为应急的开学,以后再物色相当地址为永久之图,同时对黔校亦须积极进行(庐山方面致部函有黔校缓缓筹备,明春开学之说。故部中人谓吾人希望沪战早结束而回沪。前所谈与现所行,均骗局也),然如此办法,我二校内部是否办得到,尚祈我公召集上海两校干部同仁,妥为商定,电知吴欧两君及弟,一致本商定之办法进行(再者,京中亦须有一筹备处,每校派重要职员一人驻京,方便代表向部接洽及运输等事,如现在部中问我,能代表复旦否,我即须考虑,殊困难也)。庶内部意志统一对外,接洽方有力量,否则,东一电,西一函,搔不到痒处,徒劳无功也。愚见如此,不知高明以为然否。

　　并颂秋安

弟伯群上

(此函阅后火之,不愿使人见而不快,反增加学校之困难。)

　　(《王伯群就联大统一对外口径事致钱新之函(1937 年 10 月 6 日)》,中国社会科学院近代史研究所近代史资料编辑部编:《近代史资料·复旦大夏联合大学西迁史料汇编》,总 117 号,北京:中国社会科学出版社,2008 年,第 209—210 页)

　　二十三日　王伯群校长抵达庐山。(陈旭麓:《内迁十年纪事》,《大夏周报》,第 23 卷第 3 期,1946 年 12 月 15 日)

　　二十四日　王、钱两校长召开联合大学行政委员会会议,决定请欧元怀、章友三、鲁继曾、谌志远、邵家麟、王裕凯等赴黔筹备第二联合大学,请王毓祥为联合大学驻京办事处代表。

---

① 据《申报》1937 年 9 月 28 日报道,大同大学、光华大学已退出联大。

（陈旭麓：《内迁十年纪事》，《大夏周报》，第23卷第3期，1946年12月15日）

呈为呈报事：窃本校现在南京设立驻京办事处，聘王毓祥、端木恺为本校代表，地址在南京青岛路青岛新村三十七号。除分函聘请外，理合具文呈报，仰祈钧核，准予备案，实为公便。谨呈

教育部部长王

复旦大夏第一联合大学校长〇〇〇　　〇〇〇

（《钱新之、王伯群为设立驻京办事处报教育部的呈文（1937年10月28日）》，《近代史资料·复旦大夏联合大学西迁史料汇编》，总117号，第211页）

十一月

一日　庐山复旦大夏联合大学第一部开学上课。复旦大夏第一联合大学钤记即日开始使用。

呈为呈报事：窃本校在江西庐山择定校舍筹备就绪，现定十一月一日开学，八日上课，并刊学校钤记一颗文曰"复旦大夏第一联合大学钤记"，又校长小章一颗文曰"复旦大夏第一联合大学校校长之图章"，即日启用，理合具文呈报，仰祈钧长鉴核，准予备案实为公便，谨呈

教育部部长王

复旦大夏第一联合大学校长〇〇〇　　〇〇〇

（《钱新之、王伯群为刊发联大校印报教育部呈文（1937年10月23日）》，《近代史资料·复旦大夏联合大学西迁史料汇编》，总117号，第211页）

令私立复旦大夏联合大学

"二十六年十月二十三日呈一件——为呈报本大学第一部开学上课及启用钤记日期，祈鉴核备案由。"呈悉。查该私立复旦大夏筹校于赣黔两省设立联合大学，前经本部核定校名为联合大学第一部暨第二部有案。依照私立各级学校印信颁发办法，该校钤记应由本部刊发。兹刊发该校第一部木质钤记一颗，文曰"私立复旦大夏联合大学第一部钤记"，并附印鉴纸五张，应具报启用日期，并将印鉴送部备查。合令遵照。此令。

部长　王世杰

附发钤记一颗，印鉴五张。

（《教育部颁发联大校印令（1937年11月13日）》，《近代史资料·复旦大夏联合大学西迁史料汇编》，总117号，第212—213页）

四日　欧元怀副校长与王裕凯、李青崖等一行十余人由九江启程赴渝转黔。十二日抵渝。（陈旭麓：《内迁十年纪事》，《大夏周报》，第23卷第3期，1946年12月15日）

〔重庆〕　大夏副校长欧元怀、总务长王裕凯、教授李青崖等十余人，昨由汉抵渝，定明赴筑，筹备贵阳复旦大夏第二联大开学事宜。（十三日专电）

（《复旦大夏筹备贵阳联合大学》，《申报》，1937年11月15日，第4版）

八日　复旦大夏第一联大正式上课。

复旦大夏第一联合大学，已于本月八日在牯岭正式上课，报到学生达八百五十余人。复旦大夏第二联合大学，决设于贵阳，亦已由欧元怀、章益、孙寒冰等前往筹备，约于十二月中旬，即可上课云。

（《复旦大夏联合大学近讯》，《申报》，1937年11月16日，第6版）

在牯岭，学生上课的情形非常良好，救亡工作也极紧张，大夏、复旦的同学联合起来，给庐山老百姓留下了深刻的印象，但当时战局失利，首都吃紧，本人偕复旦教务长章益先生暨一部教职员，兼程去贵阳，筹组联大第二部。贵阳的地址决定，事先曾受不少师生反对，但大夏故校长王伯群先生料定战事非短时期可以结束，西南大后方将为抗战之砥柱，而贵阳与重庆交通尚便，且又为高等教育之处女地，需要

大学之灌播,惟江西至贵阳,路远费多,幸当时教育部长陈立夫先生电汇二十万元,就凭着这雪中送炭的恩物,筹备的工作能在短时期内顺利完成。

那时人事的配合至饶趣味:第一部的校长为复旦的校长钱新之先生,副校长为吴南轩先生,教务长为大夏大学文学院长吴泽霖先生;第二部的校长为大夏的故校长王伯群先生,副校长即为本人,教务长为现任复旦校长章益先生,但是在枝节上发生了很多的困难,如两校的经费分与合,校产的独立与混同,图书仪器的保管与使用,行政人员的分配与调借,在在多费周章,而学生中无形分为三派:大夏一派,复旦一派,新招收的联大新生又是一派,感情上颇难融洽,教学管理,时感困难。

京沪沦陷,长江中流势紧,联大第一部也被迫下山,溯江西上,直抵重庆,行装甫卸,即假菜园坝复旦中学复课,充分表现抗战不忘学习的精神。

(欧元怀:《大夏大学的西迁与复员》,《中华教育界》,复刊第1卷第12期,1947年12月)

十九日　欧元怀副校长与章友三、王裕凯、李青崖、杨麟书、丁勉哉等抵贵阳,借贵阳中山公园为临时办公处。(陈旭麓:《内迁十年纪事》,《大夏周报》,第23卷第3期,1946年12月15日)

〔贵阳〕　欧元怀、章友三等由渝抵筑,筹备复旦大夏第二联合大学。欧谈,十二月五日招考新生,十五日开课,寒假停放,明年暑假亦拟缩短。又教部拨万元为该分校开办费,并由黔教厅指定南门讲武堂旧址为校舍。

(《复旦大夏筹设第二联大》,《申报》,1937年11月24日,第4版)

二十一日　欧元怀副校长等人至花溪勘察校地。

欧副校长偕黔教育厅长张志韩等往离贵阳十九公里之花溪勘察永久校地。

(陈旭麓:《内迁十年纪事》,《大夏周报》,第23卷第3期,1946年12月15日)

二十八日　战局急转直下,教育部令联大第一部于必要时迁并贵阳。

南京军事委员会蒋委员长钧鉴:

本校奉教部令,于必要时迁并贵阳第二联大,惟交通梗阻,教职员学生数百人难于成行,图书仪器运输维艰。伏恳令饬主管机关速派专轮开来九江,运送入渝,转道赴黔,无任拜祷。

复旦大夏第一联合大学校长　钱永铭　王伯群叩

(《钱新之、王伯群就运输事致蒋介石电(1937年11月28日)》,《近代史资料·复旦大夏联合大学西迁史料汇编》,总117号,第216页)

王校长:

为时局关系,教王在山面谕,于必要时并黔。现已积极准备,月初起程,谨电闻。

南轩　泽霖

(《吴南轩、吴泽霖就庐校并黔事致王伯群电(1937年11月底)》,《近代史资料·复旦大夏联合大学西迁史料汇编》,总117号,第217页)

十二月

一日　复旦大夏第一联合大学部分师生由庐山出发,计划由四川转道贵州。

〔本埠消息〕　复旦大夏第一联校在牯岭开学,瞬经一月,共有学生八百余人。闻该联校将并入贵阳第二联大,一部学生已下山过省转黔。又中政校亦将移至昆明开学。

(《复旦大夏联校讲迁贵阳》,《申报》,1937年12月1日,第2版)

最初拟与大夏联合内迁者有复旦、大同、光华三大学,在沪四校当局曾熟商联合内迁计划,后大同、光华相继退出,仅大夏与复旦仍持初议。二十六年九月中旬,王伯群、钱永铭两校长与教育部商定设联合大学第一部于江西,设第二部于贵阳。笔者于九月下旬偕复旦副校长吴南轩先生抵九江,转往路上筹备联大第一部,十月下旬开学。两校旧生到校注册及新招学生达千人,足征青年向学之情至切。复于十一月初偕章友三、鲁继曾、王裕凯、熊子容先生等离牯赴渝,转道来黔,筹备联合大学第二部。十二月末黔校正式上课,学生有三百余人。旋东战场形势突变,我军从淞沪退至苏、锡、宜、湖各地,京杭外线感受威胁。赣校师生共达千余人,自非"未雨绸缪"不可,乃于十二月半全部下庐山,由浔赴汉,分道经湘、渝各地,辗转来黔。经渝来筑者师生约七百余人,事先得现任教育部长陈立夫先生之助,租到差船一艘,约定开抵宜昌,租金一万元,于十二月一日晚由浔开汉,在汉停留三日,始再溯江西上。盖船抵汉后,临时奉命改运兵工厂职工与机器,几经交涉,方由双方让步,同船赴宜。船上因人数增加,存粮有限,结果全船曾断炊两昼夜,然抵沙市。抵宜后,因租船困难,师生分数批赴渝,第一批于十二月十九日抵渝,迟者至去[今]年一月初方到齐。后因来筑车辆困难,师生乃决定一面在渝候车,一面不忘读书救国初旨,假重庆复旦中学上课,睡地板,吃稀饭馒头,狼狈困顿,可想而知。经湘来筑者师多生少,亦有一百余人,于十二月六日由浔赴汉,分乘小艇至常德,因西来车辆既少,旅客又多,供不应求,在常德竟停候一个月之久,始由黔校派车前往迎接。到筑后为时已二阅月矣。

(欧元怀:《抗战期间大夏大学的苦斗》,《教育杂志》,第29卷第4号,1938年4月)

四日　驻贵阳讲武堂军队迁出,联大教职员迁入贵阳讲武堂办公,并开始修理房舍。

而今迁来贵阳,借用的讲武堂旧址,一座四合院的平房,占地虽然广阔,内部也经修整,但其气派就不能与上海胶州路学舍相比,更不能与迁校前在上海梵王渡新建的、规模更大、设备更完美堂皇的学府相比。梵王渡新校园,我去过若干次,是我亲眼见过的。而今借用贵阳讲武堂,只能说在本地算是一个宽宏光大的所在,若非校长王伯群先生是革命元老,黔省巨绅,还无法借用到此一片地方。在当时的贵阳各机关学校,除原有者不计外,凡中央或由省外前来的机构,要以大夏大学所占用的讲武堂最为宽敞、最具规模了。

我进入学校大门,四面观望,周围皆是整齐清洁的平房,两边是教室,对着大门正中一排是各种办公室,中间那块长方形的空场,还可作为球场,场边绿树疏落,颇有韵致。靠办公室那边的场角,有一棵朱沙[砂]梅,时届严冬,正开得鲜艳而有精神,为这个偌大的园子增色不少。我本来觉得这所讲武堂旧址有些干燥枯索,一见那株红梅与场边的一些绿树,眼睛为之一亮,心田中也感觉有几分滋润了。这个长方形大院,进门一目了然,并无曲折,这是我第一天到校见到的印象。

(周蜀云:《我在大夏的教书生活》,《学府纪闻·私立大夏大学》,第52—53页)

十二日　联合大学第二分校假贵阳女子师范学校举行第一次招考新生。(陈旭麓:《内迁十年纪事》,《大夏周报》,第23卷第3期,1946年12月15日)

二十日　联合大学第二分校开学,新旧学生办理入学手续,并对贵州教育厅保送学生进行分组测验。二十三日,开始注册。二十七日,迁贵阳后联大第一学期开始上课。(陈旭麓:《内迁十年纪事》,《大夏周报》,第23卷第3期,1946年12月15日)

三十日　联大特种教育委员会召开第一次会议。

特种教育委员会开第一次会议,决定每星期日上午举行集团唱歌及国防问题讲座,以提高抗战情绪。

(陈旭麓:《内迁十年纪事》,《大夏周报》,第23卷第3期,1946年12月15日)

一月

三日　第一次纪念周会，欧副校长作"大学教育之目标"的演讲。（《二十六年度本大学大事记》，《大夏周报》，第 14 卷第 1 期，1938 年 4 月 1 日）

十日　第二次纪念周会，任孟闲教授作"准备与牺牲"的演讲。（《二十六年度本大学大事记》，《大夏周报》，第 14 卷第 1 期，1938 年 4 月 1 日）

十七日　第三次纪念周会，教务长鲁继曾主讲"做人的道理"。特种教育委员会第二次会议，公布国防问题讲座开讲日期。（《二十六年度本大学大事记》，《大夏周报》，第 14 卷第 1 期，1938 年 4 月 1 日）

二十三日　每星期日上午九时至十时在图书馆普通阅览室举行国防问题讲座，是日第一讲由欧副校长主讲"战时与战后之高等教育"。

讲题、主讲人及演讲日期录布如下：

讲　题	主讲人	日　期
战时与战后之高等教育	欧元怀	1 月 23 日
文化抗战	梁园东	1 月 30 日
毒气战争之限度及其可能性	邵家麟	2 月 6 日
国防心理	鲁继曾	2 月 13 日
抗战中之社会组织及社会问题	罗荣宗	2 月 20 日
抗战期中之公民教育	熊子容	2 月 27 日
抗战与文学	李青崖	3 月 6 日
抗战期间吾人对外交路线应有之认识	谌志远	3 月 13 日
抗战中国应采行之经济政策	吴澄华	3 月 20 日
救亡教育之目标	王裕凯	3 月 27 日

（《本学期国防问题讲座讲题》，《大夏周报》，第 14 卷第 1 期，1938 年 4 月 1 日）

二十四日　第四次纪念周会，谢六逸教授作"战时上海文化界之工作"演讲。（《本学期国防问题讲座讲题》，《大夏周报》，第 14 卷第 1 期，1938 年 4 月 1 日）

二十八日　开全体导师会议，商讨导师制进行事宜。（《二十六年度本大学大事记》，《大夏周报》，第 14 卷第 1 期，1938 年 4 月 1 日）

三十一日　第五次纪念周会，张定夫教授作"战时之知识青年"的演讲。（《二十六年度本

大学大事记》,《大夏周报》,第 14 卷第 1 期,1938 年 4 月 1 日)

二月

六日　国防问题讲座第三讲,邵家麟院长主讲"毒气战争之限度及其可能性"。(《二十六年度本大学大事记》,《大夏周报》,第 14 卷第 1 期,1938 年 4 月 1 日)

七日　第六次纪念周会,罗荣宗教授主讲"抗战中之求学问题"。(《二十六年度本大学大事记》,《大夏周报》,第 14 卷第 1 期,1938 年 4 月 1 日)

十三日　国防问题讲座第四讲,鲁继曾教务长主讲"国防心理"。(《二十六年度本大学大事记》,《大夏周报》,第 14 卷第 1 期,1938 年 4 月 1 日)

十四日　第七次纪念周会,熊子容教授主讲"怎样处己待人"。同日,曾广典启程赴广西邕宁,接收南宁中学,改名为"大夏大学附属南宁中学"。曾先生任该校主任。(《二十六年度本大学大事记》,《大夏周报》,第 14 卷第 1 期,1938 年 4 月 1 日)

二十日　国防问题讲座第五讲,罗荣宗教授主讲"抗战中之社会组织及社会问题"。(《二十六年度本大学大事记》,《大夏周报》,第 14 卷第 1 期,1938 年 4 月 1 日)

二十三日　欧副校长、熊子容、王裕凯三先生代表大夏前往桐梓参加联合大学行政委员会。(《二十六年度本大学大事记》,《大夏周报》,第 14 卷第 1 期,1938 年 4 月 1 日)

二十五日　联合大学行政委员会在贵州桐梓县召开会议,到会者有欧元怀等委员。会议决定,自一九三七年度第二学期起复旦、大夏分立,以重庆之第一联大为复旦大学,贵阳之第二联大为大夏大学。

> 联大行政委员会决议两校仍各分立,并即以重庆之第一联大为复旦大学,以贵阳之第二联大为大夏大学。四月一日起大夏正式恢复名称,内部负责人仍为王伯群校长,及欧元怀、王毓祥、傅式说、鲁继曾诸先生。所设院科有文法学院,院长为吴泽霖博士;理工学院,院长为邵家麟博士;教育学院,院长为邬爽秋博士;商学院,院长为金企渊先生;师范专修科,主任为马宗荣先生……该校校舍现在贵阳讲武堂旧址。
>
> (《教育杂讯》,《教育杂志》,第 28 卷第 8 期,1938 年 8 月 10 日)

二十七日　国防问题讲座第六讲,谌志远主任主讲"抗战期间吾人对外交路线应有之认识"。①(《二十六年度本大学大事记》,《大夏周报》,第 14 卷第 1 期,1938 年 4 月 1 日)

二十八日　第九次纪念周会,王欧两校长报告大夏与复旦分立后之善后处置及今后发展计划。(《二十六年度本大学大事记》,《大夏周报》,第 14 卷第 1 期,1938 年 4 月 1 日)

三月

六日　国防问题讲座第七讲,李青崖教授主讲"抗战与文学"。同日,学校图书仪器由欧阳达负责从重庆运抵贵阳。(《二十六年度本大学大事记》,《大夏周报》,第 14 卷第 1 期,1938 年 4 月 1 日)

七日　第十次纪念周会,喻任声教授作"农村事业与知识青年"的演讲。(《二十六年度本大学大事记》,《大夏周报》,第 14 卷第 1 期,1938 年 4 月 1 日)

十三日　国防问题讲座第八讲,吴澄华教授主讲"战时中国应采行之经济政策"。(《二十六年度本大学大事记》,《大夏周报》,第 14 卷第 1 期,1938 年 4 月 1 日)

十四日　上午八时,王欧两校长率全体师生前往民教馆吊祭第三战区阵亡将士。(《本校师生赴民教馆祭第三战区殉国将士》,《大夏周报》,第 14 卷第 1 期,1938 年 4 月 1 日)

---

① 原定第六讲为熊子容之"抗战期中之公民教育",疑因熊赴桐梓参加联合大学行政委员会而取消。

二十日　上午九时，国民党贵州省主席吴达铨在省立民众教育馆召集贵阳市中等以上学校教职员学生大会，全校师生由王总务长等督率参加大会。（《吴主席召本校同学训话》，《大夏周报》，第 14 卷第 2 期，1938 年 4 月 8 日）

国防问题讲座第九讲王总务长主讲"救亡教育之目标"。（《二十六年度本大学大事记》，《大夏周报》，第 14 卷第 1 期，1938 年 4 月 1 日）

下午，全体师生进城游行，宣传履行兵役及防空防毒常识。欧副校长等随队指导。（《本校师生在市区宣传抗战》，《大夏周报》，第 14 卷第 1 期，1938 年 4 月 1 日）

二十一日　在沪师生恢复大夏大学，租新大沽路四五一号作临时校舍，是日正式开学上课，注册学生三百余人。

本校创办人兼校董傅式说先生，仍排除万难，举行旧生登记，已于上月廿一日正式在上海新大沽路四五一号开学上课。现新旧学生到校注册者，为数已逾三百余人，旧时教授如吴浩然、唐庆增、陈柱尊、董任坚、张耀翔、王国秀、卢锡荣、张素民、韦悫、裴冠西、何清儒、孙元曾、吴文慰、陆梅僧、江镇三、宗维恭、张隽青等均在校担任职务及各科教授，至中山路校舍因多被毁坏，修理需时，短期内恐不易回校开课云。

（《上海本校近况》，《大夏周报》，第 14 卷第 1 期，1938 年 4 月 1 日）

附属大夏中学暂租借福煦路（今延安中路）七二五号为临时校舍开学，注册学生三百余人。（《上海附中现况》，《大夏周报》，第 14 卷第 2 期，1938 年 4 月 8 日）

第十次纪念周会，张梦麟先生讲演"中国本位文化的建设"。（《二十六年度本大学大事记》，《大夏周报》，第 14 卷第 1 期，1938 年 4 月 1 日）

二十五日　下午四时，在第二教室举行大会，欢迎由重庆第一联合大学肄业来贵阳的百余名旧同学。众多教授出席，欧副校长等致词。

首由欧副校长报告本校上海中山路校舍被毁情形（言时欧先生以十数年心血经营事业，一日毁灭，情难抑制，伤泪盈眶），次言本校上学期与复旦大学联合经过，终述本校现设贵阳，贵州各界企望之殷与本校今后所负使命之重大，勖勉全体同学恪守"师生合作"、"自强不息"校训，努力缔造新大夏。语重心长，全体同学均大受感动。次由鲁教务长报告本学期各院科系组织概况与变更情形。最后由群育主任谌志远先生报告贵阳名胜古迹，并勖勉各同学努力自爱，检点行为，处处以"老同学"地位，表率群伦，与新同学共勉为国家好青年云。

（《欢迎第一联大大夏旧同学来校》，《大夏周报》，第 14 卷第 2 期，1938 年 4 月 8 日）

三十一日　秋季学期期终考试于是日结束。

上学期学期考试，已于上月廿八日（星期一）至三十一日（星期四）举行。考试地点，假图书馆普通阅览室中，系采集中混合考试方法。考试时由各教授轮流监试，严行取缔舞弊。为认真起见，欧副校长、鲁教务长、王总务长、蓝注册主任均逐日亲自莅场监考，以昭慎重。

（《学期考试完毕》，《大夏周报》，第 14 卷第 2 期，1938 年 4 月 8 日）

四月

一日　春季学期开始。

院科别	注册人数	院科别	注册人数
文法学院	165	商学院	39
理工学院	109	师专科	89
教育学院	84	总计	486 人

（《本学期注册学生统计》，《大夏周报》，第 14 卷第 5 期，1938 年 5 月 14 日）

二日　心理学会创办的《新垒周刊》第一期刊行。(《心理学会创办〈新垒周刊〉》,《大夏周报》,第 14 卷第 2 期,1938 年 4 月 8 日)

五日　下午四时,在会议室召开第一次校务会议。

第一次校务会议记录

时　间:廿七年四月五日下午四时

地　点:会议室

出席者:欧元怀　任孟闲　鲁继曾　梁园东　谌志远　王裕凯　吴泽霖　蓝春池　邵家麟

主　席:欧副校长

记　录:丁勉哉

一、报告事项

主席报告:

1. 本学期校务历;

2. 本学期上课时间上午改自七时至十一时,下午三时至六时;

3. 本学期升旗礼时间改在晨六时半,星期日七时半举行;

4. 本学期星期日上午照常举行集团唱歌及国防问题讲座;

5. 本学期纪念周及国防问题讲座演讲主讲人已拟定;

6. 学生生活指导委员会由校长聘请谌志远、鲁继曾、吴泽霖、邵爽秋、王裕凯、任孟闲、罗义广先生为委员,并请谌志远先生为委员会主席。

蓝先生报告:

7. 春季录取新生十四人,计录取正式生五十九人试读。

谌先生报告:

8. 救济战区学生由学生生活指导委员审查并向教职员募捐救济生活费,每月借予八元者计四十人,准欠学杂费计四十九人,借予制服费者计四十人,并扩充服务生名额。

王先生报告:

9. 财政概况。

主席报告:

10. 周报已复刊并拟刊行学报;

11. 其他报告。

二、讨论事项

1. 议大夏学报如何进行事

议决:刊物定名《新大夏》,并推请鲁继曾、吴泽霖、梁园东、张梦麟、任孟闲五先生为编辑委员,组织编辑委员会,第一次会由梁园东先生召集。

2. 议如何扩大军事管理范围事

每周内务检查,厉行穿着制服,各学程设置班长,举行紧急集合演习及防空演习等事。决议:通过。

3. 议如何提倡学生课外活动事

组织学生自治会、各种研究学术团体,每种团体均有教职员参加指导。决议:交生活指导委员会办理。

4. 议如何办体育军事化事

提倡爬山、骑马、骑脚踏车、打猎等项。决议:交由体育部军事教官、体育指导会同办理。

5. 议利用本校科学实验室办本市中等学校自然科学教员有研究实验机会事

决议:通过消耗物品由试验者自备,倘仪器有损坏时照价偿还。

6. 议导师制继续推行事

决议:采用学生自由选请导师办法,由群育部将导师名单公布,规定日期由学生向群育部登记。

7. 议全体教职员参加纪念周事

决议:每星期纪念周会请全体教职员参加。

（《第一次校务会议记录》,《大夏大学校务会议记录》,第2—8页,华东师范大学档案馆藏档案,档号:81-1-49）

七日　春季学期从今天起开始注册。

二十七年春季注册须知及开班课程索引

甲　注册须知

一、本学期定四月七日八日九日三天注册,时间每日上午九时至十二时,下午二时至五时,地点在图书馆。

二、持缴费收据及入舍证明书至图书馆"领取表格处"领取课程索引,选课表及各种表格。

三、各种表格须用毛笔端楷填写,并注明学号,以免遗误。凡曾在上海本校注册各生之学号,仍用旧编学号。廿六年十二月在贵阳注册各生之学号,本学期已重新编号,公布在卷,请自查明,填写于各种表格。至曾在第一联大注册返校各生,及[持]本期录取缴费单向本处编号。又休学生学号,如已忘记,可向本处查询。

四、凡系新生,各种表格填妥后,须向本处王世坤君领取新生介绍单,并呈缴于各该学院院长或科主任,俾便签字。旧生填妥各种表格后,即可持至各该学院院长或科主任处,申请签字。

五、凡选修国文、英文及军事训练等学程,须先向本处分组登记,以免各组人数不均。

六、未注册前新旧各生须量定制服(男生在总务处,女生在女生指导员处)。

七、新生及上学期在贵阳注册各生未领有学生证者,须备二寸半身照片一张,以供贴学生证之用。

(附告)

(一)各学院选课指导

文法学院　　吴泽霖先生

理工学院　　邵家麟先生

教育学院　　邰爽秋先生

商学院　　　金企渊先生

师范专修科　马宗荣先生

(二)本月十一日起逾期注册者,每日应加缴注册费一元,以五元为限(请假与否,一律照缴)。

(三)各院科各年级应修学分数,以下表为准,不得请求多选;如有特殊情形愿意少选者,经院长或科主任许可后,得酌减若干:

一年级　二十二学分

二年级　二十学分

三年级　十八学分

四年级　十五学分(论文学分在内)

(四)各生所属院科系组,以入学时填报为准;未经教务委员会许可,不得随意更改。

(五)本月十一日起,选课指导在各该学院院长及科主任办公室,体育选课在体育办公室签字。

(六)持本学期注册证,向总务处领取校徽。

(《二十七年春季注册须知及开班课程索引》,《大夏周报》,第14卷第2期,1938年4月8日)

十日　《教育杂志》刊载欧元怀副校长文章《抗战期间大夏大学的苦斗》,阐述迁黔始末、在黔施教情形、沪校复课后的概况及今后努力方针。

(二)在黔奋斗　我大夏师生长征万里抵黔后,黔省府虽允拨讲武堂为校舍,然堂内原有驻军,正在设法他迁,几经周折始得迁入。在未迁入以前,曾假贵阳中山公园为筹备处,并假贵阳省立女子师范学校招生。讲武堂久未修葺,原甚破旧,迁入后多方修理,现已粗具规模,明窗净几,讲学进修,在内迁各大学中实未肯多让。现从前教授如吴泽霖、邰爽秋、马宗荣、金企渊、谌志远、蓝春池、李青崖、王裕凯、陈一百、陈景琪、梁园东、王强、张少微、吴澄华等多在校授课,新聘教授如夏元瑮、谢六逸、喻任声、赵兰坪、范祖淹、叶汇、罗星等亦多系著名学者。全校有学生六百余人,旧生约四百人,多系家乡沦陷,经济来源断绝,学费全免或半免,生活零用,且由学校及青年会救济,每月每人八元。新招学生多籍隶贵州,上学期黔籍学生达二百零八人,占全额三分之一,内地青年向学之殷,于斯可见。至校内编制,一如往昔,仍分文、理、教育、商、法五学院暨师范专修科。各级课程,莫不齐备,尤着重于战时教育及精神训练,以为强化抗战力量之准备。设备方面各实科实验室,如物理、化学、生物、电磁学、有机化学、定性分析、定量分析、标本制造、画图、测量工具等,均设有专室,台桌椅具,均系在黔新制,木料式样,极为考究,每室足容四十人至八十人实验,系理学院院长郡[邵]家麟先生在筑设计者。图书馆藏书除原由沪装运抵校者外,上学期曾举行募集图书运动,结果校内员生校外人士捐书达七千余册,现全馆已有书一万五千册以上,较播迁前沪馆藏书五万余册虽尚逊一筹,然吾人于浩劫流亡之余,来筑只有一年,有此成绩,亦堪自慰。

上面所述,系就大夏母体在黔奋斗而言,吾人除竭力健全母体外,尚以一部分精力,致力于下面三大事业:

(1)增设附属学校 大夏在沪原有附属大夏中学,今年学生增至五百人,为沪上著名中学之一。惟各地毕业同学屡欲在内地增设新校或分校,均以种种困难而未果。抗战以来,西南各省著名都会如行都重庆、桂林、邕宁,均有我毕业同学服务,各地毕业同学会以母校既迁西南,对发展西南教育,尤宜极力提倡;而中等教育为培养国家中级干部的重要阶段,在此抗战建国的大时代里,尤应亟谋推进,纷请设立大夏中学分校或新校。现各地先后成立者有重庆大夏中学,主任为教育学院毕业生陈宗朝君,邕宁大夏中学分校,主任为前大夏讲师曾广典君,贵阳大夏中学,分男子女子二部;男子部主任为教育学院毕业生来元义君,女子部主任为教育学院毕业生俞曙芳女士。重庆中学设江北悦来场,现有学生五百余人,高中部除普通科外,尚设有商科土木工程科。邕宁中学已购定永久校址(南宁津头村),本已兴工建筑,近因战事关系,暂时停顿,本学期仍在南较场雷公[家]祠租赁校舍上课,学生有六百余人。贵阳中学系于去秋新办,男女二部各招高中一年级一班,初中一年级二班,两部合有学生三百余人。男子部附设在讲武堂大学部内,女子部贵阳城内乐群路。

(2)推进社会教育 本校对于推进社会教育,素甚注重,过去在上海校址附近周围二十里内,举办各种民众教育,颇著成绩。迁黔以后,地近乡村,益感社会教育之重要;曾于去年三月间与贵阳县政府在离省垣三十里之第五自治区,合办花溪农村改进区,由教育学院社会教育系主任喻任声先生主其事,预定试办期间为半年(即自去年三月初至八月底),计曾举办各项事业:有贫民疾病治疗室二所,布种牛痘并诊疗贫民疾病;组织合作社二十所,社员总数计六百四十三名,贷款总数达七千二百九十元;创办小本贷款一所,救济兼营小本商业之农民;设立民众学校五所,占地计三十余亩,鼓励农民植桐;成立民众阅览室一所,现有图书五百余册,通俗杂志三十余种,日报十数种,每日到室阅览者约自五十人至一百五十余人。此外尚组织两个民众团体,一为花溪农村改进会,会员七十余人,率为花溪地方领袖;一为花溪农村抗战青年团,征求当地青年加入,现有团员五十余人。此点吾人认为从事农村工作者应特别注意,盖地方领袖与优秀青年有相当组织,地方改进事业之推进,必较易收效,反之则困难丛生,事业必无法开展。现试办期间业已过去,一切尚称顺利,当地农民亦至为感奋。上学期起更扩大范围,除原有事业继续进行外,更在离贵阳市十里左右之中曹司、石板哨、孟关等处设立推进区,以期收更大的效果。

(3)研究贵州 贵州是一个山国,气候变化,颇为剧烈,农产品因过去多种鸦片关系,所出往往不足供本省人消费;故有"天无三日晴,地无三尺平,人无三两银"之谚。同时贵州是汉、苗、夷族杂居地带,加以过去交通不便,居民与外省人尤其是东南人士少有往来,所以截至现在,贵州民间社会生活状况,风俗习惯,也许可以代表真正的中国文化。过去许多人在喊研究西南文化,多因种种牵而未果,即有一二学术团体前来西南调查,亦多以时间经济关系,未能作大规模的详尽考察,结果所得报告,亦只能知其梗概,而弗得其详。吾人来到贵州,即以研究贵州为己任。适教育部通令全国举行"乡土教材调查",贵州省托由本校代办,本校乃于去年六月间由文学院院长吴泽霖博士择定定番县委调查对象,主持进行,史地系主任王成组拟具调查计划,张少微、吴泽炎、陈国钧等亲率社会系同学前往调查,前后达四个月之久。上学期调查完毕,经吴院长指导助理员整理,编成报告十四卷,约三十万言,举凡定番县地理、历史、人口、物产、农业、工业、交通、商业、财政、政治、教育、社会、人文、名胜等均详尽阐述,靡有孑遗,堪称西南乡土调查空前报告。现已誊真呈部,对于编辑贵州乡土教材,定多贡献。本学期起吾人又拟联合本省著名学术机关如卫生署卫生实验所、贵州省卫生委员会、南开大学经济研究所、国立贵阳医学院等合组"西南边区民族考察团",遍历本省边区县份考察,以期对贵州有更深刻的研究。

(三)沪校复课及其现状 当本校由沪迁庐由庐辗转经川、湘来黔之际,东战场战局急转直下,一般家乡沦为战区,不及随校西迁或留沪之本校学生,不下五百余人,彼等顿遭失学,乃还请本校留沪教授傅式说、吴浩然、陈柱尊、张素民、唐庆增、孙亢曾、卜愈等设法在租界内赁屋复课。青年失学,义应救济,傅等乃允予所请,于去年一月登报登记旧生,并招收战区新毕业高中学生及借读生,二月初假新大沽路上海女子大学内复课,新旧学生计有五百余人。内部编制完全与黔校相同,并设有法、商学院夜校,以便职业青年之进修。本学期迁公共租界静安寺路一〇五一号校舍,学生增至六百五十人。至附设大夏中学战事发生后,即迁至租界开学,从未停课一日,本学期校舍租定福煦路七二五号,主任为孙亢曾先生,学生达五百人。

(四)今后努力方针 过去吾人在黔苦斗经过情形及上海本校复课后概况略如上述,今后将如何呢?笔者认为下列三点,吾人必须奋力做到:第一,目前本校黔校讲武堂校舍,及上海本校租赁校舍,均系因陋就简和临时性质,吾人绝不能安于现状,以此自满。本校来黔不久,黔省府即拨花溪官地千亩为永久校址,本校校董教职员学生三方面,自宜一体努力,尽速筹建新校舍,树立本校在西南之百年基础。同时上海情形特殊,中山路未毁校舍尚居半数,目前自无利用之希望,但吾师生对此母体成长的摇篮地,绝对不会忘怀。吾人惟有更坚定抗战必胜建国必成的信念,拥护政府抗战到底政策,驱侵略者于国门之外,而使吾大夏文化火炬,重放璀璨光明于中山路上。第二,本校来黔以后,最重大的使命就是研究西南建设西南,吾人在黔一年,既已尽最大的努力,帮助教育部调查本省乡土教材,与地方政府合办花溪农村改进区,推进社会教育,今后自当继续此种精神,从事研究西南建设的工作,以完成吾大夏神圣的使命。第三,培养抗战建国的新干部。抗战建国是目前我国的两大任务,这种艰巨任务的完成,胥赖全国上下艰苦奋斗,一致努力。而抗战建国干部人才的培养,则为完成此项任务的先决条件,培养抗建人才全靠全国教育界的不断努力,尤其是大学教育,更应肩起此种新人才培养的责任。大夏系革命产儿,在此第二期抗战开始之际,吾人自应加倍奋勉,努力于此种新人才的培养,以增强抗战建国的力量。

以上三点,笔者认为是吾大夏师生今后应该努力的方针,仅殿于本文,愿与合校师生共勉之;并愿海内外贤达,不吝珠玑,宠予指正。

(欧元怀:《抗战期间大夏大学的苦斗》,《教育杂志》,第29卷第4期,1938年4月10日)

十一日 黔校正式开始上课,上午十时在图书馆举行第一次纪念周会暨春季始业式,出席全体员生计五百余人。

欧副校长主席,行礼如仪后,即由欧先生报告本校创办经过及立校精神,举凡建筑校舍行政组织变迁及迁黔设立种种情形,均有极扼要之报告,而对前在第一联大来黔教授同学与在黔原有教授同学及本学期新招同学均表示欢迎之意。词毕,由鲁教务长报告本学期改进教学情形,并勖勉各同学注意身心健康,养成研究学术习惯;谌群育主任报告本学期学校厉行军事管理应有注意各项;王总务长报告事务方面应注意事项。最后由本校校董王毓祥先生演讲,大意申述本校立校精神及今后促进西南文化与抗战建国等应负使命,庄谐杂出,议论风生。讲毕,全体唱校歌并欢呼"大夏大学万岁!"、"师生合作万岁!"、"蒋委员长万岁!"、"中华民国万万岁!"而散。

(《本月十一日全体员生在图书馆举行春季始业式》,《大夏周报》,第14卷第3期,1938年4月22日)

是日起上课及办公时间变动,升旗典礼于上午六时半举行,办公及上课时间于上午七时起至十一时止,下午三时起至六时止,实验课程则定自下午二时起至六时止,纪念周会改在上午十时举行。(《更改上课及办公时间》,《大夏周报》,第14卷第2期,1938年4月8日)

十二日 下午四时,学生生活指导委员会在群育主任室开会。

讨论议案重要者有图书馆普通阅览室开放时间之规定(星期一下午一时至六时,晚七时至九时半,星期二至星期六每日上午七时至十一时,下午一时至六时,晚七时至九时半,星期日全日及星期一上午不开放），学生缺席纪念周及国防问题讲座处分办法之规定（缺席二次者记过一次），并推谌志远、罗义广、李松年三先生为体育委员会委员，负责推进普及体育，并提高效能，俾体育渐趋军事化。

（《学生生活指导委员会委员聘定》，《大夏周报》，第 14 卷第 3 期，1938 年 4 月 22 日）

十五日　为鼓励员生研究学术，创办学术月刊《新大夏》，鲁继曾等五人为编委，创刊号于是日出版。（《〈新大夏〉出版有期》，《大夏周报》，第 14 卷第 3 期，1938 年 4 月 22 日）

贵阳市《贵州晨报》与《革命日报》聘本校教师吴澄华等分别为该两报副刊主编。（《本校教授同学为贵革两报编副刊》，《大夏周报》，第 14 卷第 3 期，1938 年 4 月 22 日）

十七日　上午九时，国防问题讲座第十讲，吴泽霖院长讲"抗战中之人口政策"。（《国防问题讲座第十第十一讲》，《大夏周报》，第 14 卷第 4 期，1938 年 5 月 1 日）

十八日　纪念周会，敦请黔省府委员陈筑山先生演讲，题为"大学"。出席师生五百余人。（《张厅长陈委员先后莅校演讲》，《大夏周报》，第 14 卷第 4 期，1938 年 5 月 1 日）

十九日　下午四时，教务委员会在会议室开第一次会议。

讨论议案，最要者有通过（一）图书馆本学期各院科添购图书比例及教职员学生借书规则（各规则见后特载栏）；（二）公布王致远、罗泽尧、萧恭俭、刘储模、孙毅刚、孙至慕六生伪造证件予以除名处分；（三）决议凡学生修满一百二十个学分者为四年级生，得免受本年暑期集中军事训练；（四）定期举行新生指导会；（五）提倡学术演讲等案云。

（《教务委员会开第一次会议》，《大夏周报》，第 14 卷第 4 期，1938 年 5 月 1 日）

二十一日　下午四时，在同乐社举行第一次全体导师会议，由教务长鲁继曾主席，报告该学期已注册学生人数及各生选定导师情形。

本学期导师，王校长业已专函聘定鲁继曾、吴泽霖、邵家麟、邰爽秋、金企渊、马宗荣、王裕凯、蓝春池、谌志远、李青崖、张梦麟、王继祖、蔡宾牟、王强、喻任声、任孟闲、梁园东、陈景琪、郁康华、陈一百、陈铭恩、张少微、吴澄华、宋志侠、王佩芬、傅复天、徐汉豪、陆德音、董承显、苏希轼等先生担任，本月二十一日下午四时至多导师特假本市同乐社开第一次全体导师会议，由教务长鲁继曾先生主席，报告本学期已注册学生人数及各生选定导师情形，继即讨论要案多件，决定诱导学生共同原则，直至六时许散会。

（《全体导师会议》，《大夏周报》，第 14 卷第 4 期，1938 年 5 月 1 日）

二十二日　下午四时，教育学院及师范专修科教授在同乐社举行该学期第一次教授联席会议，鲁教务长、邰院长、王总务长等到会。

首由鲁教务长报告本学期教院师专科图书经费分配及编辑《教育旬刊》（贵州晨报副刊）情形，王总务长报告教院师专科本学期学生注册人数（教院七七人，师专科八十二人），邰院长报告上学期联大自学辅导成绩评阅进行事项；次即讨论各种议案，有（一）增设"贵州教育研究"讲座，（二）进行贵州教育调查（邰院长主持），（三）编制抗战态度测验（推陈一百教授主持），（四）筹设教育馆（推鲁继曾、邰爽秋、邵家麟、梁园东、任孟闲五先生草拟计划），（五）筹备苗民心理研究及教育调查（推郭一岑教授主持并与文法学院社会系合作），（六）提高学生中文程度，（七）举行学科竞赛等诸案，至六时许方散会。

（《教育学院师范专修科开第一次教授联席会议》，《大夏周报》，第 14 卷第 4 期，1938 年 5 月 1 日）

二十四日　上午九时，国防问题讲座第十一讲，邰爽秋院长讲"土货抗战"。（《国防问题讲座第十第十一讲》，《大夏周报》，第 14 卷第 4 期，1938 年 5 月 1 日）

二十五日　纪念周会，黔教育厅长张志韩应邀到校演讲"抗战与求学"。（《张厅长陈委员先后莅校演讲》，《大夏周报》，第 14 卷第 4 期，1938 年 5 月 1 日）

二十六日　部分学生为开展后方宣传工作，于黔校发起组织大夏剧社，是日晚举行成立大会。会上，通过组织章程，选举蒋再三等十一人为干事。决定六月一日校庆日举行公演。（《大夏剧社成立》，《大夏周报》，第 14 卷第 5 期，1938 年 5 月 14 日）

二十九日　下午七时，法律学会在第一教室举行第六届全体新旧会员大会，请吴泽霖院长训话,徐汉豪教授演讲。该会拟主编《法学旬刊》及《法律质疑》,现正由该院院长吴泽霖先生向本市报馆接洽。(《法律学会复会》,《大夏周报》,第 14 卷第 5 期,1938 年 5 月 14 日)

三十日　政治学会召开全体大会,到会同学踊跃,院长吴泽霖暨吴澄华教授均到会致词,胡工群等七同学当选为干事。该会将对于各项实际政治问题加以研讨,以贡献社会。(《政治学会复会》,《大夏周报》,第 14 卷第 5 期,1938 年 5 月 14 日)

下午五时,南宁大夏学会分会在苍西门如天酒楼举行成立大会,到会者除发起人外还有吕毅民等 26 人。会上通过分会组织章程,选举曾广典等五人为干事,组织干事会,并致电香港欢迎欧、傅诸先生莅宁视察附中,参加附中新校舍破土典礼。(《南宁大夏学会分会成立》,《大夏周报》,第 14 卷第 6 期,1938 年 5 月 22 日)

五月

一日　上午九时,国防问题讲座第十三讲,贵州农业改进所所长皮作琼莅校主讲"农业生产与抗战"。出席全体同学四百余人,谌志远主任等教职员出席。(《国防讲座第十三讲》,《大夏周报》,第 14 卷第 5 期,1938 年 5 月 14 日)

二日　上午十时,纪念周会,贵州高等法院院长漆鹿门莅校作"普遍法律知识与青年训练以增强抗战力量"的演讲。出席者除全体同学五百余人外,有吴泽霖等教职员。(《漆鹿门院长莅校演讲》,《大夏周报》,第 14 卷第 5 期,1938 年 5 月 14 日)

三日　下午四时,校务会议在会议室开第二次会议。

本校校务会议本月三日下午四时在会议室开第二次会议,到委员鲁继曾、吴泽霖、邰爽秋、金企渊、王裕凯、谌志远、蓝春池、梁园东、任孟闲等,鲁继曾教务长主席,丁勉哉君记录。首由鲁、王、蓝、谌、梁诸先生分别报告各部处最近各事项进行状况,次即开始讨论议案,决议通过者有:(一)教务委员会交议筹办暑期学校案,推鲁教务长主持筹办;(二)推请鲁继曾、吴泽霖、邵家麟、金企渊、王裕凯、谌志远、任孟闲七先生为"六一"校庆筹备委员,组织筹备庆祝校庆委员会,进行各种筹备事宜,由鲁先生负责召集;(三)推金企渊、谌志远、王裕凯三先生筹组大夏消费合作社,由金先生召集筹备;(四)推谌志远先生向贵州军管区司令部商洽,请其添派教官,莅校协助罗教官整饬军事管理等要案云。

(《校务会议开会》,《大夏周报》,第 14 卷第 5 期,1938 年 5 月 14 日)

六日　数理学会在同乐社举行成立大会,到理工学院院长邵家麟、系主任蔡宾牟、教授任孟闲及全体同学数十人,邵院长及诸教授都有训词,勉励备至,选出阮文蔚等为本届干事。(《数理学会成立》,《大夏周报》,第 14 卷第 6 期,1938 年 5 月 22 日)

社会教育研究会召开全体会员大会,商讨会务进行状况,计到新旧会员刘叔和等五十余人,并敦请教育学院邰院长、社会教育系喻主任及教授卢世鲁等莅会指导。邰院长等相继训词后,通过简章,并选出张志辉等为负责干事,议决举办如下事件:1. 校内工友夜校;2. 出版社会教育旬刊;3. 作定期通俗演讲;4. 参加贵阳花溪农村改进区工作;5. 校外职工夜校等。(《社会教育研究会全体会员大会》,《大夏周报》,第 14 卷第 7 期,1938 年 6 月 1 日)

十日　举行学生生活指导委员会第五次常会。

本校学生生活指导委员会第五次常会,业于本月十日在本校会议室举行,到鲁继曾、吴泽霖、王裕凯、谌志远、任孟闲、罗义广、杨汝淦、陈贤珍、陈立言、王瑞年等先生,谌群育主任主席,杨汝淦君记录。首由各委员报告最近全校同学生活情形,次即讨论议案,经决议通过者有:(一)积极筹募清寒奖学金,救济清寒同学;(二)定期举行国语演说英语背诵决赛,国语演说决赛准六月一日校庆纪念时举行,请任孟闲、李青崖、王成组、郭一岑、金企渊五先生担任预赛评判,陈筑三、张志韩、李宗恩三先生担任决赛评判,英语背诵由该会函请英文系主持,议定举行日期及同学参加办法;(三)筹备学生论文比赛;(四)举行在校学生技能登记,分别介绍工作,以补助其生活费;(五)规定六月中旬,举行全校员生下乡宣传;(六)决定学生寝室内务检查奖励办法等各要案云。

（《学生生活指导委员会开会》，《大夏周报》，第 14 卷第 6 期，1938 年 5 月 22 日）

下午五时，校庆筹委会在会议室开第一次筹备会议。

六月一日为本校立校十四周年纪念，校务会议为庆祝起见，特推鲁继曾、吴泽霖、邵家麟、金企渊、王裕凯、谌志远、任孟闲诸先生为筹备委员，组织委员会进行一切筹备事宜。本月十日下午五时，鲁教务长特召集各筹委在会议室开第一次筹备会议，到全体筹委，由鲁先生主席，丁勉哉君记录。讨论各事项已决定者，有：（一）纪念大会仪式，（二）全体教职员及毕业同学在同乐社聚餐，（三）各院科展览成绩或表演，（四）举行国语及球类比赛，（五）敦请省府吴主席莅校出席纪念会，并作学术演讲等要案云。

（《六一校庆筹委会第一次会议》，《大夏周报》，第 14 卷第 5 期，1938 年 5 月 14 日）

十三日　贵州省政府建设厅长叶纪元应邀莅校出席纪念周会，并作题为"抗战与建设"的演讲，出席王校长及教授员生五百余人。（《叶厅长讲"抗战与建设"》，《大夏周报》，第 14 卷第 9 期，1938 年 7 月 1 日）

十四日　存重庆第三批图书仪器，由图书馆员韩钟琦负责运抵学校。

本校去年播迁时，曾将图书仪器装箱西运，旋因交通不便，车辆接洽困难，除一部分图书仪器前由曾广典先生及欧阳达君先后运来外，大部分图书仪器运至重庆，就无法装运来黔。现经本校向重庆行营数度函洽，并于上月间派图书馆员韩钟琦君往渝押运，韩君在渝计停留三星期，雇工起卸，业于本月十四日将存渝图书仪器，扫数运抵校中矣。

（《存渝图书仪器扫数运黔》，《大夏周报》，第 14 卷第 6 期，1938 年 5 月 22 日）

十五日　上午九时，国防问题讲座第十四讲，理工学院数理系主任蔡宾牟先生主讲"科学与民族复兴"。（《国防问题讲座第十四讲》，《大夏周报》，第 14 卷第 6 期，1938 年 5 月 22 日）

十六日　纪念周会，请贵州省国民党部俞嘉庸作"抗战与建国"的演讲，出席教职员王裕凯等及全体男女同学共五百余人。（《省党部俞书记长莅校演讲》，《大夏周报》，第 14 卷第 6 期，1938 年 5 月 22 日）

下午七时，教育学会举行成立大会，到马泽鸿等九十余人，鲁教务长及该院教授陈一百等均莅会指导，选出肖光邦等十五人为干事。

本校教育学院学生肖光邦、柏翊唐、张志辉等八十余人为研究非常时期教育以期有所贡献起见，特于本月初发起组织教育学会。兹悉该会于本月十六日下午七时举行成立大会，计到马泽鸿、张汝琼、刘德本、刘淑和等九十余人。鲁教务长及该院教授陈一百、喻任声、王裕凯、钱怀刚、方金镛等均莅会指导。当推陈大拔君主席，王移山君记录。首由陈君报告开会意义，继由蒋舜年君报告发起及筹备经过，旋即讨论会章，并议决要案多起。结果选出肖光邦、蒋舜年、陈亢德、柏翊唐、张汝琼、顾幼麟、陈大拔、王移山、叶荣庆、蓝淑华、刘淑和、贾福华、张志辉、许芳媛、雷震源等十五人为干事云。

（《教育学会成立》，《大夏周报》，第 14 卷第 6 期，1938 年 5 月 22 日）

十七日　下午四时，教务委员会在会议室开本学期第二次会议。

本月十七日下午四时，教务委员会在会议室开本学期第二次会议，出席鲁继曾、吴泽霖、邵家麟、王裕凯、金企渊、蓝春池等各委员，鲁教务长主席，王世铮君记录。提出各项关于教务之重要报告后，即开始讨论议案，经决议通过者：（一）由该会各委员及各系组主任专任教授等组织监试委员会，轮流监试学生考试。（二）本学期应届毕业生成绩审查，在校者分别审核，借读他校者，亦须依照本校学则审查。（三）预先向本省各机关接洽，介绍本届毕业生。（四）暑期学校校历定七月十七、十八日注册，十九日开课，八月十四、十五日考试，十六日结束。开班学程分二学分与四学分两种，两学分学程每日上课六十分钟，四学分学程每日上课一百二十分钟。（星期日均照常上课。）（五）秋季招生举行两次，第一次在八月十九日二十日两天，第二次在九月九十两天。

（《教务委员会开第二次会议》，《大夏周报》，第 14 卷第 6 期，1938 年 5 月 22 日）

二十一日　二十日，欧元怀副校长和傅式说校董赴广西视察南宁附中，全体员生暨大夏学会代表共七百余人到南宁公路局车站夹道欢迎。是日清晨六点,南宁附中全体员生暨大夏学会全体会员在附中操场开大会欢迎欧副校长。曾广典主任致欢迎词后请欧副校长训话,题为"认清自己的地位"。

五月二十日天气不晴,细雨微风,专车于下午四时抵达南宁公路局车站,附中全体员生暨大夏学会代表共七百余人鹄立两旁恭迎,两先生遂在校歌悠扬中下车,向各欢迎者频频答礼,笑容可掬。六百余学子初仰道颜,莫不欢欣鼓舞。两先生下车后,即车赴城内下榻,稍事休息,当晚南宁大夏学会以二师长过去艰难办学,不远千里而来,喜出望外,特在乐群社设宴欢迎,并敦请二师长报告抗战期间母校发展近况及沪校被毁情形。是晚到会员三十余人,空气极为肃穆。次早六时,晨光熹微,朝气磅礴,附中全体员生暨大夏学会全体会员特假附中操场开欢迎大会,由曾主任广典主席致欢迎词毕,即请欧副校长训话,题为"认清自己的地位"。大意分三点:(一)认清自己是大夏中学学生,应发扬大夏固有之精神;(二)认清自己是广西人,广西过去是革命之故家,自己应光大其革命创造之精神;(三)认清自己是国难中的中华青年,应努力挽救祖国之危亡。姿态和蔼,□极警□,听者动容。

(《欧傅两先生抵邕盛况补志》,《大夏周报》,第 14 卷第 9 期,1938 年 7 月 1 日)

上午八时,南宁附中全体员生六百余人齐集整队赴津头新校址,举行新校舍破土典礼,由欧副校长亲自破土并致词。曾主任报告第一期建筑计划,先造宿舍两座,课堂及膳厅各一座,预计下学期即可搬入新校舍上课。(《南宁附属中学举行新校舍破土典礼》,《大夏周报》,第 14 卷第 9 期,1938 年 7 月 1 日)

二十二日　国防问题讲座第十五讲,首先由王成组教授解释"我军放弃徐州之地利背景与抗战之将来趋势"。接着,请贵州建设厅技正虞振镛主讲"畜牧兽医与国防",到会听讲者有邵家麟等多位教授及全体员生约五百人。(《国防问题讲座第十五讲》,《大夏周报》,第 14 卷第 7 期,1938 年 6 月 1 日)

文法学院史地学会偕梁园东、王成组、吴澄华三教授前赴花溪考察,采集与史地有关材料,以供研究。(《史地学会成立会》,《大夏周报》,第 14 卷第 6 期,1938 年 5 月 22 日)

二十三日　纪念周会,特请前清华大学校长周诒春莅校作"青年健全训练之重要"的演讲,吴泽霖等多位教授和全体同学出席。(《周委员诒春莅校演讲》,《大夏周报》,第 14 卷第 7 期,1938 年 6 月 1 日)

二十四日　下午,学生生活指导委员会开第六次会议,议决:组织全校防护队;每周星期日上午举行打靶、投掷、爬山等项训练,男女同学一律参加。

本校对于学生军事训练,素极注重,如检查内务,每日清晨全体参加升旗典礼,厉行穿着制服等均推进不遗余力。最近学生生活指导委员会鉴于际兹抗战期间,青年军事技能训练,实有增强之必要,特于上月二十四日下午开第六次会议时,决议参照贵州军管区司令部规定办法,筹备组织全校防护队,闻已推王校长任总指挥官,谌群育主任及罗军事教官分任正副队长。陈振林先生任警报组主任,欧阳达先生任灯火管制组主任,陈立言先生任交通警备组主任,杨汝淦先生任避难指导组主任,杨麟书先生任消防组主任,陈贤珍先生任防毒救护组主任。兹悉该会决定自本月起,每周星期日上午,将举行打靶、掷手榴弹、爬山、越野、竞走、掘壕救护等各项活动,男女同学一律参加,已推罗教官及体育指导员李松年先生负责筹备云。

(《学生生活指导委员会有新决定》,《大夏周报》,第 14 卷第 7 期,1938 年 6 月 1 日)

二十九日　上午九时,国防问题讲座第十六讲,法律系讲师,现任贵州高等法院首席检察官毛家骐先生主讲,题为"从刑乱国用重典说到抵御外侮",鲁教务长等均莅临听讲。(《国防问题讲座第十六十七讲》,《大夏周报》,第 14 卷第 8 期,1938 年 6 月 15 日)

在校服务毕业同学会在同乐社开成立大会,到会全体在校服务毕业同学二十余人,选丁勉哉等七人为干事,陈贤珍、韩钟琦二人为候补干事。(《在校服务毕业同学会成立》,《大夏周

报》,第 14 卷第 8 期,1938 年 6 月 15 日)

三十日　下午五时,在校服务毕业同学会各干事在会议室开第一次会议,议决:(一)定期欢宴王、欧两校长及傅、王、鲁诸先生;(二)干事会每两周开会一次;(三)推请丁勉哉代表本会演说,庆祝校庆等要案。(《在校服务毕业同学会成立》,《大夏周报》,第 14 卷第 8 期,1938 年 6 月 15 日)

王校长在纪念周会演讲,题为"参加临全大会归来",着重说明"抗战建国纲领",并略抒感想数点。听讲者有欧副校长等教师和全体男女同学五百人。(《王校长在纪念周会演讲》,《大夏周报》,第 14 卷第 8 期,1938 年 6 月 15 日)

三十一日　各院毕业生四十余人,为联络感情发起组织第十三届毕业同学会,是日在第二教室举行成立大会,到张志辉等三十余人,会上选举夏炎等九人为干事,郭剑萍等四人为候补干事,负责办理该会一切事宜。(《应届毕业学生组同学会》,《大夏周报》,第 14 卷第 8 期,1938 年 6 月 15 日)

六月

一日　建校十四周年校庆,全校放假一天。上午,举行纪念大会,出席师生校友、来宾七百余人,王校长主持,欧副校长报告校史,校董代表、来宾代表、校友代表先后致词。中午,返校校友教职员聚餐。下午,各院系举办成绩展览和国语演讲比赛、球类比赛。晚上,放映电影。为庆祝校庆,鲁教务长发起捐赠彩灯两百盏,在校服务同学捐建牌楼一座。《新大夏》月刊创刊号出版。(《六一立校纪念消息》《新大夏创刊号出版》《在校毕业同学捐建牌楼》,《大夏周报》,第 14 卷第 7 期,1938 年 6 月 1 日)

(一)纪念典礼程序:
——时间六月一日上午八时,地点本校图书馆
1. 奏乐
2. 升旗
3. 阅兵式
4. 分列式
5. 纪念会
(1)行礼如仪
(2)主席致开会词——王校长
(3)报告校务——欧副校长
(4)校董会代表致词——傅筑隐先生
(5)音乐
(6)来宾致词——吴达铨主席
(7)毕业同学代表演说——周佐治先生
(8)全体唱校歌
(9)摄影
(10)礼成奏乐
(二)叙餐会:
六月一日上午十一时半在同乐社叙餐,欢迎留黔毕业生率眷莅会参加,秩序有 1. 主席致词,2. 演说,3. 毕业生代表致词,4. 余兴,5. 摄影等。
(三)展览成绩及国语演说竞赛
甲　各院科展览师生研究成绩,开放各实验室及图书馆,欢迎来宾毕业生到校参观。

乙　下午二时在图书馆举行学生国语演说决赛,请张志韩、陈筑山、周诒春三先生担任裁判。

(四)球类比赛

甲　排球

乙　篮球

丙　网球

(五)放映教育电影

六月一日晚七时半在图书馆前面放映《上海抗战》、《上海本校未毁前之全部校舍,内部设备,学校风景》等影片,由社会教育系讲师卢世鲁先生亲自放映。

(《六一立校纪念消息》,《大夏周报》,第14卷第7期,1938年6月1日)

三日　国防问题讲座第十七讲,校董王祉伟主讲"中国不可征服论",欧副校长、鲁教务长暨全体学生五百余人出席听讲。(《国防问题讲座第十六十七讲》,《大夏周报》,第14卷第8期,1938年6月15日)

四日　史地系请哲学研究者张铁君莅校作"近代哲学思潮"的学术演讲。(《张铁君先生莅校演讲》,《大夏周报》,第14卷第8期,1938年6月15日)

五日　下午六时半,在校服务毕业同学二十余人在本市同乐社欢宴王、欧两校长,王、傅两校董和鲁教务长。

王欧两校长对我大夏毕业同学在各地服务及团结情形,报告甚详,训勉在校服务各同学能加以密切联络,并为中心机构,发挥力量,使大夏团体日趋巩固。王、傅两校董则以(一)大公无私,(二)慎重行动,(三)忠心职守三点指示各同学,鲁教务长则以"刻苦耐劳不求人知",勉励各同学。

(《在校毕业同学欢宴王欧两校长暨傅王鲁三先生》,《大夏周报》,第14卷第8期,1938年6月15日)

六日　纪念周会,欧副校长作"民族自信力与抗战到底政策"的演讲,谛听者有王校长、鲁教务长等教授及全体员生五百余人。(《欧副校长在纪念周讲"民族自信力与抗战到底政策"》,《大夏周报》,第14卷第8期,1938年6月15日)

七日　下午四时,校务会议在会议室开第三次例会。

本月七日下午四时,为本学期校务会议第三次例会期间,王校长特召集各地委员在会议室举行,到欧元怀、王毓祥、傅式说、鲁继曾、吴泽霖、邵家麟、王裕凯、金企渊、蓝春池、谌志远、梁园东、任孟闲等各委员,由王校长主席,丁勉哉君记录。首由各委员分别报告各部处重要校务进行情形,次由傅先生报告上海大中二部进行概况,欧先生报告各地大夏学会及南宁重庆附中进行概况后,即开始讨论议案,重要者有:(一)下学期黔校定九月十二日开学,十六、十七日注册,十九日起开始上课;(二)贵州省府教厅拟与本校合办科学实验馆,请理工学院院长邵家麟博士负责计划进行;(三)设置校务发展委员会,聘请校外人士参加;(四)定期举行本校实验播音,请邵家麟先生主持办理;(五)毕业班考试定六月二十七日至三十日举行;(六)尽量为应届毕业生及战区失业旧毕业同学介绍职业;(七)各院系一律恢复旧有名称云。

(《校务会议开第三次会议》,《大夏周报》,第14卷第8期,1938年6月15日)

八日　经济学会、法律学会、教育学会在《贵州晨报》发行副刊。经济学会主编之《经济业刊》,逢二出版,已出三期(五月二十二日创刊);法律学会主编之《法律旬刊》,逢八出版,已出一期(六月八日);教育学会主编之《教育与西南》,逢一出版,已出二期(六月一日创刊)。(《经济法律教育三学会在晨报发行副刊》,《大夏周报》,第14卷第8期,1938年6月15日)

九日　晚七时,大夏学会在王校长私邸举行本届第一次理事会议。

首由主席报告该会理念、会务发展情形,鲁继曾理事报告本年春季会员大会情形,继由欧元怀、王毓祥理事分别报告广州香港南宁重庆各区分会情形,旋即开始讨论重要议案多件,并决定救济战区会员办法及发行《大夏学会通讯》半月刊,最后推定欧元怀、鲁继曾、王裕凯、谌志远、周佐治、陈立言为常务理事。

(《大夏学会开理事会》,《大夏周报》,第14卷第8期,1938年6月15日)

十二日　上午九时,国防问题讲座第十八讲,任孟闲教授演讲"抗战与我的猛省",出席欧副校长等教授及全体员生五百余人。(《任教授在国防问题讲座演讲》,《大夏周报》,第14卷第9期,1938年7月1日)

十三日　教授邵家麟、蔡宾牟与贵州建设厅及科学界人士发起组织贵阳科学座谈会,下午三时,在新生活同乐社举行成立大会。蔡、邵均被选为正副干事。(《邵院长蔡主任等与筑市科学界人士组贵阳科学座谈会》,《大夏周报》,第14卷第9期,1938年7月1日)

十七日　西南实业考察团是日上午莅校参观。欧副校长、鲁教务长、王总务长等陪同参观学校各部,最后在图书馆前合影留念。(《西南实业考察团莅校参观》,《大夏周报》,第14卷第9期,1938年7月1日)

十九日　全校师生组成农村宣传队,分九小队赴贵阳近郊各农村宣传。

宣传内容着重抗战现情、劝服兵役、夏令卫生三点,宣传方式为公开演讲与家庭访问。是日天气亢热,各队员生均冒暑工作,清晨八时由校分队出发,直至午后四时左右,始陆续返校云。

(《本校师生前往黔郊宣传》,《大夏周报》,第14卷第9期,1938年7月1日)

二十日　王校长主持纪念周会,报告校务后由欧副校长报告时事。出席员生五百余人,鲁教务长等均到会。(《第十次纪念周》,《大夏周报》,第14卷第9期,1938年7月1日)

二十一日　下午四时,教务委员会在会议室开第三次会议,到鲁继曾等各委员。

教务委员会于上月廿一日(星期一)下午四时在本校会议室开第三次会议,到鲁继曾、吴泽霖、吴学信、蓝春池、邵家麟、邵爽秋各委员,鲁教务长主席,王世铮君记录。各委员报告有关教务方面重要事宜后,即讨论议案,重要者有:(一)通过参加应届毕业考试学生名单(名单详教务处布告);(二)决定暑期在汉口、长沙、重庆、南宁、香港各地招生;(三)通过秋季各院科开设课程计划;(四)通过校务会议交办筹办贵阳附属中学委员会计划草案等要案云。

(《教务委员会开第三次会议》,《大夏周报》,第14卷第9期,1938年7月1日)

二十七日　纪念周会,请滇黔监察使任可澄莅校作"抗战必胜与心理建设"的演讲。欧副校长等教授及员生四百余人到会听讲。(《任监察使莅校演讲》,《大夏周报》,第14卷第10期,1938年7月12日)

七月

一日　举行毕业生话别会,到毕业生四十余人,各部处主任、各院长、科主任、系主任及教授多人出席。王校长、鲁教务长及邵爽秋院长相继致词,最后由毕业生代表致答谢词。(《召集本届毕业生话别会》,《大夏周报》,第14卷第10期,1938年7月12日)

花溪农村改进区举行教育展览会,展览三天,鲁教务长等十余人前往参观。

参加单位,计县立小学二十一所,民众学校四所,省立乡村师范一所,联保办事处四处。三日以来,参观人数,当在数千人以上,盛况可谓空前。……总计展览品有农产品二百种,特产八十种,苗民服装五十件,劳作成绩九百件,各科试验成绩五百□十件,学校行政图表三十张,社会调查统计表五十张……该会除展览外,尚有各项活动之举行:一日有儿童音乐竞赛会;二日有儿童运动会,战时教育讨论会;三日有民众演讲竞赛会,抗敌宣传游艺会。

(《花溪实验区举行教育展览会》,《大夏周报》,第14卷第10期,1938年7月12日)

四日　上午十时,纪念周会,王校长作"大学生暑假应做什么工作"的演讲,要求学生们无论是回原籍、受军训、进暑校,均应以国难为怀,修养身心,唤醒民众,以期成为有用人才。到会听讲者有鲁教务长等教授及员生共四百余人。(《本学期末次纪念周会》,《大夏周报》,第14卷第10期,1938年7月12日)

七日　抗战一周年纪念,全校放假一天。上午,贵阳各界举行纪念大会,师生代表百人参加，会后举行游行示威。(《纪念抗战建国一周年》，《大夏周报》，第 14 卷第 10 期，1938 年 7 月 12 日)

下午四时，校务会议在大井坎二十六号王伯群校长公馆召开第四次会议，出席王伯群、鲁继曾、邰爽秋、邵家麟、谌志远、梁园东、蓝春池、金企渊、任孟闲、王裕凯、吴泽霖，王校长主持。

第四次校务会议记录

时间：廿七年七月七日下午四时

地点：大井坎王校长公馆

出席者：王伯群　鲁继曾　邰爽秋　邵家麟　谌志远　梁园东　蓝春池　金企渊　任孟闲　王裕凯　吴泽霖

主席：王校长

一、报告事项

1. 王校长报告本届毕业生分配就业情形；

2. 鲁先生报告教授缺课统计；

3. 谌先生报告学生缺课统计；

4. 王先生报告财政概况；

5. 王先生报告筹备附中情形；

6. 谌先生报告学生生活状况；

7. 鲁先生报告筹备学期会改情形。

二、讨论事项

1. 国立医学院函借本校物理仪器案

议决：请邵家麟先生酌办。

2. 通过本届毕业案、学生名单案

议决：a. 学年已足，学费修满，论文已交者(师专科不缴论文)准予通过毕业；b. 上列各项缺一项不准毕业，候各项完毕后再行审核；c. 学分总数缺□学分比准以论文替代，吴修勤所缺二学分因情形特殊准以论文替代之；d. 刘樾、张志辉所缺必修英文须补满后方准毕业；e. 余华衮、吴延光俟借读学校成绩寄来时自交审查。

3. 拟定下学期训育大纲案

议决：拟请吴泽霖、邰爽秋、王裕凯、谌志远、任孟闲五先生起草。

4. 拟定下学期《新大夏》月刊编辑案

议决：拟请鲁继曾、吴泽霖、邵家麟、邰爽秋、金企渊、孙浩烜、马宗荣七先生担任编辑，鲁继曾先生为主任编辑。

5. 举行国文甄别试验案

议决：自廿六年度起各院科学生修完基本国文后即举行国文甄别试验，如考试不及格，等参加下次甄别试验，必须考试及格后方予毕业。

(《第四次校务会议记录》，《大夏大学校务会议记录》，第 28—32 页，华东师范大学档案馆藏档案，档号：81-1-49)

十三日　鲁继曾教务长等经香港回上海，与沪校主持人面商重要校务。(《鲁教务长等离筑》，《大夏周报》，第 14 卷第 11 期，1938 年 8 月 6 日)

二十日　商学会与经济学会利用暑假研究学术，敦请中央政治学校计政学院货币经济学教授赵兰坪莅校作"最近货币问题"的学术演讲，自是日起至二十三日止，为期四天。(《货币学专家赵兰坪莅校演讲》，《大夏周报》，第 14 卷第 10 期，1938 年 7 月 12 日)

八月

四日 贵州教育厅根据教育部命令,借黔校举办暑期中等学校教师讲习讨论会,是日开始,会期三周。欧副校长、吴泽霖院长等被聘为讲习委员。(《黔教厅假本校开办暑期讲习会》,《大夏周报》,第14卷第10期,1938年7月12日)

八日 贵州省中等学校教师暑期讲习讨论会,请欧副校长作"国民参政会之收获"的演讲。十五日又请王校长作"抗战建国与公民教育"的演讲。(《王欧两校长在暑期讲讨会精神讲话》,《大夏周报》,第14卷第12期,1938年8月16日)

十六日 暑期学校结束。

本届暑期学校自上月十九日开始上课后,一切进行,均极顺利,星期日亦照常上课。兹悉该暑校已于本月十四、十五两天举行考试,办理结束,十六日开始放假。外县前来修习之中小学教师,业已分别离校。至于高中毕业学生前来补习而有志投考本校者,亦已正式向教务处报考矣。

(《暑期学校结束》,《大夏周报》,第14卷第13期,1938年8月26日)

十九日 校董江问渔与参政员黄炎培由渝来筑,是日莅校参观。(《校董江问渔莅校》,《大夏周报》,第14卷第13期,1938年8月26日)

九月

一日 沪校租借法租界祁齐路一九七号为校舍,是日迁入办公,定十六、十七日两天注册,十九日开始上课。(《黔沪二校秋季开学》,《大夏周报》,第15卷第1期,1938年9月18日)

上海附中本学期仍租借法租界福煦路七二五号为校舍,由主任孙亢曾先生负责,是日开学。(《上海南宁重庆三附中先后开课》,《大夏周报》,第15卷第2期,1938年9月30日)

五日 附属贵阳大夏中学该月一日开学,是日正式上课。分男女生两部,各招高中一班、初中二班,注册人数已超过三百余人。(《大夏中学开学》,《大夏周报》,第15卷第1期,1938年9月18日)

十一日 秋季开学,新旧学生办理缴费、入舍手续,十六日开始注册,十九日正式上课。(《黔沪二校秋季开学》,《大夏周报》,第15卷第1期,1938年9月18日)

应受集训的男女同学是日入营,王校长在图书馆前召集全体受训同学训话,欧副校长也有致词,全校教职员列队在运动场欢送。(《集训同学入营》,《大夏周报》,第15卷第1期,1938年9月18日)

南宁附中租借南较场雷家祠两处,本学期开学后,学生逾六百余人,已于该月十一日正式上课。(《上海南宁重庆三附中先后开课》,《大夏周报》,第15卷第2期,1938年9月30日)

十九日 除集中受训学生之外,开始正式上课。

现第一期应行注册学生,业已截止,各学程已本月十九日正式开课,弦歌之声,又充溢整个讲武堂矣。兹将开班学程列下:

教授姓名	学程名称	每周授课时间	教授姓名	学程名称	每周授课时间
吴泽霖	社会学	三	金企渊	会计学原理	三
夏元瑮	普通物理	四	谌志远	政治学	三
	相对论	三	马宗荣	师专教育原理	三
邰爽秋	教育原理	三	蓝春池	师专化学	四

教授姓名	学程名称	每周授课时间	教授姓名	学程名称	每周授课时间
李青崖	本一国文（甲）	五		商算	二
张梦麟	英汉互译	二		代数通论	三
	日文	五	董永显	商业组织及管理	二
徐汉豪	法学通论	三	陆德音	补习英文（甲）	五
王佩芬	周秦诸子通论	三		补习英文（乙）	五
	本一国文（乙）	五	王沿津	经济学（上）	三
	本一国文（丙）	五		经济学（下）	三
谢六逸	师专国文	三	欧天健	日文	五
	中国文学史	三	苏希轼	中国社会问题	三
	儿童文学	三	杨汝淦	党义	一
陈一百	教育统计及测验	三	吴道安	文学概论	三
郭一岑	教育心理	三		本一国文（丁）	五
梁园东	中国通史	三	田景奇	专□研究	二
	中国文化史	三		（甲）	三
宋志侠	本一英文（甲）	五	田冠玉	军事训练（乙）	三
	本一英文（乙）	五		（丙）	三
罗 星	初等微算分	四			

（《秋季正式上课》，《大夏周报》，第 15 卷第 2 期，1938 年 9 月 30 日）

二十六日 受教育部委托，吴泽霖院长等于七月初去定番县进行乡土教材调查。是日张少微教授偕社会学系学生抵达定番，襄助吴院长，协力将所得资料五百余件分成图标、资料、文物、图片四部分。（《定番乡土教材调查近讯》，《大夏周报》，第 15 卷第 3 期，1938 年 10 月 18 日）

二十七日 下午四时，校务会议在会议室召开第五次会议，到王伯群校长、欧元怀副校长、夏元瑮等诸委员。

校务会议于上月廿七日下午四时在本校会议室举行，到王校长、欧副校长暨吴泽霖、夏元瑮、邰爽秋、金企渊、谌志远、蓝春池、陈一百诸先生，王校长主席，王世铮君记录。首由各委员分别报告各部处校务进行情形，次即开始讨论各重要议案，除议决本学期各班开课、结束日期，春季开学日期暨各种委员会开会日期外，并推请谌志远、王裕凯、王术仁、田冠玉、陈一百、吴泽霖、夏元瑮、邰爽秋、金企渊、马宗荣、蓝春池诸先生为学生生活指导委员会委员，吴泽霖、喻任声、陈贤珍、涂油修、陈立言五先生为体育委员会委员。此外尚议决在最短期间内举行防空演习，并强化本校防护队云。

（《校务会议开会》，《大夏周报》，第 15 卷第 3 期，1938 年 10 月 18 日）

教育部嘉许花溪农村改进区社会教育计划。

本校教育学院设置之社会教育系，以培养社会教育行政人员暨图书馆人材为目的，历有年所，成绩卓著。该系毕业学生百余人，在国内外各地服务，甚得社会人士赞许。本校迁黔以后，该系特与贵阳县政府合办花溪农村改进区，由系主任喻任声先生兼任区主任。一年以来，区内兴办新事业，农民受益匪浅。上学期教育部通令各级学校兼办社会教育，特令本校拟具上年度在花溪实施改进情形，并呈核本年度兼办社会教育计划,当由王校长请喻主任拟就报告书计划书呈部核夺。兹闻该项计划书甚得教育部嘉许,已有指令到校,特将指令原文探布如左:

教育部指令

社壹第八一二三号

廿七年九月廿七日

呈件均悉,查该校对于社会教育,推行颇力,所拟计划,亦能切合实际,殊堪嘉尚,仰即遵照计划,努力推进为要。至该校尚在计划之社会教育推行委员会,应迅行组织成立,并将组织章程呈部备核。此令

部长 陈立夫

（《教育部嘉许本校社教计划》,《大夏周报》,第 15 卷第 4 期,1938 年 10 月 28 日）

二十八日 下午三时,欧副校长与邰爽秋等教授携带诸多慰劳品赴南厂兵营慰问集训男同学。（《慰劳集训同学》,《大夏周报》,第 15 卷第 2 期,1938 年 9 月 30 日）

二十九日 上午九时,体育委员会在体育部开第一次会议,议决学生分组运动、定期举行全体师生越野赛跑等事项。（《体育委员会第一次会议》,《大夏周报》,第 15 卷第 3 期,1938 年 10 月 18 日）

上课时间改动,上午两节课,第一节 7:00 开始;下午六节课,第一节 1:30 开始。每节课缩短为四十分钟,课间休息五分钟。纪念周会时间改为星期一下午 2:15—2:55。（《改订上课时间》,《大夏周报》,第 15 卷第 3 期,1938 年 10 月 18 日）

本月 改聘夏元瑮为理学院院长,谌志远兼任法学院院长,并新聘教授多人。

本校理学院院长邵家麟博士,曾因公东归返沪,业志前报。兹悉邵院长因沪校理院主持乏人,经傅主任商得黔校同意,敦留在沪主持,黔校理学院院长职务,王校长已聘定前本校教授夏元瑮博士担任。夏博士系美国耶鲁大学及德国柏林大学数理博士,曾于民国十五年至十七年担任本校教授。后历任京平沪各著名大学教授,并一度任湖北教育厅厅长。上年度夏博士任重庆大学教务长,上月初应黔教育厅电邀,来黔在该厅主办之中等学校教师暑期讲习会讲学,予本省教育界以极好印象。现夏博士往渝摒挡一切,不日即可返筑主持院务云。

（《夏元瑮任理学院院长》,《大夏周报》,第 15 卷第 1 期,1938 年 9 月 18 日）

本校自上学期与友校复旦大学分立后,法学院长一职,暂由吴泽霖博士兼任。兹悉前院长孙浩烜博士以经济部商标局职务羁身,一时未克来筑。王校长特改聘谌志远先生继任。谌院长籍隶本省织金,学专政治,过去均在本校及东南各省服务,久未返黔,前乘暑假之便,于上月初遣返原籍,现已返校。

（《谌主任兼任法学院院长》,《大夏周报》,第 15 卷第 1 期,1938 年 9 月 18 日）

学年更始,本校教职员略有更动……兹悉法学院经济学系主任,已聘我国经济学货币学专家赵兰坪先生担任。赵先生原任中央政治学校合作学院货币学教授,中央银行顾问,暑假中应本校商学经济两学会之请,莅校演讲"最近世界币制问题",同学极为敬仰。最近在黔省中等学校教师暑期讲习会作学术演讲,学员亦甚钦佩。现任斯职,同学均庆得人。又本校师范专修科国文组主任,王校长亦聘定新闻学家谢六逸先生继任。此外王校长尚添聘南开大学理学士、留学美国密西根大学数学候选博士之罗星先生,担任数学及统计学教授,并请陈景琪先生担任理学院化学系主任,欧天健先生任日文及商科讲师云。

（《新聘各教授》,《大夏周报》,第 15 卷第 1 期,1938 年 9 月 18 日）

本校理学院数理系主任蔡宾年,文学院史地系主任王成组,外国文学系教授陈铭恩,中国文学系教授傅复天四先生,暑假内分别离筑赴沪,业志本报。抵沪后本拟早日返黔任职,旋因傅主任以沪校需人孔殷,电王校长征商同意,敦留蔡等在沪供职。闻蔡先生仍任理学院数理系主任,王先生改任文学院院长,陈傅两先生亦各任原职。现黔校蔡先生教职,改由夏元瑮院长兼摄,王先生职务,改请清华大学毕

业、中英庚款官费生、留英专攻史地之钟道铭先生继任。陈傅两先生课务,亦已请定谢六逸、宋志侠诸先生接替。此外闻理学院讲师金鹤皋先生亦留沪校服务云。

（《蔡王陈傅四教授留沪任职》,《大夏周报》,第 15 卷第 2 期,1938 年 9 月 30 日）

本月　教育学院各学系进行调整。

本校教育学院自由教育部特许设立,继续训练师资后,院长邵爽秋博士,对院务更筹谋改进。最近教育部又指令本校,对该院设置学系,加以调整。闻原设之教育行政系与教育心理系将合并为教育学系,社会教育系则仍继续办理,本年度起并添设职业教育系一系云。

（《教育学院调整学系》,《大夏周报》,第 15 卷第 1 期,1938 年 9 月 18 日）

本月　图书馆增设参考阅览室。

本校图书馆自由王校长聘教育学院讲师方金镛先生代理主任后,馆内布置,颇多改进。一月以来,该馆工作甚见紧张,除原有阅报室因总务处划为中学部教职员宿舍迁往该馆办公室隔壁,并向香港某大书局订购大批西文图书外,并拟增开参考阅览室,备置中外各种书籍,解题,索引,字典,年表,丛书,发令,年鉴,统计报告等,藉供全校师生课余之参考。此外闻该馆尚拟增制字典式目录,已在积极进行,短期内即可制就。（下略）

（《图书馆消息》,《大夏周报》,第 15 卷第 1 期,1938 年 9 月 18 日）

十月

三日　下午二时,补行秋季始业式。

本学期上课以来瞬将经月,秋季始业式原定上月二十六日（星期一）上午十一时举行,旋因故改期,延至本月三日（星期一）下午二时一刻补行,到全体新生及冬季应届毕业同学计二百余人,教职员出席者有欧元怀、吴泽霖、夏元瑮、邵爽秋、金企渊、谌志远、蓝春池、李青崖、张梦麟、陈景琪、梁园东、董承显、罗星、王佩芬、陆德音等四十余人。王校长主席,领导全体行礼如仪,并即席致词,对本校以往发展情形及立校精神——"牺牲奋斗"及"三苦主义"——发挥颇为详尽,并勖勉各同学本立校精神,继续发扬奋斗,共谋学校之发展,民族之复兴。词毕,由欧副校长报告重要校务,举凡有关本校教务训育规程,同学在校生活应行注意各点,均有扼要指示。最后由新任理学院院长夏元瑮博士演讲,题为"中国大学应行注意改进的要点",博士服务我国高等教育界有年,平时耳濡目染,经验所得,认为我国大学所培养毕业学生之所以远逊欧美大学的原因有(一)设备差;(二)少研究;(三)学问浅;(四)大学生不注意外国语;(五)大学课程编排不好;(六)各教授授课时间配备不好;(七)学生心事不安定等七大原因。博士系我国物理学界泰斗,对西洋各国物理学家学说及私生活史研究甚精,演讲时多举例为证,并希望本国各大学努力改进,庄谐并重,逸趣横生,同学为之捧腹者至再。旋全体唱校歌后散会。

（《补行秋季始业式》,《大夏周报》,第 15 卷第 3 期,1938 年 10 月 18 日）

节录王伯群校长讲话如下：

（上略）

其次在今天的始业式中,我们还感觉得与过去不同的,就是有许多旧同学,都去参加集中军训了。他们此时不克来参加这个庄严的始业仪式;要在一二个月以后,他们才能带着强健的体魄回来,与新聘的教授和诸位同学见面。

现在在座的诸位,大都是新来的同学,诸位既是抱定志向来到本校,我想在未入学之前,对于本校,每个人都必定已有一番深刻的认识和严密的考虑,然后才会经过投考和入学等手续而到本校来的。诸位既抱着热烈的期望而来,我就有几件见面礼物,很诚恳的送给诸位。这礼物不是别样,乃是本校伟大的立校精神。

（中略）

所以,由校史上说,本校从民国十三年创办以至于今,有三独具的精神:

(一)是创造的精神,本校初在上海开办时,关于学校的各项设备,非常简陋,整个校舍,不过三楼三底,奋斗不到十年,在上海中山路旁建立新校舍,面积竟达三百亩以上,广厦连云,宏规大起。学校内容,日益充实,不愧为新中国的最高学府。这都是本校特有的创造精神有以致之。

(二)是牺牲的精神,刚才曾经说过,本校是由厦大演蜕而来,厦大是一个经费充足设备完备的大学,可是本校师生为文化正义而奋斗,竟牺牲一切,离开了厦大,经十余年的努力,终于达到今日的成功。这种成功,完全是靠我们的牺牲奋斗精神而来的。

(三)是合作的精神,本校自创办迄今,已整整的十四年。在这十四年的长时期里,本校从未发生什么学潮,不但师生间感情融洽,就是教授与教授间,同学与同学间,也都能通力合作,共谋学校的发展。这种合作团结的精神,是非常宝贵的。

我们本此三种精神来建设大夏,来推动大夏,故本校立校的历史,虽为时不久,而进步却一日千里。十数年间各院科毕业的同学,已达三千余人。全国各大城市,均有我大夏同学之足迹。在社会上服务,大都能努力工作,博得各界人士之好评。除了这三种独具的立校精神外,本校还有三个口号,就是"三苦主义","师生合作","自强不息"。所谓三苦主义,即是职员苦干!教授苦教!学生苦读!所谓师生合作,就是教授爱护学生,学生尊敬教授,协力同心,勇猛迈进。所谓自强不息,即是自力更生,以求本位向上,而有所贡献于社会国家。

上面所说的三种精神与三个口号,可以说就是我们大夏特有的校训,也可以说是我们大夏独具的立校精神。本校师生,在此目标下,推行校政,十余年来突飞猛进,成绩斐然。各同学从今天来到本校以后,望大家牢记斯语,努力学业,充实知能;并发皇而光大之。须知我刚才所说这些话,不但在校应当如此,即各位将来毕业出校以后,也可作为立身处世之道。现在,正发动全国力量,与敌人作殊死战的时候,我们尤须本此"创造"、"牺牲"、"合作"的精神,自强不息,埋头苦干!在抗战建国同时并进的原则下,努力文化学术的建设,加强抗战的力量。切勿使一分一秒的时间,浪费虚掷。而每一个国民,都要肩负起救国的重任,才能得到战争最后的胜利!而完成复兴民族的大业!愿诸位同学共勉之。

(《秋季始业式训词》,《大夏周报》,第15卷第3期,1938年10月18日)

四日 下午四时,学生生活指导委员会在会议室开该学期第一次会议,出席谌志远等委员,议决通过"改进导师制办法"、"战区学生贷金办法"和"定期举行防空演习"等议案。

学生生活指导委员会于本月四日下午四时在会议室开本学期第一次会议,出席谌志远、吴泽霖、邰爽秋、金企渊、陈一百、蓝春池、田冠玉诸先生,谌主任主席,胡工群记录。除议决定十月十日至十五日举行校内防空演习及消防演习各一次外,对于本学期导师制推行,亦拟有各种改进计划,如每组人数至多不得超过二十五人,各导师组不得互相宴会,各导师每月至少须召集谈话会及个别谈话各一次等,均有明白规定。此外对战区学生贷费办法,亦重新有所规定云。

(《学生生活指导委员会开会》,《大夏周报》,第15卷第3期,1938年10月18日)

十日 教育部令私立各大学取消教育学院及教育科,唯大夏教育学院得以保留。

私立各大学之教育学院及教育科取消,惟大夏大学之教育学院保留,将原来之教育心理、行政、社会等学系,改组为教育学系(包括心理行政),社会学系,师资训练系(此系新添)等,以期专注高教师资之训练及陶冶,而便增加教育效率。

(《教育部变更大学教育院系之组织》,《申报》,1938年10月10日,第19版)

十二日 该学期继续施行导师制。

各导师名单

吴泽霖先生	夏元瑮先生	邰爽秋先生
金企渊先生	马宗荣先生	王裕凯先生
蓝春池先生	谌志远先生	李青崖先生
张梦麟先生	钟道铭先生	赵兰坪先生
王　强先生	喻任声先生	罗　星先生
梁园东先生	陈景琪先生	陈一百先生

张少微先生　　宋志侠先生　　王佩芬先生

谢六逸先生　　徐汉豪先生　　陆德音先生

董承显先生　　苏希轼先生　　曾　慎先生

（《聘定导师》，《大夏周报》，第 15 卷第 4 期，1938 年 10 月 28 日）

十五日　下午六时，欧副校长等携带慰问品前往慰劳参加集中救护训练的五十余女同学。欧副校长致词慰勉，夏元瑮院长作"未来之世界"的演讲。（《慰劳集训女同学》，《大夏周报》，第 15 卷第 3 期，1938 年 10 月 18 日）

十七日　第三次纪念周会，欧副校长作"暴敌进攻华南的观感"的演讲。（《欧副校长演讲"暴敌进攻华南的观感"》，《大夏周报》，第 15 卷第 4 期，1938 年 10 月 28 日）

十八日　理学院请燕京大学物理系主任谢玉铭来校作"最近照相术之进步及其应用"的演讲，欧副校长、蓝注册主任、罗星教授暨理学院全体同学约百余人等均到场听讲。（《燕大教授谢玉铭博士莅校演讲》，《大夏周报》，第 15 卷第 4 期，1938 年 10 月 28 日）

二十一日　上午十时，大夏学会在会议室举行第二次理事会议，出席理事长王伯群、理事欧元怀等，决定设立会所，推金企渊、王裕凯等先生负责。

大夏学会于上月二十一日上午十时在本校会议室举行第二次理事会议，出席理事长王伯群，理事欧元怀、吴泽霖、邵爽秋、金企渊、谌志远、周佐治、刘健、陈立言、杨汝淦等。王理事长主席。首由主席报告重要会务，旋即开始讨论重要议案多起，并决定设立会所，推金企渊、王裕凯、周佐治、杨麟书、杨汝淦、陈立言诸先生负责筹设云。

（《大夏学会开理事会议》，《大夏周报》，第 15 卷第 5 期，1938 年 11 月 8 日）

二十三日　下午三时，学校大中两部男、女同学参加保卫大华南示威游行，军事教官田寇玉等随队指导。（《参加保卫大华南示威游行》，《大夏周报》，第 15 卷第 5 期，1938 年 11 月 5 日）

二十四日　第四次纪念周会，谌志远院长作"广州失陷后吾人对抗战应有的认识"的演讲。（《谌院长在纪念周会演讲》，《大夏周报》，第 15 卷第 5 期，1938 年 11 月 8 日）

二十五日　下午四时，在会议室开第六次校务会议。

校务会议于上月廿五日下午四时在本校会议室开第六次会议，出席者有王伯群、张梦麟、王佩芬、蓝春池、邵爽秋、夏元瑮、吴泽霖、陈一百、谌志远、马宗荣诸先生，王校长主席，王世铮君记录。首由各主管人员分别报告第一期学生注册人数（二五五人）暨缺课情形，第二期各院课程表编排情况及贵阳附设中学男女生部最近进展概况，旋即开始讨论议案，兹摘录较为重要者如下：（一）从本学期起学生体育不及体育委员会所提及格标准者（及格标准附后），不得毕业；（二）增聘欧天健先生为体育委员会委员；（三）十一月七日起每日清晨七时半举行升旗典礼，并请各科院院长主任及系主任轮流精神讲话；（四）根据教育部颁定办法，分别核给本校毕业文凭予借读生；（五）聘请各院长及科主任修改学校规程。

（《校务会议开第六次会议》，《大夏周报》，第 15 卷第 5 期，1938 年 11 月 8 日）

二十六日　下午四时，在第四教室举行大夏歌咏队成立大会，出席四十余人。会上通过简章，推举干事，最后全体起立，合唱义勇军进行曲。（《大夏歌咏队成立》，《大夏周报》，第 15 卷第 6 期，1938 年 11 月 18 日）

大夏歌咏队以"抗日歌咏，宣传抗战，团结同学，唤起民众，挽救危亡"作为宗旨，以合法的学生组织的面目出席，公开活动。……队歌用《八路军进行曲》……1938 年时，队员有 40 人左右，到 1940 年发展到 120 人左右。

（楚林：《记贵阳大夏歌咏队》，中国人民政治协商会议贵州省委员会文史资料研究委员会编：《贵州省文史资料选辑》（第九辑），贵阳：贵州人民出版社，1981 年，第 205—206 页）

三十一日　纪念周会，王校长主席，到学生二百五十余人、教授王裕凯等。吴泽霖院长演讲"怎样才配做今日中国的大学生"。（《吴院长在纪念周会演讲》，《大夏周报》，第 15 卷第 6

期,1938 年 11 月 18 日)

本月 黔校教育学院学系设置略有变更。

本校教育学院自经教育部特许继续训练师资后,院长邰爽秋博士对院务推进及发展计划,尤为认真辟划。现悉该院所设学系,略有更变,普通教育学系内分教育行政组与教育心理组两组,系主任在章颐年先生未返校前,暂由邰院长兼摄。社会教育系分图书馆学组、民众教育组、电化教育组,系主任仍由喻任声先生担任。至新设之职业教育系,亦分农林组、工艺组两组,系主任王校长特聘法国里昂大学农学硕士巴黎大学农学博士曾慎先生担任,上月抄[底]曾先生已由渝来筑,正式上课,现正协同邰院长筹划农场,不久当可成立,以供各同学实习。该院为要大学教育深入农村,并将花溪实验区改进情形报道供给从事农村工作运动者参考起见,特在贵州晨报刊行《农村通讯》旬刊,创刊号已于上月二十四日出版,推请社教系主任喻任声先生主编。此外闻该院在重庆《时事新报》亦出有《现代教育》副刊,执笔者均系该院教授,现亦出版多期云。

(《教育学院新讯》,《大夏周报》,第 15 卷第 5 期,1938 年 11 月 8 日)

本月 沪校设法商学院夜校,已正式上课。

沪校自由法租界祁齐路迁至静安寺路一〇五一号照常上课后,新旧学生来学者极见踊跃。兹悉傅、吴、鲁诸先生为便利职业界青年谋求深造起见,特筹设法商学院夜校,请唐庆增、张素民两院长负责主持一切。法学院先设法律学系一系。商学院分本科、专修科及特科三种:本科分会计学系、银行学系、工商管理学系三系;专修科亦设有会计专修科、银行专修科、工商管理专修科三科。校址暂设法租界福煦路七二五号本校附设上海大夏中学。闻现已正式开学上课,学生约有一百多人云。

(《沪校筹设法商学院夜校》,《大夏周报》,第 15 卷第 5 期,1938 年 11 月 8 日)

十一月

一日 下午四时,学生生活指导委员会在会议室开该学期第二次会议,到委员谌志远等。议决草拟详细清寒贷学金办法,并审查该学期战区救济学生。(《学生生活指导委员会开会》,《大夏周报》,第 15 卷第 6 期,1938 年 11 月 18 日)

七日 是日起每天举行升旗典礼,全体师生均须参加。

每日清晨七时半全体师生齐集操场,并由全校各院科院长,科主任,各系系主任,各组主任暨各部处主管人员轮流向学生报告重要校务、时局动向及精神谈话。七日晨升旗典礼由王校长亲自主持,并向学生致词训话。

(《举行升旗典礼》,《大夏周报》,第 15 卷第 6 期,1938 年 11 月 18 日)

上午十一时,纪念周会,出席学生二百余人、教授谌志远等,王校长主席。请上海青年会全国协会干事梁传琴先生演讲"抗战期中之上海"。(《梁传琴讲"抗战期中之上海"》,《大夏周报》,第 15 卷第 6 期,1938 年 11 月 18 日)

八日 集训男女同学返校。(《集训男女同学返校》,《大夏周报》,第 15 卷第 5 期,1938 年 11 月 8 日)

十日 是日起两日为学生第二期注册日期,集中受训的同学返校后赶办注册手续。十四日正式开始上课。(《第二期注册学生踊跃》,《大夏周报》,第 15 卷第 6 期,1938 年 11 月 18 日)

十四日 纪念周会,到教职员及男女同学四百余人,王校长主持并报告校务,教育学院院长邰爽秋作"民主本位学制系统"的演讲。(《邰院长在纪念周会演讲》,《大夏周报》,第 15 卷第 7 期,1938 年 11 月 28 日)

二十一日 纪念周会,欧副校长演讲"出席二次国参会之感想及目前抗战形势",出席教职员及学生四百数十余人。(《欧副校长讲"出席二次国参会之感想及目前抗战形势"》,《大夏周报》,第 15 卷第 8 期,1938 年 12 月 8 日)

二十二日　下午四时,校务会议在会议室开第七次会议。

校务会议于上月廿二日(星期二)下午四时在本校会议室开第七次会议,王校长主席,到欧元怀、金企渊、王裕凯、谌志远、张梦麟、王佩芬、蓝春池、吴泽霖、夏元瑮、陈一百诸委员,王世铮君记录。首由欧副校长报告最近在渝向教育部接洽师范专修科办理情形暨文学院史地社会分系情形,次由注册主任蓝春池报告第一二期各院科注册人数(四八〇人)、开学各学程选修人数及教员学生缺课情形等后,即开始讨论议案,重要者有成立募集图书委员会,推欧元怀、吴泽霖、吴道安、王佩芬、张梦麟五先生为委员,第二期注册学生结束日期延长至十二月十五日,其随同第三期注册上课之各学程与第三期同,通过清寒学生贷金办法等云。

(《校务会议开会》,《大夏周报》,第15卷第8期,1938年12月8日)

二十五日　下午六时,王校长召集全体导师在其私邸大井坎廿六号开会,商讨指导学生共同方针,到欧副校长及导师吴泽霖等三十余人。(《王校长召集全体导师会议》,《大夏周报》,第15卷第8期,1938年12月8日)

二十八日　上午十一时,在大礼堂举行纪念周会,欧副校长主持并报告校务,师专科主任马宗荣主讲"大时代的教育理想",出席王裕凯等教职员及学生四百五十余人。(《第十次纪念周马主任讲"大时代的教育理想"》,《大夏周报》,第15卷第8期,1938年12月8日)

二十九日　下午四时,学生生活指导委员会在会议室开该学期第三次会议。

学生生活指导委员会于廿九日(星期二)下午四时在本校会议室开本学期第三次会议,出席吴泽霖、蓝春池、王裕凯、陈一百、金企渊、谌志远、季天禄、陈贤珍、钟焕新、胡工群诸先生。谌群育主任主席,胡工群君记录。首由谌主任报告该会上次会议各重要议案与导师制推进情形,旋即讨论要案多起:(一)通过增加学生贷金名额,全费及半费各增加十名,全费贷金为韩同一、黄峻、杨樛材、宁祖尧、姚宝福、栗伯兰、宋克灼、胡士杰、傅忠恕、郭链科等十名,半费贷金为(人名略);(二)通过学生……(人名略)因家款未到,准在清寒费基金项下,每月贷予生活费八元,俟家款汇到后偿还;(三)请季军事教官督率男女同学实地挖掘防空洞,增强战时工作训练;(四)严格军事管理,举行内务整洁检查,学生若有不遵守纪律,内务不□者,先于口头警告,其有再行违犯者,予以书面警告。凡经三次书面警告者,则与以除名处分;(五)定期举行国语演说竞赛及国难音乐会,国语演说约在廿八年一月底以前举行,国难音乐会则将于本月内举行,均交群育部负责筹备云。

(《学生生活指导委员会开会》,《大夏周报》,第15卷第9期,1938年12月18日)

三十日　沪校续行导师制,并根据实际条件略有更新。

本埠大夏大学暑后开课以来,新旧各生,至现在止,共有六百三十五人,其分配于文学院者四五人,理学院者九六人,教育学院者一〇七人,商学院者一五八人,法学院者九五人[1],其实施导师制,已有数年,为沪上各大学之首先实施者。本届导师制,由群育部卜主任,悉心规划,尽力加以刷新,诸如导师制实施之方法、各同学之修养问题,及生活问题等,均有详尽之计划,俾导师制,得实际之成效。关于导师分组,仍以院系为单位。各组同学,由群育部加以派定,现将全体同学,共分四十一组,由校务会议及群育部,商请导师四十一位,分任各组指导事宜。课程方面,除教育学院,将原设教育行政系、教育心理系并为系,社会教育系保留,另增师资训练系课程略有变更,文理法三学院,照部颁三学院分院共同必修课程。

(《大夏沪校实施导师制情形》,《申报》,1938年11月30日,第12版)

十二月

一日　下午四时,商学会在第二教室召开全体会员大会,到新老会员五十一人。金企渊院长训话,修改会章,商讨今后工作计划,改选干事。(《商学会召开全体会员大会》,《大夏周报》,第15卷第9期,1938年12月18日)

---

① 学生总数与各院学生数相加不符,原文如此,疑有误。

三日　寒假毕业同学发起组织第十四届毕业同学会,是日在生物实验室正式召开成立大会。(《本届毕业同学会成立》,《大夏周报》,第15卷第10期,1939年1月1日)

四日　下午一时,心理学会在中学部食堂召开该学期第一次会员大会,到全体会员二十余人。陈一百教授指示该学期工作计划,推选干事。(《心理学会举行第一次大会》,《大夏周报》,第15卷第9期,1938年12月18日)

五日　纪念周会,到王、欧两校长,谌志远等各教授暨全体员生五百余人。欧副校长报告重要校务及募集图书的重大意义,新任经济系教授赵兰坪先生演讲"抗战以来中日经济的比较"。(《赵主任讲"抗战以来中日经济的比较"》,《大夏周报》,第15卷第9期,1938年12月18日)

六日　下午四时,教务委员会开第四次会议。

本学期第四次教务会议,业于本月六日(星期二)下午四时举行。是日出席王校长、欧副校长暨吴泽霖、夏元瑮、金企渊、谌志远、马宗荣、蓝春池、方金镛诸先生,欧副校长主席,王世铮君记录。首由欧副校长报告募集图书进行计划,次由蓝注册主任报告各院科学生注册人数(五五〇人),各教授请假暨学生缺课统计,方主任报告图书馆购书及借书情形,旋即讨论议案。重要者有:(一)第二期注册学生期中考试,原定十二月十九日至廿四日举行,现展期至廿六日至卅一日举行;(二)第三期学生注册,定十二月十日(星期六)截止;(三)春季开班学程及应用图书,敦请各院长暨科主任拟定,于十二月二十日以前交教务处汇编;(四)议本学期图书经费分配,并决定学生请求案件多起云。

(《教务委员会开会》,《大夏周报》,第15卷第9期,1938年12月18日)

十日　该学期学生注册因同学参加集中军事训练及救护训练,先后共分三期注册。(《注册学生统计》,《大夏周报》,第15卷第9期,1938年12月18日)

(一)各院科学生注册总数表

院科别	文学院	理学院	教育学院	商学院	法学院	师专科	总计
人数	70	84	140	71	135	104	604

(二)各院科学生性别比较表

院科别	文学院		理学院		教育学院		商学院		法学院		师专科		总计	
性别	男	43	男	73	男	87	男	55	男	126	男	71	男	455
	女	27	女	11	女	53	女	16	女	9	女	33	女	149
合计	70		84		140		71		135		104		604	

(三)各院科学生省籍统计表

省别	男	女	合计人数	省别	男	女	合计人数
贵州	154	54	208	广西	30	4	34
江苏	51	11	62	江西	26	3	29
广东	45	10	55	浙江	17	10	27
安徽	34	15	49	福建	20	2	22
湖南	21	21	42	湖北	10	6	16
四川	31	10	41	云南	3	1	4

省别	男	女	合计人数	省别	男	女	合计人数
河北	3		3	山西	1		1
上海	2	1	3	陕西	1		1
南京	2		2	山东	1		1
辽宁	1	1	2	统计	455	149	604
河南	2		2				

（四）贵州学生籍贯统计表

县别	人数	县别	人数	县别	人数	县别	人数	县别	人数	县别	人数
贵阳	70	黔西	6	独山	3	开阳	2	麻江	1	赤水	1
遵义	26	大定	5	思南	2	仁怀	2	安龙	1	普定	1
安顺	14	都匀	4	水城	2	习水	1	八寨	1	黄平	1
靖镇	10	湄潭	4	平越	2	兴仁	1	铜仁	1	计83县	208人①
兴义	10	织金	4	郎岱	2	镇宁	1	龙里	1		
瓮安	7	绥阳	3	息烽	2	榕江	1	印江	1		
平坝	7	贵定	3	毕节	2	安南	1	关岭	1		

（《廿七年秋季注册学生统计》，《大夏周报》，第15卷第10期，1939年1月1日）

十一日 募集图书活动开始，师生和各界人士踊跃捐书。（募集图书进行情形》，《大夏周报》，第15卷第9期，1938年12月18日）

十三日 纪念周会，到王校长、欧副校长、教授吴泽霖等暨全体员生六百余人，敦请前杭州飞机制造总厂主任王成椿来校作"我国空军之战斗力"的演讲。（《王成椿讲"我国空军之战斗力"》，《大夏周报》，第15卷第10期，1939年1月1日）

十九日 纪念周会，校董王潄芳作"民众动员与大学生"的演讲，到会员生计六百余人。（《王主任委员讲"民众动员与大学生"》，《大夏周报》，第15卷第10期，1939年1月1日）

二十日 下午四时，校务会议在会议室开第八次会议。

校务会议于上月二十日下午四时在本校会议室开第八次会议，出席王校长、欧元怀、夏元瑮、张梦麟、陈一百、吴泽霖、王佩芬、谭志远、蓝春池、王裕凯、马宗荣、金企渊诸先生，王校长主席，王世铮君记录。首由欧副校长报告最近两周募集图书进行情形，次由蓝春池先生报告本学期注册学生人数（总数共六零四人）及应届学生名单等，旋即开始讨论议案，重要者有：（一）修正并通过春季编排课程表原则；（二）自廿八年春季起，设置苗族学生升学奖学金二名，除免收学费外，每期每名发给奖金五十元，推吴泽霖马宗荣两先生制定详细办法；（三）通过清寒贷金简章，兹探布如下：

大夏大学清寒贷金简章

1. 目的

此项贷量完全为救济品学兼优，家境清寒，无力继续求学之学生而设。

2. 贷金种类

---

① 按表中数据计算，计38县，207人。原文有误。

（一）学费——每学期每名四十元。

（二）书籍文具费——视需要而定，但每学期每人至多不得超过四十元。

3. 贷金名额

（一）学费——每学期五名。

（二）书籍文具费——每学期五名。

（三）领取学费贷金之学生，不得同时领取书籍文具费。（但经校长及学生生活指导委员会特许者例外）

4. 请求贷金手续

（一）请求贷金之学生，必须家境确实清寒，入校一学期后其平均成绩指数在一·五以上者，方能取得呈请资格。

（二）学生请求贷金时，必须取得其入校保证人及导师之证明函件，呈缴本校学生生活指导委员会。

（三）学生请求贷金时，须填具申请书，填明偿还贷金办法，呈交学生生活指导委员会审核。

（四）请求贷金之学生，必须在学期结束前一月，将上述各项手续办妥，学生生活指导委员会于学期结束前最末一次会议时，即将呈请名额审核批准公布。

5. 偿还办法

（一）领取贷金之学生，于毕业后得到工作时，须将其每月薪金百分之二十，提作偿还贷金之用。

（二）领取贷金之学生，如中途退学，或被除名，则其取领之贷金，须由保证人负责追还。

（三）领取贷金之学生，于毕业后得到工作时，如不偿还学校贷金，则其已领之贷金，亦须由担保人代为偿还。

（《校务会议开会》，《大夏周报》，第 15 卷第 10 期，1939 年 1 月 1 日）

二十二日　各方积极响应募集图书运动，踊跃捐献，截至是日共收到捐书 7196 册，学校对捐书者将予以表扬和奖励。（《募集图书运动圆满结束》，《大夏周报》，第 15 卷第 10 期，1939 年 1 月 1 日）

募集图书统计表

捐赠单位	捐书数目	捐赠单位	捐书数目
校外人士	1870	文学院	352
教职员队	1673	商学院	332
教育学院	1585	理学院	191
师范专修科	656	合计	7196①
法学院	535		

（《募集图书统计表》，《大夏周报》，第 15 卷第 10 期，1939 年 1 月 1 日）

二十八日　全校师生响应节约储金运动，是日开始捐款。（《响应节约储金运动》，《大夏周报》，第 15 卷第 11 期，1939 年 1 月 11 日）

三十一日　当晚在大礼堂举行国难音乐会，以从音乐艺术方面激发同学爱国情绪。会上，有合唱、独唱、昆曲、评剧、钢琴演奏等，节目颇为精彩。（《举行国难音乐会》，《大夏周报》，第 15 卷第 11 期，1939 年 1 月 11 日）

---

① 按表中数据计算，合计捐书数目为 7194(本)。原文有误。

一月

一日 贵阳附中女生部举行成绩展览与恳亲会。成绩展览分学生成绩三教室和行政成绩一室，参观者的批评指导令学校受益颇深。恳亲会出席者有各机关长官、来宾、家长等千余人。（《贵阳附中女生部消息》，《大夏周报》，第 15 卷第 11 期，1939 年 1 月 11 日）

二日 举行募集图书展览会，并开放原有书库，前往参观者达二千余人。

本校募集图书运动，自上年十二月十一日开始后，各方捐书，异常踊跃，图书馆先后收受达七千余册，洵属空前盛举。本月二日该馆特将各方捐书编定捐赠人姓名暨册数等，在普通阅览室及参考阅览室举办展览，并开放原有书库，任人参观。事先由校长室派定职员及男女同学多人，招待各方来宾，上午九时正式开幕，王校长、欧副校长、王总务长、谌群育主任、蓝注册主任等，八时左右即先行入室参观，目睹室内珍本纷陈，新书荟集，欧副校长等均感满意。旋来宾及学生家长次第莅临，流览之后，各有嘉言评判。下午校董王祉伟先生由湘抵筑，亦欣然到馆参观。计全日校外来宾，学生家长及男女同学到馆参观者不下二千余人，直至五时许方闭幕。闻此次募集图书，图书馆已开始整理编目，短期内即可分别归入书库及参考阅览室，以供各同学阅览研究云。

（《募集图书展览会盛况》，《大夏周报》，第 15 卷第 11 期，1939 年 1 月 11 日）

六日 升旗典礼后，全体学生分成五队进行防空演习。

本校为同学安全起见，特于本月六日清晨举行升旗典礼后，由欧副校长、王总务长、季军事教官、陈女生指导员及群育员钟焕新等率领全体男女同学，分女生队，男生一、二、三、四中队，演习疏散，各队由校出发至指定地点后，然后再行集合返校。

（《举行防空演习》，《大夏周报》，第 15 卷第 11 期，1939 年 1 月 11 日）

九日 纪念周会，王校长主持，并作"第二期抗战后本校师生应有的认识"的演讲。（《王校长赴渝返筑》，《大夏周报》，第 15 卷第 12—13 期合刊，1939 年 2 月 11 日）

十六日 纪念周会，请军事教官浦国烈作"战时防毒问题"的演讲，出席学生六百余人，教职员多人。（《纪念周会演讲》，《大夏周报》，第 15 卷第 12—13 期合刊，1939 年 2 月 11 日）

十九日 傅式说与教授鲁继曾等联合创办新夏中学。

大夏大学创办人傅式说，名教授鲁继曾、吴浩然、张素民、韦悫、陈柱尊、王瑗伸、邵家麟、唐庆增、张亢曾，毕业同学朱泓波等，为适应环境需要，联合创办新夏中学，择定北京路三百号（河南路口江苏农民银行原址）为校址，即日开始招生，闻该校为救济战区失学青年起见，定有请求免费减费办法，校舍宽敞，兼收寄宿生。

（《大夏师生创办新夏中学》，《申报》，1939 年 1 月 19 日，第 8 版）

二十三日 利用纪念周时间举行国语演讲比赛，演讲多为抗战题材。学校对前三名获得者发给奖品，以资激励。（《举行国语演说》，《大夏周报》，第 15 卷第 12—13 期合刊，1939 年 2 月 11 日）

二十五日 九时，师范专修科同学会在第二教室开成立大会，马宗荣主任及梁园东主任相继致词。会议通过简章,选举干事,第一次干事会议决设置科会研究室、发行旬刊、筹备编行专刊等要案。(《师专同学会成立》,《大夏周报》,第15卷第12—13期合刊,1939年2月11日)

二十八日　下午四时,欧副校长召集寒假毕业生三十余人在生物实验室举行话别会,教授吴泽霖等出席。欧副校长及各院长均有致词,会后合影留念。

本届各院科应届毕业生,约有三十余人,上月廿八日下午四时,欧副校长特召集各生在生物实验室举行话别会,到教授吴泽霖、夏元瑮、金企渊、谌志远、马宗荣、王裕凯、喻任声、曾慎、徐汉豪暨毕业生萧传文、唐应元、高珩、李思敬、张兴渠、张汝琼、戴静岚、彭希、赵世珍、黄淑英、郭埏科、毕定、刘建国、李承祐、钱文渊、董祯基、黎叔平、周祖濂、王岩、刘叔和等数十人。首由欧副校长致词,勉同学以(一)有志竟成,(二)努力服务,(三)继续读书,(四)毋忘母校四点。次夏院长、吴院长、马主任、王总务长、谌院长、金院长、徐教授等均相继演说,勖勉各同学出校后应联络团结,互相合作,并应着重气节,不与凡俗贪污同流,改造现社会,建设新国家。最后由毕业生刘叔和、刘建国、张兴渠分别答词,并茶点摄影散会。

(《应届毕业生话别会》,《大夏周报》,第15卷第12—13期合刊,1939年2月11日)

二十九日　学校主办贵阳市节约储金杯篮球锦标赛,十五日开始,是日结束。所得收入一千一百七十六元全部上缴。(《节约储金杯篮球赛圆满结束》,《大夏周报》,第15卷第12—13期合刊,1939年2月11日)

三十日　纪念周会,社会教育系主任喻任声先生主讲,题为"由出席全国社教会议想到今后社教的动向"。(《纪念周会演讲》,《大夏周报》,第15卷第12—13期合刊,1939年2月11日)

二月

四日　上午十一时半,敌机十八架滥炸贵阳,死伤市民一千二百余人,受难灾民达二万余人。下午八时,校务会开紧急会议,就此议决联合贵州省各高等教育机关,致电全世界,揭露日寇暴行,并组织救护团和募款,救济灾民。

本月四日①上午十一时半敌机十八架空袭筑垣,全城繁盛街区,瞬成灰烬,市民死伤达一千二百余人,受难灾民达二万余人,废瓦颓墙,焦肌烂骨,触目惊心,惨不忍睹,并毁文化机关如商务、中华、北新、正中,《贵州晨报》社,《革命日报》社,《中央日报》社营业部,中央通讯社办事处,中苏文化协会俄专分校。……详情业志本市中央日报及革命日报小型版。本校校舍附近虽亦被投弹,凡均落空地,幸未命中。四日下午八时校务会议诸先生,特假巴黎大饭店后进开临时紧急会议,当经决定(一)慰问本校受灾员生及团体机关;(二)捐款救济此次受灾难民;(三)组织大夏大学救灾服务团,参加救济工作;(四)联络国立贵阳医学院、湘雅医学院、国立江苏医学院等,通电全世界暴露敌阀暴行;(五)救济被灾学生,俾得继续肄业等要案,现捐款方面分教职员队、男生队、女生队分途进行,业已募得千元,先交本市《中央日报》社,指定以一百元作防护团出力团员死难者之赙金,以三百元作负伤者之医药费,所余六百元作救济一般灾民之用。其他工作亦正在分别进行,兹探得本校为被灾同胞呼□启事暨联合各高等机关通电世界电文如下:

甲、大夏大学为被灾同胞呼□启事:

暴敌对华侵略,素具野心,自"七七"发动侵略战争以来,特其积年之准备,向我进攻,满拟速战速决,以遂其并吞我中华之□梦。不意经我积极抵抗,以致陷于泥足,不能自拔,于是恼羞成怒,倒行逆施,专以炸毁我不设防之城市为得策,以屠杀我非武装之民众为快意。此等野蛮卑鄙之举动,既已数见不鲜,然其穷凶极恶,惨无人道,未有过于此次之炸毁贵阳市也。全市精华,悉成灰烬,百千民众,尽葬火乡,至肢体残缺,创伤累累者,实繁有徒。其或幸免轰炸,而资产荡尽,无以为生,路侧彷徨,以泪洗面,如此之类,尤不可胜数,此真人间世之酷遇也。乃至机关政团,为国家而效忠,为人民而服务,亦复同罹浩劫,惨遭炸毙。敝校同人目击斯状,深兹悯痛,兹特对于被灾之机关政团谨致慰问,尚望诸同志振奋平日之精

---

① 指二月四日。

神,速即恢复原状,继续努力工作,以表现抗敌到底之决心,至于被难同胞,敝校同人当尽力捐款相助,惟是绵力有限,不足救济于万一,尚祈各界人士,共表同情,慨然解囊,共襄义举。谨代呼□,盼发鸿慈。

乙、本校联合本省各高等教育机关通电世界电文:

香港天下月刊社温沪廖先生:

本月四日敌机十八架空袭贵阳,投重量炸弹及烧夷弹百余枚,毫无目标,不分皂白。全市繁盛区域尽行焚毁,平民死伤者千余人,无家可归者八千余家,请将上列实情转播。(附原文)

18 ENEMY PLANES INVADED KWEIYANG 4TH. [①] INST. OVER 100 MISSILES INCLUDING INCENDIARY BOMBS, DROPPED IN DISCRIMINATELY. ENTIRE BUSINESS CENTER DESTROYED, OVER 1000 CASUALTIES, 8000 HOUSELESS, PLEASE TRANSMIT THESE FACTS EYEWITNESSED BY.

大夏大学 国立贵阳医学院 湘雅医学院 国立江苏医学院

(《本校员生慨捐千元交难民救济处转发》,《大夏周报》,第 15 卷第 14—15 期合刊,1939 年 3 月 1 日)

六日　上午八时半,纪念周会,王总务长报告重要校务。(《廿七年秋季各院科部处进行事项汇录》,《大夏周报》,第 15 卷第 14—15 期合刊,1939 年 3 月 1 日)

十二日　添设工业化学组。

大夏大学本年春季起,已设立应用化学试验所外,理学院化学系,复添设工业化学组,以培植专门技能人才。该组课程除化学系原有之基本学科外,增开高等应用化学(颜料、油墨、汽油、润滑油、催化剂等),高等有机化学(染料、香料、胶体及人造燃料等),酿造学(酵母、酒精、酱油、葡萄糖等),工业分析(水、油、煤、矿物、颜料等),应用电化学(电镀、电铸、干电池、蓄电池、电化工业等)。积极扩充设备,先添辟工业制造及分析实验室多间,并特设化学参考图书室,备有工业化学丛书专册,暨英文德文正套化学杂志,足供化学系各学科与应用化学试验所研究之用,该校并招收工业化学组一年级新生及高级插班生。

(《大夏大学添设工业化学组》,《申报》,1939 年 2 月 12 日,第 15 版)

十四日　是日起两日举行春季招生考试,共录取新生九十余人。考虑到非常时期交通困难,为便利外县青年升学,校务会议议决三月十一日、十二日两天续招新生一次。(《续招新生》,《大夏周报》,第 15 卷第 16 期,1939 年 3 月 11 日)

十六日　校务会议在王伯群校长大井坎私邸开第九次会议,到吴泽霖等委员,议决春季开学日期等重要事项。

王校长于十六日返校后,即召集校务会议诸先生在大井坎私邸开第九次会议,到吴泽霖、金企渊、邵爽秋、王裕凯、马宗荣、蓝春池、谌志远、陈一百、王佩芬、张梦麟诸先生,王校长主席。首由校长报告在渝偕欧副校长向教部□洽本校改为国立及教部关切本校情况经过。继蓝谌王三先生分别报告教员上课春季招考□生学生生活及最近财政情形,旋即讨论议案,重要决议有春季仍照原定校历,于三月一日在讲武堂开学,三四日两天注册,六日正式上课,惟同时在近郊另觅适当地点,建筑临时校舍,并通知学生将贵重行李设法疏散寄存,以策安全云。

(《校务会议开会》,《大夏周报》,第 15 卷第 14—15 期合刊,1939 年 3 月 1 日)

二十七日　王校长、吴泽霖院长赴渝,出席教育部召开的全国教育会议。除出席会议外,还与欧元怀副校长一起向有关当局续商本校改国立问题。(《王校长赴渝出席全国教育会议》,《大夏周报》,第 15 卷第 16 期,1939 年 3 月 11 日)

三月

一日　沪校开学。该学期学校增设"大夏大学应用化学试验所"于法租界霞飞路(今淮海

---

① 原文如此。

中路)和合坊四号。

本学期起为使学生于学理上之探讨外,并得实际上应用试验之机会,特由理学院长邵家麟博士事务主任吴浩然先生及教授戴济先生主持之下,增设"大夏大学应用化学试验所"于法租界霞飞路和合坊四号,内容设备异常充实,该所规模宏大,设有化验、设计、调查、研究、教育五组,各组职员借由沪校校务会议聘任之。……沪校理学院三四年级同学多在该所试验实习。该所将来并拟接受上海市厂商之委托,代为化验商品并设计一切应用化学用品。沪校试验所成立后,理学院实验仪器,当冠海上各大学之上矣。

（《沪校近况》,《大夏周报》,第15卷第17期,1939年3月21日）

八日 贵阳附中男女生部合并,是日起两天续招新生,十日、十一日两天注册,十三日与大学部同时上课。（《贵阳附中男女生部合并》,《大夏周报》,第15卷第16期,1939年3月11日）

十五日 基督教青年会在贵阳市中学部课室之西设立大夏青年会课余社,是日正式开放。

日前该会在本市中学部课室之西,设立大夏青年会课余社,备有各种棋子、乐器等游艺用具,专供本校员生公余课后消遣游艺,闻该社已于本月十五日起正式开放,欢迎员生到社消遣,此种精神上高尚生活,记者甚望本校员生善为倡导利用云。

（《课余社成立》,《大夏周报》,第15卷第17期,1939年3月21日）

二十一日 贵州省政府拨西社坡、瓦渣坡两处山地赠予大夏大学,作为职业教育系实验农场。（《廿八年春季进行事项汇录》,《大夏周报》,第15卷第24期,1939年7月5日）

二十二日 国民党行政院任命欧元怀副校长为湖北省教育厅厅长,师生代表召开会议挽留。（《廿八年春季进行事项汇录》,《大夏周报》,第15卷第24期,1939年7月5日）

二十三日 下午四时,校务会议在会议室召开第十次会议。

第十次校务会议记录

时间:廿八年三月廿三日下午四时

地点:会议室

出席者:欧元怀 王裕凯 马宗荣 张梦麟 夏元瑮 王佩芬 金企渊 蓝春池 陈一百 吴泽霖

主席:欧副校长

记录:丁勉哉

（一）报告事项

1. 欧先生报告本校请改国立与中央教部接洽情形;

2. 蓝先生报告注册人数截至今日共达四百三十八名,附中学生共一百四十九名,男生一百名,女生四十九名;

3. 蓝先生报告教员上课、缺课情形;

4. 王先生报告财政近况;

5. 王先生报告省府允拨花溪公地为本校校址经过情形;

6. 王先生报告省府允拨瓦渣坡及西社坡为本校林场经过情形;

7. 学生生活情形;

8. 其他报告。

（二）讨论事项

1. 议迁回图书仪器案

议决:择要迁回以利教学,非必需者仍存花溪;

2. 议更改上课及办公时间案

议决:上课时间改定如下:

上午七时起□□止,下午二时半起□□止,每节五十分钟,课间休息五分钟;办公时间改定如下:

以上改定时间自本月廿七日起实行。

3. 议本学期注册截止日期案

议决:四月三日起注册者减修学分,四月十二日注册截止,本学期仍收旁听生。

4. 议决定期中考试日期案

议决:五月一日至六日举行期中考试,七月三日至八日学期考试,七月九日起暑假。

5. 议补行本学期始业式日期案

议决:定于本月廿七日(下星期一)上午纪念周时间举行。

(《第十次校务会议记录》,《大夏大学校务会议记录》,第59—63页,华东师范大学档案馆藏档案,档号:81-1-49)

二十七日　在图书馆补行春季始业式,出席师生五百余人。欧副校长报告重要校务,并以"今后应有的努力"为题劝勉全体同学:对国家应"坚定抗战意志,培养建国能力",对学校应"发扬师生合作精神,造成研究学问风气",对自己应"生活战时化,思想现代化"。

本学期始业式于三月廿七日在图书馆举行,由欧副校长主席,出席教授吴泽霖、蓝春池、王裕凯、喻任声、董承显、曾慎、曾广典、顾文藻、方金镛、卢世鲁、陈贤珍及员生五百余人。主席领导全体行礼如仪后,即席报告重要校务,对本校改为国立问题,预防空袭准备,创办林场等均有详尽报告。旋以"今后应有的努力"为题,劝勉同学对国家学校暨自身应抱的态度。对国家欧先生以为当我国抗战发展到目前重大的阶段,全国国民,尤其是大学青年,应该"坚定抗战意志,培养建国能力"。对学校则应"发扬师生合作精神,造成研究学问风气"。对自己尤须"生活战时化,思想现代化",不"颓唐",不"苟且",要"紧张",要"严肃",方配为现代化国家的国民。此外欧先生更掬诚劝勉全体员生发出宏愿,协助地方教育行政当局,推动社会教育,扫除文盲。

(《补行春季始业式》,《大夏周报》,第15卷第18—19期合刊,1939年4月1日)

三十日　欧副校长分别致电教育部及湖北省主席,恳辞湖北省教育厅长的任职。(《欧副校长辞长鄂教厅》,《大夏周报》,第15卷第18—19期合刊,1939年4月1日)

三十一日　校董何应钦莅校,学校举行欢迎大会,何校董讲述抗战形势,勉励员生发扬牺牲奋斗精神,培养抗战建国人才。(《何校董出席本校欢迎会训话》,《大夏周报》,第15卷第20期,1939年4月21日)

四月

二日　大夏笔会成立。(《大夏笔会诞生之日》,《大夏周报》,第15卷第21期,1939年5月8日)

三日　纪念周会,欧副校长报告"出席参政会及全国教育会议感想",出席员生六百余人。(《欧副校长报告出席国参会及全教会的感想》,《大夏周报》,第15卷第20期,1939年4月21日)

四日　财政委员会与校务行政联席会议合并,组织校务行政委员会。上午十时,校务行政委员会在本校会议室举行第一次会议,出席王伯群、吴泽霖、王裕凯、蓝春池、欧元怀、马宗荣诸委员,王伯群校长主持,报告多项重要校务,讨论并议决多项事件。

本校为谋积极推进校务起见,本学期特将财政委员会与校务行政联席会议合并,组织校务行政委员会,该会职权为:(一)听取各处报告;(二)商议应兴应革之校务;(三)审核学校行政;(四)讨论校长交议事项。委员人选除王校长、欧副校长外,有大学秘书马宗荣,教务长吴泽霖,训导长王裕凯,总务长蓝春池等六人,闻该会定每周开常会一次云。

(《财委会校联会并组校务行政委员会》,《大夏周报》,第15卷第21期,1939年5月8日)

校务行政委员会第一次会议记录

时间:廿八年四月四日

地点:本校会议室

出席者:王伯群　吴泽霖　王裕凯　蓝春池　欧元怀　马宗荣

主席:王校长

(一)报告事项

(1)本会系由财政委员会与校务行政联席会议合并而成为本校最高行政机关;

(2)办公处已重新布置;

(3)学生注册人数截至四月三日止共计五百三十一人,其中有欠全费者一百零八人,其余四百三十二人①中尚有欠半费或四分之一者;

(4)印刷讲义改由校务处管理;

(5)图书仪器已择要搬回五十二箱,其余约半数仍寄存花溪。

(二)讨论事项

(1)议本会事权范围案

议决:本会事权如下:

a. 听取各处报告;

b. 商议应兴应革之校务;

c. 审核学校财政;

d. 讨论校长交议事项。

(2)议本会常会日期案

议决:本会每星期二日开会一次。

(3)议大学秘书职务范围案

议决:大学秘书之职权如下:

a. 协助校长处理校务;

b. 掌理机要文书并保管学校钤记;

c. 拟定学校章则;

d. 核阅对外文书及布告;

e. 审阅周报稿件并指导编辑;

f. 核查对外新闻稿件;

g. 监导秘书处职员签到簿并统计其出席、缺席、迟到之次数。

(4)议秘书、教务、训育、事务四处分股案

议决:秘书处分为①文书股、②机要股、③校刊股三股;教务处分为①课务股、②成绩股、③讲义股三股;训导处分为①生活指导股、②军训股、③体育股、④舍务股四股;事务处分为①会计股、②庶务股、③卫生股三股。各股办事细则由各处草拟。

(5)议定期召集全体教员职员分别开会案

议决:定于四月六日(星期四)晚间举行全体职员聚餐会,四月七日(星期五)晚间举行全体教员聚餐会。

(6)议职员办公按时签到案

议决:原则通过,细则交秘书处拟定。

(7)议例假职员轮值案

议决:原则通过,细则交秘书处拟定。

(《校务行政委员会第一次会议记录》,《大夏大学校务行政委员会会议记录》,第2—9页,华东师范大学档案馆藏,档号:81-1-54)

---

① 此处合计五百四十人,与前文五百三十一人的总数不符,疑有误。

基督教青年会与社会教育系师生合作开办民众夜校,是日晚正式开学。

本校基督教青年会自上月改选后,新职员即与中学部合作,成立课余社,置备各种棋子及音乐用具,提倡高尚娱乐消遣,月来大中二部师生公余课后到社消遣者日有其人。兹悉该会为积极推进会务起见,又与社会教育系师生合作,在校开办民众夜校,除规定本校工友一律入学,授以各种国民基本知识外,并招收附近贫苦男女成年民众,免费入学,即一切书笔文具用费,均由该夜校供给,日来报名入学者甚见踊跃,该夜校已于本月四日(星期二)开始上课云。

(《青年会社教系合办民众夜校开学》,《大夏周报》,第 15 卷第 20 期,1939 年 4 月 21 日)

六日　下午六时,大学部全体职员在中山路廉洁大食堂聚会,到职员三十余人。欧副校长报告学校最近行政情形,并勉励全体同仁努力工作,进修学问,敦励品格。(《校长召集全体职教员分别集会》,《大夏周报》,第 15 卷第 21 期,1939 年 5 月 8 日)

七日　社会教育研究会及歌咏队前往第八训练处第五团慰问受训壮丁,喻任声主任演说,歌咏队演唱救亡歌曲。(《社教研究会歌咏队发起慰问受训壮丁》,《大夏周报》,第 15 卷第 21 期,1939 年 5 月 8 日)

下午六时,王、欧两校长在王校长私邸欢宴全体教授讲师,报告重要校务及向教部请改国立进行经过。(《校长召集全体职教员分别集会》,《大夏周报》,第 15 卷第 21 期,1939 年 5 月 8 日)

八日　校务会议议决,聘吴泽霖院长兼黔校教务长;原大学秘书王毓祥因任学校驻渝代表和国民党立法院委员,不能到校视事,聘师范专修科主任马宗荣兼任大学秘书。(《本校干部新机构》,《大夏周报》,第 15 卷第 20 期,1939 年 4 月 21 日)

九日　纪念周会,出席员生六百余人,王校长主持,并即席训话,主要勖勉员生发扬大夏合作、牺牲、奋斗等各种精神,以及讲述国民精神动员的意义和内容。(《王校长演讲"国民精神总动员纲领"》,《大夏周报》,第 15 卷第 21 期,1939 年 5 月 8 日)

十日　文学院院长兼教务长吴泽霖受国民党内政部委托,去庐山、安顺、青岩等地调查贵州省苗族同胞生活状况。前一学期吴院长的"贵州乡土教材调查"颇为教育当局重视。(《吴兼教长出发作社会考察》,《大夏周报》,第 15 卷第 20 期,1939 年 4 月 21 日)

十一日　上午十时,教育学院在同乐社开院务会议。

教育学院于上月十一日上午十时,假同乐社开院务会议,出席该院教授马宗荣、章颐年、陈一百、喻任声、曾慎、王裕凯(邰院长代),讲师方金镶、吴学信、卢世鲁、陈贤珍、冯汉斌诸先生。院长邰爽秋博士主席,冯汉斌先生记录。首由邰院长报告该院同仁过去共同努力推进院务情形,次由社会教育系主任喻任声先生报告花溪改进区最近发展状况及该系师生共同组织之社会教育研究会活动情形,如与青年会合办民众学校施行现状及募款慰劳受训壮丁经过等。旋由职业教育系主任曾慎先生报告职教工作状况,西社坡、瓦渣坡林场植苗工作进展概况及将来计划等后,乃由邰院长致词欢迎最近返校心理学教授兼出版委员会主任委员章颐年先生。最后讨论议案,闻将成立教育研究室,推方金镶、吴学信、卢世鲁、冯汉斌四先生为筹备委员;与师范专修科合作,举行贵州教育调查,推马宗荣、邰爽秋、章颐年三先生向黔教厅接洽进行,编制精神总动员量表,推陈一百先生主持,编辑新□读物,推喻任声、吴学信二先生进行编辑云。

(《教育学院开院务会议》,《大夏周报》,第 15 卷第 21 期,1939 年 5 月 8 日)

下午四时,校务会议在大井坎廿六号王校长私邸举行第十一次常会,出席委员欧元怀等。

校务会议第十一次常会,于本月十一日下午四时假大井坎廿六号王校长私邸举行。是日出席委员有欧元怀、王裕凯、蓝春池、夏元瑮、张梦麟、吴泽霖、陈一百、邰爽秋、王佩芬、马宗荣诸先生,王校长主席,丁勉哉记录。首由王欧两校长及各部处主管人员分别报告校务进行情形,及服务上海市本校毕业同学会来电延议请改国立保留原有校名与教育部拨特款五千元辅助上海本校等重要报告外,旋即审查上届毕业生名单,上学期成绩优劣学生名单,分别予以通过,保留,奖励或警告(各种名单由校长室另布);最后讨论议案,重要者有:(一)定本月廿四日上午九时四十五分纪念周会举行本校国民抗敌公约宣誓典礼;(二)设置学术讲座,提倡研究学术风气;(三)定期举行抗敌宣传并计划劳动服务,交由训导处负责筹划办理;(四)修正并通过《大夏大学出版委员会组织条例》云。

(《第十一次校务会议开会》,《大夏周报》,第 15 卷第 21 期,1939 年 5 月 8 日)

本校为提倡校内研究学术风气,促进社会文化起见,于第十一次校务会议议决设立出版委员会,并通过大夏大学出版委员会组织条例六条。

(一)本委员会根据大夏大学组织规程第廿五条之规定组织之。

(二)本委员会设主任一人,由校长聘请教授兼任。委员十人,以大学□□,□□长,各院长、科主任,及教授二人充任之。

(三)本委员会出版事宜,得斟酌情形,请干事□□;

(四)本委员会职权如下:甲,拟定出□□□;乙,编审定期学术刊物;丙,出版学术□□;丁,经理发行事务。

(五)本委员会开会日期,遇必要时,由主任召集之。

(六)本条例由校务会议通过后施行。

又遵照□例,聘定教授章颐年先生为主任,大学秘书马宗荣、教务长吴泽霖、院长夏元瑮、邝爽秋、金企渊、谌志远、谢六逸、梁园东诸先生为委员,组织委员会筹划施行一切云。

(《设立出版委员会》,《大夏周报》,第 15 卷第 21 期,1939 年 5 月 8 日)

十二日　职业教育学会成立。(《廿八年春季进行事项汇录》,《大夏周报》,第 15 卷第 24 期,1939 年 7 月 5 日)

十七日　是日开始举行升旗典礼,清晨六时半举行,王、欧两校长及各部处负责人均参加,出席学生六百余人。升旗典礼后每周隔日举行精神讲话和集体唱歌。(《升旗典礼开始》,《大夏周报》,第 15 卷第 21 期,1939 年 5 月 8 日)

纪念周会,岭南大学教授、加拿大人罗天乐博士应邀演讲,题为"英德外交与中国抗战",梁传琴先生翻译。出席员生六百余人,王校长主持。(《罗天乐博士演讲"英德外交与中国抗战"》,《大夏周报》,第 15 卷第 21 期,1939 年 5 月 8 日)

十八日　校务行政委员会在大井坎二十六号王校长公馆举行第二次会议。

校务行政委员会第二次会议记录

时间:廿八年四月十八日

地点:王校长公馆

出席者:王伯群　蓝春池　欧元怀　吴泽霖　王裕凯　马宗荣

主席:王校长

记录:马宗荣

(一)报告事项

1. 改进大夏周报计划;

2. 贵州教育厅函送贵州学生贷金一千八百元并收据等;

3. 教育部令派喻任声教授视察贵州省社会教育;

4. 职业教育系助教刘举百因病函请辞职;

5. 教育部密令学校员生团体组织及出版刊物或向外投稿应依法办理,如有违反规定即严厉制裁,如发现有共党活动应即设法化导制止并同时呈报上级机关,不得隐蔽;

6. 教育部令知本校军事教官已函请政治部迅予遴选;

7. 沪校来函报告近况;

8. 本期财政预测；

9. 土木工程系本期所开课程中有三学程迄今尚无人教授，现聘请贺圣谕先生担任，月薪一百二十元，聘期三个半月，但须补足本月内缺课时数；

10. 体育教员患病请假，已请中学部体育教员暂行代理，自本月十九日起开始上课；

11. 省党部来函请本校于本月十九号派学生十人欢送修文模范壮丁廿七人赴前方，并赠送慰劳品，本校已遵照办理。

（二）讨论事项

1. 议确定本会常会时间案

议决：每星期二日上午九时起，自五月实施。

2. 议关于职员签到及例行轮值办法案

议决：职员签到简则修正通过，自五月一日起实施；职员例行轮值办法简则由秘书处另拟于下次会议提出讨论。

3. 议调整职员薪金案

议决：原则通过；由秘书处会同事务处拟定职员薪级表及年功进级办法提出讨论。

4. 议印刷丛刊经费案

议决：缓议。

5. 议五月一日举行清洁运动案

议决：由训导处事务处负责办理。

6. 议国民公约宣誓案

议决：四月廿四上午九时四十五分起举行。

7. 议沪校整理案

议决：俟鲁省三先生返筑后再议。

（《校务行政委员会第二次会议记录》，《大夏大学校务行政委员会会议记录》，第12—17页，华东师范大学档案馆藏，档号：81-1-54）

十九日　大夏大学毕业同学会得知教育部拟改"大夏大学"为"国立贵阳大学"之消息后，曾致电王伯群、欧元怀二校长，请求保留"大夏"校名。是日该同学会接王、欧两校长复电，表示学校改国立在进行中，校名保留。

贵阳大夏大学，自教部拟改为国立贵阳大学之消息传出后，本埠大夏大学毕业同学会，以母校历史悠久，特电王伯群、欧元怀二校长请保留校名。兹探录原电如下：贵阳大夏大学王欧二校长钧鉴，黔校改国立，务希保留原校名，大夏大学毕业同学会全体执监委员叩，佳印。

（《大夏毕业同学会电筑王欧校长保留大夏校名》，《申报》，1939年4月11日，第7版）

本市大夏大学毕业同学会，前电贵阳大夏大学王欧两校长，以母校改国立，请保留原校名，各情曾志各报。兹悉该同学会，昨接贵阳大夏大学王伯群、欧元怀两校长复电：大夏大学转毕业同学会，本校改国立，在进行中，决保留校名，知念将复。群怀。现该会已转知全体毕业同学矣。又该大学拟在本年六月一日举行盛大校庆纪念，由该校会同毕业同学会程宽正、周乐三、张仲寰三常委积极筹备中。

（《大夏改国立，决定保留校名》，《申报》，1939年4月20日，第8版）

大夏学会贵阳分会代电

贵阳大夏大学王校长欧副校长钧鉴□我大夏创立多年，筚路蓝缕，缔造艰辛，乐育英才，照朗宇内，如改国立，请向教部力争保留校名，以慰群望。

大夏学会贵阳分会会员大会叩东印

（《电请向教部力争保留校名由》，第165页，华东师范大学档案馆藏，档号：81-1-22-0072）

二十四日　学校举行国民公约宣誓典礼，王伯群校长率大中两部师生、员工进行宣誓。

(《廿八年春季进行事项汇录》,《大夏周报》,第 15 卷第 24 期,1939 年 7 月 5 日)

二十五日　校务行政委员会在王校长公馆开第三次会议。

校务行政委员会第三次会议记录

时间:廿八年四月二十五日

地点:王校长公馆

出席者:王伯群　欧元怀　王裕凯　蓝春池　马宗荣

主席:王校长

记录:马宗荣

(一)报告事项

(1)本期学生截至上星期共计五七六人,与上学期六〇四人相较减少二八人。

(2)甲、本学期缴全费者二三三人,收入一一四一八元,缴半费者一五九人,收入三九二七元,还清上学期欠费者五四人,收入一五九九、三元,以上三者共收入一六九四四、三元;乙、本学期欠半费者一五九人,共欠三六〇八元,未缴清上学期欠费者六八人(一部休学,一部旁听,尚未注册),共欠二一八三元,以上二者应收未收五七九一元;丙、战区学生欠费者七三人(三五七九元),尚未注册旁听者一一二人(五四九〇元)。

(3)章颐年先生学术讲座下月开始,讲题为"催眠状态之心理科学的分析"。

(4)课余社决定扩充。

(5)教务处职员林澄清准予辞职,图书馆职员韩钟琦、女中部教导主任俞曙芳均调至教务处,教务处职员萧传文调至图书馆服务。

(6)商学院金院长因事赴渝请假一星期,已于今日首途,课务分别暂停或请人暂代,文学院教授李青崖先生因赴渝迎母来黔请假二星期,所担任课程已与教务处决定补授办法。

(7)省党部来文函告月会仪式。

(8)社会教育研究会来函请求津贴民众夜校经费。

(二)讨论事项

(1)议五月一日举行纪念周、国民月会、劳动节、清洁运动开会秩序案

议决:①举行升旗礼时讲演劳动节之意义;②举行纪念周时同时举行国民月会;③举行清洁运动。

(2)议清洁运动范围及参加人员案

议决:首须清洁宿舍,由训导处督促学生负责行之,办公室、课堂及便所亦须注意,由督促校工负责行之,组织清洁运动成绩检查委员会聘请夏院长、谌院长及陆德音、俞曙芳、李韵笙三先生为检查委员负责检查并评判之。

(3)议改良学生伙食案

议决:原则通过交事务处办理。

(4)议校工工资案

议决:由事务处拟定办法,于下次会议提出讨论。

(5)议改选并整理校徽案

议决:暂不改造,由事务处拟定整理办法整理。

(6)议生物标本及收音机制造设备案

议决:原则通过但当力求节省支用。

(7)议职员例行轮值办法规则案

议决:下次再议。

(8)议贫寒学生请求免学费或贷金案

议决:授权吴教务长、王训导长、蓝总务长及谌院长办理,由王训导长召集。

(9)议社会教育研究会请求补助民众夜校经费案

议决：准予补助，由总务处按月支付。

（《校务行政委员会第三次会议记录》，《大夏大学校务行政委员会会议记录》，第18—26页，华东师范大学档案馆藏，档号：81-1-54）

五月

一日　与中学部联合举行第一次国民月大会，王校长主持，并带领宣读国民公约誓词，欧副校长报告中外时事。十时起，开始全校整洁运动。（《五一整洁运动》，《大夏周报》，第15卷第22期，1939年5月18日）

四日　沪校大学秘书兼教务长鲁继曾和附中主任孙亢曾抵达贵阳，报告沪校大中两部校务。（《鲁孙两先生莅筑》，《大夏周报》，第15卷第22期，1939年5月18日）

七日　正午十二时，师范专修科学会在第二教室召开会员大会，母廷治等九人当选该会干事。干事会向各方征集贵州教育史料，并拟发行会刊，编印同学录。（《师专学会改选》，《大夏周报》，第15卷第23期，1939年6月1日）

八日　纪念周会，章颐年院长作"从旅途印象中观察葡、英、日、法等国及我国的民族性"的演讲。（《廿八年春季进行事项汇录》，《大夏周报》，第15卷第24期，1939年7月5日）

九日　升旗典礼，上海大夏中学主任孙亢曾作"抗战期中的上海教育界"的演讲。

终言今日上海的母校，在精神上与黔校完全取得密切联系，各同仁同学对黔校师长同学，均深切关怀。不过上海的母校，今日只能修文，不能讲武，是其遗憾。吾人对于环境应付，一本过去牺牲奋斗革命的精神，努力撑持，这一点亢曾今日可以负责的向黔校师长同学报告。我们大夏素有"三苦"口号，教员苦教，职员苦办，学生苦读，今日上海的母校，就完全在延续这三个口号而奋斗。诸位同学在民族复兴□□的重心的贵阳读书，比上海母校同学自由得多。上海同学看见诸位，真要美慕诸位是天之骄子，既得修文，又得讲武，希望诸位勿要错过机会，辜负环境，师长苦教苦办，同学认真苦读，大家同为培育抗战建国人才而努力，亢曾谨于此祝母校黔沪二部突飞猛进，万寿无疆云。

（《孙亢曾先生讲"抗战期中的上海教育界"》，《大夏周报》，第15卷第23期，1939年6月1日）

下午四时，校务会议在大井坎二十六号王校长私邸开第十二次会议，到王伯群等诸委员。

校务会议于上月九日下午四时假大井坎二十六号王校长私邸开第十二次会议，到王伯群、欧元怀、鲁继曾、吴泽霖、王裕凯、蓝春池、夏元瑑、张梦麟、陈一百、孙亢曾、王佩芬诸先生，王校长主席，丁勉哉君记录。首由王校长请鲁继曾、孙亢曾两先生分别报告沪校大中二部最近进展情形，次由吴泽霖先生报告本学期各院科注册学生人数（总数共五七七人[①]），上月份教员缺课，及设置学术讲座进行情形；王校长报告教育部奖助本校兼办社会教育经费（一千元），电召本校训导长参加党政训练，与令派本校社教系主任喻任声视察贵州社会教育情形，欧副校长报告本学期应届毕业生名单；王裕凯先生报告本学期战区学生及贫寒学生请求贷金及免费情形，并定本月十二日举行国语辩论竞赛，上月廿八日举行抗战宣传。旋即开始讨论议案，重要者有：（一）推吴泽霖、王裕凯、蓝春池、夏元瑑、张梦麟、丁勉哉、陈贤珍七先生组织庆祝校庆筹备委员会，负责筹备本校十五周年纪念庆祝事宜；（二）续办暑期学校，推请吴泽霖先生主持办理；（三）暑期招生办法，交由教务处拟定日期及简则，定九月十五、十六日两天注册，十八日开始上课；（五）定五月二十七、二十八举行上期缺考学生补考，交教务处函恳各学程担任教授拟具试题，按期举行；（六）致函专任教授，加入航空建设协会为会员，其会费由会计组于各教授五月份薪金扣除云。

（《校务会议开第十二次会议》，《大夏周报》，第15卷第23期，1939年6月1日）

十日　下午四时，在大井坎二十六号王伯群校长公馆举行第四次校务行政委员会会议，

---

① 此处所录注册人数与《校务行政委员会第三次会议记录》（《大夏大学校务行政委员会会议记录》，第18—26页，华东师范大学档案馆藏，档号：81-1-54）所记略有出入。

出席王伯群、欧元怀、鲁继曾、孙亢曾、蓝春池、吴泽霖、王裕凯诸先生，王校长主持，王裕凯记录，讨论并议决沪校调整、人事委任等多项校务。

校务行政委员会第四次会议记录

时间：廿八年五月十日①下午四时

地点：大井坎王校长公馆

出席者：王伯群　欧元怀　鲁继曾　孙亢曾　蓝春池　吴泽霖　王裕凯

主席：王校长

记录：王裕凯

一、讨论事项

1. 议沪校如何调整案

议决：请鲁继曾先生返沪主持。

2. 议教育学院院长及普通教育系主任及教育与政务学程教授继任人选案

议决：由校长与马宗荣先生拟定。

3. 议安徽学生吴庆寅等八人请求减少扣还前欠学费案

议决：准支扣还一学期欠费。

4. 议张永芳请求继续在文学院为服务生□□补交三四两月份津贴费各八元案

议决：通过。

5. 议朱荣江厨房包本校荣水及校工伙食因□□□及请求□□可否酌加水费及校工伙食费案

议决：自五月份起水费每人每月酌加一角，校工伙食费每人每月酌加五角。

6. 议总务处拟添聘颜君为庶务员案

议决：通过，每月□□□五元。

7. 议体育部请制新篮球板一副案

议决：通过。

8. 议增加教务员周简文薪金案

议决：自五月份起每月酌予津贴五元。

9. 议各处股主任案

议决：各处设股主任通过名单如下：

秘书处　第一股：主任　丁勉哉

　　　　第二股：主任　陈绍箕

教务处　第一股：主任　俞曙方

　　　　第二股：主任　韩钟琦

训导处　第一股：主任　陈贤珍

　　　　第二股：主任　钟焕新

　　　　第三股：主任　胡工群

总务处　第一股：主任　杨麟书

　　　　第二股：主任　陈振林

图书馆　项目股：主任　傅杰华

10. 议印行本校章则案

议决：先由主管人员拟稿递交秘书处汇编。

（《校务行政委员会第四次会议记录》，《大夏大学校务行政委员会会议记录》，第27—32页，华东师范大学档案馆藏，档号：81-1-54）

---

① 第二次会议曾议决五月起每星期二召开本会常会，实际未能严格实行。

学术讲座第一讲开始,教育学院院长章颐年讲"催眠的科学观"之"催眠的历史与方法","催眠状态的可能现象"、"暗示性的限制"、"催眠状态的解释"三讲此后逐次讲完。(《廿八年春季进行事项汇录》,《大夏周报》,第15卷第24期,1939年7月5日)

十五日　纪念周会,鲁继曾作"中国的精神力量"的演讲。(《廿八年春季进行事项汇录》,《大夏周报》,第15卷第24期,1939年7月5日)

十六日　社会教育系全体同学在第二教室开欢迎新任教育院长章颐年大会,致欢迎词后请章院长暨普通教育系主任陈一百、社会教育系主任喻任声、职业教育系主任曾慎相继训话。章院长勉励同学各就本位努力,储为国用,并发扬教院光辉灿烂的历史。(《社教研究会欢迎章新院长》,《大夏周报》,第15卷第23期,1939年6月1日)

十七日　"催眠的科学观"第二讲分题演讲,章颐年院长讲"催眠状态的可能现象"。(《廿八年春季进行事项汇录》,《大夏周报》,第15卷第24期,1939年7月5日)

中午十二时,政治学会在第五教室开该学期第一次会员大会,欢迎新会员,修改会章,议决要案多起,并改选干事会,蒋再三等七人当选。(《政治学会开会员大会》,《大夏周报》,第15卷第23期,1939年6月1日)

二十二日　纪念周会,吴泽霖教务长作"炉山短裙黑苗的生活概况"的演讲。(《廿八年春季进行事项汇录》,《大夏周报》,第15卷第24期,1939年7月5日)

二十四日　"催眠的科学观"第三次分题演讲,章院长讲"暗示性的限制"。(《廿八年春季进行事项汇录》,《大夏周报》,第15卷第24期,1939年7月5日)

二十六日　校务行政委员会于下午四时半在大井坎二十六号王伯群校长私邸举行第五次会议,出席王伯群、欧元怀、吴泽霖、蓝春池、马宗荣、王裕凯诸先生,王校长主持。各先生报告各主管重要校务后,讨论并议决多项重要事件。

第五次校务行政委员会

时间:廿八年五月廿六日下午四时半

地点:大井坎王校长公馆

出席者:王伯群　欧元怀　吴泽霖　蓝春池　马宗荣　王裕凯

主席:王校长

一、报告事项

1. 蓝先生报告四月份收支情形(另详报告表)。

本月份财政状况,学生欠费本学期一万二千余元,合前二学期计共二万二千余元,最近收回欠费之数不过一千一百九十八元九角。

2. 蓝先生报告学生请求返还上期赔偿准备费月三百五十元。

3. 蓝先生报告与贵阳电灯厂接洽接电至本校,该厂允为办理。

4. 欧先生报告录取书记古士英、史作焱、徐冠雄、彭剑、曾泽远五人均已报到,并已分别派至秘书处、教务处、训导处及《大夏周报》图书馆、大夏中学服务。

5. 欧先生报告总务处添聘姚士达为事务员,办理全校清洁卫生事宜,杨麟书另有他就,决调欧阳达返校接充。

二、讨论事项

1. 议请改国立事进行案

决议:照前拟备忘录计划续呈教部积极促成,由王祉伟、王裕凯先行向部接洽。

2. 议为预防空袭校舍走廊应否拆成火道案

决议:照办。

3. 议教厅向本校借用宿舍办理暑期学校讲习会案

决议：只借教室不借宿舍。

4. 议化学系请拨□药品费约千元案

决议：通过。

5. 议实验心理学设备费

决议：以一百元为限。

6. 议社会经济调查室请增加津贴经济调查每月十五元案

决议：通过，暂以五六两月为限。

7. 体育部请拨设备费案

决议：除代表队运动衣服费外，余照所拟通过。（附件）

8. 议如何统制校中各项消耗品案

决议：由校长函全体职员力事节省，并由欧元怀、蓝春池面告各处主管人。

9. 议校刊印刷费厂方要求增加案

决议：请蓝先生与厂方交涉以后每期只印一千份，教职员学生不送，毕业生只送校闻版、校内图书版，阅览室、教员休息室及各办公处均放数份以供众览。

10. 议附中请拨选课堂桌椅案

决议：下学期办理。

11. 议决定暑期招生日期案

决议：定八月十八、十九日各举行一次。

12. 议暑期学校仍定为六星期案

决议：定为四星期及六星期两种学程。

13. 议部颁各处组行政组织案

决议：自下学期起参照教育部令办理。

14. 议校庆聚餐费用案

决议：教职员参加者每人收餐资一元五角，校外服务毕业生由学校邀请不收餐资。

（《第五次校务行政委员会》，《大夏大学校务行政委员会会议记录》，第33—40页，华东师范大学档案馆藏，档号：81-1-54）

二十八日　训导处将全校学生编成十队，绘制抗战漫画、抗战地图、标语，编印宣传纲要，到贵阳市区和近郊举行扩大抗战宣传。

本大学训导处为使贵阳市及城郊居民深切认识抗战并劝导民众踊跃服行兵役起见，特于五月二十八日举行扩大抗战宣传，事先由该处将全校男女同学编成十队，并绘制目前抗战漫画，抗战地图，编印宣传纲要，制绘多量标语，于是日下午二时集合各队同学，分发宣传品，出发至大南门外，□行路，大西门，大十字，小十字，新东门，铜像台，威西门，六广门，普定路一带宣传，宣传方法有口头演讲，化妆话剧，歌唱，出征军人家属访问等，是日天气炎热异常，各队同学均挥汗努力宣传，毫无厌倦，欧副校长、王训导长、蓝总务长及职员多人均亲至各宣传地点□视，直至夕阳西坠，各队宣传同学始整队歌唱返校云。

（《举行扩大抗敌宣传》，《大夏周报》，第15卷第24期，1939年7月5日）

社会教育研究会为推行民众教育，与贵州广播电台合作举行播音演讲。是日讲第一讲："抗战胜利后的中国"。

第一讲已于上月二十八日①开始，主讲人为冷福安女士，讲题为"抗战胜利后的中国"，闻该会此后将每周派会员前往广播一次，兹探得秩序单录刊如下：

———————————

① 第一讲为五月二十八日开始，原文疑有误。

日期	讲题	主讲人
五月廿八日	抗战胜利后的中国	冷福安女士
六月四日	起来！不识字的同胞	叶荣庆君
六月十一日	为什么女子也要受教啊？	叶惠英女士
六月十八日	怎样利用我们空闲的时间？	王正芬女士
六月廿五日	怎样保持我们的健康？	王冠勤君
七月二日	国民月会的意义	彭克纯君
七月九日	怎样教育儿童？	贾福华女士
七月十六日	怎样阅读书籍？	蓝淑华女士

（《社教研究会假贵州广播电台播音》，《大夏周报》，第 15 卷第 24 期，1939 年 7 月 5 日）

二十九日　纪念周会，夏元瑮院长报告"旅途的观感"。（《廿八年春季进行事项汇录》，《大夏周报》，第 15 卷第 24 期，1939 年 7 月 5 日）

六月

一日　建校十五周年纪念，全校放假一天。上午，举行纪念大会暨第二次国民月会，出席大中两部师生九百余人。王校长主持，勖勉员生完成学校迁黔三大使命：（一）为抗战教育的推行；（二）为促进西南文化；（三）为协助政府开发西南资源。欧副校长、王漱芳校董演说，谢六逸报告中外时事，毕业同学代表致词。中午，教职员与返校毕业同学聚餐。晚上，举行抗战游艺会，全校张灯结彩。沪校大中两部及南宁、重庆附中分别举行纪念大会。各地毕业同学会来电祝贺。

六月一日为本校立校十五周年纪念日，黔沪两校均于是日休课一天，分别举行纪念。黔校纪念会于上午七时与第二次国民月会在图书馆前面广场上举行，到大中两部师生共九百余人，由王校长主席。先领导全体行升旗礼，国旗、校旗同时飘扬空际，鲜红秀丽，令人爱国爱校观念油然而生。旋续开纪念会，行礼如仪唱校歌后，校长致开会词（略）。

（《立校十五周年纪念志盛》，《大夏周报》，第 15 卷第 24 期，1939 年 7 月 5 日）

本大学沪校于五月初即筹备庆祝本校十五周年纪念，并向黔校征集各种活动照片、纪念文字等。欧副校长撰有纪念文及各种照片航程寄沪。兹悉沪校因时局关系，不欲铺张庆祝，只举行纪念仪式。是日并由《大夏》半月刊出版特刊，举行演说球类比赛，所有□充庆祝及定制纪念章费用，扫数移充内地流亡到沪之难童教育费用。晚七时左右，大中两部教职员及在沪服务毕业生，在大西洋餐社聚餐，藉表庆祝云。

（《沪校举行校庆纪念》，《大夏周报》，第 15 卷第 24 期，1939 年 7 月 5 日）

五日　上午九时四十五分，纪念周会，马宗荣秘书讲述"贵州临时参议会中之改革贵州教育提案"。（《廿八年春季进行事项汇录》，《大夏周报》，第 15 卷第 24 期，1939 年 7 月 5 日）

六日　下午四时半，校务会议在大井坎二十六号王校长私邸举行第十三次例会。

校务会议于上月六日下午四时半在大井坎二十六号王校长私邸举行第十三次例会，到王伯群、欧元怀、马宗荣、吴泽霖、蓝春池、章颐年、金企渊、谌志远、王佩芬诸先生，王校长主席，丁勉哉君记录。首由吴教务长报告上月份教员上课缺课情形，学生缺课统计，教务委员会第八次常会决议各案，暑期学校筹备情形，及本校教授□□工作进行情形，次由蓝总务长报告□□情况，最后由王校长报告本校□改国立事,已再度呈部,并由王祉伟、王裕凯两先生向□□后,即开始讨论议案:(一)公推欧副校长于最短期间,前往重庆,再向教育部复洽本校改为国立,促其早日实现。(二)函请各教授注意本届毕业生职业,随时留意介绍,毕业考试与学期考试均定为七月三日至八日举行,并定七月九日上午举行毕业生话别会。(三)土木工程系毕业生仍授理学士,惟在毕业文凭上注明土木工程系毕业。(四)组本校防护队,公推王校长欧副校长任指导官,蓝总务长任队长,钟焕新先生任队附,并设消防,防毒救护,避难指导,灯火管制,交通警备,警报各组,分请校内各有关职员担任组长,各组并指定男女同学及校工多人襄助云。

（《校务会开第十三次会议》,《大夏周报》,第15卷第24期,1939年7月5日）

七日 上午十时半,校务行政委员会在校长办公室举行第六次会议。

第六次校务行政委员会

时间:廿八年六月七日上午十时半

地点:校长办公室

出席者:王伯群 欧元怀 蓝春池 吴泽霖 马宗荣

主席:王校长

(一)报告事项

(1)欧副校长报告各附中现况。

(2)蓝总务长报告财政状况。

(二)讨论事项

(1)议学生张天焱等应得清寒贷金请求免扣还欠费案

议决:不准。

(2)议秋季新生交费项目案

议决:实验费每门加一元,制服费男、女生十四元,被单约五元,余照旧。

(3)议职业教育系请添购农具案

议决:通过但须详为登记。

(4)议校工请求加给早餐案

议决:请总务处酌量办理。

(5)议书记龚振海请求加薪案

议决:缓议。

（《第六次校务行政委员会》,《大夏大学校务行政委员会会议记录》,第41—43页,华东师范大学档案馆藏,档号:81-1-54）

十二日 纪念周会,李青崖教授讲"从历史上观察此次敌人进攻鄂北的企图及其失败的原因"。（《廿八年春季进行事项汇录》,《大夏周报》,第15卷第24期,1939年7月5日）

十三日 上午九时半,校务行政委员会在校长办公室举行第七次会议。

第七次校务行政委员会

时间:廿八年六月十三日上午九时半

地点:校长办公室

出席者:王伯群 欧元怀 蓝春池 吴泽霖 马宗荣

主席:王校长

(一)报告事项

(1)向教育部代表报告事项

(2)□欠费学生家长函

(二)讨论事项

(1)议学生江远城等十余人请求在校自己烧饭案

议决:照准希望扩大办理。

（2）议朱厨房请求增加膳费案

议决：由总务处酌与交涉。

（3）议前预付乐群小学房租如何收回案

议决：原系以捐助名义送给，不能收回。

（4）议清寒贷金学生张天焱、宋克灼等请求暂缓扣还学费案

议决：不准。

（5）议暑期学校薪金案

议决：五学分者一百三十元，三学分者七十元，二学分者五十元。

（6）议催还学生欠费有效方法案

议决：准予考试但不缴清学费者不给学分。

（7）议组织毕业生考试委员会案

议决：聘请刘含章、张志韩、彭百川三先生及本校校务会议全体委员为委员。

（《第七次校务行政委员会》，《大夏大学校务行政委员会会议记录》，第45—48页，华东师范大学档案馆藏，档号：81-1-54）

十九日　上午九时四十五分，纪念周会，谌志远院长报告"我对于贵州临时参议会的观感"。（《廿八年春季进行事项汇录》，《大夏周报》，第15卷第24期，1939年7月5日）

二十日　欧副校长飞赴重庆，与教育部继续商洽三月间由校董会议所呈请改为国立的相关事宜。（《欧副校长赴渝》，《大夏周报》，第15卷第24期，1939年7月5日）

二十三日　普通教育系全体同学在生物实验室举行欢迎新院长章颐年、系主任陈一百及教育科学研究会成立大会，出席同学七十五人，职教系主任曾吉夫和社教系主任喻任声应邀出席指导。

教育学院原设有教育心理教育行政二系，去岁奉部令合并，改称普通教育系，分为教心、教行两组。兹悉该系新任系主任陈一百先生，为提倡研究兴味起见，当即指定该系同学唐作圣、吴庆寅、徐高祉、刘建国、王移山等五人为筹备员，负责筹备组织系会。同时因普教系全体同学，决定举行欢迎新任院长章颐年先生，系主任陈一百先生，成立会与欢迎会，乃于上月二十三日假本校生物实验室合并举行。计到章院长，陈系主任，职教系主任曾吉夫，社教系主任喻任声，亦被邀出席指导。参加同学杨锦罗等七十五人。首由唐作圣同学主席致欢迎词，略谓："邰前院长辞去院长系主任兼职后，现王欧两校长□聘章陈二先生担任院长系主任，同学咸谓深庆得人；章陈二先生，名重士林，教育经验宏富，今后对于整个教育学院，必有一番伟大贡献云。"继请章院长、陈主任训话。（训词略）职教系社教系主任曾吉夫喻任声两先生亦有演说。旋主席报告成立教育科学研究会意义，并宣读大会会章，修正通过讨论各项进行工作：（一）请学校指拨地点成立教育行政研究室；（二）由本系同学自由捐赠或借用关于教育各种图书及杂志，陈列室内，以供参考；（三）成立科学知识讲座，敦请学术专家演讲每月约一次；（四）设立研究组，第一组，贵阳市小学教师幸福指数之编制，第二组，贵阳市中学教师幸福指数之编制，第三组，人格教育读物之编辑，第四组，贵阳市教育调查，第五组，各种训育应用测验及表格之编制，第六组，教育图表之编制；（五）组织讲演会；（六）征文；（七）由本会制定研究工作表，分发各同学，择定一项，填交本会，俟汇齐后，定期着手调查，最后选举，吴庆寅等十三人担任干事。

（《本校教育科学研究会成立》，《大夏周报》，第15卷第24期，1939年7月5日）

二十五日　学术讲座第二讲开始，请燕京大学教授、山东济宁实验县县长、贵州定番县长兼乡政学院副院长张鸿钧主讲"抗战期中乡村建设与县政"。（《张施江三先生先后莅校演讲》，《大夏周报》，第15卷第24期，1939年7月5日）

二十六日　纪念周会，王校长报告"二期抗战中敌人在沦陷区域的经济侵略"。（《廿八年春季进行事项汇录》，《大夏周报》，第15卷第24期，1939年7月5日）

二十七日　上午十时，校务行政委员会在校长办公室举行第八次会议。

第八次校务行政委员会

时间:廿八年六月二十七日上午十时

地点:校长办公室

出席者:王伯群 吴泽霖 蓝春池 马宗荣

主席:王校长

一、报告事项

1. 教育部颁发检查新闻办法

2. 教育部令填廿八年补助费实施概况表

3. 本校防袭击队已组织成立

4. 改善本校饮水清洁事宜

5. 诊察室情形

6. 财政近况

7. 与西南运输处交涉收回校场经过

二、讨论事项

1. 议瓦渣坡西社坡房屋应否租用案

决议:不必租借,由学校另拨房屋予职教系应用。

2. 议增设有关建设之边疆科系案

决议:缓议。

3. 议杨麟书等请准迁入校内寄宿案

决议:因房屋不敷分配,碍难同意。

4. 议政治法律经济各学会请设法学院研究室案

决议:准设法学院研究室,地点俟下学期通盘计划。

5. 议学生成绩单及毕业文凭列入操行一栏案

决议:成绩单内列入操行一栏。

6. 议保送学生前往文华图书馆专科学校肄业案

决议:布告征求。

7. 议职教系所开动植物二学程是否应收实验费案

决议:自下学期起征收。

8. 议七月份月会举行时间案

决议:定七月一日上午六时半由校长主席。

9. 议教育部密令教育机关疏散至乡间案

决议:俟调查有适当地点后再议。

(《第八次校务行政委员会》,《大夏大学校务行政委员会会议记录》,第49—54页,华东师范大学档案馆藏,档号:81-1-54)

二十八日　教育部高等教育司科长邵鹤亭、战时教育委员会委员陶愚川莅校视察。

本校迁黔以来,师生艰苦奋斗,校务日有进展,上月二十八日教育部特派高等教育司科长邵鹤亭、战时教育委员会委员陶愚川两先生莅校视察,当由王校长、马秘书长、吴教务长、蓝总务长陪同至各部处办公室、理学院各实验室、图书馆、男女生宿舍参观。两先生以本校在经费极度困难当中,图书仪器尚能相当充实,认为系西迁大学中不可多得之最高学府。而对校军事管理,导师制推行,早晨升旗精神讲话,尤为称赞不已。二十九日清晨六时半升旗典礼,两先生且亲自出席参加,并向学生训话。全体同学精神极为严肃焕发。闻两先生此次来黔,尚视察国立贵阳医学院,国立交通大学,湘雅医学院等校,终在月初即返渝复命云。

(《教部派邵科长陶委员莅校视察》,《大夏周报》,第15卷第24期,1939年7月5日)

三十日　下午四时,教务委员会在教务处开第八次会议,出席马宗荣等先生。

教务委员会于上月三十日下午四时在教务处开第八次会议,出席马宗荣、吴泽霖、章颐年、金企渊、谌志远、方金镛诸先生,吴教务长主席。首由吴教务长报告教务处目前组织,编发分组统计,□□各院科学生应行补修学科及□□学生写作毕业论文情形,次由图书馆主任方金镛先生报告图书馆本学期购买新书与订购各地报纸及定期刊物情形,旋即开始讨论议案多起,重要者有:(一)本届各院科毕业班考试与普通学生学期考试同时举行,不另提前考试;(二)学期考试,探合理考试制,教室不能容纳时,得分班考试之;(三)审查教育学院职业教育系学籍草案,决议先根据职业教育中学课程标准修改,并酌量增加教育学程及授课时间,再请欧元怀、马宗荣、吴泽霖、章颐年、曾慎五先生审核决定。

(《教务委员会开第八次会议》,《大夏周报》,第 15 卷第 24 期,1939 年 7 月 5 日)

化学会请国立贵阳医学院讲师施嘉章演讲"游基"。(《张施江三先生先后莅校演讲》,《大夏周报》,第 15 卷第 24 期,1939 年 7 月 5 日)

七月

一日 上午六时半,举行第三次国民月会,大中两部师生近千人出席,王校长主持,法学院院长谌志远报告中外时事。(《举行第三次国民月会》,《大夏周报》,第 15 卷第 24 期,1939 年 7 月 5 日)

四日 上午九时半,在校长办公室召开第九次校务行政委员会会议,会议报告了财政情况,讨论校务多项。

第九次校务行政委员会

时间:七月四日上午九时半

地点:校长办公室

出席者:王伯群　吴泽霖　蓝春池　马宗荣

主持:王校长

一、报告事项

财政报告

二、讨论事项

1. 议省党部抗战建国二周年纪念筹备会议决案

议决:本星期五(七日)上午停考参加,星期五上午之考试移至星期日(九日)上午举行,毕业生送别会改在星期四下午四时举行。

2. 议教育部令本校兼办社教干部人员讲习讨论会案

议决:交欧副校长喻主任筹办。

3. 议由教务总务两处函欠费各生缴清欠费否则本期成绩无效案

议决:通过用函通知。

4. 议下学年紧缩办法案

议决:缓议。

5. 议下学年人事问题是否应即讨论案

议决:缓议。

(《第九次校务行政委员会》,《大夏大学校务行政委员会会议记录》,第 55—58 页,华东师范大学档案馆藏,档号:81-1-54)

十日 上午九时,在校长办公室召开第十次校务行政委员会会议。

第十次校务行政委员会

时间:七月十日上午九时

地点:校长办公室

出席者:王伯群　欧元怀　王裕凯　蓝春池　吴泽霖　马宗荣

主席：王校长

报告事项

1. 七月一日起校工伙食每月每人增加五角

2. 七月六日起水费每月每人增加一角

3. 中国农民银行催还透支款

4. 教育部续拨贷金二千元

讨论事项

1. 议调整职教员薪给及工作办法案

议决：

(1) 调整专任教授薪给原则如下：专任教授维持原薪但每周增加钟点三小时(共十五小时)；

(2) 调整职员薪给原则如下：A、凡大学毕业生任职者，起薪每月暂定为六十元，专修科毕业者每月四十元；B、现任职员薪给未达第一条所定标准者按照资格分别增加之；C、现任职员薪给已达或超过第一条所定标准者按照其服务年限与成绩及原薪之高低分别调整；D、以上加薪办法一律自二十八年九月份开始，新聘约于七月或八月份起始者，其七、八两月薪给仍照廿七年度聘约支薪。

2. 议下年度聘约案

议决：将聘书上之条文修正后应聘人员之聘约照旧。

3. 议暑期内住校学生应缴水电费案

议决：每人收四元。

4. 议暑期学校战区学生请求欠费案

议决：不准。

5. 议暑期办公时间案

议决：照常办公。

6. 议征募伤兵新兵被服鞋袜药品办法案

议决：照校长所定下列办法办理：

(1) 教职员月薪在五十元以下者至少募五角；

(2) 五十元至一百元者至少募一元；

(3) 一百元至一百五十元者至少募二元；

(4) 一百五十元至二百元者至少募三元；

(5) 二百元至二百五十元者至少募四元；

(6) 二百五十元至三百元者至少募五元；

(7) 学生每人至少募五角。

(《第十次校务行政委员会》，《大夏大学校务行政委员会会议记录》，第60—65页，华东师范大学档案馆藏，档号：81-1-54)

十二日　召开第十一次校务行政委员会会议，出席王伯群校长，欧元怀副校长，王裕凯、吴泽霖、蓝春池、马宗荣诸委员，讨论并议决多件事务。

第十一次校务行政委员会

时间：七月十二日

地点：王校长公馆

出席者：王伯群　欧元怀　王裕凯　吴泽霖　蓝春池　马宗荣

主席：王校长

报告事项(从略)

讨论事项

一、议下半年度应聘职员案

议决：照校长所定名单通过。

二、议下半年度应聘教授案

议决：照校长所定名单通过。

三、议高级职员每周担任课程时数案

议决：以九小时为原则但有研究工作及特殊职务者得核减三小时。

四、议助教每日服务时间案

议决：照职员服务时间办理。

（《第十一次校务行政委员会》，《大夏大学校务行政委员会会议记录》，第66—67页，华东师范大学档案馆藏，档号：81-1-54）

十三日　政治学会与民众教育馆合办战时政治常识讲座，以使普通民众对于抗战建国之现势能彻底明了并增强认识。每周讲演三次，时间为晚上7：00—7：30，是日晚开始第一讲，主讲者为法学院院长、黔省参议员谌志远。（《政治学会与民众教育馆合办战时政治常识讲座》，《大夏周报》，第15卷第24期，1939年7月5日）

十八日　在校长室召开第十二次校务行政委员会会议。

第十二次校务行政委员会

时间：七月十八日

地点：校长室

出席者：王伯群　欧元怀　王裕凯　吴泽霖　蓝春池　马宗荣

主席：王校长

一、报告事项

1. 已发教职员聘书。

2. 贵阳附中及南宁附中重要职员聘定。

3. 财政报告（附上月份月报表）。

4. 拟运书器一车往花溪暂存。

5. 教部委托主办社教人员讲习会筹备情形。

6. 学生缴还上期学费情形。

7. 暑假学生离校及留校约数。

二、讨论事项

1. 议中学部上月份薪提前发给案

议决：通过。

2. 议自八月份起中学部会计独立案

议决：通过。

3. 议暑期学校通学生请求减少杂费案

议决：不准。

4. 议学生董乐桑等三十余人请求暑期学校欠费案

议决：不准。

5. 议训导会议委员人选案

议决：提交校务会议讨论。

6. 议下学期缴费时收制服费案

议决：通过。

7. 议学生徽章改用符号案

议决：通过。

8. 议暑期中等学校教师讲习会借用宿舍案

议决：婉辞谢绝。

9. 议整部预算案

议决:照本校实际需要情形编制。

10. 议职教系设置费案

议决:列入教育部预算内呈请。

11. 续聘教职员案

议决:照校长所定名单通过。

12. 议在重庆招生案

议决:托王世铮君办理。

13. 议八月一日国民月会案

议决:照常举行,时间另定之。

14. 议布告下学期不缴费学生不得注册并先期通知学生家长案

议决:通过。

15. 议增加战区学生贷金案

议决:每人增加二元,自九月份起。

16. 议确定学费贷金及生活费贷金名额并布告请求截止日期案

议决:(1) 全学费贷金者五十名;

(2) 半学费贷金者一百名,战区学生在内;

(3) 全生活费贷金者四十名;

(4) 半生活费贷金者二十名;

(5) 八月二十日截止。

17. 议中央函筹设本校区党部案

议决:介绍王裕凯、谌志远二先生及刘建国。

(《第十二次校务行政委员会》,《大夏大学校务行政委员会会议记录》,第70—76页,华东师范大学档案馆藏,档号:81-1-54)

二十五日　下午四时,在大井坎二十六号王校长私邸举行校务会议第十四次会议,出席校长王伯群,副校长欧元怀,教授王裕凯、马宗荣、谌志远、金企渊、张梦麟、蓝春池、吴泽霖、王佩芬。王校长主持,丁勉哉记录。各委员报告重要校务多项,并讨论议决多项重要事件。

第十四次校务会议记录

时间:廿八年七月廿五日下午四时

地点:大井坎廿六号

出席者:王伯群　欧元怀　王裕凯　马宗荣　谌志远　金企渊　张梦麟　蓝春池　吴泽霖　王佩芬

主席:王校长

记录:丁勉哉

报告事项

一、吴先生报告暑期学校共有学生三百人,课程二十余种;

二、校长报告教育部对本校请改国立签呈及批令与本校续请增加补助费事;

三、校长报告增加专任教授授课钟点及增加职员待遇事;

四、欧先生报告征募伤兵新兵被服鞋袜药品事,本校共募四百七十九元五角一分;

五、欧先生报告教育部委托主办(中等学校兼办)社教人员讲习会事;

六、王裕凯先生报告秋季设学费贷金全额五十名,半额一百名,生活费贷金全额四十名,半额二十名,及清寒学生救济等;

七、校长报告八月一日国民月会定于是日上午十时四十五分课□举行;

八、校长报告聘曾广典为贵阳附中主任,钟焕新为南宁附中主任,又重庆附中陈宗朝主任因公殒命,

已电王祉伟校董就近处理;

九、校长报告大学部重要职员改聘事,聘请谢六逸先生为文学院院长,张梦麟先生为出版委员会主任,张尧年先生为英文系主任;

十、欧先生报告本届毕业生就业情形,计就业者已达□□人;

十一、校长报告重庆附中近况。

讨论事项

一、议本届毕业生名单案

议决:

1. 各学院应届毕业生未缴论文者,限是年十月底以前呈缴,到期不缴者不予报部,由教务处通知各该生知照。

2. 体育不及格者须补行测验,第一次定于八月二日,第二次定八月廿八日举行。

3. 因升旗纪念周会缺席扣除学分不能毕业者照章令其补足。

二、议上期学生学业成绩优劣奖惩案

议决:劣等成绩在点五以上者予以警告一次不公布,在点四九以下者予以警告一次并公布,优等成绩照章分别给予奖状并公布。

三、议上学期学生品行优劣奖惩案

议决:照训导处考察名单审核分别奖惩。应令自动转学者粟翼政、黄克平、粟伯阆、王宗德、熊华梧、熊剑英、刘守谦、谈国芬、龚承书等九名,应予警告处分者邝兆昌、黄懋英、熊惠民、周宏选、苏永甦、李本定、姚家安、王德萱等八名。

四、议根据教育部训令改组校务会议、教务会议、训导会议,并设置图书出版及体育等委员会案

议决:

1. 校务会议、教务会议、训导会议概遵部令改组增加。

2. 图书委员会(名单另详)。

3. 出版委员会(同上)。

4. 体育委员会(同上)。

五、议规定男女学生交际定则案

议决:修正通过(另行通告),请夏元瑮、张梦麟、王裕凯三先生拟定具体办法提交下次会议再行讨论。

六、议修订学生各学期成绩指数及格标准案

议决:各学期成绩指数及格标准修订如下:(中略)

七、议组织学生贷金审查委员会案

议决:通过并推举王裕凯、吴泽霖、蓝春池、谢六逸、夏元瑮、章颐年、金企渊、谌志远、马宗荣九先生为委员,由王先生召集之。

八、议在校成绩过劣等生照第六项所订成绩指数及格标准分别处分案

议决:照教务处所查名单予以退学处分并公布学号。

九、议借读生及旁听生学业成绩应用本校学生成绩考核标准案

议决:通过。

十、议建筑永久校舍案

议决:通过并推选马、蓝、王、吴、王五先生查勘基地以便进行。

(《第十四次校务会议记录》,《大夏大学校务会议记录》,第88—95页,华东师范大学档案馆藏,档号:81-1-49)

本月　沪校与上海民谊药厂、上海医学院合作组织药物研究所。

沪校于本年四月初,得洛氏基金董事会补助研究费美金三千元,折合国币一万八千一百五十元,业志前报。兹悉该项补助费已由沪校托中国银行向纽约收取,并向德国订购仪器,秋季开学前可运抵沪。

现此项补助费一部分将提充研究并制造药物之用。上海民谊药厂闻讯,特连同国立上海医学院与沪校合作,三方将合组药物研究所,出品由民谊药厂经售,所得利益以盈余拨归两校,继续研究工作。研究所所长由沪校教授纪育沣担任,总务主任吴浩然、理学〈院〉邵院长家麟均任该所研究员云。

(《沪校与民谊药厂上海医学院合组药物研究所》,《大夏周报》,第15卷第24期,1939年7月5日)

八月

一日　召开第十三次校务行政委员会会议。

第十三次校务行政委员会

出席者:王伯群　王裕凯　吴泽霖　蓝春池　欧元怀

一、报告事项

1. 财政概况。

2. 教员应聘书收到情形。

3. 校督请定包普生担任。

4. 中学部拟改存上海银行,自八月一日起中学部会计簿记独立及上海银行久透支五千元事。

5. 接洽承包火车经过。

(《第十三次校务行政委员会》,《大夏大学校务行政委员会会议记录》,第78—79页,华东师范大学档案馆藏,档号:81-1-54)

九日　校务行政委员会召开第十四次会议。

第十四次校务行政委员会

出席者:王伯群　欧元怀　马宗荣　王裕凯　吴泽霖

一、报告事项

1. 欧先生报告财政概况,计农民银行八月八日止透支一万八百廿九元七角一分之外,尚有应付未付支票一千六百余元。

2. 教职员宿舍床桌各添置二十张,本月二十日交货。

3. 接洽收回操场情形。

4. 兼任教员聘书已发出。

5. 重庆招生事。

6. 王校长报告重庆附中主任已聘定侯刚春继任。

7. 王校长报告查勘学校基地情形。

二、讨论事项

1. 议财政稳渡办法案

决议:由学校上海银行存款提出一千五百元及交通银行存款提出伍佰元改存农民银行,以还该行透支。

2. 议下学期代收学生被单费案

决议:通过以价值最廉者为标准。

3. 议建造盥洗室案

决议:通过先估计造价。

4. 议重庆附中前主任陈朝宗善后办法案

决议:交该中学新主任议覆。

5. 杨思光、周力培二女生违犯宿舍规则对管理员无礼应如何处分案

决议:杨思光令其转学,周力培警告一次。

6. 学生钟健行凶殴水夫应如何处分案

决议:予以退学处分。

7. 遵照部颁行政组织系统调整秘书处总务处组织案

决议：秘书处裁撤,总务处添设文书组。

（《第十四次校务行政委员会》,《大夏大学校务行政委员会会议记录》,第80—83页,华东师范大学档案馆藏,档号:81-1-54）

二十八日　下午三时半,校务会议在大井坎二十六号王校长私邸举行第十五次例会,通过重要议案多项。

校务会议于八月廿八日下午三时半假大井坎二十六号王校长私邸举行第十五次例会,出席王伯群、欧元怀、王裕凯、吴泽霖、夏元瑮、张梦麟、张尧年（张梦麟代）、谌志远、曾慎、陈景琪诸先生,主席王校长,记录丁勉哉。首由欧副校长报告教育部委托本校主办云贵区中等学校兼办社会教育干部人员讲习讨论会情形,上海新华银行代表团来函催还债款及学校最近财政情况。继由王校长报告部令增加本校补助费每年八万元,部颁全国知识分子办理民校暂行办法,察勘校址及筹措新校舍建筑费事件,派侯刚春为本校重庆附中主任,贵阳附中第一次招生录取人数,暨组织直属中央党部本校区分部等。继由吴教务长报告部令核示本校秋季招生简章,部令颁发各院系必修选修科目表及施行要点,暨秋季招生情形。……即开始讨论议案:(一)廿八年度秋季行事历(另布)。(二)秋季学期每日早晨升旗七时举行,上课时间规定每日上午上课四节,自七时三十分起,课间休息十分钟;下午上课三节,自上课日起至十月底止二时半,十一月一日起至廿九年一月十三日止二时起。(三)审核给予学费及生活贷金原则及名单(另布)。(四)规定给予黔籍学生免学费全额五十名,免学费半额五十名……(五)为节省电费改用汽油并交由总务处计划办理。(六)全体学生以住校为原则。(七)遵照部令组织社教委员会。(八)自廿八年秋季始,不兼收旁听生,志愿升学本校者,均须受入学试验,经录取后才得入校。

（《校务会议召开第十五次会议》,《大夏周报》,第16卷第1期,1939年9月25日）

二十九日　下午四时,在大井坎二十六号王校长公馆举行校务行政委员会第十五次会议。

第十五次校务行政委员会

时间:八月廿九日午后四时

地点:王校长公馆

出席者:王伯群　欧元怀　王裕凯　吴泽霖　马宗荣

一、报告事项

1. 增加补助费用途预算。

2. 二十八年度秋季概算。

3. 叶汇来函及祉伟、企渊来电。

4. 完印总理遗教及总裁言论二百部。

5. 添聘黄荆芬、李承祜、周崇德为职员。

6. 调整教职员及学生宿舍。

7. 其他报告。

二、讨论事项

1. 议调整办公室案:文学院、出版委员会、社会研究部等

议决:由总务处实地调查后再为决定。

2. 议改电灯为汽油灯案

议决:暂缓并与电灯公司接洽。

3. 议大学部职员及中学部职员宿舍用灯是否由学校供给案

议决:大中两部职员一律不供给。

4. 议散在学校宿舍之大中两部课堂桌椅如何处置案

议决:由训导处、总务处会商调整。

5. 议秋季是否加收什费案

议决：不加。

6. 议确定校址并设计建筑新校舍案

议决：确定花溪。

7. 议复新荣等银团函案

议决：婉辞函复。

8. 议先行分配在校黔籍学生免费学额案

议决：

一、黔籍旧生四十名免学费全额，卅五名免学费半额；

二、黔籍新生十名免学费全额，十五名免学费半额；

三、凡黔籍旧生家境清寒品行端正学业成绩在指数 1.00 以上者均得申请；

四、凡黔籍新生家境清寒品学俱优者均可申请。

9. 八月份教职员薪水因七八月份部款未到不能照发如何救济案

议决：通知各教职员俟部款到后或收到学生学费后再发。

10. 体育指导员杜佑因事辞职递补人选案

议决：积极物色专才专任月薪百四十元。

11. 举行全体职员谈话会案

议决：九月一日八时举行。

12. 社会研究部增设副主任及干事案

议决：聘请张少微先生为副主任，陈国钧君为干事，另支薪。

（《第十五次校务行政委员会》，《大夏大学校务行政委员会会议记录》，第 84—89 页，华东师范大学档案馆藏，档号：81 - 1 - 54）

九月

四日　训导处组织学生宣传队，自是日起至十日每晚赴各娱乐场所宣传，所得捐款全部送交伤兵员之友社，以资救助。（《本校宣传队为伤兵热烈工作》，《大夏周报》，第 16 卷第 1 期，1939 年 9 月 25 日）

五日　校务行政委员会在大井坎二十六号王校长公馆举行第十六次会议。

第十六次校务行政委员会

时间：九月五日

地点：王校长公馆

出席者：王伯群　王裕凯　吴泽霖　马宗荣

报告事项

一、王祉伟先生电告七月份部款即汇。

二、叶汇来电辞职。

三、拟聘李相勖担任教育学院教授。

四、部令现行学年度不必变更。

五、文学院出版委员会及社会研究部办公室已布置就绪。

六、察勘花溪校舍事。

七、军事教官王岳武来函因病不能到校，请暂请人代理。

八、教育部令发古物文献未移、移运及毁劫调查表。

九、教育部令发抗战损失查报须知。

讨论事项

一、拟聘朱功灏为体育主任案

议决：通过。

二、议添制宿舍桌椅案

议决：定制长桌四十五张，凳子四百个。

三、议学生制服及被单是否由学校代制案

议决：仍由学校代制。

四、议增加水费案

议决：由总务处照下列条件向厨房接洽。

（1）供给热水时间定为每日上午五时至七时，下午五时至七时；

（2）男生不供给热水洗面，但自十二月至三月不在此限。

五、议扩充女生宿舍案

议决：原则扩充。

六、议军事教官请辞如何处理案

议决：由王训导长托何衡物色专人继任。

七、议收回旧生徽章案

议决：于本学期开学注册时由教务处收回。

八、议关于女生宿舍门禁案

议决：午后十时熄灯以后锁门。

九、议聘李承祐为出版委员会及周报社干事案

议决：通过，月薪六十元。

十、议大夏周报□□部分案

议决：由校长室主持。

十一、议聘卓勤美为教育学院助教案

议决①。

（《第十六次校务行政委员会》，《大夏大学校务行政委员会会议记录》，第93—99页，华东师范大学档案馆藏，档号：81-1-54）

　　十二日　上午十时，在大井坎二十六号王校长公馆举行第十七次会议。

第十七次校务行政委员会

时间：九月十二日上午十时

地点：大井坎二十六号

出席者：王伯群　王裕凯　吴泽霖　马宗荣

主席：王校长

报告事项

一、吴先生报告李相勖复电因辞职不获未能应聘。

二、吴先生报告拟聘刘泽霖为经济教授，周瀚章为地理教授。

三、王先生报告军事教官已另聘安缉齐继任。

四、马先生报告本月份上旬会计情形。

五、马先生报告师专科助教陈友群辞职。

六、马先生报告宿舍课桌已定做。

七、马先生报告男生用冷水洗面已布告实行。

八、马先生报告编辑本年度教职员名录。

---

① 原文如此。

讨论事项

一、议追认加收被服费三元九角案

议决：通过。

二、议毕业生住宿问题

议决：男女生宿舍内除在校学生外一律不准他人住宿。

三、议职员申请重议灯油案

议决：准用菜油灯每室一具。

四、议土木工程系学生申请充实该系内容案

议决：由教务处会同夏院长设法改善。

五、议扩大公务员及民众自动□筑防空工事宣传案

议决：缓办。

六、议本学期是否准欠学杂费案

议决：不准。

七、议添设奖学金名额案

议决：原则通过由教务委员会拟定办法。

八、议前后门门禁案

议决：前门设法改用宪兵并封闭河边之后门。

九、议诊察室应用器械药品案

议决：通过。

十、议设置男生盥洗室案

议决：先与西南公路局交涉迁移旧有草棚充用，如一时不能收回，另建简单棚舍。

（《第十七次校务行政委员会》，《大夏大学校务行政委员会会议记录》，第100—106页，华东师范大学档案馆藏，档号：81-1-54）

下午四时，校务会议在会议室召开第十六次例会，出席王伯群、谌志远等。

校务会议于九月十二日下午四时在本校会议室举行第十六次例会，出席王伯群、谌志远、王裕凯、曾慎、李青崖、陈景琪、吴泽霖、金企渊、谢六逸、张梦麟、喻任声、马宗荣、梁园东诸先生，主席王校长，记录丁勉哉。首由王校长报告定印总理遗教及总裁言论二百部，确定花溪新校址并设计建筑新校舍，规定黔籍学生免费学额，遵照部令调整本校行政机构，□总务长辞职请马宗荣先生续任，土木工程系学生请求充实该系内容，暨贵阳附中招生及增加班数情形……讨论议案：（一）十月十四日为本学期注册截止日期，自开始注册之日起，第三周注册者减修三学分，第四周注册者减修六学分；（二）续请贷费学生……二名准给生活费全额贷金，……三名准给学费全额贷金，……二名准给学费半额贷金；（三）过期请求转院转系学生，此次始予照准，闻后须照校章规定日期办理；（四）人数最少之学系学生鼓励肄业办法交教务委员会计划办理之；（五）由校长室分函各教职员并布告学生征求为伤兵之友社社员。

（《校务会议召开第十六次会议》，《大夏周报》，第16卷第1期，1939年9月25日）

暑期农村服务团工作自八月一日开始，工作地点遍及大小村寨五十余处，至是日圆满结束，当地农民有所收益。该团受新生活运动促进总会嘉奖。（《暑期农村服务团工作圆满结束》，《大夏周报》，第16卷第1期，1939年9月25日）

该团团员在王训导长指导之下，工作不遗余力，成绩极为优良。结束后，制就报告书一册，计凡万言，寄送新生活运动促进总会，顷接该会来函略开："贵校农村服务团，此次服务工作切合实际，足征该团团员对于抗战宣传努力，殊堪嘉尚"云云。

（《新生活运动促进总会嘉奖本校暑期农村服务团》，《大夏周报》，第16卷第4期，1939年11月21日）

十六日　新旧学生开始注册，由教务、总务、训导三处暨各学院科联合办理。（《秋季开

学》,《大夏周报》,第 16 卷第 1 期,1939 年 9 月 25 日)

　　商学院实习商店迁至新址营业,以方便同学购买书籍、文具等。(《商学院实习商店改选职员》,《大夏周报》,第 16 卷第 1 期,1939 年 9 月 25 日)

　　十八日　开始正式上课。(《秋季开学》,《大夏周报》,第 16 卷第 1 期,1939 年 9 月 25 日)

　　贵阳附中于十五日正式上课,是日举行开学典礼,王校长亲临讲话。附中现有高、初中各四个班,注册学生四百六十五人。该学期开始实行军事训练及军事管理。(《贵阳附中开学消息》,《大夏周报》,第 16 卷第 1 期,1939 年 9 月 25 日)

　　沪校在静安寺路一零五一号开学,注册学生九百五十人,中学部五百人,大中两部均于是日正式上课。

　　上海本校本学期仍赁租静安寺路一零五一号校舍开学,注册学生人数达九百五十人,中学部学生亦达五百人,大中两部均于九月十八日起正式上课,自上学期起,沪校校务,由秘书长兼教务长鲁继曾、总务长吴浩然、文学院长王成组、理学院长邵家麟、商学院长张素民、法学院长唐庆增、附中主任孙亢曾诸先生协同主持,一切校务悉受黔校指示。

　　(《沪校秋季开学》,《大夏周报》,第 16 卷第 2 期,1939 年 10 月 8 日)

十月

　　一日　上午八时,在大礼堂举行第五次国民月会,到全体教授、同学五百人,欧副校长领导全体宣读国民公约誓词后,即报告欧战和抗战局势。(《举行第五次国民月会》,《大夏周报》,第 16 卷第 2 期,1939 年 10 月 8 日)

　　二日　上午十时半,在大礼堂补行秋季始业式,出席师生六百余人,欧副校长讲话,教务长、训导长、总务长分别报告有关事务。该学期注册学生五百七十人。(《举行秋季始业式》,《大夏周报》,第 16 卷第 2 期,1939 年 10 月 8 日)

二十八年秋季各院科学生统计

院科别	系组别	系组人数	院科人数
文学院	中国文学	27	66
	外国文学	18	
	历史社会	21	
理学院	土木工程	59	96
	化学	26	
	数理	11	
教育学院	教育	82	145
	社教	39	
	职教	24	
商学院	会计	43	84
	银行	19	
	管理	22	

院科别	系组别	系组人数	院科人数
法学院	经济	71	143
	政治	41	
	法律	31	
师专科	国文	4	36
	史地	26	
	数理	6	
总计	570 人	男 429 人	女 141 人

（《大夏周报》,第 16 卷第 5 期,1939 年 12 月 1 日）

三日　是日起开始举行该学期升旗典礼,其中包括精神讲话、早操及集团唱歌三项,早操每日十分钟,精神讲话与集团唱歌间日举行一次,欧副校长和王训导长每晨均亲临主持。（《开始升旗典礼》,《大夏周报》,第 16 卷第 2 期,1939 年 10 月 8 日）

十日　大中两部学生参加贵阳市军训大检阅。男生组参加阅兵式及分列式,女生组仅参加阅兵式。（《双十节学生大检阅》,《大夏周报》,第 16 卷第 2 期,1939 年 10 月 8 日）

十六日　纪念周会,欧副校长报告校务,并作"礼义廉耻的新注解"的演讲,王训导长等教师及全体同学六百余人听讲。

本学期第五次纪念周,以天气晴朗,欧副校长为提起全体同学蓬勃之朝气兼避免或遇空袭警报引起拥挤起见,特改在图书馆前广场,与早晨升旗典礼合并举行。到王训导长,安军事教官及全体同学六百余人,均一律穿着制服,佩戴符号,齐立场中,宛如一纪律严明之方阵,行礼后,由欧副〈校〉长报告校务,计分四点:

（一）各宿舍储藏室已经竣工,各同学非必需用品一律存放在内。由学校特派忠实职员管理之责,什物存放,安全妥当。

（二）各级各学生教室班长,均已由教务处分别派定,各班长对教师礼节及规则务须遵照切实做到。

（三）本校建筑新校经费,已经王校长在渝接洽。极有把握,校董会亦已决定担任额数。

（四）新校舍基地在花溪朝阳村附近,背山面水,风景极佳,面积亦甚广大,足敷我大夏奠定永久基础之用,现已开始测量,俟测绘竣事,即着手绘图设计。

校务报告完毕后即讲演"礼义廉耻的新注解",详细阐明:

（一）礼是严严整整的纪律。

（二）义是慷慷慨慨的牺牲。

（三）廉是实实在在的节约。

（四）耻是轰轰烈烈的奋斗。

我国以百余年之积弱,而能奋起抗战,与世界五大强国之一的暴日争斗至两年有余,反愈战愈烈愈战愈强,日益接近胜利之期,实乃我全国人民深知此次抗战,乃求生存之战争,故上下一心,严守政府法令,前线将士忠勇卫国后方人民克苦生活,革除萎靡习惯,全力以赴之结果。望我全体同学益加奋勉,以求抗战胜利,建国成功。

（《欧副校长讲演》,《大夏周报》,第 16 卷第 3 期,1939 年 11 月 11 日）

二十三日　上午十时半,纪念周会,文学院院长谢六逸作"世界三大与大夏三大"的演讲,出席全体员生六百余人。

十月廿三日上午十时半,本校在图书馆举行本学期第六次纪念周,出席全体员生六百余人,由欧副校长主席报告校务后,即请本校文学院院长谢六逸先生讲演。谢院长雍容儒雅,在全场热烈鼓掌声中,开始讲演,讲词内容首述世界三大之伟大与其所各负使命之重,此三大即德国沿莱茵河之齐格飞防线,法国西部之马其诺防线,及我国最近在湘北所获之大胜利是也。谢先生并对德法二防线之历史及实况予以详明之解说与细致之描绘,逸趣横生,引人入胜。继乃解释我大夏大学三大之意义,勉全体同学求学应以博大精深,至大至刚,大巧若拙为归依,务使我大夏三大,与世界三大并垂永久。谢先生言辞恳切,全体同学莫不感奋万分,最后谢先生乃于掌声雷动中毕词。十一时半散会。

(《谢六逸院长讲演》,《大夏周报》,第 16 卷第 3 期,1939 年 11 月 11 日)

二十四日 下午六时,在王校长公馆举行第一次训导会议,到欧副校长等三十余人。王训导长报告男女生寄宿人数、军事管理情形等训导处进行事项,最后讨论提案多起。(《第一次训导会议》,《大夏周报》,第 16 卷第 3 期,1939 年 11 月 11 日)

土木工程系助教陈纶率领该系学生杨孝维等十人,乘车前往花溪测绘新校地。

本大学以贵阳讲武堂校舍不敷应用,当经与教部商定,另建新校舍,兹已勘定花溪朝阳村与董家堰间之旷地为新校址,该区面积广大,内包括荒山五座,背山面水,风景绝佳,实为优良求学环境。欧副校长以[已]得王校长自重庆来讯,所需建筑费已有着落,当派本校理学院土木工程系助教陈纶先生,领导该系学生杨孝维、崔守新、蒋达礼、潘福荣、姚宝福、袁彪、傅忠恕、徐益之、高振贻、汪祖舜等十人,于十月二十四日乘车前往花溪,测绘校地,以便开始兴工,庶奠定本校在西南永久之基础云。

(《土木工程系学生测量花溪校地》,《大夏周报》,第 16 卷第 3 期,1939 年 11 月 11 日)

二十六日 教育科学研究会举行联欢大会,欢迎新教授、新同学和来校复学的老同学,章院长及三位系主任均出席,共到师生六十余人。会上讨论通过今后工作计划,并改选干事。(《教育科学研究会欢迎新教授》,《大夏周报》,第 16 卷第 3 期,1939 年 11 月 11 日)

三十日 纪念周会,理学院院长夏元瑮博士讲"二十年来之国际政治"。

本大学理学院院长夏元瑮博士在本校本学期第七次纪念周会上讲演"二十年来之国际政治",夏先生以卓越之见解,动人之语调,详述第一次世界大战初起直至结束之当时情形,分析当时各国人民心理状态各国政府准备概况,历历如绘。夏先生于民国十三年,由北平偕友经西伯利亚铁路去欧洲,是年七月欧战爆发,故闻战之初,一切均经亲历,至大战结束进行和议时,夏先生又偕梁任公经海道赴欧,巴黎柏林及荷比[兰]各地均往参观,故讲演时倍见亲切详确。续乃列举第一次欧战后之各种重要史实。(一)凡尔赛和约及华盛顿条约之签订及被日德撕毁之情形;(二)经济恐慌,失业问题严重;(三)军备竞争,空军地位增高;(四)法西斯势力嚣张;(五)日本对华侵略□进,中国奋起抗战;(六)奥、捷、波、阿之被并吞与第二次世界大屠杀。最后夏先生并对苏联与德国瓜分波兰之事实,第二次欧战之展望,中国抗战之前途等,予以详尽之说明,全体同学,莫不警惕异常。

(《第七次纪念周夏院长讲演》,《大夏周报》,第 16 卷第 4 期,1939 年 11 月 21 日)

十一月

一日 国民月会,出席全体师生六百余人,欧副校长主持,教授吴道安作"贵州风土掌故"的演讲。(《十一月一日国民月会》,《大夏周报》,第 16 卷第 4 期,1939 年 11 月 21 日)

四日 贵阳遭敌机轰炸后,学校将大批珍贵图书仪器运往花溪存放,以策安全。该学期开学后,教学科研参考应用极为迫切,学校租用卡车将全部图书仪器搬运回校。(《花溪书器搬运回校》,《大夏周报》,第 16 卷第 4 期,1939 年 11 月 21 日)

五日 全校师生为支援浴血抗战保卫国土却衣着单薄的前方将士,上月发起响应劝募寒衣运动,是日由王训导长将所得捐款全部转寄前方。

经募人	募得捐款数目
大夏歌咏队	489.45 元
夏声音乐戏剧团	179.80 元
职业教育学会	60.35 元
教职员队(杨麟书、杨槔材、唐应元)	80.50 元
叶楚靖,严达泉	36.50 元
张馨予,刘家瑞	23.20 元
邝贡贤,朱准范	84.00 元
查富琦,宋克灼	66.00 元
林荣生,张　敬	40.00 元

(《全体师生为前方忠勇将士征募寒衣捐》,《大夏周报》,第 16 卷第 4 期,1939 年 11 月 21 日)

六日　纪念周会,教育学院院长章颐年讲演"孤岛教育动态",讲述"孤岛"教育界人士,除极少数丧心病狂者附从敌寇外,大多数均能艰苦奋斗,教育在上海的三十万青年成为复兴民族的斗士。(《第八次纪念周章院长讲演"孤岛教育动态"》,《大夏周报》,第 16 卷第 4 期,1939 年 11 月 21 日)

下午四时,大夏笔会请文学院院长谢六逸在第四教室讲演,讲题为"我对大夏笔会的希望"。听讲者极为踊跃,教室大有人满之患。(《大夏笔会请文学院院长谢六逸先生讲演》,《大夏周报》,第 16 卷第 4 期,1939 年 11 月 21 日)

八日　上午十时,校务会议在会议室举行第十七次例会。欧副校长报告重要校务多项,讨论通过组织新校舍建设委员会条例等多条重要议案。

校务会议于十一月八日上午十时在本校会议室举行十七次例会,出席者欧元怀、王裕凯、梁园东、徐汉豪、喻任声、章颐年、陈一百、曾慎、刘行骅、金企渊、谌志远、邓世隆、张尧年、范祖淹、吴泽霖、王佩芬、夏元瑛(陈景琪代)、陈景琪、谢六逸诸先生,主席欧副校长,记录丁勉哉。首由欧副校长报告花溪新校址勘测情形及建筑费筹募计划;寄存花溪图书仪器全部搬回应用;添设社会教育研究室并聘喻任声先生为主任;上海本校附中近况:各附中学生人数计筑附中四九一人,邕附中四一三人,渝附中四二四人,沪附中三九一人,共一七一九人;西南公路局辅助本校社会研究部款二千元。次由王裕凯先生报告募集寒衣捐款共得一千零五十九元八角整;第二届爬山运动结果。续由吴泽霖先生报告本学期注册人数及图书馆现状。末由欧副校长代为马总务长报告财务近况,后即开始讨论议案:(一)通过新校舍建设委员会条例草案修正案;(二)春季学费贷金战区学生生活费贷金黔籍学生免费名额,给予标准仍照申请期限二十九年一月十五日截止;(三)春季招生举行一次,日期由教务处决定,春季注册日期仍定廿九年三月廿三廿四两日;(四)创设经济研究室,推金企渊、谌志远、邓世隆、刘行骅、吴澄华五先生为筹备员,并请金先生召集;(五)设立教育科学研究室,原则通过,应用房屋向总务处接洽,经费俟校务行政委员会决定;(六)为培养学生做事能力起见,施行课外作业绩点,先请范祖淹、谢六逸、徐汉豪、章颐年、王裕凯五先生审查草案,并由王先生召集之。

(《校务会议召开十七次会议》,《大夏周报》,第 16 卷第 4 期,1939 年 11 月 21 日)

本月八日校务会议通过组织新校舍建设委员会,内分:筹募、设计、购地、建筑四组,各组委员以工作范围广大,由三人至七人增为五人至九人云。

附:

第一条　新校舍建设委员会条例;

第二条　本会依校务会议之决定组织之；

第三条　本会设筹募设计购地建筑等四组；

第四条　本会以校长为主席副校长为副主席，各组委员五人至九人，由校长就本校教职员中聘请之，并得请校外人士参加；

第五条　本校各组设主任委员一人，主任委员由校长就各组委员中聘定之；

第六条　本会设常务委员会以主席副主席及各组主任委员组织之；

〈第七条〉　筹募组之职权如下：

1. 办理建筑费之筹募事宜

2. 编造建筑费之概算

3. 经管建筑费之收支

4. 保管卷册及单据

第七[八]条　设计组之职权如下：

1. 办理校地之测量与绘图事宜

2. 计划校地之分配与应用

3. 计划校舍分期兴建之程序

4. 计划校内水电马路工程

5. 计划校内之卫生设备及防空设备

6. 计划校园校景之布置

第八[九]条　购地组之职权如左：

1. 办理圈地荒地之备案事宜

2. 办理收买民地事宜

3. 办理捐赠地亩事宜

4. 清理有关校地之契据

5. 调整校址之境界及可资扩展或特种需要之土地

6. 办理校址或有纠葛事件

第九[十]条　建筑组之职权如左：

1. 办理校舍之建筑工程

2. 估计各项建筑物之需用经费

3. 办理充商承包建筑之投标事宜

4. 拟定建筑合同

5. 办理新校舍验收事宜

6. 督导建筑工程之进修

第十[十一]条　本会常务委员会每两星期开会一次，全体委员会每月开会一次，由主席召集之。

（《"新校舍建设委员会条例"通过》，《大夏周报》，第 16 卷第 4 期，1939 年 11 月 21 日）

本校教育学系，有学生八十余人研究工作亟待进行。本学期开始即规定每人必须参加一种专题研究，如"贵州中学或小学教室生活调查"、"人格教育读物之□辑"及"训育应用测验及表格之编制"等。此类研究工作必须搜集各种调查资料文献，制绘各式图表以供应用，但若无一适当工作场所及集中或储置地点，则殊无法进行。该系系主任陈一百先生因提请校方设立教育科学研究室。兹闻已经十七次校务会议在原则上通过，与总务处接洽地点，经费则俟校务行政委员会议开会，即可确定云。

（《教育学系设立教育科学研究室》，《大夏周报》，第 16 卷第 4 期，1939 年 11 月 21 日）

十日　学校三民主义青年团二十一分团筹备处成立，谌志远等五人为筹备干事，并开始征求团员工作。（《三民主义青年团二十一分团成立筹备处，开始征求团员》，《大夏周报》，第 16 卷第 4 期，1939 年 11 月 21 日）

因电力条件所限,自是日起电灯开放采取二部制。

本校本学期扩充自修室及各项课余活动,事实上需添装电灯甚多,惟马达马力甚小,因之电力不足。为补救计,自十一月十日起,采用灯光二部制,其办法:(一)每日下午五时半至六时,燃放各通路便所电灯。(二)六点至九点半,燃放图书馆,男生自修室(第一第二两教室),女生自修室电灯,各寝室电灯一律关闭。(三)九点半,关闭图书馆及各自修室电灯,开放寝室电灯至十时熄灯。

又讯,欧副校长以中学部同学每晚在汽油灯下自修,有伤目力,已令一律改装电灯云。

(《电灯开放采取二部制》,《大夏周报》,第16卷第4期,1939年11月21日)

十三日　纪念周会,法学院院长谌志远作"国际现势分析"的演讲。(《谌院长讲演"国际现势分析"》,《大夏周报》,第16卷第5期,1939年12月1日)

十七日　上午九时半,欧副校长、建筑师赵琛、各处院首长前往花溪新校址查勘。新校址占地有2000余亩,包括五座山坡。欧副校长一行现场讨论了新校舍布局,计划该年冬季兴工建筑。(《欧副校长偕赵建筑师等查勘花溪新校址》,《大夏周报》,第16卷第5期,1939年12月1日)

二十日　纪念周会,出席师生六百余人,吴教务长讲演"江南游击区近况",鼓励同学毕业后去游击区工作。(《吴教务长讲演"江南游击区近况"》,《大夏周报》,第16卷第5期,1939年12月1日)

二十八日　政治学会为进行战时宣传,从是日起在贵阳市民众教育馆举办民众讲座,由该会会员主讲。

时间为午后六时,隔日举行一次。兹探悉主讲同学姓名、讲题及时间如下:

时间	主讲人姓名	讲题
十一月廿八日	张大炎	我们的出路
三十日	齐光励	目前战局的分析
十二月一日	因民教馆临时无空,延迟三日	
四日	蓝运华	胜利基础建筑在什么地方
六日	张文敏	响应寒衣运动
八日	杨镇祥	欧战与我国
十二日	杨远明	抗战将士与后方民众
十四日	陈家□	生死关头
十六日	涂怀莹	贵阳以外
十九日	郑志运	今日后方同胞应有的贡献

(《政治学会举办民众讲座》,《大夏周报》,第16卷第6期,1939年12月11日)

十二月

一日　国民月会,出席师生六百余人,欧副校长报告时事,并领导宣读国民公约誓词。(《举行第七次国民月会》,《大夏周报》,第16卷第6期,1939年12月11日)

二日　晚上举行音乐演奏会,全体师生参加,由校内外音乐歌咏队、戏剧团作精彩表演。

本学期之音乐演奏会循例由训导处筹备主持,于十二月二日晚在本校图书馆举行。担任演奏者,校内有□□音乐戏剧团,大夏歌咏队二团体,校外有教育部实验巡回歌咏队、筑光音乐会二团体。

(《举行音乐演奏会》,《大夏周报》,第16卷第6期,1939年12月11日)

三日　上午八时,中国青年写作协会大夏分会在第五教室召开成立大会,出席三十余人,选举钟焕新等七人为干事,聘请王伯群、欧元怀等为指导。(《中国青年写作协会大夏分会成立》,《大夏周报》,第16卷第6期,1939年12月11日)

四日　纪念周会,欧副校长报告校务后,由中国文学系主任李青崖演讲"由八股文说到基本国文"。(《李青崖先生演讲》,《大夏周报》,第16卷第6期,1939年12月11日)

十一日　纪念周会,吴教务长主席,报告重要校务多项,出席教职员学生六百余人。(《举行第十二次纪念周》,《大夏周报》,第16卷第7期,1939年12月21日)

十八日　纪念周会,王校长报告校务多项,欧副校长致词训勉学生,诸院长及马主任也相继演说,都以时局紧张、求学不易等语勉励学生。最后王校长对学校的奋斗历史和师生合作等立校精神详加阐述再增勉励。(《王校长报告校务并训话》,《大夏周报》,第16卷第7期,1939年12月21日)

二十五日　纪念云南起义,放假一天,上午九时半在图书馆举行纪念仪式,王校长主席,到教职员和学生六百余人。王校长作即席演讲之后,应邀前来的教育部实验巡回歌咏团举行音乐会以示纪念。(《纪念云南起义》,《大夏周报》,第16卷第8期,1940年1月1日)

贵州广播电台以王校长系云南起义主要人物之一,特请其在该台作广播讲演,讲题为"由云南起义二十四周年纪念说到抗战必胜建国必成"。(《王校长广播演讲》,《大夏周报》,第16卷第8期,1940年1月1日)

二十七日　法律系重视学生实际研究工作,该学期先后组织参观法院、调查监狱状况,屡开假设法庭。是日又以"妨害婚姻及伤害案"开假法庭实习诉讼,以锻炼学生的审判能力。(《法律系实习诉讼》,《大夏周报》,第16卷第8期,1940年1月1日)

历史社会学会举行成立大会,出席全系同学,并敦请杨克毅等先生列席指导,系主任吴泽霖训话。

本校历史社会学系同学戴震东、马时芳等鉴于本校西迁以来,社会环境特异,历史资料尤丰,当此抗战期间,后方建设犹待学术界之研究筹划,贡献政府,因特发起组织学会。除恢复该会沪校时原有主要工作,如撷录史地社会论文及举行社会调查外,又添设研究与编辑两组,以便汇集各著名报章杂志之论文精华及史地研究所得资料,整理出版,供社会人士之参考。此外并添设学术讲座,敦请校内外著名学者,轮流讲演,以增究[研]究兴趣。兹悉该会已于去年十二月廿七日举行成立大会,除全系同学出席外,杨克毅、苏希轼、李植人、李振麟诸先生,亦列席指导,并由该系主任吴泽霖先生训话。最近该会召开第一次干事会,分配职务如左:(下略)

(《历史社会学会成立》,《大夏周报》,第16卷第8期,1940年1月1日)

三十日　教育学院举行师生联谊会,出席师生及来宾数百人。会上演出游艺节目,并放映《热血忠魂》、《大夏一览》等影片。(《教育学院师生联谊》,《大夏周报》,第16卷第8期,1940年1月1日)

"师生合作",这是大夏大学的立校精神,三十八年的十二月三十日,正是年残岁底的时候,教育学院的全体师生,就在送旧迎新的当儿,来了一次兴高采烈的"师生联谊会"。……再有就是章颐年、喻任声、陈一百、卓勤美四先生主演的独幕剧《教授会议》,演来有声有色,欢声雷动。本校教授登台表演,这算是破题儿第一遭。

(《教育学院师生联谊会侧写》,《大夏周报》,第16卷第8期,1940年1月1日)

华东师大"丽娃档案"丛书

丛书主编

童世骏　陈　群

大夏大学

编年事辑

下

主编　娄岙菲

上海 华东师范大学出版社

著名商标市　全国百佳图书出版单位

一
九
四
〇
年

（民国二十九年

庚辰）

一月

一日　全体师生六百余人在图书馆举行庆祝元旦大会，王校长主席，并即席讲话，报告开会之意义。中学部全体学生上午前往民教馆参加贵州省会各界庆祝大会。晚间在大学图书馆公演话剧及游艺节目，招待学生家长和来宾，以资庆祝。（《大中两部庆祝新年》，《大夏周报》，第 16 卷第 9 期，1940 年 1 月 20 日）

五日　下午四时，校务会议在大井坎二十六号王校长私邸开第十八次会议，出席王伯群等诸先生，通过下学期校务历草案等重要议案。

首由校长报告建筑花溪新校舍计划，□□□□□新校舍建筑委员会决议案。次由吴教务长报告教务处下学期起增设国文补习班，补习英文拟分设一二两级，春季入学新生国文组别，□依入学试验国文成绩为标准。新生□□□□各院系主任主持。教育部□□□□证件学生情形。继由马总务长报告总务近况及财政情形；王训导长报告训导情形。末由欧副校长报告印行本校概况，本市教育界发起联合欢迎陈部长，及范祖淹先生将于春季赴美情形。各先生报告毕，即讨论议案：（一）通过本年度第二学期校务历草案（另布）；（二）本届毕业生话别会定于本月二十日下午举行，又本届毕业生，多数均已觅得职业，□未有职业者，□全体教授分别介绍；（三）分组春季战区及黔籍学生贷金减免费审查委员会人选，请校长决定；（四）历史社会系添设边疆事业组，推举吴泽霖、马宗荣、谢六逸、章颐年、谌志远等五位先生审查原案，并请吴泽霖先生召集；（五）关于教务训导处及学校行政各方面之改进意见。

（《校务会议召开第十八次会议》，《大夏周报》，第 16 卷第 9 期，1940 年 1 月 20 日）

八日　纪念周会，出席教职员及学生六百余人，美国学生代表堪萨斯州立大学毕业生毛礼祉来校作"中国抗战及美国学生生活"的演讲，外国语文系教授黄奎元翻译。（《毛礼祉在纪念周讲演》，《大夏周报》，第 16 卷第 9 期，1940 年 1 月 20 日）

十日　教育部部长陈立夫偕同高等教育司司长吴俊升莅校视察，王、欧两校长，吴教务长和马总务长陪同。（《陈部长莅校视察》，《大夏周报》，第 16 卷第 9 期，1940 年 1 月 20 日）

二十日　下午三时，在大井坎二十六号王校长私邸举行第十四届寒假毕业生及师专科应届毕业生话别会，出席毕业生四十余人，教职员及来宾近二十人，王、欧两校长及教师代表谢六逸教授相继致词勖勉。（《应届毕业生话别会》，《大夏周报》，第 16 卷第 9 期，1940 年 1 月 20 日）

二月

五日　下午三时，校务会议在大井坎二十六号王校长私邸举行第十九次会议，王校长主持。

本校第十九次校务会议于二十九年二月五日下午三时在大井坎二十六号王校长私邸举行。出席者王伯群、欧元怀、张尧年、王强、王裕凯、陈景琪、徐汉豪、王佩芬、张梦麟、谌志远、谢六逸、刘行骅、傅启学、梁园东、章颐年（陈一百代）、喻任声（陈一百代）、陈一百、李青崖、夏元瑮诸先生。主席王校长，记录孙尧年。

（甲）报告事项：（一）王校长报告更聘教职员事；（二）王校长报告：一、基本国文教学委员会，聘李青崖先生为主任委员，谢六逸、王佩芬、陶重华先生为委员，二、基本英文教学委员会聘张尧年先生为主任委员，黄奎元、陆德音、李振麟三先生及刘行骅夫人为委员；（三）吴教务长报告上学期各学程荣誉学生姓名（名单另布）；（四）欧副校长报告贵阳非常时期学生工作救济委员会委托本校办理工作救济情形；（五）欧副校长报告改造发电机以节省消费及春季筹办学生伙食情形。后即开始讨论议案，其重要者有：一、议决学生工作救济名额定为六十名，余照办法□案修正通过（办法另布）。二、议决春季起组织学生自治会原则通过，根据教育法令并参照本校学生组织会社规程，由训导处指导办理。三、议决本届毕业生名单暨审查意见通过。四、议决上学期1.成绩优良学生照（发）给各等奖状（名单另布）；2.成绩不合标准学生照章执行，凡本校学生在五学期以上及师专科学生在三学期以上者得准予试读半年不及格的课，并由系主任督饬重读。五、议决□黔籍学生免费审查委员会审查结果□□黔籍学生免费名单（名单另布）。六、议决□学生贷金审查委员会审查结果，通过学贷金学生名单（名单另布）。七、议决根据贷金审查委会审查结果再定于六日下午一时在训导处召请各院科院系主任或代表会同□议决定，通过战区膳费贷金学生名单。

（《校务会议并志》，《大夏周报》，第16卷第10—11期合刊，1940年4月1日）

十五日 学生工作救济委员会正式成立。

本校自受贵阳市非常时期学生工作救济委员会之托代办本校学生工作救济事宜后，由校方聘请傅启学、王裕凯、喻任声、陈景琪、杨麟书、卢世鲁、陈贤珍等七位先生负责筹备，该会于二月十五日正式成立并通过《大夏大学学生工作救济委员会工作计划》，以学生工作，分为化学工业、手工、社教、缮印及其他服务等组，每组设主任一人，以指导该组工作，参加工作学生，得就性之所近，选择一项工作。兹悉该会已推定陈景琪先生为化学工业组主任，薛韶生女士为手工组主任，喻任声先生社教组主任，丁兆兴先生为缮印组主任，刘行骅先生为推广部主任，陈贤珍先生为会计。该会三月份工作学生，业经第二次会议议决核准戴震东、卢金生、胡道瑾等六十名，各组工作亦以派定。该会第四次会议时并议决由四月份起，学生工作每小时以五角计算，每月工作规定不得超过三十二小时云。

（《学生工作救济会产生》，《大夏周报》，第16卷第10—11期合刊，1940年4月1日）

二十日 下午三时，在大井坎二十六号王校长私邸举行第二十次校务会议，王校长主持。

第二十次校务会议记录

出席者：王伯群　欧元怀　王裕凯　曾慎　谢六逸　王强　陈景琪　刘行骅　张梦麟　刘忠业　张尧年　傅启学　梁园东　喻任声　吴泽霖　王佩芬　夏元瑮　陈一百（喻代）

甲、报告事项

（一）王校长报告教部新颁学生学业竞试办法，并拟请教务委员会遵照办理情形。

（二）吴教务长报告本届录取新生结果。

（三）傅训导长报告学生工作救济委员会决议事项，请求工作学生人数及与贵阳市非常时期学生救济委员会接洽进行情形。

（四）马总务长因病缺席，欧副校长代为报告收回运输处借用房屋改设礼堂饭所及改造男生宿舍情形。

（五）王校长报告部分饬自一月起扣解党员月捐，本校教职员中应扣月捐已照扣情形。

（六）傅训导长报告春季男生宿舍分配及限制通学办法。

（七）王校长报告本校贵阳附中拟在贵阳近郊另建校舍，划分建筑费情形。

乙、讨论事项

（一）春季始业式时间案

议决：在三月四日（星期一）上午第四节（十时半起）举行。

（二）议三月份国民月会时间案

议决：三月一日（星期五）上午第四节举行。

（三）议前次临时会议议决开除董乐桑等十一人一案，该生等已向浦先生道歉，并具悔过，曾前来请

求减轻处分案

议决:陈明孝、胡国贵、孙□禄三生据称对直接致函浦先生事并不知情,应俟分别查明再办,兹暂不处分。其余董乐燊、房进赞、吴业林、何其伶、刘涣良、卢摄西、凌文育、周保罗等八生准予减轻处分,每人予以警告两次,并取消各种贷金免费权利。惟董乐燊一名查廿八年春季学期已受过警告一次,照章凡警告三次者即应开除学籍,姑念该生已在最高年级,顾全其学业前途起见,特再减轻处分,即予停学一学期,以示惩戒。

(四)部分女生课外兼习纺织案

议决:交训导处办理。

(五)议筹设文史研究室案

议决:1. 开办费规定在五百元以内,请谢院长令拟详细预算送校长核定;

2. 在校另辟专室;

3. 聘谢院长为主任,文学院助教为助理;

4. 余照原定计划通过。

(六)师专生刘大智请准毕业案

议决:本年暑期补习数理功课六学分及格后再准毕业。

(七)学生霍文彬前受除名处分,兹据来函悔过请减轻处分案

议决:准减轻处分,予以警告两次。

(八)议本校各处规程如何审查公布案

议决:请徐汉豪、王裕凯、傅启学、吴泽霖、马宗荣五先生审查后报告本会。

(《第二十次校务会议记录》,《前大夏大学校务会议记录》,第19—20页,华东师范大学档案馆藏,档号:81-1-48)

二十六日　在新礼堂举行春季始业式,出席师生六百余人,欧副校长主持。

本学期始业式,于二月二十六日在新礼堂举行,由欧副校长主席,出席教授吴泽霖、王裕凯、傅启学、谢六逸、章颐年、喻任声等及全体学生六百余人。主席领导全体行礼如仪后,即勖勉男女同学以国家至上、民族至上、意志集中、力量集中为原则,排除一切纷乱思想,确立中心目标,本所有力量努力向学外,尤应领导社会大众为国效劳,最后欧副校长更□□劝勉同学,应以敦品、厉行、力学三点为处世立业之方针,其语意之恳切深长,全体闻而感动。欧副校长词毕,继由吴教务长、傅训导长报告各处重要校务,历时二小时许,始礼成散会。

(《举行春季始业式》,《大夏周报》,第16卷第10—11期合刊,1940年4月1日)

该学期黔校注册学生达五百零一人。(《教务处发表各院系注册人数暨籍贯统计》,《大夏周报》,第16卷第12期,1940年4月11日)

沪校注册学生达一千零四十七人。(《沪校各院系学生人数统计》,《大夏周报》,第16卷第14期,1940年5月1日)

三月

一日　上午七时,在新礼堂举行第九次国民月会,到全体教职员及学生六百余人,王校长主持,欧副校长演讲。(《举行第九次国民月会》,《大夏周报》,第16卷第10—11期合刊,1940年4月1日)

四日　纪念周会,出席师生六百余人,谢六逸先生讲演,题为"本校三大精神"。(《纪念周演讲汇志》,《大夏周报》,第16卷第10—11期,1940年4月1日)

五日　下午四时,在大井坎二十六号王校长私邸举行第二十一次校务会议。

第二十一次校务会议记录

时间:二十九年三月五日下午四时

地点:大井坎二十六号

出席者:欧元怀　王裕凯　王佩芬　曾慎　夏元瑔(琪代)　张尧年　刘行骅　陈景琪　邓世隆　谢六逸　傅启学　梁园东　张梦麟　喻任声　章颐年　陈一百(章代)　吴泽霖　徐汉豪(吴代)　李炳全　金企渊

代主席:欧副校长

记录:孙尧年

报告事项

吴教务长报告:

一、截止本日各院科注册学生人数总计 417 人,内应休学生复学者十一人,新生报到者三十三人,借读新生计五人。

二、本期各院系添聘教员情形。

三、本周起注册学生自星期一起至注册前止,所缺之可概作缺课论,又下周起注册者扣三学分。

四、本学期新生学号重新编列,冠以年份,俾易识别情形。

傅训导长报告:

五、督导学生照规定迁移铺位情形。

六、核准通学学生计二十二人。

七、重新办理学生伙食,拟组织膳食委员会情形。

八、学生工作救济委员会最近工作进行情形。

九、学生龙兆祥殴打同学萧天角经过情形。

欧副校长报告:

十、已领缴费单学生现共计 438 人。

十一、最近财政状况及水电消费情形。

十二、三月十二日总理逝世纪念日照部定校历休检一天,是日举行纪念会并举行精神总动员周年纪念。

讨论事项

一、议□□□学生殴人事件,拟由训导长会同所属院系或科组主管人员及导师查明真相后报告校长,根据情形予以二次警告或除名处分案

议决:通过。

二、议龙兆祥殴伤萧天角一案应如何处分案

议决:予龙兆祥以除名处分。

三、议追认给予续请贷金及免费学生名单案

议决:照训导长新拟提名单通过。

四、议本期是否应放春假案

议决:自四月四日起至六日止放春假一[三]天。

五、议筹办消费合作社案

议决:推定金企渊、刘行骅、马宗荣、王裕凯、喻任声等五先生负责筹备,由金先生召集。

六、议教育学院各系学生除本系外不必再召辅系案

议决:由教育学院全体教员及欧副校长、吴教务长会商办法,拟订课程呈部核定。

七、议早操算作体育成绩一部分案

议决:通过。

(《第二十一次校务会议记录》,《大夏大学校务会议记录》,第 102—109 页,华东师范大学档案馆藏,档号:81-1-49)

土木工程测量队应贵州企业公司邀请,赴黄果树测量两岸基地及瀑布流速。(《大夏测量队在黄果树》,《大夏周报》,第 16 卷第 10—11 期合刊,1940 年 4 月 1 日)

十八日　纪念周会,法律系主任徐汉豪博士讲演,题为"宪政问题"。(《纪念周演讲汇志》,《大夏周报》,第 16 卷第 10—11 期合刊,1940 年 4 月 1 日)

二十五日　纪念周会,马宗荣总务长讲演"我国干部训练制度"。(《纪念周演讲汇志》,《大夏周报》,第 16 卷第 10—11 期合刊,1940 年 4 月 1 日)

为提高教学质量,交流教学经验与信息,教务处出版《教讯》。(《教务处出版〈教讯〉》,《大夏周报》,第 16 卷第 10—11 期合刊,1940 年 4 月 1 日)

二十八日　政治学会召开该学期第一次会员大会,法学院谌院长、傅训导长等教授及会员三十余人出席。执监委员分别报告上一学期工作概况后,各先生先后训话,最后选举该届执监委员。(《政治学会召开会员大会》,《大夏周报》,第 16 卷第 13 期,1940 年 4 月 21 日)

上海市各大学讨逆协会大夏分会、上海市学生界讨汪总会大夏大学分会分别发表《为汪逆"组府"告大夏同学书》和《上海市学生界讨汪总会大夏大学分会为讨汪罢课宣言》,以表明爱国爱校、坚决拥护抗战的坚定立场。

为汪逆"组府"告大夏同学书

亲爱的同学们:

敌人一手包办制造的傀儡政府听说已决定在本月三十日那天,将一个扮了白鼻的角色,上台出丑了。他们底结局,当然是增加他们走向坟墓的速度,原也不值得去姑息谈论。但可怜一般仅仅富有爱国热情而信念不十分坚强认识不十分透彻的同学们,往往被奸人底种种"糖衣骗术"所蒙蔽,而有些恍惚起来。我们是受着高等教育的学生,我们是负有复兴民族重任的青年,在傀儡自鸣得意的那天,我们怎忍缄默,让他们有一个"默认"的借口。同学们!快起来表示我们底态度;当然我们的态度是"反对",是"不承认",我们用行动来表示,——罢课,我们忍痛牺牲一天的学业,来和奸人斗争。看啊!"五四"、"五卅"的光辉,将重映于今日的孤岛。同学们!我相信你定会响应这次激于正义的行动的!来罢!让我们在心底深处立一个誓:"誓死和出卖民族的奸徒们斗争"!"拥护抗战国策"!亲爱的同学们!拿出我们底"大夏精神"来扫荡!来建设!

(《为汪逆"组府"告大夏同学书》,《时代青年》,第 5 期,1940 年)

上海市学生界讨汪总会大夏大学分会为讨汪罢课宣言

日本侵略我国两年半于兹,因我国持久抗战之决心,自觉军事攻势之失败,乃□采政治攻势,捧汪逆精卫上台组织伪政权,冀用以华制华之毒计,置我国于万劫不复之绝境。而汪逆竟利欲熏心,认贼作父,倡和平建国之邪说,欺我民众。鉴日支新关系调整要纲[纲要]之契约,卖我国家,更凭敌方之卵翼,定本月三十日实现其傀儡组织,要知仰鼻息于日方喜怒之□何政权,绝非代表我中国民众之真正政权,而以日支新关系调整要纲[纲要]为出发点之任何和平,实为断送我中国利益之亡国和平,我辈学生,知书明理,只知爱国,不能附逆,为此发起于傀儡登场之日,罢课一天,□伸反汪讨逆之大义,而表□我中华国魂之昭苏,凡我同学,盍与乎来。

(《上海市学生界讨汪总会大夏大学分会为讨汪罢课宣言》,《时代青年》,第 5 期,1940 年)

四月

三日　王校长应贵州广播电台邀请,在电台作"汪傀儡的伪组织,对于抗战前途有利无害"的广播演讲。王校长指出,汪傀儡组织成立后,对抗战前途有三大利益:一可以增强各国援助之决心,二可以增强将士抗战勇气,三可以确定同胞们的认识。(《王校长广播演讲》,《大夏周报》,第 16 卷第 12 期,1940 年 4 月 11 日)

学生自治会筹备会举行第一次会议。

第一次筹备会会议要项有:一、本会组织分起草委员会及总务股两部;二、总务股下分设文书、会计、交际、事务、游艺五组；三、本会经费除申请学方补助外，尚有不敷应用时，拟请校方先行垫付，俟自治会正式成立后，由该会负责归还；四、本会为广纳同学意见起见，特设置意见箱，定四月十五日正午十二时启箱；五、本会工作限四月三十日以前筹备完竣；六、自治会会章，依照教育部颁布《学生团体组织原则》及《学生自治会组织大纲》交起草委员会妥为拟定，章程初稿交下次筹备会审查之……

（《本校学生自治会筹备会业已成立》，《大夏周报》，第 16 卷第 12 期，1940 年 4 月 11 日）

八日　上午十时，在新礼堂举行该学期第六次纪念周会，出席全体员生六百余人，理学院院长夏元瑮讲演，题为"说地"。（《第六次纪念周夏元瑮院长讲演》，《大夏周报》，第 16 卷第 12 期，1940 年 4 月 11 日）

九日　下午四时，在大井坎二十六号王校长私邸举行校务会议第二十二次会议，讨论议案多项。

　　……讨论并通过议案如下：（一）修正通过学生通过[则]；（二）本年决定续办暑期学校并请吴教务长兼任暑校主任；（三）组织毕业考试委员会，校内推请欧元怀、吴泽霖、傅启学、马宗荣、王裕凯、谢六逸、夏元瑮、章颐年、金企渊、谌志远诸先生，校外聘请贵州教育厅厅长高等法院院长及国立贵阳医学院院长三位共同组织毕业考试委员会，由王校长为委员会主席；（四）筹备庆祝校庆并推定马宗荣、吴泽霖、傅启学、王裕凯、章颐年、张梦麟、王佩芬、何纵炎、王守论、韩钟琦、杨麟书等十一位先生组织校庆筹备委员会，由王裕凯先生召集等重要议案云。

（《校务会议开第二十二次会议》，《大夏周报》，第 16 卷第 12 期，1940 年 4 月 11 日）

国民党行政院任命副校长欧元怀为贵州省教育厅长。（《欧副校长荣膺黔教育厅长》，《大夏周报》，第 16 卷第 12 期，1940 年 4 月 11 日）

第十七次校务会议议决成立政治经济研究室，推金企渊等为筹备委员，是日开第一次筹备会议，商决多项组织条例。谌志远院长兼任主任，何克昌先生任副主任。（《政经研究室成立》，《大夏周报》，第 16 卷第 17 期，1940 年 6 月 1 日）

十五日　上午十时，纪念周会在新礼堂举行，出席全体师生六百余人，王校长主持。训导长傅启学讲演，题为"三民主义时间性"。（《举行第七次纪念周》，《大夏周报》，第 16 卷第 13 期，1940 年 4 月 21 日）

二十二日　第八次纪念周会上午十时在新礼堂举行，到教职工及学生五百余人，法学院院长谌志远演讲，题为"对欧战前途之视察"。（《举行第八次纪念周》，《大夏周报》，第 16 卷第 14 期，1940 年 5 月 1 日）

二十三日　上海大夏大学护校会发表宣言，阐述了该会组织的局势背景，坦言其爱国护校的职志，并向校方提出公开表明态度、驱逐傅式说等汉奸教授以及汪派师生等数项要求。

　　自汪家傀儡粉墨登台傅式说甘为爪牙任"伪交通部长"后，外界对我大夏本已啧有烦言，继之中华日报竟又登载所谓《中国青年学会大夏支部》之通电，于是校内同学暨各界方面热心人士，对我校益滋疑虑，处于情势危急真伪莫辨之际，爰有本会之组织，其意无非为爱国爱校，动机与目的之纯正，均可于告同学书及致学校函内观之。……本会自始至终，悉以拥护抗战到底、保护学校为职志，且一贯本同舟共济之精神。……

　　我等愿以诚恳坦白之态度向校方提出以下数项：

　　一、公开表明态度：1.通电国府拥护蒋总裁抗战到底。2.登报声明。3.布告同学。

　　二、驱逐汪派师生，已附逆之傅式说、严恩祚、张素民、卜愈等，与最近离校之汉奸教授，及隐藏校长之汪派师生，将名单公布，并一律立即解职或开除。

　　三、学生有言论、结社、集会等民主自由，校方不得借口环境而干涉或限制，学生团体（汉奸团体外）应负领导责任。

　　四、保障学生爱国行动，校方不得无故开除同学。

五、学校行政经济彻底公开。

（下略）

上海大夏大学护校会
廿九年四月

《上海大夏大学护校宣言》,《职业生活》第 2 卷第 25—26 期合刊,1940 年）

五月

一日　举行国民月会,出席师生五百余人,王校长主持,带领全体师生宣读国民公约誓词后,勉励学生为抗战尽责。(《举行第十次国民月会》,《大夏周报》,第 16 卷第 14 期,1940 年 5 月 1 日)

二日　国民党直属大夏区党部举行成立大会,出席党员五十余人,王裕凯报告筹备经过。选举王裕凯等五人为执监委员,胡工群等二人为候补,吴泽霖为监委。(《直属大夏区党部昨成立》,《大夏周报》,第 16 卷第 15 期,1940 年 5 月 11 日)

六日　下午五时四十分,在教务处举行第十四次教务会议,重点讨论"举行第一届全国专科以上学生学业竞试"事宜。(《教务处定期召开第十四次教务会议》,《大夏周报》,第 16 卷第 14 期,1940 年 5 月 1 日)

讨论事项:本年暑期学校课程应如何开课案;议决:一、由各院系主任视学生之需要每系酌开二三主要课程,并由本处征得该科教员之同意后决定。二、学生蒋再三在暑期学校未与考试之课程是否准予补考案,议决:缺课逾期照章不予补考。三、第一届全国专科以上学校学生学业竞试本校应如何遵照部章举行初选案,议决:甲、照章组织学业竞试委员会;乙、甲类(一年级)竞试国文、英文二科,由国文、英文两教学委员会负责办理数学一科,请夏元琜、罗星、郝新吾、林伯坚、杨明洁五先生共同办理,并由夏元琜先生召集之;丙、乙类(二三年级)竞试由各系主任会同各该课程教授共同负责办理;丁、丙类(四年级)竞试由各院系主任及教务处会同催缴本学期应届毕业生论文,选各系之最优者送部参加复选。四、参加竞试诸生之参考书应如何予以便利案,议决由教务处及总务处负责将图书分类陈列于青山坡储藏室,并派专人前往管理以便随时应用。五、甲乙两类竞试应如何使学生参加案,议决:除由学生自由报名参加外,各系成绩特优之学生得强迫其参加。六、参加初选之学生应如何鼓励案,议决:初选取录之各系成绩最优良者,由校予以十元现金之奖励云。

（《召开第十四次教务会议》,《大夏周报》,第 16 卷第 15 期,1940 年 5 月 11 日）

教育学院教学实习班学生十二人开始在附中试教,试教科目有高中国文、英语、公民、历史、地理等,时间为是日起至二十五日。(《教学实习班学生定期试教三星期》,《大夏周报》,第 16 卷第 14 期,1940 年 5 月 1 日)

各院毕业生及师专科毕业同学六十余人组织本届毕业同学会,是日举行成立大会。(《本届毕业同学会成立》,《大夏周报》,第 16 卷第 17 期,1940 年 6 月 1 日)

十三日　第十一次纪念周会在新礼堂举行,到全体员生五百余人,王校长主持,由社会教育学系梁瓯第作"大凉山的独立倮儸"的演讲。(《总理纪念周讲演汇志》,《大夏周报》,第 16 卷第 16 期,1940 年 5 月 21 日)

十四日　校务会议举行第二十三次会议。

第二十三次校务会议记录

时间:二十九年五月十四日下午四时

地点:大井坎二十六号

出席者:王伯群　王裕凯　夏元琜　张梦麟(张尧年代)　张尧年　谌志远(张尧年代)　李敬思　邓世隆　林柏坚　谢六逸　陈一百　傅启学　梁园东　陈景琪　王佩芬

主席:王校长

记录:孙尧年

甲、报告事项

王校长报告

一、欧副校长辞职慰留情形。

二、花溪新校舍建筑招标及筹款项情形。

三、派刘行骅、何克昌两先生赴渝受训情形。

四、社教系主任辞职及土木系主任请假情形。

五、政经研究室聘定谌志远先生为主任,何克昌先生为副主任。

六、教员及学生上课缺课情形。

七、财政近况。

八、疏散图书及仪器情形。

王主任秘书报告

九、□□大夏大学区党部成立情形。

十、六一校庆筹备情形。

傅训导长报告

十一、学生自治会停顿情形。

十二、学生膳食委员会办理情形。

谢院长报告

十三、专科以上学校学业竞试本校筹备情形。

乙、讨论事项

一、议学生谭建华等三人毕业证书教部不予验印应如何办理案

议决:□该生等补缴证件再行呈部。

二、议定期举行国语辩论竞赛案

议决:预赛定五月廿三日举行,复赛定六月三日举行,并请谢六逸、王裕凯、章颐年三先生为预赛评判,请欧所长元怀,黄主委宇人,何委员王书为复赛评判。

三、议组织毕业生职业介绍委员会案

议决:请校务会议全体委员为毕业生职业介绍委员会委员,并请各委员在有职业机会时随□通知校长室以便酌为分配各毕业生。

四、议健全本校防护□案

议决:由训导□□两处有关人员负责实际防护工作,再请谌志远、傅启学、王裕凯、马宗荣、张□平、谢六逸、林柏坚七位先生负责防护设计事宜,由傅先生召集之。

(《第二十三次校务会议记录》,《前大夏大学校务会议记录》,第116—121页,华东师范大学档案馆藏,档号:81-1-49)

十六日　上午九时半,学生工作救济委员会在训导处会议室召开第五次会议,出席王裕凯等先生。

本校学生工作救济委员会,于五月十六日上午九时半,在训导处会议室召开第五次会议,出席者:王裕凯、陈景琪、陈贤珍、卢世鲁、杨麟书等诸先生。

主席:傅启学

记录:陈贤珍

(甲)报告事项:

一、主席报告本会经济情形,贵阳非常时期工作救济委员会拨交本会经费共为四千二百元。截至四月份止,本会除支付各种费用外,仅余一千三百零七元。此项经费除五月份开支外,六月份即不够支付。本会向贵阳非常时期学生工作救济委员会陆钦□先生接洽增加本会经费,彼答,须俟委员会开会,始能

决定是否增加。现本会六月份经费已成问题。

二、主席报告发给学生工作经费情形，并报告本会二三四月份经济报告，及学生领款收据包函送贵阳非常时期学生工作救济委员会，请予备案后，即开始讨论，并（乙）议决事项如下：

一、函请贵阳非常时期学生工作救济委员会增加本会本学期预算一千六百元；二、发给工作救济学生经费，严格照工作登记表登记钟点计算，不工作之学生，概不发给报酬；三、各组工作登记表在未送来之前，改组学生之工作报酬，暂不发给；四、主席提化工组学生杨明志离校，拟请由五月份起以登记候补第一学生杨明详补入工作救济名额请公决案，议决通过云。

（《学生工作救济会开会》，《大夏周报》，第16卷第16期，1940年5月21日）

社会教育系在第九教室召开会员大会，筹备庆祝十周年纪念大会事宜。（《社教系十周〈年〉纪念会消息》，《大夏周报》，第16卷第17期，1940年6月1日）

二十日 上午九时，在新礼堂举行第十二次纪念周会，出席全体员生五百余人，傅启学主持并报告校务后，请贵州省党部主委兼三民立法青年团贵州支团部主任黄宇人演讲，题为"三民主义青年团产生之意义"。（《黄主委宇人莅校演讲》，《大夏周报》，第16卷第17期，1940年6月1日）

二十一日 下午四时半，在教务处会议室开第十五次教务会议，出席吴泽霖等先生。

讨论事项如下：（一）毕业生考试除考本学期选修课程外，并遵部令加试各该系以前所修主要课程三种，应如何选定案，议决：由该系主任于最短期内选定送交教务处汇呈教部；（二）本学期期中考试，试卷及成绩应否请各教授补送教务处汇总保存，以备教部调阅案，议决：尽可能范围内收回教务处保存；（三）学生笔记，笔记练习报告等应如何使学生保存备教部调阅案，议决：由各教授通知各学生妥为保存并督促整理，在一年以内各该学程教授得随时抽查调阅评定其优劣以作为该课程成绩之一部；（四）竞试初选各系未报名参加或仅一二参加者，应如何处理案，议决：由各系主任尽量鼓励该系学生踊跃参加；（五）竞试初选除国文英文已举行考试外，其余各科应如何早日举行完毕，将各初录录取名单汇呈教部案，议决：请各系主任将各科初选名单递交教务处誊印，务于下周内举行峻事，将录取名单决定；（六）毕业考试日期暂不提在学期考试前举行案，议决：仍与学期考试同时举行；（七）暑期学校开学课程应如何决定案，议决：仍照前次本会议决案办理，由各系主任酌情决定；（八）暑期学校课程学生选读应否加以限制案，议决：各生选读课程以入学试验应行补修及不及格之课程为原则，其自愿选修者亦得参加其在校修业年限至少须八学期；（九）暑期学校开办时间及每学分收费如何决定案，议决：定七月十二、十三两日注册，十五日起上课□学费收费及教授报酬均酌情予以增加等重要决案云。

（《举行第十五次教务会议》，《大夏周报》，第16卷第16期，1940年5月21日）

二十七日 上午九时，第十三次纪念周会在新礼堂举行，出席全体教职员暨学生五百余人，商学院银行系主任李敬思作"抗战中社会经济之变迁"的演讲。（《总理纪念周讲演汇志》，《大夏周报》，第16卷第16期，1940年5月21日）

六月

一日 建校十六周年纪念，全校放假一天。上午，举行校庆纪念大会暨国民月会，出席师生、毕业同学、来宾一千余人。王校长主持，欧副校长演讲，毕业同学代表致词。会后，举行球类比赛，中学部举行检阅。中午，全体教职员及毕业同学一百多人叙餐。晚上，举行游艺大会，并放映抗战电影，各地毕业同学会来电祝贺。（《立校十六周年纪念志盛》，《大夏周报》，第16卷第18期，1940年6月21日）

八日 社会教育系举行成立十周年纪念大会，由王伯群校长主持，并由马宗荣报告社教系成立经过，晚间在民众教育馆举行盛大游艺会。（《教育简报》，《申报》，1940年7月14日，第8版）

本校社会教育研究会，为庆祝该系成立十周年纪念，于本月八日上午七时半举行纪念礼，到有来宾、毕业校友、新闻记者、各学会代表，及该系学生□十余人，济济一堂，由王校长主席，马总务长、吴教务长、傅训导长、章院长、喻主任等相继致词，情形热烈。是晚□时并假省立民众教育馆民众剧场开游艺会，节目有京剧、歌咏话剧等，盛况空前。同日又借《贵州日报》出版纪念特刊，闻贵阳成都两地《中央日报》，亦将借其副刊，出版纪念特刊云。

（编者按：该系创办人马宗荣先生，于是日该会举行纪念大会时，发表长篇讲演，题为《大夏大学社会教育系立系十年来之回忆》，内容详述该系创立时之动机以及十年来办理之概况外，马先生复将该系各界毕业生之服务社会教育界之情形，亦加以□述，足证其学以致用，社会与学生达成一片也。原文辞长四千余字，载本月八日之《贵州日报》。）

（《本校社会教育研究会热烈庆祝十周年纪念》，《大夏周报》，第 16 卷第 18 期，1940 年 6 月 21 日）

九日　花溪新校舍举行破土典礼，全校教职员及大中两部学生，各机关、学校代表，当地群众一千余人到会。王校长主持并报告花溪校舍筹建经过，欧副校长演讲，最后燃放爆竹庆贺，王校长亲自握锄破土。（《花溪新校舍破土典礼》，《大夏周报》，第 16 卷第 18 期，1940 年 6 月 21 日）

十日　纪念周会，到全体教职员及学生五百余人，王校长主持，文学院教授吴道安先生讲演，题为"郑莫两先生之治学精神"。（《纪念周会讲演汇录》，《大夏周报》，第 16 卷第 18 期，1940 年 6 月 21 日）

十七日　纪念周会，文学院主任李青崖演讲"大学肄业年限应否延长问题"。（《纪念周会讲演汇录》，《大夏周报》，第 16 卷第 18 期，1940 年 6 月 21 日）

十八日　下午四时，在大井坎二十六号王校长私邸举行第二十四次校务会议，会议决定组织学生生活贷金委员会和黔籍学生免费审查委员会等重要校务。

讨论事项：（一）议本校续请改为国立暨如何进行案。议决：除由校长亲赴重庆进行外，并推行吴泽霖、马宗荣、夏元瑮三先生代表全体教授赴渝，与本校驻京代表王祉伟先生向教部申请，同时由全体教授联名电请教部；（二）议部令历史社会系及数理系分组应予如何处理案，议决：请吴教务长及谢夏两院长共同研究适当办法，呈由校长决定；（三）议定期举行毕业生别会案，议决：定本星期六（二十二日）下午□时在本校生物实验室举行；（四）议组织学生生活贷金委员会案，议决：推请傅启学、吴泽霖、王裕凯、夏元瑮、章颐年、金企渊、李青崖、张尧年、陈景琪、林伯坚、曾慎、陈一百、徐汉豪等十三位先生为贷金会委员，由傅启学召集之；（五）议组织黔籍学生免费审查委员会案，议决：推请傅启学、马宗荣、谢六逸、王佩芬、张梦麟、谌志远、梁园东、邓世隆、李敬思、刘行骅、曾慎等十一位先生为免费审查委员会委员，由傅先生召集之；（六）议学生马时芳等十一人毕业问题案，议决：交由教务委员会办理等重要议案云。

（《举行第二十四次校务会议》，《大夏周报》，第 16 卷第 18 期，1940 年 6 月 21 日）

二十一日　举行毕业生话别会，出席毕业生四十余人，王校长勉励大家发扬大夏立校精神，为社会服务。（《举行毕业生话别会》，《大夏周报》，第 16 卷第 18 期，1940 年 6 月 21 日）

二十七日　校务行政委员会在大井坎二十六号王校长公馆举行第四十三次会议。

第四十三次校务行政委员会

时间：二十九年六月二十七日

地点：大井坎王校长公馆

出席者：王伯群　傅启学　王裕凯

主席：王校长

一、报告事项

1. 教务报告。

2. 训导报告。

3. 总务报告。

二、讨论事项

1. 议重庆招生地点及负责办理招生事宜人选案

议决:函谕大夏学会负责办理一切。

2. 议添设宪兵问题

议决:决定添设学生门禁。

3. 议如何垂悼陆德音教授案

议决:加追六七两月份薪金。

4. 议下学期学生须一律穿着制服案

议决:通过。

5. 下学期应补聘教授请吴先生开单与各院长接洽补聘并抄一份交群,以便有机会介绍。

(《第四十三次校务行政委员会》,《大夏大学校务行政委员会会议记录》,第108—110页,华东师范大学档案馆藏,档号:81-1-54)

七月

三日　校务行政委员会举行第四十四次会议。

第四十四次校务行政委员会

时间:七月三日下午四时

地点:大井坎王校长公馆

出席者:王伯群　吴泽霖　傅启学　王裕凯　马宗荣

主席:王校长

一、报告事项

1. 教员应聘情形。

2. 暑期内将男生宿舍房间缩小。

3. 财政近况。

二、讨论事项

1. 议花溪区公所深造学生进本校肄业请予欠收学费案

议决:考取本校花溪籍之学生中学部准欠缴学费十名,大学部五名。

2. 议暑假办公时间案

议决:规定每人每日二□六小时□,每人准予轮流休假二星期,由各处长核定。

3. 议通过下学期校务行事历案

议决:修正通过。

4. 议添设注册主任案

议决:通过。

5. 议张涛石薪给案

议决:月发七十五元。

6. 议发给参加学业竞试优胜者奖金案

议决:照发。

7. 议调任谢策勋为总务处事务员案

议决:通过,月薪给十五元。

8. 议发给应届毕业生生活贷金案

议决:发至七月份为止。

9. 议中学主任曾广典加薪案

议决:月加二十元。

(《第四十四次校务行政委员会》,《大夏大学校务行政委员会会议记录》,第111—114页,华东师范大学档案馆藏,档号:81-1-54)

九日　根据第十四次教务会议决议,续办第十五期暑期学校。九日开始报名,十二日、十三日注册,十五日上课,八月二十六日结束。

除本校同学得自由选读外,各大学肄业生,中小学教职员,以及有志增进作事效能,准备投考大学或求文艺科学之高深研究者,不论男女,具有中等学校毕业程度者,均得报名入学。所开科目有文、理、教育、商、法各院实用学科约四五十种。

(《续办暑期学校消息》,《大夏周报》,第 16 卷第 15 期,1940 年 5 月 11 日)

十一日　校务行政委员会举行第四十五次会议。

第四十五次校务行政委员会

时间:七月十一日下午四时

地点:大井坎王校长公馆

出席者:王伯群　傅启学　马宗荣　王裕凯　吴泽霖

主席:王校长

一、报告事项

1. 暑期学校定于明后日注册。

2. 学生程培元殴打门房情形。

3. 财政近况。

4. 花溪新购校址业已税契。

二、讨论事项

1. 议国立大学统一招生委员会拟借本校教室为考场案

议决:通过。

2. 议职业教育系学生呈请准予组织野蚕丝业考察周及发给补助费案

议决:准予组织,每人津贴十元。

3. 议教育系函请为兵役宣传周募捐案

议决:交训导处办理。

4. 议学生程培元殴打门房案

议决:予以除名处分。

(《第四十五次校务行政委员会》,《大夏大学校务行政委员会会议记录》,第 115—117 页,华东师范大学档案馆藏,档号:81 - 1 - 54)

十七日　校务行政委员会举行第四十六次会议。

第四十六次校务行政委员会

时间:七月十七日下午四时

地点:大井坎王校长公馆

出席者:王伯群　吴泽霖　王裕凯　马宗荣

主席:王校长

一、报告事项

1. 暑期学校注册学生截至今日共 203 人。

2. 新聘教员情形。

3. 黔省府补助本校建筑费五万元,业已收到。

4. 花溪新校舍事务所业已租定。

二、讨论事项

1. 议学生朱准范等三人必修学程不及格请求补救案

议决:必须重修。

2. 议决定徐盛圭钟焕新二人职务及薪给案

议决:以徐盛圭为法学院助教,月薪八十元,调钟焕新为政治研究室研究员,月薪五十元。

3. 议赍资公文皮包案

议决:贿资。

4. 议学生王官勤函请欠缴暑期学校学费案

议决:照准。

(《第四十六次校务行政委员会》,《大夏大学校务行政委员会会议记录》,第118—121页,华东师范大学档案馆藏,档号:81-1-54)

二十四日　校务行政委员会举行第四十七次会议。

第四十七次校务行政委员会

时间:七月廿四日下午四时

地点:大井坎王校长公馆

出席者:王伯群　马宗荣　吴泽霖　王裕凯

主席:王校长

一、报告事项

1. 暑期学校注册业已截止,计共220人。

2. 本校第一次秋季招生定于后日举行。

3. 学业竞试复试定于后日在西南中学举行。

4. 财政近况。

5. 修理校舍情形。

二、讨论事项

1. 议重庆招生应如何办理案

议决:由教务长派员赴渝主持。

2. 议辟注册主任办公室案

议决:通过,交总务处办理。

3. 议中学主任应否出席大学部校务会议案

议决:遵照部令不必出席。

4. 议更调及添聘职员案

议决:

(一)总务处事务员周崇德另有他就,调收发员张绍玲继任;

(二)聘周泽芬、严光勤二人为总务处文书,并各发薪七十元;

(三)教务处教务员王敏贤因事辞职,聘陈燕玲继任,并发薪五十元;

(四)文学院助教王梦楼另有他就,聘吴庆鹏继任,并发薪七十元;

(五)教育学院社会教育系助教雷震源缺聘,王官勤继任,并发薪七十元。

5. 议青山坡藏书设法开放案

议决:通过。

6. 议学生程培元请求减轻处分案

议决:碍难照准。

(《第四十七次校务行政委员会》,《大夏大学校务行政委员会会议记录》,第122—126页,华东师范大学档案馆藏,档号:81-1-54)

八月

二日　校务会议召开第二十五次会议。

第二十五次校务会议记录

时间:二十九年八月二日下午三时

地点:大井坎二十六号

出席者：王伯群　王裕凯　张尧年　谌志远　李敬思　刘行骅　林伯坚　陈一百　吴泽霖　夏元瑮　徐汉豪　傅启学　马宗荣　李青崖

主席：王校长

记录：孙尧年

（甲）报告事项

一、王校长报告部令，自二十九年度起教育学系停止招生。

二、王校长报告花溪新校舍建筑工程情形。

三、王校长报告下学期添聘张尧年先生为教务处注册主任。

四、吴教务长报告暑期学校办理情形。

五、吴教务长报告秋季招生情形。

六、马总务长报告财政近况。

七、王主任秘书报告秋季学期行事历编订情形。

八、王主任秘书报告本校学生参加教部抗建论文竞赛结果：王行得奖金百元，奖状一纸，吉长瑞奖金五十元，奖状一纸，王超群奖金二十元，奖状一纸，王廷滢黄松奖状各一纸。

九、傅训导长报告□□□整理宿舍及整理门禁情形。

十、刘行骅先生报告学生实习商店营业及教职员消费合作社办理情形。

十一、李敬思先生报告消费合作社储蓄部办理情形。

（乙）讨论事项

一、议通过秋季学期行事历案

议决：通过。

二、议下学期自规定上课之日起如学生迟到注册拟即作缺课论案

议决：通过。

三、议审核新生入学考试成绩案

议决：仍照上学期录取标准，并以总分数为参考而作审核取决之原则。

四、议通过本届毕业生名单案

议决：原则（1）未缴毕业论文学生限八月底以前缴进，否则本学期不予毕业；（2）毕业加考不及格者即于八月内举行补考一次；（3）总指数不及格者责令返校重读；（4）学年学分不足者应补足后方予毕业。

名单：根据上列四原则审核通过。

五、议通过应得各等奖学状学生名单案

议决：通过。

六、议学生所修某一学程成绩列入一等者拟给予荣誉生名义以资鼓励案

议决：通过。

七、议学生成绩不合标准应如何惩处案

议决：原则：本学期学生成绩之计算及审核仍用本校原来办法及规定标准，下学期起旧生并照旧，但新生则一律遵照部颁标准审核。

名单：照教务处所开名单分别予以惩处。

八、议重推教授代表赴渝向教部申请将本校改为国立案

议决：推请夏元瑮、谢六逸、徐汉豪三位先生代表全体教授赴渝给办。

九、议本校前校长马君武先生逝世应如何表示案

议决：用校长暨全体师生名义电唁马先生家属。

（《第二十五次校务会议记录》，《大夏大学校务会议记录》，第130—137页，华东师范大学档案馆藏，档号：81-1-49）

八日　校务行政委员会举行第四十八次会议。

第四十八次校务行政委员会

时间：八月八日下午四时

地点：大井坎王校长公馆

出席者：王伯群　傅启学　马宗荣　吴泽霖　王裕凯

主席：王校长

一、报告事项

1. 第一次□□新生四十二名。

2. 酬聘新教员情形。

3. 航建会演说竞赛本校学生周春根名列第一。

4. 中正奖学金本校为三名。

5. 检查宿舍情形。

6. 财政近况。

二、讨论事项

1. 议部令呈报校务行政计划与二代进度对照表应如何办理案

议决：交由各处办理汇报。

2. 议聘请图书馆职员案

议决：（一）聘韦春德为图书馆职员，月薪五十元（内三十元由教师职务团支给）；

（二）聘晏梓德为图书馆职员，月薪□元；

（三）聘傅杰华先生在图书馆主任未聘到前暂代馆务。

3. 议聘请化学助教案

议决：聘蓝数英为化学助教，月薪八十元。

4. 议聘请体育主任案

议决：请吴传二先生介绍。

5. 议呈报新列讲座名条案

议决：先由教务处拟定名条提交，下次会议讨论。

6. 议学生程培元请减轻处分案

议决：拟留该生毕业证书半年，并由训导处予以二次警告书。

7. 议如何决定中山奖学金本校之名额案

议决：呈报方□仙、林光尖、梁木兰、徐士高、田庆华、范美员等六名，请中山奖学金委员会决定三名。

8. 议本校近一年来之项目设备计划审查案

议决：通过。

（《第四十八次校务行政委员会》，《大夏大学校务行政委员会会议记录》，第127—131页，华东师范大学档案馆藏，档号：81-1-54)

十五日　校务行政委员会举行第四十九次会议。

第四十九次校务行政委员会

时间：八月十五日下午四时

地点：大井坎王校长公馆

出席者：王伯群　吴泽霖　傅启学　王裕凯　马宗荣

主席：王校长

一、报告事项

1. 派徐传奇先生赴渝办理招生事宜。

2. 定期召开战区学生贷金委员会及黔籍学生免费审查委员会。

3. 财政近况。

4. 聘请教员情形。

二、讨论事项

1. 议聘请教育学院院长案

议决：积极延聘，在未聘到之前，院务暂请马宗荣、王裕凯、陈一百三先生分日办理。

2. 议韦书德请求加薪案

议决：加薪十元。

3. 议国立中山大学请求借用校舍案

议决：碍难照办。

4. 议防空司令部函请本校担负防空捐五百元案

议决：通过。

（《第四十九次校务行政委员会》，《大夏大学校务行政委员会会议记录》，第132—135页，华东师范大学档案馆藏，档号：81-1-54）

九月

三日　下午四时，第五十次校务行政委员会会议在大井坎二十六号王校长私邸召开。

第五十次校务行政委员会

时间：九月三日下午四时

地点：大井坎王校长公馆

出席者：王伯群　傅启学　吴泽霖　马宗荣　王裕凯

主席：王校长

一、报告事项

（略）

二、讨论事项

1. 议教部催报学校内迁□出图书目录案

议决：照办。

2. 议通过下期拟聘兼任教员名单

议决：通过。

3. 议下学期应否延期开课案

议决：原则通过，交校务会议审议。

4. 议聘喻德清为法学院助教案

议决：通过，月□薪七十元。

5. 议聘□祖尧为□学院助教案

议决：通过，月□薪七十元。

6. 议各处添聘职员案

议决：1. 聘徐绍□为总务处会计组主任，月薪一百四十元。

2. 聘杨天荣为总务处事务员，月薪四十五元，另加夜间办公津贴十元。

3. 聘罗维臻为图书馆书记，月薪四十五元。

4. 聘韩□芸为图书馆馆员，月薪五十五元。

7. 议曾广典薪金是否应由教学部付给案

议决：〈薪〉金由教学部付给。

8. 议湖北省府救济金应否□给叶楚清案

议决：先将叶生籍贯调查清楚后再定。

（《第五十次校务行政委员会》，《大夏大学校务行政委员会会议记录》，第136—140页，华东师范大学档案馆藏，档号：81-1-54）

六日　下午四时，第二十六次校务会议在大井坎二十六号王校长私邸召开。

第二十六次校务会议记录

时间:二十九年九月六日下午四时

地点:大井坎二十六号

出席者:王伯群　吴泽霖　谌志远　李敬思　陈景琪　王佩芬　张尧年　林伯坚　刘行骅　王裕凯　傅启学　谢六逸　夏元瑮　马宗荣

主席:王校长

记录:孙尧年

(甲)报告事项

王校长报告

一、教部令知本校因空袭关系秋季学期开学日期得酌予延迟事。

二、各院系新聘教员情形。

三、花溪新校舍建筑工程进行情形。

四、教部核示教育学系本年度仍准招生情形。

王主任秘书报告

五、贵州省防空协会征募基金商请本校协助事。

吴教务长报告

六、贵阳第二次及重庆第一次招生情形。

傅训导长报告

七、秋季学期开始时即拟实施导师制情形。

马总务长报告

八、二十九年度总务处工作计划。

(乙)讨论事项

一、议秋季学期应否延期开学案

议决:秋季学期照原订校历顺延三星期,定于九月三十日开学,十月四五两日注册,七日起上课,明年二月八日学期结束。

二、议应否组织疏建委员会案

议决:推举马宗荣、王裕凯、傅启学、谌志远、张尧年、李敬思、林伯坚七位七先生组织疏建委员会,并请马先生为主任委员,决在花溪镇新校址建筑临时校舍(原定永久新校舍建筑工程照常进行),于必要时迁移疏散。

三、议决今贵阳第二次新生入学考试成绩审核人选案

议决:仍照第一次招生录取标准,推请吴泽霖、张尧年两先生会同五学院负责人于九月十三日上午七时集会审查决定。

四、议审核重庆新生入学试验成绩案

议决:照教务处新拟录取名单通过。

五、议秋季学期应否继续招生案

议决:在重庆再举行招考一次,交教务处办理。

六、议向教部洽请将本校改为国立案

议决:请夏元瑮、金企渊、徐汉豪三位先生为教授代表赴渝洽请,并由欧副校长暨王祉伟先生以学校创办人资格积极协助推定。

(《第二十六次校务会议记录》,《大夏大学校务会议记录》,第138—144页,华东师范大学档案馆藏,档号:81-1-49)

十二日　下午四时,在大井坎王校长私邸举行第五十一次校务行政委员会会议。

第五十一次校务行政委员会

时间:九月十二日下午四时

地点:大井坎王校长公馆

出席者:王伯群　吴泽霖　傅启学　王裕凯　马宗荣

主席:王校长

一、报告事项

(略)

二、讨论事项

1. 议审核学生证书式样案

议决:修正通过。

2. 议聘卢世鲁为总务处代理事务主任案

议决:聘卢君为□□兼事务主任,月□薪一百六十二元。

3. 议请张渊云为教务处书记案

议决:通过。

(《第五十一次校务行政委员会》,《大夏大学校务行政委员会会议记录》,第141—143页,华东师范大学档案馆藏,档号:81-1-54)

二十日　下午五时,在大井坎王伯群校长私邸召开第五十二次校务行政委员会会议。

第五十二次校务行政委员会

时间:九月廿日下午五时

地点:大井坎王校长公馆

出席者:王伯群　吴泽霖　傅启学　马宗荣　王裕凯

主席:王校长

一、报告事项

(略)

二、讨论事项

1. 议沪附中请求按月补助五百元案

议决:因经济困难无法补助。

2. 议图书馆馆员韩灵芸另有他就,□□□□□筱棠继任案

议决:通过,月□薪七十元。

3. 议上海□□出版社函索欠资案

议决:因经济不敷,一时不能偿还,婉辞答复。

4. 议将花溪校址□一部留为附中校地案

议决:通过。

(《第五十二次校务行政委员会》,《大夏大学校务行政委员会会议记录》,第144—146页,华东师范大学档案馆藏,档号:81-1-54)

二十六日　下午三时,在大井坎王伯群校长私邸召开第五十三次校务行政委员会会议,出席王伯群、吴泽霖、傅启学、王裕凯、马宗荣,王校长主持。会议报告了聘请教员、财政近况等校情,之后讨论了若干近期事务。

第五十三次校务行政委员会

时间:九月廿六日下午三时

地点:大井坎王校长公馆

出席者:王伯群　吴泽霖　傅启学　王裕凯　马宗荣

主席:王校长

一、报告事项

(略)

二、讨论事项

1. 议通过重订廿九年秋季学期行事历案

议决:提交校务会议追认。

2. 议规定下学期上课时间案

议决:上午六时半升旗,七时上课,下午二时上课,上下午各上四节。

3. 议决定理学院仪器管理人选案

议决:请卢世鲁君负责管理。

4. 议姚维钧孙宪仙薪给案

议决:照□□日支津贴十六至廿元,由管理人员视其工作繁简核定。

5. 议防□协会会员五百元应否□□案

议决:□□。

6. 议聘□慕萍为训导处职员案

议决:通过,月支薪六十元,自九月十六日起。

7. 议出□证□规训导处□给案

议决:通过。

(《第五十三次校务行政委员会》,《大夏大学校务行政委员会会议记录》,第147—150页,华东师范大学档案馆藏,档号:81-1-54)

三十日　秋季开学,新旧学生开始办理缴费及入舍手续,该学期黔校注册学生五百三十五人,沪校学生注册一千一百一十五人。(《本学期行事历订定公布》,《大夏周报》,第17卷第1期,1940年11月21日)

本校上海部分,本学期业经注册截止,注册学生计文学院47人,理学院193人,教育学院210人,商学院304人,法学院344人,师专科17,总计为1115人,较上学期增多68人。

(《沪校学生增加》,《大夏周报》,第17卷第3期,1940年12月7日)

廿九年秋季学生类别表

学生类别		人数	
新生	本年秋季筑渝两地录取新生	75	105
	借读新生	19	
	以前录取本学期报到新生	7	
	附中直升	2	
	沪校在港录取来筑报到新生	2	
旧生	上学期在校肄业旧生	391	430
	复学旧生	30	
	沪校来黔肄业旧生	9	
总计		535	535

(《大夏周报》,第17卷第3期,1940年12月7日)

下午三时,在大井坎王伯群校长私邸召开第五十四次校务行政委员会会议,出席王伯群、吴泽霖、傅启学、王裕凯、马宗荣,王校长主持。

第五十四次校务行政委员会

时间:九月卅日下午三时

地点:大井坎王校长公馆

出席者:王伯群 吴泽霖 傅启学 王裕凯 马宗荣

主席:王校长

一、报告事项

(略)

二、讨论事项

1. 议注册时□□院、会计系、教育学院社教及职教系指导学生选课人员案

议决:一、□□院、会计系一二年级请刘行骅先生,三四年级请李敬思先生负责指导;

二、社教系请马继华先生负责指导;

三、职教系请王裕凯负责指导。

2. 议图书馆添聘职员案

议决:请王贤珍女士担任。

3. 议□士辞职案

议决:在未聘到继任人选之前,仍有徐惠女士负责。

4. 议校务行事历应否即日公布案

议决:公布。

5. 议教务处书记谢文富自九月份起按月加薪五元案

议决:通过。

6. 议教职员□□生活津贴案

议决:凡本校专任教员职员,自十月份起每人按月□□津贴一十元为□资□□,每斗五元□□时则□□□□。

(《第五十四次校务行政委员会》,《大夏大学校务行政委员会会议记录》,第151—154页,华东师范大学档案馆藏,档号:81‐1‐54)

十月

三日 总务长兼教育学院教授马宗荣、文学院教授吴道安在贵州省临时参议会选举中,当选为该届国民参政会参政员。(《马吴两教授当选参政员》,《大夏周报》,第17卷第1期,1940年11月21日)

八日 下午四时,在大井坎王伯群校长私邸召开第五十五次校务行政委员会会议,出席王伯群、吴泽霖、傅启学、王裕凯、马宗荣,王校长主持。报告该学期注册学生截至是日已达三百七十人等校务后,讨论并议定事务多项,如议定办公时间为上午七时至十时三十五分、下午二时至五时三十五分等。(《第五十五次校务行政委员会》,《大夏大学校务行政委员会会议记录》,第155—158页,华东师范大学档案馆藏,档号:81‐1‐54)

十五日 下午四时,在大井坎二十六号王校长私邸召开第二十七次校务会议。

第二十七次校务会议记录

时间:二十九年十月十五日下午四时

地点:大井坎二十六号

出席者:王伯群 王裕凯 吴泽霖 夏元瑮 傅启学 金企渊 谢六逸 刘行骅 徐汉豪 陈景琪(夏代) 李敬思 谌志远 林伯坚 邓世隆 马宗荣

主席:王校长

记录:孙尧年

(甲)报告事项

王校长报告

一、专任教员及职员自十月份起每人改送米贴二十元。

二、本学期续聘新教员情形。

三、各院处新订办公时间上午七时至十时三十五分,下午二时至五时三十分。

四、省动委会函送本年征募寒衣价款办法。

五、部颁大学教员资格审查暂行规程。

夏院长徐主任相继报告

六、赴渝向教部接洽请将本校改为国立经过详情。

王主任秘书报告

七、本校受贵州各界救济冀鲁灾民筹赈会委托,筹募捐款共得四百九十元,已扫数送交该会。

八、节约建国储蓄推行办法。

吴教务长报告

九、截至本日上午,各院系注册学生共五百人。

傅训导长报告

十、学生选择导师情形。

马总务长报告

十一、学校财政近况。

李主任敬思报告

十二、教职员消费合作社储蓄部最近工作情形。

刘主任行骅报告

十三、实习商店及教职员消费合作社最近工作情形。

(乙)讨论事项

一、议追认重订校务行事历案

议决:通过。

二、议征募寒衣价款应如何进行案

议决:教职员方面由总务处照章扣捐,学生方面由训导处进行征募。

三、议本校兼办社会教育事业及部令推行家庭教育应如何办理案

议决:交社会教育学系办理。

四、议组织节约建国储金团本校劝储委员会案

议决:通过,并推请王裕凯、金企渊、李敬思、刘行骅、宁祖尧五先生及学生张才云、姜惜萍、李学炳三人为委员,由本校分团长王校长为该会主任委员。

五、议如何推动本校出版事业案

议决:请谢院长计划具体方案呈由校长审完举办。

六、学生丁莹照申请借读湘大案

议决:该生情形特殊,始予照准。

七、议创办本校商学院附设商科职业训练班案

议决:请金企渊、吴泽霖、马宗荣、傅启学四先生会商筹划,呈由校长核定。

(《第二十七次校务会议记录》,《大夏大学校务会议记录》,第 145—152 页,华东师范大学档案馆藏,档号:81 - 1 - 49)

二十一日 上午十一时,在校长室召开第五十六次校务行政委员会会议,出席王伯群、吴泽霖、傅启学、王裕凯、马宗荣,王校长主持。报告了该学期注册学生截至是日计五百三十一人、星期日本校有山坡图书室开放等校务后,讨论并议定事务多项。(《第五十六次校务行政委员会》,《大夏大学校务行政委员会会议记录》,第 159—161 页,华东师范大学档案馆藏,档号:81 - 1 - 54)

二十五日　鲁继曾、邵家麟、吴泽霖、吴浩然、陈铭恩等教授获教育部颁发的服务奖状。(《鲁先生等获服务奖状》，《大夏周报》，第17卷第3期，1940年12月7日)

二十六日　大夏学会在大井坎二十六号王校长私邸开第二次理事会，出席理事七人，王校长主持。

议决增聘徐傅季、周翰远为本会文书，筹设本会固定会所，请研究部长谢六逸先生负责计划研究工作如何进行，及筹募基金增聘陈静、陈立言、陈贤珍、钟焕新、叶盛华为交际组交际等案云。

(《理事会举行第二次会议》，《大夏周报》，第17卷第1期，1940年11月21日)

二十八日　上午十一时，在校长室召开第五十七次校务行政委员会会议，出席王伯群、吴泽霖、傅启学、王裕凯、马宗荣，王校长主持。报告了该学期注册学生总计五百三十四人[①]、陈一百教授辞职等校务后，讨论并议定添聘教职员等事务多项。(《第五十七次校务行政委员会》，《大夏大学校务行政委员会会议记录》，第162—165页，华东师范大学档案馆藏，档号：81-1-54)

十一月

八日　上午十一时，在校长室召开第五十八次校务行政委员会会议，出席王伯群、吴泽霖、傅启学、王裕凯、马宗荣，王校长主持。报告了各学院上课情形、导师分组情形、胡工群辞职等校务后，讨论并议定教职员加薪等事务多项。(《第五十八次校务行政委员会》，《大夏大学校务行政委员会会议记录》，第162—170页，华东师范大学档案馆藏，档号：81-1-54)

十三日　大夏学会理事会总务部在会议室举行部务会议，出席王裕凯等委员。会议议决了劝募基金的进行方式、募捐的截止日期，以及请叶盛华先生在城内觅租房屋为会所等三项议案。(《理事会总务部会议》，《大夏周报》，第17卷第2期，1940年12月1日)

十四日　下午三时，校务委员会在大井坎二十六号举行第二十八次校务会议，出席谢六逸等委员，王校长主持。各委员分别报告了所主管部处的校务，随后讨论议案多项。

首由各委员分别报告了所主管部处校务进行情形，次即开始讨论议案，一、议更改上课及办公时间案。议决：自十二月十八日起更改如后，甲、上课时间：上午自七时起至十点五十分止，下午自一时起至四时五十分止，各上课四节，每节五十分钟，课间休息十分钟。乙、办公时间：上午七时至十时三十分，下午一时至四时五十分。二、议如何实行教部颁布之教育工作竞赛案。议决：由教务、训导、总务三处分别办理，必要时由吴教务长召集有关部分主管人员会商办理。三、议组织德音奖学金委员会案。议决：推请夏元瑮、王裕凯、张尧年三先生组织委员会。四、议学生曾华尧伪造入学证件，应如何惩处案。议决：予以除名处分。五、应否组织出版委员会案。议决：决定组织出版委员会，请各院长、各研究室主任为委员，并请谢院长为主任委员。

(《校务委员会开会》，《大夏周报》，第17卷第2期，1940年12月1日)

十七日　上午十时，第六次纪念周会，出席教职员及学生五百余人，中正大学叶青教授应邀演讲，题为"民主主义与社会主义"。(《叶青教授演讲"民生主义与社会主义"》，《大夏周报》，第17卷第2期，1940年12月1日)

二十一日　上午十时，在校长室召开第五十九次校务行政委员会会议，出席王伯群、吴泽霖、傅启学、王裕凯、马宗荣，王校长主持。报告了教育部拨付一次补助费万余元、财务近况等校务后，讨论并议定事务多项。(《第五十九次校务行政委员会》，《大夏大学校务行政委员会会议记录》，第171—176页，华东师范大学档案馆藏，档号：81-1-54)

---

① 该项记录与《大夏周报》第17卷第1期《本学期行事历订定公布》、第17卷第3期《廿九年秋季学生类别表》所记略有出入。

二十二日　在第二教室召开该届毕业同学大会,张天炎同学主持。会议推定筹备委员五人,决定二十七日开该届毕业同学会成立大会。(《本届毕业同学会成立》,《大夏周报》,第17卷第3期,1940年12月10日)

二十三日　土木工程学会在第五教室举行联谊会,到理学院院长夏元瑮、系主任及会员五十余人。(《土木工程学会举行联谊会》,《大夏周报》,第17卷第3期,1940年12月10日)

十二月

三日　上午九时,在校长室召开第六十次校务行政委员会会议,出席王伯群、吴泽霖、傅启学、王裕凯、马宗荣,王校长主持。首先报告了聘请教员计划、财政近况等校务,其后讨论并审定改善教职员待遇等事务多项。(《第六十次校务行政委员会》,《大夏大学校务行政委员会会议记录》,第177—181页,华东师范大学档案馆藏,档号:81-1-54)

十日　下午三时,在大井坎二十六号王校长公馆举行第二十九次校务会议,王校长主持,并报告教育部拨给补助费六万元,转拨六千元给沪校。各部处负责人分别报告所负责校务。此后讨论并决定议案多项,如决定春季学期不再招收一年级新生。

讨论事项:(一)议春季学期不再招收一年级新生案。议决:通过。(二)议伤兵之友社函请加收会员会费案。议决:自三十年一月起照新章每人每月缴纳会费五角。(三)议通过德音奖学金办法案。议决:通过。(四)议新年放假案。议决:三十年元旦及二三日放假三天。(五)议推举毕业考试监考委员案。议决:校外委员请黔教育厅长,贵阳及湘雅两医学院长三位。校内委员聘请仍按上学期例办理。(六)议下学期注册及上课日期案。议决:二月二十六、二十七、二十八日三天办理注册,三月一日起正式上课。(七)议本学期应届毕业同学会函请1.展缓递交毕业论文期限;2.提前举行毕业考试;3.定期举行毕业典礼;4.免除毕业总考等四案。议决:1.毕业论文准予展缓至毕业考试后两星期内呈缴;2.不得提前举行毕业考试;3.毕业典礼俟毕业考试结束,学业成绩结算完竣后视留校毕业生人数多寡再行酌请办理;4.毕业总考不得免除;(八)议出版事宜案。议决:先行编印丛书。

(《举行第二十九次校务会议》,《大夏周报》,第17卷第4期,1941年1月10日)

二十日　上午十时,在校长室召开第六十一次校务行政委员会会议,出席王伯群、吴泽霖、傅启学、王裕凯、马宗荣,王校长主持。首先报告了财政近况、贵州省士绅捐建校舍一座等校务,其后讨论并审定聘请教职员等事务。(《第六十一次校务行政委员会》,《大夏大学校务行政委员会会议记录》,第182—184页,华东师范大学档案馆藏,档号:81-1-54)

二十七日　上午九时,在校长室召开第六十二次校务行政委员会会议,出席王伯群、吴泽霖、傅启学、王裕凯、马宗荣,王校长主持。会议首先报告了财政近况、中学部情形等校务,其后讨论并审定了一些事项。(《第六十二次校务行政委员会》,《大夏大学校务行政委员会会议记录》,第177--181页,华东师范大学档案馆藏,档号:81-1-54)

一月

九日　上午十一时，在大井坎王校长公馆召开第六十三次校务行政委员会会议。

第六十三次校务行政委员会

时间：卅年一月九日上午十一时

地点：大井坎王校长公馆

出席者：王伯群　吴泽霖　傅启学　王裕凯　马宗荣

主席：王校长

一、报告事项

1. 部派训育委员王所康来校视察。

2. 杨克□先生因另有高就离校。

3. 财政近况。

4. 庆祝元旦情形。

二、讨论事项

1. 议□□卅年度预留□案

议决：由总务、教务两处合□。

2. 议部须多项表格本校上海部分应否填报案

议决：请报应否填报。

3. 议追□庆祝元旦□□超出预标九十四元案

议决：通过。

4. 议通过申请特种贷金学生名单案

议决：照训导处所拟名单通过。

5. 议专任教职员临时生活补助费案

议决：再加二十元，自二月份起支付。

6. 议电请教部救济沪校教职员案

议决：通过。

7. 议训导处文书刘志揭辞职，调陈懋章继任，□聘傅义民为事务员案

议决：通过，各支原筹薪。

8. 议组织社教推行委员会

议决：推请王校长、傅启学、吴泽霖、马宗荣、喻任声、王裕凯、卢世鲁七位为委员，推校长为主任委员，傅启学为副主任委员。

（《第六十三次校务行政委员会》，《大夏大学校务行政委员会会议记录》，第189—193页，华东师范大学档案馆藏，档号：81-1-54）

十三日　教育部训育委员王衍康来校视察，适逢纪念周会，作题为"组织教育"的演讲，出席教职员及学生六百余人，王校长主持。（《教部派员来校视察》，《大夏周报》，第17卷第5

期,1941年2月1日)

历史社会系举办该学期第二次学术讲座,吴泽霖教务长讲"如何利用参考资料"。(《历史社会系举办第二次学术讲座》,《大夏周报》,第17卷第5期,1941年2月1日)

十四日　主任秘书、教务长、总务长、训导长等陪同教育部训育委员王衍康参观学校各处、各院系办公室、教室、图书馆、男女生宿舍,训育委员对学校设施表示满意。(《教部派员来校视察》,《大夏周报》,第17卷第5期,1941年2月1日)

十五日　教育部训育委员王衍康参加本校升旗典礼,并向学生训话,对学生的爱国精神、民族观念以及行为表现等表示赞赏。(《教部派员来校视察》,《大夏周报》,第17卷第5期,1941年2月1日)

十七日　清华大学政治系主任浦薛凤赴渝过筑,是日下午四时应邀来校作"治重于政"的学术演讲。(《浦薛凤先生演讲》,《大夏周报》,第17卷第5期,1941年2月1日)

中国语文学会请系主任李青崖教授作"透明性对中国学术文艺的影响"的学术演讲,出席听讲者除中国文学系同学外,还有其他院系的同学。(《中国语文学会请李系主任讲演》,《大夏周报》,第17卷第5期,1941年2月1日)

二月

一日　下午二时,在大井坎王校长私邸举行第六十四次校务行政委员会会议,出席王伯群、傅启学、王裕凯、马宗荣,王校长主持,讨论并议决多项校务。

第六十四次校务行政委员会

时间:二月一日下午二时

地点:大井坎王校长公馆

出席者:王伯群　马宗荣　傅启学　王裕凯

主席:王校长

一、报告事项

(略)

二、讨论事项

1. 议教育学院院长一缺应如何补充案

议决:由主任秘书王裕凯兼任。

2. 议聘请女生□育指导案

议决:聘请郭淑文担任,月薪八十元,另□□贴。

3. 议事务主任卢世鲁调充社会教育研究室主任,兼办"学校兼办社会教育事业"案

议决:通过,支原薪,所遗事务主任一职调由梅德昌继任,月薪八十元。

(《第六十四次校务行政委员会》,《大夏大学校务行政委员会会议记录》,第194—196页,华东师范大学档案馆藏,档号:81-1-54)

四日　上午十时,在大井坎王校长私邸举行第六十五次校务行政委员会会议,出席王伯群、吴泽霖、王裕凯,王校长主持,讨论并议决多项校务。

第六十五次校务行政委员会

时间:二月四日上午十时

地点:大井坎王校长公馆

出席者:王伯群　吴泽霖　王裕凯

主席:王校长

一、报告事项

（略）

二、讨论事项

1. 议聘朱伯奇为本大学教授兼附中主任案

议决：通过，月薪实支二百四十六元，另□□贴。

2. 议定期举行毕业生活动会案

议决：定于二月十日正午在校长私邸举行。

3. 议定期召集校务会议案

议决：定于二月十九日下午二时举行。

4. 议通过本年度预算案

议决：修正通过。

（《第六十五次校务行政委员会》，《大夏大学校务行政委员会会议记录》，第197—199页，华东师范大学档案馆藏，档号：81-1-54）

九日　学校为救济清寒及战区学生、奖励优秀学生，除设有德音奖学金外，还有黔籍学生奖学金、学生学费贷金、清寒贷金、战区学生生活贷金等数种。凡欲请领上项贷金及奖金学生，须于是日前向训导处办理申请手续。

本校为救济清寒及战区学生起见，设有下列□种奖学金及贷金，交由训导处办理，除德音奖学金已志前报外，兹探得请领各种贷金规定办法如下：

（一）黔籍学生奖学金：免学费全额五十名，每名每学期四十元，免学费半额五十名，每名每学期四十元。免费标准：(1)家境贫寒；(2)操行及格；(3)学业成绩等三项。新生亦得申请。

（二）学生学费贷金：学费全额五十名，每名四十元，学费半额一百名，每名二十一元。以上二种尽先给予战区清寒学生，给予标准与（一）项同。

（三）清寒贷金：学费贷金五名，每名四十元，书籍文具费贷金五名，每名二十元。凡在本校肄业六年以上，平均成绩指数在1.50以上，而家境清寒者，均可申请。

（四）战区学生生活贷金：全额四十名，每名每月十元，半额二十名，每名每月五元。以上二种限战区清寒学生。（申请学费贷金及战区生活贷金，以在本校肄业满一学期之学生为限。）

（五）各种贷金及奖金申请手续：先到训导处领取申请表格，依式填写，由训导处核查竣事后，提交学生贷金审查委员〈会〉审核公布。

兹值寒假开始，凡欲请领上项贷金及奖学金之同学，须于二月九日以前办完申请手续，已由训导处布告周知，请勿交臂失之。

又讯：贵阳学生救济委员会，已于一月卅一日召开会议，闻决定增加救济金额，每名全额由十六元增至二十元，半额由八元增至十元云。

（《请领奖学金及贷金办法公布》，《大夏周报》，第17卷第6期，1941年2月20日）

十四日　校务会议决定，招收春季二、三年级转学生，不招收一年级新生，是日开始报名，二十、二十一日两天举行考试。

本校今年经校务会议决定，招春季二三年级转学生，不招收一年级新生。兹查是项简章，业由教务处□定公布，特摘要登载于下：

一、招考年级：文、理、教育、商、法，各学院二三年级转学生。

二、入学资格：转学生之原校，限于国立、省立或教育部立案之私立大学。

三、转学生应备下列各件：甲，转学证书及成绩单，由原校直接寄交本校；乙，高中毕业文凭。

四、试验科目：1.三民主义，2.国文，3.英文，4.口试，5.体格检查（以上为共同必试科目）。各系主要必试科目略。

五、报名日期及地点：1.日期，民国三十年二月十四日起至十八日止；2.地点，贵阳讲武堂本校。

六、考试日期及地点：1.日期，民国三十年二月二十、二十一两天；2.地点，本校。

闻不久即登报正式广告云。

（《本校春季招转学生》，《大夏周报》，第 17 卷第 5 期，1941 年 2 月 1 日）

十九日　下午二时，在大井坎二十六号王校长公馆举行第三十次校务会议，报告校务多项，并议决未来工作议案多项，如推吴泽霖等十一人为战区学生贷金审查委员会委员；推谢六逸等八人为黔籍学生免费审查委员会委员；通过应得各种奖学状学生名单；通过本届毕业生名单，未缴论文、学分不足者不得毕业等。

本校第三十次校务会议，于二月十九日下午二时，在大井坎二十六号王校长公馆举行，出席：王伯群、吴泽霖、王裕凯、傅启学、王世中、张尧年、林伯坚、谢六逸、何克昌、陈景琪、李敬思、夏元瑑（何克昌代）、谌志远、金企渊、徐汉豪；主席：王校长；记录：孙尧年。

（甲）报告事项。王校长报告：（一）教职员更替情形；（二）二月份起增加专任教职员津贴每位二十元；（三）财政近况；（四）花溪新校舍建筑工程进行情形。王主任秘书报告：（五）本届应届毕业生就业情形；（六）教育部主办中正奖学金，本年度本校学生徐士高、方浣仙、涂木兰三名核准获奖，每名四百元。吴教务长报告：（七）学期考试经过情形；（八）社会研究部二十八年九月至三十年二月经费收支，及现存物质情形；（九）社会研究部历年工作成绩。傅训导长报告：（十）申请各种贷金及免费学生情形；（十一）办理学生工作救济情形；（十二）改订登记铺位办法；（十三）导师制推行情形。李主任敬思报告：（十四）实习银行办理情形。（乙）讨论事项。（一）议通过春季学期行事历案。议决：通过。（二）议规定下学期上课及办公时间案。议决：仍照本学期规定。（三）议推举战区学生贷金审查委员会委员案。议决：推举吴泽霖、王裕凯、徐汉豪、陈景琪、张尧年、李敬思、王世中、林伯坚、李青崖、夏元瑑、傅启学等十一位先生为战区学生贷金审查委员会委员，由傅启学先生召集之。（四）议推举黔籍学生免费审查委员会委员案。议决：推举谢六逸、谌志远、马宗荣、刘行骅、金企渊、何克昌、邓世隆、傅启学等八位先生为黔籍学生免费审查委员会委员，由傅启学先生召集之。（五）议通过本届毕业生名单案。议决：原则：1. 论文未竣者，根据第二十九次本会议决案在毕业考试后两星期（即四月廿四日以前）补发，否则，本届不得毕业！2. 总指数不合标准者，一律补读一学期！由各院系主任指定课程修习。3. 学分总指数不足者，补足后，始得毕业！4. 差一学分者，准以自习补写报告代替。名单：照上项原则审查通过。（六）议通过应得各等奖学状学生名单案。议决：通过。（七）议成绩不合标准学生，应如何惩处案。议决：分别予以惩处。（八）议通过应得德音奖学金学生名单案。议决：通过□是清徐祖□两名。（九）议学期考试□未带学生□扣考及□过考试时间学生，请求补考案。议决：不准补考。（十）议通过休学、复学，及退学办法案。议决：请王裕凯、傅启学、张尧年三先生审核后，再呈校长核定之。

（《第三十次校务会议》，《大夏周报》，第 17 卷第 7 期，1941 年 3 月 1 日）

二十六日　贵州省教育厅等单位举办青年寒假论文竞赛，学生许承宁获大学组第一名，附中学生冉隆勋获高中组第一名。（《青年论文竞赛本校同学第一》，《大夏周报》，第 17 卷第 7 期，1941 年 3 月 1 日）

本月　贵州富绅华问渠捐赠田地四十余亩作为花溪新校基，学校除登报鸣谢外，呈报教育部授予奖章。

本省富绅华问渠先生，乐善好施，久为全省人士所尊仰。其对于教育、文化、生产等事业，尤尽力提倡。本校自迁黔以来，即计划在贵阳花溪建立永久校舍，向各界人士募捐，均承解囊相助。最近又承华问渠先生慨捐田土四十余亩，本校除登报鸣谢以彰嘉惠外，并呈请教部依照捐资兴学褒奖条例，授予奖章以资奖励云。

（《华问渠先生捐产助学》，《大夏周报》，第 17 卷第 6 期，1941 年 2 月 20 日）

本月　总务处制定春季学期工作计划，内容极为详尽，分文书、事务、会计三个方面。其中事务方面主要工作有：改修图书馆、增置移动舞台、完成武德路操场建筑、改装电灯、开始花溪新校舍第二期工程、花溪新校舍植林等。（《总务处发表本年春季工作计划》，《大夏周报》，第 17 卷第 6 期，1941 年 2 月 20 日）

本月　经黔籍学生免费审查委员会、战区学生贷金审查委员会审查,准黔籍学生免费全额五十名、免费半额四十八名,战区学生生活贷金全额七十六名、半额四十六名,其他学生学费贷金全额四十八名、半额九十八名。《学生免费及贷金名单》,《大夏周报》,第17卷第7期,1941年3月1日)

三月

三日　春季始业式、国民月会及纪念周会合并举行,出席师生五百余人,王校长主持,并报告国内外形势,最后领读国民公约誓词。

本学期始业式原定三月一日举行。嗣展至三日上午十时与三月份国民月会及总理纪念周在本校大礼堂合并举行。到新旧教职员及学生五百余人,由王校长主席领导行礼如仪后,即席报告本学期新聘教职员情形暨其他重要校务。再次报告近月来国内外时局形势,并阐明国际形势之转变,尤多与我国抗战有利,惟战争逼近胜利阶段,亦为困难最甚时期,本校系私立,在人力物力比较薄弱之条件下,仍能维持坚整阵容,使诸生得在此安心乐业,事至不易,希各努力勉进,毋负在此求学之时机与环境云。继由傅训导长演讲,戒勉同学两点:一、新旧同学应共同遵守学校纪律,维持秩序。二、应加强自尊自重心理。语极警惕,演讲毕,仍由主席领导宣读青年守则,并呼口号礼成散会。

(《春季始业式》,《大夏周报》,第17卷第8期,1941年4月1日)

六日　上午十时,在大井坎王校长私邸举行第六十七次校务行政委员会会议,出席王伯群、傅启学、王裕凯,王校长主持,讨论并议决教职员聘请、调离、待遇提高等项校务。(《第六十七次校务行政委员会》,《大夏大学校务行政委员会会议记录》,第205—208页,华东师范大学档案馆藏,档号:81-1-54)

九日　下午三时,在教育研究室举行第三十八次校务会议议事会。

第卅八次校务会议议事录

时间:三月九日下午三时

地点:本校教育研究室

出席者:鲁继曾　何仪朝　张隽青　孙绳曾　冯邦彦　吴浩然　古楳　孙兀曾　王国秀　葛受元
□□□　章颐年　张耀翔(章代)　王成组　韦悫　陈柱尊　邵家麟

主席:鲁秘书长

记录:刘小苍

报告事项

(一)冯邦彦先生报告三周上课情形教员缺课统计……

(二)冯邦彦先生报告本学期注册人数截至八日止共为九百十九人。

(三)吴浩然先生报告总务概况。

(四)张隽青先生报告训导概况。

(五)孙兀曾先生报告附中概况。

讨论事项:

一、议购严氏藏书案

议决:出价七百五十元或选购一部分由图书主任负责接洽。

二、议学生操行分数如何评定案

议决:由各组导师评价分数送训导处会同各院长核定。

三、议各院院务会议提案

甲、理学院提议出版大学□□案

议决:组织编审委员会,各院院长为当然委员,加请鲁继曾、韦悫二先生为委员,由王成组先生召集。

乙、理学院提议增设夜课案

议决:组织委员会筹备办理,推定□院长暨鲁继曾、孙绳曾二先生为委员,由□先生召集。

四、议本学期指导学生课外活动案

议决:请训导长规划办理。

五、议指导本学期新生案

议决:定本月十六日(星期日)上午九时各院联合举行。

六、议应否展延注册截止日期案

议决:延长一星期到本月十五日截止。

七、议响应签名慰英运动案

议决:全体员生一致签名参加。

八、议提高学生国文英文程度案

议决:分别组织委员会,由各该系主任主持规划教材。

九、议本会及教务会议每月一次正常会议为间月轮开案

议决:通过。

(《第卅八次校务会议议事录》,《前大夏大学校务会议记录》,第3—8页,华东师范大学档案馆藏,档号:81-1-50)

十一日　下午三时,在大井坎二十六号王校长私邸举行第三十一次校务会议。王校长等报告了近期诸多重要校务,如贵州士绅刘玩泉等认捐学校纪念建筑;会议还议决多项近期重要议案。

本校第三十一次校务会议于三十年三月十一日(星期一)下午三时,在大井坎二十六号王校长公馆举行,出席:王伯群、谢六逸、张少微、陈景琪、夏元瑮、傅启学、林伯坚、胡峒义、谌志远、钟耀夫、邓世隆、王世中(王裕凯代)、王裕凯、李青崖(谌志远代)、张尧年、金企渊、何克昌、李敬思;主席:王校长;记录:张尧年。

(甲)报告事项

校长报告

一、吴校[教]务长因事请假,特商请夏院长元瑮兼任教务长;

二、本省士绅刘玩泉、戴蕴珊、帅璨章三先生各认捐本校纪念建筑一座,李居恒、丁纯武两先生合并认捐一座,又赖永初先生□昆仲暨邓义之、邓若符两先生亦拟继续捐赠本校建筑;

三、续聘新教职员情形;

四、财政近况;

王主任秘书报告

五、本校学生许承宁及附中学生冉隆勋参加本省青年团与教育厅主办之高中以上学校论文竞赛均获第一;

夏校务长报告

六、截至本日止各学院注册学生共计四五百人;

傅训导长报告

七、本学期推行导师制情形;

八、办理登记学生铺位情形;

九、执行学生惩戒规(丙)(丁)两项时发生困难情形。

(乙)讨论事项

一、议本省动员委员会请本校员生参加出钱劳军运动应如何办理案,议决:教职员方面各认捐一个月薪额之百分之一,学生方面自由捐输;

二、议规定本学校学生改选功课日期案,议决:规定在三月二十、二十一、二十二日三天;

三、议修改学生惩戒规则(丙)(丁)两项案,议决:修正通过(全文另附);

四、议出席本会议教员代表杨克毅先生离校,应否另选一人出席案,议决:仍用票选方法,请全体专

任教员选举一位出席。

（《第三十一次校务会议》，《大夏周报》，第17卷第8期，1941年4月1日）

夏元瑮院长兼教务长，在纪念周会训话，对于教务方针详细阐述，讲至教务长最重要责任在于多聘著名教授时，全体学生报以热烈掌声。（《夏院长兼校〔教〕务长》，《大夏周报》，第17卷第8期，1941年4月1日）

十二日　举行孙中山逝世十六周年纪念大会，王校长主持，并以"总理立德、立功、立言"勉励同学。

三月十二日，为国父孙中山先生逝世第十六周年纪念日，又为国民精神总动员第二周年纪念日，本校依教部令放假一天，并于是日上午八时合并举行纪念会，到全校教职员学生五百余人，校长主席，行礼如仪，主席报告，总理立德立功立言之三不朽，勉励同学效法总理精神，实行国民精神总动员，时至今日，国势贴危如斯，吾人应有孜孜奋斗决心，方能度〔渡〕过难关。继由傅训导长演讲"总理人格的伟大"，略谓：总理北上病在协和医院时，全世界人士皆关心他的病，尤其北京（是时称北京）各大学学生。某日北京《晨报》妄□孙先生病逝之谣言，北大学生见之，皆不约而同的痛哭失声，后知其不确，竟将晨报撕毁，其感人之深有如此者。孙先生的伟大处，不但他的党徒拥护他，□是他的□对者亦崇拜他，今日之共产党亦曰"三民主义为今日所必备"，又曰"实行三民主义"，这不是偶然的，这是孙先生伟大人格感召之所致也。末由校长领导高呼口号散会。

（《孙中山先生逝世十六周年纪念》，《大夏周报》，第17卷第8期，1941年4月1日）

二十三日　贵阳附中在该学期开学一周后对学生实施军训一周。是日请欧厅长、夏教务长、王院长等前往检阅受训学生。学生全副武装，精神饱满，步伐整齐，受到欧厅长等嘉勉。（《大夏附中学生集训》，《大夏周报》，第17卷第8期，1941年4月1日）

二十四日　纪念周会，欧副校长返校作题为"反省"的演讲，希望学生反省思想是否合乎时代，行为对抗战有无裨益，能力是否足以应付工作。（《欧副校长返校训话》，《大夏周报》，第17卷第8期，1941年4月1日）

主席、诸位先生、诸位同学：今天奉王校长命回来和诸位讲话，内心的感觉是一则以喜，一则以愧。喜的是看见校门内外，花红柳绿，景色依然，先生们别来无恙，同学们一样多，一样活泼，今天能回到学校和诸位谈话叙旧，内心欣慰，非可言宣！愧的是自从请假离校担任公务员以来，因事务繁多，鲜有机会，阅书进修，学殖荒芜，不知凭什么与诸位讲好。

今天想与诸位讲的题目是："反省"两个字。原来中国人与西洋人做学问的方法不同，西洋人用的是科学方法，就是对任何一个问题的研究，必须经过假设、视察、调查、分析，几个步骤，然后□成定律，才应用到实际中去。中国人做学问是用"反省"功夫，先哲孔子做学问便是如此。曾子说："夫子之道，忠恕而已矣。"尽己之谓忠，推己之谓恕，己所不欲，勿施于人，反求诸己，即是恕道。兹忠恕即孔子治学的反省工夫，我们现在做学问要怎样呢？我们现在做学问却要中西并行不悖，一方面用科学方法，一方面也用"反省"工夫，如美国教育家杜威博士的巨著：How We Think，亦即教人如何运用思维的方法。可见研究学问，西洋人也是科学方法与反省并用的。今年本校注册学生人数与上学期不相上下，诸位在学年数虽异，离校期间亦殊，在校的时间至多也不过三四年，在这短短的三四年中，希望诸位要多做"反省"的工夫，"学以致用"是学问的目的，为学问而学问的人，究属不多。一个科学家研究蚯蚓胃肠里的寄生虫，曾费□多年的光阴，试问像这样的人，究有几个？所以现在我们要反省：我们是否能达到了"学以致用"的目的？我们该以三事反省，即我们的思想是否合乎时代？我们的行为对抗战有无裨益？我们的能力是否足以应付工作？

第一，我们的思想是否合乎时代？在抗战建国的大时代，思想行动无疑的要以抗战建国纲领为准绳，抗建纲领开宗明义第一条说："确定三民主义暨总理遗教为一般抗战行为及建国之最高准绳。全国抗战力量应在本党及蒋委员长领导之下集中，全力奋斗迈进。"所以在今日我们的思想是否合乎时代，即看合不合这条为断，确定三民主义及总理遗□□思想行动准绳，这不仅国民党党员要如此，全国国民都应该如此,就是中国共产党也曾宣布□□抗战建国纲领,说要为三民主义而奋斗。最近中共参政员向政府提出十二条要求中也有"实行三民主义"的一条。汪逆精卫的伪组织,不必说也是奉行三民主义,甚至敌人倡言的"大东亚新秩序",他□说就是总理的大亚细亚主义,为什么要这样鱼目混珠呢? 即无非在一个时代中,一定要有一个独特的时代思想。这正如一个歌咏队□一个音乐队,当他们奏演时必须有一个指挥人一样,尽管队员们演奏高低、音部不同,而五条线的乐谱总是一律的,离开了五线谱的音阶,便不成为歌咏或音乐,同样的,我们思想也是这样,我们时代的五线谱便是"三民主义""抗战纲领"。尽管是国家各部门的人员不同,然而,我们的思想总是以此为依归,除非我们已离开了国内的时间空间,到所谓的满洲国或台湾朝鲜去,自当别论。否则,思想要□□□这是不容否认的事实。一个国家若朝野上下思想分歧,则国□危。考于史实,屡见不鲜。战前的法兰西,便是前车之鉴。某杂志有篇文章名"忆巴黎",内容谓:巴黎在沦陷前,法人为保持国粹计,把巴黎定为文化城,为不设防都市。法人宁可国土破碎,而不愿文化被毁;又谓:战前法国人思想自由,意见分歧,在巴黎有着错综复杂的党派思想,主战者有之,主和者亦有之,各种主义,都有它的根据地,异端邪说,聚讼纷纭,莫衷一是。迨战事发生后,这一群自由思想的巴黎居民,因怕德军蹂躏,均往附近森林躲避,在打听着德国到境的消息。一天希特拉①率领德军兵临巴黎城下,看不着一个法国人,便马上出示安民,翌日巴黎人民回来了,城中歌舞升平,灯红酒绿如□昔,亡国现象丝毫未有,这就是因为战□法国没人领导,国民思想不集中的缘故。我们现在所处的是什么时代,我们应该反省,反省我们的思想如何,还有一般人尚停留在"九一八"以前的思想,是不对的。什么思想自由的意识理论,已是陈旧落伍的空谈,旧时代的思想绝不能适应目前的潮流。现在抗战建国纲领,已明白规定三民主义及总理遗教便是我们全民族的最高思想准绳。

第二,我们的行为对抗战有无裨益? 抗战口号:"有钱出钱,有力出力。"适龄壮丁的出征,可谓做到了有力出力,我们做公务员及求学的依兵役法规定,得享受免役□缓役权利,所以我们试反省一下,我们既不能到前方去参与抗战和将士同苦,在后方可曾做到了"有钱出钱,有力出力"的惠实没有? 现在举一个实例告诉各位,最近英文文摘有篇文章(*Blood for Britain*)说,美国援英,朝野一致,不仅精神援助,物质输将,甚至有出自己的血输送到英国的伤兵的,美国人民为了响应这种捐血运动,在纽约一个礼拜便有一千多人。其中一瞎子为响应这运动□□生说:"果能把希特拉的头取下来的话,□□输我全身的血,亦所情愿。"那文章描写令人感奋。所以这在我们应该反省,我们已经做到了"有钱出钱,有力出力"没有? 相反的我们有没有因物价的高涨而徒生怨尤? 须知今日物价的高涨,生活迫人,都是敌人的赐予。敌人一天不赶出去,我们便一天不能安居乐业。我们要从大处着眼,小处着手,我们不能因噎废食。精神总动员纲领有谓"醉生梦死的生活,必须改正","奋发蓬勃的精神必须养成","苟且偷生的习惯必须革除","自私自利的企图必须打破","分歧错杂的思想必须纠正"。试问我们做到了哪部分? 美国人士能以自己的血贡献友邦,我们为自己的国家□贡献了些什么? 我们需要来个切实的"反省"。

第三,我们的能力能否处理事务解决问题? 抗战以前,国内人浮于事。所谓"大学生毕业即失业",几成普遍现象。抗战后情形大变,未毕业便有事等着你做,且有很多的机会任你选择。过去一年来与一般公务员接触机会较多,据个人视察所得,一般公务员往往感觉能力不足以应付事情,即找普遍的文书、统计、会计人材亦难。苟一机关一旦获得了上项人材便认为了不得,甚至竞相争聘。故公务员虽多,而其能力真真能处理事务应付裕如的究属不多。当然,仅是公文程式的不熟悉而已。为教育者固应负责,但学生本身亦不能否认无过——在学期间不认真学习,又如最近本省几个中学都要找数学教员,待遇高至二百四十元,能胜任的人材,也不易觅得。可见现在是"事找人",而非"粥少僧多"。在座诸位,前面已经讲过,在学时间,至多也不过三四年,希望诸位务必把握在学的黄金时代及时准备,努力迈进。

(《反省——三月廿四日欧副校长在纪念周讲词》,《大夏周报》,第17卷第8期,1941年4月1日)

二十七日　教育科学研究会召开第二次干事会,通过各股工作计划,并将于春假举行花溪远足。(《教育科学研究室[会]近讯》,《大夏周报》,第17卷第8期,1941年4月1日)

---

① 希特勒。后同。

四月

七日　重庆大夏学会校友五十余人,欢宴王伯群校长和邰爽秋、康选宜、吴泽霖等教师。(《本校在渝同学欢宴王校长》,《大夏周报》,第 17 卷第 9 期,1941 年 5 月 1 日)

十四日　纪念周会,请出席国民党第二届国民参政会的总务长马宗荣教授,作大会观感的演讲。(《马总务长出席本校总理纪念周讲演》,《大夏周报》,第 17 卷第 9 期,1941 年 5 月 1 日)

十五日　上午十一时半,教育科学研究会在第二教室举行演讲会,到会四十余人,院长王裕凯亲临指导。(《教育科学研究会动态》,《大夏周报》,第 17 卷第 10 期,1941 年 6 月 1 日)

十九日　教育学院社会教育学系所办民众学校成人班,已于七日正式上课,有学生八十余人,分高低两班,开设国语、算术、常识、音乐等课。是日晚放映电影《淞沪前线》。(《社教系工作人员派定》,《大夏周报》,第 17 卷第 9 期,1941 年 5 月 1 日)

青艺戏剧研究会补开成立大会,到教授张梦麟、训导处郑镛及会员二十余人,选举出候补干事六人,并议决多项重要会务。(《青艺戏剧研究会成立》,《大夏周报》,第 17 卷第 10 期,1941 年 6 月 1 日)

二十三日　中国语文学会请中央摄影场编导潘孑农来校作"我从事电影戏剧的经验和感想"的演讲。(《潘孑农在本校中国语文学会讲演》,《大夏周报》,第 17 卷第 9 期,1941 年 5 月 1 日)

在第一届全国专科以上学生学业竞试中,大夏学生戴振东、叶惠英为优胜生,获书券三百元,奖状一张。(《戴振东叶惠英获奖》,《大夏周报》,第 17 卷第 9 期,1941 年 5 月 1 日)

教育学院社会教育系兼办社会教育,每周六下午七时至九时放映教育电影。

本校奉令兼办社会教育,由教育学院社会教育系拟定三十年度工作计划,本报曾予以报道。兹悉该系定于每星期六下午七时至九时,在校内放映教育电影,实施播音教育,附近民众来坪观听者甚众云。

(《放映教育电影》,《大夏周报》,第 17 卷第 9 期,1941 年 5 月 1 日)

二十九日　下午二时,在大井坎王校长私邸举行第六十八次校务行政委员会会议,出席王伯群、傅启学、马宗荣、王裕凯,王校长主持,讨论并议决五月提前召开校务会议、教职员加薪、校庆安排等项校务。(《第六十八次校务行政委员会》,《大夏大学校务行政委员会会议记录》,第 209—216 页,华东师范大学档案馆藏,档号:81‐1‐54)

五月

四日　上午九时,在本校三楼一八号教室开第三十九次校务会议纪事会。

卅年第三十九次校务会议纪事录

时间:五月四日(星期日)上午九时

地点:本校三楼一八号教室

出席者:鲁继曾　邵家麟　章颐年　冯邦彦　吴浩然　王成组　张耀翔　葛受元　夏□德(葛代)
何仪朝　孙兀曾　陈铭恩　张隽青　韦悫　殷明禄　□□□　王国秀　孙绳曾　古楳

主席:鲁秘书长

记录:刘小苍

一、报告事项

(一)冯邦彦先生报告上月份教员缺课……

(二)冯邦彦先生报告第二次月考情况。

(三)张隽青先生报告学生请假缺课时数统计。

(四)张隽青先生报告导师制进行情况。

（五）吴浩然先生报告本学期财政概况。

（六）吴浩然先生报告教职员集团购煤购米情形。

（七）鲁继曾先生报告重要事件。

（八）王成组□□□二先生报告□□□□□□□□委员会及教材调整委员会开会情形。

（九）孙亢曾先生报告附属中学概况。

（十）邵家麟先生报告应用化学实验所概况。

二、讨论事项

（一）议本学期校历案

议决：修改通过（校历附）。

（二）追认劳军捐款办法案

议决：通过。追认财政委员会所拟办法即教职员四月份薪水一律捐百分之五，学生部分自本学期所缴讲义费内各捐一元……

（三）议本届□□学校学杂费应否增收案

议决：由上届每单位增收学费一元，杂费一项每生各增两元。

（四）议本届毕业考试委员会委员名单案

议决：照章办理，校外专家请李培恩、盛□为、□作周三位为委员。

（五）议筹备秋季开班学程案

议决：请各院长于本月底粗具草案，送教务长统筹办理。

（六）议学生请求案（略）

（七）议指导学生课外活动办法案

议决：由训导长会同各院院长筹划办理。

（《卅年第三十九次校务会议纪事录》，《前大夏大学校务会议记录》，第9—15页，华东师范大学档案馆藏，档号：81-1-50）

　　五日　上午十一时，在校长室举行第六十九次校务行政委员会会议，出席王伯群、傅启学、马宗荣、王裕凯，王校长主持，讨论并议决多项校务。

第六十九次校务行政委员会

时间：五月五日上午十一时

地点：校长室

出席者：王伯群　傅启学　马宗荣　王裕凯

主席：王校长

报告事项

（略）

讨论事项

1. 议核定教职员加薪标准案

议决：凡职员薪金在百元以下皆外加三成，自百元起至二百元以下皆外加两成，自五月份起□贴照旧。凡教授、副教授及讲师实支薪金在二百元以下清除生活□五十元外□九五□，自二百元起，除生活个人五十元□□九□□□。自五月份起□贴照旧。

2. 议□□□□化学助教应否□薪津案

议决：□聘专□化学助教。

3. 议旅建日食观测委员会函请本校参加案

议决：□□□□□不能参加。

4. 议刊印大夏大学概况案

议决：通过。

5. 议聘徐缊莹为助理训导案

议决:通过,支陈懋璋原薪。

(《第六十九次校务行政委员会》,《大夏大学校务行政委员会会议记录》,第217—219页,华东师范大学档案馆藏,档号:81-1-54)

六日　下午三时,在王校长私邸举行第三十二次校务会议,议决毕业生考试和论文事宜、暑期学校办理、秋季招生,以及校庆停课等多项校务。

本校第三十二次校务会议,于本年五月六日(星期二)下午三时,在王校长公馆举行,出席者:王伯群、张尧年、高承元、钟耀天、林伯坚、傅启学、袁岳龄、王裕凯、李青崖、朱伯奇、谢六逸、张少微、陈景琪、李敬思、谌志远、夏元瑮、何克昌、金企渊、刘行骅、马宗荣,主席:王校长,记录:孙尧年。(甲)报告事项。王校长报告:(一)赴渝向教育部接洽校务经过情形。(二)新聘教授高承元、袁岳龄、张世禄先生及副教授保骏油先生均已到授课。(三)花溪新校舍第一期建筑工程行将完竣,第二期工程即将开始。(四)朱伯奇先生当选本校教员代表出席本会议。(五)本校重庆附中近况。王主任秘书报告:(六)本校参加教部主办之学业竞试,学生戴震[振]东、朱[叶]惠英获取为决赛生,各得奖状一纸,奖金三百元①。(七)本校六一校庆筹备情形。张注册主任报告:(八)本学期各院系学生及应届毕业生人数。(九)沪校本学期各院系学生人数。(十)最近数周教员缺课统计。(十一)请各教员于上课时严格点名事。傅训导长报告:(十二)导师制推行情形。(十三)检查学生内务情形。马总务长报告:(十四)财政近况。李主任敬思报告:(十六[五])附中校务近况。(乙)讨论事项。(一)议教部令催呈报教员资格应如何办理案。议决:分函全体教员请于尽五月三十一日以前将各种证件交由校长室汇报。(二)议组织本届毕业考试委员会案。议决:照上学期原组织组织之。(三)议规定本届毕业生呈缴论文限期案。议决:毕业论文限毕业考试前两星期呈缴,否则本学期不准毕业!(四)议毕业加试应否提前案。议决:提前两星期举行。(五)议续办暑期学校案。议决:决定举办,请张尧年先生为暑校主任。(六)议决定秋季招生日期及地点案。议决:由教务处决定办理。(七)议教部令知全国捐献教师号飞机应如何办理案。议决:教职员〈每〉名各捐一日薪额。(八)议通过商学院实习银行暂行规草案。议决:原则通过,条文由校长室再加审定。(九)议六一校庆前后□日应否停课案。议决:五月三十一日下午停课半天,又六月二日停课一天,散会。

(《第三十二次校务会议》,《大夏周报》,第17卷第10期,1941年6月1日)

十三日　上午十时,在校长室举行第七十次校务行政委员会会议,出席王伯群、马宗荣、王裕凯、傅启学,王校长主持,修正并通过了计划刊印的《本校概况》的具体内容。(《第七十次校务行政委员会》,《大夏大学校务行政委员会会议记录》,第220—221页,华东师范大学档案馆藏,档号:81-1-54)

十六日　经济学会学生请该系教授张伯篯作"战时物价问题"的演讲。(《张伯篯教授讲演》,《大夏周报》,第17卷第10期,1941年6月1日)

十九日　上午九时,在第一八号教室召开临时校务会议。

临时校务会议纪事录

时间:卅年五月十九日(星期日)上午九时

地点:本校第一八号教室

出席者:鲁继曾　吴浩然　何仪朝　孙亢曾　冯邦彦　王国秀　夏□德　张隽青　邵家麟　张耀翔　章颐年　陈铭恩　古楳　王成组　韦悫　孙绳曾(张代)　葛受元

主席:鲁秘书长

记录:刘小苍

一、主席报告教育部各项文件

主席报告教育部□□本校本年春秋两学期教职员生活补助费已如数领到。

主席报告本届毕业考试委员会委员名单。

---

① 据《大夏周报》第17卷第9期,戴振东、叶惠英获奖状一张、书券三百元。

二、讨论事项

(一)议本教部颁给教职员生活补助费支配办法案

议决:修正通过。(附卅年春秋两学期教职员生活补助费支配办法)

(二)议下学期增收学杂费案

议决:下学期起学生学杂费每人暂定为一百二十元。

(三)议改进学生卫生案

议决:组织卫生指导委员会,推韦捧丹、吴浩然、张隽青三先生为委员,由张先生召集。

(四)议本年暑期修完毕业学分之学生试验加试科目案

议决:定七月六日举行。

(五)学生请求案(略)

卅年春秋两学期教职员生活补助费支配办法(略)

(《临时校务会议纪事录》,《前大夏大学校务会议记录》,第17—23页,华东师范大学档案馆藏,档号:81-1-50)

训导处拟定学生团体出版壁报规则,不准学生私人或团体在校内发行壁报。为研究学术、探讨问题的壁报,经审核后,始可出版。(《学生团体发行壁报规则公布》,《大夏周报》,第17卷第10期,1941年6月1日)

王校长任交通部长时曾兼任交通大学校长。学校迁黔后,交大也迁来贵州。最近该校举行三十六周年校庆,邀请王校长前往演讲。王校长与夏院长前往交大。(《王校长赴交大讲学》,《大夏周报》,第17卷第10期,1941年6月1日)

教育学系学生由王裕凯院长率领,前往贵州教育厅参观。欧元怀厅长、喻任声主任秘书对近年全省教育设施作详尽介绍,学生获益良多。(《教育系学生参观教育厅》,《大夏周报》,第17卷第10期,1941年6月1日)

六月

一日　举行建校十七周年纪念大会,王校长主持,并致开会词,校董致贺词,最后唱校歌,高呼口号。九时半,教职员与返校校友举行茶话会,同时举行新武术、太极拳、踢踏舞、苗舞等表演。十时,各院系成绩展览开始。下午,举行男女生宿舍清洁竞赛、国语演讲决赛和各项球类竞赛。晚上,举行游艺晚会。各地校友会来电祝贺。

上午八时,举行国民月会、校庆纪念仪式程序如下:

一、奏乐开会

二、全体肃立

三、主席就位

四、唱国歌

五、向党国旗及国父遗像行最敬礼

六、主席恭读总理遗训

七、主席恭读国民公约全体循声朗诵

八、校长致辞开会

九、校董致辞

十、演说

十一、唱精神总动员歌

十二、毕业生致词

十三、唱校歌

十四、呼口号

1. 国家至上民族至上
2. 军事第一胜利第一
3. 意志集中力量集中
4. 革除旧习惯创造新精神
5. 实行三民主义
6. 拥护蒋总裁
7. 拥护国民政府
8. 师生合作万岁
9. 大夏大学万岁
10. 中华民族万万岁

十五、奏乐礼成

十六、鸣炮

上午九时半,大中两部教职员及返校毕业生举行茶话会同时表演体育节目如下:

1. "六一"踢踏舞　大学部踢踏舞班
2. 新武术　大学部新武术班
3. 宝塔太极拳　大学部太极拳班
4. 大夏万岁舞　中学部
5. 苗舞　大学部女生土风舞班

十时,各院系成绩展览开始

下午一时至三时,男女生宿舍举行清洁竞赛并开放自由参观

二时国语演说竞赛决赛

三时各项球类竞赛

七时游艺会

（《六一校庆全日活动程序》,《大夏周报》,第 17 卷第 10 期,1941 年 6 月 1 日）

二日　学校在花溪举行第二期建筑工程奠基典礼,全校师生及各界人士到会。王校长致开会词,捐建校舍士绅代表戴蕴珊致词,欧厅长演讲,在爆竹声中由王校长行破土礼,第二期工程有建筑物三座,由九位士绅捐建。

六月二日本校在花溪举行新校舍第二期建筑工程奠基典礼,到会总计有王校长伯群,欧副校长元怀,马总务长宗荣,王院长裕凯,张主任尧年,校董杨秋帆,省党委李居平,及捐建建筑物本省士绅戴蕴珊、刘玩泉、丁纯武、李居恒等。首由王校长致开会词,略谓本大学第一期建筑工程赖中央及地方政府资助,现已完竣,第二期工程,赖本省士绅捐建,于今日破土,深表谢意,兹各生敦品力学,以无负国家及社会之期许。旋由捐建校舍士绅代表戴蕴珊致词,大意谓本同人等为国民一份子,略为捐资□学,以作育人才。继由欧副校长元怀演说,列举欧美捐资□□事实,并对学校前途及学生多所勖勉。旋于爆竹声中由王校长行破土礼,按本校此次二期建筑物凡三座,系戴蕴珊、刘玩泉、丁纯武、李居恒、邓义之、邓若符、帅璨章、戴子如、潘海秋九位先生所捐建云。

（《本校花溪新校舍二期建筑奠基礼》,《大夏周报》,第 17 卷第 11 期,1941 年 6 月 20 日）

七日　下午三时,在大井坎王校长私邸举行第七十一次校务行政委员会会议,出席王伯群、马宗荣、王裕凯,王校长主持,讨论了员生生活窘迫问题,议决急电教育部请求汇薪补十万元,由学校先垫七千至一万元交教职员消费合作社负责向外采购。（《第七十一次校务行政委员会》,《大夏大学校务行政委员会会议记录》,第 222—224 页,华东师范大学档案馆藏,档号:81 - 1 - 54）

十日　下午四时,在王校长公馆举行第三十三次校务会议,王校长等报告重要校务多项,出席人员议定近来校务议案多项,如希望各教职员尽量为毕业生介绍职业。

本校第三十三次校务会议,业于六月十日下午四时,在王校长公馆举行,出席王伯群、张尧年、谢六逸、陈景琪、朱伯奇、袁岳龄、李青崖、刘行骅、李敬思、邓世隆、傅启学、王世中、夏元瑮、何克昌、王裕凯、金企渊、钟耀天。主席:王校长,记录:孙尧年。

(甲)报告事项。王校长报告:一、花溪新校舍第二期建筑工程业已奠基。二、改善同仁待遇情形。三、财政近况。四、本校□部最□□□推行情形。王主任秘书报告:五、本校教员申请审查资格证件定于本月十六日汇呈教部。张注册主任报告:六、教员最近缺课情形。七、筹备毕业加考情形。八、暑校筹备情形。九、学期考试拟请各教员协同监考并阅卷事。傅训导长报告:十、六一校庆举行学生宿舍清洁竞赛结果。金院长报告:十一、商训班第一期定于本周内结业。

(乙)讨论事项。一、议规定学期及毕业考试期间案。议决:定于六月二十五日至三十日举行,每日分为三节:第一节下午二时半至四时十分,第二节四时十分至六时,第三节七时至八时四十分。二、议本届毕业生要求论文延期缴送案。议决:仍照上次本会议议决案办理不得延期。三、议本届毕业生职业介绍案。议决:请各位教员尽量介绍。四、议规定暑期学校起日期案。议决:定七月十一、十二两日注册,十四日上课,八月二十三日结束。五、议决定秋季学期开学日期案。议决:定于九月十日秋季开学,十二、十三两日注册,十五日起上课。六、议本届毕业生□□有未修足规定学分请求补救案。议决:□学程必须补修及格后方准毕业。七、议由校租赁房屋转租教员作为寓所案。议决:请马宗荣、谢六逸、夏元瑮、张尧年、梅德昌五位先生会同筹划办理。

(《第三十三次校务会议》,《大夏周报》,第17卷第11期,1941年6月20日)

十二日　社会教育系为进行社会教育,从是日起至十五日公演话剧《敌》,王院长和马系主任每天都亲临指挥,社会影响巨大。(《社教系公演话剧补志》,《大夏周报》,第17卷第12期,1941年7月15日)

教育学院社会教育系这次《敌》的出演,是遵照教育部令兼办社会教育的设施,连续演了三日,影响了四千二百以上的观众(除掉一部分被邀请的社会人士),获得了大多数的赞美、歌颂与祝贺。单就教育的效果方面,不能说不是一个相当满意的收获,我们为□传达他们发展的过程,这里来一个综合的报道,想必为关心教育的人士所乐阅罢。

......

十二日,整天浸沉在迷濛的细雨中,《敌》就在这细雨迷濛中演出了。虽然道路的泞泥,却阻遏不了观众的热烈的兴趣。从五点半钟起,省立民教馆的广场上,就充满着观剧的人群。七点钟的时候,剧场中已经是黑压压的挤满了一堂。在一阵肃穆庄严的歌声以后,该系本届毕业同学叶惠英君从容地出现在观众的前面,简单而扼要地□着开幕词,接着就是话剧的开始。全剧只有三幕,中间插着叶□松君的独唱,倒可突破换景时的沉寂。演员□以台词的纯熟,动作的逼真,始终抓住观众的兴奋的情绪。第二日(十三日)天空放晴了,表面上似乎给工作人员以莫大的方便,而实际上竟□□到一个严重的问题,因为这一天他们接到要票的以及请求续演的函件,不下廿余封之多,尤其《中央日报》的《写在〈敌〉后》上诚恳地盼望着尽可能地延长二三日,因此□然极度紧张的围氛中(因正值应届毕业同学加考期间同时也是大考在即的期间)。为着答谢各界的雅意,经马兼系主任的决定,续演一日,果然当天晚间不仅场内拥挤得水泄不通,甚至渴望已久的场外观众还继续争先恐后的抢着进去,幸而一方面宪警附中童子军维持的得力,另一方面担任招待的同学,以诚恳的态度,说明剧场的情形,同时允许他们明日□再来。才算度[渡]过了这个难关。第三天照理是要稀松点,但事实并不尽然,两边的过道上坐着有人,窗外的人头密密地堆积着,就是每个角落里都摇晃着人影,真是出乎人们意料的情景。

这次的公演是利用话剧作为教育的工具,演员以及全场的职员们,都是以具有热忱的教育者的姿态奔走忙碌着,最难能可贵的是王院长马兼系主任每晚不辞辛劳地亲自到场指示一切。......

(《写在社会教育系公演以后》,《大夏周报》,第17卷第11期,1941年6月20日)

十七日　下午四时,在校长室举行第七十二次校务行政委员会会议,出席王伯群、傅启学、王裕凯,王校长主持,讨论并议决校务多项。(《第七十二次校务行政委员会》,《大夏大学

校务行政委员会会议记录》,第 225—227 页,华东师范大学档案馆藏,档号:81-1-54)

二十三日　该学期最后一次纪念周会,王校长训话,勉励学生求学须有不间断精神,有始有终,切勿懈怠。(《本期末次纪念周王校长出席训话》,《大夏周报》,第 17 卷第 12 期,1941 年 7 月 15 日)

二十五日　该学期期终考试和毕业考试于是日至三十日举行,为避免空袭,教务处将考试时间安排在每天下午二时三十分至晚间八时四十分。(《学期考试结束》,《大夏周报》,第 17 卷第 12 期,1941 年 7 月 15 日)

三十日　第十六届暑假毕业生六十余人,应各机关之聘,即将离校就业。是日举行话别会,王校长勉励诸生以牺牲、奋斗、创造、合作精神为社会服务。夏院长、王院长、马总务长相继演说,毕业生代表致答词。(《举行毕业生话别会》,《大夏周报》,第 17 卷第 12 期,1941 年 7 月 15 日)

七月

二日　夏元瑮院长兼任教务长期满,改由法学院院长谌志远继任。(《谌教务长到处视事》,《大夏周报》,第 17 卷第 12 期,1941 年 7 月 15 日)

九日　暑期学校开始报名。

本校为利用暑假,设立暑期学校,以供学生补习,并予职业人员进修之机会,特于每年暑假期内,设立暑期学校。本年暑假开始仍继续办理,定于七月九日起至十二日止为报名期间,七月十四、十五两日注册,七月十六日起上课。本届所开课程,计有国文、英文、日文、哲学概论、地质学、西洋史、统计学、财政学、经济学、票据学、公司法、隧道工程、铁道管理、三民主义、教育调查、翻译等。每日上课六节,自上午六时三十分起,至九时四十分止,下午二时三十分起,至五时四十分止为日课时间。结束期间,最早八月十七日,最迟八月二十七日。每人至多只能选九学分,报名者极其踊跃云。

(《暑期学校定期报名》,《大夏周报》,第 17 卷第 12 期,1941 年 7 月 15 日)

十三日　国民党教育部次长顾毓琇等一行考察西南各省学校,是日莅校视察。由王校长、欧副校长及各处、院首长陪同参观学校各部。次长对学校设施颇多赞许。(《顾次长莅校视察》,《大夏周报》,第 17 卷第 12 期,1941 年 7 月 15 日)

十八日　下午三时,在王校长公馆举行第三十四次校务会议,王校长主持,会上通过下学期校务行事历、核定得奖学状学生名单、推举战区学生贷金审查委员会委员、黔籍学生免费审查委员会委员等重要议案多项。

本校第三十四次校务会议,于七月十八日下午三时,在王校长公馆举行,出席:王伯群、钟耀天、高承元、谌志远、孙尧年、谢六逸、王世中、朱伯奇、李敬思、刘行骅、马宗荣(徐绍彝代)、林伯坚、傅启学(郑镛代)、王裕凯、陈景琪、金企渊、张少微、李青崖等。主席王校长,记录张尧年。(甲)报告事项。王校长报告:一、下学年教职员待遇再加改善事;二、下学年教职员更动情形;三、教部重要来文;四、本校沪部最近校务情形;五、财政近况。张注册主任报告:暑期学校开课情形。郑训导员镛代傅训导长报告(略)。(乙)讨论事项。一、议通过下学期校务行事历案。议决:通过。二、议通过本届毕业生名单案,议决:照审查意见通过。三、议通过应得各等奖学状学生名单案,议决:通过。四、议成绩不合标准学生,应如何惩处案,议决:仍照上学年办法,一二年级学生予以退学处分,三四年级予以重读一学期处分。五、议推举战区学生贷金审查委员会委员案,议决:推举夏元瑮、王裕凯、张尧年、陈景琪、林伯坚、李敬思、王世中、张少微、钟耀天、高承元、袁岳龄、朱伯奇、傅启学等十三位先生为委员,由傅先生召集之。六、议推举黔籍学生免费审查委员会委员案,议决:推举马宗荣、谢六逸、金企渊、谌志远、李青崖、刘行骅、邓世隆、何克昌、傅启学等九位先生为委员,由傅先生召集之。七、八、九三案均略。议毕,散会。

(《第三十四次校务会议》,《大夏周报》,第 18 卷第 1 期,1941 年 10 月 15 日)

九月

一日 黔校奉令从该学年起进行院系调整。

本校黔部前奉令,教育学院自三十年度起停办,法商学院合并,理学院土木工程系裁撤。教部对该院系学生之处置,亦有明令指示如下:教育学系学生分发国立贵阳师范学院,社教系学生分发国立社会教育学院,职教系学生分发四川省立教育学院,土木系学生分发国立交通大学唐山工程学院,一律借读四年毕业,毕业时仍由本校发给毕业证书,本校沪部仍设文、理、教、商、法五院照旧办理。

(《调整院系后各系学生分发决定》,《大夏周报》,第18卷第1期,1941年10月15日)

七日 上午九时,在本校第二十八号教室召开第四十次校务会议。

卅年第四十次校务会议记录

时间:九月七日(星期日)上午九时

地点:本校第二十八号教室

出席者:鲁继曾 吴浩然 张隽青 陈铭恩 葛受元 陈□铣 王成组 关可贵 孙绳曾 刘大杰 孟宪承 古樑 何仪朝 冯邦彦 孙亢曾 王国秀 □□□ 章颐年 韦悫 邵家麟

主席:鲁秘书长

记录:刘小苍

一、报告事项

(一)鲁先生报告新聘教职员名单。

(二)鲁先生报告筹设香港分校情形。

(三)冯邦彦先生报告□□□□□□□□开学情形。

(四)吴浩然先生报告经济概况。

(五)吴浩然先生报告本学期清寒奖学金及助学金名单。

(六)张隽青先生报告训导概况。

(七)孙亢曾先生报告附中概况。

二、讨论事项

(一)审查卅年度第一学期预薪草案

议决:通过。预算表附。

(二)议香港分校预算草案

议决:通过。预算表附。

(三)议本学期校历草案

议决:修正通过。

(四)议本学期出版刊物计划案

议决:组织编审委员会,推孟宪承、刘大杰、蔡宾年、关可贵、葛受元五先生为编审委员,由孟先生召集,各院院长为编审委员会顾问。

(五)议本学期训导计划案

议决:定本月十七、十八两日举行新生指导会,由训导长拟定办法会同各院院长、系主任、专任教授办理。

(六)议国文及英文会考应如何提高标准案

议决:展期至十月五日举行国文及英文会考,委员会分别详细规划……

(七)议留级学生应否减修学分案

议决:由教务长暨五院长协调办理。

(八)议毕业生加试科目不及格应如何处分案

议决：不及格学生重修该项学程，不开班时可在本校承认之其他大学借读。

（九）议学生请求事项（略）

（《卅年第四十次校务会议记录》，《前大夏大学校务会议记录》，第24—31页，华东师范大学档案馆藏，档号：81-1-50）

九日　上午九时，在校长室举行第七十四次校务行政委员会会议，王伯群、谢六逸、张永立（代谌志远）、傅启学、金企渊、王裕凯出席，王校长主持。首先报告了教育部令本校调整院系情形、教育部特补费十万元业已汇到、延期至九月十九日上课等事项，之后讨论并议决教职员捐款于献机运动等校务。（《第七十四次校务行政委员会》，《大夏大学校务行政委员会会议记录》，第231—238页，华东师范大学档案馆藏，档号：81-1-54）

十日　全校教职员响应全国"教师号"献机运动，各捐献一日薪金，此项捐款及名册亦呈交。同时又发起一元献机运动，为建设空军，要求学生积极赞助，于入学缴费时随缴款一元。（《教师号献机运动》，《大夏周报》，第18卷第1期，1941年10月15日）

十七日　上午十一时，在燕市酒家举行第七十五次校务行政委员会会议。

第七十五次校务行政委员会

时间：九月十七日上午十一时

地点：燕市酒家

出席者：王伯群　谢六逸　谌志远　夏元瑮　王裕凯　金企渊　傅启学

主席：王校长

一、报告事项

1. 学校财政近况。

2. 教员应聘情形。

3. 本外埠招考投考学生近千人。

4. 战区学生生活贷金审查委员会遵照部令每月开审查会一次。

5. 新生训练计划。

二、讨论事项

1. 议推定负责人员办理学校兼办社会教育事业案

议决：推举傅启学、王裕凯、卢世鲁三先生负责办理。

2. 议加收各科讲义费案

议决：凡学生选读引发讲义之课程每门预先加收讲义费十五元，到学期终了时多退少补。

3. 议规定本学期上课时间案

议决：上午七时至十一时，下午二时至五时为上课时间。

（《第七十五次校务行政委员会》，《大夏大学校务行政委员会会议记录》，第236—238页，华东师范大学档案馆藏，档号：81-1-54）

二十四日　秋季开学，新旧学生开始办理缴费入舍手续，二十六日开始注册，二十九日正式上课。该学期注册学生六百二十九人。（《秋季开学改期》，《大夏周报》，第18卷第1期，1941年10月15日；《本期学生激增》，《大夏周报》，第18卷第3期，1941年12月5日）

十月

六日　上午十时，秋季始业式、纪念周会及国民月会同时举行，到会师生五百余人。王校长主持，并报告校务及国内外时事。

十月六日（星期一）上午十时，本校秋季始业式，与国父纪念周及国民月会，同时举行。到教职员学生五百余人，校长主席，领导行礼后，向全体学生训话。略谓本校在艰难困苦中谋发展，人事□调整事宜，教授均已聘齐到校，院系调整后，范围似乎缩小，但经费并未减少，而投考本校之学生，反而增加，以故内容较前益加充实。惟希望诸生认清自己责任之重大,努力读书,充实自己,即是充实国力。若今日还在醉生梦死,无奋发蓬勃的朝气,那匪但不配当大学生,连国民条件亦不具备,殊为可悲之事。现在党政军各方面负实际责任的人,都在总裁领导之下,艰苦奋斗,支持长期抗战,照目前国际情势,苏德战争,苏联亦采用我国长期抵抗战略,而美日谈话,双方也是在拖延时间,所以中日战争绝非短时间所能停止的,敌人单想停战,我更要将敌拖得九死一生,因此,我们青年天然的是长期抗战中的中坚。训话毕,宣读国民公约,全体教职员学生循声朗诵,末唱精神总动员歌及校歌,礼成。

（《举行秋季始业式》,《大夏周报》,第 18 卷第 2 期,1941 年 11 月 5 日）

十二日 纪念周会,教务长谌志远作"国际大势"的演讲。（《本校两次国父纪念周》,《大夏周报》,第 18 卷第 2 期,1941 年 11 月 5 日）

十五日 下午四时,举行第三十五次校务会议,议决多项校务,如要求保留学籍的新生须缴保证金、规定迟到注册学生惩处办法、增加实习商店股本金额。

本校于本月十五日下午四时,举行第三十五次校务会议,出席者:王伯群、王裕凯、谢六逸、傅启学、谌志远、刘行骅、夏元瑮(谌代)、李敬思、邓世隆(李代)、张少微(李代)、李青崖(李代)、金企渊、曹国琦、张永立、陈景琪。主席:王校长。记录:孙尧年。

甲、报告事项

王校长报告:

(一)本学期教职员更动情形。

(二)教部令发政府机关委托大学教授从事研究办法。

(三)部令调整本校院系一案办理经过情形。

(四)沪校近况。

(五)本年度出席本会议教员代表选举结果:姚薇元、苏希轼两先生当选。

(六)财政近况。

(七)物价过高拟请各部分主管人员转知所属职员竭力节省物力事。

(八)花溪新校舍布置情形。

谌教务长报告:

(九)本学期开学及施行新生入学训练情形。

(十)奉令继续办理学业竞赛请各位教员助事。

张注册主任报告:

(十一)本届招收新生人数及办理情形。

傅训导长报告:

(十二)部令战区学生请求贷金改由家长申请,否则应由导师代请事。

(十三)本市学生工作救济委员会配发本校金额情形。

(十四)本学期导师制推行情形。

刘主任行骅报告:

(十五)实习商店营业情形。

乙、讨论事项

(一)议呈请保留学籍新生是否应收保证金案

议决:自本学期起应收保证金十元,逾保留时限不复学者,即予没收。

(二)议新生于开学后二月尚未缴呈正式证件者应如何处理案

议决:准代为呈报学籍,但如奉教部令批驳以后,而该生仍未能呈缴者,即予退学处分。

(三)议学生梁梓煊呈请转系案

议决:暂准在本校注册,但如查得该生已在唐山工院注册者即予除名处分。

(四)议学生刘正宣等呈请复学案

议决:如休学已逾两年应仍参加转学试验,再定取录。

(五)议增加本校实习商店股〈本〉案

议决:再增加股本三千元。

(六)议迟到注册学生应如何惩处案

议决:在规定注册日期以后迟到注册一天罚国币两元,多则照此推算,至注册截止后一周内,如因特殊事故经核实补行注册者,除照计罚国币外,并减三学分。

(七)议增加实验费案

议决:本学期起每门加收为拾元。

(《第三十五次校务会议》,《大夏周报》,第18卷第2期,1941年11月5日)

二十日　纪念周会,傅训导长讲"苏联国策批判"。

傅先生演词,业由记者记录,大意谓:这次欧战之发生,由□苏联执政者史达林①,□变□列宁□□□的国策□列宁对外政策,是扶助小民族,打倒帝国主义,态度光明磊落,故得到各弱小国家同情。史达林与希特勒握手签订德苏协定,共同瓜分波兰,并侵略波罗的海各弱小国家,一反其道而行,变光明磊落的态度,而用纵横捭阖的手段,结果虽未为人火中取栗,而竟惹祸上身,贪小便宜,吃大亏,史达林应负其责。从各方面看来,德苏绝无妥协的地方,思想、制度,以及希特勒的野心,在在皆与苏联处于对立形势。惟有英苏合作,使希特勒始可在夹攻中生活,英苏两国才均得其利。史达林以为放箭伤人,可以自免其伤的,那知道,希氏避免东西同时作战的危险,认为先攻英国,再打苏联之千载一时的好机会到了。史达林上了这个大当,把二十年来辛苦建立的苏联,遭人摧毁,真是可惜。我们对于苏联向来同情,认为苏联的抗战,与我们相同,必得最后胜利,而国策之不能随便更改,尤值得吾人作为借鉴。历一小时始毕。

(《本校两次国父纪念周》,《大夏周报》,第18卷第2期,1941年11月5日)

二十一日　国民党教育部长来贵阳,在干训团向全市中学以上学校学生讲话,大夏大中两部学生一千余人前往听讲。(《陈部长向学生训话》,《大夏周报》,第18卷第2期,1941年11月5日)

二十七日　社会教育部在贵州物产陈列馆举办的苗夷文物展览是日闭幕,展出相片、服饰用物、研究图表及著作等,各界人士踊跃前往参观。

本校社会研究部成立有年,在今学术界中,颇负盛誉,本年应西南实业协会贵州分会暨全国工程师学会第十届年会筹备处之请,选送该部历年搜集之苗夷文物,作公开展览,目的在使社会人士明了贵州苗夷民族的生活文化。

(《社会研究部展览苗夷文物满载荣誉归来》,《大夏周报》,第18卷第3期,1941年12月5日)

十一月

三日　纪念周会,请法商学院银行系主任李敬思主讲"敌伪金融侵略"。(《国父纪念周》,《大夏周报》,第18卷第3期,1941年12月5日)

四日　上午十一时,在校长室举行第七十六次校务行政委员会会议。

第七十六次校务行政委员会

时间:十一月四日上午十一时

地点:校长室

出席者:傅启学　金企渊　谌志远　谢六逸　夏元瑮　王裕凯

列席者:赵口智

一、报告事项

(略)

————————————————

① 斯大林。下同。

二、讨论事项

1. 议更改上课时间案

议决:自十一月十日起上午升旗及上课时间均改迟半小时,下午照旧。

2. 议化学系请求拨款千元以□制造酒精案

议决:由中学部建筑费内报付。

3. 议增强课台桌椅案

议决:桌椅增加三十付,交总务处办。

4. 议土木系□□学生□□□□请假休学一学期案

议决:函告该生本校土木系办理□□情形,将来缓学学籍应由该生自己负责。

5. 议劝学会会计补习夜校请求津贴案

议决:□教部将学校兼办社会教育事业补助费□到时酌予补助。

(《第七十六次校务行政委员会》,《大夏大学校务行政委员会会议记录》,第239—242页,华东师范大学档案馆藏,档号:81-1-54)

九日　召开第四十一次校务会议。

第四十一次校务会议记录

时间:卅年十一月九日(星期日)下午三时

地点:本校三楼第28号教室

出席者:鲁继曾　王成组　□□□　吴浩然　古楳　张隽青　孟宪承　何仪朝　葛受元　关可贵 陈铭恩　邵家麟　章颐年　冯邦彦　孙绳曾　王国秀　韦悫

主席:鲁秘书长

记录:刘小苍

一、报告事项

(一)冯邦彦先生报告本学期学生人数,计文学院51人,理学院177人,教育学院205人,商学院336人,法学院433人。

(二)冯邦彦先生报告教员缺课补课情形统计……

(三)张隽青先生报告学生缺课请假统计。

(四)张隽青先生报告导师制进行概况。

(五)吴浩然先生报告本学期事务及经济概况。

(六)吴浩然先生报告香港分校概况。

(七)鲁主席报告重要函件及附中概况。

二、讨论事项

(一)关于各院系均衡发展问题

议决:人数较少各系主任会同院长草拟调整办法交由教务会议详细讨论。

(二)审查应准参加本届毕业考试学生名单(略)

(三)推举毕业考试委员会案

议决:校外委员延冯树德、胡敦俊、林立三位担任。

(四)审查毕业论文(略)

(五)编印大夏学报及学生手册事宜

议决:大夏学报□□□□学生手册□□编印本学期新校刊第二期,刊印课程专号。

(六)香港分校行政事宜

议决:改称上海大夏大学香港分部,办事细则另行拟定。

(七)学生请求事项(略)

(八)设法救济本校教职员生活(古楳先生提案)

议决:联合私立各大学呈请政府救济,并由校致送临时津贴费(办法附后)。

卅年度第一学期临时津贴生活费办法

一、专任暨兼任教职员本学期一次津贴月薪百分之五十。

二、职员月薪额在二百元以下者,本学期一次津贴工部局米一担,作价一百三十圆。

三、本年新聘教职员之教部津贴费提前致送。

以上津贴费均定本月十三日(星期四)起致送。

(《第四十一次校务会议记录》,《前大夏大学校务会议记录》,第32—35页、48页,华东师范大学档案馆藏,档号:81-1-50)

十日　纪念周会,请法商学院院长金企渊作"战时物价问题"的演讲。(《国父纪念周》,《大夏周报》,第18卷第3期,1941年12月5日)

十一日　青年团与青年会合办的"大夏青年课余社"是日正式开放,并改选职员,杨治亚任总干事。(《青年课余社开放》,《大夏周报》,第18卷第3期,1941年12月5日)

十七日　纪念周会,欧副校长返校作"战事中之青年"的演讲,勉励全体同学认清时间,振作精神,努力学习,做有益于抗战的事。(《欧副校长返校训话》,《大夏周报》,第18卷第3期,1941年12月5日)

十八日　下午四时,教务处召开第三次教务会议,教务长谌志远主持,议决议案多起。

本校教务处于本月十八日下午四时,召开第三次教务会议,出席谌志远、邓世隆、金企渊、陈景琪、李青崖、刘行骅、李敬思、张少微、苏希轼、傅杰华、傅启学,主席教务长谌志远,记录苏希轼。报告事项略,讨论事项:一、议审查上海商业银行辅助事业委员会辅助清寒学生名额案,议决:范美贞、胡声望、钱白永三名,各得辅助金四百元。二、议审查华侨捐款救济成绩优良清寒学生名额案,议决:车泽晋、何珍惠、傅时高、芮立钊、杜光炎五名,各得五十元。其他尚有议案六件,议毕散会。

(《第三次教务会议议决八要案》,《大夏周报》,第18卷第3期,1941年12月5日)

二十四日　中央天文研究所所长张钰哲曾领队去西北观察日食,此次路过贵阳,应邀莅校,在纪念周会上作"观察日食之经过"的演讲。(《张钰哲氏莅校讲演》,《大夏周报》,第18卷第4期,1941年12月15日)

二十七日　国民党山东省政府主席沈鸿烈因公过筑,顺便考察贵阳各文化机关,是日莅校参观。由王秘书长、谌教务长、傅训导长陪同参观各研究室、实验室。(《沈主席莅校参观》,《大夏周报》,第18卷第4期,1941年12月15日)

三十日　商学院实习银行扩大营业,化学系领导学生自行酿造酒精,社会研究部指导学生开展"贵阳市工友生活概况调查"。

本校商学院实习银行,举办校内员生存款放款项事宜,自成立以来,服务成绩,颇为各方所赞许。该行总理一席,系由银行系主任李敬思先生担任,李经理为扩大营业,并便利该院银行系同学实习起见,将内部组织,重行规划,更趋完善云。

本校化学系主任陈景琪先生,鉴于酒精在工业上用途甚广,而在战时,化学工业尤应提倡,乃领导同学自行制造酒精。兹悉各项设备,已装置完竣,现已开工酿造,不日即可大量出品云。

本校文学院附设之社会研究部,数年来对于西南苗夷文化研究,颇著成绩,然对于战时都市社会调查,亦甚注意。如贵阳市劳工概况调查,贵阳市劳动人口结构调查,黔垣二四灾情调查,贵阳各种工业调查,贵阳市戏剧业调查,贵阳公务员概况调查等,均曾由该部负责进行,并将调查结果,先后在各报章发表,以供社会参考。闻本学期该部复指导社会调查班同学,举办贵阳市工友生活概况调查,以资实习而利研究云。

(《商学院实习银行扩大营业》、《化学系酿造酒精已开工》、《社会研究部举行社会调查》,《大夏周报》,第18卷第4期,1941年12月15日)

应贵州高等法院请求,经有关当局核准,大夏大学增设法律专修科。

贵州高等法院,鉴于各县法院之书记官及典狱官人才之缺乏,曾于本年暑期内,商请本校附设法律专修科。本校当即表示同意,分别呈请教部及司法行政部核示。兹奉教部指令,准予附设,并附司法行政部修正法律专修科课程编制表一份发交本校如后。

一、共同修习科目表

科目	学分	第一学期	第二学期	第三学期	第四学期
党义	二	二			
军训	二	二			
国文	六	三	三		
宪法	四	二	二		
刑法总则	六	三	三		
刑法分则	四			四	
刑事特别法	三				三
刑事讼评法	六			三	三
法院组织法	一		一		
统计学	六	三	三		
会计学	六	三	三		
合计	四六	一八	一五	七	六

二、分组修习科目表(甲组)

科目	学分	第一学期	第二学期	第三学期	第四学期
民法总则	六	三	三		
债法	八			四	四
物权法	四			二	二
亲属法	二			二	
继承法	二			二	
商事法(即公司法、票据法)	四			二	二
民事诉讼法	八			四	四
强制执行	二				二
小计	三六				
共同修习与分组修习总计①	八二	二六	一三	二一	二二

---

① 该行数据均为原文,疑有误。

三、分组修习科目表(乙组)

科目	学分	第一学期	第二学期	第三学期	第四学期
监狱学	四			四	
刑事政策	二				二
犯罪心理学	三				三
劳动法及工厂学管法	三				三
中国现代政治问题	四			二	二
伦理学	三				三
社会学	六	三	三		
指纹法	二			二	
现行监所法令	三				三
监所卫生	二				二
教育学	三				三
小计	三六①				
共同修习与分组修习总计②	八二	二一	一八	二一	二二

(《教育部核准本校附设法律专修科》,《大夏周报》,第18卷第4期,1941年12月15日)

十二月

一日　国民月会与纪念周会合并举行,谌教务长主持,请政治系教授吴作民演讲"自己的力量",指出"科学为力量之母"。

本月(十二月)一日国民月会,适逢星期一,乃与国父纪念周会合并举行,由教务长谌志远先生主席。领导行礼如仪后,即介绍本校政治系教授吴作民先生讲演,题为"自己的力量"。大意百事须求诸己,不能完全依赖人,立国于天地间,亦复相同。生物进化原则,弱肉强食,本身必向外发展,若人强我弱,我必被人侵略,人强我亦强,则我具有抵抗的力量,才能生存发展。培养力量之道,厥惟追求科学,个人要科学化,国家亦要科学化,科学为力量之母云。吴氏讲演,庄谐并重,吸引观众之力颇强云。

(《本月国民月会》,《大夏周报》,第18卷第4期,1941年12月15日)

十五日　教育部嘉奖社会教育系兼办社会教育事业所绘制的各种挂图,颁发补助金三千元。

本校于本学期内,迭奉教育部传令嘉奖,曾志前报。最近又奉教部去年十二月十五日指令,对本校兼办社教各种挂图,认为合用,予以嘉奖。兹探录其原文如下:"呈件均悉,据送该校兼办社会教育各项挂图,核尚属适用,殊堪嘉许,准予补助三千元,专作印刷各种挂图之用,俾于成印后,各呈部五份,以资参考,一面□□补助费收据,报核为要件存,此令。"

(《教部三次嘉奖本校》,《大夏周报》,第18卷第6期,1942年1月20日)

二十日　广西教育厅长、川滇黔三省政务考察团团长苏希恂率团员莅校参观,王秘书长陪同参观学校各部、各研究室。是日起举行期中考试。(《桂省政务考察团团长苏希恂来校参

---

① 原文如此,疑有计算错误。
② 该行数据均为原文,疑有误。

观》,《大夏周报》,第 18 卷第 5 期,1941 年 12 月 25 日)

二十九日　纪念周会,欧副校长返校作"太平洋战争吾人应有之感悟"的演讲。

内容约分五点:(一)我们应重新估计英美与敌人之力量;(二)日本不配谈解放大东亚民族;(三)自卫卫国才是我们寻求安全之道;(四)统一指挥才是胜利的出路;(五)我们应特别关□南洋。欧校长对于太平洋战争,分析极详,尤其关于南洋方面,勉全体同学认识南洋是我们侨胞血汗所筑成的,我们要把它当作自己的国土看,不要让敌人抢夺以去。听众异常感动,约一时半始毕。

(《演讲汇志》,《大夏周报》,第 18 卷第 6 期,1942 年 1 月 20 日)

一月

一日　为庆祝元旦,学校放假三天,并举行了师生同乐大会、男女宿舍清洁比赛等庆祝活动。

本校为庆祝三十一年元旦事宜,特由训导处委派杨士元、杨治亚、刘依傭、周宏选、张云冕、谢永谦、陈允杰、张才云、吴伏选、刘士□、欧阳荣、杨远明、刘金承等十三位同学负责筹备师生同乐会,共申庆祝。本校并公布庆祝程序云:三十一年元旦(星期四)为中华民国成立纪念日,本校定于是日起至三日止,休假三天,以资庆祝。兹将程序公布如后。(一)上月三十一日下午六时,在图书馆举行师生同乐会,表演各种游艺。(二)元旦上午九时,在礼堂合并举行庆祝大会,暨二月份国民月会。(三)元旦下午二时至四时,开设男女生宿舍,举行清洁比赛。

筹备诸人,根据学校公布程序,于除夕同乐会,筹备各项游艺,计有:(一)大夏歌咏队之大合唱,其演唱歌曲,有祖国之恋、抗战烈火、收获等。(二)陈刘两教官之平剧清唱。(三)大夏青年团第一区队话剧咖啡店之一夜,由刘依傭、桓开鸣、童成康、周森冠等演出。(四)湖北学会之杂耍,由童成康、韩道南等表演各种口技。(五)大夏歌咏队话剧《设井自陷》由张诗□、丁益平演出。(六)大夏青年剧社,由张文典、李毓东、刘栖林三人表演《未婚夫妻》,并由汪季子导演。各项节目,均极精彩动人,表演逼真博得会场掌声不少。以时间有限,尚有钢琴独奏与平剧两项,未能演出,观众颇有依依之感,又本校附中,亦于是日晚举行同乐会,赵主任发智、教务主任吴照恩、训育主任李繁均,及诸先生均参加,话剧、平剧、歌咏、应有尽有,均由同学演出,情况热烈,极一时之盛云。

(《庆祝元旦举办师生同乐会　附中亦表演游艺》,《大夏周报》,第18卷第6期,1942年1月20日)

五日　纪念周会,法律系主任高承元[①]教授作"敌我形势与反攻时应采取之战略"的演讲。(《高承元先生讲敌我的形势》,《大夏周报》,第18卷第6期,1942年1月20日)

十二日　纪念周会,请贵州省民政厅长谭民苾校作"地方自治与新县制问题"的演讲。(《谭民厅长讲地方自治问题》,《大夏周报》,第18卷第6期,1942年1月20日)

十五日　文史研究室主编之《文史半月刊》出版。该刊所载均系本校教授精心之作,已出版四期,后因故中辍。现已恢复,第五期目录已在《贵州日报》刊出。(《文史研究室文史半月刊出版》,《大夏周报》,第18卷第6期,1942年1月20日)

二十一日　自迁到贵阳后,学校经济上的困难与日俱增,至一九四二年初,学校曾试请保留校名,改为国立。国民政府行政院拟将大夏大学与贵州农工学院合并,改名国立贵州大学。消息传来,引起大夏师生的强烈抗议,他们奔走各方求与各校董商诸,要求教育部收回成命。

---

① 高承元(1892—1980),原名元,广州人。早年就读于北京法政专门学校和北京大学,毕业后留北大任教。1919年回粤,任广东法政专门学校教授、《新民国报》记者等。复赴奥地利留学,获维也纳大学法学博士学位。历任国民政府外交部秘书长、次长,司法院秘书,最高法院推事,并先后任中山大学、暨南大学、复旦大学、四川大学、重庆大学、广州法学院等校教授。曾担任大夏大学法律系主任,著有《正负法论》、《孙文主义之惟物的哲学基础》、《国音学》等。

最后,行政院收回成命,大夏大学依然维持其私立性质不变。

〔贵阳二十日电〕大夏大学自八一三事变发生后,遵部令与复旦大学联合内迁来黔,已四年有半。太平洋战争爆发后,上海、香港两分校即于十二月八日宣布停办,贵阳本校于今日开校友会,一致议决呈请政府援复旦前例改为国立。

(《大夏大学呈请改为国立》,《申报》,1942年1月21日,第2版)

二十二日　下午四时,大夏大学第三十六次校务会议在大井坎二十六号召开。会议由王伯群校长主持,王校长、谌志远教务长、傅启学训导长分别报告相关校务问题并议决开学注册日期及奖学金等事项。

第三十六次校务会议记录

时间:三十一年一月二十二日下午四时

地点:大井坎二十六号

出席人:王伯群　王裕凯　谌志远　苏希轼　姚薇元　傅启学　金企渊　邓世隆　谢六逸　李敬恩　陈景琪　刘行骅　夏元瑮　张少微　李青崖

主席:王校长

记录:孙尧年

(甲)报告事项

王校长报告

(一)在渝向教部接洽校务经过情形

(二)本校前往贵州高等法院函请附设法律专修科经呈□教部核准办理一期

(三)财政部□务总局请本校附设会计及业务人员训练班事

(四)土木系四年级学生已□部令准予留校事

(五)教部核准本校特补费十万元事

(六)贵州企业公司捐助本校新校舍建筑费壹万元由董事长何辑五先生亲自送来

(七)沪校本学期情形

(八)两月来□部令三次嘉奖事

(九)本校及面□场借与西南运输处应用□已收回事

(十)财政近况

谌教务长报告

(十一)教员上课及缺课情形

傅训导长报告

(十二)学生报考留美空军情形

(十三)学生膳食委员会办理近况

(乙)讨论事项

(一)议决完善□□开学及注册日期案

议决:二月二十五日开学,二十六、七两日注册,自二十八日起迟到注册一天应缴迟到注册费贰元,按日增加,三月二日上课,三月五日截止注册。

(二)议郑伯范先生捐赠本校奖学金叁佰元应如何分配案

议决:存放银行以每年取得子息奖励会计银行学系成绩最优学生一名。

(三)议法律专修科筹备开办案

议决:暂后缓办。

(四)议会计及业务人员训练班筹备开办案

议决:请金企渊、谌志远、李敬恩、刘行骅、邓世隆、王裕凯、傅启学七位先生组织委员会负责筹备完善□内招生。

（五）议毕业文凭保留二年以上者应如何处理案

议决：① 欠费未清缴清后准予核发。

② 论文未缴准以两年内工作报告代替。

③ 其他手续未清应办清手续再予核发。

（六）议借读及转学成绩应如何算指数案

议决：借读及转学成绩经本校审核后只承认其学分不计算其指数。

（《第三十六次校务会议记录》，《校务会议记录》，第50—56页，华东师范大学档案馆藏，档号：81-1-51）

二十六日　因该学期毕业同学颇多，依照部颁章程，学校特组织毕业考试委员会。（《毕业考试委员名单公布》，《大夏周报》，第18卷第6期，1942年1月20日）

本月　大夏大学教授主编的《一九三六年的国际政治经济概况》一书已由商务印书馆于三年前出版，由于交通梗阻，一九四二年运抵贵阳。（《商务印运抵筑》，《大夏周报》，第18卷第6期，1942年1月20日）

本月　教育部向大夏大学征求中学本国史地教本。

教育部为提高国家民族意识，及国民自觉之责任心，拟重新编印高初中本国史地教本，已于前日向本校征求是项教材，令云："查今后教育之重心，在于提倡国家民族之意识，及国民自觉之责任心，故总裁曾有'历史地理的教育，为革命建国教育的中心'之昭示并曾指示，'尤其在抗战建国时期，对于这两个科目，我们一定广览教材，充实内容，一面精编教本，详细讲解，同时并要提倡课外研究，随时供给补充教材，使各级学生和民众，对于我们国家的过去和现在，都有明确的认识，对于我们国家的将来，都有坚决的自信'。□部□已编辑高初中本国史地教材各一辑，并由正中书局印行，一面从事教科书之编辑。兹特再予公开征求从优奖励，除分令并登广告外，合亟检发征求高初中本国历史地理课本办法，及修正高初中历史地理课程标准各二份，令仰该校饬各院一体通知为要，此令。"本部当即录令布告通知云。

（《教育部向本校征求中学本国史地教本》，《大夏周报》，第18卷第6期，1942年1月20日）

二月

十日　前因经费困难，经校董会议决，呈请国民政府援照复旦大学例，改为国立大夏大学。政府虽准予改国立，而校名需变更为国立贵州大学，师生闻讯，殊为痛惜，群起反对。

当时，国民党中央的教育部长陈立夫，因与王伯群有派系间的矛盾，便利用其职权，硬将大夏大学改为"国立贵州大学"。大夏大学的师生是竭力反对大夏大学改为国立的。一九四一年冬，在昆明的西南联大、在贵州湄潭的浙江大学以及贵阳的高等院校师生，都支持大夏学生反对改为国立的运动，并进一步筹划"反对大夏大学改为国立运动"为名的各校参加的反孔祥熙的罢课游行示威。正当全校同学正在集合之时，国民党宪、警及保安团已把大夏大学包围。校长王伯群获悉，赶来制止，恐怕同学出校门发生意外。训导长将全体同学集合于大礼堂内，宣布由王伯群承担赴渝与当局商谈关于改国立的事。王伯群提出若行政院不收回成命，就延长开课时间，把学校迁往桂林或柳州复课。由于全校师生态度坚决，又有其他高等院校的声援，行政院只好收回成命，大夏大学仍然保持私立。一九四二年陈立夫派张廷休、任泰等以原来国立贵州农工学院为基础，增设院系，改为国立贵州大学，与大夏大学相颉颃。但两校师生却和善相处，交往之间，没有发生过摩擦。

（赖孔贤：《大夏大学抗战时期在贵州片段回忆》，中国人民政治协商会议贵州省贵阳市委员会文史资料研究委员会编：《贵州文史资料选辑》（第15辑），贵州人民出版社，1984年版，第66页）

大夏自迁贵阳后，经济上的困难与日俱增。王伯群殚心竭力，维持至1942年，深感经费支绌，校董会难于支撑。王与部分校董和学校领导交换意见，认为要摆脱目前困难，并为长远打算，无妨试请改为国立，但必须保存大夏的校名，随即向教育部提出了申请，部方置之不理。

王伯群见教育部没有反应，乃至重庆与校董何应钦商量。何对改国立不甚赞同，认为保持私立，学校能够独立自主，少受政潮影响，人事稳定，教授安心，有利于学术的自由探讨。但若不改国立，又不能解目前和今后之危。而经费之筹措，何实爱莫能助。最后，只好采取两全之策，何将大夏申请改国立事，在行政院会议上提出讨论，如不获准，则请政府适当拨款补助。

1942 年 2 月，在行政院一次例会上，何应钦将大夏改国立事作为提案提出，请讨论决定。会上有人主张交付审查后再议，何说："此案无审查之必要，能改国立则改，不改则拨款补助。会上即可决定之事，何须交付审查迁延时间。"当时会议主持人蒋介石同意了何的意见，即在大夏申请书上批示："改国立原则可行，交教育部切实整理院系呈核。"按此批语，行政院已同意大夏改国立。至于整理院系，那是既然改为国立之后必然要有的一番手续。殊知教育部奉到批示后，既不尊重大夏请求保存校名的意见，也不征求捐资创办人的同意，竟擅自决定将大夏大学与贵州农工学院合并，改为国立贵州大学。并内定教育部秘书主任张廷休为校长。他们明知大夏请改国立案是何应钦提出，经蒋介石亲手批示原则同意的，却乘蒋、何两人因事不能出席的一次行政院例会上，提出来囫囵通过。

当行政院通过大夏改为国立贵州大学这一消息传出时，立即激起了大夏师生、校董、校友们的愤慨，舆论哗然。特别是在校学生，抗议最为强烈。王伯群为了表示自己的态度，召集全校学生讲话。他说："大夏是我一手扶植成长起来的，在过去 18 年的岁月里，我当了 15 年校长，对大夏耗尽了心血，但我一无所求。对大夏的爱护，我不落人后。大夏的成败荣辱，与我分不开。我可以向大家保证，我能把学校完整地迁回上海去。教育部设立贵州大学，那是他们的事，让他们去办，与我们大夏无关。教育的自由和学术的自由，如人身的自由一样，是受法律保护的，是不容许他人或集团侵犯的。我们有团结一致的全体师生员工和分布各地的广大校友，还有全国各公、私立大学和舆论的支持，任何力量、任何困难都动摇不了我们的学校。"王伯群的讲话，受到全体学生的热烈拥护，同时也鼓舞了大家维护学校尊严的斗志和信心。

接着，王伯群与教授代表金企渊、校友会代表王裕凯亲赴重庆向教育部长陈立夫提出质问。王说："大夏乃私人出钱所办，并非政府所办。公立学校，政府可以任为之。今政府对私立学校未经征得捐资创办人之同意，而欲收归公有，于法何据？今日施之于大夏者，焉知明日不施于其它私立大学？试问当今世界各民主国家有此先例吗？"

其它私立大学闻讯，也对大夏拒改国立表示支持。后经何应钦向行政院提请复议，才收回成命，大夏仍保存私立性质。

大夏经过这场风波，深知求助于当时政府是无望的，乃决心自力更生。为了加强阵容，壮大声势，以应付当时之险恶环境，1942 年下半年，大夏在领导上作了人事调整：一、董事长职推孙科担任；二、王伯群以校董兼校长身份抓学校工作；三、副校长欧元怀出任贵州省教育厅长；四、训导长一职改由法学院教授傅启学担任。

从上述这番人事调整，不难看出是为抵制教育部；同时，也为摆脱大夏困难，打开新的局面。

（王守文：《抗战时期的大夏大学》，惠世如主编《抗战时期内迁西南的高等院校》，贵州民族出版社，1988 年版，第 151—153 页）

十二日　下午三时召开大夏大学第三十七次校务会议。会议由王伯群校长主持，王校长、谌志远教务长、傅启学训导长相继作报告，并议决本届学校毕业生等议案。

第三十七次校务会议记录

时间：三十一年二月十二日下午三时

地点：大井坎二十六号

出席人：王伯群　谌志远　王裕凯　李敬恩　傅启学　苏希轼　陈景琪　夏元琛　姚薇元　李青崖　谢六逸　高承之

主席：王校长

记录：孙尧年

（甲）报告事项

校长报告

一、发给三十年度教职员特别津贴事

二、沪校近况

三、财政近况

四、会计及业务人员训练班筹备情形

五、拨予调整课室及教职员宿舍事

谌教务长报告

六、学期结束情形

傅训导长报告

七、学生贷金办理情形

八、整顿学生纪律事

（乙）讨论事项

一、议通过□李学□学校历案

议决：通过。

二、议通过本届毕业生名单案

议决：照审查意见通过。

① 王德萱、史维钧、李宗信各留级一学期。

② 任士媛、廖福民、陈朝龙、汤泰华应补修□□学分。

③ 殷泽周、彭永康、朱采珍应俟查照借读成绩照第三十六次本会议决案核办。

④ 陈纯仁、毛训仰、唐雅兰准予毕业。

⑤ 其余论文未缴比俟缴到通过后准予毕业。

三、议通过学生留级条例案

议决：通过由教务处另布。

四、议本校沪部停办应如何救济其员生案

议决：请其就近在东南数省择地迁徙成立分校并代向教部请求补助迁徙费用及常年经费，员生如有愿来黔校址尤表欢迎。

五、议分别推举站前学生学费贷金及黔籍学生免费审查委员会委员案

议决：推请傅启学、王裕凯、谌志远、陈景琪、刘行骅、高承之、邓世隆七位先生为战区学生学费贷金审查委员会委员。傅启学、李青崖、张少微、李敬恩、苏希轼、姚薇元六位先生为黔籍学生免费审查委员会委员。两委员会均请傅先生召集。

（《第三十七次校务会议记录》，《校务会议记录》，第57—62页，华东师范大学档案馆藏，档号：81-1-51）

二十六日 上午九时召开临时校务会议，会议由王伯群校长主持。王校长报告行政院于本月二十四日常会通过将学校改为国立贵州大学及详细改并办经情形，该学期注册上课日期展缓。

临时校务会议记录

时间：三十一年二月二十六日上午九时

地点：大井坎二十六号

出席人：王伯群 谌志远 傅启学 刘行骅 姚薇元 谢六逸 王裕凯 苏希轼 张少微 李敬恩 高承之 夏元瑮 金企渊 陈景琪

主席：王校长

记录：孙尧年

（甲）报告事项

王校长报告

行政院于本月二十四日常会通过将本校改为国立贵州大学及详细改并办经情形。

昨日在筑各校董集议关于本校国立改名一案决定续有申请原则三项。

本学期注册上课日期已予展缓请全体同仁继续安心服务。

（乙）讨论事项

一、议追认注册及上课展缓日期一案

议决：通过。

二、议本校国立改名全体教职员应否有所表示案

议决：电请教部保留大夏校名籍免□更并推谢院长孙秘书拟稿。

（《临时校务会议记录》，《校务会议记录》，第63—66页，华东师范大学档案馆藏，档号：81-1-51）

本月 美国费城大学授予外国文学系教授黄奎元荣誉博士。

本年二月间，美国费城大学，赠予荣誉博士二名，其一为英国驻美特使哈里瓦克斯氏，其二即为本校外国文学系教授黄奎元先生。已由我国驻美大使胡适博士代表领受，本校同仁闻讯，齐向黄先生道贺云。

（《黄奎元教授之荣誉　获美费城大学博士》，《大夏周报》，第18卷第8期，1942年6月1日）

三月

十五日 全体教职员及大夏校友总会经多次商议，推法商学院院长金企渊、秘书长王裕凯随同王校长赴渝，同有关当局交涉学校改国立事宜，要求保留校名。校董会在渝召开会议，根据留筑校董欧元怀、杨秋帆、何纵炎三位先生的提案，决定呈请政府保持"大夏"名义。各地校友会及全校师生群起响应，积极开展护校运动。

本校前因经费困难，经校董会决议，呈请政府援复旦例，改为国立大夏大学。政府虽准改国立，而校名变更，为国立贵州大学。本校教职员及毕业校友闻讯，认为校名变更校史中断，殊为可惜可痛之事，教职员方面，乃推金院长企渊，校友会总会方面，推王秘书长裕凯，随同王校长赴渝交涉，保留校名，兹已有圆满结果，王金两先生遂先校长离渝返校云。

（《王秘书长金院长公毕返校》，《大夏周报》，第18卷第7期，1942年4月15日）

十七日 下午七时在上清寺孔副院长公馆召集各董事开会，王伯群校长主持会议，商讨国立事如何继续进行及组织校产保管/校债整理委员会等相关事宜。

民国三十一年三月十七日开会记录

地点：上清寺孔副院长公馆

日期：三十一年三月十七日下午七时

到会董事：王伯群　孔祥熙　吴铁城　张嘉璈　许世英　王儒堂　孙科　何应钦　梁寒操　王毓祥　钱新之（后到未签）

主席：王校长

记录：王毓祥

一、报告

主席报告：报告大夏呈请援后旦例请改国立之经过及教部擅改校名之歧视事实

二、讨论

1. 国立事如何继续进行案

议决：公推校董张部长公权、吴部长铁成向教部接洽于下列三办法中由教部任择其一加以实行即：

甲　完全照复旦例改为国立大夏大学。

乙　将大夏现有之文法二院□归贵州大学，大夏仍保存原有之理商二院，合自沪待迁教育学院，每院二系共成三院六系，仍保持私立性质，且由部除现存补助费肆拾壹万元外加措二十万元，俾经济可以组持。

丙　大夏仍保存原有院系,继续私立,由政府出现有补助经费肆拾壹万元,外加措补助肆十万元以提高员生待遇增进教学效能。

2. 组织校产保管/校债整理委员会案

议决:通过并通过该委员会规章如左:

第一条　大夏大学校董会为保管校产及整理校债由校董教授毕业生中推选九人至十一人组织本会负责□理并指定二人为召集人

第二条　本会对于校债之整理认为有清偿必要时得酌量缓急设洽清偿之

第三条　本会因清债[偿]紧急债务得将校产中本校教学不需用及易购买部分变偿或租借但须得本校校长同意

第四条　本会处分校产及清偿校债均须随时呈报校董会备案

第五条　本会办事细则另订之

第六条　本规程经校董会通过实行

3. 推选校产保管/校债整理委员案

议决:推选校董欧元怀、王祉伟,教授鲁继曾、吴浩然、陈景琪,毕业生王裕凯、苏希轼、卢世鲁、傅杰华、张瑞钰、陈国钧十一人为委员会委员。

(《民国三十一年三月十七日开会记录》,《校董会等会议记录簿》,第37—44页,华东师范大学档案馆藏,档号:81-1-58)

本月　教育部视察学校后给出评语:学业与实验均认真举行。

本年三月间,教部曾派王凤喈先生,来校视察,王先生对本校各项设施,颇为赞许,前日接教部高字二四五〇九号训令,对本校有下列之评语云:"该校前经本部派员视察,继送视察报告,该校图书仪器,尚有相当设备,关于边疆文物,采集颇多,各科实验及学业考试,尚能认真举行,学生对于劳动服务,多能参加。"

(《教部视察本校评语　学业与实验均认真举行》,《大夏周报》,第18卷第12期,1942年8月15日)

四月

一日　关于保留校名问题,经与有关部门交涉,准予照旧维持。遂由校长来电,促早日开学上课。由各处负责人商定:当日春季开学,新旧学生办理缴费及入舍手续,九日起注册,十三日正式上课。

本校原定于一月二十五日,春季开学,二十六日起注册,三月一日上课,因国立变更校名问题,不得不暂时停止。兹因本校名称,经校董会向教部交涉,已蒙政府准予照旧维持,遂由校长由渝来电,促其开学上课,经各处负责当局商定,四月一日开学,新旧各生开始办理缴费及入舍手续,九日起注册,十三日上课,二十日注册截止。学生遵照规定办理入学者,非常踊跃,二十日截止时间,已达五百余人。至迟延期间,则规定加节补课,以重学生学业云。

(《春季开学注册上课日期规定　学生入学非常踊跃》,《大夏周报》,第18卷第7期,1942年4月15日)

国民政府财政部盐务局委托学校附设盐务专修科,训练盐务会计业务人员,寒假期间招生,第一期专修科学生二十余人全体到校。

财政部盐务税局为训练业务会计干部人员,托本校代为办理盐务会计业务人员训练班,全部经费由该□局负担,汇寄本校支配。寒假期间,即已招考。春季开学,该班考取人员全体报到办理入学手续,现上课已逾两周,因系短期训练性质,故对课程及课外活动之训练,极为重视。因该班学生,系初入本校,对校内法令规章,尚未熟习,故利用两周来之课余时间,聘请各部负责人员,向全班学生讲述各部概况,并训示修身为学之要旨。第二周系由班主任金企渊先生、傅训导长、王秘书长及苏注册主任训话。第三周则拟请谌教务长等训话。第四周起,则分别聘请贵州盐务管理局胡□长先生等讲述该局各部门业务情况,俾各生便于针对学习云。

（《盐训班近况　学生全体到校　实施入学训练》,《大夏周报》,第18卷第7期,1942年4月15日）

二日　福建校友分会成立,林一鹤等当选为候补干事。

本校福建校友分会奉总会函组织,业于本年四月二日成立,暂假莆田县党部为会所,选举林一鹤、卓克淦、翁铸洵、刘文峰、林受□、张元□、李炳坤等七人为候补干事。福建校友甚多,该会决定调查各校友地址及服务状况,□加强联系云。

（《福建校友分会　林一鹤等当选》,《大夏周报》,第18卷第12期,1942年8月15日）

十五日　教务处召集该学期第一次教务会议,谌教务长主持,通过加节补课标准,变更选修学分限制,规定注册截止日期。因国立变更校名问题,乃重新编定该学期校历,新校历自四月一日起,至八月一日止。

三十一年秋季第一次教务会议记录

时间:四月十五日下午三时至六时

地点:教务处会议室

出席者:谌志远　金企渊　夏元瑔　李青崖　张少微　陈景琪　高承元　邓世隆　王健吾　傅杰□　苏希轼

主席:谌志远

记录:苏希轼

甲、报告事项:

谌教务长报告:

① 本学期各院系学生注册人数,及开学后各班上课情形

金院长报告:

② 本校代办盐务会计业务人员训练班开办经过情形

乙、讨论事项:

① 议上学期应届毕业生指数及学分不足者应如何处理案

议决:本案移交校务会议决定。

② 议本学期开学较迟各学程应如何加速授完案

议决:每周三小时之学程补授九小时,二小时之学程补授六小时,四小时之学程补授十二小时。

③ 议为便利补课起见下午上课时间应否变更案

议决:自四月二十日(星期一)起,下午上课时间改为二时至五时五十分,午后十二时至二时为补课或加节授课时间。

④ 议变更法律系学生分期选修学分限制案(高承元先生提)

议决:□□。详细办法,另行公布。(见附一)

⑤ 议各生请求转系案

(一)政经系二年级生夏鼎朝请求转入法律系;

(二)会计银行系一年级生莫如珠、卢气淑、卢气洪请求转入政经系;

(三)法律系一年级生黄逸民请求转入政经系;

(四)工商管理系一年级生秦兰珍请求转入政经系;

(五)会计银行系二年级生熊先松请求转入政经系;

(六)会计银行系二年级生陈云瑜请求转入政经系;

(七)中国文学系一年级生危昭文请求转入历史社会系。

议决:以上各生请求转系,均予照准。

⑥ 议延长注册截止日期案

议决:本市学生仍以二十日为注册截止期,外埠延长至四月底。

⑦ 议法商学院学生欧阳荣请求补给体育学分案

议决：请王健吾先生斟酌办理。

⑧ 议本校学生体育成绩不及格应规定补习办法案（王健吾先生提）

议决：通过。详细办法另行公布。（见附二）

⑨ 议陈照真请求复学案

议决：照准。

（《第一次教务会议　通过加节补课标准　变更选修学分限制　规定注册截止日期》,《大夏周报》,
第 18 卷第 7 期,1942 年 4 月 15 日)

　　十九日　为解决学校发展中的经费问题,大夏大学校友总会发动各地校友为母校募集百万基金运动。推王校长为募捐运动会会长,欧副校长等为副会长,并聘定各省市大队长。

　　本校校友总会于四月十九日开第三次会员大会,由常务理事王裕凯主席,当通过本校百万基金募捐运动钜案,并推举王校长为募捐运动大会会长,欧副校长及王祉伟校董为副会长,王裕凯为总队长,倪文亚及钟焕新为副总队长,各省市大队长均系聘定,现已开始进行,兹将各省募捐大队长姓名及计划章程刊载于后:

　　一、大夏大学百万基金募捐委员会大队长姓名表

贵州:钟焕新　王守论　陈贤珍　保志宁
　　　罗良干　汪瑞年　徐国屏　陈立言
　　　虞效忠　杨麟书　张致藩　吴照恩
　　　周崇德　胡工群　张廷甫　刘健
　　　陈培元　刘永祜
　　　施友才　吉长瑞　吴维藩　赵静
　　　刘仰芳　王恒良　叶玉岩　王巨□
　　　田庆年　石德兴　罗亮畴　王世坤
　　　张宗白　吴修勤　蒋□祖

四川:倪文亚　王化一　胡维　萧世效
　　　李焕之　张维　唐选宜　汤代荣
　　　胡宏机　周□云　卫鼎彝　王□贞
　　　王健民　范克洪　黄瑞　吴蕴玉
　　　蒋子英　唐云鸿　钟志刚　程大成
　　　黄祖庆　马宗恒　张馨子　罗成佺
　　　来元义　将炤祖

云南:朱伯奇　李伟中　董□基　张廷勋
　　　杨润基　孙岱青

湖南:邵华　赖利贞　郭剑萍　陶恩川
　　　高芝生　黄岘　薛霨

广西:王卓　虞璞卿　陆英林　赖健生
　　　龙兆佛　陆熊林　谢□谔　梁瑞生
　　　李衡西　李宾　陈□嵩　李鹤飞
　　　马泽鸿

广东:林和宗　麦英甫　刘章燃

福建:卓克□　吴琼英　郑菊人　朱文伯
　　　顾尔梅　孟杰　郑文雄　章葆贞
　　　林永煦　陈如晖　陈普　卢文年
　　　唐景崇　李玉□　郑景耀

浙江:蔡辉芳　戴云吾　诸葛任　方祖祯
　　　蒋志纯　方正　张彭年　金传书
　　　丁景尧　将耀祖　王人驹　俞玑
　　　郑璜　饶兆年　徐幼柞　郑宗瑞
　　　郑体乾　张脉和　黄初葵　屈家楠
江西:谢宝昌　汪信荣　曾昌桑　刘伍夫
　　　黄鹤龄　李昇
甘肃:宋恪　朱魁
安徽:丁勉哉
陕西:丁景铬
湖北:吴师圣

二、大夏大学百万基金募捐运动大会计划

(甲)组织:

(一)本会设会长一人。

(二)本会设副会长二人。

(三)本会设总队长一人,副总队长二人。

(以上均由校长[运动]会会员大会推选之。)

(四)本会就各地情形,在总队下设若干大队,大队长人选由总队长提请会长聘任之。

(五)本会为便利募捐之推动得设特种委员会,其办法另订之。

(乙)捐款配类

(一)每一校友担任募捐,以五百元为基额。

(二)大队长担任募捐自一万元至十万元,于聘任时,酌情约定之。

(丙)募捐期限

(一)募捐自三十一年五月一日开始,至九月三十日截止。

(二)募捐成绩报告分为三次,规定如后:

第一次:五月三十一日

第二次:七月三十一日

第三次:九月三十日

(三)各队负责人及各校友请照报告成绩期限,将成绩报告大会并逐次交解捐款,最后一次,并缴□捐册。(捐款寄贵阳大夏大学校友会总会。)

(丁)奖励办法

(一)大队长募捐成绩最优之前十名,由会长给予奖品,其奖励办法另定之。

(二)校友个人募捐成绩最优之前十名,其奖励办法同前。

(戊)捐款处理

捐款由校友会总会组织基金保管委员会负责保管,存放银行,办理学校生产事业,其详细办法另订之。

捐款答谢办法:

凡捐款不论多少,均将捐款人芳名及款额公布校刊。

凡捐款在五百元以上者,得享受本校生产事业出品优待购买之权利。

凡捐款在一千元以上者,除照上开办法外,并依照捐资兴学条例澄清,政府褒奖!

凡捐款在五千元以上者,除照上开办法外,得保送合格学生一人,在本校或附属学校就学,享受免收学费半数之优待。

凡捐款在一万元以上者,除照上开一、二、三项办法外,得保送合格学生一人,在本校或附属学校就学,享受免缴学费全额之优待。

凡捐款在五万元以上者,除照上开一、二、三项办法外,得保送合格学生二人,在本校或附属学校就学,享受免缴学费全额之优待,并将捐款人玉照悬挂本校之礼堂。

凡捐款在十万元以上者,除照上开一、二、三、六等项办法外,并择本校建筑物一座,即以台衔题名,以永纪念。

三、大夏大学基金保管委员会规章

第一条 大夏大学校友会,为谋协助母校发展,特发起募集百万基金运动大会,依照大会募捐计划戊项之规定,组织基金保管委员会。

第二条 本会委员规定七人,其人选由校友会理事长遴聘之。

第三条 本会设主任委员一人,副主任委员一人,会计一人,稽核二人,其人选由委员互推之。

第四条 本会对于保管之基金解存妥实银行,并存备主任委员副主任委员及会计之印鉴二份。

第五条 本会所保管之基金,专备办理学校生产事业之用,动支款项时,须得校友会理事长之同意。

第六条 大会办事细则另订之。

第七条 本会规章呈准校友会理事长施行。

劝募开始 捐款踊跃

本校校友会发起之募集百万基金运动,发动以来,各大队长工作非常努力,而各方热心赞助本校之人士,慷慨乐捐,成绩甚好,兹将乐捐芳名刊载于后。

吴仲谋先生五千元

袁秉忠先生一千元

陈希先生一千元

吴禹丞先生五百元

张公□先生五百元

刘熙乙 孙□琦两先生合捐四千元

郭惠顺先生五十元

李定彬先生五十元

陈纶同学二百元

周玉廷先生一百元

吴文藻先生五百元

李玉墀先生一百元

王绍珊先生二百元

胡仲英先生一千元

付纯蝦先生五百元

欧阳适 苏钊福两同学合捐五百元

皇甫尉祖 林日定两同学合捐一千元

又讯:本校第一届校友,施有才君,现在桐梓夫妇。曾于上月寄函王校长,在桐梓方面,可筹募五万元云。

(《百万基金运动 推定负责人员 拟定募捐计划 组织保管委员会》,《大夏周报》,第18卷第8期,1942年6月1日)

大夏大学百万基金募捐启

现今社会之进步,导源于近代之文明,而近代文明之发生,多出于大学教育之鼓铸,夷考欧美大学,往往由于私人任其艰巨,社会从而推挽。故大学之具私立性质者,常不期而为教育推展之主导焉。夫学术之隆污,人才之消息,其事虽与国运攸关,而其本终视社会崇学之风气以为转向。私校之能历久弥坚者,实有赖于社会力量为之沃溉也。本校于十八年前创立沪渎,赁庑设教,备极艰辛,乃历蒙各界人士热心扶持,输财相助,本校规模日益恢廓。迨民十九以还,梵王渡校舍建造成功,崇宏轮奂,四方来学之士,岁以千数。校产亦至三百余万之多，举凡教学研究实习之所资，无不赅备，其成就之伟大，足为海内私校之巨擘。惜国难旋作，仓卒西迁，原有基业，泰半摧毁。而内地物价昂涨，经济益形竭蹶。虽迭荷中央奖助，亦仅能济其燃眉，殊无根本维持之方，校务进行，时感棘手。同仁尝本创校之信念，以为今后复兴之机，将仍操持于社会，而必征其效于国族，于是相与集议，发起百万基金募捐运动，拟以筹集之资金，移作生产之事业，于以培养校本辅成作育，继长增高，永垂不朽。敬仰台端扶教兴学，夙具盛心。对于本校前途，尤切关注。恳祈慨解义囊，囊兹盛举。聚沙成塔，施惠无穷。岂惟本校之福，抑亦国家之利也。诸希鉴照。

大夏大学百万基金募捐运动大会

会长：王伯群

副会长：欧元怀　王毓祥

总队长：王裕凯

副总队长：倪文亚　钟焕新

（《大夏大学百万基金募捐启》，《大夏周报》，第18卷第8期，1942年6月1日）

〔贵阳四日电〕大夏大学校友总会顷发动各地分会募集百万基金，以资从事生产事业，奠定该校经济基础，定于本年九月完成。

（《大夏校友会筹募十万基金》，《申报》，1942年5月5日，第2版）

二十日　学校举行春季始业式，出席师生达六百余人。谌教务长主持并报告教务，继由傅训导长、王秘书分别报告训导与赴重庆交涉本校改国立问题经过。（《举行第三十六次开学式》，《大夏周报》，第18卷，第7期，1942年4月15日；《教务长报告　学生注册踊跃　本学期补课标准》，《大夏周报》，第18卷第7期，1942年4月15日；《训导长报告　大学生的精神自觉自动自治》，《大夏周报》，第18卷第7期，1942年4月15日）

……最后由王秘书长报告月前由王校长及金院长赴渝，向政府请求维持本校校名，及增加补助费情形甚详，择要志之如下：

学校请求援复旦例改为国立大夏大学，政府准改国立，惟变更校名。查本校历来拥护国策，赞助革命，十八年之光荣历史，今竟不能延续下去，五千多毕业校友，皆有亡校之痛，于情于理，不能缄默，所以自见报章刊出我校校名变更消息之后，王校长即亲自赴渝，交涉挽救，教职员与校友会，亦分别推举代表金企渊先生及本人，随同校长赴渝。向各方奔走呼吁。我们所持的理由如下：（一）大夏创立，作育人才，向以努力革命，复兴民族为鹄的，命名大夏，既含有发扬我国固有民族精神之意，抗战军兴，为拥护国策，首先与友校复旦相偕内迁，成立联合大学，分设赣黔二地，嗣因国军西撤，又复内移，咸以两校同在西南，遂各自成单位，分处筑渝，流离颠沛，同感经济之困难，乃先后呈请改为国立，今复旦改为国立，而校名保留，大夏自可援例办理，此其一；（二）民国二十七年，本校留沪员生，与其他各大学，采取同一步骤，呈准教部设立分校，自太平洋战事发生，孤岛沦陷，不甘屈服于敌伪，自动宣布停办，千余员生，正陆续迁并筑校，继续弦歌，若于此时取消大夏之名，则彼等恐将徘徊歧路，资数牺牲，此其二；（三）本校十八年来，校友盈万，服务各界，成绩斐然，对于母校存亡，至为关切，忽闻校名取消，校史中断，群情哀沮，如丧考妣，此其三；（四）本校创立以来，同人艰苦奋斗，进展甚速，以十八年之成绩，与三十余年之友校复旦规模成绩大致相同，分蒙教部提呈院会所嘉许者，迁黔迄今，五易寒暑，一切进展，与日俱增，前两月内，迭奉教部指令嘉奖三项，如此坚苦卓绝，应请政府准予保留校名，以资奖励，此其四。我们持此理由，向各方请求赞助，均蒙同情，允予援手，教育部陈部长本系我校校董，对本校素称爱护，亦允谋补救，同时在渝之各校董，亦召集开会，出席者有王董事长伯群、孙院长科、孔副院长祥熙、许委员长世英、何总长应钦、吴秘书长铁城、张部长嘉璈、王大使正廷、钱董事长新之、梁副部长寒□、王委员毓祥，诸校董参酌在筑欧副校长元怀、杨参议秋帆、何经理纵炎三校董提案，一致议决，请求保持大夏校名，并携铁城、嘉璈二校董代表向教部面陈，已蒙政府邀准，并增加补助费，校长与陈部长见面商谈时，陈部长促早日开学，校长乃电校中即日开课。本人及金先生遂先校长而返校云。

同学聆此报告时，无不肃静恭听，迨其讲毕，报以热烈掌声。末唱校歌，于庄严肃穆之空气中散会。

（《秘书长报告　请求维持校名　得到各方赞助》，《大夏周报》，第 18 卷第 7 期，1942 年 4 月 15 日）

抗战军兴，本校为拥护国策而内迁，所生的困难，实超过支持的力点，于是呈请政府，改为国立。

政府体念我们的困难，当我们于去年十一月间，援复旦例请改国立大夏大学时，接受了我们校董会的呈请，惟将本校黔部校名，则改为贵州大学。是时，本校沪部仍能存在，同一学校，当不能公私并立，假使太平洋战事不发生，政府此举，可说是两全其美。

乃自太平洋战事发生后，沪上各大学被迫停顿了，这时，本校只有贵阳一处了，若本校沪校停办，而黔校易名，则大夏等于消灭了，全体校董，教职员，及赢万的校友，闻讯之余，均感不安。于是王校长亲自赴渝，□请政府当局重予考虑，教职员与校友会方面，也分别推举代表金院长企渊，及王秘书长裕凯两先生，随同校长前往，会同在渝的王校董祉伟先生，向各方奔走接洽，校董会再行集议申请政府准予本校续继维持，并建议贵州大学，可以同时设立，并行不悖。教部陈部长对本校非常爱护，乃接受了校董会的请求和建议，本校遂得保留校名，照旧维持，而且增加了补助费，同时，贵州大学亦以设立。所以我们今天一面庆祝本校更生，一面又祝贺贵大成立。

（徐传季：《本校保留校名经过》，《大夏周报》，第 18 卷第 7 期，1942 年 6 月 1 日）

二十七日　大夏大学举行新学期升旗典礼及进行精神讲话。

本期自四月一日开学以来，一切工作照常举行，特规定自二十七日起，本学期升旗典礼，每晨六时半举行，由傅训导长亲自主持，学生参加者亦异常踊跃。升旗毕，有十分钟时间之精神讲话，向例请各教授担任，因每日所讲题材，各有不同，且时间极短，故各同学均乐于听讲。

（《升旗典礼开始举行》，《大夏周报》，第 18 卷第 7 期，1942 年 4 月 15 日）

欧元怀副校长在纪念周会上讲述出巡各县的感想。（《欧副校长讲出巡各县的感想》，《大夏周报》，第 18 卷第 8 期，1942 年 6 月 1 日）

本月　太平洋战争爆发后，无数青年学子转往内地就读，学校亦接受大量沪港学生。

沪港两地专科学校，自太平洋战争发生后，相继停办，无数青年学子，转往内地。本校最近接奉教部训令，沪港两地学生，应□□准予借读。本学期开学以来，纷纷来校请求者甚多。本校香港分校，亦有十数学生，由该分校注册主任董广英先生带领来校入学云。

（《沪港学生来校借读》，《大夏周报》，第 18 卷第 7 期，1942 年 4 月 15 日）

五月

一日　王校长在渝公毕返校并出席纪念周讲话。

本校前以经费困难，曾于去年十二月，复旦日一例①，呈请政府改为国立，因校名变更，校长乃偕王秘书长裕凯、金院长企渊赴渝，会同王校董祉伟等，向各方交涉，兹蒙政府爱护本校，仍准维持私立增加补助费，校董一行，已获有圆满结果，即于四月三十日，由渝□车返校，五月一日下午安抵筑垣。在筑校友闻讯，齐集头桥或三桥恭迎，校长精神奕奕，无丝毫风尘之劳，翌日即接见校内负责人员，垂询一切，本月四日，星期一，出席国父纪念周（本月国民月会合并举行）向学生训话（训词另文发表），本校校友会，召开会员大会欢迎校长出席致训，并报告保留校名请求经过大意。谓本校因经费困难，于去年十一月间，请政府援复旦例，改为国立大夏大学，当蒙政府通过原则，惟是时系太平洋战争发生前，大夏有筑沪两部分并存，沪部既因各种困难，不能同时改为国立，即学校名称，亦不能同时公私并称，政府原拟将上海部分，仍维持私立大夏大学，在筑部分，则改为国立贵州大学，事属两全，原无问题，乃太平洋战事发生后，

① 原文如此，疑为"援复旦例"。

上海形势,非常险恶,所有学校均告停顿,本校沪部,亦自动停办,若仍照旧案更改,大夏等于消灭,故校董会议决,呈请保留在筑校名。教部陈部长,对本校素极爱护,当于四月二十一日提出行政院会议议决"大夏大学照旧维持,三十一年废除原有补助费外,加拨五十万元"之经过详情外,共勉励校友三点:(一)本校值兹艰难之秋,正愿校友当仁不让,为校负起责任;(二)校友会发起募集学校百万基金运动,希全体校友尽力推动;(三)希望校友加强组织,团集精神,发挥集体力量云云。

(《王校长在渝公毕返校出席本校纪念周会训话 校友会开会员大会欢迎 报告本校保留校名经过》,《大夏周报》,第 18 卷第 8 期,1942 年 6 月 1 日)

七日 下午四时在大井坎二十六号校长私邸召开第三十八次校务会议。

第三十八次校务会议记录

时间:三十一年五月七日下午四时

地点:大井坎二十六号

出席人:王伯群 张少微 李敬恩 金企渊 姚薇元 陈景琪 谌志远 苏希轼 王裕凯 刘行骅 高承之 李青崖

主席:王校长

记录:孙尧年

(甲)报告事项

王校长报告

一、校董会申请保留校名已蒙行政院会议复决,本校准予照旧维持并酌加补费元经过情形

二、四月份起教职员待遇再加改善事

三、财政近况

谌教务长报告

四、教员上课及缺课情形

五、本学期开班课程情形

(乙)讨论事项

一、议教职员改善待遇事,应如何整订详细办法案(不发表)

议决:由全体专任教员及职员各自推举代表□人参加校务行政会议详细研商订□□。

二、议通过本学期重订学校历案

议决:通过。

三、议全国节约建国储金劝储会贵州分会商请推行劝储应如何办理案

议决:由员生自由认储。

四、议本校立校十周年纪念日应如何筹备广视案

议决:组织校庆筹备委员会,人选由校长遴选。

五、议教部令饬沪港两地学生应尽量收容,本校对该地前来学生应否特予展缓注册日期以资通融收纳案

议决:在六月一日以前特准注册入学。

六、议本校香港分校特来学生请求补考上学期新修学程给予学分应否准许案

议决:准予学期考试时参加补考核给学分。

七、议上学期应届毕业生指数学分不足者申请补救案

议决:①如缺四学分以上应来校修足;②所缺三学分以下准以报告代替;③指数不足姑准通融;④上列三项补救办法仅适用于上学期应届毕业生,下不为例。

(《第三十八次校务会议记录》,《校务会议记录》,第 67—74 页,华东师范大学档案馆藏,档号:81-1-51)

十日 韶关校友分会召开成立大会,刘燃章等发起组织。

本校在韶关校友刘燃章等,因鉴于团结之需要,发起组织校友会韶关分会,业于五月十日召开成立

大会，即席通过组织规程等项，并当场选举刘燃章、谢松培、□谦，充任常务干事，邓志平、何惠彰、郑桂荣、陈业嵩为干事，俞永祚、叶贤、赵沃垣为候补干事云。

（《韶关校友分会 刘燃章等发起组织》，《大夏周报》，第 18 卷第 12 期，1942 年 8 月 15 日）

十一日　国父纪念周会上文学院谢六逸院长讲如何提倡读书空气。

五月十一日，星期一，举行国父纪念周，敦请本校文学院谢院长讲如何提倡读书空气，大意谓：抗战到现在，读书空气真的低落了，这是要不得的，战时更要读书。一八零六年德法大战，德国大败，其哲学家费希德认为毁败由于人民智识愚昧，乃创办柏林大学，果然，一八七一年战胜法国了，法国败后，甘必达要求人民在智识上努力复仇，一九一九年也得到了胜利，可见读书在对外战时，尤应提倡。

我们今日能安心读书，千万不可忽略这个机会，一个大学内应多有学术团体的组织，多有讨论会的举办，这样蔚为风气，自然就把读书空气提高了。

（《谢院长讲"如何提倡读书空气"》，《大夏周报》，第 18 卷第 8 期，1942 年 6 月 1 日）

十四日　学校召开基金保管委员会第一次会议。

本校基金保管委员会委员由王理事长伯群聘请王裕凯、刘健、罗良干、保志宁、钟焕新、王沿津、王仪贞七人担任。曾于三十一年五月十四日，在大井坎二十六号，召开第一次会议，出席者王裕凯、罗良干、钟焕新、刘健、保志宁，主席王裕凯，记录钟焕新。报告事项，主席报告本会成立经过情形。讨论事项，通过保管委员会规章，推定王裕凯为主任委员，保志宁为副主任委员，罗良干为会计，刘健、钟焕新为稽核，第一期收到捐款先存中央信托局，会毕散会。

（《基金保管委员会第一次会议》，《大夏周报》，第 18 卷第 8 期，1942 年 6 月 1 日）

十八日　傅启学训导长在纪念周会上演讲最近的国际形势。（《傅训导长讲最近的国际形势》，《大夏周报》，第 18 卷第 8 期，1942 年 6 月 1 日）

二十一日　英语研究会已正式成立。（《英语研究会已正式成立》，《大夏周报》，第 18 卷第 10 期，1942 年 6 月 30 日）

二十五日　贵阳《中央日报》社王亚明社长来本校讲演，题为"中日战争回顾与前瞻"。（《王社长讲"中日战争回顾与前瞻"》，《大夏周报》，第 18 卷第 8 期，1942 年 6 月 1 日）

六月

一日　举行立校十八周年校庆纪念。王校长、欧副校长发表讲话，校友总会、重庆校友分会分别代表校友致辞。校庆期间还进行了丰富多彩的活动。

六月一日，为本校立校纪念日，年年此日，全体师生及毕业校友，共申庆祝，藉以检讨过去，策励未来，今年已届十八周年亦即迁黔第五年，因抗战时期，物价高涨，维持不易，曾呈请政府改为国立，旋因校名变更问题，蒙政府仍准照旧维持，故今年校庆，比较以前，更有意义。是日清晨，阴云四布，细雨濛濛，预定大学部之健身操，及中学部之阅兵式，恐不能举行，乃钟□八下，雨止云淡，天气忽然转晴，此种景色，象征我校前途光明，万寿无疆。爰志其盛，以饷读者。

（《本校立校十八周年纪念志盛》，《大夏周报》，第 18 卷第 9 期，1942 年 6 月 15 日）

六月一日，适逢星期一，故将国父纪念周与国民月会暨本校校庆纪念式，合并举行，由王校长主席。首先升旗，于军乐洋洋中，国旗与校旗上升空中。旋即举行早操，由体育教员李通指挥，但见操场之上，大学部七百个健男健女，在一个口令之下活动，活泼整齐，俯仰□一。早操既毕，中学部阅兵式开始。高初中学生服装整齐，步伐一致，踏进操场，两旁走廊参观之大学部同学，即报以热烈掌声，表示欢迎。高中部军训教官，态度从容，指挥若定，一望而知其为经验宏富之军官也。初中部童军教官周天一，即全国童军三四一团团长，现兼任贵州省童军理事会秘书，全省童军由其规划，成绩斐然。附中童军在其领导之下，而有全省冠军之称，洵不诬也。检阅开始，先为阅兵式，由校长任主检官。欧副校长、谌教务长、傅训导长、王秘书长、中学部赵主任及其教授陪之，一时全场肃静，鸦雀无声。次为分列式，军乐前导，人人皆表现雄赳赳气昂昂之精神。阅毕,两旁参观人士又鼓掌称善不置云。

(《升旗,早操,检阅! 衮衮诸公现身台前 济济多士活跃广场》,《大夏周报》,第18卷第9期,1942年6月15日)

八日 纪念周会请校友周蜀云教授讲演,题为"精神力量的伟大"。(《周蜀云教授讲"精神力量的伟大"》,《大夏周报》,第18卷第10期,1942年6月30日)

十二日 昆明校友分会开第一次干事会议,积极劝募百万基金。

本校校友会昆明分会,于六月一日母校十八周年纪念日,召集成立大会,藉□庆祝,并改选会员,到会校友四十余人,并选出朱伯奇、杨润□、孙而先、王兆照、李伟中、潘世征、张廷勋等七人为干事,六月十二日开第一次干事会议,□朱伯奇、李伟中、张廷勋三同学为常务,决定每两月举行校友聚餐一次。对于百万基金运动,除各校友分别劝募外,分会各干事则商定有计划之捐助,现已积极展开工作,成绩尚称良好云。

(《昆明校友分会朱伯奇等当选干事 积极劝募百万基金》,《大夏周报》,第18卷第12期,1942年8月15日)

十五日 纪念周会请贵州党部主任委员黄宇人讲演,题为"改换气质与树立风气"。(《黄主委讲"改换气质与树立风气"》,《大夏周报》,第18卷第10期,1942年6月30日)

十六日 下午四时在王校长公馆召开第三十九次校务会议。

第三十九次校务会议记录

时间:三十一年六月十六日下午四时

地点:大井坎二十六号

出席人:王伯群 夏元瑮 傅启学 邓世隆 李敬恩 姚薇元 陈景琪 苏希轼 王裕凯 金企渊

主席:王校长

记录:孙尧年

(甲)报告事项

王校长报告

一、教部校订本校本年度补助费事

二、贵州大学校长张建休氏来函与本校洽商两校间合作各事

三、沪校近况

四、本校夏院长已蒙教部核准为物理科部聘教授候选人

五、自本月十六日起兼任教员一律按照实际到校授课时数计薪,惟到校一次另送车马费四元(本校专任教员按规定授课时数外兼任课程者不在此例)

六、本年暑假较短暑期学校不再举办

王秘书长报告

七、部颁战时各级学校学期假期及利用假期服务进修办法

八、部颁各科部聘教授候选人总名单,请本校任教满十年以上各教授参加荐举

九、教部高教司函送复旦大学试办师生职工疾病互助保险章程草案

苏注册主任报告

十、教员上课及缺课情形

傅教导长报告

十一、学生生活情形

十二、学生文济东自备手枪走火致死事

十三、张少微夫人来校引起学生哄笑事

十四、学生谭见殴打同学业已开除事

十五、学生苏钊福与李□皖发生冲突□□处分事

（乙）讨论事项

一、议组织本学期毕业考试委员会案

议决：仍以上年度人选组织之。

二、议决定秋季招生日期案

议决：定八月六七八三日举行。

三、议复旦大学师生职工疾病互助保险办法本校可否援引案

议决：请金企渊傅启学李敬恩三先生详予研商再行决定。

四、议审核上学期应得德音奖学金学生名单案

议决：决定陈乾烈莫德客两生得奖。

五、议请商学院工商管理及会计银行各系学生实习办法案

议决：请李敬恩刘行骅两先生再加审核如另有意见请商同金院长改定之。

六、议盐训班学生成绩考核办法案

议决：请金企渊李敬恩苏希轼三先生会同核定之。

七、议本学期应届毕业生请求□项案

议决：分别审核予以准驳。

A. 廖斐、杨远明两生缺修本一英文准以补习英文学分代替。

B. 厉家德缺修本一英文学分应饬补寄前在光华大学所修该课成绩再核。

C. 借读生马绍部缺修本二英文三学分准予暑期内商请本校英文教授指导以自习报告成绩代替。

D. 孙韵□在华西大学借读一学期应候该校成绩单寄到后再准参加毕业考试。

E. 新国年毕业问题请夏院长核定。

（《第三十九次校务会议记录》，《校务会议记录》，第75—82页，华东师范大学档案馆藏，档号：81-1-51）

本校教授兼理学院院长，夏元瑮先生，早年留学德美诸国，荣膺物理学博士，回国后，服务高等教育界，垂数十年，曾任国内公私立大学教务长、院长及教育厅长等职。夏博士在中国学术界，声誉崇高，著有《相对论浅释》一书，甚享盛名。最近教部以核准夏博士为物理科部聘教授候选人员。

（《夏院长为部聘教授候选人》，《大夏周报》，第18卷第10期，1942年6月30日）

学校社会研究部领得教育部补助巨款，出版《贵州苗夷歌谣》，各方珍视研究期刊。（《社会研究部近讯》，《大夏周报》，第18卷第10期，1942年6月30日）

二十二日　纪念周会请侨领林霭民氏讲南洋侨胞概况。（《侨领林霭民氏讲"南洋侨胞概况"》，《大夏周报》，第18卷第10期，1942年6月30日）

二十九日　纪念周会请贵阳医学院李宗恩院长讲医师与患者。（《李院长宗恩讲"医师与患者"》，《大夏周报》，第18卷第11期，1942年7月15日）

本月　为使毕业生能够更好地将理论与实际相联系，会计银行、工商管理两系学生实习办法公布。（《会计银行工商管理两系学生实习办法公布》，《大夏周报》，第18卷第10期，1942年6月30日）

本月　新聘郭善朝教授应用数学，张畏凡教合作经营，罗幼梅教授地质学，新聘教授已到校授课。（《新聘教授到校授课》，《大夏周报》，第18卷第10期，1942年6月30日）

七月

一日　七月份国民月会与国父纪念周会合并举行。（《七月份国民月会与国父纪念周合并举行》，《大夏周报》，第18卷第11期，1942年7月15日）

十九日　在贵阳招待所为该学期应届毕业生四十余人举行话别会,王校长勉励诸生以"诚"、"大"两字立身处世,为社会服务。(《毕业生话别会　王校长以"诚""大"二字勉同学》,《大夏周报》,第 18 卷第 12 期,1942 年 8 月 15 日)

二十日　第十七届暑假毕业生考试及期终考试开始。为做好毕业考试工作,聘请校内外人士组成毕业考试委员会。毕业考试科目,除该学期选修各科与期终考试同时举行外,加试科目定于七月二十日至二十二日举行。该学期期终考试也于同月二十日至三十一日举行。为严格考试纪律,一律集中在图书馆会考,学生须凭学生证入场。(《本届毕业考试　聘定考试委员公布加试科目》,《大夏周报》,第 18 卷第 12 期,1942 年 8 月 15 日;《期终考试顺利完成》,《大夏周报》,第 18 卷第 12 期,1942 年 8 月 15 日)

本月　百万基金运动推行以来,各方踊跃响应,成绩颇为可观。

本校百万基金运动,推行以来,各方踊跃响应,成绩颇为可观,陪都校友会,对此亦努力展开工作。在倪文亚、王沿津诸同学领导之下,进行极其顺利。昨日王沿津同学向本校校董,现任交通部长张公权先生募得国币一千元,张校董对本校保留校名,赞助甚力,此次复首先出资倡导,诚值得我全体师生仰戴云。

(《百万基金近讯》,《大夏周报》,第 18 卷第 11 期,1942 年 7 月 15 日)

本月　英语研究会发刊英文壁报。(《英语研究会发刊英文壁报》,《大夏周报》,第 18 卷 12 期,1942 年 8 月 15 日)

八月

六日　校务会议决议,学校定于八月六日至八日举行秋季招生考试,在贵阳、桂林、重庆等地设考场。应考学生总数近一千人,录取新生二百九十一人。(《秋季招生统计　应考总数近千人　录取名额二九一》,《大夏周报》,第 19 卷第 1 期,1942 年 10 月 5 日)

十五日　教育部门定于八月十五、十六日,举行专科以上学校学生学业竞试。竞试分甲乙丙三种:甲种为一年级学生,竞试科目有三民主义、国文、英文、数学;乙种由每系指定一门,各年级学生均可参加;丙种为毕业论文竞选。经各教授推选,学校共有二十九名优秀学生参加竞试。(《参加专科学业竞试　教务处鼓励学生报名　图书馆规定优待借书》,《大夏周报》,第 18 卷第 12 期,1942 年 8 月 15 日)

九月

七日　秋季开学,新旧学生开始办理缴费及入舍手续,十、十一日两天注册,十四日起正式上课,二十八日注册截止。该学期共注册学生六百四十二人。(《开学注册上课　均按定期举行》,《大夏周报》,第 19 卷第 1 期,1942 年 10 月 5 日)

九日　上午十时在正义路七十号召开第四十次校务会议,会议由王校长主持,王校长、谢训导长、窦总务长分别报告,并讨论通过秋季学历等事宜。

第四十次校务会议记录

时间:三十一年九月九日上午十时

地点:正义路七十号

出席人:王伯群　夏元瑮　苏希轼　邓世隆　高承元　谢嗣昇　窦觉苍　金企渊　张伯箴
　　　□□□

主席:王校长

记录:孙尧年

(甲)报告事项

校长报告

一、本学期教职员更动情形

二、本学期改善教员薪额事

三、财政近况

四、本学期学生学杂费重加订完事

五、教部令知教务及总务长人选□□荐核定事

六、教部令饬选送训导人员或教处二人入中央训练团受训事

七、秋季本校在筑桂渝两[三]地招生报告者计七百九十人,录取者计二百八十五人

苏注册主任报告

八、学籍未定学生参加国立院校联合招生入学试验情形

九、筹备明后二日注册事

谢训导长报告

十、核定黔生免费及学费贷金学生名单事

窦总务长报告

十一、总务处各组人事更动及行政设施计划

(乙)讨论事项

一、议通过秋季学期学历案

议决:通过。

二、议审查三十一年春季毕业生名单案

议决:照审查意见通过。

A 李远惠不足学分由教务处饬令补修足数。

B 靳国平学年不足缓一期报部。

C 周力培、李立策所缺中国经济史学程准以报告代替。

D 毕业论文视其质量可酌增至四学分。

E 其余论文未缴者待缴到核定后再准毕业。

三、议审查三十一年春季成绩优劣学生名单案

议决:分别通过照案予以奖励或惩处。

四、议本学期秋季集训实施办法案

议决:通过。

五、议商学院各系法学通论课程应抽出四学分为授债法总论案

议决:通过。

六、议法商学院共同必修科目数学及自然科学□内应加授心理学一课与原定各课并列任选案

议决:原则通过学分数再行商定。

七、议英国文成绩四等诸生在未补前学分应如何确定案

议决:在补考前仍照四等计分,补考后再行核定,考前考后均应通知训导处以供审核贷金之参考。

八、议外省新生因交通阻滞不易于截止注册前赶到应如何办理案

议决:在十月十四日前始准通融报到。

九、议通过教职员借书规约案

议决:修正通过。

十、议图书馆购书应否先经主管部分审核案

议决:原则通过。

十一、议本学期新旧学生注册前应先一律填具志愿书案

议决:通过。

十二、议未任教职员担保学生学费应否稍有限制案

议决:每一未任教职员担保以二人各院处长以四人为限,两日后欠费未缴由担保人负责。

十三、议教职员消费合作社应如何整理案

议决:请金企渊窦觉苍张伯箴三先生召开股东大会详细上头整理办法。

(《第四十次校务会议记录》,《校务会议记录》,第83—90页,华东师范大学档案馆藏,档号:81-1-51)

二十一日　秋季始业式与纪念周会合并举行,出席师生七百余人,王校长主持,并报告各项校务。(《举行秋季始业式》,《大夏周报》,第19卷第1期,1942年10月5日)

二十八日　是日开始对新生进行为期两周的集中训练,训练内容包括校长讲话、系主任讲话、精神讲话、军训、体格检查、个别谈话等。

本校前奉部令,新生入学,须受训二周。兹□□□训导二处会商训导办法,定于本月二十六[八]日起至十月十日止两周内,为新生训练期间,并规定训练科目如左。

		28/9	29/9	30/9	1/10	2/10	3/10	4/10
		一	二	三	四	五	六	日
上午	6:30—7:20	校长训话	军训区启鸣	副校长训话	军训区启鸣	精神讲话谌志远	军训区启鸣	作自传
下午	1:00—1:50	军事编队	个别谈话院长系主任	体格检查包晋笙	个别谈话院长系主任	体格检查包晋笙	个别谈话院长系主任	
	5:00—5:50	整理内务	精神讲话谢嗣昇	军训区启鸣	体育王健吾	劳动服务	内务检查	

		5/10	6/10	7/10	8/10	9/10	10/10
		一	二	三	四	五	六
上午	6:30—7:20	精神讲话窦觉苍	军训区启鸣	精神讲话夏元瑮	军训区启鸣	精神讲话王裕凯	国庆纪念
下午	1:00—1:50	个别谈话院长系主任	体格检查包晋笙	个别谈话院长系主任	同右	体格检查包近笙	
	5:00—5:50	军训区启鸣	体育王健吾	军训区启鸣	精神讲话谢六逸	精神讲话金企渊	

(《新生训练课目公布》,《大夏周报》,第19卷第1期,1942年10月5日)

二十八日　纪念周会上,校董王正廷大使莅校演讲"太平洋之过去与将来"。(《太平洋之过去与将来》,《大夏周报》,第19卷第2期,1942年11月5日)

二十九日　下午二时在正义路七十号王校长公馆召开第八十一次校务行政委员会会议,报告学生开学、报到注册、经费等事宜,通过审核学生生活费金名单等议案。

第八十一次校务行政委员会

时间:三十一年九月二十九日下午二时

地点:正义路七十号王校长公馆

出席者:王伯群　金企渊　王裕凯　谢嗣昇

一、报告事项

1. 本学期已于九月十四日上课

2. 注册学生截至今日止大学部共五四五人,盐训班共八十人

3. 教部加拨五十万元已到校

4. 本学期学什费收入已逾六万

5. 学生入舍情形

二、讨论事项:

1. 议审核学生生活贷金名单案

议决:通过名单公布。

2. 议教部汇来六千元核发教授、副教授生活补助费案

议决:张伯箴、吴佑民二先生各核发八百元,夏元瑮、苏希轼二先生各核发六百元,陈景琪、朱澂、王佩芬、顾文藻、蔡仲武、邓世隆、王健吾、聂绍经八先生各核发四百元。

3. 议盐训班学生自十月份起生活津贴每人每月加给二十元案

议决:通过。

(《第八十一次校务行政委员会》,《校务行政委员会会议记录》,第2—5页,华东师范大学档案馆藏,档号:81-1-55)

十月

一日　学校举行升旗典礼式,由训导长谢嗣昇先生主持,早操则由学校体育主任王健吾先生会同体育教师教练。(《升旗典礼开始举行》,《大夏周报》,第19卷第2期,1942年11月5日)

五日　纪念周会上,学校教授、贵州省党部傅启学主任委员讲"思想与党派问题"。(《思想与党派问题》,《大夏周报》,第19卷第2期,1942年11月5日)

十日　举行双十节国庆纪念会,大学部全体师生于上午八时齐集大礼堂举行庆祝仪式,领导行礼如仪后,由夏元瑮院长讲国防科学。附中全体学生参加国庆阅兵典礼。(《双十国庆　本校热烈举行庆祝　夏院长讲国防科学》,《大夏周报》,第19卷第2期,1942年11月5日)

十二日　纪念周会上,欧副校长作题为"现阶段的青年应如何努力"的演讲,其中指出"反省自动"为青年努力之途径。(《欧校长讲　现阶段的青年应如何努力》,《大夏周报》,第19卷第2期,1942年11月5日)

十七日　大夏大学校友总会举行茶话会,到会校友百余人。理事长王伯群报告募集百万基金运动情况,至今已收到捐款二十万一千三百四十元,募集运动将延至该学期结束。

本校校友,于十月十七日下午二时,在本校举行茶会,藉资联欢,到校友百余人,由王□理事长伯群主席,即席报告毕业同学在国内各机关服务情况,均能胜任愉快,堪为欣慰。本校上期因经济困难,请改国立,蒙政府增加补助,维持私立,惟仍感收支不敷,乃有募集百万基金运动之举,本校校友不下万人,只要精诚团结,众志可以成城。际此国步维艰,各位替国家作事,应尽忠职守,报效党国。词毕,由本校募集百万基金运动大会王兼总队长裕凯,报告募捐概况,略谓本校此次发起募集基金运动,意在巩固校本,共发出捐册远十三省,边远各省市校友捐款,尚未汇到,截至今日止,在贵阳市方面,第一期已募集捐款,共计二十万一千三百四十元,已悉数投资于生产事业云。最后应边远校友请求,决将此次募捐期限,延至本学期底截止,各校友平日因公务羁身,不能聚首畅叙,今得此机会,相见之下,握手倾谈,至为欢洽云。

(《校友会茶会　王理事长勉校友精诚团结　王兼总队长报告募捐情况》,《大夏周报》,第19卷2期,1942年11月5日)

二十六日　纪念周会上,新任训导长谢嗣昇作"纪律与自由问题"的演讲,讲述自由的由来、自由社会性及相对性,希望学生遵守校规,养成守法精神。(《谢训导长讲"纪律与自由问

题"》,《大夏周报》,第 19 卷 2 期,1942 年 11 月 5 日)

二十七日　上午九时半在校长室召开第八十二次校务行政委员会会议,王校长主持会议并报告学校近况,讨论如何使各职员确守办公时间等议案。

第八十二次校务行政委员会

时间:十月二十七日上午九时半

地点:校长室

出席者:王伯群　夏元㻏　王裕凯　金企渊　谢嗣昇　苏希轼

主席:王校长

一、报告事项:

1. 本学期应开学程望开齐

2. 学生生活情形

3. 学校财政近况

二、讨论事项

1. 议如何使各职员确守办公时间案

议决:规定办事细则,应采用签到簿办法。

2. 议训导总务两处配员必须住宿校内案

议决:通过,应采用各处配员轮流值日办法。

3. 议如何整顿校容案

议决:各处所加以刷新。

4. 议校工酌加工资案

议决:通过,交总务处核办以裁员加薪为原则。

5. 议如何推行节约储金案

议决:自由认储。

6. 议酌请中国文学系及会计银行系主任案

议决:中国文学系主任请王佩芬先生暂代,会计银行系主任请金企渊院长兼理。

7. 议港沪学生截止注册日期案

议决:到本月底截止。

8. 议规定核给工伙救济金学生原则案

议决:(一)战区学生未得供,金者优先核给。

　　　(二)侨生亦优先核给。

　　　(三)各自有余额核给内地学生经济困难者。

9. 议重庆龙门书店及湖南大学翻版西书颇多请拨专款购金案

议决:原则通过。

(《第八十二次校务行政委员会》,《校务行政委员会会议记录》,第 6—11 页,华东师范大学档案馆藏,档号:81-1-55)

三十日　下午四时在正义路七十号王校长公馆召开第八十三次校务行政委员会会议。王校长主持会议,议决通过职员办公时间简则案。

第八十三次校务行政委员会

时间:三十一年十月三十日下午四时

地点:正义路七十号王校长公馆

出席者:王伯群　王裕凯　谢嗣昇　金企渊　夏元㻏　苏希轼　窦觉苍

主席:王校长

一、报告事项

略

二、讨论事项

议通过职员办公时间简则案

议决：修正通过。

（《第八十三次校务行政委员会》，《校务行政委员会会议记录》，第12—13页，华东师范大学档案馆藏，档号：81-1-55）

三十一日　中国天文学会在贵阳举行年会，夏元瑮院长应邀出席并作学术演讲。此外，化学系主任陈景琪试验植物油提炼汽油成功，此时正集资办厂，不日即可制炼。

中国天文学会于十月三十一日在本市宾馆举行年会，夏院长为科学界先进，曾被邀出席，作学术演讲。又化学系主任陈景琪，鉴于抗战期间军需及交通界最感汽油缺乏，乃悉心研究，以某种植物油料，提炼汽油，试验成功，闻已募集资金，筹划场地，不久即开始制炼云。

（《理学院动态　夏院长出席天文学会　陈主任筹办炼油工厂》，《大夏周报》，第19卷2期，1942年11月5日）

十一月

二日　王校长赴渝出席十中全会，后因公留渝，请夏元瑮院长暂代校务。

本校王校长于本年十一月二日，因出席中央十中全会，及向教育部接洽校务赴渝，曾志本报，兹闻关于学校本年经费及增聘教授各问题，须[需]要较长之时间在渝向各方接洽，尚难即返学校主持校务，特请本校理学院院长夏元瑮博士暂代校务云。

（《王校长因公留渝　夏院长暂代校务》，《大夏周报》，第19卷第4期，1942年12月8日）

纪念周会请金企渊院长作题为"战时物资之供求与物价"的演讲，分析物资供求不调及物价上涨的原因，并提出调整及平定物价之方案。（《金院长讲"战时物资供求与物价"》，《大夏周报》，第19卷第2期，1942年11月5日）

三日　上午十一时在校长室召开第八十四次校务行政委员会会议，夏元瑮院长代王校长主持会议，报告教师、学生、总务等方面情形，讨论职员签到自何日起开始等议案。

第八十四次校务行政委员会

时间：十一月三日上午十一时

地点：校长室

出席者：谢嗣昇　苏希轼　王裕凯　窦觉苍　夏元瑮　金企渊

主席：王校长（夏院长代）

一、报告事项：

1. 刘持生、韩善甫二先生已到校授课

2. 学生内务自下周起开始核查

3. 总务方面情形

4. 院务概况

二、讨论事项

1. 议职员签到自何日起开始案

决议：自十一月九日起开始。

2. 议提早下午上课时间案

议决：自十一月十六日起下午上课时间改由一点钟起。

3. 议华问渠君（崇石）借款之抵押契□案

议决：暂准收回□须另出收据并说明于登记后缴回并不作□用。

4. 议通过校工增加工资名系案

议决:通过。

5. 议通过上海银行补助金学生名单案

议决:范美员、丁传思、朱清凡三人成绩优良核给是项补助金。

6. 议全体教职员学生一体加入红十字会为会员案

议决:通过教职员由薪金内扣会费五元,大学部学生由讲议费内扣会费一元又盐训班学生在生活补助金内扣会费一元。

7. 议训练校工案

议决:先请叶盛华、苏兆祥二先生推思办法提交下次会议通过施行。

8. 议重订图书馆借书规则案

议决:先由该馆负责人议订办法,提交校务公议通过。

(《第八十四次校务行政委员会》,《校务行政委员会会议记录》,第14—19页,华东师范大学档案馆藏,档号:81-1-55)

八日　法商学院开办的银行与商店是日开始营业,会计学会开研究会。

本校法商学院所举办之储蓄银行及实习商店,原由会计银行及工商管理两系师生,分别负责进行,数学期来颇著成绩。秋季开学后,金院长积极改进,已于本月初开始营业。又会计学会自改组以来,工作积极展开,于本月八日星期天举行第一次研究会,讨论题为"目前工商业财产估价问题",各会员发言至为踊跃云。

(《法商学院动态　银行商店开始营业　会计学会开研究会》,《大夏周报》,第19卷第2期,1942年11月5日)

九日　纪念周会请理学院夏元瑮博士作题为"大学生最大之目的在读书"的演讲。(《夏院长讲"大学生最大之目的在读书"》,《大夏周报》,第19卷第3期,1942年12月8日)

下午四时在校长室召开第八十五次校务行政委员会会议,报告各处签到情形,讨论如何注意门禁议案。

第八十五次校务行政委员会

时间:十一月九日下午四时

地点:校长室

出席者:夏元瑮　金企渊　窦觉苍　谢嗣升　苏希轼　王裕凯

主席:王校长(夏院长代)

报告事项:

1. 张诗隽等被捕情形

2. 各处签到情形

二、讨论事项:

议如何注意门禁案

议决:本校教职员工学生工友须一律挂学校证章,以资识别。

(《第八十五次校务行政委员会》,《校务行政委员会会议记录》,第20—22页,华东师范大学档案馆藏,档号:81-1-55)

十六日　纪念周会请新任总务长窦觉苍教授作题为"维持本校私立之意义"的演讲。(《窦总务长讲"维持本校私立之意义"》,《大夏周报》,第19卷第3期,1942年12月8日)

十七日　上午十一时在校长室召开第八十六次校务行政委员会会议,讨论如何整顿校容及如何节省论文开支等议案。

第八十六次校务行政委员会

时间:十一月十七日上午十一时

地点:校长室

出席者:夏元瑮　窦觉苍　金企渊　苏希轼　王裕凯　谢嗣升

主席:王校长(夏院长代)

一、报告事项:

1. 本星期举行期中考试

2. 本日起举行内务检查

3. 总务处情形

二、讨论事项

1. 议如何整顿校容案

议决:各处道路修平,校门前面围墙刷新,各门窗油漆颜色务使一律□□刷新。

2. 议如何节省论文开支案

议决:由教务、总务两处致函各教员□□□论文为原则。(英文国文及图表数字不在此限)

3. 议规定晚间关锁校门时间案

议决:每晚十一时关门。

4. 议中学部教职员工学生要求向大学部图书馆借书案

议决:中学部教职员各发借书证一张,中学部学生如要借书者须由该部教员介绍即凭教员借书证借阅。

5. 议选报贷金学生名册案

议决:由训导处职员会同总务处文书会计□主任办理在一星期内办妥。

6. 议浙大函请本校参加学生活动案

决议:参加。

7. 议图书馆及学生宿舍灯泡时有损失应如何限制案

议决:以后如再有损失责令赔偿。

(《第八十六次校务行政委员会》,《校务行政委员会会议记录》,第23—27页,华东师范大学档案馆藏,档号:81-1-55)

下午三时许,"一·二八"上海抗日名将蔡廷锴将军莅校参观,秘书长王裕凯陪同参观各研究部门。蔡将军应学校两广同学邀请作演讲。(《蔡廷锴莅校参观　向两广同学讲演》,《大夏周报》,第19卷第4期,1942年12月8日)

二十三日　纪念周会上,秘书长王裕凯作题为"青年修养问题"的演讲,谓三育(智育、德育、体育)并重,三头(笔头、锄头、枪头)并重。(《王秘书长讲"青年修养问题"》,《大夏周报》,第19卷第3期,1942年12月8日)

二十四日　上午十一时在校长室召开第八十七次校务行政委员会会议,讨论添置礼堂长凳百条及校工训练办法等议案。

<h3 style="text-align:center">第八十七次校务行政委员会</h3>

时间:十一月二十四日上午十一时

地点:校长室

出席者:夏元瑮　苏希轼　谢嗣昇　金企渊　窦觉苍　王裕凯

主席:王校长(夏院长代)

一、报告事项:

1. 教员上课情形良好,缺课者至少。

2. 住宿学生每晚点名。

3. 总务处杨事务员办事不力已令停职改由程树莹接充试用。

二、讨论事项:

1. 议添置礼堂长凳百条案

议决:据事务(组)报告全校长凳统计确实缺少,准予添置。

2. 议通过校工训练办法案

议决:请窦总务长谢训导长予以审核。

3. 议改定值日办法案

议决:职员值日日间由住宿校外职员轮值,夜间由住宿校内职员轮值,值日时间由上午七时起至下午六时止,值夜时间由下午六时起至翌晨七时止,自十二月一日起实行。

4. 议各院庆祝元旦案

议决:举行纪念会及游艺会。游艺会价(应)以五百元为限,由谢训导长负责筹备,另拨款百元交与女生膳委会又二百元交与男生膳委会充加菜之用。

5. 议举行国语辩论会案

议决:定于元旦举行决赛。

6. 议学生补领证章办法案

议决:遗失证章者先须登报声明,登出后再补缴证章费方得发给。

(《第八十七次校务行政委员会》,《校务行政委员会会议记录》,第28—32页,华东师范大学档案馆藏,档号:81-1-55)

三十日 纪念周会请国立贵阳师范学院刘天予教授莅校作题为"漫谈公与私"的演讲,从文字学、心理学、道德学以及公私相对性等角度分析了公与私的关系及其表现形式。(《刘教授讲"漫谈公与私"》,《大夏周报》,第19卷第3期,1942年12月8日)

十二月

一日 上午十一时在校长室召开第八十八次校务行政委员会会议,讨论通过添设边疆建设系等议案。

第八十八次校务行政委员会

时间:十二月一日上午十一时

地点:校长室

出席者:夏元瑮 谢嗣昇 王裕凯 苏希轼 金企渊 窦觉苍

主席:王校长(夏院长代)

一、报告事项:

1. 编制教务概况案已脱稿

2. 学生内务核查情形

3. 整理校容情形

二、讨论事项:

1. 议决定全校大扫除日期案

议决:定本星期四(三日)举行。

2. 议添设边疆建设系案

议决:原则通过,由教务处倡文送呈校长向部接洽。

3. 议校内原有教职员宿舍以住居单身人为限案

议决:通过。

4. 议盐训班学生许隐奇、戴裕汉二人擅取灯泡又大学部学生刘依育、邱可畏擅移灯泡应如何惩处案

议决:许、戴二生各予二次书面警告,刘、邱二生各予一次书面警告。

5. 议如何限制领取物品案

议决:各部门领取物品先须申明用途,说明备用时间并请主管人员签章后送交总务处核发。

(《第八十八次校务行政委员会》,《校务行政委员会会议记录》,第33—37页,华东师范大学档案馆藏,档号:81-1-55)

七日　纪念周会请外文系主任黄奎元博士作题为"真理之探讨"的演讲,探讨寻求真理的四大法则。(《黄主任讲"真理之探讨"》,《大夏周报》,第19卷第3期,1942年12月8日)

八日　上午十一时在校长室召开第八十九次校务行政委员会会议,讨论教授聂绍经因病请求预支薪津等议案。

第八十九次校务行政委员会

时间:十二月八日上午十一时

地点:校长室

出席者:王裕凯　夏元瑮　谢嗣昇　金企渊　窦觉苍　苏希轼

主席:王校长(夏院长代)

一、报告事项

1. 聂绍经教授病势危重,现入中央医院医治。所任功课由外文系各教授分任。

2. 学校经济概况。

3. 立作会计师事务所送赠该所业务部。

二、讨论事项

1. 议教授聂绍经因病请求预支薪津案

议决:准予支二千元充医药费十二月已支出七百元〈包括〉在内。

2. 议补推一人任总务长以便报部案

议决:遵照校长指示推荐吴浩然先生报部。

3. 议清洁比赛成绩优良之寝室应否给奖案

议决:配给奖品以资鼓励。

4. 议学生刘依庸邱可畏呈请减轻处分案

议决:维持原案。

(《第八十九次校务行政委员会》,《校务行政委员会会议记录》,第38—41页,华东师范大学档案馆藏,档号:81-1-55)

十二日　文学院历史社会系学生于下午二时举行学术座谈会,题为"中国社会停滞的原因",参加座谈者颇为踊跃。(《史社系举行座谈会》,《大夏周报》,第19卷第4期,1942年12月8日)

理学院夏元瑮院长作"人工改造原质术"的学术演讲。(《理学院夏院长学术讲演》,《大夏周报》,第19卷第4期,1942年12月8日)

十四日　纪念周会请法商学院法律系主任高承元教授作题为"中国与宪法"的演讲。(《法律学会审理婚姻》,《大夏周报》,第19卷第4期,1942年12月8日)

十五日　上午十一时在校长室召开第九十次校务行政委员会会议,并报告教部训令本校开设蒙藏回语文科目等事宜。

第九十次校务行政委员会

时间:十二月十五日上午十一时

地点:校长室

出席者:王裕凯　吴兆祥(代谢训导长出席)　金企渊　苏希轼　夏元瑮

主席:王校长(夏院长代)

报告事项:

1. 教部训令本校开设蒙藏回语文科目。

2. 学校财政概况。

3. 校容整理情形。

4. 盐训班前准盐务总商函于结业前一月内添授盐专卖事业概论一学程,内分盐务运输、盐务仓库、盐务市场、盐务□沧四讲座,分请张勖予、王励清、哈慕约、杨欣清四先生主讲,每周共计十六小时,上课时间业经排定自本周起开始讲授于五周内授完。

二、讨论事项

1. 议本校三青团大夏剧社为响应文化劳军举行第三次话剧公演请求补助案

议决:该公演完毕后如开支不足再行呈明校长核示。

2. 议盐训班学生毕业在途分发旅费应如何筹措案

议决:向盐务总局接洽请早发给。

(《第九十次校务行政委员会》,《校务行政委员会会议记录》,第42—46页,华东师范大学档案馆藏,档号:81-1-55)

十七日　下午,法商学院政治学会举行辩论会,辩论题目为"印度目前是否独立"。(《法商学院政治学会举行辩论会》,《大夏周报》,第19卷第4期,1942年12月8日)

法商学院法律学会举办模拟法庭,审理一婚姻案件,系主任高承元,教授周冠璇、刘焕文等均亲临指导。(《法律学会审理婚姻》,《大夏周报》,第19卷第4期,1942年12月8日)

二十一日　纪念周会请理学院夏元瑮院长作"各同学应注意之点"的演讲。(《校闻》,《大夏周报》,第19卷第4期,1942年12月8日)

二十二日　上午十一时在校长室召开第九十一次校务行政委员会会议,讨论如何防止盗窃等议案。

第九十一次校务行政委员会

时间:十二月二十二日上午十一时

地点:校长室

出席者:窦觉苍　王裕凯　谢嗣昇　苏希轼　夏元瑮

主席:王校长(夏院长代)

一、报告事项

1. 学生上课情形尚称良好。

2. 清理学生贷金事宜训□处在赶办中。

3. 昨晚在校内捕获窃盗一名身佩防空学校证章冒充防校教官,当电知该校派员携去□究并追偿本校历次失物。

4. 学校财政概况今日已借用基金保管委员会三万元。

二、讨论事项

1. 议如何防止盗窃案

议决:(一)添设自愿警加强门禁;

　　　(二)设置更夫巡夜;

　　　(三)奖励破案;

　　　(四)密查。

2. 议新年休假日期案

议决:元月一、二两日休假。

3. 议动员师生修整操场案

议决:先由窦总务长向西南中学借用锄头百具,请王体育主任主持修整事宜。

4. 议学生逃课应如何处分案

议决:如有逃课学生,一经查明,予以口头功[或]书面警告。

5. 议学生如有代考情事应如何处分案

议决:双方均予以除名处分。

(《第九十一次校务行政委员会》,《校务行政委员会会议记录》,第47—49页,华东师范大学档案馆

　　二十九日　上午十一时在校长室召开第九十二次校务行政委员会会议,报告蒙藏司函催设置边疆科目及讲座如期报部等事项,另讨论近期学校各项事宜。

<h3 style="text-align:center">第九十二次校务行政委员会</h3>

时间:十二月二十九日上午十一时

地点:校长室

出席者:夏元瑮　王裕凯　窦觉苍　苏希轼　谢嗣昇

主席:王校长(夏院长代)

一、报告事项

1. 蒙藏司函催设置边疆科目及讲座如期报部

2. 师生同乐会决在元旦晚间举行

3. 学校经济概况已移用建筑费五万元

4. 本月份薪津已发出

5. 管理门禁实施情形

二、讨论事项

1. 议体育卫生组请求补助篮球队参加新年各大学友谊赛用费二百元案

议决:通过。

2. 议学生请示本校教职员作经济担保案

议决:本校教职员概不得为本校学生作经济担保并通知会计组及实习银行照办。

3. 议聘请元旦举行三国语辩论会评判员案

议决:用校长名义函请刘天予、朱澂、邓士隆、高承元、张伯箴五先生担任。

4. 议聘请元旦举行之□□运动评判员案

议决:用校长名义聘请朱澂、保志宁、俞曙方、包晋星、陈景琪五先生担任。

(《第九十二次校务行政委员会》,《校务行政委员会会议记录》,第50—53页,华东师范大学档案馆藏,档号:81－1－55)

一月

一日 庆祝元旦,全校休假一天。上午,学校举行元旦庆祝大会暨国民月会。下午,举行国语辩论竞赛,题为"战争创造文明",谢训导长主持,刘天予、张博箴诸先生任评判。晚上,举行师生联欢晚会。(《庆祝元旦 情绪激烈》,《大夏周报》,第 19 卷第 5 期,1943 年 1 月 25 日)

四日 纪念周会请刘心石教授作题为"中国与南洋"的演讲,分别从历史、地理、经济角度讲述了中国与南洋的关系。(《中国与南洋》,《大夏周报》,第 19 卷第 5 期,1943 年 1 月 25 日)

七日 上午十一时在校长室召开第九十三次校务行政委员会会议,夏院长代王校长主持,讨论该届毕业同学会呈请另设试场、缓征论文、举行毕业典礼等议案。

第九十三次校务行政委员会

时间:三十二年元月七日上午十一时

地址:校长室

出席者:王裕凯 苏希轼 谢嗣昇 夏元瑮 窦觉苍(徐绍彝代)

主席:王校长(夏院长代)

一、报告事项(略)

二、讨论事项

1. 议本届毕业同学会呈请(一)另设试场(二)缓征论文(三)举行毕业典礼案

议决:(一)不另设试场与期中考试合并举行;(二)论文于毕业考试前必须缴进;(三)举行毕业生话别会。

2. 议辩论会个人优胜者发给奖品案

议决:酌给奖品第一名发给书券六十元第二名五十元第三名四十元。

3. 议组织毕业考试委员会案

议决:校外聘请欧厅长元怀刘院长含章张院长廷休校内委员同上学期组织委员会由校长任主委。

(《第九十三次校务行政委员会》,《校务行政委员会会议记录》,第 55—58 页,华东师范大学档案馆藏,档号:81-1-55)

十一日 纪念周会请著名画家徐悲鸿莅校演讲"中外艺术",讲授中外艺术间的区别。(《中外艺术》,《大夏周报》,第 19 卷第 5 期,1943 年 1 月 25 日)

十四日 下午三时在校长会议室召开第四十一次校务会议,苏希轼、谢嗣昇二先生先后报告,并议决毕业生必须修完必修课学程方得毕业,后一学期增设边疆问题讲座,增设蒙、藏、回文选修课程等事宜。

第四十一次校务会议记录

时间:三十二年一月十四日下午三时

地点:校长会议室

出席人:夏元瑮 王佩□ 王裕凯 窦觉苍 苏希轼 张伯箴 金企渊 谢嗣昇 高承元

陈景琪

主席：王校长（夏院长代）

记录：孙尧年

报告事项

苏希轼先生报告：

① 学生上课及缺课情形

谢嗣昇先生报告

② 学生活动情形

③ 贵州七大学进行球类竞赛，本校拟参加事

窦觉苍先生报告：

④ 三十一年度财政概况

⑤ 三十二年度经费预算情形

⑥ 教授补助金管理委员会来函

王裕凯先生报告：

⑦ 校长聘定上海本校教授孙亢曾先生为本校代理教务长；电告已由粤启程前来，又教授葛受元先生亦已由沪到筑下月开始讲课

⑧ 教部令催教员应速照常申请审查资格事

金企渊先生报告

⑨ 法商学院近况

讨论事项

① 议转学生国英文成绩在原校及格而转学时编级试不及格应如何处理案

议决：应按照其编级试成绩补读一学程或一学年，及格后方得毕业。

② 议应届毕业生缺必修学程可否以其他学程代替案

议决：各生应修完规定必修学程方准毕业，本学期应届毕业生有缺必修学程在二门以内者始予通融以其他课程代替，以后不得援例。

③ 议教部训令本校下学期应设蒙藏回语文选修科目应如何遵办案

议决：下学期先行增设边疆建设问题讲座并在社会研究部附设边疆建设研究组。

④ 议决定春季学期开学注册及上课日期案

议决：二月十五日开学，二十二、三两日注册，二十六日起上课，三月十日截止注册。

⑤ 议本校〈香〉港分校来校肄业学生之成绩及其学籍问题应如何解决案

议决：作为新生呈报学籍其证件遗失者代为呈明。

⑥ 议光华借读生邱可畏、钱申初二人请准于下学期转学本校案

议决：呈部请示。

⑦ 议讲义付印前应否先结审查案

议决：交教务会议讨论届时请总务长列席。

⑧ 议下学期应如何限制学生迟到注册案

议决：迟到者予以罚费，第一天应罚迟到注册费十元，以后每日追加五元，此项罚款存作奖助清寒优秀学生之用。

⑨ 议本学程应届毕业生请求另设试场案

议决：不准。

⑩ 议春季可否收纳转学生及沪港来一年级新生案

议决：碍难收纳。

⑪ 议商学各系法学通论课程不应添授商事法总纲为目案

议决：通过。

⑫ 议法律系应设犯罪心理学课程以配合普通心理学课程案

议决：呈请教部备案后实行。

（《第四十一次校务会议记录》，《校务会议记录》，第91—100页，华东师范大学档案馆藏，档号：81-1-51）

十八日　纪念周会请岑家梧[①]教授作题为"婚姻制度演化"的演讲，讲述婚姻的各种方式、婚姻制度及恋爱问题。（《婚姻制度演化》，《大夏周报》，第19卷第5期，1943年1月25日）

上午十一时在校长室召开第九十四次校务行政委员会会议，夏院长代王校长主持会议并报告下星期举行期中考试及学校财政近况等事宜。

第九十四次校务行政委员会

时间：元月十八日上午十一时

地点：校长室

出席者：夏元瑮　窦觉苍　王裕凯　谢嗣昇　苏希轼

主席：王校长（夏院长代）

一、报告事项

1. 下星期举行期中考试

2. 学校财政近况

二、讨论事项

1. 议贵州七大学演说球类竞赛每校分担经费六百元案

议决：照征。

2. 议决定召开毕业生话别会日期案

议决：元月三十一日上午八时半在贵阳招待所举行。

（《第九十四次校务行政委员会》，《校务行政委员会会议记录》，第59—61页，华东师范大学档案馆藏，档号：81-1-55）

二月

一日　校长决定，聘大夏大学教授兼沪校中学部主任孙亢曾为代理教务长。孙教务长亢曾由沪经粤转黔历经长途跋涉，于是日到校视事。（《孙教务长到校视事》，《大夏周报》，第19卷第6期，1943年3月1日）

十一日　上午十时在校长室举行第九十五次校务行政委员会会议，王校长主持，讨论如何改善教职员待遇等议案。

第九十五次校务行政委员会

时间：二月十一日上午十时

地点：校长室

出席者：王伯群　孙亢曾　王裕凯　夏元瑮　金企渊　窦觉苍　谢嗣昇

主席：王校长

一、报告事项（略）

二、讨论事项

1. 议如何改善教职员待遇案

议决：请窦觉苍、孙亢曾、王裕凯三先生先行计划。

---

① 岑家梧（1911—1966），海南澄迈人。早年考入中山大学社会学系，后赴日本东京大学和帝国大学攻读人类学和考古学。1937年回国，先后任教于中山大学、西南联大、大夏大学等校。1947年，创办珠海大学。1952年后，任岭南大学副教务长、广东民族学院筹备委员会副主任、中南民族学院副院长等职。

2. 议盐训班经费结余提出部分津贴职员案

议决:原则通过。

3. 议组织购买图书审查委员会案

议决:请夏元瑮、孙亢曾、金企渊三先生组织委员会。

4. 议请夏元瑮先生兼任文学院长案

议决:通过。

5. 议如何分配美国救济金案

议决:请窦觉苍、孙亢曾、王裕凯三先生先行计划。

6. 议钱善甫先生薪金自去年九月份起案

议决:通过。

(《第九十五次校务行政委员会》,《校务行政委员会会议记录》,第62—65页,华东师范大学档案馆藏,档号:81-1-55)

十五日　春季开学,学生开始办理缴费及入舍手续,二十二日开始注册,二十六日上课,三月十日为注册截止时间,凡迟到注册者予以罚费。该学期注册学生五七九人。(《春季学期学校历》,《大夏周报》,第19卷第6期,1943年3月1日)

二十二日　上午九时在校长会议室举行第四十二次校务会议,王校长主持,王校长、谢训导长、孙教务长先后作报告。王校长报告向教部洽请增加该年度补助费及向各方筹集经费情况,议决自二月份起增加教职员薪金等事项。

本校于三十二年二月二十二日上午九时,在校长会议室,举行第四十二次校务会议。

出席者:王伯群　孙亢曾　陈景琪　金企渊　葛受元　王佩芬　谢嗣昇　夏元瑮　高承元　窦觉苍　王裕凯　黄奎元　苏希轼　朱墩　张伯箴

主席:王校长

记录:孙尧年

行礼如仪

报告事项

王校长报告:

① 在渝向教部洽请增加本年度补助费及向各方筹集经费结果

② 自二月份起增加教职员薪金并致送院处长系主任办公费事

③ 教职员更动情形

④ 本年度出席本会议教员代表选举结果,朱墩、蔡仲武两先生当选。

孙教务长报告:

⑤ 上学期结束情形

⑥ 本学期各院系拟行开班课程数

⑦ 筹备注册情形

⑧ 教务会议决恢复政经研究室及设置边疆问题□定计划

谢训导长报告:

⑨ 调查学生宿舍情形

⑩ 进行办理审查学生贷金事

窦总务长报告:

⑪ 本年度财务计划

⑫ 总务处各组工作情形

讨论事项

① 议通过春季学校历案

议决:通过。

② 议如何规定本学期各系学生选读学分数案

议决:法律系学生暂定最多得选修二十二学分,其余各系照原来规定数选修。学期中途开班课程经教务长核准选读者,得加计学分。

③ 议学生选修学程不得中途放弃案

议决:通过。

④ 议审查三十一年度第一学期迎接毕业生名单案

议决:照审查意见通过。

⑤ 议审查三十一年度第一学期优劣学生名单案

议决:通过,照章予以奖惩。

⑥ 议借读交大土木工程系各生请示结果办法案

议决:结业手续由本校办理。

⑦ 议修正留校条例案

议决:原条例照旧增补一条:主科成绩特别优良,列在一等,平均指数在一.○○以上,而有三分之一学科不及格者,应免予留级。

(《第四十二次校务会议 通过春季学期学校历》,《大夏周报》,第 19 卷第 6 期,1943 年 3 月 1 日)

二十六日 上午九时,学校举行春季始业式,出席师生六百余人,王校长主持,勉励全体学生"奋发有为,自强不息"。(《春季始业式 王校长勉学生奋发有为自强不息》,《大夏周报》,第 19 卷第 6 期,1943 年 3 月 1 日))

岑家梧先生担任社会研究部主任。

本校社会研究部近年来搜集边疆文物资料颇丰,迭经教部嘉奖在案。该部副主任陈国钧先生,以事他去,现改聘岑家梧先生担任,岑氏为专研社会学者,担任斯职,贡献必多云。

(《岑家梧主持社会研究部》,《大夏周报》,第 19 卷第 6 期,1943 年 3 月 1 日)

三月

二日 上午十时在校长室召开第九十六次校务行政委员会会议,王校长主持会议并报告财政近况及盐务总局委托学校代办盐务专修科办法。

第九十六次校务行政委员会

时间:三月二日上午十时

地点:校长室

出席者:王伯群 孙亢曾 王裕凯 谢嗣昇 金企渊 夏元璩 窦觉苍

主席:王校长

一、报告事项

1. 财政近况

2. 事务情形

3. 盐务总局委托本校代办盐务专修科办法

二、讨论事项

1. 议本校参加黔中七大学国语及英语比赛本校定期举行预赛案

议决:三月十五日举行国语预赛,二十二日举行英语预赛,均在纪念周会时间举行。

2. 议组织体育卫生委员会案

议决:请窦觉苍、孙亢曾、谢嗣昇、王健吾、区熙鸣、包晋星、陈贤珍七先生为委员并由谢嗣昇先生召集会议。

3. 议体育卫生请求制备运动服装案

议决:制备男生服装先由校垫款结后由体育卫生组筹还。

（《第九十六次校务行政委员会》,《校务行政委员会会议记录》,第66—69页,华东师范大学档案馆藏,档号:81-1-55)

九日　上午九时在校长室召开第九十七次校务行政委员会会议,王校长主持会议并报告学校行政近况。

第九十七次校务行政委员会

时间:三月九日上午九时

地点:校长室

出席者:王伯群　窦觉苍　孙亢曾　金企渊　王裕凯　谢嗣昇

主席:王校长

一、报告事项

1. 新聘李景泌为法商学院专任教授

2. 聘岑家梧为社会研究部主任

3. 盐务专修科已开始报名

4. 学生请求增加膳食贷金事

5. 整理校容情形

6. 学校财政近况

二、讨论事项

1. 议通过改订职员签到须知案

议决:修正通过自下星期一起实施。

2. 议通过教务训导及总务三处办事细则案

议决:原则通过,再由秘书室合并整理之。

3. 议教授补助金应如何分配案

议决:已汇到之四万元提出一万元交沪校教授分配,余数照章分配于本校教授。

（《第九十七次校务行政委员会》,《校务行政委员会会议记录》,第70—73页,华东师范大学档案馆藏,档号:81-1-55)

十七日　上午八时半在校长室召开第九十八次校务行政委员会会议,王校长主持会议并报告各院系上课情形、教务概况等事宜。

第九十八次校务行政委员会

时间:三月十七日上午八时半

地点:校长室

出席者:王伯群　窦觉苍　夏元瑮　金企渊　孙亢曾　王裕凯　谢嗣昇

主席:王校长

一、报告事项

1. 各院系上课情形

2. 教务概况

3. 盐务专修科招生结果正取者四十名备取者十名

4. 本星期一国语演说竞赛业已举行下星期一举行英语演说竞赛

5. 导师导生名单已备妥

6. 定下星期二下午四时举行训导会议

7. 财务近况

二、讨论事项

1. 议总务处添改书记一人案

议决：通过。

2. 议通过社会研究部计划案

议决：由校长核定。

（《第九十八次校务行政委员会》，《校务行政委员会会议记录》，第74—76页，华东师范大学档案馆藏，档号：81-1-55）

二十五日　受盐务局委托，代办的短期盐务人员训练班已如期结束，受训学生由该分局分别任用。该局又商请王校长同意，在学校设立盐务专修科，招收高中毕业生，培养盐务中级人才。该科聘请何维凝为主任，寒假招收五十人，是日开学。（《盐务专修科开课》，《大夏周报》，第19卷第7期，1943年5月11日）

四月

十二日　已办理之盐务专修科继续办理，学生五十人于三月二十五日开学，是日补行开学典礼，盐务总局代表、贵州盐务管理局局长及该科全体师生出席。（《盐务专修科开课》，《大夏周报》，第19卷第7期，1943年5月11日）

十九日　纪念周会，王校长主持，欧副校长作题为"战后教育计划与实施"的演讲，对战后教育应如何计划及实施方案作了详细分析。（《欧副校长演讲"战后教育计划与实施"》，《大夏周报》，第19卷第7期，1943年5月11日）

二十二日　上午十时在校长室召开第九十九次校务行政委员会会议，王校长主持，讨论设立军事训练总队及边疆建设讲座定期举行等议案。

第九十九次校务行政委员会

时间：四月二十二日上午十时

地点：校长室

出席者：王伯群　孙亢曾　何维凝　谢嗣昇　窦觉苍　王裕凯　金企渊

一、报告事项

1. 本学期期中考试延迟一周举行

2. 中文系主任聘张世禄先生担任

3. 学生参加黔中八大学活动情形

4. 教育部一次补助五十万元业已汇到

5. 盐务局拨来经费十三万元

二、讨论事项

1. 议设立军事训练总队案

议决：原则通过，详细办法由谢嗣昇、谷黎光、王裕凯三先生会商拟定呈校长核定。

2. 议边疆建设讲座定期举行案

议决：即日开始举行。

3. 议校庆纪念应如何举行案

议决：请孙亢曾、夏元瑮、窦觉苍、金企渊、何维凝、谢嗣昇、王裕凯六先生筹划，由王裕凯先生召集。

4. 议应否举办暑期学校案

议决：由孙教务长先行计划。

5. 议暑期招生案

议决：由孙教务长先行计划，多鼓励学生报考文理学院，在贵阳、重庆、桂林及曲江四处举行。

6. 议注册迟到罚金应如何分配案

议决：每系成绩最优之学生一人各给奖金二百元，余充中文系及数理系暨学生参加竞赛之奖金。

7. 议学生周郁浩误卖图书馆书籍应如何处分案

议决:予以一次书面警告。

(《第九十九次校务行政委员会》,《校务行政委员会会议记录》,第77—82页,华东师范大学档案馆藏,档号:81-1-55)

二十四日　下午二时,国民党直属中央区党部召开党员大会。(《刘视察炳藜到校视察党务》,《大夏周报》,第19卷第7期,1943年5月11日)

二十四日　史地社会学会请学校兼任副教授梁瓯第先生讲"中印公路与西康"。(《史地社会学会请梁瓯第讲"中印公路与西康"》,《大夏周报》,第19卷第7期,1943年5月11日)

二十六日　纪念周会请法律系主任高承元教授作题为"由守法说到养气"的学术演讲。高先生旁征博引中西法律理论,说明青年对法律应有的态度。《高主任承元讲"由守法说到养气"》,《大夏周报》,第19卷第7期,1943年5月11日)

本月　国民政府教育部为奖励各大学教授,对服务十年以上而著有成绩者颁发荣誉奖金。大夏大学获此项奖金的有夏元瑮等七位教授。另外,王裕凯教授新著《大学训导之理论与实际》、《中西教育家》两书,已于其时由贵阳文通书局出版。(《夏教授等荣获大学教授奖金》,《大夏周报》,第19卷第7期,1943年5月11日;《王教授新著二种》,《大夏周报》,第19卷第7期,1943年5月11日)

五月

四日　一日至四日,贵州省境内八所大学假大夏大学举行运动大会。大夏大学为迎接这次运动会,除积极训练外,还发动全校同学于每天劳动服务时间修建运动场。(《男女同学开辟新操场》,《大夏周报》,第19卷第7期,1943年5月11日)

十日　是日起,每日下午一时至四时为全校同学注射霍乱疫苗。(《注射霍乱疫苗》,《大夏周报》,第19卷第9期,1943年6月1日)

十一日　盐务学会召开成立大会,到会员五十余人,由谢训导长嗣昇、何主任维凝亲临指导训勉。后一日,何主任请贵州盐务管理局张元局长作"战后盐务复员问题"的演讲。(《盐务学会成立》,《大夏周报》,第19卷第9期,1943年6月1日)

十七日　纪念周会上,王校长特请英国援华委员会驻华代表何明华博士莅校演讲,何博士作了题为"战时的英国"的演讲,对英国战时政府措施、人民生活、对华政策等方面讲解颇为详细。(《何明华博士讲"战时的英国"》,《大夏周报》,第19卷第9期,1943年6月1日)

十八日　召开第四十三次校务会议。

第四十三次校务会议记录

时间:三十二年五月十八日下午四时

地点:正义路七十号

出席人:王伯群　王裕凯　夏元瑮(王裕凯代)　窦觉苍　张伯箴　谢嗣昇　苏希轼　高承元　朱激　陈景琪(谷黎先代)　何□□　金企渊　孙元曾　蔡仲武　葛受元

主席:王校长

记录:孙尧年

(甲)报告事项

校长报告:

① 本校为财政部盐务税局代办盐务专修科情形

② 本学期成立军训总队部

③ 本学期新聘教职员情形

王裕凯先生报告：

④ 筹备本校立校十九周年六一校庆情形

孙教务长报告：

⑤ 期中考试情形

⑥ 设置边疆建设讲座事

⑦ 员生缺课统计

⑧ 本学期应届毕业生统计

谢训导长报告：

⑨ 军训总队部成立后训导处各组工作调整情形

⑩ 本校参加黔中八大学学艺竞赛结果

⑪ 导师制推行情形

窦总务长报告

⑫ 编制三十二年度经费支出概算

⑬ 核发第一次教授补助金事

⑭ 财政近况

（乙）讨论事项

① 议通过训导处与军训总队部职权划分办法案

议决：通过。

② 议规定秋季招生名额地点及日期案

议决：（A）名额：各系组一律二十名，盐务科会计组五十名。

　　　（B）地点：贵阳、重庆、桂林、曲江四处。

　　　（C）日期：八月五、六、七三日。

三、议增加下学期学生各项杂费案

议决：交校务行政委员会讨论。

四、议通过学生公假规则案

议决：修正通过。

五、议积存迟到注册费移作学生奖金办法案

议决：教务、训导、总务三长商订给奖标准呈请校长核备之。

六、议给予德音奖学生人选案

议决：英文成绩最优学生吴鸿蝶及服务成绩最优学生王固君二人得奖。

七、议暑期学校应否举办案

议决：暑假短促，不予举办。

八、议组织秋季招生委员会案

议决：推请教务长各院长各科系主任及注册主任组织之。

九、议张伯箴先生提议调整法商学院各系组案

议决：请张先生拟具详细办法交教务会议慎密讨论再呈请校长斟酌办理。

（《第四十三次校务会议记录》，《校务会议记录》，第 109—116 页，华东师范大学档案馆藏，档号：81-1-51）

二十日　该学期王校长聘谷黎光先生为军事主任教官，谷黎光商承校长同意，将军事训练与训导分开，成立军训总队部，一、二、三年级男同学各成立一中队，女生、盐务专科、四年级同学亦分别成立中队，校长兼总队长，谷主任教官任副总队长，各中队设中队长。（《军训总队部成立》，《大夏周报》，第 19 卷第 9 期，1943 年 6 月 1 日）

二十日　晚七时,金企渊院长作题为"战时物价管制之理论与实施"的演讲。(《金院长讲"战时物价管制之理论与实施"》,《大夏周报》,第19卷第10期,1943年6月21日)

二十四日　纪念周会上,王校长报告校务,旋请总务长窦觉苍作题为"新县制的检讨"的演讲,讲述新县制的产生、组织概要、利弊得失、改进办法,并鼓励同学努力培养自治习惯。(《窦总务长讲"新县制的检讨"》,《大夏周报》,第19卷第10期,1943年6月21日)

二十七日　上午十时在校长室召开第一百次校务行政委员会会议。

第一百次校务行政委员会

时间:五月二十七日上午十时

地点:校长室

出席者:王伯群　窦觉苍　王裕凯　谢嗣昇　何维凝　孙亢曾　金企渊

主席:王校长

一、报告事宜

1. 秋季招生简章业已印就

2. 教部核定本校专科以上学校补助费十三万六千二百元

3. 筹备六一校庆情形

二、讨论事项

1. 议如何严格限制缺席升旗纪念周及国民月会办法案

议决:凡缺席升旗五次纪念周及国民日会三次者各予以一次书面警告惟婚丧病假经事前核准者不在此限。

2. 议学生在上课号音十分钟内必须在教室静候教师如有擅离教室者则作旷课论案

议决:通过。

3. 议通过三十二年度预算案

议决:修正通过。

4. 议通过边疆建设讲座补助费二万元预算案

议决:通过。

5. 议联校教室课桌椅案

议决:通过。

(《第一百次校务行政委员会》,《校务行政委员会会议记录》,第83—87页,华东师范大学档案馆藏,档号:81-1-55)

二十八日　敦请国立贵州大学校长张廷休莅校演讲,题为"边疆教育问题"。(《张廷休讲"边疆教育问题"》,《大夏周报》,第19卷第10期,1943年6月21日)

六月

一日　学校举行立校十九周年纪念。大学部与中学部皆停课一天,共申庆祝。上午,升旗典礼、大学部学生早操、检阅学生军、童子军后,即举行国民月会及校庆大会。王校长主持并致开会词,宣读校友贺电,校董、校友、来宾代表致贺词,最后集体唱校歌。会后来宾和返校校友参观男女宿舍、中学部成绩展览。中午,返校校友、教职员聚餐。下午,举行球类比赛,观众达三千多人。晚上,放映电影及幻灯。

六一校庆程序,业经筹备委员会决定,兹采录如次:

(一)上午八时升旗,大学部学生早操,中学部学生军、童子军大检阅。

(二)上午九时举行国民月会及校庆纪念式

一、奏乐开会

二、全体肃立

三、主席就位

四、唱国歌

五、向党国旗及国父遗像行致敬礼

六、主席恭读国父遗愿

七、主席选读国民公约全体齐声朗诵

八、校长致开会词

九、副校长致词

十、唱国民精神总动员歌

十一、演说

十二、毕业生致词

十三、唱校歌

十四、呼口号：

　　　　国民至上，民族至上！

　　　　军事第一，胜利第一！

　　　　意志集中，力量集中！

　　　　革除旧习染，创造新精神！

　　　　实行三民主义！

　　　　拥护蒋总裁！

　　　　拥护国民政府！

　　　　发扬立校精神！

　　　　大夏大学万岁！

　　　　中华民国万万岁！

十五、奏乐礼仪

十六、鸣炮

（三）上午十一时招待教职员及返校毕业校友聚餐

（四）下午一时至三时，大学部男女生宿舍举行整洁竞赛，并欢迎自由参观

（五）下午三时起，大中两部各种球类比赛

（六）六时起放映电影及幻灯

（《六一校庆程序》，《大夏周报》，第 19 卷第 9 期，1943 年 6 月 1 日）

十四日　纪念周会上，欧副校长返校报告赴渝出席全国教育行政工作检讨会议的经过及感想，指出过去"治人"与"治于人"的观念违反时代精神，提倡手头并用，同学们除用脑之外，要多多用手。（《欧副校长讲"高中学生服务问题"》，《大夏周报》，第 19 卷第 12 期，1943 年 7 月 11 日）

十五日　下午三时，在校长会议室召开第四次校务会议。

第四次校务会议于六月十五日下午三时，在校长会议室举行，出席高承元、王佩芳、孙亢曾、金企渊、蒉受元、何维凝、夏元瑮、苏希轼、张伯蔹、陈景琪（孙亢曾代），孙教务长主席，苏注册主任记录。首由孙教务长报告：(1)本学期应届毕业生人数，(2)订定秋季招生简章，(3)举办边疆建设讲座。夏院长报告：理学院应届毕业生审查情形。金院长报告：法商学院应届毕业生审查情形。次讨论议案：(1)议拟开下年度各院科课程案，议决：(a)拟定《法学绪编》为政治系必修学程；(b)请各院科系主任根据教育部颁大学科目表及参酌本校实际需要，拟订下年度各系应开学程，于六月底前送院长汇核后交教务长，以便及早准备师资，并呈部备案。(2)拟修改学业成绩规则案，议决：修正通过（附修正学业成绩规则）。(3)议修改计分法前后各学期如何计算成绩案，议决：以三十一年秋季以前各学期所得之平均指数乘以 60 分（及格分数）所得之成绩，作为以前六各学期之平均分数，以该平均分数乘以前各学期数所得之积，再加

三十二年春季以后各学期平均分数相加之积，然后再以前后学期总数除之，所得之商数，为该生毕业总平均分数。(4)拟聘定毕业考试委员会委员案，议决：聘请欧厅长、高法院刘院长、贵大张校长，暨本校教务长、训导长、主任秘书、各院长及各系主任，为本届毕业考试委员会委员，王校长为主任委员。(5)议改进基本国文英文建议案。议决：基本英文改进办法，规定如左：(a)补习英文，为一班，期间一年；(b)补习英文上学生于学期考试后成绩在八十分以上者，可于下学期提期升本一；(c)基本英文时数学分照旧；(d)分理数授课程应划一规定，以便统一考试；(e)每班学生人数，不得超过四十人，以便多班作练习；(f)每学期举行统考一次，基本英文修毕者，方得参加，不通过统考者，乃须留原班修习；(g)英文课程须继续修完，不得中途停修。基本国文改进办法：(a)大学基本国文以教部所颁布之教材为主，于必要时，得临时会商增减之；(b)补习国文自下学期停开；(c)统考办法及每班人数限制与基本英文同。(6)议秋季招生应如何进行案，议决：外埠招生照常进行，贵阳联合考试，限定取六十名(另备函通知，联合考试委员会)，于必要时，再由本校单独招考一次。(7)议□刊本校学报案，议决：推孙教务长、夏院长、金院长及张伯箴、葛受元、岑家梧、王佩芬诸先生拟定计划提交校务会议讨论。议毕即散会。

(《教务委员会开会》,《大夏周报》,第 19 卷第 12 期,1943 年 7 月 11 日)

历史社会学会请因公过筑的民族学专家、中山文化教育馆民族组组长黄文山莅校，作"战后文化建设的理论与计划"的演讲，主张创造全人类的共同文化，设立国际大学，实现"大同世界"。(《黄文山先生过筑　莅校讲"战后文化建设的理论与计划"》,《大夏周报》,第 19 卷第 12 期,1943 年 7 月 11 日)

二十一日　上午，纪念周会请贵州军管区司令部参谋长朱笃祐莅校，作"敌我军事态势的比较"的演讲，认为我军各方面均优于敌军，只要抗战到底，定获最后胜利。下午，政治学会请前黄埔军校代理校长，现任国民党立法院军事委员会委员何旭甫莅校，作"当前我国之政略与战略"的演讲。(《朱参谋长笃祐讲"敌我军事态势的比较"》,《大夏周报》,第 19 卷第 12 期,1943 年 7 月 11 日；《何叙甫将军讲"当前我国之政略与战略"》,《大夏周报》,第 19 卷第 12 期,1943 年 7 月 11 日)

七月

十四日　上午九时在校长室召开第一百零一次校务行政委员会会议，王校长主持会议并报告学校在重庆、桂林、曲江及参加贵阳区统考等事宜。

第一零一次校务行政委员会

时间：七月十四日上午九时

地点：校长室

出席者：王伯群　金企渊　窦觉苍　夏元琛　王裕凯　孙亢曾　谢嗣昇

主席：王校长

一、报告事项

1. 本校在重庆桂林曲江及参加贵阳区统考情形

2. 图书馆情形

3. 文学院长钟泰先生已启程来校

4. 学生生活情形

5. 盐务专修科预算已函送盐局

6. 下学期起教职员加薪情形

7. 下学期定九月十日开学十四、五日注册十七日上课

二、讨论事项

1. 议规定暑假办公时间案

议决：上午八时到十一时下午三时到五时半为暑假办公时间。

2. 议补助张伯箴教授治病费案

议决:在教授补助金项下拨支一万元。

3. 议军训总队部奉命令暂缓实施案

议决:遵办军训管理事宜仍隶属训导处。

4. 议暑假留校学生酌收杂费案

议决:每人规定缴纳五十元。

5. 议定期举行本届毕业生告别会案

议决:定于本月十八日(星期日)上午八时在贵阳招待所举行。

6. 议政济研究室本年度拨给事业费案

议决:拨给四千元。

(《第一零一次校务行政委员会》,《校务行政委员会会议记录》,第88—92页,华东师范大学档案馆藏,档号:81-1-55)

八月

五日　文、理、法、商学院秋季招收一年级新生及二、三年级转学生,八月五日至七日考试,除在贵阳校本部设考场外,还在重庆、桂林、曲江等处招生,各地考生近两千名,共录取新生三百余名。(《秋季招生消息》,《大夏周报》,第19卷第9期,1943年6月1日;《暑假招考情形补志》,《大夏周报》,第20卷第1期,1943年9月25日)

十日　受教育部委托,社会研究部开展贵州民族文物制度研究,该部主任岑家梧率三人研究小组赴黔南荔波一带进行各族社会组织、各种习语以及历史文化等方面的调查。

教育部以本校社会研究部年来于黔省边族之研究,成绩卓著,本年度特拨专款,指定以研究"贵州氏族文物制度"为中心工作,该部主任岑家梧教授,前乘暑假假期之便,于八月初率助理研究员韦永和、学生李德芳二君,前赴黔南考察,在荔波一带调查各族之社会组织、各种习语,以及过去历史文化等,至为详尽。兹悉岑主任以秋季学期开始,学校已经上课,特于九月三十日偕李君先行返校,韦君仍留荔波,从事长期考察,须俟十一月底始能结束云。

(《社会研究部调查黔南文化》,《大夏周报》,第20卷第1期,1943年9月25日)

二十三日　下午三时在正义路七十号召开大夏大学第四十四次校务会议。

第四十四次校务会议记录

时间:三十二年八月二十三日下午三时

地点:正义路七十号

出席人:王伯群　夏元瑮　王裕凯　葛受元　张祖尧　陈景琪　蔡仲武　孙亢曾　金企渊

主席:王校长

记录:邓介如

行礼如仪

(甲)报告事项

王校长报告:

(1)新聘教职员情形

(2)改善同仁待遇情形

(3)沪校近况

(4)本校花溪校舍改租情形

孙教务长报告:

(5)上学期学生成绩结算情形

(6)本学期招考新生情形

（7）图书馆清理情形

（8）社会研究部出发调查之准备情形

（乙）讨论事项

（1）议通过秋季学期学校历案

议决：通过。

（2）议修改奖励规则第一条第一款案

议决：修正如下："奖励规则第一条：奖励：（甲）奖学行状：1. 品行优良，学期成绩总平均在八十分以上者得优等奖学状；2. 品行优良，学期成绩总平均在八十五分以上者得特等奖学状；3. 品行优良，学期成绩总平均在九十分以上者得超等奖学状。"

（3）议通过本校应届毕业生名单案。

议决：1. 本届毕业学生修满规定学分，其四年总平均成绩满六十分□□通过者准予毕业，其未合上项规定者不准毕业，分别酌予留级、补读或补考。

　　　2. 陈世昌尚差补习英文学分，因本二英文已及格，姑准备毕业。

　　　3. 夏莹珍所欠三学分应于下学期补足，方准毕业。

（4）议通过得奖学生名单案

议决：通过予布。

（5）议成绩劣等学生分别予以惩处案

议决：照章办理名单予布。

（《第四十四次校务会议记录》，《校务会议记录》，第117—121页，华东师范大学档案馆藏，档号：81-1-51）

二十六日　上午十时在校长室召开校务行政委员会会议，讨论下学期举行纪念周方式等议案。

第一零二次校务行政委员会

时间：八月二十六日上午十时

地点：校长室

出席者：王伯群　夏元瑮　孙亢曾　金企渊　高承元　王裕凯

主席：王校长

一、报告事项

1. 毕业生申请学校代办留学手续者甚众

2. 改聘高承元先生继任训导长已到校视事

3. 本校第二次新生入学考试今日举行完毕

二、讨论事项

1. 议下学期举行纪念周方式案

议决：改在广场举行，全体肃立听育讲词修身精神讲话，另定时间延请专家作学术讲演。

2. 议核定本月份米代金数目案

议决：核定本月份米代金每斗为四十四元。

3. 议自八月份起各教职员每人食米改为一市石案

议决：通过。

4. 议通过社会研究部调查计划

议决：通过。

（《第一零二次校务行政委员会》，《校务行政委员会会议记录》，第93—96页，华东师范大学档案馆藏，档号：81-1-55）

三十日　上午十时半在校长室召开第一百零三次校务行政委员会会议，讨论学生贷金等问题。

时间：八月三十日上午十时半

地点：校长室

出席者：王伯群　夏元瑮　孙亢曾　金企渊　高承元　王裕凯

主席：王校长

一、报告事项（略）

二、讨论事项

1. 议学生贷金问题

议决：老生仍沿用上期办法办理，新生无贷金额。

2. 议组织三二年度贷金委员会

议决：由校长，训导长，教务长，总务长，文、理、法□三学院院长及会计主任组织。

（《第一零三次校务行政委员会》，《校务行政委员会会议记录》，第97—99页，华东师范大学档案馆藏，档号：81－1－55）

九月

四日　王伯群校长任国民党中央执行委员暨国府委员，是日晨乘专车赴渝，出席国民党第五届执监委员第十一次全体会议。

王校长任中央执行委员会委员暨国府委员有年，年高德劭，党国先进。本月六日，中国国民党第五届中央执监委员举行第十一次全体会议，校长特于四日专车赴渝出席。离校期间，所有职务交孙教务长亢曾暂行兼代云。

（《王校长赴渝出席全会》，《大夏周报》，第20卷第1期，1943年9月25日）

九日　下午四时在校长会议室召开第一百零四次校务行政委员会会议。

时间：九月九日下午四时

地点：校长室

出席者：王裕凯　任宗济　高承元　金企渊　夏元瑮　孙亢曾　钟泰（凯代）　窦觉苍（梅□□代）

主席：王校长（孙教务长代）

一、报告事项

1. 本学期定九月十四、五日注册十七日上课

2. 学生宿舍不敷情形

3. 各处室筹备开会情形

二、讨论事项

1. 议本校土木工程仪器应否开箱请曹国绮先生擦油案

议决：因开箱后管理不便，为稳定计暂不开箱。

2. 议张伯篪先生因病不能上课应如何处理案

议决：张先生听任教员请本校同仁义务兼代，如请校外人士代课者其薪金由张先生名下扣付。

3. 议外埠新生截止注册日期案

议决：定十月九日截止。

4. 议通过学生请求事件

议决：（一）学生张文典主要科目成绩尚属优良□□□上学生姑且转学困难，改为留级处分。

　　　（二）学生张世能请求留校察看。

5. 陈光宗请议调整学生宿舍案

议决:就原有校舍腾挪调整增添床铺。

(《第一零四次校务行政委员会》,《校务行政委员会会议记录》,第100—104页,华东师范大学档案馆藏,档号:81-1-55)

十日 该学期开学注册及一切手续开始办理。

本大学秋季开学日期,前经校务会议决定于九月十日开学,开始办理缴费及一切入学手续,十四十五两天注册,十七日正式上课,闻教务、训导、总务三处业已准备一切,连日各该处职员倍形忙碌,远近新旧学生,多如期赶到,教务处并严限学生须依照规定日期到校注册,十九日起到校注册者,均须照章补缴迟到费,方得注册云。

(《秋季开学注册》,《大夏周报》,第20卷第1期,1943年9月25日)

本学期学生注册,早经截止,兹据教务处发表统计,计全校男女学生有八二四人,其中文学院一四四人,理学院六十二人,法商学院五三六人,各院合计为七四二人,盐专科两组共八十二人。又本期专兼任教员,全校共有一〇六〈人〉,并军训教官合计有一〇九人。各科院开班学程有一五三门,共一九六班。

(《本期注册学生统计》,《大夏周报》,第20卷第4期,1943年11月10日)

十八日 下午三时在校长室召开第一百零五次校务行政委员会会议,总教务长代王校长主持会议并报告该学期开学学生注册等情形。

第一零五次校务行政委员会

时间:九月十八日下午三时

地点:校长室

出席者:王裕凯 窦觉苍 夏元瑮 任宗济 孙亢曾 钟泰 金企渊 高承元

主席:王校长(总教务长代)

一、报告事项

1. 本学期缴费人数已达5①,注册人数已达□□人;

2. 昨日起开始上课

3. 各地新生陆续到校

二、讨论事项

1. 议职员应否签到案

议决:本学期暂不签到,由各院科处室主管人负责考勤,按每学期终了时向校长报告一次以定升退。

2. 议学生请求事项

议决:照章办理,碍难迁就。

3. 议决定新生训练日期案

议决:自本月十七日起训练一星期。

4. 议如何调整院办公室案

议决:将物理实验室改作各政科办公室,原各政科办公室改作学生宿舍。

5. 议裁减校工增加工资并加训练案

议决:通过。

6. 议添置双人床位五十架案

议决:通过。

7. 议第一、二教室内装设电灯以便学生自修宿舍内装设桌椅一律搬出案

---

① 原文如此。

议决:通过。

(《第一零五次校务行政委员会》,《校务行政委员会会议记录》,第105—109页,华东师范大学档案馆藏,档号:81-1-55)

二十四日 上午十一时在校长室召开第一百零六次校务行政委员会会议。

第一零六次校务行政委员会

时间:三十二年九月二十四日上午十一时

地点:校长室

出席者:孙亢曾 夏元琛 窦觉苍 高承元 金企渊 任宗济 钟泰 王裕凯

主席:王校长(总教务长代)

一、报告事项

1. 截至今日止学生注册者已五八三人

2. 本学期新生到校者已一五二人

3. 本学期各院系教员业已到齐

4. 学生入舍情形

5. 聘请讲师曾纪蔚先生代理注册主任

6. 新生训练自下星期一开始

7. 军训教官杜至刚、黄渭望业已到校办公

8. 聘王仲肃先生为特约教授担任历代文选及各体文习作,又聘许庄叔先生为基本国文兼任讲师

9. 关于总务方面的情形

二、讨论事项

1. 议中训团调训本校高级人员案

议决:谢训导长前往受训不再派人另文呈明理由。

2. 议本校合作社整理委员张伯箴因病不能视事应如何处理案

议决:请任宗济先生代理之。

3. 议学生请求事项

议决:李崇基仍予退学处分照章碍难通融。

4. 议布告学生及函送教员应知任意事项

议决:(一)凡学生惩处事项经会议议决者不得呈请复议。

(二)教员报告学生成绩单一经填送教务处后本人即不得更改。

(三)本校向各旁听生□□之办法,凡欲入本大学肄业者必须经过入学试□。

(四)凡非本校教职员及其家属随员及现在肄业之学生一律不得居住校内,否则,所招待外宾之教职员及学生取消其住校权利,如查有擅自住居本校予以行李扣留之处分。

5. 议通过大夏周报印刷费每期二千元案

议决:通过并预付一万元签订承印合同一份,时间到本学期底为止,中途不得加价。

6. 议学生请求增加膳食贷金案

议决:转呈教部核定之。

7. 议新生训练时如有未经请假而擅自缺席者应如何惩处案

议决:每缺席一次予以除名处分。

8. 议如何整理校容案

议决:先从清洁卫生着手,由总务处负责办理。

9. 议采购物品案

议决:在可能范围内物品以□□买为原则并由有关部门派员协助。

(《第一零六次校务行政委员会》,《校务行政委员会会议记录》,第111—118页,华东师范大学档案馆藏,档号:81-1-55)

二十七日　学校举行秋季始业式并开始该学期新生训练。

本学期开学上课情形,经志前讯。九月二十七日(星期一)上午七时开始秋季第一次升旗典礼后,续举行始业式,到新旧学生七百余人,高训导长、王秘书长、金院长及其他教授多人均出席,由孙教务长主席,黄教官司仪。主席领导全体行礼并行师生相见礼后,即席报告王校长因公赴渝暨本学期增聘教授及招生情形后,向全体同学致词,勖勉各同学对教师应尊师重道,对同学应互敬互助,对学业应敬业乐群,至八时许词毕散会。

(《举行秋季始业式》,《大夏周报》,第 20 卷第 2 期,1943 年 10 月 10 日)

本校对于学生学业及德育体格等训练,素极严格,对于新生初入学校,尤为认真。本学期新生训练,定九月二十七日(星期一)至十月三日(星期六)举行一周,由教务训导两处联合主持,每日正午十二时至一时集中男女新生,由各处院科首长讲述学生对各该处应行明了要点,并由孙教务长等精神讲演,对本校立校精神及青年对国家社会民族党国应有认识与修养,均作扼要讲述。此项训练极为认真,凡新生无故缺席者,均由训导处分别予以惩处,并规定每人须作自传一篇,缴交训导处核阅云。又本期进校男女新生,均实行军事管理。

(《举行新生训练》,《大夏周报》,第 20 卷第 2 期,1943 年 10 月 10 日)

二十九日　下午四时在校长室举行第一百零七次校务行政委员会会议,讨论贵州大学拒绝接收花溪校舍应该如何应付等议案。

第一零七次校务行政委员会

时间:九月二十九日下午四时

地点:校长室

出席者:钟泰　孙亢曾　高承元　任宗济　王裕凯　窦觉苍　夏元瑮　金企渊

主席:王校长(孙教务长代)

一、报告事项

1. 注册人数截至昨日止共六五三人

2. 新生到校者二一一人

3. 本月二十五日学生王士鹤在宿舍内发生赌博情事当场拿获照章业予除名处分

4. 教授补助金委员会核定本校本年度补助金额为二十四万元

二、讨论事项

1. 议贵州大学拒绝接收花溪校舍应该如何应付案

议决:□据理再函该校并派员前往接收外,用电话报告校长请在渝告知贵大张校长应识大体免致讼累。

2. 议教授补助金管理委员会停付本校上年度分配余款应如何应付案

议决:据理以争。

3. 议组织第二届教授补助金分配审核委员会案

议决:推举孙亢曾、窦觉苍、金企渊、夏元瑮、王裕凯五先生组织委员会,由孙先生召集之。

4. 议筹备冬防案

议决:由总务处拟具具体办法提交下次会议讨论。

5. 议通过新生入伍办法案

议决:修正通过。

6. 议校门于每晚十一时关锁关锁后锁匙交与教官保管逾时决不开门〈案〉

议决:通过。

(《第一零七次校务行政委员会》,《校务行政委员会会议记录》,第 119—123 页,华东师范大学档案馆藏,档号:81 - 1 - 55)

十月

四日　王校长参加中央常务委员会,并被选为中央委员暨国府委员。

王校长上月初赴渝出席十一中全会,业志上期本报。校长在渝期间,倍行忙碌,除出席全会为国宣劳外,并为学校筹募第二次百万基金。本月四日中央常务委员会开会,校长与冯玉祥、阎锡山、张人杰等十八人被选为国民政府委员。按校长被选为中央委员暨国府委员,已有年所,此次膺选,乃连选连任性质,仅有信致孙教务长及王秘书长,短期内即可返校云。

(《王校长膺选国府委员》,《大夏周报》,第20卷第2期,1943年10月10日)

五日　学校军训主任教官谷黎光奉令调离,贵州军管区派徐协农上校来校担任主任教官。(《徐协农代理军训主任教官》,《大夏周报》,第20卷第3期,1943年10月25日)

十日　国民党中央规定十日至十六日为国防科学技术运动周,学校于是日除举行庆祝大会并参加贵阳市各种活动外,还举行第一次国防科学讲座,夏院长讲"物理学的要点",讲述了物理学近年来的发展、物理学与国防的关系。(《举行国防科学讲座》,《大夏周报》,第20卷第2期,1943年10月10日)

十六日　上午十时在校长室召开第一百零八次校务行政委员会会议,通过学校冬防办法等议案。

第一零八次校务行政委员会

时间:十月十六日上午十时

地点:校长室

出席者:高承元　任宗济　钟泰　夏元瑮　王裕凯　窦觉苍　孙亢曾　金企渊

列席者:梅德昌

主席:王校长(孙教务长代)

一、报告事项

1. 截至本日止注册学生计八〇二人

2. 各学院教授都已到校上课

3. 本学期住宿学生计五四六名

4. 新制学生木床五十架今日交齐

5. 学校经济情形

二、讨论事项

1. 议通过学校冬防办法案

议决:修正通过。

2. 议教授补助金合格申请人名单如何决定案

议决:专修讲师及讲师以上待遇之职员均为合格人员。

3. 议教部电令教务长应入中训团受训案

议决:电请缓调。

4. 议外埠新生迟到应否限制案

议决:定于十月二十四日截止注册不再通融,惟自十月十八日以后到校注册者须减修六学分。

5. 议加增图书杂志报章购置费用案

议决:每暂定为一千元。

6. 议盐专科新生尚未足额应如何处理案

议决:定十月二十一二两日补行考试一次。

学校冬防办法:

1. 事务组每夜派职员一人住宿,由学校发给每夜炭费二十元,由学校买电筒一只,每月电池四节应用。

　　2. 每夜派工友二人巡查,由学校制棉大衣两件,发给津贴每夜每人五元,并备灯笼油烛应用。

　　3. 捉获小偷者,由学校奖国币三百元正。

　　4. 礼堂后大门下午五时上锁至次日上午六时开启。

　　5. 本办法经校长核定后自十一月一日起。

　　(《第一零八次校务行政委员会》,《校务行政委员会会议记录》,第124—130页,华东师范大学档案馆藏,档号:81-1-55)

　　三十日　三民主义青年团分团部正式成立,傅启学兼任干事长,徐盛圭兼任书记。(《青年团分团正式成立》,《大夏周报》,第20卷第4期,1943年11月10日)

十一月

　　二日　下午三时在校长会议室举行秋季第一次教务委员会会议。

　　教务委员会于本月二日下午三时在校长会议室举行秋季第一次会议,出席张祖尧、陈景琪、任宗济、金企渊、葛受元、钟泰、胡寿慈、孙亢曾、曾纪蔚、夏元瑮等,列席高承元,主席孙教务长,记录曾纪蔚。首由孙教务长报告本学期学生注册人数、专兼任教员人数及各院科开班课程情形,并由各学院院长及科主任报告各院系各组教员学生上课情形后,即开始讨论议案,计有决定期中考试日期、办法等要案多件云。

　　(《教务委员会开会》,《大夏周报》,第20卷第4期,1943年11月10日)

　　三日　下午三时在正义路七十号召开第四十五次校务会议,会议由王校长主持,孙教务长、高训导长、窦总务长分别作报告,通过将校务行政委员会改为校务常务会等议案。

第四十五次校务会议记录

　　时间:三十二年十一月三十日下午三时

　　地点:正义路70号

　　出席人:王伯群　王裕凯　夏元瑮　窦觉苍　钟泰　葛受元　陈景琪　张祖尧　蔡仲武　孙亢曾　金企渊　任宗济　朱澂　高承元

　　主席:王校长

　　记录:柳仪

　　行礼如仪

　　(甲)报告事项

　　孙教务长报告:

　　(1)本学期学生缺课统计

　　(2)本学期学生请假旷课统计

　　(3)本学期教员缺课时数统计

　　(4)新订图书馆管理办法

　　(5)社会研究部研究情形

　　(6)办理边疆建设讲座情形

　　(7)规定本届毕业论文之格式

　　高训导长报告:

　　(1)学生贷金办理情形

　　(2)学生升旗情形

　　(3)学生惩戒事项

　　窦总务长报告:

　　(1)三十二年度经费收支情形

　　(乙)讨论事项

（1）议将校务行政委员会改为校务常务会案

议决：通过。

（2）议通过下年度概算书案

议决：原则通过并推举窦觉苍、王裕凯、孙亢曾三先生详加研讨提交下次校务常务会通过。

（3）议组织本校公利互助社案

议决：推举金企渊、窦觉苍、任宗济、葛受元、张祖尧五先生拟具详细办法提交下次常务会议通过。

（4）议聘请毕业考试委员案

议决：聘请欧厅长元怀、刘院长含章、齐院长泮林为本校毕业考试委员，并校内考试委员仍按照上学期担任人员分别函聘，以校长为管理委员长。

（5）议拟于明年六一校庆举行书画展览会以资筹募基金案

议决：通过。

（《第四十五次校务会议记录》，《校务会议记录》，第122—127页，华东师范大学档案馆藏，档号：81-1-51）

四日　经济学会举行师生联欢会。

本校经济学会本月四日晚六时假座河滨堂，举行新旧会员及师生联欢大会，到百余人，济济一堂，情况至为热烈。该会前曾出版《经济论坛》、《经济通讯》两种刊物，深得社会好评，闻本期仍继续出版，聘请国内经济权威学者撰稿，内容力求充实。又该会对于中国战后经济建设问题，特别重视，将定期举行座谈会，并敦聘名人演讲，以引起研究兴趣云。

（《经济学会举行师生联欢会》，《大夏周报》，第20卷第4期，1943年11月10日）

八日　孙教务长主持纪念周会，报告校务后，请银行会计系主任张祖尧主讲"财政金融政策与物价之关系"，出席师生九百余人。（《张主任祖尧讲"财政金融政策与物价之关系"》，《大夏周报》，第20卷第5期，1943年11月25日）

十日　国立贵州大学于十一月八日（星期一）至十三日（星期六）假贵州省党部礼堂举行史地教育演讲周，十日、十一日两讲由傅启学教授及朱璇教授主讲，讲题分别为"总理总裁在中国政治史上之地位"和"中国与世界"。（《傅朱两教授在史地教育研究周演讲》，《大夏周报》，第20卷第5期，1943年11月25日）

十二日　王校长在渝公毕返校，并于十五日上午七时出席纪念周会，报告重要校务。

王校长赴渝出席十一中全会，筹募本校第二次百万基金，及膺选国府委员，各情叠志本报。兹悉校长近有信与孙教务长及王秘书长等，在渝公务业已理楚，即行返校云。

（《王校长即返校》，《大夏周报》，第20卷第4期，1943年11月10日）

王校长赴渝出席十一中全会，并筹募学校第二次百万基金，在渝勾留情形，叠志本报。兹悉校长已于本月十二日公毕由渝返筑，即日到校处理要公，并于十五日上午七时出席纪念周，报告重要校务，向全体同学训话云。

（《校长返校》，《大夏周报》，第20卷第5期，1943年11月25日）

二十日　学校员生膳食一向由员生组织膳食委员主办，自购煤米菜蔬。其时因物价上涨剧烈，膳食委员特发动男女同学轮流自磨豆腐，自腌咸菜，以维持原伙食标准。（《实行劳动生产　膳食委员会自磨豆腐》，《大夏周报》，第20卷第5期，1943年11月25日）

二十二日　上午七时举行纪念周会，到全体师生八百余人，请文学院院长钟泰作题为"自强不息"的演讲。（《钟院长讲"自强不息"》，《大夏周报》，第20卷第6期，1943年12月10日）

二十三日　下午二时在校长室召开第一百零九次校务行政委员会会议。

第一零九次校务行政委员会

时间：十一月二十三日下午二时

地点:校长室

出席者:王伯群　高承元　孙元曾　任宗济　金企渊　窦觉苍　钟泰　王裕凯　夏元瑛(凯代)

主席:王校长

一、报告事项

1. 本学期全校注册学生计共八二二人

2. 本学期专兼任教员计共一一三人

3. 本学期住宿学生计共五四六人

4. 本校财政近况

二、讨论事项

1. 议黄教官渭望□训导爱民服务著有劳绩应如何奖励案

议决:除由校长面予奖励外并将书劳绩存记容后晋叙。

2. 议学生李序中屡犯校规应如何惩处案

议决:予以除名处分。

3. 议定期举行校务会议及训导会议案

议决:定于下星期二、四两日下午三时分别举行。

(《第一零九次校务行政委员会》,《校务行政委员会会议记录》,第131—134页,华东师范大学档案馆藏,档号:81-1-55)

二十六日　晚六时至八时,举行该学期边疆建设讲座第一讲,欧副校长讲"贵州边民教育"。孙教务长、岑家梧教授及史社系与其他院系科组学生共六百余人出席。讲座在对"边民"一词进行重新界定的基础上,分析了边民教育的沿革、边民教育的设施及今后边民教育的趋势。(《举行边疆建设讲座》,《大夏周报》,第20卷第6期,1943年12月10日)

三十日　下午三时在正义路七十号王校长私邸举行第四十五次常会校务会议。

校务会议于上月三十日下午三时,在正义路七十号王校长私邸举行第四十五次常会,出席王伯群、王裕凯、夏元瑛、窦觉苍、钟泰、葛受元、陈景琪、张祖尧、蔡仲武、孙元曾、金企渊、任宗济、朱墩、高承元,王校长主席,柳秘书仪记录。行礼如仪后,由孙教务长报告:(一)本学期学生缺课统计,(二)本学期学生请假旷课统计,(三)本学期教员缺课时数统计,(四)新订图书馆管理办法,(五)社会研究部研究情形,(六)办理边疆特设讲座情形,(七)规定本届毕业论文之格式。高训导长报告:(一)学生贷金办理情形,(二)学生升旗情形,(三)学生惩戒事项。窦总务处长报告:三十二年度经费收支情形。后即讨论议案,计:(一)通过校务行政委员会改为校务常务会议,(二)原则通过下年度概算书,并推举窦觉苍、王裕凯、孙元曾三先生详加研讨,提交下次校务常务会议探讨,(三)通过组织本校公利互助社,并推举金企渊、窦觉苍、任宗济、葛受元、张祖尧五先生拟具详细办法,提交下次常务会议讨论,(四)通过于明年六一校庆举行书画展览会,以资筹募基金。后散会。

(《校务会议开第四十五次会议》,《大夏周报》,第20卷第7期,1943年12月25日)

本月　教育部视察大夏大学留沪师生。

教育部为明了沪市学校实际状况,及学校行政起见,特于一暑期前派督学李公铎专程来沪。业由市教育局派督学袁彬、汤肇修等,于上周内陪同分赴上海大夏、大同、复旦等大学,视察完毕,并定于本周内开始视察本市各中小学校,并特别注重于第一、八两区之教育状况。

(《李公铎莅沪　视察各校》,《申报》,1943年11月18日,第3版)

十二月

五日　纪念周会上,学校特邀最近由英国来华工作的兰福特女士莅校,作题为"战时英国生活"的演讲,介绍战时英国青年及文化教育界一般生活情况。散会后,王校长以兰福特女士在筑尚有短时间勾留,特敦请其来校向外国语文学系学生作多次专题演讲。(《兰福特讲"战

时英国生活"》,《大夏周报》,第 20 卷第 9 期,1944 年 1 月 25 日)

六日　纪念周会与国民月会合并举行,请盐务专修科主任任宗济作"抗战以来之中国盐政"的演讲,讲述我国海岩、岩盐产销、盐场沦陷及当前食盐供求情况。(《任主任讲"抗战以来之中国盐政"》,《大夏周报》,第 12 卷第 7 期,1943 年 12 月 25 日)

七日　在学校图书馆举行该学期边疆建设讲座第二讲,岑家梧教授讲"水书研究"。孙亢曾教务长、梁瓯第教授及历史社会系与其他各院系共五百余人出席。(《边疆建设讲座第二讲——岑家吾讲水书研究》,《大夏周报》,第 12 卷第 7 期,1943 年 12 月 25 日)

九日　下午四时在正义路七十号王校长私邸举行该学期全体导师会议。

本学期全体导师会议,于十二月九日下午四时假正义路七十号王校长私邸举行,计到王校长、孙教务长、王秘书长、高训导长、夏院长、金院长、钟院长及导师共三十余人,首由校长主席,领导行礼如仪,并即席报告赴渝经过及筹募第二次百万基金情形,次由高训导长报告本学期训导实施情形:1. 导师制推进情形,2. 贷金、公费、奖金、助学金分配情形及人数之统计,3. 本学期受奖惩学生之统计,4. 学生团体登记及指导之情形,5. 筹备学生自治会经过,6. 升旗及纪念周学生缺席统计,7. 男女生宿舍分配及清洁检查情形,8. 举行篮球锦标赛经过。报告毕,开始讨论提案:(一)学生操行成绩考查办法;(二)导师训导学生办法;(三)如何加强导师与导生之联系。高训导长、韩导师善甫、陈导师景琪等均相继发表意见。最后金院长企渊临时动议,提议各导师今后应注重学生"政治思想"训练,略谓现在世界各国,已渐走向民主统一化的途径,而我总理所创三民主义,即为实现此种政治思想之绝好主义,经各导师热情讨论后,一致赞同通过,散会时已至六时卅分,王校长为表示慰劳起见,特邀请各导师往迎宾楼晚餐后欢散。

(《全体导师会议》,《大夏周报》,第 12 卷第 7 期,1943 年 12 月 25 日)

十三日　晚七时,举行边疆建设讲座本学期第三讲,由梁瓯第教授主讲,题为"黄平青苗社交生活"。(《梁教授讲"黄平青苗社交生活"》,《大夏周报》,第 20 卷第 8 期,1944 年 1 月 10 日)

十四日　下午三时,江苏省政府主席韩德勤莅校演讲"战时江苏情况"。演讲对六年半来苏省军民在敌后艰苦抗战情形叙述甚详,对苏省青年来后力学上进,尤致深切慰问与企望。(《苏主席韩德勤莅校演讲》,《大夏周报》,第 12 卷第 7 期,1943 年 12 月 25 日)

十五日　部分教授及学生创办的《自强》杂志创刊号出版,夏院长、钟院长及金院长等被聘为该刊顾问。

本校一部分教授及学生创办之自强杂志,创刊号已于上月十五日出版,该刊于创刊之日,曾假冠生园招待本市新闻界,各报社及通讯社主持人员多出席,夏院长、钟院长、金院长及傅特约教授均被聘为顾问,岑副教授□□□等均有新著发表,兹该刊创刊号要目如次:

一、对中□团实施之感想　谢履平

二、生的哲学　黄奎元

三、中国绘画的起源　岑家梧

四、由马种谈到人种　崔步青

五、□青年三多　徐盛圭

六、意大利投降后　罗萃如

七、孩子的梦及其他　□易水

(《自强杂志创刊号发表》,《大夏周报》,第 20 卷第 8 期,1944 年 1 月 10 日)

二十一日　晚七时在图书馆举行该学期边疆建设讲座第四讲,敦请清真寺教长金德宝主讲"回教文化",共有师生五百余人参加。金教长讲述了回教自唐代传入我国后的演进情形、回民的一般风俗习惯,并分析了回教文化在中国文化上的贡献及展望。(《金德宝莅校讲"回教文化"》,《大夏周报》,第 20 卷第 8 期,1944 年 1 月 10 日)

二十三日　学校国民党区党部原属国民党中央领导,其时奉令改属贵州党部。

本大学直属中央区党部,近奉令改隶贵州省党部,上月二十三日下午六时,该部在大礼堂召开本期党员大会,并举行执监委员补行就职暨新入党党员宣誓典礼,由谢书记嗣昇主席,省党部派刘科长永结代表傅主任委员莅临监督,参加党员百余人,甚为踊跃,除由主席报告,征求党员组织三民主义学术研究会等工作外,并讨论提案多件,最后举行余兴,尽欢而散。

　　(《区党部召开党员大会》,《大夏周报》,第20卷第8期,1944年1月10日)

　　二十五日　在沪时期,各院系均有学生自治组织。迁黔后,学生自治会迄未正式成立。其时,校长已指定学生雷启光等二十人,负责各院系自治会筹备工作,一俟手续办妥,即可正式成立。(《校长派雷启光等筹组学生自治会》,《大夏周报》,第20卷第8期,1944年1月10日)

　　二十八日　是晚,经济学会举行茶话会,欢送该届毕业同学,王校长、金院长等出席指导,并分别训话。

　　经济学会于十二月二十八日晚假河滨堂欢送本届毕业会友,王校长、金院长均出席指导,首由主席张立恩致词,次请王校长金院长分别训话,勖勉有□,最后由毕业会友致谢词余兴茶点散会。又该会主办之经济作文比赛,亦经敦请名家评定,计应讲者有卢□洪、梁保等数名,此项比赛,决将继续举行。

　　(《经济学会欢送毕业会友》,《大夏周报》,第20卷第8期,1944年1月10日)

一月

一日 庆祝元旦，全校休假一天，上午学校举行元旦庆祝大会暨国民月会，王校长主持，并以"新精神新决心迎接胜利年"勉励全体师生，出席师生八百余人。

民国三十三年元旦，于世界各战场捷报频传声中届临，本校于是日照章休假一天，并于上午八时在大礼堂举行中华民国成立纪念会暨国民月会，到王秘书长、孙教务长等师生八百余人，由王校长主席，领导全体行礼如仪后，并即席对全体学生训话，勖勉各同学应以新精神、新决心迎接胜利年，并就本位上多所努力，以配合国家获取胜利后在建国进程上之一切需要云。

（《元旦举行开国纪念》，《大夏周报》，第 20 卷第 9 期，1944 年 1 月 25 日）

十五日 为发挥学生自治能力，协谋学校发展，经王校长促进，筹备人员积极筹办，是日举行学生自治成立大会，选举雷启光等二十一人为干事。

本校在沪开办时代，各院科学生每学期均有自治会组织，一面领导同学团结合作，一面帮助学校共谋发展，本校初期在沪所以能迅速发展，各期学生自治会可发挥"师生合作"精神，与学校密切联系合作，实兴有力量。迁黔以后，自治会迄未正式成立。本学期开学以后，王校长认为本校系一私立大学，发扬光大，不第要校董教职员维系，毕业校友在校外多方协助，尤须赖在校学生共同努力，始可易奏事功。特面谕训导处负责指导学生积极筹备，兹悉各院科系组员负责筹备学生，已由校长派定，计有雷启光、徐才勇、叶楚清、张立思、张树德、居兆祥、卓哲明、许雄定、卢光□、鲁大东、余□贵、刘建群、王固君、谭文蔚、季□白、陈志□、陈光颖、乔□贵、侯平、李也宁等二十人，一俟筹备手续办妥，即行正式成立云。

（《校长派雷启光等筹组学生自治会》，《大夏周报》，第 20 卷第 8 期，1944 年 1 月 10 日）

二十日 盐务专修科开办以来，现有业务、会计两组学生共八十五人。是年春季拟在贵阳、昆明、衡阳等地招收业务组学生五十人，定于二十、二十一两日举行考试。（《盐专科春季招生》，《大夏周报》，第 20 卷第 8 期，1944 年 1 月 10 日）

二十日 前总务长及师范专修科主任马宗荣先生逝世。

本校前总务长马继华先生，近年被选为国民参政会黔□参政员，参政会开会期间，除主持本市文通书局编辑所，编行大学用书及各种书籍外，并由教育部聘为国立中央民众教育馆馆长，中央设计局聘为设计委员，在渝宣勤国事，备极辛劳。去年秋，马先生以积劳成疾，辞去民众教育馆馆长，返筑休养，除续为处理重要书稿外，少闻余事。上月中旬心脏病转剧，入本市国立贵阳医学院附属医院就诊，不料以病入膏肓，诸医乏术，终于上月二十日赍志以终，王校长、欧副校长暨本校在筑师友闻讯，均亲往唁吊，毕业校友亦多往唁□马先生家属。查马先生早岁曾负笈东瀛。返国后为中华学艺社主干之一，历任本校社会教育系主任、图书馆馆长、师范专修科主任、总务长，并曾任教育部前任秘书，本校初期在沪发展，先生协助之力颇多，其任社会教育系主任时，学子受其陶冶者甚多，毕业后亦悉能本其所学，为国效命，今先生□□云忘，不但系国家损失，学术界损失，本校失此助友，亦甚感惋惜云。

（《马前总务长赍志以终》，《大夏周报》，第 20 卷第 10 期，1944 年 2 月 10 日）

二十五日 文学院中国文学系、外国文学系学生，为研究中外文学，发起组织乾乾学社，并请钟院长为社长。该社于寒假期间,请英国戏曲专家曹未风教授莅校,作"莎翁研究"的演讲。(《曹未风教授讲"莎翁研究"》,《大夏周报》,第 20 卷第 10 期,1944 年 2 月 10 日)

二月

五日　法商学院经济学会各学员排练了名剧《痛饮黄花》,于是日至二月七日在贵阳大剧院公演,所得收入三万余元全部充作研究室基金,并将继续公演。(《经济学会公演〈痛饮黄花〉》,《大夏周报》,第 20 卷第 10 期,1944 年 2 月 10 日)

七日　清华大学校长梅贻琦博士莅校参观。

国立清华大学校长梅贻琦博士,近因公来筑,本月七日(星期一)上午,偕夫莅临本校参观,当由孙教务长、任主任等陪同至各部处图书馆实验室参观,十一时许始离校。

(《梅贻琦博士莅校参观》,《大夏周报》,第 20 卷第 10 期,1944 年 2 月 10 日)

前文学院院长吴泽霖博士,当时在西南联大任教,并兼任国民党军事委员会译员训练班少将副主任。是日上午,应邀莅校作题为"征召译员的意义"的演讲,介绍征召译员用意及办法。(《吴前教务长演讲"征召译员的意义"》,《大夏周报》,第 20 卷第 10 期,1944 年 2 月 10 日)

八日　学校举行边疆建设讲座第五讲,由吴泽霖主讲"边疆政策",批评欧美民族同化政策,宣传保留民族优秀传统,发展中华民族文化。(《边疆建设讲座第五讲　吴泽霖主讲"边疆政策"》,《大夏周报》,第 20 卷第 11 期,1944 年 2 月 25 日)

十三日　下午二时在正义路七十号召开第四十六次校务会议。

第四十六次校务会议记录

时间:三十三年二月十三日下午二时

地点:正义路七十号

出席人:王伯群　王裕凯　孙亢曾　钟泰　葛受元　高承元　张伯箴　任宗济　李景泌　陈景琪　张祖尧　朱澂　夏元瑮　窦觉苍

主席:王校长

记录:邓介如

行礼如仪

(甲)报告事项

王校长报告:

(1)本学期改善同仁待遇情形

(2)本校经费情形

(3)本校新聘教员情形

孙教务长报告:

(1)上学期学生成绩结算情形

(2)本学期盐务专修科招收新生情形

高训导长报告:

上学期学生操行成绩考核情形

窦总务长报告:

(1)最近学校经费收支情形

(2)本学期整修校舍情形

(3)清查校具及学生私装电灯情形

王裕凯先生报告:

校务会议教授代表业于日前改选,当选者朱澂、苏希轼二先生

(乙)讨论事项

（1）议通过本学期行事历案

议决：通过。

（2）议通过本届毕业生名单案（此条不发表）

议决：本届毕业生名单，先决定审查毕业生成绩原则后，再为审核，其审查原则：（一）必修课程，务必修完，方能毕业，否则不准予毕业；（二）必修课程，如遇学校未开班时，可以□性质相近之课程代替之，但代替之课程，不能超过二门。

（3）议通过成绩优良应予给奖学生名单案

议决：通过名单公布。

（4）议学生成绩不及格者应如何处分案

议决：照章办理。

（5）议学生铁民在宿舍私装电灯拒绝训导人员清查，并对总务长毫无礼貌，应予处罚案

议决：由训导处给予书面警告二次。

（6）议盐专科学生五十余人请免受学杂费案（此条不发表）

议决：该生等聆听各点，如家境确实清寒者得个别请求免缴宿什费，□不得一概而论，□公利互助社社费，可自由缴纳。

七、议退学学生萧昌桂、李崇基、陈光宗、张世能等请求复学案

议决：不准。

（《第四十六次校务会议记录》，《校务会议记录》，第128—134页，华东师范大学档案馆藏，档号：81-1-51）

十五日　下午二时，历史社会系敦请著名政论家陶希圣作学术演讲，题为"中国经济发展新趋势"，讲述了中国经济发展由陆上时代到海上时代再到空中时代的变迁形势。（《陶希圣莅校演讲》，《大夏周报》，第20卷第11期，1944年2月25日）

十七日　下午二时半，陶希圣教授莅校演讲"中国宪政问题"，到场教职员及男女同学共五百余人。（《陶希圣讲"中国宪政问题"》，《大夏周报》，第20卷第12期，1944年3月10日）

十八日　学校元月间组织成立"宪政问题研究会"，并于是日举行第一次宪政专题讲演。（《宪政问题研究会成立》，《大夏周报》，第20卷第11期，1944年2月25日）

二十一日　学校经济学会于是日起假贵州大戏院公演话剧《壮志凌云》三天，获票房三万余元。（《经济学会续演"壮志凌云"》，《大夏周报》，第20卷第12期，1944年3月10日）

二十八日　学校上午七时半在大礼堂举行春季始业式，由王校长主持并报告时事，勉励师生共济时艰，成为有用人才。（《举行春季始业式》，《大夏周报》，第20卷第13期，1944年3月25日）

三月

一日　下午四时，校长召集各委员在正义路七十号私邸召开校庆第一次筹备会议，讨论二十周年校庆活动计划，决定举行游艺会、庆祝仪式、聚餐、球类比赛，在校内和省艺术馆举办书写展览，并出版纪念特刊。

大夏大学二十周年六一校庆筹备委员会第一次会议

时间：三十三年三月一日下午四时

地点：正义路七十号

出席者：王伯群　王裕凯　孙祖尧　欧元怀　保骏迪　孙亢曾　郑镛　吴志高　徐国寿　李□均　陈贤珍　俞曙方　陈景琪　保骏迪　张瑞钰　窦觉苍　徐士高　孙庆禄　夏元瑮（孙亢曾代）　高承元　钟泰

一、议庆祝节目案

议决:① 五月三十一日晚及六月一日晚举行游艺会。

② 六月一日上午举行庆祝仪式及检阅式。

③ 六月一日中午校友聚餐(餐费自备)。

④ 六月一日下午运动会。

⑤ 六月一日全天举行书画展览会。

⑥ 二、三、四日继续举行书画展览会(在艺术馆)。

二、议组织案

议决:本会分设总务、展览、游艺、运动、出版五组,每组设主任一人,副主任二人,组员若干人。

三、议每组正副主任人选案

议决:① 总务组主任窦觉苍,副主任杨麟青、梅德昌。

② 展览组主任何纵炎,副主任王裕凯、汪瑞年。

③ 游艺组主任夏元瑮,副主任高承元、吴照恩。

④ 运动组主任王健吾,副主任岳□志、保骏迪。

⑤ 出版组主任孙亢曾,副主任陈贤珍、孙贲年。

⑥ 组员人选由各该组主任决定聘请之。

三、议出版纪念刊物案

议决:① 在校刊通□征求一面备□邀请专人□□由组主任负审定责任。

② 内容偏重纪念文字。

③ 篇幅定四十 page 印二千份。

(《大夏大学二十周年六一校庆筹备委员会第一次会议》,《校董会等会议记录簿》,第91—96页,华东师范大学档案馆藏,档号:81-1-58)

三日　王校长为六一校庆书画展览及向教部接洽学校该年度补助费等事宜赴渝。

本学期开学后,王校长除日常到校处理要公外,并于上月廿八日(星期一)上午七时半在春季始业式中向全体学生训话。兹悉校长为六一校庆书画展览,并向教部接洽本校本年度补助费,及筹募基金等事宜,已于三月三日乘车赴渝,约一个月可返校。

(《王校长赴渝》,《大夏周报》,第20卷第14期,1944年4月10日)

六日　上午七时半,举行该学期第一次纪念周会及三月份国民月会,高训导长讲演"蒋主席告全国军民书"。(《本学期第一次纪念周》,《大夏周报》,第20卷第13期,1944年3月25日)

十一日　乾乾学社举办期初学术演讲周,请多位教授莅校演讲。(《乾乾学社举办学术演讲周》,《大夏周报》,第20卷第15期,1944年4月25日)

十三日　上午七时半,举行该学期第二次纪念周会,欧副校长作题为"我们需要迎头赶上"的演讲。(《欧副校长讲"我们需要迎头赶上"》,《大夏周报》,第20卷第14期,1944年4月10日)

十六日　贵州省文化运动委员会于三月十三日至十八日举行转移社会风气运动周。学校文学院院长钟泰被请为主讲人之一,是日下午二时在贵阳市党部大礼堂主讲"转移风气以躬行为第一",谓转移风气易,不为风气转移难,故须自立风气,贵能躬行。(《钟院长在市党部演讲》,《大夏周报》,第20卷第14期,1944年4月10日)

十九日　上午七时半,举行该学期第三次纪念周会,夏元瑮院长作题"为世界的将来"的演讲。夏院长预言第二次世界大战后,科学家所发明之各种文明利器,一定是移作改进人类生活的利器,并就衣食住行各方面加以理想科学的分析。(《夏院长讲"世界的将来"》,《大夏周报》,第20卷第15期,1944年4月25日)

二十日　学校拟于二十周年校庆时举办名家书法绘画展览,筹集学校基金,王校长以个人名义发表通启,征求名家书画作品展览义卖。(《本校立校廿周年纪念筹募基金征求名家展览义卖启》,《大夏周报》,第 20 卷第 14 期,1944 年 4 月 10 日)

二十一日　学生自治会召开该学期第一次全体代表大会。

本校学生自治会,自去年寒假成立以来,会务推进,异常积极,本学期开学伊始,该会为加强会务活动,特于三月廿一日正午十二时,假本校第十三教室召开该会本学期第一次全体代表大会,计出席各院科代表卢广义、雷启光、张立思、史坤室、陈倩颜、戴安民、党应璋、沈成谅、张成钧、石阁、蒋相浦等卅九人,列席高训导长、刘训导员,由该会常务干事卢光义主席,行礼如仪报告会务后,请高训导长训示,旋即讨论会务,计修正通过干事会本学期各部设工作计划大纲,筹备该会基金,及筹备扩大庆祝"六一"校庆等要案。于下午二时许散会。

(《学生自治会动态》,《大夏周报》,第 20 卷第 14 期,1944 年 4 月 10 日)

二十一日　盐务专修科第二次招考新生,计录取正备新生共二十六名。(《盐务专修科续招新生》,《大夏周报》,第 20 卷第 13 期,1944 年 3 月 25 日;《盐务专科第二次招考揭晓》,《大夏周报》,第 20 卷,第 14 期,1944 年 4 月 10 日)

二十五日　下午二时,黔灵学会举行首次学术演讲,请贵州革命元老任可澄主讲"云贵护国史话",畅谈护国运动的原因、经过及结果。讲座由黔灵学会常务干事李德芳主持,学校窦总务长、贵州省党部委员及该会会员百余人参加。(《任可澄讲"云贵护国史话"》,《大夏周报》,第 20 卷,第 15 期,1944 年 4 月 25 日)

二十六日　上午七时半举行纪念周会,请文学院院长钟泰以"义和利"为题演讲,批评见利忘义的社会现象,勉励同学以转移社会风气自任,"见利思义"。(《钟院长讲"义与利"》,《大夏周报》,第 20 卷第 16 期,1944 年 5 月 10 日)

四月

一日　贵州省教育厅举办推进师范教育运动周,请秘书长王裕凯教授在贵州电台播讲"要推进师范教育必先树立教师专业思想"。(《要推进师范教育必先树立师资专业精神》,《大夏周报》,第 20 卷第 4 期,1944 年 4 月 10 日)

中国地质学会第廿届年会在贵阳召开,王、欧两校长任地质学会名誉筹委。

中国地质学会,为我国著名学术团体之一,历史悠久,会员遍国内,过去会员研究所得,贡献国家甚大。该会第廿届学会,于四月一日在本市省立科学馆举行,各大学地理学及地质学教授多来筑出席,英美地质专家亦多来华参加年会。筹备主任谢家荣,以开会期间,需要学术界教育界协助之处特多,特聘全市专科以上学校校长及有关机关主持人员担任名誉筹备委员,以资联系而利会务。本校王校长、欧副校长,亦均被聘任云。

(《王欧两校长任地质学会名誉筹委》,《大夏周报》,第 20 卷第 15 期,1944 年 4 月 25 日)

三日　孙教务长在贵州电台演讲"师范教育与实施宪政"。(《孙教务长等播讲师范教育》,《大夏周报》,第 20 卷第 15 期,1944 年 4 月 25 日)

三日　春假休假三天。

四月初旬,依照中央规定,各级学校应举行远足旅行或赴学校附近一带参观,以期学生平日书本研究所得,与实际社会环境相印证。本校春节休假,校长室已公布为四月三、四、五三天,各学会及各导师,事先会分别规定活动节目,或赴各厂参观,或赴郊名胜旅行,或茶会,或野餐,一时师生合作融会精神,表显靡遗。

(《春节休假三天》,《大夏周报》,第 20 卷第 15 期,1944 年 4 月 25 日)

五日　王校长自渝返校。

王校长于三月初因回教育部接洽要公及筹募学校基金赴渝,业志十四期本报。兹悉校长在渝开会一月,于本月五日业已返校,即日照常到校处理要公。

(《校长返校》,《大夏周报》,第 20 卷第 16 期,1944 年 5 月 10 日)

十二日　贵州省立艺术馆举办故宫书画展览会,展出我国晋代以来名家书画数百种。学校师生踊跃前往参观,并请博物院古物科科长庄慕陵到校演讲"故宫书画概说"。(《各团体参观故宫书画展》,《大夏周报》,第 20 卷第 16 期,1944 年 5 月 10 日)

十三日　晚六时,残疾军人王长喜莅校为抗战募捐,各同学倍受感动,先后捐款六千余元。

残疾荣誉军人王长喜,双目失明,肢足亦残废,但仍在后方各地宣传抗战,并为荣誉军人搞捐募福利基金。王氏近由桂来筑,宣传节约献金,曾分别到各学校各团体各机关宣讲,均收获大效果。四月十三日晚六时,本校特约请王氏莅校,在图书馆向全体学生演讲,由孙教务长主席致介绍词后,王氏即演讲个人过去在前方杀敌经过,并且现在虽双目失明,手足残废,但还有一个嘴巴,可以继续为国家效力,故情愿本"虽残不废"要义,在后方各地宣传抗战,并热诚希望各同胞得节一切开友,将余款贡献国家,以期抗战胜利早日来临。王氏讲毕,各同学倍受感动,当场即捐献国币二千余元,王校长并励告教职员捐献,闻已捐得六千余元云。

(《王长喜莅校宣传献金》,《大夏周报》,第 20 卷第 16 期,1944 年 5 月 10 日)

二十日　下午四时在正义路七十号召开第四十七次校务会议,王校长报告向国民党教育部请求增加经费经过,向渝银行界募捐及筹募千万基金情况,决定组织是届毕业生考试委员会,确定秋季招生名额。

第四十七次校务会议记录

时间:三十三年四月二十日下午四时

地点:正义路七十号

出席人:王伯群　王裕凯　钟泰(凯代)　孙亢曾　夏元瑮(亢代)　方会澧　李景泌　张伯箴　张祖尧　苏希轼　任宗济　窦觉苍　金企渊　高承元

主席:王校长

记录:邓介如

行礼如仪

(甲)报告事项

王校长报告:

(1)此次在渝向教育部请求增加经费之经过,及向渝银行界募捐情形

(2)本校经费及校友会筹募千万基金之概况

孙教务长报告:

(1)本学期期中考试情形

(2)本学期全校学生人数统计概况

(3)本学期专兼任教员即应届毕业生人数

(4)本学期开班课程及学生请假与旷课情形

(5)社会研究部工作近况

窦总务长报告:

(1)本校公利互助社筹备经过

(2)三月份收支情形

高训导长报告:

学生生活情形

(乙)讨论事项

(1)议复审上届毕业生名单案

议决:上届毕业生如全部学分无问题且论文通过后,即准予毕业,并定于四月底以前,请各系主任将论文评阅完竣,以便考核报部(至于文学院史社系学生刘慧明、法商学院经济系学生段世崑,均系由本校前教育学院转来,学分有替代二门以上者,姑念其转学情形特殊,准予毕业)。

(2)议聘定本届毕业考试委员案

议决:聘请欧厅长元怀、刘院长含章、齐院长泮林为本校毕业考试委员,并校内考试委员仍按照上学期担任人员分别函聘,以校长为管理委员长。

(3)议决定上学期应得德音奖金学生案

议决:女生服务成绩最优学生陈元瑜、本一英文成绩最优学生黄家厘、华致祥,均应给予德音奖学金,惟该项奖学金,关于本一英文成绩最优者,原规定仅为一名,今黄家厘、华致祥二生本一英文成绩,各为90.5分,应平分该项奖学金。

(4)议六一校庆日应否举行成绩展览案

议决:因举行书画展览,学生成绩暂不展览。

(5)议本年暑期学校应否举办案

议决:不办。

(注:第4、5条不予发表。)

(6)议毕业论文应严格限期呈缴案

议决:学生毕业论文应在毕业考试前缴交教务处,否则不准参加毕业考试。

(7)议决定秋季招生名额及地点案

议决:本校秋季招生采取重质不重量之原则,每系招收新生十五名,二、三年级插班生共招五十名,地点临时约定。

(8)议通过纪念周及各种集会学生缺席惩戒办法案

议决:修正通过。

(《第四十七次校务会议记录》,《校务会议记录》,第135—141页,华东师范大学档案馆藏,档号:81-1-51)

二十四日 是月十七日和是日的纪念周会上,王校长报告校务,并勉励全体同学,努力研讨各种学识,从事专题研究,为学校和社会作出积极贡献。(《王校长训话》,《大夏周报》,第20卷17期,1944年5月20日)

二十六日 大夏校友总会举行理监事联席会议,王理事长报告学校该学期经费极端困难,希望全体校友继续募捐,决定发动募集千万基金运动。(《校友会理监事联席会议》,《大夏周报》,第20卷17期,1944年5月20日;《第四十七次校务会议》,《大夏周报》,第20卷第18期,1944年6月1日)

五月

三日 王校长从渝返校未久,是日又赴渝出席国民党十二中全会。

王校长于三月初曾因筹募本校基金及"六一"校庆书画展览会事,赴渝向各方接洽,勾留约一月余始事毕返校,迄经力志本报。兹悉校长又因五届十二中全会将于本月二十日起在陪都举行,特于五月三日乘车赴渝出席,俾在开会前□为学校筹募基金,并向教部洽商本校今后发展重要施教方针,闻校长决于五月底以前赶回,主持"六一"本校二十周年校庆大典云。

(《校长又赴渝》,《大夏周报》,第20卷第17期,1944年5月20日)

三日 经积极筹备,学校员生公利互助社是日正式开幕,售卖各种日用品及文具,由总务处事务组主任梅德昌兼任经理。(《公利互助社开幕》,《大夏周报》,第20卷第18期,1944年6月1日)

十一日 是晚,历史社会学系、黔灵学会、乾乾学社及中国语学会,假社会服务处举行音乐晚会,请著名音乐书画家铸作"琴学"演讲,讲述中国琴学的演变及今后的发展,并连弹名曲数首,弹述均极为精到。(《四学会举行晚会》,《大夏周报》,第20卷第18期,1944年6月1日)

二十日　经筹备,贵阳市各院校于是日同时举行第五届全国专科以上学校学生学业竞试,全体学生一律参加,考卷由教师评阅,校务会议复阅,校长核定,送部参加评选。对复送及格学生发给奖状,前五名给予奖金。(《学业竞试严格举行》,《大夏周报》,第20卷第18期,1944年6月1日)

二十二日　纪念周会上,学校请总务长窦觉苍教授作题为"地方政府"的演讲,评解地方政府制度的利弊。(《窦总务长讲"地方政府"》,《大夏周报》,第20卷第19期,1944年6月25日)

二十九日　纪念周会请中山大学研究院院长崔载阳博士莅校作"大学之道"的演讲。崔博士认为,大学之道即革命之道,学生应以革命精神,努力向上。(《崔载阳莅校讲"大学之道"》,《大夏周报》,第20卷第19期,1944年6月25日)

二十九日　王校长由渝返校,在渝期间为学校募集基金一百一十万元。(《王校长返校》,《大夏周报》,第20卷第19期,1944年6月25日)

六月

一日　学校隆重举行立校二十周年校庆纪念。

六月一日,为本校立校二十周年,回忆过去二十年来学校惨淡经营,艰苦奋斗之校史,真令人欣奋靡既,百感交集,为庆祝此革命产儿成丁进入独立奋斗阶段起见,学校当局、校友会事先曾推定专人,负责筹备庆祝大典,各情屡志本报。兹将是日各方面活动情形简述如次:(一)举行纪念大会,六月一日上午八时,大中两部学生一千余人,齐集升旗台前,举行升旗典礼,骄阳初上,国旗与校旗飘扬空际,使人倍觉国家民族与学府之可爱。旋举行中学部学生阅兵式,由王欧两校长及处院主管人员暨来宾巡绕校场一周后,即举行纪念大会,由校长领导来宾全体教职员、返校毕业校友、男女生共约二千余人行礼如仪后,即席致开会词,对抗战以来在校教职员艰苦撑持,学校西迁后黔省府拨定校舍暨花溪永久校址,以及社会上热心教育人士捐助学校基金,深致敬意与谢忱。次敦请吴主席代表周厅长诒春训话,勖勉学生应努力求知,蔚为国用。旋由欧副校长报告校史,对大夏创立、初期在沪奋斗情形,以及播迁来黔后艰苦维持经过,叙述极详,而尤叮咛告诫每一个人来大夏就学青年,应牢记学校过去可歌可泣的史实。欧先生并谆勉学生在校应以"学问第一"为努力目标,毕业后应以"报国第一"为服务信条,各同学聆言之后,均深为感动。次请前本校训导长现任贵州省党部主委傅启学与张彭年先生演说,并由王秘书长裕凯宣陈各方庆祝文电(详文已载),校友会代表何纵炎致词后,全校唱校歌礼成。

(《立校二十周年纪念志盛》,《大夏周报》,第20卷第19期,1944年6月25日)

二日　二日至四日,学校在省艺术馆继续举行书画展览,展出徐悲鸿、任可澄、吕超、桂诗成、梁寒操夫人及王校长等名家书画,得义卖金二十余万元。同时,每日下午在贵阳民众教育馆举行篮球比赛,由王校长及夫人保志宁开球,三天比赛共得门票八万余元。(《大夏大学立校廿周年纪念书画展览会鸣谢启示》,《大夏周报》,第20卷第20期,1944年8月25日)

十二日　欧副校长返校主持纪念周会,并作"我们需要迎头赶上"的演讲,接着请秘书长王裕凯作"生活的基型"的演讲,介绍人类的六种基型,认为不论何种基型的人,缺乏道德便不会成功。(《生活的基型》,《大夏周报》,第20卷第20期,1944年8月25日)

十五日　贵州省教育厅六月十五日至十七日举行三十三年度高等及普通检定考试,大夏大学的夏元瑮等多名教师担任考试委员。

贵州省教育厅六月十五日至十七日假本市国立贵阳师范学院举行三十三年度高等及普通检定考试,报考人员达二百余人,由欧副校长任主试委员,各科命题及阅卷委员,均系聘本市专科以上学校教授担任,本校夏院长元瑮,孙教务长亢曾,陈主任景琪,黄主任奎元,张教授伯箴,朱教授澂,岑主任家梧,谢特约教授六逸,陈讲师绍箕,栗讲师庆云等,亦均被聘为命题阅卷委员云。

(《夏院长等任高普检考委员》,《大夏周报》,第 20 卷第 19 期,1944 年 6 月 25 日)

十七日　第十九届暑假毕业生考试及期终考试开始。(《毕业及期终考试》,《大夏周报》,第 20 卷第 20 期,1944 年 8 月 25 日)

二十三日　法商学院院长金企渊热心出版事业,先后指导学生创办《商情报》、《自强》杂志,其创办的《黔灵晚报》于学校校庆日发刊。(《金院长创办黔灵晚报》,《大夏周报》,第 20 卷第 19 期,1944 年 6 月 25 日)

二十五日　举行毕业生话别会,该学期应届毕业生共有二百三十四人。

本校乃私立大学,私立学校基础乃建在校董会与毕业校友学生之上,故本校二十年来对于毕业校友联系及职业指导与介绍,异常注意,历届毕业学生,除由校长举行个别谈话,指导就业时应行注意要点,设法介绍工作外,每于毕业考试完毕各毕业生行将离校之际,举行话别会,藉表惜别并告以离校后与学校及校友会联系与团结之重要性。本届话别会系于六月二十五日上午八时假贵阳招待所举行,王校长亲自主持,到孙教务长、王秘书长、窦总务长、各院长、各系主任计一百余人。首由王校长致词,勖勉各毕业生离校就业,应时特以报国报校为最高之信念。次王秘书长以力争上游报效国家二点,勖勉诸生,最后由毕业生叶在暖代表答词,直至十时许始散。

(《毕业生话别会》,《大夏周报》,第 20 卷第 20 期,1944 年 8 月 25 日)

本月　为适合其时环境,改定校历,每年分夏春秋三学期。(《大夏大学改订校历》,《申报》,1944 年 6 月 30 日,第 2 版)

七月

二日　召开学校校务会议,由王校长主持。会议通过秋季学期校历和该届毕业生名单,决定给各院系成绩第一名的学生以奖励。(《□□校务会议》,《大夏周报》,第 20 卷第 20 期,1944 年 8 月 25 日)

二十五日　校务会议决议,全校三院十系秋季共招收新生一百五十名,并酌收各系转学生,于是日考试,报考男女学生五百余人,贵州教育厅分配给学校高中毕业生三十名。(《秋季招考》,《大夏周报》,第 20 卷第 20 期,1944 年 8 月 25 日)

八月

一日　训导长高承元因法律系事务繁忙,请求辞去训导长兼职,校长聘会计系主任张祖尧博士继任。

本校训导长一职,上年度系请法学院法律系主任高承元先生担任,一年以来,高先生对学生思想之陶冶、导师制之推行,以及宿舍整洁、军事管理等,均有重大政革与推进。兹悉高先生以业务繁重,未遑兼顾,已向王校长辞去训导长兼职,校长特聘会计银行系主任祖尧博士继任,张先生已于本月一日正式视事矣。

(《张祖尧继任训导长》,《大夏周报》,第 20 卷第 20 期,1944 年 8 月 25 日)

二日　下午五时在正义路七十号召开学校第四十八次校务会议。会议由王校长主持,王校长、孙教务长、窦总务长分别作报告,通过学校三十三年秋季学期校历等议案。

第四十八次校务会议记录

时间:三十三年八月二日下午五时

地点:正义路七十号

出席人:王伯群　孙亢曾　窦觉苍　葛受元　李景泌　□□□　张伯箴　张祖尧　任宗济　方会澧(任代)　苏希轼　王裕凯　陈景琪　朱澈

主席:王校长

记录:邓介如

行礼如仪

（甲）报告事项

王校长报告：

(1) 下学期改善同仁待遇情形

(2) 部令改订训导处组织办法

孙教务长报告

(1) 本届毕业生及各院系科学生考试成绩优劣情形

(2) 本学期招考新生情形

窦总务长报告：

(1) 暑期住校学生生活概况

(2) 上学期经费收支情形及下学期财务计划

（乙）讨论事项

（一）议通过本校三十三年秋季学期学校历案

议决：修正通过。

（二）议通过本届毕业生名单案

议决：通过名单发布，杨昌震、陈旭晟二名准予参加下学期开学时补考其不及格之学分，郑怡鹏、张国钧二名应参加下届毕业加试，补考其不及格学分，马雁冰、张家仪二名应予留级一学期。

（三）议审查上学期各院系科学生成绩案

议决：照章办理。

（四）议上学期各院科系成绩列第一名者应如何奖励案

议决：照章免收下学期学费。

（五）议上学期各院科系主要课程考试成绩第一名应如何奖励案

议决：每名奖国币一百元。

（《第四十八次校务会议记录》，《校务会议记录》，第142—146页，华东师范大学档案馆藏，档号：81-1-51）

戏剧创作家熊佛西来筑，应学生自治会邀请，莅校作题为"从剧本创作到演出"的演讲，暑假留校同学均出席听讲。

戏剧创作家熊佛西氏近由桂林来筑，将在筑筹备"文学创作"复刊事宜。本校学生自治会，以熊氏系国内有名剧作家，本月二日下午五时特敦请熊氏在图书馆演讲，题为"从剧本创作到演出"，留校男女同学均出席听讲，熊氏演讲约一小时许始完毕散会。

（《熊佛西莅校演讲》，《大夏周报》，第20卷第20期，1944年8月25日）

十九日　大夏大学校友会同海上名医共同创办沪南中小学，为家境清寒品学兼优的学生设立免费学额。

海上名医李权经氏热心教育，特会同大夏大学校友创办沪南中小学于南市蓬莱路蓬莱市场口，设有免费额，中学部五十名，小学部五十名，凡属家境清寒品学兼优无力升学者，均得申请入学。

（《义校消息》，《申报》，1944年8月19日，第4版）

二十五日　盐务专修科自前一年春天创办以来，现设有业务、会计两组，学生一百余人，教育当局已准予正式备课，其时接盐务局函，该科在是年秋季暂停招生。

财政部盐务总局委托本校代办盐务专修科，自去春成立以来，分盐务与会计两组，计有学生百余人，办理成绩优异，教育部已正式准予备案。兹悉该科遵奉财部盐务总局命令，本年秋季暂停招收新生一次，该科已遵照办理云。

（《盐务专修科停招新生》，《大夏周报》，第20卷第20期，1944年8月25日）

九月

一日 由学生暑假期间着手创办的壁报《天公报》第一期出版。

抗战时期,沦陷区的同学无家可归,在暑假、寒假期中多数住校,所以贵阳次南门外的校园,在假期中仍很热闹。

民国卅三年暑假,宋学谦、李淑珍、邱鸿勋、刘华楞、黄麟佑、唐寒江等几位同学,创意要办一张纸型的壁报,以定期报道评论学校新闻为主,与一般文艺性的仅仅遇到有节日才有的应景性壁报颇为不同。壁报定名为《天公报》,远看其形式,颇似当年名重一时的《大公报》,不无冒牌之嫌,但我们却多少寓有天下为公的雄心。

第一期于九月一日出版,张贴在经常张贴报纸的栏板上,立刻轰动全校,成了一个全校性刊物,其后,教授同学都以先睹为快。有时因功课忙而拖期,还有劳大家垂询,对我们是一种有力的鼓舞。

我于卅二年冬毕业,留校任法律系助教。《天公报》的发起人都是在学同学,于是就推我这惟一的助教为社长。我们这"报社"采"虚位"制,对社员的聘书,社长则以赵行健具名,取百家姓赵姓为首,"天行健君子以自强不息"的母校校训而名,有事大家商量,不拘形式。故在我记忆中,好像除了第一次成立会议后,从来没有再像样地开过一次会。每次"出版"前编写的日子,就是大家打诨说笑,猛吃花生、地瓜,有时还是参谋追求女朋友的时候。回想起来,十分有趣。后来到四川吃地瓜,才知道贵州的地瓜天下第一。

我们最感苦恼的是新闻来源缺乏。身为助教的社长,没有什么内幕新闻可资供应,不免觉得不够面子。那时《天公报》的社员最能出主意的有宋学谦、邱鸿勋,写作最快、最勤快的有黄麟佑、刘华楞、唐寒江等。我主要的贡献,是帮忙抄写"社评"的时候多。"社评"为报纸的灵魂,故特烦社长手抄,至于其他新闻论说,大概不便再劳烦我,我也就不管了。

《天公报》声誉日盛,我们自"办报"扩展到其他的活动。卅三年秋冬之交,日军自长沙南侵,衡阳保卫战战况激烈的时候,《天公报》曾邀请道经贵阳赴重庆的名政论家陶希任和金仲华两先生,分别举行了两次演讲会,分析世界战略与我国战场形势,吸引了全校师生前来听讲,可谓盛况空前。这是很有意义的工作,其副作用之一是供给了《天公报》可以大写特写的新闻资料。

卅三年冬,湘桂战事失利,日军逼近贵州,学校当局决定迁到贵州西北角上与四川只有一水之隔的赤水县城。我是学校的职员,又是校友,我遂与其他几位具有同样"资格"的同事,临危奉命,负起搬运学校最贵重的财产图书仪器的责任。另由我请同学帮忙,我找的就是《天公报》的同学,学校当局立刻同意,因为大家对《天公报》早都有了信心。

学校迁到赤水后不久,我离开赤水前往重庆。卅四年八月抗战胜利,《天公报》随学校迁到上海,曾有一段时期印行铅印版,这是一个有雄心的计划。卅六年暑假,《天公报》同仁二十余位,在上海校本部进行大会,我自南京赴上海参加。这是我战后第一次返校,过去在光华大学附属中学读书的时候,曾到我这未来的母校,那时候做梦也想不到,曾于二十九年在贵阳而不是在上海,考进了大夏。

那次《天公报》的集会,给我机会遇到了不少后来参加的新社员。我看他们兴高采烈,大家都充满信心,要把《天公报》办好,心中不免惭愧。离校以来没有出过一点力,回来却受到热烈欢迎。卅八年政府迁广州,遇黄麟佑,卅九年在台北遇宋学谦、李淑珍、唐寒江、刘贤甫、李子弋等。当我们这些老朋友在一起的时候,我们谈到《天公报》,永远觉得是新鲜的。

(周彤华:《〈天公报〉与我》,《学府纪闻·私立大夏大学》,第266—268页)

大夏在赤水上课以后,由于地处偏僻,生活比贵阳安定得多,因而读书风气比较浓厚,所有课业观摩,课外研究,都有很大进步。仅学生自己主办的墙报,就多达20几种,内容丰富。其中,中文系学生黄麟佑主编的《天公报》张贴在大夏校门口,最为著名。

(王光烈:《大夏大学在赤水》,《抗战时期内迁西南的高等院校》,第158页)

五日 大夏大学救济品学兼优清寒学子的贷金名额扩充至一百名,每名学生减收学杂费四千元。

　　大夏大学每学期向设贷金若干名,以资救济清寒学子,本学期起,将该项贷金名额扩充至一百名(约占全校学生五分之一),每名减收学杂费四千元。凡该校新旧学生,家境清寒,品学兼优者,均可申请。又闻该校土木工程学系,增设房屋也[建]筑学程,由富于建筑学术及经验之教授担任教授。

　　(《义校及助学》,《申报》,1944年9月5日,第4版)

十月

　　四日　下午二时在校长会议室召开该学年秋季学期第一次教务会议。孙亢曾主持会议并报告该学期注册人数、开班学程数及专兼任教员人数,图书馆胡主任报告图书馆相关事宜,讨论该学期注册截止后请延迟等议案。

　　　　　　　　　三十三年秋季学期第一次教务会议记录

　　时间:十月四日下午二时

　　地点:校长会议室

　　出席人:张祖尧　蔡仲武　孙亢曾　李景泌　陈景琪　顾文藻　任宗济　胡寿慈　葛受元　钟泰　张伯箴　岑家梧　黄奎元(孙代)

　　主席:孙亢曾

　　记录:顾文藻

　　主席致开会词略

　　甲、报告事项

　　(一)本学期注册人数截至本日上午止计文学院一一六人,理学院四六人、法学院二六十人,商学院一五八人,盐务专科七四人,共六五四人,又新生注册人数为一五三人计

　　本学期注册人数截至今日为止注册人数计有:

　　① 文学院一百十六人内新生五十二人

　　② 理学院四十六人内新生十七人

　　③ 法学院二百六十人内新生五十四人

　　④ 商学院一百五十八人内新生卅人

　　⑤ 盐专科七十四人

　　以上共计六百五十四人

　　(二)本学期开班学程数:

　　① 各院共同必修科共开三十三班

　　② 文学院各系共开四十三班

　　③ 理学院各系共开二十一班

　　④ 法学院各系共开五十六班

　　⑤ 商学院各系共开三十二班

　　⑥ 盐专科共开二十三班

　　以上合计共开二百零八班

　　(三)本学期专兼任教员人数:

　　本学期专任教员人数共计五十二人,兼任教员人数共计三十八人,另特约教授六人,合计九十六人

　　(四)图书馆胡主任报告:

　　① 上学期图书馆方面共收到学生罚费国币三千零二元二角正

　　② 凡本学期各课教授所需参考书希从早单交办为幸

　　③ 夏教长遗书送赠图书馆留作永久纪念,计有中英文书籍四十九部共计七十六册云

　　(五)社会研究部工作情形

社会研究部工作情况因岑家梧先生有课未能出席由孙教务长代为报告如下：

① 协同举办边疆建设讲座(计划另详)

② 筹备编印社会专刊：约需费三万元刻向教育部请求补助中

③ 着手撰述《瑶族调查报告》及《西南宗族工艺研究》二稿

④ 准备寒假赴青岩调查仲加之亲族制度

⑤ 搜集边疆研究资料列为经常工作之一云

(六)本学期边疆建设讲座继续办理情形

本校前按教育部令举办边疆建设讲座经由校长函聘孙教务长亢曾、梁教授□茅、岑主任家梧共同设计进行，本学期继续办理，兹将计划拟具如下：

① 本讲座定每星期举行一次

② 主讲人每次送车马费五百元

③ 讲词由社会研究部负责整理另刊手册

④ 本学期主讲人题目另定之(□略)

(七)印讲义仍照上学期办法，所有讲义按照实际价值由会计组收费

二、讨论事项

(一)本学期注册截止后请延迟案：

决议：通过并定办法于后：

　　一、自十月五日至十月十日到校注册学生曾向教务处请假有案者除缴迟到注册费外更须依照规定应修学分限度内减修三学分。

　　二、自十月十一日至十月十五日到校注册学生曾向教务处请假有案者除缴迟到注册费外更须依照规定应修学分限度内减修六学分。

　　三、自十月十六日起概不予以注册。

(二)为避免空袭损失对于本校图书仪器、药应如何保藏案

决议：希望及早准备酌量疏散，建议校务会议订定办法施行之。

(三)为提倡研究学术空气拟请各课教授加重课外阅读案

决议：原则通过并函请各教授尽量指导，学术课外阅读摘要报告列入为平日成绩。

(四)为认真点名严格考查学生勤惰免□学业案

决议：通过并订定办法于后：

　　一、各课学生人数在五十人以上者由教务处排定座次负责点名。

　　二、各课学生人数在五十人以下者由各课教授按照点名册严格点名并将缺课学生按表填交教务处。

(五)临时动议

张祖尧先生提议：凡迟交毕业论文学生应如何办理案

决议：查明原因酌予扣留文凭。

(六)散会

(《三十三年秋季学期第一次教务会议记录》,《教务会议记录》,第2—13页,华东师范大学档案馆藏,档号:81-1-56)

十九日　下午二时在校长会议室召开临时教务会议，孙亢曾主持，报告教育部令修订大学文、理、法、师范各学院科目表，与原定科目表比较增减异同，并讨论办理方案。

临时教务会议记录

时间：十月十九日下午二时

地点：校长会议室

出席人：钟泰(孙代)　陈景琪　高承元　李景泌　朱潋　孙亢曾　顾文藻　张祖尧　蔡仲武　胡寿慈　张伯箴　岑家梧　任宗济　葛受元(李景泌代)

主席:孙亢曾

记录:顾文藻

一、报告事项

主席报告案:教育部令□修订大学文理法师范各学院科目表并与原定科目表比较增减异同情形

二、讨论事项

本校上课已久,对于部□修订大学科目应如何办理案

议决:本学期在可能范围内酌量遵办(如哲学概论改为半年三学分,心理学要论改为普通心理学六学分)其有必修而本期本校之半年或一年学程俟下期或下年度逐渐补增。

(《临时教务会议记录》,《教务会议记录》,第14—18页,华东师范大学档案馆藏,档号:81-1-56)

　　复旦、圣约翰、大夏等大学学生组织的以联络感情、研究学术为宗旨的大学学友进修会成立,开始征收会员。

　　大学学友进修会系复旦、圣约翰、上大、比较①、大夏等各大学同学所组织,(会址设南京路六六号)纯以联络感情研究学术为宗旨,闻该会已向当局办理登记手续完竣,现在开始征收会员,欢迎各大学同学参加,并定于本月二十二日开成立大会。

(《大学进修会征求学友会员》,《申报》,1944年10月19日,第4版)

十一月

　　二十五日　下午五时在护国路一三五号召开第四十九次校务会议。王校长作主席报告后,王裕凯先生、欧副校长、窦总务长分别作报告,商讨学校西迁至黔北赤水的各项组织事宜。

第四十九次校务会议记录

时间:三十三年十一月二十五日(星期六)下午五时

地点:护国路一三五号

出席人:王伯群　王裕凯　金企渊　葛受元　苏希轼　□□□　张祖尧　高承元　张伯箴　任宗济　蔡仲武　窦觉苍　钟泰　陈景琪　李景泌

主席:王校长

记录:邓介如

行礼如仪

报告事项

一、主席报告:

1. 电邮部求发给疏建费九百万元之经过

2. 迁校地址之选择及应顾及各方情形之经过

二、王裕凯先生报告:

1. 各国立学校之准备情形及所决定之办法

2. 迁校地址之调查

三、欧副校长报告:

1. 时局概况

2. 学校今日应采取镇静态度,切勿慌张

四、窦总务长报告学校经费近况

讨论事项:

一、议战事逼近黔省本校应如何准备案

议决:1.组织疏散委员会,校长为主任委员,并公推王裕凯、孙亢曾、张祖尧、窦觉苍、李景泌、张瑞

---

① 原文如此。

钰、苏希轼、顾文藻为委员。

    2. 疏散地址定黔北赤水县。

    3. 推举王裕凯先生亲往赤水交涉。

（《第四十九次校务会议记录》，《校务会议记录》，第147—150页，华东师范大学档案馆藏，档号：81-1-51）

    王校长在住宅召开重要会议，讨论疏散问题，决定成立疏散委员会，决定学校迁往黔北赤水。（《本校迁设赤水大事记》，《大夏周报》，第21卷第1期，1945年4月10日）

    二十七日　上午十时在校长室召开疏散委员会第一次委员会议。孙教务长主持会议，分配具体职务，讨论详细疏散办法。

疏散委员会第一次委员会议

时间：三十三年十一月二十七日上午十时

地点：校长室

出席人：张瑞钰　顾文藻　张祖尧　苏希轼　窦觉苍（梅德昌代）　孙亢曾

主席：孙教务长

记录：邓介如

报告事项：

主席报告：A.本会产生之由来。

          B.开会之意义及疏散地点选择之经过。

          C.本会委员应分配职务开始工作。

讨论事项：

1. 本会委员应如何分配职务，开始工作案。

决议：本会设文书、运输、会计、招待、防护五股，每股设正副股长各一人，遇必要时，每股得设干事若干人，由股长提会由主任委员聘任或指派。

    文书股股长：王裕凯　副股长：邓介如

    运输股股长：李景泌　副股长：张瑞钰

    会计股股长：窦觉苍　副股长：顾文藻

    招待股股长：孙亢曾　副股长：苏希轼

    防护股股长：张祖尧　副股长：罗振华

2. 本会工作应如何开始案。

决议：1. 请欧副校长电赤水中学校长借用校舍暂供本校员生居住。

      2. 请学校当局制发教职员及眷属身份证。

      3. 通知全体教职员及学生即日开始登记。

提案：

一、凡不愿随同学校疏散之教职员及学生，本校不负任何责任案

二、疏散费用急待筹集应如何垫抵及如何保管案

三、教职员及眷属所需之运费可否由学校暂垫由薪津内扣还案

四、本校嗣后如领到教部所拨之疏建费后教职员及学生之旅费应否□还案

五、学校图书仪器及教职员学生之行李疏散时沿途及到达后应如何保管案

六、运盐校车之载重量如何，可载运若干大之木箱案

七、沿途伙食如何统筹案

八、医药用品应如何供应案

九、应否先行购置校车若干辆以便最后疏散时载运随身被毯案

十、图书仪器及眷属何时启行案

十一、在用之图书仪器应如何处置案

十二、紧急时本校电灯电话应如何拆运案

十三、本校疏散后所遗之校具应如何保存案

本校学生疏散办法：

一、本大学学生愿随学校疏散者须预行登记（表格另附）。

二、疏散时男生以步行为原则，女生如有车辆时则搭乘车辆，无车辆时亦步行，如因疾病不能行动时得搭车辆。

三、学生之行李每人以二十公斤为限度，得交本会运输股代运。

四、凡交运之行李均须结实捆绑及加坚锁以免途中损坏否则拒绝代运，并须预备白布小条以便标明号码。

五、凡交运之行李其所需之运费由本会计股每件预收运费国币一千元，待总结算时多退少补。

六、凡随身需用之被毯等件按照本会防护股分队原则，每两队合用板车一辆，由两队队员轮流推挽以便宿营时之需用。

七、沿途伙食由学生组织膳食委员会仍照旧章自理之。

八、本校学生除学生证外，每人预备二寸半身相片一张，得向本会文书股领取护照以资证明身份。

（《疏散委员会第一次委员会议》，《战时疏散校户，迁移校址，战后复校复课等的会议记录及往来文书》，第1—10页，华东师范大学档案馆藏，档号：81－2－13）

二十八日　下午七时在护国路一三五号召开疏散委员会第二次委员会议。

疏散委员会第二次委员会议

时间：三十三年十一月二十八日下午七时

地点：护国路一三五号

出席人：王伯群　窦觉苍　苏希轼　顾文藻　张瑞钰　孙允曾　李景泌

主席：王校长

记录：邓介如

报告事项：

1. 主席报告开会之意义及交涉交通工具等经过情形，并本校经费概况。

2. 孙允曾先生报告第一次会议之重要决议案及所拟本会简则及办法。

讨论事项：

1. 本会议所拟之简则及办法案

议决：修正通过。

2. 议交通工具如何接洽案

议决：由学校提款五万元，交李景泌先生将待修之汽车赶工修妥。

3. 议本校教职员需支下月薪津作疏散用者其数目应否限制案

议决：各教职员有家眷者不得超过五千元，无家眷者不得超过三千元。

4. 议疏费［散］经费应如何筹措案

议决：动用基金，其数目不得超过一百万元整。

5. 议教职员及学生登记日期应否限制案

议决：教职员登记自廿九日上午十时起至卅日下午五时止，学生自廿九日上午十时起至下午五时止，逾期决不通融。

大夏大学疏散委员会简则：

1. 本会系应战时之需要，谋学校员生之安全而组织，定名为"大夏大学疏散委员会"。

2. 本会设主任委员一人，委员八人，主任委员由校长担任之。

3. 本会设文书、运输、会计、招待、防护五股。每股设股长一人，由委员会中推选之。另设副股长一人，由各委员或教职员中推选之。每股遇必要时，得设干事若干人，干事人选系由股长提会，由主任委员聘请或指派之。

4. 本会各股执掌如左：

    A. 文书股：专办一切文件之拟稿缮后事宜。

    B. 运输股：接洽交通工具,办理运输事宜。

    C. 会计股：办理本会一切会计事宜。

    D. 招待股：办理疏散时沿途招待事宜。

    E. 防护股：办理疏散时沿途防护事宜。

5. 本会每日召开常会一次,遇必要时,得召开临时会议。

(《疏散委员会第二次委员会议》,《战时疏散校户,迁移校址,战后复校复课等的会议记录及往来文书》,第 11—16 页,华东师范大学档案馆藏,档号:81－2－13)

二十九日　学校秘书长王裕凯教授前往赤水县,接洽校址校舍问题。(《本校迁设赤水大事记》,《大夏周报》,第 21 卷第 1 期,1945 年 4 月 10 日)

三十日　学校图书、仪器及重要文卷开始装箱。(《本校迁设赤水大事记》,《大夏周报》,第 21 卷第 1 期,1945 年 4 月 10 日)

三十日　上午九时在校长室召开疏散委员会第三次委员会议。

疏散委员会第三次委员会议

时间：三十三年十一月卅日上午九时

地点：校长室

出席人：张祖尧　苏希轼　张瑞钰　窦觉苍　孙亢曾　罗振华

主席：孙亢曾

记录：邓介如

报告事项：

主席报告开会之意义及所悉战讯概况并今后本会应行办理诸事宜。

讨论事项

1. 议如何决定学生疏散日期案

议决：疏散确定日期,时局转变再行决定,如一部〈分〉学生愿先行疏散者听便。

2. 议关于沿途负责招待学生伙食费应否由学校酌量津贴案

议决：每人每日伙食费二百元。

3. 议鸭溪茅台两地应否派职员照料案

议决：照派。

(《疏散委员会第三次委员会议》,《战时疏散校户,迁移校址,战后复校复课等的会议记录及往来文书》,第 17—19 页,华东师范大学档案馆藏,档号:81－2－13)

1944 年 11 月,日军侵入贵州南部的荔波、三都、丹寨等县,少数日军已进犯至独山,贵阳危急。眼见 20 年惨淡经营之大夏,又将遭到浩劫,毁于炮火。这时王伯群身患胃病,忧心如焚。他与欧元怀等筹商护救措施,决定动员全校师生,迁往黔北赤水,由欧元怀副校长辞去教育厅长职,统率大夏搬迁,并由贵州省政府将曾任教育厅主任秘书的都匀县长周世万调任赤水县县长,协助大夏大学的再迁。

(王守文：《抗战时期的大夏大学》,《抗战时期内迁西南的高等院校》,第 153—154 页)

十二月

二日　学校第一批图书仪器及教职员偕眷属撤离贵阳赴鸭溪,去往赤水新校址。(《本校迁设赤水大事记》,《大夏周报》,第 21 卷第 1 期,1945 年 4 月 10 日)

四日　下午六时在护国路一三五号召开疏散委员会第五次委员会议,王校长主持会议并报告开会之意义及今后应行亟办诸事宜,讨论车辆应如何分途进行等议案。

疏散委员会第五次委员会议

时间:三十三年十二月四日下午六时

地点:护国路一三五号

出席人:王伯群　窦觉苍　孙亢曾　张祖尧　苏希轼　张瑞钰　顾文藻

主席:王校长

记录:邓介如

报告事项;

主席报告开会之意义及今后应行亟办诸事宜。

讨论事项:

1. 车辆应如何分途进行案

议决:A.请窦总务长向粮政局交涉车辆。

　　　　B.请孙教务长向西南公路局接洽车辆。

2. 鸭溪至赤水运经费应如何筹措案

议决:由筑携带现款二十万元,并在鸭溪、茅台、赤水三处口岸办事处,各拨十万元整。

(《疏散委员会第五次委员会议》,《战时疏散校户,迁移校址,战后复校复课等的会议记录及往来文书》,第20—21页,华东师范大学档案馆藏,档号:81-2-13)

九日　王校长抵渝,沿途劳顿胃病加剧。

九日王校长抵渝后因沿途劳顿旧疾复发,进江北陆军医院医治。

(《本校迁设赤水大事记》,《大夏周报》,第21卷第1期,1945年4月10日)

十三日　上午九时在孙教务长住宅召开疏散委员会第六次委员会议,孙教务长主持会议并报告学校一部分图书仪器及教职员眷属并员生疏散情况、连日来前线战局概况及迁校与否之种种问题。

疏散委员会第六次委员会议

时间:三十三年十二月十三日上午九时

地点:孙教务长住宅

出席人:张祖尧　苏希轼　顾文藻　窦觉苍　□□□　罗振华　张瑞钰　孙亢曾

主席:孙教务长

记录:邓介如

报告事项:

孙教务长报告

(A) 本校一部分图书仪器及教职员眷属并员生疏散情况。

(B) 连日来前线战局概况。

(C) 迁校与否之种种问题。

讨论事项:

1. 时局日趋稳定,贵阳各大学迁移与否,均在考虑中,本校应如何处理案

议决:(A) 已经装箱之图书仪器照常疏散。

　　　(B) 在途员生由校迅速通知暂停进发。

　　　(C) 图书仪器在鸭溪集中。

　　　(D) 函请口岸办事处及鸭溪分处□同学廖正琴协□□□□□□□口岸鸭溪分处所拨之款十万元,交张罗二先生前往领取,如留在鸭溪之教职员须借支者,照疏散会原规定照支。

　　　(E) 由罗振华先生由鸭溪经茅台前往赤水,通知在途员生暂停进发。

　　　(F) 由张罗二先生另带现款五万元,以便发给在鸭溪至赤水间之贷金学生,每人暂发七百元。

　　　(G) 请罗先生调查鸭溪至赤水沿途员生人数,随时报告学校

（H）另推李贤瑗先生随张、罗二先生押车往鸭溪，并随车回筑。

2. 李景泌先生之车辆及所借之款应如何处理案

议决：函请□所借之款十万元，即日归还学校。

（《疏散委员会第六次委员会议》，《战时疏散校户，迁移校址，战后复校复课等的会议记录及往来文书》，第22—23页，华东师范大学档案馆藏，档号：81-2-13）

十九日　上午十一时在孙教务长住宅召开疏散委员会第七次委员会议，孙教务长主持会议并报告学校疏散情形及校长抵渝后因病入院事宜。

疏散委员会第七次委员会议

时间：三十三年十二月十九日上午十一时

地点：孙教务长住宅

出席人：孙亢曾　顾文藻　苏希轼　张祖尧　窦觉苍（梅德昌代）　邓介如

主席：孙教务长

记录：邓介如

报告事项：

主席报告：

（一）本校疏散详情。

（二）校长抵渝后，闻因病入医院云云。

（三）王裕凯先生去赤水后迄无音讯，不知接洽有无结果。

讨论事项：

1. 王校长在渝因病入院，王秘书长迄无音讯，本校迁移与否，无从决定究应如何办理案

议决：推请孙教务长前往重庆探视王校长病况并报告最近疏散情形及请示学校重要事宜，由校方拨给孙教务长赴渝旅费五万元。

2. 孙代校长所保存王校长之私章是否应留存在校或带往重庆案

议决：为便于在渝向教部接洽，王校长之私章由孙代校长带往重庆。

3. 茅台、赤水两处口岸办事处之□款共二十万元应如何处理案

议决：由孙教务长带往重庆。

（《疏散委员会第七次委员会议》，《战时疏散校户，迁移校址，战后复校复课等的会议记录及往来文书》，第24—26页，华东师范大学档案馆藏，档号：81-2-13）

二十日　上午六时二十分，王校长因十二脂肠出血过多医治无效，与世长辞，王夫人保志宁女士、其子女及何夫人王文湘女士均在侧。校长临终以"公诚"两字勉励全校师生。（《本校迁设赤水大事记》，《大夏周报》，第21卷第1期，1945年4月10日）

1944年11月底，政府对贵阳各机关学校下了紧急强迫疏散令以后，王伯群校长为筹划迁校，备极劳瘁，竟于1944年12月20日因胃出血逝世于重庆，此为大夏内迁中不可补偿之损失。噩耗传到贵阳，大夏全体师生沉痛悼念，孙科董事长于12月30日在重庆召开校董会，决议推选欧元怀为校长，王毓祥为副校长。

欧元怀辞去贵州省教育厅长职务，就任大夏大学校长后，立即将在途中的图书仪器由鸭溪续运赤水，并敦促全体师生赶到赤水上课。迁校的车辆十几辆，有一辆在遵义附近翻覆，但人物均安，取道鸭溪，与取道重庆的两路师生和公物，于1945年3月安全抵达赤水。

（王光烈：《大夏大学在赤水》，《抗战时期内迁西南的高等院校》，第156页）

二十一日　学校及贵阳校友总会理监事闻王校长逝世消息后，是晚假白沙教育厂召开紧急会议，讨论学校善后事宜，并推孙亢曾、何纵炎代表学校及校友会赴渝协办后事并向校董事会报告校务。（《本校迁设赤水大事记》，《大夏周报》，第21卷第1期，1945年4月10日）

上午十二时在孙教务长住宅召开疏散委员会第八次委员会议，孙教务长主持会议并报告鸭溪教职员来函报告留在该地员生情况、由鸭溪往茅水进发员生的概况以及鸭溪的生活情形，

讨论留校图书仪器、重要文件及各教职员图书是否应由是日之车辆全数运出等议案。

疏散委员会第八次委员会议

时间：三十三年十二月廿一日正午十二时

地点：孙教务长住宅

出席人：孙亢曾　苏希轼　顾文藻　窦觉苍（梅德昌代）　张祖尧

主席：孙教务长

记录：邓介如

报告事项：

主席报告：（1）鸭溪教职员来函报告留在该地员生情况，并由鸭溪已往茅水进发之员生概况。

　　　　　（2）鸭溪之生活情形。

讨论事项：

一、留校之图书仪器及重要文件并各教职员图书是否应由今日之车辆全数运出案

议决：照常疏散。

二、教务处应行赶办之公文，因原底稿已疏散，究应如何处理案

议决：公推邹明骥、严敬明日乘车往鸭溪赶办公邮寄重庆何公馆转孙教务长再行呈部。

三、李景泌先生所借之款十万元迄未归还，应如何处理案

议决：函请其于本月底以前归还学校，以应急需。

（《疏散委员会第八次委员会议》，《战时疏散校户，迁移校址，战后复校复课等的会议记录及往来文书》，第27—28页，华东师范大学档案馆藏，档号：81－2－13）

二十四日　重庆校友会集议追悼王故校长，王校董毓祥莅会指导并商讨母校善后计划。（《本校迁设赤水大事记》，《大夏周报》，第21卷第1期，1945年4月10日）

二十八日　重庆各界假长安寺公祭王故校长。（《本校迁设赤水大事记》，《大夏周报》，第21卷第1期，1945年4月10日）

三十日　下午五时，校董会在渝交通银行开会，到董事长孙科及校董吴铁城、钱新之、王正廷、许世英、虞洽卿、王毓祥等。公推副校长欧元怀博士继任校长，校董王毓祥先生任副校长，并发动募集王故校长永久纪念基金一千万元。（《本校迁设赤水大事记》，《大夏周报》，第21卷第1期，1945年4月10日）

大夏大学校董会议记录

时间：三十三年十二月三十日下午五时

地点：重庆打铜街交通银行

出席者：孙科　何应钦（王裕凯代）　王正廷　虞洽卿　欧元怀（孙亢曾代）　钱永铭　王毓祥　张嘉澉（王□津代）　杜镛（□代）　吴铁城　谢尧□

列席：大夏校友会渝分会代表杨汝淦

主席：孙董事长

记录：王裕凯

一、报告事项

1. 孙董事长报告开会宗旨

2. 王校董毓祥报告本校经费情形

3. 王秘书长裕凯报告本校迁往赤水筹备概况（附印刷品）

4. 重庆校友会代表杨汝淦校友报告重庆校友会开会情形

5. 贵阳校友会代表孙亢曾校友报告贵阳校友会开会情形及校务近况

二、讨论事项

1. 议推举校长继任人选案

议决:推举欧元怀先生继任校长,所遗副校长一职改聘王毓祥先生担任。

2. 议本校迁往赤水案

议决:通过。

3. 议□□本校经费如何筹措案

议决:(一)请求教育部多给补助费。

(二)请教育部□给迁移费。

(三)向美国援华救济联合会请求补助费。

(四)由各校董签名向行政院请求特别补助明年经费不足之数。

4. 议如何永久纪念王校长案

议决:分别讣告致各校友及王校长亲友,请致□□仪□□一千万元为之校长纪念基金,原筹□□学校基金四百三十万五千九百□十三元一角八分□移并入内。

大夏大学迁往赤水筹备概况

此次黔地□□本校于政府下紧急疏散令后经校(教)务会议议决迁往黔北之赤水复课,当推选秘书长王裕凯前往筹备复校,承当地人士之赞助业已筹备就绪,兹将接洽记录简列如左:

一、赤水校舍情形

本校经与当地各学校商妥,在省立赤水中学借居可容男生三百名,中城镇小学可容女生一百名,在赤水县立女子中学可借居教员眷属六家,租用县员工合作社可住眷属十家,至于单身男女教职员则分居各所借用学校内与学生共同生活以便管理,又借用紫云宫可置全部图书仪器,中正公园新建之中,工费则可作总□公所之用并设临时办公处于城内万寿宫以便祷甫经到赤之员生。

二、赤水生活费用

赤水生活费用远较贵阳为低,兹将主要食用品物价列表如下:

		赤水物价	贵阳物价
米	每石	一万元	三万元
肉	每斤	九十元	三百二十元
木炭	每石	一千□百元	九千元
鸡蛋	每个	八元	四十元

三、地方赞助情形

当地大绅对本校迁赤□表欢迎,前贵州省主席毛光□氏、前□军副军长□之担氏等及县府所属各机关场所相助,当地教育界人士尤能□处处合作,□□教室□借用各中小学□,节余每间每日可供本校上课四小时,□□足够本校教学时间之分配,并利用原有设备不必新制课桌椅以节物力,学生每人可以一千六百元之代价□入各学校伙食□用膳,邑人且赠稻草垫七百条分□本校员生应用。

(《大夏大学校董会议记录》,《校董会等会议记录簿》,第 20—28 页,华东师范大学档案馆藏,档号:81-1-58)

大夏大学迁赤水复课通告

本校董会于三十三年十二月三十日在渝开会决议,学校迁设赤水县城,兹定于二月二十六日在赤水新校址开学,仰全体学生,于开学前到校报到入学手续为要。

副校长 王○○

校 长 欧○○

(《登报通告》,《战时疏散校户,迁移校址,战后复校复课等的会议记录及往来文书》,第 71 页,华东师范大学档案馆藏,档号:81-2-13)

一月

三日　疏散委员会改为迁校委员会，由欧校长主持全部迁校事宜。（《本校迁设赤水大事记》，《大夏周报》，第21卷第1期，1945年4月10日）

四日　下午四时在大夏大学校本部总务处召开第一次迁校委员会议，会议由欧校长主持，议决定于一九四五年二月二十六日春季开学及校具搬迁等事宜。

第一次迁校委员会议记录

时间：三十四年元月四日下午四时

地点：校本部总务处

出席人：欧元怀　苏希轼　吴照恩　陈景琪　顾文藻　梅德昌　邓介如

主席：欧校长

记录：邓介如

报告事项：

主席报告开会之意义及今日应行讨论事项

讨论事项：

一、本校三十四年春季开学日期案

议决：定二月二十六日开学，登载重庆中央大公（各登三日隔日发表）、贵阳大刚（登一日）、中央（登三日）等报广告，以八英寸为限，通知学生于开学期前到赤水新校址报到，至所有各教职员则分别函请之。

二、议大学部所有全部校具应如何处理案

议决：推苏希轼、顾文藻、吴照恩、梅德昌四位估计中学部十二班学生所需用者若干，即行交给利用，其余则变法变卖之。

三、议推举负责办理运输事宜人员案

议决：推顾文藻先生负责办理之。

四、议本校公利互助社存货应如何处理案

议决：全部拍卖推苏希轼、梅德昌、邓介如三位负责办理，由苏希轼先生召集之。

五、议本校花溪校舍之江大学已正式函请退租究应如何处理案

议决：俟中学部校董会成立后再行商讨之。

（《第一次迁校委员会议记录》，《应变委员会记录簿及其他各种记录簿》，第68—72页，华东师范大学档案馆藏，档号：81-1-57）

十一日　贵阳校友在五羊酒家公宴欧校长暨王校董儒堂先生。（《本校迁设赤水大事记》，《大夏周报》，第21卷第1期，1945年4月10日）

十九日　贵阳大夏中学校董会在筑开会，欧校长主持。会议推何纵炎校友为董事长、吴熙恩校友为校长，决定迁设花溪，借用大学部校舍。（《本校迁设赤水大事记》，《大夏周报》，第21卷第1期，1945年4月10日）

二十一日　学校及贵阳十余团体假省党部追悼王故校长。(《本校迁设赤水大事记》,《大夏周报》,第 21 卷第 1 期,1945 年 4 月 10 日)

二十九日　迁赤水一事,教育部准予备案。

　　教育部代电　　　　高字〇四二五九号
　　　　　　　　　　　中华民国卅四年一月二十九日
　　私立大夏大学三十四年一月夏秘字第二二二一号
　　　　呈志该校迁赤水复课准于备案教育部□高印

(《本校选设赤水大事记》,《大夏周报》,第 21 卷第 1 期,1945 年 4 月 10 日)

二月

一日　欧校长卸贵州省教育厅长职,学校前训导长傅启学继任贵州教育厅长。(《本校迁设赤水大事记》,《大夏周报》,第 21 卷第 1 期,1945 年 4 月 10 日)

四日　贵阳校友会借省立民众教育馆开成立大会,欢送欧校长赴渝转赤水主持校务。(《本校迁设赤水大事记》,《大夏周报》,第 21 卷第 1 期,1945 年 4 月 10 日)

九日　教育部对欧元怀继任大学校长一案准予备案。

教育部指令高字〇六三一六号

　　中华民国卅四年二月九日
　　令私立大厦[夏]大学校董会
　　三十三年十二月卅一日呈为本校校长王伯群逝世,推请副校长欧元怀继任校长,所遗副校长职务推请校董王毓祥担任,乞誉核备案由
　　呈志该校长由欧元怀继任一节准予备案。
　　此令
　　　　　　　　　　　　　　　　　　　　　　　　部长朱家祥

(《教育部指令高字零六三一六号》,《大夏周报》,第 21 卷第 1 期,1946 年 3 月 1 日)

十日　学校一辆运送图书仪器车在遵义附近之凉风垭翻车,师生三人受轻伤,全部图书仪器由救济车运送至重庆。(《本校迁设赤水大事记》,《大夏周报》,第 21 卷第 1 期,1945 年 4 月 10 日)

二十日　重庆校友三百余人假中苏文化协会公宴欧校长和王副校长。(《本校迁设赤水大事记》,《大夏周报》,第 21 卷第 1 期,1945 年 4 月 10 日)

本月　大夏大学沪部积极响应助学,与大同大学校友一起办学救助失学儿童。

　　私立培本中学为大夏大学及大同大学校友所办,志在抢救失学,故学费免收仅酌收杂费八百元,而家境困难,尚可申请免缴。并为响应申报助学起见,每级得保送十名,即日起招收初中及小学各级新生,上课时间每日下午四时至七时,星期六及日二时至七时,考期二月十五日,校址设于青岛路新昌路口上青小学内,凡家境清寒学生,皆得报名与考。

(《读者助学消息》,《申报》,1945 年 2 月 8 日,第 3 版)

三月

八日　全部图书仪器及文卷先后由重庆及茅台运抵赤水。(《本校迁设赤水大事记》,《大夏周报》,第 21 卷第 1 期,1945 年 4 月 10 日)

十二日　欧、王两校长抵赤水,学校师生、社会人士数百人前往码头欢迎。(《本校迁设赤水大事记》,《大夏周报》,第 21 卷第 1 期,1945 年 4 月 10 日)

十五日　三十三年度第二学期开学,学生办理缴费手续,十九日开始注册,二十六日正式

上课。截至四月十四日,注册学生四百二十人。(《本校迁设赤水大事记》,《大夏周报》,第 21 卷第 1 期,1945 年 4 月 10 日)

本校三十四年,春季已于三月十五开学,并办理缴费事宜,十九、二十日注册,二十六已正式上课,截至卅日止报到人数已超过四百人,闻尚有大批同学在返校途中。

又讯:二十六日上午七时半,假博中礼堂举行第一次国父纪念周并补行本期始业典礼,到会全体师生四百余人,由欧校长主席,行礼如仪,欧校长训话,演讲"创造理想环境",并报告学校近况,后由王副校长训话,对同学今日之苦读精神甚多嘉勉云。

又讯:据教务负责人宣称注册日期三月底截止。如外埠远地同学如后因故耽搁又预先向学校报告获准者,准于通融办理,但须在四月十四日前到校注册。

(《本校正式复课注册即将截止》,《大夏周报》,第 21 卷第 1 期,1945 年 4 月 10 日)

民国三十四年春季注册截至四月十四日止,统计注册人数共四百二十人,内文学院中文系十九名,外文系四名,史社系四十四名,理学院数理系十一名,化学系十三名,法学院政治系四十六名,经济系一百零一名,法律系三十五名,高学院会计银行系六十名,工商管理系三十七名,外专科会计组二十七名,业务组二十三名。

(《注册人数统计》,《大夏周报》,第 21 卷第 2 期,1945 年 4 月 25 日)

上午十时在学校会议室召开第一次工作会,欧校长主持会议并报告开会意义和房屋问题,张训导长报告学生宿舍概况并建议另开一女生宿舍,随后议决新沦陷区学生膳贷问题等事宜。

第一次工作会报记录

时间:民国三十四年三月十五日上午十时
地点:本校会议室
出席人:欧元怀 王毓祥 顾文藻 梁瓯第 韩钟琦 孙亢曾 张祖尧 曹仲渊 蒉受元
开会如仪
主席:欧校长
记录:邓介如
报告事项
一、主席报告:开会之意义及应行急办之房屋问题
二、张训导长报告学生宿舍概况并建议如房屋可能另觅开一女生宿舍
讨论事项
一、博中房屋须补助二万元应如何处理案
议决:由校方致送法币二万元请由总务长将房屋定妥。
二、关于知识青年从军案因本校由筑播迁迄未报部究应如何处理案
议决:重新组织本校知识青年从军征集委员会并请训导长□委员名单拟由校长斟酌聘请之。
三、关于新沦陷区学生膳贷问题究应如何办理案
议决:先由四年级下学期学生中尽量救济,并须调查其家乡确系沦陷经济来源断绝者。
四、关于因故停止膳贷之学生理应于满期后恢复是否可照旧例办理案
议决:因故停止膳贷之学生满期后应予恢复。
五、在未开课之前各处院应行办理之事超多,为便于商讨起见,拟每日召开工作会报案
议决:定于每日上午九时在会议室会报不另发通知。
六、兼任教员待遇每小时应定为法币若干元案
议决:本校专任教员除每周应教钟点外,如愿意多教钟点,则以其多教之钟点与其应教之钟点比例支薪,但至多不能超过十八小时。

七、借用赤中博中教室上课时间应否订定案

议决：先尽量利用校本部所有之教室，不敷时再向赤中交涉并避免借用博中教室。

（《第一次工作会报记录》，《应变委员会记录簿及其他各种记录簿》，第85—90页，华东师范大学档案馆藏，档号：81-1-57）

国府明令褒扬学校已故理学院院长夏元瑮博士。

本校故理学院长夏元瑮博士系国内科学泰斗，持教各大学三十余年，氏长本校理学院，亦已七载，不幸于去年八月离逝，贵阳、全校师生、莫不悲悼，国民政府以氏献身科学、建树殊多，特准优携恤，明令褒扬，兹明令录后……

（《国府明令褒扬夏故院长元瑮》，《大夏周报》，第21卷第2期，1945年4月25日）

十六日　上午九时在学校会议室召开第二次工作会。欧校长主持会议，梁总务长、韩主任分别就接洽房屋经过作相关报告，通过将赤中第三教室改为女生宿舍等议案。

第二次工作会报记录

时间：三十四年三月十六日上午九时

地点：本校会议室

出席人：欧元怀　王毓祥　葛受元　曹仲渊　顾文藻　韩钟琦　梁瓯第　孙亢曾　张祖尧

主席：欧校长

记录：邓介如

报告事项

一、梁总务长报告接洽房屋之经过

二、韩主任报告接洽赤中房屋作图书馆用之经过

讨论事项

一、议将赤中第三教室改为女生宿舍案

议决：通过。

二、议本校图书馆晚间应否开放案

议决：晚间开放。

三、议二月份米贴代金数目应如何决定案

议决：二月份米贴代金定为国币七千元。

四、议公利互助社应否推定负责人即行筹备开始营业案

议决：公推顾文藻先生负责主持。

五、议数理系学生应否照旧免收学费案

议决：照旧免收学费。

六、议公宴本地士绅应否决定日期案

议决：定于本月十八日（星期日）正午举行公宴。

（《第二次工作会报记录》，《应变委员会记录簿及其他各种记录簿》，第90—93页，华东师范大学档案馆藏，档号：81-1-57）

十七日　上午九时在学校会议室召开第三次工作会。

第三次工作会报记录

时间：民国三十四年三月十七日上午九时

地点：本校会议室

出席人：欧元怀　王毓祥　葛受元　曹仲渊　顾文藻　韩钟琦　梁瓯第　孙亢曾　张祖尧

主席：欧校长

记录：邓介如

报告事项

一、梁总务长报告接洽房屋之经过及女中女小房屋业已开工修理情形

二、王副校长报告各方接洽房屋情形

讨论事项

一、理学院化学系全体学生请求免缴学费案

议决：不准。

二、少数学生请求缓缴学费案

议决：若能请求教授担保可准其缓缴学费但缓缴时间至多不能超过一月。

三、原定之公宴本地士绅日期因时间匆迫筹备不及可否更改案

议决：改在本月二十五日正午举行。

四、议组织大夏大学发展委员会案

议决：通过。

五、议各处长院长系主任每周应教课程时间应否分别决定案

议决：各处长每周教课六小时，院长系主任每周教课九小时，如超过此数者则照以兼任致送薪津但兼任薪津□暑假期内概不致送。

（《第三次工作会报记录》，《应变委员会记录簿及其他各种记录簿》，第93—96页，华东师范大学档案馆藏，档号：81-1-57）

十九日　上午九时在学校会议室召开第四次工作会，欧校长主持会议并报告校舍布置及分配情形，孙教务长报告校本部教室布置概况及向赤中博中借用教室经过，议决该学期上课时间等议案。

第四次工作会报记录

时间：三十四年三月十九日上午九时

地点：本校会议室

出席人：欧元怀　王毓祥　葛受元　曹仲渊　顾文藻　韩钟琦　梁瓯第　孙亢曾　张祖尧

主席：欧校长

记录：邓介如

报告事项：

一、主席报告：校舍布置及分配情形

二、孙教务长报告：校本部教室布置概况及向赤中、博中借用教室经过情形

讨论事项：

一、议本学期上课时间应如何决定案

议决：上午七时升旗七时半上课，下午一时半上课。

二、议教授补助金事，因前总务长移交卷内，诸多查不请者，究应如何处理案

议决：（1）函窦觉苍先生，闻其关于各教授请求者均已报会否，如已报，请□□□寄下，如未报，请告知，以便代办。

　　（2）函教授补助金委员会，告新旧校长接替，学校迁移请求增加补助。

　　（3）所有未用之款替予保留。

三、议贫苦学生请求代觅工作应如何处理案

议决：交训导长量商洽再由校长核定之。

四、议理学院公费生成绩应否审核案

议决：以去年暑假学生成绩呈报教部。

（《第四次工作会报记录》，《应变委员会记录簿及其他各种记录簿》，第96—99页，华东师范大学档案馆藏，档号：81-1-57）

二十日　上午十一时在学校会议室召开第五次工作会，欧校长主持会议并作报告。通过

该学期筹备出一学术刊物及恢复《大夏周报》等议案。

第五次工作会报记录

时间:三十四年三月二十日上午十一时

地点:本校会议室

出席人:欧元怀　王毓祥　葛受元　曹仲渊　顾文藻　韩钟琦　梁瓯第　孙元曾　张祖尧

主席:欧校长

记录:邓介如

报告事项:

一、主席报告:

1. 化学系学生请求免缴学费一半之处理办法

2. 昨派学生接洽印刷大夏周报之经过情形

二、梁总务长报告:

1. 建议在本学期内出版一学术刊物

2. 鼓励学生写作寄重庆各报报告学校风光

讨论事项:

一、议本学期筹备出一学术刊物及恢复大夏周报案

议决:通过。

二、议房屋尚未修理完竣,上课时间可否更改案

议决:改下星期一(本月二十六日)开始上课。

三、议为学校服务之学生待遇如何决定案

议决:每日在校服务四小时者,给予贷金,并免缴学杂费。

(《第五次工作会报记录》,《应变委员会记录簿及其他各种记录簿》,第99—101页,华东师范大学档案馆藏,档号:81-1-57)

二十一日　上午十一时在学校会议室召开第六次工作会,欧校长主持会议并报告图书馆及实验室房屋应行调整情形,梁总务长报告向各方接洽房屋情形。

第六次工作会报记录

时间:三十四年三月二十一日上午十一时

地点:本校会议室

出席人:欧元怀　王毓祥　葛受元　曹仲渊　顾文藻　韩钟琦　梁瓯第　孙元曾　张祖尧

主席:欧校长

记录:邓介如

报告事项:

一、主席报告:图书馆及实验室房屋应行调整情形

二、梁总务长报告:向各方接洽房屋情形

讨论事项:

一、议李景泌所欠之款十万元迄未归还应如何处理案

议决:函李景泌即日归还。

二、议侯公馆房屋可否函请其借给本校应用案

议决:函请借用。

三、议在未上课前学生请求休学者可否退还所缴学杂费案

议决:在未上课前学生请求休学者可退还所缴学杂费。

(《第六次工作会报记录》,《应变委员会记录簿及其他各种记录簿》,第101—103页,华东师范大学档案馆藏,档号:81-1-57)

二十二日　上午十一时在学校会议室召开第七次工作会议。

第七次工作会报记录

时间：三十四年三月二十二日上午十一时

地点：本校会议室

出席人：欧元怀　王毓祥　葛受元　曹仲渊　顾文藻　梁瓯第　孙亢曾　张祖尧

主席：欧校长

记录：邓介如

报告事项

张训导长报告男女宿舍更调情形

讨论事项

一、议下星期一纪念周会因校本部无适当房屋究应借何处礼堂举行案

议决：借博文中学礼堂举行。

二、议上课后可否指派二工人一司号照料教室案

议决：请梁总务长指派之。

三、议万寿宫房租费六千元可否照付案

议决：照付。

四、议拟向盐政局请求补助本校此次迁移费案

议决：通过。

（《第七次工作会报记录》，《应变委员会记录簿及其他各种记录簿》，第103—105页，华东师范大学档案馆藏，档号：81-1-57）

二十三日　上午十一时在学校会议室召开第八次工作会，欧校长主持会议，张训导长报告学生请求贷金情形及向博中接洽学生用膳时间的经过。

第八次工作会报记录

时间：三十四年三月二十三日上午十一时

地点：本校会议室

出席人：欧元怀　王毓祥　葛受元　曹仲渊　顾文藻　梁瓯第　韩钟琦　孙亢曾　张祖尧

主席：欧校长

记录：邓介如

报告事项

张训导长报告学生请求贷金情形及向博中接洽学生用膳时间之经过

讨论事项

一、议本学期每日上课时间是否应行改订案

议决：上午七时升旗，七时二十分起上课，每节课休息时间缩短为五分钟，十一时半午餐，下午一时起上课，五时晚餐。

二、议校本部可否增订报纸案

议决：加订二份。

（《第八次工作会报记录》，《应变委员会记录簿及其他各种记录簿》，第105—107页，华东师范大学档案馆藏，档号：81-1-57）

新任师范专修科主任马镇国[①]抵校，主持该科教务。（《本校迁设赤水大事记》，《大夏周报》，第21卷第1期，1945年4月10日）

二十四日　上午十一时在学校会议室召开第九次工作会，欧校长主持会议，张训导长报告男女宿舍更调情形并建议图书馆借书办法应行规定以便浏览，随后议决图书馆借书办法等

---

① 马镇国：曾担任大夏大学训导委员会委员，总务长。

议案。

第九次工作会报记录

时间：三十四年三月二十四日上午十一时

地点：本校会议室

出席人：欧元怀　王毓祥　葛受元　曹仲渊　顾文藻　梁瓯第　马镇国　孙元曾　张祖尧

主席：欧校长

记录：邓介如

报告事项：

张训导长报告男女宿舍更调情形并建议图书馆借书办法应行规定以便浏览

讨论事项：

一、议图书馆借书办法如何规定案

议决：教授以所担任之课程而定，每一课程可借书五本，余类推；学生借书办法以原规定办理之。

二、议学生请求贷金名单就于何时公布案

议决：四月一日公布。

三、议本校专任教员兼任课程其兼任待遇就于何日开始发给案

议决：一学期以五个月计算致送。

四、议有眷属之教职员可否按其人数之多寡分配住宅案

议决：交梁总务长办理之。

（《第九次工作会报记录》，《应变委员会记录簿及其他各种记录簿》，第107—109页，华东师范大学档案馆藏，档号：81-1-57）

学校师生装置无线电收音机，收听国内外时事新闻，逐日出刊《大夏快讯》，公布于街市中心及校内，打破赤水消息迟滞之困难。（《本校迁设赤水大事记》，《大夏周报》，第21卷第1期，1945年4月10日）

本校因赤水无日报发行，时事消息，最不灵通，学校当局有见及此，特装设收音机，派员负责，每晚收录国内外重要新闻，次日即公布于街市中心区及校内，名曰《大夏快讯》，闻号［快讯］第一号系三月二十四日出版，至今日（三月三十日）已出版至第七号，每日观众极多，颇获好评。

（《本校迁设赤水大事记》，《大夏周报》，第21卷第1期，1945年4月10日）

……第二，是收音的活动：赤水没有报纸，新闻报纸类由贵阳、重庆到达，须一周以上，消息隔滞。大夏自置收音机到赤以后，出版大夏快讯壁报，每日一大张，张贴校内外各处，甚受市民欢迎，罗斯福总统逝世，欧战胜利等消息，快讯社均出临时号外，无形中成为一种良好的社会教育工具。卅四年"六一"校庆，大夏快讯出油印版，各方纷请定购。其后大夏与县府合作，出版大夏快讯日报油印版，由县立民教馆负发行责任，份数激增。八月十日日本无条件投降，大夏快讯于夜间发出紧急号外，我校师生偕全市人民燃炮火炬游行，实为一动人的政治场面。

（欧元怀：《西迁　复员　校庆》，《大夏周报》，第24卷第1期，1947年6月1日）

……特别是学生发行的新闻《快讯》，受赤水广大群众的欢迎。这是一份油印的小报，每逢双日出刊，专刊国内外的最新消息。当时，在赤水只有大夏大学置有一部真空管收音机，可收听各地电台的广播，所以，《快讯》一出，人相争看，即时了解国内外大事和抗战形势。

（张廷勋：《大夏大学内迁记略》，《抗战时期内迁西南的高等院校》，第143页）

二十六　举行迁赤水后第一次纪念周暨春季始业式典礼，出席师生四百余人，欧校长报告学校近况，并作"创造理想环境"的训话，最后由王副校长作题为"发扬苦读精神"的演讲。（《本校迁设赤水大事记》、《创造理想环境》、《发扬苦读精神》，《大夏周报》，第21卷第1期，

1945 年 4 月 10 日)

　　在大夏大学迁到赤水的开学典礼会上,欧元怀校长曾说:从前孟母为了教育孟子择邻而处,不惜三迁其家,而今大夏大学在抗日的紧要关头,也进行了三迁。我们从上海第一次迁校到庐山牯岭,第二次迁校到贵阳,第三次迁校到赤水,历尽艰辛,受尽折磨。我们这次迁校应该是最后的一次。希望同学们孜孜不倦地学习,将来成为国家的栋梁、民族的救星、抗日的英雄、科学的博士,为大夏争气,为民族争光。我们安心在赤水读书吧! 我们不再迁校了。如果是再迁,便是复原上海了。我们选择赤水是顶合理想的。因为有赤水河,可以由水路直达重庆,到重庆又可沿江而下,直放武汉回到上海了。

　　(王光烈:《大夏大学在赤水》,《抗战时期内迁西南的高等院校》,第 157 页)

　　二十七日　下午三时在学校会议室举行第五十次校务会议。欧校长主持会议,并报告校务及经费状况,孙教务长、张训导长、梁总务长分别报告有关事宜,对前一学期毕业生及各院学生成绩、新战区学生救济办法和学生管理等进行了详细讨论,作出相应决定。

第五十次校务会议记录

　　下午三时在本校会议室召开第五十次校务会议。会议由欧校长主持,主席报告学校经费及行政状况,讨论通过上学期应届毕业生应如何办理结束案等议案。

　　时间:民国三十四年三月二十七日(星期二)下午三时

　　地点:本校会议室

　　出席人:欧元怀　葛受元　苏希轼　蔡仲武　韩钟琦　马镇国　张祖尧　高承元　曹仲渊　张伯箴　顾文藻　孙亢曾　梁瓯第

　　主席:欧校长

　　记录:邓介如

　　行礼如仪

　　报告事项

　　一、主席报告:

　　1. 学校经费现状

　　2. 学校行政概况

　　3. 青年节(三月二十九日)休假一日,全体学生应于是日参加赤水各界庆祝青年节大会

　　二、孙教务长报告本学期开班学程数及教授到校上课情形

　　三、张训导长报告学生宿舍分配及申请贷金学生审查情形

　　四、梁总务长报告房舍修缮及设备情形

　　五、顾主任报告注册及请假学生人数

　　六、韩主任报告图书馆目前布置情形

　　讨论事项

　　一、上学期应届毕业生应如何办理结束案

　　查三十三年秋季学期应届毕业生因黔南战事关系未及举行期终考试及加考所有毕业生呈部事项亦未办理,惟查应届毕业生人数仅有十一人,而每人论文及应缴照片至今亦未缴来,拟将去年秋季毕业生与本年春季毕业生同时呈部是否可行请公决案

　　议决:通过,盐专科毕业生仍由学校提前呈部而本科各系毕业生则与本年春季学期毕业生同时呈部。

　　二、上学期期中考试如缺考或已考而成绩不全之学生应如何办理结束案

　　查三十三年秋季学期在期中考试时因警报关系或学程上课未久有期中考试不及举行或已考之学程而教员未将成绩按时送到现学期业已开始凡上学期成绩急待结束曾经工作会报内提出讨论□予以及格分数现多慎重计特提案追认请予公决案

　　议决:交教务委员会商讨结束办法。

三、议选课学生仅一二人者之学程是否开班案

议决:除中文外文数理三系外,其余各系学生选修课不及五人者不开,但必修之课程亦须三人以上始行开班。

四、Reading Course 是否要开案

议决:如有四年级下学期学生必修之课程,而选课人数不及三人者,则由教务处酌开 Reading Course。

五、议本学期是否收容旁听学生案

议决:对请求来本校旁听之学生,则函复其于暑假来校招考新生,如坚决欲来本校旁听者,则允许其旁听国文英文等基本课程,其他专门课程不许旁听,旁听生不收任何费用。

六、议春季学期校历案

议决:通过。

七、议学生蒋文蔚于三十二年因故开除现已来赤呈请复学可否允许案

议决:否准。

(《第五十次校务会议记录》,《校务委员会记录》,第1—7页,华东师范大学档案馆藏,档号:81-1-52)

三十日　下午二时在学校会议室召开第十次工作会,欧校长主持会议并报告学生请求贷金经过,王副校长报告对审核学生贷金的意见。

第十次工作会报记录

时间:三十四年三月三十日下午二时

地点:本校会议室

出席人:欧元怀　王毓祥　梁瓯第　苏希轼　孙允曾　张祖尧

主席:欧校长

记录:邓介如

报告事项:

一、主席报告:学生请求贷金之经过情形

二、王副校长报告:对审核学生贷金之意见

讨论事项:

一、议本学期学生请求贷金者已达六十余人,而学校贷金名额有限究应如何处理案

议决:以学生之经济情形而定,全额定为十名,半额三十名,服务生除给予膳食贷金之全额或半额外并免缴学杂费。

二、议拟加聘徐协农为训导处卫生组主任案

议决:通过。

(《第十次工作会报记录》,《应变委员会记录簿及其他各种记录簿》,第109—111页,华东师范大学档案馆藏,档号:81-1-57)

三十一日　下午二时在学校会议室召开第十一次工作会,欧校长主持会议并报告审查学生贷金的经过,另就学生贷金等事宜进行讨论。

第十一次工作会报记录

时间:三十四年三月三十一日下午二时

地点:本校会议室

出席人:欧元怀　王毓祥　梁瓯第　苏希轼　孙允曾　张祖尧

主席:欧校长

记录:邓介如

报告事项:

主席报告:审查学生贷金之经过情形

讨论事项：

一、议审核请求贷金学生名单案

议决：给予刘莹、卢气淑、谭辐娴、段宁艺、邹爱□、麦宗汉、周昭沅、吴延庆、糜凯、姚隆芳、李来庆、傅健、梅斌等十三名全额贷金，潘德毅、陈琨、黄启安、沈成凉、林凤岗、杨可华、谢德贤、朱汝葆、毛民席、唐裕才、罗□文、周清洁、谭焕东、周钊璋、陈云娟、张宗华、赖孔贤、李尚珍、阚家兴、李骏明、陈友伟、冯如棠、雷泽铭、黄国珍、韦来瑾、陈保圣、何侯贤、钟孟春、乔增桂、钟伟贤、姚俊等三十一名以全额贷金之半数，均自四月一日请照规定数目发给。

二、议请有贷金之学生，是否应一律在校内用膳案

议决：以在校用膳为原则。

三、议定四月份公费及贷金教部尚未发下应如何处理案

议决：电请教育部从速发给。

四、议 Reading Course 待遇应如何规定案

议决：以所开课程部定之钟点数目折半计算。

（《第十一次工作会报记录》，《应变委员会记录簿及其他各种记录簿》，第111—114页，华东师范大学档案馆藏，档号：81-1-57）

收音机装设于礼堂，每日下午六时半开始收音，每晚前往听播音者极为踊跃。

本校收音机于三月卅一日装设于礼堂，每日下午六时半开始收音，供员生自由前往听取新闻，三四周来，每晚前往听播音者极为踊跃，常数保持二百余人。

（《校闻点滴》，《大夏周报》，第21卷第2期，1945年4月25日）

四月

九日　在赤水文庙"七七"抗战阵亡烈士纪念塔前举行升旗典礼和纪念周会。欧校长报告时事"小矶垮台与日本必败"，王副校长作题为"小勇与大勇"的演讲。（《校闻点滴》，《大夏周报》，第21卷第2期，1945年4月25日；王毓祥《小勇与大勇》，《大夏周报》，第21卷第2期，1945年4月25日）

十四日　为便利训导学生，学校特设立训导委员会，管理学生训导事宜。苏希轼为主任委员，张祖尧、张伯箴、马镇国等人为训导委员。是日举行第一次训导会议，通过训导委员会简章。

本校为便于训导学生起见，特设立训导委员会，管理学生训导事宜；主任委员系苏训导长希轼，训导委员为［由］张祖尧、张伯箴、马镇国、颜文□、张瑞钰、屠修德、朱雷、付杰华诸先生担任，第一次训导会议已〈于〉四月十四日举行，各委员均出席参加，通过训导委员会简章，兹摘录如下：

训导委员会简章：

1. 本会定名为大夏大学训导委员会

2. 本会设委员七人至十人主任委员由校长聘任之

3. 本会之职权规定如下：

（1）确定本校训导方针

（2）协助训导处评定学生操行

（3）计划训导上之具体事宜

（4）讨论其他有关事项

4. 本会每月开会一次必要时得临时召之

5. 本简章经校长核准后施行之

又讯：本期导师业经学校聘定教务长孙亢曾及高承元等教授担任，名单已公布，一、二年级生可选任教本已学程之教授为导师，三、四年级生则以本系教授为限。

（《训导委员会成立》，《大夏周报》，第21卷第2期，1945年4月25日）

中文系于是日下午六时在博中广场主办第一次文艺晚会。

中文系主办第一次文艺晚会于本月十四日下午六时半在博中广场举行,到会者有林焕平、梁嘉、陈湛铨三先生,及曹院长仲渊。博中校长亦被邀参加,本校及博中同学共百余人,节目有朗诵散文、诗、讲故事、唱歌、读词等,表演甚为精彩云。

(《训导委员会成立》,《大夏周报》,第 21 卷第 2 期,1945 年 4 月 25 日)

十六日　王副校长赴渝发动募集王故校长纪念基金。教育部聘梁瓯第总务长为边疆教育委员会委员。

王副校长毓祥已于四月十六日离赤赴渝,闻王校长此行任务,系发动筹募王故校长伯群永久纪念基金一千万元事。

(《校闻点滴》,《大夏周报》,第 21 卷第 2 期,1945 年 4 月 25 日)

本校教授兼总务长梁瓯第先生,本学期受教育部聘为该部边疆教育委员会委员,梁氏业已复函应聘。按边疆教育委员会,为中央策划及推进边疆文教之重要机构,委员有凌纯声、张廷休、吴泽霖等均为研究此问题之学者专家,闻教育部将定期召开委员会会议,共商边教之进行云。

(《梁总务长赓聘教部教会委员》,《大夏周报》,第 21 卷第 2 期,1945 年 4 月 25 日)

十七日　理学院因学校本部地方狭小,实验工作无法开始,学校积极派员另觅新址,是日开始搬迁。

校本部因地方较小,理学院实验工作无法开始,学校当局正积极派员进行另觅地址,经多次接洽结果,现已觅定城区警察局原址为院址,理学院全部移迁该处,十七日开始搬迁,据理学院曹仲渊院长称:该新院址宽大,足够理学院学生上课及实验之用,现有仪器保管室、标本陈列室、电机室、化学实验室,物理实验室、生物实验室各一间。

(《理学院乔迁新址》,《大夏周报》,第 21 卷第 2 期,1945 年 4 月 25 日)

十八日　在博中广场举办迁赤水后第一次文艺晚会。是日大夏大学住博中学生为密切与博中学生联系,在博中礼堂举行联欢大会,表演节目颇为精彩。

本校住博文中学之同学为与博中同学取得密切联系起见,特于四月十八日下午假博中大礼堂举行联欢大会,游艺节目多种,表演极为精彩,确达尽欢之目的。

(《校闻点滴》,《大夏周报》,第 21 卷第 2 期,1945 年 4 月 25 日)

大夏大学成立第二十一周年纪念大会定于六月一日在赤水校本部举行,学校于五月十八日下午四时开会商讨筹备庆祝事宜。(《"六一"校庆纪念筹备扩大庆祝》,《大夏周报》,第 21 卷第 3 期,1945 年 5 月 10 日)

二十四日　下午二时五十分在学校本部第十教室召开第五十一次校务会议。会议由欧校长主持,欧校长、孙教务长、苏训导长、梁总务长、韩主任分别就相关问题作报告。议决通过学校院系组织自三十四年度第一学期起应重行调整案、训导委员会简章案等议案。

第五十次校务会议记录

时间:三十四年四月二十四日(星期二)下午二时五十分

地点:第十教室

出席人:欧元怀　葛受元　苏希轼　蔡仲武　韩钟琦　马镇国　张祖尧　高承元　曹仲渊　张伯箴　顾文藻　孙亢曾　梁瓯第　聂绍经　屠修德

主席:欧校长

记录:黄彦起

行礼如仪

报告事项

一、主席报告:

1. 募集王故校长纪念基金情形
2. 学校经费现状
3. 聂绍经、屠修德二先生当选为教师代表出席校务会议
4. 员生宿舍进行情形

二、孙教务长报告：
1. 本期注册截止学生数为四百二十六人及课务情形
2. 六一校庆筹备情形

三、苏训导长报告：
1. 学生选定导师情形
2. 卫生体育设备及学生处理情形

四、梁总务长报告：
1. 理学院各系实验室已动工修建
2. 学生浴室设备情形
3. 教室用具已送□工□制
4. 学生贷金人数统计
5. 本期教授补助金办法

五、韩主任报告：
学生阅览图书人数及借书统计

讨论事项

一、本校院系组织自三十四年度第一学期起应重行调整案

（a）文学院增设教育学系并将原设史社系划分为史地系及社会学系两系，而将社会学系照部章规定已改隶法学院

（b）理学院恢复土木工程系

议决：通过并呈准教育部后施行。

二、议训导委员会简章案

议决：通过（附表）。

训导委员会简章

1. 本会定名为大夏大学训导委员会。
2. 本会设委员七人至十人，主任委员一人，由校长聘任之。
3. 本会之职权规定如次。
   （一）确定本校训导方针。
   （二）协助训导处评定学生操行。
   （三）计划训导上之□革事宜。
   （四）讨论其他有关训导事项。
4. 本会每月开会一次，于必要时得临时召集之。
5. 本简章经校务会议通过后施行之。

三、议元琛奖学金办法案

议决：通过（办法附后）。

四、议定分配中正奖学金办法案

议决：理学院二名华侨一名文法商及盐专科各一名。

五、议定期改订休息时间表案

议决：通过，自四月三十日起实行。

六、议照章应留级来年而所有学分学程均已修完之四年级学生可否准其予提前离校或毕业案

议决：不准。

七、议推举分配教授补助金委员案

议决：推举孙教务长、梁总务长、曹院长、葛院长、金院长、马主任为委员并以孙教务长为召集人。

八、议复刊《大夏学报》案

议决：推王副校长、孙教务长、梁总务长、曹院长、葛院长、张主任伯篪、高主任承元为编辑并指定孙教务长为召集人。

九、议准予参加毕业考试学生名单案

议决：交教务处办理。

十、议推举毕业考试委员案

议决：推举校长、副校长、教务长、各院院长、各系主任及盐专科主任为委员并由校长为主任委员，校外委员暂不聘请并呈部请派员监试或由校□严格监试。

十一、议学生郑□钦□日来校呈请准予注册可否照准案

议决：准予减修六学分注册。

十二、议法学院四年级学生左月波因故退学现呈请复学可否允许案

议决：不准。

（《第五十次校务会议记录》，《校务委员会记录》，第8—15页，华东师范大学档案馆藏，档号：81-1-52）

二十七日　在升旗典礼上，欧校长作"天下一家的教育"的演讲，希望能够贯彻天下一家的教育，顺应时代的潮流，实现大同世界的理想。（《天下一家的教育》，《大夏周报》，第21卷第3期，1945年5月10日）

二十八日　学校拟于后一学期调整院系，呈准教育部门后施行。拟调整的院系是：文学院增设教育学系，将原设历史社会系分为史地系及社会学系，并将社会学系改属法学院，理学院恢复土木工程系。

本校院系组织自三十四年度第一学期起将重行调整，供呈准教育部施行兹探悉新增院系如下：

（一）文学院增设教育学系并将原设史社系分为史地及社会学两系，而将社会学系照部章规定改属法学院。

（二）理学院恢复土木二理系

（《三十四年度将调整院系》，《大夏周报》，第21卷第3期，1945年5月10日）

本月　法学院拟于其时筹办一新型壁报，以讨论民主问题为中心。

本校法学院拟于最近筹办一新型壁报，为适应潮流需要，以讨论民主问题为中心，藉以提高研究兴趣，闻由葛院长绶元主编。

（《院闻一则》，《大夏周报》，第21卷第2期，1945年4月25日）

五月

一日　下午五时校董会在重庆打铜街交通银行二楼开会，孙科董事长主持会议，商讨募集王故校长纪念基金等议案。

本大学在渝校董会为王故校长募集永久纪念基金，于五月一日假交通银行召开校董会，出席者有孙董事长哲生、王校董儒堂、钱校董新之、杜校董月笙、许校董静仁、梁校董均默、周校董寄梅、邓校董鸣嗌、王校董祉伟、何校董纵炎等，通过董事议案如左：

一、由各校董各校友分期积极推动劝募。

二、推举钱新之、杜月笙、邓鸣嗌、欧元怀、何纵炎五校董为王故校长纪念基金保管委员。

三、将花溪大夏大学全部校产拨作伯群中学永久校址之用。

（《校董会在渝开会　为王故校长募集纪念基金》，《大夏周报》，第21卷第4期，1945年6月1日；邓介如：《募集王故校长伯群先生千万纪念基金纪事》，《大夏周报》，第21卷第4期，1945年6月1日）

五日　为提高学术研究水平,学校决定筹办《大夏学报》,专门发表有价值的学术论文。其时已成立学报编辑委员会,聘王毓祥、孙亢曾、梁瓯第、曹仲渊、葛受元、张伯箴、高承元等教授为委员。(《创办大夏学报》,《大夏周报》,第21卷第3期,1945年5月10日)

八日　下午二时在学校本部召开教授补助金分配审查委员会三十四年春季第一次会议,讨论是期福利费应如何分配及申请医药和子女教育补助费应如何审查等议案。

教授补助金分配审查委员会三十四年春季第一次会议

时间:三十四年五月八日下午二时

地点:校本部

出席人:梁瓯第　曹仲渊　葛受元　马镇国　孙亢曾

主席:孙教务长

记录:顾文藻

一、报告事项:

梁总务长报告:四月一日至九月底止,补助金额为九十万元,先措备用金三十万元,四月底措□之十五万元已到,以前之十五万元尚待查询批请,王副校长派员就近查询详细账目。

二、讨论事项

1. 本期福利费应如何分配案(四十五万元)

议决:照上期办法,本期七十五人名额分配,先就寄到之十五万元由在黔校之四十一人分配,余额俟备用金寄到还再行补□。

2. 申请医药及子女教育补助费应如何审查案(医药补助费＄225000,教育补助费＄135000,意外损失＄90000)

议决:关于医药、教育补助费分配再行通告,限本月(五月)廿五日以前收申请书单据送会□案申报照议决案办理□。

(《教授补助金分配审查委员会三十四年春季第一次会议》,《校董会等会议记录簿》,第2—4页,华东师范大学档案馆藏,档号:81-1-58)

十日　该学期应届毕业生一百一十六人,经初次审查,准予参加毕业考试和预试。毕业考试委员会于月初成立,欧元怀等九人为委员。是届毕业同学会已成立。(《毕业考试委员会成立》,《大夏周报》,第21卷第3期,1945年5月10日)

十四日　大夏大学社会研究部拟定赤水社区调查计划。

本校社会研究部过去研究边胞生活及文物,成绩卓著,贡献殊多,屡蒙教育部、内政部嘉奖及补助,本期社会研究部复接教育部汇来补助金三万元,闻该研究部已拟定赤水社区调查计划,不日即开始工作,至于地方文物之搜集、小单元专题研究,均已分别进行,精神至为积极。

(《社会研究部近况》,《大夏周报》,第21卷第3期,1945年5月10日)

十五日　学校为纪念已故理学院院长夏元瑮博士特设置"元瑮奖学金"。

本校为纪念已故理学院院长夏元瑮博士特设元瑮奖学金,兹将办法录后:

元瑮奖学金办法:

(一)奖金来源:本大学为纪念已故理学院院长夏元瑮博士募集国币一十万元设置元瑮奖学金自民国三十四年度第一学期开始办理。

(二)给奖名额:每学期暂定五名。

(三)奖金数额:卅四年度第一学期学费之金额每名暂定五千元。

(四)受奖条件:凡具备左列条者得受本项奖学金。

(1)文理法商各学院学生学业成绩最优者各一名及数理系最优一名。(以上学期学业总平均成绩为标准)

(2)操行成绩在乙等以上者。

（3）体育成绩及格者。

（五）给奖手续：由元琭奖学金基金保管委员会先行调查学生成绩送请校务会议通过核给。

（《纪念夏故院长设置元琭奖学金》，《大夏周报》，第21卷第3期，1945年5月10日）

二十日　为提倡良好娱乐，丰富同学课余生活，发起组织"大夏合唱团"，有学校教职员及同学数十人参加。是日开始练唱，每周活动两次。

学校当局为充实同学课余生活，提倡优良娱乐起见，特组织"大夏合唱团"，有本校教职员及同学数十人参加。该合唱团于二十日起已开始练习流行名歌，如最近在美国轰动一时被评论家认为是音乐上一个惊人发现底《中美之歌》，以及精巧动人之《杜鹃花》等，开始指挥由郭可谦先生担任。

又讯　郭讲师可谦已开始指导，每星期两次集体歌唱，教授最新名曲，如在旧金山会议时每日广播的《联合国歌》、丹麦名曲《我现在要出征》，以及最流行之歌《你这个坏东西》等，同学对音乐已发生浓厚之兴趣云。

（《组织大夏合唱团提倡集体歌咏》，《大夏周报》，第21卷第4期，1945年6月15日）

二十五日　四月下旬，校务会议推教务长，总务长，理、法、商学院院长及师专科主任组成教授补助金管理委员会。是日经教授补助金管理委员会研究，决定将学校教授福利金平均分配，每人六千元。医药补助金及教育补助金须于是日前另行申请。此外，全国学生救济委员会大夏大学管理委员会已正式成立，教务长、训导长、总务长等为委员。（《校闻点滴》，《大夏周报》，第21卷第4期，1945年6月1日）

二十八日　上午举行第一次国语演讲竞赛，获优胜者学校给予奖励。学校另拟六月举行国庆及英文写作比赛。（《校闻点滴》，《大夏周报》，第21卷第4期，1945年6月1日）

二十九日　下午三时半在学校本部召开教授补助金分配审查委员会三十四年春季第二次会议，孙教务长主持会议，讨论申请医药补助费案及申请教员补助费案。

教授补助金分配审查委员会三十四年春季第二次会议

时间：三十四年五月二十九日下午三时半

地点：校本部

出席人：葛受元　梁瓯第　马镇国　孙亢曾

主席：孙教务长

记录：顾文藻

报告事项（略）

讨论事项

1. 申请医药补助费案

议决：照申请数目九六〇〇元审查通过。

2. 申请教员补助费案

议决：制服费剔除，其余就分配额十三万五千元予以分配，不敷之数按申请数分别依照百分比递减之。

（《教授补助金分配审查委员会三十四年春季第二次会议》，《校董会等会议记录簿》，第4—6页，华东师范大学档案馆藏，档号：81-1-58）

三十日　下午四时在学校本部第十教室召开第五十二次校务会议。会议由欧校长主持，校长、副校长、教务长、训导长、总务长分别作报告后，讨论通过学校三十四年度第一学期招生简章案、休学学生复课时必须与已修学程相衔接以符定章案等议案。

第五十二次校务会议记录

时间：三十四年五月三十日（星期三）下午四时

地点：校本部第十教室

出席人：欧元怀　葛受元　王毓祥　孙亢曾　张伯篪　曹仲渊　屠修德　苏希轼　高钟瑚　聂绍经　马镇国　梁瓯第　顾文藻　蔡仲武　陈景琪　张祖尧　高承元　高□□

主席：欧校长

记录：刘健

开会如仪

（甲）报告事项

一、校长报告

1. 本校二十一周年纪念庆祝情形

2. 教职员待遇拟于八月份起提高

3. 杨主席甫先担任本校校董

4. 介绍本校毕业学生情形

二、副校长报告

1. 校董会在渝发动募捐情形

2. 与盐政局商洽盐务专修科经费经过

3. 向救济善后总署援华总会与全国学生救济会商洽救济协款情形

4. 向教育部商洽补助款情形

三、教务长报告

1. 本期应届毕业学生过去成绩已由教务处统计送各院长系主任审查

2. 本学程注册学生各项统计表分别传阅

3. 各院系课务情况

四、训导长报告

1. 学生工作救济金办理情形

2. 学生国语演讲比赛情形

五、总务长报告

1. 下学期教职员与学生宿舍计划

2. 公利互助社办理情形

（乙）讨论事项：

一、议秋季增加学杂费案

议决：学费收米八市斗，按市价折纳法币杂费收五千圆。

二、议为本校三十四年度第一学期招生简章案

议决：修正通过。

三、议休学之学生复课时必须与已修学程相衔接以符定章案

议决：通过。

四、议各院共同必修科必须予第一、二学年内修毕方得升级案

议决：交教务会议商讨。

五、议已修某学程下半所得成绩可否依□作为登记学程上半成绩案

议决：交教务会议商讨。

六、议共同必修或本系必修科未修满或已修而不及格之学生不准毕业案

议决：交教务会议商讨。

七、议应届毕业学生余文彬、李子宜、王俊民、王宝阑、熊耀培请求案

议决：交教务会议商讨。

八、议商学院增设金融贸易系使会计系成为一独立学系案

议决：本案暂搁置。

九、议迅速融通公利互助社资金以利业务进行案

议决：原则通过公布公开招股。

十、议校务会议及教务会议决议案之较有永久性者应予□集油印以资参考案

议决：照办并编印大夏大学手册各处供给材料由校长室□□。

十一、议留级生每学期选修学分应酌量减少案

议决：交教务会议商讨。

《第五十二次校务会议记录》，《校务委员会记录》，第16—22页，华东师范大学档案馆藏，档号：81-1-52）

三十一日　上午举办第六届全国专科以上学生学业竞试，文、法、商各系学生一律参加"三民主义"一科竞试，理学院学生在数、理、化中任选一种参加竞试，每科选五人，于六月二十日前寄教育部。

五月三十一日上午举办第六届全国专科以上学生学业竞试，要点为左：

（1）文法商各系学生应一律参加三民主义一科之竞试。

（2）理学院学生在物理化学数学三科目中任选一科参加竞试。

（3）每科选五本在六月廿日时一律寄呈教育部参加竞试。

（《校闻点滴》，《大夏周报》，第21卷第4期，1945年6月1日）

六月

三日　该届毕业同学举行谢师聚餐会，王副校长等三十余人及毕业同学到会。席间王副校长以"认真服务、不忘研究、百折不挠、刻苦奋斗"勉励诸生，各处、院首长先后致词。

本届毕业同学于六月三日下午七时假本市商会举行谢师聚餐会，到会者有王副校长等三十余人，同学八十余人，由罗昭熙主庆致开会词，次由王副校长训话，大意谓：

（一）服务不忘研究

（二）要有服务精神

（三）百折不挠刻苦奋斗

次由教务处长讲不图侥幸争取胜利两点，再由葛院长讲毕业节始业之意义，曹院长讲服务应有之认识，苏训导长讲有意义的工作，梁总务长讲大夏精神与□业标准，最后由蒋湘浦致誉词作结，同时聚餐欢宴非常热烈。

（《校闻点滴》，《大夏周报》，第21卷第5期，1945年6月25日）

十三日　大夏校友总会原设于贵阳，其时随校迁赤水，六月一日校庆改选理监事，欧、王两校长等九人当选为理事，葛受元等三人当选为监事。是日，校友总会举行理监事联席会议，推欧、王两校长为正、副理事长。（《欧王两校长当选为正副理事长》，《大夏周报》，第21卷第5期，1945年6月25日）

二十六日　下午六时在学校本部第十教室召开第五十二次校务会议。会议由王毓祥副校长主持，王副校长、教务长、训导长、总务长相继作报告，议决下学期开学时间为九月十日等议案。

第五十三次校务会议记录

时间：三十四年六月二十六日（星期二）下午四时

地点：校本部第十教室

出席人：王毓祥　曹仲渊　梁瓯第　葛受元　韩钟琦　高承元　马镇国　高□□　张伯箴　蔡仲武　孙亢曾　陈景琪　屠修德　苏希轼　聂绍经　顾文藻

主席：王副校长

记录：刘健

开会如仪

（甲）报告事项

（一）主席报告

1. 欧校长已辞救济善后总署事,现在筑垣,约于下月初返校
2. 现任全体教职员请于下学年继续供职聘书改日□□
3. 教职员待遇拟于八月份起调整,底薪加三十倍生活津贴增为六千元

(二)教务长报告

1. 毕业考试与期终考试情形
2. 考场请各教授严加监督试卷请及早阅毕送处以便统计
3. 大夏学报七月十日以前集稿请多惠鸿文

(三)训导长报告

1. 举行英语演讲竞赛情形
2. 派代表参加本届全省运动大会情形
3. 核处工作救济金与全国学生救济会补助本校情形

(四)总务长报告

1. 期终拟举行校具校产总清查
2. 租定安宅隔壁房屋为教职员宿舍

(乙)讨论事项

(一)议规定下学年开学注册上课及补课日期案

议决:开学日期定于九月十日,余由教务处拟订。

(二)议审查上学期学生学业成绩照章予以奖惩案

议决:通过。

(三)议规定代拟高中会考一二科不及格学生补考日期及酌缴手续费案

议决:规定七月九日为补考日期每科缴手续费五百圆。

(四)议大夏中学毕业生应否准予直接升入本校肄业案

议决:一律须参加本校在贵阳区入学考试。

(五)议修正学生操行成绩考查办法案

议决:通过。

(六)议修正壁报指导办法案

议决:修正通过。

(七)议改订教职员及学生借书简则案

议决:修正通过。

(八)议安宅教职员宿舍业已租妥拟请组织委员会以便分配房舍案

议决:拟定孙教务长、梁总务长及高主任三人组织委员会负责办理。

(九)议学生欧天璧呈请恢复学籍可否请公决案

议决:准予恢复学籍(全体举手通过)。

(《第五十三次校务会议记录》,《校务委员会记录》,第23—29页,华东师范大学档案馆藏,档号:81-1-52)

本月 应董事长孙科聘请,贵州省政府主席杨森被聘为大夏大学校董。(《杨主席应聘为本校校董》,《大夏周报》,第21卷第5期,1945年6月25日)

七月

一日 《大夏快讯》其时已出版一百期,系毛笔书写,各机关团体多派人于街头抄录、传阅、颇感不便。学校为适应地方阅读需要,自是日出版一百零一期起改为油印,由县民众教育馆发行,每日一版一张,每期印一百八十份。

本校所编行之《大夏快讯》已出版一百六十余期,在一百期以前,为毛笔书写,因各处机关团体,每日

多派人到街道抄录传阅,颇感不便,故为适应地方之需要,特于一百零一期改油印,由赤水民众教育馆发行,每日出版一百八十份,但在七月十六日因无线电收音机之真空管发生故障停刊,直至八月十日修理完善印行复刊,当晚即收到苏联参战及日本无条件投降等消息,第二天(十一)即发号外,此后继续发刊,从未间断,地方人士对于"大夏快讯"殊有先睹为快之概云。

(《大夏快讯增刊》,《大夏周报》,第22卷第1期,1945年10月1日)

……令人激赏的,是他能在山穷水尽中,创造出花明柳暗的境界。记得在贵阳时,大夏设在次南门外的讲武堂,几椽宽敞的院落,添盖一些临时性的附屋,虽然说不上舒适美观,但藏修游息,都各有其所。更巧的是,贴临即是国立贵阳师范学院,钟声相应,弦歌互答,蔚然成为贵阳的文化区了。又记得议迁赤水时,大家担心赤水是贵州省的边县,无法容纳一所大学。可是峰回路转,竟豁然开朗,找到了文昌宫做办公处,借了赤水中学做教室和体育场,又得到了当地政府及父老的协助,租到了许多民房给教职员和学生做住所,一切问题都顺利解决。虽然举目四望,但是青山缭绕,展卷读书,却面对豆油灯一盏,不禁使人忆起前辈"书似青山常乱叠,灯如红豆最相思"一对名联,正是当时景况的逼真写照。又因山县消息闭塞,大夏带来一架无线电收音机成为全县独一无二的传播器。为充分利用此项工具,学校指定专人,于每天收到重庆和其他战区广播后,即摘要印成"大夏快讯"多份,免费分赠当地各机关、团体及学校。虽然是一张八开大毛边纸的油印读物,竟受大众的热爱和欢迎,甚至有愿出高价订阅的。"洛阳纸贵"的景象,谁想到会发生在赤水呢? 大夏在逆境中诞生,更能在困境中创造,这种"自强不息"的精神,怎不令人激赏!

(孙亢曾:《说大夏立校以来的春夏秋冬》,《学府纪闻 私立大夏大学》,第18—19页)

十七日 下午三时在学校本部第十教室召开第五十四次校务会议。会议由王毓祥副校长主持,王副校长、教务长、训导长、总务长分别作报告,议决通过该届毕业生名单等议案。

第五十四次校务会议记录

时间:三十四年七月十七日(星期二)下午三时

地点:校本部第十教室

出席人:王毓祥 葛受元 聂绍经 韩钟瑞 苏希轼 梁瓯第(□□代) 马镇国 曹仲渊 张伯篪 孙亢曾 顾文藻 屠修德 高承元 高钟瑚 蔡仲武

主席:王副校长

记录:刘健

开会如仪:

(甲)报告事项

(一)主席报告

1. 欧校长在黔募捐基金与处理校米问题情形

2. 本人即将赴渝,在欧校长返校前,校务暂由孙教务长与苏训导长共同负责

(二)教务长报告

1. 下学期应开课程请各院长与各科系主任早日列送处以便审办

2. 大夏学报集稿期定在八月二十日,欢迎同仁投稿如期送到以便印付

(三)训导长报告

1. 本学期学生操行成绩业已评定等第

2. 七月份学生贷金业已核处

3. 学救会援款制备之蚊帐已陆续借与学生应用

4. 学生卢气洪因破坏校誉查有实据业已开除学籍

(四)总务长报告

1. 拟即着手修理校具并清查校产

2. 工友训练事宜业已设班进修训练中

3. 安宅教职员宿舍发生纠葛仍在交涉中

（乙）讨论事项

（一）议通过本届毕业生名单案

议决：照教务处所拟名单审查通过。

（二）议审查本期各院科学生成绩分别优劣予以奖惩案

议决：照教务训导两处所拟办法审查通过。

（三）议各院科学生成绩卡片应缮备复本以资指导学生选课案

议决：通过。

（四）议学生杨德森半夜侵入成绩室擅改成绩卡片应如何处理案

议决：开除学籍报部备案。

（五）学生许承学破坏校誉查有实据应如何惩处案

议决：开除学籍报部备案。

（六）学生王宝阄请求特别注册可否请公决案

议决：不准。

（《第五十四次校务会议记录》，《校务委员会记录》，第30—35页，华东师范大学档案馆藏，档号：81-1-52）

二十九日　为协助学校清寒同学，于是日在静安寺组织义卖运动，全部收入悉数拨充清寒学生贷学金。

大夏大学同学，为协助本校清寒同学，特组贷金劝募会，并定七月二十九日，于静安寺路戈登路口重华新村本校，举办义卖运动，内容包括商品部（各种新旧商品）、饮食部、健康部（体格检查、注射防疫针等），全部收入，悉数拨充清寒学生贷学金之用。

（《大夏大学生举办义卖运动》，《申报》，1945年7月23日，第2版）

八月

十日　是年七月中旬起，因收音机发生故障，《大夏快讯》停刊。是日刚将收音机修理完善，即收到日本投降的消息，即夕，全校员生鸣放鞭炮狂欢。

十一日　举行全校大会，庆祝抗战胜利。是晚，举行火炬游行，应地方人士要求，《大夏快讯》增刊。

赤水因地处偏僻，民智阻塞，虽在战时，与外界音讯仍极隔膜，于是该地利用无线电，每日广播新闻，并出版小型报纸——《快讯》两次，市民莫不争听快睹。本来一所大学在学术上作专门研究以外，尚负有改造及推动社会的使命，所以凡有关教育、卫生等种事业，全体师生利用研究的余暇，尽力与地方当局合作，因此当地的士绅与市民，对该大学的迁移北来，莫不表示最大的欢迎，除给予种种方便之外，并协助校舍校具之解决。

大夏大学，现分设文、理、法、商等学院。自教部有取消师范学院单独设立动议后，该大学仍拟恢复添设最有历史最有声誉的教育学院。并闻教部已核准该大学于明年五月间迁返上海梵皇渡原址。现全校师生及毕业校友正以全力准备复校工作。不久，八年寥落之梵皇渡丽娃果旦河畔，将另有一番新气景了。可是绿杨夹通的赤水河畔，也许会感觉到空气沉寂罢。

（黄衣青：《赤水河畔的大夏大学》，《申报》，1945年12月7日，第2版）

二十四日　下午六时，校董会在重庆打铜街交通银行二楼开会，孙董事长主持会议。会议决定，学校将迁回上海，秋季仍在赤水开学，并电慰大夏大学沪校师生。

大夏大学校董第卅次会议

时间：三十四年八月廿四日下午六时

地点：重庆打铜街交通银行二楼

出席者:孙科　欧元怀　刘□□　何纵炎　梁寒操　王毓祥

主席:孙董事长

记录:孙亢曾

一、报告事项

1. 欧校长报告王故校长纪念基金募集情形(见附件)

2. 王副校长报告本校经济状况

3. 欧校长报告秋季提高教职员待遇情形

4. 欧校长报告秋季各院系新聘教授情形及暑期招生状况

二、讨论事项

1. 议本校迁回上海原址秋季仍在赤水开学案

议决:通过。

2. 议本校复员计划案

a. 电慰沪校员生并派鲁继增、吴浩然、邰家□三教授就近接收校址

议决:照原电通过。

b. 电上海市政府协助本校接收校址

议决:照原电通过。

c. 呈报教育部并请拨给迁校补助经费及接洽交通机关给予运输便利

议决:照案通过。

d. 组织复员委员会

议决:由校长提出五人请董事长核定。

e. 派员赴沪接洽校务

议决:照派人员临时酌定。

3. 总体募集纪念基金案

a. □收已捐款项

议决:照依。

b. 贵阳赤水分别募集案

议决:照募。

c. □□□□募捐

议决:□□□□

(《大夏大学校董第卅次会议》,《校董会等会议记录簿》,第33—36页,华东师范大学档案馆藏,档号:81-1-58)

九月

十日　秋季开学,新旧学生办理缴费手续,十三日开始注册,十七日正式上课,并对新生进行入学训练,该学期注册学生四百一十一人。

本校三十四年度秋季学期,业于九月十日开学并办理新旧生缴费入舍手续,十三日至十五日注册,十七日上课,并开始新生入学训练,一切均按定期进行。

新生训练日程表(每日下午三至五时)

月 日	周别	导师姓名	训练科目	备注
九月廿六日	三	孙教务长亢曾	大夏之立校精神	
九月廿七日	四	苏训导长希轼	大夏之训导	
九月廿八日	五	马总务长镇国	大夏之总务	
九月廿九日	六	顾主任文藻	大夏之教务规程	
十月一日	一	韩主任钟琦	大夏之图书馆规程	

十月二日	二	黄院长淬伯	大夏过去之文学院	自本日起每星期
	二	葛院长受元	大夏过去之法学院	二按时训练
	二	张院长祖尧	大夏过去之商学院	
	二	陈主任景琪	大夏过去之化学系	
	二	蔡主任仲武	大夏过去之数理系	

（《开学注册上课按期进行》，《大夏周报》，第 22 卷第 1 期，1945 年 10 月 1 日）

十七日　学校举行秋季始业式，欧校长主持并讲话，希望师生珍惜抗战胜利的大好时机，奋发努力，给赤水留下好印象。会上，请贵州老教育家周铭久作题为"贵州教育发展概况"的演讲，会后，欧校长赴渝出席教育复员善后会议。

本校秋季学期始业式于九月十七日上午八时二十分在本校图书馆举行，到教职员学生共五百余人，由欧校长主席行礼如仪，致开会词后，即敦请本省耆宿周铭久先生演讲"贵州教育发展概况"，内容丰富、言词清晰，听者动容，至十时唱校歌宣读青年守则散会。

（《秋季始业式在图书馆举行》，《大夏周报》，第 22 卷第 1 期，1945 年 10 月 1 日）

欧校长近奉教育部令出席教育部召集之教育复员会议，□□于九月十七日主持秋季业式后，即来船赴合江□□是项会议，□九月二十日开幕，为期约一周，各公社及大学校长及□省教育厅长均奉命出席云。

（《欧校长赴渝参加教育部召集教育复原会议》，《大夏周报》，第 22 卷第 1 期，1945 年 10 月 1 日）

十九日　前一年寒假，盐务专修科毕业生二十一人由盐政局分派在云南、贵州两省工作。是年暑假，盐专科毕业生二十九人由盐政局派往广西、湖南、苏北、苏南、河北等省工作。去江苏、河北工作的同学，于是日乘船东下。

本校盐专科毕业同学，均由财部盐政局分派工作。去年寒假同学毕业共二十一人。分派滇区者十六人，分派黔区者五人，据同学来信，滇区十六人中除在管理局各科室工作者六人，其余十人分在滇中、□西南盐务及昆明、昭通、蒙自、保山各分局工作，黔区五同学则分在鸭溪、□□、威宁、织金、水城、□□站任盐专员。

本年暑假毕业的同学二十九人派往盐政局会计处工作者二人，其余桂区十四人、湘区三人、苏南区二人、苏北区二人、河北区六人。据各地同学来信，桂区十四人中，在管理局工作者四人，其余梧州办事处四人，南宁分局四人，桂林分局一人，尚有一人未报到。湘区三人中已到达管理局所在地"所里"者二人。一人因病暂留重庆，预料不久亦可前往，派往苏北苏南河北等□□区工作同学已于九月十九日及三十日分批搭轮东下云。

又盐专科讲师由铭贤先生，调往河北盐管局任人事室主任，亦于三十日与河北区同学同轮前往。

（《盐专近讯》，《大夏周报》，第 22 卷第 1 期，1945 年 10 月 1 日）

二十四日　该学期升旗典礼及精神讲话于是日开始举行，由训导长主持，分请各教授作精神讲话。在该学期第一次纪念周会上，孙亢曾教务长作题为"我假如再做大学学生"的演讲。（《我假如再做大学学生》，《大夏周报》，第 22 卷第 1 期，1945 年 10 月 1 日）

本校每日早晨举行升旗典礼，并做十五分钟之精神讲话，本学期开学一周后，一切均上轨道，新旧同学亦均到齐，训导处规定，于九月廿四日即开始举行，并由训导处长苏希斌亲自主持，分请各教授做精神讲话云。

（《举行升旗典礼》，《大夏周报》，第 22 卷第 2 期，1945 年 10 月 20 日）

二十五日　下午三时在会议室召开教授补助金分配审查委员会第三次会议，孙教务长主持会议并报告该期已申请教育补助费及医药补助与福利金等事宜。

教授补助金分配审查委员会第三次会议

时间：三十四年九月二十五日下午三时

地点：会议室

出席人：葛受元　张祖尧　马镇国　孙亢曾

主席：孙教务长

记录：马镇国

报告事项：

本期已申请教育补助费及医药补助与福利金均已照核定数□清

讨论事项：

一、审查医药补助费余额之申请人所附单据案（余额＄1027000）

议决：照表列数＄101144汇报①。

剔除自己负担三百元

医药补助：

陈景琪先生	请补助额	18900.00
李贤瑗先生	请补助额	36300.00
曾纪慰先生	请补助额	18700.00
张瑞钰先生	请补助额	19500.00
高承元先生	请补助额	5000.00
高承元先生	请补助额	101144

101144②

二、审查教育补助费案

议决：本期已无余额，申请书留待下期审查。

三、审查意外损失补助费案

议决：查黄讲师彦起请求补助十五万元因分配额仅有九万元，照九万元列报并由□校附具证明书。

四、下期请求补助金教授讲师名册如何选报案

议决：参照旧名册及本期新聘讲师教授名册选报。

（《教授补助金分配审查委员会第三次会议》，《校董会等会议记录簿》，第6—11页，华东师范大学档案馆藏，档号：81-1-58）

十月

一日　前一学期学业成绩优秀、名列各系第一名的学生武佛衡等十一人，校方准予免缴此学期学费，以资鼓励。

三十四年春季学期每系学生成绩最优列第一名者准予本学期免缴学费以资鼓励，兹探总名单如左：

姓名	院系	总年均分
武佛衡	理学院化学系	八七·六
朱汝葆	法学院政治系	八七·二
周剑璋	法学院经济系	八五·一
李迈英	商学院会计银行系	八四·八
李玉华	文学院外文系	八三·四
林建熊	文学院史社系	八二·九
黄麟佑	文学院中文系	八二·八
王水生	商学院工商管理系	八二·二

---

① 其下各项数字总和，与此处所列不符，疑有误。

② 疑为衍误。

乔增桂	法学院法律系	八一·〇
汪有徽	理学院数理系	七九·七
程希沄	盐专业务组	七九·四

（《武佛衡等获免学费》,《大夏周报》,第 22 卷第 1 期,1945 年 10 月 1 日）

三日　大夏大学上海校友会组织复兴母校委员会。

王副校长于十月三日飞京转沪,策划本校复员事宜,上海校友发起茶话会,在八仙桥青年会欢迎王副校长,对后方苦撑八年师友调致慰问热诚,王付校长即席训话,报告本校在黔情形并阐述此次来沪目的,当时全场校友五百余人莫不深受感动,即席组织复兴母校委员会,并推赵一韦、罗怀福、严从龙、傅晓峰、陈汝忠等为委员,正近筹划□□□□□□□工作云。

（《上海校友组织复兴母校委员会》,《大夏周报》,第 22 卷第 3 期,1945 年 11 月 10 日）

八日　纪念周会请吴澄华博士来校作"从历史看建国"的演讲。另外,吴澄华博士还应经济史社二系之请,作题为"社会经济基础与社会历史范畴"的演讲。（《从历史看建国》、《吴澄华教授学术演讲》,《大夏周报》,第 22 卷第 2 期,1945 年 10 月 20 日）

下午六时,学生自治会举行代表大会,改选自治会干事,选举结果:蒋境等十七人为干事。

学生自治会于十月八日前依照定章每十人选举一人为该系代表,业经选出,当于八日午后六时,假校系部第三教室改选干事,结果当选人计有:蒋镜、傅健、张一鸣、敦永汉、陈科元、梁季尧、乔增桂、杨宝棠、罗平儒、袁必雄、阳远琨、张天佑、张铭钧、孙自盛、孙家驹、李尚珍、周松琪等十七人为干事;邓芳德、彭治平、舒腾贵等三人为后补干事。并于十月十四日下午,在校本部举行第一次干事会议,分配职务,结果:常务袁必雄、蒋镜、郭永汉;学务部总干事乔增桂,游艺股阳远琨,研究股乔增桂,学术股孙家驹,服务部总干事周松琪,社会服务股杨宝棠,福利股陈科元,民教股周松琪;健康部总干事张一鸣,卫生股罗平儒,体育股张一鸣;风纪部总干事李尚珍,日常生活股李尚珍,内务股梁季尧;总务部总干事傅健,事务傅健,出纳张铭钧,会计孙自盛,文书张天佑。该等会改选后□□,正积极展开工作云。

（《学生自治会动态》,《大夏周报》,第 22 卷第 2 期,1945 年 10 月 20 日）

十四日　社会研究部随学校迁赤水后,于五月中旬拟定了赤水社教区调查计划,该学期开学后,即在赤水县文华乡开展社会调查,其时正汇集整理各种调查材料,并拟出版专刊。

本校社会研究部自去岁随校迁来赤水后,一切初创,以致工作未能伸展,本学期由何其拔教授主持,在极度困难之下,力求工作开展,现已完成赤水县文华乡区社会调查初步工作,各种调查材料正汇集整理中,并拟于最近出版专刊云。

（《社会研究部展开工作》,《大夏周报》,第 22 卷第 2 期,1945 年 10 月 20 日）

十五日　纪念周会上,欧校长报告重庆教育复员会议情况及学校复员问题,指出抗战胜利后,政府有将学校留在后方之意,他于是次会议期间力陈返上海校址之必要,才承面允。复员经费浩大,约需一亿元,各校董均表示将竭力多方筹措。

欧校长出席教育部召开全国教育善后复员会议,于十三日返校,本月十六日星期一上午七时三十分在图书馆举行国父纪念周会,行礼如仪后即席报告重要校务,并以此次全国教育善后复员会议,政府有待本校留任后方计划施任晋调教育朱部长,陈述本校乡处赤水办理困难,有迁返上海原校址之必要,当承面允,并访有关机关,请求本校复员时予以援助及便利,惟复员经费浩大,本人当与各校董竭力多方筹措,俾学校得以顺利迁回上海,王副校长已于本月三日由渝飞京转沪,洽商接收上海校舍事宜,据来函报告上海校舍虽有一部焰于炮火,然存者尚有群贤堂、群力斋、图书馆、教职员宿舍及中学部课堂二处尚属完整,加以敌人在校场内建有华中矿业研究所房屋二座,现亦由本校接收,将来迁返上海与沪部合而为一,足可敷用,但英荷侨民尚有五百七十人,原被敌人拘禁于本校,正在候船中,明年春间本校既已决定迁回上海,深盼同人[仁]及学生在心理上先做准备,上海在敌人破坏之余,断不能如战前一般理想,现计本学期结束尚有二月余,并以一寸光阴一寸金勉励同学努力学习,本诵青年导则散会云。

（《欧校长由渝返校主持国父纪念周报告校务》,《大夏周报》,第 22 卷第 2 期,1945 年 10 月 20 日）

二十日　校友陈立言是政治系毕业生,爱护母校,其时为纪念王故校长及母校迁沪建筑之用,慨捐百万元巨款。

校友陈立言君为政治系毕业高材生,爱护母校,素具热忱,近为纪念王故校长伯群及母校迁沪建筑之用,特慨捐一百万元之巨款,闻陈君目前因公赴沪,得见鲁继曾、吴浩然诸先生,谈及沪校于抗战期中,刻苦撑持景况,以无援孤军,处困难逆境,八载奋斗,不屈不挠,实为民族宣万世正气,为学校留千载光荣!陈君返筑后,每遇校庆,聚谈及此,莫不欣慰万分,并闻陈君有意深造,拟于明春赴美留学云。

(《校友陈立言慨捐巨款》,《大夏周报》,第22卷第2期,1945年10月20日)

二十二日　纪念周会上,欧元怀校长作题为"和平建国的任务"的讲演。(《和平建国的任务》,《大夏周报》,第22卷第3期,1945年11月10日)

二十七日　上海大夏毕业同学会致电赤水大夏毕业同学会,对母校师友备尝艰辛、百折不回的精神表示敬意,盼母校早日复员,并说明正在筹备恢复大夏毕业同学会和为母校复兴而进行的工作。赤水大夏留校服务同学会立即回电,说明因交通工具困难,春季仍在赤水续办一学期,五月初可望东下聚首,对鲁教务长、吴总务长、邵院长及诸校友在敌伪威胁之下不为利诱、茹苦含辛造就人才表示敬佩。

王副校长于十月初飞京转沪,策划接收上海中山路校址事宜,上海毕业同学会,特于十月十二日假座青年会举行欢迎大会,到会者达四百余人,情况至为热烈,当场即组织复兴母校委员会发动万万基金运动日并来鸿向赤水母校全体师生致敬,赤水留校服务同学会亦以致诚之敬意,飞鸿致答。兹将两地校友来去飞鸿全文分载于后:

上海大夏大学毕业同学会代电

贵州赤水大夏大学同学会公鉴,□启者日前王副校长莅沪,本校毕业同学特于十月十二日假座青年会举行欢迎大会,沪地师生自鲁教务长、吴总务长以次热烈参加者达四百余人,肩摩踵接□无隙席,情况之盛为八年以来所未有,王副校长于掌声雷动中即席备述抗战期间,内地母校之间□跋涉,艰困备尝以及吾同学之坚忍百折不回各情,倾聆之下莫不感泣成声而心马向往,此与我沪校师生之坚苦卓绝、不为[畏]敌伪之感所□利所讲含苦茹辛数载一日之情况,正复相似。值兹胜利以获首府将返复欣忠,吾校董会亦已拟具母校复员计划积极进行,则两地同学聚首一堂、同沐春风为期尚不在远,但复兴母校必期群策群力方收众擎易举之功,沪地毕业同学有鉴于斯,爰于欢迎会礼成后即席推选赵一贵[革]等十九人为筹备委员会筹备恢复在抗战期内业已停顿之原有大夏大学毕业同学会以及进行复兴母校之准备工作,本会同仁自知不敏绵力有限,然而敢于努力以赴者盖以两地一心不收众志成城之功也,兹值王副校长遄返之期复寄无笺略告近况并希随时赐教以逞不远翘首南云蜀胜响慕尚冀早日荣旋共策进行。特此致敬祗颂学安。

上海大夏大学毕业同学会启

赤水大夏大学留校服务毕业同学会代电

上海大夏大学毕业同学会列位学长公鉴,本年十月廿七日代电诵志王副校长月前由沪返赤,召集全校员生报告去沪视察沪校情形暨列位学长爱护母校之热情成立复兴母校等委员会,发起万万基金运动,本会同仁同深感奋,抗战胜利普天同庆,赤水大夏母业已组织复员计划委员会,进行复员工作,本拟明春迁返上海,只以交通工具至感困难,现经决定,春季仍在亦水续办一学期,不放寒假,四月底结束,五月初东下聚首一堂为期匪远,惟前复员复兴双重工作经传万端滇赖一德一心,群策群力,期能恢复母校战前之光荣,以及继续发扬光大,本会同仁服务赤水母校才力绵薄,愧鲜建树深盼不道在远时赐尚针,鲁教务长省三师,吴教务长养吾师,邵院长穆孙师以及列位先生在敌伪威胁之下不为利诱茹苦含辛造才国用至为钦佩,并请致十二万分之敬意,赤水大夏大学留校服务毕业同学会全体同仁叩。

(《两地校友来去飞鸿》,《大夏周报》,第22卷第4期,1945年12月1日)

三十日　下午三时十五分在学校本部第十教室召开第五十五次校务会议。

第五十五次校务会议记录

时间:三十四年十月三十日下午三时十五分

地点:校本部第十教室

出席人:欧元怀 苏希轼 顾文藻 马镇国 张伯箴 张祖尧 韩钟琦 葛受元 蔡仲武 黄淬伯 陈景琪 聂绍经 李贤瑗 吴澄华

主席:欧校长

记录:黄彦起

开会如仪

甲、报告事项

一、校长报告

1. 本校后年春季迁回上海,经面请教育部朱部长允许,并与善后救济总署学生救济金委员会教援补助金管理委员会及美国援华联合会商请对于本校复员予以协助。

2. 王副校长由沪来函报告,上海校舍因英荷侨民五百七十名尚未遣送回国,一时不能迁让,现仍在积极商洽中,群贤堂群力策及中学课教室两座均属完整,新旧教职员宿舍经敌人占住后大加修理充实设备。

二、顾主任报告

1. 大考定于十二月二十四日至二十九日举行

2. 十一月五日至十日为期中考试请各位先生将试题先期密封送至课务组□办

3. 盐专科学生提早毕业考试案请马主任酌定日期

4. 附读生暂行办法

5. 本学期准参加毕业考试学生共二十七人

三、苏训导长报告

1. 新生入学训练分请孙教务长、顾主任、总务长、图书馆馆长等分别讲话

2. 导师各系已公布

3. 学济会□来一百二十万经办

    a. 工作救济金——七十余名

    b. 豆浆——一百九十四名

    c. 浴室

    d. 学生公社

四、马总务长报告

1. 整理学生宿舍

2. 扩充教职员宿舍

3. 因复员在即不拟多事充实设备

4. 办理上学期教授补助金情形

乙、讨论事项

一、议修改学生休息时间案(附时间表)

议决:通过。

二、议核给本期元璟奖学金案

议决:依照办法核给文学院学生李玉华、理学院学生武佛衡、法学院学生朱汝葆、商学院学生李迈英及数理系学生汪有徽每人各发四千八百二十元。

三、议定本学期应届毕业生毕业考试日期案

议决:定于十二月十日起(加试科目)举行三天,盐专科毕业学生毕业考试□程是日开始。

四、议组织本届毕业考试委员会主持毕业考试事宜案

议决:照上学期组织办理并报部备案。

五、议组织本校教职员福利金委员会并推举委员案

议决：由全体教职员选集六人组成。

六、议本校录配新生因故不能按时注册入学应否保留学籍入学资格案

议决：应保留入学资格，办法由教务处拟定。

七、议组织本校复员计划委员会并推举委员案（附组织大纲）

议决：由校务会议推选代表二人改为由全体教员票选四人余照组织大纲通过。

会毕下午五时五分主席宣告散会。

（《第五十五次校务会议记录》，《校务委员会记录》，第36—43页，华东师范大学档案馆藏，档号：81-1-52）

本校奉教育部本年九月四日高字第四三五〇号训令，以准美国联合会捐赠我国大学教职员福利金国币二万万六千五百万元，后由行政院拨发国币三千五百万元，共计三万万元为全国公私立专科以上学校及研究机关教职员福利金之用。拨发本校教职员福利金国币二七四〇〇〇〇元，仿即组织福利金委员会办理福利事宜一案由学校当局业已遵命组织，除欧校长、王副校长依章为当然委员外，其余六人由全体教职员票选苏希轼先生、孙亢曾先生、马镇国先生、聂铭经先生、葛受元先生、张伯篪先生为委员云。

（《教职员福利金委员会组织成立　中央拨发二百七十四万元》，《大夏周报》，第22卷第3期，1945年11月10日）

十一月

十二日　赤水县中等以上学校在大教场举行运动大会，大夏、海燕、赤中、博中、女中、三八等十余团体一千余名男女运动员参加。大会连续举行八天，其中两天是田径比赛，六天是球类比赛，各项比赛多有精彩表演。

国父诞辰这一天，在赤水县的大教场举行了中等以上学校运动大会，这次的运动大会，是由本校提倡领导，自筹备以来，情况至此紧张，大会名誉会长敦请欧校长担任，会长□推周县长担任，十二日那天，风和日暖，天朗气清，会场上充满了活泼、愉快、年青的朝气，据说这是赤水近几年来隆盛事件之一。

运动会的规模很大，从千人操到田径赛，篮球、足球、排球以及板羽球等，可说应有尽有，各项比赛分为公开组、女子组、中级组及初级组，这种规模，称之为"轰轰烈烈的运动大会"，是毫无愧色的。

此次参加单位：计有大夏、海燕、赤中、博中、女中、三八等十余团体，参加男女健儿约千余人，大会连续举行八天，其中两天是田径赛，六天是球类比赛，并参以其他节目多种，各项比赛，经各单位相互竞争，多有精彩表演，博得观众掌声不少。

（《赤水县中等以上学校运动大会》，《大夏周报》，第22卷第3期，1945年11月10日）

二十三日　下午二时在学校本部第十教室召开第一次复员计划会议。会议由欧校长主持，欧校长、苏训导长、马总务长分别作报告。欧校长报告复员委员会成员及与卢作孚校董洽运事宜谈话。议决该学年不放寒假，一月三日开学。

第一次复员计划会议记录

时间：三十四年十一月二十三日下午二时

地点：校本部第十教室

出席人：欧元怀　马镇国　苏希轼　屠修德　聂绍经　何其俊　韩钟琦　李贤瑗　顾文藻　葛受元　来元义　张瑞钰　黄彦起

主席：欧校长

记录：黄彦起

报告事项

一、欧校长报告

1. 本会委员业已分别聘请孙教务长、苏训导长、马总务长、顾主任、韩馆长、来主任、李主任、张瑞钰先生、黄秘书及教授代表(全体教员票选)葛院长、屠修德先生、聂绍经先生、何其拔先生等担任。

三月廿六日与卢校董作学校洽运输情形谈话摘要如次：

① 派船时间卢先生以五月内政府及各大学复员需要全部船只本校运输最早须在六月末以后。

② 民生公司须遵照教部批定次序运送各员生公物,未便擅将任何学校提前防引起他校反对,惟卢先生□派陈秘书育才与教部一商将本校提前复员。

③ □运优待问题卢先生以照政府规定运费已在民生公司成本之下,碍难另外再优待,且彼担任多校校董,如单独优待一校顾有之便,惟允另以捐款方式补助本校。

④ □一只船□□□轮船到合江接运本校员生公物自□可能,但如单独包船只照教部批定次序租费需□□。

⑤ 卢先生四月内或出国,本校运输事可与业务部洽商。

元怀
三.二十六

2. 孙董事长已由南京飞返重庆,王副校长可望日内来校

3. 王副校长抵沪后即与鲁英诸人相晤,沪校暂时校址设在静安寺路戈登路口,去年起改为三期制每期四个月,抗战胜利后物价日涨,原有预算不敷支出由黔校累加补助,中山路原址校舍被毁颇多,□须加修理,经招工估计须款一千八百万元

4. 沪校盼望黔校早日迁回

5. 向各有关机关请求拨款补助迄无结果,惟美国援华联会先去函美陆总部拨赠本校铁床一千架

6. 上海原校址尚有英美华侨五七〇人未遣送回□一时无法迁让

7. 上海教职员宿舍经敌占用后反大加修理颇为美观

8. 华中矿业研究部留存校场内的仪器药品,翁部□□□可供教学之用者拨赠本校

9. 交通工具至感缺乏,迁返上海颇为困难,由多方面观察似须延至五月方能迁返上海但仍候本月底校务会议时作最后决定

二、苏训导长报告

1. 如定明年四月底迁返上海,则暑期有五个月时间学生或可乘此机会回籍省亲再赴上海可以减少学校负担

三、马总务长报告

1. 如定明年一月迁校船只未有把握留渝花费太重

2. 沪校修理费一千八百万元一时无此经费

讨论事项：

一、议延期迁校春季仍在赤水续办一学期案

议决：通过并提交校务会议决定。

二、议春季学期定于何日开学何日结业案

议决：不放寒假,一月三日开学,七八两日注册,十日上课,四月二十一日结业,并提交校务会议决定。

(《第一次复员计划会议记录》,《应变委员会记录簿及其他各种记录簿》,第20—26页,华东师范大学档案馆藏,档号:81-1-57)

二十五日　寒假毕业生二十七人,盐务专修科毕业生二十一人,举行第二十届寒暑毕业同学师生联谊会,欧校长及各院院长出席。(《本届盐专科毕业生名录》,《大夏周报》,第22卷第3期,1945年11月10日)

二十六日　纪念周会上,欧校长作题为"民主政治基础之形成"的演讲。(《民主政治基础之形成》,《大夏周报》,第22卷第4期,1945年12月1日)

二十七日　下午二时四十五分在学校本部第十教室召开第五十六次校务会议,会议由欧校长主持,欧校长、王副校长分别作报告。会议通过不放寒假、春季仍在赤水开学等议案。

第五十六次校务会议记录

时间:三十四年十一月二十七日下午二时四十五分

地点:校本部第十教室

出席人:欧元怀　王毓祥　葛受元　马镇国　张祖尧　李贤瑗　陈景琪　高承元　韩钟琦　张伯箴　屠修德　黄浲伯　蔡仲武　苏希轼　顾文藻　聂绍经

主席:欧校长

记录:黄彦起

开会如仪

甲、报告事项

一、欧校长报告

1. 函请有关机关对于本校复员予以协助,但现无结果

2. 赤水国家银行先后裁撤重庆各机关汇来之款,须改由贵州银行承汇,经□接洽欠费收汇但无结果,以致尚有款项留渝无法汇来

3. 教职员福利金委员会已票选结果并已将名单公布

4. 复员计划委员会教授代表已票选结果并已公布

5. 赤水县运动会球赛时本校学生韩道南、钱锡垣、白湧涛发生互殴情形已予书面警告

6. 沪校现有学生八百二十七人超出预算二百人收支相抵

二、王副校长报告

1. 上海中山路校舍原址尚住有英意侨民三百余人,据称在圣诞节前可望全部遣送回国

2. 修理校舍及设备经估计须一千八百万元

3. 教职员宿舍被敌占用后大加修饰较前反为壮观

4. 校友李应武君奉派为民生公司上海办事处主任对于本校复员允为设法协助

5. 美国联合援华会允函请美陆军总部拨给本校铁床一千架

乙、讨论事项

一、议本校仍在赤水续办一学期案(复员计划委员会提)

议决:通过。

二、议订定春季开始及结业日期案(复员计划委员会建议不放寒假一月三日起缴费七八两日注册十日起上课四月二十一日结业)

议决:通过。

三、议纪念王故校长逝世一周年案(本年十二月二十日)

议决:推苏训导长、马总务长、孙教务长、韩馆长、□主任等五人负责筹备。

四、议下学期学生缴纳学杂费数目案

议决:照本学期数目纳缴。

五、议在渝筑二地登报开学日期俾使学生了解如期到校上课案

议决:通过。

(《第五十六次校务会议记录》,《校务委员会记录》,第44—48页,华东师范大学档案馆藏,档号:81-1-52)

学校决定发起夏故院长元瑮遗属养育金运动。

前理学院夏故院长元瑮,为海内科学泰斗,在本校连续任职六年之久,不幸积劳成疾于三十三年八月十八日病逝贵阳医学院!夏故院长生前专事学术,甘扎淡泊,逝世后家境备极萧条,其遗族仍留居沪上,生活顿感困难,本校师生追念夏故院长教泽之宏伟,特发起夏故院长遗族育养金运动,除本校师生踊跃捐募,获有成数外,并得大夏万岁剧团响应,公演话剧《北京人》,闻该团全部收入,将充作夏故院长遗

族育养金云。

（《夏故院长元琜遗族育养金运动》,《大夏周报》,第22卷第4期,1945年12月1日）

十二月

一日 上海大夏毕业同学会正式成立,该会为配合母校复员计划,在校友中发起了募集捐款运动,并制定了恢复大夏中学、设立奖学金、出版定期出版刊物等事业计划和推进分组组织、设立俱乐部等会务发展计划。

〔大公社讯〕大夏大学,于八一三抗战时,由沪迁往赤水。国土重光后,沪校部分,业已恢复上课。其在内地部分,亦决于本年冬季迁回上海合并。据确悉,该校迁往赤水部分,于战后即由教育部收归国立。对于目前已开学之沪校,亦将俟合并后,一律改称国立云。

（《本市大学动态》,《申报》,1945年12月1日,第2版）

二日 学校附设盐务专修科,由盐务局委托代办,一九四三年春季开始招收高中毕业生,修业两年毕业。一九四五年春季、秋季和一九四六年一月毕业三届学生共八十一人,由盐政局分派于滇、黔、湘、粤、冀、豫、皖、辽、黑、台等地盐政局会计处服务。是日盐政局派员来校办理结束事宜,该科自此结束。

本校附设盐务专修科,系由财政部盐政局委托代办,于三十二年春季起开始招收高中毕业生,修业两年毕业。计三十四年春季毕业一班二十一人,秋季又毕业一班三十人,三十五年一月毕业一班三十人,均由盐政局分发滇黔湘粤东粤西、河北、山东、河南、淮南、淮北、辽安吉黑台湾等地各盐区及盐政局、会计处服务,现该科起办结束。由盐政局派束该科办事由铭贤、徐瑞农、王锡寿三君,已先后调河北、吉、黑等区服务。科主任马镇国,亦调回盐政局人事处充任科长,不日即将赴任云。

（《盐务专修科动态》,《大夏周报》,第22卷第4期,1945年12月1日）

大夏大学文学院举行院务会议,讨论后一学期开课、选课、论文指导、学术研究等相关事宜。

文学院本月二日上午十时在本校学生公社举行院务座谈会,孙教务长、苏训导长及文学院全体教授俱出席参加,由黄院长淬伯主席,对于下学期开课、选课及毕业论文指导,提高学术研究风气等皆一一讨论,各教授均发言,情况至为热烈,历二小时余方告结束。

（《文学院举行院务座谈会》,《大夏周报》,第22卷第5期,1945年12月25日）

五日 欧校长由渝飞筑接洽要公。

〔大华社重庆航讯〕上海大夏大学自迁赤水后,照常上课。顷悉该校将于本年底结束,在寒假期中,即将迁返沪上,故学校当局刻正规划复校事宜。校长欧元怀氏,现正静待王副校长飞沪调查沪校情形,回渝后,即进行复校。

（《大夏大学　寒假或将返沪》,《申报》,1945年11月30日,第2版）

二十日 学校举行王伯群校长逝世一周年纪念大会。师生及各界赠挽联一百余幅,王副校长、赤水县长及士绅先后致词,孙教务长读祭文,苏训导长献花。一些校友会也分别举行纪念会。二十三日,沪校在群贤堂举行纪念会,为办理王故校长逝世周年纪念,学校成立筹备委员会,发起千万纪念基金捐募运动。（《悼王故校长伯群先生》、《各地校友举行王故校长逝世周年纪念会》,《大夏周报》,第22卷第5期,1945年12月25日）

大夏大学毕业同学会,为王故校长伯群逝世周年纪念,特定明日上午十时,假本市中山路母校举行纪念仪式。惟该校留沪毕业同学,或有尚未向该会登记,因而地址不明,未能一一通知者,亦希于是日准时前往参加。

（《简报》,《申报》,1945年12月22日,第4版）

二十五日 下午二时四十五分在学校本部第九教室召开第五十七次校务会议。会议由王副校长主持,王副校长、孙教务长、苏训导长、马总务长分别作报告。议决通过追认曾充译员学生复学时给予学分暂行办法等议案,并通报欧校长由筑抵渝候机至上海接洽的相关事宜。

第五十七次校务会议记录

时间:三十四年十二月二十五日下午二时四十五分

地点:校本部第九教室

出席人:王毓祥　高承元　苏希轼　葛受元　李贤瑗　孙亢曾　张祖尧　蔡仲武　屠修德　张伯箴　顾文藻　马镇国　陈景琪　聂绍经

主席:王副校长

记录:黄彦起

甲、报告事项

一、王副校长报告

1. 上海毕业同学会来函慰问赤校教职员

2. 欧校长与邵处长接洽□事无良好结果

二、孙教务长报告

1. 本学期举行期终考试一般情形良好

2. 本学期结束后不放寒假春季继续开学请各先生将试卷早日阅毕于一月三日以前送交教务处汇办

三、苏训导长报告

1. 全国学生救济会委员会补助本校各项救济一月起办理结束

2. 夏故院长遗孀抚恤事已发动各系学生分途进行募捐

四、马总务长报告

1. 汇寄收复区家属赡养金办法

2. 教授补助金分配办法

乙、讨论事项

一、追认曾充译员学生复学时给予学分暂行办法案

议决:追认。

二、曾充译员复学学生请求考试军中自修科目应如何办理案

议决:如学校已开班之学程由讲授教师出题,如未开班者由系主任负责考试并由系主任决定考试日期。

三、定期举行升学预试及高中会考不及格学科补考案

议决:元月三四两日。

四、夏故院长元璕博士夫人生活艰窘应如何救济案

议决:发起募捐运动由校务会议出席同仁为发起人。

五、三十五年元旦本校同仁举行团叙案

议决:推王副校长、马总务长、苏训导长、陈主任景琪、张院长祖尧、聂绍经先生、张瑞钰先生负责筹备。

六、议限制教职员担保学生缓缴学杂费案

议决:每人至多担保三人并限二月底交清。

(《第五十七次校务会议记录》,《校务委员会记录》,第49—54页,华东师范大学档案馆藏,档号:81-1-52)

　　欧校长候王副校长返校后,即于十二月一日由赤经渝飞筑,接洽要公。公毕后,廿五日返渝,候机飞沪,筹备本校复原事宜。闻上海中山路校址正与有关当局洽商接收中,沪校鲁教务长亢曾一再函电欧校长速笃飞沪主持云。

(《欧校长赴筑经渝飞沪》,《大夏周报》,第22卷第5期,1945年12月25日)

〔中央社贵阳五日电〕大夏大学本季不放寒假,定一月十五日开课。该校上海校舍,已由副校长王毓祥代表接收竣事,明年五月即由赤水全部迁沪。

(《赤水大夏大学 明年五月迁沪》,《申报》,1945 年 12 月 7 日,第 2 版)

大夏大学王副校长自沪返此,据云沪上大夏原有校舍,除一大部分毁坏外,余仍一如往昔,明年一二月间即拟迁回上海。

(《贵讯》,《申报》,1945 年 12 月 14 日,第 2 版)

本市大夏大学毕业同学会,日前假母校召开第一次常务委员会,赵一苇主席,决定赶速发动复兴母校征募事宜。闻该会曾接赤水母校欧校长元怀来电,将于本月十九日由贵阳飞渝,候机来沪,主持中山路母校复兴事宜。

(《简报》,《申报》,1945 年 12 月 19 日,第 4 版)

大夏大学迁至赤水后,已历第二学期,自教部准备复员,该校原拟在三十五年一月间迁返上海,现因种种关系,经校务会议议决,三十五年春季,仍留赤水,续办一学期。本学期结束后,不放寒假,三十五年一月三日起,即赓续注册,十日上课,五月间实行迁沪。

(《简报》,《申报》,1945 年 12 月 21 日,第 4 版)

一月

一日 黔校教职员举行团叙庆祝元旦,赤水县县长到会。

本年元旦适逢抗战胜利,海宇澄清,举国腾欢,本校同仁特于是日上午九时假校本部大厅举行团叙,到本校同仁及眷属百余人,由王副校长主席,即席报告今年庆祝元旦之意义,继由赤水县周县长、孙教务长相继演说,最后,并有平剧、歌咏、笑话等节目助兴,情绪热烈,直至十一时半余尽欢而散。

（《本校同仁举行团叙》,《大夏周报》,第22卷第6期,1946年1月20日）

八日 欧元怀校长到上海处理学校复员工作,毕业同学会为其举行欢迎大会。会上,欧元怀校长报告了八年来黔校状况以及其后的复员计划。

欧校长于本年一月一日首次返沪,当由毕业同学会于一月八日下午二时假座康乐酒楼举行欢迎大会,出席者除本校全体师长外,毕业同学凡五百余人,由同学会主席赵一苇君报告欢迎意义,并恭请欧校长致训。欧校长对毕业同学倍致奖勉,并详述八年来贵阳总校状况,以及今后之复员计划。欧校长返沪为处理沪校接收等事宜,以亟于返筑,遂于一月二十二日离沪。者番复员,欧校长亲加主持,极为辛劳,返校师生亟盼欧校长早日返沪,毕业同学亦以先睹"大夏母亲"为快也。

（《毕业同学欢迎欧校长》,《大夏大学校庆特刊——二十二周年纪念》,1946年6月1日）

九日 黔校召开校务会议,王毓祥副校长报告欧元怀校长工作近况,教务长孙亢曾报告注册和上课日期。会议讨论教学工作议案多起。

第五十八次校务会议记录

时间:三十五年元月九日下午二时

地点:省立赤水中学楼上办公室

出席:王毓祥　马镇国　□□元　屠修德　陈景琪　孙永尧　葛受元　李贤瑗　聂绍经　蔡仲武　孙亢曾　苏希轼　顾文藻　张伯箴

主席:王副校长

记录:黄彦起

甲、报告事项

一、王副校长报告

欧校长赴筑接洽,来事已承杨主席协助,并已领到七、八、九三个月来款,十二月二十五日返渝,元月一日飞沪,月底可返。

二、孙教务长报告

1. 注册日期定为本月十、十一两日上午八时至十一时,下午一时半至四时半。

2. 元月十四日正式上课。

乙、讨论事项

一、审查三十四年度第一学期应届毕业生名单案

议决:照名单通过。

二、议学生未经大考而成绩报告单上有其成绩应否予以承认案

议决:不予承认。

三、议学生已选习学科而自动放弃该科大考或不遵章退选学程者概以零分计算案

议决:通过。

……

八、议注册截止日期案

议决:元月二十六日截止。

九、议本学期注册罚金自本月十四日开始,第一日罚金二百元,以后按日递增一百元案

议通:通过。

……

十一、议修改奖学章程案

议决:各科成绩及格,在八十分以上,操行在乙等以上,而名列各系第一者给予免缴学费。

(《第五十八次校务会议记录》,《前大夏大学校务委员会记录》,第55—60页,华东师范大学档案馆藏,档号:81-1-52)

十四日 黔校举行春季始业式。

三十五年一月十四日上午八时,本校图书馆举行春季始业式,到王副校长、孙教务长、苏训导长、葛院长、张院长暨全体教授、职员、学生四百余人,由王副校长主席,领导行礼如仪后,即向全体学生训话,并以"敬业乐群"相勖勉,历二小时始礼成散会。

(《春季始业式 王副校长主持》,《大夏周报》,第22卷第6期,1946年1月20日)

沪校决定于后一学期先将文、理、教三学院迁回中山路原址上课,法、商两学院则仍留静安寺路校址。

大夏大学沪校,现已决定于下学期先将文、理、教三学院迁回本市中山路原址上课,并收住宿生。法、商两学院则仍留静安寺路现校址。

(《简讯》,《申报》,1946年1月14日,第4版)

十六日 黔校召开第二次复员计划会议,决议复员分组负责等事宜。

第二次复员计划会议记录

时间:三十五年元月十六日下午三时

地点:校本部第九教室

出席:王毓祥 马镇国 顾文藻 张瑞钰 葛受元 韩钟琦 何其拔 李贤瑗 屠修德 聂绍经 来雷 苏希轼 黄彦起

主席:王副校长

记录:黄彦起

报告事项

韩馆长报告

1. 欧校长在渝已与善后救济总署管理运输负责人接洽,请对本校复员时予以协助,业承口头答应□。

2. 图书仪器搬运拟与李应武同学再事接洽或分批运回上海。

讨论事项

一、议分组负责案

议决:分设下列四组:

1. 总务组:校具、档案、图书、仪器由各单位负责人负责。

2. 调查组:各单位公物由各单位负责人负责,不属于各单位的公物由来主任负责,并推孙教务长及来主任调查教职员眷属人数及行李件数、重量,学生方面由苏训导长负责调查。

3. 装运组。

4. 联络组。

二、议调查统计后呈请教育部致函船舶管理委员会调派船只以利复员案

议决：通过。

三、议聘留渝校友为本会会员案

议决：聘王裕凯、李应武、唐云鸿、李立策、方全镛五校友为会员。

（《第二次复员计划会议记录》，《前大夏大学应变委员会记录簿及其他各种记录簿》，第27—30页，华东师范大学档案馆藏，档号：81-1-57）

王毓祥副校长到重庆处理复员工作并参加国民政府立法院会议。

本校王副校长于本月十六日离校赴渝，参加立法院会议，并乘便与孙董事长商讨本校复员事宜。又图书馆韩馆长钟琦由渝购到大批新书杂志于七日进校。

（《王副校长赴渝　韩馆长由渝购到大批新书杂志》，《大夏周报》，第22卷第6期，1946年1月20日）

二十八日　苏希轼训导长于纪念周会上演讲，题为"反省与力行"。（《反省与力行》，《大夏周报》，第22卷第7期，1946年2月15日）

上海大中学校成立"上海市学生助学联合会"，大夏大学沪校学生也参与其中。

本市市讯：本市之江、东吴、沪江、大夏、圣约翰等二十余校同学，因鉴于下学期学费必将高涨数倍，失学同学达五千人以上，特发起助学金征募运动，参加单位已有六十余校，成立"上海市学生助学联合会"，圣约翰、之江等校当选为正副主席。该会已分函社会局等市政机关，请求协助。

（《本市大中学成立助学联会　函社会局请予协助》，《申报》，1946年1月28日，第5版）

本月　沪校毕业同学欢迎王毓祥副校长返沪，并组织大夏大学毕业同学复兴筹备委员会，协助母校复兴。

本校住[驻]沪毕业同学，于欢迎王副校长莅沪席上，即席举行毕业同学临时大会，推定筹备委员，组织大夏大学毕业同学复兴筹备委员会，负责筹备工作。爰于去年十二月一日假法西路金城银行大夏食堂举行成立大会，出席毕业同学三百余人，由赵一苇同学但任主席，行礼如仪后，即席报告筹备经过情形，及组织校友复兴母校委员会、大夏中学复校委员会，出版"大夏通讯"等经过。继由市党部代表、鲁教务长、吴总务长相继致词。当经一致通过积极协助母校复兴事宜，扩展募捐运动，目标最低为一万万元。末讨论会章及选举结果，赵一苇、王元鑫、黄玉发、吴德谦、计煌、陈汝惠、罗四维、姜思明、周振韶、朱绍曾、顾□仪、徐定戡、傅晓峰、王家庆、毕彬璐、韩鑫、沈丕建、唐景嵩、张裕昆、萧柏年、何综炎、胡世炜、徐则骧、秦树仁、萧清霖等二十五人当选为执行委员，吴腾飞、夏□龙、胡福章、王庆勋、林义生、倪杰昌、程良生等七人当选为候补委员。

（《沪毕业校友积极协助母校复兴工作》，《大夏周报》，第22卷第6期，1946年1月20日）

二月

四日　黔校举行纪念周会，欧元怀校长于一月二十九日从上海返回赤水，是日在周会上报告了沪校办学情况，并将之前在中山路校址拍摄的现存建筑照片放在图书馆展览。

欧校长于去年十二月一日因公赴筑，二十五日返渝，元旦飞上海筹备本校复员事宜，并推动筹募万万基金，组织保管委员会，在沪时曾提出"合作第一，募捐第一，建校第一"口号与全体校友相奋勉，此次在沪募捐成绩至为良好，大有超出原定目的之可能。校长于一月二十九日晚返抵赤水，风尘仆仆，未得休息，校本部各壁报记者即纷纷前往探访，所闻各讯，均极令人欣慰！至二月四日，校长于国父纪念周会中报告沪校诸同仁在抗战期中坚贞奋斗情形，中山路校舍破坏实况，沪校八百学生求学现状以及热烈协助母校复兴之情绪，闻者无不兴奋。

（《欧校长由沪返校　报告沪校情形及建校方针》，《大夏周报》，第22卷第7期，1946年2月15日）

本校筹备复员，人人关切，我于去年十二月五日飞贵阳筹款，承杨主席及在筑校校友热烈协助，进行

顺利，今年元旦又由重庆飞到上海。从二十六年到三十五年，算来相隔十个年头，翌日晨第一次看见中山路的景象——大夏大学，其破坏凄惨的程度，远在我想象外。大学部校舍存在五所，中学部存三所，其单位破坏完全看不见的有十余所之多。在座诸君有在过沪校的，便可知我们原来校舍的宏大，现在群力斋、群英斋、体育馆、实验室、疗养室、厨房、浴室、机器间、水塔、旧礼堂、甲字平房、乙字平房、中学部办公楼及市房等都看不见了，大夏新村所有的住宅，只剩断垣残壁，中山路呈现荒凉景象。那些房屋，包括我们盖的市房十多间，均非战争打坏，而是敌人报复，纵火焚烧，烧了光华，复烧大夏，群贤堂的门扇上，尚有火烧的痕迹，但却烧不掉坚固的群贤堂。大夏新村，三十余房屋大半属教职员的，都不见了。破坏的情形，既然如此之大，现在存余的建筑尚有图书馆、群贤堂（大学部教室），群策斋（大学部男生宿舍）曾被敌人用为英美侨民的拘留营，中学部除办公大楼之外，余均完整，有教室两座，有宿舍、饭厅各一座，敌人曾利用此房子为矿业研究所实验室，还另外盖了一所平房，做实验室及仪器药品储藏室。现在中山路剩余的大、中两部校舍都要用做大学校舍，如有学生八百人住校，一千二百人上课，决不成问题。抗战前大夏和附中有二千学生的规模，是我校全盛的时代，于今我们经过八年的苦斗，回忆创校时的精神，促使我们夙夜匪懈，一本初衷苦干，将来必使本校发扬光大。至于大学部，旧教职员宿舍，一楼一底共一十二所，新教职员宿舍，楼上共四十间，全校校舍如以修理，暂时够用。

英美侨民拘留营留在本校之物，可作一个纪念，计有一千余人烘面包用的大烘炉，厨房、浴室等。过去群策斋为斋房，敌人都把它打成许多大通间，除此之外，敌人中华矿业研究所设备，除经济部接收去大部分外，留下的家具药品仪器亦复不少，可为本校理学院生色。

中山路现在是冷清清的，但市政府有一计划开公共汽车由龙华到北站，经过大夏，又将有无线电车，由新龙华通中山北路经大夏，这样将来的交通，给本校不少方便。

中山路校场上的一草一木，我均参加种植，现在那些树木也很零落，银杏古树亦被炸倒一株，敌人炸倒水塔把铁架劫去，这古树也遭殃了。

我在上海期间，上午到学校办公，下午到各处接洽，鲁、吴、邵三位先生和其他的同仁都很负责，很健康。上海的校友很多，对母校的热忱爱护与帮助实不少。

静安寺路重华新村的本校临时校址，从表面上看去，简直不知是最高学府的所在。在敌人控制下的梅龙镇照常上课，敌人特务人员几次到门口没有上楼，所谓"大隐隐市"，"良贾深藏若虚"。那里没有大夏的大校牌，惟有"粟房"二字，生客一看，真的有些莫名其妙。入大门所经过的路线，又很弯曲，楼梯脚下和走廊摆了木柴炉灶和许多不相干的东西，显得十足难民逃难的情形，有些人家在楼上走道烧饭，挂满小孩或女人的衣服，转弯便是图书馆，教室是插在人家的二楼三楼，只有扶梯墙上可见到大小的红绿布告，那里可以看出各学会的活动。课堂大半是朝南的大房间，单人的课桌椅，在那种零乱的环境，都充满着孜孜为学的精神，我们只能以革命的眼光，才能看出大夏的精神。一群师生，渡[度]过七、八年准难民的生活，弦歌不辍，与恶劣环境奋斗，不屈不挠，正合大夏立校的三苦精神。记得在筹备创办大夏时的办公处，在吴仁里二十四号内，不许走人家的大门，而贴一张条子在大门上"请走后门"，两个马桶摆在后门口，也是讨厌而常见的，这种困苦的情景，比较一下前边竟相辉映。

沪校学生的求学精神，颇为紧张，一早上课到晚，礼拜天也整天上课。沪校教授相当认真，可看下列二事：第一，教授很少缺课，有几次茶会，教授到后，不久便和我握手先走，因赶忙去上课了；第二，毕业生的毕业论文材料甚丰富，学生用功，教授尽责，颇值安慰。

学生有过半数为职业界人员，上学期学生计有八百二三十人，有少数学生，年龄虽然老大，但他们也就最能自强不息。如商学院有一位姓强的同学，他享寿已经四十三岁了，但仍好学不倦，他开有两个工厂，染造阴丹士林布，我问他每日可出多少匹布？他说不过六千四。像他这样年龄的同学，倒还有几位在。

在赤水一个月的经费，可供沪校三个月之用，沪校教授月薪较低，他们任课而不缺者，实在是很难得的，尤其沪校几位负责人和各教授，在沦陷期间任教，那种不挠培育青年的精神，更值得钦佩！

在上海发动募集本校复兴经费，以一万万元为目标，竟然进行顺利，我提出三句口号："合作第一，募捐第一，建校第一"。同学如赵一苇、罗四维、强锡麟、周英才、萧清霖、萧伯年、姜思明、陈汝惠等诸君，协助尤力。现在鲁教务长、吴总务长、邵院长和同学会理监事,以及新成立的校务发展委员会正在多方进行。至组织捐款保管委员会,由十一位师生共同负责。

复员计划:在沪中山路校舍先行修理,文、理、教各院春季将全部迁入,市区校舍不放弃,即在市中心找屋办大夏中学,晚间即用以为法、商学院。

(后略)

(欧元怀讲,唐寒江记:《沪校近况与复员计划——欧校长于二月四日国父纪念周会中报告摘要》,《大夏周报》,第22卷第8期,1946年3月1日)

欧校长此次赴沪筹备复员,曾往中山路校址巡视,并将现存建筑摄成照片十余帧,携带返赤交图书馆展览,该馆于二月四日将是项照片分类陈列于普通阅览室中,本校师生莫不以先观为快。

(《图书馆近讯》,《大夏周报》,第22卷第7期,1946年2月15日)

八日　新聘文学院院长吴澄华[1]到黔校。

新任文学院院长吴澄华博士,已于本月八日抵赤,并于十一日到校视事。

(《校闻简志》,《大夏周报》,第22卷第7期,1946年2月15日)

文学院院长吴澄华博士于二月[2]下午一时在本校学生公社开院务会议,到欧校长、孙教务长、苏训导长及全院教授,由吴院长主席,讨论问题计有:(一)如何提高英文程度;(二)如何养成课外读书空气;(三)毕业论文指导办法;(四)开课选课问题;(五)助教工作问题;(六)图书设备问题;(七)院务改进问题。历两小时散会。

又同日下午七时,吴院长在其寓所召开历史社会系座谈会,到史社系教授苏希轼、何其拔等及同学多人,对于有关系中事项一一讨论,直至九时散会。

(《文学院一日两会议》,《大夏周报》,第22卷第8期,1946年3月1日)

十日　中山路校舍驻军全部撤去,校舍及设备损失巨大,于其时开始赶工修理。(《沪校简讯》,《大夏周报》,第22卷第8期,1946年3月1日)

十一日　黔校纪念周会上,欧元怀校长作演讲,题为"和平统一民主"。

欧校长于二月十一日主持国父纪念周,以"和平统一民主"为题材,讲述大意谓:(一)和平统一民主,系国家民族一致要求。(二)内战不但降低国际地位,且使人民长处水深火热中之痛苦。(三)美国助我和平统一民主之进行,期促富强康乐之中国。(四)政治协商会议之收获,对国家及世界前途影响实不小。(五)停战事与令违,实非政府与人民所愿。(六)实现民主之途径,乃盼领袖和人民□何去促进。(七)大学生对于民主之看法应比常人深刻。(八)读书当政者应起实行民主之模范作用。欧校长言辞富于激发性,后以各项事例穿插极丰,全体员生听讲,心情兴奋感动云。

(《欧校长主持国父纪念周　讲述和平统一民主》,《大夏周报》,第22卷第8期,1946年3月1日)

十五日　图书馆迁回中山路,该馆新近收到捐赠书籍有数卡车之多,其时正在整理编目中。(《沪校简讯》,《大夏周报》,第22卷第8期,1946年3月1日)

十八日　纪念周会上,欧元怀校长作演讲,题为"一个伟人成功的秘诀"。(《大夏周报》,第22卷第9期,1946年4月1日)

二十一日　黔校召开复员计划委员会第三次会议,欧元怀校长报告沪校情况,以及美国

---

[1] 吴澄华,1903年生,厦门市同安人,黄石湖北师范学院教授。1927年上海大夏大学毕业后即赴美留学,获华盛顿大学经济学博士、历史学硕士学位。1935年回国后历任大夏大学、河北女师学院、湖南大学、浙江大学、华西大学、西北大学、广西大学、兰州大学、北师大西北分校、湖南国立师院等大学教授。长期致力于经济理论方面的研究。

[2] 此处缺日期,为史料原貌。

援华会和教育部对学校复员的补助。会议讨论了复员中公物处理、行李和眷属携带、装箱办法等事项,并推举孙亢曾教务长到重庆协助王毓祥副校长接洽复员船只、住所等。

第三次复员计划会议记录

时间:三十五年二月二十一日下午七时

地点:校本部教员休息室

出席:欧元怀 孙亢曾 李贤瑗 张瑞钰 苏希轼 葛受元 屠修德 何其拔 顾文藻 韩钟琦 聂绍经 来雷 黄彦起 吴澄华 陈景琪

主席:欧校长

记录:黄彦起

报告事项

欧校长报告

1. 上海中山路校舍于二月四日为过境军队(二十四军)占住[驻],官兵约二十余人,业由孙董事长发函请钱市长解饬迁让。

2. 上海物价暴涨,沪校教职员待遇拟参照黔校标准发给。

3. 上海校具已订制,厨房正在赶修中。

4. 美国赠送中国旧衣服,沪校已领到六捆,吴总务长亦已保留一部份赠拨黔校教职员。

5. 本年二月二十五日教育部召开迁校会议,已电请王副校长出席。

6. 美国援华会及教育部对于本校复员可望拨款补助。

7. 上海毕业同学会进行复兴母校之募捐运动,因年关关系,□收到捐款二百七十万元。

8. 聘请吴院长澄华、陈主任景琪为本会会员。

讨论事项

一、议不能携带之公物如何处理案

议决:留赠赤水各学校,由本校自行分配。

二、议收音机如何留赠地方及快讯续刊案

议决:留赠赤水县政府二架,省立赤水中学一架。

三、教职员携带眷属及行李如何限制案

议决:眷属方面俟审查调查表后再作决定。行李方面,教职员本人六十公斤,眷属每人三十公斤,书籍在外,交图书馆统筹办理。

四、议员生旅费如何补助案

议决:俟交通工具决定后再行讨论,应届毕业生与在校肆业生同等看待,惟学生不能携带眷属。

五、议派员赴渝接洽船只及员生过渝寓所案

议决:通过。公推孙教务长赴渝襄助副校长办理。

六、清理档案图书可否不必需者另行设法处理案

议决:通过。

七、推举装运联络两组负责人案

议决:档案图书装箱由各单位负责人自行办理,并由来主任召集各单位负责人商讨装箱办法。

八、议本会开会日期及加紧工作案

议决:每星期二下午三时半至五时半。

(《第三次复员计划会议记录》,《前大夏大学应变委员会记录薄及其他各种记录薄》,第31—36页,华东师范大学档案馆藏,档号:81-1-57)

二十二日　黔校召开校务会议,欧元怀校长报告复员准备工作情况,并商讨教学事务多起。

第五十九次校务会议

时间:三十五年二月二十二日下午三时三十分

地点:校本部第十教室

出席:欧元怀　张伯篪　陈景琪　葛受元　孙永尧　李贤瑷　来雷　韩钟琦　聂绍经　屠修德
顾文藻　蔡仲武　苏希轼　孙元曾　吴澄华

主席:欧校长

记录:黄彦起

开会如仪。

甲、报告事项

一、欧校长报告

1. 上海中山路校舍为过境军队占驻,损失重大,现已加工修理。

2. 上海捐款因年关关系,只收到五百余万元。

3. 沪校现已购买一部新卡军(道奇),将来作为校车。

4. 上海物价暴涨,聘请教员不易。

5. 王副校长与李应武同学同访卢校董作孚,接洽船只问题,渠允于六月底或七月初拨船运送本校员生及图书仪器等。

6. 教育部补助本校复员经费,请孙董事长面与朱教育部长接洽,盼能增拨。

7. 王副校长将于三月内飞返南京,本人拟于三月底赴渝接洽船只及筹措复员经费。

二、孙教务长报告

1. 本学期学生人数共三百九十八名,内附读生十人。

2. 本届毕业生七十四人。

三、苏训导长报告

学治会主席将于下星期举行竞选。

乙、讨论事项

一、凡确因战事影响,辍学期间未渝两年而学籍已核准者,可于四月底申请于本年秋赴沪复学案

议决:四月底前向黔校申请,八月底前向沪校申请。

(后略)

(《第五十九次校务会议记录》,《前大夏大学校务委员会记录》,第61—66页,华东师范大学档案馆藏,档号:81-1-52)

二十三日　沪校学生参加上海市学生抗议张莘夫[①]等被害的游行。

〔本市讯〕上海市学生为要求苏军退出东北,反对东北特殊化,特成立护权运动大会。昨日苏联第二十八届红军节,苏总领署正举行酒会招待中外军政首长之际,不意十一时许四千余学生自外滩公园结队呼唱而来,将该领署包围,并高呼慷慨激昂之口号示威……嗣学生代表冯之正站立墙头,当众演说,沉痛□短,听者动容。此时警察局派来警士一队保护苏领署,并由俞副局长叔平亲自劝导学生离去。十一时三刻,大队即向市政府进发,排列门前,要求晋市长,适钱市长另有要公,派新闻发布组主任朱处白代表接见,学生代表当提出二项请求:(一)请市政府转达中央,以强硬态度应付对苏交涉。(二)关于我国工程师张莘夫被害事件,求中央彻查。当经朱主任表示:钱市长适因有要公,不克亲自接见,嘱本人代表,对诸位关心国事一腔热忱,良引为慰,诸位所提请求事项,当报告市长转达中央,诸位冒雨来府请愿,市长嘱本人请诸位转告全体同学,安心回校上课。各代表乃兴辞而退。昨日参加之学校,计有〈圣〉约翰、东吴、之江、辅仁、震旦、大夏、光华、育英、民立等各大、中学共七十六单位,行列之首由巨幅国旗前导,步伐行动均整然有序,并有纠察组乘自由车,往来维持秩序,故自始至终,并未发生任何事端。

(《沪市数千学生昨冒雨游行　曾包围苏领署呼口号示威》,《申报》,1946年2月24日号,第1版)

---

① 张莘夫(1898—1946),原名张春恩,中国地质学家、矿业工程师。1946年1月16日,张莘夫奉命带领七名工程师赴中共占领的抚顺,交涉接收抚顺煤矿事宜,在回沈阳途中,于抚顺以西的李二石寨车站,被一群不明武装人员劫往南山枪杀,随行七人同时遇难。"张莘夫事件"发生前,中国各界对于苏军拆迁工矿设备、把机器作为战利品搬回国已有诸多不满,事件发生后,中国民众对苏军的不满情绪迅速升温,引发中国全国性反苏运动。

〔本报讯〕上海市学生护权运动大会，定今晨十时假座震旦大学举行追悼张苹夫等八烈士大会，本市社会团体届时将各派代表人参加，大会主席团由交大、大夏、同德、光华等十一校代表担任。大会结束后，即整队开始游行。

（《上海学生护权运动会　今日追悼八烈士》，《申报》，1946年2月26日号，第4版）

二十五日　黔校复员计划委员会公物装箱小组召开会议，讨论公物装箱时间和具体事宜，为复员做准备。

复员计划委员会公物装箱小组会议记录

一、日期：三十五年二月二十五日下午六时半

二、地点：校本部教员休息室

三、出席人数：张瑞钰　欧文柔　张坤华　李贤瑗　王宝兰　陈元颖　韩钟琦　黄彦起

四、主席：来雷

五、讨论事项

（一）公物由各部负责人分别装箱案

议决：通过。

（二）开始装箱日期应如何决定案

议决：本学期不用之公物得尽先装箱，其他各物于本学期结束一周内装竣。

（三）装箱所需之材料应从速购买案

议决：1. 所需之木箱由图书馆之书架、阅览桌、教室之课桌等钉成之。2. 洋钉，约需一寸半十斤，二寸十五斤，二寸半三十斤，三寸钉十五斤。3. 铁皮五百条，每条六尺长，供二百五十箱之用。4. 油纸九百张。5. 洋漆五磅，绿色（鲜绿色以易著目为原则）及红色各半。6. 稻草五挑。7. 封条一千张（蓝色字，都勿夹纸）。8. 麻绳一斤。9. 竹竿五枝。10. 废纸。

（四）公物箱不得夹带私物并不得借用案

议决：公箱如有夹带私物，私物变卖充公，如未经复员计划会通过，公箱不得借用。

（五）应添做之木箱数如何估计案

议决：图书馆添造四十个，理学院添做二十个，教务处添做十个，总务处十个，其他各处十个，共计九十个。

（六）木箱之号码如何编定案

议决：分类号码由各处自行编定，总号码候装箱完竣后由来主任另行编定。

（七）木箱内应否存清单案

议决：每箱内所装之公物之清单应备三份，一份用信封装之贴于箱盖下面，一份由各处自行保管，一份汇交总务处保管。

（八）散会

（《复员计划委员会公物装箱小组会议记录》，《前大夏大学校董会记录簿》，第98—102页，华东师范大学档案馆藏，档号：81-1-58）

二十五日　黔校纪念周会上，吴澄华作演讲，题为"从美苏国际关系看世界大局兼论东北问题"。（《国父纪念周汇志》，《大夏周报》，第22卷第9期，1946年4月1日）

二十七日　为维护东北主权，学校师生领导赤水各界游行示威。（陈旭麓①：《内迁十年纪

---

① 陈旭麓（1918—1988），湖南双峰人。1943年毕业于贵阳大夏大学历史社会学系。后任中学文史教员三年。1946年到上海任大夏大学秘书、讲师、副教授，兼圣约翰大学政治课访问教授。1951年任华东师范大学筹备委员，后历任该校历史系副主任、研究生处处长、副教务长等职。专攻中国近现代史，研究范围较广，著有《近代史思辨录》、《辛亥革命》等，主编有《中国近代史丛书》、《盛宣怀档案资料选辑》、《中国近代史词典》、《近代中国八十年》、《五四以来政派及其思想》、《中国革命史教程》等。

事》,《大夏周报》,第 23 卷第 3 期,1946 年 12 月 15 日)

二十八日　沪校迁回中山路校舍,三月开始注册开课。截止到是日,毕业校友会复兴母校捐款已达一千万元。

沪校定二月二十八日迁回中山路校舍,三月一、二两日注册,四日春季开课。

(《沪校简讯》,《大夏周报》,第 22 卷第 8 期,1946 年 3 月 1 日)

鲁教务长、吴总务长均已迁往校内教职员宿舍,以便就近处理校务,督促修缮工程。

(《沪校简讯》,《大夏周报》,第 22 卷第 8 期,1946 年 3 月 1 日)

为便利中山路与市区间交通,新近向救济总署购到交通车二辆,将行驶于静安寺路、重华新村与中山路之间。

(《沪校简讯》,《大夏周报》,第 22 卷第 8 期,1946 年 3 月 1 日)

毕业校友会复兴母校捐款截至二月二十八日已收到一千万元。

(《沪校简讯》,《大夏周报》,第 22 卷第 8 期,1946 年 3 月 1 日)

本月　黔校统计该学期各院系学生人数。

院别	合计人数
文学院	85
理学院	39
法学院	181
商学院	85
附读生	10
总计	398[①]

(《本学期各院系学生人数统计》,《大夏周报》,第 22 卷第 7 期,1946 年 2 月 15 日)

三月

三日　沪校迁往中山路原校舍复校,陈铭恩为文学院院长,张隽青为法学院院长,何仪朝为商学院院长,邵家麟为理学院院长,鲁继曾兼任教育学院院长和教务长。是日召开复校后第一次校务会议,鲁继曾报告学校注册人数、开班学程数和添聘教员情况,吴浩然报告上海各专科以上学校第五次联谊会情况等。会议讨论了多起校务。

大夏大学,于本月初迁往沪西中山路原有校舍复校,沪校部份,新旧学生一千八百余人,已全到齐,本周起正式上课。聘定陈铭恩为文学院长,张隽青为法学院长,何仪朝为商学院长,邵家麟为理学院长,至教育学院长则由教务长鲁继曾兼任。

(《简报》,《申报》,1946 年 3 月 17 日,第 4 版)

沪校复校后第一次校务会议

时间:三十五年三月三日

地点:中山路群贤堂

出席者:鲁继曾　吴浩然　张隽青　邵家麟　陈铭恩　□□□　黄式金　王绍唐　蔡文熙　程俊英　关可贵　陈宏铎　张伟如　何仪朝　韩闻疴

主席:鲁教务长

---

① 此系史料原文。总计数字为 400,此处应为计算错误。

记录：王桐

行礼如仪。

甲、报告事项

一、鲁教务长报告

1. 本学期注册人数截止[至]三月二日止，计文学院 54 人，理学院 103 人，教育学院 28 人，商学院 129 人，法学院 234 人，合共 548 人。

2. 本学期开班学程计 148 门，选修人数尚在统计中。

3. 本学期添聘教授王兴、陈汝惠、沈百英、王善业、孔令谷、陈伯吹、江禄煜、赵一苇、金永光、郑□梁等十人，助教余祖荫、陈子元二人及教职王桐、王冰岚、周克贞、郭明堂、徐家干、陈淞波、徐家琛等七人。

二、吴总务长报告

1. 三月一日上海各专科以上学校第五次联谊会由沪江大学做东，出席者三十余人，同济大学校长等即席报告大学恢复等情形。

2. 总务概况：(1)整理中山路校舍。(2)添置课桌椅等校具。(3)购备校车二辆。

三、张训育长报告(略)

乙、讨论事项

一、议展期上课案

议决：三月六日起正式上课。

二、议本学期预算应如何编制案(略)

三、议本学期应否继续施以导师制案

议决：施行导师制，先从本学期一年级新生入手，以院系为单位。

四、议本学期训导方针案

议决：组织训导委员会，由张训导长、鲁教务长、吴总务长、何院长、邵院长、程主任俊英、王主任绍唐、黄主任式金为委员，由张训导长召集。

五、议上海各专科以上学校联谊会委托本校事件案(略)

六、议本学期如何增加教学效能案

议决：交教务委员会讨论之。

七、议本学期举行纪念周及升旗典礼办法案

议决：交训导委员会讨论之。

八、议应如何充实图书设备案(略)

九、议应如何推举校务会议教授代表案

议决：由各教授互选二人。

十、议应如何增进本校教职员福利案(略)

十一、(缺)

十二、议上学期不及格学程补考日期案

议决：开学后第三周礼拜日。

(《沪校复校后第一次校务会议》，《前大夏大学校务会议记录》，第 53—58 页，华东师范大学档案馆藏，档号：81-1-50)

四日　纪念周会上，葛受元作演讲，题为"从战争本身的几个问题谈到第三次世界大战"。(《国父纪念周汇志》，《大夏周报》，第 22 卷第 9 期，1946 年 4 月 1 日)

五日　黔校召开第四次复员计划委员会会议。欧元怀校长报告随校返沪学生、教职员及眷属的总人数和行李总重量。总务主任来雷报告公物装箱小组会议的各项决议。

第四次复员计划委员会会议记录

时间：三十五年二[①]月五日下午三时三十分

地点：校本部教员休息室

出席：欧元怀　吴澄华　葛受元　顾文藻　黄彦起　屠修德　韩钟琦　来雷　陈景琪　聂绍经　李贤瑗　苏希轼　张瑞钰

主席：欧校长

记录：黄彦起

报告事项

一、欧校长报告

1. 孙教务长已于三日赴渝协同王副校长接洽交通工具。

2. 教育部召开迁校会议，对于私立学校未作具体处理。

3. 下星期二（十二日）例会如无重要事项报告或讨论拟停止一次。

4. 随校返沪学生经调查统计共为三百十六人，行李重量共为一万六千八百四十三市斤。

5. 教职员及眷属随校返沪之人数共为一百四十六人（教职员五十四人在内），行李重量共为一万三千三百六十二市斤。

7. 据学生报告，沪校已迁入中山路原址上课，床桌需学生自备，惟迄未得鲁教务长、吴总务长函报。

二、来主任雷报告

遵照第三次复员计划会议决定，本人召集各部门负责人开公物装箱小组会议，经于二月二十六日[②]下午六时半在教员休息室举行，兹将重要议决案分述于后。

1. 公物由各部门负责人分别装箱。

2. 本学期不用之公物可尽先装箱，其他各物于学期结束后一并再装竣。

（后略）

讨论事项

一、议学生随带行李应如何限制案

议决：每人三十公斤。

二、议四月底五月初交通工具无法解决时应如何处理案

议决：为水路交通（指轮船）工具无法解决，改用铁剥船（土称铁剥子）或进行公路交通工具，统论葛院长赴渝之便代为接洽，并转告与王副校长、教务长。

（《第四次复员计划委员会会议记录》，《前大夏大学应变委员会记录薄及其他各种记录薄》，第37—41页，华东师范大学档案馆藏，档号：81-1-57）

十一日　纪念周会上，张祖尧作演讲，题为"物价与汇价"。（《国父纪念周汇志》，《大夏周报》，第22卷第9期，1946年4月1日）

十二日　欧元怀校长为筹备复员事，须再度赴渝，是日，留校服务之校友为其设宴饯送。（《欧校长因公再度赴渝》，《大夏周报》，第22卷第9期，1946年4月1日）

十三日　经济学会与法律学会联合请吴澄华作学术讲演，题为"政治民主、经济民主及国际民主"。（《吴澄华博士学术演讲》，《大夏周报》，第22卷第9期，1946年4月1日）

十八日　纪念周会上，吴泽作演讲，题为"知识份子是亲善我们自己的时候"。（《国父纪念周汇志》，《大夏周报》，第22卷第9期，1946年4月1日）

二十四日　沪校召开复校后第二次校务会议，鲁继曾报告注册学生共计一千二百三十三

---

① 第四次复员计划会议时间非二月五日，而是三月五日，此处应系记录错误。第三次复员计划会议于二月二十一日举行，第五次复员计划会议于四月二日举行。

② 在复员计划委员会公物装箱小组会议记录中，开会时间为一九四六年二月二十五日。

人,吴浩然报告出席三月二十二日上海各专科以上学校联谊会情况,后讨论多起涉及开展与改进学校各个方面的工作议案。

沪校复校后第二次校务会议

日期:三十五年三月二十四日

地点:中山路群贤堂

出席者:鲁继曾　张隽青　何仪朝　陈铭恩　张伟如　蔡文熙　王绍唐　黄式金　程俊英　关可贵　潘健卿　□□□　张耀翔　邵家麟　吴浩然　韩闻疴

主席:鲁教务长

记录:王桐

行礼如仪。

甲、报告事项

主席报告:

一、校务会议教授代表选举结果,陶桐、潘健卿两先生当选。

二、教部来文催报本学期员生人数。

三、市教育局来函调查本校本学期收费情形。

四、欧校长以沪校复校,特自赤水来函慰勉全体员生,王副校长拟于本月底由渝飞沪来校。

五、经济部经前华中矿业公司化学实验所之一部分仪器药品交与本校接收保管使用,业于三月二十二日点收完竣。

六、最近教职员之更动及上课情形。

七、各学程选修人数统计。

八、注册学生截至三月二十三日止,计文学院七十五人,理工学院二百十九人,教育学院一百零七人,商学院二百八十四人,法学院五百四十五人,扩充部三人,共计一千二百三十三人。

九、本学期改选课、补考及减修学分等情形。

吴总务长报告:

一、上海各专科以上学校联谊会于三月二十二日下午四时假八仙楼年会□□馆举行第六次会议,由本校召集,出席者十九校代表二十五人,各校依次报告本学期概况、学生人数、春假日期等,并议决要案多起,□□如下:

1. 本学期推请交大、大夏、立信三校担任干事,交大为主席,大夏为书记,立信为会计。

……

二、总务进行概况

1. 学生膳食情形。

2. 整理校内道路及河渠。

张训导长报告(略)

理学院邵院长报告(略)

乙、讨论事项

一、议本学期预算案

议决:照原案通过。

二、议本学期停止注册日期案

议决:定三月底终止注册,有特殊情形的学生给予通融理解。

三、议本学期应否放春假案(略)

四、议基本国文基本英文及补习英文试卷阅改办法案(略)

五、议举行纪念周办法案(略)

六、议施行导师制办法案

议决:推请教授三十人担任导师,由教务处开列一年级新生名单,交训导处平均分配。

七、议指导课外比赛办法案(略)

八、议新生指导办法案

议决:四月一日以后由各院长分别召集新生谈话。

九、议添购图书杂志办法案(略)

十、议增进学生健康办法案(略)

十一、议增进教职员福利办法案(略)

十二、议增进教学效率办法案(略)

十三、议研究如何改进院系课程案

议决:根据部颁课程标准加以研究。

十四、议纪念复校办法案(略)

十五、临时提案(略)

《沪校复校后第二次校务会议》,《前大夏大学校务会议记录》,第59—70页,华东师范大学档案馆藏,档号:81-1-50)

四月

二日 黔校召开第五次复员计划会议,孙亢曾教务长报告复员运输接洽工作进度和经费情况,会议建议在重庆成立办事处以处理复员事宜。

第五次复员计划会议记录

时间:三十五年四月二日下午三时三十分

地点:教员休息室

出席:孙亢曾 李贤瑗 苏希轼 聂绍经 张瑞钰 来雷 韩钟琦 顾文藻 屠修德 张坤华
黄彦起 陈景琪

主席:孙教务长

记录:黄彦起

报告事项

一、孙教务长报告

1. 欧校长与卢作孚先生接洽运输情形谈话摘要:

(1)调派船只须至六月半以后。

(2)民生公司须遵照教育部排定秩序运送各校员生公物,未便擅自为任何学校提前,恐怕引起他校反对,惟卢先生先派陈秘书育才与教部商洽本校提前复员。

(3)宗运优待问题,卢作孚先生以照□附款定运费已在民生成本之下,碍难另外再加优待。且彼担任各校校董,如单独优待一校,颇有不便,为[惟]以捐款方法补助本校。

(4)调派一艘百余吨之轮船到合江接运本校员生公物自□可□,但如单独包船,不照教部排定次序,租费需三倍。

(5)卢作孚先生四月内或出国,本校运轮事可与业务部洽办。

2. 与交通部公路总局及川陕公路管理局接洽,于五月初调派车辆运送本校员生取道西北,票价每人六万元,每人只能携带十五公斤内,在陕川候车者超数万人之多。

3. 向教部及美援会请求拨款补助复员费用,虽有希望,但难推测数目若干。

4. 教授补助会管理委员会于三月底前□各校申请数目若干,所余节余再为分配合格申请之人员。

5. 员生到渝住宿问题已商借图书杂志审查委员会。

讨论事项

一、议员生取道西北返沪者先行分别登记案(略)

二、议教职员行李应否由各人自行照料带沪案

议决:推顾主任、张瑞钰先生、来主任、李主任拟定办法提交下次会议讨论。

三、议学生图书可否由学校代运案

议决:每人限为五公斤(必修参考书),由训导处办理。

四、议本校不能携带返沪之校具如何分配赠送案

议决:推孙教务长、苏训导长、来主任拟定办法,提下次会议讨论,最后请示校长核定施行。

五、议在渝成立办事处以便照料过渝员生案

议决:建议校长于四月二十五日前在渝成立办事处。

(《第五次复员计划委员会会议记录》,《前大夏大学应变委员会记录簿及其他各种记录簿》,第42—47页,华东师范大学档案馆藏,档号:81-1-57)

六日 黔校召开校务会议,报告复员计划,并讨论多起复员具体事项。

第六十次校务会议记录

时间:三十五年四月六日下午三时

地点:校本部第十教室

出席:孙亢曾 孙永尧 来雷 聂绍经 屠修德 陈景琪 韩钟琦 李贤瑗 张伯箴 蔡仲武

主席:孙教务长

记录:黄彦起

报告事项

第五次复员计划会议议决案(详〈见〉复员计划会议记录)。

讨论事项

一、不能随校迁沪学生请求就学而学籍未核准者应如何处理案

议决:照教务处拟定临时就学证明书办法通过。

二、已发给转学证书学生因转学未遂应否准予复学案

议决:准作休学论,保留学籍一年,如休学已满两年作为例外。

三、本届毕业生应如何介绍职业再定期举行话别会案

议决:请各教务随时注意机会,并定于十九日上午八时在图书馆举行话别会。

四、学期结束后应如何规定办公时间案

议决:四月底以前照原办公时间办公,五月一日改为上午八时起至十一时止,下午二时起至四时止。

五、聂故院长奖学金应如何发给案(略)

六、拟议员生复员补助费原则案

议决:希望能照国立院校同学待遇。

(《第六十次校务会议记录》,《前大夏大学校务委员会记录》,第67—70页,华东师范大学档案馆藏,档号:81-1-52)

九日 黔校召开第六次复员计划会议,报告取道西北公路返沪的学生和教职员工登记人数约一百九十人,沪校注册入学者有一千三百余人。会议讨论决定了学生的行李托运和复员补助等多起具体事项。

第六次复员计划会议记录

时间:三十五年四月九日下午三时

地点:教员休息室

出席:孙亢曾 来雷 韩钟琦 聂绍经 屠修德 李贤瑗 陈景琪 张瑞钰 顾文藻 苏希轼 张坤华 黄彦起

主席:孙教务长

记录:黄彦起

报告事项

一、苏委员希轼报告

学生取道西北公路返沪登记者已有一百九十人。

二、黄委员彦起报告

教职员取道西北公路返沪者只有二人。

三、孙委员亢曾报告

1. 上海本校已注册入学学生有一千三百人,生活程度正高①。

2. 王副校长现仍在渝,四月中旬再飞京。

讨论事项

一、议员生行李托交学校带运上海如何限制案

议决:照拟定办法通过。

二、议本校不能携带公物校具如何赠与当地有关机关案

议决:照拟定办法通过。

三、议本届毕业生请求拨给复员补助费如何批示案

议决:随校复员准予附搭舟车,与在校学生同,不另拨补助费,并请示校长。

四、议不能随校返沪之学生拟附搭学校复员舟车返乡或转学应如何处理案

议决:与在校肄业学生同样办理。

五、议增设运输组并推定负责人案

议决:通过。并推苏委员希轼为组长,来委员雷为副组长,下设:公物股,股长来雷;仪器股,股长张瑞钰;图书股,股长韩钟琦;行李股苏希轼。

(《第六次复员计划委员会会议记录》,《前大夏大学应变委员会记录簿及其他各种记录簿》,第48—51页,华东师范大学档案馆藏,档号:81-1-57)

十四日　沪校召开复校后第三次校务会议,鲁继曾、张隽青、吴浩然报告校务,后讨论多起议案。

沪校复校后第三次校务会议

日期:三十五年四月十四日

地点:中山路群贤堂会议室

出席者:鲁继曾　张隽青　何仪朝　陈铭恩　黄式金　费宗之　张耀翔(程代)　张伟如　邵家麟　程俊英　吴浩然　关可贵　王绍唐　蔡文熙　韩闻痫

主席:鲁教务长

记录:王桐

开会如仪。

甲、报告事项

一、主席报告

1. 校务会议教授代表陶桐先生因体弱多病,请求改由票次多一些之费宗之先生递补,今天欢迎费先生到会。

2. 教部电催呈报本学期教职员生,现已开始造册。

3. 市教育局来函附表调查本校概况。

4. 本校自本周起每星期一上午十一时举行纪念周,因大礼堂尚待建筑,文、理、教三院学生在群贤堂202教室,法、商二院学生在群贤堂213教室,分别举行,由本人及吴总务长、各院长轮流担任主席。

　　……

8. 新生指导会各院已先后分别举行,详情如下:(1)教育学院于四月六日举行,到学生三十余人。(2)文学院于四月十一日举行。(3)理学院于四月十日举行。(4)商、法两院均于十四日同日举行,商学

---

① 此为史料原文。

院到学生二百余人,法学院到新生亦在半数以上。各院院长及各系主任对新生应行注意事项均有详情之指导。

……

12. 上海专科以上学校联谊会于四月七日正午在银行俱乐部开第七次会议,出席同济大学等二十四校,善救总署上海分署王署长及甄审会王专员均莅会,主席交大裘先生报告为上海各专科以上学校教职员生活清苦,敬请行政院教育部设法救济……

……

二、张训导长报告(略)

三、吴总务长报告(略)

四、图书委员会报告(略)

乙、讨论事项

一、主席交议

1. 议本学期应否加收第二期学杂费用以增加教职员薪水与校工工资案

议决:本案暂时保留。

2. 议利用校场空地办理生产农业以增进教职员福利办法案(略)

3. 议公推六一校庆筹备委员会案(略)

4. 议举办院系篮球排球等比赛办法案(略)

5. 议举办院系国语及英语演讲比赛办法案(略)

6. 议指导学生研究专门问题办法案(略)

……

10. 议确定春假日期案

议决:自四月二十九日起至五月三日止(星期一至星期五)放春假。

11. 议教育学院教育研究会请求拨给房屋设立教育研究室案

议决:通过。惟室内一应设备由该室负责购置,不得挪用学校公物。

(后略)

(《沪校复校后第三次校务会议》,《前大夏大学校务会议记录》,第71—80页,华东师范大学档案馆藏,档号:81-1-50)

十七日　王毓祥副校长由渝飞京转沪。(陈旭麓:《内迁十年纪事》,《大夏周报》,第23卷第3期,1946年12月15日)

二十一日　为尽快复员,黔校各学院课程于是日结束。

本校赤水总校,将于六月间迁沪,王副校长于沪校校务会议中报告总校复员情形如下:总校自今年一月十日上课,至四月二十一日结束,拟于五月迁沪,自五月初起,总校员生将陆续赴渝待发,大约六月间可抵沪。总校对东下之教职员,每人津贴旅费十万元,眷属每人五万元,沿途轮船火车等费亦均由校负担,图书仪器约四十吨,将交民生公司代运云。

(《王副校长报告:总校复员情形》,《大夏大学校庆特刊——二十二周年纪念》,1946年6月1日)

二十三日　黔校召开第七次复员计划会议,孙亢曾教务长报告:1. 六月民生公司将拨船载运学校教职员和学生返沪。2. 学校决定于复员前在赤水立纪念碑,并在校庆日举行纪念碑揭幕典礼。会议讨论了各项复员补助的具体办法。

第七次复员计划会议记录

时间:三十五年四月二十三日下午三时

地点:教员休息室

出席:孙亢曾　张坤华　李贤瑗　苏希轼　来雷　顾文藻　韩钟琦　屠修德　张瑞钰　黄彦起聂绍经

主席：孙教务长

记录：黄彦起

报告事项

一、孙委员亢曾报告

1. 欧、王二校长拟定复员应行注意办法。

2. 复员补助费在重庆发给。

3. 六月民生公司先拨船只载运本校员生返沪。

4. 本校复员前立一纪念碑于赤水（地点在现时校本部），兹拟定六一校庆日举行纪念碑揭幕典礼。

二、苏委员希轼报告

学生自治会要求学校补助学生每人一、二万元，经已转陈校长。

讨论事项

一、议各分批返沪前预拟定员生托运行李办法拟于取消案

议决：通过，以后再斟酌情形办理。

二、议调查公物容量案（略）

三、议派人主持驻渝办事处案（略）

四、议不随校复员之教职员应否拨给补助费案（略）

五、议教职员中途离校未经学校许可或另往其他机关服务者应否拨给补助费案（略）

六、议不在赤水随校复员之教职员眷属（如在重庆或沿途各地）应否拨给补助费案（略）

七、议建议校长在可能范围内仍请接洽包租船只以资便捷案

议决：通过。

八、议因图书杂志审查委员会场所住客尚未全部迁出，校当局在可能范围内多接洽场所，以免临时发生困难案

议决：通过。

九、议带沪工后应否拨给补助费，遣散工后应否拨给遣散案

议决：请示校长。

十、议酌增教职员复员补助费基数案

议决：请示校长。

（《第七次复员计划委员会会议记录》，《前大夏大学应变委员会记录簿及其他各种记录簿》，第52—56页，华东师范大学档案馆藏，档号：81-1-57）

二十五日　董事长孙科于抗战胜利后首次到沪校参观视察，王毓祥副校长、鲁继曾教务长向其说明学校其时亟待兴建校舍、置办图书仪器的情况。

现任立法院院长、本校董事长孙哲生先生，于四月二十五日下午，为胜利后首次莅校，并接见毕业同学会代表，计出席赵一苇、傅晓峰、罗四维、王元鑫等十余人。孙董事长向欢迎教授代表垂询本校过去及现在情形至详，嗣由赵一苇同学代表毕业同学面呈建议书，并口头报告建议内容，请迅准核办。

后由王副校长、鲁教务长相继说明本校目前亟待兴建之校舍，与急需置办之图书仪器情形，均为董事长注意关切。旋于四时四十分左右，与王副校长、鲁教务长、吴总务长、邵院长、张院长、陈院长等请董事长观察各部，经一时始毕。毕业同学会代表亦随从董事长参观全校并恭送董事长离校后，始向王副校长、鲁教务长、吴总务长、邵院长等兴辞。

（《孙董事长莅校参观》，《大夏大学校庆特刊——二十二周年纪念》，1946年6月1日）

二十八日　沪校召开复校后第四次校务会议，王毓祥副校长报告：黔校于四月二十一日结束教学，拟于五月开始迁沪。迁沪教职员每人津贴旅费十万元，眷属每人津贴五万元，沿途轮船火车等费用均由学校负担，图书仪器约四十吨将交民生公司代运。后鲁继曾、吴浩然、张隽青报告沪校校务。会议决议加收第二期学费、修建校舍、整顿风纪等多起校务事项。

<h1 style="text-align:center">沪校复校后第四次校务会议记录</h1>

日期:三十五年四月二十八日

地点:中山路群贤堂会议室

出席者:王毓祥　张伟如　张耀翔　潘健卿　张隽青　费宗之　蔡文熙　关可贵　程俊英　黄式金(张代)　陈铭恩　鲁继曾　邵家麟　何仪朝　吴浩然　韩闻疴　王绍唐

主席:王副校长

记录:王桐

开会如仪。

甲、报告事项

一、王副校长报告

1. 赤水总校概况——总校自今年一月十日上课,至四月二十一日结束,拟于五月迁沪,自五月初起该处约三百人将陆续赴渝待业,大约六月间可抵沪校。黔校对东下之教职员,每人津贴旅费十万元,眷属每人补给五万元,沿途轮船火车等费亦均由学校负担,至校中图书仪器约四十吨将交民生公司代运。

关于此次各校复员,教育部于本年二月二十五日曾召开中等以上学校复员会议,教育部对国立学校教职员学生校工等均有复员补助金,沿途食宿政府亦有优待办法,对私立学校则否,经抗议后各私立学校亦分得复员费若干元。

2. 教育部对本校教职员补助福利金若干,总校曾有教职员福利委员会之组织。

3. 昨日招待美国教会援华会总干事爱德华氏来校参观,氏对本校帮助颇多,前年冬曾助贵阳本校五百美元,去年夏对学生补助一百美元,自后每月仍有七十美元,用于改善学生生活方面,故与本校之关系颇深。

二、鲁教务长报告

1. 本学期沪校招考新生,投考者计七六八人。

2. 贵州本校注册主任顾文藻君寄来教务处应用各项表式及历届各院科毕业生人数、籍贯统计图各一份。

3. 沪校本学期毕业生业已开始登记。

4. 上海专科以上学校联谊会于四月二十一日开第八次会议,议决要案如下:(1)六月举行校际国语演说竞赛⋯⋯

5. 本市私立大学谈话会于上星期五开会:(1)商讨关于征收第二期学杂费办法;(2)联呈教育部准予赠送荣誉学位,由东吴主稿。

6 沪校本学期各院系学生籍贯及人数统计表均已编制。

7. 沪校本学期教职员名录在编印中。

8. 二十七年二月至三十四年七月沪校全体教职员名单已由校长函送本市教育部甄审委员会。

三、吴总务长报告

1. 对全校卫生状况竭力设法改进。

2. 增加教职员福利各项。

3. 学校警卫方面。

四、张训导长报告(略)

乙、讨论事项

主席交议:

一、议本学期应否加收第二期费用以增加教职员薪水与校工工资案

议决:征收第二期学费二万四千元(办法略)。

二、议本校应否设立修建委员会负责计划校舍校场修理建筑事项案

议决:设立修建委员会,公推欧校长、王副校长、鲁教务长、吴总务长、邵院长、何院长、陈宏铎先生、程俊英先生、韩闻疴先生及罗四维、强锡麟两同学担任委员。

三、议应如何筹备本届毕业典礼案(略)

四、议应如何促进校中安全及整顿学校风纪案

议决:1.关于促进学校安全方面(略)。2.关于整顿学校风纪方面(略)。

五、临时提案(略)

散会。

(《沪校复校后第四次校务会议记录》,《前大夏大学校务会议记录》,第81—88页,华东师范大学档案馆藏,档号:81-1-50)

本校校基,位于丽娃粟妲河畔,占地三百余亩,为国内各大学中首屈一指。战前第一期建筑甫告完成,八一三战事发生,计毁去男生宿舍群力斋、女生宿舍群英斋、大礼堂、科学馆、体育馆以及其它房舍多所。大夏新村内师长们所辛苦建造之住宅亦全部被毁,一念及此,痛恨弥深!现已复员在即,现存校舍,下学期不敷应用,乃决于暑间添建,并经沪校复校后第四次校务会议议决,设立修建委员会,公推欧校长、王副校长、鲁教务长、吴总务长、邵院长、何院长、陈宏铎先生、程俊英先生、韩闻疴先生及罗四维、强锡麟两同学担任委员。

(《筹募添建校舍》,《大夏大学校庆特刊——二十二周年纪念》,1946年6月1日)

三十日 王毓祥副校长到沪校处理校务。

王副校长祉伟先生已于四月三十日抵沪,曾先后由鲁教务长、吴总务长、邵院长及校友等设宴洗尘。副校长为本校创办人之一,二十余年如一日,向为校奔走筹募基金,计划校务,厥功至伟。此次返校,更现苍老,亦足见九年来生活之清苦与处理校事之辛劳矣。闻副校长于处理校务稍告段落后,即飞昆明为校筹款,远道跋涉,席不暇暖,其精神弥足敬仰。

(《王副校长已返沪坐镇》,《大夏大学校庆特刊——二十二周年纪念》,1946年6月1日)

五月

七日 黔校召开第八次复员计划会议。

第八次复员计划会议记录

时间:三十五年五月七日上午九时

地点:校本部教员休息室

出席:孙允曾　苏希轼　张瑞钰　韩钟琦　顾文藻　张坤华　聂绍经　黄彦起　屠修德　李贤瑗　来雷

(后缺)

(《第八次复员计划委员会会议记录》,《前大夏大学应变委员会记录薄及其他各种记录薄》,第57页,华东师范大学档案馆藏,档号:81-1-57)

十二日 沪校召开复校后第五次校务会议,报告并讨论征收第二期学费等问题。

沪校复校后第五次校务会议

日期:三十五年五月十二日

地点:中山路群贤堂

出席者:关可贵　蔡文熙　张耀翔　黄式金　王绍唐　韩闻疴　费宗之　程俊英　张隽青　陈铭恩　邵家麟　何仪朝　吴浩然　张伟如

主席:鲁教务长

开会如仪。

甲、报告

主席报告:

1. 上海专科以上学校联呈教部请征收第二期学费,教部已有复文。

2. 上周礼拜五大同、震旦、约翰、光华、之江、沪江及本校七校代表在南京路新雅涵楼开谈话会。

3. 校内现状。

4. 清寒学生申请贷金审查委员会于今日上午八时开会,计申请学生三百六十余名,决定于五月十三、四、五日由各院长分别举行各该院清寒学生口试。

乙、讨论

1. 议征收第二期学费补充办法案

议决:第二期缴费注册日期自五月十三日起展至两周,自二十七日起注册,后每日须加缴罚金五百元,以三千元为限。

2. 议学生团体联名呈请事项案(本案与第三案合并讨论)

3. 议苏北学生呈请事项案

议决:与第二案合并提交清寒贷金审查委员会拟定办法,经本会讨论通过后施行。

散会。

(《沪校复校后第五次校务会议》,《前大夏大学校务会议记录》,第99—102页,华东师范大学档案馆藏,档号:81-1-50)

二十一日　黔校召开第九次复员计划会议。

第九次复员计划会议记录

时间:三十五年五月二十一日上午九时

地点:校本部教员休息室

出席:孙亢曾　张瑞钰　苏希轼　来雷　张坤华　屠修德　李贤瑗　顾文藻　黄彦起　陈景琪(后缺)

(《第九次复员计划委员会会议记录》,《前大夏大学应变委员会记录簿及其他各种记录簿》,第58页,华东师范大学档案馆藏,档号:81-1-57)

本月　教务长鲁继曾、总务长吴浩然、理学院院长邵家麟被聘为校董。

本校鲁教务长继曾、吴总务长浩然、邵院长家麟三师,专任本校教授连续二十年以上,向为各师长所推重,同学所爱戴。沪战爆发后,仍在沪坚守岗位,力任巨艰,正气凛然,支持沪校,备尝困顿,其拥护真理与爱校苦干之精神,感人至深。校董会为酬答三位老师起见,业已聘为校董,全校师生及毕业同学闻讯,莫不喜形于色。

(《鲁、吴、邵三师荣任校董》,《大夏大学校庆特刊——二十二周年纪念》,1946年6月1日)

复员以后,理工实验馆、教育学会等陆续恢复,图书馆也力求充实。

本校理工学院实验仪器在邵院长苦心辟划下,战前已为沪市各大学中之最充实者,沪战起后,大部仪器随校西迁。胜利之后,日人在利用本校舍所设之华中矿业实验所,所有重要仪器药品,均由经济部派员接收,其中固定不能移动之桌椅等,由经济部结与本校应用,现今邵院长计划添置并尽先恢复,为沪上各大学之理学院之首先恢复者,总校复员后,实验馆更可充实。

(《理工实验馆首先恢复》,《大夏大学校庆特刊——二十二周年纪念》,1946年6月1日)

人家都说"大夏教育"不差,这并不是夸张的话,的确,历届我教院毕业的同学,满布了全国,掌握着全国中等教育的权威,他们的研究与服务精神,一向为大众所称颂着,更为他人所不及。

这也是我们的传统精神,但战争把我们逼到乌烟瘴气的重华新村。在这里,无论在精神上,物质上,都被限制得动弹不得。就在这种情形下,我们苦守了八年,是够苦闷的了!

如今,我们又随着胜利回到了阔别多年的老家——中山路校舍——我们又重新跳跃起来,我们都充满了生气,把以往的组织也好好地调整了一下。

教育研究室——在学校方扶助下成立了,此后,每一个教育学院的同学,又多了一个自动研究机会,多了一个自动研究的处所。

《教讯》是胜利后在校内第一个与诸位见面同时也是唯一的刊物,它具有新的姿态,独特的性格,它为我们报导,它供我们学习,这就是我们教育学院同学的园地。

"流通图书馆"也在许多同学的努力下,正式开放了!里面的书,虽然不能算少,但也不能算多,单靠同学们的力量,究竟还有许多困难。

我们还想为附近的民众举办一些福利事业,虽然每一个同学都怀着一颗忱挚的心,但相反地,我们都是赤手空拳,不过,我们正在计划着怎样铲除这些阻碍。

限于篇幅,我们只好将目前教育学会的近况,很简单地介绍在诸位面前。

（《教育学会动态》,《大夏大学校庆特刊——二十二周年纪念》,1946年6月1日）

本校图书于八一三事变后,留存沪校者,为伪上海大学移存中央研究院三十余箱及存放复旦大学之图书,现已陆续收回清理,此外尚有散失南京及本市者,亦正拟交涉收回。一面并添购书报,各系主任所开书单,亦托书局代买,图书馆早已开放,一俟总校复校,当更可充实云。

（《充实图书馆设备》,《大夏大学校庆特刊——二十二周年纪念》,1946年6月1日）

六月

一日　黔校、沪校分别举行立校二十二周年盛大庆典,沪校校庆由董事长孙科和副校长王毓祥主持,黔校校庆由教务长孙亢曾主持。会上汇报了复员工作进展和下一步的计划。《大夏周报》刊出二十二周年校庆纪念特刊。各界校友纷纷发来贺电,组织捐款。赤水立"大夏大学迁校纪念碑",并举行纪念碑揭幕仪式。

六月一日,赤水、上海两校分别举行立校二十二周年校庆纪念,赤水并竖立迁校纪念碑,由孙教务长主持。

（陈旭麓:《内迁十年纪事》,《大夏周报》,第23卷第3期,1946年12月15日）

今年的六一校庆是抗战胜利后第一度的校庆,意义特别重大,情绪异常热烈,盛会也格外光辉灿烂。吾人缅怀过去,自二十六年抗战前夕,在本校上海原址举行十三周年校庆之后,便在敌寇压迫,流离颠沛中渡[度]过八次的"六一"。十四周年至二十周年都在贵阳纪念大夏的诞生,二十一周年是在贵州边陲的赤水举行庆祝。今天国家胜利,河山光复,重见天日,我大夏沪校亦已迁返原址复课。际兹良辰,在校员生、各地校友乃至于校河里的游鱼,校园中的花木,都在欢欣鼓舞。

在创校二十二周年的纪念日,首先要说的是痛定思痛的话。当卢沟桥事变突起,上海八一三全面抗战之后,作者在王故校长领导之下,把员生公物初迁庐山,再迁贵阳,直到三十三年冬天,寇犯黔南,又把学校三迁黔北的赤水,间关万里,艰苦倍尝。上海本校是二十七年秋季续办的,校舍也已几经迁移,困难更不一而足。故无论在黔在沪,校史上都充满了可歌可泣,值得大书特书的事迹。我全体教职员,艰苦卓绝,不屈不挠,在待遇微薄,设备简陋的环境下,安贫乐道,挣扎奋斗,教育青年,弦歌不辍。在这庆祝声中,不禁为八、九年来共患难,撑危局,维校命的黔沪两校同仁谨致感佩之忱,再对劳苦功高,鞠躬尽瘁,二十年如一日之王故校长伯群先生,更应致至高无上的敬意与怀念。

其次,我国抗战胜利,目今竟成为一场美丽的梦。十个月来,内乱频仍,兵连祸结,厮杀之声,洋洋盈耳,物价高涨,民不聊生。列为四强之一的国家,竟有数千万的饿民,挣扎在死亡线上,吃草根,剥树皮,途有饿殍,司空见惯,政治远离轨道,经济濒于破产。与国际关系言,吾人殆处于附人骥尾,仰人鼻息,依人生存。似乎大至国家之命运,小至个人之自由与生命,都时刻感受着威胁,吾人固宜以乐观的态度,迈进的精神,用望远镜来看未来的国运,但目前的危机,是谁也不能否认的。教育是国家的命脉,大学在国家社会里,尤如人身上的重要器官,一个人到病入膏肓时,必定影响到他的全副精神和全身的器官。今天各级学校可说都受大局和环境的刺激与波动,也都有被狂浪冲倒的可能,因之各项计划与措施,都碰着困难,非常棘手。私立学校尤感经费不容易宽筹,预算无从确定,复员难期顺利,修建设备,不能照理想进行,教职员无法使之安居乐业,清寒有志青年,无力负担学用费,整个学校行政有时也会陷于不协调的状态。这种摆在眼前的国家社会或教育问题,又都值得吾人随时警惕,群策群力,研究解决之方。所谓临事而惧,好谋而成,就是这个意思。

再次,大学教育是人才教育,私立大学招生不必过严,但训练教学,要绝对严格。成绩不良,难期造就学生,每期应加以淘汰。毕业的学生,必定是优秀分子,至少要有一才一艺之长,而不是拿文凭来做点缀品,或混资格去欺骗社会的。私立大学院系,复员后也要加以调整,吾人无力平均发展,更不该做有名无实的扩充,那么要特别发展若干院系,做成研究的中心,学术的重镇。罗致学者和能领导学生研究的人来充当教授,但不必□为名流,大学培养学生,同时也培养教授,我们要设备环境,充实图书仪器,使不知名之士,教了几年书,都成为名流学者。教授待遇,至少要和国立大学相同,我们要使教授安居乐业,同事间无门户之见,党伐之分。学校行政困难,要尽量使同人了解,同时教授也尽量和学校合作,自己努力本位,不愧为人师,就是职业上最有力的保障。我校向来尊重学术研究自由,只要是真理,是学术,都可教学,以期养成博学,慎思,明辨,力行之风。经过八、九年抗战,外国出版的书籍杂志,不特绝无仅有,少为所见,连新书目录,也都未尝寓目。故选购近年出版的书籍,为急不容缓之图。对于清寒而努力的青年,是应该特别同情的,私立大学有不能不多收学费之苦衷,但对家境清寒而成绩优异的学生,要多设奖学金名额,救济苦学生的困难。我校历届毕业学生已逾五千人,散处各省市及海外服务,卓著成绩,崭露头角者颇不乏人。只以组织欠周密,形成一盘散沙,对母校漠不关心者居大多数,今后如何使各地校友精诚团结,互通声气?如何指导他们进修?如何为他们服务?如何使他们成为建设母校的力量?实在是值得重视的问题。

最后,我校创立已二十有三载,譬之儿童,作者从他诞生以至于襁褓,自孩提少艾以至于长成,都未曾离开过他。从前有王故校长登高一呼,我们帮他把这宁馨儿养大起来,王校长仙逝之后,祉伟先生和作者仰承校董会之付托,受命于艰危之日,主持校政。一年半来,个人实觉精疲力竭,力不从心,事多贻误,深夜思之,每感惶悚,是以让贤的念头,未尝或释。不过九年前既主张把学校迁黔,现在需要把它迁返,善始善终,事所应尔。羁于公务,无法赶返参加校庆,承筹备委员会发行特刊征文及余,敢布鄙怀,殷望诸君子在这狂欢庆祝的时候,善体学校缔造之艰难,共同爱护,使之发扬光大,则幸甚矣。

三十五年五月十八日草于陪都

(欧元怀:《胜利光荣的校庆》,《大夏大学校庆特刊——二十二周年纪念》,1946年6月1日)

粤自虾夷构祸,变起芦[卢]沟,蜂目不明,群飞江沪,本校道以待士,义不帝秦。爰徙匡庐,再辕黔筑。发书河上,卜宅城南。椷朴菁莪,迭资世用。鸣鸡不已于风雨,贞干无惮于雪霜。学道爱人,尼父化乎言偃;抚心高蹈,师襄悦乎郑文。得离之明,体乾之健。七阅于载,一以贯之。亦谓不怍于人,无负于国矣!循至三十三年,自秋徂冬,穷寇失道,南国飞埃。残灯回将熄之光,附虎奋反搏之势。延毒桂北,旋虐黔南。我故校长王公伯群,忠国护校,敌忾弥深。知胡命之不能长久,而士心之不可波动也。属意赤水,易地其绥。三年友生,聿来胥宇。夫何昊天不吊,歼我良人!其年十有二月,我故校长竟以痛敌彻髓,撒手渝州!于时部署未定,变故陡生,万绪重棼,九原莫作。今校长欧公元怀、副校长王公毓祥,遂勉从众心,董理其事。内藉在校宾友扶将之力,外承地方贤达嘉惠之诚,立校于此,又岁半来。今者,胡尘扫绝,神宇重光,长河高流,大江东注。代马思跃于北土,越鸟冀于南枝。曾子人师,待修毁坏之室;黄童国土,须读未见之书。归去申江,情理宜也。然颜远伤离,文通恨别。厚风虽运于鲲鹏,雪泥终留其指爪。痴柳萦客,醉桃笑人。之水方滋,来禽竞响。对此景光,宁无眷介?而况炙于其人,屡受其惠,振振君子,秩秩德音,舍宅指囷,供其困乏者乎!用是粗纪大端,勒诸贞石,求著其事,并旌厥心。民国三十五年六月一日大夏大学立石。

(《迁校纪念碑》,《大夏周报二十三周年校庆特刊》,第24卷第1期,1947年6月1日)

四、复兴时期

胜利后本校进入一个新时期——复兴时期,而第一步工作,则系复员工作。

1. 沪校方面复员工作

(1)接收校舍:三十四年八月胜利后,即与占领本校中学部之伪华中矿业公司化学试验所交涉,收回中学部及教职员宿舍,十月盟邦集中营结束,全部校舍悉数交还,惜乎群力、群英两斋及大礼堂等处,已与新村房屋,同付劫灰矣。际敌伪占领时期,校地三分之一,被划在界外,接收后即先行收回界外校地百余亩,四周加围铁丝刺篱。

(2)修理配备:a.包括全校修理并配备各建筑物之内外局部损坏。b.修建全校之道路、桥梁、沟渠。c.装修全部电灯、电力及卫生设备。

(3)添置校具:添置各宿舍、教室、办公室、图书馆、膳堂之全部家具及各项工程,与交通上应用之工具,并向美国订购铁床及建筑材料。

(4)恢复各实验工场:化工场正在积极整理,设备较战前超过数倍,物理及化学实验,亦已恢复旧观,且正谋继续充实。

(5)收回散失各处图书仪器。

(6)整理校景,移植及添种树木草地。

(7)增加生产:培养鱼苗,恢复昔日渔业生产,此外又种植各项农产品。

2. 赤水方面复员工作

全部校具图书仪器运渝,候轮返沪。

复员工作完成后,本校将着手添建校舍,惟恢复旧观,一时实无此财力,现拟分期进行,视需要之缓急,定施工之先后,目前正在设计打样中者有:

(1)第一期建筑:大礼堂、会食堂、浴室、工房,四者建筑费,预估将在十万万元以上。

(2)第二期建筑:在计划中者有男女生宿舍、图书馆、体育馆、工场等。

第一、二期建筑,希于五年内完成,以本校战前建筑进展之迅速推之,当不难如所预期,虽有物质上之困难,吾知在吾校师生合作之下,众志成城,必能突破难关,盘根错节,迎刃可解。以坚强弘毅之精神弥补物质力量之不足,此种精神,已于本校复员工作中充分表现,如何发扬而光大之,以为今后建设之动员,斯在我同人同学之共勉耳!

(后略)

(吴浩然:《大夏物质上建设之过去现在与将来》,《大夏大学校庆特刊——二十二周年纪念》,1946年6月1日)

......

3. 胜利后之现状

日本投降后,窒息已久之大夏理学院又呼吸着自由的空气。中山路的科学馆虽给炮火毁坏了,但因日本设立之华中矿业研究所是占用大夏的校舍,内面设备颇为完善,当时主持该所的日人,不敢在该地居留,仓惶弃走,而是时治安不佳,时有抢劫发生,我们恐怕贵重的仪器被无知游民抢劫毁坏,遂派化学系教员及事务处职员前往点对,并派校工、警察前往防守,直保守到经济部派员来接收时很完整地交与他们。同时我们再依合法手续,备文到经济部请其将内部设备拨一部与大夏作为日人占用大夏校舍的一部分补偿。可是结果很使我们失望,内部的仪器全部均拨与地质调查所,遗留给我们的仅是点固定设备,在失望之余,我们仅有的安慰就是他们曾说:"当他们在北平接收一所日人研究所时,规模有此地十倍大,而接收的仪器、药品到[倒]不及此地多。"我们对政府的忠诚和办事的严肃总算获得了一点感应。现在我们正利用着这些固定的设备和我们原有仪器重新来布置我们的教学环境,现已布置安当的有化学馆中的普通化学实验室,有机化学实验室和分析学实验室,还有实验室多间正在陆续恢复中,工程馆中各设项施也正在极力恢复,在两馆的中间设立了一座气象台以作观测气候之用。

（后略）

（邵家麟：《近十年来之理学院》,《大夏大学校庆特刊——二十二周年纪念》,1946 年 6 月 1 日）

上海大夏大学欧校长元怀暨全体教授公鉴,我校于战时搬迁内地,艰苦倍至,胜利后返回上海原址开课,梵王渡口弦歌续奏,佳音传来,曷胜忭慰,遥企云天景仰无即。赣省服务同学将近三百人一俟调查确实后即行汇报,现已组织校友会,经推定杨兴勤……等校友为监事,并决定由校友会发行《江夏》季刊一种,第一期为政治专号,请惠撰鸿文交用,光篇幅为感。大夏大学校友会江西分会理事长扬兴勤,监事长程时奎等全叩。

（《贺电（一）》,《大夏大学校庆特刊——二十二周年纪念》,1946 年 6 月 1 日）

查"六一"母校二十二周年校庆暨庆祝还校大会经于是日下午五时假台北市蓬莱阁举行,到会校友金以母校惨淡经营,为国育材,淞沪陷后维持益艰,今兹抗战胜利,定期东迁,各地同学莫不欣腾,热烈捐款,表示爱护热诚,我台湾同学自亦不能后人,当经决议,"筹集法币一百万元（台币约三万三千三百元）赠送母校为购置图书仪器之用,每人最少捐助台币五百元,于本月三十日以前交清"等语记录在卷,除即席认捐计得台币二万一千三百元外,余未出席同学决定继续进行认捐。素审贵同学爱校情殷,兹奉上认捐册一本,至祈查收,尽量认定捐款,于本月底前将认定捐款额寄交省党部白志忠同学校友汇收,以便转淮公布为荷!

此致

同学

附认捐册一本。

大夏大学校友会台湾分会

（《大夏大学校友会台湾分会函》,华东师范大学档案馆藏,档号:81-1-022-0015）

三日　黔校召开第十次复员计划会议。

第十次复员计划会议记录

时间:三十五年六月三日上午九时

地点:校本部教员休息室

出席:孙亢曾　苏希轼　来雷　张瑞钰　陈景琪　张坤华　聂绍经　李贤瑗　顾文藻　屠修德黄彦起

（后缺）

（《第十次复员计划委员会会议记录》,《前大夏大学应变委员会记录簿及其他各种记录簿》,第 59 页,华东师范大学档案馆藏,档号:81-1-57）

十八日　黔校举行第十一次复员计划会议。

第十一次复员计划会议记录

时间:三十五年六月十八日上午九时

地点:校本部教员休息室

出席:孙亢曾　黄彦起　张坤华　屠修德　顾文藻　陈景琪　张瑞钰　李贤瑗　聂绍经　来雷苏希轼

孙:

1. 在校服务满一年者增拨五万元,十年者增拨十万元,不满一年者除外。

2. 木□收费太昂且太危险,已□□论。

3. □□告员生缓来。

4. 取道西北赴沪者不增拨旅费。

（后略）

（《第十一次复员计划委员会会议记录》,《前大夏大学应变委员会记录簿及其他各种记录簿》,第60—67 页,华东师范大学档案馆藏,档号:81-1-57）

二十日　王毓祥副校长由上海到昆明筹募经费。

六月二十日,王副校长由沪飞昆,筹募复兴经费,匝月返沪。

（陈旭麓:《内迁十年纪事》,《大夏周报》,第 23 卷第 3 期,1946 年 12 月 15 日）

王副校长祉伟先生四月底抵校后,本月间飞昆明进行本校复兴募捐,返沪不久,冒暑至南京出席立法院会议,近又膺选为国大代表晋京,年及花甲,席不暇暖,幸健康如昔,诗兴不减当年。

（《王副校长奔忙不停》,《大夏周报》,第 23 卷第 1 期,1946 年 11 月 15 日）

七月

二十日　欧校长由渝飞京转沪,与教部接洽调整黔沪两校教职员及决定建筑大礼堂秋季合并在中山路原址开学事宜。（陈旭麓:《内迁十年纪事》,《大夏周报》,第 23 卷第 3 期,1946 年 12 月 15 日）

二十五日　图书馆仪器等公物自赤水运抵重庆。（陈旭麓:《内迁十年纪事》,《大夏周报》,第 23 卷第 3 期,1946 年 12 月 15 日）

二十七日　第一次新生入学考试开始。渝复员办事处与华泰公司订立船只合同。（《半年大事记——三十五年秋季》,《大夏周报》,第 23 卷第 6 期,1947 年 3 月 15 日）

八月

六日　欧校长在沪公毕,飞渝。（陈旭麓:《内迁十年纪事》,《大夏周报》,第 23 卷第 3 期,1946 年 12 月 15 日）

十二日　复员船只起程东下。（《半年大事记——三十五年秋季》,《大夏周报》,第 23 卷第 6 期,1947 年 3 月 15 日）

二十九日　最后一批复员生及眷属自赤水抵重庆。（陈旭麓:《内迁十年纪事》,《大夏周报》,第 23 卷第 3 期,1946 年 12 月 15 日）

九月

一日　图书仪器等公物开始装置华泰轮驳。（陈旭麓:《内迁十年纪事》,《大夏周报》,第 23 卷第 3 期,1946 年 12 月 15 日）

十一日　复员生全部上船。（陈旭麓:《内迁十年纪事》,《大夏周报》,第 23 卷第 3 期,1946 年 12 月 15 日）

十二日　华泰轮驳起碇下驶。（陈旭麓:《内迁十年纪事》,《大夏周报》,第 23 卷第 3 期,1946 年 12 月 15 日）

十六日　欧校长结束重庆复员办事处事宜飞京。（《半年大事记——三十五年秋季》,《大夏周报》,第 23 卷第 6 期,1947 年 3 月 15 日）

二十五日　欧元怀校长回到上海处理复员工作。

欧校长元怀先生于复员工作办理完成后,于九月十六日离渝飞京,二十五日转京抵校后,翌日即开始办公,巡视各房舍各场地,以期有所改进,故本学期开学后,各种工作顺利开展,学生生活亦至感愉快,在校服务的毕业同学会欢宴欧王二校长及鲁教务长、吴总务长暨各院长,席间并请欧王二校长指示。

（《欧校长返校坐镇》,《大夏周报》,第 23 卷第 1 期,1946 年 11 月 15 日）

二十七日　复员船只受阻长江上游,改于十月八、九两日注册,十日十一日起正式上课,布告学生周知。公布该学期清寒学生申请贷金办法。（《半年大事记——三十五年秋季》,《大

夏周报》,第23卷第6期,1947年3月15日)

十月

二十四日　复员轮驳平安到京。(陈旭麓:《内迁十年纪事》,《大夏周报》,第23卷第3期,1946年12月15日)

二十五日　欧校长赴京照料复员到京师生。(《半年大事记——三十五年秋季》,《大夏周报》,第23卷第6期,1947年3月15日)

二十六日　复员师生由南京乘火车到上海,结束了长达八年的流亡生活。

十月二十六日复员师生及全部公物抵校。

(《半年大事记——三十五年秋季》,《大夏周报》,第23卷第6期,1947年3月15日)

本校自奉命复员后,即于本年三月间筹备,并在重庆设立复员办事处,四月底即将贵州赤水总校结束,准备东下,欧校长并驻渝主持复员事宜,但因船只缺乏,无法启程,每次接洽雇好船只,均被政府征用,致黔校师生欲归不得,焦急万分。多数学生及单身教职员,自五月半起即分批搭乘西北及西南公路车东下,至八月底,始雇定华泰轮驳自渝起航,中途以水涨滞停,始于十月二十六日,全部师生及公物抵校,欧校长并亲在南京照料。综计行程,历尽艰苦,幸全部人员及公物,一无损失。此次后方复员各机关及学校颇有人财两失,惨绝人寰,而我大夏竟居然安度,此可谓“得天独厚”“天相大夏”之预兆,校中不久将举行盛大庆祝。

(《复员圆满完成》,《大夏周报》,第23卷第1期,1946年11月15日)

二十八日　复员圆满完成,是日学校在新建大礼堂举行复员后黔沪两校合并大会及秋季始业式,欧元怀校长和王毓祥副校长等讲话。

十月二十八日补行秋季学期始业式,全体师生出席,欧校长、王副校长阐述创造大夏之意义,鲁教务长、吴总务长、苏训导长分别报告。本日为王副校长六旬华诞,全体教职员为副校长举行寿典。

(《半年大事记——三十五年秋季》,《大夏周报》,第23卷第6期,1947年3月15日)

诸位同事,诸位同学,今天举行本学期开学典礼,这是大夏校史上一件值得大书特书的事情,过去十年,敌人将我们这种盛大的聚会剥夺了,过去虽在庐山、贵阳、赤水和上海,我们仍继续教学,但像今天这样几近二千人的大会,却没有举行过。胜利带给我们欢笑与幸福,今天我们复员的工作又告圆满完成,黔沪两校的师生相聚一堂,精诚团结,这是十年来破天荒第一次的大团圆。

黔沪师生及公物全部到校,最后一条复员船前天到南京,今天赶到参加盛会,这使得我们无限的兴奋。在复员期中,许多机关学校物散人亡,我们却坐在小得可怜的轮驳,经了一月半的旅程,终于平安地到达了,在这期间,我们天天祷告与怀念,竟得徼天之幸,从今天要我们合一了,以后不但是物理上的结合而且是化学上的结合,精诚团结永不分开。

在这快乐与兴奋之余,谨提出了三点意见以互勉:

一、认清环境。十年前,我们的大夏有黄金的时代,巍峨的校舍,大小建筑不下二十座,现在大夏新村三十余所教职员住宅,尚不在内,校舍虽一半以上被毁,但仅留下的校舍与图书仪器已是极可观的校产。我们有优良的物质环境,广大的基地,校河的幽美,相当充实的设备……这些成为我们大夏深厚的基础。前几天来了几位贵宾,美慕不止。故今后加上我们大家的努力,前途极可乐观。上海有很多专家,有很多的文化机关,国内外的书籍,都是近水楼台,有优先享受的机会,环境太好了,我们要认清,我们要利用他。今天国家的环境距吾人之理想太远,须青年们加紧警惕,国家已是五强之一,我们该大家努力,建立名符其实的强大国家。

二、力求进步。抗战期中因环境特殊,全国各级学校程度都低落了,我们应在这时期急起直追,特别用功,多加研究,再不能像沦陷时代的那种散漫与不安。现在群贤堂三楼所有教室,都改为自修室,装置日光灯，与在赤水时期用菜油灯相比，差了几个世纪，故宜于优良的设备下努力自修，充实学问。物质方面今后要随时加以建设，做到日新月异的境地，惟大破坏以后，兴华正多，目前校舍正分期添建，大礼堂业已落成，暂兼膳厅及篮球房之用，可说三位一体，一物三用，不久将来将有一番好消息，正在具体化之中。学校既时时求新，刻刻求进，故个人与学校全体力求进步，使大夏成为像样子的最高学府。

三、加强合作。大夏二十二年中进步到现在，唯一的法宝就是"师生合作"，翻开学校的历史有光荣的全页。我们要重视与爱护，我们要加强过去"迎头赶上"、"急起直追"的精神。

在过去的几年中，学校虽穷，但有"师生合作"的宝贝。目前各方面的生活尚感舒适，不久的将来，或另有房子可供利用，而各地的校友与在校服务的毕业同学都极帮忙。诸同学在校的日子仅短短四年，要处处表现同学与同学间的合作，教授与教授间的合作，同学与教授间的合作，然后汇为大夏的全面合作，学校既决心办好学校，应要求同仁及同学全体的合作。

王故校长伯群先生为大夏"鞠躬尽瘁，死而后已"，故新建礼堂拟定名为"思群堂"，届时当请王氏家属来校揭幕，以表学校对此巨人之永久不忘。

三十五年十月二十八日补行开学典礼时

（欧元怀讲词，宋成志记录：《认清环境、力求进步、加强合作》，《大夏周报》，第 23 卷第 1 期，1946 年 11 月 15 日）

王毓祥副校长六十岁寿辰，学校为其举办寿典。

本年十月二十八日（即夏历十月初四日）为副校长祉伟先生六秩晋一华诞，远近好友及本校同事均欲为副校长举行盛大祝寿典礼，乃副校长以国事纷纭民生可忧，谦不受贺。遂由《友声》及毕业生等改为酿金助学之举，各地校友会群起响应，先后函电交贺，并汇寄清寒助学金。寿诞之日，本校教职员特于理工学院布置寿厅并书"杖乡杖国，建校建人"八大字，恭请副校长暨师母惠临受贺。是日市区友生接踵前来，携鲜花道贺，本校教职员由欧校长领导，吴总务长司仪，向副校长祝寿。晚上于上海酒楼举行宴会，并有音乐、歌唱、跳舞诸节目，而副校长女公子王瑜及小妹妹王瑛二小姐登台播唱，副校长高声朗语："王瑛大胆，像她父亲。"末后在众宾的敦促下，副校长偕师母、吴总务长偕师母表演"勃鲁司"舞，博得掌声震耳，尽欢而散。闻晨晚师母及公子铁生均带快乐的醉意以归云。

（《王副校长六旬寿典志盛》，《大夏周报》，第 23 卷第 1 期，1946 年 11 月 15 日）

三十一日　十年以前运黔的图书馆仪器等公物全部由南京运到，韩钟琦、来雷押运，在学校附近西站卸货。（陈旭麓：《内迁十年纪事》，《大夏周报》，第 23 卷第 3 期，1946 年 12 月 15 日）

十一月

四日　开展复员后第一学期第一次纪念周活动，欧元怀校长报告校史。

十一月四日　本学期第一次纪念周，欧校长报告光荣的校史。

（《半年大事记——三十五年秋季》，《大夏周报》，第 23 卷第 6 期，1947 年 3 月 15 日）

三十五年三月半至九月半，本人为筹备复员，在渝设立办事处，因交通困难，备尝生平之至苦。后经决定，员生分由西北及西南公路东下，最后又包雇轮驳三艘，运载员生及公物，所幸均已安全到校，二十六年搬出之公物全部运回且增加了许多新添的校产，这该为学校之"校宝"，依现价估值，则十万万元都不能买到。

（后略）

民国三十五年十一月四日纪念周

（欧元怀讲，宋成志记：《光荣的校史》，《大夏周报》，第 23 卷第 1 期，1946 年 11 月 15 日）

七日　召开复员后的第一次校务会议，欧元怀校长报告复员经过，鲁继曾报告该学期全校注册人数共一千八百余人，吴浩然和苏希轼报告总务和训导工作。会议议定：1. 校务会议、教务会议、训导会议、总务会议定期举行；2. 新建礼堂定名"思群堂"，以表追思王伯群校长；3. 该学期一月三十一日结束，后一学期二月二十四日开学；4. 编印《私立大夏大学一览》。

<h3 style="text-align:center">三十五年度第一次校务会议记录</h3>

时间：三十五年十一月七日下午三时

地点：理工学院楼上

出席：欧元怀、王毓祥、鲁继曾、吴浩然等二十六人

主席：欧元怀

记录：黄彦起

一、报告事项

（一）校长报告：1. 今日为本学年第一次校务会议，王副校长适因赴京出席国民代表大会，未及赶返。2. 校务会议教员代表业已票选。结果计张耀翔、潘健卿、夏炎、陈醒庵、王元鑫五先生当选为代表。3. 本校复员以后贵阳花溪校址校舍拨给贵阳大夏中学。赤水校舍原系借用，现已归还，未能携带之校具，全送当地学校机关，并在赤水前借为校本部之标准小学内，立一迁校纪念碑，以资永久纪念。4. 在赤水学生除上学期毕业外原有三百人，随校复员到沪者只一百八十余人，其余约一百二十人或休学或转学及借读内地各校。5. 复员经半年，三月半起在渝成立办事处专办复员事宜，自五月起员生分由西北及川湘公路东下，最后一批包定华泰轮驳，员生暨眷属约一百人，公物七十吨，该轮驳延至九月十二日始离渝东下，沿途耽搁至十月二十四日抵京，现已全部来校。6. 本年度教育部补助本校国币四百万元。

（二）鲁教务长报告：1. 本学期各院系学生注册人数共一千八百零一人。计：（1）文学院二百八十一人，（2）理学院二百五十五人，（3）法学院八百十四人，（4）商学院四百五十一人。2. 教授缺课情形。

（三）吴总务长报告：1. 建筑方面：新建大礼堂一座已落成。2. 修理方面：群贤堂三楼，理学院机器间及其它零星之修理。3. 设备方面：已制木床九百五十张，不敷用，拟再添一百张，教室课椅六百张亦不敷用，拟再添置并购买学生食堂碗筷及厨具设备、饮水筒及浴室等情形。4. 本学期决定购理学院设备三千六百万元，图书二千四百万元及体育设备一千八百万元。

（四）苏训导长报告：1. 宿舍方面：男生宿舍群策斋现住八百五十人，女生宿舍现住一百五十人，均相当拥挤，尚有七八十人请求寄宿，正在设法扩充宿舍中。2. 伙食团方面：（1）自办食堂：由校供给碗筷及厨具等，每日二餐，每月每人二万元。（2）经济食堂：为学救会所办，每日三餐。3. 体育方面：现正组织各种球队。

二、讨论事项：

（一）议校务会议、教务会议、训导会议、总务会议等例会日期案

议决：校务会议、教务会议、训导会议及总务会议，定于每月第一星期四、第二星期四、第三星期四及第四星期四，下午三时起举行。

（二）议新建礼堂定名为"思群堂"藉表追思王故校长伯群先生案

议决：通过。

（三）议本学期校历应如何修改案

议决：本学期延至三十六年一月三十一日结业，二月一日寒假开始，期中考试改于十二月二日起举行。

（四）议三十五年度下学期校历草案

议决：三十六年二月二十四日开学，三月三日上课。

（五）议编印本大学一览案

议决：推鲁教务长为总编辑，并请各院系院长主任编订课程，各单位主管人编制有关通则等，于十二月十五日集稿。

（六）议本校黔沪两校旧生，因环境特殊，所选功课未能尽符三十三年秋部颁课程，应如何补救案

议决：加开课程，准学生额外加修学分，如不能开班，由导师指定参考书目自修或暑假开班补修。

（七）议抗战期间沪校学生学籍及毕业生名册补报办法案

议决：缓议。

（八）议本校法律系应否自下学年起采用分组制案

议决：缓议。

（九）议本校应如何筹划继续出版学报及丛书案

议决：交教务会议详细讨论。

（十）议核发三十四年度第二学期林故主席奖学金及中正奖学金案

议决：核发上学期各系成绩最优，总平均分在八十分以上之学生，计外文系谭信烈……等十四名，每名国币五百元。

（《三十五年度第一次校务会议记录》，《大夏周报》，第23卷第2期，1946年12月1日）

十日　欧、王二校长邀全体教职员于九江路花旗银行大楼欢宴，这是教职员复员后第一次全体集会。（《欢宴教职员》，《大夏周报》，第23卷第1期，1946年11月15日）

十一日　纪念周会上，文学院院长杜佐周讲演。（《半年大事记——三十五年秋季》，《大夏周报》，第23卷第6期，1947年3月15日）

十五日　发布各院院长、系主任名录。

教务长：鲁继曾

总务长：吴浩然

训导长：苏希轼

文学院院长：杜佐周

理〈工〉学院院长：邵家麟

法学院院长：张隽青

商学院院长：何朝仪

中国文学系主任：程俊英

外国语文系主任：陈铭恩

历史社会学系主任（暂兼代）：苏希轼

教育学系主任：陶愚川

化学系主任：陈景琪

数理学系主任：周昌寿

土木工程学系主任：王兴

法律学系主任：徐汉豪

政治学系主任：葛受元

经济学系主任：韩闻疴

会计学系主任：龚清浩

银行学系主任：蔡文熙

工商管理学系主任：关可贵

（《本学期各院系首长题名》，《大夏周报》，第23卷第1期，1946年11月15日）

《大夏周报》刊登教务长鲁继曾、总务长吴浩然、训导长苏希轼人物速写，以及他们相应的教务、总务、训导报告。

教务长鲁继曾先生在校三十余年，主持教务始终不懈，自二十七年受校命来沪主管分部后，与敌伪抗衡不屈，极为各方推崇，现已荣任校董。近年以劳心过度，时患失眠，幸已痊愈，虽白发满头而精神矍铄，除计划本校教务处工作，并实际负责上海市专科以上学校联谊会事宜。

（《鲁教务长精神矍铄》，《大夏周报》，第23卷第1期，1946年11月15日）

总务长吴浩然先生为"有计划"、"善处理"的专才,主持本校总务二十余年,井井有条,设计兴建,厥功领伟,而秉性和乐,并擅运动。去年本校接收及本期建筑均煞费心思,辛劳不倦,现已荣任校董,本期添置学生宿舍新床及计划卫生设施,整理校地,各种工作正积极进行。

(《吴总务长辛劳不倦》,《大夏周报》,第 23 卷第 1 期,1946 年 11 月 15 日)

训导长苏希轼先生为本校优秀校友之一,者番率领本校员生复员极具劳勋,抵校后即计划训导处工作,开展学生之训练与推动学生之各种正常活动,确具学者风度,而苦干精神深得同学之信仰,近召集室长会议讨商寝室清洁与管理办法等事宜。

(《苏训导长苦干精神》,《大夏周报》,第 23 卷第 1 期,1946 年 11 月 15 日)

教务处的工作为教授与同学间之学术的活动、教学方面的总桥梁,大学是做学问的地方,为高等文化的孕育地,故有几点意见向各位同学说明:

一、要下学而上达:基础的结实为一切上层建筑的基本,我们研究学问也要先打好基础。所谓基础,从日常生活中着手,而目前大学的各种课程均为基本之学问,教授指示给你们的仅是门径,一切均赖你们自己的努力学习。

二、有规矩才能治方圆:学校为大集团,故有许多大家遵守的规则,学校的规章是帮助同学纳入规范的,故各种规章及布告均应了解与遵守。

三、要尊师敬友,通力合作:教授生活清苦,所可引为安慰者仅仅同学之亲近。我曾写信给自己的儿女,要他们多接近教授,建立师生间感情,希望我们大夏师生合作并建立师生间高度的感情,除师生关系外,各同学自己应彼此帮助与了解,寻觅益友,不问彼家庭的环境如何,应从彼本身学业与道德方面估量,使自己得到帮助。

此外,有几件希望于同学的:

一、加入消费合作社:合作社为大家的,希望各同学加入为社员,一面助社务之发展,一面减轻自己负担。

二、加入红十字会为会员:红十字会为谋人类幸福的慈善机构,并非政治团体,学校已加入为永久会员,该会将派医生来校诊治。

三、以后各同学如有政治性之活动,盼在校外,切勿在校内,使学校能成为纯粹学术的场所,而能始终保持讲学自由,研究自由之最高理想了。

(鲁继曾:《教务报告》,《大夏周报》,第 23 卷第 1 期,1946 年 11 月 15 日)

总务处的责任,在求各同学生活的安定与安全,惟学校人多事杂,现尚在渐求改进之中,兹摘要列举数事相告:

一、校中自经敌人侵占后,除校舍毁坏外,所有设修全都攫去,本期在校舍方面添置新床,使大家安睡,有利求学。

二、上海环境复杂,良莠不齐,校舍中现正言计装配铅丝网,而各同学外出时,门户须加锁。

三、学校已请红十字会医师于每星期一、三、五下午二时至五时来校免费治疗。

四、运动场已开始整理,恢复战前规模,我们大夏的运动场为沪上各大学之最广大者,不久即可应用。

五、战前我们大夏的浴室设备齐全,将来仍拟恢复,目前拟暂用集中营时原有之两沐浴设备外,添置浴盆并另建老虎灶一座仅供给浴水,校外接洽特约洗澡堂。

六、目前各教室自修室及宿舍校具均系新置,务希各同学加意爱护。

七、挂号信、电报等事关重要,盼各同学至收发处留盖印鉴,以资查考。

八、本期同学人数增多,原有二辆校车已不敷应用,近已购得新车一辆,交通问题当可稍稍解决。

(吴浩然:《总务报告》,《大夏周报》,第 23 卷第 1 期,1946 年 11 月 15 日)

训导处的工作在训练各同学的行为与思想的引导,本人在学校求学时不参加政治活动,而素性又喜研究学术,但因大夏是我的母校,我应做我能做事情,我平时以"公"字处事,以"诚"字待人,故希望与各同学相处以诚,大夏即为一体,故无分贵州上海,现将数点报告给同学:

一、本期宿舍不敷分配,而登记住宿同学人数众多,迄今仍有数百同学无法住宿,希望不久当可设法〈解决〉。

二、宿舍内不准用炉子或其它引火物,注意公共安全,校具等亦不可移动,免乱秩序。

三、最近举行一次新生训练。

四、上课时间切勿在教室外玩球。

五、每次纪念周必须参加。

(苏希轼:《训导报告》,《大夏周报》,第 23 卷第 1 期,1946 年 11 月 15 日)

十八日　纪念周会上,理工学院邵家麟院长作演讲。(《半年大事记——三十五年秋季》,《大夏周报》,第 23 卷第 6 期,1947 年 3 月 15 日)

二十四日　各院院长召开院务会议,商讨各学院之计划。(《召开院务会议》,《大夏周报》,第 23 卷第 2 期,1946 年 12 月 1 日)

二十五日　纪念周会上,法学院张隽青院长作演讲。(《半年大事记——三十五年秋季》,《大夏周报》,第 23 卷第 6 期,1947 年 3 月 15 日)

本月　分期建设校舍,整理运动场地,组织学生膳食团。

自沪市沦陷后,本校原校址为敌人毁去者计:群力斋、群英斋、大礼堂、实验室、治疗室、各种工厂、膳厅及大夏新村村舍三十余幢全部夷为平地,仅二、三村舍剩得残垣矗立天空,任人凭吊。本年夏间,本校拟定分期建设计划,先建大礼堂一座于昔之水塔左旁即群力斋前广场,现已完工。该礼堂可容二千人,暂兼膳厅之用,为纪念故校长王伯群先生将命名为"思群堂",届时将柬请故校长家属及亲友来校举行揭幕典礼。

(《新建礼堂落成》,《大夏周报》,第 23 卷第 1 期,1946 年 11 月 15 日)

本校运动场地之广为海上各大学之冠,自沦陷后蔓草没径,一片荒芜,现经校方商请善后救济总署,借用锄草机及平土机,近日正在整理中。老体育主任金兆均先生正计划场地分配,不日即可见各健儿大显身手。本期体育定一、二年级为必修,三、四年级为选修,男生分八组,女生分四组,运动项目为足球、排球、垒球、篮球、器械、田径、越野及体游八种,并已开始组织各种运动团体,先举行校际竞赛,选拔优秀选手参加江南各大学四项比赛。

(《体育动态》,《大夏周报》,第 23 卷第 1 期,1946 年 11 月 15 日)

沪市生活费用至高,各同学负担不易,本期经欧校长之指示,学生膳食仍依在赤水时办法自行组织膳食团,现每月膳费仅二万元,既经济又卫生,处此物价高昂之时,本校膳费如此低廉,〈为〉沪上各大学中之特殊奇迹,此于同学生活,至多帮助。现有用膳同学计一千二百人左右,而陆续申请加入者尚众。校方正与学生救济会洽商,增加经济食堂用膳人数。

(《学生组织膳食团》,《大夏周报》,第 23 卷第 1 期,1946 年 11 月 15 日)

十二月

二日　期中考试开始。纪念周会上,商学院何仪朝院长作演讲。(《半年大事记——三十五年秋季》,《大夏周报》,第 23 卷第 6 期,1947 年 3 月 15 日)

五日　是日召开复员后第二次校务会议,欧元怀校长等报告学校教学和建设工作情况。会议讨论决定了应届毕业生毕业总学分,学业成绩规则,法、商学院城区校舍迁移,设置校景委员会等多起议案。

三十五年度第二次校务会议

时间:三十五年十二月五日下午三时

地点:理工学院楼上

出席:欧元怀 张隽青 蔡文熙 陈景琪 陶愚川 韩钟琦 顾文藻 王元鑫 吴浩然 潘健清 鲁继曾 何仪朝 苏希轼 葛受元 夏炎 韩闻疴 蒋辉祖 关可贵 陈醒庵 邵家麟

主席:欧校长

记录:黄彦起 陈旭麓

甲、报告事项

一、欧校长报告:1. 学生宿舍床铺及教室课桌椅均已备齐,图书馆仪器由赤水运到后,已陆续开箱,此一月间物质上大有进步。2. 学生纪律亦较前进步,读书空气好转。3. 教育部派□参事荫孙来校视察,颇为满意。4. 体育设备在积极设置中。5. 集思箱中获得不少积极意见。

二、鲁教务长报告:1. 教授缺课较上月已减少。2. 学生籍贯统计(见另)。3. 本学期共开功课二三九学程,国文上九组,下三组,英文上十一组,下三组,会计学四组,经济学四组。

三、吴总务长报告:1. 本校修理桥梁、路篱,工料约需三万万元,目前苦无能力,经与善后救济总署上海分署商请补助,承拨面粉若干包,系以工代赈性质,短期内可与工作初步修理。2. 体育工作方面完成工作已不少,如球场锄平、球架设置等。3. 添置校车两辆,星期内可应用。4. 接洽药品已有头绪。5. 浴室已修理完竣。6. 大礼堂讲台最近可完工。

四、苏训导长报告:1. 学生食宿问题已解决,丽园宿舍赶工,半月可用。2. 协助学生请领寒衣,学生救济委员会主办。3. 重订理发、洗衣价目以减低学生消费。4. 加强课外活动,各系学会及学生自治会将组织成立,并将举行英语、国语演说竞赛。5. 消费合作社最近将扩大经营各种日常用品,希望教职员工均能参加踊跃认股。

乙、讨论事项

一、议本学期各院系应届毕业生应修毕业学分总数案

议决:照教育部规定:政治系需修满一百四十八学分毕业,法律系一百五十四学分,土木工程系一百四十八学分,教育系一百五十学分,其余九系均为一百三十六学分,如学年已足八学期并已修满学分,而缺少学校未曾开之课程,得由院长斟酌情形,准予指定自修报告。

二、议第二次教务会议拟聘校外人士三人(顾局长毓琇、吴校长保丰、朱校长经农)为本学期应届毕业生考试委员会委员请予追认案

议决:准予追认,并另□请司法院派员莅校监试。

三、议本校学业成绩规则业经第二次教务会议修正公布请予追认案

议决:准予追认。

四、议改进城中区法、商学院案

议决:自下学期起另迁校舍为法、商学院第二院,以利走读学生。

五、议纪念王故校长逝世二周年案

议决:思群堂定于十月十二日①王故校长逝世二周年纪念日举行落成典礼,并柬邀来宾莅校观礼,大夏周刊出版特刊并开放图书馆及各实验为本校员生参观。

六、议设置校景委员会案

议决:公推吴浩然、邵家麟、何仪朝、陈宏铎四先生并由毕业同学会推举一人为委员。

七、议学分已修满而学年未足之学生应否准予特别注册不再上课案

议决:照第一案议决办理。

(《三十五年度第二次校务会议记录》,《大夏周报》,第23卷第5期,1947年1月15日)

---

① 据查,王伯群逝世二周年纪念暨思群堂落成典礼日期应为一九四六年十二月二十日,此处原文应系笔误。

本校中山路原址,自沦陷期间被敌兵焚毁后,校舍极感不敷,本期法、商二院三、四年级学生仍假静安寺路重华新村上课,惟该地居民难处,不宜教学。现经第二次校务会议决定春季迁至威海卫路慕尔鸣路之光夏中学内,该校为本校校友所创办,欧、王二校长及鲁教务长、吴总务长均为校董,现已经该校校董会通过。光夏地点适中,房舍堂皇富丽,行见下学期法、商二院气象定更蓬勃。

(《扩展法商学院》,《大夏周报》,第 23 卷第 3 期,1946 年 12 月 15 日)

十二日　欧元怀和王毓祥两位校长于大礼堂招待留沪服务毕业同学。

三十五年十二月十二日欧王二校长招待在沪服务的毕业同学,报告十年内迁经过,在本校思群堂举行,到会毕业同学三百余人。鲁教务长继曾、吴总务长浩然、杜院长佐周、邵院长家麟均莅会,济济一堂,盛极一时。由欧、王二校长报告十年来学校经过情形至详,嗣由毕业同学会主席赵一苇同学报告会务,讨论会章及改选理监事,不日即可揭晓。

(《招待在沪毕业同学》,《大夏周报》,第 23 卷第 5 期,1947 年 1 月 15 日)

十四日　召开该学期第一次总务会议。

第一次总务会议记录

时间:三十五年十二月十四日下午三时

地点:群贤二楼二百十四号

出席:吴浩然　王元鑫　来雷　陈湘波　王宝兰　林云修　林超　史凌汉　孙焕然　朱增年　韩钟琦　唐寒江　黄彦起　古飞鹏　蒋辉祖　金祖荫

主席:吴总务长

记录:黄彦起

甲、报告事项(略)

乙、讨论事项

一、议筹备王故校长逝世两周年纪念及思群堂落成典礼案

议决:推王元鑫先生负责筹备揭幕事宜,来雷、陈湘波二位先生负责布置礼堂,古飞鹏、王宝兰、史凌汉负责招待。至理工学院及图书馆由邵院长、金祖荫先生及韩馆长指定招待人员。

二、议改良水电消耗管理案(略)

三、议训练校工案(略)

四、议校场清洁及各处所卫生管理案(略)

(《第一次总务会议记录》,《大夏周报》,第 23 卷第 4 期,1947 年 1 月 1 日)

十五日　王毓祥副校长、法律系主任徐汉豪以及多位校友当选为国民大会代表,南京毕业同学会设宴欢庆。

此次国民大会代表,本校校友膺选者计倪文亚……等十五人,而王副校长祉伟先生及法律系主任徐汉豪先生亦为国大代表。南京毕业同学会于十二月十五日晚假公余俱乐部邀母校师友代表,欢宴情形至为亲切。

(《南京同学会欢宴膺选国大代表师友》,《大夏周报》,第 23 卷第 4 期,1947 年 1 月 1 日)

十六日　纪念周会请美国罗克斯培夫人作演讲。(《半年大事记——三十五年秋季》,《大夏周报》,第 23 卷第 6 期,1947 年 3 月 15 日)

十七日　公布作文比赛办法,学生申请保留入学资格、休学、复学转院或转系、转学各种办法,及应届毕业生名单。(《半年大事记——三十五年秋季》,《大夏周报》,第 23 卷第 6 期,1947 年 3 月 15 日)

二十日　隆重举行王伯群逝世两周年纪念活动暨思群堂落成典礼,全体师生出席,到会来宾及校友百余人,校长欧元怀、副校长王毓祥、教务长鲁继曾、总务长吴浩然等均发表悼念演说。

本月二十日为王故校长逝世二周年纪念日,校中新建大礼堂于是日东请王夫人保志宁女士莅校揭

幕一节,业志本周报二期,闻是日并由孙董事长哲生光临主持典礼,并邀请各校董及政府各院部派员莅校观礼云。

(《王故校长逝世两周年祭》,《大夏周报》,第 23 卷第 3 期,1946 年 12 月 15 日)

〔本报讯〕大夏大学,以昨日为该校已故校长王伯群氏逝世两周年纪念日,特于上午九时,举行思群堂落成典礼,到来宾暨员生二千余人,由王夫人保志宁女士剪彩揭幕。欧校长致开会词,说明王故校长对国家及大夏勋绩,并报告该校所用复员修建费,已达四万万余元,如恢复旧观,需费浩大,盼各方协助。来宾中有美国援华会主任爱德敷氏,亦偕夫人莅止。爱德敷夫人曾被敌人拘禁于大夏校舍内之集中营,旧地重游,不胜今昔之感。爱德敷氏,暨来宾赵晋卿、叶纪元、庄禹灵、教务长鲁继曾、校友何纵炎、王裕凯等均发表演说。末由王故校长家属王副总司令文彦致谢词。昨日下午及今明两日,该校理工学院及图书馆,全部开放,欢迎各界参观,藉为思群堂落成志庆云。

(《大夏思群堂 昨举行落成礼》,《申报》,1946 年 12 月 21 日,第 8 版)

思群堂者,大夏大学师生为纪念王故校长伯群先生而筑者也。当大夏创设之初,蠖屈穷巷,无尺寸之籍,赖先生殷勤扶掖,规制始具,既而分退食之余暑,兼理校政,困心衡虑,荷钜举艰,十年如一日,置廨宇,储典籍,萃东南之士而大淑之,而夏声乃宏。民国二十六年秋,倭房构难,淞沪阽危,先生复毅然挈校迁筑,披荆斩棘,振铎黔中。盖又阅六稔。三十三年冬,寇窥独山,西南震越。先生适寝疾,闻耗亟起,图再徙赤水。比至渝,忧劳逾恒,竟尔溘逝,良可恸也!厥后,欧校长元怀,王副校长毓祥,膺校董会之重托,继承遗志,克期迁赤,离经流,播大夏,终获无恙。又期年而寇患平。今年秋,西上之校本部暨留沪之分校,俱返梵皇渡丽娃河畔,旧址盖先生所辟者也。大夏师生于聚首庆叙之余,感悼先生不已,乃建一堂,额曰思群。庶登斯堂者,瞻其轮奂恢崇,如见先生之风范焉。共觇首丰碑,观者堕泪,功德之在人心,有如此者。然则斯堂之寿,宁有既乎!

堂成于民国三十五年十二月二十日,大冶刘锐为之记,永嘉马公愚书。

(《思群堂记》,《大夏周报二十三周年校庆特刊》,第 24 卷第 1 期,1947 年 6 月 1 日)

今天,是故校长伯群先生逝世的二周年纪念日,无限悲思,一时不知从何说起。当伯群先生逝世这两年中,我们学校及世界的变动均非常大。

回想黔南告急之时,学校势必迁移,而厄于经费,伯群先生于十二月六日抱病赴渝,向教育部请款补助学校,以国事校事的忧思,及沿途的劳顿,以致时间迁延,未暇入医院诊治,至十三日,病势加重,何总长应钦夫人即伴送入陆军医院。其时,伯群先生自觉病势沉重,而又感于国家与学校任务之重大,故当其夫人保志宁女士去看他时,伯群先生嘱彼向医师求救,谓此时须为国家为学校尽力,绝不能死,但天夺人愿,伯群先生终于不治而长逝了。

伯群先生原籍江西,于祖父时代迁黔,先生事亲极孝,在上海时公务之暇,常侍太夫人宴叙,色笑承欢,数十年如一日。

先生为革命奔走卅多年,贡献殊多,民国八年赴日留学,专习政治经济,在日即追随孙总理,参加同盟会工作。辛亥革命,在黔响应武昌起义。民国三年为黔省代表赴北平参加政治会议。袁世凯称帝时,参加讨袁工作。民七军阀割据,又与其弟在西南参加广东临时大总统指导下之督军会议进行革命。民十年任大总统参议。民十六年国府定都南京,为政治会议委员。民十七年起任交通部长八年,建树尤多。自辛亥革命至民国政府成立之革命长期工作过程中,均为革命奔走。在其参加革命的卅多年中,历经许多艰难困苦,先生为人类为国家之崇高精神,深为吾人所敬佩。

再从本校言,民国十三年,大夏由元怀、式说诸先生及本人,应厦大一部分学生之请求创立时,上不在天,下不着地,而是挂在我们的口上!伯群先生即慨允为董事长,其老友马君武先生为校长,及至北伐成功,奠都南京,马君武先生即应广西之聘为广西大学校长。伯群先生即任本校校长。

大夏的几百亩地,有赖王校长之领导募捐而来。我们所建的三大宿舍,由于厦门大学有群贤楼的缘故,因此我们的第一座大课堂与办公厅,赐名为群贤堂,宿舍三座亦名群策、群力、群英三斋,均以群字冠额,饮水思源,用意在此。二十二年秋正拟以十四万元建为黄浦图书馆,均为王校长所亲自筹划,工程师画来的图样,经王校长改良修正的地方甚多,惜战事爆发,此项计划遂成泡影。复员以来,校舍被毁十之五六,本期新建礼堂,决以之纪念王故校长,以垂永久。

抗战开始,本校与复旦大学成立二个联合大学。第一联大在庐山,第二联大在贵阳,于民二十七年重行分立,恢复大夏于贵阳,伯群先生以大夏在筑,则其一己之能力贡献大夏可尽量发挥,他曾解释说:"大夏大学之名,已占两个'大'字,但夏字在古时亦可作为大字解,因此可说是'大大大学'。要使她名符其实,则对学校当尽力贡献,加以充实。"频年以来,伯群先生对大夏之苦心奋斗,心力交瘁,真难以言语形容的。

今日在此纪念,伯群先生已逝世二周年,心头只是说不出的哀痛!孔子死后,其子弟服丧三年,我们的王故校长逝世,我们亦当尽情的纪念。并且我们后死者必遵先生遗志,继续维持大夏。从前美国总统林肯吊美国阵亡将士曾说:"死者已死,我们追悼他们是应该的;但不仅追悼而已,尤应踏着死者的血迹奋斗,继续其事业,永垂不朽。"因此我们觉得我们必应继伯群先生生前长期奋斗的精神努力,使大夏发扬光大,永垂不朽!

(王毓祥:《悼故校长王伯群先生》,《大夏周报》,第23卷第3期,1946年12月15日)

二十三日　纪念周会请吴国桢市长作演讲。(《半年大事记——三十五年秋季》,《大夏周报》,第23卷第6期,1947年3月15日)

二十四日　校董杨子惠[①]莅校视察。(《半年大事记——三十五年秋季》,《大夏周报》,第23卷第6期,1947年3月15日)

三十日　纪念周会请奉派赴日归还物资接收委员会主任委员周茂柏讲日本近况。(《半年大事记——三十五年秋季》,《大夏周报》,第23卷第6期,1947年3月15日)

本月　积极建设校舍校景。

本校群贤堂大门对面之广场正中,置有方形旗墩,下奠圆阶三级,上竖高昂之旗杆,国旗高悬,随风飘展。是墩为欧、王二校长及吴总务长等私人捐赠,四面铭有大理石阴文,沦陷期间,大理石为敌伪攫去,现由学校补修云。

(《重修旗墩》,《大夏周报》,第23卷第3期,1946年12月15日)

本校新建大礼堂为纪念王故校长伯群先生,内部装潢亦已完工,讲台面广四十尺,深度二十一尺,为沪上各大学礼堂台面之最广大者,两壁置有活动彩色视板,演剧时可作为布景之用,灯光提示均即布置齐全。是项装置系由编者会同土木系助教金祖荫先生共同设计,商请沪上舞台设计专家吴仞之先生校订而成,并由上海毕业同学会捐赠织锦玫瑰色大幕,两边镶有校徽,美丽堂皇,今后本校戏剧音乐各种活动定将热烈展开。

(《思群堂台面完工　上海毕业同学会捐赠大幕》,《大夏周报》,第23卷第3期,1946年12月15日)

本校校景设计委员会自成立来,积极计划,委员为吴总务长、邵院长、何院长、土木工程系教授陈宏铎先生,及毕业同学会代表一人,现已初步先建丽娃栗妲河之桥梁数座,不日即将开始云。

(《积极设计校景》,《大夏周报》,第23卷第3期,1946年12月15日)

统计该学期教授人数、开设课程和学分。

本校本学期讲学教授计八十八人,较上学期多三十三人,且多为专任教授,本学期所开课程计二百三十九门,七百二十学分(中山路校本部占一百七十学程,五百二十三学分;南京西路办事处占六十九学

---

① 杨森(1884—1977),字子惠,原名淑泽,又名伯坚,四川广安县人,川军著名将领。国民革命军陆军二级上将,贵州省主席。1949年去台湾,后逝于台北。

程,一百九十七学分),较上学期多九十五学程,二百六十二学分。以各学程分组之多寡而言,最多者为基本英文上,共分十二组,次多者为基本国文上,共分九组。

(《校闻》,《大夏周报》,第23卷第3期,1946年12月15日)

学生自治会将正式恢复。

本期学校复员,黔沪二部合并,原有之学生自治会须重加调整,训导处顷已通知由各系按照人数比例选出自治会筹备会代表若干人,于期中考试后正式恢复学生自治会之组织,欧校长于纪念周上强调谓:"期中考试过后,各同学于不忘课本之外,希望广泛展开有益于身心之课外正常活动。"

(《学生自治会即将成立》,《大夏周报》,第23卷第3期,1946年12月15日)

〈民国三十六年〉
丁亥

一九四七年

一月

一日　元旦放假三天，是日上午十时在思群堂举行师生新年团拜暨庆祝大会，并由王副校长、徐汉豪主任报告出席国大制宪情形。(《半年大事记——三十五年秋季》，《大夏周报》，第23卷第6期，1947年3月15日)

九日　举行第三次校务会议，欧元怀校长、鲁继曾教务长、吴浩然总务长、苏希轼训导长分别报告校务。会议确定了后一学期招生人数、时间、增收学杂费等若干教学事宜。

第三次校务会议

时间：三十六年一月九日下午三时

地点：理工学院楼上

出席　欧元怀　关可贵　鲁继曾　王毓祥　韩钟琦　周昌寿　顾文藻　王元鑫　吴浩然　张隽青　葛受元　蔡文熙　夏炎　邵家麟　苏希轼　陶恩川　潘健卿

主席：欧校长

记录：黄彦起　陈旭麓

甲、报告事项

一、欧校长报告：1.定本月十二日下午二时在本校思群堂举行上海市毕业校友茶话会并请校务会议全体参加。2.定本月十九日晚假清华同学会举行本学期应届毕业生话别会。3.法、商学院城区部分下学期迁入光夏中学已接洽就绪。4.本校教职员待遇自二月起照政府新行调整标准致送。5.分发本校青年军复学生什膳宿等费由教部统筹办理，维[惟]迄今未奉颁发分文。6.欠费学生如学期结束尚未缴清，照章不给学分，下学期不准注册。7.本校在抗战期内散失图书杂志甚多，经查一部分存在市立图书馆，已派韩馆长交涉中。

二、鲁教务长报告：1.十二月份教员缺课情形。2.本月十六、十七、十八、十九日为本校应届毕业生考试，每课考试时间为一小时半。3.经审查合格准参加毕业考试学生共五十三人。4.本学期期终考试集中在思群堂举行。5.考试时间表、人数表已排定。

三、吴总务长报告：1.思群堂大部工程已完成。2.添制图书馆书橱。3.运动器具已照本学期原定计划实行。4.理学院应用器具大致添置就绪。5.理发室将移入群策楼下。6.浴室已开放。7.下学期校车增新车两辆。8.计划植树布置校景。

四、苏训导长报告：1.举行国英语演说竞赛。2.经济食堂全由学生自营，参加者日多。3.学生救济委员会已发寒衣四十九人，尚有同学在申请中。4.理发部最近加价至一千五百元。

乙、讨论事项

一、议春季招考新生日期及简章案

议决：第一次招生三十六年二月二、三两日，第二次招生，同年同月二十二、二十三两日。简章照教务处拟定办理。

二、议应届毕业学生缺修必修科目应否准予以其他学程代替案

议决：学年学分修满者由教务长商同院长、系主任准以性质相同之学程代替。

三、学生周希会、王力峰在期中考试舞弊,情节重大,已予以停学处分请追认案

议决:通过。

四、议学期考试如何严格举行案

议决:在思群堂集中举行,考场内不准携带任何书籍! 并随时核对学生证,认真监试!

五、议春季增收学什费案

议决:约增百分之五十,待各[专]科以上学校联谊会决定。

六、议改良交通车案

议决:每日下午四时至六时加派车辆。

(《第三次校务会议记录》,《大夏周报》,第 23 卷第 5 期,1947 年 1 月 15 日)

十九日　该学期应届毕业生五十余人毕业生考试完毕,欧、王二校长特定于是日下午六时假九江路花旗银行大楼,举行话别会。(《招待应届毕业生》,《大夏周报》,第 23 卷第 5 期,1947 年 1 月 15 日)

二月

十一日　召开第四次教务会议,筹备出版科学教育季刊。

第四次教务会议已于二月十一日下午在工程馆举行,出席者鲁继曾、邵家麟、杜佐周、张隽青、何仪朝、程俊英、陶愚川、陈铭恩、陈景琪、王兴、周昌寿、葛受元、蔡文熙、苏希轼、韩钟琦等,列席者王元鑫、唐茂槐,主席鲁教务长,议决要案多起,本届新生录取亦确定。

(《举行教务会议》,《大夏周报》,第 23 卷第 6 期,1947 年 3 月 15 日)

本校为加强科学教育之功能,业已筹备出版科学教育季刊,第四次教务会议中推选鲁继曾、邵家麟、王兴、陈景琪、周昌寿、陈岳生等为编辑委员会委员,并由邵院长为负责召集人。

(《筹备科学教育季刊》,《大夏周报二十三周年校庆特刊》,第 24 卷第 1 期,1947 年 6 月 1 日)

二十五日　召开复员后第一次校董会议,董事长孙科主持,到会董事有:孔祥熙、刘攻芸[①]、欧元怀、王毓祥、周诒春[②]、赵晋卿、钱新之、黄绍雄、王志莘、鲁继曾、吴浩然、邵家麟、罗四维等,会议通过恢复教育学院、大夏中学,续办法、商学院第二院,筹建女生宿舍及发动募捐等决议。

二月二十五日,天气晴和,本校于复员后举行第一次校董会议于南京路金门酒店,孙董事长哲生先生自京来沪主持会议,到有董事孔庸之[③]、刘攻芸、欧元怀、王毓祥、吴浩然、鲁继曾、周诒春(欧代)、邵家麟、赵晋卿、王志莘、罗四维、钱新之、黄绍雄等。孙董事长首致开会词,于本校复员经过及教职员勤劳情事备致赞扬,而于学校发展前途更表关切,次由欧校长报告复员经过,王副校长报告昆明募捐情形,鲁教务长及吴总务长分别报告校务概况,旋讨论要案多起,并通过恢复教育学院、恢复大夏中学,续办法、商学院第二院,筹建女生宿舍,及发动募捐复兴本校等,会议时间前后历数小时,各校董精神饱满,本校发展前途定更光明灿烂。

(《校董会计划发展本校,孙董事长亲自主持　决议恢复教育学院、大夏中学,续办法商学院第二院,筹建女生宿舍等》,《大夏周报》,第 23 卷第 7 期,1947 年 4 月 1 日)

---

① 刘攻芸,(1900—1973),原名驷业,别名泗英,福建闽侯人。历任国民政府中国银行总会计、邮政总局副局长、邮政储金汇业局局长、中央银行副总裁、财政部长等职。

② 周诒春(1883—1958),亦名贻春,字寄梅,安徽休宁人,中国著名教育家,曾长期担任清华学校校长,国民政府农林部长、卫生部长。

③ 孔庸之,即孔祥熙(1880—1967),字庸之,号子渊,中华民国南京国民政府行政院长,兼财政部长,长期主理国民政府财政。银行家、富商。

三月

一日 第一期《历史社会季刊》正式出版。

本校历史社会系,向于调查研究出版诸工作努力进行,上学期复员以后,该系主任由苏训导长希轼兼代,即时恢复研究室,并筹备出版《历史社会季刊》,十六开本,一百二十页,有杜佐周、岑家梧、吴泽、苏希轼、张少薇、蔡仪、张承炽、郑安仑等著作,及吴泽霖等社会调查,内容极有价值,该刊业已出版,并由欧校长题字。

(《〈历史社会季刊〉出版》,《大夏周报》,第 23 卷第 6 期,1947 年 3 月 15 日)

我们需要进步,我们需要和平,我们更需要平等自由的民主政治。

中国一切都落后,我们必须迎头赶上去。从纵面上看,中国虽是一个开化较早的国家,但从横面上看,却是样样不如人家!无论衣、食、住、行、娱乐及教育各方面,我们都在低级标准上过生活,确非加倍努力,积极以求进步不可……

(杜佐周:《发刊词》,《历史社会季刊》,创刊号,1947 年 3 月 1 日)

三日 是日开始正式上课,各院系学生均集中在校本部上课,重华新村不再分设课堂。教务处为便利学生,编印出版《学生手册》。

三月三日各院系集中上课,重华新村不再分设课堂。

(《二十三周年来大事记》,《大夏周报二十三周年校庆特刊》,第 24 卷第 1 期,1947 年 6 月 1 日)

本校自复员后,法、商二学院一部分同学仍在静安寺路重华新村上课,欧、王二校长以该处住户杂居,不宜教学,本学期起一律集中在校本部上课,惟顾及职业青年及学校校舍问题,上课时间将予延迟至晚间八时半云。

(《各院系集中上课》,《大夏周报》,第 23 卷第 6 期,1947 年 3 月 15 日)

教务处为便利各生注册起见,编印《学生手册》,内有一般规则及所修课程学分等,已于开学时出版,此外并编印课程索引分发,各生深感便利云。

(《编印学生手册及课程索引》,《大夏周报》,第 23 卷第 6 期,1947 年 3 月 15 日)

九日 召开第四次校务会议,欧元怀校长报告:1. 该学期校务会议定期举行。2. 校董会议详情。3. 城区法、商学院第二院因新址未能解决,现暂改在中山路校本部上课。王毓祥副校长报告与教育部接洽正式成立土木工程系的经过。后讨论通过多起议案。

三月九日上午九时本校举行第四次校务会议,地点假理工学院楼上,出席者欧校长元怀、王副校长毓祥、鲁教务长继曾、吴总务长浩然、苏训导长希轼、杜院长佐周、邵院长家麟、张院长隽青、何院长仪朝、程主任俊英、陈主任铭恩、陶主任愚川、陈主任景琪、周主任昌寿、王主任兴、葛主任受元、蔡主任文熙、关主任可贵,教授代表潘健卿、张耀翔、夏炎等教授,及顾主任文藻、王代主任冰生等。欧校长主席,报告下列各项:(一)本学期校务会议定每月第一星期日上午九时假理工学院举行。(二)校董会开会经过详情。(三)最近社会环境不安,青年思想易趋偏激,但校内应力求安定,希全体教授以教育方式指导青年,努力于学问之研究。(四)城区法、商学院第二院因新址未能解决,现暂改在中山路校本部上课。次由鲁教务长报告注册及补考学生人数,吴总务长报告总务方面新献,王副校长报告赴京与教部杭次长、童帮办接洽正式成立土木工程系之经过,苏训导长报告住宿同学及免费额同学人数。复分别讨论通过各项重要议案多起,十二时许散会。

(《举行第四次校务会议要》,《大夏周报》,第 23 卷第 7 期,1947 年 4 月 1 日)

欧、王二校长与教职员聚餐。

三月九日中午,欧、王二校长约全体职员叙餐于理工学院工程馆,融融泄泄,正所谓"大夏一家人"。席间欧校长报告王副校长因事未到,并以努力服务、忠于职守、和以处人、勤以处事相训勉。鲁教务长、吴总务长先后戒以"公"与"诚"。餐后,各人都面色奋发,酒兴遄飞,唐茂槐学长独树赤织,而酒量闻名之一的方焜沅女士虽多次敬酒亦面无改色。

(《全体教职员叙餐》,《大夏周报》,第 23 卷第 7 期,1947 年 4 月 1 日)

欧校长说:秩序与经济为本期二大顾虑。王副校长说:有肴无酒,太太喜欢先生红脸归家者,则罪属主人。

三月九日下午六时,欧王二校长假四行储蓄会八楼欢宴全体教职员,是日为星期日,四行储蓄会本应循例停止用电,以应本校之请,破例供应一切。欧校长与吴总务长于五时半首先到达,指示布置。到有杜院长、邵院长、张院长、何院长,及前法学院院长,本期为兼任教授之孙浩烔先生等百余人。席间欧校长首言本校是私立的,凭师生合作之力始有今天,董事会对于本校之扶助尚未发挥伟大之力量,学校之发展,有赖于全体教职员之通力合作,故全体教职员皆可作校董看。次言学生本身纯洁,情感与思想易受社会之刺激,盼善为诱导,以安定学校之秩序。末言本学期学生收费较上学期增加百分之五十三,薪俸支给亦依此比例,如国家经济不再发生混乱,则本期可勉渡难关。王副校长谓本晚无酒,深致抱歉,惟太太们大都不愿各位饮酒,故以后宴请可得各位太太之欢迎,然或有太太喜欢丈夫红脸归家以增兴趣者,则本晚至为抱歉,语尤未毕,座中扬起了一片笑声……

(《欢宴教职员》,《大夏周报》,第 23 卷第 7 期,1947 年 4 月 1 日)

十五日 丽园第二男生宿舍修理完毕。(《二十三周年来大事记》,《大夏周报二十三周年校庆特刊》,第 24 卷第 1 期,1947 年 6 月 1 日)

十七日 举行新生入学指导会。

三月十七日,学校利用周会的时间,在大礼堂开了一次本期新生入学指导会,出席指导者是欧校长元怀、王副校长毓祥、鲁教务长继曾、吴总务长浩然、苏训导长希轼,他们五位就是一般同学所乐称的"五巨头",今天以和蔼慈祥的"家长"资格来指导新加入大夏"大家庭"的儿女……

(《新生入学指导会侧写》,《大夏周报》,第 23 卷第 7 期,1947 年 4 月 1 日)

二十一日 大夏大学毕业同学会改组成立,召开理监事联席会议。

新理监事产生,正副主席罗四维、王元鑫,各部人选推定,积极计划设立大夏俱乐部。三月二十一日举行理监事联席会议。

本校上海毕业同学会及贵州校友会于一月十二日召开毕业生大会,合并改组,定名为大夏大学毕业同学会并投票选举理监事,业志本报 23 卷第 5 期。开票结果,当选理事者为:王元鑫、赵一苇、苏希轼、王家庆、刘伯珩、罗四维、程宽正、来雷、陈旭麓、宋成志、吴鹏飞、陆中遽、黄彦起、张瑞钰、夏炎等十五人……

(《毕业同学会改组成立》,《大夏周报》,第 23 卷第 7 期,1947 年 4 月 1 日)

二十四日 举行该学期第一次纪念周会,欧元怀校长报告校务。

三月二十四日为本学期第一次周会,上午十时正,全体师生二千余人集合于思群堂,由欧校长报告校务,兹汇录斯:(一)三月二十九日为国定假期,纪念革命先烈殉难之青年节,本校放假一天。(二)本校向来考试绝对严格,内迁贵阳赤水时,有"我爱护母校,我尊重考试"之美称,但上学期期中、期末两次考试舞弊现象仍有发生,学校分别予与停学或警告二次处分,殊甚惋惜! 兹以开学伊始,功课正在进行,望同学多多用功,自爱爱校,本学期但愿并无一人舞弊。(三)本校图书馆共有五万余册,英文杂志五十余种,中文杂志二百余种,本埠日报十四种,晚报四种,外埠报纸十四种,虽不能谓之为多,然亦不可谓太少,望同学利用课余时间,善自研习。(四)本校纪念章在未经教部颁令作三角形前已有之,有悠久之历史,纪念章中红白蓝三色分别代表热诚、纯洁、慧智,六角中有一圈乃系代表"六一"即创校纪念日,并有中文"大夏"二字及英文字母"GCU"三字,乃本校英译名 Great China University 之缩写。故其中含有深义,并非闭门造车,近日"集思箱"所接同学意见书中对此纪念章之误解颇多,特作解释。(五)校车之驾驶实系留为教授于辛劳讲学之余前来乘坐,望各位同学切勿事先占领而远尊师重道之至意。(六)本校战前房舍林立,今日泰半已成颓垣断瓦,实有不胜今夕之感,故在此物质条件下,群贤堂自是拥挤不堪,深望同学尽力维持肃静之秩序,顾及全体教职员与同学之安宁。(七)此后思群堂开作交谊厅,各学会于开会时望事先到训导处办理登记手续,以便分配。(八)饭厅应由各届膳食委员会维持秩序,训练管理与领导之能力。(九)此后每次周会均分别聘请海上学者名流讲演,最近已约定金兆梓、潘公展、顾毓琇、王芸生诸先生等来校演讲,望各同学踊跃出席,并视之为权利与享受。(十)同学之信插日内即可完工,收信时当有不少方便。(十一)同学对学校有认为应与应革之事,望其具真实姓名投函集思箱,校方必尽量采纳。(十二)在眼前国际情势中,整个国家需要安定,社会需要安定,大夏复员伊始是"老店新开",千绪万端在建设中,是以更需要安定,希望同学勿误解自由、滥用自由,共同维持秩序。

(《第一次周会　欧校长报告校务》,《大夏周报》,第 23 卷第 8 期,1947 年 4 月 11 日)

三十一日　上午十时举行该学期第二次纪念周会,特请前史社系教授、时任新中华杂志社社长金兆梓作演讲,题为"国际现势分析"。(《第二次周会——金兆梓教授讲"国际现势分析"》,《大夏周报》,第 23 卷第 8 期,1947 年 4 月 11 日)

本月　学校与航空通讯器材修造厂达成协议,该厂捐助学校航空通讯器材,学校为该厂代办通讯人员培训班。

理工学院自复员后,黔沪两部新旧仪器合并,内部更为充实。学校当局近以航空为中国新兴事业,今后建国工作更需是项人材,近向空军总司令部及其附设之通讯器材修造厂申请捐助航空通讯器材以辅本校之不足,已洽有头绪,并闻航空通讯修造厂将先委托代办通讯人员训练班,而本校将拟定□划,请董事会核定后即呈请教育部添开航空通讯专科云。

(《筹办航空通讯专科》,《大夏周报》,第 23 卷第 6 期,1947 年 3 月 15 日)

统计录取和注册人数,以及开课门数等。

本学期曾先后举行新生入学考试两次,共取录三百三十三人,现已正式报到注册上课。

(《新生统计》,《大夏周报》,第 23 卷第 7 期,1947 年 4 月 1 日)

本期注册人数截止至三月二十四止,计文学院三百零六人,理学院二百八十五人,法学院八百零八人,商学院四百五十六人,共一千八百五十五人。

(《注册人数统计》,《大夏周报》,第 23 卷第 7 期,1947 年 4 月 1 日)

本校各学院课程之开列,向极广博,前时尤以教育学院之课程为全国各大学之冠。本期课程各学院除共同必修课程外,文学院所开选学程共五十二门,理学院为五十一门,法学院为四十六门,商学院为三十七门。

《各学院课程统计》,《大夏周报》,第 23 卷第 7 期,1947 年 4 月 1 日)

四月

六日　召开第五次校务会议,欧元怀校长报告学校添设教职员宿舍、筹建女生宿舍的新计划,后议决多起要案。

三十五年度第五次校务会议已于本月六日上午九时在理工学院楼上举行,出席者欧元怀、王毓祥、鲁继曾、吴浩然、苏希轼、杜佐周、邵家麟、张隽青、何仪朝、程俊英、陈铭恩、葛受元、蔡文熙、周昌寿、陶愚川、王兴、陈景琪、关可贵、潘健卿、陈醒庵、顾文藻、韩钟琦、王元鑫、王冰生,欧校长主席,黄彦起、陈旭麓记录,首由欧校长报告本校各种进步情形及添辟教职员宿舍、筹建女生宿舍各新计划,次由鲁教务长、吴总务长、苏训导长、韩馆长分别报告,并议决要案多起。

(《举行第五次校务会议》,《大夏周报》,第 23 卷第 9 期,1947 年 4 月 21 日)

七日　举行该学期第三次纪念周会，欧元怀校长报告校务。

本月七日举行第三次周会，由欧校长报告校务，兹汇志如次：(一)本月十四日请本市教育局局长顾毓琇先生，二十一日请马公愚先生，二十八日请王芸生先生来校演讲。(二)本月十五日起改用夏令标准时刻，第十节课上课时间改为下午六时二十分，第九、十两节之间休息三十分钟，便利同学晚膳。(三)本月十二日请英国教育家、牛津大学院长格利女士来校讲演，讲题为"英国成人教育"，教育、史社、外文系同学必须出席。(四)本月十二日举行国语演讲比赛，十九日举行英语演讲比赛，盼各同学踊跃参加，选出优秀代表参加上海市专科以上学校之校际比赛。(五)近来课室秩序欠佳，务望各同学合力维持，亦即为本人恳切要求，各同学须认识来此乃系研究学问，并非饱食终日无所事事。(六)下课之前希勿要求教授提前下课，铃声响时更勿于室内尚有同学听课时敲门直入，此实非本校原有学风，望勿做害群之马。(七)对迟到早退同学之处罚办法业经校务会议通过，即将实施，严格执行。(八)杂志室中杂志已加多，但日来已有"自行失踪"之迹象，此种 Open Shelf 之办法系一种道德的尝试，望同学维持此优良风气。(九)本校电话现准备装置交换机，以现存三架为总机，再设二十分机，便利各办公室、各教授，及各同学。(十)对师长对同学应有礼貌，维持和谐之精神；并应养成整齐清洁之习惯，保护校园内优良之环境。(十一)校河内已移植大批活鱼，各同学于星期假日，可执竿垂钓，以恢复一星期上课研究之疲劳。

(《第三次周会　欧校长报告校务》,《大夏周报》,第 23 卷第 9 期,1947 年 4 月 21 日)

十二日　学校举行国语演说竞赛。

本校每学期均举行国英语演讲比赛一次，本学期之国语演说比赛业于本月十二日下午二时假群贤堂第二教堂举行，报名参加者共计十四人，全属"大汉"，有刘志夫之"怎样应付畸形恶劣的现象"、李子弋之"我理想的新班超"、赵立政之"青年自我改造的途径"、蒋尚杰之"黑暗和光明"……评判委员聘请程俊英、陶愚川、蔡仪、苏希轼、赵一苇各教授，评判结果：陈修仁荣获首名，二名赵立政，三名赵致远，分别得奖金八万元、五万元、三万元及墨水、毛巾、肥皂、牙膏等物，获奖者莫不喜气洋洋，逢人便说"惭愧"不已！

(《国语演说竞赛　陈修仁获首名》,《大夏周报》,第 23 卷第 9 期,1947 年 4 月 21 日)

十四日　董事长孙科到校演讲。

四月十四日，孙董事长偕夫人莅校，在思群堂向全体学生训话，题为"国家建设与民主建设"，讲历二小时。

(《二十三周年来大事记》,《大夏周报二十三周年校庆特刊》,第 24 卷第 1 期,1947 年 6 月 1 日)

举行该学期第四次纪念周会，上海市教育局局长顾毓琇来校讲演。

四月十四日上午十时，第四次周会聘请前教育部次长、国立中央上大学校长、现任上海市教育局长顾毓琇先生演讲，讲题为"从大禹王说起"。首经欧校长致欢迎词后，顾氏即开始致词……

(《第四次周会　顾毓琇博士讲"从大禹王说起"》,《大夏周报》,第 23 卷第 10 期,1947 年 5 月 1 日)

学生自治会选举开始，训导处公布选举办法。

本校历年来学生自治会之组织皆系采取公开竞选制，情况极为热烈，自去岁复员以还，曾成立代表会，但以上学期期间甚为短促，故正式干事会迄未产生。本学期上课至今，训导处即积极筹备改选工作，印就选举票，并公布各项有关办法：每系选出基本人数为两人，超过百人以上者选出三人，依次以五十人为单位选出一人，现据各系人数统计：经济系应选出七人，法律系六人，政治系、工商系各五人，土木系、会计系各四人，教育系、化学系各三人，其他各系俱为二人。选举时间为四月十四日(星期一)起至十九日(星期六)止，各该系同学持学生证到训导处领取选举票据填写，自行选就后亲自投入票箱，预料当有一番激烈竞选场面出现。

(《自治会选举开始　训导处公布办法》,《大夏周报》,第 23 卷第 9 期,1947 年 4 月 21 日)

十五日　二十三周年校庆是复员后第一次校庆，学校当局决定要盛大举行。是日举行第一次校庆筹备会议，推选专人负责筹备工作，并准备出版一系列校庆纪念刊物。

本年六月一日二十三周年校庆为本校复原后第一次校庆，学校当局决盛大举行，业经校务会议推定吴总务长、邵院长、苏训导长、陶主任愚川、韩馆长钟琦、宋主任成志、王主任元鑫等七位负责筹备，学校当局及毕业同学会将请毕业同学届时返校参加,闻是日校中有各种展览及活动,大夏剧团将首次公演话剧。筹备会已定本月十五日开会,行见丽娃河之畔,鱼跃柳媚,我五百余亩广大之校基上定有一番空前之热闹。

(《本年校庆扩大举行　筹备人员业已推定》,《大夏周报》,第 23 卷第 9 期,1947 年 4 月 21 日)

本届六一校庆将热烈举行,筹备会并议定出版各种纪念刊物如下:(一)复员纪念刊;(二)大夏周报校庆纪念特刊;(三)科学教育季刊;(四)历史社会季刊;(五)大夏通讯由毕业同学会于是日恢复出版。

又讯:校庆筹备负责人之工作亦经分配如下:典礼仪式布置请吴总务长,理学院展览请邵院长,图书馆展览请韩馆长钟琦,体育竞赛请祝主任家声,游艺请苏训导长希轼,刊物请宋主任成志,毕业同学会招待事宜请陶主任愚川、王主任元鑫、来主任雷云。

(《筹备校庆纪念刊》,《大夏周报》,第 23 卷第 10 期,1947 年 5 月 1 日)

十七日　教育学会邀请陈鹤琴来校演讲,讲题为"活教育理论体系"。

四月十七日上午十时教育学会第一次学术讲座敦请名教育家、本市幼稚师范专科学校校长陈鹤琴教授主讲,讲题为"活教育理论体系"。陈氏指出活教育之三大目标为:(一)做现代的中国人,大自然社会皆是教材;(二)中等教育要力求进步;(三)阐述教学的原则和步骤及活教育的人生哲学。末由陶主任愚川致谢词,迄中午始宣布散会。

(《教育学会学术讲座　陈鹤琴讲"活教育理论体系"》,《大夏周报》,第 23 卷第 10 期,1947 年 5 月 1 日)

十八日　史社学会主办第六次学术讲座,聘请李鼎声(平心)作演讲,讲题为"中国近代史研究法"。(《历史社会学会学术讲座　李鼎声讲"中国近代史研究法"》,《大夏周报》,第 23 卷第 10 期,1947 年 5 月 1 日)

十九日　举行英语演说比赛。

本学期英语演说比赛,业于四月十九日下午二时举行,聘请外文系教授陈铭恩、刘明君、王文俊、聂绍经为评判员,参加者至为踊跃,计有钟居正之 Taking Advantage of Every Minute,陈乾烈之 Advance of Ancience① in the West,……李子颐之 China's National Revolution 等。评判结果钟居正荣获首名,二名陈乾烈,三名刘家权。

(《中国人说英国话　十名参加"斗争"》,《大夏周报》,第 23 卷第 10 期,1947 年 5 月 1 日)

二十日　召开第五次教务会议,决定恢复大夏民众教育实验区,使临近学校的平民子弟得到补习教育的机会,并公布期中考试新办法。

本年度第五次教务会议,业于四月二十日上午举行,出席者:鲁继曾、张隽青、何仪朝、杜佐周、葛受元、孙浩烜、关可贵、龚清浩、程俊英、蔡文熙、刘文藻、周昌寿、陶愚川、邵家麟、陈景琪、王兴、苏希轼、韩钟琦,主席鲁教务长,记录唐茂槐,讨论要案多起。

(《举行第五次教务会议》,《大夏周报》,第 23 卷第 10 期,1947 年 5 月 1 日)

本校于战前推行民众教育,原有整个计划,曾于民国二十三年春季举办大夏民众教育实验区,二十四年恢复该区改组,与上海教育局暨邰爽秋先生所倡办之中国民生教育会合办沪西教育实验区继续推进,"八一三"事变后终止。现拟恢复大夏民众教育实验区,先从识字教育入手,使本校临近之农工商及其子弟皆得享受补习教育之机会,进而筹划各种社教之实验,逐渐推广,俾本校对民教理论与实施,继续贡献。是项方案经第五次教务会议推请杜院长佐周、陶主任愚川、苏主任希轼会同原起草人唐茂槐先生组织委员会审查,提交下届教务会议作最后之决定。又闻该民教实验区并供教育社会诸学系以实验之场所,并拟划定本校附近新泾区及长宁区之一部分云。

(《恢复民教实验区　对民教理论学方法继续贡献》,《大夏周报》,第 23 卷第 10 期,1947 年 5 月 1 日)

---

① 原文如此。

本校期中考试,历来严格进行,而上学期有少数学生冀图取巧,已由教务处予以停学处分。近经校务会议决各班中六十人以上者,请担任教授出试题两套,单位与双位之试题不同,以杜舞弊,闻是项新办法,教务处即将函请各教授严格举行。

(《期中考试新办法　一班六十人以上者试题双套》,《大夏周报》,第23卷第9期,1947年4月21日)

二十一日① 上午十时,该学期第五次纪念周会聘请前文学院教授马公愚作演讲,讲题为"中国艺术之欣赏与涵养"。(《第五次周会　马公愚先生讲"中国艺术之欣赏与涵养"》,《大夏周报》,第23卷第11期,1947年5月11日)

二十二日　美国援华会向学校捐赠数百册图书,欧、王二校长复函致谢。

美国援华会驻华办事处主任艾德敷博士于四月十八日致欧校长,内附美国哥伦比亚大学教育学院之魏特马教授选定之一九三七至一九四四年,及一九四五至一九四六年间之教育参考书籍目录两份。该会之所以馈赠本校大批教育参考书籍,乃因本校战前及战时已造就大批人才而成绩又属斐然可观而致者。欧王两校长已于四月二十二日复函致谢艾德敷博士,表示愿以极为快意之心情接收此项赠书,并谓此项赠书将促使本校从速作恢复教育学院之准备工作,因本校教育学院毕业生不下二千人,而战前之规模及所开课程范围之广博实已冠于全国,且本校毕业生在我国教育界中亦占有重要之地位也。兹查该项书籍分类内容如次:1. Reference Books 2. Principles,Philosophy and Current Trends ⋯⋯合共数百册,第一批书籍将于五月一日抵沪,该会将再通知本校领取云。

(《同学福音!美国援华会慷慨赠书　名著数百册,欧王二校长已去函致谢》,《大夏周报》,第23卷第10期,1947年5月1日)

二十六日　比乐中学校长孙起孟来校演讲。

四月二十六日教育学会第二次学术讲座聘本市比乐中学校长孙起孟先生讲演,讲题为"中国男女分校问题"。讲演内容分为:(一)一般学校只重就业指导而忽略婚姻指导;(二)提倡男女分校者乃避免训导之责任;(三)由此学生因不能男女同校,遂于恶劣社会中受美国色情电影之暗示;(四)最后便发生同性恋爱心理,成极端变态,致为社会之怪物;(五)强调应在良好的训导制度下男女同校。

(《教育学会第二次学术讲座　孙起孟先生讲"中国男女分校问题"》,《大夏周报二十三周年校庆特刊》,第24卷第1期,1947年6月1日)

二十八日　该学期第六次纪念周会聘请《大公报》主笔王芸生来校演讲。

四月二十八日上午十时,第六次周会聘请本市《大公报》主笔王芸生先生讲演,王氏为最近赴日记者团团长,归国后曾发表十数篇关于日本问题之文稿于《大公报》上,故是日王氏亦就此问题发表意见。欧校长致欢迎词后,王氏即就讲题"日本问题再认识"致词⋯⋯王氏演词历时两句钟,措词简洁有力,使各同学聆听之下,顿生警惕之心,而讲至激昂处屡博掌声,王氏演词吸引力之大于此可见。

(《第六次周会　王芸生先生讲"日本问题再认识"》,《大夏周报》,第23卷第11期,1947年5月11日)

三十日　丽娃河上的三座木桥修理完成。

四月三十日,重修桥梁三座完成。

(《二十三周年来大事记》,《大夏周报二十三周年校庆特刊》,第24卷第1期,1947年6月1日)

本校西侧,丽河之旁有木桥三座,一通理工学院,一通女生宿舍,一通教职员宿舍,年久失修,现已动工修理,本月内可全部完成。三座木桥,当为本校添增新的风光,而大运动场之跑道,亦已修筑完成,体育健儿已在试飞身之步矣。

(《修理木桥　跑道修筑完成》,《大夏周报》,第23卷第9期,1947年4月21日)

本月　重设战时停办的各科系研究室,决定先行重设经济研究室、教育研究室、中国文学

---

① 史料原文中此处日期为四月十一日。据查,第五次纪念周会马公愚来校演讲日期应为四月二十一日(见于四月七日第三次周会上欧元怀的报告),原文应系记录错误。

研究室、英文研究室、会计研究室、假法庭、政治研究室等。

本大学于战前有各科研究室,规模粗具,即逢战争。近请各有关院长、系主任负责计划,除历史社会研究室已成立于前,理工学院另有实验研究室外,先行重设经济研究室、教育研究室、中国文学研究室、英文研究室、会计研究室、假法庭、政治研究室等。

(《提高学术研究风气 重设各种研究单位》,《大夏周报》,第 23 卷第 10 期,1947 年 5 月 1 日)

积极整理校园,扩充实验室,以利学生学习。

大夏新村周围四百亩,抗战期间所有建筑物全部摧毁,本校复员后,各村友咸有重行兴建之决心,故新村委员会于今春特聘定职员,积极进行整理工作。近闻全村路基行将修筑完竣,路旁植树已达两千余株,至于村地区证早在二十六年间已向地政局申请换领,旋以事变延搁。胜利后地政局又以分区举办关系,致将此项工作被置在缓办之列,经再三向地政局交涉后,近已获得特许可以提前办理云。

(《整理新村土地》,《大夏周报》,第 23 卷第 8 期,1947 年 4 月 11 日)

理工学院化学系在陈主任景琪先生策划下,日见进步与充实,近日购买大宗化学药品,并添开化学实验室。连同原有实验室可供二百五十同学同时实验。

(《添开化学实验室 可同时供给二五零人实验》,《大夏周报》,第 23 卷第 8 期,1947 年 4 月 11 日)

严格教学管理,开展各项活动,开设毕业生服务部,以促进学习。

本校国英文二学程各有十余组,鲁教务长以每组各生程度参差不齐,分请各任课教授于课室内举行测验,依常态分配将程度相同者列合为一组,俾教学进程可求划一,现已将各生分数汇合即行着手编配。

(《国英文测验分组—提高教学效率》,《大夏周报》,第 23 卷第 7 期,1947 年 4 月 1 日)

本校周会向按时认真举行,本期仍编座号,由训导处派员点名。欧校长报告今后分请诸名流专家来校讲演,三月三十一日请中华书局新中华杂志社社长、本校前教授金兆梓先生讲演国际现势,四月七日请潘公展先生,十四日请顾毓琇先生,二十八日请王芸先生演讲。

(《周会请人演讲》,《大夏周报》,第 23 卷第 8 期,1947 年 4 月 11 日)

本校体育战前向注重普及,故校内并无特殊选手之风习,战时播迁后方一仍旧有作风,自复员后即拨大宗经费从事整理大操场,装置各项运动器械,添购运动器具。本期体育主任已改聘祝家声先生担任,并添聘冯秉新先生授课兼指导,另请女生体育指导员郑桂荷女士。体育部近正策动举办春季运动会,分田径、球类、乒乓、羽毛球、脚踏车等多种,甄拔优胜者参加上海市大学联合运动会。校内场地加筑网球场、羽毛球场及修理跑道。近为便利学生借用运动器具起见,特在群贤堂一楼添开球具室一所。

(《体育新态 体育主任金兆均辞职,祝家声继任》,《大夏周报》,第 23 卷第 8 期,1947 年 4 月 11 日)

本校当局以毕业校友与学校休戚相关,故自本期起特开毕业生服务部,调派王同学元鑫,陈同学旭麓专司其事,王同学司外勤,陈同学司内务,此后吾校毕业同学与母校之关系可更增密切,希各地校友随时随地联得联系。

(《设立毕业生服务部 增强学校校友联系》,《大夏周报》,第 23 卷第 7 期,1947 年 4 月 1 日)

五月

七日 上海市教育局与各大学商定是年入学考试联合举行,是日举行各校校长茶会,商讨具体办法。

〔本报讯〕本市暑假中学毕业会考,前经市教育局顾局长与暨南、复旦、同济、大夏等大学校长商定,各大学之入学考试联合举行。惟因事属创举,诸待磋商,市教育局乃定于今日下午三时,假座静安寺路康乐酒家,邀集本市专科以上学校校长,及公私立高中校长举行茶会,共同研讨具体办法,俾利进行。

（《市教局邀大专校长　研讨中学会考事宜》,《申报》,1947年5月7日号,第5版）

十日　召开第六次校务会议,决议恢复并扩展教育学院,法律系增设司法组,成立暑期学校。

本校教育学院战前向负盛名,历届毕业校友服务于全国各地大中小学及教育行政界者为数极多,复员归来,虽设立教育系附属于文学院,但与战前规模相比,未免减色。自本年二月二十五日董事会议议决恢复教育学院后,复经欧、王两校长历次赴京奔走呼吁,业与教部获得初步协调,故决下学期起恢复教育学院,分为三系:教育学系、社会教育学系、教学心理学系等,未来发展,定见万丈光芒。

（《教育学院下期决将恢复　分为三个学系》,《大夏周报二十三周年校庆特刊》,第24卷第1期,1947年6月1日）

五月十日,召开校务会议,决议扩展教育学院。

校务会议通过教育学院分设教育学系、教育心理学系、社会教育学系等三系,法律系添开司法组,暑期招生。

（《二十三周年来大事记》,《大夏周报二十三周年校庆特刊》,第24卷第1期,1947年6月1日）

三十五年度第六次校务会议于五月十日上午十时假理工学院二楼会议室举行,主席欧校长,出席者王毓祥、鲁继曾、吴浩然、苏希轼、杜佐周、邵家麟、张隽青、何仪朝、孙浩炬、韩闻痌、陈景琪、王兴、关可贵、陈铭恩、陶愚川、程俊英、葛受元、蔡文熙、张耀翔、潘健卿、陈醒庵、顾文藻、韩钟琦、夏炎、王元鑫、王冰生等先生共二十六位,除欧校长、鲁教务长、吴总务长、苏训导长报告外,并通过重要议案多起,散会后并合影留念。

（《六次校务会议五月十日举行　散会后并合影留念》,《大夏周报二十三周年校庆特刊》,第24卷第1期,1947年6月1日）

第六次校务会议议决:本年暑假决继续办理暑期学校,将开各学院之共同必修课及选修课程,办法在拟定中,并公推鲁教务长负责筹备。

（《成立暑期学校》,《大夏周报二十三周年校庆特刊》,第24卷第1期,1947年6月1日）

十二日　校董张君劢莅校,于第八次纪念周会中作演讲,讲题为"学然后知不足"。《第八次周会　张君劢先生讲"学然后知不足"》,《大夏周报二十三周年校庆特刊》,第24卷第1期,1947年6月1日）

十五日　天公报社及河南学会聘请名小说家姚雪垠[1]作学术讲演,讲题为"一个小说家所应具备的条件"。（《天公报社、河南学会主办学术讲座　姚雪垠先生讲"一个小说家所应具备的条件"》,《大夏周报二十三周年校庆特刊》,第24卷第1期,1947年6月1日）

十六日　大夏毕业同学会召开理监事联席会议,讨论庆祝该届校庆方案。

毕业同学会于五月十六日下午五时假南京西路大夏校友俱乐部举行第三次理监事联席会议,到理监事十三人。主席王元鑫报告后,即席追认通过大夏校友俱乐部征求会员细则简章,决议庆祝本届校庆方案:(一)向毕业同学捐款,至有相当成数时然后决定礼物。(二)五月三十一日下午六时假校友俱乐部

---

[1] 姚雪垠(1910—1999),原名姚冠三,字汉英,曾用笔名雪痕、雪、沉思、姚东白等,河南邓州市九龙乡姚营寨人,中国当代著名作家。1949年9月到大夏大学执教,1951年任副教务长。1978年后曾担任第五、六、七届全国政协委员,中国作家协会名誉副主席,原湖北省作家协会主席。1982年,其长篇历史小说《李自成》第二卷获首届茅盾文学奖。

聚餐,但人数登记以六桌为限,届时并束请校董莅临参加。校友俱乐部则定六月一日开幕,并设茶会招待校友。至校友俱乐部常务理事,除正主席罗四维、副主席王元鑫为当然理事外,并推举王家庆、吴鹏飞、宋成志三理事为俱乐部常务理事,负责计划俱乐部各项事宜。

（《毕业同学会第三次理监事会》,《大夏周报二十三周年校庆特刊》,第24卷第1期,1947年6月1日）

毕业同学会近日除致赠母校大批荷花秧外,共拟于校庆前后赠送母校下列各物:计钢琴一座、大刈草机一架、电钟四座、中文打字机一架,及送大夏周报社大信封两万个,计共需款一千六百万元左右,现已分头接洽中。

（《毕业同学会送礼物　捐款已分头接洽中》,《大夏周报二十三周年校庆特刊》,第24卷第1期,1947年6月1日）

二十三日　上海学生掀起罢课风潮,要求当局停止内战,增加教育经费,改善教师待遇与学生伙食,大夏大学绝大多数学生未参与罢课,但发动签名运动,请求教育部准予改为国立。后派学生代表赴南京向教育部请愿。

〔本报讯〕私立大夏大学学生日前发动签名运动,并在校内外张贴标语,请求教育部准予改为国立。该校校长欧元怀于前晚召集各学生团体代表训话,全体学生当即召开大会,结果一致表示:决定在"不罢课"、"不游行"之原则下,采取正当步骤,向教部申请改制,铁院唐院学生亦将请愿。

（《大夏学生表示不罢课　须向教部申请改制》,《申报》,1947年5月23日号,第5版）

〔本报讯〕昨日上午,曾有校外学生前往大夏大学,煽动罢课。因该校少数学生响应,致遭多数同学反对,一度引起骚动,但经该校当局劝止后,下午仍照常上课。

（《校外学生煽动无效　大夏大学照常上课》,《申报》,1947年5月24日号,第5版）

〔本报讯〕私立大夏大学学生为谋减轻学费负担,要求改为国立,前曾决议在"不罢课"、"不游行"之原则下,觅致合理合法解决。该校学生代表杜万里等五人,于今晨乘车赴京请愿。该代表抵京后,即招待记者,有所报告,并谒该校董事长孙科,会商妥善办法后,向教育部请愿。

（《大夏学生代表今晨赴京请愿》,《申报》,1947年5月29日号,第5版）

三十日　学校六名学生被国民党当局拘捕,欧元怀校长多次设法营救,训导处派人前往慰问,全校教授发表宣言表示抗议。

五月间全国学潮澎湃,本校基于"读书运动"及"师生合作"之传统,从未发生罢课游行之事件,足以告慰各地之校友。但五月三十日拂晓,突有军警到校拘捕同学徐鑫、姚易军、金时豪、宋丕文、凌学渊等五人,欧校长曾六度赴市府访吴市长要求释放被捕同学,训导处亦时派员携同报章、杂志、糖果、衣物等前往慰问,本校全体教授会发表宣言抗议（全文载六月九日各大报）,同学方面亦有营救会之组织。现查该被捕同学五人与其他大学被捕学生被看管于本市郊外某著名花园中,欧校长偕苏训导长曾亲往探视,该生等生活舒适,待遇亦良好,日间并有功课,夜间自修。据市府当局称:期考后各校学生将分别情形轻重予以保释云。

（《学潮声中　本校安定如恒　同学却有被捕》,《大夏周报》,第24卷第2期,1947年6月25日）

报告

五月二十四日下午七时

查大夏大学学生为要求该校改国立案,业由青年团学生冯之正指导成立大夏大学国立促进会,选出主席团共三十一人,主席冯之正,并决定循正当方式进行请求,不作罢课之举。惟二十一日上午十时该校学生再度召开全体学生大会时当有反对分子主张罢课,当时并有震旦大学学生三十余人及交通大学学生八人前来该校参加,并与该校历史社会系教授吴泽（住大夏教员宿舍六号）联络,经常与郭沫若、芽盾接触,拟煽动罢课,因青年团学生方面事先布置就绪,渠等诡计未售,旋即离去。十二时半该校学生反对分子二十余人在校张贴标语时与青年团学生发生冲突,反对分子汤明达被殴。下午四时反对分子曾召开紧急会议拟联络各学会之反对分子一致团结,现已有两广学会、浙江学会等起而响应,该两广及浙江学会并提议:一、组织纠查队;二、请校方保障人权;三、请校方不必过问学生行动以彼等组织来安定同学心理;四、请校方以学校全[权]力交两广学会维持;五、拟于深夜逮捕冯之正(学生总会负责人)等四同学等情。谨报请监核。

请呈　市长吴

职　莫立平　呈

阅。　桢

五.二七

中华民国三十六年五月二十七日

(《上海市政府关于镇压交通大学、大夏大学学生运动情况与警察局来住文书》,上海市档案馆藏,档号:Q1-7-60)

〔本报讯〕本市私立八大学校长及代表之江慎征之(代教长)、震旦胡文耀、光华朱经农、大同胡敦复、沪江林立(教长)、大夏欧元怀、圣约翰涂羽卿、东吴周承恩(秘书长),于昨日下午六时往市参议会会访谒吴市长(时市长正出席参议会大会),商谈关于处理私校罢课事件。结果颇为圆满。市长并表示对被捕学生均予优待,调查确无越轨行动者,决予释放。

(《私立八大学当局谒晤吴市长商谈》,《申报》,1947年6月1日号,第4版)

〔本报讯〕本市交通、复旦两大学教授,以日前各该校有学生在校被捕情事发生,决定罢教抗议。大夏大学当局亦以学生被捕,分函市府及淞沪警备司令部提出抗议。据悉:昨经市参议会疏导后,各大学教授可不致实行罢教云。

(《交大等学生被捕　教授决罢教抗议》,《申报》,1947年6月1日号,第5版)

本月　大力修建教职员及学生宿舍。

丽园男生第一、二宿舍全部修理完竣,原装之自来水设备,大都于敌伪盘据时拆毁,前由校方设计修理,现已完成,已请闸北水电公司接水,日内即可应用。大夏新村第一、二、三村支干路均已修复,两旁植以树木,不久当有另一番风光。

(《丽园重装水管　新村干路植树》,《大夏周报》,第23卷第10期,1947年5月1日)

本校新村,自经积极整理以来,初步工作业已完成,横跨丽娃河之新村大桥,在沦陷期内,颇多损坏,近将大事维葺,闻修理费预算需一亿元之巨。村友中因感受上海房荒严重威胁,而计划重行兴建住宅者颇不乏人,料在不久的将来,定有不少华美楼房重现于丽虹桥畔。

(《大夏新村复兴有望》,《大夏周报》,第23卷第11期,1947年5月11日)

本校男生宿舍,战前分为群力、群策两斋,东西并列,为群贤堂之卫星。战后群策斋留存,不敷学生住宿,而本学期学生较上学期为多,达一千九百人,以致宿舍教室均形拥挤,本学期乃将教职员宿舍南面接收保管之丽园农场添开男生第二宿舍,本期新生住宿乃告解决。

(《添开第二男生宿舍》,《大夏周报》,第23卷第11期,1947年5月11日)

本校复员以后,教职员人数增加,而新村又遭战事焚毁,故留存之教职员宿舍极为拥挤。本期自集中上课后,静安寺路重华新村已辟为教职员宿舍,然仍不敷容纳,欧校长在校务会议报告正设法扩充。

(《教职员宿舍正谋解决》,《大夏周报》,第23卷第11期,1947年5月11日)

法律系主任徐汉豪辞职,前法学院院长孙浩烜继任。

法律系主任徐汉豪先生因事辞职，本期已请本校前法学院长孙浩烜先生继任，业志本周报，现闻张院长隽青及孙系主任浩烜拟将法律系分组，正草拟办法提请下届校务会议决定。

（《法律系将分组》，《大夏周报》，第 23 卷第 10 期，1947 年 5 月 1 日）

举行国文比赛，题为"论自强不息与大夏"。

本期国文比赛循例举行，题目"论自强不息与大夏"，文体散文，文言语体不拘，每篇不得超过二千字，需以本校作文纸毛笔楷书，于五月三十日前交国文系主任程俊英先生或教务处王世铮先生。其评判方法，先由本大学国文教师组织委员会作初步选择，再请校外专家评定名次。录取名额为三至五名，第一名奖国币十四万元，第二名国币十万元，第三至第五名各五万元，并将录取各文在本期周报分期发表，以资鼓励。值兹文字贱如粪土之时代，二千字十四万元，是为提高文章价值之先声，本校各同学咸感兴奋，颇欲一"论"云。

（《国文作文比赛　题为"论自强不息与大夏"》，《大夏周报》，第 23 卷第 10 期，1947 年 5 月 1 日）

教育部派茅以升到校视察土木工程系。

本校土木工程系，经年来在系主任王兴先生领导之下，努力改进，业已粗具规模。日前教育部曾派茅以升先生莅校视察，对各项设备，至表满意。

（《茅以升先生视察土木系》，《大夏周报二十三周年校庆特刊》，第 24 卷第 1 期，1947 年 6 月 1 日）

物价急剧上涨，教育部拨款又来迟，学校给教职员加薪以解决生活困难。

据悉：教育部最近拨发本校设备费及行政费国币五千万元，分四月、八月两次拨付，现时过一月，第一次拨款尚未到校，际此物价上涨米珠薪贵之日，五千万元够做什么？

（《教部拨款来迟》，《大夏周报二十三周年校庆特刊》，第 24 卷第 1 期，1947 年 6 月 1 日）

迩来物价有如脱缰之马，急剧上腾，本校教职人员收入区区，至感负荷不易。现经校务会议议决，本期全体教职员另行致送薪金半个月，并经函准社会局配售白粳一百石，每石国币十四万八千元，除以半数照原价分配学生膳食团，五十石分配全体教职员，分配办法为专任者每人四斗，兼任者二斗，如夫妇两人均在本校服务以一份计算，有子女四人以上者可添购二斗。

（《好消息！教职员加薪　本期致送半个月并分配白粳四斗》，《大夏周报二十三周年校庆特刊》，第 24 卷第 1 期，1947 年 6 月 1 日）

因经济困难，《天公报》暂时休刊。

《天公报》自三十三年"九一"创刊以来，瞬将三载，曾出版筑、赤、沪壁报版三十九期，沪版铅印版十一期，颇获校内外各界之赞誉。现该报以经济结据，于第五十期出版后，曾发出沉痛启示一则，备述历年之艰苦撑持，以致垂绩迄今，但因目前物价飞涨，以负荷过重而逼于休刊，一俟日内努力募捐有着，然后以再接再厉之精神恢复以往作风，继续出版。

（《天公报社》，《大夏周报》，第 23 卷第 10 期，1947 年 5 月 1 日）

六月

一日　二十三周年校庆纪念日，也是复员后第一次校庆，学校举行盛大的庆祝活动，董事长孙科到校主持庆祝大会。欧元怀校长、各部门、各院系分别报告学校复员以来的工作情况。出版《大夏周报二十三周年校庆特刊》等各类纪念特刊。发布校董名单、各院院长、系主任名单，及各项统计数据。各地校友纷纷来电祝贺。

〔本报讯〕昨为大夏大学廿三周年纪念日，该校于上午九时举行庆祝典礼，到各界来宾及该校毕业校友与全体员生二千余人。该校董事长孙科偕夫人莅校主持，并就目前之和平问题详加申述，略谓：和平为政府及人民一致之要求，双方均不应用武力，国民政府统治之下即有人民要求和平之呼吁，希望同样地到中共区域作同样之呼吁。中国现在之争，在政府方面为求统一，且求宪法之实现。共党如放下武力，参加国家政治，成为反对党，极为有理。如宪法得能推行，国事可不诉诸武力即可解决。目前社会上各种不安定情形,其主因在于内争,即以各地学潮而论,要求中央提高教育经费百分之十五,此固为宪法之所规定,但现在均为内争所耗去,如大家放下武力,中国一定即能和平。次由光华大学校长朱经农致词,渠代表光华大学,祝"光大华夏,华夏光大"。继由市党部代表致词,语多祝贺。昨日下午,该校校友及教职员来宾等作"同家之乐",由该校副校长王毓祥主持,并由该校欧元怀校长报告复员来校务概况,及学潮澎湃中该校学生自爱爱校,不罢课、不游行、不打架之情形,笑语掌声,历三小时始毕。当时并决定每年十一月之第一星期日为校友返校节。又该校放假二日,每日下午及晚间均有游艺,并公演《小人物妄想曲》《反间谍》及《原野》等剧,全校腾欢,盛极一时。

（《大夏昨校庆 孙科主持庆祝典礼》,《申报》,1947 年 6 月 2 日号,第 5 版）

胜利奠定,建国伊始,培植专门人才为当前急务;从"军事第一",一变而为"教育第一",树立复兴基础,促进世界大同。我大夏为国内学术重镇,生于革命高潮,长于国家多难,二十三周年以来,厉行立校精神,克服恶劣环境,艰苦卓绝,弦歌不辍,曾为国家文化建设竭尽最大之力量。揆自本校创校以来,先后毕业者在五千人以上,肄业者亦数万人,诸同学散居各省市,服务社会各部门,严守岗位,尽忠国家,发扬"大夏精神",普惠全国民众,洵为吾校对国家之最大贡献。欣逢二十三周年校庆,特就教务概况简述数端,以供检讨,而求进步。

一、补报沦陷时期毕业成绩

自太平洋事件以后,交通阻隔,邮递困难,致沪校毕业生自三十年春季起,均未能如期呈报,去秋黔沪两校复员,经初步整理,依次造册,于短期内分别呈报,以利同学之前途。惟一部分同学于入学时,缺缴高中正式毕业证书,或转学证明书者,恐因住址更动,通信有误,曾于去年十二月登报催缴,倘有学籍证件未缴者,希从速补缴,以利呈报工作。

二、调整各院系课程

黔沪两校汇流,课程稍有差异,去年赶印各院系新课程标准,以作各生选课之依据,今春复印《学生手册》,详载各种学则程规,使学生有所遵循,按部就班,渐趋统一。

三、恢复各种学术研究机构

战后复员,万端待举,学术研究之重振,尤为当务之急。战前我校各系均有研究室,以供师生之研讨。曾有出版各种刊物,成效斐然可观。现校舍大都被毁于炮火,虽感不敷应用,惟仍努力修建,以副立校之宗旨,而使研究学术空气更趋浓厚。筹划依次成立之研究室如下:(一)经济研究室,(二)教育研究室,(三)会计研究室,(四)中国文学研究室,(五)英文研究室,(六)假法庭,(七)政治研究室等。希望全校师生,同心协力,恢宏学术,以作建设新国家之准备。

四、恢复教育学院

本校教育学素负盛名,毕业同学占总数五分之一。三十年春黔校教育学院因受环境关系,暂时停顿,而沪校始终仍维原状。三十四年秋,黔校经呈批准,先办教育学系,隶属于文学院。近本建国以教育为首之远见卓识,且因近年国内学生人数之激增,与师资之缺乏,形成相反之严重问题,必须求合理之解决,故吾校原有教育学院之恢复更刻不容缓矣。故经校董会决议恢复以来,正积极规划,自下学期起开始招生,分设教育学系、教育心理学系、社会教育学系三系,加强教育学术之研究而配合时代之潮流。

五、重办民众教育实验区

本校教育学院,于战前除办有教育研究室、社会教育研究室及心理研究室,并出版教育丛刊、心理季刊、社会教育季刊、教育通讯、图书馆期刊外,并曾在学校邻近与市教育局合办沪西民生教育实验区,扩充生计教育与补习教育,扫除文盲,破除迷信,藉以印证教育学理,实验教育计划,并使学生有实习之机会。复员以还,仍拟恢复旧观,与市教育局合办新泾普及民众教育推进区,首以消灭文盲为入手,次第推行市郊农工补习教育之实验计划。

六、附设大学补习班

抗战期中,学生学业普遍降低,实为一般之现象。兹为补救有志升学青年起见,自下学期起附设大学补习班。凡因程度稍差之学生,或远道学生因交通阻梗延误考期者,及边疆学生以及回国华侨有相当程度者均得入补习班肄业,经补习期满之学生,成绩优良者得升入本校各院系一年级肄业。其简则另详于秋季招生简章中。

此外如罗致博学鸿才之专门教授、甄拔品端学粹之纯洁青年,以及提高学业水平、创导健全人格、增加教育效能、发挥服务精神、培养优良学风、建立中心信念等要项,皆为教务之首图。愿在全校师生协力与毕业校友资助之下,努力实施,次第进行,致使我大夏能追踪牛津、媲美哈佛,而为全国大学之楷模。

(鲁继曾:《教务概况》,《大夏周报二十三周年校庆特刊》,第 24 卷第 1 期,1947 年 6 月 1 日)

一、胜利后校舍接收的情形

(一)抗战时群贤堂、群策斋、图书馆为英美人集中营,每一教室容眷属多至十数家,三楼南为管理员办公室,群贤堂前东西两面搭有临时木房各一排,为彼等之图书阅览室、游戏室及储藏室。

(二)中学部全部及教职员宿舍,被敌人"华中矿业研究所"占用。

(三)九月间美侨先行返国,校舍由欧洲侨民接收,十一月全部缴还,所有一切设备经数度交涉方允留赠少许,余均被拍卖或移去;中学部房屋器械则于胜利一星期即由本校派人看守,但一部分仪器已被敌人移去,一部为他人于深夜窃去,后由警局派警一排驻扎,乃告无事,而全部校舍自十一月起为军队驻留者达三月。房屋及各项装修设备,损坏甚巨。

二、沪校首先迁返老家

(一)三十五年春,文理学院决定先由静安寺路迁返中山路,但国军于一月底始行全部迁让,距开学日期仅一月,在此短短三十天内所有全部校具全加修理,日夜工作。总务处全部职员仅三人,兼顾两处,且经费时感无着,此种艰难情形,迄今深夜思及,尤觉悚然。

(二)修建工程之进行,却不能为时间之短促与经济之无着而停顿,而最感困难者,则为当时水木工罢工及上海罕有之天雨达四十余天之久,前者使工人不敢开工,后者使木料潮湿,幸初步修理工程及必须之校具,卒于二月底大部完竣。

三月一日迁居,五日注册,同学住宿者达六百人,均席地而卧,膳食赖包饭以度日。

(三)暑假时继续积极修建,并添办全校木床及应用器具,改良水电及卫生设备,而最重要者为兴建思群堂。

三、赤水员生复员

去岁七月起,本校员生即有陆续返沪报到,同学均暂寓重华新村教室。八月,中山路校舍修理工竣,始悉迁返,十月底复员船只历三十余日,经许多挫折始由渝抵京,改换京沪车抵校,校中器具则迳运上海西站,以卡车四辆费半日运转时间。

四、黔沪两部汇流

去年秋季开学,为复员后黔沪两地员生团聚之第一学期,同学达一千八百余人,教职员亦增至一百二十余人,因人数之激增,食住问题之困难又发生矣。

(一)自膳团之组织:学生自膳团之组织,创自内地。抗战时期,沪校赖包饭,价格悉操诸饭店商,彼等既专图利,任意提高,同学备受剥削。赤水同学到校后,即开始组织自膳团,所有一切用具炉灶均由校供给,厨司津贴一半,以经营得法,参加者达千人,膳食问题乃得解决。

(二)住宿问题:群力斋既被毁,男生宿舍仅及战前二分之一,而群英斋又全部毁灭无余,女生宿舍既无着落,不得已乃就中学部前建之男生宿舍暂改,勉容百余人,旋商借丽园农场牛奶棚改建,使男同学不终日奔走。

(三)大礼堂本定于九月完工,奈因种种困难延至十月底完成,命名为思群堂,而本校周会始得按期举行,较之战前体育馆为大,且有固定大讲台。除周会外,且利用作膳厅,不特解决饭厅问题,抑亦表示同学每饭不忘故校长之意。

五、校场之整理

运动场自接收后,荒草几及腰际,地面又遭破坏,乃商借善后救济总署之巨型平土机三架,翻土匀平,历一月竣事。篮、排、足、网球场乃陆续建设,迄今已成者有篮球场十、足球场二、排球场六、网球二,田径赛场及跑道亦已修竣。

六、理工学院实验室恢复最速

沪校重华新村仪器于开学前全部迁回,加以接收敌人"华中矿物研究所"之全部设备及一部仪器,学生实验按时举行。及秋季存渝之仪器运沪,综合三处设备及后二学期添购理化及土木机械六千万元,于是本校理工学院设备内容充实。

七、图书馆情形

原有书本未遭毁,经修改后即可应用。存渝图书到沪后,数量激增,前被敌伪中央研究院所劫之图书陆继由上海市立图书馆及复旦大学等处运回,新书杂志,添购者尤多,并添开各阅览室及研究室。

综观本校复员后可注意者有下列数点:

1. 复员迅速为各大学之冠,上课及实验工作未有一日间断。

2. 全校员生于复员途中历经险阻而皆无意外发生。

3. 思群堂落成在各校复员中为第一完成之建筑,并完成桥梁三座。在设计中者,有女生宿舍及教职员宿舍之扩充,现均由工程师计划中,秋季或可全部完工,此外男生宿舍及会食堂亦急待建筑。

4. 内迁图书仪器全部运回,毫无遗失破坏。

5. 复员后员生人数超过战前四分之一,图书仪器数量已与战前相等,体育方面除馆舍外均已恢复。

今后之可能遭遇之困难与改进者计有数端:

1. 本校员生之量大增,物质上之设备必须追随扩充。

2. 物价上涨,本校经费必须高度筹充。

本校干部人员多系二十年已[以]上之同仁,毕业同学服务于母校者达百分之九十,过往之艰辛,吾人已有伟大之发展,自必能克服当前之困难而图不断之进步。

(吴浩然:《复员之回顾与前瞻》,《大夏周报二十三周年校庆特刊》,第 24 卷第 1 期,1947 年 6 月 1 日)

一、复员以前沪、赤两部的环境

本校在复员以前,一部份内迁,一部份留居沪滨,两地环境不同,学生生活自异。本校于二十六年秋与复旦大学联合,分两部设置,在牯岭称第一联大,在贵阳称第二联大。二十七年春,联大分家,本校在贵阳设校,前后计七年之久。在此时期中,沦陷区学生,大部分得贷金补助,生活安定,各生亦能体念时艰,安心求学,训导上尚不感觉困难。黔南事变以后,学校迁赤水。赤水可说是一个世外桃源,静恬的生活,改变每一个青年的心理,敦厚朴实,濡染着农村的风度。员生五六百人,早夕相见,几无一不相识,内地物质低廉,更感觉不到生活上之威胁,农村环境与都市不同,各人心理上的反映,比较单纯。每一个教师担任导师,训导工作,自易推行,求学校之安定,当然不致有何困难。其次再说沪校的情形,本校中山路校址,沦陷期间,被敌伪利用,沪部师生局促于租界以内,学生全部通学,训导工作比较简单,同时张院长隽青兼任训导,卓见远识,遇事处置得当,未闻有何事端发生。本校在复员以前,单就训导说,自成一阶段。去年复员以后,沪、赤两部合并,学生人数激增,生活环境改变,在各个学生思想行动上,自亦不能无变,所以复员工作开始,整个的学校是走上一新阶段,在训导上亦是一个新阶段的开始。

二、现在训导上的困难在哪里

1. 心理上的障碍。每一个学校里的纠纷,往往由于心理不健康的因素而产生,例如本校由内地复员来的学生,与留居上海的学生,很奇怪的,最初在他们心理上就有些隔膜,当时因极小的事端,引起误会,这是起于学生心理上的不健康。其次再论师生间的关系,沪上各大学教授,因生活程度之高涨,势必在其他学校兼课,师生之间除上课见面而外,简直没有接触机会。欧美各国学校的训导以成绩称著的,首推英国的导师制,师生早夕相处,学生之言行思想俱受师长感化。在中国大学里面,师生接触机会太少,心理上多一层障碍,训导上即多一分困难,再以全校的训导工作,由一个训导长或几个主任及训导员负责,结果当然不能圆满,所以本人担任训导工作以来,首先感觉困难的,就是生与生,师与生之间,心理上的不协调,而增加许多麻烦。

2. 物质生活的困难。学校在复员以前,赤水一部分学生,每一学期所缴学杂各费不过一二万元,每月伙食费仅三四千元,且大部分学生得公费补助,生活上绝对不生问题。复员以后,一年来生活指数,不知增加了若干倍数,学校应缴的费用,本校和其他各校私立大学比较,虽然最低,但已超出各生的负担能力,他们随时有失学之虞,伙食费上涨无已,因此闹饥荒。物质生活上困难,影响心理的健康,申请免费、申请贷金,随时可发生纷扰,这是物质生活不解决,给予训导上第二种的困难。

3. 政府对私立学校的歧视。训导离不开生活,私立学校的学生,政府与社会总以为他们是优裕的,对他们存着一种歧视态度,例如公费的给予、食米及其他生活必需品的配给,公立学校的学生,都是占着优先,私立学校学生,仿佛是私生子,招人奚落,这是社会人士一般的心理,这亦影响私校学生的质素,对训导上不无关系。

4. 社会环境的复杂。上海的社会环境,与内地迥然不同,党派的思想非常浓厚,派别之争随时可能在学校里发现。青年人最富于感情,亦最容易闹意气,每次学潮,往往由少数人策动,不久即影响全体,担任训导工作者,最感棘手的,莫甚于此。不过除党派与思想问题以外,都市中的奢侈生活,亦足以诱惑青年,最坏的影响使青年堕落。这些都是与训导问题有关,而其所以产生,一言以蔽之,起于社会环境的复杂。

5. 学校设备今不如昔。本校在抗战以前,有三座广大的宿舍,每一室住四人,内有温习功课的桌椅等,其他如科学馆、图书馆、体育馆、疗养院、一切俱备,不幸在抗战期间,大半毁于敌人之手。今学生人数,比较战前为多,二三十人斗居一室,生活上之不舒适,自属意中事,学生心理上的不满,随时可以发生问题,此亦训导上困难之一。

三、训导方法的检讨

(后略)

(苏希轼:《训导工作一年来之检讨》,《大夏周报二十三周年校庆特刊》,第 24 卷第 1 期,1947 年 6 月 1 日)

校董题名:
(以姓氏笔画为序)
孙哲生先生(董事长)
王志莘先生
王儒堂先生
王毓祥先生
孔庸之先生
江问渔先生
杜月笙先生
何敬之先生
何纵炎先生
吴浩然先生
吴铁城先生
邵家麟先生
周寄梅先生
居觉生先生
保志宁先生
徐国懋先生
梁寒操先生
许世英先生
黄季宽先生
张公权先生

张君劢先生

杨子惠先生

杨秋帆先生

赵晋卿先生

刘攻芸先生

郑鸣阶先生

鲁继曾先生

欧元怀先生

卢作孚先生

钱新之先生

缪云台先生

罗四维先生

（《校董题名》,《大夏周报二十三周年校庆特刊》,第 24 卷第 1 期,1947 年 6 月 1 日）

各处院系首长题名：

鲁继曾　教务长

吴浩然　总务长

苏希轼　训导长

杜佐周　文学院院长

邵家麟　理工学院院长

张隽青　法学院院长

何仪朝　商学院院长

程俊英　中国语文学系主任

陈铭恩　外文学系主任

苏希轼　历史社会学系主任

陶愚川　教育学系主任

周昌寿　数理学系主任

陈景琪　化学系主任

王　兴　土木工程学系主任

孙浩烜　法律学系主任

葛受元　政治学系主任

韩闻疯　经济学系主任

龚清浩　会计学系主任

蔡文熙　银行学系主任

关可贵　工商管理学系主任

顾文藻　注册主任

（《各处院系首长题名》,《大夏周报二十三周年校庆特刊》,第 24 卷第 1 期,1947 年 6 月 1 日）

理工学院重要仪器简况

化学系：

普通化学实验仪器　七十八组

有机化学实验仪器　二十一组

定性分析实验仪器　四十八组

定量分析实验仪器　三十三组

其他高级实验仪器:恒温器、比色器、热量器、气体测定器、气体分析器、旋光器、分析天平等均备,另有实验工厂一所,专供工业化学实习之用。

数理系:

力学仪器　二十组

热学仪器　十组

声学仪器　八组

光学仪器　十四组

电学仪器　十八组

无线电学仪器　六组

土木系:

测量仪器:经纬仪、平板仪、方位仪、水平仪、流速计、指南针、视距尺、钻探杆等一百三十件。

材料实验器材:里耳电动联用式拉力、压力、剪力、扭力试验机,金属硬件实验机、显微镜、电烘箱、天平、比重瓶、量筒、混凝土模型、自动车床、刨床、冲床、钳床、马达等七十三件。

(《理工学院重要仪器简况》,《大夏周报二十三周年校庆特刊》,第24卷第1期,1947年6月1日)

三十六年春季各院系学程统计

院系	学程	数目
	总计	二百五十九
	共同必修学程	八十六
文学院:	中文系	十三
	外文系	八
	史社系	十六
	教育系	十三
理工学院:	数理系	八
	化学系	十四
	土木系	二十
法学院:	法律系	二十六
	政治系	十
	经济系	十
商学院:	银行系	十二
	会计系	十四
	工管系	九

(《三十六年春季各院系学程统计》,《大夏周报二十三周年校庆特刊》,第24卷第1期,1947年6月1日)

三十六年春本校各学院教员统计表

院别	总计	各院科共同	文学院	理〈工〉学院	法学院	商学院
总计	100①	3	37	32	20	14
教授	67	1	26	19	13	8

---

① 此系史料原文,总计数字应为106,此处应系史料印刷错误。

院别	总计	各院科共同	文学院	理〈工〉学院	法学院	商学院
副教授	12	1	1	5	4	1
讲师	21	1	10	3	3	4
助教	6			5		1

（《三十六年春本校各学院教员统计表》,《大夏周报二十三周年校庆特刊》,第24卷第1期,1947年6月1日）

三十六年春季本校教员统计表

等别	统计	教授	男	女	副教授	男	女	讲师	男	女	助教	男	女
统计	106	67	64	3	12	12		21	20	1	6	5	1
专任	58	40	38	2	6	6		6	5	1	6	5	1
兼任	48	27	26	1	6	6		15	15				

（《三十六年春季本校教员统计表》,《大夏周报二十三周年校庆特刊》,第24卷第1期,1947年6月1日）

本校历年学生人数比较表

季别	人数	季别	人数	季别	人数
十三年秋	190	二十一年秋	1231	二十九年秋	1650
十四年春	229	二十二年春	1167	三十年春	1452
十四年秋	360	二十二年秋	1425	三十年秋	1851
十五年春	249	二十三年春	1326	三十一年春	1111
十五年秋	493	二十三年秋	1298	三十一年秋	1242
十六年春	304	二十四年春	1216	三十二年春	1294
十六年秋	504	二十四年秋	1280	三十二年秋	1492
十七年春	550	二十五年春	1127	三十三年春	1227
十七年秋	610	二十五年秋	1514	三十三年秋	1450
十八年春	573	二十六年春	1454	三十四年春	863
十八年秋	792	二十六年秋	521	三十四年秋	1232
十九年春	788	二十七年春	835	三十五年春	1797
十九年秋	1066	二十七年秋	915	三十五年秋	1814
二十年春	970	二十八年春	1294	三十六年春	1895
二十年秋	1161	二十八年秋	1368		
二十一年春	608	二十九年春	1250		

（《本校历年学生人数比较表》,《大夏周报二十三周年校庆特刊》,第24卷第1期,1947年6月1日）

一、函

欧王两校长钧鉴:本年□母校六一校庆,全体留京校友在首都社会服务处召开纪念会,并改选本届干事,是夕复在原址举行晚会,盛况空前,群情热烈,缅维钧长缔造大夏,始终领导之精神,瞻望学校振旧恢新,发扬光大之前途,咸切钦仰□颂之忱。最近我校在全国学潮澎湃中独未波及,惟报载少数在校同学,曾发起国立运动,当日与会校友对于此事备致关切,经列议案交干事会讨论。窃以我校二十三周年来,秉一贯私立传统,不为政局所左右,卓树良好之校风,取式欧美,成切□称,国立之议在属会固未敢苟同,在钧长当自有裁衡。惟念是项运动之起因,殆源于私校学生与公校待遇之过于悬殊,此非仅学生为然,教育当局于公私学校间各项补助经费之分配,固莫不皆然。我校为此亦无时不在争持之中,进而言之,则校方之与同学,原在同一立场,倘更集中力量,认定目标,运用各种方式与时机,或亦仍可达到逐渐调整之目的,留京校友,不揣棉薄,并一致愿为我校当局与同学之后盾。至属会应如何配合校方步骤,襄助进行,尚请钧长随时指示,以资遵循。

谨就属会立场,综合校友意见,肃涵布陈,伏希铎安。

大夏大学校友会南京分会敬上

二、代电

大夏大学欧王两校长并转全体师长暨同学公鉴:此次全国大中学校发生风潮,始仅少数学生或嫌于当局之措施,或不甘于饮食之菲薄,终至牵涉政治,扩大目标,由一地而波及各地,性质愈演变而愈复杂。当前时局不安,青年之生活与思想陷于彷徨苦闷,外界稍有蛊惑,宜其决川而奔流,乃至不惜因是荒废学业,影响前程,逾轨犯纪,流血牺牲,殊为最可敬可爱之青年深致惋痛之忧。在此怒潮澎湃中,独我大夏同学屹然不移,砥柱中流,始终以镇静之理智应付激荡之环境,安诸如恒,弦诵不辍,其为难能,信堪表率,斯固全体同学之深明大义,抑亦校长及诸师长之训示有方。本会校友以平素对于母校之关切,远道传闻咸深佩慰,兹经全体大会议决,驰电奉达,特致敬慰之诚意,顷风潮虽已平息,报载有少数同学被逮之讯尤用,系念诸师长爱护门墙,为之呼吁营援,真相必可大白,尚盼全体同学仍力持镇静,与校当局一致步骤,萍末微波,共期稳渡。临电企切,不尽一一。

大夏大学校友会南京分会叩

(《南京校友会关切母校情况——校庆之日盛大庆祝　学校□定电致敬慰》,《大夏周报》,第24卷第2期,1947年6月25日)

江西校友会早经成立,曾先后于去年三月十六日、九月二十九日举行两次理监事联席会议,决议出版《江夏特刊》,创刊号业于本年三月一日出版,十六开本,三十六页,有杨兴勤、刘龙仲、汪向荣、郑绍成、刘云、刘任夫等校友之文稿及会员通讯录,内容至为丰富。该刊第二期已于"六一"校庆出版,厚四十页,除校庆特辑外,并有论著及诗歌,内中有马故校长之遗作二首,更为珍贵……

(《江西校友会出版江夏特刊　内载马故校长遗作》,《大夏周报》,第24卷第2期,1947年6月25日)

四日　化学系教授张伟如赴瑞士参加世界贸易就业会议。

本校化学系教授张伟如先生,近奉派赴瑞士日内瓦参加世界贸易就业会议为专员,查该会筹备会议于六月间开始,会期约两个月,张教授已于本月四日飞港,再由香港乘机飞欧转往日内瓦,计留欧期间约三个月,本年八月可返校执教。

(《张伟如教授出席世界贸易就业会议》,《大夏周报》,第24卷第2期,1947年6月25日)

二十九日　举行复员后第一次毕业典礼。

本届毕业生达一百二十四人,本校决定于六月二十九日举行毕业典礼,届时将由鲁教务长、吴总务长、苏训导长、杜院长、邵院长、张院长、何院长为典礼委员,典礼将于上午十时开始。下午为欧王两校长召集各毕业同学举行话别会。

(《毕业典礼定期举行　复员后首次创举》,《大夏周报》,第24卷第2期,1947年6月25日)

本月　美国援华会再度赠书。

本校素负盛誉之教育学院将于本年夏间恢复招生，添招教育学系、教育心理学系、社会教育学系等新生。美国援华会前曾赠送教育名著数百册，业志本周报，近学校当局又接美国援华联合会来书，赠送英文教育杂志四十种，期限为一年，值兹教育学院即时恢复之前夕，佳讯频来，我们除感激友邦之协助外，行见教育学院定将另有新气象……

（《教育学院恢复前夕　美国援华会再度赠书》，《大夏周报》，第 24 卷第 2 期，1947 年 6 月 25 日）

整理校景，添建宿舍。

本校校基辽阔，路桥众多，战前原有名称，战后均不适用。上次校务会议时通过全校路桥新命名，现已装设指路牌，于校庆前布置完竣。中部以群贤堂为中心，在群贤堂东名为群贤东路，在西为贤群西路，在南为群贤南路，在北为群贤北路，在中为群贤中路。大门口内名为大夏路；到图书馆去的名为重华路，以纪念沪校在重华新村上课之艰苦情形。至丽园农场男生宿舍的为丽园路，新建思群堂后为思群路，林荫夹道，小桥流水，富有诗意。群策斋旁为群策路，新群力斋旁为群力路。至新村的为新村路，教职员宿舍前的为致和路，以纪念劳勃生路时代之致和里。在工程馆的为工程馆路，在化学馆的为化学馆路，化学馆名为君武化学馆。往理学院之路名为君武路，盖纪念第一任校长马君武博士。此外，新修建之桥计有贵阳桥，在前疗养院之前，大操场之后通女生宿舍者（即前往附中宿舍），桥前之路为贵阳路。赤水桥为大门直进通至理工学院者（前为附中大门）。花溪桥为通教职员宿舍，其路为贵筑路。校友桥、夏雨桥则正在筹建中，将架丽河之上通前之夏雨村者，惟丽虹桥一仍旧惯。从此路桥有名，再不闻"那一条路"，"那一座桥"矣。

（《莫叹校地广又阔　从此路桥皆有名》，《大夏周报》，第 24 卷第 2 期，1947 年 6 月 25 日）

本年度暑期即将开始，本校以女生宿舍及教职员宿舍过于挤拥，不敷分配，乃计划筹备于现有之女生宿舍（即丽娃河畔之"一角红楼"）之傍再添建一座双层八个房间之小楼，以每室容十二人计，共可再容九十六人。又于现有之教职员宿舍顶楼加添房间十三个，计前者需用建筑费约三亿余元，后者达八千余万元。现图样已绘制就绪，一俟征募款项有着，短期内即可动工，落成之日，房荒问题可望得局部解决。

（《筹建两座宿舍　需款四万万元》，《大夏周报》，第 24 卷第 2 期，1947 年 6 月 25 日）

本校男女生宿舍，复员以来本制就大批单人木床供应，但以每学期请求寄宿同学过多，致使不易分数，而本学期女生宿舍更因人数太多，除一部分四年级生外，余均设置双层床，男生宿舍则保持原有单人木床。兹据悉总务处为防止下学期再度发生"人满为患"起见，决将女生宿舍全部床铺改为双层，男生宿舍酌量添置双层床。

（《同为房荒伤脑筋　请君暂睡双层床》，《大夏周报》，第 24 卷第 2 期，1947 年 6 月 25 日）

七月

七日　继续举办暑期学校，以方便校内学生暑假期间进修和校外人士补习，是日开始报名。

本校为便利校内学生暑假期间进修及校外人士补习起见，特续办暑期学校，自七月七日起开始报名，十、十一两日缴费，十二、十三两日注册，十四日上课，八月二十四日结束，共计六星期。所开共同必修科及各系选修科共达七十余门，每一学分须缴学费国币四万元，每人缴杂费五万元，如系居住校内者另缴宿费五万元，预料报名者当必踊跃。

（《便利同学进修　续办暑期学校》，《大夏周报》，第 24 卷第 2 期，1947 年 6 月 25 日）

十日　商学院教授陈叔元应美国西南大学邀请赴美讲学，为大夏大学首位出国讲授社会科学的教授。

本校商学院教授陈叔元博士在校执教十余年，现应美国西南大学聘将赴美讲学。查陈博士此次出国系应聘为社会学专任正教授，我国出国讲学之教授中，泰半为讲授中国文化、哲学、艺术、历史等，而应聘出国讲授社会学者当以陈博士为第一人。又该校津贴陈先生夫妇二人旅费二千四百美元，全年薪金致酬三千四百美元，并供住宿，订聘三年，堪称优待，陈先生现正准备出国手续，暑中西渡云。

又前本校教授梁瓯第先生已获得美 Colorado University 之奖学金，正准备首途出国。

又许海津教授赴美耶鲁大学研究高深数学，为期二年。业志本刊前讯：顷据许先生由耶大来函云，二年期满之后，将再赴 Princeton University 从爱因斯坦教授研究。

（《陈叔元教授将赴美讲学》，《大夏周报二十三周年校庆特刊》，第 24 卷第 1 期，1947 年 6 月 1 日）

八月

十日 物价暴涨，学杂费增多，为使清寒学生不致中途辍学，欧元怀校长召集毕业同学会理监事谈话，倡导毕业同学捐助清寒优秀学生。

自物价暴涨后，各学校杂费又已增多，本校当局为谋在校清寒同学不致中途辍学起见，上学期获取免缴或减免者达数百名之多，欧校长并于八月十日在校友俱乐部召集毕业同学会理监事谈话，盼该会能为在校清寒优秀之同学多方帮助。闻毕业同学会理监事已发起向各校友筹募，其数额为一亿元，可能于最短期间内完成，决本集腋成裘之意，慷慨解囊云。

（《发动筹募助学金　校友们慷慨解囊》，《大夏周报》，第 24 卷第 3 期，1947 年 10 月 1 日）

十六日 学校清寒学生助学金委员会在皇后大戏院义映电影，以劝募助学。

大夏大学公函

迳启者查，本校清寒学生助学金委员会前为助学劝募，原定于七月二十六日假金城大戏院义映电影，经函准，贵局本年七月二十六日利(36)字第二二二〇一公函备查在案，兹据该会声称略以原租金城大戏院因场地发生问题，拟改在八月十六日、二十日、二十三日、二十九日四天假皇后大戏院举行等情，据此相应函请查照为荷。

此致

上海市社会局

大夏大学启
八月十四日

（《大夏大学公函》，《上海市社会局关于大夏大学同学会申请登记的文件》，上海市档案馆藏，档号：Q6-5-792）

本月 学校设宴欢迎教育学院院长黄敬思到校任职，同时欢送陈选善教授出国考察。

教育学院黄院长敬思莅校后，本校当局极表欢迎，欧、王、鲁、吴四先生于八月下旬假校友俱乐部为黄院长洗尘，同时并欢送本校前教授陈选善先生出国考察。陈先生于胜利后任本市教育局中等教育处处长，旋任督学室主任，并为光华大学教务长，与本校有密切之联系，在座并有杜佐周、谢循初、陈科美、张耀翔、陶愚川诸先生。是晚酷热，但校友俱乐部得天独厚，凉风习习，席间于教育学院之发展计划交换意见，一场欢聚，直至十一时散。

（《欢宴黄院长敬思　欢送陈选善教授》，《大夏周报》，第 24 卷第 3 期，1947 年 10 月 1 日）

召开第十一次校务会议，决定调整职员待遇，确定学费额度。

为适应当前物价上扬，安定职教员生活起见，经十一次校务会议议决自秋季学期开始，将各教职员待遇重予调整为：基本数四十四万元。底薪加成三千倍。系主任办公费十万元。院长办公费十五万元。处长办公费二十万元。校长、副校长办公费二十五万元。兼课教授每小时四万元。

（《第十一次校务会议　职教员待遇调整》，《大夏周报》，第 24 卷第 3 期，1947 年 10 月 1 日）

本校秋季学期学生应缴学杂宿等费，业经第十一次校务会议决定为：学费一百二十万元。杂费四十万元。宿费二十五万元。新生入学费十五万元。

（《秋季学期缴费额确定　本校缴费较各大学低》，《大夏周报》，第 24 卷第 3 期，1947 年 10 月 1 日）

九月

四日　欧元怀校长受邀作为中国代表团顾问，参加在南京举办的联合国远东区基本教育研究会议。

联合国科学文教远东区基本教育研究会议，择定本国举行，教育部曾于八月初旬召集专家预为筹备，欧校长被邀出席并携基本教育师资训练之设计方案前往，主张识字的教不识字的，广泛地征师运动。九月四日，远东各国咸集南京举行会议，欧校长又被邀参加。

（《欧校长出席联合国基教会议》，《大夏周报》，第 24 卷第 3 期，1947 年 10 月 1 日）

六日　学生合作社开幕。

本校合作社业于九月六日开幕，本学期学校请屠德修先生为经理，王宝兰先生为副经理，布置一新，闻资本为三千万元，将用以为大众谋福利云。

（《合作社开幕》，《大夏周报》，第 24 卷第 4 期，1947 年 10 月 15 日）

七日　学校参加上海市各大学校长会议，商讨各校申请奖学金名额及分配办法。

上海市专科以上学校校长三十余人，于九月七日午后三时会议，商讨各校申请奖学金名额分配办法规则，决定各校包括新旧学生总人数合并估计，作分配比例标准，希望上海市奖学金统一审核委员会将国立大学学生分配款额，统以百万元最高额计算，私立大学学生分配款额以一百五十万最高额作计算标准，并推选大夏、复旦、同德、光华、立信五校负责与统一审核委员会洽商分配等问题。

（《商讨奖学金申请支配办法　大夏等五校负责洽商分配等问题》，《大夏周报》，第 24 卷第 3 期，1947 年 10 月 1 日）

十日　教育学院正式恢复，黄敬思为院长，陶愚川为教育学系主任，曾作忠为社会教育系主任，张耀翔为教育心理系主任。至此，学校已恢复战前规模，仍分文、理工、教、法、商五个学院，十五个系。

本校教育学院誉甲国内，遐迩闻名，自抗战西迁贵阳后，教育部设立国立贵阳师范，乃将我校具悠久历史之教育学院并入，削足适履，摧残我校，直至迁至赤水时期，乃于文学院下设教育学系，惟上海本校仍继续设置教育学院。本校当局以建国时期，教育第一，为配合国策及适应环境乃与教育部商洽仍设置教育学院，并已聘请本校前教授、中国教育专家黄敬思先生为院长，陶愚川先生为教育学系主任，曾作忠先生为社会教育系主任，张耀翔先生为教育心理系主任。本学期恢复战前规模，仍分文、理工、教、法、商五个学院，十五学系，校务正积极开展中。

（《教育学院恢复　院长系主任聘定》，《大夏周报》，第 24 卷第 3 期，1947 年 10 月 1 日）

十三日　召开第九次教务会议，规定了学生选修学程的程序和办法。

十三日　举行第九次教务会议

（《三十六年度秋季学期大事记》，《大夏周报》，第 24 卷第 9 期，1948 年 1 月 15 日）

关于本学期学生选修学程必须按照学院学系及学生选读不得躐等事，经第九次教务会议议决办法如下：（一）每系各学生不及格学程先由助教向教务处抄录成册，交付本系注册时之参考。（二）注册时填写新生介绍通知书者，应注明该新生应补习之学程。（三）由教务处分发新生名册，以备核查。

（《防止躐等选修学程程序　第九次教务会议会定办法》，《大夏周报》，第 24 卷第 4 期，1947 年 10 月 15 日）

十八日　召开第十二次校务会议，规定各研究室购置图书杂志的预算，并组织图书委员会统筹办理。同时组织仪器委员会，并再度扩充实验室容量。

九月十八日,举行第十二次校务会议。

（《三十六年度秋季学期大事记》,《大夏周报》,第 24 卷第 9 期,1948 年 1 月 15 日）

本校各研究室购置图书杂志费应否与各院系书报费划分事,曾经第九次教务会议决定:凡各研究室购置书报杂志费,概请各院系主任负责将本系拟购图书杂志作一预算,并定分配标准。又闻本学期各院系图书费总额拟以每系一千万元,由教务长、各院院长、图书馆长组织图书委员会统筹办理,该会业经第十二次校务会议通过实施,由鲁教务长召集。

（《添购图书杂志　各院系经费确定》,《大夏周报》,第 24 卷第 4 期,1947 年 10 月 15 日）

本学期理〈工〉学院因人数增加,各项消耗数量随之增加,兹经第十二次校务会议决议,将实验费收入充作消耗费,同时将本学期设备费暂定为一亿元,由该院院长、系主任、总务长等组织仪器委员会统筹办理,并由院长召集。又该院实验室原可容纳二百余人,现因人数骤增,拟将实验室扩充至可容纳三百余人云。

（《组织仪器委员会　实验室再度扩充》,《大夏周报》,第 24 卷第 4 期,1947 年 10 月 15 日）

二十二日　举行秋季始业式。

本学期秋季始业于九月二十二日由欧校长领导全体教授职员暨新旧学生两千余人假思群堂隆重举行。首由欧校长致训示,继由副校长阐述大学之民主教育以重辩论而不用暴力,以建树优良民主校风为诸生诫。次以鲁教务长、吴总务长暨苏训导长等分别报告重要校务。历二小时余,欢笑频频,情绪至感快乐。兹摘录欧校长训示如下:(一)立志:各位来自四方,有远从外洋返回祖国来校读书者,济济一堂,首宜重礼,故于开学之时,师生相对行鞠躬礼,理即在此。方今烽火遍野,又逢国民经济破产之际,诸生能有机会进入大学读书,可说是时代宠儿,天之骄子,反之因无力而不能升入大学,彷徨于学校之门,真不知万几。使非认识时代,把握时机,努力于学问之探讨,立志做大事,立大业,则大学四年之光阴,转瞬即逝,其结果将何肩任国家之重任。(二)慎始:能慎于始,即能善其结果,西谚曰,"始善者半成功"(Well begin half done),诸生初进大学,不仅立志求学,而且应以慎始作为将来事业之基础。(三)合作:合作为一切事业成功之□的。犹忆抗战军兴,本校由沪迁黔,在国难中挣扎,奋斗,事实排演面前,今日之有种种进步与建设,其重要条件,即由于众师生合作精神之表现。希望新旧同学,由精神合作以发挥民主教育而树立优良校风云。

（《秋季始业式　欧校长领导举行——立志,慎始,合作勖勉诸生》,《大夏周报》,第 24 卷第 3 期,1947 年 10 月 1 日）

三十日　学校对于学生无故旷课向极重视,凡旷课五分之一以上者,例有不得参与考试之规定。为求严格执行起见,特自是日起,将五十人以上班组之教室予以编排坐号,由教务处派员点名。（《旷课五分之一以上不得参与考试》,《大夏周报》,第 24 卷第 4 期,1947 年 10 月 15 日）

本月　该学期学生人激增,为此学校增开学程,添开实验室,新辟办公室,添建学生宿舍。

本校自复员以来,学生激增,已超过战前人数,本年秋季学期,更形增中,不仅学校房屋发生恐慌,即课程亦增开甚多。兹探悉三十六年度秋季学程总数:计各学院共同必修课程有六十六学程,文学院有四十五学程,理工学院六十六学程,教育学院二十四学程,商学院二十七学程,法学院五十三学程。

（《三十六年秋季　各学院学程统计》,《大夏周报》,第 24 卷第 3 期,1947 年 10 月 1 日）

化学实验室上期已可同时供二百五十人实验之用,规模宏大,现经邵院长、陈主任之积极筹备,本期复另添开物理化学、有机化学实验室,各项仪器已"乔迁",本期开学后即可应用。

（《化学系继续扩展　又另添间实验室》,《大夏周报》,第 24 卷第 3 期,1947 年 10 月 1 日）

本期起本校五个学院办公室另行辟室办公,除理工学院办公室仍在理工学院院址外,余均在群贤堂三楼,与各院系下之研究室同堂办公,便利指导研究工作之进行,本期各研究室当有一番新气象。

(《各院另辟办公室　便利指导各研究室之进行》,《大夏周报》,第24卷第3期,1947年10月1日)

自群英斋被毁后,女生宿舍暂设于丽河之滨。年来女同学人数激增,现有宿舍已不敷容纳,学校当局决定另行建筑,于原来群英斋地址建造十二间宿舍,暑间已兴工,近日正赶造中,闻建筑费达五六亿之多,秋间即可落成,今后南荷花塘畔将大放歌喉矣。

(《群英斋旧墟重建新宿舍　瓦砾堆中初长一支新苗》,《大夏周报》,第24卷第3期,1947年10月1日)

学校为清寒学生减免学费,设立奖学金。

本校为减少学生经济负担起见,特规定凡具有下列各项情节者得申请免费:一、家境确实清寒,或家乡情形特殊者(内地及战区灾区)。二、品行端正,学业成绩中等以上者。三、前期考试如期参加,未要求补考等情者。四、未受书面警告者。五、前学期对学校应缴各费,未有拖久不缴者。六、未获得他项奖学金或救济金者。自经学校当局将学生申请免费办法规定之后,兹悉有三三六名学生业经核准免费……

(《申请免费办法规定　三百余名同受减免》,《大夏周报》,第24卷第3期,1947年10月1日)

上海证券交易所为奖励清寒学生求学起见,特设立清寒助学金免费生三十名,凡选读银行、会计、经济、工管等系之二、三、四年级学生,概可请求是项奖金。兹悉申请学生约百人,校方初审之名单亦已决定,计会计系九人,经济系十人,工管系五人,银行系六人,已于九月抄送交证所核发云。

(《上海证明券交易所设清寒助学金　选读银行会计工管等学生皆可请求》,《大夏周报》,第24卷第4期,1947年10月15日)

学校的民众教育实验区积极进行教育实验。

为普及教育,启发民智,助长民众生活技能起见,爰于秋季开学之后,由本校民教实验区积极进行下列三大实验事业:

一、组织福利合作团——为实验民生本位教育起见,试办农产牧畜合作实验场,利用本校空余地利,使校师生员工暨该区民众,作一个大联合的新尝试(缴收福利基金五万元拿出劳力享受福利)。

二、组织流动施教团——为实验普及基本教育之工具,试办中心普及教育区及教育站,运用本校教育学院学生余力,编排实习时间表分列负责施行。

三、组织调查宣传团——为实验农村服务的活教育之一种,征选若干学生,启发耶鲜[稣]精神,力行活教育之工作。

至其余事业,据该区副主任唐茂槐称:如实验国民学校一俟有适当校址即行开办,以应基教远东委员会在我国首都会议的进行之目标云云。

(《三种实验事业　本校民教实验区积极进行》,《大夏周报》,第24卷第3期,1947年10月1日)

十月

六日　该学期第三次纪念周会被改为新生总指导,由欧校长、王副校长暨各处首长领导该届全体新生千余人假思群堂隆重举行,历一小时余始散。(《新生总指导　欧校长领导举行》,《大夏周报》,第24卷第4期,1947年10月15日)

十一日　举行该学期全市公、私立专科以上学校清寒学生奖学金审查会,大夏大学获准奖学金名额二百八十一名,在各学校中为数最多。

上海市公私立专科以上学校清寒学生三十六年度第一学期奖学金申请学生数共四千六百二十五名,十月十一日在申报馆召开审查会,规定各校送交申请学生名册应不包括公费生在内。计经决定名额之分配,以本校最多,拟准二八一名。又悉,凡得市奖金者其原有本校免费额由学校另行依序分配其他学生云。

（《专科以上奖学金　各校名额分配决定校　本校拟准二八一名　得市奖金者另行分配》，《大夏周报》，第 24 卷第 5 期，1947 年 11 月 9 日）

十三日　该学期第四次纪念周会上，欧元怀校长作演讲，题为"打倒失败主义"。

十月十三日本学期第四次周会由欧校长领导举行，除报告重要校务外，并以"打倒失败主义"为题，作二十五分钟之讲演，略谓目前中国诚然有许多不满意处，但吾人应认识环境，左右环境。抗战前，中国为次殖民地国家，胜利以后，中国一跃而为五强之一，享有否决权，更使中国在世界各国中有举足轻重之势。中国民族是富有奋斗的建设的民族，我们不能因为眼前的局面而致因噎废食的消极颓丧，吾人苟能把握现状，抓住机会，一定成功的。今天是昨天、明天的桥梁，现在是过去、未来的桥梁，有今天的努力，才有明天的光明，也就是说，明天的光明，是建筑在今天的努力上面的。吾人不怕失败，患在失败后而无积极进取之心，子路闻过则喜，禹闻善言则拜，心理上的奋斗，自然会完成他的丰功伟业。诸生来自四方，有志竟成，毋自暴自弃，毋故步自封，诚能加强努力，加强奋斗，终能走到彼岸，完成最后的胜利。讲词中欧校长并列举本校奋斗史实与颠扑不破之精神。

（《欧校长周会讲演"打倒失败主义"》，《大夏周报》，第 24 卷第 5 期，1947 年 11 月 9 日）

十四日　教育学院进行"全国大学分布及教授动态调查"工作。（《三十六年度秋季学期大事记》，《大夏周报》，第 24 卷第 9 期，1948 年 1 月 15 日）

十九日　文学院、理工学院召开院务会议。

文学院院务会议于十月十九日假重华新村大夏同学会，由杜佐周院长会同该院各系主任暨教授等二十余人出席参加，当经决议：

1. 中英文改卷一事，各任课教授因任课太多，本学期只能详细评改三篇，约略评改三篇，共计六篇，最好中英文各添助教一人，襄助改卷。

2. 关于各系购置图书费之支用，应以添置工具书籍，如新近出版之英文大辞典与图书集成等类为首要。其次如学生课外读物及基本参考书须多备复本，俾学生便于阅读并作笔记。

又闻中国文学系诸教授为改进大学一年级国文教材，爰于院务会议时提〈议〉组织国文编纂委员会，负责编纂大学国文统一教本，当经决议通过，并请杜院长、程系主任暨各教授于最近着手进行云。

（《文学院院务会议》，《大夏周报》，第 24 卷第 6 期，1947 年 11 月 20 日）

理〈工〉学院于十月十九日上午假花旗银行二楼清华同学会举行复员后第三次院务会议，邵院长、各系主任暨该院全体教授均出席参加，并由各系主任介绍各该系之新聘教授，当时曾将课程问题，仪器问题，图书问题，作详尽之讨论，末由周昌寿先生提议举办通俗科学演讲，如雷达及原子弹等。兹将所讨论各问题之决议事项列举于下：

1. 课程方面：(1)本院拟制各学程进度表。(2)本院各系学生之普通必修学程，如国文英文之类，希望能予另行开班教授，因其所需要，与其他院系之学生略有不同。(3)土木工程系之下，拟分为水力、结构、路工三组。并在工程馆内开辟研究室一节，正在计划中。

2. 仪器方面：(1)设备费之支配，已由各系开列购置单，准备购置。(2)最近拟请国防部，赠送雷达全套以资研究。

3. 图书方面：本学期已在陆续添购中。

（《理学院院务会议》，《大夏周报》，第 24 卷第 6 期，1947 年 11 月 20 日）

二十日　该学期第五次纪念周会上，黄敬思院长作演讲，题为"中国知识分子之烦恼与新生"。（《三十六年度秋季学期大事记》，《大夏周报》，第 24 卷第 9 期，1948 年 1 月 15 日）

商学院召开院务会议。

商学院于十月二十日假愚园路何院长公馆举行首次院务会议，何院长、各系主任暨各教授出席参加。当经决议事项：

1. 商学院须改卷之课程如会计、商算请按照国英文之成例作开班人数之硬性规定。

2. 商算、会计、统计均须添请助教专司改卷，自下学期酌办。

3. 将来专家演讲应开"专家演讲课"，以免听者参差。

4. 请学校备教职员专用车。

（《商学院院务会议》，《大夏周报》，第 24 卷第 6 期，1947 年 11 月 20 日）

二十四日　学生自办膳食，膳费低廉，经济实惠。

〔本报讯〕大夏大学学生膳食本期仍由学生自行选举代表办理，每半月改选一次，凡被选主办膳食者，均能克尽厥职，为大众福利而努力工作，因此同学每人每月所缴膳费仅十五万元，而每餐之菜饭咸足果腹，一日三餐，除早餐稀粥小菜外，午餐及晚餐全是四式菜，且富于营养。

由于本期在校用膳学生已逾一千七百人，原有膳具不敷应用，食堂亦不敷容纳，故用膳时间，每餐均分为两次。

大夏学生之膳食费，据说在上海专科以上各学校中，要算最低廉，其原因：(1)食米由政府配给；(2)学校当局对学生伙食有所津贴；(3)由于膳食管理方法完善。

学校当局表示：在厉行节约声中，大夏膳食费，能如是低廉，已可说是实行做到节约。

（《大夏大学膳食低廉　每生月缴十五万元》，《申报》，1947 年 10 月 24 日，第 6 版）

二十六日　召开第十次教务会议，决议恢复《大夏学报》，并由各学院系联合组织"大夏学报编辑委员会"，同时规定学术演讲相关规定和学术论文竞赛办法。

十月二十六日，举行第十次教务会议。

（《三十六年度秋季学期大事记》，《大夏周报》，第 24 卷第 9 期，1948 年 1 月 15 日）

《大夏学报》曾于抗战之前负有盛名，后因学校西迁，停止出版。复员以来，学校当局筹谋复刊，兹经第十次教务会议决议，恢复《大夏学报》，并由各学院系联合组织"大夏学报编辑委员会"。编辑委员由各院院长及系主任担任之，常务委员则由各院院长担任。另设助理编辑五人，由各院研究室助教兼任。并请姜志纯先生为学报之干事，准于本学期筹备，下学期出版。编辑委员会第一次会议由鲁教务长召集云。

（《大夏学报编辑委员会　院长系主任任编辑委员》，《大夏周报》，第 24 卷第 6 期，1947 年 11 月 20 日）

关于本学期举办学术演讲事宜，校务会议曾将是项议案移交第十次教务会议讨论，兹探悉该项决议为：

1. 时间定在星期日。

2. 须作记录发表。

3. 派人招待演讲员。

4. 须用汽车迎送演讲员。

5. 演讲员须由院长及各系主作聘讲，不得由学会主持！各院系之课外学术公开演讲，最好有一预定的计划以成系统。

（《举行学术演讲　教务会议另作决定》，《大夏周报》，第 24 卷第 6 期，1947 年 11 月 20 日）

本学期学生学术论文竞赛，业经第十次教务会议作如下之决定：

1. 各院各系分别举行。

2. 题目请各系主任拟定，十一月十日以前交鲁教务长汇列公布。

3. 参加竞赛者除应届毕业学生及补习班学生外，均可自由参加。

4. 论文字数除科学论文外，以一万字为最低限额。

5. 参考书目须详举于文后，并须于文中附"注一"、"注二"等字样经便评阅。

6. 论文纸采用毕业论文纸。

7. 缴卷限于明年春假前。

8. 经本会评核后发给奖品，并予发表。又悉本学期中英文竞赛业请文学院筹备举行，其奖品由校发给云。

（《学术论文竞赛　优胜者给奖》，《大夏周报》，第 24 卷第 6 期，1947 年 11 月 20 日）

法学院召开院务会议。

法学院于十月二十六日下午三时假重华新村召开首次院务会议，由张院长、各系主任暨各教授二十余人出席参加，主要决议为：

1. 拟定政经法律研究室工作计划。

2. 筹备出版院系刊物。

3. 请校方办理司法组备案手续。

（《法学院院务会议》，《大夏周报》，第 24 卷第 6 期，1947 年 11 月 20 日）

二十七日　该学期第六次纪念周会上，张伟如教授报告"欧美归来观感"。

十月二十七日第六次周会由王副校长领导在思群堂隆重举行，除报告重要校务外，并请甫自欧洲出席联合国世界贸易会议归来之本校教授张伟如先生报告"欧美归来观感"。张氏首就会议情况略为说明，然后分别将渠所到达之二十余国之见闻作扼要之报道，对于瑞士未受战事影响以及瑞士风景之美、社会秩序井然不禁力加赞扬。最后渠就物质文明与精神文明加以解释，认为物质文明是暂时的，精神文明才是永久的，颠扑不破的，数千年来中国于险恶环境中迭能转危为安，即由于精神文明之支持，吾人不必慕人家之物质文明如何优美，吾人应发扬吾国固有的精神文明，自能领导世界，安定世界秩序云云。

（《第六次周会　张伟如教授报告欧美归来》，《大夏周报》，第 24 卷第 6 期，1947 年 11 月 20 日）

本月　该学期学生人数达两千五百余人，但学校所有学生宿舍仅能容纳一千五百人左右，各项设施也不够，为此，学校积极募捐兴建校舍，想方设法添设学生宿舍。

抗战前，本校原有群策、群力、群英三大宿舍，可容学生二千余人，至教职员宿舍亦大致足够敷用，现因群力、群英二宿舍以及新村教职员住宅毁于炮火，住宿问题，顿形严重。兹探悉本学期所有学生宿舍计群策斋可容一一一八人，丽园可一六四人，新旧女生宿舍可容三〇〇人，本期学生共有二千五百人之谱，尚有八九百人无法入校住宿，往返家庭学校间，致校车拥挤不堪，一部份校外教职员，亦相挤一起云。

（《宿舍紧　校车挤——师生两受苦》，《大夏周报》，第 24 卷第 4 期，1947 年 10 月 15 日）

学校所有学生宿舍，仅能容纳一千五百人左右，本学期学生人数激增，致一部分学生无法容纳，训导处虽曾竭力设法使人各有居，不忍拂学生之请求，为此暂择图书馆楼上之前阅览室，将愿住校并愿卧地铺者登记编号入舍。一俟新宿舍落成，即可乔迁。

（《图书馆暂作东宫》，《大夏周报》，第 24 卷第 4 期，1947 年 10 月 15 日）

本校校舍因受战争影响毁于敌人炮火者几占全部校舍之半，复员以后，学生人数激增，致原有校舍已不敷应用，除积极向热心教育事业之社会人士募捐重建外，并闻政府方面业已拨补本校五亿元，作为建设之用。

（《五亿元建筑费　国库局拨发中》，《大夏周报》，第 24 卷第 4 期，1947 年 10 月 15 日）

学期开始，教职员与学生宿舍，积极赶工修葺，近已大致完竣。最近复粉刷房间，添装电灯，添置家具，清洁整齐，简单朴素，各寝室气象焕然一新矣。

（《将坏的刷去　各房间气象一新》，《大夏周报》，第 24 卷第 4 期，1947 年 10 月 15 日）

本校群力斋、群英斋自经敌人毁坏之后，加之学生激增，宿舍不敷应用，学校为解决房荒起见，于群英斋旧址,建盖女生宿舍,已志本报上期,下旬可全部竣工。近又于群力斋旧址复添建男生宿舍,取名新力斋,该斋计二十四大间,每间可容叠床六架,十一月上旬亦可落成,现暂住图书馆者,一俟新筑之该斋完工,即可全部迁入。又悉学生浴室亦将建筑,内有二十间盆浴云。

(《继女生新宿舍之后 男生新宿舍又将完工》,《大夏周报》,第24卷第5期,1947年11月9日)

欧元怀校长参加福建区立法委员竞选,王毓祥副校长参加湖南区立法委员竞选。

本年十二月二十五召开之国民大会,为实施宪政之开端,各省市已积极筹备选举国大代表及立法委员,本校欧校长元怀及王副校长毓祥已参加竞选,欧校长已列为本市教育界候选人,竞选立法委员,王副校长则参加湖南二区竞选立法委员。上海及湖南校友闻讯,极表兴奋,誓热烈拥护,期其必成,咸欲乘此千载难逢之机,以报答栽培之恩,为国为校,兼致忠诚。欧校长为国内名教育家,王副校长曾连续任立法委员十数年之久,以迄于今,旗开得胜,自在情理之中。

(《立法委员选举在即 欧王二校长参加竞选——上海及湖南校友热烈拥护》,《大夏周报》,第24卷第3期,1947年10月1日)

欧校长近应故乡地方人士之邀,参加福建第三区区域立法委员竞选,并已声明教育职团放弃上海市竞选。在闽校友闻讯,极为欣悦,纷纷来函表示热忱拥护,地方人士亦函电交驰,咸以欧校长参加原籍竞选,他日造福国家并可兼顾地方之福利云。

(《立法委员会竞选 欧校长参加福建第三区》,《大夏周报》,第24卷第4期,1947年10月15日)

成立体育委员会,积极开展体育活动。

体育一学程,向定为必修科,秋季学期以来,特由王副校长、吴总务长,苏训导长、何院长朝仪、祝主任家声组织体育委员会,推动体育,并由祝主任召集云。

(《推动体育 体育委员会定期成立》,《大夏周报》,第24卷第4期,1947年10月15日)

上海市专科以上学校运动竞赛委员会鉴于市运会举行在即,特召开各大学代表会议,本校体育部祝主任前往参加。兹探悉会议决议要项:一、市体育场主办之大学运动会定于十月下旬举行;二、足球联赛定十一月一日开始;三、篮球赛定十二月一日开始;四、越野联赛十二月下半月中举行;五、乒乓赛、羽球赛定十二月开始。祝主任为加强阵容,除拟加聘体育指导员外,并自即日起登记队员,挑选组织,积极练习。行见我大夏健儿,驰骋于万人瞩目之下一决雌雄。

(《市运会举行在即 本校将挑选健儿参加》,《大夏周报》,第24卷第4期,1947年10月15日)

十一月

二日 该学期第七次纪念周会特请甫自美国各大学讲学归来的陈文渊作演讲,题为"中国民族心理与教育"。(《第七次周会陈文渊博士讲"中国民族心理与教育"》,《大夏周报》,第24卷第6期,1947年11月20日)

教育学院召开院务会议,讨论民教实验区事业推进及发动募捐等事项。

教育学院于十一月二日下午三时假校友俱乐部举行恢复学院后首次会议,决定事项如下:

1. 提请校务会议恢复教育学院原有之中等教育及教育行政两系,代替现有之教育学系。
2. 提请校务会议修订各系各学年课程表。
3. 教育实习实施方针得利用学生无[①]时间举行个别实习,提交报告,然后用团体方式批评讨论。
4. 其它有关民教实验区事业推进及发动募捐等事项由社教系主管办理。

(《教育学院院务会议》,《大夏周报》,第24卷第6期,1947年11月20日)

---

① 此系史料原文,疑"无"字有误。

〔本报讯〕大夏大学周围九里,属于本市新泾区之农民,生活贫苦,向无受教机会。该校近成立民教推进区,从事民教工作,由民教试[实]验区主任唐茂槐负责主持,教育系学生七十余人参加执教。目前已开会商讨实施民教办法,当决定成立工人学校、中山桥义务学校、实验国民学校、电化教育、民众娱乐、家庭访问及福利农场等八组。所需民教经费及福利农场股票,决向外界募捐或认股,每股定为二万元,不日开始招募。

(《大夏大学近成立民教推进区 教育系学生参加执教》,《申报》,1947年11月11日,第6版)

五日 召开第十四次校务会议。会议决定,自十一月起,按照国民政府公布的公教人员待遇发放教职员薪金。同时决议教育学院分系和课程体系审查问题。

第十四次校务会议已于十一月五日下午举行。欧校长主席并报告:自十一月份起,本校教职员待遇依照政府公布公教人员待遇标准致发薪津,计基本数九十九万元,加成数四千倍。

(《第十四次校务会议 调整教职员待遇》,《大夏周报》,第24卷第6期,1947年11月20日)

教育学院分系问题前经该院院务会议提请将教育学系改为中等教育及教育行政系,现经第十四次校务会议议决,将该学院各系课程组织审查委员会,暂时保持三系原则,并推欧校长、鲁教务长、各院长及各系主任担任委员。

(《教育学院各系课程表组织审查委员会》,《大夏周报》,第24卷第6期,1947年11月20日)

本校恢复教育学院,一切规模积极扩充,教育学系、教育心理系、社会教育系各年选课标准将有新的编订,并经第十四次校务会议议决,拟在最近召开课程审查会议,由欧校长、鲁教务长、各院院长暨该院三系主任共同讨论,由黄敬思院长召集。兹闻黄院长为求慎密起见,已将三系历年课程草案分送各委员先行修订,俾于十二月上旬召开会议时能订定一完善而有创造性的教育课程云。

(《黄敬思院长定期召集教育学院课程审查委员会》,《大夏周报》,第24卷第7期,1947年12月5日)

九日 举行首届校友返校节,返校校友六百余人。同时举行群英斋、新力斋、群英桥、体育办公室落成典礼。

十一月九日,庆祝首届校友返校节,返校校友六百余人,情况热烈。群英斋、新力斋、群英桥、体育办公室举行落成及剪彩典礼。体育部迁入新舍办公。

(《三十六年度秋季学期大事记》,《大夏周报》,第24卷第9期,1948年1月15日)

〔本报讯〕昨为大夏大学第一届校友节,全校师生及返校校友二千余人,举行盛会,同申庆祝,同时举行新建学生宿舍群英斋及新力斋落成典礼。校长欧元怀,副校长王毓祥,自晨至暮,招待来宾及校友。全校各处均经开放。两新建宿舍落成典礼,在欧校长主持下,于上午十一时半举行,旋即在颇有诗意之花溪桥畔树荫下,师生校友杂坐其间举行野餐,备极欢畅。下午一时,在思羣堂开庆祝会,师生校友相聚一堂,倍感亲切,校友多人先后致词,对母校之发展,期望甚殷。欧校长致词,说明校友节之意义在增加学校与校友、校友与校友间之密切联系,提出报告,盼望校友协助母校迅速恢复图书馆、科学馆、体育馆、疗养院、大膳厅、工场,建设成一较合理想之大学。旋即表演游艺节目,王庆勋领导之口琴大合唱,丽虹歌咏队之"春游"及"嘉戎酒会"土风舞,张紫玲之高音独唱,刘贤甫、童惑康之口技,另有各种球赛,五花八门,均颇精彩。

(《大夏校友节昨开会庆祝并举行新宿舍落成礼》,《申报》,1947年11月10日,第6版)

二十三日 召开第十一次教务会议,审查应届毕业生成绩及转学、复学等多起教学事项。

十一月二十三日上午九时于理工学院工程馆楼上举行第十一次教务会议,由鲁教务长主席,姜志纯记录,出席者鲁继曾、黄敬思、邵家麟、何仪朝、张隽青、陈铭恩、张耀翔、陈景琪、王兴、苏希轼、林我朋、程俊英、顾文藻、蔡文熙、韩钟琦等。鲁教务长报告自开课以来,各教授缺课者甚少,即有因病请假者,亦已开始补课,期中考试秩序颇优。旋审查本届应届毕业生姓名及转学复学各生所习学分等要案多起。

（《第十一次教务会议　鲁教务长召集行》,《大夏周报》,第24卷第8期,1947年12月20日）

二十四日　该学期第十次纪念周会上,鲁继曾教务长报告校务并以"意义之价值"为题作演讲。

十一月二十四日第十周会,因欧校长应国立吴淞中学之请,前往该校作学术性之讲演,本次周会遂由鲁教务长主持。渠首先将重要校务作扼要性之报告,然后再以"意义之价值"为题,作专题之讲演。氏认为意义是相对的而不是绝对的,所以意义价值,遂因人而异,因时而异,因地而异。某一问题之发生,必寓有某种意义,然其价值之大小,须视当时社会实况而转移,固不拘泥于一时所欲而判其价值。至此氏再进一步之解释,认为意义价值之永存,即在于强健之体魄,知识技能之训练,文化之孕育,以及道德之树立,能如此,才能崇实务本,继往开来,人生之目的在此,人生之意义亦在此。

（《第十周会　鲁教务长报告校务》,《大夏周报》,第24卷第7期,1947年12月5日）

二十六日　欧元怀校长出席中国教育学术团体联合年会。

十一月十九日中国教育学会上海分会筹备委员八人,假银行俱乐部商讨年会事宜。本校欧校长、黄敬思院长、杜佐周院长暨王裕凯校均以代表资格出席。决定向年会提出问题八项。本校负责草拟四项,由欧校长草拟大学设置教育学院问题,黄院长草拟国定教科书问题,杜院长草拟成人教育与儿童教育问题,王校长草拟中学制度与课程问题,预计全国教育年会一月二日、三日在京召开,届时校长等出席,将发挥其对教育上之贡献云。

（《中国教育学会年会　欧校长等出席参加》,《大夏周报》,第24卷第7期,1947年12月5日）

欧校长于本月二十三晚夜车赴京,二十四日出席中国教育学会年会筹备会召集人会议,并由中国教育学会指定出席中国教育学术团体联合年会,会期为二十六、七两天,闻欧校长带有重要提案提出。

（《欧校长出席中国教育学术团体年会》,《大夏周报》,第24卷第5期,1947年11月9日）

三十日　毕业学生举行是届毕业同学会成立大会。

本学期应届毕业生于十一月三十日上午九时假重华新村大夏校友俱乐部召开成立大会,李绍白主席,当即决议提案数件,并推定蒋樟敏、李绍白为正副主席,唐光涛、陈其廉、杨茂椿、蒋孝湜、卢时昌、陈大□、贾大相、居荣森、王润兰、王静智、党应璋、聂伯恒、胡汝尧等为干事……

（《应届毕业生召开成立会　宴请全校教职员》,《大夏周报》,第24卷第9期,1948年1月15日）

因期中考试而沉寂的各种活动其时又活跃起来,各种墙报纷纷出现。学校训导处为了解学生团体活动情况,令各团体组织重新办理登记手续。

〔本报讯〕大夏大学学生组织团体甚多,该校训导处为明了各团体活动情形,顷令各团体组织,无论已否登记,均须按照规定表格,重新办理登记手续。又:该校因期中考试而趋沉寂之各种活动,近又复形活跃,各种墙报均纷纷呈现于校园墙头。

（《大夏团体活动近日渐趋活跃》,《申报》1947年11月30日,第6版）

各学会各项活动,向甚积极,前因期中考试,一度静宁,现期中考试甫过,所有活动任积极推行,尤以各学会主办之壁报为最,如天南学社之"天南",□阜学会之"淮风",苏北学会之"苏北",以及蓝天学社之"蓝天",英语学会之"英语半月刊"等。

（《期中考试甫过　各壁报蜂涌又起》,《大夏周报》,第24卷第8期,1947年12月20日）

本月　民众教育实验区创制轻便教育用具,推行民众教育实验工作。

本校民众教育实验区自将三大实验事业厘定之后,复由该区副主任唐茂槐草拟一年计划,呈请黄兼主任敬思核定,并订有若干具体办法。闻其中有创制轻便教育袋、轻便教育车,及活动教室等,顾符最近远东基教会议所列举之教具需要。又闻该区除举行教院学生服务登记处,并定十月十五日下午假群贤堂举行教院新旧同学交谊会,备有多种节目茶点以策实验工作之努力进行云。

(《继三大实验事业后　复创制轻便教育用具　民教实验区积极推行　教院学生实习总登记》,《大夏周报》,第24卷第5期,1947年11月9日)

著名物理学家江仁寿到学校任职。

伦敦大学博士江仁寿先生,此次应本校聘,任理〈工〉学院专任教授。江博士为国内有数之著名物理学家,渠曾任武汉大学物理系教授兼系主任及物理研究门主任、中山大学物理系教授兼主任、四川大学特约教授等。本期执教本校。

(《中国著名物理学家江仁寿博士执教本校》,《大夏周报》,第24卷第5期,1947年11月9日)

南京校友会募集校友会基金,第一期于其时已募得五千万元。

南京校友会于母校向极关怀,会务进行亦极积极,校友人数众多,且颇多党国要人、各界巨子。近欧、王二校长接校友孙元曾来书,谓南京校友会旬前开会决定募集第一期校友基金五千万元,拟在在京每一校至少捐助十万元,多多益善,所有募款办法及捐册等已在赶印之中。

(《南京校友会募集校友会基金》,《大夏周报》,第24卷第6期,1947年11月20日)

物价上涨,餐费昂贵。为解决伙食问题,学生组成伙食团,社会局也将在各大学分设青年食堂,以渡过难关。

本校学生伙食问题由学生组成伙食团,计有学生食堂二处,用饭秩序良好,膳食每月仅十六万至十八万元,男女生在校用膳者有一千六百余人。又悉社会局将在各大学分设青年食堂,以最低价格配售油柴菜米,使学生生活得以安定。

(《物价高涨声中　学生膳费每月十余万》,《大夏周报》,第24卷第6期,1947年11月20日)

十二月

一日　该学期第十一次纪念周会由欧校长领导举行,除报告重要校务外,还请法学院政治系教授刘崇本博士作演讲。刘博士曾奉派至英美考察行政效能,欧校长先为拟就讲题:"改进中国行政效能之意见"。(《第十二次周会[①]　刘崇本博士演讲》,《大夏周报》,第24卷第8期,1947年12月20日)

六日　教育学院假校友俱乐部召开课程审查会议。吴泽霖来沪,史社系特其邀其演讲,题为"人类的将来"。(《三十六年度秋季学期大事记》,《大夏周报》,第24卷第9期,1948年1月15日)

吴泽霖博士任教本校十数年,先后任教授、文学院院长,本校西迁与友校复旦同设第一联合大学于牯岭时任教务长职,随又至贵阳本校,致力于边疆民族之调查研究,于本校之贡献颇多。其夫人陆德音女士为本校高才生,病逝后方。吴博士现任北平清华大学教务长,日前因公至京转沪,本校历史社会系为欢迎此一保姆[②],约请返校演讲,吴博士以"人类的将来"为题,听讲学生极多。六日晚上,欧校长、王副校长、鲁教务长、吴总务长、苏训导长等共同作东,宴请于本校校友俱乐部。

(《吴泽霖博士至沪　欧校长等设宴欢迎　史社系特邀演讲》,《大夏周报》,第24卷第8期,1947年12月20日)

七日　学校配发寒衣,调整膳费。

〔本报讯〕大夏大学日前收到学生救济会赠送该校清贫学生寒衣数十件,申请发给寒衣之学生甚多,配件不敷分配。训导处昨召集所有申请寒衣学生,以抽签方式分发,抽中者莫不喜形于色。又:在此物价高涨声中,该校学生调整膳食费,自本月起改为二十万元一月,此数虽较上月略高,然较本市其他各校膳食费用为最低廉者,各校闻该校学生食堂办理成绩较佳,纷往参观,藉资借鉴。

(《大夏大学配发寒衣调整膳费》,《申报》1947年12月7日号,第6版)

---

① 此系史料原文,应为笔误,此次周会为第十一次。
② 此系史料原文,疑"保姆"二字有误。

八日　于该学期第十二次纪念周会举行国语演讲比赛。

国语演说决赛已于十二月八日周会时在思群堂举行,聘请黄敬思、张伯箴、程俊英、蔡文熙、曾作忠五教授为评判员。记录取优胜者前五名:

第一名　黄锦云(女)　戏剧在教育上的价值

第二名　钱毅　美苏间矛盾中的中国外交

第三名　汪善经(女)　中国大学生对民主的责任

第四名　赵致远　青年对当前国势应有的认识

第五名　赵立政　怎样做一个建国的青年

(《国语演讲优胜决定　黄锦云获得首名　题为"戏剧在教育上的价值"》,《大夏周报》,第24卷第8期,1947年12月20日)

十二日　教育学会聘请陈鹤琴先生来校演讲,题为"儿童心理学"。(《三十六年度秋季学期大事记》,《大夏周报》,第24卷第9期,1948年1月15日)

十五日　于该学期第十三次纪念周会举行英语演讲比赛。

十二月十五日是第十四次[①]周会,由欧校长领导举行,除报告有关王故校长逝世三周年纪念事项外,并举行本学期第一次学生英语演讲比赛,由陈铭恩、葛绍经、费宗之、王文俊、陈醒庵五先生担任评判。计参加者十名,优胜者取三名,凡优胜者由校方给以奖状,就第一名给奖金二十五万元,第二名给二十万元,第三名十五万元,兹将讲题暨优胜者姓名列下:

第一名　刘家权　Industrialization of China

第二名　钱毅　Ways to learn English

第三名　周藏芝　The good that men do lives after them

第四名　朱焕文　How may war be prevented

第五名　杨炳成　What youth doesn't know about war

(《第十三次周会　举行英语演讲比赛》,《大夏周报》,第24卷第9期,1948年1月15日)

土木学会请交大工学院院长王之卓先生讲"YVA计划中之测量工作"。(《三十六年度秋季学期大事记》,《大夏周报》,第24卷第9期,1948年1月15日)

十九日　教育学院学生参观市立幼师。钟道赞应教育学院邀请来校演讲,题为"今日英国之高等教育"。历史社会系学生参观曹河泾儿童教养院。(《三十六年度秋季学期大事记》,《大夏周报》,第24卷第9期,1948年1月15日)

二十日　王伯群逝世三周年,学校降半旗以示纪念,并在图书馆举行王伯群遗墨展览。

十二月二十日为纪念王故校长逝世三周年,是日校旗下半旗一天,并在图书馆阅览室举行王故校长遗墨展览会三天,内有当代名贤往来书函如胡汉民、马君武、蔡元培、张继、叶楚伧、章炳麟、金仲孙、李石曾、吴敬恒、于右任、姚华等亲笔函件。此等函件,概经王夫人保志宁女士裱糊成册,安为保藏,视为至宝者。此外有故校长致欧校长、王副校长等亲笔书信,以及各种遗墨,如主持校务时之各项批示、核阅、审核暨为友人书写之对联等,已成为校宝,参观者川流不息,户限为穿。

(《王故校长遗墨　图书馆公开展览》,《大夏周报》,第24卷第9期,1948年1月15日)

二十一日　召开第十二次教务会议。

十二月二十一日上午九时举行第十二次教务会议时,鲁教务长作重要之报告:抗战期内沪部毕业生在三十年以后因太平洋事变,邮递困难,致未报部。复员后,当即准备报。本年五月二十日呈报三十年春秋两届毕业生,近奉部令发还验印毕业证书一大部分,其未验印者,因转院系未经呈报核准,拟补行声复。三十一、二两年各届毕业生之表册,业经整理完毕,将于学期终了前报出。余如三十三、四、五年等届毕业生,预计明年夏季报完。至三十六年春季毕业生,亦拟在寒假期内呈报。现在前后毕业生名册,

———————————

① 此系史料原文,"第十四次周会"为笔误,本次周会为该学期第十三次。

已相衔接,如欲印同学录,已无困难。

(《第十二次教务会议　鲁教务长作重要报告》,《大夏周报》,第24卷第9期,1948年1月15日)

二十二日　该学期第十四次纪念周会用于举行王伯群逝世三周年纪念大会。

十二月二十二日第十四次周会改为王故校长逝世三周年纪念大会,由欧校长领导全体师生二千六百余人假思群堂隆重举行。思群堂门口,悬挂金字横额一长条,上面书写"王故校长三周年纪念"九个大字,在思群堂讲台中间,悬挂王故校长遗像,下悬校旗,遗像两旁书写"饮水思源"四个大金字,以松柏绕圈,同时在遗像左边悬挂国民政府之表扬令,右则悬挂王故校长遗嘱全文,当欧校长领导员生举行哀悼仪式时,适值窗外朔风呼啸,微雪纷飘,黯今惨淡,倍更哀思。仪式开始时候,先向遗像三鞠躬,静默三分钟志哀,然后欧校长即席讲演王故校长之生平事绩,认为王故校长一生精力,全致力于大夏之成长与发展,渠之中道而逝,实可谓为大夏鞠躬尽瘁,饮水思源,于今日纪念王故校长逝世实不胜哀悼之至。次由鲁教务长宣读国府褒扬令,吴总务长朗诵遗嘱全文,当总务长读至"吾大夏校友,服务国家,尤须力行公诚二字,以发扬大夏之精神"之句,大家都屏息静听,人们的心好像窒息似的。

教育学院院长黄敬思先生为教职员代表向学生致词,渠以"如何永生"为题,说明王故校长之立德、立功、立言三不朽之伟大精神。最后苏希轼先生代表毕业同学会致词,就王故校长之坚忍镇静有所阐扬云。

(《第十四次周会　纪念王故校长三周年》,《大夏周报》,第24卷第9期,1948年1月15日)

去年今日,本校为纪念故校长伯群先生所建之思群堂揭幕并举行追悼典礼,犹恍如隔昨,悼思未已,而流光如电,瞬届王故校长逝世三周年纪念日矣。

夫人情之不能已于思者,为创造新境予大众以福利,培植英才以为国家储用,义为众人,慨任重肩,不避艰辛之责,始终不渝。伯群先生自任本校董事长及校长以来,领导于先,负责于后,弃世之顷,复以公诚告诫,吾人自当黾勉以承,力求我大夏之进步。

顾自复员至今,已历十三月二十日,剧创之后,建设方殷,元怀抚兹校舍,追思昔日与先生同堂共聚,比邻作室,苦乐分享之情况,咸然萦绕脑际且与日俱增,此以学校前途,方兴未艾,质量均应平重发展,而国内政治尚未安定,经济情形又复混乱若是,以言自力更生,固已捉襟见肘,合全力仅能勉济艰危,不足以言发展。然学校前途又不能不事发展者。虽复员以后,新建思群堂及男女生宿舍,惟皆粗率未易言壮观,每对此广大之校基及被毁之馆舍唏嘘竟日,未筹善谋,而入学生又如潮涌,衷心以是难安,向使先生在日,则对此蒸蒸向上建设方殷之良机,必更能把握图之。

自本期开学以来,战前原有院系,均经恢复,在学生人数则破历年记录,一仍战前旧风,求学专业内容之严整,随校西迁人物,亦均安返旧址,此既可告慰先生之灵,又复为学校庆幸者也。夫大学教育之使命,至艰且巨,领导社会,责无旁贷,复员既非复原,则战前之规模自必随日以进,庶可配合世界日新之潮流,适合本国行宪之需要,故本校须着重质的改进,并宜顾及量的发展,精神建设与物质建设齐步同趋,学术研究与德性培养双方并驰,然后可与世界各国进步之大学相等而无愧。故此一愿望,当亦为伯群先生之一理想,惟如何求其实现,则尚赖先生亲故之协助及本校师生校友之合作也。

先生离吾人而去已届三周年矣,三年之中,世界及本国之演变至大,而本校仍秉先生遗志努力不懈,在安定中求进步,在实际上求发展,我大夏复员后仍有深厚之基础,追本溯源,当归功先生西迁贵州之决定,而学校一度改制之突变,又赖先生不屈不挠之折冲,卒能保存校名恢复立校精神,此种伟功,均为全体师生及校友之所共见。先生以从政之身,献身教育,二十年如一日,犹忆去岁先生逝世二周年纪念大会上,文彦先生之答词曰"大夏复员后新建礼堂即命名思群堂,由此观之,先兄三十余年之革命历史,不如二十年之教育历史"之句,深予吾人惕励,至今不忘,盖以先生本校之伟功,而区区纪念性之建筑犹嫌过薄,吾人当本先生为大夏努力教育,造就人才之苦心奋斗精神,继续发扬光大。

十二月寒流,予吾大夏师生倍加凄切,枯草颓云,频来霜雪,引领西南,悼念竭极!

(欧元怀:《王故校长逝世三周年悼言》,《大夏周报》,第24卷第8期,1947年12月20日)

二十三日　学生发起募捐寒衣运动。

本校学生以鉴于沪西一带贫民在朔风凛冽下，仍生活于饥寒线上，特别于十二月二十三日发起大夏大学学生征募寒衣运动，宣言内"朱门酒肉臭，路有冻死骨"之句，逗人动心。闻王副校长慨捐一百万元，同学中间亦踊跃捐衣献钱。又征募会已于二十四日开始专车出外捐募，一日之内，计寒衣八百余件，鞋袜百余双，现款五百余万元，现正继续出外继募。

（《征募寒衣　校内一片同情心》，《大夏周报》，第 24 卷第 9 期，1948 年 1 月 15 日）

二十九日　该学期第十五次纪念周会由欧校长领导举行，除报告各项重要校务外，还请本市盲哑学校校长傅兰雅先生讲盲哑教育，并由该校学生五十余人作音乐、读书、写算等技术表演。（《第十五次周会　盲哑学生来校表演》，《大夏周报》，第 24 卷第 9 期，1948 年 1 月 15 日）

本月　《大夏周报》遍赠各国，民国行政院、各图书馆、各大学纷纷来函索寄。

本周报前经教育部国际文化交换处函请寄赠每期三十份转送联合国，现行政院秘书处及青年部以本周报可供施政参考，专函请寄，各图书馆、各大学索寄者纷至沓来，稍迟数日寄发，催信邮至，编辑室同人工作至为紧张。

（《本周报遍赠各国　行政院又专函请寄》，《大夏周报》，第 24 卷第 8 期，1947 年 12 月 20 日）

学术气氛良好，各研究室繁忙，纷纷申请增派服务生。

本校文、教、法、商四学院办公室暨研究室，近因各项工作繁忙，各院助教以时间精力均感不足，特向校方请求增加派服务生一名，以资推动，已志本刊。现闻校方已准各院院长遴选各该学院学生一人服务云。

（《研究室工作频繁　服务生增加名额》，《大夏周报》，第 24 卷第 9 期，1948 年 1 月 15 日）

上海市水电一再涨价，市政府也令限制用电，因此，吴浩然总务长呼吁节省用电。

本市水电一再涨价，复因本市府限制用电，凡超过用度，第一次则课以五倍之罚金，第二次则课以二十倍之罚金，第三次超过用度时则予以割断，不再供给电流。本校十一月五日至十二月五日，一月之内，以消耗过多，电费及罚金共达二亿二千元之巨，吴总务长特呼吁各方尽量节省用电，并规定理发室不用电烫电吹，严禁加灯泡、加度扑拉等，并拟提前熄灯，以资节省云。

（《总务长呼吁节电　理发室停止吹烫》，《大夏周报》，第 24 卷第 9 期，1948 年 1 月 15 日）

一月

一日　元旦，举行团拜会。

元旦上午十时，举行师生团拜，出席师生近三千人，学校悬灯结彩。欧校长首谓本年行宪，举国同欢，本校在此一年中以物质建设与精神建设并进，籍以庆祝此空前快乐之年。次由王副校长讲演行宪之意义，亦庄亦谐，词极动人，末有音乐指导张紫玲女士独唱及丽虹歌咏队表演新型舞蹈，师生快乐一堂。

（《元旦举行团拜　师生快乐一堂》，《大夏周报》，第 24 卷第 9 期，1948 年 1 月 15 日）

十一日　史社、土木、教育、外文、经济五系系会成立联合助学组织，筹备"助学义卖市场"，今天开幕。

本市大夏大学史社、土木、教育、外文、经济五系系会，为抢救失学危机，拟用自己力量来解决，已于日前成立联合助学组织。最近在筹备举办"助学义卖市场"，聘请副校长王毓祥为名誉会长，已在全校展开征募。其办法分义卖与寄售两种，预定十一日开幕，闻货物甚多，届时必有一番盛况。

（《大夏大学筹备助学义卖市场》，《申报》1948 年 1 月 11 日，第 6 版）

十二日　欧元怀校长参加上海市专科以上学校校长会议，讨论下学期收费标准问题。

本报讯：本学期即届结束，各私立院校下学期学生缴费问题，为各方所瞩目。本市私立专科以上学校校长在顾及教员合理待遇及学生家长可能负担之学费原则下，于昨日下午三时假清华同学会集会讨论，大夏大学校长欧元怀任大会主席。开会前后半小时，各校代表二十余人均沉寂无言，显示此一双重"极难解决"之矛盾问题，益增加其严重性，而各具有沉重之苦闷。欧校长报告开会意义称："吾人今日讨论各校下学期学费问题，应先顾及教员之合理待遇，盖此为各校最大而主要之开支。国立院校教员待遇，政府已决定自本月起按照生活指数折扣计薪，且定每三月调整一次，私校学费不能缴收两次，而教员学生两方面之困难，均须兼筹并顾，希望详加讨论，俾得合理解决。"欧氏词毕，各校长相顾无言，半小时后，始由中华工商专校沈嗣庄发言，说明当前物价如狂马奔腾，教员待遇过低，实无法安心教学，并称该校下学期将有五分之二学生，势将被迫停学。嗣各校长及代表相继发言，展开热烈讨论，最后决定以目前物价高涨情形，为顾及学生家长困难，各校下学期学杂两费，按照当时实物市价米计算，暂定为三石至四石，届时如有特殊情形，另行开会议决。又为讨论私立院校共同问题，各私校除依旧参加上海市专科以上学校联合会外，并决定今后经常召开私立专科以上学校联合会，由各私校轮流负责召集。昨日出席该会之各私校校长及代表为光华朱经农、圣约翰涂羽卿、沪江凌宪扬、牙医专科司徒博、上法褚凤仪、法政学院郭孝先、立信钱素君、光夏商专□石、中华工商沈嗣庄、大同胡敦复、震旦胡文耀、东南医学院吕运明、诚明文学院蒋维乔、南通学院王梦凤、新中国法商学院卢锡荣、无锡国专王蘧常、新专陈高□，苏州美专颜文梁、上海美专刘海粟、东吴周承恩、东亚体专陈梦渔等二十余人。

（《本市专科以上校长会议　决定下期收费标准　暂定食米三石至四石计算》，《申报》，1948 年 1 月 13 日，第 6 版）

欧元怀与王毓祥两位校长欢宴应届毕业生。

一月十二日下午六时欧王二校长假九江路花旗银行大楼欢宴本届应届毕业生，并邀教职员作陪，王副校长仍作 Toast master，欧校长以"行万里路"，"读万卷书"，"交万人友"为诸生勖，末后笑话二则，笑声四起。王副校长者〈此〉番仍道及孔老夫子,且以子弟有逾孔门门徒为欢,并以幽默口气谓"食不语",系指中餐,我们今晚西餐应大语特语,并请鲁教务长致词。鲁先生凭其严谨诚挚之仪态,以壁上所悬之书屏"竹"举例,诚以虚心、潇洒、有用为诸生勉,并谓竹之优点为根深及不孤立,盼诸生做学问及乐群。王副校长复谓:欧校长报告本年大兴土木,我们请土木先生致词,于是杜院长就学问之联系性阐述各学院之重要意义,代表各院长致勉。末有毕业生余兴,最后由欧校长领导欢呼"师生合作万岁","大夏大学万岁","中华民国万岁",在掌声中散会。

(《读万卷书 行万里路 交万人友 欧王二校长欢宴应届毕业生——副校长仍作 Toast master》,《大夏周报》,第 24 卷第 9 期,1948 年 1 月 15 日)

十五日 欧元怀校长参加全国大学教员团体立法委员竞选。

欧校长经中央列名为全国大学教员团体立法委员竞选人,日前本市专科以上学校联谊会已一致表示拥护。(《欧校长参加立委竞选 沪各大学联谊会一致拥护》,《大夏周报》,第 24 卷第 9 期,1948 年 1 月 15 日)

二十八日 开始举行新生入学考试,投考者众多。

一月二十八日,二十九日,举行新生入学考试。

(《一年来大事记》,《大夏周报二十四周年校庆特刊》,第 24 卷第 14 期,1948 年 6 月 1 日)

本校在寒假期内,曾举行新生入学试验,总计投考新生一千八百余人,各院系转学生有二百余人。春季招考,考生本不多,本季投考者如此踊跃,为学校进步之明证。

(《不远千里而来 投考学生众多》,《大夏周报》,第 24 卷第 10 期,1948 年 3 月 15 日)

本月 学校发起百亿建筑运动,向各位校董、社会人士及校友筹募建筑费用。

本校以战后被毁校舍泰半,复员以来虽有添建,仍不敷用,刻由孙董事长、欧校长、王副校长等发起百亿建筑运动,尽先重建图书馆及群力斋男生宿舍暨教职员宿舍,已备函请各校董暨与本校有关之社会贤达及校友担任募捐队队长,已开始募捐。此为本校校友爱校之具体表示,定能圆满成功。

(《校友爱校竞赛 响应,誓应! 孙董事长等发起百亿建筑运动》,《大夏周报》,第 24 卷第 9 期,1948 年 1 月 15 日)

本校立校迄今,已历二十五年,本"读书救国"及"师生合作"之精神,学校已臻厚实之基础。抗战以后,原有校舍半遭焚毁,群力斋、群英斋、体育馆、科学馆、大礼堂、疗养室、实验工厂等均已片瓦不留,而初奠基之黄浦图书馆亦成泡影。复员以后,虽建有思群堂及男女生宿舍,以拙财力,已不如过去校舍之堂皇,而入学学生有如潮涌,学校前途之发皇正得其时,无如现有宿舍乃未能容纳,致使一部分学生跋涉于途,浪费精神,浪费财力,且影响学校之管理教学,故计划恢复群力斋男生宿舍,为本年努力要图之一种。

大学教育之使命,为造就专才以备国用,故学校教育之内容,应求学术研究空气之浓厚,而图书馆当为知识之宝库。本校现有图书馆仅供储藏之需,且新书正在大批添购之中,数已合逾七万册,故复员以来,学生阅览另在群贤堂勉强划设,然仍局促,未能以供所需,故各研究室中人满为患,影响专门研究工作至巨,是以重建图书馆为本年另一要图。

顾学校财政之收入,大都取自学生所纳之经费,而本校收费向不愿超越学生之负担,与沪上各大学比较尚稍低减,益以清寒学生之救济数额众多,故全学期之收入,尚不足用。以言建筑,故无论矣;以言政府之补助,则亦难能,而本校之发展迫不可待,爰特发起百亿建筑运动。分别缓急,尽先添建图书馆及群力斋男生宿舍、教职员宿舍。我校友散处各地者近六千人,当能为母校尽其至大之爱护,除募捐册已分寄各募捐队队长外,深盼我全体校友热诚拥护,分别向有关亲友广为捐募,期底于成,本校之幸,亦国家之幸也。

(欧元怀,王毓祥:《筹募百亿建筑费告校友书》,《大夏周报》,第 24 卷第 9 期,1948 年 1 月 15 日)

本校对于建筑校舍于经济困难之下,仍力谋建盖。自群英斋、新力斋、体育办公室先后完成,顷又完工男生新浴室暨工人宿舍,闻教职员宿舍亦将于最短期内建盖云。

(《再接再厉　新舍又完成——闻教职员宿舍又将添建》,《大夏周报》,第 24 卷第 9 期,1948 年 1 月 15 日)

学术团体报刊如春笋般出现。

本校学术团体报刊,琳琅满目,其中以《清流报》最能引人注意,该报每半月出刊一次,于出刊时,读者莫不争先恐后,皆以先睹为快。按该报纯系一群好文艺青年所组成,拥有社员七十余人,其内容除报道学校新闻、各地通讯外,并有"风月春秋"、"野声"等副刊,及论着、书报、广告等栏,凡一般大报所具有者,均已具备。该报内容丰富,编排新颖,社友精诚合作,力求进步,前途定为光明。

(《报刊如春笋　清流报最堪注意》,《大夏周报》,第 24 卷第 9 期,1948 年 1 月 15 日)

二月

八日　举行第十三次教务会议,决议教学事项多起。

第十三次教务会议于二月八日假理学院工程馆楼上由鲁教务长召集举行,出席者杜佐周、邵家麟、何仪朝、张隽青、黄敬思、苏希轼、陈铭恩、张耀翔、王兴、葛受元、陶愚川、林我朋、蔡文熙、韩钟琦等。由鲁教务长作重要报告,谓三十六年度春季学期开学以后,新旧学生在注册时,应请各院长暨系主任注意之点为:(一)学生不准多选学分,法律系至多不得超过二十四学分。(二)凡一学生之学程,有连续性者,须连续修习,如"上"未修时,不得修"下"。(三)应届毕业生选课注册时,须详为审查其所缺修之学程及学分。此外再作重要决议,如录取新生成绩标准应:(一)新生考试总成绩在一百八十分以上者为正式生。(二)国文、英文、数学、理化各科分数在二十分以下者,均须补修。(三)总成绩虽在一百八十分以上者,但有两科零分者,均须降为补习生。(四)转学生除根据标准审核其考试成绩,作初步决定外,对于来路可疑者,尚须向原校查其有无违犯校规,再予决定云。

(《第十三次教务会议　鲁教务长召集举行》,《大夏周报》,第 24 卷第 10 期,1948 年 3 月 15 日)

十六日　春季开学。因物价上涨,学校调整学费及教职员待遇。

本校于二月十六日开学,新旧生开始缴费及办理入学入舍手续,十九日起注册,二十三日起正式上课,为本市各大学开课最早者。校中负责各首长照常办公,各院系学生踊跃返校,各办公室门口,列队以待,情况至为热烈。开课不久,图书馆及各院系研究室即人满为患,秩序井然,各学会为新同学辅导注册选课手续,并将陆续举行迎新大会。

(《开学盛况——师生准时到校　秩序井然》,《大夏周报》,第 24 卷第 10 期,1948 年 3 月 15 日)

本校秋季学期学生应缴学杂宿费等费为:学费一百二十万元,杂费四十万元,宿费二十五万元,新生入学费十五万元,所缴数额,较低沪上各私立大学。唯自春节以还,各物均突飞猛涨,复受法币贬值影响,故春季学期学生应缴各费亦均增加,计学费四百八十万元,杂费一百六十万元,宿费一百万元,新生入学费五十万元。又本学期各实验费亦经规定,计工业化学、生物实验、物理实验、农产制造、陶器实验、测量等各三十五万元。其他化学实验五十万元,与沪上各大学相较已较低减云。

(《受法币贬值影响　本学期学杂费略增——实验费亦经规定》,《大夏周报》,第 24 卷第 10 期,1948 年 3 月 15 日)

春节以后,物价疯狂上涨,校方对教职员待遇,特再予调整,比国立大学略高,并先发二、三、四三个月薪津。闻以后每三月调整一次。际当法币贬值,其所调整薪津,虽不能追随物价上涨倍数,然亦稍足补助于一时。

(《物价狂张　教职员待遇调整》,《大夏周报》,第 24 卷第 10 期,1948 年 3 月 15 日)

三月

五日 举行第十七次校务会议,决议该学期校务会议开会日期及上学期国文作文竞赛奖金数额等事项多起。

第十七次校务会议已于三月五日下午四时假理学院楼上,由欧校长领导举行,出席者:欧元怀、王毓祥、鲁继曾、吴浩然、苏希轼、邵家麟、张隽青、何仪朝、黄敬思、张耀翔、陶愚川、葛受元、周昌寿、陈醒庵、龚清浩、王兴、陈景琪、林我朋、曾作忠、聂绍经、关可贵、蔡文熙、顾文藻、张瑞钰、韩钟琦、宋成志、潘健卿等,除欧王校长暨各处首长分别报告重要事项已志本报外,兹将当时讨论要项志录于左:

一、议本学期校务会议开会日期案

议决:定每月第一星期三下午四时举行。

二、议上学期国文作文竞赛奖金数额如何规定案

议决:第一名国币五十万元,第二名四十万元,第三名三十万元,第四五两名均为二十万元。并请王副校长、鲁教务长覆核名次。

三、议本学期添购图书及仪器经费数额案

议决:各定六亿元,共十二亿元。

四、议在理工学院上班各班教员缺课报告办法案

议决:由教务处派人办理。

五、议三十六年度第一学期学生成绩优劣奖惩案

议决:照教务处拟定办法通过(另布)。

六:议学生学号 35206 因考试舞弊退学,请求复学案

议决:维持原案。

七、议学生学号 7876 因考试舞弊退学,请求复学案

议决:维持原案。

八、议学生学号 10618 因犯校规退学,请求复学案

议决:维持原案。

九、议学生学号 35280、35151、351070 及 36680 等四人因被选为学校代表参加体育比赛,以致学业成绩欠佳,请求准予补考或重行选修案

议决:准予重行补考或选修,但此项优待办法,以一次为限。

十、议中国第一化学厂捐助本校化学系成绩优良之学生实验费五百万元,应如何分配案

议决:分配翁祥麟、石宝瑞各八十五万元,洪世恰七十五万元,黎崇英、周佐各五十万元,余炳森、陈维杰、黄怡君各三十万元。

十一、议本学期入学新生各院系指导日期案

议决:定三月十五日(星期一)上午十时至十一时在群贤堂教室举行分院指导。

(《第十七次校务会议 十一项议案通过》,《大夏周报》,第 24 卷第 11 期,1948 年 4 月 1 日)

八日 该学期第四次纪念周会改为新生总指导。

三月八日上午十时第四次周会改为新生总指导,由欧王二校长暨各处首长领导新生五百余人假思群堂隆重举行。首由欧校长领导唱校歌,并作简短训示,然后由王副校长报告校史,鲁教务长以淡泊明志,宁静致远勖新生,继由吴总务长、苏训导长报告各该处应注意事项,历二小时余始散,各生情绪至感热烈。兹摘录欧校长致词于下:

诸生来自四方,从各个不同学校进入这一有活力,有生气的大夏,此予诸位生命史上为强有力的一个变迁。大夏立校以来,垂二十余年,与诸位年龄相仿,朝气蓬勃,精神焕发,弥足庆幸。

大学教育,贵在专攻,而尤贵自动研究,自动学习,以今日大夏之皇皇学府,幽静环境,实予诸生研究之良机,诸生应把握时机,以资造就。

在时局不宁,国是日非之今日,使青年学生倍感苦闷,然处今日之时代,应以后浪推前浪之精神向前迈进,失望与痛苦是弱者表示,大时代之青年不应有此颓丧精神,应积极的自我奋斗,为国家民族找出路云。

（《新生总指导　欧校长领导举行》,《大夏周报》,第 24 卷第 11 期,1948 年 4 月 1 日）

九日　向上海市社会局申请正式刊行大夏大学毕业同学会出版的《大夏通讯》。

大夏大学公函

复秘字第〇一四八号

中华民国三十七年三月九日发

事由:为本校上海毕业同学会出版大夏通讯函请查照赐准刊行由

查本校创校迄今达二十四载,毕业校友数以万计,全国各地均有毕业同学会分会之组织,总会则设于学校所在地。兹为报导校务及沟通校友消息起见,特由上海大夏毕业同学会出版《大夏通讯》一种,相应函请查照赐准刊行为荷。

此致

上海市社会局

校长欧元怀

副校长王毓祥

（《〈大夏通讯〉月刊杂志登记申请书等》,上海市档案馆藏,档号:Q6 - 12 - 18 - 1）

十五日　公布该学期获奖学金和免缴学费学生名单。

春季学期,本校清寒而操行学业成绩总平均在 79.5 分以上之优良学生,经上海市统一奖金委员会审核结果,核准给予奖金者达三百七十五名之多,计获:四百万元者有刘大椿等四十名,三百万元者有江训厚等六十七名……

（《统一奖金会审核结果　三百余学生同受实惠——综合本校奖金共达千余人》,《大夏周报》,第 24 卷第 10 期,1948 年 3 月 15 日）

三十七年春季本校清寒而操行学业成绩优良之学生,经校方核准免缴学费者,计六百三十九之［名］学生,其在 71 分以上之战区学生得免二分之一学费者,有冯品琛等四十五人;在 70.9 分以下 64.5 分以上,得免四分之一学费者有仇昊华等一百一十七人……

（《学行兼优　得免学费——勤读者之收获》,《大夏周报》,第 24 卷第 10 期,1948 年 3 月 15 日）

二十二日　第六次纪念周会,欧元怀校长报告校务。

三月二十二日第六次周会由欧校长领导全体学生,假思群堂隆重举行。欧校长除报告学校行政暨教务、总务、训导三处应令学生注意事项外,并以如何利用图书馆为诸生告诫,最后强调体育与事业关系之重要,勖勉诸生于求学之外更注意于体格之锻炼云。

（《第六次周会　欧校长报告校务》,《大夏周报》,第 24 卷第 11 期,1948 年 4 月 1 日）

二十八日　举行第十四次教务会议,鲁继曾报告本学期注册学生人数等各项统计数据,韩钟琦报告图书馆近况,邵家麟报告仪器委员会开会结果。会议并通过统一英文教材等议案多起。

第十四次教务会议已于三月二十八日上午九时假理学院工程馆楼上,由鲁教务长召集举行,出席者鲁继曾、杜佐周、邵家麟、张隽青、何仪朝、黄敬思、张耀翔、葛受元、陶愚川、陈铭恩、陈景琪、苏希轼、林我朋、龚清浩、曾作忠、顾文藻、关可贵、程俊英、韩钟琦等十九人。除由鲁教务长报告本学期注册学生数统计及其籍贯统计暨本学期应届毕业生统计,教授缺课情形外,并由韩馆长报告图书馆最近情况,邵院长报告仪器委员会开会结果:甲、购办仪器法币六亿元,已准备直接向外国定购。乙、理学院现有之机器工厂已与中央工业试验所商定,草拟合作办法。丙、理学院多余仪器药品,将来尚有必要,可酌量调换所需仪器,但不拟单独售出。并通过重要议案多件。

（《第十四次教务会议　鲁教务长召集举行》,《大夏周报》,第 24 卷第 12 期,1948 年 4 月 20 日）

本学期各学院系必修课程,计二百六十九门,内共同必修课程有四十九门,文学院必修课程四十一门,理学院七十四门,法学院五十六门,商学院二十二门,教育学院二十七门,至补习班必修课程为国文、英文、数学、物理、化学等五种学程。

(《各学院课程众多 二百六十余门皆属必选》,《大夏周报》,第24卷第10期,1948年3月15日)

学校对于学生基本功课如国文、英文,向极注意,故新旧生有该科不及格者须补习修读。现为提高该科程度,爰经第十四次教务会议决定请中英文教授督导学生多做练习作文并多做阅读报告,予以批改,各组教材必统一而实用,并须与补习班教材衔接。至如何实施,请中国文学系及外国语文学系两主任召开系务会议商决云。

(《提高国英文程度 教材须统一实用》,《大夏周报》,第24卷第12期,1948年4月20日)

举行第二次图书教育会议,讨论决定图书经费分配等问题。

第二次图书委员会议已于三月二十八日上午十一时假理工学院工程馆举行,出席者:鲁继曾、何仪朝、杜佐周、黄敬思、张隽青、邵家麟、韩钟琦等七人,由主席鲁教务长报告:(一)本学期图书经费业经本月五日第十七次校务会议议决为法币六亿元,较上学期增多四倍。(二)近接本市商务印书馆来函,据称现已恢复代办订购英美出版图书,如无外汇,并可代为办理申请等手续。然后讨论各种重要事项,始行散会。

(《第二次图书教育会议 鲁教务长重要报告》,《大夏周报》,第24卷第12期,1948年4月20日)

三十六年八月以前,本校所有图书合计有52960册,三十六年九月至三十七年一月,增至55469册,本学期校方又将图书经费核定为六亿元,形见馆内书籍定可增加不少,兹将历年来自购与赠送之中西书籍数字列表统计于后:

年月	中日文书		西文书		合计
	自购	赠送	自购	赠送	
36 年 8 月以前	34058		18902		52960
36 年 9 月 37 年 1 月	1711	142	412	244	2509
合计	35769	142	19314	244	55469

(《从统计数字看图书数量》,《大夏周报》,第24卷第12期,1948年4月20日)

本月 群贤堂后两幢平房的建筑工程开始动工。

群贤堂后面,原有平房六间,作为邮局及水间之用,校方因鉴于房屋过份狭隘,不敷应用,于寒假期内曾将该屋拆除,近拟另建平房十二间,分为二幢,每幢六间,内邮局二间,领信室四间,疗养室五间,合作分社一间,不日开始动工兴建。

(《化旧为新 校方又将兴土木》,《大夏周报》,第24卷第10期,1948年3月15日)

学校调整教室,制做壁报,添购图书。

群贤堂三楼商学院办公室与商学研究室,本学期改作第十四教室,原来第十四教室改作参考室,阅报室改作商学院商学研究室之办公室。至阅报地址,改在三楼走廊,即于面北墙壁加设木框,将所有当日上海各大报纸,张贴于上,颇便阅览。又群贤堂各处刻正全部粉刷,银白洁净,焕然一新云。

(《办公室改作教室 各大报成为壁报》,《大夏周报》,第24卷第10期,1948年3月15日)

本校以原有图书馆不敷应用,而新图书正大量添购之中,各研究室及阅览室人满为患,特发起筹募建筑费四百亿,建筑新图书馆。是项建筑费由校董、校友、在校师生担任募集,各方反应极佳,愿拥护学校竭力筹募,募捐册现正陆续分发中,盼各地校友自动向校索取募捐册代向社会人士捐募。

(《四百亿建筑费 积极展开筹募》,《大夏周报》,第 24 卷第 11 期,1948 年 4 月 1 日)

物价狂涨,学生自动组织实惠的膳食堂。

在物价狂涨,米珠薪桂声中,本校学生食堂解决了食的问题,而予一般经济较困穷的学生帮助不少。去年秋季学期开学时候,学校与学生在合作的精神下,以最经济的方式,办理男女生食堂一百几十桌,那时候,物价虽没有今年春节以来的如疯如狂的飞扬,然而给予人们心头的,也真如低气压似的闷压在心头一样的沉重。那时候,每月每人的伙食仅在十七八万左右,与沪上各学校所办的伙食相比,我们的学生食堂膳费是最低的了。现在,春季开学已有一月以上的光景,学生寄宿校内者,已达一千八百余人,为要解决这大批学生的温饱问题,学校与学生一本过去合作精神,由学生自动组织膳堂,选出膳委,不数日签名参加校内用膳者已达二百二十余桌,每月膳费为六十万元。在这米珠薪桂之下,像这样的又实惠,又经济的食堂,我们希望在合作的原则下,更有劲地做出一些成绩!

(《膳食团办理伙食 既经济,又实惠》,《大夏周报》,第 24 卷第 11 期,1948 年 4 月 1 日)

学校严格管理,同时提倡正当的课外活动。

学校对于每星期一举行周会,向极重视,故于开学之初,由训导处将各生座次分别排定,举行周会时,住校各生均须依座出席,由训导处派员点名,缺席者作旷课一小时计算云。

(《座次排定 周会须点名》,《大夏周报》,第 24 卷第 11 期,1948 年 4 月 1 日)

训导处对于学生正当课外活动,向极重视,上学期已组织口琴与音乐二队,请校友王庆勋、张紫玲分别指导。春季开学以后,苏训导长认为学生正当课外活动应有提倡必要,除口琴、音乐仍请王、张校友继续组织外,并再组织绘画、摄影,请名画家陈倚石先生来校担任指导。至摄影一项,闻拟请名摄影师朗静山先生担任。并向各处接洽于每星期来校放映教育影片云。

(《提倡课外活动 放映教育影片》,《大夏周报》,第 24 卷第 11 期,1948 年 4 月 1 日)

学生宿舍仍然紧张。

学期开始以后,学生申请住宿者较上学期更多,兹悉本校男女生宿舍可容纳一千五六百人,所有各舍床位,业已全数额满。训导处为求舍内清洁整齐起见,严禁舍内处设布床,若因保留床位过期或迟到学校而无床位者,应自行向校外附近租住民房云。

(《登记床位 过期不予保留》,《大夏周报》,第 24 卷第 11 期,1948 年 4 月 1 日)

欧元怀、王毓祥二校长捐赠"元怀篮球杯"、"毓祥排球杯"银杯各一双,让体育部组织球队竞赛。

欧王二校长对于学生体育运动,素极注意,际当春光明媚,鸟语花香,正各同学努力锻炼体格之时,爰特捐赠"元怀篮球杯"、"毓祥排球杯"各一双,令体育部转各学会球队分别举行,闻体育部现正安排各球队定期举行竞赛,兹将该球杯比赛办法暨比赛秩序规定如左:(后略)

(《蓝排球杯竞赛办法》,《大夏周报》,第 24 卷第 11 期,1948 年 4 月 1 日)

四月

一日 民众教育实验区实行工读制,创办实验国民学校。

一、实行工读制

自四月一日起开始进行,其办法:

1. 工读生来源,以本大学教育学院肄业学生为限,其名额暂定二十名。

2. 工读生待遇以每日工作二小时,每月以五十小时为度,每时以二万元计酬。即每月可得一百万元之酬金。

3. 考核工作成绩办法:

(1)将全体工读生二十名,分成五队,即定名为一、二、三、四、五工读队,每对设队长一人。

（2）各队施教地段由该区指定。

（3）各队工作成绩，每次填写工作报告，各自单独负责。

（4）细制工作成绩自测表，用阶梯方式考核之。

（5）订颁实验工作进程表，并规定每周星期四夜间，举行工作检讨会。

二、创办实验国民学校

1. 校址暂设本大学图书馆后侧平房内。

2. 设备：除课椅由本大学工作自助会拨款添置外，其余课桌、黑板、电灯等设备，均由本大学供给。

3. 班级：分儿童、成人两部，儿童部复以学生需要，分设早班、午前班、午后班、晚班等四班。除午前班已开始教学外，其余各班亦已陆续招收本大学附近赤贫村童入学，学生数约达二百名以上。成人部设夜班二班，人数亦达百余名。

4. 教师：教师除午前班由本大学工作自助会学生担任外，其余均由本区工读生及义务生担任。

5. 课本：该项试验教材以国、常、算、乐混合编用。

（《大夏民教实验区近讯》，《大夏周报》，第 24 卷第 13 期，1948 年 5 月 10 日）

五日 第七次纪念周会，欧元怀校长报告校务。

四月五日第七次周会由欧校长领导举行，当即报告下列数点：一、四月八至十日三天为春假，各同学组织游春团，往苏杭各处游览，其因经济力量不足或因其他原因不克前往者，可多欣赏校内之春。丽娃河畔，绿草如茵，垂柳新绿，桃花遍红，其景之美，固不亚于苏杭一带。二、春假过后，即举行期中考试，游春不忘读书，赏春尤宜赏书。三、本校因住宿生太多，参加伙食团者共有二千左右，计有三膳食堂，由学生自选监委，自选膳委，为最民主组织。四、体育为有规则的民主组织，政治上民主有反对方，球类亦然，故为运动员应养成民主作风。五、丽河多鱼，钓鱼是一种修养，学校向抱鼓励，但以一竿为限。

（《钓鱼系是修养 赏春尤宜赏书——欧校长周会报告》，《大夏周报》，第 24 卷第 12 期，1948 年 4 月 20 日）

七日 举行第十八次校务会议，欧元怀校长、鲁继曾教务长、吴浩然总务长、苏希轼训导长相继报告校务。

第十八次校务会议已于四月七日下午四时假工学院楼上举行。出席者：欧元怀、王毓祥、鲁继曾、吴浩然、苏希轼、杜佐周、邵家麟、张隽青、王兴、潘健卿、张耀翔、葛受元、陶愚川、周昌寿、林我朋、曾作忠、陈景琪、聂绍经、顾文藻、韩钟琦、蔡文熙、张瑞钰、夏炎、丁勉哉、宋成志、何仪朝（蔡代）等二十六人。首由欧校长作重要报告：一、五月份薪津可先期照四月份薪率预支并拟于五月初增发半个月薪。二、教育部拨发经常补助费一百二十三万元款已领到，又建设补助费三亿元款尚未到。三、材料试验机器等计五箱已接收运到，交土木系使用。四、募集图书馆建筑费已发动，并请诸位先生协助。次由鲁教务长、吴总务长、苏训导长相继报告各该处处务，历二小时余始行散会。

（《第十八次校务会议 欧校长重要报告》，《大夏周报》，第 24 卷第 12 期，1948 年 4 月 20 日）

十二日 第八次纪念周会由欧校长领导举行，除报告重要校务外，并就三十余年来之自我奋斗作详尽之报告。（《第八次周会 欧校长领导举行》，《大夏周报》，第 24 卷第 12 期，1948 年 4 月 20 日）

十九日 《大夏周报》自创刊以来，已有二十余年历史，战前已获发行执照。复员后重新向上海市社会局申请登记，今天获得上海邮政管理局新闻纸类登记执照。

本周报自创刊以来，已有二十余年历史，前已获内政部发行执照，胜利复员后，又须重行申请登记，近已由上海市社会局登记并于四月十九日接上海邮政管理局新闻纸类登记执照第二八一一号一纸。嗣后本报决尽最大努力，报道于校友之前，以符合本报出版之目的云。

（《大夏周报获准登记》，《大夏周报》，第 24 卷第 13 期，1948 年 5 月 10 日）

二十六日 第十次纪念周会，王毓祥副校长报告校务，并给各类比赛获奖者颁奖。

四月二十六日第十次周会，欧校长因赴市立晋元中学演讲，由王副校长领导举行，报告各项重要校务后,发给"元怀篮球杯","毓祥排球杯",暨"三互乒乓球杯"冠军优胜奖品。计男子篮、排球冠军,女子篮球冠军□由乐群队获得,女子排球冠军则由杂八队获得,三互学社主办之乒乓球及欧校长锦旗由冠军沈纶章获得,亚军季军分别获得王副校长、总务长锦旗各一面。最后副校长并代发本学期上海市国语演说竞赛所给银盾奖品一只给予本校黄锦云小姐,欧校长并给予奖状,当领奖同学每次上主席台领奖时,各同学均报以热烈掌声,尤以黄锦云同学更博得全场掌声。热烈愉快,充满了会场每一角落,列五十分钟始散云。

(《第十次周会 王副校长报告校务——篮排球杯冠军给奖》,《大夏周报》,第24卷第13期,1948年5月10日)

中国文学系召开系务会议,讨论提高国文程度,重编教材目录等事宜。

(国文不及格,须延长修读,新生入学考试不及格,不予录取。统请教务会议决定后施行)

四月二十六,中国文学系系务会议在程主任公馆举行,出席者:杜佐周、程俊英、曹礼吾、刘锐、丁勉哉、宋成志、陈伯吹等十余人。当将教务会议所交议提高国文程度及统一教本二事详加讨论,重要决议计有:(一)重编教材目录,订定标准,由各教授个别提出篇名,再行群议。(二)国文不及格者,不得补考,延长修读一学期。(三)新生入学考试,国文不及格者不予录取。(四)请学校聘国文系助教二人,负责襄助改文,或每组每周加写作指导二小时,另请教师担任。以上各案已送请教务会议决定云。

(《中国文学系系务会议 提高国文程度 重编教材目录》,《大夏周报》,第24卷第13期,1948年5月10日)

本月 校友许芳媛出任贵州省息烽县县长。

本校校友许芳媛女士近由贵州省府委任为息烽县县长,许女士自离本校后即任事教育界及妇女团体,不久前为贵阳市临时参议会的参议员,妇女会理事长,是贵州最活跃的女性,以擅长词令做事有干劲著称。女性参加政治者近虽大有其人,而担任了县政实际领导的工作则尚罕见,此为贵州开一记录,人皆誉杨森主席的开明。

(《校友许芳媛女士做了贵州的县长》,《大夏周报》,第24卷第12期,1948年4月20日)

数十位校友当选国民大会代表。

本校校友膺选国大代表者达数十人之多,已见于报纸者计有皖籍宁馨、温广彝,黔籍许菱祥、黄莉芬,闽籍范英莪、范克洪,苏籍孙婉华,浙籍叶萼,东北许俊哲,滇籍张廷勋等。

(《校友膺选国大代表》,《大夏周报》,第24卷第12期,1948年4月20日)

积极添建校舍,添置设施。

被丽娃果妲河所绕之本校大操场北端,有一岛渚,风景极优,抗战前,建有夏雨亭一座,以小桥贯通之,该项建筑曾被毁于炮火。学校自复员后,曾一再欲兴建以恢复旧观,本学期开始,始决定在春假期后动工兴建,先建小桥,然后再盖夏雨亭。该桥由上海营造厂承包,已于四月中旬动工,造价二亿六千万元,现已全部竣工,绿影深处,小桥卧波,本校又增多幽美风景一处云。

又讯:本校丽娃果妲河,闻名沪滨,每届暑天,颇适合女士游泳,学校有鉴于此,有建造更衣室一座之议,如财力许可,拟再造游艇数艘云。

(《绿影深处架设虹桥——夏雨亭桥业已竣工》,《大夏周报》,第24卷第13期,1948年5月10日)

群贤堂后面空地,自经学校建筑平房十间,由上海营造厂承包积极动工以后,业经全部竣工,并已油漆。该屋已由学校规定作卫生室、邮政代办所及领信室之用。领信室内,学校为各生做一信箱,将各人姓名、别号、学号统统写上,由训导处编成号数,由学生自行加锁。至卫生室暨邮政代办所一切设备如□椅信□等,亦已制就,并已迁入新址办公云。

(《新屋落成》,《大夏周报》,第24卷第13期,1948年5月10日)

将近二千人在校用膳学生,使膳桌发生不敷应用现象,总务处雇请木工多人,积极加制膳桌,达三十余张之多。又厨房后面近又添置平房两间,籍以增加厨房宽度云。

(《增制膳桌三十张　添置厨房二大间》,《大夏周报》,第 24 卷第 13 期,1948 年 5 月 10 日)

各院系纷纷举办活动,增加设施,鼓励学习。

教育学院研究室,前为鼓励学生学习英语兴趣,特定《大陆报》与《密勒氏评论报》各一份,以供阅读。嗣徇同学请求,将《大陆报》改订《字林西报》,并增订中华开明出版之《英语半月刊》、《英文月刊》。中国文化服务社之当代文献,艺文书局之英汉对照,名著选译等十余种,公开陈列。现复经黄院长指定,再购《韦勃司脱大辞典》与商务之《英汉综合辞典》,特加陈列,以供同学查考,以便同学进修云。

又讯:该院研究室现收到联合国驻沪办事处赠予刊物多种,并附联合国论文竞赛简则一份,欢迎各同学踊跃应征云。

(《鼓励进修　教院新书增多》,《大夏周报》,第 24 卷第 13 期,1948 年 5 月 10 日)

本校为充实理工学院仪器,近已添得材料试验机器五箱,已运到校,兹机市值达二十余亿元之巨,其主要机器有下列三部:

1. Hand-Operated Brinell bareness testing machine

2. Electric hammer

3. Centrifugal Pump

闻上述机器业已交土木系使用云。

(《充实理工学院　新添仪器五箱——已交土木系使用》,《大夏周报》,第 24 卷第 12 期,1948 年 4 月 20 日)

旅美校友渐多,特组织旅美毕业同学会。

本校赴美留学校友于胜利复员后又渐增多,校友赵一苇、金炯章、李亨义等特组织旅美毕业同学会。刻接一苇校友来信,谓推金校友炯章任主席,金校友现在纽约中国银行任职,其通讯处为 NewYork N.Y. 40 Wall Start Bank of China, Mr. C. C. King。

(《旅美校友组织同学会》,《大夏周报》,第 24 卷第 13 期,1948 年 5 月 10 日)

五月

二日　举行第十五次教务会议,中文系和外文系报告系务会议情况。会议提倡学术演讲。

第十五次教务会已于五月二日上午九时假理工学院工程馆楼上由鲁教务长领导举行,出席者鲁继曾、张隽青、黄敬思、张耀翔、陶愚川、陈铭恩、陈景琪、苏希轼、顾文藻、程俊英、曾作忠、林我朋、蔡文熙、韩钟琦、关可贵、邵家麟(琪代)、葛受元(隽代)。先由鲁教务长暨各系主任报告重要事项,后再讨论各项议案,兹将各报告事项志录于左:

一、主席报告

1. 最近四周内教授缺课情形。

2. 奉令保送法律系毕业生三名参加法官训练班受训,除已有二名准备保送外,尚有一名俟报名后一并保送。

3. 本学期学生名册已印就,分送各院长、系主任各一份。

二、中文系程主任报告

此次本系系务会议议决要案有三:

1. 提高学生国文程度案。

2. 重编大学部及补习班国文教材案。

3. 拟定作文比赛题目案。

三、外文系陈主任报告

此次本系系务会议,曾经讨论提高学生英文程度办法,选择英文教材标准及举办英语会话班等案。

四、韩馆长报告

1. 美国父母与教师协会与美国图书中心站赠送本校图书杂志一批。

2. 各院系购书经费支出概况。

3. 接洽订购外文图书杂志情形。

(《第十五次教务会议　鲁教务长重要报告》,《大夏周报二十四周年校庆特刊》,第 24 卷第 14 期,1948 年 6 月 1 日)

学术讲演,素为学校所重视,而尤热心提倡,兹经第十五次教务会议决议,由各院长于五月内聘请名人演讲,其旅费及招待费由校开支。学生因听讲不克上课者,准予不缺课论。

(《提倡公开学术演讲　五月内群贤咸集》,《大夏周报二十四周年校庆特刊》,第 24 卷第 14 期,1948 年 6 月 1 日)

三日　第十次周会①上午十时假思群堂由欧校长领导举行,当即报告重要校务。并以自爱爱人,自尊尊人勖勉诸生,历时五十分钟始散云(《第十次周会欧校长报告校务》,《大夏周报二十四周年校庆特刊》,第 24 卷第 14 期,1948 年 6 月 1 日)

三十一日　欧校长被选为全国大学教员团体立法委员,于立法委员自行集会之日赴京,旋以校务繁忙,返校三日,于五月十二日复至首都,于总统就职后返校。二十三日又复至京,将于校庆前日返校主持(《欧校长赴京　出席行宪首届立法院选举》,《大夏周报二十四周年校庆特刊》,第 24 卷第 14 期,1948 年 6 月 1 日)

六月

一日　二十四周年校庆,学校举行庆祝大会,欧元怀校长报告校史,王毓祥副校长、鲁继曾教务长等相继致辞。发布历年学生人数。图书馆举办校庆展览,新图书馆行破土礼。

六月一日,为本校二十四周年纪念,学校遵照校历,放假三天,并于是日上午十时在思群堂齐集全校师生暨来归校友开庆祝大会。当由欧校长报告学校二十四年来的经过(词另文记述),并由校董、校友相继致词,并由校友张紫玲女士独唱,情绪热烈,历二小时余始终散会云。

(《纪念"六一"校庆　悬旗庆祝放假三天》,《大夏周报》,第 24 卷第 15 期,1948 年 6 月 20 日)

战前黄浦图书馆之工程,经战乱作罢,复员后,以学生激增,图书增多,原有图书馆不敷应用。本学期特多方捐募,拟以四百亿元,建筑二层大厦新图书馆一座,该项材料现已续渐运校,闻于"六一"校庆日举行破土礼云。

(《"六一"校庆佳节　新图书馆将行破土礼——建筑材料已运校中》,《大夏周报》,第 24 卷第 13 期,1948 年 5 月 10 日)

本校图书馆为庆祝二十四周年"六一"校庆,爰于六月一、二两日举办展览会二天,查展览项目:除将书库开放外,并搜罗校史照片、校友著作、校友字画等,辟三室陈列,供众参观,兹略志于后:

一、校史照片展览室

该室陈列有关校史照片约三百余张,内容自民国十三年立校时起迄今之经过情况,搜集备至。计分八个时间设置:一、胚胎时期;二、小沙渡路时期;三、胶州路时期;四、中山路时期;五、姑领时期;六、贵阳时期;七、赤水时期;八、复员以来,汇于一室,观此照片者,咸谓读了一部大夏二十四周年史,此项资料,殊有校史价值。

---

① 经查此为第十一次纪念周会,此处系原文记录错误。

二、校友著作展览室

此室陈列书籍杂志约三百余种，均为本校校友所编著评述。闻搜罗作品对象以本校历任校董、教职员、毕业生及肄业生等，其著作经刊印成册者，均至搜罗范围之内。斯项书籍杂志，将来拟辟专室度藏，以示本校在学术界之地位，今后希本校校友，如有新旧著作，慷慨惠赠，俾光大夏。

三、校友字画展览室

斯室张悬校友所作字画约五十余种，字的方面，有黄校董炎培先生之行书立轴，马故校长君武先生之行书对联，王故校长伯群先生之篆书对联及视策函牍，欧校长元怀先生之行书立轴，王副校长毓祥之行书立轴自撰并书，马公愚先生之四体屏条以及虞恩先生之行书条幅等，不及备载。画的方面，有陈倚石先生之仕女，祝家声先生之国画及油画，吴泽先生之□□花卉，以及李炯同学之老虎等，琳琅满目，美不胜收。

（《图书馆举办校庆展览》，《大夏周报》，第24卷第15期，1948年6月20日）

本校理工学院各实验场，设备颇为完善，向不公开开放，此次因逢校庆，特开放三天，供人参观。又图书馆藏书甚丰，此次展览三日，任人参观，闻前往参观者，为数颇多，并博得不少好评云。

（《纪念校庆　各部门开放展览》，《大夏周报》，第24卷第15期，1948年6月20日）

季别	人数	季别	人数	季别	人数
十三年秋	190	二十一年秋	1231	二十九年秋	1650
十四年春	229	二十二年春	1167	三十年春	1452
十四年秋	360	二十二年秋	1425	三十年秋	1851
十五年春	249	二十三年春	1326	三十一年春	1111
十五年秋	493	二十三年秋	1298	三十一年秋	1242
十六年春	304	二十四年春	1216	三十二年春	1294
十六年秋	504	二十四年秋	1280	三十二年秋	1492
十七年春	550	二十五年春	1127	三十三年春	1227
十七年秋	610	二十五年秋	1514	三十三年秋	1450
十八年春	573	二十六年春	1454	三十四年春	863
十八年秋	792	二十六年秋	521	三十四年秋	1232
十九年春	788	二十七年春	835	三十五年春	1797
十九年秋	1066	二十七年秋	915	三十五年秋	1814
二十年春	970	二十八年春	1294	三十六年春	1895
二十年秋	1161	二十八年秋	1368	三十六年秋	2617
二十一年春	608	二十九年春	1250	三十七年春	2770

（《本校历年学生人数比较表》，《大夏周报二十四周年校庆特刊》，第24卷第14期，1948年6月1日）

国家之盛衰，系乎学校教育之成败，而学校之成败，系乎教务设施之当否。教务设施而当也，则人才蔚起，而为国家之栋梁，造福人群；否则，误人子弟，流毒社会，其害盖有不可胜言者。继曾深知此意，故自主持本校教务以来，莫不就就以自警，务期无忝厥职，虽绵力有限，愿望难遂，而同寅协恭，众擎举鼎，本校教务遂得以与年俱进。兹当本校成立二十四周年纪念之际，仅将最近一年来教务概况，略述于下，以资检讨，而求有所改进焉。

一、增加学生学额

抗战胜利以还，国人咸知研究高深学术之必要。故凡青年学生颇多以升入大学为自身必经之阶段，而徘徊于最高学府之门者颇不乏人。本校为适应青年需要，而为国家育才，乃自本年度起，勉力增加学额。如三十四年度第二学期，仅有学生一八九五人，本年度第一学期增加为二六一七人，本学期又增为二七七零人。其数额迭有增加，斯因于乐育之意，要亦以投考者益形踊跃，故录取亦予加多。惟因材施教，由在吾人善用其方而已。

二、选聘名宿任教

学生譬诸材料，教授则犹梓匠。有优美之材，而无良将研之，则无以成器。苟有巧匠，则盘木根柢，亦可以成名器。故本校聘任教授，常以学验俱丰，资望素孚而富有专业精神者为对象。盖陶铸人材，非有如此之师资，莫克胜任。今后更当竭力延揽名流学者，务使教授阵容益见坚强整齐。

三、续办教育学院

本校自创办以来，凤以教育学院著称。毕业生服务各省，颇能严守岗位，并著有成绩。惟自三十年间，本校黔部遵照部令而将该院停办，仅于文学院设一教育学系。是时沪部教育学院从未中辍，迨至三十五年复员以来，继续努力，对于课程长期研讨，多方改进，内分教育学、教育心理学、社会教育学等三系。并聘请教育界名宿黄敬思先生为院长，张耀翔、曾作忠、陶愚川三先生为系主任。重整旗鼓，剑及屦及，前途发展，正未可量。

四、尽量添开学程

本校学生已增，学程自应加多。且学程为学生之精神食粮，若不充实，则无以适应其需要。故自本年度起，不但对于必修学程，尽量设法开班，即选修学程，亦莫不遵照部定课程标准，多方充实，俾学生得就个性所近而学焉。

五、加强学校管理

大学教育，原应尽量予以自由。但自抗战而后，一般学生程度已见降低，则于教学之管理，又不得不予加强。本校教授上课，学生人数较少者由教授自行点名，人数较多者则由本处派员点名，并随时巡查各班授课情形。故教室秩序，井然可观。且教授缺课，例须补授，学生缺课，皆予以统计。如学生某科缺课逾限，则取消学分，故学生对于上课极为重视。

六、充实图书馆仪器设备

本校图书，原有相当充足，徒以战时损失过半，整理旧简，已感捉襟见肘，而添购新书，当非咄嗟可办。仪器部分，原有科学馆已付劫灰，此为本校莫大之损失。虽复员之后，曾经多方奔走，整理添置不余遗力，但科学与日俱新，所需仪器药品必须随时采购，其情形实与图书相同，故本校对于图书仪器等设备费，每学期均有相当预算，甚或支出每超过限额，亦常设法追加。盖所谓三馆教育，而图书科学二者在大学教育中尤为重要，不得不力求充实。至于本年度所添图书仪器另有记载，兹不复赘。

七、培养研究精神

大学教育以教学为始基，而以自动研究为极则。然莫为之导，则扪烛扣盘，徒兹迷惑。故提倡研究学术之风气，培养研究之精神，实为大学教育之要务。本校在战前各系均设有研究室，以供师生之研讨，曾有各种专门刊物出版。复员而后，虽以校舍多成邱墟，不足支配，然犹于万难中，已将各系研究室次第成立，陈列各种图籍以及其他各种研究必备之资料，特设人员专司其事，俾师生得于中从容研究，以期有所贡献焉。

八、奖励成绩优良与学术比赛

本校对于一般成绩优良之学生，向有给予奖金奖状之规定。其特殊者，则为二年级以上之学生，原有各系成绩最优奖学金，每系一名。今春为鼓励一年级学生起见，复规定各院一年级成绩最优奖学金，每院一名。再则学术比赛，本院尤视为促进学生向上心之惟一方法，故每一学期，经常举行数种比赛。如上学期所举办者，计有：(一)国文作文比赛。(二)英文作文比赛。(三)国语演讲比赛。(四)英语演讲比赛。（五）学术论文比赛。（六）毕业论文比赛。（七）运动比赛等。本学期又在分别举办中。务期人尽其才，才尽其用，切磋观摩，底于至善。

九、推行民教实验

抗战以前，本校教育学院曾与市教育局合办沪西民生教育实验区，颇有成效。兹为推行民众教育，扫除文盲，扩充生计教育，增进生产，已于本年度上学期恢复民教实验机构，由曾主任作总主持，唐茂槐先生辅之。业已着手进行扫除文盲工作，以及市郊农工补习教育之实验。

十、办理补习教育

本校历年暑假，均办暑期学校，盖为本校学生成绩较差及准备投考大学补修学程者而设。去夏鉴于战后一般学生程度降低，为补救计，特自本年度第一学期起，附设大学补习班。凡系高中毕业，程度较差之学生，或远道学生因交通梗阻，未能如期应考者，或边疆学生及回国侨生之有相当程度者，均可入补习班肄业。如经补习一学期，各科成绩优良，准予升入本校各院系一年级上学期肄业。兹按上学期补习班学生九十余人，本学期亦有八十余人。

十一、补报战时沪部学生毕业成绩

本校沪部毕业生，自三十年春起，因太平洋战事发生，沪黔交通梗阻，邮递困难，所有毕业证书，均未能如期报部。附中学生毕业证书则自二十六年秋起，至三十一年停办为止，均因沦陷时期，市社会局（战前教育行政归社会局兼办）撤退，不得验印。自复员后，所有大中两部学生毕业积案，始得开始整理。陆续造册制表，分批报验，迨至目前为止，除少数缺缴证件或照片等未能造报外，余如中学部毕业证书，大部分已补送教育局验印。大学部已报验至三十三年度，尚有三十三四两年度毕业表册，亦已整理就绪，限于暑假前补报齐全以清手续。此亦本处重要工作之一也。

总之，在此一年中，本校教务部分，无论在学生数量、师资人才、机构组织、课程配备、教学设施诸方面，均有长足之进展，然未敢自以为足。甚愿本"自强不息""师生合作"之训，继续努力，务使我大夏光芒愈形辉煌，而成为举世景慕之大学焉。

（鲁继曾：《一年来教务概况》，《大夏周报二十四周年校庆特刊》，第24卷第14期，1948年6月1日）

八载抗战，本校损失最重者首为建筑，次为校具设备，再次则属机械、仪器、图书。复员后员生人数增加几达一倍，恢复建筑，添置设备，刻不容缓，至于器械图书除经济部拨予一部现代设备外，复有筑沪两处旧有与新购者合并应用，内容充实，质量足与战前并驾齐驱。一年来物价之波动，实予本校建设莫大之打击，往往计划未成，而物价已跳跃，预算一改再改，终有望尘莫及之叹。在此物价动荡不定及经济来源缺乏两重局面下，所遭遇之困难，诚罄竹难书，但种种困难卒能先后克服，而本校之进展亦能得依次实现，回首忆及，每感兴奋！爰将本校一年来之建设择其重要者简述如下，以为来年之鉴焉。

一、建筑工程

（一）新英斋。战前群英斋原为三层钢骨水泥建筑，容女生四百余人，并有女生膳堂，该建筑全部被毁，乃于原址先建一字形机砖二层楼一座，水泥走廊，宿舍各室南向而高畅，可容女生一百二十人，将来东西两端均可扩充延长，恢复旧容量，今改名为新英斋，籍志纪念原建筑也，去岁十月落成。

（二）新力斋。战前群力斋与群英斋为同样建筑，不幸群力斋全部被毁于无情炮火中，原址今仍保留，备日后重筑。为补救目前宿舍缺乏起见，去秋乃于群力斋北首先建平房十间，南向，前设走廊，完工后仍感不敷，乃续建十间，形式全同，两房共男生二百人，于去秋十一月全部完工。

（三）甲字平房。战前群贤堂北首原有甲、乙字平房，东西两立，为学生课外活动场所，并设有学生领信处，该建亦全部被毁，敌人在原址改建平房为英美集中营浴室及锅炉间。今春乃将该平房拆除，而在北首另建平房十间，仍命名为甲字平房，其北首空地则备再建乙字平房，以期全部恢复。甲字平房东端，计作医务之用，分诊疗、手术、药品、待诊四室，并设有隔离病房一小间。疗养室西为领信处，为全校学生平信领信处，再西则为挂号信室、邮政代办所及合作书店，于今春三月完工。

（四）体育办公室。战前体育办公室原设于体育馆内，位于运动场之东首中部，亦全被焚毁，乃于场之南端建平房一座，分体育办公室、运动器具室、更衣室及会客室，于去秋九月落成。

（五）浴室。战前浴室原有盆浴及雨淋，计四十单位，另有大锅炉一座，专供浴水之用，该室与北端之马达打水间同归于尽。今在新力斋北首重建平房一座，容量仅乃战前之一半，以老虎灶代锅炉。西端备扩充之用，将来仍当恢复旧有容量也，与新力斋同时完工。

（六）工房。战前工房亦全部被焚，今全校校工及技匠达二百人，乃于原址重建平房四十间，容纳大部校工。

（七）桥梁。战前桥梁大半被毁，所留者亦损坏不堪，乃决陆续拆除重建，计木桥四座，砖桥一座，立名为花溪桥、贵阳桥、赤水桥、夏雨桥，合群英桥而成五桥，已先后落成。

二、设备装置

（一）宿舍。战前每室均容纳四人，兼可自修，沦陷后，日兵改为英美集中营时，拆为通间，本校原有铁床，长桌，椅各种约有一千六百余只，沪战时全部借予红十字会伤兵医院，损失无余。复员时学生席地而卧，二载来，新置木床千余，奈要求住宿者过多，不得已去秋乃将全部单人床改为双人床，全校床位乃得增至二千，但仍属粥少僧多，应付为难也。

（二）膳堂。战前校内原设膳堂四处，校外餐馆林立，战时男女生膳堂全毁，乃利用礼堂空余时间，暂作临时膳堂，两只板凳权作饭桌，各生员立而食，至不卫生。去秋乃添制广漆方桌长凳，每桌八人，每次可供千人用膳，现分第一、二食堂，共容二千人。

（三）教室。全部黑板改用无光漆，俾免除阳光反光之弊。教室椅一年来陆续添置已达千余张，以备本年秋季教室扩充之用。

（四）领信处。战前原有玻璃信箱一千五百只，每人一只，殊感便利，惜亦随建筑物而化为乌有。复员后学生信件送达异常困难，乃于甲字平房内划定四间，特置信箱三千五百只，管理员三人，专司其事。

（五）竹篱。战前竹篱尽被窃去，敌人代以铅丝网，效用极微。今决分期恢复，先于本校北部建设丈三高篱达中山路，今秋可望全部完成。

（六）树苗。一年来培植法国梧桐及小白杨达千余枝，移植校场及河边杨柳、冬青万余枝，该项苗种现已分植各处，今后校园当更美丽可观。

（七）筹建中之图书馆。本校战前设计之黄浦图书馆系三层钢骨水泥钢窗建筑，本已兴建，"八一三"沪战发生而停工，当时造价为十万元，目下建筑材料，价值增加，几达百万倍，该馆今日造价约需千亿。本校为求适应本校经济能力起见，拟将该馆改为二层山字形，机砖瓦顶木窗建筑，一切装修，除去造价，预计尚需三百至四百亿。楼上设各院研究室，下层设普通与参考阅览室、杂志室、教授研究室、办公室，另设书库。预设建筑需时三月完工，秋季开学时，吾人行将见新图书馆，耸立于校场与思群堂并立，而为吾人复员后之新贡献焉。

（吴浩然：《一年来物质建设的改进》，《大夏周报二十四周年校庆特刊》，第24卷第14期，1948年6月1日）

一、一年来学生生活实况

本校自复员以来，一切设施在努力进行中，校誉蒸蒸日上，学生人数达二千七百七十名，较抗战期间，学校迁贵阳时加四倍，较赤水时加六倍，较重华新村时代亦加三倍。学生人数愈多，因此训导上的问题亦愈多，兹先将一年来学生生活实况，作一简单报告：

（一）住宿生与通学生比例。本校校舍在抗战期间，大半遭敌人摧毁，原有大宿舍三座，今仅存其一。复员后，新建女生宿舍楼房一座，男生宿舍平房二十四间，全校住宿生最大容量不过一千六七百人。每学期开学时，申请住宿者在二千人以上，现实际住校者达一九二四名，占学生总数百分之六十六。每一房间住十余人，可谓拥挤，回忆战前四人一室，生活上舒适，不可同日语矣！

（二）战区与非战区学生人数比例。本校学生来自战区如苏北、皖北、皖中、河北、山东、河南、辽吉等省者，计六八三人，占学生总数四分之一弱，该生于大半经济来源断绝，生活困难，本校视为严重问题之一，亟谋解决。

（三）男女学生人数比例。本校男女生人数颇不平衡，女生四一七名，男生二三五三名，几成一与六之比,两性受教育之机会,竟如此不平等。

(四)在校用膳学生人数比例。本校学生伙食由学生自办,一切用具由学校借给,每月膳费往往较校外低廉三分之二。惟物价日益高涨,去年八月间膳费每月仅十二万元,为时仅一年已涨起七八倍,今每月已达一百十一万元,参加伙食人数,又增无已,现已近二千人,占住校生百分之九十九,虽住学校附近之学生,亦多参加,此正反映学生生活困难,不得不择价廉而就食。

(五)受免费或奖学金学生人数比例。本校对于清寒而优秀学生备极关怀,除每系第一名学费全免优待外,另设免学费二分之一,四分之一等名额。三十七年春,免二分之一者,计二四二名;免四分之一者,计四六一名;另获上海市统一奖金者,三一五名,共计一零三三名,占全校学生数百分之三七·四。本校虽经济困难,但对清寒学生,已尽最大努力。

(六)学术团体统计。本校学生学术,简称学会,曾向训导处登记者,计四十九个单位,其中以研究学术性居多数,但亦有一部,以敦睦乡谊,组织地方性学会,本校以其不悖规章者,均未予禁止。

(七)课外活动种类统计。本校对于学生课外活动素极注重,校内有广大之场地,足供各生球类活动,此外,并积极提倡音乐、口琴、金石书画、摄影、演讲、文艺写作、乘[垂]钓、电影、宗教活动、旅行等十余项。本人深信增加学生活动兴趣,必能提高学生学习效能。

(八)奖惩之统计。本校对学生之惩戒方式,计分书面警告、停学、除名三种。在此一年中,除因严格考试,一部学生受处分外,受停学或除名处分者,百不得一,非有重大失检行为,决不绝其自新之路,诚以重教育而轻惩处为原则。对优秀学生,除一部分给予奖学金物质奖励外,其余并用名誉奖或颁给奖状,精神上以资鼓励。

二、训导工作努力的方向

(后略)

(苏希轼:《一年来训导概况》,《大夏周报二十四周年校庆特刊》,第24卷第14期,1948年6月1日)

五日 上海学生举行反美扶日大游行,大夏大学学生参与游行,遭到国民政府镇压。

上海市政府关于镇压交通大学、大夏大学学生运动情况与警察局来往文书

中华民国三十七年七月十四日收到

国桢市长吾兄勋鉴,此次敝校大夏大学发生学潮,迭据欧王二校长报告得承台端鼎助,派警驻校维持秩序,致无意外。兹学校已于六月二十九日开始暑假,并将鼓动风潮破坏秩序情节重大之学生予以除名处分,近日学校秩序安谧如常,感激之余,将函鸣谢。

祗颂

勋绥

弟 孙科 敬启

七月七日

(《上海市政府关于镇压交通大学、大夏大学学生运动情况与警察局来往文书》,上海市档案馆藏,档号:Q1-7-60)

上海市政府关于镇压交通大学、大夏大学学生运动情况与警察局来往文书

中华民国三十七年七月十七日收到

桢公市长赐鉴,昨谒崇阶,适驾外出,未聆训诲为怅。

此次本市各大学学生发动之反扶日学潮幕后为共匪操纵,别有用心,殆无疑义。国步方艰,端赖安定秩序,而青年学子竟如是盲动,受匪利用,殊为痛心。

此次学潮发生时,本旅曾派青年兵负责维持徐家汇区秩序,当时即由本处临时指导青年兵组织宣传队,针对共匪阴谋唤起学生觉悟,实施经过颇收效果,以后如仍有学潮发生,仍拟加强此项宣传工作,尚祈钧座多予指教。

此次学潮被捕学生多数固属不良份子,恐亦有少数正当学生,因在情况混乱之下,致被误捕者。据舍侄沈成志来函称,大夏大学粤籍学生张文海(现仍在押)系于六月五日下午拟赴江西南路生生号取款

而行至中山公园时发生误会被捕，以该生去年方来沪求学，国语尚且不通，当不致有参加非法组织，拟请代将下情上达，请求早日释放等语。经派员分往警局及该校调查，均云该生平日尚属守法，除函其家属静候政府处理外，谨将调查所得情形有关文件奉陈钧察，可否准予交保之处，敬祈核示，俾便转知为祷。

专此敬颂

政安

晚　沈敏　上

赐示处：本市　江湾　新华一村

青年军第二零二师二旅政工处

（《上海市政府关于镇压交通大学、大夏大学学生运动情况与警察局来往文书》，上海市档案馆藏，档号：Q1-7-60）

十三日　欧元怀、王毓祥两位校长宴请应届全体毕业生。

本月十三日下午六时，欧王二校长假花旗银行大楼宴本届全体毕业生，并邀请校务会议人员参加，到会百数十人，王副校长仍任 Toast master。席间欧校长致词，希望各生毕业后仍注重学问研究及加强服务精神，次由王副校长请"可畏"、"可敬"之鲁教务长致词。鲁教务长以寓意漫画二则提示各生注意婚姻及做事重点，再由吴总务长以盼望本届毕业同学为校留一纪念物，末由毕业同学致答词，尽欢而散。

（《毕业生话别会　各师长期望殷殷——王副校长仍任 Toast master》，《大夏周报》，第 24 卷第 15 期，1948 年 6 月 20 日）

各院陆续举行院务会议。

期终即届，各学院为检讨院务之推行，将陆续举行院务会议，本月十三日下午三时，文、法两院举行联合会议于毕业同学会，到会者四十余人，由杜院长任主席，已作决议数项送请学校参考，理、商、教育各学院亦将次第定期举行。

（《院务会议　先后举行》，《大夏周报》，第 24 卷第 15 期，1948 年 6 月 20 日）

二十日　学生掀起大夏大学改国立运动。六月十九日，学生集会要求把学期考试延期举行，以便进行改国立事宜。六月二十日上午，学校举行第二十三届毕业典礼，散会时学生即席召开全体大会，要求校方同意改私立大夏大学为国立大夏大学。此后几天，约二千名学生罢课、罢考。校长欧元怀向董事会和董事长孙科汇报了此项情况，孙科与教育部就大夏大学改国立事宜进行沟通。罢课学生也推选代表赴南京请愿。但教育部不同意大夏大学改国立，这场国立运动以失败告终。事后，校方开除了一批鼓动学潮的学生。

本报讯：本市私立大夏大学二千余学生，为要求该校改为国立，已成立国立促进委员会。昨日下午招待记者，报告此一运动目标纯正，其意义纯为抢救失学危机。据称：该校二千七百七十学生，大多来自农村，家庭情况并不甚佳，在此动荡之局势下，下学期以四担米计算学费，则至少有三分之一同学失学。大夏大学过去曾数度酝酿"改国立"运动，均无结果。现闻教育部有意改为国立，故学生拟乘机竭力促成，以抢救在校二千余同学之失学危机。此一运动，现已得全体师生一致支持，学生方面并即日推派代表晋京向教育部请愿。本学期大考本定今（二十一）日开始，现因学生致力国立促进运动，校务会议已议决延迟三天，至二十四日起大考。

该校昨晨举行本届毕业典礼，校董会主席孙科本拟出席演讲，适因立法院工作繁忙，不克来沪，乃由欧元怀校长主持。时有千余学生包围大礼堂，提出"改国立"之要求。据校方向记者表示：学校当局对学生此一运动不加反对，并予赞成，且愿协助，便此目的之达成。欧元怀校长并书面保证学生之国立运动为合理之运动，学校当局决不处分或开除任何学生，绝对保证学生之身体与学业之安全，但告诫学生应以合理合法之步骤进行要求，谨慎行动，以理智控制情感，以免发生任何意外事件。学生并因欧校长为现任立法委员，已请向立法院申诉国立运动之意见。

（《大夏国立运动　师生一致支持　学生晋京请愿　大考延迟三天》，《申报》，1948 年 6 月 21 日，第 6 版）

大夏大学的同学为了要挽救大多数同学失业危机并解决东北流亡学生求学问题(东北失学学生急待安插,教部因无经费设立国立大学,故有改大夏为国立之意),发起了要求教部改私立为国立的运动。自这运动发生后,即受到了该校校长欧元怀及全体教职员的热烈支持,同学们组织一个大夏大学国立促进委员会,六月十九日坚强的主席团已由同学选出,因为这是与同学有密切利害关系,所以同学对这事特别关心,情绪特高。二十日主席团召集全体同学举行大会,决议在毕业典时向孙董事长科请愿并伸[申]不达国誓不休的意思,当时就组织了一个长达半里的雄大游行队,得知因[由]于孙董事长因故未来参加典礼,同学们转向校长请愿,谓因事关全体同学福利,故绝对赞成,并签字保证主席团同学学业与身体的安全。

二十二日主席团又召开一次系科大会,讨论今后工作方针,决议:(1)在代表晋京请愿未成功前延期考试。(2)发起签名运动,请求校董会将大夏捐献给国家。并于请求延期考试,同学们得到了一个小小的教训,同学们密集于教务长办公室外,派代表向教务长(后缺)

(《大夏光华争取国立运动》,《交大通讯》,第 12 期,上海市档案馆藏,档号:D2-0-909-2)

本报南京廿九日电:教部中等教育司长吴兆棠谈:光华、大夏两校学生要求改国立事,本部未予允准,据本人所知,亦决不可能。近光华代表返沪,谓部长有手谕,向校方建议改国立,本人证明,决无其事。

(《对光华大夏国立事 吴兆棠氏发表声明》,《申报》,1948 年 6 月 30 日,第 6 版)

本报讯:大夏大学学生请求改设国立,学校方面会函报校董会,并由孙科董事长致函教部朱部长,顷悉朱部长已函复孙科董事长,表明请改国立实际颇多困难。原函略谓"本月廿五日惠书奉悉,尊嘱核复私立大夏大学请求改为国立一事,敬分陈如下:(一)国家财政困难,本部曾奉政院指示,不得增设国立大学,此时即为呈院请求,亦必不能批准。(二)私立学校有其特点,自应扶持,使其自由发展。(三)私立学校甚多,若准一校改为国立,则各校势将援例请求,光华大学之继起,即其一例。(四)公费办法业已取消,学生经济困难,并不能因改国立而解决。以上皆系实际困难情形,想当早邀垂察也"。

(《国家财政困难 不得增加国立大学 大夏请改设国立未准 朱教长复函说明原委》,《申报》,1948 年 7 月 6 日,第 7 版)

本报讯:本市私立大夏大学昨布告开除丁穉兰等五十六学生学籍,略称:"查六月下旬有一部分学生捏造谣言,假借请改国立为名,鼓动学潮,要挟师长,撕毁布告,抗拒考试,阻挠缴款,甚至捣毁校具,强夺现金,种种越轨行动,不一而足,学校风纪为之荡然。学校视学生如子弟,迭次恺切劝导,冀其觉悟,乃竟胁迫群众,变本加厉,一意孤行,倒行逆施,多数善良同学深受恫吓,不得参加考试以结束本学期之学业,尤堪痛心。兹为整饬学校风纪,并安定学生学业起见,经第十九次校务会议决议,对此次破坏学校秩序情节重大学生,一律予以除名处分。"

(《整饬校风 安定学业 大夏开除学生五十六名》,《申报》,1948 年 7 月 6 日,第 7 版)

大夏同学以学费过重,大部同学无力负担,失学之危紧迫眉睫,□有改国立之要求。此运动曾得到孙科等人赞同,且经校长、副校长许为合理纯正之运动,并尝保证绝不处分或开除任何同学。不料于六月二十四日突有军警密布校内,监视同学行动,封锁□□□,禁止一切聚会,但同学情绪反更激昂,在草场上召开大会,全体□立宣誓并通过延考等决议,会后举行校内游行,参加者达□□百余人。校方自宣布放假后,又于七月五日会同大批飞行堡垒□□警察将留校同学逐出,同日校方又宣布开除同学五十六人(包括国立运动主席咸大部代表及热心工作人员),理由为假借请国立为名,鼓动学潮,捏造谣言,要挟师长,抗拒考试,阻挠缴款等罪名。同学不胜愤慨,□□下学期开学时全体拒缴学费。

(《国立运动横遭摧残:大夏校长食言开除大批同学》,《交大通讯》,第 14 期,上海市档案馆藏,档号:D2-0-911-2)

是在上月十七号下午,学生壁报板上,突发现一张引人注目的布告,大意是:本校奉有教育部密令将本校改为国立,本校毅然拒绝等语,并提出改国立之要求,还附二点主要理由:(一)救抢自己失学危机,因为下学期八千多万元,同学难于负担。(二)收容东北流亡同学。这张布告,就成为燎原的星星之火了。在二小时内,所有壁报墙贴满各科系,各社团热烈响应改国立运动之通告,观众极其拥挤,大有"墙旁若市"之概。同时,学校当局张贴了一张通告,否认奉教育部改国立密令,谓此为同学凭空造谣。并希望同学勿庸人自扰,护校爱己,安心准备功课应付考试,以了本学期之学业。但这张通知,压根儿没有效果。改国立运动,仍在同学间酝酿着。

在十九日上午,校务处门外,突如其来涌上一阵人潮,一致大声叫喊要求将考期迟延三日,以便进行改国立种种事宜。几位代表挤进教务长室交涉,经过一阵骚动后,教务长才亲笔签字,允许同学的要求。当日,国立运动促进会主席团,很快地由全体同学产生了。

大夏同学,份子向来很复杂,如某一部分同学进行活动,则另一部分的,从中作垒,是常有的事,甚至互成对垒,彼此暗枪明箭攻讦,而演成全武行。然而,这一次运动,动机纯正,毫无任何方面党派政治色彩,于是,各科系、各社团都围拢来了,同他协力来苦干。一向抱着"学校事管他娘"的同学,也丢下了书本,一改以往对校内任何活动"隔岸观火"的态度,以一颗紧张的心,站起来了,大家团结得像一个巨人,一团火球。这是大夏有史以来的创见啊!

二十日上午,校方规定举行二十四届毕业同学毕业典礼。据闻由董事长孙科先生莅校主持,于是,主席团捉住这个机会,全体同学当场向董事长请愿,结果,孙董事长贵人多忙,因故未践约,而欧校长元怀先生与王副校长毓祥先生成为被同学要求的对象。经过尖锐的舌战后,两位师长慨然答应了,并且,不因改国立开除学生,欧校长以及教务长等四大巨头,亦签字赞成。这样一来,获得初步胜利,每一个同学如打了兴奋剂一样,兴致更热烈地进行工作,有的如疯似狂,高兴得手舞脚蹈,引吭高唱"改国立"歌曲。当日下午,假重华新村大夏校友俱乐部,招待各报记者,晚上推派五位代表晋京向教育部请愿,并另派代表访问各教授意见,有一、二位除了赞成外,还暗示同学只要团结得好,一定成功的。

以后三四天,每日晚上,七八百住校同学于校内大草场上举行月光会,并在会前结队校内游行,同学的情绪仍是热烈的。

一方面期待的晋京代表请愿的好消息,一方面由二十余社团联合号召,"不达目的,誓不考试。"再度向校方延宕。校方则坚持按期举行考试,欧校长发表谈话。"……改国立事体大,须按合理程序进行,希望同学切勿操之过急,应该照规矩应试,如成绩好,可得奖学金之类,如转学生则有成绩拿去投考,否则,同学损失更大。"可是,同学们的反应立即就来了:"这是威胁,这是利诱,谁上你的当。"壁报上又出现标语:"谁去考试,就是国运的蟊贼!""谁去考试,就可证明是保皇党。"

二十四日,校方坚持举行期终考试的日子,早上,大雨倾盆而下,校门口发现三辆飞行堡垒,校内散布着百余雄纠纠武装军警,据说校方邀请来,保护同学考试。同学们却因此深感不满,大家冒雨在大草坪齐声歌唱"我们起来,要求大夏改国立。"表示消极抗议。有些同学要求军警退出校内,而军警则毫无表情地说:"我们奉命来的!"在僵持态度中,苏训导长排解,双方也愿息事宁人。后来,苏训导长对全体同学说:"要考试的,进去考,不愿考试的同学不可阻碍。"然而,试场内始终像旷野般冷寂,只有几个监试员默坐在那里。不久,却成为军警休息室。以后每天仍有百余军警到校内观光,到考场内吸吸纸烟……

而同学们,仍做着"国立学校"的梦,谈话的资料,都是假使改成国立后,个人的计划与愿望,有的说:将缴学费的钞票,拿去做套漂亮的西装,来开洋荤[荤]。改国立的标语、口号、触目皆是,最有趣的是:"私立大学朝东开,无钱校外空徘徊! 只待野鸡毛脱光,'大夏'登上凤凰台。"在本礼堂上,张贴国立大夏大学招牌,加上三角形纸制校徽,校外人看来俨若国立。

在同学们的"一日不改国立,一日就不大考"的主张之下,校方将考期延至二十八日,二十六日又出了通告,如果届时同学们不应试,翌日暑假开始。暑假中,除非战区及特殊情形的同学,一律不准留校。

晋京请愿代表也回来了,带回来什么呢? 只有教育部杭次长的同情和董事长的同意。同学们失望地摇头叹息外,重新推选七位代表再度晋京请愿,成事心切,星夜出发。大多数同学同时开大会,议决一致"罢考"。果然,二十八日,考场又是寂无一人。

二十九日,校方宣布暑假正式开始。多数同学携箱提笈纷纷回家了,似乎马上忘记改国立的事,又似乎目的达到了,兴高采烈赋归去来今。

国立运动促进会办事处,顿形"门庭冷落车马稀"。过了三天,第二批晋京代表悄悄地回来,神态颓丧,看样子,到南京吃了闭门羹,晦气得很。校长布告版上,同时贴出一封朱部长致董事长的信,信中列举大夏改国立,不可能理由四点:(一)国家财政困难,本部曾奉政院指示,不得增设国立大学。(二)私立学校有特点,似应扶持使其特点发展。(三)私立学校甚多,若准一校改为国立,则他校势将援例请求,光华大学继起即其一例。(四)公费办法业已取销,学生经济困难,并不能因改国立而解决。所有同学看了,心中泛起一道冷泉……

但,更意料不到的是,学校当局公布第十九校务会议议决案,将此次国立运动主要活动份子丁穉兰等五十六名,予以开除学籍处分,藉以整饬学风。大多数的同学对学校的措施非常不满,争自由反迫害的运动正在展开。

(黄宗津:《大夏改国立风潮》,《群言》,1948年第2期,第12—13页)

本月 教育部正式核准教育学院恢复。

本校自立校以来即设有教育学院,凡国内名教育家均曾先后任教,毕业校友专心服务教界且有成绩,故本校教育学院向为全国人士所推誉。战时本校西迁,教育部以师资造就归诸师范学院,故将本校之教育院并入新设之贵阳师范学院,为顾全本校之光荣历史,特在文学院中附设教育学系。惟本校沪部仍继续设置教育学院,迄未中断。复员以后,本校即呈请教育部准予恢复教育学院,现经核准。查全国私立大学中设置教育学院仅为本校,足证本校光荣之史绩。现本校五院十五学系均已核准恢复战前旧观,今后将谋发展。

(《教育学院呈准恢复 五院十五系重复旧观——全国私立大学现仅本校设教育学院》,《大夏周报》,第24卷第15期,1948年6月20日)

由于市场物价高昂,学校成立专任教职员日用品购买委员会。

市上物价奇昂之下,本校专任教职员日用品配委员会也就很快成立,学校当局并先拨垫二亿元作为购买日用品之需,此事已见本报前期,顷悉现由该会购置大批布匹及各种日用品,如汗衫、毛巾、袜子等,其价格较市上便宜一倍左右。

(《配售物品 皆大欢喜》,《大夏周报》,第24卷第15期,1948年6月20日)

七月

十四日 本学期学费以米价计算。校方分函家长督促学生遵校规。

本报讯:据本市私立大夏大学副校长王毓祥告记者:该校下学期学杂费标准以九月中旬之中熟米价计算,旧生走读者三石半,寄宿者四石,新生五石。

王副校长称:该校学生前为请求改国立运动罢考违犯校规事,校方为整饬风纪,不能不加整顿,故有开除五十六学生学籍之举。现校方已分函全校学生家长,解释私立学校经费开支,全靠学费收入维持,学生入校应遵守校规,接受校方指导,安心向学。

(《下学期学费以米价计算 大夏新生须缴五石 校方分函家长督率学生遵校规》,《申报》1948年7月14日,第7版)

八月

一日 由大夏大学毕业同学会出版的《大夏通讯》获主管当局核发登记执照,是日复刊。此刊约半年前曾奉社会局批示,在未获正式核准前不得出版。

敬启者,查本刊自去岁复刊以来,承诸学长热心赞助,原拟继续出版,不再停刊,孰料因主管当局申请登记以求合法,又奉社会局批示,在未经内政部核准发行前,不得先行出版云云,本刊只得再告停刊。且以事出仓卒,未能预先公告,致停刊期间,各方面垂询函电纷至沓来,情殷意切,使全人等更深惭愧。今者登记执照已由内政部核准发下,自即日起仍按期出版,藉符雅望。谨志数语,聊表谦意,并致谢忱。

（《紧要启示》,《大夏通讯》,第 7 期,1948 年 8 月 1 日）

本月　暑假新生入学考试分二期举行,报名者空前踊跃,突破新生考试报名人数之记录。惟战后留存校舍及新建部分,仍不能大量容纳,故考生录取比例极低。（《新生投考人数　突破历届记录》,《大夏周报》,第 25 卷第 1 期,1948 年 10 月 15 日）

九月

一日　秋季开学,注册学生达三千六百九十一名,为历年来学生人数之最。

本校于九月一日开学,开始缴费,各地远道学生纷纷遵期到校办理各项手续,各办公处人头攒动,列队鹄候,气象至为蓬勃。自十五日注册日起,各场地、甬道,均有飞速脚步行动,情绪紧张,秩序井然,此宁静二月之丽河幽景,又随开课而生动活泼。中秋景色,凉爽舒畅,注册学生迄达三千六百九十一名,破本校历年之人数。

（《学校开学以来　气象蓬勃万千》,《大夏周报》,第 25 卷第 1 期,1948 年 10 月 15 日）

十五日　新力斋西面添建男生宿舍二十间完成。

九月十五日　新力斋增建宿舍落成。

（《半年大事记》,《大夏周报》,第 25 卷第 4 期,1948 年 12 月 20 日）

本校现在有学生宿舍共可容二千人左右,本期开学以来要求住校者颇多,仍感无法容纳,校中现经决定拟建筑男生宿舍计二十大间,地点在新力斋西面,共分二宅,已申请住校核准之同学,即可于落成后迁入。

（《男生宿舍二十间　不日又将落成》,《大夏周报》,第 25 卷第 1 期,1948 年 10 月 15 日）

二十日　新辟员生福利农场约二十亩,建农场平房四间。

九月二十日　员生福利农场开园。上课。

（《半年大事记》,《大夏周报》,第 25 卷第 4 期,1948 年 12 月 20 日）

群□斋附近,近新辟员生福利农场二十亩左右,由陈主任湘波计划设计,并兼技术上一切工作,嗣后本校员生对于日常蔬菜可得大量补助!

又,该场新建平房四大间,作为办公室、领菜蔬处、工友膳室、种子室、工友卧室、农具室等之用。

（《新辟员生福利农场　日常蔬菜大量供应》,《大夏周报》,第 25 卷第 1 期,1948 年 10 月 15 日）

二十五日　重编学校四周竹篱围墙完工。

九月二十五日　沿中山路围墙篱笆重又完成。

（《半年大事记》,《大夏周报》,第 25 卷第 4 期,1948 年 12 月 20 日）

本学期开学以前,校中于各场地继续整理,以战前校址四周竹篱急须重行编围,乃于日前动工。因校基广阔,是项竹篱墙所将达十余亿,约三百数十丈,近已完工,昔日之铅丝网全已拆除,战时遗留之火药味于为扫清。竹篱之内,高大之白杨环列,美观异常。

（《重编竹篱三百数十丈　所费十余亿近已完工》,《大夏周报》,第 25 卷第 1 期,1948 年 10 月 15 日）

二十六日　教育学院召开讨论会,为全国教育会议做准备。

全国教育会议定期举行,教育部致函欧校长、黄院长□列教育问题三十一则征求意见,教育学院乃于九月二十六日下午二时在校友俱乐部开会讨论,事先并约请本校前教授邰爽秋、陈选善及陈科美诸先生等。欧校长、鲁教务长及教院院长、系主任、教授等均出席,济济一堂,由黄院长主席,何以聪记录。首由欧校长对高等教育学制问题与全国大学投考生无校可入，毕业生出路等问题提供意见，黄院长提出乡村教育问题，民教实验区提出"沪西农村改进实验区计划"，邰爽秋先生提出"我国目前急需之教育政策"与"自学制度实施办法要点"，杜院长提出"教育制度与国家社会之因果关系"，张耀翔先生提出"改进升学制度与入学考试"问题，陈选善先生提出"大学究系训练专才抑系研究学术及如何使其充实有效"问题，陈科美先生提出"提倡职业"的问题，赵廷为先生提出"师范教育"问题，最后决定将问题整理归纳，分组讨论，再由大会讨论决定，期于十月底前汇交教育部，俾于全国教育急需改进之时机中，作切实之贡献。

（《教院举行重要会议　作提供全教会之准备——不啻为专家教育论文之总汇》，《大夏周报》，第25卷第1期，1948年10月15日）

二十八日　新图书馆破土动工。该馆由土木工程系设计，为学校复员后的最大建筑。

九月二十八日　新图书馆开工建筑。

（《半年大事记》，《大夏周报》，第25卷第4期，1948年12月20日）

计划已久，近始破土的新图书馆，在本校师生校友的切望中动工，数千同学的心头里为之欢呼不止。该馆式样系本校土木工程系金祖荫先生设计，经参酌学校指示而成，上下共二层，下层为书库、杂志室、大阅览室，楼上为各学院研究室、大参考室、馆长室、办公室等，系丁字型，为钢骨水泥及机砖混合砌成，坚实光亮，建筑费计十一万一千五百金圆，合黄金五十七两许。全部工程约在寒假前落成，今后群贤堂之四个研究室及阅览室参考室等将全部迁入，群贤堂将多六七个教室，前途发展未可限量。新图书馆建筑前水塔之南，旧计划中之黄埔［浦］图书馆旧址，后为南明河，右为花溪，风景至美，上下二层可同时容纳千人阅览，为本校复员后之最大建筑。

（《新图书馆开工　寒假前可落成——研究、参考、阅览、书库的总汇合　上下二层可同时容纳千人》，《大夏周报》，第25卷第1期，1948年10月15日）

十月

四日　上学期因学生发起"国立运动"，期末考试未能进行。是日起补考一周。

十月四日，新生训练开始。旧生补考开始。

（《半年大事记》，《大夏周报》，第25卷第4期，1948年12月20日）

十月九日，新生训练完毕。旧生补考完毕。

（《半年大事记》，《大夏周报》，第25卷第4期，1948年12月20日）

十五日　《大夏周报》发布各院院长、系主任名单。物理学系主任由江仁寿接任，经济系主任由张伯篪接任。

本学期各院系首长业已确定，各学院院长仍旧，系主任稍有更动，物理学系主任周昌寿，因体力不支未能兼顾系务，惟仍担任教课。经济系主任韩闻痫因就南京中央信托局新职，该二系业已改聘本校教授江仁寿、张伯篪接任，兹将本学期各院系首长探志如下：

文学院

院长　杜佐周

中国文学系主任　程俊英

外国语文系主任　陈铭恩

历史社会学系主任　苏希轼

理工学院

院长　邵家麟

物理学系主任　江仁寿

化学系主任　陈景琪

土木学系主任　王兴

教育学院

院长　黄敬思

教育学系主任　陶愚川

教育心理学系主任　张耀翔

社会教育学系主任　曾作忠

法学院

院长　张隽青

法律学系主任　林我朋

政治学系主任　葛受元

经济学系主任　张伯箴

商学院

院长　何仪朝

银行学系主任　蔡文熙

会计学系主任　龚清浩

工商管理学系主任　关可贵

（《各院系首长名单》,《大夏周报》,第 25 卷第 1 期,1948 年 10 月 15 日）

二十三日　英国文化委员会驻华代表葛礼尔女士来校演讲,题为"英国社会服务实况"。
（《英国文化委员会葛礼尔来校演讲》,《大夏周报》,第 25 卷第 2 期,1948 年 11 月 7 日）

二十四日　各学生社团举行会议,开展活动。

本校九月中旬开始注册,以后举行补考,各同学都感功课忙碌,时间不够支配,校内同学之各项活动,亦成休止状态。日来为补考后第二周,同学心里略感轻松,各社团趁时展开工作,办理新旧会员登记,定期举行新旧会员联欢大会。

星期日（二十四日）群贤堂楼下教室大都为各学会借用,计有"正风报"、"三互"、"数理"、"潮青"、"泰兴"等十余会社,于是日召开联欢会,改选上届干事,商讨会务进行,会堂布置幽雅,乐声悠扬,欣悦异常。

（《群贤堂楼下乐声悠扬　各社团举行期初联欢》,《大夏周报》,第 25 卷第 2 期,1948 年 11 月 7 日）

正风报社为使业务推展上之需要,本学期改组为上海正风出版社,已向社会局申请登记及向本校训导处备案。该社于本月二十四日晚七时半假群贤堂第二教室隆重举行成立典礼,到王副校长代表陈秘书,各学会代表及社员共百余人,情绪热烈。由社员伍启材主席,申述该社创办目的为发扬舆论力量以促使社会进步,检举恶势力,阐扬三民主义,并应敢说敢受［爱］敢骂之态度,俾达成此目的,并勉诸社员应有不挠不屈之精神来完成新时代之使命。

（《正风报社扩展业务　改为上海正风出版社》,《大夏周报》,第 25 卷第 2 期,1948 年 11 月 7 日）

三十一日　举行第二十次校务会议,欧元怀校长报告该学年校务会议教授代表选举结果及行政会报定期举行等事宜。鲁继曾、吴浩然、苏希轼分别报告教务、总务和训导工作情况。会议议决成立奖学金审核委员会等校务多起。

第二十次校务会议记录

时间：三十七年十月三十一日上午九时

出席：欧元怀　王毓祥　鲁继曾　吴浩然　苏希轼　杜佐周　邵家麟　张隽青　何仪朝　黄敬思　程俊英　陈铭恩　江仁寿　陈景琪　葛受元　张耀翔　王兴　陶愚川　潘健卿　林我朋　张伯箴　曾作忠　聂绍经　关可贵　蔡文熙　王锦升　夏炎　韩钟琦　张瑞钰　宋成志　孙尧年

主席：欧校长　记录：黄彦起

一、报告事项

（一）欧校长报告

1. 本学年度校务会议教授代表选举结果：许潘健、聂绍经、丁勉哉、夏炎、张瑞钰等五位先生当选。

2. 行政会报每星期一、三、五举行一次，校务行政除与有关方面洽商外，均由会报议决推行。

3. 本学期人事动态。

4. 十一月七日校友节招待校友返校，并请全体教职员参加。

5. 教育部本学期捐助本校金圆券叁仟柒佰元。

6. 十一月十二日（星期五）国父诞辰系固定假日，本校休假一天。

7. 本校理学院毕业同学会捐设理学院三四年级学生奖学金六名。

8. 陈锦文先生捐交"纪念陈卓甫先生奖学金"金圆券肆仟元，□定经济及教育两系二年级以上成绩最优学生每系一名，免缴学费，至毕业为止另选二名接受，自本学期施行。

9. 现代教育文化基金董事会本学期给本校教育学院学生奖学金三名，每名金圆券陆拾元。

10. 物资供应局允给私立专科以上学校员工之公教人员剩余物资配购证，本校已造具名册请领中。

11. 十一月八日全市户口总检查，学校方面经商准民政局由学校自行办理，另由区公所派员协助。

12. 本校所有基金及□□□□□□□□□□□□□□□□□□□□□□□□

（二）鲁教务长报告

1. 各院系课程开班及人数统计。

2. 学生注册人数统计（计三七〇五人）。

3. 教员缺课统计。

4. 图书委员会开会议决本学期图书费为金圆一万五千元，分配各学院及各研究室。

5. 美国仁社捐赠本校图书费美金五百元，已由欧校长函谢，并请就近代购书籍寄回。

6. 组织健康委员会注意学生健康，并拟设一豆浆站。

（三）吴总务长报告

1. 本月物价日见上涨，以致预算经费殊感困难。

2. 新建图书馆业已动工，应用材料购齐，但因水泥尚差一千包无法购办，恐难如期完工。

3. 新建新力斋宿舍两排，计二十间，下星期完工，可容男生二百名。

4. 新建教职员住屋六幢，行将完工。

5. 本拟添建女生宿舍一二排，但因需用材料无法购办，致告停顿。

6. 本学期学生伙食团用膳学生甚多，而民食调配委员会尚根据上学期人数配售食米，如十月份只领到六百一十九石，学生伙食团每日则需用米二十石左右，每月计需六百石，所余不敷员工分配。其他油及柴火等费用量既多，购领不易，困难重重。

7. 福利农场之青菜以廉价售给教职员及学生伙食团。

（四）苏训导长报告

1. 本学期在校男生学生共二二〇四人，在学校附近租民房住宿者亦有三四百人。

2. 参加伙食团用膳之教职员学生及工友计二百二十桌，共二七三二人。

3. 上海市统一奖学金审查委员会本学期保留本校名额计二四七人，分为金圆六十、四十、三十元三级。

4. 课外活动多为地方性之学会，金石、图书、体育、音乐各项亦积极提倡。本学期并拟举行运动会。

5. 本校学生因□□被拘传在特刑厅者计六人（内一人系在宿舍被拘）。经再四交涉，允于调查后再行通知校方。

6. 上学期期考补考时舞弊学生计七十三人，内有四名因连续舞弊两次，各受书面警告四次，照章予以退学处分。

7. 学生申请国民身份证者计二〇二八人，所有户籍表册业已□还各有关机关。

8. 提倡□□□□□□□□□□□□□

二、讨论事项

（一）议规定校务会议、教务会议等开会日期案

议决：校务会议定每月第四周日，教务会议定每月第二周日。

（二）议本学期上海市统一奖学金本校审核标准案

议决：照训导处拟定标准修正通过。

（三）议本学期本校学生免缴学费审核标准案

议决：照训导处拟定标准修正通过。

（四）议中国现代文化教育基金董事会本校奖学金委员会章程及发给奖学金办法案

议决：修正通过。

（五）议第三次图书委员会订定各学院研究室图书保管办法案

议决：通过。（已由图书馆公布）

（六）议规定国语、英语演说竞赛日期案

议决：由训导处拟定。

（七）议组织各种奖学金审核委员会案

议决：推鲁教务长、吴总务长、苏训导长、杜院长、邵院长、黄院长、张院长、何院长及顾注册主任等九人组织之。

（八）议本校户口总检查应如何办理案

议决：由总务、训导两处负责办理。

（《第二十次校务会议记录》，《前大夏大学校务委员会记录》，第23—24页，华东师范大学档案馆藏，档号81-1-48）

欧元怀、王毓祥两位校长宴请全体教职员。

十月三十一日，欧王二校长欢宴新教职员于花旗银行二楼。本来，这次宴会相当"伟大"，本校教职员将全数被邀，但遍觅上海各大酒楼，在此一物资秘藏或抢购时期，没有一酒楼允承办三百余人的"伟大宴会"，乃特邀本期新聘教职员，以出席校务会议诸先生为陪座，到会者六十余人，仍由王副校长为 Toast master。王副校长先说了些主人的谦语，并以诙谐的口吻谓：在此时期，物少菜薄，实不敢请努力加餐，但明年定比今天好。随由欧校长致词，欧校长说，过去所受教育，未学柴米油盐，故目前仍天天学习，中插一笑话，满堂哗然。欧校长继续说：本校发展迅速，全赖全体教职员群策群力，在今天大学教育仍不发达，并列举中学毕业人数及欧美各大学为例，表示中国大学仍当再求发展。后由鲁教务长、吴总务长、苏训导长分别致词，尽欢而散。

（《欧王二校长欢宴新聘职员》，《大夏周报》，第25卷第2期，1948年11月7日）

本月　中国文学系自编基本国文教材印行。

大学国文教材问题，各专家讨论颇多，本校为统一教材起见，中国文学系举行会议，决定自编，并推请程俊英、曹礼吾、宋成志、刘锐四先生负责编订，由程主任召集。暑间已数度讨论，获有结果，于各类文体及中外佳作均有一部分列选，范文以前，冠以理论指导分析，现代作品亦有选入，编辑标准以依部定标准及适合实际程度，已交大夏书店印行。

（《基本国文教材　中国文学系自编》，《大夏周报》，第25卷第1期，1948年10月15日）

教育学院研究室编定该学期工作大纲。

教育学院研究室于学期开始之时，即首先编定本期工作纲要：（一）鼓励研究，举办"教育问题服务站"。（二）供给图书及研究资料。（三）推进"全国大学地域分布与教授动态"第二步调查工作：（A）本市公私立大学。（B）全国公私立大学。（四）举行教育演讲。（五）举行座谈会。（六）举行测验。（七）剪报（教育、教育心理、社会教育三大类）。（八）编制教育图书论文索引。行见教育研究工作于最近期内可迅速进展。

（《教院研室编定工作大纲》，《大夏周报》，第25卷第1期，1948年10月15日）

学校尽力为教职员和学生谋福利。

中秋已过,冬景将临,本校教职员御寒衣服大都需要添制,校中特派总务处陈主任湘波前往中纺公司及物资供应局洽商配购,已有头绪。近已获得一部分样品,校中同人及选择购配。

(《中纺样品到校　同人及时购置》,《大夏周报》,第25卷第1期,1948年10月15日)

住校同学伙食向由同学完全自理,校中予以指导及帮助,故每学期学生伙食费较沪地各校为低。本期开学以来,参加者达二千数百人,即住校外者亦多要求参加。八月份伙食每月五金圆,分二期缴纳,九月份六金圆,十月份八金圆亦分二期缴纳。缴纳伙食费后,即发用膳证,证上注明姓名、学号、系别、年级、宿舍并黏照片,用膳后交膳委查验,法至周密。闻每日三餐,饭菜尚佳,于住校同学日常生活减少负担,各家长闻之至为欣慰云。

(《膳费每月八金圆　办法井井有条》,《大夏周报》,第25卷第2期,1948年11月7日)

修理校园设施,将女生膳厅改宿舍。

大夏新村自遭炮火毁灭后,近已重建数座,最近新村方面建筑□置正积极展开:

一、重建丽虹桥——原有之丽虹桥桥面已破,桥身亦损,重建之桥面仍用钢骨水泥。

二、重修干路支路。

三、重装自来总水管。

四、重装电灯杆线。

五、重修阴井水筒以便泄水。

(《大夏新村舍地即将重加整理》,《大夏周报》,第25卷第1期,1948年10月15日)

男女生各宿舍床铺原已敷应用,本期因申请住宿者太多,乃将各宿舍择其稍可加铺各室尽量容纳。女生膳厅亦已辟为寝室,至女生膳厅并入男生膳厅,分批用膳。新床铺已添制双人床二百二十余架,单人床四十架,专供各宿舍之用。

(《女生膳厅改宿舍　新床增添数百架》,《大夏周报》,第25卷第1期,1948年10月15日)

体育部主任祝家声辞职,聘黄震继任。

体育部主任祝家声先生暑间应北平国立艺术专科学校之聘为该校训导长,再四考虑,以该校徐悲鸿校长为祝先生昔日之老师,情不能却,暑间乃偕夫人趁船北上。临行前对本校仍殷殷不忘,无限留恋,盖祝先生与本校同仁及同学均有密切之情感。本校现聘本校前体育专修科第一届毕业同学黄震先生继任,黄先生曾任国立厦门及中正各大学体育指导多年,身高体硕,术有专长。另聘胡志绥、黄珂岚、童重光、董健四先生为指导,各先生均富教学经验。

(《体育部改组　黄震先生任主任》,《大夏周报》,第25卷第1期,1948年10月15日)

十一月

一日　物价狂涨,金圆贬值,学校经济遭受巨大损失。教职员生活也极为困难,一个月薪金仅能维持个人伙食。学校领到户口米不够职员和学生食用,而菜价上涨二三十倍,食堂只能供白饭,无法提供蔬菜。

本校为拥护政府经济政策,特将所有之基金及建筑费项下之黄金美钞于九月前遵照法令兑换金圆存储。自经济补充新办法颁布以后,物价狂跳,金圆贬值,本校经济当受极大打击,员生生活遂亦蒙受巨大损失,相对希嘘。

(《黄金美钞变金圆　学校经济大打击》,《大夏周报》,第25卷第3期,1948年12月1日)

本校学生伙食向极廉美,用膳学生人人满意,然自十月份起,困难渐增。因十月份仅领到六百十九石,而民食调配委员会尚根据上学期人数配售食米,学生伙食团每日需米二十余石,不敷员工分配,十一月份尚未领到,学校积米仅可维持到十二月初旬,以后尚无把握,现经学校当局竭力商洽中。查月来食米问题,上海各校皆感严重,并有日吃二餐薄粥者,而本校自十一月初旬以来,米量尚可应付,而菜费上涨达二三十倍不等,膳委员决定自十一月初旬起,每餐仅供白饭,菜蔬由学生斟酌个人情形自备。教职员伙食亦极严重,一月所得,尚不足个人低劣之伙食费,其凄惨情形,有逾抗战时期之艰困。

（《吃饭难、饭难吃　学生伙食有饭无肴》,《大夏周报》,第 25 卷第 3 期,1948 年 12 月 1 日）

大夏大学公函
复总字第〇二八二
中华民国三十七年十一月四日发
事由:函送本校教职员学生及工役申请食米油名册请查照由

接准国立复旦大学本年十月三十日函以准,贵局十月二十八日粮字三〇三七五号函,以关于本市各大学食米油之供应问题,可由各校将寄居校内学生造具名册送局以凭核办等,由准此自应照办,相应造送本校教职员学生及工役申请食米油名册各一份,函请查照为荷。

此致
　　　上海市社会局
附送本校教职员学生及工役申请食米油名册共三份。

校长欧元怀
副校长王毓祥
中山北路 307

（《上海市社会局为准函嘱配售食米油一案致大夏、光华、复旦、圣约翰等大学公函》,上海市档案馆藏,档号:Q6-4-164-1）

七日　举行第二届校友节,到会校友五百余人。《大夏周报》出版纪念特刊。

十一月七日为本校第二届校友节,学校当局欢迎各校友返校参加,并有游艺节目,业志本报前期。是日下午一时左右,各校友乘校中特备专车陆续返校。会场在思群堂,校友们进入即签名纪念并领点心券,摸彩,佩名条,笑语频频,握手言欢。欧校长、王副校长、鲁教务长、吴总务长均莅场,各校友纷纷致敬。到会校友有偕"外子"及"内子"暨小朋友全家齐来者,均领得点心券及彩号。是日到会者约四百余人,有的半头白发,有的年少翩翩,融融洩洩,共叙衷情。三时许,游艺节目开始,有本校同学平剧清唱,满堂叫好,而王庆勋校友所领导名震全国之中华口琴会特谱曲调以庆祝老师及歌颂丽娃栗妲景色,王校友亲任指挥,兴奋异常,乐声停后,掌声如雷,并循各校友要求演奏三曲。旋由校友张紫玲女士高音独唱,听者彩声四起。末后举行摸彩,全部共五十彩,有台钟、台布、热水袋各种日常用品等,直至夜色已起,尽欢而散。

（《返校校友五百人　校友节热烈庆祝》,《大夏周报》,第 25 卷第 3 期,1948 年 12 月 1 日）

第二届校友节于国际国内时局动荡均极严重之现阶段降临,使我们更觉得此一纪念节日之可贵与意义之深长。吾大夏校友咸知母校艰辛之缔造与发展之历经困厄,卒能打破难关稳求进步者,有赖"自强不息"之精神与"师生合作"之传统,在过去长期二十四年中,每一校友,于母校均有或多或少直接间接之贡献。处此难危时代,惟团结可言生存,各校友来自各地,而爱校之念则人同此心,校友节即为校友之相互团结与发挥爱校精神之象征,此在今日之环境下更觉其需要。

大学为培养专业之人才,故师资之优良,设备之充实,建筑之崇隆,教学之认真,均极为重要。本校自胜利复员以来,即专力注意上下之设施,建筑方面虽未及过去之宏伟,但较之国内其他各校,固亦"未遑多让"。今日返校之校友,有出自贝禘鏖路、小沙渡路及胶州路、中山路之各个不同时代,有出自抗战西迁之讲武堂,亦有出自黑黔时代之梅龙镇与流离颠沛之赤水城,一观母校今日之情景,当有异口同声甜蜜家庭之赞叹,而吾人亦乐于欢迎在学问上成就,在事业上发展,在服务中努力之诸校友翩然还校,以尽此一日之欢愉。

大夏为一大家庭,其创立之动机为革命与读书,其发展之正鹄为民主与自由,在学术独立呼吁的今天,吾人在过去二十余年中已鞭先一着,颇足引以自豪。大夏素以教育为改造社会,思想为领导政治之途径,长期奋斗,未遑宁息,我毕业校友中献身于教育,困穷而不易其志者□有口皆碑。自小学至大学,大都有我大夏校友服务其间,而学术思想之创导及反帝反封建之斗争均有我校之贡献与壮烈之成仁,校史上已经写下光荣全页,今而后将一本革命、自由、民主之传统精神为世界人类及中华民族尽其棉薄。

私立大学教育之成就,欧美各国实例俱在,最近艾森豪威尔就长哥伦比亚大学即揭示讲学完全独立,学术全面研究为职志。吾国自宪法颁布施行以来,教育设有专章,而于私人兴学更示奖励。教育专业为国家百年大计所系,固非可随朝夕之环境率尔改易,大学教育为创造人类之高度文明,使全人类进而合作,此联合国重视文化教育之组织以尽天下一家之理想。故凡自私自利之企图,醉生梦死之迷梦,均宜革除,而舍己为人,民胞物兴之德性,则宜培养。我们从事教育工作者,应有疾风劲草的节操,发扬真知,昌明真理,求学术之独立,人格之完整,已达到延续中国文化与民族生命的责任。

大夏立校至今,负责同仁大都以教育事业为终生职责,绝无变志,人事制度亦少变动,即教授中有因他职离校者,而对于大夏之爱护始终如一。初未因环境之迁移而有更易,而我毕业校友固不论二十余年前毕业或近今毕业者,均能视母校犹家,与日俱永,此吾人虽于挫顿之余仍引为无上之慰籍。吾人创校之日,均在翩翩年少,壮志如云,献身大夏,弹指二十年,全部锦瑟年华赢得银丝满鬓,想吾毕业校友,今朝旧地重游,回忆在母校各个短短四年学生生活中前尘往事,触景俱来,在欢欣鼓舞之余,当亦不胜其回溯憧憬者。

本校以国内各大学言,规模颇大,历史亦不算短,图仪之设备力求充足,且在不断迈进之中,以目前在学人数多至三千七百余人之众,较之全国各大学自亦为规模伟大之一。目前至紧迫之问题厥为校舍之不敷,本学期添建男女生宿舍及新图书馆,教职员宿舍之添建已都在顺利进行之中,吾人当可预卜在第三届校友节时,当又有若干新建筑,可告慰于诸校友矣!

回忆第一届校友节时,我曾言:毕业同学之于母校,合之则为单一之"拓都"①,分之则为无数之"幺匿"①,拓都之菀枯即幺匿之隆替,休戚相关,如此其切,面临本届校友节,尚希三复斯言!

(王毓祥:《迎第二届校友节》,《大夏周报》,第25卷第2期,1948年11月7日)

八日　进行户口总检查。

本市户口总检查于十一月八日晚上举行,本校为适应是项工作,事前准备周密,住居学校附近而在校用膳各同学亦于是晚集中学校指定教室等待检查后发国民身份证,因全校人数众多,检查工作直至深夜二时许始行完毕。

(《本校户口总检查　已举行完毕》,《大夏周报》,第25卷第3期,1948年12月1日)

近来本市购物及配给需要户籍表及国民身份证,本校师生大都未曾领到上项各件,且亦无时间作竟日排队,在抢购声中瞠乎其后,一无所购。校中近布告学生申请户籍表以凭配购米油之需,并指定数十名学生每晚自九至十一时半抄写户籍。

(《为了配给需要户籍表　指派学生数十每晚赶写》,《大夏周报》,第25卷第2期,1948年11月7日)

十四日　举行第十八次教务会议,决议奖励成绩优良学生、举行国文作文竞赛、国文及英文会考办法等议案多起。

第十八次教务会议于十一月十四日上午九时,在理工学院工程馆楼上举行。

出席:鲁继曾　何仪朝　邵家麟　林我朋　顾文藻　张隽青　陈铭恩　张伯箴　陈景琪　韩钟琦　苏希轼　关可贵　蔡文熙　王兴　陶愚川　程俊英　张耀翔　葛受元　黄敬思　杜佐周(翔代)。

主席:鲁教务长

纪录:姜志纯

决议要案如下:

---

① "拓都"是英语 total 之音译,"幺匿"指英语 unit 之音译。严复在《〈群学肄言〉序》中说:"群者,谓之拓都;一者,谓之幺匿。"

（一）议三十七年春季学业成绩优良应予奖励学生名单案

决议：审查通过。

（二）议本学期应否继续举行国文作文竞赛案

决议：举行，但于明年春假缴卷。关于竞赛办法，请程主任俊英计划进行。

（三）议本一国文及英文会考办法案

决议：国文及英文会考依照各该系系务会议议决实行。

（四）议审查应届毕业学生成绩办法案

决议：依照向例审查。

（五）议黄院长提议嗣后学生撰作学业论文应复写三份，以一份存图书馆，一份存研究室，另一份由学生自存案

决议：通过，自本学期开始实行。

（六）议学生蔡永禄、罗毅二生伪造证件，经查明属实，应如何办理案

决议：照章应予开除学籍。

（七）议学生请求事件

1. 史社系历史组四年级上期学生尚德林因缺修必修科"中国社会制度史上"，"世界文学史下"及"西洋断代史"九学分，申请补救，以利毕业案

决议：不准。

2. 史社系社会组四年级上期学生甘文若、彭次林、郑仲、因缺修必修科"近代社会学理论"六学分及"中国社会制度史"六学分，两年来均未开班，申请如何补救，以利毕业案

决议：准由系主任指定应读书籍，自修，作成阅读报告，送请系主任评核。其所缺学分得以所修其他课程替代。

3. 教育系四年级下学期学生吴家骧因参加编级试验，照章须重修基本英文六学分，兹因毕业在即，申请免予重修案

决议：准予补考一次，如能及格，方得参加毕业考试。

4. 社教系一年级上期学生陆道生系同等学力考入本校实习班，今则升入大学部。关于同等学力之证件（高中一、二年级四学期之成绩单）无法呈缴，申请补救案

决议：不准。如不能补缴证件，下学期不准入学！

5. 中文系二年级上学期学生罗新□因迟到一日，未能参加"世界通史"及"政治学"二科期终考试，申请补考及不予零分计算总平均案

决议：照准。

6. 史社系一年级下期学生张文海因六月间被捕入狱，未能参加期终考试，今无罪释放，申请补考案

决议：准予在下学期开学前补考。

（《第十八次教务会议　鲁教务长召集举行》，《大夏周报》，第25卷第3期，1948年12月1日）

二十三日　因战事紧张，该学期准备提早结束。

布告　第二二二号

中华民国三十七年十一月二十三日

本校因各地战事紧张，交通不便，学校经济复陷于万分困难，一部分学生生活并形不安。爰经决定，将本学期结束时间略予提早，业已布告在众。现本期上课只余一月，所有各班课程已由本校公函担任教授请照预定进程加紧教学，俾能如期讲授完毕，以免影响同学学业。诸生负笈来校志切求学，际此危疑之秋，务希加倍惕励，充分利用本期最后一段时间贯彻初衷，共维学业有厚望焉。

此布。

校长　副校长

（《布告》，《上海解放前学校紧急疏散的布告、校院长会议记录及商借房舍问题的往来文书》，第3页，华东师范大学档案馆藏，档号：81-2-12）

二十八日 举行第二十一次校务会议,决议法学院法律学系增设司法组。由于时局动荡,物价上涨,经济困难,会议决定提前结束该学期课程,于十二月底放假,并设法为教职员加薪以渡过难关。

第二十一次校务会议记录

时间:三十七年十一月二十八日上午九时

地点:理工学院

出席:欧元怀 王毓祥 邵家麟 陈景琪 吴浩然 鲁继曾 关可贵 潘健卿 顾文藻 聂绍经 张隽青 葛受元 张伯箴 何仪朝 韩钟琦 苏希轼 张瑞钰 曾作忠 陶愚川 王兴 夏炎 宋成志 黄敬思 蔡文熙 杜佑周 张耀翔(杜代) 林我朋

主席:欧校长

记录:黄彦起 陈旭麓

一、报告事项

(一)欧校长报告

1. 限价开放,百物狂涨,学校与学生经济深觉压迫,且以时局关系,学生要求学校提早放假,业经行政会报决定,本学期课程定于十二月底结束,十二月二十三日(星期四)至三十日(星期四)举行期终考试,三十一日即行开始寒假。

2. 全体同仁生活艰苦至深,□怀乃于万分困难之中多方罗掘,对待遇勉为调整,自十二月份起至明年一月份止,每月原定薪额加倍支给,并于每月一日支给原薪,每月十六日支给加薪。

3. 本学期教育部第二批补助本校计金圆券5836元,但该款不知国库署何时方能拨支到校。

(二)王副校长报告

本月二十六日下午教部总务司贺师俊司长邀约上海专科以上学校校长谈话,关于私立学校向中央银行透支一节,于后会相偕往央行访俞总裁,由刘副总裁及李处长接见,商洽结果允于二十九日该行会议决定后再行答复。

(三)鲁教务长报告

1. 各院系学生人数统计。

2. 学生籍贯统计。

3. 教授缺课统计。

4. 学生请假统计。

(四)吴总长务报告

1. 本校因经济万分困难,多方弥补以后仍以包工人因工资增长十倍左右,无法应付而暂停图书馆工程。

2. 本校老虎灶所用之砻糠自限价开放以后,一再上涨,由每担一元涨至三十余元,而每月需用六百担,开销浩大,不得不稍事□节,已于本月十一日起每晨各老虎灶只供开水,下午停灶,以渡难关。

3. 近向商业银行贷款,每月利息四角左右。

4. 关于十路甲线公共汽车,经与公用局再四交涉,允加派大型车辆,隔十五公钟往返行驶。

5. 闸北水电公司因燃料缺乏,实行分区停电,以致本校每日下午六时以后方有电灯,影响课务至巨,现已与该公司交涉中。

(五)苏训导长报告

1. 金圆贬值物价上涨,学生伙食无力负担,近且专吃白饭,自备酱菜,尚感困难。

2. 学生向训导处请假返家者为数过数十人。

3. 体育活动情形。

二、讨论事项

(一)议本学期应届毕业生考试日期案

议决:定十二月十九日起至二十日止举行毕业考试。

（二）议法学院法律学系增设司法组案

议决：呈请教育部法律学系下设司法组。

（三）议定期举行本校毕业生话别会案

议决：定十二月十二日举行。

（《第二十一次校务会议记录》，《前大夏大学校务委员会记录》，第74—82页，华东师范大学档案馆藏，档号：81-1-52）

三十一日 教育学会上海分会社会教育组讨论会召开，黄敬思召集并主持。

中国教育学会为国中教育界之权威组织，本校教授任该会理监事者颇多。该会上海分会为改革教育，分组提供意见，社会教育组（包括乡村教育）由黄敬思院长主席，已由十一月三十一日由黄院长召集讨论，出席人为杨衡玉、欧元怀、鲁继曾、曾作忠、赵廷为等多人，何以聪记录。兹将讨论会记录志后。（略）

（《教育学会上海分会　社教组讨论会记录》，《大夏周报》，第25卷第3期，1948年12月1日）

本月 该学期大夏大学获市统一奖学金学生人数二百四十七人，获得部分免费的学生共七百六十七人。

上海市统一奖学金审查委员会，本学期保留本校得奖名额计二四七名，依据标准分为三级——三十、四十、六十。业经校中审查得奖学生，得三十金圆者一五八名，得四十金圆者四十五名，得六十金圆者四十四名，已经布告学生具领。

（《上海市统一奖学金　本校仍为二四七名》，《大夏周报》，第25卷第3期，1948年12月1日）

三十七年秋季本校免费学生名单业经学校审查完竣，其学业成绩在73.9以上核准本校免费四十元之战区学生共四十二名；其学业成绩在78.1以上核准本校免费四十元之非战区学生共四十二名；其学业成绩在75.8以上核准本校免费三十元之非战区共生九十名；其学业成绩在69.6以上核准本校免费三十元之战区学生共八十八名；其学业成绩在68分以上核准本校免费二十元之非战区学生共三百八十八名；其学业成绩在63.1以上核准本校免费二十元之战区学生共一一七名；以上得免费学生姓名业已公布并通知具领。

（《本校免费学生名额多　全部名单已审核完竣》，《大夏周报》，第25卷第3期，1948年12月1日）

新建六幢教职员宿舍和新建图书馆等陆续落成。

为解决学生住宿问题，本期又建新力斋宿舍两排，计二十间，分两排，现已完工，可添容男学生二百名，近已迁住。

又，教职员宿舍六幢，亦已完工，该宿舍在现在宿舍之南端，前为起居室，后门外隔一通道，过此即为厨房仆室。惟本期拟添建之女生宿舍则以材料无法购办，势将停顿矣。

（《新力斋添建宿舍已落成　教职员添建宿舍亦完工——拟添建之女生宿舍将告停顿》，《大夏周报》，第25卷第3期，1948年12月1日）

群策斋男生校舍内之厕所，渐已拆除，另在斋后建造大厕所一座，两层建筑，可同时容纳四十余人，粪便全作为福利农场之肥料，此既可解决农场之肥料，又可大量容纳，可谓一举二得。

（《大厕所完工　粪便充为农场材料》，《大夏周报》，第25卷第2期，1948年11月7日）

本校女生宿舍除丽河之滨与新英斋外，仍不敷容纳，宿中近决定添造二十间，位新英斋之西，惟近来市上材料缺乏，购置不易，一俟材料购置齐全，即可动工。

（《女生宿舍添造二十间　材料齐全后动工》，《大夏周报》，第25卷第2期，1948年11月7日）

本校本期新建图书馆，本可于寒假期前落成，并已动工多日，墙基均已砌就，应用材料购齐，仅差水泥一千包，无法购办。据吴总务长说，物价如此上涨，物资如此不易购买，工资激涨，以致预算经费殊感困难,新图书馆恐亦不能如期完工云。

(《高物价　新图书馆建筑势将延期完工》,《大夏周报》,第 25 卷第 3 期,1948 年 12 月 1 日)

十二月

九日　学校警卫派出所本日起恢复。(《半年大事记》,《大夏周报》,第 25 卷第 4 期,1948 年 12 月 20 日)

十二日　举行第十九次教务会议,讨论春季校历等议案多起。

第十九次教务会议于十二月十二日上午九时在工程馆举行。出席者:邵家麟、黄敬思、曾作忠、张隽青、张伯箴、蔡文熙、韩钟琦、陈景琪、杜佐周、苏希轼、陶愚川、王兴、林我朋、宋成志(列席)、顾文藻。主席:邵院长(代),纪录:姜志纯。首由邵院长报告此次会议鲁教务长因事告假嘱代主持及考试提前情形,次由杜院长及韩馆长报告,兹将议案录志于后:

(一)议本校三十八年春季校历案

决议:通过。(另布)

(二)议本校学生申请寄读简则案

决议:修正通过。(另布)

(三)议学生申请案

1. 徐秀晓:经济系四年级学生,在校缴费注册八学期,实际修学七学期,现已将学程及学分修毕,请准予参加毕业考试案

决议:准先参加毕业考试,但下学期仍须缴费注册修习十二学分。

……

5. 吕凌娟:教育系四年级学生,在抗战期内向浙江大学借读,所修学程与本校课程标准稍有出入,经审查承认七十五学分,尚缺修"教育行政"一学程及"教育社会学"六学分,申请以同性质学程代替或作阅读报告,以利毕业案

决议:准先参加毕业考试,其缺修学程应以何种课程代替,请院长与系主任审定之。

黄院长提案:吴家骧,教育系四年级学生,经第二次毕业生审核尚缺三学分。惟该生声称以前所修"基本国文上"与"基本英文下"各为五学分,此次审核每学程以三学分计算,以致学分不足,请设法救济以利毕业案

决议:准先参加毕业考试,但下学期仍须缴费注册,补修应有学分。

(《第十九次教务会议　十二月十二日举行》,《大夏周报》,第 25 卷第 4 期,1948 年 12 月 20 日)

欧元怀、王毓祥二位校长为应届毕业生举行话别会,全体校务会议人员出席。

十二月十二日欧王二校长为本届应届毕业生举行话别会,本届以时局不安,一切从简,没有以前各学期之规模。话别会于理工学院楼上举行,到会者为出席校务人员之全体及应届毕业生六十四人。席间欧王二校长及杜院长黄院长等均有训词,末由学生代表答谢,会散后各毕业生纷纷求教授在纪念册上签字。

(《应届毕业生话别会　纷纷求签写纪念册》,《大夏周报》,第 25 卷第 4 期,1948 年 12 月 20 日)

十三日　因环境影响,学期考试提前于本日开始。毕业考试开始。向中央银行借款成功,增发教职员薪金十五个月,本日起先发四个月。(《半年大事记》,《大夏周报》,第 25 卷第 4 期,1948 年 12 月 20 日)

十七日　加发薪金十一个月。(《半年大事记》,《大夏周报》,第 25 卷第 4 期,1948 年 12 月 20 日)

自政府经济改革后,物价飞涨,教职员生活陷入惨境,上海各大学并不向学生收第二次学费,乃联合向中央银行借支,本校已由借支款中加发教职员薪金十五月,现已全部发清。

(《受经济改革影响　借款加发十五月薪》,《大夏周报》,第 25 卷第 4 期,1948 年 12 月 20 日)

二十日　举行王伯群逝世四周年纪念会,并举办王伯群遗墨展。

十二月二十日,学期考试及毕业考试完毕。举行王故校长逝世四周年纪念会,同时举行王故校长遗墨展览,欧王二校长分别致词。

(《半年大事记》,《大夏周报》,第 25 卷第 4 期,1948 年 12 月 20 日)

本月二十日为王故校长伯群先生逝世四周年纪念日,学校于是日举行纪念会,并展览王故校长遗墨。纪念会于群贤堂三楼举行,正中悬王故校长遗像,四周绕以花圈,下为大夏校旗,素烛高照,香烟缭绕,师生默然到会。纪念会由欧校长主持,当秩序单进行至恭读故校长遗嘱后,即由欧校长致词。欧校长首谓大夏创办时得故校长之资助,以及西迁后故校长为校辛劳之史详述一番,并阐明本校学术自由,思想自由,向超然处于政治派系以外,王故校长为政府中枢之元老,但不以私人政治关系牵涉学校,故本校纳容各派思想家学问家讲学自由,凡本校师生,绝未因讲学不自由,思想不自由而离开,今后仍本此种精神。欧校长继宣称:今日环境空前严重,但学校决不迁移,坚守岗位,作中流砥柱,继续过去自由的精神,在新时代新环境中发展,希师生全面合作与谅解。欧校长末称:今天以沉重心情参加纪念,我们应不忘故校长"公诚"之遗诫。次由王副校长致词,副校长将本校史实作一简略说明,并列举事实说明故校长在物质与精神两方面为本校谋发展,举二事为例,其一当三十二年本校请求改国立而却改为国立贵州大学时,王故校长痛哭失声,夜不成寐,申言决不卖校求荣,故本校仍得保持;其二当学校在贵阳时,经济筹措为艰,故校长力疾举行书画义卖,为学校筹基金,曾有某巨商求书,愿以重金索取文宝,故校长为学校经费忍痛破例为之作书,于校事可谓鞠躬尽瘁,死而后已。今天,我们负学校行政之责,以"鞠躬尽瘁生而后已"之精神为学校求生。副校长并引雪莱诗句:"冬天到了,春天还会远吗"之名句,并申述造更司(今译狄更斯)在《双诚记》的开头所说的矛盾时代,正是我们所处的时代,勉同人走向光明之境。旋由教授聂绍经先生致词,聂先生略述王故校长关怀同仁之美德,以及认识一个人永远不忘之精神。大会于悲悼中默散。

在王故校长遗墨展览室中,参观师生很多,我们可看到学校在贵阳时,王故校长力疾负责为学校筹经费,聘教职员及处理同学各事件之苦心。

(《王故校长逝世四周年　学校特举行纪念会》,《大夏周报》,第 25 卷第 4 期,1948 年 12 月 20 日)

二十六日　举行第二十二次校务会议。

第二十二次校务会议记录

时间:三十七年十二月二十六日上午九时

地点:理工学院楼上

出席:王毓祥　鲁继曾　顾文藻　聂绍经　张隽青　陈铭恩　黄敬思　张伯箴　江仁寿　潘健卿　杜佐周　夏炎　陈景琪　韩钟琦　张耀翔　宋成志　王□基　丁勉哉　葛受元　苏希轼　何仪朝　吴浩然　邵家麟　张瑞钰　陶愚川　蔡文熙　孙尧年　林我朋

(后缺)

(《第二十二次校务会议记录》,《前大夏大学校务委员会记录》,第 83—86 页,华东师范大学档案馆藏,档号:81 - 1 - 52)

一月

十一日 学校成立应变委员会,今天举行第一次会议,明确委员会宗旨,修订《大夏大学应变委员简则》,推选各组负责人。

大夏大学应变委员会第一次会议记录

时间:三十八年一月十一日下午三时

地点:本校教员休息室

出席:欧元怀　鲁继曾　王毓祥　吴浩然　苏希轼　黄震　韩钟琦　张瑞钰　孙尧年　陈旭麓　陈湘波　张坤华　钱冠英　欧文柔　唐茂槐

主席:欧校长

记录:孙尧年

主席报告:本会设立宗旨□以最近时局演变战事频传中决定以不迁校为原则,但为应付事变,特设立本会,目的在有备无患。兹先聘定十一位委员,必要时再行扩充,以后本会开会时印有行政会报,各委员拟不再参加,希望各位本爱护学校之热忱,自动推展开作。

王副校长致词,略以本会之设立旨在发挥全体组织力量,在事变中策划保护学校全体及个人之安全目的,至为单纯。

鲁教务长致词,略以本校沪部□□□战时在沪艰苦支撑,当初以为极困难,但身临其境亦终平稳过渡,目前情形仍盼群策群力以同舟共济之精神以渡难关。

吴总务长致词,略以本校因不拟远迁,但为□时或须迁市区暂避,故本会简则恐需□设交通□。

讨论事项

一、修改本会简则案

议决:第二条末改为"并互推一人为召集人"。第六条改为"本会每星期二召开常会一次,必要时临时召集之"。第三条"墙报组"改为"联络组"。第四条改为"各组设组长一人,副组人一人至二人,均由委员兼任之。"

二、推定人选案

议决:推黄震委员为召集人。

警卫组:组长黄震,副组长欧文柔、张坤华。

联络组:组长王宝兰,副组长唐茂槐、钱冠英。

保管组:组长韩钟琦,副组长张瑞钰。

总务组:组长陈湘波,副组长陈旭麓、孙尧年。

三、决定下次开会时间案

议决:下星期二下午二时在教员休息室举行。

散会。

（《大夏大学应变委员会第一次会议记录》,《前大夏大学应变委员会记录薄及其他各种记录薄》,第2—7页,华东师范大学档案馆藏,档号:81-1-57）

大夏大学应变委员简则草案

一、本校为应付在时局演变中各项特殊事故，策划全体安全，协助校务进行，特设立本委员会。

二、本会设委员十一人，由本校聘任并互推一人为召集人。

三、本会设左列各组：

警卫组：掌理学校警备守卫及其他有关安全事项。

联络组：掌理学校对外特殊事件之联系交涉及内外情报事项。

保管组：掌理学校财产、图书、仪器、档案等在特殊事变中之保管事项。

总务组：掌理有关特殊事件之文书、会计、庶务及其他不属各组事项。

四、各组设组长一人，副组长一至二人，均由委员兼任之。

五、各组工作需用人员由各该组正副组长就原任职务范围内所属人员指挥办理之。

六、本会于每星期二召开常会一次，必要时临时召集之。

七、本会一应决议及临时处理重要事项均须报经校长、副校长核定后施行。

八、本简则经校务行政会报通过施行修改及废止时间。

（《大夏大学应变委员简则草案》，《前大夏大学应变委员会记录簿及其他各种记录簿》，第17—18页，华东师范大学档案馆藏，档号：81-1-57）

十八日　举行应变委员会第二次会议，议决统计留校人数，储存食品，接洽市区临时寄住房屋，进行警备等各项事宜。

大夏大学应变委员会第二次会议记录

时间：三十八年一月十八日午后三时

地点：教授休息室

出席：孙尧年　唐茂槐　韩钟琦　张坤华　欧文柔　钱冠英　黄震　陈湘波　张瑞钰　陈旭麓
王宝兰

主席：黄震

记录：陈旭麓

报告事项（略）

讨论事项

一、议留校教职员学生及工友人数应如何统计案

议决：请陈湘波、张坤华两先生统计之。

二、议粮食、油盐、黄豆等必需品应如何储存案

议决：每人每月白米三斗，油一斤半，盐一斤，柴五十斤，黄豆三升，按照留校人数储存三个月，分存市区及校内两处。

三、议应如何接洽市区房屋以备混乱时寄住案

议决：建议学校在市区接洽房屋。

四、议应如何联络附近民团自卫队及工厂

议决：由召集人及联络组负责进行之。

五、议警卫及交通事项应如何准备案

议决：应备警锣四面，警笛四打，木棍二百根，扁担二百根，麻绳四百条、自由车四辆，□□踏车二辆及铁丝等项，请学校事先购置之。

六、议应如何优待留校工友案

议决：建议学校改善待遇。

七、议应如何规定本会常会案

议决：每星期二午后二时在教授休息室开会，不另发通知。

（《大夏大学应变委员会第二次会议记录》，《前大夏大学应变委员会记录簿及其他各种记录簿》，第8—11页，华东师范大学档案馆藏，档号：81-1-57）

二十二日 连日来,学校当局多方为去年被捕学生奔走营救。

本报讯:在押十九学生自"废食待命"向社会呼吁后,已引起各界之注意。上海法学院院长褚凤仪及复旦大学校长章益,昨日上、下午曾先后赴蓬莱路警察局拘留所探视,在押各生颇为感激,希望各校长能积极代为进行交涉,俾使各生早获自由,返家团聚。

复旦、同济、大夏等十二校校长为在押学生事,定今晨十时会同往访吴市长,如不得具体答复,各校长二十四日集会将再据理向警备司令部及特刑庭交涉,并以校长地位代向社会呼吁。

(《十九学生在押待命 十二校长进行交涉定今晨往访吴市长》,《申报》1949年1月22日,第4版)

本报讯:本市复旦、同济、上法、大夏等十二校校长章益、夏坚白、褚凤仪、欧元怀等,于昨晨联袂赴市府访晤吴市长,对在押蓬莱路警局拘留所已五个月现正绝食呼吁之十九学生,当局既未起诉,亦不释放,希望依法处置,早日结案。吴市长允将此意转达羁押机关,尽速处理。

在押之十九学生前呈文特刑庭要求予以不起诉处分,迅即释放,特刑庭顷以第二九三号批示称:"两呈均悉,查本案业于上年十二月廿四日移送淞沪警备司令部受理在案,仰径向该部诉请核办,此批。"

被押学生陈明德等十九人,在拘留所绝食已三天,昨日接见家属时,经家长劝导,已于下午起恢复进食。惟谓,如在二十五日前仍未获得自由,将考虑再度绝食。

(《在押十九学生要求释放特刑庭谕向警备部呈请》,《申报》1949年1月23日,第4版)

本报讯:上海市专科以上学校联合会,昨日下午三时假清华同学会开会,出席交大王之卓、复旦章益、大夏欧元怀、上商朱国璋、震旦胡文耀、沪江凌宪扬、圣约翰赵修鸿、东吴盛振为、上法褚凤仪、光夏商专王裕凯等四十余人,主席章益。会中讨论之重要议案有三:(一)去秋被捕之各校学生尚有十八人在押,至今五月,即未起诉,亦不释放。最近各校师生又有非法被捕情形,拘捕者并无特刑庭之拘票,实属妨害人身自由及有损学府尊严,为主持公道与维持国家法律尊严起见,除已分函市政府、警备部及特刑庭交涉外,并决定由交通、复旦、圣约翰、大夏、光华、新中国法商、上海、音专、震旦、上商、同济、大同、中华工商等十三校校长,于今晨会同往访警备部陈大庆司令,要求对过去不依法律手续逮捕之各校师生及在押之十八学生即予释放,以后并不得有任意非法逮捕师生,但未获通过。(二)寒假期间光华、上法、市立工专、师专、体专及新中国法商学院等校均发生驻军情形,影响下学期开学,决定由各校长于今晨往访警备部陈大庆司令时提出交涉,促请撤离。(三)清华大学来沪学生至今有卅余人已组织南下同学会,因下学期返校复学希望渺茫,要求沪江各大专校予以借读便利,会中讨论后决定由大专学校联合会分函通知各会员学校,对平津南下学生就各校情形尽量予以借读便利。

(《本市被捕各校师生 大专校联要求释放 推定十三校校长今访警备司令 交大两教授昨日获保释》,《申报》1949年1月25日,第4版)

二月

二日 上海市交通、同济、复旦、震旦、圣约翰、大夏、光华七大学获联合国教育科学文化组织远东科学合作馆赠送四百万金圆的仪器装修费,其中大夏大学获赠八十八万元。

联合国教育科学文化组织远东科学合作馆,顷经呈请核准将该馆一年前由联总获得用以购买科学仪器及工业设备之四百万金圆,分赠予本市交通、同济、复旦、震旦、圣约翰、大夏、光华等七大学,以协助该七大学购置充实学校科学仪器设备之用。昨日上午十一时,远东科学合作馆主任施茂德,特于本市黄浦路联合国大厦四一三室主持授赠典礼,七校校长王之卓、章益等均莅临参加。首由施氏说明此项联合国赠予此项金圆之用意,继即分赠,计交通十四万五千元,同济八十八万元,光华八十七万五千元,大夏八十八万元,复旦十七万五千元,圣约翰十七万五千元。末由交通大学校长王之卓致谢词。全体留影纪念,仪式简单隆重,迄十二时十分散会。(下略)

(《联合国充实我学校设备 七大学获得四百万金圆》,《申报》1949年2月3日,第4版)

联合国教育科学文化组织东方科学合作馆上年赠送本大学理工仪器数批,本年二月又赠送上项仪器装修费金圆券八万八千元。

(《本校获赠仪器装修费》,《大夏周报》,第 25 卷第 5 期,1949 年 3 月 26 日)

八日　上海市未开学的各私立大学共同商定学杂费以食米三石五斗至四石五斗为标准。

本报讯:私立大专校长昨日下午三时在清华同学会举行座谈会,出席圣约翰赵修鸣、沪江凌宪扬、光华廖世承、大夏王毓祥、东吴盛振为、光夏商专王裕凯等二十余人。除已开学之圣约翰、沪江、大同、东吴四校外,其他即将开学各校之学杂费标准,决定以食米三石五斗至四石五斗为原则。本周内开学之学校依报载米价折算,下周内开学各校之折算办法,则定下周一再开临时会议商定。学杂费以一次收取为原则,由各校斟酌情形自定。

(《未开学各私立大专　商定学杂费以米计　自三石半至四石半一次收取为原则》,《申报》,1949 年 2 月 8 日,第 4 版)

二十日　举行第二十三次校务会议,议决设置学生生活指导委员会,原有训导处撤销,同时调整教职员待遇,以学杂费的百分之七十五作为教职员薪津,并组织薪津保管委员会。

第二十三次校务会议记录

时间:三十八年二月二十日

地点:理工学院楼上

出席:鲁继曾　何仪朝　欧元怀　王毓祥　张隽青　邵家麟　蔡文熙　黄敬思　苏希轼　张伯箴　陶恩川　韩钟琦　陈景琪　夏炎　顾文藻　孙尧年　潘健卿　宋成志　吴浩然　江仁寿　张耀翔　丁勉哉　程俊英　张瑞钰　葛受元　杜佐周　聂绍经　关可贵　林我朋　王兴　陈铭恩　王锦升(丁勉哉代)

主席:欧元怀

记录:黄彦起　陈旭麓

一、报告事项

(一)欧校长报告

1. 为适应环境,拟将训导处改组为学生生活指导委员会。

2. 减收学杂费情形。

(二)王副校长报告

寒假期中住校学生约有五百余人,确属家境清寒无家可归,为体念青年困难情形,特准住校学生欠缴两石。

(三)吴总务长报告

1. 收费情形。

2. 贷金情形。

3. 支出情形。

4. 欠费情形。

5. 支薪情形。

(四)鲁教务长报告

1. 本学期注册学生截止昨日已有 1535 人。

2. 领交费单学生 1885 人。

3. 新生报名 817 人,参加考试者 779 人。

4. 免费学生统计。

二、讨论事项

(一)议本学期教职员工待遇如何调整案

议决：学杂费百分之七十五为教职员工薪津。

（二）议如何组织薪津保管委员会案

议决：推鲁教务长、吴总务长、杜院长、邵院长、何院长、黄院长组织薪津保管委员会，由鲁教务长召集。

（三）议组织学生生活指导委员会案

议决：照所拟规程草案修正通过。

（《第二十三次校务会议记录》，《前大夏大学校务委员会记录》，第87—94页，华东师范大学档案馆藏，档号：81-1-52）

本大学二月二十日举行之二十三次校务会议决议设置学生生活指导委员会，办理有关学生生活行动的指导事项，原有的训导处同时撤销，并通过委员会组织规程如下：

大夏大学学生生活指导委员会组织规程

第一条　本校设置学生生活指导委员会（以下简称本会）

其任务如左：

一、关于学生生活福利之计划改进事项。

二、关于学生膳食之协助办理及宿舍之管理事项。

三、关于学生课外活动之指导事项。

四、关于学生操行之判定事项。

五、有关奖学金之初步审核事项。

六、关于学生体育卫生事项。

七、其他有关学生生活行动之指导事项。

第二条　本会设委员五人至九人，均由本校就教职员中加聘担任之。

第三条　本会分设左列各组：

膳务组，斋务组，福利组，课外活动组，体育组，卫生组。

每组设定职员若干人均由本校任用，各组办事细则另定之。

第四条　本会每半个月开会一次，遇必要时得开临时会，开会时由各委员互推一人为主席，各组负责职员均列席。

第五条　本会规程经本校校务会议通过后施行。

（《设置学生生活指导委员会　训导处同时撤销》，《大夏周报》，第25卷第5期，1949年3月26日）

二十二日　大夏大学附设大夏中学，战前为上海市著名中学之一，"八·一三"上海事变后停办，另在贵阳、重庆等地设有大夏中学。复员后，大夏大学校舍半数毁于炮火，将中学部暂移为理工学院院址。一九四九年一月初，决定以榆林路九十四号为校址，恢复大夏中学，今天正式复校上课。

大夏中学复校上课，鲁教务长任董事长，宋成志任校长，闻将拟定办法优待校友子弟。

本校附设大夏中学，战前为本市著名中学之一，历史悠久，先后毕业生二千余人，"八·一三"沪变后停办，而在筑在渝均设大夏中学，名震后方。胜利复员，以本校校舍半毁炮火，乃将中学部校舍暂移为理工学院院址，故中学迄未恢复，致教育学院学生实习为艰。本年一月初旬，觅定本市虹口提篮桥榆林路九十四号为大夏中学校址，并由欧王二校长聘本报编辑主任兼副教授宋成志校友为筹备主任，函报教育局复校。一面改组董事会，聘请鲁教务长、吴总务长、邵院长、李敬永先生、吴衡山先生，及校友强锡麟、朱泰来、唐景嵩、罗世芳等为校董，业已举行校董会议，推请鲁教务长为董事长，宋成志为校长，已正式呈报教育局。中学校务自筹备以来，积极进行，教导、事务二主任，分请陆景宣，钱正□二校友担任，已于二月二十二日正式上课。校董会为求学生施以多年训练起见，高中仅招秋一、春一两班，初中招收一、二年级，现合共高初中五班，男女学生一百八十人，住校男生二十余人，教导认真，秩序良好，各项校务在推进之中。暑假时将再扩充，所幸中学部战前所有之图书仪器均保存完好，故今后发展定可预卜，而老校友罗四维、徐光宇等均乐推爱相助，深盼各地校友相继推助，闻中学部将拟定办法，优待校友子弟入学云。

（《时代艰难，创造不懈》，《大夏周报》，第 25 卷第 5 期，1949 年 3 月 26 日）

三月

七日 为加强各处室之间的联系，推进校务，今天举行第一次各处室校务联合座谈会。

各处室校务联合座谈会第一次集会记录

时间：三十八年三月七日下午五时

地点：理工学院楼上

出席者：王毓祥 鲁继曾 黄彦起 韩钟琦 顾文藻 苏希轼 陈湘波 张坤华 贾祥藻 王锦升 姜志纯 贺益滂 唐寒江 吴熊章 黄震 付杰华 吴济沧 陈旭簏 钱冠英 张怡慈 林超 唐茂槐

校长报告：1. 加强联系。2. 报告。3. 检查工作。4. 欢迎建议。

副校长：1. 加强团结增加行政效率。2. 各部门互相提供意见以资改进。3. 以科学管理处理工作。

鲁教务长：1. 本学期注册学生 2624 人，可能至 2800 人。2. 希望对教务处多提建议。

吴总务处：1. 经常开会彼此提供意见，可以减少隔膜……

苏希轼先生：训导处改组的必要。

（后略）

（《各处室校务联合座谈会第一次集会记录》，《前大夏大学校董会记录簿》，第 46—50 页，华东师范大学档案馆藏，档号：81-1-58）

十日 春节以来，物价上涨，教职员生活困难，校务会议决定，从该学期学杂费收入中提取百分之七十五作为教职工的薪金（一般私立学校为百分之七十）。二月中旬，曾按原薪金额的一百五十倍补发和预发了各三个月的薪金。之后，再按原薪金额的三百倍补发两个月薪金。今天又按原薪金额的三百倍，补发半个月薪金。

目前时局动荡，社会经济极度不安，本校教职员同仁平时从事讲学工作，同为教育服务，不辞劳瘁，自甘清苦，校方尊礼师儒，同学亲沐教化，无不深致钦仰！自农历年后，本市物价又起剧烈波动，同仁生活益多陷于万分艰困之境，而本校工友平日待遇素薄，尤难自瞻，自宜亟图改善。业经本校第二十三次校务会决，所有本学期学生杂费全部收入，特提出百分之七十五为分配教职员工薪津之用（本市各级私立学校惯例，教职员工薪资约占学杂费收入之百分之七十，教育部曾规定员工薪金不得超过总预算百分之七十），即根据上期各同仁薪额为分配标准，于二月十七日起随着学生陆续缴费而开始发薪。首先发一百五十倍之三个月，随即如上述倍数补发三个月，拟再发三百倍之两个月，其余一个月三百倍之款则提交本校教职员工薪金保管委员会负责督导运用及保管，作为教职员工之福利基金，俟学期结束发清。三月十日因尚有余款一千五百万元，除提出一千一百五十万元交保管委员会如上述运用外，余则依半月之三百倍计分发，教职员工□次领薪忙，生活略为改善。

（《教职工待遇改善》，《大夏周报》，第 25 卷第 5 期，1949 年 3 月 26 日）

十四日 举行第二次各处室校务联合座谈会。

第二次各处室校务联合座谈会于三月十四日（星期一）下午五时于上次同一地点举行，校长讲述国内教育概况：本校一向是在艰苦中奋斗成长，是故环境愈为困难，我们更要警惕，即为本会召开之意义，并阐明居安思危之道理，又举例说明联合就是力量之事实，深望同仁团结努力，为发扬立校精神而服务。副校长则讲述增加行政效率，必须加以科学管理工作。继有总务长、孙秘书尧年、韩馆长钟琦、黄主任震、罗医师玉森、陈主任湘波、吴熊章先生及顾主任文藻等依次发言，对校务之改进，咸有增益云。

（《为推进校务 举行联合座谈会》，《大夏周报》，第 25 卷第 5 期，1949 年 3 月 26 日）

十九日 欧元怀、王毓祥两校长宴请新聘教职员、教务会议成员和中学部教师。欧校长报告学校困难和艰苦奋斗的精神，鲁继曾教务长报告本学期注册人数等校务。

这是第二十五周年春季的开学餐叙，于三月十九日（星期六）下午六时假九江路四十五号花旗银行二楼举行，在校的大部分教职员于下午五时四十五分乘本校所备的专车——校车自校门开往，记者也乘这部车子从沙沙作响的春雨中经过，车到后，我们依"指路标"步上二楼，欧王二校长已首先赶到，正在迎接"宾客"了。二位校长笑容可掬的和来"宾"一一握手，吴总务长也在欢笑招呼。惟鲁教务长到得稍迟，来时却一一相握，仪态异常诚挚。

……欧校长说"我们今天请王副校长为 Toast master"。

副校长于热烈的掌声中起立，欢颜微笑的首致谦□之词，随即说："在此一次聚餐，大家欢聚一堂，可以温故知新。酒席虽薄，但大夏一家，同仁都能谅解现实的艰难。若在'和谈'成功以后，币值稳定，相信我们必再有更丰盛的聚餐，现在我们请一位三个小口还欠一个大口，顶会讲话的欧校长讲话"。全场激起一阵热烈的笑声与鼓掌声合成一片。

欧校长兴奋的起立说："我与王副校长代表学校，邀宴本学期新聘的教职员先生，及校务会议诸同人，与中学部诸位先生。过去每次聚餐，总是在大东酒楼，今天因物质上的享受条件每况愈下，致尚有三分之二的旧教职员先生未及邀请，在现实的情况下，不能不从经济方面着想，所以此次聚餐，仅仅邀请了上述各单位的诸先生。现在我们没有用酒，仅以白开水代酒，以其干净，可以象征清高，却是很有意义的。

"今天面临空前的困难，这困难是普遍的全国性的，但大夏虽为私立，除各方都忙之外，尤以'自强不息'的精神在艰苦中奋斗成长，二十五年来不知经历了多少困难，教育部对于我们已有二十五年历史的学校，应该多少补助才对，但我们所得的补助不惟很少，反分派公费生来，学校在困难中还要替政府派来的公费生垫款补助。青年军派来学校，在明文上有补助的规定，但实际上则是一笔欠费，例如上学期初改金圆券时的学杂宿各费，至今年才汇来，真令人啼笑皆非！因为在去年九月是二十圆一担米，而现在则要几万元一担米，这种损失，更使我们苦上加苦，难上加难！复员后只开了一次校董会，设了很好的酒席，各校董都到，但都是一种'空头'的帮助！譬如当我们讨论到捐款重建伟大的女生宿舍时，一位校董慨然的说：'叫每位女生的家长各出五百万法币即可。'尤有甚者，即是我们的董事长以公忙无暇眼干募捐的事，把我们的捐册原封寄还了。过去的校友会虽有，却等于无，没有发挥它的力量。值此时期，我只提出我们的校训'自强不息'来作口号，望整个的加强校友的组织，密切的联系，发挥我们六千校友的力量，为使母校发扬光大而尽一份可能的努力。曾经兴建的新图书馆，中途停顿下来，原因是六十条金条在币制改革时通通换了金圆券，其损失无可胜计，包建工程的签约人亦无法解决，听我们怎样处置。希望另有筹款办法，很快的于最近的将来能复工，希望大家一致努力，自强不息，苦撑待变！

"现在已经恢复了的榆林路大夏附中，与别的未受过损失的学校比较，设备可说较差，但是回想二十五年前大夏创办时上无片瓦遮荫，下无立锥之地的时代相比，还没有现在附中的环境好呢！然而，我们总算是在困苦的情形下力谋附中的恢复，此种为兴办教育的牺牲精神，也就是代表我们自强不息的作风。而附中之得以恢复，我们应感谢李近如教授的帮助和空军司令部的□与地方，一部分买，一部分送，并且得了一些电讯器材。现在我们力图发展，以后的前途茫茫，却望同人共同的努力！有些同事问，如果大局有转变，将如何呢？个人以为大夏是为教育而教育，为青年而教育的，无派系分之，二十五年如一日，学校□要用一个职员，都是开会共同决定，非常民主。在生活如此困难之下改善了教职员工的生活，以收入的大部分学杂费，即四分之三的收入请教职员同仁自己活用保管。本校对于一切□兴改革的事宜，乃一贯的民主作风，大夏大学非少数人的大学，而是全体教职员及学生共同的教育事业，一切都在自由的发展，本校无讲学不自由的教授请他走的，我们收到关于某先生或某教授的思想行为的'公事'，我们照例是相应不理的，而一本讲学自由的精神做，如此方□受侵害，要奋斗到底，如此的民主，是必然生存发展的。我们不主张斗争，而主张合作，故特提出我们的□策，就是'自强不息'，'苦撑应变'，'民主自由'，'师生合作'四个口号。今日欢迎新同事加入我们这个大家庭，学校有许多不周到之处，因平日很忙碌，不暇提及，今可趁此共同会谈，谢谢诸位光临！"

Toast master："有一位看起来比我年老的先生，因为他的头发白了，但实际上他比我年青［轻］，这就是鲁教务长,现在我们请他讲话。"从热烈的鼓掌声中,鲁教务长起立了。

鲁教务长提出四点报告:

1. 本学期是二十五年第二学期①,注册已经截止,注册人数共三千零六十九人,文学院占二百四十一人,理学院占四百九十九人,法学院占一千一百二十八人,商学院占七百五十八人,教育学院占三百六十五人,补习班占七十八人。以经济系所占的人数最多,次为工商管理系,三为法律系,四为土木系,五为教育系,六为政治系,七为会计系,八为银行系,九为化学系,十为外国语文学系,十一为社会教育系,十二为历史社会系,十三为中文系,十四为教育心理学系,十五为数理学系。

2. 对于新生主张严格训练。关于上课点名,超过八十人的教室,由教务处派员点名。关于补课,希望教授先生非不得已不必请假,请假后则必须定时补课。关于考试,一贯是最严格的,有平日考试,期中考试和期终大考等。现已距离期中考试不远,本学期共十八周。

3. 关于薪金保管委员会方面,本学期已发薪金四次,为五个半月的三百倍,乃从学杂费的百分之七十五支出,尚余二十九百五十万元,已□奖金四千二百六十元,存放在银行保险箱中。如此,可发十个月三百倍了,每月平均有五百倍,以后再由保管委员会通知。

4. 要求各先生与教务处合作。

Toast master 随着鲁教务长言毕坐下而起立……Toast master 说:"我们的一位老朋友程时煃先生,也是我们的老同事,这程字中有个和,王上有口,可见他很会讲话,也可象征这次政府和谈之和(众笑),现在我们请他讲话。"

程时煃教授大意谓,我们在各大学教课,最有感情的有两个学校,第一个是师范学校,第二个是大夏大学。我在师范大学的时间最长,有八九年之久,而在大夏的时间最短,却不到一年。然而我为什么所登时间最短却与所登时间最长的师大的感情,使我同等不忘呢? 我惟一的是受大夏精神的影响。我自留学返国,从事教育工作三四十年,看见许多学校机关生长衰落,而这机关,只见一天天在茁壮成长,惟有大夏,此种发展的能力和奋斗不息的精神,我是非常欣赏的。所以过去虽然登在大夏的时间最短,但给我脑海中留下的印象却最深刻,是故隔了二十二年,我又愿重□大夏担任两点钟课。回忆大夏第一任校长马君武先生即为我生平最佩服之老友……校友会的组织健全,乃真正的表示师生合作的精神,我盼望大夏应有人终身办此事,其次是将校董会健全起来,则大夏的前途,诚无限的灿烂和光荣!

Toast master:"现在我们请黄敬思先生讲话,黄字有共田,也是有利和谈的。"(众笑)

黄院长满面堆着笑容,补充开场欧校长的办学政策为自强不息,应变进步,民主自由,团结就是力量。黄院长话毕,Toast master 依次请孙亢曾、韩闻疴、谢微孚及程懋筠诸先生说话……

(《聚餐一堂中 畅谈乐融融 欧王两校长邀宴新教职员——副校长任 Toast Master》,《大夏周报》,第 25 卷第 6 期,1949 年 4 月 20 日)

二十一日 校务会议曾议决各处室校务联合座谈会每月集会一次,各处室小组会议每月分别召开一次,自今天起执行。

各处室校务联合座谈会一连两次(每周一次)之后,感于各处室有分别举行小组座谈会之必要,以便各部分随时检讨工作而利校务之改进。旋经校务行政会议决定,联合座谈会改为每月集会一次,即于每月第一个星期一举行。至每月其余周数,由各处室主管分别召开小组会议一次(时间由各主管自行决定),自三月二十一日(星期一)起进行。

(《小组座谈会——每周各处室分别举行一次》,《大夏周报》,第 25 卷第 6 期,1949 年 4 月 20 日)

三十日 本届毕业同学会成立。

本学期应届毕业同学,经教务处第一次审查合格者,计一百五十七人,渠等已于三月三十日正式组成大夏大学第二十四届毕业同学会,推定董应谷为常务干事,陈启源,程雍如为副常务干事,并分五股工作,李斌□、龙呈瑞负责文书,马雪生、郑汝极、朱吉华负责联络,周平涛为会计,杨其章、徐振亚为庶务,

---

① 原文如此。

张学孔、陈德孝、吕徽寅、吴克斌为编辑。现已展开工作,学士照已与万象照像馆接洽妥当,凡本校应届毕业同学前往拍照者,一律七折优待,同学录已设计完毕,正征求同学之意见,其他欲与母校请求事项,亦着手进行中。

(《第二十四届毕业同学会成立》,《大夏周报》,第25卷第6期,1949年4月20日)

本月　各学院开课课程统计。

本大学各学院开班课程素极广博,本学期共开三百二十九学程,计文学院所开选课程共一百零四门,理学院所开选课程共七十七门,法学院所开选课程共六十五门,商学院所开选课程共四十一门,教育学院所开选课程共四十二门。

(《各学院开课统计》,《大夏周报》,第25卷第5期,1949年3月26日)

由学生自行组织的膳食团照常办理,给同学生活上的帮助很大。

本校学生伙食团仍继上学期照常办理,由学生自行组织,一切由学生自理,每餐分两次开饭,第一次开一百二十桌,第二次开五十桌。本届(三月一日至十五日)每人缴膳费一千五百元,要比店家便宜二十分之十九,值此物价波动不定之时,该伙食团给同学之助确实很大。

(《学生膳食团照常办理》,《大夏周报》,第25卷第5期,1949年3月26日)

四月

三日　陆中逵等十余校友返校参观学校建设,拟成立上海市校友文教联谊会。

四月三日上午十时有校友陆中逵、林荣、马雪瑞、钟贵畋、高有瑛、杨逸兰、陆景宜、宋成志、刘逸青、姚貂华、施益珊等十余人携眷返校,观光母校的各项建设,由图书馆韩馆长钟琦及课务主任欧文柔先生招待。首到群贤堂一、二楼观看各个课室及上课的情形,整齐而严肃,教务处成绩室,总务处及学生生活指导委员会等处办公紧张的情形,特别是三楼阅览室,各院研究室参考室中,同学坐得满满的,埋头伏案的阅读和参考,在走廊塞满了关心国事的阅报者,使他们更感觉得异常兴奋。从群贤堂出来,经过广阔的校园,欣赏这春意浓郁,鸟语花香的自然美景,校河曲折地环绕周边,两岸绿柳垂荫,似乎在说明了大都市中的乡村生活美景,一批批的,和星罗棋散的散布在这校园的怀抱中,各人捧着不同的书本,在幽逸的诵读,和坐在柳岸垂钓的恬静的阅读者,在在点缀了这大好的美景良辰,母校确是一块最好读书的圣地。

远看群贤堂,庄严的耸立着,周边有适宜的绿树和鲜花,陪衬着它,更显得这座最高学府的可爱!

跨过赤水河的贵阳桥,是联通女生丽娃宿舍的唯一孔道,许多男同学特别对这渡桥发生无限好感。

赤水河南段的赤水桥接通了理学院,若从校门一直过来,对于赶上时间□来理学院上课的同学,走这座桥最方便。

花溪小桥,架于南荷花池通入赤水河的咽喉处,三角洲上的槐树林,正是这条小桥的良伴。尤其是这□赤水河与花溪河汇合成为丁字形和S形的杨柳岸上的草原中,每逢晓风残月的时候,双双倩影缓步林间,更在青年男女心间,添上了无限的憧憬!

女生宿舍群英斋前面顿着一座荷花桥,每当荷花盛开的季节,在这桥上凭栏赏荷的情侣,炫耀着荷花池上的荷花桥,是令"淑女""君子"怀想不忘的!

夏雨洲前夏雨桥,是划绝嚣声繁华的仙境,面临丽娃果妲河的清幽,身倚夏雨洲的绿林,成为夏季炎热避暑的绝境。

丽娃果妲河上的丽娃果妲桥,是钢筋水泥五拱大桥,配合丽娃果妲河水的浩荡,同学们在暑天的游船竞技,游泳日浴都是这段地方的。

图书馆前面的道路,两旁整齐的柳林,从这条柳林中远望图书馆,非常令人神往,藏书十余万册,是供参考和精研。

理学院的外形,无论近看远视,都容易使人心灵上产生一种必然的印象:这是科学的原动力,这是物质文明,人类幸福的根据地。尤其内藏实验仪器的丰富,不可胜数。最近又新添了一大批,包括雷达在内,更为宝贵。

庞大的思群堂(大礼堂),可容二千余人的座位,门前是一片浴着阳光的草原,可供席地而坐。右旁是几株参差的古树,点缀这新建还有没多年的思群堂,也显得有浓郁苍老的景况。

群策斋学生宿舍,可住一千二百余人,为本校最伟大的一间男生宿舍,舍前是一块大足球场,为健儿□的所在。

新力斋男生宿舍,这年前新建的,共四排,可住四百人,位于旧时群力斋的北面。

医务室、学生领信室及大夏书店,均在群贤堂的北面。门前树木荫翳,颇觉宜人。

图书馆新址,去年建筑新图书馆,在思群堂的南面,因金圆券贬值而中途停顿,正在设法筹款将继续建造。

女生丽娃宿舍,在丽娃粟妲河畔,大树荫森,河水清流,每当斜阳映照辉煌之时,女生于楼前栏远眺,倍增无限的怀感!

秀丽的体育馆在丽娃舍北的广大运动场中,篮足排网等球场具齐,以篮球场最多。跑道最长。田径设备均齐。

壮丽的教职员宿舍耸立于赤水河之南段东岸,四五株高大的老柳树立于北端,为第一二三排宿舍的屏障。几株矮桃树正开放殷红的桃花,更显得环境的幽雅。

丽园教职员宿舍,随着丽一、丽二男生宿舍在极南的区域,虽则距离课室与办公室最远,但最别具清逸的优点。

观光了如此广阔的校舍,及各种理工仪器图书设备之后,即用中饭。

午后二时假校长会客厅举行座谈会,由欧文柔先生报告校内兴革近况,相互交换意见,感情至为融洽,经提议联络"上海市校友从事教育界文化界工作人员联谊会",其目的有三:(一)联络感情,(二)研究学术,(三)互助合作。当时公推林荣、马雪瑞、钟贵敝等校友起草会章。定四月十日下午三时在重华新村校友俱乐部召开发起人会议,共讨论修改会章草案,然后再定期召开全体大会。教育学院院务会议曾有决定:前师专科及体专科、教育学院、前文生院教育系等之毕业同学的联系,自宜加强。现在筹设"上海市校友从事教育文化界工作人员联谊会",则通通可容纳于此组织之内,而达联系之目的了。

(《在春浓盛景中 陆中遽等十余校友携眷返校,观光建设 拟成立沪市校友文教联谊会》,《大夏周报》,第 25 卷第 6 期,1949 年 4 月 20 日)

七日 举行各处室第三次联合校务座谈会。会上,欧元怀校长对学生自治会的成立表示赞许,王毓祥副校长报告分发央行贷款情况,吴浩然总务长报告建筑新膳堂及该学期收支概况。

经过了两次小组座谈会议之后的各处室校务联合座谈会,于四月七日下午五时假理工学院楼上举行,到会者有欧校长、王副校长、鲁教务长、吴总务长,暨苏希轼、王锦升、贺益滂、吴济沧、陈旭麓、韩钟琦、黄震、张坤华、黄彦起、顾文藻、孙尧年、姜志纯、林超、杨淑晋、张怡慈、陈湘波、唐茂槐、唐寒江诸先生。首由校长报告召集学生应变自治会干事说话情形,欧校长对学生能够自治,十分赞许,并谓大学目的:1. 研究学问,2. 培养做事。最后报告在南京欢送和谈代表的情形及此次亲观南京"四·一"事件的真相。继由副校长报告分发此次央行贷款情形,末由吴总务长报告建筑新膳堂及本学期收支概况。至七时半便餐散会。

(《第三次联合座谈会》,《大夏周报》,第 25 卷第 6 期,1949 年 4 月 20 日)

八日 学生发起组织学生应变自治会,今天召开成立大会。

本校同学为适应当前局之需要,发起组织学生应变自治会,已于日前普选结束,查汝勤、张鸿宾二同学当选正副主席,并于四月八日下午八时召开成立大会,校长、教授、工友全体参加,本市各大学均派代表适时出席。全体同学先后依次列队鱼贯入座,秩序井然,会场布置简朴,但意义重大,乐声悠扬,播送名曲,配合着热烈而庄严的空气,是为本学期空前之盛举。

大会隆重举行,首恭请欧校长训示"应变自治会"涵义深切,若在非常时期能"应变",平时则能"自

"治",可谓完人。并以（一）重学业，（二）守校规，（三）重理智之原则勉励。王副校长被请登台面露微笑，情绪兴奋，以慈母的态度出现在同学的眼前，对应变自治会应时而设颇多赞扬。各校来宾分别致词，并奉献锦旗，随即展开余兴节目，有歌舞、话剧、合唱、朗诵等，精彩异常，至午夜大会圆满闭幕。

（《学生应变自治会成立 欧王两校长暨诸教授莅会指导》，《大夏周报》，第 25 卷第 6 期，1949 年 4 月 20 日）

十日 举行第二十四次校务会议，决议组织教授会、讲师助教会、职员会、工友会，并开始筹备二十五周年校庆纪念活动。

第二十四次校务会议记录

时间：三十八年四月十日上午九时

地点：理工学院楼上

出席：欧元怀 王毓祥 杜佐周 张隽青 吴浩然 鲁继曾 苏希轼 顾文藻 蔡文熙 张瑞钰 韩钟琦 潘健卿 陈铭恩 陶愚川 夏炎 江仁寿 曾作忠 黄敬思（曾代） 聂绍经 陈景琪 邵家麟 孙尧年 宋成志 王锦升 张伯箴 王兴 关可贵 张耀翔 丁勉哉 葛受元 林我朋

主席：欧元怀

记录：黄彦起 陈旭麓

甲、报告事项

一、欧校长报告

1. 本月九日下午六时汤总司令邀约本市公私立专科以上学校校长谈话，本人代表本校报告经济困难情形，并请军政专局爱护青年，勿任意逮捕学生，汤总司令表示如学校无越轨行动，当尽量保护，解决困难。

2. 教育部接洽补助费情形。

二、王副校长报告

本校此次向中央银行贷款二亿元，依照私立专科以上学校各校长决议，以百分之二十为还本付息基金，百分之四十为教职员工生活补助费，百分之四十为学校行政设备补助，本校拨出八千万元为教职员工生活补助，于七日分送各位。

三、鲁教务长报告

1. 教员缺课情形。

……

四、吴总务长报告

1. 学生欠缴学费近已陆续收回约一千万元。

……

五、苏委员报告

学生因时间关系，自行组织学生应变自治委员会，经过情形良佳，其目的在求学校安定与为同学谋福利。

六、杜院长报告

薪津保管委员会陆续购买金□5270 元，并向中国银行租一保险箱存放，定五月五日先存一次，余待大考后成绩单送交教务再存清。

乙、讨论事项

一、议分别组织本校教授会、讲师助教会、职员会及工友会案

议决：

1. 教授会由学校分别编制各院专任教授名单，分送各该院教授，请就各该院教授中选举各一人，共五人负责筹备。

2. 讲师助教会及工友会均已成立，勿庸再选。

3. 职员会由吴总务长与各处会室接洽指定人组织负责共同筹备。

二、议扩大组织全校性应变机构案

议决：待第一案教授会及职员会组织后再议

三、议本校二十五周年校庆如何筹备纪念案

议决：推鲁教务长、吴总务长、苏委员、杜院长、黄院长、张院长、何院长、在校服务毕业同学二人及学生应变自治委员一人组织筹备会，由苏委员召集。

四、议募集图书办法案

议决：由图书委员会办理，募集日期定于四月二十日起至五月二十日止。

五、议修正员生借书简则案

……

六、议应届毕业生请求事项案

……

（《第二十四次校务会议记录》，《前大夏大学校务委员会记录》，第95—105页，华东师范大学档案馆藏，档号：81-1-52)

十六日　举行在校服务毕业同学茶话会，欧元怀校长列席。会议议决恢复组织在校服务毕业同学会，并推选代表参加校庆筹备。

在校服务毕业同学茶话会

时间：三十八年四月十六日下午四时

地点：本校理学院生物实验室

列席：欧元怀

出席者：姜志纯　钱冠英　……

主席：苏希轼

记录：汤沛吾

一、主席报告

三十八年六月一日为我校二十五周年纪念校庆，兹敬请校长训词。

欧校长训词（略）

二、讨论事项

1. 关于母校六一校庆推选校友代表二人参与筹备案

议决：推选孙尧年、韩钟琦参加筹备。

2. 恢复组织在校服务毕业同学会案

议决：通过。

（后略）

（《在校服务毕业同学茶话会》，《前大夏大学校董会记录簿》，第69—79页，华东师范大学档案馆藏，档号：81-1-58)

十八日　淞沪警备司令陈大庆日前发表谈话，对最近上海市一部分专科以上学校学生的应变组织加以指责，交通、同济、复旦、光华及大夏五大学校长，为此特联袂往访，对各校的应变组织有所解释。

本报讯：淞沪警备司令陈大庆日前发表谈话，对最近本市一部分专科以上学校学生之应变组织加以指责，表示特请各该学校方面制止解散。交通、同济、复旦、光华及大夏五大学校长，为此特于昨日下午联袂往访陈司令，对各该校之应变组织有所解释。陈司令表示学生活动应有限度，如认为目前安全保障不够，可由治安当局负责。

（《警备司令指责应变组织　五大学校长赴警部解释》，《申报》1949年4月19日，第4版)

二十日　学校校董和在贵阳的校友为纪念王伯群，将学校附设贵阳大夏中学改名为伯群中学，由校友罗亮畴任校长。

王故校长伯群，举办本校，卓著勤劳，于三十三年冬，日寇侵扰黔南，大夏被迫迁校黔西之赤水，王故校长部署校事，积劳成疾，不治逝世。抗战胜利后，本校校董及在筑校友为纪念王故校长，特将原设之大夏附中改名伯群中学，现校友罗亮畴主持该校，一切校务积极推进，兹特探录数□：

（一）校长与校董会□责划分，校长仅管学校行政，校董会负责管理校产，筹划经费，学费收入，悉数开会统筹统支。

（二）重质不重量，成绩过劣者予以降级及留级处分，或转入他校。现有学生八班，计百九十人。

（三）教师素质，远较他校为优。

（四）本学期教职员薪俸改发食米，专任教员平均月领筑斗食米二石，生活尚为安定。

（五）改造前南明小学（前十四中附小）全部校舍为教职员宿舍，现已完成并已迁入，单身一间，有眷属者两间。

（六）划学校附近空地借予教师自用，除有眷属者可照二人计算借予外，余均不分等级。

（七）造林：本学期已植树万余株，现尚继续种植。

（八）提高学生程度，本学期应毕业高中学生三十人，希望大部能者入大学。

此外，如设备之充实，亦在计划之中，对校务之一切计划与处理，一本母校实事求是之精神而益图改进。

（《为纪念王故校长　筑附中改伯群中学　罗亮畴校友任校长》，《大夏周报》，第 25 卷第 6 期，1949年 4 月 20 日）

二十六日　上海警备司令部出动军警特务，包围各大学，搜捕各校共产党人，共逮捕学生三百五十二人，大夏大学有二十五名学生被捕。各大学校长积极进行营救。校务中断。

四月二十五日　午夜一时半，伪警备部军警数百人闯入本校各宿舍搜查，如临大敌，并捕去学生查汝勤等二十二人，另学生张文学在交通大学被捕，张义普、汪迓科在复旦大学被捕，当夜共被捕二十五人。

二十六日　伪军警于早晨六时半带上列被捕学生离校，欧王二校长交涉无效，全校极形纷乱恐怖，欧王二校长及学生代表三人终日奔走营救被捕同学，并送食品至达人中学即各大学被捕学生拘留处。

（《大夏大学疏散复员大事记　血泪的追忆　英勇的应付》，《前大夏大学毕业学生给欧元怀的文件等》，第 28 页，华东师范大学档案馆藏，档号：81－3－465）

中央社讯：顷据警备部发言人谓：（一）警备司令部对各学校共党嫌疑分子，平时从事于鼓励或领导非法组织，唱反动歌，跳秧歌舞，贴反动标语墙报呼反动口号等，有事实可证者，已于廿六日晨开列名册，送由各学校交出，集中管理，并在各学校出示布告。（二）各学校尚未照名册数目交齐者，或已离校者，继续办理。（三）凡未列入名册之员生，只要不受共党之愚弄，所谓作工作表现，而安心读者，治安当局决予安全保障。

又据淞沪警备司令部昨公布：集中管理学生名单，计有三百五十二人（名单附后），该部负责人声称，未在所列名单内之其他学生，深望勿再受人愚弄，安心学业，治安当局决保障其安全。

学生名单

……（大夏大学）周荣生　祝一龙　王金生　潘景程　吴定江　查汝勤

（同济大学）胡迪如　黄继　李震　孙先寿　何承坚　周柏生　陈东岳　刘大成

孙正廉　梅坤元　李震保　殷平成　曹锡祺……

（《各校共党嫌疑分子　由警备部集中管理　公布名单共三百五十二人》，《申报》1949 年 4 月 27 日，第 3 版）

李其桢案（大夏大学学生）

为报告事，窃以胞弟李其桢肄业大夏大学教育学院一年级，平日思想正确，向无越轨行为，前日钧部派员驰赴大夏大学逮捕共党嫌疑分子之际，鸣笛集合学生以备检查，当时学生李其桢忽闻笛声，仓卒前往集合，致证明身份之学生证等件未及携带，因而误为被捕。查李其桢曾服务崇明地方法院检察处有年，上年投考大夏大学，不仅未参加非法党派，亦未与非法团体之嫌疑分子有所往还，恳予查明开释。又具呈人现任江苏崇明地方法院首席检察官之职，敢负完全保证责任，以印信在崇，未及加盖，并此陈明。

謹呈

上海警备司令部政工处、稽查处

具呈人　李其寿

四月二十九日

希麟科长勛鉴

午前拜谒承惠予赐教，会任铭感，关于舍弟李其桢误为被捕事，兹特遵命补具书面报告一件奉上，敬祈代为转达并恳查明开释，会任感祷。

来此敬请勋安。

李其寿顿首

四月二十九日

（《淞沪警备司令部政工处关于要求保释"四·二六"上海大夏大学遭捕人员信件、报告、公函、保单等材料》，上海市档案馆藏，档号：Q127-5-86）

二十七日　国民党上海军政当局命令大夏大学等十五所专科以上学校疏散，学校召开紧急会议商讨应对方案。

二十七日　是日晚报登反动当局下令强迫疏散专科以上学校十五所，本校上在内，晚本校行政干部开紧急会议商讨疏散事宜。

（《大夏大学疏散复员大事记　血泪的追忆　英勇的应付》，《前大夏大学毕业学生给欧元怀的文件等》，第29页，华东师范大学档案馆藏，档号：81-3-465）

中央社讯：据警备部发言人廿七日发表：（一）查共党迷信武力，好战成性，对上海发动军事攻势，事所必然，我军事当局对大上海之保卫战，已具最大决心，不惜任何牺牲，以争取光荣之胜利，将来战事之发展，自必万分惨烈，为保存国脉，爱护青年，避免无谓牺牲，特规定本市各学校紧急疏散。（二）疏散步骤，第一阶段疏散下列十五校：私立上海法学院、国立暨南大学、私立光华大学、国立同济大学、国立复旦大学、国立上海音乐专科学校、市立体育专科学校、私立东亚体育专科学校、市立工业专科学校、私立沪江大学、私立大夏大学、私立圣约翰大学、国立幼稚师范专科学校、私立上海纺织工业学校，国立交通大学。第二阶段为本市其余各学校。（三）凡规定第一阶段疏散之各学校，统限本（四）月卅日以前疏散完毕。第二阶段疏散之各学校，时间另行决定。（四）凡疏散之学校必需之运输工具，可报由本部协助（限于火车），疏散地点及办法由各校自行决定，但以脱离本市市郊区为原则。（五）凡规定第一阶段疏散之学校，即须彻底疏散，绝对不准擅自迁并第二阶段之各学校。（六）各学校迁移事宜，统由上海市警察局严格督导办理，如有借故迟延，即予强制执行。

（《警备部规定六点　紧急疏散各学校　指定十五院校限月内办竣》，《申报》1949年4月28日，第3版）

二十八日　学校借中国纺织工学院为临时校舍，召开紧急校务会议，商讨疏散办法，决定尽快将图书仪器迁出学校，以中国纺织工学院等地为图书仪器存放地，兼作临时办公室，以青白中学等地为教职工及学生临时住处。同时决定以该学期期中考试成绩作为应届毕业生毕业成绩。此后三天，学校积极活动，又借到国立幼专教室、震旦大学校舍为教职员眷属住所，借到东南中学、市立师专校舍，榆林路大夏附中等为学生住所，勉强解决师生员工住宿问题。

二十八日　借定小沙渡路中国纺织工学院为临时校舍，下午三时在该院召开紧急校务会议，员生及图书仪器校具自本日起纷纷抢迁一部分，男女同学迁入愚园路好来坞露宿，大为悽惨，下午反动军队进入本校,干涉全体行动,形势极度紧张。

二十九日　借国立幼专课堂为教职员眷属住所。借东南中学为女生住所。

三十日　借震旦大学校舍为教职员眷属住所,借中国纺织工学院青白中学及西区小学校舍堆存校具。

五月一日　借武进路市立师专校舍,榆林路大夏附中及高阳路巨厦为学生住所,教职员暨眷属由重华新村迁入震旦大学居住。

(《大夏大学疏散复员大事记　血泪的追忆　英勇的应付》,《前大夏大学毕业学生给欧元怀的文件等》,第29—30页,华东师范大学档案馆藏,档号:81-3-465)

临时校务会议记录

时间:三十八年四月二十八日下午三时

地点:中国纺织工学院

出席:黄彦起　何仪朝　蔡文熙　张隽青　苏希轼　王兴　夏炎　王锦升　丁勉哉　张瑞钰　潘健卿　关可贵　聂绍经　顾文藻　邵家麟　杜佐周　吴浩然　张耀翔　葛受元　陈景琪　王毓祥　鲁继曾　欧元怀　张伯箴　孙尧年

主席:欧元怀

记录:黄彦起

甲、报告事项

一、欧校长报告

1. 四月二十五日晚学生被捕经过情形。

2. 本市专科以上学校第一阶段疏散者计十五校,本校亦在内,教部杭部长对疏散学校之表示:

(1) 图书仪器最好设法搬走。

(2) 教职员、学生、工友如确属无家可归、无路可走者,应集中居住造册报核。

(3) 教部无款可资补助,可与中央银行接洽贷与若干。

3. 现借中国纺织工学院为贮存图书仪器处所,兼作临时办公处。

4. 已接洽市区青白西霞分校为教职员及学生住所。

5. 拟留数人在校保护校产。

二、王副校长报告

1. 向警备部洽领到车辆特别通行证。

2. 未领到国民身份证之教职员学生之□准由校发给证明书,可予放行。

3. 被捕学生已由治安当局发给新棉被一床及漱口杯等。

4. 青白中学已让大礼堂一间、教室二间为学生居住。

三、苏委员报告

今日上午九时学生在思群堂集会,已向其报告学校疏散之计划,并为学生在市区借到住宿场所。

乙、讨论事项

议本学期应届毕业生成绩如何核算案

议决:以期中考试成绩为学期成绩。

(《临时校务会议记录》,《前大夏大学校务委员会记录》,第106—111页,华东师范大学档案馆藏,档号:81-1-52)

奉谕:

(一) 奉令疏散各院校无法[家]可归之学生应选定地点集中住宿,以便管理,但人数不超过四分之一为原则,并将留校学生学级、年龄、籍贯及保证人等列册呈报备查。

(二) 各校仪器、图书、粮食等应集中保管。

(三) 各校(院)长应于明(二十九日)上午九时齐集建国西路570号会商一切。

相应函达即希查照为荷

此致

私立大夏大学

教育部上海办事处启

四月二十八日

（《上海解放前学校紧急疏散的布告、校院长会议记录及商借房舍问题的往来文书》,第7页,华东师范大学档案馆藏,档号:81-2-12)

特急件

迳启者,关于本市十五院校紧急疏散事宜,经由本部邀集有关方面开会商定办法奉谕:"将会议记录分送办理"等由,相应检附原记录函达查照为荷。

此致

私立大夏大学

教育部上海办事处启

四月二十九日

附会议记录

四月二十八日教育部杭部长与淞沪警备司令部参谋长,上海市政府陈代市长,文教会方主任委员及陈处长,保泰会商同于紧急疏散十五专科以上学校事宜,此次紧急疏散完全出于军事上之需要,为避免不必要之牺牲并经商定下列办法:

（一）各校图书仪器食粮应在校中适当地点集中保管,如有迁移之必要,可向警备司令部第三处张处长领取通行证。

（二）为协助疏散之便利,各校员生移动时应各备身份证,如有身份证遗失者可由各校校长负责发给临时证明书,有效期间以四月三十日以前为限。

（三）四月三十日以前一切部队不准入校。

（四）警备司令部原经派定之各校军事联络员应即前往各校取得联络。

（五）不能迁移之学生姑准留校,但不得超过原有学生人数四分之一,留校学生应集中住宿,重行编列各号及宿位,详开姓名、年龄、籍贯、系别,造成清册并注明各该生保证人姓名、职业、住址,最迟于四月三十日中午以前送复兴中路119号国立高级机械职业学校内教育部上海办事处时煃先生收。但如有学校认为其现在地点不安全,必须移入他校者,可与同性质之学校商洽借住,惟应详细造名册,俟教育部与警备司令部商定后方可移入。

（《上海解放前学校紧急疏散的布告、校院长会议记录及商借房舍问题的往来文书》,第8—10页,华东师范大学档案馆藏,档号:81-2-12)

为请准借用榆林路大连路口房舍为本校疏散学生临时宿所函

敬启者,本校前奉京沪杭警备司令部通知紧急疏散,全体学生三千一百人,已有四分之三疏散离校,其余尚有学生数百人多属无家可归,在沪又无亲友可以寄依,必须校方代为安顿。兹悉贵团原驻本市榆林路大连路口房屋目前业已腾空,拟请惠予借用为本校上述疏散学生临时宿所,藉免流离,特函奉高玉新查照惠允□□公函。

此致

上海市宪兵第九团

校长

副校长

（《上海解放前学校紧急疏散的布告、校院长会议记录及商借房舍问题的往来文书》,第11—12页,华东师范大学档案馆藏,档号:81-2-12)

迳启者，本校校舍现有数几间，借用人数众多，公共秩序自应特别注意，查贵校借住本校学生昨日统计已有二百余人，实已超过原定二百人之数，勉强容纳，难致安适，对于管理方面本校实无法负责，拟请贵校迅派专人常时驻校办理一切。又现借住本校学生并请转知一律配贵校徽，俾资识别为荷。

此致

大夏大学

上海市立师范专科学校启

五月三日

爰上海市立师范专科学校

迳启者，接五月三日大函洽惠□切，此次本校一部分疏散学生寄住贵校猥承关照，多予便利，至□□□。关于寄住学生之管理事项，以后本校自当每日派员前来负责指导一切，以维团体秩序于应□□查照为荷。

此致

上海市立师范专科学校

□□怀

五月六日

(《上海解放前学校紧急疏散的布告、校院长会议记录及商借房舍问题的往来文书》，第13—14页，华东师范大学档案馆藏，档号：81-2-12)

本月 为解决膳堂拥挤问题，学校在思群堂北新建大膳堂给男生用，改造理学院机器房为女生食堂，并添置桌凳九百余件。

住宿学生可得上课及膳食、洗浴诸种方便，故每学期各宿舍之申请者，均告"客满"！本学期计群策斋一一三二人，新力斋三九六人，丽园宿舍一八八人。女生群英斋一三〇人及丽娃舍二〇六人，总计二零五二人。

(《住宿生人数统计》，《大夏周报》，第25卷第6期，1949年4月20日)

学生自行组织之膳食团，十分经济，每月只要两块"大头"，饭菜问题便可解决。因而自愿参加者颇众，共有男生一千九百六十人，女生三百四十四人，一次开不完，要分两次开，有些同学因为上课的时间不凑巧，感觉得很不方便。学校为学生解除此种困难，虽在百物胜贵的情况下仍不惜以巨款盖一新膳堂于思群堂之北给男生用，女生膳堂即将理学院机器间之半改造，并添桌凳共九百余件，则男女生膳堂各得其所。

(《新建大膳堂落成　男女膳食各得其所》，《大夏周报》，第25卷第6期，1949年4月20日)

五月

二日 学校搬迁后，重新布置重华新村校友俱乐部，作为临时办公处，中断的校务得以恢复。学校准备继续搬迁校具，却遭国民党军队阻止，第二天与警备部接洽通行证后才得以继续搬移。

二日 无家可归之学生迁住上列所借各处。布置重华新村校友俱乐部为临时办公室，今起在该处办公，自四月二十八日以来校务行政不曾中断，邮电均未送达，今起恢复。占住本校之伪军擅自搬动本校工具出校，劝阻无效，本校派人搬运，不许通行。

三日 向伪警备部接洽通行证继续搬移校具。

(《大夏大学疏散复员大事记　血泪的追忆　英勇的应付》，《前大夏大学毕业学生给欧元怀的文件等》，第30—31页，华东师范大学档案馆藏，档号：81-3-465)

四日 借得晋元中学及第一女中校舍存放校具。同时，学校按照当局命令，继续疏散。

四日　借市立晋元中学及市立第一女中堆存所有校具。

（《大夏大学疏散复员大事记　血泪的追忆　英勇的应付》，《前大夏大学毕业学生给欧元怀的文件等》，第 31 页，华东师范大学档案馆藏，档号：81 - 3 - 465）

布告
民国三十八年五月五日

据悉本市当局对于此次疏散各校中，闽粤各省及南洋侨籍学生返籍交通可代设法协助，予以便利。所有本校上期各地同学如愿返籍者，希于五月十日以前□来本处学生生活指导委员会登记，以便由校汇向市当局申请为要。

此布

校长欧元怀
副校长王毓祥

（《布告》，《上海解放前学校紧急疏散的布告、校院长会议记录及商借房舍问题的往来文书》，第 4 页，华东师范大学档案馆藏，档号：81 - 2 - 12）

布告
三十八年五月六日

本市已入战时非□□局，亟谋疏散全市人口□有各项便利疏散□□□择要剪贴如后，本校所有外埠同学目前如无留沪必要，自宜早日设法返籍，藉符疏散之旨为要。

此布

校长欧元怀
副校长王毓祥

附：淞沪警备司令部公告

三十八年五月四日

和三希字第 783 号

一、为使迅速疏散本市人口，兹规定自本五日起所有由沪出境旅客得不受身份证、防疫证（牛痘证）等之限制。

二、各交通机关公司及检查机关对出境旅客应尽量予以购票及旅行便利，不得藉故留难，受贿舞弊□□准人民检举法办。

三、凡入境旅客仍应按照规定，严格限制，切实检查。

四、右各项规定由警备司令部会同本部各检查所切实监督执行并分令遵照。

五、特此通告。

（《布告》，《上海解放前学校紧急疏散的布告、校院长会议记录及商借房舍问题的往来文书》，第 6 页，华东师范大学档案馆藏，档号：81 - 2 - 12）

五日　连日会同各大学校长积极保释被捕学生，女生张文学释放。（《大夏大学疏散复员大事记　血泪的追忆　英勇的应付》，《前大夏大学毕业学生给欧元怀的文件等》，第 31 页，华东师范大学档案馆藏，档号：81 - 3 - 465）

六日　国民党军队在学校及中山路一带砍伐树木，修筑工事，学校多年种植树木，被砍伐殆尽。

六日　继续领到通行证搬移校具。连日伪军在中山路本校校园砍伐树木，建筑碉堡，群贤堂屋顶及大门口等处均有防御工事，丽娃河之夏雨岛树密林深，原有世外桃源之誉，日来已被砍伐殆尽，非十年内所能恢复矣。

（《大夏大学疏散复员大事记　血泪的追忆　英勇的应付》，《前大夏大学毕业学生给欧元怀的文件等》，第 31—32 页，华东师范大学档案馆藏，档号：81 - 3 - 465）

七日　欧校长偕各大学校长向央行接洽贷款事宜。(《大夏大学疏散复员大事记　血泪的追忆　英勇的应付》,《前大夏大学毕业学生给欧元怀的文件等》,第 32 页,华东师范大学档案馆藏,档号:81-3-465)

八日　以重华新村作为学校办公室召开校务会议,报告紧急疏散情形和被捕学生营救情况,商讨疏散后学生学业成绩处理办法,决定以该学期期中考试成绩作为肄业生期末考试成绩以及毕业生毕业考试成绩。

第二十五次校务会议记录

时间:三十八年五月八日上午九时三十分

地点:重华新村三楼 25 室

出席:欧元怀　鲁继曾　张隽青　王兴　宋成志　陈铭恩　何仪朝　陶愚川　吴浩然　黄敬思　顾文藻　王锦升　张瑞钰　蔡文熙　夏炎　王毓祥　杜佐周　潘健卿　邵家麟　欧文柔　苏希轼　林我朋　葛受元　丁勉哉　张伯葳　龚清浩　韩钟琦　孙尧年　关可贵　陈景琪　张耀翔(林代)

主席:欧元怀

记录:黄彦起

甲、报告事项

一、欧校长报告

1. 学校疏散经过情形及员生市区住所之接洽现已安顿竣事。

2. 市区办公处设在重华新村 30 号三楼 28 室。

3. 学生邮电每日下午派□差分送学生集中住处一次。

4. 图书仪器多存在中国纺织工学院与多存晋元中学。

5. 被捕学生二十三人内,女生一人已于前日释放,余经接洽允于数日内保释。

6. 学校经费本属困难,此次疏散搬运费用浩大,长此以往,诚属无法负担。

7. 教育部与警总政务委员会筹措二百亿分配疏散十五院校,但杯水车薪,无济于事。

8. 私立大专二十八校向中央银行贷款二千亿元,尚在接洽中。

9. 学生搬运食米计达六车之多。

10. 此次疏散校具损失至大。

二、王副校长报告

1. 有一部分学生愿回中山北路原校舍居住。

2. 闻市立师专将被征用为伤兵医院,然吾校学生集中居住该校者为数最多,应与政府商讨安善办法。

三、吴总务长报告

1. 校具十之八九已搬运市区。

2. 搬入市区之校具散乱无章,现已派人整理中。

3. 定制学生校徽。

4. 巡视学生集中住处情形。

5. 学生要求学校垫款购领五月份食米,并请求配柴火。

四、邵院长报告

搬运理学院仪器经过情形(重要仪器已搬入市区)。

五、韩馆长报告

大部图书已搬入市区。

乙、讨论事项

一、议学分修满学年未满之学生应如何处理案

议决:给予学分修满证明书,下学期再行特别注册。

二、议本学期未毕业学生之成绩应如何计算案

议决：以期中考试成绩为本学期成绩。

（《第二十五次校务会议记录》，《前大夏大学校务委员会记录》，第112—120页，华东师范大学档案馆藏，档号：81-1-52）

布告

本校此次奉令紧急疏散，全体员生统一迁离，原校一应校具及图书仪器等亦已搬运市区。现全市进入非常时期，盱衡局势前途及本校疏散的实际情形，在本学期内已属无法恢复上课。关于诸生本期学业成绩结束办法□□□四月二十八日时的校务会议及五月八日第二十五次校务会议议决如下：

（一）关于应届毕业生者，即以本期期中考试成绩作为毕业考试成绩，俟担任各课程教授将成绩送校结算竣事即行核发各生毕业证明书，至毕业论文应于领正式文凭前缴。

（二）关于各级肄业生者，一律以本期期中考试成绩作为学期成绩，现各生如需肄业证明书，可至教务申请准予先行核发，俟成绩结算后再发成绩报告单。

（三）关于业已修满全部学分而未修足学年之学生，俟本期成绩结算后准予核发修满学分证明书。

以上各项希为□□

此布。

校长欧元怀
副校长王毓祥

（《布告》，《上海解放前学校紧急疏散的布告、校院长会议记录及商借房舍问题的往来文书》，第1—2页，华东师范大学档案馆藏，档号：81-2-12）

九日　欧元怀校长出席青年会学生救济委员会会议，报告学生急需救济情形，第二天，从救济委员会领到黄豆三千磅作为学生的救济粮。

九日　青年会学生救济委员会开会，欧校长出席，报告本校学生疏散急需救济情形。

十日　向学生救济委员会洽领黄豆三千磅救济本校集中住所学生。……

（《大夏大学疏散复员大事记　血泪的追忆　英勇的应付》，《前大夏大学毕业学生给欧元怀的文件等》，第32页，华东师范大学档案馆藏，档号：81-3-465）

十日　国文系副教授郭莽西在家中被上海警察局逮捕。学校闻信后，积极进行营救。郭莽西副教授于本月十九日在普陀山庄被杀害。

十日　……是日国文系副教授郭莽西先生被伪警捕去。

（《大夏大学疏散复员大事记　血泪的追忆　英勇的应付》，《前大夏大学毕业学生给欧元怀的文件等》，第32页，华东师范大学档案馆藏，档号：81-3-465）

十九日　营救郭莽西先生无结果，郭先生本日竟被惨杀。

（《大夏大学疏散复员大事记　血泪的追忆　英勇的应付》，《前大夏大学毕业学生给欧元怀的文件等》，第33页，华东师范大学档案馆藏，档号：81-3-465）

十一日　领到疏散补助费银元七百九十三元。（《大夏大学疏散复员大事记　血泪的追忆　英勇的应付》，《前大夏大学毕业学生给欧元怀的文件等》，第32页，华东师范大学档案馆藏，档号：81-3-465）

十三日　私立各大学在震旦大学开会商讨应付时局问题。（《大夏大学疏散复员大事记　血泪的追忆　英勇的应付》，《前大夏大学毕业学生给欧元怀的文件等》，第33页，华东师范大学档案馆藏，档号：81-3-465）

十五日　假光复中学举行应届毕业生话别会。（《大夏大学疏散复员大事记　血泪的追忆　英勇的应付》，《前大夏大学毕业学生给欧元怀的文件等》，第33页，华东师范大学档案馆

藏,档号:81-3-465)

十七日　央行贷款成功,私立各大学开会商讨分配标准。(《大夏大学疏散复员大事记　血泪的追忆　英勇的应付》,《前大夏大学毕业学生给欧元怀的文件等》,第33页,华东师范大学档案馆藏,档号:81-3-465)

二十日　留沪学生代表向学校要求分配央行货款,经商定以借款百分之二十补助集中居住之学生,充作副食费。被捕学生八人本日由学校保释。(《大夏大学疏散复员大事记　血泪的追忆　英勇的应付》,《前大夏大学毕业学生给欧元怀的文件等》,第33—34页,华东师范大学档案馆藏,档号:81-3-465)

二十一日　欧校长与国立各大学校长商营救尚未释放之学生。(《大夏大学疏散复员大事记　血泪的追忆　英勇的应付》,《前大夏大学毕业学生给欧元怀的文件等》,第33—34页,华东师范大学档案馆藏,档号:81-3-465)

保证书

具保证书人王毓祥,兹保证李其桢向未参加任何不法组织,绝无反对政府违反法令之思想行为,经此次保释后如发现违法情事,保证人领具完全责任并担保随传随到。

保证人:王毓祥(签章)

职业:大夏大学副校长

住址:北京西路1604弄25号

与被保人关系:师生

对保人:(签章)

中华民国三十八年五月二十日

保证书

具保证书人欧元怀,兹保证夏校向未参加任何不法组织,绝无反对政府违反法令之思想行为,经此次保释后如发现违法情事,保证人领具完全责任并担保随传随到。

保证人:欧元怀(签章)

职业:大夏大学校长

住址:铜仁路西霞小学

与被保人关系:师生

对保人:(签章)

中华民国三十八年五月二十日

(《淞沪警备司令部政工处关于要求保释"四·二六"上海大夏大学遭捕人员信件、报告、公函、保单等材料》,上海市档案馆藏,档号:Q127-5-86)

二十四日　伪军炸毁中山桥及铁路桥。住大夏附中之学生迁往光夏中学。(《大夏大学疏散复员大事记　血泪的追忆　英勇的应付》,《前大夏大学毕业学生给欧元怀的文件等》,第34页,华东师范大学档案馆藏,档号:81-3-465)

二十五日　解放军于清晨二时解放上海市区,被逮捕学生十五人恢复自由。因闸北尚未解放,移住市立师专。(《大夏大学疏散复员大事记　血泪的追忆　英勇的应付》,《前大夏大学毕业学生给欧元怀的文件等》,第34页,华东师范大学档案馆藏,档号:81-3-465)

二十六日　伪军上午八时退出中山路校园,解放军二十余人进住学校,中山路及学校完全解放。召开行政会议商讨复校复课事宜。(《大夏大学疏散复员大事记　血泪的追忆　英勇的应付》,《前大夏大学毕业学生给欧元怀的文件等》,第34页,华东师范大学档案馆藏,档号:81-3-465)

二十七日　校务会议开会讨论返校复课及庆祝立校二十五周年纪念会诸事宜。苏州河北完全解放,伪军俘虏约五千人拘留于大夏大学。(《大夏大学疏散复员大事记　血泪的追忆　英勇的应付》,《前大夏大学毕业学生给欧元怀的文件等》,第 34 至 35 页,华东师范大学档案馆藏,档号:81 - 3 - 465)

二十八日　约学校应自会①学生代表谈话,商返校复课并组织委员会主持其事。(《大夏大学疏散复员大事记　血泪的追忆　英勇的应付》,《前大夏大学毕业学生给欧元怀的文件等》,第 34 至 35 页,华东师范大学档案馆藏,档号:81 - 3 - 465)

二十九日　返校复课委员会第一次会议由教授、讲师、助教、学生、工友组织之。(《大夏大学疏散复员大事记　血泪的追忆　英勇的应付》,《前大夏大学毕业学生给欧元怀的文件等》,第 35 页,华东师范大学档案馆藏,档号:81 - 3 - 465)

三十日　欧王二校长及鲁教务长与军管会高教处负责人接洽复校事宜。伪军俘虏全部迁离学校。(《大夏大学疏散复员大事记　血泪的追忆　英勇的应付》,《前大夏大学毕业学生给欧元怀的文件等》,第 35 页,华东师范大学档案馆藏,档号:81 - 3 - 465)

三十一日　员生开始迁返中山路原址。(《大夏大学疏散复员大事记　血泪的追忆　英勇的应付》,《前大夏大学毕业学生给欧元怀的文件等》,第 35 页,华东师范大学档案馆藏,档号:81 - 3 - 465)

六月

一日　在中山路校园中举行二十五周年校庆纪念活动。发动为郭莽西善后募捐。

六月一日　上午十时在中山北路原址举行校庆,到员生校友工友千余人,情绪空前热烈。发动为郭莽西先生善后募捐。

(《大夏大学疏散复员大事记　血泪的追忆　英勇的应付》,《前大夏大学毕业学生给欧元怀的文件等》,第 35—36 页,华东师范大学档案馆藏,档号:81 - 3 - 465)

二日　学校图书、仪器设备及校具开始搬运回校,至十二日,全部运回学校。

二日,本日起大量迁移图书、仪器及校具返校。

(《大夏大学疏散复员大事记　血泪的追忆　英勇的应付》,《前大夏大学毕业学生给欧元怀的文件等》,第 36 页,华东师范大学档案馆藏,档号:81 - 3 - 465)

十二日　全部图书、仪器、校具迁返中山路原址,并积极整理布置。(《大夏大学疏散复员大事记　血泪的追忆　英勇的应付》,《前大夏大学毕业学生给欧元怀的文件等》,第 37 页,华东师范大学档案馆藏,档号:81 - 3 - 465)

六日　布告八日起正式复课,土木系本日起上第一课。下午三时应自会召开大会庆祝解放及复课。(《大夏大学疏散复员大事记　血泪的追忆　英勇的应付》,《前大夏大学毕业学生给欧元怀的文件等》,第 36 页,华东师范大学档案馆藏,档号:81 - 3 - 465)

七日　欧校长及吴泽教授、学生代表汪进祥,出席军管会高教处谈话会。(《大夏大学疏散复员大事记　血泪的追忆　英勇的应付》,《前大夏大学毕业学生给欧元怀的文件等》,第 36 页,华东师范大学档案馆藏,档号:81 - 3 - 465)

十一日　举行校董会议。会议议决:1.推举王志莘为董事长。2.增聘李偶夫、唐鑫源、强锡麟、吴蕴初、侯德榜、荣尔仁、唐云鸿为校董。欧元怀、王志莘、鲁继曾、吴浩然、王毓祥为常

---

① 学生应变自治会的简称。

务校董。3.从秋季起将理学院改为理工学院,增设化学工程系及电讯专修科。4.改组校务会议为校务委员会。

校董会议记录

时间:三十八年六月十一日下午六时

地点:静安寺新华银行楼上

出席:李佃夫　唐鑫源　欧元怀　鲁继曾　王志莘　吴浩然　王毓祥　邵家麟　强锡麟　罗四维

一、推举临时主席及临时记录,公推欧元怀先生为临时主席,王毓祥为临时记录。

二、报告事项

1. 欧元怀先生报告三年来复员经过及新的建设。

2. 王毓祥先生报告财务概况。

3. 鲁继曾先生报告教务概况。

4. 吴浩然先生报告被迫疏散及复校复课情形。

三、讨论事项

1. 推举新董事长案

决议公推王董事志莘为董事长,全体通过。

2. 议添聘新董事案

议决添聘唐鑫源、强锡麟、李佃夫、侯德榜、吴蕴初、唐云鸿、荣尔仁七先生为本校新董事,一致通过。

3. 推举常务董事案

议决推欧元怀、王志莘、鲁继曾、吴浩然、王毓祥五先生为常务董事,一致通过。

4. 议扩充理学院为理工学院案

议决通过,三十八年秋季开始成立。

5. 议增设电讯工程专修科案

议决通过,三十八年秋季开始成立。

6. 议理工学院添设化工系案

议决通过,秋季成立。

7. 议改组校务会议为校务委员会案

议决通过,校务委员会之组织由该会另订。

(《校董会议记录》,《私立大夏大学校董会记录》,第1—6页,华东师范大学档案馆藏,档号:81-3-16)

　　十九日　举行第二十六次校务会议,会议议决:1.为郭莽西举行追悼会。2.确定暑假和政治学习时间。3.总务处改为事务处,并设事务委员会。4.改组校务会议为校务委员会。5.秋季恢复师范专修科,商学院增设交通管理系。

第二十六次校务会议记录

时间:三十八年六月十九日下午二时

地点:理工学院

出席者:欧元怀　王毓祥　张耀翔(杜代)　杜佐周　程俊英(蔡代)　蔡文熙　关可贵　苏希轼　陈铭恩　林我朋　黄敬思　鲁继曾　邵家麟　陈景琪　葛受元　张瑞钰　聂绍经　夏炎　潘健卿　何仪朝　张隽青　吴浩然　王锦升　龚清浩　韩钟琦　顾文藻　张伟如　程齐贤　贡兰英　宋成志

主席:欧元怀

记录:黄彦起

甲、报告事项

一、欧校长报告疏散复校经过详情。

二、王副校长报告:六月十一日校董会开会,计出席在沪校董王志莘、欧元怀、鲁继曾、王毓祥、吴浩然、邵家麟、罗四维等七位及新校董李偶夫、唐鑫源、强锡麟三位,议决事项如下(后略,详见六月十一日校董会议记录)。

三、鲁教务长报告复课情形。

四、吴部务长报告财务情形。

五、王主任锦升报告。

1. 疏散期间之用费。

2. 本期收支随及报告。

六、宋成志先生报告:今日毕业同学会召开大会情形。

乙、讨论事项

一、议本校副教授郭莽西先生于上海解放前遇害,应如何开会追悼案

议决:推丁勉哉、宋成志、沈显扬、何以聪、王宝兰五先生负责筹备事宜,丁勉哉先生为召集人。

二、议本学期放假日期案

议决:照原定校历上课至六月二十五日结束本期课业,二十七日起至七月九日止加强政治学习,设置政治讲座与学生自治会洽办,七月十日起放暑假。

三、议改组总务处为事务处,并设置事务委员会案

议决:照暂行组织规程草案修正通过。

四、议改组校务会议案

议决:除学校重要行政负责人外,再由教授会、讲助会、职员会、学生应变自治会于三日内各推毕代表三人组织校务委员会筹备会,商订组织草案。

五、议秋季恢复师范专修科案

议决:与军管会高教处洽办。

六、议商学院增设交通管理系案

议决:与高教处洽办。

(《第二十六次校务会议记录》,《私立大夏大学校务会议及校务委员会议记录》,第1—7页,华东师范大学档案馆藏,档号:81-3-14)

二十七日　该学期结束,从是日起至七月九日止进行政治学习,开设政治讲座。(见本月十九日第二十六次校务会议记录)

七月

十日　临时校务委员会第一次会议,欧元怀校长报告此会筹备成立经过和学校财政情况;来元义事务长报告西南服务团现借群策斋全部及群贤堂一部分房屋为临时团址。会议议决:1.推鲁继曾等八人组成招生委员会。2.拟编秋季预算草案。3.拟定下学期教职员聘任、叙薪、定级标准。

临时校务委员会第一次会议记录

时间:一九四九年七月十日上午九时

地点:本校会议室

出席者:学校行政方面:欧元怀　来元义

教授会代表:邵家麟　吴泽　黄敬思　宋成志　张伯箴　杜佐周　张隽青　何仪朝　刘焕文　鲁继曾　龚清浩

讲师助教会代表:唐茂槐　程齐贤

职员代表:贾祥藻　朱家和

学生自治会代表:程传泰

列席:王锦升

主席:欧元怀

记录:孙尧年

报告事项

一、欧校长报告:本会筹备成立经过。

二、鲁教务长报告:春季学期学生成绩尚有少数教授未曾送到,俟到齐后,即可全部核算结束。

三、王会计主任报告:最近学校经费收支情形。

四、欧校长补充报告:本校复课以来,财政竭厥万分,预计至七月止,亏短当在五百万元以上,正由校董会商筹弥补中。

五、来事务长报告:

1. 事务委员会成立后,已开会多次,协助事务处推动工作甚为顺利,开会情形亦甚融合。

2. 全校工友现有一一四人,工作分配及工资发放情形。

3. 各处校舍整理、装修情形。

4. 华东军政大学最近曾借本校招生一次。又西南服务团现借本校群策斋全部及群贤堂一部分房屋为临时团址。

讨论事项

一、议暑期招生如何进行案

议决:组织招生委员会,推请鲁继曾、顾文藻、张伯箴、吴泽、张瑞钰、唐茂槐、欧文柔、贾祥藻等八位先生及程传泰同学共同组织,由鲁教务长召集之。

二、议秋季学期预算如何编制案

议决:由有关各处分别拟编草案后再提会讨论。

三、议下学年教职员之聘任,叙薪、定级标准案

议决:推王副校长(召集人)、刘焕文、程齐贤、贾祥藻四位先生及程传泰同学共同商讨,先行拟定准则草案,再提会讨论。

十二时半散会。

(《临时校务委员会第一次会议记录》,《私立大夏大学校务委员会、校务委员会常务委员会会议记录及有关指示文件》,第44页,华东师范大学档案馆藏,档号:81-3-31)

十七日 临时校务委员会第二次会议,通过教职员聘任解任暂行办法。

临时校务委员会第二次会议记录

时间:一九四九年七月十七日上午九时

地点:本校会议室

出席者:学校行政方面:欧元怀 王毓祥

教授会代表:邵家麟 龚清浩 张隽青 张耀翔 何仪朝 杜佐周 张伯箴 刘焕文 吴泽 鲁继曾 宋成志

讲助会代表:唐茂槐 程齐贤

职员代表:贾祥藻 朱家和

学生自治会代表:程传泰 周子东

主席:欧元怀

记录:孙尧年

报告事项

欧校长报告:校务委员会筹备经几次会议结果,已拟就校委员组织规程草案,分送各单位研讨,将来依照一定程序通过后,再行组织正式校委会。

王副校长、刘焕文先生报告:本会第一次会议,推定人员草拟教职员聘任解任暂行规程之经过情形,并讨论该规程补充说明。

讨论事项

（一）议通过教职员聘任解任暂行规程案

议决：通过

（二）议下学年教职员如何聘定案

议决：第一期就各院系原有专任兼任教员中，先行续聘约半数。关于人选问题，由各院系主管与同学两方面提供意见，于下星期五（二十二日）以前，以书面送交校长室备下次开会讨论。至各处职员由各该处主管提供意见，于下次开会一并讨论。

下午一时半散会。

（《临时校务委员会第二次会议记录》，《私立大夏大学校务委员会、校务委员会常务委员会会议记录及有关指示文件》，第45页，华东师范大学档案馆藏，档号：81-3-31）

二十四日　临时校务委员会第三次会议，欧元怀校长报告：1.大夏附中已迁返，由校拨出一部分房屋以供应用。2.前拟增设化学工程系、交通管理系及电讯专修科、师范专修科等高教处批示应暂缓。会议议决：1.组织临时财务委员会。2.聘夏炎为财务处主任，李贤瑗为会计室主任。3.修订教职员聘任解任暂行规则。4.聘请下学年教职员原则。5.下学期招生报名费数额。

临时校务委员会第三次会议记录

时间：一九四九年七月二十四日上午九时

地点：本校会议室

出席者：学校行政方面：欧元怀　王毓祥

　　　　教授会代表：吴泽　杜佐周　黄敬思　宋成志　张伯箴　邵家麟　张隽青　何仪朝　刘焕文　张耀翔

　　　　讲师助教会代表：唐茂槐　程齐贤

　　　　职员代表：贾祥藻　朱家和

　　　　学生自治会代表：周子东　程传泰

主席：欧元怀

记录：孙尧年

报告事项

欧校长报告：

1. 西南服务团借用本校校舍，约于八月十五日前可以全部迁出。

2. 大夏附中已迁返本校，现由校拨出一部分房屋，以供应用。

3. 本校前拟增设化学工程系、交通管理系及电讯专修科、师范专修科等一案，经函准高教处覆示，应暂从缓办。

讨论事项

1. 议规定秋季学期开学注册及上课日期案

议决：定九月十二日（星期一）开学，十九、二十、二十一日三天（星期一、二、三）注册。

2. 议组织临时财务委员会案

议决：推请夏炎、何仪朝、钱白水、贺益滂四位先生及钱玉音同学，王庆成工友暨会计室主任共同组织，由夏炎先生为召集人。

3. 议聘请下学年财务处及及会计室主管案

议决：聘夏炎先生为财务处主任，李贤瑗先生为会计室主任。

4. 议修正教职员聘任解任暂行规则中关于解聘职员各条文案

议决：修正通过。

5. 议聘请下学年教职员案

议决：(1)先行聘请专任教员及一部分兼任，其余兼任教员视以后需要情形，再行议聘。(2)将来各专任教员所授课程如不规定时数,应先以兼任教员课程补足。(3)专任教员如在外兼有职任,应以不抵触政府法令为原则。(4)先行决定聘请之教员及职员名单,经分别审查通过。(5)教职员应聘书规定于八月五日前或收到聘书十日内寄回本校。

6. 议规定暑期招生征收报名费数额案

议决:每人收人民币三千元。

7. 议秋季学期学费标准及免费学额案

议决:交财务委员会先行研讨,将来提会决定。

8. 议改订课程案(史社系会提)

议决:俟教务委员会组织成立后,再交该会研讨。

9. 议恢复历史社会研究室案(史社系会提)

议决:俟秋季开学后,如有空余教室再行计划恢复。

下午三时散会。

(《临时校务委员会第三次会议记录》,《私立大夏大学校务委员会、校务委员会常务委员会会议记录及有关指示文件》,第47页,华东师范大学档案馆藏,档号:81-3-31)

二十九日 临时校务委员会第四次会议议决,讨论推选各学院院长,各系主任问题,决定由各学院原任院长分别召集会议进行推选。

临时校务委员会第四次会议记录

时间:一九四九年七月二十九日上午九时

地点:本校教员休息室

出席者:学校行政方面:欧元怀 王毓祥

　　　　教授会代表:张隽青 杜佐周 刘焕文 吴泽 宋成志 黄敬思 张伯箴 何仪朝;

　　　　讲师助教会代表:程齐贤 唐茂槐

　　　　职员会代表:贾祥藻 朱家和

　　　　学生自治会代表:程传泰 周子东

主席:欧元怀

记录:孙尧年

报告事项

欧校长报告:

1. 暑期第一次招生报名日期延至八月三日截止,并改定于八月五、六两日举行考试。

2. 上次审查通过之聘请教职员名单,除其中一部分因升级等关系尚未签发聘书外,其余聘书均已发出。

讨论事项

1. 议审查升级教员资格案

议决:转请教授会理事会负责审查,审查时请陈超(代表讲助会)、蒋日衢(代表职员会)两先生及周子东同学(代表学生自治会)出席参加。

2. 议申请升级或须调整工作及名义之职员如何核定案

议决:由校长、副校长会同有关部门主管分别处理,必要时提会决定。

3. 议推选各学院院长、各系主任案

议决:请各学院原任院长分别集会推选,至集会日期俟各教员应聘书于规定日期内送校后,再由校长室与各院长洽定通知。

中午十二时散会。

(《临时校务委员会第四次会议记录》,《私立大夏大学校务委员会、校务委员会常务委员会会议记录及有关指示文件》,第48页,华东师范大学档案馆藏,档号:81-3-31)

八月

七日　举行临时校务委员会第五次会议,决定该学期继续举办补习班,开设补习课程;聘许公鉴教授暂兼教务处注册主任。

临时校务委员会第五次会议记录

时间:一九四九年八月七日下午四时

地点:本校教员休息室

出席者:学校行政方面:欧元怀　王毓祥

　　　　教授会代表:邵家麟　宋成志　吴泽　杜佐周　张隽青　张伯箴　龚清浩　张耀翔　刘焕文　何仪朝

　　　　讲师助教会代表:程齐贤　唐茂槐(程代)

　　　　职员会代表:贾祥藻　朱家和

　　　　学生自治会代表:周子东

主席:欧元怀

记录:孙尧年

报告事项

夏炎主任报告财务处成立及财务委员会开会情形。

讨论事项

1. 议关于少数尚未决定续聘之教授,如何处理案

议决:由学生自治委员会提供具体意见,以书面送交校长室参考。

2. 议教授会审查升级教员资格一案尚未有结果,各员聘书多未签发,应如何处理案

议决:一律先发"教员"名义之临时聘书,俟升级资格审定后再行换发正式聘书。将来办理院长、系主任选举需要各级教员名单,届时如原任副教授升级者尚未审定,暂仍列入副教授名单。

3. 议文学院各系建议关于院长、系主任选举办法案

议决:由学生自治会代表向提案人解释。

4. 议本学期是否继续办理补习班案

议决:照旧办理。

5. 议本学期是否继续仍办补习学程案

议决:照旧开班。

6. 议新生是否收□额金案

议决:免收。

7. 议规定本学期杂费标准案

议决:由财务委员会与招生委员会共同研拟,将来提会决定。至江西学会等同学团体提出有关本案之建议,由学生自治会代表向建议人先行说明。

8. 议聘请教育学院专任教授许公鉴先生暂兼教务处注册主任案

议决:通过。

9. 议教授会请借支八月份同仁薪金案

议决:由财务委员会设法筹措。

10. 议新生报名费之处理案

议决:以后由财务处统一收支。

(《临时校务委员会第五次会议记录》,《私立大夏大学校务委员会、校务委员会常务委员会会议记录及有关指示文件》,第49页,华东师范大学档案馆藏,档号:81-3-31)

九月

四日 临时校务委员会第六次会议议决:1.组织学生减免费学额审查委员会,成立教职员宿舍分配管理委员会,以及节约委员会。2.向华东人民革命大学说明学校无余屋可拨借。3.校舍分配:拨图书馆及丽园全部房屋为大夏附中校舍;男生集中住群策斋,教职员住新力斋。4.推吴泽为文学院院长、邵家麟为理学院院长、张伯箴为法学院院长、何仪朝为商学院院长、黄敬思教育学院院长、并由各院长召集教员推选系主任,由学校聘请。5.聘请姚雪垠等为教授。

临时校务委员会第六次会议记录

时间:一九四九年九月四日上午九时

地点:本校教员休息室

出席者:学校行政方面:欧元怀　王毓祥　夏炎

　　　　教授会代表:黄敬思　张耀翔　张隽青　宋成志　刘焕文　张伯箴　邵家麟　何仪朝

　　　　吴泽

　　　　讲师助教会代表:程齐贤　唐茂槐

　　　　职员会代表:李贤瑗　黄震

　　　　学生自治会代表:程传泰　周子东

主席:欧校长　王副校长

记录:孙尧年

报告事项

1. 欧校长报告职员会改组,黄震、李贤瑗两君为出席本会代表,此次已邀请出席。

2. 夏炎主任报告:(1)财务处工作进展及与会计室工作联系情形。(2)八月份财政概况(详收支计算表)。

3. 李明睿主任报告校舍及校具整理修缮情形。

4. 张伯箴先生报告暑期两次招生录取标准、人数及招生费用收支等情形。

讨论事项

1. 议上学期学生成绩有因各种原因而致缺略,应如何计算案

议决:俟教务委员会组织成立后,由该会详细讨论决定。

2. 议组织学生减免费学额审查委员会案

议决:由学生应自会推代表一人,各学院同学推代表一人,教授会推代表两人,学校行政方面推代表一人,会同组织第一次会议。由学生应自会召集之。其免费总额以占全校同学人数百分之十为标准。

3. 议华东人民革命大学商借本校校舍案

议决:由本会全体委员联名具函该校,详细具体说明本校困难,并无余屋可以拨借情形,推由刘焕文、夏炎两先生即日携往迳洽,并会同应自会代表等,以应自会名义书面向该校表示意见。

4. 议本校校舍分配案

议决:(1)拨图书馆及丽园全部房屋为本校附中校舍。(2)男生可集中住宿群策斋,拨新力斋为教职员宿舍。(3)关于本校全部教职员宿舍分配事宜,推请来元义、王宝兰、唐茂槐、欧文柔、张瑞钰、宋成志等六位先生,并由学生应自会推代表一人,组成教职员宿舍分配管理委员会负责办理。由来元义先生召集之。

5. 议秋季学什费数额问题案

议决:由学费问题研究会再行研讨,下次开会决定。

6. 议组织节约委员会案

议决:由财务及事务两委员会各推代表两人,学生应自会及工友会各推代表一人并由本会推唐茂槐

先生会同组织,第一次会议由财务委员会主席召集之。

7. 议选举院长系主任案

议决:(1)根据教职员聘任规则第五条后段之规定,由本会推选各学院院长,至各系主任由新任院长于本星期三分别召集各该院教员推选后聘请之。(2)推选吴泽先生为文学院院长,邵家麟先生为理学院院长,张伯箴先生为法学院院长,何仪朝先生为商学院院长,黄敬思先生为教育学院院长。

8. 议本会应设秘书一人案

议决:推请孙尧年先生担任。

9. 议添聘教员案

议决:添聘萧孝荣、王造时、施复亮、姚雪垠、曹未风、李平心、向哲濬、许杰、焦敏之、石啸冲、董每戡、胡明、陈乃昌、刘佛年、李敬永、陈伯吹、施霖、沈奏庭等先生为教授,潘世睿先生为副教授。

10. 议通过升级教员名单案

议决:除何以聪、唐茂槐等七位先生应请教授会理事会复审后再行决定外,余照该会审定名单通过。

下午五时散会。

(《临时校务委员会第六次会议记录》,《私立大夏大学校务委员会、校务委员会常务委员会会议记录及有关指示文件》,第50页,华东师范大学档案馆藏,档号:81-3-31)

十一日 临时校务委员会第七次会议,欧元怀校长报告系主任推选结果。会议议决:1. 精简职员。2. 组织教务委员会。3. 准予试读。

临时校务委员会第七次会议记录

时间:一九四九年九月十一日

地点:本校教员休息室

出席者:学校行政方面:欧元怀 王毓祥 夏炎 来元义(李明睿代)

　　　　教授会代表:刘焕文 吴泽 宋成志 黄敬思 何仪朝 张伯箴 邵家麟(陈景琪代)

　　　　讲师助教会代表:程齐贤 唐茂槐

　　　　职员会代表:李贤瑗 黄震

　　　　学生自治会代表:程传泰 周子东

主席:欧校长 王副校长

记录:孙尧年

报告事项

主席报告

1. 各系主任推选结果

(1)文学院:中文系程俊英先生,外文系陈铭恩先生,史社系吴泽先生兼。

(2)理学院:数理系江仁寿先生,化学系陈景琪先生,土木系王兴先生。

(3)教育学院:教育学系陈选善先生,教心系杜佐周先生,社教系许公鉴先生代理。

(4)法学院:政治系石啸冲先生,法律系刘焕文先生,经济系张伯箴先生兼。

(5)商学院:银行系蔡文熙先生,会计系龚清浩先生,工商管理系关可贵先生。

2. 附中因学生人数增加,另拨群英斋为该校校舍。

刘焕文先生报告:人民革命大学拟借本校校舍事,已分别□□该校及高教处负责人说明本校困难情况。

李明睿先生报告:(1)西南服务团来函称:人民革命大学已决定不借用本校校舍,但该团为续招学员三、四百人,仍须租本校校舍集中至九月底止。(2)教职员宿舍分配管理委员会于本日上午开会商定各项调整宿舍办法。

讨论事项

1. 议本学期学什费数额案(略)

2. 议规定宿费数额案(略)

3. 议规定学生入学费案(略)

4. 议规定缴费日期案

议决:定九月十五日开始。

5. 议教职员叙薪办法案(略)

6. 议教职员工薪津如何支付及保管案(略)

7. 议精简职员、雇员及工友案

议决:(1)职员、雇员经精简后可减少四人。(2)工友部分依据本校各处实际需要,约为六十一人,由事务处、财务处与工友会洽谈后,进行精简工作。(3)对被精简人员之照顾问题,由财务、事务两委员会会商办法送交本会核定之。

8. 议调整学生人数较少之学系及规定开班学程最少人数案。

议决:本案交教务委员会讨论,至开班学程人数仍照以往规定,高年级每班不足 5 人,低年级每班不足 10 人者停开。

9. 议远道学生不及参加入学试验要求试读案

议决:准予试读,但下学期必须参加新生入学考试。

10. 议教务长人选案

议决:请王副校长暂行兼代。

11. 议组织教务委员会案

议决:由教务长、注册主任、图书馆长、各学院院长、各系主任,并由各学院同学各推代表一人共同组织之。

12. 议本校教职员子女在校肄业申请免费案

议决:由免费学额审查委员会办理,予与优先免费机会。

下午六时半散会

(《临时校务委员会第七次会议记录》,《私立大夏大学校务委员会、校务委员会常务委员会会议记录及有关指示文件》,第 51 页,华东师范大学档案馆藏,档号:81-3-31)

十四日 临时校务委员会第八次会议议决,原定聘请许公鉴教授兼任教务处注册主任,许教授坚辞不就,现聘屠修德教授兼注册主任。

临时校务委员会第八次会议记录

时间:一九四九年九月十四日上午九时

地点:本校教员休息室

出席者:学校行政方面:欧元怀　王毓祥　来元义

　　　　教授会代表:刘焕文　何仪朝　吴泽　张伯箴　黄敬思(黄震代)

　　　　讲师助教会代表:程齐贤　唐茂槐

　　　　职员会代表:黄震

　　　　学生自治会代表:程传泰

主席:欧校长　王副校长

记录:孙尧年

报告事项

主席报告西南服务团来函称借本校校舍,定可于本月底前归还。

讨论事项

1. 议本学期注册及上课日期案

议决:改定于九月二十二、二十三、二十四(星期四、五、六)三天注册,二十六日(星期一)起上课。

2. 议本会前议决聘请许公鉴教授兼任教务处注册主任,许教授坚辞不就,应如何决定案

议决:请屠修德主任兼任注册主任。

3. 议添聘理学院及商学院教授案

议决:照名单通过。

4. 议工友及职员精简问题案

议决:(1)工友部分按照实际需要,超额极少,暂缓精简,一面尽量另行分配工作,至待遇问题俟调查其他大学标准后,由校统筹决定。(2)职员部分原拟精简四人,其中事务处一人须保留,邮政代办所一人须广泛征求同学意见最所需否撤销后再定。

5. 议职员宿舍调整办法案(略)

6. 议规定宿费数额案(略)

7. 议改定新生入学费案

议决:改定为三十五折实单位。

中午十二时散会

(《临时校务委员会第八次会议记录》,《私立大夏大学校务委员会、校务委员会常务委员会会议记录及有关指示文件》,第52页,华东师范大学档案馆藏,档号:81-3-31)

十八日　第九次临时校务委员会议决:1.聘姜庆湘、冯契为专任教授,陈希筹、柳大纲、朱有瓛为兼任教授。2.修订各院系课程标准。

临时校务委员会第九次会议记录

时间:一九四九年九月十八日上午十一时

地点:本校教员休息室

出席者:学校行政方面:欧元怀　王毓祥　夏炎

　　　　教授会代表:邵家麟　何仪朝　吴泽　黄敬思　刘焕文　张伯箴

　　　　讲师助教会代表:程齐贤　唐茂槐

　　　　职员会代表:黄震　李贤瑷

　　　　学生自治会代表:程传泰

主席:欧校长　王副校长

记录:孙尧年

报告事项

多数同学签名要求本校邮政代办所不要撤销,该部分职员已予留任。

讨论事项

1. 议教务委员会提请修订各院系课程案

议决:通过(办法另详)。

2. 议添聘教员案

议决:姜庆湘、冯契为专任教授,陈希筹、柳大纲、朱有瓛为兼任教授,陈□□、卢世□为兼任副教授,夏明昌、吴宏瑞为兼任讲师。

3. 议规定各部门服务生名称、待遇及任用办法案(略)

4. 议教员子女免费额及纪念性质免费额是否应列入普通免费学额? 又前者应如何规定范围案

议决:概不列入普通免费额,关于教员子女之免费,请由刘焕文、夏炎两先生及程传泰同学,会同拟定详细办法,提本会通过后施行。

中午十二时散会。

(《临时校务委员会第九次会议记录》,《私立大夏大学校务委员会、校务委员会常务委员会会议记录及有关指示文件》,第53页,华东师范大学档案馆藏,档号:81-3-31)

修订各院系课程标准

第九次临时校务委员会通过

1. "新民主主义讲"三学分,大一上必修。……

2. 前三学程,理工学院三上各班学生应修九学分……

3. 为补救已读理则学、伦理学及政治学、经济学等课学生起见……

4. 国文仍列为必修课程……

5. "英文"与"俄文"得任选一种……

6. 中国通史、世界通史与社会发展史及自然科学是否列为必修学程,由各院自行规定。

7. 毕业总分由各院分别规定。

8. 毕业论文仍列为毕业学分,作两学分计算。

(《修订各院系课程标准》,《私立大夏大学校务委员会、校务委员会常务委员会会议记录及有关指示文件》,第54页,华东师范大学档案馆藏,档号:81-3-31)

二十一日　上海市人民政府高等教育处批复,核准校务会员会全体委员名单,临时校务委员会为正式校务委员会。

上海市人民政府高等教育处公函

事由:为函复校务委员会组织章程准备查并核定校务委员名单由

一九四九年九月二十一日发

高大私字第一一二一号

七月二十二日民字一二号来文暨附件均悉。校务委员会组织章程准备查。校务会员会委员名单,经核准学校行政人员欧元怀、王毓祥两名,教授代表邵家麟、张隽青、何仪朝、黄敬思、刘焕文、张伯箴、吴泽、龚清浩、宋成志、张耀祥,讲助代表唐茂槐、程齐贤,学生代表程传泰、周子东。

相应函复查照为荷!

此致

私立大夏大学

高等教育处

(《上海市人民政府高等教育处公函》《私立大夏大学校务委员会、校务委员会常务委员会会议记录及有关指示文件》,第11页,华东师范大学档案馆藏,档号:81-3-31)

二十二日　临时校务委员会第十次会议议决:恢复文史研究室、出版文史季刊、聘曹未风教授兼外国语系主任等多项校务。

临时校务委员会第十次会议记录

时间:一九四九年九月二十二日下午四时

地点:本校教员休息室

出席者:学校行政方面:欧元怀　王毓祥　夏炎　来元义

　　　　教授会代表:邵家麟　何仪朝　刘焕文　吴泽　张伯箴　黄敬思

　　　　讲师助教会代表:程齐贤

　　　　职员会代表:黄震　李贤瑗

　　　　学生自治会代表:周子东

主席:欧校长　王副校长

记录:孙尧年

报告事项(略)

讨论事项

1. 议审查教职员宿舍调整办法案

议决:修正通过(办法另详)①。

2. 议推请宋作□先生为教职员宿舍分配管理委员会委员案

---

① 《教职员宿舍调整办法》,《私立大夏大学校务委员会、校务委员会常务委员会会议记录及有关指示文件》,第56页,华东师范大学档案馆藏,档号:81-3-31。

议决:通过。

3. 议确定新旧女生宿舍用途案(略)

4. 议恢复文史研究室案(文学院各系会提)

议决:通过,由教务处设法腾拨教室一间。

5. 议出版文史季刊案(吴院长提)

议决:原则通过,由文史研究室拟具体计划,再提本会讨论决定。

6. 议本校创办人及教职员子女免缴学费办法案

议决:通过(办法另详)①,如个别教职员因经济困难,子女众多,在本办法免费范围以外需要免费者,可向学生减免费学额审查委员会申请,予以优先□□。

7. 议审查升级教员案

议决:照教授会理事会审查结果通过。

8. 议七学期修满毕业学分之学生,本学期是否需要注册案(略)

9. 议各部分服务生可否由院会系会提名推选案(略)

10. 议附属大学中学请借用本校图书仪器案

议决:通过。其借用办法由附中与图书馆、理工学院分别洽商决定。

11. 议审查秋季校历案

议决:通过(另详)②。

12. 议添聘文学院外国语文系教员案

议决:添聘伍蠡甫、董秋斯两先生为该系兼任教授。

13. 议陈铭恩教授请辞外国语文系主任职务,请另请继任人选案

议决:请曹未风教授兼外国语文系主任。

(《临时校务委员会第十次会议记录》,《私立大夏大学校务委员会、校务委员会常务委员会会议记录及有关指示文件》,第55页,华东师范大学档案馆藏,档号:81-3-31)

大夏文史研究室的成立,已具有相当年的历史。过去在工作方面,亦能保持相当的发展,先后出版过《史地摘要》,《历史社会季刊》等刊物,内容充实,曾博得学术界的一直推颂。自复学以来,因为备受战事影响的破坏,一时限于物力财力,学校当局未能多事建设。文史研究室虽然也曾挂过了一块牌子,可是在工作上,实际还是等于虚设。本学期吴泽教授出任院长后,即首先注意到这一件顶重要的事,更获得欧元怀校长的热烈赞同,于是在积极的计划筹备恢复下,几度与事务处磋商结果,经派人从事室内的装修油刷,现已布置就绪。又该院长以研究室快要展开工作,近正设计专题研究,专题座谈,并决定先行出版文史月刊一种,敦请作家姚雪垠、许杰、李平心诸位先生主持筹备。闻不久就可编排付印,预料那时人手一册,风行海内,定能继续保持过去的光荣传统。

(《文史研究室将以薪新姿态复活 继续保持传统光荣》,《大夏周报》,第26卷第1期,1949年11月6日)

本学期文学院自从校务委员会推举吴泽教授担任院长后,对于计划院务工作的展开,费尽了偌许的心机,而于人事的考虑提出聘请,更是感觉万分困难。经过了多方面的慎重物色,才能树立起这一坚强的薪新的阵容。该院除中国文学系主任由程俊英先生蝉联,史社系主任改由吴泽院长兼任,外文系主任一席,自陈铭恩先生提出坚辞后,则另请曹未风先生担任。其余教授如李铁明、陈伯吹、曹礼吾、刘锐等

---

① 《本校创办人及教职员子女免缴学费办法》,《私立大夏大学校务委员会、校务委员会常务委员会会议记录及有关指示文件》,第56a页,华东师范大学档案馆藏,档号:81-3-31。

② 《大夏大学一九四九年秋季校历》,《私立大夏大学校务委员会、校务委员会常务委员会会议记录及有关指示文件》,第57页,华东师范大学档案馆藏,档号:81-3-31。

悉继续聘任。新聘的计有李平心、许杰、董秋斯、焦敏之、董每戡、伍蠡甫、姚雪垠、冯契、阮有秋等，皆系国内一时知名的学者专家。此次能为我大夏罗致任教，珠联璧合，济济一堂，这实是我大夏无比的荣幸。

（《文学院教授新的阵容一斑》，《大夏周报》，第 26 卷第 1 期，1949 年 11 月 6 日）

二十八日　校务委员会第十一次会议，欧校长报告校务委员会批复经过。会议议决：1.组织校务委员会常务委员会。2.请注册主任、事务处主任、财务处主任、会计室主任列席校务委员会，并报告本部门工作。

临时校务委员会第十一次会议记录

时间：一九四九年九月二十八日下午四时

地点：校长会客室

出席者：欧元怀　王毓祥　张伯篪　吴泽　张隽青　刘焕文　程齐贤　唐茂槐　宋成志　邵家麟　黄敬思　张耀祥　何仪朝　周子东　程传泰

主席：欧校长　王副校长

记录：孙尧年

报告事项

1. 本会委员名单经呈奉高等教育处九月二十一日回复核定"学校行政人员欧元怀、王毓祥两名，教授代表邵家麟、张隽青、何仪朝、黄敬思、刘焕文、张伯篪、吴泽、龚清浩、宋成志、张耀祥，讲助代表唐茂槐、程齐贤，学生代表程传泰、周子东等共十六人"。

2. 本会成立之初原为临时性质，前次呈报时亦经说明，惟此次高教处复文内已将"临时"字样除去，本人亲向高教处当局请示，以本会委员名单既经核定，应属正式机构，下届改选亦至下学期或下年度再办等语。

3. 本会委员中有少数为兼任教授，高教处当局并指示委员资格经核定后，仍须出席。

讨论事项

1. 议本会应组织常务委员会案

议决：推定欧校长、王兼教务长、吴院长、张院长、刘焕文、程齐贤两先生及程传泰同学共七人组织之。

2. 议请推定本会主任委员及副主任委员案

议决：推定欧校长兼任本会主任委员，至副主任委员由常务委员会研讨决定。

3. 议本校各行政部门主要负责人应否约请列席案

议决：以后本会开会时，请注册主任、事务处主任、财务处主任及会计室主任经常列席，对各该部分工作报告说明，并各就有关主管业务事项表示意见。

4. 议继续申请缓缴或减免学费学生应如何审核案（略）

5. 议理院请添聘助教案

议决：添聘周增彦君为数理系助教。

6. 议准大教联函，为保卫世界和平，庆祝人民政协与中央人民政府成立大会筹备会决定于九月三十日上午在沪光大戏院举行演讲会，邀约本校同仁参加，请给假半天案。

议决：请全体同仁踊跃参加，该日第一节至第六节课一律暂停，自第七节起照常上课。至各行政部门应酌留人员值班。

7. 议□□会通告，为保卫世界和平，庆祝人民政协与中央人民政府成立，除于十月二日进行游行示威庆祝外，特定于十月三日补行放假一天。又十月六日为农历中秋，并休假一天，本校是否照办案。

议决：遵照通过，于十月三日及六日分别休假一天。

8. 议增添服务生名额案（略）

9. 议被精简雇员周醉青申请复职案

议决：否决。

10. 议聘请李宝堂先生为俄文教授案

议决:通过。

11. 议学生转院系限制办法案(略)

(《临时校务委员会第十一次会议记录》,《私立大夏大学校务委员会、校务委员会常务委员会会议记录及有关指示文件》,第58页,华东师范大学档案馆藏,档号:81-3-31)

三十日 新民主主义青年团大夏大学工作委员会成立。

......

二、建团工作

新民主主义青年团大夏大学青年团工作委员会已于九月三十日成立,选出委员二十五位,包括同学、工友、助教,名单如下:

文:吴斡民、何育智、姚芳潘、张宁杰、黄健聪

法:钱玉音、陈绥儒、孙仁治、施渊脉

商:刘炳骥、王之声

教:叶卓群、程能荣、李冠华

理:陈景达、陈学廉、张清蘭、张帆、徐曾衍、周同揆、查汝勤

闻工委成立以来,建团工作已逐步展开,目前同学工友申请入团甚为踊跃,至今已有二百四十六位同学工友领取入团志愿书申请入团。团工委决议二十五日为截止申请日期,二十六日开会审核成立。

(《学生自治会两大中心工作》,《大夏周报》,第26卷第1期,1949年11月6日)

本月 学校新布置了校舍。

本学期配合人事与环境需要,整个校舍有新的布置。一仍旧贯的,思群堂、教职员宿舍、群英斋、体育部。附中返校,旧图书馆、丽园宿舍全部作为附中校舍,群英斋合作大学部、中学部女生宿舍。图书馆迁至群贤堂办公,丽娃女生宿舍楼下让与理学院使用,新力斋改做教职员宿舍。群贤堂中,一楼全部教室,二楼三楼,校长室、秘书室、教员休息室、会议室、总办公室、事务处、财务处、会计室、图书馆、参考室、杂志室、四院研究室,都有了新的分配。校舍图上绘了新的指针,来宾端须按图索骥,勿使桃李作迷津也。

(《校舍新布置》,《大夏周报》,第26卷第1期,1949年11月6日)

大夏附中迁回大学部,以图书馆、丽园宿舍,以及群英斋一部分作为校舍。

附中已于暑期中迁回大学部,本学期自高三至初一共六班,学生三百余人,以原有校舍为理工学院所用,现在图书馆及丽园宿舍全部及群英斋一部为附中校舍。环境优美,场地宽广,男女生申请寄宿的很多,以现校舍不敷容纳,本学期寄宿男女生共一百数十人。大清早他们就在广大的场地上早操,增添了学校紧张的气象。

为了配合新民主主义教育的要求,首先是安定学校,增加设备,认真教学,照顾学生日常的生活。近来全校员生进一步展开学习及检讨,生活小组已编配安定,今后要使学习与生活打成一片。学生会筹备已产生多时,本周即可成立正式学生会,各种活动在教师的协助指导下大有表现。劳动生产工作亦将展开,工具均准备好了。上星期举行第一次测验,采用混合编制。

每当下午课后,我们可从场地上看见附中学生的跳跃,在广大的运动场上,器械的设备先后增加。文娱及学习工作已在各级讨论中,参加学联的学生代表已由民主选举产生了。伙食团由学生自理,校中派员协助,膳食廉美,大家都极满意。

但是,困难也很多。首先是经济问题,附中过去所有的校具及设备百无一留,上学期复校,形同初创,立足未定,本学期又从极东区迁向极西的本校,经此迁移,又如新创时的艰辛,加之校舍方面因受毁坏及飓风的影响,修建方面费了很大很大的数目,设备的添置又费了极多。其次是学生大部分是新生,因各校训练的不同,故组织上颇费时费力,但经全校教职员的努力,初步的困难是胜利地克服了。近来,师生们均在研讨民主管理的方法。

(《中学部返校速写》,《大夏周报》,第26卷第1期,1949年11月6日)

法学院积极改革,推进教学工作。

法学院自张伯箴先生接任以来,一面积极改进院务,领导同学加紧学习,一面广罗知名民主教授讲学,气象为之一新。爰将该院近一月来工作概况报道于后:

一、人事更动经过

该院经校务委员会公推张伯箴先生为院长后,即按校委会决议,于九月八日假重华新村校友会,召集本院全体教授会议,决定各系主任人选。席间张先生致辞,虚怀若谷,谓此次忝理院务,极愿跟随诸先生学习,在新民主主义教育旗帜下,共为建设新大夏而努力。会中通过张伯箴先生兼经济系主任,刘焕文先生为法律系主任,石啸冲先生为政治系主任。

二、课程商讨

该院为符合人民政府法令,推行新民主主义教育,培植青年,改进同学思想,本期各系课程多有变更,该院经于九月十三日再度集会,商讨课程增减问题,参照华北高教处公布课程标准,及本校实际情形,制定现行课程标准。除新加新民主主义论、社会发展史、新哲学、政治经济学四学程,为本院各系共通必修外,经济系增设苏联经济建设研究,新民主主义的经济等学程。政治系增设政治科学讲座,苏联政制等学程。法律系增设民主政策法令,新法学绪论等学程。同学均以极高度之学习精神和研究态度,接受新知识之传授。

三、教授阵容

该院除原有留校教授外,本期新聘了一批民主教授来校讲学,阵容更为充实。如石啸冲、王造时、姜庆湘、向哲濬等先生都是青年导师,海内知名之士,同学咸抱愉快精神,加紧学习。

四、研究室

法学院为提高同学自学研究风气,已将研究室积极布置就绪,定期开放,室内陈列书籍、杂志、报章甚为丰富,除供同学借阅外,兼供给一般有关政治、法律、经济之研究资料。

(《配合新民主主义教育　法学院气象一新》,《大夏周报》,第26卷第1期,1949年11月6日)

十月

一日　为庆祝中华人民共和国中央政府的成立,放假三天。(见九月二十八日临时校务委员会第十一次会议记录)

二日　王毓祥副校长因病逝世。

王先生逝世前三星期,曾将右腿多年小瘤开刀,已渐平复。十月二日,中山路上尚淹大水,先生憩寓楼,候新闻纸十二时方至,阅报,忽心痛,剧如火烧,汗珠如豆,掷报地上,急呼王夫人,召医罗君注射麻醉剂,痛少苏,欧校长亦至,嘱王夫人下楼用膳。欧校长方拨电话召心脏专门医师,忽听床上长叹一声,急趋视,已不能发言,火速送同仁医院,已归道山矣,诊断系心脏停止所致。

十月四日下午二时在乐园殡仪馆举行大殓仪式,由学校治丧委员会主持。到教育团体、大夏师生、来宾亲友、王志莘、黎照寰、金通尹、廖世承等三百人。举哀迎柩,行礼毕,由本校校董、教职员工、毕业同学会、附中部等单位代表九人,联合公祭。最后摄影,永留哀思!

治丧委员会决定十一月六日(星期日校友返校节)上午在本校思群堂举行追悼会。下午一时半,灵柩自乐园殡仪馆发引。全体执绋,至虹桥路桥公墓安葬。

(《追悼纪略》,《大夏周报》,第26卷第1期,1949年11月6日)

三日　举行校务委员会常务委员会第一次会议,欧校长报告王毓祥副校长逝世情形,并决定组织王故副校长治丧委员会。

校务委员会常务委员会第一次会议记录

时间:一九四九年十月三日下午二时

地点:本校教员休息室

出席者:欧元怀　张伯箴　吴泽(张伯箴代)　程齐贤　程传泰

主席:欧校长

记录:孙尧年

报告事项

主席报告王副校长逝世情形。

讨论事项

议组织王故副校长治丧委员会案

议决:推定欧校长、鲁继曾、吴浩然(代表校董会)、吴泽、邵家麟、黄敬思、张伯箴、何仪朝(代表各学院)、程齐贤(代表讲助会)、程传泰(代表学生自治会)、宋成志(代表中学部),苏希轼(代表留校同学会)、林荣(代表毕业同学会)、夏炎、来元义、屠修德、李贤瑗、孙尧年(代表各处室)等共十八人组织之。

(《校务委员会常务委员会第一次会议记录》,《私立大夏大学校务委员会、校务委员会常务委员会会议记录及有关指示文件》,第92页,华东师范大学档案馆藏,档号:81-3-31)

七日　举行校务委员会常务委员会第二次会议议决:筹备恢复师范专修科;修改校务委员会章程;组织图书委员会;组织学生宿舍管理委员会。

校务委员会常务委员会第二次会议记录

时间:一九四九年十月七日下午三时

地点:本校校长会客室

出席者:欧元怀　程传泰　刘焕文　吴泽　程齐贤　张伯箴

列席:屠修德　李贤瑗

主席:欧校长

记录:孙尧年

报告事项

主席报告:高教处李副处长面嘱本校恢复师范专修科事。

讨论事项

1. 议常务委员会例会日期案

议决:每星期五下午三时举行。

2. 议专任及兼任教员所开课程无人选修或选修人数不足规定者,其薪金应如何计算案

议决:(1)由各学院院长与各该系主任会同研商,根据实际注册学生人数,将课程分别调整归并,俟每一教员所开课程钟点确定后,再核实计算薪金。(2)应发同仁第三次薪金定于十月十六日发放,在发薪前积存款额,由财务处暂为存放定期存款。

3. 议添聘教员案

议决:(1)江仁寿、刘朝阳两先生自动请改为兼任教授,所遗课程添聘李公□、朱光世两先生担任。李先生名义为理学院土木兼任教授,朱先生为数理系兼任讲师。(2)添聘阮有秋先生为法学院专任教授,皮守□先生为法学院兼任教授。

4. 议筹备恢复师范专修科案

议决:由校长与高教处再洽,先行进行筹备工作,下学期正式招生。

5. 议修订校务委员会章程案

议决:查校委会章程草案业经高教处核定,已成为正式章程。原有校委会筹备会应即结束,并通告教授会、讲助会等各单位。至以往各单位提出之书面修正意见,推请刘焕文、程齐贤、孙尧年等三先生及程传泰同学会同研商,并根据数月来校委会开会经验及目前实际情况,拟章程予修订,按照程序通过之(由刘焕文先生召集)。

6. 议审核本校经费预决算编制规程案

议决:通过。(规程详后)

7. 议组织图书委员会案

议决:推请各学院院长及教务长、图书馆馆长会同组织之。

8. 议组织学生宿舍委员会案

议决：根据校委会第八次会议决定由学校行政方面会同学生组织之。学校行政方面推定事务处主任及钱冠英、罗玉森两君,学生方面人数由同学自行决定。

9. 议学生丁龙光申请免费案

议决：根据校委会第十一次会议决议不再受理。

10. 议被精简雇员周醉青请予救济案

议决：仍照学校行政方面决定致送八至十月三个月薪金。

11. 议雇员符云娟请增加待遇案

议决：仍应维持叙薪委员会原决议。

12. 议十月八日同仁参加庆祝游行,放假一天案

议决：通过。

13. 议请更改校历上课逾三周注册者再减修三学分案

议决：通过。自十月十七日起,注册者减修三学分。

（《校务委员会常务委员会第二次会议记录》,《私立大夏大学校务委员会、校务委员会常务委员会会议记录及有关指示文件》,第93页,华东师范大学档案馆藏,档号:81-3-31)

八日　全体教职员参加全市高教联组织的保卫世界和平,庆祝人民政协和中央人民政府成立的大游行。

为保卫世界和平,庆祝人民政协和中华人民共和国的成立,上海展开了全面性的大游行。大夏动员教授百分之八十,讲助百分之八十,职员百分之一百,同学方面日以继夜的怀着兴奋的情绪忙着画像做旗。八号一早,我们拿了画就的五幅巨像,做好的红星,连唱带跳的集中到华山路去,听候出发。许多工厂里的工人队伍,整齐壮伟,节目精彩,充分的表现了"工人是有力量的"。出发了,我们的队伍也沸腾起来,大家大声的叫,大声的喊,一遍又一遍的歌唱舞蹈,化学系更随时随地演出了活报,得到街头一般民众的赞许,午后两点钟到达跑马厅,受到了庄严的检阅礼,以后我们又继续游行,虽然脚上起泡了,喉咙喊哑了,肚皮挨饿了,但我们所感觉到的仍旧是兴奋兴奋! 一连串的兴奋!

（《十月八日大游行　大夏大学多兴奋》,《大夏周报》,第26卷第1期,1949年11月6日）

十四日　举行校务委员会常委会第三次会议,会议议定:1. 常委会会议记录要整理油印,向校务委员报告,有关全校事宜,随时单独发表。2. 本月二十三日举行新生指导会。3. 不足规定人数的课程一律停开。4. 专任教员开课不足规定时数处理办法。

校务委员会常务委员会第三次会议记录

时间:一九四九年十月十四日下午三时

地点:群贤堂210室

出席者:欧元怀　程齐贤　张伯箴　吴泽　刘焕文　程传泰

列席者:夏炎　李贤瑷　屠修德　李明□

主席:欧校长

记录:孙尧年

报告事项

屠主任修德报告截至本日止,注册学生人数(计1430人,内新生359人)及开班课程情形(计开342门,已有停开者25门不算在内)。

夏主任炎报告经费收支情形。

讨论事项

1. 议本会记录应否发表案

议决:记录予以油印,校务委员会开会时提出报告,其有必须使全校明了之案件,随时予以单独公布。

2. 议如何举行新生指导会案

议决:定于十月二十四日(星期日)①上午八时半至十时,在思群堂举行新生综合指导会,由校长及各行政部门主管暨学生自治会主持。十时至十一时半继续举行各院新生分别指导会,由各该院院长及系主任主持。

3. 议添聘董任坚先生为教育学院兼任教授案

议决:通过。

4. 议最后确定停止开班课程案

议决:截至本日止,凡不足规定人数之课程一律停开,所有教员薪金照实际所开课程计算,其有已领薪额超过应得部分者,应请退还。

5. 议专任教员开课不足规定时数,应如何计算薪金案

议决:凡个别专任教员开课已达规定钟点半数者,仍照专任标准支薪,其不足□□按兼任教员钟点费扣算,如开课不足规定钟点半数,全部改照兼任计薪。

6. 议服务生待遇开始计算办法案

议决:自开始服务之月起算,中途停止服务者,待遇同时停止。

7. 议王故副校长治丧费案(治丧委员会提)

议决:本校负担治丧费用以三百五十万元为最高限额,□仪收入并充作治丧费用。

8. 议体育部请拨经费案

议决:交财经委员会参酌本校财务实况,量为增拨。

9. 议学生毛秀英申请免费案

议决:准予照章缓缴学费。

10. 议规定学生退费限制办法案

议决:凡缴费而未注册者,如有特殊原因申请退费,得准将学费、新生入学费及实验费,照原缴人民币数额全部退还,杂费照退半数,宿费由学生宿舍委员会决定。

(《校务委员会常务委员会第三次会议记录》,《私立大夏大学校务委员会、校务委员会常务委员会会议记录及有关指示文件》,第94页,华东师范大学档案馆藏,档号:81-3-31)

二十一日　举行校务委员会常务委员会第四次会议,决议:法、商学院分辟研究室;补考及期中考试日期均顺延一周;改订上课时间。

校务委员会常务委员会第四次会议记录

时间:一九四九年十月二十一日下午三时

地点:本校会议室

出席者:欧元怀　程传泰(廖锡瑞代)　刘焕文　张伯箴　程齐贤

列席者:来元义　夏炎　李贤瑗　屠修德

主席:欧校长

记录:孙尧年

讨论事项

1. 议数理系要求保留三学程案

议决:仍须有足额之规定开班人数。

2. 议、法商学院要求分开研究室案

议决:暂将原来之文法学院办公室分辟为两院研究室。

3. 议补考及期中考试日期均顺延一周案

议决:补考日期延至十一月二日(星期三)至十二月三日举行。其中考试日期延至十一月二十八日

---

① 1949年10月24日实为星期一,后《大夏周报》上报道了10月23日(星期日)举行新生指导会情况,所以此处系记录错误。

（星期一）至十二月三日举行。

4. 议补考学程及命题案（略）

5. 议学生夏志建等五人请准本期特别注册,免缴半数学费案（略）

6. 议学生杨继□……等申请退费案（略）

7. 议改订第十节上课时间案

议决:自下星期一起第十节课改自下午五时三十五分至六时二十五分止,俾与第九节课衔接。

8. 议商学院兼任讲师郭栋材先生薪给问题案

议决:由校长与何院长洽后再定。

9. 议应届毕业生缺修必修学程本学期未能开班应如何补救案

议决:由各该系主任指导修习,仍应办理注册手续,饬缴阅读报告,由指导员评定成绩。

（《校务委员会常务委员会第四次会议记录》,《私立大夏大学校务委员会、校务委员会常务委员会会议记录及有关指示文件》,第95页,华东师范大学档案馆藏,档号:81-3-31）

二十三日　举行新生综合指导会,由校长、各行政部门主管及学生自治会主持,并报告有关校务和注意事项,之后各学院分别举行新生指导会。

十月二十三日（星期日）新生入学指导日,上午八时半至十时,全校新生综合指导,由欧校长演讲大夏校史与"自强不息"的创新精神,各部门主管解释各项校规。十时至十二时,文、教、理、法、商五学院举行新生分院指导,由各院系主持讲演,检讨过去的历史,掌握当前的任务,给这一队刚踏入新阶段的青年,一个强力的新启示!

各学院讲词总结:

一、文学院

中国文学、外国文学、历史社会三系,是为了要专门的研究而分设,其实是一个整体,有相互联系的必要。

二、教育学院

（一）回顾过去院史,愿学校因你来而增加光荣!

（二）上课出席,要有自觉、自我批评的精神,执行团体制裁。

（三）随时随地,不断自修!

（四）参加团体,选择同学,良师不如益友。

（五）康乐活动,增进你身心的健康!

三、法学院

社会乃一有机体,必须有政治组织,社会财产制度一天存在,必须靠法律去解决,故政治法律人才,皆为国家所需要,我们必须确定服务的人生观,澄清模糊的观念,搞清思想,放心学习!

四、商学院

商学院三系都是管理的学问,商学院是管理学院,是最科学化最现代化的学问,你们要确定目标,培养兴趣,运用学习方法,向这个目标前进。

五、理学院

社会科学有急剧的改进,自然科学也需进步,理学院学生尤应本自然的朴素精神,摒除一切为文凭为虚荣的浮华思想,切切实实为科学而前进!

（《新生入学指导日　五学院讲演要点》,《大夏周报》,第26卷第1期,1949年11月6日）

二十八日　校务委员会常委会第五次会议议决:1.该学期新民主主义课一律改为社会发展史,下学期再行开设新民主主义课。2.全国总工会发动大学教职员工学习运动,学校将积极响应。

校务委员会常务委员会第五次会议记录

时间:一九四九年十月二十八日下午三时

地点:本校会议室

出席者:欧元怀　程齐贤　刘焕文　吴泽　张伯箴　程传泰

列席者:李贤瑗　夏炎　来元义　王庆成

主席:欧校长

记录:孙尧年

报告事项

夏炎主任报告:

1. 截至十月二十二日止学生缴费情形。

2. 截至十月二十二日止经费收到情形。

李贤瑗主任报告:

财务处、会计室会同各行政部门主管拟定本学期经费预算表,就表列各项目及数字分别解释。

孙尧年先生报告:

本次本会推定刘焕文先生等及本人会同修订校委员组织规程草案情形。

讨论事项

1. 议审核预算案

议决:就原表增添仪器费一项目,全部预算提下次校委会审核决定,届时并请各行政部门主管列席。

2. 议审查校委会组织规程草案

议决:提下次校委会讨论。

3. 议郭栋材先生薪给问题案

议决:查郭先生并未开有课程,应不给薪。

4. 议科学德文二上及生物技术两学程选修人数不足规定,已由教务处根据本会决议,先后布告停开……

5. 议调整本学期政治课程案

议决:(1)新民主主义课程一律改为社会发展史,俟下期再行开设新民主主义课程。(2)选修新民主主义课程学生一律讲社会主义发展史,如事前已选有社会发展史者,改选其他课程。(3)本期应毕业学生所选新民主主义原属必选,现准予社会主义〈发展〉史代替。

6. 议服务生请增加待遇案

议决:下次常会再议。

7. 议全国总工会发动大学教职员工学习运动,本校应如何响应案

议决:请李敬永、陈旭麓、钱白水、屠德修、王庆成、程齐贤(召集人)六位先生先行会商具体计划,再提下次校委会讨论。

8. 议工友会定于十月三十日晚间学习讲座,请本会推定教员数位出席指导案

议决:请李敬永、吴泽、姜庆湘、陈旭麓、荣作樨五位先生出席。

(《校务委员会常务委员会第五次会议记录》,《私立大夏大学校务委员会、校务委员会常务委员会会议记录及有关指示文件》,第96页,华东师范大学档案馆藏,档号:81-3-31)

　　三十日　举行校务委员会第十二次会议,各处室列席并报告工作。会议决定响应全国总工会号召,发动教职员工开展学习运动。

校务委员会第十二次会议记录

时间:一九四九年十月三十日上午九时

地点:本校会议室

出席者:欧元怀　刘焕文　张隽青　何仪朝　张耀祥　唐茂槐　周子东　龚清浩　黄敬思　宋成志　张伯箴　程齐贤(唐代)。

列席者:黄震　韩钟琦　屠修德　来元义

主席:欧校长

记录:孙尧年

报告事项

孙秘书尧年报告:

本会常务委员会第一次至第五次会议记录(另行布告)。

屠主任修德报告:

1. 截至十月二十九日止,各院注册学生人数共 1509 人(文 82、理 420、法 366、商 455、数 186)。

2. 本学期开班课程共 318 门,钟点共 910 小时(实验课程不计在内)。

3. 学生上课及教员缺课情形。

李主任贤瑗报告:

1. 截至十月二十九日止学生缴费情形。

2. 教职员工薪金分配情形。

3. 全校财务概况及会计办理情形。

来主任元义报告:

1. 数日来事务处工作重心在恢复学校□□建设。

2. 学校因经费短拙,对于事务工作推动所发生之困难情形。

讨论事项

1. 议葛受元、焦敏之两先生因故离职,所遗"西洋政治思想史"及"世界近代革命史"两学程,拟请左□先生担任案

议决:通过。

2. 议审核本学期经费预算案

议决:交常委会审核决定。

3. 议全国总工会发动大学教职员工学习运动,本校应如何响应案

议决:仍请李敬永、陈旭麓、钱白水、屠修德、王庆成、程齐贤(召集人)六位先生先行会商具体计划后再议。

4. 议修订本会组织章程草案案

议决:下次开会再议。

5. 议本会拟设置学生意见箱案

议决:通过。

(《校务委员会第十二次会议记录》,《私立大夏大学校务委员会、校务委员会常务委员会会议记录及有关指示文件》,第 59 页,华东师范大学档案馆藏,档号:81-3-31)

本月　组织民众教育委员会,深入群众服务工农。

解放后教育学院同学因鉴于工人文化水平的急待提高,六月中旬首届周家桥申新第一工厂洽办工人夜校。此时起,十几位热心同学不怕气候的炎热,每天怀着愉快的情绪,跑来跑去,虽飓风袭沪时马路上水淹过膝,并未能降低他(她)们的情绪,阻止他(她)们去教书。

除了申新一厂夜校外,又增加了公胜夜校和本校工友夜校的复课,为了使每个参加民校工作者宝贵经验的交流,在大家共同要求之下,组织民教委员会,通过这样的组织形式,使民教更顺利的开展。七月中旬,为了庆祝民教委员会的成立和本校工友夜校复课,开了一次庆祝大会,除有许多同学参加外,更有申新夜校全体同学和欧校长、许公鉴先生讲话。

综计自六月份起迄今,本校动员了五十多位同学参加民教,下厂或展开地区工作,教育了五百多工人,也解决了清寒同学生活费用三十余人。民教会待学生会成立后即行扩大改组,便于统一领导开展今后地区工作。现出席上海市教育局所组织之劳工夜校辅导委员会〈者〉为俞其中同学。

最近,市政教育处鉴于本市许多大中学因个别展开民教工作所遭到的困难问题不得解决(如校舍、经济等),同时更有许多学校缺乏经验,希望学联能召集各有关学校集体处理此问题。本月二十日,大夏、交大等十八个单位商讨结果,组织劳工夜校辅导委员会,由大夏、交大、上工、上海美专、中国纺专担

任辅导职责,尤以大夏、交大为主要责任单位,直接接受市政教育处的领导。市教处可以津贴办公费和水电费,我们要迎接这蓬勃开展的明天!

(《深入群众服务工农 民众教育委员会报道》,《大夏周报》,第 26 卷第 1 期,1949 年 11 月 6 日)

大夏文工团成立。

大夏文工团经过和应变自治会和团工委的努力合作,终于诞生了,到今天登记的团员已有一百二十多人(包括同学以及工友),他们学习的情绪都很好,现在文工团分了五组:一、音乐,二、戏剧,三、舞蹈,四、美术,五、写作。每组都有几十人,学生会成立时候,看我们的精彩节目吧!

(《发扬热烈的朝气 建立大夏文工团》,《大夏周报》,第 26 卷第 1 期,1949 年 11 月 6 日)

学校壁报丰富多彩。

壁报是文化的壁垒,思想的前锋,开学后因课务繁忙,同学们忙于准备工作,然仍努力争取刊出,计总的方面先后编行"大夏生活"、"新大夏"、"大夏青年",民教会的"大众",文学院的"文联",法学院的"法联",土木系的"新土木",和福利部主办的"福讯"等,报道消息,鼓舞同学,确是不余遗力。现值学生会竞选在即,开学工作步上正轨,集中精力,争取胜利,各院系各团体的壁报队伍,一定将有一番热烈的竞争潮。

(《壁报热》,《大夏周报》,第 26 卷第 1 期,1949 年 11 月 6 日)

十一月

四日 举行校务委员会常委会第六次会议,通过教职员工学习运动推动办法,全校教员、职员、工友分别组织学习小组。

校务委员会常务委员会第六次会议记录

时间:一九四九年十一月四日下午三时

地点:本校会议室

出席者:欧元怀 吴泽 程齐贤 程传泰 张伯箴 刘焕文

列席者:夏炎 屠修德 李贤瑗

主席:欧校长

记录:孙尧年

报告事项

1. 夏炎主任报告十月经费收支情形(详另表)。

2. 李主任贤瑗报告教职员工薪金分配情形。

讨论事项

1. 议应届毕业生请求事项(略)

2. 议张清兰等五生参加干部学校学习,该校来函准该生等请假案(略)

3. 议宋萝□等六生请予恢复开设生物技术一学程案

议决:该课程业已停开,不便恢复,该生等应准改修其他课程,以资补足学分。

4. 议法律系四下学生因本期新增若干必修课程,请准放宽修读学分之限额,以免影响毕业年限案

议决:准酌予通融,由系主任决定。

5. 议服务生请增加待遇案(略)

6. 议本校保留职员工薪金存放活期部分,应否提前发放案

议决:以四分之一拨发工友,其余发给教职员,于十一月九日支发。

7. 议审查本学期经费预算案

议决:通过。

8. 议校务委员会组织规程草案第三、六两项应予修正,以免两歧案

议决:修正如下:第三条校务委员会设主任委员一人,由校长兼任之。第六条校务委员会每月开会

一次,由主任委员召集并主席,遇必要时,得召集临时会。以上修正连同原草案提出〈交〉下次大会。

9. 议全体教职员工学习运动推动办法案

议决:照程齐贤、陈旭麓先生等草拟办法通过。原办法如下:

(1)全校教员、职员、工友分别组织学习小组,每小组至多十二人至少七人。(2)教员部分以院系为单位,由院长各该院系主任会商组织,斟酌各系教员人数,亦可两系合并为一组或一系分为两组,并决定各组组长负责召集。(3)职员部分以处室为单位,即以各处室主管为小组组长,其人数较少之处室可自行商量合并。(4)工友部分已由工友会自行组织完成。(5)第一次讨论即根据高教联所定讨论提纲,希望各小组在下星期六前(十一月十二日)分别举行讨论。如有疑问可于将来定期举行之全体教职员工学习大会中提出解决。

(《校务委员会常务委员会第六次会议记录》,《私立大夏大学校务委员会、校务委员会常务委员会会议记录及有关指示文件》,第97页,华东师范大学档案馆藏,档号:81-3-31)

大夏全体教职员暑期以来开展学习工作,共分十一小组,自七月二十三日举行第一次会,迄今已逾三期,对外参加高教联的学习讲演会,校内举行小组讨论。

一、中国革命与中国共产党　冯定
二、国际形势　章汉夫
三、国内形势　范长江
四、新人生观　舒文
五、文教政策　戴白韬
六、知识分子的改造　潘汉年
七、总结　陈毅　唐守愚　刘佛年

从校长到雇员,无不踊跃参加。规定必读书籍:(一)《整风文献》,(二)《共产党宣言》,(三)《辩证唯物主义与历史惟物主义》,(四)《社会发展简史》,(五)《政治经济》,(六)《社会主义从空想到科学的发展》。在学习的过程中激发了集体学习生活的兴趣,打破了高等知识分子高傲孤僻的习惯,鼓励起学习进取的精神和自我改造的心向,大家进行了四点:一、发起买书运动,多读书,吸收新的知识。二、学习态度坦白。三、大家应多多争取发言机会。四、学习和生活联系,实行批评和自我批评。小组讨论的心得:

(一)在交换心得中,提高了学习效能。

(二)增加了对问题对社会的认识。

(三)打破职位大小和身份的观念。

(《不断学习　共同进步　大夏教职员学习会报》,《大夏周报》,第26卷第1期,1949年11月6日)

三日　人民政协代表施复亮来校演讲,题为"人民政协与共同纲领"。

第一次十一月三日,人民政协代表施复亮先生来校演讲"人民政协与共同纲领",阐述共同纲领的内容和人民政协的基本精神。第二次人民银行上海分行经理陈穆同志在思群堂演讲"新民主主义的金融政策"。……

(《施复亮、陈穆、王芸生来校举行学习演讲》,《大夏周报学运特刊》,第26卷第2期,1949年12月20日)

六日　举行王毓祥副校长追悼会。

祭文

维公元一九四九年十一月六日,大夏大学全体教职员工学生,谨以香花清酌之仪,致祭于王副校长祉伟先生之灵:

山川钟秀,乃诞衡浦;淑质卓□,英华早吐,弱冠慷慨,鼓箧远游;投身革命,敌忾同□,即见□革,未息干戈;忧愤激励,常恐蹉跎。何以济时? 恨无兵柄! 惟有学术,可利百姓。爰创大夏,群贤匡持;民十三年,奠立初基。惨淡经营,日夕不暇;集资鸠工,建筑校舍。图书仪器,储置良苦,五院恢宏,洋洋学府。不幸国难,日寇入侵;逼我播迁,辗转赣黔,牯岭山头,南明河畔,项尾流离,因而待旦,救亡图存,不辍讲诵。菁菁者莪，欣然景从，卅五年春，重返沪滨；咸庆胜利，独念艰辛。出席立院，执言不回；痛斥贪污，群小为摧。□及今夏，局势新更；翊办校政，改革课程。曰："我教授，识见深宏，各抒伟抱，迎接光明。"曰："我执事，如弟如兄，各有职责，竭其至诚。"曰："我工友，时代之荣；勤劳工作，模范好评。"曰："我同学，国之菁英；力求进步，共致升平。"吁嗟先生！才高志洁，谦谦君子，懔如冰雪。方期永寿，保此鸿烈；如何昊天！歼我名哲！梧桐秋落，悲风急节！白露夜凝，寒蝉哀咽！适子素馆，抚孤伤别！下葬虹桥，永安尔穴！尚享。

（《祭文》，《大夏周报》，第 26 卷第 1 期，1949 年 11 月 6 日）

　　祉伟先生逝世，倏已逾月，我除制了一付粗浅的挽联致悼外，还没有公开说过什么话，实因沉重的哀痛压在心头，有时竟说不出话来！

　　我和祉伟兄一部交谊的历史，可以说也就是大夏校史的一部分，除学校事业外，我们的友谊便会落空，无从说起。可是我和祉伟兄相识，比大夏校史开始还早了两年。这两年——民十一至十三——我们从上海先后到厦门任教，在友情交流中加深了我们的认识，也从这里种下了毕生事业合作的基本因素。十三年夏季同时离开厦大来到上海，奠下大夏立校第一块基石的，原不止我和祉伟兄两个，还有傅筑隐、林天兰、余泽兰、李拔峨、吴毓腾、吕子芳诸君子。这时学校成立了一个筹备处，由我和祉伟筑兄三人担任执行干事，事情大至组织校董会，小至抄写递送信件，都是我们分头洽办。伟兄擅长文翰，长篇短牍，下笔立就，筑兄精于财务钩稽，我则统筹全校行政。那时正值大革命前夕，上海处于帝国主义势力和军阀统治之下，环境极为恶劣，我们这一群正是年富力强的教育事业工作者，提倡苦干、苦教、苦学的三苦精神，怀着一个远大的共同理想，终于靠我们不断的斗争，在学校发展的途程上，克服了一切艰难困苦。直到十九年春，中山路的校舍落成，大夏才胜利地建立了永久的基础。

　　自从十一年直到二十七年，我和祉兄一径生活在一起，朝夕共事，远至赴南洋募捐及后来学校播迁贵阳，总是两人共同行动。抗战中期他留在重庆几年，代表学校在中枢洽办校事，我也凑巧暂时离开学校职务，掌理贵州教育行政工作，可是我们无论通信或是见面，不谈则已，一谈还是离不开学校的事。他对学校一份热心，并不比我为差，他个性刚直，喜欢仗义执言，有时也会和同事闹些脾气，但稍经劝说，就立刻回到学校立场，不惜牺牲任何个人成见。因此在他半生中为大夏服务时期，学校创办的以至中途参加合作的同志，虽时有来去，他是始终如一，他可以说是以学校为生命，除学校外，他没有个人利害的打算。

　　大夏是为国家教育人才的一份事业。它在革命初期诞生，随着时代发展成长，前进，在这里祉伟老友是尽了他最大的努力。他为人乐观，永远保持着年青时代的热情与兴致，大夏在解放后，他以衰病之躯，还勉强兼任教务长，为校事力疾奔走，朝夕勿懈，也尽了他最后的努力。作为一个教育事业工作者，是需要这样的损己利他锲而不舍忠实的服务的精神。我们知道，为国家人民服务的任何事业，有这样的人和这样的精神，是决不会没有成绩表现的。同样地，我们做任何一种学问，也不应缺少这种锲而不舍精益求精的态度。

　　祉伟兄的逝世，对于大夏无疑是一种很大损失。我个人哀痛，与其说出于私交，还不如说由于公谊更为确切。我们今天共同悼他，不仅是纪念着他半生中对大夏对国家教育事业不可磨灭的贡献，我们每一个"大夏人"，是更应当珍重他和继续着他那样的精神，配合着时代，共同努力，以求我们这一教育事业的发扬光大。让我们祝福祉伟先生的永生！大夏的永生！

　　（欧元怀，《祉伟先生永生》，《大夏周报》，第 26 卷第 1 期，1949 年 11 月 6 日）

　　八日　大夏学生会正式成立。

　　本校学生会经过多日来的动员酝酿，代表大会于十一月三日正式成立，四日起竞选开始，七日起开始发票投票，八日下午一时假思群堂第十六教室开票，结果周同撰、李祥麟、孙仁治等十五人当选执委，钱玉音、程传泰等五人当选候补执委。当晚召开第一次执委会，会上决定了各部门的分工，初步交换工作计划，并推选出席上海学代会大夏代表。

　　（《大夏学生会十一月八日正式成立》，《大夏周报学运特刊》，第 26 卷第 2 期，1949 年 12 月 20 日）

学生会登记表

1949 年 11 月 13 日填(请用钢笔填写清楚)

学校全名	大夏大学	校址	中山北路三〇七号	学校性质	私立	校长姓名	欧元怀
校董会名单	王志莘、欧元怀、王毓祥、鲁继曾、吴浩然、吴蕴初、邵家麟、荣尔仁、强锡麟等			校务委员会名单	欧元怀、吴泽、张伯箴、刘焕文、宋成志、邵家麟、张耀祥、黄敬思、程传泰等		
男教员人数	147	女教员人数	5	政治教员姓名	李敬永		
全校同学人数	1514 人	男同学人数		女同学人数			
参加学生会人数	1514 人	男同学人数		女同学人数			
是否成立青年团		男团员多少		女团员多少			
会费收入多少		向学联缴纳多少					
全校分哪几个院系,班级人数多少,男女同学各占多少	文学院包括中文系(17 人)、外文系(39 人)、史社系(26 人)。 理学院包括土木系(270 人)、化学系(128 人)、数理系(22 人)。 法学院包括政治系(55 人)、经济系(208 人)、法律系(104 人)。 商学院包括会计系(128 人)、银行系(88 人)、工管系(241 人)。 教育学院包括教育系(145 人)、社教系(27 人)、教心系(16 人)。						
同学对校务委员会有什么意见							
同学对政治课的反映							
解放前有否学生自治会?何时成立?是否学联会员?	解放前于一九四九年三月成立大夏应变自治会。为学联会员。		解放后何时成立学生会?同学对现在的学生会或过去自治会有什么意见?		解放后于一九四九年十一月八日成立大夏学生会。		
现有的学生会组织系统,分工情形及各部门负责人姓名。(请注明年级姓别)	主席一人:周同揆(四上,男)。 副主席二人:孙仁治(四下,女),许斯通(男)。 秘书处:吴干民(男)。学□部:李祥麟(三,男),苏抡(男) 文娱部:姚芳广(男)。生活福利部:庄久达(男),周荣生(男) 女同学部:张凤宝(女)。社会服务部:姜卓群 体育部:孙威熙,陈一飞 联络部:张雪坡,顾□铭						
同学的经济情况如何							
解放前参加过什么运动	"六·二三"抗暴、"五·二〇"于子三惨案、抗议九龙暴行、反美扶日、护校应变、"四·一"血案。		解放后参加过什么运动		参加人民保安队,配合□□□银元投机,南下,"七·七"大游行,抢修海塘,劳军义卖,庆祝开国盛典保卫世界和平大游行,庆祝广州厦门解放,欢迎苏联代表团大游行。		
同学最重视什么功课				对学制课程有什么意见			
喜欢哪些课外活动				工作中存在的问题			
附注							

(《大夏大学填报的学生会登记表》,上海市档案馆藏,档号:C22-2-4-5)

大夏大学编年事辑

十日　举行上海市学生第一届代表大会,大夏学生代表李祥麟等参加了会议,十四日会议结束。会后出版《大夏周报学运特刊》,号召全校学生加强政治学习,展开新民主主义学习运动。

上海市学生第一届代表大会从十一月十日开始,经过了五天来的会议讨论已于十四日胜利闭幕了。

这一次学代会的召开是上海,也是华东,甚至是全中国学生界一件空前的大事情,因为上海的学生三十年来,一直就和全国学生,和工人阶级农民阶级一道站在革命的最前线,以鲜红的血和青春的生命写下了无数悲壮的史诗,再加以上海是国民党反动派统治的政治经济文化中心,也是帝国主义、封建主义和官僚资本主义狼狈为奸鱼肉人民的魔窟,上海学生与劳动人民的革命斗争,就首先以尖锐的匕首刺向反动匪帮的心脏,大大促进了全国革命斗争的发展。……

(李祥麟:《伟大的启示》,《大夏周报学运特刊》,第26卷第2期,1949年12月20日)

上海市学生第一届代表大会经过五天来的会议讨论,已于十一月十四日胜利闭幕了,我们谨以无比的兴奋来热烈的庆贺大会的成功。

我们知道这次学代会的召开是全上海的一件大事甚至也可说是华东区和全中国的一件空前的大事。它在人民解放战争已取得基本上的胜利,大上海也成为人民的上海的时候,在国内军事斗争形将结束,全国经济建设和文化建设高潮已在眼前的今天召开,是具有伟大的划时代的历史意义的。

学代会上总结了过去三十年来上海学生运动的发生与发展,根据目前飞跃发展的革命形势,通过了"上海学生运动当前任务"的决议,制订了新的学联章程,选出了新的执行委员,以便成立统一领导机构——新的学联,领导全上海学生贯彻新民主主义教育政策,开展新民主主义学习运动,取得学习战线上的胜利。……

诸位亲爱的同学们,学代会已经胜利的闭幕了,但是,伟大的长期建设新中国的任务需要我们去担负,我们应该以实际行动来贯彻学代会的决议。(一)我们现在应该估计大夏目前的具体情况,首先建立团结、进步正派的学风,确立为人民服务,为新中国建设而努力学习的学习观。(二)政治课应该予以重视,政治课上的学习小组、未组织的希望尽速组织,已组织的应该加强,每班须产生小组长一个经常举行小组长汇报,在政治教员领导下负责推动本班政治学习。(三)全校性的同学学习委员会要稳步有基础的组织起来,领导全校同学的学习并与教授们的学习委员会密切结合起来,贯彻师生团结同学的集体互助精神。(四)全校的学习小组应该有重点的组织起来,学代会代表小组必须发挥生活与学习的作用,筑固本校开展新民主主义学习运动的基础。(五)期中考试已经来临,我们应通过这次考试发挥集体温课团结互助的学习方法,确立新的考试态度。我们大夏是有光荣的革命传统的,我们相信为长期斗争所考验,战胜一切障碍而奋勇前进的大夏同学们,一定会以同样的英勇,热情和智慧在学生会的统一领导下大力开展新民主主义学习运动而取得伟大胜利的!

(《以实际行动贯彻学代大会的决议》,《大夏周报学运特刊》,第26卷第2期,1949年12月20日)

十一日　举行校务委员会常委会第七次会议,议决为推动全校学习运动,组织学习委员会,推吴泽等九人及工友会、学生会代表组成;同时决定拟订教务、财务、事务三委员会组织规程。

校务委员会常务委员会第七次会议记录

时间:一九四九年十一月十一日下午四时

地点:本校会议室

出席者:欧元怀　刘焕文　张伯箴　程传泰　吴泽　程齐贤

列席者:李贤瑷　屠修德　夏炎　来元义

主席:欧校长

记录:孙尧年

报告事项

夏炎主任报告:此次发放员工薪金……

来主任元义报告:

1. 学校附近解放军部队曾借用本校木板等物,略有损失,现承送来木料十根作为补偿,已经收下。

2. 解放军特种兵科向事务处和学生会洽商借用群策斋房屋四间,业已腾允。

3. 各研究室需要用书架,经利用本校原存木料锯板制造。

4. 思群堂及群贤堂屋顶急需修理,正计划进行。

欧校长报告:以后事务、财务两委员会希望在每星期三、四开会,如有重要问题及报告,可即在每星期五之本会例会提出。

讨论事项

1. 议为策划领导推动全校学习运动(偏重员工方面之学习),须组织学习委员会案

议决:推请吴泽、张伯箴、李敬永、姜庆湘、陈旭麓、程齐贤、钱白水、屠修德、孙尧年等九位先生并请工友会、学生会各推代表一人共同组织,由吴泽先生召集之。

2. 议工友会成立夜班请予协助案

议决:准予晚间借用楼下教室三间并应用室内电灯。

3. 议事务处诊疗室应否改为独立单位案

议决:仍隶属于事务处。

4. 议七学期学分修满学生请准予毕业案(略)

5. 议学生沈霞飞请予毕业案(略)

6. 议学生翁载畅请求转入法律系案

议决:应俟下学期再转。

7. 议拟订教务财务事务三委员会组织规程案

议决:请刘焕文、程齐贤、孙尧年三先生及程传泰同学会商拟订,得下次本会讨论。

(《校务委员会常务委员会第七次会议记录》,《私立大夏大学校务委员会、校务委员会常务委员会会议记录及有关指示文件》,第98页,华东师范大学档案馆藏,档号:81-3-31)

十四日　成立大夏教职员工学习委员会以全面推动学习运动。

十一月十四日,大夏教职员工学习委员会正式成立,其任务在建立一个统一性的机构,和学生委员会密切联系起来,全面推动本校学习运动。四星期来,没有一人一天没有会,没有一个教室不曾开过会。全校以各院系行政部门为单位,打破过去阶级形式,使业务相同的人,更容易趋于团结。计成立二十八个小组:一、文学院校内组;二、文学院校外组;三、教育学院组;四、法学院校内组;五、法学院校外组;六、商学院组;七、数理系组;八、化学系组;九、土木系组;十、秘书室组;十一、教务处组;十二、事务处组;十三、会计室组;十四、图书馆组;十五、体育部组,连工友计二十八个小组,每组推组长一人,文书一人。第一次学习"知识分子的改造与组织高教工会问题",经过各小组详密讨论,十一月二十日,十二月四日两星期日举行集体学习座谈会,全体教职员工参加,并邀请学生出席旁听,即席筹备大夏高教工会。第二次学习"人民大宪章",定十一月二十七日至十二月二十四日四星期中作广泛而深入的研讨,由学习委员会购买大批参考资料分发各小组织帮助讨论,最后十二月二十五日(星期日)举行总结学习全体座谈会。为帮助工友学习三大宪章,特地拟定简要的弹性学习方法。"三大宪章"学习成功,即将展开"社会发展史"的学习运动。学习委员会并出版"学与教"黑板快报,经常报告各小组学习情形,提高学习兴趣,以求达到真正的集体学习,向建设新大夏,新中国的目标前进!

(《为建设大夏而努力　展开全面性学习运动》,《大夏周报学运特刊》,第26卷第2期,1949年12月20日)

十六日　《大公报》主笔、人民政协代表王芸生来校演讲,题为"三大宪章"。

第三次由人民政协代表王芸生先生于十六日下午三时演讲"三大宪章",王先生主持《大公报》青年群学习,对此问题有深入的掌握,并且列举政协具体新闻,加强大众认识,会场上挤满了人,一时掌声如雷,对本校师生正在开展的"人民大宪章"的学习运动,起了极大的助力作用。

(《施复亮、陈穆、王芸生来校举行学习演讲》,《大夏周报学运特刊》,第 26 卷第 2 期,1949 年 12 月 20 日)

十八日　举行校务委员会常委会第八次会议,决议:学校经济情况须报告全校员工同学;定期邀请学生会全体执委举行谈话会,第一次谈话会定于本月二十七日举行。

校务委员会常务委员会第八次会议记录

时间:一九四九年十一月十八日下午三时

地点:本校会议室

出席者:欧元怀　程齐贤　刘焕文　吴泽　周同揆　张伯箴

列席者:夏炎　来元义　李贤瑗　屠修德

主席:欧校长

记录:孙尧年

报告事项

欧校长报告:学生会改推周同揆、孙仁治同学出席校务委员会,并由周同揆同学出席本会。

夏炎主任报告:本学期经费收支情况。

来元义主任报告:

1. 最近公用事业水电价格增加达一倍,增加本校行政经费甚大。

2. 公用局同□通告,自本月十七日起,非工业用电热一律禁止(电炉、电灶、电冰箱),如违应照电灯费十倍处罚。

3. 学校附近最近调来解放军部队一批,借用本校□地□□情形。

讨论事项

1. 议本学期学校经济情况须报告全校员工同学案

议决:员工方面于本星期日下午开学习座谈会时提出书面□□报告。同学方面由校长室以书面布告,以资本全体明了学校财政困难之实际情况,前次本会通过之行政费预算同时附带公布。

2. 议学生蔡景伦等请重编预算案

议决:与第一案并案办理。

3. 议教授会函请补救同仁待遇案

议决:请校董会设法筹募□□□□,学期开班课程应预先计划尽量紧缩,以期提高同仁待遇。

4. 议定期邀集学生会全体执委举行谈话会案

议决:定十一月二十七日上午开校务委员会之前举行。

5. 议据应届毕业同学会报告为本届修满八学期学生以往有一二学期留级者,列举理由,请准予毕业案。

议决:与第六案合并讨论。

6. 议如何审查应届毕业生资格案(略)

(《校务委员会常务委员会第八次会议记录》,《私立大夏大学校务委员会、校务委员会常务委员会会议记录及有关指示文件》,第 99 页,华东师范大学档案馆藏,档号:81 - 3 - 31)

十九日　大夏附中学生会成立。

附中学生会已由民主普选产生,于十一月十九日在思群堂举行庆祝大会,参加者约二千人,首先学生会主席黄进源同学说明学生会当前的任务,次由校长宋成志发挥师生团结意义,校董欧元怀指示大夏立校之"苦教、苦干、苦学"精神,大学部文学院院长吴泽先生号召同学在新民主主义学习高潮中彻底执行学习任务;大学部学生会代表李祥麟同学致词。随由全体执委十五人当众宣誓后,由各校及附中校务委员会,教师联谊会暨级组献旗。游艺节目有庆祝学生会成立之集体朗诵,参加朗诵者四十人,极得大会喝彩,有大合唱、舞蹈、活报、二胡、平剧,彩声四起,最后由大学部文工团参加之话剧"群猴",演出至为精彩。大会自下午二时开始直至七时散会。是日上午,附中在操场举行体育竞赛,热烈地庆祝了整整一天。

由于这次庆祝大会以后,附中方面已由师生共同拟定学习运动讨论提纲,反复讨论后,已分发各小组讨论,全校已进入学习高潮。

(《大夏附中学生会成立　母校师生联合大团圆》,《大夏周报学运特刊》,第 26 卷第 2 期,1949 年 12 月 20 日)

二十日　举行全校第一次集体学习会,全体教职员工和学生出席。

为了讨论"知识分子的改造与高教工会组织问题",高教联特制发提纲,本校教职员工二十八小组,全体经过热烈讨论,学习委员会为了交换各组学习心得,获取讨论总结,特于十一月二十日,十二月四日两星期日举行两次集体学习座谈会,校长、教授、讲助、职员、工友、学生,一体出席,吴泽院长主席。第一次会讨论:(1)知识份子的阶级性;(2)劳心劳力的关系问题。各单位热烈发言,每一人,每一点作了深入的检讨,工友王庆成特地唱了一支民歌:"绿色的荷叶,红色的荷花,教职员工本一家……国民党时代不成话,我们中间隔了层枪篱笆。""合日里,解放了,那个不用着怕……团结起来拉起手干,工作那才有办法。"保证工会必然的成功,每节每次都由主席总结,并作必要的阐释。第二次会讨论:(3)教育工作者成为工人阶级后的自我改造与工作问题;(4)高教工会的组织与工作问题。结果肯定了"知识分子"可以成为"工人阶级",只要知识分子能够努力的自觉更生。接着就展开"筹组高教工会"一个实际问题的讨论,参照各单位和各大学的意见,决定先行成立大夏员工会,从员工会中的学习,进步到严格的工会,最后并提出"以实践来贯彻理论",一致通过大家下田去生产,让自己成为真正的劳动阶级,这是这两个大会上最大的收获,这个果实势必引起全校学习的怒潮!从校长到工友,不分阶级,手拉着手,一齐走向这个目标!

(《把知识分子改造过来　两大集体学习会造型》,《大夏周报学运特刊》,第 26 卷第 2 期,1949 年 12 月 20 日)

校长室发文说明学校经济困难情况,希望全体教职员、学生齐心协力,共渡难关。

本校经济情况概述

本校本学期经济情况兹经财务处根据实际收支数字,拟具报告(另附),以资全校师生员工明了,惟仅就报告观之,对于学校当前面临财政困难及同仁待遇部算标准等问题或尚不易获得具体深切之印象,特再比较分析说明如次:

(一)按本校上学期学生共三千一百余人,本期人数锐减,仅及上期之半,为一千五百十二人(十一月底注册人数报告),其中核准免缴学费者,计一百六十二人,复超过向例规定免费学额百分之十之限制。每生缴纳学什费共计一百七十单位,此数在九月份大部分学生缴费时仅折合食米三担余,较上期缴收食米数额并已抑低。由上种种,可知本期经费收入大量减少之程度。

本期开支方面系以学什费收入百分之八十为教职员工薪金,百分之二十为学校行政费用。此项比例,就行政费方面而言,已为本市各私立大学中最低之标准。但员工薪金之分配,限于种种客观原因,每位同仁所得,仍不能与其他同等规模之公私立大学相比拟。

(二)本校各院系上学期开班课程每周共计一千一百余小时,本期学生虽减半数,但为照顾学生学业,开班课程不能遽即比例减少,计仍有一千小时左右,目前本校兼任教授,每周上课一小时,计薪金基数三元,每元以 1.28 折实单位计算,实得 3.84 单位,如每周上课十二小时,每月实得 184.32 单位(3.84 单位×12 小时×4 周＝184.32 单位),此数亦即为本校普通专任教授之待遇(普通专任教授底薪 480 元,照规定折实基数 144 元×1.28 单位＝184.32 单位)。试与本市大同、光华两大学及立信会计专科校比较:

校名	学生人数	每周开课时数	教授待遇	
大同	2310	1165	每小时 7.50 单位	每月平均 360 单位
光华	976	500	每小时 6.50 单位	每月平均 312 单位
立信	530	180	每小时 5.20 单位	每月平均 252 单位
本校	1512	1030	每小时 3.84 单位	每月平均 184.3 单位

由于教员待遇基本上均以授课时数计算,而私校以学生学费为主要收入,故开班课程与学生人数之多少,对于教员待遇有决定性之影响。以上大同、光华两校,其学生人数与开班课程均为2∶1,立信为3∶1,而本校却为1.5∶1,因此本校待遇不免低薄。

本期开学之初,全校员生商讨解决学费问题时,曾假定以学生一千一百人(免费占百分之十)为预算,教授待遇可达薪金基数每元合1.3折实单位左右,惟彼时各院教授并未聘齐,课程尚未开班。嗣后,陆续添聘教员有二十余人,职员方面虽稍有精减,但工友人数在预算时仅假定六十一人,每人待遇每月六十单位,所有学生食堂宿舍工友,教职员食堂宿舍工友及农场工友等均不计算在内。(一般私立大学,所有以上各部分工友薪金多不由学校负担)目前,包括以上各部分工友总人数有一百零二人,每人月支七十三单位(技工更高)。此外,并增添服务生三十名,每名月给报酬二十七折实单位。以上各项尚属全部员工薪金分配范围,故本学期学生人数,虽报预计增加,但收支上仍难□□。

(三)本校在解放前被迫疏散,往返播迁,损失浩大,嗣又遭□灾,而两次灾难,物质基础损毁过半。本期集中恢复建置,大部分物质设备几重新创造,因此加于行政费用之负担极重,此为本期特有之现象。此外如房地捐税之增加,各院系研究室之辟置等等,亦影响及于预算。以百分之二十有限之经费,以应此特殊情况之开支,其支绌可以想知,现群贤堂屋顶,严重损坏,思群堂屋面半壁尚未盖瓦,均亟需进行工程,经费尚苦无着落。

关于行政费之保管,因须日常支用,不能存储折实,余款经常存放银行,近日物价暴涨,无形中又遭严重损失。故行政费开支虽已编有极度紧缩之预算,但原预算以折实单位为标准,而实际存储之现金远不能与纸面数字符合,今后度支困难,必日甚一日。

(四)上述教职员薪金基数,每元合1.28单位,系以全部学什费收入百分之八十,包括缓缴学费部分在内,除去所有工友及服务生薪金(工友、服务生薪金单位均为固定的数额)后之数字,除以全部教职员薪金基数,所得之商数。而行政费预算收入64500单位,亦同样包括缓缴学费部分在内。现学期已将过半,即需进行催缴欠费,各位同学明了学校经济情况之严重,教授待遇之菲薄,为共同维护学校事业,尽其应尽之义务,必能勉力设法于最短期内迅速缴清。

全体同仁对于本身服务之事业,谅必深切关怀,特将以上实际情形□达,尚请本团结为校之精神,协力匡扶,共渡难关,更盼随时赐予意见,以期改善现况,不胜企幸!

此致
全体同仁同学公鉴
校长室
一九四九年十一月二十日
(《本校经济情况概述》,华东师范大学档案馆藏,档号:81-3-057-0034)

二十五日　举行校务委员会常务委员会第九次会议,决议审查财务委员会、事务委员会规程,同时计划推动学校的生产事业。

校务委员会常务委员会第九次会议记录

时间:一九四九年十一月二十五日下午三时
地点:本校会议室
出席者:欧元怀　吴泽　刘焕文　张伯箴　周同揆　程齐贤

列席者:夏炎 李贤瑗 来元义 屠修德

主席:欧校长

记录:孙尧年

报告事项

夏炎主任报告:最近财务委员会开会讨论教职员借支薪金问题。

来元义主任报告:

1. 原住本校之特种兵最近他迁,另有解放军部队约五十人,借住群策斋楼下。

2. 现特约小商户一家,准备在校内出售豆浆、油条、面食等,以便利供应等。

3. 最近各处工程情况。

李贤瑗主任报告:

1. 缓缴学费学生最近陆续缴费情形。

2. 宿费保管情形。

3. 员工薪金支付情形。

讨论事项

1. 议学生宿舍工友待遇应由宿费内拨发案(略)

2. 议审查校务委员会第十三次会议各项提案

议决:通过。

3. 议审查财务事务两委员会规程案

议决:请刘焕文、程齐贤、孙尧年三先生及周同揆同学再行研讨,讨论时并请财务事务二部门主管参加。

4. 议"会计报告分析"一学程改聘顾福佑先生担任案

议决:通过。

5. 议如何推动本校生产事业案

议决:请张瑞钰(召集人)、黄震、孙尧年及中学部章乃焕先生暨王庆成工友会同计划,再行提会讨论实施办法。

6. 议一部分教职员要求借支薪金案(略)

7. 议七学期修满学分学生要求早日决定准予毕业案

议决:提下次校务委员会讨论。

(《校务委员会常务委员会第九次会议记录》,《私立大夏大学校务委员会、校务委员会常务委员会会议记录及有关指示文件》,第100页,华东师范大学档案馆藏,档号:81-3-31)

二十七日 举行校务委员会第十三次会议,决定召开全体教员会议,讨论改进教学方法问题,并决定春季开办二年制师范专修科。

校务委员会第十三次会议记录

时间:一九四九年十一月二十七日上午九时

地点:本校教员休息室

出席者:龚清浩 周同揆 刘焕文 张耀祥 何仪朝 黄敬思 张隽青 欧元怀 张伯箴 宋成志 唐茂槐 程齐贤 吴泽 孙仁治(许斯通代)

列席者:夏炎 屠修德

主席:欧校长

记录:孙尧年

报告事项

欧校长报告:

1. 本月内常务委员会开会情形。

2. 本校学生代表大会讨论有关教学法及学生欠费事。

3. 高教联于本月二十四日开会讨论对本市人民代表大会提案事。

4. 高教处于二十六日召开座谈会讨论促进师生合作暨改进教学法问题及屠处长守愚即席指示□□。

屠主任修德报告：

1. 本期选读学生人数比较,各系男女学生人数比较,及全体学生籍贯统计数字(详另表)。

2. 本月份教员上课情形。

夏主任炎报告：

1. 最近欠费缴收情形。

2. 本校现正向人民银行□洽办理□□□□事。

讨论事项

1. 议召集全体教员研讨教学法问题案

议决:定本日下午一时半在校举行,开会时由欧校长主席,分请学生会、教授会、学习委员会等代表报告,再展开讨论。

2. 议筹备春季开办二年制师范专修科案

议决:该师专科则及课程经奉高教处高大私字第三三二四号代电核准并定于寒假招生,春季开办,由欧校长负责进行筹备。(现中小学急需戏剧、体育等课外活动指导之师资,该科课程中应如何照顾□□? 请筹备人以后在有关集会中提出讨论)

3. 议审查准予参加毕业考试学生名单案(略)

4. 议本学期修满规定毕业学分学生,请准予毕业案(略)

(《校务委员会第十三次会议记录》,《私立大夏大学校务委员会、校务委员会常务委员会会议记录及有关指示文件》,第60页,华东师范大学档案馆藏,档号:81-3-31)

本校师范专修科,抗战以前办了十几年,毕业学生不下千人,嗣因反动政府统制师资训练,被强迫停办。解放后,配合人民政府培养建教人才的号召,调整原有科组,积极准备,并经呈奉高教处高大私字第三三二四〇号公函核准,一九五零年春季恢复上课,今天寒假招生。

一、任务

本大学师范专修科的任务是根据新民主主义的教育方针及政策,培养下列各种教育人才:

1. 儿童教育工作人员

2. 县市地方教育行政人员

3. 中等学校行政人员

4. 初级中学教员

5. 师范学校教育教员

二、分组

本专修科下设四个分组:

1. 护幼教育组

2. 教育行政组

3. 文史地组

4. 数理化组

(后略)

(《大夏大学师范专修科科则及课程》,《大夏周报学运特刊》,第26卷第2期,1949年12月20日)

二十八日　期中考试开始。这是解放后第一次的考试,考试的方法和观念都和以前有所不同。

十一月二十八日起本校开始期中考试,同学们以兴奋的心情,迎接解放后第一次的考试。通过学代会的决议,学联的号召,学生会的发动,和青年团的保证,教授和同学都对考试具有新的态度和认识,因之教授们多采取新的考试方法,同学们也多初步确立了新的考试观点。例如政治课程(社会发展史)已全部组织学习小组,充分发挥集体学习,自学互助的精神,打下了新的学习基础,大大有助于新民主主义学习运动的开展,学艺部日内将总结期中考试的收获和缺点,建立集体学习运动的好典型。

(《集体学习自学互助 师生确立新的考试观》,《大夏周报学运特刊》,第 26 卷第 2 期,1949 年 12 月 20 日)

本月 院系领导题名与学生人数统计。

五院长系主任题名

文学院院长 吴泽

 中国文学系系主任 程俊英

 外国语文系系主任 曹未风

 历史社会学系系主任 吴泽(兼)

理学院院长 邵家麟

 数理系系主任 江仁寿

 化学系系主任 陈景琪

 土木工程系系主任 王兴

教育学院院长 黄敬思

 教育学系系主任 陈选善

 教育心理系系主任 杜佐周

 社会教育系系主任 许公鉴(代)

法学院院长 张伯箴

 法律系系主任 刘焕文

 政治系系主任 石啸冲

 经济系系主任 张伯箴(兼)

商学院院长 何仪朝

 会计系系主任 周覃绂(暂兼)

 银行系系主任 蔡文熙

 工商管理系系主任 关可贵

(《五院长系主任题名》,《大夏周报》,第 26 卷第 1 期,1949 年 11 月 6 日)

大夏大学各院系学生人数统计
一九四九年秋季

统计人数	教育学院			商学院			法学院			理工学院			文学院			院系别
	社会教育系	教育心理系	教育系	工商管理系	会计系	银行系	经济系	政治系	法律系	土木工程系	化学系	数理系	历史社会系	外文系	中文系	
1514	27	16	145	241	128	88	208	55	104	270	128	22	26	39	17	各系人数
	188			457			367			420			82			各院人数

(《大夏大学各院系学生人数统计》,《大夏周报》,第 26 卷第 1 期,1949 年 11 月 6 日)

十二月

二日 校务委员会常委会第十次会议议决:1.图书馆旧存部分反动书籍,由图书委员会商讨清理。2.变售学校原存机制红砖及水泥,得款用于赶修思群堂,群贤堂及其他工程。3.该学期内再出版《大夏周报》三期。4.体育部改为体育组,隶属教务处。5.推张瑞钰等五人组成农场管理委员会,以推动农场生产。

校务委员会常务委员会第十次会议记录

时间:一九四九年十二月二日下午三时

地点:本校会议室

出席者:欧元怀　刘焕文　张伯箴　周同揆　吴泽　程齐贤(吴乃庆代)

列席者:何仪朝　来元义　屠修德　李贤瑗

主席:欧元怀

记录:孙尧年

报告事项

何院长仪朝报告:郭栋材先生本学期协助并龚清浩先生教授高等会计课程情形。

来元义主任报告:群贤堂屋顶漆漏□底修理估计需款极巨,再正设法作局部修理并准备先制铁皮盘承水,暂资防漏。

李贤瑗主任报告:

1. 现存流动资金及折实单位数字。

2. 行政费预算中等存现款因折实□价陡涨,致耗至短情形。

孙尧年先生报告:推动本校生产事业计划。

讨论事项

1. 议郭栋材先生薪给案(略)

2. 议各院系要求事项应如何规定手续案

议决:以后各院系需要添制物品,增加设备,应用房屋,或其他要求事项,应由院长、系主任负责审核签章后,再行通知行政方面办理。

3. 议举行财务审查研究会案

议决:会议现包括全体财务委员会委员,另由教授会推代表三人,讲助会、职员会、工友会各推代表一人,学生会推代表十一人,并请校长能参加,由财务委员会负责召集,所有会议决定事项,应送校务委员会通过。

4. 议图书馆旧存一部分反动书籍,应予清理剔除案

议决:由图书委员会商讨办理,开会时并由学生会推派代表参加。

5. 议七学期修满毕业学生分总数,尚缺少数必修课程,可否以类似学程代案(略)

6. 议宿舍工友待遇由宿费内支付案(略)

7. 议本校原存机红砖一批,洋灰二十一包,拟予变售案

议决人:通过,变售得价,先行赶修思群堂屋顶,余继续修理群贤堂屋顶及其他需要工程,俟下次会议商讨。变售时并由夏炎、李贤瑗两先生及学生会代表一人会同事务处办理。

8. 议《大夏周报》与学生会合办并于该报篇幅及经费问题案

议决:本期内再出版三期,每期至多四页,经费由财委会设法匀拨。

9. 议体育部请改为体育组隶属于教务处案

议决:通过。

10. 议如何实行推动学校生产事业案

议决:先办理农场部分,推请张瑞钰(召集人)、黄震、来元义、章乃焕、孙尧年五位先生及王庆成工友暨学生会代表一人,共同组织农场管理委员会,负责进行,如有困难,随时提出本会商讨解决。

(《校务委员会常务委员会第十次会议记录》,《私立大夏大学校务委员会、校务委员会常务委员会会议记录及有关指示文件》,第101页,华东师范大学档案馆藏,档号:81-3-31)

四日　举行全校第二次集体学习会,全体教职员工和学生出席,筹备成立大夏员工会。

复旦、交大两校教职员工会筹备成立,大夏员工不甘落后,十二月四日第二次学习大会上,引起热烈讨论,这是知识分子实际成为工人阶级的改造阶段。由教授会、讲助会、职员会、工友会四单位每十五人中推出筹备委员一人,十二月十八日前组成筹备会,慎重进行筹备工作,计划推选员工会正式代表,并以行动争取立会,全体通过建立劳动生产态度,大家亲自下田耕种,"劳心"、"劳力"不分家,把"知识分子"彻底的改造过来。

（《大夏员工会筹备成立　建立劳动的生活态度》,《大夏周报学运特刊》,第 26 卷第 2 期,1949 年 12 月 20 日）

五日　上海市第二届各界人民代表会议召开,欧元怀校长和吴泽教授等八人被邀出席。

上海市第二届各界人民代表会议,于十二月五日至十一日召开,本校欧校长,及吴泽、曹未风两教授代表高教联,许杰、董秋斯两教授代表文协,学生叶卓群代表青年界,校友强锡麟代表工商界,校友杨志先代表妇女界,均被邀出席。为新上海市政建设之先声。

（《各界人民代表会议　欧校长等八人被邀出席》,《大夏周报学运特刊》,第 26 卷第 2 期,1949 年 12 月 20 日）

九日　校务委员会常委会第十一次会议,欧校长报告,经高教处核准,周同揆、孙仁治同学为校务委员会学生代表。会议议决:本月二十日进行王伯群逝世四周年纪念活动;增加该学期免费学额等。

校务委员会常务委员会第十一次会议记录

时间:一九四九年十二月九日上午十时

地点:本校会议室

出席者:欧元怀　程齐贤　张伯箴　周同揆　吴泽　刘焕文

列席者:王庆成　屠修德　夏炎　来元义　李贤瑗

主席:欧元怀

记录:孙尧年

报告事项

主席报告:奉高教处十一月三十日高大私字第 3438 号函核准周同揆、孙仁治同学为校务委员会学生代表。

夏主任炎报告:

1. 财务审查研究会议开会情形,并议决欠费须本月底清缴清。

2. 本学期员工薪金保管运用支发情形。

李主任贤瑗报告:本人参加学生会召开之各院系代表大会,该会决定:(1)成立财务审查研究会;(2)应加免费名额;(3)规定缴收欠费日期等情形。

讨论事项

1. 议本月二十日为本校王故校长伯群先生逝世四周年忌辰,应如何纪念案

议决:是日上午十时至十二时举行纪念会,停课两节,全日应下校旗半旗纪念。

2. 议预算中文具、印刷、用品购置及修缮费三项经费已用完,以后如何应付必要需用案

议决:在杂项收入中,划拨一千单位为文具印刷及用品购置两项费用,每项五百单位。另在水费预算内拨二百单位,电费预算内拨一百五十单位为急要修缮费用。

3. 议七学期修满毕业学分学生仍缺少数必修课程,可否准予其他学程代替案(略)

4. 议中文系寄读生易家□及法律系寄读生范明德两人因原校停办,请求在本校毕业案

议决:根据本月四日院长会议决定:该其生未经转学考试,以前所修学分亦未经审定,非为本校正式生,所请不准。

5. 议学生徐特补考统计学不及格,据担任教授来函请准予该生所缴报告成绩为标准案

议决:根据院长会议决定:补考不及格,不得再补考,所请不准。

6. 议学生黎……请重予审查转学成绩案(略)

7. 议法律系应届毕业生方继德等七名请求重核毕业资格案(略)

8. 议工管系应届毕业生朱中□缺修必修四学程,请设法补救案(略)

9. 议规定本学期免费学额案

议决:除已设155名(教职员子女七名不在内)外,再设免费额38名,中33名之款项,请校董会筹募,由欧校长负责接洽。

10. 议催缴欠费案

议决:限本月底前缴清。

11. 议工友管理问题案

议决:由事务处负责与工友会切实商讨详妥具体办理。

12. 议核定学生林德华、牛雪峰毕业资格案

议决:通过。

(《校务委员会常务委员会第十一次会议记录》,《私立大夏大学校务委员会、校务委员会常务委员会会议记录及有关指示文件》,第102页,华东师范大学档案馆藏,档号:81-3-31)

举办世界学联纪念章竞购活动。

象征国际友人的高度热爱,本校教职员工学习会举办之世界学联纪念章竞购运动,已于学习大会上圆满结束。物理学老教授周昌寿先生以十万元突击竞购,欧校长以十万一千元居首,王庆成工友不放弃最后机会,开会时当场提出十万二千元竞购。最后结果以王庆成工友为冠,欧校长居亚,与林云修、罗玉森两医师各得纪念章一枚。团体优胜:工友青年团小组第一,教育学院小组第二,秘书室小组第三,商学院小组第四,各得最新书籍一套,工友青年团小组并得冠军锦旗一面。竞购总金额达二百数十万元。凡参加竞购者各赠《高教通讯》三个月。

十二月九日晚上的"一二·一、一二·九纪念晚会"上,全体同学掀起竞购热潮,同学在万分困难的经济情况下,踊跃竞购,伸出了他们炽热的手,竞购结果:团体优胜,教育学院冠军。个人优胜,岳亦鹏冠军。

(《看光荣谁属? 竞购"世界学联纪念章"》,《大夏周报学运特刊》,第26卷第2期,1949年12月20日)

十五日　修订校董会组织章程。

来文机关:大同大学

收到日期:1949年12月15日

事由:函索校董会及常务校董会章程由

敬启者

查迩来各大学之行政组织颇有更张,因而与学校行政联系最切之校董会,其组织及职权等似亦有酌予修改之必要。本会现有章程沿用已久,亟待重订,素仰贵校规模宏伟,办理完善,而贵校董会组织健全,扶助得力,有以致之用,特专函奉恳敬祈赐寄贵校董会及常务校董会章程各一份,藉资借镜而利参考为感荷。

此致

大夏大学校董会

私立大同大学校董会　谨启

十二月十四日

发住机关:私立大同大学校董

事由:为本校董会章程正在修订中,函请查照由

拟稿日期:一九四九年十二月十五日

封发日期:一九四九年十二月十六日

敬启者

本年十二月十四日函敬悉,查敝校董会章程已失效,亟待修改,现正在修订中,承嘱寄奉一节,歉难

照办,特函奉达,叩希查照为荷。

　　此致

私立大同大学校董会

私立大夏大学校董会　敬启

（《大夏大学与大同大学往来信函》,《私立大夏大学有关校董会文件》,第1—4页,华东师范大学档案馆藏,档号:81-3-27）

　　举行校务委员会常务委员会第十二次会议,议决本月校务委员会全体会议开会日期等案。

校务委员会常务委员会第十二次会议记录

　　时间:一九四九年十二月十五日上午十时

　　地点:本校会议室

　　出席者:欧元怀　刘焕文　周同揆　张伯箴　程齐贤(许海涵代)

　　列席者:王庆成　夏炎　屠修德　来元义

　　主席:欧元怀

　　记录:孙尧年

　　讨论事项

　　1. 议决定本月份校务委员会全体会议开会日期案

　　议决:定本月二十五日上午九时在校举行。

　　2. 议工友伙食团因需付十二月下半月伙食费,要求借支薪金案

　　议决:照准借支每人三个半折实单位。

　　3. 议女工友陈知珍前因请假逾期久不返职,经事务委员会议决解雇,一部分女同学要求复议案

　　议决:仍应维持事务委员会决议案,如下学期学生宿舍委员会需要时,得尽先恢复雇用。

（《校务委员会常务委员会第十二次会议记录》,《私立大夏大学校务委员会、校务委员会常务委员会会议记录及有关指示文件》,第103页,华东师范大学档案馆藏,档号:81-3-31）

　　十六日　学生会为庆祝校务委员会、学生会、团总支成立及世界学生周,举行庆祝大会。

　　本校庆祝学生会、团总支及校委会成立大会于本月十六日下午七时假思群堂隆重举行,参加来宾及本校师生员工一千多人,会场空气始终热烈生动,充溢着大夏友爱团结的精神。首由主席周同揆同学致开会词,继由欧校长、吴泽先生、团总支书记查汝勤同学讲话,接着由本校出席学代会代表李祥麟同学传达大会决议,介绍大会动态。执委和团员宣誓仪式于九时左右举行,执委团员都在全场雷动的掌声中高举起右手完成了神圣的宣誓典礼,紧接着献旗仪式开始,一面面红旗就像一颗颗红心在毛泽东的旗帜下,一齐向着太阳。庆祝大会精彩节目甚多,有水声文工团的打莲湘,本校文工团的舞蹈□春坭,活报"呜呼蒋匪帮"及独幕剧"最后一分钟"等,大会于十二时左右结束。

（《庆祝团总支、学生会、校委会成立大会》,《大夏周报学运特刊》,第26卷第2期,1949年12月20日）

　　二十日　举行王伯群逝世五周年纪念活动。

　　（第十一次常委会决定十二月二十日王故校长伯群先生忌辰,是日上午十时至十二时举行纪念会,停课两节,全日下校旗半旗,并由欧校长特撰文纪念）

　　一九四九年是历史大转变的时代,中华人民共和国在这年诞生,人民的世纪从此开始。在本年最后一个月里,旧中国的反动残余,又在他们的最后根据地迅速的被消灭着,西南的贵州、四川两省大部分和贵阳、重庆两大都市先后获得解放,昆明事实上也已解放,在一片胜利声中我们来纪念本校前校长王伯群先生,是有着特别深切和现实的意义的。

　　贵州是伯群先生的故乡,昆明是他参加护国讨袁起义之地,重庆是他的逝世之所,在重庆的对江,靠江岸占据雄壮形势的一角——猫儿石,是他的墓穴所在。现在先生逝世已整整五年,学校里即使是最高年级的同学,恐怕也没有一个亲炙过先生的教言。同仁中在学校返沪后参加的,当然也不会认识他,可

是这一个真正的大夏创造者,我们一切的"大夏人",是不容许轻易忘记他的。

一九二四年夏天,厦大一部分穷教授和穷学生,来到上海,空着双手,准备建立一个理想的教学园地,第一个给予伟大的同情和真实的援助的是伯群先生,此后他无时无地不是这样一贯地做去。到一九三○年,学校置下今天大规模的校地,在一片荒漠中一气完成了四大幢建筑——群贤堂和群策、群力、群英三斋,这些计划的发动,经营,尤其是款项的筹集,大多是出于伯群先生之手,在那时半殖民地的上海,大学教育是素以物质设备优越为号召的帝国主义支持下的学校的世界,大夏并不以此自诩,可是从那天起,社会终于开始认知了本国人办学的可敬力量。

抗战发动,大夏首先西迁入黔,因此保全了一部分物质设备,也是伯群先生决定大计。在贵阳的八年,学校经济情况艰困万分,这在贵阳来的同仁们或者一部分在抗战后方读过书的同学也许可以想象到一些,也只有伯群先生,凭他无比的勇气,伟大的魄力,和超越的才干,坚决的负担了这一个任务,艰苦地维持着学校光辉的生命。在日敌最后一次,也是最大一次的打击下——黔南事变——他身体精神已不能支持,但他仍旧在学校危迫形势中,安排好一个拯救的对策——再迁赤水,这样,他才算尽了他最后努力,于一九四四年十二月二十日悄悄地撒手瞑目离开我们而去。

在伯群先生的后半生中,对于学校,只有"牺牲自我,功成不居"八字勉强可以概括。在今天我们可以看到的,还只是他对于这一件教育事业的物质上的贡献,其实,他在精神方面的自我牺牲,也彻头彻尾是一个革命者的典型表现,在二十年中,他不受学校一些报酬,他有着较优的境遇,可是他不以此自逸,他经年为学校奔走忙碌,尽心竭力,以致牺牲生命。

今天我们来纪念伯群先生,除应致深切敬意外,同时也不能不感到无限惭愧,这些大半出于他创造的学校,物质建设,不幸已被日敌部分摧毁,就这剩余部分,在今天全校教学上无疑的发生了莫大功能,但是我们连维护保持的力量还感到不够,为着使这些物质条件能够更好的为新中国人民高等教育服务,我们是必须好好维护它,更应当进一步,使它发展和充实下去。

新中国当前任务是加紧建设,在大夏,我们就近取式,伯群先生的伟大的建设力量和精神,是值得我们学习的。

(欧元怀:《伯群先生逝世五周年纪念》,《大夏周报学运特刊》,第26卷第2期,1949年12月20日)

二十五日　校务委员会第十四次会议议决:1.动员教职购买折实公债。2.通过一九五零年春季校历。3.组织春季招生委员会。4.修订学生通则及各院课程标准。5.准备拟定一九五零年教学及行政方针。

校务委员会第十四次会议记录

时间:一九四九年十二月二十五日下午五时

地点:本校教员休息室

出席者:欧元怀　张伯箴　刘焕文　张耀祥　黄敬思　邵家麟　周同换　孙仁治　宋成志　吴泽何仪朝(周章绂代)

列席者:李贤瑗　来元义　韩钟琦　屠修德

主席:欧元怀

记录:孙尧年

报告事项

欧校长报告:

1. 本学期开班课程及各班学生人数等各种统计数字。

2. 学生林维德前因有肺病嫌疑,由校介绍入院医治,□经医院主治医师其函证明并无肺病,乃该生故意夸张病情,四出呼□,本校复再三救济,尚嫌不足,竟向高教处及人民法院控告。现经本校处理,已由保证人将该生领回情形。

屠主任修德报告:

1. 高教处调查本校本期及下学期课程已分请各院系填表。

2. 本月份教员缺课统计。

李主任贤瑗报告：

1. 最近余款项数额及保管情形。

2. 员工薪金支发及行政经费支用情形。

3. 学生欠费缴收及宿费收支情形。

讨论事项：

1. 议如何推销胜利折实公债案

议决：先行庆祝新年，各种集会上作必要宣传工作，至具体推销办法应与高教处联系，俟该会决定办法后，再商讨进行。

2. 议审查图书委员会拟讨论之员生借书规则案

议决：通过。

3. 议审查1950年春季校历案

议决：修正通过。

4. 议组织春季招生委员会案

议决：请张伯箴、吴泽、屠修德、尤石湖、宋成志、蒋曰儒、张瑞钰等七位先生并由学生会推代表两人共同组织之，第一次会议请张伯箴先生召集。

5. 议修订学生通则及各院课程标准案

议决：(1)学生通则由学校行政方面先作□案修正，再交学生会反映意见，最后提本会审定之。(2)课程标准请各院长于最短期内分别召集各该院教员研商修订，再汇总提本会通过。

6. 议审查七学期修满规定毕业学分准予参加毕业考试学生名单案(略)

7. 议教授会建议本学期工友薪金开支及工作调配办法案(略)

8. 议追缴学生欠费案(略)

9. 议为树立新的校风，改进校务，应确定一九五零年教学及行政方针案

议决：请吴泽、刘焕文、宋成志、孙尧年四先生及周同揆同学会同撰制文件，本检讨过去，策励方来之旨，提示若干重要原则性的问题，以本会名义发表由学习委员会发动各小组各别研讨，提供意见，汇集拟订详细方案。

10. 议编制下学期预算案

议决：交常务委员会研讨。

11. 议学生王益冠办理伙食舞弊应如何警告案

议决：应予两次书面警告处分。

12. 议应届毕业生高骥前修中国通史一学程不及格，要求补考案(略)

13. 议寄读生范明……(略)

14. 议学生刘启耆毕业资格案(略)

15. 议本校学生在他校寄读者要求延长寄读时限案(略)

下午十时散会。

(《校务委员会第十四次会议记录》，《私立大夏大学校务委员会、校务委员会常务委员会会议记录及有关指示文件》，第61页，华东师范大学档案馆藏，档号：81-3-31)

三十日　举行校务委员会常委会第十三次会议，决议重新制定校旗、校歌，公开征求新校旗图样及新校歌词谱，并决定由校长、各学院院长、系主任组成毕业生考试委员会，主持毕业考试。

校务委员会常务委员会第十三次会议记录

时间：一九四九年十二月三十日上午十一时

地点：本校会议室

出席者：欧元怀　周同揆　吴泽　程齐贤　刘焕文

列席者：李贤瑗　来元义　屠修德　夏炎

主席：欧元怀

记录：孙尧年

讨论事项

1. 议拟重新制定本校校旗及校歌案

议次：公开征求新校旗图案及新校歌词谱。

2. 议编制一九五零年春季学期预算案

议决：由财务委员会特别召开编制预算会议，定一九五零年一月八日举行，届时校委员全体全体常务委员及各行政部门主管，并请教授会再推代表三人，讲助会、职员会、工友会各代表一人，学生会推代表若干人，出席参加，详细商讨。

3. 议关于本届毕业生毕业考试事项案

议决：(1)请校长、各学院院长，各系主任组织毕业考试委员会，主持考试事宜。(2)借用参考阅览室为试场。(3)定于一月十五日下午二时举行毕业同学话别会。

4. 议学生李大抗、何礼雄、刘宏业、江训厚、劳树德、周传基、何月照、范□淦、黄圣鉴、秦树仪等请重行审核应届毕业生资格案

议决：除黄圣鉴、秦树仪两生应准参加毕业考试外，余否决。

5. 议已离校学生徐秀晓请核定毕业资格案

议决：查该生缺修课程数门、应再返校补修。

(《校务委员会常务委员会第十三次会议记录》,《私立大夏大学校务委员会、校务委员会常务委员会会议记录及有关指示文件》,第104页,华东师范大学档案馆藏,档号:81－3－31)

本月　筹划为全校员工师生开办体格检查和健康保险。

体育部为保障同学健康起见，正计划推进全校同学体格检查，与校外医事机关洽商，来校普照 X 光，俾使全体同学明了自身之健康状况，然后确定矫治及锻炼方法，并设计健康保险办法，使全校员工师生遇有急病重病时，医药费用可获得保险费之资助，未雨绸缪，不愁贫病交加之苦。

(《体育部筹划开办体格检查健康保险》,《大夏周报学运特刊》,第 26 卷第 2 期,1949 年 12 月 20 日)

一九五零年
（庚寅）

一月

一日 师生员工庆祝解放后第一个新年。

一九五零年元旦快将到来，全国人民在为迎接这个幸福，快乐，光明的新年而欢欣着，大夏师生员工特地组织庆祝元旦筹备会，由各单位产生代表，提早排练各项文娱节目，预计从大除夕庆祝起一直到元旦的三天，要把这个新年描绘得丰乐康强，掀起全面建国的热潮。

（《解放后第一个新年　师生筹备热烈庆祝》，《大夏周报学运特刊》，第 26 卷第 2 期，1949 年 12 月 20 日）

六日 举行校务委员会常务委员会第十四次会议，决议追缴学费，追加医药费预算。

校务委员会常务委员会第十四次会议记录

时间：一九五零年一月六日上午十一时

地点：本校会议室

出席者：欧元怀　程齐贤　周同揆　吴泽　刘焕文　张伯箴

列席者：来元义　许良玉　庄久达　屠修德　夏炎　李贤瑗

主席：欧元怀　吴泽

记录：孙尧年

报告事项

李主任贤瑗报告：十二月一日至一月五日止缴收欠费及余欠学费数额。

讨论事项

1. 议据学生宿舍管理委员会报告，住校同学尚有部分未缴宿费，应如何追缴案

议决：由宿管会再行催缴，如仍延时缴纳，不准参加毕业或期终考试。

2. 议学生牛雪峰请准补行参加毕业考试案

议决：通过。

3. 议请追加医药费预算案

议决：暂准追加一百单位，先行购买急需药品，款在水费预算内拨支。

4. 议学生周传基等请重予审核应届毕业资格案

议决：

（1）周传基、劳树德、范□淦、贯定昌、刘宏业、詹泽周等六名准予参加应届毕业考试，其所缺一学分由院长、系主任指导以报告或论文代替。

（2）何礼雄、李大统、钱兰英、江训厚等四生应否决。

（《校务委员会常务委员会第十四次会议记录》，《私立大夏大学校务委员会、校务委员会常务委员会会议记录及有关指示文件》，第 105 页，华东师范大学档案馆藏，档号：81-3-31）

十二日 举行校董会议。董事长王志莘主持，欧元怀校长报告该学期校务概况及经费收支情况。

校董会议记录

时间:一九五零年元月十二日下午六时

地点:静安寺新华银行楼上

出席:吴蕴初　王志莘　鲁继曾　欧元怀　邵家麟　吴浩然

主席:王董事长志莘

记录:孙尧年

报告事项

王董事长报告:

1. 上次会议情形。

2. 对新校董吴蕴初先生出席本会议表示欢迎。

欧元怀先生报告:

1. 本学期校务概况(另详书面报告)。

2. 本学期经营收支情形(另详会计室书面报告)。

讨论事项

议本期学期所差三十三名免费额为何弥补案

议决:本日会议因出席人数较少,俟会后由王董事长、欧董事元怀分头接洽筹募。

(《校董会议记录》,《私立大夏大学校董会记录》,第7—9页,华东师范大学档案馆藏,档号:81-3-16)

十八日　校务委员会第十五次会议,欧校长报告:1.高教处来函规定社会发展史课程施教程序。2.售买学校原存红砖一批以拨付员工薪金。会议议决:1.聘请吴泽兼任教务长。2.聘请张瑞钰为事务处主任。3.聘请黄敬思兼任师范专修科主任。4.聘蒋孝义任农业教育系筹备委员会主任兼农场管理委员会主任。

校务委员会第十五次会议记录

时间:一九五零年一月十八日下午四时

地点:本校会议室

出席者:欧元怀　邵家麟　唐茂槐　何仪朝　周同揆　孙仁治　刘焕文　黄敬思　张伯箴　程齐贤　宋成志　张耀祥(宋成志代)

列席者:夏炎　李贤瑗　屠修德

主席:欧元怀

记录:孙尧年

报告事项

欧校长报告:

1. 高教处来函规定"社会发展史"课程施教程序。

2. 本校原存机红砖一批,已根据本会常委会决定予以变售,第一批价款计一千万元,径先拨付员工薪金。

夏主任炎报告:

1. 截至去年十二月止经费收支情形(另详细资产负债表、收支计算书)。

2. 员工薪金部分款项调度情形。

张伯箴先生报告:

招生委员会工作进行情况。

讨论事项:

1. 议周昌寿教授逝世,本校拟联合中华学艺社于二月五日举行追悼会案

议决:通过,届时请全体师生员工踊跃参加。

2. 议教务长人选案

议决:聘请吴泽教授兼任。

3. 议事务处来主任元义恳请辞职拟另聘继任人选案

议决:聘请张瑞钰教授继任。

4. 议聘请师范专修科主任案

议决:聘黄院长敬思兼任。

5. 议筹办农业教育系案

议决:先进行筹备,聘请蒋孝义先生为筹备主任并兼农场管理委员会主任委员。

6. 议学生会提如何进行本期学习总结案

议决:在师生团结,共同检讨教学成绩的目标下,请各位教员先生于期终考试前,分别在课上举行。

7. 议学生张世勋等三十四人毕业学分尚缺二、三学分,要求下学期学费据所修学分数缴纳案

议决:缓议。

8. 议学生会提议联合教授会、请助会、职员会、工友会建设新大夏案

议决:交常委会讨论。

(《校务委员会第十五次会议记录》,《私立大夏大学校务委员会、校务委员会常务委员会会议记录及有关指示文件》,第62页,华东师范大学档案馆藏,档号:81-3-31)

二十三日　举行校务委员会常务委员会第十五次会议,决议:再增设免费额以救济清寒学生;召开一九五零年春季校务计划会议以策划改进下学期教学和行政工作。

校务委员会常务委员会第十五次会议纪录

时间:一九五零年一月二十三日上午十一时

地点:本校会议室

出席者:欧元怀　张伯箴　周同揆　吴泽　程齐贤　刘焕文

列席人:夏炎　李贤瑗　屠修德

主席:欧元怀

纪录:竞年

讨论事项

1. 议学生会拟请校董会再增设免费额二十名又五十五单位以救济清寒同学案

议决:通过。

2. 议担任英国文课程各班教员评改文卷应如何致谢案

议决:由校长分别表示谢意。

3. 议下学期需增设政治助教三人案

议决:通过。

4. 议本校学代大会建议召开一九五零年春季校务计划会议案

议决:通过,本会议任务为策划下期教学行政之改进及拟编预算草案等。原定召开之预算编制会议即予停止举行。出席本会议人员规定如下:

(1) 校长、各学院院长、处室主管

(2) 校董会全体常务董事

(3) 教授会代表三至五人

(4) 讲助会代表三至四人

(5) 职员会代表三至四人

(6) 工友会代表五至七人

(7) 学生代表三十六人

第一次会议定本星期六(二十八日)下午六时半在第八教室举行。事前应请各单位代表尽量搜集有关改进校务之意见或有关编制预算之参政资料,于本星期五(二十七日)上午以前,送交秘书室以便由校常会集中整理,编列议程。

5. 议新同学会要求退费问题案

议决：由校委会函复说明缴收新生入学费之理由与实际用途以及本校目前经济严重困难情况！

6. 议本期即将结束，尚有一部分同学拖欠学费，应如何追缴案

议决：再由财务处分别通知，限本月底前缴纳！凡欠费学生一律暂不发给学业成绩证件及介绍信等，其中如属本届毕业同学，有特殊困难申请展期缴付者，亦应具备保证手续。

（《校务委员会常务委员会第十五次会议纪录》，《私立大夏大学 1950 年春季校务计划会议》，第 37 页，华东师范大学档案馆藏，档号：81-3-12）

二十七日　吴泽教授初兼教务长（见本月十八日校务委员会第十五次会议），举行教务处座谈会，讨论教务事项多起。

教务处第一次座谈会记录

日期：一九五零年一月二十七日下午七时

地点：教职员宿舍第六号

出席者：吴泽　姜志纯　洪聚堂　屠修德　欧振荪　蒋日衢　尤石湖　盛珍宜　林超　潘冰　洪剑秋　钱冠英　吴元林　沈孝芬

主席：吴泽教务长

记录：姜志纯

甲、报告

一、主席报告：

1. 昨日因公外出未参加会议，经致本会未及如期开会，至感歉疚。

2. 此次本人由校务委员会公推兼任教务长职，尝以教育行政非所专长，诚恐不能胜任，然因辞不获，惟有勉任艰巨，益赖各位同仁共同负责，以期完成使命。

3. 解放迄今已经半年。在此期中，新制度尚未建立，而旧制度之好坏尚未能彻底检讨，所有教育工作，当然是遵照政府之维持现状逐步改进之号召中进行，不能谓无进步，但不能谓已达完满之境。此后工作极须本此方针进行……

二、姜主任志纯报告：

1. 本学期文专的工作概况。

2. 经办事项中只有学生申请核发证件，间有催请立即发给者，稍觉不好应付，其余均称便利……

乙、议决

一、学生请领证件须受规定时间之限制，不宜强索立即发给案

议决：应有限制时间之规定，但也能视情形给予变通。

二、学生闯进办公室有时妨碍工作，应如何设法补救案

议决：将办公室地点另行设计布置后再议。

（后略）

（《教务处第一次座谈会记录》，《私立大夏大学教务会议记录》，第 1—11 页，华东师范大学档案馆藏，档号：81-3-136）

二十八日　召开春季校务计划大会第一次会议，决议进行各方面精简以使学校渡过经济难关。

一九五零年春季校务计划大会第一次会议记录

时间：一九五零年一月二十八日下午六时半

地点：本校群贤堂三楼参考阅览室

出席者：师生员工各单位代表六十四人（详见另纸）

主席：欧校长

记录：郑壬年

一、欧校长报告主席团及正副秘书长人选,并推定欧校长为大会主席

二、报告事项

1. 主席:说明一九五零年春季校务计划会议之意义及任务,强调只许成功,不许失败,并作如下号召:

(1)大公无私:各代表代表各单位,全体代表更代表整个大夏,深望各位勿偏重本位利益,应牺牲小我成全大我。

(2)诚心合作:"师生合作"为本校立校精神,今更须全体师生大团结,大家协商,互相谅解。

(3)实事求是:认定时间性与实践性,不必作万年大计的空理论。

(4)克服困难:有困难,有办法,有希望,有困难,我们必须克服。

今天最主要的工作是精简,可是精简须要得到进步,愿各位共商大计,开拓前途。

2. 吴教务长:说明应根据"维持现状,逐渐改进"之原则来克服困难,在已备之□□条件下及相互照顾中求改进,但精简节约是有其积极意义的,精简应本于奖惩,照顾亦有其条件。(另并报告精简课程办法及精简课程概况)

3. 夏主任:

(1)财务收支概况

(2)财务行政将遭遇的困难

4. 来主任:

(1)工作之总结:复原工作;新开辟之工作;经常工作;临时工作。

(2)工作之困难:工友精简问题;劳动情绪不高(部分的现象);个人不够遵行"节约"。

5. 周同揆同学:报告本会之缘起、目的与性质,并说明精简之原则。

6. 秘书长:

(1)出席人数:同学代表34人,教职工代表30人,共计64人。

(2)各组讨论,如有与他组相关意见,请交秘书处。

(3)准备随时公布会议进行情形。

(4)本会会期四日,各组报告请于三十日下午送交秘书处汇集,以便于三十一日提交大会。

(5)各组讨论自行召集,不再通知。

各组代表名单(另布)。

三、讨论事项:

1. 议一九五零年春季校务计划会议分组办法及议事日程案

决议:修正通过(事务组讨论工友问题时与行政组开联席会议)。

2. 议讨论课程问题应请有关系主任列席案

决议:通过。

3. 议事务组应请王宝兰先生列席案

决议:通过。

(《一九五零年春季校务计划大会第一次会议记录》,《私立大夏大学1950年春季校务计划会议》,第3—8页,华东师范大学档案馆藏,档号:81-3-12)

一九五零年春季校务计划会议

一、主席团

行政方面:欧校长 吴教务长

校董会:欧元怀

教授会:刘焕文 姜庆湘

讲助会:钱白水

职员会:童汉川

工友会:侯朗轩

学生会:周同揆

二、工作人员

秘书长:刘焕文

副秘书长:孙尧年

(一)分组办法:

组别	主要议题	参加人数	召集人	开会地点
行政组	人事制度等	五至十人	欧校长	群贤堂三楼会议室
教务组	课程学习学制等	二十至二十五人	吴教务长	群贤堂三楼参考阅览室
财务组	编制预算员工薪给等	十至十五人	夏主任	教员休息室
事务组	工友问题等	二十至二十五人	张主任	群贤堂三楼参考室

(二)议事日程

1. 一月二十八日下午六时半:第一次大会

2. 一月二十九日三十日两天:各分组讨论会

第一次,各组讨论会一律定于二十九日上午九时起分别举行,以后由各组自行决定开会时间。

3. 一月三十日上午九时:第二次大会,总结各分组讨论结果(地点仍旧,不另通知)。

(《一九五零年春季校务计划会议》,《私立大夏大学1950年春季校务计划会议》,第9—11页,华东师范大学档案馆藏,档号:81-3-12)

二月

九日　举行校务委员会常委会第十七次会议,讨论春季开学、注册、上课日期,决定对被精简工友每人发遣散费一百八十折实单位。对生活特殊困难的教职员,每人借支三十折实单位。

校务委员会常务委员会第十七次会议记录

时间:一九五零年二月九日上午四时

地点:本校会议室

出席者:欧元怀　程齐贤　吴泽　刘焕文　张伯箴　周同揆

列席者:李贤瑗　张瑞钰

主席:欧元怀

记录:孙尧年

报告事项

主席报告:春季开学及上课日期依照高教处指示及各校统一办法改定于三月一日开始,八日起上课,经已分别征得全体校务委员同意。

张主任瑞钰报告:校务计划会议事务组决定精简工友步骤及事务处依照执行情形。

讨论事项:

1. 议改定春季注册日期案

议决:定于三月三、四两日注册(开学注册及上课日期于招生广告内附单通告)

2. 议被精简工友遣散费问题案

议决:每人发遣散费一百八十折实单位(连二月份工作日一切在内),人数应尽量精简。

3. 议一部分教职员要求借支薪金案

议决：专任教职员生活有特殊困难者，由学校设法每人借支三十折实单位（夫妇同在校内服务者以一人为限），于三月份归还，即以本记录公布，不另行分别通知。

（《校务委员会常务委员会第十七次会议记录》，《私立大夏大学校务委员会、校务委员会常务委员会议记录及有关指示文件》，第107—108页，华东师范大学档案馆藏，档号：81-3-31）

十一日　举行春季校务计划大会第二次会议，主席团拟定了大会初步总结报告，教务、事务、行政讨论小组分别报告该组讨论情况。

一九五零年春季校务计划大会第二次会议记录

时间：二月十一日上午九时

地点：群贤堂三楼参考阅览室

出席者：学校行政方面，教授讲助、职员、工友及学生代表共五十九人

主席：欧校长

记录：姜克强　曾光逸

报告事项

秘书处刘焕文先生宣读主席团新作成的大会初步总结报告（后另行发表）。

教务组召集人吴泽先生补充报告本组六次开会经过和各院系课程减少比例数字……

事务组负责人张瑞钰先生说明本组工友精简工作……

行政组负责人欧校长说明上到学校行政的具体缺点……

讲助会代表程齐贤先生报告该会对于精简□□问题的建议。

代表们的意见

1. 关于教务方面（略）

2. 关于财务方面（略）

3. 关于行政和事务方面（略）

决定事项

1. 以上各项意见分送有关各组讨论。

2. 本会议希望在农历年内结束，结束大会召开日期，由主席团决定通知。

（《一九五零年春季校务计划会议第二次会议记录》，《私立大夏大学1950年春季校务计划会议》，第14—16页，华东师范大学档案馆藏，档号：81-3-12）

十六日　举行春季校务计划大会第三次会议，教务、事务、行政讨论小组分别报告该组初步总结。会议决议：1.房捐地价税和重华新村房租不在行政费内计算，由校董会负责。2.行政费应占学校预算经费的百分之十。3.课程时数应规定五百四十小时。4.精简职员工遣散费应由校董会负责筹付。5.饭厅宿舍工友薪金由其自行解决。

一九五零年春季校务计划会议第三次会议记录

时间：一九五零年二月十六日上午十时

地点：群贤堂三楼阅览室

出席者：见另页

主席：欧元怀

一、报告事项

1. 吴教务长报告教务组会议初步总结（土木系有特殊困难，课程较多，但仍在精简中，向五零零小时目标努力）另详所附书面。

2. 李主任报告预算。

3. 刘秘书长报告行政组会议进行情形。

4. 学生方面，多数同学认为预算须详加研究，关于赤字以及被精简的职员遣散费应由校董事会负责，最后提出五项议案交由大会议决。

二、议决事项

1. 议房捐地价税应否列入行政费内计算案

决议：房捐地价税不应在行政费内计算,应由校董会负责。重华新村房租亦不列入行政费内。

2. 议行政费应占百分之几案

决议：行政费应占百分之十。

3. 议课程时数应如何规定案

决议：规定五百四十小时（院长、系主任职薪在内）。

4. 议精简职员工遣散费应由何方负担案

决议：由校董会负责筹付。

5. 议饭厅宿舍工友之薪给应如何负担案

决议：由其自决。

（《一九五零年春季校务计划会议第三次会议记录》,《私立大夏大学1950年春季校务计划会议》,第20—22页,华东师范大学档案馆藏,档号:81-3-12）

二十八日　今天开始举行春季校务计划会议总结大会,到三月二日会议结束,后发布了总结报告。会议决议：精简课程；精简工友、职员、助教和服务生人数；减少教学行政经费；成立"大夏大学全体师生员工解决赤字委员会",裁并院系机构：中文、史社两系并为文史系,外文、政治、教心、数理四系暂时停开。

一九五零年春季校务计划会议总结大会记录

时间：一九五零年二月二十八日下午三时,三月一日下午二时,二日上午九时

地点：群贤堂三楼参考阅览室

出席者：见另纸

主席：欧元怀　刘焕文

记录：郑壬年

一、报告事项

吴教务长：报告教务组会议进行情形及结果。

张瑞钰先生：报告事务组会议进行情形及结果

孙尧年先生：报告行政机构与制度的改革以及职员精简之进行情形及结果。

李贤瑗先生：报告财务组会议之结果（详见预算表）

二、讨论议决事项

1. 议课程精简至534小时,实际付费504小时计算,助教精简至十二人（文、法、教育三学院各精简一人,体育组精简二人共计五人）应否通过案

议决：通过。

2. 议学费杂费数额如何规定案

议决：学费一百三十六折实单位,杂费三十四折实单位,共计一百七十折实单位。

3. 议学生会会费0.5折实单位应在学杂费以外计算缴收案

议决：学生会会费由校方代收,应在学杂费外计算。

4. 议新生入学费,应否继续缴收案

议决：新生入学费取消。

5. 议新生入学时应否缴收修建设备费案

议决：应缴收修建设备费,新生入学时一次交付,以后不再缴收,数额规定十五折实单位,此费专为修建设备之用。

6. 议教授、副教授、讲师薪金如何计算案

议决：照预算通过（为学生超过七百人应酌增教职员待遇）。

7. 议助教人数与薪金如何规定案

议决：薪金照预算通过，人数暂定十二人，由教务处与讲助会协商斟酌情形精简（政治助教三人，自动减半计薪）。

8. 议职员人数及薪金如何规定案

议决：在不妨碍行政效率原则下，再尽量精简，并请校务委员会负责办理，待遇照预算通过。

9. 议工友人数及薪金如何规定案

议决：在不妨碍行政效率原则下，根据一般办法尽量精简。工友薪金规定：校警月薪八十折实单位，校工按照上学期月薪标准每月各减三折实单位，普通工友平均按月薪七十三折实单位计算。

10. 议服务生名额及薪金额如何规定案

议决：服务生名额规定十五人，薪金照预算计算，如有需要应酌量增加。

11. 议行政费如何规定案

议决：行政费作百分之十一点五。

12. 议赤字应如何解决案

议决：由校董会完全负责。

13. 议如何协助解决赤字案

议决：组织大夏大学全体师生员工解决赤字委员会，协助解决赤字问题，委员会名单附后。

14. 被精简之教员应如何照顾案

议决：助教在外无兼课、兼职者，照精简职员办法照顾。专任教授、副教授、讲师在外无兼职或兼课不足四小时者应予照顾。

（《一九五零年春季校务计划会议总结大会记录》，《私立大夏大学1950年春季校务计划会议》，第67—75页，华东师范大学档案馆藏，档号：81－3－12）

一九五零年春季校务计划会议总结报告

正像我们在初步总结报告中所说：校务计划会议的召开，是为了纠正学校上期的种种缺点，和解决本学期的一切困难。会议从一月二十八日开始，到三月二日结束，共进行了一个月另六天，也就是费了整整一个寒假。期间大会共开过四次，各分组开会大多七、八次，各单位参加的代表共六十八人，动员人力遍及全校。在这样一个规模和一段时间里，会内讨论和会外工作经常都非常紧张！直到大会总结。从各方面看来，是的确已经有了丰富收获的。

为了达成上述目的，会议的主要任务是有计划有步骤的进行必要的精简与节约，最后集中编制预算。关于课程和员工的精简是为了照顾大夏的困难，同时又须持负责态度，照顾到同学的学习，行政的效能和员工的生活，原是一个最复杂的问题。各方面在工作进行中，曾经过很多周折，但因为大家对于这个问题，逐步提高了认识，在师生员工精诚合作，为维持学校，办好学校的共同愿望下，最后终于全面获得圆满的解决。

会议的进行，实际上是分有两个阶段。在上期结束，会议开始时，一般估计本期同学人数可能在一千人左右，这是最初试编预算的基础。各方面精简工作也都配合着这个预算进行。二月六日上海遭敌机轰炸，电力受损，影响到工厂生产和整个社会经济，因此也就增加了学校和同学的新的困难。在政府号召反轰炸斗争之下，同学们纷纷离开学校，直接参加各项革命工作，人数急剧减少。我们在二月十一日第二次大会中所作成的初步总结特别指出，由于这样客观形势的转变，大会必须继续努力，更进一步进行精简，在新的基础上拟编预算，会议从那时起直到结束，是第二阶段，任务更显得艰巨，工作是更加繁难！

大会的教务、行政、事务三组分别担任课程、职员和工友的精简工作，财务组根据各组资料，最后制成预算草案，提出总结大会，逐项详细讨论，当场做成决议，现在分别叙述如下：

（一）预算收入方面：

1. 学杂费：确定以同学七百人做预算，每位同学缴费仍照上期数额，计学费136单位，杂费34单位，共 170 单位。因为本期清寒同学较多,为照顾起见,免费额应占百分之十五,比上期增加了百分之五,因此,预算学什费总收入 101150 单位。

2. 新生入学费:决定取消。

3. 修建设备费:根据国立大学和若干私立大学收费规定,都有这一项目,经过大会详细研究,反复讨论,认为本校实际情况也有此必需,当决议征收,"在新生入学时一次交付,以后不再征收,费额规定 15 单位,此费专为修建设备之用。"

4. 学生会会费:"由学校代收,每人 0.5 单位,应在学什费以外计算。"

(二)预算支出方面

1. 课程钟点:本期最初预计同学一千人时,开班课程拟定六、七百小时,后来人数减少,因此课程又须作进一步的精简,以五百小时为标准。经过教务组的不断努力,最后已大致接近。在总结大会提出通过的是"课程精简至 534 小时(院长系主任办公钟点在外),其中有 29 小时为义务课或职员兼课,实际付费以 504 小时计算。"待遇方面,每小时平均算基数 4 元,每元照国立大学标准 1.60 单位打九折,作 1.44 单位计算。(如学生超过七百人,应酌增教职员待遇)

2. 助教:大会决定:文、法、教育三学院各精简一位,体育组二位,保留人数十二位,由教务处与讲助会协商,斟酌情形精简。待遇方面:政治助教自动减半计薪,一般薪金基数也照每元 1.44 单位计算。

3. 职员:上期人数是五十位,校长和教授兼的主管职员在外。行政组对于精简工作,大多在会外进行,由校长和各主管协商,人数最初由十位提高到十五位。在行政组提出讨论时,觉得还不能配合学校经济条件,决定进一步精简。经过各行政单位用民主评议方式,由下而上,再由上而下的一再反复讨论,最后确定精简二十人。总结大会的决定是"在不妨碍行政效率原则下,再尽量精简,并请总务委员会负责办理,待遇照预算通过"。

4. 工友:上学期是 101 位(包括农场和教职员宿舍及伙食团工友一并在内),一般都觉得太多,经过事务组几次讨论,决定了各部门保留人数和精简工友照顾办法以后,由于工人阶级的觉悟性较高,纷纷自动响应,人数逐渐减少,最后在预算上保留的人数是 48 位,连同学伙食团的工友在内。至员工宿舍和农场工友,不在预算内开支。大会的决定是"在不妨碍行政效率原则下,根据一般办法尽量精简,待遇规定:校警月薪 80 单位,校工照上学期标准,各减 3 单位,普通工友月薪平均按 73 单位计算"。

5. 服务生:上期是 30 位,大会讨论时,同学意见:各院系研究室可由系会负责,因此名额可以减少,经规定为 15 人,薪金每月每位 20 单位,如有需要,可酌量增加名额。

6. 行政费:第三次大会曾定为占总支出百分之十,行政方面表示:上期是百分之二十,本期收入较上期减少一半,因此行政费如果仅百分之十,实际上只等于上期的百分之五,感到不易维持。事务组根据行政方面提出的预算,再三研讨,逐项消减到剩百分之十三,再提总结大会讨论。大家在坚持节约的前提上,获得进一步的谅解,最后决定"百分之十一点五,为了能够严格掌握这个预算,大会主席团号召全体代表必须根据作成这个决议的精神,把它带回自己所代表的单位里去,依靠群众的力量,配合行政方面的□制,用实际的行动来不断推动节约工作。此外,还有房捐地价税,已经第三次大会决定,应由校董会负担,不列入行政费预算以内。

(三)精简员工照顾问题

为了照顾被精简的职员和工友们,行政组和事务组都已分别定出遣散费的数额。对于教员方面,在总结大会上并讨论决定:"助教:在外无兼课兼职者照精简职员办法照顾。专任教授、副教授、讲师在外无兼职或兼课不足四小时者应予照顾。"的原则。所需遣散费,第三次大会上已经决定应由校董会负责,也不列入预算之内。

(四)赤字问题

在预算内收支数字相抵,我们可以知道的赤字大约在五万单位以上。大会经决议"由校董会完全负责",此外房捐地价税和遣散费两项也超过二万单位。校长在大会上诚恳表示:为了解决大夏困难,他一定在王董事长领导下,努力进行筹募,可能有把握的是二万单位。并希望如学生人数超过七百人,其收入除酌增教职员待遇,和比例增加免费名额外,应用以备补赤字。大会为了协助解决这个问题,当场决定成立"大夏大学全体师生员工解决赤字委员会",由行政方面和教职员工各单位及学生会各系会各推代表一人(教授会两人)共同组织,特别为争取与学校有深切关系的吴、鲁两位常务董事的援助而努力。

(五)其他

教务组的精简课程工作,不单是消极的为了减轻经费负担,更积极的是为了搞好同学学习,本着这个目标,它已经有了以下的成就:

1. 详细规定各院系开班课程,共同必修学程和若干学程的开班人数等。

2. 学制方面主张原则上仍维持八学期毕业旧制。各院系毕业总学分由院长、系主任召开院系会决定。

3. 归并学系:中文、史社两系并为文史系,外文、政治、教心、数理四系暂时停开,同学予以适当照顾。

行政组为了加强行政效能,也拟定调整机构办法,并主张采取分层负责制。这些都准备提请校务委员会作进一步的讨论决定。

这些虽然不是大会的主要工作,可是无可否认的,应当是大会非常重要的收获!

(《一九五零年春季校务计划会议总结报告》,《私立大夏大学 1950 年春季校务计划会议》,第 76—77页,华东师范大学档案馆藏,档号:81-3-12)

三月

三日 举行校务委员会第十六次会议,议决:(一)进行机构调整:1. 中国文学系与历史社会系合并为文史系,分文学与历史两组;2. 外语系、教育心理系、政治系、数理系暂时停开;3. 事务处与财务处合并为总务处,分事务处与出纳两组,医务室隶属该处;4. 撤销事务处与财务处两委员会,另设经费稽核委员会;5. 教务处分课务、成绩、印务、体育及教导五组,图书馆隶属该处。(二)教授及系主任更动:聘程俊英为文史系主任,杜佐周代理教育学系主任,姜庆湘代理经济系主任;聘甘道伯等为兼任教授;聘张瑞钰为总务处主任,陈友伟为教导组主任;(三)教学事务各项规定。

校务委员会第十六次会议记录

时间:一九五零年三月三日上午九时

地点:本校教员休息室

出席者:欧元怀 周同揆 宋成志 刘焕文 何仪朝 张伯箴(刘焕文代) 龚清浩(何代) 吴泽 程齐贤 黄敬思(程代)

主席:欧元怀

记录:孙尧年

讨论事项

1. 议为便利远道学生不及参加入学考试者起见拟招收试读生案

议决:通过。

2. 议学生会在二月一日以前借用学校款项,请拟列入行政费项下开支,以后统归自理案

议决:通过。

3. 议审查校务计划会议总结大会议决各案

议决:通过。

4. 议教授及系主任更动案

(1)聘程俊英先生为文学院文史系主任。

(2)聘杜佐周先生代理教育学院教育学系主任。

(3)聘姜庆湘先生代理法学院经济系主任。

(4)聘甘道伯、章颐年、刘佛年三位先生为教育学院兼任教授,郭森祺先生为商学院会计系兼任教授。

5. 议审查校务计划会议教务组及教务会议各项重要案件

议决：

（1）合并学院问题：中国文学系与历史社会学系暂行合并为文史系，分文学与历史两组。外国语文系、教育心理系、政治系、数理系暂时停开，同学可转系或暂时到他校借读。数理系同学向他校借读如因学习上需要须借用本校仪器时，可由借读学校迳与本校行政当局协商借用手续。

（2）学制问题：a.根据教务组决议原则上仍照旧制，必须修满八学期方能毕业。b.政治课程必须随班上课，不得以任何报告代替。c.教务会议建议"本期四上同学有少数在应修学分限度内仅差一学程即为修满毕业总学分而有特殊情形者，准予加修一学程"，本案应根据本校具体情况并收集同学反映意见报请高教处核定。

（3）学分问题：照教务会议规定各系应修学分数通过。

6. 议审查校务计划会议行政组决议调整机构案

议决：

（1）事务处与财务处合并为总务处，内分事务及出纳两组，医务室隶属该处。

（2）事务财务两委员会撤销，另设经费稽核委员会，组织办法交常务委员会研讨。

（3）教务处内分课务、成绩、印务、体育及教导五组，图书馆隶属该处，注册主任职称仍旧。

（4）秘书室审计室仍旧。

7. 议聘张瑞钰先生为总务处主任，陈友伟先生为教务处教导组主任案

议决：通过。

8. 议开设市区（重华新村）夜班案

议决：通过。

9. 议上届七学期修满毕业学分（论文在外）学生本期应缴费用案

议决：应缴学费半数，又四下学生本期仅修一学程即可修满毕业学分者，亦准缴半数学费，但须照缴全部什费。

（《校务委员会第十六次会议记录》，《私立大夏大学校务委员会、校务委员会常务委员会会议记录及有关指示文件》，第63页，华东师范大学档案馆藏，档号：81-3-31）

六日　举行校务委员会常委会第十八次会议，决议：1.重新组织房屋分配委员会。2.同意水产专科学校借用学校校舍。3.请刘焕文兼任夜班主任。4.确定教员薪金计算办法。5.准备拟定教职员宿舍征收房租办法和教职员薪金支发办法。

校务委员会常务委员会第十八次会议记录

时间：一九五零年三月六日下午四时

地点：本校会议室

出席者：欧元怀　吴泽　刘焕文　程齐贤　周同揆

列席者：张瑞钰　李贤瑗

主席：欧元怀

记录：孙尧年

讨论事项

1. 议教职员宿舍应征收房租案

议决：原则通过，由总务处拟定具体详细办法再提会讨论。

2. 议吴淞水产专科学校拟借用本校学生宿舍案

议决：原则通过，由总务处拟定具体协商详细办法。

3. 议教职员薪金支发办法案

议决：由校长室通知教授会、讲助会、职员会举行各单位理监事会议，务请于三日内决定办法，并请教授会常委理事召集之。

4. 议重新组织房屋分配委员会案

议决：由行政方面、教授会、讲助会、职员会、工友会及寓居重华新村教职员各推代表一人，学生会推代表四人（内一人应为女同学）组织之，以行政方面代表为召集人。

5. 议凡非本校师生员工本人寄□□□伙食团□应如何办理案

议决：应酌量提高膳费以□补伙食团……

6. 议市区夜班学什费标准案

议决：照校本部标准征收。

7. 议刘焕文先生兼任夜班主任案

议决：通过。

8. 议确定教员薪金计算办法案

议决：（1）专任教员仍维持底薪制，薪金基本数按旧标准计算，如任课不足规定时数者按比例扣算。（2）兼任教员薪金按专任新标准比例提高基数计算，至小数点后一位为止。

9. 议学生会建议关于缴费减免费及缓缴等办法案

议决：（略）

（《校务委员会常务委员会第十八次会议记录》，《私立大夏大学校务委员会、校务委员会常务委员会会议记录及有关指示文件》，第 109 页，华东师范大学档案馆藏，档号：81-3-31）

十一日　举行校务委员会常委会第十九次会议，欧元怀校长报告学校开设市区夜班已奉高教处函示准予试办。会议议决：开始上课的日期从三月八日延至十六日；为加强师生政治学习，重新组织全校性学习委员会。

校务委员会常务委员会第十九次会议记录

时间：一九五零年三月十一日下午四时

地点：本校会议室

出席者：欧元怀　吴泽　刘焕文　程齐贤　周同揆

列席：张瑞钰　李贤瑗

主席：欧元怀

记录：孙尧年

报告事项

欧校长报告：本校开设市区夜班已奉高教处函示准予试办。

周同揆同学报告：学生减免费审核工作进行情况。

讨论事项

1. 议本期原定本月八日上课，因大部分同学申请减免费关系，至今尚多未办理缴费注册手续，现减免名单即可发表，须重新规定上课时间案

议决：本月十六日（星期四）起全面正式上课，注册至十八日为止。二十日起注册者减修三学分，二十七日起停止注册。

2. 议重订本期校历案

议决：修正通过（另布）。

3. 议总务处事务及出纳两组主任人选案

议决：聘王宝兰先生为事务组主任，贺益滂先生为出纳组主任。

4. 议聘马虚若先生为师范专修科音乐讲师案

议决：通过。

5. 议本校上学期组织之学习委员会偏重于员工本身之学习，现该会已宣告结束并建议为加强师生员工之政治学习，应重新组织全校性学习委员会案

议决：重新组织学习委员会，由下列各单位推选人员组成之：

校务委员会代表一人、学生会代表三人、团总支代表二人、工会代表四人、政治教授及助教七人。

并推定欧校长为校委会代表，于一星期内负责召集成立。

6. 议本校工读同学工作委员会请拨房屋办理流通图书馆案

议决：交学生会学艺部协同工委会与图书馆商酌办理，并应与学习委员会取得联系，共同商定图书流通借阅办法。

7. 议上学期借读生欠费问题案

议决：应照上期部分欠费同学本期缓缴办法办理。

（《校务委员会常务委员第十九次会议记录》，《大夏大学教务会议记录》，第19页，华东师范大学档案馆藏，档号：81-3-231）

二十六日　举行校务委员会第十七次会议。欧元怀校长报告中央教育部五月间将召开全国教育会议，学校已在准备提交有关课程、经费、规章制度等各种资料。各部门报告相关工作。会议议决请陈伯吹教授兼任师范专修科主任。

校务委员会第十七次会议记录

时间：一九五零年三月二十六日上午九时

地点：本校教员休息室

出席者：欧元怀　宋成志　刘焕文　张耀祥　吴泽　何仪朝　龚清浩　程齐贤　许海涵　周同揆（吴幹民代）

列席：张瑞钰　李贤瑗

主席：欧校长

记录：孙尧年

报告事项

欧校长报告：

1. 讲助会来函因该会出席校委会代表唐茂槐君离校，现改推许海涵君为代表，除呈报高教处备查外，此次已请许君出席。

2. 中央人民政府教育部来函，谓将于本年五月间召开高等教育会议，为了解全国高等学校情况与存在问题，嘱本校将关于课程、经费、规章、制度及其他各种资料尽量搜集，于四月中旬送部。已分请各有关部门办理。

吴教务长报告：

1. 本学期规定各院系修习学分数办法执行情况。

2. 本期各科教员除其少数尚未聘定，将于本日会议另行提出外，均已全部到校上课，极少缺席。

3. 截至三月二十五日止，注册学生共1066人。

4. 国英文甄别考试已于上周举行。

张主任瑞钰报告：

1. 吴淞水产专科学校借用本校一部分校舍，已与具体洽商，即将签订合约。

2. 本年春季房捐因房屋布置略有更动，经与财政局洽明，重行规定征捐基数，计教室、办公室部分应捐八三七万余元，宿舍□房部分应捐一六七四万元，共二千五百余万元。其中一百五十余万元为附中用屋，均已缴纳。

李主任贤瑗报告：

1. 截至昨日止学生缴费、免费及缓缴数额。

2. 教职工薪金每月共22823单位（尚有□□或应扣回者）。现已支发二、三两个月，四月份薪金定星期一发出。

讨论事项

1. 请□会代表报告住重华新村教授刘焕文因浪费电力……住户不满事件，并提请为响应政府号召完成反轰炸任务……如何进行学习案

议决：由学习委员会分发各单位讨论学习。

2. 议本学期截止注册日期是否延展案

议决:延展至本月三十一日截止,四月一日起全部停止注册。

3. 议聘请师范专科主任案

议决:请陈伯吹教授兼任。

4. 议经济系添聘教授案

议决:聘吴藻□、多普照两先生为兼任教授,分别担任合作经济及土改问题两学程。

5. 议各部门服务生名额分配案

议决:(1)名额:合作社八名,会计室二名,教务处、图书馆三至四名,体育组一名,各院系研究室六名,共二十至二十一名。(2)人选:由各主管遴选决定,以上学期服务同学继续担任为原则。

6. 议讲助会请公布教职员薪金数额案

议决:通过。

7. 议吴淞水产学校借用本校房屋时限案

议决:以借用至本年十二月底为期,但秋季开学前,本校如有需要,仍须事先通知该校收回一部分或全部。

(《校务委员会第十七次会议记录》,《私立大夏大学校务委员会、校务委员会常务委员会会议记录及有关指示文件》,第64页,华东师范大学档案馆藏,档号:81-3-31)

四月

六日　举行校务委员会常委会第二十一次会议,报告了刘焕文教授浪费电力问题调查结果。议决召开预算讨论会,由行政、员工、学生代表参加,提供意见,编制正式预算。并决定各研究室晚间停止开放,以节约用电。

校务委员会常务委员会第二十一次会议记录

时间:一九五零年四月六日下午三时

地点:本校会议室

出席者:欧元怀　程齐贤　刘焕文　吴泽　周同揆

列席者:张瑞钰　李贤瑗

主席:欧元怀

记录:孙尧年

报告事项

李敬永先生代表工筹会列席报告:关于刘焕文教授浪费电力事件,工筹会曾推代表六人前往重华新村实地调查:(一)向该村房客联谊会负责人王元鑫等详询情形。(二)察看刘先生住处用线路。(三)询查电灯匠张乐春以往经手装接电线经过。最后得出结论:认为刘先生偷电之说不能成立。因为:1. 过去用电由学校统一付费无偷电必要。2. 刘先生用电之线路有二,接于一般用户之线路用电较少。不过调查人的一般意见认为对刘先生本身是值得批评的。在反轰炸期间未能充分节电还装上100支光灯泡,虽不常用,总有耗电机会。学校里像这类事情恐怕还有存在,是应常号召全校提高警觉,达到充分节约用电和用水的目的。

刘焕文先生对上述事情补充报告两点:(一)本人住处电线从来未叫外面电匠接过。(二)100支光灯泡是去年买的,原装在卧室内,上海反轰炸后,即将此〈灯〉泡换到外面一个小房间,因为这小间不大应用,很少开电灯,本人为了省钱没有再买小灯泡,这是疏忽,也不无浪费之嫌,应当自己承认错误。

欧元怀长补充报告:关于刘先生事件,经上次校委会议决后,即将议决案送交学习委员会,刘先生认付电费一百八十余万元系照例由校转缴,仅附一简单函件,并无道歉之说。

李主任贤瑗报告:截至三月底止,学什费收入及员工薪金行政费等支出数额。现会计室正在赶造书表,俟下次校委会开会时再提详细报告。

讨论事项

1. 议学生会建议组织本学期预算编制会议案

议决:可成立预算讨论会,包括各方面代表进行协商,提供有关预算意见,送请校委会来编制正式预算,关于本会议之人数规定如下:

(1) 行政方面:校长、教务长、图书馆、体育组、总务处、会计室及秘书室主管人员。

(2) 员工方面:教授会代表五人,讲助会、职员会代表各一人,工友会代表二人。

(3) 学生方面:学生会代表二人,文学院代表一人,理工学院代表三人,教育学院代表二人,师专科一人,法商两学院各四人。

以上决议提下次校委会通过后实施。

2. 议两学院需设助教案

议决:请梅□先生兼任助教工作,仍支原薪。

3. 议因特殊情形迟到学生申请补行注册案

议决:凡事前曾经请假者,准予补行注册。

4. 议检讨本会工作及制度案

议决:提下次校委会讨论。

5. 议工筹会提议请将本学期尚未发放之员工薪金拨交该会保管案

议决:原则通过,由工筹会福利科与会计室洽商详细具体办法。

6. 议各研究室晚间停止开灯以节电案

议决:通过,交总务处办理。同学晚间自修可以充分利用普通阅览室以节用电。

(《校务委员会常务委员会第二十一次会议记录》,《私立大夏大学校务委员会、校务委员会常务委员会会议记录及有关指示文件》,第111页,华东师范大学档案馆藏,档号:81-3-31)

十六日　举行校务委员会第十八次会议,决议由杜佐周任教育学系主任,许公鉴任社会教育系主任,并决定响应政府号召,发动师生进行救灾运动。

校务委员会第十八次会议记录

时间:一九五零年四月十六日上午九时

地点:本校教员休息室

出席者:欧元怀　周同揆　宋成志　龚清浩　何仪朝　黄敬思　程齐贤　许海涵　吴泽(会后补签)　张耀祥(黄代)　邵家麟(黄代)

列席:张瑞钰　李贤瑗

主席:欧主任委员元怀

记录:孙尧年

报告事项

主席报告:

1. 讲助会改选许海涵君为出席本会代表事已奉华东教育部本月七日东教高字2367号指令核准。

2. 华东教育部定于本月二十七至二十九日举行本区高等教育工作会议,通知本校主要负责人出席并准备有关资料与意见提交会议。

3. 本人募捐学校基金事,因三月份各界赶缴公债关系,进行较为困难,但工作迄未停顿,最近更积极向香港等地校友接洽劝募。

李主任贤瑗报告:截至四月十五日止,全校各项经费收支详细数额(另表公布)。

周同揆同学代表学生会申明将于会计室上项报告保留提出意见及询问之权。

张主任瑞钰报告:

1. 吴淞水产专科学校租用本校部分校舍事已经订约,不日即将迁入。

2. 借住群策斋之解放军部队业已迁出,前开侧门亦已堵塞。

讨论事项

1. 议成立本学期预算讨论会案

议决:照第二十一次常务委员会对于本案之决议通过,第一次会议由校长召集。

2. 议教育学院院务会议正式推定杜佐周先生为教育学系主任,许公鉴先生为社会教育系主任,请予通过案

议决:通过。

3. 议土木系主任王兴教授前按兼任支薪,本学期已将校外职务辞去,全部时间在校工作,应请仍予改为专任案

议决:通过。薪金照专任教授兼系主任一般规定支发。

4. 议心理卫生学程教授章颐年先生因课程中途停开,其薪金应如何计算案

议决:致送二、三两个月薪金。

5. 议如何响应政府救灾运动号召案

议决:原则通过。教职员工方面请工筹发动商讨具体办法。同学方面由学生会发动。

(《校务委员会第十八次会议记录》,《私立大夏大学校务委员会、校务委员会常务委员会会议记录及有关指示文件》,第65页,华东师范大学档案馆藏,档号:81-3-31)

二十七日 举行校务委员会第十九次会议,欧元怀校长报告学生会第二届执委会全体委员业经普选产生,并已推定主席副主席及各部处工作人员。会议决议:将预算讨论会改名为"收入超额处理讨论会";五一劳动节举行工会成立大会。

校务委员会第十九次会议记录

时间:一九五零年四月二十七日下午四时

地点:本校教员休息室

出席者:欧元怀 黄敬思 周同揆 杨作民 吴泽 刘焕文 张伯箴(刘焕文代) 宋成志(吴泽代) 张耀祥(黄敬思代)

列席者:张瑞钰 李贤瑗

主席:欧主任委员

记录:孙尧年

报告事项

主席报告:据学生会报告,该会第二届执委会全体委员十七位业经普选产生,并已推定主席副主席及各部处工作人员,由杨作民、周同揆两同学为出席校委会代表,并由杨同学为出席常务委员会代表。今日本会议已邀请两同学出席。

讨论事项

1. 学生会根据学代大会意见,提议将预算讨论会改为收入超额处理委员会案

议决:改名为"收入超额处理讨论会",负责讨论关于超额收入之处理问题,第一次会议定五月二日晚举行。

2. 前被精简之一部分教职员提出请求学校照顾办法六项(另详书面),并由李明□先生代表列席,说明应如何处理案

议决:请黄敬思、柴作楫、施孔成三位先生与之协商。

3. 五一劳动节应否举行仪式案

议决:建议工筹会请改于五月一日上午开工会成立大会,劳动节仪式即于开会同时举行。

(《校务委员会第十九次会议记录》,《私立大夏大学校务委员会、校务委员会常务委员会会议记录及有关指示文件》,第66页,华东师范大学档案馆藏,档号:81-3-31)

五月

十四日 举行校务委员会第二十次会议,议决:1.六月一日举行校庆纪念活动,组织校庆筹备委员会。2.对精简离校职工,如经济确有困难,应予照顾。

校务委员会第二十次会议记录

时间:一九五零年五月十四日上午九时

地点:本校教员休息室

出席者:程齐贤　宋成志　杨作民　刘焕文　黄敬思　欧元怀　吴泽　邵家麟　许海涵　龚清浩　周同揆(边□代)　张伯箴(刘代)

列席者:李贤瑷　张瑞钰

主席:欧主任委员

记录:孙尧年

报告事项

主席报告:最近学校有关于学费问题的两种会议,一是推动解决赤字委员会,一是收入超额处理讨论会。接连开过几次会议,尚未获具体结果。前者决定先请总务处会计室算出自五月半起至学期终了一切应付开支,后由同学各小组展开讨论,再集中意见,并由校董会提出其具体数字,由赤字委员会来作商决。

张主任瑞钰报告:

1. 本校电话费用一项,二、三、四,三个月共付出 10044000 元,除去收入 2371490 元外,实际付出 7672510 元。

2. 四月二十五日至五月十一日止,各电话分机通话次数统计:(教职员宿舍 213 次,学生宿舍 206 次,其余各分机,均在 100 次以下)

3. 学生宿舍各项开支及宿费缴收数额。

讨论事项

1. 议图书馆韩馆长辞职离校继任人选案

议决:交常务委员会讨论。

2. 议韩馆长原授"图书馆学"学程应另聘人继续讲授案

议决:聘方全墉先生担任。

3. 议本年六月一日为本校立校二十六周年纪念日,应如何筹备庆祝案

议决:(1)请总务处、本校工会、学生会、附中四方面会同组织筹备会,第一次会议由学生会负责召集。(2)是日放假一天。

4. 议电话费用开支浩大,应如何紧缩案

议决:凡非公事打出电话须一律付费,由总务处拟定严密管理办法,提常务委员会通过后施行。

5. 议前因精简离职之一部分教职员要求照顾问题案

议决:(1)因精简离职之同仁如经济确有困难,应予相应照顾,详细办法俟收集工会、学生会意见,由常委会再行讨论。(2)要求复职问题,学生会代表意见认为现在同学一般经济情形都很困难,学校正须逐步紧缩,不宜再增员额,同时根据学校目前财政情况,经费预算亦不可能。

6. 议师专科□□请开该科研究室案

议决:可同现在教育学系研究室合并使用一间,俟与该院系会商洽后再办。

7. 议本学期毕业考试可否提早举行案

议决:仍照校历规定时间举行。

8. 议黎贡璋……四位临时注册学生申请给予审查毕业学分及参加毕业考试案

议决:通过,各生欠费缴还手续仍照上学期办法办理。

9. 学生会提议最近群策斋增加工友一人,体育组化学组合增工友一人,厨房增工友一人,均无必要,请仍□回农场案

议决:交常务委员会讨论。

10. 学生会提议最近住宿同学增加请将宿费降低为十四单位案

议决:通过。

(《校务委员会第二十次会议记录》,《私立大夏大学校务委员会、校务委员会常务委员会会议记录及有关指示文件》,第67页,华东师范大学档案馆藏,档号:81-3-31)

　　十九日　举行校务委员会常务委员会第二十次会议,议决因商学院院长张伯箴卧病数月,医药费用浩大,学校先行致送医药补助费三百折实单位。会议同时规定了电话管理办法等。

校务委员会常务委员会第二十次会议记录

　　时间:一九五零年五月十九日下午四时

　　地点:本校会议室

　　出席者:刘焕文　欧元怀　杨作民　程齐贤　吴泽(刘焕文代)

　　列席者:李贤瑗　张瑞钰

　　主席:欧主任委员

　　记录:孙尧年

　　报告事项

　　主席报告:学生会第二届执委会推荐杨作民、周同揆两同学为出席校务委员会代表事,已奉华东教育部五月十七日指示核准。

　　杨作民同学报告:师专科同学张文照等提出书面批评两点:(1)校委会意见箱不按时开放,同学投入意见书久无下落。(2)医务室设备及服务精神不够。以上两点希望秘书室及医务室注意并改进。

　　讨论事项

　　1. 议学生会提议同学欠费缓缴期限,请暂延半月案

　　议决:欠费同学经济有特殊困难者,得准延迟半月(至五月底止)缴纳。惟学校经济困难,仍望欠费同学早日缴纳。

　　2. 议电话管理办法案

　　议决:(1)各分机打出电话,如非公事一律收通话费。(2)如属公事,应请登记。(3)通话费每次暂定人民币八百元,以后电话费用有增减时,再随同调整。(4)各分机加锁,并备登记簿,由总务处办理。

　　3. 第二十六次校委会交议学生会提最近群策斋及厨房等处增加工友三人均无必要,请仍调回农场案

　　议决:仍旧调回农场。

　　4. 议张院长伯箴卧病数月,生活困难,医药费用浩大,应如何照顾案

　　议决:由学校先行致送医药补助费三百折实单位。

(《校务委员会常务委员会第二十次会议记录》,《私立大夏大学校务委员会、校务委员会常务委员会会议记录及有关指示文件》,第112页,华东师范大学档案馆藏,档号:81-3-31)

　　二十五日　举行校务委员会第二十一次会议,商讨以各种办法应对目前学校经济困难的情况,同时答复精简教职工联谊会提出的照顾要求,称目前学校经济极为困难,无法照办。会议部分通过了超额收入处理讨论会的几项提议。

校务委员会第二十一次会议记录

　　时间:一九五零年五月二十五日下午七时

　　地点:重华新村本校夜班办公室

　　出席者:欧元怀　张耀祥　龚清浩　黄敬思　吴泽　周同揆　刘焕文　宋成志　何仪朝　杨作民　许海涵　程齐贤(钱白水代)

　　列席者:李贤瑗

　　主席:欧主任委员

　　记录:孙尧年

　　报告事项

主席报告:

1. 超额收入处理讨论会最近开会处理超额收入办法,本日另案提付讨论。如照是项办法执行,本学期将有四万六千余单位赤字,需待设法弥补,目前学校经济危机十分严重,学生欠费亟望迅速缴纳!

2. 前被精简之教职员本人近向法院控告本人履行聘行,尚未讯问。

李主任贤瑗报告:

1. 截至五月中旬止,经费收支情形。

2. 本学期应付未付数项数字。

讨论事项

1. 议超额收入处理讨论会决议各事项请审查通过案

原决议详案如后:

(1) 增加行政费问题:决议原则上增加,总务处、教务处召集有关部门于本周内举行会议,商讨具体数字再提校委会决定。

(2) 教职员薪金计算恢复1.6单位问题:议决由工会处理,希尽先照顾特别清寒的现任和被精简教职员。

(3) 同学退费和增加减免费问题:议决:a. 退费原则上以每人退十四单位,按全校人数计算,应为15883单位。b. 增加减免费共8600单位。c. 以上两〈项〉共24483单位由学生会处理之。

(4) 以上三案统提校委会通过后执行。

决议:通过。关于原议决案第三项退费及增加减免费部分应由学生会执委会决定处理办法,提校委会通过后再行执行。

2. 议教务、总务两处根据超额收入处理讨论会决议召开会议,拟请增加行政费四千三百单位案

议决:通过。

3. 本学期拟请照校历提早一周结束案

议决:通过。毕业考试改定于六月十九日至二十四日举行。期终考试改定于七月三日至九日举行。七月十日(星期一)暑假开始。

4. 本年暑假开办暑期学校案

议决:通过。暑校预定七月十七日开学,六周结束。

5. 教务处拟定参加本期毕业考试学生名单,请审查通过案

议决:分别审查通过(名单由教务处另布)。

6. 转学生学年学分计算标准案

议决:仍照旧章办理。

7. 被精简教职员联谊会提出照顾办法五项请审议案

原办法如后:

(1) 请按超额学生人数比例恢复一部分教职员工作。

(2) 校方应负责介绍工作,在未有工作前,保持留职停薪。

(3) 三个月精简费应照新预算发给,另实际工作日数一个多月亦应照发。

(4) 上学期之薪应依旧预算先行补足发给。

(5) 学校如有新聘人员应以精简教职员尽先复用。

议决:

(1) 目前学校经济仍极困难,无法照办。

(2) 被精简教职员已以遣散费,未便以留职停薪解释。

(3) 原发三个月遣散费(连工作日一切在内)当酌量学校财力改照新预算标准(薪金基数每元1.44或1.6单位)计算。

(4) 上学期同学欠费已有部分收回,由工会在收回数额内处理。

(5) 学校如有相应机会,自当尽先复用。

8. 工会提请将收回上期欠费一千九百五十二单位提发处理案

议决：通过。将被精简及生活困难之教职员应得数额尽先提发。

9. 教职员宿舍电灯开放时间延长至十一时止，以利教学准备工作案

议决：通过。

10. 学生会建议为纪念上海解放一周年，定于五月二十七日上午举行全校清洁运动，请予停课半天案

议决：通过。下午仍照常上课。

（后缺）

（《校务委员会第二十一次会议记录》，《私立大夏大学校务委员会、校务委员会常务委员会会议记录及有关指示文件》，第68页，华东师范大学档案馆藏，档号：81-3-31）

六月

一日　建校二十六周年纪念，全校放假一天，同时举行校庆纪念大会。（见本年五月十四日校务委员会第二十次会议记录）

九日　举行第二十二次校务委员会会议，欧元怀校长传达华东教育部关于毕业生统一分配工作会议精神。会议复议了上次校务委员会决议的处理超额收入各项办法。

校务委员会第二十二次会议记录

时间：一九五零年六月九日下午七时

地点：重华新村本校夜班办公室

出席者：欧元怀　黄敬思　许海涵　何仪朝　邵家麟　屠修德　龚清浩　周同揆　杨作民　刘焕文　宋成志（刘焕文代）　程齐贤（钱白水代）

参加者：王兴　陈景琪　关可贵　杜佐周　周覃绂　程俊英　许公鉴　汪明　蔡文熙

列席者：张瑞钰　李贤瑗

主席：欧主任委员

记录：孙尧年

报告事项

主席报告：

本人于昨日上午参加华东教育部召开的一个会，讨论关于本届毕业生统一分派工作问题。按本年暑假华东区专科以上各学校毕业生共有六千余人，内上海占有半数，多由教育部统一分派，上海部分需在六月底前完成任务，各校行政当局、院长、系主任以及学生会、党团各方面需要动员同学祛除思想上的顾虑，服从政府的分配，这是我们自己政府对于同学们的照顾，更是开展新中国建设中一件重大工作，政府根据全国各地区需要的缓急轻重统筹分配有一定的合理的原则。今天特别邀请各系主任参加本会，共同商讨，希望大家重视这一工作，指导同学踊跃响应来顺利达成任务。

讨论事项

1. 议关于统一分配应届毕业生工作问题应如何具体进行案

议决：俟教育部决定名额后请各系主任与各该系应届毕业同学协商，由系会开列名单，经系主任签字后送秘书室汇报教部。

2. 议学生杨□绪……等十八人请予更正年级案

议决：各生学年学分均已修足，准予改为本学期应届毕业。

3. 议学生黄金□等八人请予审核参加毕业考试资格案

议决：（略）

4. 议定期举行应届毕业同学话别会案

议决：定于本月十四日（星期三）下午举行。

5. 议本学期夜班上课拟仍照校历订日期(七月十六日)结束案

议决:仍于七月十六日结束。

6. 议七月份员工薪金支发日期案

议决:尽在农历端午节(本月十九日)前支发。

7. 议教职员宿舍六、七月份电费拟照各人五月份消耗,在七月份薪金内预扣案

议决:通过,以后多退少补。

8. 李主任贤瑗报告截至本日止,尚有四百位同学共欠费二万一千余单位未缴应如何催缴案(略)

9. 主席报告本会上次会议通过超额收入处理讨论会决定处理超额收入的各项办法,六月二日文汇报提出批评,大意是:(1)在学校经费还存在着严重困难的今天,部分同学只片面的看到超收学费,学生会提出每人平均退费十四单位的意见是不妥当的。(2)学生会动员缴收欠费工作做得不够,对于的确清寒的同学,也没有重点的照顾。(3)恢复了教职员待遇1.6倍,造成了学校赤字,是违背二届校代的决议。(4)增加行政费四千多单位也没有经过精打细算。最后并指出校董会对学校困难不够关心,个别校董消极态度的不妥。这篇文章,在学校里引起各方面良好的反应。在本会立场,为了纠正偏差,消除学校困难,对于上次决定,应请予复议案

议决:应予复议,并作如下决定:

(1) 上次通过每人退费十四单位的决议案应予取消。

(2) 上次决定对确实清寒学生增加减免费,仍由学生会主持办理。

(3) 本校工会为照顾学校实际困难,已决定放弃恢复1.6倍待遇,本会同意接受,同时保证发足1.44倍。

(4) 行政费增加问题,须精打细算后再作决定。

(5) 本学期经费差额,仍应请校董会继续负责筹措。

(《校务委员会第二十二次会议记录》,《私立大夏大学校务委员会、校务委员会常务委员会会议记录及有关指示文件》,第69页,华东师范大学档案馆藏,档号:81-3-31)

十六日　举行第二十三次校务委员会会议,决议:成立暑期学校委员会和暑期招生委员会;定期公布学校财务状况;追缴学生欠费;召开全校师生员工代表大会。

校务委员会第二十三次会议记录

时间:一九五零年六月十六日下午七时

地点:重华新村本校夜班办公室

出席者:欧元怀　刘焕文　周同揆　龚清浩　黄敬思　程齐贤　许海涵　何仪朝(蔡文熙代)　邵家麟(程齐贤代)

列席:屠修德

主席:欧主任委员

记录:孙尧年

讨论事项

1. 议成立暑期学校委员会案

议决:通过。请吴泽、邵家麟、黄敬思、刘焕文、何仪朝、屠修德、张瑞钰、李贤瑗等八位先生并由学生会推代表两人共同组织之,请吴泽先生负责召集。

2. 议成立暑期招生委员会案

议决:通过。请吴泽、屠修德、尤石湖、蒋日衢、王兴、蔡文熙、刘焕文、张瑞钰、张承炽等九位先生并由学生会推代表两人共同组织之,请屠修德先生负责召集。

3. 议期终考试有关事项

议决:(略)

4. 工会建议事项

(1) 员工担保同学之欠费,本会上次决定在担保人薪金内扣除,拟请改为缓发。

（2）校外担保之欠费应请决定原则，由行政方面拟定具体办法负责□□。

（3）请会计室将学校财经状况每一月或半月印制收支详细报告，除正式公布外，并分送学生会、各院系理事会、工会执委及会员小组各一份，以资明了。

议决：（1）通过。（2）另案讨论。（3）通过。本年二、三、四、五各月收支报告作一次公布。以后每半月公布一次，本会开会时并请提书面报告（又师生员工代表大会开会时，并请准备报表分发）

5. 议追缴欠费问题

议决：

（1）余欠学费部分：

a. 再行通告……

b. 核准减免学费学生如有余欠未清者须在下周内（二十四日前）缴清，否则其核准之减免学费即予取销。

c. 各欠费未清者一律不得参加期终考试……

d. 分函各生家长……

（2）宿费部分：由总务处、会计室积极催缴……

6. 工会与学生会分别建议为总结学习及计划校务，克服困难，拟请召开全校师生员工代表大会。周同揆同学并补充说明学生会对于本提案之基本意见，请讨论案

议决：

（1）同意工会、学生会意见，决定召开全校师生员工代表大会，暂定于本月二十四、五两日举行。

（2）推请欧元怀、邵家麟、何仪朝、黄敬思、刘焕文、宋成志、程齐贤、吴泽、屠修德、张瑞钰、李贤瑗、孙尧年等十二位先生并请工会推代表六人，学生会推代表七人，先行组织筹备会负责进行筹备工作，并定于十八日上午九时在校举行第一次筹备会议。

（《校务委员会第二十三次会议记录》，《私立大夏大学校务委员会、校务委员会常务委员会会议记录及有关指示文件》，第70页，华东师范大学档案馆藏，档号：81-3-31）

十八日　举行全校师生员工代表大会筹备会议，讨论决定大会的具体筹备工作。

（标题缺）

时间：一九五零年六月十八日上午九时

出席者：刘焕文　程良生　王庆成　何仪朝　黄敬思　杨振铎　吕鉴　苏伦　程璜荣　欧元怀　钱玉音　庄久达　李贤瑗　张瑞钰　程齐贤　屠修德　陈旭麓　姜庆湘　孙尧年　陈友伟　杜佐周　宋成志

主席：欧元怀

记录：郑壬年

主席报告校务委员会接受工会和学生会的意见，决定召开全校师生员工代表大会并说明这次大会的目的和应有的任务。

接着各位出席人相继发言，总结如后：（略）

讨论决定事项

（一）大会定于本月二十四、五（星期六、日）日举行，时间另再决定。

（二）筹备会应分为三组进行工作并决定名单如后：

1. 宣传组：陈旭麓（组长）　吕鉴（副组长）　何仪朝　宋成志　屠修德　王庆成　杨振铎　边燮

2. 提案组：刘焕文（组长）　苏伦（副组长）　吴泽　黄敬思　邵家麟　何仪朝　程良生　姜庆湘　李贤瑗　程璜荣

3. 秘书组：孙尧年（组长）　庄久达（副组长）　吴泽　陈友伟　张瑞钰　程齐贤　钱玉音

（三）出席代表大会人员决定如后：

1. 校务委员会全体委员

2. 工会全体委员及学生会全体执行委员

3. 各学院院长、系主任、全体专任教员(兼任教员自由参加),各处组主任以上职员(如主任以下职员自由参加)。

4. 工会各小组组长或每组代表一人。

5. 学生会生活小组每组代表一人。

6. 党团代表各三人。

(四)第二次筹备会议定在本月二十三日下午四时举行。

(五)本会主席与各组正副组长须每晚七时集会一次(地点:教员休息室)以便联系推动工作。

(六)本会办公室设于秘书处。

(《私立大夏大学1950.6第一二次全代大会》,第74页,华东师范大学档案馆藏,档号:81-3-9)

二十四日 举行第一次师生员工代表大会,上午通过主席团名单,主席致开幕词。二十五日上午,校务委员会等各单位进行工作总结报告。二十五日下午及二十六日上午,分组讨论报告及提案。二十六日下午,各单位汇报讨论情况。二十七日上午,大会总结。此次会议通过主要决议有:1.确定了今后的方针和任务。2.成立"秋季校务计划会议",解决具体问题。3.组织暑期工作委员会,搞好暑期工作。4.努力解决欠费问题。5.进行教学总结。

开幕词

诸位代表,诸位先生,诸位同学:

解放后本校第一次的师生员工代表大会现在开会。这一个大会,从发动到开幕,中间经过酝酿思想和筹备工作,不过一星期的时间,由于工会和学生会的建议,校务委员审慎的讨论并决议召开这个师生员工代表大会。在这全代会上有主管部长官训话,有当前形势结合大夏具体情况报告,有学代会决议的传达及学习动员报告,有校务委员会、工会、学生会、教务处、总务处、会计室等工作总结的报告,以及通过各小组而提出来的许多提案,希望大家予以讨论,其中校务委员会所提示今后的方针和任务,有关学校前途至大,更希望各位代表深切研讨,补充修正,予以通过,作为暑期和秋季校务进行的依据。

(后略)

(《开幕词》,《私立大夏大学1950.6第一二次全代大会》,第23—28页,华东师范大学档案馆藏,档号:81-3-9)

校务委员会工作报告草案
一九五零年六月二十四日

我校校委会在去年七月十日经民主产生,当时暂称临时校委会。到九月下旬全部校委会名单和规程草案经高教处核定,才确定为正式机构。从七月十日到现在止,时间上将近一年,大会共开过二十三次,常务委员会共开过二十二次,决定议案总共在三百件左右。从这些数字看来,校委会同仁对于会务的确作了很大的努力,也花费了很不少的时间,今天,我们总结过去工作,应当肯定地说,由于这些努力,更得到师生员工各方面的协助支持,它在学校所起的革命性和建设性的作用,是有其巨大的成绩。但是,另一方面,校委会本身以及表现在工作上的,无可辞言是有着明显的缺陷,犯过不少错误,到今天为止,这些缺点还相当严重地存在着。

校委会是民主集中制在教育事业方面的体现,它已确定为我校最高决策机构,全校各方面对于校委会一致存在很高的,也很恳切的愿望。为了办好学校,搞好学习,首先须要加强校委会的领导是应当没有疑问的,校委会本身必须主动克服一切缺点,健全组织发挥效能,负起重大使命。为了达到这些目的,它必须从过去工作中获取经验和教训,一方面更希望通过这次大会,请全体代表们提出意见,也就是说我们要好好运用批评和自我批评,使它从现有基础上提高一步,获得可能改进的主观和客观的条件。

(后略)

(《校务委员会工作报告草案》,《私立大夏大学1950.6第一二次全代大会》,第79—80页,华东师范大学档案馆藏,档号:81-3-9)

师生员工代表大会总结报告

一九五零年六月份

一、二十六年来的大夏,曾遭受到不少灾害与磨折,但它一开始便有着革命斗争一面的光荣传统,从上无片瓦下无立锥的当年,发展到具有丰厚基础的今日。上海解放以后,大夏获得了新生,在原有的精神和物质基础上进行逐步的改造,首先遭遇到的困难,是学生人数的大量减少,和原有机构人事课程等不相适应,因此不但引起严重的财经问题,也影响到正常学习的展开。

经过寒假校务计划会议的精简工作以及这一学期末的不断努力,困难是大部分被克服了,在本学期将要终了的时候,为了以下目的:

(一)总结过去克服困难的经验与教训。

(二)使全体大夏人彻底认识当前政治形势并结合学校具体情况,在思想认识上获得一致,做好克服下学期困难的准备工作。

(三)安定师生员工的工作与学习情绪。

(四)在师生团结的基础上总结教学与改善教学,展开下学期正规的新民主主义教学。

校委会接受了学生会和工会的建议,决定在六月下旬召开大夏第一次师生员工代表大会,并先行组织筹备会,推动工作。

二、筹备会分宣传、提案和秘书三组分别进行工作,从六月十八日开始到二十四日开幕为止,仅一个星期,它完成了以下各项任务:

(一)由于时间的匆促和思想酝酿的不够,部分师生员工对大会不很重视,有些教职员更联想到寒假校务计划会议的大规模精简,谈虎色变,有些教授恐怕同学在大会上对教学提出过左的批评,影响团结,也有对大会做过高估计与要求的。筹备会针对这些情况,发出号召,说明大会的意义与任务,并印发学习提纲,在工会及学生会生活小组广泛的展开讨论,使大家在思想观点上一致起来,消除疑虑,坚定信心。

(二)拟定提案范围、提案办法等。在各小组进行学习的时候,同时提具体意见,四天以内,收到提案有四百余件,经过提案漏夜整理,把重要的一部分提请大会讨论,其次要的分放各有关部门处理。

(三)决定出席大会代表的名单:

1. 校务委员会全体委员

2. 工会全体委员及学生会全体执行委员

3. 各学院院长,各系主任,全体专任教员,各处组主任以上职员(兼任教员及其他职员自由参加)

4. 工会各小组组长或每组代表一人

5. 学生会生活小组每组代表一人

6. 党团代表各三人

(四)拟定大会程序,议事规则和分组名单等,大会出席代表一共是206人,编排为十五小组,为了要照顾得尽善尽美,曾不惜再三商讨,才把它最后确定。

三、大会一共进行了四次,六月二十四下午一时,代表们各怀着无比的欢欣,无比的热忱走进会场,大会揭幕了。在这一次大会上,首先通过了主席团名单,其次欧校长代表主席团致开幕辞,学生会代表钱玉音同学报告学生会的工作总结和将来的工作方针。最后,党支部代表徐英伟致贺词,大会便肃穆地休止了。

六月二十五日上午八时第二次大会开始。这次会上,通过大会工作人员名单及大会程序、议事规则后,分别由学生会代表钱玉音同学传达学代会决议及学习动员报告,欧校长报告校委会一年来工作总结和今后工作方针与任务。吴教务长报告教务情况,李会计主任报告财务情况,提案组刘焕文先生报告关于提案的整理经过。此外,工会方面、总务处方面,也都印发了书面的工作报告,各项报告都充分地经过了深刻的检讨,恳切而坦白地指出了成功与偏差,使全体代表们认清了学校的真实情况。

周日下午一时起,代表分组讨论,根据筹备会预拟的纲要,从中国当前政治形势到大夏目前情况,使思想从一致更进一步的提高,当晚七时,各小组长向主席团会汇报讨论结果,做出总结。

六月二十六日上午八时,各小组继续展开各项提案的讨论,紧张深入,反映了许多珍贵意见。再经过小组长与主席团会汇报,得出一致的结论。

第三次大会于二十六日下午二时起举行,这次大会主要的是各单位的典型发言,其内容:

一学期末学习与克服困难小结和师生团结(文学院学生代表)

本学期在师生团结的基础上为克服困难而得到的一些经验(经济系学生代表)

生产典型报告(理工学院学生代表)

教学总结介绍(土木系学生代表)

教学总结的原则(姚雪垠教授)

关于成立全校性生产委员会问题(冯琨同学)

本人思想总结(李杨坡工友)

关于本组讨论提案后的认识(代表第十五小组周盂韦)

一年来的教学经验(杜佐周教授)

一年来的思想转变(程俊英教授)

这些报告具体的告诉了我们大夏在这解放一年来的进步与收获,告诉我们大夏的师生员工们是在怎样学习,怎样改造,怎样生产互助和克服困难,坚决、勇敢、坦白、热情,引起了全场不断的如潮的掌声,至此大会进入了最高潮,代表们的情绪更加热烈,信心更加坚定。

第四次大会于六月二十七日下午七时举行。通过校委会所提的"今后工作方针与任务",通过提案的总结报告,传达大会决议和总结教学的原则和方法。并由姚雪垠先生用轻松活泼的诗歌,诵出了大会过程中各种值得歌颂的场面。最后主席团主席欧校长郑重肃穆的致了闭幕词,代表们仍然各怀着无比的欢欣,无比的热忱,在"团结"的歌声中走出会场,大会胜利地闭幕了。

四、通过这次大会,进行必要的检讨,反映了全大夏人的意见与要求,明确了大夏的现状与工作方向,使全大夏人获得思想的一致与提高,加强了全面的团结,我们是有着丰富收获的。不过大会通过的议案仅仅是初步的原则性的指出了存在着的问题,主要是克服财经困难,展开正常教学,我们更将根据这些决议:

(一)成立"秋季校务计划会议",继承大会使命,解决具体问题。

(二)组织暑期工作委员会,搞好暑期工作。

(三)关于欠费问题,在大会结束后不到十天,已经清了半数,这些是克服困难的初步表现。

(四)教学总结,经过大会的明确指示,在学期考前后,各班师生都完成了这件工作。

此外,因为大会的举行,已将近学期结束,同学们正准备进行考试,时间非常匆促,不容易很好的集中起全体的力量。同时,大会布置的政治形势报告,临时没有找到适当人员担任,也减少了大会的作用,这是大会一些缺点,但是大会每个场面,都非常紧凑,全体代表积极认真,精神始终不懈。由于分组是采取混合编制,每小组都有各院系的师生和职工,在讨论中获得很好效果,起了积极的团结作用,这些是值得指出的。

大会出版有专刊一种,附件二份。

(《师生员工代表大会总结报告》,《私立大夏大学1950.6第一二次全代大会》,第104—115页,华东师范大学档案馆藏,档号:81-3-9)

二十九日　举行校务委员会第二十四次会议,通过师生代表大会提出的学校今后的方针任务,落实大会重要提案,并作出补充说明,决定召开校务计划会议,由校务委员会常委会先行筹备,并决定成立暑期工作委员会。

校务委员会第二十四次会议记录

时间:一九五零年六月二十九日下午七时

地点:重华新村本校夜班办公室

出席者:欧元怀　程齐贤　钱玉音　刘焕文　何仪朝　许海涵　吴泽　苏伦　邵家麟　张耀祥　龚清浩　黄敬思　宋成志(刘焕文代)

列席:屠修德　李贤瑷　张瑞钰

主席:欧元怀

记录:孙尧年

报告事项

主席报告全代大会开会情形,希望全体代表负责传达大会的决议和精神。

李主任贤瑷报告最近欠费数额及催缴情形。

讨论事项

1. 通过学校今后方针与任务案

议决:通过。

2. 通过全代大会重要提案讨论总结案

议决:通过。其中有一部分须本会补充决定并说明处理办法者:

有关财经问题:

(1) 由本会组织暑期工作委员会计划进行。

(2)(6) 由本会组织校务计划会议并与有关单位计划进行。

(4) 由校务计划会议及学生会依照处理。

有关教学问题:

(3) 由学习委员会、各院系及有关行政部门计划进行。

(5) 由暑期工作委员会及工会计划进行。

有关建立民主秩序问题:

由校务计划会议计划进行。

3. 期终考试是否延展案

议决:为普遍传达全代大会精神,总结教学,催收欠费及组织校务计划会议与暑期工作委员会,推选代表等,必须延期考试,改定自七月七日起至十二日举行,在七月七日前照常上课,并由教员指导温课或总结教学。

4. 组织校务计划会议案

议决:

(1) 人选包括:

a. 校长、教务长、注册主任、各学院院长、各系主任及总务处、会计室、秘书室主管。

b. 工会代表四人,学生会代表三人,每系同学各推代表二人(每系同学人数在一百五十人以上者加推代表一人),师专科及夜班同学各推代表二人。

c. 请校董会及毕业同学会各推代表一人。

(2) 由本会常务委员会先行筹备。第一次会议预定在大考后举行。工会及学生会代表须在七月五日前推选,将名单送秘书室。

5. 组织暑期工作委员会案

议决:由工会与学生会各推代表若干人共同组织之,于七月五日前推选代表将名单送秘书室。

6. 催缴欠费问题(略)

7. 上海市总工会拟在暑期内借用本校一部分校舍案

议决:原则同意,由总务处径与洽商详细办法。

8. 体育讲师黄震拟参加全国体育总会举行之暑期体育学习班,请由校补助旅费。又全代大会出版专刊需纸张印制费案

议决:通过。

(《校务委员会第二十四次会议记录》,《私立大夏大学校务委员会、校务委员会常务委员会会议记录及有关指示文件》,第71页,华东师范大学档案馆藏,档号:81-3-31)

七月

二日　举行教务委员会第九次会议与暑期学校委员会第一次会议联席会议,讨论决议了暑期学校章程,教学总结和增设科系等案。

教务委员会第九次会议与暑期学校委员会第一次会议联席会议记录

时间:一九五零年七月二日上午九时

地点:教授休息室

出席者:许公鉴　王兴　欧元怀　张树声(学生会)　陈百川(法学院)　邱炽(教育学院)　黄敬思　范颐华(师专)　何仪朝　姜庆湘　杜佐周　关可贵　程俊英　邵家麟　吴泽　张瑞钰　李贤瑗　屠修德　陈景琪　陈伯吹　蔡文熙　刘焕文

列席者:钱冠英　黄震　张承炽　尤石湖　陈友伟　莫如珠

主席:吴教务长

记录:姜志纯

甲、报告

主席报告:

1. 今天是第九次教务会议和暑期学校委员会第一次会议联合举行,今天首要讨论的是关于暑期学校的章则。

2. 以系为中心的教学及系务总结。

3. 增设科系问题。

4. 毕业的年限。

5. 其他有关各项教务问题。

乙、讨论

一、关于暑期学校章程案

决议:

1. "□□学生"改为"兄弟民族学生"。

2. 授课日期:七月十七日起至八月二十六日止。

3. 每节五十分钟的"五"字改为"九"字,其余授课将分照次加以改正。

4. 每人选修学分不得超过六学分。

5. 每学程选修人数不满十人者未予开班。

6. 每个学分收学什费九个折实单位。

7. 宿费和水电费两项□去。

8. 其余□□拟通过。

本校市区夜班师范专修科学生,因本学期开选学分不足,亦可于本期开班暑期学校补休之,其章程同。

二、如何推动以系为中心进行教学总结案

决议:

1. 重点分两部分:

(1)总结以往教学视点、方法和同学、教授思想的转变及进步的动态。

(2)拟定下学期教学及业务改进的具体计划。

2. 总结日期:

(1)大考以前写成各科教学总结。

(2)七月十二日以前,各系做好教学总结,送教务处汇报。

三、为配合新中国建设人才之需要,就大夏设备及条件拟增设若干科系问题案

1. 邵院长说：土木系可添设测建专修科，化学系可添设工业化学专修科，两年毕业。

2. 何院长说：商学院可添设会计、保险、合作、税计等四个专修科。可能则全办，不可能则先设会计、保险两科亦好。

3. 黄院长说：农业教育系和工人教育等专修科均须添设。

4. 主席说：据本校农场负责人蒋先生说：本校可先添园艺系，次添畜牧系，并可添设农业制造专修科。

5. 许主任公鉴说：师专科可添设群众教育组。

6. 校长说：添设科系须先经本校立法手续，并呈经教部核准，其手续相当繁重。且以政府的□教方针来说，现在是"积极维持，逐步改造"的时期，我们要添办各科系，先找政府的有关业务部门，如工业部、农林部等会合研究，确实为业务所需要的再向教部呈核办理之。

决议：作为初步交换意见，提交校委会研讨之。

四、关于商学院学年问题

决议：缓议。

五、天津育德学院因要改组，函请我校收容该校法律系学生案

决议：由秘书室调查研究核复之。

六、师生借书逾期不还如何催缴案（略）

七、政治课改课逾限者有十五个同学，应如何处理案

决议：应予取消学分。

八、土木系学生刘绍英各学期成绩总平均分均为59.8，请予毕业，可否照准案

决议：不予承认。

丙、散会

（《教务委员会第九次会议与暑期学校委员会第一次会议联席会议记录》，《私立大夏大学教务委员会议记录》，第34页，华东师范大学档案馆藏，档号：81-3-231）

五日 举行校务委员会常委会第二十三次会议，议决定于本月十四日召开秋季校务计划会议，并决定秋季开学，注册、上课及暑假招生日期。

校务委员会常务委员会第二十三次会议记录

时间：一九五零年七月五日下午三时

地点：本校会议室

出席者：欧元怀　钱玉音　刘焕文　吴泽　程齐贤

列席者：李贤瑗　张瑞钰

主席：欧元怀

记录：孙尧年

报告事项

主席报告：

1. 学生会出席校委会代表周同揿、杨作民两同学均已毕业，现该会改推钱玉音、庄久达继续担任，并由钱玉音同学为常务委员会代表，本日已邀请出席。

2. 上次校委会决议组织秋季校务计划会议案内师专科及夜班同学各推代表两人，□师专科分有本校及夜班两部分共□四十余人，□□部分可推代表一人，至夜班其余同学二十余人再产生代表一人，尚有一代表名额，由夜班工作人员张承炽君充任，以……

李主任贤瑗报告：

1. 截至六月底止学校财经情形（附资负表及计□书各一件）。

2. 最近欠费数额及继续催缴情形。

……

讨论事项

1. 议筹备召开秋季校务计划会议案

议决：

（1）第一次会议定于本月十四日（星期五）举行。

（2）会议主席团由校长、教务长、工会副主席、学生会正副主席（均限于参加本会议者）共五人组织之。

（3）会议秘书处请刘焕文、陈旭麓、孙尧年三位先生负责，必要时可邀学生会秘书处协助。

（4）本月八日（星期六）下午三时先行召开主席团与秘书处工作人员联席会议……

（5）以校委会名义，拟发告全体□□□此次会议之意义与任务，□□□□□会议及闭幕词暨总结报告等文件。

2. 议秋季开学注册及上课日期案

议决：九月四日（星期一）秋季开学，新旧生开始缴费及办理入学手续，九日十一日至十三日（星期一至三）注册，九月十五日（星期五）开始上课。

3. 议暑期内第一次招考新生日期案

议决：定于七月二十九、三十日（星期六、日）举行。

4. 议催缴欠费案（略）

（《校务委员会常务委员会第二十三次会议记录》，《私立大夏大学校务委员会、校务委员会常务委员会会议记录及有关指示文件》，第113页，华东师范大学档案馆藏，档号：81-3-31）

十一日　举行校务委员会第二十五次会议,欧元怀校长传达华东教育部关于毕业生分配工作会议精神、中央政务院文件、华东教育部下达的毕业生分配方案等。议决：组织毕业同学就业辅导委员会；组织全体毕业生参加华东教育部的毕业分配动员演讲会；暑期学校停办。

校务委员会第二十五次会议记录

时间：一九五零年七月十一日下午三时

地点：本校教育研究室

出席者：宋成志　何仪朝　欧元怀　庄久达　刘焕文　程齐贤　许海涵　吴泽　邵家麟（陈景琪代）　钱玉音（苏伦代）

参加者：陈友伟　陈景琪　王兴　汪明　徐英伟　钱冠英　关可贵　黄彦起　苏伦　蔡文熙　许公鉴　边樊　杜佐周　程能荣　周立　沈兆年　周覃绂

列席者：屠修德　张瑞钰　李贤瑗

主席：欧主任委员

记录：孙尧年

报告事项

主席报告：关于本届毕业生统一分配工作问题，最近中央教育部已有全国性的决定，昨日华东教育部特为此事召集本市大专学校负责人商讨，本人与苏伦同学应邀前往参加情形并传达以下三项：

（1）宣读中央政务院关于本案之通令。

（2）华东教育部决定分配本校各院系毕业生工作地点、性质及名称。

（3）华东教育部定于本月十二、十三两日举行动员演讲会，已通知本校毕业同学分别前往参加，希望各位同仁有空也能前往听讲，并协助动员同学踊跃参加政府所分配的工作。

张主任瑞钰报告：

（1）截至目前止，欠缴学费同学尚有56人，总数计2940单位。

（2）暑期内总工会拟借用本校一部分房屋，因此校舍布置暂时须有局部更动，正在计划中。

（3）已缴宿费学生□只五十九人，全部住校学生人数已进行调查。

讨论事项

1. 关于动员本届毕业同学参加统一分配工作问题

议决：（1）定于本月十二日下午三时召集文、法、教三院，十三日上午九时召集理工、商二院同学具体进行商讨。(2)组织毕业同学就业辅导委员会,包括人员如下:校长、教务长、各学院院长、各系主任、教导组主任、政治教授及助教、学生会代表两人(钱玉音、苏伦)、毕业同学代表会代表两人(汪明、周立)、党团代表各一人(徐英伟、程能荣),并推请欧校长、吴泽、陈景琪、许公鉴、刘焕文、何仪朝、陈友伟等七位先生及苏伦、汪明两同学共同组织常务委员会,负责推动工作,第一次常务委员会议定于十二日下午一时举行。

2. 暑期学校是否开办问题

议决:除夜班、师专科外,校本部暑期学校决定停办。(因政治课暑期不能开班,其余课程登记人数不够)

3. 招生简章有关问题

议决:(1)应列院系:除文学院暂分文学、历史两系外,其余照本学期实际所有各院系科列入。(2)报名费数额:暂定为两万元。

4. 寄读中山大学学生黄如欢、李显元请审查应届毕业资格案

议决:两生均缺修必修课多门,否决。

5. 寄读云南大学学生马汝维伪造寄读证件应如何处理案

议决:通知云大应予开除学籍。

(《校务委员会第二十五次会议记录》,《私立大夏大学校务委员会、校务委员会常务委员会会议记录及有关指示文件》,第72页,华东师范大学档案馆藏,档号:81-3-31)

十四日 秋季校务计划会议开始(见本月五日校务委员会常务委员会第二十三次会议记录)。会上详细讨论并决定了学校行政及人事制度、生产互助计划、校舍分配与管理、节约办法、财经预算、教学秩序、学制、课程与教学的具体办法等学校各方面的重大事项。

一九五零年秋季校务计划会议分组讨论总结(草案)

一、关于行政及人事制度

(一)建立行政会报制度

1. 会报的作用:在加强各行政部门的联系,随时报道并检查各部门经常行政工作,交换意见,解决各部门在工作进行中不能单独解决的问题,会报所有决定,仍由各部门自行处理。

2. 会报组织成分:包括校长、教务长、总务主任、会计主任及主任秘书,必要时可邀请有关单位主管或请推派代表参加。

3. 会期:定每星期举行一次,由校长召集,必要时临时举行。

(二)加强院系行政工作

1. 院长、系主任规定每星期有一定的时间到校办公并指导学生学习,并须在群贤堂设法开一房间作为文、教、法、商四学院院长、系主任联合办公室,理工学院仍在原址办公。

2. 统一各院系会的组织

(1)每系系会应当包括各该系的全体师生员工,由系会产生系务委员会,必要时可由系务委员会再产生常务委员会来处理经常会务。

(2)有关全院的事项,可由院长召集该院各系系务委员会,开联席会议,以代替院务委员会。

(三)调整员工薪金标准

1. 专任教职员薪金保留底薪制及原来计算方法(即以底薪60元为基数,60元以上照百分之三十计算),此项计算方法,暂限于秋季学期适用。

2. 成立教职员叙薪委员会,包括校长、教务长、总务主任、各学院院长、工会代表三人(须包括教授、讲助及职员)及学生会代表一人。并请拟定薪金等级表。

3. 调整薪金的意义并非一般的加薪,而是根据工作效力、态度、年功、资历等等,对个别不合理的予以调整。

4. 调整后员工薪金总额以不超过春季学期总数为原则。

5. 关于工友薪资,由总务处与工会会商办理。

（四）规定教职员聘请年限

专任教职员聘期仍为一年，兼任教职员聘期按其所授课程定为半年或一年。

二、关于生产互助计划

（一）成立全校性生产互助机构

1. 在成立正式机构前应先行组织筹备会，负责调查、研究和计划，做好准备工作。

2. 筹备会组织包括下列人员：（略）

（二）原有农场机构处理问题

1. 本校原有农场，一学期来，亏□甚巨，无法再维持下去，应将原机构撤销，其事业归由全校性生产互助机构，予以统一领导办理。

2. 原有农场工友七人，处理办法如下：（略）

三、关于校舍分配与管理

（一）已离职员工的住房收回问题

目前学校房屋不够应用，不少已经离职的员工至今还占住着学校的房屋，其中更有一部分在外面早已就有职业的，必须一律催促迁让。在未迁出前，自八月份起，水电费应照付价款，否则停止供应。

（二）附中要求借用校舍问题

现在农场办公室在可能范围内，设法迁至适当地点，将原房屋借给附中。

（三）重华新村夜班扩充教室问题

夜班上课地点最好能够在市区另觅适当房屋，使夜班可以充分发展。在未有其他校舍前，必须将重华新村职员宿舍收回一部分，迁来校内居住，让出房间解决下学期夜班的教室问题。

（四）学生宿舍管理问题

1. 在最短期内必须成立宿舍管理委员会。

2. 宿管会组织包括总务处、学生会、女同学会及各系会的代表，必要时可以召开室长会议，共同解决问题。

3. 宿管会的任务是执行宿舍公约，分配宿舍房间及协助行政方面处理一切有关宿舍事项。

4. 宿费独立。

（五）校舍整齐清洁问题

1. 浴室与厕所应责成工友负责，遇有问题发生，随时报告总务处处理。

2. 宿舍的清洁应由宿管会每隔一定时间（或一星期）检查一次，将前三名及后三名室号公布，以为奖惩，每学期并举行全校性清洁运动一、二次。

（六）加强校园及门警管理问题

1. 全校人等出入必须佩带校徽，或携带其他证明身份证件，校警得随时检查。

2. 禁止校外人等借道本校通行，以及附近居民来校淘米、洗菜等等。

3. 设法调派其他部分工友专管校门口的脚踏车和电话，现有警察应使其专负警卫责任。

（七）校内小吃部管理问题

小吃部水电及卫生应受学校监督管理，借用家俱应予收回。小吃部工友应遵守学校一切有关规章公约。

四、关于节约办法

（一）用水

1. 校内小吃部用水应收取水费。

2. 校内有替人洗衣为专业的，应禁止他用学校的自来水。

3. 部分开关水龙头改换□龙头。不必要的水龙头可予取消。

4. 教职员宿舍门房的老虎灶取消，教职员宿舍停止供应热水。

（二）用电

1. 严格控制电灯开关时间。

2. 各处保险匣用低熔点的保险丝并每日比较用电量以防止偷电。

3. 办公室等部分尽可能改装日光灯。

4. 有家眷住校的工友应负担电费。

5. 合作社点灯应收取电费。

（三）电话

1. 非公事对外通话,超过三分钟时,应加倍收费,多则照此推算。

2. 合作社对外通话,应收通话费。

（四）文具纸张及印刷

1. 各部门办公用文具纸张,根据需要定量分配,负责包用,超过定量时,不再供应。考试用纸教务处应在定量内负责包用。

2. 各研究室只备书报、什志,不供给文具纸张。

3. 教务处所存废考卷,尽可能收集分发利用。

4. 开会通知尽可能印制一定格式随时填用。

（五）邮电

1. 寄发学生成绩单须自备邮费。

2. 对教职员通知,除必要者邮寄或专送外,其余一律放在各人的信箱内。

3. 教员对于试题及学生成绩应请准时送校以免函催。

（六）报章杂志

1. 各办公室所订报纸,除校长室、学委会、教员休息室、院长系主任办公室各两份及理工学院各一份外,其余一律取消,员工可向以上各部门借阅,随时归还。

2. 图书馆张贴群贤堂三楼走道的报纸一律取消。同学可到各研究室阅报。

3. 各研究室所订什志,须尽量减少重复部分。

（七）其他

1. 对于体育医药等费用,应由校委会将来成立专门机构,事前审核,务使合理使用。

2. 请行政方面会同有关单位,定期清查全校仓库一次。

五、关于财经预算

（一）秋季经费概算

1. 支出部分

（1）教职员工薪金:总数为148996单位,另外须加上新设的四个专修科和校本部师范专修科一年级下学期单独开班课程教授薪金,预计4500单位,因此这一项总支出为153496单位。

（2）行政费:包括下列各细目共计21150单位:

细目	数额	细目	数额
文具纸张	700	校刊	400
邮电	200	医药	1100
水电	5000	广告费	150
印花税	600	用品购置	800
电话	1800	报纸	100
车旅费	700	印刷	900

细目	数额	细目	数额
房租	600	体育费	1200
庆祝费	200	修理费	2000
什费	1000	设备费	700
图书费	3000	合计	21150

此外属于行政费范围的还有下列两项：

（1）房捐地价税：除教职员宿舍部分在教职员房租收入内支付，学生宿舍部分在宿费内支付外，其余全部房捐地价税预计7400单位。

（2）工会经费及失业工人救济费：依照工会法规定，学校行政方面应按全部员工薪金百分之二拨交工会组织为经费，另有救济费一项为百分之一（员工本身负担之工会会费及救济费在外）总共百分之三，计4717单位。

2. 收入部分

（1）学什费及减免费数额：

a. 学什费：经多次会议协商结果，定为每人165单位（内学费132单位，什费33单位），以学生人数1150人计算（调查估计学生及复学生850人，新生300人），共计189750单位。

b. 减免费：定为23800单位，合全部学什费收入12.54%，即学费收入15.68%，开学后无论人数多少，不予变动，以符一次办好减免费之原则。

c. 以上学什费总额除减免费总额，实际预算学什费收入为165950单位。

（2）其他收入

a. 修建设备费：仍照上学期规定，新生应缴修建设备费每人15单位，三百人共计4500单位。

b. 什项收入：预计3000单位。

c. 利息收入：预计500单位。

3. 赤字问题

（1）以上支出部分共计186763单位，收入部分共计173950单位，两项差额计12813单位为经费赤字！关于赤字的弥补办法：（一）请校委会补助5000单位。（二）上学期应收学什宿费项下可能弥补5000单位，尚余赤字2813单位，须另行设法解决。

（2）学院增加钟点小时，如确因事实需要，无法削减时，此项开支亦须另行设法弥补。

4. 如有超额收入的处理办法

总原则：应根据全代大会对于本案的决议由校委会合理处理。

5. 其他有关问题

（1）以上收支预算均包括市区夜班在内。在学校财经行政统一的原则下，夜班学什费必须与校本部同一标准。目前夜班图书等设备不够，以后再分配经费时，应予以注意。

（2）宿费：以650人作预算，每人应缴15单位，但支出方面须再精打细算，如将来经费发生困难时，应进一步节约水电等。

（3）学生会会费：仍为半个单位，由学校于收费时一并代收。

（二）设置财经稽核委员会

拟订组织规程草案如后，请校委会通过后即速组织之。

大夏大学财经合计委员会暂行规程（略）

六、关于建立教学民主秩序

（一）订定学则及各种公约

1. 拟定学则、师生员工借书简则、参考什志阅览室公约、教室公约、考场公约、研究室公约及宿舍公约（另详附件）。

2. 以上各项章则公约为使贯彻实施起见，应印发全体教职员及同学于秋季开学前，在各小组展开讨论学习，于开学时分别执行，并同时举行整风运动。

（二）对于教室及宿舍秩序的补充决定

1. 为严格执行查课点名起见：

（1）同学上课均须排定座位。

（2）由教授或政治助教或教务处职员或指定同学点名。

（3）学生告假无论公私事故，均应由教务处办理申请手续。

（4）转学生重修学程亦须一律上课点名。

2. 为维持宿舍秩序，现有学生宿舍应分别开置会客室，以为同学交谊场所。

七、关于学制方面

（一）七学期修满毕业学分办法的存废问题

1. 严格规定各学系修业年限应为四学年（八学期）。

2. 如尚有七学期修满毕业学分的同学，在第八学期仍须与其他学生同样缴费注册，选修未读过的课程或由学校设法给予实习的机会，以增进理论与实际结合的程度。

3. 特别注册办法取消

4. 选课注册时，由院长系主任严格执行选修学分的限制，防止七学期修满学分的情事发生。

（二）毕业学分数额（略）

（三）旁听生问题（略）

八、关于课程与教学

（一）秋季开课时数

1. 文学院36小时，法学院经济系36小时，政治系12小时，法律系38小时，共计86小时①。商学院91小时。教育学院54小时。共同必修课程亦以不超过上学期原有时数（81小时）为原则。

2. 理工学院数理课31小时，化学系71小时，土木系97小时，共计199小时。

（二）若干共同必修课程问题

1. 理工、商两学院新生，国文成绩优者免修基本国文，劣者仍应选修给予学分。其优劣根据入学考试国文成绩，由国文甄别委员会评定，至补习生尚未修习国文者，应待甄别考试后决定之。

2. "新哲学"在原则上作为共同必修课程，是否适当？以后再由教务会议公决。

（三）排课问题（略）

（四）编订教学计划及学程大纲（略）

（五）试办教学研究组

以系科为中心，将课程性质相同之教授讲助分组为一个或几个教学研究组，按原则订定办法，讨论改进教学，详细办法由各系科另定之。

（六）规定学生学习时间

为顾及学生康健及教学效能，每周学习时间总数应为44至50小时。本学期尽可能使每位同学将正课时间与课外预习复习时间拟定学习时间分配表，由教授系科主任检察指导施行。

（七）充实图书设备与加强管理（略）

（《一九五零年秋季校务计划会议分组讨论总结（草案）》，《私立大夏大学教务委员会会议记录》，第35—42页，华东师范大学档案馆藏，档号：81-3-231）

二十九日　举行校务委员会第二十六次会议，欧元怀校长报告：1. 动员本届毕业生参加

---

① 此系史料原文。

统一分配工作情况。2.秋季拟添办工业化学、测绘建筑、会计、保险四个专修科，及园艺、畜牧两学系。会议决议接收天津育德学院所撤销的法律、财政两系全体学生转入等校务多起。

校务委员会第二十六次会议记录

时间：一九五零年七月二十九日下午四时

地点：教员休息室

出席者：欧元怀　何仪朝　黄敬思　吴泽　刘焕文　程齐贤　许海涵　宋成志　钱玉音　庄久达　邵家麟（陈景琪代）

主席：欧主任委员

记录：孙尧年

报告事项

主席报告：

1. 秋季开学上课日期已报经教育部核准备案。

2. 学生会出席校委会代表前经会议推钱玉音、庄久达担任，已报经教育部批准。

3. 动员本届毕业生参加统一分配工作情况：

（1）文、法、教三院同学参加土改者已出发两批次共36人，在本市各私立大学中，人数比较最多。

（2）土木、化学、工管、会计、银行五系同学参加东北工作者，尚不足教育部所分配的名额，须继续动员，拟请各系主任再分别邀集同学进行劝导。

（3）七学期修满毕业学分学生，教育部亦一并分配工作。

4. 秋季拟添办工业化学、测绘建筑、会计、保险四个专修科，及园艺、畜牧两学系，已呈请教育部核示，并与政府各有关业务部门分别洽商中。

5. 秋季校务计划会议自本月十七日起开会分组讨论情形。

吴泽先生代表工会报告：

关于被精简教职员沈显□等七人向法院控告要求学校履行聘约问题，后来此案转到劳动局，请本校工会进行调解，工会经再三讨论，认为各人均已自领遣散费，劳资关系不存在，对原提各项要求，未便支持，至各人生活困难，工会一本从来阶级友好互助观点，理当照顾。前天劳动局主持调解，正式开会，通知工会推代表四人，学生会代表一人出席，并有高教处代表参加，谈判结论与工会意见大致相同。关于工会的照顾，除经济方面已在进行调查研究救济外，对各人职业介绍及在校住宿问题亦在进行中。

讨论事项

1. 审议继聘教职员名单案

议决：由校长、教务长与各学院院长先生洽议，于八月七日前再开会决定。

2. 教员聘约有关事项案

议决：修正通过。（另详）

3. 教员申请升级如何办理案

议决：尽可能先经院系会初步审查提供意见，再由将来叙薪委员会审核送本会通过。

4. 秋季校务计划会议增加工友代表二人请追议案

议决：通过。

5. 夜班师专科暑期补修国文及政治经济学两学程，每人缴学什费38单位，定于七月二十日上课，八月三十一日结束，提请公议案

议决：通过。

6. 第二次招生日期案

议决：暂定在八月十六、十七两日举行。

7. 天津育德学院法律财经两系全体学生拟转入本校案

议决：该院停办，两系学生申请转入本校系归并性质，可无须经过转学考试，惟各生所读学分应由本

校分别审核并询明该院过去立案情形。

（《校务委员会第二十六次会议记录》，《私立大夏大学校务委员会、校务委员会常务委员会会议记录及有关指示文件》，第73页，华东师范大学档案馆藏，档号:81-3-31）

八月

二十三日　举行校务委员会第二十九次会议，会议通告:1.经华东教育部核准，秋季增设测绘建筑、工业化学、会计、保险、畜牧兽医五个专修科及畜牧系，其中畜牧系及畜牧兽医专修科须继续筹备，暂缓招生，会计专修科在市区夜班同时开班。2.学生宿舍管理委员会成立。3.市区夜班次增多，须扩充教室。

校务委员会第二十九次会议记录

时间:一九五零年八月二十三日上午九时

地点:教员休息室

出席者:欧元怀　黄敬思　何仪朝　程齐贤　钱玉音　许海涵　张耀祥　龚清浩（何仪朝代）

列席:张瑞钰　张承炽　钟孟春

主席:欧主任委员

记录:孙尧年

报告事项

张主任瑞钰报告:

1. 学生宿舍管理委员会业已组织成立，最近开会三次讨论决定各事情形。

2. 最近学生向银行办理贷款及员工借支薪金情形。

讨论事项

1. 议暑期第三次招生日期案

议决:定于九月二、三两日招考。

2. 议增设测绘建筑、工业化学、会计、保险、畜牧兽医五个专修科，及畜牧系事已奉华东教育部核准，请予追认案

议决:通过。其中畜牧系及畜牧兽医专修科须继续筹备，暂缓招生，又会计专修科在市区夜班同时开班。

3. 议市区夜班次增多必须扩充教室，现住重华新村二、三楼之本校教职员，原则上须请一律迁让，由总务处与夜班工作人员会同洽商办理。

4. 宿管会提议学生须缴清宿费凭收据注册（通勤生须经院系会证明）案

议决:通过。

（《校务委员会第二十九次会议记录》，《私立大夏大学校务委员会、校务委员会常务委员会会议记录及有关指示文件》，第74页，华东师范大学档案馆藏，档号:81-3-31）

九月

一日　举行校务委员会第三十次会议，欧元怀校长报告畜牧系及畜牧兽医专修科前因考虑经费问题，决定暂缓招生，现在已可筹募款项开办，定于本月六、七日招生。会议议决添聘教员等校务多起。

校务委员会第三十次会议记录

时间:一九五零年九月一日下午三时

地点:教员休息室

出席者:欧元怀　吴泽　宋成志　许海涵　黄敬思　庄久达　钱玉音　何仪朝（蔡文熙代）　龚清浩（蔡代）　刘焕文（潘世宪代）

列席者:张瑞钰　钟孟春

主席:欧主任委员

记录:孙尧年

报告事项

主席报告:本校添设畜牧系及畜牧兽医专修科事,上次本会因考虑经费问题,决定续再筹备,暂缓招生。嗣经与本校有关人士接洽,可以筹募款项捐助开办。为争取时间,当以书面分别征得全体委员同意(个别委员表示经费要能经常无问题),定于本月六、七日招生。

讨论事项

1. 审议秋季校务计划会议分组讨论总结案

议决:修正通过。

2. 续聘及添聘教员案

议决:续聘石啸冲先生为政治系兼任教授,侯学成、吴超庸两先生为文学院兼任教授,添聘陈本端先生为土木系兼任教授,劳树德先生为商学院助教,唐云鸿先生为商学院兼任副教授(义务职)。

3. 审议学则及公约草案

决议:先交教务委员会审核再提本会通过。

4. 秋季是否仍收试读生案

议决:为照顾远道不及赶到参加入学考试学生起见,可仍收纳试读生,惟应有限制。

5. 借读问题

议决:(1)自本学期起本校学生一律不得要求在他校借读!其原在他校借读学生应即通知返校肆业,否则必须办理转学手续。(2)他校个别学生要求借读本校者除有特殊情形者外,原则上不予收纳。

6. 附中毕业生可否免试升学本校案

议决:其毕业总成绩在七十分以上者,准免予入学考试直升本校。

(《校务委员会第三十次会议记录》,《私立大夏大学校务委员会、校务委员会常务委员会会议记录及有关指示文件》,第75页,华东师范大学档案馆藏,档号:81-3-31)

四日　举行教务委员会第十次会议,讨论了教学研究组的组织、学则和公约审查,以及教学计划大纲的制定等问题。

教务委员会第十次会议记录

时间:一九五零年九月四日下午二时

地点:教授休息室

出席者:吴泽　许公鉴　何仪朝　郭先思(教育)　蔡文熙　陈景琪　周覃绂　张承炽　江景波(理工)　郭中廷(工管)　郦范武(化学)　刘琳(经济)　陈友伟　陈百川(法学院)　陈国强(政治)　欧元怀　张曾警(法律)　张其驿(银行)　陈进森　徐海涛(会计)　杜佐周　徐富贤(教育)　邱炽(教育)　张耀祥(师专)　吴干民(历史)　卢自立(中文)　陈伯吹(师专)　王兴(土木程良生代)　黄敬思(杜代)　刘焕文(潘世宪代)

主席:吴教务长

记录:姜志纯

甲、报告事项

(一)主席报告:

1. 今天的会议是本学期第一次教务会议,各院系同学代表都来列席,请多多发表意见。

2. 讨论的中心问题是:

(1)学则和公约的审查。

(2)教学研究组的组织。

(3)教学计划大纲的编制问题。

(4)各院系科各年级应修学分的问题(要根据学习时间不超过四四至五零小时)。

（5）其他一般问题。各问题中教学研究组的组织,尤其要详尽的讨论。

3. 请欧校长发表重要报告。

（二）欧校长报告

1. 本学期的新希望和新办法。

2. 教学研究组的重要,希望各院科缜密计划,慎重进行。

乙、讨论事项

（一）教学研究组的问题

由各院系自行会报综合意见,于本月九日下午二时再开教务会议决定之。

（二）教学计划大纲的问题

1. 制定教学计划表。

2. 审查表的内容。

3. 系会会报来个批评。

4. 教导组接受系主任的意见,好的加以宣扬,有困难的提出会议检讨。

5. 课务组点名制度要设法改进。

6. 从本月十八日起开始教学计划的共同检讨,展开正规教学。

（三）学则和公约审查问题

学则和公约,各自带去研讨后再来讨论。

（四）新旧生选修或免修国文和英文的问题（略）

（五）三、四年级已读政治经济学三学分尚缺三学分的处理问题（略）

（六）"新哲学"的学分和选修问题（略）

丙、散会

（《教务委员会第十次会议记录》,《私立大夏大学教务委员会会议记录》,第1—2页,华东师范大学档案馆藏,档号:81-3-135）

九日　举行教务委员会第十一次会议,讨论教学事项多起。

教务委员会第十一次会议记录

时间:一九五零年九月九日下午二时

地点:教授休息室

出席者:周叕缏　许公鉴　陈国强（政治系）　杜佐周　程俊英　陈伯吹　刘琳（经济系）　刘焕文　张其骎（银行系）　韩湧忠（土木系）　吴泽　徐沧州（会计系）　陈伯川（法学院）　张曾警（法律系）　江景波（理学院）　郭先恩（社教系）　蔡文熙　张耀祥（师专）　张承炽　卢自立（文学院）　汪一鹏（文学院）　郦范武（化学系）　何以朝（蔡文熙代）　黄敬思（杜佐周代）

列席者:黄震　陈友伟

主席:吴教务长

记录:姜志纯

甲、报告

主席报告:今天会议是解决前次会议未决的问题,及其他有关开学注册的一般问题。

乙、讨论事项

（一）延期注册的问题

注册延期三天,改自本月十四至十六日止。

（二）转院转系及转科考试问题（略）

（三）补考、期终考试问题

为照顾复学及因事请假同学补考起见,准予在本月十二、十三两日向教务处登记,补考日期另定。

（四）体育课程问题

1. 正课一、二年级必修,每周二小时。

2. 课外运动一、二年级每周三小时,三、四年级每周四小时。

3. 记分与否,由体育组与学生会洽商决定。

(五)实习学分问题(略)

(六)审查政治课选课办法(略)

(七)七学期修满总学分问题(略)

(八)各院系科各年级选修学分数问题(略)

(九)上学期肄业成绩总平均在80分以上,与各科总学程有三分之二或五分之三不及格的处理问题提请校务委员会核议。

丙、散会

(《教务委员会第十一次会议记录》,《私立大夏大学教务委员会会议记录》,第3—4页,华东师范大学档案馆藏,档号:81-3-135)

十一日　校务委员会会议,欧元怀校长报告中央教育部关于《高等学校暂行规程》、《私立高等学校管理暂行办法》等五个文件及华东教育部规定政治课进行办法。会议议决:根据教育部有关文件,改组校务委员会;请苏希轼暂兼代图书馆馆主任;聘汪定曾等为教授。

校务委员会第三十一次会议记录

时间:一九五零年九月十一日下午三时

地点:教员休息室

出席者:欧元怀　吴泽　钱玉音　邵家麟　刘焕文　程齐贤　许海涵　黄敬思　何仪朝(蔡文熙代)　庄久达(钱玉音代)

列席者:张瑞钰　张承炽　钟孟春

主席:欧主任委员

记录:孙尧年

报告事项

主席报告:

1. 转奉中央教育部颁发《高等学校领导关系的决定》、《高等学校暂行规程》及《私立高等学校管理暂行办法》等五个文件的重要内容。

2. 华东教育部订于十月初召开华东高等教育会议。

3. 华东教育部规定各院校政治教学进行办法。

张主任瑞钰报告:

1. 市区夜班扩充教室已进行布置。

2. 学生减免费工作进行情况。

3. 已领缴费单学生人数。

吴教务长报告:

1. 近天新生口试情形及复学生登记人数。

2. 教务会议决定将注册上课日期顺延三天。

讨论事项

1. 议改订注册及上课日期并审查全部校历案

议决:改定于九月十四、十五、十六三天注册,十八日起上课,校历审查通过(另布)。

2. 议遵照高等学校暂行规程改组校务委员会案

议决:依照规定,除校长、教务长、总务主任、图书馆主任、各院院长、各系主任为当然委员外,各专修科主任亦应为当然委员、工会方面应请推代表四至六人,学生会代表仍为两人。

3. 议添聘及续聘教员案

议决:聘汪定曾先生为土木系兼任教授,夏高阳、吴斐丹两先生为专任政治教授,魏朋风先生为文学院兼任讲师,□文郁先生为师范专修科兼任教授,高承元先生为法律系专任教授,王元美先生为教育学院兼任副教授。又续聘谢□□先生为文学院兼任副教授。

4. 工会福利委员会建议医务室须有护士两人案

议决：通过。冯芝瑛仍予续聘为护士，其薪金超出预算部分另行设法弥补。

5. 议被精简职员吴济沧等要求复取案

议决：现总务处须添用驻在市区夜班工作人员，请工会就精简人员中考虑介绍。

6. 议图书馆一学期来无人主持，目前存书需要清理，借出书籍亟须追还，更须添购新书，各项经常事务性行政工作亟待有人负责推动案

议决：请苏希轼教授暂行次代该馆主任。

（《校务委员会第三十一次会议记录》，《私立大夏大学校务会议及校务委员会议记录》，第8页，华东师范大学档案馆藏，档号：81-3-14）

十四日　举行校务委员会第三十二次会议，决议：1. 工业化学、测绘建筑、会计三专修科本期开班，聘周罩绂兼任会计专修科主任，夏炎兼任工业化学专修科主任，程良生兼任测绘建筑专科主任。2. 畜牧系改为畜牧兽医系，聘兽医专家王兆麟为教授兼任系主任，蒋孝义为生物学教师兼该系农场主任。3. 聘王绍唐兼政治系主任。4. 聘蔡维藩等为教授。5.《大夏大学学则与公约》正式通过，即日起施行。

校务委员会第三十二次会议记录

一九五零年九月十四日下午四时

地点：教员休息室

出席者：许海涵　刘焕文　程齐贤　黄敬思　何仪朝　宋成志　张耀祥　钱玉音　欧元怀　孙尧年　龚清浩

列席：张瑞钰　张承炽

主席：欧主任委员

记录：孙尧年

报告事项

主席报告（略）

讨论事项

1. 工化、测建、会计三专修科本期开班课程及主任人选案

议决：①三专修课开设课程照拟定草案通过。②请周罩绂教授兼任会计专修科主任，夏炎教授兼任工业化学专修科主任，程良生教授兼任测绘建筑专修科主任。（均为义务兼职）

2. 畜牧系改名及该系本期开班课程任课教员暨主任人选案

议决：①畜牧系应改为畜牧兽医系。②开设课程照拟定草案通过。③聘请兽医专家王兆麟先生为教授兼系主任，续聘蒋孝义先生担任生物学一学程兼该系农场主任，并请黄福麟先生为该系助教及农场助理。

3. 服务生问题

议决：(1)名额：合作社八名，教务处及图书馆共五名，体育组一名，会计室一名，各院系研究室共6名，总共21名。(2)人选，以上学期服务同学继续担任为原则，如有名额需要补充时，由各主管会同学生会协商遴选决定之。

4. 聘请教职员及政治系主任案

议决：(1)聘蔡维藩先生为文学院专任教授，祝百英先生为兼任政治教授，史存直先生为法学院兼任教员，唐启宇先生为商学院教授，周绍文先生为师范专修科兼任讲师。(2)聘吴济沧先生为总务处事务员。(3)聘王绍唐教授兼任政治系主任。

5. 审查学则及公约案

议决：(1)学则修正通过，即日起施行。凡本校以往有关章则办法与学则有抵触者，一律以学则为准。(2)学则中规定，凡连续休学逾两年者，应令其退学，但在一九五零年以前休学学生，得斟酌情形，予

以放宽时限。(3)各项公约通过。

（《校务委员会第三十二次会议记录》,《私立大夏大学校务委员会、校务委员会常务委员会会议记录及有关指示文件》,第 77 页,华东师范大学档案馆藏,档号:81－3－31)

大夏大学学则与公约草案

校务计划会议教学组拟定

一九五零年秋季

大夏大学学则草案(一九五零年八月第三版)

总纲(略)

学生(略)

教学(略)

注册(略)

课程(略)

参观与实习(略)

成绩考查(略)

奖惩(略)

毕业(略)

转院转系(略)

转学(略)

休学复学留级退学(略)

附则(略)

师生员工借书简则(略)

参考杂志阅览室公约(略)

教室公约(略)

宿舍公约(略)

研究室公约(略)

考场公约(略)

（《大夏大学学则与公约草案》,《前大夏大学毕业学生给欧元怀的信件等》,第 38—57 页,华东师范大学档案馆藏,档号:81－3－465)

十七日　举行第一次行政会报。

第一次行政会报

时间:一九五零年九月十七日下午七时半

地点:欧校长寓所

出席:欧元怀　孙尧年　张瑞钰　张承炽　钟孟春

主席:欧元怀

记录:孙尧年

讨论决定事项

1. 已辞职教员现住校内者,先以书面正式通知限期迁出,如无效果,必要时请公安局协助。

……

3. 丽园农场上学期欠租多月,原则上应在上期应收款项内拨付。

4. 思群堂房屋以后外界租用集会时,应收取费用,每次暂定二十单位(部队可酌免),电费另计。

(后略)

（《第一次行政会报》,《私立大夏大学校行政会议记录》,第 1—2 页,华东师范大学档案馆藏,档号:81－3－18)

十九日　举行校务委员会常务委员会第二十四次会议,决议成立体育卫生委员会等案。

校务委员会常务委员会第二十四次会议

时间:一九五零年九月十九日上午十一时

地点:会议室

出席者:欧元怀　吴泽　程齐贤　钱玉音

列席者:张瑞钰

主席:欧主任委员

记录:孙尧年

报告事项

主席报告:截至昨日止已领缴费单及注册学生人数。

讨论事项

1. 添聘教员案

议决:聘张梦麟、陈守实两先生为文学院兼任教授,□迪青先生为师范专修科兼任教授,徐晓楼先生为法学院兼任教授。

2. 教务处拟增加服务生案

议决:该处文书部门工作上需要,应增加服务生一人。

3. 试读生资格问题

议决:同等学历新生不得收为试读生。

4. 组织体育卫生委员会案

议决:为推进体育教学活动及卫生行政工作,并合理分配部分经费,需要设立体育卫生委员会,由教务长、总务主任、体育组主任及学生会代表两人,工会福利科代表一人共同组织之。第一次会议请总务主任召集之。

5. 去年秋季住校学生本期来校寄宿是否须扣还去秋宿费两单位案

议决:本学期宿费有一定预算,不能退还。

(《校务委员会常务委员会第二十四次会议》,《校务委员会会议记录以及有关指示文件》,第114页,华东师范大学档案馆藏,档号:81-3-31)

二十四日　举行第二次行政会报,决议员工薪金等事项多起,并商议王毓祥副校长逝世周年祭活动。

第二次行政会报

时间:一九五零年九月二十四日上午七时半

地点:欧校长寓所

出席:吴泽　孙尧年　张瑞钰　钟孟春　欧元怀　张承炽

主席:欧元怀

记录:孙尧年

报告事项

1. 上学期余欠学什宿费已收回五千七百单位。(张瑞钰)

……

讨论决定事项

1. 超过规定授课时数之教员,计施九成五小时,周覃绂三小时,其薪金照发,其余超十一、二小时者,由校长分别协商后再过定。

……

6. 十月三日下午赴王故副校长墓园举行周年祭,由校长室布告,邀请师生员工自由参加。

(《第二次行政会报》,《私立大夏大学校行政会议记录》,第3—6页,华东师范大学档案馆藏,档号:81-3-18)

二十七日　举行第三十三次校务委员会会议,议决:成立长宁区各界庆祝国庆筹备会大夏支会;添聘严北溟等为教员;因国庆放假,注册日期延后。

校务委员会第三十三次会议

时间:一九五零年九月二十七日上午十一时

地点:本校会议室

出席:黄敬思　宋成志　庄久达　钱玉音　欧元怀　刘焕文　何仪朝　张伯箴(刘焕文代)　龚清浩(何仪朝代)

列席:张承炽　张瑞钰

主席:欧主任委员

记录:孙尧年

报告事项

主席报告:

1. 叙薪委员会开会情形

2. 本校已成立长宁区各界庆祝国庆纪念支会及开会筹备情形。

3. 十月二日为王故副校长毓祥先生逝世一周年纪念,拟于是日下午二时半前往虹桥公墓灵园献花致敬,希望员工同仁及同学代表自由参加。

4. 截至昨日止,已领缴费单及注册学生人数。

讨论事项

1. 助教武佛俦、许海涵、徐士高申请升级为讲师,已经叙薪委员会认可,请予通过案。

议决:通过。

2. 添聘教员案

议决:聘严北溟为文学院兼任教员,黄嘉音为文学院兼任副教授,桂宗基、胡永龄为政治系兼任教授。

3. 学生减免费审查委员会建议将本期减免费余额三千七百余单位移充设备费用案

议决:通过。由总务处主任召集各院系及夜班学生代表商定分配动用办法。

4. 十月二、三两日因国庆纪念休假,原定截止注册日期应否展延案

议决:改定自十月六起停止注册。

5. 总务处建议本期因群贤堂、思群堂房屋桌椅及宿舍床铺等各方面修理工程加多,又建筑材料涨价,原定修理费不够甚巨,请予增加三千单位案

议决:群贤堂屋顶及市区夜班房屋必须赶修,所应增加修理费用,由总务处统筹估计确实数额,俟注册截止编列正式预算。

(《校务委员会第三十三次会议》,《私立大夏大学校务会议及校务委员会议记录》,第10—11页,华东师范大学档案馆藏,档号:81-3-14)

十月

二日　王毓祥副校长逝世一周年,教职员和学生代表前往虹桥公墓灵园纪念。(见本年九月二十七日第三十三次校务委员会会议记录)

八日　举行第三次行政会报,报告本学期学生缴费与减免费情况,以及学校收支情况,同时准备编制正式预算。

第三次行政会报

时间:一九五零年十月八日下午八时

地点:欧校长寓所

出席:欧元怀　张瑞钰　张承炽　钟孟春　孙尧年

主席:欧元怀

记录:孙尧年

报告事项

1. 钟孟春报告

（1）缴费学生共 1311 人。

（2）减免费数额共 19667 单位，缓缴数额共 31000 余单位，又教职员子女免费共 1056 单位。

（3）统计本期员工薪金总额应为 170600 单位，较预算超出 17100 单位……

讨论决定事项

1. 水专补助本校护士薪金半数，又附中补助 240 单位，可向分别收取。

2. 畜牧兽医系开支超过学费收入部分可向蒋孝义君洽请补助。

3. 注册截止，应编制正式预算，由会计室洽同总务处办理。

（后略）

（《第三次行政会报》，《私立大夏大学校行政会议记录》，第 7—9 页，华东师范大学档案馆藏，档号：81 - 3 - 18）

十五日　举行第四次行政会报。

第四次行政会报

时间：一九五零年十月十五日上午八时半

地点：欧校长寓所

出席：欧元怀　张承炽　张瑞钰　钟孟春　孙尧年

主席：欧元怀

记录：孙尧年

讨论决定事项

1. 十一月份员工薪金定本月二十三日发出。

2. 畜牧兽医系生物实验室教室，由总务、教务两部分设法筹拨。

3. 同学体格检查即开始办理，透视部分须向教部请求补助经费。

（后略）

（《第四次行政会报》，《私立大夏大学校行政会议记录》，第 10—12 页，华东师范大学档案馆藏，档号：81 - 3 - 18）

二十二日　举行第五次行政会报。

第五次行政会报

时间：一九五零年十月二十二日上午八时半

地点：欧校长寓所

出席：欧元怀　孙尧年　张瑞钰　黄震　苏希轼　张承炽　钟孟春

主席：欧元怀

记录：孙尧年

讨论决定事项

1. 教育学院学生一人转学复旦，上学期欠费，准予觅保缓缴。

2. 数理课程改卷工作须用服务生二人，将来提校委会通过。

3. 农场工友十一月份薪金暂先垫付，一面请蒋孝义先生归还。

4. 会计室提出预算草案，作初步修正，将来提校委会审核。

5. 向华东教育部申请补助初步意见：

（1）增加图书仪器等设备费用。

（2）理工学院整个需要计划，包括恢复实验工厂等。

（后略）

（《第五次行政会报》，《私立大夏大学校行政会议记录》，第 13—15 页，华东师范大学档案馆藏，档号：81 - 3 - 18）

二十九日　举行第六次行政会报,决定扩大参加会议人员,并准备下月赴苏州慰问在华东人民革命大学参加土改学习的学生。

第六次行政会报

时间:一九五零年十月二十九日下午八时

地点:欧校长寓所

出席:欧元怀　孙尧年　钟孟春　张承炽　张瑞钰

主席:欧元怀

记录:孙尧年

讨论事项

……

3. 准备下月赴苏慰问华东革大本校参加土改学习同学,除校长、总务主任二人外,请学生会及校委会各推一人会同前往。

……

6. 以后本会议改定于每星期六下午四时起举行,并请组主任以上职员参加。

(《第六次行政会报》,《私立大夏大学校行政会议记录》,第16—17页,华东师范大学档案馆藏,档号:81-3-18)

三十日　举行校务委员会第三十五次会议,欧元怀校长报告:1.学生会改选成立第三届执委会。2.最近准备为全校同学检查体格一次。3.明日下午全体员生在校集会,传达上海市人代会报告。会议决议:1.聘冯契为教授。2.召集全体教职员和学生代表,传达最近华东教育部召开的高教会议内容。3.组织募集寒衣委员会。4.奖励学习成绩优良学生。5.开除在福建学院寄读时参加匪特活动的学生。

校务委员会第三十五次会议记录
一九五零年十月三十日下午三时

地点:本校会议室

出席者:程齐贤　何仪朝　欧元怀　黄敬思　徐凡　刘焕文　程能荣　宋成志　许海涵　吴泽(姚雪垠代)　龚清浩(何仪朝代)

列席:张瑞钰　张承炽　钟孟春

主席:欧主任委员

记录:孙尧年

报告事项

主席报告:

1. 最近学生会改选,第三届执委会成立,改推程能荣、徐凡两同学为出席本会代表,本日已邀请参加本会议。

2. 本校最近准备为全校同学检查体格一次,须请校外医师协助工作,一俟洽妥,即行开始检查。

3. 十月三十一日下午在校集会进行上海市人代会的传达报告,请全体员生参加。

4. 上学期毕业一部分参加土改的同学在苏州华东人民革命大学学习现即将结束,出发工作,本人及张主任瑞钰准备在下月四日赴苏作一度慰问送别,请本会及学生会再各推出代表一人会同前往。

张主任瑞钰报告:截至本日止已收回欠费11490.5单位,尚有欠费19825.5单位在继续催缴中。

讨论事项

1. 本会上次通过聘请邱汉生为文学院兼任副教授,迄今未应聘,拟另聘冯契为该院教授案

议决:通过。

2. 本会上次通过聘请周□□为图书馆员,嗣以周君另有工作,拟聘袁桂珍为该馆书记案

议决:通过,应仍为半职半薪。

3. 数理课程改卷工作须任用服务生两人担任案

议决：通过。

4. 学生应静怡、朱绿琦等二人伪造高中毕业证件入学，本会上次决议应予退学处分……

议决：（略）

5. 市区夜班学生李万民本期在注册前奉调往新教育学院学习，已缴什费三十三单位系夜班师生捐助请求退款案

议决：通过。

6. 最近华东教育部召开高教会议业已结束，本校应如何传达报告案

议决：定于十一月三日（星期五）上午召集全体教职员及学生会与各院系正副首席代表，由本校参加此次高教会议之各位先生作传达报告。

7. 如何响应筹集寒衣支援灾区号召案

议决：建议工会及学生会会同组织募集寒衣委员会，具体计划，迅速推动进行。

8. 上学期成绩优良学生奖励办法案

议决：总平均成绩在八十分以上者给予优等奖学状，在八十五分以上者给予超等奖学状，在九十分以上者给予特等奖学状。

9. 上届七学期修满毕业学分学生杨作民等多人请求本期免费注册案

议决：仍应照秋季校务计划会议对于本案之决定办理。

10. 准福建学院函告有本校学生郑文荣（学号 36224）在该院寄读，参加匪特活动，经法院判处有期徒刑一年半，剥夺公权三年，该院业予除名处分案

议决：本校应予除名处分。

（《校务委员会第三十五次会议记录》，《私立大夏大学校务委员会、校务委员会常务委员会会议记录及有关指示文件》，第 79 页，华东师范大学档案馆藏，档号：81 - 3 - 31）

十一月

三日　召开全体教职员及学生代表大会，由参加华东高教会议的代表传达会议精神。（见本年十月三十日校务委员会第三十五次会议记录）

六日　行政会报召开扩大组织后第一次会议，总务处、教导组、图书馆、体育组等分别报告工作。

第七次行政会报

时间：一九五零年十一月六日下午四时

地点：本校会议室

出席：欧元怀　孙尧年　陈友伟　黄震　黄彦起　苏希轼　姜志纯　贺益滂　王宝荣　尤石湖　钱冠英　钟盂春　蒋曰衢　张承炽　张瑞钰　林超

主席：欧元怀

记录：孙尧年

主席报告：本会议扩大组织之意义与任务。

1. 报道各单位工作情况，加强联系。

2. 建议改进业务意见。

3. 发扬批评与自我批评的作用。

4. 商讨各项行政问题。

张瑞钰主任报告（略）

陈友伟主任报告（略）

苏希轼主任报告（略）

黄震主任报告：······丽娃河游艇及捕鱼活动情形。

校长意见：丽娃河游艇应由本校管理，请总务处会同黄主任商洽办理。

尤石湖主任报告（略）

钟孟春主任报告（略）

蒋曰衡、钱冠英报告（略）

林超主任报告（略）

姜志纯主任报告（略）

（《第七次行政会报》，《私立大夏大学校行政会议记录》，第18—22页，华东师范大学档案馆藏，档号：81-3-18）

八日　举行教务委员会第十二次会议，决议将期中考试延后举行，并议决教学事项多起。

教务委员会第十二次会议记录

时间：一九五零年十一月八日下午二时

地点：教授休息室

出席者：杜佐周　刘焕文　何仪朝　黄敬思　田士道（历史系）　王兴　习家驯（文学系）　蔡文熙　佘治源（文学院）　徐沧州（会计系）　陈百川（法律系）　陈案铭（经济系）　王用辉（政治系）　刘和芳（法学院）　韩澪忠（土木系）　郭元恩（社教系）　王绍唐　谢万辰（工管系）　高梦旦（师专科）　杨天然（毕业班）　陶杜坡（教育系）　程俊英　苏希轼　张其骅（银行系）　邵家麟　张承炽　蒋庆湘　程良生　许公鉴　陈景琪　孙志宽（化学系）　陈伯吹（张承炽代）　陈旭麓（程俊英代）

列席：陈友伟　黄震　尤石湖　蒋曰衡　钱冠英

主席：邵院长代

记录：姜志纯

甲、报告事项

一、主席报告：欧校长因往教育部开会，嘱本人暂代主席，应行报告事项如下

1. 华东教育部高教行字第零零七五四四号通令，为及时展开时事学习之高潮，并延缓期中考试至十一月十五日以后举行，本校期中考试原定于本月十三至十八日举行，现决延至本月二十日至二十五日举行。

2. 各院系科概况表务希于本月二十五日以前填送校长室汇报。

3. 上课点名册早已分发各教授，务希随时点名以便教务处统计，约于期中考试前即须公布一次。

二、苏代主任希轼报告：1.图书经费应尽量增加。2.教职员欠书已在亟急催还中。3.同学欠书屡催不还应如何处理。

三、黄主任震报告：（略）

乙、讨论事项

一、一九四九年春季学期（即上海解放时）为参加期中考试学生（疏散返家后寄读他校及参加应变工作者）本期申请补考案（略）

二、上学期未参加大考，本期注册前又未参加补考，申请补考案（略）

三、少数七学期修满毕业学分及应届毕业同学未读基本国文、英文上或下者，如何处理案（略）

四、转学生在原校修读国文、英文已经及格，如在转学考试时，国文、英文不及本校规定及格标准，是否可予免修案

决议：准予免修。

五、本会第十次会议规定："新哲学"为三学分，文、法、教三学院必修，本期七学期修补毕业总学分或应届毕业同学，如有因学分限制或与其他必修课上课时间冲突不能兼顾时，应如何处理案（略）

（后略）

丙、散会

（《教务委员会第十二次会议记录》，《私立大夏大学教务委会议记录》，第26—27页，华东师范大学档

十三日　举行第八次行政会报,讨论校务多起。

第八次行政会报

时间:一九五零年十一月十三日下午四时

地点:教员休息室

出席:欧元怀　张承炽　姜志纯　钱冠英　王宝兰　蒋日衢　黄彦起　张瑞钰　孙尧年　黄震　贺益滂　苏希轼　林超　钟孟春　陈友伟

主席:欧元怀

记录:孙尧年

报告及决定事项

张瑞钰主任报告:

……

5. 治淮同学印发讲义据土木系估计须821单位,预算无此费用,请议决案

议决:由总务处精打细算先行印制急要部分。

……

钟孟春主任报告(略)

欧校长报告(略)

陈友伟报告(略)

黄震主任报告(略)

蒋日衢报告(略)

张承炽报告(略)

……

17. 师专科要求增开研究室。

校长意见:原则上无法同意。

(《第八次行政会报》,《私立大夏大学校行政会议记录》,第23—29页,华东师范大学档案馆藏,档号:81-3-18)

十六日　接到华东军政委员会教育部通知,要求精简教学计划,学生每周学习时间不超过五十小时。

华东军政委员会教育部通知

教高教字第007992号

一九五零年十一月十六日

为通知检查五十学时实施情形由

大夏大学

本学期开学以后,各校一般都依照中央教育部所发布《关于实施高等学校课程改革的决定》与各项课程草案,订出了比较精简的教学计划,某些学校做到了使学生每周学习时间不超过五十小时的规定,但有部分学校或其中的部分系科,其课程仍极繁重,最高甚至有达每周八十余小时者,这是非常不合理的。为贯彻课程改革决定的精神,使课程改革在经常的检查和改进中逐步前进,希各校根据以五十小时为标准的精神于最近期内进行一次检查,并将检查情形、超过原因与改进意见汇报本部。上海各校务希于本月二十五日前报部,其他各地学校除福建地区于十一月二日报部外,须于本月底前报部为要!

部长吴有训

(《华东军政委员会教育部通知》,《私立大夏大学·关于1950年度教学计划、总结、讲授提纲与上级机关往来文件》,第1页,华东师范大学档案馆藏,档号:81-3-110)

二十二日　举行校务委员会第三十六次会议。欧元怀校长传达教育部关于学生学习时

间每周不得超过五十小时的指示、关于废止学生入学保证制度的通知，以及对私立高等学校重点补助的决定。会议决定组织财经稽核委员会。

校务委员会第三十六次会议记录

一九五零年十一月二十二日下午七时

地点：重华新村夜班办公室

出席者：欧元怀　何仪朝　姚雪垠　陈旭麓　姜庆湘　徐凡　程能荣　陈伯吹　杜佐周　王绍唐　蔡文熙　邵家麟　宋成志　许海涵　陈景琪　张耀祥　王兴　黄敬思　王兆麟　刘焕文　周覃绂　许公鉴（杜佐周代）　龚清浩（何仪朝代）　程俊英（陈旭麓代）

列席：钟孟春　张瑞钰　张承炽

主席：欧主任委员

记录：孙尧年

报告事项

主席报告：

1. 教育部关于学生学习时间每周不得超过五十小时的指示（详细内容另行印发全体教员）。

2. 本学期各院系科各班级选修学分数额。

3. 教育部通知废止入学保证书制度。

4. 募集寒衣工作截至本日止员工方面已募集420件，又现金十九万一千元，定明日送出，一面仍继续征募中。

5. 吴教务长身体大致康复，不久即可销假。

6. 教育部对于私立高等学校有重点补助的决定，详细办法尚未令□到校，本校正先做准备中，希望各院负责人提供意见。

7. 学生缺课统计数字及一般情况。

8. 本周内举行期中考试情形。

张主任瑞钰报告：

9. 学生欠费截至本日止尚有12140单位未缴，合全部欠费38.5％。

10. 关于减免费余额处理问题已依照本会决议，邀集各院系会代表开会商定分配办法。

钟孟春代主任报告：

11. 截至本月十五日止财经收支情况（另详报表）。

讨论事项

1. 审查应届毕业生名单案

议决：分别审查通过。

2. 审查七学期修满毕业学生名单案（略）

3. 审查本学期经费预算案

议决：通过（另布）。

4. 根据秋季校务计划会议的决定，应成立财经稽核委员会案

议决：本会推定周覃绂先生为代表，并请工会及学生会各推代表两人共同组织之。

5. 加紧催缴欠费案

议决：由总务处再向欠费各生及保证人积极追缴。

（《校务委员会第三十六次会议记录》，《私立大夏大学校务委员会、校务委员会常务委员会会议记录及有关指示文件》，第80页，华东师范大学档案馆藏，档号：81-3-31）

十二月

二日　举行第九次行政会报，欧元怀校长认为此行政会报已逐渐趋于制度化，要求开会

时各参会者先行准备报告事项,同时在会上检查前次会议决议的执行情况。会上报告并决议校务多起。

第九次行政会报

时间:一九五零年十二月二日下午四时

地点:教员休息室

出席:欧元怀 张瑞钰 孙尧年 黄彦起 贺益滂 王宝兰 蒋日衢 姜志纯 尤石湖 钱冠英 钟孟春 张承炽 林超 苏希轼

主席:欧元怀

记录:孙尧年

报告及讨论事项

欧校长:

1. 本会报以后应逐渐趋于制度化,每次开会前请各位将须要报告或商讨的事项先行准备,届时扼要的提出,上次会议的决定在下次会议时须检查执行情形。

2. 明日上午教职员时事教学座谈会请发动各部门同人参加。

张瑞钰主任:

3. 思群堂屋顶半边盖瓦,本月十日左右可动工。

……

6. 欠费尚有 10306 单位未清

……

8. 政治大报告应如何严格执行点名制度请讨论

决议:由总务处与课务组会同政治助教洽商具体办法……

9. ……急须成立全校性冬防委员会,学生会已推代表两人,行政方面须有代表参加

决议:请张主任参加冬防委员会并请工会推出代表多人,至水带及流动灭火机暂缓购置,冬防会成立后再讨论。

张承炽代主任:(略)

蒋日衢主任(略)

(《第九次行政会报》,《私立大夏大学校行政会议记录》,第30—36页,华东师范大学档案馆藏,档号:81-3-18)

七日 举行校务委员会第三十七次会议,会议报告:积极推进抗美援朝工作;成立冬防委员会;按照教育部要求精简课程;号召学生参加军事干部学校。会议决议审查毕业资格等校务多起。

校务委员会第三十七次会议

时间:一九五零年十二月七日下午七时

地点:重华新村夜班办公室

出席者:欧元怀 何仪朝 龚清浩 黄敬思 姚雪垠 刘焕文 徐然贵 王兴 邵家麟 杜佐周

列席:张承炽 钟孟春 张瑞钰

主席:欧校长

记录:孙尧年

甲、报告事项

主席报告:

1. 最近校内抗美援朝运动继续展开活动情形。

2. 本会上次曾决议为加强推动抗美援朝工作,应组织全校性统一领导机构,经已邀集各单位代表商议筹备进行情形。

3. "一二·九"纪念本市学生举行示威大游行,本校停课一天。

4. 参加治淮工程学生近况。

5. 上届毕业生在苏州革大学习的有三十人已结业,其中十七人已去皖参加土改工作,其余分配革大及华东区各行政部门服务。

张瑞钰主任报告:

6. 本校已组成冬防委员会(包括总务主任及工会、学生会代表各两人)及冬防工作进行情况。

7. 截止本日上午止,学生欠费尚有九千七百余单位。

8. 本日下午在中国科学院开会,本人代表行政方面参加,教部负责人指示两点:

(1)关于精简课程,目的在减轻学生负担,应防止教授减少上课时间,反而加重学生课外作业的偏向。(2)各校应大力号召学生参加军事干部学校。

9. 在开展抗美援朝运动中,各项活动需要经费,现估计约需三百单位,准备在备用金项下拨付。

钟孟春代主任报告:

10. 截止十一月底止经费收支情况(另详报表)。

11. 一月份员工薪金定本月十八日发出。

12. 本学期欠费如不能完全收清,则影响学校行政开支,产生很大困难。

张承炽代主任报告:

13. 第十三次教务会议夜班代表提出师专科夜班一上课程过重,为加强时事教学,须予调整,经陈主任商定,免修国文三学分,所缺六周课程于下学期修习国文下时设法补足。

乙、讨论事项

1. 审查土木系第七学期修满总学分学生名单案

议决:分别审查通过(另布)。

2. 继续审查文、教、商、法各院系七学期修满总学分学生名单案

议决:分别审查通过(另布)。

3. 重行审查彭秉良、单鹏程及王大鸿等三生应届毕业资格案

议决:通过。

4. 遵照教育部指示,本学期毕业考试无提早必要,应予延期举行案

议决:与期终考试同时举行。

5. 如何修订各科毕业学分以符每期选修十五、十六学分之规定案,再提会讨论

议决:由各院系科会先行研究,拟定具体草案。

6. 寄读湖南大学学生潘湘请准在校毕业案

议决:根据本会过去决定,仍应返校复学,否则可申请正式转学。

(《校务委员会第三十七次会议》,《私立大夏大学校务会议及校务委员会议记录》,第12—13页,华东师范大学档案馆藏,档号:81-3-14)

八日　上午举行第十次行政会报。下午全体教职员集会,欧元怀校长作抗美援朝动员报告。

第十次行政会报

时间:一九五零年十二月八日上午十一时

地点:教员休息室

出席:欧元怀　姜志纯　黄震　蒋日衢　尤石湖　贺益滂　钱冠英　张承炽　林超　孙尧年　苏希轼　钟孟春　张瑞钰(钟代)　王宝兰(钟代)　黄彦起

主席:欧元怀

记录:黄彦起

报告及讨论事项

欧校长:

......

5. 抗美援朝运动如火如荼,应发动职员捐献枪弹以表爱国热忱

议决:本日下午二时全体职员开会讨论学习问题时请校长莅会号召当场进行。

钟孟春代主任:(略)

张承炽代主任:(略)

(《第十次行政会报》,《私立大夏大学校行政会议记录》,第37—40页,华东师范大学档案馆藏,档号:81-3-18)

十三日　成立大夏大学抗美援朝保家卫国运动委员会。全体会员在会上宣誓将坚决执行抗美援朝保家卫国行动纲领。

我们全体委员谨在大会上庄严宣誓:我们必将坚决执行抗美援朝保家卫国行动纲领,紧密团结,加强学习和工作,发动全校力量响应祖国号召,坚决向美帝国主义及一切反革命势力斗争! 为保卫祖国安全,为保卫世界和持久和平奋斗到底! 谨此宣誓。

宣誓人:何仪朝

一九五零年十二月十三日

(《大夏大学抗美援朝保家卫国运动委员会全体委员誓词》,《私立大夏大学抗美援朝保家卫国运动委员会卷宗》,第1页,华东师范大学档案馆藏,档号:81-3-51)

二十三日　举行校务委员会第二届第一次会议。根据教育部新颁发的校务委员会组织规程,校务委员会进行改组,这是改组后第一次会议。本次会议的主题是如何做好军事干校保送工作,议决本月二十五日召开全校师生员工代表大会以进一步讨论此问题。

校务委员会第二届第一次会议

时间:一九五零年十二月二十三日下午七时

地点:重华新村夜班办公室

出席:欧元怀　黄敬思　徐凡　程能荣　杨阿泉　许公鉴　陈伯吹　张瑞钰　陈俊德　姚雪垠　苏希轼　刘焕文　陈旭麓　何仪朝　韩文疴　程良生　邵家麟　夏炎　程俊英　杜佐周　周覃绂　蔡文熙(何仪朝代)　王绍唐(刘焕文代)

列席:张帆　张承炽

主席:欧元怀

记录:孙尧年

报告事项

主席报告:

1. 本会遵照教育部颁布新的校务会组织规程,进行改组工作,除前次已经决定校长及教务长、总务长、图书馆暨各院系科负责人为当然委员外,最近工会已推出朝闻疴、查汝勤、陈俊德三位先生与杨阿泉、候朗轩两位工友以及工会主席陈旭麓先生,一共六位代表参加本会,今天是本会改组后第一次会议,预定讨论主题,是对于此次报名参加军干校的同学们,如何做好保送工作问题。我们和保送委员会交换意见后,是准备在最近期内召开一次全校师生员工代表大会,进行民主讨论,确定保送标准,希望在本会改组后第一次会议席上,面对这个关系国防建设干部的保送问题,郑重的作出决定。

2. 奉华东教育部通知,为前颁关于专科以上学校学生学分已修满而学年未届及学年已满而学分不足,得申请提前参加工作暂行办法,自即日起停止适用。(原文另布)

张帆同学代表保送委员会报告:

本校师生员工参加军干校运动,自从政府发出号召以后,即掀起热潮,经过几次动员,报名均极踊跃,统计共有一百六十八位,占全校同学人数百分之十二,其中有七位教职员工未获区招生委员会批准,其余已经报名,初审合格的共有一百五十二名。关于本校保送委员会的组织,是由行政方面及工会,学生会、党支部、团总支五单位的代表组成,委员共七人,预定本月二十五、六两日进行复审,在复审中必须

经过民主讨论程序,通过民主讨论以达到下列两个目的:(1)确立保送标准;(2)使被保送的和留下的同学们彼此鼓励,加紧团结。保送委员会必须有一致公认的保送原则,审查方有根据。因此,我们建议校委会召开全体师生员工代表大会,来共同完成这重大任务。

讨论决定事项:

1. 召开全体师生员工代表大会案

议决:通过关于大会日期组织等项并决定如下:(1)本月二十五日上午九时起在校举行。(2)代表成分为全体校务委员、抗美援朝保家卫国运动委员会委员、工会全体委员、学生会执委及生活小组全体正副组长及特邀代表。(3)大会主席团由校委会、工会、学生会主席及团总支、保送委员会代表共五人组成之。(4)大会设秘书处,请姚雪垠先生为秘书长。

2. 关于保送参干同学如何进行民主讨论案

议决:由全代大会决定保送原则后,各院系会再分别集会进行讨论,对个别参干同学有必要的,可以尽量反映意见,供保送委员会参考,故确定保送之权,应属于保委会。

3. 如何欢送参干同学案

议决:由抗美援朝保家卫国运动委员会商讨具体办法。

4. 总务处报告截至本日止学生欠费尚有八千余单位,应如何催缴案

议决:凡欠费未清者一律不得参加期终考试,如自动参加,其考卷亦为无效。

5. 应届毕业同学会请求提早毕业考试时间案

议决:仍应维持原案。

(《校务委员会第二届第一次会议》,《私立大夏大学校务会议及校务委员会会议记录》,第14—15页,华东师范大学档案馆藏,档号:81-3-14)

二十五日　召开全校师生员工代表大会,讨论如何做好向军事干校保送学生的工作。

告全体师生员工书

亲爱的全体师生员工们:

解放以来,本校同学曾踊跃的参加了南下服务,参加了东北的建设事业,又参加了华东区的土改工作。这次,在匆匆的几天之内,就有助教、同学和工友一百六十多位,怀着燃烧的爱国热情,报名参加军事干校,这是我们全体大夏人的光荣,使我们感觉着兴奋鼓舞!

为着进行民主讨论,搞好保送工作,今天(二十五)上午郑重的召开了全校师生员工代表大会,对于保送的标准和民主讨论的原则,获得了一致的认识。关于保送标准,我们认为应注意三个条件:

第一,在党团或学校群众团体中是否担任着重要工作? 事实上能否离开? 第二,思想是否纯洁? 有否不良的习惯和嗜好? 第三,和国防建设关系较少而与国家经济建设及有密切关系的院系高年级同学,继续在校学习,是否是更好一些? 第四,身体是否健全? 有否暗瘤或传染病? 第五,家庭方面有困难的是否能完全克服?

至于各院系的民主讨论,我们认为应按照上述的五个条件,有准备有组织有领导的分别举行,要从各院系具体情况出发,抓住主要问题,作为讨论的目的,不必对所有报名同学进行逐一的讨论,对个别必要性较大的同学可以尽量的反映意见,提供保送委员会作参考,但不必采取表决的方式。为着限期急迫,我们希望各院系的民主讨论必须在明日(二十六)中午以前完成,将讨论结果以书面送交报保送委员会。

亲爱的全体大夏人! 我们的爱国运动是持久的,也是多方面的。要通过这一次的保送和不久的欢送工作,更广泛的展开抗美援朝运动,提高我们的政治水平,加强我们的团结互助,把大夏变成一个坚强的和平堡垒。

获得保送的同学们! 你们将走上光荣的革命岗位,让我们向你们致敬! 最近,我们将准备盛大的欢送你们,帮助你们解决一切的困难,送你们愉快的去建设人民的国防!

留下的同学们! 让我们在一起加倍努力,用另外的方式来表现自己爱国热情,我们都是祖国的优秀儿女,必须加紧学习,随时准备着,准备着响应祖国的新的号召。

民主讨论,搞好保送工作!

加强团结,展开爱国运动!

帮助参加军事干校的同学们解决困难! 向参加军事干校的同学们致敬!

大夏大学师生员工代表大会

一九五零年十二月二十五日

(《告全体师生员工书》,《私立大夏大学 1950.6 第一二次全代大会》,第 116—117 页,华东师范大学档案馆藏,档号:81-3-9)

一九五一年

一月

六日　举行校务委员会第三十九次会议，更正上次第二届第一次校务会议（一九五零年十二月二十三日）为第三十八次会议，确定期终考试事宜，处理教学纪律问题，计划进行全校户口检查和修订各院系科课程，并商讨下学期招生工作和校务安排。会议报告学校参加军事干校的学生在上海市私立大学中人数最多。

校务委员会第三十九次会议记录

时间：一九五一年一月六日下午七时

地点：重华新村夜班办公室

出席者：黄敬思　何仪朝　韩闻疴　许公鉴　陈旭麓　姚雪垠　陈景琪　夏炎　苏希轼　程良生　陈俊德　张瑞钰　欧元怀　刘焕文　陈伯吹　杜佐周　王兴　周覃绂　蔡文熙　程俊英　程能荣（黄健霭代）　王绍唐　姜庆湘（刘焕文代）

列席：张承炽　钟孟春　陈友伟

主席：欧校长

记录：孙尧年

报告事项

主席报告：

1. 按本会委员大部分系根据职务产生，属于当然委员性质，至工会、学生会代表亦系各单位自行推出，因此今后委员会只可能有人事上局部的更动，而不是全部改组，本会会议次数应即一贯的继续下去，上次会议称为第二届第一次会议，应予更正为第三十八次会议，特此说明。

2. 本校参加军事干校同学批准四十八人，又备取六人，在本市私立大学中人数最多，近日校内各单位正进行热烈的欢送。

3. 最近承教育部拨给本校图书仪器一批，正陆续洽领中。

钟孟春代主任报告：

4. 一九五零年八月至十二月学校经费收支情形（另详报表）。

5. 截至本日止尚有欠费六千九百单位未清，占全部原欠费额百分之二十二，仍在积极催缴中。

6. 抗美援朝运动经费已动用三百单位以上，又冬防费用、宿舍费用开支情形。

7. 下星期内准备进行全校户口人口检查一次，请全体师生员工准备完成任务。

8. 在期中考试后，学校准备向银行洽借款项一笔，各位同仁如有必需，可向总务处支借二月份薪金，惟同仁中有认捐子弹的款项须在内扣除。

张承炽代主任报告：

9. 教育部周同志对于本校学生上课等问题提供意见。

10. 本学期学生缺课统计到本月六日为止，十五日公布缺课逾限量学生名单，请各教授于本学期上最后一课时，将点名册带回，俟送回学期成绩时，一并交来本处。

11. 本学期期终考试仍照上学期办法，在大礼堂集中举行，请校长、各院系科负责先生及助教暨教务处各组主任为监试委员。试场规则亦照上学期规定公布执行,请各位监试委员照本处排定监试时间莅场监试。

陈友伟主任报告:

12. 最近教育部周同志来校了解情况,对于本校学生学习时间、员生缺课及其他有关教学问题

(后缺)

议决:

(一) 全部校用①修正通过(另布)。

(二) 关于迟到注册学生应加缴注册费一笔,如学生因不得已事故而迟到者,应事前回教务处请假并须由学生会负责证明,经核准后,可免缴。

(三) 在注册前学生会必须办好减免费审查工作,以便注册如期进行。

2. 规定每系补考日期案(略)

3. 组织春季招生委员会案

议决:请欧校长、黄敬思、姚雪垠、何仪朝、刘焕文、王兴、陈旭麓、张瑞钰、张承炽、蒋日衢、尤石湖等十一位先生及学生会代表一人(杨观民)组织之,并由欧校长为召集人,黄敬思为副召集人。

4. 本会拟召开扩大会议,计划春季校务案

议决:通过,由各院会(无系会的)各系会及师范专修科暨夜班各推学生代表一人,并特请张承炽、钟孟春、陈友伟、孙尧年等四先生参加。

5. 关于本年寒假停开及停止招生各系今春是否恢复招生案

议决:俟至暑假期间,如学校经济情况稳定,其他教学条件具备,再行考虑决定。

6. 修订各院系科全部课程案

议决:根据教务处提出之各项基本意见(另详),由各院系科先行研讨拟定全部课程表,于本月二十日前交教务处汇提本会,□□定再报部核备。

7. 参加军事干校的七学期修满总学分学生请发修满学分证明书案

议决:准予发给。

8. 少数学生□课□实缺课逾限,如何处理案

议决:照缺课逾限规定取消学分。

9. 上次审查七学期修满学分学生名单内有朱晓霞等七名未获通过,各一函呈理由,请重予审查案

(略)

(《校务委员会第三十九次会议记录》,《大夏大学校务会议记录》,第9—10页,华东师范大学档案馆藏,档号:81-3-418)

敬爱的家长先生:

当我们这封信到达您面前的时候,想你早已得到了×××同学报名参加军事干校的消息,并已经同意了他走上光荣的革命岗位。现在他已经被录取了,我们特意向您报告,并致崇高的敬意!

中华人民共和国已经成为世界上最大的强国之一,成为保卫世界和平的坚固堡垒。……

如今,×××同学参加了这个神圣事业,这是你同府上的无上光荣,无上骄傲! 我们深知他在校中是好学生,将来在国防建设的岗位上也必然是一个最有前途的青年,所以我们不能不向您同府上祝贺!

自然,老年人常希望自己的儿女在身边,这也是骨肉常情。但时代不同了,应该让好儿女走向祖国最需要的地方去,向远处大处发展,何况这不过是从文学校转入武学校,生活会比在本校时更为愉快。希望您同府上的老人家要为此事高兴,不必挂心。不久,您们就会知道自己的子弟是过着多么愉快健康

---

① 原文如此。

的生活了。

此致

　　敬礼

大夏大学全体师生员工　谨启
一九五一年一月五日

（《给学生家长的函》，《私立大夏大学抗美援朝保家卫国运动委员会卷宗》，第83—85页，华东师范大学档案馆藏，档号：81-3-51）

十五日　举行第十一次行政会报，讨论校务多起，议决：1. 按教育部统一规定寒假日期，二月二日放寒假，二月十六日开学。2. 于一月二十日预发二月份员工薪金。

第十一次行政会报

时间：一九五一年元月十五日下午四时

地点：会议室

出席：欧元怀　尤石湖　黄震　王宝兰　贺益涝　苏希轼　钟孟春　钱冠英　黄彦起　张承炽　蒋日衢　孙尧年　姜志纯　张瑞钰　林超

主席：欧元怀

记录：黄彦起

报告及讨论事项

张承炽代主任：

1. 自一九四九年春季至一九五零年春季三学期毕业证书底稿业已完成三百余份，因赶报教育部验印关系，经与校长、总务长主任先行讨论，推请本校职工有抄写经验与字体端正者从事抄写工作……

2. 本学期寒假日期及下学期开学日期曾奉教育部电话提示，须遵照统一规定日期（二月二日寒假开始，二月十六日开学）严格执行。

钱冠英副主任：

3. 教育部调去学籍卡片太多，对于毕业证书打稿工作至感不便

议决：呈请教育部返赐，审查完毕随即发还。

张瑞钰主任：

4. 二月份教职员工薪金自一月二十日开始预支，凡需要预支者请向总务处会计室洽领。

5. 天冷自来水管冻结爆炸，经修理后花费一百余折实单位。

……

欧校长：

8. 华东染织厂捐赠本校蓝红布共28磅，前已领回。

9. 保先生寄在本校古书三十余箱拟寒假后由苏先生与寄存者开箱造册。

（《第十一次行政会报》，《私立大夏大学校行政会议记录》，第41—45页，华东师范大学档案馆藏，档号：81-3-18）

二十七日　举行招生会议，确定了下学期招生考试日期及名额。

招生委员会第二次会议记录

时间：一九五一年一月二十七日

地点：本校教员休息室

出席者：欧元怀　黄敬思　张承炽　姚雪垠　陈旭麓　尤石湖　何仪朝　王兴（程良生代）　杨观民　张瑞钰　蒋日衢

主席报告：教育部指示招生各节。

一、招生考试日期确定案

决议：二月十四日、十五日。

二、各系招生名额请议定案

决议：土木 50、化学 30、工管 40、会计 30、银行 20、教育 25、社教 15、文学 20、历史 15、法律 20、经济 30、会专 30、建专 30、化专 30、高教 15、夜班会专 20、民行会计工管 40，计 460 名。

三、报名日期案

决议：二月十、十一、十二，三天。

（《招生委员会第二次会议记录》，《大夏大学校务会议记录》，第 13—14 页，华东师范大学档案馆藏，档号：81-3-418）

二月

一日　召开春季校务委员会扩大会议，决议：1. 审订各系科八学期全部课程。2. 确定春季开班课程时数、排课时间原则。3. 编订春季学期教学计划。4. 加强系科主任对教学业务的领导。5. 建立教研组或教学小组。6. 整顿各研究室以利师生研究工作。7. 加强教员兼课与缺课管理。8. 成立体育文娱委员会。9. 请邵家麟兼任教务长，姚雪垠兼任副教务长。10. 按教学行政制度的基本精神，拟废止原"学院制"。11. 文学院、教育学院、法学院三院恢复助教制度。12. 确定教务会议组织及开会日期。13. 执行并局部修正学则。14. 加强学生宿舍管理及宿管会组织。15. 加强医药卫生和膳食管理。16. 审定春季经费概算及收费、减免费办法。

大夏大学一九五一年春季校务委员会扩大会议议决案总结
（一九五一年二月一日至十二日）

第一类　课程与教学行政问题

（一）审订各系科八学期全部课程案（略）

（二）确定春季开班课程时数案（略）

（三）确定春季各院系科排课时间原则案（略）

（四）编订春季学期教学计划并检查进度案（略）

（五）为符合高等学校规程规定教学行政制度的基本精神，本校原有"学院制"拟予废止案（略）

（六）加强系科主任领导教学业务案（略）

（七）关于教员兼课与缺课问题案（略）

（八）建立教研组或教学小组案（略）

（九）整顿各研究室以利师生研究工作案（略）

（十）原有文、教、法三院须恢复助教案（略）

（十一）教务会议应确定组织及开会日期案（略）

（十二）成立体育文娱委员会案（略）

（十三）新聘教员如何审查资格规定薪级案（略）

（十四）教职员工薪金有部分长期冻结的，应如何调整案（略）

（十五）夜班课室图书文娱设备应如何增进案（略）

（十六）理工学院仪器应重点购置案（略）

（十七）吴泽教授因病需继续休养，请辞教务长，兼职继任人选案

本会一致同意推请邵家麟教授兼任教务长职务，并为加强教学行政的领导，须设副教务长职，推请姚雪垠教授兼任。

第二类　民主秩序与事务行政问题

（一）应如何贯彻执行学则、借书规则与各项公约案（略）

（二）学则中关于学生请公假之规定及借书规则，学生借书逾期不还处理办法，应予局部修正案（略）

（三）加强学生宿舍管理及宿管会组织案（略）

（四）学生宿舍房屋应予修整案（略）

（五）关于医药卫生问题案（略）

（六）学生膳食拟请由校办理案（略）

第三类　财经问题

（一）审定春季经费概算及减免费办法案（略）

（二）确定宿费数额案（略）

（三）过去七学期修满学分学生缴费问题案

准予照缴学费半数（六十六单位）

（四）学生会会费数额案（略）

附：

1. 大夏大学概算提要（表）（1951年春季学期）（略）

2. 校务委员会扩大会议议案程序（一九五一年二月一日）（略）

3. 工会提案内容（按本会议案程序排列）

（《大夏大学一九五一年春季校务委员会扩大会议议决案总结》，《私立大夏大学校务会议及校务委员会议记录》，第16—27页，华东师范大学档案馆藏，档号：81－3－14）

十六日　举行校务委员会第四十次会议，欧元怀校长报告：1. 校务委员会全体委员名单经呈报华东教育部准予备案。2. 华东教育部通知，未经呈准，不得以特别试读、寄读、旁听、借读等名义招收学生。3. 停止教职员民主评薪。4. 上届七学期修满学分学生，准予参加统一分配工作。会议议决：1. 聘张伯篪兼任经济系主任。2. 聘束世澂等教授。3. 改组图书馆委员会。4. 该学期注册日期改为二月二十三日、二十四日，二十六日起正式上课。5. 规定员工担保学生欠费数额。

校务委员会第四十次会议记录

时间：一九五一年二月十六日下午二时

地点：院系联合办公室

出席：王绍唐　欧元怀　姚雪垠　杜佐周　张瑞钰　杨阿泉　查汝勤　王兆麟　侯朗轩　夏炎　陈旭麓　许公鉴　陈景琪　程俊英　程良生　王兴　何仪朝　黄健霭　刘焕文　张伯篪　苏希轼　陈伯吹　韩闻疴（陈旭麓代）

列席：钟孟春　张承炽

主席：欧校长

记录：孙尧年

报告事项

主席报告：

1. 本会全体委员名单业经呈奉华东教育部一月十八日教高行字第三七八号批覆准予备案。

2. 奉华东教育部一月二十日教高学字第三九二号通知：为未经呈准不得以特别试读、寄读、旁听、借读等名义招收学生。

3. 奉华东教育部一月十八日教秘人字第三三七号通知：为奉中央教育部指示，各校应停止教职员民主评薪。

4. 奉华东教育部一月三十一日教秘人字第六八八号通知，为立信会专学生胡力根在华东财政部工作期间所犯错误过大，已予革职处分，各单位应不予录用。

5. 上届七学期修满学分学生，教育部已准予参加统一分配工作，并决定分配名额，本校定于十七日下午二时召开动员协商会。

讨论事项

1. 姜庆湘教授请辞经济系代主任兼职，蔡文熙教授请辞银行系主任兼职，继任人选案

议决：请张伯篪教授兼任经济系主任职务，银行系主任人选下次会议再定。

2. 聘请束世澂为历史系兼任教授，黄宗瑜、桂世祚为统计学系兼任教授案

议决:通过。

3. 续聘沈锷、孙晓楼为法律系教授,桂崇基、胡永龄为政治系教授,赵廷为为教育系教授,唐启宇为统计学教授,顾福佑为会计系教授,魏照风为中文系讲师,史存直为经济系教员案

议决:通过。

4. 查上学期住宿群策斋201室学生印行治、娄贤介、蔡震康、孙魁元、郎光铭、陈问、张天健、林家尧等,平时不守团体秩序,严重违反学校纪律,其中部分学生学业成绩尤劣,前经本会扩大会议代表反映并经总务处宿管会等有关单位详细调查确实,为整肃民主秩序,应根据学则惩戒条例之规定,分别情形予以处分案(略)

5. 查学生徐一琳、李道统于上学期期终考试工商管理及人事管理课程时,分别请人代考……

6. 图书委员会原由各院长参加,现学院制废止,该会应予改组案

议决:由正副教务长(正副召集人),图书馆主任、总务处主任、工会文教委员会主任委员、学生会学习部部长共同组织之。

7. 农场工友两名拟调学校行政部门工作案

议决:通过。

8. 员工担保学生欠费数额应重予限制案

议决:以担保员工本人半个月之薪金为限。

9. 春季注册及上课日期根据目前具体情况应予更改案

议决:(1)改定于二月二十三、二十四两日(星期五、六)注册,二十六(星期一)起正式上课,本日起注册者,应每日加缴迟到注册费一万元。(2)以上改定日期俟呈奉教育部核准后实施。

(《校务委员会第四十次会议记录》,《私立大夏大学校务会议及校务委员会会议记录》,第30—31页,华东师范大学档案馆藏,档号:81-3-14)

举行第十四次教务会议,规定各年级学生选课不得超过十七学分,并大力加强体育。

教务委员会第十四次会议记录

日期:一九五一年二月十六日下午三时

地点:系主任联合办公室

出席者:姚雪垠 陈旭麓 夏炎 张伯箴 程良生 刘焕文 程俊生 苏希轼 王绍唐 杜佐周 许公鉴 何仪朝 王兴 陈景琪 张承炽 陈伯吹 韩湧忠(土木系) 邱霞生(法律系) 范颐华(师专科) 吴廷安(工管系) 徐富贤(教育系) 钟明华(文学系) 宋麓生(居乃正代 银行系)

列席者:陈友伟 钱冠英 蒋日衢 黄震

主席:姚副教务长

记录:姜志纯

甲、报告事项

主席报告校务会议刚才结束,本会议接着开会,时光已不早了,议案又多,只好赶紧讨论议案,报告从略。

乙、讨论议案

一、请规定选课注册学分案

决议:各年级同学选课,至多不得超过十七学分(政治讲座学分在内)。

二、应届毕业同学选修学分应如何规定案(略)

三、请严格执行注册改课日期案

决议:注册日期依照第四十次校务会议决议,注册及改课截至日期均定于三月十一日,照此规定严格执行。

四、如何规定教授严格点名案(略)

五、请规定教务会议开会日期案

决议:每月第一周星期四下午三时开会一次,如有重要事项,得召开临时会议。

六、期中考试应否各学程一样举行案(略)

(中略)

十二、过去体育科不计学分,与升级毕业不发生关系,同时领导上亦未重视,且于注册后再登记体育课,因此选课情形不佳。今后应先选体育课,然后注册,藉以纠正同学忽视体育之偏差案

决议:通过。

十三、根据教育部曹处长指示(本学期住校同学必须早操!)本学期如何开展早操案

决议:早操必须实行!至于实施办法,由体育组根据本校实际情况计划进行。

十四、本学期入学新生对新民主主义的体育了解不够,拟请定一时间在教室内讲授新民主主义体育的本质,方向及新旧体育的差别等启发性材料案

决议:可作大报告一次。

十五、根据教育部指示:一九五一年须大量开展体育,本校工作人员太少,如何补救案

决议:俟与学校行政当局协商决定。

十六、请组织全校性体育活动机构案

决议:请体育组拟订草案再议。

十七、每周最少排定一二个下午为共同课余时间,以使推动集体活动案

决议:以系科为单位各自排定之。

十八、请开设电化教育实验室案

决议:与总务处协商后决定之。

(后略)

(《教务委员会第十四次会议记录》,《私立大夏大学教务委会议记录》,第33页,华东师范大学档案馆藏,档号:81-3-231)

十九日　举行招生会议,确定了下学期的新生录取标准。

招生委员会第三次会议记录

时间:一九五一年二月十九日上午九时

地点:教员休息室

出席者:欧元怀　刘焕文　陈旭麓　黄敬思　尤石湖　姚雪垠　张承炽　何仪朝(张承炽代)　杨观民　张瑞钰

一、新生录取标准案

决议:总分在一百四十分以上,口试在B等以上;

文法高教各系国文英文需在30分以上;

理工学院各系数理英文需在30分以上;

总分在一百四十分以上而口试较差(C等)者,可通知谈话一次再定取否。

畜兽等系成绩够标准者通知其转系。

二、试读生如何结束案

决议:举行补考一次以定取否。

(《招生委员会第三次会议记录》,《大夏大学校务会议记录》,第15—16页,华东师范大学档案馆藏,档号:81-3-418)

二十日　举行第十二次行政会报,报告与决议校务多起。

第十二次行政会报

时间:一九五一年二月二十日下午三时

地点:教员休息室

出席:欧元怀　张瑞钰　钟孟春　孙尧年　张承炽　姚雪垠

主席:欧元怀

记录:孙尧年

报告及讨论事项

欧校长：

1. 上学期学生离校者计180人，新生录取110人，可能报到80人，登记复学者计39人。

……

5. 修习会计学生寒假期间参加税务局实习工作，该局拟留用一部分，请学校介绍。

议决：教部不同意，本校未便介绍，如各生必须参加工作，只可申请休学。

6. 本会议举行日期应再行规定

议决：定每星期三下午举行

张总务主任：(略)

苏希轼主任：(略)

(《第十二次行政会报》,《私立大夏大学校行政会议记录》,第46—50页,华东师范大学档案馆藏,档号:81-3-18)

二十一日 举行第四十一次校务委员会议,欧元怀校长报告：1. 经华东教育部核准,工业化学专修科改称化学工程专修科,测绘建筑专修科改称建筑工程专修科。2. 畜牧兽医系及建设工程、化学工程两专修科,寒假招生不足十人,均不开班,各生已转入其他系科。会议议决聘韩闻痡兼任银行系主任,黄敬思继任师范专修科主任,何仪朝任工商管理系主任,同时重新修订了该学期校历。

校务委员会第四十一次会议记录

一九五一年二月二十一日下午三时

地点：教员休息室

出席者：许公鉴 杜佐周 王兆麟 王绍唐 陈旭麓 刘焕文 黄健霭 徐凡 侯朗轩 邵家麟 夏炎 何仪朝 姚雪垠 程良生 陈景琪 欧元怀 陈俊德 杨阿泉 程俊英 查汝勤 张瑞钰 周覃绂 张伯箴(陈旭麓代)

列席：张承炽 钟孟春

主席：欧校长

记录：孙尧年

报告事项

主席报告：

1. 本校"工业化学专修科"改称为"化学工程专修科","测绘建筑专修科"改称为"建筑工程专修科",经呈奉华东教育部二月二十日教高行字第一一九〇号批复,以转复中央教育部核示,名实相符,应予照准。

2. 本会上次决议更改注册上课日期,业经呈奉华东教育部二月二十日教高行字第一一八九号批复准予备案。

3. 上学期参加军事干校治淮工程及八学期毕业与七学期修满学分离校学生约共180人,寒假招考录取新生110人,估计可能报到八九十人,学生申请复学已登记者计39人。

4. 此次寒假招生,畜牧兽医系及建筑工程、化学工程两专修科录取新生均不足十人,经招生委员会提请本会扩大会议决定,通知各生改入其他系科或俟下学期再行入学,本期均不开设一上班。

5. 截至昨日止,已领缴费单学生447人。

6. 修读会计课学生于寒假期内参加税务局实习工作,最近结束,有部分学生原拟由该局留用,经奉华东教育部通知,不能同意,业已作罢。

张主任瑞钰报告：群贤堂的部分房间调整布置情形。

讨论事项

1. 本学期校历因注册日期更改,经重行修订,请予审查案议决:通过。

2. 聘请韩闻痈教授兼任银行系主任案

议决:通过。

3. 陈伯吹教授请辞师范专修科主任兼职,拟聘黄敬思教授继任案

议决:通过。

4. 何仪朝教授原代理工商管理系主任职务,拟聘请为该系主任案

议决:通过。

5. 前被精简工友施学礼等十二人,又雇员朱家和等两人申请复职案

议决:目前学校经济仍存在困难,本期概算赤字尤大,所请限于事实,无法照准。

6. 本学期四下学生只修习少数学分者,要求减缴学费案(略)

7. 本会为整肃学校民主秩序,上次议决处分群策斋201室部分学生,经布告后……来函要求减轻处分……

议决:……仍应维持原议……

8. 聘请马承□为社会教育系兼任讲师

议决:通过。

9. 八学期修足毕业学分学生但过去有一学期曾受留级处分者,可否准予毕业案

议决:如八学期学分修满,成绩总平均及格,可准毕业。

(《校务委员会第四十一次会议记录》,《私立大夏大学校务委员会、校务委员会常务委员会会议记录及有关指示文件》,第84页,华东师范大学档案馆藏,档号:81-3-31)

三月

三日 举行第十三次行政会报,议决:根据华东教育部通知,建立节假日、星期日值班制度;修订学则;统筹管理校河划船事宜等。

第十三次行政会报

时间:一九五一年三月三日下午四时

地点:校长办公室

出席:姚雪垠 苏希轼 钟孟春 屠修德 欧元怀 孙尧年 张承炽

主席:欧元怀

记录:孙尧年

报告及讨论事项

1. 学生于鼐要求退还所缴学费应如何处理案

议决:按照规定,该生业已注册,不能退费。

2. 田士道要求加修三学分……

3. 黄震主任请升级为副教授

议决:由秘书室缴集证件,请教务长鉴定工作成绩,提下次校委会审核。

4. 四下学生修读英文下者,教育部同志指示可予甄别试验一次。

5. 学则规定一学期成绩不及格超二分之一者应予退学处分,教育部同志指示:现学分数变更,似应放宽尺度,由教务处修改学则提教务会议讨论。

6. 开班课程修习学生不满五人者,由教务处分洽各有关系科主任予以停开。

7. 一九五零年春季学期尤石湖先生担保学生一人欠费,嗣该生中途休学,欠费未缴,尤先生再三申请免予追索,原则上仍应由保证人负责,但为照顾尤先生起见,欠费部分可暂作为尤借支。

8. 教育部通知应建立值班制度,决定每逢星期及假日,由职员四人轮流值班,上午二人,下午二人,详细办法由秘书室总务处会同拟定,再提出讨论。

9. 校河划船应由本校统筹管理,在校门口售票。

10. 部分服务生要求除减免费外补助学费不能照准。

11. 图书馆堆存旧书需要整理,由姚副教务长遴选服务生二名,工作一个月(每日四小时以上),待遇至多共八十单位。

（《第十三次行政会报》,《私立大夏大学校行政会议记录》,第 51—55 页,华东师范大学档案馆藏,档号:81-3-18）

八日　举行校务委员会第四十二次会议,欧校长报告高教处和华东教育部关于加强政治教学,继续贯彻课程改革及五十学时制度等各项指示。会议决定:1. 改组校务委员会常务委员会。2. 建立聘任制度。3. 组成减免费评议委员会。

校务委员会第四十二次会议记录

一九五一年三月八日下午七时

地点:重华新村夜班办公室

出席者:黄敬思　杜佐周　欧元怀　张瑞钰　苏希轼　夏炎　陈旭麓　陈俊德　邵家麟　姚雪垠　韩闻疴　陈景琪　程良生　何仪朝　许公鉴　王兆麟　徐凡　黄健霭(杨观民代)　查汝勤(陈旭麓代)

列席:屠修德　钟孟春　张承炽

主席:欧校长

记录:孙尧年

报告事项

主席报告:

1. 最近本市私立大专学校联谊会开会,高教处曹副处长出席指示:本学期高等学校工作应□□注重下列三项:(1)加强政治教学。(2)继续贯彻课程改革及五十学时制度,并应总结课改经验呈报。(3)加强体育活动,包括学生健康及学生环境卫生等方面,本期内必须□□进行体格检查,制订体育教学活动计划。此外并指示:各校教务处应加强工作与领导;扩大减免费名额,教部已颁订详细办法;本年暑假实习扩大范围,文、法、教、商等院系高年级学生均应尽可能参加,暑期实习由教授指导。

2. 吴淞水专借用本校一部分校舍,经向洽商增加租金,现正由该校向上级请示中,如果核准,对于本校赤字解决,可有相当帮助。

3. 奉华东教育部教高教字第 1312 号通知:为上期参干学生近有个别因意志不坚定而自动离开者,各校应耐心说服速回原军校学习,如持有原军干校退学证明书者,可接受办理复学补考手续。

4. 奉华东教育部教高教字第 1299 号通令:为自本年起,对伪造证件入学学生,应给予取消,至过去入学的此类学生,如确系学习努力,成绩甚佳,经自行坦白检讨,由校予以教育批评,并提出处理意见呈准主管机关,可准继续攻读。

邵教务长报告:

5. 截至本日止,注册学生共 1033 人。

6. 本月九、十两日办理学生改选课程,教务处已规定改选办法。

7. 为照顾远道未及赶上入学考试学生起见,于昨日补行新生入学考试一次。又在校学生过去功课不及格者,定于本月十六、十七日举行补考。

8. 下星期起各课一律严格点名,请各位教师协助执行。又各课教学计划及学程大纲请教师于本月十日前编送教务处以便呈报。

张总务主任报告:

9. 上学期欠费尚有一千八百余单位未清。

钟孟春代主任报告:

10. 领缴费单学生共 109 人。

11. 减免费共 18733 单位,缓缴学费共 29500 单位。

12. 二月份经费收支情况(详另表)。

讨论事项

1. 各系科开班课程担任教员尚有缺额须继续添聘案

议决:聘关雄为文学系兼任教授,张文郁、赵□傅为师范专修科兼任教授(张先生上学期原任),丁小曾为社会教育系兼任讲师,陈□□为工商管理系兼任教授,朱元为夜班统计学教授,莫新为夜班政治课兼任讲师,马伯□为兼任政治教授,王守义为历史系兼任讲师。又政治助教孙仁治因事请假,聘王玉桂代理。

2. 本会应设置常务委员会案

议决:(1)常务委员会由校长、正副教务长、总务主任、工会及学生会主席、共同组织之,校长为当然主席。(2)本会以后每月举行会议一次(如有必要可召集临时会议),在本会休会期间,由常务委员会代行本会职权,其有关原则性重大问题仍应提出本会议决。

3. 建立聘任制度案

议决:(1)各系科以后新聘业务课教员,由系科主任先提交系科务会议讨论,再由教务长提出校务委员会通过后,由校长发给聘书。(2)新聘政治教员事前政治教学委员会研究报部审核,提出[交]校务委员会通过后,由校长发给聘书。

4. 副教授潘世宪改为专任请确定薪级案

议决:薪级定于三百六十元。

5. 体育讲师黄震申请升级案

议决:查黄先生担任讲师已四年以上,服务成绩良好,应升级为副教授。

6. 华东教育部颁订私立高等学校扩大减免名额补助办法,依照该办法,第五条第三项之规定,本校应组织减免费评议委员会案

议决:由教务长或副教务长(召集人)、总务主任、各系科主任、各系科会首席代表、夜班学生代表二人、工会代表二人、学生会代表一人共同组织之。

7. 本校原订注册截止日期应予展延案

议决:注册展延至本月十七日(星期六)截止。

8. 据畜牧兽医系学生报告对该系设备等各方面提出意见,并请求设法予以转学案

议决:根据本校目前经济条件,该系前途不易有发展希望,维持亦多困难,今后该系存废及该生等请求各节,俟与教育部洽商后再行决定。

(《校务委员会第四十二次会议记录》,《私立大夏大学校务委员会、校务委员会常务委员会会议记录及有关指示文件》,第85页,华东师范大学档案馆藏,档号:81-3-31)

十日　第十四次行政会报通报教育部召开的私立高等学校扩大减免费会议情况,并决定于十二日晚进行校评议委员会会议,具体讨论扩大减免费办法。

第十四次行政会报

时间:一九五一年三月十日下午四时

地点:校长办公室

出席:欧元怀　姚雪垠　孙尧年　张瑞钰　邵家麟　屠修德　钟孟春　苏希轼

主席:欧元怀

记录:孙尧年

报告及讨论事项

欧校长:

1. 下星期二中央教育部人员来校视察,请各部门准备提供资料。

2. 畜牧兽医系学生要求转系国立□,由校呈请教育部核夺。

张瑞钰主任:

3. 昨日下午教育部召开私立高等学校扩大减免费补助会议,教部负责人提出补助各校办法三项:(一)扩大减免费,(二)人民助学金,(三)学校行政补助费。关于(一)项限本月十五日前完成申请工作,

由教育部核定各额,再展开评议。各校原有减免费超额部分可由教部补助,至申请条件:(一)原有欠费及学业成绩如何不作为条件,而主要视其经济困难情况。(二)服务成绩及政治水准不宜太强调。(三)什费、实验费等不在申请之例,学生有困难,学联可能另有补助。(四)原已获有减免费而仍无法解决困难者,可再申请。(五)不论新生、复学生均可申请。现本校学生会拟今晚先行召开各系科代表会,校评议委员会定拟十二日晚举行第一次会议。

（后略）

（《第十四次行政会报》,《私立大夏大学校行政会议记录》,第56—59页,华东师范大学档案馆藏,档号:81-3-18）

十六日　举行校董会议,董事长王志莘报告校董情况:原任校董吴浩然、鲁继曾、罗四维、唐鑫源、保志宁已离沪,新聘校董有:葛敬恩、裴延九、黄钦书、徐永祚、吴泽、蒋孝义、周炳林、吴藻溪等。现有校董十七人。会议决定:补助已故王毓祥副校长家属一千万元;办理学校立案手续;请校董分别筹募学校经费;通过校董会组织章程。

大夏大学校董会一九五一年春季学期会议记录

时间:一九五一年三月十六日下午六时半

地点:南京西路中国实业银行三楼

出席者:王志莘　葛敬恩　吴藻溪　徐国懋　李侗夫　黄钦书（裴延九代）　裴延九　周炳林　蒋孝义　邵家麟　江问渔（欧元怀代）　欧元怀　强锡麟

列席:张瑞钰　孙尧年

主席:王董事长

记录:孙尧年

一、报告事项

王董事长报告:

（一）自解放后本会于去年一月十二日开过一次会议,一年来曾继续聘请葛敬恩、裴延九、黄钦书、徐永祚、吴泽、蒋孝义、周炳林、吴藻溪等八位先生为校董,诸先生对于学校在精神与物质上帮助很多,本人特代表本会对各位新校董表示欢迎之意。其余原任校董有吴浩然、鲁继曾、罗四维、唐鑫源、保志宁等五位先生早已离沪,现全体校董共有十七位。本会依照规定,应每学期开会一次,本学期因各校董事冗,致延迟至今始获举行。学校一年来有重要发展,详细情形请欧校长报告。

欧校长报告:

（二）校董会基金收支情形（详另表）。

（三）教育部颁布私立高等学校申请立案办法及校董会组织纲要等文件。

（四）一九五零年度校务概况（另详书面）。

（五）一九五一年春季学期开学前的学校情况,张总务主任瑞钰报告。

（六）学校解放后历年来财经情况（另详书面）。

王董事长致词:

我们听过欧校长与张总务主任的详细报告后,知道学校一年来不仅财经方面逐步好转,整个校务更有显著的发展与进步,本人特代表校董会向校内全体教职员工及同学致郑重的慰问,请欧校长转达此意。

二、讨论事项

（一）本校创办人之一王副校长毓祥于前年去世,本会最近为一次补助其家属生活费一千万元,请予追认案

议决:王故副校长生前尽瘁校务,贡献为大,所拟家属生活补助费同意追认。

（二）审查本会组织章程案

议决:修正通过。

（三）如何进行办理学校立案手续案

议决：依照教育部有关章则积极进行办理。

（四）如何推动筹募学校经费案

议决：以免费学额或其他有效方式请各校董分头筹募。

（五）关于今后校董添聘与更动应如何规定手续案

议决：由董事长会同校长先行研究，拟定具体条文征求各校董同意后确定之。

（《大夏大学校董会一九五一年春季学期会议记录》，《私立大夏大学有关校董会文件》，第11—12页，华东师范大学档案馆藏，档号：81-3-27）

十七日　举行第十五次行政会报，通报此次扩大减免费申请学生共有二百一十四人，议决学校农场与外校人员合作生产等事宜。

第十五次行政会报

时间：一九五一年三月十七日下午三时

地点：校长办公室

出席：欧元怀　孙尧年　钟孟春　姚雪垠　邵家麟　苏希轼　张瑞钰　张承炽　屠修德

主席：欧元怀

记录：孙尧年

报告及讨论事项

张瑞钰主任：

1. 扩大减免费申请学生共214人，计13366单位。

2. 申请全免学生中有二十数连杂费也交不出，应如何办理

议决：原则上必须缴清杂费，注册可先行登记，下周再办理手续。

3. 群策斋已隔好小房间十二大间，计工料七百七十余万元，又群贤堂屋顶局部重新修理。

……

5. 司法人员训练班急需租用本校部分房屋，并要求先订草案

议决：同意照办，由张主任先与洽议具体条件。

6. 关于农场与校外人合作进行生产，经拟定会约草稿当否请示议案

议决：同意照办。

7. 校河划船管理问题

议决：必须由校方予以管理，由总务处具体计划。

邵教务长：

8. 昨日教育部召集各大专学校教务长开会讨论并指示各项有关教学行政问题，以后每半月须召集此项会议一次。

姚副教务长：（略）

钟孟春主任：

13. 下周三发薪，拟扣二、三两个月房租。

欧校长：

14. 工会办理托儿所，须行政方面代表一人参加，请张瑞钰主任担任。

（《第十五次行政会报》，《私立大夏大学校行政会议记录》，第60—64页，华东师范大学档案馆藏，档号：81-3-18）

十九日　校务委员会常委会举行改组后的第一次（总第二十五次）会议，决议校务多起。

校务委员会常务委员会第二十五次会议记录

时间：一九五一年三月十九日下午四时

地点：校长办公室

出席者：姚雪垠　欧元怀　徐凡　陈旭麓　邵家麟　张瑞钰

主席：欧元怀

记录：孙尧年

主席报告：本会经校务委员会第四十二次会议决定重新改组后，今天是第一次会议，继续以前校务委员会的次序，应为第二十五次会议。

讨论事项

1. 聘请钱风、庄严两先生为社会教育系大众歌舞一学程特约指导案

议决：通过。本学期致送两位□□费共二百单位。

2. 奉华东教育部通知，应建立暑期及假日值班制度，特拟定职工值班办法，请审查案

议决：通过，自本星期日起开始实行。

3. 体育助教□志绶请准辞职案

议决：通过，聘樊悦平为体育助教，并请正副教务长与樊君谈洽，樊君的聘书自四月一日起。

4. 学生陶云凤由青年团长宁区工委会调往工作，请求退还学什费案

议决：该生注册后尚未上课，因公休学情形特殊，应准照退。

（《校务委员会常务委员会第二十五次会议记录》，《私立大夏大学校务委员会、校务委员会常务委员会会议记录及有关指示文件》，第115页，华东师范大学档案馆藏，档号：81-3-31）

二十二日　举行教务委员会第十五次会议，传达高教座谈会的情况，讨论教学事项多起。

教务委员会第十五次会议记录

日期：一九五一年三月二十二日下午二时

地点：教授休息室

出席者：邵家麟　王兆麒　许公鉴　陈友伟　刘焕文　程良生　夏炎　王绍唐　张承炽　姚雪垠　何仪朝　屠修德　黄敬思　程俊英　陈旭麓　陈景琪　钱冠英　尤石湖　蒋日衢　杜佐周　苏希轼　韩闻疴　周覃绶　张伯箴　王兴　种明章（文学）　邱霞生（法律）　吴承钧（会计）　沈掌珠（教育）　杨观民（学习部）　陆仲文（化学）　陆佩天（工管）　沈祖达（会专）　江忠强（政治）　韩湧忠（土木）　陈学铭（经济）　蒋介诚（社教）　启乃正（银行）

主席：邵教务长

记录：姜志纯

甲、报告事项

一、主席报告：

（一）本会征得各系科主任同意，故定于星期四下午二时开会。

（二）传达高教座谈会所谈的要点：

1. 今年任务——三年准备（一九五零年起）十年建设

（1）教学问题：A.提高教授质量——学习政治，把思想提高一步。B.改进教学方法——组织教研及教学小组。C.编制教学计划。

（2）明确规定学生学习的学分及学时。

（3）编辑各种教材，应尽量用中文本。

（4）规定修业年限（如采用学分制或学年制或学分与学年并用制，尚须加以讨论）。

（5）严格执行50学时的规定。

（6）修订学则（参考中央教育部大学规程草案修订）。

2. 本学期所要做的

（1）三年级以上同学均须参加实习——统一分配。

（2）各私校暑期联合招生。

（3）添设专修科或训练班。

（4）提倡体育教育。

（5）加强思想政治教育。

（6）中央准备在北京与上海各设夜大学一所。

3. 座谈总结

（1）同学对课改认识不够。

（2）七学期修满毕业学分的问题绝不考虑。

（3）本学期为第八学期，同学未修政治课者，对于社会发展史与新民主主义论得任选一门，政治经济学得选一学期修完的。

（4）暑期开补习班，补习生得选修六学分。

（5）同学自习时数是否理工不够，文、法、教、商有余？希望各系科加以研究。

（6）各门课程须尽量用中文本。

（7）毕业学分多少须拟定。

（8）与业务部门切取联系。

（9）招生标准须合于高中毕业程度。

（10）专科与训练班的年限须分别规定——专科二至三年，训练班一年。

（11）修订学则。

（三）报告今天会议所要讨论的问题。

二、姚副教务长报告：关于教学计划的报告：（略）

三、屠修德主任报告：（略）

四、王兴主任报告：土木系四上学生六名无成绩者均系参加治淮学生，阅读报告未送到，故未认定。

五、杜佐周主任报告：学期成绩总平均分在七十分以下之学生，希望教务处列表统计，分发各主管系科主任查阅，随时促其加紧学习。

六、周章绂主任报告：（略）

乙、讨论事项

一、如何推进及检查教学计划案

总结意见：

1. 图书馆参考书缺少，应设法充实。

2. 以后如因参加各种运动而缺课，不能按照预定教计实行，只能重点讲授。

3. 教计是按照常态订定的，如其情况变更，执行发生困难，须由师生协商修改。

4. 姚副教务长报告印发供各系科参考推行。

二、如何根据本校具体情况，建立教研小组或教学小组，进一步改善教学案

总结意见：

1. 教学小组原有国文、英文、教育（综合的）、土木（综合的）、会计等五组，设法加强；正在准备成立的尚有化学与新民主主义论两组。

2. 其他教学小组由各系科分别设法进行

三、如何审查应届毕业生总学分案

总结意见：

1. 本学期应届毕业生必须：

（1）修足毕业总学分！（曾经第十四次本会会议决照原规定减少四学分）

（2）修完必修学程！

（3）修满八学期！

2. 本学期入学的一年级新生此后毕业总学分以120学分为标准，将课程加以修订。

四、组织体育委员会案

决议：黄震先生所拟章程，提请校务委员核议。

（《教务委员会第十五次会议记录》，《私立大夏大学教务委员会会议记录》，第7—8页，华东师范大学档案馆藏，档号：81-3-135）

二十三日　华东教育部曹未风处长到校视察。（见第二天的行政会报记录）

二十四日　举行第十六次行政会报，决议校务多起。

第十六次行政会报

时间：一九五一年三月二十四日下午四时

地点：校长办公室

出席：姚雪垠　欧元怀　苏希轼　钟孟春　孙尧年　张瑞钰　屠修德　张承炽

主席：欧元怀

记录：孙尧年

报告及讨论事项

欧校长报告华东教育部曹未风处长于昨日莅校视察情形。

张瑞钰主任：

1. 关于普遍实施体格检查问题

决议：由总务处先行洽商医院，再行具体计划，联系有关单位进行动员工作。

2. 普陀区义务补习学校请借课桌椅问题

议决：本校原存损坏之课桌椅，可以借给五十张，时间以本学期为限，由总务处适与订约。

3. 司法人员训练班租用本校一部分校舍，经拟定合约草案，请公议

议决：同意。

4. 校河划船管理问题，待与船户王姓洽拟合约草案，请公议

议决：同意。

5. 校河钓鱼问题

议决：春假起继续开放。

……

8. 陈伯吹先生于二月底辞卸师专科主任兼职，其薪金应如何确定

议决：二月份薪金仍照上学期标准计算。

……

苏希轼主任：

10. 馆员莫如珠请生产假四十五天，请公议

决议：通过。在假期内其职务由莫淑英、袁桂珍代理……

屠修德主任：

11. 畜牧兽医系学生四人已转往南通学院，余两生请转入会计系问题

议决：应速通知其办理转系手续。

（《第十六次行政会报》，《私立大夏大学校行政会议记录》，第65—70页，华东师范大学档案馆藏，档号：81-3-18）

三十日　举行校务委员会常务委员会第二十六次会议，报告事项有：1. 奉华东教育部批复，核准邵家麟为教处长，姚雪垠为副教务长。2. 奉华东教育部通知：各校举办暑期补习班不得计算学分，学生每周修读时数不得超过十三节；今后须呈报学校科学技术研究情况，并同意学校废止学院制。3. 反革命分子程时煊被捕情形。4. 邵家麟等九位教授将参加土改工作。5. 截至本日止注册学生共一千一百一十八人。会议决定：1. 成立体育委员会。2. 根据华东教育部通知，呈报秋季招生名额。

校务委员会常务委员会第二十六次会议记录

时间：一九五一年三月三十日下午七时

地点：教员休息室

出席：欧元怀　陈旭麓　张瑞钰　姚雪垠　黄健霭（徐然贵代）

列席:屠修德　钟孟春　张承炽　黄震

主席:欧校长

记录:孙尧年

报告事项

欧校长报告

1. 奉华东教育部教高行字第 2156 号批复,核准邵家麟为本校教处长,姚雪垠为副教务长,并转呈中央教育部备案。

2. 奉华东教育部教高行字第 2217 号通知,为各校如举办暑期补习班,不得计算学分,学生每周修读时数不得超过十三节。

3. 奉华东教育部教高行字第 2054 号批复,为同意本校废终学院制之意见并经转报中央教育部备案。

4. 奉华东教育部教高行字第 2078 号通知,为今后各校教员在搞好教学工作之外,如有利用原有设备条件进行各项有益国家建设的科学技术研究和提高工作者,学校行政应予指导帮助与鼓励,并将进行情况呈报。

5. 本日接真如公安局函,为本校教授程时煊□任反动党团政要职,在江西秘密搜捕青年学生,交反动军事□处死,一九四九年南京"四·一"血案时,伪教育部特派程来沪镇压学生,程本系一反革命极端分子,解放后伪装进步,在本市□办反动党团特务人员登记中,程假意前来登记,不真诚坦白,政府决予逮捕惩办等情形,现程除已被捕归案外,学校并依照公安局意见,将以上情形布告周知。

陈旭麓先生报告:

6. 上教工会发动部分教授参加土改,本校工会同志决定参加者有邵家麟、姚雪垠、刘焕文、许公鉴、王绍唐、夏炎、宋成志、史守□、李贤瑗等九位先生。

张瑞钰先生报告:

7. 重华新村二楼本校教员宿舍最近可腾空房一间,经与三楼陈姓房客商妥交换,从此三楼全部房间(除尚有王姓房客一家)可供本校夜班使用。

8. 奉华东教育部颁发本区私立高等学校设置人民助学金暂行办法,拟由本校评议委员会讨论进行。

9. 本校校车经常误点,同仁同学深感不便,最近会同工会、学生会及附中、水专等校,向上海公共交通公司洽商请恢复十路甲线,公司方面正考虑中。

姚雪垠先生报告:

10. 本人与邵教务长定四月二日出发参加土改,预定二至三周返校,在假期内教务处经常工作请屠修德先生负责主持,重大事项请示校长决定,如无□□□之事件,俟邵教务长返校后处理。

钟孟春先生报告:

11. 截至本日止注册学生共 1118 人。

12. 本期校内减免费共 19164 单位,占经费总额 12.5%,又欠费共 34307 单位。

讨论事项

1. 为推进体育卫生工作及文娱活动,须组织专门机构案

议决:定各□体育委员会,由教务长、总务主任、体育组主任、医务室主任、工会文教委员会代表一人及学生会体育部、文娱部、女同学部部长,会同组织之,请教务长为召集人。

2. 华东教育部通知估计秋季招生名额呈报案

议决:照教务处所拟名额,酌予修正,即速呈报。

3. 医务室主任林云修医师自请辞职案

议决:本校未选定继任人选前,仍请林医师暂行负责工作。

4. 新聘体育助教樊悦平薪额应予确定案

议决:底薪定为一百六十元。

5. 教务处请任用服务生一名协助点名工作,又会计系请任用服务生一名,协助会计课改卷工作案

议决:通过,由各该部门自行遴选,自工作之日起薪。

6. 总务处经洽妥同德医学院为本校全体师生员工检查体格,每人检查费六千元(包括全身检查及肺部透视)应如何分担费用及推动实施案

议决:由体育委员会具体商讨,发动全校师生员工一律受检,费用由学校补助半数。

7. 查扩大减免费数额,尚未奉教育部核定,其中少数申请学生尚未注册,应如何处理案

议决:限下周六以前缴清什费,先行临时注册,俟减免费核准后再办正式注册手续,如减免费发生问题,自请休学者,准于退还什费。

8. 教务处提出上学期学业成绩优良学生及总平均不及格暨无成绩之学生名单,请分别奖惩案

议决:(一)奖励部分照上学期办法,成绩在八十分以上者给予优等奖学状,在八十五分以上者给予超等奖学状,在九十分以上者给予特等奖学状。(二)惩戒部分根据学则办理。

9. 本校工会开办托儿所,请酌于补助经费案

议决:由校每月补助四十单位,自开办之月起。

10. 本校校徽须重行换制案

议决:通过,由总务处会同学生会先行征集图案。

(《校务委员会常务委员会第二十六次会议记录》,《私立大夏大学校务委员会、校务委员会常务委员会会议记录及有关指示文件》,第115至116页,华东师范大学档案馆藏,档号:81-3-31)

四月

十五日,举行第四十三次校务委员会会议,会议报告:1.华东教育部核准学校扩大减免费数额计10500单位。2.对全校师生进行体格检查。3.决定改换新校徽。4.中央教育部颁发《全国高等学校一九五零年度教学计划审查总结》,要求各系科根据总结进行讨论检查。5.华东教育部通知,调查各系科所缺师资人数。6.学生会执委会改选。会议决定:1.聘林俊卿为校医务室主任。2.组织成立财经稽核委员。3.畜牧兽医系因设备不够,原有学生已准转学,该系的处理办法待征求校董会与上级机关意见后再行决定。

校务委员会第四十三次会议记录

一九五一年四月十五日下午七时

地点:重华新村夜班办公室

出席者:欧元怀 黄敬思 陈旭麓 王绍唐 王兆麟 杨阿泉 侯朗轩 张瑞钰 杜佐周 陈景琪 周覃绂 刘焕文 黄健霭 韩闻疴 程俊英 陈俊德 邵家麟 程良生 王兴 何仪朝 苏希轼(张承炽代) 张伯篴(屠修德代)

列席:屠修德 张承炽 钟孟春

主席:欧校长

记录:孙尧年

报告事项

张瑞钰先生报告:

1. 华东教育部核准本校扩大减免费数额计10500单位,校评议委员会定下周二开会进行审核,同时讨论人民助学金审查工作。

2. 关于普遍实施体格检查案,经洽定同德医学院办理,下周二开始,每周上午可检查四十人,下午二十人,希望各系科教师与同学排在同一时间,职工检查时间另行排定。

3. 为增加校产安全的保障,最近准备将一部分校舍及图书仪器向人民保险公司投保火险,所需保险费用已列入预算草案,本日另案一并提请讨论。

4. 本会常委会决定改换新校徽,经拟制图案数种,请各委员选定。

5. 本期欠费最近收回两千八百余单位,仅占全部欠费百分之八强。

6. 今后□□若干时日拟会〈同〉公安局抽查校内户口,请各位住校先生予以协助。

屠修德先生报告:

7. 体育委员会最近开会情形。

孙尧年先生报告:

8. 中央教育部颁发《全国高等学校一九五零年度教学计划审查总结》的内容,并奉通知各系科须根据总结,加以讨论检查一年来教学工作,书面报部备查等语。

钟孟春先生报告:

9. 三月份经费收支情况(另详报表)。

欧校长报告:

10. 学生会执委会最近改选,由新执委会推定黄健霭、韩湧忠两同学为校委会学生代表。

11. 华东教育部通知调查各系科所缺师资人数,希望各系科负责先生根据目前教学之需要情况报所缺师资人数,尽于本月二十日前告知校长室以便汇复。

讨论事项

1. 本学期经费预算,经参照前订概算,并根据开学后学费收支实际状况,编定草案,请予审查案

议决:预算修正通过(另布)。

2. 华东教育部通知规定期中考试时间,本校原定日期应予更改案

议决:遵照规定,期中考试改在四月二十日至二十五日举行。

3. 校医兼医务室主任林云修辞职,拟聘陈俊卿医师继任案

议决:通过,仍照前任校医薪额支给待遇。

4. 查去年暑期校务计划会议订定"财经稽核委员会"章程,兹拟请迅予组织成立案

议决:推请周苣绂先生为本会代表,并请工会、学生会各推代表两人共同组织之。

5. 查畜牧兽医系因设备条件不够,原有学生已准转学他校,今后该系因如何处理案

议决:鉴于当前畜牧兽医人才之极端缺乏,该系以培养此项专才为任务,在客观上自有迫切需要,但为达成教学目标,须先具备充分之经济力量,足够设立该系之条件方可继续办理。拟请校董会具体主张,并征询教育、农林等有关机关意见后再行决定。

(《校务委员会第四十三次会议记录》,《私立大夏大学校务委员会、校务委员会常务委员会会议记录及有关指示文件》,第86页,华东师范大学档案馆藏,档号:81-3-31)

二十六日 校务委员会第四十四次扩大会议,欧元怀校长报告中央教育部关于学校废止学院制的批复。邵家麟教务长报告华东教育部关于重点发展理工科计划和统一招生问题的意见。姚雪垠副教务长传达华东教育部关于暑假实习问题的意见。会议议决:1.学校今年暑假参加华东区统一招生。2.三年级学生及四年级(上)学生参加华东教育部组织的暑假实习。3.编印入学指导手册。4.成立校庆筹备委员会。5.组织安全委员会,以配合镇压反革命工作,加强学校安全。

校务委员会第四十四次会议记录

时间:一九五一年四月二十六日下午四时半

地点:群贤堂三楼图书第二阅览室

出席:欧元怀 黄敬思 陈旭麓 周苣绂 陈景琪 张瑞钰 杜佐周 何仪朝 陈俊德 韩闻迥 杨阿泉 查汝勤 程良生 黄健霭 韩湧忠 王绍唐 王兴 夏炎 张伯箴 苏希轼 侯朗轩 刘焕文 姚雪垠 程俊英(陈旭麓代)

列席:(各系科学生均有代表列席,在此略过)

主席:欧校长

记录:孙尧年

报告事项

主席报告：

（一）奉华东教育部高教行字第 2994 号通知,关于本校废止学院制事,经转奉中央教育部批复以与高等学校暂行规程的基本精神相符,可准予试行,仍希将试行经验,定期总结报告等语。

（二）本日会议因教务长有重要报告,为便于转达起见,特邀各系科同学代表列席。

张瑞钰主任报告：

校内小吃部发现有匪特嫌疑分子隐藏,已于本月由有关机关予以逮捕。

邵教务长报告：

华东教育部于上周召开重要会议讨论：一、重点发展理工计划；二、统一招生；三、暑期实习等问题。出席者有华东区公私立大学二十个单位的教务长、工学院院长、系主任及有关行政业务部门的负责人,除第三议题系姚副教务长代表出席另行报告外,关于一、二两议题的讨论总结工作系统的简单报告如下：

（一）高等教育发展的方向

1. 根据国家的需要来培养干部：(1)经济经建,(2)国防建设,(3)工业生产建设。土改后农业生产发展,农民生活的改善,购买力提高,对工业生产要求更为迫切。

2. 根据需要提出重点(工业部)：(1)土木：桥梁、路工、建筑工程,主要是房屋建筑。(2)机械工程：一般的及专业性的。(3)地质学：采矿冶金。(4)纺织工程与其他轻工业如油脂、橡胶、造纸、陶瓷等。(5)水利工程：农田及矿山水利。(6)电机工程：配合以上各项的要求。

3. 发展方向是理工：先从工学院方面来考虑问题,因需要较为迫切,理学院一方面为了要培养高等工业建设人才,另方面为了配合工学院之需要而服务,亦需要发展,这个决定是：(1)从实际出发的,(2)从全面整体来看的,(3)长远利益打算的。

4. 哪些学校应该发展：(1)综合性大学注重自然科学,人文科学及师资培养。(2)技术学院造就专才。

（二）重点是什么

1. 重点的解释怎样决定的：(1)客观的要求,国家的需求。(2)主观的条件能否满足客观的要求,如设备、房舍、师资等。

2. 各校重点作出初步的决定,举例来说：(1)国立交通大学偏重于工业方向。(2)私立大夏大学：土木工程以结构为主,路工水利为副,建筑工程注重仓房结构及建筑,化学工程注重陶瓷、橡胶及塑料。

（三）怎样发展

1. 院系调整：调整要服从重点发展为原则,基本上是为了发展而调整,合乎这个原则,可主动争取实现。调整时要排除传统观念、情感作用及一切不必有的顾虑,师资是缺乏的。关于调整方式：(1)合的方式,如纺织工学院几校合起来。(2)并的方式,某校的某一系可并入其他学校的相同的系。(3)分的方式,一系科可分为几组,使重点更为明确,更专业化。大夏化工科可考虑分为陶瓷及橡胶两个专修科。总之调整是为了发展,不调整就是不发展,调整的慢可以稍等,但是不能不发展,亦不能不调整。

2. 人才设备交流：(1)要认识：a. 根据互助两利的原则,把现有的物力人力发挥到最高度。b. 交流不是单流。c. 低年级课必须有专任教授,高年级课可以请兼任,但不是长久办法。d. 以你的所长补他人的所短。e. 交流是为了将原有基础加强,不是削弱。(2)交流方式：a. 图书仪器设备师资交流,合组教研组。b. 院与院、系与系、校与校的、校与工厂企业的合作。

3. 公私兼顾：(略)

4. 课改与调整是分不开的：(1)参考苏联的课程,吸收经验,不走歪路。(2)与业务部门联系,以配合需要。

5. 教学计划化、集体化：(1)订教学计划。(2)组教研组来编印教材和改进教学法。重点发展院系调整应考虑长期进行,其他院系应给予配合……

（四）统一招生问题

1. 招生的原则：(1)要配合国家的需要,根据重点发展,给予适当的比例。(2)要指导中学生怎样升学,不要把青年关在校门外。(3)招生要计划化(工业部提出1954年全国需要三至五万工程师,三十至五十万中等技术人才。教育部估计今年有五万多高中毕业生,因参军等须打一折扣,为四万万人,预备录取一万六千至八千人,包括理、工、农、医、文、法及财经)。

2. 统一招生办法:(1)统一招生的好处:a.改进各校自行招生所产生的混乱状态。b.减少人力物力及时间上的浪费。(2)考试日期:七月十日至十二日,发榜日期不得迟于八月五日(各校参加统一招生后如名额不足,可再单独招生一次,应于八月间举行,九月一日以前办理结束)(3)考试地点分上海、南京、福州、杭州(山东、皖南、皖北等地分设考区)。报名处设苏州、扬州、无锡等处。(4)招考新生、转学生及研究生。研究生文法不收,财经由人民大学收,理工如有条件鼓励收。(5)各校须编印升学指导手册,在五月二十日以前出版,包括系的特点,同等学力及体格检查等。(6)统计华东区高中毕业生二万五千人,工学院六千人。(7)各校在两周内备文呈报教部。

3. 思想准备:(1)大学生为工农开门——办工农速成中学。(2)照顾少数民族学生。(3)照顾华侨学生,鼓励回祖国求学。(4)照顾女生。

姚副教务长继续报告:暑期实习计划一部分

1. 实习目的(略)

2. 今年暑假全华东可以参加实习学生数目(略)

3. 实习期间:七月上半月开始,为期约六星期,视各系科情形酌量伸缩。

4. 必须参加实习院系〈(略)〉

5. 教授与助教尽量随同学一道参加,指导同学实习(略)

6. 学生方面(略)

7. 经费:(1)私立学校实习经费由学生与学校负责,有实际困难不易解决者再报部解决。(2)教授、助教路费可报部,膳食自理。(3)各校应赶造预算,呈报教部。

8. 实习地点(略)。

讨论事项

(一)本校今年暑假参加华东区公私立大学统一招生案

议决:通过。

(二)暑假内三年级上、下及四年级上学生参加实习案

议决:通过,由教务处调查参加人数呈报。各专修科学生应在哪一学期实习? 呈报请示决定。

(三)编印入学指导手册案

议决:请姚副教务长负责计划,主持编印,由各系科主任尽量供给资料,定五月二十日前出版。

(四)本年六月一日为本校二十七周年纪念,应如何筹备庆祝案

议决:(1)由邵教务长及总务处、秘书室、图书馆、体育组等单位负责人,并请工会、学生会各推代表三人组织校庆筹备委员会,请邵教务长为召集人。

(五)为配合镇压反革命工作,加强学校安全,拟组织安全委员会案

议决:由校长、教务长、总务主任,并请工会、学生会各推代表三人共同组织之,校长为召集人。

(《校务委员会第四十四次会议记录》,《私立大夏大学校务会议及校务委员会议记录》,第32—36页,华东师范大学档案馆藏,档号:81-3-14)

二十八日 举行第十七次行政会报,决定贯彻执行华东教育部一年前提出的建立工作报告制度的意见,今后每两个月作书面报告一次。会议通报:昨晚和今天中午,在学校逮捕反革命分子九人(连大夏附中及水产专科学校教员各一人在内),行政会议决议对反革命分子分别给予解聘、解雇和开除学籍的处理。社会教育系主任一职暂由姚雪垠副教务长代理①。

_____

① 原社会教育系主任为许公鉴。

第十七次行政会报

时间：一九五一年四月二十八日下午四时

地点：校长办公室

出席：欧元怀　孙尧年　邵家麟　姚雪垠　屠修德　苏希轼　张瑞钰　张承炽　钟孟春

主席：欧元怀

记录：孙尧年

欧校长提出报告及讨论决定事项

1. 昨晚与今午,本校师生员工中被政府逮捕的反革命分子共有九人(连附中及水专教员各一人在内)。

2. 华东教育部等机关联合通知明日下午收听公审反革命分子广播大会,本校工会学生会已具体布置。

3. 学生崔专一、林家凤来函为累次请发文凭未获结果表示不满,原函请教务处会报时提出讨论并迅回复。

4. 六大学定"五四"在本校举行联合运动会,请张瑞钰主任负责与有关各方面联系并准备一切。

5. 体育主任黄震由市体育会临时邀赴北京参加球赛,参观国事,前该会来与本校洽商,决定由校函向该会提出意见。

6. 华东教育部在一年前即通知本校建立工作报告制度,但各部门未予重视,仅每两月由秘书室撰报一次,成为文书主义,学期总结报告迄未办理,以后希望单位如实贯彻此项制度,每两月作书面报告一次,交秘书室汇报。上到总结报告,请各单位搜集资料交秘书室撰报。

7. 本期拟向政府申请补助项目：(一)理工设备重点补助三亿八千万元,(二)经常费补助约一万单位,(三)图书设备约一万二千单位,(四)修缮费约一万单位,(五)师员教授薪约三千六百单位。

8. 被逮员工学生在行政方面应予分别停聘、解雇或开除学籍,社教系主任职务拟暂请姚雪垠先生代理,一并提请校委会决定□□。

张瑞钰主任提出报告与讨论决定事项：

9. 工友需补充两人,由总务处与工会洽商人选。

10. □□□修理工程须三百余万元。

11. 保险费如一年一次缴付,学校财力不够,决定分月交付。

12. 五一游行,学生面包费用拟请自理。

(《第十七次行政会报》,《私立大夏大学校行政会议记录》,第71—75页,华东师范大学档案馆藏,档号：81-3-18)

五月

二日　举行第二十七次校务委员会常委会议,决定对学校员生中的反革命分子作解聘、解雇、开除的处理。

校务委员会常务委员会第二十七次会议记录

时间：一九五一年五月二日下午三时

地点：工会办公室

出席：欧元怀　姚雪垠　陈旭麓　黄健霭　邵家麟　张瑞钰

主席：欧元怀

记录：孙尧年

讨论事项

1. 本校教员工友学生中有反革命分子共八人被捕,应如何处理案

议决：程时烽、许公鉴、吴鹏飞应予解聘,姚金锁应予解雇,陶松坡、毛昭政、姚玲根、叶忠文等四人应

予开除学籍。

2. 五月四日放假案

议决：依照规定,下午放假半天,又是日有六校在本校举行联合运动会,为便利师生员工参加,上午各课一律暂停。

3. 六一校庆经费案

议决：以五百单位为限。

(《校务委员会常务委员会第二十七次会议》,《校务委员会会议记录以及有关指示文件》,117页,华东师范大学档案馆藏,档号:81-3-31)

五日　举行镇压反革命代表大会,以协助政府贯彻镇压反革命的政策。大会成立了"肃清反革命委员会",并发表宣言,号召学校师生员工提高政治警觉,协助调查。

大夏大学全体师生员工镇压反革命代表大会

时间:一九五一年五月五日下午一时

地点:第十六教室

校务委员会代表:张瑞钰　刘焕文　欧元怀　陈景琪　姚雪垠　张伯箴　程良生　侯朗轩　苏希轼　邵家麟　韩闻疴　王兆麟 ⋯⋯

职员代表:黄彦起　钟孟春　林超　姜志纯 ⋯⋯

工会代表:丁勉哉　陈旭麓　刘锐 ⋯⋯

政治教学委员会代表:王中桂　周子东

同学代表:(略)

特邀代表:翁德森　王之馨　李祥麟 ⋯⋯

旁听出席者:黄红芳　方鸿光　童乃文 ⋯⋯

(分组详情略)

大夏大学师生员工代表大会宣言(草案):

这次全校师生员工代表大会的召开,系讨论如何协助政府贯彻镇压反革命的政策,肃清一切隐蔽的敌人,以巩固我们的胜利果实。

经过各出席代表的热烈讨论,大家一致认为:为着保障千千万万同胞的幸福安乐,为着搞好我们的教学工作,为着建设一个富强与自由的新中国,我们决不能对任何反革命分子稍微姑息!既然对一个反革命分子的姑息便是对千万人的损害,所以我们要坚决的站稳立场,尽我们最大的努力,检举并协助政府逮捕一切隐蔽的敌人。我们对反革命分子只有敌我之分,无所谓师友和亲戚关系;对他们只有严厉的镇压,彻底的肃清,决不许存一丝温情!

最近在本校先后逮捕了九个反革命分子,使正气大伸,人心大快!像程时煌、许公鉴等反动罪犯,解放后伪装进步,欺骗群众,混迹大学讲坛,真是是非不明,邪正不分。现在该犯等已被逮捕,我们除竭诚拥护人民政府的明智措施之外,并希望政府赶快将这批反革命分子从严惩治,有血债的必须偿还血债!

我们为要继续肃清隐蔽的敌人,特在大会上推举出十三位同志,组织"肃清反革命委员会"执行这一重大的任务。但我们知道:肃清反革命的工作每个人都有责任,必须成为严肃性的运动,才能做得有效和有力。因此,我们每一个大夏人都必须动员起来,提高政治警觉,发扬爱国热情,协助肃清反革命委员会进行调查和检举工作,务使每一个反革命分子都在人民的面前伏罪。

同志们,同学们!我们大张旗鼓的干吧!让那些过去罪大恶极和现在继续作恶的人们发抖吧!不管反革命分子伪装的多么技巧,我们也会撕去他们的伪装,把他们从角落中抓将出来!在光天化日下,在毛泽东的时代里,我们决不许有一个人类的渣滓继续存在!

大张旗鼓消灭隐蔽的敌人!拥护政府严厉镇压反革命分子!检举反革命分子!揭发反革命分子罪行,监视反革命分子活动是每个大夏人的神圣责任!提高警惕,保护学校安全!分清敌我,站稳立场!打破任何"慈悲"观点和温情主义,中国共产党万岁!毛主席万岁!

一九五一年五月五日

（本文件仅发一次，请妥为保存，随带身旁备用）

（《大夏大学全体师生员工镇压反革命代表大会》，《私立大夏大学1950.6第一二次全代大会》，第1—19页，华东师范大学档案馆藏，档号：81-3-9）

十日　举行校务委员会常委会第二十八次会议，决定拨款支持肃清反革命委员会举办反特展览会，并尽力协助解决大夏附中校舍困难问题。

校务委员会常务委员会第二十八次会议记录

时间：一九五一年五月十日下午五时

地点：校长办公室

出席：陈旭麓　姚雪垠　黄健鸾　张瑞钰　欧元怀

列席：宋成志

主席：欧元怀

记录：孙尧年

1. 主席报告本校群策斋底楼及群贤堂少数教室自去春起借与上海水产专科学校，年底期间，当时该校尚未决定迁移，经与谈判，今年二月底商定，由该校按月缴付租金四千单位，嗣华东司法部司法人员训练班，要求以同样价值继续承租，亦与商定草约，现上海水专迁离，司法人员训练班即日搬入，预计本学期共可收取租金二万单位，足以弥补学校大部分赤字，并已编入预算。关于以上各节及学校整个预算，经先后提出行政会报及校委会通过。唯本校附中因校舍缺乏，曾一再请求大学部设法，最近又推代表前来申请，应如何双方照顾？请讨论案

议决：出租与司法人员训练班房屋仍应维持原案，附中房屋困难，本会当尽可能协助解决。

2. 肃清反革命委员会将进行搜集反革命分子罪行的资料，并拟举办反特展览会，请学校行政拨款四□单位以利工作进行案

议决：通过。

（《校务委员会常务委员会第二十八次会议》，《私立大夏大学校务委员会、校务委员会常务委员会会议记录及有关指示文件》，117页，华东师范大学档案馆藏，档号：81-3-31）

十九日　举行校务委员会第四十五次会议，会议主要内容有：1.教务长邵家麟报告华东教育部统一招生会议情况。2.华东教育部通知应届毕业生考试限于六月二十六日前结束，学校毕业考试提前举行。3.银行系向校务会议提请改名为财政金融系。4.学生会代表报告：国际学联代表团到上海访问，学校积极邀请代表团到校参观并充分做好了欢迎工作。

校务委员会第四十五次会议记录

时间：一九五一年五月十九日下午三时

地点：群贤堂三楼301室

出席：欧元怀　韩闻肭　刘焕文　张瑞钰　黄敬思　杜佐周　邵家麟　王绍唐　何仪朝　侯朗轩　周覃绶　程良生　姚雪垠　黄健鸾　苏希轼　张伯箴　查汝勤　陈景琪　王肖　陈俊德　程俊英

列席：张承炽　屠修德　钟孟春

主席：欧校长

记录：孙尧年

报告事项

欧校长报告：奉华东教育部五月七日教高行字第4390号通知：为今后各高等学校如举行"师生员工代表大会"等全校性会议时，务须先行具呈报会议日程及其目的与要求等项，使教育部能及时了解情况，必要时并可派员来校列席。

会计室钟孟春主任报告：

1. 本年二月一日起至四月三十日止，学校各项经费收支情况（详另表）

2. 截至五月十六日，全校欠费尚有 17086 单位未缴。（详另表）

财经稽查委员会主席周覃绂先生报告（略）

总务处张瑞钰主任报告：

1. 本期预算赤字计一万三千余单位，目前欠费有一万七千余单位未收到，因此经费尚共亏短三万单位左右，开支极感困难，现已呈请教育部酌予帮助，并积极催缴欠费中。

2. 学生体格检查已完成百分六十（后略）

教务处注册主任屠修德先生报告：（缺）

学生会主席黄健霭同学报告：

国际学联代表访问团来沪，本校学生会经联合工会、青年团与行政方面，成立筹备欢迎的组织，准备请代表团莅校演讲一次，并已商定欢迎程序。

教务长邵家麟先生报告：

上周华东教育部召开统一招生会议，参加者有公私立大学及专科学校共四十一个单位，经过两天的讨论，收获如下：

1. 决定统一招生委员会的组织。（上海办事处主任由复旦大学教务长担任，副主任由大夏、光华两校教务长担任）

2. 座谈有关各种文件。

3. 通过华东区高等学校 1951 年度统一招生委员会组织细则，工作计划及招生简章等。

4. 对升学指导、制定试题、各系招生名额、体格检查及口试等问题交换意见。

5. 决定报考日期及招生办事处地址（设上海财经学院）。

6. 暑期报考人数估计二万五千名，预定录取一万五千人。

讨论事项

一、审查应届毕业生名单案

议决：审查通过，其中个别有问题的应请示华东教育后再行决定。

二、华东教育部通知应届毕业生考试限于六月二十六日前结束，本校原定日期应予更改案

议决：改定于六月十九日至二十三日举行应届毕业生考试。

三、校庆筹备会布置展览会以抗美援朝镇压反革命及夏令卫生与人民健康为中心，预定自六月一日起（星期五）至三日（星期日）。为配合展览日期，关于校庆放假日数应重新确定案

议决：六月一、二日放假两天。

四、举行全校清洁运动案

议决：定下周一（二十一日）下午举行，停课半天。

五、继续推动实施体格检查案

议决：现尚有百分之四十学生未经体检，请学生会继续号召，动员同学赶快参加。

六、继续催缴欠费案

议决：除由行政部门加紧催缴外，并请学生会各系会多方协助，号召欠费同学赶快清缴。

七、银行系请改名为财政金融系案

议决：俟与华东教育部□□后，再行决定。

八、本届七学期修满毕业学分学生请准予下学期特别注册减缴学费案

议决：下学期必须在校肄业，应修学分多少以后请示教育部决定。收费仍应照缴，学费减免数目可照本学期规定办理。

（《校务委员会第四十五次会议记录》，《私立大夏大学校务会议及校务委员会议记录》，第37—38页，华东师范大学档案馆藏，档号：81-3-14）

举行校务委员会常务委员会第二十九次会议，决议拨三百至四百单位作为国际学联代表团招待经费，尽可能腾拨房屋给工会托儿所和大夏附中。

校务委员会常务委员会第二十九次会议记录

时间：一九五一年五月十九日下午六时

地点：群贤堂三楼三一零〇室

出席者：欧元怀　黄健鸾　邵家麟　张瑞钰　姚雪垠

主席：欧元怀

记录：孙尧年

讨论事项

1. 为招待国际学联代表团莅校，需用经费约三百至四百单位案

议决：通过，请主持部分撙节应用。

2. 附中请拨校舍问题最近续来洽请，应如何解决案

议决：尽可能腾拨群英斋，房屋□间，俟与附中有关单位商洽后再定。

3. 本校工会托儿所请拨房屋案

议决：没法腾拨□娃舍楼下房屋一间作为托儿所址。

（《校务委员会常务委员会第二十九次会议记录》，《私立大夏大学校务委员会、校务委员会常务委员会会议记录及有关指示文件》，第118页，华东师范大学档案馆藏，档号：81-3-31）

二十九日　举行校务委员会常委会第三十次会议，决定将"思群堂"改名为"新夏堂"，畜牧兽医系停办。

校务委员会常务委员会第三十次会议记录

时间：一九五一年五月二十九日上午十一时

地点：群贤堂工会办公室

出席：欧元怀　张瑞钰　姚雪垠　陈旭麓　黄健鸾　邵家麟

主席：欧元怀

记录：孙尧年

讨论事项

1. 畜牧兽医系问题案

议决：本案前经四月十五日第四十三次校务委员会议决，为□成该系教学目标，预先具备充分之经济力量及足够设立该系之条件，方可继续办理，就目前学校情况言，第一须充实教育部所规定之重点发展各科（土木工程系、化学工程、建设工程等专修科），第二须遵照教育部指示调整并充实其它各系科，第三校舍不敷应用，第四畜牧兽医系设备除生物化学原有普通设备外，其余专门设备及□□等均付阙如，以现阶段的人力物力实难应付。最好该系暂行停办，将来校董会开会讨论本案时，拟推姚雪垠、陈旭麓两先生列席报告。

2. 最近很多师生及肃反会建议，本校思群堂原为纪念反革命分子王伯群而起的名称，在大张旗鼓镇压反革命的今天，为了肃清反革命遗留下来的残余思想毒素，应请速即取消原名案

议决：通过，本会另拟名称为"新夏堂"，由工会、学生会广泛征求意见后再行决定。

……

5. 校庆经费原定五百单位不敷应用，须再酌增案

议决：酌增五百单位，请校庆筹备会撙节支用。

6. 本校工会托儿所房屋需用修理费四百单位案

议决：通过。

（《校务委员会常务委员会第三十次会议》，《私立大夏大学校务委员会、校务委员会常务委员会会议记录及有关指示文件》，118页，华东师范大学档案馆藏，档号：81-3-31）

六月

一日　学校建校二十七周年，举行校庆纪念大会，同时举办以抗美援朝，镇压反革命及夏

令卫生为主要内容的扩大展览会。为配合展览,六月一日、二日放假两天。(见本年五月十九日校务委员会第四十五次会议记录)

五日　学校按中央教育部和华东教育部的规定改革课程, 该学期各系科各年级学生课程均在十七学分与五十学时以内。同时整理课程教学计划及讲授提纲,今天报送中央教育部审核。

　　发往机关:中央教育部

　　事由:为呈送一九五一年春季各系科课程教学计划及讲授提纲,并附担任教授表,敬请鉴核并指示由

　　校长:怀

　　……

　　封发日期:一九五一年六月五日

　　中央人民政府教育部

　　华东军政委员会教育部钧鉴,本校一九五一年春季各系科课程教学计划及讲授提纲刻已整理完成,计分:1. 各系共同必修课程;2. 文学系课程(包括外文课);3. 历史系课程;4. 化学土木两系共同必修课程;5. 化学系课程;6. 土木系课程;7. 化学工程专科课程;8. 建筑工程专科课程;9. 法律系课程;10. 政治系课程;11. 经济系课程;12. 会、银、工管三系共同必修课程;13. 会计系课程;14. 银行系课程;15. 工商管理系课程;16. 教育、社会教育两系共同必修课程;18. 教育系课程;19. 社会教育系课程;20. 师范专科课程;21. 夜班师专科课程;22. 夜班会计、银行、工商管理三系课程;23. 夜班会计专科课程之教学计划及讲授提纲,分装为二三册,一式两份,除分报华东教育部外,呈中央每册附有担任教授表一份。兹呈送上项册表二份(对中央用),敬请鉴核,并予指示! 惟尚有应陈明者:(一)本校各系科大半人数不足,班级太多,以致所开课程,大半为二、三或三、四年级混合选读,而未能依照班级开课,所以各级课程表不便列报。(二)本学期各系科各年级学生选课,均遵照中央教育部规定,在十七学分与五十学时以内选修,均无超过。并请核备:私立大夏大学已征附件各文……

　　(《呈送中央教育部的函》,《私立大夏大学·关于1950年度教学计划、总结、讲授提纲与上级机关往来文件》,第35—37页,华东师范大学档案馆藏,档号:81-3-110)

七日　举行校务委员会第四十六次会议,总务处张瑞钰主任报告:1. 五月三十一日晚学校工友宿舍失火事件经过及处理过程。2. 最近因特别支出很多,再加上巨额欠费,学校财政非常困难。会议议决:1. 原定期终考试及应届毕业生考试日期改自六月二十一日至二十七日同时举行。2. 根据华东教育部有关规定,成立毕业生分配委员会。

校务委员会第四十六次会议记录

　　一九五一年六月七日下午三时

　　地点:本校教师休息室

　　出席:欧元怀　韩湧忠　黄敬思　姚雪垠　陈俊德　邵家麟　何仪朝　程俊英　张瑞钰　陈景琪　程良生　刘焕文　杨阿泉　韩闻痀　杜佐周　侯朗轩　黄健霣　张伯箴　王兴　陈旭麓(程代)　王绍唐(刘代)　周覃绶(何代)

　　列席:屠修德　钟孟春

　　主席:欧校长

　　记录:孙尧年

　　报告事项

　　欧校长报告:

　　1. 第三十次常委员会决议事项。

　　2. 奉华东教育部抄转中央教育部关于全国公私立高等学校今年暑期毕业生统筹分配工作对各校加强准备工作的指示。

　　总务处张瑞钰主任报告:

1. 五月三十一日晚九时许，本校工友宿舍突然失火，先经员工同学用灭火机施救，嗣消防队赶到施救半小时后将火熄灭。计焚烧及草顶竹墙工房十五间，被焚工友十五家(内三家系一九五零年春季被精简工友)，火从李松坡工友宿舍烧起，李本人及其五龄幼子一人均罹于难。

(1) 关于起火原因经公安局多日侦查，□□意见认为火从屋内烧起，屋门关闭，在时间上情况上推测，政治原因可能较小。至究竟如何起火，正在进一步调查研究中。

(2) 关于被灾工友及眷属，由校供给半个月伙食，并就全部教职员宿舍设法调整，腾出房屋让他们居住，此项工作已完成。

(3) 李松坡工友父子之丧葬费由校负担，并另抚恤其家属六个月工薪，分两次支付。又李之工薪暂仍照给，至暑假后其长子在小学毕业准□校，予以工作。

(4) 本校工会及眷属委员会正进行募捐，并募集衣物救济。又□上教工会亦在发动募捐。

2. 截至本月六日止，同学欠费尚有13424单位未缴，合全部欠费百分之四十。

3. 最近学校经费因事实上需要特别支出很多，如校庆纪念，火灾善后，修理竹篱及□□所房屋等共计在四千五百单位以上，均属预算以外之开支，再加上巨额欠费，因此目前学校财政极感困难。

会计室钟孟春主任报告：二月至五月经费收支情况。

姚雪垠副教务长报告：华东教育颁发关于暑期实习的几项规定与实习参观费用开支暂行办法草案两项文件的主要内容。(另布)

讨论事项

1. 临毕业年级学生需要参加暑期实习，本校原定期终考试日期应予更改案

议决：期终考试及应届毕业生考试改自六月二十一日至二十七日同时举行。(地点在新夏堂)

2. 继续审查毕业生名单案

议决：(略)

3. 奉华东教育部颁发的高等学校"协助毕业生分配工作委员会"组织规程草案，本校应即进行组织是项委员会案

议决：由校长、正副教务长、有关各系主任(程俊英、陈旭麓、陈景琪、刘焕文、韩闻痾、王绍唐、张伯箴、周覃绶、何仪朝、杜佐周诸先生)、学生会代表(陈浩声同学)、毕业同学会代表两人(另推)、有关工作人员(屠修德、陈友伟、黄彦起三位先生)及工会代表(陈旭麓、陈友伟两先生兼)共同组织之。

4. 本校爱国公约应如何进行检查案

议决：由本校抗美援朝常设委员会讨论具体办法。

5. 关于五月十九日晏摩氏中学女生来校划船，本校学生张□荣对其不礼貌事件，经校务委员会常委会决定于张生以退学处分，再予复议案

议决：仍应维持本会常委会决议，并应收回其学生证及校徽。

(《校务委员会第四十六次会议记录》，《私立大夏大学校务委员会、校务委员会常务委员会会议记录及有关指示文件》，第91页，华东师范大学档案馆藏，档号：81-3-31)

十六日 举行校务委员会常委会第三十一次会议，欧元怀校长报告：1. 根据中央要求，毕业考试结束后全体毕业生在交通大学集中学习。2. 华东教育部通知，社会教育系、师范专修科此学期暂停招生。3. 学校积极配合华东教育部统一招生工作。4. 工友宿舍发生失火事件，华东教育部要求查明原因，做出深刻检讨，建立严格的安全保卫制度。会议议决：1. 催缴学生欠费。2. 除参加华东区统一招生外，学校拟单独招生一次。3. 为去年秋季参加治淮工作学生补课。

校务委员会常务委员会第三十一次会议记录

时间：一九五一年六月十六日下午三时

地点：校长办公室

出席：欧元怀 邵家麟 张瑞钰 陈旭麓

列席：屠修德

主席:欧元怀

记录:孙尧年

报告事项

主席报告

1. 昨日华东教育部召集各高等学校行政负责人商谈关于本届毕业生统一分配工作问题,决定遵照中央指示,在毕业考试后分配工作,前各生必须集中进行一个短期的学习(日期七月六日开始,地点在交通大学),此项学习应作为毕业条件之一。

2. 奉华东教育部通知,本校社会教育系及师范专修科本期暂停招生,其余各系科招生名额正转呈中央教育部审核中。

3. 奉华东教育部通知,本届统一招生工作艰巨,学校一级行政工作均须配合统一招生委员会之工作计划,并领导工会、学生会保证其胜利完成,现本校已进行组织考生服务团,并由行政方面推派职员数人参加统招生工作。

4. 关于本校工友宿舍失火案件,近奉华东教育部指示,认为在全国性大张旗鼓,镇压反革命之际,发生此事,证明本校对安全还未很好加以注意,学校行政领导上除应做出深刻检讨外,并应及时严格的建立安全保卫工作制度,密切配合工会学生会,切实执行,并将此次起火原因查明,具报等因。按被焚房屋系一九四七年建筑,草顶竹墙,容易酿成火灾,本校虽已初步建立安全制度,但对这一最易影响安全的因素过去并未特加注意,予以消极的防范或积极的改造。为了惩前毖后,准备在校务委员会全体开会时,作进一步检讨,并对全部校舍安全准备不够的地方计划改善。

讨论事项

1. 学生欠费尚有一万单位,应如何处理案

议决:(1)由行政方面通告大考前缴清,否则学期成绩不予登记。

　　　(2)请学生会协助号召同学赶快清缴完成义务。

2. 本校除参加华东区统一招生外,拟单独招生一次,兹组织招生委员会案

议决:请邵家麟(召集人)、姚雪垠、张瑞钰、屠修德、张承炽、陈友伟、尤石湖、蒋曰衢、刘焕文、夏炎、韩闻洞等十一位先生,并由学生会推代表一人,共同组织招生委员会。关于单独招生日期及有关事项由该会决定。

3. 举行应届毕业生话别会案

议决:定本月二十七日中午举行同学聚餐。

4. 去年秋参加治淮之同学即将返校,如何补习功课案

议决:请示教育部并参照其他大专学校办法办理。

5. 七学期修满学分学生联名函请准予毕业案

议决:请各系科主任负责审核,依照新课程草案,如果全部学程学分均已修毕,下学期确无课程可以选习者,可由教务处汇开名单,交由校委会审核后,再呈请教育部决定。

(《校务委员会常务委员会第三十一次会议记录》,《私立大夏大学校务委员会、校务委员会常务委员会会议记录及有关指示文件》,第119页,华东师范大学档案馆藏,档号:81-3-31)

二十六日　举行校务委员会常委会第三十二次会议,欧元怀校长报告:华东教育部补助经费一万单位,修缮费3345万元;华东教育部要求各校延迟学期结束日期。会议决定:期终考试结束后仍继续上课,至七月十五日结束;工商管理系改称企业管理系,银行系改称财政金融系。

校务委员会常务委员会第三十二次会议

时间:一九五一年六月二十六日下午四时

地点:校长办公室

出席:欧元怀　邵家麟　姚雪垠　黄健霭　张瑞钰　陈旭麓(陈友伟代)

列席:屠修德
主席:欧校长
记录:孙尧年
报告事项
欧校长报告:

1. 奉华东教育部通知:为补修本学期课程,决定各校本学期期终考试延迟至七月十五日结束,如已考毕,学生仍须留校补习所缺功课,不得擅自离校,否则以旷课论。

2. 华东教育部核准补助本校本学期经常费一万单位,修缮费3345万元(分修理群贤堂屋顶,修建校园周围竹篱及群策斋改造小房间土料费用三部分),又吴泽、张伯箴两教授部分薪金。

讨论事项

1. 华东教育部通知展延学期结束日期,应如何遵办案

议决:本校期终考试业已开始,仍照原定日期进行,不再变更。惟期终考试完毕后,仍应继续上课,照常点名,至七月十五日结束,在结束以前,各课程并应举行测验一次,作为学期成绩之一部分。

2. 查目前各高等学校工商管理系或已改定新名为企业管理系,银行系或已改定新名为财政金融系。根据此次华东区统一招生委员会编订之开学指导,均以上述新名为主。本校工管系前经决定改名,惟尚未公布,银行系亦拟改名,尚未决定,兹应予一致改定名称案

议决:工商管理系改称企业管理系,银行系改称财政金融系,即日公布,并呈报教育部备案。

3. 本校为推行校内各项运动,增加宣传教育上之便利,亟需购置大型扩音机一架案

议决:通过

(《校务委员会常务委员会第三十二次会议》,《校务委员会会议记录以及有关指示文件》,120页,华东师范大学档案馆藏,档号:81-3-31)

二十九日 校董会召开该学期第二次会议,欧元怀、邵家麟、张瑞钰分别报告有关校务,会议议决:增聘陈善晃、张纪元、唐志尧、周庚、郑子荣为校董;本校畜牧兽医系因经费设备不足暂行停办;请各校董分头筹募免费学额。

大夏大学校董会一九五一年春季学期第二次会议记录

时间:一九五一年六月二十九日下午七时
地点:南京西路中国实业银行三楼
出席:周炳林 葛敬恩 邵家麟 欧元怀 徐国懋 强锡麟 江问渔(欧代) 张瑞钰(列席)
临时主席:葛敬恩(本日王董事长因病缺席,由出席人临时推定)
记录:孙尧年

一、报告事项

(一)欧元怀先生报告本学期校务情况。

1. 学生人数

核本部1035人,市区夜班105人,共1140人,比上学期减少185人,其中财经理工各系科学生占百分之八十以上,又应届毕业生88人。

2. 减免费

本校核给减免费占学费总款百分之十二,教育部核给扩大减免费计10459单位,另核人民助学金学生178人。

3. 主要活动

(1)校内各单位普遍订立爱国公约。(2)通过各种方式进行镇压反革命运动。(3)六一校庆举行扩大展览,连续三天。(4)全体员工响应抗美援朝总会六一号召,捐献款项已达五千万元。(5)动员毕业生参加政府统筹分配工作,无条件服从的已达百分之八十。以上每项运动都能深入开展,结合爱国主义教育,获得一定成绩。

(二)邵家麟先生报告:四月间华东教育部召开理工院系重点发展会议,决定本校以土木工程系及建

筑工程与化学工程两专修科为重点发展系科,经已拟定发展计划呈请教育部补助经费,又中央轻工业部及交通部亦可能有此补助。

（三）张瑞钰先生报告

1. 五月三十一日晚本校工友宿舍失火事件及善后处理情形。

2. 校董会基金收支情形(另详报表)。

3. 学校经费收支情形(另详报表)。

二、讨论事项

1. 添聘陈善晁、张纪元、唐志尧、周庚、郑子荣等五位先生为本校之董事

议决:通过。

2. 本校畜牧兽医系因经费及设备条件不够,校务委员会决定暂行停办请追认案

议决:通过。

3. 续筹免费学额案

议决:请各校董分头筹募。

（《大夏大学校董会一九五一年春季学期第二次会议记录》,《私立大夏大学校董会记录》,第18—24页,华东师范大学档案馆藏,档号:81-3-16)

七月

十二日　举行一九五一年春季学期教学总结大会。

一九五一年春季学期教学总结会议记录

时间:七月十二日下午二时

地点:实习法院

出席者:陈德谦　邱霞生　……

（后略）

主席:刘焕文

记录:何元文

（《一九五一年春季学期教学总结会议记录》,《私立大夏大学一九五零年度第二学期教学总结》,第1—10页,华东师范大学档案馆藏,档号:81-3-59)

经济系教学总结报告——一九五一年春季学期

（略）

系主任:张伯箴执笔

一九五一年七月十二日

（《经济系教学总结报告》,《私立大夏大学一九五零年度第二学期教学总结》,第11—19页,华东师范大学档案馆藏,档号:81-3-59)

小学各科教材教法

六月十六日上末一次课,科代表要求做一次总结。那天出席三十位同学,收得他们的意见,归纳为以下各条。此次因参加北京开会,事实上不能参与学期终的总结大会,兹将同学批评及个人说明用书面报告如下:

（略）

沈百英

（《小学各科教材教法》,《私立大夏大学一九五零年度第二学期教学总结》,第24—27页,华东师范大学档案馆藏,档号:81-3-59）

二十日　举行校董会议,欧元怀校长报告中央教育部拟在各大行政区分别设立师范大学,华东教育部决定以大夏大学和光华大学为基础合并成立华东师范大学。校董会决议拥护华东教育部的此项决定。

大夏大学校董会一九五一年春季学期第三次会议

时间:一九五一年七月二十日下午七时

地点:南京西路中国实业银行三楼

出席:黄钦书(裴延九代)　裴延九　李偶夫　王志莘　葛敬恩　邵家麟　欧元怀　江问渔(欧代)　强锡麟　徐国懋　周炳林　唐志尧

列席:张瑞钰　孙尧年

主席:王志莘董事长

记录:孙尧年

(一)欧校长报告校务

中央教育部为有计划的培育中等学校师资,决定在全国各大行政区分别设置师范大学一所。华东方面,教育当局认为本校与光华大学过去都有革命斗争的优良传统,解放后也有改造运动的成绩表现,因此决定以两校为基础,合并成立华东师范大学。前天华东教育部首长莅校正式宣布,对于两校原有教职工及学生,保证不使有一人失业失学。师大准备设立十一个学系,本校原有系科和师大没有关系的,予以并入其他公立大学。政府这个措施,事前曾与两校行政负责人多次商洽,酝酿达两个月以上,始做最后决定。在协商进行时曾向王董事长报告。上次六月二十九日校董会开会,亦曾提出报告。今后大夏校名虽然取消,但事业本身,在政府直接主持下,可以更好的发展,前途灿烂远大,是值得我们欣庆,也为全校师生员工所热烈拥护的。

按目前全国高中毕业生人数,暂呈极度"荒歉"现象;此次华东区上海统一招生,原估计考生有15000人,实际报名的只有9000余人,其中绝大部分的报考工程、医学等科,报考文、法、财经的人数较少。似此现象,在未来的三五年还要延续下去。私立大学主要依靠学生学费维持,所设又多属文、法、财经等系科。今后学生来源减少,办理困难,是无可避免的事实。

本校本学期学生共1140人,经费预算赤字为35000单位。靠下列三方面款项弥补:(1)租出部分校舍,收入租金20000单位;(2)华东教育部补助10000单位;(3)校董会基金5000单位。但由于学生欠费有6000余单位尚未收回,因此仍不敷开支,经向租用本校校舍之司干班预支三个月房租,方渡过难关;下学期如仍维持私立性质,困难一定更大,政府今天这个决策就经济方面来说也是对于大夏的照顾,我们应表示感谢的。

(二)校董发言总结

1. 大夏办理了二十七年,培植不少人才,尤其解放前后,大批学生参加了革命和建国工作,对国家有它的贡献,这些成绩是应当肯定的。

2. 大夏由欧校长领导创办起来,二十七年来他一贯负责校务,艰难奋斗,使学校不断壮大发展,今天由他亲手献给自己的政府,这是光荣的表现,值得本会同人欣佩的!

3. 大夏虽是私立性质,但属于人民教育事业的一部分,校董会办理学校,原是为人民服务,今天把学校交给代表人民的政府,完全符合本会的初衷,也很好的完成了对学校的历史任务。

4. 新师大的成立,对于整个华东中等教育事业前途,负有非常重大的任务,大夏能够获得这个适当的时机,贡献出它的一切,来帮助政府实现这个发展人民教育的伟大计划,校董会首先感到兴奋和光荣。

5. 大夏原有物质设备基础,今后在新校管理之下,可以大力的加以充实发展,发挥更大作用,全体师生员工可以获得更好的教学工作的条件,为新教育事业加倍努力。

(三)决定事项

1. 本会对于政府以大夏光华两校为基础合并成立华东师范大学的决策,表示坚决拥护,即请王董事长与欧校长代表本会将学校全部产业,负责移交办理手续。

2. 本会对于当初创办和一贯领导学校的欧校长一致表示敬意,并制备纪念物品赠送。(请强锡麟、邵家麟两先生计划办理)。

　　3. 本会对于校内全体教职员工同人多年来艰困奋斗,团结合作和今后参加更重大的光荣任务表示感谢、慰劳与祝贺(另函)。

　　4. 俟学校移交手续办理完毕,本会即向华东教育部呈报结束。

　　(《大夏大学校董会一九五一年春季学期为三次会议》,《私立大夏大学有关校董会文件》,第13—14页,华东师范大学档案馆藏,档号:81-3-27)

中央及华东教育部决定本校与光华大学合并成立华东师范大学本会应如何表示案

　　议决:本校虽系私立性质,但是属人民教育事业的一部分,政府重视本校过去革命斗争和解放后校务改造的成绩,在这进步的基础上给予与光华大学合并成立华东师范大学的光荣任务,今后这份教育事业可以更好的更进一步的发展,也符合本会同人协助政府办理学校的初衷。我们对政府决策,一致表示坚决拥护,同时感到兴奋和感谢。即请王董事长与欧校长代表本会将学校全部产业负责移交办理手续。

　　(《中央及华东教育部决定本校与光华大学合并成立华东师范大学本会应如何表示案》,《私立大夏大学校董会议记录》,第36—37页,华东师范大学档案馆藏,档号:81-3-16)

九月

　　五日　接华东军政委教育部通知,大夏大学、光华大学合并成为华东师范大学。在筹建华东师大时,大夏大学文、理、教育各系并入华东师大;土木工程系并入同济大学;财经、政治、法律等系并入复旦大学、上海财政经济学院。附设大夏中学与光华附中合并成立华东师大附中。华东师大校址在大夏大学原址,师大附中在光华大学原址。至此,大夏大学结束了二十七年的历史。

华东军政委员会教育部通知(通知12)

　　日期:一九五一年九月五日

　　字号:教高行第008444号

　　受文者:光华大学、大夏大学

　　你校合并成为华东师范大学后,所有并出之系科,除教员、学生全数并出外,必要之图书设备亦应随之转移,希即遵照办理。

　　部长吴有训

　　抄致

　　复旦大学

　　上海财政经济学院

　　(《华东军政委员会教育部通知(通知12)》,华东师范大学档案馆藏,档号:82-3-020-0007)

华东军政委员会教育部(通知17)

　　事由:为私立光华、大夏两附中改为公立并由华东师范大学领导由

　　受文者:上海市教育局

　　日期:一九五一年九月□日

　　字号:教高行008485号

　　一、兹决定你局所属私立光华、大夏两附属中学改为公立学校附属于华东师范大学并直接由该校领导。

　　二、希即知照并转知两校为要。

　　部长吴有训

　　抄致

大夏大学　光华大学

（《华东军政委员会教育部（通知 17）》，上海市档案馆藏，档号：B105-1-354-16）

上海市人民政府教育局稿

日期：一九五一年九月七日

字号：教高行第 8485 号

受文者：私立光华、大夏大学附属中学

事由：华东教育部通知改为公立学校并由华东师范大学直接领导转知

兹接华东军政委员会教育部教高行字第八四八五号通知，你校改为公立学校附属于华东师范大学并直接由该校领导，今行通知。

（《上海市人民政府教育局稿》，上海市档案馆藏，档号：B105-1-354-16）

为了适应国家建设需要和提高教学效果，华东区高等学校有关院系已作了适当的调整。

根据中央人民政府教育部的指示，华东军政委员会教育部以光华大学、大夏大学两校为基础，成立了华东师范大学，并将复旦大学教育系、同济大学动物系和植物系、沪江大学音乐系和东亚体育专科学校并入该校，以集中力量，培养中等学校师资。

各高等学校工学院的重点系、科也进行了调整。交通大学原有理、工、管理三个学院，这次调整中将管理学院各系分别并入北方交通大学和上海财政经济学院。该校工学院的工业管理工程系并入机械系，轮机工程系并入造船系。厦门大学航空工程系并入清华大学航空工程学院。光华大学、大夏大学的土木工程系、科并入同济大学，财经、政治、法律等系分别并入复旦大学和上海财经学院。复旦大学理学院的土木工程系并入交通大学工学院土木工程系。交通大学纺织工程系和上海纺织工学院、上海工业专科学校纺织科合并成立华东纺织工学院，由华东区纺织管理局领导，专门培养纺织工程人才。南京工业专科学校改为华东交通专科学校，由华东军政委员会交通部领导。浙江大学医学院和浙江省立医学院合并改为浙江医学院。私立的上海法政学院、诚明文学院、新中国法商学院、新中国学院、上海法学院法律系、光夏商业专科学校等合并成立私立上海学院。过去接受外国津贴的高等学校：金陵大学和金陵女子文理学院合并改为公立金陵大学。福州华南女子文理学院与协和大学合并改为公立福州大学。上海震旦大学与震旦女子文理学院合并为私立震旦大学。齐鲁大学将文学院取消，将该校文学系、历史学系并入山东大学。山东大学还增设了采矿冶金系。其他私立高等学校，有的因不合高等学校条件，改为中等技术学校；有少数学校因教学条件太差，决定停办。

华东区原有的高等学校院系重复，极不合理。这次调整以前共有公私立高等学校七十五所，其中有系、科达五百四十八个。同一个系、科在好几个学校开设，以致在现有设备和教师的条件下，不能集中力量，提高教学效果。这些学校也由于系、科庞杂，以致任务和重点很不明确。有许多学校的师资、设备等条件很差，有的学校甚至完全没有专任教师，或虚设了课程，无人教授；有的学校只有两三个房间，缺乏必要的设备。这样就造成人力物力上严重的浪费。华东军政委员会为了改变这种不合理的情况，加强对公私立高等学校的领导，集中力量办好条件较好的系、科，在今年四月间召开了华东区高等学校工学院院系调整会议，首先将交通大学、复旦大学、山东大学、上海财经学院等公立学校的系科加以调整。这些学校系科的调整，进行得比较顺利，对其他公、私立学校起了一定的推动作用。其次，该部在今年春季开学以前和今年暑假的招生工作中，先后停止条件很差的七个学校和三十二个系科招生。对规模较小、师资条件较差的学校，分别予以合并、改组或停办。经过这次调整，全区公私立高等学校减为五十九所，系、科减为四百零四个，各校的任务和重点明确，并具备了集中力量，改进教学的条件。

华东区在这次高等学校院系调整中，贯彻了"照顾整体，团结一致，办好学校"的精神，同时对有实际困难的工作人员予以切实照顾；因此，工作进行一般是顺利的。在调整过程中，因并校而发生的一些人事、待遇等问题，也由于两年来教师们的政治觉悟的提高，得到了适当的解决。

（新华社：《华东区高等学校院系已作适当调整》，《人民日报》，1951 年 11 月 22 日，第 3 版）

**大夏大学
学生名单**

(在大夏大学毕业或肄业)

艾
35710　艾大雄
361228　艾黎民
340　艾黎民
8087　艾绍璜
8455　艾幼琴

安
36302　安佛华
37586　安鸿基
7415　安继晖
S8058　安继昭
36317　安念英
10176　安绍英
8355　安蜀邦
371735　安思危
S8767　安泳珏
3231　安泳胄

敖
1672　敖敏初

白
7988　白敬贤
31233　白曼彤
0619　白桥南
36714　白瑞华
31091　白湧涛
3317　白允著
3031　白赞元
3948　白志忠

柏
8744　柏朝英
35735　柏汉卿
2296　柏锦芳
S8318　柏其麟
S8003　柏焱
3540　柏翊唐

包
7972　包家瑞
7935　包启镐
180　包启馨
371096　包琴珠
10504　包如珍
S9343　包淑瑜
38112　包信发
S8759　包信祥
3797　包禹言
6208　包月清
6826　包允淑
7229　包志远

薄
4935　薄家范
371270　薄中侃

保
6481　保克勤
8260　保祥麟
0379　保志宁
31189　保紫宸

鲍
361077　鲍秉铨
37339　鲍传胪
10679　鲍光伟
35838　鲍光照
S8095　鲍家驹
3724　鲍家梁
6887　鲍九如
S9942　鲍汝昌
371008　鲍瑞森
S8214　鲍世传
371656　鲍世明
36218　鲍世宰
6177　鲍婉仪
7583　鲍维国
5690　鲍文希
5708　鲍文熙
S8816　鲍奕珊
37145　鲍奕忠
371339　鲍元顺
1887　鲍璪
P12　鲍志超

毕
371247　毕邦媛
499　毕邦媛
4341　毕定
7970　毕镐铭
6342　毕广涵
38242　毕厚芳
36197　毕惠丰
371677　毕嘉联
35721　毕延年
36153　毕延平
1663　毕仰袁
10954　毕治民
5028　毕中

边
38201　边俭忠
383　边松
S8797　边贤芳
35786　边燮
5444　边旭初

卞
3030　卞纪良
S9696　卞驾千
S9832　卞锦庄
S8023　卞墍
11001　卞璞
37105　卞维纲
371500　卞学详

宾
4232　宾汉崧
32220　宾祖家

卜
S9447　卜金元
36535　卜励斌
S9525　卜敏文
S8879　卜玉冠
0131　卜愈

步
S9198　步广孚
7985　步景昭
S8970　步启颢

蔡
31213　蔡宝山
5680　蔡宝钰
5691　蔡秉钧
371000　蔡步蟾
371058　蔡驰
0272　蔡耻吾
37705　蔡崇文
1482　蔡传瑾
3575　蔡传琼
1066　蔡达仓
4765　蔡大成
351155　蔡大年
10077　蔡德诚
1024　蔡德孚
S9592　蔡德君
5979　蔡德生
29098　蔡伏生
0960　蔡根深
36415　蔡贯枫
2258　蔡光篁
35619　蔡光浦
5463　蔡光炜
10424　蔡瑰雪
10228　蔡国英
38258　蔡蔺蓉
1461　蔡豪荣
4368　蔡弘之
37479　蔡华苓
2254　蔡恢仁
3997　蔡辉芳
36540　蔡惠歧
7128　蔡慧珍
7606　蔡纪蕃
5114　蔡济川
2155　蔡家晖
36534　蔡家惠
35108　蔡坚
4120　蔡鉴文
1253　蔡景华
50082　蔡景堂
371519　蔡静仪
36738　蔡静渊
2193　蔡静贞
10065　蔡俊传
4513　蔡俊良
37216　蔡骏业
8305　蔡开礼
1047　蔡可仕
6806　蔡揆巽
S117　蔡琨
3489　蔡立
6026　蔡茂芳
3723　蔡美和
10367　蔡美卿
315　蔡妙龄
S9793　蔡明美
35502　蔡明哲
S9267　蔡明宗
7735　蔡南式
37328　蔡潘扬
5791　蔡佩芬

0567	蔡奇东	33071	蔡之明	9965	曹厚昌	361356	曹文恕	32130	岑峻崐
31235	蔡起蕙	32016	蔡之时	3557	曹淮	36774	曹文思	4271	岑廷绶
1215	蔡前模	3222	蔡芝龄	4904	曹界尘	38127	曹锡麟	33172	岑万里
6804	蔡秋霞	35010	蔡志新	361415	曹锦苏	1156	曹锡銮	2071	岑襄
30311	蔡日升	S9239	蔡致椿	361378	曹景星	1679	曹湘波	7440	岑秀贞
35689	蔡柔	50103	蔡忠玉	36669	曹康泰	7585	曹晓明		
10650	蔡汝楷	1490	蔡仲夔	0460	曹克宽	S8752	曹鑫翔	**曾**	
0193	蔡若海	29116	蔡壮伯	1681	曹立基	0942	曹煦楼	1183	曾邦瞻
8399	蔡若曙	3996	蔡宗夔	37765	曹良弼	371273	曹学明	0531	曾宝廉
S8165	蔡若恩	7373	蔡祖恩	37720	曹良璞	6234	曹雪华	5800	曾宝贤
35583	蔡善森	2616	蔡佐	9974	曹亮	6700	曹勋	5801	曾宝心
11030	蔡省参			0580	曹亮	7340	曹雅芳	32236	曾步初
361446	蔡诗群	**仓**		6149	曹林曦	37949	曹雅琴	0025	曾昌燊
6566	蔡石辛	4061	仓恩溥	4325	曹临川	6561	曹亚侠	2662	曾朝暄
7908	蔡世元	S8798	仓浩然	5758	曹抡宇	10499	曹亦骥	4958	曾成龙
50511	蔡式衡	4060	仓振南	S8453	曹美植	7644	曹荫湛	31167	曾诚宗
S8388	蔡寿康			S9113	曹冕	3187	曹英梅	S061	曾德懋
37957	蔡述传	**操**		10357	曹民纲	210	曹永甫	4080	曾灯于
36688	蔡水土	10437	操志鸿	36117	曹明晖	S9062	曹用平	S9288	曾尔瞻
50240	蔡体德			S9690	曹鸣皋	4324	曹玉清	32072	曾繁昌
36108	蔡亭	**曹**		S8886	曹乃民	1676	曹毓贤	S8398	曾繁良
5010	蔡威远	6685	曹爱民	6115	曹念余	351122	曹渊源	0010	曾广典
10842	蔡慰萱	10674	曹安颐	5317	曹佩华	0090	曹约	8405	曾广杞
36447	蔡文仁	S9779	曹碧琴	6624	曹佩实	34009	曹云凤	361053	曾广志
S9644	蔡文修	8220	曹斌	361457	曹彭年	8483	曹泽清	3559	曾国华
148	蔡文修	7163	曹炳南	1157	曹淇	S8688	曹长根	38193	曾国惠
193	蔡文修	6527	曹昌瑞	6935	曹琴轩	361296	曹兆麟	32017	曾国璠
1451	蔡文玉	4690	曹辰力	S8785	曹勤	6508	曹振楣	10682	曾国顺
S9401	蔡文武	33164	曹成骐	7476	曹荣康	7769	曹镇蕃	351003	曾宏年
1472	蔡西园	S8631	曹成骐	0138	曹汝福	S8094	曹镇溥	29045	曾华尧
37451	蔡希贤	7058	曹成章	6517	曹瑞年	1680	曹政	2528	曾辉华
1114	蔡锡嘏	37462	曹成章	5499	曹瑞书	6864	曹志明	8450	曾吉生
2178	蔡献荣	3166	曹传宗	7457	曹润水	103	曹仲丽	0953	曾继西
S9412	蔡协道	36338	曹垂裕	35086	曹善彪	7588	曹仲麒	31224	曾骥良
50421	蔡心球	6295	曹德刚	31054	曹声	0180	曹子昂	0036	曾解
35371	蔡心澍	5970	曹鼎	1677	曹世贤	S8411	曹子坚	2499	曾珂
371433	蔡心余	S8564	曹鼎	36128	曹树彬	30097	曹子佩	37191	曾克宽
594	蔡心余	6236	曹定一	698	曹树华	0313	曹子琴	0801	曾坤亨
10206	蔡兴传	3274	曹东升	35433	曹水锜	5066	曹祖基	0562	曾兰英
361066	蔡秀枝	1682	曹端和	S8076	曹舜琴	6368	曹祖清	35438	曾鲁
S9505	蔡英莲	37716	曹尔恬	0641	曹泰来	6688	曹作东	3276	曾勉勤
10683	蔡颖	6421	曹凤翔	7100	曹铁良	6687	曹作汉	371648	曾民望
37796	蔡永禄	35359	曹福康	5948	曹同龢	6084	曹作舟	5030	曾名棠
10117	蔡有光	S9434	曹光裕	10140	曹惟参			7906	曾鸣秋
371275	蔡有光	371494	曹广贤	S8037	曹维霖	**荣**		8831	曾慕兰
35152	蔡幼林	37256	曹国才	233	曹维琴	S9232	荣宝星	2524	曾钦润
37585	蔡钰铭	4192	曹国泰	10014	曹慰时			31099	曾庆明
S9359	蔡毓林	8387	曹国一	36924	曹文汉	**岑**		4177	曾庆年
6681	蔡月英	33109	曹国中	10619	曹文龙	7463	岑翠霞	37150	曾庆桥
690	蔡震康	36704	曹宏淑	0589	曹文楠	30083	岑发尧	4835	曾庆延
1470	蔡正中	1315	曹鸿璟	S8992	曹文若	8131	岑浩光	8693	曾庆璇

8239	曾庆英	50004	柴禹政
32186	曾荣	4059	柴钟崑
S107	曾荣		
6160	曾荣水	**产**	
3710	曾绍杰	10501	产永昌
2505	曾绍舜		
7193	曾慎端	**常**	
371666	曾叔达	S8775	常持平
36943	曾恕明	6913	常春涛
2513	曾松友	361245	常法援
S8355	曾素东	S9470	常惠明
5755	曾廷瑛	35661	常键培
6078	曾廷卓	30118	常教
32256	曾万石	36480	常丽光
37823	曾文炳	7085	常盛发
32183	曾宪刚	30145	常守功
34097	曾祥庆	10068	常同甲
37233	曾孝仪	37308	常同云
371228	曾秀卿	3481	常文浚
508	曾秀卿	371288	常子润
37360	曾旭琪		
371183	曾汛芳	**晁**	
506	曾汛芳	10243	晁彭龄
2527	曾耀宗		
5297	曾永才	**巢**	
31050	曾永慧	361111	巢次辰
7107	曾永尧	35702	巢溢文
8402	曾毓峻	35266	巢祖元
7320	曾元佐	10002	巢祖元
35066	曾远志		
7034	曾云伯	**车**	
30009	曾云河	0907	车曾训
371274	曾昭桓	5726	车朝禄
4658	曾昭捷	S9353	车茂丰
0675	曾昭门	7870	车仰西
38367	曾兆钰	29086	车泽普
37409	曾镇保		
S8450	曾正华	**陈**	
37293	曾志河	5547	陈霭云
2502	曾子恒	7762	陈爱珠
		5035	陈安国
柴		35264	陈安良
371638	柴俊敏	36323	陈百川
10122	柴来庆	3759	陈百年
2001	柴丽云	36253	陈百乔
6187	柴敏贤	3159	陈柏龄
7923	柴庆昌	36523	陈邦达
30107	柴琼芳	1783	陈邦俊
6621	柴文骏	1810	陈宝钧
35069	柴锡瑶	37581	陈宝卿
10201	柴侠宗	4186	陈宝球

5724	陈宝树	1830	陈昌颖	9966	陈道堎
31104	陈保圣	7251	陈超	238	陈道熏
37415	陈葆林	32019	陈超	361129	陈道渊
35683	陈葆年	S9747	陈超凡	1780	陈德
0609	陈葆荃	5139	陈超群	8005	陈德安
1841	陈葆真	8071	陈朝龙	361094	陈德超
S8133	陈葆震	6202	陈朝勋	1287	陈德高
121	陈本畚	8329	陈激明	37027	陈德建
122	陈本善	37953	陈成富	10198	陈德明
S8192	陈本贤	37155	陈成美	35232	陈德明
35036	陈本怡	33090	陈承厚	31179	陈德三
371112	陈本中	10314	陈承康	36907	陈德绳
31022	陈逼疆	0874	陈承坤	36288	陈德伟
30210	陈必智	36449	陈承熙	634	陈德祥
S9474	陈忭民	50334	陈承祖	10220	陈德孝
10020	陈彬	5684	陈炽	6816	陈德馨
351089	陈斌	453	陈崇高	0345	陈德佑
361342	陈斌辉	3266	陈崇愈	554	陈德余
352	陈斌辉	0796	陈畴	116	陈德珍
37198	陈滨生	37689	陈畴新	1782	陈德峄
4483	陈冰心	3806	陈楚南	37807	陈登标
361301	陈秉诚	371229	陈串元	8732	陈林
S8442	陈秉祥	361279	陈春波	8534	陈叠广
36010	陈秉钺	361208	陈春华	10638	陈丁
3761	陈炳光	4317	陈春霖	4519	陈鼎吉
35867	陈炳华	371290	陈春思	4920	陈鼎书
3265	陈炳仁	371191	陈椿芳	S8578	陈定
6247	陈炳生	478	陈椿芳	1817	陈定寰
3121	陈炳珍	3297	陈椿荣	4922	陈定江
36073	陈炳庄	8598	陈纯仁	5102	陈定外
7435	陈波玉	371222	陈淳熙	S9862	陈定伟
1182	陈伯吹	622	陈淳熙	1814	陈定英
361200	陈伯群	336	陈茨	35084	陈东海
8802	陈伯熙	5325	陈翠凤	S9660	陈东来
3641	陈伯夏	5080	陈达材	37972	陈东岚
3025	陈伯寅	8075	陈达常	8303	陈懂德
36232	陈伯渊	32018	陈达民	0657	陈笃庆
10691	陈勃康	S8304	陈达人	11086	陈恩波
0282	陈步云	35362	陈达禧	S9226	陈尔企
3261	陈参	5122	陈大拔	4715	陈藩
3046	陈灿锦	371377	陈大恒	371323	陈方仪
6724	陈灿林	7285	陈大卷	35258	陈芳梅
1808	陈苍霖	10656	陈大旷	37641	陈芳霞
4184	陈曾琯	6011	陈大纶	S8039	陈仿古
0028	陈昌岱	4179	陈大森	0594	陈斐
1301	陈昌甫	4893	陈大武	35557	陈斐英
6542	陈昌豪	6341	陈大武	3260	陈峰
S9792	陈昌甲	4314	陈代基	1290	陈凤和
S9339	陈昌乐	37493	陈道立	5433	陈凤翔
S019	陈昌隆	6516	陈道平	32024	陈佛婉
6184	陈昌蔚	0728	陈道镕	660	陈佛粤

S8837	陈鞁	31057	陈国诚	6165	陈鸿伦	37512	陈家荷	0923	陈景苏
9944	陈福达	8493	陈国栋	S9573	陈鸿田	4183	陈家鸿	617	陈景贤
7977	陈福拱	0029	陈国谔	37212	陈鸿熙	0854	陈家杰	5385	陈景云
3690	陈福和	5380	陈国光	6589	陈鸿翔	8445	陈家驹	1100	陈敬生
S8983	陈福娟	5803	陈国衡	7926	陈鸿翔	7835	陈家齐	0921	陈静
361218	陈福来	0935	陈国基	35524	陈鸿兴	696	陈家强	1837	陈静初
335	陈福来	4786	陈国钧	350	陈鸿兴	371534	陈家贤	3547	陈静娴
S9078	陈福林	36213	陈国强	32252	陈鸿仪	311	陈家训	1835	陈静轩
10755	陈福培	7465	陈国卿	36002	陈鸿乙	S9363	陈家钰	4683	陈镜
334	陈福田	2437	陈国荣	7418	陈鸿艺	1843	陈嘉惠	0993	陈镜明
S072	陈福熙	37390	陈国树	1289	陈厚彬	3472	陈嘉谋	35274	陈炯
5545	陈福祥	2436	陈国思	1240	陈华	6801	陈嘉瑞	4758	陈嫛
4406	陈福新	2434	陈国威	35818	陈华曾	36062	陈嘉英	371046	陈娟
36811	陈福星	31115	陈国希	0587	陈华聪	S8826	陈稼	4675	陈军国
4616	陈福荫	4571	陈国秀	351141	陈华镇	S140	陈坚	E50045	陈君孚
37526	陈福永	37047	陈国选	37138	陈怀	S8548	陈见山	36792	陈君圃
36417	陈福源	5439	陈国勋	6823	陈怀瑞	6721	陈建亮	S8780	陈钧培
5239	陈抚夷	S9040	陈国忠	10049	陈怀庆	4316	陈建业	38024	陈钧台
6362	陈复	0003	陈国柱	3476	陈怀珠	4788	陈建译	S8902	陈钧陶
S8064	陈馥华	361361	陈果光	0689	陈寰兴	11079	陈建柱	6623	陈俊
7097	陈千能	35890	陈海鳌	8153	陈浣藏	3694	陈剑英	371439	陈俊恬
5985	陈纲	36812	陈汉民	8707	陈焕龙	35653	陈健岷	36050	陈俊伟
1846	陈梗才	5717	陈汉明	6649	陈焕坼	4568	陈鉴清	37533	陈俊□
1845	陈恭	371285	陈汉谦	31084	陈焕暄	6790	陈杰	2660	陈骏
36159	陈恭献	1150	陈汉儒	35452	陈焕益	4961	陈洁第	7607	陈开明
E50015	陈恭章	S9044	陈汉森	10130	陈焕珠	4716	陈金灿	7410	陈开寿
1057	陈谷明	4320	陈汉生	35954	陈辉星	S9721	陈金凤	4185	陈开瑈
35508	陈关然	371470	陈汉石	371604	陈惠德	10428	陈金华	S9724	陈开铸
S9833	陈关增	36022	陈汉义	10748	陈惠华	35899	陈金模	10721	陈楷
1832	陈贯	0656	陈汉章	0703	陈惠君	10126	陈金炎	3340	陈康藩
5530	陈冠德	4056	陈行佩	36992	陈惠康	37208	陈金源	8180	陈康鋆
S069	陈冠豪	34113	陈行严	10159	陈惠泉	7439	陈金悦	9943	陈考君
10653	陈冠尧	7170	陈豪	36831	陈慧君	36298	陈金泽	33126	陈珂
37051	陈光	37266	陈豪锋	361313	陈慧珍	2444	陈锦	30312	陈科元
385	陈光	7667	陈浩明	371269	陈慧珠	7266	陈锦芳	50295	陈克
3893	陈光国	10924	陈浩然	7788	陈鏸良	36757	陈锦源	S9409	陈克竞
36839	陈光华	36750	陈浩声	361183	陈火芗	1788	陈劲珊	7992	陈克敏
S8521	陈光耀	35919	陈浩云	7106	陈积桢	0575	陈晋铸	371579	陈克宁
30143	陈光颖	10021	陈和年	S8301	陈基鯤	0017	陈经国	50399	陈克勤
361086	陈光永	35198	陈荷	32204	陈基鯤	10422	陈荆鼎	36396	陈克绍
0055	陈光增	5660	陈荷洲	3974	陈纪伦	35076	陈精为	33084	陈克云
7054	陈光宗	10531	陈宏邦	6639	陈际云	4641	陈景超	4481	陈孔昭
30226	陈光宗	1011	陈宏猷	0388	陈济浩	3696	陈景襸	31075	陈奎
33157	陈光宗	11057	陈洪华	37060	陈济郎	371346	陈景达	P1	陈崑瑜
5328	陈光祖	S9938	陈洪基	2637	陈济民	32006	陈景道	1107	陈堃培
361087	陈广谋	10629	陈洪荣	10759	陈继轩	S9065	陈景光	30030	陈琨
32260	陈广钰	7166	陈洪生	29101	陈霁光	1828	陈景梁	S8709	陈兰玉
8528	陈贵芬	10155	陈洪涛	10785	陈佳凤	351048	陈景林	4767	陈澜波
S9170	陈桂芳	5529	陈鸿鼎	S9275	陈家昌	35741	陈景乔	S8387	陈乐书
1806	陈桂生	0014	陈鸿恩	560	陈家聪	1831	陈景球	S9512	陈镭业
35164	陈桂馨	1812	陈鸿敬	1815	陈家道	3695	陈景枢	1115	陈鲤庭

7324	陈力敏	S9594	陈 谋	10215	陈启源	3894	陈如晖	5278	陈绍龙
29017	陈立夫	1278	陈沐谦	30233	陈启周	3959	陈如萍	1781	陈绍伦
35888	陈立钦	1259	陈慕高	3184	陈起培	351103	陈如松	37692	陈绍强
351034	陈立宪	S8535	陈乃耀	1070	陈起绍	5374	陈儒琛	1827	陈绍裘
4055	陈立言	7025	陈廼传	7205	陈 乾	371134	陈汝昌	10145	陈绍权
8409	陈立贞	S9308	陈耐先	30148	陈乾烈	4446	陈汝桓	4058	陈绍璋
50428	陈丽凡	35369	陈 鼐	1847	陈茜芬	4418	陈汝惠	525	陈申元
50077	陈丽琳	5915	陈南阳	30272	陈倩颜	1816	陈汝清	0306	陈沈淮
35688	陈丽宣	7132	陈楠生	10482	陈 蒨	3120	陈汝森	4974	陈升任
S9649	陈丽珍	37148	陈凝道	4618	陈巧贞	6551	陈锐锋	50072	陈声锐
S8397	陈丽洲	S8503	陈欧生	361024	陈钦传	33042	陈瑞昌	0384	陈绳武
31042	陈利锐	10595	陈培汉	S9853	陈钦思	S8810	陈瑞骏	7827	陈绳直
S9464	陈廉贞	1803	陈培礼	30106	陈琴仙	8362	陈瑞兰	S9894	陈省珊
7005	陈梁荪	3804	陈培元	8768	陈清华	230	陈瑞锵	2631	陈胜发
3205	陈两宜	5833	陈培元	4768	陈清育	S8103	陈瑞仙	36314	陈诗益
S8144	陈 谅	S8361	陈培植	1840	陈擎鼎	37206	陈瑞瑶	8771	陈时俊
3787	陈林生	11080	陈沛泽	0307	陈 庆	361035	陈瑞玉	1796	陈 识
4889	陈林生	4655	陈佩葳	371526	陈庆蕃	3416	陈 睿	37402	陈士度
11033	陈隆茂	8441	陈佩仙	5677	陈庆华	7220	陈睿然	0219	陈士恢
50210	陈隆玮	S8278	陈佩英	7380	陈庆良	1151	陈润斌	3973	陈士龙
5898	陈隆熊	S9674	陈佩英	6060	陈庆龙	10915	陈润钧	0062	陈士模
4529	陈 □	37102	陈 朋	5311	陈庆祺	7673	陈润英	4312	陈士琦
0233	陈 纶	7408	陈鹏飞	S9115	陈庆炜	S9320	陈润余	7657	陈士伟
4681	陈 纶	4853	陈品璋	1794	陈庆雄	147	陈润馀	5615	陈士珠
30042	陈 纶	1334	陈 平	37343	陈庆英	3595	陈若昕	8770	陈世昌
3897	陈履仁	5133	陈平凡	37532	陈庆缨	10347	陈若骈	32228	陈世超
7786	陈迈治	4822	陈平闻	S9156	陈庆祯	4828	陈赛芬	35988	陈世菡
3546	陈茂华	29015	陈璞如	1789	陈琼璋	0655	陈森桂	36575	陈世壕
37755	陈茂槐	3962	陈 普	4800	陈秋焕	540	陈善传	0624	陈世鉴
35850	陈茂葳	7393	陈溥杰	35820	陈秋年	7682	陈善根	3119	陈世杰
3262	陈 懋	0072	陈溥霖	36637	陈秋樵	371385	陈善鋐	35764	陈世启
35059	陈懋城	7153	陈祁坤	4596	陈全爱	0423	陈善晃	5960	陈世桐
S9920	陈懋钧	36616	陈其本	361305	陈 荃	2445	陈善晃	656	陈世尧
S8926	陈梅冬	7699	陈其昌	3693	陈铨庭	S9718	陈善继	8381	陈世贞
371432	陈梅坤	S8022	陈其昌	7345	陈群寿	50275	陈善钦	7006	陈仕策
35946	陈美兰	S8350	陈其畴	6778	陈 燃	38281	陈善冶	31031	陈仕昌
7545	陈美霞	S9685	陈其廉	8435	陈仁愫	682	陈上美	33169	陈仕均
361433	陈孟君	8084	陈其年	361070	陈日襄	371302	陈尚礎	37928	陈式淳
1802	陈梦莲	36247	陈其兴	5548	陈日照	2447	陈尚仁	1839	陈式金
5243	陈敏德	37251	陈其正	371100	陈荣法	S8865	陈少华	S8877	陈适吾
6290	陈敏骏	31072	陈 奇	633	陈荣圭	0702	陈少书	7760	陈守白
8842	陈明琛	7994	陈奇麟	35194	陈荣辉	1351	陈少书	8047	陈寿椿
10987	陈明德	8678	陈 琪	4688	陈荣玑	30239	陈少游	37387	陈寿凤
36929	陈明端	6339	陈 祺	7700	陈荣坤	30117	陈少珍	37564	陈寿官
371669	陈明侯	6384	陈企龙	S9379	陈荣坤	3762	陈绍曾	31028	陈寿康
10476	陈明江	S9636	陈企南	7948	陈荣枝	10496	陈绍德	36710	陈寿南
371480	陈明珊	1809	陈杞元	0922	陈 容	S9496	陈绍赓	6028	陈寿荃
37969	陈明时	32225	陈启芳	37072	陈溶深	0572	陈绍箕	30014	陈寿荣
8129	陈明孝	4319	陈启珩	377	陈溶深	1787	陈绍康	1833	陈寿图
2435	陈明中	5469	陈启禧	S9004	陈镕鑫	351027	陈绍良	31007	陈寿仙
1829	陈鸣銮	32143	陈启宇	4313	陈如和	36919	陈绍良	0680	陈书俊

6547	陈叔俦	7469	陈万寿	35960	陈文麟	S8437	陈肖稚	1206	陈学章
371146	陈叔宜	1838	陈威	36315	陈文龙	5260	陈孝根	7960	陈雪初
520	陈叔宜	7643	陈威	3892	陈文明	S067	陈孝辉	371366	陈雪兰
4670	陈淑德	5616	陈微波	37636	陈文琴	4181	陈孝鑫	38228	陈雪良
3122	陈淑华	6002	陈为干	10979	陈文庆	2442	陈笑石	33049	陈雪敏
37393	陈淑念	35364	陈为伶	36371	陈文尚	6636	陈敩京	29126	陈雪如
36082	陈淑卿	4612	陈为绅	7017	陈文盛	33067	陈协和	0783	陈雪新
37756	陈淑仪	361400	陈维沧	371608	陈文松	1799	陈燮丞	1824	陈勋荣
351116	陈淑宜	6476	陈维汉	S8972	陈文英	S8678	陈燮尧	4566	陈训涛
1822	陈淑元	1826	陈维骥	35563	陈文永	5741	陈燮莹	3145	陈亚男
0315	陈曙光	36593	陈维杰	32041	陈文泽	3689	陈新梅	351144	陈延康
35411	陈述善	36720	陈维杰	6472	陈文正	5872	陈新民	10704	陈延龄
1792	陈述尧	1786	陈维康	50109	陈闻	1795	陈新漪	S8683	陈严
3123	陈树宾	4321	陈维霖	10999	陈寉庆	S9638	陈馨清	0261	陈言
S9628	陈树德	3976	陈维盘	3264	陈希炆	8226	陈鑫生	36853	陈岩生
10340	陈树华	3691	陈维黑	1239	陈希贤	4318	陈信奕	6059	陈炎生
8603	陈树珏	3805	陈维屏	36573	陈希贤	S9476	陈信源	31094	陈研英
4901	陈树清	0718	陈维潜	50027	陈希贤	35408	陈信璋	S9670	陈衍翘
1804	陈树滋	S9910	陈维秀	681	陈希原	35713	陈星杰	3069	陈彦儒
S9279	陈顺宇	1784	陈维云	8529	陈锡潮	36172	陈星苑	5464	陈晏恒
0168	陈舜明	36549	陈维埙	S9850	陈锡川	2440	陈兴柏	37261	陈雁飞
2643	陈舜英	S8743	陈伟	0188	陈锡恩	0339	陈兴华	2446	陈焱生
10485	陈思恭	32229	陈伟斌	35567	陈锡珪	6076	陈兴骥	6090	陈燕珍
8283	陈斯遥	S8753	陈伟锟	1207	陈锡九	3161	陈兴谋	1836	陈扬华
8181	陈嗣宗	35747	陈伟善	50446	陈锡康	2448	陈性初	5232	陈杨南
38192	陈松灿	11012	陈伟生	35124	陈锡澜	361432	陈雄	S9471	陈仰仑
30299	陈松盛	7438	陈卫理	34068	陈锡琼	S9390	陈熊尚	0701	陈烊
S8827	陈松涛	4584	陈谓	36151	陈熙	35125	陈修仁	4539	陈尧昶
S9322	陈松涛	30040	陈蔚	37384	陈熙	234	陈修文	7351	陈瑶
7311	陈肃贞	5361	陈蔚其	0518	陈熙琴	6558	陈修显	5448	陈暌远
361340	陈素兰	10214	陈蔚雯	7617	陈熙寿	528	陈修意	2449	陈耀东
4484	陈涛	S8316	陈温恤	3760	陈暹	361166	陈秀莲	1109	陈耀林
6870	陈涛	5409	陈文	6470	陈贤本	351014	陈秀琳	5744	陈耀林
1807	陈焘仁	8442	陈文彬	3698	陈贤杰	35172	陈绣俭	S006	陈耀麟
351025	陈焘豫	361124	陈文彬	4422	陈贤林	10826	陈旭辉	29082	陈耀卿
194	陈天赐	351082	陈文波	3697	陈贤贤	8602	陈旭麓	10039	陈耀庭
2642	陈天焕	1791	陈文灿	4322	陈贤珍	4746	陈旭南	285	陈掖贤
5454	陈天亮	8022	陈文德	37647	陈贤智	7829	陈旭晟	7102	陈野芳
9976	陈天增	7795	陈文端	35955	陈咸	29043	陈宣荣	50426	陈野苓
6625	陈桃基	37153	陈文广	37771	陈显华	35291	陈璇	693	陈野苓
35886	陈铁城	S8212	陈文桂	5982	陈显明	1821	陈选登	5001	陈业嵩
35382	陈铁中	361292	陈文桂	30020	陈显为	29133	陈学聪	35519	陈一飞
6705	陈廷甫	7139	陈文浩	6889	陈显庸	35203	陈学廉	S9544	陈一鸣
36981	陈廷辅	1080	陈文骅	1820	陈宪和	37620	陈学濂	E50017	陈一新
37185	陈廷荣	10409	陈文汇	7532	陈宪彝	S8102	陈学敏	36041	陈依雯
4766	陈廷贞	3296	陈文瑾	351128	陈湘	36261	陈学铭	3545	陈铱
5842	陈庭芳	371240	陈文静	S8213	陈祥华	2438	陈学侨	S9003	陈怡阁
S8466	陈庭耀	542	陈文静	351153	陈祥麟	5987	陈学仁	8497	陈宜春
0849	陈同	37598	陈文俊	10694	陈祥瑞	S8692	陈学诗	1205	陈宜铿
29026	陈宛	1793	陈文楷	0937	陈翔	4175	陈学文	6220	陈宜诜
36835	陈宛平	371635	陈文澜	371300	陈象雁	2439	陈学荀	S9410	陈宜云

编号	姓名	编号	姓名	编号	姓名	编号	姓名	编号	姓名
37106	陈义	361379	陈玉森	35437	陈章辛	1790	陈正廉	351075	陈宗传
2443	陈义深	5105	陈玉燕	S8848	陈章耀	674	陈正明	0252	陈宗光
32257	陈亦晖	7061	陈玉珍	1797	陈彰	8775	陈正楠	371652	陈宗基
S068	陈奕雨	1798	陈育德	36736	陈长信	371400	陈正迁	7443	陈宗伟
33110	陈益生	35040	陈育金	S8385	陈昭史	37181	陈正权	1108	陈宗颐
3896	陈逸寰	6388	陈育贤	1813	陈兆桂	50006	陈正意	0167	陈宗英
S9707	陈逸秋	35555	陈育英	243	陈兆弘	10185	陈政	6374	陈宗钰
3963	陈逸天	37477	陈裕谷	35596	陈兆鸿	1811	陈之春	8261	陈奏勋
10384	陈毅	351107	陈裕民	3339	陈兆康	36512	陈之达	37061	陈祖宁
5381	陈荫岑	36674	陈裕生	37724	陈兆坤	S8120	陈芝英	8042	陈祖舜
1801	陈荫蕃	371423	陈愈炳	7929	陈兆林	34079	陈芝枏	10632	陈祖胤
6770	陈荫杭	0745	陈煜	2636	陈兆庆	37404	陈枝华	253	陈祖胤
S8199	陈吟秋	2450	陈煜	1818	陈兆先	382	陈枝华	S8906	陈遵
36048	陈英	10469	陈毓庭	4315	陈兆勋	6654	陈知深	371682	陈佐鼎
37614	陈英	6990	陈毓英	0559	陈兆元	4744	陈知先	37247	陈作汉
37677	陈英怀	38137	陈毓芝	30282	陈照辉	1263	陈志端	1825	陈作铭
1844	陈英林	0012	陈元琛	371685	陈照先	10267	陈志光	6961	陈作庆
371249	陈英敏	0873	陈元发	8334	陈肇燔	10350	陈志坚	4842	陈作伟
S8335	陈瑛	7494	陈元节	1819	陈肇纲	7416	陈志鸥		
31143	陈营丘	5234	陈元铠	371643	陈肇宏	1842	陈志吕		谌
33065	陈楹	10952	陈元瑞	35015	陈肇华	32020	陈志萌	8121	谌志诚
37923	陈瀛洲	29074	陈元瑜	35673	陈肇庆	0199	陈志文	8327	谌志权
8848	陈应麟	4691	陈园砚	3070	陈肇鯀	7925	陈志勋	8126	谌志枢
6926	陈永弼	31083	陈园砚	34112	陈肇权	6772	陈志虞		
5020	陈永镐	30228	陈沅洲	34062	陈肇文	3263	陈志远		成
5338	陈永焜	8079	陈远晖	31170	陈肇选	1805	陈志贞	S9099	成爱悌
S9048	陈永林	33024	陈月华	S9761	陈哲民	284	陈治伦	0155	成炳南
0111	陈永绥	5820	陈钺	7718	陈贞梅	4057	陈致芳	1690	成材
0058	陈永贤	29127	陈悦伦	30013	陈贞寿	0380	陈致祥	8796	成崇成
4993	陈永旭	169	陈云	371755	陈珍玉	S8024	陈致中	10208	成德民
5272	陈永祚	S9571	陈云博	544	陈珍玉	35814	陈中光	S9281	成德心
6408	陈咏彩	S9916	陈云达	4311	陈祯	7982	陈忠保	S9706	成东煜
5065	陈咏棠	677	陈云鹤	5776	陈轸	7413	陈忠昌	371050	成建新
7019	陈勇涛	31172	陈云娟	3160	陈振华	2621	陈忠维	1687	成佩堂
6604	陈用铣	35624	陈云清	10855	陈振坤	2441	陈钟麟	1683	成荣镐
6643	陈友和	6477	陈云全	3692	陈振林	6620	陈钟麟	6539	成善雄
10959	陈友龙	361345	陈允椿	S9876	陈振荣	3298	陈钟奇	S8722	成卫国
4713	陈友群	5582	陈允德	0479	陈振声	S149	陈朱鸿	351154	成韵清
32192	陈友伟	29106	陈允杰	3019	陈振夏	3185	陈主明	3674	成蕴熙
30269	陈友珍	0196	陈允善	1834	陈振旸	S033	陈煮翎	1692	成之田
4182	陈幼兰	371014	陈运泰	4722	陈震	1785	陈卓		
1001	陈幼霞	37690	陈蕴慤	S8092	陈震	8555	陈卓思		承
4778	陈佑平	38200	陈载良	36270	陈震海	S9671	陈子方	S9737	承观涛
1264	陈瑜	8547	陈在德	10728	陈震秋	S8655	陈子良		
371367	陈予群	9968	陈赞培	361226	陈震五	S9330	陈子明		程
6629	陈宇	0982	陈则蔡	37396	陈镇亚	S8346	陈子元	0573	程宝征
S145	陈宇夫	7555	陈则先	5213	陈争先	361324	陈梓松	S8219	程彬
S8087	陈雨芳	7792	陈泽浩	S8889	陈正	S8235	陈紫兰	4197	程秉铨
6619	陈玉兰	S8390	陈泽雷	8433	陈正本	8019	陈自强	5203	程炳燮
4834	陈玉铭	3267	陈泽民	0078	陈正昌	34059	陈自修	1892	程灿章
S099	陈玉泉	S9128	陈泽庄	361110	陈正怀	4180	陈宗朝	37757	程传泰

编号	姓名	编号	姓名	编号	姓名	编号	姓名	编号	姓名
0419	程春霖	8097	程培元	159	程 云	S8440	褚镇霖	35739	戴东平
8667	程翠琼	S9565	程彭年	S8687	程泽鼎	10871	褚 智	2602	戴栋成
2122	程翠英	0590	程 鹏	3425	程 哲	0211	褚宗良	36195	戴敦元
3819	程大成	8720	程齐贤	35622	程振华		**崔**	8704	戴恩洪
S8749	程德成	33005	程 前	361015	程 拯	4805	崔炳基	E50092	戴恩洋
31112	程德全	S8340	程 前	S9108	程志灏	3831	崔步武	4014	戴 璠
4198	程德珍	6789	程巧新	37685	程志敏	3275	崔德仪	S8822	戴 郭
S9183	程定琼	4084	程 权	10731	程钟骞	3073	崔鼎勋	2601	戴福权
6597	程定远	3167	程瑞芝	4421	程蹱洛	S9411	崔浩然	5651	戴广德
3135	程法正	S8460	程瑞珠	3428	程重杏	11016	崔洪娍	6248	戴汉秋
37988	程甫邦	1060	程绍箕	36699	程竹英	3771	崔可信	10751	戴翰里
37784	程干林	5580	程士珍	S9915	程滋铮	7125	崔可玉	S8846	戴行娟
3705	程公侠	4501	程世宁	5279	程子育	50273	崔丽琼	35921	戴行通
3026	程冠甫	3134	程世娴	37884	程宗珩	2143	崔石甫	S9723	戴豪明
35032	程光耀	6065	程曙明	2110	程宗进	5976	崔守新	32207	戴洪源
7495	程光远	6603	程舜英	7671	程祖春	37429	崔叔澄	36842	戴鸿超
371688	程国章	4577	程溯洛	6759	程祖劼	6347	崔曙坤	32087	戴 华
4575	程洪涛	5922	程泰祺	35621	程祖仁	30035	崔思惠	35826	戴 华
8818	程 虎	6092	程天赋		**池**	S8855	崔思鑫	35184	戴焕钧
34094	程华明	35102	程万年	7065	池秋霞	31160	崔泰宪	353	戴焕钧
361142	程怀澄	6050	程为昭	1977	池长根	36489	崔廷琳	35981	戴惠根
36698	程璜荣	7964	程维灵		**迟**	10322	崔婉扬	8677	戴慧贞
5600	程慧华	371031	程文岑	6491	迟维章	36841	崔文蔚	30041	戴家祥
371153	程辑芸	0952	程文元		**储**	S8012	崔亚农	351018	戴嘉祺
35860	程纪贤	0160	程 雯	371305	储常林	3337	崔元葡	351102	戴教标
S8056	程 骥	0436	程午生	3371	储福昌	5193	崔之和	36906	戴晋丰
37340	程家喜	S8291	程锡智	5645	储敬六	7361	崔质均	S9290	戴经国
10429	程嘉民	S9415	程杏培	8337	储静嫒	0322	崔钟瑛	351095	戴静之
35575	程剑云	6983	程秀娥	10525	储雷发	34066	崔专一	5400	戴克奋
10573	程 洁	371189	程绪珏	29059	储 石		**达**	7876	戴克仁
38034	程锦圆	371325	程绪西	36749	储希祥	1302	达邦亮	371523	戴克彰
31113	程景璋	5723	程绪桢	8574	储晔光	7012	达应鹏	10670	戴礼尹
35099	程康年	4443	程学鹏	10170	储有科		**笪**	35825	戴 力
S9603	程克俊	E50052	程学颐	35780	储有忠	S8162	笪祖荫	33034	戴 力
5634	程克璿	7079	程学咏	2055	储 祐		**戴**	35339	戴立法
0065	程宽正	2127	程雪采	6041	储育纯	29070	戴安民	S8604	戴隆厚
2108	程礼耕	8339	程 壎	37248	储增镗	10875	戴宝珩	2261	戴民贵
6055	程丽萱	5022	程炎泉		**褚**	361371	戴北辰	S9116	戴慕周
0648	程良能	7612	程伊斌	50311	褚柏龄	4615	戴本全	36407	戴培基
4928	程良生	10026	程益文	3365	褚昌恺	S8936	戴秉彝	38365	戴 齐
371115	程烈珍	35105	程毅然	S8045	褚崇慧	8519	戴昌学	6093	戴晴岚
2119	程鲁丁	10187	程雍如	6206	褚德邻	8543	戴朝銮	33112	戴瑞芝
0267	程懋堡	10360	程与祥	S8468	褚剑鸿	8209	戴朝元	50173	戴慎初
6287	程懋芬	50228	程与震	35819	褚净川	36643	戴春帆	5876	戴士琛
4972	程懋隆	7448	程玉贞	7821	褚松茂	S8073	戴慈安	37599	戴世昌
10774	程美伦	50453	程玉贞	7734	褚 毅	0249	戴达河	5920	戴世伦
2123	程孟兰	7451	程郁文	1976	褚长虹	38209	戴德安	0202	戴世锐
10687	程慕洁	S9483	程裕昌					30052	戴守耘
266	程慕洁	37739	程裕华					6308	戴寿安
361230	程能荣	35472	程月家					1103	戴树生
7327	程藕皎	371535	程越霄					1446	戴庶全

35933	戴舜颐	
371220	戴松年	
S8246	戴天生	
371731	戴伟如	
0630	戴锡康	
2600	戴霞	
1447	戴先启	
4396	戴雄	
31163	戴旭光	
38284	戴尧章	
S9736	戴耀宗	
34011	戴一心	
5774	戴英华	
371027	戴英算	
6300	戴瑛	
0139	戴玉华	
8676	戴玉贞	
294	戴远玲	
3071	戴云吾	
6424	戴章楠	
182	戴钊岚	
S8168	戴真	
5966	戴振国	
4644	戴振廉	
36796	戴振麟	
5934	戴震东	
4123	戴征瑞	
5501	戴正芳	
37002	戴正文	
0843	戴志强	
50394	戴志新	
33009	戴祝万	
30132	戴宗祺	
38116	戴宗祺	
30174	戴宗耀	

党

32209	党树振
5507	党维亚
30280	党应璋

邓

3436	邓道
30154	邓德定
371369	邓晶泓
32110	邓芳德
32222	邓芳乾
1216	邓恭池
5652	邓观汉
4362	邓冠凡
S8619	邓广生
0330	邓癸华
1177	邓桂萼
1642	邓铁辅
34015	邓厚辉
8069	邓厚麟
1639	邓华照
6294	邓惠文
1039	邓慧英
6364	邓蕙
4361	邓家梁
10581	邓家庆
S8273	邓建生
8765	邓介如
37309	邓锦万
2574	邓俊
1625	邓廉
351130	邓菱霏
2586	邓拢奇
10910	邓美韶
7937	邓闽生
5477	邓名尚
1641	邓明治
623	邓南端
31175	邓平权
3366	邓溥民
32227	邓其敏
5185	邓其伟
4815	邓奇才
3927	邓奇芬
7846	邓启聪
8236	邓全德
35511	邓人鸿
5060	邓仁寿
3846	邓切
36752	邓荣
32179	邓上明
35902	邓绍棠
36641	邓书品
S8477	邓思慈
6158	邓霆
361186	邓婉文
7533	邓惟治
213	邓伟
4093	邓炜文
S9148	邓显灿
0476	邓小瑶
36824	邓修铭
1629	邓雪筠
351064	邓延馨
S9208	邓衍章
8342	邓耀南
2585	邓英翘
2573	邓永济
0212	邓永康
32146	邓永铼
8051	邓永璋
50381	邓玉才
8537	邓玉婵
8532	邓玉媛
371381	邓云度
S9001	邓则虞
6047	邓振英
11045	邓志锜
8383	邓志运
33133	邓祖锡

狄

37941	狄福裕
S8025	狄嘉谷
11026	狄荣芝
361038	狄兆俊

刁

37141	刁璧如
36737	刁辉南
3790	刁星耀
6709	刁一风
6288	刁一云
10433	刁翼然
3732	刁卓明
1630	刁卓新

丁

S8326	丁宝成
37829	丁彬荣
371094	丁昌
8739	丁成芬
8257	丁成仁
8447	丁成勋
S8188	丁澄清
6145	丁持渐
37441	丁炽苏
6066	丁崇伟
36374	丁崇仪
6611	丁传恩
S9354	丁大俊
35206	丁得之
35439	丁东鉴(之)
7042	丁芳园
38176	丁光泉
0507	丁桂源
S9777	丁汉武
10191	丁浩金
351123	丁浩民
151	丁浩然
7741	丁鸿飞
S9305	丁鸿伟
5743	丁鸿元
3001	丁怀骥
7593	丁怀萱
1494	丁伋
35880	丁季云
0652	丁绩咸
32121	丁鉴
5322	丁节之
0141	丁景镰
1524	丁景棣
0214	丁景垚
37638	丁静江
7288	丁镜清
7289	丁俊臣
S9285	丁李明
S9286	丁立权
37968	丁丽君
7633	丁良材
7772	丁良诚
S9581	丁亮
360	丁龙光
1003	丁鲁川
	（丁长潍）
4505	丁曼泽
S9255	丁蒙
361421	丁绵孙
35882	丁森
8371	丁铭懿
7323	丁培
6123	丁佩琴
7709	丁庆藻
6607	丁道平
S9380	丁荣辉
4242	丁蓉
3179	丁汝康
1538	丁善宝
S8116	丁善璋
0598	丁绍曾
7056	丁绍一
35795	丁慎莫
6964	丁时铮
30172	丁世齐
10436	丁世绥
S9041	丁守淑
10166	丁寿宁
371707	丁硕文
5192	丁飔松
6714	丁台桢
10076	丁偶凡
7910	丁同华
35785	丁维昌
10193	丁尉慈
36155	丁渭泉
S134	丁慰群
0736	丁文沼
3441	丁务实
3731	丁宪章
30025	丁修信
36198	丁耀基
S8883	丁仪
5341	丁宜生
30031	丁益平
5692	丁莹明
10169	丁永福
36411	丁永嵩
7499	丁玉珠
144	丁元生
S8582	丁玥
10920	丁运江
1504	丁兆南
3848	丁兆兴
4124	丁照临
3789	丁振璜
50086	丁振中
S9300	丁镇岳
476	丁志芙
361316	丁稚兰
4125	丁钟德
0099	丁钟俊
0118	丁钟泰
0603	丁仲皋
1499	丁祖廉
154	丁祖彭
10058	丁祖望

董

6737	董宝琦
7371	董宝蓉
10089	董保申
37090	董才如
36539	董诚
S8364	董诚基
S8363	董诚应
35514	董词怀
8311	董登乾
6460	董飞虎
4440	董飞龙

1062	董淦泉	1276	董 训	361266	杜景璋	1144	段榀培	10368	范剑雄
6199	董光达	S9713	董阳泰	37260	杜璟珊	694	段章锦	7609	范 晋
35595	董光裕	0955	董耀南	10818	杜钧锐	5174	段志铭	0056	范克宏
1167	董广英	10963	董贻礼	10817	杜克芙			8759	范美贞
35770	董国庆	4089	董贻义	0116	杜爱生	**樊**		38257	范妙珍
6262	董汉生	4209	董荫椿	S9666	杜丽莉	S9567	樊炳章	371611	范明德
36726	董 和	32014	董应谷	3324	杜 廉	37471	樊 超	2219	范慕舜
7309	董恒涛	6277	董映明	33066	杜 宁	10743	樊春曦	S9311	范慕徐
35677	董宏魁	35352	董友忠	6230	杜起群	1491	樊德荫	35412	范廷淦
35176	董宏章	36766	董有桢	S8580	杜庆瑞	6351	樊鼎成	2226	范培庭
2613	董继汇	S045	董玉麟	S9478	杜汝鉴	10937	樊发钧	3048	范培渊
4667	董家铨	2162	董裕森	7716	杜寿延	31183	樊家骅	S8587	范 琪
0846	董节忱	3720	董增华	2671	杜书春	8502	樊家麟	S8137	范 群
10209	董景星	0545	董长生	4032	杜松寿	3286	樊家祺	35958	范汝安
309	董 靖	361287	董昭炎	4264	杜为民	5909	樊家祥	7842	范珊祐
0837	董钧谋	4602	董渶基	5557	杜文粹	8680	樊家祥	7558	范绍昌
5097	董俊卿	S9495	董振庭	S8845	杜锡道	6660	樊嘉坤	50379	范莘耕
244	董可湘	31021	董振棪	2220	杜贤元	10528	樊晋明	2235	范士俊
37922	董克申	36210	董正坤	37940	杜祥钦	S9520	樊明寿	8199	范寿光
S8725	董乐山	3498	董正廷	320	杜祥钦	8650	樊培基	9997	范同高
5566	董乐桑	37840	董志诚	391	杜鑫坤	10277	樊品玉	50422	范维世
371108	董立齐			4152	杜星垣	7496	樊庆蔚	2603	范文淑
371137	董龙祥	**都**		11056	杜雄辉	35797	樊庆祥	36137	范文元
502	董龙祥	36686	都贻旺	4461	杜岩友	35277	樊琼芬	4305	范 熙
0899	董懋猷	29042	都 渊	35903	杜冶航	361034	樊淑咸	S8938	范熙年
6015	董 勉			35343	杜 刘	10799	樊悟飞	1453	范新绥
0602	董乃勋	**窦**		34041	杜应达	6559	樊心衡	S014	范兴国
S9854	董齐绅	8448	窦家让	10558	杜永唐	367	樊永琦	E50040	范秀娟
37488	董其志	32085	窦家莹	5082	杜 佑	10074	樊 岳	6812	范学衡
6965	董琦香	S8085	窦洽忠	361028	杜云龙	2670	樊择高	5787	范彦升
2172	董启俊	31065	窦淑梅	6754	杜韵芳	35633	樊志昂	2215	范荫华
8688	董汝瑜	38016	窦元炜	37703	杜中富	1480	樊仲雯	2209	范英莪
35957	董瑞珍	36987	窦祖述					10515	范盈耀
2206	董若桢					**范**		10345	范永康
S9249	董尚志	**杜**		**段**		6513	范爱德	371429	范玉琴
371322	董绍康	5494	杜安邦	371395	段纯泰	6672	范爱华	5852	范煜曾
7590	董申伧	33097	杜柏崇	50117	段存厚	S9818	范爱仁	6595	范悦理
7029	董师熹	8237	杜 邦	6121	段大甲	6671	范爱文	2175	范泽先
37237	董士初	1481	杜邦俊	37403	段德勋	10519	范伯丰	4518	范中序
38175	董世瑶	297	杜秉成	30196	段光恒	38218	范成信	2181	范仲全
1262	董淑仪	6985	杜纯恩	33155	段光巽	380	范崇恩	6645	范竺西
7341	董 棠	2165	杜达权	30150	段光翼	35175	范崇熙	5599	范祖铨
1473	董天民	7859	杜达权	10896	段继琮	2202	范存操		
3217	董文绪	3673	杜定建	5391	段家驹	0176	范存义	**方**	
0049	董希锦	10787	杜 刚	35457	段金生	0741	范得善	11036	方安萱
108	董贤豪	8701	杜光炎	7490	段敏如	5437	范福殿	2342	方宝贤
10869	董献铭	S9669	杜海伦	30248	段宁芝	5119	范福伟	7130	方秉恒
371225	董祥茂	6237	杜汉章	29037	段世岜	1143	范公任	8709	方伯琼
440	董祥茂	31035	杜鸿杰	37329	段遂鑫	7201	范国莹	6536	方彩霞
8672	董晓风	10080	杜惠坤	498	段心实	2171	范济舟	2333	方 超
35737	董鑫庆	10330	杜蕙南	3837	段幽兰	2474	段运强	37513	范继惠	29139	方崇淦

892

29010	方崇智	35925	方书智	35697	方祖浩	1271	封懋功	6659	冯禄仕
6260	方春才	5132	方书珠	5092	方祖亮	7822	封振基	8300	冯楠
S8695	方德再	0030	方树雷	36583	方祖万	2184	封稚	33076	冯品琛
5298	方冬荣	4018	方思勖	3445	方祖宪	8206	封忠锐	7142	冯庆森
0760	方 度	10043	方素娟	0759	方祖桢	8793	封忠献	1340	冯让勋
7691	方恩柏	10319	方素兰			30075	封忠猷	371721	冯仁毅
10406	方福英	S8987	方素珍	**房**		3534	封宗香	32171	冯如棠
371476	方铭康	10576	方维德	5664	房进赞			30278	冯汝奇
11039	方光琦	0197	方文浩	S9245	房 涛	**冯**		7291	冯瑞虎
10445	方光荣	2367	方文纪	32245	房肇敏	6526	冯柏庐	7204	冯若兰
2324	方光绳	3852	方文修			1897	冯邦彦	4491	冯绍德
371338	方海锵	371024	方文兆	**斐**		10523	冯宝康	8457	冯慎初
S8742	方 汉	3860	方文淮	1557	斐仲襄	S9653	冯宝珍	S8973	冯士穷
0470	方豪雄	50405	方贤钧			S8286	冯保琏	140	冯士群
1305	方禾华	4702	方贤章	**费**		1074	冯冰	361259	冯世德
5407	方鹤年	7713	方燮阳	4342	费莘英	1163	冯秉新	1943	冯世恭
36528	方鸿光	0828	方 新	35294	费定昌	5981	冯彩观	3350	冯世耀
552	方华光	2329	方学海	7597	费定国	7979	冯成章	3556	冯淑华
8629	方浣仙	6885	方岩奎	10022	费冬舲	0462	冯诚清	S9185	冯思安
0374	方辉绳	35703	方以杨	425	费冬舲	11043	冯春荣	5428	冯素仪
S8090	方济民	10884	方亦元	S9173	费恩元	351182	冯椿馀	31173	冯天骠
6667	方继贵	0346	方英达	S8251	费荷舲	1127	冯萃华	7839	冯铁龙
5118	方冀达	371686	方 影	10151	费家尧	3610	冯德（法）震	S9006	冯 斑
5916	方剑华	2347	方永福	4454	费金鏊	36397	冯德音	32182	冯为忠
2327	方鉴廷	3093	方咏娥	10389	费 静	8495	冯登瀛	S9455	冯维德
371286	方金耀	37078	方咏泽	255	费铠生	10136	冯殿恩	10254	冯维纪
3315	方金镛	37140	方玉姣	S8710	费 梁	11017	冯方晖	3645	冯维勋
S9012	方锦德	3946	方郁文	S9899	费烈勇	10095	冯孚恩	4323	冯慰辰
37515	方景舜	6045	方毓堂	371355	费明华	371655	冯福根	1907	冯 文
4998	方 珏	6196	方运智	371401	费铭钺	S9539	冯福贞	36179	冯文起
S139	方君执	29020	方则男	5729	费圻钢	10635	冯 纲	8748	冯翔林
2354	方 俊	35051	方泽鲁	S8157	费 琪	6638	冯国祥	2633	冯孝瞻
35320	方峻瑛	36325	方兆琏	1678	费清朴	7802	冯国桢	9971	冯鑫麟
5875	方开源	35205	方焰元	10543	费声宇	36537	冯国桢	3485	冯秀兰
6171	方康年	37470	方照祥	0989	费天锡	371312	冯国柱	6170	冯耀南
6071	方克环	4970	方肇腾	7768	费新华	36162	冯寒藻	S9229	冯义铭
3446	方 堃	50018	方振焘			0723	冯汉斌	109	冯义铭
37264	方 龙	2326	方镇华	**丰**		1945	冯瀚之	351031	冯永佑
3182	方明珠	10304	方镇梁	S9840	丰木畴	35784	冯 辉	5474	冯有壬
38267	方铭琏	30080	方镇武			10245	冯 极	9990	冯有圣
7678	方佩萱	0927	方 正	**风**		371555	冯纪灵	30275	冯幼明
35874	方琪宏	7912	方 正	0520	风勤生	1951	冯继周	11084	冯玉环
30227	方 琦	6070	方志一			361197	冯家德	35980	冯鹓龄
37333	方勤唐	36874	方致丹	**封**		5388	冯嘉蕙	6004	冯元祥
35851	方如初	S8429	方仲谋	10090	封迪生	7924	冯嘉谋	5127	冯月娥
29141	方润常	6106	方卓芬	4957	封光并	4480	冯锦华	321	冯岳岚
S9865	方善林	S8551	方子渊	2257	封光甲	S8903	冯敬之	32013	冯允恭
37530	方石麟	124	方紫侠	4289	封光一	8242	冯九如	4840	冯运铣
33047	方世杰	1130	方宗苣	4742	封菊林	371533	冯君玮	6130	冯湛恩
36760	方守义	S9875	方宗良	10085	封聚宝	37834	冯 琨	351142	冯哲文
3737	方书礼	361225	方宗良	35636	封 铿	8686	冯禄侯	8092	冯 辙

4199	冯振旅	3351	傅杰华	7381	傅照云	6338	高涤尘	429	高绍源
S9878	冯 正	31093	傅金华	361428	傅志亮	5867	高涤非	170	高士麒
30032	冯正仪	8008	傅金琪	5731	傅忠恕	2139	高敦淳	4048	高士球
35748	冯志清	8205	傅景文	2059	傅忠岳	8520	高萼生	7589	高士毅
7493	冯志琼	0280	傅 俊	37939	傅仲熊	S8282	高 枌	7154	高仕芳
S8082	冯智光	36494	傅 俊	2062	傅宗德	5784	高福珍	5568	高仕汾
6157	冯钟珊	5324	傅俊德	10712	傅祖顺	6809	高光凯	7445	高仕埈
S8834	冯重璋	2064	傅俊仪	8844	傅祖湘	S8550	高桂馥	3258	高寿百
10073	冯子谷	S8055	傅乐斌	0220	傅佐虞	36027	高桂祥	4049	高树元
361199	冯子培	S8718	傅乐年			S8266	高桂玉	S8781	高松钧
351054	冯祖康	371548	傅乐永	**富**		3704	高国英	5808	高太昌
		371448	傅立勤	7423	富国桢	5246	高汉民	4193	高天骥
凤		S9014	傅 烈	3352	富 济	7911	高汉清	361187	高廷馨
S9445	凤惠民	36443	傅敏求			8359	高恒谦	35478	高停云
		7851	傅明海	**甘**		6099	高 珩	11032	高挺生
奉		5884	傅念先	37110	甘爱妁	371257	高 纮	361236	高同麟
36889	奉明沅	3486	傅讴青	37894	甘葆昌	2340	高鸿翔	316	高维民
		7315	傅其柏	2228	甘博文	8500	高鋐儒	5761	高维运
伏		S9805	傅其达	30279	甘昌臣	S9171	高沪生	10382	高 玮
S8782	伏 波	0659	傅启尧	1195	甘登辙	33019	高惠群	35479	高肖玲
		31120	傅 清	31103	甘国忠	7147	高纪荣	2337	高孝达
符		37913	傅清河	35578	甘景伦	10498	高 骥	10387	高鑫扬
4196	符储儒	36707	傅绍三	7081	甘克功	371210	高家宝	5480	高兴民
S9486	符光辉	8690	傅时隽	36891	甘兰昌	S9758	高嘉明	10931	高秀如
S8280	符贵仁	239	傅世洪	35167	甘兰玉	35585	高建维	1245	高绪同
0290	符国玺	5589	傅思楚	34016	甘齐德	36930	高剑萍	1244	高绪兴
2569	符汉章	31009	傅斯甫	4024	甘启蕙	1050	高 鉴	6321	高 宣
323	符莘耕	6012	傅肃茳	37250	甘泉芳	36632	高锦生	7453	高延根
0276	符士德	6382	傅涛生	30289	甘绍泽	3257	高 景	8120	高言章
6827	符世椿	7437	傅 韬	35843	甘士清	5983	高 峻	2325	高炎龄
8760	符逸水	361118	傅廷蕙	127	甘维廉	10153	高可新	7591	高仰坚
35749	符云山	36855	傅廷琪	329	甘文俊	S9158	高克晞	S9324	高仰忠
		351168	傅文星	34110	甘文若	4917	高孔瀠	8023	高 晔
傅		0943	傅 贤	7089	甘烨辉	1160	高列彭	4825	高永城
0839	傅本澄	33013	傅湘卿	30286	甘益珍	221	高美玉	371098	高永谷
2058	傅炳瑜	2063	傅 象	6627	甘月明	6972	高敏行	7022	高咏言
8567	傅承说	3080	傅肖仪	0275	甘作佳	1210	高敏学	0986	高有瑛
2060	傅大本	4224	傅晓峰			S9421	高乃明	4336	高玉芬
S8048	傅大业	36269	傅鑫荣	**干**		S9202	高 培	3969	高元勋
3785	傅帝泽	595	傅学仪	35111	干玉华	32083	高鹏升	36359	高云芳
8721	傅尔琛	7424	傅讯秋	S8267	干蕴玉	34103	高其明	4337	高云鹤
30125	傅尔梅	198	傅雅玲	37023	干崇德	7072	高琼云	S9075	高云樵
5559	傅发声	371461	傅耀宗			6780	高人瑞	6432	高泽霖
30167	傅凤岗	37154	傅 仪	**高**		8316	高蓉书	5368	高泽新
7500	傅根源	10917	傅易之	371539	高葆元	10225	高濡泽	1336	高贞崧
36703	傅广庆	S8586	傅 翼	3833	高昌琦	S9047	高汝森	5526	高振贻
S8964	傅洪元	38130	傅荫祖	10882	高承煜	551	高瑞定	4176	高之一
2061	傅鸿兴	361374	傅玉龙	35315	高程德	7312	高瑞云	0833	高芝生
3646	傅焕伦	2065	傅韵珂	2341	高道钟	371243	高尚士	30225	高志贤
29022	傅基溶	34054	傅泽生	5049	高德洛	459	高尚士	5434	高志雄
32005	傅 健	35473	傅昭南	2360	高德文	35148	高尚志	7638	高冶□

7637 高治宇	621 葛益履	1364 龚家玮	361367 龚云鸿	641 顾曾祉
S8996 高钟德	6694 葛益诒	50162 龚甲义	10960 龚云亭	7527 顾晨震
5427 高钟胡	7763 葛萌生	10142 龚介寿	2314 龚 允	37431 顾承楷
5099 高仲碧	8379 葛裕发	2312 龚经华	S8819 龚镇亚	1944 顾楚涛
36624 高仲贤	1450 葛韵琴	2307 龚九如	8284 龚 志	4391 顾纯英
111 高紫荬	30001 葛韵清	36476 龚俊杰	361480 龚志娟	10730 顾达生
	35628 葛增蓓	10859 龚康孙	2309 龚志康	0909 顾道镕
郶	6851 葛兆元	1042 龚撰初	8614 龚质纯	S9020 顾多加
1864 郶锡湖	0836 葛振邦	S9366 龚 礼	S8075 龚祝期	S8456 顾恩义
	1469 葛正成	4112 龚理方		0152 顾尔梅
戈	6767 葛宗义	37205 龚丽澄	**贡**	S9054 顾方新
0692 戈宝权	361257 葛祖毫	50017 龚丽文	7043 贡兰英	38213 顾方秀
35063 戈定华	10320 葛祖铭	33028 龚 麟		351186 顾凤树
S8430 戈 恒		0992 龚六茎	**荀**	35456 顾公义
5815 戈季芸	**耿**	361109 龚龙翔	2198 荀朝骧	3661 顾关坤
5087 戈 晋	30175 耿家举	281 龚龙翔	4286 荀蜀慧	36398 顾广涛
1688 戈铭傅	7098 耿 钧	2305 龚履端		1178 顾 汉
36655 戈卫华	3419 耿康福	5015 龚履震	**辜**	35462 顾汉萍
	36767 耿立鸣	6580 龚懋德	4951 辜秉后	37296 顾汉松
葛	5832 耿漱芸	37816 龚美强	4952 辜秉坤	50008 顾浩时
6761 葛邦复	11018 耿维新	7232 龚慕兰	3132 辜接林	S8060 顾洪涛
37524 葛 彬	10301 耿兆兴	37722 龚乃昌		S8686 顾鸿彪
S8252 葛炳英	35895 耿 忠	10450 龚南强	**古**	9996 顾化英
S9317 葛昌耀		6942 龚品江	3809 古栋柱	7664 顾 缉
132 葛昌耀	**弓**	7041 龚七子	4549 古飞鹏	1946 顾吉飞
4723 葛溁昌	35025 弓明成	0808 龚启聪	S9314 古鸿生	10028 顾霁天
S8633 葛大振		S9725 龚启华	0054 古京元	5851 顾家梁
10081 葛德庆	**宫**	224 龚启华	3800 古绍汉	6495 顾家声
30142 葛发业	37904 宫介忠	371157 龚启苏	3799 古绍泉	7974 顾嘉陆
4712 葛淦生		618 龚启苏	361272 古铁锋	35289 顾嘉全
S9461 葛惠明	**龚**	4392 龚启智	0166 古歆祥	S8010 顾建东
7720 葛继诚	S8622 龚安泰	33111 龚瑞华	S082 古鑫贤	38275 顾锦江
4636 葛稷辅	3784 龚宝洪	32058 龚瑞珍	29095 古正天	36388 顾 钧
36880 葛建同	3372 龚宝琳	S8731 龚善诚	4257 古正沅	35286 顾钧国
8728 葛菊仙	1179 龚宝琦	3290 龚师尹	3874 古卓伦	36377 顾钧容
6301 葛梅英	3178 龚本善	S8975 龚思械		1898 顾俊儒
5575 葛敏智	2301 龚炳华	S8372 龚天德	**谷**	371714 顾开明
2211 葛南极	35337 龚曾怀	5070 龚同徽	5673 谷崇熙	S060 顾可安
37593 葛培鑫	7849 龚 晨	S8038 龚维萍	33105 谷家祥	6988 顾克谔
36454 葛普生	8389 龚承书	S9903 龚维强	37700 谷凌云	10232 顾良田
S9568 葛启瑞	4111 龚定远	S8602 龚维仪		4900 顾良玉
7131 葛起吾	10860 龚福孙	7233 龚维祯	**顾**	S8446 顾 璘
5700 葛壬发	31011 龚桂芬	38229 龚向寅	5354 顾邦基	0468 顾麟书
1358 葛尚德	4629 龚国淦	37567 龚循吉	38294 顾宝德	37421 顾榴章
33101 葛世周	35353 龚国勋	2319 龚训庭	0210 顾保康	S9060 顾六钧
S8324 葛万树	50097 龚汉明	37481 龚雅谷	S9201 顾葆初	S8057 顾龙天
351002 葛文浩	0844 龚翰飞	37658 龚业顺	7746 顾葆良	S9715 顾隆池
37877 葛修禄	7033 龚鸿嗣	2313 龚以奎	S9491 顾碧涛	35001 顾懋兰
33003 葛耀翔	7601 龚华峰	29028 龚英泰	S9349 顾秉琦	7467 顾绵夔
S8401 葛耀翔	50175 龚惠芬	1346 龚用君	7566 顾炳英	10257 顾民毅
3280 葛怡人	S9919 龚慧敏	S8547 龚于娟	35582 顾曾永	

10534	顾乃福	10183	顾雅珍	3440	关潘安	4510	郭崇明	S8293	郭民强
3587	顾乃和	35128	顾燕铭	36656	关怀饶	S151	郭崇泰	0258	郭明堂
37175	顾廼康	37885	顾一心	1279	关静怡	6830	郭崇中	1310	郭培梁
S8584	顾廼宇	339	顾一心	S8708	关君宏	S9557	郭传锌	8150	郭佩玉
10881	顾培法	6466	顾伊土	4219	关丽芳	4582	郭达生	8612	郭佩珍
S8876	顾佩荃	10702	顾颐	33083	关龙美	S9448	郭大筹	0690	郭彭年
S8295	顾起凤	36090	顾以恭	7696	关平石	0735	郭大健	3210	郭鹏
0161	顾庆澜	35446	顾忆慈	4474	关元亮	S8414	郭大潜	35301	郭琪
361080	顾全	3091	顾翌坚	361004	关镇	8429	郭迪俊	10829	郭强
295	顾全	36346	顾英如	2479	关祖培	S8624	郭栋材	36190	郭庆春
441	顾仁基	5258	顾应淮	S9794	关作安	4051	郭铎	4334	郭人诚
S9574	顾荣曾	0442	顾暎川			5088	郭福	36651	郭荣正
7765	顾荣祖	S8491	顾墉之	**管**		6708	郭国鉴	37811	郭蓉
10990	顾瑞璜	7702	顾镛清	S8151	管春元	S9730	郭行严	10293	郭深
29019	顾瑞麟	655	顾永佳	S8828	管德馨	S8830	郭亨经	6922	郭士模
371207	顾绳良	37886	顾永恽	36340	管美英	2391	郭亨明	3463	郭叔镕
614	顾绳良	50357	顾有迪	36439	管品海	7503	郭恒	7216	郭淑芳
50016	顾世雄	5016	顾幼麟	50337	管品馨	37791	郭护智	S9847	郭思永
10857	顾似放	38075	顾幼裳	5000	管庆元	1243	郭华黼	S148	郭松泉
1948	顾视清	10321	顾渔	36362	管荣林	7578	郭华强	30053	郭天成
0647	顾守光	1332	顾玉琪	0714	管思九	S9925	郭怀德	10235	郭天赐
371605	顾树德	1902	顾钰	0006	管湘瑚	6252	郭怀光	36717	郭万钧
10190	顾树栋	S8878	顾钰生	2570	管学莲	S8384	郭会鉴	3978	郭维屏
5274	顾树谟	S8852	顾毓琛	5656	管竹轩	4781	郭惠成	37014	郭伟国
7261	顾松岩	5910	顾豫	37426	管子明	37529	郭惠杰	36531	郭文彬
10027	顾素贞	S9182	顾元熙	407	管子明	35283	郭惠珍	2392	郭文辉
371703	顾天骅	5154	顾则明			S9739	郭慧珍	446	郭文慧
10880	顾庭樾	S8248	顾则文	**归**		0446	郭季藩	S9462	郭文卿
301	顾桐生	228	顾长椿	7403	归棣孙	351101	郭继刚	422	郭文卫
35665	顾维钧	361229	顾兆茂	113	归家骏	S8874	郭家春	36201	郭曦光
10396	顾维新	1218	顾肇基	7401	归永年	29136	郭家齐	36107	郭先恩
S8021	顾维馨	10565	顾振年	0238	归贞观	6489	郭建祥	36485	郭孝礼
10729	顾维瑛	35704	顾正衡			4750	郭剑萍	10938	郭孝仪
38182	顾渭昌	5715	顾正平	**桂**		3270	郭鉴若	4335	郭信孚
S9683	顾慰玲	10814	顾正清	2186	桂昌宗	6058	郭键西	371502	郭兴华
0906	顾文彩	S9176	顾志铿	247	桂德渠	10105	郭江南	0059	郭秀勋
35342	顾文潮	S9064	顾志伦	8171	桂恩铺	1022	郭经	2396	郭阳中
231	顾文麟	7740	顾致用	32111	桂焕华	S9643	郭竞华	0799	郭耀光
1258	顾文权	S9444	顾仲熙	34008	桂锦伦	6435	郭静谦	2390	郭鹰
1906	顾文升	5978	顾祝平	37285	桂湄瑞	2397	郭筠倩	38169	郭莹珍
0853	顾文蔚	S9157	顾卓群	4302	桂荣菜	7818	郭可玉	371745	郭颖哲
0708	顾希曾	6280	顾自华	10667	桂桐轩	37868	郭克陵	558	郭颖哲
37439	顾熙民	6361	顾宗虎	S9458	桂伟桢	8681	郭客舟	30300	郭永汉
36780	顾贤琯	S8726	顾祖康	8317	桂兴	37084	郭立玑	5711	郭有为
371668	顾宪龄	3660	顾祖葵	10470	桂兴泰	S9598	郭励华	6650	郭玉珍
34078	顾心行					4642	郭链科	38167	郭驭佩
S9751	顾新奎	**关**		**郭**		S089	郭良基	2395	郭郁文
35173	顾秀梅	2475	关宝泉	7281	郭柏桂	36069	郭隆燕	1331	郭育英
36547	顾旭	5218	关宝群	1242	郭昌洛	10758	郭橪儒	36872	郭育中
S8612	顾学成	30256	关葆照	S8399	郭朝发	37389	郭梦兰	0435	郭毓琪
S8004	顾学镕	S9640	关岑华	36462	郭成登	7122	郭民栋	3349	郭豫珊

编号	姓名
8231	郭元洪
S8923	郭元沈
7487	郭月庭
361033	郭岳峰
37926	郭越
S9106	郭越侪
3755	郭运经
371412	郭则铢
4052	郭则燊
4515	郭兆钿
35873	郭兆琳
8404	郭兆英
371119	郭振光
35606	郭振华
0257	郭振裘
37788	郭振武
7695	郭振杨
1321	郭振泽
3977	郭镇阳
6797	郭之
3990	郭智国
7632	郭中强
8738	郭仲衡
10483	郭仲坚
6971	郭子鐊
2394	郭宗勋
36986	郭祖昌
2393	郭祖绳

过

编号	姓名
S8343	过鏅
S8670	过家武
6579	过杰庆
10517	过世澄
0447	过锡宪
7301	过振东

哈

编号	姓名
S8054	哈坤范

韩

编号	姓名
3224	韩柏龄
5061	韩朝生
36572	韩承凯
30140	韩道南
38052	韩福庆
37695	韩公仁
37774	韩光远
35676	韩国勋
S9061	韩海元
0102	韩鸿标
361026	韩惠琴
262	韩建中
6610	韩锦龙
2190	韩静嫒
35202	韩镜汉
0441	韩克俊
0393	韩克侭
8191	韩灵芝
3725	韩履端
0223	韩茂一
10648	韩慕悌
7172	韩佩生
7225	韩仁丰
1316	韩尚德
7748	韩士瑾
10892	韩世梁
7897	韩式庆
351026	韩树勋
S9904	韩庭梅
8486	韩同一
361049	韩伟智
333	韩伟智
37378	韩文荣
1458	韩文振
7113	韩鑫宝
6802	韩一龙
7198	韩永生
31046	韩永泽
10828	韩云岩
29128	韩则孟
0677	韩则圻
7714	韩振海
3439	韩忠祥
3370	韩钟琦
5426	韩钟璩

杭

编号	姓名
0270	杭本裕
S9835	杭经纬
10425	杭励成

郝

编号	姓名
30165	郝法先
8315	郝飞
S8105	郝海磐
8160	郝籲民
8566	郝敬礼
515	郝郡
1651	郝绍隆
10127	郝义正
8692	郝胤民
30037	郝永年
1148	郝祯寿
371365	郝子亮

何

编号	姓名
36060	何爱常
10503	何柏如
8369	何宝珍
361067	何保泉
2081	何葆华
0019	何抱清
36574	何悲秋
10329	何本文
3395	何璧彤
S9076	何秉澄
3451	何秉时
1993	何伯醇
3748	何伯华
36665	何伯涛
8064	何灿
33128	何超瑜
29140	何成勋
6439	何承模
174	何澄
S8615	何澄波
678	何传洪
36522	何春生
1095	何德霭
2009	何德宝
3034	何德明
35720	何德庆
33007	何德昭
37801	何登云
2149	何敦易
7178	何恩翰
6637	何尔钦
2075	何防
4274	何访兰
4428	何干生
37352	何冠英
0525	何光祚
10604	何广泰
8074	何广域
7955	何广周
35089	何国良
3811	何国祥
6048	何国英
7747	何海琪
50241	何海源
8053	何汉
10473	何汉民
32173	何汉贤
32075	何浩
227	何宏业
35728	何鸿业
32211	何瑚
371103	何晃
5903	何惠章
7406	何蕙青
5858	何箕
35772	何纪湘
3396	何家瑾
S8119	何家驹
5683	何家骏
2084	何家腾
2007	何家玉
4272	何家振
32108	何家庄
2076	何嘉谷
32275	何捷芳
4913	何瑾
5647	何进之
0046	何景寮
50070	何景焘
7474	何竞贤
37303	何竞新
10898	何竞英
35090	何敬喜
11078	何静波
8374	何均安
6535	何君复
S9361	何钧伟
33095	何开莹
32189	何开镇
0071	何凯诒
2002	何康怀
35035	何可澎
7951	何坤
35593	何礼雄
7861	何丽达
S8597	何丽焯
S8114	何丽英
S9425	何良松
32156	何亮
8630	何麟昌
1086	何柳泉
6768	何龙
S8496	何麦丹
351068	何美德
35536	何美珊
6086	何民宪
8208	何明德
1995	何乃情
S8035	何培材
5152	何普山
5824	何期玉
5973	何其拔
6005	何其伶
S8674	何启光
2083	何清年
36144	何晴霞
6928	何琼崖
6022	何权
2010	何任清
4489	何荣照
7516	何瑞光
S9741	何瑞琼
3452	何润珍
2072	何尚志
1002	何声直
4275	何实图
0766	何士豪
32056	何士俊
2153	何世平
5305	何守玲
8531	何守愚
30265	何淑翩
500	何淑卿
7187	何淑霞(露)
S8428	何树昌
6593	何树霖
5536	何松如
S9859	何素文
50119	何天球
3594	何天衢
38065	何天衢
S9548	何天祥
10689	何桐森
0443	何惟士
0240	何惟忠
361319	何维森
S080	何维敏
1307	何维淑
50496	何伟珍
S8493	何文彻
361132	何文濂
8581	何文声
7978	何文威
2003	何文贤
361100	何希兰
332	何希兰
5004	何熹成
31166	何显声

8349	何显正	6428	何钟英	38063	洪 芳	37037	侯 礼	6775	胡恩泰
371066	何祥炎	5216	何仲男	7791	洪庚廷	351121	侯立人	0206	胡恩稔
S8170	何孝鳌	361254	何子春	371740	洪国汉	3891	侯劢镇	7368	胡恩祖
3528	何醒华	S9559	何子钦	133	洪国耀	0623	侯佩兰	35745	胡范炎
36370	何修曼	7571	何宗礼	361201	洪汇康	8697	侯 平	0156	胡 非
36006	何秀美	2151	何纵炎	1043	洪缉洽	S9822	侯奇琛	35223	胡风伟
36860	何叙伦	37878	何祖椿	35096	洪济华	30244	侯 信	1235	胡 封
371308	何雪鸿	37736	何祚绍	652	洪嘉贞	585	侯秀芳	0933	胡福渊
1323	何 逊			36138	洪建华	371216	侯秀苔	7879	胡福章
2074	何雅堂	**贺**		S9688	洪建西	3535	侯绣云	361031	胡辅成
2142	何炎章	361152	贺春方	1021	洪剑霞	36945	侯煜昌	30139	胡高照
3292	何扬炳	2269	贺德府	3613	洪金联	35415	侯正忠	35276	胡 庚
7108	何耀鑫	5078	贺德堃	371246	洪金銮	2005	侯宗浚	5422	胡工群
8024	何一纯	1292	贺德骝	7729	洪俊韦			36335	胡谷风
10904	何以聪	P3	贺方林	35746	洪奎元	**胡**		S8730	胡谷秋
32008	何影梢	6507	贺耕南	35332	洪奇玲	10545	胡爱伦	37851	胡关懋
37463	何 勇	6506	贺耕原	1988	洪启华	36966	胡安仁	6995	胡贯道
371368	何玉麟	371361	贺浩明	33052	洪启中	351115	胡白玉	36465	胡冠璋
37955	何玉骐	361115	贺唤民	371195	洪全培	S8227	胡宝煦	37726	胡光宗
5975	何玉英	5932	贺纪章	7850	洪润龄	P2	胡本兰	35169	胡国栋
37911	何育智	31195	贺继贵	36631	洪山源	6025	胡必瑷	8392	胡国藩
36644	何 煜	4836	贺继章	S9480	洪少豪	S8143	胡陞云	8585	胡国贵
361073	何毓梁	5206	贺克辉	0788	洪士模	35016	胡 碧	1203	胡国兰
6863	何毓楠	35975	贺绵青	35070	洪世怡	37733	胡昌炽	6410	胡国雄
1996	何豫昆	30152	贺明哲	351011	洪式闵	1653	胡昌家	35491	胡海平
3169	何元澂	36885	贺 铭	1981	洪式周	5965	胡昌明	1012	胡海秋
33104	何元勋	36293	贺佩珺	7498	洪淑宣	7211	胡畅永	S8552	胡汉芳
0311	何源清	32273	贺 平	1926	洪漱琅	8096	胡朝荣	6006	胡汉荣
35731	何月照	6056	贺其华	S9090	洪素文	8508	胡朝阳	37475	胡和生
36074	何允光	8201	贺其瑛	1986	洪 涛	8140	胡朝阳	S9632	胡鹤年
9955	何载茂	36366	贺 仁	0094	洪涛声	8320	胡朝珍	4467	胡弘襀
7986	何在廷	1644	贺慎常	37487	洪天士	371048	胡成志	7886	胡弘平
S135	何泽沛	S9682	贺师弻	S8873	洪为德	S9258	胡炽章	6673	胡宏遠
6297	何泽贻	6518	贺素馨	3878	洪啸农	S9151	胡崇业	0179	胡宏模
37554	何展骥	7183	贺渭清	351178	洪旭初	1649	胡纯如	36594	胡宏淑
S029	何 昭	29096	贺修宏	5665	洪耀宗	1648	胡纯一	8819	胡鸿章
S9872	何兆昌	10091	贺雅吾	35477	洪以璜	10150	胡翠姣	S9228	胡华锋
371130	何肇祥	6734	贺永湘	35104	洪应皋	10390	胡 达	35302	胡惠嘉
529	何肇祥	36438	贺允彭	30194	洪跃渊	35026	胡大金	S9940	胡惠琴
29029	何珍蕙	32082	贺 章	4287	洪云如	8607	胡道瑾	S8839	胡惠湘
4273	何振寰	8809	贺振华	7104	洪韵琴	5442	胡道南	33040	胡慧民
S9882	何振亚	35553	贺正春	35679	洪正农	371419	胡得时	5043	胡季瑷
6785	何振业	33154	贺正琨	7165	洪芝阶	5461	胡德芬	33043	胡济南
665	何正兴	5476	贺 忠	31018	洪志民	50389	胡德淦	S8215	胡继善
0612	何芝岗					254	胡德弘	31029	胡继祖
8464	何芝荪	**洪**		**侯**		8080	胡德立	4854	胡家粹
31165	何志诚	152	洪宝仁	371012	侯德礼	371026	胡德型	1650	胡家鲲
5786	何志刚	37369	洪承汉	2141	侯殿章	149	胡德修	10211	胡家琦
2174	何志行	38162	洪传本	4526	侯刚春	30029	胡德一	3201	胡家珍
0707	何志学	36347	洪纯卿	S9338	侯 阆	7350	胡登善	6245	胡家治
37858	何治平	0368	洪德寿	4749	侯惠群	S9795	胡定德	8123	胡家佐

8753	胡　健	2645	胡瑞卿	S9336	胡文英	35879	胡允嘉	8218	华树人
E50055	胡觉夷	11046	胡瑞荃	10768	胡文元	S8006	胡允明	6283	华　燊
S8367	胡景焱	35088	胡瑞荣	S9133	胡　雯	37841	胡允翔	11081	华维骧
S8524	胡净莲	8675	胡润华	8057	胡问政	3872	胡泽贤	3611	华炜生
683	胡静兰	6083	胡若芥	0621	胡武葆	3873	胡增煌	6426	华文英
S9564	胡镜泉	30116	胡　森	S084	胡锡冰	S8494	胡增玉	10631	华学明
36277	胡九珠	6656	胡裳诗	1654	胡熙堂	36619	胡兆麟	2607	华延年
36692	胡俊成	361130	胡绍泽	35889	胡贤年	8382	胡振麟	0496	华以祥
35221	胡俊求	8597	胡声望	4532	胡贤强	37776	胡铮芳	5435	华有年
10017	胡开诚	4465	胡声扬	S8096	胡宪人	361370	胡正平	3186	华允莆
35931	胡开铭	5945	胡盛富	371039	胡　湘	6781	胡正祥	1487	华允芹
29039	胡开苹	36955	胡诗林	5709	胡霄翔	35881	胡之民	S8383	华瞻宸
S9296	胡科祥	S9120	胡士本	35543	胡晓铎	38151	胡之云	7458	华　震
S8046	胡可安	8575	胡士杰	35617	胡晓愚	4816	胡沚芳	32023	华致祥
351005	胡可容	36254	胡士军	4639	胡晓钟	371586	胡志昌	7023	华致元
0478	胡可文	1067	胡士骏	37505	胡筱萍	5553	胡志鸿		**桓**
S9289	胡　锟	2646	胡士焌	6399	胡孝敬	10603	胡志实	8787	桓开鸣
5636	胡兰贞	37876	胡世标	5351	胡兴渐	7675	胡志祥		**宦**
37903	胡乐勤	5751	胡世珩	361128	胡雄智	8165	胡志尧	10481	宦顺源
8747	胡　琏	S8059	胡世炜	31194	胡秀峰	33144	胡治畿		**皇甫**
S9068	胡良能	1652	胡守恒	6346	胡学科	36982	胡治中	2092	皇甫道安
34031	胡烈贤	6657	胡守中	5958	胡学钦	10745	胡致和	3406	皇甫均
3955	胡林荣	4482	胡寿慈	423	胡训沛	10791	胡忠俊	S051	皇甫在中
8104	胡隆鏊	S9038	胡寿宣	1655	胡养吾	7161	胡仲平	2146	皇甫之馨
35674	胡伦颐	33106	胡寿英	5838	胡一飞	1646	胡自新		**黄**
361386	胡茂兴	33022	胡书卿	S8502	胡一民	7278	胡宗球	371684	黄安桂
7954	胡梦周	5733	胡淑贞	8731	胡一民	7397	胡佐明	37443	黄安顺
603	胡名扬	37947	胡述兆	3464	胡义文		**扈**	408	黄安娴
S9629	胡明州	361131	胡思惠	35911	胡亦复	6064	扈　宓	36744	黄柏龄
0651	胡铭新	S8911	胡思敏	3010	胡亦如		**花**	2234	黄柏秋
36629	胡铭政	235	胡思荣	4290	胡　逸	2167	花定英	5293	黄邦光
34026	胡乃贡	6786	胡思损	35827	胡荫生	0574	花士芳	36326	黄邦模
4162	胡乃康	7511	胡斯悌	35139	胡寅添	7916	花云飞	371737	黄宝鉴
3074	胡念兴	4291	胡素青	5686	胡瑛晖	38343	花智深	4600	黄宝山
S9204	胡宁华	30054	胡泰峰	3456	胡　颖		**华**	6420	黄宝珠
S9733	胡培珊	29138	胡泰清	10867	胡映梅	3993	华承苞	7843	黄保珊
4824	胡佩贞	31056	胡泰炎	8377	胡映雪	36948	华而实	0235	黄葆芳
36056	胡品寿	3684	胡泰运	35094	胡永诏	37178	华尔庆	35377	黄悲苍
3011	胡品灼	371371	胡偶民	10125	胡勇强	10599	华汉宇	10707	黄北海
3111	胡　评	10790	胡挺初	8791	胡优杰	S9708	华怀谷	10292	黄本初
371206	胡　朴	S8893	胡同怡	3112	胡友蒙	50200	华纪文	1061	黄本康
468	胡　朴	0516	胡万浪	3954	胡友三	2251	华锦堂	35833	黄必仁
32127	胡其正	29080	胡薇珉	8299	胡有猷	36083	华　筠	5237	黄璧昌
10414	胡绮文	0048	胡　维	445	胡右人	361309	华联奎	4960	黄标章
35161	胡琼南	10899	胡维新	S9268	胡佑鹤	36282	华曼丽	10839	黄冰清
10343	胡荣萱	1647	胡卫良	4660	胡瑜如	6675	华如瑾	6591	黄秉端
6183	胡荣芝	36498	胡渭宝	35871	胡雨人	5415	华盛苏	2182	黄秉钧
371496	胡如雷	512	胡文博	6256	胡禹涌				
S9489	胡如玉	10536	胡文德	4794	胡玉璋				
S9691	胡汝尧	31006	胡文华	6117	胡育生				
S9922	胡瑞莲	351065	胡文银	0129	胡约三	S9389	华世德		

0475	黄秉枢	5018	黄尔尊	8437	黄华昌	4343	黄照	4346	黄纶书
33092	黄秉枢	6980	黄发俊	32239	黄华簪	8039	黄荆芬	371591	黄履成
351162	黄秉枢	2249	黄范	1478	黄化育	7650	黄菁	371263	黄懋激
37749	黄炳英	0052	黄方城	7377	黄怀汉	6397	黄景庭	8413	黄懋英
37606	黄伯后	1265	黄方杰	37437	黄怀云	0616	黄景宪	35505	黄盂光
8380	黄伯俊	30016	黄飞	S100	黄焕昌	37997	黄景震	35453	黄敏珠
5797	黄伯义	361179	黄奋志	0221	黄焕魁	35451	黄敬石	7559	黄明泓
7844	黄补文	0845	黄逢锦	5989	黄焕焜	10864	黄敬威	S8789	黄明庆
S8336	黄步荣	3496	黄凤仪	3596	黄焕煜	S8467	黄菊芬	0323	黄明盛
1090	黄步瀛	2195	黄敫言	4478	黄皇孙	2256	黄卷中	7157	黄明焘
34081	黄灿奎	3171	黄福麟	2157	黄回	7420	黄厥平	361108	黄明玺
371151	黄曾修	4503	黄福云	S8600	黄汇敏	3561	黄均甸	32206	黄明猷
549	黄曾修	7325	黄刚	5347	黄汇宁	S9809	黄君熙	S026	黄明正
2194	黄畅我	8588	黄刚培	3495	黄惠芬	10488	黄菌昌	0809	黄鸣世
5350	黄超俊	30168	黄耕云	35736	黄惠民	1274	黄筠庄	3083	黄乃鼎
2197	黄超人	36942	黄光华	11066	黄惠卿	S012	黄俊	0314	黄乃洪
5394	黄超声	32233	黄光明	7226	黄惠英	4424	黄俊达	4548	黄能聪
32198	黄朝伟	0162	黄癸元	4083	黄纪法	5574	黄俊文	5993	黄能福
361023	黄朝元	36614	黄贵生	37681	黄纪南	5334	黄峻	37042	黄宁华
S9781	黄臣九	35190	黄桂森	6136	黄纪云	2246	黄开荣	361383	黄沛成
8403	黄承炳	32145	黄国华	9948	黄济美	10714	黄开元	0880	黄沛庚
4966	黄池源	5598	黄国筠	2180	黄继曾	3562	黄康才	7881	黄佩兰
8345	黄崇华	1166	黄国俊	S8565	黄继华	7282	黄康成	36281	黄佩仁
36837	黄崇洁	2674	黄国强	1485	黄继然	29099	黄康民	31095	黄佩扬
37639	黄崇尧	35162	黄国强	35006	黄家昌	0498	黄康生	10493	黄平一
361364	黄宠惠	371070	黄国森	7442	黄家骏	33116	黄珂岚	3772	黄祁
7185	黄出岫	31085	黄国友	32117	黄家厘	36577	黄克恭	0465	黄其琮
3981	黄础增	33023	黄国珍	7838	黄家龙	8517	黄克平	0101	黄其鼎
0288	黄春考	3823	黄哈定	4017	黄家思	3278	黄宽洪	4201	黄其硕
7629	黄慈僧	36139	黄海云	31142	黄家作	2223	黄宽居	361056	黄其伟
37522	黄次筠	2176	黄海震	1120	黄嘉馨	2212	黄兰如	4203	黄奇斌
32002	黄翠玉	37862	黄汉超	10542	黄见尧	7915	黄兰英	0469	黄奇容
8269	黄达夫	31217	黄汉恭	S8243	黄建青	10643	黄礼生	30223	黄启安
6996	黄大器	6107	黄汉均	5491	黄健彬	3563	黄礼玉	567	黄启莱
29065	黄大洲	S8053	黄汉远	37818	黄健慧	2231	黄李强	S081	黄器瑚
36467	黄道蕴	S091	黄汉然	2244	黄鉴	50301	黄立考	7356	黄强富
4954	黄德慈	4860	黄汉瑞	3773	黄鉴清	4200	黄立权	S9091	黄钦黑
371237	黄德鹤	6875	黄汉雄	2241	黄阶	S9276	黄立信	1455	黄庆寿
597	黄德鹤	3356	黄汉耀	6389	黄杰文	S8018	黄丽芳	S8062	黄庆祥
10622	黄德华	2169	黄汉业	S8098	黄洁冰	29018	黄丽容	7807	黄庆章
2179	黄德焕	3825	黄汉楹	38132	黄金灿	S8017	黄丽璋	4208	黄琼
5514	黄德明	33150	黄行生	S070	黄金康	36012	黄连海	2216	黄秋清
0064	黄德元	8599	黄和绳	S8394	黄金垣	7733	黄良焕	10926	黄全麟
2610	黄登明	3564	黄鹤龄	37817	黄锦芬	0020	黄良骏	7433	黄泉照
4206	黄迪	7594	黄鸿葆	8017	黄锦荣	31149	黄良琼	36546	黄群
10324	黄迪祖	4202	黄鸿标	36231	黄锦云	34024	黄良淑	8727	黄仁川
3133	黄电华	3364	黄鸿谋	4204	黄谨修	29079	黄麟	371268	黄仁木
6096	黄奠民	0570	黄厚宝	S9743	黄进	32043	黄麟佑	0420	黄仁荣
7212	黄东全	2204	黄华	0181	黄晋安	371752	黄六生	7331	黄日恺
136	黄冬心	34115	黄华斌	E50031	黄晋荣	7269	黄伦夫	361387	黄日怡
8466	黄洞澄	4823	黄华昌	6082	黄晋源	36683	黄纶	2187	黄日章

4006	黄荣炼	2230	黄枢	30061	黄文筠	4205	黄叙轩	2604	黄玉琴
0081	黄嵘芳	8655	黄叔平	1452	黄文岐	371317	黄学浤	0005	黄玉树
361160	黄榕柱	32061	黄叔平	33099	黄文清	630	黄学娴	6924	黄玉棠
361269	黄如意	2164	黄淑芬	5173	黄文荃	3301	黄学易	1463	黄玉斋
35675	黄如岳	2166	黄淑楣	4344	黄文裳	37283	黄学真	8214	黄玉贞
1260	黄芮馨	4464	黄淑义	S8473	黄文蔚	33016	黄雪玫	8341	黄械芬
8346	黄锐武	5140	黄淑英	371187	黄文翔	3430	黄雪章	30238	黄裕森
3716	黄瑞	4345	黄淑贞	601	黄文翔	0710	黄雅娥	2159	黄沅芳
7933	黄瑞鹏	5552	黄淑贞	10569	黄文治	1467	黄雅娥	371680	黄岳声
1466	黄瑞生	S8404	黄淑珍	371584	黄文珠	6496	黄亚英	S9845	黄云德
5056	黄瑞娴	361332	黄蜀君	7610	黄沃彦	3711	黄延绪	7882	黄云涛
7996	黄瑞祥	10547	黄述明	35660	黄希荣	0662	黄炎	0544	黄云翔
S8371	黄瑞祥	10548	黄述文	3618	黄锡犀	37345	黄炎	3908	黄允中
4837	黄瑞燕	S8472	黄树华	7797	黄锡珍	0260	黄养愚	11037	黄运炎
30249	黄瑞钊	0147	黄树兰	5624	黄熙	37986	黄耀先	5887	黄蕴环
4082	黄瑞桢	4427	黄树拭	3431	黄熙庚	8375	黄耀兴	10925	黄蕴慧
7048	黄润初	8546	黄庶咸	S9914	黄曦明	38372	黄一鸣	11014	黄蕴绮
35115	黄若芳	10084	黄水澄	7749	黄先春	10662	黄一鸣	8736	黄赞铨
S8063	黄森	2614	黄顺宇	36470	黄湘彩	S9166	黄一平	1488	黄赞尧
S8386	黄森龄	8841	黄松	7134	黄湘先	36016	黄一心	36059	黄赞忠
S8811	黄山衣	0803	黄松年	4477	黄祥瑾	0582	黄沂浣	S9909	黄藻
37314	黄尚艺	371124	黄素香	5401	黄祥云	10352	黄怡君	5549	黄章
37315	黄尚质	0121	黄棠滋	10164	黄孝同	5481	黄宜福	10296	黄彰栋
2253	黄裳	371333	黄天栋	S9877	黄孝阳	5009	黄乙	371326	黄长溪
S8187	黄裳丽	0355	黄天镐	5990	黄孝颐	1477	黄以雍	38237	黄长贤
S8605	黄少凡	371481	黄天建	6150	黄孝章	31229	黄义光	36067	黄昭靖
32124	黄少凡	4457	黄天杰	37289	黄笑春	3907	黄义举	S8445	黄兆鹏
6155	黄劭兰	7793	黄天俊	361366	黄效先	2245	黄义正	5570	黄兆谦
6553	黄绍基	S9219	黄天民	0259	黄啸涛	31106	黄异贤	0784	黄兆元
5011	黄绍忠	35062	黄天民	10338	黄协安	10701	黄轶伦	35626	黄照民
10637	黄圣鑑	30204	黄天忠	8040	黄心田	351100	黄谊清	6725	黄肇模
36936	黄圣书	36862	黄铁坚	7138	黄心逸	30264	黄逸民	2158	黄肇中
36715	黄胜环	0378	黄铁樵	S8033	黄心正	9958	黄逸平	2611	黄贞麟
3172	黄盛仁	5929	黄庭	32231	黄新	8827	黄逸文	1248	黄珍
371650	黄士才	37562	黄庭伟	361403	黄新光	10676	黄毅华	33027	黄振翩
593	黄士才	35385	黄威廉	10053	黄新泰	3358	黄懿	6138	黄振华
2217	黄士良	35517	黄韦	371493	黄鑫	4773	黄懿青	8164	黄振华
S9431	黄士麒	6533	黄维源	34048	黄炘	35445	黄英	0499	黄振麟
10946	黄士荣	31215	黄维岳	5318	黄信	7934	黄颖	3824	黄振麟
0696	黄世民	0629	黄伟才	9972	黄信荣	3357	黄颖章	8364	黄振麟
29121	黄世明	6401	黄伟民	2609	黄醒秋	S8613	黄应汴	37480	黄振麟
38305	黄世霞	35060	黄伟勋	35506	黄兴华	5871	黄永芳	2672	黄振民
4081	黄似兰	371741	黄炜琴	37637	黄雄	S150	黄永浦	35095	黄振培
31102	黄守□	37910	黄位瀛	371126	黄雄	5128	黄永清	3429	黄振祺
31216	黄守传	36143	黄渭英	439	黄雄	2168	黄永祚	10854	黄振祥
2161	黄守芳	4207	黄慰裳	35250	黄雄坤	37351	黄有为	34037	黄振勋
36367	黄寿龄	36990	黄文灿	S8158	黄雄添	10256	黄於权	6461	黄振业
10835	黄寿城	10879	黄文昌	7382	黄秀憾	4806	黄雨苍	33070	黄振翟
249	黄寿城	7208	黄文超	6753	黄秀兰	4423	黄玉发	1462	黄震
S9452	黄授之	371030	黄文犀	S8084	黄秀兰	5995	黄玉□	5012	黄震
30160	黄书云	36280	黄文河	36858	黄旭如	37912	黄玉麟	232	黄震杰

编号	姓名
36405	黄正光
S9927	黄芝兰
36188	黄枝美
4775	黄执正
1165	黄植梅
5289	黄植秋
37258	黄志澄
6103	黄志道
31121	黄志德
4537	黄志方
7342	黄志钧
6557	黄志明
31100	黄志仁
0970	黄中英
3497	黄　钟
163	黄钟基
32062	黄仲和
S9397	黄仲平
8708	黄仲拳
3715	黄周坤
7579	黄卓明
2608	黄子健
3494	黄子良
4003	黄子岘
35985	黄子英
8067	黄自民
2160	黄宗柏
35894	黄宗津
1355	黄宗钧(军)
10918	黄宗莲
35914	黄宗镠
3617	黄宗庆
S8306	黄宗轩
35523	黄宗炎
S8943	黄宗英
0466	黄祖贵
8344	黄祖祜
11076	黄祖英
10678	黄尊三
1164	黄作揖

惠

5420	惠耕书
5371	惠青云
5266	惠友三
37252	惠幼铭

霍

32254	霍海基
30187	霍集宣
7534	霍仁山
3149	霍如棠
7414	霍绍桑
8569	霍文彬

姬

1162	姬步周

嵇

S062	嵇兆元

吉

S8792	吉乐天
10991	吉龙铨
2683	吉龙伸
35912	吉寅曦
8423	吉长瑞

计

6181	计昌林
31037	计鸿恩
S8173	计鸿恩
7815	计　煌
4285	计匡华
371230	计荣恩
579	计荣恩
4994	计荣生
S8639	计颂恩
11055	计秀娟

纪

35272	纪辉义
0015	纪　进
10015	纪　明
1880	纪淑贞
S8072	纪学林
S9469	纪哲生
S8268	纪祖尧

季

37380	季春华
31209	季道㟋
1141	季　光
S9755	季海磷
35151	季沪生
2015	季　阶
35694	季敬厚
4037	季　娟
7717	季　俊
38150	季俊民
10824	季黎琼
371712	季　礼
10491	季龙瑞
351146	季能鋆
S8262	季琴仙
6001	季　群
4161	季仁俊
S8832	季秀凤
371445	季　尧
361476	季业俊
6440	季友孙
2150	季毓秀
37673	季　媛
35085	季中纬

祭

S9129	祭阳痴

郏

351081	郏政典

贾

S9624	贾邦柱
35037	贾灿明
31126	贾昌华
31077	贾成敏
30100	贾大相
36687	贾德昌
4896	贾　鼎
8152	贾福华
6200	贾　冀
1493	贾建民
37773	贾景华
4884	贾九龄
38339	贾隽芳
S8426	贾　伦
S9137	贾庆康
371077	贾庆隆
34050	贾权复
S9507	贾铨升
S024	贾人信
8025	贾仁华
5267	贾润济
5891	贾　文
4451	贾文光
10290	贾希年
S8074	贾祥藻
4845	贾贻言
5694	贾幼明
32197	贾政生
34060	贾中宇
31145	贾珠华
4844	贾作生

简

36127	简传宾
36130	简得治
0565	简广贤
351038	简鸿达
33149	简家齐
34099	简慎为
1261	简小湄
5069	简秀藏
3591	简英华
S8185	简志宏

江

50174	江　□
0749	江　滨
10392	江秉祥
7310	江伯厚
10255	江伯寅
S8681	江德华
10908	江定祖
371450	江多舜
1949	江福元
S8958	江根保
3307	江公美
5630	江光渠
6174	江广成
1940	江国桢
3211	江　浩
10764	江洪涛
8454	江　瑾
3510	江经渡
36241	江景波
10274	江禄焜
S9295	江美云
35117	江乃央
4743	江男俊
30057	江南针
4507	江念劬
3321	江鹏展
5269	江乾美
7688	江琴舫
5941	江求朴
34070	江人杰
S8690	江润宇
6764	江善同
0422	江世华
1942	江树中
5611	江水源
33046	江思义
3810	江　涛
5220	江　涛
37031	江为健
35449	江惟远
3232	江文苑
35219	江文忠
6062	江希松
8564	江锡国
3461	江孝懿
4918	江燮华
4433	江醒英
37870	江秀泉
361327	江训浩
35950	江训厚
7866	江训勤
1905	江　毅
436	江映蒨
36097	江拥勤
36100	江拥贞
10494	江永年
3373	江育汀
3509	江元勤
8460	江远诚
211	江云驹
5661	江兆云
3667	江哲平
10930	江正耀
10934	江志强
1869	江卓郡
S8654	江子刚
3157	江宗朴
10734	江祖焘

姜

3250	姜邦彦
35130	姜　博
37188	姜翅生
3802	姜存松
8779	姜措萍
S9248	姜德长
5622	姜登玉
30291	姜法全
S8518	姜公望
5233	姜广德
5210	姜怀相
37570	姜　辉
361281	姜锦璋
2518	姜景礬
0364	姜敬舆
2522	姜　驹
3113	姜康德
181	姜立中
2498	姜龙宝

3153	姜　美	1484	蒋传魁	6219	蒋　琳	10376	蒋　武	S9693	蒋梓敏
S9223	姜蒙允	S9105	蒋传霖	29032	蒋禄年	37889	蒋希斌	S9635	蒋祖耀
6828	姜启乾	S8968	蒋传钰	4365	蒋泌芳	412	蒋希斌	2225	蒋祖贻
S9319	姜启如	4367	蒋春芳	6487	蒋明祥	7276	蒋锡凰		
171	姜启如	30247	蒋纯炎	10278	蒋盘铭	7744	蒋　义	**焦**	
S129	姜晴霄	5527	蒋达礼	35811	蒋培元	7447	蒋宪慧	P13	焦明春
3404	姜秋明	10156	蒋道福	10574	蒋　沛	S8508	蒋献文	S8952	焦萍戈
2507	姜仁体	4648	蒋德成	S128	蒋佩楚	S010	蒋相栋	37727	焦盛庚
36787	姜汝禄	50026	蒋德行	6154	蒋佩瑛	33091	蒋相楠	32065	焦元善
3827	姜寿臣	650	蒋德明	4592	蒋　鹏	30166	蒋相浦		
0920	姜寿椿	10586	蒋德新	4849	蒋　溥	351023	蒋祥贞	**金**	
S8807	姜树极	6226	蒋端仙	31148	蒋其俊	361329	蒋肖曾	36148	金邦雄
371459	姜树艺	1459	蒋敦典	32163	蒋庆麟	10180	蒋小石	0105	金宝诚
36112	姜思德	2185	蒋恩溥	2224	蒋　道	6670	蒋晓苍	S8896	金宝贤
10634	姜思恭	S9834	蒋凤鸣	5373	蒋　仁	S9719	蒋孝湜	37397	金伯元
7518	姜思明	S085	蒋福铨	7300	蒋仁山	4366	蒋信伦	7971	金昌麒
50013	姜同大	3086	蒋干民	35419	蒋任远	35042	蒋兴邦	371743	金承喜
2523	姜同焕	371056	蒋贵华	1005	蒋日衢	1342	蒋秀琼	11053	金崇鼎
0823	姜惟寅	6738	蒋贵鑫	6291	蒋如玉	8347	蒋学鎏	1318	金传书
S9677	姜希杰	6191	蒋桂香	3589	蒋儒英	10158	蒋学琪	36543	金传文
7268	姜仙华	10194	蒋国骅	361007	蒋　锐	2665	蒋洵侯	2509	金达仁
36229	姜雄华	35427	蒋国杰	10149	蒋尚杰	8552	蒋延柱	S8702	金　旦
4163	姜绪发	S8833	蒋国雄	4832	蒋少麟	37607	蒋炎礽	0527	金道一
38232	姜绪源	0148	蒋浩川	3577	蒋绍祖	S9814	蒋燕生	10769	金德曾
0432	姜英时	2255	蒋恒通	35312	蒋式嘉	36194	蒋　尧	361352	金德风
10921	姜幼田	S9177	蒋鸿乾	S8204	蒋式彰	5459	蒋　瑶	50007	金东华
S9282	姜元弼	564	蒋厚德	5971	蒋寿恩	3926	蒋耀祖	4042	金笃培
E50095	姜哲斌	50343	蒋怀金	10942	蒋寿南	8353	蒋奕方	4583	金法宽
1185	姜志纯	6512	蒋焕祖	6692	蒋叔平	S090	蒋奕遥	3008	金凤高
361350	姜宗成	3654	蒋辉祖	4760	蒋淑芬	36196	蒋永昌	0528	金凤梧
2510	姜祖壬	36578	蒋惠文	8480	蒋树洪	6448	蒋永年	8063	金福祥
		S9513	蒋慧日	5067	蒋树沅	3435	蒋用中	6164	金馥芳
蒋		38243	蒋季华	50463	蒋树珍	509	蒋有珺	5002	金固生
10099	蒋邦文	31202	蒋季留	4764	蒋舜年	S9821	蒋宇钧	10552	金关福
7501	蒋宝贤	36798	蒋　济	7456	蒋松林	1464	蒋玉瑛	361373	金冠耀
S9490	蒋葆良	S8840	蒋家祥	114	蒋松如	30254	蒋远晖	3682	金广生
29132	蒋丙英	6616	蒋鉴和	4848	蒋　涛	36844	蒋云鹤	S8949	金国雄
36690	蒋秉琴	4793	蒋　杰	4225	蒋梯云	6795	蒋云辉	6063	金国英
4007	蒋炳南	S8537	蒋经熊	0501	蒋廷龙	S8501	蒋韵时	36310	金国章
6144	蒋炳元	38349	蒋　晶	30163	蒋廷枢	5947	蒋再三	S9659	金含章
10177	蒋伯镕	37919	蒋精振	7670	蒋维和	4226	蒋樟淮	E50008	金浩然
32102	蒋　蔡	38249	蒋景山	6585	蒋维屏	2242	蒋长琪	3200	金鹤皋
5488	蒋　蟾	7224	蒋景陶	4227	蒋维新	6482	蒋兆祥	4284	金鹤鸣
5805	蒋昌熹	S9357	蒋镜芳	361214	蒋未迴	30093	蒋哲华	2525	金　恒
0500	蒋超龙	30026	蒋菊萍	3925	蒋慰祖	5534	蒋振华	S9303	金洪干
2191	蒋成坤	4726	蒋俊生	35522	蒋文光	4096	蒋振民	10927	金洪逵
1252	蒋成龙	7111	蒋浚泉	1023	蒋文辉	371495	蒋征杞	10913	金华琴
1344	蒋承干	0903	蒋凯生	S9580	蒋文菜	S8520	蒋正娟	7362	金华堂
32237	蒋承棠	5399	蒋醴仙	8840	蒋文蔚	35512	蒋志新	2529	金　怀
192	蒋承训	125	蒋立生	7540	蒋文忠	31218	蒋　钟	11041	金惠钧
5760	蒋楚白	S8704	蒋丽似	S8884	蒋文忠	0042	蒋子英	S9066	金惠霖

编号	姓名	编号	姓名	编号	姓名
S8607	金基元	4950	金望萦	35003	金仲达
10413	金继南	35469	金唯三	361189	金仲达
50221	金建中	4455	金维熙	518	金铸人
S8642	金锦祥	371517	金伟然	3953	金宗庆
5148	金瑾	4776	金伟宗	32092	金宗舜
3751	金炯章	2521	金慰荪	8679	金祖范
7162	金俊基	2495	金文谋	33113	金祖复
371186	金锟	6352	金问兰	7705	金祖年
574	金锟	7730	金显泰	371219	金祖彭
3681	金兰芳	35330	金效良	P8	金祖彭
6879	金兰芳	S138	金啸风	3214	金祖荣
10544	金礼	36355	金星南	7884	金祖荫
S9484	金莉苓	6733	金雄震	3680	金尊达
3817	金禄庄	29004	金秀堤		
8750	金罗佗	35123	金耀荣		**晋**
3330	金瑠寿	351047	金业琦	5227	晋毅夫
S9852	金明	10617	金一华	7909	晋泽溥
351117	金明远	371334	金以立		
3961	金廼挥	9979	金忆申		**靳**
3876	金廼垣	4551	金亦刚	37750	靳光汉
35098	金培翼	3110	金益之	414	靳光汉
371233	金佩芳	3459	金永康	8302	靳国平
S9757	金鹏舞	36131	金幼文	8167	靳国文
3678	金品华	36818	金玉侪	5403	靳仕民
5676	金启仁	5025	金玉芙	371165	靳晓辉
259	金拳	4776	金玉林		
5959	金日成	6304	金玉梅		**经**
10994	金荣仁	5939	金玉容	S9224	经茂卿
5158	金如玉	10518	金玉英	3650	经祺瑞
32104	金锐	38252	金玉珍	S9260	经省身
10816	金善庆	S9092	金谕	361465	经纬
8562	金绍龙	10877	金毓明		
S8744	金绍彰	371628	金毓瑛		**荆**
S9396	金绳	2530	金燠民	36970	荆浩文
6844	金诗良	S9259	金元霖	3475	荆祥鼎
35406	金时豪	37668	金允正		
36004	金世铨	7171	金则忠		**景**
31228	金式荣	S9609	金泽周	4962	景宜
1202	金守庚	5245	金振东	5251	景蒸秋
2511	金寿康	S8934	金振权		
6391	金淑清	36285	金振勋		**居**
37761	金淑英	3457	金正述	S8483	居国桢
183	金淑珍	37875	金政	S9759	居浩灿
S9549	金顺凤	S9895	金之川	S9782	居浩坤
7949	金舜田	S9436	金志才	S9892	居坤道
35671	金嗣华	2514	金志超	S9686	居荣森
7063	金天梅	50414	金志林	35991	居同仁
31059	金通功	2515	金志器	371603	居同英
S8307	金通华	10823	金智健	31178	居兆祥
31058	金通敏	8195	金钟成	10205	居滋蕃
35290	金万元	5447	金钟麒		

编号	姓名	编号	姓名
	鞠		**孔**
1348	鞠采贤	31047	孔德扬
36065	鞠达人	37804	孔繁富
4376	鞠景韶	38314	孔繁华
8286	鞠孝铭	4256	孔繁提
		1270	孔广言
	具	10572	孔璜
S9073	具临	50222	孔钧琪
		S8432	孔佩英
	开	S9152	孔庆德
361389	开国藩	361474	孔庆麟
37092	开顺官	0679	孔庆瑞
		36914	孔人
	阚	489	孔瑞娥
30144	阚家兴	6524	孔伟辰
371203	阚培敏	S8182	孔宪琦
620	阚培敏	11022	孔祥璠
36008	阚孝三	S9175	孔祥龄
10331	阚玉林	371749	孔祥骐
		443	孔祥麒
	康	10230	孔祥萱
37385	康法文	38334	孔志兴
5370	康汉民		
9980	康建章		**匡**
6415	康杰	34029	匡邦贵
3642	康来鹏	36183	匡浩镛
4493	康鲁生	4262	匡兰珍
10507	康秋水		
7347	康瑞硕		**邝**
35773	康少岚	8038	邝彩昌
8512	康士琦	6020	邝贡贤
0577	康视珩	6405	邝季琼
2328	康问之	37015	邝建平
6178	康馨玉	5644	邝荣埙
5868	康耀章	3931	邝挺生
3701	康渔	3726	邝文雅
0681	康约法	50208	邝兴能
4996	康震夏	7845	邝幸根
		3779	邝耀积
	柯	6068	邝择生
4046	柯保忠	5182	邝兆昌
371335	柯炳光	33162	邝卓庚
0320	柯超尘		
541	柯国纲		**况**
S8449	柯节卿	6458	况厚生
6546	柯金声		
6978	柯佩钰		**腊**
36576	柯维三	0021	腊彭寿
35692	柯鑫声	351143	腊志洞
S8180	柯耀东		

来

S9188	来炳光
5642	来 雷
371642	来宛仙
3801	来元业
0634	来元义

赖

37861	赖德钧
0392	赖德渊
S042	赖复明
3836	赖傅瑾
0401	赖国权
37687	赖鹤鸣
1674	赖 健
4233	赖健生
371021	赖敬中
30212	赖孔贤
1170	赖利贞
361320	赖泮林
8035	赖清平
37142	赖庆平
36163	赖荣珍
1673	赖汝模
3657	赖润和
4919	赖惟钧
351184	赖文华
32240	赖文华
35420	赖义忠
P7	赖 仲
1675	赖作梁

蓝

5767	蓝传发
5353	蓝春元
34057	蓝家和
6126	蓝庆蔚
32137	蓝荣光
8156	蓝淑华
32139	蓝松筠
0713	蓝素兰
S9518	蓝文熙
S8941	蓝毓敏
8020	蓝运华
8138	蓝智德
4530	蓝中青

郎

5115	郎承熙
37217	郎学敏
394	郎学敏
S9806	郎一青

劳

S8506	劳澄禧
35195	劳传义
5288	劳鹤年
S9753	劳怀玉
156	劳怀玉
6899	劳焕基
35378	劳开祥
37783	劳敏蔼
0800	劳人杰
2663	劳人俊
35132	劳树德

老

6545	老超雄

雷

32268	雷次勋
1500	雷达政
0437	雷导衰
361244	雷德范
37327	雷发荣
1522	雷国清
591	雷宏谟
659	雷杰民
0483	雷景珊
7160	雷 兰
3173	雷鸣刚
2423	雷霓轩
S055	雷努生
30050	雷启光
34021	雷启宗
36937	雷声熙
2428	雷叔衡
361437	雷水鸣
7372	雷廷灼
37240	雷 霆
0804	雷为霖
3911	雷务衡
0881	雷 尧
36850	雷萌生
5156	雷 雨
32162	雷泽铭
35262	雷展纤
5471	雷振源

冷

5064	冷福安
36077	冷福志
3813	冷桂生
35876	冷衣云
3945	冷仲良

黎

0886	黎拔萃
37748	黎秉坤
30251	黎超贤
1873	黎朝镕
6920	黎炽昌
33006	黎崇英
1884	黎储材
0949	黎达明
37115	黎德民
1255	黎福临
4851	黎赓梅
36590	黎贡璋
30063	黎冠英
0182	黎光嫌
S8255	黎国明
1220	黎国屏
5505	黎国雄
1861	黎会锦
7390	黎江汉
35516	黎金富
S8980	黎景安
7360	黎景洪
1874	黎 竟
36591	黎君佩
30240	黎 昆
0471	黎良辅
37111	黎柳萍
1870	黎茂煊
30094	黎 明
1868	黎鸣谦
1254	黎铭清
31242	黎培材
34058	黎 群
361435	黎儒生
36875	黎儒生
S9009	黎绍垣
5748	黎叔平
8504	黎属民
0236	黎为敬
36897	黎新本
0988	黎一鸣
371529	黎谊瑞
7194	黎 瑛
7904	黎永光
1876	黎 櫆
50243	黎蕴英
6973	黎兆祥
4097	黎兆元
4228	黎宗亮

李

S8154	李霭侬
S109	李爱群
7794	李 安
36459	李白华
1385	李白萍
34006	李白亚
0486	李百达
1226	李百钧
0578	李 柏
37650	李柏堂
1386	李伴桓
3628	李邦柱
0746	李宝萼
8352	李宝杰
7689	李宝莲
10797	李宝琦
9973	李宝琴
10554	李宝祥
7306	李宝瑜
36708	李保寿
4762	李保洲
0552	李抱宏
8541	李本定
6333	李 标
514	李 斌
34018	李斌魁
32185	李秉俊
3624	李秉枢
371329	李秉芝
32003	李炳波
7628	李炳华
201	李炳华
419	李炳垲
371097	李炳塏
0764	李炳坤
6335	李炳麟
8351	李炳泉
371518	李炳祥
3237	李炳炎
4486	李炳莹
5356	李 波
1326	李伯康
S9142	李伯申
3939	李博仁
0472	李彩英
4796	李灿桑
7891	李灿新
33114	李昌柏
3168	李昌炽
5843	李昌炽
488	李昌福
S8070	李昌祐
S9731	李昌权
371456	李昌声
30164	李昌渭
38348	李昌贤
10849	李昌欣
4605	李超白
0995	李超廷
33094	李朝冠
5438	李朝元
5386	李 玿
35594	李成凤
6762	李成廉
5509	李成年
1416	李成云
35331	李承圭
5106	李承祐
8653	李承峻
8099	李承濂
3855	李承璋
7856	李承樟
3856	李惩骄
30151	李炽光
30253	李崇基
31140	李崇唐
361224	李 倬
4379	李传慧
361404	李传蕙
36898	李传钧
5788	李传声
0847	李传薪
36020	李春林
0360	李春深
S8362	李春生
10820	李纯彬
35554	李连孙
1404	李次民
3236	李 琮
35830	李存仁
S8498	李 达
9993	李 达
35791	李达卿
31200	李达裔
8251	李大刚
S8322	李大钧
35592	李大统

1407	李　淡	10361	李高武	S141	李华柏	S8489	李嘉树	7321	李克芽
4142	李　□	30274	李阆贤	30124	李华炳	361139	李嘉文	0763	李克因
6269	李道常	7958	李根生	30039	李华春	6704	李缄三	6646	李克斋
S9870	李道明	5377	李　耿	S9547	李华东	2692	李建球	S8696	李孔昭
639	李道仁	8279	李恭仁	3671	李华锦	1429	李剑秋	1425	李昆梅
1405	李道鎔	35515	李恭正	36235	李华年	S9881	李　健	32226	李来庆
32044	李得纶	6146	李谷香	5952	李化一	30229	李鉴滨	447	李莱茹
10715	李德安	371460	李冠华	0765	李　槐	S9734	李鉴非	32203	李兰曾
37828	李德标	5147	李冠楠	32095	李焕庭	50133	李觉觉	35771	李兰溪
8408	李德崇	0247	李冠钊	29120	李焕章	1431	李金凤	5688	李乐宾
30046	李德芳	6841	李光华	0493	李焕之	S9205	李金康	5783	李乐山
6111	李德恒	31081	李光华	35858	李焕治	6077	李金培	36735	李礼师
7246	李德就	35383	李光曙	3516	李　晖	35461	李金水	37815	李礼贤
37931	李德宽	1438	李光腾	1436	李辉贞	S9515	李锦春	6911	李立本
8611	李德敏	4547	李光熙	36119	李会章	0100	李锦源	8474	李立策
7778	李德明	361297	李光新	0611	李　惠	6204	李　进	371044	李立德
1381	李德仁	4432	李光兴	0205	李惠灵	361202	李进火	3322	李立群
4632	李德善	6201	李光祖	S8700	李惠民	361335	李晋太	34014	李栗周
3513	李德生	3521	李广达	S8066	李惠年	35071	李京生	3100	李联群
36931	李德鑫	4387	李广信	5336	李惠璞	S9774	李经武	S8794	李良鹤
371695	李德恂	35518	李广扬	5543	李惠珊	361314	李经苑	S098	李良凯
4895	李德荫	4736	李贵华	S9810	李惠生	3393	李景福	37775	李邻仁
4408	李德玉	38250	李桂馨	10353	李慧芳	1423	李景和	1412	李　林
700	李德育	37069	李国成	36352	李慧心	S9235	李景蓉	0007	李林源
33107	李德著	7217	李国濂	302	李慧珍	5479	李景彧	1369	李　琳
S9383	李登峰	587	李国平	36173	李基绿	6554	李竞荣	10154	李　陵
S9272	李涤尘	7535	李国权	3745	李吉垱	1409	李敬伯	0653	李令通
S8872	李　鼎	351112	李国威	35011	李吉魁	3520	李敬妙	4649	李龙富
0395	李定兰	0536	李国文	10165	李集城	6238	李敬齐	37109	李龙馨
1418	李东儒	10315	李国英	371455	李集深	5807	李敬文	3004	李　鲁
30130	李督远	S116	李国治	7755	李纪汉	5584	李敬修	7570	李伦晖
3629	李端初	35061	李海潮	32029	李际铨	9960	李静华	1421	李　轮
4267	李敦书	6139	李涵葳	1372	李季堃	361144	李静华	32251	李迈英
35163	李鄂声	36570	李汉超	36005	李继清	35410	李静兰	1422	李　曼
32180	李恩廉	29011	李汉君	10059	李霁东	11034	李静霞	4661	李曼云
8043	李繁均	36350	李汉章	36061	李加彬	6292	李镜湄	33125	李茂森
37307	李方法	36477	李行健	S8557	李佳言	0150	李驹先	8829	李懋勋
361349	李方生	35751	李浩生	S9419	李家彪	1410	李菊休	37989	李梅贵
S8666	李　芳	6833	李荷英	36448	李家富	5396	李君贤	37508	李梅章
36279	李逢蕊	5823	李荷珍	10106	李家锦	6007	李钧恒	35428	李美焕
1396	李逢源	8446	李鹤云	11015	李家骃	7376	李钧培	35562	李美云
1119	李凤池	S8155	李亨礼	371090	李家琳	5277	李俊明	8001	李民卿
6776	李凤霖	7088	李亨义	1392	李家麟	8538	李俊明	4982	李名镜
0830	李凤眉	1432	李　恒	33029	李家麟	0667	李俊谋	36206	李名英
36208	李佛先	4867	李衡西	0731	李家让	30112	李骏明	35338	李　明
8651	李福泰	7616	李宏生	371150	李家升	8559	李开正	102	李明德
6031	李福泽	7004	李鸿光	582	李家升	10530	李康恺	7480	李明莆
S8439	李福钟	29066	李鸿钧	30179	李家皖	36856	李克光	5309	李明睿
371101	李甫华	35114	李鸿盘	1391	李家应	35285	李克和	6837	李明熙
10048	李傅义	3625	李鸿寿	35947	李家佑	37556	李克俭	6037	李明宿
1426	李　刚	5188	李鹤飞	1395	李家琛	371289	李克强	7538	李明懿

10407	李明昭	1376	李仁圣	32115	李世信	S8044	李琬似	8556	李曦茵
50053	李铭绅	37888	李任	S9369	李世雄	7110	李万芳	691	李喜盛
7608	李慕贞	0229	李任恺	3519	李世逸	8468	李万杰	4899	李侠民
4653	李乃封	4732	李纫秋	35996	李世泽	37867	李万隆	1388	李仙举
30019	李乃霖	3518	李日章	1375	李仕强	3515	李葳	2595	李仙遠
0154	李能楠	3033	李如璧	0091	李守初	3450	李微	8203	李先常
188	李年生	10890	李儒昌	36975	李守坚	36633	李为政	8412	李贤嫒
6568	李欧平	361173	李汝霖	38108	李寿百	5014	李为芝	6348	李贤椿
36878	李盘	37535	李瑞坤	1413	李寿林	1380	李为舟	1428	李贤溶
S9388	李蟠根	4572	李瑞林	S9646	李绶娟	10108	李维统	5650	李显绅
35738	李培基	351099	李瑞麟	1379	李叔珍	36944	李伟	35973	李显光
7528	李佩清	S9405	李润锴	1403	李淑	36568	李伟抱	1137	李显华
5946	李佩瑜	30305	李若棣	371174	李淑德	7181	李伟民	36357	李宪文
0857	李品三	31012	李若兰	7411	李淑芳	37946	李伟民	8105	李庠
10363	李平乐	36871	李若虚	6992	李淑其	3938	李伟中	11023	李祥蕃
1368	李平南	3951	李森林	30095	李淑珍	3854	李文彪	371105	李祥卿
7502	李萍	371473	李善俊	5963	李舒凯	6740	李文达	50452	李翔
0215	李普年	590	李善俊	S9215	李树昌	36863	李文定	5007	李向芳
1415	李其炳	35216	李善余	30169	李树人	371297	李文栋	S013	李筱之
0604	李其刚	36957	李善征	7209	李树声	0549	李文锋	5387	李啸男
5124	李其松	30281	李尚珍	371029	李硕平	37984	李文贵	30220	李协仁
37269	李其桢	7690	李少陵	0742	李思劲	10760	李文海	6109	李燮培
8210	李奇谋	37649	李少秋	4999	李思敬	S8245	李文焕	3213	李樊彪
7221	李崎宇	5930	李少珊	33121	李思廉	37645	李文娟	3670	李心毅
38148	李琪化	7486	李少云	8045	李思陶	5103	李文开	37357	李新生
S9837	李启文	37095	李少哲	37297	李思源	S9196	李文奎	1430	李鑫昌
361039	李启元	355	李劲高	37789	李思忠	5890	李文魁	36971	李星耀
S8164	李千	31237	李绍白	3449	李松念	3032	李文立	4416	李兴钰
184	李谦	6499	李绍聪	0754	李嵩标	2682	李文利	155	李杏江
0194	李乾初	34077	李绍钧	7045	李素贞	S009	李文林	1435	李性良
4143	李强卿	0862	李绍乾	10203	李孙华	6743	李文霖	10440	李修身
6586	李桥生	371557	李绍裘	6471	李孙贤	36609	李文明	6868	李修正
S9072	李钦	50312	李绍荃	3238	李泰观	2691	李文铨	1384	李秀芬
36552	李钦佑	37161	李绍祖	4033	李泰耀	2685	李文韬	32125	李秀华
7647	李清晖	7270	李社德	6210	李泰宜	2688	李文熙	7143	李秀兰
S8626	李清莲	5367	李声开	7425	李泰元	S8297	李文献	3392	李秀岚
5638	李清心	1420	李盛友	36596	李惕吾	7337	李文翔	4710	李秀沂
37299	李清远	1393	李实	35584	李天富	351040	李文颐	5135	李秀吟
35546	李晴初	5051	李实	10649	李天心	10465	李文英	361084	李秀珍
2687	李庆昌	S9460	李士成	30301	李天炎	10943	李文莹	306	李秀珍
7082	李庆城	2596	李士焕	5452	李铁枝	7014	李文运	2689	李诩
5421	李庆淇	33030	李士麒	5314	李廷嫒	2690	李文钟	37473	李旭初
30257	李庆谦	5855	李士伟	616	李廷发	37625	李文周	30190	李序中
31199	李庆让	S9529	李士贤	S9680	李廷杰	10553	李悟非	8177	李绪华
S9429	李庆寿	10840	李士忠	1094	李廷照	S9748	李希由	0319	李续宾
3391	李庆萱	34030	李世昌	371043	李通槐	1424	李晰	8752	李学炳
7737	李全辰	4682	李世芳	371042	李通杰	371205	李锡恺	0963	李学丰
361390	李人琮	371503	李世固	5719	李同高	1427	李锡龄	5928	李学滔
36395	李人俊	4144	李世和	5150	李同熙	1197	李锡桐	36019	李学文
35450	李仁杰	1408	李世瑁	7993	李桐华	S8857	李熙	33058	李雪
37180	李仁溥	7725	李世霖	S8427	李晚霞	36368	李熙祥		

7334	李雪清	8825	李永芳	35937	李则虎	1382	李中俊		**励**
31130	李塒夫	33153	李永芬	8245	李泽丰	38291	李忠权	10137	励世焱
351135	李亚宾	8808	李永建	29063	李泽民	37088	李钟熙		
35777	李炎华	S8177	李永爵	4663	李泽生	7704	李仲波		**郦**
0405	李衍洋	35482	李永森	29012	李增哲	361460	李仲丹	36910	郦范武
4146	李演昌	4378	李永庆	351078	李章琳	S8378	李仲德	371341	郦楷元
6706	李砚兵	36055	李永馨	5854	李章年	S9579	李仲骥	6538	郦展涛
11083	李雁宾	S9110	李咏唐	35442	李章樾	1390	李仲翔		
7223	李燕嘉	5732	李咏雪	371474	李长林	351079	李周发		**连**
5042	李耀铭	30096	李勇	511	李长庆	36294	李珠庆	1972	连捷
4737	李耀铣	1414	李友梅	371596	李掌权	5408	李竹功	1238	连良玉
31087	李也宁	5745	李有昌	36677	李兆芳	7796	李卓俊	1971	连铭忠
S9722	李邺材	371660	李有祥	36028	李兆纲	4674	李卓士	1974	连丕烈
8490	李一弸	4459	李于元	0297	李兆龙	1383	李卓之	35386	连善璜
36109	李一飞	351113	李与庭	S9381	李兆勤	1398	李濯清	36755	连新初
4811	李一民	36754	李予铨	30120	李兆熊	1320	李子超	1973	连韫仙
10462	李漪	31055	李玉华	1400	李肇嘉	10010	李子初		
4265	李沂	38253	李玉琴	1402	李肇是	37730	李子坚		**廉**
6598	李宜椿	10310	李玉森	5907	李贞炳	7052	李子龙	2370	廉文煦
35781	李宜梁	0080	李玉书	8453	李珍	30079	李子宜	S9798	廉增元
35788	李宜民	3390	李玉墀	5541	李振	35153	李子弋		
5339	李宜南	1365	李玉珍	36769	李振华	S9089	李自强		**练**
37820	李贻琳	8216	李玉珍	0140	李振唐	5668	李宗锷	3282	练又新
36373	李贻映	0034	李育英	30184	李振文	1401	李宗桂		
4268	李彝民	30195	李毓东	S9613	李振雄	8539	李宗和		**梁**
153	李以文	6425	李毓槐	S8244	李振亚	371710	李宗恺	31001	梁邦安
7731	李义锡	8805	李毓锦	4430	李正渤	6742	李宗年	37781	梁碧坤
37096	李义忠	30262	李毓钧	32167	李正光	S8517	李宗年	1957	梁冰如
497	李亦琴	0505	李毓瑞	32067	李正筠	S8380	李宗清	S041	梁伯超
371179	李亦琴	4588	李毓琰	1399	李之超	8050	李宗信	37502	梁伯文
6270	李弈美	36976	李元华	361195	李之朴	4266	李宗洋	8292	梁昌蓉
S9611	李益明	1367	李元述	0359	李芝	8264	李宗尧	5273	梁琛
S9815	李翊俊	162	李元献	35376	李职云	8102	李宗彝	1955	梁翅青
S8263	李翊相	4912	李元忠	1411	李植安	8030	李宗泽	30284	梁崇嵋
34023	李懿德	37779	李沅芳	3040	李植丹	10971	李谡	36284	梁崇贤
37354	李荫男	7554	李原堂	8544	李植人	35929	李祖德	32191	梁垂功
S9326	李引弟	35249	李源灿	4145	李志	37963	李祖德	36732	梁存德
36072	李英	0666	李远蕃	10551	李志成	7680	李祖年	4170	梁德光
3005	李英浒	361116	李远金	7191	李志冲	6473	李祖鹏	8838	梁德运
36870	李英萍	8301	李远忠	S9203	李志芳	1394	李祖武	36608	梁德照
31002	李英儒	3517	李曰仁	10012	李志坚	36222	李佐	37193	梁发盛
2686	李应藩	35693	李月仙	371083	李志仁	1389	李作人	417	梁发盛
35878	李应堃	4148	李云程	38327	李志圣	1124	李作正	38178	梁凤山
6141	李应生	216	李云芳	S8444	李志伟			0411	梁公亮
2680	李应武	S137	李云鹤	S9907	李志霄		**历**	36094	梁冠芳
2681	李应元	37843	李云鸿	S9193	李志一	1765	历德彰	371260	梁冠英
S9069	李庸宣	0685	李芸	1030	李质	0063	历鼎立	8048	梁光材
0347	李永川	36351	李运甲	0931	李致和	8699	历家德	6266	梁广爱
34039	李永春	4485	李韫之	S8159	李智麟	S9247	历金才	7573	梁广桂
361171	李永达	33038	李在琦	1373	李稚璋	37654	历肇琅	9953	梁广强
283	李永达	4147	李藻	1417	李中缙			248	梁广强

6669 梁国浈	32153 梁孝熙	35565 廖世芳	S8570 林成添	0868 林汉才
30276 梁过梧	361424 梁心明	371121 廖世芥	36474 林承涛	37575 林汉辅
31051 梁海麟	0722 梁星超	29100 廖淑华	0124 林澄清	7775 林汉民
30234 梁海荣	37476 梁雄	6124 廖思华	1460 林充国	6449 林翰卿
31239 梁海文	7803 梁学汉	36426 廖素青	4279 林传鼎	10186 林翰善
7561 梁华经	3958 梁以忠	351033 廖天锡	35875 林春锦	4646 林浩藩
8027 梁怀璧	5705 梁轶素	371073 廖万邦	0376 林春汉	7785 林浩章
29072 梁欢	6116 梁毅	4352 廖炆龄	10974 林椿年	37782 林和成
31023 梁焕成	S9504 梁荫培	37249 廖锡瑞	0932 林次操	0088 林和宗
10393 梁辉明	6447 梁银枝	371062 廖锡英	S9244 林聪强	4280 林鹤年
32114 梁季尧	10527 梁瀛澴	32230 廖新伦	5450 林从洛	6777 林鹤棠
2620 梁剑雄	32194 梁应嘉	2364 廖雪涛	S8007 林存古	50127 林宏祥
11070 梁金基	30271 梁永保	S9367 廖耀汉	2173 林达仁	37605 林鸿藩
8820 梁景瑗	7091 梁友声	S8303 廖漪玉	4158 林达时	4910 林鸿略
7364 梁景英	0835 梁玉书	8400 廖翼谋	5096 林大彬	4975 林鸿坦
36014 梁巨培	4298 梁遇年	0421 廖英才	2229 林大张	36515 林厚忠
S9291 梁乐群	3688 梁悦齐	250 廖裕	3243 林大中	S027 林华森
3017 梁禄祥	7580 梁韫娴	8659 廖毓才	5809 林德成	50485 林槐青
37147 梁枚火	36236 梁增广	32271 廖源深	10224 林德华	3058 林纪勋
6101 梁民	1960 梁璋武	1297 廖云翘	1324 林德楷	347 林继承
289 梁敏松	8252 梁昭炽	7240 廖钊	35467 林德炘	371747 林继谟
1954 梁明德	S119 梁兆虎	2332 廖哲珪	2243 林殿爵	3816 林家栋
6122 梁乃升	30243 梁震雄	38319 廖振河	8384 林鼎	35017 林家凤
3259 梁枭	1953 梁灼曾	361337 廖振江	36935 林鼎甲	4680 林家堃
3615 梁培节	29033 梁梓煊	2371 廖震	S9553 林定源	0216 林家骧
1956 梁培树	8719 梁祖祺	30024 廖正琴	4685 林芳	3402 林家兴
S8136 梁鹏		2339 廖志谦	2210 林芳兰	638 林家尧
10936 梁聘唐	**廖**	7357 廖忠乾	4581 林飞宇	38298 林家尧
8533 梁齐高	37618 廖昌乐	3718 廖钟凤	7764 林非絮	36652 林嘉昆
32210 梁奇	7292 廖传淮		S8672 林逢午	35861 林嘉仪
5846 梁启显	1000 廖春华	**林**	30295 林凤岗	10441 林建华
S9162 梁仁阶	30017 廖德光	1140 林柏青	2222 林福民	32136 林建熊
4761 梁儒	2351 廖德熙	2668 林柏森	4381 林福照	0120 林觉世
30126 梁瑞	0550 廖德中	4664 林柏章	32091 林复初	S9749 林洁
1959 梁瑞生	33078 廖殿民	2227 林葆齐	3056 林富平	37290 林洁
7712 梁少庭	S9025 廖动生	695 林本森	37050 林概恭	35743 林金榜
S8226 梁绍昌	6222 廖斐	7256 林碧琰	361146 林甘澍	37070 林金潮
8228 梁绍松	1311 廖凤荣	3612 林宾	30059 林干	371437 林金坚
36733 梁省三	8026 廖福民	37787 林斌	2248 林公侠	7073 林金兰
10584 梁斯萍	5821 廖光含	0543 林炳煌	7918 林观建	242 林金銮
36161 梁天华	4220 廖国元	361239 林炳坤	35821 林冠伦	37813 林金润
1958 梁天啸	2352 廖继盛	3632 林炳年	371425 林光重	36064 林金燕
5609 梁天职	6644 廖坚池	36225 林炳荣	30298 林广华	3244 林金藻
371479 梁天中	371255 廖镜洲	2183 林伯鉴	1330 林国安	31017 林金针
1961 梁霆	3984 廖钧握	0386 林博寰	2240 林国钧	36700 林锦华
7267 梁婉清	2355 廖俊清	3105 林材	37171 林国俊	4034 林近义
6033 梁纬	5746 廖丽琴	6808 林朝祥	2673 林国亮	0506 林景仪
5240 梁文	2366 廖烈	37281 林朝宗	36087 林国权	6891 林镜洪
5799 梁文贤	29075 廖慕莹	2666 林晨熹	351126 林国权	4665 林菊英
6948 梁文彦	1357 廖其柱	0553 林成年	7333 林国祥	S144 林君长
35611 梁孝根	1296 廖升	10744 林成森	371053 林汉波	31158 林钧武

编号	姓名	编号	姓名	编号	姓名	编号	姓名	编号	姓名
5810	林俊英	36021	林荣胜	371617	林西萍	3037	林玉瓒	0263	林宗夏
0414	林侃如	2252	林荣章	2218	林希隽	36307	林钰麟	35915	林祖淦
S9418	林康	35560	林汝栋	3059	林希贤	455	林裕杰	36275	林祖琳
35306	林柯森	7900	林汝坤	5217	林锡桂	S9392	林元祥	1483	林缵衡
0716	林科棠	35228	林瑞麟	5055	林庠	35532	林橄		凌
32141	林可标	1232	林瑞玲	4278	林祥麟	6528	林云瑞	7618	凌宝华
36276	林兰清	3294	林瑞文	1153	林翔皋	S9008	林赞贤	36460	凌承择
1479	林乐天	0430	林瑞仙	S8993	林肖容	0037	林泽	3474	凌广勋
3245	林乐章	35487	林瑞寅	0294	林燮	S8302	林泽芳	1930	凌建雄
37642	林黎珠	361256	林森森	2667	林心觉	3749	林泽怀	36376	凌洁
471	林澧清	482	林少英	35027	林心勇	4035	林泽民	50455	凌美成
371310	林澧清	219	林绍明	S9236	林馨芳	5259	林泽人	29047	凌乔文
3291	林立信	0387	林时明	3107	林星垣	371616	林瞻杞	35421	凌莞
6467	林利和	S8126	林士能	S9251	林秀强	6217	林展昭	S8939	凌上达
2238	林曼罗	37287	林世宁	4964	林煦祖	36205	林漳生	1975	凌尚昭
36958	林茂辉	8522	林世政	0044	林学曾	S8068	林兆琮	35657	凌绍中
7421	林茂生	2203	林世忠	36305	林学尧	50329	林兆棣	0095	凌绍祖
0344	林懋湘	396	林是尊	624	林亚才	37167	林兆浇	S8148	凌世民
4892	林美存	37099	林是尊	7087	林言臣	37151	林兆泉	4554	凌世钦
282	林美莲	4117	林寿楠	S9109	林扬波	5398	林兆煦	37228	凌述唐
8507	林孟桑	0712	林受禄	0889	林杨荣	7880	林兆桢	428	凌述唐
6162	林梦雄	S9937	林淑英	0892	林仰瑜	4589	林贞志	10123	凌漱芬
3786	林民魂	31156	林树勋	2232	林尧顺	S9570	林真娥	S8481	凌漱芬
35941	林敏生	8267	林澍田	36487	林瑶	5663	林祯华	351180	凌天庆
371272	林明	361430	林双木	5918	林耀钦	5666	林振华	11064	凌暾
0396	林明忠	6008	林硕田	5383	林叶语	36597	林振寰	6905	凌文瑞
4157	林慕陶	7928	林松年	3815	林一鹤	5554	林振奎	4757	凌文育
6534	林乃夫	371738	林苏清	11050	林一鸣	2192	林振述	10827	凌学渊
35790	林乃平	6326	林腾达	1468	林一株	7833	林振英	4858	凌永彬
3329	林培森	3106	林天机	35706	林贻干	2189	林振中	6504	凌云岐
10532	林培□	37769	林铁藩	3677	林荫	S8308	林震飞	37127	凌增美
361045	林沛霖	2247	林铁珊	5914	林荫陶	6254	林镇瀛	S9059	凌震
1457	林麒	31236	林廷祥	5913	林荫渔	S9911	林之荫	6125	凌震东
10878	林启明	6647	林廷修	37388	林英三	2213	林植蔼	6938	凌震权
3293	林启仁	272	林同芳	1325	林应澜	6865	林志纯	37998	凌正咸
37214	林绮纯	361169	林同芳	6437	林永清	6718	林志士	S8971	凌正孝
5864	林绮琴	36977	林同奎	4277	林永熙	6509	林志文	S076	凌志良
7865	林前培	7129	林婉芳	0316	林攸绵	3871	林治衡	10163	凌智
6455	林清	7008	林婉知	351139	林尤堪	8332	林致远	30133	凌钟翰
2163	林清在	1454	林望容	2250	林猷光	5675	林中行	8783	凌钟慧
30250	林权杰	0526	林为邦	8494	林猷书	0458	林中鸿	0537	凌祖颐
0343	林铨沂	35380	林维次	S8532	林猷雄	0284	林钟龄		刘
0762	林人骥	37994	林维德	35475	林友琛	36697	林钟龄	36345	刘蔼南
6895	林仁基	7742	林维纾	5052	林友铧	3055	林仲文	30213	刘爱道
6398	林仁霖	38356	林伟仙	9991	林友铮	1201	林主光	8499	刘安室
3598	林任夫	36834	林伟雄	8336	林有荣	36402	林祝英	8175	刘柏坚
8456	林日定	32178	林文汉	7109	林玉琛	4533	林祝敏	35004	刘宝莲
37255	林日新	35566	林文显	5275	林玉麟	0385	林卓然	35275	刘宝莲
0008	林荣	371661	林文耀	37627	林玉梅	37918	林子剑	7945	刘本勤
10810	林荣杰	37292	林同礼	35316	林玉旺	7877	林梓铭		
8225	林荣生	0231	林戊铧	5302	林玉英	0255	林宗华		

36998	刘本正	32057	刘道权	0041	刘国材	32101	刘家璧	3039	刘俊文
5384	刘必飞	361101	刘道旭	50001	刘国光	10003	刘家福	0884	刘 峻
36101	刘 彬	4373	刘德本	0022	刘国桢	7938	刘家桂	S8724	刘骏仁
10107	刘丙章	8563	刘德慈	361451	刘海球	35329	刘家权	5098	刘开机
371344	刘秉梁	36927	刘德辉	8551	刘汉焜	2640	刘家瑞	10984	刘开龙
371388	刘秉荃	3195	刘德钧	10560	刘汉良	8658	刘家瑞	36524	刘恺君
4640	刘秉线	5005	刘德仁	8613	刘汉宗	33159	刘家骧	37280	刘可昭
S8236	刘秉枞	36713	刘德生	3140	刘翰尧	371478	刘家训	8062	刘可宗
S8221	刘秉垣	33077	刘德硕	30077	刘行德	371104	刘家莹	10273	刘克光
37833	刘秉芸	2639	刘德鑫	10133	刘浩然	34073	刘家玉	35815	刘克光
30008	刘炳福	8158	刘德庄	34007	刘浩涛	34033	刘嘉美	S016	刘克宽
1721	刘炳华	5280	刘登江	36784	刘和芳	33100	刘坚实	37363	刘克明
36994	刘炳骥	4372	刘登崧	36168	刘和庆	6182	刘建国	6469	刘克仁
S9664	刘炳南	4926	刘登月	36604	刘河北	10119	刘建民	10272	刘克武
6702	刘伯珩	7011	刘定焕	35346	刘鹤琴	351029	刘建英	30285	刘克武
4550	刘伯颂	36603	刘东北	361365	刘恒朴	361075	刘剑川	3986	刘克荫
34096	刘博群	7761	刘东邻	10459	刘宏伟	0610	刘剑英	37608	刘魁元
5375	刘步崙(伦)	6034	刘东铭	35209	刘宏业	S036	刘健群	351179	刘 堃
4383	刘采革	29103	刘笃智	0902	刘 洪	35417	刘 蛟	S9933	刘兰荣
1010	刘彩琼	S8294	刘敦强	371113	刘 洪	0533	刘 杰	36550	刘岚廷
8335	刘灿琨	S9673	刘恩同	107	刘鸿波	8431	刘金承	6838	刘立麟
S005	刘沧萍	3721	刘恩长	371753	刘鸿福	37553	刘金汉	37552	刘立民
4213	刘策华	10351	刘尔基	458	刘鸿福	36301	刘金泉	35077	刘连根
2622	刘策全	0568	刘蕃滋	6242	刘鸿淦	4735	刘金融	3590	刘莲芳
7973	刘蝉贞	1750	刘蜚雄	1741	刘鸿儒	5348	刘金彦	S9023	刘良淳
8668	刘焯昌	8625	刘 芬	36881	刘鸿雁	4601	刘金镒	35341	刘 琳
S125	刘朝华	1189	刘佛佑	6592	刘鸿钲	10447	刘锦德	371135	刘 琳
30137	刘朝荣	3919	刘福源	0660	刘后熙	0075	刘锦鸿	1746	刘 璘
30007	刘沉刚	5423	刘复生	36921	刘厚甫	50413	刘锦卿	1747	刘霖棠
37306	刘成就	29105	刘傅炎	361079	刘虎雄	36099	刘进明	10167	刘灵清
36883	刘成骏	1732	刘 干	280	刘虎雄	37427	刘京华	8605	刘 玲
5649	刘承方	35897	刘干璜	32093	刘华楞	8232	刘经环	1742	刘禄康
5878	刘承业	S9519	刘干云	37271	刘化民	36440	刘经时	5116	刘 迈
3924	刘崇翰	S8330	刘更生	5679	刘浣良	361405	刘景春	S8882	刘曼华
30038	刘崇仁	3985	刘功烈	0159	刘焕机	37447	刘景林	8013	刘茂修
S8914	刘崇素	50205	刘功霖	4008	刘焕章	S9500	刘景锜	S8368	刘懋桑
35210	刘崇晏	1735	刘恭福	8665	刘惠苍	0593	刘景三	37675	刘懋英
3139	刘崇岳	S8132	刘古瑶	8600	刘惠民	1758	刘 竞	0645	刘美昶
36453	刘传德	1743	刘冠斌	8689	刘慧明	34082	刘敬典	1769	刘明观
6119	刘达琴	4371	刘冠群	S8198	刘蕙芳	37284	刘敬叔	1729	刘明俊
5079	刘大程	7036	刘 光	50264	刘蕙芳	10295	刘敬业	S8928	刘明仁
35548	刘大椿	37295	刘光第	8130	刘蕙华	8479	刘静瑞	31244	刘鸣凤
29109	刘大经	418	刘光第	3221	刘积明	5242	刘静云	0661	刘铭肇
1249	刘大琨	32157	刘光兰	5882	刘集光	36915	刘久田	3500	刘通英
P5	刘大泉	4100	刘光前	6216	刘际勖	4369	刘久振	4567	刘南华
7526	刘大生	361043	刘光涛	7338	刘季瓶	1751	刘玖业	483	刘能标
8145	刘大智	37635	刘广清	6114	刘季龙	322	刘 珏	3719	刘念华
S8482	刘导润	8510	刘广铮	371694	刘继武	1749	刘君素	10773	刘培泉
1740	刘导沂	S9368	刘桂欢	351000	刘继周	1752	刘君总	33060	刘培镶
8661	刘道拔	351137	刘桂敏	33026	刘霁开	1744	刘俊才	1738	刘沛昌
3220	刘道克	S9668	刘桂芸	S9807	刘佳秀	7726	刘俊才	351066	刘佩乙

37975	刘蓬岛	371139	刘绍国	5181	刘天民	6530	刘兴权	8044	刘永祜
1725	刘鹏搏	442	刘绍国	371409	刘天锡	36248	刘杏椿	4121	刘永康
36170	刘鹏云	S093	刘绍汉	33075	刘天一	0399	刘修如	35455	刘永康
34004	刘丕良	0959	刘绍香	1091	刘天与	S8216	刘修身	8238	刘永陶
3652	刘溥仁	S9605	刘绍英	5780	刘添语	1081	刘秀钰	3088	刘攸达
35029	刘期桄	10766	刘社耀	36413	刘铁铮	37049	刘秀珍	S8211	刘友谅
S8618	刘其昌	S8181	刘社耀	5967	刘廷凯	369	刘秀珍	35281	刘友通
8049	刘其康	7399	刘申慈	36607	刘庭坚	4101	刘煦南	110	刘有镛
3087	刘　琦	4777	刘慎诒	1756	刘庭芝	S096	刘　玄	S8763	刘幼朴
351073	刘　琦	S046	刘食鸣	371624	刘惟玗	371352	刘玄庆	37232	刘佑新
S9164	刘启光	5555	刘士林	35361	刘惟琳	7076	刘选恺	6243	刘禹田
3840	刘启民	S9440	刘士先	37149	刘维汉	6633	刘　□	1754	刘玉龙
S073	刘启明	8828	刘士桢	361461	刘维华	5777	刘学富	5924	刘裕谷
S9556	刘启申	0901	刘世滨	36191	刘伟良	1726	刘学孝	35299	刘裕民
7619	刘启耀	3360	刘世愚	30058	刘玮华	5332	刘雪鹏	361071	刘毓材
361106	刘启蕃	E50018	刘世杰	1736	刘蔚祥	4102	刘训华	32033	刘毓松
8587	刘起峻	6273	刘世凯	38164	刘懋民	1724	刘雅愚	3920	刘毓英
5560	刘起廉	S9689	刘世炎	3722	刘文峰	3490	刘亚生	5728	刘元高
1745	刘绮文	187	刘世炎	1757	刘文冠	4631	刘　延	0331	刘元鹏
361241	刘乾元	S8707	刘世忠	4212	刘文华	4830	刘　炎	35023	刘元璋
0248	刘强元	0271	刘式雅	32272	刘文华	5284	刘衍武	627	刘源珍
3841	刘清怀	4814	刘守常	3917	刘文阶	5167	刘　揆	0127	刘远名
0883	刘清涛	8632	刘守谦	S8186	刘文进	8482	刘燕桂	S9655	刘月生
S8982	刘庆曾	8463	刘守正	361306	刘文荣	31162	刘　决	11073	刘　岳
8621	刘庆孝	5221	刘寿麟	338	刘文荣	4419	刘仰方	4553	刘　樾
4544	刘琼如	S9007	刘寿山	1755	刘文学	10795	刘仰林	S8065	刘　云
3729	刘琼业	S9612	刘受文	4475	刘文质	0756	刘一黄	1714	刘云章
5792	刘秋声	S056	刘　枢	1753	刘　雯	0115	刘一骐	34005	刘　芸
1733	刘求南	4471	刘叔瓶	3434	刘伍夫	8816	刘依庸	35729	刘允中
3988	刘燃章	4521	刘叔和	371110	刘武卿	4622	刘仪超	35883	刘运琪
0805	刘人兴	7417	刘淑良	5166	刘希健	36969	刘宜懋	32248	刘运祺
3918	刘仁波	4462	刘淑平	37974	刘锡良	S9375	刘以忠	S9555	刘蕴清
30018	刘仁峰	5431	刘淑英	35691	刘先植	S9373	刘以濯	S9820	刘再华
361328	刘仁业	1739	刘淑昭	32011	刘贤甫	37413	刘亦庄	S022	刘藻滨
4099	刘　戎	431	刘淑贞	4374	刘显启	29118	刘　益	34012	刘则民
8761	刘荣富	5877	刘述汉	1020	刘显舜	0245	刘逸青	1708	刘　璋
S8475	刘荣汉	30108	刘述贤	371622	刘现华	S9588	刘　毅	37453	刘　璋
1720	刘荣甲	37192	刘澍云	S9773	刘　湘	36403	刘毅堂	361463	刘长城
S001	刘荣禄	31040	刘顺模	7623	刘湘涛	0947	刘　因	0900	刘长麻
2638	刘荣祖	36685	刘思聚	1168	刘祥琛	10521	刘　吟	29077	刘长域
30141	刘　容	0605	刘思聘	30255	刘向馥	4479	刘银英	1734	刘真如
7259	刘如曾	0033	刘思职	7668	刘晓明	6765	刘英华	0851	刘振汉
37338	刘孺南	36126	刘四奎	7307	刘孝聪	361112	刘英烈	1737	刘振琪
1748	刘瑞昌	32217	刘崧华	3651	刘孝望	1266	刘　荧	35690	刘振榕
35725	刘瑞华	1730	刘肃卿	S9417	刘孝绪	S9597	刘　莹	29134	刘振宇
36621	刘若韫	4956	刘素娴	1273	刘谐章	31101	刘　莹	31210	刘震开
31231	刘三余	36441	刘绥时	371033	刘　新	161	刘　影	5379	刘震中
451	刘森树	3022	刘　穗	32089	刘新基	8151	刘映华	1722	刘镇南
669	刘善竞	34067	刘太和	8117	刘新群	36486	刘映明	10657	刘镇南
S9517	刘善瑛	S9192	刘　涛	1728	刘星晨	371363	刘　镛	36869	刘铮涛
4370	刘少华	37992	刘　涛	10703	刘星飔	33088	刘永安	3049	刘正复

Column 1

代码	姓名
0045	刘正杰
1117	刘正孝
5074	刘正宣
1213	刘正训
36559	刘植槐
128	刘　志
351098	刘志夫
32129	刘志光
31190	刘志坚
371215	刘志立
10706	刘志鹏
36419	刘志清
0413	刘志权
36973	刘志允
33037	刘志忠
361312	刘质彬
351145	刘治汉
3361	刘智荣
371491	刘中昌
35106	刘中搽
1731	刘忠获
7090	刘钟德
1723	刘钟琥
3089	刘钟明
5178	刘仲平
35367	刘仲馨
8670	刘竹君
7892	刘铸璇
371583	刘壮华
3576	刘拙如
0108	刘滋生
S002	刘梓材
S8234	刘宗渤
371316	刘宗楚
6803	刘宗贵
0521	刘宗龄
4772	刘宗荣
34035	刘宗寿
0295	刘宗熙
10082	刘宗衍
S8966	刘祖泽
36203	刘遵圣
32238	刘　佐
0490	刘佐宗

柳

代码	姓名
4173	柳大经
S9426	柳凤书
S8737	柳谷书
10618	柳广堤
S9662	柳和清

Column 2

代码	姓名
10484	柳和生
177	柳健躬
32027	柳介藩
371438	柳铭禧
10692	柳培生
38371	柳培洋
6612	柳燨南
35848	柳杏林
50037	柳哲昌
11063	柳志雄
5927	柳中勋

龙

代码	姓名
30261	龙伯宪
34052	龙呈湍
36595	龙呈云
8330	龙承德
1299	龙海雄
371081	龙建东
33151	龙　竞
3929	龙九渊
30138	龙良华
0813	龙明勋
37008	龙佩珊
34045	龙平章
2318	龙瑞霞
30211	龙盛津
32112	龙寿南
4779	龙铁珊
2317	龙廷沛
2304	龙同玉
5363	龙文霞
S9498	龙学铣
8124	龙雅娱
2311	龙　仪
32215	龙载朝
2310	龙泽咸
0128	龙兆佛
5968	龙兆康
8792	龙兆祥
37235	龙肇亚
398	龙肇亚
2303	龙镇中
371201	龙之庆
619	龙之庆

娄

代码	姓名
38269	娄贤介
0461	娄震东
E50044	娄明德

Column 3

楼

代码	姓名
S8223	楼成翰
S8320	楼恩惠
4831	楼嘉济
50396	楼琦
7869	楼启钥
2260	楼启芝
5874	楼婉珍
0646	楼文宪
4438	楼琰
5047	楼在望

卢

代码	姓名
37623	卢邦驹
8182	卢炳衡
30306	卢超亮
4769	卢持初
6689	卢崇禧
4730	卢崇裕
S9146	卢传中
2077	卢春章
8654	卢慈沛
3051	卢萃孚
7202	卢道五
1075	卢德寿
3658	卢登庸
S122	卢沸流
3487	卢辅廷
565	卢工一
S8349	卢光华
30182	卢光义
361258	卢海英
10851	卢华曾
S8222	卢华金
32274	卢华金
5219	卢华民
4628	卢辉球
10746	卢慧慧
4869	卢家荣
8810	卢金生
0410	卢菁苑
35459	卢景鸿
361402	卢君义
670	卢康成
351052	卢康辉
S8750	卢克绪
S9002	卢　琨
35809	卢旅仙
3303	卢曼云
7868	卢民贺
S8001	卢　明

Column 4

代码	姓名
7271	卢明辉
3578	卢　穆
36558	卢乃林
4103	卢璞卿
10614	卢启润
30288	卢气洪
30268	卢气淑
2152	卢清甄
5942	卢庆龙
37917	卢如甫
1339	卢汝纯
6051	卢瑞英
7507	卢　睿
36095	卢善成
0135	卢绍稷
8550	卢绍祖
5468	卢摄西
3579	卢绳高
31208	卢时昌
4234	卢士弘
0439	卢世鲁
4375	卢寿椿
7317	卢寿微
7798	卢廷炽
5130	卢同熹
32048	卢万明
2082	卢万庆
5290	卢　伟
8425	卢蔚然
2012	卢文汉
0744	卢文年
35589	卢文勲
371641	卢文侠
4436	卢锡华
37845	卢熙绀
2008	卢先楷
4791	卢秀清
6179	卢　雅
1073	卢衍纬
37980	卢耀棠
5496	卢逸贤
371404	卢永炽
7693	卢有骐
4122	卢云飞
3223	卢展雄
361037	卢　钊
7398	卢振纲
1999	卢震海
135	卢镇华
10612	卢正华
10793	卢志伟

Column 5

代码	姓名
361481	卢治宇
37135	卢仲珣
31177	卢子卿

鲁

代码	姓名
31074	鲁承志
30072	鲁大东
4098	鲁道熹
30218	鲁德栋
361452	鲁观桢
1867	鲁国士
S8660	鲁　明
361093	鲁　平
8154	鲁纫兰
35916	鲁士莲
8593	鲁　颐
34075	鲁志达

陆

代码	姓名
S9902	陆白天
1718	陆邦杰
10219	陆卜礼
4536	陆采莲
S9705	陆昌富
3344	陆承案
8340	陆传籍
0325	陆春壹
S8608	陆纯良
6203	陆慈庄
9950	陆大经
S9180	陆大钧
10004	陆大孟
S8232	陆大同
6898	陆大为
S9029	陆大壮
7308	陆旦生
S9656	陆诞生
365	陆道生
S8088	陆德芭
10283	陆德润
0146	陆德音
36244	陆鼎良
4308	陆定一
S9136	陆定一
36042	陆耳顺
3078	陆飞鸣
S9179	陆飞一
S9511	陆凤汶
S9812	陆刚应
583	陆庚华
10988	陆观民

35794	陆广长	6281	陆人骏	S8190	陆秀琦	**陆费**		0448	罗怀福
31220	陆国裘	S8942	陆仁贤	S9348	陆秀章	432	陆费铭智	37995	罗会安
6908	陆涵曾	S8462	陆仁宣	1155	陆学贤	416	陆费如珍	S8176	罗家瑛
10348	陆汉章	3116	陆如龙	10668	陆学智			5921	罗謇
36034	陆弘道	6385	陆如惕	7739	陆雪梅	**路**		36680	罗建林
35646	陆鸿慈	141	陆儒豪	10061	陆勋	38077	路宝芳	36040	罗觉华
32063	陆鸿达	8416	陆汝达	S8638	陆延藩	5071	路尔钰	33055	罗金钊
371080	陆鸿逵	5590	陆闾成	3758	陆耀昶	371723	路琦	589	罗琎
3902	陆徽伍	10976	陆润梅	10647	陆耀东	5072	路荣来	2659	罗锦彬
5316	陆家俊	523	陆润英	1719	陆谊昌	S8988	路式垣	1776	罗锦川
1716	陆家骏	S8197	陆绍赞	S9125	陆逸文	35323	路淑珍	30221	罗锦云
10489	陆家英	371147	陆诗熊	1275	陆毅	8591	路文华	7180	罗君俪
371754	陆嘉琛	507	陆诗熊	11054	陆毅	371304	路锡坤	1669	罗君强
10550	陆建梁	371651	陆施劳	1800	陆印泉	351012	路星拱	1664	罗俊
S8965	陆剑生	5207	陆时万	0031	陆英林			8148	罗克聪
S9233	陆杰	8285	陆时文	6840	陆永芳	**栾**		S118	罗克锋
3118	陆洁芳	S9112	陆士玖	35869	陆永年	38211	栾任之	0349	罗崑勋
10947	陆锦川	6758	陆士秀	6784	陆永惕	0815	栾增锴	3932	罗来瑞
S9647	陆进穆	5057	陆世渠	8830	陆榆			0035	罗良干
S8679	陆晋年	6016	陆树德	36634	陆玉书	**罗**		8263	罗亮畴
0627	陆景宣	S8701	陆树勋	3544	陆裕林	11025	罗爱琴	S8854	罗绿珍
S8478	陆景尧	7515	陆姒生	36422	陆毓云	36278	罗宝珍	33152	罗茂心
10337	陆静盦	S9711	陆诵清	7745	陆元吉	34051	罗必思	35183	罗懋修
33036	陆科琼	371378	陆苏民	1209	陆元溯	3438	罗碧琴	29049	罗鸣凤
10583	陆克俊	2641	陆邃	4705	陆元瑛	35708	罗斌	29006	罗鸣凤
36207	陆奎章	7514	陆悌生	S9058	陆沅农	50349	罗秉衡	S8843	罗慕贤
4603	陆葵庆	36214	陆天麟	371013	陆云华	S077	罗炳云	S8721	罗能安
36239	陆坤元	0650	陆廷甫	427	陆云华	S127	罗炳云	0706	罗佩光
3543	陆兰芳	7663	陆廷绶	5532	陆云龙	S047	罗伯元	5988	罗奇英
10128	陆丽英	S9153	陆廷彦	S8885	陆云溪	4668	罗博文	32161	罗祺康
1187	陆莲荪	S8488	陆铜	6127	陆载琨	35458	罗补华	6918	罗潜会
S9886	陆亮	1181	陆惟鉴	371306	陆赞忠	3592	罗才冈	37268	罗庆坤
371118	陆烈	S9908	陆惟勋	35778	陆兆羽	2658	罗成佩	5120	罗琼
3346	陆麟勋	5485	陆维熊	4619	陆正格	4634	罗成伦	32154	罗秋帆
6869	陆曼夫	0389	陆维元	10438	陆正文	7404	罗崇简	S8818	罗秋声
7121	陆懋济	10874	陆维中	1715	陆志安	7767	罗传坚	4545	罗群彦
3117	陆敏修	0715	陆维周	38225	陆志超	31180	罗萃儒	1773	罗荣臣
S9654	陆明德	S8962	陆伟珠	35295	陆志浩	36356	罗达民	371521	罗荣明
3757	陆铭扬	S9846	陆渭民	34111	陆志毅	36538	罗导峰	6366	罗融
10487	陆慕尧	0473	陆蔚如	0243	陆中遒	S9744	罗福寿	1660	罗汝谋
38157	陆培宗	5819	陆文民	10210	陆仲南	S8393	罗公直	32177	罗上钰
0876	陆佩藩	S8904	陆文熙	35158	陆竹松	8515	罗光晖	30294	罗升善
0780	陆丕鸿	S8538	陆文燕	4306	陆竹亭	1774	罗光涟	8007	罗时中
50367	陆启英	1717	陆伍洋	3345	陆庄	S075	罗国良	0066	罗士清
6483	陆千里	4054	陆西樵	4307	陆滋源	2657	罗国士	32258	罗世璠
4985	陆潜	S8924	陆希达	8078	陆子淳	S8366	罗汉洋	6386	罗世方
6749	陆强	S121	陆希沄	36018	陆自立	1184	罗宏宣	7346	罗世溁
3903	陆庆曾	10646	陆祥润	4447	陆宗汉	10083	罗宏远	32259	罗世璋
37709	陆庆祚	6325	陆心国	S8888	陆宗厚	37434	罗鸿选	S8694	罗寿彭
374	陆庆祚	9999	陆新又	10474	陆宗荫	35396	罗鸿勋	5451	罗书阁
6500	陆权谋	0040	陆雄林			37222	罗华焕	7724	罗淑濂

0991	罗树德	351009	罗自意	11058	吕敏寅	0145	马灿汉	36967	马克祥
4016	罗舜琴	10372	罗祖谦	35304	吕铭彝	0305	马灿豪	8368	马丽娟
S133	罗松柏	5117	罗祖武	361243	吕廼大	371654	马昌震	10250	马　良
1666	罗天民			5270	吕廼谦	361154	马潮生	35107	马良才
8313	罗廷森		**骆**	10378	吕培浪	37662	马成年	S9400	马琳宝
4865	罗同国	S9074	骆诚松	33025	吕培锘	1069	马呈祥	5710	马隆成
36071	罗宛宾	0738	骆存斌	32134	吕朋箕	36450	马承源	361346	马玛丽
37112	罗琬菁	361475	骆登卿	8837	吕启昌	5034	马莘英	S9374	马孟昂
S9823	罗维城	8465	骆继维	31176	吕启祥	36233	马翠岳	598	马孟刚
36420	罗　文	10005	骆嘉宝	7117	吕庆澜	4635	马大华	3043	马孟宗
36360	罗文成	5320	骆　遴	361304	吕荣耀	4288	马岱隆	8386	马敏中
1671	罗文淹	0070	骆美奂	1139	吕绍槐	S8288	马道南	371052	马　明
0183	罗文藻	10739	骆勤复	37417	吕绍敏	371271	马德麟	36047	马明初
32255	罗西文	36142	骆松涛	0918	吕绍虞	S9312	马德汶	6156	马明辉
8477	罗希光	2458	骆天培	3233	吕师济	4627	马　镫	8021	马明慧
8146	罗希贤	2476	骆肇萱	2655	吕士中	3251	马端履	371626	马明璆
32138	罗熙康	9985	骆肇宗	10577	吕世藩	3067	马尔骏	3204	马明中
37383	罗先田	7560	骆振忠	5308	吕世琏	0871	马福双	1766	马谋嘉
5641	罗贤尧	S8665	骆志苑	361434	吕世敏	2579	马广心	S102	马廼封
8149	罗象贤			10457	吕寿山	371647	马贵清	3470	马品兼
1192	罗孝闻		**间**	5562	吕树森	35607	马国榜	371069	马平生
30082	罗效杰	29068	间儒敏	32142	吕孙谦	50370	马国榜	S8745	马　萍
6176	罗杏英	50430	间汶锦	7790	吕庭煌	S095	马国俊	36805	马齐贤
30260	罗修慎			351070	吕维城	36654	马国理	4169	马启明
4717	罗秀容		**吕**	38047	吕小安	35444	马国梁	S9776	马绮君
10025	罗雪娥	1823	吕超人	6153	吕燮文	327	马华光	7983	马千里
10575	罗雪筠	S8757	吕崇禧	30078	吕亚伯	361025	马华光	5689	马人文
1670	罗彦光	1227	吕楚汀	36510	吕岩文	6395	马涣康	S8512	马仁杰
10765	罗燕山	S9227	吕　村	5951	吕俨浩	7378	马焕雅	1764	马仁元
7543	罗耀民	0165	吕鼎才	4151	吕毅民	35126	马惠民	0557	马荣争
6159	罗耀武	5068	吕凤钗	35816	吕银才	4882	马　翔	35755	马汝维
0979	罗以文	31206	吕冠超	371180	吕　瑛	10411	马积浩	S9021	马森宝
10719	罗逸清	37120	吕光明	467	吕　瑛	6169	马吉富	30002	马绍邦
37176	罗　毅	7521	吕光祺	37506	吕友业	6716	马季良	8234	马时芳
401	罗　毅	50126	吕国深	3944	吕玉辉	5828	马季潜	35999	马时英
33115	罗应荣	37764	吕和俭	4448	吕泽华	50044	马济人	4557	马士俊
371399	罗镛生	S8189	吕鹤鸣	3511	吕振田	S9050	马继会	30155	马世华
1659	罗永甚	10332	吕宏贞	8297	吕振新	0890	马冀北	36299	马世云
1777	罗有鹏	0863	吕鸿才	8642	吕芝兰	S8556	马　骥	1761	马世珍
0753	罗豫钿	35064	吕厚端	1668	吕子魁	35248	马家珏	10609	马寿炜
3933	罗豫桂	S8640	吕家骏			0972	马家振	S9826	马书城
5109	罗远袚	37707	吕静芝		**麻**	37518	马嘉云	8687	马树搞
1333	罗赞英	31155	吕俊藩	37119	麻慧敏	8029	马洁芳	29024	马思梅
371354	罗长松	3627	吕浚（濬）			S8668	马竞良	8780	马嗣贤
559	罗长松	31205	吕骏超		**马**	10287	马君健	6129	马嗣忠
30193	罗照熙	8085	吕　宽	S8948	马百乐	37578	马君岩	38145	马颂平
5187	罗振庵	38091	吕　丽	351080	马柏年	351165	马俊勤	4045	马　腾
8458	罗振华	S8049	吕凌娟	7105	马本明	S9161	马　骏	S9045	马腾达
1667	罗正淑	E50007	吕梅君	658	马碧华	351166	马　骏	37844	马同明
S9615	罗志煊	361123	吕民生	31060	马炳焕	35379	马开第	35531	马宛群
5766	罗子松	10914	吕敏龙	5523	马伯英	35067	马克家	10762	马婉如

S9537	马维贤	10561	马正常	361140	毛书兰	33096	梅斌	8542	孟庆文
S079	马伟志	10529	马之刚	4692	毛叔群	5215	梅达人	S9350	孟士箴
5834	马文进	36365	马之骏	29008	毛淑廉	8194	梅德昌	8280	孟廷宣
351119	马文旭	30308	马志瑾	8776	毛淑仪	8072	梅德庄	371511	孟宪懿
0227	马锡瑞	2675	马致祥	37631	毛淑英	4195	梅福年	3683	孟滋龄
1763	马先本	10912	马竹卿	4527	毛通诤	5223	梅冠祥		
4880	马贤成	0700	马壮	37534	毛锡瑞	1246	梅光道	**糜**	
32243	马孝恭	8561	马子俊	8081	毛獬	3558	梅光前	S8900	糜若拙
361085	马孝先	5285	马宗恒	32120	毛熊祥	S8441	梅翰秦	10432	糜于道
371728	马燮镕	298	马宗武	37651	毛秀英	5671	梅鹤		
30089	马秀光			8076	毛训仰	371550	梅鸿和	**米**	
0936	马秀鹏	**麦**		8068	毛彦	35943	梅琥	8506	米宗相
10192	马萱	4839	麦席儒	5606	毛贻训	31114	梅华		
7247	马学明	35714	麦学贤	30114	毛以鉴	3483	梅焕涑	**宓**	
7513	马学征	4067	麦英甫	361427	毛引	37068	梅吉人	10796	宓恺群
10096	马雪生	0299	麦宇樞	5083	毛应蓉	33014	梅建树	S9119	宓梅群
8322	马迅	7645	麦志强	2022	毛永珪	7392	梅景焯	7262	宓锡通
29113	马雁冰	1377	麦卓云	35397	毛永泉	S9037	梅俊贤	5241	宓逸群
8350	马仰周	31241	麦宗汉	8619	毛远春	3644	梅庆椿		
6835	马一卓			2148	毛岳祥	36425	梅树钧	**苗**	
29112	马奕音	**满**		11003	毛鋆先	S9424	梅素兰	351176	苗廷举
7968	马益均	35307	满渊	38331	毛昭政	6315	梅孝增	371462	苗永鑫
10200	马益珊			2016	毛振禄	36825	梅醒民		
8321	马逸尘	**毛**		10922	毛振彦	6929	梅亦行	**闵**	
35845	马永明	0513	毛呈翼	36412	毛拯民	1778	梅咏赓	7335	闵梅贞
37052	马永庆	6664	毛春声	361331	毛志亮	8763	梅友兰	371032	闵盘桢
386	马永庆	6343	毛淡霞	S9042	毛志明	1713	梅有芬	7018	闵士森
361104	马永祥	6648	毛德润	32208	毛中翔	0417	梅玉藻	6350	闵世基
11065	马友棣	3738	毛恭珊	2020	毛宗周	S9887	梅允玮	S8984	闵世英
4843	马又岑	36289	毛关善	31016	毛祖塘	371034	梅早明	2485	闵轼
371458	马幼源	4915	毛桂芸	33081	毛祖训	6931	梅征时	37914	闵卫东
3706	马玉骥	37735	毛海筹			37089	梅中兴	6215	闵希铨
37795	马玉宇	38340	毛海源	**茅**		8112	梅宗盛	3609	闵希贤
5200	马毓英	2023	毛鸿章	0047	茅霭延				
1760	马援斌	S8013	毛家骅	10770	茅静芳	**蒙**		**明**	
36745	马远帆	8652	毛家骥	S8599	茅静先	3982	蒙大恩	S8808	明琬华
4441	马允文	S8913	毛家驹	7135	茅延冲	1063	蒙觉存	35649	明琬惠
35754	马运达	36451	毛建初	3295	茅青春	10873	蒙民伟		
1762	马运升	6769	毛静松	10669	茅人权	35586	蒙仁泽	**缪**	
6484	马运生	S9839	毛君华	10757	茅绍敏	5175	蒙协和	8243	缪斌甲
38117	马蕴芳	33098	毛克昌	1476	茅绍文	1031	蒙忠汉	S8815	缪大文
5390	马泽鸿	2019	毛礼铎	3956	茅以元	32267	蒙祖岐	3196	缪德成
371691	马占江	S8275	毛丽正					S9663	缪凤威
32086	马长俊	30267	毛民席	**冒**		**孟**		36334	缪赓德
37100	马兆禨	2014	毛鹏翔	S8121	冒景高	36724	孟传孝	6548	缪杰
1056	马兆奎	37826	毛乾华	1236	冒铭	37273	孟广福	8548	缪景湖
4558	马贞端	37600	毛如法	1662	冒然	35705	孟洪定	7661	缪克新
37057	马振华	5484	毛瑞琪			1635	孟家泰	1176	缪匡
3752	马振武	2017	毛莘	**梅**		3887	孟杰	0693	缪启愉
31223	马镇陆	6369	毛守丰	381	梅爱芳	36501	孟钦	361114	缪润煦
37246	马镇章	0588	毛寿恒	5331	梅安定	34083	孟庆宁	3621	缪升

371514	潘疾东	10280	潘训曾	1759	庞寿峰	S8539	彭瑞麟	浦		
7596	潘纪申	3835	潘延献	32084	庞锡垣	8443	彭声洪	9988	浦保群
38264	潘纪已	10468	潘仰烈	37117	庞霞云	34091	彭世钿	7402	浦 诚
7509	潘季强	35742	潘耀先	37107	庞旭云	10556	彭世宏	371545	浦元吉
S9371	潘继安	37525	潘已蓓	10941	庞学松	1442	彭淑芳	38222	浦增华
30115	潘继毅	36389	潘奕贤	6000	庞仪山	S8101	彭淑贞	S9813	浦 作
3998	潘家驹	4363	潘 翼	7783	庞倚云	4223	彭述信		
S8381	潘家斑	6152	潘懿则	S9651	庞左同	0975	彭树衍	戚	
37825	潘建坤	4230	潘盈科			1440	彭顺喜	7253	戚凤春
7631	潘健明	50242	潘应海	裴		S9246	彭苏萍	35486	戚凤藻
37950	潘锦仁	10981	潘永祥	36635	裴春霖	S130	彭 滔	7723	戚桂宴
37942	潘锦义	351150	潘友桂	361355	裴国伦	361019	彭文盛	38286	戚桂宜
37958	潘景程	371556	潘有昌	4990	裴午民	4808	彭 希	8406	戚国锦
7875	潘婧一	1936	潘有庆	36867	裴先路	5563	彭湘生	S043	戚国钦
371554	潘爵芬	7057	潘又新	S9079	裴祥生	371068	彭筱盘	8422	戚国锐
7576	潘栗秋	37229	潘玉振			37758	彭燮辰	371417	戚立进
4540	潘莲莲	371645	潘元章	彭		31134	彭秀英	35484	戚丽丽
S8241	潘良济	S8676	潘源清	351053	彭秉东	0418	彭绪芳	S8484	戚丽卿
29110	潘培德	371681	潘云侠	351051	彭秉良	8275	彭永康	10659	戚明昌
32118	潘期远	8646	潘允平	36972	彭炳煊	8545	彭友梁	38210	戚淑贞
3192	潘其达	7853	潘韵声	8103	彭昌达	7298	彭幼卿	S8541	戚文苑
4094	潘奇伟	0842	潘泽溥	8170	彭昌禄	371015	彭幼如	10412	戚振声
4963	潘乾元	50029	潘招益	36492	彭程远	34092	彭玉合	S8801	戚震福
361068	潘勤振	7824	潘兆明	34095	彭次林	36091	彭运鸥	7586	戚冶黎
5337	潘秋桂	6054	潘振邦	3131	彭从烈	36070	彭在勤	S9762	戚致训
37305	潘求焜	7825	潘振铎	10686	彭从新	8397	彭召恩		
1935	潘 权	371020	潘震寰	S086	彭大勇	8211	彭珍华	漆	
4790	潘荣甲	5544	潘震家	35259	彭德楚	37278	彭振家	5579	漆德根
S8997	潘融亚	31152	潘正洪	10269	彭凤绍	0895	彭正庄	351118	漆穗森
32249	潘润莲	4229	潘植德	0382	彭观涛	36908	彭志远	36393	漆咏诗
37021	潘时雍	3778	潘竹朋	3277	彭光复	31197	彭治平		
4364	潘世宝	3574	潘柱文	1444	彭国良	37484	彭灼华	亓	
31159	潘世勋	29069	潘子华	2598	彭鸿文	387	彭灼华	35269	亓宝兴
5603	潘世征	1079	潘宗纲	S8588	彭家杰	36647	彭宗杰		
7158	潘寿明	1937	潘宗良	361074	彭家兴			齐	
3910	潘淑仪	5365	潘宗尧	287	彭家兴	平		3571	齐德修
4231	潘 腾	6998	潘祖湘	35823	彭嘉荣	35544	平寿康	8060	齐光勋
30200	潘维白	7653	潘祖云	361135	彭建初			2330	齐国屏
3284	潘维翰	4859	潘作钢	426	彭剑萍	蒲		10431	齐国章
32077	潘 晔			8521	彭克纯	8256	蒲昌言	35045	齐鸿章
6982	潘慰庭	盘		37418	彭 魁	34040	蒲继能	36043	齐家海
S9842	潘温耀	5406	盘炳桓	8324	彭礼卿	37424	蒲廷芳	6914	齐家伟
388	潘文博			8790	彭立人	5397	蒲中蕙	S106	齐立民
10868	潘文蔚	庞		S094	彭美谷			5160	齐晓庄
4517	潘先良	30203	庞代烈	37234	彭明相	濮		5310	齐彦英
36093	潘先明	S053	庞贵德	37444	彭年勇	371407	濮德明	2344	齐 漪
351069	潘 湘	5569	庞惠农	37046	彭培蕙	6631	濮惠泉	371475	齐月笙
S9775	潘祥贵	8268	庞锦垣	1443	彭启周	10449	濮良汉	3283	齐云英
3432	潘孝懋	29129	庞静英	S8332	彭庆云	35349	濮阳翔	3916	齐子澄
7255	潘燮聪	1191	庞若运	S9829	彭日浩	36742	濮之任	3839	齐子义
8715	潘 埙	S8360	庞绍裘	8626	彭荣富				

祁		7078	钱家骏	5076	钱锡潼	7551	乔琦	2650	秦禹臣
6043	祁步敦	7235	钱建忠	7914	钱霞仙	36181	乔尚威	30123	秦玉兰
5247	祁步凯	10630	钱剑伯	2544	钱鑫	10563	乔守荣	37983	秦媛
351105	祁步喜	10830	钱锦夫	1256	钱叙之	6632	乔永明	6537	秦岳灵
10442	祁沧涛	4001	钱锦和	36671	钱学伦	10608	乔月清	S8899	秦粤廉
5094	祁根之	371457	钱京裁	7841	钱逅婴	32147	乔增桂	6454	秦云生
35717	祁简言	37298	钱景夏	7396	钱一鸣	S011	乔志超	37270	秦载椿
35716	祁君博	35160	钱钜福	10949	钱一鸣	1990	乔志恂	4301	秦在璇
35647	祁明德	S9181	钱匡一	37017	钱益明	0489	乔宗海	36645	秦兆良
32069	祁森林	35887	钱魁	35347	钱毅			4931	秦仲馥
		4941	钱锟	5795	钱宇同	**且**			
钱		35605	钱兰英	35241	钱宇文	3198	且之典	**庆**	
35222	钱艾文	0358	钱朗西	37238	钱玉光			2345	庆泽彭
29055	钱白水	S8783	钱林七	6825	钱玉书	**钦**			
36923	钱邦藩	8290	钱梅芬	37800	钱玉音	35208	钦景德	**仇**	
35413	钱宝濂	S8957	钱孟平	6752	钱郁春			10775	仇德耀
37706	钱宝桐	117	钱孟平	S8646	钱越珠	**秦**		10046	仇桂荣
2541	钱宝贤	33170	钱妙娴	6102	钱泽球	10308	秦邦楠	36786	仇昊华
4610	钱秉曙	S9385	钱宵康	6488	钱振麟	S8869	秦秉宽	361295	仇敏政
0222	钱伯贤	35389	钱佩芬	S9905	钱振兴	5062	秦凤千	S9187	仇佩仁
36679	钱伯仪	33045	钱佩玲	35885	钱振中	S8671	秦福昌	2057	仇平
0174	钱镈	S8870	钱朴	6711	钱镇初	S058	秦贡玕	11069	仇任寰
3730	钱灿琨	6678	钱潜	35533	钱镇铭	1691	秦光前	264	仇守琳
4377	钱成之	4875	钱巧珠	0310	钱正骤	S9742	秦和鸣	371489	仇文怡
361308	钱传铜	5595	钱人元	37516	钱之易	199	秦和鸣	2056	仇向阳
6188	钱春楣	6422	钱荣万	5458	钱芝木	7241	秦积诚	6133	仇峰业
8094	钱春深	35201	钱瑞麟	4921	钱志道	2649	秦家标	2145	仇荫谷
6563	钱翠珍	6936	钱瑞祥	5935	钱志英	120	秦谨廉	3937	仇振原
3656	钱大钧	33119	钱闰廉	7952	钱致祜	35044	秦镜	S9032	仇正本
10718	钱岱英	3193	钱润生	5292	钱致平	8743	秦可法		
8018	钱定宽	3999	钱善昌	S9522	钱致中	30307	秦兰珍	**丘**	
4916	钱尔康	S8909	钱善初	361449	钱忠国	5033	秦敏学	37971	丘承先
0632	钱阜虞	S8657	钱善镒	7349	钱钟尧	3338	秦乃祚	8108	丘浩
10559	钱高森	0522	钱绍武	35189	钱仲岐	S8229	秦绮文	0453	丘华声
2542	钱冠	31027	钱申初	7190	钱宗麟	3045	秦铨中	0914	丘瑾
4393	钱冠英	35404	钱士钧	36311	钱宗培	S8299	秦士毅	3798	丘科昭
50031	钱光	371414	钱守义	E50036	钱宗仪	36185	秦树德	29092	丘克尼
3177	钱光烈	2543	钱树金	6567	钱祖吟	6949	秦树仁	2021	丘启绍
1269	钱贵诚	6715	钱颂恺			35572	秦树仪	1006	丘庆祥
5294	钱国俊	0977	钱蒉	**强**		33082	秦廷玺	5307	丘淑燕
4000	钱国凯	3928	钱天达	6416	强椿廷	157	秦统	6950	丘水耀
6465	钱汉琴	7626	钱苕香	34109	强钧	S9584	秦伟斌	S9085	丘思明
2540	钱鹤龄	2539	钱廷槐	0084	强可震	5528	秦文富	6974	丘文祥
S8424	钱厚笃	1169	钱同文	S9799	强锡麟	4868	秦文俊	33158	丘欣如
3580	钱怀刚	613	钱婉华	37323	强尧臣	36361	秦锡龄	32187	丘欣娅
31025	钱惠娴	7464	钱万选	S8420	强耀先	36848	秦祥生	0004	丘学训
E50027	钱惠长	S9430	钱伟			36493	秦秀荫	1267	丘原
3050	钱慧英	5525	钱伟光	**乔**		1695	秦以谷	1105	丘枕石
7750	钱慧珍	5845	钱文渊	37701	乔春发	37350	秦英才	7003	丘志衡
1350	钱家骅	7013	钱锡成	35240	乔谨言	229	秦又菲	1268	丘竹师
35351	钱家积	37077	钱锡麟	35559	乔鸣皋	351007	秦于生	37667	丘祖逊

邱		6418	邱玉庭	6478	瞿畹馨	410	任宏	**茹**	
37589	邱朝曙	37967	邱云山	7582	瞿威廉	36630	任辉	0060	茹馥廷
5685	邱朝赞	34010	邱云腾	S9270	瞿翟	37859	任基广	**汝**	
38036	邱承宗	4434	邱芝圃	S8787	瞿振华	6431	任俭寅	6732	汝秀芬
35859	邱大杭	4807	邱志澜	10115	瞿重宁	10709	任健	**阮**	
4159	邱方坤	3394	邱志渊	3727	瞿卓如	3607	任杰星	687	阮伯云
3242	邱干	S8348	邱宗杰			7784	任静	6727	阮朝德
361252	邱国贤	545	邱祖基	**曲**		361411	任静安	5608	阮成基
35405	邱国雄	371373	邱祖舜	S8773	曲学铭	36940	任茂才	29034	阮福华
0431	邱鹤	3818	邱佐春	0638	曲宗炎	361248	任明德	S9404	阮福祥
37528	邱鸿乐					S9154	任耐	37365	阮海洲
31049	邱鸿勋	**裴**		**权**		36852	任培源	7293	阮恒
34093	邱焕武	10651	裴光明	7046	权瑞光	8756	任佩儒	0239	阮厚坤
10512	邱季庭	S9586	裴锦秋	5950	权泰钟	35634	任佩仪	6332	阮纪鹤
S9838	邱家骧	7272	裴诗桐			8434	任秋石	37359	阮家莿
0336	邱锦荫	S8342	裴诗炎	**全**		29102	任瑞元	5923	阮隆愈
S8277	邱敬蓥	1008	裴祠徽	6390	全赓珍	S8139	任绍先	10044	阮慕云
31026	邱可畏	35938	裴铁生	3512	全志沧	S8250	任舍利	487	阮汝澄
5813	邱孔衢	9961	裴雪芳			30004	任慎仪	371276	阮汝徵
S9801	邱来康	343	裴尧康	**阙**		0394	任生祥	10753	阮维炯
361151	邱理荦	35574	裴耀根	0807	阙维熙	8141	任士媛	10616	阮文飞
308	邱理荦	50132	裴玉卿			2069	任叔丹	5470	阮文蔚
6427	邱琳	3717	裴宗璐	**冉**		10109	任树机	3397	阮文章
2481	邱模澄	1448	裴宗泽	11071	冉广龄	S025	任特生	8310	阮肖达
S9527	邱南成	35391	裴祖苟	30068	冉隆勋	8010	任廷柱	37741	阮忆冰
5779	邱能			32035	冉胜坤	8617	任桐	36716	阮中三
0649	邱玊承	**屈**		2651	冉先弟	4708	任秀英	38214	阮仲云
35129	邱启逊	35905	屈棣	5198	冉云	2067	任旭	S8019	阮子宽
37211	邱泉盛	1234	屈家楠			0761	任铉	4382	阮宗珍
S8799	邱人匡	35541	屈经权	**饶**		4721	任亚庸	**芮**	
0529	邱嵘	3750	屈开熙	31147	饶宝林	3950	任源远	37979	芮昌世
0747	邱如川	10953	屈有源	30177	饶明彰	0547	任增辉	7809	芮传薪
36264	邱如金	33124	屈玉□	2546	饶上磐	8812	任震	4753	芮国瑞
2465	邱绍昌	7353	屈誉棠	2545	饶伟堃	686	任冶华	10242	芮和师
10928	邱士民	S8944	屈照芬	32073	饶文华	5592	任致	35726	芮和泰
8190	邱素兰	34013	屈众辉	36648	饶遇春	5593	任中	3864	芮家俊
4276	邱锡焕			1314	饶兆年	S9466	任重毅	8432	芮立钊
10625	邱献之	**瞿**				5058	任祖臣	4036	芮慕尹
371149	邱孝方	50471	瞿墆	**任**				36922	芮仲能
534	邱孝方	29124	瞿栋祥	S8598	任昌荣	**戎**			
35414	邱孝贤	371483	瞿福根	S015	任朝华	38239	戎启新	**萨**	
S9084	邱秀峰	S8050	瞿福元	361440	任传著	361255	戎锡圭	5804	萨毓海
361315	邱绪瑞	S9097	瞿光楣	346	任传著				
29031	邱以文	10299	瞿国全	37808	任春	**荣**		**桑**	
8683	邱毅	S8353	瞿厚基	5826	任达	200	荣宝星	9986	桑芝眉
S8150	邱永棣	37577	瞿慧琴	186	任德霖	361347	荣家全		
38009	邱永祥	S9441	瞿建铭	7462	任敷孟	5436	荣君泽	**沙**	
644	邱永祥	8638	瞿开宣	S8930	任根鎏	464	荣淑英	6212	沙旦
371295	邱友德	0291	瞿立朝	S8809	任功锐				
0769	邱有方	7878	瞿佩蓁	8125	任衡	**容**			
30170	邱玉琨	38099	瞿孙贤	371089	任宏	30259	容观植		

3744	沙凤熙	**邵**		7635	邵宪洵	10605	沈炳生	35012	沈家麟
7537	沙格夫	5901	邵本怡	6984	邵肖芳	35701	沈博泉	S9302	沈家骐
10006	沙冠东	354	邵必群	38272	邵孝祥	10505	沈彩英	1980	沈嘉鉴
36702	沙国栋	6370	邵波	S8545	邵孝咏	5138	沈昌熊	35024	沈嘉彦
6276	沙鸿浚	S003	邵诚	S9921	邵新法	S8505	沈昌源	6981	沈嘉治
7159	沙介福	10231	邵楚善	371283	邵雄才	30245	沈成凉	1983	沈驾涛
36672	沙壬	351160	邵道岩	667	邵艳阳	6939	沈承昭	438	沈见予
S9420	沙壬	662	邵德贞	S8768	邵耀英	36049	沈川	38177	沈建栋
35802	沙输藩	36554	邵德贞	5050	邵怡棠	35476	沈慈仙	4718	沈建斗
3866	沙文光	4160	邵定华	6783	邵英	10480	沈萃文	3096	沈建仁
3095	沙文良	1233	邵尔杭	37408	邵友曼	10865	沈达崇	6360	沈健
11031	沙轶伦	1863	邵范九	371730	邵友中	10103	沈大昌	10138	沈介一
10802	沙因斯	361196	邵根云	S8315	邵玉英	10453	沈大禾	7936	沈锦霖
3235	沙玉同	351159	邵观光	0198	邵圆征	S8910	沈德宝	S9861	沈景昊
2679	沙钰	S9494	邵冠军	5720	邵泽融	35431	沈德民	318	沈景晟
10961	沙毓芳	10050	邵光铭	6091	邵贞术	5969	沈砥中	S8352	沈敬尧
4799	沙兆豫	7577	邵国荣	6959	邵振民	0456	沈锷	S8606	
		371390	邵国治	1637	邵之锦	S9241	沈尔冲		沈静(赣)益
单		7452	邵汉宝	37892	邵志贤	0357	沈尔谷	36286	沈静维
35662	单国任	7155	邵汉民	S8835	邵宗炼	6205	沈尔才	10204	沈镜清
36429	单龙	38159	邵行治			38216	沈钫	371488	沈涓宝
2580	单猛	6314	邵洪	**佘**		651	沈丰厚	7683	沈浚
35008	单鹏程	0185	邵鸿达	50151	佘国林	0256	沈富赓	371435	沈骏
36502	单士廉	2571	邵华	36600	佘交善	4414	沈干楠	4593	沈可受
36024	单学渔	34114	邵金霞	38270	佘俊敏	4525	沈公健	351109	沈克绵
7168	单逸	38163	邵九成	37483	佘明端	0494	沈功	S9893	沈匡宇
7169	单佑玲	S9665	邵厥煦	31044	佘尚警	10970	沈冠雄	50247	沈奎
3302	单蕴华	50342	邵珂	S8705	佘为中	7782	沈光荣	10781	沈葵
3190	单宗安	5759	邵莲秀	6842	佘文杰	36526	沈国范	7021	沈坤仪
1770	单宗瑞	36344	邵曼仙	3747	佘耀崟	S9631	沈国梁	466	沈兰芳
		0822	邵名鹤	371544	佘增桦	0916	沈国林	4890	沈磊
善		1286	邵谟	35967	佘冶元	7967	沈国庆	4263	沈立斌
S8995	善愈隆	5419	邵乃偲	3746	佘祖坚	S8396	沈国荣	0964	沈立钧
		361456	邵沛霖			10585	沈国璋	6284	沈丽华
商		7848	邵企陶	**申**		10316	沈国柱	10226	沈丽娟
5466	商秉生	7426	邵企禹	30290	申发祥	6392	沈汉荣	8109	沈丽霞
8240	商学礼	1627	邵柔杰	S9760	申怀琪	37548	沈汉兴	7339	沈丽珠
4724	商悦	10726	邵珊娥	8082	申杰	S8111	沈泓	S9199	沈良辰
4339	商政	4114	邵尚质	361418	申景昭	30049	沈浣音	6584	沈亮
		6955	邵仲纶	37672	申笛星	35460	沈惠芳	10463	沈临七
上官		36204	邵盛昌	1696	申屠宸	S9880	沈惠丽	361122	沈龙华
3028	上官照	37793	邵世翔	7141	申屠华	37543	沈惠民	364	沈龙华
35530	上官智生	371214	邵世翘			7569	沈惠忠	S9843	沈笠侯
		0869	邵淑慎	**沈**		175	沈积兆	1927	沈鲁如
尚		3460	邵思坚	33167	沈邦	10664	沈稻康	0477	沈鸾章
36167	尚德林	S8946	邵棠	6419	沈宝基	37041	沈吉弘	361102	沈纶章
361419	尚士科	10466	邵廷玉	0134	沈葆棠	10388	沈纪申	10968	沈罗增
37628	尚树龙	7512	邵通	6609	沈抱廉	37521	沈纪文	10513	沈曼琳
371588	尚修文	371711	邵伟	1929	沈比德	1989	沈寄可	S9086	沈茂安
4976	尚钟珏	5895	邵文革	S9587	沈秉维	1991	沈家荸	3742	沈茂禾
		361274	邵霞生	4863	沈秉一	10812	沈家骏	5170	沈茂芥

6515 沈茂彰
6381 沈美林
0365 沈美镇
S9831 沈 森
6531 沈敏达
4149 沈 明
35348 沈明珠
5424 沈慕池
37048 沈慕琴
379 沈慕琴
S8249 沈乃恭
10139 沈乃能
10111 沈乃万
5943 沈女贤
S9797 沈培霖
10752 沈培元
7672 沈佩璧
7674 沈佩英
35510 沈鹏里
S8841 沈丕建
S8609 沈 朴
1982 沈其迴
5312 沈其时
1984 沈其彰
6930 沈 锜
5329 沈启复
10749 沈启林
6441 沈谦六
413 沈清如
1933 沈庆侅
31161 沈仁和
7804 沈刃平
7367 沈荣彪
1934 沈荣新
30076 沈荣珍
10305 沈如玉
33166 沈如湛
0104 沈 锐
371510 沈瑞良
3097 沈瑞铭
6113 沈瑞庆
S8041 沈瑞泽
38026 沈瑞璋
35968 沈瑞宗
5836 沈润思
35509 沈若文
5301 沈绍敏
3941 沈施民
4745 沈士钧
3323 沈士奇
5953 沈世丰
3940 沈世增
S9627 沈守宏
351017 沈绶辉
1985 沈淑筠
0620 沈树屏
36211 沈树人
2619 沈树森
5627 沈舜乡
3812 沈思齐
4546 沈 涛
0455 沈天保
3626 沈天定
37461 沈天文
5637 沈廷蔼
35271 沈廷镛
7179 沈霆钧
351174 沈 通
10596 沈 桐
11044 沈 薇
8487 沈惟拯
11060 沈维俊
7483 沈维岳
S9585 沈维增
7086 沈文萃
11061 沈文德
1932 沈文骥
1138 沈文耀
S8999 沈文珠
1931 沈武侯
6819 沈锡良
371482 沈锡其
145 沈锡永
S9931 沈熙民
36445 沈霞飞
S9309 沈先勤
37656 沈贤恺
1013 沈显扬
4795 沈筱棠
S9000 沈孝诚
4703 沈 敩
10112 沈心波
10265 沈心培
37022 沈新芳
S9399 沈新仁
S9293 沈兴生
S9750 沈秀庄
36175 沈序冬
10286 沈 璇
351161 沈学仁
1018 沈学义
0143 沈雪夜
6112 沈雪英
361310 沈雪英
29038 沈逊斯
38207 沈雅云
615 沈延冠
10391 沈杨圣
5648 沈旸初
3035 沈耀德
4453 沈业超
36154 沈一然
37698 沈彝鸿
33057 沈以定
S007 沈以时
5540 沈义昌
0613 沈逸君
S8920 沈 毅
32026 沈 毅
35909 沈 毅
5343 沈毅君
411 沈 懿
1987 沈寅如
562 沈英士
38122 沈永清
35727 沈涌泉
351044 沈猷松
361090 沈玉霞
3857 沈 郁
35539 沈裕华
35655 沈裕生
S8507 沈毓涵
S9825 沈毓良
7698 沈元翔
S9926 沈元贞
S8178 沈岳华
351016 沈芸英
35242 沈允臧
S8675 沈运材
6190 沈运楠
10705 沈运祥
S8452 沈韵林
10007 沈在勤
35865 沈在享
S8125 沈则莱
10893 沈则善
9975 沈泽民
S9906 沈增禄
0491 沈长缨
35038 沈兆年
10870 沈兆麒
S8847 沈兆荃
3448 沈 桢
7894 沈桢林
35602 沈振纲
6442 沈震东
S8898 沈拯民
S9457 沈正圭
36243 沈之奭
664 沈志超
4609 沈志成
S9764 沈志冀
S9028 沈志□
1979 沈中文
6029 沈钟瑾
5542 沈竹筠
361395 沈子明
1928 沈紫葵
7722 沈宗淑
9956 沈宗洵
5502 沈宗英
37498 沈祖润
S8628 沈祖荫
2632 沈缵绪

绳

36785 绳新赓

盛

351086 盛昌其
8116 盛德贵
8826 盛 鼎
10761 盛凤鸣
10478 盛福林
1685 盛公盱
1684 盛光仁
35527 盛光祖
1689 盛广智
371719 盛国光
35375 盛汉康
5802 盛珩元
37624 盛克俭
405 盛克俭
6285 盛克之
10633 盛澜澄
36598 盛 磊
S8184 盛马良
37203 盛名达
1686 盛沛泉
191 盛勤芳
35769 盛仁声
628 盛荣棠
361145 盛瑞瑛
10511 盛善达
50235 盛声遐
3426 盛世纯
3979 盛世范
6699 盛世经
36615 盛世同
351189 盛仕良
S8933 盛树珩
5551 盛依松
7395 盛永江
36722 盛毓龙
35910 盛月芳
31090 盛泽荣
185 盛钟洵
10798 盛宗濂

师

36464 师文尧

施

0636 施碧珊
50198 施 斌
37666 施伯华
5017 施伯埙
0195 施伯朱
6677 施博孙
0773 施步康
7816 施昌俊
S9521 施晨初
S9167 施承德
2402 施德济
37020 施德立
7550 施德璋
4490 施方焕
37391 施福贞
S8713 施国贞
S9306 施怀瑾
2411 施怀忠
36991 施怀洲
10157 施慧凉
S8225 施家璋
35358 施介之
S9803 施景义
38246 施敬时
37124 施久开
S9298 施 侃
2407 施克昌
1142 施克良
S9752 施克义
456 施懋旺
50120 施美莉
35489 施慕陶

编号	姓名	编号	姓名	编号	姓名	编号	姓名	编号	姓名
10038	施慕昭	35569	施智君	35822	时靖	**是**		7329	司徒国枢
S8395	施穆如	35200	施中柱	4115	时康侯	361042	是筱勤	5026	司徒少文
0038	施乃铸	37661	施仲华	8622	时佩铎			6409	司徒仕权
371163	施品珏	S8850	施子惠	32253	时其瑜	**寿**		6456	司徒洵
504	施品珏	36564	施宗白	36135	时炜华	8430	寿志宝	35091	司徒鹰
371140	施荣章			4782	时义举	8417	寿志诚		
561	施荣章	**石**		1317	时月华	32190	寿志勤	**斯**	
361020	施绍文	35333	石宝瑞	1772	时昭沅	4415	寿志尚	10939	斯克家
9959	施申如	S8174	石炳荣	3763	时钟麟			10977	斯培鸿
S9625	施守全	10537	石彩霞			**殳**		4802	斯颂远
50085	施淑范	36431	石昌森	**史**		8691	殳家驹	36684	斯孝先
6356	施松波	7366	石楚玉	4132	史典鑫			37546	斯之仓
3465	施颂虞	36664	石传宗	6140	史福安	**舒**			
9951	施发	37006	石次欧	38289	史济芳	7039	舒光甲	**宋**	
0254	施廷钧	8155	石德舆	0599	史济霆	37621	舒锦美	50391	宋翔奇
10916	施维岳	29085	石鼎	10291	史济民	6853	舒明超	7917	宋宝浚
10047	施伟德	361260	石飞鹏	30159	史坤宝	5905	舒乃安	7659	宋宝润
50091	施伟俊	292	石飞鹏	3508	史立华	31136	舒荣昌	6933	宋宝源
10434	施玮	10887	石斐章	32144	史良谊	0096	舒适	1040	宋禀钦
10148	施慰宗	29058	石福星	36746	史灵筠	35659	舒舜凯	6947	宋崇寿
7665	施文海	35994	石富义	31204	史凌汉	36864	舒特驹	29027	宋次男
3403	施文庆	30232	石嘉濬	35418	史明章	36861	舒特善	5143	宋翠玉
S8732	施文耀	10178	石介民	0113	史南璋	31132	舒腾贵	4598	宋达恒
361036	施文瑛	357	石金涛	7279	史佩珍	36895	舒天启	5357	宋代淑
S8603	施象嫄	0829	石俊章	421	史平叔	351114	舒希远	50328	宋丹琦
37558	施秀菊	7556	石礼祥	37759	史乾元	1211	舒信颐	S8374	宋德华
5576	施秀文	35310	石礼义	34063	史清平	361188	舒忆敏	351055	宋德隆
S9726	施旭初	4504	石凌淮	361217	史绍成	38041	舒永扬	371102	宋迪人
223	施旭初	3316	石凌云	3094	史时霖	35992	舒展望	1908	宋辅世
6255	施宣华	4258	石明	50503	史舜谐			5172	宋甘棠
S8734	施瑶仙	10281	石明峻	50355	史坦	**束**		6658	宋关澄
35500	施耀祖	3447	石启家	S9394	史望溪	6433	束杭苇	36762	宋光化
10654	施一搛	351094	石守城	8089	史维钧	7304	束沛	36795	宋归恩
5261	施以霖	371324	石守国	1693	史锡明	1694	束星北	S8895	宋国范
4687	施奕格	6057	石葳庭	3593	史熙清	E50099	束有为	10284	宋国瑞
6626	施益励	6459	石泰安	6430	史学英			10124	宋汉清
3753	施饮甘	S8451	石泰孚	37218	史永华	**帅**		50344	宋宏申
S9172	施英乐	S9011	石天民	10500	史勇	8066	帅伯春	6328	宋鸿铿
35590	施应璋	36789	石维扬	8530	史远瑜	3957	帅威	8695	宋家麒
S8499	施永明	1534	石鑫	36625	史韵维			1049	宋家修
0082	施友才	36657	石撝欧	6044	史铮铎	**水**		7148	宋家璋
5841	施友同	37371	石应春	2648	史子建	1093	水康民	37311	宋家镇
0595	施友文	6958	石玉鼎			6173	水兆熊	371141	宋嘉声
36085	施友竹	6549	石越峰	**侍**		37595	水仲毅	576	宋嘉声
0300	施云程	37282	石镇炘	35394	侍国璁			4820	宋键
7207	施泽民	38067	石志勤	37852	侍国理	**司**		0917	宋洁
3249	施泽义	6893	石柱人	10935	侍汉章	5441	司马淳	1911	宋洁之
37664	施宅熊			361180	侍文宣	494	司马宗伟	6349	宋介莆
0232	施长庚	**时**		10933	侍文忠	4260	司其沂	8308	宋介明
S9732	施振常	6148	时海棠			3875	司徒碧莓	1910	宋菁士
5750	施志刚	36939	时和山			3604	司徒彬	38364	宋凯耀

附　录

号码	姓名	号码	姓名	号码	姓名	号码	姓名	号码	姓名
4989	宋克灼	37165	宋元钧	4237	苏权俊	0872	孙宝琚	8664	孙浣伈
0539	宋恪	3060	宋元模	1449	苏让	3542	孙宝如	3886	孙惠
0767	宋兰林	35313	宋兆隆	6640	苏绍福	S9043	孙宝鋆	1620	孙惠如
35740	宋礼田	37905	宋照宪	32140	苏世斌	36384	孙本仁	8836	孙蕙丰
629	宋丽君	220	宋肇堃	3142	苏适	36383	孙本株	1619	孙吉元
11029	宋丽生	37495	宋肇新	371613	苏树勋	7758	孙伯健	35630	孙戟门
6540	宋联星	S8986	宋振绮	4407	苏舜英	2576	孙采苹	6750	孙纪诚
50002	宋美君	37576	宋振姝	7649	苏汀生	37312	孙昌	1293	孙季刚
6917	宋梦芹	7461	宋振中	0929	苏庭桂	36133	孙昌明	S9532	孙济猛
10479	宋梦璋	35393	宋振中	S8376	苏文华	1621	孙昌树	50284	孙骥善
35499	宋明义	35614	宋正方	0596	苏希轼	50238	孙昌贤	31203	孙家驹
S9027	宋慕濂	1025	宋志成	3922	苏锡球	361001	孙常燃	8137	孙家骐
S115	宋逎武	S8950	宋志权	35303	苏先琪	7151	孙朝会	S8804	孙家乾
S8844	宋丕文	S8951	宋志珍	37209	苏小龙	8524	孙成蛟	3468	孙家钰
6774	宋品梵	6997	宋致一	8496	苏秀炘	35837	孙承客	8648	孙家桢
3859	宋品修	195	宋钟瑚	6244	苏学志	6330	孙承烈	6393	孙葭生
50303	宋平	7743	宋子固	36318	苏雅珍	7015	孙崇训	1623	孙铁
6937	宋其昌	6135	宋子瞻	S8415	苏延龄	33160	孙纯裕	7787	孙建中
8114	宋启灵	35135	宋祖良	8415-1	苏延龄	5955	孙从云	S9590	孙鉴白
50390	宋清寯	38028	宋佐才	7953	苏研田	516	孙大韩	486	孙锦湘
38087	宋清茂	4707	宋作杰	32224	苏益庆	3255	孙岱青	31005	孙晋化
8811	宋人豪	7568	宋作铿	8365	苏永苏	8584	孙诞先	36809	孙经锐
38183	宋如兰	0109	宋作锟	37129	苏友琴	35801	孙道存	1622	孙巨魁
S8754	宋若华			36237	苏玉坤	5186	孙道远	S8649	孙钜桂
S8617	宋森		**苏**	0980	苏元	35803	孙道珍	29090	孙均亮
S9648	宋绍谟	36804	苏伯阳	4752	苏轼	10377	孙德华	5222	孙衍
36909	宋绍渊	4873	苏崇泉	4894	苏云	36833	孙殿玺	0024	孙元曾
38346	宋生金	37907	苏德安	351037	苏再芳	351151	孙鼎三	37683	孙克恭
36337	宋生仁	5825	苏复	4729	苏湛枢	10229	孙繁榴	35766	孙克昕
S9209	宋石萍	30237	苏富宗	4236	苏致斌	653	孙芳	S8145	孙奎
6946	宋寿澄	0050	苏广祺	0262	苏壮年	8249	孙芳华	50418	孙魁元
S8860	宋顺娟	2236	苏国敷	36779	苏子才	37837	孙福延	524	孙蓝田
4030	宋素华	2239	苏国镇	3921	苏宗泽	S8629	孙公侠	3469	孙礼陶
371351	宋彤晃	5264	苏浩然	4241	苏祖皋	S8851	孙公毅	4511	孙礼银
4787	宋文灏	351022	苏洪涛			371549	孙毅	5938	孙礼予
36184	宋文绩	35447	苏鸿鑫		**粟**	36748	孙关桐	4942	孙立金
S8171	宋文模	35734	苏鸿章	8354	粟伯兰	35293	孙光成	6641	孙霖
S9785	宋文拭	2201	苏吉晖	8418	粟翼康	4303	孙广济	37055	孙龙英
168	宋希蕃	0098	苏济寰	8420	粟翼政	4731	孙桂云	S9473	孙鲁人
36548	宋咸济	S8861	苏继武	371702	粟子仁	4879	孙国烜	371009	孙孟春
S065	宋翔	10546	苏家骥			37976	孙国柱	361162	孙敏聪
30073	宋学谦	7854	苏家镛		**睢**	5670	孙汉烜	35233	孙明堂
0366	宋学文	5263	苏剪花	33017	睢永沂	8644	孙瀚章	0841	孙铭日
0969	宋彦	7242	苏剑福	S8341	睢永沂	0834	孙豪	371383	孙谋定
1909	宋英明	37517	苏锦康	S8077	睢昭信	3884	孙荷曾	37962	孙培根
7817	宋永基	2199	苏梁	361288	睢福祥	10780	孙荷贞	3588	孙培祺
32079	宋永满	36105	苏抡	371490	睢永寿	4385	孙恒熙	4817	孙佩雅
36513	宋永枢	2188	苏锐			0688	孙怀瑾	6355	孙佩玉（笑兰）
10838	宋玉祥	36963	苏启成		**孙**	S9438	孙怀善	0981	孙彭顺
S8365	宋育仁	36561	苏勤	6462	孙安妮	1624	孙怀新	S9502	孙其仁
36257	宋钰宪	0905	苏清标	3256	孙宝嘉	8663	孙浣妹		

No.	Name	No.	Name	No.	Name	No.	Name	No.	Name
S9620	孙琪方	361156	孙惟谨	4165	孙云同	1518	覃振柄	288	谭　越
37991	孙启明	344	孙惟谨	37752	孙云珍	8357	覃钟璘	30206	谭韫娴
6311	孙琴如	0324	孙维乐	5972	孙韵樵	**谭**		510	谭韵笙
6622	孙清耕	1618	孙　伟	38081	孙韵苏	30236	谭碧菲	8735	谭再思
6464	孙庆华	10144	孙蔚文	S9439	孙韵仙	9952	谭超彦	35561	谭贞璧
8139	孙庆禄	5862	孙文焕	3885	孙泽广	32168	谭垂宙	4015	谭植培
36529	孙琼史	7002	孙吴孙	5081	孙增芳	5727	谭莘良	34117	谭志圆
0190	孙　渠	50215	孙希仁	688	孙昭英	0502	谭　达	S131	谭钟灏
11047	孙仁山	461	孙锡昌	10538	孙照普	30231	谭度玮	8461	谭宗英
10564	孙仁冶	35052	孙锡吾	4562	孙振业	36859	谭福泉	**檀**	
32046	孙日鉴	35892	孙贤巩	S8812	孙芷芬	6479	谭冠翰	8745	檀耀辉
0971	孙　嵘	10846	孙贤俊	8270	孙至骞	371632	谭桂馨	**汤**	
1147	孙如砥	8426	孙相衔	8390	孙至京	536	谭桂馨	37108	汤伯明
5749	孙如陵	38212	孙向山	30180	孙至晶	7222	谭寒春	361242	汤步云
S8207	孙如钦	7446	孙肖梅	36401	孙郅声	32270	谭焕德	3347	汤彩霞
7038	孙瑞思	36821	孙孝堃	S9879	孙治纮	32135	谭焕东	7834	汤池植
5300	孙善霖	0327	孙杏源	1193	孙稚兴	371035	谭际美	3703	汤达吾
6834	孙绍曾	3170	孙雄曾	S9897	孙忠华	30309	谭继善	S8051	汤凤璋
1616	孙　诜	10227	孙秀英	7428	孙钟道	30310	谭继世	6331	汤福章
6594	孙　燊	50024	孙雪琴	S8762	孙卓英	35800	谭尖衡	7676	汤根棣
3203	孙时贤	10578	孙训龙	36799	孙自芳	30252	谭　见	4004	汤光畅
S8237	孙士安	36434	孙养浩	8746	孙宗濂	5250	谭建华	7625	汤国材
35920	孙士英	5475	孙尧年	S9393	孙祖诚	3728	谭杰人	5197	汤国华
10056	孙士正	50382	孙耀仁	1037	孙祖城	2315	谭乐伟	S8940	汤国钧
31014	孙世昌	35279	孙一鹤	35053	孙祖球	2308	谭林通	8411	汤汉华
5342	孙世淑	S9827	孙以铎	0356	孙最麟	32262	谭丕瑛	8491	汤汉清
8800	孙守桂	35256	孙以菜	2578	孙作璜	31052	谭勤曾	4872	汤鸿文
5831	孙寿文	38119	孙以義			7245	谭荣燕	371303	汤惠烈
35480	孙书城	1617	孙　亿	**邰**		1082	谭若兰	1964	汤惠民
6318	孙叔崖	3764	孙义东	5619	邰道传	6701	谭绍年	10328	汤　镜
2577	孙叔禹	S8034	孙义森			33031	谭　畬	S9355	汤菊宇
1204	孙淑娟	S8141	孙益合	**谈**		2316	谭石存	36033	汤俊魁
6651	孙　恕	6779	孙益三	8481	谈国芬	32176	谭世文	371152	汤克伟
1237	孙漱石	8323	孙毅刚	6402	谈国光	7658	谭树钧	557	汤克伟
10907	孙　思	4771	孙荫卿	7277	谈　行	0203	谭腾芳	420	汤克先
35110	孙思诚	50449	孙英华	10307	谈鸿儒	8786	谭文荟	3560	汤麟炎
371619	孙思诚	S8621	孙瀛铨	351093	谈清霖	8814	谭文蔚	S9542	汤明达
7921	孙松筠	6962	孙幼卿	5110	谈瑞庭	4902	谭文萱	35632	汤明良
10288	孙素华	10326	孙雨泉	38195	谈森龄	35490	谭心洁	8839	汤念亮
3335	孙太和	S9067	孙玉嘉	S8091	谈士琦	7889	谭新创	6994	汤佩玉
35387	孙泰忠	S8292	孙玉如	S8651	谈志德	34105	谭信烈	50059	汤　平
4164	孙特夫	S9552	孙玉世	10610	谈仲钧	7648	谭兴永	37449	汤平福
3686	孙体仁	S8421	孙玉书	4914	谈宗禄	37086	谭绪关	10072	汤平一
0187	孙　惕	S8572	孙玉芸	602	谈祖英	7454	谭雪华	9981	汤其章
342	孙铁忱	361363	孙裕民			3584	谭雅章	35556	汤起鹏
37033	孙廷贤	6172	孙毓才	**覃**		8535	谭宜源	33122	汤　仁
0329	孙土炬	6296	孙毓麟	32149	覃鼎权	351097	谭亦怡	7999	汤如苏
3336	孙婉华	37951	孙毓松	5228	覃恩泽	5402	谭雨文	361271	汤儒荣
50398	孙婉兮	371045	孙元超	1528	覃厚仁	31207	谭煜标	3905	汤汝光
35813	孙威熙	37514	孙沅方	34038	覃其汉	361051	谭　越		
5888	孙为灿	10685	孙云鹤	8372	覃誉荣				

编号	姓名	编号	姓名	编号	姓名	编号	姓名	编号	姓名
4300	汤汝梅	S8305	唐恩元	3114	唐世同	4971	唐作圣	S8625	陶懿卿
3909	汤绍琛	371427	唐冠英	7274	唐寿梁			10506	陶英
35793	汤绍裘	35483	唐光荣	1338	唐维豹		**陶**	36849	陶幼明
37019	汤绍裘	S9717	唐光涛	4178	唐文治	32021	陶必谦	3348	陶恩川
0717	汤沈诠	7149	唐贵文	S8769	唐希琼	6313	陶伯序	S9135	陶圆华
6411	汤寿楠	2365	唐琯	371536	唐侠盦	S8391	陶崇兴	35779	陶日明
S8779	汤淑南	6999	唐国祥	7766	唐贤高	35618	陶春申	S8821	陶悦明
3643	汤淑吾	5762	唐海滨	4167	唐贤文	7478	陶存焕	0628	陶志
8586	汤泰华	2350	唐寒云	29013	唐显善	33001	陶冬心	3972	陶致任
7751	汤文溥	30224	唐汉江	37523	唐孝英	35681	陶富诚	S8470	陶钟经
35054	汤文起	8200	唐和	217	唐新伟	37364	陶冠英		
S9364	汤兴德	35964	唐鹤阳	3679	唐学庠	2486	陶昊		**滕**
9946	汤狷谷	38152	唐洪淇	5764	唐勋	36309	陶寰镇	8356	滕健
1963	汤易中	S8727	唐厚怡	8235	唐雅兰	1161	陶季良	32261	滕明哲
5364	汤懿	5417	唐怀民	S8128	唐燕	32133	陶经维	35454	滕书洪
10246	汤应屏	10088	唐慧君	371637	唐仪如	7598	陶令杰	S8529	滕效良
1089	汤应壬	35030	唐健辉	8230	唐以泉	7599	陶令俊	35181	滕学艺
4299	汤用梅	31222	唐洁贞	7932	唐艺仙	3147	陶敏		
6884	汤有庆	7694	唐金荣	37935	唐荫槐	0158	陶其情		**田**
371659	汤云鹏	7669	唐锦荪	402	唐缮娟	S9191	陶起彪	208	田安民
1966	汤兆珪	7071	唐锦云	10078	唐瑛石	361303	陶强心	30060	田昌彦
1967	汤兆璇	2361	唐晋陔	2320	唐莹	371606	陶清	36903	田大任
8821	汤肇建	0032	唐景崇	4751	唐应元	5597	陶如华	1661	田德明
0200	汤贞新	0110	唐景嵩	S8645	唐镛	3484	陶森	35724	田福恒
5201	汤振邦	5524	唐敬德	4827	唐镛鑅	30216	陶绍钧	35204	田惠铭
35774	汤振宁	4887	唐静	5721	唐镛钊	35416	陶胜华	7687	田慧敏
10333	汤震	37419	唐娟治	371402	唐永康	36490	陶诗群	8070	田景雨
371171	汤正诒	50461	唐君彦	50352	唐永清	6736	陶士鸿	361290	田开忠
521	汤正诒	7525	唐开模	35464	唐友琦	50359	陶寿昌	0730	田康
30303	汤中兴	6468	唐康侯	5165	唐友祥	7942	陶寿民	1665	田琦
361273	汤重明	351032	唐克强	3144	唐玉耕	37746	陶受身	8751	田庆华
37337	汤祝杭	5465	唐莲官	31181	唐裕才	0968	陶淑	4259	田庆年
S8748	汤自立	3066	唐龙华	32184	唐裕蕃	33053	陶淑	S9437	田如衡
5340	汤祖琴	4522	唐隆希	11068	唐煜	361126	陶树刚	36894	田士道
		4798	唐鲁伦	4050	唐元官	341	陶树刚	8006	田视民
	唐	1014	唐茂槐	361302	唐元凯	37499	陶松坡	2652	田天熙
S8124	唐安元	5996	唐懋臣	36111	唐月芳	371507	陶淞生	31080	田万桢
35644	唐本芳	636	唐美光	S8208	唐岳	35796	陶维新	4025	田维良
4292	唐斌	36947	唐珉	3756	唐云鸿	4437	陶希亮	S9033	田文骅
6877	唐炳曾	8774	唐明星	0891	唐允谟	2489	陶锡麟	7203	田五斗
32106	唐炳衡	35434	唐慕俭	35186	唐韵笙	5896	陶夏	3623	田先宽
31184	唐炳泰	697	唐沛霖	36952	唐增理	0719	陶啸冬	550	田筱廉
3016	唐伯熊	1349	唐佩	29107	唐志峰	5678	陶信德	36463	田欣
S9271	唐彩桐	6901	唐鹏翔	35265	唐治明	S9763	陶学欐	4949	田馨田
2368	唐尘逸	4168	唐聘	2336	唐赞	S9714	陶学良	10492	田秀云
2353	唐崇熹	4728	唐普明	37398	唐忠琨	8684	陶扬朔	6940	田贻谋
35318	唐大成	0218	唐溥	6932	唐仲汉	37694	陶耀良	1656	田荫松
37927	唐大馨	7064	唐钦生	3803	唐仲侯	2630	陶也先	S9575	田佑
395	唐大馨	36488	唐瑞祥	2363	唐子明	10116	陶益新	30215	田运先
0775	唐德藩	35686	唐若萍	29030	唐宗禹	37433	陶逸君	371224	田增瑛
35147	唐端芳	0312	唐师铭	3537	唐醉芬	30162	陶逸似	36638	田长进

38031 田种德
33085 田子春
35970 田宗玉

铁
31127 铁 民

仝
6030 仝葆仁

童
S8104 童传豪
596 童家昌
3300 童家骏
10841 童廉君
9977 童孟达
37964 童绮霞
5894 童 锐
37137 童时杰
1221 童世铨
S8685 童顺林
S9536 童穗封
4497 童文龙
50030 童文龙
30110 童咸康
5585 童亦文
5414 童泳鎏
7145 童友虞
10598 童又珍
33139 童元俊
2140 童韵雪
361058 童钟安
4804 童子俊
0208 童祖庆

涂
361443 涂述华

涂
6067 涂爱民
S9332 涂成栋
3158 涂道如
4591 涂迪修
30171 涂鸿贵
6532 涂厚基
8595 涂怀莹
31088 涂吉昌
8073 涂纪龄
S8945 涂晋国
8769 涂木兰
351443 涂述华

30105 涂维松
31193 涂文林
0790 涂 贤
4472 涂由基
2677 涂元龙
3068 涂元涛
3890 涂元煦
371508 涂治安
5303 涂钟琦

屠
37466 屠规杨
35949 屠国维
0510 屠坤范
10079 屠丽达
35620 屠 敏
361438 屠深发
S8014 屠 实
7805 屠树东
3648 屠素娥
0463 屠铁珊
S9874 屠万里
5492 屠 燮
4861 屠修德
36557 屠毓芬
3647 屠月娥
1111 屠志超

宛
8627 宛学菊

万
6387 万本醴
4351 万道超
34106 万道骧
36025 万德威
37849 万方泰
34047 万光承
37368 万 镁
38173 万建清
29061 万鉴清
1465 万可经
240 万秋萍
645 万润海
4613 万绳章
361439 万时义
37794 万挽华
37916 万 伟
6712 万文华
S8425 万益寿
312 万有堤

3570 万毓璋
10735 万长蓟
29089 万正民
4897 万宗咸

汪
5095 汪爱蓉
361410 汪柏龄
10394 汪宝琴
10660 汪宝棠
S9031 汪本朴
3064 汪伯年
S9341 汪灿塾
S9333 汪昌年
361047 汪晨章
326 汪晨章
34043 汪传纯
33117 汪传绍
36728 汪春华
37373 汪春生
S9356 汪萃祥
130 汪萃祥
5587 汪大猷
6094 汪莪君
3942 汪道渊
5558 汪德芳
4973 汪德芬
0579 汪德颙
3098 汪德元
36829 汪复珍
0409 汪广度
S9939 汪桂馨
S9131 汪 灏
37616 汪焕白
361447 汪惠先
328 汪惠先
4031 汪缉熙
S8693 汪家骥
1947 汪家驹
1950 汪家源
S8108 汪俭安
1938 汪剑余
10383 汪 键
S9287 汪洁常
10131 汪金辉
S9034 汪金森
361311 汪进祥
4516 汪竞达
10541 汪克鼎
6251 汪克俭
5413 汪克让

6578 汪丽玲
36505 汪隆镐
3743 汪鹿年
1952 汪绿英
5765 汪茂勋
6993 汪茂遗
36601 汪孟章
3669 汪森铨
35538 汪 明
S8485 汪明德
36721 汪明孝
8758 汪慕兰
10980 汪南英
S9551 汪培生
10001 汪通栋
3388 汪 荃
0635 汪瑞年
36364 汪善经
6365 汪绍龙
4401 汪绍陶
3514 汪时敏
50193 汪寿康
34102 汪受德
361483 汪受禄
8557 汪受琪
8671 汪受仁
8798 汪淑汉
1941 汪树民
37497 汪思宏
5032 汪松年
0639 汪泰元
35613 汪腾骧
35399 汪天保
6573 汪天骅
1900 汪廷采
37122 汪廷科
1901 汪廷霖
371499 汪廷忠
S9563 汪维钧
35805 汪文成
1198 汪文瀚
371357 汪希时
1899 汪献玺
3398 汪向荣
5196 汪效岑
10120 汪新宁
3453 汪信荣
S9817 汪信镇
8041 汪循严
6883 汪亚锋
3006 汪扬时

3858 汪仰伊
361032 汪养林
36581 汪 耀
6963 汪耀蓉
6794 汪耀祖
10640 汪一锋
37537 汪一□
36009 汪诒诚
3099 汪英华
S142 汪英华
36256 汪应恒
1903 汪应荣
4426 汪咏棠
S9052 汪有丰
8703 汪有兰
33134 汪有征
6039 汪渔侪
4500 汪玉笛
S8233 汪毓芳
371314 汪毓秀
6956 汪元祥
36877 汪 源
10362 汪岳宗
5672 汪泽尧
34104 汪增烈
32241 汪湛白
1904 汪章凤
36336 汪长星
371025 汪长泽
35849 汪兆文
36551 汪兆湘
3668 汪振邦
371742 汪振芳
505 汪振芳
S8717 汪震钧
30047 汪志国
7059 汪志铭
33008 汪忠明
5591 汪钟珏
S9095 汪仲伟
32060 汪自希
10663 汪宗瑶
5847 汪祖舜
5134 汪祖荫
371546 汪祚泽

王
37814 王 □
36793 王爱莲
371209 王爱玲
503 王爱玲

546	王爱玲	S8540	王朝铭	8031	王德萱	115	王纲运	7563	王海森
371227	王安民	361210	王朝选	3155	王德勋	10613	王镐泽	6862	王汉彬
S8370	王柏生	36312	王朝钰	361240	王德余	37168	王庚才	10404	王汉钧
4829	王宝成	P9	王成功	1531	王殿林	0334	王赓飏	0153	王汉生
5489	王宝贵	S8015	王诚格	35542	王鼎润	361323	王赓羽	37973	王汉宸
S8402	王宝兰	3378	王承伯	2432	王鼎宣	371128	王公正	0119	王汉中
32276	王宝兰	371569	王承矩	36718	王鼎勋	462	王公正	8250	王 行
S9932	王宝珠	3662	王承礼	36873	王 定	5392	王恭天	37710	王 行
30119	王保安	36541	王承烈	3226	王定华	30104	王固君	205	王浩炘
37432	王保罗	7776	王承霖	S8231	王定球	7388	王关昌	6434	王禾孙
5699	王保民	3794	王承谦	30122	王定业	5994	王官勤	6240	王和之
34069	王保民	129	王承绪	S9082	王定贞	37655	王光彬	371301	王鹤龄
4770	王保智	8266	王承泽	38290	王东生	351077	王光富	5695	王鹤琴
7188	王必余	37163	王 冲	7074	王东珣	1543	王光国	6698	王亨瑃
310	王碧梧	37944	王崇安	371718	王笃行	S8169	王光华	537	王亨唐
35334	王碧霞	5372	王崇干	399	王 度	10540	王光华	7234	王恒净
35225	王璧君	8388	王崇禹	36212	王敦禄	35465	王光奎	4247	王恒良
4780	王 彬	36157	王 宠	6880	王敦青	4542	王光烈	35759	王恒谋
S8663	王冰嵐	10306	王 俦	3002	王恩熙	35357	王光玲	6380	王恒耐
32151	王冰生	4886	王楚楠	S9523	王法一	5382	王光璐	3851	王恒森
35041	王秉殿	371054	王春方	1513	王 芳	38345	王光梅	1544	王恒星
2425	王秉烈	37772	王春生	10645	王钫业	647	王光梅	7572	王恒月
0177	王秉雄	5696	王 聪	3793	王 非	32214	王光球	4019	王 洪
8514	王秉政	0523	王莘芳	371264	王 奋	0748	王光璆	6197	王洪儒
S9195	王炳坤	5754	王存选	36418	王 丰	32042	王光铨	351124	王鸿渐
36134	王炳起	10996	王 达	10673	王丰年	31098	王光铨	1194	王鸿升
5346	王炳生	35426	王达成	4933	王逢浩	4968	王光嗣	38121	王鸿印
361265	王炳炎	361398	王大鸿	4531	王逢吉	35600	王光义	7252	王厚德
5940	王伯宁	1511	王大化	7520	王凤朝	36961	王光照	35798	王厚灼
35018	王伯扬	35520	王大龄	3796	王凤城	29119	王广绥	8478	王华春
371267		371125	王大同	S8285	王凤冈	36741	王广钊	371374	王华聪
王步征(微)		599	王大同	3507	王凤楼	699	王规洪	1223	王华荸
384	王才宏	4883	王大蔚	3443	王凤如	4243	王 贵	11005	王华瑛
35168	王才章	4862	王大武	1533	王凤翔	37881	王桂芳	1512	王华藻
37810	王采洪	37101	王大咸	1530	王凤英	1523	王国柄	35215	王化彬
S8677	王彩彰	3314	王 道	35322	王凤诏	361275	王国炳	35217	王化棠
2581	王灿芝	S9102	王 道	10221	王福荩	361353	王国材	2427	王化一
10446	王策芳	S8574	王道芳	6904	王福慧	1525	王国超	37601	王化昭
361251	王昌迪	3053	王道南	36404	王福康	10212	王国城	S9771	王怀琪
37225	王昌燎	8028	王道瑄	S9509	王福禄	361174	王国芬	7837	王槐安
S9315	王昌龄	4413	王得志	S8030	王福晟	371092	王国杰	371059	王槐甫
36032	王昌言	0913	王德本	10132	王福扬	8219	王国钧	35987	王 桓
30157	王昌益	2431	王德称	S8400	王福元	33131	王国楷	50129	王焕荣
3934	王 常	0173	王德崇	5794	王福祯	36751	王国梁	371309	王焕新
371672	王常善	7642	王德杰	35278	王福正	38118	王国梁	3376	王焕忠
3935	王 昶	37330	王德聚	30202	王甫生	35345	王国屏	50439	王晖龄
0720	王 畅	35436	王德钧	3384	王复权	37349	王国兴	S8161	王辉民
8696	王超群	34032	王德邻	38293	王复中	33130	王国珍	4252	王会煦
3736	王超武	10451	王德林	36527	王馥苏	3506	王国桢	4249	王惠云
517	王朝鼎	4022	王德隆	361407	王干国	5146	王海波	1519	王慧农
S9786	王朝华	5722	王德全	32070	王 刚	10313	王海德	2590	王混地

S8555	王积祺	0508	王健民	37847	王俱如	S9824	王美娟	10736	王溥修
6792	王积绪	5271	王鉴远	389	王聚敏	5964	王孟超	8592	王齐芳
S9103	王基亲	35150	王键	S8998	王珏	S8135	王孟君	S064	王岐峰
5404	王基仁	207	王江亨	31096	王珏	36819	王梦麟	6635	王顾生
10114	王吉鳌	37809	王将方	10590	王钧生	4606	王梦楼	29021	王洪隆
361250	王吉人	1532	王觉	36152	王俊	3374	王勉素	S8328	王琪
S8650	王吉镇	1509	王教秀	S9019	王俊杰	6100	王妙慧	4128	王琦
S9855	王佶	35789	王杰	30098	王俊民	5957	王敏贤	8488	王启安
8421	王辑五	10966	王杰夫	10086	王浚	3664	王明藩	36533	王启东
S8659	王季梅	35670	王介勋	S104	王开淦	36893	王明敬	36452	王启浩
7812	王季瑞	351088	王今维	3383	王开敏	37275	王明溱	4255	王绮霞
S126	王季孙	10063	王金乘	3936	王开谬	30222	王鸣九	3850	王迁熙
S8422	王济群	5410	王金兰	33015	王开煊	35870	王鸣窝	37560	王谦功
10652	王继明	37626	王金生	0618	王开钺	35722	王铭鼎	37902	王谦湘
6906	王继生	35309	王金秀	6334	王康宁	1537	王铭宪	6523	王巧颖
37566	王继英	568	王金章	361098	王考亭	3156	王谟	S8069	王琴
35656	王继祖	139	王锦波	10054	王克昌	8333	王谟	6576	王卿庠
2421	王寰颜	3665	王锦升	29108	王克恭	6497	王慕松	36820	王清波
0541	王骥	10800	王锦元	30091	王克钦	6855	王慕唐	36122	王清源
4399	王佳苏	263	王锦钟	36925	王克兴	6560	王慕贤	6968	王庆连
0184	王家琛	0426	王瑾怡	35831	王克巽	0633	王慕祥	35155	王庆荣
5418	王家栋	31038	王苨仁	1508	王克亚	3947	王慕尹	0114	王庆勋
8832	王家栋	3229	王经鉴	10202	王葵之	3197	王乃澄	4625	王庆璋
32264	王家栋	6166	王景波	10763	王焜	E50016	王乃音	8657	王琼仙
30087	王家华	1019	王景纯	361448	王琅	S9569	王乃铮	36353	王秋萍
0427	王家骥	10886	王景和	7173	王理卿	36057	王延光	0663	王道谦
4254	王家骊	S8562	王景辉	35840	王力峰	7302	王南群	361458	王权
35959	王家骅	33002	王景辉	692	王立功	5456	王南森	36589	王铨
7369	王家禄	4131	王景纪	S8331	王立人	10071	王南翔	3795	王群玕
605	王家璞	300	王景麟	36709	王立祥	5063	王能才	5054	王群源
7095	王家谦	3849	王景西	8847	王立训	S8113	王能槎	0757	王人驹
S8699	王家庆	10737	王景云	S9884	王丽娟	4251	王能伟	7963	王仁龙
3382	王家声	S8149	王净良	0925	王丽生	5586	王霓	S9111	王日昇
50454	王家庭	6745	王竞白	2420	王丽云	30045	王念兹	4253	王荣曾
4943	王家炜	35498	王竞渡	2433	王利宾	36271	王凝之	31135	王荣基
10690	王家兴	361003	王敬婉	35118	王联忠	50098	王培	S8407	王容凡
8101	王家修	271	王敬婉	38256	王琏	37353	王培德	37320	王容满
36509	王家祯	8710	王靖国	2592	王良士	35252	王培廉	31238	王容清
371360	王嘉璆	S8947	王靖武	209	王良元	S8963	王佩节	8277	王如瑾
S9533	王嘉威	36617	王靖宇	1506	王亮槐	3181	王佩勤	36696	王儒珩
3230	王嘉猷	5902	王静如	S9328	王觐青	6142	王佩贤	3363	王汝昌
10720	王嘉元	32074	王静懿	10399	王烈章	10995	王佩元	1502	王汝霖
30147	王俭	S8312	王静芝	36555	王烈章	35178	王彭龄	1501	王汝琴
10408	王建欧	S9637	王静智	6541	王麟振	1510	王觉萍	6820	王汝瀛
361216	王建三	6909	王镜湖	5369	王鲁雨	3381	王萍	32165	王汝原
36771	王建勋	1104	王鞠澄	S9297	王罗苪	30189	王璞	35986	王汝珍
36642	王建寅	5734	王菊生	36216	王芒珍	29104	王朴	6451	王汝志
371213	王建中	5195	王举瀛	29115	王茂实	3637	王朴	35116	王瑞丰
584	王建中	29123	王举猷	2593	王懋尘	37511	王溥季	371568	王瑞华
34025	王剑虹	5900	王巨标	10711	王梅亭	S8142	王溥祥	4129	王瑞琪
10415	王健行	4410	王钜川	38363	王楣	351140	王溥祥	S8771	王瑞荣

附录

361399	王润科	0861	王世雄	10911	王素玉	1322	王文藻	36380	王修明
S9449	王润兰	3313	王世铮	S9403	王绥	4244	王文轸	36606	王修宇
7124	王润乾	37028	王世忠	1515	王苏	4597	王文治	7070	王脩经
31146	王润清	32098	王式昭	3227	王泰徽	371176	王文中	50474	王绣娟
10275	王若渊	3377	王守椿	3380	王泰升	491	王文中	361294	王旭飞
371182	王森元	6358	王守和	371078	王泰义	S8740	王雯	35846	王旭金
586	王森元	3622	王守基	37956	王体芳	10883	王希文	6265	王序敏
S8849	王珊	6810	王守廉	5355	王悌谋	37272	王希文	30006	王序平
10582	王善昌	3311	王守论	35034	王天德	1516	王希贤	S8134	王勖刚
4587	王善桂	36250	王守义	34088	王天度	10262	王希贤	11028	王绪发
35637	王善良	3792	王守应	276	王天鋆	371047	王锡琦	4398	王煦
5497	王尚义	50032	王寿安	10978	王天泽	5906	王锡勇	6587	王轩村
S9738	王少斋	7284	王寿白	5153	王田宛	1224	王锡鋆	31139	王煊
34019	王绍昶	6316	王寿北	0684	王铁志	2417	王玺	33129	王煊
8133	王绍德	361117	王寿鹤	37073	王廷瑞	8489	王先柏	37646	王玄迥
S8594	王绍和	35381	王寿民	8015	王廷莹	2237	王先亨	S110	王璇
36132	王绍立	37146	王寿仁	2416	王庭槐	371248	王贤深	4938	王铉
5991	王绍良	10171	王寿鑫	50469	王庭隆	490	王贤深	35707	王学曾
37326	王绍南	10066	王受和	0912	王同德	0278	王贤悦	8107	王学融
37372	王绍鹏	S8786	王叔方	5757	王同书	6223	王贤真	0265	王雪
6036	王绍禹	7275	王叔琨	S9578	王同顺	8325	王咸亨	11042	王雪琨
S9345	王申亨	1495	王叔铭	1527	王同章	0818	王咸融	S9313	王雪明
371561	王慎思	371761	王淑东	1064	王桐	10639	王显洪	50425	王雅谷
2430	王生德	35963	王淑仙	8725	王统基	37224	王宪	6137	王雅华
7701	王声显	3228	王淑训	4130	王琬华	35492	王宪明	3735	王亚仁
37071	王绳武	10323	王淑则	7044	王琬琰	6583	王相尧	37792	王延庆
0819	王绳祖	1505	王淑芝	3442	王万成	8640	王湘霖	3225	王言诗
36983	王省三	31003	王舒	0452	王为成	S9606	王襄武	0734	王沿津
34086	王盛诚	1535	王舒凫	5747	王为剑	1498	王祥康	3603	王衍蕃
1520	王盛珏	7519	王舒野	1492	王为雄	3505	王祥鼐	1497	王彦
5992	王师班	6503	王疏葵	S9451	王维耀	37996	王小白	5100	王彦昌
38191	王诗章	35336	王述俊	7319	王维洙	361050	王小谟	10593	王燕
38111	王时风	3638	王树炳	32090	王维洙	296	王小谟	S9450	王燕友
8641	王蒔芝	10782	王树常	10822	王渭滨	7484	王筱梅	3379	王阳
0586	王士鼎	36066	王树德	1496	王渭文	3029	王孝荣	0073	王仰曾
36088	王士根	5778	王树棠	0817	王文	8438	王孝治	35039	王耀辉
31004	王士鹤	2583	王树燮	35057	王文超	35806	王效忠	7479	王一宁
1085	王士亨	0450	王树勋	371572	王文超	5254	王啸东	3180	王一三
3791	王士琦	31137	王树忠	6257	王文德	361282	王心恒	35997	王一政
S9830	王士一	4021	王漱海	8436	王文斐	4838	王新芳	8722	王仪
S8140	王士英	7000	王澍	6800	王文淦	S8417	王新泰	1542	王怡佛
36807	王世鳌	31227	王双昌	37012	王文海	S9266	王新堂	5816	王移山
1507	王世聪	6003	王水岑	36274	王文恺	371449	王新中	S8741	王颐粲
4473	王世焕	366	王水泉	6079	王文澜	0298	王馨	36763	王颐善
4245	王世坤	7888	王硕	32175	王文禄	8492	王鑫尧	50064	王彝贞
32219	王世琨	1335	王思懋	29071	王文莘	2588	王信昌	351131	王以郊
10427	王世明	S8862	王思铮	2414	王文奇	10847	王信宏	361099	王以礼
35227	王世培	35280	王松涛	10606	王文瑞	31064	王兴夏	S8682	王以真
8166	王世耆	361334	王嵩政	36618	王文田	30161	王兴原	0683	王义
7489	王世强	1514	王苏楱	36437	王文熙	4246	王杏村	36579	王义臣
38038	王世孝	351170	王素英	35078	王文源	35326	王雄	4126	王亦民

编号	姓名	编号	姓名	编号	姓名	编号	姓名	编号	姓名
35144	王亦鸣	317	王玉涵	36765	王钊鑫	0758	王志义		韦
5179	王亦亭	8730	王玉华	5772	王昭英	35668	王志云	36832	韦 □
8741	王邑汶	S9080	王玉介	38354	王兆彬	36622	王治	32109	韦炳钧
35143	王易弁	0855	王育才	0782	王兆昌	37990	王治安	351163	韦超华
7506	王把青	6017	王育章	7318	王兆鸿	8643	王治民	1397	韦澄
10034	王益明	36320	王钰	36455	王兆华	S9056	王挚性	30241	韦德茂
S8358	王逸	2422	王预观	6317	王兆林	3312	王致远	32107	韦桂铭
10312	王逸飞	0122	王裕凯	8467	王兆麟	1540	王智超	33147	韦鸿仪
5041	王逸卿	5108	王裕隆	5879	王兆齐	371299	王智学	S030	韦鸿仪
5091	王翌惠	3375	王裕先	3602	王兆熙	7684	王中修	10335	韦加瑚
5889	王毅	6741	王煜明	3444	王哲明	371614	王忠灏	203	韦家璟
S8238	王毅	S8309	王毓钧	36840	王者立	371585	王忠尧	32218	韦家齐
10100	王毅	10366	王毓坤	36571	王贞垟	158	王钟祺	32022	韦克耀
7548	王翼雄	1128	王毓敏	371405	王祯祥	1129	王钟需	30283	韦来瑾
8749	王荫雄	0962	王毓文	S9174	王臻	35956	王仲懋	8582	韦启盛
10064	王吟熙	6682	王毓钲	4250	王振川	2424	王仲文	1419	韦盛荃
35540	王寅	6668	王豫立	38170	王振栋	661	王仲香	4304	韦书德
8475	王英	0277	王鸢飞	4877	王振海	10033	王铸	32076	韦淑英
361232	王英	4020	王渊	5535	王振声	2426	王壮飞	1437	韦小容
2584	王英烈	6035	王元观	S9351	王震川	36544	王壮飞	5753	韦杏芳
4248	王英英	7060	王元化	6575	王震斐	5682	王卓	1433	韦耀升
36884	王瑛	33033	王元九	10776	王震升	4523	王琢玖	3412	韦永超
245	王鉴	S9538	王元麟	S9250	王震涛	35627	王子吉	8698	韦永和
6555	王颖庵	6912	王元鑫	S9294	王震彦	5360	王子为	8428	韦永楼
0585	王颖奇	3663	王元章	112	王震彦	35257	王子玮	S020	韦永培
S8016	王应璧	0451	王原达	4442	王征康	1051	王自治	3042	韦宇经
361354	王应时	6944	王远声	10716	王征涛	8618	王宗德	31174	韦韵秋
33118	王应寅	36959	王月桂	5770	王正芬	50020	王宗敬	S8459	韦植昌
8289	王应珍	351024	王月恒	10973	王正名	0137	王宗轼	6690	韦仲罖
35570	王镛	S8774	王月华	31212	王之芬	S8109	王宗尧	5321	韦卓人
2594	王永坚	37536	王岳	351083	王之泓	1503	王宗沂		
35908	王永清	373	王岳	0512	王之华	37116	王宗樾		隗
35149	王永馨	36788	王岳龄	575	王之馨	7813	王祖蕃	5806	隗福林
34003	王永扬	S9323	王悦痕	519	王支嵩	37362	王祖豪		
291	王永瑛	349	王云石	371005	王芝珍	10055	王祖念		卫
37797	王永媛	35549	王允中	37663	王知贤	35581	王祖熹	4945	卫宝琳
S8310	王咏山	0067	王韫石	4927	王执庵	351019	王祖缃	4010	卫鼎彝
3150	王涌	7557	王载梁	361470	王植材	1536	王尊年	37509	卫杰文
36838	王用樟	351041	王在寅	50472	王芷若	S9912	王左如	36110	卫谨瑜
3734	王用中	36964	王灶安	6821	王志椿	8083	王佐	2079	卫世昌
3733	王友仁	1222	王则李	4133	王志导	10172	王作宾	368	卫锡森
6881	王有定	8142	王泽芳	371671	王志德	1225	王作寿		
35615	王有士	37565	王泽兰	684	王志方	3861	王作新		蔚
S147	王有学	0664	王泽民	35588	王志芳			10803	蔚云庆
6049	王幼华	0642	王颐岘	7636	王志骅		危		
4456	王余梅	32049	王增裕	8843	王志辉	36466	危大焘		魏
1529	王与泮	1521	王瞻云	10567	王志强	0142	危仁基	S9214	魏澄
0827	王雨曙	31123	王章绮	6345	王志锐	50518	危师道	4009	魏炽龄
S9015	王玉岑	2412	王章庆	1517	王志尚	371067	危世瑾	38186	魏春耕
5618	王玉成	8331	王长才	4127	王志顺	33127	危昭孔	10566	魏春身
10041	王玉芬	5262	王长春	5933	王志文	30186	危昭文	371144	魏莼一

492	魏莼一	S8469	温金喜	4847	翁迪	0362	邹彭年	S9121	吴成章
6207	魏辅南	6691	温锦龙	31214	翁发泉	10342	邹起东	36951	吴承毅
36886	魏复涛	3215	温景星	2661	翁恭	1879	邹述形	7584	吴澄
5756	魏冠馨	1962	温明	34034	翁光海	1865	邹显范	7024	吴崇禧
3072	魏光庭	4774	温溥	8849	翁袞宁	35213	邹显钣	S031	吴初开
S9049	魏光源	36904	温其性	36086	翁涵清	S8011	邹彦标	4672	吴垂琦
3288	魏国民	7482	温庆安	2501	翁回澜	361000	邹永崇	8604	吴春发
10815	魏宏	6662	温庆骅	371239	翁基	1871	邹志铭	2091	吴春晴
36479	魏华实	35229	温庆骧	611	翁基	1875	邹志桢	8159	吴春雨
37007	魏怀	S8406	温日暄	S8476	翁甲华	1878	邹宗镛	S9535	吴慈劬
36518	魏继高	1965	温润	2519	翁景瑶			0787	吴聪
4108	魏冀征	6719	温润森	6951	翁筠嗣	**巫**		1110	吴从周
5974	魏家蕙	6272	温少庵	2508	翁礼柔	1541	巫范	293	吴翠珠
3930	魏金萱	35087	温世华	0009	翁纶	0383	巫琯飞	5520	吴达
5605	魏均德	8628	温伟猷	7753	翁美芬	6229	巫荣达	361462	吴达
37075	魏凌云	35267	温锡尧	4997	翁慕循			3240	吴达昌
5085	魏茂硕	3712	温耀祥	3411	翁汝材	**毋**		11020	吴达林
8554	魏佩莲	10740	温业浩	35603	翁汝塘	8281	毋延治	8511	吴达勤
6867	魏劭	34065	温中宜	7852	翁善声			351106	吴达信
4235	魏尚桓	31141	温灼荣	36267	翁士良	**吾**		6403	吴大衡
36887	魏少陶			7995	翁曙冠	265	吾久成	30208	吴大均
3143	魏淑筠	**文**		S9253	翁文君	S8728	吾用武	29111	吴大新
7477	魏舜英	38002	文伯仁	35872	翁文舜			361429	吴大周
7517	魏文坚	30090	文彻	36268	翁霞清	**吴**		361136	吴当晴
2133	魏文龙	34072	文道宽	33171	翁祥麟	36822	吴安宁	36636	吴道圭
2095	魏相	30011	文济东	S8647	翁心梓	361103	吴鳌鸿	S8667	吴道麟
S9811	魏孝铣	31089	文经传	S9299	翁玉英	S8338	吴百益	7488	吴道仁
2101	魏孝真	32100	文开煜	35231	翁元超	30084	吴邦祥	2111	吴道祥
143	魏徐	3504	文穆	36525	翁元华	3975	吴邦治	2103	吴道益
2106	魏业勋	2348	文守仁	2504	翁允文	38248	吴宝涓	37067	吴德才
10848	魏义时	7774	文树安	1004	翁铸洵	S8261	吴宝龄	3400	吴德芳
7352	魏云翔	30064	文树梁			2104	吴宝善	S9468	吴德富
9962	魏韵珠	2343	文心谷	**沃**		7621	吴保恒	S9528	吴德恒
361092	魏韵珠	37341	文星耀	S8635	沃连蔚	35463	吴蓓蓓	7049	吴德谦
305	魏韵珠	8111	文学莱			37691	吴本圣	10405	吴德庆
2098	魏蕴轩	2349	文泽元	**乌**		36230	吴彬华	4458	吴德让
7961	魏震群	32028	文周寅	38139	乌传袞	35131	吴斌	2115	吴德馨
37407	魏芷香	8525	文宗秀	35993	乌传青	S9499	吴秉诚	36406	吴德鑫
7363	魏志坚			10369	乌家曾	S8871	吴秉文	2121	吴迪
0691	魏仲龙	**闻**		36031	乌锡播	35261	吴炳勋	3870	吴鼎第
4390	魏子章	S8205	闻宝琳			0770	吴伯鉴	S9867	吴定
5296	魏宗培	371154	闻松湄	**邬**		5999	吴伯仁	10222	吴定江
1343	魏佐翰	10448	闻志鑫	371099	邬呈鹏	36926	吴灿富	S8595	吴东整
				3499	邬海波	361299	吴曾甡	4270	吴端礼
温		**问**		50445	邬怀忠	30134	吴昌祺	3063	吴端仪
0397	温代荣	0622	问积钧	1877	邬敬绎	2089	吴昌岁	3102	吴敦人
1970	温高文			S9454	邬隽	2088	吴昌喜	0865	吴敦元
S8270	温庚稳	**翁**		S8569	邬梅	2090	吴昌豫	7531	吴尔中
1969	温广彝	38244	翁艾明	33004	邬梅	7965	吴超韫	6871	吴发辉
5632	温鸿儒	30209	翁炳荣	10386	邬铭沧	33140	吴朝恩	0069	吴蕃甫
0878	温觉先	50189	翁昌鸿	38135	邬谟德	50354	吴朝英	6474	吴芳

0178	吴芳元	361468	吴化仁	2116	吴 俊	36481	吴 鹏	33165	吴士明
3239	吴飞海	358	吴化仁	530	吴 俊	2087	吴鹏飞	35808	吴士模
S9487	吴凤翔	572	吴怀钦	10460	吴俊芳	S8382	吴鹏飞	35501	吴士文
8637	吴伏选	10570	吴惠芬	4980	吴俊君	S8778	吴 奇	5104	吴士英
6134	吴福玑	2093	吴慧贞	3631	吴俊麟	S9122	吴琦珍	10233	吴世骧
7547	吴福涛	1327	吴集贤	35321	吴坎元	2109	吴启帆	9982	吴世检
3814	吴富德	8000	吴纪光	8734	吴康桃	S9256	吴启行	7444	吴世杰
5498	吴 刚	8781	吴际范	34046	吴克斌	371532	吴启锐	4671	吴世梁
S9488	吴 刚	3952	吴济沧	3523	吴克宽	29001	吴启盛	5725	吴世谦
36332	吴更生	37003	吴济华	2096	吴克明	7697	吴绮华	4678	吴守经
361471	吴更生	0509	吴济乡	36801	吴克勤	4797	吴清泉	10885	吴守谦
2120	吴功铭	6253	吴继铨	676	吴克章	37580	吴清冶	3869	吴寿康
6860	吴冠杰	371041	吴继仁	7294	吴兰英	36902	吴擎寰	371551	吴寿玲
S8881	吴冠群	4697	吴寄萍	S8981	吴阆仙	8807	吴庆康	6505	吴寿元
7707	吴光华	371542	吴家安	35055	吴乐天	31019	吴庆鹍	S9658	吴叔荣
38332	吴光华	36953	吴家锄	S9252	吴雷鸣	8835	吴庆鹏	7305	吴淑芳
S9211	吴光铨	4948	吴家谷	371236	吴立牲	4984	吴庆寅	8196	吴淑光
S8093	吴广惠	5411	吴家齐	526	吴立牲	3522	吴 琼	7354	吴淑贞
2132	吴广礼	6722	吴家骧	36114	吴利文	1106	吴琼华	35422	吴树勋
8558	吴瑰卿	1285	吴家桢	5141	吴连芳	0087	吴琼英	1200	吴漱芳
37846	吴桂昌	S9503	吴嘉善	2113	吴良斌	S9769	吴荃心	0408	吴漱真
35298	吴国璠	35695	吴嘉彦	0407	吴麟坤	0887	吴让甫	3525	吴嗣恒
3401	吴国华	3103	吴嘉桢	35940	吴领胜	0888	吴让三	S8793	吴松乔
32216	吴国基	8485	吴建华	S8256	吴令琛	10929	吴人洁	35609	吴诵芬
371007	吴国瑜	S059	吴建廉	4269	吴吕才	S9274	吴仁耀	6564	吴 稣
7313	吴国璋	1230	吴剑侠	36414	吴履云	1015	吴荣秀	35927	吴泰安
3328	吴国柱	3308	吴鉴明	640	吴玛璃	10591	吴容林	10397	吴潭寒
S9844	吴国柱	2086	吴 觉	3992	吴曼君	10146	吴蓉舫	37253	吴檀荣
31219	吴涵深	37952	吴觉先	3101	吴茂松	0540	吴如岑	S9778	吴 堂
S034	吴汉秋	5546	吴醮福	2618	吴懋修	680	吴如金	371727	吴天授
37633	吴汉彦	2105	吴洁民	3524	吴梅君	S8457	吴瑞琴	6569	吴天泰
273	吴汉彦	50067	吴介秋	371560	吴美凤	2118	吴 睿	1896	吴铁生
5572	吴汉英	1035	吴金寿	610	吴美凤	1337	吴润贤	393	吴廷安
10983	吴行素	3036	吴锦祺	35253	吴梦鱼	371618	吴润玉	0309	吴廷根
32113	吴行伟	0092	吴锦文	35753	吴 敏	S9140	吴润元	2676	吴廷光
5980	吴和群	35187	吴锦鑫	7322	吴明珠	10189	吴润元	4607	吴廷光
2099	吴荷英	7199	吴锦远	10371	吴铭彝	2097	吴若愚	8012	吴廷光
6805	吴鹤鸣	37954	吴瑾章	6010	吴 谟	0186	吴三锡	36410	吴廷经
6443	吴鹤年	5961	吴经声	3526	吴慕愙	S8455	吴 山	6703	吴廷祺
6446	吴鹤望	5860	吴精秀	S9213	吴乃度	531	吴善龙	361375	吴廷绍
S9416	吴宏毅	30192	吴景焕	S9712	吴乃基	34064	吴善周	8183	吴廷玺
36273	吴宏英	35842	吴景亮	S9709	吴乃馨	0591	吴尚炯	34119	吴廷忠
371403	吴洪章	35998	吴景铭	6128	吴乃杨	32032	吴尚章	10421	吴庭芬
31188	吴鸿蝶	6565	吴景堂	361215	吴盘生	6081	吴韶善	S8593	吴 同
2107	吴鸿恩	S143	吴敬礼	35864	吴沛润	3960	吴韶咸	32188	吴 团
7263	吴鸿高	2617	吴静山	10717	吴佩承	8472	吴少修	35317	吴 琬
35608	吴鸿磊	0302	吴镜芙	351059	吴佩承	8358	吴绍志	36177	吴畹贞
S101	吴鸿盛	4402	吴炯光	6407	吴佩娟	1891	吴省吾	36586	吴为杰
2125	吴厚福	361280	吴菊贞	37079	吴佩韦	0542	吴师圣	S083	吴维东
35134	吴厚坤	37520	吴爝光	36011	吴佩英	5500	吴诗革	4909	吴维藩
7359	吴华雄	2126	吴君实	33048	吴彭修	S9016	吴石耕	50033	吴维华

8078	吴维礼	31078	吴业文	3007	吴泽炎	S9398	吴仲达	37379	武达诚
0230	吴维中	435	吴一民	S8661	吴泽珍	4657	吴仲溶	7355	武殿彪
36416	吴伟俊	361048	吴猗□	3241	吴增芳	361469	吴子廉	31118	武佛衡
1229	吴伟治	307	吴漪□	S8755	吴增奎	0285	吴子谦	10253	武吉
0269	吴渭澄	8706	吴宜炳	S8405	吴增麟	38342	吴子云	11011	武杰
3630	吴温玉	8573	吴宜民	0786	吴增铨	430	吴子舟	6378	武可承
3151	吴文	36164	吴宜蕴	7032	吴增劲	5432	吴紫林	4469	武强农
0771	吴希白	35097	吴贻虹	7549	吴增涛	371578	吴自衔	35050	武世麒
212	吴锡麟	2114	吴以柯	4552	吴占寅	37569	吴自新	36989	武松翠
36731	吴锡龄	10695	吴义方	6966	吴湛恩	7611	吴自珍	5252	武延俊
35652	吴习善	10121	吴亦强	371087	吴章铢	0930	吴宗汉	36400	武以勋
S8976	吴贤铨	0711	吴亦衔	35145	吴长安	0350	吴宗和	371038	武毅宗
S8979	吴贤钰	33136	吴易立	5712	吴长铭	2102	吴宗棠	35127	武幼明
30277	吴显才	37768	吴弈基	36160	吴长义	4154	吴宗尧	361283	武蕴初
5735	吴祥	37767	吴奕业	8212	吴昭恩	0601	吴宗咏	3009	武志祖
8197	吴祥福	S8573	吴逸波	6890	吴昭汉	S9610	吴祖凤		
7990	吴翔云	0326	吴英梯	6798	吴兆坤	3326	吴祖功	西	
371359	吴晓云	5455	吴瑛	33135	吴照普	0860	吴祖钧	6302	西惠芝
4763	吴孝敏	2131	吴应申	S9848	吴哲夫	S9422	吴祖培		
4906	吴孝振	2130	吴应星	8583	吴桢	1894	吴尊爵	郗	
8833	吴效庄	7450	吴永法	7627	吴振家	S9566	吴祚邦	0351	郗公弼
2129	吴燮兴	2112	吴永绥	36847	吴振球				
10956	吴辛泉	6480	吴永襄	7094	吴振权	伍		奚	
S8127	吴新柏	37442	吴永选	3399	吴振英	8424	伍本浓	35932	奚安炽
S8418	吴新嘉	7620	吴用维	5283	吴震春	31171	伍朝骐	S8443	奚德和
35568	吴新佩	S9851	吴友和	8055	吴震寰	7732	伍崇勤	10684	奚方
10237	吴鑫	35639	吴有恒	4156	吴震新	30273	伍凤昭	2024	奚飞莺
5495	吴醒民	37035	吴有申	4579	吴震英	2004	伍冠雄	S8566	奚光耀
35255	吴兴荣	0093	吴幼春	7855	吴震佑	361163	伍光瑜	36226	奚光照
0867	吴杏宜	S8777	吴宥	4155	吴政达	8143	伍华钧	173	奚桂芳
5131	吴性慈	361041	吴雨琴	351111	吴之亮	4630	伍焕星	138	奚惠芳
4734	吴熊章	267	吴雨琴	S021	吴芝祥	3739	伍慕兰	4925	奚惠芬
6046	吴修勤	S8247	吴玉凤	37010	吴至德	0524	伍培元	37355	奚汲屏
371734	吴秀兰	2094	吴郁	S8163	吴志昌	36295	伍启材	0169	奚继武
11048	吴秀英	1893	吴毓骐	37920	吴志煌	0503	伍清华	6475	奚剑石
36865	吴旭初	6766	吴毓文	351152	吴志坚	2000	伍瑞山	0370	奚介明
0253	吴旭新	8777	吴毓贞	S9766	吴志良	2073	伍铖明	36768	奚君重
4792	吴序泰	2128	吴元天	36913	吴志敏	32235	伍曙光	S9114	奚林宝
0743	吴学品	4452	吴元新	7899	吴志仁	6757	伍树章	35612	奚留奎
1231	吴学品	5019	吴元戌	31151	吴志英	7728	伍沃坤	4172	奚培本
31116	吴学溥	S8969	吴元珍	2100	吴志真	32103	伍小春	2018	奚培元
37657	吴学湘	6967	吴远润	361445	吴智伟	6850	伍杏连	3124	奚瑞□
3327	吴学信	8757	吴月珍	32050	吴中衡	5885	伍序平	7754	奚舜生
2124	吴寻冰	6915	吴云祥	35021	吴中宏	10110	伍毅雄	35471	奚天行
6707	吴亚伟	7898	吴允洁	36150	吴中一	7485	伍咏弦	626	奚永莲
E50047	吴延龄	361246	吴运初	371693	吴忠民	2147	伍震超	10402	奚兆祺
31186	吴延庆	S8875	吴运通	10725	吴钟甲	2006	伍宗绳	S9117	奚兆燊
S8927	吴延闻	6195	吴运治	1895	吴钟仑			37684	奚正永
29078	吴宴鸣	6894	吴韵琴	0740	吴钟泗	武		10607	奚忠政
3862	吴耀琨	7541	吴蕴孙	4595	吴钟英	50443	武炳贞	4171	奚仲良
0429	吴耀西	S8765	吴泽民	2117	吴仲达	4903	武承铭		

934

习

37221 习道生
6225 习尔德
7430 习尔敬
10620 习尔敏
38321 习尔训
35844 习家驯

席

2356 席伯伦
8037 席承瑞
35945 席凤兰
S8377 席慧珍
10587 席懋椿
351169 席清森
5330 席元梁

洗

1978 洗恩光

夏

3687 夏宝祈
8385 夏宝忠
0838 夏炳亚
4053 夏伯坤
S9657 夏曾颐
7634 夏昌明
7330 夏成治
2415 夏诚梅
190 夏崇强
10444 夏春龙
S8333 夏春镕
8319 夏纯珍
3640 夏从龙
36076 夏大华
30113 夏鼎朝
36999 夏福宁
10456 夏涵
50081 夏和云
8590 夏恒□
1329 夏鸿圃
35810 夏厚生
6859 夏慧娴
31196 夏基坤
31070 夏季宇
S9070 夏骥瑞
10239 夏坚士
50088 夏觉中
6069 夏杰华
1526 夏景霭
8577 夏竞寰

37786 夏名华
32116 夏铭枢
7101 夏平林
10162 夏琴珠
8036 夏轻舫
5517 夏仁俊
4166 夏瑞葵
37459 夏瑞麟
10244 夏世培
7189 夏淑琴
37644 夏树森
361231 夏舜邦
319 夏舜邦
2418 夏廷章
2429 夏维邦
325 夏纬谦
3614 夏文教
6663 夏希孟
32025 夏绡
8054 夏襄臣
2591 夏祥如
37267 夏校
4508 夏秀如
5008 夏雪藏
6652 夏雪致
7546 夏循章
2413 夏训浓
10057 夏岩
4502 夏炎
7614 夏炎
S8175 夏艺英
S9217 夏易任
11002 夏寅生
8729 夏莹珍
0889 夏咏棠
470 夏玉璋
2624 夏元祺
36980 夏悦贤
36896 夏增辉
S8533 夏震贤
S9218 夏志达
10375 夏志建
35862 夏志魁
10309 夏志明
35904 夏志萍
S9378 夏志信
30085 夏治魁
1539 夏钟润
3115 夏壮图
2589 夏宗岱
33148 夏宗尧

31164 夏宗尧

相

3754 相重玲

向

3740 向邦权
4029 向 纯
2635 向大延
1883 向 德
1866 向国钟
3389 向家昌
34027 向宁人
S9413 向玉琴
S9414 向韵梅

项

35360 项本雄
1553 项碧漪
4580 项 超
8312 项光烈
32030 项光宇
4654 项克宽
S9510 项林根
7492 项隆章
1294 项启钊
37839 项士一
4995 项淑贞
5869 项暾如
1574 项泽耕

萧

37043 萧安成
7407 萧柏年
5211 萧保华
8110 萧炳琨
31169 萧伯刚
30081 萧昌桂
1475 萧承慎
4833 萧传文
S8179 萧达夫
4109 萧道统
10379 萧德泉
8272 萧恭俭
3289 萧恭先
361190 萧光洁
8061 萧光智
35243 萧海财
6953 萧 洪
30128 萧鸿雁
S8571 萧 华

1217 萧怀古
29052 萧桓昌
361191 萧慧清
36263 萧季侠
7427 萧继韫
10986 萧继璋
2221 萧家点
S9562 萧健中
37622 萧键寰
S8224 萧金活
33064 萧静舫
S8167 萧君起
37880 萧俊伯
4698 萧俊贤
8056 萧开炜
S9087 萧丽君
S8438 萧 珋
7303 萧路萍
2205 萧梦奎
0678 萧梦瀛
S8858 萧敏求
S9098 萧明澍
0051 萧明新
3586 萧莫寒
0990 萧能骙
3194 萧念祖
30156 萧齐尊
5478 萧启后
0292 萧 谦
6991 萧 清
S8146 萧清霖
286 萧庆鹃
4240 萧群珍
37948 萧仁常
S9701 萧如庆
5897 萧善骙
S8585 萧师颖
4110 萧诗煦
371426 萧士文
2233 萧世德
1313 萧世鸿
0814 萧世孝(效)
0694 萧树恩
8246 萧树勋
7587 萧舜华
7656 萧泗祥
S8689 萧淞玫
29125 萧素燕
8718 萧天南
30023 萧天一
36503 萧望治

S8522 萧维翰
S8836 萧维龙
7385 萧文南
4759 萧先邦
S8561 萧 显
37924 萧湘子
361369 萧孝德
7874 萧孝逊
5925 萧兴祖
8314 萧秀贞
0224 萧 逊
6307 萧亚婉
32244 萧耀轰
8509 萧以何
30158 萧以馨
S8614 萧义兰
30071 萧映国
S004 萧咏余
6147 萧玉清
35723 萧源璋
7434 萧张权
37519 萧振芳
371750 萧振海
8540 萧征仕
6872 萧正明
7603 萧之馥
S9720 萧志杰
10710 萧志琦
5643 萧志忠
0697 萧仲岩
34118 萧卓凡
371530 萧子明
50055 萧子扬
10134 萧宗藩
2170 萧宗俊
37081 萧宗勋
361293 萧祖发
324 萧祖英

解

5635 解茂淑
3174 解若冰
5812 解澍涵

谢

3502 谢宝昌
376 谢宝昌
6104 谢宝屏
S8043 谢宝祉
7883 谢 炳
36379 谢蟾宝

0117	谢 朝	1174	谢麟祥	3090	谢维璋	5244	谢祖勋	37571	熊敬文
7040	谢朝纬	668	谢鹿萍	3369	谢文灏	2380	谢祖荫	32059	熊俊英
2384	谢成琦	S9928	谢曼倩	0978	谢文青			3915	熊开化
0163	谢春溥	0950	谢梦真	4700	谢文坦	辛		37879	熊克多
469	谢道本	361321	谢民城	371595	谢西陆	371391	辛得顺	36905	熊克刚
S9699	谢道节	36348	谢培柽	4104	谢 希	7867	辛其兴	7831	熊 立
5956	谢 德	6394	谢培松	S9672	谢锡良			6286	熊凌杰
0440	谢德汉	351108	谢培棠	8052	谢香吉	忻		1997	熊孟雄
6666	谢德宏	3582	谢佩瑶	608	谢 庠	7639	忻彭龄	4992	熊明德
35855	谢德盛	6902	谢佩贞	4733	谢象贤	3865	忻去病	4669	熊铭铣
31182	谢德贤	33051	谢平章	37013	谢晓茵	7640	忻维翔	7903	熊平章
2388	谢莫中	37087	谢其龙	11040	谢孝孚	7871	忻 文	33021	熊启昌
35601	谢定安	S8434	谢 琦	3780	谢孝堪			5326	熊少仲
4394	谢端如	36675	谢 琦	S8097	谢孝如	邢		8560	熊淑岑
361227	谢法象	2357	谢 谦	592	谢孝愉	8398	邢朝纲	1998	熊天荆
31154	谢刚健	S8463	谢潜诚	35199	谢孝昭	1632	邢道诚	35678	熊万钟
2375	谢巩金	4969	谢庆熙	1083	谢 新	1631	邢 德	4638	熊文翰
37335	谢贡生	2374	谢 群	8098	谢 鑫	S8471	邢飞鹏	8636	熊文煊
2389	谢光迁	6450	谢荣庆	371156	谢秀巍	10964	邢 芬	7976	熊文钟
8742	谢贵爵	S8123	谢汝年	573	谢秀巍	32045	邢光琼	30086	熊先松
2372	谢国材	30146	谢瑞锦	351010	谢演圣	1636	邢汉刚	35485	熊 新
S8029	谢国定	32040	谢瑞翕	0534	谢燕卿	35669	邢鸿魁	8716	熊兴生
2385	谢国溪	1029	谢瑞禧	S9283	谢贻杰	36711	邢惠凡	3620	熊兴岳
32269	谢汉松	S8803	谢若幽	0983	谢轶万	10969	邢克成	31062	熊兴智
10602	谢浩南	10510	谢善楣	10932	谢应惠	1634	邢宁一	31045	熊耀培
4463	谢鸿荃	10508	谢善桢	29009	谢永谦	371746	邢平资	S8500	熊侠民
5623	谢鸿瑜	0077	谢绍枋	1298	谢幼川	1640	邢世光	S087	熊易舜
2387	谢厚德	10671	谢圣达	36938	谢雨村	31063	邢 雄	8134	熊玉铭
8178	谢 华	0583	谢 石	S8673	谢雨林	5177	邢逸如	7706	熊元忠
6900	谢华生	8476	谢世舜	362	谢禹辰			2013	熊章福
1173	谢慧芬	4694	谢世耀	37288	谢玉如	幸		3021	熊 珍
35901	谢慧芬	35775	谢世英	5405	谢毓瑜	5738	幸振基	2070	熊正□
4395	谢继贞	0467	谢寿符	2379	谢远鹤			8215	熊仲文
4543	谢家祉	3782	谢叔莹	2378	谢远香	熊		6976	熊子麟
361381	谢建三	0538	谢曙东	278	谢月梅	37856	熊保德	1309	熊宗望
2383	谢 杰	6098	谢树南	2373	谢 云	1007	熊 璧	31131	熊作钧
0286	谢景衡	37798	谢嗣昌	10834	谢云龙	0811	熊彩云		
3781	谢君谔	2386	谢嗣升	10472	谢 韫	37044	熊曾懋	须	
4656	谢阆烈	3437	谢松培	4857	谢韫蠡	30069	熊昌祺	8229	须宝谦
4106	谢康基	2377	谢涛香	50470	谢蕴雯	S8274	熊德麟	S9467	须寿南
3141	谢科儒	7685	谢天保	2376	谢赞如	5212	熊鼎芳	4940	须文祥
30027	谢克昌	4740	谢天职	3581	谢长龄	2080	熊 菲	35966	须再修
S9860	谢克诚	371319	谢铁刚	1175	谢昭寰	32181	熊辅华		
2382	谢礼智	5839	谢廷彬	1172	谢蛰民	30129	熊汉晖	胥	
36471	谢立根	0806	谢廷珂	9983	谢震华	32053	熊华英	7773	胥 晋
6525	谢丽秋	7941	谢廷信	8797	谢之澄	8473	熊惠民	1628	胥政贤
37435	谢利元	2302	谢庭玉	S8156	谢志蒙	2011	熊集峨		
29014	谢琏造	S8912	谢完光	S9262	谢卓卿	8806	熊集美	徐	
2381	谢良规	4756	谢婉英	371442	谢子英	8462	熊集梧	6857	徐百练
30205	谢列钧	0402	谢 琬	5827	谢子真	8503	熊剑英	7115	徐邦本
1277	谢 霖	3923	谢维敏	S037	谢祖述	S8931	熊晋勋	50137	徐邦仪

6289	徐宝昌	10628	徐德成	10175	徐昊	35356	徐敬如	7370	徐南华
361212	徐宝德	37803	徐德诰	7116	徐浩志	3636	徐静□	S8514	徐南寿
689	徐宝华	S124	徐德孟	371513	徐黑苪	S9310	徐静芳	5607	徐能成
6903	徐保珍	10807	徐德盛	S9402	徐闿	361175	徐镜如	S9365	徐念慈
35971	徐必祥	1068	徐德昭	4662	徐宏济	S9650	徐炳	5276	徐培和
351084	徐璧城	1853	徐德之	6846	徐宏泗	3065	徐菊城	10207	徐培堃
S9273	徐秉公	0445	徐定行	1851	徐洪喜	361010	徐菊华	569	徐培庭
0870	徐秉荣	3639	徐定讳	371093	徐鸿勋	S9130	徐菊生	S9124	徐培元
10723	徐炳坤	7542	徐定戡	8570	徐鸿友	6053	徐君阙	35214	徐佩芳
10722	徐炳南	1852	徐定远	36141	徐焕民	50106	徐君毅	7801	徐佩祥
371629	徐炳兴	1860	徐东辰	S9856	徐会社	35297	徐钧一	10644	徐品杰
10905	徐鮚侯	3334	徐笃行	9954	徐惠生	S9583	徐俊德	7475	徐朴
8221	徐伯浃	371212	徐蕚昌	6849	徐慧菱	37869	徐俊夫	36662	徐其□
0555	徐伯符	548	徐蕚昌	35185	徐慧淑	397	徐俊夫	361442	徐琦光
6501	徐步	351001	徐恩沛	0317	徐基	37932	徐俊人	10592	徐锜霖
31034	徐才勇	0608	徐恩堂	30135	徐纪凤	35254	徐克勤	10813	徐启文
30044	徐采蔚	3417	徐恩衍	36146	徐纪萍	4626	徐克温	38353	徐钦
36200	徐沧洲	10675	徐尔锌	4850	徐际昌	1849	徐奎	1918	徐卿
351177	徐曾衍	371145	徐凡	7814	徐季真	1848	徐坤仪	36962	徐清芳
S9168	徐昌炽	513	徐凡	10901	徐济禄	11019	徐来清	36435	徐庆诒
4294	徐昌济	32201	徐芳伟	6213	徐济元	3418	徐兰荪	371279	徐庆桢
3634	徐昌晋	371196	徐芳周	S8937	徐继梁	S8436	徐礼毅	3410	徐琼光
35120	徐朝程	553	徐芳周	361455	徐继善	7137	徐立方	11004	徐权翊
371064	徐朝赋	4295	徐凤彦	5531	徐继尧	7136	徐立经	3015	徐人瑞
361064	徐臣明	37805	徐福南	10098	徐家彪	10539	徐立元	10535	徐仁厚
8505	徐臣尧	S8112	徐傅德	0246	徐家琛	6799	徐丽华	1914	徐荣道
5620	徐辰生	4937	徐刚	5515	徐家骥	10951	徐丽生	1915	徐荣乡
0671	徐成泰	S008	徐钢	8091	徐家骥	S8264	徐莲芬	3202	徐榕
1857	徐诚	5511	徐高祉	0774	徐家楷	361065	徐莲珍	6628	徐瑞昌
10168	徐承亮	5169	徐耕石	36287	徐家铭	37715	徐良佩	7552	徐瑞成
10895	徐承烈	S9770	徐关士	371472	徐家雄	1850	徐良裘	31111	徐瑞芳
34061	徐承泽	6235	徐冠英	7432	徐嘉俊	371602	徐梁	35573	徐瑞和
0592	徐澄	6605	徐光湄	35121	徐嘉伦	37731	徐亮	10452	徐瑞璋
0130	徐墀	1034	徐光宇	6945	徐建滨	0057	徐亮浏	5631	徐若砺
0556	徐崇德	4888	徐光冶	33073	徐剑豪	0791	徐麟寿	S8464	徐善初
30066	徐崇光	7711	徐广亨	4065	徐剑吾	S8579	徐麟振	1913	徐慎臣
6822	徐崇贤	36866	徐广生	35282	徐皎	0112	徐六律	9945	徐声恕
35650	徐崇英	0614	徐贵基	10972	徐节商	35641	徐懋明	4704	徐绳祖
6977	徐崇墉	34101	徐国光	4449	徐洁如	0089	徐民	361441	徐省三
35528	徐楚亨	7969	徐国华	S8283	徐金生	36349	徐敏权	10490	徐省斋
S9481	徐传法	35079	徐国钧	5024	徐金涛	36888	徐明阳	6747	徐胜冰
5036	徐传季	11007	徐国麟	8058	徐锦江	1924	徐鸣庚	36667	徐时
S113	徐传献	3467	徐国屏	0670	徐锦涛	1923	徐鸣汉	1921	徐时惠
371610	徐传英	10060	徐国铃	371434	徐进	371358	徐铭德	1288	徐士成
36193	徐从瑜	S9144	徐国扬	0934	徐经传	351015	徐铭楣	8439	徐士高
S9160	徐存礼	36329	徐国英	38265	徐景安	50293	徐木庭	4576	徐士模
7777	徐大丰	5335	徐海寿	685	徐景安	0189	徐沐曾	8767	徐世温
6618	徐大亚	635	徐涵如	7213	徐景翰	351120	徐乃富	8294	徐世勋
7455	徐大永	37573	徐汉鼎	35893	徐景勉	0281	徐乃康	S074	徐世英
6674	徐大章	5653	徐汉章	0996	徐景贤	S8461	徐乃谦	0824	徐守白
0303	徐道平	1854	徐行	S9039	徐景贤	6572	徐南昌	7966	徐守梅

7905	徐守宜	371592	徐锡和	371223	徐英钧	33137	徐振芳	361414	许秉伟
S9679	徐寿昌	4509	徐锡华	37342	徐英伟	S8497	徐振华	4439	许秉杨
0495	徐寿康	361394	徐娴民	7186	徐英玉	4967	徐振模	3342	许炳琨
146	徐寿全	3018	徐　翔	10998	徐应泉	36553	徐振声	S9754	许伯琦
S9472	徐寿庸	S8894	徐向天	36892	徐永春	8813	徐振文	189	许伯琦
351156	徐淑贤	7237	徐象宜	7567	徐永丰	31082	徐振溪	371716	许成文
3541	徐淑媛	38292	徐小云	6180	徐永娟	10248	徐振亚	S8356	许诚开
30055	徐述懋	S8669	徐孝连	35907	徐永隽	37182	徐震夏	10008	许承讲
8726	徐树常	607	徐孝山	36587	徐永禄	37136	徐镇国	8115	许承宁
3883	徐树藩	S8706	徐孝述	10923	徐永奇	0832	徐征吉	32223	许承学
1859	徐　恕	10724	徐孝颐	37732	徐永清	1855	徐正邦	35951	许崇德
33163	徐斯孝	37899	徐孝谊	S050	徐永涛	4821	徐正希	S8242	许崇泗
S8880	徐四明	50435	徐燮福	S8543	徐永耀	10238	徐正言	2401	许传经
6847	徐松鹤	36646	徐心公	4062	徐永臧	371107	徐正仪	3462	许纯枢
371244	徐松寿	10571	徐　鑫	0517	徐用宾	S9269	徐政旦	S9885	许丛珠
36610	徐　崧	38005	徐信源	35083	徐友擎	S9787	徐政孚	S8036	许大与
1920	徐体诚	36916	徐兴堂	6684	徐酉耕	6396	徐政衡	35237	许道中
204	徐天德	7436	徐兴武	4063	徐幼祚	30022	徐政容	5567	许德怡
371527	徐天定	11000	徐熊飞	5429	徐　瑜	36319	徐之江	8343	许涤瑕
0826	徐天民	10888	徐熊铨	4116	徐宇清	S8052	徐芝祥	8162	许芳媛
36777	徐天纬	7343	徐修娟	31043	徐玉衡	S9104	徐芝英	7530	许格致
1146	徐廷怡	8378	徐修敏	4623	徐玉潘	5256	徐芝友	35056	许广栖
S9118	徐婉英	6848	徐秀芳	6320	徐玉田	31221	徐　志	1154	许国驹
36382	徐威利	38368	徐秀玲	4499	徐玉纤	36567	徐志豪	11021	许国梅
5136	徐　微	S9802	徐秀晓	3409	徐毓琛	36442	徐治群	2408	许国柱
37799	徐惟诚	35965	徐绪治	4296	徐毓珊	S8929	徐中展	S8195	许海涵
3635	徐维德	9969	徐萱馥	3408	徐毓秀	1858	徐忠谏	1036	许华大
37882	徐维理	10311	徐学明	S9694	徐霭卿	1917	徐钟济	0939	许华强
37382	徐维墉	50124	徐学荪	10900	徐元春	S9918	徐钟贤	6755	许华生
32263	徐维枝	361339	徐雪蝶	35854	徐元善	6359	徐仲钰	371505	许怀民
30092	徐　伟	S8776	徐　洵	31015	徐元约	5539	徐竹吟	6582	许惠源
S8859	徐伟民	10174	徐延鹤	37490	徐月如	3765	徐庄明	S9395	许惠珍
37836	徐伟雄	37452	徐衍森	8222	徐月漪	37170	徐卓成	35857	许慧静
1925	徐蔚昌	8803	徐燕孙	1919	徐云亭	37169	徐卓岩	0381	许积芹
S9506	徐蔚光	30197	徐仰超		（徐觉子）	7987	徐宗道	3967	许基远
31076	徐文海	5180	徐尧臣	8185	徐韵芙	5610	徐宗沛	371485	许季端
10962	徐文娟	S9531	徐尧孚	38223	徐蕴馨	3253	徐祖凤	4076	许季明
10524	徐文钧	S9197	徐耀祖	35488	徐则文	6018	徐祖年	36391	许继英
37392	徐文钧	361143	徐一飞	1145	徐则骧	4064	徐祖其	7922	许家钦
S9898	徐文遽	351035	徐一鸣	S8664	徐　展	S9477	徐祖望	361417	许家骕
0106	徐文兰	36566	徐一强	6856	徐展文	10129	徐祖尧	2404	许家振
1856	徐文兰	3407	徐宜生	36730	徐长春	8794	徐祖樨	37590	许建兴
371022	徐文理	S8577	徐宜蓁	10850	徐掌鑫	37066	徐祖志	371251	许建忠
38156	徐文如	1922	徐贻□	10218	徐召南			36882	许竟成
7466	徐文贤	S9321	徐颐伯	351164	徐兆丰	许		6726	许敬复
5917	徐文雄	6574	徐以达	7931	徐肇煌	8004	许邦宁	S9849	许敬渭
50323	徐文元	S9661	徐　益	S8379	徐肇琳	50319	许宝驯	S9234	许静兰
4293	徐希元	S8581	徐　益	S9278	徐　珍	2405	许宝驭	5037	许俊明
5522	徐希祖	6131	徐益之	35009	徐　桢	S9589	许碧连	0985	许浚哲
5659	徐锡蕃	1916	徐益智	8484	徐祯祥	2403	许冰如	6818	许　骏
10732	徐锡圭	5089	徐　闻	6562	徐振铎	4624	许秉钧	34049	许　可

S8791	许克荣	371330	许 伟	S9560	宣国维	**鄢**		10641	严锁金
37377	许丽珍	5850	许渭常	7781	宣 和	1626	鄢庆炫	S9386	严同庚
6831	许良诚	6839	许慰先	8348	宣化五			35494	严 威
10866	许良玉	S8527	许文善	35571	宣家桢	**严**		0571	严文昌
279	许梁鉴	371242	许文远	1912	宣灵章	7710	严必成	1771	严文锦
8161	许菱祥	609	许文远	4044	宣万镒	0615	严秉煌	33061	严文锦
371389	许绿绮	3188	许熙春	3879	宣武林	7176	严秉礼	S8131	严文义
31234	许蔓涛	S8183	许先华	5771	宣野村	6520	严秉仁	8834	严 铣
2400	许孟华	S035	许显枢	50105	宣镇忠	3847	严步韩	10217	严香君
3341	许明德	S9891	许祥祉			5775	严步随	3585	严星华
6259	许明华	7536	许肖屏	**襦**		37265	严昶诏	5883	严修名
8610	许鸣鹤	36116	许晓文	S078	襦立光	351188	严传源	10579	严修松
0797	许牟衡	4310	许心香			36469	严达济	37704	严雅琴
37412	许慕农	361097	许 鑫	**薛**		6061	严达泉	34100	严 以
361264	许廼珠	3273	许信钟	S9561	薛伯骏	8662	严德光	8309	严 錡
S9257	许妮娜	30304	许雄定	6729	薛昌业	29083	严德辉	7215	严永赍
35407	许其伟	29007	许烜之	371142	薛春和	10300	严 端	38025	严缘康
2399	许 琴	351104	许耀明	577	薛春和	S9934	严敦礽	30121	严允明
2398	许庆雍	37596	许业晖	1489	薛代培	361412	严奉生	35137	严兆龄
S9808	许 权	36472	许仪曾	S9212	薛涤群	S9263	严福受	150	严振人
371394	许泉森	0974	许宜陶	29060	薛蕃浩	30266	严公护	32205	严 震
4727	许璟珉	35384	许奕西	10754	薛逢源	36156	严拱星	31230	严 镇
37454	许任煌	3970	许 莹	5093	薛福明	1300	严国柱	10708	严正仪
3148	许荣曾	10945	许永春	36802	薛浩庆	0908	严海帆	5752	严志椿
643	许荣昌	3480	许永鹤	35829	薛鸿章	3659	严浩然	5782	严志高
3343	许荣瑜	37611	许佑珠	371443	薛怀湘	50142	严 蓁	S9159	严志金
5936	许瑞珍	3012	许苑生	493	薛集成	6293	严惠田	7206	严志寿
3968	许森荣	35327	许云珍	36013	薛家德	35953	严纪舜	37346	严志沄
S8240	许善和	3424	许蕴芝	0848	薛兰石	1768	严家璧	5899	严忠勤
S8239	许善铭	10430	许泽丞	S8637	薛明钰	37177	严金淇	36098	严忠勤
3966	许尚志	7030	许增德	S8359	薛鸣岳	S8549	严金儒	7164	严竹君
2410	许 慎	10102	许占奎	351187	薛培兰	6710	严景平	S9530	严宗甫
2406	许世珪	37785	许长城	2606	薛丕承	8204	严 敬	7227	严宗琦
5319	许世汀	0951	许肇基	404	薛其玉	10471	严君娘		
8656	许世雄	33044	许振晃	7283	薛庆章	S8560	严隽澄	**言**	
7681	许式文	1125	许振民	371420	薛秋祥	S8516	严谋钦	351138	言雍征
S9681	许守坚	10318	许震旦	6613	薛淑英	38260	严莉莉		
3272	许守强	7652	许震廷	6032	薛松如	371261	严 亮	**阎**	
8298	许淑芳	S9127	许镇华	3826	薛 霨	10147	严明辉	361234	阎秉钧
0434	许树楠	0940	许 直	8059	薛祥麟	5892	严培远	36333	阎 晶
0126	许树芹	S9526	许志家	2669	薛燕南	7759	严启鸿	10600	阎平珍
36240	许思英	4711	许志勤	31061	薛一民	6329	严 锐	361401	阎启翔
36563	许斯通	7174	许中和	4409	薛亦英	4528	严瑞崧	S8800	阎愈斌
8370	许天锡	2409	许钟飞	6239	薛荫阶	5789	严若珊	36496	阎岳生
351127	许天植	S8756	许钟浩	3287	薛雍源	36104	严桑和		
371019	许同梅	S8559	许仲贤	S9442	薛玉琪	S9387	严 晟	**颜**	
6969	许彤之	4309	许重康	37777	薛兆安	35182	严诗闻	371106	颜 □
7239	许统明	4709	许蕭梅	6241	薛 铮	35230	严叔明	6696	颜本森
0781	许晚成			37302	薛宗义	4789	严淑宝	371428	颜秉玙
7756	许维祺	**宣**				S9687	严颂芳	5299	颜昌朴
7757	许维贞	S9081	宣国筠			225	严颂芳	36096	颜成鉴

S8416 颜承馨
31010 颜　锡
0341 颜汉卿
4460 颜嘉瑞
10454 颜丽贞
38273 颜龙生
4754 颜佩箴
S9868 颜其康
8198 颜谦亨
4898 颜若玫
371540 颜士伟
2306 颜书才
4492 颜玮琦
50440 颜象贤
35246 颜　扬
8620 颜永恩
35835 颜长明
351085 颜振声
7780 颜宗洛

晏
5171 晏爱香
S8805 晏昌基
8095 晏东菁
37897 晏金民
4621 晏民新
0293 晏士超
8824 晏　伟
1149 晏以桢
1097 晏湛君

燕
4013 燕敦谌

阳
361082 阳名□
35031 阳善和
37082 阳善明
33074 阳远琨

杨
6907 杨□吾
37531 杨爱华
S9645 杨邦础
2270 杨邦彦
0532 杨宝乾
5857 杨宝树
31185 杨宝棠
36695 杨宝绪
S9013 杨宝圆
8002 杨葆芬

7654 杨葆良
8845 杨葆泰
38073 杨彼得
0879 杨笔华
7885 杨宾如
304 杨秉成
5633 杨秉璠
7738 杨秉范
10173 杨炳成
S8040 杨炳栋
7248 杨伯培
50188 杨伯权
6602 杨伯祥
10477 杨布如
36918 杨步时
S8071 杨　才
361396 杨残啸
345 杨残啸
S8576 杨灿星
6570 杨灿星
S9599 杨昌雄
8740 杨昌震
S8751 杨承康
8288 杨承培
3709 杨承怡
6596 杨崇和
36965 杨崇柳
S8712 杨崇娴
7146 杨传珣
6896 杨春根
6923 杨春桂
36623 杨春来
371558 杨春来
1102 杨　纯
2275 杨次琼
35235 杨琮圻
371084 杨翠娇
36102 杨翠云
3136 杨达陆
S8652 杨大公
0676 杨德安
6878 杨德涵
0576 杨德惠
11006 杨德铭
0354 杨德潜
30101 杨德森
2274 杨德枢
35847 杨德兴
0497 杨德贞
8276 杨德志
0061 杨涤非

5084 杨第峰
4405 杨第甫
5107 杨第甫
S8662 杨殿勋
S123 杨定邦
10040 杨定生
37842 杨定生
10832 杨东平
5674 杨笃祐
8188 杨端士
S9334 杨恩傅
1345 杨尔颖
371573 杨　蕃
570 杨　蕃
6404 杨逢春
S8202 杨敷敬
36199 杨福传
8262 杨福基
7387 杨福英
10902 杨复丞
37835 杨富信
8469 杨　馥
2289 杨耕珊
0954 杨公权
S8591 杨谷诒
S8866 杨关松
0810 杨冠雄
1643 杨光华
P15 杨光华
3775 杨光伍
29131 杨光远
361083 杨广义
9947 杨国辅
11008 杨国光
3027 杨国良
33032 杨国模
10697 杨国屏
36118 杨国强
8501 杨国涛
8258 杨国珍
0998 杨国佐
37806 杨过安
2278 杨海程
37005 杨汉栋
35112 杨汉权
361477 杨汉勋
4411 杨汉云
106 杨翰章
7066 杨浩昌
36542 杨皓瑳
30219 杨和生

35700 杨　弘
0896 杨红文
37929 杨洪生
33039 杨洪毅
8046 杨　鸿
160 杨鸿光
S8729 杨鸿爵
371623 杨鸿训
2282 杨侯超
33020 杨厚林
5655 杨华荪
4826 杨汇川
3082 杨会炽
0340 杨会龙
29025 杨惠村
6927 杨惠明
S8160 杨惠璇
2286 杨蕙畹
5829 杨积泽
3569 杨基城
8338 杨纪能
8016 杨季芬
8274 杨济溱
371117 杨济群
8815 杨继光
371424 杨继护
4965 杨继民
8660 杨家本
4701 杨家恭
7230 杨家俊
1247 杨家理
2277 杨家龙
S9695 杨家清
37202 杨家骧
390 杨家骧
8176 杨家祥
6412 杨家兴
8192 杨家瑶
4738 杨家泽
8033 杨家珍
6695 杨甲春
37961 杨坚白
S8770 杨建农
3216 杨建武
0011 杨建勋
2294 杨剑城
522 杨剑秋
2295 杨剑雄
6040 杨剑杨
7770 杨鉴清
S9149 杨江源

3822 杨　觉
36113 杨觉明
371612 杨　捷
E50041 杨金鳌
361141 杨金丹
36475 杨金发
S8083 杨金娟
0039 杨金星
5126 杨锦罗
S8337 杨锦梅
S8284 杨锦兆
37236 杨　瑾
S8611 杨瑾珍
2266 杨　晋
36446 杨经娴
0083 杨　晶
371133 杨景昌
449 杨景昌
29041 杨景霞
8682 杨景云
31041 杨敬伟
10627 杨　靖
8093 杨靖国
3152 杨靖寰
4431 杨静娥
1188 杨静吾
10836 杨静宜
8513 杨镜辉
35365 杨九皋
4222 杨鞠仁
5333 杨菊芳
31013 杨菊芬
1027 杨　均
10742 杨　钧
0563 杨钧直
38140 杨　俊
675 杨　俊
32001 杨可华
37725 杨克杰
2281 杨克毅
10075 杨克洲
7630 杨奎生
454 杨　坤
S9406 杨乐兰
4684 杨礼贤
4881 杨立权
35047 杨立三
8254 杨立勋
10555 杨立言
4741 杨梁材
30034 杨　麟

0390	杨麟书	33063	杨瑞芝	30181	杨松龄	2297	杨锡龄	10580	杨逸磊
3355	杨麟祥	4087	杨润基	3568	杨肃	3788	杨熙材	134	杨意佩
36330	杨璐珊	2279	杨润滋	7265	杨素侬	50309	杨习士	7460	杨荫椿
4119	杨曼秾(穠)	10070	杨若曾	3493	杨孙权	6771	杨席珍	0097	杨荫鸿
S8691	杨茂椿	35165	杨森	5281	杨滔鑫	4676	杨玺玉	S8218	杨银海
30070	杨勉君	0709	杨善济	5145	杨特梁	351167	杨先敬	S8867	杨英敏
35918	杨民辉	7902	杨善生	8523	杨腾	351056	杨先圆	7959	杨英云
S9022	杨敏文	10019	杨善照	37113	杨天洞	31124	杨贤瑷	6614	杨颖挥
S8490	杨名懿	3279	杨尚达	35783	杨天铎	33079	杨贤铭	371095	杨影萍
123	杨铭和	S9790	杨绍康	361406	杨天民	S9543	杨咸钧	5209	杨应琛
35423	杨铭基	8823	杨绍明	8011	杨天麒	7280	杨向时	50292	杨应龙
3776	杨铭石	37024	杨绍英	33089	杨天擘	4412	杨晓峰	3492	杨永龄
8410	杨慕白	0412	杨绍志	35900	杨天然	5513	杨孝达	4348	杨永年
4706	杨慕贤	31069	杨胜云	36394	杨廷寅	5044	杨孝维	38015	杨永年
371011	杨乃晔	30021	杨盛华	371166	杨庭坚	7975	杨孝颖	S8784	杨永宁
E50054	杨南平	8673	杨诗观	612	杨庭坚	0732	杨效琦	351063	杨永祺
351058	杨念春	S8519	杨时浩	S9869	杨同尘	S9035	杨协飚	202	杨永言
S8829	杨念椿	E50019	杨时英	4468	杨同芳	1045	杨燮炽	5123	杨又谦
S8589	杨念忠	S9789	杨士琛	30109	杨桤	2280	杨心盛	5440	杨幼钦
5486	杨念祖	E50058	杨士镐	37200	杨望儒	2263	杨新	5168	杨虞贤
S9941	杨农安	5487	杨士骥	361409	杨威廉	2264	杨新汉	37114	杨雨英
S8590	杨培英	5796	杨士元	2300	杨唯评	37277	杨信晖	8127	杨瑀
36701	杨佩霖	S9633	杨士源	32038	杨维本	7075	杨信熊	37241	杨玉才
2273	杨佩苇	2287	杨世恩	3038	杨维常	6231	杨醒民	S9331	杨玉岗
361380	杨品剑	8202	杨世济	0268	杨维汉	2299	杨兴勤	10700	杨玉璋
361206	杨蒲生	2283	杨世杰	2272	杨维淮	6599	杨性初	2268	杨玉振
5473	杨其赐	2284	杨世俊	S8298	杨维康	6788	杨修冲	4350	杨毓华
8255	杨启宇	32055	杨世平	33050	杨维英	8122	杨修道	S8009	杨毓龙
36491	杨起	36171	杨世通	4908	杨维震	S9053	杨修严	1112	杨毓菜
5561	杨起琳	8132	杨世璇	35156	杨伟柏	36950	杨秀峰	196	杨渊
3649	杨起仁	8128	杨世玙	S017	杨伟棠	371411	杨秀姐	8395	杨远明
37367	杨起泰	37610	杨世璋	4347	杨蔚	S9030	杨秀亭	361249	杨月华
351185	杨乔龄	S023	杨仕光	371234	杨文靖	5323	杨秀云	35526	杨月亭
4784	杨清一	5954	杨式嗣	563	杨文靖	6796	杨旭	S8344	杨跃龙
38007	杨清源	31048	杨守进	3906	杨文久	35552	杨学安	7736	杨泽衡
6089	杨庆龙	6760	杨寿年	0363	杨文俊	4088	杨学樵	4818	杨泽荣
0464	杨庆煊	37734	杨寿毓	2262	杨文纶	3427	杨学仁	0733	杨增化
36670	杨庆璋	8207	杨书祥	10101	杨文南	35196	杨学文	3354	杨增辉
10811	杨秋生	5295	杨淑华	S9240	杨文祺	35898	杨雅定	S9036	杨增辉
4085	杨人厚	4524	杨淑娟	34022	杨文锜	S9873	杨亚丹	0068	杨占春
361055	杨人正	35917	杨淑君	2265	杨文禧	36691	杨晏宛	5736	杨哲
S8172	杨仁方	4349	杨淑奇	4647	杨文轩	0283	杨仰攀	4611	杨振东
5224	杨仁荣	6132	杨淑英	30217	杨文政	S9010	杨仰周	36017	杨振铎
5912	杨日昶	361178	杨淑芝	S9729	杨文忠	10889	杨尧燮	2291	杨振鸿
2644	杨荣黻	37121	杨树澄	2276	杨我昌	32004	杨耀琅	2292	杨振寰
3820	杨汝淦	2288	杨树屏	4534	杨武和	5984	杨伊良	2285	杨执中
8789	杨锐	7991	杨水源	36514	杨希安	36215	杨贻文	0192	杨植
37469	杨瑞环	6108	杨舜陶	4086	杨希愚	6485	杨以澍	351042	杨植之
37728	杨瑞铨	8606	杨思光	8702	杨锡琮	8172	杨以谆	7956	杨芷芬
2267	杨瑞勋	337	杨思平	2298	杨锡爵	5504	杨益枢	361459	杨志光
8163	杨瑞鳝	2293	杨嗣武	S9871	杨锡奎	0997	杨逸兰	371408	杨志侃

4614	杨志仁	371079	姚国芳	6845	姚守诚	1366	姚祚鼎	8470	叶建明		
36960	杨志圣	7470	姚海伦	S9678	姚守书			32097	叶金兰		
3353	杨志先	1439	姚和根	351158	姚守信	**叶**		37485	叶金枝		
371397	杨志正	4047	姚镶	3014	姚寿谦	361341	叶本健	0956	叶景郝		
6021	杨治亚	5155	姚积禧	371037	姚树南	7895	叶彬璐	30263	叶景山		
0482	杨智	S8656	姚积源	371720	姚顺根	215	叶秉麟	S8838	叶璟珍		
5013	杨智良	S8558	姚纪文	5718	姚舜	5550	叶秉枢	30199	叶靖舆		
35319	杨稚民	8393	姚家安	4380	姚松生	36121	叶秉元	5395	叶钧盛		
6683	杨中庆	38097	姚景栋	7771	姚泰祥	6693	叶炳华	35782	叶礼庸		
3567	杨中恕	371161	姚巨韧	7666	姚庭梁	32150	叶伯泉	4755	叶理中		
0484	杨中允	0241	姚钜元	38205	姚维德	0957	叶才	7083	叶立民		
2290	杨忠汉	32221	姚俊	5268	姚维钧	371615	叶采畴	S9684	叶连鐏		
8498	杨忠正	32105	姚浚	50380	姚伟凌	371232	叶采惠	0910	叶卢令		
2271	杨仲硕	35288	姚克纯	0149	姚文训	588	叶采惠	4891	叶绿水		
32195	杨仲猷	3466	姚昆亮	4608	姚文照	371256	叶采木	35832	叶茂烟		
36791	杨助化	1441	姚良彬	371155	姚武钦	35146	叶承龙	38329	叶岷青		
0474	杨卓平	S8389	姚麟声	10509	姚星海	35757	叶承义	34087	叶明德		
361209	杨琢	371	姚玲根	0342	姚星南	8419	叶楚清	S9716	叶木兰		
361473	杨子杰	32242	姚隆芳	5291	姚兴中	1078	叶创	1471	叶弄书		
S9200	杨子瑾	6510	姚梅绚	7080	姚杏元	S9093	叶纯青	35392	叶培甲		
3714	杨宗文	7126	姚明德	33068	姚秀绪	6233	叶达高	1113	叶培润		
10037	杨祖安	7574	姚明良	50095	姚雪芳	8415	叶达秀	S9407	叶佩鱼		
370	杨祖根	S9534	姚明然	S8433	姚迅	37723	叶大沛	29048	叶萍		
538	杨祖珏	S9863	姚铭生	2625	姚延庆	S9134	叶大沅	5443	叶岐		
3821	杨祖绳	S8795	姚铭文	269	姚晏人	4885	叶代□	371336	叶其华		
3980	杨祖怡	4955	姚念慈	10035	姚易军	S9617	叶定国	S9145	叶琪冠		
35976	杨作民	6344	姚宁生	3332	姚毅成	5003	叶敦本	6186	叶启玄		
37472	杨祚存	6679	姚佩秋	371454	姚应洲	2259	叶燉煌	35340	叶全天		
4719	杨祚骅	35174	姚佩珍	6193	姚永龄	0944	叶萼	5781	叶荣庆		
637	杨祚胤	31117	姚其波	4429	姚育才	8536	叶发灏	35623	叶瑞仁		
		36297	姚启龙	37660	姚煜良	7930	叶发华	33072	叶沙		
仰		37831	姚庆曾	371296	姚云官	646	叶飞熊	2612	叶生壬		
6717	仰遐龄	371040	姚庆林	8471	姚芸	5911	叶逢时	1212	叶盛华		
6278	仰宗杰	7197	姚秋圆	3877	姚允文	0946	叶福清	6910	叶时敏		
		30287	姚让臣	5654	姚蕴德	361348	叶赓良	0348	叶时书		
姚		2599	姚荣蓓	10642	姚载复	36308	叶公琦	2200	叶世昌		
7391	姚柏如	0727	姚荣生	10502	姚载燕	8376	叶光植	0729	叶世扬		
5533	姚宝福	3254	姚如陈	5713	姚在中	30127	叶国琳	35448	叶世元		
37056	姚承逊	37039	姚如芳	5742	姚肇中	3573	叶海西	10863	叶守先		
S9772	姚纯	36857	姚如贵	35896	姚震美	0976	叶汉章	5445	叶寿康		
1445	姚慈良	290	姚如心	E50088	姚志坚	3306	叶宏鉴	5716	叶淑英		
37719	姚达权	3405	姚瑞开	104	姚志雄	0584	叶鸿涛	7828	叶树骅		
371717	姚丹阳	35082	姚山寿	36296	姚冶清	2154	叶鸿影	29054	叶思莼		
S9591	姚斐华	5739	姚少轩	10801	姚冶勋	S8868	叶后乐	7872	叶泗滨		
31187	姚凤文	10416	姚绍斌	35718	姚致中	37945	叶华昌	37455	叶松涛		
36649	姚刚彦	1033	姚绍华	35824	姚钟岳	8157	叶会英	6888	叶孙仁		
S8153	姚根生	10621	姚绍煜	37301	姚仲瑾	2615	叶纪遵	361289	叶天骥		
36797	姚冠华	3013	姚时达	424	姚仲瑾	35019	叶济辉	50411	叶桐封		
S8474	姚光华	35579	姚世才	6921	姚仲立	0840	叶家传	5785	叶挽通		
36223	姚桂芳	7679	姚世荣	38051	姚宗德	5886	叶家怡	1076	叶伟才		
1054	姚桂根	50306	姚世雄	3536	姚祖冶	7260	叶家篝	6324	叶炜白		

编号	姓名
2156	叶渭明
3619	叶文安
1456	叶文英
35635	叶锡光
0882	叶熙传
4360	叶贤
5538	叶馨芳
0335	叶旭舒
10234	叶学昶
8601	叶耀光
4470	叶耀良
6813	叶耀文
36234	叶一俊
5023	叶奕颐
29051	叶荫民
7592	叶银汉
6886	叶尹中
371413	叶应雄
37436	叶永水
32202	叶雨祥
5125	叶玉岩
7228	叶元柏
3218	叶源
8144	叶云松
0617	叶鋆生
371497	叶运生
1077	叶韵琳
10844	叶载苗
3084	叶在和
3912	叶在龙
29097	叶在煖
6185	叶泽民
36252	叶肇麟
4659	叶肇通
36158	叶肇宜
0945	叶蓁
38341	叶忠文
6502	叶钟英
36427	叶仲汤
0511	叶重珑
361235	叶卓群
361377	叶子菁
31073	叶祖菲
E50098	叶祖健
36482	叶祖濂

伊
| 671 | 伊民生 |

蚁
| 0076 | 蚁旭东 |

易
0699	易鸿浦
4388	易华琼
37179	易家莹
10845	易接道
0530	易接连
0487	易接廷
2653	易克琛
1658	易克健
3633	易良辅
1775	易钦
7400	易庆乾
7314	易瑞珍
361017	易声琰
32148	易廷材
P10	易孝昭
0919	易用庄
1657	易友梧
2335	易制伊

裔
| 2331 | 裔寿泰 |

阴
| 1059 | 阴塘 |

殷
37871	殷本坚
31225	殷溁生
1872	殷大钧
38006	殷德镇
0459	殷贵华
36783	殷家骅
7244	殷鉴
3555	殷景祐
S8130	殷静灵
7192	殷邃
4444	殷勤
S9423	殷琼熙
29016	殷汝庄
8799	殷尚骏
5194	殷绍武
371630	殷士运
30033	殷巴伯
4569	殷新铭
0558	殷养颐
4066	殷逸生
0170	殷永熙
S8253	殷云芳
10497	殷云鹏
5287	殷泽周
32164	殷增光
4404	殷作人

银
| 38299 | 银万苏 |

尹
5255	尹昌禹
4113	尹道辛
2575	尹德涵
1131	尹高桂
400	尹高论
35629	尹恭炎
0485	尹恭震
35065	尹光华
1052	尹光远
371593	尹国俊
35768	尹华
4445	尹健章
4476	尹静祺
37711	尹俊华
361298	尹可许
0164	尹克谦
1638	尹懋勤
50090	尹民生
31192	尹顺金
50022	尹思慈
50041	尹武华
4023	尹协成
36258	尹学文
S105	尹雪卿
36322	尹毓余
6088	尹在春
33035	尹肇衡
S8412	尹政修
8631	尹宗祥

印
1136	印伯昂
0928	印鲤
36458	印仲良

英
| 5646 | 英孔昭 |

应
7123	应凤英
35074	应可俭
S8061	应克焕
0739	应崑
3024	应普汉
5113	应琼
36036	应山峰
172	应书谋
S9178	应燕铭
10179	应兆康
S9362	应之文
38153	应紫珑

尤
35944	尤保箴
S9554	尤大炎
10410	尤大衍
S8279	尤鸿鉴（鑑）
5625	尤怀阜
8674	尤怀琪
371387	尤继昌
371284	尤敏世
36808	尤绍新
32068	尤石湖
11010	尤士卿
S8788	尤文祥
36246	尤文治
7296	尤秀云
330	尤毅力
36283	尤永清
S8254	尤钟伟

由
| 6916 | 由适 |

犹
| S071 | 犹书权 |

游
35776	游德佑
8034	游国藩
7336	游煌中
S9107	游家强
2678	游骞
8822	游钜源
5626	游开平
8633	游凌霄
6303	游凌霄
8065	游谟
36433	游秋瑞
7144	游荣敦
S8079	游述铭
371375	游天佑
8785	游银榕
35171	游源宁
31030	游蕴贤
37157	游祖书

於
S8648	於崇文
50161	於惠敏
6042	於孝胥

于
371667	于宝霖
S8492	于宝顺
37332	于潮
10747	于成勋
S9746	于达人
0911	于达仙
29130	于得英
36147	于德宏
7564	于德勤
36770	于德求
36984	于鼎
10672	于飞
10199	于芬
0816	于扶乾
38280	于福慈
631	于福慈
5908	于光亚
S8423	于豪群
4590	于宏琼
29094	于剑光
4871	于铭贞
1303	于培之
7806	于庆涛
0449	于尚武
32051	于世琨
7068	于文绮
36507	于文质
10831	于文祚
4979	于贤
35157	于秀娥
S8738	于永富
4689	于粤西
361330	于允天
5835	于肇丰
7524	于肇钟
S9189	于振勋
371687	于钟川
167	于仲明
0425	于宗谨

余
| 3061 | 余霸秦 |

37729	余邦伟	36682	余启芬	2512	余志磐	673	俞清玉	10030	虞瑞庆
8090	余邦庸	34084	余启华	S039	余治国	236	俞庆安	S8823	虞顺浩
7505	余宝林	34085	余启慧	29081	余钟熊	361002	俞庆荷	4739	虞 舜
4400	余宝钰	5949	余仁龄	4038	余卓民	299	俞庆荷	0026	虞希文
6275	余本文	7112	余荣广	371600	余子泉	2497	俞庆元	35136	虞先仁
S8166	余必坚	361318	余荣群	0566	余宗范	S8796	俞仁良	6363	虞贤惠
10786	余碧华	3454	余瑞槐	5613	余宗恺	7472	俞瑞鹤	6746	虞贤兴
29050	余炳安	4150	余瑞玉	36650	余祖茂	35529	俞善杰	36759	虞孝铎
33080	余炳森	2526	余尚德	6852	余祖谋	3333	俞尚堉	2078	虞孝昭
6615	余炳章	36363	余尚迪	35236	余祖裕	10087	俞升良	5111	虞劝忠
36500	余诚明	8594	余世杰			S8026	俞士信	1992	虞岫云
3672	余传弸	35836	余世模	**俞**		0403	俞曙方	10948	虞学蕉
35534	余达甫	361467	余守躬	2500	俞百岩	36001	俞述健	S8147	虞颐浩
226	余达甫	36663	余思明	37026	俞邦良	36120	俞述吾	10611	虞荫槐
3183	余大猷	2520	余思泮	375	俞本元	351049	俞颂乐	S9141	虞振鉴
6642	余的忱	361436	余斯伟	1219	俞标瑾	50178	俞惟麟	35374	虞仲冰
10289	余 鼎	5416	余颂周	36620	俞才良	50320	俞锡祺	10461	虞谋卿
0444	余定义	32088	余苏贤	0772	俞承祜	10297	俞贤达	35535	虞子初
33145	余笃勋	2516	余素亮	S9692	俞持中	S9340	俞祥兴		
7857	余 庚	7943	余调时	10298	俞传华	S9096	俞性存	**禹**	
351046	余桂森	7703	余铁魂	10772	俞 谔	S9342	俞性礼	37132	禹兆年
8817	余国滨	37054	余伟德	4538	俞福英	S9370	俞宣平		
S8107	余宏三	30191	余文彬	S8373	俞桂芬	32015	俞严铮	**庾**	
0264	余鸿升	5184	余文秀	S9546	俞国良	2493	俞应诚	1281	庾宗莲
30230	余鸿泰	1359	余文渊	6782	俞国梁	351021	俞永吉		
351129	余华昌	2496	余文云	2517	俞国祥	0669	俞友儒	**玉**	
4561	余华衷	3104	余孝曾	9995	俞皓奎	36053	俞育斌	32265	玉正柱
33142	余华协	7662	余心如	S9608	俞 虹	S8627	俞裕辉		
361172	余唤民	10161	余信华	361204	俞鸿奎	38184	俞月圆	**郁**	
6075	余焕灯	35141	余信懋	35493	俞后昌	10677	俞在明	50246	郁福珍
38234	余辉瑾	3527	余秀英	10516	俞华震	S8129	俞振民	S9595	郁汉君
S9482	余惠曾	4570	余学衡	0789	俞 玠	3414 俞振新(英)		7431	郁华栋
32078	余蕙英	8306	余濬生	36169	俞基培	S8553	俞志方	35537	郁汇章
3212	余纪年	35699	余延庚	3685	俞季逵	371748	俞仲奋	10260	郁季昌
38033	余家琴	5191	余衍基	7646	俞甲身	S8314	俞仲铭	1645	郁康贵
7826	余家钰	10738	余尧庭	5462	俞建朱			547	郁黎申
31232	余 静	5503	余耀邦	2506	俞 杰	**虞**		371167	郁黎申
37133	余开厚	6198	余一宁	5090	俞 杰	3219	虞采吾	10241	郁念纯
4573	余 肯	371057	余贻平	7119	俞景午	351157	虞 禅	36719	郁彭寿
33120	余乐成	35268	余以恭	5706	俞钧琦	351087	虞崇禧	S9352	郁其安
2503	余乐亭	6987	余以文	2494	俞 康	1994	虞德元	10475	郁生康
4934	余亮元	32199	余应柏	35503	俞 夔	38035	虞法尧	4560	郁守启
37908	余懋华	35979	余宇琛	378	俞兰生	35733	虞福棠	361008	郁梭罗
8755	余明璘	6038	余元龄	7847	俞良浩	2085	虞家驹	351061	郁维恒
38046	余慕文	7286	余元雅	6463	俞良楠	6954	虞锦福	4699	郁香严
6232	余泮洽	6218	余长龄	9994	俞良培	36727	虞君成	10526	郁云庄
36221	余培桂	50397	余兆崑	7062	俞亮申	S9929	虞林弟	6372	郁钟岱
5693	余佩玉	371211	余震槲	10152	俞龙章	5027	虞明让	6322	郁钟峻
S8908	余彭申	474	余震槲	35834	俞美英	6730	虞铭甫		
361382	余 萍	0695	余志昌	36321	俞其中	S9329	虞佩青	**喻**	
29062	余启德	7295	余志励	38297	俞清玉	10435	虞瑞麟	6074	喻德浚

3991	喻汉樵	34080	袁明农	1370	袁子丹		臧	7273	詹泽溥
37527	喻可贞	10302	袁明铨	35284	袁祖谟	8985	臧崇禄	S9292	詹泽申
1767	喻逵建	S8746	袁铭旗			361014	臧浩顺	35273	詹泽周
8401	喻 权	3539	袁墨琴		原	8147	臧可夫	1862	詹智胜
3713	喻永祚	371566	袁鹏程	5583	原坤厚	S9184	臧文龄		
32052	喻元春	351060	袁 浦	4652	原孝梁	9184	臧文龄		张
S108	喻钟灵	35020	袁启中			4947	臧以松	1579	张蔼庭
8700	喻仲秋	10713	袁忍之		远			S9147	张霭立
		50416	袁荣康	35260	远振甲		迮	10626	张安华
	袁	8119	袁荣庆			36499	迮绳龙	581	张安康
7641	袁百铭	S9408	袁尚文		乐			34002	张白芦
8440	袁北遥	8589	袁绍曾	2068	乐 梓		查	5249	张柏高
31150	袁必雄	38220	袁绍祥	2066	乐焕之	S8100	查 非	36764	张邦德
5822	袁 彪	35640	袁声耀	S8890	乐加范	5814	查富琦	371553	张邦治
1434	袁炳祥	P4	袁声耀	S8002	乐加经	371525	查光祖	371252	张宝根
1055	袁伯伦	5848	袁仕筠	6268	乐俊涛	1186	查景云	7810	张宝和
35238	袁传芳	32152	袁淑仪	5208	乐丽文	36272	查 铭	S8209	张宝璜
S8820	袁传璋	5430	袁淑英	8635	乐茂菘	S8891	查日澄	7565	张宝平
35658	袁大师	351020	袁树棠	7050	乐文成	10557	查汝勤	37093	张宝山
4986	袁德齐	1378	袁顺武	361185	乐 欣	251	查正墉	S8110	张宝同
4384	袁德谦	4495	袁松寿	5075	乐秀菏	1406	查宗善	5818	张宝珍
7677	袁德馨	10680	袁同善	371524	乐秀珍			36545	张保华
33146	袁德渝	S8523	袁畹如	1092	乐志纯		翟	S9304	张保咸
8778	袁涤非	38360	袁蔚薇	0850	乐志平	1633	翟 淳	6832	张保鍪
6697	袁凤鸣	2684	袁文澄			4541	翟大铖	50429	张抱诚
10325	袁公瑾	8186	袁文秀		岳	35305	翟立诚	5040	张北祥
32266	袁光明	0825	袁湘虞	0217	岳桂荣	36974	翟丕振	571	张本深
7708	袁桂华	10062	袁孝儒	371218	岳 翰	36046	翟 琦	36660	张本田
8273	袁国弼	3538	袁孝显	36868	岳恒升	10364	翟万里	8187	张本源
33102	袁怀德	5313	袁星明	4043	岳华民	0321	翟 先	4599	张碧云
5702	袁 槐	3889	袁兴玮	371328	岳开栋	37697	翟象乾	6414	张璧如
S9639	袁浣玉	8014	袁修文	371699	岳 岚	371498	翟雅超	S9337	张彬骊
11075	袁季策	361046	袁 玄	34120	岳佩钢	35913	翟 毅	361362	张炳翰
1486	袁继宏	0125	袁野秋	37612	岳绳武	32039	翟子英	10597	张炳钧
1387	袁 杰	32172	袁怡松	1727	岳兴绪			S097	张炳梅
S9783	袁杰三	7655	袁宜法				詹	5740	张炳南
37254	袁经湘	35761	袁意诚		云	1885	詹纯冰	1615	张炳堂
30136	袁 静	4939	袁英弁	36339	云大绳	37158	詹德仁	566	张炳同
34056	袁克炳	241	袁英明			6310	詹宏泽	35666	张伯春
7328	袁克俭	36030	袁颖琦		恽	7016	詹家忠	S8568	张伯涵
S9265	袁克俭	36238	袁永鉴	2664	恽德燻	371620	詹金铸	50434	张伯良
4494	袁克智	3041	袁愈娄	5564	恽魁龙	6105	詹 炯	4073	张伯武
252	袁 逵	3888	袁兆熊	371332	恽振霄	4643	詹兰荪	35625	张博文
37780	袁兰芬	6751	袁珍珠	5657	恽振云	37348	詹庆生	8623	张才云
6874	袁 琅	10443	袁之枚	35014	恽子同	1888	詹天权	36778	张曾警
10808	袁立波	8526	袁质彬			32081	詹宪章	S9026	张柴玲
36436	袁立灿	7811	袁忠玕		尉迟	1890	詹效仁	32054	张昌达
5853	袁 炼	7053	袁忠枢	8711	尉迟淑君	35350	詹以名	S8644	张昌德
S9017	袁凌云	4987	袁钟千			10141	詹 翼	S8403	张昌福
1371	袁伦立	S8281	袁钟玉		昝	S9493	詹永茂	10197	张昌基
10303	袁明德	34028	袁重一	4679	昝希岳	6340	詹月珠	S9497	张昌道

126	张昌道	4072	张道谐	S8115	张耕畲	S8954	张国璋	371577	张惠芳
361054	张昌训	30010	张道因	35046	张更生	3479	张国桢	36424	张惠生
371576	张超然	3421	张德	36816	张公焯	31036	张国桢	S114	张惠宇
8282	张超如	237	张德宝	34098	张公廉	371580	张果	4725	张惠元
1583	张朝汉	S9163	张德福	5286	张拱照	35974	张海亮	30088	张惠祖
0752	张朝植	8565	张德民	3146	张谷怀	37682	张海伦	4846	张翔
0561	张朝柱	3829	张德铭	5358	张诂生	409	张海伦	4327	张蕙
351136	张潮声	37977	张德山	10023	张观群	35495	张海陶	4801	张吉森
36658	张琛	0481	张德先	5601	张官箴	6791	张汉爵	0480	张纪寿
37933	张琤	34053	张德馨	S9384	张冠俦	35113	张汉梁	3163	张纪奕
6080	张成吾	36068	张德中	37540	张冠群	36653	张汉民	10439	张季藩
1599	张成骧	4333	张登岳	36560	张光海	37034	张汉英	1569	张济安
4188	张成修	5238	张鼎芬	3309	张光杰	371658	张汉璋	S9864	张济邦
7481	张成竹	S049	张鼎森	S9516	张光联	7920	张行方	4564	张济昌
37227	张诚	35952	张定世	10380	张光铨	7832	张浩	8295	张济辉
3020	张承炽	33132	张东阳	3299	张光荣	6882	张浩白	35424	张济伦
0794	张承旦	S9800	张笃强	S9238	张光荣	37162	张浩奇	1575	张济民
6957	张承典	6829	张笃庆	35685	张光祖	35978	张皓	8373	张济谦
7231	张承镐	351050	张笃思	371506	张光祖	37866	张鹤群	35680	张济堂
8307	张承锦	5151	张端	0778	张广炽	3895	张鹤松	31119	张济泽
0898	张承荣	S8790	张端	35604	张广涛	0416	张鹤文	3769	张继良
1272	张承治	37891	张谔	371430	张广威	29005	张鹤轩	S8122	张继霖
S9301	张澄	S8623	张恩洪	277	张广武	37356	张恒伟	11077	张继曼
E50032	张澄育	33108	张恩泽	5144	张广娴	37045	张宏道	3310	张绩仙
S9901	张冲	30183	张尔豪	31191	张广雄	450	张洪泽	7140	张家保
S9427	张冲明	S9055	张尔钦	5149	张贵贤	5231	张洪泉	4403	张家俭
31068	张冲元	165	张尔喆	37482	张桂莲	371713	张洪泽	35599	张家麟
6373	张初鸿	4866	张藩	406	张桂莲	6429	张鸿俊	371467	张家齐
35547	张楚材	371158	张范明	10223	张国安	30056	张鸿年	38373	张家祺
351096	张传芳	448	张范明	50368	张国炳	0213	张鸿翔	1577	张家荣
5881	张传寿	36092	张芳	30258	张国材	32031	张鸿猷	331	张家实
11035	张椿桷	37197	张芳安	50360	张国凡	4118	张侯	29073	张家仪
4068	张淳	S9100	张芳薇	4332	张国华	10727	张厚恩	S8616	张家祚
7602	张聪瑜	S9756	张峰先	5059	张国经	S8967	张厚瑾	50139	张嘉纯
10279	张从龙	371199	张凤宝	1600	张国就	119	张厚瑾	29002	张嘉华
5830	张粹芳	481	张凤宝	8766	张国钧	S8220	张厚均	371198	张嘉伦
1613	张粹之	8259	张凤文	5453	张国廉	361150	张厚琪	50140	张嘉墉
1573	张达	30246	张孚华	29057	张国铭	S8959	张厚思	S8917	张甲深
S8542	张达	371253	张福根	1604	张国屏	361149	张厚瑛	2587	张简书
S040	张达仁	3708	张福田	10975	张国屏	6713	张厚墉	35758	张建华
6261	张大炳	1123	张福相	S9024	张国瑞	5345	张厚正	33141	张建琨
32037	张大翔	37970	张辅乐	S8955	张国瑞	222	张华寰	35191	张建生
S120	张大翔	S9623	张富宝	S8329	张国森	351171	张华桑	1609	张剑萍
0492	张大炘	34089	张富登	6588	张国威	1593	张华兴	S9231	张剑云
6151	张代景	31105	张馥蕊	1602	张国维	S9652	张华宜	10143	张健罗
1564	张代明	4930	张甘泉	35597	张国伟	5697	张怀民	361416	张健吾
S8596	张黛娟	0721	张刚	1601	张国文	0279	张槐生	3076	张矫
7114	张黛雯	0938	张皋	S9524	张国享	1568	张寰治	10266	张觉民
1603	张旦初	3989	张高俊	3269	张国勋	7210	张宦模	5378	张节年
1571	张道培	371696	张根昌	4870	张国英	7429	张辉	1588	张劼
0318	张道仁	37213	张根全	7409	张国瑜	35263	张惠芳	6986	张杰

编号	姓名	编号	姓名	编号	姓名	编号	姓名	编号	姓名	编号	姓名
5045	张洁清	0234	张骏	0658	张脉楫	35732	张佩德	3164	张确	543	张群杰
4878	张介平	452	张开豪	4852	张脉镛	5202	张佩芳	10989	张然	4594	张人杰
S9382	张介岐	6354	张开华	37085	张茂渠	1595	张彭年	31138	张人信	0242	张壬
0016	张今烈	3553	张开玑	1591	张懋桂	1282	张彭寿	36015	张仁璨	6814	张仁道
371589	张金标	7944	张开敏	11009	张美芬	4189	张彭义	3206	张仁恒	S8698	张仁杰
10051	张金福	3700	张康年	4574	张美文	7873	张鹏程	361262	张仁杰	35709	张仁康
30028	张锦春	371410	张可敬	7504	张美懿	36753	张平	S8760	张仁义	3707	张忍
10418	张锦芳	4071	张克刚	6118	张美英	36851	张平三	0755	张纫芳	4425	张荣邦
5873	张锦南	S9492	张克慎	S9325	张孟蕃	10594	张平之	6748	张荣福	37896	张荣森
1612	张锦堂	0535	张克生	S8028	张孟逵	5205	张齐鲲	578	张荣绅	S8715	张容贞
4487	张锦文	1581	张克修	36084	张梦琴	32169	张其昌	S8636	张蓉英	3828	张溶
31128	张锦熙	35564	张克誉	4907	张梦仙	36756	张其骅	371337	张融甫	7896	张如璧
32213	张进谦	S8413	张孔璧	7035	张勉如	6601	张其楷	7010	张如海	4812	张如嘉
10000	张进英	7539	张夔	275	张民霓	S9428	张其松	2582	张如琦	179	张如心
7940	张劲汉	5457	张坤华	36954	张民权	36058	张其通	8318	张汝恭	30003	张汝建
371254	张京晖	35220	张坤龙	7919	张敏普	37394	张其琇	3808	张汝砺	4005	张汝霖
3075	张经邦	S8697	张坤元	5578	张敏求	36023	张奇	6815	张汝霈	6600	张汝清
7544	张景波	0924	张兰	4190	张敏珍	371350	张奇	4813	张汝琼	3268	张汝仁
36803	张景辉	4693	张兰	5577	张敏知	50500	张琦	10958	张汝镕	8032	张汝雯
5449	张景兰	S8089	张兰芬	3477	张名德	7344	张琦璠	8326	张汝瑶	30153	张汝瑶
10821	张景良	S9261	张兰英	5518	张名礼	10276	张琦行	0724	张汝宜	5039	张瑞衡
7027	张景时	351062	张琅	351125	张明贵	32128	张启寰	36781	张瑞莲	361360	张瑞雪
4991	张景耀	S8465	张浪驰	36712	张明杰	7939	张启煌	4803	张瑞钰	31024	张若鲁
3548	张净	36399	张乐昌	5031	张明仁	8571	张启蔚	S8290	张森开	37016	张珊勰
5376	张敬	4929	张乐基	35122	张明霞	11074	张启文	371061	张善宝	437	张善宝
30012	张敬	10009	张乐群	36562	张明泳	37999	张启霞	361148	张善潮		
371017	张敬文	0191	张乐渔	S9883	张明源	415	张启霞				
0332	张敬馨	7779	张勒克	35239	张明远	8572	张启耀				
8106	张敬学	5129	张礼春	30188	张明之	37909	张启佑				
38231	张敬忠	6952	张礼钧	7026	张鸣九	8615	张启玉				
S9788	张静嫒	38032	张礼寿	7947	张鸣韶	7651	张千磷				
0488	张静能	5226	张礼慰	3127	张铭传	S9619	张搴薇				
361062	张静娴	10024	张礼修	0107	张铭鼎	6274	张钱熙				
S8723	张炯	5225	张礼愈	35119	张铭江	6406	张倩雯				
36217	张九洲	3807	张立	31211	张默	37790	张巧咪				
1058	张琚瑀	1546	张立楠	S8287	张慕慈	10118	张钦扬				
36262	张菊	8608	张立思	5483	张乃聪	9964	张秦仁				
7819	张菊芬	7419	张立信	S9264	张乃鹅	S9896	张沁曾				
10876	张菊顺	11051	张丽川	10788	张南奎	37210	张清兰				
6634	张菊庭	0308	张联宗	8391	张南山	0569	张勍				
371349	张巨川	33059	张良弼	666	张南石	S8806	张庆林				
30067	张巨璘	S8842	张良信	6161	张楠村	S9796	张庆麟				
6873	张鹃声	1554	张烈娣	38296	张宁杰	0673	张庆午				
361119	张均枢	8248	张麟昌	S9614	张宁瑜	1152	张琼				
361397	张君伊	6319	张麟祥	37714	张榘棠	32096	张琼华				
10965	张钧陶	371258	张凌云	37304	张盼吉	1584	张权				
10696	张钧炎	1611	张令镛	S9935	张培德	5183	张权				
2654	张俊芬	4944	张流百	10825	张培德	50475	张权东				
6720	张俊灏	7175	张路德	361333	张培德	1590	张荃				
1072	张俊坤	4069	张銮	1585	张培林	3551	张泉林				
1565	张俊民	0207	张脉和	10344	张沛成	S8480	张巏				

S9604	张上达	313	张淑文	7721	张同化	5612	张锡昆	S8258	张绪诂
6024	张尚埏	S8347	张淑珍	6452	张同生	7981	张锡三	S8257	张绪谱
8518	张尚志	37557	张曙天	351057	张宛如	3899	张锡永	4326	张 煦
S8583	张绍和	5863	张树德	3165	张宛若	0626	张锡镇	31067	张璇元
32170	张绍均	2572	张树铎	S9784	张婉君	6110	张锡中	30149	张学成
3964	张绍晟	36430	张树声	5639	张畹葳	1607	张 熙	34107	张学静
8184	张绍瑄	6556	张树勋	S8620	张万春	S9377	张熙炎	33011	张学孔
11013	张 绅	35211	张树勋	32012	张王道	35314	张喜荣	35767	张学文
6299	张生勤	7326	张树铮	38189	张为基	361338	张夏民	0926	张学巡
1594	张声锵	33041	张顺达	1566	张为铭	10615	张先莘	4075	张学瀛
50212	张盛峻	29046	张顺生	3900	张 维	S8334	张先龙	35696	张学中
3699	张师白	5516	张思礼	S018	张维邦	6168	张先荣	38325	张雪坡
8784	张诗隽	34042	张思玲	10252	张维德	4876	张先智	1552	张雪贞
50432	张士达	34036	张思珑	137	张维藩	35942	张贤良	361168	张 训
8304	张士林	371114	张思英	371327	张维鉴	35028	张贤庆	6653	张训隐
351132	张士秀	4338	张四维	37423	张维杰	1598	张咸熙	7715	张巽群
8113	张世昌	8666	张四维	S9277	张维坤	371757	张显三	8189	张雅文
8136	张世超	10661	张四维	35969	张维铭	371758	张显四	1550	张 亚
351090	张世慧	S8530	张松篦	1556	张维新	6379	张湘芬	S9618	张亚芳
0674	张世剑	37464	张松龄	4435	张维亚	1610	张翔声	7907	张亚孚
35580	张世杰	36584	张 嵩	1563	张维桢	37123	张向渠	S8080	张亚男
5214	张世锦	S8544	张颂俭	37629	张维忠	S9745	张象均	33054	张亚贤
4911	张世经	30293	张颂先	10658	张 伟	1614	张小通	351175	张亚洲
37679	张世阊	9987	张颂雨	S8511	张伟成	35906	张晓东	3420	张研进
1580	张世廉	5344	张素行	6897	张伟南	4191	张晓芙	S9545	张 砚
3767	张世良	1046	张素卿	0875	张纬堃	S8990	张孝坤	37097	张彦朴
30207	张世能	30198	张素宜	10733	张慰慈	6494	张孝述	3766	张宴荜
371634	张世平	36035	张素真	31097	张文彩	1208	张孝述	6943	张燕增
1592	张世寿	3473	张泰麟	8596	张文典	S8276	张效良	0777	张仰高
3422	张世炜	0228	张 涛	35373	张文藩	371131	张协庆	S8259	张仰虞
35441	张世勋	4386	张 涛	8118	张文光	484	张协庆	4074	张养元
10417	张事桓	3901	张涛石	36192	张文海	371570	张心鉴	S9816	张尧枢
37921	张 适	1606	张陶咏	S8447	张文汉	6306	张 欣	3423	张耀德
361198	张守和	7077	张天铎	35048	张文华	10259	张新初	S8357	张耀华
36516	张守康	38326	张天健	32122	张文辉	35207	张新民	S8825	张耀钧
1567	张守谦	S9071	张天林	30176	张文俊	30131	张新藻	36956	张业新
371406	张守正	S8897	张天授	10533	张文林	S9634	张馨冰	30214	张一鸿
6787	张寿琛	6073	张天炎	8077	张文敏	3128	张馨子	S9284	张一鸣
496	张寿楠	10698	张天翼	3549	张文淑	37763	张鑫华	38247	张漪琏
30111	张寿齐	31125	张天佑	371567	张文硕	0157	张鑫长	4905	张怡慈
31122	张寿钦	S8117	张恬英	6221	张文淞	10385	张星海	36739	张怡和
S8260	张绥绅	S9767	张铁珊	371729	张文学	10783	张星垣	0338	张 宜
37981	张书楼	37184	张廷琛	4328	张文郁	36843	张兴富	3207	张宜昌
37574	张书绅	S8323	张廷栋	5315	张文源	10097	张性初	33093	张以勤
3768	张叔良	7613	张廷铎	7009	张文治	1561	张秀娥	1558	张以钰
37634	张叔虞	0560	张廷辅	1605	张问仁	S9186	张秀坤	361408	张以钟
S8513	张淑德	37074	张廷任	7799	张吾千	4512	张秀平	10919	张义方
6353	张淑蕙	3478	张廷勋	8773	张希恺	5204	张秀淑	10486	张义福
3552	张淑如	36504	张庭槐	3898	张希丕	5681	张秀武	371109	张义华
1572	张淑婉	0373	张通昌	371451	张锡纯	3209	张秀贞	36242	张义楷
361276	张淑文	36495	张 同	4696	张锡光	1578	张旭高	50419	张义崑

371075	张义普	S8271	张有年	S8989	张则泰	S9616	张　政	37416	张紫云
1608	张义勋	S8272	张有望	7459	张泽宏	361063	张之杰	35977	张自真
29088	张忆彤	10268	张于杰	33010	张泽文	1017	张之琦	0893	张宗礼
5352	张轶群	4488	张余九	S8703	张增福	4932	张之权	38055	张宗樑
7297	张奕椿	36782	张　舆	35961	张增庆	S8733	张知彦	36149	张宗淇
30062	张奕能	371287	张宇坤	36456	张增恩	1071	张植金	371250	张宗衍
7840	张奕执	8639	张雨辰	351148	张增潼	3616	张志成	S8919	张宗荫
36054	张抱芬	10216	张禹锐	S032	张增新	S9446	张志纯	S8479	张宗银
S8563	张益群	37064	张玉和	S8684	张增鑫	38066	张志豪	4506	张宗瀛
35507	张益群	361431	张玉珂	0328	张长昌	648	张志豪	7379	张宗芸
35891	张逸人	7236	张玉芹	6271	张昭骧	38355	张志宏	S8194	张祖安
S9890	张逸中	36521	张玉生	0519	张兆安	4330	张志辉	351172	张祖功
1547	张　翊	10789	张玉书	S8658	张兆曾	S9346	张志骞	10270	张祖铃
1548	张　毅	0640	张玉祥	0672	张兆亨	S9626	张志亮	1570	张祖培
8265	张荫辉	3047	张玉英	351076	张兆九	1241	张志明	6377	张祖培
1291	张吟侬	50510	张玉贞	S8067	张兆良	6120	张志铭	10819	张祖送
35651	张吟泽	7103	张钰荣	4977	张兆祺	4617	张志平	4331	张祖武
5701	张寅青	1582	张　械	35792	张兆裕	3608	张志铨	S9582	张祖咸
7218	张引名	5137	张御文	29084	张肇宏	33086	张志乡	29091	张遵骧
36327	张　英	S8509	张裕敦	7257	张肇基	S9698	张志祥		
4936	张英年	7067	张裕昆	3554	张肇兰	3550	张志新		**章**
S8802	张英淑	164	张裕民	35432	张肇宁	35787	张志义	0027	章葆真
1562	张英为	30043	张裕瑞	0361	张肇珊	3077	张志岳	36511	章本璆
5493	张英侠	10032	张毓昌	4864	张哲华	35043	张治华	535	章丙炎
4620	张瑛琪	35177	张毓琛	0625	张贞慧	50314	张治文	3830	章炳炎
35682	张瑛然	3965	张毓楷	36640	张贞瑜	0776	张致藩	4496	章炳炎
S9123	张　樱	37738	张毓馨	1587	张真想	1551	张致和	2358	章　草
1549	张应镐	4070	张元初	S8892	张　振	0369	张致中	11049	章晨光
S9139	张应枢	0304	张元和	1596	张振纲	371657	张智纯	5101	章　导
7219	张永昌	3162	张元书	1597	张振纲	131	张智骞	3208	章道南
8394	张永芳	371353	张元雄	371364	张振国	S9101	张中钧	S8410	章德懿
351181	张永和	S8863	张源模	1026	张振汉	31133	张中伟	35610	章登鹏
30036	张永基	S8592	张源庆	35308	张振康	6866	张中正	37422	章斐然
30297	张永锋	0795	张源声	0793	张振崑	35934	张中正	4420	章福奎
S9607	张永龄	32160	张远达	35033	张振球	36140	张忠定	3079	章　复
9978	张永龄	6577	张远昕	36911	张振宣	7893	张忠敏	S9596	章公孚
10985	张永年	6979	张月娥	10950	张振阳	S8907	张忠荣	2323	章光达
S9207	张永宁	8241	张越前	0433	张振镛	8634	张钟慧	S8935	章桂英
50019	张永祥	6211	张　云	S9923	张振玉	36933	张钟祯	118	章桂英
1576	张永兴	10334	张　云	10045	张震华	1560	张仲芙	50514	章宏琛
8291	张永萱	10247	张云辰	0984	张　镇	0792	张仲寰	3987	章鸿猷
37428	张永蕙	5977	张云昆	5048	张镇颐	371664	张仲琴	0802	章鸿毓
S9243	张永沂	36920	张　芸	8782	张　铮	4329	张仲修	36846	章化风
4187	张永贞	36174	张允绵	6498	张拯民	S8086	张胄璜	6824	章惠霖
1545	张咏梅	1559	张允心	50442	张　正	6521	张珠云	4637	章　塞
S8525	张攸行	10520	张运通	6246	张正本	S8196	张竹君	S8716	章剑南
S9710	张友峰	38069	张韵絮	371010	张正昌	3126	张卓华	3271	章　鉴
1589	张友梅	S9728	张韵秋	5199	张正浩	1555	张琢莹	371649	章晋涛
6224	张有典	6227	张载可	50181	张正煌	36725	张子杰	1101	章景藩
32071	张有槐	S8321	张在瑜	3471	张正武	S9558	张子英	5588	章俊鼎
1586	张有枚	5773	张赞夒	36659	张正雄	0172	张梓庭	35058	章俊藩

编号	姓名
35551	章俊民
371132	章骏佳
485	章骏佳
2334	章蔡卿
32010	章礼培
10655	章立民
32047	章吕元
33062	章美霞
S8206	章名驹
4450	章娜若
1158	章培生
37242	章培之
6250	章丕霖
371278	章平
6793	章锜
35103	章荣昌
37747	章瑞舫
2369	章瑞志
371559	章润华
0798	章若含
S9768	章慎先
361267	章仕忠
35218	章守秉
35154	章寿榜
2359	章绥孙
4978	章水乡
11027	章思骝
5282	章泰震
0644	章涛
5038	章廷梁
2362	章玮
2321	章小明
2322	章小英
35092	章昕
10067	章学良
10349	章雪鸿
3482	章雪如
37615	章燕昌
7529	章仪权
1341	章以文
35715	章永浩
5840	章铖
10381	章云裳
2338	章在行
5121	章昭定
S8643	章兆洪
3189	章兆明
5931	章哲培
361270	章振宏
37207	章振文
36899	章志璿
539	章治平
35521	章忠为
10982	章钟群
S8354	章萧
7823	章壮心
0251	章梓
4297	章宗鄂
2346	章宗樵

掌

编号	姓名
7473	掌范君
3994	掌有南
7553	掌有声

招

编号	姓名
6492	招淑英

赵

编号	姓名
8278	赵安邦
36628	赵安伯
10750	赵百千
50054	赵宝礼
S9143	赵宝珊
371386	赵秉仁
11072	赵炳焘
361385	赵伯豪
S9913	赵伯铠
1697	赵镈
34090	赵昌洪
1701	赵超
35226	赵朝珍
37770	赵诚栋
10339	赵诚杰
4095	赵承祐
0391	赵承预
371698	赵楚官
1295	赵楚英
S111	赵春霖
7195	赵大鹄
30065	赵大宗
36375	赵德矩
S8853	赵德全
556	赵德忠
7412	赵典尧
403	赵鼎浩
36045	赵定珠
30051	赵发琳
1779	赵方城
35884	赵凤岐
S9360	赵福海
8616	赵福泰
7358	赵福幸
36220	赵福仲
4218	赵复(馥)瑛
4211	赵馥贞
50015	赵淦良
8754	赵光骥
0987	赵桂芳
1699	赵国标
6739	赵国梁
36706	赵国璋
4092	赵翰芳
6919	赵华星
0961	赵晃
3777	赵季达
1712	赵家斌
30015	赵家栋
S8431	赵家驹
S8031	赵家琪
S9005	赵家祥
S9540	赵家渊
6312	赵嘉元
10944	赵甲
50288	赵健雄
10356	赵洁心
S8680	赵锦
S9804	赵锦和
5230	赵瑨
S8932	赵京生
4217	赵景
S8634	赵景观
S9550	赵景观
361393	赵景松
10464	赵镜
3914	赵迴
S9254	赵君璞
4357	赵筠
30302	赵开创
37040	赵开义
S8977	赵开镛
35100	赵恺泰
1705	赵克俊
1702	赵克明
1703	赵克泰
1707	赵克卓
37824	赵奎元
33056	赵立政
1710	赵莲生
4359	赵莲生
4358	赵梽
8100	赵令和
S8313	赵履真
11059	赵孟道
S8138	赵梦智
0999	赵名渠
3176	赵明灿
4556	赵铭
S8887	赵铭忠
S9318	赵酒宣
7287	赵楠松
31245	赵楠松
35577	赵年苏
35335	赵宁南
3305	赵沛然
4855	赵佩珩
10249	赵彭增
50280	赵玊栋
5349	赵玊铸
7365	赵锜
0438	赵企预
3175	赵启源
0001	赵锵
8168	赵琼华
3913	赵仁镕
2647	赵荣兰
35007	赵汝康
8705	赵汝霖
33156	赵汝霖
6436	赵瑞良
2656	赵瑞雯
5086	赵瑞云
3488	赵瑞枝
3838	赵申官
37445	赵圣杰
36423	赵士凤
7615	赵士杰
S8956	赵士秋
3983	赵士伟
50078	赵士选
S8027	赵士志
371148	赵世铨
457	赵世铨
5629	赵世珍
5790	赵淑身
1709	赵淑萱
371006	赵淑芝
372	赵说
35073	赵思先
37539	赵松年
S8325	赵廷杰
37643	赵团凤
657	赵惟衡
35654	赵维琇
35983	赵维垣
35591	赵文昭
38179	赵文治
1706	赵沃桓
3572	赵武
361113	赵武美
4210	赵希超
1190	赵锡麟
33087	赵显懋
10903	赵湘泽
S9225	赵效圣
S044	赵协华
8714	赵学钧
5856	赵巽安
0866	赵雅虔
S8317	赵仰曾
371725	赵仰杰
606	赵仰杰
S8487	赵耀华
S8152	赵一民
0958	赵一清
10778	赵诒
0079	赵英毓
1698	赵镛声
37652	赵永恒
1704	赵有成
37223	赵有志
5571	赵渔山
1700	赵愚
S9841	赵钰苏
8669	赵毓琴
35550	赵元凯
S9889	赵元林
3085	赵元庆
5998	赵原效
7214	赵源远
5366	赵月玉
10182	赵越
4563	赵云鹏
37465	赵云鹏
35443	赵运中
S9676	赵再琦
37855	赵则静
35179	赵章培
35687	赵珍美
1711	赵祯瑞
371689	赵振美
S9456	赵振民
32064	赵振棠
0337	赵征熊
361182	赵之邦

4578	赵志和	5944	郑福容	3501	郑联芳	371178	郑舜琴	36081	郑永楼
7523	赵志载	S8824	郑富源	7864	郑良钢	555	郑舜琴	2563	郑友刚
35936	赵致远	50254	郑根甫	4090	郑林元	33018	郑思谦	10467	郑友青
29023	赵置中	6552	郑光华	7120	郑玲瑛	37231	郑斯陛	S9479	郑有为
37965	赵中和	35760	郑光谦	604	郑路得	2555	郑崧高	10562	郑於滋
351183	赵中凯	36828	郑广裳	7332	郑曼君	S8991	郑素心	256	郑于滋
7177	赵钟秀	1009	郑珪如	351133	郑茂筠	0400	郑体乾	7118	郑宇承
35188	赵仲田	2564	郑桂荣	361157	郑美玉	38030	郑悌中	S8921	郑玉龙
37853	赵竹村	S8191	郑桂生	3137	郑妙庸	37937	郑天加	4353	郑玉文
30005	赵铸英	2566	郑国斌	3600	郑名荣	0352	郑天任	S8739	郑裕链
5658	赵子烈	S8351	郑国年	30296	郑明钦	351149	郑廷元	36378	郑裕硕
38323	赵子荣	35504	郑国乾	2559	郑佩笺	101	郑万里	0948	郑毓琛
8213	赵宗典	371051	郑国威	3362	郑骈五	10400	郑伟路	361072	郑元俊
6085	赵祖良	36556	郑帼宝	0287	郑其辉	2557	郑伟如	37080	郑元义
		35468	郑帼馥	6661	郑其平	6376	郑文达	7575	郑粤英
甄		6811	郑汉梁	2553	郑琪	37865	郑文贵	2551	郑云凯
7386	甄以哲	4215	郑亨嘉	2552	郑启璈	5556	郑文辉	29122	郑再斯
		7692	郑恒	35923	郑启慎	2547	郑文澜	4354	郑长璇
郑		5707	郑恒晋	7092	郑启正	0704	郑文林	371504	郑昭祥
37143	郑安昌	3601	郑宏述	371396	郑启洲	1312	郑文荣	480	郑昭祥
37819	郑邦彦	36800	郑桓	3844	郑绮琴	36224	郑文荣	S8345	郑兆龙
7047	郑宝昌	4216	郑璜	30185	郑琴堂	37588	郑文嫒	2560	郑兆庆
10135	郑保鉴	6327	郑辉宇	S9765	郑清和	4645	郑希介	37414	郑哲夫
36209	郑冰漪	2554	郑徽音	176	郑清河	371726	郑希湘	36673	郑振富
1032	郑秉三	8846	郑汇群	5687	郑庆鳌	0606	郑锡铭	37319	郑正式
S8764	郑炳镤	3653	郑惠慈	2548	郑庆奎	5425	郑贤荣	35989	郑志惠
0043	郑炳炎	10806	郑惠祚	10052	郑庆祚	3138	郑宪烈	S8758	郑志贤
0209	郑伯威	7184	郑慧芬	37708	郑全	4091	郑象瑶	6941	郑忠灏
3842	郑步鸿	1363	郑玑祥	37083	郑铨曾	8217	郑筱范	371292	郑钟灵
7383	郑彩娥	7522	郑际铭	S8653	郑壬年	6511	郑孝林	10805	郑钟涛
36668	郑灿辉	1214	郑继阶	S9836	郑壬秋	3281	郑孝炎	34121	郑仲
S9924	郑昌才	4355	郑家骏	10092	郑汝桢	37864	郑新	31039	郑重亨
31086	郑昌厚	35817	郑家骡	371436	郑润生	5490	郑新国	10699	郑专初
4417	郑成章	2561	郑家禔	4466	郑善士	2567	郑兴华	10213	郑子玉
7316	郑崇经	2549	郑建新	4356	郑商弦	30201	郑学芬	38008	郑紫崖
37366	郑传钧	2568	郑觉如	0705	郑绍成	35558	郑亚侯	37674	郑宗城
2556	郑传修	2558	郑杰	1251	郑绍勋	2550	郑延肇	35587	郑宗晃
0002	郑春镕	3843	郑杰	S9358	郑圣信	0779	郑演	0885	郑宗瑞
2565	郑春锲	4841	郑捷聪	34116	郑胜虞	3023	郑焱	0074	郑祖谋
11052	郑翠蕉	37245	郑金洪	37850	郑师濂	6763	郑耀庭	29056	郑祖騄
32119	郑大明	654	郑锦梅	S9675	郑时雨	S8960	郑仪威	4946	郑祖骐
37778	郑道明	6665	郑经顺	S9459	郑士辉	S9057	郑夷光	37676	郑祖扬
S8719	郑德成	3433	郑景耀	10997	郑世彬	30103	郑怡鹏	371541	郑作民
37172	郑德宏	1116	郑竞秀	36678	郑世达	361076	郑寅生	463	郑作民
6298	郑德锽	36385	郑镜弓	4565	郑世梁	7133	郑英玻		
36565	郑德峻	10688	郑炯民	6264	郑世龙	4214	郑英华	**支**	
35403	郑德荣	0013	郑菊人	S9857	郑守仁	7957	郑瑛琪	1132	支明达
5937	郑敦海	0812	郑科	5235	郑寿铭	0751	郑镛		
0201	郑鹗飞	6486	郑克勤	1121	郑寿彭	36180	郑永建	**钟**	
S8546	郑凤韶	S8630	郑克文	0333	郑寿煜	7152	郑永年	32155	钟宝馨
36386	郑福驹	1250	郑宽广	0546	郑树藩	2562	郑永祥	S9541	钟标

S9485	钟炳文	S8813	钟启新	38187	仲敬之	2483	周大煜	6960	周 和
35765	钟炳文	35643	钟秋宝	4141	仲泰林	371431	周大正	1126	周和民
4959	钟达人	29044	钟荣珍			371320	周旦荣	10094	周鹤峰
5865	钟大洪	8360	钟 涉	**周**		371382	周得浩	S8047	周鹤年
0682	钟道绅	S9169	钟士培	S9514	周哀仁	0785	周得寿	356	周鹤群
1038	钟德风	4535	钟世俦	371192	周爱珠	361277	周 德	S9702	周亨章
10420	钟德秋	5628	钟世铭	472	周爱珠	314	周 德	36932	周恒亮
37446	钟顶立	35812	钟式嵘	37325	周安秀	30292	周德夫	6445	周衡生
4397	钟恩灵	3503	钟淑和	50404	周柏荣	36444	周德如	8396	周宏选
527	钟发桂	1041	钟 恕	8459	周保罗	1308	周德新	36845	周 鸿
37126	钟逢甲	4783	钟诵论	371469	周本成	36734	周德兴	9957	周鸿慈
2534	钟淦恩	371571	钟 苏	10188	周本福	31071	周德珍	35072	周鸿慈
1939	钟顾华	1361	钟铁珊	32099	周本文	36890	周鼎第	S9697	周鸿杰
30048	钟关昌	32158	钟伟贤	3247	周本源	4283	周鼎华	10624	周鸿钧
0597	钟贵扬	4012	钟伟尊	371756	周本祉	1328	周定影	35631	周鸿庆
2535	钟桂麟	32212	钟蔚南	361030	周必先	5581	周 度	7405	周鸿涛
361358	钟国英	2531	钟文昭	8173	周碧如	29003	周多荘	35642	周鸿涛
S9165	钟国镛	8224	钟孝□	32066	周碧霞	2482	周芳主	6723	周鸿熹
3583	钟国桢	8645	钟醒钟	31032	周碧霞	2472	周 汸	35481	周鸿猷
4239	钟国祚	S063	钟兴鸿	1280	周 邠	36773	周凤冈	6606	周侯保
371362	钟 菡	S136	钟雄国	10355	周斌英	460	周凤庭	5730	周焕章
361233	钟 浩	37507	钟学勤	S8448	周冰心	371016	周凤英	36612	周徽芝
36569	钟环安	0398	钟雪庐	3531	周秉刚	S8978	周福昌	6854	周惠礼
2538	钟焕新	31243	钟业裕	2467	周秉钧	50250	周福贵	36007	周慧娟
4105	钟焕新	S8515	钟永秣	5669	周秉钧	2469	周福庭	9949	周基业
37906	钟际光	371607	钟友来	36300	周秉琦	35197	周福永	371751	周吉林
50362	钟嘉西	477	钟友来	0686	周秉维	0353	周 诰	371464	周吉新
8366	钟健行	35497	钟又庆	7243	周炳生	29076	周亘年	5327	周吉英
4720	钟晋良	0994	钟毓琦	0858	周伯端	1228	周赓康	632	周 楫
351067	钟敬尧	7901	钟毓秀	5412	周 勃	0175	周赓颐	2462	周纪才
S8319	钟居仁	30102	钟毓秀	6163	周裁材	30178	周公昶	37395	周济瀛
35645	钟居正	0904	钟元桓	7471	周曾麟	50087	周公达	36854	周既白
2536	钟菊存	8367	钟月明	35866	周曾盛	3845	周贡南	38057	周继昌
37187	钟开达	32094	钟则娴	1044	周昌时	361425	周贯一	361300	周继程
2537	钟开第	S8526	钟则娴	S8711	周朝惠	6072	周冠群	50134	周继奋
37125	钟开锦	2533	钟泽芝	2468	周 彻	6590	周冠群	35247	周家浩
0852	钟克勤	7508	钟兆威	371466	周承鼎	S9858	周光熙	2629	周家和
7441	钟克英	4238	钟振谷	S9593	周承衡	361286	周广俭	0457	周家朴
3092	钟朗华	371111	钟振菱	36291	周承仁	5763	周贵恒	371055	周家朴
2532	钟乐上	4389	钟振翩	8193	周崇德	31066	周桂荣	10784	周家瑞
4559	钟礼谦	34001	钟正才	1099	周崇光	7127	周国成	6493	周家义
8361	钟丽坤	S8953	钟之淹	0504	周崇玉	30173	周国华	10258	周嘉禾
4498	钟利文	4011	钟志刚	2466	周传鼎	5962	周国琳	0226	周嘉绩
S9216	钟联庆	4747	钟志晖	3109	周传谔	4748	周国岐	35270	周嘉猷
8576	钟曼云	3783	钟子为	35672	周传基	274	周国鑫	5472	周坚白
10792	钟茂行			37425	周传杰	7927	周国勋	35138	周坚白
32159	钟孟春	**仲**		11082	周传铭	4686	周海红	4041	周简文
32007	钟 明	36468	仲崇信	29036	周春根	37478	周海水	S9316	周建新
0237	钟奇端	6336	仲光保	1354	周春源	36747	周汉泉	0144	周建阳
8733	钟启禄	50003	仲跻凡	8247	周村农	4856	周翰远	S9828	周健明
33138	钟启新	36189	仲跻嶂	0973	周大刚	371736	周 浩	38324	周觉先

8580	周劼培	35166	周明昭	37410	周瑞庆	0375	周维贤	3125	周学锐
37375	周杰延	5621	周鸣皋	473	周瑞珠	2480	周渭嗣	361	周学渊
1347	周介如	36815	周铭生	371528	周润霖	348	周蔚时	0404	周巽和
663	周锦桐	S8641	周铭兆	0053	周尚	S8230	周文彬	8444	周雅纶
7375	周进	32196	周谟奎	37076	周少甫	S8714	周文高	S9453	周雅善
4153	周晋恩	2452	周谟显	371063	周绍祺	3246	周文珉	10264	周亚男
2464	周经史	0086	周墨	29035	周绍荣	37854	周文生	371194	周亚男
10967	周经纬	0966	周沐华	1087	周绍文	363	周文生	444	周亚男
36409	周景福	10666	周穆	3455	周绍武	3062	周文同	6367	周雁
S9791	周敬尊	0654	周南	4810	周诗锦	0864	周文铣	5986	周瘅
371744	周静涛	6876	周念慈	2451	周诗贞	8169	周文选	3533	周耀宏
10370	周静孜	5157	周佩棠	1053	周石甫	371003	周文昭	7001	周耀石
2487	周巨源	S9046	周朋琳	10809	周时炼	5236	周五云	10909	周仪
2623	周钜邵	1199	周鹏	166	周时生	7836	周悟刚	8174	周仪先
35470	周君益	33143	周鹏	6756	周士旦	7449	周西	7468	周仪正
S8601	周俊	10016	周平涛	S8534	周士桂	34071	周希曾	34076	周贻富
37717	周俊伟	6680	周平章	7093	周世春	36694	周希封	10374	周乙士
7497	周开驷	10341	周平之	35868	周世继	6337	周希舜	2626	周轶伦
8009	周开元	6249	周其富	50011	周守仁	5844	周锡光	5446	周奕渊
37938	周凯鲁	S8269	周其午	32247	周寿松	6490	周锡康	7604	周逸鸥
2492	周恺贞	S9622	周琪瑞	6013	周书诰	6519	周霞	35930	周逸苹
6861	周克桂	S8005	周启刍	38048	周书明	36075	周咸品	0687	周荫五
5737	周克平	35002	周启东	35752	周叔均	37617	周显忠	10522	周阎
351173	周克仁	35311	周启铃	S8118	周淑莲	4040	周湘孙	0668	周英才
S8747	周克贞	36830	周启元	6744	周淑贞	1048	周详	10346	周颖
6305	周焙姬	0859	周起应	371697	周树范	6253	周祥	S8339	周映华
36901	周堃	1284	周绮云	7007	周树华	35839	周祥青	0750	周永观
1360	周兰	1118	周洽寿	38369	周树模	S9866	周筱舫	6617	周永洪
261	周乐真	3413	周乾行	35525	周树荣	7348	周筱霖	2471	周永康
2478	周礼悫	371356	周勤苑	3532	周漱媛	7238	周孝庆	3867	周永康
8578	周力培	33161	周青笋	4039	周斯男	8579	周效培	371313	周永康
9989	周立	32200	周清洁	S8974	周斯同	7084	周欣官	4281	周永铭
32193	周莉冰	30074	周清明	303	周松豪	36827	周新国	8712	周永祺
36917	周莲芳	2453	周清昌	31129	周松琪	2454	周新民	37131	周永文
5393	周莲因	361133	周庆昌	3325	周覃旱	7028	周新章	7250	周永祥
10897	周廉清	351	周庆瑶	2470	周汤谟	6457	周信柏	35068	周永秀
S9576	周廉泉	36723	周穰民	351039	周天才	3868	周信良	4585	周咏青
2473	周濂	6209	周人俊	0725	周天浩	6676	周信磬	35435	周咏清
10093	周良权	6608	周人龙	2456	周天霁	6836	周醒悟	29064	周泳棠
672	周令辅	10993	周荣达	6279	周天一	371575	周兴文	5257	周友聪
351013	周榴椿	7096	周荣甫	37186	周听勋	7510	周兴邢	6323	周有维
6934	周鲁泉	11085	周荣华	10804	周庭哲	10623	周杏桃	E50057	周又娟
S8761	周曼硕	37563	周荣生	3675	周同康	S9700	周修和	6383	周右箴
3676	周梅英	35922	周如铨	34020	周同揆	37895	周修贻	37653	周幼人
0607	周梦麟	9992	周汝彪	29087	周同原	S9307	周秀夫	34055	周佑
0643	周敏庆	S8203	周汝昌	29067	周彤华	37405	周秀菊	10294	周于藻
2490	周敏仁	8724	周汝鑫	6023	周塊西	S8409	周秀莲	371509	周馀德
0289	周敏生	7051	周瑞	8647	周宛麟	S8099	周序	S9641	周雨村
6731	周敏新	S132	周瑞昌	38320	周宛甄	7299	周絜非	0726	周禹皋
8549	周敏一	35325	周瑞芳	S9126	周婉兰	6444	周学旦	2455	周玉庭
197	周明玉	5573	周瑞娟	S8296	周微士	3304	周学艮	36689	周玉英

29135	周郁诰	31020	周志方	50229	朱宝珠	0665	朱德禧	6728	朱家礼
5073	周愈	7099	周志峰	38014	朱葆洪	37915	朱德雍	258	朱家鼎
31079	周煜鋆	6655	周志扬	8449	朱本礼	5046	朱鼎成	6309	朱家庆
246	周毓英	37603	周治平	36585	朱宾亮	6400	朱侗	7069	朱家相
35287	周渊若	2491	周智远	S9443	朱秉和	6014	朱方	10282	朱家勋
2460	周元煌	5389	周稚通	10891	朱秉茂	2032	朱芳春	8685	朱家珍
4520	周元士	35212	周中觉	10853	朱秉新	10957	朱丰华	3387	朱嘉珍
3108	周日贞	371564	周中坛	S8311	朱秉埙	625	朱逢礼	7913	朱建民
37201	周月勤	10665	周钟铃	1356	朱炳华	2144	朱抚松	36369	朱建武
37751	周岳	0133	周钟俊	10029	朱炳林	6423	朱复初	10771	朱娇云
38109	周云飞	0274	周钟钊	0454	朱炳南	10196	朱淦锡	29053	朱杰
8451	周鋆	36879	周仲芳	0085	朱伯奇	35372	朱根祥	38330	朱洁
3458	周允明	8088	周仲琴	37486	朱伯源	6975	朱庚南	35877	朱金涛
35935	周允明	2628	周重厚	8244	朱采珍	8452	朱耕伯	7020	朱晋庞
3415	周韵湘	8179	周筑华	371190	朱彩娣	37103	朱公翰	7562	朱晶心
10636	周再亨	10398	周子东	475	朱彩娣	371662	朱光德	S9150	朱璟琳
7727	周藻华	50286	周子仁	37893	朱彩云	2134	朱光辉	10113	朱敬平
5190	周泽芬	6925	周子祥	32232	朱昌达	1065	朱光烂	3320	朱敬忻
S9703	周泽生	36265	周子仪	1306	朱昌黎	2135	朱光亮	2049	朱君朴
9998	周泽生	10843	周子宜	6686	朱昌溶	1283	朱广桑	35013	朱钧华
3248	周泽沅	31144	周自楷	S8831	朱昌循	0301	朱广心	371587	朱俊兴
351072	周增彦	S9230	周自权	6807	朱畅成	35425	朱国栋	2045	朱俊英
5817	周占其	36826	周宗达	S103	朱畅鉴	37065	朱国靖	6052	朱开丰
35984	周长庚	0377	周宗河	7037	朱畅中	2025	朱国良	6550	朱铠
32009	周钊璋	4282	周宗烈	2030	朱超	S9376	朱国犀	371715	朱楷瑞
7789	周昭庆	5667	周宗洛	8694	朱朝辅	10285	朱汉卿	37098	朱克安
31240	周昭沅	S8228	周宗榮	5506	朱朝宪	50290	朱行方	5248	朱克仁
5189	周兆雄	37753	周宗群	2027	朱朝焱	36484	朱灏荃	5460	朱克文
2461	周贞	6858	周宗颐	5508	朱朝意	S8369	朱和丰	1196	朱魁
2463	周贞城	5714	周宗岳	37547	朱辰玉	7950	朱荷珍	0296	朱立本
S9740	周贞芳	32234	周祖材	0821	朱成德	4651	朱恒光	34074	朱立鉴
S9780	周珍	S9621	周祖镐	351028	朱成钊	10906	朱恒生	S8008	朱丽霞
2484	周振汉	3597	周祖濂	S9667	朱诚	4785	朱泓波	30235	朱励娟
38125	周振华	S8495	周祖培	7860	朱承桂	2042	朱鸿达	37001	朱亮畴
0428	周振韶	2477	周祖革	3666	朱承基	S9210	朱鸿声	2053	朱麟孙
371074	周振新	32131	周祖寿	8804	朱承庆	2041	朱鸿禧	7167	朱柳生
8737	周振鑫	433	周佐英	7491	朱承源	6019	朱鸿翔	6630	朱龙祥
3863	周镇华	0273	周佐治	7624	朱承镇	10549	朱鸿志	10013	朱龙鑫
7830	周正	35049	周作民	35995	朱承祖	0018	朱华	2029	朱懋镛
35368	周正			S052	朱崇寰	37474	朱怀琛	35990	朱孟超
0406	周正礼	**朱**		6438	朱纯祖	35133	朱怀江	7887	朱森
S9435	周正良	3943	朱(宋)蟾蔚	1133	朱茨生	36186	朱焕文	10852	朱民新
5006	周正辛	3853	朱安民	S8408	朱从耀	50378	朱惠德	35750	朱民新
S9335	周正盈	35354	朱柏龄	35762	朱大道	0915	朱惠仁	371724	朱敏俊
2459	周正余	10401	朱班远	S9888	朱大龙	6095	朱慧卿	35101	朱明
35193	周政	37104	朱宝杭	S9508	朱大同	9963	朱吉华	S8772	朱明坚
8649	周之鹤	36260	朱宝泉	S9063	朱大正	35005	朱计平	10403	朱鸣远
4981	周之谦	0548	朱宝仁	35926	朱岱	6189	朱纪平	7249	朱铭德
31008	周祉奇	7984	朱宝玉	0515	朱埭华	35638	朱纪如	6892	朱铭新
37872	周至刚	1135	朱宝源	10181	朱道生	0514	朱季良	206	朱铭远
218	周志苹	3057	朱宝珍	S9501	朱德华	S9280	朱继源	S9194	朱谋新

4139	朱慕文	0415	朱尚文	1134	朱文风	7264	朱颐曾	S8610	朱 钊
8407	朱 穆	0250	朱身钰	S9735	朱文光	S8435	朱义昌	11067	朱昭东
10184	朱 羆	4026	朱 慎	4134	朱文麟	1016	朱义明	S9601	朱昭华
8227	朱年葆	S9372	朱绳孙	371266	朱文倩	1257	朱 艺	S9465	朱兆芳
6263	朱培华	32126	朱盛朝	S9220	朱文祥	36408	朱 逸	35388	朱兆华
2028	朱培钧	2046	朱师程	2052	朱文馨	S8327	朱逸君	4514	朱兆禄
S8994	朱培平	3741	朱师圣	2034	朱梧仙	37457	朱意达	5159	朱兆年
S8504	朱佩伟	36772	朱时玉	4819	朱锡芬	35863	朱毅君	50406	朱肇昌
6843	朱佩璋	37334	朱士毅	5253	朱锡鸿	37900	朱毅平	37579	朱肇阳
351004	朱彭年	10195	朱世洪	2137	朱锡华	6167	朱懿祖	6413	朱振威
10358	朱萍影	2035	朱世环	7989	朱锡年	7752	朱荫曾	7605	朱振骝
S9077	朱谱良	6453	朱世祥	S9475	朱锡荣	5362	朱荫良	7820	朱 震
5614	朱其昌	6267	朱世英	10359	朱锡彤	6357	朱瀛生	S9138	朱震亚
S8201	朱其昌	7055	朱世璋	7290	朱熙炽	50214	朱瀛洲	3605	朱正明
S8925	朱其伟	38105	朱是根	0856	朱 侠	S9819	朱 影	2048	朱政芳
3003	朱其相	10042	朱守德	5698	朱显德	10601	朱应和	S048	朱政康
10514	朱 奇	S054	朱守业	1098	朱香润	501	朱永键	6258	朱政权
S9206	朱 琦	36993	朱守瑜	7200	朱肖瑾	S8817	朱永顺	S8528	朱至瑞
6989	朱祺□	37321	朱寿曾	0123	朱霄龙	479	朱永鑫	6417	朱志豪
1319	朱启发	2036	朱寿孙	8527	朱晓光	S9327	朱永怡	351008	朱志娟
361091	朱启坚	5859	朱淑均	36530	朱晓霞	4555	朱永豫	7660	朱志桐
36592	朱启永	10588	朱淑媛	3385	朱孝慈	361158	朱永章	38054	朱治本
361482	朱 谦	257	朱淑媛	S8454	朱孝登	7156	朱有福	649	朱治本
4135	朱 琴	4137	朱淑云	8762	朱孝专	35296	朱佑模	7600	朱治平
2050	朱琴芳	S8458	朱述尧	2043	朱 心	260	朱佑模	S8265	朱治生
10031	朱勤余	10018	朱树人	S8419	朱新喜	10495	朱颢曾	29114	朱 致
7374	朱清凡	S8200	朱漱泉	10693	朱新猷	S8486	朱雨农	2136	朱智熙
371644	朱晴岚	S9630	朱澍华	S9088	朱星明	35355	朱禹亭	10856	朱中坚
2051	朱庆辉	4028	朱顺曾	36078	朱杏桃	8553	朱玉海	10794	朱忠度
S8720	朱庆衍	38344	朱顺兴	5510	朱性天	2033	朱郁馨	S8766	朱钟惠
1122	朱琼玑	7946	朱舜耕	4138	朱 修	0103	朱育才	37743	朱钟真
35366	朱人强	5164	朱硕曾	4140	朱修士	4714	朱彧文	37987	朱仲裁
S9727	朱仁棣	5811	朱思永	35711	朱秀强	35545	朱 预	2026	朱仲伦
5467	朱日遵	371393	朱 松	S8193	朱秀珠	S9602	朱裕华	2047	朱仲西
4136	朱荣封	371418	朱松江	2031	朱 旭	35853	朱毓祯	4027	朱竹君
32246	朱汝葆	0698	朱松生	361351	朱旭华	4953	朱渊如	5482	朱准范
30242	朱汝林	2138	朱颂仁	10992	朱叙和	3318	朱元贞	37259	朱卓英
4586	朱汝霖	37934	朱苏舫	6214	朱学恭	9967	朱 源	10271	朱子祥
3606	朱 瑞	37058	朱 燧	10741	朱学瀚	S9463	朱日康	10011	朱子玉
S9051	朱瑞钧	6735	朱泰来	7808	朱学明	5265	朱岳嵩	36457	朱子珍
35180	朱瑞钧	2038	朱遂人	S028	朱学楷	34044	朱云龙	495	朱宗龙
3386	朱瑞绮	4261	朱天章	S8901	朱勋传	S8856	朱云鹏	7890	朱宗全
36341	朱润孙	35324	朱铁民	10419	朱炎武	S9347	朱云山	10236	朱祖韶
2037	朱若麟	S8864	朱铁筝	3234	朱衍亚	37310	朱允若	2044	朱作人
3319	朱偌溪	3949	朱同铄	371086	朱扬名	361413	朱韵皞		
	(朱绍曾)	10756	朱完白	0551	朱尧臻	36461	朱在仁	**诸**	
7962	朱三近	36988	朱万驰	S8905	朱耀明	2040	朱泽淮	361192	诸柏生
37030	朱珊珊	5512	朱维民	361464	朱一杰	36900	朱增德	6522	诸葛琴
10872	朱善培	5519	朱维仁	2054	朱 衣	361326	朱增德	1084	诸葛任
35363	朱善钟	371547	朱维一	S8217	朱揖周	2039	朱章喜	371701	诸葛寿
5029	朱上功	S8510	朱慰孺	6371	朱怡之	351134	朱长樾	371444	诸浩栋

50040	高梦旦	50330	金世勋	38317	聂 容	50448	王继和	37370	许金恩
38088	高慕琴	50025	金亚君	50042	欧青云	36941	王金生	37821	许清彬
371002	葛明发	371169	柯国纲	50148	彭光遐	361052	王礼让	50491	薛蕙芬
36187	宫咏春	50522	柯国外	37549	浦济苍	38308	王立功	371001	薛其玉
50115	龚湄荪	50058	孔德容	38171	浦正祥	37189	王书英	50066	严 先
50315	龚蔚倩	50294	孔祥树	50062	钱明珠	371065	王亭亭	371640	严玉莲
38335	顾曾祉	50072	李 芳	38072	乔兴业	50141	王 琤	37594	阎秉铖
38255	顾乃华	35328	李傅叔	37830	邱 炽	50138	王兴中	36165	杨德馥
361357	顾学津	38277	李 离	50051	任世晋	37174	王彦霞	361088	杨定淦
361420	顾正平	50022	李 玟	37680	阮宜人	37344	王尧臣	371122	杨观民
38101	郭俊珍	50366	李日璋	351092	商振琴	37713	王增华	50079	杨金麟
37744	郭立民	37239	李文才	361127	邵必群	361009	王展成	50427	杨宁美
37194	郭瑞宝	37630	李希哲	50123	邵念堶	50078	王治珍	38370	杨启蕙
50333	郭予忍	36106	李亦麟	37190	邵士敏	38155	闻方蔚	50437	杨勤辉
50451	韩建成	35081	李有纲	50196	沈贵先	37358	翁春涛	50100	杨炜乾
36125	韩 昭	50084	李允泰	371441	沈亮寰	50128	翁德森	38010	杨一民
36934	何保罗	37696	李 智	50302	沈善书	38076	翁金宝	37438	杨仪贞
37678	何 冲	50223	刘伯里	38037	沈星棣	36079	翁文郁	35598	杨卓书
50136	何蕙芝	361018	刘鼎元	37632	沈 懿	50057	吴福堃	50191	杨宗嵷
50256	何文彬	371072	刘经发	37400	沈掌珠	361238	吴干民	37199	杨祖根
50060	洪剑秋	37665	刘仁孝	50071	沈正道	38251	吴祈仁	38133	杨鑫森
50024	洪聚棠	36026	刘世贵	38102	盛德良	38114	吴荣祖	36227	姚芳藩
36392	胡明诚	36219	刘松盛	35398	施 俊	50101	吴孝善	50494	叶飞龙
50216	胡庆荪	50021	刘文清	371238	施懋旺	50519	吴欣然	38149	叶飞熊
38366	胡文舫	50420	刘亚兰	38090	施友梅	50047	吴轶侪	371245	叶瑾玉
361021	胡新行	38274	刘玉佩	50060	宋慧丽	50077	吴玉仙	35390	叶麟鋆
37331	胡新积	50321	刘珍娟	50341	宋丽丽	50010	吴增杰	38142	叶鹏飞
50217	黄安澜	33069	刘芝清	371563	宋领先	37898	奚衣娟	371082	叶鑫深
361184	黄成浩	36432	刘志坤	50271	宋孟文	371631	夏宝棠	50090	伊民生
50245	黄庚生	50045	龙 琼	38219	孙百忍	38204	夏 静	37279	余邦怡
37204	黄汉雄	50074	龙瑞庭	37401	孙国清	50145	夏 时	50423	余纪纲
371202	黄健蔼	371416	卢自立	37943	孙溶溶	50236	萧良材	50042	虞海涵
50116	黄经昌	50083	鲁玉明	35804	孙锈琳	37742	萧世英	361284	虞宜蕴
50269	黄克正	50094	陆超群	36080	孙永龄	50364	萧一平	37195	袁英光
38128	黄月英	37219	陆道生	35395	孙长春	50317	谢隆英	36390	岳亦鹏
50436	黄中岩	50230	陆麟微	371705	孙志宽	361181	谢瑞宝	371732	张 帆
38351	贾传鼎	38333	陆其华	371345	汤宵筠	50009	谢泰蓉	50340	张焕琦
361223	江一潮	37491	陆蕴华	35400	唐 谷	50048	谢耀桦	371609	张剑平
371281	姜德琳	50028	陆振山	38168	唐美光	361220	谢月梅	37863	张 励
38295	蒋光正	50403	陆仲文	36605	唐少君	50005	忻礼汉	371452	张耐寒
371200	蒋厚德	38064	路 玲	50400	陶若谷	50346	熊蕙菁	36228	张庆先
50037	蒋家祺	371060	罗会节	38180	陶云凤	50345	熊蕙敏	361013	张群晃
371515	蒋介成	36259	罗午桥	50084	仝有琦	38059	徐东林	50374	张瑞娣
37004	蒋汝英	371318	罗懿郐	38131	屠如骥	37887	徐富贤	38160	张树楠
361472	蒋维敏	38279	吕 鉴	50194	万松青	50383	徐玦丽	371315	张素芳
37399	蒋文新	50505	吕为高	371465	万彦茳	371582	徐立先	50056	张文照
	（蒋金予）	50287	茅士权	38165	汪一桐	50201	徐谟良	50028	张耀祥
50335	金德星	50038	梅珂珍	371159	王爱玲	371621	徐琼儿	371293	张永年
50335	金基红	38226	梅鑫楠	37336	王 度	50089	徐仁德	50248	张兆林
371282	金留春	50005	孟作瑛	38202	王汉章	50159	徐文琴	50213	张正和
37901	金若英	371342	闵浩然	38027	王鸿藻	50402	徐云麟	50052	张子留

学号	姓名
50262	张佐明
37559	章畹华
371277	赵恩城
38039	赵仕杰
38068	赵维衡
38106	赵先甲
371217	郑路得
38042	郑汝谋
371280	种明章
37053	仲豫珍
50187	周馥英
50450	周祥林
37244	周志勋
50365	周钟山
38282	朱逢礼
50038	朱 晖
50075	朱 锦
371636	朱民权
50375	朱绍琴
38337	朱仕钦
50513	朱雄良
37930	诸洵治
371172	诸在雄
37291	宗冠群
36949	邹树勋
38078	邹英士
36676	邹祖铭

转入复旦大学学生名单

学号	姓名
37374	艾亨良
37450	安云霞
37430	鲍骏
361107	鲍维俭
37128	卞祖林
	步景芳
38307	蔡根福
38107	蔡华苔
	蔡淮诤
36536	蔡淮诤
38013	蔡景伦
38230	蔡松岩
37640	蔡伟章
37062	蔡玉澄
38001	蔡震康
38328	曹延权
37686	陈邦彦
35576	陈崇钫
361120	陈崇礼

学号	姓名
371370	陈次绅
371177	陈德余
S9984	陈登兰
36292	陈高福
361061	陈光华
371088	陈光庆
50135	陈桂生
38208	陈华林
361426	陈金宝
371440	陈金和
37263	陈金源
371085	陈金钟
371170	陈景贤
50490	陈丽贞
35939	陈 硕
50172	陈思礼
37144	陈绥儒
36063	陈天民
10568	陈薇琪
371594	陈为苹
50203	陈文琴
10894	陈以煊
371294	陈益彰
50190	陈永清
371380	陈长年
38147	陈兆雄
50270	陈志明
361167	陈治伦
50071	陈子乐
361147	程大同
37492	程立法
50096	程守焘
37381	程一鸣
36995	程永庆
361015	程 拯
37561	储宗棠
50149	崔宪章
50039	戴伯雄
361222	邓敬熙
35828	邓世颐
36497	狄菊逸
38019	丁惠萱
361388	丁龙光
38276	丁培云
38254	董宝琛
	董 龢
361207	董 靖
361287	董昭炎
10777	杜 本
361261	杜秉成
361194	杜德仪

学号	姓名
38062	杜鑫坤
	段逐鑫
50168	樊翠琴
37009	樊永琦
38071	范光明
36328	方富朗
50407	方嘉璋
36582	方金高
361444	方锦灿
50218	方善骏
371492	方文涛
50462	方文宣
50014	费永乐
351091	凤兆福
371241	高端定
36790	高丽池
	高韵秋
50332	高韵秋
50104	宫立人
50177	龚慧才
37226	龚龙祥
37322	龚绍先
38017	龚文道
50498	龚兆镕
37754	顾明蕊
371208	顾仁基
50392	顾珊根
361263	顾绍成
50147	顾蕴若
38104	顾宗裳
361006	郭景仪
361325	郭中廷
361336	郭仲民
36814	韩润六
	何慧珍
50483	何慧珠
	何竞新
37011	何 烈
36381	何鹏程
361164	何希秾
35663	何旭沧
36520	何允文
50466	何志强
35292	洪长侃
	侯秀芳
36806	胡白璧
361193	胡家岩
50155	胡静彬
38259	胡菊生
50092	胡 晟
50499	胡问德

学号	姓名
50339	胡玉琴
361044	胡元芝
371120	胡 瑗
38098	胡致道
361285	华卯生
36372	华致俭
37925	黄安娴
35159	黄秉涵
371627	黄春树
37500	黄红芳
36836	黄金墙
37159	黄金水
37059	黄景棠
361161	黄举榕
361095	黄克仁
50307	黄丽珍
50486	黄麟瑞
38300	黄美龄
37091	黄彭年
361176	黄清水
38056	黄士康
36103	黄世纯
37160	黄孙达
37592	黄裕麟
38018	黄渊若
50478	黄长福
38129	黄智新
36129	简传荷
50507	江身洁
	江月华
361423	江志强
50164	姜 昌
36787	姜汝禄
371663	姜树稼
361376	姜卫卿
371562	蒋柏生
371565	蒋家伟
36813	蒋泰初
50283	蒋锡鹏
10455	金芳(艾)
	金建中
50220	经仲方
36588	居洒正
35080	鞠景周
35712	阚维弼
36029	赖世昌
371665	李莱菇
37538	李澄和
38158	李道仁
371262	李道统
37448	李德清

学号	姓名
36946	李光涛
361205	李胡鼎
38144	李慧琴
50118	李健刚
38010	李钧标
361089	李 茂
38174	李汝威
38309	李仕明
50002	李万民
36968	李修和
36003	李尧均
38358	李志丰
37838	李钟霖
361078	厉 云
37745	梁乐善
38283	林季荣
37458	林嘉汉
371049	林金柱
38271	林培尔
361121	林启泗
36039	林秋成
36775	林 生
9937	林淑英
50350	林万宏
50481	林学礼
50285	林悒辇
37276	林友亚
37164	林玉如
361479	林玉藻
36611	林长华
36306	林祖平
50260	凌彦泽
37798	凌正咸
38134	刘□沛
37712	
	刘德(法)鑫
38096	刘富龙
37857	刘功敏
37721	刘国铧
	刘蕙芬
361018	刘昆元
50107	刘明秋
36613	刘明声
37243	刘尚楷
361027	刘升庸
361165	刘淑贤
37386	刘树青
371379	刘同俊
50424	刘育英
50322	刘械林
37597	刘振民

37316	刘镇灌	361274	邱霞光	50043	汤邦华	371653	吴伏龙	50523	杨辉	371384	杨勉知
36342	刘芷青	50506	邱玉莺	38362	汤锡琨	351030	吴珩	50325	杨石声	50412	杨士静
50063	楼九南	371129	邱祖基	50039	唐丽河	10589	吴华庆	38278	杨思平	38154	杨斯桂
361481	卢治宇	37936	荣亨地	38141	唐山柳	371143	吴怀钦	50499	杨维康	371760	杨耀春
50313	陆飞熊	38029	荣寿清	37848	唐天民	35401	吴君谦	37982	姚德	50074	姚陆海
37467	陆培根	38266	阮伯云	371463	唐仪年	38100	吴玛琍	50376	叶诚栋	351071	叶光楣
37542	陆佩天	371601	阮章龙	37411	田庆云	50001	吴梦周	38045	叶镜微	36519	叶鹭生
371673	陆润瑛	36124	邵葵舜	361221	田随荣	371311	吴明濬	36912	叶茂明	50067	叶佩玉
50387	陆士杰		佘元华	50102	涂肇元	371181	吴善龙	50324	叶尚芬	50447	叶耀
36761	陆廷顺	38085	沈赓葆	37376	屠公望	36324	吴世桢	50237	叶耀滋	50460	殷剑华
361343	陆文	50465	沈惠玉	371340	宛良雨	37760	吴世钟	50113	应静怡	36245	尤怀璧
38058	陆月华	50348	沈季盛	371501	汪吉瑞	50170	吴素贞	36985	于鼎	50457	余伯钦
10806	陆振中	361081	沈景晟	50184	汪庆秀	37822	吴廷安	50012	俞裕茂	35667	虞先泽
38011	路平	37324	沈莲	371739	王保庚	351006	吴廷桢	38227	郁佩娟	50099	袁绍谟
37166	路云海	50049	沈平一	37036	王纲	371116	吴子舟	36997	恽振霖	37215	詹诚
37860	罗百先	35474	沈廷盛	36794	王高福	38238	吴作贤	361022	詹文潼	50183	张碧君
38023	罗以皋	50048	沈仲清	371646	王谷良	E50094	奚传兴	371127	张炳同	38350	张伯骏
36178	骆志豪	36810	沈祖运	371173	王亨唐	38103	夏关泉	371398	张传汉	36681	张淡星
371675	吕沪澜	50080	盛教奇	38089	王家骅	361211	夏见男	35856	张栋贻	50180	张萼梅
36255	吕寿康	50372	盛绮	371700	王瑾	371091	项廷光	38233	张凤鸣	36580	张福珍
361025	马华光	361096	盛嗣贤	37468	王晋	37602	萧龙云	50438	张国	36123	张怀智
36051	马士英	50076	盛源来	35402	王丽清	36758	萧韶鸣	35763	张济泽	35948	张杰
37669	马孝立		施慎威	50456	王敏生	50410	萧文华	37551	张敬曾	371188	张开豪
37659	毛明德		施□宽		王蓉	50409	萧永刚	50244	张慨	361153	张克麟
371633	毛善征	371581	施渊脉		王善德	361359	谢禹辰	36176	张亮安		
50468	毛泳泉	37966	施兆良	38043	王彝贞	37555	谢长友				
50276	孟庆和	50265	施振泉	37456	王舜卿	36627	熊苍龄				
361291	南国翼	35192	石世标	38336	王唐沄	37572	熊应瑞				
371062	倪玢	361278	史绳祖	38021	王义方	361040	须资治				
50268	倪家骅	371259	司徒华	50266	王增起	37274	徐海阔				
38050	倪健盦	351043	宋保恩	371185	王之馨	37494	徐家桦				
38181	倪仔	50219	宋鸿达	38124	王志方	36428	徐竞辉				
37262	倪仲玲	38049	宋永祥	38236	王志文	36037	徐培德				
E50014	欧美玫	36478	宋元冶	35344	王竹筠	371184	徐培庭				
37286	欧人瑞	361392	苏庭灿	361137	王梓昌	50373	徐萍华				
50003	欧天璿	361138	苏义安	37196	王祖安	37737	徐然贵				
50182	潘澄一	37440	孙步相	36331	危大春	35648	徐瑞人				
38338	潘詠维		孙国杞	35684	韦宪芳	37978	徐一琳				
35022	潘志渔	37671	孙海涛	50251	卫庆浩	38022	许宝璋				
38359	庞抱仁		孙敬文	361105	魏秉卿	36304	许金应				
38123	彭家珍	371197	孙蓝田		文儒臣	371598	许卓人				
36639	彭兆铭		孙仁□	38113	翁箕爱	50093	薛新民				
50225	钱鹤		孙思诚	371023	翁载阳	37702	严善文				
38092	钱家骥	38287	孙素琴	36693	吴昌裕	50512	严忠励				
50267	钱生发	50125	孙庭桦	371291	吴诚	38161	严子石				
37318	钱自强	38188	孙慰民	361466	吴承钧	35440	杨北宜				
38261	强英能		孙扬年	50206	吴尔康	36166	杨昌义				
37802	秦英豪	36290	孙永荣	37619	吴蓄生	50385	杨承范				
361060	邱其昌	371484	孙仲章			361203	杨鸿钧				

编号	姓名	编号	姓名	编号	姓名	编号	姓名	编号	姓名
37230	张民霓	10940	周正钵	50226	单承培	38288	刘国铭	36089	陶崇文
S9917	张绮琴	35924	朱蓓宜	361344	董吉士		刘厚森	38146	陶有恒
50298	张泉源	37583	朱定荣	371639	董伦祥	371590	刘继庆	50258	田再兴
371676	张仁甫	50253	朱高福	371679	杜隆本	351036	刘均一	371235	童家昌
371168	张荣绅	371343	朱 赓	371123	范崇恩	38061	刘培德	10104	屠 达
36705	张守泰	37032	朱洪池		方铭康	36358	刘维城	50034	汪更范
371160	张寿枡		朱墫瑞	50305	费永健	371690	刘先和	50234	汪长荣
361059	张树泽	50114	朱绿琦	38224	冯莘稼	50061	龙要霖	50046	王德璋
37740	张顺芬	50487	朱 墙		符梓耕	38120	鲁建勋	371543	王季安
371004	张廷□	38080	朱芹香	36996	傅毅然	36387	陆承中	50154	王开治
50153	张秀芳	38115	朱仁勇		高庆塈	38206	陆锴书	37504	王克仁
35719	张延龄	36517	朱荣昌	38136	龚曾植	38083	陆惟善	50209	王礼纯
38301	张逸敏	50363	朱秀荣	50358	龚雅德	361011	陆永祥	50395	王留清
50431		10317	朱尧泉		古铁铮	36316	马家彬	50204	王森棠
	张有勇（甫）	38315	朱永鑫	50157	关作宁	36313	马 尚	38263	王启怀
361454	张玉璋	36506	朱玉章	361372	韩湧忠	50233	马顺根	371298	王延棠
38310	张 元	50257	朱兆祥		何源海	38268	毛士元	38003	王益冠
371708	张云翔	38054	朱治本	50504	胡国首	50259	茅以恭	38079	王震元
371415	张镇钰	361177	庄旧除	50497	胡仁寿	38196	倪 栋		王支蒿
361013	张仲达	371136	庄 毅	50231	华燮伦	371670	潘怡源	37604	危师援
36303	章安铣	50521	庄元馨	371674	黄邦彦	50069	彭 禧	361170	魏秉柯
371321	章乐忠	38203	宗达云	37544	黄观明	37313	钱德昌		鄡承遂
371709	章书□	50050	左鹏声	50163	黄钧铭	37582	强如松	371028	巫济人
50023	赵淳宇			38198	黄平山		邱永祥	38194	吴鳌渊
36052	赵鸿基	**转入同济大学学生名单**		35244	黄绍华	50108	裴维宗	37766	吴建国
371307	赵惠民			37874	黄希贤	371537	任财义	50444	吴先茂
371487	赵 坚	37139	艾云光	38318	黄毓松	37613	容建鸿	50199	夏树钊
50192	赵延晖	50308	包仲谋	50272	惠梦养	371283	邵雄才	371036	夏子云
37094	赵元鑫	50227	蔡诚寿	38361	季为人	371372	沈伯寅	50110	萧光浦
50131	郑鸿泰		蔡有光	37762	贾葆年	38302	沈承鼎	38143	谢世华
35224	郑惠媛	50417	陈葆祺	50282	江培基	371376	沈凤翘	50025	谢文治
36776	郑嘉迪	38262	陈道宏	50197	江志劢	50144	沈榴福		徐宝驯
36928	郑金耀	38074	陈家豹	361253	蒋安义	371392	沈瑞甫	50318	徐家梓
50009	郑汝德	371175	陈家聪	371704	蒋春舫	50480	沈天一	371512	徐文华
38221	郑渭泉	37670	陈进森	50479	蒋达义	38086	沈兆骥		徐亦庭
50073	郑兆修	371678	陈烈俊	50388	蒋建初	50433	慎 俊	37361	徐正平
371599	周爱民	50316	陈荣林	50356	蒋 午		施钧宣	50525	徐忠义
37832	周爱英		陈申元	50361	金振华	50057	寿祖泰	50179	许 复
36599	周道泉	38312	陈维智	50158	冷葆琳	36182	宋洁民	361012	许梁鉴
50122	周德临	50384	陈熊若	371446	李德霈		孙宏成	50467	许思明
361029	周 登	50492	陈永强	50488	李关庭		孙经贯	37134	薛蕃藻
37406	周家驷	36202	陈展华	50169	李茂山	37609	孙以德	50239	严宣炜
38093	周景辙	50167	陈璋宝	50495	李兴孝	38138	孙云南	37029	杨和敦
38215	周令辅	38094	陈正明	38357	李永森		孙镇民	50261	杨琪孙
37648	周乃成		陈正廷	37541	林汉宁	50517	谈钧骅	50477	杨瑞初
371348	周榕生	37118	成士达	37025	林时桂	36044	谭道国	50143	杨水生
371193	周瑞珠	38311	戴成龄	37587	林文松	50296	汤慕慈	37699	姚玲根
361057	周士馨			361237	林献升	50207	唐开莞	50347	姚玲森
361159	周松豪			37156	林宗元	38199	唐振球	50371	姚宁生

38070	叶承双	
36743	叶景蔚	
351074	殷勤钟	
50281	殷正宇	
371538	游杰文	
38347	于崇公	
50160	余桂芳	
37420	俞涵远	
38082	俞家驹	
37959	俞兰生	
36532	俞文鹭	
38197	虞德富	
37718	虞浩清	
371331	恽魁毓	
38352	张崇发	
	张 达	
36473	张德龙	
50249	张凤雏	
38241	张凤年	
50195	张贵生	
50274	张后康	
	张钧枢	
38040	张灵荣	
38166	张木森	
38217	张南石	
38306	张浦鸿	
38172	张若生	
	张慰成	
50377	章守良	
38095	章守真	
50524	章振午	
50408	赵海泉	
37827	赵鸿佐	

371625	赵 璞
50297	赵有庆
371722	郑安飞
37183	周国鑫
37985	周建钦
361219	周蔚时
50338	周亚光
	周永权
38285	朱梦醒
50300	朱沛声
50165	朱云祥
	朱运谦
38084	竺锦龙

转入沪江大学学生名单

	曹子干
	陈伯瑜
	陈洪纪
	陈 淼
	陈 韬
36115	陈祥根
	丁自建
36483	董定邦
	范尿泉
	甘谷兰
361317	龚 塱
	顾正相
	贺友国
	胡维干
	华绍裘

	黄伯忠
	黄昌云
	黄观铸
	黄正恺
	李季宽
	李锡棠
	李 溎
38303	李玉洁
	罗鸿勋
36038	罗以达
	吕原瑞
	吕璋甫
	莫景文
	潘伟熙
	钱兰初
36354	阮元纶
371421	尚家驹
	沈仪章
	沈正道
	盛汉文
	宋立华
361005	苏志録
S9572	孙承烈
	汪祖慈
	王寿玉
	王志方
	王忠康
	吴 中
	萧振群
	徐 飞
37503	徐人焘
	徐毓明
	许善稣

	薛柄樑
	杨懋勋
	杨心南
	叶 楠
	余振德
	张炳翔
	郑德轩
38304	郑慧娟
	郑圣德
37038	郑长锵
	周朝惠
	周光定
	周雅南

转入东吴大学学生名单

	陈养荪
	陈养钰
	樊昌华
	孙肯来
	张祖芳
	庄鹤年

转入财经学院学生名单

50166	陈邦渐
50415	陈秀慧
50152	丁 亮
50277	关金甸

50484	胡国伟
50520	胡璇茵
50493	黄应平
50516	季金祥
50509	贾培基
50255	蒋鹤林
50464	蒋曙谐
50353	李秉诚
50121	李锡贤
50224	彭荣海
50146	乔党顺
50304	沙际铨
50482	沈祖达
50476	石惠麟
50351	苏叔敏
37883	王慈明
50515	王仁赓
50473	王吟吾
50518	危师道
50470	谢蕴雯
50299	宣祥驹
50489	叶珍珠
371453	张静如
35756	张瑞华
50171	张守同
37501	张梓昌
50326	章乐侬
50208	郑兴侬
50150	周慧珠
50369	周文英

编后记

2011 年 6 月，大夏大学及光华大学校史编纂工作正式启动。在华东师范大学档案馆和教育科学学院的组织协调下，几位编者不揣冒昧，开始着手大夏大学相关史料的搜集及校史的编写工作。编者们一致认为首要的任务是进行基础性的原始资料挖掘和整理工作，并最终决定以编年事辑的形式呈现大夏大学自 1924 年建校起，直至 1951 年并入华东师范大学的二十七年间筚路蓝缕的办学之路。

在对史料的搜寻及编排过程中，编者们主要倚重的是华东师大档案馆馆藏校务会议档案及《大夏周报》，同时也系统浏览了《申报》、《教育杂志》等一系列报纸杂志，并全力搜罗与大夏大学办学相关的文集、回忆录、口述访谈资料等。本书以尽量保存史料原貌为编选的原则，特别注意收录与大夏大学办学理念、学术发展、教育教学、学生社团、校园建设等方面相关的内容，同时也多方听取专家学者的意见，尽量减少因编者学术水平所限而对编选产生的影响。书中所录以编年形式展开，辑录为册，既是一所大学由萌芽而生长的历史记录，同时也是近代中国大学发展的一个缩影。

本书编辑历时三载，其间编者曾赴国家图书馆、上海图书馆、上海档案馆、贵州省档案馆和图书馆、贵阳市档案馆、赤水市档案局和贵州师范大学档案馆等处搜寻相关资料，并得到上述单位的大力支持。华东师大档案馆存有比较完整的大夏大学历史档案，为本书编写工作提供了丰富的历史佐证，并将本书列入了"华东师大'丽娃档案'丛书"出版计划。华东师大档案馆朱小怡研究馆员、教育科学学院副院长黄书光教授始终关注本书的编写情况，多次组织参与本书编写工作研讨会，提供了宝贵指导。

华东师范大学各级领导、师生和校友对本书的出版给予了极大的重视与支持。党委书记童世骏、校长陈群分别为丛书和本书撰写序言。大夏大学教务长鲁继曾先生之子、原国务院港澳事务办公室主任鲁平先生，大夏大学教务长孙亢曾先生之女、美国匹兹堡大学教授孙筑瑾女士，大夏大学校友王灿芝之女、秋瑾烈士之外孙女王焱华女士，大夏大学副校长王毓祥之子、原浙江省社科院世界经济所所长王铁生先生，大夏大学校长欧元怀之子、华东师大退休教师欧天锡先生，大夏大学校友齐云英女士、周子东先生等先后向学校捐赠、提供了一批珍贵历史照片和文献。华东师大心理与认知科学学院 2012 届本科及研究生学生党员义务完成了部分资料的录入工作。华东师范大学前教育与特殊教育学院、心理与认知科学学院和社会发展学院部分同学，利用暑假社会实习，远赴赤水查阅收集大夏大学历史档案。华东师大出版社领导与编辑全力支持本书出版工作。在此一并致以谢忱。

本书是集体合作的产物，其中娄岙菲负责 1924 年至 1937 年部分，袁媛负责 1938 年至 1941 年部分，许庆如负责 1942 年至 1945 年部分，陈玉芳负责 1946 年至 1951 年部分。全书由娄岙菲负责统稿。因篇幅及资料搜集条件的限制，本书只对直接和大夏相关的人士作简要注释，并对引录原文中的明显错误予以订正。配图和学生名录由华东师大档案馆负责考证提供。

本书虽已几易其稿，不断修改完善，仍因史料和编者水平所限，难免存在疏漏错误之处。以学生名录为例，因史存不同版本，且部分学籍档案已随学校系科调整转出，经多次比对考证，尚有部分学生名录暂无相应的原始佐证材料，希望能够待再版时有机会补足。敬请各位读者不吝指正。

编　者
2014 年 2 月

图书在版编目(CIP)数据

大夏大学编年事辑/娄岙菲主编. —上海:华东师范大
学出版社,2014.4
(华东师大"丽娃档案"丛书/童世骏,陈群主编)
ISBN 978－7－5675－2013－4

Ⅰ.①大… Ⅱ.①娄… Ⅲ.①大夏大学－校史
Ⅳ.①G649.285.1

中国版本图书馆 CIP 数据核字(2014)第 078612 号

华东师大"丽娃档案"丛书

大夏大学编年事辑

丛书主编 童世骏 陈 群
本书主编 娄岙菲
项目编辑 张继红
审读编辑 陈长华 陈锦文 李玮慧 刘效礼 章 悬
装帧设计 储 平

出版发行 **华东师范大学出版社**
社　　址 上海市中山北路 3663 号 邮编 200062
网　　址 www.ecnupress.com.cn
电　　话 021－60821666 行政传真 021－62572105
客服电话 021－62865537 门市(邮购)电话 021－62869887
地　　址 上海市中山北路 3663 号华东师范大学校内先锋路口
网　　店 http://hdsdcbs.tmall.com

印 刷 者 上海中华商务联合印刷有限公司
开　　本 787×1092 16 开
插　　页 12
印　　张 61.5
字　　数 1911 千字
版　　次 2014 年 5 月第 1 版
印　　次 2014 年 5 月第 1 次
书　　号 ISBN 978－7－5675－2013－4/G·7328
定　　价 198.00 元(上下册)

出 版 人 朱杰人

(如发现本版图书有印订质量问题,请寄回本社客服中心调换或电话 021－62865537 联系)